Sudhoff

Familienunternehmen

Sudhoff

Familienunternehmen

2., völlig neu bearbeitete Auflage
des von Dr. Heinrich Sudhoff begründeten Werkes

Bearbeitet von

Dr. Jürgen Honert, Rechtsanwalt, Fachanwalt für Steuerrecht
und Steuerberater in München;
Dr. Jochen Neumayer, Rechtsanwalt, Fachanwalt für Steuerrecht
und Steuerberater in München;
Dr. Martin Schlüter, Rechtsanwalt in Hamm;
Dr. Martin Stracke, Rechtsanwalt in Münster;
Dr. Eckhard Wälzholz, Notar in Füssen;
Dr. Christian Winkler, LL. M., Notar in Neu-Ulm.

Mit einer Einführung von

Wolfgang Stückemann, Rechtsanwalt und Notar in Lemgo.

Verlag C. H. Beck München 2005

Verlag C. H. Beck im Internet
beck.de

ISBN 3 406 50606 2

Wilhelmstraße 9, 80801 München

Druck: Druckerei C. H. Beck Nördlingen

Satz: Fotosatz Otto Gutfreund GmbH, Darmstadt

Umschlaggestaltung: Bruno Schachtner, Grafik-Werkstatt, Dachau

Gedruckt auf säurefreiem, alterungsbeständigem Papier
(hergestellt aus chlorfrei gebleichtem Zellstoff)

Vorwort

Zahlreiche Familienunternehmen, vor allem im Mittelstand, stehen in den nächsten Jahren vor dem Problem der Unternehmensnachfolge. Oftmals sind keine Nachfolger aus der Familie vorhanden oder sie scheinen aus Sicht des Unternehmers nicht geeignet. Eine Umstrukturierung des eigenen Unternehmens kann zudem aufgrund einer Änderung im Gesellschafterbestand notwendig oder aus steuerlichen Gesichtspunkten ratsam sein. Stets sollte dabei ein Wechsel der bisherigen Rechtsform als maßgeblicher Gestaltungsaspekt mitbedacht werden. Die Personengesellschaft als Unternehmensform gewinnt hierbei zunehmend an Attraktivität zurück, bietet sie doch eine gegenüber den Kapitalgesellschaften flexiblere Gestaltungsalternative, die auch zukünftig den Familieneinfluss gewährleistet und zugleich reizvolle Steuerprivilegien aufweist.

Die Verschiedenartigkeit der individuellen Sachverhalte und Einflussgrößen verlangt für jedes Unternehmen, das sich der Frage eines Rechtsformwechsels stellt, eine eigene, individuelle Beratungsentscheidung. Gesellschaftsrechtliche und steuerliche Belange können dabei heute nicht mehr getrennt beurteilt werden. Es gilt, die auf die konkreten unternehmerischen Bedürfnisse abgestellte Gesellschaftsform zu finden, die zugleich zu einer möglichst geringen Gesamtsteuerbelastung führt. Der Unternehmer bzw. der von ihm konsultierte Berater steht hier vor einem nahezu undurchdringlichen Gestrüpp an gesetzlichen Vorschriften und höchstrichterlichen Entscheidungen. Vor allem im Bereich der Steuergesetzgebung haben die stets mit dem Ziel einer Vereinfachung und Systematisierung motivierten gesetzgeberischen Maßnahmen die Materie weiter verkompliziert. Neben diesen juristischen Aspekten ist es für das Verständnis von Familienunternehmen von besonderer Bedeutung, die zahlreichen – auch nichtjuristischen – Wechselwirkungen zwischen dem Unternehmen einerseits und der Familie andererseits zu erkennen: Es gilt, die Vorteile dieser Wechselwirkungen zu nutzen und gleichzeitig sowohl das Unternehmen als auch die Familie vor damit einhergehenden nachteiligen Folgen zu schützen.

In der Tradition der Buchreihe versteht sich der neue Sudhoff Familienunternehmen dabei als leicht zu handhabendes Hilfsmittel für die alltägliche Gestaltungspraxis. Das Werk richtet sich daher nicht an den gesellschaftsrechtlichen Experten, sondern gezielt an den Unternehmer bzw. seine rechtlichen und steuerlichen Berater vor Ort. Auf der Basis der Darstellung der herrschenden Auffassung verzichtet das Handbuch bewusst auf Ausführungen zu theoretischen Streitfragen. Gezielte Verweisungen ermöglichen jedoch im Einzelfall das schnelle Auffinden weitergehender Literatur und detaillierterer Formulierungshilfen.

München, im September 2004 — Autoren und Verlag

Vorwort

Zahlreiche Familienunternehmen, vor allem im Mittelstand, stehen in den nächsten Jahren vor dem Problem der Unternehmensnachfolge. Oftmals sind keine Nachfolger aus der Familie vorhanden, oder sie scheinen aus Sicht des Unternehmers nicht geeignet. Eine Umstrukturierung des ganzen Unternehmens kann zudem aufgrund einer Änderung im Gesellschafterbestand notwendig oder aus steuerlichen Gesichtspunkten ratsam sein. Stets sollte daher ein Wechsel der bisherigen Rechtsform als möglicher Gestaltungsaspekt mitbedacht werden. Die Personengesellschaft als Unternehmensform gewinnt hierbei zunehmend an Attraktivität zurück, bietet sie doch ein gegenüber den Kapitalgesellschaften flexibleres Gestaltungsinstrumentarium, die auch [illegible] der Familienunternehmen gewährleistet und zugleich sinnvolle Steuerplanungen zulässt.

Diese Vielschichtigkeit der individuellen Sachverhalte und Einflussgrößen verlangt für jedes Unternehmen, das sich der Frage eines Rechtsformwechsels stellt, eine eigene, individuelle Beratungsentscheidung. Gesellschaftsrechtliche und steuerliche Belange können dabei heute nicht mehr getrennt behandelt werden. Es gilt, die auf die konkreten unternehmerischen Bedürfnisse abgestellte Gesellschaftsform zu finden, die zugleich zu einer möglichst geringen Gesamtsteuerbelastung führt. Der Unternehmer bzw. der von ihm konsultierte Berater steht hier vor einem nahezu undurchdringlichen Gestrüpp an gesetzlichen Vorschriften und höchstrichterlichen Entscheidungen. Was jedoch im Bereich der Steuergesetzgebung dabei, die stets mit dem Ziel einer Vereinfachung und Systematisierung [illegible] Maßnahmen die Materie weiter verkompliziert. Neben diesen unternehmerischen Aspekten ist es für das Verständnis von Familienunternehmen von besonderer Bedeutung, die zahlreichen – auch nichtjuristischen – Wechselwirkungen zwischen dem Unternehmen einerseits und der Familie andererseits zu erkennen; es gilt, die Vorteile dieser Wechselwirkungen zu nutzen und gleichzeitig sowohl das Unternehmen als auch die Familie vor daraus entstehenden nachteiligen Folgen zu schützen.

In der Tradition der Buchreihe versteht sich der neue Sudhoff „Familienunternehmen" daher als leicht zu handhabendes Hilfsmittel für die alltägliche Gestaltungspraxis. Das Werk richtet sich daher nicht an den gesellschaftsrechtlichen Experten, sondern gezielt an den Unternehmer bzw. seine rechtlichen und steuerlichen Berater vor Ort. Auf der Basis der Darstellung der herrschenden Auffassung verzichtet das Handbuch bewusst auf Ausführungen zu theoretischen Streitfragen. Gezielte Verweisungen ermöglichen jedoch im Einzelfall das schnelle Auffinden weitergehender Literatur und detaillierterer Formulierungshilfen.

München, im September 2004 Autoren und Verlag

Die Bearbeiter dieser Auflage:

Rechtsanwalt, Fachanwalt für Steuerrecht und Steuerberater Dr. Jürgen Honert,
Honert Funke Maute Neumayer
Rechtsanwälte Wirtschaftsprüfer Steuerberater, München

Rechtsanwalt, Fachanwalt für Steuerrecht und Steuerberater Dr. Jochen Neumayer,
Honert Funke Maute Neumayer
Rechtsanwälte Wirtschaftsprüfer Steuerberater, München

Rechtsanwalt Dr. Martin Schlüter,
Streitbörger Speckmann, Hamm

Rechtsanwalt Dr. Martin Stracke,
Stracke & Bödding, Münster

Rechtsanwalt und Notar Wolfgang Stückemann,
Stückemann und Sozien, Lemgo

Notar Dr. Eckhard Wälzholz,
Füssen

Notar Dr. Christian Winkler, LL. M.,
Neu-Ulm

Inhaltsübersicht

Abkürzungsverzeichnis XI

A. Einführung

B. Die Gründung eines Familienunternehmens

§ 1 Die Gründung 17
§ 2 Rechtsformwahl – Die Entscheidungskriterien 34
§ 3 Die einzelnen Rechtsformen 41
§ 4 Der Gesellschaftsvertrag für die Familiengesellschaft 68

C. Die Familie und das Unternehmen

§ 5 Das Unternehmen im Spannungsfeld der Familie 84
§ 6 Unternehmerehe 90
§ 7 Eingetragene Lebenspartnerschaft 183
§ 8 Nichteheliche Lebensgemeinschaft 198
§ 9 Abkömmlinge und ihr Verhältnis zum Unternehmen 211
§ 10 Altersversorgung des Unternehmers und seiner Familie 262

D. Laufender Geschäftsbetrieb des Familienunternehmens

§ 11 Führung und Kontrolle 275
§ 12 Vorsorge für den Fall des (streitigen) Ausscheidens von Gesellschaftern 333
§ 13 Besonderheiten einzelner Rechtsformen 353
§ 14 Wettbewerbsverbote 384
§ 15 Unternehmensbeiräte als Mittel der Unternehmensführung, Beratung und Kontrolle 390
§ 16 Streitvermeidung in Familienunternehmen 407
§ 17 Haftungsrisiken in Familienunternehmen 414
§ 18 Unternehmenspublizität 434

E. Das Familienunternehmen und seine Mitarbeiter

§ 19 Begründung und Inhalt des Arbeitsverhältnisses 441
§ 20 Mitarbeit und Beteiligung von Familienangehörigen 454
§ 21 Vergütung 459
§ 22 Mitarbeiterbeteiligung 473
§ 23 Beendigung des Arbeitsverhältnisses 479

§ 24 Arbeitnehmerhaftung 514
§ 25 Betriebliche Mitbestimmung 516
§ 26 Betriebsübergang 535
§ 27 Steuerrechtliche und sozialversicherungsrechtliche Fragen 546

F. Umstrukturierung von Familienunternehmen

§ 28 Grundlagen der Umstrukturierung 551
§ 29 Gründung einer Familien-Holding 563
§ 30 Bereinigung einer Konzernstruktur 599
§ 31 Trennung von Familienstämmen 642
§ 32 Änderung der Rechtsform 659

G. Unternehmensnachfolge

§ 33 Unternehmensnachfolge durch gesetzliche Erbfolge 685
§ 34 Unternehmensnachfolge durch gewillkürte Erbfolge 746
§ 35 Unternehmensnachfolge durch Rechtsgeschäft unter Lebenden . 809
§ 36 Nachfolge von familienfremden Dritten 839

H. Die Besteuerung des Familienunternehmens

§ 37 Rechtsformwahl 851
§ 38 Laufende Besteuerung der Kapitalgesellschaft 869
§ 39 Laufende Besteuerung der Personengesellschaft 889

Sachverzeichnis 909

Abkürzungsverzeichnis

abl.	ablehnend
AcP	Archiv für die civilistische Praxis
Battes	Nichteheliches Zusammenleben im Zivilrecht, 1983
Baumbach/Hopt	Baumbach/Hopt, Handelsgesetzbuch, 31. Aufl. 2003
Beck'sches Notarhandbuch	3. Aufl. 2000
Beck'sches Handbuch der Personengesellschaften	hg. von Müller/Hoffmann, 2. Aufl. 2002
Bengel/Reimann	Bengel/Reimann, Handbuch der Testamentsvollstreckung, 3. Aufl. 2001
Bergschneider	Verträge in Familiensachen, 2. Aufl. 2001
Brambring	Ehevertrag und Vermögenszuordnung unter Ehegatten, 5. Aufl. 2003
BT-Drucks	BT-Drucksache
Bundesministerium für Familie, Senioren, Frauen und Jugend	Bundesministerium für Familie, Senioren, Frauen und Jugend, Die Familie im Spiegel der amtlichen Statistik, erweiterte Neuauflage 2003
Bundesministerium für Wirtschaft und Technologie, Unternehmensnachfolge	Bundesministerium für Wirtschaft und Technologie, Unternehmensnachfolge – Der richtige Zeitpunkt – optimale Nachfolgeplanung, 2000
DBA	Doppelbesteuerungsabkommen
Deutsche Notarrechtliche Vereinigung, Vertragsobjekt Ehe und Lebenspartnerschaft	Deutsche Notarrechtliche Vereinigung, Vertragsobjekt Ehe und Lebenspartnerschaft, Symposium des Instituts für Notarrecht, 2002
Diederichsen, Vermögensauseinandersetzung bei der Ehescheidung	Diederichsen, Vermögensauseinandersetzung bei der Ehescheidung, 1983
Dötsch, Körperschaftsteuer	Dötsch/Eversberg/Jost/Pung/Witt, Die Körperschaftsteuer, Stand Mai 2004
Dötsch, Umwandlungssteuerrecht	Dötsch/Patt/Pung/Jost, Umwandlungssteuerrecht, 5. Aufl. 2003
Eglau	Eglau, Erbe, Macht & Liebe, Unternehmerfamilien zwischen Interessen und Emotionen, 2001

1. EheRG	Erstes Gesetz zur Reform des Ehe- und Familienrechts v. 14. 6. 1976
Freund, Familieninterne Unternehmensnachfolge	Freund, Familieninterne Unternehmensnachfolge – Erfolgs- und Risikofaktoren, 2000
Hdb. Pflichtteilsrecht	Mayer/Süß/Tanck/Bittler/Wälzholz, Handbuch Pflichtteilsrecht, 2003
Dehmer	Dehmer, Umwandlungsrecht und Umwandlungssteuerrecht, 2. Aufl. 1996
Diez W./John E., Familienunternehmen	Diez W./John E., Familienunternehmen sichern und weiterentwickeln, 1990
Esch/Baumann/Schulze zur Wiesche, Vermögensnachfolge	Esch/Baumann/Schulze zur Wiesche, Handbuch der Vermögensnachfolge, 6. Aufl. 2001
FA-FamR/Bearbeiter	Gerhardt/Heintschel-Heinegg/Klein (Hrsg.), Handbuch des Fachanwalts Familienrecht, 4. Aufl. 2002
Gernhuber/Coester-Waltjen, Familienrecht	Gernhuber/Coester-Waltjen, Lehrbuch des Familienrechts, 4. Aufl. 1994
Gersick/Davies, Generation to Generation, Life Cycles of the Family Business	Gersick/Davies/McCollom Hampton/Lansberg, Generation to Generation, Life Cycles of the Family Business, 1997
Grziwotz, Lebenspartnerschaft	Grziwotz, Beratungshandbuch Lebenspartnerschaft, 2003
Grziwotz, Partnerschaftsvertrag	Grziwotz, Partnerschaftsvertrag für die nichteheliche und nicht eingetragenen Lebensgemeinschaft, 4. Aufl. 2002
Grziwotz, Rechtsfragen des nichtehelichen Zusammenlebens . .	Grziwotz, Rechtsfragen des nichtehelichen Zusammenlebens, 2. Aufl. 2002
Grziwotz, Nichteheliche Lebensgemeinschaft	Grziwotz, Nichteheliche Lebensgemeinschaft, 3. Aufl. 1998
Hausmann, Nichteheliche Lebensgemeinschaft	Hausmann, Nichteheliche Lebensgemeinschaft und Vermögensausgleich, 1989
Hausmann/Hohloch/Bearbeiter	Hausmann/Hohloch (Hrsg.), Recht der nichtehelichen Lebensgemeinschaft, 1999
Heymann/Bearbeiter, HGB	E. Heymann, Handelsgesetzbuch, 2. Aufl. 1995 ff.
Huber	Huber, Vermögensanteil, Kapitalanteil und Gesellschaftsanteil an Personengesellschaften des Handelsrechts, 1970
Hüffer	Hüffer, Aktiengesetz, 6. Aufl. 2004

Institut für Notarrecht, Unternehmensnachfolge	Institut für Notarrecht, Tagungsband Unternehmensnachfolge, 2001
Kanzleiter/Wegmann	Kanzleiter/Wegmann, Vereinbarungen unter Ehegatten, 6. Aufl. 2001
Kap	Kapitel
Kapp/Eberling, ErbStG	Kapp/Eberling, Erbschaftsteuer- und Schenkungsteuergesetz, 43. Lfg. Dezember 2002
Kappler/Laske, Unternehmensnachfolge . .	Kappler/Laske, Unternehmernachfolge im Familienbetrieb, 2. Aufl. 1999
Klein, Familienunternehmen	Klein, Familienunternehmen, theoretische und empirische Grundlagen, 2000
Klein/Lauterbach . .	Klein/Lauterbach (Hrsg.), Nichteheliche Lebensgemeinschaften – Analyse zum Wandel partnerschaftlicher Lebensformen, 1999
Klingelhöffer, Die Ehescheidung des Unternehmers	Klingelhöffer, Die Ehescheidung des Unternehmers, 1992
Knobbe-Keuk, Bilanzsteuerrecht . .	Knobbe-Keuk, Bilanz- und Unternehmenssteuerrecht, 9. Aufl. 1993
Krollmann/Rinsche	Krollmann/Rinsche, Unternehmer-Ehegatte-Familienunternehmen, 1971
KStR-E 2003	Entwurf der Körperschaftsteuerrichtlinien 2003 v. 21. 1. 2004 – IVA2 – S 2610 – 6/03
Lang/Weidmüller . .	Lang/Weidmüller, Genossenschaftsgesetz, 33. Aufl. 1997
Langenfeld, Eheverträge.	Langenfeld, Handbuch der Eheverträge und Scheidungsvereinbarungen, 4. Aufl. 2000
Langenfeld, Testamentsgestaltung . . .	Langenfeld, Testamentsgestaltung, Einzeltestament – Ehegattentestament – Unternehmertestament, 3. Aufl. 2002
Le Mar, Generations- und Führungswechsel in Familienunternehmen	Le Mar, Generations- und Führungswechsel in Familienunternehmen (2001)
Limmer, Unternehmensumwandlung . .	Limmer (Hrsg.), Handbuch der Unternehmensumwandlung, 2. Aufl. 2001
Lorz/Kirchdörfer, Unternehmensnachfolge	Lorz/Kirchdörfer, Unternehmensnachfolge, 2002
Lutter	Lutter, Umwandlungsgesetz, 2. Aufl. 2000
Lutter/Hommelhoff	Lutter/Hommelhoff, GmbH-Gesetz, Kommentar, 15. Aufl. 2000
Maus, Scheidung ohne Trauschein . . .	Maus, Scheidung ohne Trauschein – Die vermögensrechtliche Auseinandersetzung bei Beendigung einer nichtehelichen Lebensgemeinschaft, 1984

MDR	Monatsschrift für deutsches Recht
Meincke, ErbStG . .	Meincke, Kommentar zum Erbschaftsteuergesetz, 13. Aufl. 2002
MittBayNot	Mitteilungen des Bayerischen Notarvereins, der Notarkasse und der Landesnotarkammer Bayern
Mittelsten-Scheid, Familienunternehmen	Mittelsten-Scheid, Gedanken zum Familienunternehmen, 1985
MüKo/Bearbeiter . .	Münchener Kommentar zum Bürgerlichen Gesetzbuch, hg. von Rebmann/Säcker, 4. Aufl. 2000 ff.
MünchHdb. GesR . .	Münchener Handbuch des Gesellschaftsrecht (Band 1 bis 4), 2. Aufl. 2004
Muscheler, Eingetragene Lebenspartnerschaft	Muscheler, Das Recht der eingetragenen Lebenspartnerschaft. Umfassende Darstellung und Kommentierung, 2001
Nerlich/Römermann	Nerlich/Römermann, Insolvenzordnung
Nieder	Nieder, Handbuch der Testamentsgestaltung, 2. Aufl. 2000
Nörenberg, Ehegatten-Arbeitsverträge .	Nörenberg, Ehegatten-Arbeitsverträge, 8. Aufl. 2000
Palandt/Bearbeiter . .	Palandt, Bürgerliches Gesetzbuch, 63. Aufl. 2004
PaPkG	Preisangaben- und Preisklauselgesetz
Penztlin, Familienunternehmen	Penztlin, Die Zukunft des Familienunternehmens, 1976
Rauscher, Familienrecht	Rauscher, Familienrecht, 2001
Reithmann/Martiny, Internationales Vertragsrecht	Reithmann/Martiny, Internationales Vertragsrecht. Das internationale Privatrecht der Schuldverträge, 6. Aufl. 2004
Richter, Die Abfindung ausscheidender Gesellschafter unter Beschränkung auf den Buchwert	Richter, Die Abfindung ausscheidender Gesellschafter unter Beschränkung auf den Buchwert, 2002
Scherer, MAH Erbrecht	Münchener Anwaltshandbuch Erbrecht, 2002
Schmidt.	Schmidt, Gesellschaftsrecht, 4. Aufl. 2002
Schmidt, EStG	Schmidt, Kommentar zum Einkommensteuergesetz, 23. Aufl. 2004
Scholz/Bearbeiter . .	Scholz, Kommentar zum GmbH-Gesetz, 2. Aufl. 2002
Schotten, Das Internationale Privatrecht	Schotten, Das Internationale Privatrecht in der notariellen Praxis, 1995
Schröer/Freund, IfM-Materialien Nr. 136 . .	Schröer/Freund, Neue Entwicklungen auf dem Markt für die Übertragung mittelständischer Unternehmen, IfM-Materialien Nr. 136, 1999
Soergel/Bearbeiter . .	Soergel, Bürgerliches Gesetzbuch mit Ausführungsgesetz und Nebengesetzen, Kommentar in 10 Bänden, 12. Aufl. 1987 ff.
Spiegelberger, Vermögensnachfolge	Spiegelberger, Vermögensnachfolge, 1994

Stach	Stach, Eheverträge – Gesetz und Rechtstatsachen, 1988
Staudinger/Bearb . .	Staudinger, Kommentar zum Bürgerlichen Gesetzbuch, 13. Aufl. 1993 ff.
Steuerliches Vertrags- und Formularbuch . .	Steuerliches Vertrags- und Formularbuch, 4. Aufl. 2001
StuB	Steuer- und Bilanzpraxis
Sudhoff/Bearbeiter, Unternehmens- nachfolge	Sudhoff, Unternehmensnachfolge, 4. Aufl. 2000
v. Schultzendorff, Fremdmanager in Familienunternehmen	v. Schultzendorff, Fremdmanager in Familienunternehmen – eine empirische Analyse, Diss. St. Gallen, 1984
VAHRG	Gesetz zur Regelung von Härten im Versorgungsausgleich
Vogt/Hannes	Vogt/Hannes, Verträge mit Familienangehörigen, 2. Aufl. 2004
Waldner, Eheverträge	Waldner, Eheverträge, Scheidungsvereinbarungen und Partnerschaftsvereinbarungen für die notarielle und anwaltliche Praxis, 2001
Weigl, Stille Gesell- schaft und Unter- beteiligung	Weigl, Stille Gesellschaft und Unterbeteiligung, 2. Aufl. 2004
Wellenhofer-Klein, Die eingetragene Lebenspartnerschaft .	Wellenhofer-Klein, Die eingetragene Lebenspartnerschaft, 2003
Widmann/Mayer . .	Widmann/Mayer, Kommentar zum Umwandlungsrecht, 2001
Wiedemann	Wiedemann, Die Übertragung von Rechten und Mitgliedschaftsrechten bei Handelsgesellschaften, 1965
Wimmer, Familien- unternehmen	Wimmer, Familienunternehmen: Auslaufmodell oder Erfolgstyp?, 1996

A. Einführung

Der Verlag C. H. Beck hat es fertig gebracht, die von *Dr. Heinrich Sudhoff* im Jahre 1980 begründete Handbuch-Reihe, die in der Vergangenheit vielen Steuerberatern, Rechtsanwälten und Notaren bei ihren Vertragsgestaltungen geholfen hat, durch einen weiteren neuen Band fortzusetzen. Dieser Band beschäftigt sich mit den „Familienunternehmen".

Das von *Dr. Heinrich Sudhoff*, Rechtsanwalt und Notar, Wirtschaftsprüfer und Fachanwalt für Steuerrecht, unter Mitarbeit von Rechtsanwalt *Martin Sudhoff*, Fachanwalt für Steuerrecht, im Jahre 1980 erstmals begründete Werk *„Das Familienunternehmen"*, das sich eines großen Zuspruchs erfreut hat, wird mit dem jetzt vorliegenden Band fortgeführt. *Heinrich Sudhoff* hat schon vor 25 Jahren besonderes Augenmerk den Verträgen der Einzelunternehmen, der OHG, KG, der bürgerlich-rechtlichen Gesellschaft, stillen Gesellschaft, Unterbeteiligungsgesellschaft und der GmbH geschenkt und in seinem damaligen Vorwort darauf hingewiesen, dass die Unternehmen der mittelständischen Wirtschaft meist als Familienunternehmen betrieben werden, und Personengesellschaften aber auch Gesellschaften mit beschränkter Haftung oft Familienbetriebe sind.

Diese Kernaussage gilt heute noch, auch wenn heute vielfältigere Gesellschaftsformen wie die GmbH & Co. KG, die Stiftung u. a. bei Familienunternehmen ebenfalls weit verbreitet sind. Dem haben die Autoren Rechnung getragen und auch die anderen Vertragstypen in ihren Ausprägungen, Vor- und Nachteilen im Einzelnen dargestellt. *Heinrich Sudhoff* bezeichnete es als besonders familienfeindlich, wenn die Kündigung eines Gesellschafters die Auflösung der Personengesellschaft zur Folge hat, wenn die Gesellschaft durch den Tod eines Gesellschafters aufgelöst wird oder wenn GmbH-Geschäftsanteile ohne jede Einschränkung an familienfremde Personen abgetreten werden können. Es liege regelmäßig nicht im Familieninteresse, wenn alle Gesellschafter ohne Rücksicht auf ihren Familienstand vertretungsberechtigt sind. Diese Hinweise nahm er zum Anlass, in seinem Werk auf die Wichtigkeit der richtigen gesellschaftsrechtlich auf die Familiengesellschaft zugeschnittenen Regelungen hinzuweisen. Auch diese Überlegungen gelten heute noch in gleicher Form, deshalb haben die Autoren des neuen Werkes den wichtigen gesellschaftsrechtlich erforderlichen Vereinbarungen und Satzungen breiten Raum geschenkt.

Auch in der heutigen Zeit gelten die weiteren Ausführungen in seinem damaligen Vorwort: Für Personengesellschaften gilt das Prinzip der Einstimmigkeit. Bei Mehrheitsabstimmung erfolgt die Beschlussfassung im Zweifel nach Köpfen. Auch diese Regel widerspricht meist einer familiengerechten Geschäftsführung und Beschlussfassung. Darüber hinaus wirkt sich das Fehlen brauchbarer Gewinnverteilungs- und Bewertungsvorschriften im Familienbereich besonders nachteilig aus, ebenso der

Umstand, dass die Gesellschafternachfolge im Gesetz nicht geregelt und eine Delegation in der Nachfolgerbenennung mit erbrechtlicher Wirkung nur auf Umwegen möglich ist. Hier hat *Heinrich Sudhoff* segensreich gewirkt und auf die praktischen Belange sehr viel Rücksicht genommen. Die Autoren des neuen Werkes sind ebenfalls Praktiker und wollen mit ihren Vorschlägen dazu beitragen, dem Berater von Familienunternehmen und den Entscheidungsträgern dieser Unternehmen hilfreiche Vertragsgestaltung anzubieten, um die gesetzlich nicht immer garantierte Unternehmenssicherung zu erreichen. Ein Wechsel der Gesellschafter in familiengerechter Weise soll damit erreicht werden. Die Befugnisse des Seniors und der Junior-Gesellschafter in der Geschäftsführung, bei der Beschlussfassung und bei der Gesellschafternachfolge müssen genau geklärt werden. Der Spannungsbereich zwischen den tätigen und nicht tätigen Gesellschaftern muss nach wie vor mit besonderer Sorgfalt abgesteckt werden, aber auch die Absicherung von Ehepartnern und weichenden Erben darf keineswegs vernachlässigt werden.

Schon *Heinrich* und *Martin Sudhoff* haben in der Erstausgabe nicht nur die gesellschaftsrechtlichen Probleme behandelt, sondern auch die steuerliche Seite sehr stark ins Augenmerk genommen. Die Steuerprobleme haben sich im Laufe der Jahrzehnte vervielfacht, auch im neuen Werk sind sie verbunden mit der gesellschaftsrechtlichen Situation sehr deutlich dargestellt. Familienrechtliche und erbrechtliche Vorschriften sind von den Verfassern ebenfalls berücksichtigt. Bei Familienunternehmen ist es nach wie vor von großer Bedeutung, dass ein Gesellschaftsvertrag auch für die kommenden Generationen noch Gültigkeit haben soll, aber andererseits Entwicklungsmöglichkeiten der Unternehmen in der Zukunft nicht blockiert werden dürfen. Heute gilt noch mehr als 1988, dass der Schnelle den Großen durchaus überholen kann und Flexibilität erforderlich ist, um Entwicklungschancen zu nutzen.

Heinrich und *Martin Sudhoff* hatten ihr Buch unter das Zitat von *Pascal* gestellt, dass die Vergangenheit und die Gegenwart bloße Erkenntnismittel sind, hingegen die Zukunft der alleinige und entscheidende Zweck ist. Unter diesem Motto kann auch die neue Auflage nach wie vor stehen.

Jeder spricht davon, jeder weiß mittlerweile auch, dass die Familienunternehmen sehr zum Wohle der Nation beitragen, weil sie für gewöhnlich über Generationen hin erfolgreich geführt werden. Die Weiterführung von Unternehmen ist nicht nur für das Unternehmen und ihre Inhaber selbst wichtig, sondern auch für die gesamte Volkswirtschaft von herausragender Bedeutung.

Der ungeklärte Generationswechsel an der Spitze von Unternehmen in Nordrhein-Westfalen bedroht nach statistischer Feststellung des Wirtschaftsministeriums NW rd. 200 000 Arbeitsplätze. In 20 000 von insgesamt 88 000 Firmen, in denen der Chef oder die Chefin in den kommenden 5 Jahren abtreten wird, ist noch völlig offen, wer den Betrieb danach weiterführt. Unter den meist mittelständischen Familienbetrieben ist das Handwerk besonders stark betroffen. Dabei suchen über 30 % einen Nachfolger, ohne dass ein Großteil dieser Firmen bereits Schritte in die Richtung des Generationenwechsels eingeleitet hat.

In vielen Unternehmen ist das Thema Nachfolge tabu, weil die Inhaber sich stark in ihrer Privatsphäre berührt fühlen. Das scheint vor allem in Familienbetrieben der Fall zu sein. Nicht jeder gibt gern sein Lebenswerk aus der Hand und gesteht sich ein, dass ein jüngerer Nachfolger ebenfalls erfolgreich arbeiten kann. Die Folge ist, dass die heikle Nachfolgefrage oft auf die lange Bank geschoben wird, bis nicht mehr die strategische Planung der Firmennachfolge, sondern das Schicksal mit Krankheit oder Tod über die Existenz der Firma entscheidet. Verschärft wird die Nachfolgeproblematik dadurch, dass die Kreditinstitute inzwischen Kreditvergaben nach Basel II an härtere Bedingungen knüpfen. Ein Bestandteil der Kreditvergaben ist auch die Frage, ob die Nachfolge rechtzeitig geordnet wurde. Ist das nicht der Fall, muss der Firmeninhaber höhere Zinsen in Kauf nehmen und erhält im Extremfall gar keine Bankfinanzierung. Das Gründungsnetzwerk NRW hat in den letzten 4 Jahren Kontakt zu 1600 übergabewilligen Unternehmern und über 5000 potentiellen Bewerbern aufgenommen. Das Wirtschaftsministerium NW versucht, mit Aktionstagen für eine reibungslose Firmenübergabe zu werben, Land und Bund geben Zuschüsse, wenn ein Unternehmensberater mit der Gestaltung der Unternehmensnachfolge beauftragt wird. Neue Sicherungsmittel wie Vorsorgevollmacht und Nachfolge-Mediation sind moderne Antworten, um Flexibilität und Einigungshilfen dafür zu schaffen, dass sich die Ziele der Familie nicht allzu sehr von den Zielen der Familienunternehmen entfernen.

Winkler weist darauf hin, dass jedes Familienunternehmen letztlich auch ein Spiegelbild der jeweiligen Familie und der in der Familie vorhandenen Probleme und Konflikte ist. Er sieht vier Phasen einer Unternehmensfamilie: Die erste Phase ist dadurch gekennzeichnet, dass der Unternehmer eine Grundsatzentscheidung zum Verhältnis von Arbeit und Familie zu treffen hat. Dies gilt insbesondere in der Anfangszeit des Aufbaus eines Unternehmens oder Eintritt in ein Unternehmen. Er muss die wirtschaftliche Basis der Familie sichern. In der zweiten Phase beginnen die Kinder, sich vom Elternhaus zu lösen, und in dieser Phase ist die Frage der Unternehmensnachfolge von besonderer Bedeutung. Damit ergibt sich zudem eine Veränderung der Familienstruktur, da die Hauptaufgabe der Kernfamilie, nämlich die Erziehung der Kinder und ihre Vorbereitung auf die Selbständigkeit erfüllt ist. In dieser Phase besteht ein erhebliches Gefährdungspotential für den Bestand der Familie und damit auch des Familienunternehmens. Die dritte Phase der Unternehmerfamilie steht im Zeichen der Zusammenarbeit und der Kommunikation zwischen den Generationen. Hier ist die Einrichtung eines Familienrats von Interesse. In der vierten Phase der Unternehmerfamilie stehen Generationenwechsel und wirtschaftliche Leitung der Familie im Vordergrund. Mit besonderen Problemen ist es behaftet, wenn dieser Generationenwechsel ungeplant und unerwartet kommt. Auf diese Fragen gibt das Buch Antworten.

Ein Kennzeichen der Familienunternehmen ist es, dass sie generationenübergreifend bestimmten Familien, zumeist den Familien der Gründer gehören und zumeist auch mindestens in den ersten Jahrzehnten von Familienmitgliedern geführt werden. Naturgemäß bilden bei diesen Unternehmen die Rechtsformwahl und die Möglichkeiten, die generationenübergreifende Verstetigung von Unternehmen zu erreichen, den Schwerpunkt der Beratung.

Weil das Werk weitgehend die Wirklichkeit abbilden soll und in erster Linie die Berater von und für Familienunternehmen als Zielgruppe hat, erfasst der neue *Sudhoff* bestimmte Schwerpunkte für Familienunternehmen.

Ein erster Schwerpunkt des Buches behandelt die Gründung von Familienunternehmen. Dafür ist es wichtig, von vornherein die richtige Namenswahl mit den rechtlichen Grundlagen des Firmenrechts und des Schutzes der Firma zu kennen und den Unternehmensgegenstand festzuhalten.

Wälzholz verschafft zunächst einen Überblick über die möglichen Rechtsformen und die verschiedenen Entscheidungskriterien. Alsdann werden die einzelnen Rechtsformen behandelt, nämlich das Einzelunternehmen, die Gesellschaft bürgerlichen Rechts, die offene Handelsgesellschaft (oHG), die Kommanditgesellschaft, die stille Gesellschaft, Unterbeteiligungen, die GmbH, die Aktiengesellschaft, die Kommanditgesellschaft auf Aktien sowie Partnerschaftsgesellschaften und EWIVs und Stiftungen. Die Vor- und Nachteile der einzelnen Rechtsform werden näher dargestellt.

Für den Unternehmer wird es darauf ankommen, schlanke Hierarchien zu bilden und eindeutige Entscheidungsmöglichkeiten zu haben. Bei der Rechtsformwahl sind naturgemäß auch Haftungsgesichtspunkte ebenso von Bedeutung, wie auch steuerliche Überlegungen angestellt werden müssen.

Häufig liegen die Motive für eine Familiengesellschaft in dem Heranführen der Kinder an die Vermögensverwaltung und Geschäftsführung sowie in der Verhinderung der Zusammenballung von Vermögenswerten, um die Einkommens- und Erbschaftssteuerprogression zu vermeiden.

Dadurch bietet sich insbesondere die Rechtsform der GmbH & Co. KG als Familiengesellschaft an, bei der sich der übergebende Gründer die Geschäftsführung zur Aufrechterhaltung seines Einflusses auf die Geschicke der Gesellschaft vorbehalten kann und die Organisation des Familienvermögens geregelt wird. Da das Handelsregister mittlerweile auch für kleingewerbetreibende und vermögensverwaltende Gesellschaften geöffnet ist, steht die GmbH & Co. KG mittlerweile für alle Formen wirtschaftlicher Tätigkeit im weitesten Sinne als Rechtsform zur Verfügung.

Dem Gesellschaftsvertrag für die Familiengesellschaft mit seinen Zielen und Aufgaben, aber auch mit Hinweisen auf typische Fehler und deren Vermeidung wird breiter Raum für den Berater gegeben.

Je mehr Generationen in einem Familienunternehmen beteiligt werden, ohne dass Generationen zum Beispiel durch Auszahlung ausscheiden, um so schwieriger wird es, die durchschnittliche Fach- und Führungskompetenz der Gesellschafter auch nur zu halten, geschweige denn zu steigern. Es wird immer mehr Familiengesellschafter geben, die beruflich nichts mit dem Unternehmen zu tun haben. Dies bedeutet, dass bei fortschreitenden Generationen einerseits die Gesellschafter mit geringerer

Fach- und Führungskompetenz aus der Geschäftsführung fern gehalten werden müssen, dass sie andererseits aber auch in die geschäftsführenden Familienangehörigen und die Berater Vertrauen setzen sollen.

Die Berater müssen in der Lage sein, die unterschiedlichen Vertrauensanforderungen der verschiedenen Rechtsformen zutreffend einzuschätzen.

Bei der GmbH & Co. KG oder KG wird von den nicht tätigen Gesellschaftern ein großes Maß an Vertrauen abverlangt; wenn sie den geschäftsführenden Gesellschaftern dieses Vertrauen nicht entgegenbringen, sind bei dieser Rechtsform erhebliche Probleme vorprogrammiert. Bei der Aktiengesellschaft ist die Situation eine andere, der Vorstand ist zunächst nur für einen festen Zeitraum bestellt und wird am Ergebnis, nicht aber an den Einzelentscheidungen gemessen. Er kann von den Aktionären nicht ohne weiteres im Tagesgeschäft behindert werden. Diese Unterschiede werden dargestellt, um Beratern und an Familienunternehmen Beteiligten die unterschiedlichen Möglichkeiten der verschiedenen Rechtsformen aufzuzeigen und auf die jeweilige Situation der Generationenfolge zuzuschneiden.

Ein Generationswechsel bedeutet immer, dass zwei Generationen aufeinander stoßen und in der Führung ein Wechsel vollzogen werden soll. Das heißt allerdings auch, dass beide Generationenvertreter tätig werden müssen; der Senior überträgt einen Teil seiner Macht, seines Einflusses auf den Junior, der an Bedeutung zunimmt, während der Senior an Bedeutung verliert. Diese Konsequenzen müssen die Berater sowohl in wirtschaftlicher, rechtlicher und steuerlicher Hinsicht, wie möglichst auch in psychologischer Hinsicht begleiten. Dafür ist nicht nur das Faktenwissen erforderlich, sondern auch eine Sensibilität und Empathie, um den Wandel zu gestalten (vgl. LeMar, Generations- und Führungswechsel im Familienunternehmen, 2001, Springer-Verlag).

Es heißt häufig:
Die erste Generation baut es auf,
die zweite Generation baut es aus
und die dritte Generation baut es ab.

Die Kunst der Berater ist es, die passenden Rahmen für die Abfolgen zu finden und vorzuschlagen, um auch für die dritte und die folgenden Generationen den Abbau zu verhindern und die stetige Weiterentwicklung zu erreichen.

Der TÜV Rheinland-Berlin-Brandenburg bietet neuerdings mit Wirtschaftspsychologen eine spezielle Dienstleistung für Unternehmen an, die vor der Übergabe stehen. Die Experten analysieren mögliche Konfliktpotentiale zwischen Senior und Junior. In Gesprächen klären sie Einstellungen zu zentralen Themen wie Mitarbeiterführung, Wettbewerbsprofilierung sowie die Schwächen und Stärken des Unternehmens und schlagen geeignete Maßnahmen vor, um den Führungswechsel möglichst erfolgreich zu gestalten. Dazu gehört zum Beispiel die Erstellung eines strukturierten Übergabeplans (www.tuv.com).

Im nächsten Kapitel werden die Familien und das Unternehmen behandelt. Bei Familienunternehmen strahlt das Unternehmen auf alle Bereiche der Familie aus. Insoweit nimmt die Darstellung der Auswirkungen von Unternehmer-Ehe und eingetragener Lebenspartnerschaft und den daraus entstehenden Möglichkeiten breiten Raum ein.

Die Unternehmerehe mit gesetzlichem Güterstand und seinen Folgen einschließlich der Unterhaltsansprüche von Ehegatten, aber auch die Folgen der Scheidung der Unternehmerehe und Trennung bei gesetzlichem Güterstand wird im Einzelnen dargestellt, nämlich von den Unterhaltsansprüchen über den Versorgungsausgleichsanspruch, Zugewinnausgleichsanspruch in allen Facetten sowie sonstigen Ausgleichsansprüchen, insbesondere den gesellschaftsrechtlichen Ausgleichsansprüchen einer Ehegatteninnengesellschaft, schenkungsrechtlichen Rückforderungsrechten und dem Wesen ehebedingter Zuwendungen.

Das Unternehmen im Zugewinnausgleich wird dargestellt hinsichtlich der Problematik von Wertermittlung und der Vermeidung von Liquiditätsschwierigkeiten, aber auch der Auswirkungen von gesellschaftsvertraglichen Abfindungsklauseln.

Für die Fortführung einer Familiengesellschaft sind die Ansprüche eines Ehegatten beim Tod des Unternehmers hinsichtlich erbrechtlicher und güterrechtlicher Ansprüche von erheblicher Bedeutung. Die ehevertraglichen Gestaltungsmöglichkeiten und Vorsorgemaßnahmen hinsichtlich Güterstand, insbesondere auch der modifizierten Zugewinngemeinschaft, hinsichtlich Unterhalt, Versorgungsausgleich, Pflichtteilsverzicht und Auslandsbezug werden dargestellt. Auch die neueste Rechtsprechung des Bundesgerichtshofes zum Gütertrennungsvertrag (vom 11. 2. 2004 – XII ZR 265/02) ist eingearbeitet. Der Berater sollte darauf achten, dass die Rechtsprechung nunmehr nicht nur die Situation bei Abschluss des Güterrechtsvertrages prüft, sondern auch die Entwicklung bis zur Beendigung der Ehe hinsichtlich der Kernbereiche.

Familiengesellschaften können auch von Lebenspartnern geführt werden, deren Güterstand einschließlich partnerschaftsvertraglicher Gestaltungsmöglichkeiten und Vorsorgemaßnahmen erläutert wird.

Auch die Situation von nichtehelichen Lebensgemeinschaften muss heutzutage in die Beratung von Familiengesellschaften einbezogen werden, so dass auch dafür Ausführungen gemacht werden.

Schließlich wird dargestellt, welche Regelungen für Abkömmlinge der Familie im Verhältnis zum Unternehmen gefunden werden können. Dabei finden sich Regelungen hinsichtlich zur Nachfolge ungeeigneter Abkömmlinge, für die in erster Linie Pflichtteilsregelungen durch Verzichtsverträge oder Pflichtteilsbeschränkungen durch gesellschaftsvertragliche Abfindungsklauseln und lebzeitige Übertragungen erläutert werden.

Sehr wichtig ist natürlich der Zeitpunkt und die Gestaltung der Unternehmensnachfolge mit zur Nachfolge geeigneten Abkömmlingen und gesellschaftsvertragliche sowie ehe- bzw. partnerschaftsvertragliche Vorsorgemaßnahmen dafür. Die Besonderheiten bei unternehmerischer Beteiligung minderjähriger Abkömmlinge sowohl bei Unternehmensgründung wie auch bei ihrer Aufnahme in bestehende Unternehmen und ihre Vertretung bei Gesellschaftsbeschlüssen, wie auch nach Scheidung der

Unternehmerehe und dem Sonderkündigungsrecht bei vollhaftender Beteiligung werden im Einzelnen dargestellt.

Eine wesentliche Überlegung bei der Fortführung von Familienunternehmen ist die Altersversorgung des Unternehmers und seiner Familie, die sowohl durch schenkungsweise Unternehmensübertragung mit Altersversorgung gegen wiederkehrende Leistungen, unter Nießbrauchsvorbehalt oder bei Verpachtung von Unternehmensteilen geschehen kann, wie auch die entgeltliche Unternehmensübertragung als solche. Auch hiermit befasst sich *Winkler* eingehend.

Zur Absicherung unerwarteter Schicksalsschläge ist der Einführung ein Muster einer Vorsorgevollmacht von *Stückemann* angefügt (S. 10 ff.). Die notarielle Vorsorgevollmacht wird in der Praxis der Unternehmensberatungen bei Familienunternehmen häufig als Sicherungsmittel unterschätzt, weil zumeist bei der Beratung des Unternehmers nur die lebzeitige Übertragung und Sicherung seines Einflusses auf das Unternehmen, wie auch die Übertragung von Todes wegen geregelt wird. Immer häufiger besteht aber die Möglichkeit der Geschäfts- und Handlungsunfähigkeit des einzigen Entscheidungsträgers aufgrund von Unfällen oder Krankheiten, insbesondere auch bei Alterskrankheiten oder plötzlichen Schlaganfällen. Da das Gesetz bislang in derartigen Fällen keine gesetzliche Vertretungsmöglichkeit bietet und das Betreuungsrecht bei Familiengesellschaften augenblickliche Entscheidungen zu alltäglichen Geschäftsvorfällen mit größeren Schwierigkeiten und Zeitproblemen zulässt, erscheint es unabdingbar, für derartige Fälle vorzusorgen. Gerade bei Familienunternehmen liegen zumeist Vertrauenstatbestände vor, die es ermöglichen, für eine Übergangszeit durch geschickte Gewährung von Vorsorgevollmachten auf Familienmitglieder die einigermaßen problemlose Weiterführung zur Überbrückung einer Zeit der Geschäftsunfähigkeit des Unternehmers zu erreichen. Fehlende Beratung über diese Möglichkeiten erscheint bei Unternehmen jeglicher Art, insbesondere auch bei Familiengesellschaften als Beratungsfehler, so dass jeder Berater sich über Vorsorgevollmachten unbedingt unterrichten sollte. Abgesehen davon ist es für manchen Unternehmer sehr einleuchtend und psychologisch weniger belastend, wenn mit ihm über die Vorsorgemöglichkeiten bei seinem kurzfristigen, nur temporären Ausfall gesprochen wird, als wenn man viel weitreichendere Überlegungen hinsichtlich der Regelungen für die Zeit nach seinem Ableben besprechen muss. Die Vorsorgediskussion bietet in jedem Falle eine gute Möglichkeit, über die kurzfristige zeitweise Unternehmernachfolge zur endgültigen Unternehmensfortführung zu sprechen.

Im weiteren Kapitel stellt *Wälzholz* den laufenden Geschäftsbetrieb des Familienunternehmens dar.

Er macht zunächst deutlich, dass die grundsätzlichen Zielsetzungen und unterschiedlichen Führungs- und Kontrollmodelle vom Berater dargestellt werden.

Dabei ist ein wesentlicher Gesichtspunkt für Familienunternehmen, wie der Familieneinfluss auf die Jahre hin gesichert werden kann. Hierzu werden auch die Besonderheiten bei einer Aktiengesellschaft erläutert.

Wälzholz erklärt die Zusammenhänge zwischen der Versammlung der Gesellschafter und der Exekutivorgane der Familiengesellschaft, nämlich der Geschäftsführung.

Es wird dargestellt, welche Möglichkeiten für den Fall des Ausscheidens, auch des streitigen Ausscheidens von Familiengesellschaftern im Wege der Vorsorge geregelt sein sollten.

Auch die in der Praxis immer wieder auftauchenden Fragen von Wettbewerbsverboten werden erklärt.

Ebenso werden rechtsformspezifische Besonderheiten bei den Einzelunternehmen, bei Personengesellschaften, bei der GmbH, bei der Aktiengesellschaft, bei der KG a.A., bei der Stiftung und bei zusammengesetzten Rechtsformen zusammengestellt.

Als Mittel zur Sicherung der Unternehmensführung, der Beratung und auch der Kontrolle werden Sinn und Unsinn von Unternehmensbeiräten erläutert und die unterschiedlichen Aufgaben und Funktionen anhand von Formulierungsvorschlägen und rechtsformspezifischen Besonderheiten erläutert.

Besonders wichtig in Familienunternehmen ist die Streitvermeidung. Dies sollte bei der Gestaltung der Gesellschaftsverträge bedacht werden. Weitere Streitvermeidungs- oder Konfliktlösungsmöglichkeiten bestehen in Schiedsgerichten und Wirtschaftsmediation.

So wie jedes andere Unternehmen gibt es auch in Familienunternehmen Haftungsrisiken. Die Haftungsrisiken werden sowohl für den Einzelunternehmer wie für Komplementäre und Kommanditisten aufgeführt, aber auch als Gesellschafter in einer GmbH und GmbH & Co. KG. Dabei wird die Haftung im Gründungsstadium sowie unter dem Gesichtspunkt von Eigenkapitalersatz und der Haftung im Konzern erläutert.

Die Geschäftsführerhaftung in der GmbH & Co. KG wird ebenfalls behandelt, um dem Berater etwas an die Hand zu geben, den künftigen Familienunternehmer auch über die Haftungsmöglichkeiten zu unterrichten. Die Haftungsrisiken in der AG und in der KG a.A. werden abschließend erläutert. Es folgt noch ein Abschnitt über die Unternehmenspublizität und seine Bedeutung für die Unternehmen.

Schlüter gestaltet ein Kapitel über das Familienunternehmen und seine Mitarbeiter.

Darin wird zunächst im Einzelnen die Begründung und der Inhalt von Arbeitsverhältnissen dargestellt, um Beratern und Unternehmern die Grundsätze der Inhalte von Arbeitsverhältnissen mit Hinweisen auf alle Möglichkeiten der Anwendung von tarifvertraglichen Regelungen durch Tarifbindung, Einbeziehungsvereinbarung, betriebliche Übung, Allgemeinverbindlichkeit und gesetzliche Regelung zu vermitteln.

Auch die Beteiligung von Betriebsräten wird ebenso dargestellt wie Kosten für Bewerbungen und die Festlegung von Aufgabenbereichen.

Eine wichtige Problematik für Familienunternehmen ist die Darstellung der Möglichkeiten über die Mitarbeit und Beteiligung von Familienangehörigen auf arbeitsvertraglicher oder auf gesellschaftsrechtlicher Grundlage und die familienrechtliche Mitarbeit, die ebenfalls dargestellt wird.

Es werden die verschiedenen Vergütungssysteme erläutert, ebenso wie der Mitarbeiterbeteiligung und ihren verschiedenen Möglichkeiten Raum gegeben wird.

Natürlich werden auch die Grundsätze von Kündigung und Kündigungsschutz näher beschrieben, weil die Kenntnisse darüber für Familienunternehmer und ihre Berater von Bedeutung sind. Die Änderungen des Kündigungsschutzgesetzes sind bereits eingearbeitet.

Des Weiteren werden die Grundsätze der Arbeitnehmerhaftung im Einzelnen angesprochen. Auch die Mitbestimmung durch Betriebsräte wird im Einzelnen erläutert sowohl zur Bildung von Betriebsräten als auch zum Abschluss von Betriebsvereinbarungen. Die Mitbestimmung sowohl in sozialen Angelegenheiten wie auch bei personellen Maßnahmen und in wirtschaftlichen Angelegenheiten, auch im Familienkonzern, wird dargestellt.

In Familienunternehmen spielen Umwandlung und Betriebsübergang eine wichtige Rolle, so dass der Anwendungsbereich des § 613 a BGB und des Umwandlungsgesetzes umfassend dargestellt wird. Im arbeitsrechtlichen Bereich geht es auch um steuerrechtliche und um sozialversicherungsrechtliche Fragen, die ebenfalls erläutert werden.

In einem weiteren Kapitel stellen *Honert* und *Neumayer* die Möglichkeit der Umstrukturierung von Familienunternehmen dar und erläutern die Rechtsgrundlagen für Umstrukturierungen im Gesellschaftsrecht, aber auch im Steuerrecht.

Eine wesentliche Maßnahme liegt in der Gründung einer Familienholding. Diese Möglichkeiten und Abläufe sowohl aus gesellschaftsrechtlicher wie auch aus steuerlicher Hinsicht werden weitgehend umfassend beleuchtet. Auch die Trennung von Familienstämmen wird erläutert sowohl für die Spaltung einer Kapitalgesellschaft wie auch für die Spaltung einer Personengesellschaft.

Dargestellt sind ferner die Möglichkeiten der Änderung von Rechtsformen durch Formwechsel in eine Kapitalgesellschaft, wie auch durch Formwechsel in eine Personengesellschaft in gesellschaftsrechtlicher und steuerrechtlicher Hinsicht. Schließlich sind im Einzelnen die Möglichkeiten der Bereinigung einer Konzernstruktur durch Verschmelzung erläutert.

Die Unternehmensnachfolge als solche wird von *Stracke* erläutert, und zwar einerseits aufgrund gesetzlicher Erbfolge mit allen Möglichkeiten des erbrechtlichen Erwerbs. Außerdem wird die Unternehmensnachfolge durch gewillkürte Erbfolge mit allen Möglichkeiten wie Erbeinsetzung, Vor- und Nacherbfolge, Ausschluss von der Erbfolge, Vermächtnissen, Auflagen, Teilungsanordnungen, Bedingungen und Befristungen sowie Testamentsvollstreckung sowie trans- und postmortale Vollmachten dargestellt. Auch die Folgen des erbrechtlichen Erwerbs werden erläutert. In einem weiteren Abschnitt wird die Unternehmensnachfolge durch Rechtsgeschäft unter Lebenden, also durch Schenkung, Kauf, Pacht, Nießbrauch und ihre Sicherungen besprochen.

Es wird auch dargelegt, wie zur Sicherung eines Familienunternehmens eine Nachfolge im Management, aber auch eine Nachfolge als Gesellschafter oder durch Management-buy-out oder Gründung einer Stiftung erfolgreich verlaufen kann.

Abschließend wird von *Honert* und *Neumayer* die Besteuerung des Familienunternehmens dargestellt. Hier geht es einerseits um die laufende Einkommensbesteuerung in den verschiedenen Unternehmensformen, andererseits werden die steuerlichen Kriterien der Rechtsformwahl im Einzelnen aus der Sicht des Steuerrechtlers erläutert.

Formulierungsvorschlag für eine Vorsorgevollmacht:

Vor mir, dem unterzeichnenden Notar

...

erschienen heute:

1.) Frau

2.) deren Ehemann

Die Erschienenen sind dem Notar von Person bekannt. An ihrer Geschäftsfähigkeit besteht keinerlei Zweifel.

Der Notar erläuterte vorab die Grundzüge der Vorsorgevollmacht, die den Erschienenen im Entwurf bereits zugeleitet war. Die Erschienenen machten deutlich, dass sie sich mit den Inhalten der Vorsorgevollmacht im Einzelnen intensiv auseinandergesetzt haben.

Der Notar wies die Beteiligten auf die gesetzliche Vorschrift des § 3 Abs. 1 Ziff. 7 Beurkundungsgesetz hin. Danach darf der Notar an einer Beurkundung nicht mitwirken, wenn er oder einer seiner Kollegen in derselben Angelegenheit außerhalb ihrer Amtstätigkeiten bereits tätig waren oder sind, es sei denn, diese Tätigkeit wurde im Auftrag aller Personen ausgeübt, die an der heutigen Beurkundung beteiligt sind.

Die Beteiligten erklären, dass eine Vorbefassung im Sinne der vorgenannten Vorschrift nicht vorliegt.

Auf Bitten der Erschienenen beurkunde ich folgende

Vollmachtserteilung
(Vorsorgevollmacht mit Patientenvollmacht)

Wir, die Erschienenen, erteilen uns hiermit wechselseitig

Generalvollmacht

den jeweils anderen in allen **persönlichen** und **vermögensrechtlichen** Angelegenheiten, bei denen eine Stellvertretung gesetzlich zulässig ist, umfassend zu vertreten.

Die Vollmacht soll als **Vorsorgevollmacht** insbesondere zur Vermeidung der Anordnung einer Betreuung dienen und daher bei Eintritt einer Geschäfts- oder Handlungsunfähigkeit des Vollmachtgebers ausdrücklich nicht erlöschen.

Die Vollmacht soll eine **Generalvollmacht** sein und im Umfang unbeschränkt gelten. Zur Erläuterung der Bedeutung der Vollmacht werden nachfolgend einige Angelegenheiten beispielhaft aufgezählt, die von der Vollmacht erfasst sind, ohne dass dadurch eine Beschränkung der Vollmacht getroffen wird.

A. Vermögensangelegenheiten

Die Vollmacht umfasst insbesondere die Befugnis,
- alle Rechtshandlungen und Rechtsgeschäfte im Namen des Vollmachtgebers vorzunehmen,
- über Vermögensgegenstände jeder Art zu verfügen,
- Erklärungen aller Art abzugeben und entgegenzunehmen sowie Anträge zu stellen, abzuändern, zurückzunehmen,
- Zahlungen und Wertgegenstände anzunehmen,
- Verbindlichkeiten einzugehen,
- Schenkungen und Schenkungsversprechen vorzunehmen und entgegenzunehmen,
- den Vollmachtgeber vor Behörden, Dienststellen und Notariaten sowie Versicherungsgesellschaften aller Art im In- und Ausland umfassend zu vertreten,
- Grundbesitz zu veräußern und zu erwerben, Grundpfandrechte einschließlich Zins- und Nebenleistungen und sonstige Rechte für beliebige Gläubiger und Berechtigte zu bestellen und die Eintragung im Grundbuch zu bewilligen und zu beantragen, dingliche und persönliche Zwangsvollstreckungsunterwerfung auch nach § 800 Zivilprozessordnung zu erklären, die Löschung von allen dinglichen Rechten zu erklären und im Grundbuch zu bewilligen, Auflassungen zu erklären und entgegenzunehmen,
- geschäftsähnliche Handlungen wie zum Beispiel Mahnungen, Fristsetzungen, Anträge und Mitteilungen vorzunehmen,
- Darlehens- und sonstige Kreditverträge abzuschließen,
- über Bankkonten und Depots sowie sonstiges Geldvermögen oder -werte aller Art im Namen des Vollmachtgebers zu verfügen und Bankkonten und Depots zu eröffnen oder aufzulösen,
- den Vollmachtgeber gegenüber Gerichten zu vertreten sowie Prozesshandlungen aller Art einschließlich Wiedereinsetzungsanträge vorzunehmen,
- förmliche Zustellungen entgegenzunehmen,
- Miet- oder Untermietverhältnisse über vom Vollmachtgeber gemietete Wohnräume zu kündigen oder Wohnräume zu vermieten.

B. Persönliche Angelegenheiten

Der Bevollmächtigte ist weiterhin zur Vertretung in allen persönlichen Angelegenheiten befugt. Insbesondere umfasst die Vollmacht nachfolgende persönliche Angelegenheiten:

Ärztliche Maßnahmen

Die Vollmacht umfasst die Befugnis zur Einwilligung in ärztliche Maßnahmen, wie in eine Untersuchung des Gesundheitszustandes, eine Heilbehandlung oder einen ärztlichen Eingriff, auch dann wenn die begründete Gefahr besteht, dass der Vollmachtgeber aufgrund der Maßnahme stirbt oder einen schweren und länger dauernden gesundheitlichen Schaden erleidet (§ 1904 Bürgerliches Gesetzbuch).

Unterbringung

Die Vollmacht berechtigt dazu, den Aufenthalt des Vollmachtgebers zu bestimmen. Die Vollmacht umfasst auch die Befugnis zu Unterbringungsmaßnahmen im Sinne des § 1906 Bürgerliches Gesetzbuch, insbesondere eine Unterbringung des Vollmachtgebers, die mit Freiheitsentziehung verbunden ist, die Unterbringung des Vollmachtgebers in einer Anstalt, einem Heim, oder in einer sonstigen Einrichtung sowie die Freiheitsentziehung durch mechanische Vorrichtungen wie Gitterbetten, Medikamente oder auf andere Weise über einen längeren Zeitraum oder regelmäßig.

Sonstiges

In allen Angelegenheiten ist der Bevollmächtigte befugt, alle Rechte gegenüber Ärzten, Krankenhäusern, Pflegeheimen etc. wahrzunehmen, alle Auskünfte und Informationen zu verlangen, Einsicht in die Krankenakten zu nehmen und Entscheidungen über Untersuchungen, Heilbehandlungen und ärztliche Eingriffe zu treffen. Die Betroffenen werden dazu insoweit von ihrer Schweigepflicht entbunden.

Wir sind darüber informiert worden, dass die vorgenannten Maßnahmen gemäß §§ 1904 und 1906 Bürgerliches Gesetzbuch der Genehmigung des Vormundschaftsgerichtes bedürfen.

C. Untervollmacht, Befreiung von § 181 BGB

Untervollmacht

Der Bevollmächtigte kann in Vermögensangelegenheiten Untervollmacht erteilen und dabei diese Vollmacht ganz oder teilweise auf Dritte übertragen. In den persönlichen Angelegenheiten ist die Vollmacht nicht übertragbar, Untervollmacht darf insoweit nicht erteilt werden, ausgenommen an Ersatzbevollmächtigte.

Insichgeschäft

Von den Beschränkungen des § 181 Bürgerliches Gesetzbuch ist der Bevollmächtigte in den Vermögensangelegenheiten befreit, so dass er befugt ist, Rechtsgeschäfte im Namen des Vollmachtgebers mit sich selbst oder als Vertreter eines Dritten vorzunehmen.

D. Ersatzbevollmächtigter

Für den Fall, dass der Bevollmächtigte stirbt oder handlungs- oder geschäftsunfähig wird oder aus sonstigen Gründen nicht mehr als Bevollmächtigter tätig werden kann oder sein will, soll Ersatzbevollmächtigter sein

1. Name, Geburtsdatum, derzeitige Anschrift
2. Name, Geburtsdatum, derzeitige Anschrift
   a) jeder für sich allein in der vorstehenden Reihenfolge
   b) jeder für sich allein in der vorstehenden Reihenfolge aber mit der Maßgabe, dass der erste Ersatzbevollmächtigte den nächsten sogleich über alle wesentlichen Maßnahmen und Entscheidungen zu unterrichten hat
   c) jeder für sich allein
   d) Nr. 1 für die wirtschaftlichen Angelegenheiten (Generalvollmacht), Nr. 2 für die persönlichen Angelegenheiten und die Patientenvollmacht
   e) Gemeinschaftlich

Diese Bestellung gilt auch, wenn für beide Vollmachtgeber der Vorsorgefall eintritt.

Der Ersatzbevollmächtigte hat dieselbe Rechtsstellung wie der Bevollmächtigte.

Legt der Bevollmächtigte seine Aufgabe nieder oder ist er ganz oder zeitweilig an der Erfüllung der Aufgaben verhindert, soll er dies den Ersatzbevollmächtigten und dem Notar schriftlich anzeigen, damit problemlos dem Ersatzbevollmächtigten eine Vollmachtsausfertigung ausgestellt werden kann.

Der Tod eines Bevollmächtigten wird durch dessen Sterbeurkunde nachgewiesen; dessen Handlungs- und Geschäftsunfähigkeit soll durch ein ärztliches Attest oder Kurzgutachten dokumentiert werden.

E. Betreuungsverfügung, Grundverhältnis

1. Durch die vorstehende Vollmachtserteilung soll die Bestellung eines Betreuers im Fall von Krankheit oder Gebrechlichkeit vermieden werden. Sollte – etwa auch durch eine gesetzliche Änderung – die Bestellung eines Betreuers notwendig werden, wünschen die Vollmachtgeber, dass der oder die Bevollmächtigten bzw. Ersatzbevollmächtigten als Betreuer bestellt wird; auch für diesen Fall soll die Vollmacht im Übrigen bestehen bleiben.

2. Die Vollmacht wird sofort mit Errichtung dieser Urkunde wirksam und gilt über den Tod der Vollmachtgeber hinaus.

Jeder Bevollmächtigte (oder Ersatzbevollmächtigte bei Nachweis, dass der Bevollmächtigte seine Aufgabe nicht ausüben kann) kann also von der Vollmacht im Außenverhältnis, also gegenüber jedem Dritten ohne Wirksamkeitsbeschränkungen Gebrauch machen.

Im Innenverhältnis zwischen dem jeweiligem Vollmachtgeber und den jeweiligen Bevollmächtigten oder Ersatzbevollmächtigten gilt jedoch:

Von der Vollmacht soll erst bei Eintritt des Vorsorgefalles (Geschäfts- oder Handlungsunfähigkeit bzw. Betreuungsbedürftigkeit) Gebrauch gemacht werden; davon ausgenommen ist es, wenn der Vollmachtgeber den Bevollmächtigten ausdrücklich (möglichst durch schriftliche Erklärung) bittet, von der Vollmacht Gebrauch zu machen, oder wenn dies dem mutmaßlichen Willen oder Interesse des Vollmachtgebers entspricht.

F. Patientenvollmacht

Die Erschienenen erklärten:

Wir haben uns intensiv mit den Problemen beschäftigt, die sich im Zusammenhang mit unheilbaren Erkrankungen im letzten Stadium ergeben. Jeder von uns hat dazu folgenden Willen:

Wenn ich nicht in der Lage sein sollte, medizinischen Maßnahmen zuzustimmen oder solche abzulehnen, so soll mein Bevollmächtigter bzw. Ersatzbevollmächtigter den Ärzten diese meine Wünsche zur Kenntnis bringen, so dass die Ärzte sie zur Grundlage ihrer Entscheidungen machen.

Mein Bevollmächtigter bzw. Ersatzbevollmächtigter soll meinen nachstehenden Wünschen in jedem Falle Geltung verschaffen.

Meine Wünsche sind:

1. Ich erbitte ärztlichen und pflegerischen Beistand unter Ausschöpfung aller angemessenen medizinischen Möglichkeiten, solange eine Aussicht auf Heilung besteht oder eine Behandlung chronischer oder schwerer Krankheiten möglich ist, die mir Lebensfreude und -qualität erhält.

2. Wenn ich mich aber

a.) im Endstadium einer unheilbar verlaufenden tödlichen Krankheit befinde und ich andauernd geistig so verwirrt bin, dass ich nicht mehr weiß, wer ich bin, wo ich bin und Familie und Freunde nicht mehr erkenne,

oder

b.) wenn ich ohne Aussicht auf Wiedererlangung des Bewusstseins im Koma liege oder bei Wiedererlangung des Bewusstseins nur mit schwersten geistigen Defekten überleben würde,

oder

c.) wenn ich an unerträglichen, nicht therapierbaren Schmerzen leide,

dann bitte ich, dass alle medizinischen Maßnahmen unterbleiben, die lediglich lebensverlängernd wären, und insbesondere, dass von einer Intensivtherapie (einschließlich Beatmung, künstliche Ernährung und Flüssigkeitszufuhr) und von Reanimationsmaßnahmen abgesehen wird.

3. Ich treffe folgende Verfügung zur Schmerztherapie:

Ich wünsche eine wirksame Behandlung quälender Zustände wie Atemnot, Schmerzen, Angst, Unruhe, Übelkeit und Erbrechen, auch wenn ich durch die Behandlung müde und schläfrig werde; auch wenn starke Betäubungsmittel erforderlich sind, durch die ich vergleichbar einer Narkose das Bewusstsein verlieren kann, selbst wenn bei diesen Maßnahmen in Kauf genommen werden muss, dass die verbleibende Lebensspanne verkürzt wird.

G. Sonstiges

Für die Vollmacht gilt deutsches Recht, auch bei ihrer Benutzung im Ausland.

Von dieser Urkunde erhalten die Bevollmächtigten eine Ausfertigung und eine beglaubigte Abschrift, außerdem eine Teilausfertigung von der Patientenvollmacht; die Ersatzbevollmächtigten erhalten erst dann Ausfertigungen und Abschriften, wenn der Fall der Ersatzbevollmächtigung eingetreten ist oder die Vollmachtgeber dies wünschen.

Auf Antrag sind danach dem Bevollmächtigten bzw. Ersatzbevollmächtigten jederzeit weitere Ausfertigungen und beglaubigte Abschriften zu erteilen.

Der Notar wird ermächtigt, der von der Bundesnotarkammer eingerichteten Zentralstelle zu gegebener Zeit eine Mitteilung vom Bestehen der Vorsorgevollmacht zu machen.

H. Widerruf

Diese Vollmacht kann von jedem Vollmachtgeber jederzeit widerrufen werden; der Widerruf soll dem Bevollmächtigten schriftlich mitgeteilt werden, dem Urkundsnotar soll eine Abschrift zur Kenntnis gegeben werden. Im Falle des Widerrufs hat der Bevollmächtigte alle Ausfertigungen und Abschriften an den Vollmachtgeber oder seinen Beauftragten unverzüglich herauszugeben.

Die Kosten dieser Urkunde tragen wir unabhängig vom Wert unseres jeweiligen Einzelvermögens gesamtschuldnerisch; im Innenverhältnis je zur Hälfte.

Der Wert wird bei der Erschienenen zu 1.) mit ... EUR und bei dem Erschienenen zu 2.) mit ... EUR angegeben.

Vorstehende Verhandlung wurde den Erschienenen vom Notar vorgelesen, von ihnen genehmigt und eigenhändig wie folgt unterschrieben:

B. Die Gründung eines Familienunternehmens

§ 1 Die Gründung

Übersicht

	Rn
I. Einführung – Existenzgründung	1
II. Die Namenswahl – Firmenrecht	6
1. Einführung	6
2. Rechtliche Grundlagen	7
3. Der Schutz der Firma	17
III. Der Unternehmensgegenstand	21
IV. Haftungsgefahren bei Unternehmensgründung	22
1. Einführung	22
2. Einzelunternehmen und Personengesellschaft	23
a) Grundsatz	23
b) Besonderheiten der Kommanditisten-Haftung	24
3. Haftung bei Gründung einer Kapitalgesellschaft	25
a) Die Gründungsstadien	25
b) Haftung in der Vorgründungsgesellschaft	27
c) Haftung in der Vor-Gesellschaft	29
d) Besonderheiten der unechten Vorgesellschaft	33
e) Die Differenz-/Vorbelastungshaftung	34
f) Haftung bei Sacheinlagen	35
g) Haftung für die wirksame Kapitalaufbringung	37
h) Haftung bei Verwendung von Vorratsgesellschaften und GmbH-Mänteln	39

Schrifttum: *Altmeppen*, Das unvermeidliche Scheitern des Innenhaftungskonzepts in der Vor-GmbH, NJW 1997, 3272; *Altmeppen*, Zur Mantelverwendung in der GmbH, NZG 2003, 145; *Arens* in: Arens/Rinck, Gesellschaftsrecht, 1. Auflage 2002, § 1; *Bokelmann*, Recht der Firmen- und Geschäftsbezeichnungen, 4. Auflage 1997; *Bokelmann*, Die Neuregelungen im Firmenrecht nach dem Regierungsentwurf des Handelsrechtsreformgesetzes, GmbHR 1998, 57; *Cebulla*, Haftungsmodelle bei der GmbH-Gründung, NZG 2001, 972; *Erle/Ring* in: Beck'sches Handbuch der GmbH, 3. Aufl. 2002, § 1; *Felsner*, Fortführung der Firma bei Ausscheiden des namensgebenden Gesellschafters nach dem Handelsrechtsreformgesetz, NJW 1998, 3255; *Gottwald*, Staatliche Genehmigungserfordernisse bei GmbH-Gründungen, DStR 2001, 944; *Gronstedt*, Vorratsgesellschaften: Praktische Konsequenzen nach der neuen BGH-Rechtsprechung, BB 2003, 860; *Gummert*, Die Haftungsverfassung der Vor-GmbH nach der jüngsten Rechtsprechung des BGH, DStR 1997, 1007; *Heidemann*, Entscheidungskriterien für die Rechtsformwahl unter besonderer Berücksichtigung des Steuersenkungsgesetzes, INF 2000, 716 und 751; *Herzig*, Aspekte der Rechtsformwahl für mittelständische Unternehmen nach der Steuerreform, Wpg 2001, 253; *Höflacher/Wendlandt*, Rechtsformwahl nach der Unternehmenssteuerreform 2001 – Ist die Kapitalgesellschaft wirklich die bessere Alternative?, GmbHR 2001, 793; *Jacobs*, Unternehmensbesteuerung und Rechtsform, 3. Aufl. 2002; *Jacobs, D.*, Rechtsformwahl nach der Unternehmenssteuerreform: Personenunternehmen oder Kapitalgesellschaft?, DStR 2001, 806; *O. H. Jacobs/Spengel/Vituschek*, Steuerreform 2001: Internationale Wettbewerbsfähigkeit deutscher Unternehmen und Rechtsformwahl, RIW 2000, 654; *Kessler/Teufel*, Auswirkungen der Unternehmenssteuerreform 2001 auf die Rechtsformwahl,

DStR 2000, 1836; *Kessler/Teufel*, Die klassische Betriebsaufspaltung nach der Unternehmenssteuerreform, DB 2001, 17; *Kirschbaum*, Existenzgründung, Loseblatt, 2000, Stand Mai 2003; *König/Sureth*, Besteuerung und Rechtsformwahl, 2. Aufl. 2001; *Korth*, Rechtsformvergleich nach der Unternehmenssteuerreform, DSWR 2000, 322; *Krüger/Koller*, Zweckmäßige Wahl der Unternehmensform, 6. Auflage 1999; *Kussmaul/Richter*, Betriebswirtschaftliche Aspekte von Venture Capital-Gesellschaften und ihre Bedeutung im Hinblick auf Existenzgründungen: Einordnung, Funktionsweise, Beteiligungsformen, Finanzierungsphasen, DStR 2000, 1155; *Kussmaul/Richter*, Betriebswirtschaftliche Aspekte von Venture Capital-Gesellschaften und ihre Bedeutung im Hinblick auf Existenzgründungen: Zeitlicher Ablauf und öffentliche Finanzierungsprogramme, DStR 2000, 1195; *Meilicke*, Droht Überregulierung für Vorratsgesellschaften?, BB 2003, 857; *Michalski/Barth*, Außenhaftung der Gesellschafter einer Vor-GmbH, NZG 1998, 525; *Mohr*, Praxisrelevante Probleme und Gestaltungshinweise bei der GmbH-Gründung, GmbHR 2003, 347 ff.; *Möller*, Neues Kaufmann- und Firmenrecht, 1998; *Müther*, Überlegungen zum neuen Firmenbildungsrecht bei der GmbH, GmbHR 1998, 1058; *Nietzer/Stadie*, Die Familienstiftung & Co. KG – eine Alternative für die Nachfolgeregelung bei Familienunternehmen, NJW 2000, 3457; *Nolting*, Registerrechtliche Gründungsprüfung beim Erwerb vom Mantel- und Vorratsgesellschaften, ZIP 2003, 651; *Schaub*, Vorratsgesellschaften vor dem Aus?, NJW 2003, 2125; *K. Schmidt*, Das Handelsrechtsreformgesetz, NJW 1998, 2161; *Ulmer*, Die Gesellschafterhaftung bei gescheiterter Sachgründung, NJW 2000, 1521; *Schneeloch*, Rechtsformwahl und Rechtsformwechsel mittelständischer Unternehmen: Auswahlkriterien, Steuerplanung, Gestaltungsempfehlungen, 1997; *Siems*, Fünf Jahre neuer Kaufmannsbegriff – Eine Bestandsaufnahme der Rechtsprechung, NJW 2003, 1296; *Streuer*, Die Gestaltung des Unternehmensgegenstands in der GmbH-Satzung – Flexibilität versus Fokussierung, GmbHR 2002, 407; *Thaeter/Meyer*, Vorratsgesellschaften – Folgerungen für die Praxis aus der Entscheidung des BGH vom 9. 12. 2002, DB 2003, 330; *Tödtmann/Falk*, Praktische Hinweise zur Existenzgründung, NWB Fach 18 S. 3939; *Wessel/Zwernemann*, Die Firmengründung, 6. Auflage 1994; *Wiegand*, Offene Fragen zur neuen Gründerhaftung in der Vor-GmbH, BB 1998, 1065.

I. Einführung – Existenzgründung

1 Am Anfang jeder Existenzgründung steht die **unternehmerische Idee**. Dies ist keine Besonderheit des Familienunternehmens, sondern Voraussetzung jeden unternehmerischen Engagements und jedes Erfolges. Um einen Misserfolg zu vermeiden, ist die eigentliche Gründung gründlich vorzubereiten.[1] Im Optimalfall sollte zunächst eine **Marktanalyse**[2] durchgeführt werden (Frage nach Angebot, Nachfrage und zukünftigen Entwicklungsmöglichkeiten), falls der Gründer nicht bereits einschlägige Erfahrungen aus der Branche mitbringt. Um festzustellen, ob ein Bedarf nach neuen Unternehmen besteht, kann beispielsweise ein Vergleich mit Neu-Unternehmen angestellt werden, die in den vergangen Jahren erfolg-

---

[1] Vgl. *Rasner/Füser/Faix*, Das Existenzgründer – Handbuch, Landsberg 1997; *v. Collrepp*, Handbuch Existenzgründung, 2. Auflage, Stuttgart 1999.

[2] Vgl. zur Erstellung von Marktanalysen *Ebster*, Marktforschung leicht gemacht, Wettbewerbsvorsprung durch Information, Wien 1999; zu den unterschiedlichen Vorbereitungsstadien siehe *Kirschbaum* Handbuch Existenzgründung Teil C Rn 152 ff. und Teil D Rn 401 ff.

reich gegründet wurden und sich am Markt etablieren konnten.[3] Nur wenn ein Bedarf nach dem am Markt anzubietenden Produkt besteht, kann das Unternehmen einen ökonomischen Erfolg erzielen. Wenn diese Analyse positiv ausgefallen ist, sollte zusätzlich die Frage gestellt werden, ob der Gründer als Persönlichkeit geeignet ist, das Projekt zu realisieren, und eine ausreichende **finanzielle Grundlage** vorhanden ist. Sind alle diese Fragen positiv zu beantworten, so sollte mit Hilfe eines erfahrenen Beraters ein sog. *„Businessplan"* erstellt werden, nach dem sich die weitere Vorgehensweise richtet. Anhand dieses Planes kann eine Erfolgskontrolle erreicht und daran der **Erfolg konkret gemessen** werden. Auf diese Weise können auch Fehlentwicklungen zeitig erkannt und damit ruinöses Scheitern möglichst frühzeitig verhindert werden. Der Gründer muss sich darüber im Klaren sein, dass der größte Teil der Insolvenzen innerhalb weniger Jahre, manchmal gar innerhalb weniger Monate nach der Gründung erfolgt.

Die Gründung eines Familienunternehmens ist mit **zahlreichen Formalitäten**[4] verbunden und heutzutage ein recht aufwendiger Vorgang. 2
Da müssen Umsatzsteuer- und Sozialversicherungsnummern beantragt, Meldungen an Behörden, insbesondere die Gewerbeanmeldung getätigt und berufliche Qualifikationen nachgewiesen werden. Pflichtmitgliedschaften, beispielsweise in der Industrie- und Handelskammer entstehen – samt den damit einhergehenden Beitragspflichten. Der Unternehmensgründer muss Räumlichkeiten beschaffen, Mietverträge aushandeln, ggf. Personal suchen, einstellen und anmelden. Mit den Banken ist über die Kreditgewährung und deren Konditionen zu verhandeln. Fördermittel[5] müssen ausfindig gemacht und ggf. beantragt werden. Glücklicherweise gibt es inzwischen zahlreiche Seminare und Veranstaltungen[6] zur Unternehmensgründung, die den Einstieg erleichtern und vor allem Hinweise auf die zahlreichen Möglichkeiten der Existenzgründungsförderung, die vergünstigte Darlehen geben.[7] Die Rahmen- und Förderbedingungen ändern sich regelmäßig.

Wird ein Familienunternehmen gegründet, stellen sich als Erstes fol- 3
gende **Ausgangsfragen**:[8]

- Wie soll das Unternehmen ausgerichtet sein, was ist der Unternehmensgegenstand?
- Unter welchem Namen tritt das Unternehmen im Rechtsverkehr auf?

---

[3] Vgl. die beispielhafte Aufzählung bei *Kirschbaum/Jäger/Sperling* Handbuch Existenzgründung Teil D Rn 107 ff.

[4] Umfassend *Kirschbaum/Schwartmann* Handbuch Existenzgründung Teil D Rn 701 ff.

[5] Vgl. *Rödel/Gesmann/Wittemer* Existenzgründung – Finanzierung und öffentliche Fördermittel, 1999; *Kirschbaum/Schiller/Geisen* Handbuch Existenzgründung Teil F Rn 1229 ff.

[6] Insbesondere die örtlichen IHK's, teilweise aber auch die Banken bieten regelmäßig entsprechende Veranstaltungen an.

[7] Vgl. im Übrigen z. B. *Bundesministerium für Wirtschaft* (Hrsg.), Die Schritte nach dem Start, Probleme und Lösungen bei der Existenzfestigung, 1997.

[8] Vgl. dazu auch *Tödtmann/Falk*, NWB Fach 18, 3939.

- Wie finanziere ich mein Unternehmen?[9] Bankdarlehen? Venture-Capital?[10] Stille Teilhaber? Familiendarlehen?
- Welche Voraussetzungen muss ich erfüllen, um ein solches Unternehmen zu führen?
- Welche Rechtsform wähle ich für mein Unternehmen im Hinblick auf eine steuerliche Optimierung, die persönliche Haftung, die Unternehmenspublizität, die Beteiligung weiterer Investoren und der Nachfolger?
- Welche weiteren Formalitäten muss ich zum Zwecke der Unternehmensgründung erfüllen – z. B. Gewerbeanmeldung, Mitgliedschaft in der Industrie- und Handelskammer, Umsatzsteuernummer, Berufsgenossenschaft?

4 Besteht die Existenz- oder Unternehmensgründung nicht gerade in der Gründung einer freiberuflichen Kanzlei, so ist zunächst bei der Gemeinde eine **Gewerbeanmeldung** auf dem dafür vorgesehenen Formular vorzunehmen. Für die meisten Gewerbe bestehen dabei keine weiteren Hindernisse, sondern geht es allein um die Registrierung. Handelt es sich hingegen beispielsweise um den Betrieb einer Gaststätte, soll ein Bauträgerunternehmen oder ein Maklerbüro gegründet werden, so sind weitere gewerberechtliche Voraussetzungen nachzuweisen bzw. eine **Genehmigung** zu beantragen.[11] Die Nachweise können in der bloßen Überprüfung der persönlichen Zuverlässigkeit bestehen, es kann unter Umständen aber auch der Nachweis bestimmter Kenntnisse, beispielsweise durch die Teilnahme an Kursen, verlangt werden.

5 Dies geht für die Gründung eines **Handwerksunternehmens** sogar so weit, dass grundsätzlich nur ein Meister des jeweiligen Handwerksberufes einen entsprechenden Betrieb eröffnen kann. Die Eröffnung des Handwerksbetriebs setzt daher die Eintragung in die jeweilige Handwerksrolle voraus. Möchte eine natürliche Person trotz fehlenden Meisterbriefs dennoch einen Handwerksbetrieb eröffnen, so ist ihr dies bei entsprechender Gestaltung nicht verwehrt.[12] Denn in der Rechtsform einer Kapitalgesellschaft kann er selbst Inhaber aller Geschäftsanteile an der GmbH oder AG sein und einen Handwerksmeister als Betriebsleiter oder

---

[9] Vgl. *Kussmaul/Richter,* Betriebswirtschaftliche Aspekte von Venture Capital-Gesellschaften und ihre Bedeutung im Hinblick auf Existenzgründungen: Einordnung, Funktionsweise, Beteiligungsformen, Finanzierungsphasen, DStR 2000, 1155; *Kussmaul/Richter,* Betriebswirtschaftliche Aspekte von Venture Capital-Gesellschaften und ihre Bedeutung im Hinblick auf Existenzgründungen: Zeitlicher Ablauf und öffentliche Finanzierungsprogramme, DStR 2000, 1195 ff.; *Lwowski,* Die Regelung von Existenzgründungsdarlehen im Verbraucherkreditgesetz, WM 1991, 49 ff.; *Vortmann,* Existenzgründungsdarlehen im neuen Verbraucherkreditrecht, ZIP 1992, 229 ff.

[10] Vgl. *Kussmaul/Richter,* DStR 2000, 1155 ff.

[11] Vgl. eine Übersicht genehmigungsbedürftiger Unternehmensgegenstände bei *Gottwald,* DStR 2001, 944 ff.

[12] Der Gesetzgeber überlegt gerade in der rechtspolitischen Diskussion, ob diese Ungleichbehandlung von Einzelunternehmen und Personengesellschaften einerseits und Kapitalgesellschaften andererseits beseitigt werden soll.

Geschäftsführer beschäftigen. In diesem Fall wird die GmbH in die Handwerksrolle eingetragen und erhält damit die Genehmigung zum Betrieb des Handwerks. Das Ergebnis der wirtschaftlichen Aktivität kann der Unternehmensgründer – abzüglich des Meisterlohns – für sich beanspruchen. Dies ist seit 2004 auch für den Einzelunternehmer und die Personengesellschaft möglich, § 7 Abs. 1 HWO n. F.

II. Die Namenswahl – Firmenrecht

1. Einführung

Der Name bzw. die Firma ist das **Aushängeschild eines Unternehmens**. Der Gründer eines Unternehmens sollte daher besondere Sorgfalt auf die Auswahl des Namens verwenden. Dies ist eine wesentliche Marketing-Entscheidung, die entscheidend zum Erfolg und Misserfolg der Unternehmung beitragen kann. Bei dieser grundlegenden Entscheidung hat der Unternehmer einige rechtliche Vorgaben zu beachten. 6

2. Rechtliche Grundlagen

Ist das Unternehmen aufgrund seiner Größe nicht im Handelsregister eingetragen, so sind die Vorgaben des Handelsrechts gemäß §§ 17 ff. HGB grundsätzlich unbeachtlich. Denn das Firmenrecht **gilt nur für Kaufleute**. Der Name, unter dem ein nicht-kaufmännisches Unternehmen im Rechtsverkehr auftritt, wird lediglich nach § 12 BGB geschützt. Danach kann der Inhaber eines geschützten Namens oder einer vergleichbaren Geschäftsbezeichnung Unterlassung oder Beseitigung der Beeinträchtigung verlangen, wenn das Interesse des Berechtigten an der Namensverwendung verletzt wird. Voraussetzung für einen derartigen schutzwürdigen Namen ist, dass er im Rechtsverkehr dazu verwandt wird, eine Person oder ein Unternehmen unterscheidungskräftig zu bezeichnen.[13] 7

Eine Firma im Rechtssinne kann nur von einem **Kaufmann** geführt werden. Dies gilt sowohl für den Einzelkaufmann als auch für alle Personenhandelsgesellschaften und Kapitalgesellschaften. Eine Firma kann entweder aus einer **Personen-, einer Gegenstands- oder Fantasiebezeichnung** bestehen.[14] Bei der Auswahl des Namens einer Firma sind vor allen Dingen folgende Grundsätze[15] zu beachten: 8

- Der Grundsatz der **Firmenwahrheit**: Danach muss die Firma zutreffend sein und darf keine Angaben beinhalten, die geeignet sind, den Rechtsverkehr irrezuführen, § 18 HGB.
- Der Grundsatz der **Firmenbeständigkeit**: Danach darf eine einmal zulässigerweise gewählte Firma auch dann unverändert fortgeführt werden, wenn sich beispielsweise der Inhaber der Firma durch Tod oder Veräußerung verändert hat.

---

[13] Vgl. dazu *Palandt/Heinrichs* § 12 BGB Rn 4 ff.
[14] *Bokelmann*, GmbHR 1998, 57, 58; *Baumbach/Hopt* § 17 HGB Rn 6.
[15] *Koller/Roth/Morck* § 17 HGB Rn 13 ff.; *Baumbach/Hopt* § 17 HGB Rn 7.

- Der Grundsatz der **Firmeneinheit**: Jeder Kaufmann darf für sein Handelsgeschäft nur eine Firma haben; dies gilt auch für Handelsgesellschaften.
- Der Grundsatz der **Firmenausschließlichkeit**: Alle Firmen an demselben Ort oder in der selben Gemeinde müssen sich deutlich voneinander unterscheiden, § 30 HGB.

9 Die Firma muss aussprechbar sein. Aus diesem Grunde ist etwa die Verwendung des @-Zeichens nicht als Bestandteil einer Firma erlaubt.[16] Da eine Firma das einzelne Unternehmen kennzeichnen soll, muss sie **Unterscheidungskraft** besitzen, § 18 Abs. 1 HGB. Allgemeinbegriffe oder sinnlose Abkürzungen (z. B. „AAA-GmbH", „xyz-OHG") sowie allgemeine Geschäftsgegenstandsbezeichnungen ohne weitere Individualisierung sind daher unzulässige Firmen.[17] Derartige unzulässige Firmen werden jedoch dann zulässig, wenn sie individualisierende Zusätze erhalten (z. B. AAA Schreinerei GmbH[18]).

10 Die in der Praxis bedeutsamste Regelung des Firmenschutzes besteht im **Irreführungsverbot** des § 18 Abs. 2 HGB. Danach darf eine gewählte Firma in keiner Weise geeignet sein, den Rechtsverkehr über geschäftliche Verhältnisse irrezuführen.[19]

11 **Beispiel:** *Irreführend ist die Bezeichnung „Die Deutsche Autohandlung e. K.", wenn es sich um einen winzigen Hinterhof-Pkw-Händler handelt. Die Verwendung des Wortes „deutsch" weist in der Regel auf eine wirtschaftliche übergeordnete, deutschlandweite Tätigkeit hin.*[20]

12 Ein Verstoß gegen das Täuschungsverbot kann auch vorliegen, wenn eine Sachfirma gewählt wird, die zu dem Gegenstand des Unternehmens keinen Bezug hat oder der Name einer Person zum alleinigen Firmenbestandteil gemacht wird, ohne dass diese Person an dem Unternehmen der Firma beteiligt ist.

13 **Beispiel:** *Die Boris Becker Tennis OHG, ohne dass Boris Becker an dieser Firma beteiligt ist oder sonst ein Bezug zu ihm besteht. Boris Beckers (gemäß § 12 BGB erforderliche*[21]*) Zustimmung zur Namensverwendung macht die Firmenverwendung nicht handelsrechtlich zulässig.*

14 Derartige Verbote lassen sich jedoch leicht durch **entsprechende Gestaltungen** umgehen.[22] Wäre Boris Becker auch nur für wenige Tage in die OHG bei Gründung aufgenommen worden, so könnte die Firma auch dann fortgeführt werden, wenn Boris Becker wenige Tage nach Eintra-

---

[16] BayObLG NJW 2001, 2337 = GmbHR 2001, 476 mit Anm. *Wachter*; vgl. auch *Müther*, GmbHR 1998, 1058, 1060; a. A. LG Berlin, GmbHR 2004, 428.

[17] Vgl. BGH NJW 2001, 1868; *Baumbach/Hopt* § 18 HGB Rn 6.

[18] Ablehnend in Missbrauchsfällen hingegen OLG Celle GmbHR 1999, 412.

[19] Instruktiv dazu *Bokelmann*, GmbHR 1998, 57, 60 f.

[20] Vgl. allgemein zu Ortsangaben BGH NJW 1998, 3349; *Baumbach/Hopt* § 18 HGB Rn 25.

[21] *Baumbach/Hueck* § 4 GmbHG Rn 3.

[22] Vgl. zu der Streitfrage, ob bei einer GmbH die Aufnahme eines gesellschafterfremden Familiennamens nach der Änderung des § 4 GmbHG durch die Handelsrechtsreform zulässig ist, *Scholz/Emmerich* § 4 GmbHG Rn 37; *Müther*, GmbHR 1998, 1058, 1060.

gung im Handelsregister aus der Firma wieder ausgeschieden wäre. Dies folgt aus dem Grundsatz der Firmenkontinuität. Der Grundsatz der Firmenbeständigkeit durchbricht in seinem Geltungsbereich den Grundsatz der Firmenwahrheit.[23]

Der **Firmenbestandteil „& Partner"** bzw. „und Partner" ist gemäß § 2 PartGG für freiberufliche Partnerschaftsgesellschaften reserviert. Einen Bestandsschutz gibt es nur für alte zulässig gebildete Firmen, die diesen Zusatz bereits führten, als es die Partnerschaftsgesellschaft noch nicht gab. **15**

Schließlich muss die Firma einen **Rechtsformzusatz** beinhalten, aus dem sich ergibt, in welcher Rechtsform das Unternehmen geführt wird. Dies kann einerseits der Hinweis auf Einzelunternehmen (e. K., e. Kfm., e. Kfr.) oder der Hinweis auf das Vorliegen einer OHG oder KG sein.[24] Bei Kapitalgesellschaften und Mischformen unter Beteiligung von Kapitalgesellschaften sind die Zusätze GmbH, AG, e. G. oder auch GmbH/AG & Co. KG erforderlich.[25] Für manche Gesellschaftsformen bestehen spezielle Vorschriften für die Firmenbildung, vgl. beispielsweise § 4 GmbHG. **16**

3. Der Schutz der Firma

Gemäß § 30 HGB muss sich jede neue Firma von allen an demselben Ort oder in derselben Gemeinde bestehenden Firmen **deutlich unterscheiden**. Derjenige Unternehmer, der seine Firma als Erster ins Handelsregister eintragen lässt, ist davor geschützt, dass ein späterer Wettbewerber sein Unternehmen unter einer zum Verwechseln ähnlichen Firma führt. Es gilt insoweit der Prioritätsgrundsatz. Entgegen einer verbreiteten Annahme gilt dieser Firmenschutz nach § 30 HGB jedoch nur hinsichtlich der Gemeinde oder des Ortes, in der der Kaufmann seinen Sitz hat.[26] Ein Konkurrent kann handelsrechtlich das Verbot daher problemlos umgehen, indem er seine Firma in einen anderen Ort oder eine Nachbargemeinde verlegt und von dort aus Konkurrenz macht. **17**

Die Einhaltung des **Prioritätsgrundsatzes** und der anderen firmenrechtlichen Regelungen wird vom Handelsregister überwacht. Denn das Handelsregister ist vor Eintragung einer neuen Firma verpflichtet, diese auf ihre Rechtmäßigkeit zu überprüfen und gegebenenfalls, insbesondere bei Verstoß gegen § 30 HGB oder § 18 HGB, die Eintragung zu versagen. Daneben ist jeder Kaufmann, der in seinen Rechten dadurch verletzt wird, dass ein anderer eine Firma unbefugt gebraucht, gemäß § 37 Abs. 2 HGB berechtigt, von diesem die **Unterlassung** des Gebrauchs der Firma zu verlangen. § 37 Abs. 2 HGB ermöglicht damit dem Betroffenen **18**

---

[23] *Baumbach/Hopt* § 18 HGB Rn 16; vgl. auch zur Rechtslage bei der GmbH *Baumbach/Hueck* § 4 GmbHG Rn 3.

[24] Dies war noch nicht immer so, vgl. *Bokelmann*, GmbHR 1998, 57, 58 f.

[25] Vgl. allg. *Kersten/Bühling/Kanzleiter*, Formularbuch der freiwilligen Gerichtsbarkeit, § 128 Rn 19 ff. Zur Firmenbildung der GmbH & Co. KG vgl. *Baumbach/Hopt* § 19 HGB Rn 24 ff.

[26] *Koller/Roth/Morck* § 30 HGB Rn 3.

eine Klagebefugnis gegenüber dem unbefugten Firmengebrauch.[27] Bei einem Konkurrenten können dem beeinträchtigten Unternehmer auch Schadensersatzansprüche aus § 823 BGB sowie Unterlassungsansprüche gemäß §§ 1, 3 UWG, § 15 MarkenG zustehen.

19 Unter Umständen kann das Registergericht auch ein **Amtslöschungsverfahren** nach § 142 FGG durchführen. Darüber hinaus gibt es ein speziell geregeltes Firmenmissbrauchsverfahren gemäß § 140 Abs. 1, §§ 132 ff. FGG.

20 Der Firmenschutz des HGB ist teilweise, insbesondere **in örtlicher Hinsicht** sehr schwach ausgestaltet. Aus diesem Grund ist es für jeden Unternehmer wichtig, sich wesentliche Unternehmenskennzeichen zusätzlich nach §§ 14 f. MarkenG zusätzlich schützen zu lassen. Der **Markenschutz** ist insoweit wesentlich umfassender.[28]

III. Der Unternehmensgegenstand

21 Der Unternehmensgegenstand definiert den **Tätigkeitsbereich** des Unternehmens. Er legt in der Regel fest, auf welchem Geschäftsfeld der Unternehmer bzw. die Gesellschaft sich betätigen soll.[29] Diese Festlegung dient bei Familiengesellschaften mit Fremdgeschäftsführern zur Beschränkung der Geschäftsführung und damit vor allem dem Schutz der Gesellschafter.[30] Besondere gesetzliche Vorgaben sind hierbei grundsätzlich nicht zu berücksichtigen. Allerdings hat der Gesetzgeber für zahlreiche Tätigkeiten besondere **Genehmigungsverfahren** vorgesehen. Dies betrifft zum Beispiel die Tätigkeit von Gesellschaften als Steuerberatungs-, Wirtschaftsprüfungs- oder Rechtsanwaltsgesellschaft sowie Unternehmen, die der Eintragung in die Handwerksrolle bedürfen oder Bauträger. In all diesen Fällen sind aufgrund der Wahl des Unternehmensgegenstandes besondere zusätzliche Vorschriften bei der Gründung des Unternehmens und Genehmigungserfordernisse einzuhalten.[31]

IV. Haftungsgefahren bei Unternehmensgründung

1. Einführung

22 Nie sind die Haftungsgefahren so groß wie bei Gründung eines Unternehmens. Die **Insolvenzquote** aller Unternehmen liegt nach Angaben des Statistischen Jahrbuches 2001[32] bei denjenigen mit einem Alter von null bis zu 8 Jahren am höchsten; sie machen rund 80 % der gesamten Unternehmensinsolvenzen aus. Aus diesem Grund sollte vor allem in der

[27] Vgl. dazu *Koller/Roth/Morck* § 37 HGB Rn 8 ff.

[28] Vgl. *Kirschbaum/Jäger/Sperling* Handbuch Existenzgründung Teil D Rn 84.2 ff.; *Baumbach/Hopt* § 17 HGB Rn 34.

[29] Vgl. *Streuer,* GmbHR 2002, 407; *Sina,* GmbHR 2001, 661.

[30] *Raiser* Kapitalgesellschaften § 11 Rn 12, § 25 Rn 24.

[31] Eine Auflistung genehmigungsbedürftiger Unternehmensgegenstände findet sich bei *Gottwald,* DStR 2001, 944 ff.

[32] Vgl. *Tödtmann/Falk,* NWB Fach 18 S. 3939.

Gründungsphase auf die Vermeidung von Haftungsgefahren geachtet werden. Gerade in dieser Phase lauern aber besondere Haftungsgefahren.

2. Einzelunternehmen und Personengesellschaft

a) Grundsatz. Bei Gründung eines **Einzelunternehmens**, einer **OHG** oder einer **Gesellschaft bürgerlichen Rechts** (GbR) sind insoweit keine Besonderheiten zu beachten, als der bzw. die Unternehmer bei diesen Rechtsformen stets uneingeschränkt mit ihrem gesamten Vermögen haften. Die daraus resultierenden Haftungsgefahren lassen sich lediglich durch Wahl einer anderen Rechtsform[33] vermeiden. Für die GbR war die uneingeschränkte und vor allem unbeschränkbare Haftung lange Zeit umstritten. Bis in das Jahr 1999 ging die Praxis noch davon aus, dass sich die Haftung einer GbR allein durch den Briefkopfzusatz **„GbR mit beschränkter Haftung"** oder kurz „GbR mbH" vermeiden ließe und aufgrund einer Beschränkung der Vertretungsmacht der geschäftsführenden Gesellschafter nur das Gesellschaftsvermögen hafte. Das Privatvermögen der Gesellschafter sei dann vor einem Gesellschafterzugriff geschützt. Dem ist der BGH[34] jedoch entgegengetreten.[35] Er hat sich in nunmehr als gefestigt anzusehender Rechtsprechung in den vergangenen Jahren für eine analoge Anwendung der §§ 128 ff. HGB entschieden. Damit haften auch bei der GbR alle Gesellschafter für alle Gesellschaftsverbindlichkeiten gesamtschuldnerisch und uneingeschränkt; unabhängig davon, ob es sich um vertragliche, gesetzliche oder deliktische Ansprüche handelt. Eine Haftungsbeschränkung auf das Gesellschaftsvermögen ist danach nur aufgrund einer individualvertraglich im Einzelfall ausgehandelten Vereinbarung mit dem Gläubiger möglich. 23

b) Besonderheiten der Kommanditisten-Haftung. Anders ist die Haftungssituation hingegen bei **Gründung einer KG**. Der Kommanditist möchte grds. nur bis zur Höhe seiner Hafteinlage haften. Bei Gründung der KG lauern insoweit jedoch Fallen. Die Hafteinlage erfüllt nämlich ihre haftungsbeschränkende Wirkung nur, wenn sie auch in das Han- 24

---

[33] Vgl. dazu unten § 2.

[34] BGHZ 142, 315 = NJW 1999, 3483; BGHZ 146, 341 = NJW 2001, 1056; BGHZ 148, 201 = DStR 2001, 1355; BGH DStR 2002, 686 [Weißes Roß II] mit Anm. *Goette*; BGH DStR 2002, 816 mit Anm. *Goette*.

[35] *Altmeppen*, Delikthaftung in der Personengesellschaft, NJW 2003, 1553; *Baumann/Rößler*, Haftung des einer GbR beitretender Gesellschafters für Altschulden analog § 130 HGB?, NZG 2002, 793; *Dauner-Lieb*, Ein neues Fundament für die BGB-Gesellschaft, DStR2001, 356; *Elsing*, Alles entschieden bei der Gesellschaft bürgerlichen Rechts? – Die Rechtsprechung zwischen Mosaik- und Meilensteinen, BB 2003, 909; *Jauernig*, Zur Rechts- und Parteifähigkeit der Gesellschaft bürgerlichen Rechts, NJW 2001, 2231; *K. Schmidt*, Die Gesellschafterhaftung bei der Gesellschaft bürgerlichen Rechts als gesetzliches Schuldverhältnis, NJW 2003, 1897; *Wälzholz*, Die haftungsbeschränkte private Gesellschaft bürgerlichen Rechts – Phoenix aus der Asche? – Zugleich eine Anmerkung zum Urteil des BGH vom 21. 1. 2001, MittBayNot 2003, 35; *Wälzholz*, Die unbeschränkte Haftung eintretender Gesellschafter einer Gesellschaft bürgerlichen Rechts, NotBZ 2003, Heft 7.

delsregister eingetragen ist. Demgemäß ordnet § 176 HGB an, dass bei Beginn der Gesellschaftsgeschäfte **vor Eintragung in das Handelsregister** jeder Kommanditist, der dem Geschäftsbeginn zugestimmt hat, für die bis zur Eintragung begründenden Verbindlichkeiten der Gesellschaft gleich einem persönlich haftenden Gesellschafter, also unbeschränkt, haftet. Dies gilt nach § 176 Abs. 1 Satz 1 letzter Halbsatz nur dann nicht, wenn dem Gläubiger die Beteiligung des Gesellschafters als Kommanditist bekannt war.[36] Sollen bei Gründung der Kommanditgesellschaft also Haftungsgefahren für die Kommanditisten vermieden werden, so sollten die Geschäfte der Gesellschaft vor Eintragung in das Handelsregister nicht begonnen werden. Meist ist jedoch eine möglichst baldige Aufnahme der Geschäfte gewünscht. Um dies ohne Haftungsgefahren zu ermöglichen, sollte der Kommanditist der vorzeitigen Aufnahme des Geschäftsbetriebes ausdrücklich widersprechen.[37] Auch dies hindert seine Haftung. Hilfsweise kann der Komplementär ermächtigt werden, vor Eintragung der KG in das Handelsregister das Unternehmen bereits als Einzelunternehmen zu beginnen, an dem der Kommanditist sich zwischenzeitlich als atypisch stiller Gesellschafter beteiligt. Gegebenenfalls hilft auch der Erwerb einer **Vorrats-KG**.[38] Angesichts der Schnelligkeit von Handelsregistereintragungen für eine normale Kommanditgesellschaft bedarf es dessen jedoch meist nicht. Außerdem ist dann die Haftung nach § 176 Abs. 2 HGB zu vermeiden.[39]

3. Haftung bei Gründung einer Kapitalgesellschaft

25 **a) Die Gründungsstadien.** Besonders komplex sind die Haftungsfragen bei **Gründung einer Kapitalgesellschaft**,[40] also insbesondere einer GmbH oder einer AG. Hinsichtlich der Gründungsphase sind drei unterschiedliche Stadien zu unterscheiden:

- **Die Vorgründungsgesellschaft**: Bevor der Gesellschaftsvertrag der zu gründenden GmbH beurkundet worden ist, handelt es sich um die

---

[36] Vgl. *Ebenroth/Strohn*, § 176 HGB Rn 11.

[37] MüKo/*K. Schmidt* § 176 HGB Rn 12.

[38] Inwiefern die neue Rechtsprechung des BGH zu den Vorratsgesellschaften (BGH NJW 2003, 892) auch für Kommanditgesellschaften Geltung beanspruchen wird, lässt sich noch nicht abschätzen.

[39] Vgl. dazu vorstehend.

[40] *Altmeppen*, Das unvermeidliche Scheitern des Innenhaftungskonzepts in der Vor-GmbH, NJW 1997, 3272; *Cebulla*, Haftungsmodelle bei der GmbH-Gründung, NZG 2001, 972; *Gummert*, Die Haftungsverfassung der Vor-GmbH nach der jüngsten Rechtsprechung des BGH, DStR 1997, 1007; *A. Hey*, Die Bewertung der Vermögensgegenstände in der „Vorbelastungsbilanz" einer GmbH, GmbHR 2001, 905; *Michalski/Barth*, Außenhaftung der Gesellschafter einer Vor-GmbH, NZG 1998, 525; *Mohr*, Praxisrelevante Probleme und Gestaltungshinweise bei der GmbH-Gründung, GmbHR 2003, 347 ff.; *K. Schmidt*, Haftung aus Rechtsgeschäften vor Errichtung einer GmbH, GmbHR 1998, 613; *Spiegelberger/Walz*, Die Prüfung der Kapitalaufbringung im Rahmen der GmbH-Gründung, GmbHR 1998, 761; *Ulmer*, Die Gesellschafterhaftung bei gescheiterter Sachgründung, NJW 2000, 1521.

so genannte Vorgründungsgesellschaft. Sie ist nicht mit der späteren GmbH oder der späteren Vor-GmbH identisch. Der Rechtsform nach handelt es regelmäßig um eine Gesellschaft bürgerlichen Rechts oder eine offene Handelsgesellschaft.

- **Die Vor-GmbH**: Die Vor-GmbH entsteht mit Beurkundung des Gesellschaftsvertrages. Sie ist mit der später durch Eintragung in das Handelsregister zur Entstehung gelangenden GmbH identisch.
- **Die rechtsfähige GmbH im Sinne des § 13 GmbH-Gesetz**: Sie entsteht mit Eintragung der GmbH in das Handelsregister.

Die jeweilige Haftungssituation und das jeweils gültige Haftungsre- 26
gime unterscheidet sich danach, in welchem zeitlichen Stadium ein Vertrag abgeschlossen wurde bzw. eine haftungsbegründende Handlung vorgenommen wurde.

b) Haftung in der Vorgründungsgesellschaft. Die **Vorgründungs- 27
gesellschaft** entsteht in dem Zeitpunkt, in dem die Gesellschafter der zukünftigen GmbH sich darüber einigen, später eine GmbH oder AG zu gründen. Werden keine weiteren geschäftlichen Aktivitäten entfaltet, so entstehen daraus auch keine Haftungsrisiken. Problematisch ist es hingegen, wenn die Gesellschafter bereits anfangen, geschäftliche Tätigkeiten zu entfalten. Da es sich um eine GbR oder oHG handelt, haften die Gesellschafter unbeschränkt persönlich,[41] wenn sie beispielsweise vor notarieller Beurkundung des Gesellschaftsvertrages einen Miet-, Franchise- oder Darlehensvertrag abschließen. Die vorstehend bezeichnete Haftung ist insofern besonders gravierend, als die Vorgründungsgesellschaft nicht automatisch auf die Vor-GmbH oder Vor-AG übergeht. Eine Haftung aus der Vorgründungsgesellschaft erlischt mithin nicht durch Gründung der GmbH oder AG. Verbindlichkeiten werden nur gemäß §§ 414, 415 BGB im Falle der Vertrags- oder Schuldübernahme unter Zustimmung der jeweiligen Gläubiger und Vertragspartner auf die GmbH bzw. AG übergeleitet. Die Anforderungen an eine konkludente Zustimmung an eine Vertragsübernahme oder Schuldübernahme werden von der Rechtsprechung sehr hoch angesetzt.[42] Die Haftung besteht also parallel zur entstehenden GmbH fort.[43]

Praxistipp: Die **Vermeidung einer Haftung** im Rahmen der Vor- 28
gründungsgesellschaft, die nicht mit der späteren Vor-GmbH und GmbH identisch ist, lässt sich erreichen, in dem alle Verträge im Namen der Vorgründungsgesellschaft aufschiebend bedingt erst im Namen der später entstehenden GmbH abgeschlossen werden. In derartigen Fällen ist jedoch darauf Acht zu geben, dass noch nicht durch die Begründung von Verbindlichkeiten das Stammkapital aufgezehrt wird, da ansonsten die Unterbilanzhaftung (s. u.) eingreift und doch zu einer persönlichen Haftung der Gesellschafter führen kann.[44] Noch besser ist es daher, die Verträge noch nicht verbindlich zu unterzeichnen, sondern sich ein verbindliches

---

[41] Vgl. BGH NJW 2001, 1056; BGH DStR 2001, 1355.
[42] Vgl. BGH NJW 1998, 1998, 1645 = DStR 1998, 821.
[43] Vgl. BGH GmbHR 2001, 293.

Angebot geben zu lassen, das erst nach Eintragung in das Handelsregister von der GmbH angenommen wird. Dann kann auch keine Unterbilanzhaftung entstehen.

29 **c) Haftung in der Vor-Gesellschaft.** Mit der wirksamen Beurkundung des Gesellschaftsvertrages entsteht die **Vor-GmbH oder Vor-AG**. Diese ist identisch mit der später durch Eintragung im Handelsregister entstehenden Kapitalgesellschaft. Grundsätzlich werden alle Ansprüche und Verpflichtungen der Vor-GmbH bzw. Vor-AG mit Handelsregistereintragung also auf die Kapitalgesellschaft übergeleitet.[45] Dennoch ist die Vor-Gesellschaft noch nicht rechtsfähig und führt noch nicht zur Haftungsabschirmung, da dies grundsätzlich die Eintragung im Handelsregister voraussetzt. Dementsprechend haben die vergangenen Jahre ein wechselvolles Schicksal hinsichtlich der Haftungsverfassung der Vor-Gesellschaft gezeigt.

30 Gemäß § 11 Abs. 2 GmbHG bz. § 41 Abs. 1 S. 2 AktG gilt die spezielle **Handelndenhaftung** der Vorgesellschaft, wonach jeder, der vor Handelsregistereintragung namens der Vorgesellschaft handelt, für die dadurch begründeten Verbindlichkeiten persönlich haftet. Diese Haftung trifft allerdings nicht jede beliebige Person, die namens der AG/GmbH in Gründung auftritt, sondern lediglich die organschaftlichen Vertreter, also die Geschäftsführer bzw. den Vorstand.[46] Die Handelndenhaftung gemäß § 11 Abs. 2 GmbHG, § 41 Abs. 1 S. 2 AktG ist jedoch insofern überschaubar, als die daraus resultierenden Ansprüche mit der Entstehung der GmbH bzw. AG durch Eintragung in das Handelsregister wieder erlöschen.[47] Die Haftung nach § 11 Abs. 2 GmbHG wird also nur für den Fall des Scheiterns der Vorgesellschaft relevant.

31 Wurde die Geschäftstätigkeit der Vorgesellschaft einverständlich aufgenommen und besteht eine Eintragungsabsicht fort oder wurde die Gesellschaft unverzüglich mit Aufgabe der Eintragungsabsicht eingestellt, so haften die Gesellschafter grundsätzlich persönlich und unbeschränkt für alle **Verbindlichkeiten der Vorgesellschaft**, allerdings nicht gesamtschuldnerisch, sondern lediglich *pro rata* des jeweiligen Beteiligungsverhältnisses.[48] Jeder Gesellschafter kann daher grundsätzlich zunächst nur in Höhe der Quote seiner Gesellschaftsbeteiligungen in Anspruch genommen werden. Ferner besteht diese Haftung nicht unmittelbar gegenüber den Gläubigern der Gesellschaft, sondern ausschließlich gegenüber der Vor-Gesellschaft selbst.[49] Will also ein Gesellschaftsgläubiger seine Ansprüche auch gegen die Gesellschafter geltend machen, so hat er zunächst

---

[44] Vgl. zum Ganzen *Tillmann/Winter*, Die GmbH im Gesellschafts- und Steuerrecht, 4. Aufl., Rn 88 ff.

[45] BGHZ 80, 129, 137; *Hüffer* § 41 AktG Rn 16. § 41 Abs. 2 AktG hat damit kaum einen Anwendungsbereich, vgl. *Hüffer* § 41 AktG Rn 28.

[46] *Rowedder* § 11 GmbHG Rn 110 m. w. N.; MüKo/*Pentz* § 41 AktG Rn 132; *Hüffer* § 41 AktG Rn 20.

[47] MüKo/*Pentz* § 41 AktG Rn 109.

[48] BGHZ 134, 339 ff.; *Baumbach/Hueck* § 11 GmbHG Rn 24.

[49] BGHZ 134, 333; BAG DB 2000, 1715; BSG DStR 2000, 741; zum Meinungs-

einen vollstreckbaren Titel gegen die Gesellschaft zu erwirken, anschließend die Innenhaftungsansprüche gegen die Gesellschafter pfänden und sich zur Einziehung überweisen zu lassen. Erst dann kann er gegen die Gesellschaft vorgehen. Die pro-ratarische Beschränkung der Binnenhaftung bei der echten Vor-GmbH/Vor-AG ist insoweit umstritten, ob § 24 GmbH-Gesetz bereits eine Ausfallhaftung für eine fehlende Leistungsfähigkeit eines Mitgesellschafters begründet.[50]

Unter bestimmten Ausnahmeumständen kommt eine **unmittelbare Inanspruchnahme durch die Gesellschaftsgläubiger** in Betracht. Dies ist insbesondere der Fall, wenn die Vor-Gesellschaft vermögenslos ist, nur ein Gläubiger vorhanden ist, wenn diese keinen Geschäftsführer mehr hat oder wenn es sich um eine Ein-Mann-Vor-Gesellschaft handelt.[51] Auch in diesen Fällen bleibt es jedoch bei der anteilig beschränkten Haftung jedes Gesellschafters. 32

d) Besonderheiten der unechten Vorgesellschaft. Besonderheiten gelten bei der **unechten Vor-Gesellschaft.**[52] Nach der BGH-Rechtsprechung sind die Gesellschafter einer Vor-GmbH, die einvernehmlich bereits die Geschäftstätigkeit aufgenommen haben, verpflichtet, die Geschäftstätigkeit der GmbH sofort zu beenden und die Vorgesellschaft abzuwickeln, sowie sie feststellen, dass die Gründung der GmbH gescheitert ist. Werden die Geschäfte der Vor-GmbH dennoch fortgeführt, so finden die Grundsätze einer Haftung entsprechend § 128 HGB Anwendung. In diesem Fall besteht eine gesamtschuldnerische, unbeschränkte Haftung im Außenverhältnis gegenüber den Gläubigern der Gesellschaft.[53] Die gleichen verschärften Haftungsgrundsätze gelten auch bei einer sonstigen unechten Vor-Gesellschaft, wenn die Gesellschafter nämlich von vornherein nicht die Absicht hatten, die GmbH in das Handelsregister eintragen zu lassen. Für diese Fälle war bereits bisher anerkannt, dass diese sich wie eine Personengesellschaft behandeln lassen müssen.[54] Entsteht eine so genannte unechte Vor-GmbH durch Fortführung des Betriebes trotz späterer Aufgabe der Eintragungsabsicht, so gilt die uneingeschränkte Außenhaftung nicht nur wegen der neuen Verbindlichkeiten, die erst nach Aufgabe der Eintragungsabsicht begründet wurden, sondern für sämtliche Verbindlichkeiten der Vor-GmbH.[55] Hinsichtlich der subjektiven Kennt- 33

stand auch MüKo/*Pentz* § 41 AktG Rn 55; vgl. auch *Tillmann/Winter*, GmbH-Praktikum, 4. Auflage Rn 83.

[50] Vgl. dazu KG GmbHR 1993, 647; *Scholz/Emmerich* § 24 GmbHG Rn 2 a; kritisch *Roth/Altmeppen*, § 24 GmbHG Rn 3 m. w. N.

[51] Vgl. BGHZ 134, 333; BSG GmbHR 2000, 425; *Hüffer* § 41 AktG Rn 17 e; *Tillmann/Winter*, GmbH-Praktikum, 4. Auflage, Rn 82.

[52] BGH NJW 2003, 429 = GmbHR 2003, 97 mit Anm. *K. Schmidt;* BGHZ 134, 333, 341 = NJW 1997, 1507.

[53] Vgl. dazu auch *Baumann/Müller*, NZG 2001, 218.

[54] BGH NJW 2003, 429 = GmbHR 2003, 97 mit Anm. *K. Schmidt;* BGHZ 134, 333, 341 = NJW 1997, 1507; *Scholz/K. Schmidt*, GmbHG, § 11 Rn 21; *Lutter/Hommelhoff*, GmbHG, 15. Auflage, § 11 Rn 11.

[55] BGH NJW 2003, 429 = GmbHR 2003, 97 mit Anm. *K. Schmidt*; BAG GmbHR 2000, 1048 mit Komm. *Emde*.

nisse stellt die Rechtsprechung keine hohen Anforderungen. So ist es irrelevant, wenn der einzelne Gesellschafter nichts von bestimmten haftungsbegründenden Umständen oder Vertragsschlüssen wusste. Ebenso wenig muss der Gesellschafter für eine persönliche Haftung positive Kenntnis vom Scheitern der Vor-GmbH gehabt haben. Vielmehr genügt es nach Meinung des BGH, wenn sich ihm diese Kenntnis hätte aufdrängen müssen. Faktisch begründet der BGH damit eine Erkundigungspflicht des Gesellschafters.[56] Die vorstehenden Haftungsgrundsätze, die zum GmbH-Recht entwickelt wurden, gelten ebenso für die Vor-AG.[57]

34 **e) Die Differenz-/Vorbelastungshaftung.** Nach Eintragung der GmbH bzw. der AG in das Handelsregister besteht vornehmlich die so genannte **Differenz- oder Vorbelastungshaftung**. Nach Aufgabe des so genannten Vorbelastungsverbot durch den BGH ist an dessen Stelle nunmehr die so genannte Vorbelastungs-/Differenzhaftung getreten.[58] Ist demnach im Zeitpunkt der Eintragung der GmbH in das Handelsregister aufgrund bereits getätigter Verlustgeschäfte ein Minuskapital in Höhe von 100.000,– Euro bei einer 25.000,– Euro-GmbH entstanden, so haften die Gesellschafter auf Aufbringung des gesamten Kapitals in Höhe von 125.000,– Euro. Der Anspruch verjährt entsprechend § 9 Abs. 2 GmbHG in fünf Jahren nach der Eintragung der Gesellschaft.[59] Bei der Bewertung zur Ermittlung der Höhe einer eventuell gegebenen Vorbelastung sind die Vermögensgegenstände der GmbH nach Verkehrswerten, gegebenenfalls auch nach der Ertragswertmethode unter Ansetzung eines Geschäftswerts zu ermitteln.[60]

35 **f) Haftung bei Sacheinlagen.** Erreicht der **Wert einer Sacheinlage** nicht den Betrag der das übernommenen Stammeinlage, so hat der Gesellschafter in Höhe des Fehlbetrages das Differenzentgelt zu leisten, § 9 Abs. 1 GmbHG. Im Übrigen haften Gesellschafter und Geschäftsführer der Gesellschaft als Gesamtschuldner für die fehlende Einzahlung, sofern zum Zweck der Errichtung der Gesellschaft falsche Angaben gemacht wurden, § 9 a GmbHG. Die Gesellschafter trifft untereinander solidarisch eine **Ausfallhaftung**. Bringt ein Gesellschafter seine Stammeinlage nicht ordnungsgemäß auf, so haben auch die übrigen Gesellschafter hierfür einzustehen, § 24 GmbHG.

36 Im Falle **verschleierter Sacheinlagen**,[61] die als so genannte steuerliche verdeckte Einlage zur Gewinnrealisierung führt (§ 6 Abs. 6 EStG) und da-

---

[56] Vgl. dazu *Peetz*, Die Vor-GmbH und der gewissenhafte Gründer, GmbHR 2003, 933 ff.

[57] *Hüffer* § 41 AktG Rn 14.

[58] OLG Celle GmbHR 2000, 1265; BGHZ 80, 129.

[59] BGH NJW 1989, 710; vgl. auch *Rowedder/Schmidt-Leithoff*, GmbHG, 4. Aufl. 2002, § 11 Rn 28. Die Probleme der Verjährung der Stammeinlageverpflichtung nach der Schuldrechtsreform stellt sich daher hier nicht, vgl. i. Ü. *Wälzholz*, Auswirkungen der Schuldrechtsreform auf Gesellschaften und Geschäftsanteilsabtretungen, DStR 2002, 500 ff.

[60] Vgl. BGH NZG 2002, 636 = BB 2002, 959; *Fleischer*, GmbHR 1999, 752.

[61] *Henze*, ZHR 154 (1990), 105 ff.; *Mayer*, NJW 1990, 2593 ff.; *Einsele*, NJW 1996, 2681 ff.; *Goette*, DStR 1997, 924 ff.

her auch aus steuerlichen Gründen zu vermeiden ist, wird formell bei der GmbH-Gründung eine Bareinlage vereinbart. Durch Abkaufen von Sachmitteln eines Gesellschafters werden die Gesellschaftsmittel jedoch in engem zeitlichen Zusammenhang (Grenze in der Regel sechs Monate[62]) an den Gesellschafter wieder ausbezahlt und stattdessen ein Wirtschaftsgut an die GmbH verkauft. Derartige verschleierte Sacheinlagen führen nicht zur ordnungsgemäßen Aufbringung des Stammkapitals. Das wieder abgezogene Bargeld ist im Insolvenzfalle wieder einzuzahlen. Dies führt faktisch zu einer Doppelleistung der Stammeinlage. Derartige Ansprüche verjähren jedoch nach der Gesetzeslage derzeit – seit der Schuldrechtsreform – gemäß § 195 BGB in drei Jahren ab Kenntnis der Gesellschaft von dem Anspruch. Früher galt insoweit eine dreißigjährige Verjährung. In der Rechtslehre wird inzwischen jedoch teilweise zur Korrektur unbilliger Ergebnisse eine partielle Nichtverjährbarkeit angenommen.[63]

g) Haftung für die wirksame Kapitalaufbringung. Voreinzahlungen vor Gründung der GmbH sollten vermieden werden, da in diesen Fällen die wirksame Aufbringung des Stammkapitals zweifelhaft ist.[64] Ebenso kann die wirksame Erbringung des Stammkapitals zweifelhaft sein bei Zahlung der Stammeinlage unmittelbar an einen Gesellschaftsgläubiger (nicht zunächst auf ein Konto der GmbH).[65] Die Zahlung der Stammeinlage an die GmbH und sofortige Rückgewähr als Darlehen an die Gesellschafter befreit nicht von der Stammeinlageverpflichtung. Sie lässt die Haftung sogar dann fortbestehen, wenn das Darlehen später an die GmbH wieder zurückgezahlt wird.[66] **37**

Die vorstehenden Grundsätze zur Haftung bei Gründung einer Kapitalgesellschaft gelten sowohl hinsichtlich der Unterbilanzhaftung,[67] der Differenzhaftung bei unterwertiger Sacheinlage[68] als auch bezüglich der Folgen und Verbote einer verschleierten Sachgründung ebenso für die **Aktiengesellschaft**. Weiter gehend kennt das Aktienrecht jedoch das Gebot der sog. Nachgründung nach § 52 AktG, wenn innerhalb von zwei Jahren nach der Eintragung der AG in das Handelsregister Verträge mit Gründern oder mit mehr als 10 % beteiligten Aktionären über Wirtschaftsgüter geschlossen werden, die wertmäßig mehr als 10 % des Stammkapitals ausmachen.[69] **38**

---

[62] Dies Frist gilt allerdings nicht fest, sondern ist lediglich ein Indiz dafür, dass keine Umgehung der Sacheinlagevorschriften vorliegt.

[63] *Pentz*, GmbHR 2002, 633; vgl. auch *Wälzholz*, DStR 2002, 500 ff.; *Müller*, BB 2002, 1377.

[64] *Tillmann/Winter*, Die GmbH im Gesellschafts- und Steuerrecht, 4. Auflage 2004, Rn. 111 f.; sehr restriktiv nunmehr BGH, NZG 2004, 515 = GmbHR 2004, 736 m. Anm. *Heidinger* = DStR 2004, 782

[65] BGH NJW 1986, 989; *Rowedder/Schmidt-Leithoff*, GmbHG, 4. Aufl. 2002, § 7 Rn 24; *Priester*, BB 1987, 208.

[66] GmbHR 2000, 1045; vgl. dazu auch *Bormann/Halaczinsky*, GmbHR 2000, 1022.

[67] *Hüffer* § 41 AktG Rn 8 m. w. N.; MüKo/*Pentz* § 23 AktG Rn 113 ff.

[68] MünchHdb. GesR I/*Hoffmann-Becking*, § 4 Rn 30.

[69] Vgl. dazu *Eisolt*, DStR 2001, 748 ff.; *Priester*, DB 2001, 467 ff.

39 **h) Haftung bei Verwendung von Vorratsgesellschaften und GmbH-Mänteln.** Im Jahre 1992 hatte der BGH grundsätzlich entschieden, dass offene **Vorratsgründungen zulässig** seien. Hauptargument der damaligen Entscheidung bestand darin, dass es zum Schutze des Rechtsverkehrs nicht erforderlich sei, die Gründung von Vorratsgesellschaften insgesamt als unzulässig zu betrachten. Vielmehr sei ein ausreichender Schutz des Rechtsverkehrs zu gewährleisten durch entsprechende Anwendung der Gründungsvorschriften. Die wiedergegebene Begründung war bis zur neuen Entscheidung des BGH vom 9.12. 2002[70] in Vergessenheit geraten.

40 In seiner neuen Entscheidung vom 9.12. 2002 schafft der BGH den Topos der **„wirtschaftlichen Neugründung"**. Liege eine wirtschaftliche Neugründung durch Ausstattung der Vorratsgesellschaft mit einem Unternehmen und der erstmaligen Aufnahme des Geschäftsbetriebes vor, so seien zum Schutze der Kapitalausstattung die registergerichtlichen Kontrollvorschriften zur Aufbringung des Stammkapitals erneut anzuwenden. Die Geschäftsführer der GmbH haben daher bei Anmeldung der Satzungsänderung (Sitzverlegung, Gegenstandsänderung, Firmenänderung) analog § 8 Abs. 2 GmbHG zu versichern, dass die in § 7 Abs. 2 und Abs. 3 GmbHG bezeichneten Leistungen bewirkt sind und sich in der freien Verfügung der Geschäftsführung befinden. Auf diese Art und Weise soll sichergestellt werden, dass auch im Zeitpunkt der Neuverwendung der Vorrats-GmbH das Stammkapital in voller Höhe aufgebracht ist.

41 **Beispiel:** Der Gewerbetreibende G betreibt einen Handel mit Vorratsgesellschaften. Bei jeder Vorratsgesellschaft bringt er zunächst das Stammkapital ein. Nach Eintragung der Gesellschaft im Handelsregister schüttet er das Stammkapital darlehensweise an sich selbst als alleinigen Gesellschafter aus. Kurz vor Verwertung der Vorratsgesellschaft legt er das Geld zum Zwecke der Rückzahlung des Darlehens wieder in die Gesellschaft ein. Im Übrigen wird verfahren wie üblich.

42 Nach Meinung der Rechtsprechung[71] ist in einem solchen Fall zunächst das Stammkapital nicht wirksam aufgebracht. Die ursprüngliche Hin- und Herzahlung stellt eine verschleierte Sacheinlage dar und hindert die wirksame Kapitalaufbringung. Die spätere Rückzahlung des Geldes an die GmbH erfolgt zur Rückzahlung des Darlehens, richtigerweise auf einen Bereicherungsanspruch und bringt damit gleichzeitig wirksam das Stammkapital auf.[72]

43 Ferner findet nach Meinung des BGH[73] eine **Unterbilanzhaftung** bei Verwendung einer Vorrats-GmbH sowie bei Erwerb eines leeren GmbH-

[70] BGH NJW 2003, 892; vgl. dazu auch *K. Schmidt*, NJW 2004, 1345 ff.

[71] BGH NJW 2003, 825, 826 = BB 2003, 270 mit Anm. *Gesell/Seulen;* OLG Schleswig NJW-RR 2001, 175; vgl. dazu auch *Bormann/Halaczinsky*, GmbHR 2000, 1022.

[72] So BGH NJW 2003, 825, 826 = BB 2003, 270 mit Anm. *Gesell/Seulen*; a. A. OLG Schleswig NJW-RR 2001, 175; bestätigt durch OLG Schleswig GmbHR 2003, 1058.

[73] Urt. vom 7.7. 2003, II ZB 4/02, GmbHR 2003, 1051; ebenso wohl *Thaeter/Meyer* DB 2003, 539, 540. Kritisch hingegen *Meilicke*, BB 2003, 857; *Gronstedt*, BB 2003, 860, 862.

Mantels[74] statt. Maßgeblicher Zeitpunkt für das Bestehen der Unterbilanz ist der Zeitpunkt der Offenbarung der wirtschaftlichen Neugründung gegenüber dem Handelsregister. In der Zwischenzeit besteht eine **Handelndenhaftung**[75] analog § 11 GmbHG. Ungeklärt ist derzeit noch, wo genau die Grenzziehung zwischen einer Mantelverwendung und anderen Umstrukturierungen innerhalb einer weiterbetriebenen GmbH verläuft.

Folgende **Konsequenzen** sind für die Verwendung von Vorratsgesellschaften und den Erwerb von GmbH-Mänteln derzeit zu beachten: **44**

- Es sollten ausschließlich Vorratsgesellschaften erworben werden, bei denen das **Stammkapital** uneingeschränkt und ununterbrochen der Kapitalgesellschaft zur Verfügung gestanden hat.
- Die Gesellschaft sollte nicht gleichzeitig die ursprünglichen Gründungskosten und noch einmal die Satzungsänderungskosten tragen, da anderenfalls eine **Vorbelastung** gegeben ist, da die Satzungsänderungskosten der späteren Vorratsverwertung nicht mehr von der Satzungsbestimmung gedeckt sein werden, § 26 AktG.
- Es sollte darauf geachtet werden, dass bei der Verwendung der Vorratsgesellschaft oder des Mantels die **Offenlegung** gegenüber dem Registergericht unverzüglich erfolgt und die Zeiten bis zur Eintragung der Satzungsänderung möglichst kurz gehalten werden. Insbesondere sollte daher eine Sitzverlegung vermieden werden, da dies in der Regel zu wesentlichen Verzögerungen führt![76]

---

[74] Vgl. auch *Thaeter/Meyer*, DB 2003, 539.
[75] Vgl. *Nolting*, ZIP 2003, 651, 653 f.; OLG Stuttgart GmbHR 1999, 610, 611.
[76] *Schaub*, NJW 2003, 2125, 2130.

§ 2 Rechtsformwahl – Die Entscheidungskriterien

Übersicht

	Rn
I. Überblick	1
II. Die Entscheidungskriterien	5
1. Steuerliche Optimierung	5
2. Möglichkeiten der Haftungsbeschränkung	6
3. Sicherung des Familieneinflusses über die Generationen	7
4. Möglichkeiten der Unternehmensfinanzierung	9
5. Mitbestimmung und Sozialversicherung	10
6. Die weiteren Kriterien	12

Schrifttum: *Arens* in: Arens/Rinck, Gesellschaftsrecht 2002, § 1; *Costede*, Familien-GmbH oder Personengesellschaft? – Steuerrecht – Handelsrecht, GmbHR 1979, 4; *Englisch*, Rechtsform Neutralität der Unternehmensbesteuerung bei Ertragsteuern, DStZ 1997, 778; *Erle/Ring* in: Beck'sches Handbuch der GmbH, 3. Aufl. 2002 § 1; *Füser/Rödel*, Basel II – Internes Rating mittels (quantitativer) und qualitativer Kriterien, DStR 2002, 275; *Halasz/Kloster/Kloster*, Die GmbH & Co KG aA – Eine Rechtsformalternative zur GmbH & Co. KG, GmbHR 2002, 77; *Heidemann*, Entscheidungskriterien für die Rechtsformwahl unter besonderer Berücksichtigung des Steuersenkungsgesetzes, INF 2000, 716 und 751; *Herzig*, Aspekte der Rechtsformwahl für mittelständische Unternehmen nach der Steuerreform, Wpg 2001, 253; *Hirte*, Die Europäische Aktiengesellschaft, NZG 2002, 1; *Höflacher/Wendlandt*, Rechtsformwahl nach der Unternehmenssteuerreform 2001 – Ist die Kapitalgesellschaft wirklich die bessere Alternative?, GmbHR 2001, 793; *Jacobs* (Hrsg.), Unternehmensbesteuerung und Rechtsform, 3. Auflage 2002; *D. Jacobs*, Rechtsformwahl nach der Unternehmenssteuerreform: Personenunternehmen oder Kapitalgesellschaft? DStR 2001, 806; *O. H. Jacobs/Spengel/Vituschek*, Steuerreform 2001: Internationale Wettbewerbsfähigkeit deutscher Unternehmen und Rechtsformwahl, RIW 2000, 654; *Kallmeyer*, Die KGaA – eine interessante Rechtsformalternative für den Mittelstand, DStR 1994, 977; *Kessler/Teufel*, Auswirkungen der Unternehmenssteuerreform 2001 auf die Rechtsformwahl, DStR 2000, 1836; *Kessler/Teufel*, Die klassische Betriebsaufspaltung nach der Unternehmenssteuerreform, DB 2001, 17; *König/Sureth*, Besteuerung und Rechtsformwahl, 2. Aufl. 2001; *Lutter*, Europäische Aktiengesellschaft – Rechtsfigur mit Zukunft? BB 2002, 1; *Korth*, Rechtsformvergleich nach der Unternehmenssteuerreform, DSWR 2000, 322; *Niedner/Kusterer*, Die atypisch ausgestaltete Familien-KGaA als Instrument zur Gestaltung des Generationenwechsels in mittelständischen Unternehmen, DB 1997, 2010; *Niedner/Kusterer*, Die atypisch ausgestaltete Familien-KGaA aus der Sicht des Kommanditaktionärs, DB 1997, 1451; *Nietzer/Stadie*, Die Familienstiftung & Co. KG – eine Alternative für die Nachfolgeregelung bei Familienunternehmen, NJW 2000, 3457; *Scheidle*, Die GmbH & Co. KG als attraktive Rechtsform nach dem Bilanzrichtlinien-Gesetz? – Rechtsformüberlegungen unter Berücksichtigung des EG-Richtlinienentwurfes zur Erstreckung der Bilanzrichtlinie auf die GmbH & Co. KG, BB 1986, 2065; *Schiffers*, Steuersenkungsgesetz: Steuerliche Rechtsformwahl und Rechtsformoptimierung, GmbHR 2000, 1005; *Schneeloch*, Rechtsformwahl und Rechtsformwechsel mittelständischer Unternehmen: Auswahlkriterien, Steuerplanung, Gestaltungsempfehlungen, 1997; *Schneeloch/Rahier/Trockels-Brand*, Steuerplanerische Überlegungen zur Unternehmenssteuerreform, DStR 2000, 1619

I. Überblick

Das Zivilrecht stellt dem Familienunternehmer zahlreiche unterschiedliche Rechtsformen für den Betrieb seines Unternehmens zur Verfügung. Als Grobeinteilungen[1] sind vor allem zu nennen das Einzelunternehmen, insbesondere das kaufmännische Einzelunternehmen. Daneben bestehen die Personengesellschaften und Personenhandelsgesellschaften wie insbesondere die Gesellschaft bürgerlichen Rechts (GbR) für nichtkaufmännische Unternehmen sowie die offene Handelsgesellschaft (OHG) und die Kommanditgesellschaft (KG) als Personenhandelsgesellschaften. Für Freiberufler existiert daneben die Partnerschaftsgesellschaft (PartG), die der OHG stark angenähert ist. Für internationale Kooperationen innerhalb der Europäischen Union kann schließlich noch die Rechtsform der Europäischen wirtschaftlichen Interessenvereinigung (EWIV)[2] gewählt werden. 1

Ferner gibt es die Möglichkeit, die Rechtsform von Kapitalgesellschaften zu wählen, also diejenige der Gesellschaft mit beschränkter Haftung (GmbH), der Aktiengesellschaft (AG) oder auf europäischer Ebene die Europäische AG, die sog. Societas Europeae.[3] Eine Mischform zwischen Kommanditgesellschaft und Aktiengesellschaft ist die Kommanditgesellschaft auf Aktien (KGaA).[4] Die Gründung eingetragener Genossenschaften (e. G.) ist zwar möglich, kommt für Familiengesellschaften in der Regel jedoch nicht in Frage. 2

Schließlich haben sich in der Zwischenzeit eine Vielzahl von Mischrechtsformen entwickelt, die im Wesentlichen aus steuerlichen Motiven entstanden sind. Zu nennen sind vor allem die GmbH & Co. KG und die Betriebsaufspaltung. Möglich[5] sind insoweit aber auch die Stiftung & Co. KG oder die AG & Co. KG sowie die GmbH & Co. KGaA.[6] 3

Als nicht nach außen auftretende Gesellschaftstypen sind schließlich noch die stille Gesellschaft und die Unterbeteiligung zu nennen.[7] Beide treten in typischer und atypischer Form auf. Der Unterschied beider Ausprägungen besteht vor allem in den steuerlichen Auswirkungen und an dem Maß des Einflusses und der Beteiligung am Unternehmen des stillen Gesellschafters (dazu unten Steuerteil). 4

---

[1] Vgl. *K. Schmidt* Gesellschaftsrecht § 3.

[2] Vgl. *Habersack,* Europäisches Gesellschaftsrecht, 1999, S. 353 ff.

[3] Vgl. *Hirte,* NZG 2002, 1 ff.; *Lutter,* BB 2002, 1 ff.; *G. C. Schwarz,* ZIP 2001, 1847 ff.

[4] Vgl. *Halasz/Kloster/Kloster,* GmbHR 2002, 77; *Niedner/Kusterer,* DB 1997, 2010 ff.; *Niedner/Kusterer,* DB 1997, 1451 ff.

[5] Vgl. allgemein *K. Schmidt* Gesellschaftsrecht § 56; *Scheidle,* BB 1986, 2065 ff.

[6] BGHZ 134, 392; MünchHdb. GesR I/*Herfs* § 76 Rn 10.

[7] Vgl. MünchHdb. GesR II, Teil 2; *Weigl,* Stille Gesellschaft und Unterbeteiligung, 2004.

II. Die Entscheidungskriterien

1. Steuerliche Optimierung

5 Angesichts der Vielfalt von möglichen Rechtsformen kommt es zunächst darauf an, anhand welcher Kriterien die Auswahl der richtigen Rechtsform getroffen werden sollte.[8] An erster Stelle steht in der Praxis die **steuerrechtliche Optimierung**. Diese unterliegt einem stetigen Wandel. So war es bis 2001 in der Regel günstig, die Rechtsform einer Kapitalgesellschaft zu wählen. Aufgrund der jüngsten Steuerreformen mit der Abschaffung des Anrechnungsverfahren ist die reguläre Steuerbelastung bei Kapitalgesellschaften im Ausschüttungsfall deutlich gegenüber der Steuerbelastung von Personengesellschaften gestiegen.[9] Dabei kommt es sehr auf die Ausgestaltung im Einzelfall an. Aufgrund der häufigen Veränderungen der steuerlichen Rahmenbedingungen durch den Gesetzgeber, wird auch von steuerrechtlich ausgewiesenen Experten[10] mit langer Erfahrung in der Beratung von mittelständischen Unternehmen davor gewarnt, die Entscheidung über die Wahl der Rechtsform zu sehr vom steuerlichen Belastungsvergleich abhängig zu machen.

2. Möglichkeiten der Haftungsbeschränkung

6 Entscheidende Bedeutung für die Wahl der richtigen Rechtsform hat auch die Frage nach der **Haftung** des Familienunternehmers. Bei manchen Rechtsformen hat der Familienunternehmer uneingeschränkt für alle Verbindlichkeiten des Geschäftsbetriebes des Unternehmens einzustehen. Dies ist insbesondere beim Einzelunternehmen und der offenen Handelsgesellschaft der Fall. Bei der Kommanditgesellschaft ist hingegen eine differenzierte Haftungssituation anzutreffen, bei der die Kommanditisten nur auf die Hafteinlage beschränkt haften, die Komplementäre jedoch vollständig. Andere Gesellschaften wie die GmbH oder die AG führen hingegen zu einer weitgehenden Beschränkung der Haftungsgefahren. Das Gleiche gilt für die GmbH & Co. KG, da dort die haftungsbeschränkte GmbH die Rolle des vollhaftenden Komplementärs einnimmt. Ganz ausgeschlossen werden können die Haftungsgefahren jedoch auch bei grds. haftungsbeschränkten Rechtsformen nicht.[11]

---

[8] Vgl. auch Beck Hdb. Personengesellschaften/*Kessler/Schiffers* § 1 Rn 54; *Scheidle*, BB 1986, 2065 ff.

[9] Vgl. zu steuerlichen Überlegungen zur Rechtformwahl neben den Ausführungen unten Steuern, *Jacobs* (Hrsg.), Unternehmensbesteuerung und Rechtsform, 3. Auflage 2002; *Krawitz*, DB 2000, 1727; *Mack/Schwedhelm/Olgemöller/Spatscheck*, GmbHR 1999, 1221, 1238 f.; *Wotschofsky*, DB 1999, 1615, 1617; *PriceWaterhouseCoopers*, Unternehmenssteuerreform 2001, S. 131; *Ernst & Young/BDI*, Unternehmenssteuerreform 2001, S. 209 ff.; *Tischer*, FR 2000, 1009 ff.; *Tiedtke/Wälzholz*, NotBZ 2000, 356 ff.; *Jorde/Götz*/BB 2003, 1813 ff.

[10] Vgl. nur *Tillmann/Winter*, GmbH-Praktikum, 3. Auflage 1999, Rn 9, 10.

[11] Dazu ausführlich unten § 17.

3. Sicherung des Familieneinflusses über die Generationen

Eines der wichtigsten Ziele jedes Familienunternehmers ist die **Sicherung des Familieneinflusses**. Auch in dieser Hinsicht unterscheiden sich die einzelnen Gesellschafts- und Unternehmensformen wesentlich. Hervorzuheben ist hier vor allem die Rechtsform der Aktiengesellschaft, in der bei Aufnahme fremder Gesellschafter der Familieneinfluss stark zurückgedrängt werden kann. Außerdem ist bei dieser Gesellschaftsform die Erteilung von Weisungen an den Vorstand für das operative Geschäft grds. nicht möglich.[12] In den anderen Gesellschaftsformen lässt sich der Familieneinfluss meist weitestgehend sichern. 7

Die **Heranführung von Nachfolgern** an das Unternehmen und die **Sicherung der Unternehmensnachfolge** ist eine der größten Herausforderungen für jedes Familienunternehmen (dazu unten § 34). Auch diesbezüglich unterscheiden sich die einzelnen Rechtsformen.[13] Beispielsweise kann der Unternehmensnachfolger beim Einzelunternehmen lediglich als Angestellter und Prokurist in dem Unternehmen mitwirken, während er bei Personen- und Kapitalgesellschaften bereits mit einer kapitalmäßigen Beteiligung an das Unternehmen herangeführt werden kann. In diesem Zusammenhang spielt es auch eine Rolle, dass nur bei Kapitalgesellschaften eine Fremdorganschaft möglich ist, also Nichtgesellschafter als Geschäftsführer für die Familiengesellschaft werden können. Bei den Personengesellschaften ist die Organstellung hingegen für Gesellschafter reserviert.[14] Dies kann von entscheidender Bedeutung sein, wenn die Familiennachkommen zwar wirtschaftlich von dem Unternehmen weiter profitieren sollen, zur Fortführung des Unternehmens selbst jedoch nicht in der Lage sind. 8

4. Möglichkeiten der Unternehmensfinanzierung

Jedes Unternehmen benötigt Geld zum Wirtschaften. Das Eigenkapital des Unternehmers reicht zumindest im Gründungsstadium regelmäßig nicht aus. Vielmehr ist praktisch jedes Unternehmen auf eine Mitfinanzierung durch Banken und andere Kreditgeber angewiesen. Diesbezüglich werden die unterschiedlichen Gesellschafts- und Rechtsformen von der Kreditwirtschaft im Rahmen des Ratings (Basel II) auch für mittelständische Unternehmen unterschiedlich bewertet.[15] Manche Rechtsformen erschweren daher die Unternehmensfinanzierung (GmbH und GmbH & Co. KG), während dies bei anderen erleichtert wird (OHG, KG, AG).[16] Dabei handelt es sich allerdings um reine Tendenzaussagen. Die 9

---

[12] MünchHdb. GesR I/*Wiesner* § 19 Rn 18 f.

[13] Vgl. aus erbschaftsteuerlicher Sicht Beck Hdb. Personengesellschaften/*Kessler/Schiffers* § 1 Rn 250 ff.

[14] Beck Hdb. Personengesellschaften/*Kessler/Schiffers* § 1 Rn 36,

[15] Vgl. die interessante Übersicht von *Füser/Rödel*, Basel II – Internes Rating mittels (quantitativer) und qualitativer Kriterien, DStR 2002, 275, 281.

[16] Vgl. *Rolfes/Emse*, Interne Rating-Verfahren zur Bonitätsklassifizierung, DStR2001, 316ff.; *Uppenbrink*, Kreditvergabepraxis der Banken im Umbruch –

Leichtigkeit der Ersetzung von Fremdkapital (Darlehen) durch Eigenkapital, indem die Geldgeber sich unmittelbar an dem Unternehmen beteiligen, ist von Rechtsform zu Rechtsform sehr unterschiedlich. Dies hängt vor allem von dem Zugang zu den allgemeinen Kapitalmärkten und die Fungibilität der Gesellschaftsanteile ab. Eine herausgehobene Stellung haben insoweit die AG und die KGaA, da sie den Gang an die Börse ermöglichen. Die Anteile an Personengesellschaften sind hingegen grds. nicht frei handelbar.[17]

5. Mitbestimmung und Sozialversicherung

10 Der Sozialstaat Bundesrepublik Deutschland hat **Mitbestimmungsregelungen** geschaffen, nach denen die Arbeitnehmer in zahlreichen unternehmerischen Angelegenheiten ein Mitsprache- oder zumindest ein Anhörungsrecht erhalten. Diesbezüglich unterscheiden sich hinsichtlich der einzelnen Rechtsformen die jeweiligen Größengrenzen, ab wann die Mitbestimmungsregelungen eingreifen.[18] Die Mitbestimmung nach dem BetrVG ist zwar rechtsformunabhängig ausgestaltet – ein Betriebsrat kann stets ab fünf Arbeitnehmern gebildet werden. Die Unternehmensmitbestimmung (BetrVG 1952, MitBestG 1976, Montan) gilt hingegen grds. nur für die Kapitalgesellschaften ab bestimmten Schwellengrößen (mind. 500 Mitarbeiter) sowie unter den gleichen Voraussetzungen im Regelfall für die GmbH & Co. KG.

11 Häufig ist es das Ziel des Familienunternehmers, nicht der **Sozialversicherungspflicht** zu unterliegen. Dieses Ziel resultiert nicht zuletzt daraus, dass das Vertrauen in den Qualitätsstandard und den Erhalt der gesetzlichen Sozialversicherung stark geschrumpft ist. Der Glaube an eine optimale Altersvorsorge durch Lebensversicherungen oder private Rentenversicherungen ist häufig größer. Um das angestrebte Ziel des Ausscheidens aus der Sozialversicherungspflicht zu erreichen, unterscheiden sich die einzelnen Rechtsformen wiederum. Der Einzelunternehmer und OHG-Gesellschafter sind im Grundsatz sozialversicherungsfrei, vgl. § 7 SGB IV.[19] Der Geschäftsführer einer GmbH ist dagegen grundsätzlich Angestellter der Kapitalgesellschaft. Ob er auch sozialversicherungsfrei ist, hängt von der konkreten Ausgestaltung des jeweiligen Anstellungsvertrages sowie der Höhe der Beteiligung an der Gesellschaft und seiner Mitspracherechte ab.[20] Der Vorstand einer Aktiengesellschaft ist hingegen stets weisungsfrei und daher rechtlich nicht als Arbeitnehmer der AG anzusehen;[21] sein Anstellungsvertrag ist vielmehr ein freier Dienstvertrag. Der Vorstand ist aufgrund seiner selbständigen Stellung niemals sozialversi-

---

durch Basel II, DStZ 2002, 320 ff.; *Nagl*, Praxisbezogene Empfehlungen zum Umgang mit Bankratings, INF 2002, 371 ff.

[17] Beck Hdb. Personengesellschaften/*Müller* § 4 Rn 38.

[18] Dazu Beck Hdb. Personengesellschaften/*Kessler/Schiffers* § 1 Rn 64 f.; *K. Schmidt* Gesellschaftsrecht § 16 IV.

[19] Vgl. dazu *K. R. Wagner*, DStR 1999, 503 ff.

[20] Vgl. *Brand* in: GmbH-Handbuch, Teil IV Rn 128 ff.

[21] *Nirk/Reuter/Bächle*, Handbuch der Aktiengesellschaft, I Rn 643.

cherungspflichtiger Arbeitnehmer.[22] Insoweit sind auch hier Unterschiede bei den Rechtsformen zu berücksichtigen.

6. Die weiteren Kriterien

Die unterschiedlichen Rechtsformen unterliegen verschiedenen **Regeln der Publizität**. Bei manchen Rechtsformen, wie beispielsweise dem einzelkaufmännischen Unternehmen ist außer dem Inhaber und den vertretungsberechtigten Personen wie Prokuristen nichts zum Handelsregister anzumelden. Bei Personenhandelsgesellschaften ist der Gesellschaftsvertrag, aus dem sich beispielsweise die internen Gewinnverteilungsregelungen etc. ergeben, nicht veröffentlichungspflichtig. Anders ist dies hingegen bei den Kapitalgesellschaften wie der GmbH, der AG oder der KGaA. Darüber hinaus sind je nach Größe, Umfang und Rechtsform auch die Bilanz mit weiteren Ergänzungen gegebenenfalls veröffentlichungspflichtig.[23] Die gilt vor allem für die Kapitalgesellschaften und die wichtigsten haftungsbeschränkten Mischrechtsformen, insbesondere die GmbH & Co. KG. Auch hierauf ist gerade bei Familiengesellschaften, die in der Regel ein erhebliches Geheimhaltungsinteresse haben, bei der Rechtswahl zu achten (zu Details unten § 18). 12

In finanzieller Hinsicht ist auch ein **unterschiedlicher Gründungsaufwand** bei Personen- und Kapitalgesellschaften festzustellen. Während Personengesellschaften bei der Gründung kein bar zu erbringendes Mindestkapital erfordern, ist dies bei GmbH und AG anders. Letztere setzen ein Stamm- bzw. Grundkapital von 25 000 Euro bzw. 50 000 Euro voraus, § 5 GmbHG, § 7 AktG. 13

Die **laufenden Aufwendungen** für Gesellschafterversammlungen, Buchführung und Bilanzierung sowie die allgemeine Verwaltung, die Kosten der Rechtsberatung und Information und Kontrolle können je nach Gesellschaftsform sehr unterschiedlich sein.[24] Allgemein gilt: Je komplizierter die Rechtsform ist, desto größer sind die laufenden, damit verbundenen Kosten. An der Spitze in Deutschland seht diesbezüglich sicher die AG. 14

Die meisten Gesellschaftsformen gewähren dem Familienunternehmer große **Gestaltungsspielräume** bei der Ausgestaltung des Gesellschaftsvertrages. Beispielsweise sind ungleiche Gewinnverteilungen, ungleiche Stimmrechte, Vorzugsbeteiligungen mit oder ohne Stimmrecht etc. möglich. Dies gilt allerdings nicht bei allen Rechtsformen. Insbesondere die Aktiengesellschaft sowie die Kommanditgesellschaft auf Aktien unterliegt gemäß § 23 Abs. 5 Aktiengesetz dem Grundsatz der Satzungsstrenge.[25] Während bei anderen Rechtsformen wie den Personengesellschaften[26] der Grundsatz gilt „es ist alles erlaubt, was nicht verboten ist", so gilt bei der 15

---

[22] Vgl. Memento Gesellschaften 2002, Rn 3833 m. w. N.

[23] Vgl. *Dorozala/M. Söffing*, GmbHR 2000, 1567; *Jansen*, DStR 1999, 1490; *Scheffler*, DStR 2000, 529.

[24] Beck Hdb. Personengesellschaften/*Kessler/Schiffers* § 1 Rn 76.

[25] *Hüffer* AktG § 23 Rn 34 f.

[26] Beck Hdb. Personengesellschaften/*Kessler/Schiffers* § 1 Rn 11.

Aktiengesellschaft „es ist alles verboten, was nicht ausdrücklich erlaubt ist". Selbstverständlich haben auch andere Gesellschaftsformen jeweils unterschiedliche Gestaltungsschranken. Wird ein bestimmtes Gestaltungsziel angestrebt, so ist zu überprüfen, ob dieses mit der angestrebten Rechtsform erreicht werden kann.

16 Zahlreiche Familienunternehmen sind Handwerksbetriebe, die daher die Vorgaben der **Handwerksordnung** einzuhalten haben. Grds. kann ein Handwerksbetrieb nur bei Eintragung in die Handwerksrolle geführt werden, § 7 Abs. 4 HWO. Dies setzt teilweise den vorherigen Erwerb eines entsprechenden Meistertitels voraus. Im Fall einer Neugründung eines solchen Unternehmens oder zur Fortführung eines solchen Betriebes durch einen Nachfolger ist es häufig, zumindest für Übergangszeiten, entscheidend, eine Rechtsform zu wählen, bei denen das Handwerk bereits ausgeübt werden darf, obwohl der Geschäftsinhaber und Gesellschafter selbst (noch) nicht den Meistertitel erlangt hat. Dies ist bei allen Kapitalgesellschaften der Fall. Hier genügt es, wenn ein angestellter Betriebsleiter den Meistertitel hat. Im Rahmen der Liberalisierung des Handwerksrechts ist nunmehr die gleiche Möglichkeit auch den Personengesellschaften zur Verfügung gestellt worden.

§ 3 Die einzelnen Rechtsformen

Übersicht

	Rn
I. Das Einzelunternehmen	1
II. Die Gesellschaft bürgerlichen Rechts	8
III. Die offene Handelsgesellschaft (OHG)	10
IV. Die Kommanditgesellschaft	18
V. Die GmbH	27
VI. Die Aktiengesellschaft	38
VII. Kommanditgesellschaft auf Aktien	50
VIII. Limited, B.V., S. A. R. L.	53
IX. Innengesellschaften	56
1. Die Stille Gesellschaft, § 230 HGB	56
2. Unterbeteiligungen	60
X. Sonstige Unternehmensformen	65
1. Partnerschaftsgesellschaft, EWIV	65
2. Die Stiftung	68
XI. Zusammengesetzte Rechtsformen und Rechtsformkombinationen	74
1. Die GmbH & Co. KG, AG & Co. KG, Siftung & Co. KG	74
2. Die Betriebsaufspaltung	80
3. Holdingstrukturen/Konzern	84
XII. Abwägung der Vor- und Nachteile der einzelnen Rechtsformen und Diversifizierung	87

Schrifttum: *Arens* in: Arens/Rinck, Gesellschaftsrecht 2002, § 1; *Costede*, Familien-GmbH oder Personengesellschaft? – Steuerrecht – Handelsrecht, GmbHR 1979, 4; *Englisch*, Rechtsform Neutralität der Unternehmensbesteuerung bei Ertragsteuern, DStZ 1997, 778; *Erle/Ring* in: Beck'sches Handbuch der GmbH, 3. Aufl. 2002 § 1; *Füser/Rödel*, Basel II – Internes Rating mittels (quantitativer) und qualitativer Kriterien, DStR 2002, 275; *Halasz/Kloster/Kloster*, Die GmbH & Co KG aA – Eine Rechtsformalternative zur GmbH & Co. KG, GmbHR 2002, 77; *Heidemann*, Entscheidungskriterien für die Rechtsformwahl unter besonderer Berücksichtigung des Steuersenkungsgesetzes, INF 2000, 716 und 751; *Herzig*, Aspekte der Rechtsformwahl für mittelständische Unternehmen nach der Steuerreform, Wpg 2001, 253; *Hirte*, Die Europäische Aktiengesellschaft, NZG 2002, 1; *Höflacher/Wendlandt*, Rechtsformwahl nach der Unternehmenssteuerreform 2001 – Ist die Kapitalgesellschaft wirklich die bessere Alternative?, GmbHR 2001, 793; *Jacobs* (Hrsg.), Unternehmensbesteuerung und Rechtsform, 3. Auflage 2002; *D. Jacobs*, Rechtsformwahl nach der Unternehmenssteuerreform: Personenunternehmen oder Kapitalgesellschaft? DStR 2001, 806; *O. H. Jacobs/Spengel/Vituschek*, Steuerreform 2001: Internationale Wettbewerbsfähigkeit deutscher Unternehmen und Rechtsformwahl, RIW 2000, 654; *Kallmeyer*, Die KGaA – eine interessante Rechtsformalternative für den Mittelstand, DStR 1994, 977; *Kessler/Teufel*, Auswirkungen der Unternehmenssteuerreform 2001 auf die Rechtsformwahl, DStR 2000, 1836; *Kessler/Teufel*, Die klassische Betriebsaufspaltung nach der Unternehmenssteuerreform, DB 2001, 17; *König/Sureth*, Besteuerung und Rechtsformwahl, 2. Aufl. 2001; *Lutter*, Europäische Aktiengesellschaft – Rechtsfigur mit Zukunft? BB 2002, 1; *Korth*, Rechtsformvergleich nach der Unternehmenssteuerreform, DSWR 2000, 322; *Niedner/Kusterer*, Die atypisch ausgestaltete Familien-KGaA als Instrument zur Gestaltung des Generationenwechsels in mittelständischen Unternehmen, DB 1997, 2010; *Niedner/Kusterer*, Die atypisch ausgestaltete Familien-KGaA aus der Sicht des Kommanditaktionärs, DB 1997, 1451; *Nietzer/Stadie*, Die Familienstiftung & Co. KG – eine Alternative für die Nachfolgeregelung bei Familienunternehmen, NJW 2000, 3457; *Scheidle*, Die GmbH & Co. KG als attraktive Rechtsform nach dem Bilanzrichtlinien-Gesetz? – Rechtsformüberlegungen unter Berücksichtigung des EG-Richtlinienentwurfes zur Erstreckung der Bilanzrichtlinie auf die GmbH & Co. KG, BB 1986, 2065; *Schiffers*, Steuersenkungsgesetz: Steuerliche Rechtsformwahl und Rechtsformoptimierung, GmbHR 2000, 1005; *Schneeloch*, Rechtsformwahl und Rechtsformwechsel mittelständischer Unternehmen: Auswahlkriterien, Steuerplanung, Gestaltungsempfehlungen, 1997; *Schneeloch/Rahier/Trockels-Brand*, Steuerplanerische Überlegungen zur Unternehmenssteuerreform, DStR 2000, 1619

I. Das Einzelunternehmen

1 Das Einzelunternehmen ist die in der Bundesrepublik Deutschland am **häufigsten** anzutreffende **Rechtsform**. Im Jahre 2000 wurden 70 % aller umsatzsteuerpflichtigen Unternehmen in der Rechtsform eines Einzelunternehmens betrieben. Dennoch ist das Einzelunternehmen bei weitem nicht die ertrags- oder umsatzstärkste Rechtsform. Diese 70 % Einzelunternehmen haben lediglich 12 % des Gesamtumsatzes im Jahre 2000 getätigt.[1] Daraus bereits ist ersichtlich, dass Einzelunternehmen in der Regel lediglich die richtige **Rechtsform für Kleinunternehmen sind**.

2 Das Einzelunternehmen kann rechtlich in **zwei** unterschiedliche **Kategorien** eingeordnet werden. Entweder es handelt sich um ein **einzelkaufmännisches Unternehmen** im Sinne der §§ 1 ff. HGB. Dann ist es berechtigt eine Firma zu führen und unterliegt den Vorschriften des Handelsrechts. Handelt es sich hingegen um ein **minderkaufmännisches Unternehmen**, also um ein solches, das nicht zwingend ins Handelsregister eingetragen werden muss, weil es keinen in kaufmännischer Weise eingerichteten Geschäftsbetrieb[2] erfordert, § 1 Abs. 2 HGB, so unterliegt es dem Grundsatz nach nicht den handelsrechtlichen Vorschriften des HGB. Teilweise werden diese Vorschriften jedoch analog angewandt.[3]

3 Die Rechtsform des Einzelunternehmens löst **wenig Kosten** aus. Gesetzliche Formvorschriften sind hier sehr selten. Anders als beispielsweise bei der Aktiengesellschaft, wo großer Aufwand zur Durchführung und Vorbereitung von Hauptversammlungen und Abschlussprüfungen erforderlich ist, ist dies beim Einzelunternehmen nicht der Fall. Am einzelkaufmännischen Unternehmen ist stets nur ein Geschäftsinhaber beteiligt. Dies bringt den **Nachteil** mit sich, dass die potentiellen **Gestaltungsvarianten für die Vorbereitung der Unternehmensnachfolge nur eingeschränkt** sind. Ein potentieller Nachfolger kann zunächst lediglich als Angestellter und gegebenenfalls als Prokurist im Einzelunternehmen mit-

---

[1] *Hansen*, GmbHR 2003, 22, 24.

[2] Vgl. *Ebenroth/Boujong/Joost/Kindler* § 1 HGB Rn 41 ff.

[3] Vgl. einerseits die ausdrücklichen Anordnungen des Gesetzgebers, in denen Kleingewerbetreibende wie Kaufleute behandelt werden, z. B. §§ 84 IV, 93 III, 383 II HGB und andererseits die entsprechende Anwendung von Handelsrecht des HGB auf Kleingewerbetreibende, *Baumbach/Hopt*, HGB, 30. Auflage, § 1 Rn 10 (kfm Bestätigungsschreiben, Handelsbräuche).

wirken. Der Nachfolger erhält damit im Grundsatz zunächst ein **Angestelltengehalt**, wobei natürlich gewinnabhängige Bezüge vereinbart werden können. Soll der Nachfolger bereits zu Zeiten der Mitarbeit des Übergebers die Unternehmensgeschicke in vollem Umfang mitgestalten und lenken können, so ist die Umwandlung des einzelkaufmännischen Unternehmens in eine Gesellschaft erforderlich. Der Nachfolger müsste dann beispielsweise **in das Einzelunternehmen aufgenommen** werden, so dass dieses in eine offene Handelsgesellschaft oder Kommanditgesellschaft eingebracht wird, an der auch der Unternehmensnachfolger beteiligt wird. Möglich ist dies auch bei einer Einbringung in eine GmbH oder AG.

Hinsichtlich der **Publizitätsvorschriften** ist das Einzelunternehmen insofern von Vorteil, als keinerlei Gesellschaftsverträge existieren, die bekannt gemacht werden müssten. Auch Bilanzen oder der Jahresabschluss sind nicht zum Handelsregister einzureichen. Die Ertragslage des Unternehmens wird auf diese Art und Weise nicht bekannt. Das Einzelunternehmen unterliegt lediglich den Vorschriften des Publizitätsgesetzes, deren Größenordnungen jedoch von Einzelunternehmen fast nie überschritten werden. **4**

Großer Nachteil des einzelkaufmännischen Unternehmens ist die **uneingeschränkte Haftung** des Unternehmers für die Verbindlichkeiten des Gewerbes. Haftungsbeschränkungen sind hier praktisch nicht durchsetzbar. **5**

Der Einzelunternehmer ist im Grundsatz **nicht sozialversicherungspflichtig**. Er ist nicht sein eigener Angestellter, sondern selbständig. Anders ist dies nur in bestimmten Sonderkonstellationen, wenn der Einzelkaufmann faktisch und bei wirtschaftlicher Betrachtungsweise doch Mitarbeiter bzw. Angestellter eines anderen Großkonzerns ist und es sich lediglich um einen Fall der **Scheinselbständigkeit** i. S. d. § 7 Abs. 4 SGB IV handelt.[4] **6**

Der **Unternehmensmitbestimmung** des MitBestG unterliegt der Einzelunternehmer grds. nicht. **7**

II. Die Gesellschaft bürgerlichen Rechts

Die Gesellschaft bürgerlichen Rechts kommt im Wirtschaftsverkehr von echten Unternehmungen kaum vor. Sie ist lediglich bei **Kleinbetrieben** vorstellbar, die **keinen** in **kaufmännischer Weise eingerichteten Gewerbebetrieb** erfordern, § 1 Abs. 2 HGB.[5] Im Übrigen ist sie für Familienunternehmer vor allem dann von Bedeutung, wenn die Verwaltung eigenen Vermögens strukturiert werden soll. Hier hat sich die Gesellschaft bürgerlichen Rechts vor allem in den 90er Jahren großer Beliebtheit in der Form der **GbR mbH** erfreut. Dabei ging es um eine Gesellschaft bürgerlichen Rechts, die häufig zu vermögensverwaltenden Zwecken tätig wurde und mit einer **Haftungsbeschränkung** für die Gesellschafter ver- **8**

---

[4] *Grobys*, GmbHR 2000, R 17.

[5] *Ebenroth/Boujong/Joost/Kindler* § 1 HGB Rn 41 ff.

sehen werden sollte. Die Rechtsprechung[6] hat dieser Rechtsform jedoch ein Ende bereitet, indem sie die Haftungsbeschränkung durch den Firmenzusatz „mbH" versagt hat. Demnach ist bei der Gesellschaft bürgerlichen Rechts eine Haftungsbeschränkung auf das Vermögen der Gesellschaft nur dann möglich, wenn dies in jedem Einzelvertrag ausdrücklich und individualvertraglich mit dem jeweiligen Vertragspartner vereinbart wird. Eine Vereinbarung durch AGB, §§ 305 ff. BGB, sei unzulässig. Damit ist für die GbR von einer unbeschränkten, gesamtschuldnerischen Haftung aller Gesellschafter für alle Verbindlichkeiten der GbR auszugehen.

9 Selbst für minderkaufmännische Kleinstgewerbetreibende ist die Gesellschaft bürgerlichen Rechts meist **nicht zu empfehlen. Allein aus Imagegründen** im Handelsverkehr sollte die Eintragung der Gesellschaft ins Handelsregister bewirkt werden. In diesem Fall verwandelt sich die Gesellschaft bürgerlichen Rechts automatisch in eine Kommanditgesellschaft oder offene Handelsgesellschaft. Beide Rechtsformen haben im Rechtsverkehr einen besseren Ruf und sind daher vorzugswürdig.

III. Die offene Handelsgesellschaft (OHG)

10 In der Rechtsform einer OHG wurden im Jahre 2000 immerhin 9 % der umsatzsteuerpflichtigen Unternehmen betrieben. Auf diese Gesellschaftsform entfielen 6,1 % des Umsatzes.[7]

11 Die offene Handelsgesellschaft ist die große Schwester der Gesellschaft bürgerlichen Rechts. In ihrer Struktur sind beide Rechtsformen relativ ähnlich. Sie ist **personalistisch strukturiert** und lebt von der Mitarbeit aller Gesellschafter. Sie ist daher eine optimale Rechtsform, wenn mehrere gleichberechtigte Personen sich zum Betrieb eines Handelsunternehmens zusammenschließen wollen. Die Mitarbeit aller Gesellschafter ist in dieser Gesellschaft üblich.

12 Großer Nachteil der offenen Handelsgesellschaft gegenüber der Kommanditgesellschaft oder Kapitalgesellschaften wie der GmbH oder AG besteht in der **unbeschränkten Haftung** aller Gesellschafter.[8] Die Haftung kann auch nicht beschränkt werden, es sei denn durch Einzelvereinbarungen mit jedem Geschäftspartner. Die offene Handelsgesellschaft ist heutzutage daher die Rechtsform entweder für besonders gut gehende und da-

---

[6] Vgl. insbes. BGH NJW 1999, 3483 = DNotZ 2000, 135 mit Anm. *Brandani* = BGHZ 142, 315; BGH NJW 2001, 1056 = MittBayNot 2001, 192 mit Anm. *Ann* = BGHZ 146, 341; BGHZ 148, 201 = DStR 2001, 1355; BGH NJW 2002, 1207 [Weißes Roß II] = DStR 2002, 686 mit Anm. *Goette*; vgl. zur aktuellen Entwicklung im Recht der GbR *Lautner*, MittBayNot 2001, 425; *Goette*, DStR 2001, 315; *Habersack*, BB 2001, 477; *Jauernig*, NJW 2001, 2231; *K. Schmidt*, NJW 2001, 993; *Dauner-Lieb*, DStR 2001, 356; *Derleder*, BB 2001, 2485; *Römermann*, DB 2001, 428; *Schemann*, DNotZ 2001, 2001, 244; *Ulmer*, ZIP 2001, 585; *Ulmer/Steffek*, NJW 2002, 330; *Demharter*, Rpfleger 2001, 329; *Pfeifer*, NZG 2001, 296; *Westermann*, NZG 2001, 289.

[7] *Hansen*, GmbHR 2003, 22 ff. (Angabe einschließlich GbR).

[8] Vgl. Beck Hdb. Personengesellschaften/*W. Müller* § 4 Rn 202.

mit risikolos betriebene Familienunternehmen oder aber die Rechtsform für Mutige.

Die Gesellschafter einer OHG sind grundsätzlich selbständig tätig. Sie unterliegen daher im Grundsatz **nicht der Sozialversicherungspflicht**.[9] Die **Kosten** dieser Gesellschaftsform sind niedrig.[10] 13

Die OHG ist auf Gleichberechtigung aller Gesellschafter ausgelegt. Daher sind alle OHG-Gesellschafter im Grundsatz **einzelvertretungsberechtigt** und jeweils allein zur Geschäftsführung befugt. Die Rechtsform ist dadurch sehr **flexibel**. Sie setzt jedoch auch ein großes **Vertrauen in die Mitgesellschafter** voraus. Denn ein Gesellschafter, der die Gesellschaft in den Ruin treibt, kann von den übrigen Gesellschaftern nur schwer gehindert werden. Entsprechende gesellschaftsvertragliche Regelungen sind jedoch möglich.[11] Treibt jedoch ein Gesellschafter die Gesellschaft in den Ruin, so haften alle Mitgesellschafter uneingeschränkt mit ihrem gesamten Vermögen für die Verbindlichkeiten der Gesellschaft. 14

Besondere **Publizitätsvorschriften** außer dem Publizitätsgesetz, dessen Größenordnungen in der Regel nicht überschritten werden, sind für die offene Handelsgesellschaft **nicht einzuhalten**.[12] Lediglich die Beteiligung der einzelnen Gesellschafter sind zum **Handelsregister** anzumelden, nicht jedoch die Höhe und Art der Beteiligung an der Handelsgesellschaft. Ebenso wenig ist der Gesellschaftsvertrag beim Handelsregister einzureichen. Besondere Vorschriften über die **Unternehmensmitbestimmung** durch Arbeitnehmer bestehen bei der OHG nicht.[13] 15

Die **Unternehmensnachfolge** in einer offenen Handelsgesellschaft lässt sich flexibel gestalten. Beispielsweise können Teile eines Gesellschaftsanteiles bereits frühzeitig auf den Unternehmensnachfolger übertragen werden. Auf diese Art und Weise kann er bereits aufgrund einer Gesellschaftsbeteiligung aktiv das Schicksal der Gesellschaft mitgestalten. Er ist in diesem Fall nicht bloß Angestellter oder Prokurist, sondern **voll haftender Mitgesellschafter**. Hierin liegt allerdings der Haken begründet: Bei nicht vollständig krisensicheren Unternehmen ist es von den Eltern eines Familienunternehmens häufig nicht gewünscht, noch junge potentielle **Unternehmensnachfolger**, insbesondere die Kinder bereits frühzeitig mit **Haftungsgefahren** zu belasten. Aus diesem Grunde empfiehlt sich zur Vorbereitung der Unternehmensnachfolge häufig die **Umwandlung** der offenen Handelsgesellschaft in eine **Kommanditgesellschaft**,[14] wobei die Unternehmensnachfolger in der ersten Stufe lediglich 16

---

[9] *Arens/Rinck*, Gesellschaftsrecht, 2002, § 1 Rn 181.

[10] *Arens/Rinck/Bechtloff*, Gesellschaftsrecht, 2002, § 3 Rn 12.

[11] So können einzelne Gesellschafter ganz von der Vertretung ausgeschlossen werden oder nur gesamtvertretungsberechtigt sein, vgl. § 125 Abs. 1, 2 HGB; *Ebenroth/Boujong/Joost/Hillmann* § 125 HGB Rn 20, 43 ff.

[12] *Arens/Rinck*, Gesellschaftsrecht, 2002, § 1 Rn 179; *Arens/Rinck/Bechtloff*, Gesellschaftsrecht, 2002, § 3 Rn 14.

[13] *Arens/Rinck*, Gesellschaftsrecht, 2002, § 1 Rn 178.

[14] Dazu genügt die bloße entsprechende Handelsregisteranmeldung. Einer Umwandlung i. S. d. UmwG bedarf es nicht.

als Kommanditisten in die Gesellschaft einsteigen, also mit einer Haftungsbeschränkung. Erst in einem zweiten Schritt kann die Kommanditgesellschaft wieder in eine offene Handelsgesellschaft rückumgewandelt werden, wobei die Unternehmensnachfolger dann in die Position der voll haftenden Komplementäre wechseln.

17 Die **Gestaltungsspielräume** bei der OHG **im Innenverhältnis** sind sehr groß. Problematisch ist im Einzelfall nur bei Vereinbarung des Mehrheitsprinzips der **Bestimmtheitsgrundsatz** und die **Kernbereichslehre.**[15]

IV. Die Kommanditgesellschaft

18 In der Rechtsform der Kommanditgesellschaft wurden 2000 lediglich 3,5 % der umsatzsteuerpflichtigen Unternehmen betrieben. Der Anteil am bundesweiten Umsatz liegt jedoch weit darüber. Er beträgt nämlich 22,5 % und damit mehr als der Umsatz von allen OHG und Einzelunternehmen zusammen.[16] Hieraus ist ersichtlich, dass die Kommanditgesellschaft bereits eine Rechtsform ist, die auch für größere mittelständische Unternehmen gewählt werden kann.

19 Wesensmerkmal und Charakteristikum der Kommanditgesellschaft ist die **Zwei-Klassen-Gesellschaft**. Bei der Kommanditgesellschaft ist streng zu unterscheiden zwischen den Komplementären und den Kommanditisten. Die Komplementäre sind die Zugpferde der KG. Sie sind diejenigen, die die Geschäftsführung und Außenvertretung allein in Händen haben. Mehrere Komplementäre sind in der Regel einzelvertretungs- und einzelgeschäftsführungsbefugt.[17] Sie tragen die Verantwortung für das Unternehmen und haften den Gesellschaftsgläubigern gegenüber unbeschränkt. Die Kommanditisten sind hingegen in ihrer Haftung beschränkt, von der Vertretung ausgeschlossen und lenken daher nicht selbst die Geschicke der Gesellschaft.[18]

20 Die Rolle der Kommanditisten kann aus zwei Gründen so gewählt sein. Entweder es handelt sich um eine **Vorbereitung der Unternehmensnachfolge**, wobei die Nachfolger zunächst ohne uneingeschränkte persönliche Haftung an das Unternehmen herangeführt werden sollen. Alternativ können die Kommanditisten an der Gesellschaft auch ohne persönliche Haftung als **reine Kapitalgeber** aufgenommen werden. Dies ist ein großer Vorteil der Kommanditgesellschaft gegenüber der offenen Handelsgesellschaft (OHG). Ein Kapitalgeber, der an der Gesellschaft beteiligt ist, würde bei der offenen Handelsgesellschaft stets uneingeschränkt nach außen haften. Unter diesen Bedingungen wird sich kaum ein Kapitalgeber an der Gesellschaft selbst beteiligen. Seine Beteiligung

---

[15] Vgl. BGH NJW 1988, 411; *Baumbach/Hopt*, HGB, 30. Aufl., § 119 Rn 33 ff.; *Koller/Roth/Morck*, HGB, 3. Auflage 2002, § 119 Rn 9.

[16] *Hansen*, GmbHR 2003, 22 ff.

[17] Beck Hdb. Personengesellschaften/*W. Müller* § 3 Rn 30.

[18] *Ebenroth/Boujong/Joost/Weipert* § 161 HGB Rn 7 ff.; Beck Hdb. Personengesellschaften/*W. Müller* § 4 Rn 68.

wird sich ausschließlich auf die Hingabe von Darlehen beschränken. Anders ist dies bei der Kommanditgesellschaft. Der Kapitalgeber kann sich als Kommanditist mit einer Beschränkung der Haftung auf eine fest vorgegebene Hafteinlage beschränken. So gibt er der Gesellschaft nicht nur Fremdkapital, sondern Eigenkapital, ohne eine vollständige uneingeschränkte Haftung dabei zu übernehmen. Darüber hinaus hat der Kapitalgeber auf diese Art und Weise bei Gesellschafterversammlungen andere Einflussmöglichkeiten als ein reiner Kredit-, also Darlehensgeber. Denn der Darlehensgeber hat auf die eigentlichen Geschicke des Unternehmens und die Unternehmenspolitik keinerlei Einfluss. Dies ist beim Kommanditisten in beschränktem Maße anders. Damit hat die KG besondere **Pluspunkte** bei der verbesserten **Eigenkapitalgewinnung und Finanzierung** und der guten Möglichkeiten der **Gestaltung der Unternehmensnachfolge**.[19]

Die Kommanditgesellschaft ist daher unter den Personengesellschaften in gewissem Sinne die Aktiengesellschaft. Denn sie ermöglicht es, sich an den allgemeinen Kapitalmarkt zu wenden. Dies ist insbesondere ersichtlich bei **Immobilienfonds** oder anderen Anlagemodellen, die sich häufig als **Publikumskommanditgesellschaften (Medienfonds, Windkraftfonds)** an den allgemeinen Kapitalmarkt wenden.[20] 21

Sozialversicherungsrechtlich ist der **Komplementär** der Kommanditgesellschaft **sozialversicherungsfrei**, während dies beim Minderheitskommanditisten, der bei der Gesellschaft angestellt ist, im Regelfall nicht der Fall ist.[21] 22

Mitbestimmungsrechtlich ist die KG als solche grds. frei; dies gilt jedoch im Regelfall nicht für die GmbH & Co. KG bei Überschreiten der Schwellenwerte, da die Arbeitnehmer der KG der GmbH nach §§ 1, 4 MitBestG zugerechnet werden.[22] 23

Will man die **Haftung** einer Kommanditgesellschaft für den Komplementär **ausschließen**, so ist es möglich, als alleinigen haftenden Komplementär eine GmbH oder AG einzusetzen.[23] In diesem Fall übernimmt lediglich die GmbH bzw. AG die persönliche Haftung in der Kommanditgesellschaft. Alle übrigen in der Gesellschaft Mitwirkenden und Beteiligten sind lediglich Kommanditisten. Auf diese Art und Weise lässt sich eine vollständige Haftungsbegrenzung bei der Kommanditgesellschaft erreichen. Die Rechtsform nennt sich dann **GmbH & Co. KG** bzw. **AG & Co. KG** oder auch **Stiftung & Co. KG**.[24] Das Vertrauen des Rechtsverkehrs in diese Rechtsform, die sehr verbreitet ist, ist freilich geringer als bei einer 24

[19] Vgl. MVH/*Riegger* I Form. III 4 Anm. 3.

[20] Vgl. zu den Besonderheiten der Publikums-KG BGH NJW 1988, 1903; Beck Hdb. Personengesellschaften/*Watermeyer* § 16; *Lüdicke/Schneeweiß*, WiB 1996, 969; *Schiefer*, DStR 1997, 164; Kort, DStR 1993, 401 und 438.

[21] *Storr*, Sozialversicherung und Gesellschafter, NWB Fach 27 S. 4879, 4884 f.; *Arens/Rinck*, Gesellschaftsrecht, 2002, § 1 Rn 181.

[22] Beck Hdb. Personengesellschaften/*Watermeyer* § 12 Rn 47.

[23] Die Zulässigkeit dieser Rechtsformkombination ist seit langem geklärt und anerkannt, vgl. BGH GmbHR 1957, 41; RGZ 105, 101 ff.

[24] *Arens/Rinck/Eidtner*, Gesellschaftsrecht, 2002, § 4 Rn 158.

reinen Kommanditgesellschaft, da aus der Firma bereits ersichtlich sein muss,[25] dass keine natürliche Person als Haftgarant zur Verfügung steht. Dies kann sich auch auf die Finanzierungsbereitschaft von Fremdkapitalgebern wie Banken auswirken.

25 Die Kommanditgesellschaft unterliegt im Grundsatz hinsichtlich der **Veröffentlichungspflichten lediglich dem Publizitätsgesetz**. Der Gesellschaftsvertrag ist nicht zum Handelsregister einzureichen. In dem häufig vorkommenden **Sonderfall der GmbH & Co. KG**, ist also keine natürliche Person Komplementär und damit Vollhafter, so unterliegt die Kommanditgesellschaft den strengen Veröffentlichungspflichten der **§§ 325 HGB**. Jährlich sind dann Bilanz- bzw. Jahresabschluss je nach Größenordnung der Gesellschaft beim Handelsregister einzureichen und bei großen Gesellschaften sogar im Bundesanzeiger zu veröffentlichen.[26]

26 Hinsichtlich der **Gestaltungsspielräume und der gesellschaftstypischen Kosten** gelten die gleichen Grundsätze wie bei der OHG.

V. Die GmbH

27 Die Gesellschaft mit beschränkter Haftung ist das **Zugpferd des deutschen Mittelstandes**, ja sogar der gesamten deutschen Wirtschaft. 15,4 % aller Gesellschaften, die umsatzsteuerpflichtige Tätigkeiten ausführen, wurden im Jahre 2000 in der Rechtsform der GmbH betrieben.[27] Dies erscheint wenig, insbesondere im Vergleich zu 77 % Einzelunternehmen. Betrachtet man jedoch den Umsatz, so wird die Mächtigkeit der GmbH offenbar. Denn 33,6 % aller Umsätze werden von Gesellschaften mit beschränkter Haftung getätigt. Damit ist die GmbH die umsatzstärkste einzelne Rechtsform in Deutschland. Sie übertrifft sogar den Gesamtumsatz aller großen und kleinen Aktiengesellschaften in Deutschland! Die Bedeutung der GmbH kann daher nicht überschätzt werden.[28]

28 **Ihr Hauptvorteil** liegt, wie bereits der Name nahe legt, in der **Haftungsbeschränkung**. Grundsätzlich haften die Gesellschafter einer GmbH nicht für die Verbindlichkeiten der Gesellschaft, § 13 Abs. 2 GmbHG. Rechtsträger des Unternehmens ist die GmbH selbst, § 13 Abs. 1 GmbHG. Es handelt sich um eine juristische Person in der Form einer Kapitalgesellschaft. Sie ist stets Handelsgesellschaft, so dass auf sie stets die Vorschriften des Handelsrechts (HGB) Anwendung finden.

29 Auch wenn die Haftung bei der GmbH grundsätzlich auf das Vermögen der Gesellschaft beschränkt ist, so existieren **dennoch** auch bei der

---

[25] Beck Hdb. Personengesellschaften/*Watermeyer* § 12 Rn 14.

[26] *Bitter/Grashof*, DB 2000, 2285; *De Werth*, BB 1998, 366; *Dorozala/M. Söffing*, GmbHR 2000, 1567; *Jansen*, DStR 1999, 1490; *Scheffler*, DStR 2000, 529; *Waßmer*, GmbHR 2002, 412.

[27] Vgl. auch *Meyer*, Die GmbH und andere Handelsgesellschaften im Spiegel der empirischen Forschung, GmbHR 2002, 177.

[28] Vgl. die Übersicht bei *Hansen*, GmbHR 2003, 22 ff.

GmbH **zahlreiche Haftungsgefahren**.[29] Diese bestehen einerseits in der Gründungsphase. Darüber hinaus können sie aus einer Vernachlässigung der rechtlichen Selbständigkeit der GmbH folgen.[30] Werden GmbHs mit zu wenig Eigenkapital ausgestattet und hierzu Umgehungsstrategien entwickelt, so droht gegebenenfalls eine Haftung im Rahmen eigenkapitalersetzender Darlehen, Bürgschaften oder Nutzungsüberlassungen.[31]

Schließlich bestehen in bestimmten Konstellationen auch **Haftungsgefahren für** den als **Geschäftsführer** tätigen Gesellschafter, der selbst die Geschicke der Gesellschaft lenkt.[32] Zu den Details sei auf das Kapitel zur Haftung in Familiengesellschaften verwiesen. 30

Vorteil der GmbH gegenüber der Aktiengesellschaft ist vor allen Dingen deren **Gestaltungsfreiheit**. Gemäß § 45 GmbHG haben die Gesellschafter weitestgehende Gestaltungsfreiheit für die Gestaltung des Innenverhältnisses zwischen den Gesellschaftern.[33] Dies ist gemäß § 23 Abs. 5 AktG bei der AG genau anders. Bei der AG gilt, dass verboten ist, was nicht ausdrücklich erlaubt ist, während bei der GmbH grundsätzlich alles erlaubt ist, was nicht im Gesetz ausdrücklich verboten ist. 31

Hinsichtlich der **Publizität** unterscheidet die GmbH sich wesentlich von den bisher behandelten Gesellschaftsformen. Gerade bei Personenhandelsgesellschaften ist die Publizität stark eingeschränkt. Dort findet im Grundsatz nur das Publizitätsgesetz Anwendung. Anders bei der GmbH. Um eine GmbH gründen zu können, ist stets der gesamte **Gesellschaftsvertrag** beim Handelsregister einzureichen und dort für die Öffentlichkeit zugänglich.[34] Auf diese Art und Weise können zum Beispiel genau Gewinnverteilungsregelung, die Vereinbarung von Mehrstimmrechten und damit des faktischen Einflusses auf die Gesellschaft bekannt werden. Darüber hinaus sind alle Kapitalgesellschaften, damit auch die GmbH, dazu gezwungen, gemäß **§ 325 HGB** ihre Jahresabschlüsse dem Handelsregister einzureichen und ab Überschreiten bestimmter Größenmerkmale auch im Bundesanzeiger zu veröffentlichen.[35] 32

Familiengesellschaften, bei denen die tatsächliche Geschäftsführung nicht von den Familienmitgliedern selbst ausgeübt werden soll, sondern **Fremdgeschäftsführer** eingesetzt werden, können dennoch stets **Ein-** 33

[29] Zu den dennoch bestehenden und nicht zu vernachlässigenden Haftungsgefahren siehe unten § 17 Rn. 17 ff.

[30] *Wellkamp*, DStR 2003, 210; *Fischer/Gasteyer*, NZG 2003, 517; *Keßler*, GmbHR 2002, 945.

[31] Vgl. BGH DStR 1999, 1409; BGH NJW 1997, 3026; BGH DStR 1999, 553 mit Anm. *Goette*; BGH NJW-RR 2001, 1177; BGHZ 142, 116; Beck Hdb. GmbH/*Jung* § 8 Rn 197 ff.

[32] Beck Hdb. GmbH/*Axhausen* § 5 Rn 210 ff.; *Lutter*, Haftung und Haftungsfreiräume des GmbH-Geschäftsführers – 10 Gebote an den Geschäftsführer, GmbHR 2000, 301.

[33] Vgl. *Baumbach/Hueck* § 45 GmbHG Rn 5 ff.

[34] MVH/*Heidenhain/Meister* I Form. IV.3. Anm. 4.

[35] *Bitter/Grashof*, DB 2000, 2285; *Scheffler*, DStR 2000, 529; *Waßmer*, GmbHR 2002, 412; *Seitz*, DStR 1993, 170.

fluss auf die Geschäftsführung des Unternehmens ausüben und der Geschäftsführung Weisungen erteilen.[36] Dies ist ein wesentlicher **Unterschied gegenüber der Aktiengesellschaft**. Bei Letzterer sind Weisungen des Aufsichtsrats oder der Hauptversammlung in Geschäftsführungsangelegenheiten grundsätzlich ausgeschlossen, §§ 76 Abs. 1, 111 Abs. 4, 119 Abs. 2 AktG. Demgegenüber können bei der GmbH die Gesellschafter durch Gesellschafterbeschlüsse stets Weisungen auch in Angelegenheiten der laufenden Geschäftsführung an die Geschäftsführer erteilen, § 37 GmbHG. Diese Befugnis steht allerdings nicht jedem einzelnen Gesellschafter zu, sondern lediglich der Gesellschafterversammlung insgesamt,[37] bei der Einmann-GmbH auch dem Alleingesellschafter allein.

34 **Sozialversicherungsrechtlich** besteht bei einem Gesellschafter, der gleichfalls Geschäftsführer einer GmbH ist, relativ große **Gestaltungsfreiheit**.[38] Ein Gesellschaftergeschäftsführer, der zu mehr als 50 % an der Gesellschaft beteiligt ist und damit auch mehr als 50 % der Stimmrechte hat, ist sozialversicherungsfrei.[39] Hat ein Gesellschafter weniger als 50 % der Stimmrechte aber gleichviel Stimmrechte und Beteiligung wie andere Mitgesellschaftergeschäftsführer, so kann durch entsprechende Gestaltung des Geschäftsführervertrages bzw. des Gesellschaftsvertrages (Sperrminorität) dennoch die Sozialversicherungsfreiheit erreicht werden. Soll im letztgenannten Fall hingegen eine Sozialversicherungspflicht begründet werden, kann auch dies durch entsprechende Vereinbarung erzielt werden. Beim Minderheitsgesellschafter mit mindestens 33 % kommt es daher auf die genaue Ausgestaltung des Anstellungsvertrages an.[40] Hat der Gesellschafter einen noch geringeren Anteil am Kapital und Stimmrecht der Gesellschaft, erscheint die Sozialversicherungspflicht unausweichlich.

35 **Mitbestimmungsrechtlich** unterliegt die GmbH ebenso **wie die AG** ab dem Überschreiten von 500, 1000 bzw. 2000 Mitarbeitern auch der Unternehmensmitbestimmung.[41] Dies ist ein wesentlicher **Unterschied zu den Personengesellschaften**.

36 Die **Finanzierungsmöglichkeiten** einer GmbH sind gut, wenn auch nicht ausgezeichnet. Im Gegensatz zur Aktiengesellschaft ist eine Wendung an den allgemeinen Kapitalmarkt nicht möglich, da GmbH-Geschäftsanteile grundsätzlich nur schwer handelbar sind. Allgemeine Handelsplätze wie eine Börse gibt es für GmbHs nicht. Dennoch ist es keineswegs ausgeschlossen, dass fremde Kapitalgeber sich an einer GmbH zur Aufstockung des Eigenkapitals beteiligen. Dies kommt insbesondere in Vorstufen zum Börsengang durch so genannte Venture Capital-Gesell-

---

[36] BGHZ 31, 258, 278; *Raiser*, Recht der Kapitalgesellschaften, 3. Auflage 2001, § 32 Rn 2.

[37] *Rowedder/Koppensteiner* § 43 GmbHG Rn 30.

[38] BSG GmbHR 1991, 461; Beck Hdb. GmbH/*Axhausen* § 5 Rn 89 ff.; *Tillmann/Mohr*, GmbH-Geschäftsführer, 8. Auflage, Rn 706 ff.

[39] *Tillmann/Mohr*, GmbH-Geschäftsführer, 8. Auflage, Rn 708, 721.

[40] Vgl. BSG GmbHR 1975, 36.

[41] *Baumbach/Hueck* § 52 GmbHG Rn 73 ff., 165 ff.; Beck Hdb. GmbH/*Müller* § 6 Rn 70 ff.

schaften regelmäßig vor. Im Hinblick auf **Bank-Ratings**[42] genießt die GmbH bei Banken, also Fremdkapitalgebern, kein besonders ausgeprägtes Vertrauen. Nicht zuletzt deshalb wird die Haftungsbeschränkung der GmbH fast immer in Familienpersonengesellschaften dadurch ausgehebelt, dass die Banken eine persönlich Mithaftung von Gesellschafter-Geschäftsführern für die Darlehen der GmbH verlangen.

Die GmbH ermöglicht zahlreiche Gestaltungsmöglichkeiten, um eine **Unternehmensnachfolge** vorzubereiten.[43] Bei Aufnahme von Unternehmensnachfolgern können sehr flexible Gestaltungen gewählt werden, da das GmbH-Gesetz weitestgehende Gestaltungsfreiheit ermöglicht. **Zunächst** können der oder die Unternehmensnachfolger rein **kapitalmäßig** an der Gesellschaft beteiligt werden. Anschließend können ihre **Mitspracherechte gesteigert** werden. Im GmbH-Gesetz ist es auch möglich, **stimmrechtslose Vorzugsanteile** zu gewähren.[44] Auf die Art und Weise ist eine Dosierung der Mitspracherechte und damit ein **fließender Übergang** frei gestaltbar. Die große Flexibilität ist damit einer der wichtigsten Pluspunkte der GmbH. Auch eine **Fremdorganschaft** bei frühzeitigem Ableben des Firmengründers oder Steuerung des Unternehmens über einen fakultativen Aufsichtsrat ist möglich.[45] 37

VI. Die Aktiengesellschaft

Die Aktiengesellschaft erfreute sich in den letzten Jahren **größter Beliebtheit**. Dies gilt insbesondere seit 1994, als mit dem Gesetz[46] für kleine Aktiengesellschaften und zur Deregulierung des Aktienrechts vom 9.8. 1994 die Aktiengesellschaft als Rechtsform auch der breiten Masse der mittelständischen Unternehmen und damit auch den typischen Familiengesellschaften[47] erschlossen werden sollte. Ob dies tatsächlich gelungen ist, ist eine andere Frage. Tatsächlich hat 1980 nur 0,1 % der umsatzsteuerpflichtigen Unternehmen die Rechtsform einer Aktiengesellschaft gehabt. Auch 2000 betrug die Prozentzahl nur 0,2 %. Der Prozentsatz der Umsätze ist sogar von 22,6 % im Jahre 1980 auf 20,3 % der Umsätze im Jahre 2000 gesunken. Der in den Medien und durch den zwischenzeitlichen **Börsenboom** angestoßene *Run* auf die AG drückt sich in den Zahlen kaum aus. Er ist in der Zwischenzeit auch merklich abgeflaut. 38

Hauptvorteil der Aktiengesellschaft ist einerseits ihr **guter Ruf**, der vor allen Dingen aus Marketinggesichtspunkten viel wert sein mag. Aus diesem Grunde und begleitet vom Börsenfieber der Endneunziger Jahre 39

---

[42] Vgl. *Rolfes/Emse*, Interne Rating-Verfahren zur Bonitätsklassifizierung, DStR 2001, 316ff.; *Uppenbrink*, Kreditvergabepraxis der Banken im Umbruch – durch Basel II, DStZ 2002, 320ff.; *Nagl*, Praxisbezogene Empfehlungen zum Umgang mit Bankratings, INF 2002, 371ff.

[43] Vgl. speziell zum Todesfall Beck Hdb. GmbH/*Schacht* § 12 Rn 210ff.

[44] *Scholz/K. Schmidt* § 47 GmbHG Rn 11; BGHZ 14, 264, 269; ebenso *Lutter/Hommelhoff* § 47 GmbHG Rn 4.

[45] Beck Hdb. GmbH/*Erle/Ring* § 1 Rn 31.

[46] BGBl. I 1994 S. 1961; vgl. dazu *Lutter*, AG 1994, 429ff.

[47] Vgl. zur AG als Familiengesellschaft instruktiv *Scheidle*, BB 1986, 2065, 2071f.

sind zahlreiche Aktiengesellschaftsgründungen zu verzeichnen gewesen. Die absolute Zahl der Aktiengesellschaften soll von 2100 im Jahre 1983 auf 14 304 Ende Juni 2002 gestiegen sein.[48]

40 Neben dem deutlich besseren Ruf der Aktiengesellschaft gegenüber der GmbH ist der Hauptvorteil der Aktiengesellschaft, dass ein **Börsengang** für diese Gesellschaftsform möglich ist, deren Anteile leichter handelbar sind und es damit möglich ist, sich an den **allgemeinen Kapitalmarkt** zu wenden. Für die langfristige Planung und Führung eines **Familienunternehmens** ist dies jedoch in der Regel nicht einmal erstrebenswert. Erst bei sehr großen Familienunternehmen kommt dies realistisch in Betracht. Darüber hinaus muss jeder Familiengesellschafter sich im Klaren sein, dass mit der wahl- und zahllosen Aufnahme von Fremdgesellschaftern über den allgemeinen Kapitalmarkt sein **Einfluss** auf das Unternehmen **stark zurückgedrängt** wird. Gerade beim Börsengang werden aufgrund der Vorgaben seitens der Börsenorganisationen fast alle Satzungsregelungen, die zu einem Schutz des Familieneinflusses dienen, untersagt. Die Gesellschaftssatzung ist in der Regel wesentlich anzupassen.[49]

41 **Haftungsrechtlich** steht die Aktiengesellschaft ganz ähnlich **wie die GmbH** dar. Grundsätzlich haftet den Gläubigern der AG lediglich das Vermögen der AG. Ausnahmen hiervon können im Rahmen existenzvernichtender Eingriffe und beim Abschluss von Unternehmensverträgen, §§ 291 ff. AktG, drohen.[50] Ebenso können die Regeln über den Eigenkapitalersatz zu einer Verhaftung des Vermögens des Gesellschafters führen.[51] Der Vorstand haftet ebenso wie bei der GmbH für nicht ordnungsgemäße Geschäftsführung, § 93 AktG.[52]

42 Hinsichtlich der **Veröffentlichungspflichten** gilt das Gleiche wie bei der GmbH. Auch hier ist der **gesamte Gesellschaftsvertrag** mit allen seinen Details und Regelungen beim Handelsregister anzumelden und einzureichen.[53] Die **Jahresabschlüsse** sind ebenfalls beim Handelsregister einzureichen, § 325 HGB. Auf diese Art und Weise wird das Familienunternehmen zum gläsernen Unternehmen und für Konkurrenten transparent.

43 Die **Unternehmensnachfolge** kann auch mit der Aktiengesellschaft einigermaßen flexibel gehandhabt werden. Als erster Schritt ist eine rein **kapitalmäßige Beteiligung** gerade bei der Aktiengesellschaft gut möglich. Stimmrechtsreduzierungen und ähnliche freie Gestaltung sind bei der Aktiengesellschaft hingegen nur eingeschränkt möglich. Dies resultiert vor allem aus **§ 23 Abs. 5 AktG**, wonach die Satzung der Gesellschaft von Vorschriften des Gesetzes nur dann abweichen kann, wenn dies

---

[48] Vgl. *Hansen*, AG 2001 R 67, R 315; *Hansen*, GmbHR 2003, 22 ff.

[49] Vgl. *Fleischer*, ZHR 2001 Bd. 165, 513; *Langenfeld*, NotBZ 2001, 157 und 214; *Römer*, DB 2000, 1673.

[50] Zur Verlustausgleichspflicht des Akt-Konzernrechts vgl. MünchHdb. GesR IV/*Krieger* § 70 Rn 55 f.

[51] Vgl. *Veil*, ZGR 2000, 223; MünchHdb. GesR IV/*Wiesner* § 16 Rn 44.

[52] Vgl. MünchHdb. GesR IV/*Wiesner* § 26.

[53] MVH/*Hölters* I Form. V.9. Anm. 1 unter Hinweis auf die ausdrücklich Regelung in § 37 Abs. 4 Nr. 1 AktG.

ausdrücklich im Gesetz als zulässig bezeichnet ist. Der **Grundsatz der Satzungsstrenge**[54] wird zum starken Hemmschuh bei der AG. Mehrstimmrechte für den Gründer sind beispielsweise nach § 12 AktG ausgeschlossen.[55]

Ebenso ist der **Einfluss der Familienmitglieder auf die Geschäftsführung** der Aktiengesellschaft eingeschränkt. Weisungen der Gesellschafter oder des Aufsichtsrates an den Vorstand sind grundsätzlich ausgeschlossen.[56] Der Vorstand führt die Geschäfte der AG eigenverantwortlich, § 76 Abs. 1 AktG. Möglichkeiten der Einflusssicherung bestehen insoweit nur durch Abberufung des Vorstandes durch den Aufsichtsrat. Schließlich ist gerade die **freie und leichte Veräußerlichkeit der Aktien** einerseits Vorteil, andererseits aber auch Nachteil der AG, zumindest aus Sicht des Familienunternehmens. In der Regel ist ein Schutz der Familiengesellschaft vor **Überfremdung** gewollt. Es ist gerade Ziel der Familienunternehmen, keine Familienfremden – abgesehen von Ausnahmefällen – in die Gesellschaft aufzunehmen und ihnen Einfluss preiszugeben. Wird dieses Ziel verfolgt, sind aufwendige Satzungsgestaltungen insbesondere durch Schaffung von **vinkulierten Namensaktien**[57] sowie gegebenenfalls begleitende Pool-Gesellschaftervereinbarungen erforderlich.[58] **44**

Mitbestimmungsrechtlich ist die AG seit 1994 weitgehend der GmbH angenähert. Ein drittelparitätischer Aufsichtsrat nach § 76 Abs. 6 BetrVG 1952 besteht danach ab dem Überschreiten der Grenze von 500 Arbeitnehmern.[59] **45**

Sozialversicherungsrechtlich[60] ist der Vorstand einer Aktiengesellschaft gemäß § 1 S. 4 SGB VI stets von der Rentenversicherung freigestellt. Das Gleiche gilt für die Arbeitslosenversicherung, § 27 Abs. 1 Nr. 5 SGB III. Besonderheiten gelten insoweit jedoch bei Konzerngesellschaften. In der Krankenversicherung tritt Beitragsfreiheit erst bei Überschreiten der Beitragsbemessungsgrenze ein. **46**

Nebenleistungspflichten können in einer Satzung einer Aktiengesellschaft grundsätzlich **nicht** bestimmt werden. Ebenso sind bei der Aktiengesellschaft satzungsmäßige **Vorkaufsrechte nicht** zulässig.[61] **47**

Nicht zu verachten ist der **Aufwand**, der mit der Gründung und Führung einer Aktiengesellschaft einhergeht. Die Aktiengesellschaft ist eine ausgesprochene formalistische Rechtsform. Das Erfordernis **ständiger Rechtsberatung und Rechtsbetreuung** nimmt hierdurch zu. Fehler bei der Durchführung von Hauptversammlungen sind häufig. Die dadurch **48**

---

[54] *Hüffer* AktG § 23 Rn 34 ff.; MünchHdb. GesR IV/*Wiesner* § 6 Rn 9 ff.

[55] So uneingeschränkt seit dem KonTraG, MünchHdb. GesR IV/*Semler* § 38 Rn 6 ff.

[56] *Arens/Rinck/Ihrig/Wagner*, Gesellschaftsrecht, 2002, § 6 Rn 6.

[57] MVH/*Hölters* I Form. V.37 Anm. 4.

[58] MünchHdb. GesR IV/*Semler* § 38 Rn 41.

[59] MVH/*Hölters* I Form. V.37 Anm. 5.

[60] Vgl. zum Ganzen *Storr*, Sozialversicherung und Gesellschafter, NWB Fach 27 S. 4879 ff.

[61] MünchHdb. Gesellschaftsrecht I/*Wiesner* § 14 Rn 18.

eintretenden Gefährdungen für das Unternehmen sind nicht zu unterschätzen. Die **Kosten** für die Beurkundung der Hauptversammlungsbeschlüsse haben wesentlich an Bedeutung verloren, weil nicht-börsennotierte Aktiengesellschaften ihre Hauptversammlungen häufig ohne notarielle Beurkundungen durchführen können.

49 Ein beachtlicher Vorteil ist schließlich die Möglichkeit, Mitarbeiter im Rahmen von **Stock-option-Programmen** (Mitarbeiteroptionen) zu beteiligen.[62] Dies macht jedoch nur dann Sinn, wenn die Mitarbeiter auch befugt sind, ihre Aktien frei zu veräußern; nur dann wird ihnen der tatsächliche Marktwert der gewährten Anteile am Unternehmen auch zur Verfügung gestellt. Werden hingegen Aktienoptionsprogramme mit der Auflage ausgegeben, dass die Aktien nie verkauft werden können oder nur zum Buchwert an die Gesellschaft oder Mitgesellschafter zurückgegeben werden können, so ist darin keine motivierende Wertzuwendung an die Mitarbeiter zu sehen. Eine derartige Gestaltung, wie sie gelegentlich angetroffen wird, wird vom Grundsatz regiert: „Wasch mir den Pelz, aber mach mich nicht nass". Dies dürfte seine Wirkung verfehlen.

VII. Kommanditgesellschaft auf Aktien

50 Die Kommanditgesellschaft auf Aktien,[63] kurz „KGaA", ist eine **Kapitalgesellschaft** wie die AG. Sie ist auch im Aktiengesetz geregelt, §§ 278 ff. AktG. Jahrzehntelang hat die KGaA ein Schattendasein geführt und kaum Akzeptanz in der Wirtschaft gefunden. Dies liegt gewiss nicht zuletzt an der ungewöhnlichen **Zwitterstellung** der KGaA. Bei ihr handelt es sich um eine Kapitalgesellschaft mit eigener Rechtspersönlichkeit, bei der mindestens ein Gesellschafter den Gesellschaftsgläubigern unbeschränkt haftet (persönlich haftender Gesellschafter) und die übrigen an dem in Aktien zerlegten Grundkapital beteiligt sind, ohne persönlich für die Verbindlichkeiten der Gesellschaft zu haften (Kommanditaktionäre). Dieses Ungleichgewichtigkeit der Rollen von persönlich haftendem Gesellschafter und den Kommanditaktionären mag dazu beigetragen haben, dass diese Rechtsform zunächst wenig Verbreitung finden konnte. Darüber hinaus ist die Rechtsform kompliziert[64] in der Handhabung, da sie steuerlich wie zivilrechtlich einerseits den Vorschriften über Personengesellschaften unterliegt und andererseits gleichzeitig eine Kapitalgesellschaft ist, die den Regelungen über die Aktiengesellschaft unterliegt.

---

[62] Vgl. *Wagner/Ihrig*, NZG 2002, 657; *Jäger*, DStR 1999, 28; *Schaefer*, NZG 1999, 531; MünchHdb. Gesellschaftsrecht I/*Krieger* § 63 Rn 26 ff.

[63] Zum Streitstand hinsichtlich der GmbH & Co. KGaA vgl. vor allem *K. Schmidt*, ZHR 160 (1996), 265 ff. ablehnend; dagegen *Priester*, ZHR 160 (1996), 25 ff. befürwortend; BGHZ 134, 392 = DB 1997, 1219; begrüßend: *Geck*, NZG 1998, 586 ff.; *Niedner/Kusterer*, DB 1997, 2010 ff.; vgl. auch *Binz/Sorg*, DB 1997, 313 f.

[64] Vgl. zu einer Mustersatzung *Schlitt*, Die Satzung der Kommanditgesellschaft auf Aktien, Beck'sche Musterverträge 1999, S. 33 ff.

Eine beträchtliche Beachtung in der Wirtschaft hat die KGaA gefunden, seitdem der BGH endgültig entschieden hat,[65] dass es die Rechtsfigur der **GmbH & Co. KGaA** gibt. Auf diese Art und Weise lässt sich wie bei der GmbH & Co. KG eine GmbH zur Haftungsabschirmung als persönlich haftender Gesellschafter verwenden. So lässt sich faktisch bei der KGaA eine uneingeschränkte persönliche Haftung vermeiden. Die KGaA ist insoweit dann der Aktiengesellschaft angenähert. Insbesondere ist ein Weg an die Börse auf diese Art und Weise möglich. Die **Finanzierungsmöglichkeiten** der Gesellschaft entsprechen damit den Möglichkeiten einer regulären AG. Gleichzeit lassen sich die Nachteile einer AG, die sich speziell bei Familiengesellschaften auswirken, nämlich insbesondere die Schwierigkeiten des Erhalts des Familieneinflusses, bei der KGaA teilweise vermeiden. Dadurch, dass der persönlich haftende Gesellschafter stets zur Geschäftsführung der KGaA befugt und verpflichtet ist, lässt sich durch eine entsprechende Ausgestaltung der Komplementär-GmbH der Einfluss der Familiengesellschafter sichern. Denn die Gesellschafter der GmbH sind wiederum weisungsbefugt gegenüber den Geschäftsführern der GmbH. Dies wäre bei einer AG nicht möglich. Die Kombination beider Rechtsformen macht hier die KGaA erst besonders interessant. 51

Die KGaA ist im Übrigen **mitbestimmungsrechtlich** gegenüber der AG privilegiert.[66] 52

VIII. Limited, B.V., S. A. R. L.

Durch die jüngsten Entscheidungen des EuGH ist die **Niederlassungsfreiheit** von Gesellschaften im europäischen Raum **wesentlich gestärkt** worden. Durch die Urteile[67] „Centros", „Überseering" und schließlich „Inspire Art" ist nunmehr zweifelsfrei entschieden, dass ausschließlich in Deutschland tätige Unternehmen in einer ausländischen Rechtsform im Ausland gegründet werden können und anschließend eine Zweigniederlassung in Deutschland begründen können. Die Zweigniederlassung ist genauso zu behandeln wie jede andere Zweigniederlassung einer ausländischen Gesellschaft auch. Missbrauchsgesichtspunkte können nur in eng begrenzten Ausnahmefällen zur Versagung der Anerkennung der Rechtsfähigkeit der ausländischen Gesellschaft führen.[68] 53

Dies hat zu Überlegungen geführt, die strengen deutschen Haftungsregeln, die Gebote der **Kapitalaufbringung und -erhaltung** bei deut- 54

[65] BGHZ 134, 392 ff.; vgl. dazu auch *Raiser* Kapitalgesellschaften § 23 Rn 6 ff.

[66] *Schlitt* Die Satzung der Kommanditgesellschaft auf Aktien, Beck'sche Musterverträge S. 15, 163.

[67] Vgl. EuGH NJW 1999, 2027; dazu *Geyrhalter/Gänßler*, NZG 2003, 409; *Görk*, GmbHR 1999, 793; EuGH BB 2003, 2195 = GmbHR 2003, 1260 mit Anm. *Meilicke*; dazu *Maul/C. Schmidt*, BB 2003, 2297 ff.; EuGH NJW 2002, 3614; dazu *Kindler*, NJW 2003, 1073; *Kleinert/Probst*, DB 2003, 2217; *Schanze/Jüttner*, AG 2003, 30 ff.; *Schulz*, NJW 2003, 2705 ff.; *Eidenmüller/Rehm*, ZGR 2004, 159 ff.; *Ulmer*, NJW 2004, 1201 ff.; *Altmeppen*, NJW 2004, 97 ff.; *Sandrock*, BB 2004, 897 ff.; *Happ/Holler*, DStR 2004, 730 ff.; *Horn*, NJW 2004, 893 ff.

[68] EuGH BB 2003, 2195 = GmbHR 2003, 1260 mit Anm. *Meilicke*.

schen Kapitalgesellschaften dadurch zu **umgehen**, dass eine englische *Limited*, eine niederländische *besloten vennootschap met beperkte aansprakelijkheid* (B.V.[69]) oder eine Französische *société à responsabilité limitée* (S. A. R. L.) als leere Hülle gegründet und dann nach Eintragung einer deutschen Zweigniederlassung unter diesem Segel in Deutschland gesegelt wird. Diese Möglichkeit besteht inzwischen tatsächlich, was kaum noch umstritten ist. Möglicherweise kann auf diese Weise sogar die Anwendung der strengen deutschen **Mitbestimmungsregeln für Arbeitnehmer** umgangen werden.[70] Allerdings ist hier größte Vorsicht walten zu lassen. Zwar sind die Kosten der erstmaligen Eintragung und Gründung geringer als in Deutschland; in der Folge entstehen jedoch laufende Zusatzkosten, da die Gesellschaften dem ausländischen Recht unterliegen und jede Veränderung durch Serviceagenturen im Ausland erledigt werden müssen. So ist z. B. nach ausländischem Recht teilweise die Jahrsbilanz stets auch in der anderen Landessprache zu verfassen und einzureichen. Ferner ist nach derzeitiger Rechtslage das Vermögen nach deutschem Recht[71] dauerhaft in der Auslandsgesellschaft gefangen, da nach dem deutschen Umwandlungsgesetz nur deutsche Gesellschaften mit dem Sitz im Inland **umwandlungsfähig** sind.[72] Inwieweit diese gesetzliche Regelung europarechtskonform ist, wird derzeit vom EuGH aufgrund der Vorlage des LG Koblenz geprüft.[73] Die Umwandlungsmöglichkeiten richten sich also nach dem ausländischen Recht.

55 Ferner wird bei missbräuchlichem Einsatz der ausländischen Gesellschaft die Insolvenzfähigkeit der Gesellschaft verneint und eine **uneingeschränkt persönliche Haftung** der Gesellschafter bejaht[74] (*lifting the corporate veil*). Die genaue IPR-rechtliche Anknüpfung des Problems ist dabei noch ungeklärt.[75] Schließlich ist die Konsequenz der Anerkennung der ausländischen Rechtsform, dass dann auch das ausländische Gesellschaftsrecht zur Anwendung kommt. Gerade bei der englischen *Limited* mit unzureichendem Stammkapital kann dies zu einer gegenüber dem deutschen Recht deutlich erweiterten **Durchgriffshaftung** mit uneingeschränktem Gläubigerzugriff auf das Gesellschaftervermögen führen. Denn nach dem englischen Recht genügt insbesondere im Insolvenzfall für eine persönlich Haftung (*wrongful trading rule*) bereits die Nichtbeseitigung/Nichtver-

---

[69] Auch die B.V. gilt als günstiger und weniger aufwendig als die deutsche GmbH, vgl. Handelsblatt v. 8. 10. 2003.

[70] *Müller-Bonanni*, GmbHR 2003, 1235 ff.; restriktiver hingegen *Maul/C. Schmidt*, BB 2003, 2297, 2300; *Schanze/Jüttner*, AG 2003, 30, 35.

[71] Ob dies europarechtlich auf Dauer haltbar ist oder gegen höherrangiges Europarecht verstößt, ist Gegenstand einer Kontroverse, die demnächst vom EuGH zu entscheiden sein wird; vgl. *Kallmeyer* § 1 UmwG Rn 10 ff. m. w. N.

[72] *Schmitt/Hörtnagl/Stratz* § 1 UmwG Rn 3; *Widmann/Mayer/Schwarz* § 1 UmwG Rn 29 ff.; differenzierend *Kallmeyer* § 1 UmwG Rn 10 ff. m. w. N.

[73] LG Koblenz GmbHR 2003, 1213 = WM 2003, 1990; vgl. dazu *Triebel/von Hase*, BB 2003, 2409, 2415.

[74] AG Hamburg vom 14. 5. 2003, 67 g IN 358/02, GmbHR 2003, 957; vgl. auch *Wachter*, GmbHR 2003, 1257.

[75] Vgl. *Schulz*, NJW 2003, 2705, 2707 m. w. N.

meidung einer erkennbaren und vorwerfbaren Unterkapitalisierung.[76] Der Weg in die *Limited* sollte daher – abgesehen von der zweifelhaften Akzeptanz im Rechtsverkehr in Deutschland – nur sehr zurückhaltend beschritten werden.

IX. Innengesellschaften

1. Die Stille Gesellschaft, § 230 HGB

Die stille Gesellschaft kann nie einzige Rechtsform eines Familienunternehmens sein. Sie ist nur **unselbständiger Anhang** an das in anderer Rechtsform betriebene Unternehmen und ergänzt dieses. So kann sich beispielsweise ein Dritter an einem Einzelunternehmen oder aber einer OHG, KG, GmbH oder Aktiengesellschaft als stiller Gesellschafter beteiligen. Aufgrund der stillen Beteiligung wird er allerdings nicht Mitgesellschafter des Einzelunternehmens, der OHG, KG, GmbH oder AG;[77] vielmehr vereinbart er mit seinem Vertragspartner, also dem Rechtsträger des Unternehmens einen selbständigen Gesellschaftsvertrag daneben. Dieser besteht im Wesentlichen darin, dass der stille Gesellschafter dem Unternehmen einen Geldbetrag als Einlage zur Verfügung stellt und hierfür eine Gewinnbeteiligung am Unternehmen bekommt. 56

Der Hauptanwendungsbereich der stillen Gesellschaft besteht darin, einerseits die **Kapitalbasis** des Unternehmens zu **verbessern**[78] sowie wesentliche Geschäftspartner, die jedoch nach außen nicht auftreten können oder wollen, an dem Unternehmen zu beteiligen und sie so an das Unternehmen zu binden. Denn der stille Gesellschafter taucht im Grundsatz weder im Firmennamen auf, noch wird er sonst nach außen für das Hauptunternehmen tätig. **Sozialversicherungsrechtliche Probleme** bestehen daher nicht. Eine **Haftung** des stillen Gesellschafters für Verbindlichkeiten des Hauptgesellschafters scheidet ebenfalls aus.[79] Allerdings kann im Innenverhältnis zwischen stillem Gesellschafter und Hauptgesellschafter eine Teilnahme auch am Verlust des Hauptunternehmens vereinbart werden,[80] §§ 231, 232 HGB. Dies führt jedoch nicht zur Haftung gegenüber den Gesellschaftsgläubigern, sondern lediglich zu einer Freistellungsverpflichtung gegenüber dem Vertragspartner der stillen Gesellschaft.[81] 57

Die stille Gesellschaft kommt in zwei Untervarianten vor,[82] die hauptsächlich steuerlich motiviert sind. Einerseits existiert die **typisch stille Beteiligung.**[83] Diese vermittelt Einkünfte aus Kapitalvermögen gemäß § 20 EStG. In manchen Fällen wird dagegen die steuerliche Wirkung einer 58

[76] Vgl. *Maul/C. Schmidt*, BB 2003, 2297, 2299; *Mock/Schildt*, NZI 2003, 442.

[77] *Schulze zur Wiesche* Die GmbH & Still Teil 1 Rn 17.

[78] *Blaurock* Handbuch der stillen Gesellschaft Rn 2.8.

[79] Memento, Gesellschaften 2002, Rn 7412.

[80] Vgl. *Baumbach/Hopt* § 232 HGB Rn 6, 7; *Schulze zur Wiesche* Die GmbH & Still Teil 1 Rn 82.

[81] *Schulze zur Wiesche* Die GmbH & Still Teil 1 Rn 82.

[82] Vgl. *Fichtelmann/Schulze zur Wiesche* Steuer-Formular Handbuch E 3 Rn 14 ff.

[83] *Blaurock* Handbuch der stillen Gesellschaft Rn 20.47.

Mitunternehmerschaft gemäß § 15 EStG gewünscht. Dann ist die **atypisch stille Beteiligung**[84] die richtige Rechtsform. Beide Varianten unterscheiden sich wie folgt: Der typische stille Gesellschafter hat grundsätzlich keinen Einfluss auf die unternehmerischen Entscheidungen des Hauptunternehmens. Ebenfalls ist er für den Fall der Liquidation oder des sonstigen Ausscheidens aus der stillen Gesellschaft nicht an den stillen Reserven hinsichtlich des Geschäftswertes beteiligt. Anders ist dies beim atypisch stillen Gesellschafter. Er trägt **Mitunternehmerrisiko und -initiative**.[85] Aus diesem Grunde ist er im Grundsatz sowohl an allen stillen Reserven aller materiellen und immateriellen Wirtschaftsgüter des Hauptunternehmens beteiligt. Darüber hinaus hat er zumindest in wesentlichen Geschäftsführungsentscheidungen wie wesentliche Umstrukturierungen des Unternehmens ein Mitspracherecht.[86]

59 **Veröffentlichungspflichten** resultieren aus der Begründung einer stillen Beteiligung nicht.[87] Dem Finanzamt gegenüber ist die stille Beteiligung jedoch selbstverständlich aufzudecken.

2. Unterbeteiligungen

60 Die Unterbeteiligung ist im Grundsatz ein Kind des Steuerrechts und soll daher an dieser Stelle nur kurz erörtert werden. Die Unterbeteiligung ist der Rechtsform nach eine **Gesellschaft bürgerlichen Rechts**.[88] Aufgrund dieses Gesellschaftsverhältnisses wird zwischen dem Hauptbeteiligten, beispielsweise dem Gesellschafter einer GmbH, vereinbart, dass dieser Hauptgesellschafter der GmbH den Geschäftsanteil an dieser Hauptgesellschaft sowohl auf eigene Rechnung als auch für den Mit- bzw. Unterbeteiligten hält.[89] Deshalb wird die Unterbeteiligung daher auch als „Stille Beteiligung an einem Gesellschaftsanteil" bezeichnet.[90] Auf diese Art und Weise **können Gewinne** aus dem Geschäftsanteil auf beide Beteiligten mit steuerrechtlicher Wirkung **verteilt** werden. Auch existiert einerseits die Form der **typischen Unterbeteiligung** und andererseits die Form der **atypischen Unterbeteiligung**.[91] Wiederum unterscheiden sich

---

[84] *L. Schmidt* § 15 EStG Rn 340 ff.

[85] BFH DStR 1994, 1887 = BStBl. II 1995, 171; *Littmann/Bitz/Pust/Bitz* § 15 EStG Rn 23 d; *Tiedtke* Einkommensteuer- und Bilanzsteuerrecht S. 87, 89.

[86] *L. Schmidt* § 15 EStG Rn 344.

[87] Str. ist dies hinsichtlich einer Anmeldepflicht zum Handelsregister bei der GmbH, vgl. dazu *Schmidt-Ott*, GmbHR 2001, 182 ff.; *ders.*, GmbHR 2002, 784; dagegen *Weigl*, GmbHR 2002, 778. Ablehnend für einen Spezialfall BayObLG DStR 2003, 1218 m. Anm. *Wälzholz*; kritisch *Weigl*, GmbHR 2003, 536. Für die AG ist die Anmeldepflicht zum Handelsregister als sog. Teilgewinnabführungsvertrag der AG hingegen inzwischen unstreitig.

[88] *Blaurock* Handbuch der stillen Gesellschaft Rn 30.1; *K. Schmidt* Gesellschaftsrecht § 63 II 1.

[89] Vgl. *Fichtelmann/Schulze zur Wiesche* Steuer-Formular Handbuch F 3; *Armbrüster*, GmbHR 2001, 941, 944.

[90] *K. Schmidt* Gesellschaftsrecht § 63 I 1.

[91] Vgl. zur steuerlichen Anerkennung bei nahen Angehörigen BFH BStBl II 1996, 269 = DB 1995, 2454 = DStR 1995, 1706; *K. Schmidt* Gesellschaftsrecht § 63 I 3.

beide Ausprägungen dadurch, inwieweit eine uneingeschränkte oder nur beschränkte Teilnahme an stillen Reserven, also an den Werten des Geschäftsanteils erfolgt bzw. inwieweit Entscheidungsbefugnisse nur in Absprache mit dem Unterbeteiligten erfolgen können oder nicht.[92] Eine Mitunternehmerschaft kann jedoch bei Vereinbarung einer atypischen Unterbeteiligung an einer GmbH nicht entstehen,[93] sofern die Beteiligungen nicht von beiden Beteiligten im Betriebsvermögen gehalten werden.

Gegenstand der Unterbeteiligung ist im Grundsatz nicht der Be- 61
trieb eines Gewerbes oder eines sonstigen Unternehmens, sondern lediglich das gemeinschaftliche Halten und Verwalten der Beteiligung an einer anderen Gesellschaft. **Haftungsgefahren** entstehen daher dem Grundsatz nach nicht, da keine Rechtsbeziehungen zu der Hauptgesellschaft und deren Gläubigern entstehen.[94] **Sozialversicherungsrechtliche** Auswirkungen hat die Begründung einer Unterbeteiligung im Regelfall nicht. Ebenso wenig sind für die Unterbeteiligung **Publizitätsvorschriften** einzuhalten. **Mitbestimmungsrechtlich** sind keine Besonderheiten zu beachten.

Hauptanwendungsfall ist für Familienunternehmen einerseits die **Ver-** 62
teilung des Einkommens aus dem Familienunternehmen auf mehrere Köpfe. Auf diese Art und Weise können insbesondere andere Familienmitglieder an das Unternehmen herangeführt werden.[95] Die Mitspracherechte sind in der Regel jedoch eingeschränkt.[96] Darüber hinaus können gegebenenfalls Kapitalgeber auf diese Art und Weise gewonnen werden.

Schließlich besteht die Möglichkeit, Einfluss einzelner Familienmit- 63
glieder, insbesondere auch desjenigen, der als eigentliche Hauptperson das Unternehmen führen soll, seinen **Einfluss** auf das Unternehmen zu **erhalten**, obwohl er **nicht nach außen auftreten** will. Derartige Fälle können insbesondere dann auftreten, wenn ein Familienunternehmen gegründet wird, der Gründer jedoch aufgrund von Wettbewerbsverboten beim vorherigen Arbeitgeber oder aufgrund sonstiger Statusprobleme, beispielsweise als Beamter, eine entsprechende Nebentätigkeitserlaubnis nicht bekäme.

Der **Gestaltungsfreiheit** sind – abgesehen von der Frage der steuer- 64
lichen Anerkennung – zivilrechtlich keine Grenzen gezogen.[97]

---

[92] *L. Schmidt* § 15 EStG Rn 365.

[93] *O. H. Jacobs* Unternehmensbesteuerung und Rechtsform S. 314 f.; vgl. auch *L. Schmidt* § 15 EStG Rn 367. Es werden vielmehr die Gewinnausschüttungen als Einkünfte aus Kapitalvermögen zugerechnet

[94] *K. Schmidt* Gesellschaftsrecht § 63 IV 1 a).

[95] *Blaurock* Handbuch der stillen Gesellschaft Rn 30.2.

[96] Sind sie zu sehr eingeschränkt ist die steuerliche Anerkennung gefährdet, *Fichtelmann/Schulze zur Wiesche* Steuer-Formular Handbuch F 3 Rn 32.

[97] Vgl. zu den Details der Ausgestaltung *Blaurock* Handbuch der stillen Gesellschaft Rn 30.38 ff.

X. Sonstige Unternehmensformen

1. Partnerschaftsgesellschaft, EWIV

65 Die Partnerschaftsgesellschaft ist eine der offenen Handelsgesellschaft im Wesentlichen angenäherte Personengesellschaft, in der sich **Angehörige freier Berufe** zur Ausübung ihrer Berufe zusammenschließen.[98] Sie übt kein Handelsgewerbe aus, sondern einen freien Beruf.

66 Die Partnerschaft kommt daher lediglich bei Freiberuflern in Betracht. **Haftungsrechtlich** stehen grundsätzlich alle Partner für die Verbindlichkeiten der Gesellschaft uneingeschränkt ein, jedoch nur eingeschränkt für die Haftungsfälle der Mitpartner, § 8 Abs. 2 PartGG. Eine Sozialversicherungspflicht besteht grundsätzlich ebenso wenig wie besondere Publizitätsvorschriften – außer der erforderlichen Anmeldung zum Partnerschaftsregister. Für die **Namenswahl** an deren Gesellschaften hat das Partnerschaftsgesellschaftsgesetz (PartGG) vor allem dadurch Auswirkungen, als die Namenszusätze „und Partner" oder „Partnerschaft" für diese Gesellschaftsform reserviert sind und nicht in anderen Gesellschaftsformen verwandt werden können, §§ 2, 11 PartGG.

67 Die **Europäische Wirtschaftliche Interessenvereinigung (EWIV)** ist keine geeignete Rechtsform für ein Familienunternehmen. Ihr Zweck besteht nämlich nur darin, die wirtschaftlichen Aktivitäten mehrerer europäischer Unternehmen in unterschiedlichen Sitzländern der Europäischen Union zu **koordinieren**.[99] Die Ausübung eines eigenen wirtschaftlichen Geschäftsbetriebes ist dagegen nicht Gegenstand der EWIV. Sie beruht auf der Verordnung (EWG) Nr. 2137/85 des Rates der Europäischen Gemeinschaften vom 25. Juli 1985. Die EWIV kommt daher als begleitende **zusätzliche Rechtsform** für Familiengesellschaften in Betracht, wenn man sein Tätigkeitsfeld in das europäische Ausland ausdehnen möchte, indem man **europaweite internationale Kooperationsvereinbarungen** auf gesellschaftsrechtlicher Grundlage treffen möchte. Nach Artikel 3 der vorstehend bezeichneten Verordnung hat eine EWIV nicht den Zweck, Gewinn für sich selbst zu erzielen. Sie soll vielmehr ihre Mitglieder unterstützen.

2. Die Stiftung

68 Die Stiftung gemäß §§ 80 ff. BGB ist eine **rechtsfähige Einrichtung**, die einen vom Stifter festgelegten Zweck mit Hilfe eines dazu bestimmten Vermögens dauernd fördern soll.[100] Anders als bei allen Gesellschaften hat eine Stiftung im Sinne des BGB **keine Gesellschafter oder sonsti-**

---

[98] Vgl. Beck Hdb. Personengesellschaften/*Bärwaldt* § 18; *Bellstedt,* NWB Fach 18, 3486 ff.; *Bösert/Braun/Jochem,* Leitfaden zur Partnerschaftsgesellschaft, 1996; *Jawansky,* DB 2001, 2281; *Mahnke,* WM 1996, 1029 ff.; *Römermann,* NZG 1998, 675 ff.; *K. Schmidt,* NJW 1995, 1 ff.

[99] *K. Schmidt* Gesellschaftsrecht § 66 I 2. Vgl. allg. *Selbherr/Manz* (Hrsg.), Kommentar zur EWIV, 1995.

[100] Memento Gesellschaftsrecht Rn 4.

gen Mitglieder.[101] Es ist ein rechtlich verselbständigtes Vermögen, das den vom Stifter vorgegebenen Zweck zu verwirklichen hat. Schon auf den ersten Blick fällt auf, dass aufgrund dieser Verselbständigung die Stiftung den typischen Interessen einer Familiengesellschaft zuwider läuft, nämlich den Willen der Familiengesellschafter umsetzen zu können. Dies ist bei der Stiftung nur eingeschränkt möglich.

Die Stiftung wird daher vornehmlich dann als **Instrument der Nachfolgeplanung** bei Familienunternehmen in Erwägung gezogen,[102] wenn der Unternehmensgründer oder letzter Unternehmensinhaber Zweifel daran hat, ob die Nachfolgegenerationen selbst in der Lage sein werden, das Unternehmen fortzuführen und zu erhalten. Will er deren Einfluss verhindern oder beschränken, so ist die Stiftung hierfür das richtige Mittel. **69**

Die **echte Unternehmensträgerstiftung,**[103] also eine solche Stiftung, bei der die Stiftung selbst das Unternehmen betreibt, ist nur in den aller seltensten Fällen in der Vergangenheit genehmigt worden und kam nur bei herausgehobenen Unternehmen in Betracht.[104] Nach der **Reform des Stiftungsrechts** vom 15. 7. 2002 ist grds. jede das Gemeinwohl nicht gefährdende Stiftung zulässig.[105] Daraus wird gefolgert, dass die Genehmigungspraxis liberalisiert werden müsste.[106] Genehmigungsfähig ist in jedem Fall eine **Beteiligungsstiftung**, die nicht selbst das Unternehmen betreibt, sondern Gesellschafterin der Gesellschaften wird, die die Unternehmen betreiben. **70**

Als **Vorteile einer Stiftung als Instrument der Nachfolgeplanung** gelten vor allem folgende Aspekte: **71**

- Verhinderung des Auseinanderfallens des Gesellschaftsvermögens in der Nachfolgegeneration,
- Ausschluss jeglicher Abfindungsansprüche, da keine Gesellschafter vorhanden sind, die eine Abfindung verlangen könnten (Ausnahme: Pflichtteils- und Pflichtteilsergänzungsansprüche,[107] die nach wohl h. M. entstehen, wenn die Dotierung des Kapitals innerhalb von 10 Jahren vor dem Tode des Stifters genehmigt wurde),
- Sicherung des Unternehmens,
- ideelle Aspekte der Perpetuierung des Namens,
- ggf. je nach Ausgestaltung die steuerliche Begünstigung bei Gemeinnützigkeit, wobei dennoch bis zu $^1/_3$ der Erträge an nahe Angehörige ausgeschüttet werden dürfen.

Die steuerlichen Bindungen, Vor- und Nachteile lassen sich gut durch eine **Doppelstiftung** steuern, wie dies bei der Robert-Bosch-Stiftung **72**

---

[101] *Wachter*, Stiftungen, 2001, Teil B Rn. 1; *Palandt/Heinrichs* vor § 80 BGB Rn 8.

[102] *Lorz/Kirchdörfer* Unternehmensnachfolge Kapitel 8 I.

[103] Vgl. *Seifart/von Campenhausen/Pöllath*, Handbuch des Stiftungsrechts § 13 Rn 136.

[104] Z. B. die Carl Zeiss Stiftung.

[105] Aktuell dazu *Muscheler*, NJW 2003, 3161 ff.

[106] *Bamberger/Roth/Schwarz* vor § 80 BGB Rn 18.

[107] So BGH, WM 2004, 332 = ZEV 2004, 115 m. Anm. *Kollhosser.*

der Fall ist. Eine gemeinnützige Stiftung mit hohem Kapitalanteil und wenig Stimmrechten und eine steuernachteilige Familienstiftung mit hohem Stimmrecht aber niedrigem Kapitalanteil ist an den Beteiligungsgesellschaften beteiligt. Auf diese Art und Weise lässt sich ein optimaler Mix erreichen.

73 Neben der bürgerlich rechtlichen Stiftung gemäß §§ 80ff. BGB gibt es noch die **unselbständige Stiftung**, die für Familienunternehmen nicht in Betracht kommt, oder die gemeinnützige **Stiftungs-GmbH**.[108] Diese wird in der Regel jedoch nicht für den Betrieb eines Familienunternehmens in Betracht kommen.

XI. Zusammengesetzte Rechtsformen und Rechtsformkombinationen

74 Die vorstehend geschilderten einzelnen Rechtsformen lassen sich in vielfacher Weise miteinander kombinieren. Häufig lässt sich die optimale Rechtsform erst durch Mischung und Kombination der einzusetzenden Gesellschaftsformen erreichen. Die wichtigsten hiervon seien im Folgenden dargestellt.

1. Die GmbH & Co. KG, AG & Co. KG, Siftung & Co. KG

75 Die GmbH & Co. KG bzw. die AG & Co. KG ist vor allem eine **Personengesellschaft**, nämlich eine Kommanditgesellschaft. Deren Besonderheit besteht darin, dass Komplementär, also persönlich haftender Gesellschafter, nicht eine natürliche Person, insbesondere der Familienunternehmer selbst ist, sondern eine andere Kapitalgesellschaft, nämlich die GmbH oder AG. Die Kapitalgesellschaft wird als **Haftungsschirm** der KG aufgespannt, hinter dem die Gesellschafter sich „verstecken" können.[109] Den eigentlichen Betrieb der Gesellschaft führt die KG aus. Die GmbH bzw. AG, also die Komplementärin, hat im Regelfall keine anderen Aufgaben, als die Geschäftsführung für die KG auszuüben. Im Betriebsvermögen der GmbH befinden sich daher im Regelfall keinerlei besondere Wirtschaftsgüter, außer der Komplementär-Beteiligung (von regelmäßig null %) an der KG. Diese befinden sich im Betriebsvermögen der Kommanditgesellschaft. Der **Anstellungsvertrag des Geschäftsführers** kann entweder mit der GmbH oder mit der KG abgeschlossen werden.[110] Derjenige, der sich um die Geschicke der Geschäftsführung kümmern soll, ist in jedem Fall jedoch als Geschäftsführer der GmbH zu bestellen.

76 Der eigentliche Charme der GmbH/AG & Co. KG liegt darin, dass man einerseits die **steuerlichen Vorteile einer Personenhandelsgesellschaft** (Mitunternehmerschaft) nutzen kann und dennoch die vollständige Haftungsabschirmung wie bei einer Kapitalgesellschaft zu erreichen

---

[108] *Wachter*, Stiftungen, 2001, Teil G Rn. 6.
[109] Vgl. *Binz/Sorg* Die GmbH & Co. KG § 1 Rn 17 f.
[110] *Binz/Sorg* Die GmbH & Co. KG § 8 Rn 7.

vermag.[111] **Sozialversicherungsrechtlich** lassen sich hiermit die gleichen Wirkungen erzielen wie bei einer GmbH.[112]

Die GmbH & Co. KG kommt in unterschiedlichen Ausprägungen vor: **77**
Der klassische Regelfall ist die **personenidentische** GmbH & Co. KG. Die Gesellschafter der GmbH und diejenigen der KG sind dabei identisch. In der Regel sind auch die Beteiligungsquoten gleich. In diesen Fällen können Probleme entstehen, wenn bei der Nachfolgeplanung nicht auf eine Parallelvererbung der GmbH- und Kommanditanteile geachtet wird. Dies ist insoweit problematisch, als beide Gesellschaftsanteile unterschiedlichen rechtlichen Regelungen unterliegen.[113] Es droht die Gefahr, dass die Personen- und Beteiligungsidentität im Todesfall vernichtet wird. Vor allem steuerliche Probleme können hieraus resultieren.[114] Darüber hinaus können Personen, die eigentlich für die Nachfolge in der GmbH & Co. KG nicht vorgesehen waren, Einfluss entweder nur auf die KG oder nur auf die GmbH erhalten. Zur Vermeidung dieser Problematik wurde die Sonderform der **Einheits-GmbH & Co. KG** entwickelt.[115] In diesem Fall ist die GmbH weiterhin einzige Komplementärin der Kommanditgesellschaft. Die Geschäftsanteile an der GmbH werden jedoch sämtliche an die Kommanditgesellschaft selbst abgetreten, so dass eine **wechselseitige Beteiligung** entsteht, in der die KG wiederum einzige Gesellschafterin der GmbH ist. Da keine natürlichen Personen mehr Inhaber der GmbH-Geschäftsanteile sind, kann eine unterschiedliche Vererbung bei der Einheits-GmbH & Co. KG nicht mehr stattfinden. Nachfolgeprobleme sind hierdurch weitestgehend gelöst.

Die Kommanditisten der KG werden üblicherweise bevollmächtigt, in **78**
den Gesellschafterversammlungen der GmbH das **Stimmrecht** auszuüben.[116] Nach einer teilweise vertretenen Ansicht[117] bedarf es hingegen einer solchen Bevollmächtigung nicht; die Stimmberechtigung der Kommanditisten in der Gesellschafterversammlung der GmbH entstehe automatisch *ex lege*.

Auch die **Stiftung & Co. KG** ist eine weitere Möglichkeit der Unter- **79**
nehmensnachfolge bei Familiengesellschaften.[118] Sie ermöglicht es, die Vorteile der Personengesellschaft und der Stiftung miteinander zu kombinieren.

---

[111] *Jorde/Götz*, BB 2003, 1813 ff.

[112] Vgl. *Sudhoff/Breitfeld* GmbH & Co. KG § 15 Rn 62 ff.; *Tillmann/Mohr* GmbH-Geschäftsführer Rn 702 ff., 742.

[113] Vgl. dazu unten § 33 Rn. 38.

[114] Die GmbH-Anteile sind grds. Sonderbetriebsvermögen II der Mitunternehmerschaft und können daher im Todesfall entnommen werden.

[115] *Sudhoff/Liebscher* GmbH & Co. KG § 3 Rn 7; *Baumbach/Hopt* Anh § 177 a HGB Rn 8; *Binz/Sorg* Die GmbH & Co. KG § 7 Rn 5; Muster bei *Hopt/Volhard* Vertrags- und Formularbuch II E 6.

[116] *Binz/Sorg* Die GmbH & Co. KG § 7 Rn 14 ff.

[117] Statt vieler *Sudhoff/Liebscher* GmbH & Co. KG § 3 Rn 11.

[118] *Nietzer/Stadie*, NJW 2000, 3457 ff.

2. Die Betriebsaufspaltung

80 Die Betriebsaufspaltung ist ein Kind des Steuerrechts.[119] Sie besteht aus zwei Gesellschaften bzw. Betrieben, die durch eine **persönliche und sachliche Verflechtung** geprägt sind. Dabei handelt es sich einerseits um die so genannte Besitzgesellschaft/das Besitzunternehmen und die Betriebsgesellschaft/das Betriebsunternehmen. Der klassische Fall sieht so aus, dass beispielsweise ein Unternehmer einerseits ein Betriebsgrundstück hat, das er zurückbehalten will und im Übrigen den eigentlichen Geschäftsbetrieb durch eine GmbH betreibt. Das Grundstück wird an die GmbH verpachtet, wo es eine wesentliche Geschäftsgrundlage der Betriebsgesellschaft darstellt. Das Grundstück sichert die sachliche Verflechtung, während die Personeneinheit von Besitzunternehmer (Grundstückseigentümer) und Betriebsgesellschaft die personelle Verflechtung herstellt. Auf diese Art und Weise lassen sich einerseits die Vorteile der EStG-Besteuerung und andererseits der KStG-Besteuerung miteinander kombinieren.[120] Denn die Betriebsgesellschaft wird nach dem KStG und das Besitzunternehmen wird nach dem EStG besteuert. Beide Rechtsformen und Steuervorschriften haben jeweils ihre Vor- und Nachteile.

81 Die Betriebsaufspaltung lässt sich nicht nur in den vorstehend bezeichneten **Formen** durchführen. Es gibt auch die so genannte umgekehrte Betriebsaufspaltung oder die mitunternehmerische oder die echte und die unechte Betriebsaufspaltung.[121]

82 Ein wesentlicher Vorteil der Betriebsaufspaltung besteht in **Haftungsgesichtspunkten**. Da der Grundbesitz nicht in die GmbH eingebracht wurde, steht er im Falle der Insolvenz der GmbH grundsätzlich den Gläubigern nicht als Haftungsmasse zur Verfügung. Einschränkungen dieses haftungsrechtlichen Vorteils ergeben sich lediglich aus den Grundsätzen der **Eigenkapital ersetzenden Nutzungsüberlassung**.[122] Diese begründet allerdings nur ein zeitlich limitiertes Nutzungsrecht und keinen Verwertungsanspruch.[123]

83 Problematisch ist die Betriebsaufspaltung im Hinblick auf eine **Unternehmensnachfolge** durch Tod des Familienunternehmers vor allem dann, wenn nicht bei der Nachfolgeregelung dafür Vorsorge getroffen wurde, dass das Betriebsunternehmen und das Besitzunternehmen sich gleichmäßig vererben. Ist dies nicht gewährleistet, so kann durch eine Beendigung der Betriebsaufspaltung eine hohe Steuerbelastung entstehen,

---

119 Vgl. allgemein *L. Schmidt* § 15 EStG Rn 800 ff.; *Carlé* Betriebsaufspaltung Rn 309 ff.; *Fichtelmann,* Die Betriebsaufspaltung im Steuerrecht, 1999; *G. Söffing,* Die Betriebsaufspaltung, 2001; Beck Hdb. Personengesellschaften/*Zehnpfennig* § 22.

120 *L. Schmidt* § 15 EStG Rn 804.

121 *Tiedtke* Einkommensteuer- und Bilanzsteuerrecht S. 70 f.; *L. Schmidt* § 15 EStG Rn 802 f.

122 Vgl. dazu unten unter § 17 Rn. 40.

123 BGH NJW 1999, 577 = NZG 1999, 305; *Goette,* DStR 1999, 35; BGH DStR 2000, 527 (*Goette*).

wenn das Besitzunternehmen aufgegeben und damit alle darin enthaltenen stillen Reserven aufzulösen sind.

3. Holdingstrukturen/Konzern

Größere Familienunternehmen werden in der Regel nicht aus einer einzigen Gesellschaft bestehen, sondern für unterschiedliche Standorte, Sparten und Tätigkeitsfelder selbständige Gesellschaften gründen. Diese vielfältigen Tätigkeiten unterschiedlicher Gesellschaften müssen und sollen in der Regel aus betriebswirtschaftlichen, teilweise auch aus steuerrechtlichen Gründen gebündelt werden. Hierzu bietet es sich an, **Holdingstrukturen** zu bilden. Auf diese Art und Weise werden die einzelnen Gesellschaften nicht mehr von dem oder den Familienunternehmern als natürliche Personen gehalten. Die Gesellschaftsbeteiligungen werden vielmehr in einer Muttergesellschaft gebündelt. Je nach Größe und steuerrechtlichen Überlegungen kommen hierfür alle unterschiedlichen Arten von Gesellschaften von der Gesellschaft bürgerlichen Rechts ohne eigenes unternehmerisches Engagement bis hin zu einer Aktiengesellschaft in Betracht. Die Frage der **Rechtsformwahl** ist hier in der Regel ausschließlich steuerrechtlich motiviert, bei einem geplanten Gang an die allgemeinen Kapitalmärkte, insbesondere die Börse sind gegebenenfalls auch kapitalmarktpolitische Platzierungs- und Finanzierungsaspekte ausschlaggebend. Vorteilhaft[124] kann beispielsweise ein Kapitalgesellschaftskonzern sein, wenn einzelne Tochtergesellschaften langfristig verkauft werden sollen. Der Gewinn aus einem solchen Verkauf ist nämlich bei der Muttergesellschaft grds. nach § 8 b Abs. 2 KStG weitgehend steuerfrei.[125] Der Abschluss von Ergebnisabführungsverträgen i. S. d. §§ 291 ff. AktG kann unter bestimmten Umständen eine **steuerliche Organschaft** herstellen, so dass das Ergebnis der jeweiligen Tochtergesellschaft dem Organträger zugerechnet wird. Auf diese Weise können insbesondere die Verluste der einen Gesellschaft mit den Gewinnen der anderen Gesellschaft verrechnet werden. Das körperschafsteuerliche Ghetto der Verluste kann so überwunden werden. Aus Beherrschungs- und/oder Gewinnabführungsverträgen entstehen so genannte **Konzerne** im Sinne der §§ 15 ff. AktG. Aus ihnen resultieren **Haftungsgefahren**[126] für die Konzernmutter, die es im Einzelnen abzuwägen gilt. 84

Organisatorisch ist der Hauptvorteil von Holdingstrukturen derjenige, dass einerseits die einzelnen unternehmerischen Engagements dezentral in Tochtergesellschaften untergebracht sind und andererseits über die Muttergesellschaft ein einheitliches Erscheinungsbild vorgegeben werden 85

[124] Durch bestimmte Abzugsverbote für Betriebsausgaben ist dies jedoch im Einzelfall genau abzuwägen.

[125] *Söffing/Thümmel* Praxishandbuch der Unternehmensgestaltung Kap. 6 B Rn 63 ff.

[126] BGH DStR 2000, 1065 (*Goette*); *Hoffmann*, NZG 2002, 68 ff.; *Altmeppen*, NJW 2002, 321 ff.; *Cahn*, BB 2000, 1477 ff.

kann.[127] Gerade bei riskanten Geschäftsfeldern kann außerdem eine **Haftungsabschirmung** der anderen Geschäftsfelder erreicht werden. Voraussetzung für diese Haftungsbeschränkung ist allerdings, dass die Vermögen der einzelnen Gesellschaften nicht vermischt werden und die Muttergesellschaft angemessene Rücksicht auf die Eigeninteressen der Tochtergesellschaft nimmt.[128]

86 Die **Einflusssicherung** der Holdinggesellschaft bei den Tochtergesellschaften ist unproblematisch, sofern die Holding sämtliche Anteile an den Tochtergesellschaften hält. Gegebenenfalls können auch Gewinnabführungs- oder Beherrschungsverträge abgeschlossen werden.

XII. Abwägung der Vor- und Nachteile der einzelnen Rechtsformen und Diversifizierung

87 Nach den vorstehenden Ausführungen liegt es auf der Hand, dass es „*die* optimale Rechtsform" an sich nicht gibt. Im jeweiligen Einzelfall kann mal die eine und mal die andere Rechtsform die richtige sein. Es kommt sehr auf den **Einzelfall** an. Die jeweiligen Aspekte, die für die eine oder andere Rechtsform sprechen, sind zu gewichten.[129] Darüber hinaus sind in den vorstehenden Erwägungen die steuerlichen Konsequenzen nur am Rande erwähnt worden. Realistisch betrachtet spielen steuerliche Erwägungen bei den Fragen der Rechtsform stets eine herausgehobene und wichtige Rolle. Insofern sei auf die Ausführung im Kapitel Steuerrecht verwiesen.[130] In der Praxis ist die Neigung festzustellen, vorschnell seine Rechtsformwahlentscheidung allein nach Aspekten der steuerlichen Optimierung zu treffen, ohne die weiteren Konsequenzen zu beachten. Davor wird überzeugend gerade von erfahrenen Steuerberatern[131] gewarnt. Langfristig können solche Entscheidungen in eine Sackgasse führen, an deren Ende hohe Restrukturierungskosten stehen.

88 Als Regel lässt sich festhalten, dass insbesondere bei größeren Unternehmen nicht eine einzige Rechtsform und Gesellschaft die richtige Wahl ist. Meist werden **mehrere Gesellschaften** gegründet – gegebenenfalls auch in unterschiedlicher Rechtsform – und miteinander verknüpft. Klassisch ist hierfür insbesondere die GmbH & Co. KG oder die Betriebsaufspaltung. Je größer die Unternehmen werden, desto häufiger sind auch Holdingstrukturen anzutreffen, bei denen eine Muttergesellschaft und mehrere oder zahlreiche Tochtergesellschaften auch unterschiedlicher Rechtsform miteinander kombiniert werden. Hierbei können sich insbesondere Unterschiede hinsichtlich einzelner Betriebe ergeben. So wird die Gesellschaft für einen sehr ertragsstarken Betrieb in der Regel anders

---

[127] *U. Noack* in: Hennerkes/Kirchdörfer, Unternehmenshandbuch Familiengesellschaften, 2. Auflage 1997, Teil II, § 6 Rn 6.3.

[128] BGH NJW 2001, 3622; vgl. dazu *Schaub*, DNotZ 2002, 459; OLG Jena GmbHR 2002, 112 = ZIP 2002, 631.

[129] Vgl. zur Methodik Beck Hdb. Personengesellschaften/*Kessler/Schiffers* § 1 Rn 90 ff.

[130] Vgl. dazu § 37 Rn 22 ff.

[131] Vgl. nur *Scheidle*, BB 1986, 2065, 2066.

strukturiert sein als eine Gesellschaft ohne große Erträge. Eine **Feinabstimmung im Einzelfall** ist stets unerlässlich. So ist insbesondere im Rahmen des Heranführens von Kindern an die Unternehmensführung ein Stufenplan mit mehreren unterschiedlichen Beteiligungsstufen zu beschreiten.[132] Zunächst sind die Kinder beispielsweise als bloße stille Beteiligte ohne wesentliche Mitspracherechte an der Gesellschaft oder den Gesellschaftsanteilen zu beteiligen, später können sie beispielsweise als Kommanditisten eintreten und anschließend in die Komplementärposition wechseln. Entsprechende Abstufungen lassen sich auch bei der GmbH oder AG realisieren. Die Frage der richtigen Gesellschaftsform und Beteiligungsart kann sich also auch im Leben der Gesellschaft ständig ändern. Es handelt sich um einen sehr **dynamischen Prozess**.

Darüber hinaus veralten kaum Aussagen so schnell wie das Anpreisen **89**
einer bestimmten Rechtsform als die derzeit optimale. Dies liegt nicht zuletzt am **kontinuierlichen Wandel des Steuerrechts**. So wurde bis ins Jahr 2000 hinein im Regelfall eine GmbH, häufig in der Form einer Betriebsaufspaltung, als empfehlenswerte Rechtsform gepriesen. Die jüngsten Unternehmenssteuerreformen[133] haben mit der Abschaffung des so genannten Anrechnungsverfahrens die Besteuerungssituation grundlegend verändert. Seit dem ist häufig die GmbH & Co. KG, also eine Personenhandelsgesellschaft, die vorteilhaftere Gesellschaft. Jedoch auch diese Erkenntnis, die lediglich auf dem derzeitigen Stand der Gesetzgebung beruht, ist **ständig erneut zu überprüfen**.

---

[132] Vgl. dazu unten § 9, § 35.

[133] Vgl. *Heidemann*, INF 2000, 716 und 751; *Herzig*, Wpg 2001, 253; *Höflacher/Wendlandt*, GmbHR 2001, 793; *Jacobs*, DStR 2001, 806; *Kessler/Teufel*, DStR 2000, 1836; *Kessler/Teufel*, DB 2001, 17; *König/Sureth*, Besteuerung und Rechtsformwahl; *Schneeloch/Rahier/Trockels-Brand*, DStR 2000, 1619.

§ 4 Der Gesellschaftsvertrag für die Familiengesellschaft

Übersicht

	Rn		Rn
I. Ziele und Aufgaben	1	1. Problemeinführung	17
II. Der Abschluss des Gesellschaftsvertrages	5	2. Verteilung der Stämme auf Beteiligungsgesellschaften	19
1. Personengesellschaften	5	3. Satzungsgestaltung	21
a) Grundsatz	5	a) Regelungsziele	21
b) Zeitpunkt des Wirksamwerdens	7	b) Stimmrechtsregelungen	24
c) Form	9	c) Flexibilität innerhalb des Stammes	27
d) Minderjährige	14	d) Beirat	30
2. Kapitalgesellschaften	15	4. Kontinuität und Gleichgewicht	32
III. Gesellschafterstämme	17		

Schrifttum: *App*, Zur Anerkennung der Gewinnverteilung bei Familien-Personengesellschaften, FamRZ 1991, 524; *Bahnsen*, Gestaltung einer GmbH & Co. KG als „Einheitsgesellschaft", GmbHR 2001, 186; *Binz/Sorg*, Die GmbH & Co. KG, 9. Auflage 2003; *Fiedler*, Angemessene Gewinnverteilung bei Personengesellschaften, DStZ 1990, 461; *Hennerkes/Kirchdörfer*, Unternehmenshandbuch Familiengesellschaften, 2. Auflage 1997; *Hennerkes/May*, Der Gesellschaftsvertrag des Familienunternehmens, NJW 1988, 2761; *Hinterhuber/Minrath*, Der Beirat einer mittelständischen Familienunternehmung, BB 1991, 1201; *Jansen*, Strategie eines Familiensplittings durch Übertragung von Einkunftsquellen, DStZ 1992, 22; *Hübner-Weingarten*, Die Beteiligung von Kindern als Kommanditisten, stille Gesellschafter und Unterbeteiligte – grundsätzliche Erwägungen, ZEV 1999, 81; *Koller*, Der Ausschluss ohne wichtigen Grund zum Buchwert bei Familiengesellschaften, DB 1984, 545; *Kussmaul*, Zvilrechtliche und steuerliche Gestaltungsmöglichkeiten bei der Einbeziehung von Kindern in Familienunternehmen, StuW 1983, 24; *Langenfeld/Gail*, Handbuch der Familienunternehmen, Loseblatt; *Meyer-Kopitz*, Die Steuerliche Anerkennung von Familienpersonengesellschafen in Rechtsform der KG, DStZ 1996, 265; *Niedner/Kusterer*, Die atypisch ausgestaltete Familien-KGaA als Instrument zur Gestaltung des Generationenwechsels in mittelständischen Unternehmen, DB 1997, 2010; *Niedner/Kusterer*, Die atypisch ausgestaltete Familien-KGaA aus der Sicht des Kommanditaktionärs, DB 1997, 1451; *Priester*, Unternehmenssteuer-Reform und Gesellschaftsvertrag, DStR 2001, 795; *Riegger* in: Münchener Vertragshandbuch Band 1, III 10; *Schaub*, Die Familien-Aktiengesellschaft und der Schutz vor Fremdeinflüssen, ZEV 1995, 82; *Stengel* in: Beck'sches Handbuch der Personengesellschaften, 2. Aufl. 2002, § 15; *Sudhoff*, GmbH & Co. KG, 5. Auflage 2000; *Sudhoff*, Personengesellschaften, 7. Auflage 1999.

I. Ziele und Aufgaben

1 Die Familien-Gesellschaft ist typischerweise eine personalistisch strukturierte Gesellschaft. Bei ihr stehen folgende **zivilrechtliche Regelungsbereiche** im Vordergrund:[1]

[1] Vgl. auch Beck Hdb Personengesellschaften/*Stengel* § 15 Rn 1 ff.; *Hennerkes/May*, NJW 1988, 2761 ff.

- die Wahrung des **Einflusses** der Unternehmerfamilie,
- möglichst optimale **Finanzierungsmöglichkeiten** der Gesellschaft,
- die möglichst flexible und reibungslose Gestaltung der **Unternehmensnachfolge** und die Heranführung des Nachwuchses an das Unternehmen,
- zu vorstehendem Zweck eine vorläufig ungleichmäßige **Verteilung von Machtverhältnissen** in der Gesellschaft, die ein risikoloses Aufnehmen der Nachfolgegeneration probeweise ermöglicht,
- **Sonderrechte** für die Unternehmensgründer, wie insbesondere Sondergewinnzuweisungen, Sondergeschäftsführungsrechte etc.,
- der Ausschluss einzelner Gesellschafter von bestimmten Gesellschaftsrechten, insbesondere **Einschränkungen beim Stimmrecht**,
- bei größeren Familiengesellschaften mit mehreren **Stämmen** das Austarieren der Einflussmöglichkeit der einzelnen Gesellschafterstämme,
- die Vermeidung von Konflikten durch **Schiedsvereinbarungen** einerseits und gegebenenfalls die Schaffung von freiwilligen **Beiräten** zur Mediatisierung von potentiellen Konflikten,
- Beschränkungen von **Gewinnentnahmerechten** und Sicherung der Thesaurierungs- und Investitionsmöglichkeiten der Gesellschaft,
- Schutz der Gesellschaft vor Überfremdung durch **Veräußerung** von Gesellschaftsanteilen und Verwertung des Unternehmenswertes durch einzelne Mitgesellschafter,
- Regelungen für den **Todesfall** von Familienmitgliedern,
- Schutz der Gesellschaft und von Mitgesellschaftern vor wirtschaftlichen Problemen im **Scheidungsfall**.

In **steuerlicher Hinsicht** sind bei Familiengesellschaften vor allen Dingen folgende Problembereiche von Bedeutung: 2

- Die **Anerkennung** der Familiengesellschaft als solcher,[2]
- eine Verteilung der Einkünfte auf möglichst viele Köpfe zur Erreichung eines so genannten **„Familien-Splitting"**,
- Vermeidung **verdeckter Gewinnausschüttungen**,
- der Weg aus dem **„Ghetto der Verluste"** bei Kapitalgesellschaften, also Verwertung von Verlusten, die gegebenenfalls im Rahmen der Kapitalgesellschaft entstanden sind, durch Verrechnung mit Gewinnen der Gesellschafter, die außerhalb der Gesellschaft entstanden sind,
- Erreichung einer möglichst **geringen Gesamtsteuerbelastung** von Gesellschaft und Gesellschaftern,

Die vorstehenden Ziele sollen typischerweise in dem Gesellschaftsvertrag der Familiengesellschaft berücksichtigt werden. Selbstverständlich entstehen dabei **Zielkonflikte**. Es lassen sich nicht alle Ziele gleichmäßig verwirklichen. Ggf. sind daher Prioritäten zu setzen und einzelne Zielsetzungen zugunsten anderer zu vernachlässigen. Der Gesellschaftsvertrag stellt dabei das Grundgerüst dar, das dann in der Praxis der Unternehmung mit Leben zu füllen ist. Ein Gesellschaftsvertrag kann nicht alle 3

[2] Vgl. dazu *Bordewin*, DB 1996, 1359 ff.; *Fichtelmann/Schulze zur Wiesche* Steuer-Formularhandbuch 3 U II 1.4.; *Meyer-Kopitz*, DStZ 1996, 265; *Schulze zur Wiesche*, StBP 1994, 177; *Märkle*, BB Beilage 2/1993.

Problemfälle gleichmäßig antizipieren und lösen. Der Vertragsgestalter und Berater wird zunächst von den **typischen Problemen** auszugehen haben und hierfür Lösungen vorsehen müssen. Für unerwartete oder atypische Problemkonstellationen, die sich erst im Laufe der Generationen in der Gesellschaft entwickeln und nicht vorhersehbar sind, genügt es regelmäßig, sichere **Problemlösungsverfahren** vorzusehen – beispielsweise ein Schiedsgericht oder einen vermittelnden Beirat.[3]

4 Der Gesellschaftsvertrag sollte möglichst **klar und unzweideutig formuliert** sein, damit sich nicht später Streitigkeiten aus einer unsicheren Auslegung des Vertrages ergeben. Dazu sollte die juristische Fachsprache gewählt werden, die für die Gesellschafter in der Regel zwar kaum verständlich ist, jedoch ein Höchstmaß an rechtlicher Präzision ermöglicht. Nur so lässt sich gewährleisten, dass im Streitfall die zur Schlichtung oder Streitentscheidung hinzugezogenen Juristen zu einem eindeutigen und damit in der Regel streitvermeidenden Ergebnis gelangen.

II. Der Abschluss des Gesellschaftsvertrages

1. Personengesellschaften

5 **a) Grundsatz.** Der Abschluss eines Gesellschaftsvertrages vollzieht sich im Wege eines zwei- oder mehrseitigen Vertrages durch **Angebot und Annahme**.[4] Es gilt insoweit grds. die allgemeine Rechtsgeschäftslehre.[5]

6 Der Inhalt des Gesellschaftsvertrages ist grds. offen. Es existieren – abgesehen von der KG – keine zwingenden **Mindesterfordernisse**. Bei der KG ist als Mindestinhalt jedoch festzulegen, welche Gesellschafter als Komplementäre persönlich haften und welche Gesellschafter mit welchen Haftsummen Kommanditisten werden. Ansonsten ist es selbstverständlich sinnvoll ein Vielzahl von fakultativen Regelungen zu treffen, die unten näher erläutert werden.

7 **b) Zeitpunkt des Wirksamwerdens.** Der Gesellschaftsvertrag der Personengesellschaft kann **sofort** in Vollzug gesetzt und damit wirksam werden. Die Gesellschafter sind insoweit grds. in der Gestaltung frei. Wesentlich ist die Festlegung des genauen Zeitpunktes vor allem für die **Zurechnung von Erträgen**, wenn ein bereits betriebenes Einzelunternehmen in eine Gesellschaft eingebracht wird. Hier ist schuldrechtlich wie steuerrechtlich (§ 24 UmwStG) bei Gesamtrechtsnachfolge nach dem UmwG eine **achtmonatige Rückwirkung** auf den letzten Bilanzstichtag möglich.[6] Schuldrechtlich kann eine Rückwirkung sogar uneingeschränkt vereinbart werden. Der Zeitpunkt der **Eintragung der Gesell-**

---

[3] Vgl. zu beidem unten § 16, § 17.

[4] Vgl. zu den dogmatischen Grundlagen der Rechtsnatur von Gesellschaften *K. Schmidt* Gesellschaftsrecht § 5 I.1.

[5] *Baumbach/Hopt* § 105 HGB Rn 50.

[6] Vgl. *Schmitt/Hörtnagl/Stratz* § 24 UmwStG Rn 277.

schaft in das Handelsregister hat bei kaufmännischen Gesellschaften nur eine **deklaratorische Bedeutung**[7] und bei kann-kaufmännischen Gesellschaften führt die Eintragung nur zur identitätswahrenden Umwandlung der GbR in eine Personenhandelsgesellschaft. Bei der GbR oder der OHG spielt die genaue Festlegung des Zeitpunktes des Beginns ansonsten keine große Rolle. Die Gesellschafter haften sowieso uneingeschränkt auch mit ihrem Privatvermögen für die Verbindlichkeiten der Gesellschaft.

Anders ist dies bei der **KG**. Hier gilt es **Haftungsgefahren zu vermeiden**, wenn bereits vor Eintragung der Gesellschaft eine Geschäftstätigkeit entfaltet wird. **§ 176 HGB**[8] ordnet an, dass die Kommanditisten persönlich uneingeschränkt für alle Verbindlichkeiten der KG haften, sofern sie Gesellschafter der KG werden, bevor diese und die Haftungsbeschränkung der Kommanditisten im Handelsregister eingetragen sind. Aus diesem Grunde sollte der **Beitritt** der Kommanditisten zum Geschäft des Einzelunternehmers aufschiebend **bedingt erst durch die Eintragung** der Gesellschaft im Handelsregister wirksam werden. Auf diese Art und Weise lässt sich eine Haftung vermeiden.[9] Ist aus anderen, insbesondere steuerrechtlichen Gründen hingegen ein sofortiges Wirksamwerden erforderlich, so kann für die **Zwischenzeit** bis zur Eintragung in das Handelsregister die Beteiligung der Kommanditisten als **atypisch stille Beteiligte** entsprechend den vertraglichen Regelungen des KG-Vertrages geregelt werden. 8

c) Form. Der Abschluss des Gesellschaftsvertrages einer GbR, OHG oder KG kann **grds. formfrei** erfolgen.[10] Auch ein stillschweigender, also konkludenter Vertragsabschluss ist möglich.[11] Allerdings ist gerade bei Familiengesellschaften die Einhaltung der Schriftform dringend anzuraten, um die steuerliche Anerkennung der Einkunftsverlagerung nicht zu gefährden. Im Übrigen ist die Schriftform auch aus Gründen der Streitvermeidung und eindeutigen Festlegung der Gesellschafterrechte und -pflichten sinnvoll. 9

Ausnahmsweise bedarf auch der Abschluss eines Vertrages über die Gründung einer Personen- und Personenhandelsgesellschaft der **notariellen Beurkundung**.[12] Dies ist einerseits dann der Fall, wenn einer oder mehrere Gesellschafter sich verpflichten, Grundbesitz in die Gesellschaft im Wege der Übereignung einzubringen oder eine diesbezügliche Erwerbspflicht der Gesellschaft begründet wird.[13] Dann greift § 311 b BGB ein und erfasst neben der Beurkundung der Übereignungsverpflichtung den gesamten Gesellschaftsvertrag. Das Gleiche gilt bei Begründung 10

---

7 *Baumbach/Hopt* § 123 HGB Rn 2.
8 Vgl. *Ebenroth/Strohn*, § 176 HGB Rn 11.
9 Vgl. Memento-Gesellschaften 2002 Rn 1241.
10 Vgl. nur *Sudhoff/Ihrig* GmbH & Co. KG § 9 Rn 19.
11 BGH NJW 1982, 2816; *Baumbach/Hopt* § 105 HGB Rn 54 m. w. N.
12 *Binz/Mayer*, NJW 2002, 3054 ff.
13 BGH NJW 1978, 2506; BGHZ 22, 317; *Baumbach/Hopt* § 105 HGB Rn 55 m. w. N.

einer Verpflichtung über die Einbringung an Anteilen an einer GmbH, § 15 GmbHG.

11 Eine Beurkundungspflicht kann sich schließlich auch aus dem Umstand ergeben, dass einem Mitgesellschafter auf diese Weise ein **Schenkungsversprechen** unterbreitet wird. Dieses bedarf dann der notariellen Beurkundung nach § 518 BGB.[14] Heilung eines eventuellen Formmangels tritt mit dem Vollzug der Schenkung ein.

12 Darüber hinaus ist der Gesellschaftsvertrag einer **personenidentischen GmbH & Co. KG** meist beurkundungsbedürftig.[15] Denn in den entsprechenden Gesellschaftsverträgen ist regelmäßig die Verpflichtung enthalten, die Gesellschaftsanteile an der KG mit denen der GmbH und die der GmbH nur mit denen der KG zu übertragen und zu veräußern. Auf diese Weise werden bedingte Übertragungspflichten hinsichtlich GmbH-Geschäftsanteilen begründet, die unter § 15 GmbHG fallen. Eine Heilung nach § 15 Abs. 4 S. 2 GmbHG kann hier frühestens eintreten, wenn die jeweilige Anteilsabtretung vollzogen wurde. Es entsteht daher zunächst eine **fehlerhaft wirksame Gesellschaft**.[16] Jeder Gesellschafter kann ohne weitere Voraussetzungen die Gesellschaft mit Wirkung *ex nunc* kündigen.[17]

13 Bei einer schenkweisen Einräumung einer stillen Beteiligung wird von der Rechtsprechung eine Heilung durch Einbuchung des Guthabens abgelehnt.[18] Die stille Beteiligung wird daher auch steuerlich nicht anerkannt.

14 **d) Minderjährige.** Werden **minderjährige Kinder** als Vollrechtsgesellschafter in eine OHG, KG oder eine GbR aufgenommen, so bedarf dies zusätzlicher Formalitäten.[19] Die Eltern sind regelmäßig von der Ausübung der elterlichen Sorge ausgeschlossen, da sie selbst auch an der Gesellschaft beteiligt sind. Daher ist für jedes minderjährige Kind ein Ergänzungspfleger zu bestellen, der der vormundschaftsgerichtlichen Genehmigung bedarf.[20] Diese wird nur erteilt werden, wenn die **persönliche Haftung** der Kinder ausgeschlossen ist. Insofern kommt regelmäßig nur die Beteiligung als stiller Gesellschafter, als Unterbeteiligter oder als Kommanditist in Betracht.

2. Kapitalgesellschaften

15 Das Gründungsprocedere ist bei Kapitalgesellschaften wesentlich **förmlicher**. Der Gesellschaftsvertrag ist stets notariell zu beurkunden

[14] *Fichtelmann/Schulze zur Wiesche*, Steuer-Formularhandbuch U 3 II Rn 32.

[15] *Sudhoff/Ihrig* GmbH & Co. KG § 9 Rn 19.

[16] *K. Schmidt*, Gesellschaftsrecht § 6 II 2. m. w. N.

[17] BGHZ 47, 293, 300.

[18] BGHZ 7, 174, 179; BFHE 113, 558; *Fichtelmann/Schulze zur Wiesche*, Steuer-Formularhandbuch U 3 II Rn 32; m. w. N.

[19] Vgl. BFH DStR2001, 74.

[20] Hinsichtlich der weiteren Einzelheiten sei auf die Ausführungen unten § 9 Rn. 29 ff. von *Winkler* verwiesen.

und hat einen bestimmten **Mindestinhalt** aufzuweisen, § 3 GmbHG, § 23 AktG. Insbesondere ist die Gesellschaft mit einem Stamm- oder Grundkapital auszustatten. Dies ist der Preis, den der Gesetzgeber für die Haftungsbeschränkung verlangt.

Stellvertretung ist bei der Gründung der Kapitalgesellschaft zwar zulässig.[21] **Vollmachten** zur Gründung einer GmbH oder AG bedürfen jedoch der notariellen Form, § 2 Abs. 2 GmbHG, § 23 Abs. 1 S. 2 AktG. Für die Anmeldung der Gesellschaft zum Handelsregister ist im Hinblick auf die strafbewehrten Versicherungen der Geschäftsführer/des Vorstandes und deren Namenszeichnung eine Stellvertretung ganz ausgeschlossen.[22]

Die Gesellschaft **entsteht** erst **mit der Eintragung** in das Handelsre- 16
gister. Bis dahin handelt es sich um eine Vor-Gesellschaft, die besonderen Haftungsregelungen unterliegt.[23] Die Vor-Gesellschaft ist jedoch identisch mit der später durch Handelsregistereintrag entstehenden endgültigen Vollgesellschaft (**Identitätsgrundsatz**[24]).

III. Gesellschafterstämme

1. Problemeinführung

Eine Familiengesellschaft ist noch verhältnismäßig einfach strukturiert, 17
wenn es sich bei dem Gesellschafterkreis um Mitglieder einer einzigen Familie handelt. Schließen sich hingegen mehrere Gründer zusammen, um das Unternehmen gemeinschaftlich zu betreiben, so entsteht notwendigerweise eine Familiengesellschaft mit mehreren Gesellschafterstämmen.[25] Je älter die Gesellschaft wird, desto stärker wird sich das **Denken in Gesellschafterstämmen** ausprägen. Diese Konstellation kann auch entstehen, wenn einem Einzelunternehmer mehrere Kinder nachfolgen, die wiederum in der Regel ihre Kinder in die Gesellschaft aufnehmen wollen. Ein Gesellschafter wird nicht mehr nur als ein Gesellschafter betrachtet, sondern er wird einer bestimmten Interessensphäre zugeordnet. Alles, was diesem Gesellschafter zukommt, wird gleichzeitig dem Familienstamm zugerechnet. Das **Streitpotential erhöht sich** wesentlich. Denn einzelne Gesellschafter sind untereinander enger miteinander verbunden als andere.[26] Dieses Streitpotential gilt es durch möglichst ausgewogene Regelungen zu vermeiden.

Bei einer Ein-Stamm-Gesellschaft ist in der Regel nur das Verhältnis 18
der alten und der jungen Generation auszutarieren. Bei der **Mehrstamm-Familiengesellschaft** werden die Probleme hingegen wesent-

---

[21] *Michalski* § 2 GmbHG Rn 28.

[22] Vgl. *Roth/Altmeppen* § 8 GmbHG Rn 33; § 7 Rn 5; *Baumbach/Hueck/Fastrich* § 7 GmbHG Rn 2 f.

[23] Siehe dazu bereits ausführlich oben § 1 Rn. 29 ff.

[24] *Hüffer* § 41 AktG Rn 16 f.

[25] Vgl. dazu Beck Hdb Personengesellschaften/*Stengel* § 15 Rn 75.

[26] Beck Hdb Personengesellschaften/*Stengel* § 15 Rn 75.

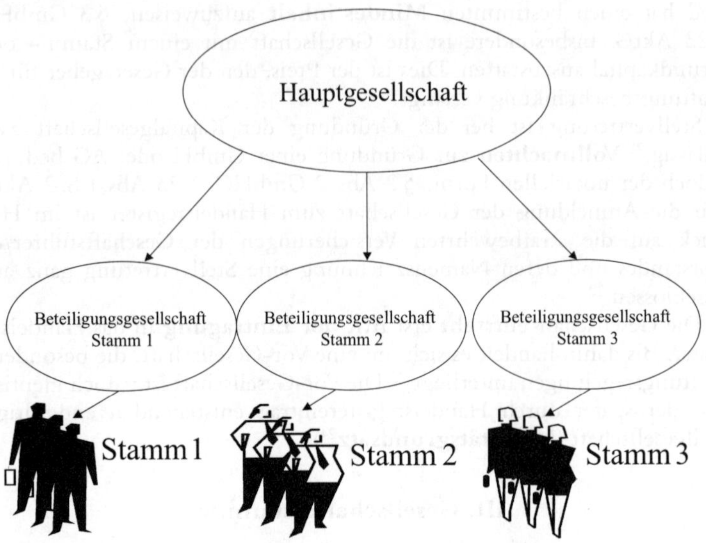

lich komplexer.[27] Es ist einerseits das Verhältnis von Alt und Jung, das Verhältnis von rein kapitalistisch beteiligten und den aktiv mitarbeitenden Gesellschaftern und das Verhältnis der Gesamtstämme untereinander auszugleichen. Dies stellt besondere Anforderungen an den Vertragsgestalter.[28]

2. Verteilung der Stämme auf Beteiligungsgesellschaften

19 Die **einfachste Lösung** für das Problem der mehrstämmigen Familiengesellschaft besteht darin, die Familienstämme in einzelnen **Beteiligungsgesellschaften** zu bündeln und die Gesellschaftsanteile in diese Untergesellschaften einzubringen. Auf diese Weise kann eine Vereinheitlichung der Beteiligung und eine gemeinschaftliche Stimmrechtsausübung in der Hauptgesellschaft erreicht werden. Ferner ermöglicht dies es, **Streitigkeiten** innerhalb eines Gesellschafterstammes in die Beteiligungsgesellschaft zu **verlagern** und aus der Hauptgesellschaft herauszuhalten. Die Binnenregelungen der einzelnen Familienstämme, die sich von Stamm zu Stamm unterscheiden werden, können so außerdem **individueller** ausgestaltet werden. Jeder Familienstamm kann auf diese Weise seine eigenen Vererbungsregelungen für die jeweilige Beteiligungsgesellschaft aufstellen. Beispielsweise mag im einen Gesellschafterstamm auch die Nachfolgeberechtigung von nichtehelichen Abkömmlingen erwünscht sein, während der andere Familienstamm nur die Nachfolgeberechtigung von ehelichen Abkömmlingen

[27] Zu Recht weisen *Hennerkes/May* (NJW 1988, 2761) darauf hin, dass mit zunehmender Gesellschafterzahl das Konfliktpotential steigt.

[28] Vgl. als Vertragsmuster MVH/*Oldenburg* I Form II.4 und MVH/*Riegger* I Form III.10; *Hopt/Volhard* Form. II B 5.

wünscht. Durch die Aufteilung der Gesellschaftsanteile an der Hauptgesellschaft auf Beteiligungsgesellschaften kann so eine **Entflechtung** und damit Streitvermeidung erreicht werden. Eine **einheitliche Stimmabgabe**[29] der einzelnen Stämme ist so stets gewährleistet, wenn die Beteiligungsgesellschaft nur einen vertretungsberechtigten Geschäftsführer hat, der entsprechend eines Mehrheitsbeschlusses seiner Gesellschafterversammlung in der Hauptgesellschaft abzustimmen hat.

Der Vorteil dieser Lösung ist jedoch **gleichzeitig** auch deren **Nachteil**. Während bei der klassischen mehrstämmigen Familiengesellschaft alle Gesellschafter bei allen Fragen mitreden können, auch soweit diese nur einen anderen Familienstamm betreffen, wird dies im hier vorgeschlagenen Modell vermieden. Dies führt jedoch zu einem **Verlust an Kontrolle** jedes Familienstammes über die anderen Familienstämme. Da nicht mehr die Familienstämme als solche an der Hauptgesellschaft beteiligt sind, hat jeder Familienstamm grds. kein Stimmrecht mehr in den Beteiligungsgesellschaften der anderen Stämme. Dies kann zur Umgehung von Regelungen zum Schutz der Hauptgesellschaft genutzt werden. Insbesondere **Vinkulierungsklauseln** können auf diese Weise **ausgehöhlt** werden.[30] Ein Stamm kann beispielsweise ohne weitere Kontrolle alle Gesellschaftsanteile an der Beteiligungsgesellschaft an fremde Dritte veräußern. Dies kann zwar mit schuldrechtlichen Vereinbarungen untersagt und mit Vertragsstrafen abgesichert werden. Der **dinglich wirkende Überfremdungsschutz** des § 719 BGB bzw. des § 15 Abs. 5 GmbHG oder vinkulierter Namensaktien, wonach zustimmungslose Abtretungen von Gesellschaftsanteilen unwirksam sind, besteht in derartigen geschachtelten Gesellschaftsverhältnissen hingegen nicht.[31] Nur unter besonderen Umständen geht der BGH[32] von einer Erstreckung von Vinkulierungsklauseln auf Beteiligungsgesellschaften aus. 20

3. Satzungsgestaltung

a) Regelungsziele. Wird nicht die vorstehend dargestellte Lösung der Bündelung jedes Stammes in einer Beteiligungsgesellschaft gewählt, so sind umfangreiche Regelungen zur Stimm- und Machtverteilung innerhalb der Hauptgesellschaft vorzusehen. **Ziel** dieser Regelungen muss es sein, 21

- ein **einheitliches Auftreten der Stämme** nach außen gegenüber der Gesellschaft und den übrigen Gesellschafter(stämme)n zu gewährleisten,

[29] Dies ist in der Regel angestrebt, vgl. OLG Düseldorf NJW-RR 1995, 171; Beck Hdb Personengesellschaften/*Stengel* § 15 Rn 80.

[30] Vgl. zu Umgehungsmöglichkeiten bei Vinkulierungsklauseln auch *Kowalski*, GmbHR 1992, 347 ff.; *Lutter/Grunewald*, AG 1989, 109 ff.

[31] Michalski/*Ebbing* § 15 GmbHG Rn 166 m. w. N. zum Streitstand.

[32] BGH ZIP 1987, 166 – dogmatisch jedoch nur schwer haltbar; kritisch daher auch Michalski/*Ebbing* § 15 GmbHG Rn 166.

- **Mitspracherechte von stammesfremden** Gesellschaftern in den internen Angelegenheiten der anderen Stämme zu vermeiden,
- Regelungen für die **interne Vorabstimmung der Stämme** und die interne Willensbildung vorzusehen,
- das Gewicht der **Stämme** möglichst **stabil** zu halten und ungewollte Machtverschiebungen zu vermeiden,
- Flexibilität für die internen Angelegenheiten eines Stammes zu erreichen,
- die Gesamtgesellschafterversammlung von **Streitigkeiten frei zu halten**, die sich nur innerhalb eines Familienstammes abspielen und von diesem intern zu regeln sind.

22 Alle vorstehenden Regelungsansätze beruhen darauf, die Gesellschafter in Gruppen, den sog. **Stämmen als Interessengemeinschaft**, zusammenzufassen. Während normalerweise jeder Gesellschafter isoliert zu betrachten ist, ist er bei der Familienstammgesellschaft vor allem als Teil eines Stammes zu betrachten. Aus diesem Grunde ist es besonders wichtig, den **Begriff des Stammes** zu **definieren.**[33] Dies sind in der Regel alle von dem jeweiligen Stammbegründer abstammenden oder mit ihm in gerader Linie verwandten Gesellschafter. Auf Dauer wird es sich häufig jedoch nicht vermeiden lassen, dass andere Personen in die Gesellschaft eintreten. In diesem Fall besteht die Möglichkeit, den Fremden demjenigen Stamm zuzuordnen, von dem er den Anteil erlangt hat.[34] Diese Regelung ist jedoch nur interessengerecht, wenn der Anteil nur von einem Stamm übertragen wurde. Wurde der Gesellschaftsanteil von mehreren Stämmen gemeinsam übertragen, so würde eine Mehrstammzugehörigkeit entstehen. Dies wird in der Regel unerwünscht sein. Ersatzweise lässt sich regeln, dass ein solcher fremder, später hinzutretender Gesellschafter seinen eigenen selbständigen Stamm begründet.

23 Eine **doppelte Stammzugehörigkeit** sollte der Gesellschaftsvertrag ausschließen. Der mehreren Stämmen zugehörige Gesellschafter könnte bei jedem Stamm mitstimmen und so seinen Einfluss überproportional vermehren, insbesondere wenn für Gesellschafterbeschlüsse nicht nur ein Quorum der Gesamtstimmen, sondern auch ein Stimmquorum innerhalb des jeweiligen Stammes vorgesehen ist. Der Ausschluss einer Doppelstammzugehörigkeit lässt sich dadurch erreichen, dass ein Doppelstamm-Gesellschafter innerhalb eines Monats nach Aufforderung durch die Gesellschaft sich zu erklären hat, welchem Stamm er zugerechnet werden möchte. Erklärt er sich nicht, wird er demjenigen Stamm zugerechnet, mit dem er am nächsten verbunden ist.

24 **b) Stimmrechtsregelungen.** Der Gesellschaftsvertrag sollte sich nicht damit begnügen, das Stimmrecht wie üblich zu regeln. Ein **Stimmrechtsquorum** von beispielsweise 50 % der abgegebenen Stimmen dürfte zu kurz greifen. Vielmehr sollte zusätzlich geregelt werden, dass mindes-

[33] Vgl. auch *Hopt/Volhard* Form. II B 5 § 3 Abs. 4; MVH/*Riegger* I Form III.10 § 4 Anm. 5.

[34] So MVH/*Riegger* I Form III.10 § 4 Anm. 5.

tens die Hälfte aller Stämme mit einfacher Mehrheit zugestimmt haben müssen.[35] Anderenfalls könnten einzelne Stämme leicht übergangen werden. Diese Erwägung ist allerdings im Einzelfall gegen die Gefahren einer Lähmung der Gesellschaft abzuwägen, so dass auch das Gegenteil interessengerecht sein kann.

Ggf. kann eine Regelung Sinn machen, wonach das **Stimmrecht** durch einen **Stamm nur einheitlich** ausgeübt werden kann.[36] Bei einer uneinheitlichen Stimmabgabe kann das Stimmrecht als ruhend angeordnet werden, soweit dem keine zwingenden gesetzlichen Vorschriften entgegenstehen. Durch diese Bündelung[37] der Stimmen können Streitigkeiten innerhalb eines Stammes aus der Gesellschafterversammlung herausgehalten werden, da sie vorab geklärt werden müssen. Allerdings können auf diese Weise **Entscheidungen** sehr **schwerfällig** werden. Dies zeigt das folgende Beispiel:[38] Besteht eine Familiengesellschaft aus zwei gleichberechtigten Familienstämmen mit je 50 %, so kann unter Umständen eine Entscheidung trotz einer Zustimmung von 74,9 % der Stimmen nicht gefällt werden, wenn der eine Stamm vollständig zustimmt, der andere wegen einer Zustimmung von nur 24,9 % der Gesamtstimmen dagegen stimmen muss und dadurch keine ausreichende Mehrheit erzielt wird. 25

Alternativ können auch **Stimmpoolvereinbarungen** getroffen werden.[39] Diese ähneln im Wesentlichen der oben geschilderten Konstruktion der Bündelung der Stämme in Beteiligungsgesellschaften mit dem wesentlichen Unterschied, dass nicht die Anteile als solche in die Gesellschaften eingebracht werden, sondern die Mitglieder eines Familienstammes lediglich eine Gesellschaft mit dem Zweck der Koordination des Stimmrechts bilden. 26

c) Flexibilität innerhalb des Stammes. Die Ausübung von Gesellschafterrechten kann im Gesellschaftsvertrag in seinem Umfang für den Gesamtstamm insgesamt festgelegt werden. Insbesondere sollte die Entscheidung über Bennennungsrechte eines Stammes selbstverständlich ausschließlich diesem allein zustehen.[40] Ferner kann beispielsweise geregelt werden, dass alle Mitglieder des Stammes A, B, C und D jeweils 25 % der Stimmen und des Gewinnbezugsrechts haben. Die genaue **Verteilung** des Stimm- und des Gewinnbezugsrechts **innerhalb des Stammes** kann jedoch **diesem überlassen** werden. Um möglichst klare Verhältnisse zu haben, wird der Vertragsgestalter bei der Gründung des Unternehmens zu 27

[35] Vgl. ähnlich MVH/*Riegger* I Form III.10 Anm. 13 für das Zustimmungserfordernis bei Anteilsabtretungen.

[36] OLG Düseldorf NJW-RR 1995, 171; Beck Hdb Personengesellschaften/*Stengel* § 15 Rn 80.

[37] Vgl. auch *Reichert*, GmbHR 1998, 257, 258.

[38] Nach Beck Hdb Personengesellschaften/*Stengel* § 15 Rn 80.

[39] Vgl. MVH/*Hölters* I Form V.112; Beck Hdb Personengesellschaften/*Stengel* § 15 Rn 81.

[40] Das Gleiche gilt dann spiegelbildlich für die Abberufungskompetenz, OLG Düsseldorf NJW 1990, 1122.

Recht dennoch auf eine Festlegung im Gesellschaftsvertrag drängen. Allerdings sollte dann die **Abänderung der Verteilung** des Gesamtgewinnbezugsrechts und des Gesamtstimmrechts innerhalb des Stammes nicht von der Zustimmung der Mitgesellschafter der anderen Stämme abhängig sein – obwohl es sich dabei um Änderungen des Gesellschaftsvertrages handelt. Dies lässt sich bei Kapitalgesellschaften durch eine entsprechende **Stimmbindungsvereinbarung**[41] sichern. Die Verkehrsfähigkeit der Anteile leidet allerdings unter entsprechenden Vereinbarungen, da dem Gesellschaftsanteil nur erschwert entnommen werden kann, mit welchen Rechten der einzelne Anteil verbunden ist. Dies ist jedoch bei entsprechenden Familiengesellschaften hinzunehmen, da sie gerade jede freie Verkehrsfähigkeit vermeiden wollen. Öffnet sich die Gesellschaft später einmal fremden Gesellschaftern, so ist der Gesellschaftsvertrag sowieso vollständig zu überarbeiten.

28 Der gleiche Gedanke sollte die Möglichkeit von **Übertragungen von Gesellschaftsanteilen** regieren. Die Übertragung von Gesellschaftsanteilen innerhalb eines Stammes sollte frei von der Zustimmung von Mitgesellschaftern der anderen Stämme sein. Innerhalb eines Stammes kann dann wiederum geregelt werden, dass der Stammbegründer in seinen Veräußerungen und Übertragungen frei ist, während die übrigen Stammmitglieder nur bei Zustimmung eines bestimmten Stimmquorums und/oder des Stammbegründers verfügungsbefugt sind. Übertragungen von Gesellschaftsbeteiligungen von einem Stamm auf den anderen sollten nur mit Zustimmung aller Gesellschafter des abgebenden Stammes zulässig sein. Für diesen Fall ist im Übrigen zu regeln, ob Stimm- und Gewinnbezugsrechte des Gesamtstammes mit übergehen oder nicht.

29 Aus den vorstehenden Erwägungen folgt, dass regelmäßig auch **Versammlungen der einzelnen Stämme** stattzufinden haben, um so eine Entscheidung innerhalb des Familienstammes zu ermöglichen. Aus diesem Grunde sollte in der Satzung oder dem Gesellschaftsvertrag geregelt werden, dass die für die Abhaltung von Gesellschafterversammlungen geltenden Bestimmungen auch für die Versammlungen über Entscheidungen innerhalb eines Stammes gelten. Dabei kann beispielsweise der Stammesbegründer oder nach seinem Ableben der Gesellschafter des Familienstammes mit dem größten Gesellschaftsanteil zur Einberufung dieser Versammlung befugt sein.

30 **d) Beirat.** In mehrstämmigen Familiengesellschaften wird häufig in Beirat zur **Mediatisierung von Konflikten** und Entlastung der Gesellschafterversammlung eingerichtet.[42] Auf dieser Weise kann erreicht wer-

[41] Zur Zulässigkeit dessen vgl. BGH NJW 1987, 1890; *Ebenroth/Goette* § 119 HGB Rn 21, differenzierend: zwischen Gesellschaftern ohne weiteres zulässig, gegenüber Dritten nur mit Zustimmung der übrigen Gesellschafter; vgl. auch *Scholz/K. Schmidt* § 47 GmbHG Rn 39.

[42] Vgl. OLG Karlsruhe GmbHR 1998, 645; Beck Hdb Personengesellschaften/*Stengel* § 15 Rn 77.

den, dass Unklarheiten in einem neutraleren Beirat unter **Anwesenheit unabhängiger Mitglieder** in kleinerem Kreise diskutiert und Streitigkeiten zivilisierter ausgetragen werden. Hinsichtlich der näheren Details seiner Ausgestaltung wird auf die Ausführungen unten unter § 15 verwiesen.

Hinsichtlich der Zusammensetzung des Beirates/Aufsichtsrates wird in der Regel ein **Entsendungsrecht** eines Beiratsmitgliedes durch jeden **Gesellschafterstamm** vereinbart werden. Anderenfalls könnte ein kleiner und damit stimmschwacher Familienstamm ohne jeden Vertreter im Beirat ausgehen. Dies würde der vermittelnden Funktion des Beirates schaden. **31**

4. Kontinuität und Gleichgewicht

Regelmäßig sind die Gesellschafter bestrebt, das Gewicht und die Macht der einzelnen **Stämme** innerhalb der Gesellschaft **konstant zu halten**.[43] Sind drei Stämme vorhanden und zu je einem Drittel beteiligt, wird es in der Regel unerwünscht sein, wenn ein Stamm ohne Zustimmung des dritten Stammes zugunsten des anderen Stammes Gesellschaftsanteile übertragen könnte. Im „schlimmsten Fall" könnte der Stamm A seine gesamte Beteiligung ausschließlich an den Stamm B veräußern. Dadurch wäre der Stamm C wesentlich geschwächt, das bisherige Gleichgewicht empfindlich gestört. Aus diesem Zweck sollten **Übertragungen unter Lebenden und Nachfolgen von Todes** wegen nur insoweit zugelassen werden, als dadurch das Verhältnis der Stämme untereinander nicht verändert wird. Abweichungen sollten nur aufgrund eines Gesellschafterbeschlusses zugelassen werden, dem jeder Gesellschafterstamm mit mindestens $^3/_4$ seiner Stimmen zugestimmt hat. **32**

Vorkaufsrechte dürfen bei Familiengesellschaften mit Stämmen keinesfalls nach den allgemeinen Mustern verwandt werden. Diese gehen nämlich grds. davon aus, dass das Vorkaufsrecht von der Gesellschaft selbst oder von alle anderen Gesellschaftern im Verhältnis ihrer Beteiligung ausgeübt werden kann.[44] Dies würde jedoch zu einer ggf. entscheidenden **Verschiebung der Machtverhältnisse** in einer Familiengesellschaft führen. Daher sind die Regelungen zum Vorkaufsrecht dahin gehend zu modifizieren, dass zunächst nur die anderen Mitglieder des gleichen Stammes im Verhältnis ihrer Beteiligung untereinander vorkaufsberechtigt sind. **33**

---

[43] *Hopt/Volhard* Form. II B 5 § 3 Abs. 6; MVH/*Riegger* I Form III.10 Anm. 5.
[44] Vgl. beispielsweise *Langenfeld*, GmbH-Vertragspraxis, Muster 32.

Formulierungsvorschlag:[45]

34 „Ein veräußerungswilliger Gesellschafter ist, sofern die Veräußerung nicht an Personen erfolgt, die – spätestens mit Erwerb der Geschäftsanteile – Angehörige seines Gesellschafterstammes sind, verpflichtet, seinen Geschäftsanteil oder den Teil desselben, den er zu übertragen beabsichtigt, zunächst den Angehörigen seines Stammes und danach den Angehörigen der übrigen Familienstämme in notarieller Form unter Vorlage des notariellen Kaufvertrages zum Vorkauf anzubieten.

35 Die Angehörigen des eigenen Stammes sind berechtigt, das Vorkaufsrecht binnen eines Monats nach Zugang des Vorkaufsrechtsangebots auszuüben; die Ausübung bedarf notarieller Beurkundung. Für die Fristwahrung genügt die notarielle Beurkundung der Ausübungserklärung (§ 152 BGB). Üben mehrere Vorkaufsberechtigte das Vorkaufsrecht aus, so erwerben sie den Anteil pro rata ihrer Beteiligung, wobei die einzelnen Anteile durch 50 Euro teilbar sein müssen und Spitzenbeträge demjenigen zufallen, der die geringste Nominalbeteiligung hält. Mehrere Vorkaufsberechtigte sind auch berechtigt, das Vorkaufsrecht nur wegen eines Bruchteils des Geschäftsanteils auszuüben, sofern die gesetzlichen Teilbarkeitsvorschriften eingehalten werden. Übt ein Berechtigter des eigenen Stammes sein Vorkaufsrecht nicht aus, so können die übrigen Stammesangehörigen innerhalb einer weiteren Frist von zwei Wochen nach Ablauf der ersten Monatsfrist das Vorkaufsrecht auch insoweit im Verhältnis ihrer Beteiligung ausüben. Dieses Procedere wiederholt sich ggf., bis kein verbleibender Gesellschafter des eigenen Stammes verbleibt.

36 Erst wenn die Gesellschafter des Stammes des Veräußernden das Vorkaufsrecht nicht oder nicht ganz ausgeübt haben, steht das Vorkaufsrecht hinsichtlich verbleibender (Teil-)Geschäftsanteile den Gesellschaftern der übrigen Stämme im Verhältnis ihrer Beteiligung zu. Für dieses Vorkaufsrecht gelten die obigen Bestimmungen entsprechend."

37 In die gleiche Richtung weisen Vereinbarungen bei Personengesellschaften, wonach anstelle der sonst üblichen gleichmäßigen **Anwachsung**[46] bei allen Gesellschaftern im Falle des Ausscheidens eines Gesellschafters, die Anwachsung nur bei den Gesellschaftern des eigenen Stammes erfolgen soll. Eine solche Vereinbarung ist zulässig,[47] sofern deren Zustimmung zu dem zusätzlichen Erwerb erteilt wird. Im Gegenzug ist dann aber auch die Verpflichtung zur Zahlung der Abfindung für Rechnung der Gesellschaft anzuordnen. Bei einer Familien-GmbH müsste entsprechendes für die **Einziehung**[48] geregelt werden, dass bei Neuschaffung des Anteils nach Einziehung dieser nur zugunsten des Familien-

---

[45] In Anlehnung an den ausgezeichneten Vorschlag von *Reichert* im Parallelband *Sudhoff/Reichert* GmbH & Co. KG § 68, dort § 14 Abs. 3, 4, 5.

[46] Vgl. allgemein zur Anwachsung *Palandt/Sprau* § 738 BGB Rn 1; *Ebenroth/Boujong* § 105 HGB Rn 161; *K. Schmidt* Gesellschaftsrecht § 45 II 5; MVH/*Riegger* I Form III.10 § 23 Anm. 16 – dort als Übernahmerecht bezeichnet und geregelt; *Hopt/Volhard* Form. II B 5 § 11 Abs. 4.

[47] MVH/*Riegger* I Form III.10 § 23 Anm. 16.

[48] Vgl. *Goette*, Die GmbH, § 5 Rn 65 ff.

stammes des ausgeschiedenen verwandt werden oder der Geschäftsanteil nur an Mitglieder des gleiches Stammes im Verhältnis ihrer Beteiligung an der Gesellschaft abgetreten werden darf.[49] Nicht ausgeübte Bezugsrechte bei Kapitalerhöhungen sollten aufgrund einer entsprechenden Satzungsregelung zunächst verhältnismäßig den anderen Stammmitgliedern zustehen und erst nachrangig den übrigen Gesellschaftern anderer Stämme.[50]

---

[49] *Hopt/Volhard* Form. II D 4 § 6 Abs. 2.

[50] *Hopt/Volhard* Form. II B 5 § 3 Abs. 6 mit einem entsprechendem Formulierungsvorschlag.

C. Die Familie und das Unternehmen

Schrifttum: *Battes,* Nichteheliches Zusammenleben im Zivilrecht, 1983; *Bergschneider,* Verträge in Familiensachen, 2. Aufl. 2001; *Brambring,* Ehevertrag und Vermögenszuordnung unter Ehegatten, 5. Aufl. 2003; *Diederichsen,* Vermögensauseinandersetzung bei der Ehescheidung, 1983; *W. Diez/E. John,* Familienunternehmen sichern und weiterentwickeln, 1990; *Eglau,* Erbe, Macht & Liebe, Unternehmerfamilien zwischen Interessen und Emotionen, 2001; *Esch/Baumann/Schulze zur Wiesche,* Handbuch der Vermögensnachfolge, 6. Aufl. 2001; *Freund,* Familieninterne Unternehmensnachfolge – Erfolgs- und Risikofaktoren, 2000; *Gerhardt/Heintschel-Heinegg/Klein* (Hrsg.), Handbuch des Fachanwalts Familienrecht, 4. Aufl. 2002; *Gernhuber/Coester-Waltjen,* Lehrbuch des Familienrechts, 4. Aufl. 1994; *Grziwotz,* Beratungshandbuch Lebenspartnerschaft, 2003; *Grziwotz,* Nichteheliche Lebensgemeinschaft, 3. Aufl. 1998; *Hausmann,* Nichteheliche Lebensgemeinschaft und Vermögensausgleich, 1989; *Hausmann/Hohloch* (Hrsg.), Recht der nichtehelichen Lebensgemeinschaft, 1999; Institut für Notarrecht, Tagungsband Unternehmensnachfolge, 2001; *Kanzleiter/Wegmann,* Vereinbarungen unter Ehegatten, 6. Aufl. 2001; *Kappler/Laske,* Unternehmernachfolge im Familienbetrieb, 2. Aufl. 1999; *Klein,* Familienunternehmen, theoretische und empirische Grundlagen, 2000; *Klingelhöffer,* Die Ehescheidung des Unternehmers, 1992; *Krollmann/Rinsche,* Unternehmer-Ehegatte-Familienunternehmen, 1971; *Langenfeld,* Handbuch der Eheverträge und Scheidungsvereinbarungen, 4. Aufl. 2000; *Le Mar,* Generations- und Führungswechsel in Familienunternehmen, 2001; *Lorz/Kirchdörfer,* Unternehmensnachfolge, 2002; *Mittelsten-Scheid,* Gedanken zum Familienunternehmen, 1985; *Muscheler,* Das Recht der eingetragenen Lebenspartnerschaft. Umfassende Darstellung und Kommentierung, 2001; *Nörenberg,* Ehegatten-Arbeitsverträge, 8. Aufl. 2000; *Penztlin,* Die Zukunft des Familienunternehmens, 1976; *Rauscher,* Familienrecht, 2001; *Reithmann/Martiny,* Internationales Vertragsrecht, Das internationale Privatrecht der Schuldverträge, 6. Aufl. 2004; *Richter,* Die Abfindung ausscheidender Gesellschafter unter Beschränkung auf den Buchwert, 2002; *Schmidt,* Kommentar zum Einkommensteuergesetz, 22. Aufl. 2003; *Schotten,* Das Internationale Privatrecht in der notariellen Praxis, 1995; *Schröer/Freund,* Neue Entwicklungen auf dem Markt für die Übertragung mittelständischer Unternehmen, IfM-Materialien Nr. 136, 1999; *Spiegelberger,* Vermögensnachfolge, 1994; *Stach,* Eheverträge – Gesetz und Rechtstatsachen, 1988; Steuerliches Vertrags- und Formularbuch, 4. Aufl. 2001; *Vogt/Hannes,* Verträge mit Familienangehörigen, 2. Aufl. 2004; *Wimmer,* Familienunternehmen: Auslaufmodell oder Erfolgstyp?, 1996; *Waldner,* Eheverträge, Scheidungsvereinbarungen und Partnerschaftsvereinbarungen für die notarielle und anwaltliche Praxis, 2001; *Wellenhofer-Klein,* Die eingetragene Lebenspartnerschaft, 2003; *Wimmer,* Familienunternehmen: Auslaufmodell oder Erfolgstyp?, 1996.

§ 5 Das Unternehmen im Spannungsfeld der Familie

Übersicht

	Rn
I. Die Familie und das Unternehmen – zwei unterschiedliche soziale Systeme	1
II. Die vier Phasen einer Unternehmerfamilie	2
III. Schlussfolgerungen aus dem Spannungsverhältnis zwischen Familie und Unternehmen	7

Schrifttum: *Eglau,* Erbe, Macht & Liebe, Unternehmerfamilien zwischen Interessen und Emotionen, 2001; *Freund,* Familieninterne Unternehmensnachfolge – Erfolgs- und Risikofaktoren, 2000; *W. Diez/E. John,* Familienunternehmen sichern und weiterentwickeln, 1990; *Gersick/Davies/Mc Collom Hampton/Lansberg,* Generation to Generation, Life Cycles of the Family Business, 1997; *Klein,* Familienunternehmen, theoretische und empirische Grundlagen, 2000; *Le Mar,* Generations- und Führungswechsel in Familienunternehmen, 2001; *Mittelsten-Scheid,* Gedanken zum Familienunternehmen, 1985; *Penztlin,* Die Zukunft des Familienunternehmens, 1976; *v. Schultzendorff,* Fremdmanager in Familienunternehmen – eine empirische Analyse, Diss. St. Gallen, 1984; *Wimmer,* Familienunternehmen: Auslaufmodell oder Erfolgstyp?, 1996.

I. Die Familie und das Unternehmen – zwei unterschiedliche soziale Systeme

1 Familienunternehmen weisen gegenüber „gewöhnlichen" Unternehmen Besonderheiten auf, die darin begründet sind, dass bei einem Familienunternehmen zwei soziale Systeme – die Familie und das Unternehmen – **eng** miteinander **verflochten** sind. Für den Begriff des Familienunternehmens gibt es weder eine Legaldefinition noch klare Abgrenzungsmerkmale. In der Literatur findet man unterschiedliche Ansätze für die **Begriffsbestimmung**. Einigkeit besteht darüber, dass der Begriff des Familienunternehmens nicht rechtsformabhängig ist und dass bei **Familienunternehmen** zwischen den das Unternehmen beherrschenden Gesellschaftern familiäre Verbindungen bestehen.[1] Von einigen Autoren wird darüber hinaus auch eine aktive Rolle der Familiengesellschafter am unternehmerischen Entscheidungsprozess gefordert.[2] Richtigerweise ist darauf abzustellen, ob Angehörige einer Familie zumindest die Kapitalmehrheit in einem Unternehmen besitzen und maßgeblichen Einfluss auf das Unternehmen haben. Der maßgebliche Einfluss kann sich durch eine aktive Teilnahme an der Geschäftsführung ausdrücken, er kann aber auch in einer entsprechenden Kontrolle der Geschäftsführung bestehen.[3] Es liegt auf der Hand, dass dieser maßgebliche Einfluss gleich-

---

[1] *Mittelsten-Scheid* Familienunternehmen S. 3; *v. Schultzendorff* Fremdmanager in Familienunternehmen S. 5.

[2] *Penztlin* Familienunternehmen S. 10; *Diez/John* Familienunternehmen S. 9.

[3] *Klein* Familienunternehmen S. 21.

sam die Brücke zwischen dem Unternehmen und der Unternehmerfamilie darstellt, über die die **positiven** und **negativen Faktoren** des einen sozialen Systems in das jeweils andere hineinwirken. Die einem Familienunternehmen im Gegensatz zu anderen Unternehmen innewohnenden Besonderheiten werden deshalb nur dann verständlich, wenn man das Familienunternehmen als Ergebnis der Koevolution zweier einer unterschiedlichen inneren Logik folgender sozialen Systeme – Unternehmen und Eigentümerfamilie - begreift.[4] Jedes Familienunternehmen ist letztlich auch ein **Spiegelbild** der jeweiligen **Familie** und der in der Familie vorhandenen Probleme und Konflikte. So unterschiedlich und eigenartig jede Familie ist, so unterschiedlich und eigenartig sind auch Familienunternehmen. Es gibt weder *das* Familienunternehmen noch *die* Unternehmerfamilie. Das Unternehmen beeinflusst die jeweilige Familie und die Familie beeinflusst das jeweilige Unternehmen. Es ist erstaunlich, dass die deutschsprachige – anders als die angloamerikanische[5] – Fachliteratur sich dieses Beziehungsgeflechts erst seit Mitte der 80er Jahre angenommen hat.[6]

II. Die vier Phasen einer Unternehmerfamilie

Um zu erkennen, in welchem Maße die **wechselseitige Beeinflussung** von **Familie** und **Unternehmen** stattfindet, ist es hilfreich, sich die unterschiedlichen Phasen vor Augen zu führen, die eine Unternehmerfamilie durchlebt. Im Wesentlichen lassen sich vier Phasen der Unternehmerfamilie mit jeweils unterschiedlichen Problemstellungen unterscheiden:[7] 2

Die **erste Phase** einer (jungen) Unternehmerfamilie ist dadurch gekennzeichnet, dass der Unternehmer eine **Grundsatzentscheidung** zum **Verhältnis** von **Arbeit** und **Familie** zu treffen hat. Insbesondere in der Anfangszeit des Aufbaus eines Unternehmens oder des Eintritts in ein Unternehmen zielt die ganze Konzentration und Kraft des Unternehmers auf den Aufbau des Unternehmens bzw. den Aufbau einer starken Stellung im Unternehmen. Denn die gesamte Tätigkeit des Unternehmers ist vor allem in der Anfangszeit auf den ursprünglichen Zweck eines Familienunternehmens, die wirtschaftliche Basis der Familie zu sichern, ausgerichtet. Dadurch besteht die Gefahr, dass das Unternehmen auch das Familienleben vollständig dominiert und überlagert und die Bedürfnisse des Ehegatten und der Kinder zu kurz kommen.[8] In der ersten Phase sind 3

---

[4] *Wimmer* Familienunternehmen S. 19.

[5] S. die Nachweise bei *Klein* Familienunternehmen S. 55 Fn 1–3.

[6] Zum Beispiel *Siefer* „Du kommst später einmal in die Firma!" Psychosoziale Dynamik von Familienunternehmen (1994), sowie *Le Mar* Generations- und Führungswechsel in Familienunternehmen (m. w. N. auf S. 19 f.).

[7] Grundlegend hierzu *Gersick/Davies* Generation to Generation, Life Cycles of the Family Business. Ausführlich zu den Phasen einer Unternehmerfamilie *Klein* Familienunternehmen S. 74 ff.

[8] Vgl. *Le Mar* Generations- und Führungswechsel in Familienunternehmen S. 26.

außerdem die familiären und außerfamiliären Aufgabenbereiche und Verantwortungsbereiche zwischen den Ehegatten festzulegen und abzugrenzen. Zu klären ist in dieser Phase der Unternehmerfamilie auch die Frage hinsichtlich gemeinsamer Ziele, das Verhältnis zu den jeweiligen Freundeskreisen und zu den beiden Herkunftsfamilien.[9] Letzteres ist vor allem dann von Bedeutung, wenn ein Ehegatte in ein bereits bestehendes Familienunternehmen eintritt, da dann sein Verhältnis zu seiner Herkunftsfamilie auch beruflich bedingt sehr eng ist; bei dem anderen Ehegatten kann in diesem Fall leicht das Gefühl auftreten, in der zweiten Reihe zu stehen. Eine fehlende ausdrückliche oder stillschweigende Übereinkunft hinsichtlich dieser Punkte ist ein häufiger Grund für das Scheitern einer Beziehung.[10] Jedes Scheitern der Beziehung zwischen dem Unternehmer und seinem Ehegatten birgt ein erhebliches Gefahrenpotential für den Fortbestand des Unternehmens in sich.[11] Ein weiteres Merkmal der ersten Phase in der Entwicklung einer Unternehmerfamilie ist, dass der Unternehmer seine Rolle bei der Erziehung der Kinder festlegen muss. Die erste Phase der Unternehmerfamilie ist somit durch den Aufbau des Familienunternehmens bzw. einer starken Position in demselben sowie durch den Aufbau eines funktionierenden Ehelebens (**„marriage enterprise"**)[12] geprägt. Gerade in der ersten Phase der Unternehmerfamilie wird auch der Grundstein für das Verhältnis der Kinder zum Unternehmen gelegt. Je einseitiger sich ein oder beide Elternteile dem Unternehmen widmen und je weniger Einsatz für den Aufbau eines durch offenen Kommunikationsstil, gemeinsame Unternehmungen und gegenseitiges Verständnis geprägten Familienlebens gezeigt wird, umso wahrscheinlicher ist die Entfremdung der Kinder von dem unternehmerisch tätigen Elternteil und damit letztendlich auch von dem Unternehmen.

4 In der **zweiten Phase** der Unternehmerfamilie beginnen die Kinder, sich vom Elternhaus zu lösen. Für den Unternehmer und auch die Familie stellt sich die Frage, ob und welche Abkömmlinge für eine **Unternehmensnachfolge** in Betracht kommen und ob eine entsprechende Bereitschaft auf Seiten der Abkömmlinge hierzu vorhanden ist. Der Unternehmer muss sich unter Umständen damit abfinden, dass seine Kinder einen Ausbildungsweg einschlagen, der auf den ersten Blick nicht in der Unternehmensnachfolge endet. Der Unternehmer sollte seinen Kindern diesen Weg nicht versperren, sondern sie vielmehr bei ihrer Entwicklung zu einer eigenen Persönlichkeit nach Kräften unterstützen. Nur so besteht die Chance, dass ein Abkömmling aus freier Entscheidung und damit mit Herzblut zur Unternehmernachfolge bereit ist. Ziehen die Kinder aus dem Haus aus, bedeutet dies außerdem eine erhebliche **Veränderung** der **Familienstruktur**, da die Hauptaufgabe der Kernfamilie, die Erziehung der Kinder und ihre Vorbereitung auf die Selbständigkeit, erfüllt ist. Insbesondere der Ehegatte, der sich primär um die Kindererziehung geküm-

[9] *Klein* Familienunternehmen S. 77.
[10] *Klein* Familienunternehmen S. 77.
[11] Einzelheiten hierzu unter § 6 Rn 43 ff.
[12] Vgl. *Klein* Familienunternehmen S. 77.

mert hat, muss ein neues Aufgaben- und Betätigungsfeld finden. Werden diese Strukturveränderungen nicht gemeistert, besteht ein erhebliches Gefährdungspotential für den Bestand der Familie. Hinzu kommt, dass in diese Phase der Unternehmerfamilie häufig auch das Infragestellen des bisher Erreichten fällt.[13] Sind die gesteckten Lebensziele bzw. die Lebensträume nicht zur eigenen Zufriedenheit verwirklicht worden, besteht die Gefahr – angetrieben durch das Gefühl immer knapper werdender Lebenszeit –, dass das bisher im Unternehmen und in der Familie Erreichte durch weit reichende und nicht selten irrationale Entscheidungen aufs Spiel gesetzt wird. In der zweiten Phase der Unternehmerfamilie gibt es somit zahlreiche Faktoren, die ein erhebliches Spannungs- und Gefährdungspotential sowohl für das Unternehmen als auch für die Unternehmerfamilie in sich bergen. Dessen sollten sich der Unternehmer und sein Ehegatte möglichst frühzeitig bewusst werden, um auf die vorstehend geschilderten Veränderungen und Einflüsse angemessen und damit zum Wohl des Unternehmens und der Familie reagieren zu können.

In der **dritten Phase** der Unternehmerfamilie – die ältere Generation 5
ist zwischen 50 und 65 Jahre alt, die jüngere Generation zwischen 20 und 45 Jahren – stehen die **Zusammenarbeit** und die **Kommunikation zwischen** den **Generationen** im Vordergrund.[14] Da die Kinder sich nicht mehr im unmittelbaren Einflussbereich der Eltern befinden, erhöht sich das Risiko, dass die Unternehmerfamilie nicht zuletzt aufgrund unterschiedlicher Wert- und Zielvorstellungen auseinander bricht und sich die Stämme verselbständigen. Vor allem wenn mehrere Generationen in einem Familienunternehmen zusammenarbeiten, ist es wichtig, dass durch offene und regelmäßige Kommunikation die Zusammenarbeit gefördert und ein gegenseitiges Verständnis für die Ziele und Werte der jeweils anderen geschaffen wird. Dies kann durch die Einrichtung eines **Familienrats** geschehen, in dem alle Angehörigen der Familie in regelmäßigen Abständen über wichtige Ereignisse und ihre weitere Lebensplanung berichten.[15]

Die **vierte Phase** der Unternehmerfamilie steht im Zeichen des **Gene-** 6
rationswechsels: Der Unternehmer scheidet aus dem Unternehmen aus. Damit geht in aller Regel der Generationswechsel in der Leitung der Familie einher.[16] Dieser Schritt ist für viele Unternehmer nicht einfach und mit Problemen behaftet. Denn häufig ist damit ein erheblicher Macht- und Einflussverlust verbunden. Macht und Einfluss sind aber nicht selten die Haupttriebfedern für außergewöhnlichen Einsatz und unternehmerische Aktivität. Erfolgt der Generationswechsel nicht „geplant", sondern unerwartet wegen des plötzlichen Versterbens des Unternehmers, führt die Unternehmensnachfolge häufig aus anderen Gründen zu Problemen. Sei es, weil ein Unternehmertestament nicht vorliegt und die Erbenge-

---

[13] „Midlife Transition"; s. dazu *Klein* Familienunternehmen S. 81.

[14] *Klein* Familienunternehmen S. 86 f.

[15] *Freund* Familieninterne Unternehmensnachfolge S. 225 f. (s. auch die Ausführungen unter C. § 9 Rn 1.

[16] *Klein* Familienunternehmen S. 93.

meinschaft als Zufallsgemeinschaft zur Unternehmensführung in aller Regel ungeeignet ist, oder weil trotz Vorliegens eines Unternehmertestaments dessen praktische Konsequenzen (zum Beispiel Pflichtteilsansprüche, Erbschaftsteuer und zwischenmenschliche Konflikte der zur Nachfolge berufenen Stämme untereinander) nicht ausreichend bedacht wurden. In der vierten Phase ändert sich auch die Sichtweise des Unternehmers hinsichtlich des bisher Erreichten: Stellt sich in der mittleren Phase der Unternehmer die Frage, ob die gesetzten Ziele, insbesondere sozialer Statuts, unternehmerischer Erfolg und Einkommen, erreicht wurden oder ob die Weichen zur Erreichung dieser Ziele noch umgestellt werden müssen, sieht die Fragestellung in der vierten Phase anders aus: Wie kann das unter erheblichem persönlichen Einsatz Erreichte gesichert und im Interesse der Familie und auch des Gemeinwohls, weniger im eigenen Interesse, bewahrt werden. Die intrapersonalen Konflikte im Rahmen der familieninternen Unternehmensnachfolge sind auch vor diesem Hintergrund zu würdigen.[17]

III. Schlussfolgerungen aus dem Spannungsverhältnis zwischen Familie und Unternehmen

7 Die vorstehende überblickartige Darstellung hat gezeigt, welche zahlreichen Wechselwirkungen zwischen Familie und Unternehmen existieren. Diese **Wechselwirkungen** können für das Unternehmen außerordentlich **positiv** und **förderlich** sein, wenn die Familie harmonisch und zur Erreichung ausschließlich unternehmerischer Zielsetzungen zusammenarbeitet. Tritt eine Familie im Unternehmen harmonisch auf, verstärkt dies auch die Loyalität der Mitarbeiter sowie ihr Gefühl der Zugehörigkeit zur Betriebsfamilie und damit ihre Arbeitsmotivation.[18] Ein zusätzlicher positiver Faktor besteht darin, dass Familienmitglieder in aller Regel in einem viel größeren Maße bereit sind, sich unter Hintanstellung eigener Belange für das Unternehmen einzusetzen als Fremdgeschäftsführer. Es ist aber auch wichtig, die möglichen **negativen Folgen** der engen Verknüpfung zwischen Familie und Unternehmen zu erkennen und darauf rechtzeitig und vorsorgend zu reagieren. Einerseits kann das Unternehmen in seinem wirtschaftlichen Erfolg und seinem Fortbestand durch familiäre Einflüsse und Veränderungen (zum Beispiel Konflikte, Misstrauen und Unterstellungen innerhalb der Eigentümerfamilie, Scheidung der Unternehmerehe) gefährdet sein. Andererseits kann das Unternehmen sich negativ auf ein funktionierendes Familien- und Eheleben auswirken, zum Beispiel wenn unternehmensinterne Streitereien zwischen unterschiedlichen Familienstämmen auch das eigene Familienleben bestimmen,[19] oder im Falle absoluter Konzentration des Unternehmers auf das Unternehmen. Das **Gesamtsystem Familienun-**

---

17 *Klein* Familienunternehmen S. 94.

18 *Le Mar* Generations- und Führungswechsel in Familienunternehmen S. 35.

19 Und dadurch wiederum negative Impulse in Bezug auf das Unternehmen kreiert werden (Ping-Pong-Effekt).

ternehmen funktioniert nur, wenn die beiden Teilsysteme Familie und Unternehmen gleichberechtigt nebeneinander stehen. Jede einseitige Fokussierung auf ein System geht zu Lasten des anderen Systems und stellt eine existentielle Gefährdung des Gesamtsystems dar.[20] Untersuchungen haben ergeben, dass Unternehmensübertragungen bei Familienunternehmen in mehr als einem Viertel aller Fälle ungeplant wegen „Wechsels des Unternehmers in eine andere Tätigkeit" erfolgen.[21] Dahinter verbergen sich oft Streitereien innerhalb der Familie oder zwischen Familienstämmen und auch die Scheidung der Unternehmerehe.[22] Bei der Beratung und Begleitung von Familienunternehmen müssen deshalb der **Schutz *für*** die Familie **und** der **Schutz *vor*** der **Familie** gleichgewichtig im Mittelpunkt stehen.[23] In den folgenden §§ 6 – 8 werden mögliche Gefährdungen dargestellt, die sich aus einem Scheitern der Beziehung des Unternehmers zu seinem Partner für den Unternehmer und damit letztendlich für das Unternehmen ergeben. Näher eingegangen wird auch auf das Verhältnis nachfolgegeeigneter und -ungeeigneter Abkömmlinge zum Unternehmen (hierzu § 9) und auf den Aspekt der Altersversorgung des Unternehmers und seiner Familie im Rahmen der Unternehmensnachfolge (hierzu § 10).

---

[20] *Kappler/Laske* Unternehmensnachfolge S. 124.
[21] *Freund* Familieninterne Unternehmensnachfolge S. 124.
[22] *Albach,* BB 2000, 781.
[23] Vgl. *Hennerkes/May,* NJW 1988, 2761.

§ 6 Unternehmerehe

Übersicht

	Rn
I. Unternehmerehe im gesetzlichen Güterstand	1
1. Vermögenstrennung und getrennte Schuldenhaftung	1
2. Verpflichtungs- und Verfügungsbeschränkungen	5
a) Allgemeines zu § 1365 BGB	5
b) Unternehmensbezogene Auswirkungen	6
aa) Errichtung einer Gesellschaft	6
bb) Änderungen des Gesellschaftsvertrags	6
cc) Veräußerung von Gesellschaftsanteilen	6
dd) Umwandlung des Unternehmens	6
ee) Beendigung der Gesellschafterstellung	6
ff) Handlungsempfehlung	6
3. Unterhaltsanspruch des Ehegatten	7
II. Scheidung der Unternehmerehe und Trennung bei gesetzlichem Güterstand	8
1. Unterhaltsansprüche	9
a) Getrenntlebensunterhalt	9
aa) Unterhaltsbedarf	10
bb) Höhe des geschuldeten Unterhalts	11
cc) Leistungsfähigkeit	17
dd) Gesetzliche Beschränkungen des Unterhaltsanspruchs	18
b) Nachehelicher Unterhalt	19
aa) Unterhaltstatbestände	21
bb) Unterhaltsbedarf	29
cc) Höhe des geschuldeten Unterhalts	30
dd) Leistungsfähigkeit	32
ee) Gesetzliche Beschränkungen des Unterhaltsanspruchs	34
ff) Erlöschen des Unterhaltsanspruchs	36
2. Versorgungsausgleichsanspruch	37
a) Grundsätzliches zum Versorgungsausgleich	37
b) Versorgungsausgleich in der Unternehmerehe	41
3. Zugewinnausgleichsanspruch	44
a) Berechnung der Ausgleichsforderung	45
b) Fälligkeit der Ausgleichsforderung und Einreden	51
c) Auskunftsanspruch	52
d) Vorzeitiger Zugewinnausgleichsanspruch	53
e) Sicherheitsleistung	54
4. Sonstige Ausgleichsansprüche	55
a) Gesellschaftsrechtlicher Ausgleichsanspruch	55
b) Schenkungsrechtliche Rückforderungsrechte und Rückforderung unbenannter Zuwendungen	57
c) Wegfall der Geschäftsgrundlage eines ehebezogenen Rechtsgeschäfts eigener Art	58
d) Bereicherungsansprüche	61
e) Ausgleichsanspruch zwischen Gesamtgläubigern und -schuldnern	62
f) Ansprüche aus Auflösung einer Bruchteilsgemeinschaft	64
5. Das Unternehmen im Zugewinnausgleich	65
a) Problematik der Wertermittlung	66
b) Auswirkungen von gesellschaftsvertraglichen Abfindungsklauseln	73
c) Liquiditätsschwierigkeiten	75
III. Ansprüche des Ehegatten beim Tod des Unternehmers	76
1. Erbrechtliche Ansprüche	76

	Rn
a) Gesetzliche Erbfolge	76
b) Pflichtteilsansprüche	77
c) Erbteils- und Pfllichtteilserhöhung im gesetzlichen Güterstand	78
2. Güterrechtliche Ansprüche	79
3. Unterhaltsansprüche	80
IV. Ehevertragliche Gestaltungsmöglichkeiten und Vorsorgemaßnahmen	82
1. Güterstand	84
a) Gütertrennung	85
aa) Grundsätzliches zur Gütertrennung	85
bb) Gründe für die Vereinbarung der Gütertrennung	87
cc) Nachteile der Gütertrennung	88
dd) Formulierungsvorschlag für die Vereinbarung der Gütertrennung	89
b) Modifizierte Zugewinngemeinschaft	90
aa) Grundsatz der Vertragsautonomie	90
bb) Herausnahme von Unternehmen und Unternehmensbeteiligungen aus der Zugewinnausgleichsberechnung	91
cc) Ausschluss der „güterrechtlichen Lösung“	109
dd) Alternative Gestaltungsmöglichkeiten	115
ee) Zulässigkeit des vollständigen Ausschlusses des Zugewinnausgleichs im gesetzlichen Güterstand	123
ff) Auswirkungen der Modifizierung auf § 1371 Abs. 1 BGB und § 5 Abs. 1 ErbStG	124
2. Unterhalt	126
a) Grundsätzliches zu Unterhaltsvereinbarungen	126
b) Unterhaltsverzicht	127
c) Bedingungen und Befristung des nachehelichen Unterhaltsanspruchs	130
d) Betragsmäßige Unterhaltsbegrenzung	136
e) Ausschluss des Aufstockungsanspruchs	138
3. Versorgungsausgleich	141
4. Richterliche Kontrolle ehevertraglicher Vereinbarungen	144
a) Inhaltskontrolle ehevertraglicher Vereinbarungen im Lichte der Rechtsprechung des BVerfG	144
b) Umsetzung der Vorgaben des BVerfG durch den BGH	146
c) Sittenwidrigkeit ehevertraglicher Vereinbarungen	147
d) Einwand unzulässiger Rechtsausübung	149
e) Wegfall der Geschäftsgrundlage	151
f) Konsequenzen für die Vertragsgestaltung	152
5. Formulierungsvorschlag für einen Unternehmerehevertrag	153
6. Auslandsberührung	158
a) Auslandsbezug und Internationales Privatrecht	158
b) Ehewirkungsstatut	160
c) Güterrechtsstatut	166
d) Unterhaltsstatut	170
e) Versorgungsausgleichsstatut	172
V. Vorsorge bei gesellschaftsrechtlicher Beteiligung beider Ehegatten	173
1. Abfindungsbeschränkung	173
2. Übernahmerecht und Rückforderungsrecht	174

Schrifttum: *Büttner,* Grenzen ehevertraglicher Gestaltungsmöglichkeiten, FamRZ 1998, 1; *Büttner/Niepmann*, Die Entwicklung des Unterhaltsrechts seit Mitte 2001, NJW 2002, 2283; *Dethloff,* Zur Wirksamkeit eines vor der Eheschließung vereinbarten Ausschlusses des Versorgungsaugleichs, JZ 1997, 411; *Diederichsen*, Die Erfassung des „good will“ bei der Bewertung wirtschaftlicher Unternehmungen in der familiengerichtlichen Praxis des Zugewinnausgleichs, FS Großfeld (1993),

S. 143; *Dieckmann,* Kein nachehelicher Unterhaltsanspruch gegen den Erben nach Erb- oder Pflichtteilsverzicht, FamRZ 1999, 1029; *Ferrari*, Die österreichische Ehe-rechtsreform 1999, FamRZ 2001, 896; *Fischer*, Kollision zwischen Gesellschaftsrecht und ehelichem Güterrecht, NJW 1960, 937; *Gebhardt,* Neubewertung der ehelichen Lebensverhältnisse, FamRZ 2003, 272; *Giesing,* Vereinbarungen über den nachehelichen Unterhalt in der Praxis, NJW 1982, 2711; *Grziwotz*, Das Ende der Vertragsfreiheit im Ehevermögens- und Scheidungsfolgenrecht?, FamRZ 1997, 585; *ders.*, Pflichtteilsverzicht und nachehelicher Unterhalt, FamRZ 1991, 1258; *Haas*, Ehegatteninnengesellschaft und familienrechtlicher Vertrag sui generis, FamRZ 2002, 205; *Hahne*, Grenzen ehevertraglicher Gestaltungsfreiheit, DNotZ 2004, 84; *Hennerkes/May*, Der Gesellschaftsvertrag des Familienunternehmens, NJW 1988, 2761; *Hülsmann*, Gesellschafterabfindung und Unternehmensbewertung nach der Ertragswertmethode im Lichte der Rechtsprechung, ZIP 2001, 450; *Kohler*, Die Maßnahmen des Unternehmers gegen die Risiken der Zugewinngemeinschaft, BB 1959, 929; *Kluge*, Wertsicherungsklauseln in der notariellen Praxis, MittRhNotK 2000, 409; *Langenfeld*, Zur gerichtlichen Kontrolle von Eheverträgen, DNotZ 2001, 272; *ders.*, Abgrenzung von ehebedingten Zuwendungen und Leistungen innerhalb einer Ehegatteninnengesellschaft, ZEV 2000, 14; *ders.*, Vereinbarungen über den nachehelichen Unterhalt in der Praxis, NJW 1981, 237; *Lichtenberger*, Zum Gesetz zur Neuregelung des Internationalen Privatrechts, DNotZ 1986, 644; *Limmer*, Wertsicherungsklauseln und die Neuregelung durch das Euro-Einführungsgesetz, ZNotP 1999, 148; *N. Mayer*, Die Herausnahme einzelner Gegenstände bzw. Wirtschaftseinheiten aus dem Zugewinnausgleich – eine optimale Gestaltungsvariante im privaten und unternehmerischen Bereich?, DStR 1993, 993; *J. Mayr,* Rechtsnachfolge bei Freiberufler-Gesellschaften, ZEV 1996, 321; *Michalski/Zeidler*, Die Bewertung von Personengesellschaftsanteilen im Zugewinnausgleich, FamRZ 1997, 397; *Moench*, Brennpunkte der neuen Erbschaftsteuerrichtlinien, DStR 1999, 301; *Piltz/Wissmann,* Unternehmensbewertung beim Zugewinnausgleich nach Scheidung, NJW 1985, 2673; *Plate*, Die modifizierte Zugewinngemeinschaft im Ehevertrag von Unternehmern, MittRhNotK 1999, 257; *Rauscher*, Ehevereinbarungen: Die Rückkehr zur Rechtssicherheit, DNotZ 2004, 524; *Reimann*, Ehevertragliche Regelung und erbrechtliche Gestaltung, FS Schippel (1996), S. 301; *ders.*, Gesellschaftsvertragliche Abfindung und erbrechtlicher Ausgleich, ZEV 1994, 7; *ders.*, Das Unternehmen im Zugewinnausgleich aus der Sicht des Kautelarjuristen, FamRZ 1989, 1248; *Sandrock*, Gesellschaftsvertragliche Vereinbarungen und die Verwaltungsbeschränkung des § 1365 Abs. 1 BGB, FS Duden (1977), S. 513; *Schmitz,* Kein nachehelicher Unterhaltsanspruch gegen den Erben nach Erb- oder Pflichtteilsverzicht, FamRZ 1999, 1569; *Scholz*, Von der Anrechnungs- zur Differenzmethode – Wirft das Urteil des BGH v. 13. 6. 2001 neue Gerechtigkeitsprobleme auf?, FamRZ 2003, 265; *Schwenzer*, Vertragsfreiheit im Ehevermögens- und Scheidungsfolgenrecht, AcP 1996, 88; *Seif*, Ehebezogene Zuwendungen als Schenkungen unter Ehegatten, FamRZ 2000, 1193; Siebert, Gesellschaftsvertragliche Abfindungsklauseln und Pflichtteilsrecht, NJW 1960, 1033; *Stenger*, Güterstand bei Unternehmerehen. Die Zugewinngemeinschaft, ZEV 2000, 51; *Sudhoff*, Gesellschaftsrechtliche Abfindungsklauseln bei Errechnung des Pflichtteils- und Zugewinnausgleichsanspruchs, NJW 1961, 801; *Tiedau*, Zur Problematik des § 1365 BGB unter besonderer Berücksichtigung des Gesellschaftsrechts, MDR 1961, 721; *Tubbesing*, Zur Auswirkung der Zugewinngemeinschaft auf die Verträge von Personengesellschaften, BB 1966, 829; *Wegmann*, Rechtswahlmöglichkeiten im internationalen Familienrecht, NJW 1987, 1740; *Wever*, Die Entwicklung der Rechtsprechung zur Vermögensauseinandersetzung der Ehegatten außerhalb des Güterrechts, FamRZ 2004, 1073; *ders.*, Die Vermögensauseinandersetzung der Ehegatten: schuldrechtliche Ausgleichsansprüche, FamRZ 1996, 905; *Winkler*, Reduzierung der Ansprüche der bei der Gesellschafter-Nachfolge übergangenen Pflichtteilsberechtigten durch gesellschaftsvertragliche Abfindungsklauseln?, BB 1997, 1697.

I. Unternehmerehe im gesetzlichen Güterstand

Der folgende Abschnitt gibt einen Überblick über die wesentlichen gesetzlichen Regelungen, die im gesetzlichen Güterstand für Ehegatten gelten. Die Darstellung konzentriert sich dabei vor allem auf die Regelungen, die in Unternehmerehen eine besondere Rolle spielen. 1

1. Vermögenstrennung und getrennte Schuldenhaftung

Für Ehegatten gelten grundsätzlich die Regelungen des gesetzlichen 2 Güterstands der Zugewinngemeinschaft, sofern sie diesen nicht durch einen Ehevertrag ausgeschlossen oder modifiziert haben (§ 1361 Abs. 1 BGB). Der gesetzliche Güterstand der Zugewinngemeinschaft ist im Wesentlichen durch die beiden Grundsätze der Vermögenstrennung (§§ 1363 Abs. 2, 1364 BGB) und der getrennten Schuldenhaftung geprägt.

Während der Ehe erworbenes Vermögen wird nicht kraft Gesetzes ge- 3 meinsames Vermögen der Ehegatten. Für die **Eigentumszuordnung** des während der Ehe erworbenen Vermögens gelten die **allgemeinen zivilrechtlichen Grundsätze** des Eigentumserwerbs (§§ 929 ff., 164 ff BGB). Eine Ausnahme von diesem Grundsatz stellt § 1370 BGB dar. Diese Vorschrift ordnet mittels einer dinglichen Surrogation an, dass das Eigentum an Haushaltsgegenständen, die ersatzweise für nicht mehr vorhandene oder wertlos gewordene Gegenstände angeschafft werden, unabhängig von der Herkunft der für den Erwerb eingesetzten Mittel dem Ehegatten zusteht, dem die ersetzten Haushaltsgegenstände gehörten. Der Grundsatz der Vermögenstrennung gilt auch für Vermögen, das ein Ehegatte in die Ehe einbringt. Beabsichtigt ein Unternehmer, seinen Sohn oder seine Tochter am Unternehmen zu beteiligen, muss er somit nicht befürchten, dass der (zukünftige) Ehegatte seines Kindes unmittelbar an der Unternehmensbeteiligung Rechte erwirbt. Jeder Ehegatte verwaltet das ihm gehörende Vermögen selbständig, § 1364 BGB. Er ist jedoch im gesetzlichen Güterstand gewissen **Beschränkungen** in der **Verwaltung** seines **Vermögens** unterworfen (§§ 1365 und 1369 BGB – Einzelheiten hierzu unter § 6 Rn 5). Beschränkungen bei der Verwaltung des eigenen Vermögens können sich mittelbar auch aus der durch § 1353 BGB postulierten Pflicht der Ehegatten zur ehelichen Lebensgemeinschaft ergeben. Diese mittelbare Bindung führt aber nicht dazu, dass ein Ehegatte von dem anderen Ehegatten eine Vermögensverwaltung verlangen kann, die sich allein vom „Wohl der Familie" leiten lassen muss.[1]

Die **selbständige Vermögensverwaltung** eines jeden Ehegatten be- 4 zieht sich auch auf die **Eingehung** und Verwaltung von **Schulden**. Dies bedeutet, dass jeder Ehegatte grundsätzlich allein für von ihm eingegangene Verpflichtungen einzustehen hat. Ein Ehegatte haftet somit nicht automatisch für die Verbindlichkeiten des anderen Ehegatten. Etwas anderes

[1] MüKo/*Koch* § 1364 BGB Rn 6.

gilt nur, wenn er einer Haftung ausdrücklich zugestimmt hat oder er den anderen Ehegatten zur Eingehung der Verbindlichkeit bevollmächtigte. Selbst wenn eine ausdrückliche Vollmachtserteilung fehlt, kann es gleichwohl zu einer vertraglichen Bindung des anderen Ehegatten kommen, wenn er das Auftreten des Ehepartners kennt und duldet (so genannte „Duldungsvollmacht“).[2] Die vertragliche Bindung eines Ehegatten ohne ausdrückliche Vollmachtserteilung ist auch nach den Grundsätzen der „Anscheinsvollmacht“ möglich, wenn ein Ehegatte das fortgesetzte Handeln des anderen Ehegatten zwar nicht kennt, aber bei pflichtgemäßer Sorgfalt dieses hätte kennen und entsprechende Gegenmaßnahmen hätte ergreifen können. Weitere Voraussetzung ist, dass ein Dritter darauf vertraut und vertrauen darf, dass der andere Ehegatte dieses Verhalten akzeptiert.[3] Eine gesetzliche **Ausnahme** von dem Grundsatz der getrennten Vermögensverwaltung und Schuldenhaftung enthält **§ 1357 BGB**, wonach jeder Ehegatte berechtigt ist, Geschäfte zur angemessenen Deckung des Lebensbedarfs der Familie mit Wirkung auch für den anderen Ehegatten zu besorgen. Die wichtigste Funktion dieser Vorschrift besteht darin, dass der haushaltsführende Ehegatte ohne eigene Einkünfte den Haushalt eigenverantwortlich führen kann und nicht bei jedem Rechtsgeschäft die Vollmacht des anderen Ehegatten benötigt. Darüber hinaus führt diese Vorschrift dazu, dass die Kreditwürdigkeit der Familie erhöht wird, sowie zu einem rechtspolitisch nicht unumstrittenen Gläubigerschutz.[4] Der Kreis der unter § 1357 BGB fallenden Geschäfte zur angemessenen Deckung des Lebensbedarfs der Familie wird weit gezogen.[5] Insbesondere fallen die Haushaltsgeschäfte, wie Verträge über die ärztliche Behandlung von Familienangehörigen, darunter. Der **Mitverpflichtung** des anderen Ehegatten ist jedoch dann eine **Grenze** gesetzt, wenn die Geschäfte den beruflichen oder vermögensrechtlichen Interessen ausschließlich eines Ehegatten dienen oder wenn es sich um Geschäfte handelt, über die gewöhnlicher Weise vorher eine Abstimmung zu erfolgen hat.[6] Dies gilt insbesondere für die Aufnahme von Darlehen, die dem Unternehmen eines Ehegatten neue Liquidität verschaffen sollen. Die Berechtigung eines Ehegatten, Geschäfte mit Wirkung für den anderen Ehegatten zu besorgen, kann beschränkt und ausgeschlossen werden, sofern hierfür ein ausreichender Grund besteht. Dies ist dann der Fall, wenn ein Ehegatte zur Führung der Geschäfte nicht fähig ist oder sonstige Gründe gegen seinen guten Willen sprechen.[7] Die Beschränkung und Ausschließung ist jedoch nur wirksam, wenn sie dem Dritten bekannt ist oder im Güterrechtsregister eingetragen wurde. Ob die Bestimmung des § 1357 BGB in einem Ehevertrag ausgeschlossen werden kann, ist höchstrichterlich noch nicht geklärt. Ein vertraglicher **Ausschluss** des § 1357 BGB wird nach überwie-

[2] BGH NJW 1966, 1915 ff.

[3] BGH NJW 1998, 1854.

[4] *Gernhuber/Coester-Waltjen* Familienrecht § 19 IV 3.

[5] Vgl. *Langenfeld* Eheverträge Rn 67.

[6] BGH FamRZ 1989, 35.

[7] *Palandt/Brudermüller* § 1357 BGB Rn 24.

gender Ansicht als unzulässige Verfügung über den Eheinhalt für nichtig gehalten.[8] Falls Ehegatten die Wirkung des § 1357 BGB ausschließen wollen, ist deshalb statt einer vertraglichen Vereinbarung die Abgabe von **Einzelerklärungen** durch jeden Ehegatten zu empfehlen. Dritten gegenüber sind die wechselseitigen Ausschlusserklärungen nur wirksam, wenn sie im Güterrechtsregister eingetragen werden, §§ 1357 Abs. 2, 1412 BGB, oder wenn bei jedem Vertragsabschluss der Ausschluss des § 1357 BGB gesondert vereinbart wird.

2. Verpflichtungs- und Verfügungsbeschränkungen

a) Allgemeines zu § 1365 BGB. Gemäß § 1365 BGB kann sich ein 5
Ehegatte, der im gesetzlichen Güterstand lebt, nur mit Einwilligung des anderen Ehegatten verpflichten, über sein **Vermögen im Ganzen** zu verfügen. Außer für die Verpflichtung bedarf es – sofern die übrigen Voraussetzungen des § 1365 BGB vorliegen – auch für die Verfügung der Einwilligung des anderen Ehegatten. Ein Geschäft über das „Vermögen als Ganzes" liegt nicht nur dann vor, wenn nach dem Willen der Beteiligten das gesamte Vermögen als solches Gegenstand der vertraglichen Vereinbarungen ist (**„Gesamttheorie"**). Vielmehr ist die Verpflichtungs- und Verfügungsfreiheit eines Ehegatten bereits dann durch § 1365 BGB eingeschränkt, wenn Vertragsgegenstand **einzelne** ihm gehörende **Gegenstände** sind, die bei wirtschaftlicher Betrachtungsweise sein wesentliches Vermögen ausmachen (**„Einzeltheorie"**).[9] Ob das wesentliche Vermögen Vertragsgegenstand ist, richtet sich nach der Rechtsprechung des BGH danach, ob es sich um größere oder kleinere Vermögen handelt: Bei größeren Vermögen wird vom BGH die Anwendbarkeit der Verpflichtungs- und Verfügungsbeschränkungen des § 1365 BGB erst bejaht, wenn mehr als 90 % des Vermögens Vertragsgegenstand sind,[10] während bei kleineren Vermögen die Schwelle bei 85 % des Vermögens liegt.[11] Die strikte Anwendung der Einzeltheorie würde dazu führen, dass der Rechtsverkehr in nicht zumutbarer Weise beeinträchtigt werden würde. Denn der Erwerber eines Vermögensgegenstandes wäre zur Rückgabe desselben verpflichtet, wenn der Ehegatte des Veräußerers nachweist, dass es sich bei dem Vermögensgegenstand um das Ganze bzw. wesentliche Vermögen seines Ehegatten handelt. Einen Gutglaubensschutz des Erwerbers für diesen Fall sieht das Bürgerliche Gesetzbuch nicht vor. Aus diesem Grund ist § 1365 BGB um ein ungeschriebenes **subjektives Tatbestandselement** zu ergänzen. Der Erwerber muss zum Zeitpunkt der Vornahme des (verpflichtenden) Gesamtvermögens-Geschäfts positive Kenntnis davon haben, dass es sich bei dem Vertragsgegenstand um das ganze bzw. wesentliche Vermögen des Veräußerers handelt, oder zumindest Kenntnis von den Umständen, aus denen sich dieses herleiten lässt.[12]

---

8 MüKo/*Wacke* § 1357 BGB Rn 41.
9 BGH NJW 1961, 1301, 1303; *Palandt/Brudermüller* § 1365 BGB Rn 5.
10 BGH NJW 1991, 1739, 1740.
11 BGH NJW 1980, 2350, 2351.
12 MüKo/*Koch* § 1365 BGB Rn 28.

6 **b) Unternehmensbezogene Auswirkungen.** Das Zustimmungserfordernis nach § 1365 BGB kann auch im unternehmerischen Bereich von Bedeutung sein:

aa) Errichtung einer Gesellschaft. Die **Errichtung** einer **Gesellschaft**, sei es einer Personen- oder Kapitalgesellschaft, fällt dann in den Anwendungsbereich des § 1365 BGB, wenn ein Ehegatte sich verpflichtet, sein ganzes bzw. nahezu ganzes Vermögen zum Zwecke der **Erfüllung** seiner **Einlageverpflichtung** auf die Gesellschaft zu übertragen. Die Zustimmungspflicht entfällt bei der Gründung einer Personengesellschaft nicht deswegen, weil der an der Gründung beteiligte Ehegatte als Ausgleich für die Vermögensübertragung eine gesamthänderische Mitberechtigung an dem Gesellschaftsvermögen erhält. Bei dieser gesamthänderischen Mitberechtigung handelt es sich um eine Gegenleistung, die bei der Frage der Anwendbarkeit des § 1365 BGB keine Rolle spielt.[13] Das Gleiche gilt bei der Einbringung von Vermögen in eine Kapitalgesellschaft in Gründung. Die Beteiligung des Einbringenden an der Kapitalgesellschaft stellt ebenfalls eine für die Frage der Anwendbarkeit des § 1365 BGB unbeachtliche Gegenleistung dar.[14] Entscheidend und ausreichend für die Anwendbarkeit des § 1365 BGB ist allein das Vorliegen einer Verfügung oder die Verpflichtung hierzu.[15] Verpflichtet sich ein Gesellschafter somit anlässlich der Gründung einer Gesellschaft zur Erbringung einer Einlage, die zumindest den wesentlichen Teil seines Vermögens ausmacht, und ist dies einem der anderen Gründungsgesellschafter bekannt oder kannte dieser die Umstände, aus denen sich dies ergibt, so ist diese Verpflichtung zur Erbringung der Einlageleistung nichtig, falls der Ehegatte des Gründungsgesellschafters die Zustimmung verweigert. Dem die Zustimmung verweigernden Ehegatten steht das **Revokationsrecht** des § 1368 BGB zu: Er kann das in Erfüllung der eingegangenen Verpflichtung übertragene Vermögen von der Gesellschaft zurückfordern. Die Grundsätze der **„fehlerhaften Gesellschaft"** sind in diesem Fall **nicht** anzuwenden, weil die ratio legis des § 1365 BGB – die Erhaltung der wirtschaftlichen Grundlage der Familie und der Schutz der zukünftigen Zugewinnausgleichsforderung – höher anzusiedeln ist als die mit der Lehre von der fehlerhaften Gesellschaft verfolgten Ziele.[16]

bb) Änderungen des Gesellschaftsvertrags. Auf **Änderungen** des **Gesellschaftsvertrags** findet **§ 1365 BGB** grundsätzlich **keine unmittelbare Anwendung**, weil Änderungen des Gesellschaftsvertrags keine Verfügungen im engeren Sinne darstellen. Die Aufnahme eines neuen Gesellschafters in eine Personengesellschaft oder die Aufhebung einer Vinkulierungsklausel fällt somit nicht in den Anwendungsbereich des § 1365 BGB. Eine **Ausnahme** von diesem Grundsatz besteht allerdings in den

---

[13] MüKo/*Koch* § 1365 BGB Rn 71.

[14] A. A. *Fischer*, NJW 1960, 937, 939; *Tiedau*, MDR 1961, 721, 724.

[15] *Palandt/Brudermüller* § 1365 BGB Rn 5.

[16] *Gernhuber/Coester-Waltjen* Familienrecht § 35 II 11; Beck Hdb. Personengesellschaften/*Sauter* § 2 Rn 103; a. A. *Heymann/Emmerich* § 105 HGB Rn 88.

Fällen, in denen die Änderung des Gesellschaftsvertrags einer Disposition über die – das wesentliche Vermögen darstellende – gesellschaftsrechtliche Beteiligung gleichkommt. Zustimmungsbedürftig ist danach der (wirtschaftlich ins Gewicht fallende[17]) vollständige Verzicht auf Abfindung für den Fall des Ausscheidens aus der Gesellschaft.[18] Der Schutzzweck des § 1365 BGB gebietet es aber nicht, jede für den Ehegatten-Gesellschafter nachteilige Änderung des Gesellschaftsvertrags, zum Beispiel der Abfindungsregelung, in den Anwendungsbereich dieser Vorschrift fallen zu lassen.[19]

cc) Veräußerung von Gesellschaftsanteilen. Die **Abtretung** von Gesellschaftsanteilen durch einen im gesetzlichen Güterstand lebenden Gesellschafter stellt eine **Verfügung** dar und fällt somit in den Anwendungsbereich des § 1365 BGB, sofern es sich um das wesentliche Vermögen des veräußernden Gesellschafters handelt. Rechtliche Konsequenzen hat dies jedoch nur dann, wenn der Erwerber Kenntnis von den vermögensrechtlichen Verhältnissen des Veräußerers hat und damit auch der subjektive Tatbestand des § 1365 BGB erfüllt ist.

dd) Umwandlung des Unternehmens. Die Umwandlung eines (Familien-) Unternehmens stellt nur dann ein nach § 1365 BGB **zustimmungsbedürftiges Rechtsgeschäft** dar, wenn es sich um eine **„übertragende" Umwandlung** handelt, bei der ein anderer Rechtsträger Eigentümer des unternehmerischen Vermögens wird, wie bei der Verschmelzung des Vermögens einer Familienpersonengesellschaft auf eine Kapitalgesellschaft. Der bloße **Formwechsel**, zum Beispiel von einer Personengesellschaft in eine Kapitalgesellschaft, ist demgegenüber **nicht** zustimmungspflichtig, da der Unternehmer keine „Verfügung" im Sinne des § 1365 BGB trifft, sondern sich lediglich das Kleid des Rechtsträgers ändert.[20]

ee) Beendigung der Gesellschafterstellung. Die Kündigung und die vertragliche **Aufhebung** einer **Gesellschafterstellung** bedürfen der Zustimmung des Ehegatten nach § 1365 BGB, falls die Gesellschaftsbeteiligung das wesentliche Vermögen darstellt.[21] Dies gilt auch für die Beendigung der Gesellschafterstellung an einer **Personengesellschaft.**[22] Zwar muss ein Gesellschafter einer Personengesellschaft gemäß § 723 BGB und § 133 HGB jederzeit in der Lage sein, bei Vorliegen eines wichtigen Grundes die gesamthänderische Verbundenheit ohne weitere Beschränkung lösen zu können. Dieses Recht wird ihm durch das Zustimmungserfordernis nach

---

[17] *Tubbesing*, BB 1966, 829, 831.

[18] *Gernhuber/Coester-Waltjen* Familienrecht § 35 II 11; MüKo/*Koch* § 1365 BGB Rn 73.

[19] MüKo/*Koch* § 1365 BGB Rn 73; a. A.: *Sandrock* FS Duden S. 534 f.; *Wiedemann* S. 261 f.

[20] A. A. *Stenger*, ZEV 2000, 51, 52 (ohne Begründung).

[21] OLG Hamburg FamRZ 1970, 407; *Staudinger/Thiele* § 1365 BGB Rn 67; *Soergel/Lange* § 1365 BGB Rn 56; *Palandt/Brudermüller* § 1365 BGB Rn 6.

[22] A. A. *Gernhuber/Coester-Waltjen* Familienrecht § 35 II 11; *Sandrock* FS Duden S. 535 f.

§ 1365 BGB auch nicht genommen.[23] Sofern das wesentliche Vermögen betroffen ist, bedarf die Beendigung der Gesellschafterstellung als actus contrarius zur Begründung der Gesellschafterstellung der Zustimmung des anderen Ehegatten.

ff) Handlungsempfehlung. Wenn ein unternehmensbezogenes Rechtsgeschäft in den Anwendungsbereich des § 1365 BGB fällt, ist es ratsam, die **Zustimmung** des Ehegatten hierzu **einzuholen**. Auf diese Weise können spätere Auseinandersetzungen zwischen den Ehegatten wegen angeblich zustimmungsbedürftiger Verfügungen und die Geltendmachung des Revokationsanspruchs gemäß § 1368 BGB durch einen Ehegatten gegenüber dem Vertragspartner bereits im Vorfeld ausgeschaltet werden. Verweigert ein Ehegatte die Zustimmung ohne sachlichen Grund und entspricht das Rechtsgeschäft den Grundsätzen einer ordnungsgemäßen Verwaltung, kann auf Antrag die Zustimmung durch das Vormundschaftsgericht **ersetzt** werden, § 1365 Abs. 2 BGB.

3. Unterhaltsanspruch des Ehegatten

7 Die Ehegatten sind gemäß **§ 1360 BGB** verpflichtet, durch ihre Arbeit und mit ihrem Vermögen die Familie angemessen zu unterhalten. Jeder Ehegatte ist grundsätzlich dem anderen gegenüber unterhaltspflichtig. Auf eine Bedürftigkeit kommt es bei dem Anspruch auf Familienunterhalt nach § 1360 BGB nicht an. Der Anspruch auf Familienunterhalt des Unternehmer-Ehegatten besteht unabhängig von dem Güterstand, in dem die beiden Ehegatten leben. Der Umfang des **angemessenen** Familienunterhalts umfasst alles, was nach den Verhältnissen der Ehegatten erforderlich ist, um die Kosten des Haushalts zu bestreiten und die persönlichen Bedürfnisse des Ehegatten zu befriedigen, § 1360 a BGB. Die Angemessenheit des Unterhalts richtet sich nach dem Lebensstandard, den ein in vergleichbaren Verhältnissen lebendes Ehepaar im Regelfall vernünftigerweise wählt.[24] Unmaßgeblich ist also ein im Einzelfall sehr sparsamer oder verschwenderischer Lebenswandel. Daneben hat der Ehegatte auch Anspruch auf Zurverfügungstellung von Barmitteln zur freien Verwendung für persönliche Zwecke, dessen Höhe als Richtsatz ca. 5–7 % des verfügbaren Nettoeinkommens des Unterhaltspflichtigen beträgt.[25]

II. Scheidung der Unternehmerehe und Trennung bei gesetzlichem Güterstand

8 Im Folgenden wird ein Überblick gegeben über die Ansprüche, die dem Ehegatten eines Unternehmers im Fall des Scheiterns der Ehe zustehen. Im Einzelnen werden die Ansprüche auf Getrenntlebensunterhalt und nachehelichen Unterhalt, auf Versorgungsausgleich und Zugewinnausgleich dargestellt. Diese Darstellung stellt keine erschöpfende Abhand-

---

[23] A. A. MüKo/*Koch* § 1365 BGB Rn 75.
[24] BGH NJW 1982, 1645, 1646.
[25] BGH NJW 1998, 1553, 1554; MüKo/*Wacke* § 1360 a BGB Rn 6.

lung der vorstehend genannten Bereiche dar. Vielmehr sollen durch die Darlegung der gesetzlichen Ausgangspositionen mögliche Ansatzpunkte für ehevertragliche Vereinbarungen aufgezeigt werden.

1. Unterhaltsansprüche

a) Getrenntlebensunterhalt. Wenn Ehegatten getrennt leben, bestimmt **§ 1361 Abs. 1 BGB**, dass ein Ehegatte von dem anderen Ehegatten den nach den Lebensverhältnissen und den Erwerbs- und Vermögensverhältnissen der Ehegatten **angemessenen** Unterhalt verlangen kann. Während der Familienunterhalt wechselseitig geschuldeter Unterhalt ist, gibt es beim Trennungsunterhalt maximal nur einen Anspruchsberechtigten und Verpflichteten. Der Anspruch auf Getrenntlebensunterhalt setzt im Unterschied zum Familienunterhalt nach § 1360 BGB voraus, dass ein **Ehegatte** nicht in der Lage ist, seinen Unterhalt aus eigenen Einkünften zu bestreiten und somit **bedürftig** ist. Der andere Ehegatte muss **leistungsfähig** sein, also über Mittel verfügen, die über das hinausgehen, was er für seinen eigenen Lebensbedarf benötigt.[26] Für die Bedarfsberechnung sind die ehelichen Lebensverhältnisse zugrunde zu legen, die wiederum von den Lebens-, Einkommens- und Vermögensverhältnissen der Ehegatten geprägt werden. Grundsätzlich unbeachtlich ist seit Ablösung des Verschuldensprinzips durch das **Zerrüttungsprinzip** die Frage, ob ein Ehegatte die Trennung verschuldet hat.[27] Bei schweren Verstößen kommt allerdings eine Begrenzung des Unterhaltsanspruchs wegen grober Unbilligkeit in Betracht, §§ 1361 Abs. 3, 1579 Nr. 2–7 BGB.[28] Der Getrenntlebensunterhalt ist durch eine monatlich im Voraus zu zahlende Geldrente zu gewähren, § 1361 Abs. 4 BGB. Vom Eintritt der Rechtshängigkeit eines Scheidungsverfahrens an kann der Unterhaltsberechtigte auch die Kosten einer angemessenen Versicherung für den Fall des Alters sowie der verminderten Erwerbsfähigkeit fordern, § 1361 Abs. 1 S. 2 BGB. 9

aa) Unterhaltsbedarf. Ob ein Ehegatte **unterhaltsbedürftig** ist, richtet sich nach den Einkommens- und Vermögensverhältnissen der Ehegatten. Die Trennung führt zwar zu einer gesteigerten Eigenverantwortlichkeit der Ehegatten, selbst für ihren Unterhalt aufzukommen.[29] Eine **Erwerbsobliegenheit** des bedürftigen Ehegatten besteht beim Trennungsunterhalt jedoch grundsätzlich nur, wenn dies von diesem Ehegatten nach seinen persönlichen Verhältnissen, insbesondere wegen einer früheren Erwerbstätigkeit unter Berücksichtigung der Dauer der Ehe, und nach den wirtschaftlichen Verhältnissen beider Ehegatten erwartet werden kann, § 1361 Abs. 2 BGB. Für eine Erwerbsobliegenheit oder deren Ausweitung gelten beim Trennungsunterhalt grundsätzlich großzügigere Maßstäbe als beim nachehelichen Unterhalt.[30] Dadurch sollen eine Vorwegnahme der Schei- 10

---

[26] BGH FamRZ 1981, 1159, 1160.

[27] BGH NJW 1979, 1348; bestätigt durch BVerfG NJW 1981, 1771.

[28] *Palandt/Brudermüller* § 1361 BGB Rn 3.

[29] FA-FamR/*Gerhardt* 6. Kap. Rn 258.

[30] BGH NJW 2001, 973.

dungsfolgen und eine Verstärkung der Trennung vermieden werden.[31] Deshalb trifft den Ehegatten im ersten Jahr des Getrenntlebens bei nicht kurzen Ehen[32] in aller Regel keine Erwerbsobliegenheit oder deren Ausweitung.[33] Je länger die Phase des Getrenntlebens aber dauert, umso eher ist dem jeweiligen Ehegatten eine Erwerbstätigkeit zuzumuten.[34] Bei der Frage der Zumutbarkeit einer Erwerbstätigkeit kann auf die nachehelichen Unterhaltstatbestände der §§ 1570 ff. BGB zurückgegriffen werden. Denn was von einem geschiedenen Ehegatten nicht erwartet werden kann, ist auch für den getrennt lebenden Ehegatten unzumutbar.[35] Durch freiwillige jahrelange Zahlungen von Trennungsunterhalt kann ein Vertrauenstatbestand geschaffen werden, der entsprechenden Einfluss auf eine Erwerbsobliegenheit hat.[36] Bei der Feststellung des **Unterhaltsbedarfs** sind alle Einkünfte des Unterhaltsberechtigten nach Steuern zu berücksichtigen.[37] Der **Vermögensstamm** muss nur ausnahmsweise und unter engeren Voraussetzungen als bei nachehelichem Unterhalt eingesetzt werden, wobei die äußere Grenze durch § 1577 Abs. 3 BGB gebildet wird.[38] Der Umfang des Unterhaltsbedarfs schließt daneben die Kosten der Krankenversicherung, den ausbildungsbedingten Mehrbedarf und den trennungsbedingten Mehrbedarf ein.[39] Es handelt sich um einen einheitlichen Unterhaltsanspruch, der nicht einzeln und gesondert geltend gemacht werden kann.[40]

11 *bb) Höhe des geschuldeten Unterhalts.* Maßstab für die **Höhe** des Unterhaltsanspruchs sind die **ehelichen Lebensverhältnisse** und die **Erwerbs-** und **Vermögensverhältnisse** beider Ehegatten, § 1361 Abs. 1 S. 1 BGB. Anzusetzen ist dabei das gesamte nachhaltig erzielte **Nettoeinkommen**, vermindert um den so genannten **Erwerbstätigenbonus** bei Erwerbseinkünften.[41] Zu berücksichtigen ist in diesem Zusammenhang auch das Einkommen, das bei einem weiteren Zusammenleben der Ehegatten regelmäßig zu erwarten gewesen wäre, mithin also die ehelichen Lebensverhältnisse geprägt hat.[42] Außer durch die Einkünfte werden die ehelichen Lebensverhältnisse auch durch alle anderen wirtschaftlich bedeutsamen familiären, beruflichen und ähnliche Faktoren mitgeprägt.[43]

---

[31] FA-FamR/*Gerhardt* 6. Kap. Rn 260.

[32] BGH NJW 2001, 973: Ehezeit von mehr als 2 ½ Jahren bis zur Trennung.

[33] *Palandt/Brudermüller* § 1361 BGB Rn 13.

[34] *Gernhuber/Coester-Waltjen* Familienrecht § 21 II 4.

[35] *Gernhuber/Coester-Waltjen* Familienrecht § 21 II 6.

[36] OLG Köln FamRZ 1999, 853 (7 Jahre); OLG Hamm FamRZ 1995, 1580 (6 Jahre).

[37] *Rauscher* Familienrecht Rn 333.

[38] *Palandt/Brudermüller* § 1361 BGB Rn 21.

[39] FA-FamR/*Gerhardt* 6. Kap. Rn 312 ff., der die weitere Anwendbarkeit der Rechtsprechungsgrundsätze zum trennungsbedingten Mehrbedarf nach der Kehrtwende des BGH bei der Unterhaltsberechnung in Frage stellt.

[40] FA-FamR/*Gerhardt* 6. Kap. Rn 313.

[41] BGH FamRZ 1997, 806, 807.

[42] FA-FamR/*Gerhardt* 6. Kap. Rn 277 ff.

[43] BGH FamRZ 2001, 986; *Gebhardt,* FamRZ 2003, 272.

Die Ermittlung des geschuldeten Unterhalts erfolgt für die Oberlandesgerichte in Bayern und Baden-Württemberg sowie für das OLG Zweibrücken ab dem 1. 1. 2002 nach den „Süddeutschen Leitlinien" und für die anderen Oberlandesgerichte nach den jeweils dort geltenden Tabellen und Richtlinien. Ausgehend von der Prämisse, dass jeder Ehegatte in gleicher Weise an dem ehelichen Lebensstandard teilnimmt, wird jedem Ehegatten die Hälfte des verteilungsfähigen Einkommens zugebilligt (**Halbteilungsgrundsatz**), abzüglich eines Erwerbstätigenbonus und einer fünfprozentigen Aufwendungspauschale.[44] Nach der „Düsseldorfer Tabelle" und der Praxis des OLG Zweibrücken beträgt der Erwerbstätigenbonus $^1/_7$, so dass dem Unterhaltsberechtigten $^3/_7$ des anrechungsfähigen Erwerbseinkommens zusteht.[45] Nach der Praxis der anderen Oberlandesgerichte beträgt der Erwerbstätigenbonus nur $^1/_{10}$. Dadurch wird einem Hinweis des BGH Rechnung getragen, wonach ein Erwerbstätigenbonus von $^1/_7$ neben der Gewährung einer fünfprozentigen Aufwendungspauschale als zu hoch erscheint.[46] Das OLG Frankfurt geht von einem Erwerbstätigenbonus in Höhe von $^1/_5$ aus.[47] 12

Die Ermittlung des geschuldeten Unterhalts beim Trennungsunterhalt sowie beim nachehelichen Unterhalt hängt davon ab, ob die **Einkommen** beider Ehegatten die ehelichen **Lebensverhältnisse geprägt** haben oder nicht.[48] Nach der **Düsseldorfer Tabelle** stehen für die Ermittlung des geschuldeten Unterhalts grundsätzlich zwei Methoden zur Verfügung: die **Differenzmethode** und die **Anrechnungsmethode**.[49] Die **Süddeutschen Leitlinien** wenden demgegenüber für die Ermittlung des geschuldeten Unterhalts die **Additionsmethode** an.[50] Nach der Düsseldorfer Tabelle wird der geschuldete Unterhalt dann mittels der Differenzmethode ermittelt, wenn die Einkommen beider Ehegatten die ehelichen Lebensverhältnisse prägten (was nach der geänderten Rechtsprechung des BGH der Regelfall sein dürfte – hierzu sogleich unter Rn 14). Auf der Grundlage der **Differenzmethode** wird die Differenz der anrechnungsfähigen Nettoeinkommen beider Ehegatten ermittelt und daraus die Unterhaltsquote errechnet.[51] Der **Vorteil** der Differenzmethode liegt in der einfachen Handhabe. **Nachteilig** ist aber, dass bei dieser Methode keine Ermittlung des Bedarfs nach den ehelichen Lebensverhältnissen erfolgt, da Grundlage der Quotelung stets nur die Differenz der anrechnungsfähigen Nettoeinkommen beider Ehegatten ist.[52] Wenn während der Ehe nur der 13

---

[44] BGH NJW 1995, 963; *Palandt/Brudermüller* § 1578 BGB Rn 49.

[45] *Palandt/Brudermüller* § 1578 BGB Rn 49.

[46] BGH NJW 1998, 2821, 2822.

[47] FL IV 4.

[48] *Palandt/Brudermüller* § 1573 BGB Rn 19 ff.

[49] Als dritte Berechnungsmethode gibt es nach der Düsseldorfer Tabelle noch die gemischte Differenz-/Anrechnungsmethode (Einzelheiten bei FA-FamR/*Gerhardt* 6. Kap. Rn 304).

[50] Ausführlich zu den unterschiedlichen Methoden der Unterhaltsberechnung FA-FamR/*Gerhardt* 6. Kap. Rn 299 ff.

[51] BGH FamRZ 1981, 539, 541.

[52] FA-FamR/*Gerhardt* 6. Kap. Rn 302.

unterhaltspflichtige Ehegatte einer Erwerbstätigkeit nachgegangen ist und nur dieses Einkommen die ehelichen Lebensverhältnisse geprägt hat, erfolgt die Unterhaltsberechnung durch die Düsseldorfer Tabelle nach der **Anrechnungsmethode**. Nach dieser Methode wird der dem Unterhaltberechtigten zustehende Anteil am bereinigten Einkommen des Unterhaltsverpflichteten um sein bereinigtes Nettoeinkommen verringert.[53]

14 Nach den Süddeutschen Leitlinien wird der Unterhalt unter Zugrundelegung der **Additionsmethode** berechnet. Die Additionsmethode führt rechnerisch zum selben Ergebnis wie die Differenzmethode, weist aber ein **geringeres Fehlerrisiko** bei der Unterhaltsberechnung auf.[54] Bei der Additionsmethode handelt es sich um ein **zweistufiges** Verfahren: Zunächst wird der Unterhaltsbedarf nach den ehelichen Lebensverhältnisse berechnet. Zu diesem Zweck werden die Einkünfte des Ehemannes und der Ehefrau ermittelt, bereinigt um die Beträge, die nicht für den allgemeinen Lebensbedarf zur Verfügung standen, zum Beispiel Krankenversicherungsbeiträge und Einkommensteuer. Der Erwerbstätigenbonus von $^1/_{10}$ wird dabei vom bereinigten Nettoeinkommen der Erwerbseinkünfte des jeweiligen Ehegatten abgezogen. Der Bedarf des Berechtigten beträgt die Hälfte der Summe der gemeinsamen die ehelichen Lebensverhältnisse prägenden (bereinigten) Einkünfte.[55] In einem zweiten Schritt (Unterhaltshöhe) wird dann von dem ermittelten Bedarf das um denselben Erwerbstätigenbonus gekürzte Einkommen des Berechtigten abgezogen (Anrechnungsmethode). Der sich nach dieser Berechnung ergebende Betrag ist der Unterhaltsanspruch.[56]

15 Es wurde bereits darauf hingewiesen, dass die Ermittlung des Unterhaltsanspruchs – unabhängig von der angewandten Methode – davon abhängt, ob die Einkommen beider Ehegatten die **ehelichen Lebensverhältnisse** geprägt haben oder nicht. War während der Unternehmerehe nur der unterhaltspflichtige Ehegatte erwerbstätig, ging der **BGH** in seiner **früheren Rechtsprechung**[57] davon aus, dass nur dessen Einkommen die ehelichen Lebensverhältnisse prägte, und wendete in diesen Fällen grundsätzlich die Anrechnungsmethode an. Einkommen, das der unterhaltsberechtigte Ehegatte nach der Trennung bzw. Scheidung der Ehe durch Erwerbstätigkeit erzielte, wurde dem Unterhaltsberechtigten nach dem Grundsatz wirtschaftlicher Eigenverantwortlichkeit von seiner Quote abgezogen. Es liegt auf der Hand, dass durch die Anwendung der Anrechnungsmethode in diesen Fällen der während der Ehe nicht erwerbstätige Ehegatte, insbesondere der kindererziehende Ehegatte, erheblich benachteiligt wurde. Das **BVerfG**[58] hat die Anwendung der Anrechnungsmethode in diesen Fällen als verfassungswidrig eingestuft. Kurz vor

---

[53] Zu Einzelheiten s. *Palandt/Brudermüller* § 1578 BGB Rn 58 f.

[54] Vgl. FA-FamR/*Gerhardt* 6. Kap. Rn 300.

[55] SüdL 16 b).

[56] Nach Auffassung des BGH (FamRZ 2001, 986, 991) ist die Additionsmethode gegenüber der Differenzmethode die verständlichere Methode.

[57] BGH FamRZ 1986, 783, 785; FamRZ 1985, 161, 163.

[58] NJW 2002, 1185.

der Entscheidung des BVerfG hatte auch der BGH[59] entschieden, dass Einkommen, das der unterhaltsberechtigte Ehegatte nach der Trennung bzw. nach der Scheidung der Ehe erzielt, als Surrogat des wirtschaftlichen Werts seiner bisherigen Tätigkeit im Familienhaushalt angesehen werden kann und deshalb dieses Einkommen in die Bedarfsbemessung einzubeziehen und in die Unterhaltsberechnung nach der Differenzmethode einzustellen ist. Diese Rechtsprechungsänderung wird dazu führen, dass in Zukunft in vielen Fällen aufgrund der Differenzmethode ein Unterhaltsanspruch entsteht, wo nach früherer Rechtsprechung des BGH keiner bestand.[60]

Der nach den vorstehend dargestellten Methoden ermittelte **Unterhaltsanspruch** kann aufgrund des auch im Unterhaltsrechts geltenden Halbteilungsgrundsatzes sehr **hoch** ausfallen. Denn eine **Sättigungsgrenze** gibt es beim Unterhaltsanspruch grundsätzlich nicht.[61] Bei sehr hohen Einkommen wird jedoch von den Gerichten im Einzelfall geprüft, ob nicht ein Teil der Einkünfte für die Vermögensbildung verwendet wurde und damit bei der Ermittlung der ehelichen Lebensverhältnisse nicht zu berücksichtigen ist.[62] Darüber hinaus wird bei deutlich überdurchschnittlichen Einkünften des Unterhaltsverpflichteten von den Gerichten eine konkrete Bedarfsbemessung vorgenommen. Eine **Deckelung** des Unterhaltsanspruchs kommt allerdings nur in Betracht, wenn nach objektiven Maßstäben der Unterhaltsberechtigte auch unter Berücksichtigung hoher Ansprüche den ihm nach dem Halbteilungsgrundsatz zustehenden Unterhaltsbetrag für billigenswerten Lebensbedarf nicht sinnvoll ausgeben kann.[63] Da diesbezüglich feste Vorgaben fehlen, obliegt es dem Tatrichter, eine entsprechende Unterhaltsbegrenzung anzuordnen oder nicht. Ehevertragliche Regelungen in Bezug auf den nachehelichen Unterhaltsanspruch können deshalb empfehlenswert sein.[64] Eine ehevertragliche Vereinbarung bezüglich des Anspruchs auf zukünftigen Trennungsunterhalt ist nicht zulässig, § 1361 Abs. 4 S. 4 i. V. m. §§ 1360 a Abs. 3, 1614 BGB. 16

cc) Leistungsfähigkeit. § 1361 BGB enthält keine ausdrückliche Regelung hinsichtlich der **Leistungsfähigkeit** des Unterhaltsverpflichteten. Das Erfordernis der Leistungsfähigkeit folgt aber aus der Verpflichtung, angemessenen Trennungsunterhalt zu zahlen. Für die Feststellung der Leistungsfähigkeit sind sowohl alle die eheliche Lebensgemeinschaft prägenden als auch die nichtprägenden Einkünfte heranzuziehen.[65] Die **Grenze** der Leistungsfähigkeit ist in entsprechender Anwendung des § 1581 BGB 17

---

[59] NJW 2001, 2254.

[60] Zur Abgrenzung zwischen Differenz- und Anrechnungsmethode durch Folgeentscheidungen des BGH *Büttner/Niepmann*, NJW 2002, 2283, 2285 f.; s. auch *Scholz*, FamRZ 2003, 265 ff.

[61] BGH NJW 1994, 2618.

[62] BGH NJW 2004, 930, 937; MüKo/*Wacke* § 1361 BGB Rn 24.

[63] *Palandt/Brudermüller* § 1578 BGB Rn 39.

[64] Einzelheiten hierzu unter C. § 6 Rn 126 ff.

[65] BGH FamRZ 1989, 159, 161.

dann erreicht, wenn der eigene eheangemessene Unterhalt gefährdet ist. Hierbei ist zu berücksichtigen, dass vor Scheidung der Ehe eine gesteigerte Verantwortung der Ehegatten besteht[66] und die Leistungsfähigkeit erst vor dem eigenen Existenzminimum Halt macht.[67]

18 *dd) Gesetzliche Beschränkungen des Unterhaltsanspruchs.* Der Unterhaltsanspruch ist aus **Billigkeitsgründen** herabzusetzen, wenn eine der Voraussetzungen des § 1579 Nr. 2 bis 7 BGB vorliegt, § 1361 Abs. 3 BGB. Bei einem einseitigen „Ausbruch aus intakter Ehe" kann der Anspruch auf Getrenntlebensunterhalt entfallen.[68] Eine Verwirkung ist aber abzulehnen, wenn dadurch das Wohl und die Interessen gemeinsamer, vom Unterhaltsbedürftigen betreuter Kinder gefährdet wären.[69]

19 **b) Nachehelicher Unterhalt.** Nach Scheidung der Unternehmerehe hat der Ehegatte, der nicht selbst für seinen Unterhalt sorgen kann, gegen den anderen Ehegatten einen Anspruch auf angemessenen Unterhalt, sofern einer der in **§§ 1570 ff. BGB** genannten **Unterhaltstatbestände** vorliegt, § 1569 BGB. Unterhalt kann danach insbesondere verlangt werden wegen

- Betreuung eines Kindes, § 1570 BGB,
- Alters, § 1571 BGB,
- Krankheit oder Gebrechen, § 1572 BGB,
- Erwerbslosigkeit und zur Aufstockung der Einkünfte, § 1573 BGB,
- Ausbildung, Fortbildung oder Umschulung, § 1575 BGB sowie
- aus Billigkeitsgründen, § 1576 BGB,

vorausgesetzt, der Unterhaltsberechtigte ist bedürftig und der Unterhaltsverpflichtete ist leistungsfähig.

20 Den Regelungen des Anspruchs auf nachehelichen Unterhalt liegt der Grundgedanke der **wirtschaftlichen Eigenverantwortlichkeit** zugrunde, wonach geschiedene Ehegatten grundsätzlich für sich selbst zu sorgen haben. Der Grundgedanke der wirtschaftlichen Eigenverantwortlichkeit wird jedoch eingeschränkt durch den Grundsatz der über die Scheidung der Ehe hinaus fortwirkenden Mitverantwortung der Ehegatten füreinander.[70] Ein nachehelicher Unterhaltsanspruch soll nicht die Regel, sondern die Ausnahme darstellen.[71] In der Praxis wird dieses Regel-Ausnahme-Prinzip jedoch häufig umgekehrt. Der nacheheliche Unterhaltsanspruch ist der Regelfall und gehört zu den Scheidungsfolgen, um die am heftigsten gestritten wird. Denn auf der einen Seite fürchtet der Unterhaltsberechtigte den mit einer Scheidung drohenden sozialen Abstieg, während auf der anderen Seite der Unterhaltsverpflichtete mit einer erheblichen Einschränkung seiner finanziellen Handlungsfreiheit rechnen muss. Der

---

[66] BGH FamRZ 1986, 556, 557.

[67] BGH NJW 1991, 356 f.

[68] *Gernhuber/Coester-Waltjen* Familienrecht § 21 II 7.

[69] BGH FamRZ 1987, 1238 f.

[70] BVerfG FamRZ 1981, 745 ff. (auch zur Verfassungsmäßigkeit des Zerrüttungsprinzips im Unterhaltsrecht).

[71] BGH FamRZ 1981, 242, 243.

letztgenannte Gesichtspunkt führt beim Unterhaltsverpflichteten vor allem dann zu Unverständnis, wenn der Unterhaltsberechtigte für das Scheitern der Ehe verantwortlich war und er gleichwohl für dessen (unter Umständen) lebenslängliche Existenzsicherung aufkommen muss. Denn das 1. EheRG löste auch im **Unterhaltsrecht** das Verschuldensprinzip durch das **Zerrüttungsprinzip** ab. Ausfluss des Grundsatzes der wirtschaftlichen Eigenverantwortlichkeit sind die in den einzelnen Unterhaltstatbeständen neben der Scheidung aufgeführten **Einsatzzeiten**: Grundsätzlich besteht ein Unterhaltsanspruch nur dann, wenn ab Scheidung der Ehe ohne zeitliche Lücke die Voraussetzungen für einen Unterhaltsanspruch gegeben waren. Die **Unterhaltskette** wird nicht durchbrochen, wenn zwar die Einsatzzeiten und die jeweiligen anderen Tatbestandsvoraussetzungen für einen Unterhaltsanspruch vorliegen, nicht aber die Leistungsfähigkeit des Unterhaltspflichtigen oder die Bedürftigkeit des Unterhaltsberechtigten.[72] Eine lückenlose Unterhaltskette und damit ein nachehelicher Unterhaltsanspruch besteht zum Beispiel dann nicht, wenn zwei Jahre nach Scheidung einer Ehe, aus der erwachsene Kinder hervorgegangen sind, einer der Geschiedenen arbeitslos werden sollte.

aa) Unterhaltstatbestände. Im Folgenden werden die einzelnen **Unterhaltstatbestände** überblickartig dargestellt. Dabei ist stets auch zu berücksichtigen, dass der Gesetzgeber bei der Regelung der nachehelichen Unterhaltsansprüche vom **Leitbild** der **„Hausfrauenehe"** ausgegangen ist: Beide Ehegatten haben gleichwertig zur Gestaltung der ehelichen Lebensverhältnisse beigetragen, weshalb der wirtschaftlich schwächere Teil nach Scheidung der Ehe geschützt werden muss. Ehevertragliche Vereinbarungen über den nachehelichen Unterhalt sind umso wichtiger, je mehr die Ehe im Einzelfall von diesem Leitbild abweicht.[73] 21

- **Unterhalt wegen Betreuung eines Kindes**

Ein geschiedener Ehegatte kann von dem Anderen Unterhalt verlangen, solange und soweit von ihm wegen der Pflege oder Erziehung eines gemeinschaftlichen Kindes eine Erwerbstätigkeit nicht erwartet werden kann, § 1570 BGB. § 1570 BGB bezieht sich vom Wortlaut her nur auf die gemeinschaftlichen Kinder, worunter auch die gemeinschaftlich adoptierten Kinder oder das durch einen Ehegatten adoptierte Kind des anderen Ehegatten fallen.[74] Der Unterhaltsanspruch wegen Kindesbetreuung erfährt vom Gesetzgeber eine **bevorzugte Behandlung**: Der Anspruch eines geschiedenen Ehegatten auf Unterhalt wegen Betreuung eines Kindes nach § 1570 BGB genießt Vorrang gegenüber dem Unterhaltsanspruch eines späteren, geschiedenen Ehegatten, auch wenn dieser selbst einen Unterhaltsanspruch nach § 1570 BGB geltend machen kann.[75] Der Unter- 22

---

[72] FA-FamR/*Gerhardt* 6. Kap. Rn 350.

[73] *Brambring* Ehevertrag Rn 72.

[74] *Langenfeld* Eheverträge Rn 67.

[75] Diese Bevorzugung ist nicht einleuchtend, insbesondere dann nicht, wenn aus der neuen Ehe gemeinsame Abkömmlinge hervorgegangen sind, die der neue Ehegatte nach Scheidung der Ehe pflegt oder erzieht.

haltsanspruch aus § 1570 BGB lebt im Gegensatz zu allen anderen Unterhaltsansprüchen auch nach Wiederverheiratung des geschiedenen Ehegatten und Auflösung dieser Ehe wieder auf, wenn der Ehegatte, dessen Ehe aufgelöst wurde, ein Kind aus der früheren Ehe zu pflegen oder zu erziehen hat, § 1586 a Abs. 1 BGB. Die Entscheidung, wem die Kinder zur Betreuung und Erziehung zugewiesen werden, kann somit unter Umständen erhebliche unterhaltsrechtliche Auswirkungen haben. Für die Frage, ob von einem Ehegatten, der einen Unterhaltsanspruch nach § 1570 BGB geltend macht, eine Erwerbstätigkeit erwartet werden kann, sind stets die Umstände des Einzelfalls (zum Beispiel Entwicklungsstand des Kindes, Gesundheitszustand des Kindes und des Betreuenden) maßgeblich.[76] Ein Ehegatte, der ein Kind zu betreuen hat, muss bis zur Vollendung des 8. Lebensjahres regelmäßig nicht arbeiten.[77] Demgegenüber ist der Unterhaltsberechtigte mit Vollendung des 15. Lebensjahres des Kindes in der Regel verpflichtet, eine Vollerwerbstätigkeit aufzunehmen.[78]

- **Unterhalt wegen Alters**

23 Gemäß § 1571 BGB kann ein geschiedener Ehegatte von dem anderen Unterhalt verlangen, soweit von ihm wegen seines Alters eine Erwerbstätigkeit nicht mehr erwartet werden kann. Eine Berufung auf diesen Unterhaltstatbestand ist auch viele Jahre nach Scheidung der Ehe möglich, wenn vorher Unterhalt aus anderen gesetzlichen Vorschriften (Unterhalt wegen Betreuung eines Kindes, § 1570 BGB, Unterhalt wegen Krankheit oder Gebrechen, § 1572 BGB, oder Unterhalt wegen Erwerbslosigkeit und Aufstockungsunterhalt, § 1573 BGB) gewährt wurde. Eine feste **Altersgrenze**, ab wann eine Erwerbstätigkeit wegen Alters nicht mehr zugemutet werden kann, fehlt im Gesetz, da hier individuelle Faktoren zu berücksichtigen sind, zum Beispiel ob ein Ehegatte während der Ehe erwerbstätig war oder seine Erwerbstätigkeit für lange Zeit unterbrochen hat, aber auch das Alter, der Gesundheitszustand, die Dauer der Ehe und die wirtschaftlichen Verhältnisse der Ehegatten.[79]

- **Unterhalt wegen Krankheit oder Gebrechen**

24 Ein Ehegatte kann, wenn von ihm zu bestimmten Zeitpunkten wegen Krankheit oder anderer Gebrechen oder Schwäche seiner körperlichen oder geistigen Kräfte eine Erwerbstätigkeit nicht erwartet werden kann, von dem anderen Unterhalt verlangen, § 1573 BGB. Die vom Gesetz genannten Zeitpunkte (**Einsatzzeiten**) sind die Scheidung der Ehe, die Beendigung der Pflege und Erziehung eines gemeinschaftlichen Kindes, die Beendigung der Ausbildung, Fortbildung oder Umschulung und der Wegfall der Voraussetzungen für einen Unterhaltsanspruch nach § 1573 BGB wegen Erwerbslosigkeit. Vom Gesetz wird nicht gefordert, dass die Krankheit oder das Gebrechen ihre Ursache in der Ehe hat. Auch Krankheiten, die bereits vor der Ehe bestanden, selbst wenn sie dem anderen

---

[76] MüKo/*Maurer* § 1570 BGB Rn 9.

[77] BGH FamRZ 1983, 456.

[78] *Palandt/Brudermüller* § 1570 BGB Rn 9.

[79] MüKo/*Maurer* § 1571 BGB Rn 5 ff.

Ehegatten zum Zeitpunkt der Eheschließung nicht bekannt waren, begründen einen Unterhaltsanspruch aus § 1572 BGB. Eine **Korrekturmöglichkeit** bietet § 1579 Nr. 3 BGB, sofern die Bedürftigkeit mutwillig herbeigeführt wurde. Das Tatbestandsmerkmal der Mutwilligkeit wird jedoch eng ausgelegt. Der BGH hat dies für den Fall einer wegen Alkoholabhängigkeit erwerbsunfähigen Ehefrau dahingehend konkretisiert, dass es darauf ankommt, ob diese zu einer Zeit, zu der ihre Einsicht und die Fähigkeit danach zu handeln dies noch zuließen, eine ihr angeratene Entziehungskur unterlassen hatte und sich der Möglichkeit bewusst war, sie würde in Folge dessen außerstande sein, eine Berufstätigkeit aufzunehmen und ihren Unterhalt selbst zu verdienen.[80]

- **Unterhalt wegen Erwerbslosigkeit und zur Aufstockung der Einkünfte**

Ein geschiedener Ehegatte kann, soweit er keinen Unterhaltsanspruch 25
nach den §§ 1570 bis 1572 BGB hat, Unterhalt fordern, solange er nach der Scheidung oder zu den anderen in § 1573 Abs. 3 BGB genannten Einsatzzeiten keine **angemessene Erwerbstätigkeit** zu finden vermag, § 1573 Abs. 1 BGB. Der Unterhaltsanspruch besteht nur, wenn keine „angemessene" Erwerbstätigkeit gefunden werden kann, wobei der Unterhaltsberechtigte nachhaltig eine angemessene Erwerbstätigkeit suchen muss. Die Angemessenheit richtet sich nach den persönlichen Verhältnissen und nach den ehelichen Lebensverhältnissen, § 1574 BGB. Bestimmend für die ehelichen Lebensverhältnisse können auch die im Laufe der Ehe erworbenen Fähigkeiten und ausgeübten Tätigkeiten eines Ehegatten sein. So muss die gelernte Verkäuferin, die mit einem Unternehmer verheiratet ist und sich über mehrere Jahre um die Buchhaltung dieses Unternehmens gekümmert hat, nach Scheidung der Ehe nicht mehr ihren gelernten Beruf ausüben.[81] Der Unterhaltsanspruch nach § 1573 BGB lebt wieder auf, wenn die vom Unterhaltsberechtigten aufgenommene Erwerbstätigkeit wegfällt, bevor eine **nachhaltige Sicherung** seines Unterhalts eingetreten ist, § 1573 Abs. 4 BGB. Die Nachhaltigkeit ist zu bejahen, wenn die Tätigkeit mit einer gewissen Sicherheit auch in der Zukunft ein stetiges Einkommen verspricht.[82] Im Einzelnen gibt es hier zahlreiche Abgrenzungsschwierigkeiten. Umstände, die in keinem zeitlichen Zusammenhang mit der Scheidung der Ehe stehen und die auch keine sonstige Verbindung zur Ehe aufweisen, ändern bei einem nach Scheidung der Ehe eintretenden Arbeitsplatzverlust nichts daran, dass die Nachhaltigkeit gesichert war.[83]

Praktisch **bedeutsam** ist der **Aufstockungsanspruch** des § 1573 26
Abs. 2 BGB: Reichen die Einkünfte aus einer angemessenen Erwerbstätigkeit zum Vollunterhalt (§ 1578 BGB) nicht aus, kann der Unterhaltsberechtigte, soweit er nicht bereits einen Unterhaltsanspruch nach den §§ 1570 bis 1572 BGB hat, den Unterschiedsbetrag zwischen seinen Ein-

---

[80] FamRZ 1981, 1042, 1044 f.
[81] *Langenfeld* Eheverträge Rn 265.
[82] MüKo/*Maurer* § 1573 BGB Rn 22.
[83] *Langenfeld* Eheverträge Rn 265.

künften und dem vollen Unterhalt verlangen. Diese Vorschrift kann in Unternehmerehen eine wichtige Rolle spielen, wenn der Unternehmer oder die Unternehmerin einen Partner heiratet, bei dem sich ohne die Eheschließung die Entwicklung seiner Einkünfte aufgrund der Ausbildung in einem begrenzten und vorhersehbaren Rahmen halten würde. Beispielsfall ist die Heirat der Sekretärin durch den Unternehmensinhaber. Nach Scheidung der Ehe hat die geschiedene Ehefrau, selbst wenn sie wieder voll in ihrem gelernten Beruf arbeitet, Anspruch gegen ihren geschiedenen Ehemann auf Aufstockung ihres Einkommens bis zur Höhe des ihr nach dem Gesetz zustehenden vollen Unterhalts. Maßgebend sind hierbei für den vollen Unterhaltsanspruch die ehelichen Lebensverhältnisse. Durch den Aufstockungsanspruch soll ein einmal erreichter Lebensstandard garantiert und der unterhaltsberechtigte Ehegatte vor dem sozialen Abstieg geschützt werden. Dieser Aufstockungsanspruch wird nicht ganz zu Unrecht auch als „Nerzklausel" tituliert.[84]

- **Unterhalt wegen Ausbildung, Fortbildung oder Umschulung**

27 Ein geschiedener Ehegatte, der in Erwartung der Ehe oder während der Ehe eine Schul- oder Berufsausbildung nicht aufgenommen oder abgebrochen hat, kann von dem anderen Ehegatten Unterhalt verlangen, wenn er diese oder eine entsprechende Ausbildung so bald wie möglich aufnimmt, um eine angemessene Erwerbstätigkeit, die den Unterhalt nachhaltig sichert, zu erlangen und der erfolgreiche Abschluss der Ausbildung zu erwarten ist, § 1575 Abs. 1 BGB. Die **Zielrichtung** der Vorschrift, ehebedingte Nachteile in der Schul- und Berufsausbildung auszugleichen, ist kritisch zu sehen. Denn auch der unterhaltsverpflichtete Ehepartner hat seinen Lebensplan häufig nach den Bedürfnissen der Familie ausgerichtet und unter Umständen ihm bietende berufliche Chancen ausgeschlagen, ohne dafür einen entsprechenden Ausgleich im Fall der Scheidung der Ehe zu erhalten.

- **Unterhalt aus Billigkeitsgründen**

28 Als **Auffangtatbestand** gewährt § 1576 BGB einen Unterhaltsanspruch, soweit und solange von einem geschiedenen Ehegatten aus schwerwiegenden Gründen eine Erwerbstätigkeit nicht erwartet werden kann und die Versagung von Unterhalt unter Berücksichtigung der Belange beider Ehegatten grob unbillig wäre. Diese **Ausnahmevorschrift** ist wegen des Grundsatzes der Eigenverantwortlichkeit geschiedener Ehegatten eng auszulegen, so dass grobe Unbilligkeit erst dann anzunehmen ist, wenn das Gerechtigkeitsgefühl in unerträglicher Weise durch einen Unterhaltsausschluss beeinträchtigt wäre.[85]

29 *bb) Unterhaltsbedarf.* Für den nachehelichen Unterhalt gilt – wie für den Trennungsunterhalt auch –, dass der Geschiedene Unterhalt nur verlangen kann, soweit er sich aus seinen Einkünften und seinem Vermögen nicht selbst unterhalten kann, § 1577 Abs. 1 BGB. Maßgeblich für die Er-

[84] *Langenfeld* Eheverträge Rn 268 m. w. N.
[85] *Palandt/Brudermüller* § 1576 BGB Rn 4.

mittlung des **Unterhaltsbedarfs** sind die **ehelichen Lebensverhältnisse**. Der Unterhaltsberechtigte muss grundsätzlich auch den Stamm seines Vermögens antasten, außer die Verwertung wäre unwirtschaftlich oder unter Berücksichtigung der beiderseitigen wirtschaftlichen Verhältnisse unbillig, § 1577 Abs. 3 BGB. Die Darlegungs- und Beweislast obliegt dem Unterhaltsberechtigten.[86] Im Übrigen wird hinsichtlich des Unterhaltsbedarfs auf die zum Trennungsunterhalt gemachten Ausführungen verwiesen (s. C. § 6 Rn 9 ff.).

cc) Höhe des geschuldeten Unterhalts. Das **Maß** des **Unterhalts** bestimmt 30
sich nach den ehelichen Lebensverhältnissen, § 1578 BGB. Hier gelten dieselben Grundsätze – zum Beispiel der **Halbteilungsgrundsatz** – wie beim Anspruch auf Trennungsunterhalt (Einzelheiten unter § 6 Rn 11). Der Unterhalt umfasst den ganzen Lebensbedarf und somit auch die Kosten einer angemessenen Versicherung für den Fall der Krankheit und der Pflegebedürftigkeit (§ 1578 Abs. 2 BGB). § 1578 BGB enthält nach dem Willen des Gesetzgebers eine **Lebensstandardgarantie**.[87] Hinsichtlich der von den einzelnen Oberlandesgerichten angewendeten Richtlinien zur Ermittlung der Unterhaltshöhe und der **Berechnungsmethoden** (Differenz- bzw. Additionsmethode und Anrechnungsmethode) kann auf die Darstellungen zum Trennungsunterhalt verwiesen werden (s. C. § 6 Rn 13 ff.). Das gilt auch für die geänderte Rechtsprechung des BGH zum Unterhaltsanspruch des haushaltsführenden Ehegatten. Bei der Ermittlung des eheangemessenen nachehelichen Unterhaltsbedarfs sind überobligationsmäßige Einkünfte des Unterhaltsberechtigten nicht zu berücksichtigen. Überobligationsmäßige Einkünfte können jedoch aufgrund von Billigkeitserwägungen (§ 1577 Abs. 2 BGB) als bedarfsdeckend anzurechnen sein.[88] Beim nachehelichen Unterhaltsanspruch gibt es ebenso wie beim Trennungsunterhalt **keine Sättigungsgrenze**. Der Unterhaltsanspruch des Berechtigten kann deshalb vor allem in Unternehmerehen sehr hoch ausfallen. Wegen Einzelheiten – insbesondere wegen einer möglichen Deckelung des Unterhaltsanspruchs – wird auf die Darstellung beim Trennungsunterhalt verwiesen (s. C. § 6 Rn 16). Aufgrund der fehlenden Sättigungsgrenze kann es in Diskrepanzehen, d. h. in Ehen mit erheblichem Einkommensgefälle, empfehlenswert sein, ehevertragliche Vereinbarungen hinsichtlich des nachehelichen Unterhaltsanspruchs zu treffen (Einzelheiten hierzu unter C. § 6 Rn 126 ff.).

Geschiedene Ehegatten sind zum Zweck der Ermittlung der Unterhalts- 31
höhe verpflichtet, sich jeweils gegenseitig auf einseitiges Verlangen **Auskunft** über ihre **Einkünfte** und ihr **Vermögen** zu erteilen, § 1580 BGB. Dieser Auskunftsanspruch kann insbesondere für den Unternehmer unangenehme Auswirkungen haben, da er unter Umständen verpflichtet ist, die Bilanz seines Unternehmens nebst Gewinn- und Verlustrechnung[89] und seinen Einkommensteuerbescheid mit Steuererklärung vorlegen zu

[86] BGH FamRZ 1998, 426, 427.
[87] BT-Drucks. 10/2888, S. 18.
[88] BGH NJW 2003, 1181, 1182.
[89] BGH NJW 1993, 3262.

müssen. Diese Vorlagepflicht besteht beispielsweise dann, wenn der Unterhaltsberechtigte auf Seiten des Verpflichteten höhere Unternehmensgewinne und damit höhere Einkünfte vermutet und deshalb einen höheren Unterhaltsbetrag fordert. Hiervor schützt die ehevertragliche Begrenzung des Unterhaltsanspruchs der Höhe nach (Einzelheiten unter C. § 6 Rn 136 ff.).

32 *dd) Leistungsfähigkeit.* Unterhalt muss der Unterhaltsverpflichtete nur gewähren, wenn er **leistungsfähig** ist, § 1581 BGB. Zugrunde zu legen sind hier – wie beim Trennungsunterhalt – alle Einkünfte des Unterhaltsverpflichteten nach Abzug der Steuern und sonstigen Abgaben (**„anrechenbares Nettoeinkommen"**). Der Unterhaltsverpflichtete muss zur Erfüllung des Unterhaltsanspruchs auch den **Stamm** seines **Vermögens** einsetzen, wenn die Einkünfte nicht ausreichen, soweit nicht die Verwertung unwirtschaftlich oder unter Berücksichtigung der beiderseitigen wirtschaftlichen Verhältnisse unbillig wäre, § 1581 S. 2 BGB. Die **Unterhaltsverpflichtung** wird **begrenzt** durch die Gefährdung des eigenen angemessenen Unterhalts: In diesem Fall braucht der Unterhaltsverpflichtete nur insoweit Unterhalt zu leisten, als es mit Rücksicht auf die Bedürfnisse und die Erwerbs- und Vermögensverhältnisse der geschiedenen Ehegatten der Billigkeit entspricht, § 1581 S. 1 BGB. Anders als beim Trennungsunterhalt ist der notwendige Selbstbehalt als Existenzminimum nicht die reguläre Untergrenze sondern nur der Ausnahmefall, zum Beispiel bei der Betreuung eines minderjährigen Kindes durch den Unterhaltsberechtigten.[90] Eine Verpflichtung zu Zahlung von Unterhalt ohne Berücksichtigung des angemessenen Selbstbehalts als grundsätzlich unterste Grenze verstößt wegen der damit einhergehenden Einschränkung der finanziellen Dispositionsfreiheit gegen die Verfassung.[91]

33 Der Unterhaltsverpflichtete hat **zumutbare Einkünfte** zu erzielen. Verstößt er gegen diese Verpflichtung, sind fiktive Einkünfte anzusetzen.[92] Bei einem unterhaltspflichtigen geschiedenen **Unternehmer** stellt sich die Frage, ob in der Vergangenheit getätigte **Privatentnahmen** bei der Beurteilung seiner Leistungsfähigkeit zu berücksichtigen sind. Wäre dies der Fall, so wäre der unterhaltspflichtige Unternehmer gezwungen – falls keine Entnahmen mehr getätigt werden – in Höhe der bisherigen Entnahmen einen Kredit aufzunehmen, um den Unterhaltsanspruch seines geschiedenen Ehegatten zu befriedigen. Vom Grundsatz her sind Privatentnahmen als Erträgnisse der unternehmerischen Beteiligung bei der Ermittlung der Leistungsfähigkeit zu berücksichtigen, wenn sie in einer gewissen Höhe und Konstanz während der Ehe vorgenommen wurden, da die Privatentnahmen in diesem Fall die ehelichen Lebensverhältnisse prägten. Gleichwohl ist immer zu berücksichtigen, dass Privatentnahmen nur möglich sind, solange ein Unternehmen erfolgreich und profitabel arbeitet. Es kann viele Gründe geben, warum Privatentnahmen nicht mehr oder nicht mehr in der gewohnten Höhe getätigt werden. Ein Grund kann die Stärkung der Eigenkapitalbasis eines Unternehmens sein, um die

---

[90] FA-FamR/*Gebhardt* 6. Kap. Rn 434.
[91] BVerfG NJW 2002, 2701.
[92] BGH FamRZ 1994, 372, 374; FA-FamR/*Gebhardt*, 6. Kap. Rn 436.

Kreditwürdigkeit zu erhöhen. In diesem Fall kann vom Unterhaltsverpflichteten, der geringere oder keine Privatentnahmen mehr tätigt, nicht verlangt werden, Kredit in Höhe der in der Vergangenheit getätigten durchschnittlichen Privatentnahmen aufzunehmen, um seine Unterhaltsverpflichtungen zu erfüllen. Maßgebend für die Frage der Einbeziehung bzw. Nichteinbeziehung in der Vergangenheit getätigter Privatentnahmen bei der Ermittlung der Leistungsfähigkeit des Unterhaltsverpflichteten ist der Gesichtspunkt, ob Privatentnahmen aus objektiv betrieblichen Gründen unterbleiben oder nicht. Erfolgt der Verzicht auf die Privatentnahmen lediglich aus unternehmensfremden Erwägungen heraus, also insbesondere zum Zweck der Verringerung des Unterhaltsanspruchs des geschiedenen Ehegatten, sind die nicht getätigten Privatentnahmen bei der Beurteilung der Leistungsfähigkeit entsprechend zu berücksichtigen.[93]

ee) Gesetzliche Beschränkungen des Unterhaltsanspruchs. Folgende vom Gesetz vorgesehenen Möglichkeiten der **Beschränkung** (bis hin zum völligen Wegfall) des nachehelichen **Unterhaltsanspruchs** sind in der Praxis von Bedeutung:[94] 34

- **§ 1573 Abs. 5 BGB:** Zeitliche Befristung des Unterhaltsanspruchs aus § 1573 Abs. 1 BGB (Fehlen einer angemessenen Erwerbstätigkeit) und § 1573 Abs. 2 BGB (Aufstockungsunterhalt), wenn unter Berücksichtigung der Dauer und der Art der Ehe ein zeitlich unbegrenzter Unterhaltsanspruch unbillig wäre.[95]
- **§ 1578 Abs. 1 S. 2 BGB:** Zeitliche Begrenzung aller Unterhaltsansprüche, sofern unter Berücksichtigung der Dauer und der Art der Ehe sowie der Betreuung eines gemeinsamen Kindes ein zeitlich unbegrenzter Anspruch unbillig wäre.[96]
- **§ 1579 Nr. 1 BGB:** Bei kurzen Ehen und grober Unbilligkeit der Inanspruchnahme des Verpflichteten unter Wahrung der Belange gemeinsamer Kinder besteht die Möglichkeit des ganzen oder teilweisen Ausschlusses des Unterhaltsanspruchs.[97] Bei einer Ehedauer von drei Jahren und länger wird eine kurze Ehe in der Regel verneint.[98]

Bei ehevertraglichen Vereinbarungen über den nachehelichen Unterhaltsanspruch ist zu beachten, dass (rechtswirksame) **ehevertragliche Vereinbarungen** diesen gesetzlichen Unterhaltsbeschränkungen **vorgehen** und diesen auch nicht mehr mittels einer Abänderungsklage Vorrang gegenüber den vertraglichen Vereinbarungen eingeräumt werden kann.[99] 35

---

[93] S. dazu auch MüKo/*Maurer* § 1578 BGB Rn 14. Das OLG München (NJW 1993, 2186) stellt darauf ab, ob der Unterhaltsverpflichtete in überschaubarer Zeit in der Lage sein wird, den Schuldendienst zu erwirtschaften.

[94] Die Verwirkungstatbestände des § 1579 Nr. 2–7 BGB kommen demgegenüber in der Praxis seltener vor; Einzelheiten hierzu bei FA-FamR/*Gebhardt* 6. Kap. Rn 450 ff.

[95] *Palandt/Brudermüller* § 1573 BGB Rn 31 ff.

[96] MüKo/*Maurer* § 1578 BGB Rn 88 ff.

[97] *Palandt/Brudermüller* § 1579 BGB Rn 1 ff.

[98] *Palandt/Brudermüller* § 1579 BGB Rn 6.

[99] *Bergschneider* Rn 307.

36 *ff) Erlöschen des Unterhaltsanspruchs.* Der **Unterhaltsanspruch endet** durch einen Unterhaltsverzicht oder gemäß § 1586 BGB mit der Wiederheirat, der Begründung einer Lebenspartnerschaft oder dem Tod des Berechtigten. Die unterhaltsrechtlichen **„Nachwirkungen"** einer Ehe können somit erheblich sein, solange der Unterhaltsanspruch nicht durch eines der vorstehend genannten Ereignisse erlischt oder durch ehevertragliche Vereinbarungen modifiziert wird.

2. Versorgungsausgleichsanspruch

37 **a) Grundsätzliches zum Versorgungsausgleich.** Bei Scheidung der Ehe findet zwischen den Ehegatten ein Versorgungsausgleich statt mit dem Ziel, dem Ausgleichsberechtigten eine eigene **Altersversorgung** und **Absicherung** bei **Invalidität** zu verschaffen.[100] Der Versorgungsausgleich ist unabhängig von dem für die Ehe geltenden Güterstand durchzuführen. Der Versorgungsausgleich beruht auf dem **Grundgedanken**, den haushaltsführenden Ehegatten, der auf den Aufbau einer eigenen sozialen Sicherung verzichtet hat, an den während der Ehezeit durch den berufstätigen Ehegatten erworbenen Versorgungsanrechten zur Hälfte zu beteiligen.[101] Im Rahmen der Versorgungsausgleichsberechnung wird festgestellt, welcher der beiden Ehegatten vom Zeitpunkt der Eheschließung bis zum Ende des Monats, der dem Eintritt der Rechtshängigkeit des Scheidungsantrags vorausgeht (§ 1587 Abs. 2 BGB), mehr Anwartschaften oder Aussichten auf eine Versorgung wegen Alters oder verminderter Erwerbsfähigkeit begründet oder aufrechterhalten hat. **Kapitallebensversicherungen** werden nur dann im Rahmen des Versorgungsausgleichs berücksichtigt, wenn es sich um eine Kapitallebensversicherung mit Rentenwahlrecht handelt und das Wahlrecht bis zur Rechtshängigkeit des Scheidungsantrags ausgeübt worden ist.[102] **Ausgleichspflichtig** ist der Ehegatte, der während der Ehe mehr Versorgungsanrechte erworben hat, wobei dem ausgleichsberechtigten Ehegatten die **Hälfte** der mehr erworbenen Versorgungsanrechte zusteht, §§ 1587, 1587a BGB.

38 Die Durchführung des Versorgungsausgleichs geschieht gemäß § 1587b BGB dadurch, dass dem ausgleichsberechtigten Ehegatten die ihm zustehenden Anwartschaftsrechte aus einer gesetzlichen Rentenversicherung durch Entscheidung des Familiengerichts übertragen werden (so genanntes **„Splitting"**) bzw. bei Ansprüchen aus öffentlich-rechtlichen Dienstverhältnissen in einer gesetzlichen Rentenversicherung neu begründet und die Ansprüche des Verpflichteten in gleicher Höhe verringert werden (so genanntes **„Quasi-Splitting"**). Eine unmittelbare Begründung oder Übertragung von Versorgungsanwartschaften in der gesetzlichen Rentenversicherung durch ehevertragliche Vereinbarung ist nicht möglich.[103]

---

100 BGH NJW 1979, 1289.
101 BGH NJW 1984, 2358, 2361.
102 BGH NJW 1993, 2044; NJW 2003, 1320.
103 *Bergschneider* Rn 692.

Der Versorgungsausgleich kann auch im Wege der **Realteilung** oder subsidiär als schuldrechtlicher Versorgungsausgleich durchgeführt werden.[104] Die Realteilung erfolgt bezüglich ausgleichspflichtiger Anwartschaften bei einem Versorgungsträger außerhalb der gesetzlichen Rentenversicherung und der Beamtenversorgung, § 1 Abs. 2 VAHRG. Die Realteilung wird insbesondere bei Ansprüchen aus **betrieblicher Altersversorgung** durchgeführt, sofern die Realteilung durch die Satzung des Versorgungsträgers vorgesehen ist. Bei der Realteilung wird eine Anwartschaft derselben Art, wie sie der Ausgleichsverpflichtete hat, für den Ausgleichsberechtigten begründet. 39

Beim **schuldrechtlichen Versorgungsausgleich** wird für den Ausgleichsberechtigten keine eigene Versorgungsanwartschaft begründet, sondern ihm steht gegen den Ausgleichsverpflichteten nur ein Anspruch auf Zahlung einer Ausgleichsrente zu, §§ 1587 f, 1587g BGB, § 2 VAHRG. Der Anspruch auf Rentenzahlung kann im Rahmen des schuldrechtlichen Versorgungsausgleichs erst geltend gemacht werden, wenn sowohl der Ausgleichsverpflichtete als auch der Ausgleichsberechtigte die Versorgung erlangt haben. Falls der ausgleichsberechtigte Ehegatte noch keine Versorgung erlangt hat, ist es ausreichend, wenn er das 65. Lebensjahr vollendet hat oder wegen Krankheit oder anderer Gebrechen oder Schwäche seiner körperlichen und geistigen Kräfte auf nicht absehbare Zeit eine ihm nach Ausbildung und Fähigkeiten zumutbare Erwerbstätigkeit nicht ausüben kann, § 1587 g Abs. 1 S. 2 BGB.[105] Der Ausgleichsverpflichtete hat die Versorgung dann erlangt, wenn die Versorgungsansprüche bindend festgesetzt und auch tatsächlich gewährt wurden.[106] Ab dem Zeitpunkt des tatsächlichen Bestehens des Anspruchs auf Zahlung der Ausgleichsrente kann sich der Ausgleichsberechtigte die Versorgungsansprüche des Verpflichteten gegen den Versorgungsträger gemäß § 1587i BGB abtreten lassen. Es ist ratsam, von dem Recht auf **Abtretung** des Anspruchs gegen den Versorgungsträger gemäß § 1587 i BGB auch Gebrauch zu machen, damit der Ausgleichsberechtigte einen eigenen Anspruch gegen den Versorgungsträger hat und wegen der Erfüllung des Anspruchs nicht auf den Ausgleichsverpflichteten zurückgreifen muss. Der Abfindungsberechtigte kann wegen seiner künftigen Ausgleichsansprüche von dem anderen Ehegatten auch eine **Abfindung** verlangen, wenn diesem die Zahlung zumutbar ist, § 1587l BGB. Die Geltendmachung des Anspruchs auf Abfindung künftiger schuldrechtlicher Ausgleichsansprüche gemäß § 1587l BGB ist insbesondere dann von dem ausgleichsberechtigten Ehegatten in Erwägung zu ziehen, wenn er älter ist als der Ausgleichsverpflichtete und dieser die Versorgung deshalb erst später erlangt. Außerdem empfiehlt sich die Geltendmachung des Abfindungsanspruchs auch dann, wenn der jeweilige Versorgungsträger des Ausgleichsverpflichteten eine Hinterbliebenenversorgung für den überlebenden Ehegatten nicht vorsieht und somit die Voraussetzungen des § 3 lit.a VAHRG für einen verlängerten schuld- 40

[104] *Palandt/Brudermüller* Vorb. v. § 1587 BGB Rn 8.
[105] BGH FamRZ 2001, 25.
[106] *Palandt/Brudermüller* § 1587 g BGB Rn 19.

rechtlichen Versorgungsausgleich nicht vorliegen. Der **schuldrechtliche Versorgungsausgleich** hat für den Ausgleichsverpflichteten im Vergleich zur **Realteilung** den **Vorteil**, dass es nicht zu einer automatischen Kürzung seiner eigenen Versorgungsansprüche kommt. Denn diese automatische Kürzung würde auch dann erfolgen, wenn absehbar ist, dass der Ausgleichsberechtigte aufgrund einer Krankheit vor dem Ausgleichsverpflichteten versterben wird. Auf der anderen Seite ist der schuldrechtliche Versorgungsausgleich für den Ausgleichsberechtigten **nachteilig**, weil ihm die Versorgungsansprüche erst dann zustehen, wenn auch der Ausgleichsverpflichtete die Versorgung erlangt hat. Ein weiterer Nachteil besteht darin, dass der Ausgleichsberechtigte zunächst den Ausgleichsverpflichteten wegen Zahlung der Versorgungsrente in Anspruch nehmen muss, da keine eigenen originären Ausgleichsansprüche des Berechtigten begründet werden.

41 **b) Versorgungsausgleich in der Unternehmerehe.** In Unternehmerehen ist der Versorgungsausgleich deshalb von Interesse, weil dem Versorgungsausgleich auch **alle** Leistungen der **betrieblichen** Altersversorgung, zum Beispiel Pensionszusagen für GmbH-Geschäftsführer, unterliegen, sowie alle sonstigen laufenden Leistungen, die der Versorgung wegen Alters oder verminderter Erwerbsfähigkeit dienen sollen. Bei betrieblichen Altersversorgungsansprüchen erfolgt der Versorgungsausgleich durch **Realteilung** der Versorgungsansprüche, sofern dies die **Betriebsrentensatzung** vorsieht (§ 1 Abs. 2 VAHRG), ansonsten mittels schuldrechtlichem Versorgungsausgleich (§ 2 VAHRG). Zum **schuldrechtlichen Versorgungsausgleich** kommt es außerdem, wenn die Betriebsrente zum Zeitpunkt der Entscheidung über den Versorgungsausgleich noch nicht unverfallbar ist, § 1587 f Nr. 4 BGB.[107] Darüber hinaus kann das Familiengericht die Durchführung des Versorgungsausgleichs in der Weise anordnen, dass der ausgleichsverpflichtete Unternehmer Beiträge in die gesetzliche Rentenversicherung zu zahlen hat (§ 3 b Abs. 1 Ziff. 2 VAHRG).

42 Zunehmend an Bedeutung gewinnt die Frage nach der **Insolvenzfestigkeit** von Ansprüchen auf betriebliche Altersversorgung: Ein unverfallbarer Anspruch auf betriebliche Altersversorgung ist insolvenzfest, da unverfallbare Ansprüche durch eine Pflichtversicherung im Pensionssicherungsverein insolvenzgesichert sind (§ 7 BetrAVG). Unverfallbarkeit ist gemäß § 1b BetrAVG nach Ablauf von 5 Jahren nach Erteilung der Zusage einer betrieblichen Altersversorgung gegeben, wenn der Arbeitnehmer nach Ablauf der 5-Jahres-Frist das dreißigste Lebensjahr vollendet hat. Beträgt die Unternehmenszugehörigkeit 12 Jahre, tritt die Unverfallbarkeit bereits nach Ablauf von 3 Jahren nach der Zusage ein.[108] Diese Insolvenzfestigkeit gilt nicht für Versorgungszusagen an den beherrschenden Gesellschafter-Geschäftsführer.[109]

---

[107] Einzelheiten hierzu bei *Palandt/Brudermüller* § 1587 f BGB Rn 1 ff.

[108] In der bis zum 31. 12. 2001 geltenden Fassung von § 1 BetrAVG waren die Voraussetzungen für den Eintritt der Unverfallbarkeit insbesondere hinsichtlich der Fristen und des Alters teilweise strenger (siehe FA-FamR/*Gutdeutsch* 7. Kap. Rn 73).

[109] BGH BB 1981, 1154; *Lutter/Hommelhoff* Anh § 6 GmbHG Rn 37.

Die Einzelheiten der Berechnung der Versorgungsanwartschaften und der Durchführung des Versorgungsausgleichs bei betrieblichen Versorgungsanwartschaften sind sehr kompliziert und sollen nicht näher dargestellt werden.[110] Vielmehr genügt an dieser Stelle die Erkenntnis, dass ein **Regelungsbedarf** hinsichtlich der gesetzlichen Bestimmungen über den Versorgungsausgleich überall dort besteht, wo eine **Abweichung** der tatsächlich gelebten Ehe von dem vom Gesetz unterstellten **Grundmodell** der **Hausfrauenehe** mit gleichen Verdienstmöglichkeiten beider Ehegatten besteht. Dies bedeutet für Unternehmerehen, dass auch bezüglich des Versorgungsausgleichs, insbesondere mit Blick auf betriebliche Altersversorgungen, ehevertragliche Vereinbarungen empfehlenswert sein können (hierzu C. § 6 Rn 141 ff.). 43

3. Zugewinnausgleichsanspruch

Durch die Scheidung der Unternehmerehe wird der gesetzliche Güterstand der Zugewinngemeinschaft beendet. Ein etwaiger Zugewinn ist nach den Vorschriften der §§ 1373 bis 1390 BGB auszugleichen, § 1372 BGB. Weitere Beendigungsgründe für die Zugewinngemeinschaft sind der Tod eines Ehegatten, der vorzeitige Ausgleich des Zugewinns (§§ 1385, 1386 BGB), die ehevertragliche Abbedingung des Zugewinnausgleichs nach Eheschließung sowie der Ausschluss des Versorgungsausgleichs durch ehevertragliche Vereinbarung, falls sich aus dem Ehevertrag nichts anderes ergibt, § 1414 S. 2 BGB. 44

a) Berechnung der Ausgleichsforderung. Die Berechnung der Ausgleichsforderung geschieht dadurch, dass der Betrag, um den das Endvermögen eines Ehegatten dessen **Anfangsvermögen** übersteigt (= Zugewinn), ermittelt wird, § 1373 BGB. Unter Anfangsvermögen ist das Vermögen zu verstehen, das einem Ehegatten nach Abzug der Verbindlichkeiten beim Eintritt des Güterstands (also zum Beispiel zum Zeitpunkt der Eheschließung) gehört. Gemäß § 1374 Abs. 1 2. Hs. BGB können die Verbindlichkeiten bei der Ermittlung des Anfangsvermögens nur bis zur Höhe des Vermögens abgezogen werden.[111] Für die Berechnung des Zugewinns gibt es somit kein **negatives Anfangsvermögen**. Dies hat zur Konsequenz, dass ein Ehegatte, der zum Zeitpunkt der Eheschließung ein negatives Anfangsvermögen aufweist, in Höhe der Zurückführung dieser Schulden während der Ehe keinen Zugewinn „erwirtschaftet" und damit gegenüber dem anderen Ehegatten, der mit positivem Anfangsvermögen oder mit einem Anfangsvermögen von „Null" startet, einen Vorteil hat. Der BGH geht sogar so weit, dass er einen Ausgleich des negativen Anfangsvermögens auch nicht mit einem später erfolgten Erwerb privilegierten positiven Vermögens nach § 1374 Abs. 2 BGB zulässt, da der Ehegatte mit negativem Anfangsvermögen nie mehr als die Hälfte seines 45

---

[110] Einzelheiten bei *Palandt/Brudermüller* §§ 1587 ff. BGB sowie FA-FamR/*Gutdeutsch* 7. Kap. Rn 1 ff., 72 ff.

[111] Bestätigt durch BGH NJW 1995, 2165.

positiven Erwerbs an Zugewinnausgleich schulde.[112] Mit der Grundidee der Zugewinngemeinschaft als eine Leistungsgemeinschaft mit hälftigem Ausgleich gemeinsam erwirtschafteten Vermögens lässt sich diese Ansicht nicht vereinbaren. In den Fällen negativen Anfangsvermögens auf Seiten eines Ehegatten ist deshalb durch ehevertragliche Vereinbarungen zu regeln, dass das Anfangsvermögen negativ ist und somit die Rückführung der Schulden in die Zugewinnausgleichsberechnung mit einfließt.

46 So genanntes **„privilegiertes Vermögen"**, das ein Ehegatte während der Ehe von Todes wegen oder mit Rücksicht auf ein künftiges Erbrecht, durch Schenkung oder durch Ausstattung erwirbt, wird nach Abzug der Verbindlichkeiten dem Anfangsvermögen mit seinem Wert zum Zeitpunkt des Erwerbs hinzugerechnet, § 1374 Abs. 2 BGB. Erhält beispielsweise ein Ehegatte von seinen Eltern im Wege der vorweggenommenen Erbfolge während der Ehezeit Unternehmensbeteiligungen, werden diese im Fall der Scheidung der Ehe nur insoweit bei der Zugewinnausgleichsberechnung berücksichtigt, als sie in dem Zeitraum vom Tag der Ausführung der Zuwendung bis zur Beendigung des Güterstands **Wertveränderungen** erfahren. Sollen Wertveränderungen und damit vor allem Wertsteigerungen ebenfalls nicht unter den Zugewinnausgleich fallen, ist durch ehevertragliche Vereinbarung festzulegen, dass privilegiertes Vermögen bei der Berechnung des Zugewinns in keiner Weise berücksichtigt wird (Einzelheiten hierzu unter C. § 6 Rn 93 ff.).

47 Dem Anfangsvermögen gegenüberzustellen ist das Vermögen, das einem Ehegatten nach Abzug der Verbindlichkeiten bei der Beendigung des Güterstands – in der Regel zum Zeitpunkt der Rechtshängigkeit des Scheidungsantrags, § 1384 BGB – gehört (**Endvermögen**). Dem Endvermögen eines Ehegatten wird gemäß § 1375 Abs. 2 BGB der Betrag hinzugerechnet, um den das Endvermögen dadurch vermindert ist, dass ein Ehegatte nach Eintritt des Güterstands

- unentgeltliche Zuwendungen gemacht hat, durch die er nicht einer sittlichen Pflicht oder einer auf den Anstand zu nehmenden Rücksicht entsprochen hat,
- Vermögen verschwendet hat oder
- Handlungen in der Absicht vorgenommen hat, den anderen Ehegatten zu benachteiligen,

wobei die Hinzurechnung dann unterbleibt, wenn die Vermögensminderung mindestens 10 Jahre vor Beendigung des Güterstands erfolgt ist, § 1375 Abs. 3 BGB.

48 Je länger eine Ehe dauert, umso schwieriger kann der **Nachweis** geführt werden, welches Vermögen einem Ehegatten zum Zeitpunkt des Eintritts des Güterstands gehörte und damit sein **Anfangsvermögen** bildet. Nicht selten werden Kontoauszüge und sonstige Vermögensnachweise von den Ehegatten nach gewisser Zeit vernichtet. Nach 10 Jahren endet auch die gesetzliche Aufbewahrungsfrist derartiger Unterlagen für Banken und andere Vermögensverwalter, § 147 Abs. 3 AO. Gelingt der Nachweis über das Anfangsvermögen nicht – die Beweislast trägt jeder Ehe-

---

112 BGH NJW 1995, 2165.

gatte für sein Anfangsvermögen selbst –, wird vermutet, dass das Endvermögen eines Ehegatten seinen Zugewinn darstellt, § 1377 Abs. 3 BGB.[113] Bringen beide oder ein Ehegatte Vermögen in die Ehe ein, empfiehlt es sich deshalb, in einem **Vermögensverzeichnis** das Anfangsvermögen der Ehegatten zu Beweiszwecken festzuhalten, § 1377 BGB.

Für die **Wertermittlung** des Anfangs- und Endvermögens ist der **Verkehrswert** der einzelnen Vermögensgegenstände, also der Wert, der von einem Dritten im Rahmen einer Veräußerung des jeweiligen Vermögensgegenstands voraussichtlich bezahlt werden würde, anzusetzen. **Nicht** maßgeblich sind die aufgrund steuerlicher Bewertungsvorschriften ermittelten Werte, insbesondere nicht der **Buchwert** von Unternehmensbeteiligungen.[114] 49

Übersteigt der Zugewinn eines Ehegatten den Zugewinn des anderen, steht dem anderen Ehegatten die Hälfte des Überschusses als **Zugewinnausgleichsforderung** zu, § 1378 Abs. 1 BGB. Der ausgleichsberechtigte Ehegatte muss sich auf seine Ausgleichsforderung anrechnen lassen, was ihm der andere Ehegatte durch eine freiwillige unentgeltliche Leistung mit der Bestimmung zugewendet hat, dass der Wert der Zuwendung auf die Ausgleichsforderung angerechnet werden soll, **§ 1380 Abs. 1 S. 1 BGB**. Um nicht auf die Auslegungsregel des § 1380 Abs. 1 S. 2 BGB angewiesen zu sein, wonach im Zweifel eine Anrechnung bei über Gelegenheitsgeschenken hinausgehenden Zuwendungen erfolgen soll, ist bei wertvolleren Zuwendungen eine **Anrechnungsvereinbarung** zu treffen. Neben einer Anrechnungsvereinbarung könnte auch durch ein **Rückforderungsrecht** Vorsorge für den Fall getroffen werden, dass es im Rahmen der Zugewinnausgleichsberechnung trotz (oder gerade wegen) der Vorschrift des § 1380 BGB zu unerwünschten und bei der Zuwendung nicht bedachten vermögensrechtlichen Folgen kommen sollte. Derartige Folgen können dann eintreten, wenn der zugewendete Vermögensgegenstand dem grundsätzlich nicht ausgleichspflichtigen Anfangsvermögen entstammt oder die Zuwendung zum Zeitpunkt der Beendigung des Güterstands sich nicht mehr im Vermögen des Zuwendungsempfängers befindet, oder wenn die Zuwendung wertmäßig zwar noch vorhanden ist, aber aufgrund von verbrauchtem Anfangsvermögen oder aufgrund von Verbindlichkeiten sich bei der Berechnung des Zugewinns wertmäßig nicht mehr auswirkt.[115] 50

b) Fälligkeit der Ausgleichsforderung und Einreden. Die Ausgleichsforderung ist mit dem Tag des Eintritts der Rechtskraft des Scheidungsverbundurteils fällig (§ 271 BGB).[116] Das Familiengericht kann auf Antrag eine Ausgleichsforderung stunden, sofern die Zahlung des Zugewinnausgleichs zur Unzeit erfolgen würde, § 1382 BGB. Bei der Entschei- 51

[113] Zur Beweislastverteilung und zu Billigkeitserwägungen bei Vermögenszuwächsen während einer langen Trennungszeit BGH FamRZ 2002, 606.

[114] *Palandt/Brudermüller* § 1376 BGB Rn 2; Einzelheiten zur Unternehmensbewertung im Rahmen der Zugewinnausgleichsberechnung unter C. § 6 Rn 66 ff.

[115] *Langenfeld* Eheverträge Rn 196 f.

[116] *Palandt/Brudermüller* § 1378 BGB Rn 3.

dung über einen **Stundungsantrag** sind die Interessen des Ausgleichspflichtigen und des Ausgleichsberechtigten gegeneinander abzuwägen. Die Interessen Dritter, zum Beispiel von Arbeitnehmern des ausgleichspflichtigen Unternehmers, bleiben dabei stets außer Betracht.[117] Entscheidendes Kriterium ist, ob die sofortige Zahlung für den Ausgleichspflichtigen eine wirtschaftliche oder persönliche Belastung darstellt, die weit über das hinausgeht, was üblicherweise im Zusammenhang mit der Beendigung des Güterstands durch Scheidung der Ehe einhergeht, und dass diese Belastung gerade durch die Stundung aufgehoben oder gemildert wird.[118] Eine Stundung der Ausgleichsforderung kommt dann in Betracht, wenn ein Unternehmer sein Unternehmen oder die von ihm gehaltene Unternehmensbeteiligung, die seinem Lebensunterhalt dienen, zur sofortigen Befriedigung der Ausgleichsforderung veräußern müsste und dadurch seine wirtschaftliche Existenzgrundlage erschüttert werden würde.[119] Dem Ausgleichsverpflichteten steht außerdem ein Leistungsverweigerungsrecht hinsichtlich der Ausgleichsforderung zu, soweit der Ausgleich des Zugewinns nach den Umständen des Falles grob unbillig wäre, § 1381 BGB. **Grobe Unbilligkeit** liegt insbesondere vor, wenn der Ausgleichsberechtigte über einen längeren Zeitraum seine sich aus der Ehe ergebenden wirtschaftlichen Verpflichtungen nicht erfüllt hat, § 1381 Abs. 2 BGB. Das Leistungsverweigerungsrecht wegen grober Unbilligkeit besteht nur, wenn ein Zugewinnausgleich dem Gerechtigkeitsempfinden in unerträglicher Weise widersprechen würde.[120] Es ist somit auf Extremfälle beschränkt. Die **Zugewinnausgleichsforderung verjährt** regelmäßig gemäß § 1378 Abs. 4 BGB in drei Jahren nach Beendigung des Güterstands.

52 **c) Auskunftsanspruch.** Nach Beendigung des Güterstands, nach Stellung des Scheidungsantrags und nach Beantragung der Aufhebung der Ehe ist jeder Ehegatte verpflichtet, auf Verlangen des anderen Ehegatten über den Bestand seines Endvermögens Auskunft zu erteilen, § 1379 BGB. Jeder Ehegatte kann verlangen, dass er bei der Aufnahme des ihm nach § 260 BGB auszuhändigenden Verzeichnisses teilnimmt und dass der Wert der Vermögensgegenstände oder Verbindlichkeiten festgestellt wird. Jeder Ehegatte kann auch auf seine Kosten die Aufnahme des Verzeichnisses durch die zuständige Behörde oder durch einen Notar fordern.

53 **d) Vorzeitiger Zugewinnausgleichsanspruch.** Ein Ehegatte, der seit mindestens drei Jahren von seinem anderen Ehegatten getrennt lebt, kann auf vorzeitigen Ausgleich des Zugewinns klagen und muss nicht bis zur Beendigung des Güterstands, zum Beispiel durch Scheidungsurteil, warten, § 1385 BGB. Ein vorzeitiger Zugewinnausgleich kann auch verlangt werden, wenn aufgrund des Verhaltens eines Ehegatten eine **erhebliche Gefährdung** der künftigen Zugewinnausgleichsforderung zu besorgen ist, § 1386 BGB.[121]

---

[117] *Palandt/Brudermüller* § 1382 BGB Rn 2.

[118] MüKo/*Koch* § 1382 BGB Rn 5.

[119] *Staudinger/Thiele* § 1382 BGB Rn 14; MüKo/*Koch* § 1382 BGB Rn 7.

[120] BGH FamRZ 1992, 787, 788; MüKo/*Koch* § 1381 BGB Rn 12 ff.

[121] Einzelheiten bei *Palandt/Brudermüller* § 1386 BGB Rn 1 ff.

e) Sicherheitsleistung. Falls ein Ehegatte befürchtet, dass aufgrund des Verhaltens des anderen Ehegatten die **Durchsetzung** seiner **Zugewinnausgleichsforderung** gefährdet ist, kann er nach Stellung des Scheidungsantrags oder nach Erhebung der Klage auf vorzeitigen Zugewinnausgleich Sicherheitsleistung nach den §§ 232 ff. BGB fordern, § 1389 BGB. 54

4. Sonstige Ausgleichsansprüche

a) Gesellschaftsrechtlicher Ausgleichsanspruch. Vor allem in kleinen und mittelständischen Unternehmen arbeitet nicht selten ein Ehegatte im Unternehmen des anderen „unentgeltlich" mit. Gründe hierfür sind in hohen Personalkosten und in der zunehmenden beruflichen Qualifizierung der Ehegatten zu finden.[122] Auch wenn das Unternehmen rechtlich nur einem Ehegatten gehört, hat der andere Ehegatte insbesondere bei erheblichem Arbeitseinsatz das Gefühl, dass er am wirtschaftlichen Erfolg des Unternehmens beteiligt ist. Spätestens bei der Trennung der Ehegatten stellt sich dann die Frage, wie die **Mitarbeit**, die ohne ausdrückliche vertragliche Vereinbarung erfolgte, **auszugleichen** ist. In diesen Fällen kann dem mitarbeitenden Ehegatten ein gesellschaftsrechtsrechtlicher Ausgleichsanspruch gemäß §§ 738 ff. BGB zustehen, sofern zumindest ein **konkludent** abgeschlossener **Gesellschaftsvertrag** vorliegt.[123] Eine rein faktische Willensübereinstimmung reicht – anders als bei einer nichtehelichen Lebensgemeinschaft – zwar für die Anwendbarkeit gesellschaftsrechtlicher Ausgleichsansprüche nicht aus.[124] Andererseits ist aber auch nicht erforderlich, dass die Ehegatten ihr zweckgerichtetes Zusammenwirken bewusst als gesellschaftsrechtliches Zusammenwirken auffassen.[125] Die Annahme eines konkludent abgeschlossenen Gesellschaftsvertrags ist unabhängig von dem Güterstand, in dem die Ehegatten leben, möglich. Gleichwohl kommt ein gesellschaftsrechtlicher Ausgleichsanspruch nur in Betracht, wenn das auf die jeweilige Ehe anzuwendende Güterrecht keinen adäquaten Ausgleich bietet und eine ausdrückliche Ausgleichsvereinbarung für den Fall der Scheidung nicht getroffen wurde.[126] Ein gesellschaftsrechtlicher Ausgleichsanspruch ist somit gegenüber güterrechtlichen Ausgleichsregelungen **subsidiär**.[127] Die Annahme eines konkludent abgeschlossenen Gesellschaftsvertrages setzt außerdem Folgendes voraus: 55

- Die Tätigkeit eines mitarbeitenden Unternehmerehegatten muss dem **Aufbau** oder dem **Erhalt** des Unternehmens oder Betriebs **förderlich** sein. Unerheblich ist nach der neueren Rechtsprechung des

[122] Einzelheiten bei MüKo/*Wacke* § 1356 BGB Rn 19.

[123] Ausführlich zur Ehegatten-Innengesellschaft *Haas,* FamRZ 2002, 205 ff.

[124] BGH NJW 1999, 2962, 2966.

[125] BGH NJW 1960, 428, 429.

[126] BGH FamRZ 1999, 1580, 1581; BGH NJW 1995, 3383; vgl. auch *Langenfeld,* ZEV 2000, 14 f.

[127] Zur Tendenz des BGH, bei der Verwendung des Instituts der „Ehegattengesellschaft" Zurückhaltung zu üben, Müko/*Ulmer* Vor § 705 BGB Rn 58.

BGH[128] in diesem Zusammenhang, ob der Beitrag des Ehegatten in einer Arbeitsleistung oder in einer Geld- oder Sachleistung besteht. Die Tätigkeit und der sonstige Beitrag müssen einem über die Verwirklichung der **ehelichen Lebensgemeinschaft hinausgehenden** Zweck dienen.[129] Indizien für eine Tätigkeit, die mehr bezweckt als die Verwirklichung der ehelichen Lebensgemeinschaft, können sich aus Planung, Umfang und Dauer der (unternehmerischen) Vermögensbildung sowie aus Absprachen über die Verwendung und die Wiederanlage erzielter Erträge ergeben.[130] Ausreichend ist es, wenn die Tätigkeit oder der sonstige Beitrag des anderen Ehegatten dabei primär das Ziel der Sicherung des Familienunterhalts bezweckt.[131]

- Die Mitarbeit des Ehegatten darf sich nicht in untergeordneten Tätigkeiten erschöpfen. Der mitarbeitende Ehegatte muss auch **Unternehmerrisiko** tragen, indem er am Gewinn und Verlust beteiligt ist, und selbst auch gleichberechtigt **Unternehmerinitiative** ergreifen. Hiervon kann bei der Übernahme bloßer Sekretariatstätigkeiten keine Rede sein, so dass in diesen Fällen die Annahme eines konkludent abgeschlossenen Gesellschaftsvertrags ausscheidet.[132] Quantitativ gleichwertige Beiträge, zum Beispiel finanzieller Art, sind dagegen nicht zwingend Voraussetzung.[133]

56 Sind die vorstehenden Voraussetzungen erfüllt und wird das Unternehmen nach außen allein von einem Ehegatten geführt, liegt eine so genannte **Innengesellschaft** vor, bei der kein gemeinsames Gesellschaftsvermögen begründet wird. Das Vorliegen einer Innengesellschaft wurde von der Rechtsprechung in dem Fall der selbständigen kaufmännischen Leitung eines Großhandels[134] und des gleichberechtigten Betriebs einer Gärtnerei angenommen.[135] Für die Ermittlung des dem ausscheidenden Ehegatten zustehenden Ausgleichsanspruchs ist der Wert des gemeinsam erarbeiteten Vermögens festzustellen, an dem der ausscheidende Ehegatte und der Unternehmer gemäß § 722 Abs. 1 BGB grundsätzlich zu **gleichen Anteilen** beteiligt sind. Im Einzelfall ist jedoch zu prüfen, ob nicht aufgrund der konkreten Umstände von dem Halbteilungsgrundsatz abzuweichen ist, zum Beispiel wenn der den Ausgleich fordernde Ehegatte nur halbtags in dem Unternehmen beschäftigt war.[136] Geldbeträge, die der im Unternehmen mitarbeitende Ehegatte bei Vorliegen einer Ehegatten-Innengesellschaft dem Unternehmen zukommen lässt, gelten nicht als Schenkung oder unbenannte Zuwendung, sondern sind als gesellschaftsrechtliche **Einlage** zu beurteilen und bei Beendigung der Gesellschaft als solche abzurechnen.[137]

---

128 NJW 1999, 2962, 2966.
129 BGH FamRZ 1990, 1219.
130 BGH NJW 2002, 3702.
131 BGH FamRZ 1990, 973.
132 BGH FamRZ 1986, 558, 559.
133 *Haas,* FamRZ 2002, 205, 212.
134 FamRZ 1968, 589, 590.
135 FamRZ 1962, 357, 358.
136 *Rauscher* Familienrecht Rn 485.
137 *Wever,* FamRZ 1996, 905, 911.

Zusammenfassend ist festzuhalten, dass es bei Mitarbeit eines Ehegatten im Unternehmen des anderen empfehlenswert ist, schriftlich vor Beginn der Tätigkeit eine vertragliche Vereinbarung über die Art der Tätigkeit und deren Entlohnung sowie über eine etwaige Abfindung im Falle des Ausscheidens zu treffen.[138]

b) Schenkungsrechtliche Rückforderungsrechte und Rückforderung unbenannter Zuwendungen. Wenn Zuwendungen, die ein Ehegatte dem anderen gemacht hat, als Schenkung zu qualifizieren sind, kann von dem Beschenkten die Herausgabe des Geschenks wegen **Verarmung** des Schenkers gefordert werden (§ 528 BGB). Außerdem kann die Schenkung widerrufen werden, wenn sich der Beschenkte durch eine schwere Verfehlung gegen den Schenker oder einen nahen Angehörigen des Schenkers **groben Undanks** schuldig macht (§ 530 BGB). Bei der Beantwortung der Frage, ob eine schwere Verfehlung des Beschenkten oder grober Undank vorliegt, sind strenge Maßstäbe anzulegen, wobei auch das Verhalten des Schenkers mit zu berücksichtigen ist.[139] Der Anwendungsbereich der schenkungsrechtlichen Rückforderungsrechte ist bei Zuwendungen unter Ehegatten allerdings selten eröffnet. Denn eine Schenkung liegt nur vor, wenn sich Beschenkter und Schenker subjektiv über die Unentgeltlichkeit der Zuwendung einig sind.[140] Zuwendungen unter Ehegatten erfolgen in aller Regel[141] aber nicht rein uneigennützig und ohne Bezug auf den Fortbestand der Ehe.[142] Vielmehr liegt diesen Zuwendungen häufig die Vorstellung oder Erwartung zugrunde, dass es sich bei der Zuwendung um einen Beitrag zur Ausgestaltung, Erhaltung oder Sicherung der ehelichen Lebensgemeinschaft handelt und dass die eheliche Lebensgemeinschaft Bestand haben wird (sog. **„ehebedingte Zuwendung"**).[143] Der zukünftige Bestand der Ehe ist somit Geschäftsgrundlage der Zuwendung. Wird die Ehe geschieden, entfällt die Geschäftsgrundlage dieser Zuwendung, so dass eine Rückgewähr der Zuwendung nur nach § 313 BGB möglich ist.[144] 57

c) Wegfall der Geschäftsgrundlage eines ehebezogenen Rechtsgeschäfts eigener Art. Ehebedingte Zuwendungen, d. h. Beiträge eines Ehegatten, die der Verwirklichung und Ausgestaltung, Erhaltung oder Sicherung der ehelichen Lebensgemeinschaft dienen, können wegen Wegfalls der Geschäftsgrundlage eines ehebezogenen Rechtsgeschäfts ei- 58

---

[138] Ohne entsprechende vorherige schriftliche Vereinbarung kann auch kaum der Nachweis geführt werden, dass ein Arbeitsvertrag dem „Drittvergleich" standhält und damit steuerlich anerkennungsfähig ist.

[139] BGH FamRZ 1985, 351.

[140] *Palandt/Weidenkaff* § 516 BGB Rn 6 ff.

[141] Etwas anderes gilt für Geschenke zu besonderen Anlässen, wie zum Beispiel zum Geburtstag.

[142] BGH NJW 1992, 238, 239.

[143] BGH FamRZ 1990, 600, 601. Auch für Zuwendungen von Schwiegereltern kann der Bestand der Ehe Geschäftsgrundlage sein, s. *Palandt/Heinrichs* § 313 BGB Rn 48.

[144] *Wever*, FamRZ 1996, 905, 909; a. A. *Seif*, FamRZ 2000, 1193.

gener Art zurückgefordert werden. Anspruchsgrundlage für das Rückforderungsverlangen ist **§ 313 BGB**. Die Kodifizierung des Instituts des Wegfalls der Geschäftsgrundlage in § 313 BGB durch das Schuldrechtsmodernisierungsgesetz hat keine Auswirkungen auf die bisher zu diesem Institut ergangene Rechtsprechung.[145] Voraussetzung für den Rückforderungsanspruch ist, dass sich die Zuwendungen im normalen Rahmen der Verwirklichung der ehelichen Lebensgemeinschaft halten. Gehen die Zuwendungen über den normalen Rahmen der Verwirklichung der ehelichen Lebensgemeinschaft hinaus, sind **gesellschaftsrechtliche** Ansprüche **vorrangig**.[146] Darüber hinaus kommen Ansprüche wegen Wegfalls der Geschäftsgrundlage – ebenso wie gesellschaftsrechtliche Ausgleichsansprüche – nur in Betracht, wenn das anzuwendende **Güterrecht** keine **angemessene** Teilhabe eines Ehegatten am Vermögenszuwachs des anderen Ehegatten vorsieht (zum Beispiel bei Gütertrennung oder der Gütergemeinschaft) oder wenn es trotz güterrechtlicher Ausgleichsbestimmungen zu einem **unzumutbaren** und **unbilligen** Ergebnis hinsichtlich der Vermögenszuordnung kommt und die güterrechtlichen Vorschriften den im Einzelfall bestehenden Interessenkonflikt nicht zu erfassen vermögen.[147] Ehebedingte Zuwendungen können nicht nur in Form der Übertragung körperlicher Gegenstände erfolgen. Auch **Arbeitsleistungen**, mit denen eine Ehegatte das Vermögen des anderen unterhalb der Schwelle einer konkludenten Ehegatten-Innengesellschaft gefördert hat, können Gegenstand ehebedingter Zuwendungen sein. Arbeitet ein Ehegatte im Betrieb des anderen ohne arbeits- oder (zumindest konkludente) gesellschaftsvertragliche Vereinbarung mit, stellt der Bestand der Ehe die Geschäftsgrundlage dieser Tätigkeit dar. Scheitert die Ehe, entfällt die Geschäftsgrundlage für die Beiträge des Ehegatten und ihm steht ein Ausgleich zu.[148] Die Höhe des Ausgleichs richtet sich nach den Umständen des Einzelfalls, insbesondere danach, inwieweit der andere Ehegatte durch die Beiträge Aufwendungen erspart hat und dadurch bei ihm eine Vermögensmehrung eingetreten ist.[149] Die Beteiligung an einem Gewinn, der über den Betrag der ersparten Aufwendungen hinausgeht, kann nicht verlangt werden.[150]

59 Der **BGH** ist gegenüber der Gewährung von Ausgleichsansprüchen auf der Grundlage des Wegfalls der Geschäftsgrundlage eines ehebezogenen Rechtsgeschäfts eigener Art **zurückhaltend**. Denn die im Rahmen des Wegfalls der Geschäftsgrundlage vorzunehmende Billigkeitsabwägung gewährleiste im Gegensatz zur Abwicklung nach gesellschaftsrechtlichen Grundsätzen keine klare und praktikable Auseinandersetzung.[151]

---

[145] FA-FamR/*Weinreich* 11. Kap. Rn 133.

[146] BGH 1999, 2961, 2965.

[147] BGH NJW 1993, 385, 386; OLG München NJW-RR 2002, 3; *Haas*, FamRZ 2002, 205, 216; kritisch zur grundsätzlichen Subsidiarität MüKo/*Wacke* § 1356 BGB Rn 27.

[148] BGH NJW 1994, 2545.

[149] *Haas*, FamRZ 2002, 205, 216; *Palandt/Heinrichs* § 313 BGB Rn 46.

[150] BGH FamRZ 1994, 1167, 1168 f.

[151] BGH NJW 1999, 2962, 2966.

Erbringt ein Ehegatte während des Bestehens der Ehe Zuwendungen, die das unternehmerische Vermögen des anderen mehren, empfehlen sich bereits im Vorfeld **vertragliche Vereinbarungen** über einen entsprechenden Wertersatz im Falle des Scheiterns der Ehe. Ansonsten muss man sich auf das unsichere Terrain von Ausgleichsansprüchen auf gesellschaftsrechtlicher Grundlage oder wegen Wegfalls der Geschäftsgrundlage begeben. Die Grenzen sind diesbezüglich fließend und die Gewährung von entsprechenden Ausgleichsansprüchen ist letztlich abhängig von einer Billigkeitsentscheidung der Gerichte. 60

d) Bereicherungsansprüche. Die Rückforderung von Zuwendungen bei Scheidung der Ehe nach Bereicherungsrecht (wegen Wegfall des rechtlichen Grundes für die Zuwendung aufgrund Scheidung der Ehe oder Nichteintritt des mit der Zuwendung bezweckten Erfolgs, § 812 Abs. 1 S. 2 BGB) scheidet nach zutreffender Ansicht des BGH aus.[152] Die Rückgabe der Zuwendung wegen späteren Wegfalls des rechtlichen Grundes („condictio ob causam finitam") gemäß § 812 Abs. 1 S. 2 erste Alternative BGB kann nicht verlangt werden, weil es keine eherechtliche Bestimmung gibt, die die Zuwendung gebietet, mithin also die **Ehe nicht** der **Rechtsgrund** der Zuwendung ist. Eine Rückforderung der Zuwendung wegen Nichteintritts des mit der Zuwendung bezweckten Erfolgs („condictio ob rem") nach § 812 Abs. 1 S. 2 zweite Alternative BGB scheidet deswegen aus, weil der mit der Zuwendung verfolgte Zweck sich darin erschöpft, ein Mittel zur Verwirklichung der ehelichen Lebensgemeinschaft zu sein und die **Zuwendung nicht** den **Fortbestand** der ehelichen Lebensgemeinschaft als solche **bezweckt**.[153] Darüber hinaus kommen im gesetzlichen Güterstand bereicherungsrechtliche Ausgleichsansprüche der Ehegatten untereinander[154] schon deshalb nicht in Betracht, weil sie durch die güterrechtlichen Ausgleichsansprüche verdrängt werden.[155] 61

e) Ausgleichsanspruch zwischen Gesamtgläubigern und -schuldnern. Ehegatten nehmen während der Ehe häufig Verbindlichkeiten auf, für die sie gesamtschuldnerisch haften. In Unternehmerehen geschieht dies vor allem dergestalt, dass der nicht im Unternehmen tätige Ehegatte bei der **Aufnahme betrieblicher Schulden** die Darlehensverträge mitunterschreibt oder zumindest über weit reichende Zweckbestimmungserklärungen bei Grundschulden und abstrakten Schuldversprechen für zukünftige betriebliche Verbindlichkeiten des anderen Ehegatten mit haftet. Sofern diese Mitverpflichtung nicht wegen Verstoßes gegen die guten Sitten (§ 138 BGB) nichtig ist,[156] besteht zwischen den Ehegatten eine **Gesamtschuldnerschaft** nach § 427 BGB. Der Ehegatte, der einen Gläu- 62

---

[152] BGH FamRZ 1990, 855.

[153] *Langenfeld* Eheverträge Rn 212.

[154] Zu bereicherungsrechtlichen Ansprüchen der Schwiegereltern BGH NJW 1990, 1789, und umgekehrt gegen die Schwiegereltern BGH NJW 1995, 1889.

[155] *Palandt/Brudermüller* § 1372 BGB Rn 5; FA-FamR/*v. Heintschel-Heinegg* 10. Kap. Rn 57.

[156] Zur Sittenwidrigkeit insbesondere im Fall krasser Überforderung des Ehegatten oder Angehörigen *Palandt/Heinrichs* § 138 BGB Rn 38 b ff.

biger über den von ihm zu tragenden Anteil hinaus befriedigt, hat gemäß § 426 Abs. 2 BGB einen **Ausgleichsanspruch** gegenüber dem anderen gesamtschuldnerisch haftenden Ehegatten. Gemäß § 426 Abs. 1 S. 1 BGB haften die Gesamtschuldner im Innenverhältnis zu gleichen Anteilen, soweit nicht ein anderes bestimmt ist. Eine anderweitige Bestimmung kann sich aus der konkreten Gestaltung der ehelichen Lebensverhältnisse ergeben. Dies wäre zum Beispiel der Fall, wenn beide Ehegatten zwar gesamtschuldnerisch für Verbindlichkeiten haften, aber nur der eine durch sein Einkommen die Verbindlichkeiten zurückführt, während der andere Ehegatte auf andere Art und Weise zur Verwirklichung der ehelichen Lebensgemeinschaft beiträgt; ein Gesamtschuldnerausgleich findet nicht statt. Anders ist die Situation nach Scheitern der Ehe. Nach Scheitern der Ehe entfällt das gemeinsame Ziel, durch die jeweilige Tätigkeit zur Verwirklichung der ehelichen Lebensgemeinschaft beizutragen. Es bleibt deshalb bei dem Grundsatz der Haftung zu gleichen Anteilen, § 426 Abs. 1 S. 1 BGB. Diese anteilige Haftung tritt jedoch dann nicht ein, wenn die gemeinsame Eingehung der Verbindlichkeiten ausschließlich im Interesse eines Ehegatten lag, zum Beispiel bei Verbindlichkeiten zum Zwecke der Zuführung liquider Mittel in dessen Unternehmen. In diesen Fällen besteht keine Ausgleichspflicht des anderen Ehegatten im Innenverhältnis. Ihm steht vielmehr ein Anspruch auf Freistellung von diesen Verbindlichkeiten nach Auftragsrecht zu.[157]

63 Ein **Gesamtgläubigerausgleich** nach § 430 BGB kann zwischen Ehegatten bei Führung gemeinschaftlicher Konten mit Einzelverfügungsbefugnis (so genannte **„Oder-Konten"**) in Betracht kommen, soweit ein Ehegatte von dem Guthaben mehr verwendet hat, als ihm aufgrund des Innenverhältnisses zum anderen Ehegatten zusteht: Nach § 430 BGB sind die Gesamtgläubiger im Verhältnis zueinander zu gleichen Anteilen berechtigt, soweit nicht ein anderes bestimmt ist. Ein Ausgleich ist dann ausgeschlossen, wenn sich dies aufgrund ausdrücklicher oder zumindest stillschweigender Vereinbarung unter den Ehegatten und mit Blick auf die Vorschriften über die eheliche Lebensgemeinschaft, insbesondere § 1357 BGB, ergibt.[158] In aller Regel ist davon auszugehen, dass für den Zeitraum des Bestehens der ehelichen Lebensgemeinschaft die Ehegatten durch Einrichtung eines gemeinschaftlichen Oder-Kontos zum Ausdruck bringen, dass sie mit Verfügungen des anderen Ehegatten, die der Verwirklichung der ehelichen Lebensgemeinschaft oder anderen von beiden gebilligten Zwecken dienen, einverstanden sind.[159] Von einem derartigen konkludenten Einverständnis kann aber dann nicht ausgegangen werden, wenn die eheliche Lebensgemeinschaft zwischen den Ehegatten nicht mehr existiert. Ein Ausgleichsanspruch besteht außerdem bei eigenmächtigen Verfügungen, die nicht mehr der Verwirklichung der ehelichen Lebensgemeinschaft dienen.[160] Die gesetzlichen Regelungen über den Aus-

---

157 *Wever*, FamRZ 1996, 905, 908.
158 BGH NJW 1990, 705.
159 *Gernhuber/Coester-Waltjen* Familienrecht § 19 VI.
160 MüKo/*Bydlinski* § 430 BGB Rn 4.

gleich von Gesamtschuldner- und Gesamtgläubigerverhältnissen werden durch die Vorschriften über den Zugewinnausgleich nicht verdrängt.[161] Vielmehr sind sie **vorrangig** zu prüfen.[162]

f) Ansprüche aus Auflösung einer Bruchteilsgemeinschaft. Gegenstand einer Bruchteilsgemeinschaft können **Rechte aller Art** sein, bei denen mehrere Berechtigte möglich sind.[163] Dies gilt für das (Mit)Eigentum und für Sparguthaben. Eine Bruchteilsberechtigung ist selbst dann möglich, wenn nach außen nur ein Berechtigter, zum Beispiel ein Ehegatte, auftritt. Denn eine Bruchteilsgemeinschaft kann auch **stillschweigend** vereinbart werden. Eine stillschweigende Vereinbarung liegt vor, wenn sich aufgrund der äußeren Umstände ergibt, dass ein Recht oder eine Forderung eines Ehegatten, zum Beispiel ein Sparguthaben, einvernehmlich beiden Ehegatten zustehen soll.[164] Liegt im Innenverhältnis zwischen den Ehegatten eine Bruchteilsgemeinschaft vor, sind sie im Zweifel zur **Hälfte** an dem Gegenstand der Bruchteilsgemeinschaft beteiligt, § 742 BGB. Jeder Ehegatte kann jederzeit gemäß § 749 Abs. 1 BGB die Aufhebung der Gemeinschaft verlangen und seinen Anspruch auf hälftige Teilhabe durchsetzen. Dieser Ausgleichsanspruch ist **subsidiär** gegenüber güterrechtlichen Ausgleichsansprüchen. Neben einem güterrechtlichen Ausgleich ist für den Anspruch auf Teilhabe an dem Gegenstand des Bruchteilseigentums nur Platz, wenn der güterrechtliche Ausgleich zu einem schlechthin unzumutbaren Ergebnis führen würde.[165] Die Frage, ob der Vorrang des güterrechtlichen Ausgleichs auch dann gilt, wenn Mittel zur Verwirklichung der ehelichen Lebensgemeinschaft angespart und lediglich formal einem Ehegatten zugeordnet wurden, ist vom BGH bisher offen gelassen worden.[166] 64

5. Das Unternehmen im Zugewinnausgleich

Wenn Unternehmen und Unternehmensbeteiligungen Gegenstand einer Zugewinnausgleichsberechnung nach den gesetzlichen Vorschriften sind, birgt vor allem die Frage des **Werts** und ehezeitlicher Wertveränderungen des unternehmerischen Vermögens erhebliches **Konfliktpotential** in sich. Ist die Wertermittlung des unternehmerischen Vermögens abgeschlossen und steht die Höhe der Zugewinnausgleichsforderung fest, fehlt es nicht selten an ausreichender **Liquidität** beim Unternehmer und beim Unternehmen, um die Zugewinnausgleichsforderung zu erfüllen. 65

a) Problematik der Wertermittlung. Unternehmen und Unternehmensbeteiligungen sind bei der Berechnung des Endvermögens mit dem Wert anzusetzen, den sie im Zeitpunkt der Beendigung des Güterstands haben, § 1376 Abs. 2 BGB. Zu ermitteln ist grundsätzlich deren wahrer 66

---

[161] BGH NJW 2000, 2347, 2348.
[162] Vgl. *Bergschneider* Rn 579.
[163] *Palandt/Sprau* § 741 BGB Rn 3.
[164] BGH NJW 2002, 3702, 3703.
[165] BGH NJW 1997, 2747.
[166] BGH NJW 2002, 3702, 3703.

Wert, also der **Verkehrswert.**[167] Die **Wertermittlung** von Unternehmensbeteiligungen hat **zweistufig** zu erfolgen: Auf der ersten Stufe ist der Wert des Unternehmens unter Einbeziehung von stillen Reserven und eines etwaigen „good will"[168] des Unternehmens zu ermitteln. Auf der zweiten Stufe ist der Anteil der Unternehmensbeteiligung an diesem Gesamtwert festzulegen. Erschwert wird die Wertermittlung unternehmerischen Vermögens dadurch, dass weder das Bürgerliche Gesetzbuch noch die anderen zivilrechtlichen Gesetze eine Vorschrift enthalten, die sich mit dem Begriff des Werts und der Wertermittlung im Allgemeinen beschäftigt.[169] Unproblematisch ist die Ermittlung des Werts von **börsennotierten** Anteilen. Schwieriger ist die Wertermittlung bei **nicht börsennotierten** Anteilen an Kapitalgesellschaften und bei Personenunternehmen bzw. Beteiligungen an **Personenunternehmen**. Einigkeit besteht allerdings darüber, dass der in der Handels- oder Steuerbilanz ausgewiesene Wert eines Unternehmens nicht maßgeblich ist, da vor allem die Handelsbilanz, aber auch die Steuerbilanz nicht den wahren Wert eines Unternehmens widerspiegeln.[170]

67 Hinsichtlich der Methode der Bewertung wird in zunehmendem Maße auf die **Ertragswertmethode** zurückgegriffen.[171] Für die Wertermittlung land- und forstwirtschaftlicher Betriebe wird unter bestimmten Voraussetzungen die Ertragswertmethode ausdrücklich gesetzlich angeordnet, § 1376 Abs. 4 BGB. Bei der Ertragswertmethode wird der Wert des Unternehmens aufgrund der in drei bis fünf Jahren zu erwartenden Erträge des Unternehmens geschätzt. Als Ausgangspunkt dieser Methode dienen grundsätzlich die Erträge der letzten drei bis sieben Jahre. Bei dieser Methode handelt es sich im Gegensatz zur Substanzwertmethode um eine **Gesamtbewertung**, die auch den Geschäftswert umfasst.[172] Der auf der Grundlage der Ertragswertmethode ermittelte Wert eines Unternehmens ist im zweiten Schritt auf die einzelnen Gesellschafter entsprechend ihrer Beteiligung zu verteilen. Ausgangspunkt ist dabei zunächst die quotale Beteiligung eines jeden Gesellschafters am Unternehmen. Sieht jedoch der Gesellschaftsvertrag für einzelne Gesellschafter besondere Rechte oder besondere Beschränkungen vor (zum Beispiel eine überproportionale Gewinnbeteiligung einerseits oder eine Entnahmebeschränkung andererseits), sind diese Faktoren bei der Wertermittlung entsprechend zu berücksichtigen.[173] Neben der Ertragswertmethode gewinnt auch das **Discount-**

---

[167] BGHZ 75, 195, 199; *Reimann,* FamRZ 1989, 1248.

[168] BGH FamRZ 1999, 362; MüKo/*Koch* § 1376 BGB Rn 24. Zur Berücksichtigung des „good will" bei der Zugewinnausgleichsberechnung ausführlich *Diederichsen* FS Großfeld S. 143 ff.

[169] Anders im Österreichischen Recht. Dort findet man in den §§ 304 ff. des ABGB Bestimmungen hinsichtlich des Werts und der Wertermittlung.

[170] S. nur *Palandt/Brudermüller* § 1376 BGB Rn 2.

[171] *Palandt/Brudermüller* § 1376 BGB Rn 5; Einzelheiten zur Ertragswertmethode unter Berücksichtigung des IDW-Standards bei *Hülsmann,* ZIP 2001, 450, 452.

[172] Siehe dazu *Piltz/Wissmann,* NJW 1985, 2673, 2674; MüKo/*Koch* § 1379 BGB Rn 27.

[173] BGH FamRZ 1986, 1196, 1197; *Stenger,* ZEV 2000, 51, 53.

ed-Cashflow-Verfahren immer stärker an Bedeutung. Dieses Verfahren basiert wie die Ertragswertmethode auf der konzeptionellen Grundlage, den Barwert zukünftiger finanzieller Überschüsse zu ermitteln.[174] Eine Bewertung nach dem **Liquidationswert** erfolgt dann, wenn das Unternehmen zum Beispiel in Folge des Zugewinnausgleichs liquidiert wird oder es keinen positiven Ertragswert aufweist.[175]

Im Gegensatz zur Ertragswertmethode wird die **Substanzwertmethode** bei der Unternehmensbewertung selten angewendet. Die Substanzwertmethode zeichnet sich dadurch aus, dass eine **Einzelbewertung** aller selbständig veräußerungsfähigen Vermögensgegenstände des Unternehmens vorgenommen wird. Deren Bewertung erfolgt unter Zugrundelegung von Wiederbeschaffungspreisen unter Abzug der Verbindlichkeiten. Die auf diese Weise ermittelten Werte werden addiert. Da der Geschäftswert eines Unternehmens nicht selbständig veräußerungsfähig ist, wird er vom Substanzwert nicht erfasst.[176] Ebenso wenig werden die zukünftigen Erträge des Unternehmens erfasst. Die Substanzwertmethode ist bei stark inhaberausgerichteten und inhaberdominierten Unternehmen angebracht, deren zukünftige Erträge primär mit der Arbeitskraft und der Leistungsfähigkeit ihres Inhabers zusammenhängen und weniger mit dem inneren Wert des Unternehmens (weshalb dieser Wert auch nicht auf einen dritten Erwerber übertragbar wäre).[177] 68

Der **BGH** legt sich bei der Frage der anzuwendenden Bewertungsmethode **nicht** auf eine **bestimmte** Methode fest. Die Entscheidung, welche Bewertungsmethode im Rahmen der Zugewinnermittlung angewendet wird, obliege vielmehr dem sachverständig beratenen Tatrichter unter Berücksichtigung der jeweiligen Umstände des Einzelfalls.[178] Bei Unternehmen, die auch nach der Scheidung der Ehe fortgeführt werden, wird dies im Regelfall die Ertragswertmethode sein.[179] 69

Umstritten ist, ob **latente Steuern**, die auf dem Unternehmen wegen vorhandener stiller Reserven lasten, im Rahmen der Wertermittlung wertmindernd zu berücksichtigen sind. Gegen eine Berücksichtigung spricht, dass sich die abzuziehende Steuerlast nur schwer quantifizieren lässt, da sie von Faktoren abhängt, die je nach Zeitpunkt der Betrachtung zu anderen Ergebnissen führen können. So werden ständig neue stille Re- 70

---

[174] Einzelheiten zu beiden Verfahren findet man im IDW Standard: Grundsätze zur Durchführung von Unternehmensbewertungen (IDW S) vom 28.6. 2000, S. 25 ff.

[175] BGH NJW 1992, 2441.

[176] *Piltz/Wissmann*, NJW 1985, 2673, 2674.

[177] BGH FamRZ 1991, 43, 45.

[178] BGH BB 1992, 448, 451. Eine Übersicht über die von der Rechtsprechung je nach Sachverhaltsgestaltung angewendeten Bewertungsmethoden findet sich bei *Diederichsen*, Vermögensauseinandersetzung bei der Ehescheidung, S. 52 ff., sowie bei *Klingelhöffer*, Die Ehescheidung des Unternehmers, Rn 169 ff.

[179] Zur Korrektur der Ertragwertmethode, wenn einzelne Vermögensgegenstände einen besonders hohen Substanzwert aufweisen, der sich in dem nach der Ertragswertmethode ermittelten Wert nicht widerspiegelt, OLG Koblenz FamRZ 2002, 1190 (nicht rechtskräftig).

serven gebildet und später aufgelöst.[180] Darüber hinaus hängt die Steuerlast auch von den sich ändernden steuerlichen Verhältnissen auf der Ebene der einzelnen Gesellschafter ab, wie dem Güterstand, dem Vorhandensein etwaiger Verlustvorträge etc. Aus diesen Gründen wird die Auffassung vertreten, dass auf dem Unternehmen oder der Unternehmensbeteiligung lastende Steuern bei der Wertermittlung nur zu berücksichtigen sind, wenn es nach der Scheidung tatsächlich zum Verkauf kommt und die Steuerlast dadurch realisiert wird.[181] Für eine Berücksichtigung der auf dem Unternehmen und der Unternehmensbeteiligung lastenden latenten Steuern spricht allerdings, dass dies die Konsequenz der Wertermittlung nach dem Verkehrswert und damit nach Veräußerungsgesichtspunkten ist, unabhängig davon, ob eine Veräußerung tatsächlich erfolgt.[182] Denn im Falle der Veräußerung erhält der Veräußerer wirtschaftlich nur den Veräußerungserlös abzüglich der fraglichen Steuern. Bei den latenten Steuern handelt es sich somit um unvermeidbare (und damit wertmindernde) Veräußerungskosten, wenn der Wert nur durch eine Veräußerung realisiert werden kann.[183] Latente, auf dem Unternehmen und der Unternehmensbeteiligung lastende Steuern sind deshalb bei der Wertermittlung wertmindernd zu berücksichtigen.

71 Nicht abzugsfähig ist nach Auffassung des BGH[184] das **negative Kapitalkonto** eines Kommanditisten, da das negative Kapitalkonto keine Verbindlichkeit im Sinne des § 1375 BGB darstellt. Das negative Kapitalkonto mindere lediglich den künftigen Vermögenszuwachs („Verlusthaftung mit künftigen Gewinnanteilen").[185] Dieser Ansicht kann nicht uneingeschränkt gefolgt werden. Die Abzugsfähigkeit eines negativen Kapitalkontos ist zu bejahen, wenn sich dieses bereits zum Stichtag der Zugewinnausgleichsberechnung wertmindernd auf die Gesellschaftsbeteiligung auswirkt. Eine Minderung des inneren Werts der Gesellschaftsbeteiligung kann sich daraus ergeben, dass gemäß § 15 a EStG nur ein beschränkter Verlustausgleich zulässig ist und deshalb der bei einer (unterstellten) Veräußerung der Beteiligung erzielbare Kaufpreis entsprechend niedriger ausfällt.[186]

72 Zum Zweck der Wertermittlung des Unternehmens ist der Unternehmer verpflichtet, dem anderen Ehegatten auf Verlangen die entsprechenden **betrieblichen Unterlagen**, zum Beispiel die Jahresabschlüsse des betroffenen Unternehmens, der letzten fünf Jahre vor Beendigung des Güterstands **auszuhändigen**.[187] Auf diese Weise erhält der Auskunftsbe-

---

[180] S. *Esch/Baumann/Schulze zur Wiesche* I. Buch Rn 175 zur vergleichbaren Problematik bei der Berechnung von Pflichtteilsansprüchen, sowie *Staudinger/Reimann* § 2311 BGB Rn 82 m. w. N.

[181] *Esch/Baumann/Schulze zur Wiesche* I. Buch Rn 175.

[182] BGH DB 1999, 477, 480.

[183] BGH NJW 1991, 1547, 1551.

[184] FamRZ 1986, 37 ff. (für Abschreibungsgesellschaften).

[185] BGH FamRZ 1986, 37, 38.

[186] Wegen Einzelheiten zum beschränkten Verlustausgleich s. Beck Hdb. Personengesellschaften/*Friedrich* § 6 Rn 130 f.

[187] OLG Düsseldorf FamRZ 1999, 1070.

rechtigte nicht nur Einblick in das unternehmerische Vermögen des anderen Ehegatten, sondern auch Auskunft über das Unternehmen selbst und daran beteiligte Dritte.[188] Es liegt auf der Hand, dass diese Verpflichtung zur Auskunftserteilung nur höchst ungern erfüllt wird. Durch entsprechende ehevertragliche Vereinbarungen ist deshalb **Vorsorge** zu treffen, damit es nicht zu einem Verlangen nach Auskunftserteilung kommt (Einzelheiten hierzu unter C. § 6 Rn 91ff.).

b) Auswirkungen von gesellschaftsvertraglichen Abfindungsklauseln. In zahlreichen Gesellschaftsverträgen findet man spezielle Abfindungsklauseln, die für den Fall des Ausscheidens eines Gesellschafters die Höhe des dem ausscheidenden Gesellschafter zustehenden Abfindungsguthabens und dessen Ermittlung regeln. Vorrangiges **Ziel** dieser Abfindungsklauseln ist neben der Vermeidung des Streits über die Art und Weise der Wertermittlung des Unternehmens bzw. der Unternehmensbeteiligung auch die Vermeidung eines mit dem Ausscheiden verbundenen und für die Gesellschaft nicht zu finanzierenden Liquiditätsverlustes. Eine Untersuchung hat ergeben, dass in 56,5 % der untersuchten Abfindungsregelungen in Gesellschaftsverträgen von Personengesellschaften eine Abfindung zum Buchwert und in 10,7 % der Fälle eine Abfindung zum Nennwert der Einlage vorgesehen ist.[189] Gesellschaftsvertragliche Beschränkungen des Abfindungsguthabens sind aufgrund der Vertrags- bzw. Satzungsautonomie sowohl im Personengesellschaftsrecht als auch im Recht der Kapitalgesellschaften grundsätzlich wirksam.[190] Dies gilt auch für die Beschränkung der Abfindung bei einer Partnerschaftsgesellschaft.[191] Bei der Frage, ob gesellschaftsvertragliche Beschränkungen des Abfindungsguthabens auch maßgeblich sind für die Wertberechnung einer Unternehmensbeteiligung zum Zwecke der Ermittlung eines etwaigen Zugewinns ist zu **differenzieren**: Die gesellschaftsvertraglichen Regelungen hinsichtlich der Ermittlung und der Höhe des Abfindungsguthabens sind dann bei der Wertermittlung im Rahmen der Zugewinnausgleichsberechnung zu beachten, wenn die Kündigung der Gesellschaftsbeteiligung am Stichtag der Beendigung des Güterstands bereits erfolgt oder zumindest eingeleitet ist und sich die Abfindungsklausel dadurch konkretisierte. Im Normalfall ist jedoch zum Zeitpunkt der Beendigung des Güterstands das Ausscheiden des Unternehmers aus dem Unternehmen noch nicht eingeleitet. Ob in diesen Fällen die Abfindungsklausel unmittelbaren Einfluss auf die Wertermittlung der Unternehmensbeteiligung hat, ist in der Literatur um- 73

---

188 Kritisch zu dieser weiten Folge des Auskunftsrechts *Plate*, MittRhNotK 1999, 257, 261.

189 *Hennerkes/May*, NJW 1988, 2761, 2766 Fn 43.

190 Einzelheiten hierzu bei *Hennerkes/May*, NJW 1988, 2761, 2765 f.; *Sudhoff/Jäger* GmbH & Co. KG § 31 Rn 9 ff.; ausführlich zu Abfindungsregelungen *Richter*, Die Abfindung ausscheidender Gesellschafter unter Beschränkung auf den Buchwert.

191 *J. Mayr*, ZEV 1996, 321, 325.

stritten.[192] Es gibt einen **bunten Strauß** unterschiedlicher **Ansichten** zu dieser Frage:

- Der Wert der Beteiligung ist auf der Grundlage der gesellschaftsvertraglichen Abfindungsklausel zu ermitteln.[193]
- Ermittlung eines endgültigen Werts zwischen dem Vollwert und dem Klauselwert unter Berücksichtigung der Ausscheidungsrisiken.[194]
- Ermittlung eines vorläufigen Vollwerts, der unter bestimmten Umständen an den Klauselwert angepasst werden kann.[195]
- Ermittlung des Vollwerts, wobei jedoch je nach Wahrscheinlichkeit der Beendigung der Beteiligung Abschläge vorzunehmen sind.[196]
- Ermittlung des Vollwerts und Abfederung unbilliger Härten durch die gesetzlich vorgesehenen Möglichkeiten, zum Beispiel §§ 1381, 242 BGB.[197]

74 Der Auffassung, wonach der Wert von Unternehmensbeteiligungen im Rahmen der Zugewinnausgleichsberechnung generell mit dem **Klauselwert** anzusetzen ist, kann nicht gefolgt werden.[198] Denn dadurch bestünde die Gefahr, dass eigentlich zugewinnausgleichspflichtiges Vermögen einer Zugewinnausgleichsberechnung entzogen wird. Abzulehnen sind auch die Vorschläge einer nur **vorläufigen Wertermittlung** mit späterer Korrekturmöglichkeit. Denn aufgrund der Stichtagsregelung, die in §§ 1376 Abs. 2, 1384 BGB für die Bewertung des Endvermögens getroffen ist, hat eine endgültige Bewertung der Unternehmensbeteiligung bezogen auf den Stichtag der Beendigung des Güterstands bzw. der Rechtshängigkeit des Scheidungsantrags zur erfolgen. Das strikte Festhalten an der **„Stichtagsregelung"** erleichtert zum einen die Berechnung des Zugewinns, zum anderen wird dadurch auch der Manipulation des Endvermögens im Vorfeld einer Ehescheidung vorgebeugt.[199] Der **BGH** weist zu Recht darauf hin, dass der Umstand, dass eine Unternehmensbeteiligung voll nutzbar, aber wegen einer Abfindungsklausel nicht frei verwertbar ist, sich allenfalls **wertmindernd** auswirken könne.[200] Allerdings lässt sich die Höhe einer möglichen Wertminderung zum Zeitpunkt der gerichtlichen Feststellung eines etwaigen Zugewinns im Rahmen der tatrichterlichen Würdigung in aller Regel noch gar nicht festlegen. In diesen Fällen hat die Wertermittlung auf der Grundlage des tatsächlichen Werts der Unternehmensbeteiligung zu erfolgen. Mit der Stichtagsregelung verbundene Härten sind dann durch die hierfür gesetzlich vorgesehenen Möglichkeiten abzufedern: Dem Unternehmer steht zum Beispiel gemäß

---

[192] Die in der Literatur geäußerten Auffassungen beziehen sich überwiegend auf die vergleichbare Problematik des Einflusses von Abfindungsklauseln auf Pflichtteilsansprüche.

[193] *Huber* S. 342 ff.

[194] *Sudhoff*, NJW 1961, 801, 805.

[195] *Ulmer*, ZGR 1972, 324, 341 f.

[196] *Reimann*, ZEV 1994, 7, 10; *Esch/Baumann/Schulze zur Wiesche* I. Buch Rn 176.

[197] *Winkler*, BB 1997, 1697, 1702.

[198] S. auch BGH DB 1999, 477 ff.

[199] *Gernhuber/Coester-Waltjen* Familienrecht S. 545.

[200] DB 1999, 477, 478.

§ 1381 BGB ein **Leistungsverweigerungsrecht** im Fall grober Unbilligkeit des Zugewinnausgleichs zu. Grobe Unbilligkeit liegt vor, wenn ein Ehegatte seinen Zugewinnausgleichsanspruch zwangsweise durch Vollstreckungsmaßnahmen in die Unternehmensbeteiligung des geschiedenen Ehegatten durchsetzt und dieser deshalb nach dem Gesellschaftsvertrag mit einer Abfindung ausscheidet, die unter dem anlässlich der Zugewinnausgleichsberechnung festgelegten Beteiligungswert liegt. Der Unternehmer kann die Erfüllung des Zugewinnausgleichsanspruchs in Höhe des Differenzbetrags zwischen dem tatsächlich erhaltenen Abfindungsbetrag und dem gerichtlich festgestellten Wert verweigern.

c) Liquiditätsschwierigkeiten. Wenn ein Unternehmen innerhalb **75**
der Ehezeit aufgrund der Arbeitsleistung des Unternehmers und aufgrund anderer Faktoren eine starke Werterhöhung erfahren hat, kann im Fall der Scheidung für den Ehegatten des Unternehmers eine hohe Zugewinnausgleichsforderung bestehen. Diese Ausgleichsforderung ist – wie bereits dargestellt – grundsätzlich sofort fällig und durchsetzbar. In aller Regel verfügt jedoch weder der Unternehmer noch das Unternehmen über genügend liquide Mittel, um die Zugewinnausgleichsforderung unverzüglich zu erfüllen. In der Praxis führt dies dazu, dass das Unternehmen liquidiert werden muss oder als Ganzes oder zumindest Teile des Unternehmens an fremde Dritte veräußert werden müssen und der Unternehmer dadurch um die Früchte seiner bisherigen Arbeit gebracht wird. Vor allem bei inhabergeführten Unternehmen ist zu beobachten, dass die Scheidung der Ehe nicht selten zum ungewollten Verkauf oder zur Liquidation des Unternehmens führt. Der Verkauf eines Unternehmens führt häufig und die Liquidation stets auch zum Verlust von Arbeitsplätzen. **Ehevertragliche Vereinbarungen** hinsichtlich der Vermögensauseinandersetzung nach Beendigung des Güterstands dienen in einer Unternehmerehe deshalb nicht nur zum **Schutz** des unternehmerisch tätigen Ehegatten, sondern auch zum Schutz des **Unternehmens** selbst und der im Unternehmen beschäftigten **Arbeitnehmer**. Seinen Arbeitnehmern gegenüber steht der Unternehmer in der Verantwortung, dass die Existenz des Unternehmens und damit ihre Arbeitsplätze nicht durch Entwicklungen in der rein privaten Sphäre des Unternehmers aufs Spiel gesetzt werden. In § 91 Abs. 2 des österreichischen Ehegesetzes wurde der Grundgedanke, dass die Vermögensaufteilung im Fall der Scheidung der Ehe den Bestand des Unternehmens nicht gefährden dürfe, gesetzlich festgeschrieben.[201] Da im deutschen Recht eine entsprechende gesetzliche Regelung fehlt, ist es umso wichtiger, den Bestand des Unternehmens durch entsprechende ehevertragliche Vereinbarungen zu sichern (Einzelheiten hierzu unter C. § 6 Rn 84 ff.).

---

[201] S. dazu *Ferrari,* FamRZ 2001, 896, 899.

III. Ansprüche des Ehegatten beim Tod des Unternehmers

1. Erbrechtliche Ansprüche

76 **a) Gesetzliche Erbfolge.** Falls der Unternehmer keine Verfügung von Todes wegen getroffen hat, tritt im Falle seines Todes die gesetzliche Erbfolge ein, § 1922 BGB. Das **gesetzliche Erbrecht** des überlebenden **Ehegatten** beträgt neben Abkömmlingen des Erblassers grundsätzlich ein Viertel und falls keine Abkömmlinge vorhanden sein sollten, neben den Eltern und Großeltern des Erblassers ein Halb. Wenn die Ehegatten zum Zeitpunkt des Erbfalls im Güterstand der Gütertrennung lebten und ein oder zwei Kinder des Erblassers als gesetzliche Erben berufen sind, so erben der überlebende Ehegatte und jedes Kind zu gleichen Teilen, § 1931 Abs. 4 BGB. Entgegen weit verbreiteter Ansicht ist demnach der überlebende Ehegatte nicht Alleinerbe des zuerst versterbenden Ehepartners. Gemäß § 2042 BGB kann jeder Erbe (und damit auch der überlebende Ehegatte als gesetzlicher Erbe) grundsätzlich jederzeit die Auseinandersetzung der Erbengemeinschaft verlangen. Die Verwaltung des Nachlasses steht den Erben gemeinschaftlich zu und Verfügungen über Nachlassgegenstände können nur gemeinsam erfolgen, §§ 2038 und 2040 BGB. Es fällt nicht schwer, sich vorzustellen, dass bei Eintritt der gesetzlichen Erbfolge Familienunternehmen leicht zum Spielball der unterschiedlichen Interessen von Familienangehörigen werden können und eine Fortführung des Unternehmens dadurch nicht nur erschwert, sondern unter Umständen sogar unmöglich gemacht wird. Die **Erbengemeinschaft** als **Zufallsgemeinschaft** führt nicht selten dazu, dass aufgrund von Meinungsverschiedenheiten und Streitereien Nachlassgegenstände, insbesondere Unternehmen, erheblich unter Wert veräußert werden. Hinzu kommt, dass die Erbengemeinschaft wegen der jederzeitigen Veräußerbarkeit der Erbanteile und wegen der persönlichen Haftung **als Unternehmensform ungeeignet** ist.[202] Zur erfolgreichen Unternehmensführung gehört deshalb auch die Abfassung einer Verfügung von Todes wegen, damit für den Fall des Ablebens vor lebzeitiger Unternehmensübergabe das Unternehmen möglichst unbehelligt von Familienstreitigkeiten fortgeführt werden kann und keine konfliktgeladenen Erbengemeinschaften entstehen können (Einzelheiten hierzu unter G. § 34).

77 **b) Pflichtteilsansprüche.** Gefahr für das Unternehmen droht im Falle des Versterbens des Unternehmers auch noch von einer anderen Seite: Wenn der Unternehmer seinen Ehegatten durch Verfügung von Todes wegen von der Erbfolge ausgeschlossen hat, steht dem übergangenen Ehegatten als Pflichtteil ein Anteil in Höhe der **Hälfte** seines **gesetzlichen Erbteils** am Nachlass und damit am tatsächlichen Wert des Unternehmens bzw. der Unternehmensbeteiligung zu, § 2303 BGB. Wird dem überlebenden Ehegatten ein Erbteil hinterlassen, der geringer als die Hälfte des gesetzlichen Erbteils ist, so kann er den **Zusatzpflichtteil** bis zur Hälfte

[202] *Spiegelberger* Vermögensnachfolge Rn 725.

des gesetzlichen Erbteils von den Miterben verlangen, § 2305 BGB. **Schenkungen** von Unternehmensbeteiligungen, beispielsweise an Abkömmlinge, die innerhalb von 10 Jahren vor dem Tod des Erblassers getätigt wurden, sind bei der Pflichtteilsberechnung zu berücksichtigen, § 2325 BGB. Beabsichtigt der Unternehmer, seinen Ehegatten zu einer Quote zum Erben einzusetzen, die die Hälfte des gesetzlichen Erbteils nicht übersteigt, und sein Unternehmen im Wege eines Vermächtnisses auf eine andere Person zu übertragen,[203] so kann sich der überlebende Ehegatte auf **§ 2306 BGB** berufen, wonach die Vermächtnisanordnung als nicht angeordnet gilt. Es ist deshalb darauf zu achten, dass der Erbteil des überlebenden Ehegatten über der Quote seines Pflichtteils liegt. Wird dem Ehegatten vom Unternehmer ein Vermächtnis zugewendet, kann dieses ohne Einhaltung der 6-Wochenfrist des § 1954 Abs. 1 BGB ausgeschlagen und der Pflichtteil verlangt werden, § 2180 Abs. 3 BGB (Einzelheiten zum Pflichtteilsrecht unter G. § 34 Rn 45 ff.).

**c) Erbteils- und Pflichtteilserhöhung im gesetzlichen Güter- 78
stand.** Bei Unternehmer-Ehegatten, die im gesetzlichen Güterstand leben, ist auch die Vorschrift des § 1371 BGB von Bedeutung. Gemäß § 1371 Abs. 1 BGB wird der Ausgleich des Zugewinns bei Beendigung der Ehe durch Tod eines Ehegatten grundsätzlich dadurch verwirklicht, dass sich der gesetzliche Erbteil des überlebenden Ehegatten um ein Viertel der Erbschaft erhöht (**„erbrechtliche Lösung“**). Unerheblich ist in diesem Zusammenhang, ob der überlebende Ehegatte tatsächlich einen Zugewinn erzielt hat.[204] Die automatische Erhöhung des gesetzlichen Erbteiles ist auch bei der Geltendmachung von Pflichtteilsansprüchen (einschließlich Pflichtteilsrest- und Pflichtteilsergänzungsansprüchen) von Bedeutung, da der Pflichtteil des Ehegatten in der Hälfte des Werts des (erhöhten) gesetzlichen Erbteils und damit in Höhe von einem Viertel besteht.

2. Güterrechtliche Ansprüche

Der überlebende Ehegatte muss sich mit der erbrechtlichen Lösung, 79
also dem gesetzlich angeordneten Zugewinnausgleich durch Erbteilserhöhung, und damit auch mit dem so genannten „großen“ Pflichtteil nicht zufrieden geben. Denn er ist gemäß § 1371 Abs. 2 BGB berechtigt, nach Ausschlagung des ihm zugewendeten Erbteils oder Vermächtnisses neben dem „kleinen“ Pflichtteil (berechnet nach dem nicht erhöhten gesetzlichen Erbteil) auch den Ausgleich des Zugewinns nach den Vorschriften der §§ 1373 bis 1383, 1390 BGB zu verlangen (**„güterrechtliche Lösung“**).[205] Das Gleiche gilt, falls der überlebende Ehegatte nicht Erbe oder Vermächtnisnehmer wird, § 1371 Abs. 1 BGB. Der Weg über die **Aus-**

---

[203] Vorsicht geboten ist bei der vermächtnisweisen Zuwendung einer Beteiligung an einer Personengesellschaft bei Vorhandensein von Sonderbetriebsvermögen wegen der damit verbundenen ertragsteuerlichen Risiken.

[204] *Palandt/Brudermüller* § 1371 BGB Rn 3.

[205] Hierzu *Palandt/Brudermüller* § 1371 BGB Rn 12 ff.

schlagung ist für den überlebenden Ehegatten dann interessant, wenn das Unternehmen bzw. die Unternehmensbeteiligung des verstorbenen Ehegatten während der Ehe eine erhebliche Wertsteigerung erfahren hat. Die **Ausschlagungsfrist** beträgt gemäß § 1944 BGB sechs Wochen und beginnt mit dem Zeitpunkt, in welchem der überlebende Ehegatte von dem Anfall und dem Grunde der Berufung Kenntnis erlangt, im Falle des Vorliegens einer Verfügung von Todes wegen jedoch frühestens mit der Verkündung der Verfügung, § 1944 BGB.[206] Die Möglichkeit der Geltendmachung des kleinen Pflichtteilsanspruchs nach Ausschlagung besteht selbst dann, wenn dem überlebenden Ehegatten gemäß den gesetzlichen Bestimmungen nach Ausschlagung der Erbschaft ein Pflichtteilsanspruch nicht zustünde, § 1371 Abs. 3 BGB.[207] Wählt der überlebende Ehegatte die „güterrechtliche Lösung", hat dies für den Unternehmernachfolger die unangenehme Konsequenz, dass er sich einer unter Umständen erheblichen Geldforderung des überlebenden Ehegatten ausgesetzt sieht. Der damit einhergehende **Liquiditätsabfluss** birgt für den Unternehmensnachfolger und das Unternehmen erhebliche Risiken in sich.

3. Unterhaltsansprüche

80 Die Beendigung der Ehe durch den Tod eines Ehegatten führt dazu, dass die gegenseitige Unterhaltspflicht für die Zukunft erlischt (§§ 1360 a Abs. 3, 1615 Abs. 1 BGB). Wurde die Ehe durch Scheidung beendet, geht die Unterhaltspflicht mit Versterben des Unterhaltsverpflichteten auf dessen Erben als **Nachlassverbindlichkeit** über, § 1586 b Abs. 1 S. 1 BGB. Wenn ein Unternehmer mehrmals verheiratet war, können diese Unterhaltsansprüche eine beträchtliche Höhe erreichen. Die Unterhaltsverpflichtung ist **begrenzt** auf den Betrag, der dem Unterhaltsberechtigten als nicht erhöhter Pflichtteil zustünde, wenn die Ehe nicht geschieden worden wäre, § 1586 b Abs. 1 S. 3 BGB. Bei der Berechnung des **fiktiven Pflichtteilsanspruchs** ist vom Gesamtnachlass und nicht vom Vermögen des Unterhaltsverpflichteten zum Zeitpunkt der Ehescheidung auszugehen. Fiktive Pflichtteilsergänzungsansprüche nach den §§ 2325 ff. BGB sind bei der Berechnung der Höchstgrenze zu berücksichtigen, da ansonsten durch lebzeitige Verfügungen des Unterhaltsverpflichteten der Unterhaltsanspruch bewusst eingeschränkt werden könnte.[208] Es ist umstritten, ob der Unterhaltsanspruch nach dem Tod des Verpflichteten auch dann fortbesteht, wenn der Unterhaltsberechtigte einen **Pflichtteilsverzicht** abgegeben hat.[209] Ausweislich der Gesetzesbegründung zu § 1586 b BGB

---

[206] Gemäß § 1944 Abs. 3 BGB beträgt die Ausschlagungsfrist sechs Monate, wenn der Erblasser seinen letzten Wohnsitz nur im Ausland innehatte oder wenn sich der Erbe zum Zeitpunkt des Beginns der Ausschlagungsfrist im Ausland aufhält.

[207] Bei einer Erbeinsetzung unterhalb der Pflichtteilsquote kann nach Ausschlagung grundsätzlich nicht der volle Pflichtteil, sondern nur der Zusatzpflichtteil (§ 2305 BGB) verlangt werden. Dies wird in der Praxis häufig verkannt.

[208] BGH NJW 2001, 828.

[209] Bejahend *Grziwotz*, FamRZ 1991, 1258, 1259; *Reimann* FS Schippel S. 301, 307. Verneinend *Palandt/Brudermüller* § 1586 b BGB Rn 8; *Dieckmann*, FamRZ 1999, 1029.

soll der Lebensbedarf des geschiedenen Ehegatten über den Tod des Verpflichteten hinaus in ähnlicher Weise sichergestellt werden, wie dies bei Fortbestand der Ehe durch erbrechtliche Ansprüche erreicht worden wäre.[210] Der Unterhaltsberechtigte soll demnach im Fall des Todes des Unterhaltsverpflichteten nicht weniger, aber auch nicht mehr haben, als er gehabt hätte, wenn seine Ehe statt durch Scheidung durch den Tod des Verpflichteten aufgelöst worden wäre. Hat demnach der unterhaltsberechtigte Ehegatte einen Pflichtteilsverzicht abgegeben, entfällt die Unterhaltslast des Erben des Unterhaltsverpflichteten, da der Unterhaltsberechtigte nicht besser stehen soll als wenn die Ehe durch den Tod seines ihn enterbenden Ehegatten beendet worden wäre. Falls trotz eines Pflichtteilsverzichts das Fortbestehen der Unterhaltspflicht nach § 1586b BGB gewünscht wird, ist das durch einen entsprechenden Vorbehalt zu vereinbaren.

Formulierungsbeispiel: 81

„Ungeachtet des vorstehenden Pflichtteilsverzichts verbleibt es bei dem Anspruch auf nachehelichen Unterhalt gemäß den Bestimmungen des § 1586b BGB für den Fall des Vorversterbens des unterhaltsverpflichteten Ehegatten.“

IV. Ehevertragliche Gestaltungsmöglichkeiten und Vorsorgemaßnahmen

Die vorstehenden Ausführungen haben gezeigt, dass der **gesetzliche Güterstand** der Zugewinngemeinschaft ohne entsprechende ehevertragliche Modifizierungen für die Unternehmerehe **ungeeignet** ist. So schließt die Berechnung des Zugewinns eines Ehegatten auch den tatsächlichen Wert eines Unternehmens bzw. einer Unternehmensbeteiligung des anderen Ehegatten ein, soweit dieser Wert während der Ehezeit geschaffen wurde. Häufig verfügt aber weder der Unternehmer noch das Unternehmen über ausreichend Liquidität, um den sofort fälligen Zugewinnausgleichsanspruch des Ehegatten im Fall der Scheidung der Ehe erfüllen zu können. Der Unternehmer ist dann gezwungen, sein Unternehmen ganz oder teilweise zu veräußern oder im Extremfall sogar zu liquidieren. Da nahezu jede dritte Ehe geschieden wird (bei jüngeren Ehen ist die Scheidungsquote noch höher), sind die daraus resultierenden Risiken für das Unternehmen und seine Mitarbeiter erheblich. Diese **Gefährdungen** für den **Fortbestand** des **Unternehmens** bestehen auch im Fall des Versterbens des Unternehmers, wenn der Ehegatte sich nicht mit dem ihm Hinterlassenen zufrieden gibt und neben dem Pflichtteil Ausgleich des tatsächlichen Zugewinns und damit eine Teilhabe an während der Ehe erfolgten Wertsteigerungen des Unternehmens verlangt. Aus Sicht des nicht unternehmerisch tätigen Ehegatten kann die Einbeziehung der geschäftlichen Aktivitäten des anderen Ehegatten in die Zugewinnausgleichsberechnung jedoch auch nachteilig sein, da durch die Berücksichtigung un- 82

[210] BT-Drucks. 7/650, S. 153.

ternehmerischer Verluste der Zugewinn im Bereich des Privatvermögens des Unternehmers bis auf „null" reduziert werden kann. Eine Zugewinnausgleichsforderung würde in diesem Fall wegen der Gesamtbetrachtung des unternehmerischen und privaten Vermögens nicht bestehen.[211] Die vorstehende Übersicht über die **gesetzlichen** Regelungen des **nachehelichen Unterhaltsrechts** und des **Versorgungsausgleichs** hat auch deutlich gemacht, dass diese gesetzlichen Regelungen – wie die Regelungen hinsichtlich des Zugewinnausgleichs – **nicht** auf eine **Unternehmerehe** zugeschnitten sind und deshalb in Unternehmerehen zu nicht sachgerechten Ergebnissen führen können.

83 Ehevertragliche Vereinbarungen sind vor diesem Hintergrund deshalb für Unternehmerehen zu empfehlen. Darüber hinaus empfehlen sich ehevertragliche Regelungen auch aus einem anderen Grund: Die **Risiken** einer **Ehescheidung** liegen nicht nur im finanziellen, sondern auch im persönlichen Bereich. Die Trennung von einem Ehegatten und das Ehescheidungsverfahren stellen für beide Ehegatten in aller Regel eine – weil ungewohnt – Ausnahme- und Stresssituation dar. In dieser Zeit prägen häufig Wut, Enttäuschung, eventuell Neid auf einen neuen Lebenspartner und Hilflosigkeit das Lebensgefühl. Außerdem muss man in diesem Lebensabschnitt mit der Situation umgehen, dass die privaten Verhältnisse, insbesondere die unternehmensbezogenen Vermögensverhältnisse, dritten Personen, sprich Anwälten, Sachverständigen und Richtern, offen gelegt werden müssen. Aufgrund der langwierigen und kräftezehrenden Auseinandersetzungen während der Trennungsphase liegt es auf der Hand, dass ein Unternehmer sich in dieser Zeit nicht mit dem erforderlichen und von ihm selbst gewünschten Elan und der nötigen Konzentration den Aufgaben im Unternehmen widmen kann. Das Unternehmen wird somit bereits im Vorfeld der rechtskräftigen Ehescheidung erheblich in Mitleidenschaft gezogen. Durch **ehevertragliche Vereinbarungen** kann entsprechende Vorsorge getroffen werden, damit es nicht zu solchen belastenden Begleiterscheinungen im Fall einer Trennung und der Scheidung einer Unternehmerehe kommt.

1. Güterstand

84 Ehevertragliche Regelungen hinsichtlich des Güterstands dienen vorrangig dem Ziel, das unternehmerische Vermögen eines Ehegatten bei Beendigung des Güterstands, insbesondere für den Fall der Ehescheidung, aus der Ermittlung güterrechtlicher Ausgleichsansprüche herauszunehmen. Dieses Ziel kann von den (zukünftigen) Ehegatten auf zwei Wegen erreicht werden: Zum einen durch die Vereinbarung der **Gütertrennung**, zum anderen durch die **Modifizierung** des **gesetzlichen Güterstands**. Sowohl die Gütertrennung als auch die Modifizierung des gesetzlichen Güterstands sind in einem **Ehevertrag**, der bei gleichzeitiger Anwesenheit beider Teile **notariell beurkundet** werden muss (§ 1410 BGB), zu vereinbaren. Auf den Vertragsgüterstand der **Gütergemeinschaft**

[211] *Plate*, MittRhNotK 1999, 257, 261.

(§§ 1415 ff. BGB) wird an dieser Stelle nicht näher eingegangen, da dieser für Unternehmerehen wegen der Unübersichtlichkeit der unterschiedlichen Vermögensmassen (Gesamtgut, Sondergut und Vorbehaltsgut) und wegen der Haftung des Gesamtguts für bestimmte Verbindlichkeiten beider Ehegatten keine geeignete Alternative zum gesetzlichen Güterstand oder der Gütertrennung darstellt. Gehört unternehmerisches Vermögen zum Gesamtgut, ergeben sich außerdem zahlreiche Abwicklungsprobleme, zum Beispiel wegen gemeinschaftlicher Stimmrechte.[212]

a) Gütertrennung. *aa) Grundsätzliches zur Gütertrennung.* Im Güter- 85
stand der Gütertrennung gelten – wie im gesetzlichen Güterstand auch – die Grundsätze der **Vermögenstrennung**, der **eigenen Vermögensverwaltung** und der **getrennten Schuldenhaftung**. Der Güterstand der Gütertrennung unterscheidet sich in güterrechtlicher Hinsicht jedoch in zwei Punkten vom gesetzlichen Güterstand der Zugewinngemeinschaft: Zum einen finden die **Verfügungsbeschränkungen** der §§ 1365 und 1369 BGB **keine** Anwendung. Und zum anderen gibt es bei der Beendigung des Güterstands **keine güterrechtlichen Ausgleichsansprüche**. Die Ehegatten stehen sich in vermögensrechtlicher Hinsicht wie Unverheiratete gegenüber. Lediglich über den Anspruch auf Rückgewähr ehebedingter Zuwendungen findet ein „verkappter"[213] güterrechtlicher Ausgleich statt (Einzelheiten hierzu unter C. § 6 Rn 58 ff.).

Gütertrennung tritt nach § 1414 BGB **ein, wenn** 86
- die künftigen Ehegatten den gesetzlichen Güterstand ausschließen,
- die Ehegatten nach der Eheschließung den gesetzlichen Güterstand aufheben,
- der Ausgleich des Zugewinns oder der Versorgungsausgleich ausgeschlossen wird oder
- die Gütergemeinschaft aufgehoben wird,

falls sich nicht aus dem Ehevertrag etwas anderes ergibt. Diese Auslegungsregel ist insbesondere bei **vollständigem**[214] **Ausschluss** des **Versorgungsausgleichs** zu beachten. Soll trotz dieses Ausschlusses der gesetzliche Güterstand weiterhin für die Ehe gelten, ist dies durch eine klarstellende Regelung im Ehevertrag zu dokumentieren. Die Gütertrennung tritt außerdem mit Rechtskraft des Urteils auf vorzeitigen Ausgleich des Zugewinns ein, § 1388 BGB.

bb) Gründe für die Vereinbarung der Gütertrennung. Auf den **ersten Blick** 87
hat dieser Güterstand den Vorzug des **rechtlich Einfachen** und **Klaren**, da im Falle der Beendigung des Güterstands langwierige und kostspielige Ermittlungen eines etwaigen Zugewinns und einer etwaigen Ausgleichsforderung unterbleiben können.[215] Dies ist ein Grund, warum der Güterstand der Gütertrennung weit verbreitet ist und von rechtlichen Beratern

---

[212] Beispielhaft hierzu OLG Saarbrücken FamRZ 2002, 1034 m. Anm. *Bergschneider.*

[213] *Palandt/Brudermüller* Grundz § 1414 BGB Rn 2.

[214] *Palandt/Brudermüller* § 1414 BGB Rn 1.

[215] Vgl. *Langenfeld* Eheverträge Rn 410.

gerne empfohlen wird.[216] Dieser Vorzug des rechtlich Einfachen und Klaren ist jedoch dahin gehend einzuschränken, dass nicht alles, was rechtlich einfach und klar ist, auch stets sachgerecht ist.[217] Fragt man nach weiteren Gründen für die Vereinbarung des Güterstands der **Gütertrennung** in einer Unternehmerehe, so werden **vorrangig zwei Motive** genannt: Bei Scheidung der Ehe soll der nicht unternehmerisch tätige Ehegatte keine Ansprüche hinsichtlich des Unternehmens bzw. der Unternehmensbeteiligung geltend machen können. Und zweitens soll er vor der Haftung für Schulden des Unternehmers geschützt werden. Dass der letzte Grund nicht tragfähig ist, wurde bereits bei den allgemeinen Ausführungen zum gesetzlichen Güterstand dargestellt (Grundsatz der getrennten Schuldenhaftung, vgl. C. § 6 Rn 4). Das erstgenannte Ziel, das Unternehmen für den Fall der Scheidung aus jeglichen vermögensrechtlichen Auseinandersetzungen herauszuhalten, wird durch die Vereinbarung der Gütertrennung zwar erreicht. Dieses Ziel kann, wenn man die mit der Gütertrennung verbundenen und nachstehend dargestellten Nachteile vermeiden will, aber auch durch die Modifizierung des gesetzlichen Güterstands erreicht werden. Es ist immer wieder festzustellen, dass es eine **Vielzahl** von **Eheverträgen** gibt, in denen die **Gütertrennung leichtfertig** und ohne tragfähige sowie sachgerechte Begründung **vereinbart** wurde.

88 *cc) Nachteile der Gütertrennung.* Beabsichtigen Ehegatten, den Güterstand der Gütertrennung zu vereinbaren, setzt dies eine umfassende Unterrichtung über die damit verbundenen Rechtsfolgen und Konsequenzen voraus.[218] Vor allem folgende mit der Gütertrennung einhergehende, unter Umständen nachteiligen Rechtsfolgen und Konsequenzen sind zu bedenken:

- Im Güterstand der Gütertrennung findet grundsätzlich **kein güterrechtlicher Vermögensausgleich** nach Beendigung des Güterstands – sei es durch Scheidung oder durch Tod eines Ehegatten – statt. Dadurch wird im Fall der Scheidung der Ehe der Ehegatte benachteiligt, der während der Ehezeit den Haushalt führte und deshalb keine eigenen Einkünfte durch eine Berufstätigkeit erzielen konnte. Hinzu kommt, dass der Verzicht auf jeglichen güterrechtlichen Ausgleich auch für den Fall des Todes eines Ehegatten nur in seltenen Fällen von den Ehegatten gewünscht und gewollt ist.
- Die Vereinbarung der Gütertrennung führt dazu, dass sich beim Vorhandensein von zwei und mehr Kindern die **Erb-** und **Pflichtteilsansprüche** des Ehegatten verringern und die der Abkömmlinge erhöhen (§ 1931 Abs. 4 BGB).
- Im Güterstand der Gütertrennung steht dem überlebenden Ehegatten nicht der **steuerliche Freibetrag** nach **§ 5 Abs. 1 ErbStG** in Höhe der (fiktiven) Zugewinnausgleichsforderung zu.[219] Dieser steuerliche Vor-

---

[216] S. zum Beispiel *Krollmann/Rinsche* Rn 142; *Knobbe-Keuk* Bilanzsteuerrecht S. 1016; *Langenfeld* Eheverträge Rn 410 („Die Gütertrennung ist ein Güterstand für aufgeklärte und wache Eheleute.“).

[217] *Brambring* Ehevertrag Rn 58.

[218] Vgl. *Brambring* Ehevertrag Rn 58.

[219] Einzelheiten hierzu bei *Meincke* § 5 ErbStG Rn 8 ff.

teil der Zugewinngemeinschaft wird allerdings dadurch eingeschränkt, dass inflationsbedingte Wertsteigerungen durch die Indexierung des Anfangsvermögens vom steuerfreien Erwerb ausgenommen sind (R 11 Abs. 3 S. 3 ErbStR).

- Die Vereinbarung der Gütertrennung ohne gleichzeitige Modifizierung oder Ausschluss des Versorgungsausgleichs kann für den nicht unternehmerisch tätigen Ehegatten, der als Einziger dem Versorgungsausgleich unterliegende Ansprüche auf Altersversorgung erworben hat, nachteilig sein: Existiert auf Seiten des Unternehmers keine dem **Versorgungsausgleich** unterliegende Altersversorgung, wie betriebliche Versorgungsansprüche, sondern besteht die Altersversorgung des Unternehmers im Aufbau privaten Vermögens, zum Beispiel einer Kapitallebensversicherung, wird diese bei Scheidung der Ehe weder güterrechtlich (wegen der Gütertrennung) noch durch den Versorgungsausgleich im Rahmen der Vermögensauseinandersetzung berücksichtigt (Einzelheiten hierzu unter C. § 6 Rn 37).

Formulierungsvorschlag für die Vereinbarung der Gütertrennung:
„Vom Notar wurden wir über die Unterschiede zwischen dem gesetzli- 89
chen Güterstand der Zugewinngemeinschaft und der Gütertrennung unterrichtet. Insbesondere wurden wir darauf hingewiesen, dass bei Beendigung des Güterstands, zum Beispiel durch Scheidung der Ehe, im Fall der Gütertrennung der beidseitige Zugewinn nicht ausgeglichen wird. Außerdem wurden wir darüber unterrichtet, dass es im Güterstand der Gütertrennung keine güterrechtlichen Verfügungsbeschränkungen gibt und sich bei Vorhandensein von zwei und mehr Kindern die Erb- und Pflichtteilsansprüche der Kinder erhöhen und die des Ehegatten verringern. Wir vereinbaren hiermit für unsere Ehe den Güterstand der Gütertrennung unter Ausschluss des gesetzlichen Güterstands."

b) Modifizierte Zugewinngemeinschaft

aa) Grundsatz der Vertragsautonomie. In **§ 1408 BGB** ist die **Vertragsauto- 90
nomie** der Ehegatten hinsichtlich der Regelung ihrer güterrechtlichen Verhältnisse gesetzlich normiert. Der Spielraum für ehevertragliche Modifizierungen der güterrechtlichen Verhältnisse war bisher weit.[220] Dieser droht jedoch durch die Rechtsprechung immer mehr eingeschränkt zu werden.[221] **Grenzen** für die Regelung der güterrechtlichen Verhältnisse sind durch die allgemeinen zivilrechtlichen Schranken (zum Beispiel bei Verstößen gegen die guten Sitten sowie gegen Treu und Glauben, §§ 138, 242 BGB) und durch das Gebot, bestimmte güterrechtliche und vermögensrechtliche Grundprinzipien einzuhalten, gesetzt. Zu Letzterem zählt, dass für einzelne Vermögensgegenstände nicht unterschiedliche Güterstände vereinbart werden dürfen (**Verbot** von **Mischgüterständen**).[222] Weitere Beschränkungen der Ehevertragsfreiheit durch **„immanente familien-**

---

[220] S. zum Beispiel BGH FamRZ 1997, 800, 802.
[221] Einzelheiten hierzu unter § 6 Rn 143 ff.
[222] *Langenfeld* Eheverträge Rn 9.

rechtliche Schranken" sind abzulehnen.[223] In einem Ehevertrag kann somit vereinbart werden, dass bestimmte Vermögensgegenstände, insbesondere Unternehmen und Unternehmensbeteiligungen, bei der Berechnung des Zugewinnausgleichs nicht zu berücksichtigen sind. Des Weiteren können die Ehegatten auch die hälftige Ausgleichsquote des § 1378 Abs. 1 BGB herabsetzen.[224] Die Ehegatten können auch die Höhe des Anfangsvermögens festlegen, einen etwaigen Zugewinnausgleich aufschiebend oder auflösend bedingt gestalten sowie Vereinbarungen hinsichtlich der Bewertung des Anfangs- und Endvermögens treffen. Zulässig ist auch eine Regelung, wonach entgegen dem gesetzlichen Grundfall die Zugewinnausgleichsforderung nicht sofort fällig ist, sondern in Raten zu erfüllen ist.

91 *bb) Herausnahme von Unternehmen und Unternehmensbeteiligungen aus der Zugewinnausgleichsberechnung.* Wenn man die mit der Vereinbarung der Gütertrennung verbundenen Nachteile nicht in Kauf nehmen will, kommt als Alternative in Betracht, das **Unternehmen** und unternehmerische Beteiligungen für den Fall der Beendigung des Güterstands durch ehevertragliche Vereinbarung aus einer **Zugewinnausgleichsberechnung herauszunehmen**. Das wird dadurch erreicht, dass kraft Vereinbarung diese Gegenstände weder bei der Berechnung des Anfangsvermögens noch des Endvermögens des betreffenden Ehegatten berücksichtigt werden. In Unternehmerehen wird diese Modifizierung des gesetzlichen Güterstands häufig praktiziert und empfohlen.[225] An der rechtlichen Zulässigkeit einer derartigen gegenständlichen Beschränkung des Zugewinnausgleichs bestehen keine Zweifel.[226] Der BGH hat die Herausnahme unternehmerischen Vermögens aus der Zugewinnausgleichsberechnung ausdrücklich für zulässig erklärt.[227] Um Abgrenzungsschwierigkeiten gering zu halten, ist es wichtig, den **Umfang** der aus einer Zugewinnausgleichsberechnung herausgenommenen Unternehmen und Unternehmensbeteiligungen möglichst **exakt festzulegen**: Soweit vorgeschlagen wird, „jegliches Betriebsvermögen" aus einer Zugewinnausgleichsberechnung herauszunehmen,[228] vermag dies ebenso wenig zu befriedigen wie die Beschränkung auf „bereits vorhandene Unternehmen und Unternehmensbeteiligungen". Die Verwendung des Begriffs „jegliches Betriebsvermögen" bietet keine scharfe Abgrenzung zwischen ausgleichspflichtigem und ausgleichsfreiem Vermögen. Dies liegt zum einen daran, dass das Zivilrecht den Begriff des Betriebsvermögens nicht kennt, es sich mithin um einen rein steuerrechtlichen Begriff handelt.[229] Zum anderen ist der steuerrechtliche Begriff des Betriebsvermögens wandelbar und Änderungen seines Inhalts ausgesetzt. Die Beschränkung auf bereits vorhandene Unternehmen wird der Tat-

[223] MüKo/*Kanzleiter* § 1408 BGB Rn 13; *Langenfeld* Eheverträge Rn 9.

[224] MüKo/*Kanzleiter* § 1408 BGB Rn 14.

[225] *Langenfeld* Eheverträge Rn 346, 372 f.; MVH/*Langenfeld* VI. Form. X. 5.

[226] S. auch *Stenger*, ZEV 2000, 51, 54; kritisch *N. Mayer*, DStR 1993, 991, 993.

[227] NJW 1997, 2239 ff.

[228] Zum Beispiel *Stenger*, ZEV 2000, 51, 54; Beck'sches Notarhandbuch/*Grziwotz* B I Rn 67.

[229] Zum Betriebsvermögensbegriff s. R 13 Abs. 1 und 2 EStR 2001.

sache nicht gerecht, dass ein Unternehmen und unternehmerische Tätigkeit nicht statisch sind. So kann es sich aus steuerlichen und/oder handelsrechtlichen bzw. gesellschaftsrechtlichen Gründen als zweckmäßig erweisen, die Rechtsform des Unternehmens zu wechseln. Nicht ausgeschlossen ist auch, dass in der Zukunft Tochtergesellschaften und Gemeinschaftsunternehmen gegründet werden. Die ehevertragliche Vereinbarung sollte deshalb eine „Öffnungsklausel" enthalten, wonach auch zukünftige Unternehmen und Unternehmensbeteiligungen eines Ehegatten nicht zugewinnausgleichspflichtiges Vermögen darstellen.

Besonderes Augenmerk ist darauf zu richten, dass auch alle zu einer Unternehmensbeteiligung gehörenden **Nebenrechte** (wie Guthaben auf einem Darlehenskonto) und **alle** der unternehmerischen Beteiligung bzw. dem Unternehmen unmittelbar und mittelbar dienenden **Vermögensgegenstände**, zum Beispiel ein Grundstück bei einer Betriebsaufspaltung und das einem Ehegatten als Personengesellschafter gehörende **„Sonderbetriebsvermögen I und II"**, von einer Zugewinnausgleichsberechnung ausgeschlossen werden. Unter Sonderbetriebsvermögen versteht man Wirtschaftsgüter, die zivilrechtlich und wirtschaftlich oder nur wirtschaftlich (§ 39 Abs. 2 Nr. 1 AO) im Eigentum eines Mitunternehmers stehen und dazu geeignet und bestimmt sind, dem Betrieb der Mitunternehmerschaft zu dienen (Sonderbetriebsvermögen I, beispielsweise ein vom Gesellschafter an die Gesellschaft vermietetes Grundstück) oder der Beteiligung des Gesellschafters an der Personengesellschaft zumindest förderlich sind (Sonderbetriebsvermögen II, zum Beispiel die Beteiligung eines Kommanditisten an der Komplementär-GmbH).[230] Unternehmensbeteiligungen, die der reinen Kapitalanlage dienen, sollten jedoch von der Zugewinnausgleichsberechnung nicht ausgenommen werden, sofern sie während der Ehe aus Mitteln des dem Zugewinnausgleich unterliegenden Vermögens erworben wurden. 92

„Privilegiertes Vermögen" im Sinne des § 1374 Abs. 2 BGB, das heißt Vermögen, das ein Ehegatte durch Schenkung, von Todes wegen oder als Ausstattung erhalten hat, sollte ebenfalls bei einer Zugewinnausgleichsberechnung nicht berücksichtigt werden. Denn dieses Vermögen hat seine Grundlage nicht in der ehelichen Lebensgemeinschaft, sondern beruht auf Zuwendungen Dritter, beispielsweise der Eltern eines Ehegatten. 93

Formulierungsvorschlag für die Herausnahme unternehmerischen und so genannten privilegierten Vermögens aus einer Zugewinnausgleichsberechnung für den Fall der Scheidung:

„Die Ehegatten ... wurden vom Notar über den gesetzlichen Güterstand der Zugewinngemeinschaft und über die bei Beendigung ihres Güterstands durchzuführende Zugewinnausgleichsberechnung unterrichtet. Die Ehegatten ... erklärten, dass für ihre Ehe grundsätzlich der gesetzliche Güterstand der Zugewinngemeinschaft gelten soll. Für den Fall der Beendigung der Ehe aus anderen Gründen als dem Tod eines Ehegatten vereinbaren die Ehegatten ... jedoch folgende Modifikationen: 94

[230] Vgl. *L. Schmidt* § 15 EStG Rn 506.

95 Ich, ..., bin Alleininhaber der ... GmbH. Wir vereinbaren hiermit, dass dieses Unternehmen sowie alle anderen von mir in Zukunft gegründeten und erworbenen Unternehmen und Unternehmensbeteiligungen (einschließlich aller mit einer Unternehmensbeteiligung verbundenen Nebenrechte, wie zum Beispiel Guthaben auf Darlehenskonten) für den Fall der Beendigung der Ehe aus anderen Gründen als dem Tod eines Ehegatten bei der Berechnung des Zugewinnausgleichs in keiner Weise berücksichtigt werden. Herausgenommen aus einer Zugewinnausgleichsberechnung sind auch alle Vermögensgegenstände, die unmittelbar oder mittelbar dem Unternehmen oder der Unternehmensbeteiligung dienen, wie betriebsnotwendige Grundstücke und so genanntes ‚Sonderbetriebsvermögen I und II'. Klargestellt wird, dass Unternehmensbeteiligungen, die der reinen Kapitalanlage dienen, dem Zugewinnausgleich unterliegen.

96 Vom Zugewinnausgleich ausgenommen sind auch alle Vermögensgegenstände, die einer von uns von Todes wegen oder mit Rücksicht auf ein künftiges Erbrecht, durch Schenkung oder als Ausstattung erworben hat und noch erwerben wird.

97 Diese vom Zugewinnausgleich ausgenommenen Vermögensgegenstände sollen weder bei der Berechnung des Anfangsvermögens noch des Endvermögens des betreffenden Ehegatten berücksichtigt werden."

98 Neben der Herausnahme von Unternehmen und Unternehmensbeteiligungen aus einer Zugewinnausgleichsberechnung ist ebenfalls regelungsbedürftig, wie **Verbindlichkeiten** und **Verwendungen**, die diese Vermögensgegenstände betreffen, sowie **Ersatzgegenstände** und **Erträge** behandelt werden. Zu klären ist auch, ob **Investitionen**, die ein Ehegatte aus seinem sonstigen Vermögen in die vom Zugewinnausgleich ausgenommenen Vermögensgegenstände tätigt, im Rahmen der Zugewinnausgleichsberechnung berücksichtigt werden sollen oder nicht. Das Gleiche gilt für die Behandlung von **Neuanschaffungen** ausgleichsfreien unternehmerischen Vermögens mit Mitteln, die aus ausgleichspflichtigem Vermögen stammen.

99 Hinsichtlich der **Verbindlichkeiten**, die auf den vom Zugewinnausgleich ausgenommenen Vermögensgegenständen lasten, ist zu vereinbaren, dass diese bei der Zugewinnausgleichsberechnung **nicht** zu berücksichtigen sind. Ansonsten würden sie als Rechnungsposten beim ausgleichspflichtigen Vermögen erscheinen.[231] Auch die **Tilgung** von auf ausgleichsfreiem Vermögen lastenden Verbindlichkeiten und die Vornahme von Investitionen und Verwendungen mittels eigentlich ausgleichspflichtigem Vermögen sind bei einer Zugewinnausgleichsberechnung zu berücksichtigen. Denn sonst könnte durch **missbräuchliche Umwandlung** von ausgleichspflichtigem in ausgleichsfreies Vermögen die Zugewinnausgleichsforderung des nicht unternehmerisch tätigen Ehegatten manipuliert werden. Die Tilgung von Verbindlichkeiten ist in diesem Zusammenhang ausdrücklich neben der Einbeziehung von „Ver-

[231] *N. Mayer*, DStR 1993, 991, 992.

wendungen“ zu erwähnen. Denn die Tilgung von Verbindlichkeiten fällt nicht unter den zivilrechtlichen **„Verwendungsbegriff“**, wonach Verwendungen Vermögensaufwendungen sind, die der Wiederherstellung, Erhaltung und Verbesserung einer Sache dienen.[232] Ebenfalls in die Zugewinnausgleichberechnung einzubeziehen sind **Neuanschaffungen** von ausgleichsfreiem (unternehmerischem) Vermögen mit Mitteln, die aus ausgleichspflichtigem Vermögen stammen, um der **Gefahr** der **Manipulation** des eigenen Zugewinns und damit der Zugewinnausgleichsforderung des anderen Ehegatten vorzubeugen.

Bezüglich der **Erträge** der vom Zugewinnausgleich ausgenommenen **100**
Unternehmen und Unternehmensbeteiligungen ist zu **differenzieren**. Grundsätzlich macht es Sinn, Erträge der vom Zugewinnausgleich ausgenommenen Gegenstände ebenfalls vom Zugewinnausgleich auszunehmen, damit durch die erwirtschafteten Gewinne die Kapitaldecke des Unternehmens gestärkt und betriebliche Investitionen getätigt werden können. Ob dies generell für alle Erträge gelten soll, ist vor folgendem Hintergrund zu entscheiden: Ausgeschüttete bzw. entnommene Gewinne einer unternehmerischen Beteiligung dienen in aller Regel dem Aufbau eines Privatvermögens, das auch der Absicherung des nicht unternehmerisch tätigen Ehegatten dienen soll. Würde man auch die unternehmerischen Erträge, die zum Aufbau eines Privatvermögens eingesetzt wurden, aus einer Zugewinnausgleichsberechnung herausnehmen, entstünde für den anderen Ehegatten keine oder nur eine geringe Zugewinnausgleichsforderung. Auf der anderen Seite ist das Interesse des Unternehmers zu berücksichtigen, betriebliche Investitionen zugewinnausgleichsfrei auch aus ausgeschütteten bzw. entnommenen Gewinnen vornehmen zu können. Vor allem bei (nicht börsennotierten) Familienunternehmen erfolgt die – nicht zuletzt von den Kreditinstituten unter Hinweis auf „Basel II“ geforderte – Zufuhr von frischem Kapital durch Einlagen der Gesellschafter. Ein Kompromiss zwischen den Interessen des Unternehmers einerseits und seines Ehegatten andererseits könnte wie folgt aussehen: Ausgeschüttete bzw. entnommene Gewinne werden insoweit nicht dem zugewinnausgleichspflichtigen Vermögen zugeordnet, als sie auf einem gesonderten, ausschließlich für derartige Erträge eingerichteten Konto gutgeschrieben sind und keine Vermischung mit dem übrigen Privatvermögen erfolgt.[233] Sollen darüber hinaus Investitionen aus zugewinnausgleichspflichtigem Vermögen in das vom Zugewinnausgleich ausgenommene unternehmerische Vermögen zulässig sein, könnte daran gedacht werden, die Zulässigkeit der Überführung von ausgleichspflichtigem in ausgleichsfreies Vermögen auf „betriebsnotwendige Investitionen“ zu begrenzen. Ob eine Investition betriebsnotwendig war oder nicht, ist allerdings im Streitfall nicht oder nur unter erheblichem gutachterlichen Aufwand nachzuweisen.

---

[232] *Palandt/Bassenge* § 994 BGB Rn 2.

[233] S. auch *Stenger*, ZEV 2000, 51, 54.

Formulierungsvorschlag:

101 „Auch die auf die vom Zugewinnausgleich ausgenommenen Gegenstände lastenden Verbindlichkeiten sollen in keiner Weise bei der Zugewinnausgleichsberechnung berücksichtigt werden. Im Fall der Veräußerung eines vom Zugewinnausgleich ausgenommenen Gegenstands oder Ersatzgegenstands kann der jeweilige Ehegatte bestimmen, dass der an dessen Stelle tretende Geldbetrag oder die Geldforderung zum Anfangsvermögen addiert wird. Diese Bestimmung ist schriftlich gegenüber dem anderen Ehegatten vorzunehmen. Für die Erträge der vom Zugewinnausgleich ausgenommenen Vermögensgegenstände gilt folgende Regelung: Die Erträge können auf diese Gegenstände verwendet werden, ohne dass der andere Ehegatte diesbezüglich einen Ausgleichsanspruch geltend machen kann. Dies gilt uneingeschränkt jedoch nur für nicht ausgeschüttete bzw. nicht entnommene Erträge. Nach der Ausschüttung bzw. Entnahme gehören die Erträge nur dann zum zugewinnausgleichsfreien Vermögen, wenn sie auf einem gesonderten, eigens für den Zweck der Trennung des ausgleichspflichtigen vom ausgleichsfreien Vermögen eingerichteten Konto gutgeschrieben sind. Für Verwendungen, d. h. Vermögensaufwendungen zur Erhaltung, Wiederherstellung und Verbesserung der vom Zugewinnausgleich ausgenommenen Vermögensgegenstände einschließlich der Tilgung von auf diesen Gegenständen lastenden Verbindlichkeiten gilt: Macht ein Ehegatte aus seinem sonstigen, dem Zugewinnausgleich unterliegenden Vermögen Verwendungen auf das vom Zugewinnausgleich ausgenommene Vermögen, werden diese Verwendungen mit dem (inflationsbereinigten) Wert zum Zeitpunkt ihrer Vornahme dem Endvermögen des Eigentümers des Gegenstands hinzugerechnet und sind somit bei der Berechnung des Zugewinns zu berücksichtigen. Das Gleiche gilt im Falle der Neuanschaffung von ausgleichsfreiem Vermögen mit Mitteln, die aus ausgleichspflichtigem Vermögen stammen."

102 Falls der Unternehmer beabsichtigt, ausgeschüttete bzw. entnommene Gewinne in einem Umfang in ausgleichspflichtiges Privatvermögen umzuwandeln, der eine hälftige Teilhabe des anderen Ehegatten an diesem Zugewinn nicht rechtfertigt, kann dem durch eine **Reduzierung** der hälftigen **Zugewinnausgleichsquote** Rechnung getragen werden.

Formulierungsvorschlag:

103 „Abweichend von den gesetzlichen Bestimmungen wird die Zugewinnausgleichsquote von ein Halb auf ein Fünftel herabgesetzt."

104 Die Herabsetzung der Ausgleichsquote ist für den anderen Ehegatten dann nachteilig, wenn der Unternehmer seine Absicht nicht umsetzt und stattdessen nur in erheblich geringerem Umfang zugewinnausgleichspflichtiges Privatvermögen schafft. Um **Manipulationsgefahren** vorzubeugen, kann die Herabsetzung der Zugewinnausgleichsquote von der Bedingung abhängig gemacht werden, dass vom Beginn des Güterstands bis zu seiner Beendigung jährlich durchschnittlich eine bestimmte Summe ausgleichspflichtiges Vermögen geschaffen wurde.

Anlässlich der Herausnahme von Unternehmen und unternehmerischen Beteiligungen sowie anderer Vermögensgegenstände aus einer Zugewinnausgleichsberechnung ist auch zu regeln, dass sich der eigentlich Ausgleichsverpflichtete nicht auf die Vorschrift des **§ 1378 Abs. 2 BGB** berufen kann, wonach die Höhe der Ausgleichsforderung durch den Wert des (dem Zugewinnausgleich unterliegenden) Vermögens begrenzt ist, das nach Abzug der Verbindlichkeiten bei Beendigung des Güterstands vorhanden ist. Denn es muss sichergestellt sein, dass der ausgleichsverpflichtete Ehegatte nicht unter Hinweis darauf, dass er außer dem zugewinnausgleichsfreien Vermögen kein weiteres Vermögen hat, die Erfüllung einer Ausgleichsforderung verweigert. 105

Formulierungsvorschlag:

„Das vom Zugewinnausgleich ausgenommene Vermögen gilt zum Zwecke der Erfüllung einer etwaigen Zugewinnausgleichsforderung als vorhandenes Vermögen im Sinne des § 1378 Abs. 2 BGB." 106

Des Weiteren ist der Fall zu regeln, dass die vom Zugewinnausgleich ausgenommene Unternehmensbeteiligung bzw. das Unternehmen während der Ehezeit eine erhebliche Wertsteigerung erfährt, der unternehmerisch tätige Ehegatte aber ansonsten keinen Zugewinn erzielt, während der andere Ehegatte berufstätig war und deswegen einen ausgleichspflichtigen Zugewinn erwirtschaftete. Ein **Zugewinnausgleichsanspruch** des unternehmerisch tätigen Ehegatten ist in diesem Fall **auszuschließen**. 107

Formulierungsvorschlag:

„Eine Zugewinnausgleichsforderung besteht nicht, wenn dem ausgleichsberechtigten Ehegatten bei Einbeziehung der vom Zugewinnausgleich ausgenommenen Vermögensgegenstände in die Zugewinnausgleichsberechnung keine Zugewinnausgleichsforderung zustünde." 108

cc) Ausschluss der „güterrechtlichen Lösung". Wenn der überlebende Ehegatte die güterrechtliche Lösung wählt, kann er **neben** dem **kleinen Pflichtteil** auch **Ausgleich** des **Zugewinns** nach den gesetzlichen Vorschriften verlangen (hierzu C. § 6 Rn 79). Die Wahl der güterrechtlichen Lösung kommt für den überlebenden Ehegatten insbesondere dann in Betracht, wenn das Unternehmen oder die unternehmerische Beteiligung während der Ehe eine Wertsteigerung erfahren hat und der Erblasser dem überlebenden Ehegatten wertmäßig weniger hinterlassen hat als die Summe aus Zugewinnausgleichsforderung und kleinem Pflichtteil. Die mit der Durchführung des Zugewinnausgleichs im Rahmen der güterrechtlichen Lösung verbundenen **Gefahren** für die **Liquidität** des Unternehmens und des Unternehmensnachfolgers sind bereits bei der Gestaltung des Ehevertrags zu bedenken, auch wenn im Mittelpunkt des Ehevertrags die Beendigung der Ehe durch Scheidung steht. Der Grundsatz der Vertragsautonomie lässt es zu, Unternehmen und Unternehmensbeteiligungen aus einer Zugewinnausgleichsberechnung auch anlässlich des Todes des Un- 109 ternehmers und damit für jeden Fall der Beendigung des Güterstands herauszunehmen.[234]

110 **Formulierungsvorschlag:**

111 „Die Ehegatten ... vereinbaren für den Fall der Beendigung der Ehe durch den Tod der Ehefrau, dass hinsichtlich der der verstorbenen Ehefrau zum Zeitpunkt ihres Todes gehörenden Unternehmen und Unternehmensbeteiligungen (einschließlich aller damit verbundenen Nebenrechte, wie Guthaben auf Darlehenskonten) ein Zugewinnausgleich dann nicht durchzuführen ist, wenn der überlebende Ehemann Ausgleich des Zugewinns nach § 1371 Abs. 2 oder Abs. 3 BGB verlangt. Herausgenommen aus einer Zugewinnausgleichsberechnung sind in diesem Fall auch alle Vermögensgegenstände, die unmittelbar oder mittelbar den Unternehmen und Unternehmensbeteiligungen dienen, zum Beispiel betriebsnotwendige Grundstücke und Sonderbetriebsvermögen I und II.

112 Herr ... verzichtet hiermit für den Fall des Vorversterbens seiner Ehefrau ... auf alle ihm zustehenden Pflichtteilsansprüche (einschließlich aller Pflichtteilsrest- und Pflichtteilsergänzungsansprüche). Dieser Pflichtteilsverzicht ist beschränkt auf die Vermögensgegenstände, die vorstehend aus einer Zugewinnausgleichsberechnung herausgenommen wurden. Der gegenständlich beschränkte Pflichtteilsverzicht und der teilweise Verzicht auf Zugewinnausgleich gelten nicht für Unternehmensbeteiligungen, die der reinen Kapitalanlage dienen."

113 Unzulässig ist eine ehevertragliche Vereinbarung, wonach bereits vor dem Erbfall auf das Recht zur Ausschlagung und damit auf die güterrechtliche Lösung verzichtet wird, da Erklärungen über die Annahme oder Ausschlagung einer Erbschaft gemäß § 1946 BGB erst mit Eintritt des Erbfalls abgegeben werden können.

114 Wird der Zugewinnausgleich für den Fall der Beendigung der Ehe durch den Tod eines Ehegatten ehevertraglich (gegenständlich beschränkt) ausgeschlossen, sind folgende **erbschaftsteuerliche Konsequenzen** zu bedenken: § 5 Abs. 1 ErbStG gewährt dem im gesetzlichen Güterstand verheirateten Ehegatten des Erblassers einen zusätzlichen Freibetrag in Höhe der fiktiven Zugewinnausgleichsforderung. Wenn der Steuerwert des Nachlasses jedoch geringer ist als der Verkehrswert (was bei Betriebsvermögen häufig der Fall ist), ordnet **§ 5 Abs. 1 S. 5 ErbStG** an, dass der Steuerwert die Obergrenze des steuerfreien Betrags bildet. Diese Begrenzung des steuerfreien Erwerbs findet keine Anwendung, wenn der Zugewinn tatsächlich güterrechtlich ausgeglichen wird, **§ 5 Abs. 2 ErbStG**. In diesem Fall besteht die Steuerfreiheit in voller Höhe der Zugewinnausgleichsforderung. Die Ausschlagung einer Erbschaft durch den Ehegatten und die Wahl der „güterrechtlichen Lösung" kann somit bei Vorhandensein von unternehmerischem Vermögen im Nachlass des Erblassers ein Mittel zur Reduzierung der Erbschaftsteuer sein. Wird das unternehmerische Vermögen durch ehevertragliche Vereinbarung aus einer Zugewinn-

[234] BGH FamRZ 1997, 800, 801; *Waldner* Eheverträge S. 57; *Stenger*, ZEV 2000, 51, 54.

ausgleichsberechnung anlässlich des Todes des Unternehmers herausgenommen, steht dieser Weg nicht mehr zur Verfügung.

dd) Alternative Gestaltungsmöglichkeiten. In Unternehmer-Eheverträgen gilt es, das **Spannungsverhältnis** aufzulösen zwischen dem Interesse des Unternehmers, eine möglichst große unternehmerische Handlungsfreiheit zu haben sowie sein Unternehmen für den Fall der Beendigung der Ehe vor unter Umständen existenzgefährdenden Zugewinnausgleichsforderungen zu schützen, und dem Interesse des anderen Ehegatten an einer adäquaten Teilhabe an dem während der Ehe erwirtschafteten Vermögen. Aus unternehmerischer Sicht ist es angeraten, dass der Unternehmer größtmögliche Flexibilität bei der Umwandlung von Privatvermögen in Betriebsvermögen hat. Auf der anderen Seite besteht aber auch die Gefahr, dass es im Vorfeld einer Scheidung zu missbräuchlichen Vermögensverschiebungen von Privatvermögen in Betriebsvermögen kommt, wenn dieses aus einer Zugewinnausgleichsberechnung herausgenommen wurde.[235] Es wurde vorstehend dargestellt, wie durch ehevertragliche Modifizierungen des gesetzlichen Güterstands das Missbrauchsrisiko begrenzt werden kann. Gleichwohl ist zu konstatieren, dass dies nur durch **komplexe** und für die beteiligten Ehegatten häufig schwer verständliche **Regelungen** erreicht werden kann. Größtmöglicher Schutz des Unternehmens und der unternehmerischen Freiheit einerseits und der vollständige Ausschluss einer Manipulationsgefahr hinsichtlich des Zugewinns andererseits sind auch durch noch so umfassende Regelungen nicht miteinander vereinbar. Jeder Kompromiss zwischen diesen beiden „Extremzielen" kann sowohl für die eine Seite als auch für die andere Seite zu unbefriedigenden Ergebnissen führen. Bei der ehevertraglichen Beratung von Unternehmern und ihren (zukünftigen) Ehegatte sind deshalb auch **alternative Gestaltungsmöglichkeiten** in die Überlegungen mit einzubeziehen: **115**

Statt der gegenständlich beschränkten Zugewinnausgleichsberechnung könnte auf die Durchführung des **Zugewinnausgleichs** bei Scheidung der Ehe (und gegebenenfalls auch für den Fall des Todes[236]) **ganz verzichtet** werden. Im Gegenzug wäre der andere **Ehegatte** zum Beispiel durch laufende Zahlungen fest vereinbarter Geldbeträge oder durch Zuwendung bestimmter Vermögensgegenstände **abzusichern**, wobei allerdings im Einzelfall etwaige **schenkungsteuerliche Auswirkungen** dieser Alternative zu prüfen sind. Nach Ansicht der Finanzverwaltung[237] besteht die Steuerfreiheit nach § 5 Abs. 2 ErbStG nicht für Zuwendungen, die während des Bestehens des Güterstands (so genannter **„fliegender Ausgleich"**[238]) und damit nicht anlässlich seiner Beendigung getätigt werden. Diese Ansicht ist abzulehnen. Denn wenn der Zugewinn durch Beendigung des Güterstands schenkungsteuerfrei ausgeglichen werden kann, ist kein Grund dafür erkennbar, den Zugewinnausgleich unter Bei- **116**

---

[235] *N. Mayer*, DStR 1993, 991 ff.

[236] Zur Zulässigkeit des vollständigen Ausschlusses des Zugewinnausgleichs s. C. § 6 Rn 123.

[237] R 12 Abs. 3 ErbStR.

[238] Vgl. *Moench*, DStR 1999, 301, 304.

behaltung des Güterstands als steuerpflichtigen Erwerb nach § 7 Abs. 1 Nr. 1 ErbStG zu qualifizieren.[239] Das Argument, dass ansonsten die Kompensationsleistung aufgrund § 5 Abs. 2 und Abs. 1 ErbStG doppelt begünstigt werde, ist nicht überzeugend.[240] Denn diese – vom Gesetz nicht ausgeschlossene – Doppelbegünstigung tritt auch bei Beendigung des gesetzlichen Güterstands und des späteren Wechsels zurück in den gesetzlichen Güterstand ein. Als weitere Alternative kommt die **Vereinbarung** einer **pauschalierten Entschädigung** für den anderen Ehegatten für den Fall der Beendigung des Güterstands in Betracht. Die Vereinbarung von (pauschalierten) Kompensationsleistungen ist grundsätzlich zulässig.[241] Besteht die Kompensationsleistung in der Zahlung eines Einmalbetrags, der mit Rechtskraft der Scheidung zur Zahlung fällig ist, sollte zum Schutz vor inflationsbedingten Wertveränderungen eine entsprechende **Wertsicherung** der Kompensationszahlung, zum Beispiel durch Koppeln des geschuldeten Betrags an den Verbraucherpreisindex für Deutschland oder durch eine angemessene jährliche Verzinsung, vereinbart werden. Bei laufenden Zahlungen ist eine Wertsicherung weniger wichtig als bei der Zahlung eines Einmalbetrags. Denn bei laufenden Zahlungen kann deren Empfänger einen inflationsbedingten Wertverlust eher durch entsprechende Anlage der Geldbeträge ausgleichen. Bei der Vereinbarung eines Einmalbetrags ist der Zahlungsanspruch auch gegen das **Risiko** der **Zahlungsunfähigkeit** des Zahlungsverpflichteten abzusichern, zum Beispiel durch die Eintragung eines Grundpfandrechts (an „aussichtsreicher" Rangstelle) durch den Unternehmer. Die **Vereinbarung** von **festen Kompensationsbeträgen**, die vom Unternehmer an seinen Ehegatten zu zahlen sind, birgt zwar das Risiko in sich, dass der Unternehmer mehr zahlt, als er nach den gesetzlichen Regeln über den Zugewinnausgleich zahlen müsste. Auf der anderen Seite kann sich auch die – vom Unternehmer gewünschte – Folge ergeben, dass der Ehegatte weniger erhält als ihm aufgrund der gesetzlichen Bestimmungen zustünde. Ein gewichtiges Argument für die Vereinbarung fester Ausgleichsbeträge ist die damit einhergehende **Befriedungswirkung**: Zum einen ist die finanzielle Belastung des Unternehmers für den Fall der Scheidung begrenzt und überschaubar. Zum anderen ist der Unternehmer nicht gezwungen, im Rahmen des Scheidungsverfahrens Dritten Einsicht in die privaten und unternehmerischen Vermögensverhältnisse gewähren zu müssen. Abzuraten ist von Vereinbarungen, wonach der unternehmerisch tätige Ehegatte einen festen Kompensationsbetrag ohne Rücksicht auf die Ehedauer zahlen muss.

117 Ein Verzicht auf Zugewinnausgleich kann auch dadurch kompensiert werden, dass sich der Unternehmer verpflichtet, als Versicherungsnehmer zugunsten des verzichtenden Ehegatten eine **Kapitallebensversicherung** über eine bestimmte Summe abzuschließen und diese Versicherung mittels monatlichen Zahlungen oder einer Einmalzahlung zu bedienen.

---

[239] Kritisch auch *Meincke* § 5 ErbStG Rn 39.

[240] So aber *Kanzleiter/Wegmann* Rn 131.

[241] *Palandt/Brudermüller* § 1408 BGB Rn 18.

Möglich ist auch eine Vereinbarung, wonach der Unternehmer an seinen Ehegatten jährlich einen bestimmten **Prozentsatz** des **Differenzbetrags** zwischen seinem **Gesamtbetrag** der **Einkünfte** (§ 2 Abs. 4 EStG) und dem seines Ehegatten zu zahlen hat.[242] Folgende Punkte sind hierbei allerdings zu berücksichtigen: Wenn der Unternehmer Inhaber einer Kapitalgesellschaft ist, zum Beispiel einer GmbH, kann er den Gesamtbetrag seiner Einkünfte dadurch verringern, dass die Gewinne der GmbH nicht ausgeschüttet, sondern thesauriert werden. Auf der anderen Seite gehört bei der Beteiligung des Unternehmers an einer Personengesellschaft, beispielsweise als persönlich haftender Gesellschafter, auch der auf dem Darlehenskonto bzw. Verrechnungskonto des Gesellschafters gutgeschriebene Gewinn, der aufgrund betrieblicher Erfordernisse nicht „ausgeschüttet" wird, zum Gesamtbetrag der Einkünfte. Da dieser Gewinn dem Gesellschafter nicht zufließt, kann es unter Umständen für ihn schwierig sein, aus diesem Betrag dem anderen Ehegatten den ihm zustehenden prozentualen Anteil zu zahlen. In beiden Fällen sind gegebenenfalls entsprechende ergänzende ehevertragliche Regelungen erforderlich. **118**

Bei der Festlegung der **Höhe** der **Kompensationsleistungen** ist auf deren **Angemessenheit** zu achten. Maßgebliche Faktoren für die Angemessenheit sind die berufliche Qualifikation des nicht unternehmerisch tätigen Ehegatten (als Anhaltspunkt dafür, was er ohne Eheschließung an eigenem Vermögen gebildet hätte) und sein Anteil an den während der Ehe voraussichtlich erwirtschafteten Vermögenszuwächsen. **119**

Als **weitere Alternative** zur Herausnahme von unternehmerischem Vermögen aus einer Zugewinnausgleichberechnung kommt auch – bei grundsätzlicher Beibehaltung des Zugewinnausgleichs – die **Begrenzung** der **Zugewinnausgleichsforderung** durch wertgesicherte, nach Dauer der Ehe gestaffelte Höchstbeträge in Betracht. Wenn die Zugewinnausgleichsforderung niedriger ist als der Höchstbetrag, muss im Unterschied zu betraglich fixierten Kompensationszahlungen auch nur diese erfüllt werden. Die Vereinbarung eines Höchstbetrags hat auch den Vorteil, dass es dem ausgleichsverpflichteten Ehegatten frei steht, das aufwändige Verfahren der Zugewinnermittlung und damit Streitereien über die Wertermittlung unternehmerischen Vermögens durch Zahlung des Höchstbetrags abzuwenden.[243] **120**

Erwägenswert sind auch ehevertragliche **Vereinbarungen** über die **Wertermittlung** des **Unternehmens** anlässlich einer Zugewinnberechnung. So können für die Wertermittlung einer Unternehmensbeteiligung die gesellschaftsvertraglichen Bestimmungen über die Anteilsbewertung als maßgeblich vereinbart werden. Bei Vereinbarungen über die anzuwendende Methode der Wertermittlung ist aber zu bedenken, dass diese nicht statisch ist, sondern Änderungen ausgesetzt sein kann. Die Unternehmens- bzw. die Anteilsbewertung kann für den Streitfall auch verbindlich für beide Beteiligten einem Sachverständigen übertragen werden.[244] **121**

---

242 *Bergschneider* Rn 571 f.

243 S. auch *Kanzleiter/Wegmann* Rn 142.

244 *Bergschneider* Rn 515.

122 Um Liquiditätsengpässe beim ausgleichsverpflichteten Unternehmer zu vermeiden, kann ehevertraglich die **ratenweise** Erfüllung der **Zugewinnausgleichsforderung** und die Herabsetzung der hälftigen Ausgleichsquote vereinbart werden (hierzu C. § 6 Rn 102 f.). Die **Herabsetzung** der hälftigen **Ausgleichsquote** und **Stundung** der Ausgleichsforderung schützen jedoch nicht vor Streitereien wegen der Unternehmensbewertung und davor, die Vermögensverhältnisse offen legen zu müssen.

123 *ee) Zulässigkeit des vollständigen Ausschlusses des Zugewinnausgleichs im gesetzlichen Güterstand.* Der **vollständige Ausschluss** des **Zugewinnausgleichs** sowohl bei Scheidung der Ehe als auch bei Versterben eines Ehegatten gegen entsprechende Kompensationsleistungen stellt eine mögliche Alternative zur Herausnahme unternehmerischen Vermögens aus einer Zugewinnausgleichsberechung dar. Da der gesetzliche Güterstand von den Vertragsbeteiligten grundsätzlich umfassend modifiziert werden kann,[245] ist auch der komplette Ausschluss des Zugewinnausgleichs sowohl für den Fall der Scheidung der Ehe als auch bei Tod eines Ehegatten unter Beibehaltung der sonstigen für die Zugewinngemeinschaft geltenden Grundsätze, insbesondere der Verwaltungsbeschränkungen der §§ 1365 bis 1369 BGB, zulässig.[246] Eine (unzulässige) Denaturierung des gesetzlichen Güterstands stellt dies nicht dar. Denn eine derartige Modifikation des Güterstands ist durch § 1414 S. 2 BGB ausdrücklich zugelassen und entspricht dem **Grundsatz** der **Ehevertragsfreiheit**. Trotz des kompletten Ausschlusses des Zugewinnausgleichs leben die Ehegatten im gesetzlichen Güterstand, wenngleich sich in diesem Fall inhaltlich der gesetzliche Güterstand der Gütertrennung angleicht (mit der Besonderheit, dass die Verwaltungsbeschränkungen der §§ 1365 und 1369 BGB weiter gelten).[247] Der gesetzliche Güterstand wird erst dann aufgegeben, wenn neben dem kompletten Ausschluss des Zugewinnausgleichs auch die Verfügungsbeschränkungen der §§ 1365 und 1369 BGB vollständig ausgeschlossen werden. Eine noch zulässige Modifikation stellt deshalb neben dem kompletten Ausschluss des Zugewinnausgleichs im Todes- und Scheidungsfall die Herausnahme einzelner Vermögensgegenstände, insbesondere von unternehmerischem Vermögen, aus dem Anwendungsbereich des § 1365 BGB dar, unter Beibehaltung der Verwaltungsbeschränkungen der §§ 1365 bis 1369 BGB im Übrigen. Wird der vollständige Ausschluss des Zugewinnausgleichs für zu weitgehend angesehen, kann der komplette Ausschluss auf den Fall der Scheidung der Ehe beschränkt und für den Fall des Todes des Unternehmers lediglich das unternehmerische Vermögen von der „güterrechtlichen Lösung“ ausgenommen werden.

---

[245] S. C. § 6 Rn 90.

[246] So die ganz h. M.: *Palandt/Brudermüller* § 1414 BGB Rn 1; MüKo/*Kanzleiter* § 1408 BGB Rn 14; Soergel/*Gaul* § 1414 BGB Rn 5; Staudinger/*Thiele* § 1363 BGB Rn 23; *Gernhuber/Coester-Waltjen* Familienrecht § 32 III 5; *Rauscher* Familienrecht Rn 443; a. A. *Kohler,* BB 1959, 929, 933.

[247] Staudinger/*Thiele* § 1363 BGB Rn 23.

ff) Auswirkungen der Modifizierung auf § 1371 Abs. 1 BGB und § 5 Abs. 1 ErbStG. Die **Modifizierung** des **gesetzlichen Güterstands**, zum Beispiel durch Herausnahme unternehmerischen Vermögens aus einer Zugewinnausgleichsberechnung oder durch den vollständigen Ausschluss des Zugewinnausgleichs, **ändert nichts** an der durch § 1371 Abs. 1 BGB angeordneten **Verstärkung** der **erbrechtlichen Stellung** des Ehegatten und damit einhergehend der Schwächung der erbrechtlichen und vor allem pflichtteilsrechtlichen Stellung der (nicht nachfolgeberechtigten) Abkömmlinge. Denn für die Anwendung des § 1371 Abs. 1 BGB kommt es entscheidend nur darauf an, dass die Ehegatten im Güterstand der Zugewinngemeinschaft lebten, unabhängig davon, ob Modifikationen vorgenommen wurden oder ob überhaupt ein Zugewinn erwirtschaftet wurde.[248] Ausreichend ist, dass zumindest die Verfügungsbeschränkungen der §§ 1365 und 1369 BGB (teilweise) beibehalten werden, so dass nicht der Güterstand der Gütertrennung eintritt. **124**

Die Modifizierung des gesetzlichen Güterstands hat auch **keinen Einfluss** auf die Höhe des **erbschaftsteuerlichen Freibetrags** nach § 5 Abs. 1 ErbStG.[249] Dies ergibt sich aus § 5 Abs. 1 S. 2 BGB, wonach von den Vorschriften des BGB über die Ermittlung des Zugewinns abweichende ehevertragliche Vereinbarungen unberücksichtigt bleiben. Der Wortlaut dieser Vorschrift erfasst sowohl Vereinbarungen, die zu einer Erhöhung, als auch Vereinbarungen, die zu einer Verringerung der Zugewinnausgleichsforderung führen. Durch § 5 Abs. 1 ErbStG wird der Grundgedanke des Erbschaftsteuergesetzes durchbrochen, dass das Zivilrecht und zivilrechtlich zulässige Modifikationen Ausgangspunkt für die erbschaftsteuerliche Beurteilung eines Sachverhalts sind.[250] **125**

2. Unterhalt

a) Grundsätzliches zu Unterhaltsvereinbarungen. Gemäß § 1585 c BGB können die Ehegatten über die Unterhaltspflicht für die Zeit nach der Scheidung der Ehe Vereinbarungen treffen.[251] Regelungen des nachehelichen Unterhalts können sowohl nach als auch vor der Scheidung und bereits vor der Eheschließung getroffen werden.[252] Vereinbarungen über den nachehelichen Unterhalt sind **grundsätzlich formfrei** möglich.[253] Eine **notarielle Beurkundungspflicht** kann sich aber aus anderen Vorschriften ergeben, wie aus § 518 BGB, wenn die Unterhaltsvereinbarung ausnahmsweise ein Schenkungsversprechen darstellt, sowie aus § 311 b Abs. 1 BGB, wenn die Unterhaltsvereinbarung eine Verpflichtung zur Übertragung oder zum Erwerb des Eigentums an einem Grundstück ent- **126**

---

248 *Palandt/Brudermüller* § 1371 BGB Rn 3.

249 *Meincke* § 5 ErbStG Rn 26; *Kapp/Eberling* § 5 ErbStG Rn 53; *Lorz/Kirchdörfer* Unternehmensnachfolge 4. Kap. Rn 57; a. A. Beck'sches Notarhandbuch/*Grziwotz* B I Rn 59.

250 *Kapp/Eberling* § 5 ErbStG Rn 53.

251 Vgl. *Giesing,* NJW 1982, 2711; *Langenfeld,* NJW 1981, 2377 ff.

252 MüKo/*Maurer* § 1585 c BGB Rn 5.

253 *Palandt/Brudermüller* § 1585 c BGB Rn 3.

hält, oder wenn sie im Rahmen einer scheidungserleichternden Vereinbarung nach § 630 Abs. 1 Nr. 3, Abs. 3 ZPO getroffen wird.

127 **b) Unterhaltsverzicht.** Der Verzicht beider Ehegatten auf nacheheliche Unterhaltsansprüche für den Fall der Ehescheidung ist **ausnahmsweise** dann **gerechtfertigt**, wenn beide Ehegatten aufgrund ihrer wirtschaftlichen Verhältnisse und aufgrund des gelebten Ehemodells auf Unterstützung durch den anderen Ehegatten nach Scheidung ihrer Ehe nicht angewiesen sein werden. Dies ist beispielsweise der Fall, wenn beide Ehegatten selbst vermögend sind oder wenn beide Ehegatten auch während der Ehe voll berufstätig sein werden. Der Verzicht auf nachehelichen Unterhalt als Ausdruck wirtschaftlicher Selbständigkeit und Unabhängigkeit ist weit verbreitet.[254] Die Vereinbarung des nachehelichen Unterhaltsverzichts sollte einen Hinweis darauf enthalten, dass der Verzicht auch dann gilt, wenn einer der Ehegatten nach der Ehescheidung in Not gerät. Dadurch wird den (zukünftigen) Ehegatten noch einmal die Tragweite dieser Vereinbarung vor Augen geführt.

Formulierungsvorschlag:

128 „Herr ... und Frau ... verzichten hiermit für den Fall der Scheidung ihrer Ehe gegenseitig auf alle nachehelichen Unterhaltsansprüche. Dieser Verzicht soll auch dann gelten, wenn einer der Beteiligten nach der Ehescheidung in Not gerät; er soll auch den so genannten ‚Notbedarf' einschließen. Die Beteiligten sind sich über die langfristigen und eventuell schwerwiegenden Auswirkungen dieses vollständigen gegenseitigen Unterhaltsverzichts im Klaren und wünschen ihn ausdrücklich."

129 Auch wenn dem Verzicht auf nachehelichen Unterhalt der **„Vorteil der Eindeutigkeit und Klarheit"**[255] innewohnt – und er vielleicht gerade deshalb in zahlreichen Eheverträgen vorzufinden ist –, muss insbesondere bei Eheverträgen junger (Unternehmer-)Ehegatten daran gedacht werden, dass die Ausgangssituation der beidseitigen wirtschaftlichen Unabhängigkeit aufgrund **neuer Lebensumstände**, zum Beispiel der Geburt gemeinsamer Kinder, Veränderungen unterworfen sein kann. Hinzu kommt, dass nach den **Grundsatzentscheidungen** des **BVerfG** zur Inhaltskontrolle von Eheverträgen[256] der Verzicht auf nachehelichen Unterhalt von den Gerichten als Ausdruck einseitiger Dominanz eines Ehegatten und nicht als Ergebnis gleichberechtigter Partnerschaft angesehen werden könnte und damit nicht durchsetzbar ist. Von der Vereinbarung des bedingungslosen Verzichts auf nachehelichen Unterhalt ist deshalb (sofern nicht der Ausnahmefall völliger wirtschaftlicher Unabhängigkeit der vermögenden Ehegatten vorliegt) abzuraten. Stattdessen ist es empfehlenswert, den nachehelichen Unterhaltsanspruch durch faire und einzelfallbezogene Vereinbarungen zu modifizieren.

[254] *Stach* S. 16 ff.; *Brambring* Ehevertrag Rn 112.
[255] *Langenfeld* Eheverträge Rn 641.
[256] Einzelheiten hierzu unter C. § 6 Rn 144.

c) Bedingungen und Befristung des nachehelichen Unterhaltsanspruchs. Eine Vereinbarung über den nachehelichen Unterhaltsanspruch kann sowohl bedingt als auch befristet getroffen werden. So können die Ehegatten vereinbaren, dass der Unterhaltsverzicht nicht gilt, soweit und solange ein Ehegatte **Unterhalt** gemäß § 1570 BGB wegen der **Betreuung** eines **gemeinschaftlichen Kindes** verlangen kann. Regelungsbedürftig ist in diesem Zusammenhang die Frage, ob nach Beendigung der Kinderbetreuung **Anschlusstatbestände** in Kraft treten oder nicht. Wird vereinbart, dass Anschlusstatbestände nicht in Kraft treten und erkrankt der die gemeinsamen Kinder betreuende Elternteil aufgrund der Kindererziehung oder findet er aufgrund der langen „Erziehungspause" keinen Arbeitsplatz mehr, besteht aufgrund der kritischer gewordenen Haltung der Rechtsprechung zu ehevertraglichen Vereinbarungen das Risiko, dass dem nachehelichen Unterhaltsverzicht im Anschluss an die Beendigung der Betreuung gemeinschaftlicher Kinder der Einwand der unzulässigen Rechtsausübung entgegengehalten werden kann (Einzelheiten hierzu unter C § 6 Rn 149). Wird vereinbart, dass Anschlusstatbestände in Kraft treten, kann einer übermäßigen Belastung des unterhaltspflichtigen Unternehmers dadurch vorgebeugt werden, dass der Unterhaltsanspruch der Höhe nach begrenzt und/oder zeitlich befristet wird. Ob die zeitliche Befristung des Unterhaltsanspruchs jedoch einer gerichtlichen Nachprüfung standhält, wenn die Unterhaltsbedürftigkeit ihre Ursache in der Ehe hat, zum Beispiel bei Arbeitslosigkeit in Folge jahrelanger Betreuung gemeinsamer Kinder, erscheint im Lichte der aktuellen Rechtsprechung des BVerfG und deren Umsetzung durch die Zivilgerichte fraglich. 130

Formulierungsvorschlag:

„Abweichend von dem vorstehend vereinbarten Unterhaltsverzicht kann jedoch jeder Ehegatte so lange und so weit nachehelichen Unterhalt verlangen, wie von ihm wegen der Pflege oder Erziehung eines gemeinschaftlichen Kindes eine Erwerbstätigkeit nicht erwartet werden kann. Klargestellt wird, dass nach Beendigung der Betreuung eines gemeinschaftlichen Kindes Anschlusstatbestände in Kraft treten (Alt.: nicht in Kraft treten)." 131

Die Vereinbarung einer **zeitlichen Befristung** des nachehelichen Unterhaltsanspruchs könnte wie folgt lauten: 132

Formulierungsvorschlag:

„Für den Anspruch auf nachehelichen Unterhalt gelten die gesetzlichen Vorschriften. Die Ehegatten ... vereinbaren jedoch, dass nacheheliche Unterhaltsansprüche nur für einen Zeitraum von ... Jahren nach Rechtskraft der Scheidung bzw. im Fall der Betreuung gemeinsamer Kinder für einen Zeitraum von ... Jahren nach Beendigung der Betreuung gemeinschaftlicher Kinder bestehen, soweit sich nicht nach den gesetzlichen Bestimmungen ein kürzerer Zeitraum ergibt. Nach Ablauf des vorstehend genannten Zeitraums verzichten die Ehegatten ... auf alle ihnen zustehen- 133 den nachehelichen Unterhaltsansprüche, auch für den Fall der Not. Die Ehegatten ... nehmen den Unterhaltsverzicht wechselseitig an."

134 Die Ehegatten können auch vereinbaren, dass im Falle einer nur kurzen Ehezeit Ansprüche auf nachehelichen Unterhalt ausgeschlossen sind, wobei dies nicht für den Ehegatten gelten soll, der Unterhalt wegen Betreuung eines gemeinschaftlichen Kindes verlangen kann.

Formulierungsvorschlag:

135 „Die Ehegatten ... vereinbaren für den Fall, dass ihre Ehe innerhalb von fünf Jahren nach Eheschließung geschieden wird, den Verzicht auf alle nachehelichen Unterhaltsansprüche, auch für den Fall der Not. Die Ehegatten ... nehmen den Verzicht gegenseitig an. Abweichend von dem vorstehend vereinbarten Unterhaltsverzicht kann jedoch jeder Ehegatte so lange und so weit nachehelichen Unterhalt verlangen, wie von ihm wegen der Pflege oder Erziehung eines gemeinschaftlichen Kindes eine Erwerbstätigkeit nicht erwartet werden kann. Klargestellt wird, dass nach Beendigung der Betreuung eines gemeinschaftlichen Kindes Anschlusstatbestände in Kraft treten (Alt.: nicht in Kraft treten)."

136 **d) Betragsmäßige Unterhaltsbegrenzung.** Wenn ein Ehegatte über hohes Einkommen verfügt, zum Beispiel weil er aufgrund seiner Unternehmensbeteiligungen hohe Erträge erwirtschaftet, ist es sinnvoll, den nachehelichen Unterhaltsanspruch betragsmäßig zu begrenzen. Damit der vereinbarte Unterhaltshöchstbetrag an veränderte wirtschaftliche Verhältnisse angepasst werden kann, ist eine **Wertsicherung** des Höchstbetrags vorzusehen.

Formulierungsvorschlag:

137 „Grundsätzlich soll es hinsichtlich der Ansprüche auf nachehelichen Unterhalt bei den gesetzlichen Bestimmungen verbleiben. Die Ehegatten vereinbaren jedoch, dass der Anspruch auf nachehelichen Unterhalt maximal ...,– Euro pro Monat beträgt. Der Unterhaltshöchstbetrag von ... ,– Euro wurde nach den heutigen wirtschaftlichen Verhältnissen festgelegt. Er soll wertgesichert sein und sich im gleichen prozentualen Verhältnis nach oben oder nach unten verändern, wie sich der vom Statistischen Bundesamt festgestellte Verbraucherpreisindex für Deutschland auf der Basis 2000 = 100 nach oben oder unten verändert. Die erste Anpassung erfolgt bei Rechtskraft der Ehescheidung durch Vergleich des heute festgestellten Preisindex mit dem dann geltenden Preisindex. Jede weitere Anpassung erfolgt dann in jährlichem Abstand jeweils für den Januar eines Jahres. Klargestellt wird, dass mit Vereinbarung des vorstehend genannten Unterhaltshöchstbetrags kein Anspruch auf Zahlung von nachehelichem Unterhalt in dieser Höhe verbunden ist. Falls nach den gesetzlichen Bestimmungen kein Unterhalt oder nur ein geringerer Unterhalt geschuldet wird, besteht ein Unterhaltsanspruch nur in der gesetzlich geschuldeten Höhe. Der Unterhaltsberechtigte ist verpflichtet, die zu einem Steuervorteil des Unterhaltsverpflichteten erforderlichen Erklärungen abzugeben, wenn ihm die hieraus entstehenden Nachteile ersetzt werden. Der vorstehend genannte Höchstbetrag ist also stets als Nettobetrag zu verstehen."

Eine **Genehmigung** der in dem vorstehenden Formulierungsvorschlag enthaltenen **Wertsicherungsklausel** war nach den früher geltenden Genehmigungsgrundsätzen der Deutschen Bundesbank ganz überwiegend für nicht erforderlich gehalten worden.[257] Denn Unterhaltsleistungen sind von Natur aus sachwertabhängig und ihre Absicherung daher von vornherein nicht genehmigungsbedürftig. Daran hat sich durch die Einführung von § 2 PaPkG in Verbindung mit der Preisklauselverordnung nichts geändert. 138

e) Ausschluss des Aufstockungsanspruchs. Einer besonderen Bedeutung kann in Unternehmerehen dem Aufstockungsanspruch nach § 1573 Abs. 2 BGB und dessen Modifizierung zukommen (Einzelheiten zum Aufstockungsanspruch unter C. § 6 Rn 26). Um dem unterhaltsberechtigten Ehegatten nicht den Anreiz zur Erwerbstätigkeit zu nehmen (wenn er nicht arbeiten würde, erhielte er mehr „angemessenen Unterhalt" als sein Arbeitseinkommen ausmacht), kann der Aufstockungsunterhalt anstatt des vollständigen Ausschlusses zeitlich und der Höhe nach begrenzt werden. 139

Formulierungsvorschlag:

„Abweichend von der gesetzlichen Regelung vereinbaren die Ehegatten …, dass der Aufstockungsanspruch nach § 1573 Abs. 2 BGB auf die Dauer von … Jahren nach Rechtskraft der Scheidung bzw. im Falle der Betreuung gemeinsamer Kinder auf die Dauer von … Jahren nach Beendigung der Betreuung gemeinsamer Kinder befristet ist, soweit sich nicht nach den gesetzlichen Bestimmungen ein kürzerer Zeitraum ergibt. Nach Ablauf des vorstehend genannten Zeitraums kann kein Ehegatte einen etwaigen Differenzbetrag zwischen seinen tatsächlichen Einkünften und dem vollen, nach den ehelichen Lebensverhältnissen festzulegenden Unterhalt verlangen. Darüber hinaus ist der Unterhaltsanspruch auch der Höhe nach begrenzt.[258]" 140

3. Versorgungsausgleich

Das Recht des Versorgungsausgleichs ist eine höchst **komplexe Materie**. Vor tief greifenden, in die Struktur des Versorgungsausgleichs eingreifenden Vereinbarungen ist deshalb **Zurückhaltung** geboten.[259] Ehevertragliche Modifizierungen hinsichtlich des bei Scheidung der Ehe durchzuführenden Versorgungsausgleichs bedürfen profunder Kenntnisse dieses Rechtsgebiets. Dies gilt insbesondere dann, wenn betriebliche Versorgungsanwartschaften Gegenstand einer Vereinbarung sind. Gemäß § 1587 o Abs. 2 S. 1 BGB müssen Vereinbarungen zum Versorgungsausgleich **notariell beurkundet** werden. Die gesetzlichen Regelungen des Versorgungsausgleichs sind allerdings – zumindest bei durchschnittlichen Versorgungsverhältnissen – nur begrenzt disponibel.[260] Es wurde bereits 141

[257] Vgl. *Limmer*, ZNotP 1999, 148, 156; *Kluge*, MittRhNotK 2000, 409, 420.
[258] Formulierungsvorschlag hierfür unter C. § 6 Rn 137.
[259] Fa-FamR/*Bergschneider* 12. Kap. Rn 128.
[260] BGH NJW 2004, 930, 934.

festgestellt (s. C. § 6 Rn 41), dass bei Scheidung einer Unternehmerehe der Versorgungsausgleich deshalb von Interesse ist, weil dem Versorgungsausgleich auch **alle** Leistungen der **betrieblichen** Altersversorgung, wie Pensionszusagen für GmbH-Geschäftsführer, unterliegen sowie alle sonstigen laufenden Leistungen, die der Versorgung wegen Alters oder verminderter Erwerbsfähigkeit dienen sollen. Erscheint die **hälftige Kürzung** der betrieblich begründeten Versorgungsanrechte im Fall einer Scheidung **nicht** sachgerecht, stehen verschiedene **Gestaltungsmöglichkeiten** zur Verfügung:[261] Der Versorgungsausgleich kann völlig ausgeschlossen werden. Dies wird dann in Betracht kommen, wenn beide Ehegatten in der Lage sind, während der Ehe eine eigene angemessene Altersversorgung aufzubauen. Die Durchführung des Versorgungsausgleichs kann auch in der Weise modifiziert werden, dass die hälftige Ausgleichsquote reduziert wird oder einzelne Anwartschaften auf Altersversorgung bei dem Ausgleich nicht zu berücksichtigen sind. Bei Vereinbarungen über den Versorgungsausgleich ist aber zu beachten, dass eine höhere als die gesetzlich vorgesehene Ausgleichsquote weder unmittelbar noch mittelbar, zum Beispiel durch die Nichtberücksichtigung einzubeziehender Versorgungsanwartschaften, vereinbart werden darf (**Verbot** des **„Super-Splittings“**).[262] Bei erheblichen betrieblichen Versorgungsanwartschaften kann es empfehlenswert sein, den Versorgungsausgleich durch Vereinbarung insoweit auszuschließen, als er durch Anordnung des Familiengerichts in Form der Zahlung von Beiträgen in die gesetzliche Rentenversicherung (§ 3 b Abs. 1 Ziff. 2 VAHRG) durchzuführen wäre.[263] Eine derartige Vereinbarung führt dazu, dass der schuldrechtliche Versorgungsausgleich Anwendung findet. Kommt nach der **Betriebsrentensatzung** eine Realteilung der Versorgungsansprüche in Betracht, kann diese durch Vereinbarung des schuldrechtlichen Versorgungsausgleichs ersetzt werden, um die mit der Realteilung verbundenen Nachteile (hierzu C. § 6 Rn 40) auszuschließen. Bei der **Vereinbarung** des **schuldrechtlichen Versorgungsausgleichs** hinsichtlich betrieblicher Versorgungsanwartschaften ist jedoch **Vorsicht** geboten. In jedem Fall ist das genaue Studium der Betriebsrentensatzung in Bezug auf Voraussetzungen und Umfang der Gewährung betrieblicher Versorgungsansprüche erforderlich, insbesondere hinsichtlich einer Wiederverheiratungsklausel und einer Anrechnungsklausel sowie der so genannten „Hinterbliebenenklausel“.[264] In diesem Zusammenhang ist auch zu klären, ob im Fall des Todes des Ausgleichsverpflichteten ein **verlängerter schuldrechtlicher Versorgungsausgleich** in Betracht kommt oder nicht. Wenn nicht, erlischt beim Tod des Ausgleichsverpflichteten der Anspruch auf Ausgleichsrente.[265] Darüber hinaus

[261] Ausführlich hierzu *Langenfeld* Eheverträge Rn 575 ff.; *Bergschneider* Rn 701 ff.; *Waldner* Eheverträge Rn 72 ff.

[262] BGH NJW 1990, 1363; *Langenfeld* Eheverträge Rn 583 ff.; *Waldner* Eheverträge Rn 73.

[263] *Langenfeld* Eheverträge Rn 576 f.

[264] *Bergschneider* Rn 742.

[265] BVerfG NJW 1986, 1321, 1322.

ist bei der ehevertraglichen Vereinbarung des schuldrechtlichen Versorgungsausgleichs dafür Sorge zu tragen, dass sich der Ausgleichsverpflichtete seine erworbenen betrieblichen Versorgungsansprüche nicht gegen eine Abfindung auszahlen lässt. Wird die Durchführung des Versorgungsausgleichs ausgeschlossen oder modifiziert, kann dies durch den Abschluss einer privaten Versicherung für den verzichtenden Ehegatten kompensiert werden.

Formulierungsvorschlag:

„Die Ehegatten ... wurden vom Notar über den bei Scheidung ihrer Ehe durchzuführenden Versorgungsausgleich unterrichtet. Die Ehegatten ... verzichten hiermit wechselseitig auf die Durchführung des Versorgungsausgleichs für den Fall der Scheidung ihrer Ehe. Der Verzicht umfasst insbesondere die Anwartschaften und Aussichten aus der betrieblichen Altersversorgung des Ehemannes, die ihm aus Anlass seines Arbeitsverhältnisses zugesagt worden sind bzw. noch zugesagt werden, insbesondere die Pensionszusagen als GmbH-Geschäftsführer der ...-GmbH. Als Gegenleistung für diesen Verzicht verpflichtet sich der Ehemann, für die Ehefrau als Versicherungsnehmerin eine private Rentenversicherung mit einer Anwartschaft auf eine lebenslängliche monatliche Rente in Höhe von ...,– € ab Vollendung des 60. Lebensjahres und in Höhe von ...,– € für den Fall der Berufsunfähigkeit abzuschließen. Der Ehemann verpflichtet sich weiter, die monatlichen Versicherungsbeiträge pünktlich zu bezahlen. Nach Scheidung der Ehe sind diese Beiträge Teil des Unterhalts der Ehefrau. Ob diese nach Scheidung der Ehe weiter vom Ehemann zu bezahlen sind, richtet sich nach den gesetzlichen Bestimmungen über den nachehelichen Unterhalt (alternativ: nach den in dieser Urkunde zur nachehelichen Unterhaltspflicht getroffenen Vereinbarungen). Der Notar hat darauf hingewiesen, dass der Ausschluss des Versorgungsausgleichs unwirksam ist, wenn innerhalb eines Jahres ab heute Antrag auf Scheidung der Ehe gestellt wird. Sollte innerhalb der Jahresfrist einer der Ehegatten Antrag auf Scheidung der Ehe stellen, vereinbaren die Ehegatten ... hiermit, dass in diesem Fall der obige Ausschluss als Vereinbarung im Sinne von § 1587o BGB gelten soll, wobei jedoch dann diese Vereinbarung der Genehmigung des Familiengerichts bedarf. Klargestellt wird, dass durch den Ausschluss des Versorgungsausgleichs keine Gütertrennung eintritt." **142**

In den vorstehenden Formulierungsvorschlag kann auch noch eine Wertsicherung des monatlichen Rentenbetrags aufgenommen werden. **143**

4. Richterliche Kontrolle ehevertraglicher Vereinbarungen

a) Inhaltskontrolle ehevertraglicher Vereinbarungen im Lichte der Rechtsprechung des BVerfG. Auf ehevertragliche Vereinbarungen finden die allgemeinen Vorschriften über Rechtsgeschäfte Anwendung, somit auch die Bestimmungen der §§ 138, 139 und 242 BGB. Über die **zivilrechtlichen Generalklauseln** der §§ 242 und 138 BGB wirken die **Grundrechte** des Grundgesetzes auch in den Privatrechtsverkehr.[266] Der **BGH** hat in der Vergangenheit die Frage der Wirksamkeit und Bestands- **144**

[266] BVerfGE 7, 198, 205 f.; NJW 2001, 957, 958.

kraft ehevertraglicher Vereinbarungen unter Hinweis auf die Vertragsautonomie und die Eheschließungsfreiheit der Vertragspartner eher **großzügig** betrachtet. Der Verzicht auf nachehelichen Unterhalt beispielsweise wurde vom BGH im Regelfall als wirksam und nur im Ausnahmefall (zum Beispiel wenn der Verzicht zwangsläufig zur Sozialhilfebedürftigkeit des Verzichtenden führt) als unwirksam erachtet.[267] Wenn der nacheheliche Unterhaltsverzicht zu Lasten des Kindeswohls ging, korrigierte dies der BGH dadurch, dass er dem Unterhaltsverpflichteten die Berufung auf den Unterhaltsverzicht nach § 242 BGB versagte und dem Unterhaltsberechtigten (lediglich) einen unterhaltsrechtlichen Anspruch in Höhe des für die Pflege und Erziehung des gemeinsamen Kindes notwendigen Unterhalts zuerkannte.[268] Diese an einem weiten Verständnis von Ehevertragsfreiheit orientierte Auffassung des BGH wurde in der Literatur von einigen Autoren kritisiert und deren Korrektur zum Ausgleich einer **„strukturellen Unterlegenheit"** des benachteiligten Vertragspartners gefordert.[269]

145 Das **BVerfG** hat in zwei **Entscheidungen** vom **6. 2. 2001**[270] und vom **29. 3. 2001**[271] zur richterlichen Inhaltskontrolle von ehevertraglichen Vereinbarungen Stellung genommen und mit diesen Entscheidungen der Rechtsprechung des BGH zur **Bestandskraft** von **Eheverträgen** und damit dem Grundsatz der vollen Ehevertragsfreiheit **Grenzen** gesetzt. Obgleich die Entscheidung vom 6. 2. 2001 zu unterhaltsrechtlichen Ansprüchen erging, kommt ihr auch für alle anderen ehevertraglichen Vereinbarungen Bedeutung zu. Dies wird durch den Beschluss des BVerfG vom 29. 3. 2001 deutlich, in dem das BVerfG einen Ehevertrag, der einen kompletten Verzicht auf sämtliche Ansprüche aus der Ehe enthielt, der besonderen gerichtlichen Inhaltskontrolle unterwarf und auf die in der Entscheidung vom 6. 2. 2001 gemachten Ausführungen Bezug nahm. Das BVerfG stellte in seiner Entscheidung vom 6. 2. 2001 fest, dass ehevertraglichen Vereinbarungen durch Gerichte dann Grenzen zu setzen sind, wenn sie **nicht Ausdruck** und **Ergebnis gleichberechtigter Lebenspartnerschaft** sind, sondern eine auf **ungleichen Verhandlungspositionen** begründete **einseitige Dominanz** eines Ehepartners widerspiegeln und zu einer **einseitigen** ehevertraglichen **Lastenverteilung** führen.[272] Die Feststellung einer einseitigen Benachteiligung erfordert nach Auffassung des BVerfG eine **Gesamtschau** und hängt bei Vorsorgeeheverträgen davon ab, welche familiären und finanziellen Konstellationen (zum Beispiel Schwangerschaft, berufliche Qualifikation und Perspektive, Erwerbsfähigkeit, Vermögenslage, Kindererziehung und Altersvorsorge) beabsich-

---

[267] BGH NJW 1992, 3164, 3165; FamRZ 1985, 788. Ausführlich zu dieser Rechtsprechung des BGH und ihren Motiven *Gerber*, DNotZ-Sonderheft 1998, 290 ff.

[268] Zum Beispiel BGH FamRZ 1997, 873.

[269] *Schwenzer*, AcP 1996, 88, 109 f. (gegen die von *Schwenzer* generell unterstellte strukturelle Unterlegenheit der Frau *Grziwotz*, FamRZ 1997, 585, 589); *Dethloff*, JZ 1997, 411, 414 f.; *Büttner*, FamRZ 1998, 1, 4 f.

[270] NJW 2001, 957 ff.

[271] FamRZ 2001, 985 ff.

[272] BVerfG NJW 2001, 957, 958.

tigt und den vertraglichen Vereinbarungen zugrunde gelegt wurden.[273] Im Einzelfall – so das BVerfG – kann die Gesamtschau dieser Faktoren dazu führen, dass die ehevertragliche Abbedingung gesetzlicher Positionen ausgeglichen wird.[274] Allerdings verstärke sich der Effekt einseitiger Benachteiligung umso mehr, je mehr gesetzliche Rechte im Ehevertrag abbedungen werden.[275] Die Eingehung oder die Fortsetzung der Ehe wiege die einseitige Lastenverteilung nicht auf, da die Ehe für beide Partner Pflichten und damit eine Einschränkung der Dispositionsfreiheit mit sichbringe.[276] Das BVerfG führte weiter aus, dass die **Eheschließungsfreiheit nicht** die **Freiheit zur einseitigen Lastenverteilung** beinhalte.[277] Enthalte ein Ehevertrag eine erkennbar einseitige Lastenverteilung zuungunsten eines Vertragsteils (im Regelfall zuungunsten einer Frau) und bestehe eine besondere Schutzbedürftigkeit des benachteiligten Vertragsteils, unterliege die ehevertragliche Vereinbarung einer besonderen richterlichen Kontrolle. Ziel dieser Kontrolle – so das BVerfG[278] – müsse es sein zu verhindern, dass sich die Selbstbestimmung in eine Fremdbestimmung verkehre. Es gehe darum, durch die richterliche Inhaltskontrolle die schutzbedürftigen Interessen des benachteiligten Vertragspartners durchzusetzen.[279] Prüfungsmaßstab bei der Inhaltskontrolle sind in diesem Zusammenhang Art. 2 Abs. 1 i.V. m. Art. 6 Abs. 4 und Abs. 2 GG. Eine besondere Schutzbedürftigkeit wurde von dem BVerfG in den beiden Entscheidungen vom 6. 2. und vom 29. 3. 2001 dann angenommen, wenn die die Ehefrau belastenden ehevertraglichen Vereinbarungen während der Schwangerschaft getroffen wurden. Obgleich diese Entscheidungen des BVerfG einseitig belastende Eheverträge mit Schwangeren betrafen, ist die besondere Schutzbedürftigkeit nicht auf diese Fälle begrenzt. Denn das **BVerfG** hat in seinen Entscheidungen **grundlegende** Feststellungen zur **Einschränkung** der **Vertragsfreiheit** im Falle einseitiger Lastenverteilung und erheblich ungleicher Verhandlungsposition im Allgemeinen und zur Ehevertragsfreiheit und ihrer Grenzen im Besonderen getroffen. Eine Benachteiligung und eine besondere Schutzbedürftigkeit kann auch dann bestehen, wenn die vertragliche Disparität zu Lasten des Ehegatten geht, der unter Aufgabe der Berufstätigkeit sich der Kindererziehung und der Arbeit im Hause widmet.[280] Eine weitere Fallgruppe ist die Freistellung des nicht betreuenden Elternteils vom Kindesunterhalt, wenn eine den Kindesinteressen entsprechende Betreuung und ein den Verhältnissen beider Eltern angemessener Kindesunterhalt nicht gesichert sind.[281] Das BVerfG hat sich in seinen beiden Entscheidungen vom 6. 2. und 29. 3. 2001 nicht dazu geäußert, ob ehevertragliche Vereinbarungen, die der

[273] BVerfG NJW 2001, 957, 959; *Palandt/Brudermüller* § 1408 BGB Rn 9.
[274] BVerfG NJW 2001, 957, 959.
[275] BVerfG NJW 2001, 957, 959.
[276] BVerfG NJW 2001, 957, 959.
[277] BVerfG NJW 2001, 957, 958.
[278] BVerfG NJW 2001, 957, 958.
[279] BVerfG NJW 2001, 957, 958.
[280] BVerfG NJW 2001, 957, 959.
[281] BVerfG NJW 2001, 957, 960.

richterlichen Inhaltskontrolle nicht standhalten, sittenwidrig und damit nichtig oder zwar wirksam, aber nicht durchsetzbar sind. Das BVerfG forderte lediglich, dass in Fällen der Unterlegenheit eines Vertragsteils und einer gestörten Vertragsparität zur Wahrung der schutzbedürftigen Interessen eines Ehepartners die ehevertraglichen Vereinbarungen einer besonderen richterlichen Kontrolle über die zivilrechtlichen Generalklauseln zu unterziehen sind.[282] Es obliegt somit den Gerichten, in jedem Einzelfall gesondert zu entscheiden, ob die **Inhaltskontrolle** über **§ 138 BGB** (mit der Folge der Nichtigkeit der Vereinbarung und gegebenenfalls über § 139 BGB des ganzen Ehevertrags) oder **über § 242 BGB** (mit der Folge der Wirksamkeit des Ehevertrags aber Undurchsetzbarkeit der betroffenen Vereinbarung) zu erfolgen hat. Diese Entscheidung ist davon abhängig zu machen, ob neben der vertraglichen Benachteilung eines schutzbedürftigen Ehegatten zum Zeitpunkt des Vertragsschlusses zusätzlich besondere verwerfliche Umstände vorliegen, die das Urteil der Sittenwidrigkeit rechtfertigen.[283] Die bloße einseitige Benachteiligung des schutzbedürftigen Vertragsteils führt lediglich zur Ausübungskontrolle über § 242 BGB. Denn von der Vertragsfreiheit gedeckt ist auch der Abschluss eines benachteiligenden Vertrags.[284]

146 **b) Umsetzung der Vorgaben des BVerfG durch den BGH.** Der Bundesgerichtshof hatte in seiner **Entscheidung** vom **11. 2. 2004**[285] erstmals Gelegenheit, seine bisherige – vom Verständnis voller Vertragsfreiheit geprägte – Rechtsprechung zur Bestandskraft ehevertraglicher Vereinbarungen vor dem Hintergrund der beiden Grundsatzentscheidungen des Bundesverfassungsgerichts aus dem Jahr 2001 zu überprüfen. Der BGH[286] stellte zunächst fest, dass die Frage, unter welchen Voraussetzungen eine Vereinbarung zwischen Ehegatten hinsichtlich des Scheidungsfolgenrechts gemäß § 138 BGB unwirksam oder eine Berufung auf alle oder einzelne vertragliche Regelungen unzulässig ist (§ 242 BGB), nicht generell und für alle denkbaren Sachverhaltsgestaltungen abschließend zu beantworten ist. Diese Fragen könnten nur in einer **Gesamtschau** der getroffenen Vereinbarungen, der Gründe und Umstände ihres Zustandekommens sowie der beabsichtigten und verwirklichten Gestaltung des ehelichen Lebens beantwortet werden. Der BGH lässt keinen Zweifel daran, dass grundsätzlich sämtliche gesetzlichen Regelungen über Zugewinn, nachehelichen Unterhalt und Versorgungsausgleich ehevertraglichen Vereinbarungen zugänglich sind und dass es de lege lata **keinen unverzichtbaren Mindestgehalt** an Scheidungsfolgen gibt.[287] Eine Ausnahme gilt nur in Bezug auf den Versorgungsausgleich, wenn innerhalb von einem Jahr nach Abschluss der Vereinbarung Antrag auf Scheidung

[282] NJW 2001, 957, 958.

[283] *Palandt/Brudermüller* § 1408 BGB Rn 10; *Langenfeld*, DNotZ 2001, 271, 279; OLG Koblenz NJW-RR 1996, 901.

[284] *Langenfeld*, DNotZ 2001, 271, 279.

[285] NJW 2004, 930 ff.

[286] NJW 2004, 930, 933.

[287] NJW 2004, 930, 933.

der Ehe gestellt wird, §§ 1408 Abs. 2 S. 2, 1587o BGB.[288] Die auf die **Scheidungsfolgen** bezogene **Vertragsfreiheit** ermöglicht es den Ehegatten, die gesetzlichen Regelungen entsprechend ihrem **individuellen Ehebild** anzupassen.[289] Der BGH[290] machte andererseits aber auch deutlich, dass trotz des Grundsatzes der Ehevertragsfreiheit bezüglich der Scheidungsfolgen der **Schutzzweck** der gesetzlichen Regelungen nicht beliebig unterlaufen werden dürfe: Die Vertragsautonomie im Bereich der Scheidungsfolgen erlaube nicht eine offensichtlich einseitige und durch die individuelle Gestaltung der ehelichen Lebensverhältnisse nicht gerechtfertigte Lastenverteilung, die für den belasteten Ehegatten unzumutbar erscheint. Bei der Frage der **Unzumutbarkeit** der **Belastungen** sind nach Ansicht des BGH[291] auch die Belange des anderen Ehegatten und dessen Vertrauen in die Geltung der getroffenen Abrede angemessen zu berücksichtigen. Nach Auffassung des BGH[292] wiegen die Belastungen eines Ehegatten umso schwerer, je unmittelbarer durch die vertragliche Modifizierung der gesetzlich geregelten Scheidungsfolgen in den **Kernbereich** des **Scheidungsfolgenrechts** eingegriffen werde. Zu diesem Kernbereich gehört nach Ansicht des BGH an **erster Stelle** der **Betreuungsunterhalt** (§ 1570 BGB), der schon allein aufgrund seiner Zielrichtung der Sicherung des Kindeswohls nicht der vollen Disposition der Ehegatten unterliege. Dies bedeutet aber nicht, dass eine **vertragliche Modifikation** generell unzulässig ist.[293] Gleichwohl ist nach der Entscheidung des BGH vom 11.2.2004 vor Eingriffen und Änderungen hinsichtlich des Betreuungsunterhalts (1570 BGB) größte **Zurückhaltung** zu üben. Zulässig dürfte es sein, hinsichtlich des Betreuungsunterhalts einen Höchstbetrag festzulegen, der vom unterhaltsverpflichteten Ehegatten geschuldet wird. Da der BGH der Absicherung des laufenden Unterhaltsbedarfs eine besondere Bedeutung zumisst, darf der vereinbarte Höchstbetrag nicht zu niedrig bemessen werden. Unterste Grenze ist der Betrag, der dem unterhaltsberechtigten Ehegatten zur Verfügung stünde, wenn er seinen gelernten Beruf voll ausüben würde. Denn der nacheheliche Unterhaltsanspruch dient in erster Linie dazu, die ehebedingten Erwerbsnachteile des Unterhaltsberechtigten auszugleichen.[294] An **zweiter Stelle** in der Rangordnung der nachehelichen Unterhaltsansprüche, die zum Kernbereich des Scheidungsfolgenrechts gehören, stehen nach Ansicht des BGH der **Krankheitsunterhalt** (§ 1572 BGB) und der **Unterhalt wegen Alters** (§ 1571 BGB). In Bezug auf diese Unterhaltstatbestände sind vertragliche Modifizierungen ebenfalls nur im Ausnahmefall zulässig, z. B. wenn die Ehe erst nach Ausbruch der Krankheit oder im Alter eingegangen wird.[295]

---

[288] S. auch *Hahne*, DNotZ 2004, 84, 88.
[289] NJW 2004, 930, 933.
[290] NJW 2004, 930, 934.
[291] NJW 2004, 930, 934.
[292] BGH NJW 2004, 930, 934.
[293] BGH NJW 2004, 930, 934.
[294] BGH NJW 2004, 930, 936.
[295] BGH NJW 2004, 930, 934.

Demgegenüber kommt nach Auffassung des BGH der Unterhaltspflicht wegen Erwerbslosigkeit (§ 1573 BGB), gefolgt vom Krankenvorsorge- und Altersvorsorgeunterhalt (§ 1578 Abs. 2 1. Variante, Abs. 3 BGB) innerhalb der zum Kernbereich des Scheidungsfolgenrechts zählenden Unterhaltstatbestände lediglich nachrangige Bedeutung zu. **Nicht** mehr zum **Kernbereich** des Scheidungsfolgenrechts zählen nach Auffassung des BGH[296] die Ansprüche auf **Aufstockungs-** und **Ausbildungsunterhalt** (§ 1573 Abs. 2, 1575 BGB). Diese können deshalb sehr weitgehend vertraglich modifiziert werden.

Zum **Kernbereich** des **Scheidungsfolgenrechts** gehören nach Ansicht des BGH[297] auch die gesetzlichen Regelungen über den **Versorgungsausgleich**. Begründet wird dies damit, dass der Versorgungsausgleich als eine Art vorweggenommener Altersunterhalt zur Absicherung des laufenden Unterhaltsbedarfs dient und damit für den betroffenen Ehegatten von besonderer Wichtigkeit ist.[298] Die gesetzlichen Regelungen über den bei Scheidung der Ehe durchzuführenden Versorgungsausgleich sind deshalb einer vertraglichen Modifizierung nur begrenzt zugänglich. Ihre Disponibilität ist beispielsweise dann zu bejahen, wenn deutlich gehobene Versorgungsverhältnisse vorliegen.[299]

Nicht dem **Kernbereich** des Scheidungsfolgenrechts zuzuordnen sind nach Ansicht des BGH[300] die gesetzlichen Regelungen über den **Zugewinnausgleich**, die aus diesem Grund ehevertraglicher Disposition am weitesten zugänglich sind. Denn die **eheliche Lebensgemeinschaft** – so der BGH[301] – ist **nicht** notwendigerweise auch eine **Vermögensgemeinschaft**: Die Ehegatten seien nicht gehindert, durch Modifizierung oder Abwahl des Regelgüterstands ihre interne Vermögensordnung einvernehmlich ihren individuellen Verhältnissen anzupassen und dabei die gesetzliche Regelung der gleichen Teilhabe der Ehegatten am gemeinsamen Vermögen durch eine eigene ökonomische Bewertung zu ersetzen. Eine wechselseitige Vermögensbeteiligung werde auch nicht durch das Gebot ehelicher Solidarität gefordert, da Versorgungsbedürfnisse eines Ehegatten am besten durch unterhaltsrechtliche Ansprüche befriedigt werden können.[302] **Grob unbillige Versorgungsdefizite**, die sich aus einer vertraglichen Modifizierung des Scheidungsfolgenrechts ergäben, sind nach Ansicht des BGH[303] **vorrangig durch** die **Gewährung unterhaltsrechtlicher** Ansprüche **auszugleichen** und nur subsidiär durch Korrektur der von den Ehegatten gewählten Vermögensordnung.

Der **Tatrichter** hat zu entscheiden, ob die vertraglichen Modifizierungen des gesetzlichen Scheidungsfolgenrechts zu einer evident einseitigen Lastenverteilung führen, die für den belasteten Ehegatten unzumutbar

---

[296] NJW 2004, 930, 934.
[297] NJW 2004, 930, 934.
[298] BGH NJW 2004, 930, 934.
[299] BGH NJW 2004, 930, 934.
[300] NJW 2004, 930, 934.
[301] NJW 2004, 930, 934.
[302] BGH NJW 2004, 930, 934.
[303] BGH NJW 2004, 930, 934.

ist.[304] Diese Prüfung durch den Tatrichter wird nicht dadurch entbehrlich, dass die belastende Vereinbarung notariell beurkundet wurde.[305] Der Tatrichter hat eine **zweistufige Prüfung** vorzunehmen: Auf der **ersten** Stufe hat eine **Wirksamkeitskontrolle** (§ 138 BGB) und auf der **zweiten** Stufe eine **Ausübungskontrolle** (§ 242 BGB) zu erfolgen. Der BGH stellte klar, dass im Rahmen der Wirksamkeitskontrolle nur einseitig belastenden und aufgrund der besonderen Umstände zum Zeitpunkt des Vertragsabschlusses besonders verwerflichen Vereinbarungen ihre Wirksamkeit aberkannt werden darf. Das Urteil der Sittenwidrigkeit darf somit nur im Ausnahmefall gefällt werden (Einzelheiten hierzu unter C. § 6 Rn 147). Besteht eine einseitig belastende ehevertragliche Vereinbarung den „Wirksamkeitstest", kann deren Korrektur durch den Einwand der unzulässigen Rechtsausübung erfolgen („Ausübungskontrolle): Eine evident einseitige Lastenverteilung ist von dem belasteten Ehegatten nicht hinzunehmen, wenn sie für ihn unzumutbar ist. Unzumutbarkeit liegt insbesondere vor, wenn die der vertraglichen Regelung zugrunde gelegte Lebensplanung sich grundlegend verändert hat.[306]

c) Sittenwidrigkeit ehevertraglicher Vereinbarungen. Eine ehe- 147
vertragliche Vereinbarung ist sittenwidrig gemäß § 138 BGB, wenn sie zum **Zeitpunkt** ihres **Abschlusses** aufgrund ihres **Gesamtcharakters**, also nach Inhalt, Zweck und Beweggrund, gegen das Anstandsgefühl aller Billig- und Gerechtdenkenden verstößt.[307] Im Rahmen der Gesamtwürdigung ist auf die individuellen Verhältnisse der Ehegatten bei Vertragsabschluss abzustellen, insbesondere auf die Einkommens- und Vermögensverhältnisse, das geplante oder bereits verwirklichte Ehemodell sowie die Auswirkungen der Vereinbarungen auf den Ehegatten und die Kinder. Eheverträge enthalten häufig neben güterrechtlichen Regelungen auch Vereinbarungen zum Versorgungsausgleich und zum nachehelichen Unterhalt sowie erbrechtliche Regelungen. Diese sind bei der Frage der Sittenwidrigkeit einer ehevertraglichen Vereinbarung ebenfalls zu berücksichtigen.[308] Sittenwidrigkeit und damit Nichtigkeit einer (ehevertraglichen) Vereinbarung liegen dann vor, wenn der andere Vertragsteil die vertragliche Disparität in verwerflicher Weise ausnutzt.[309] Ein verwerflicher Umstand ist der **Eintritt** der **Sozialhilfebedürftigkeit** durch einen Unterhaltsverzicht, wenn die Vertragsschließenden die Unterstützungsbedürftigkeit bewusst herbeiführen wollten; eine Schädigungsabsicht ist nicht erforderlich.[310] Unerheblich für das Urteil der Sittenwidrigkeit dürfte unter Berücksichtigung der Rechtsprechung des BVerfG zu den Grenzen der Vertragsfreiheit die Frage sein, ob die Sozialhilfebedürftigkeit

---

[304] BGH NJW 2004, 930, 934.
[305] BGH NJW 2004, 930, 934 f.; a.A. *Langenfeld*, DNotZ 2001, 272, 279.
[306] BGH NJW 2004, 930, 935. Einzelheiten zur Unzumutbarkeit unter C. § 6 Rn. 149.
[307] BGH NJW 1991, 913.
[308] *Palandt/Brudermüller* § 1408 BGB Rn 8.
[309] *Langenfeld*, DNotZ 2001, 271, 279.
[310] BGH NJW 1983, 1851.

durch einen Unterhaltsverzicht vor Eheschließung oder während der Ehe herbeigeführt wurde.[311] Verwerflichkeit liegt auch vor im Falle der **Freistellung** des nicht betreuenden Elternteils vom **Kindesunterhalt**, wenn eine den Kindesinteressen entsprechende Betreuung und ein den Verhältnissen beider Eltern angemessener Kindesunterhalt nicht gesichert sind.[312] Soweit **Dritte nicht** betroffen sind, verschärfen sich die Anforderungen an die Sittenwidrigkeit:[313] Ist nur der andere Ehegatte betroffen, ist außerdem erforderlich, dass dessen Zwangslage, Unerfahrenheit oder Willensschwäche in verwerflicher Weise ausgenutzt wurde.[314] Eine Zwangslage besteht typischerweise bei Vorsorgeeheverträgen, die anlässlich der **Eheschließung** mit einer **Schwangeren** oder bezüglich der **Sorge** für das **gemeinsame** Kind geschlossen werden.[315] Falsch wäre aber die Schlussfolgerung, dass jeder Ehevertrag mit einer Schwangeren per se nichtig ist. Eine Schwangere verliert nicht automatisch mit der Schwangerschaft ihre Einsichts- und Urteilsfähigkeit sowie ihre Entscheidungsfreiheit. Vielmehr sind stets die besonderen Umstände des Einzelfalls auf das Vorliegen sittenwidriger Umstände zu überprüfen. Die Feststellung der Sittenwidrigkeit einer ehevertraglichen Vereinbarung kommt nur im Ausnahmefall in Betracht: Durch die vertragliche Vereinbarung müssen Regelungen aus dem Kernbereich des gesetzlichen Scheidungsfolgenrechts ganz oder überwiegend abbedungen werden, ohne dass dieser Nachteil für den anderen Ehegatten durch anderweitige Vorteile gemildert oder durch besonderen individuellen Verhältnisse der Ehegatten gerechtfertigt wird.[316] Im Fall der Sittenwidrigkeit und damit Unwirksamkeit einer ehevertraglichen Einzelregelung, zum Beispiel eines kompletten Verzichts auf nachehelichen Unterhalt ohne angemessene Kompensationsleistung und unter Ausnutzung einer Zwangslage, ist es unzulässig, diese im Wege der **geltungserhaltenden Reduktion** in einen unwirksamen und einen wirksamen Teil aufzuspalten. Denn ein sittenwidrig handelnder Vertragsteil darf nicht dadurch „belohnt“ werden, dass die nichtige Vereinbarung mit dem rechtlich gerade noch zulässigen Inhalt Bestand hat.[317] Dies wäre mit dem Präventionsgedanken der nichtigkeitsbegründenden Norm nicht vereinbar.[318]

148 Wenn eine ehevertragliche Einzelregelung nichtig ist, erfasst die Nichtigkeit unter Umständen nach Maßgabe des **§ 139 BGB** auch die übrigen Vereinbarungen. Aus diesem Grund findet sich in Eheverträgen häufig

---

311 So auch *Bergschneider* Rn 386. A. A. BGH (FamRZ 1992, 1403) mit dem Argument, dass vor Eheschließung kein Unterhaltsanspruch bestand und deshalb nicht der Unterhaltsverzicht die Sozialhilfebedürftigkeit herbeigeführt hat.

312 *Palandt/Brudermüller* § 1408 BGB Rn 10.

313 *Palandt/Brudermüller* § 1408 BGB Rn 10.

314 *Langenfeld*, DNotZ 2001, 272, 279.

315 *Palandt/Brudermüller* § 1408 BGB Rn 10; FA-FamR/*Gerhardt* 6. Kap. Rn 474.

316 BGH NJW 2004, 930, 935.

317 Zum Beispiel Durchführung des Zugewinnausgleichs zu einer niedrigeren Quote als der gesetzlich vorgegebenen von ein Halb, wenn die Vereinbarung der Gütertrennung nichtig ist.

318 So auch *Bergschneider* Rn 387.

die Bestimmung, dass die Nichtigkeit eines Teils des Vertrags keine Auswirkungen auf den übrigen Vertrag hat (so genannte **„salvatorische Klausel“**). In vielen Fällen wird jedoch der (pauschale) Rückgriff auf die salvatorische Klausel den Interessen der Vertragsparteien nicht gerecht. Ehevertragliche Vereinbarungen zum Güterrecht, Unterhalt und Versorgungsausgleich stehen häufig nicht separat nebeneinander, sondern sind Teil eines **„Gesamtpakets“**. Aus diesem Grund ist im Rahmen eines Ehevertrags sehr sorgfältig zu prüfen, ob und welche Auswirkungen die Nichtigkeit eines Teils der Vereinbarungen auf die übrigen Vereinbarungen haben soll. Vor der generellen und oft unbedachten Verwendung der salvatorischen Klausel ist abzuraten. Der BGH hat unter Aufgabe seiner bisherigen Rechtsprechung[319] auf die unreflektierte Verwendung der salvatorischen Klausel reagiert und ihre Auswirkungen eingeschränkt:[320] Trotz einer salvatorischen Klausel ist in jedem Einzelfall gemäß § 139 BGB zu prüfen, ob nur eine Teilnichtigkeit oder eine Gesamtnichtigkeit des Rechtsgeschäfts vorliegt. Denn die salvatorische Klausel führe lediglich zu einer Umkehr der in § 139 BGB enthaltenen Darlegungs- und Beweislast: Wer sich auf die Gesamtnichtigkeit beruft, muss beweisen, dass die Vertragsbeteiligten das teilnichtige Rechtsgeschäft als Ganzes verworfen hätten.

d) Einwand unzulässiger Rechtsausübung. Der Berufung auf eine 149
an sich wirksame ehevertragliche Vereinbarung kann der Einwand der unzulässigen Rechtsausübung (§ 242 BGB) entgegengehalten werden. Die **Ausübungskontrolle** über **§ 242 BGB** ist dann der richtige Weg, wenn die ehevertragliche Vereinbarung zwar eine evident einseitige Lastenverteilung enthält und Ausdruck der Unterlegenheit eines Ehegatten ist, diese jedoch zum Zeitpunkt des Vertragsabschlusses nicht in verwerflicher und damit sittenwidriger Weise ausgenutzt wurde.[321] Das ist beispielsweise der Fall, wenn das dem Ehevertrag zum Zeitpunkt seines Abschlusses zugrunde gelegte „Ehemodell“ der Doppelverdienerehe später zugunsten der „Einzelverdienerehe“ mit Kindererziehung durch den anderen Ehegatten aufgegeben wurde.[322] Der Berufung beispielsweise auf einen nachehelichen Unterhaltsverzicht kann dann der Einwand der unzulässigen Rechtsausübung entgegengehalten werden.[323] Weitere Voraussetzung für den Einwand der unzulässigen Rechtsausübung ist, dass die Hinnahme der einseitigen Lastenverteilung auch unter angemessener Berücksichtigung der Belange des anderen Ehegatten unzumutbar ist. Je höherrangig die vertraglich modifizierte Scheidungsfolge ist und je stärker damit in den Kernbereich des Scheidungsfolgenrechts eingegriffen wird, um so schwerer müssen die Belange des Ehegatten wiegen, der sich auf die Bestandskraft der vertraglichen Modifizierung beruft.[324] Im Gegensatz zur

---

[319] BGH NJW 1994, 1651.
[320] NJW 2003, 347.
[321] S. auch *Brambring* Ehevertrag Rn 90.
[322] *Büttner*, FamRZ 1998, 1, 6.
[323] BGH NJW 1995, 1148; BGH FamRZ 1997, 873.
[324] BGH NJW 2004, 930, 934.

Sittenwidrigkeit, die zur Nichtigkeit der Einzelregelung und gegebenenfalls der gesamten Vereinbarung führt, ändert der Einwand der unzulässigen Rechtsausübung nichts an der **Wirksamkeit** der (gesamten) **Vereinbarung**. Der Einwand der unzulässigen Rechtsausübung führt auch nicht dazu, dass anstelle der vertraglichen Vereinbarung uneingeschränkt die gesetzliche Regelung tritt. An die Stelle der Regelung, die der Rechtsausübungskontrolle nicht standhält, tritt vielmehr die **Rechtsfolge**, die den berechtigten Interessen beider Ehegatten ausgewogen Rechnung trägt, wobei diese Rechtsfolge um so stärker der gesetzlichen Regelung zu entsprechen hat, je zentraler der Kernbereich des gesetzlichen Scheidungsfolgenrechts betroffen ist.[325] Die Inhaltskontrolle über **§ 242 BGB** und damit über den Einwand der unzulässigen Rechtsausübung stellt eine gute Möglichkeit dar, statt dem „Alles-oder-Nichts-Prinzip" **flexibel** unter Berücksichtigung der Umstände des Einzelfalls auf Vereinbarungen zu reagieren, die zwar eine ungleiche Lastenverteilung zum Nachteil eines schutzbedürftigen Ehegatten zur Folge haben, denen aber zum Zeitpunkt des Vertragsabschlusses das Merkmal der Verwerflichkeit fehlt.

150 Der Einwand der unzulässigen Rechtsausübung bezüglich eines vereinbarten Unterhaltsverzichts führte nach bisheriger Ansicht des BGH[326] nicht zum vollen Unterhalt nach § 1578 BGB, sondern nur zu einem Unterhaltsanspruch in Höhe des „notwendigen" Bedarfs. Da der nacheheliche Unterhaltsanspruch wegen Betreuung gemeinsamer Kinder (§ 1570 BGB) zum Kernbereich des Scheidungsfolgenrechts zählt, wird in Zukunft statt des „notwendigen" Bedarfs in aller Regel der volle gesetzliche Unterhalt zu gewähren sein.

151 **e) Wegfall der Geschäftsgrundlage.** Falls die ehevertragliche Vereinbarung zum Zeitpunkt des Abschlusses des Ehevertrags nicht sittenwidrig war, kann diese nach den Grundsätzen über die Störung der Geschäftsgrundlage (§ 313 BGB) nicht anwendbar sein. **Voraussetzung** hierfür ist, dass die Ehegatten bei Vertragsabschluss konkrete Vorstellungen oder Erwartungen hinsichtlich des Eintritts bzw. des Nichteintritts von Umständen gehabt haben und dass diese fehlgeschlagen sind. Schließen beispielsweise die Ehegatten den Versorgungsausgleich aus, weil er von ihnen wegen des Aufbaus jeweils einer eigenen Altersversorgung nicht für erforderlich gehalten wurde, und kann ein Ehegatte wegen der Erziehung gemeinsamer Kinder diese Altersversorgung nicht aufbauen, fällt die Geschäftsgrundlage für den Ausschluss des Versorgungsausgleichs weg.[327]

152 **f) Konsequenzen für die Vertragsgestaltung.** Nach den Grundsatzentscheidungen des BVerfG aus dem Jahr 2001 gab es erhebliche **Unsicherheit** darüber, inwieweit ehevertragliche Vereinbarungen hinsichtlich des Scheidungsfolgenrechts noch Bestand haben. Umstritten ist insbesondere die **Frage**, wann eine **„einseitige** ehevertragliche **Lastenvertei-**

---

[325] BGH NJW 2004, 930, 935.

[326] FamRZ 1997, 873, 874.

[327] OLG München FamRZ 1995, 95.

lung"[328] vorliegt, die durch die Eheschließungsfreiheit und durch die Vertragsautonomie nicht mehr gerechtfertigt ist. Nach einer restriktiven Auffassung[329] führt die in § 1353 Abs. 1 S. 2 BGB statuierte Verantwortung der Ehegatten füreinander dazu, dass diese Verantwortung keinen ehevertraglichen Modifikationen zugänglich ist. Nach anderer Auffassung liegt eine einseitige Lastenverteilung dann vor, wenn „in den Kernbereich des gesetzlichen Scheidungsfolgensystems" eingegriffen werde, wozu die Regelungen des nachehelichen Unterhalts und möglicherweise des Versorgungsausgleichs gehörten, während die Regelungen über den Zugewinnausgleich diesem Kernbereich nicht zuzurechnen seien.[330] In die ähnliche Richtung zielt eine dritte Auffassung, nach der die Modifikation bzw. die Abbedingung des gesetzlichen Güterstands für sich alleine keine einseitige Lastenverteilung darstellt, da die eheliche Solidarität keine gegenseitige Vermögensbeteiligung fordere.[331]

Die **Unsicherheit** hinsichtlich der gestalterischen Möglichkeiten bei der Abfassung von Eheverträgen erlebte ihren **Höhepunkt** durch die Entscheidung des **OLG München** vom **1. 10. 2002.**[332] Das OLG München hat in seiner Entscheidung die Nichtigkeit eines Ehevertrages festgestellt, obwohl weder eine geschwächte subjektive Verhandlungsposition auf Seiten des verzichtenden Ehegatten vorlag, noch ein „Totalverzicht" zwischen den Ehegatten vereinbart wurde. Begründet wurde das Verdikt der Nichtigkeit damit, dass eine besondere Aufbürdung der vertraglichen Lasten auf die Ehefrau vorgelegen und diese sich in einer ungleichen Verhandlungsposition befunden habe. Besonders negativ hervorgehoben wurde vom OLG München, dass (nur) ein Unterhaltsanspruch nach § 1570 BGB (Unterhalt wegen Betreuung eines Kindes) bestand, während im Übrigen auf Unterhalt (einschließlich aus Anschlusstatbeständen) verzichtet wurde. Das OLG München ist mit seinem Urteil weit über das vom BVerfG gesteckte Ziel einer besonderen Inhaltskontrolle einseitig belastender ehevertraglicher Vereinbarung hinausgeschossen. So war dem Sachverhalt nicht zu entnehmen, dass die Ehefrau zum Zeitpunkt des Abschlusses des Vertrages sich in einer besonders schutzbedürftigen Situation befand, die die Annahme verwerflicher Umstände und damit das Urteil der Sittenwidrigkeit sowie der Nichtigkeit des ganzen Ehevertrages rechtfertigte.

Der **BGH** ist der Argumentation des OLG München nicht gefolgt und hat dessen Entscheidung mit **Urteil** vom **11. 2. 2004**[333] aufgehoben. Der BGH hat in diesem Urteil die **Grenzen** und die **Gestaltungsmöglichkeiten**, die sich aufgrund der beiden Entscheidungen des BVerfG aus dem Jahr 2001 für ehevertragliche Vereinbarungen ergeben, **aufgezeigt** und **herausgearbeitet**, ohne dabei von seiner bisherigen Rechtspre-

---

[328] BVerfG NJW 2001, 957, 958.
[329] *Goebel,* FamRZ 2003, 1513, 1516.
[330] *Dauner-Lieb,* AcP 200 (2001) 295, 319 f.
[331] *Schwab,* DNotZ 2001, 9, 15 ff.
[332] NJW 2003, 592 = FamRZ 2003, 35 m. Anm. *Bergschneider.*
[333] BGH NJW 2004, 930 ff.

chungslinie wesentlich abzuweichen. Der BGH legte insbesondere die Messlatte für die Annahme der Sittenwidrigkeit einer ehevertraglichen Vereinbarung sehr hoch und bekräftigte damit den Grundsatz der Vertragsfreiheit hinsichtlich des Scheidungsfolgenrechts: Das Verdikt der Sittenwidrigkeit einer ehevertraglichen Vereinbarung ist nur dann gerechtfertigt, wenn diese zum Zeitpunkt ihres Abschlusses offenkundig zu einer derartig einseitigen Lastenverteilung führt, dass ihr die Anerkennung der Rechtsordnung zu versagen ist.[334] Die Annahme der Sittenwidrigkeit einer ehevertraglichen Vereinbarung kommt danach nur ausnahmsweise in Betracht.[335] Die für die Annahme der Sittenwidrigkeit einer ehevertraglichen Vereinbarung erforderliche Zwangslage liegt entgegen dem Urteil des OLG München vom 1. 10. 2002 nicht schon dann vor, wenn der durch die ehevertragliche Regelung begünstigte Ehegatte sich in einer besseren finanziellen Situation als der andere Ehegatte befindet.[336] Ebenso wenig reicht für die Annahme der Sittenwidrigkeit einer Vereinbarung aus, dass der durch die Vereinbarung belastete Ehegatte zugunsten des Aufbaus der Familie berufliche Chancen nicht genutzt hat.[337]

Ob der **Ausschluss** oder die **Modifizierung** des **nachehelichen Unterhaltsrechts** einer ehevertraglichen Vereinbarung zugänglich oder sittenwidrig ist, muss nach dem Urteil des BGH vom 11. 2. 2004 differenziert betrachtet werden. Die nachehelichen Unterhaltsansprüche (mit Ausnahme des Aufstockungs- und Ausbildungsunterhalts) gehören nach Auffassung des BGH zwar zum unmittelbaren Kernbereich der gesetzlichen Scheidungsfolgen und sind damit nur eingeschränkt vertraglich abänderbar. Die Annahme der Sittenwidrigkeit einer Modifizierung oder Abbedingung der Regelungen über den nachehelichen Unterhaltsanspruch setzt aber voraus, dass diese bereits zum Zeitpunkt des Abschlusses des Ehevertrages zu einer einseitigen Lastenverteilung führt, die vom belasteten Ehegatten aufgrund der konkreten Eheverhältnisse nicht hingenommen werden kann. **Sittenwidrig** wäre danach der (nicht anderweitig kompensierte) **Ausschluss** des **Betreuungsunterhalts** (§ 1570 BGB), wenn zum Zeitpunkt des Abschlusses dieser Vereinbarung zu betreuende Kinder bereits vorhanden sind oder die Ehefrau schwanger ist. Der Verzicht auf **Anschlusstatbestände** (z. B. auf Unterhalt wegen Krankheit und Alters nach Beendigung der Erziehung und Betreuung gemeinsamer Kinder) ist nur dann sittenwidrig, wenn zum Zeitpunkt des Abschlusses dieser Vereinbarung die (zukünftigen) Ehegatten davon ausgegangen sind, dass sich der durch die Regelung belastete Ehegatte dauerhaft oder zumindest langfristig aus dem Erwerbsleben zurückziehen und der Familienarbeit widmen werde.[338]

Problematisch ist der (partielle) Verzicht auf nachehelichen Unterhalt, wenn dieser mit einem den verzichtenden Ehegatten belastenden **Ausschluss** des **Versorgungsausgleichs** einhergeht. Denn der Versorgungs-

---

[334] BGH NJW 2004, 930, 935.
[335] BGH NJW 2004, 930, 935, sowie oben C. § 6 Rn. 147.
[336] BGH NJW 2004, 930, 937.
[337] BGH NJW 2004, 930, 936.
[338] BGH NJW 2004, 930, 936.

ausgleich zielt ebenso wie der nacheheliche Unterhalt auf die Sicherung des Altersunterhalts ab und ist damit dem Kernbereich des Scheidungsfolgenrechts zuzuordnen.[339] Der Ausschluss des Versorgungsausgleichs ist jedoch nur dann sittenwidrig, wenn er nicht durch andere Vorteile, z. B. durch den Abschluss einer Kapitallebensversicherung für den belasteten Ehegatten, angemessen ausgeglichen wird, wobei für die Frage der Angemessenheit der Kompensationsleistung wiederum die Verhältnisse zum Zeitpunkt des Vertragsabschlusses maßgeblich sind.[340] Der Ausschluss des Versorgungsausgleichs ist auch dann nicht sittenwidrig, wenn die Versorgungslage beider Ehegatten besonders gut ist.[341]

Der **Ausschluss** bzw. die **Modifizierung** des **gesetzlichen Güterstandes** und der **Verzicht** auf **Unterhalt** für den Fall der **Arbeitslosigkeit** sowie auf **Aufstockungsunterhalt** (für die Zeit nach der Kinderbetreuung) und auf Billigkeitsunterhalt sind – entgegen der Auffassung des OLG München[342] und anderer Gerichte[343] – für sich allein genommen unter dem **Gesichtspunkt** der **Sittenwidrigkeit unbedenklich**, da diesen Scheidungsfolgen in der Hierarchie des Scheidungsfolgenrechts nachrangige Bedeutung zukommt.[344] Ehevertragliche Vereinbarungen hinsichtlich dieser Scheidungsfolgen unterliegen deshalb im Vergleich zu anderen Scheidungsfolgen der schwächsten richterlichen Kontrolle. Gleichwohl können derartige Vereinbarungen dann sittenwidrig sein, wenn unter Berücksichtigung aller von den Ehegatten getroffenen Vereinbarungen zum Zeitpunkt des Vertragsabschlusses eine einseitige und nicht anderweitig kompensierte Lastenverteilung vorliegt, die für den belasteten Ehegatten vor dem Hintergrund der konkreten ehelichen Verhältnisse nicht hinnehmbar ist. Darüber hinaus ist auch davor zu warnen, aufgrund des Urteils des BGH vom 11. 2. 2004 vorschnell den gesetzlichen Güterstand der Zugewinngemeinschaft zugunsten der Gütertrennung zu opfern. Die mit dem Güterstand der Gütertrennung verbundenen Nachteile wiegen in aller Regel so schwer, dass die Modifizierung des gesetzlichen Güterstands den angemesseneren Weg darstellt (Einzelheiten hierzu unter C. § 6 Rn 88 ff.).

Die beiden Grundsatzentscheidungen des Bundesverfassungsgerichts aus dem Jahr 2001 sowie die Entscheidung des Bundesgerichtshofs vom 11. 2. 2004 sind **deutliche Absagen** an die in der Praxis häufig anzutreffenden **kurzen** und damit vermeintlich „klaren" **Eheverträge**, die einen **Totalverzicht** beinhalten, wenn ein Vertragsteil schutzbedürftig ist oder zukünftig wird. Wer alles will, das heißt den Totalverzicht seines schutzbedürftigen (zukünftigen) Ehegatten, läuft wegen der vom BVerfG und BGH geforderten besonderen Inhaltskontrolle ehevertraglicher Vereinba-

---

339 BGH NJW 2004, 930, 934.

340 BGH NJW 2004, 930, 936.

341 BGH NJW 2004, 930, 934.

342 NJW 2003, 592.

343 OLG Naumburg FamRZ 2003, 456; OLG Oldenburg NJW-RR 2004, 650; AG Schwäbisch Hall FamRZ 2003, 1284.

344 BGH NJW 2004, 930, 936; OLG Celle NJW 2004, 1961, 1962.

rungen verstärkt Gefahr, in der Zukunft nichts zu bekommen. Stellt nämlich das Gericht die Sittenwidrigkeit eines Ehevertrages in toto (nicht nur einer ehevertraglichen Vereinbarung) fest, gelten für den Unterhalt, den Zugewinnausgleich und den Versorgungsausgleich die gesetzlichen Regelungen. Oben wurde bereits ausführlich dargestellt, dass insbesondere die gesetzlichen Regelungen über den Zugewinnausgleich für den Unternehmer und das Unternehmen existenzbedrohende Gefährdungen mit sich bringen können (Einzelheiten unter C. § 6 Rn 65 ff.).

Um die Vorgaben des BVerfG und des BGH zu erfüllen, ist es bei der Gestaltung eines Ehevertrages dringender als schon in der Vergangenheit erforderlich, nicht nur die gegenwärtige Situation der (zukünftigen) Ehegatten zu berücksichtigen. Vielmehr ist es geboten, auch möglicherweise in der Zukunft eintretende Veränderungen der ehelichen Lebensumstände im Rahmen der ehevertraglichen Vereinbarungen zu berücksichtigen, beispielsweise durch bedingte Vereinbarungen über den Unterhalt für den Fall der Geburt eines gemeinsamen Kindes.[345] Für Eheverträge im Allgemeinen und für Eheverträge in Unternehmerfamilien im Besonderen gilt, dass die vermeintlich klaren und einfachen Regelungen eines **Totalverzichts** (Gütertrennung, Unterhaltsverzicht, Ausschluss des Versorgungsausgleichs) nicht mehr zum Standardrepertoire des Kautelarjuristen gehören dürfen, sondern nur noch den **Ausnahmefall** darstellen, z. B. bei beiderseits vermögenden Ehegatten. Je stärker die zum Kernbereich des Scheidungsfolgenrechts gehörenden Rechte in der ehevertraglichen Vereinbarung ab bedungen werden, umso größer ist das Risiko, dass derartige Vereinbarungen teilweise oder gänzlich einer richterlichen Inhaltskontrolle nicht standhalten und damit nicht durchsetzbar sind. Der rechtliche Berater ist verstärkt gefordert, bei ehevertraglichen Vereinbarungen, die eine einseitige Lastenverteilung beinhalten, eine bereits zum Zeitpunkt des Vertragsabschlusses bestehende besondere Schutzbedürftigkeit eines Vertragsteiles (z. B. bei langer Ehedauer, Verzicht auf eigene Berufstätigkeit oder Schwangerschaft) oder eine in der Zukunft möglicherweise eintretende Schutzbedürftigkeit (z. B. spätere Geburt eines gemeinsamen Kindes) durch entsprechende (vorsorgliche) Vereinbarungen zu berücksichtigen.

Unter Berücksichtigung der Vorgaben des BVerfG und des BGH werden ehevertragliche Vereinbarungen über das Scheidungsfolgenrecht auch in Zukunft Bestand haben, sofern diese eine unter Berücksichtigung der ehelichen Lebensverhältnisse angemessene Regelung enthalten und nicht für einen Ehegatten eine unzumutbare einseitige Lastenverteilung zur Folge haben. Aufgrund der bestehenden, vom BGH herausgearbeiteten kautelarjuristischen Möglichkeiten bei der Gestaltung von Eheverträgen muss (zukünftigen) Ehegatten, die eine bestandskräftige Modifizierung der gesetzlich normierten Scheidungsfolgen wünschen, nicht mehr von der Eheschließung abgeraten werden.[346]

---

[345] So auch *Brambring* Ehevertrag Rn 90 und *Rauscher*, DNotZ 2004, 525, 547.

[346] So noch der Rat von *Rauscher*, DNotZ 2002, 751, 755, und *Grziwotz,* MDR 1998, 1327, 1331.

5. Formulierungsvorschlag für einen Unternehmerehevertrag

Im Folgenden wird ein Formulierungsvorschlag für einen Unternehmerehevertrag vorgestellt. Es ist empfehlenswert, den Ehevertrag mit einem Erbvertrag zu verbinden. Zum einen muss ein Unternehmer auch Vorsorge für den Fall seines unerwarteten Ablebens treffen, und zum anderen ist die Beurkundung eines Ehe- und Erbvertrags hinsichtlich der Notargebühren günstiger als deren getrennte Beurkundung (§ 46 Abs. 3 KostO). Dem Formulierungsvorschlag liegt folgender Sachverhalt zugrunde: Der Hauptgesellschafter eines mittelständischen und erfolgreichen Familienunternehmens beabsichtigt, eine Ärztin zu heiraten. Zum Zeitpunkt des Abschlusses des Ehevertrags sind die zukünftigen Ehegatten beide voll berufstätig. Beide wünschen sich zu einem späteren Zeitpunkt gemeinsame Kinder. Die zukünftigen Ehegatten sehen die Ehe nicht als „Versorgungsinstitut". Primär will jeder Ehegatte für sein eigenes Auskommen und die eigene Altersversorgung aufkommen und sorgen. Auf der anderen Seite soll die Ehefrau, falls sie wegen der Betreuung und Erziehung gemeinsamer Kinder oder wegen sonstiger familiärer Verpflichtungen ihren Beruf ganz oder teilweise aufgibt, finanziell abgesichert sein. Hauptziel der ehevertraglichen Vereinbarung soll der Schutz des Unternehmens bei Scheidung der Ehe und im Fall des Todes des Unternehmers sein. Der Unternehmer möchte größtmögliche Entscheidungsfreiheit bezüglich der Vornahme von betrieblichen Investitionen auch aus Mitteln des Privatvermögens haben. Das Unternehmen ist seit vielen Jahren ertragsstark. Dies wird aller Voraussicht nach auch in Zukunft so bleiben. **153**

Formulierungsvorschlag:

„Urkundseingang; Vorbemerkungen. **154**

§ 1

Güterstand

1. Vom Notar wurden wir auf die Unterschiede zwischen dem gesetzlichen Güterstand der Zugewinngemeinschaft und dem Güterstand der Gütertrennung hingewiesen.
2. Für unsere künftige Ehe belassen wir es grundsätzlich beim gesetzlichen Güterstand der Zugewinngemeinschaft. Wir modifizieren den gesetzlichen Güterstand der Zugewinngemeinschaft jedoch wie folgt:
   a) Für den Fall der Beendigung des Güterstands durch Scheidung unserer Ehe schließen wir den Ausgleich des Zugewinns vollständig aus.

      Falls der Güterstand durch das Ableben von mir, …, beendet wird, vereinbaren wir, dass hinsichtlich der mir, …, zum Zeitpunkt meines Todes gehörenden Unternehmen und Unternehmensbeteiligungen (einschließlich aller damit verbundener Nebenrechte, wie Guthaben auf Darlehenskonten) ein Zugewinnausgleich dann nicht durchzuführen ist, wenn die Ehefrau … Ausgleich des Zugewinns nach § 1371 Abs. 2 oder 3 BGB verlangt. Herausgenommen aus einer Zugewinnausgleichsberechnung sind in diesem Fall auch alle Vermögensgegenstände, die unmittelbar oder mittelbar den mir gehörenden Unternehmen oder Unternehmensbeteiligungen dienen, zum Beispiel betriebsnotwendige Grundstücke und so genanntes „Sonderbetriebsvermögen I und II". Nicht ausgenommen von einer Zugewinnausgleichsberechnung sind Unternehmensbeteiligungen, die der reinen Kapitalanlage dienen.

b) Als Ausgleich für den Ausschluss des Zugewinnausgleichs verpflichte ich, . . ., mich, meiner Ehefrau . . . jährlich einen Betrag in Höhe von . . .,– € zu bezahlen. Dieser Betrag ist jeweils am Ende eines Jahres spätestens zum 31. 12. fällig. Vom Tag der Eheschließung bis zum darauf folgenden 31. 12. ist dieser Betrag gegebenenfalls zeitanteilig geschuldet. Die Verpflichtung zur Zahlung dieses jährlichen Betrags besteht nicht für die Zeit, in der die Ehefrau voll berufstätig ist. Wenn die Ehefrau in einem Jahr nur zeitweise voll berufstätig war, ist der vorstehend genannte Betrag zeitanteilig zu zahlen. Klargestellt wird, dass dieser jährliche Betrag der Ehefrau auch dann in voller Höhe zusteht, wenn sie auf Teilzeitbasis berufstätig ist.

Der Betrag in Höhe von . . .,– € wurde nach den gegenwärtigen wirtschaftlichen Verhältnissen festgelegt und soll wertgesichert sein. Verändert sich der vom Statistischen Bundesamt ermittelte Verbraucherpreisindex für Deutschland (Basis 2000 = 100) gegenüber dem Index für den Monat der Beurkundung dieses Vertrags um mehr als 10 %, so können beide Ehegatten Verhandlungen über eine Neufestsetzung des jährlich geschuldeten Betrags mit Wirkung zum nächsten 1.1. des Folgejahres, der dem Monat auf die Veränderung folgt, verlangen.[347] Die dann festzusetzende Zahlungsverpflichtung hat neben der Berücksichtigung der Geldwertveränderung unter Einschluss von Billigkeitserwägungen zu erfolgen. Nach einer Neufestsetzung ist die Anpassungsklausel erneut anwendbar, wenn eine entsprechende Veränderung stattfindet, wobei der neu ausgehandelte oder festgesetzte Betrag Maßstab bei der Berechnung der prozentualen Veränderung ist.

c) Die Verfügungsbeschränkung des § 1365 BGB schließen wir gegenseitig aus. Im Übrigen sollen die Verwaltungsbeschränkungen der §§ 1366 bis 1369 BGB Gültigkeit haben.

155 § 2

Nachehelicher Unterhalt

Der Notar wies uns auf die bei Scheidung unserer Ehe bestehende nacheheliche Unterhaltspflicht hin. Hinsichtlich der nachehelichen Unterhaltspflicht vereinbaren wir was folgt:

---

[347] Eine automatische Anpassung des jährlich geschuldeten Betrags an den Verbraucherpreisindex (so genannte „Gleitklausel") ist nach § 2 PaPkG i.V. m. der Preisklauselverordnung nicht zulässig, da die Zahlungsverpflichtung nicht von vornherein länger als 10 Jahre besteht. Stattdessen erfolgt die Wertsicherung in dem Formulierungsvorschlag über einen „Leistungsvorbehalt" (Einzelheiten dazu bei *Palandt/Heinrichs* § 245 BGB Rn 32).

1. Jeder Ehegatte, der bis zum Zeitpunkt des dauernden Getrenntlebens im Sinne des § 1567 BGB ununterbrochen voll berufstätig war, verzichtet gegenüber dem anderen Ehegatten auf alle nachehelichen Unterhaltsansprüche, falls zwischen dem Tag der Eheschließung und dem Tag des dauernden Getrenntlebens im Sinne von § 1567 BGB weniger als ... Jahre liegen.
2. Wenn der Zeitraum zwischen dem Tag der Eheschließung und dem Tag des erstmaligen dauernden Getrenntlebens im Sinne von § 1567 BGB mehr als ... Jahre beträgt, oder wenn der Zeitraum zwar weniger als ... Jahre beträgt, der unterhaltfordernde Ehegatte vom Tag der Eheschließung bis zum Tag des dauernden Getrenntlebens jedoch nicht ununterbrochen voll berufstätig war, gelten für die nachehelichen Unterhaltsansprüche die gesetzlichen Bestimmungen mit folgender Maßgabe:
   a) Der nacheheliche Unterhaltsanspruch ist zeitlich befristet auf die Ehedauer, gerechnet vom Tag der Eheschließung bis zum Tag der rechtskräftigen Scheidung der Ehe, soweit sich nicht nach den gesetzlichen Bestimmungen ein kürzerer Zeitraum ergibt. Nach Ablauf des vorstehend genannten Zeitraums verzichten wir wechselseitig auf alle uns zustehenden nachehelichen Unterhaltsansprüche.
   b) Darüber hinaus vereinbaren wir, dass der Anspruch auf nachehelichen Unterhalt maximal ...,– € pro Monat beträgt. Der Unterhaltshöchstbetrag von ...,– € wurde nach den heutigen wirtschaftlichen Verhältnissen festgelegt. Er soll wertgesichert sein und sich im gleichen prozentualen Verhältnis nach oben oder nach unten verändern, wie sich der vom Statistischen Bundesamt festgestellte Verbraucherpreisindex für Deutschland auf der Basis 2000 = 100 nach oben oder unten verändert. Die erste Anpassung erfolgt bei Rechtskraft der Ehescheidung durch Vergleich des heute festgestellten Preisindex mit dem dann geltenden Preisindex. Jede weitere Anpassung erfolgt dann jeweils in jährlichem Abstand jeweils für den Januar eines Jahres. Klargestellt wird, dass mit Vereinbarung des vorstehenden Unterhaltshöchstbetrags kein Anspruch auf Zahlung von nachehelichem Unterhalt in dieser Höhe verbunden ist. Falls nach den gesetzlichen Bestimmungen kein Unterhalt oder nur ein geringerer Unterhalt geschuldet wird, besteht ein Unterhaltsanspruch nur in der gesetzlich geschuldeten Höhe.
3. Für den Fall, dass ein Ehegatte Unterhalt nach § 1570 BGB wegen der Betreuung und Erziehung gemeinsamer Kinder verlangen kann, gelten die vorstehenden Vereinbarungen über den nachehelichen Unterhalt nicht. Vielmehr gelten dann für die Ansprüche auf nachehelichen Unterhalt die gesetzlichen Regelungen. Klargestellt wird, dass nach Beendigung der Betreuung und Erziehung gemeinsamer Kinder und damit nach Erlöschen des Unterhaltsanspruchs aus § 1570 BGB Anschlusstatbestände in Kraft treten. Abweichend von den gesetzlichen Regelungen wird jedoch Folgendes vereinbart: Der

Anspruch auf nachehelichen Unterhalt wird der Höhe nach auf maximal ...,– € begrenzt. Mit Vereinbarung des vorstehenden Unterhaltshöchstbetrags ist kein Anspruch auf Zahlung von nachehelichem Unterhalt in dieser Höhe verbunden. Für die Vereinbarung des Höchstbetrags gelten im Übrigen die vorstehend unter Ziff. 2. lit.b) getroffenen Vereinbarungen entsprechend. Dies gilt insbesondere für die Wertsicherung des Höchstbetrags.

4. Der Unterhaltsberechtigte ist verpflichtet, die zu einem Steuervorteil des Unterhaltsverpflichteten erforderlichen Erklärungen abzugeben, wenn ihm die hieraus entstehenden Nachteile ersetzt werden. Die vorstehend genannten Höchstbeträge sind also stets als Nettobeträge zu verstehen.
5. Sollte einem Ehegatten im Anschluss an die Betreuung und Erziehung gemeinsamer Kinder nach den gesetzlichen Bestimmungen und nach den vorstehend unter 3. getroffenen Vereinbarungen Anspruch auf Aufstockungsunterhalt nach § 1573 Abs. 2 BGB zustehen, vereinbaren wir hiermit, dass dieser Anspruch längstens für die Dauer von fünf Jahren nach Beendigung der Betreuung und Erziehung gemeinsamer Kinder geltend gemacht werden kann, sofern sich nach den gesetzlichen Bestimmungen nicht ein kürzerer Zeitraum ergibt.
6. Wir, ..., sind uns darüber im Klaren, dass die Unterhaltsverzichte auch für den Fall gelten sollen, dass einer von uns in Not gerät; sie sollen auch den so genannten „Notbedarf" einschließen. Wir nehmen diese Unterhaltsverzichte gegenseitig an.
7. Der Notar wird beauftragt, zu den vorstehenden Wertsicherungsklauseln ein Negativattest bzw. eine Genehmigung des Bundesamtes für Wirtschaft einzuholen.

156 § 3

Versorgungsausgleich

Vom Notar wurden wir über das Wesen des bei einer eventuellen Scheidung unserer Ehe nach der gesetzlichen Regelung grundsätzlich durchzuführenden Versorgungsausgleichs, die Grundzüge seiner Durchführung und die Möglichkeit seines Ausschlusses unterrichtet. Wir, ..., schließen hiermit den Versorgungsausgleichs bei einer eventuellen Scheidung unserer künftigen Ehe aus. Uns ist bekannt, dass dieser Ausschluss des Versorgungsausgleichs möglicherweise unwirksam wird, wenn von einem von uns innerhalb eines Jahres nach der Eheschließung Antrag auf Scheidung der Ehe gestellt werden sollte. Sollte innerhalb der Jahresfrist einer von uns Antrag auf Scheidung der Ehe stellen, vereinbaren wir hiermit, dass in diesem Fall der Ausschluss als Vereinbarung im Sinne von § 1587o BGB gelten soll, wobei jedoch dann diese Vereinbarung der Genehmigung des Familiengerichts bedarf. Wir erklären, dass die Zahlung des vorstehend gemäß § 1 Ziff. 2 lit. b) jährlich geschuldeten Betrags in Höhe von ...,– € ein angemessener Ausgleich für den Ausschluss des Versorgungsausgleichs darstellt, da dieser Betrag auch dazu bestimmt ist, dass die Ehefrau eine eigene Altersversorgung aufbauen kann. Klargestellt wird, dass durch die

Vereinbarung des Ausschlusses des Versorgungsausgleichs keine Gütertrennung eintritt.

§ 4 157
Pflichtteilsverzicht

Hiermit verzichte ich, Frau ..., für den Fall des Todes meines Ehemannes ... auf alle mir zustehenden Pflichtteils- und Pflichtteilsergänzungsansprüche. Dieser Pflichtteilsverzicht ist jedoch gegenständlich beschränkt: Der Pflichtteilsverzicht beschränkt sich nur auf die meinem Ehemann zum Zeitpunkt seines Todes gehörenden Unternehmen und Unternehmensbeteiligungen (einschließlich aller damit verbundenen Nebenrechte, wie Guthaben auf Darlehenskonten, sowie einschließlich aller Vermögensgegenstände, die unmittelbar oder mittelbar den Unternehmen oder den Unternehmensbeteiligungen dienen, wie zum Beispiel betriebsnotwendige Grundstücke und so genanntes „Sonderbetriebsvermögen I und II"). Dieser gegenständlich beschränkte Pflichtteilsverzicht gilt nicht für Unternehmensbeteiligungen, die der reinen Kapitalanlage dienen. Ich, ..., nehme diesen beschränkten Pflichtteilsverzicht meiner Ehefrau an.

Erbvertrag
Schlussbestimmungen"

6. Auslandsberührung

a) Auslandsbezug und Internationales Privatrecht. Unternehmerehen weisen – wie andere Ehen auch – immer häufiger einen Auslandsbezug auf. Auslandsbezug ist dann gegeben, wenn der Ehegatte des Unternehmers oder dieser selbst eine **ausländische Staatsangehörigkeit** besitzt, wenn **unternehmerische Tätigkeit** (auch) im **Ausland** ausgeübt wird oder wenn (unternehmerisches) **Vermögen** im **Ausland** belegen ist. Ausländisches Recht kann außer bei ehevertraglichen Vereinbarungen auch bei anderen Vereinbarungen unter Ehegatten eine Rolle spielen. Zum Beispiel können in ausländischen Rechtsordnungen **Verpflichtungs-** und **Verfügungsbeschränkungen** für einen Ehegatten bestehen oder die Gründung einer Gesellschaft zwischen Ehegatten kann unzulässig sein.[348] Liegt ein Auslandsbezug vor, hat dies für die Vertragsgestaltung unter Ehegatten zur Folge, dass als Vorfrage jeder Vereinbarung unter Ehegatten stets geklärt werden muss, welche **Rechtsordnung** auf die vertragliche Vereinbarung, insbesondere auf ehevertragliche Vereinbarungen, Anwendung findet. Die Antwort auf die Frage des anzuwendenden materiellen Rechts findet sich im Internationalen Privatrecht der möglicherweise in Betracht kommenden Rechtsordnungen. Heiratet beispielsweise ein deutscher Unternehmer eine belgische Staatsangehörige, ist die Frage der auf die ehevertraglichen Vereinbarungen anzuwendenden Rechts- 158

[348] Siehe *Reithmann/Martiny/Hausmann* Internationales Vertragsrecht Rn 2658, 2670.

ordnung sowohl nach dem deutschen als auch nach dem belgischen Internationalen Privatrecht zu klären. Besitzt ein Unternehmer Betriebsgrundstücke im Ausland, ist auch das Internationale Privatrecht des **Belegenheitsorts** dahin gehend zu prüfen, ob es eine kollisionsrechtliche Regelung hinsichtlich des auf Vereinbarungen unter Ehegatten zur Anwendung kommenden materiellen Rechts enthält. Das auf der Grundlage des jeweils in Betracht kommenden Internationalen Privatrechts gefundene Ergebnis der **kollisionsrechtlichen Prüfung** öffnet das Tor zum anwendbaren materiellen Recht. Erfolgt eine Verweisung des deutschen Internationalen Privatrechts auf das ausländische Recht, ist dies grundsätzlich[349] als **Gesamtverweisung** unter Einschluss des jeweiligen Internationalen Privatrechts zu verstehen.[350] Das ausländische Internationale Privatrecht kann die Verweisung annehmen oder auf das deutsche Sachrecht zurückverweisen (**Rückverweisung**).

159 Das **deutsche internationale Familienrecht** ist in Art. 13 ff. und in Art. 3 ff. EGBGB geregelt. Bei der kollisionsrechtlichen Prüfung, das heißt bei der Feststellung der zur Anwendung kommenden Rechtsordnung, gehen Regelungen in völkerrechtlichen Vereinbarungen (zum Beispiel das Haager Übereinkommen über das auf Unterhaltspflichten anzuwendende Recht vom 2. 10. 1973) und Rechtsakte der Europäischen Gemeinschaften bzw. der Europäischen Union als supranationales Recht den innerstaatlich kodifizierten Bestimmungen des Internationalen Privatrechts und dem Gewohnheitsrecht vor, Art. 3 Abs. 2 EGBGB.[351]

160 **b) Ehewirkungsstatut.** Die **Grundsatzkollisionsnorm** des deutschen internationalen Familienrechts ist **Art. 14 EGBGB**.[352] Diese Vorschrift regelt, welches Sachrecht für die **allgemeinen Wirkungen** der Ehe maßgebend ist. Zu den allgemeinen Wirkungen der Ehe zählen alle Rechtsbeziehungen, die auf der Ehe selber beruhen, wie etwa die Schlüsselgewalt, und die nicht Regelungsgegenstand besonderer Verweisungsnormen sind.[353] Nicht zu den allgemeinen Ehewirkungen gehören aufgrund besonderer Verweisungsnormen beispielsweise das Güterrecht und das Unterhaltsrecht.[354] Im BGB enthalten die §§ 1353 bis 1362 Regelungen hinsichtlich der allgemeinen Ehewirkungen. Gemäß Art. 14 Abs. 1 EGBGB richtet sich das auf die allgemeinen Wirkungen der Ehe anwendbare Recht nach

„1. dem Recht des Staates, dem beide Ehegatten angehören oder während der Ehe zuletzt angehörten, wenn einer von ihnen diesem Staat noch angehört,

---

[349] Etwas anderes gilt für Verweisungen auf Sachvorschriften, zum Beispiel im Fall der Rechtswahl ausländischen Rechts durch die Vertragsparteien, Art. 4 Abs. 2 EGBGB, vgl. MüKo/*Sonnenberger* Art. 4 EGBGB Rn 15.

[350] *Palandt/Heldrich* Art. 3 EGBGB Rn 5.

[351] Ausführlich hierzu MüKo/*Sonnenberger* Art. 3 Rn 11 ff.

[352] Vorrang vor dieser Anknüpfungsnorm hat lediglich der Deutsch-Iranische Staatsvertrag vom 17. 2. 1929 (BGBl 1955 II, S. 829).

[353] MüKo/*Siehr* Art. 14 EGBGB Rn 5.

[354] *Palandt/Heldrich* Art. 14 EGBGB Rn 17 f.

2. dem Recht des Staates, in dem beide Ehegatten ihren gewöhnlichen Aufenthalt haben oder während der Ehe zuletzt hatten, wenn einer von ihnen dort noch seinen gewöhnlichen Aufenthalt hat, hilfsweise
3. dem Recht des Staates, mit dem die Ehegatten auf andere Weise gemeinsam am engsten verbunden sind."

Zu beachten ist, dass eine Anknüpfung über die vorstehend genannten Nummern 2 und 3 erst zulässig ist, wenn die Voraussetzungen für eine Anknüpfung nach den vorherigen Stufen Nr. 1 bzw. Nrn. 1 und 2 der **Anknüpfungsleiter** nicht erfüllt sind.[355] Für die Frage, welchem Recht die allgemeinen Wirkungen der Ehe unterliegen, sind die Umstände zum jeweiligen Zeitpunkt der Beantwortung dieser Frage maßgeblich.[356] Da die Anknüpfungspunkte in Art. 14 Abs. 1 EGBGB zeitlich nicht fixiert sind, ist das **Ehewirkungsstatut wandelbar**, sofern nicht durch eine entsprechende Rechtswahl Vorsorge getroffen wurde. **161**

Dem Ehewirkungsstatut kommt über den unmittelbaren Regelungsbereich der allgemeinen Ehewirkungen hinaus auch besondere **Bedeutung** für die **kollisionsrechtliche Anknüpfung** in **anderen** Bereichen des Ehe- und Familienrechts zu, zum Beispiel für das Güterrechtsstatut (Art. 15 Abs. 1 EGBGB), das Scheidungsstatut (Art. 17 Abs. 1 S. 1 EGBGB), das für den Versorgungsausgleich maßgebliche Statut (Art. 17 Abs. 3 BGB) und das Unterhaltsstatut (Art. 18 Abs. 4 EGBGB).[357] Wegen dieser weit reichenden Auswirkungen des Ehewirkungsstatuts ist es für Unternehmerehen mit Auslandsbezug empfehlenswert, eine **vorsorgliche Rechtswahl** hinsichtlich des auf die allgemeinen Wirkungen der Ehe anwendbaren Rechts vorzunehmen. Dadurch kann auch möglichen Unsicherheiten hinsichtlich der Anknüpfung in anderen Bereichen des Eherechts, wie dem Güterrecht und dem Scheidungsrecht, vorgebeugt werden. Eine Rechtswahl hinsichtlich des auf die allgemeinen Wirkungen der Ehe anwendbaren Rechts ist gemäß Art. 14 Abs. 2 und Abs. 3 EGBGB zulässig **162**

- wenn ein Ehegatte mehreren Staaten angehört; in diesem Fall kann das Recht des Staates gewählt werden, dem beide Ehegatten angehören (Art. 14 Abs. 2);[358]
- wenn Ehegatten unterschiedliche Staatsangehörigkeiten haben und kein Ehegatte dem Staat angehört, in dem beide Ehegatten ihren gewöhnlichen Aufenthalt haben (Art. 14 Abs. 3 Nr. 1), oder die Ehegatten ihren gewöhnlichen Aufenthalt nicht in demselben Staat haben (Art. 14 Abs. 3 Nr. 2).

Die **Rechtswahl** muss gemäß Art. 14 Abs. 4 EGBGB **notariell beurkundet** werden. Außerdem ist gemäß § 1410 BGB gleichzeitige, aber nicht persönliche Anwesenheit der Beteiligten erforderlich.[359] Eine **163**

---

[355] MüKo/*Siehr* Art. 14 EGBGB Rn 12.

[356] *Palandt/Heldrich* Art. 14 EGBGB Rn 6.

[357] MüKo/*Siehr* Art. 14 EGBGB Rn 9 ff., *Kanzleiter/Wegmann* Rn 354.

[358] Ein Vorrang der deutschen Staatsangehörigkeit besteht in diesem Fall nicht, *Lichtenberger*, DNotZ 1986, 644, 660.

[359] *Schotten* Das Internationale Privatrecht Rn 123; Beck'sches Notarhandbuch/*Zimmermann* Kap. G Rn 108; a. A. *Wegmann*, NJW 1987, 1740, 1741.

Rechtswahl kann auch dann in Betracht gezogen werden, wenn die hierfür erforderlichen Voraussetzungen des Art. 14 Abs. 2 und 3 EGBGB zwar nicht zum Zeitpunkt der Rechtswahl vorliegen, aber später voraussichtlich vorliegen werden (zum Beispiel wenn ein Ehegatte beabsichtigt, in Zukunft eine weitere Staatsangehörigkeit zu erwerben).

Formulierungsbeispiel:

164 „Wir wählen für die allgemeinen Wirkungen unserer Ehe ab dem Tag der Eheschließung deutsches Recht.

(Alternative für vorsorgliche Rechtwahl: Für den Fall, dass in Zukunft die Voraussetzungen für eine Rechtwahl gemäß Art. 14 Abs. 2 oder Abs. 3 EGBGB erfüllt sind, wählen wir für die allgemeinen Wirkungen unserer Ehe ab dem Tag des Bedingungseintritts deutsches Recht.)

165 Diese Rechtswahl soll nach Möglichkeit auch im Ausland gelten. Der Notar hat uns darauf hingewiesen, dass sich die Rechtswahl auf das Güterrecht und das Scheidungs- und Scheidungsfolgenrecht auswirken kann und die Wirkungen dieser Rechtswahl entfallen, wenn wir die Staatsangehörigkeit desselben Staates erlangen.“[360]

166 **c) Güterrechtsstatut.** Das für die güterrechtlichen Wirkungen der Ehe maßgebende Recht richtet sich nach dem für die allgemeinen Wirkungen der Ehe zum Zeitpunkt der Eheschließung maßgebenden Recht, **Art. 15 Abs. 1 EGBGB.**[361] Das Güterrechtsstatut ist somit (sofern nicht vor Eheschließung eine Rechtwahl erfolgt) **unwandelbar**, das heißt eine Veränderung der objektiven Anknüpfungspunkte hat keinen Einfluss auf das einmal begründete Güterrechtsstatut.[362] Heiratet beispielsweise die deutsche Unternehmerin einen italienischen Staatsbürger und hatten beide zum Zeitpunkt der Eheschließung ihren gewöhnlichen Aufenthalt in Deutschland, richten sich aus deutscher Sicht die güterrechtlichen Wirkungen dieser Ehe grundsätzlich nach deutschem Recht, Art. 15 Abs. 1, Art. 14 Abs. 1 Nr. 2 EGBGB. Zu den Regeln güterrechtlicher Art zählen alle Rechtssätze, die sich mit der besonderen Ordnung des Vermögens der Ehegatten während der Ehe befassen.[363] Nach dem Güterrechtsstatut richtet sich auch die Frage der Zulässigkeit, der **Gültigkeitsvoraussetzungen** und des möglichen **Inhalts ehevertraglicher Vereinbarungen.**[364] Vor Abfassung eines Ehevertrags zwischen einem deutschen Unternehmer und seinem ausländischen Ehegatten ist deshalb stets zu prüfen, ob aus deutscher Sicht aufgrund der Kollisionsnormen des Inter-

---

[360] Der nachträgliche Wegfall der Wirkungen der Rechtswahl hat keine Auswirkungen auf das durch die Rechtswahl begründete Güterrechtsstatut, da dieses grundsätzlich unwandelbar ist.

[361] Eine Rechtswahl hinsichtlich des Ehewirkungsstatuts nach Eheschließung hat somit keine Auswirkungen auf das Güterrechtsstatut, vgl. Beck'sches Notarhandbuch/*Zimmermann* Kap. G Rn 117.

[362] *Palandt/Heldrich* Art. 15 EGBGB Rn 3; MüKo/*Siehr* Art. 15 EGBGB Rn 59.

[363] MüKo/*Siehr* Art. 15 EGBGB Rn 69 ff.; *Palandt/Heldrich* Art. 15 EGBGB Rn 25.

[364] *Palandt/Heldrich* Art. 15 EGBGB Rn 30.

nationalen Privatrechts für die Ehe deutsches Güterrecht zur Anwendung kommt oder nicht. Wenn die Ehegatten zum Zeitpunkt der Eheschließung ihren ständigen Wohnsitz in Deutschland gehabt haben, ist dies – wie bereits festgestellt – aus Sicht des deutschen Internationalen Privatrechts in Bezug auf das Güterrecht grundsätzlich[365] der Fall. Um Zweifel hinsichtlich des gewöhnlichen Aufenthalts zum Zeitpunkt der Eheschließung auszuschließen, vor allem wenn die Ehe im Ausland geschlossen wurde und/oder die Ehegatten bei Eheschließung ihren Wohnsitz im Ausland oder in unterschiedlichen Ländern hatten, ist eine **vorsorgliche Rechtswahl** für die güterrechtlichen Wirkungen der Ehe gemäß Art. 15 Abs. 2 EGBGB empfehlenswert. Nach dieser Vorschrift kann für die güterrechtlichen Wirkungen der Ehe das Recht des Staates, dem einer der Ehegatten angehört (Nr. 1), das Recht des Staates, in dem einer der Ehegatten seinen gewöhnlichen Aufenthalt hat (Nr. 2) oder für unbewegliches Vermögen das Recht des Lageortes (Nr. 3) gewählt werden.

Formulierungsbeispiel:

„Für die güterrechtlichen Wirkungen unserer Ehe wählen wir gemäß Art. 15 Abs. 2 Nr. 1 EGBGB mit Wirkung vom Tag der Eheschließung das deutsche Recht. Diese Rechtswahl soll auch im Ausland gelten. Den gesetzlichen Güterstand der Zugewinngemeinschaft nach deutschem Recht modifizieren wir jedoch wie folgt: ...“ **167**

168 Die direkte Anknüpfung an Art. 15 EGBGB und damit auch die Unwandelbarkeit des Güterrechtsstatuts gilt nur für Ehen, die nach der Neufassung dieser Vorschrift zum 1. 9. 1986 geschlossen wurden. Für Ehen, die davor geschlossen wurden, richtet sich die Anknüpfung nach der **Übergangsvorschrift** des **Art. 220 Abs. 3 EGBGB**.[366]

169 Zu beachten ist, dass es aufgrund des in **Art. 3 Abs. 3 EGBGB** normierten Grundsatzes des Vorrangs des Einzelstatuts gegenüber dem Gesamtstatut zu einer **„Spaltung“** des **Güterrechtsstatuts** kommen kann:[367] Befindet sich Vermögen eines Ehegatten, zum Beispiel Betriebsgrundstücke, im Ausland und unterliegen diese Vermögensgegenstände dort besonderen Vorschriften, gilt abweichend von Art. 15 Abs. 1 in Verbindung mit Art. 14 EGBGB für diese Vermögensgegenstände das Güterrechtsstatut des Belegenheitsstaates („lex rei sitae“).[368] An dieser Stelle ist noch einmal darauf hinzuweisen, dass immer dann, wenn in einer Ehe Bezugspunkte zum Ausland bestehen, wie bei im Ausland belegenem unternehmerischem Vermögen und bei gemischt-nationalen Ehen, die Frage des auf die Ehe und einen Ehevertrag anzuwendenden Rechts auch aus der Sicht des jeweiligen ausländischen Internationalen Privatrechts zu beantworten ist.

---

[365] Sofern nicht die Ausnahmevorschrift des Art. 3 Abs. 3 EGBGB eingreift (hierzu C. § 6 Rn 169).

[366] Fa-FamR/*Rausch* 15. Kap. Rn 119.

[367] *Palandt/Heldrich* Art. 15 EGBGB Rn 2.

[368] MüKo/*Siehr* Art. 15 EGBGB Rn 107; Fa-FamR/*Rausch* 15. Kap. Rn 126 f.

170 **d) Unterhaltsstatut.** Bei der Ermittlung des für den Ehegatten-Unterhalt anzuwendenden Rechts gilt Folgendes: Aufgrund des in **Art. 3 Abs. 2 EGBGB** normierten **Vorrangs** von völkerrechtlichen Vereinbarungen vor dem deutschen Kollisionsrecht ist zunächst zu prüfen, ob das „Haager Übereinkommen über das auf Unterhaltspflichten anzuwendende Recht" vom 2.10. 1973 Anwendung findet.[369] Dieses Abkommen, an dem zahlreiche Vertragsstaaten beteiligt sind, ist für Deutschland am 1.4. 1987 in Kraft getreten.[370]

171 Sind keine völkerrechtlichen Vereinbarungen einschlägig, bestimmt sich das **Unterhaltsstatut** gemäß **Art. 18 Abs. 1 S. 1 EGBGB** nach den Sachvorschriften des am jeweiligen gewöhnlichen Aufenthalt des Unterhaltsberechtigten geltenden Rechts und ist somit **wandelbar**. Gewährt die zur Anwendung berufene Rechtsordnung keinen Unterhaltsanspruch, bestimmt sich das Unterhaltsstatut nach den Sachvorschriften des Rechts des Staates, dem die Beteiligten gemeinsam angehören, Art. 18 Abs. 1 S. 2 EGBGB. Erhält der Berechtigte Unterhalt weder nach Art. 18 Abs. 1 S. 1 noch nach S. 2 EGBGB, sind die Sachvorschriften des deutschen Rechts anwendbar, Art. 18 Abs. 2 EGBGB. Falls die Ehescheidung in Deutschland ausgesprochen oder anerkannt wurde, ist aus deutscher Sicht ausschließlich das deutsche Recht für die nachehelichen Unterhaltsansprüche maßgebend, Art. 18 Abs. 4 S. 1 EGBGB.[371] Sind sowohl der Unterhaltsberechtigte als auch der Unterhaltsverpflichtete Deutsche und hat der Verpflichtete seinen gewöhnlichen Aufenthalt im Inland, ist stets deutsches Recht anzuwenden, Art. 18 Abs. 5 EGBGB.

172 **e) Versorgungsausgleichsstatut.** Bezüglich des auf den Versorgungsausgleich anzuwendenden Rechts bestimmt **Art. 17 Abs. 3 EGBGB**, dass sich der Versorgungsausgleich grundsätzlich nach dem Recht richtet, das zum **Zeitpunkt** des **Eintritts** der **Rechtshängigkeit** des **Scheidungsantrags** für die allgemeinen Wirkungen der Ehe maßgebend ist.[372] Eine Veränderung der objektiven Anknüpfungspunkte führt somit unter Umständen zu einer anderen Beurteilung hinsichtlich des auf den Versorgungsausgleich anwendbaren Rechts. Um Unsicherheiten über das auf den Versorgungsausgleich anzuwendende Recht aus dem Weg zu gehen, ist es ratsam, eine **Rechtswahl** hinsichtlich des auf die allgemeinen Wirkungen der Ehe anwendbaren Rechts abzugeben.

---

369 Daneben ist im Verhältnis zu Iran der Deutsch-Iranische Staatsvertrag vom 17. 2. 1929 (BGBl 1955 II, S. 829) vorrangig.

370 Einzelheiten zu diesem Abkommen bei *Palandt/Heldrich* Anh zu Art. 18 EGBGB Rn 4 ff.

371 Fa-FamR/*Rausch* 15. Kap. Rn 102 ff.

372 Einzelheiten hierzu bei MüKo/*Winkler von Mohrenfels* Art. 17 EGBGB Rn 186 ff.; *Palandt/Heldrich* Art. 17 EGBGB Rn 19 ff.

V. Vorsorge bei gesellschaftsrechtlicher Beteiligung beider Ehegatten

1. Abfindungsbeschränkung

Wenn beide Ehegatten Gesellschafter eines Unternehmens sind, empfiehlt sich eine gesellschaftsvertragliche Regelung, die im Falle des Ausscheidens eines Gesellschafters, zum Beispiel in Folge der Ehescheidung, das Unternehmen vor einer existenzgefährdenden Abfindungsforderung schützt. Auf der anderen Seite ist aber auch dem Interesse des aus dem Unternehmen ausscheidenden Ehegatten an einer Teilhabe an der gemeinsamen Wertschöpfung Rechnung zu tragen. Zum Zwecke der Schonung der Liquidität des Unternehmens kann die Ausgleichsforderung gesellschaftsvertraglich unter dem nach Verkehrswertgrundsätzen ermittelten Wert festgesetzt werden. In diesem Fall ist aber die Rechtsprechung des BGH zu den **Grenzen** der **Wirksamkeit** von **Abfindungsklauseln** zu beachten.[373] So ist eine Abfindungsklausel gemäß § 138 BGB nichtig, wenn sie zu einer Abfindung unter dem Buchwert der Beteiligung führt[374] oder wenn die Abfindungsbeschränkung ausschließlich zu Lasten eines Pfändungs- oder Insolvenzgläubigers ginge.[375] Zum Zeitpunkt des Abschlusses des Gesellschaftsvertrags wirksame Abfindungsklauseln können später durch die Rechtsprechung korrigiert werden, wenn nachträglich ein grobes Missverhältnis zwischen dem tatsächlichen Verkehrswert und dem Abfindungsanspruch entsteht und die Abfindungsbeschränkung de facto zu einer Kündigungserschwerung führt. Der BGH führte ursprünglich diese Korrektur unter Heranziehung des Rechtsgedankens des § 723 Abs. 3 BGB durch. Diesen Ansatz hat der BGH mittlerweile aufgegeben und nimmt stattdessen eine ergänzende Vertragsauslegung hinsichtlich der Abfindungsklausel vor.[376] Auf diese Weise wird ermittelt, welche Abfindung nach Treu und Glauben unter angemessener Abwägung der Interessen der Vertragsteile als redliche Vertragspartner geschuldet ist.[377] Die liquiditätsgefährdenden Folgen einer Abfindungsforderung können auch dadurch abgemildert werden, dass nach den gesellschaftsvertraglichen Bestimmungen die **Ausgleichsforderung** in **Raten** zu erfüllen ist. **173**

2. Übernahmerecht und Rückforderungsrecht

Sind beide Ehegatten an einem Unternehmen beteiligt, besteht die Gefahr, dass sich die Probleme, die zur Scheidung der Ehe geführt haben, spätestens nach der Trennung auf die Gesellschafterebene verlagern. Deshalb ist es sinnvoll, einem Ehegatten für den Fall der Trennung bzw. **174**

[373] Ausführlich zu den Grenzen von Abfindungsklauseln *Richter*, Die Abfindung ausscheidender Gesellschafter unter Beschränkung auf den Buchwert.

[374] BGH NJW 1989, 2685, 2686.

[375] BGH NJW 2000, 2819, 2820.

[376] BGH NJW 1993, 3193, 3194; Beck Hdb. Personengesellschaften/*Sauter* § 7 Rn 157.

[377] BGH DStR 1997, 1377, 1378.

Scheidung der Ehe das Recht zur Übernahme des Anteils des anderen einzuräumen. Bei Gründung einer Gesellschaft kann ein entsprechendes Übernahmerecht durch **gesellschaftsvertragliche Regelung** vereinbart werden. Überträgt ein Ehegatte eine Unternehmensbeteiligung während der Ehe auf den anderen Ehegatten, kann er sich ein **Rückforderungsrecht** für den Fall der Scheidung bzw. des dauernden Getrenntlebens im Sinne des § 1567 BGB vorbehalten. Ratsam ist es, die Rückübertragung des Anteils bereits zusammen mit dessen Übertragung auf den anderen Ehegatten aufschiebend bedingt durch die Scheidung der Ehe bzw. das dauernde Getrenntleben der Ehegatten zu vereinbaren. Nur so wird sichergestellt, dass der Anspruch auf Rückübertragung nicht durch etwaige spätere Verfügungen des erwerbenden Ehegatten oder durch Pfändungsmaßnahmen Dritter vereitelt wird (Einzelheiten zur aufschiebend bedingten Rückübertragung unter C. § 9 Rn 8). Die **Höhe** des **Abfindungsanspruchs** des ausscheidenden Ehegatten hängt davon ab, ob und in welchem Maße er zum Unternehmenserfolg beigetragen hat. Ein Abfindungsanspruch kann auf den Buchwert begrenzt werden, wenn der Erwerb der Beteiligung unentgeltlich erfolgte und sich diese in einer Kapitalanlage ohne Unternehmerrisiko und -initiative erschöpfte.

§ 7 Eingetragene Lebenspartnerschaft

Übersicht

	Rn
I. Vorbemerkungen	1
II. Begründung der eingetragenen Lebenspartnerschaft	3
III. Vermögensrechtliche Verhältnisse und Ansprüche bei bestehender Lebenspartnerschaft	4
1. Vermögensrechtliche Verhältnisse	4
2. Unterhaltsansprüche	7
IV. Vermögensrechtliche Verhältnisse und Ansprüche bei Trennung der Lebenspartner	8
1. Überschussausgleich	8
2. Unterhalt	9
3. Versorgungsausgleich	11
V. Ansprüche des Lebenspartners beim Tod des Unternehmers	12
1. Erbrechtliche Ansprüche	12
2. Güterrechtliche Ansprüche	14
3. Unterhaltsansprüche	15
VI. Lebenspartnerschaftsvertragliche Gestaltungsmöglichkeiten und Vorsorgemaßnahmen	16
1. Vermögensstand	16
2. Unterhalt	18
3. Versorgungsausgleich	19
4. Pflichtteilsverzicht	20
5. Richterliche Inhaltskontrolle lebenspartnerschaftsvertraglicher Vereinbarungen	21
VII. Auslandsbezug	22

Schrifttum: *Battes*, Probleme bei der Anwendung des Gesetzes über Eingetragene Lebenspartnerschaften, FuR 2002, 49; *Brandhuber*, Begründung einer Lebenspartnerschaft – Beizubringende Unterlagen, Lebenspartnerschaftsname, Lebenspartnerschaftsbuch, MittBayNot-SonderH 2001, 11; *Dethloff*, Die eingetragene Lebenspartnerschaft – ein neues familienrechtliches Institut, NJW 2001, 2598; *Frank*, Die eingetragene Lebenspartnerschaft unter Beteiligung von Ausländern, MittBay-Not-SonderH 2001, 35; *Grziwotz*, Die Lebenspartnerschaft zweier Personen gleichen Geschlechts – Beratungspraxis und Vertragsgestaltung, DNotZ 2001, 280; *Henrich*, Kollisionsrechtliche Fragen der eingetragenen Lebenspartnerschaft, FamRZ 2002, 137; *Kaiser*, Güter- und Vermögensrecht der eingetragenen Lebenspartnerschaft, in Deutsche Notarrechtliche Vereinigung, Vertragsobjekt Ehe und Lebenspartnerschaft, S. 4; *Langenfeld*, Der Vertrag der eingetragenen Lebenspartnerschaft, ZEV 2002, 8; *Leipold*, Die neue Lebenspartnerschaft aus erbrechtlicher Sicht, insbesondere bei zusätzlicher Eheschließung, ZEV 2001, 218; *N. Mayer*, Das Gesetz zur Beendigung der Diskriminierung gleichgeschlechtlicher Gemeinschaften – Lebenspartnerschaften, ZEV 2001, 169; *Müller*, Partnerschaftsverträge nach dem Lebenspartnerschaftsgesetz (LPartG) – Hinweise zur Vertragsgestaltung, DNotZ 2001, 58; *Rieger*, Das Vermögensrecht der eingetragenen Lebenspartnerschaft, FamRZ 2001, 1497; *Schwab*, Eingetragene Lebenspartnerschaften, FamRZ 2001, 385; *Süß*, Notarieller Gestaltungsbedarf bei Eingetragenen Lebenspartnerschaften mit Ausländern, DNotZ 2001, 168; *Wälzholz*, Die Besteuerung von Lebenspartnerschaften, MittBayNot-SonderH 2001, 50.

I. Vorbemerkungen

Mit dem Begriff „Familienunternehmen" verbindet man auf den ersten **1**
Blick Unternehmen, die mit einer Familie im klassischen Sinn verbunden sind. Daneben gibt es aber auch Unternehmen, die von gleichgeschlecht-

lich veranlagten Unternehmensinhabern geführt werden oder an denen diese beteiligt sind, ohne selbst im operativen Geschäft tätig zu sein. Mit dem am 1. 8. 2001 in Kraft getretenen **„Gesetz zur Beendigung der Diskriminierung gleichgeschlechtlicher Gemeinschaften"**[1] ist gleichgeschlechtlichen Lebenspartnern die Möglichkeit eröffnet worden, eine **Lebenspartnerschaft** zu gründen und eintragen zu lassen und somit ihrer Lebensgemeinschaft einen **rechtlichen Rahmen** zu geben. Das **BVerfG** hat mit Entscheidung vom 17. 7. 2002[2] festgestellt, dass das Lebenspartnerschaftsgesetz mit dem Grundgesetz vereinbar ist. Nicht zuletzt aufgrund dieser Entscheidung, aber auch aufgrund der Vorteile, die eine eingetragene Lebenspartnerschaft gegenüber einer Partnerschaft ohne geregelte Rechte und Pflichten aufweist, ist in Zukunft mit einer Zunahme von eingetragenen Lebenspartnerschaften zu rechnen.[3] Mangels Zustimmung durch den Bundesrat noch nicht in Kraft getreten ist das **Lebenspartnerschaftsergänzungsgesetz**.[4] Dieser Gesetzesentwurf enthält Ergänzungen zum Lebenspartnerschaftsgesetz, die insbesondere steuerliche Erleichterungen für eingetragene Lebenspartner vorsehen.[5] Nach Auffassung des BVerfG ist es verfassungsrechtlich nicht zu beanstanden, wenn eine Materie in ein durch den Bundesrat zustimmungspflichtiges (Lebenspartnerschaftsergänzungsgesetz) und ein zustimmungsfreies (Lebenspartnerschaftsgesetz) Gesetz aufgeteilt wird, um zustimmungsfreie Teile der Materie so rasch wie möglich in Gesetzeskraft erwachsen zu lassen.[6]

2 Die Begründung einer eingetragenen **Lebenspartnerschaft** kann – ebenso wie eine Eheschließung – sowohl für den **Unternehmer** als auch für das Unternehmen im Fall der Trennung erhebliche **Auswirkungen** haben. Im Folgenden wird ein Überblick über die güter- und vermögensrechtlichen Regelungen, die für eine eingetragene Lebenspartnerschaft gelten, gegeben. Daneben werden Möglichkeiten aufgezeigt, wie diese Regelungen durch lebenspartnerschaftsvertragliche Vereinbarungen modifiziert werden können, um die Folgen einer Trennung der eingetragenen Lebenspartner für das Unternehmen und den Unternehmer kalkulierbarer zu machen.

II. Begründung der eingetragenen Lebenspartnerschaft

3 Die eingetragene Lebenspartnerschaft wird dadurch begründet, dass zwei Personen gleichen Geschlechts gegenseitig **persönlich** und bei **gleichzeitiger** Anwesenheit erklären, miteinander eine Partnerschaft auf Lebenszeit führen zu wollen, § 1 Abs. 1 S. 1 LPartG. Diese Erklärungen sind **bedingungsfeindlich** und können nicht unter einer Zeitbestimmung abgegeben werden, § 1 Abs. 1 S. 2 LPartG. Weitere Voraussetzung für

---

1 BGBl 2001 I, S. 266.

2 NJW 2002, 2543 ff.

3 Zweifelnd *Grziwotz* Lebenspartnerschaft Rn 79.

4 BT-Drucks. 14/4545.

5 Ausführlich dazu *Wälzholz*, MittBayNot-SonderH 2001, 50 ff.

6 NJW 2002, 2543, 2546.

die Begründung einer Lebenspartnerschaft ist die (formlose) **Festlegung** der Lebenspartner hinsichtlich ihres **Vermögensstands**, §§ 1 Abs. 1 S. 4, 6 Abs. 1 LPartG. Die Begründung einer Lebenspartnerschaft ist nur wirksam, wenn sie vor der **zuständigen Behörde** erfolgt, § 1 Abs. 1 S. 3 LPartG. Die zuständigen Behörden für die Entgegennahme dieser Erklärungen werden in den Ausführungsgesetzen der Länder festgelegt und sind in den meisten Fällen die Standesbeamten.[7] In Bayern sind die Notare für die Entgegennahme dieser Erklärung zuständig, Art. 1 Bayerisches Gesetz zur Ausführung des Lebenspartnerschaftsgesetzes.

III. Vermögensrechtliche Verhältnisse und Ansprüche bei bestehender Lebenspartnerschaft

1. Vermögensrechtliche Verhältnisse

Bei eingetragenen Lebenspartnern gibt es im Gegensatz zur Ehe **keinen gesetzlich** geregelten **Güterstand**. Vielmehr ist es für die wirksame Begründung der Lebenspartnerschaft zwingend erforderlich, dass die Lebenspartner vor Begründung der Lebenspartnerschaft ausdrücklich einen Vermögensstand wählen, § 6 Abs. 1 S. 1 LPartG. Anders als unter Eheleuten hat die **Vereinbarung** des **Vermögensstands** somit nicht nur korrigierende, sondern **konstitutive** Wirkung.[8] Die Lebenspartner haben die Wahl, den Vermögensstand der Ausgleichsgemeinschaft zu vereinbaren oder ihre vermögensrechtlichen Verhältnisse durch einen Lebenspartnerschaftsvertrag zu regeln, § 6 Abs. 1 LPartG. Während die Vereinbarung der Ausgleichsgemeinschaft vor Begründung der Lebenspartnerschaft keiner besonderen **Form** bedarf (vgl. § 7 Abs. 2 i.V.m. § 6 Abs. 1 S. 2 LPartG),[9] muss ein Lebenspartnerschaftsvertrag bei gleichzeitiger Anwesenheit beider Lebenspartner zur Niederschrift eines Notars geschlossen werden (§ 7 Abs. 1 S. 2 LPartG). Sollte die vor Eingehung der Lebenspartnerschaft getroffene Vereinbarung über die Geltung des Vermögensstands der Ausgleichsgemeinschaft oder der Lebenspartnerschaftsvertrag als Ganzes unwirksam sein, sieht § 6 Abs. 3 LPartG als **Auffanggüterstand** die Vermögenstrennung – und nicht die Ausgleichsgemeinschaft – vor. Diese Regelung ist mit dem Schutzzweck der Ausgleichsgemeinschaft nicht vereinbar, insbesondere wenn der Partnerschaftsvertrag wegen verwerflicher einseitiger Lastenverteilung unwirksam sein sollte.[10] 4

Im Vermögensstand der **Ausgleichsgemeinschaft** gilt – ebenso wie im gesetzlichen Güterstand der Zugewinngemeinschaft – der **Grundsatz** des **getrennten Vermögens** und der **getrennten Vermögensverwal-** 5

[7] *Palandt/Brudermüller* § 1 LPartG Rn 3; eine Übersicht über die zuständigen Behörden in den einzelnen Bundesländern findet man bei *Brandhuber*, MittBay-Not-SonderH 2001, 19 ff.

[8] Deutsche Notarrechtliche Vereinigung, Vertragsobjekt Ehe und Lebenspartnerschaft/*Kaiser* S. 6; *Rieger*, FamRZ 2001, 1497, 1498.

[9] BT-Drucks. 14/3751, S. 38; Deutsche Notarrechtliche Vereinigung, Vertragsobjekt Ehe und Lebenspartnerschaft/*Kaiser* S. 6; *Grziwotz*, DNotZ 2001, 280, 285.

[10] S. hierzu auch § 7 Rn 21 sowie *Grziwotz*, DNotZ 2001, 280, 287.

tung sowie der **getrennten Schuldenhaftung**, § 6 Abs. 2 S. 1 und S. 2 LPartG. Die bei Ehegatten bestehende Einschränkung des Grundsatzes der getrennten Schuldenhaftung durch **§ 1357 BGB** gilt bei eingetragenen Lebenspartnern entsprechend, § 8 Abs. 2 LPartG. Da die Vorschrift des § 1357 BGB nicht vertraglich abdingbar ist, kann ein Ausschluss des § 1357 BGB nur durch wechselseitige Erklärungen der Lebenspartner erreicht werden (Einzelheiten hierzu unter C. § 6 Rn 4). Dritten gegenüber sind die wechselseitigen Ausschlusserklärungen von Ehegatten nur wirksam, wenn bei jedem Vertragsabschluss der **Ausschluss** des § 1357 BGB einzeln vereinbart wird oder wenn die Ausschlusserklärungen im Güterrechtsregister eingetragen werden, §§ 1357 Abs. 2 S. 2, 1412 BGB. Das Lebenspartnerschaftsgesetz enthält jedoch keine Regelungen über ein dem Güterrechtsregister vergleichbares Vermögensregister. Umstritten ist deshalb, ob die eingetragenen Lebenspartner die **Eintragung** des Ausschlusses von § 1357 BGB in das **Güterrechtsregister** verlangen können.[11] Nach dem Wortlaut des § 1412 BGB steht das Güterrechtsregister nur Ehegatten zur Verfügung. Aus diesem Grund wird die Auffassung vertreten, dass eingetragene Lebenspartner betreffende Eintragungen im Güterrechtsregister nicht zulässig sind.[12] Den Lebenspartnern verbliebe nach dieser Auffassung nur die Möglichkeit, die Mithaftung in jedem Einzelfall durch entsprechende Vereinbarung mit dem Dritten auszuschließen oder bei Missbrauch der Verpflichtungsermächtigung die Lebenspartnerschaft zu beenden. Könnte jedoch auf einen Missbrauch der Verpflichtungsermächtigung nur durch die Beendigung der Lebenspartnerschaft reagiert werden, würde dies die Verpflichtungsermächtigung des § 1357 BGB zu einer vom Gesetzgeber nicht gewollten Kernvorschrift der Lebenspartnerschaft aufwerten.[13] Die Eintragungsfähigkeit des Ausschlusses von § 1357 BGB in das Güterrechtsregister ist deshalb auch bei eingetragenen Lebenspartnerschaften zu bejahen. Für die Eintragungsfähigkeit spricht außerdem, dass § 8 Abs. 2 LPartG auf die Vorschrift des § 1357 BGB insgesamt verweist und damit auch auf Abs. 2 dieser Bestimmung.[14]

6 In einer eingetragenen Lebenspartnerschaft gelten aufgrund der Verweisung in § 8 Abs. 2 PartG ebenfalls die **Verfügungsbeschränkungen** der **§§ 1365** und **1369 BGB**. Während bei Ehegatten diese Verfügungsbeschränkungen nur im gesetzlichen Güterstand der Zugewinngemeinschaft bestehen, unterliegen Lebenspartner **unabhängig** von ihrem **Vermögensstand**, somit auch im Fall der Vermögenstrennung, den gesetzlichen Verfügungsbeschränkungen.[15] Besteht das wesentliche Vermögen eines Lebenspartners in unternehmerischem Vermögen, kann seine Verfügungsfreiheit über dieses Vermögen wegen der Vorschrift des § 1365 BGB einge-

[11] Zum Meinungsstand *Wellenhofer-Klein* Die eingetragene Lebenspartnerschaft Rn 157.

[12] KG NJW 2003, 1610 = ZEV 2003, VI (keine Eintragung der Vermögenstrennung); *Palandt/Brudermüller* § 8 LPartG Rn 2; Deutsche Notarrechtliche Vereinigung, Vertragsobjekt Ehe und Lebenspartnerschaft/*Kaiser* S. 23.

[13] *Grziwotz* Lebenspartnerschaft Rn 526.

[14] *Grziwotz,* DNotZ 2001, 280, 291.

[15] Vgl. BT-Drucks. 14/3751, S. 38.

schränkt sein (Einzelheiten hierzu unter C. § 6 Rn 5 f.). Nach dem Willen des Gesetzgebers soll durch die Verfügungsbeschränkungen die wirtschaftliche Basis der Lebenspartnerschaft erhalten werden.[16] Im gesetzlichen Güterstand der Zugewinngemeinschaft kommt den Verfügungsbeschränkungen außerdem die Aufgabe zu, eine etwaige Zugewinnausgleichsforderung zu sichern.[17] Beide Gesichtspunkte spielen bei eingetragenen Lebenspartnern in der Praxis keine große Rolle. In aller Regel sind in einer eingetragenen Lebenspartnerschaft beide Partner berufstätig und damit wirtschaftlich unabhängig. Ein besonderer Schutz der wirtschaftlichen Basis der Partnerschaft ist somit nicht erforderlich. Leben die Partner im Vermögensstand der Vermögenstrennung, kann es auch keine Ausgleichsforderung geben, die durch Verfügungsbeschränkungen abzusichern wäre.[18] Bei Partnerschaftsverträgen unter Beteiligung von Unternehmern ist aufgrund der vorstehend genannten gesetzlichen Vorgaben darauf zu achten, dass die Verfügungsbeschränkung des § 1365 BGB nicht nur im Fall der Modifizierung des Vermögensstands der Ausgleichsgemeinschaft, sondern auch bei Vereinbarung der Vermögenstrennung abbedungen wird.

2. Unterhaltsansprüche

Gemäß § 5 S. 1 LPartG sind die Lebenspartner einander zu angemessenem Unterhalt verpflichtet. Auf diesen **laufenden Unterhalt** finden die §§ 1360 a und 1360 b BGB über den Umfang der Unterhaltsansprüche und die Zuvielleistung von Ehegatten-Unterhalt entsprechende Anwendung, § 5 S. 2 LPartG (Einzelheiten zum laufenden Unterhaltsanspruch von Ehegatten unter § 6 Rn 6). Ein vertraglicher Verzicht auf den laufenden Unterhalt ist somit auch unter Lebenspartnern nicht zulässig. Wie die einzelnen Beiträge der Lebenspartner zum angemessenen Unterhalt auszusehen haben, wird vom Lebenspartnerschaftsgesetz nicht geregelt, da § 5 S. 2 LPartG keine Verweisung auf die Vorschrift des § 1360 BGB enthält. Daraus folgt, dass – anders als bei Ehegatten (vgl. § 1360 S. 2 BGB) – bei Lebenspartnern die Haushaltsführung der Erwerbstätigkeit nicht gleichgestellt ist.[19] Der Lebenspartner, der über keine oder nicht ausreichende eigenen Einkünfte verfügt, hat einen Anspruch auf angemessenes Taschengeld.[20] **7**

[16] BT-Drucks. 14/3751, S. 38.

[17] BGH NJW 1984, 609, 610; *Palandt/Brudermüller* § 1365 BGB Rn 1.

[18] Kritisch zu den Verfügungsbeschränkungen in einer Partnerschaft auch *N. Mayer*, ZEV 2001, 169, 172; *Müller*, DNotZ 2001, 581, 584; *Schwab*, FamRZ 2001, 385, 393.

[19] *Grziwotz*, DNotZ 2001, 280, 295.

[20] FA-FamR/*Weinreich* 11. Kap. Rn 229.

IV. Vermögensrechtliche Verhältnisse und Ansprüche bei Trennung der Lebenspartner

1. Überschussausgleich

8 Bei Beendigung des Vermögensstands der Ausgleichsgemeinschaft ist der Überschuss, den die Lebenspartner während der Dauer des Vermögensstands erzielt haben, auszugleichen, § 6 Abs. 2 S. 3 LPartG. Satz 4 dieser Vorschrift verweist hinsichtlich der **Durchführung** des Überschussausgleichs auf die Bestimmungen der §§ 1371 bis 1390 BGB. Auf die Ausführungen zur Zugewinnausgleichsberechnung bei Ehegatten, insbesondere bei Vorhandensein unternehmerischen Vermögens, kann an dieser Stelle deshalb verwiesen werden (Einzelheiten hierzu unter C. § 6 Rn 44 ff.). Gründe für die Beendigung des Vermögensstands sind die Aufhebung der Lebenspartnerschaft durch gerichtliches Urteil gemäß § 15 LPartG oder der Tod eines Lebenspartners. Darüber hinaus endet die Ausgleichsgemeinschaft auch dann, wenn die Lebenspartner zu notarieller Urkunde einen anderen Vermögensstand wählen. Gemäß § 6 Abs. 2 S. 4 LPartG in Verbindung mit § 1385 BGB kann ein Lebenspartner auch **vorzeitigen Überschussausgleich** verlangen. Die in § 1385 BGB postulierte Voraussetzung des dreijährigen Getrenntlebens der Ehegatten kann nicht auf Lebenspartner übertragen werden, da das Getrenntleben keine Bedingung für die Aufhebung der Lebenspartnerschaft ist. Gemäß § 15 Abs. 2 Nr. 2 LPartG ist die Aufhebung der Lebenspartnerschaft auf Veranlassung nur eines Partners grundsätzlich erst 36 Monate nach Zustellung der notariell beurkundeten Erklärung der Nichtfortsetzung der Lebenspartnerschaft möglich. Rein formal betrachtet wäre § 1385 BGB für Lebenspartner deshalb dahin gehend zu modifizieren, dass eine Klage auf vorzeitigen Überschussausgleich frühestens drei Jahre nach Zustellung der notariell beurkundeten Nichtfortsetzungserklärung zulässig ist.[21] Dadurch würden Lebenspartner aber über Gebühr benachteiligt. Denn bis ein Lebenspartner die Aufhebungserklärung notariell beurkunden lässt, vergeht in aller Regel (sofern er nicht frühzeitig einen „Warnschuss“ abgeben möchte[22]) eine gewisse Zeit, um eine Entscheidung über die Fortsetzung oder Nichtfortsetzung der Lebenspartnerschaft treffen zu können.[23] Die Dreijahresfrist des § 1385 BGB kann dadurch leicht überschritten werden, was nach Sinn und Zweck dieser Vorschrift aber nicht erforderlich ist. Ausreichend für die Klage auf vorzeitigen Vermögensausgleich eines Lebenspartners ist deshalb, dass aus seiner Sicht seit drei Jahren die Lebensführungsgemeinschaft nicht mehr besteht.[24]

---

[21] Deutsche Notarrechtliche Vereinigung, Vertragsobjekt Ehe und Lebenspartnerschaft/*Kaiser* S. 16 f.

[22] S. *Grziwotz* Lebenspartnerschaft Rn 553.

[23] Deutsche Notarrechtliche Vereinigung, Vertragsobjekt Ehe und Lebenspartnerschaft/*Kaiser* S. 17 f.

[24] Deutsche Notarrechtliche Vereinigung, Vertragsobjekt Ehe und Lebenspartnerschaft/*Kaiser* S. 18.

2. Unterhalt

Hinsichtlich des Anspruchs auf angemessenen Unterhalt während des Zeitraums des **Getrenntlebens** von Lebenspartnern und nach Beendigung der Lebenspartnerschaft kann im Wesentlichen auf die Ausführungen zum Ehegattenunterhalt unter C. § 6 Rn 9 ff. verwiesen werden, da sich das Lebenspartnerschaftsgesetz eng an diese Regelungen anlehnt und auf die einschlägigen Vorschriften des Bürgerlichen Gesetzbuchs zum Ehegattenunterhalt Bezug nimmt (siehe §§ 12 und 16 LPartG). Hinsichtlich des Trennungsunterhalts bei Lebenspartnern besteht allerdings ein bedeutsamer Unterschied gegenüber Ehegatten darin, dass die rechtliche Stellung eines Lebenspartners im Vergleich zu der eines Ehegatten schwächer ist. Denn der Lebenspartner kann im Gegensatz zu einem Ehegatten grundsätzlich darauf verwiesen werden, während des Zeitraums der Trennung für seinen Lebensunterhalt durch eigene Erwerbstätigkeit selbst aufzukommen, § 12 Abs. 1 S. 2 LPartG.[25] Etwas anderes gilt nur, wenn der Lebenspartner nachweist, dass eine eigene Erwerbstätigkeit von ihm nach seinen persönlichen Verhältnissen unter Berücksichtigung der Dauer der Lebenspartnerschaft und nach den wirtschaftlichen Verhältnissen der Lebenspartner nicht erwartet werden kann, § 12 Abs. 1 S. 2 letzter Hs. LPartG. Der Lebenspartner, der einen Anspruch auf Getrenntlebensunterhalt geltend macht, ist insoweit beweispflichtig. Im Fall der Unbilligkeit ist ein Unterhaltsanspruch zu versagen, herabzusetzen oder zeitlich zu begrenzen, § 12 Abs. 2 LPartG. 9

Gemäß § 16 Abs. 1 LPartG kann ein Lebenspartner **nachpartnerschaftlichen** angemessenen **Unterhalt** vom anderen Lebenspartner verlangen, wenn er nicht selbst für seinen Unterhalt sorgen kann. Das Maß des Unterhaltsanspruchs richtet sich nach den **Lebensverhältnissen** während der Lebenspartnerschaft, § 16 Abs. 1 LPartG. Der nachpartnerschaftliche Unterhalt besteht jedoch nur, soweit und solange von dem Lebenspartner eine Erwerbstätigkeit, insbesondere wegen seines Alters oder wegen Krankheiten oder anderer Gebrechen, nicht erwartet werden kann, § 16 Abs. 1 LPartG. Ein Unterhaltsanspruch wegen der Betreuung eines gemeinsamen Kindes kann bei einer Lebenspartnerschaft von der Natur der Sache her nicht bestehen.[26] Die Aufzählung der **Unterhaltstatbestände** in **§ 16 LPartG** ist – anders als die abschließende Aufzählung der nachehelichen Unterhaltstatbestände in §§ 1569 ff. BGB – aufgrund des Wortlauts dieser Vorschrift („insbesondere") **nicht abschließend**, so dass auch ohne ausdrückliche Erwähnung Unterhalt aus Billigkeitsgründen oder für Umschulungszwecke verlangt werden kann.[27] Anders als beim nachehelichen Unterhaltsanspruch geschiedener Ehegatten ist ein Lebenspartner jedoch gemäß § 16 Abs. 1 LPartG verpflichtet, jede Erwerbstätigkeit und nicht nur eine „angemessene" Erwerbstätigkeit auszuüben.[28] Ein An- 10

[25] *Müller*, DNotZ 2001, 581, 585; *Grziwotz*, DNotZ 2001, 280, 297 f.

[26] In § 12 Abs. 1 S. 1 LPartG-E wurde dies allerdings noch anders gesehen (hierzu *Diederichsen*, NJW 2000, 1841, 1843).

[27] Vgl. BT-Drucks. 14/3751, S. 42.

[28] *Grziwotz*, DNotZ 2001, 280, 296.

spruch auf **Aufstockungsunterhalt** wie bei Ehegatten besteht für **Lebenspartner nicht**.[29] Der nachpartnerschaftliche **Unterhaltsanspruch endet**, wenn der Berechtigte eine Ehe eingeht oder eine neue Lebenspartnerschaft begründet, § 16 Abs. 2 S. 1 LPartG. Hinsichtlich der **Rangfolge** bei mehreren Unterhaltsberechtigten regelt § 16 Abs. 3 LPartG, dass ein früherer Lebenspartner einem neuen Lebenspartner und den übrigen Verwandten im Sinne des § 1609 Abs. 2 BGB vorgeht. Alle anderen gesetzlichen Unterhaltsberechtigten, zum Beispiel ein neuer Ehegatte, gehen dem früheren Lebenspartner vor.[30] Für die **Verwirkung** des Anspruchs auf nachpartnerschaftlichen Unterhalt gilt über die Verweisung in § 16 Abs. 2 LPartG der Katalog des § 1579 BGB, wobei – wie bei der Verwirkung des Anspruchs auf Getrenntlebensunterhalt eines Lebenspartners auch – Unbilligkeit statt grobe Unbilligkeit für die Verwirkung genügen dürfte.[31]

3. Versorgungsausgleich

11 Das **Lebenspartnerschaftsgesetz** enthält **keine Regelungen** über die Gewährung einer Witwen- bzw. Witwerrente und die Durchführung eines Versorgungsausgleichs bei Beendigung der Lebenspartnerschaft. Es ist umstritten, ob wegen des Fehlens versorgungsausgleichsrechtlicher Regelungen im Lebenspartnerschaftsgesetz **Versorgungsanwartschaften** und -aussichten, die bei Ehegatten dem Versorgungsausgleich gemäß §§ 1587 ff. BGB unterliegen, im Rahmen der Durchführung der **Überschussausgleichsberechnung** zu berücksichtigen sind. Es wird die Auffassung vertreten, dass Versorgungsanwartschaften und -aussichten im Rahmen der Überschussausgleichsberechnung zumindest teilweise zu berücksichtigen sind.[32] Für diese Ansicht spricht, dass es ansonsten zu ungerechten Ergebnissen im Fall der Trennung kommen könnte, zum Beispiel wenn die Versorgungsanwartschaften eines Beamten mangels durchzuführenden Versorgungsausgleichs nicht auszugleichen sind, während die Versorgungsanwartschaften des unternehmerisch tätigen Partners aus einer Kapitallebensversicherung mit (noch nicht ausgeübtem) Rentenwahlrecht im Rahmen der Vermögensauseinandersetzung zu berücksichtigen wären. Dem ist jedoch entgegenzuhalten, dass das Lebenspartnerschaftsgesetz in § 6 Abs. 2 S. 4 nur auf die §§ 1371 bis 1390 BGB verweist und den Versorgungsausgleich nicht erwähnt.[33] Wenn vom Gesetzgeber die Durchführung des Versorgungsausgleichs bei Trennung gleichgeschlechtlicher Lebenspartner gewollt gewesen wäre, hätte dies im Gesetz einen Niederschlag finden müssen. Das ist aber gerade nicht der Fall. Vielmehr

---

[29] FA-FamR/*Weinreich* 11. Kap. Rn 208; *Grziwotz* Lebenspartnerschaft Rn 574.

[30] Diese unterhaltsrechtliche Vorrangigkeit eines neuen Ehegatten gegenüber einem unterhaltsberechtigten ehemaligen Lebenspartner könnte zu einer Zunahme von Scheinehen führen, vgl. *Grziwotz,* DNotZ 2001, 280, 296.

[31] *Grziwotz* Lebenspartnerschaft Rn 578.

[32] *Rieger,* FamRZ 2001, 1497, 1504 f.; *Langenfeld,* ZEV 2002, 8, 9.

[33] Vgl. auch Deutsche Notarrechtliche Vereinigung, Vertragsobjekt Ehe und Lebenspartnerschaft/*Kaiser* S. 19.

ist nach dem Lebenspartnerschaftsgesetz bei Beendigung des Vermögensstands lediglich ein Vermögensausgleich wie unter Ehegatten angeordnet. Unter Ehegatten sind gemäß § 1587 Abs. 3 BGB Versorgungsanwartschaften und -aussichten aber ausdrücklich aus einer Zugewinnausgleichsberechnung herausgenommen. Deren Berücksichtigung im Rahmen der Überschussausgleichsberechnung ist deshalb abzulehnen.[34]

V. Ansprüche des Lebenspartners beim Tod des Unternehmers

1. Erbrechtliche Ansprüche

Die Regelung des **gesetzlichen Erbrechts** eines Lebenspartners in § 10 LPartG entspricht dem gesetzlichen Erbrecht des Ehegatten. Dies gilt auch für die Regelung des **Pflichtteilsrechts** in § 10 Abs. 6 LPartG. Allerdings gibt es einen wichtigen **Unterschied** hinsichtlich der Höhe des Erbteils und damit des Pflichtteilsanspruchs von Lebenspartnern, die im Vermögensstand der **Vermögenstrennung** leben, und von Ehegatten, die im Güterstand der Gütertrennung leben: Das Lebenspartnerschaftsgesetz enthält keine § 1931 Abs. 4 BGB entsprechende Regelung, wonach sich bei Gütertrennung und Vorhandensein von weniger als drei Kindern das Erbrecht des überlebenden Ehegatten und damit auch sein Pflichtteilsrecht erhöht. Hat ein Lebenspartner ein Kind, erbt der andere Lebenspartner im Vermögensstand der Vermögenstrennung neben dem Kind nur ein Viertel und nicht zu gleichen Teilen. Darüber hinaus ist – unabhängig vom Vermögensstand – die erbrechtliche Stellung des Lebenspartners neben Abkömmlingen von Großeltern des verstorbenen Partners schlechter als die eines Ehegatten. Denn eine Regelung wie die in § 1931 Abs. 1 S. 2 BGB, wonach beim Zusammentreffen von Großeltern und Abkömmlingen von ihnen der Ehegatte auch den Anteil erhält, der nach § 1926 BGB den Abkömmlingen zufallen würde, fehlt im Lebenspartnerschaftsgesetz. Sind Abkömmlinge von Großeltern vorhanden, erhöht sich demzufolge die Erbquote des Lebenspartners im Gegensatz zur Erbquote eines Ehegatten nicht. **12**

Durch die Verweisung in § 10 Abs. 6 S. 2 LPartG auf die Vorschriften des Bürgerlichen Gesetzbuchs über den Pflichtteil findet auch § 2325 Abs. 3 2. Hs. BGB Anwendung. § 10 Abs. 6 LPartG regelt somit nicht nur den Pflichtteilsanspruch des Lebenspartners, sondern auch **pflichtteilsrechtliche** Ansprüche **Dritter**.[35] Denn nur so ist gewährleistet, dass Schenkungen an den Lebenspartner unter dem Aspekt des Schutzes der Pflichtteilsansprüche Dritter nicht gegenüber Schenkungen unter Ehegatten bevorzugt werden.[36] Es wäre verfassungsrechtlich vor dem Hintergrund des Art. 6 Abs. 1 GG nicht zulässig, die Ehe gegenüber der Lebens- **13**

[34] So auch *Palandt/Brudermüller* § 6 LPartG Rn 3; *Grziwotz*, DNotZ 2001, 280, 297; *Dethloff*, NJW 2001, 2598, 2601.

[35] *Grziwotz* Lebenspartnerschaft Rn 611; a. A. *N. Mayer,* ZEV 2001, 169, 173.

[36] *Palandt/Brudermüller,* § 10 LPartG Rn 4; *Leipold*, ZEV 2001, 218, 221; *Schwab*, FamRZ 2001, 385, 396.

partnerschaft zu benachteiligen.[37] Wenn die Lebenspartner im Vermögensstand der **Ausgleichsgemeinschaft** leben, **erhöht** sich der gesetzliche **Erbteil** eines jeden Lebenspartners um **ein Viertel**, § 6 Abs. 2 S. 4 LPartG i.V. m. § 1371 Abs. 1 BGB. Dies hat – wie bei im gesetzlichen Güterstand lebenden Ehegatten auch – zur Folge, dass sich damit der Pflichtteilsanspruch einschließlich etwaiger Pflichtteilsergänzungs- und Pflichtteilsrestansprüche nach dem erhöhten Pflichtteil richtet (**„erbrechtliche Lösung“**). Auf der anderen Seite verringern sich dadurch die Pflichtteilsansprüche anderer pflichtteilsberechtigter Personen, zum Beispiel der Kinder. Wegen Einzelheiten kann an dieser Stelle auf die zu Ehegatten gemachten Ausführungen verwiesen werden (C. § 6 Rn 78).

2. Güterrechtliche Ansprüche

14 Lebenspartner, die den Vermögensstand der Ausgleichsgemeinschaft gewählt haben, können nach dem Tod ihres Partners das ihnen durch Verfügung von Todes wegen Zugewendete ausschlagen und den kleinen Pflichtteil sowie Überschussausgleich verlangen, § 6 Abs. 2 S. 4 LPartG i.V. m. § 1371 Abs. 2 und Abs. 3 BGB. Auf die zur **„güterrechtlichen Lösung“** bei Ehegatten gemachten Ausführungen (s. C. § 6 Rn 79) kann an dieser Stelle verwiesen werden.

3. Unterhaltsansprüche

15 Stirbt nach Aufhebung der Lebenspartnerschaft der unterhaltsverpflichtete Lebenspartner, hat der unterhaltsberechtigte Lebenspartner – wie der unterhaltsberechtigte Ehegatte auch – nach dem Tod des Unterhaltsverpflichteten weiterhin Anspruch auf Unterhalt. Dieser Unterhaltsanspruch ist der Höhe nach **begrenzt** auf den fiktiven Pflichtteilsanspruch des Unterhaltsberechtigten, § 16 Abs. 2 S. 2 LPartG i.V. m. § 1586 b BGB. Verzichtete der Unterhaltsberechtigte auf seinen Pflichtteilsanspruch, besteht nach dem Tod des Unterhaltsverpflichteten kein Unterhaltsanspruch mehr. Wegen Einzelheiten wird auf die Ausführungen bei geschiedenen Ehegatten verwiesen (s. C. § 6 Rn 80 f.).

VI. Lebenspartnerschaftsvertragliche Gestaltungsmöglichkeiten und Vorsorgemaßnahmen

1. Vermögensstand

16 Bei gleichgeschlechtlichen Lebenspartnern gilt – wie bei Ehegatten auch – der Grundsatz, dass die gesetzlichen Regelungen über den Vermögensausgleich bei Trennung die Interessen des Unternehmens und des Unternehmers nicht ausreichend berücksichtigen, da der den gesetzlichen Regelungen zugrunde liegende Modellfall die **„Gleichverdienerpartnerschaft“** ist. Auch bei eingetragenen Lebenspartnern empfehlen sich deshalb vertragliche Vereinbarungen, um unternehmerisches Vermögen

[37] BVerfG, NJW 2002, 2543, 2548.

bei Trennung der Lebenspartner zu schützen. Die Lebenspartner können ihre vermögensrechtlichen Verhältnisse durch einen bei gleichzeitiger Anwesenheit beider Lebenspartner **notariell** zu beurkundenden **Lebenspartnerschaftsvertrag** regeln, § 7 Abs. 1 S. 2 LPartG. Der Abschluss eines Lebenspartnerschaftsvertrags ist sowohl vor als auch nach Begründung der Lebenspartnerschaft zulässig.[38] In dem Lebenspartnerschaftsvertrag können die gesetzlichen Regelungen (tief greifend) modifiziert und an den jeweiligen Einzelfall angepasst werden. Zulässig ist auch eine Vereinbarung, wonach ein Unternehmen bzw. eine unternehmerische Beteiligung weder nach Versterben des jeweiligen Partners noch nach Aufhebung der Lebenspartnerschaft bei der Ausgleichsberechnung berücksichtigt wird. Wegen Einzelheiten zu den möglichen Modifikationen und zu dem Spannungsverhältnis zwischen größtmöglicher unternehmerischer Freiheit einerseits und dem Ausschluss der Gefahr von Manipulationen andererseits wird auf die Darstellung der Gestaltungsmöglichkeiten unter Ehegatten verwiesen (C. § 6 Rn 90 ff.).

Der für Ehegatten gegebene Hinweis, den Güterstand der **Gütertrennung** nicht vorschnell, sondern nur nach Abwägung der damit verbundenen **Nachteile**, insbesondere der erbrechtlichen und erbschaftsteuerlichen Nachteile, zu vereinbaren, gilt für die Wahl der **Vermögenstrennung** bei eingetragenen Lebenspartnerschaften nur eingeschränkt. Zum einen kommt für Lebenspartnerschaften die erbschaftsteuerliche Privilegierung des § 5 Abs. 1 ErbStG nicht zur Anwendung, solange nicht das ErbStG durch das LPartErgG geändert wird.[39] Zum anderen führt die Vereinbarung der Vermögenstrennung unter Lebenspartnern nicht zu einer Erhöhung der Erb- und damit der Pflichtteile anderer (pflichtteilsberechtigter) Personen. Darüber hinaus überwiegen in der Praxis die Lebenspartnerschaften, in denen beide Partner voll berufstätig und damit wirtschaftlich unabhängig sind. Unter diesen Umständen ist es vorzugswürdig, statt der Modifizierung des Vermögensstands der Ausgleichsgemeinschaft durch Herausnahme unternehmerischen Vermögens aus einer Ausgleichsberechnung die Vermögenstrennung zu vereinbaren. 17

2. Unterhalt

Die gesetzlichen Regelungen des **nachpartnerschaftlichen** Unterhalts können durch partnerschaftsvertragliche Vereinbarungen geändert werden (vgl. § 16 Abs. 2 S. 2 LPartG i. V. m. § 1585 c BGB).[40] Auf die Ausführungen zu den Vereinbarungsmöglichkeiten beim nachehelichen Unterhaltsanspruch kann an dieser Stelle verwiesen werden (s. C. § 6 Rn 126 ff.). Unzulässig sind Vereinbarungen hinsichtlich des laufenden Unterhalts (§ 5 LPartG i. V. m. §§ 1360 a Abs. 3, 1614 BGB) und des zukünftigen Trennungsunterhalts (§ 12 Abs. 2 LPartG i. V. m. §§ 1361 Abs. 4 S. 4, 1360 a Abs. 3, 1614 BGB). 18

---

[38] *Grziwotz*, DNotZ 2001, 280, 286.
[39] Hierzu C. § 6 Rn 1.
[40] *Müller*, DNotZ 2001, 581, 585.

3. Versorgungsausgleich

19 Obwohl das Lebenspartnerschaftsgesetz keinen Versorgungsausgleich bei Beendigung der Lebenspartnerschaft vorsieht, steht es den Lebenspartnern selbstverständlich frei, partnerschaftsvertragliche **Vereinbarungen** bezüglich der **Altersversorgung** eines Lebenspartners zu treffen. **Regelungsbedarf** besteht dann, wenn ein Lebenspartner seine berufliche Tätigkeit aufgibt und sich um den gemeinsamen Hausstand und die Haushaltsführung kümmert.[41] In diesem Fall empfehlen sich partnerschaftsvertragliche Vereinbarungen zur Absicherung des haushaltsführenden Partners im Alter. Zwar können keine nach außen wirkenden Vereinbarungen über den öffentlich-rechtlichen Versorgungsausgleich getroffen werden.[42] Zulässig ist jedoch eine vergleichbare Absicherung des Lebenspartners durch den Abschluss von Versicherungen oder durch eine dem schuldrechtlichen Versorgungsausgleich entsprechende Regelung. Partnerschaftsvertragliche Regelungen empfehlen sich auch dann, wenn die durch den Unternehmer aufgebaute Altersversorgung in den Überschussausgleich fällt, während die durch seinen Partner erworbenen Versorgungsansprüche nicht in die Überschussausgleichsberechnung einzustellen sind.[43]

4. Pflichtteilsverzicht

20 Bei Lebenspartnerschaften, an denen ein Unternehmer beteiligt ist, können – wie bei Ehegatten auch – Pflichtteils- und Pflichtteilsergänzungsansprüche des nicht unternehmerisch tätigen Lebenspartners dem Unternehmensnachfolger erhebliche Schwierigkeiten bereiten. Dies gilt insbesondere für den Fall, dass die Lebenspartner im Vermögensstand der Ausgleichsgemeinschaft leben. Denn dann kann der überlebende Lebenspartner über den Weg der **„güterrechtlichen Lösung“** neben dem Ausgleich des Überschusses auch den (kleinen) Pflichtteil verlangen (Einzelheiten dazu unter C. § 7 Rn 14). Es ist deshalb ratsam, dass bei Vorhandensein unternehmerischen Vermögens – unabhängig von dem Vermögensstand der Lebenspartner – zum **Schutz** des **Unternehmens** und des Unternehmensnachfolgers ein (zumindest auf das Unternehmen beschränkter) **Pflichtteilsverzicht** durch den nicht unternehmerisch tätigen Lebenspartner abgegeben wird. Die Zulässigkeit des Pflichtteilsverzichts unter Lebenspartnern ergibt sich aus § 10 Abs. 7 LPartG i. V. m. § 2346 BGB.[44]

5. Richterliche Inhaltskontrolle lebenspartnerschaftsvertraglicher Vereinbarungen

21 Partnerschaftsvertragliche Vereinbarungen unterliegen, wie ehevertragliche Vereinbarungen auch, der richterlichen Inhaltskontrolle. Da das Lebenspartnerschaftsgesetz keinen gesetzlichen Regelgüterstand kennt, ist

---

[41] *Grziwotz*, DNotZ 2001, 280, 297.
[42] *Müller*, DNotZ 2001, 581, 585.
[43] Vgl. C. § 7 Rn 11.
[44] *Müller*, DNotZ 2001, 581, 587.

der vertragliche **Gestaltungsspielraum** bei Lebenspartnerschaftsverträgen **größer** als bei Eheverträgen.[45] Gleichwohl haben die grundlegenden Entscheidungen des **BVerfG** zu den **Grenzen** der **Vertragsautonomie** bei ehevertraglichen Vereinbarungen[46] auch Bedeutung für Lebenspartnerschaftsverträge.[47] Enthält ein Lebenspartnerschaftsvertrag eine erkennbar einseitige Lastenverteilung zuungunsten eines Vertragsteils und besteht eine besondere Schutzbedürftigkeit des benachteiligten Vertragsteils, unterliegt die lebenspartnerschaftsvertragliche Vereinbarung einer besonderen **richterlichen Kontrolle**. Unabhängig von der Frage der strukturellen Unterlegenheit ist ein Unterhaltsverzicht, der zu Lasten des Sozialhilfeträgers geht, nach § 138 BGB nichtig. Wegen weiterer Einzelheiten wird auf die Darstellungen zur Inhaltskontrolle von ehevertraglichen Vereinbarungen verwiesen (C. § 6 Rn 144 ff.). Folgende **Besonderheit** ist im Rahmen der Inhaltskontrolle von Lebenspartnerschaftsverträgen allerdings zu beachten: Wird vor Begründung der Lebenspartnerschaft ein Partnerschaftsvertrag abgeschlossen, der den schutzbedürftigen Lebenspartner in verwerflicher Weise benachteiligt, wäre es sinnwidrig, die Inhaltskontrolle über die Sittenwidrigkeit und damit Nichtigkeit der Vereinbarung nach § 138 BGB vorzunehmen. Denn dies würde dazu führen, dass gemäß § 6 Abs. 3 LPartG eine vollständige Vermögenstrennung eintreten würde, wodurch der schutzbedürftigen Position des anderen Lebenspartners nicht nur nicht Rechnung getragen, sondern der als verwerflich eingestuften Vereinbarung zu noch schärferer Geltung verholfen werden würde.[48] Eine Inhaltskontrolle über den Einwand der unzulässigen Rechtsausübung (§ 242 BGB) ist in diesem Fall der bessere Weg. Auf eine nachträgliche partnerschaftsvertragliche Vereinbarung ist § 6 Abs. 3 LPartG nicht anwendbar, so dass die Nichtigkeit einer nachträglichen Vereinbarung zwischen den Partnern die Weitergeltung des Vermögenstands der Ausgleichsgemeinschaft zur Folge hätte.[49]

VII. Auslandsbezug

Bei gemischt nationalen eingetragenen bzw. einzutragenden Lebens- **22**
partnerschaften ist stets zu klären, nach welcher **Rechtsordnung** sich die Voraussetzungen für die Eintragung der Lebenspartnerschaft und damit für ihre Wirksamkeit richten. Dem schließt sich die Frage an, welche

---

[45] Vgl. auch Deutsche Notarrechtliche Vereinigung, Vertragsobjekt Ehe und Lebenspartnerschaft/*Kaiser* S. 14; *Rieger*, FamRZ 2001, 1497, 1501; *Grziwotz* Lebenspartnerschaft Rn 444: „... dürften ... kaum Grenzen bestehen.".

[46] Einzelheiten hierzu unter C. § 6 Rn 155.

[47] Dies verkennt *Welling*, RNotZ 2002, 249, 260, die die zum Kinderbetreuungsunterhalt gemäß § 1570 BGB ergangenen Entscheidungen auf Vereinbarungen unter Lebenspartnern nicht für anwendbar hält.

[48] Kritisch auch Deutsche Notarrechtliche Vereinigung, Vertragsobjekt Ehe und Lebenspartnerschaft/*Kaiser* S. 14; *Rieger*, FamRZ 2001, 1497, 1501; *Grziwotz*, DNotZ 2001, 280, 287.

[49] Deutsche Notarrechtliche Vereinigung, Vertragsobjekt Ehe und Lebenspartnerschaft/*Kaiser* S. 14.

Rechtsordnung für die güterrechtlichen, vermögensrechtlichen, unterhaltsrechtlichen und erbrechtlichen Rechtsfolgen der eingetragenen Lebenspartnerschaft maßgebend ist. Die **Grundsatzkollisionsnorm** des deutschen Internationalen Privatrechts für eingetragene Lebenspartnerschaften ist **Art. 17 b EGBGB**.[50] Nach dieser Vorschrift unterliegen die Begründung, die allgemeinen und die güterrechtlichen Wirkungen sowie die Auflösung einer Lebenspartnerschaft dem **Recht** des **registerführenden Staates** („lex loci celebrationis"). Bei dieser Verweisung handelt es sich um eine **Sachnormverweisung**, so dass eventuelle Weiter- und Rückverweisungen im Internationalen Privatrecht der zur Anwendung berufenen Rechtsordnung nicht zu berücksichtigen sind.[51] Die Anknüpfung an die Rechtsordnung des registerführenden Staates ist durch Art. 17 b Abs. 4 EGBGB allerdings eingeschränkt: Die Rechtswirkungen der zur Anwendung berufenen ausländischen Rechtsordnung können nicht weiter gehen als die Regelungen des Lebenspartnerschaftsgesetzes und des Bürgerlichen Gesetzbuchs. Dieser **„Grundsatz des schwächeren Rechts"** soll eine über das Lebenspartnerschaftsgesetz hinausgehende, verfassungswidrige Gleichstellung mit den Wirkungen der Ehe verhindern.[52] In anderen europäischen Staaten, die ebenfalls das Institut der eingetragenen Lebenspartnerschaft kennen, erfolgt die Anknüpfung nicht über den Ort der Registrierung, sondern über den Wohnsitz oder die Staatsangehörigkeit.[53] Das deutsche Internationale Privatrecht ist diesen Weg bewusst nicht gegangen. Denn die Geltung der „normalen" familienrechtlichen Anknüpfungsgrundsätze (Wohnort oder Staatsangehörigkeit) könnte zur Anwendbarkeit einer Rechtsordnung führen, die (noch) keine gesetzlichen Regelungen der eingetragenen Lebenspartnerschaft vorsieht (**„Normenmangel"**).[54]

23 Die Wirkungen einer eingetragenen Lebenspartnerschaft, wie die vermögensrechtlichen Beziehungen der Lebenspartner, der Haftungsmaßstab und die Verpflichtung zur Lebensgemeinschaft, richten sich nach dem auf die eingetragene Lebenspartnerschaft zur Anwendung berufenen materiellen Recht.[55] Das **Partnerschaftsstatut** ist **unwandelbar**. Eine Rechtswahlmöglichkeit hinsichtlich der vorstehend genannten Wirkungen der eingetragenen Lebenspartnerschaft besteht nicht.[56] Soll auf die Lebenspartnerschaft und damit auf die lebenspartnerschaftsvertraglichen Vereinbarungen deutsches Recht Anwendung finden, können die Wirkungen einer **Rechtswahl** gleichwohl dadurch herbeigeführt werden, dass die Lebenspartnerschaft zeitlich nach der Registrierung in einem anderen Land auch noch in Deutschland registriert wird. Auf diese Weise gelangt man über Art. 17 b Abs. 3 EGBGB in den Anwendungsbereich deutschen Sach-

[50] *Palandt/Heldrich* Art. 17 b EGBGB Rn 1.
[51] *Palandt/Heldrich* Art. 17 b EGBGB Rn 2.
[52] *Palandt/Heldrich* Art. 17 b EGBGB Rn 4.
[53] *Süß*, DNotZ 2001, 168, 169.
[54] *Palandt/Heldrich* Art. 17 b EGBGB Rn 2.
[55] *Palandt/Heldrich* Art. 17 b EGBGB Rn 3.
[56] *Henrich*, FamRZ 2002, 137, 139; *Süß*, DNotZ 2001, 168, 170.

rechts. Auf die unterhaltsrechtlichen und erbrechtlichen Folgen einer eingetragenen Lebenspartnerschaft ist – aus Sicht des deutschen Rechts – das nach den allgemeinen Vorschriften maßgebende Recht anzuwenden (Art. 17b Abs. 1 S. 2 EGBGB). Die **Unterhaltspflichten** von eingetragenen Lebenspartnern richten sich somit nach den Sachvorschriften des am jeweiligen gewöhnlichen Aufenthalt des Unterhaltsberechtigten geltenden Rechts (Art. 18 Abs. 1 S. 1 EGBGB), während für die Frage des anwendbaren **Erbrechts** grundsätzlich die Staatsangehörigkeit des Erblassers gemäß Art. 25 Abs. 1 EGBGB einschlägig ist. Hilfsweise, das heißt, wenn das nach den allgemeinen Vorschriften maßgebende Recht keine unterhaltsrechtlichen Regelungen oder keine Regelungen hinsichtlich des gesetzlichen Erbrechts enthält, ist wiederum auf die Sachvorschriften des Register führenden Staates zurückzugreifen, Art. 17b Abs. 1 S. 2 2. Hs. EGBGB.[57]

Immer dann, wenn eine Vereinbarung unter Lebenspartnern einen **24**
Auslandsbezug aufweist, zum Beispiel bei im Ausland belegenem unternehmerischem Vermögen und bei gemischt nationalen Lebenspartnerschaften, ist – wie bei Ehegatten auch[58] – sorgfältig zu prüfen, ob die im Inland getroffenen **Vereinbarungen** auch aus Sicht des jeweiligen ausländischen Rechts **Gültigkeit** haben.

---

[57] Diese alternative Anknüpfung besteht allerdings nicht, wenn das Erbstatut lediglich eine geringere Erbquote für den Lebenspartner vorsieht als dies nach deutschem Recht der Fall wäre, vgl. *Grziwotz* Lebenspartnerschaft Rn 671.

[58] Einzelheiten hierzu unter C. § 6 Rn 158 ff.

§ 8 Nichteheliche Lebensgemeinschaft

Übersicht

	Rn
I. Vorbemerkungen	1
II. Vermögensrechtliche Ansprüche bei Scheitern der Lebensgemeinschaft	2
1. Anspruchsgrundlagen für Ausgleichsansprüche	2
a) Schenkungswiderruf	3
b) Störung der Geschäftsgrundlage	4
c) Gesellschaftsrechtliche Ausgleichsansprüche	5
d) Bereicherungsrechtliche Ansprüche	6
e) Dienstvertragliche Ansprüche	7
f) Gesamtschuldner- und Gesamtgläubigerausgleich	8
2. Ausgewählte Ausgleichsansprüche des nichtehelichen Lebenspartners eines Unternehmers	9
a) Dienstvertragliche Ansprüche	10
b) Gesellschaftsrechtliche Ausgleichsansprüche	11
III. Vertragliche Vorsorgemaßnahmen	12
1. Vorsorge bei gesellschaftsrechtlicher Beteiligung beider Lebenspartner	14
2. Vorsorge im Fall des nicht nach außen am Unternehmen beteiligten Lebenspartners	15

Schrifttum: *Battes*, Gesellschaftsrechtliche Überlegungen zur nichtehelichen Lebensgemeinschaft, ZHR 143 (1979), 385; *Diederichsen*, Die nichteheliche Lebensgemeinschaft im Zivilrecht, NJW 1983, 1017; *Frank*, Vermögensrechtliche Ansprüche beim Scheitern nichtehelicher Lebensgemeinschaften, FS Müller-Freienfels (1986), S. 131; *Lauterbach*, Die Dauer nichtehelicher Lebensgemeinschaften, Alternative oder Vorphase zur Ehe, in Klein/Lauterbach, S. 269; *Lipp*, Die nichteheliche Lebensgemeinschaft und das bürgerliche Recht – Eine dogmatisch-methodische Studie, AcP 180 (1980), 537; *Ludwig*, Ehegattenzuwendung und Wegfall der Geschäftsgrundlage, FuR 1992, 201; *Oehlmann/Stille*, Ausgleich von Vermögensdispositionen nach Gesellschaftsrecht bei Beendigung einer nichtehelichen Lebensgemeinschaft, FamRZ 2004, 151; *Sandweg*, eheliche und nichteheliche Lebensgemeinschaft im Spannungsfeld zwischen Familien- und Schuldrecht, BWNotZ 1991, 61; *Schlüter/Beling*, Die nichteheliche Lebensgemeinschaft und ihre vermögensrechtliche Abwicklung, FamRZ 1986, 405; *Weimar*, Ausgleichsansprüche bei Auflösung nichtehelicher Lebensgemeinschaften, MDR 1997, 713; *Wever*, Die Vermögensauseinandersetzung der Ehegatten – schuldrechtliche Ausgleichsansprüche – Rechtsprechungsübersicht, FamRZ 1996, 905.

I. Vorbemerkungen

1 Das **Zusammenleben** von Partnern **ohne Trauschein** – und damit außerhalb des Anwendungsbereichs der für eine Ehe geltenden Rechtsnormen – ist eine im **Vordringen** befindliche Form des Zusammenlebens. Zwischen 1972 und 2000 hat sich die Zahl der in nichtehelicher Lebensgemeinschaft lebenden Paare in der Bundesrepublik Deutschland fast verzwölffacht.[1] In den Jahren 1991 bis 2001 ist eine Zunahme nichtehe-

[1] Bundesministerium für Familie, Senioren, Frauen und Jugend, S. 44 ff.

licher Lebensgemeinschaften in Deutschland um knapp 66 % zu verzeichnen gewesen. Im Jahr 2000 lebten knapp 10 % aller Paare in Deutschland ohne Trauschein zusammen.[2] Die **nichteheliche Lebensgemeinschaft** hat sich zu einer **eigenständigen Partnerschaftsform** entwickelt, die nicht selten über viele Jahre andauert und nur in ungefähr der Hälfte aller Fälle mit einer Eheschließung endet.[3] Die Beweggründe und die Ursachen für den festzustellenden soziologischen Wandel sind vielfältig und sollen hier nicht dargestellt werden.[4] Bei der Entscheidung gegen die Eingehung einer Ehe und für das Zusammenleben in einer nichtehelichen Lebensgemeinschaft machen sich die Lebenspartner jedoch in den wenigsten Fällen Gedanken über die damit verbundenen erheblichen rechtlichen Konsequenzen dieser Entscheidung. So gibt es **keine gesetzlichen Regelungen**, wonach das Zusammenleben in einer nichtehelichen Lebensgemeinschaft für die Partner bestimmte Pflichten zur Folge hat. Außerdem fehlen spezielle gesetzliche Regelungen hinsichtlich einer Vermögensauseinandersetzung und eines nachpartnerschaftlichen Unterhaltsanspruchs bei Beendigung einer Lebensgemeinschaft. Eine entsprechende Anwendung der für die Ehe geltenden gesetzlichen Regelungen ist wegen des **Gleichstellungsverbots** in Art. 6 Abs. 1 GG nicht zulässig.[5] Hinzu kommt, dass eine gewisse **Unverbindlichkeit** in persönlicher und rechtlicher Hinsicht für eine nichteheliche Lebensgemeinschaft im Gegensatz zur Ehe der Regelfall ist. Die nichteheliche Lebensgemeinschaft ist anders als die Ehe grundsätzlich **keine Rechtsgemeinschaft**.[6] Vielmehr stehen die persönlichen Beziehungen derart im Vordergrund, dass sie auch das vermögensmäßige Handeln der Partner in Bezug auf die nichteheliche Lebensgemeinschaft bestimmen.[7] Eine **Saldierung** der **persönlichen** und **wirtschaftlichen** Leistungen findet im Zuge der Aufhebung der Lebensgemeinschaft grundsätzlich **nicht** statt, sofern die Partner nicht etwas Besonderes untereinander vereinbart haben.[8] Gleichwohl kann nicht davon ausgegangen werden, dass Paare, die sich gegen ein eheliches Zusammenleben entscheiden, damit auch bewusst eine vollständige Rechtlosigkeit billigend in Kauf nehmen.[9] Es ist deshalb anerkannt, dass nichteheliche Lebenspartner bei Trennung nicht völlig recht- und schutzlos dastehen, sondern ihnen mittels den zur Verfügung stehenden allgemeinen gesetzlichen Vorschriften ein **Mindestrechtsschutz** zu gewähren ist (Einzelheiten hierzu unter C. § 8 Rn 2 ff.).[10] Dieser Mindestrechtsschutz endet aber aufgrund des verfassungsrechtlichen Gleichstellungsver-

[2] Bundesministerium für Familie, Senioren, Frauen und Jugend, S. 44, 225.

[3] *Klein/Lauterbach* S. 269, 303 f.

[4] Ausführlich hierzu *Grziwotz* Nichteheliche Lebensgemeinschaft § 2 Rn 7 ff.; *Hausmann/Hohloch/Hausmann* S. 41 ff.

[5] MüKo/*Wacke* Nach 1302 BGB Rn 12.

[6] BGH FamRZ 1997, 1533, 1534.

[7] BGH DStR 2004, 50, 51; FA-FamR/*Weinreich* 11. Kap. Rn 84.

[8] BGH NJW 1996, 2727; *Palandt/Brudermüller* Einl v § 1297 BGB Rn 32.

[9] *Grziwotz* Nichteheliche Lebensgemeinschaft § 5 Rn 2.

[10] *Palandt/Brudermüller* Einl v § 1297 BGB Rn 16; *Hausmann/Hohloch/Hausmann* S. 149 f.

bots da, wo er das Niveau des Schutzes von Ehegatten erreichen würde. Eine analoge Anwendung der Vorschriften über den Zugewinnausgleich ist nicht zulässig.[11] Die Gewährung von vermögensrechtlichen **Ausgleichsansprüchen** anlässlich der Beendigung einer nichtehelichen Lebensgemeinschaft stellt somit die **Ausnahme** dar. Das Bestehen eines vermögensrechtlichen Ausgleichsanspruchs setzt voraus, dass der Beitrag eines Lebenspartners weit über das hinausgeht, was gewöhnlicherweise im Rahmen der Verwirklichung der Lebensgemeinschaft von einem Lebenspartner erwartet werden kann.[12] Lebenspartner, die aufgrund eigener und freier Entscheidung die weitestgehend regelungsfreie nichteheliche Lebensgemeinschaft dem normierten Institut der Ehe vorziehen, sind deshalb gut beraten, im Rahmen eines **Partnerschaftsvertrags** ihrer nichtehelichen Lebensgemeinschaft einen rechtlichen Rahmen zu geben und vor allem die vermögensrechtlichen Folgen einer Trennung zu regeln.[13] Dies gilt insbesondere dann, wenn einem Partner unternehmerisches Vermögen gehört und der andere Partner finanzielle oder sonstige Beiträge in Bezug auf dieses Vermögen erbringt.

II. Vermögensrechtliche Ansprüche bei Scheitern der Lebensgemeinschaft

1. Anspruchsgrundlagen für Ausgleichsansprüche

2 Da es keine besonderen gesetzlichen Regelungen für die vermögensrechtliche Auseinandersetzung von nichtehelichen Lebenspartnern nach Beendigung der Lebensgemeinschaft gibt, kommt ein Mindestrechtsschutz im Fall der Trennung nur über allgemeine zivilrechtliche Anspruchsgrundlagen in Betracht. Vermögensrechtliche Ausgleichsansprüche können sich aus dem Schenkungsrecht, dem Dienstvertragsrecht, dem Institut der Störung der Geschäftsgrundlage, aus dem Gesellschaftsrecht und dem Bereicherungsrecht sowie wegen Gesamtschuldner- und Gesamtgläubigerschaft ergeben.[14] Auf mögliche Ansprüche aus einem Auftrags- oder Geschäftsbesorgungsverhältnis wird nicht näher eingegangen.[15]

3 **a) Schenkungswiderruf.** Zuwendungen eines Lebenspartners an den anderen, die eine Schenkung darstellen, können unter bestimmten Voraussetzungen nach § 530 BGB widerrufen werden. Von einer Schenkung sind (**unbenannte**) **Zuwendungen** abzugrenzen, die lediglich der Verwirklichung der Lebensgemeinschaft dienen und die beiden Lebenspartnern im Rahmen der gemeinsamen Lebensführung zugute kommen. Derartige Zuwendungen, die in einer nichtehelichen Lebensgemeinschaft

---

[11] *Rauscher* Familienrecht Rn 733; *Diederichsen,* NJW 1983, 1017, 1025.

[12] FA-FamR/*Weinreich* 11. Kap. Rn 127.

[13] Ausführlich zu partnerschaftsvertraglichen Gestaltungsmöglichkeiten *Grziwotz* Partnerschaftsvertrag.

[14] S. im Einzelnen hierzu *Grziwotz* Nichteheliche Lebensgemeinschaft § 5 Rn 3 ff.; FA-FamR/*Weinreich* 11. Kap. Rn 125 ff.

[15] Einzelheiten hierzu bei FA-FamR/*Weinreich* 11. Kap. Rn 168 ff.

der Regelfall sind, stellen keine Schenkung dar.[16] Eine Schenkung liegt ausnahmsweise nur dann vor, wenn die Zuwendung über den vorstehend genannten Rahmen hinausgeht – also mit Schenkungswillen getätigt wurde – und zu einer Bereicherung ausschließlich bei dem anderen Lebenspartner führt. Wer sich auf das Vorliegen einer Schenkung beruft, trägt dafür die Beweislast. Weitere Voraussetzung für ein Rückforderungsrecht nach § 530 BGB ist das Vorliegen **groben Undanks** auf Seiten des Beschenkten. Die einseitige Beendigung der Lebensgemeinschaft stellt, selbst wenn „Reibereien" hierfür ursächlich waren, für sich allein noch keinen groben Undank dar.[17] Neben der Beendigung der Lebensgemeinschaft müssen zusätzlich noch besondere, verwerfliche Umstände vorliegen, wie schwerer Vertrauensbruch oder eine grundlose Strafanzeige gegen den Partner.[18] Vom Widerruf ausgenommen sind gemäß § 534 BGB Pflicht- und Anstandsschenkungen. Darunter fallen gebräuchliche Gelegenheitsgeschenke, zum Beispiel Weihnachts- und Geburtstagsgeschenke, sowie Zuwendungen, die dem Aufbau einer unabhängigen vermögensrechtlichen Basis des Beschenkten dienen sollen.[19]

b) Störung der Geschäftsgrundlage. Sind die Voraussetzungen für einen schenkungsrechtlichen Rückforderungsanspruch nicht erfüllt, kann ein Rückforderungsrecht wegen Störung der Geschäftsgrundlage in Betracht kommen, § 313 BGB.[20] Die Anwendbarkeit der Vorschrift des § 313 BGB setzt voraus, dass die **vorrangigen Ausgleichsregeln** der **§§ 730 ff. BGB** zu einem unzumutbaren und unbilligen Ergebnis für den betroffenen Lebenspartner führen.[21] Gemäß § 313 BGB liegt eine Störung der Geschäftsgrundlage dann vor, wenn sich Umstände, die zur Grundlage eines Vertrags geworden sind, nach Vertragsabschluss schwerwiegend verändert haben. Am Vorliegen eines Vertrags fehlt es jedoch in den meisten Fällen einer nichtehelichen Lebensgemeinschaft. Denn ein **Vertragsverhältnis** kommt nicht allein schon dadurch zustande, dass sich zwei Partner zu einer nichtehelichen Lebensgemeinschaft zusammenschließen, da diese – wie bereits ausgeführt – gerade **keine Rechtsgemeinschaft** ist. Für die Annahme des Wegfalls der Geschäftsgrundlage von Zuwendungen im Rahmen einer nichtehelichen Lebensgemeinschaft müssen deshalb über das Vorliegen einer Zuwendung hinaus noch **weitere Voraussetzungen** erfüllt sein: Zum einen muss die Zuwendung in Erwartung des Fortbe- 4

---

[16] FA-FamR/*Weinreich* 11. Kap. Rn 173.

[17] MüKo/*Wacke* Nach 1302 BGB Rn 56; *Palandt/Brudermüller* Einl v § 1297 BGB Rn 35.

[18] MüKo/*Wacke* Nach 1302 BGB Rn 56; *Grziwotz* Nichteheliche Lebensgemeinschaft § 5 Rn 25.

[19] FA-FamR/*Weinreich* 11. Kap. Rn 179; *Weinreich* weist zu Recht darauf hin, dass dem Absicherungszweck bei nichtehelichen Lebenspartnern eine größere Bedeutung zukommt als bei Ehegatten.

[20] OLG Karlsruhe FamRZ 1994, 377; *Palandt/Brudermüller* Einl v § 1297 BGB Rn 35; a. A. BGH NJW 1997, 3371, 3372 (in früheren Entscheidungen hielt der BGH (zum Beispiel BGH FamRZ 1991, 168, 170) das Institut des Wegfalls der Geschäftsgrundlage grundsätzlich für anwendbar).

[21] *Grziwotz* Nichteheliche Lebensgemeinschaft § 5 Rn 44.

stands der nichtehelichen Lebensgemeinschaft dem anderen Lebenspartner gemacht worden sein, ohne dass im Einzelfall eine besondere Verpflichtung hierzu bestand.[22] Zum anderen muss die Zuwendung wegen des Grundsatzes der Nichtverrechenbarkeit der persönlichen und wirtschaftlichen Leistungen unter nichtehelichen Lebenspartnern über den bloßen Ausgleich von Beiträgen zur Lebensgemeinschaft hinausgehen und finanziell erheblich sein.[23] Scheitert später die Lebensgemeinschaft, ist die Geschäftsgrundlage für diese unbenannte Zuwendung gestört bzw. weggefallen und das Geleistete kann zurückgefordert werden.[24]

5 **c) Gesellschaftsrechtliche Ausgleichsansprüche.** Ein vermögensrechtlicher Ausgleichsanspruch kann sich bei Beendigung der nichtehelichen Lebensgemeinschaft aus einer analogen Anwendung der für die Beendigung einer Gesellschaft bürgerlichen Rechts geltenden Ausgleichsvorschriften der **§§ 730 ff. BGB** ergeben.[25] Nicht erforderlich ist, dass ein ausdrücklich oder stillschweigend geschlossener Gesellschaftsvertrag vorliegt.[26] Nach Ansicht des BGH kommt jedoch die entsprechende Anwendung der gesellschaftsrechtlichen Ausgleichsvorschriften nur ausnahmsweise in Betracht, wenn beide Partner durch ihre Leistungen zur **Schaffung** eines **gemeinschaftlichen Vermögenswerts** (zum Beispiel eines Unternehmens) von **objektiv erheblicher wirtschaftlicher Bedeutung** beigetragen haben, vor allem wenn dieser Vermögenswert nur einem Partner rechtlich gehört.[27] Entscheidend ist, ob die Lebenspartner einen gemeinschaftlichen Wert schaffen wollten, der von ihnen nicht nur gemeinsam genutzt wird, sondern ihnen nach ihrer Vorstellung auch gemeinsam gehören sollte. Ob ein Vermögenswert von objektiv erheblicher wirtschaftlicher Bedeutung, der nach den subjektiven Vorstellungen der Lebenspartner beiden gehören sollte, geschaffen wurde, richtet sich nach den **Umständen** des jeweiligen **Einzelfalls**, insbesondere nach der Art des geschaffenen Vermögenswerts, den konkreten wirtschaftlichen Verhältnissen der Lebenspartner sowie der Höhe des Beitrags des nach außen nicht beteiligten Partners.[28] Im Rahmen dieser **Gesamtwürdigung** sind auch Äußerungen des nach außen allein Berechtigten gegenüber Dritten zu berücksichtigen.[29] Die **Höhe** des **Beitrags** eines Partners ist nur ein

---

[22] BGH FamRZ 1991, 168, 169.

[23] OLG Hamm FamRZ 2003, 529, 530.

[24] *Rauscher* Familienrecht Rn 737; MüKo/*Wacke* Nach § 1302 BGB Rn 58, der allerdings eine Rückforderung nach Bereicherungsrecht wegen Zweckverfehlung im Allgemeinen für praktikabler hält; einschränkend FA-FamR/*Weinreich* 11. Kap. Rn 137 f.; abl. *Staudinger/Strätz* Anh. zu §§ 1297 ff. BGB Rn 124.

[25] *Battes,* ZHR 143 (1979), 385, 395; MüKo/*Wacke* Nach 1302 BGB Rn 18; BGH NJW 1999, 2962, 2964; abl. *Hohloch,* JUS 1986, 46 f.

[26] BGH NJW 1997, 3371; *Palandt/Sprau* § 705 BGB Rn 46.

[27] Grundlegend BGH FamRZ 1980, 664; s. auch BGH NJW 1982, 2863, 2864; ZEV 2000, 373.

[28] BGH FamRZ 1997, 1533; FA-FamR/*Weinreich* 11. Kap. Rn 146.

[29] BGH DStR 2003, 1890; *Palandt/Sprau* § 705 BGB Rn 46. Zum Beispiel die Äußerung in einem Zeitungsartikel, dass die Lebensgefährtin den Betrieb mit aufgebaut hat.

Gesichtspunkt bei der vorzunehmenden Gesamtwürdigung. Selbst ein außergewöhnlich hoher Beitrag eines Partners eröffnet nicht automatisch den Anwendungsbereich gesellschaftsrechtlicher Ausgleichsansprüche.[30] Er stellt **allenfalls** ein **Indiz** für das Bestehen der Absicht gemeinschaftlicher Wertschöpfung dar. **Nicht ausreichend** für die analoge Anwendung gesellschaftsrechtlicher Regelungen ist die gemeinsame Haushaltsführung oder das gemeinsame Wirtschaften im Rahmen der Haushaltsführung.[31] Wegen Einzelheiten zum gesellschaftsrechtlichen Ausgleichsanspruch wird auf die unter C. § 8 Rn 11 gemachten Ausführungen verwiesen.

d) Bereicherungsrechtliche Ansprüche. Eine Rückforderung von Zuwendungen nach bereicherungsrechtlichen Vorschriften ist ebenfalls nur in **Ausnahmefällen** möglich. Ausgeschlossen ist eine Kondiktion der Zuwendung wegen Fehlens eines rechtlichen Grundes für die Leistung (§ 812 Abs. 1 S. 1 1. Alt. BGB) oder wegen späterem Wegfall des rechtlichen Grundes (§ 812 Abs. 1 S. 2 1. Alt. BGB). Denn die nichteheliche Lebensgemeinschaft ist keine Rechtsgemeinschaft, sondern ein rein tatsächliches Verhältnis. Ein rein tatsächliches Verhältnis kann aber keinen Rechtsgrund für eine Zuwendung darstellen.[32] Nicht von vornherein ausgeschlossen ist eine Rückforderung der Zuwendung nach § 812 Abs. 1 S. 2 2. Alt. BGB, falls der mit der Zuwendung nach dem Inhalt des Rechtsgeschäfts bezweckte Erfolg nicht eintritt.[33] Voraussetzung hierfür ist, dass ein besonderer, zukünftig eintretender Erfolg rechtlicher oder tatsächlicher Natur nach dem Inhalt des Rechtsgeschäfts von den Beteiligten vorausgesetzt wurde, dieser aber nicht eingetreten ist (**Zweckvereinbarung**).[34] Einseitige Vorstellungen und Erwartungen des Leistenden reichen für das Vorliegen einer Zweckvereinbarung ebenso wenig aus wie übliche Beiträge zur Haushalts- und Lebensführung.[35] Erforderlich ist vielmehr, dass beide Partner der Auffassung sind, die über einen normalen Beitrag zur Verwirklichung der Lebensgemeinschaft hinausgehende Zuwendung bezwecke die Festigung der Beziehung oder ermögliche eine längerfristige und zeitlich vom Bestand der Lebensgemeinschaft unabhängige Teilhabe beider Partner an dem Vermögensgegenstand. Obgleich die Zweckvereinbarung auch durch schlüssiges Verhalten der Lebenspartner erfolgen kann,[36] scheitern bereicherungsrechtliche Ansprüche meist daran, dass Zweckvereinbarungen und Zweckverfehlungen nicht festzustellen sind.[37] Unabhängig davon ist auch aus einem anderen Grund nur ausnahmsweise auf bereicherungsrechtliche Vorschriften zur Gewährung von Ausgleichsansprüchen nach Scheitern einer nichtehelichen Lebens- 6

30 BGH DStR 2003, 1890, 1891.

31 OLG Frankfurt NJW 1982, 1885.

32 *Staudinger/Strätz* Anh zu §§ 1297 ff. BGB Rn 40; FA-FamR/*Weinreich* 11. Kap. Rn 128.

33 A. A. FA-FamR/*Weinreich* 11. Kap. Rn 129 ff.

34 *Palandt/Sprau* § 812 BGB Rn 86.

35 *Palandt/Sprau* § 812 BGB Rn 86, 89.

36 *Palandt/Sprau* § 812 BGB Rn 86.

37 MüKo/*Wacke* Nach § 1302 BGB Rn 57 m. w. N. in Fn 271.

gemeinschaft zurückzugreifen: Das **Bereicherungsrecht** ermöglicht von der Rechtsfolgenseite – Rückgewähr der Zuwendung – **keine flexible**, auf die besonderen Verhältnisse einer nichtehelichen Lebensgemeinschaft eingehende **Lösung**.[38] Vorzugswürdig ist deshalb, einen vermögensrechtlichen Ausgleich vorrangig über die analoge Anwendung der gesellschaftsrechtlichen Grundsätze der §§ 730 ff. BGB vorzunehmen, mittels derer der Interessenausgleich flexibler vorgenommen werden kann.[39]

7 **e) Dienstvertragliche Ansprüche.** Ansprüche aus Dienstvertrag bestehen dann, wenn die Lebenspartner ausdrücklich einen Dienstvertrag geschlossen haben. Die nichteheliche Lebensgemeinschaft steht der Zulässigkeit des Abschlusses eines Dienstvertrags nicht entgegen.[40] Auch ohne Vorliegen eines ausdrücklich geschlossenen Dienstvertrags können Dienstleistungen eines Partners nach Dienstvertragsrecht ausnahmsweise dann abgegolten werden, wenn sie über den gewöhnlichen Beitrag zur Verwirklichung der Lebensgemeinschaft hinausgehen oder wenn der Leistungsempfänger seinem Partner eine Abgeltung der Leistung in der Zukunft, zum Beispiel durch eine spätere Heirat oder eine Beteiligung am Unternehmen, versprochen hat. Wegen Einzelheiten wird auf die unter E. § 20 Rn 8 gemachten Ausführungen verwiesen.

8 **f) Gesamtschuldner- und Gesamtgläubigerausgleich.** Haften Lebenspartner für während der Partnerschaft begründete Verbindlichkeiten gesamtschuldnerisch, stellt sich die Frage, ob der Partner, der mehr zur Tilgung der Verbindlichkeiten beigetragen hat als der andere, von diesem bei Trennung Ausgleich verlangen kann. Gemäß § 426 Abs. 1 S. 1 BGB haften beide Partner intern zu **gleichen Anteilen**, sofern nichts Abweichendes vereinbart wurde. Eine **abweichende Vereinbarung** kann ausdrücklich oder konkludent getroffen worden sein oder sich aus den Umständen des Einzelfalls ergeben. Eine abweichende Vereinbarung wird für Tilgungsleistungen angenommen, die während des Bestehens der Lebensgemeinschaft bezüglich gemeinsam aufgenommener Schulden erbracht wurden. Wegen des Grundsatzes der Nichtverrechenbarkeit gewöhnlicher Leistungen in einer nichtehelichen Lebensgemeinschaft besteht die Vermutung, dass während des Bestehens der Lebensgemeinschaft eingegangene Verbindlichkeiten der Verwirklichung der Lebensgemeinschaft dienen und ein Ausgleich deshalb nicht erfolgen soll, auch wenn die Verbindlichkeiten überwiegend oder allein von einem Partner getilgt wurden.[41] Der Gesamtschuldnerausgleich wird in diesen Fällen durch die Lebensgemeinschaft überlagert.[42] Etwas anderes gilt für Tilgungsleistungen, die nach der Trennung erbracht werden, und für Tilgungsleistungen, die nur dem anderen Partner zugute kommen: Erbringt ein Lebenspartner Tilgungsleistungen zur Rückführung eines Darlehens, das der andere

---

[38] *Grziwotz* Nichteheliche Lebensgemeinschaft § 5 Rn 33.

[39] Für eine grundsätzliche Subsidiarität bereicherungsrechtlicher Ansprüche auch MüKo/*Wacke* Nach § 1302 BGB Rn 21; a. A. BGH FamRZ 1992, 408.

[40] *Staudinger/Strätz* Anh zu §§ 1297 ff. BGB Rn 82.

[41] BGH FamRZ 1980, 664.

[42] FA-FamR/*Weinreich* 11. Kap. Rn 191.

Partner für sein Unternehmen aufgenommen hat, besteht – ebenso wie in diesem Fall bei Ehegatten[43] – **Anspruch** auf **Gesamtschuldnerausgleich**. Wegen des Anspruchs auf Ausgleichung unter Gesamtgläubigern gemäß § 430 BGB, zum Beispiel bei gemeinsamen Konten, kann auf die zum **Gesamtgläubigerausgleich** unter Ehegatten gemachten Ausführungen verwiesen werden (Einzelheiten hierzu unter C. § 6 Rn 62 f.).

2. Ausgewählte Ausgleichsansprüche des nichtehelichen Lebenspartners eines Unternehmers

Nichtehelichen Lebenspartnern steht es selbstverständlich frei, gemeinsam ein Unternehmen in jeder zulässigen Rechtsform zu betreiben. In diesem Fall richten sich nach Aufhebung der Lebensgemeinschaft die vermögensrechtlichen Ansprüche eines Lebenspartners nach den Bestimmungen des Gesellschaftsvertrags bzw. nach den für die jeweilige Gesellschaftsform geltenden gesetzlichen Vorschriften. Häufig ist es jedoch so, dass **Leistungen**, die ein nichtehelicher Partner für seinen unternehmerisch tätigen Partner erbringt, einer ausdrücklichen **Vertragsgrundlage entbehren**. Eine Notwendigkeit für vertragliche Vereinbarungen wird nicht gesehen, da der nicht nach außen am Unternehmen beteiligte Partner an dem Erfolg des unternehmerisch tätigen Partners durch einen entsprechend hohen gemeinsamen Lebensstandard partizipiert. Spätestens wenn die Lebensgemeinschaft scheitert, stellt er sich die Frage, ob er für seine während der bestehenden Lebensgemeinschaft für den Unternehmer und das Unternehmen erbrachten Leistungen einen Ausgleich erhält. In Betracht kommen schenkungsrechtliche, bereicherungsrechtliche und gesellschaftsrechtliche Ansprüche sowie Ansprüche wegen Störung der Geschäftsgrundlage und Ausgleichsansprüche wegen Gesamtschuldner- und Gesamtgläubigerschaft (Einzelheiten hierzu unter C. § 8 Rn 2 ff.). Im Folgenden wird ein Überblick über dienstvertragliche und gesellschaftsvertragliche Augleichsansprüche gegeben. 9

a) Dienstvertragliche Ansprüche. Grundsätzlich gilt, dass ein Partner, der während der bestehenden Lebensgemeinschaft unentgeltlich im Unternehmen des anderen Partners mitgearbeitet hat, **keinen Ausgleich** für die während der bestehenden Lebensgemeinschaft erbrachten Dienstleistungen verlangen kann, sofern nicht eine ausdrückliche vertragliche Vereinbarung getroffen wurde.[44] Denn allein die Erbringung von Dienstleistungen führt in einer nichtehelichen Lebensgemeinschaft noch nicht zur Annahme eines stillschweigend geschlossenen Arbeitsvertrags.[45] Dies gilt insbesondere für die Tätigkeit in einem Betrieb mit kleinem Zuschnitt, da in derartigen Familienbetrieben die Mitarbeit der Familienmitglieder oder der Lebenspartner der Förderung des Unternehmens dient und jeder das Seine zum Gelingen des Betriebs und damit zur Sicherung des gemeinsamen Lebensstandards beiträgt. Dienstleistungen, die ein Partner einer nichtehelichen Lebensgemeinschaft für den anderen er- 10

[43] Einzelheiten hierzu unter C. § 6 Rn 62.
[44] LAG Köln MDR 1999, 1331.
[45] MüKo/*Wacke* Nach § 1302 BGB Rn 49.

bringt, sind – soweit sie auch der Verwirklichung der Lebensgemeinschaft dienen – im Allgemeinen nicht nur gegen eine entsprechende Vergütung zu erwarten. Vielmehr handelt es sich in aller Regel, das heißt soweit sie nicht über den gewöhnlichen Beitrag zur Verwirklichung der Lebensgemeinschaft hinausgehen, um unentgeltliche Dienstleistungen im Rahmen von **Gefälligkeitsschuldverhältnissen**.[46] Ein nachträglicher Vergütungsanspruch wegen dieser Dienstleistungen scheidet wegen des Grundsatzes der Nichtverrechenbarkeit gewöhnlicher Leistungen in einer nichtehelichen Lebensgemeinschaft im Fall der Trennung aus.[47] Eine **Ausnahme** von diesem Grundsatz besteht dann, wenn der Begünstigte als Gegenleistung einen zukünftigen Ausgleich in Aussicht gestellt hat, zum Beispiel eine spätere Beteiligung am Unternehmen oder eine Eheschließung. Wird dieser mit der Dienstleistung verfolgte Zweck verfehlt, gilt als Ausgleich eine angemessene Vergütung als vereinbart und es kann die Zahlung dieser Vergütung nach §§ 611, 612 BGB verlangt werden.[48]

11 **b) Gesellschaftsrechtliche Ausgleichsansprüche.** Wenn die Tätigkeit eines Partners im Unternehmen des anderen nicht durch die für ein Arbeitsverhältnis charakteristische Über- und Unterordnung zwischen „Arbeitgeber" und „Arbeitnehmer" geprägt war, können dem nach außen nicht am Unternehmen beteiligten Partner bei Beendigung der Lebensgemeinschaft unter vergleichbaren Voraussetzungen wie unter Ehegatten Ausgleichsansprüche in entsprechender Anwendung der §§ 730 ff. BGB zustehen. Das Gleiche gilt, wenn der nicht am Unternehmen beteiligte Partner finanzielle Leistungen in Bezug auf das Unternehmen erbracht hat. Der Anwendungsbereich gesellschaftsrechtlicher Ausgleichsansprüche ist – anders als bei Ehegatten – bereits dann eröffnet, wenn eine rein **faktische Willensübereinstimmung** zwischen den nichtehelichen Lebenspartnern vorliegt. Ein zumindest konkludent geschlossener Gesellschaftsvertrag ist nicht erforderlich. **Entscheidendes Kriterium** für die Anwendbarkeit gesellschaftsrechtlicher Ausgleichsansprüche ist allerdings die **Absicht gemeinschaftlicher Wertschöpfung** hinsichtlich des Unternehmens. Die Absicht gemeinschaftlicher Wertschöpfung setzt mehr voraus als nur das Vorliegen eines wesentlichen Beitrags eines Partners, beispielsweise durch Bereitstellung erheblicher finanzieller Mittel für das Unternehmen des anderen. Vielmehr ist ein derartiger Beitrag hierfür allenfalls ein Indiz.[49] Ebenso wenig reicht der Umstand eines Wertzuwachses des Unternehmens während der Zeit des Bestehens der Lebensgemeinschaft für sich allein für die Annahme einer gemeinschaftlichen Wertschöpfung aus.[50] Die Feststellung der Absicht einer gemeinschaftlichen Wertschöpfung erfordert vielmehr eine **Gesamtwürdigung** der in Betracht zu ziehenden Umstände, insbesondere hinsichtlich der Gesamt-

---

[46] LAG Köln MDR 1999, 1331.

[47] BGH FamRZ 1965, 368, 369; *Hausmann/Hohloch/Hausmann* S. 161.

[48] BAG Betrieb 1965, 1562; FA-FamR/*Weinreich* 11. Kap. Rn 165.

[49] BGH DStR 2003, 1890. Fehlt es an der Absicht gemeinsamer Wertschöpfung, kann ein partiarisches Darlehen vorliegen.

[50] BGH DStR 2003, 1890, 1891.

heit der von den Partnern erbrachten Leistungen sowie deren konkreten finanziellen Verhältnissen.[51] Ein gesellschaftsvertraglicher Abfindungsanspruch ist nicht dadurch ausgeschlossen, dass die Tätigkeit auf der Grundlage eines ausdrücklich geschlossenen Arbeitsvertrags erfolgte. Entscheidend ist allein, ob der Partner über die arbeitsvertraglich geschuldete Arbeitsleistung hinaus maßgeblich zum unternehmerischen Erfolg beigetragen und wie ein Unternehmer **Unternehmerinitiative** sowie **Unternehmerrisiko** gezeigt hat, beide Partner somit gleichrangig nebeneinander im Unternehmen tätig waren.[52] Der nichteheliche Partner muss durch seine Arbeitskraft oder durch sonstige Leistungen das Unternehmen während der Dauer des Bestehens der Lebensgemeinschaft mit aufgebaut oder an der Weiterentwicklung des unternehmerischen Erfolgs erheblichen Anteil gehabt haben; beide Partner müssen das Unternehmen als gemeinsamen Wert betrachtet und behandelt haben.[53] Erforderlich ist weiter, dass diese faktische **Gleichberechtigung** auch nach außen, zum Beispiel gegenüber Mitarbeitern und Geschäftspartnern, zum Ausdruck gekommen ist.[54] Die Anwendbarkeit gesellschaftsrechtlicher Ausgleichsansprüche wurde von der Rechtsprechung beispielsweise bejaht im Fall einer 14-jährigen Mitarbeit im Unternehmen des anderen Partners und der unentgeltlichen Überlassung der für den Betrieb erforderlichen Werkstatträume sowie der Finanzierung eines betrieblich genutzten Anbaus.[55] Wird eine derartige Innengesellschaft, die kein gemeinsames Vermögen aufweist, durch Trennung der Partner aufgelöst, ist auf der Grundlage einer (Zwischen-)Bilanz der Abfindungsanspruch des nach außen nicht beteiligten Partners zu ermitteln. Dieser kann **Erstattung** seiner **Einlagen** verlangen (§ 733 Abs. 2 BGB). Entgegen § 733 Abs. 2 S. 3 BGB kann eine Erstattung auch für „Einlagen" verlangt werden, die in **Dienstleistungen** des nichtehelichen Lebenspartners bestanden.[56] Bei der Festlegung der Höhe des Abfindungsanspruchs ist nicht strikt vom **Halbteilungsgrundsatz** auszugehen.[57] Vielmehr sind ein unterschiedlicher Umfang und eine unterschiedliche Qualität der Leistungen beider Partner nach Billigkeitsgesichtspunkten durch entsprechende Festlegung der Beteiligungsquoten am Unternehmenswert zu berücksichtigen.[58] Ergibt die Ermittlung des Abfindungsanspruchs, dass ein solcher wegen unternehmerischer Verluste nicht besteht, muss der nicht nach außen am Unternehmen beteiligte Partner nur ausnahmsweise für die **Verluste** (anteilig) aufkommen.[59]

---

[51] BGH DStR 2003, 1890, 1891.

[52] BGH NJW-RR 1990, 736; *Grziwotz* Nichteheliche Lebensgemeinschaft § 17 Rn 6; *Hausmann/Hohloch/Hausmann* S. 187 f.

[53] BGH NJW 1985, 1841; NJW 1982, 2863; *Grziwotz* Nichteheliche Lebensgemeinschaft § 17 Rn 5; ausführlich zu der Auseinandersetzung nach gesellschaftsrechtlichen Grundsätzen *Hausmann/Hohloch/Hausmann* S. 174 ff.

[54] FA-FamR/*Weinreich* 11. Kap. Rn 152.

[55] BGH NJW 1982, 2863.

[56] BGH FamRZ 1985, 1232; FA-FamR/*Weinreich* 11. Kap. Rn 156.

[57] *Oehlmann/Stille*, FamRZ 2004, 151, 154.

[58] BGH NJW 1982, 2863; FA-FamR/*Weinreich* 11. Kap. Rn 157.

[59] OLG Nürnberg FamRZ 2000, 97; FA-FamR/*Weinreich* 11. Kap. Rn 158.

III. Vertragliche Vorsorgemaßnahmen

12 Lebenspartnern, die ohne Trauschein zusammenleben und gemeinsam das Unternehmen eines Partners aufbauen oder die beide maßgeblich an dem Ausbau des Unternehmens mitwirken, sind vertragliche Vereinbarungen für den Fall der Aufhebung der Lebensgemeinschaft **zu empfehlen**. Denn selbst bei beachtlichen finanziellen Beiträgen eines Lebenspartners zur Vermögensbildung des anderen lehnt die Rechtsprechung[60] – wie vorstehend ausgeführt – einen Ausgleichsanspruch im Fall der Trennung ab, wenn nicht nachgewiesen wird, dass mit diesen Beiträgen eine über die gemeinsame Lebensführung hinausgehende Absicht verfolgt wurde.

13 Die rechtliche **Ausgangsposition** und auch die wirtschaftliche **Interessenlage** sind für vertragliche Vereinbarungen unter nichtehelichen Lebenspartnern anders als bei Ehegatten und Partnern einer eingetragenen Lebenspartnerschaft. Bei Ehegatten und eingetragenen Lebenspartnern, die sich trennen und die keine Modifizierung des gesetzlich vorgesehenen Überschuss- bzw. Zugewinnausgleichs vereinbart haben, ist die vermögensrechtliche Beteiligung des Partners am unternehmerischen Erfolg des anderen der Regelfall. Demgegenüber kommt bei nichtehelichen Lebenspartnern eine entsprechende Beteiligung nur im Ausnahmefall in Betracht. Daraus folgt, dass bei Ehegatten und eingetragenen Lebenspartnern primär der unternehmerisch beteiligte Partner ein gesteigertes Interesse an einer vertraglichen Modifizierung des gesetzlich vorgesehenen Vermögensausgleichs für den Fall der Trennung hat. Bei nichtehelichen Lebensgemeinschaften liegt es demgegenüber im primären Interesse des nicht am Unternehmen Beteiligten, sich durch entsprechende Vereinbarungen einen Anteil an der zu erwartenden gemeinsamen Wertschöpfung bezüglich des Unternehmens des anderen zu sichern und nicht auf die Gewährung einer entsprechenden Teilhabe durch die Gerichte angewiesen zu sein. Trotz dieser unterschiedlichen Ausgangspositionen geht es jedoch im Kern um dieselbe **Grundfrage**: Wie kann im Fall der Trennung einerseits der Unternehmer und damit das Unternehmen vor einem unter Umständen existenzgefährdenden Liquiditätsabfluss bewahrt werden und andererseits dessen nichtehelichem Lebenspartner ein fairer Anteil an dem gemeinsam erwirtschafteten Vermögen gewährt werden. Die vorsorglich für den Fall der Trennung zu treffenden Vereinbarungen hängen dabei in ihrer Ausgestaltung davon ab, ob der nichteheliche Lebenspartner als Gesellschafter nach außen am gemeinsam betriebenen Unternehmen beteiligt ist oder nicht.

1. Vorsorge bei gesellschaftsrechtlicher Beteiligung beider Lebenspartner

14 Sind beide Lebenspartner als Gesellschafter am Unternehmen beteiligt, können für den Fall der Beendigung der Lebensgemeinschaft im **Gesellschaftsvertrag** Regelungen getroffen werden, die die Unternehmens-

---

[60] BGH FamRZ 1997, 1533, 1534.

kontinuität sichern. In dem Gesellschaftsvertrag kann vorgesehen werden, dass einem Partner nach Beendigung der Lebensgemeinschaft das Recht zur **Übernahme** der **Beteiligung** des anderen zusteht. Auch kann im Gesellschaftsvertrag der **Abfindungsanspruch** des Ausscheidenden (angemessen[61]) **reduziert** und eine Zahlung des Abfindungsguthabens in **Raten** vorgesehen werden. Überträgt ein Unternehmer eine Gesellschaftsbeteiligung auf seinen nichtehelichen Lebenspartner, kann Vorsorge dadurch getroffen werden, dass er sich ein **Rückforderungsrecht** für den Fall der Beendigung der Lebensgemeinschaft vorbehält und die Rückabtretung der Beteiligung bereits aufschiebend bedingt vorgenommen wird. Wegen Einzelheiten wird auf die bei Ehegatten gemachten Ausführungen zu vertraglichen Vorsorgemaßnahmen verwiesen (s. C. § 6 Rn 173 f.).

2. Vorsorge im Fall des nicht nach außen am Unternehmen beteiligten Lebenspartners

Die **Gründung** eines **gemeinsamen Unternehmens** oder die (stille) 15
Beteiligung des nichtehelichen Lebenspartners an einem bereits bestehenden Unternehmen stellt die **Ausnahme** dar. Denn in aller Regel ist die nichteheliche Lebensgemeinschaft vom subjektiven Empfinden der Beteiligten auf Zeit angelegt und Ausdruck einer gewissen Unverbindlichkeit. Damit unvereinbar wäre eine unternehmerische Beteiligung des anderen Lebenspartners, die mit längerfristigen gegenseitigen Rechten und Pflichten verbunden ist. Der Verzicht auf eine direkte Beteiligung eines Partners am Unternehmen – trotz gemeinsamer Unternehmerinitiative und Unternehmerrisiko – kann auch darin begründet sein, **Pflichtteils-** und **Unterhaltsansprüche** von Verwandten dieses Lebenspartners möglichst **gering** zu halten. Der Partner, der im Unternehmen des anderen tätig ist, ohne selbst Mitgesellschafter zu sein, sollte darauf achten, dass diese Tätigkeit auf der Grundlage eines **schriftlich** abgeschlossenen **Arbeitsvertrags** erfolgt. Dies ermöglicht dem mitarbeitenden Partner, eigenes Vermögen zu bilden und sich eine eigene Altersversorgung aufzubauen. In aller Regel wird er auch sozialversicherungspflichtig sein, so dass eventuell vorhandene Kinder gesetzlich mit krankenversichert sind. Für den unternehmerisch tätigen Partner hat der Abschluss eines Arbeitsvertrags den Vorteil, dass die unternehmerischen Einkünfte und damit auch die Steuerlast reduziert werden können. Trägt darüber hinaus der nach außen nicht am Unternehmen beteiligte Partner durch seine Leistungen wesentlich zum unternehmerischen Erfolg und damit zur gemeinsamen Wertschöpfung bei, empfehlen sich neben dem Abschluss eines Arbeitsvertrags im Vorfeld auch **Vereinbarungen** über die **Abfindung** für den Fall der Trennung der Lebenspartner. Ansonsten besteht das Risiko, dass durch die Gerichte ein Abfindungsanspruch, der unter Umständen den Unternehmensfortbestand gefährdet, zugunsten des ausscheidenden Partners festgelegt wird, oder das Bestehen eines Abfindungsanspruchs zu dessen Lasten

---

[61] Hierzu C. § 6 Rn 173.

verneint wird. In der Abfindungsvereinbarung kann festgelegt werden, dass dem Partner bei Beendigung der Lebensgemeinschaft ein Ausgleichsanspruch zusteht, der auf der Grundlage einer vorher festgelegten Bewertung des Unternehmens zu ermitteln ist. Außerdem kann vereinbart werden, dass der geschuldete Abfindungsbetrag liquiditätsschonend in mehreren Raten zu zahlen ist. Auch kann einem Partner für den Fall der Trennung das Recht zugestanden werden, die **Einräumung** einer **Gesellschaftsbeteiligung** zu verlangen. Dies empfiehlt sich jedoch nur, wenn der Verzicht auf eine Gesellschafterstellung mit Blick auf mögliche Ansprüche Dritter, zum Beispiel Pflichtteils- oder Unterhaltsansprüche, erfolgte.

§ 9 Abkömmlinge und ihr Verhältnis zum Unternehmen

Übersicht

	Rn
I. Abkömmlinge und ihre Einstellung zum Familienunternehmen und zur Unternehmensnachfolge	1
II. Nachfolgegeeignete Abkömmlinge	4
1. Zeitpunkt und Gestaltung der Unternehmensnachfolge	4
a) Vorweggenommene Unternehmensnachfolge versus Nachfolge von Todes wegen	4
b) Zeitpunkt der Unternehmensnachfolge durch geeignete Abkömmlinge	6
c) Sicherung der Einflussnahme des Unternehmers	7
2. Gesellschaftsvertragliche und ehe- bzw. partnerschaftsvertragliche Vorsorgemaßnahmen	12
III. Störfaktor Pflichtteilsansprüche übergangener Abkömmlinge	13
1. Liquiditätsgefährdung durch Pflichtteilsansprüche	13
2. Möglichkeiten zur Eindämmung von Pflichtteilsansprüchen	14
a) Allgemeines zum Pflichtteilsanspruch	14
b) Pflichtteilsanspruch und Wertermittlung	15
c) Pflichtteilsbeschränkung durch gesellschaftsvertragliche Abfindungsklauseln	16
d) Pflichtteilsverzicht und Pflichtteilsanrechnung	18
aa) Pflichtteilsverzicht	18
bb) Pflichtteilsanrechnung	20
e) Ausstattung statt Schenkung	23
f) Lebzeitige Unternehmensübertragung	25
g) Wahl des „richtigen" Güterstands	26
h) Vermögensübertragung durch ehevertragliche Vereinbarungen	27
i) Fortgesetzte Gütergemeinschaft	28
IV. Besonderheiten bei unternehmerischer Beteiligung minderjähriger Abkömmlinge	29
1. Allgemeines zur gesetzlichen Vertretung Minderjähriger	29
a) Gesetzliche Vertretung und Geschäftsfähigkeit	29
b) Ausschluss von der Vertretungsmacht	31
c) Familiengerichtliche bzw. vormundschaftsgerichtliche Genehmigung	32
2. Der Minderjährige als Gesellschafter	34
a) Allgemeines	34
b) Minderjähriger als Gründungsgesellschafter	38
aa) Ausschluss von der Vertretungsmacht	38
bb) Genehmigungspflicht	39
cc) Folgen einer fehlenden gerichtlichen Genehmigung	43
c) Erwerb von Gesellschaftsanteilen durch Minderjährige und Aufnahme in eine Gesellschaft	44
aa) Genehmigungspflicht des Erwerbs von Anteilen an einer Kapitalgesellschaft	45
bb) Genehmigungspflicht des Erwerbs von Anteilen an einer Personengesellschaft	47
d) Veräußerung von Gesellschaftsanteilen durch Minderjährige	49

Rn

e) Genehmigungsbedürftigkeit von Rechtsgeschäften, die die Gesellschaft vornimmt 50
f) Gesellschafterbeschlüsse unter Beteiligung Minderjähriger 51
aa) Ausschluss von der Vertretungsmacht ... 51
bb) Genehmigungspflicht 52
3. Umwandlungsmaßnahmen unter Beteiligung Minderjähriger 54
4. Prüfungsmaßstab für die Erteilung der gerichtlichen Genehmigung 56
5. Vertretung minderjähriger Gesellschafter nach Scheidung der Unternehmerehe . 57
6. Sonderkündigungsrecht bei vollhaftender Beteiligung .. 58
V. Arbeits- und Darlehensverträge mit Abkömmlingen 59
1. Steuerliche und außersteuerliche Motive 59
a) Steuerliche Motive 59
b) Außersteuerliche Motive . 63
2. Gesetzliche Vertretung 64
3. Voraussetzungen für die steuerliche Anerkennung ... 66
a) Grundsätzliches zur steuerlichen Anerkennung von Verträgen unter Angehörigen 66
aa) Einkunftserzielungsabsicht 67
bb) Zivilrechtliche Wirksamkeit 68
cc) Fremdvergleich 68
dd) Kein Gestaltungsmissbrauch 69
b) Steuerliche Auswirkungen der fehlenden Mitwirkung eines Ergänzungspflegers . 70
c) Darlehens- und Arbeitsverträge zwischen Abkömmlingen und Familiengesellschaften 71
d) Besonderheiten bezüglich der steuerlichen Anerkennung von Darlehensverträgen 72
aa) Vereinbarungsgemäße Durchführung 73
bb) Fremdvergleich 74
cc) Laufzeit, Kündigung und Tilgung 74
dd) Verzinsung 75
ee) Sicherheiten 76
ff) Kein Missbrauch von Gestaltungsmöglichkeiten 77
e) Kombination von Schenkung und Darlehen 78
aa) Besonderheiten hinsichtlich der steuerlichen Anerkennung .. 78
bb) Gestaltungsempfehlungen 80

Schrifttum: *Albach*, Nachfolgeregelung im Mittelstand – ein Praxistest, BB 2000, 781; *Bilsdorfer*, Der Üblichkeitsvergleich bei der steuerlichen Anerkennung von Angehörigen-Darlehen, DStR1996, 1065; *Brüggemann*, Der sperrige Katalog, §§ 1821, 1822: Anwendungskriterien – Grenzfälle, FamRZ 1990, 124; *Dümig*, Die Beteiligung Minderjähriger an einer rechtsfähigen Gesellschaft bürgerlichen Rechts aus familien- bzw. vormundschaftsgerichtlicher Sicht, FamRZ 2003, 1; *Ebenroth/Lorz*, Das Unternehmertestament als Bestandteil umfassender Nachfolgeplanung, Teil I: Grundstrukturen der Unternehmensnachfolge, WiB 1995, 609; Teil III: Gestaltung der Nachfolge in Gesellschaftsanteile, WiB 1995, 689; *Klein-Blenkers,* Unternehmensnachfolge in Zahlen, ZEV 2001, 329; *Kirstgen,* Das Verbot des Selbstkontrahierens und der Mehrvertretung in der notariellen Praxis, MittRhNotK 1988, 219; *Klingelhöffer,* Empfiehlt es sich, die rechtliche Ordnung finanzieller Solidarität zwischen Verwandten im Bereich des Pflichtteilsrechts neu zu gestalten?, ZEV 2002, 293; *Klüsener,* Vormundschaftsgerichtliche Genehmigung nach § 1822 BGB, Rpfleger 1993, 133; *Kohl,* Ausschluss und Beschränkung von Abfindungsansprüchen nach dem Tod eines Personengesellschafters gegen Pflichtteilsrecht und Zugewinnausgleich, MDR 1995, 865; *Lautner*, Gerichtliche Kontrolle der Beteiligung Minderjähriger an Grundstücksverwaltungsgesellschaften bürgerlichen Rechts, MittBayNot 2002, 256; *Leisler*, Pflichtteilsentziehungsgründe nach §§ 2333 ff. verfassungswidrig?, NJW 2001, 126; *Oelers*, Aktuelle Probleme der vormundschaftsgerichtlichen Genehmigung im Gesellschaftsrecht aus notarieller Sicht, MittRhNotK 1992, 69; *Piltz*, Die neue Erbschaftsbesteuerung des unternehmerischen Vermögens, ZEV 1997, 61; *Reimann*, Der Minderjährige in der Gesellschaft, DNotZ 1999, 179; *ders.*, Gesellschaftsvertragliche Abfindung und erbrechtlicher Ausgleich, ZEV 1994, 7; *Schoor*, Steuerorientierte Gestaltungen bei Arbeitsverhältnissen mit Angehörigen, StuB 2002, 526; *Schwab*, Elterliche Sorge bei Trennung und Scheidung, FamRZ 1998, 457; *Seeger*, Verträge zwischen nahestehenden Personen – Grundsätzliche Überlegungen und Voraussetzungen ihrer steuerlichen Anerkennung, DStR 1998, 1339; *Stötter*, Unternehmensnachfolge und Pflichtteilsanspruch, DB 1962, 264; *Sudhoff*, Gesellschaftsrechtliche Abfindungsklausel, NJW 1961, 801; *Ulmer*, Gesellschafternachfolge und Erbrecht, ZGR 1972, 324; *Wegmann*, Ehevertragliche Gestaltungen zur Pflichtteilsreduzierung, ZEV 1996, 201; *Winkler*, Reduzierung der Ansprüche der bei der Gesellschafter-Nachfolge übergangenen Pflichtteilsberechtigten durch gesellschaftsvertragliche Abfindungsklauseln?, BB 1997, 1697; *Winkler*, Die Genehmigung des Vormundschaftsgerichts zu gesellschaftsrechtlichen Akten bei Beteiligung Minderjähriger, ZGR 1973, 176; *Zelz*, Der Minderjährige in der GmbH, GmbHR 1959, 91.

I. Abkömmlinge und ihre Einstellung zum Familienunternehmen und zur Unternehmensnachfolge

In den kommenden Jahren steht nach Erhebungen des Instituts für Mittelstandsforschung in Bonn jährlich bei ca. 89.000 Familienunternehmen mit einem Jahresumsatz von mindestens 50.000 Euro die Übergabe an.[1] In der Hälfte aller Familienunternehmen ist beabsichtigt, die Unternehmensnachfolge im Kreis der Familienmitglieder, insbesondere der Abkömmlinge, zu vollziehen.[2] Aus Sicht der Unternehmensinhaber soll die Unternehmensnachfolge innerhalb der Familie im Allgemeinen und der Abkömmlinge im Besonderen vorrangig dazu dienen, die **Unternehmenskontinuität** gerade **in** der **Familie** zu erhalten.[3] Nicht selten bleibt der Wunsch des Unternehmers, seine Abkömmlinge mögen seine Nachfolge im Unternehmen antreten, allerdings unerhört. Auf den ersten Blick mag dies für den Unternehmer enttäuschend sein. Auf der anderen Seite schützt dies das Unternehmen vor dem Risiko, dass zur Unternehmensnachfolge ungeeignete Abkömmlinge das weitere Schicksal des Unternehmens bestimmen und persönliche Differenzen zwischen einzelnen Familienstämmen die Weiterentwicklung des Unternehmens lähmen und die Unternehmenskontinuität gefährden. Die Bereitschaft der **Abkömmlinge**, die Unternehmensnachfolge anzutreten, hängt entscheidend davon ab, 1

[1] www.ifm-bonn.de – Unternehmensnachfolge – ein aktuelles Thema; vgl. auch *Schröer/Freund*, IfM-Materialen Nr. 136.

[2] www.ifm-bonn.de – Unternehmensnachfolge – ein aktuelles Thema; *Albach*, BB 2000, 781, 782.

[3] Vgl. *Klein-Blenkers*, ZEV 2001, 329, 331; kritisch zu dieser Art der „Unternehmenskontinuität“ *Kappler/Laske* Unternehmensnachfolge S. 257 ff.

wie sich ihr **Verhältnis** und ihre Einstellung **zum Unternehmen** entwickelt haben. Zunächst ist festzuhalten, dass sich das Verhältnis von Abkömmlingen eines Unternehmers zum Familienunternehmen in aller Regel wesentlich von dessen Einstellung zum Unternehmen unterscheidet: Der Unternehmensgründer betrachtet das Unternehmen als sein Lebenswerk, dessen Vollendung er sich mit aller Kraft und ganzem Einsatz verschrieben hat. Diese Motivation, das Lebenswerk zu vollenden, nimmt bei den Abkömmlingen von Generation zu Generation ab. Im selben Maße wird die emotionale Beziehung zum Unternehmen und damit die Identifikation mit dem Unternehmen von Generation zu Generation schwächer. Auf der anderen Seite erleben insbesondere die Abkömmlinge der ersten Generation das Unternehmen als unmittelbar das ganze Familienleben bestimmend. Sie haben eine direkte Beziehung zum Unternehmen, das Unternehmen sitzt täglich mit am Tisch. Ob sich diese Beziehung positiv oder negativ entwickelt, hängt **entscheidend** von dem **Verhalten** des **Unternehmers** gegenüber und innerhalb der Familie ab. Je autoritärer ein Unternehmer im alltäglichen Familienleben die Interessen des Unternehmens vertritt und je weniger offen über die Bedürfnisse und Neigungen der anderen Familienmitglieder gesprochen wird, umso wahrscheinlicher ist es, dass kein Abkömmling bereit ist, sich für das Unternehmen einzusetzen und die Unternehmensnachfolge anzutreten. Der beste Weg, um bei den Kindern eine positive Einstellung zum Unternehmen zu erreichen und damit den Grundstein für eine familieninterne Unternehmensnachfolge zu legen, besteht darin, dass der Unternehmer innerhalb der Familie einen **offenen Kommunikationsstil** praktiziert, der auch eine Auseinandersetzung mit den Wünschen und Bedürfnissen der Abkömmlinge zulässt. Häufig ist in Unternehmerfamilien genau das Gegenteil zu beobachten: Das Unternehmen beherrscht insbesondere in der Phase seines Aufbaus das Familienleben. Alles dreht sich um den Aufbau und die Sicherung des Unternehmens. Mögliche Konflikte innerhalb der Familie werden nicht ausgetragen, um vordergründig die Familienharmonie aufrechtzuerhalten. Die Abkömmlinge fühlen sich nicht ernst genommen und verstanden. Sie wenden sich innerlich verletzt von den Eltern und damit vom Familienunternehmen ab. In Unternehmerfamilien, in denen Konflikte offen ausgetragen und angesprochen werden, ist die Bereitschaft der Abkömmlinge, Verantwortung im Familienunternehmen zu übernehmen, erheblich höher.[4] Als sehr nützlich kann sich dabei die Einrichtung eines **Familienrats**, in dem alle Angehörige der Familie in regelmäßigen Abständen über wichtige Ereignisse und ihre weitere Lebensplanung berichten, erweisen.[5]

2 Negativ wirkt sich aus, wenn ein Unternehmer seine Abkömmlinge als geborene Unternehmensnachfolger sieht und allzu früh als Kronprinzen präsentiert. Das hindert die **Entwicklung eigener Fähigkeiten** und **Talente** der Abkömmlinge, die gerade nicht in der Führung eines Unter-

[4] Vgl. *Klein* Familienunternehmen S. 87 ff.

[5] Dies hat eine Umfrage unter Juniorunternehmern ergeben, vgl. *Freund* Familieninterne Unternehmensnachfolge S. 225 f.

nehmens liegen können. Eine zu stark ausgeprägte Erwartungshaltung auf Seiten des Unternehmers gegenüber seinen Abkömmlingen sowie autoritärer Druck erzeugen nicht selten Gegendruck oder sogar Resignation und Desinteresse an der Übernahme von Verantwortung im elterlichen Unternehmen. Es kommt entscheidend darauf an, den Abkömmlingen Zeit und Raum zu geben, sich zu eigenen Persönlichkeiten zu entwickeln, selbst wenn ein Berufsweg eingeschlagen wird, der auf den ersten Blick nicht in der Unternehmensnachfolge enden wird. Unternehmer sollten diesen Weg ihrer Kinder unterstützen. Dies kann dadurch geschehen, dass sie den Kindern Vermögenswerte zuwenden, damit diese sowohl die Kosten ihrer Ausbildung bestreiten als auch gegebenenfalls den Grundstein für eine eigene Existenz legen können. Derartige Zuwendungen sollten mit einem Pflichtteilsverzicht bezüglich des Familienunternehmens verknüpft werden, damit eine Unternehmensnachfolge nicht aufgrund von geltend gemachten Pflichtteilsansprüchen scheitert.

Es ist festzustellen, dass die **Abkömmlinge** insbesondere ab der **dritten Generation** gegenüber ihren Eltern die **Forderung** erheben, bei der 3
Unternehmensnachfolge **„gleich und gerecht"** behandelt zu werden. In aller Regel spielt dabei weniger die emotionale Verbundenheit mit dem Unternehmen eine Rolle als vielmehr wirtschaftliche Interessen. Die Unternehmensnachfolge durch Abkömmlinge sollte vom Unternehmer jedoch nur dann ernsthaft in Erwägung gezogen werden, wenn diese aufgrund ihrer **persönlichen** und **fachlichen Qualifikation** zur Unternehmensfortführung geeignet sind. An die persönliche und fachliche Qualifikation der Abkömmlinge sind dabei mindestens genauso hohe Anforderungen zu stellen wie bei einem familienfremden Dritten. Die Akzeptanz der Entscheidung für einen bestimmten Abkömmling als Unternehmensnachfolger lässt sich erhöhen, wenn die Entscheidung nicht vom Unternehmer selbst, sondern von einem **unabhängigen Gremium**, zum Beispiel dem Aufsichtsrat oder Beirat einer Gesellschaft, getroffen wird.[6] Geben die Eltern dem Druck der Abkömmlinge nach, jeden Stamm paritätisch am Unternehmen teilhaben zu lassen und dadurch „gleich und gerecht" zu behandeln, ist das Scheitern des Unternehmens in aller Regel vorprogrammiert (**„Fluch der Stämme"**[7]). Denn dann besteht die Gefahr, dass sich die einzelnen Stämme in nicht unternehmensbezogenen Streitereien verzetteln und damit das Unternehmen lähmen. Es ist zwar richtig, dass Blut dicker ist als Wasser. Auf der anderen Seite ist aber auch zu bedenken, dass Geld und innerfamiliäre Streitereien für das Unternehmen zersetzend wirken können. Unternehmensinterne und -externe Streitigkeiten unter Familienangehörigen sowie Missmanagement objektiv zur Unternehmensnachfolge ungeeigneter Abkömmlinge führen mehr als andere Faktoren, wie zum Beispiel hohe Steuern und Sozialabgaben, zu ernsthaften Krisen in Familienunternehmen. Hält der Gründer des Unternehmens noch den Grundsatz „Firma geht vor Familie" hoch, so wird dieser Grundsatz von familienangehörigen Unternehmensnachfolgern

---

[6] S. auch *Lorz/Kirchdörfer* Unternehmensnachfolge 3. Kap. Rn 3.

[7] *Eglau* S. 22f.

häufig in das Gegenteil umgekehrt. Nicht selten bildet das **Unternehmen** die **Plattform** für die **Austragung** familiärer **Streitereien**. Die Ursachen für solche Streitereien sind vielschichtig. Uneingestandener Neid unter Familienangehörigen, übermäßig gesteigertes eigenes Geltungsbedürfnis und die Sorge zu kurz zu kommen sowie vermeintliche Zurücksetzungen in der Kinder- und Jugendzeit gegenüber dem anderen sind wesentliche streitauslösende Faktoren. Dazu kommt der nicht zu unterschätzende **Einfluss** der jeweiligen **Ehegatten** der Abkömmlinge, die darauf drängen, bei Auseinandersetzungen nicht nachzugeben und die eigene Position gegenüber den anderen Familienangehörigen zu behaupten und auszubauen, auch wenn dies den Unternehmensinteressen zuwiderläuft. Als Folge ist die Unternehmenskontinuität und damit die **Existenz** des **Unternehmens** in **Gefahr**. Der Unternehmensinhaber sollte sich deshalb nicht scheuen, die Unternehmensnachfolge in die Hände eines qualifizierten familienfremden Dritten zu legen oder das Unternehmen in eine Stiftung einzubringen, wenn kein Abkömmling zur Unternehmensnachfolge geeignet und bereit ist. Sind mehrere Abkömmlinge zur Unternehmensnachfolge geeignet, ist vom Unternehmer dafür zu Sorge zu tragen, dass jeder seinen **klar abgegrenzten Aufgaben-** und **Verantwortungsbereich** hat. Auf der anderen Seite ist nicht zu verkennen, dass es Situationen gibt, in denen die Beteiligung **aller Stämme** bei der Unternehmensnachfolge **unumgänglich** ist. Dies ist der Fall, wenn die Pflichtteilsansprüche der übergangenen Abkömmlinge vom Unternehmensnachfolger bzw. letztendlich vom Unternehmen aufgrund mangelnder Liquidität nicht erfüllt werden könnten oder die Erbschaft- bzw. Schenkungsteuerbelastung für den alleinigen Unternehmensnachfolger nicht tragbar wäre.[8] Durch flankierende Maßnahmen ist dann allerdings sicherzustellen, dass **Kapital** und **Management getrennt** werden. Anzusetzen ist dabei zunächst bei der Wahl der „richtigen“ Rechtsform, die diese Vorgabe erfüllt, wie zum Beispiel bei der GmbH & Co. KG und bei Kapitalgesellschaften. Daneben ist durch entsprechende gesellschaftsvertragliche Regelungen zu gewährleisten, dass die objektiv nicht zur Unternehmensnachfolge geeigneten Abkömmlinge nur wirtschaftlich am Unternehmen beteiligt werden und keinen oder nur einen geringeren Stimmenanteil als der eigentliche Unternehmensnachfolger besitzen.[9] Auf diese Weise kann die Gefahr der Lähmung des Unternehmens durch familiäre Streitigkeiten gering gehalten, obgleich nicht völlig ausgeschaltet werden. Denn jeder Gesellschafter hat nicht entziehbare (Mindest-)Mitgliedschaftsrechte,[10] deren extensive Geltendmachung zwar nicht unbedingt zur Lähmung des operativen Geschäfts des Unternehmens führen, aber für den aktiven Unternehmensnachfolger lästig sein können.

---

[8] *Lorz/Kirchdörfer* Unternehmensnachfolge 3. Kap. Rn 5.

[9] *Ebenroth/Lorz,* WiB 1995, 609.

[10] Zum Beispiel bei der GmbH das Recht zur Teilnahme an der Gesellschaftsversammlung und das Auskunftsrecht, vgl. *Lutter/Hommelhoff* § 14 GmbHG Rn 7.

II. Nachfolgegeeignete Abkömmlinge

1. Zeitpunkt und Gestaltung der Unternehmensnachfolge

a) Vorweggenommene Unternehmensnachfolge versus Nachfolge von Todes wegen. Ist aus dem Kreis der Abkömmlinge ein geeigneter Unternehmensnachfolger vorhanden, kann die Unternehmensnachfolge sowohl zu Lebzeiten des Unternehmers als auch nach dessen Tod erfolgen. Die lebzeitige **vorweggenommene Unternehmensnachfolge** ist aus folgenden Gründen vorteilhaft:[11] 4

- Die gleitende lebzeitige Unternehmensübergabe ermöglicht ein langsames **Hereinwachsen** des Unternehmensnachfolgers in das Unternehmen und die Übertragung von Beteiligungen an dem Unternehmen im Zehnjahresrhythmus, wodurch die steuerlichen Privilegierungen der §§ 13 a, 19 a ErbStG wiederholt in Anspruch genommen werden können.[12]
- Die lebzeitige und rechtzeitige Unternehmensübergabe gibt dem Seniorunternehmer – zum Beispiel über Rückforderungsklauseln oder die Tätigkeit in einem Beirat – die **Möglichkeit zu reagieren** und einzugreifen, wenn er erkennt, dass der Unternehmensnachfolger die an ihn gestellten Anforderungen nicht erfüllt und das Unternehmen die Erfolgsspur verlässt.
- Die Ansprüche **pflichtteilsberechtigter** Abkömmlinge, die bei der Unternehmensnachfolge nicht berücksichtigt werden, können bezüglich des Unternehmens ausgeschaltet oder zumindest reduziert werden, wenn die Unternehmensnachfolge im Wege der vorweggenommenen Erbfolge 10 Jahre vor dem Tod des Seniorunternehmers erfolgt ist (Einzelheiten hierzu unter C. § 9 Rn 25).

Aufgrund dieser Vorteile der vorweggenommenen Erbfolge sollte einer Nachfolgeregelung durch Unternehmertestament grundsätzlich nur die Aufgabe zukommen, das Risiko des plötzlichen unerwarteten Todes des Unternehmers abzusichern.[13] 5

b) Zeitpunkt der Unternehmensnachfolge durch geeignete Abkömmlinge. Wenn es unter den Abkömmlingen einen objektiv zur Unternehmensnachfolge geeigneten und hierzu auch bereiten Nachfolger gibt, ist dieser bereits zu Lebzeiten des Unternehmers **schrittweise** an das Unternehmen heranzuführen und in das Unternehmen einzubinden. Das kann dadurch geschehen, dass diesem zunächst eine rein wirtschaftliche Beteiligung am Unternehmen in Gestalt einer stillen Beteiligung oder Unterbeteiligung eingeräumt wird. Nach Abschluss seiner Ausbildung 6

---

[11] Wegen Einzelheiten zur vorweggenommenen Unternehmensnachfolge s. G. § 35 Rn 1 ff.

[12] Der BFH hält die Vorschriften über die schenkung- und erbschaftsteuerlichen Begünstigungen von Betriebsvermögen für verfassungswidrig und legte die entsprechenden Vorschriften dem BVerfG zur Prüfung vor (Beschluss vom 22. 5. 2002, DStR 2002, 1438 ff.).

[13] *Lorz/Kirchdörfer* Unternehmensnachfolge 3. Kap. Rn 4.

kann der Nachfolger schrittweise in die Geschäftsleitung integriert und mit operativen Aufgaben betreut werden.[14] Gleichzeitig muss der Unternehmensinhaber bereit sein, im selben Umfang Verantwortung und Führungsmacht abzugeben. Neben der **Rückzugsbereitschaft** setzt der Aufbau des Nachfolgers und damit die gelungene Unternehmensnachfolge auch voraus, eine gewisse Distanz zur eigenen Person und zum Führungsstil im Unternehmen zu entwickeln.[15] Denn der Nachfolger wird unter Umständen alt hergebrachte Pfade verlassen und neue Konzepte und neue Ideen verwirklichen wollen. Ist der Unternehmer nicht zu einem völligen Rückzug bereit, kann er über die Mitgliedschaft in einem Beirat oder Aufsichtsrat der Gesellschaft einen gewissen Einfluss auf die Unternehmensentwicklung nehmen.[16] Dieser Einfluss sollte allerdings zurückhaltend und mit Fingerspitzengefühl ausgeübt werden. Es muss der Eindruck vermieden werden, dass der Seniorunternehmer auch weiterhin die Fäden des operativen Geschäfts in den Händen hält. Ansonsten besteht die Gefahr, dass sich leitende Mitarbeiter, insbesondere bei Meinungsverschiedenheiten mit dem Unternehmensnachfolger, an den Seniorunternehmer wenden, um ihre Vorstellungen zu verwirklichen, wodurch die Autorität des Nachfolgers untergraben werden könnte.

7 **c) Sicherung der Einflussnahme des Unternehmers.** Bei der Übertragung von Unternehmensbeteiligungen im Rahmen der vorweggenommenen Erbfolge und schrittweisen Heranführung der Abkömmlinge an das Unternehmen ist zu bedenken, dass sich deren Lebensumstände verändern können und sich das Verhältnis zu den Eltern möglicherweise verschlechtert. Auch kann sich herausstellen, dass der als Unternehmensnachfolger ins Auge gefasste Abkömmling sich doch nicht als der geborene Unternehmensnachfolger erweist und nicht zuletzt deshalb die Veräußerung des unternehmerischen Vermögens erwägt. Es ist deshalb ratsam, dass sich der Unternehmer die Möglichkeit vorbehält oder schafft, auf das weitere Schicksal der an den Abkömmling übertragenen Beteiligung Einfluss nehmen zu können.

8 Die Einflussmöglichkeit kann dadurch gesichert werden, dass sich der Unternehmer im Rahmen der Übertragung der Unternehmensbeteiligung das Recht vorbehält, diese bei Eintritt bestimmter Umstände zurückfordern zu können. Ein **Rückforderungsgrund** könnte dann gegeben sein, wenn das beschenkte Kind nicht innerhalb einer festgesetzten Zeit eine bestimmte Ausbildung absolviert oder bestimmte Qualifikationen erwirbt. Auf diese Weise kann sichergestellt werden, dass nur fachlich qualifizierte Abkömmlinge die Unternehmensnachfolge antreten. Durch ein Rückforderungsrecht kann das beschenkte Kind auch dazu veranlasst werden, im Falle der Eheschließung die unternehmerische Beteiligung aus einer etwaigen Zugewinnausgleichsberechnung herauszunehmen. Des Weiteren kann dem Unternehmer das Recht eingeräumt werden, die Be-

---

[14] Vgl. *Lorz/Kirchdörfer* Unternehmensnachfolge 3. Kap. Rn 8.

[15] *Klein* Familienunternehmen S. 96.

[16] Zu möglichen Funktionen und Aufgaben eines Beirats in einem Familienunternehmen s. ausführlich unter D. § 15 Rn 1ff.

teiligung von dem Abkömmling zurückzufordern, wenn dieser die Beteiligung ohne seine Zustimmung veräußert oder belastet oder der Abkömmling vor ihm verstirbt. Der Unternehmer behält dadurch noch die Kontrolle über den Kreis der Mitgesellschafter. Darüber hinaus kann ein Rückforderungsrecht auch für den Fall vereinbart werden, dass in die Unternehmensbeteiligung Zwangsvollstreckungsmaßnahmen eingeleitet werden und diese nicht innerhalb einer bestimmten Frist wieder aufgehoben werden sollten, sowie für den Fall, dass Umstände eintreten, bei deren Vorliegen die Herausgabe des Geschenks gemäß § 530 BGB wegen groben Undanks verlangt werden könnte. Es ist empfehlenswert, das Rückforderungsrecht mittels einer (durch dessen Geltendmachung) **aufschiebend bedingten Abtretung** abzusichern. Dadurch wird erreicht, dass Verfügungen des Erwerbers, die dieser während der Schwebezeit über die Unternehmensbeteiligung trifft, unwirksam sind, soweit sie die Rechte des Rückforderungsberechtigten vereiteln, § 161 Abs. 1 BGB. Diese Unwirksamkeit ist absolut und wirkt gegenüber jedermann.[17] Ein Gutglaubensschutz (vgl. § 161 Abs. 3 BGB) gibt es bei Verfügungen über Unternehmensbeteiligungen aufgrund der Bestimmungen der §§ 398, 413 BGB nicht.[18] Denkbar wäre auch, einen freien Widerrufsvorbehalt ohne Einzelaufführung von Rückforderungsgründen zu vereinbaren.[19] Unter schenkungsteuerlichen Gesichtspunkten ist der **freie Widerrufsvorbehalt** unbedenklich, da die Rechtsprechung nunmehr den Standpunkt vertritt, dass selbst ein (wirksam vereinbartes) freies Widerrufsrecht die Bereicherung des Erwerbers und damit die schenkungsteuerliche Anerkennung nicht ausschließt.[20] Allerdings ist aus **ertragsteuerlicher** Sicht vor der Vereinbarung eines freien Rückforderungsrechts zu **warnen**. Der BFH[21] verneint nämlich im Fall eines freien Widerrufsvorbehalts die ertragsteuerliche Anerkennung des Schenkungsvorgangs mangels Mitunternehmerinitiative und Mitunternehmerrisiko des Erwerbers. Bei einem freien Widerrufsvorbehalt geht der BFH davon aus, dass der Erwerber den Tatbestand der Einkunftserzielung nicht verwirklicht hat, weil die Einkommensquelle nicht ernsthaft übertragen wurde. Wird die ertragsteuerliche Anerkennung der Schenkung versagt, führt dies auch dazu, dass die **schenkungsteuerliche Privilegierung** nach § 13 a ErbStG nicht gewährt wird.[22] Gegen eine maßvolle Vereinbarung einzelner Rückforderungsrechte bestehen jedoch aus ertragsteuerlicher Sicht dann keine Bedenken, wenn die Rückforderungstatbestände durch den Beschenkten selbst ausgelöst werden (zum Beispiel Veräußerung ohne Zustimmung des Schenkers). Problematisch können aber Rückforderungsrechte sein, auf deren Eintritt der Beschenkte keinen Einfluss hat (wie zum Beispiel die

[17] *Palandt/Heinrichs* § 161 BGB Rn 1.

[18] *Lutter/Hommelhoff* § 15 GmbHG Rn 11.

[19] Zur Pfändbarkeit eines freien Rückforderungsanspruchs s. BGH NJW 2003, 1858.

[20] BFH v. 13. 9. 1989, BStBl II 1989, 1034, 1036; *Meincke* § 7 ErbStG Rn 54.

[21] V. 16. 5. 1989, NJW 1990, 1751 m. w. N.

[22] *Piltz*, ZEV 1997, 61, 63.

Scheidung der Ehe des Beschenkten).[23] In Zweifelsfällen empfiehlt es sich, eine verbindliche Auskunft des Finanzamts einzuholen.[24]

Formulierungsvorschlag für ein Rückforderungsrecht:

9 „Herr... behält sich das Recht vor, die Rückübertragung des auf seinen Sohn... übertragenen Kommanditanteils auf sich zu verlangen, wenn

a) der Erwerber nicht bis spätestens 1.1.200. sein BWL-Studium beendet hat und in die Unternehmensgruppe... als leitender Mitarbeiter eingetreten ist;

b) der Erwerber im Fall der Eheschließung nicht Gütertrennung vereinbart oder die Kommanditbeteiligung nicht aus einer Zugewinnausgleichsberechnung für den Fall der Scheidung der Ehe herausgenommen hat;

c) der Erwerber über seinen Kommanditanteil ohne Zustimmung seines Vaters verfügt, insbesondere diesen veräußert oder verpfändet;

d) über das Vermögen des Erwerbers das Insolvenzverfahren eröffnet oder die Eröffnung mangels Masse abgelehnt werden sollte;

e) in den Kommanditanteil des Erwerbers Zwangsvollstreckungsmaßnahmen eingeleitet werden und diese nicht längstens innerhalb von 3 Monaten wieder aufgehoben werden sollten;

f) eine sonstige wesentliche Verschlechterung in den Vermögensverhältnissen des Erwerbers eintritt;

g) Umstände eintreten, bei deren Vorliegen ein Schenker die Herausgabe des Geschenks gemäß § 530 BGB wegen groben Undanks fordern könnte.

10 Das Übertragungsrecht ist schriftlich gegenüber dem Erwerber geltend zu machen und bis zu diesem Zeitpunkt höchstpersönlich, somit weder veräußerlich noch vererblich. Im Fall der Ausübung des Rückübertragungsrechts hat Herr... keine Gegenleistung für die Rückübertragung des Kommanditanteils zu erbringen. Die Rückübertragung hat unentgeltlich zu erfolgen. Erfolgt die Rückübertragung während eines laufenden Geschäftsjahrs, steht der auf den zu übertragenden Kommanditanteil entfallende Anteil am Jahresgewinn der Gesellschaft Herrn... zu. Der Erwerber tritt aufschiebend bedingt durch die Geltendmachung des Rückübertragungsrechts schon jetzt seinen Kommanditanteil an seinen Vater, Herrn..., ab. Dieser nimmt die Abtretung an."

11 Außer durch die Vereinbarung eines Rückforderungsrechts kann die zukünftige Sicherung des Einflusses und einer gewissen **Kontrolle** durch den übertragenden Unternehmer dadurch erreicht werden, dass diesem **Sonderrechte** bei der Berufung der Geschäftsführung und bei den Stimmrechten eingeräumt werden. Der Einfluss des Unternehmers auf die übertragene Unternehmensbeteiligung kann daneben auch dadurch gesichert werden, dass die Stimmrechtsausübung des Abkömmlings für eine gewisse Zeit durch **Stimmbindungsverträge** eingeschränkt wird.[25]

---

[23] *Reimann*, DNotZ 1999, 179, 202; *Ellenbeck*, MittRhNotK 1997, 42, 51.

[24] *Spiegelberger* Vermögensnachfolge Rn 164 mit Hinweis auf das BMF-Schreiben v. 24. 6. 1987, BStBl I 1987, 474.

[25] *Sudhoff/Stenger* Unternehmensnachfolge § 26 Rn 15 ff.

Bei Beteiligungen an **Personengesellschaften** ist bei Stimmrechtsausschlüssen und Stimmbindungsverträgen allerdings **Vorsicht** geboten. Denn sie gefährden unter Umständen die Mitunternehmerstellung (§ 15 EStG) des Abkömmlings.[26] Bei der vollständigen Unternehmensübertragung auf einen Abkömmling kann eine Einflussnahme auf die zukünftige Entwicklung des Unternehmens und eine gewisse Kontrolle auch durch die Mitgliedschaft des Veräußerers in einem **beratenden Gremium**, zum Beispiel einem Beirat oder Aufsichtsrat, erfolgen.[27]

2. Gesellschaftsvertragliche und ehe- bzw. partnerschaftsvertragliche Vorsorgemaßnahmen

Spätestens zu dem Zeitpunkt, zu dem nachfolgegeeignete Abkömmlinge durch Übertragung von Unternehmensbeteiligungen in das Unternehmen aufgenommen werden, ist Vorsorge zu treffen, damit Änderungen im persönlichen Umkreis der Abkömmlinge keinen negativen Einfluss auf die Unternehmenskontinuität haben können. Es wurde bereits die Möglichkeit dargestellt, durch die Gewährung von gesellschaftsvertraglich fixierten Sonderrechten, zum Beispiel bei der Berufung der Geschäftsführung und bei den Stimmrechten, trotz Übertragung der Unternehmensbeteiligung in gewissem Umfang weiter die Geschicke des Unternehmens bestimmen zu können.[28] Besondere **gesellschaftsvertragliche Vorsorgemaßnahmen** sind im Fall der **vollhaftenden** Beteiligung eines **Minderjährigen** an einer Gesellschaft zu treffen, falls dieser von seinem **Sonderkündigungsrecht** Gebrauch machen sollte (hierzu C. § 9 Rn 58). Daneben sollte auch der am Unternehmen beteiligte Abkömmling selbst durch vertragliche Vereinbarungen Vorsorge treffen, falls er heiratet oder eine Lebenspartnerschaft begründet, damit die Unternehmensbeteiligung nicht in den Strudel der Vermögensauseinandersetzung nach Scheidung der Ehe bzw. Aufhebung der Lebenspartnerschaft gezogen wird. Um den Abschluss entsprechender **ehevertraglicher** bzw. **lebenspartnerschaftsvertraglicher Vereinbarungen** zu „fördern", kann in dem Gesellschaftsvertrag eine Verpflichtung hierzu statuiert werden, sanktioniert durch das Ausscheiden des betroffenen Gesellschafters im Fall der Nichtbefolgung. Bestehen Widerstände auf Seiten eines Ehegatten oder Lebenspartners gegen den Abschluss vertraglicher Vereinbarungen, können diese in aller Regel auch dadurch überwunden werden, dass dem (zukünftigen) Ehegatten oder Lebenspartner die Beweggründe für die Herausnahme des unternehmerischen Vermögens aus einer Vermögensauseinandersetzung anlässlich der Trennung von einem unabhängigem Berater, zum Beispiel einem Notar, erläutert werden, und jener auch seine Interessen in der vertraglichen Vereinbarung geschützt sieht. 12

[26] *L. Schmidt* § 15 EStG Rn 272.
[27] S. dazu ausführlich *Sudhoff/Stenger* Unternehmensnachfolge § 26 Rn 12 ff.
[28] S. hierzu D. § 15 Rn 3.

III. Störfaktor Pflichtteilsansprüche übergangener Abkömmlinge

1. Liquiditätsgefährdung durch Pflichtteilsansprüche

13 Ist ein Abkömmling zur Unternehmensnachfolge bereit und weist er auch die hierfür erforderlichen Qualifikationen auf, stellt dies lediglich den ersten Schritt auf dem Weg zu einer gelungenen Unternehmensnachfolge dar. Der zweite und nicht weniger wichtige Schritt besteht darin, die **Gefährdung** der **Unternehmenskontinuität** durch Pflichtteilsansprüche vor allem übergangener Abkömmlinge zu erkennen und rechtzeitig wirkungsvolle **Gegenstrategien** zu entwickeln. Denn Unternehmensnachfolgen können – neben der Belastung mit Erbschaftsteuer und güterrechtlichen Ausgleichsansprüchen des überlebenden Ehegatten[29] – auch an der Geltendmachung von Pflichtteilsansprüchen scheitern, falls weder der Unternehmer noch das Unternehmen über genügend Liquidität verfügt, um derartige Ansprüche zu erfüllen.[30] Um die Liquiditätsbelastung abzumildern, kann eine Lebensversicherung auf den Tod des Unternehmers abgeschlossen werden. Erbschaftsteuerlich optimal ist es, wenn nicht der Unternehmer Versicherungsnehmer und zugleich versicherte Person ist, sondern wenn der auserkorene Unternehmensnachfolger als Versicherungsnehmer das Leben des Unternehmers versichert und die Versicherungsprämien bezahlt. Stirbt der Unternehmer, erhält der Unternehmensnachfolger die Versicherungssumme aus eigenem Recht. Ein erbschaftsteuerlich relevanter Vorgang liegt dann nicht vor.

2. Möglichkeiten zur Eindämmung von Pflichtteilsansprüchen

14 **a) Allgemeines zum Pflichtteilsanspruch.** Der Pflichtteilsanspruch ist ein mit dem Tod des Erblassers **sofort fälliger Geldzahlungsanspruch** in Höhe der Hälfte des gesetzlichen Erbteils des Pflichtteilsberechtigten, § 2303 Abs. 1 S. 2 BGB. Der Pflichtteilsanspruch besteht dann, wenn ein Pflichtteilsberechtigter durch Verfügung von Todes wegen von der Erbfolge ausgeschlossen ist. Wird ein Pflichtteilsberechtigter nicht gänzlich von der Erbfolge ausgeschlossen, steht ihm ein Zusatzpflichtteil zu, falls der hinterlassene Erbteil geringer ist als die Hälfte des gesetzlichen Erbteils, § 2305 BGB. Wegen Einzelheiten zum Pflichtteilsrecht wird auf die Darstellung unter G. § 34 Rn 45 ff. verwiesen. Das Pflichtteilsrecht des BGB, das aus dem römischen und germanischen Noterbenrecht entstanden ist, stellt einen Kompromiss dar zwischen der seit dem späten Mittelalter eingeführten Testierfreiheit und dem Familienerbrecht („Je näher dem Blut, je näher dem Gut").[31] Gleichwohl war die Verankerung des Pflichtteilsrechts im BGB nicht unumstritten.[32] Der durch das

---

[29] Wegen Einzelheiten zu den güterrechtlichen Ansprüchen s. C. § 6 Rn 79.

[30] S. auch *Lorz/Kirchdörfer* Unternehmensnachfolge 4. Kap. Rn 1 ff.

[31] Vgl. *Stötter*, DB 1962, 264.

[32] Ausführlich dazu *Kohl*, MDR 1995, 865, 870; der 14. Juristentag von 1878 sprach sich mit großer Mehrheit für die Beibehaltung des Pflichtteilsrechts und

Pflichtteilsrecht ausgedrückte Anspruch der nächsten Angehörigen auf zumindest wertmäßige Beteiligung am Nachlass ist nach überwiegender Auffassung in der Literatur auch verfassungsrechtlich geschützt.[33] Das BVerfG hat sich bis jetzt noch nicht zur Frage geäußert, ob es aus verfassungsrechtlichen Gründen geboten ist, nahen Familienangehörigen auch gegen den Willen des Erblassers eine Mindestbeteiligung am Nachlass einzuräumen.[34]

b) Pflichtteilsanspruch und Wertermittlung. Der Berechnung des Pflichtteils sind der Bestand und **Wert** des **Nachlasses** zur **Zeit** des **Erbfalls** zugrunde zu legen, § 2311 Abs. 1 S. 1 BGB. Nachträgliche Wertsteigerungen oder Wertminderungen bleiben dabei grundsätzlich außer Betracht.[35] Maßgebend für die Wertermittlung ist der **Verkehrswert** der Nachlassgegenstände.[36] Der steuerliche Wert eines Nachlassgegenstands ist für die Wertermittlung genauso unerheblich wie eine Wertbestimmung der Erblassers, § 2311 Abs. 2 S. 2 BGB. Gehören Unternehmen und Unternehmensbeteiligungen zum Nachlass, ist ebenfalls grundsätzlich deren wahrer Wert zu ermitteln.[37] Maßgeblich ist in diesem Zusammenhang, wie auch bei der Wertermittlung von Unternehmen und Unternehmensbeteiligungen im Rahmen des Zugewinnausgleichs (hierzu C. § 6 Rn 66 ff.), in erster Linie die **Ertragswertmethode**, die im Einzelfall durch die **Substanzwertmethode** zu korrigieren ist. Ob im Rahmen dieser Wertermittlung **latente Steuern**, die auf dem Unternehmen bzw. der Unternehmensbeteiligung zum Beispiel wegen stiller Reserven lasten, als Abzugsposten zu berücksichtigen sind, ist umstritten.[38] Wegen Einzelheiten hierzu kann auf die bei der Unternehmenswertermittlung im Zuge der Zugewinnausgleichsberechnung gemachten Ausführungen verwiesen werden (s. C. § 6 Rn 70). **Schenkungen**, die der Erblasser innerhalb von 10 Jahren vor seinem Tod getätigt hat, sind auf Verlangen des Pflichtteilsberechtigten zum Zwecke der Pflichtteilsberechnung dem Nachlass hinzuzurechnen, so genannter „Pflichtteilsergänzungsanspruch" (§ 2325 BGB). Bei Schenkungen an den Ehegatten beginnt die 10-Jahres-Frist erst mit Auflösung der Ehe zu laufen, § 2325 Abs. 3 BGB.[39] 15

c) Pflichtteilsbeschränkung durch gesellschaftsvertragliche Abfindungsklauseln. Machen in der Unternehmensnachfolge übergangene Pflichtteilsberechtigte ihre Pflichtteilsansprüche geltend, stellt sich die 16

---

gegen die uneingeschränkte Testierfreiheit aus; diese Auffassung setzte sich dann auch bei der Schaffung des BGB durch.

[33] S. MüKo/*Frank* § 2303 BGB Rn 1a; kritisch *Leisler*, NJW 2001, 126, 127; ausführlich hierzu *Haas*, ZEV 2000, 249.

[34] Auch in dem Beschluss des BVerfG vom 30. 8. 2000 (NJW 2001, 141, 142) findet sich keine ausdrückliche Stellungnahme hierzu.

[35] Nur ausnahmsweise kann eine Korrektur des Stichtagsprinzips über § 242 BGB erfolgen, vgl. *Lorz/Kirchdörfer* Unternehmensnachfolge 4. Kap. Rn 8.

[36] *Langenfeld* Testamentsgestaltung Rn 111; *Palandt/Edenhofer* § 2311 BGB Rn 9.

[37] BGH NJW 1982, 2441; *Winkler*, BB 1997, 1697, 1700.

[38] *Lorz/Kirchdörfer* Unternehmensnachfolge 4. Kap. Rn 9 m. w. N.

[39] Kritisch hierzu *Martiny*, 118–120, und *Klingelhöffer*, ZEV 2002, 293, 295.

Frage, ob durch gesellschaftsvertragliche Abfindungsklauseln, die ein Abfindungsguthaben unter dem tatsächlichen Wert der Beteiligung vorsehen (zum Beispiel zum Buchwert), die Höhe des Pflichtteilsanspruchs beeinflusst wird.[40] Eine höchstrichterliche Entscheidung hierzu steht noch aus. In der Literatur ist **umstritten**, ob gesellschaftsvertragliche Abfindungsklauseln Einfluss auf die Wertermittlung im Rahmen der Pflichtteilsberechnung haben. Wegen Einzelheiten zu den diesbezüglich vertretenen Auffassungen wird auf die Ausführungen zur Auswirkung von Abfindungsklauseln bei der Zugewinnausgleichsberechnung verwiesen (s. C. § 6 Rn 73 f.). Zu folgen ist der Auffassung, wonach Abfindungsklauseln **grundsätzlich**[41] **keinen Einfluss** auf die Wertermittlung von Unternehmensbeteiligungen haben. Denn ansonsten könnten durch entsprechende gesellschaftsvertragliche Abfindungsklauseln dem Pflichtteilsberechtigten effektiv vorhandene Nachlasswerte entzogen und dadurch der gesetzlich geschützte Pflichtteilsanspruch ausgehöhlt werden. Außerdem stellt § 2311 Abs. 2 S. 2 BGB klar, dass eine vom Erblasser getroffene Wertbestimmung für die Berechnung des Pflichtteils nicht maßgebend ist. Der Pflichtteilsberechtigte ist wirtschaftlich so zu stellen, als sei der Nachlass beim Tode des Erblassers in Geld umgesetzt worden. Eine nur vorläufige Wertermittlung mit späterer Korrekturmöglichkeit ist wegen des bei der Berechnung des Pflichtteils geltenden „Stichtagsprinzips" nicht zulässig: Denn für die Höhe des Pflichtteilsanspruchs sind der Bestand und der Wert des Nachlasses zum Zeitpunkt des Todes des Erblassers maßgeblich (§ 2311 Abs. 1 S. 1 BGB). Abfindungsklauseln als Ausdruck der in unserem Rechtssystem geltenden Privatautonomie finden somit ihre Grenze dort, wo die Rechte des Pflichtteilsberechtigten beeinträchtigt werden. Mögliche **Härten** sind durch die im Gesetz vorgesehenen Möglichkeiten abzufedern, zum Beispiel durch die **Stundungsmöglichkeit** nach § 2331 a BGB **oder** durch **§ 242 BGB**.[42]

17 Gleichwohl gibt es eine Sachverhaltsgestaltung, bei der ein gesellschaftsvertraglich vereinbarter **Abfindungsausschluss** auch **gegenüber Pflichtteilsberechtigten** wirken kann. Dies ist dann der Fall, wenn der Gesellschaftsvertrag einer Gesellschaft vorsieht, dass nach dem Ableben eines Gesellschafters dessen Anteil den übrigen Gesellschaftern entschädigungslos anwächst (**„Fortsetzungsklausel"**).[43] Die Rechtsprechung des BGH zur Wirksamkeit von Abfindungsklauseln ist auf diesen Sachverhalt nicht anwendbar, da diese Rechtsprechung zur Frage der Wirksamkeit von Abfindungsklauseln beim Ausscheiden zu Lebzeiten eines Gesellschafters ergangen ist. Damit nicht vergleichbar ist die Situation und Interessenlage, wenn ein Gesellschafter bereits zu seinen Lebzeiten im Gesellschaftsvertrag auf seinen Abfindungsanspruch für den Fall seines Todes

[40] Hierzu ausführlich *Reimann*, ZEV 1994, 7 ff., und *Winkler*, BB 1997, 1697 ff.

[41] Etwas anderes gilt insbesondere für den Fall, dass sich die Abfindungsklausel zum Zeitpunkt des Eintritts des Erbfalls bereits konkretisierte, zum Beispiel weil der Erblasser vor seinem Tod sein Ausscheiden erklärt hat.

[42] *Winkler*, BB 1997, 1697, 1702.

[43] BGHZ 22, 186, 194; BGH WM 1971, 1338.

verzichtet hat. Denn der Gesellschafter hat sich bis zu seinem Tod der Gesellschaft verbunden gefühlt und aus diesem Grund bewusst die mit seinem Ableben verbundene Bevorzugung der übrigen Mitgesellschafter vor seinen Erben akzeptiert. Wäre ein Gesellschafter mit dieser Regelung nicht mehr einverstanden gewesen, hätte er eine Änderung des Gesellschaftsvertrags anregen und bei ablehnender Haltung der Mitgesellschafter aus der Gesellschaft ausscheiden können. Der lebzeitig geäußerte Wille des verstorbenen Gesellschafters ist somit eindeutig und klar. Für eine ergänzende Auslegung des Abfindungsausschlusses – wie sie der BGH im Falle des lebzeitigen (und unter Umständen unfreiwilligen) Ausscheidens vornimmt – ist aus diesem Grund kein Raum.[44] Die Vereinbarung der Fortsetzung der Gesellschaft mit den übrigen Gesellschaftern, der Ausschluss der Gesellschaftererben und der **Verzicht** auf eine **Abfindungszahlung** stellen auch **keine pflichtteilsergänzungspflichtige Schenkung** im Sinne des § 2325 BGB dar, wenn die Abfindungsbeschränkung bzw. der Abfindungsausschluss für alle Gesellschafter gilt und bei Abschluss der gesellschaftsvertraglichen Vereinbarung keine Anhaltspunkte dafür vorlagen, dass ein bestimmter Gesellschafter zuerst versterben werde (zum Beispiel wegen großen Altersunterschieds oder erkennbarer Krankheit eines Gesellschafters).[45] Sind somit die Abfindungsansprüche aller Gesellschafter ausgeschlossen und hat jeder Gesellschafter die gleiche Chance, am Gesellschaftsanteil des anderen Gesellschafters zu partizipieren, fehlt es an der **„causa donandi"**; vielmehr handelt es sich in diesem Fall um einen entgeltlichen Vertrag unter Lebenden.[46] Darüber hinaus haben die **verbleibenden Gesellschafter** ein **schutzwürdiges** Interesse an dem Abfindungsausschluss: Der Bestand des Unternehmens soll nicht durch Abfindungsansprüche der Erben des verstorbenen Gesellschafters gefährdet sein. Allerdings hat der BGH[47] klargestellt, dass es Fallgestaltungen geben könne, bei denen neben dem durchaus beachtenswerten Fortführungsinteresse aus der Sicht des Unternehmens auch den schutzwürdigen Belangen der Nachlassbeteiligten Raum gegeben werden müsse und deshalb im Einzelfall ein Abfindungsausschluss eine Schenkung im Sinne des § 2325 BB darstellen könne. Der BGH hat sich damit die Mög-

---

[44] *Winkler*, BB 1997, 1697, 1703; *Reimann* (ZEV 1994, 7, 11) weist zu Recht darauf hin, dass es jedem Gesellschafter freistehen muss, auf Abfindungsansprüche zu Lasten der Erben und zugunsten der Gesellschaft oder der übrigen Gesellschafter aufschiebend bedingt mit seinem Tod verzichten.

[45] BGH NJW 1981, 1956 f.; *Winkler*, BB 1697, 1703; *Reimann*, ZEV 1994, 7, 11; a. A.: MüKo/*Frank* § 2325 BGB Rn 16; *Kohl*, MDR 1995, 865, 871, der auf den Abfindungsausschluss Schenkungsrecht „wenigstens analog" anwenden will. *Kohl* übersieht aber, dass es bereits der causa donandi ermangelt und somit die für einen Analogieschluss erforderliche planwidrige Gesetzeslücke fehlt.

[46] S. auch *Lange/Kuchinke* Erbrecht S. 704 m. w. N.; *Palandt/Edenhofer* § 2325 BGB Rn 13. Der Abfindungsausschluss unterfällt in diesem Fall auch nicht dem Formerfordernis des § 2301 Abs. 1 S. 1 i. V. m. § 2276 Abs. 1 S. 1 BGB.

[47] NJW 1981, 1956, 1957 (IV. Senat). Der II. Senat geht sogar so weit, dass er den Individualinteressen der Nachlassbeteiligten den Vorzug vor höferechtlichen Tendenzen im Gesellschaftsrecht gibt (BGHZ 68, 225, 239).

lichkeit offen gehalten, einzelfallgerecht zu entscheiden. Für den Kautelarjuristen hat dies aber zur Folge, dass er über die Durchsetzbarkeit einer gesellschaftsvertraglich vereinbarten Fortsetzungsklausel samt Abfindungsreduzierung bzw. -ausschluss kein sicheres Urteil abgeben kann. Stellt eine Fortsetzungsklausel samt Abfindungsreduzierung bzw. -ausschluss eine pflichtteilsergänzungspflichtige Schenkung dar, ist die Frage zu klären, ab wann die Zehnjahresfrist des § 2325 Abs. 3 BGB zu laufen beginnt. Da sich das durch die Fortsetzungs- und Abfindungsklausel verursachte Vermögensopfer erst mit dem Tod des Gesellschafters verwirklicht, beginnt die Zehnjahresfrist auch erst ab diesem Zeitpunkt und nicht schon mit Abschluss der gesellschaftsvertraglichen Vereinbarung zu laufen.[48]

18 **d) Pflichtteilsverzicht und Pflichtteilsanrechnung.** *aa) Pflichtteilsverzicht.* Die **effektivste** Maßnahme, Liquiditätsgefährdungen aufgrund geltend gemachter Pflichtteilsansprüche zu umgehen, ist die Vereinbarung eines (auf das unternehmerische Vermögen gegenständlich beschränkten) Pflichtteilsverzichts der pflichtteilsberechtigten Personen. **Nicht** empfehlenswert und rechtlich auch nicht erforderlich ist die Abgabe eines **Erbverzichts**. Denn durch den Erbverzicht wird der Verzichtende von der gesetzlichen Erbfolge ausgeschlossen, wie wenn er zur Zeit des Erbfalls nicht mehr lebte (§ 2346 Abs. 1 S. 2 BGB). Damit steht ihm zwar auch kein Pflichtteilsrecht mehr zu, durch den Erbverzicht erhöhen sich aber die Pflichtteilsansprüche anderer pflichtteilsberechtigter Personen. Geht es somit ausschließlich darum, das Unternehmen bzw. die Unternehmensbeteiligung vor Gefährdungen durch geltend gemachte Pflichtteilsansprüche zu schützen, ist ein Pflichtteilsverzicht beschränkt auf das Unternehmen bzw. die unternehmerische Beteiligung ausreichend. Geben Abkömmlinge Pflichtteilsverzichte ab, ist darauf zu achten, dass sie diese wegen § 2349 BGB auch für ihre Abkömmlinge erklären.

Formulierungsvorschlag für einen beschränkten Pflichtteilsverzicht:

19 „Wir, ..., verzichten hiermit für den Fall des Ablebens unserer Mutter ... für uns und unsere Abkömmlinge auf alle uns zustehenden Pflichtteils- und Pflichtteilsergänzungsansprüche. Diese Pflichtteilsverzichte sind jedoch beschränkt auf die Beteiligung unserer Mutter an der ... GmbH sowie auf die Kommanditbeteiligung unserer Mutter an der ... GmbH & Co. KG sowie auf alle zukünftigen Unternehmensbeteiligungen unserer Mutter, einschließlich aller mit den Beteiligungen verbundenen Nebenrechte und Sonderansprüche und einschließlich eventuell vorhandenen Sonderbetriebsvermögens. Klargestellt wird, dass sich die Pflichtteilsverzichte nicht auf Beteiligungen beziehen, die der reinen Kapitalanlage dienen. Ich, ..., nehme die Pflichtteilsverzichte jeweils an. Die

[48] *Soergel/Dieckmann* 2325 BGB Rn 32; *Kohl*, MDR 1995, 865, 873; MüKo/*Frank* § 2325 BGB Rn 25; a. A. BGH NJW 1970, 1638, 1640 („Fristbeginn nicht erst mit Eintritt des Leistungserfolges“); *Rittner*, FamRZ 1961, 505, 513; *Damrau*, FamRZ 1969, 129, 131.

Pflichtteilsverzichte werden jeweils unabhängig voneinander abgegeben. Die Unwirksamkeit eines Pflichtteilsverzichts hätte somit keine Auswirkungen auf die Wirksamkeit der anderen. Für die Pflichtteilsverzichte sind keine Gegenleistungen/folgende Gegenleistungen zu erbringen."

bb) Pflichtteilsanrechnung. Eine weitere Möglichkeit zur Reduzierung von Pflichtteilsansprüchen, die in der Praxis nur selten genutzt wird, ist die schriftliche Vereinbarung, dass sich der Beschenkte den Wert einer Zuwendung auf seine etwaigen Pflichtteilsansprüche nach dem Schenker anrechnen zu lassen hat, § 2315 BGB. Häufig erhalten vor allem in wohlhabenden Unternehmerfamilien die Kinder bereits frühzeitig Vermögenszuwendungen, insbesondere Geldzuwendungen. In diesen Fällen ist **schriftlich** vor oder bei der Zuwendung die **Anrechnungspflicht** festzuhalten. 20

Formulierungsvorschlag:

„Ich, ..., verspreche, meinem Sohn ... einen Geldbetrag in Höhe von ...,– Euro zu schenken, verbunden mit der Auflage, damit eine Beteiligung an der X-GmbH zu erwerben. Die Schenkung wird vollzogen durch Überweisung des Geldbetrags auf folgendes Konto meines Sohnes bei der ... Bank, Kontonummer ... Mein Sohn ... hat sich den Wert der Zuwendung in Höhe von ...,– Euro auf eventuelle Pflichtteils- und Pflichtteilsergänzungsansprüche nach meinem Tod anrechnen zu lassen. Unterschriften:" 21

Die **Anordnung** der Pflichtteilsanrechnung ist eine einseitige **empfangsbedürftige** Willenserklärung. Die Anrechnungsbestimmung kann **nachträglich** einseitig nicht mehr getroffen werden. Sie erfordert in diesem Fall vielmehr einen entsprechenden **Pflichtteilsverzicht**. Auch ist die nachträgliche Anordnung der Pflichtteilsanrechnung in einer Verfügung von Todes wegen nur möglich, wenn sich der Schenker dies vor oder bei der Zuwendung vorbehält.[49] Die Zuwendung mit **Anrechnungsanordnung** ist für den Minderjährigen **„nicht lediglich** rechtlich **vorteilhaft"** im Sinne des § 107 BGB, da sie den Pflichtteilsanspruch des Minderjährigen unmittelbar verringert und wirtschaftlich einen teilweisen Pflichtteilsverzicht zur Folge haben kann.[50] Die Pflichtteilsanrechnung wiegt um so schwerer, je kurzlebiger das übertragene Wirtschaftsgut ist.[51] Zwar hat der BGH[52] für den Fall der Anordnung einer Ausgleichspflicht gemäß § 2050 Abs. 3 BGB im Zusammenhang mit einer Schenkung entschieden, dass die Ausgleichspflicht an der rechtlichen Vorteilhaftigkeit nichts ändert. Ob der BGH aber bezüglich der Anordnung einer Pflichtteilsanrechnung gegenüber einem Minderjährigen genauso ent- 22

[49] Hdb. Pflichtteilsrecht/*J. Mayer* § 11 Rn 41.

[50] MüKo/*Frank* § 2315 BGB Rn 9; *Staudinger/Haas* § 2315 BGB Rn 31; a.A. OLG Dresden MittBayNot 1996, 288; *Soergel/Dieckmann* § 2315 BGB Rn 7; *Fembacher*, MittBayNot 2004, 24, 26.

[51] Hdb. Pflichtteilsrecht/*J. Mayer* § 11 Rn 51.

[52] NJW 1955, 1353; a.A. *Lange/Kuchinke* § 15 III Fn 43.

scheiden würde, scheint bei der gesteigerten Bedeutung des gesetzlichen Schutzes Minderjähriger, der unter anderem durch das Minderjährigenhaftungsbeschränkungsgesetz[53] zum Ausdruck kommt, fraglich. Hinzu kommt, dass in aller Regel eine Ausgleichspflicht eine für den Minderjährigen viel weniger einschneidende Wirkung aufweist als eine Pflichtteilsanrechnung.[54] Übertragen Eltern ihren minderjährigen Kindern Vermögen mit einer Anrechnungsanordnung, ist zu berücksichtigen, dass die **Anordnung** dem gesetzlichen Vertreter **zugehen** muss (§ 131 Abs. 2 S. 1 BGB) und die Eltern als gesetzliche Vertreter nach §§ 1629 Abs. 2, 1795 Abs. 2, 181 BGB von der Vertretung in diesem Fall ausgeschlossen sind. § 181 BGB ist nach überwiegender Meinung auch auf einseitige Rechtsgeschäfte anwendbar, bei denen der gesetzliche Vertreter das Rechtsgeschäft nur „sich selbst gegenüber" und nicht „mit sich selbst" vornimmt.[55] Die rechtliche Unvorteilhaftigkeit der Schenkung mit Pflichtteilsanrechnungsanordnung führt dazu, dass eine Ausnahme vom Vertretungsverbot des § 181 BGB durch teleologische Reduktion dieser Vorschrift ebenso wenig in Betracht kommt wie ein wirksamer Zugang der Anrechnungsanordnung nach § 131 Abs. 2 S. 2 BGB. Ein wirksamer Zugang der Anordnung der Pflichtteilsanrechnung setzt in diesem Fall voraus, dass für die Entgegennahme der Anrechnungsanordnung ein **Ergänzungspfleger** bestellt wird. Umstritten ist, ob zur Anordnung der Pflichtteilsanrechnung gegenüber einem Minderjährigen die **Genehmigung** des **Vormundschaftsgerichts** eingeholt werden muss.[56] Das Erfordernis einer vormundschaftsgerichtlichen Genehmigung wird damit begründet, dass die Anordnung der Pflichtteilsanrechnung wie ein teilweiser Pflichtteilsverzicht wirke und deshalb entsprechend § 2347 Abs. 1, 1822 Nr. 2 BGB genehmigungsbedürftig sei. Nach der Gegenansicht[57] stellt die Anrechnungsbestimmung – anders als der Pflichtteilsverzicht – eine einseitige Erklärung des Zuwendenden und nicht des Minderjährigen dar, für die eine gerichtliche Kontrolle im Vorfeld nicht angezeigt sei. Bis zu einer gerichtlichen Klärung dieser Frage sollte der sicherste Weg eingeschlagen und die vormundschaftsgerichtliche Genehmigung eingeholt werden. Folgte man der Begründung, wonach die Pflichtteilsanrechnung dieselbe Wirkung aufweist wie ein teilweiser Pflichtteilsverzicht, bedürfte jede Zuwendung mit Pflichtteilsanrechnung an einen Minderjährigen der notariellen Beurkundung gemäß § 2348 BGB.

23 **e) Ausstattung statt Schenkung.** Ein probates Mittel zur Reduzierung von Pflichtteilsansprüchen stellen lebzeitige Zuwendungen dar, die nicht als Schenkung, sondern als Ausstattung anzusehen sind. Nur bei Vorliegen einer Schenkung greifen die Pflichtteilsergänzungsansprüche

---

[53] V. 25.08.1998, BGBl. I, S. 2487.

[54] Hdb. Pflichtteilsrecht/*J. Mayer* § 11 Rn 38.

[55] *Staudinger/Haas* § 2315 BGB Rn 26 m.w.N.; BGH WM 1991, 1754.

[56] Bejahend: MüKo/*Frank* § 2315 BGB Rn 9; *Staudinger/Haas* § 2315 BGB Rn 26, 32; verneinend: *Soergel/Dieckmann* § 2315 BGB Rn 7; *Fembacher*, MittBayNot 2004, 24, 25.

[57] *Fembacher*, MittBayNot 2004, 24, 25.

der §§ 2325 und 2326 BGB ein. Eine Schenkung liegt vor bei einer Zuwendung, durch die jemand aus seinem Vermögen den anderen bereichert, wenn beide Teile darüber einig sind, dass die Zuwendung unentgeltlich erfolgt, § 516 BGB. Wenden Eltern einem Kind mit Rücksicht auf seine Verheiratung oder auf die Erlangung einer selbständigen Lebensstellung Vermögensgegenstände zu, gilt diese Zuwendung insoweit nicht als Schenkung, als diese Ausstattung das den Vermögensverhältnissen des zuwendenden Elternteils entsprechende Maß nicht übersteigt, § 1624 Abs. 1 BGB. Falls eine Zuwendung eine Ausstattung im vorgenannten Sinne darstellt, sollte dies bei der Zuwendung auch zum Ausdruck gebracht werden.

Formulierungsvorschlag:
„Die Zuwendung der Kommanditbeteiligung an der... KG erfolgt 24
zur Begründung einer selbständigen Lebensstellung unseres Sohnes..."

f) Lebzeitige Unternehmensübertragung. Kommt die Vereinba- 25
rung eines Pflichtteilsverzichts mangels entsprechender Bereitschaft seitens des bzw. der Pflichtteilsberechtigten nicht in Betracht, können deren **Pflichtteilsansprüche** durch lebzeitige schenkungsweise Zuwendungen von Unternehmensbeteiligungen bzw. des Unternehmens **reduziert** werden. Schenkungen, die 10 Jahre vor dem Ableben des Erblassers zugunsten des als Unternehmensnachfolger vorgesehenen Abkömmlings getätigt wurden, sind zur Berechnung des Pflichtteilsanspruchs dem Nachlass nicht hinzuzurechnen, § 2325 BGB. Zu beachten ist, dass dieses Mittel zur Reduzierung von Pflichtteilsansprüchen nur in Betracht kommt, wenn der Schenker das Unternehmen bzw. die Unternehmensbeteiligung nicht nur rechtlich, sondern auch wirtschaftlich aus der Hand gegeben hat. **Schädlich** ist der **Vorbehalt** eines **Nießbrauchs**. Denn durch den Vorbehalt eines Nutzungsrechts hat der Schenker noch keinen spürbaren Vermögensverlust erlitten, weshalb in diesem Fall der Schutz der Rechte des Pflichtteilsberechtigten höher anzusiedeln ist.[58] **Pflichtteilsmindernd** kann sich auch die Verknüpfung der Unternehmensübergabe mit vom Übernehmer zu erbringenden **Gegenleistungen** auswirken.[59] Allerdings ist bei der Vereinbarung von Gegenleistungen im Rahmen lebzeitiger Unternehmensübertragungen Vorsicht geboten. Durch die Vereinbarung von Gegenleistungen besteht die **Gefahr**, dass die Unternehmensübertragung schenkungsteuerlich **nicht** mehr als **unentgeltlich** angesehen wird und deshalb die schenkungsteuerlichen Vergünstigungen der §§ 13 a, 19 a ErbStG versagt werden.

g) Wahl des „richtigen" Güterstands. Eine Reduzierung von Pflicht- 26
teilsansprüchen unliebsamer Abkömmlinge kann auch durch die Wahl des „richtigen" Güterstands erreicht werden. Leben Ehegatten im Güterstand der **Gütertrennung**, führt dies dazu, dass sich beim Vorhandensein von zwei und mehr Kindern die Erb- und Pflichtteilsansprüche des Ehegatten

[58] BGH NJW 1994, 1791.

[59] *Sudhoff/Stenger* Unternehmensnachfolge § 20 Rn 3.

verringern und die der Abkömmlinge erhöhen (§ 1931 Abs. 4 BGB). In diesem Fall kann es sich empfehlen, vom Güterstand der Gütertrennung in den – durch ehevertragliche Vereinbarung modifizierten (hierzu C. § 6 Rn 90 ff.) – gesetzlichen Güterstand zu wechseln.[60]

27 **h) Vermögensübertragung durch ehevertragliche Vereinbarungen.** Vermögensübertragungen auf den weniger begüterten Ehegatten durch ehevertragliche Vereinbarungen können ebenfalls Auswirkungen auf die Höhe von Pflichtteilsansprüchen der Abkömmlinge haben:[61] Beim **Wechsel** vom gesetzlichen Güterstand zur **Gütertrennung** kann eine bis dato entstandene Zugewinnausgleichsforderung durch Übertragung von Vermögen auf den ausgleichsberechtigten Ehegatten erfüllt werden. Um die mit der Gütertrennung verbundenen nachteiligen Auswirkungen auf die Höhe der Pflichtteilsansprüche der Abkömmlinge zu vermeiden, könnte daran gedacht werden, zu einem späteren Zeitpunkt wieder den (modifizierten) Güterstand der Zugewinngemeinschaft zu vereinbaren. Der **BGH**[62] stellte zwar fest, dass der Wechsel des Güterstands grundsätzlich **keine Schenkung** im Sinne des § 2325 BGB darstellt und somit diesbezüglich kein Pflichtteilsergänzungsanspruch besteht. Der BGH machte aber gleichzeitig auch deutlich, dass im Güterstandswechsel dann eine pflichtteilsergänzungspflichtige Schenkung zu sehen ist, wenn der Güterstandwechsel nicht auf die Verwirklichung der Ehe und auf eine Ordnung des Vermögens der Ehegatten gerichtet war, sondern der **Verfolgung ehewidriger Zwecke** diente. Lässt sich somit vor dem Hintergrund dieser Rechtsprechung der erstmalige Güterstandswechsel durch eine (ausschließlich) ehebedingte Motivation noch relativ leicht rechtfertigen, besteht demgegenüber bei der **„Güterstandsschaukel"**, also beim zweiten Güterstandswechsel zurück zum ursprünglichen (gesetzlichen) Güterstand, das Risiko, dass die Rechtsprechung beiden Güterstandswechseln primär eine ehefremde Motivation zugrunde legt und im Ergebnis eine pflichtteilsergänzungspflichtige Schenkung annimmt. Vor Güterstandswechseln mit dem ausschließlichen Ziel der Reduzierung von Pflichtteilsansprüchen ist aufgrund der strengen Missbrauchskontrolle durch die Rechtsprechung deshalb **abzuraten**.[63]

28 **i) Fortgesetzte Gütergemeinschaft.** Die mit der sofortigen Fälligkeit von Pflichtteilsansprüchen verbundenen Probleme können auch dadurch umgangen werden, dass Ehegatten die fortgesetzte Gütergemeinschaft vereinbaren, § 1483 BGB. Durch die Vereinbarung der fortgesetzten Gütergemeinschaft wird erreicht, dass beim Tod des Erstversterbenden der Eltern Pflichtteilsansprüche gemeinsamer Abkömmlinge nicht gel-

---

[60] Ein weiterer Vorteil des Güterstandswechsels von der Gütertrennung zur modifizierten Zugewinngemeinschaft besteht darin, dass nur im Güterstand der Zugewinngemeinschaft der zusätzliche Freibetrag des § 5 Abs. 1 ErbStG gewährt wird.

[61] Ausführlich hierzu *Wegmann*, ZEV 1996, 201 ff.

[62] BGH NJW 1992, 558, 559.

[63] Ebenso *Langenfeld* Eheverträge Rn 721.

tend gemacht werden können, da an die gemeinschaftlichen Abkömmlinge ihr Anteil am Gesamtgut nicht sofort, sondern erst mit Beendigung der fortgesetzten Gütergemeinschaft herauszugeben ist.[64] Gemäß § 1494 BGB endet die fortgesetzte Gütergemeinschaft grundsätzlich mit dem Tod des überlebenden Ehegatten. Für die Reduzierung von Pflichtteilsansprüchen bei Unternehmensnachfolgen stellt jedoch die fortgesetzte Gütergemeinschaft **kein geeignetes Mittel** dar, da die Problematik des Liquiditätsabflusses lediglich zeitlich nach hinten verlagert wird auf den Zeitpunkt der Beendigung und damit der Auseinandersetzung der fortgesetzten Gütergemeinschaft.

IV. Besonderheiten bei unternehmerischer Beteiligung minderjähriger Abkömmlinge

1. Allgemeines zur gesetzlichen Vertretung Minderjähriger

a) Gesetzliche Vertretung und Geschäftsfähigkeit. Gemäß §§ 1626 Abs. 1, 1629 Abs. 1 BGB obliegt grundsätzlich beiden Eltern die elterliche Sorge für das Kind und damit auch dessen Vertretung. Die **Eltern** vertreten das Kind **gemeinschaftlich**, § 1629 Abs. 1 S. 2 BGB. Übt ein Elternteil die elterliche Sorge allein aus, zum Beispiel nach Scheidung der Ehe oder weil ihm das Sorgerecht nach § 1628 BGB (gerichtliche Entscheidung bei Meinungsverschiedenheiten der Eltern) übertragen worden ist, vertritt dieser Elternteil das Kind allein. Wenn gegenüber dem Kind eine Willenserklärung abzugeben ist, genügt für den Zugang der Willenserklärung die Abgabe gegenüber einem Elternteil, § 1629 Abs. 1 S. 2 BGB. 29

Die Willenserklärung eines Minderjährigen, der das siebente Lebensjahr noch nicht vollendet hat und damit **geschäftsunfähig** ist, ist nichtig, §§ 105, 104 Nr. 1 BGB. Für diesen muss stets sein gesetzlicher Vertreter handeln. Demgegenüber kann ein Minderjähriger, der das siebente Lebensjahr vollendet hat und damit **„beschränkt" geschäftsfähig** ist, unter den Voraussetzungen der §§ 107 bis 113 BGB eine wirksame Erklärung abgeben. Die Willenserklärung eines beschränkt Geschäftsfähigen ist dann wirksam, wenn dieser durch die Willenserklärung lediglich einen **rechtlichen Vorteil** erlangt, § 107 BGB. Ausweislich des Wortlauts dieser Vorschrift kommt es nur auf die rechtliche Vorteilhaftigkeit der Willenserklärung an. Nicht entscheidend ist, ob die Willenserklärung für den Minderjährigen wirtschaftlich vorteilhaft ist, da es allein der Entscheidung des gesetzlichen Vertreters obliegt, ob der Minderjährige zwar wirtschaftlich vorteilhafte, aber rechtlich nachteilige Geschäfte tätigen soll oder nicht.[65] Die rechtliche Vorteilhaftigkeit eines Geschäfts ist dann zu bejahen, wenn sowohl durch dessen Haupt- als auch Nebenpflichten die Rechtsstellung eines Minderjährigen ausschließlich verbessert wird. Maßgebend sind dabei die **unmittelbaren Wirkungen** des Geschäfts. Mittelbare Wirkungen, das heißt solche, die durch das Geschäft lediglich ausge- 30

[64] S. dazu auch *Kanzleiter/Wegmann* Rn 69.
[65] MüKo/*Schmitt* § 107 BGB Rn 28.

löst werden, zum Beispiel eine Steuerpflicht, sind in diesem Zusammenhang unerheblich.[66] Bei einer Schenkung, die einem Minderjährigen gegenüber getätigt wird, ist nach der Rechtsprechung des **BGH** im Wege der **Gesamtbetrachtung** des schuldrechtlichen und des dinglichen Vertrags zu prüfen, ob die Schenkung rechtlich vorteilhaft oder rechtlich nachteilig ist.[67] Der schenkungsweise Erwerb einer **Kommanditbeteiligung** beispielsweise ist nicht lediglich rechtlich vorteilhaft, da diese ein Bündel von Rechten und Pflichten darstellt.[68] Dasselbe gilt für den schenkungsweisen Erwerb einer **stillen Beteiligung** zumindest dann, wenn der Minderjährige auch am Verlust beteiligt ist. Dies wird der Regelfall sein, da die schenkungsweise Begründung einer stillen Beteiligung mit einem minderjährigen Angehörigen unter Ausschluss der Verlustbeteiligung (§ 231 Abs. 2 HGB) deren steuerliche Anerkennung gefährdet.[69] Ist eine Willenserklärung nicht lediglich rechtlich vorteilhaft, bedarf der Minderjährige hierfür der Einwilligung (§ 107 BGB) bzw., wenn der Vertragsschluss bereits erfolgt ist, der Genehmigung (§ 108 BGB) des gesetzlichen Vertreters. Ein einseitiges Rechtsgeschäft eines beschränkt geschäftsfähigen Minderjährigen ist nur wirksam, wenn der Minderjährige die Einwilligung des gesetzlichen Vertreters in schriftlicher Form vorlegt, es sei denn, der Vertreter hat den anderen von der Einwilligung in Kenntnis gesetzt. Wenn der gesetzliche Vertreter einen beschränkt geschäftsfähigen Minderjährigen mit Genehmigung des Vormundschaftsgerichts ermächtigt, selbständig ein **Erwerbsgeschäft** zu betreiben, ist der Minderjährige nach § 112 Abs. 1 BGB für solche Rechtsgeschäfte unbeschränkt geschäftsfähig, welche der Geschäftsbetrieb mit sich bringt, sofern für diese Geschäfte der gesetzliche Vertreter nicht der Zustimmung des Vormundschaftsgerichts bedarf.[70]

31 **b) Ausschluss von der Vertretungsmacht.** Die Eltern sind als gesetzlich Vertretungsberechtigte von der Vertretung ausgeschlossen, wenn das Rechtsgeschäft unmittelbar zwischen ihnen und dem minderjährigen Kind zustande kommt (§§ 1629 Abs. 2, 1795 Abs. 2, 181 BGB). Die Eltern dürfen ihr minderjähriges Kind bei einem Rechtsgeschäft auch dann nicht vertreten, wenn das Rechtsgeschäft zwischen einem Verwandten in gerader Linie eines Elternteils einerseits und dem minderjährigen Kind andererseits vorgenommen wird. Der Ausschluss von der Vertretungsmacht besteht nicht, wenn das Rechtsgeschäft ausschließlich in der Erfüllung einer Verbindlichkeit besteht, § 1795 Abs. 1 Nr. 1, Abs. 2, 181 BGB. Eine weitere **Ausnahme** von dem Vertretungsverbot wird über den Wortlaut dieser Vorschrift hinaus dann gemacht, wenn das Rechtsgeschäft für den Minderjährigen lediglich rechtlich vorteilhaft ist.[71] Die Frage der rechtlichen Vorteilhaftigkeit des Geschäfts ist wie bei § 107 BGB aufgrund einer

---

66 *Palandt/Heinrichs* § 107 BGB Rn 2.
67 BGH NJW 1981, 111.
68 BGH NJW 1977, 1339, 1341.
69 *Weigl* Stille Gesellschaft und Unterbeteiligung S. 10.
70 Einzelheiten bei MüKo/*Schmitt* § 112 BGB Rn 16.
71 BGH FamRZ 1995, 480.

Gesamtbetrachtung zu beantworten. Schenkt beispielsweise der Großvater seinem Enkelkind eine Kommanditbeteiligung, können die Eltern ihr Kind bei Abschluss dieses – nicht lediglich rechtlich vorteilhaften[72] – Vertrags nicht vertreten. Soweit die Eltern als gesetzlich Vertretungsberechtigte von der Vertretung ihrer Kinder aufgrund der vorstehend genannten Bestimmungen ausgeschlossen sind, ist beim zuständigen Familiengericht die Bestellung eines **Ergänzungspflegers** nach § 1909 Abs. 1 S. 1 BGB zu beantragen.

c) Familiengerichtliche bzw. vormundschaftsgerichtliche Genehmigung. Gemäß § 1643 Abs. 1 BGB bedürfen die Eltern zu Rechtsgeschäften für das Kind der Genehmigung des Familiengerichts in den Fällen, in denen nach **§ 1821** und nach **§ 1822 Nrn. 1, 3, 5, 8 bis 11 BGB** ein Vormund der Genehmigung bedarf. Im Zusammenhang mit einer unternehmerischen Beteiligung minderjähriger Abkömmlinge sind insbesondere folgende Genehmigungstatbestände von Interesse: 32

- Vertrag, der auf den entgeltlichen Erwerb oder die Veräußerung eines Erwerbsgeschäfts gerichtet ist, sowie zu einem Gesellschaftsvertrag, der zum Betrieb eines Erwerbsgeschäfts eingegangen wird (§ 1822 Nr. 3 BGB);
- Erteilung einer Prokura (§ 1822 Nr. 11 BGB);
- Übernahme einer fremden Verbindlichkeit, insbesondere zur Eingehung einer Bürgschaft (§ 1822 Nr. 10 BGB);
- Rechtsgeschäft, durch das der Mündel zu einer Verfügung über sein Vermögen im Ganzen oder über eine ihm angefallene Erbschaft oder über seinen künftigen gesetzlichen Erbteil oder seinen künftigen Pflichtteil verpflichtet wird, sowie zu einer Verfügung über den Anteil des Mündels an einer Erbschaft (§ 1822 Nr. 1 BGB);
- Vertrag, der auf den entgeltlichen Erwerb eines Grundstücks oder eines Rechts an einem Grundstück gerichtet ist (§ 1821 Nr. 5 BGB);
- Verfügungen über ein Grundstück oder über ein Recht an einem Grundstück und Eingehung einer entsprechenden Verpflichtung (§ 1821 Nr. 1 und Nr. 4 BGB).

In den Fällen, in denen ein Ergänzungspfleger für den Minderjährigen bestellt wurde oder in denen der Vormund für den Minderjährigen handelt, ist für die Erteilung der Genehmigung nach den §§ 1821 und 1822 BGB das Vormundschaftsgericht zuständig. 33

2. Der Minderjährige als Gesellschafter

a) Allgemeines. Die Beteiligung Minderjähriger an Gesellschaften ist häufig **steuerlich motiviert**. Zum einen soll durch die Beteiligung Minderjähriger der ihnen zustehende einkommensteuerliche Grundfreibetrag ausgenutzt und somit unter dem Strich für den Familienverband weniger Steuern gezahlt werden. Zum anderen ist die Beteiligung Minderjähriger an Gesellschaften ein geeignetes Mittel, um im Zehn-Jahres-Rhythmus des § 14 Abs. 1 ErbStG die schenkungsteuerlichen Freibeträge 34

[72] S. C. § 9 Rn 30.

auszunutzen (zum einen den allgemeinen Freibetrag nach § 16 ErbStG in Höhe von 205 000 € und zum anderen den besonderen Freibetrag gemäß § 13 a Abs. 1 ErbStG in Höhe von 225 000 €). Als weitere Vergünstigung ist in diesem Zusammenhang noch der Bewertungsabschlag nach § 13 a Abs. 2 ErbStG zu nennen, der sich für den Beschenkten schenkungsteuerlich ebenfalls günstig auswirkt.[73]

35 **Zivilrechtliche Motive** für die Beteiligung Minderjähriger an Gesellschaften sind eher **selten**. Es wurde bereits aufgezeigt (s. C. § 9 Rn 25), dass durch eine rechtliche und wirtschaftliche Übertragung eines Vermögensgegenstands (an andere Personen als den Ehegatten) mindestens 10 Jahre vor dem Ableben des Erblassers Pflichtteilsansprüche reduziert werden können. Daneben ist die Beteiligung minderjähriger Abkömmlinge am elterlichen Unternehmen ein geeignetes Mittel, um diese im Rahmen einer vorweggenommenen Erbfolge schrittweise an das Unternehmen heranzuführen.

36 Die **Beteiligung Minderjähriger** an Gesellschaften wirft allerdings zahlreiche **Schwierigkeiten** und **Probleme** auf.[74] Nicht nur bei der Gründung einer Gesellschaft unter Beteiligung Minderjähriger, sondern auch bei späteren Maßnahmen im Leben der Gesellschaft, wie zum Beispiel bei Gesellschafterbeschlüssen und bei Änderungen des Organisationsstatuts der Gesellschaft, ist stets zu prüfen, ob der gesetzliche Vertreter gemäß §§ 1629 Abs. 2, 1795, 181 BGB von der Vertretung des Minderjährigen ausgeschlossen ist und ob die Genehmigung des Familien- bzw. Vormundschaftsgerichts erforderlich ist. Etwa erforderliche gerichtliche Genehmigungen führen zu einer nicht unerheblichen Verkomplizierung des jeweiligen Vorgangs. Darüber hinaus ist auch zu bedenken, dass der minderjährige Abkömmling mit **Eintritt** der **Volljährigkeit** aus dem rechtlichen Einflussbereich der Eltern herauswächst und Entscheidungen treffen kann, die sich nicht mit den unternehmerischen Interessen der Eltern decken. Wird ein minderjähriger Abkömmling als vollhaftender Gesellschafter am Unternehmen beteiligt, können Schwierigkeiten für die anderen Gesellschafter und die Gesellschaft außerdem daraus entstehen, dass er seine Beteiligung mit Erreichen der Volljährigkeit außerordentlich kündigt und die ihm zustehende Abfindung verlangt. Denn durch das Minderjährigenhaftungsbeschränkungsgesetz vom 25. 8. 1998 wurde dem volljährig Gewordenen das Recht eingeräumt, seine vollhaftende Gesellschafterstellung als Gesellschafter einer Gesellschaft bürgerlichen Rechts außerordentlich zu kündigen, § 723 Abs. 1 S. 3 Nr. 2 BGB. Dieses **außerordentliche Kündigungsrecht** gilt außer für die Beteiligung einer Gesellschaft bürgerlichen Rechts auch für die vollhaftende Beteiligung an einer OHG und KG (§§ 105 Abs. 3, 161 Abs. 2 HGB).[75]

37 Durch das **Minderjährigenhaftungsbeschränkungsgesetz** wurde ebenfalls die Bestimmung des § 1629 a in das BGB eingeführt. Danach kann sich der volljährig Gewordene darauf berufen, dass er für Verbind-

---

[73] Wegen Einzelheiten hierzu s. H § 37 Rn 53 ff.

[74] *Reimann,* DNotZ 1999, 179, 181.

[75] Einzelheiten hierzu unter C. § 9 Rn 58.

lichkeiten, die die Eltern im Rahmen ihrer gesetzlichen Vertretungsmacht oder sonstige vertretungsberechtigte Personen im Rahmen ihrer Vertretungsmacht durch Rechtsgeschäft oder eine sonstige Handlung mit Wirkung für ihn begründet haben oder die aufgrund eines während der Minderjährigkeit erfolgten Erwerbs von Todes wegen entstanden sind, nur mit dem bei Eintritt der Volljährigkeit vorhandenen Vermögen haftet. Anlass für diese Vorschrift war der Beschluss des BVerfG vom 13. 5. 1986,[76] in dem das BVerfG es für unvereinbar mit dem allgemeinen Persönlichkeitsrecht Minderjähriger erklärt hatte, dass Eltern ihre Kinder aufgrund der gesetzlichen Vertretungsbefugnis in Bezug auf ein in den Nachlass fallendes Handelsgeschäft finanziell unbegrenzt verpflichten konnten. Beruft sich der volljährig Gewordene auf die Haftungsbeschränkung (so genannte **„Erschöpfungseinrede"**), treten die Rechtsfolgen der §§ 1990, 1991 BGB wie bei der beschränkten Erbenhaftung ein. Nicht zu vernachlässigen ist bei der Beteiligung minderjähriger Abkömmlinge am Familienunternehmen auch das Risiko, dass sich deren **Beteiligung** im Fall des Ablebens **verselbständigt** und zum Beispiel aufgrund testamentarischer Verfügung in den Einflussbereich „unerwünschter" Personen gelangt.

b) Minderjähriger als Gründungsgesellschafter. *aa) Ausschluss von der Vertretungsmacht.* Für die Beteiligung Minderjähriger an der Gründung einer Gesellschaft gelten die gesetzlichen Vertretungsbestimmungen. Gehören die **Eltern** selbst neben dem Minderjährigen zu den Gründungsgesellschaftern, sind sie von der **Vertretung** des Minderjährigen nach §§ 1629 Abs. 2, 1795 Abs. 2, 181 1. Var. BGB von dessen Vertretung **ausgeschlossen**. Die Vertretung ist dann durch einen **Ergänzungspfleger** vorzunehmen (§ 1909 Abs. 1 S. 1 BGB). Wurde die Bestellung eines Ergänzungspflegers versäumt, wird dieses Versäumnis durch die familien- bzw. vormundschaftsgerichtliche Genehmigung nicht geheilt, da das Gericht den Minderjährigen nicht vertreten kann.[77] Falls mehrere Kinder an der Gesellschaftsgründung beteiligt sind, ist für jedes Kind gesondert die Bestellung eines Ergänzungspflegers zu beantragen. Denn die Kinder vereinbaren nicht nur mit den Eltern, sondern auch untereinander die Förderung des gemeinsamen Zwecks der Gesellschaft, § 181 2. Var. BGB.[78] Ist für die Gründung einer Gesellschaft die Bestellung eines Ergänzungspflegers erforderlich, erlischt die Anordnung der Pflegschaft mit dem Vollzug der Gründung; eine **Dauerpflegschaft** besteht nicht.[79] Vielmehr ist bei jeder späteren Maßnahme gesondert zu prüfen, ob die Bestellung eines Ergänzungspflegers erforderlich ist oder nicht. 38

bb) Genehmigungspflicht. Die Eltern als gesetzlich Vertretungsberechtigte bedürfen für die Gründung einer Gesellschaft unter Beteiligung ihrer minderjährigen Kinder der Genehmigung des Familiengerichts nach §§ 1643 Abs. 1, 1822 Nr. 3 BGB, wenn der Gesellschaftsvertrag auf den 39

[76] NJW 1986, 1859.

[77] BGH NJW 1956, 1433; MüKo/*Schramm* § 181 BGB Rn 42.

[78] *Reimann,* DNotZ 1999, 179, 183; BayObLG FamRZ 1959, 125.

[79] OLG Hamm DB 1974, 815, 816.

Betrieb eines **Erwerbsgeschäfts** gerichtet ist. Dies ist der Fall, wenn die Tätigkeit mit **Gewinnerzielungsabsicht** betrieben wird.[80] Genehmigungsfrei ist danach die Gründung einer Gesellschaft, die ausschließlich der Verwaltung des eigenen (Familien-)Vermögens dient, wie zum Beispiel einer grundbesitzverwaltenden Familien-GbR und einer ausschließlich das eigene (Familien-)Vermögen verwaltenden gewerblich geprägten GmbH & Co. KG. Der Abschluss von Mietverträgen über die der Familiengesellschaft gehörenden Immobilien ändert daran grundsätzlich nichts, da dies Teil der privaten Vermögensverwaltung ist.[81] Keine private Vermögensverwaltung, sondern ein Erwerbsgeschäft liegt vor, wenn die das eigene Vermögen verwaltende Gesellschaft gewerblich nutzbare Immobilien von erheblichem Wert verwaltet und verwertet.[82] Eine gerichtliche Genehmigungspflicht für die Gründung einer ausschließlich vermögensverwaltenden Gesellschaft bürgerlichen Rechts ergibt sich aber aus **§ 1822 Nr. 10 BGB** (**Übernahme** einer **fremden Verbindlichkeit**).[83] Denn ein Gesellschafter haftet für die Verbindlichkeiten der Gesellschaft bürgerlichen Rechts persönlich.[84] Seit der Anerkennung der Rechtsfähigkeit der Gesellschaft bürgerlichen Rechts durch den BGH[85] handelt es sich bei dieser Haftung um eine subsidiäre Haftung der Gesellschafter für die Verbindlichkeiten der Gesellschaft. Auch wenn eine eher restriktive Anwendung des Genehmigungserfordernisses nach § 1822 Nr. 10 BGB grundsätzliche zu befürworten ist,[86] ist der Minderjährige davor zu schützen, entgegen seinen Erwartungen für Verbindlichkeiten der (rechtsfähigen) Gesellschaft bürgerlichen Rechts in Anspruch genommen zu werden.[87] Unter die **Genehmigungspflicht** nach **§ 1822 Nr. 3 BGB** fällt sowohl die Gründung von Personen- als auch von Kapitalgesellschaften, die mit Gewinnerzielungsabsicht tätig sind.[88] In Bezug auf die **Gründung** von **Kapitalgesellschaften** ist dies **umstritten**, da bei Kapitalgesellschaften der Minderjährige, anders als bei Personengesellschaften, nicht rechtlich Mitinhaber des Unternehmens ist und das Erwerbsgeschäft auch nicht selbst mitbetreibt.[89] Für eine Genehmigungspflicht im Fall der Gründung von Kapitalgesellschaften spricht allerdings, dass der Minderjährige auch

---

[80] MüKo/*Wagenitz* § 1822 BGB Rn 21; Einzelheiten zum Begriff des „Erwerbsgeschäfts" bei *Palandt/Diederichsen* § 1822 BGB Rn 5.

[81] A.A. *Wertenbruch*, FamRZ 2003, 1714, 1715.

[82] *Palandt/Diederichsen* § 1822 BGB Rn 9; OLG Hamm FamRZ 2001, 53.

[83] *Dümig*, FamRZ 2003, 1, 4.

[84] BGH NJW 2003, 1803, 1804.

[85] NJW 2001, 1056 ff.

[86] *Palandt/Diederichsen* § 1822 BGB Rn 22.

[87] Zu diesem Schutzzweck der Norm MüKo/*Wagenitz* § 1822 BGB Rn 61, der richtigerweise auch den Fall der Umwandlung einer Kommanditistenstellung in die eines Komplementärs vom Anwendungsbereich des § 1822 Nr. 10 BGB als erfasst ansieht (Rn 64).

[88] MüKo/*Wagenitz* § 1822 BGB Rn 21, 25.

[89] Gegen eine Genehmigungspflicht bei der Gründung von Kapitalgesellschaften *Winkler*, ZGR 1973, 177, 182; für eine Genehmigungspflicht: MüKo/*Wagenitz* § 1822 BGB Rn 25; *Palandt/Diederichsen* § 1822 BGB Rn 9.

bei Gründung einer Kapitalgesellschaft **Unternehmerrisiko** eingeht, was sich zum Beispiel in der Handelndenhaftung ausdrückt, § 11 Abs. 2 GmbHG, § 41 Abs. 1 S. 2 AktG.[90]

Bei der Begründung einer **stillen Gesellschaft** mit einem Minderjäh- **40** rigen ist eine familien- bzw. vormundschaftsgerichtliche Genehmigung nur dann erforderlich, wenn der Minderjährige am Verlust des Geschäftsbetriebs teilnimmt, ihn eine Nachschusspflicht trifft oder er Einfluss auf die Geschäftsführung hat.[91] Liegen diese Voraussetzungen nicht vor, besteht keine Genehmigungspflicht, da sich der Minderjährige bei einer „typisch" stillen Gesellschaft lediglich an dem Gewerbe eines anderen beteiligt, ohne dieses selbst zu betreiben, vergleiche § 230 Abs. 1 HGB. Vorstehendes gilt entsprechend für die **Unterbeteiligung** eines Minderjährigen an einem Gesellschaftsanteil.[92]

Ob die Beteiligung eines **Minderjährigen** als **Treugeber** im Rahmen **41** von Treuhandverhältnissen bei der Gründung einer Gesellschaft der vormundschafts- bzw. familiengerichtlichen Genehmigung bedarf, ist umstritten. Zwar spricht der Wortlaut des § 1822 Nr. 3 BGB gegen eine Genehmigungspflicht.[93] Eine Genehmigungspflicht ist allerdings zu bejahen, da ansonsten ein **effektiver Minderjährigenschutz**, wie er vom BVerfG[94] gefordert wurde, nicht möglich ist. Denn Treuhandverträge sind in aller Regel so ausgestaltet, dass der Treugeber im Innenverhältnis dem Treuhänder Vorgaben für die Ausübung der Gesellschafterrechte macht und ihn auch alle Verpflichtungen im Zusammenhang mit der Gesellschaftsbeteiligung treffen. Ein wirtschaftlicher Unterschied zur unmittelbaren Beteiligung des Minderjährigen an der Gesellschaft besteht nicht.

Zusammenfassend ist festzuhalten: In allen Fällen, in denen die unter- **42** nehmerische Beteiligung eines minderjährigen Abkömmlings im Rahmen einer Gesellschaftsgründung mit Unternehmerrisiko verbunden ist und mehr einem Vertrag ähnelt, der zum Betrieb eines Erwerbsgeschäfts eingegangen wird als einer bloßen Kapitalüberlassung, ist die familien- bzw. vormundschaftsgerichtliche Genehmigung erforderlich.[95] Eine etwa erforderliche Genehmigung sollte unverzüglich eingeholt werden, um die steuerliche Anerkennung der Gesellschaftsgründung nicht zu gefährden.[96]

cc) Folgen einer fehlenden gerichtlichen Genehmigung. **Fehlt** die zu einem **43** Rechtsgeschäft erforderliche familien- bzw. vormundschaftsgerichtliche **Genehmigung**, ist das **Rechtsgeschäft unwirksam**. Der gesetzliche Vertreter handelte ohne Vertretungsmacht (§ 1829 BGB).[97] Beteiligt ein

---

90 MüKo/*Wagenitz* § 1822 BGB Rn 25.

91 *Hopt* § 230 HGB Rn 8. Für eine generelle Genehmigungspflicht MüKo/*Wagenitz* § 1822 BGB Rn 26.

92 *Weigl* Stille Gesellschaft und Unterbeteiligung S. 20; *Klüsener*, Rpfleger 1993, 133, 136.

93 *Oelers*, MittRhNotK 1992, 69, 74.

94 NJW 1986, 1859.

95 *Hopt* § 230 HGB Rn 8.

96 *Weigl* Stille Gesellschaft und Unterbeteiligung S. 11.

97 MüKo/*Wagenitz* § 1821 BGB Rn 1.

Unternehmer seinen minderjährigen Abkömmling bereits bei der Unternehmensgründung an dem gemeinsamen Unternehmen und wird die hierfür gemäß §§ 1643, 1822 Nr. 3 BGB erforderliche Genehmigung des Vormundschaftsgerichts nicht eingeholt, finden hinsichtlich des Minderjährigen die **Grundsätze** der **fehlerhaften Gesellschaft** keine Anwendung.[98] Vielmehr ist die Gesellschaftsgründung in Bezug auf den minderjährigen Abkömmling nichtig, so dass dieser weder durch die Gesellschaftsgründung noch durch später im Namen der Gesellschaft getätigte Rechtsgeschäfte verpflichtet wird. Im Einzelfall kann die Berufung auf die Nichtigkeit der von einem Minderjährigen abgegebenen Willenserklärung wegen fehlender gerichtlicher Genehmigung der Gesellschaftsgründung als unzulässige Rechtsausübung verwehrt sein.[99]

44 **c) Erwerb von Gesellschaftsanteilen durch Minderjährige und Aufnahme in eine Gesellschaft.** Grundsätzlich gelten für die Vertretung von Minderjährigen bei dem Erwerb von Gesellschaftsanteilen oder bei Aufnahme in eine bestehende Gesellschaft die vorstehend bezüglich der Gründung von Gesellschaften unter Beteiligung Minderjähriger gemachten Ausführungen entsprechend. Sowohl für den Erwerb von Anteilen an einer Kapitalgesellschaft als auch an einer Personengesellschaft kann sich eine **Genehmigungspflicht** aus **§ 1822 Nr. 3 1. Var. BGB** ergeben. Zwar besteht eine Genehmigungspflicht ausweislich des Wortlauts von § 1822 Nr. 3 BGB nur bei einem (entgeltlichen) Erwerb eines Erwerbsgeschäfts. Das Erwerbsgeschäft wird aber nicht von dem Erwerber, sondern von der Personenhandelsgesellschaft oder der Kapitalgesellschaft betrieben. Der Erwerb lediglich einer Beteiligung an einem Erwerbsgeschäft bedarf somit nach dem Wortlaut dieser Vorschrift keiner gerichtlichen Genehmigung. Die Rechtsprechung lehnt jedoch eine formale Auslegung dieser Vorschrift ab und dehnt sie auch auf den Erwerb von Beteiligungen an Gesellschaften aus, die ein Erwerbsgeschäft betreiben.[100]

Hinsichtlich des Erfordernisses einer familien- bzw. vormundschaftsgerichtlichen Genehmigung ist zu unterscheiden zwischen dem Erwerb von Anteilen an einer Kapitalgesellschaft und an einer Personengesellschaft.

45 *aa) Genehmigungspflicht des Erwerbs von Anteilen an einer Kapitalgesellschaft.* Hinsichtlich der Frage der Genehmigungsbedürftigkeit des Erwerbs einzelner **Beteiligungen** an **Kapitalgesellschaften** nach § 1822 Nr. 3 1. Var. BGB differenziert die Rechtsprechung danach, ob die Beteiligung **vor** oder **nach Eintragung** der Kapitalgesellschaft im **Handelsregister entgeltlich** erworben wird: Für den Erwerb eines Geschäftsanteils an einer GmbH besteht nach Auffassung des BGH[101] eine Genehmigungspflicht dann, wenn ein minderjähriger Abkömmling vor Eintragung der GmbH

[98] BGH NJW 1983, 748; MüKo/*Wagenitz* § 1822 BGB Rn 30; *Palandt/Diederichsen* § 1822 BGB Rn 11; *Dümig*, FamRZ 2003, 1, 2; dies verkennt das OLG Naumburg in seinem Beschluss vom 18. 9. 2001 (FamRZ 2003, 57).

[99] BGH MDR 1961, 407; MüKo/*Wagenitz* § 1822 BGB Rn 30.

[100] BGH FamRZ 1989, 605, 607; s. auch *Palandt/Diederichsen* § 1822 BGB Rn 6.

[101] BGH FamRZ 1989, 605, 607.

im Handelsregister in die „GmbH in Gründung" eintritt und die Gesellschaft zu diesem Zeitpunkt bereits tätig war. Begründet wird dies vom BGH damit, dass vor Eintragung der Gesellschaft die **Gefahr** einer **persönlichen Haftung** des Minderjährigen besteht, wenn mit Zustimmung aller Gesellschafter der Geschäftsbetrieb bereits aufgenommen wurde (§ 11 Abs. 2 GmbHG). Entsprechendes gilt wegen § 41 Abs. 1 S. 2 AktG bei dem Erwerb einer Beteiligung an einer Aktiengesellschaft vor ihrer Eintragung im Handelsregister. Der Erwerb einer Beteiligung an einer Kapitalgesellschaft nach Eintragung der Gesellschaft im Handelsregister unterliegt demgegenüber grundsätzlich nicht der Genehmigungspflicht nach § 1822 Nr. 3 1. Var. BGB.[102] Etwas anderes gilt aber dann, wenn der **Minderjährige** aufgrund der Struktur der Gesellschaft und der Höhe der Beteiligung über eine bloße Kapitalbeteiligung hinaus das **Unternehmerrisiko** trägt und der Minderjährige dadurch wirtschaftlich an dem von der Kapitalgesellschaft betriebenen Erwerbsgeschäft beteiligt ist, wie beim entgeltlichen Erwerb aller Geschäftsanteile an einer GmbH oder aller Aktien einer Aktiengesellschaft.[103] In diesem Fall ist stets die familien- bzw. vormundschaftsgerichtliche Genehmigung erforderlich. Der Erwerb einer Sperrminorität löst für sich allein die Genehmigungspflicht allerdings nicht aus.[104] Genehmigungsfrei ist der unentgeltliche Erwerb von Anteilen an einer Kapitalgesellschaft, da § 1822 Nr. 3 1. Var. BGB einen entgeltlichen Erwerb voraussetzt.[105]

Sowohl beim entgeltlichen als auch beim unentgeltlichen Erwerb von **46** Anteilen an einer **GmbH** kann sich eine **Genehmigungspflicht** auch aus **§ 1822 Nr. 10 BGB** ergeben, wenn nicht alle Geschäftsanteile voll eingezahlt sind und damit für den in die Gesellschaft eintretenden Minderjährigen das Risiko der **Ausfallhaftung** gemäß § 24 GmbHG besteht.[106]

bb) Genehmigungspflicht des Erwerbs von Anteilen an einer Personengesellschaft. **47** Nach überwiegender Auffassung in der Literatur[107] und nach Auffassung der Rechtsprechung[108] bedarf nicht nur der Erwerb einer Beteiligung als persönlich haftender Gesellschafter einer **Genehmigung** nach **§ 1822 Nr. 3 1. Var. BGB**, sondern auch der **Erwerb** einer **Beteiligung** als **Kommanditist**. Als Argument für diese Ansicht wird angeführt, dass der Erwerb einer Kommanditbeteiligung dem Erwerb eines Erwerbsgeschäfts gleichzusetzen sei, da Gegenstand des Erwerbs der Gesamthandsanteil an dem Erwerbsgeschäft ist. Diese Begründung überzeugt nicht. Entscheidend für die Frage der Genehmigungsbedürftigkeit des Erwerbs einer

---

[102] S. auch *Pluskat*, FamRZ 2004, 677, 681.

[103] BGH FamRZ 1957, 121; *Palandt/Diederichsen* § 1822 BGB Rn 6; MüKo/*Wagenitz* § 1822 BGB Rn 17.

[104] MüKo/*Wagenitz* § 1822 BGB Rn 17.

[105] Dem durch das BVerfG geforderten Minderjährigenschutz wird durch § 1629 a BGB ausreichend Rechnung getragen.

[106] BGH FamRZ 1989, 605, 607; MüKo/*Wagenitz* § 1822 BGB Rn 65; a. A. *Winkler,* ZGR 1973, 177, 183; *Zelz,* GmbHR 1959, 92.

[107] MüKo/*Wagenitz* § 1822 BGB Rn 16; *Reimann,* DNotZ 1999, 179, 190.

[108] BGH DNotZ 1955, 530.

Kommanditbeteiligung ist – wie bei dem Erwerb einer Beteiligung an einer Kapitalgesellschaft auch –, ob der Minderjährige über die bloße Kapitalbeteiligung hinaus aufgrund der Struktur der Gesellschaft und der Höhe der Beteiligung wirtschaftlich an dem von der Gesellschaft betriebenen Erwerbsgeschäft beteiligt ist und ein Unternehmerrisiko träg.[109] Da die Haftung eines Kommanditisten grundsätzlich auf die Summe seiner Hafteinlage begrenzt ist, treffen ihn über die Erbringung dieser Einlage hinaus keine weiteren Verpflichtungen oder wirtschaftlich nachteiligen Folgen. Ein Unternehmerrisiko trägt der Minderjährige – ebenso wie bei dem Erwerb einer Beteiligung an einer (im Handelsregister bereits eingetragenen) Kapitalgesellschaft – mithin nicht, so dass ein besonderer Schutz durch eine familien- bzw. vormundschaftsgerichtliche **Risikokontrolle** nicht erforderlich ist. Die vom Gesetz für eine Genehmigungspflicht geforderte Voraussetzung des „Erwerbs eines Erwerbsgeschäfts" ist bei dem Erwerb einer Kommanditbeteiligung als reine Kapitalbeteiligung nicht erfüllt. Eine **Genehmigungspflicht** ist allerdings zu bejahen, wenn der Minderjährige für die in der Zeit zwischen seinem Eintritt in die Kommanditgesellschaft durch Anteilsabtretung oder Aufnahme und seiner Eintragung als Kommanditist begründeten Verbindlichkeiten der Gesellschaft aufgrund der Vorschrift des § 176 HGB wie ein persönlich haftender Gesellschafter einzustehen hat. Entgegen der Auffassung des BGH[110] findet § 176 Abs. 2 HGB keine Anwendung auf die Abtretung eines bereits im Handelsregister eingetragenen Kommanditanteils, da dadurch keine Mitgliedschaft neu begründet sondern diese aufgrund Sonderrechtsnachfolge übertragen wird.[111]

48 Erwirbt der Minderjährige nicht eine Beteiligung eines Gesellschafters, sondern wird er von den übrigen Gesellschaftern als **neuer Gesellschafter** in eine Personengesellschaft **aufgenommen**, besteht sowohl für die unentgeltliche als auch die entgeltliche Aufnahme des Minderjährigen eine **Genehmigungspflicht** nach **§ 1822 Nr. 3 3. Var. BGB**. Denn aufgrund der gesetzlichen Regelung in § 719 BGB, §§ 105 Abs. 3, 161 Abs. 2 HGB bedarf die Aufnahme eines weiteren Gesellschafters bei Personengesellschaften der Zustimmung der übrigen Gesellschafter. In der Zustimmung der übrigen Gesellschafter ist der Abschluss eines Gesellschaftsvertrags im Sinne von § 1822 Nr. 3 3. Var. BGB zu sehen. Der Abschluss eines Gesellschaftsvertrags im Sinne von § 1822 Nr. 3 3. Var. BGB liegt auch dann vor, wenn der Minderjährige eine Beteiligung an einer Personengesellschaft erwirbt und die übrigen Gesellschafter aufgrund Gesetzes (§ 719 BGB) oder aufgrund gesellschaftsvertraglicher Vorgaben der Übertragung zustimmen müssen.[112] Der Beitritt eines Minderjährigen in eine (Außen-)Gesellschaft bürgerlichen Rechts bedarf darüber hinaus der **Genehmigung** nach **§ 1822 Nr. 10 BGB**. Denn der eintretende Gesellschafter haftet analog § 130 HGB für alle zum Zeitpunkt seines Beitritts schon

---

109 BGH FamRZ 1957, 121.

110 NJW 1983, 2259.

111 MüKo/*K. Schmidt* § 176 HGB Rn 26; *Hopt* § 176 HGB Rn 11.

112 *Reimann*, DNotZ 1999, 179, 190 f.

bestehenden Verbindlichkeiten der Gesellschaft bürgerlichen Rechts persönlich.[113] Eine Genehmigungspflicht nach § 1822 Nr. 10 BGB besteht ebenfalls für den Beitritt eines Minderjährigen als persönlich haftender Gesellschafter in eine OHG.

d) Veräußerung von Gesellschaftsanteilen durch Minderjährige. 49
Für die Frage des Ausschlusses der **Vertretungsmacht** der Eltern bei der Veräußerung von Geschäftsanteilen durch Minderjährige gelten die vorstehend zum Erwerb von Gesellschaftsanteilen gemachten Ausführungen entsprechend. Die **Genehmigungsbedürftigkeit** einer Veräußerung seitens des Familien- bzw. Vormundschaftsgerichts kann sich aus **§ 1822 Nr. 3 2. Var. BGB** und bei der Veräußerung von Personengesellschaftsbeteiligungen auch aus **§ 1822 Nr. 3 3. Var. BGB** ergeben. Auf die Ausführungen zur Genehmigungspflicht beim Erwerb von Gesellschaftsanteilen wird verwiesen (s. C. § 9 Rn 44 ff.). Abweichend davon kommt es bei der entgeltlichen Veräußerung eines Anteils an einer Kapitalgesellschaft für die Frage der Genehmigungsbedürftigkeit nicht darauf an, ob die Veräußerung vor oder nach der Eintragung der GmbH oder der AG im Handelsregister erfolgt, da eine Ausfallhaftung des Minderjährigen durch die Veräußerung nicht begründet wird. Die entgeltliche Veräußerung lediglich eines Anteils an einer Kapitalgesellschaft bedarf somit unabhängig vom Zeitpunkt der Veräußerung grundsätzlich keiner Genehmigung nach § 1822 Nr. 3 BGB. Etwas anderes gilt dann, wenn sich die Anteilsveräußerung aufgrund der Höhe des Anteils und der Struktur der Gesellschaft als Veräußerung der Beteiligung an dem von der Kapitalgesellschaft betriebenen Erwerbsgeschäft darstellt. Genehmigungsbedürftig ist demzufolge die entgeltliche Veräußerung aller Geschäftsanteile eines Minderjährigen an einer Kapitalgesellschaft.[114] Nach Ansicht des BGH unterliegt die Veräußerung auch dann dem Genehmigungserfordernis des § 1822 Nr. 3 BGB, wenn die Beteiligung 50 % übersteigt.[115]

e) Genehmigungsbedürftigkeit von Rechtsgeschäften, die die 50
Gesellschaft vornimmt. Sind minderjährige Abkömmlinge an einer (Familien-)Gesellschaft beteiligt, stellt sich die Frage, ob die Genehmigungsvorschriften der §§ 1821 und 1822 Nrn. 1, 3, 5, 8 bis 11 BGB auch dann eingreifen, wenn die Gesellschaft ein nach den vorstehenden Vorschriften genehmigungspflichtiges Rechtsgeschäft vornimmt. Handelt es sich bei der Gesellschaft um eine **juristische Person**, ist der Minderjährige an dem Geschäft zwar mittelbar als Gesellschafter beteiligt, Vertragspartei ist jedoch ausschließlich die juristische Person, vertreten durch ihr vertretungsberechtigtes Organ. Eine Genehmigungspflicht für Rechtsgeschäfte der Gesellschaft besteht in diesem Fall nicht.[116] Für **Personenhandelsgesellschaften**, an denen ein minderjähriger Abkömmling beteiligt

---

113 BGH NJW 2003, 1803.

114 MüKo/*Wagenitz* § 1822 BGB Rn 17, 18; OLG Hamm FamRZ 1984, 1036; KG NJW 1976, 1946.

115 BGH ZEV 2003, 375, 376 m. Anm. *Damrau*.

116 MüKo/*Wagenitz* § 1821 BGB Rn 8; *Palandt/Diederichsen* § 1822 BGB Rn 4.

ist, gilt dies entsprechend. Personenhandelsgesellschaften sind zwar keine juristischen Personen, gleichwohl sind sie Träger von Rechten und Pflichten und somit selbst Vertragssubjekt beim Abschluss von Verträgen (§ 124 HGB).[117] Dasselbe gilt, wenn eine nach außen auftretende **Gesellschaft bürgerlichen Rechts** ein Rechtsgeschäft vornimmt. Darauf, ob die Gesellschaft ein Erwerbsgeschäft betreibt (und deshalb bereits eine antizipierte Kontrolle stattgefunden hat), kommt es bei der Frage der Genehmigungspflicht nicht an.[118] Gegen diese Ansicht spricht nicht, dass dadurch der Minderjährigenschutz aufgehoben wird. Zum einen kann sich bei rein vermögensverwaltenden Gesellschaften das Erfordernis einer antizipierten Kontrolle des Beitritts des Minderjährigen in die Gesellschaft aus § 1822 Nr. 10 BGB ergeben (Einzelheiten hierzu unter C. § 9 Rn 39). Zum anderen wird dem Schutzbedürfnis von minderjährigen Gesellschaftern auch ohne antizipierte Kontrolle durch **§ 1629 a Abs. 1 S. 1 1. Hs. BGB** ausreichend Rechnung getragen, wonach deren Haftung auf den Bestand des bei Eintritt der Volljährigkeit vorhandenen Vermögens beschränkt wird. Ein darüber hinausgehender Schutz der Minderjährigen durch die analoge Anwendung des Katalogs der §§ 1821 und 1822 BGB oder durch eine Erweiterung dieser Vorschriften durch den Gesetzgeber[119] ist nicht erforderlich.[120]

51 **f) Gesellschafterbeschlüsse unter Beteiligung Minderjähriger.** *aa) Ausschluss von der Vertretungsmacht.* Die Minderjährigkeit von Gesellschaftern wirft bei Gesellschafterbeschlüssen die Frage auf, ob ein Elternteil oder die **Eltern**, die Mitgesellschafter sind, als gesetzliche Vertreter den minderjährigen Gesellschafter bei der Beschlussfassung vertreten können oder ob sie von der **Vertretungsmacht ausgeschlossen** sind. Ein Ausschluss von der Vertretungsmacht kann sich aus **§ 181 BGB** ergeben (§§ 1629 Abs. 2, 1795 Abs. 2 BGB). § 181 BGB findet über seinen Wortlaut hinaus nicht nur auf Verträge und sonstige Rechtsgeschäfte Anwendung, sondern nach seinem Schutzweck auch auf Gesellschafterbeschlüsse, wenn die **Gefahr** einer **Interessenkollision** besteht.[121] Ob bei Beschlüssen einer Aktiengesellschaft dieser Ausschluss von der Vertretungsmacht gilt, ist umstritten, da das Aktiengesetz die Mehrvertretung und das Selbstkontrahieren grundsätzlich zulässt (§ 135 Abs. 1, 9 AktG).[122] Für die gesetzliche Vertretung minderjähriger Gesellschafter bei Gesellschafterbeschlüssen ei-

---

[117] BGH NJW 1971, 375, 376; Müko/*Wagenitz* § 1821 BGB Rn 9.

[118] *Wertenbruch*, FamRZ 2003, 1714, 1715; a.A. OLG Schleswig FamRZ 2003, 55; *Lautner*, MittBayNot 2002, 256, 258.

[119] So auch die amtliche Begründung zu § 1629 a BGB, in der der Gesetzgeber sich nicht zuletzt deswegen für den Weg der Haftungsbeschränkung entschieden hat, weil eine ebenfalls denkbare Erweiterung des Katalogs der genehmigungsbedürftigen Geschäfte zwangsläufig lückenhaft bleiben würde (BT-Drucks. 13/5624, S. 6 f.).

[120] S. auch *Dümig*, FamRZ 2003, 1, 2 f.; *Schreiber*, NotBZ 2002, 109, 110.

[121] MüKo/*Schramm* § 181 BGB Rn 19.

[122] Die Anwendbarkeit von § 181 BGB verneint in diesem Fall MüKo/*Schramm* § 181 BGB Rn 19; kritisch zu dieser Auffassung *Kirstgen*, MittRhNotK 1988, 219, 224.

ner Aktiengesellschaft folgt allerdings aus § 135 Abs. 9 S. 2 AktG, dass die Beschränkungen des § 181 BGB Anwendung finden können. Die Anwendbarkeit der Vorschrift des § 181 BGB auf Gesellschafterbeschlüsse ist im Wege der **teleologischen Reduktion** dahin gehend einzuschränken, dass Gesellschafterbeschlüsse über **Geschäftsführungsmaßnahmen** nicht darunter fallen.[123] Die Gefahr einer Interessenkollision, die nach dem Normzweck von § 181 BGB vermieden werden soll, besteht in diesen Fällen nicht, da bei Gesellschafterbeschlüssen über Maßnahmen der Geschäftsführung in aller Regel die verbandsinterne Willensbildung und Verwirklichung des gemeinsamen Gesellschaftszwecks im Vordergrund steht und nicht das Austragen individueller Gegensätze.[124] Bei Gesellschafterbeschlüssen über Maßnahmen der Geschäftsführung ist der Unternehmer von der gesetzlichen Vertretung seines minderjährigen Abkömmlings bei der Beschlussfassung somit nicht ausgeschlossen. Dies gilt auch, wenn der Minderjährige Kommanditist einer GmbH & Co KG ist und der gesetzliche Vertreter geschäftsführender Alleingesellschafter der Komplementär-GmbH, § 35 Abs. 4 GmbHG i. V. m. § 181 BGB.[125] Anders sieht die rechtliche Beurteilung aus bei Beschlüssen, die die **Änderung** des **Gesellschaftsvertrags** bezwecken, sowie für den Beschluss über die Auflösung der Gesellschaft, die **Bestellung** des gesetzlichen Vertreters zum **Geschäftsführer** und dessen **Wahl** in ein **Gesellschaftsorgan**. In diesen Fällen besteht die Gefahr einer Interessenkollision, da bei diesen bedeutenden Entscheidungen jeder Gesellschafter seine eigenen Interessen zur Geltung zu bringen hat. Der gesetzliche Vertreter ist deshalb von der Vertretung gemäß § 181 BGB ausgeschlossen.[126] Ist der minderjährige Gesellschafter aufgrund der gesellschaftlichen Treuepflicht zu der Änderung des Gesellschaftsvertrags verpflichtet, zum Beispiel bei Ausscheiden eines Gesellschafters aus einer Personengesellschaft, besteht das Vertretungsverbot des § 181 BGB nicht, da diese Änderung ausschließlich in Erfüllung einer Verbindlichkeit erfolgt, § 181 2. Hs. BGB.

bb) Genehmigungspflicht. Ob Gesellschafterbeschlüsse unter Beteiligung 52
von Minderjährigen einer familien- bzw. vormundschaftsgerichtlichen **Genehmigung** bedürfen, hängt davon ab, ob im jeweiligen Einzelfall ein Genehmigungstatbestand der §§ 1821, 1822 Nrn. 1, 3, 5, 8 bis 11 BGB eingreift (vgl. § 1643 BGB). Dabei ist genau zu unterscheiden, ob durch den Beschluss der Minderjährige selbst oder die Gesellschaft betroffen ist. Erteilt die Gesellschaft, deren Gesellschafter der Minderjährige ist, eine Prokura (§ 48 Abs. 1 HGB), wird die Prokura nicht für den Minderjährigen, sondern für die Gesellschaft erteilt. Eine Genehmigung nach § 1822 Nr. 11 BGB ist nicht erforderlich.

Umstritten ist, ob der Gesellschafterbeschluss zur **Änderung** der **Satzung** einer Erwerbsgesellschaft einen nach § 1822 Nr. 3 BGB genehmi- 53

---

[123] *Palandt/Heinrichs* § 181 BGB Rn 11.

[124] BGH NJW 1976, 49; *Palandt/Heinrichs* § 181 BGB Rn 11 a; MüKo/*Schramm* § 181 BGB Rn 19.

[125] A. A. *Hofmann,* NJW 1980, 2454, 2455; *Reimann,* DNotZ 1999, 179, 197 f.

[126] *Palandt/Heinrichs* § 181 BGB Rn 11 a.

gungspflichtigen Vorgang darstellt. Es wird unter Hinweis auf den Wortlaut und den Normzweck des § 1822 Nr. 3 BGB die Auffassung vertreten, dass die Änderung eines Gesellschaftsvertrags nicht genehmigungsbedürftig ist.[127] Die Gegenmeinung bejaht eine generelle Genehmigungsbedürftigkeit von Änderungen eines Gesellschaftsvertrags.[128] Begründet wird dies damit, dass ansonsten die Gefahr der Umgehung des Genehmigungserfordernisses bestehe: Ein von vornherein geplanter, aber so nicht genehmigungsfähiger Gesellschaftsvertrag könnte durch eine spätere genehmigungsfreie Änderung in die gewünschte Form gebracht werden. Die dritte Auffassung fordert eine Genehmigungspflicht nur für fundamentale Gesellschaftsvertragsänderungen. Gesellschaftsvertragsänderungen, durch die eine vorher von den Gesellschaftern übernommene Verpflichtung erfüllt oder die durch Mehrheitsbeschluss vorgenommen werden, sollen nach dieser Ansicht keiner Genehmigung bedürfen.[129] Richtigerweise stellt die Änderung des Gesellschaftsvertrags für sich allein kein genehmigungspflichtiges Rechtsgeschäft dar, unabhängig davon, ob die Änderung fundamentaler oder weniger fundamentaler Art ist.[130] Der **Wortlaut** und der **Normzweck** von **§ 1822 Nr. 3 BGB** decken die Annahme einer generellen Genehmigungspflicht nicht. Der Minderjährigenschutz wird durch die richterliche Kontrolle des Eintritts des minderjährigen Abkömmlings und seines Ausscheidens ausreichend gewährleistet. Der Gefahr einer missbräuchlichen Umgehung der richterlichen Kontrolle durch im Zeitpunkt des Beitritts des Minderjährigen bereits geplante aber erst nach dessen Beitritt vorgenommene Änderungen des Gesellschaftsvertrags kann dadurch begegnet werden, dass in einem solchen Fall bereits der Beitritt des Minderjährigen in die Gesellschaft als unwirksam angesehen wird. Denn die gerichtliche Genehmigung erstreckt sich nicht auf die zum Zeitpunkt des Beitritts bereits geplante, aber erst nach Erteilung der Genehmigung beschlossene Änderung des Gesellschaftsvertrags. Eine generelle richterliche Kontrolle aller einen Gesellschaftsvertrag ändernden Gesellschafterbeschlüsse in dem Zeitraum zwischen dem Beitritt und dem Ausscheiden eines Minderjährigen würde eine unverhältnismäßige Bindung der Eltern als gesetzliche Vertreter zur Folge haben, während eine Beschränkung der richterlichen Kontrolle auf „fundamentale" Änderungen zu große Rechtsunsicherheit schaffen würde.[131] Gleichwohl ist bei einer Änderung des Gesellschaftsvertrags stets zu prüfen, ob nicht **andere Genehmigungstatbestände** der §§ 1821, 1822 Nrn. 1, 3, 5, 8 bis 11 BGB eingreifen. So ist im Rahmen von **Kapitalerhöhungen** bei einer **GmbH** zu beachten, dass eine gerichtliche Genehmigung nach § 1822 Nr. 10 BGB wegen der möglichen **Ausfallhaftung** gemäß § 24 GmbHG erforderlich ist. Soweit hiergegen eingewendet wird, dass die mögliche Ausfallhaftung nicht auf der Kapitalerhöhung selbst beruht, sondern auf der Gesellschaf-

[127] BGH WM 1972, 1368; *Gernhuber/Coester-Waltjen* Familienrecht § 60 VI 6.

[128] *Brüggemann,* FamRZ 1990, 124, 127.

[129] *Palandt/Diederichsen* § 1822 BGB Rn 9.

[130] BGH DNotZ 1976, 107.

[131] *Gernhuber/Coester-Waltjen* Familienrecht § 60 VI 6.

terstellung des Minderjährigen,[132] ist diese Sichtweise zu formalistisch. Entscheidend ist, dass die wirtschaftlichen Interessen des Minderjährigen wegen der eventuellen Ausfallhaftung unter Umständen massiv beeinträchtigt werden können und dieses Risiko nach dem Schutzzweck des § 1822 Nr. 10 BGB nicht ohne gerichtliche Kontrolle und Billigung eingegangen werden darf. Einer Genehmigung nach § 1822 Nr. 10 BGB bedarf wegen der damit verbundenen Folgen (siehe § 130 HGB) auch die **Umwandlung** der **Kommanditbeteiligung** eines Minderjährigen in eine **Komplementärbeteiligung** und die damit einhergehende Änderung des Gesellschaftsvertrags. Findet eine antizipierte richterliche Kontrolle des Beitritts des Minderjährigen in eine Gesellschaft nicht statt, da die Voraussetzungen des § 1822 BGB für eine Genehmigungspflicht des Beitritts nicht vorliegen, werden die Interessen minderjähriger Gesellschafter durch § 1629 a Abs. 1 S. 1 1. Hs. BGB ausreichend geschützt.[133]

3. Umwandlungsmaßnahmen unter Beteiligung Minderjähriger

Bei **zustimmenden Gesellschafterbeschlüssen** zu Umwandlungs- 54 maßnahmen kann sich ein Ausschluss des gesetzlichen Vertreters des minderjährigen Gesellschafters von der Vertretungsmacht nach **§ 181 BGB** ergeben. Wie bereits festgestellt, ist § 181 BGB nicht nur auf Verträge, sondern auch auf Gesellschafterbeschlüsse anwendbar (s. C. § 9 Rn 51). Zustimmungsbeschlüsse zu Umwandlungsmaßnahmen stellen **Grundlagenbeschlüsse** mit gesellschaftsvertragsändernder Wirkung dar und sind Gesellschaftsvertragsänderungen gleichzustellen.[134] Aufgrund der weit reichenden Auswirkungen von Zustimmungsbeschlüssen zu Umwandlungsmaßnahmen und der damit verbundenen möglichen Interessenkollisionen ist der gesetzliche Vertreter als Mitgesellschafter deshalb nach § 181 BGB von der Vertretung des Minderjährigen bei der Beschlussfassung über die Zustimmung zu einer Umwandlung ausgeschlossen.

Umstritten ist, ob für die Wirksamkeit des Zustimmungsbeschlusses 55 zu einer Umwandlungsmaßnahme eine gerichtliche Genehmigung nach § 1822 Nr. 3 oder Nr. 10 BGB erforderlich ist. Es wird die Auffassung vertreten, dass hierfür stets die **gerichtliche Genehmigung** nach § 1822 Nr. 3 BGB einzuholen ist, da durch die Umwandlungsmaßnahme der Gesellschaftsvertrag zum Betrieb eines Erwerbsgeschäfts begründet wird.[135] Richtigerweise ist wie folgt zu differenzieren: Der Zustimmungsbeschluss bedarf dann einer gerichtlichen Genehmigung nach § 1822 Nr. 3 BGB, wenn durch die Umwandlungsmaßnahme die **Neugründung** eines **Erwerbsgeschäfts** veranlasst wird.[136] Eine Genehmigungspflicht ist außerdem zu bejahen, wenn infolge der Umwandlung die Gefahr besteht, dass der Minderjährige mit seinem Vermögen persönlich zur Haftung heran-

---

[132] *Scholz/Priester* § 55 GmbHG Rn 106.

[133] S. C. § 9 Rn 37.

[134] *Limmer* Unternehmensumwandlung Rn 219 m. w. N.

[135] *Reimann*, DNotZ 1999, 179, 199.

[136] *Widmann/Mayer* § 13 UmwG Rn 139; *Lutter* § 50 UmwG Rn 11; *Dehmer* § 13 UmwG Rn 24.

gezogen wird. Eine **persönliche Haftung** des Minderjährigen droht beispielsweise im Fall der Verschmelzung zur Aufnahme auf eine GmbH, an der der Minderjährige als Gesellschafter beteiligt ist, wenn es sich bei der aufzunehmenden Gesellschaft um eine GmbH handelt, bei der die Stammeinlagen nicht vollständig erbracht wurden (§ 51 Abs. 1 S. 3 UmwG, § 24 GmbHG). In diesem Fall folgt die Genehmigungspflicht aus § 1822 Nr. 10 BGB.

4. Prüfungsmaßstab für die Erteilung der gerichtlichen Genehmigung

56 Einen einheitlichen Prüfungsmaßstab für die Frage, unter welchen Voraussetzungen das Familien- bzw. Vormundschaftsgericht eine nach §§ 1643, 1821, 1822 Nrn. 1, 3, 5, 8 bis 11 BGB erforderliche Genehmigung zu erteilen hat, gibt es nicht. Dem **Gericht** steht nur eine **beschränkte Überprüfungskompetenz** zu.[137] Die Genehmigung darf nur versagt werden, wenn das Rechtsgeschäft rechtswidrig ist oder es nach seinem Inhalt und Zweck unter Berücksichtigung aller Umstände nicht dem Kindeswohl dient.[138] Mit der neu in das BGB eingefügten Vorschrift des § 1697 a wurde das **Kindeswohlprinzip** als Leitgrundsatz für die gerichtliche Entscheidung gesetzlich normiert.[139] Die Vorschrift des § 1697a BGB gilt trotz seiner systematischen Stellung nicht nur für die familiengerichtliche Genehmigung, sondern als Ausdruck eines allgemeinen Rechtsgedankens auch für die vormundschaftsgerichtliche Genehmigung.[140] Bei der Feststellung, ob ein Rechtsgeschäft dem Kindeswohl dient, waren nach bisheriger Auffassung die Interessen der Eltern oder Dritter nicht zu berücksichtigen.[141] Gemäß § 1697a BGB hat das Gericht nunmehr eine Entscheidung zu treffen, die unter Berücksichtigung der tatsächlichen Gegebenheiten und Möglichkeiten sowie der berechtigten Interessen der Beteiligten dem Wohl des Kindes am besten entspricht. Durch die Formulierung des § 1697a BGB, wonach die Interessen „der Beteiligten" zu berücksichtigen sind, wird deutlich, dass in Zukunft bei der gerichtlichen Entscheidung nicht mehr ausschließlich die Interessen des Kindes maßgeblich sind, sondern auch die **legitimen Interessen anderer Personen**, beispielsweise der Eltern, zu berücksichtigen sind.[142] Das Gericht hat bei seiner Entscheidung die Vorteile, Risiken, Erträge und Aufwendungen sowie die steuerlichen Konsequenzen gegeneinander abzuwägen.[143] Auch Vorteile ideeller Art, wie zum Beispiel Familieninteressen, sind in die Entscheidungsfindung mit einzubeziehen.[144] Bei der Ermessensentschei-

137 *Palandt/Diederichsen* § 1828 BGB Rn 7.
138 MüKo/*Wagenitz* § 1828 BGB Rn 15.
139 *Palandt/Diederichsen* § 1697 a BGB Rn 2.
140 *Reimann*, DNotZ 1999, 179, 187.
141 *Gernhuber/Coester-Waltjen* Familienrecht § 60 IV 8.
142 *Reimann*, DNotZ 1999, 179, 187 f.; a. A.: *Palandt/Diederichsen* § 1828 BGB Rn 7; OLG Hamm FamRZ 2001, 53.
143 *Palandt/Diederichsen* § 1828 BGB Rn 7.
144 *Palandt/Diederichsen* § 1828 BGB Rn 7.

dung des Gerichts sind die Verhältnisse zum Zeitpunkt der Entscheidung und nicht des Vertragsabschlusses maßgeblich.

5. Vertretung minderjähriger Gesellschafter nach Scheidung der Unternehmerehe

Eine weitere – häufig wenig bedachte – Besonderheit der Beteiligung 57
Minderjähriger an Gesellschaften besteht darin, dass sich während der Minderjährigkeit des Gesellschafters die Vertretungsbefugnis ändern kann. Wird die Unternehmerehe geschieden und das alleinige Sorgerecht dem nichtunternehmerisch tätigen Ehegatten zugesprochen, kann dieser als gesetzlicher Vertreter des Minderjährigen unmittelbar in die Gesellschaft hineinwirken und es somit zu einem **unerwünschten Fremdeinfluss** in der Gesellschaft kommen. Aber auch wenn das Sorgerecht bei dauerndem Getrenntleben der Eltern – wie in §§ 1626, 1671 BGB als Regelfall vorgesehen – gemeinsam ausgeübt wird, kann es zu Problemen kommen, wenn sich die Eltern über die Art und Weise der Wahrnehmung der Gesellschafterrechte des Minderjährigen nicht einig sind. Das Risiko des unerwünschten Fremdeinflusses und der Handlungsunfähigkeit kann bei der schenkungsweisen Zuwendung der Unternehmensbeteiligung ausgeschaltet werden. Zu diesem Zweck muss der Schenker gemäß **§ 1638 Abs. 1 BGB** anordnen, dass sich für den Fall der Übertragung des Sorgerechts auf andere Personen als den Schenker und für den Fall der Scheidung der Ehe – sofern dem Schenker nicht das alleinige Sorgerecht zusteht – die gesetzliche Vertretungsbefugnis nicht auf die Unternehmensbeteiligung erstreckt. Aufgrund des in § 1638 Abs. 2 BGB enthaltenen Surrogationsprinzips gilt diese Anordnung auch für den Erwerb einer Unternehmensbeteiligung mit Mitteln, die dem Minderjährigen unter Anordnung der Beschränkung der Vermögenssorge gemäß § 1638 Abs. 1 BGB zugewendet wurden. Wurde der gesetzliche Vertreter von der Vermögenssorge ausgeschlossen, ist ein **Pfleger** zu bestellen, der die Verwaltung des betreffenden Vermögens übernimmt, § 1909 Abs. 1 S. 2 BGB. Ausweislich des Wortlauts der Vorschrift des § 1638 BGB besteht die Möglichkeit, den gesetzlichen Vertreter von der Verwaltung der Gesellschaftsbeteiligung fern zu halten, nur beim **unentgeltlichen Erwerb** und nicht dann, wenn der Minderjährige die Beteiligung aus eigenen Mitteln erwirbt. Es kann deshalb ratsam sein, statt des entgeltlichen Erwerbs einer Unternehmensbeteiligung aus eigenen Mitteln des Minderjährigen diesem die Mittel zum Erwerb der Beteiligung zu schenken, um in den Anwendungsbereich des § 1638 BGB zu kommen.[145] Keinen ausreichenden Schutz vor der Gefahr des Fremdeinflusses bietet die ehevertraglich erklärte **Zustimmung** eines Elternteils zur **Übertragung** des **Sorgerechts** auf den anderen nach § 1671 Abs. 2 Nr. 1 BGB für den Fall der Trennung der Eltern. Denn diese Zustimmung ist bis zur letzten Tatsachenverhandlung frei widerruflich.[146]

---

145 *Reimann,* DNotZ 1999, 179, 202.
146 MüKo/*Finger* § 1671 BGB Rn 63; *Schwab,* FamRZ 1998, 457, 461.

6. Sonderkündigungsrecht bei vollhaftender Beteiligung

58 Durch das Minderjährigenhaftungsbeschränkungsgesetz wurde dem volljährig Gewordenen, der vollhaftender Gesellschafter einer Personengesellschaft ist, ein außerordentliches Kündigungsrecht seiner Gesellschaftsbeteiligung eingeräumt, § 723 Abs. 1 S. 3 Nr. 2 BGB, §§ 105 Abs. 3, 161 Abs. 2 HGB. Dieses außerordentliche Kündigungsrecht kann zu einer **Liquiditätsgefährdung** der Gesellschaft führen, da der kündigende Gesellschafter entsprechend den gesetzlichen bzw. gesellschaftsvertraglichen Bestimmungen abzufinden ist. Die Beteiligung Minderjähriger als vollhaftende Gesellschafter stellt somit eine nicht unerhebliche Gefährdung für das Unternehmen dar, die durch **gesellschaftsvertragliche Regelungen** zu entschärfen ist. Dies kann dadurch geschehen, dass in den Gesellschaftsvertrag eine Bestimmung aufgenommen wird, wonach einem volljährig Gewordenen, der seine vollhaftende Gesellschafterbeteiligung kündigt, kein Abfindungsanspruch zusteht. Gegen einen derartigen Abfindungsausschluss bestehen vor dem Hintergrund des Minderjährigenhaftungsbeschränkungsgesetzes keine Bedenken, da dieses Gesetz dazu dient, den volljährig Gewordenen vor der Haftung für Altverbindlichkeiten, die vor dem Eintritt der Volljährigkeit entstanden sind, mit Vermögen, das er nach Eintritt der Volljährigkeit erwirbt, zu schützen. Ein Bestandschutz für vor Eintritt der Volljährigkeit erworbenes Vermögen ist nicht Ziel dieses Gesetzes.[147] Neben entsprechenden gesellschaftsvertraglichen Vorsorgemaßnahmen kann auch in dem Vertrag, mit dem die Gesellschaftsbeteiligung auf den Minderjährigen übertragen wird, dieser durch eine **Auflage** verpflichtet werden, mit Eintritt der Volljährigkeit nicht von seinem außerordentlichen Kündigungsrecht Gebrauch zu machen. Die Übertragung der Gesellschaftsbeteiligung kann auflösend bedingt durch die Ausübung des außerordentlichen Kündigungsrechts erfolgen oder es kann für den Fall der Ausübung des außerordentlichen Kündigungsrechts eine Rückforderungs- oder Weiterleitungsklausel in den Vertrag aufgenommen werden.

V. Arbeits- und Darlehensverträge mit Abkömmlingen

1. Steuerliche und außersteuerliche Motive

59 **a) Steuerliche Motive.** Der Abschluss von Arbeitsverträgen und Darlehensverträgen mit Abkömmlingen erfolgt **überwiegend** aus steuerlichen Erwägungen. Hauptziel ist dabei, die steuerliche Belastung für die Familie zu verringern, da das Steuerrecht zwar ein Ehegattensplitting, aber kein Familiensplitting kennt. Durch Arbeits- und Darlehensverträge können die **steuerlichen Freibeträge** der Abkömmlinge (Grundfreibetrag, Arbeitnehmerpauschbetrag sowie der Sparerfreibetrag) ausgeschöpft werden. Selbst wenn die Einkünfte der Abkömmlinge die vorstehend genannten Beträge überschreiten, kann eine steuerliche Entlastungswirkung

[147] *Reimann*, DNotZ 1999, 179, 207.

für den Familienverband durch die **unterschiedlichen Progressionsstufen** des Einkommensteuertarifs erzielt werden: Einkünfte des Abkömmlings, die über den Grundfreibetrag hinausgehen, werden bei diesem immer noch niedriger besteuert als bei dem Unternehmer, der dem Höchststeuersatz unterliegt.

Bei dem Unternehmer bzw. Unternehmen sind die Zahlungen auf der Grundlage eines steuerlich anerkannten Arbeitsvertrags bzw. Darlehensvertrags als **Betriebsausgabe** gemäß § 4 Abs. 4 EStG abziehbar. Bei Arbeitsverträgen sind gezahlte Arbeitgeberbeiträge für die Sozialversicherung und Aufwendungen für eine betriebliche Altersversorgung ebenfalls als Betriebsausgaben abzugsfähig. Unter dem Gesichtspunkt der Steuerersparnis interessant ist die Vereinbarung eines geringfügig Beschäftigten Arbeitsverhältnisses zwischen dem Unternehmer und seinen Abkömmlingen.[148] Gemäß § 8 Abs. 1 Nr. 1 SGB IV liegt eine **geringfügig entlohnte Beschäftigung** vor, wenn die monatlichen Einkünfte aus dieser Beschäftigung den Betrag von 400,– € regelmäßig nicht überschreiten. In diesem Fall ist der Arbeitgeber verpflichtet, einen Pauschalbetrag von 25 % des Bruttoarbeitsentgelts an die Bundesknappschaft in Cottbus abzuführen.[149] Einkünfte aus einem geringfügig entlohntem Beschäftigungsverhältnis sind für den Arbeitnehmer steuerfrei. Die steuerfreie Auszahlung des Arbeitslohns setzt nicht mehr voraus, dass eine Freistellungsbescheinigung beim Arbeitgeber eingereicht wird. Die 15-Stunden-Grenze für die Wochenarbeitszeit gilt ebenfalls nicht mehr. Unschädlich ist es, wenn neben einer Hauptbeschäftigung ein Minijob bis insgesamt 400,– € ausgeübt wird, § 8 Abs. 2 S. 1 SGB IV. Es empfiehlt sich, die Obergrenze von monatlich 400,– € nur dann auszunutzen, wenn feststeht, dass das Arbeitsverhältnis nicht unter einen Tarifvertrag fällt, der den Arbeitgeber zu weiteren Leistungen verpflichtet, wie zum Beispiel zur Zahlung eines 13. Gehalts. Ob eine nach Tarifvertrag geschuldete Sonderleistung vom Arbeitgeber erbracht wird, ist für die Frage, ob die 400,– €-Grenze überschritten wird, unerheblich. Auch kommt es nicht darauf an, ob im Arbeitsvertrag auf den Tarifvertrag Bezug genommen wurde oder nicht. Ausreichend ist, dass nach dem Tarifvertrag eine Sonderleistung geschuldet ist. Es ist deshalb ratsam, sich vor Vereinbarung des Arbeitslohns Klarheit darüber zu verschaffen, ob das Arbeitsverhältnis einem Tarifvertrag unterliegt, der tarifliche Sonderleistungen vorsieht. Ist dies der Fall, müssen das monatliche Grundgehalt niedriger angesetzt und die tariflichen Sonderleistungen gesondert berechnet werden. Vorsicht geboten ist auch vor freiwilligen einmaligen Leistungen wie Weihnachts- und Urlaubsgeld. Denn wenn es zu einer Überschreitung der 400,– €-Grenze kommt, löst das eine Versicherungspflicht zur gesetzlichen Rentenversicherung aus. 60

Überwiegend von steuerlicher Motivation geprägt ist auch der Abschluss von **partiarischen Darlehen** zwischen dem Unternehmer und 61

---

[148] Ausführlich zu geringfügig entlohnten Beschäftigungsverhältnissen *Küffner*, DStR 2003, 496 ff; *Rolfs*, ZIP 2003, 141 ff.; *Niermann/Plenker*, DB 2003, 304 ff.

[149] Bei haushaltsnahen Tätigkeiten betragen die Pauschalabgaben 12 %.

seinen Abkömmlingen: Das partiarische Darlehen unterscheidet sich von einem „gewöhnlichen“ Darlehen dadurch, dass der Darlehensgeber keinen festen Zins erhält, sondern die Höhe des Zinses in einem bestimmten Anteil am Gewinn des Darlehensnehmers besteht.[150] Der Darlehensgeber und der Darlehensnehmer verfolgen keinen über die Abwicklung des Darlehensvertrags hinausgehenden gemeinsamen Zweck. Dies unterscheidet das partiarische Darlehen von der stillen Beteiligung.[151] Kontroll- und Einflussrechte stehen dem Darlehensgeber nicht zu. Die Zinseinnahmen stellen bei dem Darlehensgeber nicht gewerbliche Einkünfte, sondern Einkünfte aus Kapitalvermögen (§ 20 Abs. 1 Nr. 4 EStG) dar. Die Zinsen für partiarische Darlehen sind Dauerschuldzinsen im Sinne des § 8 Nr. 1 GewStG, so dass gewerbesteuerlich eine Hinzurechnung zur Hälfte erfolgt.[152]

62 Bei **Arbeits-** und **Darlehensverträgen** mit Abkömmlingen ist stets zu bedenken, dass den steuerlichen Vorteilen auch **steuerliche Nachteile** gegenüberstehen können, insbesondere bezüglich des Ausbildungsfreibetrags (§ 33 a EStG) und des Kindergelds bzw. des Kinderfreibetrags (§ 32 EStG). Zum Beispiel entfällt das Kindergeld bzw. der Kinderfreibetrag vollumfänglich, wenn die Einkünfte und Bezüge des volljährigen Kindes 7680,– € (2004) übersteigen, § 32 Abs. 4 EStG.

63 **b) Außersteuerliche Motive.** Darlehens- und Arbeitsverträge mit Abkömmlingen werden in erster Linie aufgrund steuerlicher Erwägungen abgeschlossen. Außersteuerliche Motive spielen demgegenüber nur eine **untergeordnete** Rolle. Ein außersteuerliches Motiv besteht insbesondere darin, die Abkömmlinge schon frühzeitig mit eigenem Vermögen auszustatten.

2. Gesetzliche Vertretung

64 Bei dem **Abschluss** von **Arbeitsverträgen** sowie von **Darlehensverträgen** zwischen dem Unternehmer als gesetzlichem Vertreter und seinem minderjährigen Abkömmling gelten grundsätzlich die **allgemeinen Regelungen** hinsichtlich der **Vertretungsmacht** und des Ausschlusses von der Vertretungsmacht (Einzelheiten hierzu unter C. § 9 Rn 29 ff.). Bei dem Abschluss von Darlehensverträgen ist der Unternehmer (und damit auch sein Ehegatte) von der Vertretung des Minderjährigen gemäß §§ 1629 Abs. 2, 1795 Abs. 2, 181 BGB ausgeschlossen, wenn der Darlehensvertrag zwischen ihm als Unternehmer oder zwischen dem vom gesetzlichen Vertreter vertretenen Unternehmen einerseits und dem Minderjährigen andererseits abgeschlossen wird. Der Darlehensvertrag, der gleichwohl trotz des Ausschlusses von der Vertretungsmacht abgeschlossen wird, ist nichtig.

65 Für den Abschluss von Dienst- und Arbeitsverhältnissen enthält **§ 113 BGB** eine **Sonderregelung**. Ermächtigt danach der gesetzliche Vertreter

---

150 Steuerliches Vertragsbuch/*Weigell* B.16 Rn 1.

151 *Weigl* Stille Gesellschaft und Unterbeteiligung S. 7.

152 Steuerliches Vertragsbuch/*Weigell* B.16 Rn 9.

den Minderjährigen, in Dienst oder in Arbeit zu treten, ist der Minderjährige für solche Rechtsgeschäfte unbeschränkt geschäftsfähig, welche die Eingehung oder Aufhebung eines Dienst- oder Arbeitsverhältnisses der gestatteten Art oder die Erfüllung der sich aus einem solchen Verhältnis ergebenden Verpflichtung betreffen.[153] Eine derartige **Ermächtigung** durch den gesetzlichen Vertreter führt somit aufgrund der Vorschrift des § 113 BGB zur (**partiellen**) **vollen Geschäftsfähigkeit** des Minderjährigen. Die praktische Bedeutung dieser Vorschrift ist erheblich.[154] **Umstritten** ist, ob die Ermächtigung nach § 113 Abs. 1 BGB sich auch auf Dienst- oder Arbeitsverhältnisse mit dem gesetzlichen Vertreter oder mit einem Unternehmen, dessen gesetzlicher Vertreter der Elternteil ist, bezieht, oder ob derartige Verträge gemäß §§ 1629 Abs. 2, 1795 Abs. 2, 181 BGB unwirksam sind. Die Ermächtigung nach § 113 Abs. 1 BGB und der Abschluss des Arbeitsvertrags stellen zwei rechtlich unabhängig voneinander zu beurteilende Vorgänge dar, so dass eine unmittelbare Anwendung des § 181 BGB nicht in Betracht kommt. Aus diesem Grund wird die Auffassung vertreten, dass sich die Ermächtigung nach § 113 BGB auch auf Dienst- oder Arbeitsverhältnisse zwischen dem gesetzlichen Vertreter bzw. dem von ihm vertretenen Unternehmen und dem Minderjährigen erstreckt.[155] Die **Finanzverwaltung** ist ebenfalls der Auffassung, dass für die bürgerlich-rechtliche Wirksamkeit eines Arbeits- oder Ausbildungsvertrags mit einem minderjährigen Kind ab Vollendung des 14. Lebensjahres die Bestellung eines Ergänzungspflegers nicht erforderlich ist (R 19 Abs. 3 S. 1 EStR 2001).[156] Auch wenn eine unmittelbare Anwendung von § 181 BGB nicht in Betracht kommt, ist nicht zu verkennen, dass die Gefahr eines Interessenkonflikts gegeben ist, wenn der Minderjährige ein Arbeits- oder Dienstverhältnis mit seinem gesetzlichen Vertreter eingeht. § 181 BGB, der gerade diesem Interessenkonflikt vorbeugen will, ist deshalb entsprechend anzuwenden und die Mitwirkung eines Ergänzungspflegers nach § 1909 Abs. 1 S. 1 BGB beim Abschluss des Vertrags erforderlich.[157]

3. Voraussetzungen für die steuerliche Anerkennung

a) Grundsätzliches zur steuerlichen Anerkennung von Verträgen unter Angehörigen. Zwar gilt auch für Angehörige, dass sie ihre Rechtsverhältnisse untereinander so gestalten können, wie sie für sie steuerlich möglichst günstig sind.[158] Gleichwohl besteht bei Verträgen unter nahen 66

---

[153] Eine Ausnahme hiervon gilt lediglich für Verträge, zu denen die Genehmigung des Vormundschaftsgerichts eingeholt werden muss.

[154] MüKo/*Schmitt* § 113 BGB Rn 2.

[155] *Palandt/Heinrichs* § 113 BGB Rn 3; FG Köln EFG 1990, 344.

[156] Arbeitsverhältnisse mit Kindern unter 14 Jahren verstoßen gegen das Jugendarbeitsschutzgesetz und sind deshalb im Allgemeinen nichtig; in diesem Fall ist eine steuerliche Anerkennung nicht möglich, R 19 Abs. 3 S. 2 EStR 2001.

[157] MüKo/*Schmitt* § 113 BGB Rn 12; FG Schleswig-Holstein NJW 1987, 1784; s. dazu auch *L. Schmidt* § 4 EStG Rn 520.

[158] BFH v. 16. 1. 1996, BStBl II 1996, 214.

Angehörigen die Notwendigkeit sicherzustellen, dass die Vertragsbeziehungen und die auf ihnen beruhenden Leistungen tatsächlich dem betrieblichen und nicht – zum Beispiel als Unterhaltsleistung – dem privaten Bereich (§ 12 Nr. 1 EStG) zuzurechnen sind.[159] Verträge unter nahen Angehörigen werden steuerrechtlich nur dann anerkannt, wenn eine Einkunftserzielungsabsicht besteht, der Vertrag bürgerlich-rechtlich wirksam geschlossen wurde, die Vereinbarungen hinsichtlich Ausgestaltung und Durchführung dem Fremdvergleich standhalten und kein Gestaltungsmissbrauch im Sinne von § 42 AO vorliegt. Nach Ansicht des BFH[160] kann nur die auf diese äußerlich erkennbaren Beweisanzeichen gestützte Beurteilung sicherstellen, dass die Vertragsbeziehungen tatsächlich im Bereich der **Einkunftserzielung** und nicht im privaten Bereich wurzeln. Allerdings stellt nicht jede geringfügige Abweichung vom Üblichen die steuerliche Anerkennung in Frage.[161] Entscheidend ist eine **Gesamtbetrachtung**, bei der den einzelnen Beweisanzeichen ein unterschiedliches Gewicht beigemessen werden kann.[162]

67 *aa) Einkunftserzielungsabsicht.* Die **Einkunftserzielungsabsicht** ist ein allen sieben Einkunftsarten des § 2 Abs. 1 Nr. 1 bis 7 EStG **immanentes Tatbestandsmerkmal** und hat die Aufgabe, einkommensteuerrechtlich relevante Tätigkeiten von einkommensteuerrechtlich irrelevanten Betätigungen, insbesondere von der so genannten „Liebhaberei", abzugrenzen.[163] Anders als bei Einkünften aus Vermietung und Verpachtung ist diese Voraussetzung bei Arbeits- und Darlehensverträgen unter Familienangehörigen in aller Regel erfüllt.

68 *bb) Zivilrechtliche Wirksamkeit.* Weitere Voraussetzung für die steuerrechtliche Anerkennung von Verträgen unter Familienangehörigen ist die Einhaltung der bürgerlich-rechtlich vorgeschriebenen Form.[164] Durch das Erfordernis der **zivilrechtlichen Wirksamkeit** der Vereinbarung soll sichergestellt werden, dass nur **ernsthaft vereinbarte Verträge** der Besteuerung zugrunde gelegt werden und die der Einkunftserzielung dienenden Vertragsbeziehungen vom rein privaten Bereich (§ 12 EStG) abgegrenzt werden.[165] Für den Abschluss eines Arbeits- bzw. Darlehensvertrags wird vom Bürgerlichen Gesetzbuch eine besondere **Form** weder unter fremden Dritten noch unter Angehörigen vorgeschrieben. Steuerlich anzuerkennen sind deshalb auch mündlich abgeschlossene Verträge. Gleichwohl ist die Einhaltung der Schriftform bei Arbeits- und Darlehensverträgen aus Gründen des leichteren Nachweises des Vertragsinhalts zu empfehlen.[166] Denn dem steuerpflichtigen Unternehmer obliegt die Feststellungslast dafür, dass er mit seinem Abkömmling eine arbeits- bzw.

---

159 BFH v. 13. 11. 1986, DB 1987, 255.
160 V. 9. 10. 2001, DStRE 2002, 866.
161 BFH v. 3. 3. 2004, (XR 14/01), II 4 a.
162 BFH v. 9. 10. 2001, DStRE 2002, 866.
163 *L. Schmidt* § 15 EStG Rn 25.
164 BFH v. 19. 6. 1991, DB 1992, 70.
165 BFH v. 9. 10. 2001, DStRE 2002, 866; *Spindler*, DB 1997, 643, 644.
166 BFH v. 21. 1. 1999, NV 1999, 919 = StuB 1999, 442.

darlehensvertragliche Vereinbarung mit einem bestimmten Inhalt getroffen hat und dass diese auch tatsächlich so durchgeführt wurde.[167]

cc) Fremdvergleich. Weitere Voraussetzung dafür, dass (Arbeits- und Darlehens-)Verträge zwischen nahen Angehörigen sowohl einkommen- als auch gewerbesteuerlich anerkannt werden, ist, dass sie dem so genannten „**Fremdvergleich**" standhalten. Zu prüfen ist, ob die **Vertragsgestaltung** (klare und eindeutige Vereinbarungen vor Leistungserbringung) und **Durchführung** (des vorher Vereinbarten) dem entsprechen, was zwischen Fremden üblich ist.[168] Bei Verträgen unter nahen Angehörigen wird vermutet, dass aufgrund der gleichgerichteten Interessen das Bedürfnis besteht, Verträge auf ihren wirtschaftlichen Gehalt hin zu überprüfen. Denn bei Angehörigen fehlt der natürliche Interessengegensatz, wie er zwischen fremden Dritten vorliegt. Tätigkeiten, die als Unterstützung der Familie einzustufen sind, wie die von § 1619 BGB normierte Verpflichtung, dass ein Kind, solange es dem elterlichen Hausstand angehört und von den Eltern erzogen oder unterhalten wird, verpflichtet ist, in einer seinen Kräften und seiner Lebensstellung entsprechenden Weise den Eltern in ihrem Hauswesen und Geschäfte Dienste zu leisten, haben steuerrechtlich keine Relevanz. Andererseits ist zu berücksichtigen, dass Angehörige, zum Beispiel **Abkömmlinge**, steuerrechtlich als **eigene Steuersubjekte** behandelt werden. (Arbeits- und Darlehens-)Verträge zwischen Angehörigen sind deshalb als Konsequenz der Individualbesteuerung steuerlich grundsätzlich anzuerkennen.[169] Die steuerliche Anerkennung scheitert nach der – als Konsequenz aus den **„Oder-Konto"-Beschlüssen** des BVerfG[170] – neueren Rechtsprechung des BFH nicht schon daran, dass diese Verträge bezüglich Vertragsinhalt und Durchführung in einzelnen (Neben-)Punkten vom „Üblichen" abweichen, sofern die Hauptpflichten klar und eindeutig vereinbart und entsprechend erfüllt werden.[171] Eine Nichtanerkennung setzt vielmehr voraus, dass der vom Finanzamt behauptete Mangel so schwerwiegend ist, dass unter Betrachtung des Gesamtbilds der Verhältnisse der Rückschluss auf eine nicht ernstliche Vereinbarung zulässig ist.[172]

dd) Kein Gestaltungsmissbrauch. Eine steuerliche Anerkennung von Ver- **69**
trägen unter nahen Angehörigen im Allgemeinen und von Arbeits- und Darlehensverträgen im Besonderen ist nur möglich, wenn **kein Gestaltungsmissbrauch** vorliegt, **§ 42 AO**. Der Einwand des Gestaltungsmissbrauchs gewinnt bei der Frage der steuerlichen Anerkennung von **Verträgen** unter **Angehörigen** immer **stärker** an **Bedeutung**.[173] Wenn durch die vertragliche Vereinbarung eine Gestaltung gewählt wird, die – gemessen an dem erstrebten Ziel – unangemessen ist, der Steuerminderung die-

---

[167] S. dazu *Vogt/Hannes* Verträge mit Familienangehörigen S. 121.
[168] BFH v. 23. 9. 1998, DStRE 1999, 162.
[169] *Seeger*, DStR 1998, 1339, 1341.
[170] V. 7. 11. 1995, DB 1995, 2572; v. 15. 8. 1996, DB 1996, 2470.
[171] BFH v. 3. 3. 2004, ZEV 2004, 250, 251; v. 23. 9. 1998, DStRE 1999, 162.
[172] BFH v. 9. 10. 2001, DStRE 2002, 867 f.; *Schoor*, StuB 2002, 526, 528.
[173] *Vogt/Hannes* Verträge mit Familienangehörigen S. 11.

nen soll und durch wirtschaftliche oder sonst beachtliche nicht steuerliche Gründe nicht zu rechtfertigen ist, liegt nach ständiger Rechtsprechung des BFH eine Umgehung des Steuergesetzes durch Missbrauch von Gestaltungsmöglichkeiten nach § 42 AO vor.[174] Die Versagung der steuerlichen Anerkennung einer gewählten Vertragskonstruktion wegen des Verstoßes gegen § 42 AO trifft in aller Regel solche (ausgeklügelten) Vertragskonstruktionen, durch die unter Einsatz aller zivilrechtlich vorgesehener Gestaltungsmöglichkeiten der Eintritt einer bestimmten Steuerfolge herbeigeführt oder verhindert werden soll.[175] Die Frage, ob ein Missbrauch von Gestaltungsmöglichkeiten vorliegt, ist von dem Prüfungspunkt „Fremdvergleich" zu trennen.[176] Bei Arbeitsverträgen spielt der Gesichtspunkt des Missbrauchs von Gestaltungsmöglichkeiten keine bedeutende Rolle. Anders ist dies bei Darlehensverträgen unter nahen Angehörigen (Einzelheiten hierzu unter C. § 9 Rn 77 ff.).

70 **b) Steuerliche Auswirkungen der fehlenden Mitwirkung eines Ergänzungspflegers.** Ob die fehlende (zivilrechtlich erforderliche) Mitwirkung eines Ergänzungspflegers Auswirkungen auf die steuerliche Anerkennung der mit einem Minderjährigen geschlossenen Verträge hat, ist **umstritten**. Grundsätzlich gilt – wie oben bereits ausgeführt –, dass Verträge mit nahen Angehörigen steuerrechtlich nur dann anerkannt werden, wenn sie bürgerlich-rechtlich wirksam vereinbart sind. Dieser Grundsatz wurde vom **BFH** mit Urteil vom 13. 7. 1999[177] auf den ersten Blick erheblich eingeschränkt. In diesem Urteil führte der BFH aus, dass der Grundsatz der zivilrechtlichen Wirksamkeit als Voraussetzung für die steuerliche Anerkennung im Lichte der Rechtsprechung des BVerfG zur steuerlichen Anerkennung von Arbeitsverträgen zwischen Ehegatten[178] nicht ausnahmslos gelten könne. Nach Auffassung des BFH sind tatsächlich durchgeführte Verträge zwischen nahen Angehörigen, bei deren Abschluss Formvorschriften nicht beachtet worden sind, ausnahmsweise dann von vornherein steuerlich zu berücksichtigen, wenn aus den besonderen übrigen Umständen des konkreten Einzelfalls zweifelsfrei abgeleitet werden kann, dass die Vertragspartner einen ernsthaften Bindungswillen hatten. Weitere Voraussetzung ist jedoch nach dieser Entscheidung des BFH, dass den Vertragspartnern die Nichtbeachtung der Formvorschrift nicht angelastet werden kann, zum Beispiel weil sich die Anwendbarkeit der Formvorschrift nicht aus dem Gesetzeswortlaut, sondern nur im Wege erweiternder Auslegung oder eines Analogieschlusses ergibt.[179] Die letztgenannte Voraussetzung ist

---

[174] BFH v. 16. 1. 1996, DB 1996, 814.

[175] Beck'sches Notarhandbuch/*Spiegelberger* Kap. E Rn 88.

[176] *Vogt/Hannes* Verträge mit Familienangehörigen S. 12.

[177] NV 2000, 176.

[178] Beschluss v. 15. 8. 1996, DB 1996, 2470.

[179] In dem vom BFH entschiedenen Fall ging es um die Wirksamkeit eines Pachtvertrags zwischen den minderjährigen Kindern bzw. Enkeln der beherrschenden Gesellschafter einer Personengesellschaft und der Personengesellschaft; für diesen Fall stellte der BFH fest, dass die Frage, ob ein Ergänzungspfleger bei dieser Konstellation mitwirken muss, unsicher oder ungeklärt war, und deshalb die

jedoch im Fall fehlender, aber nach den zivilrechtlichen Vorschriften erforderlichen Mitwirkung eines Ergänzungspflegers gerade nicht erfüllt. An dem Grundsatz, dass Verträge mit Minderjährigen im Besonderen und mit nahen Angehörigen im Allgemeinen steuerlich nur anerkannt werden, wenn sie bürgerlich-rechtlich wirksam vereinbart wurden, ist somit auch nach der Entscheidung des BFH vom 13. 7. 1999 festzuhalten.

c) Darlehens- und Arbeitsverträge zwischen Abkömmlingen und Familiengesellschaften. Der **Begriff** des **„nahen Angehörigen"** ist gesetzlich nicht definiert. Er ist zwar weiter als derjenige der „nächsten Angehörigen" im Sinne des § 58 Nr. 5 AO, jedoch enger als derjenige der in § 15 AO genannten „Angehörigen".[180] Nach Auffassung des BFH fallen unter den Begriff des „nahen Angehörigen" Ehegatten, Eltern und minderjährige bzw. volljährige Kinder, Großeltern und Enkel, Schwiegereltern und Schwiegerkinder, Geschwister und Verschwägerte.[181] Nach In-Kraft-Treten des Lebenspartnerschaftsgesetzes zählen auch Partner einer eingetragenen Lebenspartnerschaft zu den „nahen Angehörigen". Personen- und Kapitalgesellschaften fallen demgegenüber nicht unter den Begriff „naher Angehöriger". Für Darlehens- und Arbeitsverträge zwischen einer **Personengesellschaft** und dem Abkömmling eines Gesellschafters gilt jedoch, dass sie dann die an Angehörigen-Verträge gestellten besonderen Anforderungen erfüllen müssen, wenn der **Gesellschafter** die Gesellschaft **beherrscht**.[182] Von einer „Beherrschung" ist in der Regel auszugehen, wenn die Beteiligung mehr als 50 % beträgt (R 19 Abs. 2 EStR 2001). Das Kriterium der „Beherrschung" ist auch dann erfüllt, wenn zwei Gesellschafter jeweils zu 50 % beteiligt sind und mit jedem Gesellschafter-Angehörigen inhaltlich übereinstimmende Verträge geschlossen werden.[183] Entsprechendes gilt für Darlehens- und Arbeitsverträge zwischen einer **Kapitalgesellschaft** und dem Angehörigen eines beherrschenden Gesellschafters, auch wenn die Kapitalgesellschaft anders als die Personengesellschaft ein eigenständiges Steuerrechtssubjekt ist. Denn eine sachliche Rechtfertigung für eine Besserstellung des beherrschenden Gesellschafters einer Kapitalgesellschaft gegenüber dem einer Personengesellschaft besteht nicht.[184] 71

Nichthinzuziehung des Ergänzungspflegers und eine daraus eventuell resultierende Unwirksamkeit des Pachtvertrags keine Auswirkungen auf die steuerliche Anerkennung des Vertrags hatte.

[180] *Spindler,* DB 1997, 643.

[181] BFH v. 10. 4. 1990, DB 1990, 1799 (Ehegatten); BFH v. 15. 4. 1986, DB 1986, 202 (Eltern und minderjährige Kinder); BFH v. 25. 5. 1993, DB 1993, 1904 (Eltern und volljährige Kinder); BFH v. 18. 12. 1990, DB 1991, 1096 (Großeltern und Enkel); BFH v. 19. 6. 1991, DB 1992, 70 (Schwiegerkinder und Schwiegereltern); BFH v. 7. 5. 1996, DB 1996, 1755 (Geschwister und Verschwägerte); zu Verlobten s. BFH v. 22. 4. 1998, NV 1999, 24; zur eheähnlichen Lebensgemeinschaft BFH v. 14. 4. 1988, BStBl II 1988, 670.

[182] BFH v. 15. 6. 2000, NV 2000, 1467.

[183] BFH v. 18. 12. 2001, StuB 2002, 348; *Vogt/Hannes* Verträge mit Familienangehörigen S. 163.

[184] So auch *Vogt/Hannes* Verträge mit Familienangehörigen S. 163 f. und *Nörenberg* Ehegatten-Arbeitsverträge S. 42.

72 **d) Besonderheiten bezüglich der steuerlichen Anerkennung von Darlehensverträgen.** Für die Anerkennung von Darlehensverträgen unter Angehörigen gelten grundsätzlich die oben bereits dargestellten allgemeinen Anforderungen für die steuerliche Anerkennung von Verträgen zwischen nahen Angehörigen.[185] Auf die Besonderheiten für die steuerliche Anerkennung von Arbeitsverträgen zwischen dem Unternehmer und Abkömmlingen wird an dieser Stelle nicht eingegangen, da derartige Arbeitsverträge in der Praxis keine besondere Rolle spielen.[186] Im Folgenden werden einige Besonderheiten für die steuerliche Anerkennung von Darlehensverträgen dargestellt.

73 *aa) Vereinbarungsgemäße Durchführung.* **Unverzichtbare Voraussetzung** für die steuerliche Anerkennung eines Darlehensvertrags ist nach Auffassung der Finanzverwaltung, dass der Darlehensvertrag gemäß den getroffenen Vereinbarungen durchgeführt wird, insbesondere, dass die vereinbarten Zinsen regelmäßig geleistet werden.[187]

74 *bb) Fremdvergleich.* Ob der Darlehensvertrag dem **Fremdvergleich** standhält, richtet sich nach der Rechtsprechung und der Finanzverwaltung danach, ob die Vereinbarungen dem entsprechen, was **zwischen Darlehensnehmern** und **Kreditinstituten üblich** ist. Nach Ansicht des BFH sind im Rahmen des Fremdvergleichs nicht die Verhältnisse bei Familienbetrieben mit all ihren Besonderheiten maßgeblich, da sonst keine sachliche Abgrenzung möglich wäre.[188] Ausreichend für die steuerliche Anerkennung ist eine Vereinbarung über die **„essentialia negotii"**. Zu den wesentlichen und damit regelungsbedürftigen Vertragsbestandteilen gehört eine Regelung über die Höhe der Darlehenssumme, über die Laufzeit des Darlehens und dessen Tilgung, über den Zinssatz, die Kündigungsmöglichkeit des Darlehens und über die Gestellung von Sicherheiten insbesondere bei längerfristiger Kapitalhingabe.[189]

cc) Laufzeit, Kündigung und Tilgung. Das Bürgerliche Gesetzbuch enthält in den §§ 488 ff. BGB Regelungen über die **Laufzeit**, **Tilgung** und ordentliche (sowie neuerdings außerordentliche, § 490 BGB) **Kündigung** eines Darlehens. Zivilrechtlich ist eine ausdrückliche Regelung dieser Punkte somit für die Wirksamkeit eines Darlehensvertrags nicht zwingend erforderlich (gleichwohl aber empfehlenswert). Für die steuerliche Anerkennung eines Darlehensvertrags reicht nach der Rechtsprechung des BFH[190] die subsidiäre Geltung der gesetzlichen Bestimmungen mangels ausdrücklicher vertraglicher Wiedergabe oder Ausgestaltung allerdings

[185] Zur Anerkennung von Darlehensverträgen unter Angehörigen s. BMF-Schreiben v. 1. 12. 1992, DStR1992, 1763; v. 25. 5. 1993, DStR1993, 839, und v. 9. 5. 1994, DStR1994, 753.

[186] Einzelheiten zu Arbeitsverträgen unter Angehörigen s. *Vogt/Hannes* Verträge mit Familienangehörigen S. 43 ff.

[187] S. BMF-Schreiben v. 1. 12. 1992, DStR1992, 1763, Tz 5.

[188] BFH v. 18. 12. 1990, NV 1991, 732, 734.

[189] BFH v. 9. 10. 2001, DStRE 2002, 866; *Vogt/Hannes* Verträge mit Familienangehörigen S. 158, 172 f.

[190] V. 28. 1. 1993, NV 1993, 590.

nicht aus. Die **ausdrückliche Regelung** von Laufzeit, Kündigung und Tilgung im Darlehensvertrag ist deshalb für die steuerliche Anerkennung zwingend **erforderlich**. In dem Darlehensvertrag ist entweder eine bestimmte Laufzeit oder ein Kündigungsrecht des Abkömmlings als Darlehensgeber zu vereinbaren. Bei dem Kündigungsrecht des Abkömmlings ist darauf zu achten, dass dessen Ausübung nicht von der Zustimmung des Unternehmers bzw. des Unternehmens als Darlehensnehmer abhängt.[191] Die Vereinbarungen über die Tilgung des Darlehens müssen so ausgestaltet werden, dass die Entscheidung über das „Ob", „Wie" und „Wann" der Tilgung nicht dem Darlehensnehmer obliegt und diese nicht willkürlich getroffen werden kann.[192] Nach Ansicht des BFH[193] würde ein fremder dritter Darlehensgeber die Regelung der Darlehensrückzahlung weder dem Darlehensnehmer noch einer anderen Person, zum Beispiel dem Steuerberater des Darlehensnehmers, überlassen. Steuerlich nicht anerkannt wird auch eine Regelung, wonach eine Rückzahlung davon abhängig ist, dass der Gewinn des Unternehmens eine gewisse Höhe erreicht.[194] Des Weiteren darf **keine Vermischung** der **Einkommens-** und **Vermögenssphären** von Darlehensgeber und Darlehensnehmer erfolgen. Das heißt, es ist dafür Sorge zu tragen, dass ausschließlich der Darlehensgeber über die Tilgungsbeträge verfügungsbefugt ist.[195]

dd) Verzinsung. Werden Darlehenszinsen vereinbart, die über das übliche **75**
Maß hinausgehen, sind sie nur bis zur Höhe des Üblichen abziehbar.[196] Die Vereinbarung von unüblich niedrigen Zinsen hat keinen Einfluss auf die steuerliche Anerkennung des Darlehensvertrags.[197] Hinsichtlich der Verzinsung kann – wie bei Verträgen mit Kreditinstituten üblich – ein **fester** oder **variabler Zinssatz** vereinbart werden. Die Vereinbarung eines festen Zinssatzes wird in der Praxis wegen der einfachen Handhabbarkeit häufig gewählt. Wenn eine Anpassung des Zinssatzes an geänderte Marktbedingungen gewünscht wird, ist es ausreichend, die Zinshöhe an den Basiszinssatz zu koppeln. Es ist bei den Zinszahlungen – wie bei den Tilgungsbeträgen auch – strikt darauf zu achten, dass ausschließlich der Darlehensgeber darüber verfügungsbefugt ist. Außerdem dürfen diese Geldbeträge **nicht** an die Stelle von **Unterhaltsleistungen** treten, da es sich sonst um nicht abziehbare Unterhaltszahlungen handelt, § 12 Nr. 2 EStG.[198]

ee) Sicherheiten. **Zwingende** Voraussetzung für die steuerliche Anerken- **76**
nungsfähigkeit von **langfristigen** Darlehen (d. h. Darlehen mit einer Laufzeit von länger als 4 Jahren[199]) mit Abkömmlingen im Besonderen und Angehörigen im Allgemeinen ist nach Auffassung der Finanzverwal-

---

191 BFH v. 18. 12. 1990, BStBl II 1991, 581.

192 *Vogt/Hannes* Verträge mit Familienangehörigen S. 173.

193 V. 14. 4. 1983, BStBl II 1983, 556.

194 BFH v. 20. 9. 1990, BStBl II 1991, 18.

195 *Vogt/Hannes* Verträge mit Familienangehörigen S. 174.

196 *Vogt/Hannes* Verträge mit Familienangehörigen S. 168.

197 BFH v. 4. 6. 1991, BStBl II 1991, 838.

198 BFH v. 10. 8. 1988, BStBl II 1989, 137.

199 BFH v. 9. 5. 1996, BStBl II 1996, 642.

tung und der Rechtsprechung[200] die **Besicherung** der **Darlehensforderung**. Bei kurzfristigen Darlehenslaufzeiten ist eine Besicherung ebenfalls erforderlich, wenn aufgrund der wirtschaftlichen Situation des Darlehensnehmers ein Kreditinstitut eine Besicherung verlangen würde.[201] Nach Auffassung des BFH hat eine Besicherung der Darlehensforderung stets zu erfolgen, wenn Darlehensgeber minderjährige Kinder sind, da dann trotz einer zum Beispiel sechsmonatigen Kündigungsfrist faktisch mit einer Kündigung vor Eintritt der unbeschränkten Geschäftsfähigkeit nicht zu rechnen ist.[202] Zu dieser Ansicht ist kritisch anzumerken, dass sie nicht berücksichtigt, dass die Eltern als gesetzliche Vertreter aufgrund der Vermögenssorge (§ 1626 BGB) verpflichtet sind, das Vermögen der Kinder zu erhalten, zu verwerten und zu vermehren, auch wenn sie im eigenen Interesse handeln.[203] Auf die Gestellung von Sicherheiten darf selbst dann nicht verzichtet werden, wenn der Darlehensnehmer über so gute Vermögensverhältnisse verfügt, dass auch ein Kreditinstitut eine Besicherung des in Frage stehenden Darlehens nicht verlangt hätte. Denn der BFH[204] stellt darauf ab, dass zum einen fraglich ist, ob das Kreditinstitut das Darlehen zu denselben Konditionen gewährt hätte wie der Angehörige. Und zum anderen verfüge das Kreditinstitut als Darlehensgeber – anders als regelmäßig der Angehörige – häufig bereits über entsprechende Sicherheiten und Zugriffsmöglichkeiten auf bei ihm geführte Konten und eingerichtete Depots. Die Besicherung des Darlehens hat mittels **banküblicher Sicherheiten** zu erfolgen. In erster Linie sind nach Auffassung der Finanzverwaltung[205] dingliche Sicherheiten, wie zum Beispiel Grundpfandrechte, vorzusehen. Aber auch eine Absicherung durch Bürgschaft, Schuldbeitritt und Forderungsabtretung kommt in Betracht. Voraussetzung für die Anerkennung einer jeden Sicherheit ist deren **Werthaltigkeit**.[206] Empfehlenswert ist auch die Absicherung des Rückerstattungsanspruchs durch die Einräumung eines **außerordentlichen Kündigungsrechts**, falls dieser durch Eintritt bestimmter Umstände gefährdet ist. Eine Gefährdung kann dann bestehen, wenn in den Vermögensverhältnissen des Darlehensnehmers oder in der Werthaltigkeit einer gestellten Sicherheit eine wesentliche Verschlechterung eintritt. Auf die Einräumung von Sicherheiten kann ausnahmsweise nur verzichtet werden, wenn das Darlehen, das ansonsten bei einem fremden Dritten hätte aufgenommen werden müssen, volljährigen und wirtschaftlich unabhängigen Angehörigen aus Anlass der Herstellung oder Anschaffung von Vermögensgegenständen gewährt wird.[207]

---

200 BMF-Schreiben v. 1. 12. 1992, DStR1992, 1763, Tz 5, und BFH v. 9. 5. 1996, BStBl II 1996, 642.

201 Vgl. *Vogt/Hannes* Verträge mit Familienangehörigen S. 183.

202 BFH v. 12. 1. 1989, NV 1990, 163.

203 Vgl. *Palandt/Diederichsen* § 1626 BGB Rn 21.

204 V. 14. 4. 1983, BStBl II 1983, 556; *Vogt/Hannes* Verträge mit Familienangehörigen S. 182.

205 BMF-Schreiben v. 25. 5. 1993, DStR1993, 839.

206 S. dazu *Vogt/Hannes* Verträge mit Familienangehörigen S. 178 ff.

207 Zum abgeschwächten Fremdvergleich in diesem Fall s. *Bilsdorfer*, DStR1996, 1065, 1068, sowie BFH v. 9. 10. 2001, DStRE 2002, 866, 867.

ff) Kein Missbrauch von Gestaltungsmöglichkeiten. Bei einem „reinen" Angehörigen-Darlehensvertrag ist der **Einwand** des **Missbrauchs** von **Gestaltungsmöglichkeiten** selten. In aller Regel ist dies eher ein Problem bei der Kombination von Schenkung und Darlehensvertrag. 77

e) Kombination von Schenkung und Darlehen. *aa) Besonderheiten hinsichtlich der steuerlichen Anerkennung.* Verbreitet sind die so genannten „Kombinationsfälle": Der dem Unternehmer von seinem Abkömmling darlehensweise zur Verfügung gestellte Betrag wurde diesem vorher schenkungsweise vom Unternehmer übertragen.[208] Nach Ansicht des **BFH** setzt die **steuerliche Anerkennung** des Kombinationsmodells voraus, dass durch die schenkungsweise Zuwendung des Geldes eine bürgerlich-rechtlich **wirksame** und **endgültige Vermögensverschiebung** bewirkt wird, die Gestaltung des Darlehensvertrags einem **Fremdvergleich** standhält und die Gestaltung **nicht missbräuchlich** ist, § 42 AO.[209] Die steuerliche Anerkennung eines Schenkungsvertrags in Kombination mit einem Darlehensvertrag ist nach Ansicht der Finanzverwaltung[210] und der Rechtsprechung[211] immer dann gefährdet, wenn Schenkung und Darlehen voneinander abhängig sind, das heißt zwischen Schenkung und Darlehen eine auf einem **Gesamtplan** beruhende **sachliche Verknüpfung** besteht. Nach Ansicht der **Finanzverwaltung**[212] besteht eine unwiderlegliche Vermutung für eine derartige Abhängigkeit dann, wenn die Vereinbarung von Schenkung und Darlehen in ein und derselben Urkunde, oder in zwei getrennten Urkunden, aber kurz hintereinander, oder die Schenkung unter der Auflage der Darlehensgewährung des geschenkten Betrags erfolgt.[213] Auch nach Auffassung des **BFH**[214] ist die **steuerliche Anerkennung** in aller Regel dann zu versagen, wenn die Schenkung unter der Auflage erfolgt, den geschenkten Betrag dem Schenker sogleich wieder als Darlehen zur Verfügung zu stellen. Die steuerliche Anerkennung von Schenkung und Darlehensvertrag sieht der BFH ebenfalls gefährdet, wenn die Schenkung und der Darlehensvertrag in einer Urkunde enthalten sind und der geschenkte Geldbetrag dem Schenker sogleich wieder als Darlehen zurückfließt.[215] Denn in diesen Fällen liegt noch keine endgültige Vermögensverschiebung vor, sondern lediglich ein privat veranlasstes Versprechen, künftig (mit Darlehensrückgewähr) Geldbeträge zuzuwenden. Die Darlehensbeträge bleiben wirtschaftlich betrachtet Eigenkapital des Schenkers. 78

Mit Urteil vom 18. 1. 2001 hat der IV. Senat des BFH[216] der Auffassung der Finanzverwaltung, wonach Schenkung und Darlehensvertrag zwin- 79

---

[208] S. dazu *Bilsdorfer*, DStR 1996, 1065 ff.

[209] BFH v. 7. 11. 1990, BStBl II 1991, 291, 292.

[210] BMF-Schreiben v. 1. 12. 1992, DStR 1992, 1763, Tz 8 ff.

[211] Zum Beispiel BFH v. 12. 2. 1992, DStR 1992, 678.

[212] BMF-Schreiben v. 1. 12. 1992, DStR 1992, 1763, Tz 9.

[213] Hierzu kritisch *Vogt/Hannes* Verträge mit Familienangehörigen S. 142.

[214] Urteil v. 15. 4. 1999, BStBl II 1999, 524; v. 18. 1. 2001, BStBl II 2001, 393; v. 22. 1. 2002, BStBl II 2002, 685.

[215] BFH v. 18. 1. 2001, BStBl II 2001, 393; v. 22. 1. 2002, BStBl II 2002, 685.

[216] BStBl II 2001, 393.

gend auch dann nicht anzuerkennen sind, wenn zwischen Schenkung und Darlehensgewährung nur eine kurze Zeitspanne liegt, widersprochen. Der BFH stellte fest, dass sich die Kürze der zwischen Schenkung und Darlehensgewährung liegenden Zeit nicht einmal zur Begründung eines Anscheinsbeweises und schon gar nicht zur Begründung einer unwiderleglichen Vermutung eigne. Maßgeblich sei, ob nach Würdigung aller Umstände des Einzelfalls eine „steuerschädliche" Verknüpfung beider Rechtsgeschäfte zu bejahen ist. Die kurze zeitliche Abfolge von Schenkung und Darlehensgewährung reiche hierfür jedoch allein nicht aus. Dieser Auffassung des IV. Senats ist der VIII. Senat des BFH in seiner Entscheidung vom 22. 1. 2002[217] nicht gefolgt. Der BFH stellte in diesem Urteil klar, dass die Kürze des zwischen Schenkung und Darlehensgewährung liegenden Zeitraums sehr wohl ein Indiz für das Vorliegen eines „Gesamtplans" bezüglich der Verknüpfung von Schenkung und Darlehensgewährung sein könne. Außerdem wurde in dieser Entscheidung hervorgehoben, dass auch ein längerer Abstand zwischen Schenkung und Darlehen das Vorliegen eines Gesamtplans nicht ausschließe, wenn sich dieser aufgrund anderer Indizien ergebe.

80 *bb) Gestaltungsempfehlungen.* Beabsichtigt der Unternehmer, seinen Abkömmlingen einen Geldbetrag zu schenken, und sich danach diesen Betrag durch seine Abkömmlinge darlehensweise zur Verfügung stellen zu lassen, ist für die **steuerliche Anerkennung** der Kombination von Schenkung und Darlehensvertrag Folgendes **zu beachten**:

- Von der Schenkung des Geldbetrags unter der Auflage der Rückgabe als Darlehen und der Vereinbarung sonstiger „Gegenleistungen" ist abzuraten.
- Für den Darlehensvertrag und das Schenkungsversprechen sind zwei getrennte Urkunden vorzusehen.
- Der Darlehensvertrag ist zeitlich nach Vollzug der Schenkung zu schließen.
- Die Höhe des Darlehensbetrags sollte nicht mit dem geschenkten Geldbetrag identisch sein.
- Kritisch ist ein kurzer Zeitabstand (weniger als zwei Monate) zwischen der Schenkung des Geldbetrags und der Rückgewähr des geschenkten Geldbetrags als Darlehen zu betrachten, wobei die kurze Zeitspanne nur ein Indiz ist und die Einhaltung eines längeren Zeitraums zwischen beiden Verträgen nicht Gewähr dafür bietet, dass die Vertragsgestaltung steuerlich anerkannt wird.
- Entscheidendes Kriterium für die steuerliche Anerkennung ist, dass der Beschenkte frei über den ihm zugewendeten Betrag verfügen kann.[218] Der Vorwurf des Vorliegens eines Gesamtplans der Beteiligten, wonach die Vereinbarung über die Schenkung und das Darlehen nur der Schaffung von Werbungskosten oder Betriebsausgaben dient (und damit die steuerliche Nichtanerkennung wegen § 42 AO), kann am

[217] BStBl II 2002, 685.
[218] *Bilsdorfer,* DStR1996, 1065, 1068.

ehesten dadurch vermieden werden, dass außersteuerliche Gründe für die Schenkung vorliegen. Derartige Gründe sollten in dem Schenkungsvertrag aufgeführt werden. Als außersteuerliche Motive für die Schenkung kommen besondere Ereignisse, wie zum Beispiel bestandene Prüfungen und Festtage oder auch die Gleichstellung mit anderen Geschwistern durch eine vorweggenommene Erbfolge in Betracht.[219]

[219] *Vogt/Hannes* Verträge mit Familienangehörigen S. 145 f.

§ 10 Altersversorgung des Unternehmers und seiner Familie

Übersicht

	Rn
I. Grundsätzliches zur Unternehmensnachfolge und Sicherung der Altersversorgung	1
1. Altersversorgung als Ziel der Unternehmensnachfolge	1
2. Wege zur Sicherung der Altersversorgung	2
3. Steuerliche Überlegungen	9
II. Unternehmensverkauf und Altersversorgung	14
1. Verkauf des Unternehmens gegen Zahlung eines Einmalbetrags	15
2. Verkauf des Unternehmens gegen wiederkehrende Leistungen und Ratenzahlung	16
III. Schenkungsweise Unternehmensnachfolge und Altersversorgung	19
1. Unternehmensübertragung gegen wiederkehrende Leistungen	19
2. Unternehmensübertragung unter Nießbrauchsvorbehalt	21
IV. Verpachtung des Unternehmens	25

Schrifttum: *Geck*, Die Beschlüsse des Großen Senats des BFH zur Vermögensübergabe gegen Versorgungsleistungen – Folgerungen für die Beratungspraxis, ZEV 2003, 441; *Krause*, Zivilrechtliche Probleme der Verpachtung von Unternehmen, MittRhNotK 1990, 237; *Lieber/Steffens*, Vorweggenommene Erbfolge von Gesellschaftsanteilen unter Vorbehalt von Versorgungsleistungen, ZEV 2000, 132; *Reichert/Schlitt/Düll*, Die gesellschafts- und steuerrechtliche Gestaltung des Nießbrauchs an GmbH-Anteilen, GmbHR 1998, 565; *Schoor*, Vermögensübertragungen gegen Rente oder dauernde Last: Gestaltungsmöglichkeiten nach dem neuen Rentenerlass, StuB 2002, 1146; *Spiegelberger*, Die Renaissance der vorweggenommenen Erbfolge, DStR 2004, 1105; *Winkler*, Lebzeitige Vermögenszuwendungen gegen Versorgungsleistungen als Auslaufmodell vorweggenommener Erbfolge?, DNotZ 1998, 544.

I. Grundsätzliches zur Unternehmensnachfolge und Sicherung der Altersversorgung

1. Altersversorgung als Ziel der Unternehmensnachfolge

1 Ein wichtiger Aspekt bei der Unternehmensnachfolge ist für den Unternehmer neben der Unternehmenskontinuität in aller Regel auch der Aspekt seiner Altersversorgung sowie der Altersversorgung seiner Familie, insbesondere des Ehegatten bzw. des Lebenspartners.[1] Häufig denkt der Unternehmer während seiner aktiven Zeit, vor allem während der Phase des Aufbaus des Unternehmens, nicht an die „Zeit danach" und an die Altersversorgung. Das zeigt sich auch daran, dass der **Betrieb** das

[1] Vgl. *Freund* Familieninterne Unternehmensnachfolge S. 19.

Hauptvermögen des Unternehmers bildet. Andere Vermögensgegenstände, die für die Altersversorgung eingesetzt werden könnten, sind nicht in ausreichendem Maße vorhanden. Bei der Planung und Durchführung der Unternehmensnachfolge ist deshalb besonderes Augenmerk auf die Sicherung der Altersversorgung zu legen. Zunächst ist vor der Durchführung der Unternehmensnachfolge eine genaue **Analyse** der gegenwärtigen und zukünftigen **finanziellen Situation** des Unternehmensübergebers vorzunehmen. In diesem Zusammenhang ist zu ermitteln, wie hoch der **Finanzbedarf** des Unternehmers ist, damit er seine monatlichen Fixkosten decken und den bisherigen Lebensstandard beibehalten kann. Bei dieser Berechnung ist einzuplanen, dass dem Unternehmer eine gewisse „Reserve" für unvorhergesehene Ausgaben verbleibt. Dem so ermittelten monatlichen finanziellen Bedarf des Unternehmers sind die Einnahmen durch bereits erworbene Ansprüche auf Altersversorgung und sonstige Einkünfte, zum Beispiel aus der Vermietung von Immobilien, gegenüberzustellen. Die Differenz zwischen dem ermittelten monatlichen Bedarf des Unternehmers und seinen monatlichen Einnahmen ist der (Mindest-) Betrag, der monatlich für den Zeitraum bis zum voraussichtlichen Ende der Versorgungsbedürftigkeit aus der Unternehmensnachfolge erzielt werden muss.

2. Wege zur Sicherung der Altersversorgung

Das Ziel, die Altersversorgung des Unternehmers zu sichern, kann auf verschiedenen Wegen erreicht werden, je nachdem ob das Unternehmen verkauft, verpachtet oder mittels (gemischter) Schenkung auf den Unternehmensnachfolger übertragen wird. **2**

Wird das Unternehmen schenkungsweise auf den Nachfolger übertragen, können die Versorgungsbedürfnisse des übergebenden Unternehmers durch **3**
- wiederkehrende Leistungen oder
- Vorbehalt eines Nießbrauchs

befriedigt werden.

Im Fall des Verkaufs des Unternehmens an den Nachfolger kommt eine Sicherung der Altersversorgung durch **4**
- Zahlung des Kaufpreises in einer Summe oder
- Zahlung von Kaufpreisraten oder wiederkehrende Leistungen

in Betracht.

Daneben kann die Altersversorgung auch durch die Verpachtung des Unternehmens und die dadurch erzielten **5**
- Pachteinnahmen

sichergestellt werden.

Die Frage, welche der vorstehend genannten Gestaltungsvarianten gewählt werden sollte, kann nur gesondert für jeden Einzelfall unter Berücksichtigung der **Interessen** des **Unternehmers** und seiner **Familienangehörigen** einerseits und der Interessen des **Unternehmensnachfolgers** andererseits beantwortet werden. Dabei spielen vor allem folgende Erwägungen bei der Entscheidung eine Rolle: **6**

7 Zunächst ist zu klären, ob sich der Unternehmer völlig aus dem zu übergebenden Unternehmen zurückziehen und die Eigentümerstellung aufgeben möchte oder ob er weiterhin auf die Entwicklung des Unternehmens **Einfluss** nehmen will. Ist Letzteres der Fall, gewährt die Verpachtung des Unternehmens die größtmögliche Einflussnahme auf das Unternehmen, da der Unternehmer Eigentümer des Unternehmens bleibt und nach Ablauf der Pachtzeit das Unternehmen selbst fortführen oder an einen Dritten übertragen kann. Beabsichtigt der Unternehmer demgegenüber, sich aus dem Unternehmen zurückzuziehen, kommt der Verkauf oder die schenkungsweise Übertragung des Unternehmens an den Erwerber in Betracht. Sollen als Gegenleistung für die Unternehmensübertragung Versorgungsleistungen oder ein Nießbrauch vereinbart werden, setzt dies voraus, dass das Unternehmen über ausreichende Ertragskraft verfügt und voraussichtlich auch in Zukunft verfügen wird.

8 Bei der Wahl des „richtigen" Wegs zur Altersversorgung im Rahmen der Unternehmensnachfolge spielen auch die unterschiedlichen Interessen von Veräußerer und Erwerber hinsichtlich der **Modalitäten** der **Zahlung** der geschuldeten **Gegenleistung** eine Rolle: Der Erwerber wird im Fall begrenzter Liquidität ein Interesse an einer „ratenweisen" Erbringung der Gegenleistung haben, während für den Veräußerer die Zahlung eines Einmalbetrags die größte Sicherheit darstellt (Einzelheiten hierzu unter C. § 10 Rn 15 ff.). Zu berücksichtigen sind daneben auch die bei den verschiedenen Varianten in Betracht kommenden unterschiedlichen zivilrechtlichen Gestaltungsmöglichkeiten und die damit jeweils verbundenen ertrag- und schenkungsteuerlichen Konsequenzen.

3. Steuerliche Überlegungen

9 Unter steuerlichen Gesichtspunkten spielen bei der Frage der Gestaltung der Unternehmensnachfolge vor dem Hintergrund der Sicherung der Altersversorgung folgende Punkte eine grundsätzliche Rolle: Zum einen ist zu klären, ob im Zuge der Unternehmensnachfolge ein steuerpflichtiger **Veräußerungsgewinn** erzielt werden oder vermieden werden soll. Zum anderen ist von Bedeutung, wie eine vom Unternehmensnachfolger zu erbringende **Gegenleistung** bei diesem und beim Veräußerer **ertragsteuerlich** behandelt wird.

10 Erfolgt die Unternehmensnachfolge durch **Verkauf** des Unternehmens, stellt der erzielte Verkaufspreis ein **steuerpflichtiges Veräußerungsentgelt** dar. Zwar wurde die Vergünstigung in Form des halben Steuersatzes für Veräußerungsgewinne abgeschafft. Aufgrund des nunmehr geltenden Halbeinkünfteverfahrens ist bei der Veräußerung von Kapitalgesellschaftsanteilen jedoch nur noch der halbe Veräußerungserlös steuerpflichtig. Eine vergleichbare „Erleichterung" wurde in § 34 EStG für Gewinne aus der Veräußerung von Betrieben, Teilbetrieben und Mitunternehmeranteilen geschaffen. § 34 Abs. 3 EStG gewährt das Recht, einmal im Leben für derartige Veräußerungsgewinne bis zu einem Betrag von 5 Millionen Euro den ermäßigten Steuersatz in Höhe von 56 % des durchschnittlichen Steuersatzes des Betriebsinhabers in Anspruch zu nehmen, allerdings un-

ter der Einschränkung, dass der Steuerpflichtige das 55. Lebensjahr vollendet hat oder im sozialversicherungsrechtlichen Sinne dauernd berufsunfähig ist. Eine weitere Einschränkung besteht darin, dass der Mindeststeuersatz für den Veranlagungszeitraum 2004 16 vom Hundert (ab Veranlagungszeitraum 2005: 15 vom Hundert) beträgt.[2] Auf Seiten des Erwerbers führt die entgeltliche Veräußerung gegen Zahlung eines Einmalbetrags dazu, dass dieser in Höhe der Gegenleistung Anschaffungskosten hat und sich dadurch das AfA-Volumen erhöht. Auf diese Weise wird **Abschreibungspotential** geschaffen.

Erfolgt die Unternehmensnachfolge im Wege der Veräußerung des Un- **11**
ternehmens gegen **wiederkehrende Leistungen**, besteht bei Unternehmensübertragungen im Kreis der Familie **ertragsteuerlicher Gestaltungsspielraum**: Soll die Unternehmensnachfolge ohne Aufdeckung stiller Reserven, das heißt unentgeltlich erfolgen, bietet sich die **Unternehmensübergabe gegen Versorgungsleistungen** (dauernde Last oder Leibrente) an. Die dauernde Last ist beim Unternehmensnachfolger in voller Höhe abzugsfähig und beim Zahlungsempfänger in voller Höhe steuerpflichtig, während dies bei der Leibrente nur für den Ertragsanteil zutrifft. Wird stattdessen die Erzielung eines **steuerpflichtigen Veräußerungsgewinns** gewünscht, kann die Vermögensübergabe entgeltlich gegen wiederkehrende Leistungen, die auf der Grundlage des tatsächlichen Unternehmenswerts ermittelt wurden, erfolgen. Weisen diese wiederkehrenden Leistungen bzw. Kaufpreisraten eine Laufzeit von mehr als zehn Jahren auf, hat der Veräußerer das Wahlrecht, ob er die sofortige Versteuerung des Veräußerungsgewinns nach § 34 EStG oder die sukzessive Besteuerung der wiederkehrenden Leistungen nach § 24 Nr. 2 i. V. m. §§ 15 oder 18 EStG wählt.[3] Die Entscheidung für die nachträgliche Versteuerung ist aufgrund des Zinseffekts und bei einer niedrigeren Progression des Empfängers der Zahlungen eine Gestaltungsmöglichkeit zur Senkung der Steuerbelastung im Familienverbund.[4]

Wird die Unternehmensnachfolge im Wege der **Betriebsverpachtung** **12**
durchgeführt, ist unter steuerlichen Gesichtspunkten hervorzuheben, dass die Betriebsverpachtung **keine Betriebsaufgabe** darstellt und somit durch die Verpachtung aller wesentlichen Betriebsgrundlagen keine stillen Reserven aufgedeckt werden.[5] Der **Verpächter** hat das **Wahlrecht**, zu Beginn der Betriebsverpachtung oder später die Betriebsaufgabe zu erklären. Erklärt er nicht die Betriebsaufgabe, erzielt er weiterhin Einkünfte aus Gewerbebetrieb. Wird die Betriebsaufgabe erklärt, sind die mit der damit einhergehenden Aufdeckung der stillen Reserven verbundenen ertragsteuerlichen Konsequenzen genau abzuwägen.[6] Die Unternehmensverpachtung bietet eine interessante Möglichkeit, die Unternehmensnachfolge steuergünstig vorzubereiten und den Unternehmer gleichwohl noch

---

[2] Einzelheiten hierzu bei *L. Schmidt* § 34 EStG Rn 58.
[3] Einzelheiten hierzu bei *L. Schmidt* § 16 EStG Rn 221 ff.
[4] *Lorz/Kirchdörfer* Unternehmensnachfolge Kap. 5 Rn 54.
[5] *L. Schmidt* § 16 EStG Rn 690 ff.
[6] *Sudhoff/Hübner* Unternehmensnachfolge § 76 Rn 17.

am Ertrag des Unternehmens teilhaben zu lassen. Die Pachteinnahmen sind **gewerbesteuerfrei**. Auf der anderen Seite kann der Pächter die **Pachtzahlungen** als **Betriebsausgaben** absetzen und dadurch gegebenenfalls eine Gewerbesteuerreduzierung erreichen.

13 Neben diesen ertragsteuerlichen Überlegungen sind auch die **schenkungsteuerlichen Konsequenzen** der vorweggenommenen Unternehmensnachfolge zu berücksichtigen. So wird ein Nießbrauchsvorbehalt schenkungsteuerlich anders behandelt als die Vereinbarung wiederkehrender Leistungen.[7] Aus schenkungsteuerlichen Gründen kann es nach noch geltender Rechtslage auch empfehlenswert sein, vor der Unternehmensnachfolge die Rechtsform zu wechseln, um rechtsformabhängige Bewertungsunterschiede auszunutzen (Einzelheiten hierzu unter H. § 37 Rn 51 f.).

II. Unternehmensverkauf und Altersversorgung

14 Der Verkauf des Unternehmens ist im Fall der Unternehmensnachfolge außerhalb der eigenen Familie des Unternehmers der „normale" Weg. Aber auch wenn die Unternehmensnachfolge im Kreis von Familienangehörigen erfolgt, kann sich der Verkauf des Unternehmens als geeignete Form der Unternehmensnachfolge anbieten, wenn nicht alle Abkömmlinge zur Unternehmensnachfolge berufen werden und das Hauptvermögen des Unternehmers im Unternehmen gebunden ist. Denn durch den erzielten **Verkaufserlös** kann der Unternehmer – neben der Sicherung seiner Altersversorgung – den nicht zur Unternehmensnachfolge berufenen **Abkömmlingen** einen entsprechenden **Ausgleich** zukommen lassen. Dieser Gesichtspunkt spielt eine umso bedeutendere Rolle, je weniger Privatvermögen für derartige Ausgleichszahlungen zur Verfügung steht.[8] Wird das Unternehmen an den Unternehmensnachfolger verkauft, kann die Zahlung des Kaufpreises als Einmalbetrag, in Raten oder in Form von wiederkehrenden Leistungen vereinbart werden.

1. Verkauf des Unternehmens gegen Zahlung eines Einmalbetrags

15 Der Verkauf des Unternehmens an den Erwerber gegen Zahlung eines Einmalbetrags hat für den veräußernden Unternehmer den **Vorteil**, dass er den **Kaufpreis** unabhängig von der weiteren wirtschaftlichen Entwicklung des Unternehmens **erhält**. Auf der anderen Seite kann die **Finanzierung** eines **Einmalbetrags** auf Seiten des Erwerbers **Schwierigkeiten** bereiten, wenn sich aus dem aufgestellten Finanzierungsplan ergibt, dass er nicht über genügend Eigen- und Fremdmittel verfügt. Bei der Aufstellung des Finanzierungsplans sind nicht nur die Eigenmittel des Unternehmensnachfolgers und Darlehen von Kreditinstituten, sondern auch die öffentlichen Fördermittel des Bundes und der Länder zu berücksichtigen. Eine Übersicht über aktuelle Informationen zu entsprechenden Förderprogrammen kann mittels Internet in der Förderdatenbank des

---

[7] Ausführlich *Lieber/Steffens*, ZEV 2000, 132 ff.

[8] *Lorz/Kirchdörfer* Unternehmensnachfolge Kap. 5 Rn 48.

BMWi abgerufen werden.[9] Wenn der Finanzierungsbedarf für die Zahlung eines Einmalbetrags nicht durch den Cashflow des Unternehmens gedeckt werden kann, bietet sich als Alternative an, den Finanzierungsbedarf zumindest teilweise dadurch zu decken, dass ein **Investor** als Kapitalgeber in die Unternehmensnachfolge eingebunden wird.[10] Zu diesem Zweck ist eine neue Gesellschaft zu gründen, an der der Unternehmensnachfolger und der Kapitalgeber beteiligt sind, und an die die Anteile des im Rahmen der Unternehmensnachfolge zu übertragenden Unternehmens verkauft werden. Es ist jedoch in jedem Einzelfall sehr genau zu prüfen, welche Interessen der Finanzinvestor mit seinem Engagement verfolgt. Geht es ihm lediglich darum, in möglichst kurzer Zeit eine hohe Rendite zu erwirtschaften und unter dieser Prämisse seine gesamte Planung zu gestalten, sind die damit verbundenen Nachteile für das Familienunternehmen in aller Regel so erheblich, dass dieser Weg nicht beschritten werden sollte.[11]

2. Verkauf des Unternehmens gegen wiederkehrende Leistungen und Ratenzahlung

Verfügt der Erwerber nicht über ausreichend finanzielle Mittel, um **16**
den Kaufpreis als Einmalbetrag zu zahlen, kann stattdessen die Zahlung von Kaufpreisraten oder von wiederkehrenden Leistungen vereinbart werden. In diesem Fall übernimmt der verkaufende Unternehmer die Finanzierung anstelle einer Bank. Wird eine ratenweise Kaufpreiszahlung oder die Zahlung von wiederkehrenden Leistungen vereinbart, ist darauf zu achten, dass der veräußernde **Unternehmer** hinsichtlich der noch ausstehenden Kaufpreisraten bzw. der wiederkehrenden Leistungen angemessen **abgesichert** wird: Stellt sich der wirtschaftliche Erfolg des Unternehmens nicht im erhofften Ausmaß ein und können deshalb die vereinbarten Zahlungen nicht (in voller Höhe) erbracht werden, ist die Altersversorgung des Unternehmers in Gefahr. Bei Vereinbarung von Kaufpreisraten kann die Absicherung dadurch erfolgen, dass der **Eigentumsübergang** der zum Betriebsvermögen gehörenden Gegenstände **aufschiebend bedingt** durch die Zahlung des vollständigen Kaufpreises erfolgt. Daneben können **sicherungshalber** die **Ansprüche** des Unternehmensnachfolgers bzw. des Unternehmens **gegen Kunden** aus einem Weiterverkauf von Produkten des Unternehmens an den Unternehmensveräußerer **abgetreten** werden. Eine Absicherung der Ansprüche des Unternehmers auf Zahlung der Kaufpreisraten oder der wiederkehrenden Leistungen kann auch durch eine **Bankbürgschaft** erfolgen, sofern auf Seiten des Unternehmensnachfolgers eine entsprechende Kreditwürdigkeit gegeben ist. In Betracht zu ziehen ist außerdem eine **grundbuchliche Absicherung** durch Eintragung einer Reallast (bei wiederkehrenden Leistungen) oder einer Sicherungshypothek (bei Stundung und ratenwei-

---

9 www.bmwi.de.

10 Einzelheiten zu diesen Owners' Buy-Out-Modellen bei *Lorz/Kirchdörfer* Unternehmensnachfolge Kap. 5 Rn 55.

11 *Lorz/Kirchdörfer* Unternehmensnachfolge Kap. 5 Rn 55.

ser Zahlung des Kaufpreises) an Betriebsgrundstücken. Trotz einer grundbuchlichen Absicherung besteht das **Risiko**, dass der vormalige Unternehmer bei Ausbleiben vereinbarter Zahlungen mit seinem Unternehmen und dem Unternehmensnachfolger enger verflochten bleibt, als ihm lieb sein dürfte: Kommt der Unternehmensnachfolger seinen Zahlungsverpflichtungen nicht nach, kann der vormalige Unternehmer zwar Zwangsversteigerungsmaßnahmen einleiten. Dies ist jedoch in den meisten Fällen gleichbedeutend mit dem Ende des Unternehmens, das er aufgebaut hat. Es ist deshalb verständlich, dass eine Hemmschwelle besteht, auf dingliche Sicherheiten zurückzugreifen, die zur Zerschlagung des Unternehmens führen werden. Nicht selten steigt der Veräußerer wieder in das Unternehmen ein und versucht, das Ruder noch herumzureißen. Eine **zusätzliche Problematik** bei der (grundbuchlichen) Absicherung von Kaufpreiszahlungsansprüchen und von wiederkehrenden Leistungen besteht in Folgendem: In aller Regel gewähren die **Finanzierungsgläubiger** des Unternehmensnachfolgers Darlehen zur Vornahme betrieblicher Investitionen nur durch **erstrangige** (oder im Rang nach „nicht wertmindernden Rechten") **grundbuchliche Absicherung**. Im Grundbuch eingetragene wertmindernde Belastungen, wie Reallasten zur Absicherung wiederkehrender Leistungen oder Sicherungsgrundpfandrechte zur Absicherung eines Kaufpreiszahlungsanspruchs, müssen dann im Rang hinter diese Finanzierungsgrundpfandrechte zurücktreten. Tritt der ehemalige Unternehmer mit seinen Rechten, die zur Absicherung seiner Zahlungsansprüche aus der Unternehmensveräußerung dienen, im Rang hinter derartige Grundpfandrechte zurück, führt dies im Fall der Zwangsversteigerung aus den vorrangigen Grundpfandrechten dazu, dass seine Rechte nicht in das **geringste Gebot** fallen und damit erlöschen, § 52 Abs. 1 ZVG. Der Unternehmer verliert in diesem Fall seine Altersversorgung.

17 Bei der Vereinbarung von wiederkehrenden Leistungen und bei der langfristigen Stundung von Kaufpreiszahlungen ist dafür Sorge zu tragen, dass die zu zahlenden Beträge wertgesichert sind. Es ist deshalb eine entsprechende **Wertsicherungsklausel** in den Vertrag aufzunehmen. Bei Vereinbarung von Wertsicherungsklauseln sind die Vorgaben des § 2 PaPkG i. V. m. der Preisklauselverordnung zu erfüllen.[12] Es empfiehlt sich, zu Wertsicherungsklauseln stets eine Stellungnahme des Bundesamts für Wirtschaft in Form eines Negativattests oder einer Genehmigung einzuholen.

18 Aus **ertragsteuerlicher** Sicht ist bei dem **Verkauf** des Unternehmens an **Abkömmlinge** gegen **wiederkehrende Leistungen** Folgendes zu beachten: Soll das Unternehmen an einen Abkömmling entgeltlich gegen Zahlung wiederkehrender Leistungen übertragen werden (zum Beispiel um AFA-Volumen zu schaffen), muss in dem Vertrag aufgrund klarer und eindeutiger Vereinbarungen dokumentiert werden, dass die Beteiligten Leistung und Gegenleistung nach kaufmännischen Gesichtspunkten gegeneinander abgewogen haben und subjektiv von der Gleichwertigkeit

[12] Ausführlich zu Wertsicherungsklauseln *Limmer*, ZNotP 1999, 148.

der beiderseitigen Leistung ausgehen durften (s. Tz 42 des BMF-Schreibens vom 26. 8. 2002 zur einkommensteuerrechtlichen Behandlung von wiederkehrenden Leistungen im Zusammenhang mit der Übertragung von Privat- oder Betriebsvermögen,[13] im Folgenden **„Rentenerlass“** genannt). Nur wenn diese Voraussetzungen erfüllt sind, wird die Unternehmensveräußerung ertragsteuerlich als entgeltliches Geschäft anerkannt und die Vermutung widerlegt, dass bei einer Vermögensübergabe an Angehörige die wiederkehrenden Leistungen unabhängig vom Wert des übertragenen Vermögens bemessen wurden und damit die Unternehmensveräußerung ertragsteuerlich als unentgeltlich einzustufen ist (vgl. Tz 4 des Rentenerlasses).

III. Schenkungsweise Unternehmensnachfolge und Altersversorgung

1. Unternehmensübertragung gegen wiederkehrende Leistungen

Im Fall der Unternehmensübertragung gegen wiederkehrende Leistungen kann der veräußernde Unternehmer seinen monatlichen finanziellen Bedarf durch die wiederkehrenden Leistungen decken. Ob die wiederkehrenden Leistungen vom Unternehmensnachfolger in Zukunft gezahlt werden können, hängt von der **Ertragskraft** des Unternehmens und dem unternehmerischen Geschick des Nachfolgers ab. Da der Unternehmensübergeber darauf keinen Einfluss mehr hat, müssen seine Ansprüche auf Zahlung der wiederkehrenden Leistungen – und damit seine Altersversorgung – möglichst ertragsunabhängig abgesichert werden. Wegen der damit verbundenen Probleme wird auf die Ausführungen unter C. § 10 Rn 16 f. verwiesen. Die unentgeltliche Unternehmensübertragung gegen wiederkehrende Leistungen bietet sich an, wenn das Unternehmen im Kreis der Familie übertragen werden soll. Liegen die Voraussetzungen für eine **„unentgeltliche Vermögensübertragung gegen Versorgungsleistungen“** vor, erfolgt die Unternehmensnachfolge aus ertragsteuerlicher Sicht **ohne Aufdeckung stiller Reserven**. Die Voraussetzungen für eine „unentgeltliche Vermögensübertragung gegen Versorgungsleistungen“ ergeben sich aus dem **Rentenerlass** vom 26. 8. 2002[14] unter Berücksichtigung der beiden **Entscheidungen** des **Großen Senats** vom **12. 5. 2003.**[15] An dieser Stelle sollen folgende Anmerkungen hierzu genügen[16]: Vermögensübertragungen gegen wiederkehrende Leistungen können entgeltlich, das heißt im Austausch mit einer Gegenleistung, steuerlich unbeachtliche (§ 12 Nr. 2 EStG) Unterhaltsleistungen oder Versorgungsleistungen sein. Bei einer Vermögensübergabe an Angehörige spricht eine widerlegbare Vermutung dafür, dass die Übertragung unentgeltlich 19

---

[13] DStR 2002, 1617 ff.

[14] DStR 2002, 1617 ff.

[15] DStR 2003, 1696; 1700.

[16] Eingehend zu den Gestaltungsmöglichkeiten nach dem neuen Rentenerlass auch *Spiegelberger*, DStR 2004, 1105 ff. und *Schoor*, StuB 2002, 1146 ff.

erfolgt (Tz 4 des Rentenerlasses). Gemäß Tz 11 des Rentenerlasses muss Gegenstand der unentgeltlichen Vermögensübergabe eine „existenzsichernde" Wirtschaftseinheit sein, die ausreichend ertragbringend ist (Typus 1). Nach den beiden Entscheidungen des Großen Senats des BFH vom 12. 5. 2003[17] spielt die Frage der **Existenzsicherung** einer Wirtschaftseinheit bei der Entscheidung, ob eine „unentgeltliche Vermögensübertragung gegen Versorgungsleistungen" vorliegt, **keine Rolle** mehr.[18] **Erforderlich** ist allein, dass der übertragene Vermögensgegenstand **ausreichend Erträge** abwirft. Nach Ansicht des BFH[19] besteht bei Unternehmensübertragungen gegen wiederkehrende Bezüge im Rahmen einer vorweggenommenen Erbfolge eine nur in seltenen Ausnahmefällen widerlegliche **Vermutung** für eine ausreichende Ertragskraft des Betriebs – sofern der Erwerber den Betrieb fortführt. Diese Beweiserleichterung gilt insbesondere auch bei der Übertragung von Anteilen an Familien-Kapitalgesellschaften.[20] Eine seiner Art nach existenzsichernde Wirtschaftseinheit, die nicht ausreichend ertragbringend ist (so genannter **„Typus 2"** im Sinne von Tz 17 des Rentenerlasses), kann entgegen bisheriger Ansicht der Finanzverwaltung **nicht Gegenstand** einer unentgeltlichen **Vermögensübertragung gegen Versorgungsleistungen** sein.[21] Dasselbe gilt für Wirtschaftseinheiten, die zwar ausreichend laufende Nettoerträge erzielen, um die Versorgungsleistungen abzudecken, aber weder über einen positiven Substanzwert noch einen positiven Ertragswert verfügen.[22] **Vorsicht** ist geboten bei der Vereinbarung **wiederkehrender Leistungen** auf eine **Höchstzeit** (so genannte abgekürzte Leibrente oder dauernde Last). Sie sind ausnahmsweise nur dann Versorgungsleistungen, wenn sie der **Schließung** einer **Versorgungslücke** beim Berechtigten dienen.[23] Erfüllt die Unternehmensübertragung die Voraussetzungen einer „unentgeltlichen Vermögensübertragung gegen Versorgungsleistungen", sind die wiederkehrenden Bezüge gemäß § 10 Abs. 1 Nr. 1a S. 1 EStG in voller Höhe (wenn es sich um eine **dauernde Last** handelt) bzw. gem. § 10 Abs. 1 Nr. 1a S. 2 EStG mit dem Ertragsanteil (wenn es sich um eine **Leibrente** handelt) beim Zahlenden als Betriebsausgabe abzugsfähig und aufgrund des Korrespondenzprinzips beim Empfänger in entsprechender Höhe steuerpflichtig, § 22 Nr. 1 EStG. Ein **Steuerspareffekt** wird dann erzielt, wenn der Empfänger der Versorgungsleistungen eine niedrigere Progressionsstufe als der die Zahlung Erbringende aufweist.[24] Eine weitere ertragsteuerliche Konsequenz besteht darin, dass wegen der Unentgelt-

---

[17] DStR 2003, 1696, 1700.

[18] Siehe dazu auch *Geck*, ZEV 2003, 441, 443.

[19] V. 12. 5. 2003, DStR 2003, 1696, 1700.

[20] Nach alter Rechtslage war streitig, ob diese Anteile ausreichend ertragbringend waren, da aus den Ausschüttungen in aller Regel die Versorgungsleistungen nicht erbracht werden konnten, vgl. *Geck*, ZEV 2003, 441, 444.

[21] BFH v. 12. 5. 2003, DStR 2003, 1696, 1700.

[22] BFH v. 12. 5. 2003, DStR 2003, 1700, 1704; zur Behandlung von Altfällen BMF-Schreiben v. 8. 1. 2004, StuB 2004, 139.

[23] *Winkler,* DNotZ 1998, 544, 559.

[24] *Winkler,* DNotZ 1998, 544, 550.

lichkeit der Unternehmensübertragung auf Seiten des Unternehmensnachfolgers kein AfA-Volumen geschaffen wird. Andererseits ist in aller Regel der Abzug der wiederkehrenden Leistungen, vor allem der dauernden Last, beim Verpflichteten steuerlich günstiger als die Inanspruchnahme der AfA.[25]

Vor der Vereinbarung einer **Abschlagszahlung** an den übertragenden Unternehmer, dessen Ehegatten oder dessen Abkömmlinge sind die damit verbundenen **ertragsteuerlichen** Konsequenzen zu bedenken. Denn diese führt aus ertragsteuerlicher Sicht dazu, dass die Unternehmensübergabe nicht unentgeltlich, sondern **teilentgeltlich** erfolgt. Auf Seiten des Veräußerers entsteht in dieser Höhe ein steuerpflichtiger Veräußerungsgewinn, während auf Seiten des Erwerbers entsprechendes Abschreibungspotential geschaffen wird. Vor Abstandszahlungen und Gleichstellungsgeldern (zum Beispiel an Geschwister) ist deshalb abzuraten, wenn eine Aufdeckung stiller Reserven im Zuge der Unternehmensnachfolge nicht gewünscht wird.[26] **20**

2. Unternehmensübertragung unter Nießbrauchsvorbehalt

Eine weitere Möglichkeit, die Versorgung des Unternehmensübergebers sicherzustellen, ist der Vorbehalt eines Nießbrauchs an dem übertragenen Gesellschaftsanteil bzw. an dem übertragenen Unternehmen. Durch den Vorbehalt eines Nießbrauchs wird erreicht, dass der Ertrag des Unternehmens bzw. der auf den übertragenen Unternehmensanteil entfallende Gewinn weiterhin dem übergebenden Unternehmer zukommt, während der Unternehmensnachfolger in die rechtliche (aber nicht in die volle wirtschaftliche) Position des Unternehmensinhabers bzw. Inhabers des übertragenen Gesellschaftsanteils einrückt. Durch die Unternehmensübertragung unter Nießbrauchsvorbehalt kommen dem Übernehmer eventuelle **Wertsteigerungen** des übertragenen Unternehmens nach dem Übertragungsstichtag **schenkungsteuerfrei** zugute. Interessant sind dabei die Gestaltungsmöglichkeiten, die das Nießbrauchsrecht bietet. So kann zum Beispiel statt eines Vollrechtsnießbrauchs ein Quotennießbrauch vereinbart werden, wonach dem Nießbrauchsberechtigten nur ein bestimmter Teil des Ertrags zukommt. **21**

Die Art und Weise der **Begründung** eines Nießbrauchs und die Zulässigkeit seiner **Ausgestaltung** sind vor allem bei einem Nießbrauch an **Personengesellschaftsanteilen** zivilrechtlich **umstritten**.[27] An der Zulässigkeit besteht kein Zweifel, wenn alle Gesellschafter einer Personengesellschaft der Nießbrauchseinräumung zugestimmt haben oder im Gesellschaftsvertrag die Veräußerung der Anteile ohne Zustimmung der anderen Gesellschafter oder der Gesellschaft frei zulässig ist.[28] Der Nießbrauch **22**

---

[25] *Lorz/Kirchdörfer* Unternehmensnachfolge Kap. 5 Rn 42.

[26] *Winkler,* DNotZ 1998, 544, 549; *L. Schmidt* § 16 EStG Rn 63 ff.

[27] Einzelheiten hierzu unter G. § 35 Rn 39 f.

[28] Durch die generelle Zulässigkeit der Veräußerung haben die Gesellschafter dokumentiert, keinen Einfluss auf die Zusammensetzung des Gesellschafterkreises ausüben zu wollen. A. A. *Sudhoff/Stenger* Unternehmensnachfolge § 34 Rn 19.

kann in der Weise ausgestaltet werden, dass der Nießbraucher vollständig in die Rechtsstellung des Personengesellschafters eintritt oder dass dem Nießbraucher nur bestimmte Rechte und Pflichten aus der Gesellschafterstellung zukommen, während sie im Übrigen beim Gesellschafter verbleiben.[29]

23 Bei **Kapitalgesellschaften** beschränkt sich der Nießbrauch grundsätzlich auf den aus der Beteiligung fließenden Ertrag, während die übrigen mit der Beteiligung verbundenen Rechte, wie zum Beispiel das Stimmrecht, beim Gesellschafter verbleiben.[30] Durch die Zuweisung des Stimmrechts, durch Stimmrechtsvollmacht und durch Stimmbindungsvereinbarung kann dem Nießbrauchsberechtigten allerdings eine starke Stellung eingeräumt werden.[31]

24 Sowohl bei der Vereinbarung eines Nießbrauchs an Personengesellschaftsanteilen als auch an Kapitalgesellschaftsanteilen im Rahmen einer Unternehmens- bzw. Anteilsübertragung empfiehlt es sich, durch **klare Vereinbarungen** zu regeln, welche mit dem Gesellschaftsanteil zusammenhängenden Rechte dem Nießbraucher und welche dem Gesellschafter zustehen. Daneben sind auch die ertragsteuerlichen Auswirkungen eines Nießbrauchsvorbehalts zu bedenken.[31a]

IV. Verpachtung des Unternehmens

25 Durch die Verpachtung des Unternehmens verpflichtet sich der Verpächter, dem Pächter den Gebrauch des Unternehmens und den Genuss der Früchte zu überlassen, während der Pächter zur Zahlung der vereinbarten Pacht verpflichtet ist, § 581 BGB. Bei der Unternehmensverpachtung scheidet der Unternehmer nicht völlig aus dem Unternehmen aus. Vielmehr hat er die nach den Bestimmungen des Pachtvertrags und den gesetzlichen Bestimmungen des Bürgerlichen Gesetzbuchs über den Pachtvertrag obliegenden Verpflichtungen zu erfüllen und kann darüber hinaus auch die ihm als Verpächter zustehenden Rechte wahrnehmen. Einen unmittelbaren Einfluss auf die Geschäftsführung besitzt der Verpächter allerdings nicht. Er trägt damit auch das **Risiko** der **Misswirtschaft** durch den Pächter. Im Rahmen der pachtvertraglichen Vereinbarungen kann dieses Risiko dadurch verringert werden, dass sich der Verpächter gewisse Kontroll- und Einflussrechte vorbehält.[32] Auf der anderen Seite profitiert der Verpächter von einer erfolgreichen Geschäftstätigkeit des Pächters, da **Wertsteigerungen** des betrieblichen Vermögens dem Ver-

[29] *Lorz/Kirchdörfer* Unternehmensnachfolge Kap. 5 Rn 28; *Spiegelberger* Vermögensnachfolge Rn 384.

[30] *Spiegelberger* Vermögensnachfolge Rn 394. Bei der Bestellung eines Nießbrauchs an einem Geschäftsanteil einer GmbH ist zu beachten, dass die Nießbrauchsbestellung wegen § 15 Abs. 3 GmbHG der notariellen Beurkundung bedarf.

[31] Ausführlich zu diesen Gestaltungsmöglichkeiten *Reichert/Schlitt/Düll,* GmbHR 1998, 565, 572 ff.

[31a] S. dazu *L. Schmidt* §15 EStG Rn 144.

[32] Vgl. *Krause,* MittRhNotK 1990, 237, 238.

pächter als Eigentümer des Unternehmens zugute kommen. Gegenstand der Unternehmensverpachtung können neben dem Unternehmen als Ganzes auch einzelne Vermögensgegenstände des Unternehmens, wie zum Beispiel das Anlagevermögen, sein. Der **Unternehmenspachtvertrag** bedarf grundsätzlich keiner besonderen **Form**. Gleichwohl ist aus Beweisgründen und auch als Nachweis gegenüber den Finanzbehörden die Einhaltung der Schriftform empfehlenswert. Eine **notarielle Beurkundung** des Pachtvertrags ist erforderlich, wenn zum Vermögen des zu verpachtenden Unternehmens Grundbesitz gehört und sich der Pächter verpflichtet, das Unternehmen und damit auch den **Grundbesitz** zu einem späteren Zeitpunkt zu erwerben (§ 311b Abs. 1 S. 1 BGB). Der Pachtvertrag ist auch dann notariell zu beurkunden, wenn sich der Pächter hinsichtlich seiner Verpflichtung zur Zahlung des Pachtzinses der **sofortigen Zwangsvollstreckung** in sein gesamtes Vermögen unterwirft und dem Verpächter dadurch einen sofort vollstreckbaren Titel für den Fall des Zahlungsrückstands verschafft (was nicht nur bei der Verpachtung an einen Familienfremden empfehlenswert ist).

Aus **ertragsteuerlicher** Sicht weist die Unternehmensverpachtung – **26**
wie unter C. § 10 Rn 12 bereits ausgeführt – den Vorteil auf, dass die Aufdeckung stiller betrieblicher Reserven vermieden werden kann. Wegen Einzelheiten der zivilrechtlichen Besonderheiten der Unternehmensverpachtung wird an dieser Stelle auf die Ausführungen unter G. § 35 Rn 30 ff. verwiesen.[32a]

Bei der Entscheidung, ob die Unternehmensnachfolge und die Alters- **27**
versorgung im Wege der Verpachtung des Unternehmens erfolgen sollen, sind insbesondere folgende Gesichtspunkte zu berücksichtigen:

- Verpachtet der Unternehmer sein Unternehmen an den Nachfolger, kann er seine monatlichen Ausgaben durch die **Pachteinnahmen** bestreiten. Eine besondere Absicherung des Verpächters hinsichtlich der Pachtzahlungen ist aufgrund seiner fortdauernden Eigentümerstellung nicht erforderlich.
- Für den Pächter hat die Verpachtung des Unternehmens den Vorteil, dass seine **finanzielle Belastung** anfangs reduziert werden kann. Da er nicht in die Eigentümerstellung des Übergebers eintritt, entstehen für ihn auch keine Finanzierungskosten für den Erwerb des Unternehmens. Die Unternehmensnachfolge mittels Verpachtung kann dadurch mit vergleichsweise geringem finanziellen Aufwand durchgeführt werden.
- Für den Unternehmer stellt die Verpachtung des Unternehmens eine geeignete Möglichkeit dar, den **Zeitraum** bis zum **Eintritt** des auserkorenen, aber zum Beispiel vom Ausbildungsstand her noch nicht angemessen qualifizierten **Unternehmensnachfolgers** zu **überbrücken**.
- Die zunächst nur pachtweise Übertragung des Unternehmens auf den Nachfolger bietet den Vorteil, dass der Verpächter das **Unternehmen** nach Beendigung der Pachtzeit **wieder übernehmen** kann, wenn sich

[32a] Zu den steuerlichen Konsequenzen s. *L. Schmidt* §5 EStG Rn 701 ff.

der Unternehmensnachfolger als ungeeignet erweisen sollte. Dieser Gesichtspunkt darf gleichwohl nicht das entscheidende Kriterium für die Durchführung der Unternehmensnachfolge mittels Unternehmensverpachtung sein: Zum Unternehmensnachfolger sollte nur bestellt werden, wer aufgrund seiner persönlichen und fachlichen Qualifikationen auch aus objektiver Sicht zur Fortführung des Unternehmens geeignet ist. Dieser Grundsatz hat auch für die Auswahl des Pächters zu gelten. Das Risiko, dass sich der Pächter trotz fachlicher und persönlicher Qualifikation als Fehlbesetzung erweist, dürfte dann eher gering sein.

- Den Vorteilen der Verpachtung des Unternehmens stehen aus Sicht des Pächters auch erhebliche **Nachteile** gegenüber. Beispielsweise können **Konflikte** zwischen dem Verpächter des Unternehmens und dem Pächter daraus erwachsen, dass der Verpächter nicht zuletzt wegen seiner fortdauernden Eigentümerstellung zumindest mittelbar die Geschicke des Unternehmens weiter mitbestimmt. Auch kann der Pächter nicht sicher sein, ob nicht der Verpächter die **Unternehmensnachfolge** zum Beispiel aus rein persönlichen Gründen, die nichts mit der fachlichen Qualifikation des Pächters zu tun haben, später **rückgängig** macht. Dem Unternehmer steht es – sofern nichts anderes vertraglich vereinbart wurde – nämlich frei, den Pachtvertrag nicht zu verlängern und das Unternehmen an einen Dritten zu veräußern. **Streitanfällig** ist auch die mit der Unternehmensverpachtung einhergehende **Trennung** von rechtlichem **Eigentum** und wirtschaftlichem **Nutzen**: So kann es sein, dass der Verpächter als rechtlicher Eigentümer des Unternehmens kein Interesse an vom Pächter gewünschten (erheblichen) betrieblichen Investitionen hat, da ihm diese nicht unmittelbar nutzen und er nicht an einer damit eventuell einhergehenden Steigerung des Unternehmensgewinns partizipiert.

28 **Zusammenfassend** ist festzuhalten: Auch wenn vor dem Hintergrund der Sicherung der Altersversorgung die Unternehmensnachfolge mittels **Verpachtung** des Unternehmens dem übergebenden Unternehmer eine starke Stellung einräumt, sollte sie wegen der damit einhergehenden Nachteile nur nach **sorgfältiger Analyse** der Interessen des Verpächters sowie des Pächters als Unternehmensnachfolger **und** auf Grundlage **solider vertraglicher Vereinbarungen** durchgeführt werden.[33]

[33] Ausführlich zur Ausgestaltung des Pachtvertrags *Krause,* MittRhNotK 1990, 237, 238 ff.

D. Laufender Geschäftsbetrieb des Familienunternehmens

§ 11 Führung und Kontrolle

Übersicht

	Rn
I. Grundsätzliche Zielsetzungen	1
II. Sicherung des Familieneinflusses	7
1. Abtretungsbeschränkungen	7
2. Vor- und Ankaufsrechte, Anbietungspflichten	29
3. Mitarbeiterbeteiligung an Familiengesellschaften	34
4. Sicherungen für den Todesfall	41
5. Schutz vor Fremdeinfluss durch Vermögensverwalter	47
6. Ausschluss und Beschränkung von Informationsansprüchen	50
III. Die Versammlung der Gesellschafter	55
1. Gesellschafterversammlung und Stimmrecht	55
2. Stimmverbote, insbes. § 47 Abs. 4 GmbHG	77
3. Vollmachtsbeschränkungen und Vertreterklauseln	80
4. Stimmrechtsausschluss und Mehrstimmrechte	86
5. Stimmbindungsverträge	97
6. Regelungen zur Gewinnverwendung und Ausschüttungen	103
7. Probleme der steuerlichen Anerkennung einer Mitunternehmerschaft bei Beschränkung von Gesellschaftsrechten	114
IV. Das Exekutivorgan/Die Geschäftsführung	119
1. Einführung	119
2. Die gesetzliche Regelung bei den Personengesellschaften	124
3. Gesetzliche Regelung bei der GmbH	127
4. Ausgestaltung und Ausschluss von Geschäftsführungs- und Vertretungsbefugnissen	133
5. Sonderrechte – Insbesondere das Geschäftsführungssonderrecht	139

Schrifttum: *Ehlke*, Vinkulierung bei GmbH-Kapitalerhöhung und anderen Fällen des Gesellschaftereintritts ohne Anteilsübertragung, DB 1995, 561; *Kowalski*, Vinkulierte Geschäftsanteile, GmbHR 1992, 347; *Leßmann*, Vinkulierte Übertragung von GmbH-Geschäftsanteilen, GmbHR 1985, 179; *Lutter/Grunewald*, Zur Umgehung von Vinkulierungsklauseln in Satzungen von Aktiengesellschaften und GmbH, AG 1989, 109; *Milzer*, Die adressatengerechte Vorsorgevollmacht, NJW 2003, 1836; *Mohr*, Gestaltungsmöglichkeiten bei der GmbH als Familiengesellschaft, GmbH-StB 2003, 329; *Otto*, Gesellschafterstreit und Anteilsfungibilität in der gesellschaftsrechtlichen Vertragspraxis, GmbHR 1996, 16; *Piehler*, Abtretungsbeschränkungen im Gesellschaftsvertrag – Was Sie bei der Regelung der Anteilsübertragung beachten sollten!, GmbH-StB 1998, 23; *Reichert*, Folgende Anteilsvinkulierung für Umstrukturierungen von GmbH und AG nach dem Umwandlungsgesetz 1995, GmbHR 1995, 176; *Reichert*, Zulässigkeit der nachträglichen Einführung oder Aufhebung von Vinkulierungsklauseln in der Satzung der GmbH, BB 1985, 1496; *Schäfer*, Der stimmrechtslose GmbH-Geschäftsanteil, Köln 1997; *Servatius*, Die Bestellung des Geschäftsführers als materieller Satzungsbestandteil, NZG 2002, 708; *Spiegelberger*, Die Familien-GmbH & Co. KG, ZEV 2003, 291; *Ulmer*, Die Sicherung der GmbH gegen das Überfremdungsrisiko in der Insolvenz eines Gesellschafters, ZHR 149 (1985), 28; *Winkler*, Vorsorgeverfügungen, 2003; *Zwissler*, Zustimmungen und andere Erklärungen als Wirksamkeitsvoraussetzung der Übertragung von GmbH-Geschäftsanteilen, GmbHR 1999, 1283.

I. Grundsätzliche Zielsetzungen

1 Das Familienunternehmen steht in einem **ständigen Spannungsverhältnis** zwischen dem Streben nach Erhalt der Geschlossenheit der Familie und dem Druck, sich insbesondere bei weniger geeigneten Nachfolgern auch für Familienfremde zu öffnen. Wird diesem Streben nachgegeben oder sollen beispielsweise Schwiegerkinder in das Familienunternehmen aufgenommen werden, so ist Vorsorge für den Fall des Zerwürfnisses und des Streites zu treffen.[1] Die **Liquiditätsbasis** der Gesellschaft ist dabei besonders im Auge zu behalten.[2]

2 Für die Familiengesellschaft ist die **Zwei-Klassen-Gesellschaft charakteristisch**.[3] Dies beginnt mit dem Unternehmensgründer, der bei Aufnahme weiterer Gesellschafter, insbesondere bei Kindern oder Schwiegerkindern seinen maßgeblichen Einfluss auf die Geschicke des Unternehmens auch bei einem langsamen Rückzug aus der Geschäftsführung behalten will. Dies kann zunächst sinnvoll sein, muss es aber nicht stets. Allzu viele unternehmerische Mitspracherechte können mit fortschreitendem Alter des Gründers auch hemmend wirken und sich als Wettbewerbsnachteil auswirken, wenn die Gesellschaft nicht mehr schnell genug auf neue Entwicklungen des Marktes reagieren kann, da der Senior diesen „Modernismus" ablehnt. Hier ist es eine der schwierigsten Aufgaben des Beraters, dem erfolgreichen Unternehmensgründer dasjenige Misstrauen vor sich selbst einzuflößen, das ihm selbst völlig fremd ist.

3 Die Zwei-Klassen-Gesellschaft setzt sich fort in den **Folgegenerationen**, wenn einzelne Gesellschafter aktiv an der Unternehmensführung beteiligt sind und damit strategische Vorteile haben, während andere die Beteiligung am liebsten versilbern würden oder das Familienunternehmen als **reine Kapitalanlage** betrachten. Hier sind die das Unternehmen Fortführenden und das Unternehmen selbst soweit möglich vor fremdem Einfluss und vor einem unverantwortlichen Kapitalentzug zu schützen. Dies kann Auswirkungen auf die Gestaltung von Geschäftsführungs- und Vertretungskompetenzen,[4] Kündigungsregelungen,[5] **Abfindungsklau-**

---

[1] BGH NJW 1990, 2616 ff. = BGHZ 112, 40; vgl. auch *Sudhoff/Hörstel* Personengesellschaften S. 180.

[2] Vgl. zu den Möglichkeiten der Beschränkung von Abfindungszahlungen *Göllert/Ringling*, DB 1999, 516; *Hülsmann*, NJW 2002, 1673; *Karakaya/Prüßner*, MDR 2002, 804; *Mecklenbrauck*, BB 2000, 2001; *Reinicke/Tiedtke*, DB 1984, 703; *Schön*, ZHR 166 (2002), 585; *Wangler*, DB 2001, 1763; *Ziegler*, DB 2000, 2107.

[3] Vgl. beispielsweise Beck Hdb. Personengesellschaften/*Stengel* § 15 Rn 16 f.

[4] Beck Hdb. Personengesellschaften/*Stengel* § 15 Rn 15 ff.

[5] *Peetz*, GmbHR 2000, 749 ff.; *Fingerhut/Schröder*, BB 1997, 1805 ff.; *Müller*, DB 1999, 2045 ff.; *Goette*, DStR 2001, 533.

seln,[6] die Abtretbarkeit von Gesellschaftsanteilen,[7] die Gestaltung von Vorkaufsrechten[8] und die Regelungen über **Thesaurierung**[9] und Ausschüttung von Unternehmensgewinnen haben. Das Interesse der Gesellschaft an ausreichendem Investivkapital ist gegen das Interesse der Gesellschafter an einem hohen Lebensstandard abzuwägen. Im Regelfall sollte dabei der Erhalt des Unternehmens größere Priorität haben. Gleichzeitig sollte verhindert werden, dass **Minderheitsgesellschafter** durch missbräuchliche Ausnutzung entsprechender Satzungsregeln **wirtschaftlich ausgetrocknet** und so aus der Gesellschaft herausgedrängt werden. Dieses Problem kann sich vor allem dann stellen, wenn eine Mitunternehmerschaft Gewinne erzielt, auf die die Gesellschafter unabhängig von der Ausschüttungspolitik der Gesellschaft Ertragsteuern zahlen müssen, die Mehrheit der Gesellschafter jedoch Gewinnausschüttungen zum Zwecke der Begleichung entsprechender Steuerlasten verhindert.

Besonderheiten gelten für Familiengesellschaften, die nach dem Generationswechsel in mehrere **Familienstämme** zerfallen, die sich mit zunehmender Zeit einander häufig wie Fremde gegenüberstehen. Hier geht es meist darum, die einzelnen Stämme zu koordinieren, die Geschäftsführung der Gesellschaft vor Streitigkeiten unter den Stämmen möglichst abzuschirmen und das **Gleichgewicht** der Stämme möglichst zu erhalten.[10] **4**

Die schwierigste Phase im Leben eines Familienunternehmens tritt in dem Moment ein, in dem feststeht, dass **keiner** der Abkömmlinge **geeignet** ist, das **Unternehmen fortzuführen**. Schwierig ist daran bereits der erste Schritt, nämlich derjenige der Erkenntnis, dass ein solcher Fall vorliegt. Die Unternehmerfamilie wird dies häufig zunächst nicht wahrhaben wollen. Ist diese erste Hürde der Erkenntnis noch in einem Stadium genommen, in dem das Unternehmen noch nicht Not leidend ist, so stellt sich die Aufgabe der **Suche nach einer externen Unternehmensleitung**. Ab diesem Moment ist Umdenken angesagt. Geeignete und durchsetzungsstarke Unternehmensleiter werden sich in der Regel nur dann finden lassen, wenn ihnen ein ausreichender Handlungs- und Gestaltungsspielraum zur Verfügung steht. Der Familieneinfluss ist in diesem Fall ggf. gezielt zurückzudrängen. Selbstverständlich bleibt dennoch stets **5**

---

[6] Vgl. *Dauner-Lieb*, GmbHR 1994, 836 ff.; *Mecklenbrauck*, BB 2000, 2001; *Heß*, NZG 2001, 648; *Volmer*, DB 1998, 2507; *Michalski*, ZIP 1991, 914; *Göllert/Ringling*, DB 1999, 516; *Hülsmann*, NJW 2002, 1673; *Karakaya/Prüßner*, MDR 2002, 804; *Reinicke/Tiedtke*, DB 1984, 703; *Schön*, ZHR 166 (2002), 585; *Wangler*, DB 2001, 1763; *Ziegler*, DB 2000, 2107.

[7] Beck Hdb. Personengesellschaften/*Sauter* § 7 Rn 49 ff.; *Ehlke*, DB 1995, 561 ff.; *Leßmann*, GmbHR 1985, 179; *Lutter/Grunewald*, AG 1989, 109 ff.; *Otto*, GmbHR 1996, 16; *Reichert*, GmbHR 1995, 176; *Reichert*, BB 1985, 1496; *Zwissler*, GmbHR 1999, 1283; *Kowalski*, GmbHR 1992, 347.

[8] *Ulmer*, ZHR Bd. 149, 28; *Scholz/Winter* § 15 GmbHG Rn 87 m. w. N. sowie unten § 11 Rn 29 ff.

[9] *Bork/Oepen*, ZGR 2002, 241 ff.; *Blumers/Beinert/Witt*, DStR 2002, 565 ff.; *Vonnemann*, GmbHR 1992, 637 ff. sowie unten § 11 Rn 103 ff.

[10] Insoweit sei auf die Ausführungen oben unter § 4 Rn 17 ff. verwiesen.

das Letztentscheidungsrecht und die Abberufungsbefugnis bei den Gesellschaftern. Es lässt sich aber beispielsweise durch entsprechende Wahl der Rechtsform sichern, dass der unmittelbare **Einfluss der Gesellschafter** auf die täglichen Entscheidungen der Geschäftsführung **zurückgedrängt** wird. Die Gesellschafter können dies beispielsweise durch einen Wechsel der Rechtsform in eine AG[11] oder durch Etablierung eines starken, von externer Sachkompetenz geprägten Aufsichtsrats erreichen.[12] Durch Einschaltung dieses weiteren Organs lassen sich die Machtverhältnisse und Entscheidungsstrukturen neu gestalten und auf den jeweiligen Einzelfall zuschneiden.

6 Führung und Kontrolle in einer Gesellschaft sind regelmäßig auf **zwei, maximal drei Ebenen** verteilt. Dabei ist zu unterscheiden zwischen der Ebene der Gesellschafter, der Ebene der Geschäftsführung und – soweit vorhanden – der Ebene des Beirates bzw. Aufsichtsrats. Die **Geschäftsführung bzw. der Vorstand** trifft dabei unmittelbar die Entscheidungen der Unternehmensführung, sofern die Gesellschafter die Angelegenheit nicht im Einzelfall selbst entscheiden. Inwieweit dies möglich oder erforderlich ist, unterscheidet sich von Rechtsform zu Rechtsform. Die Gesellschafter entscheiden in der **Gesellschafterversammlung** grds. nur in grundlegenden Angelegenheiten, über die Gewinnverwendung, über Änderungen des Gesellschaftsvertrages und die Bestellung und Abberufung von Geschäftsführern und Aufsichtsräten. Die Gesellschafterversammlung ist unabhängig von der Ausgestaltung der Verhältnisse der Familiengesellschaften im Einzelnen stets das höchste Willensbildungsorgan der Gesellschaft. Bei Personengesellschaften und GmbH können die Gesellschafter auch Entscheidungen in allen Angelegenheiten der Geschäftsführung treffen. Einen weisungsfreien Tätigkeitsbereich der Geschäftsführung, in den die Gesellschafter nicht eingreifen dürfen, gibt es bei der GmbH nicht,[13] wohl aber bei der AG. Existiert ein **Aufsichtsrat oder Beirat**, so ist zwischen den zwingenden mitbestimmungsrechtlichen Aufsichtsräten und den fakultativen Gremien zu unterscheiden. Bei den gesetzlichen Aufsichtsräten sind deren Aufgaben zwingend vorgegeben und dürfen nicht ausgehöhlt werden;[14] bei den freiwilligen Aufsichtsräten und Beiräten können die Aufgaben, Zusammensetzung, Kompetenzen und die Einbindung in das Gefüge der Gesellschaftsorgane weitgehend frei bestimmt werden.[15]

---

[11] § 76 Abs. 1 AktG verhindert grds. eine unmittelbare Einflussnahme der Gesellschafter auf die Geschäftsführung des Vorstands.

[12] Vgl. dazu unten § 15.

[13] Strittig, vgl. *Ebert*, GmbHR 2003, 444 ff.; *Konzen*, NJW 1989, 2977 ff.; *Lutter/Hommelhoff* § 37 GmbHG Rn 18; *Michalski/Lenz* § 37 GmbHG Rn 18; *Rowedder/Koppensteiner* § 37 GmbHG Rn 26.

[14] *Rowedder/Koppensteiner* § 52 GmbHG Rn 47.

[15] Vgl. dazu ausführlich unten § 15 Rn 11 ff.

II. Sicherung des Familieneinflusses

1. Abtretungsbeschränkungen

a) Personengesellschaften. Gemäß § 719 BGB kann ein Gesellschafter einer Gesellschaft bürgerlichen Rechts über seinen **Anteil an dem Gesamthandsgesellschaftsvermögen nicht verfügen**. Diese Vorschrift gilt nicht nur für die Gesellschaft bürgerlichen Rechts, sondern auch für die OHG, die KG in allen Spielarten und die Partnerschaftsgesellschaft.[16] Die herrschende Meinung versteht diese gesetzliche Regelung jedoch nicht als zwingenden Abtretungsausschluss, sondern nur als abdingbaren gesetzlichen Regelfall.[17] Die Verfügung über Gesellschaftsrechte ist daher stets mit Zustimmung aller Gesellschafter zulässig.[18] Die Zustimmung der Gesellschaftermehrheit genügt nach dem Gesetz nicht.[19] Der Gesellschaftsvertrag kann Änderungen des Grundsatzes des § 719 BGB vorsehen, ihn ganz oder nur für bestimmte Fälle abbedingen. Eine völlige Freigabe von Abtretungen an beliebige Dritte wird in einer Familiengesellschaft regelmäßig nicht in Betracht kommen. 7

Neben § 719 BGB kann der Schutz der Gesellschaft auch über **Abtretungsbeschränkungen nach § 399 BGB** erfolgen. § 719 BGB schließt nur die Abtretung des Gesellschaftsanteils als solchem und die Veräußerung von Anteilen am Vermögen der Gesamthand aus. Er verhindert jedoch grds. nicht die Abtretung von **einzelnen Ansprüchen**, die aus dem Gesellschaftsverhältnis fließen. So kann beispielsweise der Anspruch auf einen auszuschüttenden Gewinn oder den zukünftigen Anspruch auf den Liquidationserlös gemäß § 398 BGB abgetreten werden. Dies lässt sich nach § 399 BGB verhindern, indem als Inhalt dieser aus dem Gesellschaftsverhältnis fließenden Ansprüche deren Abtretbarkeit ausgeschlossen wird. Zum Schutz vor einer **Abtretung des Stimmrechts** ist diese Maßnahme hingegen nicht erforderlich. Denn insoweit gilt grds. bei Personengesellschaften das **Abspaltungsverbot**,[20] wonach höchstpersönliche Rechte nicht frei auf Dritte übertragen und abgetreten werden können. 8

Häufig finden sich **pauschale Regelungen** in Familiengesellschaften, wonach Abtretungen von Gesellschaftsrechten und den Gesellschaftsanteilen ausgeschlossen werden bzw. nur mit Zustimmung aller Gesellschafter möglich sind. Eine solche Regelung kann im Einzelfall zu **unerwünschten Konsequenzen** führen. Nimmt beispielsweise ein Vater eines seiner 9

---

[16] *Koller/Roth/Morck* § 105 HGB Rn 50; MünchKomm/*Ulmer* § 1 PartGG Rn 7; *Lommer*, BB 2003, 1909, 1912.

[17] MünchKomm/*Ulmer* § 719 BGB Rn 21 ff.; *Palandt/Sprau* § 719 BGB Rn 6; *Koller/Roth/Morck* § 105 HGB Rn 50; Beck Hdb. Personengesellschaften/*Sauter*, § 7 Rn 49 jeweils in der dogmatischen Begründung etwas abweichend.

[18] Siehe die Vorgenannten.

[19] Wohl ist es aber möglich eine entsprechende Regelung im Gesellschaftsvertrag vorzusehen, um Blockademöglichkeiten einzelner Kleingesellschafter auszuschließen.

[20] Beck Hdb. Personengesellschaften/*Stengel*, § 3 Rn 499; dies gilt auch im Recht der GmbH *Baumbach/Hueck/Zöllner* § 47 GmbHG Rn 28; *Scholz/K. Schmidt* § 47 GmbHG Rn. 20.

Kinder in die Gesellschaft auf, so kann das aufgenommene Kind die Fortsetzung der vorweggenommenen Erbfolge dahin gehend behindern, dass es jeder weiteren Übertragung auf Geschwister widerspricht. Ist dann noch eine erbrechtliche Fortsetzungsklausel[21] in der Gesellschaftssatzung zum Schutz vor Überfremdung vorgesehen, so kann ein aufgenommenes Kind die Überleitung des gesamten Unternehmens auf sich allein durch bloßes Abwarten erzwingen. Auch in anderen Fällen mit mehreren Familienstämmen sollte man sich darüber im Klaren sein, dass die Übertragung von Gesellschaftsanteilen in vorweggenommener Erbfolge vollständig von der Zustimmung der Mitgesellschafter abhängig wäre. Insoweit kann es sich auch anbieten, bei Übertragungen innerhalb eines Familienstammes das **Mitspracherecht des anderen Familienstammes** auszuschließen. Die Anordnung von Vermächtnissen könnte sonst beispielsweise von den Mitgesellschaftern ausgehöhlt werden. Im Einzelfall wird ein solches starkes Mitspracherecht aller Mitgesellschafter erwünscht sein. Häufig ist jedoch eine Einschränkung erwünscht, die sich insbesondere auf Übertragungen durch den **Unternehmensgründer** bezieht; diesem soll eine uneingeschränkte Entscheidungsgewalt hinsichtlich seiner weiteren Übertragungen verbleiben. Ferner sollen in der Regel **Übertragungen auf Mitgesellschafter, den Ehegatten oder Abkömmlinge** eines Gesellschafters zustimmungsfrei sein.[22] Eine entsprechende differenzierte Regelung kann beispielsweise bei einer Personengesellschaft wie folgt formuliert werden.

Formulierungsvorschlag:

10 Die Abtretung von Gesellschaftsanteilen oder Teilen davon und jede Verfügung darüber bedarf der Zustimmung aller Mitgesellschafter. Dies gilt auch für die Verfügung über alle aus dem Gesellschaftsverhältnis folgenden Rechte und Ansprüche. Abweichend von dem vorstehenden Grundsatz ist der Gesellschafter *** persönlich uneingeschränkt und zustimmungsfrei zu Verfügungen über seinen Gesellschaftsanteil und die daraus folgenden Rechte und Ansprüche befugt. Dies gilt auch für Verfügungen aufgrund von Verfügungen von Todes wegen des genannten Gesellschafters. Im Übrigen sind auch Verfügungen zugunsten von Mitgesellschaftern, Ehegatten von Gesellschaftern und (volljährigen***) Abkömmlingen von Gesellschaftern zustimmungsfrei.

11 **b) Abtretungsbeschränkungen bei der GmbH.** § 719 BGB gilt grds. nur für Personengesellschaften. Danach sind Geschäftsanteile an einer GmbH grds. frei veräußerlich, belastbar und übertragbar. Auch bei **Gesellschaften mit beschränkter Haftung** kann jedoch die Abtretung von Geschäftsanteilen gemäß § 15 Abs. 5 GmbHG eingeschränkt, nach herrschender Meinung sogar auch ganz ausgeschlossen werden[23] – Letz-

[21] Vgl. dazu unten § 33 Rn 114 ff. sowie *Demuth*, BB 2001, 945; *Keller*, ZEV 2001, 297; *Wagner*, WiB 1995, 181; *Flick*, ZEV 1994, 34; *Sethe*, JZ 1997, 989.

[22] Bei Fehlen einer solchen Regelung kann sich jedoch aus der gesellschaftsrechtlichen Treuepflicht eine Zustimmungspflicht ergeben, die jedoch sehr streitanfällig ist. Vgl. dazu BGH NJW 1987, 952 = ZIP 1987, 166.

[23] *Michalski/Ebbing* § 15 GmbHG Rn 138.

teres allerdings nur soweit ein Austrittsrecht aus wichtigem Grund besteht.[24] Die nachträgliche Einführung einer entsprechenden Beschränkung bedarf einer notariell zu beurkundenden Satzungsänderung und darüber hinaus nach wohl h. M. der **Zustimmung aller Gesellschafter**.[25]

Die Beschränkung des § 15 Abs. 5 GmbHG erfasst nur den **dinglichen Vertrag**, nicht auch die zugrunde liegenden schuldrechtlichen Vereinbarungen.[26] Die Verpflichtung zur Veräußerung bleibt also unberührt, während die dingliche Verfügung, also die Übertragung des Geschäftsanteils scheitert. Dies ist für den Schutz der Gesellschaft vor fremdem Einfluss grds. ausreichend. Der veräußernde Gesellschafter ist ggf. jedoch Schadensersatzansprüchen des Käufers ausgesetzt, weil er seinen Verpflichtungen mangels Zustimmung der Mitgesellschafter nicht nachkommen kann. 12

Der Gesellschaftsvertrag sollte möglichst präzise festlegen, **wessen Zustimmung** erforderlich ist und auf welche Art und Weise über die Entscheidung Beschluss zu fassen ist. Als **Hauptalternative** kommt die Zustimmung der Gesellschaft, zu erklären durch den Geschäftsführer, aufgrund einfachen Gesellschafterbeschlusses in Betracht. Ersatzweise kann auch die Zustimmung **jedes** Gesellschafters erforderlich sein. Letzteres kann sehr schwerfällig sein und sich zum echten **Umwandlungshindernis** entwickeln, da in einem derartigen Fall die meisten Umwandlungen im Sinne des UmwG der Zustimmung sämtlicher Gesellschafter bedürfen, § 13 Abs. 2 UmwG.[27] 13

Bestimmte Gründe, aus denen die Zustimmung verweigert werden kann, können in der Satzung geregelt werden, müssen es aber nicht. Die Zustimmung ist dann vom Ermessen der Gesellschafter bzw. der Gesellschafterversammlung abhängig. Auch bei der GmbH gelten die für die Personengesellschaften angeführten Überlegungen, nach denen die Zustimmungsklauseln **möglichst differenziert** ausgestaltet sein sollten, also ggf. zwischen mehreren Klassen oder Stämmen von Gesellschaftern unterschieden werden sollte und bestimmte Verfügungen vom Zustimmungserfordernis ausgenommen werden sollten. 14

Bei der Beschlussfassung über die Zustimmung zur Übertragung steht § 47 Abs. 4 GmbHG von Gesetzes wegen der Mitstimmung des veräußerungswilligen Gesellschafters nicht entgegen.[28] Sollte eine Zustimmung dabei nicht erwünscht sein, wäre also ausdrücklich ein **Stimmverbot** anzuordnen. Dies kann vor allem dann von Bedeutung sein, wenn ein Gesellschafter ein klares Stimmenübergewicht hat und die Abtretung nur eines mit einfacher Mehrheit gefassten Gesellschafterbeschlusses bedarf. Er könnte ggf. allein sich selbst die Zustimmung zu seiner Veräußerung erteilen. Dies wird zwar beim ursprünglichen Unternehmensgründer so gewünscht sein, später jedoch in der Regel nicht mehr. 15

---

[24] *Rowedder/Bergmann* § 15 GmbHG Rn 161.

[25] Vgl. *Reichert*, BB 1985, 1496 ff.; *Fette*, GmbHR 1986, 73 ff.

[26] Allg. Meinung *Hachenburg/Zutt* § 15 GmbHG Rn 96; *Rowedder/Bergmann* § 15 GmbHG Rn 162; *Baumbach/Hueck/Fastrich* § 15 GmbHG Rn 36.

[27] Vgl. dazu *Reichert*, GmbHR 1995, 176 ff.

[28] BGHZ 48, 163, 166 = NJW 1967, 1963 ff.; *Roth/Altmeppen* § 15 GmbHG Rn 61.

16 Während § 15 Abs. 5 GmbHG lediglich von der Abtretung spricht und nur insoweit die Möglichkeit von Erschwerungen vorsieht, kann ein Zustimmungsvorbehalt nach h. M. auch für die **Verpfändung und Nießbrauchsbestellung** vorgesehen werden.[29] Üblicherweise sollten nicht nur der Geschäftsanteil als solcher, sondern auch **die aus dem Geschäftsanteil resultierenden Ansprüche** hinsichtlich der Abtretung von der Zustimmung der Gesellschaft abhängig gemacht werden. Dies ist zulässig.[30] Diese Vereinbarung beruht auf **§ 399 BGB**.

Formulierungsvorschlag:
§ * Verfügung über Geschäftsanteile**

17 1. Die Verfügung über Geschäftsanteile oder Teile von Geschäftsanteilen bedarf der vorherigen Zustimmung der Gesellschaft. Über die Zustimmung zur Verfügung entscheidet die Gesellschafterversammlung mit einfacher Mehrheit aller vorhandenen Stimmen. Der verfügungswillige Gesellschafter ist hierbei ebenfalls/nicht*** stimmberechtigt. Die Zustimmung oder die Versagung der Zustimmung ist durch die Geschäftsführer in vertretungsberechtigter Zahl mitzuteilen.

2. Das vorstehende Zustimmungserfordernis gilt nicht nur hinsichtlich der Abtretung von Geschäftsanteilen oder Teilen davon, sondern auch für die Bestellung von Nießbrauchsrechten, die Verpfändung, Verfügungen über Gewinnanteile oder sonstige Ansprüche, die aus diesem Gesellschaftsvertrag resultieren. Auch der Abschluss von atypischen Unterbeteiligungen, Stimmbindungsvereinbarungen und Treuhandvereinbarungen mit Nichtgesellschaftern bedarf der Zustimmung nach den vorstehenden Regelungen. Das Gleiche gilt für alle übrigen Umgehungsgestaltungen.

3. Den vorstehenden Zustimmungserfordernissen unterliegen nicht Verfügungen durch Herrn/Frau *** zu seinen Lebzeiten und aufgrund seiner/ihrer Verfügungen von Todes wegen.

4. Die Erteilung der Zustimmung liegt im freien Ermessen der Gesellschafterversammlung. Sie kann stets und dauerhaft die Zustimmung zu Verfügungen versagen, wenn die Gesellschaft oder ein Gesellschafter oder ein von der Gesellschaft zugelassener Dritter dem verfügungswilligen Mitgesellschafter den Erwerb des Geschäftsanteiles zu dem in dieser Satzung festgelegten Abfindungsbetrag anbietet. Sind mehrere Gesellschafter zur Übernahme bereit, so haben sie dem Ausscheidungswilligen das Angebot im Verhältnis ihrer Beteiligung zu unterbreiten.

5. Die Zustimmung für die Vornahme von Verfügungen zugunsten von ehelichen***, leiblichen*** Abkömmlingen eines Gesellschafters, dessen Ehegatten oder zugunsten von Mitgesellschaftern wird hiermit bereits erteilt.

6. Bedarf die Veräußerung von Geschäftsanteilen und Teilen von Geschäftsanteilen an bestimmte Personen nach den Bestimmungen in dieser Satzung keiner Zustimmung, so bedarf auch die Teilung eines Geschäftsanteils zu diesem Zwecke nicht der Zustimmung der Gesellschaft, soweit gesetzlich zulässig.

---

[29] *Roth/Altmeppen* § 15 GmbHG Rn 54; *Rowedder/Bergmann* § 15 GmbHG Rn 188.
[30] *Scholz/Winter* § 15 GmbHG Rn 83; *Rowedder/Bergmann* § 15 GmbHG Rn 189.

c) Besonderheiten bei der Familien-GmbH/AG & Co. KG. Bei der Familien-GmbH/AG & Co. KG wird der Einfluss auf die Geschicke der Gesellschaft auf zwei Wegen ausgeübt, einerseits über die Mitgliedschaft in der GmbH oder AG und andererseits über die Kommanditbeteiligung an der KG. Schwierigkeiten und Streit können vor allem dann entstehen, wenn die **Gesellschaftsbeteiligungen** an der Komplementär-Kapitalgesellschaft und an dem Kommanditkapital **auseinander fallen**.[31] Die unterschiedlichen Gesellschafterkreise können dann unterschiedliche Interessen entwickeln, die GmbH kann ggf. zweckentfremdet werden oder der KG Konkurrenz machen. Dem Geschäftsführer oder Vorstand der Komplementärgesellschaft können von seiner Gesellschafterversammlung von den Beschlüssen in der KG abweichende Weisungen erteilt werden. Das Auseinanderfallen der Gesellschafterkreise beider Gesellschaften kann vor allem dadurch zustande kommen, dass die Regelungen für die Vererbung, Gesellschafterinsolvenz, Zwangsvollstreckung, Gesellschafterausschluss und Übertragung von Gesellschaftsbeteiligungen sich in den Rechtsformen unterscheiden.[32] Diese Problematik soll üblicherweise durch vorbeugende Gestaltungen vermieden werden. **18**

Aus diesem Grunde werden regelmäßig zwei unterschiedliche Gestaltungswege beschritten. Der erste Weg besteht in der Gründung einer sog. **Einheits-GmbH/AG & Co. KG**.[33] Die Probleme – gerade im Erbfall – werden dadurch vermieden, dass die GmbH einerseits einzige Komplementärin der KG ist. Ferner werden nach der Gründung der GmbH & Co. KG die GmbH-Geschäftsanteile von den Gründungsgesellschaftern an die KG abgetreten. Es entsteht so die **wechselseitige Beteiligung**, die **„Schlange, die sich selbst in den Schwanz beißt"**: Die KG ist einzige Gesellschafterin der GmbH und die GmbH ist einzige Komplementärin der KG. Auf diese Art und Weise ist keine natürliche Person an der GmbH beteiligt. Ein **Auseinanderfallen** der Gesellschafter von GmbH und KG ist **ausgeschlossen**. Stirbt ein Gesellschafter der KG, so werden nur die KG-Anteile vererbt, in deren Betriebsvermögen sich die GmbH-Anteile befinden. Der einzelne Gesellschafter kann nicht mehr über seine Beteiligung an der GmbH verfügen, da sie sich im Gesamthandsvermögen der KG befindet, § 719 BGB. **Problematisch** ist an dieser Konstruktion lediglich die Frage, auf welche Art und Weise **Gesellschaftsversammlungen der GmbH** durchgeführt werden können. Hierzu ist grundsätzlich die KG als alleinige Gesellschafterin befugt. Sie handelt durch ihre Komplementärin also die GmbH oder AG selbst, als deren Geschäftsführerin. Um hier Probleme zu vermeiden ist üblicherweise folgender Passus in beide Gesellschaftsverträge der Einheits-GmbH/AG & Co. KG aufzunehmen. **19**

---

[31] Vgl. dazu *Binz/Sorg* GmbH & Co. KG § 7; *Spiegelberger*, ZEV 2003, 391 ff.

[32] *Binz/Sorg* GmbH & Co. KG § 7 Rn 2.

[33] Vgl. dazu *Sudhoff/Liebscher* GmbH & Co. KG § 3 Rn 7 f.; *Bahnsen*, GmbHR 2001, 186; *Carlé*, GmbHR 2001, 100 (steuerrechtlich zu § 15 Abs. 3 EStG); *Scholz/K. Schmidt* Anhang § 45 GmbHG Rn 58 ff.; *Esch*, BB 1991, 1129; Beck Hdb. Personengesellschaft/*Watermeyer* § 12 Rn 22 ff.; *Binz/Sorg* GmbH & Co. KG § 7; *Spiegelberger*, ZEV 2003, 391, 392.

Formulierungsbeispiel:

20 Für den Fall, dass die *** GmbH & Co. KG alleinige Gesellschafterin der GmbH ist, werden die jetzigen und zukünftigen Kommanditisten im Verhältnis ihrer jeweiligen Beteiligung am Gesellschaftsvermögen bevollmächtigt und ermächtigt, das Stimmrecht in der Gesellschafterversammlung der GmbH auszuüben.[34] Die Bestimmungen über die Abhaltung von Gesellschafterversammlungen der GmbH gelten für die Kommanditisten entsprechend. Aufgrund Gesellschafterbeschluss mit $^3/_4$ Mehrheit der abgegebenen Stimmen sind die Kommanditisten – jeder einzeln – ermächtigt, über GmbH-(Teil-)Geschäftsanteile zu verfügen.

21 Bei der Einheits-GmbH & Co. KG erübrigen sich komplizierte Regelungen, die einen Gleichlauf der Gesellschaftsbeteiligung an GmbH und KG sicherstellen sollen.

22 Als Alternative zur sog. Einheitsgesellschaft können die Gesellschafter der Familien-GmbH/AG & Co. KG regulär selbst an beiden Gesellschaften beteiligt sein. Dann ist jedoch durch entsprechende Vertragsgestaltung, durch die sog. **Verzahnung beider Gesellschaften** sicherzustellen, dass das Schicksal der Beteiligungen stets parallel verläuft.[35] Diese müssen nicht nur den Fall rechtsgeschäftlicher Übertragungen, sondern auch den Fall der Insolvenz, Zwangsvollstreckung und den Tod berücksichtigen. Um das Ziel zu erreichen, sind folgende Regelungen[36] erforderlich:

- Verpflichtung in beiden Gesellschaftsverträgen[37] für alle Gesellschafter, Beteiligungen an beiden Gesellschaften stets nur parallel, also beteiligungsidentisch vorzunehmen und alle Handlungen vorzunehmen, die zu einer gleichen Beteiligung an beiden Gesellschaften führen, und alle widersprechenden Handlungen zu unterlassen.
- Ausschluss- bzw. Einziehungsmöglichkeit, wenn ein Gesellschafter trotz Aufforderung nicht die Beteiligungsidentität herbeiführt.
- Das Ausscheiden eines Gesellschafters aus einer Gesellschaft gestattet den verbleibenden Gesellschaftern, ihn auch aus der anderen Gesellschaft im Wege des Ausschluss oder der Einziehung aus der anderen Gesellschaft zu entfernen.
- Zustimmungen zu Verfügungen jeder Art über Gesellschaftsrechte dürfen nur erteilt werden, sofern dadurch die Beteiligungsidentität gewahrt ist. Sofern eine Verfügung erfolgt, um die erforderliche Beteiligungsidentität herbeizuführen, so bedarf es zu der Verfügung nicht der Zustimmung der Gesellschaft oder der Mitgesellschafter.

---

[34] Vgl. zu den noch ungeklärten Fragen dieser Vollmachtslösung *Binz/Sorg* GmbH & Co. KG § 7 Rn 15 ff.

[35] Vgl. *Sudhoff/Liebscher* GmbH & Co. KG § 3 Rn 3.

[36] Vgl. MVH I/*Riegger* Form III 6; *Binz/Sorg* GmbH & Co. KG § 7 Rn 36 ff.

[37] Aufgrund der wesentlich strengeren gesetzlichen Vorgaben der AG können die nachfolgenden Regelungen bei einer AG in der Regel nicht wirksam als Satzungsbestandteil vereinbart werden, § 23 Abs. 5 AktG. Um das Problem zu vermeiden, können die Aktien in eine parallele GbR eingebracht werden, bei der die entsprechenden Regelungen vereinbar sind.

- Ggf. Ruhen des Stimmrechts, solange ein Gesellschafter nicht gleichmäßig an beiden Gesellschaften beteiligt ist.

d) Grenzen und Umgehungsmöglichkeiten. Vinkulierungsklauseln sind **kein Allheilmittel** gegen eine Überfremdung der Gesellschaft. Auf lange Sicht kann ein Gesellschafter nicht gegen seinen Willen dauerhaft uneingeschränkt in der Gesellschaft gehalten werden. Denn bei kontinuierlicher Verweigerung der Zustimmung zur Übertragung des Geschäftsanteils kann der Gesellschafter in der GmbH gegebenenfalls den **Austritt** aus der Gesellschaft **aus wichtigem Grund** erklären.[38] Bei der Personengesellschaft kann das Kündigungsrecht sowieso nicht übermäßig beschränkt oder erschwert werden.[39] Um hierfür Abhilfe zu schaffen, werden teilweise **Vorkaufsrechte**[40] vereinbart. Stattdessen kann alternativ die Regelung getroffen werden, dass die Gesellschaft zur Verweigerung der Zustimmung dauerhaft befugt ist, sofern sie bzw. Mitgesellschafter dem übertragungswilligen Gesellschafter den Erwerb gegen Abfindung nach der statuarischen Abfindungsbestimmung anbieten.[41] 23

Vinkulierungsklauseln werden teilweise durch **Stimmbindungsverträge, Treuhandverträge, atypische Unterbeteiligungsverträge**[42] **oder Stimmrechtsvollmachten umgangen**. In diesen Fällen kann unerwünschter Fremdeinfluss auf die Gesellschaft entstehen. Um insoweit Kenntnis eines möglichen Fremdeinflusses zu erlangen, wird den Mitgesellschaftern insoweit ein Auskunftsanspruch zugebilligt.[43] Unter Stimmbindungsverträgen sind rechtsgeschäftliche Vereinbarungen über zukünftiges Abstimmungsverhalten zu verstehen.[44] Die wichtigste Art einer Stimmbindungsvereinbarung ist der so genannte **Treuhandvertrag**. Dass Treuhandvereinbarungen über GmbH-Geschäftsanteile grds. zulässig sind, ist unbestritten.[45] Abgesehen von reinen Treuhandverträgen können jedoch auch Vereinbarungen über eine gemeinschaftliche Abstimmung durch einen **Stimmrechtspool** getroffen werden. Ein Stimmbindungsvertrag bedarf keiner Form und **wirkt** nur **schuldrechtlich**.[46] Auch die Rechtsprechung hat die Zulässigkeit von Stimmbindungsvereinbarungen zugelassen, dies auch zugunsten von **Nichtgesellschaftern**.[47] Stimmbin- 24

---

[38] *Rowedder/Bergmann* § 34 GmbHG Rn 75 (Frage der Zumutbarkeit im Einzelfall); *Roth/Altmeppen* § 60 GmbHG Rn 103; *Scholz/Winter* § 15 GmbHG Rn 120.

[39] MünchKomm/*Ulmer* § 723 BGB Rn 61 ff.; *Karakaya/Prüßner*, MDR 2002, 804 ff.; *Notthoff*, DStR 1998, 210 ff.; *Westermann*, ZGR 1996, 272 ff.; *Ebenroth/Müller*, BB 1993, 1153.

[40] Vgl. dazu im Folgenden.

[41] Vgl. *Kowalski*, GmbHR 1992, 347 ff. sowie den vorstehenden Formulierungsvorschlag.

[42] Teilweise wird darin nicht einmal eine Umgehung einer Vinkulierungsklausel gesehen, so *Roth/Altmeppen* § 15 GmbHG Rn 115.

[43] OLG Hamburg GmbHR 1993, 507 f.; *Roth/Altmeppen* § 15 GmbHG Rn 112.

[44] *Hachenburg/Hüffer* § 47 GmbHG Rn 65; *Rowedder/Koppensteiner* § 47 GmbHG Rn 28.

[45] Vgl. *Scholz/Winter* § 15 GmbHG Rn 15 f.

[46] *Rowedder/Koppensteiner* § 47 GmbHG Rn 28.

[47] BGH ZIP 1983, 432; BGH WM 1987, 71, 72.

dungsverträge sind aber nicht grenzenlos zulässig. Einerseits kann ein Abstimmungsverbot in eigenen Angelegenheiten, beispielsweise gemäß **§ 47 Abs. 4 GmbHG** nicht durch einen Stimmbindungsvertrag ausgehöhlt werden. Eine entsprechende Vereinbarung wäre nichtig, der Beschluss anfechtbar. Ferner wäre die Vereinbarung eines Stimmenkaufes ebenfalls nichtig, weil sittenwidrig.[48]

25 Für die Familiengesellschaft stellt sich vor allem die Frage, ob Mitgesellschaftern, die sich gerade **keinem Fremdeinfluss** unterwerfen sollen, der Abschluss von Stimmbindungsverträgen oder der Abschluss von Treuhandverträgen untersagt werden kann. Die Familiengesellschaft hat daran ein erhebliches Interesse. Denn der Gesellschaft und der Familie ist wenig gedient, wenn die formelle Übertragung auf familienfremde Dritte zwar an der Vinkulierungsklausel im Gesellschaftsvertrag scheitert, der veräußerungswillige Gesellschafter das gleiche Ziel jedoch durch eine wirtschaftlich ähnliche Gestaltung ohne Übertragung des Gesellschaftsanteils erreichen kann. Teilweise findet sich der Hinweis,[49] auch derartige Umgehungsgeschäfte seien von Vinkulierungsklauseln erfasst und bedürften daher der Zustimmung der Gesellschaft. Zumindest lasse sich Entsprechendes regeln. Dies gelte sogar, wenn die Vereinbarung nicht mit einer dinglichen Übertragung verbunden sei. Eine solche Vereinbarung könne dann nicht wirksam mit Dritten geschlossen werden.[50] Diese Auffassung geht m. E. zu weit, auch wenn sie aus gestalterischer Sicht des Beraters eines Familienunternehmens wünschenswert wäre. Es ist zu unterscheiden zwischen den **schuldrechtlichen Abreden** und dem **dinglichen Vollzug**. Schuldrechtlich kann der Gesellschaftsvertrag dem Gesellschafter zweifelsfrei bestimmte Nebenpflichten auferlegen. Diese Pflichten können auch darin bestehen, keine Treuhandvereinbarungen abzuschließen und sich keinen Stimmbindungsvereinbarungen mit Gesellschaftsfremden zu unterwerfen. Derartige Pflichten führen jedoch nicht zur Unwirksamkeit der Vereinbarung mit dem Dritten.[51] Der verstoßende Gesellschafter macht sich vielmehr schadensersatzpflichtig. Die **Stimmabgabe** entsprechend der Weisung des Dritten wird ebenfalls dadurch **nicht unwirksam**.[52] Lediglich der dingliche Vollzug des Treuhandvertrages durch Abtretung des Geschäftsanteils kann vereitelt werden. Denn es ist dem Wesen des Treuhandvertrages immanent, dass der Treugeber auf seine Weisung hin die Abtretung des treuhänderisch gehaltenen Geschäftsanteils an sich selbst oder ein benannte Person verlangen kann. Dies kann durch die Vinkulierungsklausel verhindert werden. Schließlich kann der Fremdeinfluss, falls er erkannt wird, im schlimmsten Fall durch die **Hinauskündigung**

---

[48] Vgl. *Rowedder/Koppensteiner* § 47 GmbHG Rn 33.

[49] Vgl. *Scholz/Winter* § 15 GmbHG Rn 83 a.

[50] So *Scholz/Winter* § 15 GmbHG Rn 83 a; ebenso *Rowedder/Koppensteiner* § 47 GmbHG Rn 30.

[51] So auch *Michalski/Römermann* § 47 GmbHG Rn 552; *Hachenburg/Hüffer* § 47 GmbHG Rn 86; *Baumbach/Hueck/Zöllner* § 47 GmbHG Rn 78 b; a. A. *Scholz/Winter* § 15 GmbHG Rn 83 a; ebenso *Rowedder/Koppensteiner* § 47 GmbHG Rn 30.

[52] *Rowedder/Koppensteiner* § 47 GmbHG Rn 28; *Hachenburg/Schilling* § 47 GmbHG Rn 31; *Scholz/K. Schmidt* § 47 GmbHG Rn 54.

bzw. die **Einziehung** des Gesellschaftsanteils beendet werden. Um dies eindeutig klarzustellen, kann sich im Einzelfall eine Regelung empfehlen, wonach ein Gesellschafter aus der Gesellschaft ausgeschlossen werden kann, der einen Stimmbindungs- oder Treuhandvertrag mit einem Nichtgesellschafter abschließt. Dennoch wird von dieser Ultima Ratio nur in extremen Fällen Gebrauch gemacht werden können.

Für **Unterbeteiligungen** am Geschäftsanteil, die lediglich eine BGB- 26
Innengesellschaft begründen, kann eine Erschwerung nicht mit der dinglichen **Wirkung des § 15 Abs. 5 GmbHG** begründet werden. Dennoch kann sie als **Nebenvereinbarung** im GmbH-Gesellschaftsvertrag vorgesehen werden.[53]

Vinkulierungsklauseln können umgangen werden, wenn der eigent- 27
liche Geschäftsanteil mit Zustimmung aller Gesellschafter in eine **andere Gesellschaft eingebracht** wird und anschließend deren Geschäftsanteile übertragen werden.[54] Inwieweit Abtretungsverbote auch auf solche **mittelbaren Anteilsabtretungen** erstreckt werden können, ist unklar und umstritten.[55] Teilweise wird insoweit auch von einem dinglich wirkenden Verbot der späteren Übertragung von Anteilen an der aufnehmenden Gesellschaft ausgegangen.[56] Insofern ist Vorsicht bei entsprechenden Zustimmungserklärungen geboten, wenn der Einfluss der Gesellschaft bei späteren Veränderungen beschränkt wird. Ggf. kann eine Zustimmung zur Einbringung in die Obergesellschaft nur für den Fall erteilt werden, dass die anderen Familienmitglieder oder die Hauptgesellschaft selbst an der Obergesellschaft beteiligt wird, um insoweit wieder Einfluss auf Anteilsabtretungen an der Obergesellschaft zu gewinnen. Bei Personengesellschaften ist insoweit auch eine Beteiligung an der Gesellschaft ohne vermögensmäßige Beteiligung möglich.[57] Alternativ kann auch die Einziehung für den Fall mittelbarer Anteilsabtretungen vereinbart werden.

Vinkulierungsklauseln versagen gegenüber der Fremdeinwirkung 28
im Falle der **Insolvenz** eines Mitgesellschafters und bei **Zwangsvollstreckung** eines Gläubigers in den Geschäftsanteil. Dies gilt sowohl für die GmbH[58] als auch für Personengesellschaften.[59] Bei der Kapitalgesellschaft ist der Insolvenzverwalter zur freien Veräußerung des Geschäftsanteils auch ohne Zustimmung der Mitgesellschafter oder der Gesellschaft

---

[53] Vgl. *Baumbach/Hueck/Fastrich* § 15 GmbHG Rn 58.

[54] Vgl. dazu *Lutter/Grunewald* AG 1989, 109 ff.; 409 ff.; *Kowalski*, GmbHR 1992, 347; *Scholz/Winter* § 15 GmbHG Rn 83 a; *Lutter/Hommelhoff* § 15 GmbHG Rn 34.

[55] Vgl. dazu *Scholz/Winter* § 15 GmbHG Rn 83 a; *Lutter/Hommelhoff* § 15 GmbHG Rn 34.

[56] *Lutter/Hommelhoff* § 15 GmbHG Rn 34. Dagegen *Roth/Altmeppen* § 15 GmbHG Rn 113 wenden zwar § 15 Abs. 5 GmbHG an, verneinen m. E. zu Recht jedoch eine dingliche Wirkung bei Veräußerung von Anteilen der aufnehmenden Gesellschaft.

[57] *Arens/Rinck* Gesellschaftsrecht § 4 Rn 174; *Sudhoff/Ihrig* GmbH & Co. KG § 9 Rn 23.

[58] MünchKomm/*Lwowski* § 35 InsO Rn 471; *Roth/Altmeppen* § 15 GmbHG Rn 67; *Scholz/Winter* § 15 GmbHG Rn 84, 179, 209.

[59] *Palandt/Sprau* § 725 BGB Rn 1, § 728 Abs. 2 BGB Rn 2.

selbst befugt.[60] Dem Pfandgläubiger ist die reguläre Verwertung gestattet.[61] Um dies zu verhindern, wird üblicherweise die Einziehung des Geschäftsanteils ohne Mitwirkung des Insolvenzverwalters oder Pfandgläubigers vorgesehen.[62] Eine solche Regelung ist unentbehrlich. Für die Personengesellschaft unterscheiden sich die Rechtsfolgen je nach Rechtsform der Personengesellschaft. In jedem Fall sollte auch hier die Möglichkeit vorgesehen werden, den insolventen bzw. gepfändeten Gesellschafter ohne dessen Mitwirkung aus der Gesellschaft hinauszukündigen, so dass die Gesellschaft ohne Auflösung von den verbleibenden Gesellschaftern fortgesetzt wird.[63]

2. Vor- und Ankaufsrechte, Anbietungspflichten

29 Vorkaufsrechte können sowohl in **Personengesellschaften** als auch in **Kapitalgesellschaften**[64] als ergänzende Regelung in der Satzung vorgesehen werden. Lediglich bei der **Aktiengesellschaft** steht § 23 Abs. 5 AktG einem satzungsmäßigen Vorkaufsrecht entgegen.[65] Denn bei der AG können Nebenpflichten nur sehr beschränkt vereinbart werden. Die Vorkaufs- und Erwerbsrechte können eine **sinnvolle Ergänzung** von Veräußerungsbeschränkungen darstellen. Denn die Vinkulierungsregelungen schützen zwar die Gesellschaft vor Überfremdung, führen auf die Dauer jedoch zu einem **erheblichen Streitpotential**, wenn ein unwilliger Gesellschafter gegen seinen Willen in der Gesellschaft gehalten wird. Die Regelung von Erwerbsrechten und Anbietungspflichten können einen Ausgleich zwischen dem Interesse eines veräußerungswilligen Gesellschafters und dem Schutz der Gesellschaft vor Überfremdung herbeiführen. Stets führt die Ausübung eines entsprechenden Rechts jedoch zu einem Liquiditätsabfluss zugunsten des ausscheidungswilligen Gesellschafters. Dieser soll in der Regel so niedrig wie möglich gehalten werden. Der Erhalt der Liquidität ist häufig eine der wichtigsten Aufgaben bei Familienunternehmen.[66]

30 Bei der Ausgestaltung entsprechender Rechte bei der GmbH und den Personengesellschaften ist zwischen den Vorkaufsrechten und den Ankaufs- bzw. Erwerbsrechten zu **unterscheiden**. Beim **Vorkaufsrecht** ist Voraussetzung für die Ausübung des Erwerbsrechts der Abschluss eines Kaufvertrages mit einem Dritten. Die Mitgesellschafter können nach dem gesetzlichen Regelfall von dem Vorkaufsrecht grds. nur zu dem mit dem Dritten vereinbarten Kaufpreis Gebrauch machen. Dies kann bei einem **übertrieben hohen Preis** zu einer unbilligen Härte für die Mitgesellschafter führen. Daher kann als Alternative auch ein **preislimitiertes**

---

[60] MünchKomm/*Lwowski* § 35 InsO Rn 471.

[61] *Roth/Altmeppen* § 15 GmbHG Rn 65.

[62] MVH/*Heidenhain/Meister* I Form IV 20 § 21; *Arens/Rinck* Gesellschaftsrecht § 4 Rn 174 unter § 8.

[63] *Sudhoff/Hörstel* Personengesellschaften II M Rn 11 ff.

[64] *Scholz/Winter* § 15 GmbHG Rn 87 m. w. N.; *Ulmer*, ZHR Bd. 149, 28.

[65] MünchHdb. Gesellschaftsrecht I/*Wiesner* § 14 Rn 18.

[66] Vgl. Beck Hdb. Personengesellschaften/*Stengel* § 15 Rn 8.

Vorkaufsrecht vereinbart werden. Da das Vorkaufsrecht jedoch beispielsweise bei einem Tauschvertrag versagt, wird üblicherweise ein **preislimitiertes Erwerbsrecht** vereinbart, das in jedem Fall der angestrebten Veräußerung eingreift. Im Hinblick auf die angestrebte Festlegung des Preises wird üblicherweise auf die in der Satzung vorgesehen Abfindungsregelung für den Fall des Ausscheidens verwiesen.

Es ist nicht empfehlenswert im Hinblick auf Vorkaufs- oder Ankaufs- 31
rechte auf **Vinkulierungsregelungen zu verzichten**. Denn Vorkaufsrechte wirken nur schuldrechtlich und persönlich gegen denjenigen Gesellschafter der verkaufen will.[67] Hat der veräußerungswillige Gesellschafter also ungeachtet der Anbietungspflicht oder des Vorkaufsrechts den Gesellschaftsanteil mit dinglicher Wirkung übertragen, so ist der Fremdeinfluss bereits gegeben; die Schadensersatzansprüche gegen den bisherigen Mitgesellschafter werden den tatsächlich entstehenden Schaden kaum ausgleichen können. Aus diesem Grunde sollte im Gesellschaftsvertrag neben den Ankaufsrechten und Anbietungspflichten in jedem Fall ein **dinglich wirkendes Abtretungsverbot** normiert sein.

Alternativ ist gelegentlich ein **Anbietungsverfahren** vorgeschaltet, 32
wonach ein veräußerungswilliger Gesellschafter vorab den verbleibenden Gesellschaftern den Erwerb seines Geschäftsanteils anbieten muss. Als Gegenleistung dafür wird üblicherweise die satzungsmäßige Abfindungsregelung vorgesehen.

Formulierungsvorschlag (Anbietungsverfahren):

Ein veräußerungswilliger Gesellschafter ist verpflichtet, seinen Gesell- 33
schaftsanteil in erster Linie der Gesellschaft und hilfsweise den Mitgesellschaftern zum Erwerb mit einer Ausübungsfrist von einem Monat in der gesetzlich vorgeschriebenen Form anzubieten. Als Inhalt des Angebots ist als Gegenleistung der nach den Abfindungsregelungen dieses Gesellschaftsvertrages ermittelte Abfindungsbetrag vorzusehen. Der Betrag muss noch nicht beziffert sein, sondern wird erst nach der Annahme entsprechend dem Verfahren der Abfindungsregel ermittelt. Auch die dort geregelten Zahlungsmodalitäten gelten entsprechend. Mehrere Gesellschafter erwerben – soweit die Gesellschaft nicht annimmt – den Gesellschaftsanteil im Verhältnis ihrer bisherigen Beteiligung. Teilbarkeitsvorschriften sind einzuhalten. Üben einzelne oder mehrere Mitgesellschafter das Recht nicht aus, so haben die übrigen Gesellschafter mit einer Nachfrist von zwei Wochen sich über die Übernahme weiterer Anteile zu äußern. Für die Einhaltung der vorstehenden Fristen genügt die Abgabe der Willenserklärung und bedarf es nicht des Zugangs in der angegebenen Frist. Machen die Gesellschaft bzw. die Gesellschafter von dem Erwerbsrecht nicht oder nur teilweise Gebrauch, so ist der veräußerungswillige Gesellschafter hinsichtlich des ihm verbleibenden Gesellschaftsanteils befugt, diesen zustimmungsfrei an beliebige Dritte zu veräußern.

---

[67] *Scholz/Winter* § 15 GmbHG Rn 87 a; *Kowalski,* GmbHR 1992, 347, 348.

3. Mitarbeiterbeteiligung an Familiengesellschaften

34 Mitarbeiterbeteiligungen[68] haben sich in den vergangenen Jahren einer großen Beliebtheit erfreut. Dies wurde vor allem durch den **„Börsen-Hype"** gefördert. Dabei trat auch bei traditionsreichen und gediegenen Familienunternehmen plötzlich der Gedanke des „schnellen Geldes" an die Stelle des nachhaltigen Wachstums. Die Folgen, zu denen dies geführt hat, sind bekannt. Mitarbeiterbeteiligungen am Unternehmen haben üblicherweise das **Ziel**, Mitarbeiter, die bisher nicht am Unternehmen beteiligt waren, fortan auch am Wertzuwachs des Unternehmens als solchem zu beteiligen. Ferner sollen gerade auch die leitenden Mitarbeiter weitergehende Mitspracherechte im Rahmen der Gesellschafterversammlung erhalten und durch Gewinnausschüttungen auch an den von ihnen miterwirtschafteten Erträgen partizipieren. All dies soll herausgehobene Mitarbeiter **motivieren** und es auch kleineren Unternehmen ermöglichen, besonders qualifizierte Mitarbeiter zu gewinnen, die ansonsten im Hinblick auf die besseren Verdienst- und Karrierechancen möglicherweise nur mit großen, börsennotierten Gesellschaften einen Anstellungsvertrag abschließen würden.

35 Die vorstehenden Zielsetzungen **widersprechen** dem **traditionellen Verständnis des Familienunternehmens**.[69] Danach soll das Unternehmen grds. allein von der Familie geführt werden und soll auch nur der Familie der daraus folgende Unternehmenswert zustehen. Dieses Verständnis ist jedoch in heutigen Zeiten zumindest dann nicht mehr uneingeschränkt passend, wenn die Familie keine Nachfolger hervorgebracht hat, die in der Lage sind, das Unternehmen selbst aktiv zu führen. In solchen, keineswegs seltenen Fällen, kann es erforderlich sein, das Fremdmanagement auch an der Gesellschaft selbst zu beteiligen. Das Unternehmen wird dadurch ein Stück weit seinen Charakter als Familienunternehmen einbüßen. Dies wird im Einzelfall jedoch in Kauf genommen werden müssen, will man nicht den Niedergang des Unternehmens riskieren.

36 Die ursprünglich mit Mitarbeiteroptionsplänen auch angestrebten **steuerlichen Vorteile** sind inzwischen aufgrund der Versteuerung als Lohnzufluss im Zeitpunkt der Ausübung der Option mit dem Wert im Zeitpunkt der Ausübung entfallen.[70] Die Mitarbeiter haben den vollen Wert des ihnen zugewandten Vorteils zu versteuern.

37 Handelt es sich bei dem Unternehmen um eine **Aktiengesellschaft**, so kann als Anreiz ein gewöhnlicher Aktienoptionsplan aufgestellt wer-

---

[68] Vgl. dazu *Wagner*, NJW 2003, 3081 ff.; *Weber/Lohr*, GmbH-StB 2002, 330 ff.; *dies.* GmbH-StB 2002, 361 ff.; *dies.*, GmbH-StB 2003, 24 ff.; *Fox/Hüttche/Lechner*, GmbHR 2000, 521; *Hohaus/Inhester*, DStR 2003, 1765; *Schäfer/Hillesheim*, DStR 2003, 2122; *Baeck/Diller*, DB 1998, 1405 ff. (arbeitsrechtlich); speziell zu Familienunternehmen *Hennerkes/Schröder*, DB 1995, 2153 ff. und ausführlich auch unten § 22.

[69] Zurückhaltend daher auch *Hennerkes/Schröder*, DB 1995, 2153 ff.

[70] BFH vom 24. 1. 2001, BStBl. II 2001, 509; BFH vom 24. 1. 2001, BStBl II 2001, 512; *Christoph*, Der Besteuerungszeitpunkt von Stock Options, NWB Fach 6, 4245; *Harrer*, Mitarbeiterbeteiligungen und Stock-Option-Pläne, 2004, Rn 217 ff.

den.[71] Die hiermit einhergehenden Gestaltungsprobleme sind bereits andernorts ausführlich erläutert worden.[72] Hat die Gesellschaft bereits den Weg in die AG mit der grds. freien Übertragbarkeit der Aktien und mit der grundsätzlichen Möglichkeit der Nutzung des allgemeinen Kapitalmarktes gewählt, so ist die Beteiligung herausgehobener Mitarbeiter an der Gesellschaft nur ein weiterer konsequenter Schritt zur Öffnung des Unternehmens. Weitere Schutzmaßnahmen sind in solchen Fällen häufig nicht mehr gewünscht. Im Übrigen passen derartige Mitarbeiteroptionen im Regelfall nicht zu einer Familiengesellschaft, da auf diese Art und Weise auch **Familienfremde** Einfluss auf Gesellschafterbeschlüsse erhalten. Sie sind daher nur in kapitalistisch strukturierten Publikums-AG sinnvoll. Der Aktienoptionsplan führt nur dann zu einem echten Gewinn und zu einer Motivationswirkung beim Mitarbeiter, wenn er seine Aktien nach einer bestimmten Haltedauer **zum vollen Wert an den Markt veräußern kann**. Gerade dies ist bei der Familien-AG im Regelfall nicht erwünscht. Ausnahmen gelten nur dann, wenn die Familie sich lediglich eine bestimmte Quote des Kapitals und der Stimmrechte vorbehalten hat, während ein bestimmter Teil des Kapitals **dem Markt zur freien Verfügung** stehen soll. Dies wäre eigentlich das klassische Ziel der Wahl einer AG als Rechtsform, um die erleichterte Aufnahme von Eigenkapital am freien Kapitalmarkt zu ermöglichen.

Viel problematischer ist ein entsprechender Schritt bei einer **GmbH** **38**
oder Personengesellschaft mit bisher homogenem Gesellschafterkreis.[73] Hier geht mit der Planung einer Mitarbeiterbeteiligung meist der Gedanke des „wasch mir den Pelz – aber mach mich nicht nass" einher. Der neue Geschäftsführer soll zwar an den Erträgen des Unternehmens beteiligt werden und ggf. sogar auch ein Mitspracherecht in der Gesellschaftsversammlung erhalten. Für den Fall seines regulären oder streitigen Ausscheidens soll jedoch der bisherige Mitarbeiter ohne weitere Abfindungen oder nur gegen Erstattung der ursprünglichen Gegenleistung aus der Gesellschaft wieder ausscheiden.[74] Während das OLG Celle[75] eine entsprechende Gestaltung bei einer GmbH als zulässig angesehen hat, wird sie aber verbreitet als unzulässig angesehen.[76] Als alternative Gestaltung wird daher in der Rechtslehre in Anlehnung an das sog. Benteler-Urteil des BGH[77]

---

[71] Vgl. dazu instruktiv und umfassend *Rombach*, Beteiligung von Führungskräften an Aktiengesellschaften, RNotZ 2000, 313.

[72] Vgl. *Semler/Volhard/Schröer* Hauptversammlung §§ 26, 27; *Schaefer*, NZG 1999, 531; *Jäger*, DStR 1999, 28; *Wagner/Ihrig*, NZG 2002, 657 ff.; *Adams*, ZIP 2002, 1325.

[73] Vgl. beispielsweise zur GmbH *Fox/Hüttche/Lechner*, GmbHR 2000, 521 ff.

[74] Dies belegt eindrucksvoll die Entscheidung des OLG Celle GmbHR 2003, 1428 ff. mit kritischer Anm. *Schröder*; vgl. auch *Harrer/Tepass/Lenzen*, Mitarbeiterbeteiligungen, 2004, Rn 457 f.

[75] OLG Celle GmbHR 2003, 1428 ff.

[76] *Schröder*, GmbHR 2003, 1430; *Bütter/Tonner*, BB 2003, 2417, 2421; *D. Mayer*, ZGR 1995, 93, 107; *Piehler*, FS Rheinisches Notariat 1998, S. 321, 331 ff.

[77] BGH NJW 1990, 2616 ff. = BGHZ 112, 40; vgl. auch *Bütter/Tonner*, BB 2003, 2417, 2421 ff. unter zutreffendem Hinweis auf das abweichende BGH-Urteil aus der

empfohlen, sich nicht auf das gesellschaftsrechtliche Instrumentarium zu verlassen. Damit könne das erstrebte Ziel nicht erreicht werden. Stattdessen sei bei Übertragung des Gesellschaftsanteils auf den Mitarbeiter für den Fall des Ausscheidens aus dem Anstellungsverhältnis zur Gesellschaft ein **Rückkauf zu festgelegtem Preis** zu vereinbaren.[78] Die beiden Verträge, nämlich Gesellschaftsvertrag und Kaufvertrag seien getrennte Rechtsverhältnisse, die unterschiedliche Gestaltungsmöglichkeiten eröffnen. Das ist überzeugend, im Hinblick auf eine teilweise ungeklärte Rechtslage aber riskant.

39 Mit Mitarbeiterbeteiligungen sind zahlreiche weitere Folgeprobleme verbunden. Inwieweit verbietet der im Gesellschaftsrecht geltende Gleichbehandlungsgrundsatz[79] auch für Mitarbeiterbeteiligungen Differenzierungen? Bei GmbH ist zu beachten, dass das **Auskunfts- und Einsichtsrecht** nach § 51 a GmbHG zwingend ist und in keiner Weise eingeschränkt werden kann.[80] Die Mitarbeiter erhalten damit uneingeschränkten Zugriff auf alle Informationen bzgl. der Gesellschaft. Dies wird in der Regel nicht erwünscht sein. Bei Kapitalerhöhungen steht den Mitarbeitern grds. auch ein **Bezugsrecht** zu, so dass sich deren Beteiligung bei weiteren Kapitalmaßnahmen ebenfalls erhöht.[81] Welche Grenzen einem Ausschluss des Bezugsrechts gezogen sind und inwieweit dabei wiederum der Gleichbehandlungsgrundsatz zu beachten ist, ist wiederum zweifelhaft.[82] Teilweise wird der vollständige satzungsmäßige Ausschluss des Bezugsrechts zu Lasten einzelner Gesellschafter für möglich gehalten.[83] Eine nachträgliche Einführung bedarf nach § 53 Abs. 3 GmbHG jedoch der Zustimmung aller benachteiligten Gesellschafter.

40 Im Hinblick auf die vorstehend angedeuteten Schwierigkeiten von Mitarbeiterbeteiligungen bei Familienunternehmen sollte m. E. im Regelfall von einer echten Beteiligung an der Gesellschaft Abstand genommen werden. Stattdessen ist es sinnvoller die Mitarbeiterbeteiligung an den Gewinnen und das ggf. gewünschte Mitspracherecht über den Abschluss von Verträgen über eine **stille Gesellschaft i. S. d. § 230 BGB**[84] zu erreichen. Bei der Vereinbarung eines Vertrages über eine stille Gesellschaft besteht eine wesentlich größere Flexibilität bei der Ausgestaltung des

---

gleichen Zeit BGHZ 112, 103 ff. = NJW 1990, 2622 = BB 1990, 1578 ff.; *Sudhoff/Hörstel* Personengesellschaften S. 180; *Lommer*, BB 2003, 1909, 1913; vgl. dazu auch § 35 Rn 47 ff.

[78] Vgl. nur BGH NJW 1990, 2622; *Piehler*, FS Rheinisches Notariat 1998, S. 321, 334; *Bütter/Tonner*, BB 2003, 2417, 2421 f.; *Hohaus/Inhester*, DStR 2003, 1765, 1766; ein Formulierungsvorschlag findet sich bei *Weber/Lohr*, GmbH-StB 2002, 332.

[79] Vgl. *K. Schmidt* Gesellschaftsrecht § 16 II 4 b); *Roth/Altmeppen* § 13 GmbHG Rn 106 ff.

[80] *Rowedder/Koppensteiner* § 51 a GmbHG Rn 30.

[81] *Baumbach/Hueck/Zöller* § 55 GmbHG Rn 13.

[82] Vgl. *Piehler*, FS Rheinisches Notariat 1998, S. 321, 326; *Baumbach/Hueck/Zöller* § 55 GmbHG Rn 13.

[83] *Scholz/Priester* § 55 GmbHG Rn 68; *Weber/Lohr*, GmbH-StB 2002, 333.

[84] Vgl. dazu *Weber/Lohr*, GmbH-StB 2003, 24 ff.; vgl. zu weiteren möglichen Modellen bei mittelständischen Unternehmen *Zimmer*, FA 2001, 38 ff.

Rechtsverhältnisses. Allerdings unterscheiden sich natürlich auch die steuerlichen Wirkungen der Vereinbarung.

4. Sicherungen für den Todesfall

Die oben besprochenen Veräußerungsbeschränkungen erfassen in der Regel nur Verfügungen unter Lebenden. Ein Überfremdungsschutz ist jedoch auch für den **Todesfall**[85] erforderlich. Der Fremdeinfluss durch Schwiegerkinder, durch minderjährige Erben eines bisherigen Mitgesellschafters oder gar sonstige Fremde ist meist unerwünscht. Hiergegen ist Vorsorge zu treffen. 41

Bei der **Personengesellschaft**[86] kann dies durch die Gestattung oder den Ausschluss der Vererblichkeit des Gesellschaftsanteils erfolgen. Bei der sog. Fortsetzungsklausel ist der Gesellschaftsanteil gar nicht vererblich. Der Anteil eines versterbenden Gesellschafters wächst den verbleibenden Gesellschaftern vollständig verhältnismäßig an. Dies ist der wirksamste Schutz gegen Fremdeinfluss, der jedoch in der Art eines „russischen Roulettes" zu unerwünschten und ungerechten Vermögensverteilungen führt. Daher ist die qualifizierte Nachfolgeklausel sehr verbreitet. Bei einer solchen gesellschaftsvertraglichen Regelung wird der Gesellschaftsanteil vererblich gestellt, jedoch nur zugunsten bestimmter Personen. In einem solchen Fall sind Verfügung von Todes wegen und gesellschaftsvertragliche Regelung unbedingt aufeinander abzustimmen.[87] Ferner ist dabei besonderes Augenmerk auf die Abfindungsregelung zu richten, die festlegt, welche Abfindungsbeträge an einen nicht zugelassenen Erben zu zahlen sind. Nach h. M. ist der vollständige Abfindungsausschluss für den Todesfall statthaft.[88] 42

Bei den **Kapitalgesellschaften**, insbesondere der GmbH, kann die Vererblichkeit als solche nicht ausgeschlossen werden. Der Geschäftsanteil ist daher **stets und zwingend vererblich**.[89] Dennoch kann auch bei den Kapitalgesellschaften eine vorsorgende Gestaltung den Erhalt des Familieneinflusses sichern. Dies geschieht in der Weise, dass ein bestimmter Kreis von Personen in der Gesellschaftssatzung definiert wird und bei Übergang des Geschäftsanteils auf andere Personen die **Zwangseinziehung** des Gesellschaftsanteils in der Satzung gestattet wird.[90] Auf diese 43

---

[85] Vgl. dazu ausführlich unten § 33 Rn 114 ff.

[86] Vgl. dazu *Deckert*, NZG 1998, 43; *Gebel* Betriebsvermögensnachfolge Teil E; *Gebel*, BB 1995, 173; *Langenfeld/Gail* Handbuch der Familienunternehmen IV Rn 210; *Esch/Baumann/Schulze zur Wiesche* Vermögensnachfolge I. Rn 1101 ff.; *Lorz/Kirchdörfer* Unternehmensnachfolge S. 99 ff.; *Sudhoff/Jäger* GmbH & Co. KG § 33; *K. Schmidt*, DB 1998, 61; *Hörger/Pauli*, GmbHR 1999, 945.

[87] Vgl. näher unten § 33 Rn 135 ff.

[88] BGHZ 2, 186, 194; *Ebenroth/Boujong/Joost/Lorz* § 131 HGB Rn 120; *Esch/Baumann/Schulze zur Wiesche* Vermögensnachfolge I. Rn 1126; *Lorz/Kirchdörfer* Unternehmensnachfolge S. 99 m. w. N.

[89] *Fichtelmann u. a.*, Steuer-Formularhandbuch, 3 K Rn 102; vgl. auch *Lohr*, GmbH-StB 2003, 332.

[90] Vgl. *Crezelius*, EStB 2000, 15; *Finger*, GmbHR 1975, 97; *Habersack*, ZIP 1990, 625; *Hörger/Pauli*, GmbHR 1999, 945; *Lenz*, GmbHR 2000, 927; *Michalski*, NZG 1998, 301; *Priester*, GmbHR 1981, 206; *v. Rechenberg*, GmbHR 1997, 813.

Weise kann wiederum der Familieneinfluss auch über den Tod hinaus gesichert werden.

Formulierungsvorschlag (GmbH):

44 Nachfolgeberechtigt in einen Geschäftsanteil sind ausschließlich der Ehegatte eines Gesellschafters, Mitgesellschafter und eheliche Abkömmlinge von Gesellschaftern. Geht der Geschäftsanteil von Todes wegen, sei es im Wege der Erbfolge, des Vermächtnisses oder sonst aufgrund einer Verfügung von Todes wegen auf einen nichtnachfolgeberechtigten Gesellschafter über, so sind die verbleibenden Gesellschafter befugt, die Einziehung des Geschäftsanteiles zu beschließen. Die allgemeinen Bestimmungen über die Einziehung gelten auch für diesen Fall der Einziehung.

45 Problematisch ist in diesem Fall, dass grundsätzlich in den Fällen der Einziehung eine **Abfindung** für den eingezogenen Geschäftsanteil nach den Satzungsbestimmungen zu zahlen ist. Ist keine Abfindungsregelung in der Satzung enthalten, ist der volle Verkehrswert des Geschäftsanteiles auszubezahlen. Dies ist in der Regel unerwünscht. Während im Personengesellschaftsrecht anerkannt ist, dass im Todesfall die Abfindung auf 0,00 Euro herabgesetzt, also vollständig ausgeschlossen werden kann, ist dies im Recht der GmbH umstritten. Teilweise wird diese Möglichkeit bejaht,[91] teilweise aber auch verneint.[92] Aus der Sicht der Gestaltungspraxis ist zu beachten, dass im Fall einer nichtigen Klausel der volle Verkehrswert auszuzahlen ist. Trifft man also eine Regelung über den vollständigen Ausschluss der Abfindung, sollte eine selbständige Ersatzregelung getroffen werden, die in jedem Fall einer gerichtlichen Überprüfung standhält.

Formulierungsvorschlag:

46 Für den Fall der Einziehung eines Geschäftsanteiles aufgrund des Todes eines Gesellschafters wird jegliche Abfindung für die Einziehung ausgeschlossen. Sollte die vorstehende Regelung unwirksam sein, so ist stattdessen eine Abfindung in Höhe von 70 Prozent des Verkehrswerts des eingezogenen Geschäftsanteils herauszuzahlen. In diesem Fall gelten die allgemeinen Regelungen über die Einziehung nach dieser Satzung.

5. Schutz vor Fremdeinfluss durch Vermögensverwalter

47 **Fremdeinfluss** kann nicht nur durch Übergang einer gesellschaftsrechtlichen Beteiligung auf einen Dritten entstehen, sondern auch durch sämtliche Fälle der **Verwaltung fremden Vermögens**. Das sind insbesondere die Fälle der Testamentsvollstreckung, der elterlichen Sorge, der Vormundschaft und der Betreuung. Problematisch kann dies beispielsweise sein, wenn **minderjährige Kinder** aus steuerlichen Gründen bereits in eine Familien-Gesellschaft aufgenommen werden, später die Ehe geschieden wird und der nicht zur Familie gehörige Ehegatte das (Mit-) Sorgerecht erhält. Auf diese Art und Weise erhält dieser Dritte die Möglichkeit einer massiven Einflussnahme auf die Geschicke der Gesellschaft.

---

[91] Vgl. *Scholz/Winter* § 15 GmbHG Rn 25.
[92] Vgl. *Rowedder/Bergmann* § 15 GmbHG Rn 120.

Dieses Problem lässt sich durch eine Bestimmung bei Ausführung der Schenkung lösen, wonach der andere Ehegatte gemäß § 1638 BGB von der Ausübung der elterlichen Sorge insoweit ausgeschlossen wird. Der Schenker kann dabei sogar bestimmen, wer dem Grundsatz nach diese Lücke bei der Ausübung der elterlichen Sorge schließen soll.[93]

Auch wenn beispielsweise der Unternehmensgründer unerwartet aufgrund eines Unfalls, Schlaganfalls oder ähnlichen Schicksals zum Pflegefall wird und seine **Geschäftsfähigkeit** verliert, kann durch die Anordnung von **Betreuung** Fremdeinfluss entstehen. Das Familienunternehmen kann für einige Zeit gelähmt werden. Um dies zu vermeiden, kann gar nicht eindringlich genug zum Erteilen einer **Vorsorgevollmacht**[94] mit Betreuungsverfügung geraten werden. **48**

Auch die **Anordnung von Testamentsvollstreckung** durch einen Mitgesellschafter für seinen Todesfall kann auch ohne Übergang des Gesellschaftsanteils auf einen Fremden zur Wahrnehmung der Gesellschafterrechte durch einen solchen führen. Insoweit gelten besondere Regelungen über die **Zulässigkeit und Ausübungsgrenzen** einer Testamentsvollstreckung, die weiter unten[95] näher dargestellt werden. Durch Ausnutzung der danach gegebenen Gestaltungsspielräume kann die Möglichkeit von Fremdeinfluss auch insoweit gesteuert werden. **49**

6. Ausschluss und Beschränkung von Informationsansprüchen

Öffnet sich eine Familiengesellschaft einem weiteren Kreis von Gesellschaftern, so wird die Unternehmerfamilie meist nur an einer finanziellen Beteiligung der außenstehenden Gesellschafter interessiert sein. Diese Interessenlage deckt sich häufig mit derjenigen der Dritten, die sich in der Regel nur kapitalistisch an dem Unternehmen beteiligen wollen. Wird allerdings nicht nur eine stille Gesellschaft mit der Hauptgesellschaft vereinbart, sondern aufgrund der stärkeren Einflussmöglichkeiten eine unmittelbare Beteiligung an der Hauptgesellschaft, stellt sich die Frage nach den Grenzen der **Beschränkung von Einsichtnahmemöglichkeiten** Dritter.[96] Dies gilt insbesondere, wenn der Gesellschafterkreis so offen wird, dass möglicherweise auch Gesellschafter sich beteiligen, die auch an Konkurrenzunternehmen beteiligt sind und ihre Interessen auch in diesen verwirklichen wollen. **50**

Bei den **Personengesellschaften** ist zwischen den persönlich haftenden Gesellschaftern, insbesondere den Komplementären einer OHG oder KG, und den Kommanditisten zu unterscheiden. Für Komplementäre ist das **Auskunftsrecht in § 118 HGB** geregelt. § 118 HGB entspricht weitgehend der Regelung des § 716 BGB für die Gesellschaft bürgerlichen Rechts. Da- **51**

---

[93] Vgl. dazu näher unten § 9 Rn 57 ff.

[94] Vgl. dazu *Winkler*, Vorsorgeverfügungen, 2003; *Milzer*, NJW 2003, 1836; Formulierungsvorschlag bei ZEV 2003, 452; *Dodegge*, NJW 1998, 3073 ff.; *Baumann/Hartmann*, DNotZ 2000, 594 ff.; *Baumann*, MittRhNotK 1998, 1 ff.; *Langenfeld*, ZEV 1996, 339; *Walter*, FamRZ 1999, 685.

[95] Dazu § 34 Rn 110 ff.

[96] Vgl. dazu *Kiethe*, DStR 1993, 1708; *Oppenländer*, GmbHR 2000, 535; *Witte*, ZGR 1998, 151; *Meilicke/Hollands*, 2000, 964; *Hirte*, BB 1985, 2208; *Binz/Freudenberg*, BB 1991, 785; *I. Saenger*, NJW 1992, 348.

nach kann sich selbst ein von der Geschäftsführung ausgeschlossener Komplementär uneingeschränkt von den Angelegenheiten der Gesellschaft unterrichten. Das Informationsrecht ist grds. allumfassend und bedarf grds. keiner besonderen Begründung. Das Informationsrecht und der daraus unter Umständen folgende Auskunftsanspruch werden regelmäßig als **zwingend und unverzichtbar** angesehen.[97] Sie gehören zum Kernbereich der Mitgliedschaft.[98] Nur bei Gefahr des Missbrauchs, z. B. für unlautere Zwecke eines Konkurrenzunternehmens, kann die Einsicht verweigert werden.[99] Die Beweislast dafür trägt allerdings die Gesellschaft.[100]

52 Aus § 118 Abs. 2 HGB folgt zwar, dass Regelungen über eine **Beschränkung des Informationsrechts** nicht kategorisch ausgeschlossen sind, sondern in gewissen Umfang ausdrücklich **zulässig** sind.[101] Im Hinblick auf die große Bedeutung des Informationsrechts zur Durchsetzung eines Minderheitenschutzes ist die Rechtsprechung jedoch **faktisch sehr restriktiv** mit der Anerkennung entsprechender Regelungen und postuliert indirekt einen unverzichtbaren Mindestbestand an Informationsrechten.[102] Hiergegen lässt sich einwenden, dass diese Haltung der Rechtsprechung mit dem Wortlaut des § 118 Abs. 2 HGB kaum vereinbar ist. Unter Berücksichtigung der gesellschaftlichen Treuepflichten, der sonst eintretenden uneingeschränkten persönlichen Haftung ohne Kontrolle ist der zunehmend restriktiveren Meinung jedoch zuzustimmen.

53 Für **Kommanditisten** richtet sich die Lösung des Problems der Beschränkbarkeit von Informationsrechten nach § 166 HGB. Nach dieser Vorschrift ist das Informationsrecht des Kommanditisten bereits deutlich enger gefasst als für Komplementäre, § 166 Abs. 2 HGB. Dies ist konsequent,[103] da der Kommanditist grds. keinem Wettbewerbsverbot unterliegt, § 165 HGB. Ihm stehen jedoch in der Gesamtheit der Gesellschafter auch die allgemeinen Rechte nach § 713 BGB i. V. m. § 666 BGB gegenüber den geschäftsführenden Gesellschaftern zu, so dass er nicht nur auf die Einsicht von Jahresabschluss und zugrunde liegenden Bücher beschränkt ist.[104] In Fragen der laufenden Geschäftsführung kann er sie jedoch grds. nicht ausüben.[105] Der BGH hat in der vorzitierten Entscheidung die Frage offen ge-

---

[97] *Röhricht/Graf von Westphalen/von Gerkan* § 119 HGB Rn 21 ff.; *Kraffel/König*, DStR 1996, 1130, 1132; *K. Schmidt* Gesellschaftsrecht § 16 III 3 a).

[98] *Ebenroth/Boujong/Joost/Mayen* § 118 HGB Rn 1.

[99] BGH WM 1982, 234, 236; BGH NJW 1957, 1555; *Koller/Roth/Morck* § 118 HGB Rn 3.

[100] BGH NJW 1957, 1555; BGH BB 1977, 1169; *Ebenroth/Boujong/Joost/Mayen* § 118 HGB Rn 16.

[101] *Baumbach/Hopt* § 118 HGB Rn 20; *Röhricht/Graf von Westphalen/von Gerkan* § 118 HGB Rn 17; *Ebenroth/Boujong/Joost/Mayen* § 118 HGB Rn 32.

[102] Vgl. BGH NJW 1989, 225; BGH NJW 1995, 194, 195; *Schiessl*, NJW 1989, 1597, 1598; sowie die Nachweise bei *Ebenroth/Boujong/Joost/Mayen* § 118 HGB Rn 33.

[103] *Ebenroth/Boujong/Joost/Mayen* § 166 HGB Rn 3.

[104] BGH NJW 1992, 1890 ff. (allerdings ablehnend gegenüber der Beanspruchung im Wege der actio pro socio); *Koller/Roth/Morck* § 166 HGB Rn 2; *Baumbach/Hopt* § 166 HGB Rn 12.

[105] BGH NJW 1992, 1890, 1892.

lassen, ob sich das Problem lösen ließe, indem die Wahrnehmung der Informationsrechte **auf einen Beirat übertragen** wird. Möglicherweise kann dies für eine Familiengesellschaft die beste Lösungsmöglichkeit des Problems sein, dieser Weg ist allerdings nicht gesichert. Im Übrigen sind Beschränkungen der Rechte des Kommanditisten wiederum nur unter Beachtung des Kernbereichs unentziehbarer Mitgliedschaftsrechte möglich.[106] Das außerordentliche Kontrollrecht des § 166 Abs. 3 HGB kann gar nicht durch den Gesellschaftsvertrag eingeschränkt werden.[107]

In der **GmbH** ist das wichtigste Informationsrecht in § 51a GmbHG ge- **54**
regelt. Der Gesetzgeber hat hier den Diskussionen im Rahmen der Personengesellschaften gleich vorgebeugt. Das Recht ist ausdrücklich unentziehbar und nicht beschränkbar. Lediglich die Modalitäten seiner Ausübung sind einer Ausgestaltung durch die Satzung zugänglich. Eine Informationsverweigerung ist nur im Einzelfall bei einem konkreten Missbrauchsverdacht möglich. Die Beweislast dafür trägt die Gesellschaft.[108]

III. Die Versammlung der Gesellschafter

1. Gesellschafterversammlung und Stimmrecht

a) Einführung. Die Mitglieder einer Familiengesellschaft üben, sofern **55**
sie nicht selbst aktiv mit der Geschäftsführung betraut sind, ihren **Einfluss in der Gesellschafterversammlung** aus. Insoweit kommt der Gesellschafterversammlung rechtlich eine gesteigerte Bedeutung zu. Andererseits sind Familiengesellschaften meist von der persönlichen Mitarbeit der Gesellschafter geprägt. In einer solchen Situation spielt die Gesellschafterversammlung eher eine untergeordnete Rolle, da die wesentlichen Entscheidungen in der Regel von den aktiv Mitarbeitenden im Rahmen der Geschäftsführung getroffen werden. Gesellschafterversammlungen finden dann häufig nur spontan statt und nur insoweit als dies aus Dokumentationszwecken gegenüber dem Finanzamt erforderlich ist. Die gesetzlich vorgesehenen Formalitäten spielen dann so lange keine Rolle, als keine Streitigkeiten in der Gesellschaft entstehen.

Die Regeln über die Abhaltung von Gesellschafterversammlungen **56**
und die Ausübung des Stimmrechts **unterscheiden sich** erheblich zwischen den **Personengesellschaften und** der **GmbH**. Sie werden daher getrennt dargestellt. Die Besonderheiten der AG werden in einem eigenen Kapitel behandelt.

b) Das Stimmrecht in der Personengesellschaft. Für die Machtver- **57**
hältnisse in einer Familien-Personengesellschaft ist die Verteilung und Gewichtung der Stimmen von besonderer Bedeutung. Grds. ist **jeder Gesellschafter** in der Gesellschafterversammlung **stimmberechtigt**. Dies gilt auch für Kommanditisten.[109] Eine Übertragung des Stimmrechts auf

---

[106] *Koller/Roth/Morck* § 166 HGB Rn 7.

[107] *Röhricht/Graf von Westphalen/von Gerkan* § 166 HGB Rn 39 m. w. N.

[108] Vgl. zum Ganzen *Rowedder/Koppensteiner* § 51a GmbHG Rn 22ff., 30; § 51b GmbHG Rn 7.

[109] MünchKomm/*Grunewald* § 161 HGB Rn 32.

Gesellschaftsfremde ist nach dem so genannten **Abspaltungsverbot** unzulässig.[110] Eine Gewichtung der Stimmrechte kann erreicht werden, indem beispielsweise der Unternehmensgründer mit einem **Mehrstimmrecht** ausgestattet ist. Dies darf allerdings sowohl aus zivilrechtlichen Gründen (Sittenwidrigkeit) als auch aus steuerlichen Gründen nicht zu einer vollständigen Entrechtung der übrigen Gesellschafter führen. Ein Ausschluss des Stimmrechts hinsichtlich einzelner Gesellschafter ist möglich, soweit hiervon nicht der Kernbereich der Mitgliedschaft betroffen ist,[111] dazu im Folgenden. Ähnliche Stimmgewichtsverschiebungen lassen sich auch durch **Stimmbindungsverträge** erreichen. Diese sind grundsätzlich **zulässig**[112] und bedürfen bei Vereinbarung mit Mitgesellschaftern keiner Zustimmung durch die übrigen Gesellschafter.[113] Auch derartigen Vereinbarungen sind jedoch Grenzen gezogen – insbesondere durch die Treuepflicht. Bei allen entsprechenden Verschiebungen des Stimmrechts ist zu beachten, dass der vollständige Ausschluss oder starke Beschränkungen von Minderheitsgesellschaftern die steuerlichen Wirkungen einer Mitunternehmerstellung gemäß § 15 Abs. 1 Nr. 2 EStG gefährden können.

58 **c) Einstimmigkeit und Mehrheitsbeschlüsse in der Personengesellschaft.** Für alle **Grundlagengeschäfte** und außergewöhnliche Geschäftsführungsmaßnahmen ist bei den Personenhandelsgesellschaften, insbesondere bei der OHG, der KG und GmbH & Co. KG, ein Gesellschafterbeschluss erforderlich.[114] Dies gilt für die Gesellschaft bürgerlichen Rechts zumindest nach dem gesetzlichen Modell nur eingeschränkt, da alle Geschäftsführungsmaßnahmen einstimmig zu beschließen sind, so dass ein weiterer Gesellschafterbeschluss überflüssig wäre.[115] **§ 119 HGB** geht für Gesellschafterbeschlüsse vom **Grundsatz der Einstimmigkeit** aus. Beschlüsse sind daher bei den Personenhandelsgesellschaften nur dann wirksam gefasst, wenn alle Gesellschafter dem Beschluss zugestimmt haben. Für die GbR gilt erst recht nichts anders.[116] Gesellschafterbeschlüsse sind stets vor der Ausführung von Grundlagengeschäften erforderlich. Zu den **Grundlagengeschäften**[117] zählen insbesondere:
- Abänderung des Gesellschaftsvertrages,[118] Entziehung von Geschäftsführungs- und Vertretungsbefugnis, gemäß §§ 117, 127 HGB, Aufnahme und Ausschluss von Gesellschaftern,

[110] *Ebenroth/Boujong/Joost/Goette* § 119 HGB Rn 15; *Koller/Roth/Morck* § 109 HGB Rn 3; *Baumbach/Hopt* § 119 HGB Rn 19 m. w. N.

[111] Vgl. *Baumbach/Hopt* § 119 HGB Rn 13.

[112] *Ebenroth/Boujong/Joost/Goette* § 119 HGB Rn 21, differenzierend: zwischen Gesellschaftern ohne weiteres zulässig, gegenüber Dritten nur mit Zustimmung der übrigen Gesellschafter.

[113] Beck Hdb. Personengesellschaften/*Stengel* § 3 Rn 485 f.

[114] BGH NJW 1995, 596; MünchKomm/*Grunewald* § 164 HGB Rn 15 f.; *Baumbach/Hopt* § 164 HGB Rn 4.

[115] *Ulmer* Gesellschaft bürgerlichen Rechts § 709 BGB Rn 38 f.

[116] *Ulmer* Gesellschaft bürgerlichen Rechts § 709 BGB Rn 81.

[117] *Ebenroth/Boujong/Joost/Goette* § 119 HGB Rn 6; MünchKomm/*Grunewald* § 164 HGB Rn 15; Beck Hdb Personengesellschaften/*Stengel* § 3 Rn 389.

[118] BGH NJW 1988, 411; *Baumbach/Hopt* § 114 HGB Rn 3.

– Begründung neuer Gesellschafterverpflichtungen,
– Feststellung des Jahresabschlusses,
– Auflösung der Gesellschaft,
– Umwandlung,
– Veräußerung des Unternehmens der Gesellschaft,[119]
– Abschluss von Unternehmensverträgen,
– Feststellung des Jahresabschlusses.[120]

Wie aus § 119 Abs. 2 HGB und § 709 Abs. 2 BGB ersichtlich sind **auch Mehrheitsbeschlüsse zulässig.**[121] Ist dies der Fall, so ist die erforderliche Mehrheit im Zweifel nach der Zahl der Gesellschafter zu berechnen.[122] Die Möglichkeit der Vereinbarung von Mehrheitsbeschlüssen ist für die Familiengesellschaft von entscheidender Bedeutung. Denn im Regelfall ist eine Familiengesellschaft mit wachsendem Gesellschafterkreis darauf angewiesen, **Gesellschaftergruppen „erster und zweiter Klasse"** zu begründen. In der Regel wollen die Unternehmensgründer zu Lebzeiten sich noch den entscheidenden Einfluss auf die Geschicke der Gesellschaft vorbehalten. Gleichzeitig soll die Nachfolgegeneration an das Unternehmen herangeführt werden. Auch nach dem Ausscheiden der Gründergeneration aus der Familiengesellschaft sind mehrere Klassen erforderlich, da nicht alle Nachfolger gleichmäßig zur Fortführung des Unternehmens geeignet sein werden, auch die Nichtgeeigneten jedoch ertragsmäßig an der Gesellschaft weiterhin beteiligt bleiben sollen. Gegebenenfalls ist deren Einfluss auf das Unternehmen jedoch zu begrenzen. Zu diesem Zweck ist die Vereinbarung von Mehrheitsbeschlüssen in der Familiengesellschaft regelmäßig erforderlich. Bei der Vereinbarung des Mehrheitsprinzips sind **zwei Grenzen** zu beachten: Der Bestimmtheitsgrundsatz und die so genannte Kernbereichslehre.[123] 59

Nach dem für personalistisch strukturierte[124] Personengesellschaften geltenden **Bestimmtheitsgrundsatz**[125] ist eine allgemeine Klausel, wonach für Gesellschafterbeschlüsse grds. eine einfache Mehrheit erforder- 60

[119] Vgl. BGH NJW 1995, 596.

[120] BGH DStR 1996, 753.

[121] Vgl. *Ulmer* Gesellschaft bürgerlichen Rechts § 709 BGB Rn 82.

[122] *Koller/Roth/Morck* § 119 HGB Rn 9; *Soergel/Hadding* § 709 BGB Rn 38; *Ulmer* Gesellschaft bürgerlichen Rechts § 709 BGB Rn 97.

[123] *Röhricht/Graf von Westphalen/von Gerkan* § 119 HGB Rn 17 ff., 20 ff.; *Baumbach/Hopt* § 119 HGB Rn 33 ff.; *Langenfeld/Gail* Familienunternehmen I Rn 20.4 f.; *Kort*, DStR 1993, 401 und 438 ff.; *Ulmer* Gesellschaft bürgerlichen Rechts § 709 BGB Rn 90 ff., 98 ff. (Letzterer kritisch gegenüber dem Bestimmtheitsgrundsatz, den er für überholt erachtet).

[124] Den Bestimmtheitsgrundsatz hat der BGH nur für die Publikums-KG und die kapitalistisch strukturierte Personengesellschaft aufgegeben (BGH NJW 1991, 692; BGH DStR 1996, 879). Im Bereich der üblicherweise personalistisch strukturierten Familiengesellschaften ist er daher nach dem derzeitige Stand der Dinge weiter zu beachten, vgl. BGHZ 85, 350, 356; OLG Celle NJW-RR 2000, 989 = NZG 2000, 586.

[125] *K. Schmidt* Gesellschaftsrecht § 16 II 2; BGH ZIP 1987, 1178 ff.; BGH NJW 1995, 194 = DStR 1995, 224 (offen); dazu überzeugend *Röhricht/Graf von Westphalen/von Gerkan* § 119 HGB Rn 17, 19.

lich ist, nur für Maßnahmen der gewöhnlichen Geschäftsführung ausreichend. Eine solche pauschale Regelung ist gelegentlich in der Praxis anzutreffen. Sie führt dazu, dass alle außergewöhnlichen Geschäftsführungsmaßnahmen und Grundlagengeschäfte trotz der allgemeinen Satzungsregelung eines einstimmigen Gesellschafterbeschlusses bedürfen.[126] Sollen auch bei Grundlagengeschäften und außergewöhnlichen Geschäftsführungsmaßnahmen Mehrheitsbeschlüsse möglich sein, so müssen die Beschlussgegenstände, in denen ein Mehrheitsbeschluss zugelassen werden soll, bestimmt aus dem Gesellschaftsvertrag ersichtlich sein. Dabei ist allerdings nicht die ausdrückliche Erwähnung eines Beschlussgegenstandes erforderlich, sofern sich die Geltung des Mehrheitsprinzips durch Auslegung aus dem Gesellschaftsvertrag eindeutig ermitteln lässt.[127] Derartige Klauseln sind der Tendenz nach jedoch eng auszulegen.[128] Als Konsequenz daraus sollte vor allem bei Aufnahme von Kindern durch den Unternehmensgründer dennoch ein möglichst präziser Katalog von Beschlussgegenständen aufgenommen werden, in denen ein Mehrheitsbeschluss zulässig ist. Dies kann Auslegungsschwierigkeiten vermeiden. Anderenfalls kann der Unternehmensgründer, der sich die Mehrheit der Gesellschaftsrechte noch vorbehalten hat, unerwartet bei wichtigen Entscheidungen am Veto eines oder mehrerer Kinder scheitern. Nur die von der Klausel eindeutig erfassten Beschlussgegenstände können dann tatsächlich mit Mehrheit behandelt werden. In allen anderen, von dem Katalog nicht erfassten Fällen haben bei Grundlagengeschäften und außergewöhnlichen Geschäftsführungsmaßnahmen **auch nur geringfügig beteiligte Gesellschafter ein Vetorecht.**

61 Teilweise hat der BGH angedeutet,[129] dass der Bestimmtheitsgrundsatz auch **abdingbar** sei, die Gesellschafter auch auf dessen Anwendung **verzichten** könnten. Diese Ausführungen sind jedoch nicht im Sinne eines echten Verzichts zu verstehen; die Ausführungen des BGH zielen bei genauer Lektüre vielmehr dahin, dass durch eine bestimmte Bezeichnung der mit Mehrheit zulässigen Beschlussgegenstände den Anforderungen an den Bestimmtheitsgrundsatz Genüge getan wird. Dann werden die möglichen Auswirkungen einer solchen Klausel erkennbar und für die Gesellschafter kalkulierbar.[130]

62 In der Vergangenheit wurde zum Teil in der Rechtslehre **Kritik am Bestimmtheitsgrundsatz**[131] des BGH geäußert. Diesem Prinzip komme keine weitere selbständige Bedeutung neben der Kernbereichslehre zu; dieser Grundsatz sei zu leicht durch umfangreiche Satzungsbestimmungen auszuhöhlen. Andere Teile der Rechtslehre halten die Berechtigung

---

126 *Langenfeld/Gail* Familienunternehmen I Rn 20.5.

127 So zutreffend *K. Schmidt* Gesellschaftsrecht § 16 II 2 b); *K. Schmidt*, ZHR 158 (1994), 206 ff. (h. M.).

128 *Baumbach/Hueck* § 119 HGB Rn 37.

129 BGH NJW 1988, 411.

130 Ebenso *K. Schmidt* Gesellschaftsrecht § 16 II 2 e).

131 *Schlegelberger/Martens* § 119 HGB Rn 17 ff.; *Binz/Hennerkes*, BB 1983, 713; *Ulmer* Gesellschaft bürgerlichen Rechts § 709 BGB Rn 90 ff., 98 ff.; zweifelnd *Langenfeld/Gail* Familienunternehmen I Rn 20.5; *Koller/Roth/Morck* § 119 HGB Rn 9.

des Bestimmtheitsgrundsatzes weiterhin für gegeben.[132] Zutreffend an der Kritik ist, dass der Bestimmtheitsgrundsatz sich teilweise mit der im Folgenden dargestellten Kernbereichslehre deckt. Zutreffend ist auch, dass der Bestimmtheitsgrundsatz durch entsprechende Gestaltung der Gesellschaftsverträge an Bedeutung verliert. Beides rechtfertigt jedoch nicht seine Aufgabe. Durch entsprechend genaue Formulierung von Bestimmungen im Gesellschaftsvertrag wird der Bestimmtheitsgrundsatz gerade verwirklicht und umgesetzt. Auf diese Weise wird dem Gesellschafter vor Augen geführt, in welcher Hinsicht er sich der Mehrheitsmacht unterwirft. Dies realisiert die mit dem Bestimmtheitsgrundsatz angestrebte Warnfunktion. In jedem Fall wird die Praxis sich weiterhin auf die Geltung des Bestimmtheitsgrundsatzes einstellen müssen. Denn er wird von den Gerichten weiterhin angewandt.[133]

Nach der **Kernbereichslehre** darf in den Kernbereich der gesellschaftsrechtlichen Mitgliedschaft nur mit Zustimmung der einzelnen Gesellschafter eingegriffen werden,[134] sofern es sich nicht um unverzichtbare Rechte handelt. **Unverzichtbare Rechte** sind insbesondere[135] **63**

- das Recht auf Information und der daraus folgende Auskunftsanspruch in Gesellschaftsangelegenheiten,
- das Recht auf Ausscheiden aus der Gesellschaft,
- das Recht auf Teilnahme an der Gesellschafterversammlung und
- das Klagerecht gegen Gesellschafterbeschlüsse.

Auf die vorstehenden Rechte kann nicht allgemein und im Voraus verzichtet werden. Allerdings kann natürlich im Nachhinein jeweils von der Ausübung des Rechts im Einzelfall abgesehen werden. In den anderen Fällen des Eingriffs in den Kernbereich der gesellschaftsrechtlichen Beteiligung ist zwingend die Zustimmung des benachteiligten Gesellschafters erforderlich.[136] Zum Kernbereich gehören insbesondere das Stimmrecht, das Gewinnbezugsrecht und das Recht auf Teilhabe am Liquidationserlös.[137] Die für einen Eingriff erforderliche **Zustimmung** kann **bereits im Gesellschaftsvertrag** erteilt werden.[138] Aus diesem Grunde können bestimmte sich in der Zukunft als erforderlich erweisende Maßnahmen bereits in den Gesellschaftsvertrag aufgenommen werden, um insoweit eine Beschlussfassung mit der einfachen oder qualifizierten Mehrheit der abgegebenen Stimmen zu ermöglichen. **64**

---

[132] *Michalski*, WiB 1997, 1; *K. Schmidt* Gesellschaftsrecht § 16 II 2 c) m. w. N; *Kraffel/König*, DStR 1996, 1130 ff.

[133] Vgl. nur BGH DStR 1996, 753; OLG Celle NJW-RR 2000, 989 = NZG 2000, 586; BFH DStR 2001, 74 ff.

[134] BGH NJW 1995, 195; *Kraffel/König*, DStR 1996, 1130 ff.; *Langenfeld/Gail* Familienunternehmen I Rn 20.4.

[135] Vgl. auch *Röhricht/Graf von Westphalen/von Gerkan* § 119 HGB Rn 21 ff.; *Kraffel/König*, DStR 1996, 1130, 1132; *K. Schmidt* Gesellschaftsrecht § 16 III 3 a).

[136] BGH NJW 1985, 974.

[137] BGH NJW 1995, 195; *Ulmer* Gesellschaft bürgerlichen Rechts § 709 BGB Rn 98; *Baumbach/Hopt* § 119 HGB Rn 36.

[138] *Baumbach/Hopt* § 119 HGB Rn 36; *Ulmer* Gesellschaft bürgerlichen Rechts § 709 BGB Rn 98, 92 (Ausmaß muss in der Satzung bereits genau bestimmt sein).

65 Auch ohne eine solche Regelung kann ein Eingriff erfolgen, wenn die Verweigerung der Zustimmung im Einzelfall gegen Treu und Glauben, also die gesellschaftsrechtliche Treuepflicht verstößt.[139]

66 Die Kernbereichslehre deckt sich teilweise mit dem sog. **Belastungsverbot**.[140] Dieses ist in § 707 BGB normiert. Danach ist ein Gesellschafter insbesondere nicht verpflichtet, seinen Gesellschafterbeitrag zu erhöhen. Eine Pflichtenvermehrung eines Gesellschafters kann daher nur mit Zustimmung des betroffenen Gesellschafters vereinbart werden. Auch insoweit kann eine entsprechende Zustimmung bereits im Gesellschaftsvertrag erteilt werden.[141]

67 Eine entsprechende, ausführliche Vertragsklausel könnte beispielsweise[142] wie folgt lauten:

Formulierungsbeispiel:

68 Gesellschafterbeschlüsse, die grundsätzlich in einer Gesellschafterversammlung gefasst werden, erfolgen mit einfacher Mehrheit der anwesenden oder vertretenen Stimmen, sofern nicht in diesem Gesellschaftsvertrag ein größere Mehrheit vorgesehen ist. Dieses gilt insbesondere für folgende Beschlussgegenstände:
- Genehmigung und Feststellung der aufgestellten Bilanz und des Jahresabschlusses,
- Beschlüsse über die Gewinnverteilung, sofern nicht von der Verteilung des Gewinns nach dem Anteil am Gesellschaftsvermögen abgewichen wird,
- die Ergänzung des Unternehmensgegenstands um funktional und wirtschaftlich ergänzende Tätigkeiten, sofern dies nicht zu einer vollständigen Veränderung des Tätigkeitsfelds der Gesellschaft führt,
- Zustimmung zur Übertragung von Gesellschaftsanteilen oder anderen nur mit Zustimmung der Gesellschafter abtretbaren Rechten sowie die Aufnahme neuer Gesellschafter in jeder Form, sofern es sich bei den erwerbenden oder aufzunehmenden Gesellschaftern um bisherige Mitgesellschafter, Ehegatten von Mitgesellschaftern oder leibliche oder adoptierte eheliche oder nichteheliche Abkömmlinge von Mitgesellschaftern handelt,
- Entscheidungen über den Widerspruch von Gesellschaftern gegen – auch ungewöhnliche – Geschäftsführungsmaßnahmen,
- Wechsel von Gesellschaftern aus der Kommanditisten- in die Komplementärstellung und umgekehrt – stets jedoch nur mit Zustimmung des zukünftig eine unbeschränkte persönliche Haftung Übernehmenden,
- Einlagenerhöhungen bis zum Doppelten der bei Gesellschaftsvertragsabschluss bzw. Beitritt bestehenden Einlageverpflichtungen, sofern dies für alle Gesellschafter gleichmäßig beschlossen wird,

---

139 *K. Schmidt* Gesellschaftsrecht § 16 III 3 b) bb).

140 Vgl. *Kraffel/König*, DStR 1996, 1130 ff.; *K. Schmidt* Gesellschaftsrecht § 16 III 3 a)cc).

141 RGZ 151, 327 ff.; RGZ 163, 391 ff.; *Baumbach/Hopt* § 119 HGB Rn 35 (für Nachschusspflichten).

142 Vgl. auch wesentlich knapper *K. Schmidt* Gesellschaftsrecht § 16 II 2 a); *Sudhoff* Personengesellschaften Vertragsmuster A § 5.

- Änderung des Gesellschaftsvertrages hinsichtlich der Firma, der Beschränkung von Geschäftsführungsbefugnissen einzelner Gesellschafter, sofern einem Gesellschafter kein Sonderrecht eingeräumt ist,
- Geltendmachung von Ansprüchen gegen einen oder mehrere Gesellschafter,
- der Beschluss über den Ausschluss eines Gesellschafters aus wichtigem Grunde,
- Wahl eines gegebenenfalls erforderlichen Abschlussprüfers.

Folgende Beschlussgegenstände bedürfen hingegen einer Gesellschafter- **69**
mehrheit von $^3/_4$ der anwesenden oder vertretenen Stimmen, sofern nicht in diesem Gesellschaftsvertrag eine größere Mehrheit vorgesehen ist:

- Die vollständige Änderung des Unternehmensgegenstandes,
- die Zustimmung zu Verträgen zwischen der Gesellschaft und Gesellschaftern bzw. nahen Angehörigen eines Gesellschafters im Sinne des § 15 AO,
- Einlagenerhöhung auf bis zum Dreifachen der Einlageverpflichtung, die im Zeitpunkt des Abschlusses des Gesellschaftsvertrages bzw. des Beitritts zur Gesellschaft bestanden hat, sofern dies für alle Gesellschafter gleichmäßig beschlossen wird,
- Veräußerung von Gesellschaftsanteilen und anderen Rechten, zu deren Abtretung die Zustimmung der Gesellschaft erforderlich ist, sowie die Aufnahme von Gesellschaftern, die nicht unter die oben genannten Kriterien fallen,
- die Auflösung der Gesellschaft und die Bestellung von Liquidatoren sowie deren Abberufung,
- Aufhebung, Beschränkung oder Begründung von Wettbewerbsverboten.

d) Stimmrecht und Gesellschafterversammlung in der GmbH. **70**
Gemäß § 47 Abs. 2 GmbHG gewähren je 50,– EUR eines Geschäftsanteils grundsätzlich eine Stimme. Das Stimmrecht richtet sich nach der gesetzlichen Regelung mithin nach der **Höhe der Beteiligung am Stammkapital**. Auf die vollständige oder teilweise Aufbringung des Stammkapitals kommt es hingegen nicht an.[143] Nach § 47 Abs. 1 GmbHG genügt für eine wirksame Beschlussfassung grds. die einfache Mehrheit der abgegebenen Stimmen. Die Regelungen des § 47 GmbHG sind jedoch weitgehend **dispositiv** und können an die konkreten Bedürfnisse in der Gesellschaft angepasst werden. Dies gilt insbesondere insofern, als einerseits **Einstimmigkeit** für bestimmte Beschlüsse, oder aber **qualifizierte Mehrheiten** vorgesehen werden können. Bestimmte Entscheidungen können auch an die **Zustimmung eines einzelnen Gesellschafters gebunden** werden, da im Recht der GmbH – im Gegensatz zum Aktienrecht – Sonderrechte und Sonderpflichten im Gesellschaftsvertrag begründet werden können. Ferner ist die Schaffung von **Mehrstimmrechtsanteilen** zulässig,[144] so dass für einzelne Gesellschafter beispielsweise je 50,– EUR Geschäftsanteil drei Stimmen gewährt werden können. Ferner ist eine Satzungsregelung zulässig, wonach kein Beschluss gegen den Willen eines bestimmten Ge-

[143] Vgl. *Lutter/Hommelhoff* § 47 GmbHG Rn 3 f.
[144] *Rowedder/Koppensteiner* § 47 GmbHG Rn 16 m. w. N.

sellschafters gefasst werden kann.[145] **Grenzen** werden hier lediglich durch § 138 BGB – **Sittenwidrigkeit** – gezogen, wenn einzelne Gesellschafter vollständig entrechtet würden. Die Gestaltungsgrenzen sind hier jedoch sehr weit gezogen. Aufgrund der großen Gestaltungsfreiheit bestehen bei der GmbH weitgehende Möglichkeiten, durch Wahl entsprechender Mehrheitsverhältnisse insbesondere bei Aufnahme von Nachfolgern in das Familienunternehmen eindeutige Entscheidungsübergewichte zu schaffen.

71 GmbH-Satzungen sehen regelmäßig vor, dass die Gesellschafterversammlungen von einem **Vorsitzenden** geleitet werden. Im Gesetz ist eine solche Funktion nicht vorgesehen; sie ist jedoch unzweifelhaft zulässig.[146] Besteht ein Beirat oder Aufsichtsrat bei der GmbH, so wird üblicherweise der Aufsichtsratsvorsitzende mit der Leitung der Gesellschafterversammlung betraut. Ist dies nicht der Fall, sehen die üblichen GmbH-Satzungen vor, dass der älteste Gesellschafter oder der von der Gesellschafterversammlung Gewählte den Vorsitz übernimmt. Möglich ist es jedoch auch, beispielsweise dem Gründungsgesellschafter oder dem Gesellschafter mit der größten Beteiligung ein **Sonderrecht** auf den Vorsitz durch entsprechende Satzungsbestimmung zu gewähren.[147] Sind keine Regelungen vorgesehen, entscheidet die Gesellschafterversammlung mit einfacher Mehrheit;[148] die gegenteilige Auffassung des OLG Frankfurt,[149] die Einstimmigkeit verlangt, findet keine gesetzliche Grundlage und ist abzulehnen.[150] Es ist nicht einsichtig, warum für eine bloße Verfahrensfrage ein strengeres Beschlussquorum gelten soll als für eine Satzungsänderung.

72 Üblicherweise[151] sollten **Regelungen zur Beschlussfähigkeit** vorgesehen werden. Anderenfalls kann beispielsweise der Unternehmensgründer für den Fall seiner Abwesenheit durch eine Minderheit überstimmt werden. Denn nach den gesetzlichen Vorgaben besteht keine Mindestteilnahmepflicht, um wirksame Beschlüsse zu fassen.[152] Die Gesellschafterversammlung ist daher bei ordnungsgemäßer Einladung stets beschlussfähig, selbst wenn nur ein einziger Gesellschafter mit einem marginal kleinen Gesellschaftsanteil erschienen ist. Dies sollte verhindert werden.

Formulierungsvorschlag:

73 Die Gesellschafterversammlung ist nur beschlussfähig, wenn mindestens 50 % der vorhanden Stimmen anwesend oder nach Maßgabe dieser Satzung zulässig vertreten sind.

---

[145] *Baumbach/Hueck/Zöllner* § 47 GmbHG Rn 21 ff.

[146] Vgl. *Rowedder/Koppensteiner* § 48 GmbHG Rn 12 m. w. N; *Roth/Altmeppen* § 48 GmbHG Rn 8; Beck Hdb. GmbH/*Fischer* § 4 Rn 52.

[147] *Baumbach/Hueck/Zöllner* § 48 GmbHG Rn 8; *Scholz/K. Schmidt* § 48 GmbHG Rn 30; *Roth/Altmeppen* § 48 GmbHG Rn 8.

[148] Ebenso *Scholz/K. Schmidt* § 48 GmbHG Rn 30; *Roth/Altmeppen* § 48 GmbHG Rn 8.

[149] OLG Frankfurt NJW-RR 1999, 980 = NZG 1999, 406. Ebenso *Baumbach/Hueck/Zöllner* § 48 GmbHG Rn 8.

[150] Ebenso *Scholz/K. Schmidt* § 48 GmbHG Rn 30; *Roth/Altmeppen* § 48 GmbHG Rn 8.

[151] Vgl. MVH I/*Haidenhein/Meister* Form. IV 19 § 10 Abs. 3.

[152] Beck Hdb. GmbH/*Fischer* § 4 Rn 130.

Die vorstehende Regelung kann zu einer **Lähmung der Gesellschaft** führen, wenn einzelne Gesellschafter das Interesse an der Gesellschaft verloren haben und nicht mehr erscheinen. Aus diesem Grunde sollte für solche Fälle die Möglichkeit vorgesehen werden, eine neue Gesellschafterversammlung mit der gleichen Tagesordnung zu laden, die stets beschlussfähig ist. 74

Formulierungsvorschlag:
War eine Gesellschafterversammlung nicht beschlussfähig, so kann am auf die erste Gesellschafterversammlung folgenden Tage eine neue Gesellschafterversammlung mit gleicher Tagesordnung nach Maßgabe der Bestimmungen dieser Satzung mit neuer Ladungsfrist neu einberufen werden, die in jedem Fall beschlussfähig ist, sofern auf diese Folge in der zweiten Ladung hingewiesen wurde. 75

Satzungsänderungen bedürfen nach § 53 Abs. 2 GmbHG grds. einer Mehrheit von drei Viertel der abgegebenen Stimmen. Änderungen, die einem Gesellschafter ein Recht, insbesondere ein Sonderrecht i. S. d. § 35 BGB entziehen sollen, können nur mit Zustimmung dieses Gesellschafters gefasst werden, § 53 Abs. 3 GmbHG. Unter diese Vorschrift fallen beispielsweise[153] die Entziehung eines Geschäftsführungssonderrechtes, die Kürzung oder sonstige Beeinträchtigung des Gewinnbezugsrechts, die nachträgliche Einführung einer Anteilsvinkulierung nach § 15 Abs. 5 GmbHG oder die Einführung einer Nachschusspflicht. 76

2. Stimmverbote, insbes. § 47 Abs. 4 GmbHG

Grundsätzlich ist jeder Gesellschafter zur Ausübung seines Stimmrechts befugt. In bestimmten Fällen ist gesetzlich jedoch ein **Ausschluss vom Stimmrecht** vorgesehen. Probleme können sich bei der tatsächlichen Verwaltung und Beschlussfassung im Rahmen der Familiengesellschaft ergeben, wenn der Gründergesellschafter oder ein anderer an der Familiengesellschaft Beteiligter seine Interessen nicht nur in der Gesellschaft verfolgt, sondern wesentliche Betriebsgrundlagen an die Gesellschaft verpachtet hat (**Sonderbetriebsvermögen oder Betriebsaufspaltung**). 77

Gemäß § 47 Abs. 4 GmbHG kann ein Gesellschafter, der durch die Beschlussfassung entlastet oder von einer Verbindlichkeit befreit werden soll, bei einer Abstimmung **kein Stimmrecht** ausüben oder ausüben lassen.[154] Das Gleiche gilt hinsichtlich der Vornahme von Rechtsgeschäften mit einem Gesellschafter und hinsichtlich der Einleitung oder Erledigung von Rechtsstreitigkeiten mit dem Gesellschafter. Im Grundsatz ist die Regelung des § 47 Abs. 4 GmbHG interessengerecht. In einzelnen Fällen kann dies jedoch zu **ungewollten Machtverschiebungen** in der Familiengesellschaft führen.[155] Es kann zu Erörterungsbedarf und Beschlussgegenständen kommen, bei denen der betroffene Gesellschafter auch persönlich als Vertragspartner der Gesellschaft betroffen ist, so beispielsweise hin- 78

---

[153] *Baumbach/Hueck/Zöllner* § 53 GmbHG Rn 16 ff.

[154] Vgl. umfassend dazu *Scholz/K. Schmidt* § 47 GmbHG Rn 98 ff.; Beck Hdb. Personengesellschaften/*Stengel* § 3 Rn 490 ff.

[155] Vgl. *Tillmann/Winter*, Die GmbH im Gesellschafts- und Steuerrecht Rn 142.

sichtlich des Pachtvertrages. In diesen Fällen wird nach überwiegender Meinung ein Stimmrechtsverbot des betroffenen Gesellschafters gemäß **§ 34 BGB, § 47 Abs. 4 GmbHG** angenommen.[156] Diese Regelung gilt nicht nur im Recht der GmbH, sondern auch für die Personengesellschaften.[157] Speziell in derartigen Konstellationen sollte zulässigerweise geregelt werden, dass der **Stimmrechtsausschluss gemäß § 47 Abs. 4 GmbHG nicht eingreift**, soweit Verträge zwischen Gesellschaftern und der Gesellschaft oder zwischen einzelnen namentlich benannten Gesellschaftern und der Gesellschaft Beschlussgegenstand sind. Anderenfalls kann der dominierende Gesellschafter der Gesellschaft hinsichtlich derartiger Beschlussgegenstände vom Stimmrecht ausgeschlossen sein, so dass die übrigen Gesellschafter gegebenenfalls mit einfacher Mehrheit auch ohne seine Zustimmung beispielsweise entsprechende Verträge kündigen oder Gegenleistungen kürzen können. Nicht abdingbar ist hingegen der Ausschluss des Stimmrechts bezüglich der Entlastung als Geschäftsführer sowie bei allen Maßnahmen gegen den Gesellschafter aus wichtigem Grund sowie bei der Befreiung von einer Verbindlichkeit.[158]

79 Ähnliche Probleme können sich im Hinblick auf das Verbot der Doppelvertretung und des Verbots des Selbstkontrahierens gemäß **§ 181 BGB** ergeben. Da dies jedoch eine Frage der Geschäftsführung betrifft, sei insoweit auf die Ausführungen unten[159] verwiesen.

3. Vollmachtsbeschränkungen und Vertreterklauseln

80 Die Gesellschafterversammlung kann vom Fremdeinfluss Dritter insoweit freigehalten werden, als die Ausübung des Stimmrechts nur durch persönliche Stimmabgabe vorgesehen wird.[160] Bei Personengesellschaften entspricht dies dem gesetzlichen Regelfall.[161] Die **Anerkennung von Vollmachten** zur Stimmrechtsausübung kann dahin gehend beschränkt werden, dass die Erteilung von Vollmachten beispielsweise nur zugunsten von Mitgesellschaftern oder Ehegatten von Gesellschaftern möglich ist. Problematisch ist stets die Frage, inwiefern beispielsweise **Rechtsberatern** Vollmacht erteilt werden kann oder dies ausgeschlossen werden sollte. In die gleiche Richtung zielt die teilweise diskutierte Frage, inwiefern in Familiengesellschaften die **Anwesenheit** von Rechtsberatern bei der Gesellschafterversammlung ausgeschlossen werden sollte. Ein gänzlicher Ausschluss empfiehlt sich m. E. nicht. Die Hoffnung, durch Abwesenheit von Rechtsberatern die Gesellschafterversammlung frei von Rechtsstreitigkeiten zu halten, ist m. E. trügerisch. Dies hindert keinen

---

[156] *Ebenroth/Boujong/Joost/Goette* § 119 HGB Rn 12; Beck Hdb. Personengesellschaften/*Stengel* § 3 Rn 492 f.

[157] *Koller/Roth/Morck* § 119 HGB Rn 3.

[158] Vgl. *Baumbach/Hueck/Zöllner* § 47 GmbHG Rn 73 unter Hinweis auf BGH DStR 1994, 869; BGHZ 108, 21, 26 = NJW 1989, 2694 ff.

[159] Vgl. unten § 11 Rn 137 f.

[160] *Baumbach/Hueck/Zöllner* § 47 GmbHG Rn 31; Beck Hdb. Personengesellschaften/*Stengel* § 3 Rn 500.

[161] *Ulmer* Gesellschaft bürgerlichen Rechts § 709 Rn 61.

Gesellschafter, ggf. seinen Rechtsberater telefonisch oder vor der Türe zu kontaktieren. Ferner wird die Diskussion in solchen Fällen meist nicht von den rechtlichen Streitpunkten entlastet, sondern die gleichen Diskussionen dennoch geführt, aber auf viel niedrigerem Niveau. Ein entsprechende Regelung zum vollständigen Ausschluss von Rechtsberatern in der Gesellschafterversammlung kann daher meist das Streitpotential nicht reduzieren, sie erhöht dagegen die Rechtsunsicherheit. Ein tragfähiger Kompromiss erscheint mir folgende Regelung, die den Mitgesellschaftern die Möglichkeit gibt, sich auf die Anwesenheit eines Rechtsberaters einzustellen und ggf. aus **Erwägungen der Waffengleichheit** ebenfalls einen eigenen Rechtsberater mitzubringen.

Formulierungsvorschlag:

Jeder Gesellschafter kann sich aufgrund schriftlicher Vollmacht in der Gesellschafterversammlung von seinem Ehegatten und/oder einem Mitgesellschafter oder Abkömmling vertreten lassen. Jeder Gesellschafter kann sich aufgrund schriftlicher Vollmacht in der Gesellschafterversammlung von einem zur Berufsverschwiegenheit verpflichteten Angehörigen der rechts- und wirtschaftsberatenden Berufe in der Gesellschafterversammlung vertreten lassen oder einen Angehörigen der rechts- und wirtschaftsberatenden Berufe als Begleitung zur Gesellschafterversammlung mitbringen, sofern er dies mit einer Frist von fünf Tagen vor dem Tage der Versammlung der Gesellschaft und allen Mitgesellschaftern formlos angezeigt hat. Anderenfalls ist der Rechtsberater und seine Anwesenheit bei der Versammlung abzulehnen. 81

Verdrängende Vollmachten, wie eine dauerhaft unwiderrufliche Stimmrechtsvollmacht mit Stimmverzicht zugunsten eines Nichtgesellschafters oder eine auf zehn Jahre unwiderrufliche Vollmacht, die nur aus wichtigem Grund widerrufen werden kann, verstoßen hingegen gegen das Abspaltungsverbot.[162] Unklar ist allerdings die Rechtsfolge dieses Verstoßes. M. E. ist die Vollmacht nicht als solche unwirksam; sie wird lediglich jederzeit widerruflich.[163] 82

Vertreterklauseln betreffen weniger die Frage, inwiefern ein Gesellschafter sich durch einen Dritten vertreten lassen darf, sondern regeln, inwiefern eine Gruppe von Gesellschaftern ihr Stimmrecht einheitlich auszuüben hat. Entsprechende Erwägungen sind häufig bei Familiengesellschaften mit mehreren Stämmen anzutreffen.[164] Die Zulässigkeit einer Vertreterklausel ist im Grundsatz sowohl für Personengesellschaften[165] als 83

---

[162] BGH NJW 1952, 178; *Goette*, DStR 1996, 388, 389; *Ebenroth/Boujong/Joost/Goette* § 119 HGB Rn 15 m. w. N.

[163] Anders die wohl h. M. *Goette*, DStR 1996, 388, 389.

[164] MünchKomm/*Grunewald* § 161 HGB Rn 169 unter Hinweis auf *Odersky*, FS Lutter, S. 557, 563.

[165] BGH NJW 1993, 1265, 1266; BGH NJW 1967, 826; *Ulmer* Die Gesellschaft bürgerlichen Rechts § 709 Rn 79 ff.; *Schlegelberger/Martens* § 161 HGB Rn 80; MünchKomm/*Grunewald* § 161 HGB Rn 169 ff.; *Scholz/K. Schmidt* Anh § 45 GmbHG Rn 44; Beck Hdb. Personengesellschaften/*Stengel* § 3 Rn 501 ff. (einschränkend für persönlich haftende Gesellschafter).

auch für die GmbH[166] anerkannt, dort sogar gesetzlich in § 18 GmbHG für einen Spezialfall geregelt. Die Vertreterklausel kann entweder als Bestandteil der Satzung oder separat zwischen den Gesellschaftern in der Art einer Stimmbindungsvereinbarung getroffen werden. Das Abspaltungsverbot steht dem nicht entgegen.

84 Der **Vorteil** solcher Vertreterklauseln besteht darin, durch die einheitliche Stimmabgabe eine größere Durchsetzungsmacht zu erlangen. Dies kann abgesehen vom Fall der Familienstämme vor allem dann eine Rolle spielen, wenn die Gesellschaft für außenstehende Dritte geöffnet wird, die Familie jedoch durch eine entsprechende Satzungsklausel die einheitliche Stimmabgabe gewährleisten will. Rechtlich zwingend kann dies bei der GmbH erreicht werden, wenn der gesamte Familienbesitz an GmbH-Anteilen in eine Bruchteilsgemeinschaft gem. §§ 741 ff. BGB überführt wird. Dann können die Rechte zwingend nur noch einheitlich ausgeübt werden, § 18 GmbHG. Dieser Weg sollte m. E. jedoch nicht beschritten werden; denn für den Fall von Streitigkeiten innerhalb der Familie könnte dann das Stimmrecht in der GmbH gar nicht mehr ausgeübt werden.[167] Die Entscheidungsfindung innerhalb der Gesellschaftergruppe richtet sich ohne weitere Festlegung nach dem Recht der Gemeinschaft,[168] §§ 741 ff. BGB. Ob dies tatsächlich interessengerecht ist, sollte im Einzelfall überprüft werden. Sinnvollerweise werden klare Regelungen auch für das Innenverhältnis der gemeinsam Vertretenen getroffen – insbes. über die Art der Bestellung des gemeinsamen Vertreters. Hier sollte das Mehrheitsprinzip gelten, um eine Lähmung der Gruppe zu vermeiden.[169]

85 Vertreterklauseln sollten nur zugunsten von Mitgesellschaftern vorgesehen werden. Ob dies in der Form einer obligatorischen Vertretung **zugunsten eines Nichtgesellschafters** vorgesehen werden kann, wirft diffizile Rechtsfragen auf[170] und ist ungeklärt. Eine Grenze finden Satzungsregelungen, wonach mehrere Gesellschafter ihr Stimmrecht nur einheitlich ausüben können (obligatorische gemeinschaftliche Vertretung), wo der Kernbereich der Mitgliedschaft berührt wird.[171] Denn auch unter Geltung einer solchen Klausel darf in den Kern der Mitgliedschaft des einzelnen Gesellschafters nur mit dessen Zustimmung eingegriffen werden. Andererseits ist eine obligatorische Vertreterklausel auch für Grundlagengeschäfte zulässig.[172] Zum Schutz der Gesellschaftergruppe sollte die jederzeitige Abruf-

---

166 *Rowedder/Koppensteiner* § 47 GmbHG Rn 41; *Rowedder/Pentz* § 18 GmbHG Rn 11; *Baumbach/Hueck/Zöllner* § 47 GmbHG Rn 27 a. E.; *Lutter/Hommelhoff* § 18 GmbHG Rn 3, 7; *Scholz/K. Schmidt* § 47 GmbHG Rn 80.

167 *Lutter/Hommelhoff* § 18 GmbHG Rn 3 h. M.

168 BGH NJW 1993, 1265, 1266.

169 *Scholz/K. Schmidt* § 47 GmbHG Rn 80; vgl. auch BGH NJW-RR 1990, 99.

170 Vgl. dazu MünchKomm/*Grunewald* § 161 HGB Rn 171 f.; *Ebenroth/Boujong/Joost/Goette* § 119 HGB Rn 15 m. w. N.

171 BGH NJW 1993, 1265, 1267.

172 So BGH DB 1973, 1545; *Koller/Roth/Morck* § 119 HGB Rn 2, MünchKomm/*Grunewald* § 161 HGB Rn 175 m. w. N. – auch zur Gegenmeinung; *Scholz/K. Schmidt* Anh § 45 GmbHG Rn 44; h. M. aber str.

barkeit des gemeinschaftlichen Vertreters und dessen Weisungsgebundenheit gegenüber der Gruppe ausdrücklich geregelt werden.[173]

4. Stimmrechtsausschluss und Mehrstimmrechte

Familiengesellschaften sind häufig sehr ungleich strukturiert. Ein **Zwei-Klassen-Gesellschafterverhältnis** ist teilweise angestrebt. Nicht selten kommt es vor, dass insbesondere aus steuerlichen Gründen die Höhe der Beteiligung am Gesellschaftsvermögen und an den Erträgen nicht dem Stimmrecht in der Gesellschafterversammlung entsprechen soll. Um die im Einzelfall gewünschte Verteilung zu erreichen, können Stimmrechte reduziert oder ausgeschlossen oder Mehrstimmrechte[174] vereinbart werden. Welche Grenzen dabei gezogen sind, unterscheidet sich von Rechtsform zu Rechtsform. **86**

a) **Personengesellschaften.** Der gesetzliche Regelfall der Abstimmung in der Gesellschafterversammlung erfordert stets einen **einstimmigen Beschluss**, § 119 Abs. 1 HGB. In einer solchen Konstellation spielen Mehrstimmrechte keine Rolle. Wird hingegen durch den Gesellschaftsvertrag wie häufig das Mehrheitsprinzip[175] entweder nach Gesellschaftsanteilen oder nach Köpfen eingeführt, so kann sich auch die Frage nach Mehrstimmrechten stellen. Bei Personengesellschaften können grds. **Mehrstimmrechte** vereinbart werden.[176] Allerdings darf durch die gesellschaftsvertragliche Regelung keine sittenwidrige Abhängigkeit geschaffen werden. Wo die Grenze genau verläuft, ist unklar. Auch die Vereinbarung eines **Vetorechts** zugunsten eines Mitgesellschafters, insbesondere zugunsten des Unternehmensgründers ist möglich und nicht unüblich.[177] **87**

Problematisch und **umstritten** ist die Frage, inwiefern einzelne oder mehrere Gesellschafter einer Personengesellschaft ganz vom **Stimmrecht ausgeschlossen** werden können.[178] Insoweit ist zunächst zu differenzieren zwischen den uneingeschränkt persönlich haftenden Gesellschaftern einer GbR, OHG oder KG und den Kommanditisten. Für nur beschränkt haftende Gesellschafter ist im Grundsatz die Möglichkeit des Stimmrechtsausschlusses anerkannt.[179] Für persönlich haftende Gesellschafter ist nach einer bestrittenen Ansicht der Stimmrechtsausschluss nicht möglich.[180] Denn es könne auch bei entsprechender vertraglicher Einigung keine Haftung ohne Mitspracherecht geben. Diese Meinung ist jedoch nicht überzeugend. Auch bei persönlicher Haftung als Komplementär muss ein **88**

---

[173] *Koller/Roth/Morck* § 119 HGB Rn 2, 7.

[174] Vgl. Beck Hdb. Personengesellschaften/*Stengel* § 15 Rn 22.

[175] Vgl. *Baumbach/Hopt* § 119 HGB Rn 33 ff.

[176] BGHZ 20, 363, 370 = NJW 1956, 1198; *Baumbach/Hopt* § 119 HGB Rn 14.

[177] Vgl. Beck Hdb. Personengesellschaften/*Stengel* § 15 Rn 22.

[178] Vgl. dazu *Koller/Roth/Morck* § 119 HGB Rn 2; *Baumbach/Hopt* § 119 HGB Rn 33 ff.; Beck Hdb. Personengesellschaften/*Stengel* § 3 Rn 495 f.; vgl. auch BGH NJW 1993, 2100 zu einem Sonderfall der Einheits-GmbH & Co. KG.

[179] BGHZ 20, 363, 367 = NJW 1956, 1198.

[180] Vgl. *Baumbach/Hopt* § 119 HGB Rn 13 a. E. m. w. N.; a. A. Beck Hdb. Personengesellschaften/*Stengel* § 3 Rn 495.

Stimmrechtsausschluss möglich sein. Die Situation ist nicht anders, als wenn sich jemand als Komplementär einer Gesellschaft mit 1% beteiligt und im Gesellschaftsvertrag das Mehrheitsprinzip vereinbart ist. Auch dann hat der betroffene Komplementär trotz unbeschränkter persönlicher Haftung faktisch kein Mitspracherecht. Der **Schutz** des Gesellschafters erfolgt sowohl in der einen wie auch in der anderen Konstellation in der gleichen Weise: durch die **Kernbereichslehre.**[181] Diese gilt sowohl für den unbeschränkt persönlich haftenden wie den beschränkt haftenden Gesellschafter. Danach lebt das Stimmrecht entsprechend § 53 Abs. 3 GmbHG insoweit wieder auf, als durch einen Beschluss in den Kernbereich des Gesellschafterrechts eingegriffen werden soll. Dies ist insbesondere der Fall, wenn dem Gesellschafter Rechte genommen oder seine Pflichten erhöht werden sollen.[182] Letzteres wird überzeugend auch aus dem Belastungsverbot des § 707 BGB hergeleitet. Teilweise wird weitergehend für die Anwendung des Bestimmtheitsgrundsatz plädiert.[183] Danach würde der Stimmrechtsausschluss nur für solche Grundlagenbeschlüsse gelten, die bestimmt in der gesellschaftsvertraglichen Regelung bezeichnet sind. Dies entwertet die Möglichkeit eines Stimmrechtsausschlusses zwar wesentlich, ist jedoch die konsequente Fortsetzung der Rechtsprechung,[184] wonach ein Gesellschafter sich seines gesetzlich vorgesehenen Vetorechts nur begeben darf, wenn er bestimmt erkennen kann, welche Beschlussgegenstände davon erfasst werden. Unter Berücksichtigung dieser Grundsätze könnte eine gesellschaftsvertragliche Regelung wie folgt gefasst werden.

Formulierungsvorschlag:

89 Der Gesellschafter *** ist vom Stimmrecht ausgeschlossen. Dies gilt auch bei den nachfolgenden Beschlussgegenständen:

0 Genehmigung und Feststellung der aufgestellten Bilanz und des Jahresabschlusses,

1 Beschlüsse über die Gewinnausschüttung,

2 die Ergänzung des Unternehmensgegenstands um funktional und wirtschaftlich ergänzende Tätigkeiten,

3 Zustimmung zur Übertragung von Gesellschaftsanteilen oder anderen nur mit Zustimmung der Gesellschafter abtretbaren Rechten sowie die Aufnahme neuer Gesellschafter in jeder Form, sofern es sich bei den erwerbenden oder aufzunehmenden Gesellschaftern um bisherige Mitgesellschafter, Ehegatten von Mitgesellschaftern oder leibliche oder adoptierte eheliche oder nichteheliche Abkömmlinge von Mitgesellschaftern handelt,

4 Entscheidungen über den Widerspruch von Gesellschaftern gegen Geschäftsführungsmaßnahmen,

---

[181] BGHZ 20, 363 = NJW 1956, 1198; *Baumbach/Hopt* § 119 HGB Rn 13; *Langenfeld/Gail* Familienunternehmen I Rn 20.4.

[182] BGH NJW 1995, 194; BGHZ 20, 363, 367 = NJW 1956, 1198 ff.; *Baumbach/Hopt* § 119 HGB Rn 36; Beck Hdb. Personengesellschaften/*Stengel* § 3 Rn 495.

[183] So *Koller/Roth/Morck* § 119 HGB Rn 2 – aber m. M.

[184] BGH NJW 1988, 411; *K. Schmidt*, ZHR 158 (1994) 205 ff.; *Baumbach/Hopt* § 119 HGB Rn 33 ff.; *Koller/Roth/Morck* § 119 HGB Rn 9.

5 Wechsel von Gesellschaftern aus der Kommanditisten- in die Komplementärstellung und umgekehrt,
6 Umwandlungen nach dem UmwG jeder Art,
7 Einlagenerhöhungen bis zum Doppelten der bei Gesellschaftsvertragsabschluss bzw. Beitritt bestehenden Einlageverpflichtungen auch zu Lasten des vom Stimmrecht ausgeschlossenen Gesellschafters,
8 Änderung der Gewinnverteilung, wobei der Gesellschafter, der durch die Gewinnverteilungsänderung benachteiligt wird, ein Vetorecht hat,
9 Änderung des Gesellschaftsvertrages hinsichtlich der Firma und der Beschränkung von Geschäftsführungsbefugnissen einzelner Gesellschafter,
10 Geltendmachung von Ansprüchen gegen den ausgeschlossenen Gesellschafter,
11 Wahl eines gegebenenfalls erforderlichen Abschlussprüfers,
12 die Zustimmung zu Verträgen zwischen der Gesellschaft und Gesellschaftern bzw. nahen Angehörigen eines Gesellschafters im Sinne des § 15 AO,
13 Aufhebung, Beschränkung oder Begründung von Wettbewerbsverboten, auch zu Lasten des vom Stimmrecht ausgeschlossenen Gesellschafters.

b) Gesellschaft mit beschränkter Haftung. Die Regelungen des § 47 GmbHG zur Beschlussfassung in der GmbH sind weitgehend **dispositiv** und können an die konkreten Bedürfnisse in der Gesellschaft angepasst werden. Dies gilt insbesondere insofern, als einerseits **Einstimmigkeit** für bestimmte Beschlüsse oder aber **qualifizierte Mehrheiten** vorgesehen werden können. Bestimmte Entscheidungen können auch an die **Zustimmung eines einzelnen Gesellschafters gebunden** werden. Ferner ist die Schaffung von **Mehrstimmrechtsanteilen** zulässig,[185] so dass für einzelne Gesellschafter beispielsweise je 50,– EUR Geschäftsanteil drei Stimmen gewährt werden könnten. **Grenzen** werden hier lediglich durch § 138 BGB – **Sittenwidrigkeit** – gezogen, wenn einzelne Gesellschafter vollständig entrechtet würden. Die Gestaltungsgrenzen sind hier jedoch sehr weit gezogen. 90

Ferner ist nach herrschender Meinung auch die Schaffung von **stimmrechtslosen Anteilen** möglich.[186] Der Ausschluss des Stimmrechts kann sogar für Satzungsänderungen und sonstige Grundlagenbeschlüsse Geltung beanspruchen. Derartige Regelungen sollten – wenn sie erwünscht sind – **gleich bei Gründung der Gesellschaft** oder **vor Aufnahme** weiterer Gesellschafter in den Gesellschafterkreis geschaffen werden. Denn bei nachträglicher Schaffung sind derartige Entziehungen von grundlegenden Gesellschafterrechten nur mit Zustimmung aller Betroffenen, d. h. benachteiligten Gesellschaftern möglich,[187] vgl. § 53 Abs. 3 GmbHG. Auch hier gelten jedoch wiederum die Grenzen des § 138 BGB. Der Gesellschaftsanteil darf **nicht sämtlicher Gesellschaftsrechte be-** 91

---

[185] *Rowedder/Koppensteiner* § 47 GmbHG Rn 16 m. w. N.

[186] *Scholz/K. Schmidt* § 47 GmbHG Rn 11; BGHZ 14, 264, 269 = NJW 1954, 1563; ebenso *Lutter/Hommelhoff* § 47 GmbHG Rn 4.

[187] *Scholz/K. Schmidt* § 47 GmbHG Rn 11.

raubt werden.[188] So ist bei Ausschluss vom Stimmrecht, vom Gewinnbezugsrecht sowie zusätzlichen **Kontroll- und Informationsrechten** die Grenze des Zulässigen überschritten. Eingriffe in die Mitgliedschaft des stimmrechtslosen Gesellschafters – beispielsweise eine Satzungsänderung mit einer Quotenverschiebung beim Gewinnbezugsrecht zu seinen Lasten – bleiben trotz Ausschluss des Stimmrechts nur mit Zustimmung des stimmrechtslosen Gesellschafters möglich, § 53 Abs. 3 GmbHG.

92 In einem Einzelfall hat der BGH[189] den Ausschluss vom **Gewinnbezugsrecht** und vom Stimmrecht für statthaft gehalten. Erforderlich wäre diese Gestaltung allerdings nicht, da bei Aufnahme weiterer Gesellschafter in die Gesellschaft anstelle der Gewinnrechtslosigkeit auch schlicht ein Vorbehaltsnießbrauch an den zu übertragenden Gesellschaftsanteilen vereinbart werden kann. Dies würde auch steuerrechtlich anerkannt.[190] Damit würden dann allerdings die Gewinne dem Übergeber zugerechnet. Ähnliche Wirkungen lassen sich durch einen Treuhandvertrag erreichen.

93 Bei allen entsprechenden Regelungen in einer Satzung ist festzulegen, welches Schicksal die Sonderregelung erfahren soll, wenn der Inhaber des Geschäftsanteils wechselt.

Formulierungsvorschlag: Stimmrechtsloser Geschäftsanteil

94 Der Geschäftsanteil zu ***.000,– Euro, den derzeit Herr *** innehat, ist dauerhaft und über die Zeit seiner Inhaberschaft hinaus stimmrechtslos. Die Teilnahme an Gesellschafterversammlungen sowie die gesetzlich vorgesehenen Informationsrechte, das Anfechtungsrecht bzgl. gefasster Beschlüsse und das Gewinnbezugsrecht bleiben unberührt. Folgende Entscheidungen können jedoch nur mit Zustimmung des jeweiligen Inhabers des stimmrechtslosen Geschäftsanteils getroffen werden:
- Nachschusspflichten zu Lasten des Gesellschafters,
- Gewinnthesaurierungen zu mehr als 50 % des ausschüttungsfähigen Gewinns,
- die Änderung des Gegenstands oder Zwecks der Gesellschaft,
- ***.

95 **c) Aktiengesellschaft.** Bei der Aktiengesellschaft können Mehrstimmrechte nach § 12 Abs. 2 AktG nicht mehr vereinbart werden. Durch das KonTraG vom 27. 4. 1998[191] wurde die **Möglichkeit von Mehrstimmrechtsaktien beseitigt**. § 5 EGAktG sieht eine Übergangsregelung vor, nach der früher geschaffene Mehrstimmrechtsaktien zum 1. 6. 2003 abgelöst werden müssen. Alternativ kann die Hauptversammlung auch eine Fortgeltung der Altregelung beschließen und so die Abfindungspflicht vermeiden.[192]

---

[188] *Kersten/Bühling/Kanzleiter* Formularbuch Freiwillige Gerichtsbarkeit § 145 Rn 22.

[189] BGHZ 14, 268 = NJW 1954, 1563 – eher ein Sonderfall, da die Regelung nur für einen von mehreren Gesellschaftsanteilen der Gesellschafter galt.

[190] *Milatz/Sonneborn*, DStR 1999, 137 ff.; Beck Hdb. GmbH/*Schacht* § 12 Rn 156 ff.

[191] Gesetz zur Kontrolle und Transparenz im Unternehmensbereich (KonTraG), BGBl I 1998, 786.

[192] Vgl. zum Ganzen *Hüffer* § 12 AktG Rn 11 ff.; MünchKomm/*Heider* § 12 AktG Rn 37 ff.; AnwK-AktienR/*Wagner*, § 12 Rn 10; *Claussen*, DB 1998, 177, 178 f.; *Milde-*

Der Ausschluss des Stimmrechts ist hingegen auch bei der AG unter bestimmten Umständen möglich; nämlich bei Einführung **stimmrechtsloser Vorzugsaktien**[193] gemäß § 12 Abs. 1 S. 2, § 139 AktG. Diese Aktien stellen eine eigene Aktiengattung im Sinne des § 11 AktG dar.[194] Zum Ausgleich für die grundsätzliche Stimmrechtslosigkeit ist die Aktie mit einem nachzuzahlenden **Gewinnvoraus** auszustatten. Im Übrigen führt die Einführung stimmrechtsloser Vorzugsaktien nicht zum vollständigen Erlöschen des Stimmrechts. Das Stimmrecht als solches besteht grds. fort und lebt bei einer Nichtleistung des Vorzugs nach Maßgabe des § 140 Abs. 2 AktG wieder auf.[195] 96

5. Stimmbindungsverträge

Die **Abspaltung des Stimmrechts** vom Geschäftsanteil und Schaffung selbständiger Stimmrechte unabhängig vom Geschäftsanteil ist nach wohl herrschender Meinung sowohl bei Personengesellschaften als auch bei Kapitalgesellschaften unzulässig.[196] Stattdessen ist es aber möglich, auch ohne Schaffung von stimmrechtslosen Geschäftsanteilen oder Mehrstimmrechtsanteilen die **Machtverhältnisse** in einer Gesellschaft durch eine so genannte Stimmbindungsvereinbarung **zu verschieben**. Darunter sind rechtsgeschäftliche Vereinbarungen über zukünftiges Abstimmungsverhalten zu verstehen.[197] Die wichtigste Art einer Stimmbindungsvereinbarung ist der so genannte Treuhandvertrag. Abgesehen von reinen Treuhandverträgen können jedoch auch Vereinbarungen über eine gemeinschaftliche Abstimmung durch einen Stimmrechtspool geschaffen werden. Ein **Stimmbindungsvertrag** bedarf keiner Form und **wirkt** nur **schuldrechtlich**.[198] Abstimmungen entgegen den Verpflichtungen einer wirksamen Stimmbindungsvereinbarung sind dennoch wirksam.[199] Die Stimmbindungsvereinbarung muss daher im Streitfall ggf. gerichtlich durchgesetzt werden. Auch die Rechtsprechung hat die Zulässigkeit von Stimmbindungsvereinbarungen zugelassen, dies sogar auch zugunsten von Nichtgesellschaftern.[200] Stimmbindungsvereinbarungen mit Mitgesellschaftern bedürfen nicht der Zustimmung der nicht beteiligten Mitgesellschafter.[201] Für **Familienge-** 97

Büttcher, BB 1999, 1073 ff.; *Arnold*, DStR 2003, 784 ff. und 1671 f.; *Hering/Olbrich*, BB 2003, 1519 ff.; *Wasmann*, BB 2003, 57 ff.; BayObLG, BB 2003, 66 f.

[193] Vgl. dazu allgemein neben der einschlägigen Kommentarliteratur Beck Hdb. AG/*Zätzsch/Maul* § 4 Rn 48 ff.; *Kiem*, ZIP 1997, 1627 ff.; *Wirth/Arnold*, ZGR 2002, 859.

[194] MünchKomm/*Heider* § 12 AktG Rn 29; *Loges/Distler* ZIP 2002, 467 ff.

[195] Vgl. dazu *Hüffer* § 140 AktG Rn 4 ff.

[196] *Scholz/K. Schmidt* § 47 GmbHG Rn 20; *Koller/Roth/Morck* § 119 HGB Rn 4 m. w. N.; Beck Hdb Personengesellschaften/*Stengel* § 3 Rn 499.

[197] *Koller/Roth/Morck* § 119 HGB Rn 5; *Hachenburg/Hüffer* § 47 GmbHG Rn 65; *Rowedder/Koppensteiner* § 47 GmbHG Rn 28.

[198] *Rowedder/Koppensteiner* § 47 GmbHG Rn 28.

[199] *Koller/Roth/Morck* § 119 HGB Rn 5.

[200] BGH ZIP 1983, 432; BGH WM 1987, 71, 72; kritisch *Baumbach/Hopt* § 119 HGB Rn 18.

[201] Beck Hdb Personengesellschaften/*Stengel* § 3 Rn 486.

sellschaften können Stimmbindungsvereinbarungen vor allem deshalb von großer Bedeutung sein, weil auf diese Art und Weise einzelne Familienstämme ein koordiniertes Abstimmungsverhalten erreichen können.[202] Sind beispielsweise in der dritten Generation drei Stämme entstanden, wird jeder Stamm Wert auf eine abgestimmtes Auftreten in der Gesellschafterversammlung legen. Noch deutlicher tritt dieses Interesse zutage, wenn eine Familiengesellschaft externe Kapitalgeber aufnehmen muss, aber über 50 % der Anteile in der Familie zurückbehält. Die Mehrheit der Stimmen lässt sich allerdings nur dann nutzen, wenn sichergestellt ist, dass alle Stimmrechtsinhaber einheitlich abstimmen.

98 Stimmbindungsverträge sind **nicht grenzenlos** zulässig. Einerseits kann ein Abstimmungsverbot in eigenen Angelegenheiten, beispielsweise gemäß § 47 Abs. 4 GmbHG[203] nicht durch einen Stimmbindungsvertrag ausgehöhlt werden. Eine entsprechende Vereinbarung wäre nichtig, der Beschluss anfechtbar. Ferner wäre die Vereinbarung eines Stimmenkaufes ebenfalls nichtig, weil sittenwidrig.[204] Schließlich wird bei Personengesellschaften eine uneingeschränkte Stimmbindungsvereinbarung mit Nichtgesellschaftern außerhalb eines Treuhandvertrages, eines Nießbrauches und einer Unterbeteiligung als nichtig angesehen, wenn die Vereinbarung zu einer **vollständigen Entrechtung des Gesellschafters** führe.[205] Dies sei mit dem Charakter der Personengesellschaft unvereinbar.

Formulierungsvorschlag Stimmbindungsvereinbarung:[206]

§ 1

99 Die Unterzeichneten schließen sich hiermit zu einem Stimmrechtspool für den Gesellschafterstamm nach *** zusammen, um gemeinsam ihre Interessen in der *** GmbH mit dem Sitz in *** wahrzunehmen. Bevor die Unterzeichneten in der Gesellschafterversammlung der bezeichneten Gesellschaft ihre Stimme abgeben, werden sie sich untereinander konsultieren.

§ 2

100 Die Unterzeichneten werden vor jeder Gesellschafterversammlung der GmbH eine Vorversammlung abhalten, in der sie mit einer Mehrheit von 75 Prozent über die Stimmabgabe jedes Gesellschafters entscheiden. Kommt über eine bestimmte Abstimmung keine Mehrheit von 75 Prozent zustande, so ist jeder Gesellschafter in seiner Stimmabgabe frei. Bei

---

202 Ebenso Beck Hdb Personengesellschaften/*Stengel* § 3 Rn 485.

203 Diese Vorschrift gilt auch bei Personengesellschaften entsprechend *Koller/Roth/Morck* § 119 HGB Rn 3.

204 Vgl. *Rowedder/Koppensteiner* § 47 GmbHG Rn 33.

205 BGHZ 44, 158 ff.; Beck Hdb Personengesellschaften/*Stengel* § 3 Rn 487; noch strenger *Baumbach/Hopt* § 119 HGB Rn 18 unter Hinweis auf das Abspaltungsverbot.

206 Rechtlich handelt es sich bei der Vereinbarung um eine Gesellschaft bürgerlichen Rechts. Daher kann das Kündigungsrecht nach § 723 BGB nicht unbillig erschwert werden, auch wenn die beteiligten Gesellschafter sich in der Regel gerne auf ewige Zeiten binden würden.

einer Stimmenmehrheit von über 75 Prozent sind alle Gesellschafter zur einheitlichen Stimmabgabe entsprechend dem gefassten Mehrheitsbeschluss verpflichtet.

§ 3

Für jeden Fall der Zuwiderhandlung ist jeder Unterzeichnete zur Zahlung einer Vertragsstrafe in Höhe von 20 Prozent des Gegenstandswertes der Beschlussfassung verpflichtet. 101

§ 4

Die heutige Vereinbarung gilt auf unbestimmte Zeit und ist kündbar mit einer Frist von sechs Monaten zum darauf folgenden Jahresende, frühestens jedoch zum 31. 12. ***. 102

6. Regelungen zur Gewinnverwendung und Ausschüttungen

a) Regelungen zur Personengesellschaft. Die gesetzlichen Regelungen[207] zur Verteilung der Gewinne einer Familiengesellschaft spielen in der Praxis keine Rolle, da sie stets abbedungen werden. Üblich ist eine **Verteilung** von Gewinn und Verlust **nach** der festen **Beteiligung am Gesellschaftsvermögen** der Gesellschaft. Die Vereinbarung eines Gewinnvoraus zugunsten einzelner Gesellschafter ist möglich.[208] Soweit Regelungen zugunsten einzelner und zu Lasten anderer Gesellschafter nach deren Eintritt in die Gesellschaft beschlossen werden, bedarf dies der Zustimmung der benachteiligten Gesellschafter. Der vollständige Ausschluss einzelner Gesellschafter vom Gewinn und Verlust der Gesellschafter ist zulässig, nachträglich ebenfalls nur mit deren Zustimmung.[209] 103

Gerade bei **Aufnahme einer Nachfolgegeneration** in ein Familienunternehmen stellt sich die Frage, inwiefern diese gehindert werden kann, der Gesellschaft wichtige Mittel zur Bestreitung des Lebensunterhaltes zu entziehen. Dabei geht es um Möglichkeiten und Grenzen von **Entnahmebeschränkungen**.[210] Auch insoweit spielen die gesetzlichen Regelungen der §§ 122, 169 HGB keine wesentliche Rolle, da in der Praxis stets gesellschaftsvertragliche Vorschriften abweichend vom Gesetz vorgesehen werden. Am sinnvollsten erscheint mir die folgende Regelung, die einerseits den Kapitalbedarf der Gesellschaft schont und gleichzeitig das steuerliche Entnahmeinteresse der Gesellschafter hinreichend berücksichtigt: 104

Formulierungsvorschlag:

Gewinne dürfen insoweit und zu dem Zeitpunkt entnommen werden, als Steuern auf den Gewinn der Gesellschaft für den Gesellschafter fällig werden.[211] Darüber hinausgehende Gewinnentnahmen können nur auf- 105

---

[207] Vgl. Beck Hdb. Personengesellschaften/*Müller* § 4 Rn 111 ff.

[208] Vgl. zu unterschiedlichen Gestaltungsmodellen *Bormann/Hellberg*, DB 1997, 2415, 2418 ff.

[209] Vgl. BGH NJW 1987, 3124 f.

[210] Vgl. Beck Hdb. Personengesellschaften/*Müller* § 4 Rn 138 ff.; Beck Hdb. Personengesellschaften/*Stengel* § 15 Rn 24 ff.

[211] Man muss sich darüber im Klaren sein, dass dies aufgrund von Sonderbe-

grund eines einstimmigen***/mit einfacher Mehrheit gefassten Gesellschafterbeschlusses getätigt werden.

106 Für Abkömmlinge des Gesellschafters *** gilt bis zu dessen Ableben, dass sie ohne dessen Zustimmung weiter gehende Gewinne nur entnehmen dürfen, soweit dies zur Bestreitung der Ausbildung und des angemessenen Unterhaltes des Abkömmlings erforderlich ist. Die so stehen gelassenen Gewinne sind mit ***% über dem Basiszinssatz zu verzinsen.[212]

107 **b) Regelungen zur GmbH.** Grundsätzlich steht den Gesellschaftern einer GmbH ein **Anteil am Gewinn** entsprechend der Beteiligung am Gesellschaftsvermögen zu. Dies kann ganz oder teilweise abbedungen werden.[213] Zivilrechtlich ist auch eine allgemeine **Öffnungsklausel** möglich, wonach im jeweiligen Einzelfall auch inkongruente Gewinnausschüttungen beschlossen werden können.[214] Die nachträgliche Einführung einer Regelung zur Verschiebung von Gewinnverteilungsquoten bedarf der Zustimmung aller benachteiligten Gesellschafter, § 53 Abs. 3 GmbHG.

108 **Steuerlich** werden derartige inkongruente Gewinnausschüttungen nach Meinung des BFH unproblematisch anerkannt und stellen keinen Gestaltungsmissbrauch im Sinne des § 42 AO dar.[215] Demgegenüber hat das BMF im Jahre 2000 einen teilweisen Nichtanwendungserlass verfasst, wonach disquotale Gewinnverwendungen[216] nur anerkannt werden, wenn hierfür nicht ausschließlich steuerliche Gründe maßgeblich sind, sondern die abweichende Gewinnverteilung besondere Leistungen eines oder mehrerer Gesellschafter berücksichtigen und vergüten soll.[217] Da es sich in denjenigen Fällen, in denen ein Gewinnbezugsrecht vollständig ausgeschlossen wird, jedoch nicht um steuerlich motivierte Einzelfallmaßnahmen handelt, sondern um eine gesellschaftsinterne Grundstruktur dürften sich in derartigen Fällen **keine Anerkennungsprobleme** ergeben.

Formulierungsvorschlag (dinglich, Vorabquote):

109 Abweichend von den gesetzlichen Bestimmungen erhält der Gesellschafter *** als Inhaber der Geschäftsanteile zu derzeit insgesamt EUR ***.000,– einen Gewinnvoraus dahin gehend, dass dem Gesellschafter von allen Gewinnen, deren Ausschüttung durch die Gesell-

---

triebseinnahmen und -ausgaben regelmäßig zu einer unterschiedlich hohen Entnahmebefugnis pro Gesellschafter führt.

212 Zur steuerlichen Anerkennung dieser Ausschüttungsbeschränkung vgl. § 11 Rn 116.

213 Vgl. BayObLG NJW-RR 2002, 248 = GmbHR 2001, 728; vgl. dazu auch *Schodder/Mollowitz*, GmbHR 2002, R 65.

214 BayObLG NJW-RR 2002, 248 = GmbHR 2001, 728 – dann sollte bei der genauen Ausgestaltung der Regelung allerdings ein besonderes Augenmerk auf den Minderheitenschutz gerichtet werden.

215 BFH DStR 1999, 1948.

216 Vgl. allgemein dazu *Strahl/Bauschatz*, KÖSDI 2003, 13616 ff.

217 BMF, DStR 2000, 2188; vgl. *Strahl/Bauschatz*, KÖSDI 2003, 13616, 13620.

schaftsversammlung beschlossen wird, zusätzlich zu der ihm im Übrigen zustehenden Quote vorab 30 % erhält und nur der Rest nach den allgemeinen Gewinnverteilungsregeln verteilt wird. Der vorstehend vereinbarte Gewinnvoraus gilt nicht ausschließlich zugunsten des genannten Gesellschafters und erlischt daher nicht mit Veräußerung der Geschäftsanteile an andere Gesellschafter, sondern ist anteilig mit den oben bezeichneten Geschäftsanteilen zu insgesamt ***.000,– EUR verbunden.

Auch Regelungen zum **Liquidationsvoraus** sind zulässig.[218] Das GmbH-Gesetz geht zwar grds. von einer Verteilung des Liquidationsüberschusses entsprechend den Gesellschaftsquoten aus (§ 72 GmbHG). Nach § 72 S. 2 GmbHG können die Gesellschafter jedoch ausdrücklich auch einen **anderen Verteilungsmaßstab** festlegen. Dies kann entweder bereits bei Gründung der Gesellschaft erfolgen oder per Satzungsänderung – im letzteren Fall bedarf der Beschluss der Zustimmung jedes Gesellschafters, der durch die Neuregelung benachteiligt wird.[219] **110**

Formulierungsvorschlag:

Im Falle der Liquidation ist das Vermögen der Gesellschaft an den Hauptgesellschafter der Gesellschaft, ***, zur Rückführung zurückzuzahlender Darlehen auszubezahlen. Das danach noch bei der Liquidation verbleibende Vermögen ist anschließend entsprechend den Anteilen der Gesellschafter an diese auszubezahlen. Bei der Ausschüttung des verbleibenden Vermögens ist der Hauptgesellschafter entsprechend seinem Anteil an der Gesellschaft ebenfalls bezugsberechtigt. Der vorstehend vereinbarte Liquidationsvoraus gilt ausschließlich zugunsten des heutigen Hauptgesellschafters und erlischt mit Veräußerung des letzten Teils des Geschäftsanteils an andere Gesellschafter. **111**

Gelegentlich ergeben sich Streitigkeiten zwischen Gesellschaftern darüber, inwieweit Gewinne der Gesellschaft **ausgeschüttet** oder in der Gesellschaft thesauriert werden sollen. Die Interessen der kapitalistisch beteiligten Gesellschafter und der Gesellschafter-Geschäftsführer werden regelmäßig differieren. Aufgrund der Interessengegensätze sollte der Vertragsgestalter den hierzu vereinbarten Satzungsbestimmungen bei einer Familiengesellschaft besondere Aufmerksamkeit widmen. Üblicherweise ist es empfehlenswert, eine bestimmte **Mindestthesaurierungsquote**, ebenso wie eine **Mindestausschüttungsquote** vorzusehen.[220] Wird keine Mindestausschüttungsquote in der Gesellschaftssatzung festgelegt, so können theoretisch einzelne Gesellschafter durch Nichtausschüttung von Gewinnen systematisch ausgehungert werden. Derartige Probleme werden sich in der Regel erst stellen, wenn es sich um eine größere Gesellschaft in der zweiten, dritten oder späteren Generation handelt. Solange es sich noch um die erste Generation handelt, bei der Nachfolger aufgenommen werden, kann es sich hingegen empfehlen, einen Anspruch auf Gewinn- **112**

[218] *Rowedder/Rasner* § 72 GmbHG Rn 13.

[219] *Baumbach/Hueck/Schulze-Osterloh* § 72 GmbHG Rn 11, 12; *Rowedder/Rasner* § 72 GmbHG Rn 13.

[220] Vgl. auch *Langenfeld* GmbH-Vertragspraktikum Rn 89 ff.

ausschüttung vollständig auszuschließen, damit der Unternehmensgründer bei entsprechenden Mehrheitsverhältnissen entscheiden kann, was für die Gesellschaft am sinnvollsten ist. Bei übermäßigen Beschränkungen bei der Gewinnausschüttungspolitik kann dies allerdings zu einem Kündigungsrecht/Austrittsrecht aus wichtigem Grund führen.[221] Dies ist m. E. jedoch ausgeschlossen, wenn von vornherein bei der Gründung der Gesellschaft eine entsprechend restriktive Thesaurierungsklausel im Gesellschaftsvertrag aufgenommen wurde oder diese nachträglich durch Satzungsänderung mit Zustimmung aller Gesellschafter beschlossen wurde.

Formulierungsvorschlag:

113 Mindestens 20 % des Jahresüberschusses sind in die Gewinnrücklagen einzustellen. Mindestens 30 % des verbleibenden Restes sind an die Gesellschafter auszuschütten. Im Übrigen wird durch Mehrheitsbeschluss entschieden. Die vorstehenden Bestimmungen gelten nur dann nicht, wenn die Gesellschafter einstimmig eine abweichende Verwendung des Jahresergebnisses gemäß § 29 Abs. 1 GmbHG beschließen.

7. Probleme der steuerlichen Anerkennung einer Mitunternehmerschaft bei Beschränkung von Gesellschaftsrechten

114 **Verträge unter nahen Angehörigen**[222] sind steuerrechtlich nur dann anzuerkennen, wenn sie im Vorhinein klar und eindeutig vereinbart, zivilrechtlich wirksam sind, tatsächlich durchgeführt werden und einem Dritt-Fremdvergleich standhalten. Diese Rechtsprechung des BFH, die die Vorschrift des § 41 AO außer Acht lässt, beruht auf der Annahme im Wesentlichen gleich gerichteter Interessen nahe stehender Personen, so dass Verträge nicht der Besteuerung uneingeschränkt zugrunde gelegt werden könnten. Rückwirkende Abschlüsse von Gesellschaftsverträgen werden daher grundsätzlich steuerrechtlich nicht anerkannt.[223] Die vorherige Schenkung von geleisteten Einlagebeträgen steht einer Anerkennung grundsätzlich nicht entgegen.[224] Darüber hinaus gelten bei Familienpersonengesellschaften weitergehende Beschränkungen steuerlicher Natur. Selbst wenn Vereinbarungen nach den obigen Ausführungen zivilrechtlich wirksam sind und tatsächlich durchgeführt werden, kann dennoch eine Anerkennung versagt werden, da zusätzlich die Erlangung einer Stellung als Mitunternehmer geprüft wird. Die steuerlichen Grenzen einer Anerkennung verlaufen daher gerade bei den Personengesellschaften wesentlich enger als im Zivilrecht, wo die Gestaltungsmöglichkeiten recht weitgehend sind.

115 Wird im Einzelfall eine **Mitunternehmerschaft nicht anerkannt**, so werden grundsätzlich die an die Kommanditisten ausgezahlten Beträge

---

[221] BGH DStR 1997, 1336; *Goette* Die GmbH § 6 Rn 55.

[222] Maßgeblich ist insoweit nicht die Vorschrift des § 15 AO, sondern ein enger gezogener Personenkreis, bei dem davon ausgegangen werden kann, dass keine natürlichen Interessengegensätze bestehen, vgl. *Zimmermann* u. a., Die Personengesellschaft im Steuerrecht, Teil F Rn 7 ff.

[223] BFH BStBl 1989 II 281.

[224] *Schmidt/Heinicke* § 4 EStG Rn 520 „Angehörige". Vgl. zu entsprechenden Anerkennungsproblemen Beck Hdb. Personengesellschaften/*Stengel* § 15 Rn 38 ff.

steuerlich dem Hauptgesellschafter zugerechnet. Lediglich in dem Fall, dass gleichzeitig die Voraussetzungen einer stillen Gesellschaft im Sinne des § 20 Abs. 1 Nr. 4 EStG erfüllt sind, können die Zahlungen bei der KG gewinnmindernd und bei dem Kommanditisten als Einkünfte aus Kapitalvermögen gemäß § 20 EStG anerkannt werden.[225]

Folgende Aspekte sind zur **Anerkennung der Mitunternehmerstellung** aller Gesellschafter zu beachten: **116**

- Bei **schenkweiser Aufnahme** von Minderjährigen durch Eltern ist insbesondere ein Ergänzungspfleger gemäß § 1909 BGB zu bestellen; die vormundschaftsgerichtliche Genehmigung ist einzuholen. Erfordernisse zur notariellen Beurkundung, sei es wegen **§ 518 BGB**, sei es gemäß § 311 b BGB sind einzuhalten.
- Ein **Dauerpfleger** für den Betrieb der KG ist **nicht erforderlich**; insoweit sind die Eltern befugt, als gesetzliche Vertreter und Sorgeberechtigte die Rechte des Kindes wahrzunehmen.[226]
- Ein **freies Rückforderungsrecht** ohne jegliche Einschränkung und ohne Anknüpfung an bestimmt gefasste Bedingungen verhindert die Stellung als Mitunternehmer.[227]
- Wegen der Ähnlichkeit mit einer stillen Gesellschaft wird eine Mitunternehmerschaft bei einer schenkweise hingegebenen Beteiligung **nicht anerkannt**, bei einer **reinen Buchwertklausel**, wenn also der aufgenommene Gesellschafter weder an den **stillen Reserven** der materiellen Wirtschaftsgüter noch an einem Geschäftswert teilhat und jederzeit hinausgekündigt werden kann.[228]
- In dem Urteil vom 7. 11. 2000 hat der BFH[229] anerkannt, dass eine **Buchwertklausel** für den Fall der **Eigenkündigung** eines aufgenommenen Gesellschafters in jedem Fall **steuerlich unschädlich** ist.
- Schädlich ist eine **zeitliche Befristung** der Mitgliedschaft, insbesondere bis zur Vollendung des 18. Lebensjahres; anders wird dies nur dann sein, wenn die Beteiligung dann zum *vollen* Wert abgefunden würde, was jedoch regelmäßig nicht in Frage kommen kann.
- Der Ausschluss des **Widerspruchsrechts** des Kommanditisten nach **§ 164 HGB** für außergewöhnliche Geschäftsführungsmaßnahmen – kombiniert mit einer Mehrheitsklausel für Gesellschafterbeschlüsse wird der Anerkennung der Mitunternehmerschaft im Regelfall entgegenstehen.[230]
- Zu weit reichende **Satzungsänderungsmöglichkeiten** des Schenkers:[231] In einem Verfahren des BFH war die allgemeine Klausel enthalten gewesen, wonach allgemein Gesellschaftsbeschlüsse in der Fami-

[225] BFH BStBl II 1996, 269; vgl. auch *L. Schmidt* § 15 EStG Rn 746.

[226] BFH BStBl II 1976, 328.

[227] R 138 a EStR; BFH BStBl II 1974, 404; Beck Hdb. Personengesellschaften/*Stengel* § 15 Rn 47, 48.

[228] *L. Schmidt* § 15 EStG Rn 753, vgl. zum Ganzen *Bordewin*, DB 1996, 1359 ff.; *Zimmermann* u. a., Die Personengesellschaft im Steuerrecht Teil F Rn 33.

[229] BStBl. II 2001, 186 = DStR 2001, 74.

[230] BFH BStBl II 1989, 762; vgl. auch *Lommer*, BB 2003, 1909, 1911.

[231] Vgl. BFH BStBl II 2001, 186; BFH BStBl II 1989, 758; Beck Hdb. Personengesellschaften/*Stengel* § 15 Rn 54 f.; *Spiegelberger*, ZEV 2003, 391, 395.

liengesellschaft der einfachen Mehrheit bedürfen. Der Familiengründer hatte eine klare Mehrheit. Gegen eine solche allgemeine Klausel hätten nach bisheriger Auffassung der Finanzverwaltung Bedenken bestehen können. Der **BFH** hat die Klausel jedoch dahin gehend ausgelegt, dass diese sich aufgrund der Kernbereichslehre und des Bestimmtheitsgrundsatzes **nur auf Angelegenheiten der laufenden Geschäftsführung bezieht**. Satzungsänderung und alle wesentlichen Entscheidungen hätten daher doch der Zustimmung der Mitgesellschafter bedurft. Es stellt sich daher die Frage, inwiefern die oben vorgestellte Klausel steuerlich bedenklich ist, wonach ein enumerativ aufgezählter Katalog von Mehrheitsbeschlussgegenständen vereinbart wird. Da ein solcher Katalog auch zwischen fremden Dritten vorkommen kann und keine grenzenlosen Satzungsänderungen ermöglicht, sondern lediglich die dort aufgeführten Einzelbeschlussgegenstände in das Bestimmungsrecht der Mehrheit, gegebenenfalls des Unternehmensgründers stellt, kann meines Erachtens hierin kein die Anerkennung als Mitunternehmerschaft verhindernder Aspekt gesehen werden.

- Die gesellschaftsvertragliche Regelung, wonach die aufgenommenen Minderheitsgesellschafter **nicht zur Entnahme von Gewinnanteilen** ohne Zustimmung des Mehrheitsgesellschafters **befugt** sind: Zulässig ist es nach dem eben genannten Urteil des BFH,[232] wenn Entnahmen nur insoweit ohne Zustimmung des Mehrheitsgesellschafters statthaft sind, die für den **Unterhalt und die Ausbildung erforderlich** sind. Dieses Urteil weicht von der bisher h. M. ab. Weitergehende Entnahmen bedurften nach dem dem BFH-Urteil zugrunde liegenden Fall der Zustimmung des Mehrheitsgesellschafters. Diese Klausel war nicht schädlich und ist für die meisten Familiengesellschafts-Verträge bedenkenswert. Maßgeblich für die Entscheidung des BFH war die Verzinsung der Gewinnanteile der Kommanditisten mit 3 % über dem damaligen Diskontsatz. Daher entstanden dem Gesellschafter durch die Entnahmebeschränkung keine Nachteile. Es bleibt anzuwarten, ob es sich bei dem Urteil um einen Ausrutscher oder einen Rechtsprechungswandel handelt. Angesichts des bezeichneten Urteils ist auch die bisher vertretene Meinung nicht mehr haltbar, wonach die Verwendung von Erträgen aus der Mitunternehmerschaft zu Zwecken des Unterhalts der Mitunternehmer-Kinder schädlich sei.[233]
- Eine Rückforderung oder eine **Ausschlussklausel für den Fall der Scheidung** eines der aufgenommenen Gesellschafters, insbesondere eines **Schwiegerkindes**, muss nicht zur Aberkennung der Mitunternehmerstellung führen.[234] Das Gleiche gilt nach Meinung des BFH[235] bei Rückfall für den Fall eines wichtigen Grundes, der Verarmung des Schenkers, des groben Undanks und des Vorversterbens des Abkömm-

[232] BFH BStBl II 2001, 186 = DStR 2001, 74.

[233] So aber die bisher h. M., *Zimmermann* u. a., Die Personengesellschaft im Steuerrecht, Teil F Rn 44.

[234] Vgl. BFH BStBl. II 1998, 542.

[235] BFH BStBl II 1994, 634.

lings ohne Übergang auf leibliche Abkömmlinge oder Mitgesellschafter.

- **Kündigungsbeschränkungen** sind unschädlich, sofern sie gleichmäßig für alle Beteiligten gelten;[236] bei **einseitigem Kündigungsausschluss** zu Lasten des Aufgenommenen gilt dies nur, wenn der Kündigungsausschluss nicht länger als 5 Jahre dauert und keine übermäßige Beschränkung (nicht mehr als 3 Jahre) hinsichtlich der Rückzahlung des Kapitalanteils vereinbart wird.

Maßgebend ist im Ergebnis eine **Zusammenschau aller maßgebenden Umstände** des Einzelfalls. Verallgemeinerungen sind hier kaum möglich. Maßgebend ist nach einer teilweise vertretenen Meinung[237] die Frage, ob ein fremder Dritter, der die Beteiligung entgeltlich erwirbt, mit entsprechenden Beschränkungen einverstanden wäre. Kommen mehrere kritische Aspekte zusammen, so kann die Gesamtschau aller Beschränkungen der aufgenommenen Gesellschafter zu einer Aberkennung führen. 117

In einem anderen Fall[238] hatten drei Ehemänner ihre Kommanditanteile an einer GmbH & Co. KG an ihre jeweiligen Frauen übertragen, um aus dem Anwendungsbereich des § 15 Abs. 1 S. 1 Nr. 2 EStG zu fliehen und die Geschäftsführergehälter bei der GmbH bei der Gewerbesteuer abziehen zu können. Gleichzeitig hatten sie sich jedoch **jederzeit annehmbare Angebote auf Rückübtragung** einräumen lassen. Dies führte zur Versagung der Anerkennung der Regelung, § 39 AO, und zur Zurechnung bei den Ehemännern. 118

IV. Das Exekutivorgan/Die Geschäftsführung

1. Einführung

Die Regelungen über das **Verhältnis zwischen** der **Geschäftsführung** einerseits und der **Gesellschafterversammlung** andererseits spielen für die Führung und Kontrolle von Familiengesellschaften eine zentrale Rolle. Während die Gesellschafterversammlung das zentrale Willensbildungsorgan der Anteilseigner ist, wird das Schicksal des Familienunternehmens meist entscheidend durch den oder die Geschäftsführer und Vertretungsberechtigten gelenkt. Die Regelungen über die Geschäftsführung sind insoweit auch entscheidend für die Machtverteilung zwischen den Familienmitgliedern einerseits und einem gegebenenfalls eingesetzten Fremdgeschäftsführer. Die Interessen zwischen den Familienmitgliedern als teilweise nur kapitalistisch beteiligten Gesellschaftern und dem das Unternehmen selbst führenden Fremdgeschäftsführer können durchaus divergieren.[239] Die gleichen Interessengegensätze können sich auch zwischen den aktiv mit der Geschäftsleitung befassten Familienmitgliedern und den bloß kapitalistisch beteiligten Familienmitgliedern 119

---

[236] *Zimmermann* u. a., Die Personengesellschaft im Steuerrecht, Teil F Rn 34.
[237] Vgl. *Zimmermann* u. a., Die Personengesellschaft im Steuerrecht, Teil F Rn 31.
[238] BFH BStBl II 1989, 877.
[239] Vgl. zu den Erwartungen eines Fremdmanagements *Peltzer,* FS Sigle, S. 93 ff.

ergeben. Möglichst klare Kompetenzverteilungen sind hier erforderlich, um Streitigkeiten und Kompetenzgerangel zu vermeiden.

120 Für Personengesellschaften gilt der Grundsatz der **Selbstorganschaft.**[240] Danach können nicht alle Gesellschafter von der Geschäftsführung für die Gesellschaft ausgeschlossen werden und diese auf einen Dritten übertragen werden, der nicht Gesellschafter ist. Organ der Gesellschaft kann stets nur ein Mitgesellschafter sein. Anders ist dies bei den Kapitalgesellschaften, wo jede beliebige natürliche Person zum Geschäftsführer oder Vorstand bestellt werden kann.[241] Die GmbH & Co. KG ist eine Mischgesellschaftsform, bei der zwar einerseits als Personengesellschaft der Grundsatz der Selbstorganschaft gilt. Durch die Bestellung einer Kapitalgesellschaft, üblicherweise einer GmbH als Komplementärin können jedoch hier wiederum auch Fremdorgane faktisch die Geschäftsführung für die Personengesellschaft übernehmen.[242]

121 Über **Beschränkungen und Ausgestaltung der Geschäftsführung** in der Familiengesellschaft kann und muss die Machtverteilung zwischen der Gründergeneration und Nachfolgegenerationen gesteuert werden. Dies hat insbesondere große Bedeutung beim stufenweisen Rückzug der Gründergeneration. Aus der aktiven Geschäftsführung erfolgt üblicherweise ein Rückzug. Besteht kein Aufsichtsrat, über den die Geschäftsführung noch kontrolliert werden kann, so kann durch bestimmte Gestaltungsmaßnahmen eine Kontrolle der neuen Geschäftsführung erreicht werden.

122 Die Steuerung und Ausgestaltung von Geschäftsführungsbefugnissen kann insbesondere durch folgende Maßnahmen erreicht werden:
- Durch Einräumung von Sonderrechten,
- durch Kontrolle der Geschäftsführer durch Aufstellung von Zustimmungskatalogen[243] oder eine Geschäftsordnung für den oder die Geschäftsführer,
- durch den Ausschluss einzelner Gesellschafter von der Vertretung bzw. Geschäftsführung,
- durch die Anordnung einer Gesamtvertretung und Gesamtgeschäftsführung,
- durch eine Befreiung oder Nichtbefreiung vom Verbot des Selbstkontrahierens, § 181 BGB,
- durch Bestellung einzelner Gesellschafter zu nichtgeschäftsführungsbefugten Kommanditisten, anstelle der Komplementärfunktion.

123 Die Frage, wie die Geschäftsführertätigkeit auf mehrere Gesellschafter einer Familiengesellschaft verteilt wird, hat auch Auswirkungen auf die **wirtschaftlichen Vorteile**, die die einzelnen Familienmitglieder aus der Gesellschaft ziehen. Insbesondere bei den Kapitalgesellschaften wird dem Geschäftsführer oder Vorstand in der Regel ein zusätzliches Gehalt ge-

[240] Beck Hdb. Personengesellschaften/*Stengel* § 3 Rn 54; *Baumbach/Hopt* § 114 HGB Rn 54; *Baumbach/Hopt* § 114 HGB Rn 22.
[241] Allg. Meinung, vgl. nur *Roth/Altmeppen* § 6 GmbHG Rn 2.
[242] *Sudhoff/Breitfeld* GmbH & Co. KG § 15 Rn 2.
[243] Vgl. auch Vgl. Beck Hdb. Personengesellschaften/*Stengel* § 15 Rn 21.

zahlt, das den unter die Gesellschafter zu verteilenden Gewinn mindert. Einzelne für die Gesellschaft tätige Geschäftsführer können daher aus dem Familienunternehmen einen größeren wirtschaftlichen Vorteil ziehen. In der Familienpersonengesellschaft sind entsprechende Regelungen dahin gehend zu treffen, inwieweit feste Vergütungen an geschäftsführende Gesellschafter entweder als Gewinn vorab zu leisten sind, also unter Anrechnung auf erzielte Gewinne der Gesellschaft, oder ob diese als feste Tätigkeitsvergütung zu zahlen sind, die den Gewinn der Gesellschaft mindern.[244] Bei der letzten Variante führt dies zu einer disproportionalen Gewinnerzielung der geschäftsführenden Gesellschafter, da nur diese vorab unter Minderung des Gesellschaftsgewinns eine Tätigkeitsvergütung erhalten.[245]

2. Die gesetzliche Regelung bei den Personengesellschaften

Die Führung der Geschäfte einer **Gesellschaft bürgerlichen Rechts** 124
steht den Gesellschaftern grundsätzlich gemeinschaftlich zu, § 709 Abs. 1 BGB. Für jedes Geschäft ist nach der gesetzlichen Rollenverteilung die Zustimmung aller Gesellschafter erforderlich.[246] Parallel dazu ist auch die gesetzliche Vertretungsmacht in § 714 BGB geregelt. Danach sind grundsätzlich alle Gesellschafter nur gemeinschaftlich zur Vertretung befugt. Diese Regelung ist für unternehmerisch tätige Familiengesellschaften in der Regel untragbar. Nur bei Gefahr im Verzug und bei erforderlicher Notgeschäftsführung sind einzelne Gesellschafter auch zum alleinigen Handeln ohne vorherige Zustimmung der Mitgesellschafter berechtigt.[247]

Bei den **Personenhandelsgesellschaften** sind grundsätzlich alle per- 125
sönlich haftenden Gesellschafter zur Geschäftsführung berechtigt und verpflichtet, § 114 Abs. 1 HGB. Sind mehrere Gesellschafter zur Geschäftsführung befugt, so ist nach § 115 Abs. 1 HGB jeder Gesellschafter allein zu handeln berechtigt. Diese grundsätzliche Alleingeschäftsführungsbefugnis trägt den Erwartungen des Rechtsverkehrs und der erforderlichen Schnelligkeit Rechnung. Um Mitgesellschafter jedoch zu schützen, hat eine Geschäftsführungsmaßnahme zu unterbleiben, sofern ein geschäftsführender Mitgesellschafter der Vornahme der Handlung widerspricht, § 115 Abs. 1 S. 2 HGB. Im Übrigen muss ein Geschäftsführer für Geschäftsführungsmaßnahmen nicht von sich aus die Zustimmung der Mitgesellschafter einholen und ist nicht weisungsgebunden.[248] Entsprechend der vorstehend geschilderten Geschäftsführungsregelung sind grundsätzlich auch alle persönlich haftenden Gesellschafter bei Personenhandelsgesellschaften einzeln vertretungsbefugt, § 125 Abs. 1 HGB.

---

[244] *Baumbach/Hopt* § 121 HGB Rn 8.

[245] Vgl. Beck Hdb. Personengesellschaften/*Stengel,* § 3 Rn 131 ff.; *Baumbach/Hopt* § 110 HGB Rn 19; *Ulmer* Die Gesellschaft bürgerlichen Rechts, § 709 BGB Rn 32 a.

[246] *Ulmer* Gesellschaft bürgerlichen Rechts § 709 Rn 13.

[247] Beck Hdb. Personengesellschaften/*Stengel* § 3 Rn 41; MünchKom/*K. Schmidt* § 744 BGB Rn 41.

[248] *Röhricht/Graf von Westphalen/von Gerkan* § 115 HGB Rn 1.

126 Bei **Vorliegen eines wichtigen Grundes** kann einem geschäftsführungs- und vertretungsbefugten Gesellschafter stets die **Geschäftsführungs- oder Vertretungsmacht entzogen** werden, §§ 712, 715 BGB, §§ 117, 127 HGB. Ein wichtiger Grund liegt insbesondere vor, wenn die weitere Geschäftsführung unter Abwägung aller Interessen sowie des Verhaltens der übrigen Gesellschafter wegen erheblicher Gefährdung der Gesellschaftsbelange unzumutbar geworden ist.[249] Der Entzug erfolgt bei den Personenhandelsgesellschaften nach der gesetzlichen Regelung durch Gerichtsurteil. Den gerichtlichen Antrag auf Erlass des Urteils haben alle nicht betroffenen Gesellschafter gemeinschaftlich zu stellen.[250] Um dieses sehr schwerfällige Verfahren zu erleichtern, wird üblicherweise gesellschaftsvertraglich ein bestimmtes Stimmquorum eingeführt, beispielsweise eine Mehrheit von drei Viertel der nicht betroffenen Gesellschafter vorgesehen sowie die Entzugsmöglichkeit durch bloßen Gesellschafterbeschluss vereinbart.[251] Die Entzugsmöglichkeit durch Gesellschafterbeschluss entspricht bei der GbR der gesetzlichen Rechtslage.

3. Gesetzliche Regelung bei der GmbH

127 Der oder die Geschäftsführer werden durch die **Gesellschafter** bestellt, § 46 Nr. 5 GmbHG. Bei Gesellschaften mit Beirat wird häufig die Bestellung der Geschäftsführer dem Beirat bzw. Aufsichtsrat übertragen.[252] Neben der Bestellung zum Geschäftsführer wird üblicherweise auch ein Geschäftsführeranstellungsvertrag[253] abgeschlossen. Durch vertragliche Gestaltung sollte üblicherweise dafür gesorgt werden, dass mit der jederzeit möglichen Abberufung des Geschäftsführers auch zum nächst möglichen Kündigungstermin der Anstellungsvertrag endet.[254]

128 Zum Geschäftsführer kann grundsätzlich **jede natürliche, geschäftsfähige Person** bestellt werden, § 6 GmbHG. Der Geschäftsführer muss nicht gleichzeitig Gesellschafter sein; jedoch kann der Gesellschaftsvertrag bestimmte Anforderungen an die Bestellung von Geschäftsführern stellen, beispielsweise bestimmte Fähigkeiten, Sprachkenntnisse, Qualifikationen, Gesellschaftereigenschaft, Alter oder Ähnliches.[255]

129 Gemäß § 35 GmbHG wird die GmbH durch den oder die Geschäftsführer **vollumfassend vertreten**. Ist nur ein Geschäftsführer bestellt, vertritt dieser die Gesellschaft stets allein. Es ist nicht möglich, die Handlung des einzigen Geschäftsführers in ihrer Wirksamkeit, also die Vertretungsbefugnis an die Mitwirkung eines Prokuristen oder anderen Gesellschafts-

---

[249] *Ebenroth/Boujong/Joost/Mayen* § 117 HGB Rn 7 ff.; *Koller/Roth/Morck* § 117 HGB Rn 3.

[250] *Koller/Roth/Morck* § 117 HGB Rn 4; § 140 HGB Rn 3.

[251] Beck Hdb. Personengesellschaften/*Stengel* § 3 Rn 195 ff.; BGHZ 86, 177 = DB 1983, 381 ff.; *Baumbach/Hopt* § 117 HGB Rn 12.

[252] *Rowedder/Koppensteiner* § 46 GmbHG Rn 18; *Wälzholz* DStR 2003, 511 ff.

[253] Vgl. dazu *Michalski/Heyder* § 6 GmbHG Rn 94 ff.

[254] Beck Hdb. GmbH/*Axhausen* § 5 Rn 25 ff., Rn 109; *Tillmann/Mohr* GmbH-Geschäftsführer Rn 468 f.

[255] *Michalski/Heyder* § 6 GmbHG Rn 34.

organs zu binden.[256] Dann wäre die Gesellschaft nicht organschaftlich handlungsfähig. Dies wäre für den Rechtsverkehr unzumutbar. Mehrere bestellte Geschäftsführer sind grundsätzlich gesamtvertretungsbefugt, alle können grundsätzlich nur zusammen handeln, § 35 Abs. 2 S. 1 GmbHG. Für die Passivvertretung, soweit also eine Willenserklärung gegenüber der Gesellschaft abzugeben ist, genügt hingegen der Zugang der Willenserklärung bei einem Geschäftsführer. Der Umfang der Vertretungsmacht ist grundsätzlich unbeschränkt; er wird auch nicht durch die konkrete Geschäftstätigkeit der GmbH oder den Unternehmensgegenstand beschränkt.[257] Lediglich bei für einen Vertragspartner erkennbarem Missbrauch der Vertretungsmacht werden hiervon Ausnahmen gemacht.[258]

Auch für Geschäftsführer einer GmbH gilt grundsätzlich das **Verbot** 130
der Doppelvertretung bzw. des Handelns im eigenen Namen und als Vertreter, **§ 181 BGB**.[259] Der Abschluss eines Vertrages durch einen Geschäftsführer im Namen der GmbH mit sich selbst als Privatperson würde daher bei fehlender Gestattung des Selbstkontrahierens schwebend unwirksam sein.

Die Geschäftsführungstätigkeit und Vertretung der Gesellschaft nach 131
außen obliegt bei der GmbH zwingend der Geschäftsführung, nicht der Gesellschafterversammlung. Dennoch kann die Gesellschafterversammlung sich unbeschränkt in Geschäftsführungsangelegenheiten einmischen. Geschäftsführer sind stets **weisungsgebunden** gegenüber der Gesellschafterversammlung.[260] Umstritten[261] ist lediglich, inwiefern der Geschäftsführer zum reinen Exekutivorgan degradiert werden kann, inwiefern dem Geschäftsführer also irgendein Entscheidungsspielraum verbleiben muss. Diese Frage ist zu verneinen. Das oberste Gesellschaftsorgan ist die Gesellschafterversammlung. Dieser hat der Geschäftsführer sich unterzuordnen. Lediglich Weisungen, die erkennbar gesetzes- oder satzungswidrig sind, darf der Geschäftsführer nicht befolgen.[262]

Die **Vertretungsmacht** der Geschäftsführer im Außenverhältnis ist un- 132
beschränkbar, § 37 Abs. 2 GmbHG. Der Rechtsverkehr muss sich darauf verlassen können, dass der Geschäftsführer im Außenverhältnis stets mit jeder Abgabe einer Willenserklärung die Gesellschaft berechtigt und verpflichtet, § 36 GmbHG. Aus diesem Grund ist die Vertretungsmacht ge-

---

[256] *Hachenburg/Martens* § 35 GmbHG Rn 86; *Michalski/Lenz* § 35 GmbHG Rn 57.

[257] *Roth/Altmeppen* § 35 GmbHG Rn 13.

[258] BGH NJW 1994, 2082; BGH NJW 1988, 2241; vgl. auch *Roth/Altmeppen* § 37 GmbHG Rn 38 ff.

[259] *Michalski/Lenz* § 35 GmbHG Rn 79; *Roth/Altmeppen* § 35 GmbHG Rn 63 ff.

[260] *Roth/Altmeppen* § 37 GmbHG Rn 3; *Rowedder/Koppensteiner* § 37 GmbHG Rn 23; BGH NJW 1984, 733.

[261] Vgl. *Baumbach/Hueck* § 37 GmbHG Rn 8 ff.; *Lutter/Hommelhoff* § 37 GmbHG Rn 18; *Michalski/Lenz* § 37 GmbHG Rn 18.

[262] Vgl. zum Problem auch OLG Nürnberg NZG 2000, 154; *Rowedder/Koppensteiner* § 37 GmbHG Rn 23 f.; *Scholz/Schneider* § 37 GmbHG Rn 38; *Baumbach/Hueck/Zöllner* § 37 GmbHG Rn 9, 11; *Luther/Hommelhoff* § 37 GmbHG Rn 18; *Roth/Altmeppen* § 37 GmbHG Rn 4.

setzlich festgelegt. Beschränkungen können weder im Einzelfall noch durch allgemeine Leitlinien mit Außenwirkung erfolgen.[263] Lediglich im Innenverhältnis können den Geschäftsführern Bindungen auferlegt werden. Diese haben die Geschäftsführer im Innenverhältnis einzuhalten; tun sie dies nicht, machen sie sich schadensersatzpflichtig, § 43 GmbHG. Anderes gilt nur, sofern der oder die Geschäftsführer im Einzelfall Weisungen nicht befolgen mussten.[264]

4. Ausgestaltung und Ausschluss von Geschäftsführungs- und Vertretungsbefugnissen

133 Hinsichtlich der **Gestaltungsspielräume** für die Geschäftsführungs- und Vertretungsbefugnisse sind praktisch keine Grenzen gesetzt. Dies gilt sowohl für die Personengesellschaften als auch für die GmbH. Als **Gestaltungsgrenzen** sind lediglich folgende Maßgaben zu beachten:

- Kommanditisten kann keine organschaftliche Vertretung zugewiesen werden, § 170 HGB; diese Regelung ist zwingend.[265]
- Das Vertretungsrecht sämtlicher Komplementäre kann nicht ausgeschlossen werden, da mindestens ein organschaftlicher Vertreter bei jeder Personengesellschaft verbleiben muss.[266]
- Der Umfang der Vertretungsmacht insbesondere hinsichtlich einzelner oder bestimmter Geschäftsarten kann nicht mit Außenwirkung beschränkt werden, dies gilt sowohl für die GmbH als auch für die Personenhandelsgesellschaften, § 37 Abs. 2 GmbHG; § 126 HGB. Lediglich bei der Gesellschaft bürgerlichen Rechts können entsprechende Beschränkungen der Vertretungsbefugnis mit Außenwirkung vorgenommen werden, sofern diese für den Rechtsverkehr erkennbar sind und individualvertraglich vereinbart werden.[267]

134 Demnach sind vor allen Dingen folgende **Gestaltungsmöglichkeiten** für die Verteilung von Geschäftsführung und Vertretung möglich:

- Mehreren Geschäftsführern einer GmbH oder einer Personengesellschaft kann Einzel- oder Gesamtgeschäftsführungsbefugnis oder Einzel- oder Gesamtvertretungsbefugnis erteilt werden. Möglich ist auch eine Regelung, wonach bei mehreren Gesellschaftern stets zwei gemeinschaftlich vertretungsbefugt sind. Möglich wäre auch eine Regelung, wonach jeweils Gesamtvertretung durch je ein Gesellschaftsmitglied eines Familienstammes möglich ist.
- Einzelne Gesellschafter bei einer GBR oder OHG können auch vollständig von der Geschäftsführung und Vertretung ausgeschlossen werden.[268]

---

[263] *Roth/Altmeppen* § 37 GmbHG Rn 37.

[264] Vgl. dazu *Ebert*, GmbHR 2003, 444 ff.; *Baumbach/Hueck/Zöllner* § 37 GmbHG Rn 12; *Roth/Altmeppen* § 37 GmbHG Rn 16 ff.

[265] BGHZ 51, 20 = BB 1968, 797; *Baumbach/Hopt* § 170 HGB Rn 1.

[266] *Baumbach/Hopt* § 125 HGB Rn 7.

[267] Dies gilt meines Erachtens auch nach der Rechtsprechungsänderung zur GbRmbH fort.

[268] Beck Hdb. Personengesellschaften/*Stengel* § 15 Rn 16.

- Kommanditisten kann entgegen der gesetzlichen Regelung des § 164 HGB ein Geschäftsführungsrecht zugesprochen werden.[269]
- Sofern das Vorhandensein einer organschaftlichen Vertretung gesichert ist, kann auch vorgesehen werden, dass ein Gesellschafter oder Geschäftsführer auch gemeinsam mit einem Prokuristen vertretungsbefugt ist.
- Gesellschaftern und Geschäftsführern kann eine Befreiung von den Beschränkungen des § 181 BGB erteilt werden.
- Die bei den Personengesellschaften gesetzlich vorgesehenen Widerspruchsrechte von Mitgesellschaftern gegen Geschäftsführungsmaßnahmen anderer Mitgesellschafter können eingeschränkt oder ausgeschlossen werden. Bei der Kommanditgesellschaft kann allerdings der Ausschluss des Widerspruchsrechts des § 164 HGB zu Problemen bei der steuerlichen Anerkennung einer Mitunternehmerstellung des Kommanditisten führen.

Üblicherweise werden zur Regelung der Kompetenzverteilung zwi- **135**
schen geschäftsführenden Gesellschaftern oder Geschäftsführern und der Gesellschafterversammlung **Zustimmungskataloge** oder eine **Geschäftsordnung** aufgestellt. Hierin wird mit bindender Wirkung im Innenverhältnis für die Geschäftsführer oder geschäftsführenden Gesellschafter festgelegt, für welche Arten von Geschäften vorab eine Zustimmung der Gesellschafterversammlung erforderlich ist. Auf diese Weise kann gegenüber dem Gesetz konkretisiert werden, ab welcher Aufgriffsschwelle der oder die Geschäftsführer nicht mehr das Alleinentscheidungsrecht haben sollen. Beispielsweise kann ein solcher Zustimmungskatalog wie folgt formuliert werden:

Formulierungsvorschlag:

Die Geschäftsführer bedürfen zur Vornahme folgender Handlungen **136**
der vorherigen Zustimmung der Gesellschafterversammlung:

0 Erwerb, Veräußerung und Belastung von Grundstücken und grundstücksgleichen Rechten,
1 grundlegende Veränderungen an Gebäuden auf eigenen und fremden Grundstücken,
2 Einstellung und Entlassung von Mitarbeitern, Mitteilung von Pensionszusagen und die Vereinbarung von Tantiemen mit Mitarbeitern,
3 die Erteilung und der Widerruf von Prokuren und Handlungsvollmachten,
4 der Abschluss von Darlehensverträgen, Garantien und Bürgschaften,
5 Erwerb und Veräußerung von Beteiligungen an anderen Unternehmen,
6 die Veräußerung des Betriebs im Ganzen, der Abschluss von Rechtsgeschäften mit einem einmaligen Volumen von mehr als 100.000 € oder monatlich laufenden Verpflichtungen von mehr als 5.000 €,
7 der Abschluss von Betriebspachtverträgen,

---

[269] BGH NJW 1989, 2687; BGH BB 1976, 526; MünchKomm/*Grunewald* § 164 HGB Rn 22 f.; *Baumbach/Hopt* § 164 HGB Rn 7.

8 alle grundlegenden strategischen Entscheidungen über die Ausrichtung des Unternehmensgegenstandes und der Tätigkeit der Gesellschaft,
9 Abschlussänderung und Beendigung von stillen Beteiligungen an der Gesellschaft,
10 die Begründung oder Aufhebung von Zweigniederlassungen.

137 Von welchen der vorstehenden Möglichkeiten der **Ausgestaltung des Vertretungsrechts im Einzelfall** Gebrauch gemacht werden soll, kann nicht allgemein gesagt werden. Hierzu kommt es ganz auf die Umstände des jeweiligen Einzelfalles an. Als allgemeine Leitlinie lässt sich festhalten, dass

- eine Gesamtvertretung und Geschäftsführung aller Gesellschafter die Gesellschaft in der Regel zu schwerfällig macht;
- eine Gesamtvertretung durch zwei geschäftsführungsberechtigte Gesellschafter in der Regel ausreichende Sicherung gewährt;
- eine Befreiung von § 181 BGB vorgesehen werden sollte, sofern üblicherweise auch Geschäfte mit Gesellschaftern durch die Gesellschaft abgeschlossen werden;
- gerade bei Fremdgeschäftsführern in der Regel die Geschäftsordnung und der Zustimmungskatalog strenger ausgestaltet sein sollten als bei einer auf gleichberechtigter Teilhabe ausgerichteten Personengesellschaft ohne Fremdgeschäftsführer; herausragende Unternehmerpersönlichkeiten lassen sich in der Regel als Geschäftsführer jedoch nur gewinnen, wenn ihnen entsprechende Gestaltungs- und Freiräume verbleiben. Die Ausgestaltung hängt auch da wiederum vom Vertrauen und den Kompetenzen der eingesetzten Geschäftsführung ab.

138 Gerade bei Familiengesellschaften ist es typisch, dass die **geschäftlichen Interessen nicht nur innerhalb der Gesellschaft wahrgenommen** werden, sondern beispielsweise einzelne Gesellschafter der Gesellschaft Wirtschaftsgüter zur Nutzung überlassen. Zu diesem Zweck sind dann Nutzungsüberlassungsverträge abzuschließen. Diese Konstellation kann zur folgenden Problematik führen. Ist der Gesellschaftergeschäftsführer einer GmbH oder GmbH & Co. KG nicht wirksam von § 181 BGB befreit, so sind **Miet-/Pachtverträge zwischen der GmbH und dem Gesellschafter** wegen Verstoß gegen § 181 BGB nichtig. Denn § 181 BGB gilt grds. auch für den Gesellschaftergeschäftsführer.[270] Steuerlich kann dies bei einer Kapitalgesellschaft zu einer verdeckten Gewinnausschüttung i. S. d. § 8 Abs. 3 S. 2 KStG führen. Bei einer Mehrmann-Gesellschaft können ferner Mitgesellschafter ggf. aufgrund der (schwebenden) Unwirksamkeit der Vereinbarung die Erstattung der Geldbeträge verlangen; denn zivilrechtlich führen unberechtigte Auszahlungen regelmäßig zu Erstattungsansprüchen gegen den begünstigten Gesellschafter. Die Gestattung der Befreiung von § 181 BGB nach Maßgabe eines konkretisierenden Gesellschafterbeschlusses sollte daher bereits in die Satzung der Familiengesellschaft aufgenommen werden.[271] Ob davon Gebrauch

[270] Vgl. dazu *Lutter/Hommelhoff* § 35 GmbHG Rn 18; *Roth/Altmeppen* § 35 GmbHG Rn 63 ff.; *Wälzholz* GmbHR 2002, 305 ff.
[271] *Baumbach/Hueck/Zöllner* § 35 GmbHG Rn 79.

gemacht wird, kann die Gesellschafterversammlung im Einzelfall entscheiden.

5. Sonderrechte – Insbesondere das Geschäftsführungssonderrecht

a) Personengesellschaft. Bei den Personengesellschaften ist jeder persönlich haftende Gesellschafter grds. geschäftsführungsbefugt, s. o. Nur die Kommanditisten sind grds. von der Geschäftsführung ausgeschlossen. Aus diesem Grunde spielen Geschäftsführungssonderrechte bei Personengesellschaften – mit Ausnahme der KG – keine besonders große Rolle. Dennoch kommen immer wieder Fälle vor, in denen einzelne Gesellschafter, insbesondere die Unternehmer der Gründergeneration, sich für die Dauer ihres Lebens trotz eines langsamen Rückzugs **Vorzugsrechte** auf Geschäftsführung und Vertretung vorbehalten wollen. Dies kann vor allem in einer einseitigen Gesamtgeschäftsführung und -vertretung[272] bestehen. 139

Formulierungsvorschlag:
*** ist stets einzeln geschäftsführungs- und vertretungsbefugt; alle anderen Gesellschafter sind nur gemeinschaftlich mit *** geschäftsführungs- und vertretungsberechtigt. 140

Alternativ können alle Mitgesellschafter außer dem Unternehmensgründer im Gesellschaftsvertrag von der Geschäftsführung und Vertretung ausgeschlossen werden.[273] Ferner kann ihm ein Bestimmungsrecht eingeräumt werden, durch einseitige Erklärung anderen Mitgesellschaftern ebenfalls Geschäftsführungs- und Vertretungsbefugnis zukommen zu lassen[274] (Präsentationsrecht). Ein organschaftliches Benennungsrecht von Nichtgesellschaftern ist aufgrund des Verbotes der Fremdorganschaft hingegen nicht möglich. Teilweise wird die Ansicht vertreten, es sei zulässig, das in Geschäftsführungsangelegenheiten bestehende Widerspruchsrecht gemäß § 711 BGB, §§ 115 und 164 HGB auszuschließen.[275] Dem ist insoweit zuzustimmen, als bei außergewöhnlichen Geschäftsführungsmaßnahmen das Erfordernis eines Gesellschafterbeschlusses unberührt bleibt. 141

Formulierungsvorschlag:
*** ist stets einzeln geschäftsführungs- und vertretungsbefugt; er ist ferner befugt, durch einseitige Erklärung gegenüber den Mitgesellschaftern oder dem Handelsregister einem oder mehreren weiteren Gesellschaftern Geschäftsführungsrecht und die Vertretungsbefugnis[276] zu erteilen und die Art der Vertretung und Geschäftsführung festzulegen. 142

---

[272] *Ebenroth/Boujong/Joost/Hillmann* § 125 HGB Rn 39; *Langenfeld/Gail* Familienunternehmen I Rn 29.2.; *Baumbach/Hopt* § 117 HGB Rn 7.

[273] *Baumbach/Hopt* § 114 HGB Rn 6.

[274] *Baumbach/Hopt* § 114 HGB Rn 21.

[275] Vgl. Beck Hdb. Personengesellschaften/*Stengel* § 3 Rn 125; *Ulmer* Gesellschaft bürgerlichen Rechts § 711 Rn 4.

[276] Bei einer Kommanditgesellschaft sollte klargestellt werden, dass sich dies nur auf Komplementäre bezieht.

143 Damit von einem Sonderrecht die Rede ist, müssen die vorstehenden **Rechte grds. unentziehbar** sein. Dies ist bei entsprechenden Regelungen im Gesellschaftsvertrag automatisch der Fall, da der Entzug der Geschäftsführung und der Vertretung nur unter sehr strengen, formalen Kriterien möglich ist, §§ 117, 127 HGB. Bereits das Klageverfahren und das Erfordernis eines einstimmigen Beschlusses aller übrigen Gesellschafter ist so aufwendig, dass weitergehende Schutzregelungen in der Regel nicht geboten sind. Allerdings sind weitergehende Gestaltungen möglich, wonach beispielsweise zusätzlich die Zustimmung des Beirates erforderlich ist oder ein besonders strenger Katalog von Abberufungsgründen vereinbart wird. Ein vollständiger Verzicht auf die Abberufungsmöglichkeit ist nach überzeugender Meinung ausgeschlossen[277] und wäre im Hinblick auf die persönliche Haftung in einigen Personengesellschaften auch unzumutbar (str.). Die Gegenmeinung[278] kann für sich ins Feld führen, dass dann ja noch die Möglichkeit des Ausschlusses oder der Kündigung bliebe. Dies ist im Hinblick auf den dort stets geltenden „Ultima-Ratio-Gedanken" jedoch wenig befriedigend.

144 Teilweise wird empfohlen, die einem Seniorunternehmer eingeräumten **Sonderrechte** mit einem **zeitlichen Limit** zu versehen, zu dem sie automatisch erlöschen.[279] Dieser Gedanke entspringt der praktischen Erfahrung, dass in manchen Fällen der Gründer mit zunehmendem Alter nicht mehr in der Lage ist, den richtigen Zeitpunkt zu erkennen, sich aus der aktiven Leitung des Unternehmens zurückzuziehen. Wird mit 60 Jahren hingegen beispielsweise ein Limit auf die Vollendung des 70. oder 75. Lebensjahres vereinbart, so wird dies meist Zustimmung finden, die bei Erreichen des jeweiligen Lebensalters nicht mehr gewiss ist.

145 **b) GmbH.** Bei der GmbH sind für die einzelnen Gesellschafter **keine Geschäftsführungsbefugnisse** von Gesetzes wegen vorgesehen. Aus diesem Grund spielt die Regelung von Geschäftsführungssonderrechten hier eine größere Rolle. Die Geschäftsführung wird durch Beschluss der Gesellschafterversammlung bestellt. Das Stimmrechtsverbot des § 47 Abs. 4 GmbHG gilt für Beschlüsse zur Bestellung von Geschäftsführern nicht, so dass der Mehrheitsgesellschafter sich selbst mit den eigenen Stimmen zum Geschäftsführer bestellen kann.[280] Geschäftsführungsrechte lassen sich allerdings als **Sonderrecht i. S. d. § 35 BGB** zugunsten einzelner Gesellschafter vereinbaren.[281] Auf diese Weise lassen sich Geschäftsanteile begründen, mit denen ein Geschäftsführungsrecht verbunden ist, und solche, mit denen kein Geschäftsführungsrecht verbunden ist.

---

277 RG JW 1935, 696; *Röhricht/Graf von Westphalen/von Gerkan* § 117 HGB Rn 22; *Baumbach/Hopt* § 117 HGB Rn 11; Beck Hdb. Personengesellschaften/*Stengel* § 3 Rn 199; *Heymann/Emmerich* § 117 HGB Rn 25 a; vgl. auch BGH NJW 1988, 971.

278 *Schlegelberger/Martens* § 117 HGB Rn 51; *Ulmer* Gesellschaft bürgerlichen Rechts § 712 Rn 23 m. w. N.; *Koller/Roth/Morck* § 117 HGB Rn 5.

279 Vgl. Beck Hdb. Personengesellschaften/*Stengel* § 15 Rn 20 m. w. N.

280 *Roth/Altmeppen* § 47 GmbHG Rn 61.

281 BGH NJW-RR 1989, 542; OLG Stuttgart GmbHR 1999, 537; *Langenfeld* GmbH-Vertragspraxis Rn 64; *Tillmann/Mohr* GmbH-Geschäftsführer Rn 129 ff.

Die **nachträgliche Einführung** eines Sonderrechts auf Geschäftsführung ist eine Satzungsänderung, bedarf nach h. M. über die Mehrheit des § 53 GmbHG hinaus einer Zustimmung aller Gesellschafter.[282] Ggf. sollte daher die Einführung vor einer Aufnahme weiterer Gesellschafter beschlossen werden. Bei Bestellung von Sonderrechten sollte klargestellt werden, ob es sich um ein dinglich am jeweiligen Geschäftsanteil haftendes, also übertragbares Sonderrecht handelt oder ob es sich um ein persönliches Recht handelt, das allerdings nur so lange gelten soll und gelten kann, als der Bevorrechtigte noch Gesellschafter der Gesellschaft ist.[283] Bei einem dinglichen Sonderrecht sind die Folgen einer Geschäftsanteilsteilung zu regeln – beispielsweise dahin gehend, dass bei einer Teilung alle Inhaber der Teilgeschäftsanteile dieses nur einheitlich ausüben können oder dass das Recht stets dem nominell Größten verbleibt und bei Entstehung gleich großer Geschäftsanteile das Sonderrecht nur gemeinschaftlich ausgeübt werden kann. **146**

Teilweise wird bei Gründung einer GmbH die Geschäftsführerbestellung in die GmbH-Satzung aufgenommen.[284] Dann ist fraglich, ob darin die Bestellung eines Sonderrechts zu sehen ist oder nicht. Beides ist möglich. Streit ist vorprogrammiert, Klarstellung geboten. Ebenso kann darin die Beschränkung der Abrufbarkeit i. S. d. § 38 Abs. 2 GmbHG zu sehen sein. Zwingend ist dies nicht. Die Rechtsprechung war diesbezüglich bisher restriktiv und hat der Bestellung als solcher noch keine entscheidende Bedeutung zugemessen, wohl aber einer „Bestellung auf Lebenszeit" in der Satzung.[285] **147**

Die **Wirkungen des Sonderrechts** schaffen einen beachtlichen Schutz des Geschäftsführers. Die privilegierten Geschäftsführer können dann nicht ohne wichtigen Grund abberufen werden,[286] § 38 Abs. 2 GmbHG. Das Recht auf Abberufung aus wichtigem Grunde kann allerdings nicht weitergehend beschränkt oder abschließend geregelt werden.[287] Es kann auch für einen solchen Fall nicht an die Zustimmung eines Gesellschafters im Sinne eines Vetorechts geknüpft werden. Ein Sonderrechtsgeschäftsführer bleibt während eines Prozesses um die Wirksamkeit der Abberufung weiterhin Geschäftsführer, bis die Wirksamkeit der Abberufung gerichtlich festgestellt ist.[288] Abweichende Entscheidungen des Gerichts im **148**

---

[282] *Baumbach/Hueck/Zöllner* § 38 GmbHG Rn 7; *Michalski/Hoffmann* § 53 GmbHG Rn 141 mit jeweils unterschiedlicher Begründung.

[283] Die Gesellschafterstellung ist nach h. M. zwingende Voraussetzung des Sonderrechts, *Scholz/Schneider* § 6 GmbHG Rn 34; *Lutter/Hommelhoff* § 6 GmbHG Rn 22; § 38 Rn 10.

[284] *Lutter/Hommelhoff* § 6 GmbHG Rn 22; § 38 Rn 10 ff.

[285] BGH WM 1981, 439; *Lutter/Hommelhoff* § 38 GmbHG Rn 9.

[286] BGH WM 1984, 29; BGH DB 1968, 2166; *Scholz/Schneider* § 38 GmbHG Rn 41.

[287] BGH NJW 1969, 1483; *Scholz/Schneider* § 38 GmbHG Rn 39.

[288] *Michalski/Terlau/Schäfers* § 38 GmbHG Rn 69; *Baumbach/Hueck/Zöllner* § 38 GmbHG Rn 31 ff.; *Rowedder/Koppensteiner* § 38 GmbHG Rn 23 f; *Hachenburg/Stein* § 38 Rn 111; *Scholz/Schneider* § 38 GmbHG Rn 63 ff. Dabei geht es um die streitige entsprechende Anwendung des § 84 Abs. 3 S. 4 AktG. Die ist nur bei der mitbestimmten GmbH stets der Fall.

Verfahren des einstweiligen Rechtsschutzes sind jedoch möglich.[289] Die dauerhafte Beseitigung des Sonderrechts bedarf einer Satzungsänderung und nach § 53 Abs. 3 GmbHG der Zustimmung des betroffenen Gesellschafters. Bei Vorliegen eines wichtigen Grundes ist er hierzu aus dem gesellschaftsrechtlichen Treuegebot verpflichtet. Teilweise wird in solchen Fällen auch von der Entbehrlichkeit der Zustimmung ausgegangen.[290] In jedem Fall ist im Hinblick auf die Dauerhaftigkeit des Eingriffs zwischen der bloßen Abberufung aus wichtigem Grund und der Satzungsänderung zu unterscheiden.

Formulierungsvorschlag:

149 Der Gesellschafter G hat persönlich und nicht vererblich für die Dauer seiner Zugehörigkeit als Gesellschafter dieser Gesellschaft das Sonderrecht, sich selbst oder einen beliebigen Dritten, stets jedoch nur einen Geschäftsführer, neben *** dem oder den sonst frei von der Gesellschafterversammlung wählbaren Geschäftsführern zu benennen. Der jeweilige von dem Sonderrechtsinhaber bestellte Geschäftsführer kann nur aus wichtigem Grunde oder mit Zustimmung des Gesellschafters G abberufen werden. Der aufgrund des Sonderrechts bestellte Geschäftsführer ist stets einzelvertretungsberechtigt und von § 181 BGB befreit. Alle weiteren Geschäftsführer sind nur mit dem Sonderrechtsgeschäftsführer gemeinschaftlich vertretungsberechtigt. Ggf. Regelung zum Entgelt und zum Mindestinhalt des Anstellungsvertrages.

---

[289] Vgl. zu den Grenzen *Rowedder/Koppensteiner* § 38 GmbHG Rn 32.

[290] *Michalski/Hoffmann* § 53 GmbHG Rn 97; überzeugend differenziert *Scholz/Winter* § 14 GmbHG Rn 27.

§ 12 Vorsorge für den Fall des (streitigen) Ausscheidens von Gesellschaftern

Übersicht

	Rn
I. Regelungen zur Dauer der Gesellschaft	1
II. Kündigung, Einziehung und Austritt	2
1. Einführung	2
2. Einvernehmliches Ausscheiden eines Gesellschafters	4
3. Auflösung, Ausschluss und Kündigung bei der Personengesellschaft	7
4. Kündigung, Einziehung, Austritt und Ausschluss bei der GmbH	23
III. Abfindungsklauseln	33
IV. Schenkungsrechtliche Rückforderungsklauseln	42

Schrifttum: *Bacher/Spieth,* Fehlerhafte Abfindungsklauseln in GmbH-Satzungen, GmbHR 2003, 517; *Dissars,* Geschäftsübernahme eines Gesellschafters bei der OHG bzw. KG, DStR 1996, 345; *Fingerhut/Schröder,* Die Einziehung eines GmbH-Anteils und Probleme in der Praxis, BB 1997, 1805 ff.; *Goette,* Ausschließung und Austritt aus der GmbH in der Rechtsprechung des Bundesgerichtshofs, DStR 2001, 533; *Goette,* Zum Zeitpunkt des Wirksamwerdens des Zwangseinziehungsbeschlusses, FS Lutter, 2000, S. 399 ff.; *Göllert/Ringling,* Die Eignung des Stuttgarter Verfahrens für die Unternehmens- bzw. Anteilsbewertung im Abfindungsfall, DB 1999, 516; *Hörstel,* Der Ausschluss des GmbH-Gesellschafters durch Kaduzierung, NJW 1994, 965; *Hülsmann,* Abfindungsklauseln: Kontrollkriterien der Rechtsprechung, NJW 2002, 1673; *Karakaya/Prüßner,* Gesellschaftsvertrag – Grenzen der Zulässigkeit von Abfindungsvereinbarungen, MDR 2002, 804; *Koller,* Der Ausschluss ohne wichtigen Grund zum Buchwert bei Familiengesellschaften, DB 1984, 545; *Lenz,* Gestaltungsmöglichkeiten gesellschaftsvertraglicher Kündigungsbestimmungen, GmbHR 2001, 1032; *Löwe/Thoß,* Austritt und Ausschluss eines Gesellschafters aus der GmbH sowie Einziehung seines Geschäftsanteils – Wirksamkeit und Wirkungen, NZG 2003, 1005; *Lommer,* Die Unternehmensnachfolge in eine Familienkapitalgesellschaft nach Gesellschafts-, Zivil- und Steuerrecht, BB 2003, 1909; *Lutter,* Ausschluss von Gesellschaftern, Einziehung von Geschäftsanteilen und gesellschafterliche Treuepflicht, GmbHR 1997, 1134; *Lutz,* Rechtswirkung des Gesellschafterbeschlusses bei Zwangseinziehung des GmbH-Geschäftsanteils, DStR 1999, 1858; *Mecklenbrauck,* Abfindungsbeschränkungen in Gesellschaftsverträgen, BB 2000, 2001; *Müller,* Folgen der Einziehung eines GmbH-Geschäftsanteils, DB 1999, 2045 ff.; *Peetz,* Voraussetzungen und Folgen der Einziehung von GmbH-Geschäftsanteilen, GmbHR 2000, 749 ff.; *Piehler,* Der Ausschluss eines Gesellschafters aus einer Personengesellschaft, DStR 1991, 686 und 716; *Reinicke/Tiedtke,* Die Ausschließung der Ertragswert-Methode bei der Berechnung des Auseinandersetzungsguthabens eines ausscheidenden Gesellschafters, DB 1984, 703; *Schön,* Buchwertabfindungen im Personalgesellschaftskonzern, ZHR 166 (2002), 585; *Sigle,* Gedanken zur Wirksamkeit von Abfindungsklauseln in Gesellschaftsverträgen ZGR 1999, 659; *Sörgel/Engelmann,* Möglichkeiten der Anpassung von Buchwertabfindungen an den niedrigeren Verkehrswert bei der GmbH, DStR 2003, 1260; *Tschernig,* Der Ausschluss eines GmbH-Gesellschafters durch Gesellschafterbeschluss, GmbHR 1999, 691; *Wangler,* Abfindungsregelungen in Gesellschaftsverträgen: Zum aktuellen Stand in Literatur, Rechtsprechung und Vertragspraxis, DB 2001, 1763; *Winter/Reichert*, Die ‚Abberufung' und Ausschließung des geschäftsführenden Gesellschafters der Publikums-Personengesellschaft, BB 1988, 981; *Wolff*, Das Schicksal eingezogener GmbH-Geschäftsanteile und alternative Satzungsgestaltungen, GmbHR 1999, 958 ff.; *Ziegler*, Gesellschaftsvertragliche Abfindungsklauseln mit Ratenzahlung, DB 2000, 2107

I. Regelungen zur Dauer der Gesellschaft

1 Familiengesellschaften werden ebenso wie sonstige Gesellschaften in der Regel auf **unbestimmte Zeit** abgeschlossen. Möglich ist es allerdings auch, die Gesellschaft von vornherein auf eine bestimmte Zeit abzuschließen.[1] Die Interessenlage bei der typischen Familiengesellschaft weist meist in eine andere Richtung. Es soll verhindert werden, dass einzelne Familienmitglieder zu Lasten der Gesellschaft oder der anderen Mitgesellschafter die Gesellschaft oder ihre Beteiligung an der Gesellschaft kündigen, um gegen Abfindung aus der Gesellschaft auszuscheiden und sich vom unternehmerischen Risiko zu trennen. Dies wirft die Frage auf, inwieweit das Kündigungs- oder Austrittsrecht besteht und ausgeschlossen werden kann (dazu im Folgenden).

II. Kündigung, Einziehung und Austritt

1. Einführung

2 Die Regeln über das Ausscheiden aus einer Gesellschaft unterscheiden sich zwischen den einzelnen Gesellschaftsformen. Sie spielen eine ganz entscheidende Rolle für den Bestand und die **Lebensfähigkeit eines mittelständischen Familienunternehmens**. Die Konstanz des Gesellschafterbestandes führt zur Bindung der Familienmitglieder in der Gesellschaft. Jeder erzwungene Gesellschafterwechsel führt entweder zum Eintritt fremder Gesellschafter oder zu einer Verschiebung der Kapitalbindung zwischen den Gesellschaftern. Im schlimmsten Fall ist ein Kapitalabfluss aus der Gesellschaft die Folge. Dies ist in heutigen Zeiten, in denen die größte Sorge der meisten Familienunternehmen die Sicherung der Finanzierung und die Stärkung des Eigenkapitals ist, häufig der Anfang vom Ende. Das Interesse der Gesellschaft ist damit eindeutig. Das Interesse der fortsetzungswilligen Gesellschafter läuft in der Regel mit dem der Gesellschaft parallel.

3 Das Interesse eines ausscheidungswilligen Gesellschafters ist jedoch auch nicht zu vernachlässigen. Verständlicherweise kann ein Gesellschafter nicht auf ewige Zeiten an einer einmal getroffenen Investition festgehalten werden. Das versteht sich bei Fremdinvestitionen von selbst. Da der BGH jedoch gesellschaftsrechtlich[2] wenig Rücksicht auf die Art des Er-

---

[1] Vgl. *Michalski* § 3 GmbHG Rn 37; *Ulmer* Gesellschaft bürgerlichen Rechts vor § 723 Rn 14 f.; *Langenfeld/Gail* Familienunternehmen I Rn 28.

[2] Anders ist dies im Hinblick auf die der Zuwendung zugrunde liegende *causa*. Im Rahmen einer Schenkung können daher weitergehende Regelungen getroffen werden. Vgl. dazu unten unter § 12 Rn 42.

werbs einer Beteiligung nimmt, wendet er grds. §§ 134, 138 BGB und § 723 Abs. 3 BGB als Grenzen einer übermäßigen Bindung von Gesellschaftern auch bei Familiengesellschaften mit geschenkter Beteiligung an. Anhand dieser Normen misst die Rechtsprechung, ob eine eingegangene unmittelbare oder mittelbare Bindung noch zulässig ist oder schon die Grenze des Zulässigen überschreitet. Aus diesem Grunde ist für alle Gesellschaftstypen insbesondere der vollständige Ausschluss eines Kündigungs-, Austritts- oder Veräußerungsrechts unzulässig.[3]

2. Einvernehmliches Ausscheiden eines Gesellschafters

Ein **einvernehmliches Ausscheiden** eines Gesellschafters ist stets und in jeder Rechtsform möglich und zulässig.[4] Dies kann sich in unterschiedlichen Formen vollziehen, in erster Linie durch rechtsgeschäftliche Übertragung der gesellschaftsrechtlichen Beteiligung auf die Gesellschaft oder die Mitgesellschafter. Für die Übertragung eines GmbH-Geschäftsanteils auf die Gesellschaft selbst sind die Grenzen des § 33 GmbHG zu beachten. Eine Personengesellschaft kann nicht Inhaberin ihrer eigenen Gesellschaftsrechte sein, so dass die verhältnismäßige Anwachsung bei allen Mitgesellschaftern die Folge ist. Als zweiter rechtstechnischer Weg kann bei Personengesellschaften das Ausscheiden vereinbart werden.[5] Auch das führt zur Anwachsung bei den Mitgesellschaftern. 4

Dem entspricht bei der **GmbH** die Einziehung des Geschäftsanteils des Ausscheidungswilligen mit dessen Zustimmung, die allerdings rechtstechnisch nur bei Existenz einer entsprechenden Satzungsregelung möglich ist.[6] Während bei Personengesellschaften das **automatische Ausscheiden** eines Gesellschafters für den Fall der – auch einvernehmlichen – Kündigung angeordnet werden kann, ist dies im GmbH-Recht grds. nicht der Fall. Eine entsprechende Regelung kann allenfalls als bedingte Geschäftsanteilsabtretung ausgelegt werden. Dies ist jedoch im Hinblick auf die erforderliche Bestimmtheit problematisch. Grds. führt die im Gesellschaftsvertrag vorgesehene Kündigung zur Auflösung der GmbH.[7] Wird jedoch in der Satzung ein freies Kündigungsrecht vorgesehen, so wird regelmäßig festgelegt, dass dies nicht die Auflösung der Gesellschaft zur Folge hat, sondern zur Fortsetzung der Gesellschaft und zum Ausscheiden des kündigenden Gesellschafters führt. Überzeugend hat der BGH[8] zu einer solche Regelung jedoch entschieden, dass – anders als im Recht der Personengesellschaften – die 5

[3] BGH NJW 1992, 892 = DStR 1992, 652; *Goette* Die GmbH § 6 Rn 1, 55 ff.; *Ebenroth/Boujong/Joost/Lorz* § 132 HGB Rn 24; Beck Hdb. Personengesellschaften/*Sauter* § 7 Rn 36.

[4] Vgl. nur Beck Hdb. Personengesellschaften/*Sauter* § 7 Rn 5.

[5] Beck Hdb. Personengesellschaften/*Sauter* § 7 Rn 5.

[6] *Hachenburg/Ulmer* § 34 GmbHG Rn 14; *Michalski/Sosnitza* § 34 GmbHG Rn 8; *Baumbach/Hueck/Fastrich* § 34 GmbHG Rn 3.

[7] Vgl. § 60 Abs. 2 GmbHG sowie die Kommentierung bei *Baumbach/Hueck/Schulze-Osterloh* § 60 GmbHG Rn 51.

[8] BGH NJW-RR 1997, 606 = DStR 1997, 461; BGHZ 88, 320 = NJW 1994, 489 ff.; vgl. dazu auch *Lutter/Hommelhoff* § 60 GmbHG Rn 27.

endgültige Verwertung des Geschäftsanteils noch des Vollzugsaktes durch rechtsgeschäftliche Übertragung oder Einziehung bedarf. Das Anwachsungsprinzip gilt nur für die Personengesellschaften, nicht für die Kapitalgesellschaften.[9] Allerdings kann die Satzung anordnen, dass der Gesellschafter sofort ausscheidet. Dann ist der Geschäftsanteil zwischenzeitlich entweder bis zur Verwertung trägerlos oder er steht treuhänderisch der Gesellschaft selbst zu.

6 Näherer **gesellschaftsvertraglicher Regelungen** für das freiwillige Ausscheiden bedarf es regelmäßig für die Familiengesellschaft nicht.

3. Auflösung, Ausschluss und Kündigung bei der Personengesellschaft

7 **a) Gesetzliche Regelungen zum Ausscheiden eines Gesellschafters und zur Auflösung der Gesellschaft.** Bis zum Handelsrechtsreformgesetz aus dem Jahre 1998 war eine so genannte **Fortsetzungsklausel** im Gesellschaftsvertrag zwingendes Gebot der Vernunft, da ansonsten im Todesfall, bei Kündigung eines Gesellschafters oder durch einen Gesellschaftsgläubiger die Gesellschaft aufgelöst worden wäre. Dies hat sich mittlerweile für die Personenhandelsgesellschaften geändert. Gemäß § 131 Abs. 3 HGB wird die Gesellschaft beim Tod des Gesellschafters, bei Kündigung des Gesellschafters oder durch einen Privatgläubiger des Gesellschafters, bei Eröffnung des Insolvenzverfahrens und bei Eintritt von weiteren im Gesellschaftsvertrag vorgesehenen Fällen oder bei Beschluss der Gesellschafter unter Ausscheiden eines Gesellschafters fortgesetzt. Es tritt Anwachsung ein.[10] Der ausscheidende Gesellschafter erhält dafür nach der gesetzlichen Regelung eine Abfindung, die dem Wert seines Gesellschaftsanteils entspricht.

8 Für die **Gesellschaft bürgerlichen Rechts** hat der Gesetzgeber hingegen davon abgesehen, eine entsprechende Regelung zu erlassen. Dort wird nach der Regel des § 727 BGB die Gesellschaft durch den Tod eines Gesellschafters aufgelöst, soweit im Gesellschaftsvertrag nichts anderes geregelt ist.[11] Das Gleiche gilt für den Fall der Kündigung durch einen Gläubiger eines Gesellschafters, Insolvenz eines Gesellschafters oder die Kündigung durch den Gesellschafter selbst.[12] Bei der Gesellschaft bürgerlichen Rechts bedarf es daher weiterhin der Verwendung einer sog. Fortsetzungsklausel, wenn der Bestand des Familienunternehmens nicht gefährdet werden soll.

Formulierungsvorschlag:

9 Bei Kündigung durch einen Gesellschafter oder Gesellschaftergläubiger, bei Insolvenz oder Tod eines Gesellschafters wird die Gesellschaft nicht aufgelöst, sondern scheidet der Gesellschafter unter Fortbestand der Gesellschaft im Übrigen aus der Gesellschaft aus.

---

[9] Vgl. BGH NJW-RR 2003, 1265 = DStR 2003, 1717; MDR 2003, 1188; dazu auch *Kleinert/Blöse/von Xylander*, GmbHR 2003, 1230 ff.; *Löwe/Thoß*, NZG 2003, 1005.

[10] *Röhricht/Graf von Westphalen/von Gerkan* § 131 HGB Rn 28.

[11] Vgl. dazu auch unten § 33 Rn 34 f.

[12] MünchKomm/*Ulmer* Vor § 723 BGB Rn 2 ff.; *Palandt/Sprau* Vor § 723 BGB Rn 1.

Haftungsgefahren drohen durch die Neuregelungen des § 131 HGB bei der klassischen **GmbH & Co. KG.**[13] Hier sollte das Ausscheiden eines insolventen Gesellschafters nur auf ausdrücklichen mit Mehrheit gefassten Beschluss der Gesellschafter erfolgen. Sonst führt die Insolvenz der KG ggf. zur Insolvenz der GmbH und damit zum automatischen Ausscheiden nach § 131 Abs. 2 HGB. Dies hat bei der zweigliedrigen GmbH & Co. KG die Anwachsung des Vermögens der KG beim Alleinkommanditisten mit allen Verbindlichkeiten und unbeschränkter Haftung zur Folge. Bei einer mehrgliedrigen GmbH & Co. KG führt dies zur Umwandlung in eine OHG mit unbeschränkter persönlicher Haftung aller Gesellschafter, sofern der Insolvenzverwalter das Unternehmen zum Zwecke der Sanierung fortführt. Führt er das Unternehmen nicht im Rahmen eines Sanierungsversuches fort, so wird die Gesellschaft aufgelöst, bewahrt aber ihre haftungsabschirmende Wirkung. § 131 Abs. 3 HGB ist daher insoweit für den Insolvenzfall abzubedingen und durch eine Ausschlussmöglichkeit aufgrund Gesellschafterbeschlusses zu ersetzen. Entsprechende Probleme können auch bei jedem anderen Fall des Ausscheidens des letzten Komplementärs der zweigliedrigen KG ergeben, z. B. auch bei Tod des letzten Komplementärs. **10**

Sind keine gesellschaftsvertraglichen Regelungen vorgesehen, so kann jeder Gesellschafter eine Personengesellschaft **jederzeit ohne Angabe von Gründen** mit der gesetzlich vorgesehenen Kündigungsfrist **kündigen**[14] und sich so von der Gesellschaft lösen, § 723 BGB. Dies gilt über § 105 Abs. 3 HGB auch für die OHG und die KG. Dies ergibt sich auch aus § 132 HGB. Eines wichtigen Grundes bedarf es nicht. Diese Rechtslage ist in der Regel für eine Familiengesellschaft unerträglich. Dies gilt vor allem, wenn der Unternehmensgründer Gesellschaftsbeteiligungen auf seine Nachfolger überträgt und diese unmittelbar nach der Übertragung die Möglichkeit haben, die Beteiligung durch Kündigung in Bargeld umzusetzen. Die Kautelarpraxis hat daher nach Wegen gesucht, um diese Probleme zu reduzieren. Ganz vermeiden lassen sie sich nicht. **11**

b) Erschwerung des Kündigungsrechts des Gesellschafters. Die **Kündigung** eines Gesellschafter aus **wichtigem Grund** durch Erhebung einer Klage gemäß § 133 HGB kann als solche und insgesamt nicht ausgeschlossen werden.[15] Das Gleiche gilt für die Kündigung aus wichtigem Grund bei der Gesellschaft bürgerlichen Rechts.[16] Es handelt sich dabei **12**

---

[13] Vgl. dazu eindrucksvoll *K. Schmidt*, GmbHR 2002, 1209 ff. und GmbHR 2003, 1404 ff. – er plädiert dafür, diese Regelungen entgegen dem Wortlaut und der wohl h. M. für diesen Fall teleologisch zu reduzieren; anders hingegen OLG Hamm GmbHR 2003, 1361 ff. für den Sonderfall des gleichzeitigen Ausscheidens von Komplementär-GmbH und einzigem Kommanditist aufgrund Insolvenz; vgl. auch *Ebenroth/Boujong/Joost/Lorz*, HGB, § 140 Rn 39 ff. mit Hinweis auf die strenge Rechtsprechung bei BGH NZG 2000, 474; weitere Gestaltungsvorschläge bei *Eckardt*, NZG 2000, 449 ff.

[14] Vgl. *Koller/Roth/Morck* § 132 HGB Rn 1; *Baumbach/Hopt* § 132 HGB Rn 1.

[15] *Baumbach/Hopt* § 134 HGB Rn 20; *Röhricht/Graf von Westphalen/von Gerkan* § 133 HGB Rn 22.

[16] MünchKomm/*Ulmer* § 723 BGB Rn 74.

um einen allgemeinen Grundsatz des Gesellschaftsrechts und aller Dauerschuldverhältnisse, dass bei Unzumutbarkeit der Fortsetzung des Schuldverhältnisses die Kündigung zulässig sein muss. Darauf kann vorab nicht verzichtet werden.

13 Umstritten ist, inwieweit der Gesellschaftsvertrag den **Begriff des wichtigen Grundes** ausformen und dabei einschränken kann.[17] Erleichterungen sind unstreitig möglich, so dass Sachverhalte, die grds. nicht als wichtiger Grund einzustufen wären, als wichtiger Kündigungsgrund zum Austritt berechtigen. M. E. können auch einzelne bestimmte Verhaltensweisen derart definiert werden, dass sie keinen wichtigen Grund darstellen und damit das Austrittsrecht beschränken. Dies muss gelten, weil die Frage der Zumutbarkeit des Festhaltens an einem Gesellschaftsverhältnis eine sehr einzelfallbezogene Entscheidung ist, die die Gesellschafter in gewissen Grenzen selbst festlegen können müssen. Überschreiten die Gesellschafter allerdings im Einzelfall die Grenze des Zulässigen, schließen sie also das Austrittsrecht aus wichtigem Grund aus, obwohl objektiv doch ein wichtiger Grund vorliegt, so ist der Klausel die Wirksamkeit versagt.[18]

14 Das für die Personenhandelsgesellschaften geltende **Erfordernis eines Klageverfahrens** kann im Übrigen als solches abbedungen werden, so dass der Gesellschafter mit der Kündigung aus wichtigem Grund aus der Gesellschaft unter deren Fortbestand ausscheidet.[19] Dies ist eine sinnvolle Regelung. Die Ersetzung des Klageverfahrens nach § 133 HGB bei Ausscheiden aus wichtigem Grund ist trotz der Regelungen des § 133 Abs. 3 HGB nach herrschender Meinung möglich.[20]

15 Das oben geschilderte freie und jederzeitige Kündigungsrecht einer Personengesellschaft nach § 723 BGB (i.V.m. § 105 Abs. 3 HGB) ist für eine Familiengesellschaft in der Regel unerwünscht. Nach h.M. kann daher das Recht der jederzeitigen Kündigung für eine **bestimmte Zeitdauer** ausgeschlossen werden.[21] Die Bindung darf jedoch nicht übermäßig sein, da ansonsten eine unzulässige Beschränkung des Austrittsrechts gemäß § 138 BGB eintrete. Auch der Ausschluss des Kündigungsrechts für eine unbestimmbare, unüberschaubare Zeit ist unzulässig.[22] In diesem Zusammenhang spielt die Wertung der Artikel 12 und 14 Grundgesetz hinein, die übermäßige Bindungen verbieten. In einem älteren Urteil hat der BGH eine Vertragsdauer von 30 Jahren als unbedenklich angesehen.[23] Ob

---

[17] Vgl. *Schlegelberger/K. Schmidt* § 133 HGB Rn 70; *Röhricht/Graf von Westphalen/von Gerkan* § 133 HGB Rn 23; MünchKomm/*Ulmer* § 723 BGB Rn 75; *Baumbach/Hopt* § 133 HGB Rn 19.

[18] Ebenso wohl *Röhricht/Graf von Westphalen/von Gerkan* § 133 HGB Rn 23 m. w. N.

[19] *Baumbach/Hopt* § 134 HGB Rn 20; *Röhricht/Graf von Westphalen/von Gerkan* § 133 HGB Rn 22.

[20] Beck Hdb. Personengesellschaften/*Sauter* § 7 Rn 16.

[21] BGHZ 10, 91, 98; *Ebenroth/Boujong/Joost/Lorz* § 132 HGB Rn 19, 25; *Baumbach/Hopt* § 132 HGB Rn 9; MünchKomm/*Ulmer* § 723 BGB Rn 64.

[22] BGH NJW 1992, 2696, 2698; vgl. auch MünchKomm/*Ulmer* § 723 BGB Rn 65 f.

[23] BGH WM 1967, 315, 316.

der BGH eine entsprechende Entscheidung heutzutage wieder fällen würde, ist nicht gesichert, auch wenn die derzeit h. M.[24] die **30 Jahre** immer noch als **Obergrenze** des Zulässigen ansieht. Regelungen, die einen Gesellschaftsvertrag „auf 99 Jahre" oder „unkündbar bis ins Jahr 2100" vorsehen, sind in jedem Fall nichtig und führen zur jederzeitigen Kündbarkeit des Gesellschaftsvertrages.[25] Auch Fristen, die sich der 30-Jahre-Grenze nähern oder gar darüber hinausgehen, sind mit einem gewissen Risiko behaftet.[26] Um dennoch eine Kündigung der Gesellschaft und ein Ausscheiden als Gesellschafter möglichst unattraktiv zu machen, kann ergänzend zum Ausschluss der Kündigungsfrist für eine bestimmte Zeit die Abfindung beschränkt werden (siehe dazu im Folgenden) sowie schenkungsrechtlich für diesen Fall die Rückforderung des Gesellschaftsanteils einschließlich eines eventuellen Abfindungsanspruchs angeordnet werden. Die schenkungsrechtlichen Rückforderungsklauseln sind insoweit wesentlich weiter möglich, als dies gesellschaftsrechtlich der Fall ist. Nach dem Ableben der ersten Übergebergeneration versagen derartige Klauseln jedoch in der Regel, da sie auf Lebenszeit der Gründer beschränkt sind.

Ein **echter Gestaltungsfehler** liegt vor, wenn die Beteiligten die Unkündbarkeit der Gesellschaft **auf Lebenszeit** eines Gesellschafters vorsehen. Gemäß § 134 HGB gilt nämlich eine auf Lebenszeit eines Gesellschafters gegründete Gesellschaft ebenfalls als auf unbestimmte Zeit eingegangen. Sie ist damit jederzeit ohne Angabe von Gründen kündbar. Das Gleiche gilt im Recht der Gesellschaft bürgerlichen Rechts, § 724 BGB. Unzulässig ist die Vereinbarung einer Vertragstrafe für den Fall der Kündigung. Eine solche Regelung verstößt gegen § 723 Abs. 3 BGB.[27] **16**

c) Regelungen zum Ausschluss eines Gesellschafters. Regelmäßig werden Vereinbarungen getroffen, wonach Gesellschafter bei Eintritt bestimmter Umstände aus der Gesellschaft ausgeschlossen werden können. Die Ausschlussmöglichkeit eines unzumutbar gewordenen Gesellschafters entspricht sowohl bei der OHG und KG der gesetzlichen Rechtslage als auch bei der Gesellschaft bürgerlichen Rechts,[28] sofern eine Fortsetzungsklausel vereinbart wurde, § 737 BGB. Anderenfalls haben die Gesellschafter der GbR zumindest die Möglichkeit, die Gesellschaft nach § 723 Abs. 1 S. 2 BGB zu kündigen und sich so vom lästigen Gesellschafter zu befreien. Der Preis der Auflösung ist allerdings unter Umständen hoch. Aus diesem Grunde wird üblicherweise, wie auch oben empfohlen, bei der GbR eine Fortsetzungsklausel in den Gesellschaftsvertrag aufgenommen. Bei OHG und KG sind für den Ausschluss eines Gesellschafters Klageverfahren vorgesehen, § 140 HGB. Dieses schwerfällige Verfahren sollte **17**

---

[24] *Ebenroth/Boujong/Joost/Lorz* § 132 HGB Rn 25; *Lommer*, BB 2003, 1909, 1911; MünchKomm/*Ulmer* § 723 BGB Rn 66 (als absolute Obergrenze, nicht als schematisch stets zulässig).

[25] MünchKomm/*Ulmer* § 723 BGB Rn 65.

[26] So wohl auch *Röhricht/Graf von Westphalen/von Gerkan* § 132 HGB Rn 15.

[27] RGZ 61, 328; *Palandt/Sprau* § 723 BGB Rn 7; MünchKomm/*Ulmer* § 723 BGB Rn 73.

[28] Vgl. MünchKomm/*Ulmer* § 737 BGB Rn 3 ff.

in der Regel abbedungen werden,[29] so dass der bloße Gesellschafterbeschluss genügt.

18 Bei **Beschlüssen** über den Ausschluss hat der auszuschließende Gesellschafter kein Stimmrecht.[30] Daher kann selbst der mit 90 % beteiligte Unternehmensgründer unter Umständen aus der Gesellschaft ausgeschlossen werden. Besonders vorsichtige Unternehmensgründer mögen daher eine Regelung aufnehmen, wonach sie selbst aus der Gesellschaft nicht ausgeschlossen werden können. Dies ist nach h. M. zulässig.[31] Davon unberührt bleibt dann aber das Recht, die Auflösung der Gesellschaft nach § 133 HGB zu erwirken oder zumindest gegen Abfindung aus der Gesellschaft aus wichtigem Grund auszuscheiden.

19 Es empfiehlt sich im Gesellschaftsvertrag eine **enumerative Aufzählung** einzelner Tatbestandsmerkmale vorzusehen und darüber hinaus die Modalitäten eines Ausscheidens aus wichtigem Grund zu regeln.[32] Eine freie Ausschlussklausel nach dem reinen Ermessen und der Willkür des Firmengründers wird von der Rechtsprechung zu Recht als unwirksam angesehen.[33] Das gilt auch bei einer geschenkten Beteiligung.[34] Auch bei Vorliegen eines solchen Ausschlusskataloges gilt jedoch, dass von diesem Recht tatsächlich nur nach den Grundsätzen der Verhältnismäßigkeit und Erforderlichkeit Gebrauch gemacht werden darf.[35] Einzelne der gelegentlich gesellschaftsvertraglich vorgesehenen Ausschlussgründe werden daher nur im Einzelfall einer gerichtlichen Überprüfung standhalten.

Formulierungsbeispiel:

20 Die Gesellschafter können den Ausschluss eines Gesellschafters gegen dessen Willen beschließen, wobei der auszuschließende Gesellschafter kein Stimmrecht hat, wenn

- über das Vermögen eines Gesellschafters das Insolvenzverfahren eröffnet oder mangels Masse eingestellt oder abgelehnt wird,
- die Zwangsvollstreckung in seinem Gesellschaftsanteil, einen Gewinnanspruch oder ein sonstiges Gesellschaftsrecht oder sein Auseinandersetzungsguthaben betrieben wird, ohne dass die Aufhebung der Vollstreckungsmaßnahme innerhalb von drei Monaten erreicht wird,
- ein Gesellschafter durch sein Verhalten die Gesellschaftsinteressen nachhaltig wesentlich schädigt, insbesondere nachhaltig und wesentlich gegen das Wettbewerbsverbot verstößt,

---

[29] Vgl. auch BGH NJW-RR 1997, 925; *Koller/Roth/Morck* § 140 HGB Rn 5; *Ebenroth/Boujong/Joost/Lorz* § 140 HGB Rn 45.

[30] BGH NJW-RR 1997, 925; *Röhricht/Graf von Westphalen/von Gerkan* § 140 HGB Rn 15; *Koller/Roth/Morck* § 140 HGB Rn 5; *Ebenroth/Boujong/Joost/Lorz* § 140 HGB Rn 45.

[31] *Ebenroth/Boujong/Joost/Lorz* § 140 HGB Rn 43.

[32] Vgl. *Sudhoff/Hörstel* Personengesellschaften S. 180.

[33] BGH NJW 1989, 2681; BGH NJW 1985, 2421; vgl. auch *Sudhoff/Hörstel* Personengesellschaften S. 180.

[34] BGHZ 112, 40 = BGH NJW 1990, 2616; *Röhricht/Graf von Westphalen/von Gerkan* § 140 HGB Rn 23.

[35] Vgl. *Ebenroth/Boujong/Joost/Lorz* § 140 HGB Rn 53 ff.; *Röhricht/Graf von Westphalen/von Gerkan* § 140 HGB Rn 23; MünchKomm/*Ulmer* § 737 BGB Rn 20.

- er seine aktive Tätigkeit für die Gesellschaft für mindestens 12 Monate innerhalb eines Zeitraums von 3 Jahren eingestellt hat,
- die Ehe zwischen dem Gesellschafter *** (Schwiegerkind) und *** (leibliches Kind) geschieden wird oder die Trennung nach § 1567 BGB eintritt,[36]
- oder in der Person eines Gesellschafters sonst ein wichtiger Grund eintritt oder vorliegt, wonach den übrigen Gesellschaftern oder der Gesellschaft eine Fortsetzung des Gesellschaftsverhältnisses nicht mehr zugemutet werden kann.

Der Ausschluss wird mit der Bekanntgabe des Beschlusses über die Ausschließung wirksam. In jedem Fall ruhen die Stimmrechte des Gesellschafters auch schon bevor die Abfindung nach den nachstehenden Regelungen an den Gesellschafter ausgezahlt ist. 21

Der Ausschluss oder eine eventuelle Kündigung – auch aus wichtigem Grund – führt nicht zur Auflösung der Gesellschaft, sondern zur Fortsetzung mit den verbleibenden Gesellschaftern. Bei Verbleiben nur eines Gesellschafters ist dieser berechtigt, den Betrieb der Gesellschaft allein fortzuführen und zu übernehmen. 22

4. Kündigung, Einziehung, Austritt und Ausschluss bei der GmbH

Um eine **möglichst langfristige Bindung** aller Gesellschafter an die Gesellschaft zu realisieren, wird neben der bereits oben erläuterten Einschränkung der Veräußerlichkeit der Geschäftsanteile üblicherweise eine Regelung zum Austritt oder der Kündigung der Gesellschaft getroffen. Insoweit wird meistens angestrebt, das Kündigungsrecht der Gesellschaft oder ein Austrittsrecht so weit wie möglich zu beschränken. 23

Soweit es sich um den **Austritt aus wichtigem Grund** handelt, kann dies nicht ausgeschlossen werden.[37] Ein solches Austrittsrecht aus wichtigem Grund gibt es bei jeder GmbH auch dann, wenn es in der Gesellschaftssatzung nicht ausdrücklich geregelt ist.[38] Es wird ausgeübt durch einseitige Erklärung gegenüber der Gesellschaft.[39] Das Austrittsrecht hat nicht das Erlöschen der Gesellschaft zur Folge, sondern lediglich das Ausscheiden aus der GmbH. Der Geschäftsanteil des Ausscheidungswilligen wird entweder eingezogen oder von Mitgesellschaftern oder Dritten nach Bestimmung durch die Gesellschaft übernommen.[40] Der Geschäftsanteil erlischt durch die Kündigung nicht automatisch, sondern nur im Fall der Einziehung. 24

---

[36] Vgl. zu dem allerdings etwas anders gelagerten Fall BGHZ 112, 103 = NJW 1990, 2622.

[37] *Goette* Die GmbH § 6 Rn 55.

[38] BGH NJW 1992, 892 = DStR 1992, 652; *Baumbach/Hueck* Anh § 34 GmbHG Rn 15 m. w. N.

[39] RGZ 128, 17; *Scholz/Winter* § 15 GmbHG Rn 122; *Lutter/Hommelhoff* § 34 GmbHG Rn 40.

[40] OLG Köln NZG 1998, 779 = GmbHR 1998, 641; *Lutter/Hommelhoff* § 34 GmbHG Rn 40.

25 Ein freies **Kündigungsrecht oder Austrittsrecht ohne wichtigen Grund** existiert ohne eine Satzungsregelung nach dem gesetzlichen Modell der GmbH nicht.[41] Es ist in der Regel zumindest bei Familiengesellschaften auch nicht erwünscht. Es kann jedoch in der Satzung geregelt werden. Sind Kündigungsregelungen im Sinne einer jederzeit möglichen Kündigung ohne weitere Gründe vorgesehen, so sollte den verbleibenden Gesellschaftern die Möglichkeit eingeräumt werden, sich innerhalb einer bestimmten Frist der Kündigung anzuschließen, um auf diese Weise bei ungewisser Geschäftsentwicklung das Risiko zu vermeiden, den kündigenden Gesellschafter zu Vergangenheitswerten abfinden zu müssen, obwohl voraussichtlich die Gesellschaft in der Zukunft nicht mehr rentabel arbeiten kann.[42] Bei Anschluss der Gesellschafter würde die Gesellschaft dann aufgelöst und liquidiert. Auf die genaue Regelung des Stimmquorums ist in einem solchen Fall Acht zu geben.

26 Eine gesetzliche Regelung über die **Ausschließung von untragbaren Gesellschaftern** enthält das GmbHG nicht. Sind keine Reglungen über eine Ausschließungsmöglichkeit eines Gesellschafters im Gesellschaftsvertrag vorgesehen, so kann dennoch stets eine **Ausschließung aus wichtigem Grund** erfolgen.[43] Dies folgt nach der Rechtsprechung des BGH aus der gesellschaftsrechtlichen Treuepflicht. Die Ausschließung erfolgt durch Erhebung der Ausschließungsklage.[44] Dafür bedarf es entsprechend § 60 Abs. 1 Nr. 2 GmbHG eines Beschlusses mit $^3/_4$-Mehrheit,[45] es sei denn, es handelt sich um eine Zwei-Mann-GmbH, bei der ein entsprechendes Erfordernis eine bloße überflüssige Förmelei wäre. Der durch die Klage auszuschließende Gesellschafter hat bei der Abstimmung kein Stimmrecht, § 47 Abs. 4 GmbHG. Die Rechtsfolge dieser Ausschlussmöglichkeit ähnelt derjenigen bei Kaduzierung nach §§ 21 ff. GmbHG. Der Geschäftsanteil geht – anders als bei der Einziehung – mit der Rechtskraft des Ausschlussurteils nicht unter,[46] sondern steht zunächst der Gesellschaft selbst zu.[47] Teilweise wird auch angenommen, der Geschäftsanteil würde trägerlos.[48] Die aus dem Geschäftsanteil folgenden Rechte ruhen. Die Gesellschaft ist befugt, den Geschäftsanteil anschließend einzuziehen oder die Abtretung an einen Dritten zu verlangen.

27 Üblicherweise wird neben dem vorstehenden allgemeinen Grundsatz die **Einziehung von Geschäftsanteilen gemäß § 34 GmbHG** satzungsmäßig geregelt.[49] Die Einführung derartiger Einziehungsklauseln

---

[41] H. M., OLG Hamm GmbHR 1993, 656; OLG Köln NJW-RR 1997, 356 = GmbHR 1996, 609 (anders bei einvernehmlicher Regelung); *Baumbach/Hueck* Anh § 34 GmbHG Rn 17; *Scholz/Winter* § 15 GmbHG Rn 118; a. A. *Reuter,* GmbHR 1977, 77.

[42] Vgl. *Tillmann/Winter* Die GmbH im Gesellschafts- und Steuerrecht Rn. 230.

[43] *Goette* Die GmbH § 6 Rn 2; BGH NJW 1999, 3779.

[44] BGH NJW 1999, 3779.

[45] BGH NJW 2003, 2314 = DStR 2003, 472 = BB 2003, 490 ff.; *Goette* Die GmbH § 6 Rn 37.

[46] BGH NJW 1999, 3779.

[47] *Rowedder/Pentz* § 21 GmbHG Rn 44 ff. und § 34 Rn 129.

[48] *Roth/Altmeppen* § 60 GmbHG Rn 93.

[49] Vgl. dazu beispielsweise MVH I/*Heidenhain/Meister* Form. IV 19 § 14; *Arens/Rinck* Gesellschaftsrecht § 5 Rn 99;.

hat im Gesellschaftsvertrag zu erfolgen; die nachträgliche Einführung der Zwangseinziehung durch Satzungsänderung bedarf der Zustimmung aller Gesellschafter.[50] Die Satzung kann Regelungen über die Folgen und die formellen und materiellen Voraussetzungen der Einziehung treffen. Typische Fälle der Einziehung sind

- der **Vermögensverfall** bei einem Gesellschafter,
- die Vornahme von **Zwangsvollstreckungsmaßnahmen** in das Vermögen eines Gesellschafters,
- die satzungswidrige **Verfügung** über Geschäftsanteile,
- der nachhaltige **Verstoß gegen Wettbewerbsverbote**,
- der **Nichtabschluss eines Ehevertrages** innerhalb bestimmter Frist, trotz Aufforderung durch die Gesellschaft,
- die Einstellung der aktiven **Mitarbeit** in der Gesellschaft,[51]
- die **Kündigung eines Franchise-Vertrages** bzw. dauerhafte Nichterbringung der darin vorgesehenen Leistungen,[52]
- die **Scheidung der Ehe** zwischen Gesellschaftern,
- der Übergang auf nicht zugelassene Gesellschafter im **Todesfall**,
- das Vorliegen eines sonstigen wichtigen Grundes,
- die Einräumung von **Unterbeteiligungen** am Geschäftsanteil oder Stimmbindungs- und Treuhandverträgen mit Nichtgesellschaftern ohne Zustimmung der Gesellschafterversammlung.[53]

Die Satzung kann damit auch Einziehungstatbestände schaffen, die **28** nach der gesetzlichen Regelung nicht einen wichtigen Grund erreichen. Die Grenze des Zulässigen ist dort erreicht, wo ein die **freie und willkürliche Hinauskündigung** ohne fest umrissenen Tatbestand ermöglicht würde.[54] Dies ist ebenso wie im Recht der Personengesellschaften unzulässig.

Die Einziehung führt zur **Vernichtung des Geschäftsanteils** und ist **29** regelmäßig in seiner **Durchführung** mit rechtlichen Problemen verbunden. Als Alternative sollte daher vorgesehen werden, dass der im Übrigen einzuziehende Geschäftsanteil auf Verlangen der Gesellschaft auch an Mitgesellschafter oder sonstige Dritte zu übertragen ist. Gegebenenfalls sollte auch eine Ermächtigung i. S. d. § 185 BGB der Gesellschaft vorgenommen werden, diese Übertragung namens des betroffenen Gesellschafters in dessen Namen durchführen zu können. Dann besteht die Möglichkeit, auf dessen Mitwirkung verzichten zu können.

Entscheidend ist bei der **Beschlussfassung** schließlich, dass im Rah- **30** men der Einziehung das **Stammkapital** nicht angegriffen werden kann. Ist bei Beschlussfassung kein ausreichendes Stammkapital zur Zahlung der

---

[50] *Roth/Altmeppen* § 34 GmbHG Rn 7 m. w. N. auch zu differenzierenden Meinungen; *Rowedder/Bergmann* § 34 GmbHG Rn 10 (anders nur für den Fall der freiwilligen Einziehung).

[51] BGH NJW 1983, 2880.

[52] BGH DStR 1993, 1032, 1033; *Goette* Die GmbH § 6 Rn 22.

[53] Besteht eine solche Regelung nicht, stellt dieser Umstand keinen wichtigen Grund dar, BGH DStR 1992, 1661; wird eine ausdrückliche Einziehungsregelung geschaffen, so ist dies m. E. jedoch möglich.

[54] BGH NJW 1990, 2622; *Goette* Die GmbH § 6 Rn 14 f.

Abfindung vorhanden, so ist ein ausdrücklicher Vorbehalt vorzusehen, dass die Abfindung aus freiem ungebundenem Vermögen, also nicht aus dem Stammkapital, zu erbringen ist. Anderenfalls ist der Einziehungsbeschluss nichtig.[55] Wird der Vorbehalt getroffen, so bleibt es einzelnen oder mehreren Gesellschaftern unbenommen, den Geschäftsanteil des Ausgeschlossenen gegen Zahlung der Abfindung aus dem eigenen Privatvermögen zu übernehmen. Ferner kommt eine Einziehung nur in Betracht, wenn die Stammeinlage auf den einzuziehenden Gesellschaftsanteil bereits vorher voll aufgebracht war.[56] Auch im Übrigen sollte auf die Durchführung des Verfahrens einer Zwangseinziehung großes Augenmerk gelegt werden. Der betroffene Gesellschafter hat bei der Beschlussfassung kein Stimmrecht.[57]

31 Grundsätzlich vernichtet die Einziehung den Geschäftsanteil. Damit erlöschen auch alle Rechte und Pflichten aus dem Geschäftsanteil. Unklar war bisher jedoch der **genaue Zeitpunkt**. Für den weiteren reibungslosen Betrieb der Gesellschaft hat dies jedoch entscheidende Bedeutung. Für den Fall der Ausschließung eines Gesellschafters vertrat der BGH bisher die Meinung, dass die Ausschließung erst wirksam werde, wenn der ausscheidende Gesellschafter die Abfindung erhalten habe.[58] Für den Fall der Einziehung, des Austritts und des Ausschlusses hat der BGH[59] diese Problematik inzwischen dahingehend entschieden, dass die Satzung den Zeitpunkt des Ausscheidens auf den der Beschlussfassung vorverlegen kann. Dann muss es auch möglich sein, den genauen Zeitpunkt im Einziehungsbeschluss festzulegen.

Formulierungsvorschlag:

32 § *** Einziehung

1. Die Einziehung eines Geschäftsanteils kann mit Zustimmung des betroffenen Gesellschafters jederzeit erfolgen. Ohne Zustimmung des betroffenen Gesellschafters kann ein Geschäftsanteil eingezogen werden, wenn
   - der Gesellschafter Verfügungen entgegen dem oben vereinbarten Verfügungsverbot ohne Zustimmung der Gesellschaft oder dem widersprechende Umgehungsgeschäfte vornimmt,
   - das Insolvenzverfahren über das Vermögen eines Gesellschafters eröffnet oder mangels Masse abgelehnt wird,

---

55 BGH DStR 2001, 1898 mit Anm. *Goette*; *Arens/Rinck* Gesellschaftsrecht § 5 Rn 107; *Goette* Die GmbH § 5 Rn 70.

56 BGH DStR 1994, 368; *Roth/Altmeppen* § 34 GmbHG Rn 10; *Scholz/Westermann* § 34 GmbHG Rn 49.

57 *Hachenburg/Hüffer* § 47 GmbHG Rn 163.

58 BGHZ 9, 157, 174 = NJW 1953, 780; vgl. dazu auch *Goette* Die GmbH § 6 Rn 67, § 5 Rn 87; BGH DStR 1997, 1336; BGH NJW 1998, 3647; *Baumbach/Hueck/Fastrich* § 34 GmbHG Rn 35.

59 BGH DStR 2003, 1717 = NJW-RR 2003, 165 = GmbHR 2003, 1062 m. Komm. *Blöse/Kleinert*; so bereits vorher *Goette* Die GmbH § 5 Rn 87 und *Roth/Altmeppen* § 34 GmbHG Rn 21.

- Zwangsvollstreckungsmaßnahmen in den Geschäftsanteil des Gesellschafters betrieben werden und diese nicht innerhalb von drei Monaten nach Vornahme der Vollstreckungshandlung wieder aufgehoben werden,
- ein Gesellschafter, mit Ausnahme von Herrn A, nicht binnen zwei Monaten nach Aufforderung durch die Gesellschaft nachweist, dass, sofern er verheiratet oder verpartnert ist, eine vertragliche Vereinbarung abgeschlossen und nicht wieder aufgehoben wurde, wonach der Geschäftsanteil im Falle einer Scheidung nicht im Zugewinnausgleich berücksichtigt wird und im Todesfall nicht von Pflichtteilsansprüchen des Ehegatten betroffen ist,
- im Todesfall eines Gesellschafters der Geschäftsanteil nicht innerhalb von drei Monaten nach Ableben des Gesellschafters auf ausschließlich leibliche, eheliche Abkömmlinge übergegangen ist,
- ein Gesellschafter nachhaltig gegen ein satzungsmäßiges oder im Geschäftsführervertrag vereinbartes Wettbewerbsverbot verstoßen hat,
- der Gesellschafter die Auflösungsklage erhebt oder seinen Austritt aus der Gesellschaft aus wichtigem Grund erklärt oder
- in der Person eines Gesellschafters ein wichtiger Grund eingetreten ist, der eine weitere vertrauensvolle Zusammenarbeit mit dem Gesellschafter als unzumutbar erscheinen lässt.

2. Steht ein Geschäftsanteil mehreren ungeteilt zu, so ist die Einziehung zulässig, wenn ein Einziehungsgrund nur bei einem der Mitberechtigten vorliegt, es sei denn, derjenige Mitberechtigte, bei dem der Einziehungsgrund eingetreten ist, überträgt seinen Anteil am Geschäftsanteil innerhalb eines Monats nach Aufforderung auf die übrigen Mitberechtigten.
3. Mehrere Geschäftsanteile eines Gesellschafters können nur insgesamt und einheitlich eingezogen werden.
4. Die Einziehung erfolgt durch Gesellschafterbeschluss und ist von der Geschäftsführung in vertretungsberechtigter Zahl dem betroffenen Gesellschafter mitzuteilen. Der Gesellschafterbeschluss bedarf einer Mehrheit von $^3/_4$ der vorhandenen Stimmen. Das Stimmrecht des Gesellschafters, dessen Geschäftsanteil eingezogen werden soll, ist ausgeschlossen. Er ist jedoch befugt, an der Gesellschafterversammlung teilzunehmen.
5. Die Gesellschaft kann auch beschließen, dass der betroffene Gesellschafter seinen oder seine Geschäftsanteile auf die Gesellschaft oder von der Gesellschaft zu benennende Dritte zu übertragen hat. Die Gesellschaft, vertreten durch ihre jeweilige Geschäftsführung in vertretungsberechtigter Zahl, wird unwiderruflich ermächtigt, unter Befreiung von § 181 BGB die Geschäftsanteilsabtretung in Vollzug des Beschlusses vorzunehmen.
6. Der Gesellschafter scheidet zu dem im Beschluss bezeichneten Zeitpunkt aus der Gesellschaft aus. Die Einziehung kann nur gegen Abfindung aus Vermögen erfolgen, das nicht zur Erhaltung des Stammkapitals erforderlich ist. Dies ist ausdrücklich im Beschluss über die Einziehung festzustellen.

III. Abfindungsklauseln

33 Scheidet ein Gesellschafter aus einer Gesellschaft aus, so steht ihm eine Abfindung zu. Dies gilt sowohl für die Personengesellschaft als auch für die GmbH. Die Folgen des Ausscheidens eines Gesellschafters in den vorgenannten Fällen ist für Personengesellschaften in den §§ 738 ff. BGB geregelt. Für die GmbH gelten diese Regelungen entsprechend. Danach ist das Gesellschaftsvermögen und der Anteil nach Fortführungsgesichtspunkten zu bewerten. Den sich so ermittelnden **Verkehrswert**[60] kann der Gesellschafter ausgezahlt verlangen. Maßgeblich ist dabei grundsätzlich nicht der reine Substanzwert, sondern im Regelfall der nach dem Ertragswert ermittelte Unternehmenswert insgesamt.[61] Maßgebend ist also derjenige Wert, den ein fremder Dritter zu zahlen bereit wäre. Die vorstehend bezeichneten Rechtsfolgen sind in der Regel **für Familiengesellschaften unerträglich**. Nimmt ein Familienvater oder aber eine bereits bestehende größere Familiengesellschaft Nachfolgegenerationen auf, so ist aus Gründen der Liquidität (das meist kritischste Merkmal für jedes mittelständische Familienunternehmen) zu verhindern, dass die Nachfolgegeneration unmittelbar nach der Aufnahme oder auch einige Zeit später ihr Ausscheiden aus der Gesellschaft durch Kündigung erklärt und den vollen Verkehrswert realisiert.

34 Aus diesem Grund ist es üblich, **Abfindungsklauseln** zu vereinbaren, die zu Werten unter dem Verkehrswert führen. Hierbei wird teilweise ein bestimmter Prozentsatz des nach dem Stuttgarter Verfahren ermittelten Wertes angewandt, oder aber eine Buchwertklausel vereinbart. In letzterem Fall würde der ausscheidende Gesellschafter weder an den Gewinnen, noch an enthaltenen stillen Reserven, noch einem etwaigen Firmenwert, der im Buchwert der Bilanz nicht enthalten ist, partizipieren. Derartige Abfindungsklauseln werden von der Rechtsprechung jedoch einer strengen Kontrolle unterzogen.

35 Der **vollständige Ausschluss einer Abfindung** ist grundsätzlich sittenwidrig und gemäß § 138 BGB unwirksam.[62] Hiervon gilt nur dann eine Ausnahme, wenn der vollständige Ausschluss einer Abfindung für den Todesfall vereinbart wird. Nur in diesem Fall wird er von der Rechtsprechung anerkannt.[63] Das Gleiche gilt bei Gesellschaften mit ideellem Zweck.[64] Im Übrigen sind Abfindungsregelungen unterhalb des Buchwerts, beispielsweise die Abfindung zum halben Buchwert, nichtig.[65] Da-

---

[60] BGH DStR 1992, 652 = NJW 1992, 892 ff.; BGH NJW 1994, 2536; MünchKomm/*Ulmer* § 738 BGB Rn 32; *Koller/Roth/Morck* § 131 HGB Rn 11; *Hachenburg/Ulmer* Anh § 34 GmbHG Rn 39; *Rowedder/Koppensteiner* § 34 GmbHG Rn 105; *Roth/Altmeppen* § 34 GmbHG Rn 44.

[61] Beck Hdb. Personengesellschaften/*Sauter* § 7 Rn 132 ff.

[62] *Koller/Roth/Morck* § 131 HGB Rn 17; *Goette* Die GmbH § 6 Rn 60; MünchKomm/*Ulmer* § 738 BGB Rn 32.

[63] BGH DStR 1997, 336; BGHZ 22, 186, 194; MünchKomm/*Ulmer* § 738 BGB Rn 60; *Koller/Roth/Morck* § 131 HGB Rn 17; *Baumbach/Hopt* § 139 HGB Rn 17; Beck Hdb. Personengesellschaften/*T.-F. Müller* § 8 Rn 41.

[64] BGH NJW 1997, 2592 = ZIP 1997, 1453; *Hülsmann*, NJW 2002, 1673, 1676.

[65] BGH NJW 1989, 2686.

gegen ist es zulässig,[66] den niedrigeren Verkehrswert zu schulden, sofern der Buchwert ausnahmsweise über dem Verkehrswert liegt. Ebenso kann jede andere Art der Regelung der Abfindung zur Nichtigkeit nach § 138 BGB führen, wenn sich im Zeitpunkt der Vereinbarung[67] ein krasses Missverhältnis zwischen dem Abfindungswert und dem Verkehrswert ergibt. Dies ist der Fall, „wenn die mit ihr verbundene Einschränkung des Abflusses von Gesellschaftskapital vollkommen außer Verhältnis zu der Beschränkung steht, die erforderlich ist, um im Interesse der verbleibenden Gesellschafter den Fortbestand der Gesellschaft und die Fortführung des Unternehmens zu sichern".[68] Eine geltungserhaltende Reduktion findet nicht statt. Anstelle der unwirksamen Regelung tritt das Gesetz.[69]

Hält eine Abfindungsklausel den vorstehenden Kriterien zunächst stand, ist sie also nicht von vornherein sittenwidrig und damit unwirksam, bestand also nicht von Anfang an ein krasses, unerträgliches Ungleichgewicht zwischen tatsächlichem Verkehrswert und Abfindungsbetrag, so kann dennoch bei **späterem Auseinanderdriften** zwischen tatsächlichem Verkehrswert und der Abfindungsklausel eine Anpassung gemäß § 242 BGB bzw. neuerdings als ergänzende Vertragsauslegung[70] von der Rechtsprechung durchgeführt werden. Dies beruht auf der Überlegung, dass ein Ausscheiden eines Gesellschafters aus der Gesellschaft nicht unbillig erschwert werden kann, § 723 Abs. 3 BGB. Dieser Grundsatz des Rechts der Personengesellschaften wird ebenso im Recht der GmbH angewandt.[71] Dementsprechend hält auch eine optimal gestaltete Abfindungsklausel nicht immer einer nachträglichen Kontrolle durch die Rechtsprechung stand.[72] Die tatsächliche Höhe des Abfindungsanspruchs wird in den Fällen der Anpassung unter Abwägung aller Umstände der Gesellschaftsbeteiligung getroffen. Hierbei werden insbesondere die Dauer der Mitgliedschaft, der Anlass des Ausscheidens und die Leistungen des Ausscheidenden bei der Gründung, dem Aufbau und der Führung der Gesellschaft[73] berücksichtigt. Sonstige weitere im Einzelfall relevante Belange können ebenfalls Einfluss nehmen. **36**

Einen etwas anderen **liberaleren Ansatz** verfolgt inzwischen das **OLG München**.[74] Für den Fall einer **ordentlichen Kündigungsmöglichkeit** durch einen Gesellschafter lehnt das OLG die Anwendung des **37**

---

[66] *Sörgel/Engelmann*, DStR 2003, 1260 ff.

[67] BGHZ 126, 226, 240 = NJW 1994, 2536; *Lutter/Hommelhoff* § 34 GmbHG Rn 46; MünchKomm/*Ulmer* § 738 BGB Rn 64; *Baumbach/Hueck/Fastrich* § 34 GmbHG Rn 23.

[68] Aus dem Leitsatz von BGH NJW 1992, 892 = BGHZ 116, 359.

[69] BGH NJW 1992, 892 = BGHZ 116, 359, 376.

[70] BGH DStR 2002, 461 mit Anm. *Goette*; BGH DStR 2000, 1443; vgl. zum Ganzen auch *Goette*, DStR 2001, 533, 542.

[71] BGH NJW 2000, 2819; vgl. auch *Goette* Die GmbH § 6 Rn 61 ff.

[72] BGH NJW 1989, 2685 ff.; BGH NJW 1992, 892; BGH NJW 1994, 2536 ff.; Beck Hdb. Personengesellschaften/*Sauter* § 7 Rn 155 ff.

[73] Vgl. z. B. BGH DStR 2000, 1443; *Lutter/Hommelhoff* § 34 GmbHG Rn 48; *Hülsmann*, NJW 2002, 1673, 1678.

[74] NZG 2001, 662 = DStR 2002, 45 ff.

Rechtsgedankens des § 723 Abs. 3 BGB ab. Der Gesellschafter sei gemäß § 15 GmbHG grundsätzlich in der Lage, seinen Geschäftsanteil zu verkaufen. Solange dies der Fall sei, sei ein Schutz gegen niedrigere Abfindungsregelungen nicht erforderlich. Dies gelte auch dann, wenn aufgrund von Vinkulierungsklauseln die Abtretung des Geschäftsanteils nur mit Zustimmung der übrigen Gesellschafter zulässig sei. Es bleibt abzuwarten, ob sich diese, regelmäßig den Gesellschaftern und dem Unternehmen entgegenkommende Linie durchsetzen wird.

38 **Sittenwidrig** sind schließlich solche Klauseln, die sich faktisch als **Vertrag zu Lasten Dritter** darstellen; nämlich dann, wenn eine besonders niedrige Abfindung ausschließlich für den Fall der Insolvenz oder der Vollstreckung Dritter in den Gesellschaftsanteil vorgesehen wird.[75] Entsprechende Klauseln sollten daher auf jeden Fall auch für den Fall des Ausscheidens aus wichtigem Grund gelten.

39 Für den Fall, dass ein **Gesellschafter aus wichtigem Grund** aus der Gesellschaft **austritt**, sollte m. E. tatsächlich der Verkehrswert als Abfindung vorgesehen werden. Denn hier ist es dem austretenden Gesellschafter meist nicht zumutbar, irgendwelche Beschränkungen hinzunehmen.

40 Die Satzung kann ferner andere Bestimmungen treffen. Insbesondere kann das **Verfahren zur Ermittlung des Verkehrswertes** festgelegt werden. Hierbei kann beispielsweise das Discounted-Cashflow-Verfahren (DCF-Verfahren), das so genannte Stuttgarter Verfahren gemäß R 96 ff. Erbschaftsteuerrichtlinien, ein reines Substanz- oder ein reines Ertragswertverfahren vorgesehen werden. Üblicherweise sind Schiedsgutachterklauseln vorgesehen, um Streitigkeiten bei der Bewertung zu vermeiden. Ferner ist zu regeln, in welchen Raten und mit welchen Zinsen die Abfindung zu zahlen ist. Auch hierbei ist die Grenze der Sittenwidrigkeit zu beachten. Die Fünf-Jahresgrenze sollte daher nicht überschritten werden. 15 Jahre sind in jedem Fall nicht zulässig.[76] Einen Anspruch auf Sicherheitsleistung sollte die Satzung regelmäßig ausschließen.

Formulierungsvorschlag:

41 § *** Abfindung

1. Scheidet ein Gesellschafter aufgrund Todes aus und wird der Geschäftsanteil nach den vorstehenden Bestimmungen für den Todesfall eingezogen, so ist keine Abfindung an die Erben oder Vermächtnisnehmer zu zahlen. Sollte diese Regelung gegen zwingende gesetzliche Vorschriften verstoßen, so gelten für die Abfindung die nachfolgenden Bestimmungen.
2. Scheidet ein Gesellschafter aus der Gesellschaft aus, so erhält er eine Abfindung nach den nachfolgenden Bestimmungen. Maßgeblich für die Abfindung soll – außer in den Fällen des Austritts eines Gesellschafters aus wichtigem Grund – nicht der Verkehrswert sein. Können die Beteiligten sich nicht über die Höhe der Abfindung einigen, so entscheidet über die Höhe der Abfindung der im Zeitpunkt der Beschluss-

[75] BGH NJW 2000, 2819, 2820 ständige Rechtsprechung.
[76] Vgl. BGH NJW 1989, 2685; MünchKomm/*Ulmer* § 738 BGB Rn 65; *Koller/Roth/Morck* § 131 HGB Rn 19.

fassung über die Einziehung für die Gesellschaft tätige Steuerberater, hilfsweise Wirtschaftsprüfer, als Schiedsgutachter gemäß § 317 BGB. Maßgeblich für die Wertermittlung ist das Stuttgarter Verfahren mit der Abweichung von den Regelungen gemäß den derzeitigen R 96 ff. Erbschaftsteuerrichtlinie, dass der Vermögenswert unter Aufdeckung der stillen Reserven, jedoch ohne Ansatz eines Firmenwertes, zu ermitteln ist. Die Bewertungsformel für den Unternehmenswert lautet:
Unternehmenswert = 0,68 (Substanzwert + 5 × Jahresertrag).
Dabei ist mit „Jahresertrag" der gewichtete Jahresertrag gemäß den derzeitigen R 99 Erbschaftsteuerrichtlinien gemeint.
3. Von dem so ermittelten Wert des Geschäftsanteils sind jedoch nur 60 % als Abfindung auszuzahlen, hilfsweise für den Fall der Unwirksamkeit 75 %.
4. Das Abfindungsguthaben ist in drei gleichen, unmittelbar aufeinander folgenden Jahresraten auszuzahlen. Die erste Rate ist ein Jahr nach dem Ausscheidungsstichtag zur Zahlung fällig. Das restliche Abfindungsguthaben ist ab der Fälligkeit der ersten Rate mit jährlich 2 % über dem Basiszinssatz zu verzinsen. Die Zinsen sind jeweils mit den Jahresraten zu entrichten.
5. Vorzeitige Zahlung der Abfindung ist zulässig. Sicherheitsleistung kann nicht verlangt werden.
6. Die vorstehenden Regelungen zur Abfindung gelten auch für den Fall, dass die Gesellschaft statt der Einziehung die Abtretung des Geschäftsanteils oder der Geschäftsanteile eines Gesellschafters einen von ihr zu benennenden Dritten, Mitgesellschafter oder die Gesellschaft selbst beschließt. § 30 GmbHG (Erhaltung des Stammkapitals) bleibt unberührt.

IV. Schenkungsrechtliche Rückforderungsklauseln

Anstelle der vorstehend bezeichneten Abfindungsbeschränkungen, die den Interessen einer Familiengesellschaft nicht ausreichend Rechnung tragen, lassen sich Lösungen für diesen Fall auf anderer Grundlage finden. Nämlich auf **schenkungsrechtlicher Grundlage**, wie der BGH in seiner so genannten *Benteler*-Entscheidung[77] festgestellt hat. Hiernach ist zwar gesellschaftsrechtlich die Schaffung von Gesellschaftern minderen Rechts oder auch „2. Klasse" nur eingeschränkt statthaft. Wird jedoch eine Gesellschaftsbeteiligung einem Gesellschafter der Nachfolgegeneration schenkweise zugewandt, so können hierbei Rückforderungsrechte sowohl frei[78] 42

[77] BGH NJW 1990, 2616 ff. = BGHZ 112, 40; vgl. auch *Sudhoff/Hörstel* Personengesellschaften S. 180; *Spiegelberger*, Vermögensnachfolge, S. 153; *Bütter/Tonner*, BB 2003, 2417, 2421 ff. unter zutreffendem Hinweis auf das abweichende BGH-Urteil aus der gleichen Zeit BGHZ 112, 103 ff. = NJW 1990, 2622 = BB 1990, 1578 ff.; *Lommer*, BB 2003, 1909, 1913.

[78] Dies würde schenkungsteuerrechtlich zwar als vollzogene Schenkung angesehen, BFH NJW 1990, 1750; zweifelnd allerdings BGH NJW 1990, 2622. Die Begünstigungen der §§ 13 a, 19 a ErbStG würden jedoch nicht gewährt, da einkommensteuerlich ein freies Rücktrittsrecht die Anerkennung der Mitunternehmerstellung hindert. Vgl. auch *Lorz/Kirchdörfer* Unternehmensnachfolge S. 54.

als auch für bestimmte Fälle vorgesehen werden.[79] Was gesellschaftsrechtlich also nicht erlaubt ist, kann schenkungsrechtlich durchaus zulässig sein.

43 Diese Rückforderungsrechte können auch vereinbart werden unter **Ausschluss jeglicher Abfindung**, oder aber einer Herabsetzung der Abfindung weit unter den gesellschaftsrechtlich geschuldeten Betrag. Insofern kann insbesondere für den Fall der Kündigung der Gesellschaft durch den Gesellschafter, den Fall der Insolvenz, der Zwangsvollstreckung in den Gesellschaftsanteil oder des Eintritts eines wichtigen Grundes, der Verschwendungssucht oder anderer persönlicher Umstände des Gesellschafters sowie dessen Vorversterben beispielsweise die Übertragung des Gesellschaftsanteils unter eine auflösende Bedingung gestellt werden. Erfolgt der Rückfall aufgrund einer auflösenden Bedingung, fällt der Gesellschaftsanteil ohne weitere Mitwirkungshandlungen des aufgenommenen Abkömmlings auf den Übergeber zurück. Für den Insolvenz- und Zwangsvollstreckungsfall greift dann der Schutz des § 161 Abs. 1 S. 2 BGB. Nur dann ist die Rückfallklausel dinglich vollstreckungs- und insolvenzfest.[80] Allerdings kann die starke Ausgestaltung der Rückfallklausel zu steuerlichen Anerkennungsschwierigkeiten bei der Mitunternehmerschaft führen. Dies ist hier gegeneinander abzuwägen. Alternativ kann auch ein Rücktrittsrecht vereinbart und der Übergeber zur Rückübertragung bevollmächtigt werden unter Befreiung von den Beschränkungen des § 181 BGB. Entsprechende Vereinbarungen sollten bei Aufnahme von Gesellschaftern der Nachfolgegeneration in angemessenen Grenzen getroffen werden. Soweit diesbezüglich Besonderheiten für minderjährige Gesellschafter gelten, wird hiermit auf die Ausführungen zu minderjährigen Gesellschaftern verwiesen.[81]

44 Nicht eindringlich genug kann vor der Vereinbarung eines **freien Widerrufsrechts** gewarnt werden. Dies würde zwar nach der bisher herrschenden Meinung[82] am schenkungsteuerrechtlichen Vollzug der Zuwendung nichts ändern und insoweit schenkungsteuerlich trotz des freien Widerrufsrechts eine Schenkung darstellen, einkommensteuerlich kann es jedoch negative Folgen haben. Denn der Aufgenommene würde im Rahmen einer Mitunternehmerschaft nicht als Mitunternehmer angesehen werden. Dementsprechend würde die Verteilung der Einkünfte auf mehrere Köpfe misslingen. Schließlich würden die erbschaftsteuerlichen Freibeträge gemäß §§ 13 a, 19 a ErbStG nicht gewährt werden, da der begünstigte Abkömmling keinen Mitunternehmeranteil erwerben würde. Schließlich ist nicht auszuschließen, dass die Rechtsprechung bei einem freien Rückforderungsrecht die Wertungen des Gesellschaftsrechts doch

---

[79] Vgl. dazu auch MünchKomm/*Ulmer* § 737 BGB Rn 21; *Jülicher,* ZGR 1996, 82 ff.

[80] Inwieweit dennoch Anfechtungstatbestände durch diese Regelungen verwirklicht werden, ist bisher noch ungeklärt.

[81] Vgl. dazu unten § 9 Rn 29 ff.

[82] BFH BStBl II 1989, 1034 = DStR 1989, 780; *Spiegelberger* Vermögensnachfolge Rn 165.

auf das Schenkungsrecht übertragen würde. Dies wird in der Rechtslehre teilweise diskutiert.[83] Diese Diskussionen beruhen nicht zuletzt auf dem Umstand, dass der BGH[84] nur kurz nach dem erwähnten *Benteler*-Urteil ein anderes Urteil gefällt hat, in dem er die strenge Trennung von sonstigem Schuldrecht- und Gesellschaftsrecht nicht konsequent durchgehalten hat.

Formulierungsvorschlag:

Der Einbringende ist befugt, die Rückübertragung des heute geschenkten Gesellschaftsanteils vom Beschenkten zu verlangen,[85] wenn 45

- das Insolvenzverfahren über das Vermögen des Beschenkten eröffnet oder mangels Masse abgelehnt wird oder der Eintritt der Zahlungsunfähigkeit droht,
- Zwangsvollstreckungsmaßnahmen in den Gesellschaftsanteil oder aus dem Gesellschaftsanteil resultierende Rechte betrieben und die Zwangsvollstreckungsmaßnahme nicht innerhalb von drei Monaten wieder aufgehoben werden,
- der Beschenkte vor dem Einbringenden verstirbt, ohne dass der Gesellschaftsanteil innerhalb von 3 Monaten ab dem Ableben des Beschenkten ausschließlich auf leibliche Abkömmlinge übergegangen ist; dabei ist die Anordnung eines unentgeltlichen lebenslangen Nießbrauchsrechts zugunsten des länger lebenden Ehegatten des Beschenkten zulässig, ebenso die Anordnung von Testamentsvollstreckung zugunsten des Ehegatten,
- der Beschenkte nicht innerhalb von zwei Monaten nach Aufforderung durch den Einbringenden nachweist, dass er mit seinem Ehegatten einen Ehevertrag abgeschlossen hat, wonach im Scheidungsfall entweder Gütertrennung gilt oder sonst modifizierte Zugewinngemeinschaft, wonach der Gesellschaftsanteil vollständig beim Anfang- und Endvermögen der Zugewinnausgleichsberechnung nicht berücksichtigt wird; der Ehevertrag hat ferner die Vereinbarung eines Pflichtteilsverzichts des Ehegatten gegenständlich beschränkt auf den Gesellschaftsanteil und alle daraus folgenden Rechte zu enthalten,
- der Beschenkte zu Lebzeiten des Übergebers die Gesellschaft kündigt oder ein Grund besteht, diesen aus einem wichtigen Grund aus der Gesellschaft auszuschließen,
- der Beschenkte entgegen den Bestimmungen des Gesellschaftsvertrages Verfügungen ohne Zustimmung des Erschienenen zu 1. über den Gesellschaftsanteil oder daraus folgende Rechte verfügt oder Umgehungsgeschäfte tätigt.

Der Übergeber wird für den Fall des Eintritts eines Rückfallgrundes 46
unwiderruflich bevollmächtigt, alle Willenserklärungen unter Befreiung

[83] Vgl. MünchKomm/*Ulmer* § 737 BGB Rn 21f. m. w. N.

[84] BGH NJW 1990, 2622f.

[85] Soweit es sich bei der aufnehmenden Gesellschaft um eine Mitunternehmerschaft handelt, ist der nachfolgende Katalog deutlich an der Grenze der steuerlichen Anerkennung der Mitunternehmerschaft. Eine Abmilderung sollte im Einzelfall angestrebt werden.

von den Beschränkungen des § 181 BGB abzugeben, um die Rückübertragung der Gesellschaftsanteile auf sich durchzuführen. Die Beteiligten sind sich bereits heute aufschiebend bedingt auf die Abgabe der rechtsgestaltenden Rückforderungserklärung über die Rückübertragung des heute erworbenen Gesellschaftsanteils einig.

47 Vom Beschenkten gezogene Nutzungen verbleiben auch im Falle der Rückforderung bei diesem. Verwendungen oder in der Gesellschaft erbrachte Dienstleistung und sonstige Tätigkeiten sind im Falle der Rückforderung nicht zu erstatten. Gutschriften auf dem Privatkonto des Erwerbers stehen im Fall der Rückforderung entschädigungslos auch dem heutigen Einbringenden zu.

48 Im Fall der Rückforderung erlischt der vorstehend vereinbarte Pflichtteilsverzicht.

49 Die Rückforderung erfolgt durch schriftliche Erklärung gegenüber dem Erwerber bzw. dessen Rechtsnachfolgern. Sie ist persönlich abzugeben, es sei denn, der Übergeber hat einen Dritten ausdrücklich schriftlich dazu bevollmächtigt.

§ 13 Besonderheiten einzelner Rechtsformen

Übersicht

	Rn
I. Die Familien-AG	1
1. Einführung	1
2. Gleichbehandlungsgrundsatz und Durchbrechungen	4
3. Beschränkungen der Übertragbarkeit (Vinkulierte Namensaktien)	7
4. Schuldrechtliche Nebenabreden, Vorkaufsrechte und Anbietungspflichten	18
5. Bündelung der Aktien im Familienpool	24
6. Stimmrechtslose Vorzugsaktien	27
7. Das Verhältnis von Aktionären und Vorstand – die AG als Chance der Verselbständigung der Unternehmensleitung	31
8. Familienbindung der Aufsichtsratsmitglieder	38
9. Weitere Besonderheiten und Gestaltungsmöglichkeiten (*Squeeze Out*)	41
II. Die Stille Gesellschaft und Unterbeteiligung	44
1. Einführung und Abgrenzungen	44
2. Motive für den Abschluss	49
3. Ausgestaltung	51
III. Die Betriebsaufspaltung	56
1. Entstehung und Arten	56
2. Schutz vor Fremdeinflüssen	64
3. Erhaltung der Betriebsaufspaltung	65
4. Weitere Aspekte der Vertragsgestaltung	67

Schrifttum: Zur Aktiengesellschaft: Beck'sches Handbuch Aktiengesellschaft, 2003; *Böttcher/Beinert/Hennerkes,* Möglichkeiten zur Aufrechterhaltung des Familiencharakters einer Aktiengesellschaft, DB 1971, 1998; *Happ,* Aktienrecht, 2003; *Henn,* Handbuch des Aktienrechts, 7. Auflage 2002; *Hölters/Buchta,* Die „kleine" AG – geeignet für den Mittelstand und Konzerne, DStR 2003, 79; *Hopt,* Familien- und Aktienpools unter dem Wertpapierhandelsgesetz, ZGR 1997, 1; *Hüffer,* Kommentar zum Aktiengesetz, 5. Auflage 2002; *Immenga,* Vertragliche Vinkulierung von Aktien?, AG 1992, 79; *Knur,* Die Eignung der Kommanditgesellschaft auf Aktien für Familienunternehmen, FS Flume II, 1978, 173; *Lutter,* Die Rechte und Pflichten des Vorstands bei der Übertragung vinkulierter Namensaktien, AG 1992, 369; *Lutter/Grunewald,* Zur Umgehung von Vinkulierungsklauseln in Satzungen von AG und GmbH, AG 1989, 109 und 409 ff.; Münchner Handbuch des Gesellschaftsrecht, Die Aktiengesellschaft, 2. Auflage, 1999, Münchner Vertragshandbuch, Band 1 Gesellschaftsrecht, 5. Auflage 2000; *Niedner/Kusterer,* Die atypisch ausgestaltete Familien-KGaA aus der Sicht des Kommanditaktionärs, DB 1997, 1451 ff.; *Otto,* Gebundene Aktien: Vertragliche Beschränkungen der Ausübung und Übertragbarkeit von Mitgliedschaftsrechten zugunsten der AG, AG 1991, 369; *Rombach,* Beteiligung von Führungskräften an Aktiengesellschaften, RNotZ 2000, 313; *Schaub,* Die Familien-Aktiengesellschaft und der Schutz vor Fremdeinflüssen, ZEV 1995, 82; *D. Uhlenbruck,* Der Schutz von Familien-Aktiengesellschaften gegen das Eindringen unerwünschter Aktionäre, DB 1967, 1927; *Wälzholz,* Besonderheiten der Satzungsgestaltung bei der Familien-AG, DStR 2004, 779 und 819; *Wahlers,* Die Satzung der kleinen Aktiengesellschaft, 2003; *Wirth,* Vinkulierte Namensaktien: Ermessen des Vorstandes bei der Zustimmung zur Übertragung, DB 1992, 617

Zur Stillen Gesellschaft und Unterbeteiligung: *Autenrieth,* Über die stille Gesellschaft, die Unterbeteiligung oder das Darlehen mit nahen Angehörigen zum

„Familiensplitting", DStZ 1992, 86; *Blaurock*, Handbuch zur stillen Gesellschaft, 6. Aufl., 2003; *Schulze zur Wiesche*, Die atypisch stille Gesellschaft, FR 1997, 405; *Schulze zur Wiesche*, Die völlige Gleichstellung der atypisch stillen Gesellschaft mit der Personenhandelsgesellschaft?, DStZ 1998, 285; *Tiedtke*, Die schenkweise Zuwendung einer stillen Beteiligung an ein minderjähriges Kind, DB 1988, 946; *Geck*, Die Auflösung der stillen Gesellschaft unter besonderer Berücksichtigung der Auseinandersetzung, DStR 1994, 657; *Jestädt*, Partiarisches Darlehen oder stille Gesellschaft?, DStR 1993, 387; *Neufang*, Die stille Gesellschaft mit Angehörigen, INF 1987, 563; *Witz*, Aktuelle Entwicklung bei der GmbH & still, GmbHR 1997, 769; *Harthaus*, Typische oder atypische stille Gesellschaft oder bloßes Darlehensverhältnis?, StB 1998, 14; *Kordt*, Das Informations- und Prüfungsrecht des stillen Gesellschafters gem. § 233 HGB, DStR 1997, 372; *Lindwurm*, Gewinnverteilung und Gewinnfeststellung bei der Kumulation von stillen Gesellschaften, DStR 2000, 53; *Rödee*, Die typisch stille Gesellschaft im Spiegel der neueren Rechtsprechung, INF 2003, 140; *Ros*, Die Veranlagung der GmbH & atypisch still im Spiegel der Rechtsprechung des BFH, DStR 2001, 1592; *Sterzenbach*, GmbH & still: Vorzüge einer beliebten Rechtsform und ihre steuerlichen Besonderheiten, DStR 2000, 1669; *Wälzholz*, Die fehlerhafte stille Gesellschaft und deren Rückabwicklung, DStR 2003, 1533; *Weigl*, Stille Gesellschaft und Unterbeteiligung, 2. Auflage 2004; *Weigl*, Anwendungs- und Problemfelder der stillen Gesellschaft, DStR 1999, 1568.

Zur Betriebsaufspaltung: *Bork*, Zur Enthaftung der Besitzgesellschaft bei der Betriebsauspaltung analog § 26 HGB, ZIP 1989, 1369; *Brandes*, Die Behandlung von Nutzungsüberlassungen im Rahmen der Betriebsaufspaltung unter Gesichtspunkten des Kapitalersatzes und der Kapitalerhaltung, ZGR 1989, 245; *Brandmüller*, Die Betriebsaufspaltung nach Handels- und Steuerrecht, 1997; *Carle*, Die Betriebsaufspaltung, 2003; *Dehmer*, Die Betriebsaufspaltung, 1987; *Donath*, Die Betriebsaufspaltung, 1991; *Fichtelmann u. a./Schulze zur Wiesche*, Steuer-Formularhandbuch, Teil 3 S; *Hermanns*, Einstimmigkeitsabrede und Betriebsaufspaltung – Eine Zwischenbilanz, GmbHR 1999, 469; *Hörger/Pauli*, Betriebsaufspaltung durch Übertragung von Einzelwirtschaftsgütern, GmbHR 2001, 1139; *Hueck*, Die Behandlung von Nutzungsüberlassungen im Rahmen einer Betriebsaufspaltung als Gesellschafterdarlehen?, ZGR 1989, 216; *Kaligin*, Die Betriebsaufspaltung, 2002; *Knobbe-Keuk*, Eigenkapitalersetzende Nutzungsüberlassung bei Begründung der Betriebsaufspaltung, DStR 1992, 823; *Kuhfus*, Betriebsaufspaltung im Familien-Verbund, GmbHR 1990, 401; *Kuhsel*, Problembereiche der kapitalistischen Betriebsaufspaltung, DB 1998, 2194; *Schulze-Osterloh*, Gläubiger- und Minderheitenschutz bei der steuerlichen Betriebsaufspaltung, ZGR 1983, 123; *Söffing*, Die Betriebsaufspaltung, 2001; *Söffing*, Umstrukturierung von Betriebsaufspaltungen, DStR 1992, 633; *Spiegelberger*, Die Betriebsaufspaltung in der notariellen Praxis, MittBayNot 1981, 56; *Strahl/Bauschatz*, Betriebsaufspaltung im Steuer- und Zivilrecht, NWB Fach 3, 1191 (2001); *Real*, Betriebsaufspaltung Ade?, GmbHR 1994, 777; *Tiedtke/Garreis*, Die Betriebsaufspaltung im Spiegel der neueren Rechtsprechung, GmbHR 1991, 202; *Tiedtke/Szczesny*, Gesetzlicher Vertrauensschutz bei der Beendigung der Betriebsaufspaltung, DStR 2003, 757; *Tiedtke/Wälzholz*, Zum Teilbetriebsbegriff bei Betriebsaufspaltung und -verpachtung, BB 1999, 765; *Tillmann*, Betriebsaufspaltung und Beteiligung von Mitarbeitern, GmbHR 1992, 30 und 98; *Vorwold*, Betriebsaufspaltungen vererben – Besser nicht!, BB 1999, 1300; *Weilbach*, Zivilrechtlicher Sündenfall bei der Betriebsaufspaltung: kann Nutzungsüberlassung dem Eigentum gleichgestellt werden?, GmbHR 1991, 56 *Weimar/Alfes*, Arbeitsrechtliche Grundsatzfragen der Betriebsaufspaltung, BB 1993, 783.

I. Die Familien-AG

1. Einführung

Die AG ist für ein Familienunternehmen eher eine **ungewöhnliche und selten auftretende Rechtsform**, die sich jedoch in den vergangenen Jahren steigender Beliebtheit erfreut hat. Die klassischen Rechtsformen des Familienunternehmens sind bereits durch eine Personengebundenheit, durch erschwerte Abtretung und Veräußerung von Gesellschaftsbeteiligungen und eine weitgehende Gestaltungsfreiheit gekennzeichnet. Sie kommen den Interessen eines Familienunternehmens bereits natürlich entgegen. Dies gilt vor allem für die GbR, die OHG, die KG und die GmbH oder GmbH & Co. KG. Ganz anders ist dies bei der Aktiengesellschaft (AG). Sie ist vom Grundsatz her für einen **offenen Gesellschafterkreis** konzipiert und kann sich an den allgemeinen **Kapitalmarkt** wenden.[1] Dies setzt eine grds. freie Fungibilität, also Veräußerlichkeit von Aktien voraus. Sie ist vom Grundsatz daher nicht dafür geeignet, einen geschlossenen Gesellschafterkreis zusammenzuhalten. Andererseits hat die AG auch unzweifelhaft **Vorzüge** gegenüber anderen Gesellschaftsformen. Dies gilt nicht nur für den besseren Ruf im Rechtsverkehr.[2] Auch die feste Kompetenzordnung der Organe, das fehlende Austrittsrecht[3] von Aktionären und die Sozialversicherungsfreiheit des Vorstandes sind ein wichtiger Vorteil der AG. Allerdings sind zum Schutz des Rechtsverkehrs[4] der **Gestaltungsfreiheit** wesentlich **engere Grenzen** gezogen als dies bei den anderen Rechtsformen der Fall ist. Es sind daher **besondere Gestaltungsvorgaben** zu beachten, um die typischen Ziele bei der Familien-AG[5] zu erreichen. Teilweise sind auch ergänzende Maßnahmen außerhalb des Gesellschaftsrechts zu wählen (**Familienpool**). Die Sonderstellung der AG macht es erforderlich, einige Besonderheiten der AG als Familiengesellschaft separat darzustellen. 1

Die **Familien-AG** ist im Gesetz als solche kaum geregelt. Lediglich in **§ 76 Abs. 6 BetrVG 1952** findet sich eine spezielle mitbestimmungsrechtliche Privilegierung: Danach kann der Aufsichtsrat einer Aktiengesellschaft mit weniger als 500 Arbeitnehmern nur mit Vertretern der Aktionäre besetzt werden, sofern die AG bereits vor dem 10. 8. 1994 bestand. Als Familien-AG in diesem Sinne gilt eine AG, bei der alle Gesell- 2

---

[1] Vgl. MünchHdb GesR IV/*Hoffmann-Becking* § 2 Rn 3 ff.; Beck Hdb. AG/*Müller* § 1 Rn 1 ff.; *Raiser* Kapitalgesellschaften § 9 Rn 19 ff.; § 13 Rn. 1 ff.; *Langenfeld* Handbuch Familienunternehmen I Rn 102.

[2] *Hölters/Buchta*, DStR 2003, 79, 83.

[3] MünchKomm/*Bayer* § 68 AktG Rn 34; MünchHdb GesR IV/*Wiesner* § 14 Rn 16; *Raiser* Kapitalgesellschaften § 12 Rn 63; *Wahlers* Die Satzung der kleinen AG § 6 Anm. 4, S. 83.

[4] *Raiser* Kapitalgesellschaften § 9 Rn 19 ff.; § 13 Rn 6.

[5] Vgl. dazu auch *Hölters/Buchta*, DStR 2003, 79 ff.; Beck Hdb. AG/*Müller* § 1 Rn 19 ff.; MVH I/*Hölters* Form. V 37; *Schaub*, ZEV 1995, 82 ff.; *Hennerkes/May*, DB 1988, 537 ff.; im Ergebnis eher zurückhaltend *Langenfeld* Handbuch Familienunternehmen I Rn 118.

schafter miteinander verwandt oder verschwägert sind.[6] Aufgrund des zeitlichen Anwendungsbereichs handelt es sich jedoch um eine aussterbende Art von Familien-AGs.

3 Gemäß **§ 23 Abs. 5 AktG** ist die **Gestaltungsfreiheit** bei der AG sehr **eingeschränkt**.[7] Während bei der GmbH und den Personengesellschaften grundsätzlich erlaubt ist, was nicht im Einzelfall unzulässig ist, ist das Regel-Ausnahme-Verhältnis bei der AG genau umgekehrt. Alles ist verboten, was nicht nach dem AktG ausdrücklich erlaubt ist. Ob diese Bestimmung im Hinblick auf die vielschichtige Einsetzbarkeit der AG noch sinnvoll ist, wird zu Recht bezweifelt.[8] Diese Gesetzeslage ist vor allem im Hinblick auf die häufig sehr individuellen Ziele eines Familienunternehmens schädlich. So können **Sonderrechte und Sonderpflichten** einzelner oder aller Gesellschafter nur sehr beschränkt eingeführt werden.[9]

2. Gleichbehandlungsgrundsatz und Durchbrechungen

4 Das AktG normiert in § 53 a AktG ausdrücklich den **Gleichbehandlungsgrundsatz**,[10] wonach Aktionäre unter gleichen Voraussetzungen gleich zu behandeln sind. Diese Regelung beinhaltet zwar keinen strikten Zwang zur uneingeschränkten Gleichbehandlung. Dennoch beschränkt es die Gestaltungsspielräume erheblich. Einseitige, nicht in der Satzung legitimierte Ungleichbehandlungen sind selbst bei ganz überwiegendem Stimmrecht ausgeschlossen. Zulässig sind nach h. M. hingegen folgende Differenzierungen zwischen einzelnen Aktionären und Aktionärsgruppen, die nicht durch den Gleichbehandlungsgrundsatz untersagt sind:

- Es können einzelne Aktiengattungen geschaffen werden, die mit unterschiedlichen Rechte und Pflichten ausgestattet sind, so insbesondere die **stimmrechtslosen Vorzugsaktien**, §§ 11, 139 AktG. Auch eine Bevorzugung bei der Verteilung eines Liquidationserlöses[11] kann gemäß § 271 Abs. 2 AktG durch Satzungsregelung vorgesehen werden. Einzelne Aktionäre können auch vollständig von einer Teilhabe ausgeschlossen werden, bei nachträglicher Einführung dieser Regelung allerdings nur mit Zustimmung der betroffenen Aktionäre.[12] Für die Aufhebung des Vorzugs gilt nach § 141 AktG das Gleiche.
- Einzelnen Aktionären, wie insbesondere dem Unternehmensgründer kann durch Satzungsbestimmung nach § 101 Abs. 2 AktG das Recht eingeräumt werden, **Aufsichtsratsmitglieder zu entsenden**,[13] stets jedoch höchstens ein Drittel der gesetzlichen Zahl der Aufsichtsratsmitglieder, § 101 Abs. 2 S. 4 AktG. Auf diese Art und Weise kann sich der

---

[6] Vgl. auch Beck Hdb AG/*Müller* § 1 Rn 19, 23.
[7] *Henn* Handbuch des Aktienrechts Rn 146.
[8] *Raiser* Kapitalgesellschaften § 9 Rn 20.
[9] Vgl. MünchKomm/*Bungeroth* § 54 AktG Rn 22; BayObLG DB 1989, 215.
[10] Vgl. Beck Hdb. AG/*Zätzsch*/*Maul* § 4 Rn 267 ff.
[11] Vgl. dazu *Hüffer* § 271 AktG Rn 2.
[12] Vgl. dazu *Hüffer* § 271 AktG Rn 2.
[13] MünchHdb. GesR IV/*Hoffmann-Becking* § 30 Rn 20 ff.

Unternehmensgründer einen gesteigerten Einfluss auf die Auswahl des Vorstandes vorbehalten. Bei der Satzungsgestaltung ist unmissverständlich zu regeln, ob dieses Recht mit einer bestimmten Aktie verbunden und damit übertragbar ist oder höchstpersönlich ausgestaltet ist. Beides ist zulässig.[14] Bei Verbindung mit einer Aktie muss die Aktie vinkuliert sein und auf den Namen lauten. Dieses Sonderrecht kann nur noch mit Zustimmung des jeweiligen Inhabers des Sonderrechts aufgehoben werden.[15] Ggf. sollte geregelt werden, dass das Entsendungsrecht automatisch und endgültig erlischt, wenn die mit dem Entsendungsrecht verbundene Aktie auf Personen übergeht, die nicht in gerader Linie mit dem Firmengründer verwandt oder verschwägert sind.[16] Das entsandte Aufsichtsratsmitglied ist zwar nicht den Weisungen des Entsendungsberechtigten unterworfen,[17] kann aber jederzeit vom Berechtigten ohne weitere Gründe abberufen werden, § 103 Abs. 2 AktG.

Formulierungsvorschlag:

Herr/Frau *** hat für die Dauer seiner/ihrer Aktionärseigenschaft das persönliche, nicht vererbliche und nicht übertragbare Recht, die gesetzlich höchstmögliche Zahl an Aufsichtsratsmitgliedern zu entsenden. Selbstentsendung ist zulässig,[18] soweit keine gesetzlichen Verbote entgegenstehen. Das Entsendungsrecht ist schriftlich durch eingeschriebenen Brief gegenüber der Gesellschaft auszuüben. Für die Ausübung besteht keine Frist. 5

- Hinsichtlich der **Gewinnverteilung** lässt § 60 Abs. 3 AktG eine abweichende Verteilung von der gesetzlich vorgesehenen Beteiligung am Grundkapital der AG zu.[19] Dies gilt auch für eine ungleiche Verteilung des Liquidationserlöses, § 271 Abs. 2 AktG. Wollen die Gesellschafter von dieser Möglichkeit Gebrauch machen, so ist jedoch eine entsprechende Satzungsregelung erforderlich. Abweichende Verteilung der Gewinne entgegen dem Willen eines Mitaktionärs ist nicht möglich. Es ist auch nicht möglich, in der Satzung eine bloße Öffnungsklausel vorzusehen, wonach die Hauptversammlung im jeweiligen Einzelfall entscheidet.[20] Auch der vollständige satzungsmäßige Ausschluss einzelner oder mehrerer Aktien vom Gewinnbezugsrecht ist zulässig.[21] Auch ein

[14] Vgl. MünchHdb. GesR IV/*Hoffmann-Becking* § 30 Rn 20; *Wahlers*, Die Satzung der kleinen AG, S. 113; *Hüffer* § 101 AktG Rn 8.

[15] *Wahlers*, Die Satzung der kleinen AG, S. 113; *Hüffer* § 101 AktG Rn 8; MünchHdb. GesR IV/*Hoffmann-Becking* § 30 Rn 20.

[16] Vgl. auch MünchHdb. GesR IV/*Hoffmann-Becking* § 30 Rn 20.

[17] BGH NJW 1962, 864; Kölner Komm/*Mertens* § 101 AktG Rn 55; MünchHdb. GesR IV/*Hoffmann-Becking* § 30 Rn 22; *Hüffer* § 101 AktG Rn 10.

[18] Dies wird in der Rechtslehre kaum diskutiert, muss m. E. aber ebenfalls möglich sein.

[19] Vgl. dazu *Hüffer* § 60 AktG Rn 6 f.; *Horbach*, AG 2001, 78.

[20] *Hüffer* § 60 AktG Rn 6; MünchKomm/*Bayer* § 60 AktG Rn 16; anders BayObLGZ 2001, 137, 139 f., sofern nur die Öffnung für Abweichungen vom gesetzlichen Verteilungsschlüssel *im Einzelfall* gestattet wird.

[21] Kölner Komm/*Lutter* § 60 AktG Rn 15; MünchKomm/*Bayer* § 60 AktG Rn 18.

Gewinnvorzug kann vereinbart werden, wie dies insbesondere bei stimmrechtslosen Vorzugsaktien erforderlich ist.

- **Mehrstimmrechte** können nicht mehr begründet werden.[22] Allerdings kann das Stimmrecht mehrerer Aktien durch sog. **Höchststimmrechte** gekappt werden, § 134 Abs. 1 S. 2 AktG;[23] dies kann nach § 134 Abs. 1 S. 5 AktG allerdings nicht in der Weise erfolgen, dass die Stimmrechtsbeschränkung nur für einzelne Aktionäre gilt. Aus diesem Grunde kann dies für Machtverschiebungen in der Familiengesellschaft kaum nutzbar gemacht werden.
- Die Satzung kann ferner für vinkulierte Namensaktien i. S. d. § 68 Abs. 2 AktG wiederkehrende **Nebenleistungspflichten** zusätzlich zur Verpflichtung zur Erbringung der Einlage auf das Grundkapital festsetzen, § 55 AktG. Diese zusätzlichen Pflichten können insbesondere in einer bestimmten Tätigkeit für die AG oder in einem Unterlassen bestehen.[24] Diese zusätzlichen Verpflichtungen müssen nicht allen Aktionären gleichmäßig auferlegt werden, sondern können nur den Inhabern einer **bestimmten Aktiengattung** auferlegt werden.[25] Dies kann entgeltlich oder unentgeltlich ausgestaltet werden. Diese Regelungsmöglichkeit eröffnet Gestaltungsspielräume, um die Verkehrsfähigkeit einer Aktie sehr unattraktiv zu machen, da diese Nebenpflichten auch auf Rechtsnachfolger übergehen.[26]

6 Ausgeschlossen und unzulässig ist hingegen einen Regelung, wonach das **Bezugsrecht** auf den Erwerb von neuen Aktien bei einer Kapitalerhöhung einzelnen Aktionären per Satzungsbestimmung genommen wird.[27] Insoweit gilt der Gleichbehandlungsgrundsatz uneingeschränkt. Danach können einzelne Aktionäre nur im Kapitalerhöhungsbeschluss mit sachlichem Grund vom Bezugsrecht ausgeschlossen werden.

3. Beschränkungen der Übertragbarkeit (Vinkulierte Namensaktien)

7 Aktien einer AG können entweder auf den **Inhaber** oder auf den **Namen** lauten.[28] Diese Unterscheidung hat vor allem Auswirkungen auf die Art der Übertragung der Aktien.[29] Bei Inhaberaktien kann die Übertragung durch Einigung und Übergabe der Aktienpapiere erfolgen; die Rechte aus dem Papier folgen dem Recht am Papier. Gleichzeitig ist eine Übertragung auch durch bloße Einigung nach §§ 398, 413 BGB möglich. Die AG hat in solchen Fälle jedoch **keinerlei Kontrolle** über die Über-

---

[22] Vgl. dazu bereits oben § 11 Rn 95 f.

[23] Vgl. dazu *Hüffer* § 134 AktG Rn 4 ff.

[24] MünchKomm/*Bungeroth* § 55 AktG Rn 14 ff.

[25] MünchHdb. GesR IV/*Wiesner* § 16 Rn 38; MünchKomm/*Bungeroth* § 55 AktG Rn 13.

[26] MünchHdb. GesR IV/*Wiesner* § 16 Rn 40.

[27] *Hüffer* § 11 AktG Rn 4 m. w. N.

[28] Vgl. zu den unterschiedlichen Aktienarten Beck Hdb. AG/*Zätzsch/Maul* § 4; *Hölters/Deilmann/Buchta* Die kleine Aktiengesellschaft S. 16 ff.

[29] Vgl. Beck Hdb. AG/*Zätzsch/Maul* § 4 Rn 111 ff.; *Raiser* Kapitalgesellschaften § 12 Rn 65; MünchHdb GesR IV/*Wiesner* § 14.

tragungsvorgänge und erfährt möglicherweise erst einige Zeit später von der Übertragung. Dies ist bei Aktiengesellschaften mit geschlossenem Gesellschafterkreis, also insbesondere bei Familien-AGs unerwünscht. Bei der Famlien-AG ist daher die Ausgabe von **Namensaktien** vorzusehen. Namensaktien können entweder nach §§ 398, 413 BGB durch bloße Einigung übertragen werden oder durch Indossament.[30] In jedem Fall sind die Übertragungen jedoch in einem **Aktienregister**[31] zu registrieren, § 67 AktG. Erst nach der Eintragung in das Aktienregister gilt die Übertragung als erfolgt, gilt also der Erwerber gegenüber der Gesellschaft als Aktionär. Durch die Ausgabe von **Namensaktien** kann daher ein ständiger Überblick gewährleistet werden, wer Gesellschafter der AG ist. Eine erhöhte Kontrolle ist dadurch gegeben.

Formulierungsvorschlag:
Die Aktien der Gesellschaft lauten auf den Namen des jeweiligen Aktionärs. 8

Ferner ist die Einführung von Namensaktien zwingende **Voraussetzung** für bestimmte bei Familiengesellschaften typische Gestaltungen. Dies gilt insbesondere[32] in folgenden Fällen: 9

- **Vinkulierung** von Aktienveräußerungen an die Zustimmung der AG;
- **übertragbares Entsendungsrecht** für Aufsichtsratsmitglieder nach § 101 Abs. 2 S. 2 AktG;
- Begründung von wiederkehrenden **Nebenpflichten** nach § 55 AktG.

Nur bei Namensaktien ist eine **Vinkulierung** möglich.[33] Bei einer Familien-AG sollten daher in jedem Fall vinkulierte Namensaktien ausgegeben werden.[34] Nur auf diese Art und Weise lässt sich die Veräußerlichkeit der Aktien einschränken. Die Satzung kann die Veräußerlichkeit nicht als solche ausschließen.[35] Die Vinkulierung ist auch möglich für die Bestellung eines **Nießbrauchsrechts** oder die **Verpfändung** einer Aktie.[36] Wurde die Vinkulierung nicht bereits bei Gründung der AG in der ursprünglichen Satzung vorgesehen, so kann die erforderliche Satzungsänderung nur mit Zustimmung aller Aktionäre erfolgen, § 180 Abs. 2 AktG. 10

[30] Beck Hdb. AG/*Zätzsch/Maul* § 4 Rn 112 f. m. w. N.

[31] Vgl. noch zum sog. Aktienbuch MünchHdb GesR IV/*Wiesner* § 14 Rn 36 ff.

[32] Vgl. zu weiteren Fällen einer zwingend vorgeschriebenen vinkulierten Namensaktien bei MünchHdb. GesR IV/*Wiesner* § 14 Rn 16; Beck Hdb. AG/*Zätzsch/Maul* § 4 Rn 40.

[33] Vgl. MünchHdb. GesR IV/*Hoffmann-Becking* § 2 Rn 8; *Wirth*, DB 1992, 617; *Lutter*, AG 1992, 369; *Lutter/Grunewald*, AG 1989, 109 ff. und 409 ff.; *Schaub*, ZEV 1995, 82.

[34] *Hölters/Buchta*, DStR 2003, 79, 82; MünchKomm/*Bayer* § 68 AktG Rn 37; Beck Hdb. AG/*Zätzsch/Maul* § 4 Rn 40.

[35] MünchKomm/*Bayer* § 68 AktG Rn 39; *Hüffer* § 68 AktG Rn 14; Beck Hdb. AG/*Zätzsch/Maul* § 4 Rn 41.

[36] *Hüffer* § 68 AktG Rn 11 m. w. N.; MünchHdb GesR IV/*Wiesner* § 14 Rn 21; MünchKomm/*Bayer* § 68 AktG Rn 56.

11 Die **Vinkulierung hat dingliche Wirkung** und ist damit wesentlich stärker in ihrer Wirkung als ein nur schuldrechtlich wirkendes Erwerbs- oder Anbietungsrecht. Eine Verfügung ist ohne die erforderliche Zustimmung schwebend unwirksam; wird die Zustimmung erteilt, so wird die Verfügung wirksam, bei Versagung endgültig unwirksam. Davon bleibt das schuldrechtliche Veräußerungsgeschäft unberührt, so dass bei Versagung der Zustimmung ggf. Schadensersatzansprüche entstehen können.[37]

12 Die Veräußerungsbeschränkung erfasst nur schuldrechtliche Einzelübertragungen, nicht hingegen den Rechtsübergang im Erbfall, durch Anwachsung bei Personengesellschaften, Verschmelzung u. Ä. und die Vereinbarung von Gütergemeinschaft.[38] Ebenso versagt die Vinkulierungsklausel in den Fällen des Eindringens Fremder aufgrund Zwangsvollstreckung in die Aktien und im Fall der Verwertung durch den Insolvenzverwalter über das Vermögen eines Aktionärs.[39] Für solche Fälle ist daher ggf. die **Einziehung nach § 237 AktG** vorzusehen, um einen Überfremdungsschutz zu gewährleisten.[40] Die Einziehung ist jedoch stets nur als letztes Mittel nach den Grundsätzen der Erforderlichkeit und Verhältnismäßigkeit möglich.[41] Neuerdings kann sie bei Stückaktien auch ohne Herabsetzung des Grundkapitals erfolgen.[42] Die zu zahlende Abfindung kann bei einer Familien-AG mit beschränktem Gesellschafterkreis nach den Grundsätzen des GmbH-Rechts beschränkt werden.[43]

13 Bei der Formulierung einer Vinkulierung ist genau darauf zu achten, welche **Gründe** zur Versagung der Zustimmung führen können. Nach einer nicht überzeugenden Meinung[44] soll bei satzungsmäßiger Festlegung von Ablehnungsgründen die Zustimmung nicht mehr aus anderen Gründen versagt werden können. Dem kann nur für den Fall zugestimmt werden, dass die Satzungsregelung erkennbar abschließenden Charakter haben soll.[45] Bei der Entscheidung über die Zustimmung zur Verfügung ist ein Ermessensspielraum zu beachten und der Gleichbehandlungsgrundsatz zu befolgen.[46] Da auf die Dauer ein Aktionär nicht gegen seinen Wil-

---

37 Vgl. zum Ganzen *Hüffer* § 68 AktG Rn 16; MünchHdb GesR IV/*Wiesner* § 14 Rn 21.

38 MünchKomm/*Bayer* § 68 AktG Rn 52; MünchHdb GesR IV/*Wiesner* § 14 Rn 21.

39 Vgl. zum Streitstand MünchKomm/*Bayer* § 68 AktG Rn 112; im Ergebnis ist der Streit jedoch irrelevant, da sich in diesen Fällen die Familienbindung nur erreichen lässt, wenn die Mitaktionäre bereit sind, die Aktien meistbietend herauszukaufen.

40 Beck Hdb. AG/*Zätzsch/Maul* § 4 Rn 119; *Terbrack*, DNotZ 2003, 735 ff.; ein Formulierungsvorschlag findet sich bei *Wahlers* Die Satzung der kleinen AG § 6.

41 Beck Hdb. AG/*Gotthardt* § 9 Rn 163.

42 Vgl. Beck Hdb. AG/*Gotthardt* § 9 Rn 168.

43 So überzeugend MünchKomm/*Oechsler* § 237 AktG Rn 67 m. w. N.

44 MünchHdb GesR IV/*Wiesner* § 14 Rn 24 m. w. N.

45 Wie hier MünchKomm/*Bayer* § 68 AktG Rn 61 m. w. N.

46 BGH NJW 1987, 1019, 1020; Beck Hdb. AG/*Zätzsch/Maul* § 4 Rn 115; *Hüffer* § 68 AktG Rn 15.

len in der AG gehalten werden darf,[47] sind auch die Maßstäbe der Erforderlichkeit und der Verhältnismäßigkeit zu berücksichtigen.[48] Aus diesem Grunde kann die **Zustimmung nicht auf Dauer verweigert** werden, sofern keine erwerbsberechtigten anderen Aktionäre bereit sind, dem Veräußerungswilligen seine Aktien zu einem angemessenen und zumutbaren Preis abzukaufen. Angemessen ist nach Meinung des BGH ein Angebot, das sich am „inneren Wert" der Aktie i. S. d. § 305 Abs. 3 AktG orientiert.[49] M. E. ist jedoch auch bei einer personalistischen AG ebenso wie bei der Regelung zum Einziehungsentgelt eine unter dem Verkehrswert liegende Abfindung zumutbar.

Wird die Zustimmung zu Unrecht verweigert kann die Zustimmung **14**
im Klageweg erzwungen werden;[50] es drohen ferner Schadensersatzansprüche.[51] Es ist umstritten,[52] ob eine Satzung festlegen kann, dass in bestimmten Fällen die Zustimmung zwingend zu versagen ist. Dies ist nach dem Wortlaut des § 68 Abs. 2 S. 4 i.V. m. § 23 Abs. 5 AktG abzulehnen.

In der Satzung ist genau festzulegen, an **wessen Zustimmung** die Vin- **15**
kulierung geknüpft werden soll. Dabei ist es nicht zulässig, die Zustimmungsentscheidung einem einzelnen Gesellschafter, insbesondere dem Unternehmensgründer oder einer bestimmten Gesellschaftergruppe zuzuweisen.[53] Auch wenn eine vinkulierte Namensaktie vorgesehen ist, bestehen dennoch Möglichkeiten, die Vinkulierung zu umgehen[54] (Treuhand, Vollmacht, Unterbeteiligung). Aus diesem Grunde werden häufig die im Familienbesitz befindlichen Aktien in einen **Aktienpool** eingebracht (dazu auch im Folgenden).

Formulierungsvorschlag:

Die Aktien können nur mit Zustimmung der Gesellschaft übertragen **16**
werden. Das Gleiche gilt für die Nießbrauchsbestellung, die Verpfändung und alle Umgehungstatbestände.[55] Über die Zustimmung entscheidet der Vorstand***/der Aufsichtsrat***/die Hauptversammlung***.[56] Die Zustimmung wird durch den Vorstand erklärt.

Die Zustimmung ist zu erteilen, wenn die Verfügung zugunsten eines **17**
Mitaktionärs,[57] eines Ehegatten eines Mitaktionärs oder eines Abkömm-

---

[47] BGH NJW 1987, 1019, 1020; MünchHdb GesR IV/*Wiesner* § 14 Rn 28.

[48] BGH NJW 1987, 1019, 1020; MünchKomm/*Bayer* § 68 AktG Rn 72, 81.

[49] BGH NJW 1987, 1019, 1020.

[50] Ausführlich dazu *Berger*, ZHR 157 (1993) 31 ff.

[51] Beck Hdb. AG/*Zätzsch/Maul* § 4 Rn 116.

[52] So MünchKomm/*Bayer* § 68 AktG Rn 62; *Hüffer* § 68 AktG Rn 14; MünchHdb. GesR IV/*Wiesner* § 14 Rn 23 m. w. N. auch zur Gegenmeinung.

[53] KölnKomm/*Lutter* § 68 AktG Rn 26; MünchHdb. GesR IV/*Wiesner* § 14 Rn 26.

[54] MünchKomm/*Bayer* § 68 AktG Rn 116 ff.

[55] Vgl. dazu *Lutter/Grunewald*, AG 1989, 109 ff. und 409 ff.; *Hüffer* § 68 AktG Rn 12.

[56] Auszuwählen je nach Einzelfall. Alle drei Alternativen sind zulässig, vgl. *Henn* Handbuch des Aktienrechts § 1 Rn 33. Wird die Hauptversammlung ermächtigt sollte ein bestimmtes Stimmquorum festgelegt werden, vgl. BGH NJW 1987, 1019 f.

[57] Diese Regelung kann dazu führen, dass Gleichgewichte in der Gesellschaft verschoben werden, beispielsweise wenn ein Familienstamm Aktien eines anderen Stammes erwirbt. Vgl. dazu bereits oben § 4 Rn 27 ff., Rn 32 ff.

lings eines Aktionärs erfolgt. Die Zustimmung darf insbesondere versagt werden bei Verfügungen zugunsten anderer Personen als der vorgenannten. Die Zustimmung darf ferner versagt werden[58] bei Übertragung auf eine Gesamthandsgemeinschaft oder juristische Person, deren Anteile ohne Zustimmung der AG übertragen werden können.

4. Schuldrechtliche Nebenabreden, Vorkaufsrechte und Anbietungspflichten

18 **Nebenpflichten und Sonderrechte** können in der Satzung einer AG nur sehr eingeschränkt vorgesehen werden, vgl. § 55 AktG. Grds. sind sie unzulässig.[59] Um diese „Schwäche" des Aktienrechts zu umgehen und im Einzelfall aktienrechtlich unzulässige, aber wirtschaftlich angestrebte Regelungen dennoch zu erreichen, wird im Aktienrecht häufig auf **schuldrechtliche Nebenvereinbarungen** zurückgegriffen.[60] Solche schuldrechtlichen Nebenvereinbarungen sind grds. zulässig.[61] Dies gilt auch, soweit dadurch Vereinbarungen getroffen werden, die grds. als korporativer Satzungsinhalt unzulässig wären.[62]

19 Die **Schwäche dieser Vereinbarungen** besteht darin, dass sie nicht korporativer Inhalt des in der Aktie verkörperten Rechts und der daraus resultierenden Pflichten sind. Bei Übertragung einer oder mehrerer Aktien gehen die aus den Nebenvereinbarungen folgenden Rechte und Pflichten nicht von selbst auf den Rechtsnachfolger über.[63] Es muss erst eine Vertragsübernahme[64] herbeigeführt werden, was bei mehrseitigen Rechtsgeschäften grds. der Zustimmung aller Vereinbarungsteilnehmer bedarf.[65] Um dieses Problem zu vermeiden, kann sich eine Regelung anbieten, wonach jeder Beteiligte bei einer Aktienübertragung der **Mitübertragung** der Rechte und Pflichten aus der Nebenvereinbarung bereits vorab **zustimmt**.

Formulierungsbeispiel:

20 Alle an dieser Vereinbarung Beteiligten stimmen für den Fall der nach diesen Vereinbarungen zulässigen Übertragung einer Aktie dem Eintritt des Aktienerwerbers in alle Rechte und Pflichten aus der heutigen Vereinbarung uneingeschränkt zu. Der Veräußerer wird gleichzeitig aus jeglicher

---

[58] Sonst geht die Kontrolle der AG verloren, da die Anteile der haltenden Gesellschaft übertragen werden können.

[59] Vgl. MünchKomm/*Bungeroth* § 54 AktG Rn 22; MünchHdb. GesR IV/*Wiesner* § 14 Rn 18; BayObLG DB 1989, 215.

[60] Vgl. dazu *Hüffer* § 23 AktG Rn 45 ff.; MünchKomm/*Pentz* § 23 AktG Rn 187 ff.; AnwKomm-AktR/*Braunfels* Kapitel 1 § 23 AktG Rn 55 ff.

[61] *Henn* Handbuch des Aktienrechts § 4 Rn 144; MünchKomm/*Bungeroth* AktG § 54 Rn 30 ff.

[62] MünchKomm/*Pentz* AktG § 23 Rn 188; AnwKomm-AktR/*Braunfels* Kapitel 1 § 23 AktG Rn 57.

[63] *Hopt,* ZGR 1997, 1, 4.

[64] MünchKomm/*Möschel* vor § 414 BGB Rn 7 m. w. N.; *Bamberger/Roth/Rohe* § 414 BGB Rn 26 ff.

[65] *Bamberger/Roth/Rohe* § 414 BGB Rn 27.

Haftung entlassen, sofern der Erwerber alle Rechte und Pflichten aus der heutigen Vereinbarung mit Weiterübertragungsverpflichtung auf eventuelle Rechtsnachfolger übernimmt.

Jeder Beteiligte darf Aktien an der ***-AG nur übertragen, wenn der Erwerber gleichzeitig in alle Rechte und Pflichten aus der heutigen Vereinbarung mit Weitergabepflicht eintritt. 21

Vorkaufsrechte oder **wechselseitige Anbietungspflichten** können nicht als Inhalt der Satzung einer AG vereinbart werden. Daher werden üblicherweise entsprechende schuldrechtliche Vorkaufsrechte zwischen den Aktionären einer Familien-AG vereinbart.[66] Dabei handelt es sich um reguläre schuldrechtliche Vorkaufsrechte i. S. d. §§ 463 ff. BGB. Eine dingliche Sicherung besteht nicht. Wird der Vorkaufsfall beispielsweise dem Vorkaufsberechtigten nicht angezeigt und die Aktie uneingeschränkt auf den Käufer übertragen, so wird zwar gegen das Vorkaufsrecht verstoßen, die Erfüllung der Verpflichtung wird unmöglich und Schadensersatzansprüche entstehen gegen den Vorkaufsverpflichteten. Dies alles ändert jedoch nichts daran, dass die Aktie dem Käufer zusteht und er in der Ausübung der daraus folgenden Rechte nicht gehindert ist.[67] Ein bloßes Vorkaufsrecht als solches ist im Übrigen **leicht zu umgehen**[68] – beispielsweise durch ein Tauschgeschäft. Aus diesem Grunde wird üblicherweise zum Zwecke der Sicherung der Familienbindung eher ein Erwerbsrecht vereinbart, das von der genauen Ausgestaltung des Veräußerungsvertrages des veräußerungswilligen Aktionärs unabhängig ist. 22

Formulierungsvorschlag:
Aktionärsvereinbarung eines Familienstammes

Ein veräußerungswilliger Aktionär ist verpflichtet, seine Aktien in erster Linie den unterzeichneten Mitaktionären des Familienstammes nach Herrn *** zum Erwerb mit einer Ausübungsfrist von einem Monat schriftlich per Einschreiben mit Rückschein zum Erwerb anzubieten. Dies gilt nicht bei einer Veräußerung an Abkömmlinge oder den Ehegatten*** eines Aktionärs. Der veräußerungswillige Aktionär hat zu diesem Zweck auf eigene Kosten den Wert der Gesellschaft durch den vom Aufsichtsrat bestellten Abschlussprüfer, hilfsweise von dem für die AG tätigen Steuerberater feststellen zu lassen. Als Inhalt des Angebots ist als Gegenleistung der danach anteilig festgestellte, auf die zu veräußernden Aktien entfallende Wert reduziert um 20 % vorzusehen.[69] Der Betrag ist in drei halbjährlichen Raten zu zahlen, zum nächsten 1. 1., zum darauf folgenden 23

---

[66] Beck Hdb. AG/*Müller* § 1 Rn 24; ausführlich *Immenga*, AG 1992, 79 ff. (gegen Regelungen zugunsten der AG selbst); auch *Barthelmeß/Braun*, AG 2000, 172 ff.; vgl. auch BGH NJW 1987, 890 f.

[67] Vgl. MünchKomm/*Bayer* § 68 AktG Rn 42.

[68] Vgl. *Grunewald*, FS Gernhuber, 1993, S. 137 ff.; *Bamberger/Roth/Faust* § 463 BGB Rn 19 ff.

[69] Es kann auch auf die Abfindungsregelung in der Satzung abgestellt werden. Insoweit gelten die gleichen Grundsätze wie bei der GmbH. Vgl. MünchHdb. GesR IV/*Krieger* § 62 Rn 12 m. w. N. Dabei ist jedoch Vorsicht walten zu lassen, da Satzungen von Aktiengesellschaften häufig keine Regelung zur Ermittlung der

1.7. und dem nächsten 1.1. eines Jahres und ist im Übrigen jeweils verzinslich mit 2% über dem Basiszinssatz. Sicherheit kann nicht verlangt werden. Mehrere erwerbsberechtigte Aktionäre erwerben die Aktie(n) im Verhältnis ihrer bisherigen Beteiligung. Üben einzelne oder mehrere Aktionäre das Recht nicht aus, so haben die übrigen mit einer Nachfrist von zwei Wochen sich über die Übernahme weiterer Aktien zu äußern. Für die Einhaltung der vorstehenden Fristen genügt die Abgabe der Willenserklärung und bedarf es nicht des Zugangs in der angegebenen Frist. Machen die Aktionäre von dem Erwerbsrecht nicht oder nur teilweise Gebrauch, so ist der veräußerungswillige Aktionär hinsichtlich der ihm verbleibenden Aktien befugt, diese ohne Erwerbsverpflichtung an beliebige Dritte zu veräußern.

5. Bündelung der Aktien im Familienpool

24 Die Einbindung von Aktien einer Familien-AG in einen Familienpool[70] ist die **stärkste und wirksamste Form**, die **Familienbindung** bei einer AG durchzusetzen.[71] Er gewährt die Vorteile der AG in der Außendarstellung, überlagert die dem Familienunternehmen fremde Starrheit der AG jedoch dadurch, dass die oder zumindest einzelne Familiengesellschafter nur über eine Familienpoolgesellschaft, also mittelbar an der AG beteiligt sind. Beim Familienpool gibt **es zwei unterschiedliche Ausgestaltungsformen**. Einerseits kann jeder Aktionär weiterhin Inhaber seiner bisherigen Aktien sein und lediglich auf **schuldrechtlicher Ebene** sich zu einem bestimmten Verhalten verpflichten. Dies beinhaltet in der Regel vor allem Stimmbindungsvereinbarungen. In diesem Fall sind insbesondere vorgesehene Veräußerungsverbote nicht dinglich durchsetzbar. Eine verbotswidrig erfolgte Veräußerung an Familienfremde wäre wirksam. Das Einfallstor für Dritte wäre geöffnet. Dieses Modell wurde bereits im vorstehenden Abschnitt erläutert.

25 Aus diesem Grund wird häufig der Familienpool als **Außengesellschaft bürgerlichen Rechts** oder als (vermögensverwaltende GmbH & Co.) KG begründet. Die Aktien werden in das Gesamthandsvermögen eingebracht.[72] Die Veräußerlichkeit der Aktien kann so vollständig beschränkt werden. Die Gesellschafter einer GbR können nicht über ihren Anteil an den Wirtschaftsgütern der Gesellschaft verfügen, § 719 BGB. Die Abtretbarkeit der Gesellschaftsanteile ist grds. ausgeschlossen, sofern nicht alle Mitgesellschafter zustimmen. Durch Einbringen aller Aktien in die Gesellschaft bürgerlichen Rechts können die flexiblen Gestaltungsmöglichkeiten im Rahmen der GbR genutzt werden, insbesondere auch die ge-

---

Abfindung enthalten (vgl. beispielsweise *Wahlers* Die Satzung der kleinen Aktiengesellschaft § 6). Dann ist der Verkehrswert zu zahlen.

[70] Vgl. Formulierungsvorschläge bei *Hölters/Deilmann/Buchta* Die kleine Aktiengesellschaft Anhang Muster V; MVH I/*Hölters* Form. V 112; *Langenfeld/Gail* Handbuch der Familienunternehmen VIII Rn 11.

[71] Vgl. auch Beck Hdb. AG/*Müller* § 1 Rn 25; *Hopt*, ZGR 1997, 1 ff. zu den Problemen bei Geltung des WpHG und Handel im Freiverkehr.

[72] Vgl. auch Beck Hdb. AG/*Müller* § 1 Rn 25.

naue Steuerbarkeit der Vererblichkeit. Eine Mischung des Gesellschaftsrechts von AG und Personengesellschaft ist so möglich. Um Probleme mit dem Aktienkonzernrecht zu vermeiden, kann es sich auch anbieten, eine vermögensverwaltende GmbH & Co. KG als Obergesellschaft zu wählen. Beschränkt die GbR sich auf die Verwaltung der Aktien und verfolgt nicht außerhalb der Tochter-AG weitere wirtschaftliche Interessen, so ist sie konzernrechtlich nicht als herrschendes Unternehmen i. S. d. §§ 17, 311 AktG anzusehen.[73] Die konzernrechtlichen Haftungsprobleme treten dann grds. nicht auf.

Der **Gesellschaftsvertrag** des Familienpools sollte üblicherweise folgende Regelungen enthalten: **26**

- Beschränkung der Vererblichkeit und Veräußerlichkeit, kombiniert mit einem preislimitierten Erwerbsrecht,
- Konzentration der Ausübung des Stimmrechts in der AG, der Geschäftsführung und Vertretung der GbR auf einen oder wenige Gesellschafter der GbR,
- zulässige Kündigungsbeschränkung,
- Fortsetzungsklausel,
- Ausschluss- und beschränkende Abfindungsregelungen für den Fall der Insolvenz, Zwangsvollstreckung, Kündigung, des Vorliegens eines wichtigen Grundes,
- Regelungen zur Willensbildung in der GbR – insbes. Mehrheitsprinzip für das Abstimmungsverhalten in der AG,
- im Einzelfall auch Abreden über die Besetzung von Vorstand und Aufsichtsrat.[74]

6. Stimmrechtslose Vorzugsaktien

Durch Ausgabe von **stimmrechtslosen Vorzugsaktien (§ 12 Abs. 1 S. 2 AktG, § 139 AktG)** kann der Einfluss externer Gesellschafter oder bestimmter Gesellschafter gering gehalten oder ausgeschaltet werden.[75] Dies kann einen Kompromiss ermöglichen, sich bei wachsenden Gesellschaften zumindest teilweise dem allgemeinen Kapitalmarkt zu öffnen, also fremde Gesellschafter in das Unternehmen aufzunehmen, gleichzeitig aber den Einfluss der „Fremden" gering zu halten. Aus diesem Grunde wird die Ausgabe von stimmrechtslosen Vorzugsaktien vor allem für Familienunternehmen empfohlen.[76] Der große Vorteil gegenüber der Auf- **27**

[73] Ganz h. M., BGH NJW 1997, 1855 (Volkswagen); BGH NJW 1986, 188 (Autokran); BGH NJW 1978, 104 (Veba/Gelsenberg); *Hüffer* § 15 AktG Rn 8.

[74] Dies ist zulässig, vgl. MünchKomm/*Pentz* § 23 AktG Rn 188; MünchHdb. GesR IV/*Wiesner* § 6 Rn 13.

[75] Vgl. dazu neben den einschlägigen Kommentierungen zu §§ 139 ff. AktG *T. Bezzenberger*, Vorzugsaktien ohne Stimmrecht, 1991; *Reckinger*, AG 1983, 216 ff.; *Loges/Distler*, ZIP 2002, 467 ff.; *Kiem*, ZIP 1997, 1627 (im UmwG); *Wirth/Arnold*, ZGR 2002, 859; *Hillebrandt/Schremper*, BB 2001, 533 (Gleichbehandlung beim Rückkauf).

[76] Beck Hdb. AG/*Zätzsch/Maul* § 4 Rn 49; *Hennerkes/May*, DB 1988, 537, 538 f.; MünchKomm/*Volhard* § 139 AktG Rn 3 m. w. N; MünchHdb. GesR IV/*Semler* § 38 Rn 21; AnwKomm-AktR/*Roth* § 139 AktG Rn 3.

nahme von Fremdkapital besteht darin, dass keine Zinsen zu zahlen sind und der Gewinnvorzug nur aus einem ggf. erwirtschafteten Bilanzgewinn zu zahlen ist.[77] Gleichzeitig ist die Rechtsposition der Investoren eine stärkere als diejenige eines still an der AG Beteiligten. Die nachträgliche Einführung bedarf eines Beschlusses, dem jeder Aktionär, dem das Stimmrecht genommen werden soll, zustimmen muss.[78]

28 Als Preis für die Stimmrechtslosigkeit ist ein nachzuzahlender **Vorzug auf den Bilanzgewinn vorzusehen**. Dieser Preis kann jedoch verhältnismäßig niedrig ausgestaltet werden. Beispielsweise kann der vorab an die Vorzugsäktionäre auszuschüttende Gewinn in Höhe von 10.000,– oder 20.000,– Euro festgesetzt werden. Der Vorzug darf m. E. nur nicht wirtschaftlich völlig wertlos sein, da ansonsten der Einwand des Rechtsmissbrauchs, § 242 BGB, zur Umgehung des zwingenden Aktienrechts droht.[79] Üblicherweise wird der Vorzug als Prozentsatz von 4–6 % des auf die Aktie entfallenden Anteils am Grundkapital beziffert.[80] Der Vorzug führt grds. nicht zu einem Mehr an Gewinn, sondern nur zu einer Vorabzahlung.[81] Allerdings kann auch eine echte „Mehrdividende“ vorgesehen werden.[82]

29 Die Vorzugsaktien sind nur hinsichtlich der Ausübung des Stimmrechts eingeschränkt. Alle anderen Gesellschaftsrechte können hingegen uneingeschränkt ausgeübt werden, § 140 Abs. 1 AktG. Dies gilt beispielsweise für die Teilnahme an der Hauptversammlung, das Frage- und Rederecht und das Recht, die Einberufung einer Hauptversammlung zu verlangen.[83] Auch das Aktienbezugsrecht bei Kapitalerhöhungen ist bei stimmrechtlosen Vorzugsaktien nicht ausgeschlossen. Das Vertrauen in die **„Effektivität“** stimmrechtsloser Vorzugsaktien zum Schutze des Familienunternehmens sollte daher nicht zu hoch eingestuft werden. Sollen von der Hauptversammlung Beschlüsse gefasst werden, die die Vorzugsaktionäre beeinträchtigen, wird ein solcher Beschluss nur wirksam, wenn die Vorzugsaktionäre dem ebenfalls zustimmen, § 141 AktG. Insoweit steht den Aktionären in Ausnahmefällen auch ein Stimmrecht zu. Ferner lebt das Stimmrecht in Zeiten der **Krise** wieder auf, wenn keine ausreichenden Gewinne zur Bedienung des Vorzugs erwirtschaftet werden und damit die Nachzahlungspflicht ebenfalls leer läuft, § 140 AktG.[84] Gerade in derartigen Momenten ist das Hereinregieren der eigentlich vom Stimmrecht auszuschließenden Mitgesellschafter besonders unerwünscht. Stimmrechtslose Vorzugsaktien können **nur bis zur Hälfte des Grundkapitals** vorgesehen werden (§ 139 Abs. 2 AktG).

---

[77] AnwKomm-AktR/*Roth* § 139 AktG Rn 3.

[78] BGHZ 70, 117, 122; *Hüffer* AktG § 139 Rn 12; MünchKomm/*Volhard* § 139 AktG Rn 5.

[79] Vgl. zum Ganzen Memento Gesellschaftsrecht 2002, Rn 4316.

[80] *Hüffer* AktG § 139 Rn 7.

[81] AnwKomm-AktR/*Roth* § 139 AktG Rn 6 f.

[82] Beck Hdb. AG/*Zätzsch/Maul* § 4 Rn 51; MünchKomm/*Volhard* § 139 AktG Rn 21.

[83] Vgl. auch MünchHdb. GesR IV/*Semler* § 38 Rn 21; MünchKomm/*Volhard* § 139 AktG Rn 1.

[84] Vgl. MünchHdb. GesR IV/*Semler* § 38 Rn 25.

Formulierungsvorschlag (ohne Mehrdividende):
Das Grundkapital ist eingeteilt in ***.000 Stück Stammaktien und in ***.000 Stück stimmrechtslose Vorzugsaktien. Alle Aktien lauten auf den Namen. Die Vorzugsaktien sind in den gesetzlich zulässigen Grenzen vom Stimmrecht ausgeschlossen. Die Vorzugsaktien erhalten einen aus dem jährlichen Bilanzgewinn vorab zu zahlenden Betrag in Höhe von ***% des auf die Aktie entfallenden Anteils am Grundkapital, der den Stammaktionären in gleicher Höhe nachrangig zusteht. Reicht der Bilanzgewinn nicht zur Erfüllung des Gewinnvorab, so ist dieser aus Gewinnen in folgenden Jahren zeitlich unbegrenzt nachzuzahlen. Erst nach Erfüllung des Gewinnvorzugs dürfen Ausschüttungen an Stammaktionäre erfolgen. Im Übrigen werden die Gewinne gleichmäßig unter die Vorzugs- und die Stammaktionäre nach Maßgabe des § 60 Abs. 1 AktG verteilt. 30

7. Das Verhältnis von Aktionären und Vorstand – die AG als Chance der Verselbständigung der Unternehmensleitung

In Familiengesellschaften ist der Wunsch je nach Stadium der Gesell- 31
schafter unterschiedlich ausgeprägt, ob die Gesellschafter maßgeblichen **Einfluss auf die Geschäftsführung** der Gesellschaft ausüben sollen oder nicht. Befindet sich die Familiengesellschaft noch in der Hand der Gründer, so wollen diese in aller Regel vollen Einfluss auf die Geschäftsführung haben. Wird die Gesellschaft jedoch mangels geeigneter Nachfolger in die **nächste Generation** übergeben und soll eine Fremdgeschäftsführung eingesetzt werden, so ist es vom Übergeber in der Regel erwünscht, möglichst den **Einfluss der Nachfolgegeneration** auf die Geschäftsführung des Unternehmens **gering** zu halten. In letzterer Situation ist die Aktiengesellschaft die richtige Rechtsform. Aufgrund des gesetzlich zwingend vorgegebenen Machtgefüges ist der **Vorstand** einer Aktiengesellschaft in seinen Geschäftsführungsmaßnahmen im Grundsatz **frei und unabhängig von Weisungen, § 76 Abs. 1 AktG**. Die Gesellschafter können im Grundsatz dem Vorstand keine Weisungen erteilen.[85] Die Hauptversammlung ist nach § 119 Abs. 2 AktG nur dann befugt, über Maßnahmen der Geschäftsführung zu entscheiden, wenn der Vorstand die Entscheidung der Hauptversammlung verlangt.[86] Beratungen der Hauptversammlung über Maßnahmen der Geschäftsführung sind dennoch zulässig. Höchstens mittelbar über den Aufsichtsrat können Weisungen erteilt werden. Dies ist nach der Verfassung der Aktiengesellschaft jedoch nur eingeschränkt möglich.[87] Denn auch der Aufsichtsrat ist nach § 111 Abs. 4 S. 1 AktG nicht für die Geschäftsführung zuständig. Seine Aufgabe besteht in der Überwachung des Vorstands. Zu diesem Zweck können der Aufsichtsrat oder die Satzung jedoch vorsehen, dass die Zustimmung des

[85] *Raiser* Kapitalgesellschaften § 14 Rn 1; Kölner Komm/*Mertens* § 76 AktG Rn 42; *Hüffer* § 76 AktG Rn 10.
[86] Kölner Komm/*Zöllner* § 119 AktG Rn 26.
[87] §§ 76 Abs. 1, 111 Abs. 4, 119 Abs. 2 AktG. Vgl. auch *Henn* Handbuch des Aktienrechts Rn 570 ff.

Aufsichtsrats zu bestimmten Geschäften erforderlich ist, § 111 Abs. 4 S. 2 AktG.[88] Der Aufsichtsrat kann auch ad hoc für ein einzelnes besonders wichtiges Geschäfts ein **Zustimmungserfordernis** beschließen;[89] er kann unter Umständen dazu sogar verpflichtet sein.[90] Eine solche Verpflichtung ist nunmehr seit dem Transparenz- und PublizitätsG[91] ausdrücklich als Regelfall festgelegt. In manchen Fällen soll der Einfluss des Aufsichtsrats auf den Vorstand gezielt beschränkt werden, um eine mittelbare Einflussnahme der Aktionäre zu erschweren. In solchen Fällen liegt der Gedanke nahe, durch Satzungsbestimmung festzulegen, dass nur in eng begrenzten Sachverhalten eine Zustimmung des Aufsichtsrates erforderlich ist und der Aufsichtsrat keine weiteren, in der Satzung vorgesehenen Zustimmungsvorbehalte schaffen darf. Eine solche gelegentlich wünschenswerte Regelung ist jedoch nach h. M. unzulässig[92] und verstößt gegen die konkurrierende Zuständigkeit des § 111 Abs. 4 S. 2 AktG. Wenn der Aufsichtsrat die Zustimmung zu einer Maßnahme verweigert, kann der Vorstand die dann vorrangige Entscheidung der Hauptversammlung beantragen, § 111 Abs. 4 S. 3 AktG. Auf diese Weise hat der **Vorstand** einer AG eine verhältnismäßig **starke und selbständige Stellung**.

Formulierungsbeispiel für einen Zustimmungskatalog:[93]

32 Der Vorstand bedarf für folgende Maßnahmen der Zustimmung des Aufsichtsrats, § 111 Abs. 4 S. 2 AktG, die im Regelfall vorher eingeholt werden soll:

- Erwerb und Veräußerung von Gesellschaftsbeteiligungen, Unternehmen und geschlossenen Betriebsteilen ab einer Gegenleistung von *** Euro,
- Erwerb und Veräußerung von Grundbesitz ab einem Wert von *** Euro,
- Aufnahme und Vergabe von Darlehen, Abgabe von Garantien, Übernahme oder Ausgabe von Bürgschaften, Belastung von Grundbesitz jeweils ab einem Betrag von *** Euro,
- Vornahme von sozialplanpflichtigen Maßnahmen,
- Abschluss, Änderung und Aufhebung von Tarifverträgen, grundlegenden Betriebsvereinbarungen, Beitritt und Austritt aus Arbeitgeberverbänden,
- Vornahme von Investitionen ab einem voraussichtlichen Gesamtvolumen von *** Euro.

---

[88] Vgl. dazu *Raiser* Kapitalgesellschaften § 15 Rn 5; aktuell auch *Berrar*, DB 2001, 2181 ff.

[89] BGHZ 124, 111, 127 = NJW 1994, 520; *Hüffer* § 111 AktG Rn 18; MünchHdb. GesR IV/*Hoffmann-Becking* § 29 Rn 39; *Lutter/Krieger* Rechte und Pflichten des Aufsichtsrats § 3 Rn 110; kritisch *Raiser* Kapitalgesellschaften § 15 Rn 7.

[90] BGHZ 124, 111,127 = NJW 1994, 520.

[91] BGBl I 2002, 2681 ff.

[92] *Lutter/Krieger* Rechte und Pflichten des Aufsichtsrats § 3 Rn 105; *Hüffer* § 111 AktG Rn 17; MünchHdb. GesR IV/*Hoffmann-Becking* § 29 Rn 38.

[93] Vgl. auch Vorschläge bei *Happ* Aktienrecht 8.01 § 8 Rn 20; *Lutter/Krieger* Rechte und Pflichten des Aufsichtsrats § 3 Rn 109.

Die größte **Flexibilität** lässt sich erreichen, wenn dieser Zustimmungskatalog nicht in der Satzung aufgenommen ist, sondern in einer Geschäftsordnung für den Vorstand, die wesentlich einfacher den jeweils aktuellen Bedürfnissen angepasst werden kann. **33**

Gerade in Fällen, in denen die Nachfolgegeneration im Wesentlichen nur zur eigenen Absicherung kapitalistisch beteiligt sein soll, ist die Aktiengesellschaft daher die perfekte Gesellschaftsform und insoweit gegenüber der GmbH im Grundsatz überlegen.[94] **Anders** ist dies, wenn die Gesellschafter maßgeblichen Einfluss auf die Geschäftsführung der Gesellschaft ausüben können sollen. In diesen Fällen empfiehlt sich beispielsweise der Weg in die **GmbH & Co. KGaA**.[95] Hier kann es einerseits nur kapitalistisch beteiligte Kommanditaktionäre geben. Darüber hinaus können diejenigen Gesellschafter, die maßgeblichen Einfluss auf die Geschäftsführung haben sollen, an der **Komplementär-GmbH** beteiligt werden. In der Komplementär-GmbH besteht wiederum das Weisungsrecht der Gesellschafter gegenüber dem Geschäftsführer. Ferner können hier auch **satzungsmäßige Sonderrechte auf die Geschäftsführung** vorgesehen werden. Der Aufsichtsrat hat bei der KGaA dagegen kein Personalbestellungsrecht gegenüber der Komplementärin, sofern dies nicht ausdrücklich dem Aufsichtsrat durch Satzung eingeräumt wurde.[96] **34**

Bei der GmbH ist der **Einfluss der Gesellschafter** auf die **Bilanzaufstellung** wesentlich größer als bei der AG. Über die Bilanzpolitik entscheiden bei der GmbH die Gesellschafter, auch wenn die ursprüngliche Aufstellung durch die Geschäftsführung erfolgt und die Bilanz von diesen zu unterschreiben ist. Bei der AG ist der Einfluss der Gesellschafter auf die Bilanzpolitik reduziert. Der **Vorstand** stellt die Bilanz auf. **Festgestellt** wird sie im Regelfall vom **Aufsichtsrat**, §§ 170 ff. AktG. Der Einfluss der Hauptversammlung ist insoweit gegenüber allen anderen Gesellschaftsformen stark zurückgedrängt, als die Gesellschafter an den vom Aufsichtsrat festgestellten Jahresabschluss gebunden sind.[97] Vorstand und Aufsichtsrat haben jedoch auch die Möglichkeit, die Feststellung des Jahresabschlusses der Hauptversammlung zu überlassen.[98] Je nach Ausgestaltung kann daher der Einfluss der Aktionäre in den Hintergrund gedrängt werden. Dies kann zur **Erhaltung der Kapitaldecke** des Unternehmens von großer Bedeutung sein. **35**

Vorabgewinnausschüttungen vor Ablauf eines Geschäftsjahres sind bei der AG nur sehr eingeschränkt möglich.[99] Die **Kapitalbindung** ist damit ausgeprägter als bei der GmbH. **Ausschüttungen** an Gesellschafter – abgesehen von einer Beteiligung der Gesellschafter als Arbeitnehmer **36**

---

[94] Vgl. Beck Hdb AG/*Müller* § 1 Rn 21.

[95] Vgl. *Schrick*, NZG 2000, 409 (speziell zu Familienunternehmen); *Bayreuther*, JuS 1999, 651; *Hennerkes/Lorz*, WiB 1997, 1388; *Ihrig/Schlitt*, ZHR 1996, 265; *Niedner/Kusterer*, DB 1997, 2010; *Wichert*, AG 2000, 268; *Wichert*, AG 1999, 362; Beck Hdb. AG/*Müller* § 1 Rn 26.

[96] *Happ* Aktienrecht 1.03 Rn 9 f. m. w. N.; Beck Hdb. AG/*Müller* § 1 Rn 26.

[97] Beck Hdb. AG/*Rödder* § 10 Rn 90.

[98] §§ 172 Abs. 1 S. 1, 173 AktG; vgl.dazu Beck Hdb. AG/*Rödder* § 10 Rn 91.

[99] *Fichtelmann u. a./Bormann*, Steuer-Formular Handbuch 3 L Rn 15.

bei der Gesellschaft – können daher in der Regel erst **nach Bilanzaufstellung** erfolgen. Ferner haben Vorstand und Aufsichtsrat grundsätzlich die Möglichkeit bis zu **50% des Jahresüberschusses** in eine Gewinnrücklage einzustellen, § 58 AktG. Je nach gewünschter Machtverteilung zwischen Gesellschaftern und Vorstand sowie Aufsichtsrat kann satzungsmäßig eine **Herabsetzung oder Heraufsetzung** der Einstellungsmöglichkeit in die Gewinnrücklagen vorgesehen werden.[100] Geht der Unternehmensgründer daher von einem gesteigerten Kapitalbedarf der Gesellschaft aus und befürchtet er übermäßige Gewinnausschüttungen durch die Nachfolgegeneration, kann er durch entsprechende Satzungsregelungen Vorsorge dafür treffen. Allerdings ist die Gewinnthesaurierung nicht grenzenlos möglich, sondern nach § 58 Abs. 2 S. 3 AktG bis zur Hälfte des Grundkapitals beschränkt.[101]

Formulierungsbeispiel:[102]

37 Der Vorstand und der Aufsichtsrat werden ermächtigt,[103] bis zu 75% des Jahresüberschusses über die gesetzliche Rücklage hinaus und nach Abzug eines eventuellen Verlustvortrags in andere Gewinnrücklagen vorab einzustellen, soweit gesetzlich zulässig. Stellt die Hauptversammlung den Jahresabschluss fest, so sind stets 50% des Jahresüberschusses in die Gewinnrücklage einzustellen, soweit gesetzlich zulässig.

8. Familienbindung der Aufsichtsratsmitglieder

38 Nach § 100 Abs. 4 AktG kann die Satzung **persönliche Voraussetzungen für** solche **Aufsichtsratsmitglieder** aufstellen, die entweder von der Hauptversammlung frei gewählt werden oder in den Aufsichtsrat entsandt werden.[104] Dass durch entsprechende Regelungen die besondere Arbeitnehmermitbestimmung nicht ausgehöhlt oder beeinflusst werden kann, versteht sich von selbst. Bei Familienunternehmen liegt der Wunsch nach einer Regelung nahe, dass nur solche natürlichen Personen Aufsichtsratsmitglieder sein können, die zur **Unternehmerfamilie** gehören. Die Zugehörigkeit zur Unternehmerfamilie ist dann näher zu definieren. Eine solche Regelung ist nach h. M. zulässig.[105]

Formulierungsvorschlag:

39 Aufsichtsratsmitglied kann nur eine natürliche Person sein, die entweder in gerade Linie von *** abstammt, mit *** verheiratet oder mit einem Abkömmling verheiratet ist; wahlberechtigt sind auch Cousins und

---

[100] *Fichtelmann u. a./Bormann*, Steuer-Formular Handbuch 3 L Rn 16.

[101] Beck Hdb. AG/*Rödder* § 10 Rn 92.

[102] Vgl. beispielsweise auch *Wahlers* Die Satzung der kleinen Aktiengesellschaft § 19 S. 175; *Happ/Pühler* Aktienrecht Kapitel 1.01 § 26 Rn 93f.

[103] Eine Verpflichtung kann insoweit nicht vorgesehen werden.

[104] Vgl. *Hüffer* § 100 AktG Rn 9; KölnKomm/*Zöllner* § 179 AktG Rn 71; MünchKomm/*Pentz* § 23 AktG Rn 161 Fn 395.

[105] *Geßler/Hefermehl* § 100 AktG Rn 46; MünchKomm/*Pentz* § 23 AktG Rn 161 Fn 395; *Lutter/Krieger* Rechte und Pflichten des Aufsichtsrats § 1 Rn 23; zweifelnd *Hüffer* § 100 AktG Rn 9 m. w. N.

Cousinen ersten Grades von Abkömmlingen von ***. Sollten die vorgenannten Familienmitglieder nicht mehr leben oder nicht zur Wahl bereit sein, so entfällt die vorstehende Beschränkung der Wählbarkeit für den Aufsichtsrat.

Eine andere Frage ist es hingegen, ob eine solche Regelung wie die vorstehende tatsächlich **wünschenswert** ist. Dies ist so allgemein eher zu **verneinen**. Erstens schließt die Mitgliedschaft im Aufsichtsrat die Tätigkeit als Vorstand aus; die vorstehende Regelung würde ggf. die Familienmitglieder in den Aufsichtsrat drängen, obwohl sie im Vorstand bessere Dienste leisten könnten. Zweitens ist es in der Regel nicht absehbar, ob geeignete Unternehmerpersönlichkeiten in den späteren Generationen folgen. Drittens begibt sich die Gesellschaft auf diese Weise der Möglichkeit, zumindest im Einzelfall auch externen Sachverstand in die AG auf dauerhafte Weise mit einzubinden. Aus diesem Grunde sollte von der vorstehenden Regelung nur zurückhaltend Gebrauch gemacht werden; beispielsweise so, dass mindestens **ein Drittel der Aufsichtsratsmitglieder** das vorstehende Kriterium der Familienzugehörigkeit erfüllen müssen. 40

9. Weitere Besonderheiten und Gestaltungsmöglichkeiten (*Squeeze Out*)

Die unten aufgeführten, häufig empfehlenswerten Möglichkeiten des Einsatzes von Schiedsgerichten sind bei der Aktiengesellschaft nur eingeschränkt möglich. Aufgrund der Satzungsstrenge, § 23 Abs. 5 AktG, versagen **Schiedsgerichtsklauseln** überall dort, wo gesetzliche Verfahren in den §§ 241 ff. AktG vorgesehen sind.[106] Schiedsvereinbarungen sind danach allenfalls im Zusammenhang mit begleitenden schuldrechtlichen Nebenabreden möglich, die aber nicht korporativer Satzungsinhalt werden. 41

Eine weitere Möglichkeit der Erhaltung bzw. **Wiedererlangung der Familiensouveränität** bietet das durch das WpÜG[107] neu eingeführte **Squeeze-out-Verfahren**[108] nach den §§ 327 a ff. AktG. Dabei handelt es sich nicht um eine präventive Gestaltungsmöglichkeit; vielmehr ermöglicht es unter bestimmten Umständen, unerwünschte Familienfremde wieder aus der Gesellschaft auszuschließen. Dieses Verfahren ist auch nicht-börsennotierten Gesellschaften eröffnet.[109] Die Möglichkeit des Squeeze-Out besteht nur, wenn ein Hauptaktionär über mindestens 95 % des Grundkapitals verfügt. Diese Voraussetzung wird bei Familiengesellschaften entweder nur im Stadium kurz nach der Gründung durch den 42

---

[106] Vgl. AnwKomm-AktR/*Braunfels* Kapitel 1 § 23 AktG Rn 44 m. w. N.; *Henn* Handbuch des Aktienrechts § 5 Rn 162 m. w. N.; *Hüffer* § 246 AktG Rn 19 m. w. N.

[107] Gesetz vom 20. 12. 2001, BGBl I S. 3822 ff.

[108] Vgl. dazu neben den einschlägigen Kommentierungen, *Happ/Gross* Aktienrecht Kap. 17.02; *Semler/Volhard* Hauptversammlung § 38; *Schwichtenberg*, DStR 2001, 2075 ff.; *Fleischer*, ZGR 2002, 757 ff.; *Fuhrmann/Simon*, WM 2002, 1211 ff.; *Vetter*, AG 2002, 176 ff.; aus der Gerichtspraxis: OLG Hamburg NZG 2003, 539 ff. (die Verfassungsmäßigkeit bejahend).

[109] Beck Hdb. AG/*Erwe* § 25 Rn 224 m. w. N.; kritisch dazu *Fleischer*, ZGR 2002, 757, 770 f.

Unternehmensgründer erfüllt sein oder bei Aktiengesellschaften bei der die Aktien im Wesentlichen in einem (teil-)rechtsfähigen[110] Familienpool (Holding) gebündelt sind.

43 Will eine Familien-AG von den Möglichkeiten des Squeeze-Out Gebrauch machen, stellt sich die Frage, inwieweit die Gesamtfamilie alle ihre Aktien in eine Holding einbringen kann, um so die Voraussetzungen des Squeeze-Out herbeizuführen.[111] Ist dieses Ziel der einzige Grund für die Einbringung, wird verbreitet von einem Fall des **Rechtsmissbrauchs** ausgegangen, der zur Nichtigkeit oder zumindest zur Anfechtbarkeit des Beschlusses führen soll.[112] Das ist insoweit überzeugend. Es sollte daher in jedem Fall eine auf lange Sicht angelegte Struktur mit dem Familien-pool etabliert werden; wird der Familien-pool unmittelbar nach der Eintragung des Squeeze-Out wieder aufgelöst und auseinander gesetzt, so liegt ein Missbrauch nahe. Die Entledigung unerwünschter Gesellschaftern erfolgt nur um den Preis einer angemessenen Abfindung, § 327 b AktG. Hinsichtlich des weiteren Verfahrens sei hier auf das einschlägige Schrifttum[113] verwiesen. Mit der Eintragung des Squeeze-Out-Beschlusses in das Handelsregister gehen alle Aktien der Minderheitsaktionäre ex lege auf den Hauptaktionär über, § 327 e Abs. 3 S. 1 AktG.

II. Die Stille Gesellschaft und Unterbeteiligung

1. Einführung und Abgrenzungen

44 Die stille Gesellschaft ist in § 230 HGB geregelt und eine **Innengesellschaft**. Unabhängig von ihrer steuerrechtlichen Ausgestaltung als typische oder atypische stille Gesellschaft bildet sie **kein Gesamthandsvermögen**.[114] Der bisherige Unternehmensinhaber bleibt mithin zivilrechtlich stets auch nach Abschluss eines stillen Beteiligungsvertrages der Inhaber des Gesellschaftsvermögens. Die stille Gesellschaft zeichnet sich daher dadurch aus, dass der Stille sich an dem Handelsunternehmen eines Fremden beteiligt.

45 Die stille Gesellschaft ist von der **Unterbeteiligung** abzugrenzen. Eine Unterbeteiligung ermöglicht steuerrechtlich im Wesentlichen die gleichen Zielsetzungen wie eine stille Gesellschaft. Der Unterschied besteht jedoch darin, dass der stille Gesellschafter an dem Handelsgewerbe als solchem beteiligt ist, insbesondere an deren Gewinn und ggf. auch an deren Verlust. Die Unterbeteiligung ist hingegen ausschließlich bei Gesellschaften denkbar und führt dazu, dass der Unterbeteiligte an den Gesellschafts-

---

[110] Dazu genügt auch eine GbR, *Semler/Volhard* Hauptversammlung § 38 Rn 3 Fn 15.

[111] Vgl. dazu *Halasz/Kloster*, DB 2002, 1253 ff.; *Krieger*, BB 2002, 53, 62.

[112] Überzeugend zurückhaltend AnwKom-AktR/*Heidel/Lochner* Kap. 1 § 327 a Rn 5, 11 ff.; *Semler/Volhard* Hauptversammlung § 38 Rn 3 ff.; vgl. auch *Markwardt*, BB 2004, 277 ff.; *Maslo*, NZG 2004, 163 ff.

[113] Vgl. nur Beck Hdb. AG/*Erwe* § 25 Rn 230 ff.; *Semler/Volhard* Hauptversammlung § 38 Rn 10 ff.; mit Musterformulierungen bei *Happ/Gross* Aktienrecht Kap. 17.02.

[114] *Blaurock* Stille Gesellschaft Rn 6.7.

rechten, insbesondere dem Gewinnrecht eines Gesellschafters beteiligt wird. Ihm stehen daher aufgrund der Abreden des Hauptgesellschafters Anteile an den Gewinnen bzw. Verlusten des Hauptgesellschafters zu.[115] Die Rechtsnatur einer Unterbeteiligung ist streitig.[116]

Die typisch stille Gesellschaft ist ebenfalls vom **partiarischen Darlehen** abzugrenzen.[117] Bei der stillen Gesellschaft verbinden sich der Inhaber des Handelsgewerbes und der stille Gesellschafter zu einem gemeinsamen Zweck, nämlich zum Betrieb des Handelsgeschäfts. Beim partiarischen Darlehen steht hingegen ausschließlich die Darlehensgewährung im Vordergrund; lediglich die Gegenleistung ist gewinnabhängig ausgestaltet. Je mehr Kontroll- und Mitwirkungsrechte der Dritte hat, desto eher handelt es sich um eine stille Gesellschaft; hat der Dritte außer der Geldhingabe und einer Gewinnbeteiligung keine weiteren Rechte, so handelt es sich um ein partiarisches Darlehen.[118] Für ein solches spricht auch die freie Abtretbarkeit der Darlehensforderung und die Vereinbarung einer festen Vertragsdauer. Die Teilnahme am Verlust – und sei es nur bis zur Höhe der hingegebenen Einlage – ist hingegen typisch für die stille Gesellschaft und schließt im Regelfall das Vorliegen eines partiarischen Darlehens aus. Gewerbesteuerlich ist das partiarische Darlehen vorteilhaft. 46

Ferner sind die **typische und die atypisch stille Gesellschaft** zu unterscheiden. Die Unterscheidung ist im Wesentlichen eine steuerrechtliche, keine zivilrechtliche. Zivilrechtlich handelt es sich in jedem Fall um Modifikationen und Ausprägungen der stillen Gesellschaft gemäß § 230 HGB. Der typisch stille Gesellschafter ist ein stiller Gesellschafter i. S. d. § 20 Abs. 1 Nr. 4 EStG und erzielt daher Einkünfte aus Kapitalvermögen. Er ist nicht Mitunternehmer gemäß § 15 EStG, hat aber den zusätzlichen Sparerfreibetrag des § 20 Abs. 4 EStG. Die stille Gesellschaft wandelt sich als atypisch stille Gesellschaft zu einer Mitunternehmerschaft gemäß § 15 Abs. 1 Nr. 2 EStG, wenn der stille Gesellschafter Mitunternehmerinitiative und -risiko[119] trägt. Dies ist insbesondere der Fall, wenn seine Mitwirkungsbefugnisse bei der Geschäftsführung gesteigert sind, die reguläre Geschäftsführung nur mit seiner Zustimmung durchgeführt werden kann und/oder wenn der stille Gesellschafter beim Ausscheiden aus der Gesellschaft eine Abfindung unter Berücksichtigung der stillen Reserven des Handelsgewerbes erhält.[120] Dann trägt er ein so ausgeprägtes Mitunternehmerrisiko durch Beteiligung an den stillen Reserven, dass er als Mitunternehmer anzusehen ist. 47

---

[115] Vgl. zu Unterbeteiligungen *K. Schmidt* Gesellschaftsrecht § 63; *Blaurock* Stille Gesellschaft Rn 30.1 ff.; ferner samt Muster *Arens/Rinck* Gesellschaftsrecht § 12 Rn 85 ff.

[116] *K. Schmidt* Gesellschaftsrecht § 63 II.

[117] Memento Gesellschaften 2002, Rn 7410.

[118] *Frotscher/Seemann* § 20 EStG Rn 115.

[119] *Schmidt* § 15 EStG Rn 263 ff.; *Tiedtke* Einkommensteuer- und Bilanzsteuerrecht S. 89; *Ritzrow*, StBP 1999, 177, 197 ff.

[120] Vgl. auch *Schulze zur Wiesche* Die GmbH & Still Rn 150 ff.; Beck Hdb. Personengesellschaften/*Neu* § 13 Rn 51 ff.

48 Die vorstehenden steuerlichen Grundsätze gelten im Wesentlichen entsprechend für die **typische und die atypische Unterbeteiligung**. Eine atypische, also mitunternehmerische Unterbeteiligung liegt danach vor, wenn gesteigerte Mitwirkungsmöglichkeiten bestehen und der Unterbeteiligte auch an den stillen Reserven des Hauptgesellschafters insbesondere für den Liquidationsfall beteiligt ist.[121] Anderenfalls erzielt der Unterbeteiligte Einkünfte aus Kapitalvermögen. Bei einer Unterbeteiligung an einer GmbH-Beteiligung im Privatvermögen ist dies stets der Fall.

2. Motive für den Abschluss

49 Der Abschluss einer stillen Gesellschaft oder einer Unterbeteiligung sind in Familienunternehmen häufig eine **Vorstufe zur vollwertigen Aufnahme** in das Unternehmen. Ferner kann die stille Gesellschaft zur Versorgung von nichtunternehmerisch beteiligten Familienmitgliedern eingesetzt werden.[122] Dies kann komplizierte Gestaltungen vermeiden, diese erst an der Hauptgesellschaft zu beteiligen, gleichzeitig aber ihre Rechte zu beschneiden. Dabei ist das Recht der stillen Gesellschaft sehr flexibel und daher gerade für die vielseitigen und gleichzeitig individuellen Gestaltungsanforderungen in Familienunternehmen gut geeignet. Ziel der typisch stillen Gesellschaft ist es regelmäßig auch, die Einkünfte auf möglichst viele Köpfe zu verteilen und auf diese Weise eine Art **„Familiensplitting"** zu erreichen. Ferner können so die Sparerfreibeträge gemäß § 20 Abs. 4 EStG genutzt werden. Aus diesem Grund kommt es insbesondere vor, Minderjährige oder sonstige Kinder, die ansonsten keine Einkünfte erzielen, als typisch still Beteiligte aufzunehmen.[123] Da die stille Gesellschaft gerade keine Außenhaftung für die Verbindlichkeiten des Familienunternehmens herbeiführt und sich auch jede Innen-Ausgleichshaftung ausschließen lässt, ist sie besonders für die Beteiligung Minderjähriger geeignet.[124] Aufgrund der verhältnismäßig schwachen Rechtsposition des still Beteiligten eignet sie sich auch für die Beteiligung von leitenden Mitarbeitern an den Erträgen des Unternehmens.[125]

50 Die vorstehenden Ausführungen zur stillen Gesellschaft gelten auch für die **Unterbeteiligung**.

---

121 Beck Hdb. Personengesellschaften/*Bärwaldt* § 14 Rn 63 f.

122 *Langenfeld/Gail* Familienunternehmen I Rn 47; *Blaurock* Stille Gesellschaft Rn 2.15 ff.

123 Seit den Steuerreformen vom Jahreswechsel 2003/2004 ist allerdings zur Vermeidung einer vGA auf die Einhaltung der Freigrenze des § 8 a KStG zu achten.

124 Vgl. *Ebenroth/Boujong/Joost/Gehrlein* § 230 HGB Rn 52 f. – auch zu Ausnahmefällen, in denen dies anderes sein kann (insbes. bei Auftreten nach außen hin wie der Inhaber selbst); *Arens/Rinck* Gesellschaftsrecht § 12 Rn 41; *Koller/Roth/Morck* § 230 HGB Rn 19; vgl. steuerlich bei Ausschluss der Verlustbeteiligung, BFH, BStBl II 1993, 289.

125 Vgl. *Blaurock* Stille Gesellschaft Rn 2.21.

3. Ausgestaltung

Die zwingenden gesetzlichen Vorgaben hinsichtlich der stillen Gesellschaft gemäß § 230 HGB sind sehr gering. Der Gestaltung sind zivilrechtlich kaum Grenzen gezogen.[126] Für die Ausgestaltung des Gesellschaftsvertrages einer stillen Beteiligung an einer Familiengesellschaft sind vor allem folgende Aspekte zu regeln: 51

- Die **Einschränkung der Abtretbarkeit** und die Folgen für den Todesfall des Prinzipals und des still Beteiligten; der **Tod** des Stillen führt nicht zur Auflösung der Gesellschaft, wohl aber der Tod des Prinzipals;[127] es gilt allerdings kein Sondererbrecht wie sonst bei den Personengesellschaften; der Ausschluss der Abtretung entspricht für alle gesellschaftsrechtlichen Rechte bereits dem gesetzlichen Regelfall,[128] sollte ggf. aber auf Gewinnauszahlungsansprüche nach § 399 BGB erweitert und ggf. mit einer Entnahmebeschränkung[129] kombiniert werden.
- Zivilrechtlich sollten **Kündigungsrechte** und der Abfindungsanspruch des aufgenommenen stillen Gesellschafters sowohl bei der typischen als auch bei der atypisch stillen Gesellschaft so weit wie möglich eingeschränkt werden.[130] Der vollständige Ausschluss ist nicht möglich.[131] § 723 Abs. 3 BGB gilt entsprechend auch für die stille Gesellschaft.[132] Hier sind ferner hinsichtlich der steuerlichen Anerkennung die Grenzen eng gezogen. Wird die Gesellschaft auf Lebenszeit eingegangen, so kann sie nach dem entsprechend anwendbaren § 134 HGB jederzeit gekündigt werden.[133]

Formulierungsvorschlag:
Die stille Gesellschaft wird auf unbestimmte Zeit geschlossen. Sie kann jederzeit mit einer Frist von sechs Monaten zum darauf folgenden Jahresende gekündigt werden, frühestens jedoch nach Ablauf von zehn Jahren vom Vertragsschluss an. Bei Beendigung der Gesellschaft erhält der stille Gesellschafter seine Einlage und seinen Guthabenstand auf dem Privatkonto ausbezahlt. Die Auszahlung erfolgt in drei gleichen Jahresraten beginnend am 1. 1. des Folgejahres, das auf die Beendigung der stillen Gesellschaft folgt ohne Beilage von Zinsen. Sicherstellung kann nicht verlangt werden. 52

- Hinsichtlich der **Mitwirkungsbefugnisse** des Stillen sollten klare und leicht handhabbare Regelungen getroffen werden, die sich m. E.

---

[126] *Blaurock* Stille Gesellschaft Rn 10.1.
[127] Vgl. *Baumbach/Hopt* § 234 HGB Rn 4.
[128] *Blaurock* Stille Gesellschaft Rn 10.28 ff.
[129] Dabei sind allerdings die Grenzen der steuerlichen Anerkennung zu beachten.
[130] Vgl. zu den Grenzen des Möglichen MünchKomm/*K. Schmidt* § 234 HGB Rn 47; *Blaurock* Stille Gesellschaft Rn 15.23 ff.
[131] BGHZ 23, 10.
[132] Vgl. § 234 Abs. 1 S. 2 BGB sowie die Erläuterungen bei *Baumbach/Hopt* § 234 HGB Rn 8.
[133] MünchKomm/*K. Schmidt* § 234 HGB Rn 46.

am Recht der KG orientieren sollten. Geschäftsführungsbefugnisse hat der Stille grds. nicht.

Formulierungsvorschlag:

53 Zu allen Grundlagengeschäften bedarf der Geschäftsinhaber der Zustimmung des stillen Gesellschafters. Vorab wird die Zustimmung hierzu bereits erteilt, soweit es um die Umwandlung der Rechtsform des bisherigen Unternehmens geht sowie zur Änderung der Firma oder Ergänzungen des Unternehmensgegenstandes.

- Soweit die stille Beteiligung – sei es in atypisch oder typisch stiller Form – vereinbart wird und die Einlage geschenkt wird, sollte die **Anrechnung** der Schenkung auf den Pflichtteil oder ein **Pflichtteilsverzicht** vereinbart werden.
- Es empfehlen sich Regelungen zu der Frage, inwieweit der Stille im Innenverhältnis gegenüber dem Prinzipal an **Verlusten teilnimmt**; eine Nachschusspflicht sollte regelmäßig ausgeschlossen werden.

Formulierungsvorschlag:

54 Verluste auf dem Verlustkonto sind erst wieder mit zukünftigen Gewinnen aufzufüllen, bevor Gewinnanteile gutgeschrieben und ausgezahlt werden können. Der stille Gesellschafter ist sowohl am Gewinn als auch am Verlust beteiligt. Am Verlust ist er jedoch nicht durch eine Haftung im Außenverhältnis, sondern nur im Innenverhältnis beteiligt und begrenzt durch die Höhe seiner Einlage. Eine Nachschusspflicht besteht nicht.

- Soll es sich um eine atypische, also **mitunternehmerische stille Gesellschaft** handeln, sollten neben einem Wettbewerbsverbot die nachfolgenden Regelungen aufgenommen werden. Eine Teilhabe an den stillen Reserven ist für die atypisch stille Gesellschaft zwingend; ob dies auch für einen Geschäftswert gilt, ist umstritten.[134]

Formulierungsvorschlag:

55 Dem stillen Gesellschafter stehen alle Kontroll-, Überwachungs- und Mitwirkungsbefugnisse eines Kommanditisten nach der gesetzlichen Regelung zu. Soweit die Regelung des § 233 HGB weitergehend ist, stehen diese Rechte ebenfalls dem stillen Gesellschafter zu. Der stille Gesellschafter nimmt auch an den stillen Reserven des Betriebes teil. Der stille Gesellschafter ist sowohl am Gewinn als auch am Verlust beteiligt. Am Verlust ist er jedoch nicht durch eine Haftung im Außenverhältnis, sondern nur im Innenverhältnis beteiligt und begrenzt durch die Höhe seiner Einlage. Zu einem Ausgleich eines eventuellen Verlusts über die Einlage hinaus ist der atypisch still beteiligte Gesellschafter nicht verpflichtet. Beim Ausscheiden erhält der stille Gesellschafter eine Abfindung unter Berücksichtigung der stillen Reserven des Gewerbebetriebs. Zu diesem Zweck ist eine Bilanz aufzustellen, in der die materiellen Wirtschaftsgüter mit ih-

[134] Vgl. BFH BStBl II 1982, 59; BFH BStBl II 1994, 700; vgl. auch *Fichtelmann u. a./Schulze zur Wiesche*, Steuer-Formular Handbuch 3 E Rn 56.

rem Teilwert anzusetzen sind. Von dem so ermittelten Wert des Gewerbebetriebs erhält der stille Gesellschafter *** %. An schwebenden Geschäften wird der stille Gesellschafter nicht beteiligt.

III. Die Betriebsaufspaltung

1. Entstehung und Arten

Die Betriebsaufspaltung ist ein **Geschöpf der Finanzverwaltung und Steuerrechtsprechung**.[135] Dennoch ist sie bei der Vertragsgestaltung von Familienunternehmen eine wichtige und verbreitete Option. Sie soll daher auch unter zivilrechtlichen Gesichtspunkten dargestellt werden. Die Betriebsaufspaltung ist dadurch gekennzeichnet, dass ein einheitliches Unternehmen in zwei Betriebseinheiten aufgespalten wird.[136] Einerseits besteht ein Besitzunternehmen, in dem sich mindestens eine wesentliche Betriebsgrundlage[137] befindet, die dem Betriebsunternehmen zur Verfügung gestellt wird. Der Betrieb des Unternehmens als solcher wird durch das so genannte Betriebsunternehmen geführt. Hierzu ist es erforderlich, mindestens zwei Rechtsträger zu schaffen. Nach außen tritt in der Regel nur das Betriebsunternehmen auf. Wesentliche Teile der Haftungsmasse sind jedoch durch die Begründung einer Betriebsaufspaltung zumindest teilweise dem Gläubigerzugriff entzogen. Dies ist nicht zuletzt eine der Hauptmotivationen zur Begründung einer Betriebsaufspaltung. Ferner sind mit der Betriebsaufspaltung je nach Ausgestaltung im Einzelfall steuerliche Vorteile verbunden.[138] 56

Hinsichtlich der **Formen der Betriebsaufspaltung** sind folgende unterschiedlichen Modelle zu unterscheiden: 57

- **Die typische Betriebsaufspaltung**:[139] Eine oder mehrere wesentliche Betriebsgrundlagen werden von einem oder mehreren Personen als Besitzpersonengesellschaft oder Miteigentümergemeinschaft gehalten und aufgrund eines Miet- oder Pachtvertrages an eine Betriebskapitalgesellschaft vermietet oder verpachtet, die den aktiven Betrieb betreibt. Typischerweise sind die Gesellschaftergruppen in dem Besitzunternehmen und der Betriebsgesellschaft identisch.
- **Die Einheitsbetriebsaufspaltung**:[140] Sie entspricht in der Regel der typischen Betriebsaufspaltung mit der Abweichung, dass die Gesellschaftsanteile an der Betriebskapitalgesellschaft sich im Gesamthandseigentum der Besitzgesellschaft befinden. Die Gesellschafter sind also nicht an zwei Gesellschaften beteiligt, sondern ausschließlich an der

---

[135] Vgl. *Carlé* Betriebsaufspaltung Rn 1.

[136] Vgl. auch *K. Schmidt* Gesellschaftsrecht § 12 II 3 m. w. N.

[137] Vgl. dazu DStRE 2003, 787; BFH BStBl II 1993, 718; *Stapelfeld*, DStR 2002, 161 ff.; *Wehrheim*, DStR 1999, 1803.

[138] Vgl. *Jacobs* Unternehmensbesteuerung und Rechtsform S. 58 ff.; *Förster/Brinkmann*, BB 2002, 1289 ff.

[139] Vgl. MünchHdb. GesR III/*Wrede/Busch* § 3 Rn 26; *Jacobs* Unternehmensbesteuerung und Rechtsform S. 59; *Carlé* Betriebsaufspaltung Rn 16.

[140] *Carlé* Betriebsaufspaltung Rn 18, 208.

Besitzpersonengesellschaft, die wiederum die verpachteten wesentlichen Betriebsgrundlagen und die Gesellschaftsbeteiligung hält. Der Hauptvorteil dieser Ausprägung besteht darin, dass die Gefahren der ungewollten Beendigung der Betriebsaufspaltung und damit einer ungewollten Aufdeckung stiller Reserven vermieden werden. Eine Verknüpfung der Beteiligung an Besitz- und Betriebsgesellschaft erübrigt sich hiermit.

- **Die umgekehrte Betriebsaufspaltung**:[141] Bei dieser Ausgestaltung ist die Verteilung von Personen- und Kapitalgesellschaft vertauscht. Das Betriebsunternehmen ist nämlich eine Personengesellschaft, insbesondere eine GmbH & Co. KG, während die wesentlichen Betriebsgrundlagen von dem Besitzunternehmen in der Rechtsform einer Kapitalgesellschaft besessen wird.
- Hinsichtlich **weiterer Modelle** wie der mitunternehmerischen oder der kapitalistischen Betriebsaufspaltung sei auf das einschlägige Schrifttum in der Rechtslehre verwiesen.[142]

58 Eine Betriebsaufspaltung setzt vor allen Dingen zwei Merkmale voraus: Eine **personelle und eine sachliche Verflechtung**.[143] Eine **personelle Verflechtung** liegt vor, wenn in beiden Gesellschaften ein einheitlicher geschäftlicher Betätigungswille durchgesetzt werden kann.[144] Eine personelle Verflechtung ist stets gewährleistet, wenn ausschließlich die gleichen Personen an beiden Gesellschaften beteiligt sind. Die Beteiligungsverhältnisse müssen nicht identisch sein (Personengruppentheorie[145]). So ist beispielsweise eine personelle Verflechtung auch gewährleistet, wenn am Besitzunternehmen A zu 40 % und B zu 60 % beteiligt ist, während die Beteiligung 40:60 an der Betriebsgesellschaft genau umgekehrt ist. Die personelle Verflechtung wird vermieden, wenn ein sog. „Nurbesitzgesellschafter" vorhanden ist und alle Entscheidungen bezüglich des Pachtgegenstandes nur einstimmig unter Zustimmung des Nurbesitzgesellschafters getroffen werden können. Ein Nurbesitzgesellschafter ist ein solcher, der ausschließlich an dem Besitzunternehmen beteiligt ist.[146]

59 Eine **sachliche Verflechtung** liegt vor, wenn das Besitzunternehmen mindestens eine wesentliche Betriebsgrundlage dem Betriebsunternehmen zur Verfügung stellt. Hinsichtlich der Wesentlichkeit einer Betriebsgrundlage kommt es ausschließlich auf die funktionalen Erfordernisse des

---

141 *Kessler/Teufel*, DStR 2001, 869, 872; *Schulze zur Wiesche*, BB 1989, 815.

142 *Tiedtke* Einkommensteuer- und Bilanzsteuerrecht S. 69 ff.; *Langenfeld/Gail* Familienunternehmen I Rn 221 ff.; *Ahrens/Rinck* Gesellschaftsrecht § 11 Rn 3 ff.

143 *Jacobs* Unternehmensbesteuerung und Rechtsform S. 269; *Schmidt* § 15 EStG Rn 808 ff.; MünchHdb. GesR III/*Wrede/Busch* § 3 Rn 27; *Tiedtke* Einkommensteuer- und Bilanzsteuerrecht S. 69 ff.; *Ahrens/Rinck* Gesellschaftsrecht § 11 Rn 15 ff.

144 BFH BStBl II 1994, 466; BFH BStBl II 1997, 437.

145 BFH BStBl II 1972, 796; BFH BStBl II 1997, 44.

146 *Schmidt* § 15 EStG Rn 825; BFH BStBl II 2002, 722; dies gilt jedoch nur, wenn die Geschäftsführungs- und Vertretungsregelung des Besitzunternehmens dem Nurbesitzgesellschafter ebenfalls starke Mitwirkungsrechte gewähren, BFH BStBl II 2003, 757; BMF, BB 2002, 2649 f.

Betriebsunternehmens an.[147] Auf den Umfang von stillen Reserven in dem überlassenen Wirtschaftsgut kommt es hingegen nicht an. Insbesondere Grundstücke, auch bloße Bürogebäude, die nicht funktional besonders für das Betriebsunternehmen hergerichtet sind, sind wesentliche Betriebsgrundlagen.[148]

Die **Rechtsfolgen der Betriebsaufspaltung** sind einerseits **positiv**: 60
Eine Haftungsbeschränkung tritt ein.[149] Ferner können die Vorteile eines Einzelunternehmens mit denen einer Kapitalgesellschaft kombiniert werden. So hat die Betriebsaufspaltung beispielsweise den Vorteil, eine Pensionszusage steuerlich geltend machen zu können[150] und für den Betrieb selbst die Möglichkeiten der Fremdorganschaft zu nutzen.[151] Gleichzeitig hat die Betriebsaufspaltung jedoch **auch nachteilige Folgen**. Das Vermögen des Besitzunternehmens wird stets Betriebsvermögen.[152] Dies gilt auch für reine Nurbesitzgesellschafter, also solche, die ihren geschäftlichen Betätigungswillen gar nicht in dem Betriebsunternehmen durchsetzen können.[153] Ferner werden die Pachteinnahmen beim Besitzunternehmen gewerbesteuerpflichtig. Die stillen Reserven im Betriebvermögen des Besitzunternehmens werden steuerverstrickt. Spätere Veräußerungen von Vermögensgegenständen des Besitzunternehmens sind daher stets nach den Grundsätzen für Betriebsvermögen steuerpflichtig.

Die **Gestaltungspraxis** hat daher nach Möglichkeiten gesucht, die 61
Vorteile der Betriebsaufspaltung zu erreichen und gleichzeitig deren Nachteile, insbesondere die Gewerbesteuerpflicht für die Pachteinnahmen und die Steuerverstrickung des Vermögens des Besitzunternehmens zu vermeiden.[154] Hierfür bestehen insbesondere zwei Möglichkeiten:

- **Das Wiesbadener Modell:**[155] Das Wiesbadener Modell vermeidet die personelle Verflechtung dadurch, dass es das Besitz- und das Betriebsunternehmen auf zwei verschiedene Personen verteilt. Klassischerweise besteht es darin, dass der eine Ehegatte alle Geschäftsanteile der Betriebs-GmbH und der andere Ehegatte alle Wirtschaftsgüter des Besitzunternehmens zum Alleineigentum hat. Auf diese Art und Weise wird grds. eine Zusammenrechnung der Beteiligung beider Ehegatten vermieden. Eine Steuerverstrickung des Besitzunternehmens entfällt.[156] Zivilrechtlich ist das Wiesbadener Modell jedoch mit großen Risiken

[147] BFH BStBl II 1993, 718.

[148] BFH BStBl II 2000, 621; BMF BStBl I 2001, 634; BMF BStBl I 2002, 88; vgl. dazu *Märkle* DStR 2002, 1109, 1115.

[149] Vgl. jedoch zu den Grundsätzen eigenkapitalersetzender Nutzungsüberlassung § 17 Rn 40 f.

[150] *Schmidt* § 15 EStG Rn 804; *Arens/Rinck* Gesellschaftsrecht § 11 Rn 9.

[151] *Jacobs* Unternehmensbesteuerung und Rechtsform S. 60.

[152] MünchHdb. GesR III/*Wrede/Busch* § 3 Rn 28.

[153] *Schmidt* § 15 EStG Rn 872.

[154] Vgl. *Mohr*, GmbH-StB 1999, 46 ff.

[155] *Carlé* Betriebsaufspaltung Rn 25; BFH BStBl II 1989, 155.

[156] BFH, BB 1986, 1281; *Fichtelmann u. a./Schulze zur Wiesche* Steuer-Formularhandbuch 3 SR Rn 38; *Tiedtke* Einkommensteuer- und Bilanzsteuerrecht S. 77 ff.; vgl. auch BVerfG BStBl II 1985, 475 ff.

und Nachteilen verbunden. Entstehen Schwierigkeiten in der Ehe, so kann der Fortbestand des Unternehmens gefährdet sein.

- **Nurbesitzgesellschafter mit Einstimmigkeitsvereinbarung:** Durch die Aufnahme eines neuen Gesellschafters in das Besitzunternehmen, der ausschließlich am Besitzunternehmen beteiligt ist und ohne dessen Zustimmung keine Entscheidungen hinsichtlich des Pachtgegenstandes gegenüber der Betriebsgesellschaft getroffen werden können, wird ebenfalls die personelle Verflechtung verhindert.[157] Auch hier ist wiederum, abgesehen von den steuerlichen Vorteilen, an die zivilrechtlichen Nachteile bei Entstehen von Streitigkeiten mit dem Nurbesitzgesellschafter zu denken.

62 Die **nachträgliche Beseitigung der personellen Verflechtung** führt zur Beendigung der Betriebsaufspaltung und damit zur Auflösung aller stillen Reserven im Besitzunternehmen. Dies ist in aller Regel unerwünscht.

63 Die **Betriebsaufspaltung entsteht** in der Regel, indem das bisher einheitliche Unternehmen aufgespalten wird, indem bei der klassischen Betriebsaufspaltung insbesondere das Umlaufvermögen in eine neu gegründete Betriebs-GmbH eingebracht wird und im Übrigen die wesentlichen Betriebsgrundlagen an die Betriebsgesellschaft verpachtet werden. Wirtschaftsgüter, die stille Reserven enthalten, also insbesondere das Umlaufvermögen und auch der Firmenwert, sollten keinesfalls in die Betriebsgesellschaft eingebracht werden, da dies nur unter Auflösung stiller Reserven möglich ist.[158]

2. Schutz vor Fremdeinflüssen

64 Ebenso wie bereits oben bei den Grundformen der Familienunternehmen besteht auch bei der Familien-Betriebsaufspaltung ein Interesse daran, das **Eindringen fremder Gesellschafter** in die Familiengesellschaft ohne Zustimmung der Familienmitglieder zu verhindern. Da die Betriebsaufspaltung regelmäßig aus zwei unterschiedlichen Rechtsformen besteht, nämlich im klassischen Falle aus einem Besitzunternehmen in der Rechtsform einer Personengesellschaft oder einer bloßen Bruchteilsmiteigentümergemeinschaft gem. §§ 741 ff. BGB und einer Betriebskapitalgesellschaft, sind die Regeln in beiden Gesellschaften aufeinander abzustimmen. In beiden Gesellschaftsformen sollten die oben[159] bezeichneten Abtretungsbeschränkungen vorgesehen sein, Vorsorge für den Fall von Zwangsvollstreckung und Insolvenz und sinnvolle Regelungen für den Fall des ungewollten Ausscheidens von Mitgesellschaftern getroffen werden. Insoweit gelten die oben[160] bezeichneten Grundsätze lediglich mit der Maßgabe, dass in der Regel sowohl die Regelungen für Kapitalgesellschaften als auch diejenigen für Personengesellschaften anwendbar sind.[161]

---

[157] BFH, DStR 2003, 1431.
[158] *Schmidt* § 15 EStG Rn 877.
[159] Vgl. oben § 11 Rn 7 ff.
[160] Vgl. oben § 11 Rn 29 ff.; § 12.
[161] Vgl. zu den entsprechenden Einzelaspekten *Carlé* Betriebsaufspaltung Rn 197.

3. Erhaltung der Betriebsaufspaltung

Ist einmal eine Betriebsaufspaltung entstanden, so haben aus steuerlichen Gründen alle Beteiligten ein wesentliches **Interesse daran, die Betriebsaufspaltung zu erhalten**. Endet nämlich die Betriebsaufspaltung, so werden alle stillen Reserven des Besitzunternehmens aufgedeckt und sind zu versteuern.[162] In folgenden Konstellationen droht die Beendigung der Betriebsaufspaltung: 65

- **Veräußerung von Anteilen am Besitzunternehmen an Fremde:** Wurde ein Nachfolger in das Besitzunternehmen bereits aufgenommen und veräußert dieser einen wesentlichen Anteil am Besitzunternehmen an fremde Dritte, so kann hierdurch die Beherrschungsidentität und damit die sachliche Verflechtung beendet werden.[163] Die Betriebsaufspaltung würde aufgelöst.
- Das Gleiche kann mit **Eintritt der Volljährigkeit eines Kindes** des Hauptgesellschafters eintreten, wenn dessen Anteil bisher diesem zugerechnet wurde.[164]
- **Todesfall:** Aufgrund der unterschiedlichen Vererbung von Miteigentumsanteilen, Personengesellschaftsanteilen und Anteilen an Kapitalgesellschaften sind Fälle denkbar, in denen der Anteil an der Betriebsgesellschaft sich anders vererbt als derjenige am Besitzunternehmen. Hierdurch kann die personelle Verflechtung enden. Wiederum müssten sämtliche stillen Reserven des Besitzunternehmens aufgelöst werden.

Um die beiden vorstehenden Problemfälle zu vermeiden, empfehlen 66
sich üblicherweise zwei **Ausweggestaltungen**. Entweder alle Wirtschaftsgüter des Besitzunternehmens werden von vornherein in eine **gewerblich geprägte GmbH & Co. KG** gem. § 15 Abs. 3 Nr. 2 EStG eingebracht. Bei einer solchen Gesellschaft sind alle Wirtschaftsgüter stets Betriebsvermögen, so dass auch bei Beendigung der Betriebsaufspaltung die Verstrickung der stillen Reserven gesichert bleibt. Eine Betriebsaufspaltung würde in diesem Fall nicht zur Aufdeckung der stillen Reserven in den Wirtschaftsgütern des Besitzunternehmens führen. Lediglich die Anteile an der Betriebskapitalgesellschaft könnten aus dem Betriebsvermögen entnommen werden, sofern diese nicht mehr dem Sonderbetriebsvermögen der GmbH & Co. KG zuzurechnen wären. Noch besser ist daher die Gestaltung der sog. **Einheitsbetriebsaufspaltung**.[165] Bei dieser Konstellation wird das Besitzunternehmen möglichst in der Rechtsform einer Gesellschaft bürgerlichen Rechts oder einer gewerblich geprägten GmbH & Co. KG betrieben. Alle Wirtschaftsgüter des Besitzunternehmens sind in diesem Fall stets aufgrund der gewerblichen Prägung Betriebsvermögen. Ferner befinden sich alle Anteile an der Betriebskapitalgesellschaft im Gesamthandsvermögen der Besitzgesellschaft. Auf diese

---

[162] Vgl. *Tiedtke/Heckel*, DStZ 1999, 725; *Tiedtke/Szczesny*, DStR 2003, 757 ff.

[163] BFH BStBl II 1994, 23 ff.

[164] *Schmidt* § 15 EStG Rn 865; ebenso die Einkommensteuerrichtlinien unter EStR 139 II 3.

[165] *Carlé* Betriebsaufspaltung Rn 18, 208.

Art und Weise ist eine getrennte Veräußerung von Gesellschaftsanteilen an Besitzunternehmen und Kapitalgesellschaft ebenso wenig möglich wie eine unterschiedliche Vererbung. Vererbt werden nämlich nur die Gesellschaftsanteile an der Besitzgesellschaft, niemals jedoch diejenigen der Betriebsgesellschaft.

4. Weitere Aspekte der Vertragsgestaltung

67 Eine **Synchronisierung der Gesellschaftsbeteiligung** an dem Besitz- und dem Betriebsunternehmen lässt sich auch erreichen, indem für den Fall des Ausscheidens aus der einen Gesellschaft das automatische Ausscheiden auch aus der anderen Gesellschaft vorgesehen wird. Das automatische Ausscheiden ist bei Kapitalgesellschaften nicht uneingeschränkt regelbar,[166] wohl aber bei den Personengesellschaften. Auf diese Art und Weise lässt sich, wenn eine Einheitsbetriebsaufspaltung nicht gewünscht ist, der zwingende Gleichlauf der Gesellschaftsbeteiligungen und damit die personelle Verflechtung sichern.[167]

68 Ein Kernpunkt der Vertragsgestaltung besteht bei der Begründung der Betriebsaufspaltung in dem Abschluss des **Pachtvertrages**. Für die Regelung eines Pachtvertrages bestehen grundsätzlich drei unterschiedliche Gestaltungstypen:[168]

- **Das Erhaltungsmodell/Betriebsverpachtungsmodell:**[169] Es wird der vollständige Betrieb an die Betriebsgesellschaft verpachtet; alle zukünftigen Investitionen sind weiterhin vom Besitzunternehmen zu tätigen; die Wirtschaftsgüter verbleiben in dessen Eigentum und werden weiterhin an die Betriebsgesellschaft verpachtet.
- **Das Schrumpfungsmodell:**[170] Es wird wiederum der gesamte Betrieb an die Betriebsgesellschaft verpachtet; alle weiteren Investitionen und der Ersatz ausscheidender Wirtschaftsgüter werden jedoch auf eigene Rechnung durch die Betriebsgesellschaft angeschafft, so dass nach Ablauf einer Zeit faktisch nur noch Betriebsgrundstücke und ähnliche dauerhaft im Betriebsvermögen verbleibende Wirtschaftsgüter verpachtet werden.
- **Das Steuerberatermodell:**[171] Von vornherein wird nicht der gesamte Betrieb an die Betriebsgesellschaft verpachtet, sondern nur die Immobilie und die immateriellen Wirtschaftsgüter; das gesamte Umlaufvermögen wird hingegen in die Betriebsgesellschaft zu deren Eigentum

---

166 Ausnahme: als bereits in der Satzung geregelte aufschiebend bedingte Anteilsabtretung, die regelmäßig jedoch im Hinblick auf die Bestimmtheit der Abtretungsempfänger und die Einhaltung der Teilbarkeitsvorschriften problematisch ist.

167 *Carlé* Betriebsaufspaltung Rn 198.

168 *Carlé* Betriebsaufspaltung Rn 27 ff., 265.

169 *D. Mayer*, DStR 1993, 206, 211.

170 Dazu ausführlicher *Hörger/Pauli*, GmbHR 2001, 1139 ff.; *Hörger/Mentel/Schulz*, DStR 1999, 565; *Neufang*, DB 1999, 64 ff.

171 *D. Mayer*, DStR 1993, 206, 211; *Oppenländer*, DStR 1995, 493, 496 – von beiden als empfehlenswert eingestuft aus Gründen der Haftung.

sofort im Rahmen der Gründung eingebracht. Dieses ist inzwischen steuerlich problematisch, weil stille Reserven aufgedeckt werden können.[172]

Die Verpachtung eines gesamten Betriebes befugt nach § 22 Abs. 2 HGB zur **Fortführung der** bisher vom Einzelunternehmen geführten **Firma**. Haftungsrechtlich ist dabei jedoch zu beachten, dass die Firmenfortführung gem. § 25 HGB zu einer Haftung der Betriebsgesellschaft für alle im Besitzunternehmen begründeten Verbindlichkeiten führt. Der Ausschluss der Haftung ist möglich, wenn dies unverzüglich zur Eintragung ins Handelsregister angemeldet und bekannt gemacht wird, § 25 Abs. 2 HGB.[173] **69**

Die Verpachtung des gesamten Betriebes an die Betriebsgesellschaft führt gem. § 613 a BGB zum automatischen **Übergang aller** bei dem Betriebsunternehmen bisher bestehenden **Arbeitsverhältnisse** auf die Betriebsgesellschaft.[174] Probleme im Rahmen des § 613 a BGB bestehen bei Kündigung und Beendigung des Pachtvertrages. Dies ist insbesondere im Rahmen der Unternehmenskrise zu beachten. In Kenntnis der Insolvenzreife der Betriebsgesellschaft werden die Beteiligten in der Regel kein Interesse am Betriebsübergang der Mitarbeiter auf das Besitzunternehmen haben. Auch das Sozialplanrisiko soll in der Regel bei der Betriebsgesellschaft verbleiben. Zu diesem Zweck kann eine Regelung aufgenommen werden, wonach der Pächter bei Beendigung des Pachtvertrages auf Verlangen des Verpächters Arbeitsverhältnisse auf eigene Kosten zu beendigen hat und eventuelle Sozialplankosten zu tragen hat. Dies gelingt nur, wenn der Verpächter vom Pächter die Stilllegung des Betriebes verlangen kann. Eine Betriebsfortführung durch das Besitzunternehmen wäre in einem solchen Fall schädlich.[175] **70**

Formulierungsvorschlag:

Auf Verlangen des Verpächters ist der Pächter bei Beendigung des Pachtvertrages verpflichtet, die Arbeitsverhältnisse auf eigene Kosten zu beendigen und eventuelle Sozialplankosten zu tragen. Auf Verlangen des Verpächters ist der Pächter ebenfalls verpflichtet, den Betrieb auf eigene Kosten stillzulegen und abzuwickeln. **71**

---

[172] *Märkle*, DStR 2002, 1109, 1110.

[173] Vgl. *Wälzholz*, DStR 2003, 1452; BGH NJW 1984, 1186; BGHZ 29, 2 = NJW 1959, 241 ff.; *Koller/Roth/Morck* § 25 HGB Rn 8; MünchKomm/*Lieb* § 25 HGB Rn 115.

[174] *Palandt/Putzo* § 613 a BGB Rn 11; *Jacobs* Unternehmensbesteuerung und Rechtsform S. 64.

[175] Vgl. zum Ganzen auch BAG NJW 1995, 3404; BAG NJW 1999, 2461; BAG, NZA 2003, 93.

§ 14 Wettbewerbsverbote

Übersicht

	Rn		Rn
I. Gesetzlicher Ausgangspunkt ..	1	III. Das nachvertragliche Wettbewerbsverbot	9
II. Das vertragliche Wettbewerbsverbot	6		

Schrifttum: *Armbrüster,* Grundlagen und Reichweite von Wettbewerbsverboten im Personengesellschaftsrecht, ZIP 1997, 261; *Bauer/Diller,* Nachvertragliche Wettbewerbsverbote: Änderungen durch die Schuldrechtsreform, NJW 2002, 1609 ff.; *Bauer/Diller,* Nachvertragliche Wettbewerbsverbote mit GmbH-Geschäftsführern, GmbHR 1999, 885; *Fleischer,* Gelöste und ungelöste Probleme der gesellschaftsrechtlichen Geschäftschancenlehre, NZG 2003, 985; *Heidenhain,* Nachvertragliches Wettbewerbsverbot des GmbH-Geschäftsführers, NZG 2002, 605; *Heller,* Nachvertragliches Wettbewerbsverbot bei Geschäftsführern, GmbHR 2000, 371; *Koenig/Steiner,* Die Vereinbarkeit nachvertraglicher Wettbewerbsverbote mit der Arbeitnehmerfreizügigkeit des EG-Vertrags, NJW 2002, 3583; *Kukat,* Vorsicht ist besser als Nachsicht – Praktische Hinweise zur Vereinbarung nachvertraglicher Wettbewerbsverbote für Geschäftsführer und zur Anrechnung anderweitigen Erwerbs, BB 2001, 951; *Manger,* Das nachvertragliche Wettbewerbsverbot des Geschäftsführers, GmbHR 2001, 89; *Mayer,* Verletzung des Wettbewerbsverbots durch Gesellschafter und Gesellschafter-Geschäftsführer einer GmbH, DNotZ 1992, 641; *Mayer,* Wettbewerbsklauseln in Personengesellschaftsverträgen, NJW 1991, 23; *Melullis,* Zu Zulässigkeit und Wirksamkeit von Wettbewerbsverboten anlässlich von Vereinbarungen über das Ausscheiden eines Gesellschafters; WRP 1994, 686; *Priester,* Befreiung vom Wettbewerbsverbot und GmbH-Satzung – Öffnungsklausel oder konkrete Regelung?, DB 1992, 2411; *Römermann,* Nachvertragliche Wettbewerbsverbote bei Anwaltssozietäten, NJW 2002, 1399; *Thüsing,* Nachorganschaftliche Wettbewerbsverbote bei Vorständen und Geschäftsführern, NZG 2004, 9.

I. Gesetzlicher Ausgangspunkt

1 Bei den **Personengesellschaften** findet sich ein ausdrücklich geregeltes Wettbewerbsverbot nur bei den Personenhandelsgesellschaften **OHG und KG** für den Komplementär, § 112 HGB. Danach ist es jedem persönlich haftenden Gesellschafter untersagt, Geschäfte im „Handelszweig“ der Gesellschaft auf eigene oder fremde Rechnung[1] zu tätigen oder sich als persönlich haftender Gesellschafter an einer gleichartigen Gesellschaft zu beteiligen. Von diesem Verbot ist auch die aktive Beteiligung an Konkurrenzgesellschaften in der Rechtsform der GmbH, AG oder KG betroffen, die bloß kapitalistische hingegen nicht.[2] Das Verbot gilt nach dem uneingeschränkten Wortlaut der Norm auch für nicht-geschäftsführende Gesellschafter, auch wenn diese keine besonderen internen Kenntnisse der

[1] *Baumbach/Hopt* § 112 HGB Rn 4; *Ebenroth/Boujong/Joost/Goette* § 112 HGB Rn 13.

[2] BGH NJW 1984, 1351, 1352; *Ebenroth/Boujong/Joost/Goette* § 112 HGB Rn 4.

Gesellschaft verwerten können.[3] Darauf kommt es nicht an. Danach ist es jedem Gesellschafter untersagt, Geschäftschancen der Gesellschaft an sich zu ziehen.

Für den **Kommanditisten** schließt § 165 HGB die Geltung der 2
§§ 112 f. HGB aus. Die Regelung des § 165 HGB passt nicht uneingeschränkt für die GmbH & Co. KG. Hier können Personen als Kommanditisten und Gesellschafter der GmbH beide Gesellschafter wie ein persönlich Haftender beherrschen. In einem solchen Fall ist die Rechtsprechung des BGH[4] daher von einem Wettbewerbsverbot analog §§ 112 f. HGB auch für einen Kommanditisten ausgegangen. Das Gleiche gilt ebenso aus Erwägungen der Treuepflicht in allen anderen Fällen, wenn ein maßgeblicher Einfluss eines Kommanditisten auf die Geschäftsführung besteht oder er selbst entgegen dem abdingbaren § 164 HGB geschäftsführungsbefugt ist.[5]

Bei der **Gesellschaft bürgerlichen Rechts** existieren keine ausdrück- 3
lichen Vorschriften. Dennoch ist allgemein anerkannt, dass bei allen Gesellschaften auch ohne ausdrückliche Regelung aus der gesellschaftsrechtlichen Treupflicht ein Wettbewerbsverbot besteht.[6]

Ein **GmbH-Gesellschafter** unterliegt als solcher grds. keinem gesetz- 4
lichen Wettbewerbsverbot.[7] Dies kann sich lediglich ausnahmsweise aus der gesellschaftsrechtlichen Treuepflicht ergeben, nämlich bei einer besonders personalistisch ausgerichteten Gesellschaft und bei Beherrschung einer Gesellschaft durch einen Gesellschafter.[8] Anders ist dies bei einem **Geschäftsführer** und bei einem Gesellschafter-Geschäftsführer. Dieser unterliegt grds. einem Wettbewerbsverbot.[9] Ein satzungsmäßiges Wettbewerbsverbot für jeden Gesellschafter sollte nur für solche Gesellschaften verwandt werden, in denen alle Gesellschafter eng mit der Gesellschaft verbunden sind und eine rein kapitalistische Beteiligung ausgeschlossen sein soll.

Die **Schwäche** aller vorstehenden gesetzlichen Regelungen zum Wett- 5
bewerbsverbot besteht einerseits in dem Nachweis des Verstoßes, der Bezifferung des Schadens, der Durchsetzung von Sanktionen, insgesamt also seiner Durchsetzung und in seiner zeitlichen Erstreckung. Die gesetzlichen Wettbewerbsverbote erlöschen nämlich bei allen Rechtsformen mit dem Ausscheiden aus der Gesellschaft. Zur Beseitigung dieser Schwächen empfehlen sich häufig gesellschaftsvertragliche Regelungen.

---

[3] I. E. ebenso *Baumbach/Hopt* § 112 HGB Rn 2; aber str. a. A. *Sudhoff/Schlitt* GmbH & Co. KG § 26 Rn 6 m. w. N. zum Streitstand.

[4] BGH NJW 1984, 1351 ff.

[5] BGH NJW 2002, 1047; BGH NJW 1984, 1351, 1352; *Sudhoff/Schlitt* GmbH & Co. KG § 26 Rn 34 f.; *Baumbach/Hopt* § 165 HGB Rn 3.

[6] *Hopt/Volhard* Form II A 1. Anm. 7 m. w. N.; *K. Schmidt* Gesellschaftsrecht § 20 V 1 c); MünchKomm/*Ulmer* § 705 BGB Rn 235.

[7] *Scholz/Winter*, GmbHG, § 14 Rn 59; BGHZ 89, 162 = GmbHR 1984, 203; *Langenfeld*, GmbH-Vertragspraxis, Rn 105.

[8] BGHZ 89, 162 = DB 1984, 495 ff.

[9] *Lutter/Hommelhoff* Anh. § 6 GmbHG Rn 20 m. w. N.

II. Das vertragliche Wettbewerbsverbot

6 **Sinn gesellschaftsvertraglicher Ausgestaltung** von Wettbewerbsverboten ist in der Regel die Erleichterung der Durchsetzbarkeit von Ansprüchen wegen eines Verstoßes. Eine echte Erweiterung der gesetzlichen Pflichten wird meist nicht vorgenommen. Entsprechende Klauseln können insbesondere folgende Regelungen enthalten:[10]

- Schweigepflichten,
- Auskunfts- und Rechnungslegungsansprüche,
- Vertragsstrafe oder Schadenspauschalierung,
- Ausschluss oder Einziehung bei nachhaltigem oder gravierendem Verstoß.

7 Bei tatsächlichen **Erweiterungen der gesetzlichen Verbote** dahin gehend, dass umfangreiche Tätigkeiten verboten werden, deren Verbot nicht im wohlverstandenen angemessenen Interesse der Gesellschaft liegt, kann dies aufgrund der Ausstrahlungswirkung des Art. 12 GG auf § 138 BGB sittenwidrig und damit nichtig sein.[11] Bei übermäßiger Ausdehnung über das Maß des durch die Treuepflicht Gerechtfertigten hinaus kann auch ein Verstoß gegen das GWB eintreten.[12]

8 Die vorstehenden Grundsätze gelten auch für die **GmbH**, allerdings mit folgender Ergänzung. Ein klassisches Problem der **verdeckten Gewinnausschüttung** bestand früher, wenn ein Gesellschafter-Geschäftsführer nicht auf satzungsmäßiger Grundlage von einem Wettbewerbsverbot befreit war und in Wettbewerb zur Gesellschaft trat. Diese Problematik ist jedoch seit Jahren wesentlich entschärft, seitdem der BFH zur so genannten Geschäftschancenlehre übergegangen ist, wonach eine verdeckte Gewinnausschüttung nur noch vorliegt, wenn der Geschäftsführer oder Gesellschafter konkrete Geschäftschancen der Gesellschaft dieser entzieht. Seitdem ist die übliche Satzungsklausel, dass ein Gesellschafter-Geschäftsführer von jeglichen Wettbewerbsverboten befreit wird, nicht mehr steuerlich essentiell[13] (aber auch nicht schädlich). Allerdings ändert die Befreiung vom Wettbewerbsverbot nichts daran, dass eine verdeckte Gewinnausschüttung dadurch verwirklicht werden kann, dass ein Gesellschafter-Geschäftsführer Geschäftschancen, die der Gesellschaft zustanden, an sich selbst oder eine andere Gesellschaft zieht und für diese nutzt. Insofern kann die Befreiung vom Wettbewerbsverbot die steuerlichen Probleme nur eingeschränkt lösen.

III. Das nachvertragliche Wettbewerbsverbot

9 Kaum eine Regelung führt so leicht zu Auseinandersetzungen wie nachvertragliche Wettbewerbsverbote.[14] Ohne weitere gesellschaftsver-

[10] Vgl. ausführlich *Hopt/Volhard* Form II E 2. § 6.

[11] Vgl. BGHZ 37, 384; *Baumbach/Hopt* § 112 HGB Rn 12.

[12] Vgl. auch *Röhricht/von Westphalen/von Gerkan* § 112 HGB Rn 15 f.

[13] Vgl. *Lange*, GmbHR 1999, 327; BFH v. 22. 11. 1995, BFH/NV 1996, 645; *Langenfeld/Gail*, Handbuch der Familienunternehmen II. Rn 192, 193; vgl. auch BFH DStR 1995, 1873; BFH DStR 1996, 337.

[14] Vgl. dazu allgemein *Bauer/Diller*, GmbHR 1999, 885; *Heller*, GmbHR 2000, 371; *Manger*, GmbHR 2001, 89.

tragliche Regelungen besteht nach Ausscheiden aus dem Gesellschafts- oder Geschäftsführungsvertrag kein allgemeines Wettbewerbsverbot mehr, sondern nur noch das **allgemeine Abwerbungsverbot** unter Einsatz unlauterer Methoden.[15] Diese gesetzlichen Vorgaben sind in der Regel ungenügend. Als **alternative Gestaltungsmöglichkeiten** bestehen insbesondere:

- die Konkurrenzverbotsklausel,
- Kundenschutzklauseln,
- Mitnahmeklauseln gegen Abfindung.

Nachvertragliche Wettbewerbsverbote stehen stets in einem Spannungs- 10
verhältnis zwischen dem Schutz der Gesellschaft und der Berufsfreiheit, Art. 12 GG, des ausgeschiedenen Gesellschafters/Geschäftsführers.[16] Aufgrund der Grundrechtsrelevanz werden nachvertragliche Wettbewerbsverbote stets besonders intensiv von der Rechtsprechung überprüft.[17]

- Konkurrenzverbotsklausel
  - räumlich, zeitlich, gegenständlich (tätigkeitsbezogen) beschränkt
  - zwei Jahre
  - geltungserhaltende Reduktion nur bzgl. Ort und Zeit
- Kundenschutzklausel
  - zeitlich begrenzt (zwei Jahre), Definition: Kunde
  - ohne Entschädigung möglich
- Übernahme-gegen-Ausgleich-Klausel
  - nicht mehr als 25 % d. Umsatzes von Mitnahmekunden auf Dauer von 4 Jahren ab Trennung abzuführen

Besonders hiervon betroffen sind vor allen Dingen **Konkurrenzver-** 11
botsklauseln, da diese einen besonders schweren Eingriff in die Berufsfreiheit für den ausgeschiedenen Geschäftsführer und Gesellschafter mit sich bringen. Diese auch als Niederlassungsverbotsklausel bezeichnete Regelung hat, um überhaupt eine Chance auf Anerkennung zu haben, in räumlicher und zeitlicher sowie gegenständlicher Hinsicht beschränkt zu sein.[18] Bei einem eng auf das bisherige Haupttätigkeitsgebiet des Unternehmens beschränkten örtlichen Bereich (je nach Einzelfall) sowie einer Dauer von nicht mehr als zwei Jahren[19] besteht eine Chance, dass die Klausel einer Überprüfung durch die Rechtsprechung standhält. Ein Übermaß in räumlicher oder zeitlicher Hinsicht führt in der Regel zur geltungserhaltenden Reduktion.[20] Dies gilt hingegen nicht, wenn das Wettbewerbsverbot gegenständlich zu weit ausgedehnt wurde.[21] Die ge-

---

[15] *Baumbach/Hopt* § 112 HGB Rn 14.

[16] *Rowedder/Koppensteiner* § 35 GmbHG Rn 106.

[17] BGH DStR 1997, 1413; BGH DStR 1997, 2038 je mit Anm. *Goette; Sudhoff/Schlitt* GmbH & Co. KG § 26 Rn 93; *Heller*, GmbHR 2000, 371.

[18] BGH WM 1990, 2121, 2122; *Sudhoff/Schlitt* GmbH & Co. KG § 26 Rn 55; *Heller*, GmbHR 2000, 371, 374; *Röhricht/von Westphalen/von Gerkan* § 112 HGB Rn 13.

[19] BGH NJW 2004, 66 = BB 2003, 2643 = NZG 2004, 35 ff. (zu einer Kundenschutzklausel bei Freiberuflern).

[20] BGH NJW 1991, 699, 670; *Sudhoff/Schlitt* GmbH & Co. KG § 26 Rn 93.

[21] *Röhricht/von Westphalen/von Gerkan* § 112 HGB Rn 13 a. E.

genständliche Beschränkung bezieht sich auf die Frage, ob nur einzelne Tätigkeiten oder die vollständige Berufsausübung untersagt wird. Gerade Letzteres ist in der Vertragsgestaltung sehr riskant. Das Wettbewerbsverbot sollte sich daher streng auf den tatsächlich ausgeübten Bereich des Gegenstandes der Gesellschaft beschränken.[22] Eine **Abfindung nach §§ 74 ff. HGB** entsprechend ist grds. nicht zu leisten.[23] Allerdings erhöht das Versprechen einer entsprechenden Abfindung die Wahrscheinlichkeit einer Anerkennung der Klausel.[24]

12 Aus den vorstehenden Erwägungen heraus ist im Regelfall eine **reine Kundenschutzklausel am sinnvollsten**. Hiernach ist es dem ausscheidenden Geschäftsführer für in der Regel maximal zwei Jahre[25] untersagt, im Tätigkeitsbereich der Gesellschaft Kontakte zu Kunden aufzunehmen, die innerhalb eines begrenzten Zeitraums in einem Kundenverhältnis mit der bisherigen GmbH gestanden haben. Eine Entschädigung ist hierfür grundsätzlich nicht zu leisten. Auch solche Klauseln können jedoch unwirksam sein, § 138 BGB. Dies ist nach Meinung des OLG Stuttgart[26] insbesondere dann der Fall, wenn einem ausscheidenden Geschäftsführer untersagt wird, für die Dauer von sieben Jahren Mandate von Mandanten zu übernehmen, die **jemals** Mandanten der Gesellschaft waren. Eine geltungserhaltende Reduktion lehnt das OLG Stuttgart ab.[27]

13 Wird dem ausscheidenden Geschäftsführer die **Übernahme von Kunden gegen Ausgleichszahlungen** gestattet, so hängt die Wirksamkeit der entsprechenden Klausel vor allem von der Höhe der Ausgleichszahlung ab. Macht diese das Ausscheiden bzw. die Fortführung der Kundenbeziehungen wirtschaftlich sinnlos, so ist eine entsprechende Klausel unzulässig und damit nichtig.[28] Als maximal zulässig wird es teilweise angesehen, wenn der ausscheidende Geschäftsführer von den übernommenen Kunden bis zu maximal 25 % der Umsätze über einen Zeitraum von maximal vier Jahren an die verbleibenden Gesellschafter auszuzahlen habe.[29]

14 Verfolgt die Wettbewerbsbeschränkung nur das Ziel, den Leistungsaustausch und das Vertragsziel zwischen zwei Vertragspartnern (Gesellschaft und Geschäftsführer/Gesellschafter) zu sichern, so unterfällt das Wettbewerbsverbot nicht **§ 1 GWB**.[30] Anders ist dies, wenn die Beteiligten ein darüber hinausreichendes wettbewerbsbeschränkendes Ziel gemeinsam

---

[22] *Heller*, GmbHR 2000, 371, 374.

[23] Strittig, BGHZ 91, 4 = NJW 84, 2366 ff.; *Sudhoff/Schlitt* GmbH & Co. KG § 26 Rn 57; vgl. auch die Nachweise bei *Lutter/Hommelhoff* Anh § 6 GmbHG Rn 25; a. A. *Bauer/Diller*, GmbHR 1998, 885, 890 f.; *Thüsing*, NZG 2004, 9, 12, für ein absolutes Wettbewerbsverbot, der seine Ansicht als herrschend ansieht.

[24] *Heller*, GmbHR 2000, 371, 374.

[25] BGH NJW 2004, 66 = BB 2003, 2643 = NZG 2004, 35 f.

[26] NJW 2002, 1431 ff. – zu einer Sozietät.

[27] Zu Recht ablehnend zu diesem Urteil: *Römermann*, NJW 2002, 1400.

[28] BGH DStR 1996, 1254.

[29] *Henssler/Streck/Michalski/Römermann* Handbuch des Sozietätsrechts, Teil B Rn 253.

[30] *Weimar*, DB 2001, 1477, 1480; sog. Immanenztheorie, vgl. *Bauer/Diller*, GmbHR 1999, 885, 892.

verfolgen. Dies ist in den hier vorliegenden Fällen regelmäßig nicht der Fall.

Formulierungsvorschlag:
Nachvertragliches Wettbewerbsverbot

Nach Ausscheiden aus der Gesellschaft ist es dem ausscheidenden Gesellschafter untersagt, innerhalb der folgenden zwei Jahre Aufträge von Personen anzunehmen oder sonst unmittelbar oder mittelbar auf eigene oder fremde Rechnung Verträge mit Personen abzuschließen, die am Stichtag des Ausscheidens oder in dem Zeitraum von zwei Jahren davor in einem Kundenverhältnis mit der Gesellschaft standen. Die Gesellschaft erstellt binnen einem Monat nach dem Ausscheiden eine Liste der betroffenen Personen und Firmen. Das nachvertragliche Wettbewerbsverbot gilt nicht, wenn der Gesellschafter aus einem durch die Gesellschaft begründeten wichtigen Grund aus dem Vertragsverhältnis ausgeschieden ist. Der Gesellschafter ist verpflichtet, der GmbH jederzeit in den vorstehenden Grenzen Auskunft über alle Beziehungen zu ehemaligen Kunden der Gesellschaft zu geben. Jeder Verstoß (pro Kunde) gegen das Wettbewerbsverbot hat eine Vertragsstrafe in Höhe von 25 % des letzten Jahresumsatzes vor dem Ausscheiden des Gesellschafters aus der GmbH mit dem jeweiligen Kunden zur Folge. Bezüglich dieses Kunden ist der ausgeschiedene Gesellschafter dann von seinem nachvertraglichen Wettbewerbsverbot befreit. **15**

§ 15 Unternehmensbeiräte als Mittel der Unternehmensführung, Beratung und Kontrolle

Übersicht

	Rn
I. Ausgangspunkt	1
II. Anwendungsfälle	3
III. Gesetzliche Grundlagen	4
1. Personengesellschaften	4
2. Die GmbH	7
IV. Aufgaben und Rechte des Beirates	11
1. Überblick	11
2. Ausgeschlossene Aufgaben eines Beirats einer GmbH	16
3. Ausgeschlossene Aufgaben eines Beirats einer Personengesellschaft	19
V. Die erstmalige Einrichtung und Abschaffung	21
VI. Zusammensetzung des Beirates	24
VII. Die innere Ordnung des Beirates	29
VIII. Haftung der Beiratsmitglieder	33

Schrifttum: *Bea,* Institutionalisierung der Kontrolle bei der GmbH durch einen Beirat, DB 1996, 1193; *Buth/Hermanns,* Unternehmenspolitische Erwägungen zum Beirat in der GmbH und der KG, DStR 1996, 597; *Haack,* Der Beirat der GmbH & Co. KG, BB 1993, 1607; *Hennerkes/Binz/May,* Die Steuerungsfunktion des Beirats in der Familiengesellschaft, DB 1987, 469; *Hinterhuber/Minrath,* Der Beirat einer mittelständischen Familienunternehmung, BB 1991, 1201; *Kanzleiter* in: Kersten/Bühling, Formularbuch und Praxis der freiwilligen Gerichtsbarkeit, 21. Aufl. § 144 Rn 39ff.; *Mohr,* Aufsichtsrat und Beirat in der GmbH, GmbH-StB 2001, 89ff.; *Müller/Wolf,* Verlagerung von Zuständigkeiten auf den Beirat der GmbH, GmbHR 2003, 810; *Müller/Wolf,* Freiwilliger Aufsichtsrat nach § 52 GmbHG und andere freiwillige Organe, NZG 2003, 751; *Raiser,* Recht der Kapitalgesellschaften, 3. Auflage 2002, § 34; *Sigle,* Beiräte, NZG 1998, 619; *Simon,* Bestellung und Abberufung des Aufsichtsrats in GmbH und GmbH & Co. KG, GmbHR 1999, 257; *Thümmel,* Möglichkeiten und Grenzen der Kompetenzverlagerung auf Beiräte in der Personengesellschaft und in der GmbH, DB 1995, 2461; *Turner,* Der Beirat als fakultatives Organ im sogenannten Ein-Kammer-System, DB 1996, 1609; *Wälzholz,* Der Beirat im mittelständischen Unternehmen – Chancen, Grenzen und Probleme –, DStR 2003, 511; *Yanli,* Stichwort: Der Beirat der GmbH, DStR 1991, 1352.

I. Ausgangspunkt

Die Unternehmensführung bedarf regelmäßig der intensiven Begleitung, Beratung und der Kontrolle. Diese Erkenntnis hat für börsennotierte Gesellschaften jüngst zu gesetzlichen Neuregelungen durch das KonTraG[1] und das TransPuG[2] geführt. Die Reformen bezwecken insbesondere eine Stärkung der Verantwortung und Leistungsfähigkeit des Aufsichtsrates.[3] Die in Großunternehmen auftretenden Mängel und Be-

---

[1] Vgl. allg. *Lutter/Krieger,* Rechte und Pflichten des Aufsichtsrats, Rn 51ff.; zu den Auswirkungen des KonTraG auf Beiräte und Aufsichtsräte von GmbH, *Bremer,* GmbHR 1999, 116ff.;

[2] Vgl. zum TransPuG, *Theile,* GmbHR 2002, 231ff.

[3] Vgl. beispielsweise *Gernoth,* DStR 2001, 299ff.; *Dörner,* DB 2000, 101ff.; *Wag-*

dürfnisse gelten teilweise auch für mittelständische Unternehmen. Lediglich die Aktiengesellschaft und die Genossenschaft verfügen zwingend – auch als nicht mitbestimmte Gesellschaft – über einen Aufsichtsrat. In anderen Gesellschaften sind **obligatorische Aufsichtsräte** erst ab einer bestimmten Größenordnung vorgesehen.[4] Dabei sind die Regeln der Zusammensetzung sowie die Aufgaben des Aufsichtsrats zwingend vorgegeben. Ein Gestaltungsspielraum besteht insoweit nur sehr eingeschränkt. Allerdings kann in solchen Fällen ein zusätzlicher, freiwilliger Beirat auch in einer mitbestimmten Gesellschaft vorgesehen werden.[5] Dieser darf jedoch nicht die zwingenden Rechte und Aufgaben des gesetzlich vorgesehenen Aufsichtsrates beeinträchtigen.

Familiengesellschaften überschreiten in den meisten Fällen die vorste- 1
henden Größenangaben nicht. Für sie stellt sich daher in der Regel nur die Frage nach der Bildung von **freiwilligen Beiräten** – auch „Aufsichtsrat", „Verwaltungsrat" oder „Gesellschafterausschuss" genannt[6] –. Der Begriff „Beirat" wird dabei grds. als Oberbegriff für die unterschiedlichen Ausprägungen als bloß beratendes Gremium, als kontrollierender Aufsichtsrat, als Verwaltungsrat mit Geschäftsführungsbefugnissen[7] oder als Gesellschafterausschuss verwandt.

Fakultative Beiräte sind nicht auf einzelne mittelstandstypische Gesell- 2
schaftsformen beschränkt. Die Möglichkeit eines Beirates ist in § 52 GmbHG ausdrücklich vorgesehen. Doch auch in anderen Gesellschaftsformen wie den Personenhandelsgesellschaften besteht diese Möglichkeit.[8] Besonders häufig kommt er bei der GmbH & Co. KG vor. Bei den Personengesellschaften gilt für den Beirat nicht der Grundsatz der Selbstorganschaft, so dass auch Nichtgesellschafter zu Beiratsmitgliedern ernannt werden können.[9]

---

ner, NZG 1999, 1092 ff.; *Henze*, NJW 1998, 3309 ff.; *ders.*, BB 2000, 209 ff.; *Theisen*, DB 1999, 1665 ff.; vgl. zum Problem auch *Goette* in: FS BGH, S. 123 ff.

[4] *Scholz/U. H. Schneider* § 52 GmbHG Rn 8 ff.; dies gilt insbesondere bei manchen Gesellschaftsformen (insbes. GmbH) mit mehr als 500 Arbeitnehmern nach §§ 76 f. BetrVG 1952, bei bestimmten Gesellschaftsformen (GmbH, GmbH & Co. KG) mit in der Regel mehr als 2000 Arbeitnehmern nach dem Mitbestimmungsgesetz und bei Montangesellschaften mit über 1000 Arbeitnehmern nach dem Montanmitbestimmungsgesetz.

[5] *Raiser* Kapitalgesellschaften § 34 Rn 5 a. E.; *Scholz/Priester* § 53 GmbHG Rn 119.

[6] *Scholz/U. H. Schneider* § 52 GmbHG Rn 3.

[7] Vgl. dazu *Vollmer*, WiB 1995, 578.

[8] *Ebenroth/Mayen* § 114 HGB Rn 21; *Baumbach/Hopt* § 114 HGB Rn 27; § 163 HGB Rn 12; *Turner*, DB 1996, 1609; *Peltzer*, FS Sigle, 2000, S. 93, 98; vgl. auch Beck Hdb. Personengesellschaften/*Stengel* § 15 Rn 77; § 21 Rn 128.

[9] *Baumbach/Hopt* § 163 HGB Rn 13. Insoweit sind bei Beiräten mit Nichtgesellschaftern jedoch Grenzen bei der Kompetenzzuweisung zu beachten, da der Grundsatz der Selbstorganschaft nicht verletzt werden darf, vgl. *Ebenroth/Mayen* § 114 HGB Rn 23.

II. Anwendungsfälle

3 In der **ersten Generation** eines Familienunternehmens erfolgt in der Regel noch keine Bestellung eines Beirates. Der Gründer sieht darin meist die Gefahr der Verwässerung seines Einflusses. Er wünscht keine externe Kontrolle und keine Mitspracherechte Dritter. Damit wird allerdings die Chance vertan, externen Sachverstand unmittelbar in das Unternehmen einzubinden. Auch in der Gründergeneration kann daher durchaus über die Installation eines Beirates nachgedacht werden. Abgesehen davon existieren vor allem folgende Hauptanwendungsfälle und Motive für einen Beirat:[10]

- Die Vorbereitung der **Unternehmensnachfolge**,[11] wenn das Unternehmen zwar in der Hand einer Nachfolgegeneration erhalten werden soll, diese aber das Unternehmen nicht *allein* und ohne weitere Kontrolle fortführen sollten. Ferner kann der Beirat es dem Betriebsübergeber – ähnlich einer börsennotierten AG – ermöglichen, aus der aktiven Geschäftsführung als „graue Eminenz mit Macht" und „Aufsichtsratsvorsitzender" in den Aufsichtsrat zu wechseln und so seinen Einfluss zu erhalten.
- Es kann **externer Sachverstand** für eine Dauerberatung auf diese Art und Weise an das Unternehmen gebunden werden. Dies wird seit einigen Jahren für die Beratung bei der Unternehmensplanung und -strategie besonders hervorgehoben.[12]
- Bei **Unternehmen mit mehreren Gesellschafterstämmen**, wenn die Anzahl der Gesellschafter in der zweiten oder dritten Generation eine solche Größe angenommen hat, dass die Interessen unterschiedlicher Gesellschaftergruppen gebündelt werden müssen. Hier kann der Beirat als mediatorisches Bindeglied und Vermittler wertvolle Dienste leisten, indem streitbefangene Diskussionen von den Gesellschaftern weg auf einen neutraleren Beirat verlagert werden. In diesen Fällen ist besondere Sorgfalt auf die Zusammensetzung des Beirats zu verwenden.[13]
- Aus Gründen der **Marketingstrategie**, sich mit einflussreichen, medienwirksamen Partnern zu umgeben.
- Als ständiges **Schlichtungsgremium**, so dass bei Streitigkeiten zwischen Gesellschaftern oder diesen und der Gesellschaft zunächst ein Schlichtungsversuch durch den Beirat durchzuführen ist.[14]

---

[10] Vgl. auch *Buth/Hermanns*, DStR 1996, 597; *Hinterhuber/Minrath*, BB 1991, 1201, 1202 f.; *Scholz/U. H. Schneider* § 52 GmbHG Rn 6; *Roth/Altmeppen* § 52 GmbHG Rn 49.

[11] *Reichert*, GmbHR 1998, 257, 264; *Peltzer*, FS Sigle, 2000, S. 93 ff. (speziell zu Problemen bei Familiengesellschaften im Generationenwandel; er befasst sich im Wesentlichen mit den Problemen und Gestaltungsaufgaben bei Familiengesellschaften mit *leitungsuntauglichen* Gesellschaftern aus der Sicht des Fremdmanagements).

[12] Vgl. *Arens/Rinck/Schiffer* Gesellschaftsrecht § 16 Rn 9 f. sowie die empirische Untersuchung bei *Bea/Scheurer/Gutwein*, DB 1996, 1193.

[13] Vgl. *Peltzer*, FS Sigle, 2000, S. 93, 98 f., der dieses Thema mit viel psychologischem Einfühlungsvermögen und einem Blick für Erwartungen eines evtl. Fremdmanagers behandelt.

[14] BGH NJW 1977, 2263; BGHZ 43, 261 = NJW 1965, 1378 (zur GmbH und

- Als Begleitmaßnahme zu strategischen **Unternehmenskooperationen**, so dass durch wechselseitige Beteiligung von Organen der Partnerunternehmen an den jeweiligen anderen Gesellschaften der Informationsfluss gesichert, die wechselseitige Kontrolle gewährleistet und die Kooperation auf diese Weise institutionalisiert wird.
- Zur **Einbindung externer Geldgeber**; dieser Faktor hat in den jüngst vergangenen Zeiten des Börsenwahns im Vorstadium der Umwandlung in eine AG bei all denjenigen Unternehmen eine wesentliche Rolle gespielt, die den Sprung an den allgemeinen Kapitalmarkt wagen wollten.

III. Gesetzliche Grundlagen

Beiräte sind im Gesetz – mit Ausnahme des AktG und des GenG – nur spärlich und je nach Rechtsform der Gesellschaft unterschiedlich geregelt. 4

1. Personengesellschaften

Im Recht der Personengesellschaft fehlen jegliche Vorschriften für einen Beirat. Die Zusammensetzung, Wahl und Abwahl, Dauer, Kompetenzen und Pflichten sind daher vollständig von den Gesellschaftern zu regeln. Die **Gestaltungsgrenzen** werden nur durch die allgemeinen Grundsätze des Personengesellschaftsrechts gezogen. Dies sind vor allem: 5

- das Abspaltungsverbot[15] (dieses verbietet, Gesellschafterrechte zu übertragen);
- das Prinzip der Verbandssouveränität[16] (danach haben die Gesellschafter in den Grundlagenentscheidungen der Gesellschaft das Letztentscheidungsrecht; dieses kann keinem anderen Gesellschaftsorgan oder gar Dritten zugewiesen werden);
- das Prinzip der Selbstorganschaft[17] (danach kann die organschaftliche Geschäftsführung nicht auf Nichtgesellschafter übertragen werden).

Aus dem Vorstehenden folgt, dass ein Beirat, der nur aus Gesellschaftern besteht, mit den weitestmöglichen Aufgaben betraut werden kann, sogar mit der organschaftlichen Geschäftsführung selbst.[18] Sind hingegen – wie meist – auch **Gesellschaftsfremde** im Beirat vertreten, so kann dem Beirat nicht die Geschäftsführung selbst oder die Befugnis zur beliebigen Änderung des Gesellschaftsvertrages als Aufgabe zugewiesen werden. 6

---

den Grenzen der Wirkungsweise); *Hinterhuber/Minrath*, BB 1991, 1201; *Yanli*, DStR 1991, 1352, 1353.

[15] § 717 BGB; dazu *Baumbach/Hopt* § 114 HGB Rn 11; *Ebenroth/Mayen* § 109 HGB Rn 8 ff.

[16] *Ebenroth/Mayen* § 109 Rn 16; *Haack*, BB 1993, 1607, 1609.

[17] *Baumbach/Hopt* § 114 HGB Rn 24; zweifelnd *Haack*, BB 1993, 1607, 1609.

[18] Dies ist allerdings in der Regel wenig sinnvoll, da die Schaffung eines Beirates in der Regel gerade eine Trennung von Geschäftsführung und Überwachung bezweckt.

2. Die GmbH

7 Für das Recht der GmbH ist der fakultative Aufsichtsrat in **§ 52 GmbHG** geregelt. Diese Norm verweist im Wesentlichen auf Vorschriften des Aufsichtsrates nach dem AktG. § 52 GmbHG erfasst allerdings nicht alle denkbaren Aufsichts- bzw. Beiräte, sondern nur solche, die im Wesentlichen in der Funktion dem Aufsichtsrat einer AG entsprechen. Die Anwendbarkeit des § 52 Abs. 1 GmbHG ist daher im jeweiligen Einzelfall zu untersuchen. Auf die Bezeichnung des Organs kommt es nicht an. Als Faustregel gilt: Ein die Geschäftsführung **überwachender Beirat** ist ein Aufsichtsrat i. S. d. § 52 Abs. 1 GmbHG; ist er lediglich **beratend** tätig (dann wird er meist als „Beirat" bezeichnet) oder hat er weitergehende Weisungsbefugnisse (meist: „Gesellschafterausschuss") oder zusätzlich noch Geschäftsführungsbefugnisse (häufig: „Verwaltungsbeirat"), so ist § 52 Abs. 1 GmbHG grds. nicht oder nur teilweise anwendbar.[19] Dies ist jeweils eine Frage der Auslegung der Satzung. Die Regelung im Gesellschaftsvertrag sollte dies allerdings nicht dem Zufall überlassen.

8 § 52 Abs. 1 GmbHG hat lediglich eine **Lückenbüßer-Funktion**;[20] er soll die Funktionsfähigkeit eines satzungsmäßig vorgesehenen Aufsichtsrates insoweit gewährleisten, als die Gesellschafter für Einzelfragen keine Regelung getroffen haben. Da der Verweis auf das Aktienrecht häufig so nicht gewünscht und dispositiv ist, wird § 52 Abs. 1 GmbHG bei der Einführung eines Aufsichtsrates daher regelmäßig abbedungen und durch Regelungen ersetzt, die die Aufgaben und Machtverteilung zwischen den Gesellschaftsorganen individuell ausgestalten. In der Satzung sollten deshalb die wesentlichen Fragen über Entstehung, Zusammensetzung, Dauer, Aufgaben, Rechte und Pflichten im Einzelnen geregelt werden.

9 Wird § 52 Abs. 1 GmbHG **nicht abbedungen**,[21]

- so richtet sich die Größe, Zusammensetzung und Wählbarkeit von Aufsichtsratsmitgliedern nach den in Bezug genommenen aktienrechtlichen Bestimmungen;
- so gelten für die Berichtspflichten der Geschäftsführung § 90 Abs. 3, 4, 5 S. 1, 2 AktG sowie für die Aufgaben und Funktion des Aufsichtsrates und sein Verhältnis zur Geschäftsführung die §§ 110–112 AktG; danach ist insbesondere der Aufsichtsrat zur Vertretung gegenüber der Geschäftsführung befugt;
- so sind die Vorschriften über die Vergütung der Aufsichtsratsmitglieder und über Verträge mit Aufsichtsratsmitgliedern nach §§ 113, 114 AktG anwendbar;
- so richtet sich die Haftung der Aufsichtsratsmitglieder nach §§ 116 AktG i. V. m. 93 AktG und § 52 Abs. 3 GmbHG.

10 In dem zwingenden § 52 Abs. 2 GmbHG werden Formalitäten des Registerverfahrens geregelt, in S. 1 hinsichtlich der erstmaligen **Handelsregisteranmeldung** der Gesellschaft und in S. 2 hinsichtlich der Publizi-

---

[19] *Rowedder/Koppensteiner* § 52 GmbHG Rn 6.
[20] *Rowedder/Koppensteiner* § 52 GmbHG Rn 2.
[21] Vgl. ausführlich *Rowedder/Koppensteiner* § 52 GmbHG Rn 8 ff.

tätsvorschriften bei Änderungen in der Zusammensetzung des Aufsichtsrates.

IV. Aufgaben und Rechte des Beirates

1. Überblick

Wesentliche Aufgaben des fakultativen Beirats sind in der Regel die Beratung der Geschäftsführung, die Kontrolle und Überwachung,[22] die Erteilung von Weisungen gegenüber der Geschäftsführung anstelle der Gesellschafterversammlung, immer häufiger auch die Einbeziehung und Mitwirkung bei der **strategischen Unternehmensplanung**,[23] Bindung wesentlicher Geschäftsführungsmaßnahmen an die Zustimmung des Beirats,[24] Bindung der Abtretung von Geschäftsanteilen an der Gesellschaft an die Zustimmung der Beirats,[25] Bestellung von Abschlussprüfern, die Feststellung des Jahresabschlusses[26] und die Festlegung, welche Teile des Gewinnes in Rücklagen eingestellt werden sollen, die Bestellung, Abberufung und Entlastung[27] von Geschäftsführern der GmbH, gegebenenfalls auch die Festlegung der Anstellungsbedingungen der Geschäftsführung, die Einberufung von Gesellschafterversammlungen sowie die Festlegung und Befreiung vom Wettbewerbsverbot.[28] 11

Soll der Beirat auch die **Funktion eines Schlichtungsgremiums** haben, kann folgende Formulierung in den Gesellschaftsvertrag aufgenommen werden: 12

Bei Streitigkeiten zwischen Gesellschaft und Gesellschaftern oder unter den Gesellschaftern, kann ein Gericht erst angerufen werden, nachdem ein unentgeltlicher, formloser Schlichtungsversuch auf schriftlichen Antrag eines Beteiligten vor dem Beirat unternommen wurde. Ist innerhalb von sechs Monaten nach Antragstellung der Streit nicht beigelegt, so steht der Weg zu den Gerichten offen. Während des Schiedsverfahrens ruhen alle Fristen für die Anfechtung von Beschlüssen. 13

Bei Kommanditgesellschaften sollte bei Vorhandensein eines Beirates das **Widerspruchsrecht gemäß § 164 HGB** für außergewöhnliche Ge- 14

---

[22] Dies ist in der Regel die Hauptaufgabe. Vgl. auch BGH BB 1980, 546; *Goette,* FS BGH, S. 123, 128; *Buth/Hermanns,* DStR 1996, 597 ff.

[23] *Arens/Rinck/Schiffer* Gesellschaftsrecht § 16 Rn 9 f.

[24] Im Einzelfall kann nach Meinung des BGH (BGHZ 124, 111 = NJW 1994, 520) sogar eine schadensersatzbewehrte Pflicht des Aufsichtsrates entstehen, per Zustimmungsvorbehalt gesetzeswidrige Geschäftsführungsmaßnahmen zu verhindern.

[25] *Zwissler,* GmbHR 1999, 1283, 1284.

[26] H. M.; die Zulässigkeit bejahend BGHZ 84, 209 = NJW 84, 1038; *Lutter/Krieger,* Rechte und Pflichten des Aufsichtsrats, Rn 983; *Michalski/Römermann* § 46 GmbHG Rn 87; vgl. MVH/*Riegger* Band 1, Form. III. 10. Anm. 10.

[27] BGHZ 84, 209 = NJW 84, 1038; *Peltzer,* FS Sigle, 2000, S. 93, 100; *Lutter/Krieger,* Rechte und Pflichten des Aufsichtsrats, Rn 983; *Wälzholz,* DStR 2003, 1719.

[28] Vgl. beispielsweise MVH/*Riegger* Band 1 Form. III. 10.

schäftsführungsmaßnahmen ausgeschlossen bzw. auf den Beirat übertragen werden.[29] Dieser Ausschluss wird kompensiert durch die Überwachungs- und Mitwirkungsbefugnisse des Beirates. Dies kann eine wesentliche Erleichterung der Beweglichkeit der Gesellschaft mit sich bringen, da die ansonsten mögliche Lähmung der Gesellschaft durch einen einzigen Gesellschafter hiermit beseitigt werden kann, grds. ohne wesentliche Einbuße an Kontrollintensität.

15 Die klassische Tätigkeit der Aufsichtsräte ist in den vergangenen Jahren durch spektakuläre Schieflagen und Skandale[30] – teilweise auch zu Unrecht – ins Gerede gekommen. Die Hauptkritik besteht, abgesehen von üblichen, nicht besonders qualifizierten Pauschalkritiken über „Nieten in Nadelstreifen" darin, die Aufsichtsräte würden keine **Präventivkontrolle** ausüben, sondern – wenn überhaupt – nur nachträglich die Geschäftsführung überprüfen. Daher könne der Aufsichtsrat erst eingreifen und Korrekturen anmahnen, wenn es bereits zu spät sei. Wichtig ist an dieser Diskussion der Appell, der erfolgreiche Beirat sollte nicht nur nachträglich kontrollierend tätig sein, sondern von vornherein als mitgestaltendes, mitplanendes und präventiv schützendes Gremium agieren[31] und damit auch unternehmerisch mitgestalten. Dies gilt insbesondere in einer Familiengesellschaft mit **hilfsbedürftiger Folgegeneration**. Übereifer ist allerdings ebenso wenig geboten.[32] Denn die Verantwortung für den wirtschaftlichen Erfolg trägt doch die Geschäftsführung. Die moderne Sicht eines aktiv mitgestaltenden Aufsichtsrates kann insoweit auch zu unternehmensinternen Spannungen führen.

2. Ausgeschlossene Aufgaben eines Beirats einer GmbH

16 Manche Aufgaben sind zwingend nach dem Gesetz anderen Organen zugewiesen, so dass diese auch nicht auf satzungsmäßiger Grundlage dem Beirat anvertraut werden können. Dazu zählen bei der GmbH insbesondere:[33]

- die umfassende Geschäftsführung und Vertretung der Gesellschaft nach außen hin,[34] da diese zwingend dem Geschäftsführer zugewiesen ist;
- die Durchführung von Handelsregisteranmeldungen (zwingende Geschäftsführeraufgabe);
- der Beschluss von Satzungsänderungen;[35] diese Aufgabe ist zwingend der Gesellschafterversammlung vorbehalten;

---

[29] Vgl. BGH BB 1980, 546 (auch zur Übertragung der Rechte nach § 166 HGB auf den Beirat einer KG).

[30] Zu nennen sind nur beispielsweise Mannesmann, Balsam, Flowtex, Metallgesellschaft, Bremer-Vulkan. Die Liste ließe sich beliebig fortsetzen.

[31] *Buth/Hermanns*, DStR 1996, 597, 600; *Scholz/U. H. Schneider* § 52 GmbHG Rn 73. Vgl. auch *Lutter*, ZGR 2001, 224 ff.; *U. H. Schneider*, DB 2000, 2413 ff.

[32] Vgl. sehr ausgewogen zu diesem Kompetenzkonflikt *Goette*, FS BGH, S. 123, 128 (für die AG).

[33] Vgl. *Raiser* Kapitalgesellschaften § 34 Rn 5 f.

[34] Memento – Gesellschaften Rn 2955; *Michalski/Heyder* § 52 GmbHG Rn 213.

[35] BGHZ 43, 261, 264 = NJW 1965, 1378; *Yanli*, DStR 1991, 1352, 1353; *Baumbach/Hueck/Zöllner* § 52 GmbHG Rn 16; *Roth/Altmeppen* § 52 GmbHG Rn 48.

- die Erledigung der Buchführung, § 41 GmbHG, und Aufstellung des Jahresabschlusses, § 42 a GmbHG;[36]
- der Beschluss über die Einforderung von Nachschüssen;[37]
- der Beschluss von Umwandlungen nach dem UmwG und die Entscheidung über Unternehmensverträge wie Beherrschungs- und Ergebnisabführungsverträge sowie andere Grundlagengeschäfte;
- die Wahrnehmung zwingender Individualrechte der Gesellschafter wie das Auskunftsrecht nach § 51 a GmbHG oder das Recht auf Anfechtung anfechtbarer Beschlüsse.

Umstritten ist die Frage,[38] ob dem Beirat ein **Vetorecht** für die vorste- **17**
hend aufgezählten Gegenstände eingeräumt werden kann, so dass zwar das jeweils zwingend zuständige Organ seine Kompetenz behält, allerdings nie ohne Zustimmung des Beirates handeln kann. Dieses Problem stellt sich z. B. bei einer Satzungsregelung, wonach Satzungsänderungen nur beschlossen werden können (§ 53 Abs. 2 S. 2 GmbHG), wenn neben der Gesellschafterversammlung auch der Beirat zustimmt. Überzeugend ist insoweit die differenzierende Meinung von *Heyder*,[39] der – entsprechend dem Recht der Personengesellschaften – danach unterscheidet, ob im Beirat nur Gesellschafter mitwirken oder auch Nicht-Gesellschafter. Ist Letzteres der Fall, so scheidet ein Vetorecht aus. Nur diese Meinung trägt dem Aspekt der Alleinentscheidungsbefugnis der Gesellschafter als obersten Herren über ihre Gesellschaft ausreichend Rechnung. Andererseits eröffnet die Meinung *Heyders* bei Familiengesellschaften mit Familienstämmen die Möglichkeit, stets das Zustimmungserfordernis der Mehrheit der Aufsichtsratsmitglieder (oder der Gesellschafter-Beiratsmitglieder) vorzusehen. Die Gefahr einer Fremdbestimmung entsteht hierdurch nicht.

Häufig wird angeordnet, der Beirat könne – abweichend von den Be- **18**
stimmungen des AktG – dem Geschäftsführer Weisungen in Geschäftsführungsangelegenheiten erteilen.[40] Problematisch ist dann das Verhältnis von Entscheidungen des Beirates zu Weisungen der Gesellschafterversammlung.[41] Diese Diskussion wird im Wesentlichen beim obligatorischen Aufsichtsrat der mitbestimmten Gesellschaften geführt. Insoweit ist die überwiegende Ansicht überzeugend, dass das Weisungsrecht der Gesellschafterversammlung gegenüber der Geschäftsführung bestehen bleibt und die Gesellschaftsversammlung den Aufsichtsrat daher überspielen kann. Spannend ist jedoch die Frage, inwieweit bei einem fakultativen

---

[36] *Roth/Altmeppen* § 52 GmbHG Rn 48; *Baumbach/Hueck/Zöllner* § 52 GmbHG Rn 16.

[37] *Yanli*, DStR 1991, 1352, 1353.

[38] Bejahend hinsichtlich eines Vetorechts für Satzungsänderungen *Scholz/U. H. Schneider* § 52 GmbHG Rn 39 d; anders hingegen die h. M. *Lutter/Hommelhoff* § 52 GmbHG Rn 71; *Scholz/Priester* § 53 GmbHG Rn 63; *Roth/Altmeppen* § 53 GmbHG Rn 22.

[39] *Michalski/Heyder* § 52 GmbHG Rn 214.

[40] Vgl. den Formulierungsvorschlag von *Langenfeld* GmbH-Vertragspraxis Rn 153, Muster 39.

[41] Vgl. *Roth/Altmeppen* § 52 GmbHG Rn 21.

Beirat eine Satzungsregelung den Vorrang der Aufsichtsratsentscheidung anordnen kann.[42] Diese Frage ist m. E. zu bejahen. Die Gesellschafter können ihre Mitwirkungs- und Überwachungsbefugnisse unstreitig auf einen Beirat übertragen. Dies folgt bereits aus § 52 GmbHG. Das oberste Gesellschaftsorgan muss dennoch die Gesellschafterversammlung bleiben. Gegen diesen Grundsatz wird jedoch durch eine entsprechende Satzungsregelung nicht verstoßen. Denn die Gesellschafter haben die Möglichkeit, den Aufsichtsrat – zumindest aus wichtigem Grund – abzuberufen, wenn sie mit dessen Entscheidungen nicht einverstanden sind. Ferner besteht für die Gesellschafterversammlung die Möglichkeit der vollständigen Abschaffung des Beirates[43] durch Satzungsänderung oder der Änderung der Satzungsregelung, die den Vorrang des Weisungsrechts des Beirates anordnet.

3. Ausgeschlossene Aufgaben eines Beirats einer Personengesellschaft

19 Bei Personengesellschaften ist vor allem eine verdrängende Übertragung von Geschäftsführungsbefugnissen oder einer organschaftlichen Vertretungsmacht auf den Beirat dann ausgeschlossen, wenn auch Nichtgesellschafter ihm angehören.[44] Dagegen können bestimmte Geschäftsführungsmaßnahmen an die Zustimmung des Beirates gekoppelt werden. Dem fremdbesetzten Beirat kann auch so lange ein Weisungsrecht in Geschäftsführungsangelegenheiten eingeräumt werden, als die letztgültige Entscheidung noch bei der Gesellschafterversammlung verbleibt. Die allgemeine Organhierarchie darf nicht angetastet werden; oberstes Gesellschaftsorgan muss gerade im Hinblick auf die persönliche Haftung stets die Gemeinschaft der Gesellschafter bleiben.[45] Schließlich kann der Beirat einer Personengesellschaft nicht ermächtigt werden, beliebige substantielle Satzungsänderungen gegen den Willen der Gesellschafter vorzunehmen. Wohl aber ist eine gesellschaftsvertragliche Regelung zulässig, wonach zumindest der Beirat einer Publikums-KG über die Aufnahme neuer Gesellschafter entscheidet,[46] was rechtlich eine Änderung des Gesellschaftsvertrages bedeutet. Ob dies auch bei einer personalistischen KG/OHG gilt, ist jedoch zweifelhaft. Der Beirat kann damit in einem Fami-

---

[42] Das OLG Koblenz hält es zumindest für zulässig, besondere Anforderungen an die Mehrheitsverhältnisse zu stellen (nämlich $^3/_4$ wie bei einer Satzungsänderung), wenn der Aufsichtsrat überstimmt werden soll, GmbHR 1991, 264 f.; zustimmend auch *Roth/Altmeppen* § 52 GmbHG Rn 21.

[43] Einer Zustimmung des Beirates bedarf es dazu grds. nicht, *Lutter/Krieger* Rechte und Pflichten des Aufsichtsrats Rn 999.

[44] Abspaltungsverbot, § 717 BGB. Anders ist dies beispielsweise, wenn eine rechtsgeschäftliche Vollmacht aufgrund eines schuldrechtlichen Vertrages einem Beiratsmitglied erteilt wird. Dann handelt wiederum die Gesellschaft, vertreten durch ihr Organ, dieses wiederum vertreten durch einen Dritten – das Beiratsmitglied. Kritisch *Haack*, BB 1993, 1607, 1609 m. w. N.

[45] *Ebenroth/Mayen* § 114 HGB Rn 23. Vgl. auch BGH NJW 1985, 972 ff.

[46] BGH BB 1980, 546 ff. – zu einer Publikums-KG.

lienunternehmen die Möglichkeit eröffnen, den Einfluss der Gesellschafter, insbesondere in einer Nachfolgegeneration, gering zu halten. Manchmal geht es bei Familienunternehmen leider nicht nur um den Schutz der Familie, sondern auch um den Schutz des Unternehmens vor der Familie.

Formulierungsvorschlag:

§ * Aufgaben und Pflichten des Beirates**[47]

1. Der Beirat hat folgende Aufgaben: **20**
   - Bestellung, Abberufung[48] und Entlastung von Geschäftsführern, die Vereinbarung der Anstellungsbedingungen sowie die umfassende Vertretung der Gesellschaft gegenüber den Geschäftsführern einschließlich der Geltendmachung von Ansprüchen gegen die Geschäftsführung;[49] § 112 AktG gilt entsprechend;
   - Überwachung, Beratung und Kontrolle der Geschäftsführung sowie die Abstimmung der strategischen Unternehmensplanung mit der Geschäftsführung; zu diesem Zweck kann der Beirat die Erstattung von Berichten und Planungsunterlagen entsprechend § 90 AktG verlangen;
   - Erteilung von Weisungen an die Geschäftsführung – Weisungen der Gesellschafterversammlung, die mit einer Mehrheit von mehr als *** % der abgegebenen Stimmen gefasst wurden, sind von den Geschäftsführern vorrangig zu beachten;
   - Entscheidung über die Befreiung von Wettbewerbsverboten und Geheimhaltungspflichten;
   - Aufstellung einer Geschäftsordnung für die Geschäftsführung sowie einen Kompetenzverteilungsplan, sofern mehrere Geschäftsführer vorhanden sind.
   - Unmittelbar nach Aufstellung des Jahresabschlusses ist dieser dem Beirat vorzulegen. Dieser hat zum Jahresabschluss Stellung zu nehmen und einen Vorschlag zur Gewinnverwendung und einen Vorschlag zur Bildung von Rücklagen zu unterbreiten. Die Gesellschafter sind in ihrem Beschluss hieran nicht*** gebunden.
2. Die Geschäftsführung bedarf zur Vornahme folgender Geschäfte der Zustimmung des Beirates:[50]
   - Erwerb, Veräußerung und Belastung von Grundstücken und grundstücksgleichen Rechten,

---

[47] Der Vorschlag geht vom Vorliegen einer GmbH aus.

[48] Umstritten ist, ob die Befugnis der Gesellschafterversammlung zur Abberufung eines Geschäftsführers aus wichtigem Grund davon unberührt bei der Gesellschafterversammlung verbleiben muss, vgl. *Baumbach/Hueck/Zöllner* § 38 GmbHG Rn 12 m. w. N. und § 52 Rn 16.

[49] Ohne eine solche Klarstellung könnte der Beirat zwar den Anstellungsvertrag abschließen, aber darin keine Regelungen zur Haftung, insbes. zur Haftungserleichterung treffen; so zumindest OLG Brandenburg NZG 1999, 210.

[50] Vgl. MVH/*Riegger* Band 1 Form. III. Ziff. 10., § 10 Abs. 6; *Arens/Rinck/Schiffer* Gesellschaftsrecht 2002 § 16 Rn 55; kritisch *Buth/Hermanns*, DStR 1996, 597, 600.

- grundlegende Veränderungen an Gebäuden auf eigenen und fremden Grundstücken,
- Einstellung und Entlassung von Mitarbeitern, Mitteilung von Pensionszusagen und die Vereinbarung von Tantiemen mit Mitarbeitern,
- Erteilung und Widerruf von Prokuren und Handlungsvollmachten,
- Abschluss von Darlehensverträgen, Garantien und Bürgschaften,
- Erwerb und Veräußerung von Beteiligungen an anderen Unternehmen,
- Veräußerung des Betriebs im Ganzen, der Abschluss von Rechtsgeschäften mit einem einmaligen Volumen von mehr als 100.000 € oder monatlich laufenden Verpflichtungen von mehr als 5.000 €,
- Abschluss von Betriebspachtverträgen,
- alle grundlegenden strategischen Entscheidungen über die Ausrichtung des Unternehmensgegenstandes und der Tätigkeit der Gesellschaft,
- Abschlussänderung und Beendigung von stillen Beteiligungen an der Gesellschaft,
- die Begründung oder Aufhebung von Zweigniederlassungen.

3. Der Beirat kann weitere Maßnahmen mit Zustimmung der Gesellschafterversammlung mit einfacher Mehrheit bestimmen, die ebenfalls seiner Zustimmung bedürfen. Bei Eilbedürftigkeit kann der Beiratsvorsitzende allein seine Zustimmung erteilen. Er hat unverzüglich die Stellungnahmen der weiteren Beiratsmitglieder einzuholen.
4. Den Vorsitz in der Gesellschafterversammlung führt der Beiratsvorsitzende, hilfsweise im Verhinderungsfall dessen Vertreter. Sind Erklärungen namens des Beirates aufgrund eines Beiratsbeschlusses abzugeben, so genügt die Erklärung durch ein beliebiges Beiratsmitglied, das insoweit bevollmächtigt ist.[51]

V. Die erstmalige Einrichtung und Abschaffung

21 Die Schaffung eines Beirates kann gleich bei Gründung der Gesellschaft erfolgen. In diesem Fall sind die Regeln über den Beirat integrierte Bestandteile des Gesellschaftsvertrages bzw. der Satzung. Soll ein Beirat erst nachträglich eingeführt werden, so stellt sich die Frage nach den dafür erforderlichen **Mehrheiten und Kompetenzen**. Zuständig für die Errichtung eines Beirates ist stets die Gesellschafterversammlung. Bei **Kapitalgesellschaften** liegt eine Satzungsänderung vor, so dass die dafür geltenden formalen Anforderungen und das stimmliche Mindestquorum einzuhalten sind, §§ 53 ff. GmbHG.[52] Diese Anforderungen können bei hartnäckiger Blockadepolitik einzelner Gesellschafter zu einem ech-

---

[51] Diese Regelung führt zu einer wesentlichen Verfahrenserleichterung, da nicht alle Mitglieder und nicht stets der Vorsitzende des Beirates handeln muss.

[52] Notarielle Beurkundung, Handelsregisteranmeldung, -eintragung und Veröffentlichung, $^3/_4$-Mehrheit der abgegebenen Stimmen und die Einhaltung ggf. wei-

ten Hinderungsgrund werden, so dass der Beirat scheitert. Umstritten[53] ist, ob deshalb vorab eine schuldrechtliche Verpflichtung zur Errichtung eines Aufsichtsrates eingegangen werden kann. Dies würde eine Verpflichtung zur Satzungsänderung bedeuten, die entsprechend § 53 Abs. 3 GmbHG[54] bei einem Aufsichtsrat, der substantielle Rechte der Gesellschafter übertragen erhält, der Einstimmigkeit bedarf. Der Beschluss der Satzungsänderung bedarf der notariellen Beurkundung. Insoweit ist wiederum strittig, ob die Eingehung einer Verpflichtung zur Änderung der Satzung der notariellen Beurkundung bedarf[55] oder formfrei möglich ist. Um diese Problematik zu vermeiden, kann bei der Gesellschaftsgründung ein Vorratsbeirat als echter Satzungsbestandteil geschaffen werden, der allerdings erst zu besetzen ist, wenn ein satzungsmäßig festzulegendes Quorum von Gesellschaftern oder ein Geschäftsführer dies verlangt. Erst mit der Besetzung werden dessen Rechte und Pflichten dann aktiviert.

Die Situation ist bei **Personengesellschaften** ähnlich. Nach dem **22** Grundsatz der Einstimmigkeit ist hier grds. ein einstimmiger Beschluss erforderlich. Etwas anderes gilt, wenn – wie im Regelfall – nach dem Gesellschaftsvertrag für Änderungen ein Beschluss mit einfacher oder qualifizierten Mehrheit genügt. Dieses Mehrheitsprinzip wird allerdings durch die Kernbereichslehre und den Bestimmtheitsgrundsatz eingeschränkt.[56] Danach darf in den Kernbereich der Mitgliedschaft nicht ohne Zustimmung eines Gesellschafters eingegriffen werden, und eine Mehrheitsklausel muss für ungewöhnliche Geschäftsgegenstände so bestimmt gefasst sein, dass die Mehrheitsentscheidungsmöglichkeiten vorhersehbar sind. Danach ist wie folgt zu differenzieren: Ist der Beirat lediglich beratend und zusätzlich überwachend tätig, so kann seine Einführung aufgrund einer **allgemeinen Mehrheitsklausel** erfolgen, da Rechte der Gesellschafter nicht beschnitten werden. Soll der Beirat hingegen wesentliche Gesellschafterrechte *anstelle* der Gesellschafter wahrnehmen, so bedarf es eines **einstimmigen Gesellschafterbeschlusses**, es sei denn, eine dies konkret gestattende Öffnungsklausel war bereits im Gesellschaftsvertrag vorhanden.

Die Änderung oder **Beseitigung eines Beirates** ist ebenfalls Ände- **23** rung des Gesellschaftsvertrages. Sie bedarf bei der GmbH grds. nicht der Zustimmung aller Gesellschafter und auch nicht des Beirates.[57] Sind allerdings in den Bestimmungen über den Beirat **Sonderrechte** für einzelne Gesellschafter oder Gesellschaftergruppen geschaffen worden, so bedarf

---

tergehender Satzungsbestimmungen, vgl. *Scholz/Priester* § 53 GmbHG Rn 119; ebenso *Lutter/Hommelhoff* § 52 GmbHG Rn 63.

[53] Vgl. *Scholz/U. H. Schneider* § 52 GmbHG Rn 2 a. E.

[54] Vgl. zum Anwendungsbereich des Rechtsgedankens des § 53 Abs. 3 GmbHG, *Roth/Altmeppen* § 53 GmbHG Rn 33.

[55] Bejahend *Lutter/Hommelhoff* § 53 GmbHG Rn 34; verneinend *Scholz/Priester* § 53 GmbHG Rn 36 a. E.

[56] *Ebenroth/Goette* § 119 HGB Rn 48 m. w. N.

[57] *Scholz/Priester* § 53 GmbHG Rn 114; *Lutter/Krieger*, Rechte und Pflichten des Aufsichtsrats, Rn 999.

die Beseitigung deren Zustimmung.[58] Für Personengesellschaften gelten die obigen Ausführungen entsprechend.

VI. Zusammensetzung des Beirates

24 Die Zusammensetzung eines Beirates ist einer der wesentlichen Erfolgsfaktoren für den Einsatz eines Beirates.[59] Die klassischen externen Beiratsmitglieder sind ein Vertreter der Hausbank, der Rechtsberater und der Steuerberater. Ob dies tatsächlich eine optimale Besetzung ist, hängt ganz von den Aufgaben des Beirates ab. Je mehr eine Begleitung bei der strategischen Unternehmensplanung in den Vordergrund rückt, desto wichtiger ist es, **„Unternehmertypen"** mit Branchenkenntnissen zu berücksichtigen. In den heutigen Zeiten, in denen sich immer schärfere Interessengegensätze zwischen Bank und Kunde zeigen, ist die Aufnahme eines Bankenvertreters nicht unproblematisch, da er auf diese Weise intimste Einsichten in das Unternehmen erlangt. Entscheidend ist im Übrigen, in welcher Form die Familie sich Unterstützung durch den Beirat im Einzelfall erwartet.

25 Bei einer GmbH mit kontrollierendem Beirat (= funktionaler Aufsichtsrat) kann ein **Geschäftsführer** analog § 105 AktG nicht Beiratsmitglied sein.[60] Einer Satzungsregelung bedarf es insoweit nicht.

26 Gelegentlich wird ein **Entsenderecht** von Aufsichtsratsmitgliedern für einen *Nicht*gesellschafter gewünscht – beispielsweise zugunsten einer Familien-Stiftung oder einen Vertrauten der Familie, dem der Unternehmensgründer mehr vertraut als seinen Kindern. Die Zulässigkeit dieser Gestaltung ist umstritten.[61] Zur Vermeidung dieser Streifrage kann dem gewünschten Entsendungsberechtigten ein stimmrechts- und gewinnloser Zwerganteil[62] an der Gesellschaft eingeräumt werden.

27 Bei Gesellschaften mit unterschiedlichen **Familienstämmen** wird regelmäßig ein Entsendungsrecht der einzelnen Familienstämme gewünscht. Dies ist nicht immer einer konstruktiven Zusammenarbeit förderlich, da auf diese Art und Weise „Interessenvertreter" der Gesellschafterstämme im Beirat sitzen, die die Diskussionen der Gesellschafter auf anderer Ebene fortführen.[63] Dennoch wird sich dies in größeren Familiengesellschaften regelmäßig nicht vermeiden lassen. Die Satzungsregelung

---

[58] *Baumbach/Hueck/Zöllner* § 52 GmbHG Rn 18.

[59] Vgl. grundlegend *Peltzer,* FS Sigle, 2000, S. 93, 98 ff. – kritisch zu den sog. „klassischen" Beiratsmitgliedern (S. 101).

[60] OLG Frankfurt GmbHR 1982, 159; OLG Frankfurt DB 1987, 85; *Lutter/Krieger,* Rechte und Pflichten des Aufsichtsrats, Rn 970; *Baumbach/Hueck/Zöllner* § 52 GmbHG Rn 17 m. w. N. auch zur Gegenmeinung.

[61] Die Möglichkeit bejahend *Rowedder/Koppensteiner* § 52 GmbHG Rn 9; *Scholz/U. H. Schneider* § 52 GmbHG Rn 136; *Simon,* GmbHR 1999, 257, 259; ablehnend analog § 101 Abs. 2 AktG *Baumbach/Hueck/Zöllner* § 52 GmbHG Rn 29 a. E.; differenzierend *Roth/Altmeppen* § 52 GmbHG Rn 11.

[62] Diese Möglichkeit besteht, vgl. *Baumbach/Hueck/Zöllner* § 47 GmbHG Rn 24; *Schäfer,* GmbHR 1998, 113.

[63] Warnend auch *Arens/Rinck/Schiffer* Gesellschaftsrecht § 16 Rn 25.

sollte in einem solchen Fall klarstellen, dass die entsandten Mitglieder dennoch nicht Vertreter des Familienstammes sind, sondern der Gesellschaft als solcher verpflichtet sind.[64] Ferner sollte Vorsorge getroffen werden, indem Beiratsvorsitzender kein entsandtes Mitglied ist und weitere allein nach Fach- und Sachkompetenz ausgewiesene Beiratsmitglieder vorhanden sind. Der Beirat sollte keinesfalls zu groß sein, um ein effektives Arbeitsgremium zu schaffen. Sechs Mitglieder sind dafür die Obergrenze.

Formulierungsvorschlag:
§ * Beirat, Zusammensetzung**

1. Der Beirat besteht aus sechs Mitgliedern. Die Amtszeit jedes Beirats- **28**
mitglieds beträgt drei Jahre.
2. Drei der Mitglieder werden als Sonderrecht[65] von jedem Gesellschafterstamm der Familie nach A, B und C entsandt. Das mit dem jeweiligen Geschäftsanteil verbundene Sonderrecht erlischt, wenn der Geschäftsanteil in die Hände eines Gesellschafters kommt, der nicht zugehöriger des Ausgangsstammes ist. Die Beschlussfassung über die zu entsendenden Beiratsmitglieder erfolgt ausschließlich innerhalb des jeweiligen Gesellschafterstammes entsprechend den Vorschriften über die Abhaltung von Gesellschafterversammlungen.[66] Eventuelle zukünftige stammlose Gesellschafter haben kein Entsendungsrecht. Die drei frei wählbaren Beiratsmitglieder werden mit einfacher Mehrheit der Stimmen gewählt. Von den drei frei wählbaren Beiratsmitgliedern darf keiner Gesellschafter der Gesellschaft sein.
3. Jedes entsandte Beiratsmitglied kann jederzeit von den Entsendungsberechtigten aufgrund eines von diesem Gesellschafterkreis mit Dreiviertel-Mehrheit gefassten Beschlusses abberufen werden.[67] Eines wichtigen Grundes bedarf es hierfür nicht.[68] Bei Vorliegen eines wichtigen Grundes ist auch die Gesamt-Gesellschafterversammlung[69] mit

---

[64] Dies entspricht der tatsächlichen Rechtslage beim Aufsichtsrat sowohl bei der AG wie bei der GmbH, vgl. BGH BB 1980, 546 (zur KG); BGH NJW 1980, 1629 f. (zur AG); *Schwintowski*, NJW 1995, 1316, 1318; *Baumbach/Hueck/Zöllner* § 52 GmbHG Rn 40; *Kessler*, GmbHR 2000, 71, 77 m. w. N.; *Roth/Altmeppen* § 52 GmbHG Rn 51.

[65] Dadurch kann das Entsenderecht nur mit Zustimmung jedes Sonderrechtsinhabers durch Satzungsänderung aufgehoben werden.

[66] Stirbt ein Gesellschafterstamm aus, so bedarf es einer Anpassung des Gesellschaftsvertrages. Selbstverständlich kann auch bereits in der Satzung Vorsorge für solche Fälle getroffen werden.

[67] Vgl. allgemein zur Bestellung und Abberufung von Mitgliedern fakultativer Beiräte, *Simon*, GmbHR 1999, 257 ff.

[68] Soll die Unabhängigkeit des jeweils gewählten Beiratsmitgliedes vom Familienstamm gestärkt werden, so sollte die Abwählbarkeit an ein hohes Stimmquorum und ggf. sogar an das Vorliegen eines wichtigen Grundes geknüpft werden.

[69] Ob die Gesellschafterversammlung diese Möglichkeit ohne ausdrückliche Regelung hat, ist umstritten. Vgl. *Baumbach/Hueck/Zöllner* § 52 GmbHG Rn 33; *Scholz/U. H. Schneider* § 52 GmbHG Rn 200; Memento – Gesellschaften, Rn 2943;

gleicher Mehrheit zur Abberufung eines entsandten Mitgliedes befugt. Die frei gewählten Beiratsmitglieder können auch ohne Angabe oder Vorliegen eines wichtigen Grundes jederzeit abberufen werden. Der hierfür erforderliche Gesellschafterbeschluss bedarf einer Mehrheit von *** der abgegebenen Stimmen.

4. Beiratsmitglieder, einschl. der entsandten, sind nicht an Weisungen der Gesellschafter gebunden und ausschließlich dem Interesse der Gesellschaft verpflichtet.

VII. Die innere Ordnung des Beirates

29 In manchen Gesellschaftsverträgen finden sich ausführliche Regelungen über das interne Organisationsrecht[70] des Beirates. Dieses führt zu **großer Schwerfälligkeit** bei Änderungsbedarf. Bei einer GmbH ist bei jeder Anpassung eine notarielle Beurkundung mit Handelsregisteranmeldung erforderlich. Bei einer Personengesellschaft ist grundsätzlich Einstimmigkeit für die Beschlussfassung nötig. Es empfiehlt sich daher, die Regelung im Gesellschaftsvertrag auf das Nötigste zu beschränken und die Festlegung der Details einem Beirats- oder Gesellschafterbeschluss zu überlassen.

30 Die **Höhe der Vergütung** eines Beiratsmitglieds hängt davon ab, welches Engagement vom Beiratsmitglied erwartet wird. Wird der Beirat eingesetzt, um der Geschäftsführung eine laufende Beratung und Unterstützung bei der strategischen Unternehmensplanung zu ermöglichen, so sollten die Aufsichtsratsvergütungen angemessen hoch liegen. Jährlich sind bei kleineren Gesellschaften Vergütungen von 5000,– bis 10 000,– € üblich, bei mittleren bis größeren Familienunternehmen bis zum Doppelten der genannten Beträge. Aufwendungsersatz versteht sich von selbst. Der Vorsitzende des Beirates erhält in der Regel einen Zuschlag. Die Vergütung sollte nicht als Fixbetrag vereinbart werden, sondern abhängig von der Häufigkeit der Sitzungen.[71]

Formulierungsvorschlag:
§ * Innere Ordnung des Beirates**

31 1. Der Beirat gibt sich mit Zustimmung der Gesellschafterversammlung, die hierüber mit einfacher Mehrheit entscheidet, eine Geschäftsordnung.[72]

2. Der Beirat tagt mindestens alle zwei Monate. Im Übrigen gelten die aktienrechtlichen Bestimmungen für den Aufsichtsrat für diesen Beirat

---

Fleck, GmbHR 1995, 880, 882 (hält die Abberufungskompetenz aus wichtigem Grund der Gesellschafterversammlung für zwingend). M. E. ist eine solche Satzungsregelung sehr sinnvoll.

[70] Vgl. dazu *Lutter/Krieger*, Rechte und Pflichten des Aufsichtsrats, Rn 531 ff.

[71] Vgl. *Buth/Hermanns*, DStR 1996, 597, 602; vgl. insoweit auch OLG Celle GmbHR 1998, 288 – auch zu den Grenzen einer möglichen Ungleichbehandlung von internen und externen Beiratsmitgliedern.

[72] Vgl. einen Formulierungsvorschlag bei MVH/*Heidenhain/Meister* Band 1 Form. IV.41 § 2; *Bea/Scheurer/Gutwein*, DB 1996, 1193, 1197 (§ 5).

nicht, sofern in dieser Satzung nicht ausdrücklich Abweichendes angeordnet ist.

3. Über die Vergütung der Beiratsmitglieder beschließt die Gesellschafterversammlung mit einfacher Mehrheit.[73] Der Beiratsvorsitzende erhält die eineinhalbfache Vergütung der den anderen Beiratsmitgliedern gezahlten Vergütung.

Eines der größten Probleme bei der Besetzung eines fakultativen Beirates ist der **Geheimnisschutz**.[74] Regelmäßig werden Beiratsmitglieder aufgrund ihrer Sachkompetenz in bestimmten Branchen ausgesucht. Diese Kenntnisse haben die Beiratsmitglieder in der Regel irgendwo erworben. Hieraus können **Interessenkonflikte** entstehen. Dies gilt gerade für Beiratsmitglieder, die auch in anderen Beiräten tätig sind. Aus diesem Grunde sollten strenge Geheimhaltungspflichten mit den Beiratsmitgliedern vereinbart werden (vgl. § 93 Abs. 1 S. 2 AktG) und im Regelfall keine Beiratsmitglieder bestellt werden, die in unmittelbaren Konkurrenzunternehmen als Beiräte oder Aufsichtsräte, Gesellschafter oder Angestellte tätig sind. Bei einem Verstoß gegen die Verschwiegenheitsverpflichtung entstehen Schadensersatzansprüche. Gegenüber Gesellschaftern besteht allerdings die Möglichkeit der Geheimhaltung von Informationen nur in den Grenzen des § 51 a GmbHG, der dem Gesellschafter auch ein Informationsrecht hinsichtlich der Tätigkeit des Beirats gibt.[75] Ohne weitere Vereinbarung gilt für Beiratsmitglieder kein **Wettbewerbsverbot**.[76] Eine entsprechende Vereinbarung kann sich je nach Einzelfall daher anbieten. 32

VIII. Haftung der Beiratsmitglieder

Jedes Beiratsmitglied haftet dafür, dass es die ihm übertragenen Aufgaben mit der gebotenen Sorgfalt erfüllt.[77] Der maßgebliche **Pflichtenumfang** hängt wesentlich von der Ausgestaltung der Aufgaben des Beirates ab. Je größer die Macht- und Aufgabenfülle ist, desto strengere Anforderungen sind an die Sorgfaltspflichten des Beirates zu stellen. Im Einzelfall kann den Aufsichtsrat auch die Pflicht treffen, Schadensersatzansprüche 33

---

[73] Durch diese Regelung wird eine regelmäßige Anpassung an die Lage der Gesellschaft ermöglicht. Eine Festlegung eines festen Betrages in der Satzung wäre zu schwerfällig.

[74] Vgl. ausführlich zu dieser Problematik bei der GmbH *Erker/Freund*, GmbHR 2001, 463 ff.; *Lutter/Krieger*, Rechte und Pflichten des Aufsichtsrats, Rn 248 (für AG).

[75] BGHZ 135, 48 = NJW 1997, 1985; vgl. auch *Roth/Altmeppen* § 52 GmbHG Rn 25.

[76] *Baumbach/Hueck/Zöllner* § 52 GmbHG Rn 40 a. E.

[77] BGHZ 69, 207 ff.; BGH BB 1980, 546 ff. (zur Publikums-KG); BGH NJW 1980, 1629; vgl. jüngst LG Stuttgart DB 1999, 2462 ff. (zur AG); LG Bielefeld WM 1999, 2457 ff. (zur AG – „Balsam"). Vgl. *Goette,* FS BGH, S. 123, 129 ff. (für die AG); umfassend auch; *Lutter/Krieger*, Rechte und Pflichten des Aufsichtsrats, Rn 821 ff.; *Heidinger*, Aufgaben und Verantwortlichkeit von Aufsichtsrat und Beirat der GmbH, 1989. – Bei einer personalistischen Personengesellschaft ist hingegen § 708 BGB entsprechend anwendbar.

gegen die Geschäftsführung geltend zu machen.[78] Hinsichtlich der Beweislast findet gemäß § 116 AktG i.V. m. § 93 Abs. 2 S. 2 AktG eine Beweislastumkehr statt, so dass die Beiratsmitglieder die Beweislast für die Einhaltung der Sorgfalt eines ordentlichen und gewissenhaften Beirates/Aufsichtsrates trifft.

34 Die Haftungsrisiken lassen sich üblicherweise durch die immer verbreiteter werdenden **D&O-Versicherungen**[79] abmildern. Ferner ist eine gesellschaftsvertragliche Regelung üblich, wonach die Haftung auf **Vorsatz und grobe Fahrlässigkeit** beschränkt wird.[80] Dies ist sinnvoll, um einen kraftvoll mitwirkenden Beirat zu schaffen und kein Gremium von unter ständiger Haftungsangst leidenden „Reichsbedenkenträgern".

---

[78] Vgl. BGHZ 135, 244 = NJW 1997, 1926 (Fall ARAG); dazu *Götz*, NJW 1997, 3275; *Geißler*, GmbHR 1998, 1114; *Henze*, NJW 1998, 3309, 3310.

[79] Vgl. dazu § 17 Rn 26 ff. sowie *O. Lange*, DStR 2002, 1626 ff. und 1674 ff.; *Lutter/Krieger*, Rechte und Pflichten des Aufsichtsrats, Rn 866 f.

[80] Diese Möglichkeit ist allgemein anerkannt, vgl. *Scholz/U. H. Schneider* § 52 GmbHG Rn 361; Memento – Gesellschaften, Rn 2962; MVH/*Heidenhain/Meister* Band 1 Form. IV.41 § 4; *Lutter/Krieger*, Rechte und Pflichten des Aufsichtsrats, Rn 1000. Vgl. zur Verkürzung der Verjährung *Scholz/U. H. Schneider* § 52 GmbHG Rn 362 b.

§ 16 Streitvermeidung in Familienunternehmen

Übersicht

	Rn
I. Streitvermeidende Gestaltung von Gesellschaftsverträgen	1
II. Schiedsgerichte und Mediation	4
1. Abgrenzungen	4
2. Bedeutung und Ausgestaltung	5
3. Mediation	17

Schrifttum: *Bender,* Schiedsklagen gegen Gesellschafterbeschlüsse im Recht der Kapitalgesellschaften nach der Neuregelung des Schiedsverfahrensrechts, DB 1998, 1900; *Berger,* GmbH-rechtliche Beschlussmängelstreitigkeiten vor Schiedsgerichten, ZHR 164 (2000), 295; *Bredow,* Die Zukunft der Schiedsklausel für GmbH-Beschlussmängelklagen – Anmerkungen zum BGH-Urteil vom 29. 3. 1996, II ZR 124/95, DStR 1996, 1653; *Casper/Risse,* Mediation von Beschlussmängelstreitigkeiten, ZIP 2000, 437; *Dendorfer,* Wirtschaftsmediation: Die Abkehr von der Streithansel-Kultur, DB 2003, 135; *Kanzleiter* in: Kersten/Bühling, Formularbuch und Praxis der freiwilligen Gerichtsbarkeit, 21. Aufl., § 134 Rn 45 ff.; *Ebbing,* Schiedsvereinbarungen in Gesellschaftsverträgen, NZG 1998, 281; *Ebbing,* Satzungsmäßige Schiedsklauseln, NZG 1999, 754; *Gottwald/Adolphsen,* Das neue deutsche Schiedsverfahrensrecht, DStR 1998, 1017; *Haunhorst,* Konfliktmanagement in Unternehmen – Eine Herausforderung für Berater und Unternehmer, DStZ 2001, 770; *Heckschen,* Chancen und Grenzen für Mediation im Gesellschaftsrecht, NotBZ 2002, 200; *Kröll,* Das neue deutsche Schiedsrecht vor staatlichen Gerichten: Entwicklungslinien und Tendenzen 1998–2000, NJW 2001, 1173; *Lenz,* Schiedsklauseln in GmbH-Gesellschaftsverträgen hinsichtlich Beschlussmängelstreitigkeiten, GmbHR 2000, 552; *Lörcher,* Das neue Recht der Schiedsgerichtsbarkeit, DB 1998, 245; *N. Maier,* Zulässigkeit einer Schlichterregelung in einem GmbH-Gesellschaftsvertrag, GmbHR 2004, 415; *Risse,* Wirtschaftsmediation, NJW 2000, 1614; *Rodloff,* Einbeziehung und Ausgestaltung von Schiedsabreden im Gesellschaftsrecht, DStR 1997, 1408; *K. Schmidt,* Schiedsklauseln in Gesellschaftsverträgen der GmbH & Co. KG, GmbHR 1990, 16; *Schmitz,* Schiedsvereinbarungen in der notariellen Praxis, RNotZ 2003, 591; *Schwarz,* Verhandeln und Mediation mit vielen Beteiligten, MittBayNot 2001, 294; *Stubbe,* Wirtschaftsmediation und Claim Management, BB 2001, 685; *Trittmann,* Die Auswirkungen des Schiedsverfahrens-Neuregelungsgesetzes auf gesellschaftsrechtliche Streitigkeiten, ZGR 1999, 340; *Wagner,* Sicherung der Vertraulichkeit von Mediationsverfahren durch Vertrag, NJW 2001, 1398; *Walz,* Vertraulichkeit in der Mediation, MittBayNot 2001, 53.

I. Streitvermeidende Gestaltung von Gesellschaftsverträgen

Bricht in einem Unternehmen **Streit** aus, so ist dies häufig der Anfang 1
vom Ende. Dies gilt insbesondere bei Familienunternehmen. Innerhalb der Familie werden Auseinandersetzungen häufig besonders heftig und emotional ausgetragen. Dies reduziert die Chance, einen einmal ausgebrochenen Streit aufgrund der eingetretenen Verletzlichkeiten wieder zu schlichten und den Familienmitgliedern ein weiteres kooperatives Zusammenarbeiten zu ermöglichen. Aus diesem Grunde spielt die **Streit-Prävention** eine noch größere Rolle, als dies in anderen Gesellschaften der Fall ist.

2 Insoweit ist es die Aufgabe des Beraters, in den Grenzen des Möglichen zukünftige **Streitpunkte zu antizipieren** und bereits zu Zeiten zu regeln, wenn der Streit noch gar nicht ausgebrochen ist. Einerseits kommt es dabei natürlich auf eine gute Menschenkenntnis und Einschätzung der Unternehmerfamilie an. Häufig sind allerdings gar nicht alle Beteiligten dem Berater bekannt, so dass er sich auf allgemeine Erfahrungen und Eindrücke verlassen muss. Werden potentielle Interessengegensätze rechtzeitig erkannt, aufgedeckt und behandelt, können sie später das Unternehmen nicht mehr in den Ruin treiben. Das Antizipieren von Problempunkten besteht beispielsweise darin, offen klassische Sachverhalte wie den Tod, die Scheidung oder wirtschaftliche Schwierigkeiten der Beteiligten einer Regelung zuzuführen. Werden minderjährigen Kindern Gesellschaftsbeteiligungen übertragen, muss auch an die Möglichkeit eines schweren Unfalls oder gar des Todes gedacht werden. Dies kann nicht nur zu Schwierigkeiten mit Sozialbehörden führen, sondern auch zum Übergang der Beteiligung auf den Ehegatten des bisherigen Gesellschafters – dies auch im Scheidungsfall. Die daraus resultierenden Probleme lassen sich durch **vorausschauende Gestaltung**, insbesondere durch entsprechende Rückforderungsrechte vermeiden.

3 Schließlich ist eine ganz wichtige Möglichkeit, spätere Streitigkeiten zu vermeiden, die Gesellschaftsverträge und sonstigen **Vereinbarungen** in der Familie so **klar und eindeutig** zu formulieren, dass erst gar kein Streit entstehen kann, weil alle Fragen geklärt sind. Dass dies eine utopische Hoffnung ist, versteht jeder Vertragsgestalter. Dennoch muss die Zielsetzung genau darin bestehen.

II. Schiedsgerichte und Mediation

1. Abgrenzungen

4 Das **schiedsgerichtliche Verfahren** ist in §§ 1025 ff. ZPO geregelt und betrifft die nicht-staatliche Justiz nach Auftreten eines Streitfalles. Hiervon abzugrenzen ist das **bloße Schiedsgutachten**[1] gemäß §§ 317 ff. BGB, bei dem ein unbeteiligter Dritter, im Falle des § 315 BGB auch ein Vertragsbeteiligter selbst, als sachverständiger Gutachter eine Entscheidung fällt, die im Grundsatz für die Beteiligten verbindlich ist. Eine gerichtliche Überprüfung ist jedoch in den Grenzen der §§ 317 ff. BGB möglich. Der Rechtsweg zu den staatlichen Gerichten wird hierdurch nicht ausgeschlossen. Das Schiedsgutachten dient in der Regel der Vermeidung eines Streites. Zum Streit ist es in diesen Fällen in der Regel noch nicht gekommen. Allenfalls schließen sich Streitigkeiten im Nachgang an die Erstellung des Gutachtens an.

[1] Vgl. *Gross*, DStR 2000, 1959; *Volmer*, BB 1984, 1010; Palandt/*Heinrichs* § 317 BGB Rn 3 ff.; *Wimmer*, MittBayNot 1994, 588.

2. Bedeutung und Ausgestaltung

Die Bedeutung von Schiedsgerichtsvereinbarungen für Familiengesellschaften ist groß. Gerade innerhalb von Familiengesellschaften können Streitigkeiten mit besonderer Heftigkeit und Vehemenz ausgetragen werden. Das Zusammenleben innerhalb der Familie ist häufig nicht von Rationalität und wirtschaftlichem Gewinnstreben, sondern von Emotionalität geprägt. An derartigen Auseinandersetzungen können Familiengesellschaften und Familienunternehmen zugrunde gehen. Ziel einer jeden Vertragsgestaltung muss es daher sein, **Streitigkeiten** in erster Linie zu **vermeiden** und wo sie entstehen, diese unter größtmöglichem Schutz des Unternehmens auszutragen. Schiedsgerichte können hierbei eine wesentliche Rolle spielen. 5

Sie haben im Regelfall vor allen Dingen **folgende Vorteile**:[2] 6

- Schiedsverfahren dienen in der Regel weniger der Rechtsfindung als vielmehr der **„Mediation“**[3] und Streitschlichtung. Das Ergebnis des Verfahrens resultiert in der Regel in einem Vergleich. Das Ziel, ein weiteres gemeinsames Wirtschaften innerhalb der Familiengesellschaft zu ermöglichen, wird so leichter erreicht als in einem Prozess, der häufig mit einem endgültigen Urteil endet, das zwar Recht spricht, meistens jedoch nicht befriedigt und befriedet.
- Die Dauer von Schiedsverfahren sind in der Regel – aber keinesfalls immer[4] – **kürzer**, da sie grds.[5] nur eine Instanz kennen.
- Im Gegensatz zu den öffentlichen Gerichtsverfahren sind Schiedsverfahren in der Regel **geheim** und dringen nicht an die Öffentlichkeit.[6]
- Ein Schiedsverfahren ist **formloser und flexibler** als das gerichtliche Verfahren nach der ZPO.

Nach der Reform von 1998 bedarf eine schiedsgerichtliche Vereinbarung grds. **nicht mehr** der Unterzeichnung einer **gesonderten Urkunde**. Die Form ist nunmehr in § 1031 ZPO geregelt. Hiernach genügt jede schriftliche Vereinbarung, sogar in gewechselten Schreiben, Fernkopien, Telegrammen oder in anderen Formen der Nachrichtenübermittlung. Die Mitregelung im Gesellschaftsvertrag ist grds. ausreichend. Ist allerdings ein Verbraucher (§ 13 BGB) am Vertrag beteiligt, was bei Aufnahme von weiteren Gesellschaftern regelmäßig der Fall sein wird, so ist die Schieds- 7

---

[2] *Arens/Rinck/Schlüter* Gesellschaftsrecht 2002 § 27 Rn 5 ff.

[3] Dies ist nur untechnisch gemeint, da Mediation und Schiedsgerichtsbarkeit sich in der Methode wesentlich unterschieden.

[4] *Sudhoff/Hörstel* Personengesellschaften S. 242; *Rodloff*, DStR 1997, 1408; vgl. zu empirischen Erfahrungen *Möller*, BB 1992, 2019. Maßgeblich hängt dies davon ab, ob eine oder mehrere Instanzen der staatlichen Gerichte berücksichtigt werden.

[5] Anders nur bei Streit um die Vollstreckbarerklärung oder Streit um die Anerkennung der Wirksamkeit der Schiedsgerichtsklausel. Vgl. dazu *Rodloff*, DStR 1997, 1408 ff.

[6] Vgl. auch *Goette*, DStR 2000, 937, 938; *Rodloff*, DStR 1997, 1408; *Buth/Hermans*, DStR 1996, 597, 602 für den Beirat als Schiedsgericht.

gerichtsvereinbarung separat schriftlich in isolierter Form zu vereinbaren gemäß § 1031 Abs. 5 ZPO. Dies gilt nicht bei notarieller Beurkundung.

8 Wurde zunächst in der Gesellschaftssatzung noch keine Schiedsgerichtsklausel vorgesehen, so stellt sich die Frage, welche **Mehrheitserfordernisse für die nachträgliche Vereinbarung** einzuhalten sind. Für das Vereinsrecht wurde entschieden, dass bei nachträglicher Aufnahme einer solchen Regelung ein Mehrheitsbeschluss genüge und keine einstimmige Vereinbarung erforderlich sei.[7] Dem ist der BGH jedoch für das Vereinsrecht entgegengetreten.[8] Dies hat auch für andere Gesellschaften zu gelten,[9] da dem einzelnen Gesellschafter nicht zumutbar ist, aus Anlass der Einführung dieser Klausel aus der Gesellschaft auszutreten. Dem ist zuzustimmen, da damit ein direkter Eingriff in die Rechte jedes einzelnen Gesellschafters verbunden ist und jedem Gesellschafter – ggf. gegen seinen Willen – damit der Weg zu den staatlichen Gerichten genommen wird. Im Personengesellschaftsrecht folgt dies aus der Kernbereichslehre und im Recht der GmbH aus § 53 Abs. 3 GmbHG.

9 In einer **Schiedsgerichtsvereinbarung** sind folgende Aspekte insbesondere zu regeln: die Art der Einleitung des Verfahrens, die Besetzung des Gerichtes,[10] die Folgen von Verzögerungen bei der Besetzung des Gerichts, die Formalitäten des Schiedsverfahrens, Regelungen zur Vermeidung eines Stillstands des Verfahrens sowie die Frage der Kostentragung.

10 Neben den bisher angesprochenen und geregelten Ad-hoc-Schiedsgerichten besteht auch die Möglichkeit, sich an **institutionelle Schiedsgerichte** zu wenden. Dabei handelt es sich um Institutionen, die einen Rahmen für die Abhaltung von Schiedsgerichten zur Verfügung stellen. Insbesondere gibt es hierfür in der Regel umfangreiche Schiedsgerichtsverfahrensordnungen, die einen geregelten Ablauf des Schiedsverfahrens ermöglichen sollen. In der Regel stellen die festen Schiedsgerichtshöfe auch eigene, in der Regel erfahrene Schiedsrichter zur Verfügung. Dies führt zu einer weitgehenden Annäherung an ein gerichtliches Verfahren, allerdings mit einer abweichenden Besetzung und praxisorientierten Ausrichtung.

11 Zu nennen sind beispielsweise die
- Deutsche Institution für Schiedsgerichtsbarkeit e.V. in der Trägerschaft der Industrie- und Handelskammern, Schedestraße 13, Bonn;
- Schlichtungs- und Schiedsgerichtshof deutscher Notare (SGH), Kronenstraße 73/74, Berlin.[11]

---

[7] OLG München NZG 1999, 780.

[8] BGH NJW 2000, 1713 = DStR 2000, 937 mit Anm. *Goette.*

[9] Vgl. auch *Rowedder/Zimmermann* § 53 GmbHG Rn 50.

[10] Hierbei ist insbesondere darauf zu achten, dass die Beteiligten eine für den jeweiligen Streitgegenstand besonders geeignete Besetzung herbeiführen können. Allgemeine Vorgaben empfehlen sich hierfür nicht. Lediglich ein Beteiligter, der Obmann, sollte die Befähigung zum Richteramt haben. Die Besetzung des Schiedsgerichts mit nur einem Richter ist wesentlich kostengünstiger, ist dem Ablauf eines Schiedsgerichts jedoch nicht stets förderlich.

[11] Vgl. auch *Kersten/Bühling/Kanzleiter*, Formularbuch und Praxis der freiwilligen Gerichtsbarkeit, § 134 Rn 46.

Daneben bestehen einige **internationale Institutionen** wie der Schiedsgerichtshof der Internationalen Handelskammer (ICC) in Paris (38 Cours Albert 1er, 75 008 Paris), die vor allem für den Internationalen Handelsverkehr geeignet sind.[12] 12

Einen Mittelweg zwischen einem der großen institutionellen Schiedsgericht und einem Ad-hoc-Schiedsgericht ist die Einsetzung eines **Beirates oder bestimmter Beiratsmitglieder** der Gesellschaft als Schiedsgericht.[13] Der Vorteil an dieser Variante besteht darin, dass die Schiedsrichter dann bereits bestens mit den Gegebenheiten der Gesellschaft vertraut sind und nicht erst zusammengesucht werden müssen. Das Schiedsgericht kann damit noch schneller und effizienter arbeiten. Der Hauptnachteil besteht darin, dass der Vorwurf der Befangenheit schnell auftauchen wird und bei einer entsprechenden Regelung sehr genau bei der Auswahl der Beiratsmitglieder auch auf die Eignung als Schiedsrichter geachtet werden sollte.[14] 13

Formulierungsvorschlag:
§ * Schiedsgerichtsvereinbarung**[15]

1. Entstehen Streitigkeiten oder Meinungsverschiedenheiten zwischen Gesellschaftern oder zwischen Gesellschaftern und der Gesellschaft, so entscheidet unter Ausschluss des ordentlichen Rechtsweges ein Schiedsgericht. Dies gilt auch für Meinungsverschiedenheiten und Streitigkeiten über die Wirksamkeit und Reichweite dieser Schiedsgerichtsvereinbarung. 14
2. Das Schiedsgericht besteht aus drei Schiedsrichtern.
3. Der Antragsteller benennt als Erstes einen Schiedsrichter und fordert gleichzeitig den Antragsgegner auf, einen Schiedsrichter zu benennen. Kommt der Antragsgegner innerhalb von drei Monaten nach Antragstellung der Aufforderung nicht nach, einen Schiedsrichter zu benennen, so entscheidet der vom Antragsteller benannte Schiedsrichter das Schiedsverfahren allein. Kommt der Antragsgegner der Schiedsrichterbenennung rechtzeitig nach, so einigen beide benannten Schiedsrichter sich auf einen Obmann, der die Befähigung zum Richteramt haben muss. Einigen beide Schiedsrichter sich nicht innerhalb von drei Monaten, so benennt auf Antrag von Antragsteller oder Antragsgegner der für den Sitz der Gesellschaft zuständige Landgerichtspräsident, hilfsweise der Landgerichtsvizepräsident, einen Obmann.
4. Die Kosten des Schiedsverfahrens tragen Antragsteller und Antragsgegner nach dem vom Schiedsgericht festgestellten Verhältnis von Un-

[12] Weitere internationale Institutionen mit Anschriften und Hinweisen auf Schiedsordnungen bei *Arens/Rinck/Schlüter* Gesellschaftsrecht § 27 Rn 16, 37.

[13] *Buth/Hermans*, DStR 1996, 597, 601.

[14] Allerdings muss deswegen nicht jeder Beirat Volljurist oder gar Anwalt oder Richter sein. Ein Volljurist pro Schiedsgericht empfiehl sich jedoch!

[15] Gilt für Personengesellschaft. Ist ein Verbraucher am Vertrag beteiligt, was bei Aufnahme von weiteren Gesellschaftern regelmäßig der Fall sein wird, so ist die Schiedsgerichtsvereinbarung separat schriftlich in isolierter Form zu vereinbaren gemäß § 1031 Abs. 5 ZPO. Dies gilt nicht bei notarieller Beurkundung.

terliegen und Obsiegen. Ist das Schiedsgericht nicht innerhalb von neun Monaten ab Antragstellung vollständig besetzt, so ist der Rechtsweg zu den staatlichen Gerichten wieder eröffnet.
5. Das Schiedsgericht kann sein Verfahren frei bestimmen. Der Schiedsspruch ist schriftlich abzusetzen.

15 Das größte Problem von Schiedsgerichtsvereinbarungen bei **Kapitalgesellschaften** ist, dass nach Meinung des BGH[16] Streitigkeiten über die **Anfechtung oder Nichtigkeit eines Beschlusses nicht schiedsfähig** seien. Diese Entscheidungen wirkten nicht nur zwischen den am Prozess Beteiligten, sondern für alle Gesellschafter und die Gesellschaft *inter omnes.* Aus diesem Grunde könne nach Meinung des BGH ein Schiedsgericht keine dem entsprechenden Entscheidungen treffen. Ein solcher Streitgegenstand sei einem **Vergleich nicht zugänglich**. Eine **Vergleichsfähigkeit** sei insoweit nicht gegeben.[17] Inzwischen wird jedoch die Meinung vertreten, dass bei entsprechender Ausgestaltung des Schiedsverfahrens auch eine Beschlussstreitigkeit vor einem Schiedsgericht ausgetragen werden könne.[18] Dies überzeugt, sofern das Schiedsverfahren alle Personen, für die das Schiedsverfahren wirkt, beteiligt und damit auch mit rechtsstaatlichen Mitteln eine Wirkung für alle Beteiligten entfalten kann. Die Rechtslage ist insoweit jedoch unklar. Sollte der Versuch unternommen werden, ein entsprechendes Schiedsverfahren für Beschlussmängel zu regeln, ist folgende, knappe Klauselergänzung denkbar und erforderlich.

Formulierungsvorschlag (Ergänzung für GmbH):

16 Für den Fall eines Beschlussanfechtungsverfahrens gilt speziell: Der Antrag ist innerhalb eines Monats ab Beschlussfassung gegenüber der Gesellschaft zu stellen. Die Gesellschaft hat unverzüglich alle Gesellschafter zu informieren und ihnen die Beteiligung an dem Verfahren zu ermöglichen. Das Schiedsgericht besteht dann aus drei neutralen Richtern, wovon der Vorsitzende vom örtlich zuständigen OLG-Präsidenten zu benennen ist und die Befähigung zum Richteramt haben muss und die beiden Beisitzer von der örtlich zuständigen IHK benannt werden, hilfsweise jeweils von der anderen Institution. Die Benennung kann vom Antragsteller oder von der Gesellschaft beantragt werden. Die Entscheidung des Schiedsgerichts gilt für alle Gesellschafter. Alle Gesellschafter können dem Verfahren beitreten, sei es als Partei, sei es als Nebenintervenient.

3. Mediation

17 Die Mediation, also die **Vermittlung von Streitigkeiten** in gesellschaftsrechtlichen Angelegenheiten, weist eine gewisse Ähnlichkeit zur

---

[16] BGHZ 132, 278 = NJW 1996, 1753 = DStR 1996, 836; anders noch OLG Karlsruhe WM 1995, 666 = DB 1995, 721.

[17] Beck Hdb. GmbH/*Fischer* § 4 Rn 209; *Langenfeld/Gail* Familienunternehmen I Rn 85 m. w. N.

[18] Vgl. *Bredow,* DStR 1996, 1653; *Bender,* DB 1998, 1900; *Berger,* ZHR 164 (2000), 295; *Lutter/Hommelhoff* Anh § 47 GmbHG Rn 77 ff.

schiedsgerichtlichen Tätigkeit auf. In der Regel geht es um das gleiche Ziel, die Streitschlichtung. Die Methoden unterscheiden sich jedoch.[19] Die entsprechenden vertraglichen Klauseln ähneln sich jedoch insoweit, als vor Anrufung eines Gerichts ein vorgeschaltetes Mediationsverfahren gesellschaftsvertraglich vorgesehen werden kann. Ob entsprechende Regelungen erforderlich sind, wenn ein schiedsgerichtliches Verfahren mit Sinn und Verstand geführt wird, kommt sehr auf den Einzelfall an – zumindest wenn das Schiedsgericht die Chance ergreift, eine dauerhafte Schlichtung des Streites im Einigungswege anzustreben.

Mediation als Versuch, (gerichtliche) Streitigkeiten zu vermeiden und **18**
zu schlichten, setzt voraus, dass frei und offen über den Konflikt gesprochen werden kann. Dies erfordert, dass alle Karten gegenüber dem Mediator auf den Tisch gelegt werden. Gleichzeitig kann das Mediationsverfahren nicht verhindern, dass nach Scheitern des Mediationsversuches ein Gerichtsverfahren ausgetragen wird. Daraus folgt das gestalterische Hauptproblem der Mediation, nämlich der **Geheimnisschutz**[20] für den Fall späterer Streitigkeiten. Anderenfalls könnte jeder Beteiligte im späteren Gerichtsverfahren den Mediator als Zeugen berufen und so wichtige Details der anderen Seite ins Verfahren einführen. Zu diesem Zweck ist vorab als Mediationsvereinbarung ein Prozessvertrag abzuschließen.[21]

---

[19] Vgl. dazu *Risse*, NJW 2000, 1614 ff.; *Haunhorst*, DStZ 2001, 770; *Mähler/Mähler*, NJW 1997, 1262 ff.; *Stubbe*, BB 2001, 685; *Walz*, DNotZ 2003, 164 ff.; *Heckschen*, NotBZ 2002, 200 ff.

[20] Vgl. *Wagner*, NJW 2001, 1398; *Walz*, MittBayNot 2001, 53 ff.

[21] *Wagner*, NJW 2001, 1398; *v. Bubnoff/Groth*, NJW 2001, 338; *Eckardt/Dendorfer*, MDR 2001, 786; Friedrich, MDR 2004, 481 ff.

§ 17 Haftungsrisiken in Familienunternehmen

Übersicht

	Rn
I. Einführung	1
II. Einzelunternehmer und Personengesellschaften	6
1. Die unbeschränkte Haftung von Einzelunternehmern und Komplementären	6
2. Die Haftungsverfassung der Gesellschaft bürgerlichen Rechts	10
3. Die Haftung des Kommanditisten einer KG	11
III. Haftungsrisiken als Gesellschafter und Geschäftsführer in der GmbH und GmbH & Co. KG	17
1. Haftungsrisiken als Gesellschafter einer GmbH	17
2. Die Geschäftsführerhaftung in der GmbH	24
3. Haftung in der GmbH & Co. KG	37
4. Haftung im Rahmen einer Betriebsaufspaltung	38
5. Die Haftung bei der Familienaktiengesellschaft (AG)	42

Schrifttum: *Altmeppen*, Haftung der Gesellschafter einer Personengesellschaft für Delikte, NJW 1996, 1017; *Altmeppen*, Kapitalersatz und Rangrücktritt unter Geltung der InsO, ZHR 164 (2000), 349; *Bitter*, Zur Haftung des Geschäftsführers aus § 64 II GmbHG für „Zahlungen" nach Insolvenzreife, WM 2001, 666; *Blenske*, Die Haftung der Gesellschafter einer GbR mbH, NJW 2000, 3170; *Bormann*, Umdenken im Kapitalersatzrecht? – Die Auswirkungen der „Balsam/Procedo"-Entscheidungen auf eigenkapitalersetzende Gesellschafterdarlehen, DB 2001, 907; *Buchner*, Die Kommanditistenhaftung bei Rechtsnachfolge in Gesellschaftsanteile, DNotZ 1988, 467; *Dreher*, Der Abschluss von D&O-Versicherungen und die aktienrechtliche Zuständigkeitsordnung, ZHR 2001, 293; *von Falkenhausen*, Die Erbringung des „Kapitals" in der KG, DStR 1992, 186; *Habersack*, Die Regeln über den Eigenkapitalersatz und die Gläubiger des Gesellschafters, ZGR 1999, 427; *Henze*, Ausfallhaftung des GmbH-Gesellschafters, BB 2002, 1011; *Kau/Kukat*, Haftung von Vorstands- und Aufsichtsratsmitgliedern bei Pflichtverletzungen nach dem Aktiengesetz, BB 2000, 1045; *Kessler*, Die Durchgriffshaftung der GmbH-Gesellschafter wegen „existenzgefährdender" Eingriffe – Zur dogmatischen Konzeption des Gläubigerschutzes in der GmbH, GmbHR 2002, 945; *Kiethe*, Persönliche Haftung von Organen der AG und der GmbH – Risikovermeidung durch D&O-Versicherung?, BB 2003, 537; *Kling*, Forderungsverzicht mit Besserungsklausel oder Rangrücktritt, NZG 2000, 872; *Kussmaul*, Kapitalersatz: Der Rangrücktritt in der Krise?, DB 2002, 2258; *Lange*, Praxisfragen der D&O-Versicherungen, DStR 2002, 1626 und 1674; *Lohr*, Die Amtsniederlegung des GmbH-Geschäftsführers – Voraussetzungen der Niederlegung und Folgen für das Anstellungsverhältnis, DStR 2002, 2173 ff.; *Lutter*, Haftung und Haftungsfreiräume des GmbH-Geschäftsführers – 10 Gebote an den Geschäftsführer, GmbHR 2000, 301; *Michalski/De Vries*, Eigenkapitalersatz, Unterkapitalisierung und Finanzplankredite, NZG 1999, 181; *Notthoff*, Rechtliche Fragestellungen im Zusammenhang mit dem Abschluss einer directors and officers-Versicherung – Effektiver Schutz von Vorständen und Aufsichtsräten gegen Haftungsrisiken, NJW 2003, 1350; *Riegger*, Geschäftsführervergütung und persönliche Haftung des Kommanditisten, DB 1983, 1909; *Schaefer/Missling*, Haftung von Vorstand und Aufsichtsrat, NZG 1998, 441;

K. Schmidt, Grenzen und Risiken der Binnenhaftung von Kommanditisten, DB 1995, 1381; *Schüppen/Sanna*, D&O-Versicherungen: Gute und schlechte Nachrichten!, ZIP 2002, 550; *Sieg*, Tendenzen und Entwicklungen der Managerhaftung in Deutschland, DB 2002, 1759; *Sturm*, Geschäftsführer – Innenhaftung: Dispositivität der fünfjährigen Verjährungsfrist des § 43 Abs. 4 GmbHG – zugleich Besprechung der Entscheidung des BGH vom 16. 9. 2002, II ZR 107/01, GmbHR 2002, 1197; *Thümmel*, Aufgaben und Haftungsrisiken des Managements in der Krise des Unternehmens, BB 2002, 1105; *Tillmann/Winter*, Die GmbH im Gesellschafts- und Steuerrecht, 4. Auflage 2004, Rn 52 ff.; *Wellkamp*, Der Durchgriff auf den GmbH-Gesellschafter, DStR 2003, 210; *Wilhelm*, Zurück zur Durchgriffshaftung – das „KBV"-Urteil des II. Zivilsenats des BGH vom 24. 6. 2002, NJW 2003, 175; *J. Ziegler* in: Hennerkes/Kirchdörfer, Unternehmenshandbuch Familiengesellschaften, 2. Auflage 1997, § 4.

I. Einführung

In der heutigen Zeit **steigen die Haftungsrisiken** eines jeden Unternehmers kontinuierlich an. Neben den bereits früher üblichen Haftungsrisiken aus der Verletzung absoluter Rechtsgüter Dritter oder aus der fehlerhaften Erfüllung von Verträgen sind in der Zwischenzeit eine Vielzahl von zusätzlichen Haftungsrisiken hinzugetreten. Dies resultiert zum Teil aus öffentlichen Rechtsquellen. Zu nennen sind hier insbesondere Haftungsrisiken aus Altlasten oder aus der umweltrechtlichen und abfallrechtlichen Gesetzgebung. Auch die sozialversicherungsrechtliche[1] und steuerrechtliche Haftung[2] ist für Familienunternehmer gefährlich, insbesondere wenn das Unternehmen in die Krise gerät. 1

Haftungsgefahren werden von Familienunternehmern **häufig vernachlässigt**. In Zeiten des Wachstums des Familienunternehmens werden Haftungsrisiken außer Acht gelassen. Entsprechende Risiken lassen sich zu solchen Zeiten meist problemlos aus dem Unternehmen selbst tragen. Hierbei wird jedoch häufig übersehen, dass sich Haftungsrisiken aus vergangenen Jahren plötzlich zum echten Problem für das gesamte auch private Vermögen des Familienunternehmers entwickeln können, wenn das Unternehmen in die Krise gerät. Hier wird häufig in lang zurückliegenden Sachverhalten nach haftungsträchtigen Geschehnissen gesucht, um auf diese Art und Weise in der Unternehmensinsolvenz noch an Vermögen zu gelangen, dass zur Insolvenzmasse gezogen werden kann. 2

Haftungsrisiken lassen sich einerseits durch die **Wahl der entsprechenden Rechtsform** reduzieren. Gänzlich ausschließen lässt sich eine Haftung mit dem persönlichen Vermögen auch in diesen Fällen jedoch nicht, wie nachfolgend zu sehen ist. 3

Daher ist weiter an flankierende Maßnahmen zu denken. Dabei geht es insbesondere um eine sinnvolle **Verteilung des Familienvermögens**. Ehegatten haften mit Ausnahme des Güterstandes der Gütergemeinschaft 4

[1] Vgl. BGH NZG 2004, 42 ff.; OLG Hamburg NJW-RR 2000, 1281; OLG Naumburg NJW-RR 1999, 1343; KG GmbHR 2003, 591; *Stein*, DStR 1998, 1055; *Groß*, ZIP 2001, 945; *Hoffmann*, DB 1986, 467; *Jacobi/Reufels*, BB 2000, 771 (strafrechtlich).

[2] *Urban*, DStR 1997, 1145; *Mösbauer*, DB 1995, 1679; *Müller*, GmbHR 2003, 389.

grundsätzlich nicht für die Verbindlichkeiten des jeweils anderen Ehegatten.[3] Dieser Grundsatz wird lediglich durch den hier nicht interessierenden § 1357 BGB und durch § 1362 BGB durchbrochen, der jedoch lediglich vollstreckungsrechtliche und prozessuale Bedeutung[4] für den Gerichtsvollzieher hat und widerlegbar ist.[5] Also trotz der Vorschrift des § 1362 BGB tritt keine wechselseitige Haftung zwischen Ehegatten ein. Dies gilt sowohl wenn sie im Güterstand der Gütertrennung als auch wenn sie im gesetzlichen Güterstand der Zugewinngemeinschaft verheiratet sind. Vor diesem Hintergrund kann es sinnvoll sein, von vornherein für die Existenzgrundlage der Familie die Wirtschaftsgüter nicht auf den Namen des unternehmerisch tätigen Ehegatten zu erwerben, sondern auf den Namen des nicht unternehmerisch tätigen Ehegatten. Auf diese Art und Weise kann der Haftungszugriff beschränkt werden. Allerdings ist bei derartigen Gestaltungen aus zweierlei Erwägungen Vorsicht walten zu lassen: Der erste Aspekt, der zur Vorsicht mahnt, ist die Frage der Dauer der Ehe. Angesichts der heutigen Scheidungsraten ist die Übertragung von Vermögensgegenständen auf den Ehegatten nicht risikofrei. Hier bestehen allerdings Möglichkeiten, für den Scheidungsfall Rückfallvorbehalte[6] vorzusehen und bei Grundbesitz insbesondere durch Vormerkung im Grundbuch sichern zu lassen. Im Übrigen sei an dieser Stelle noch darauf hingewiesen, dass allzu großzügige Rückforderungsrechte, insbesondere ein freies Rückforderungsrecht ebenfalls in der Insolvenz oder in der wirtschaftlichen Krise von Gläubigern des rückforderungsberechtigten Ehegatten gepfändet und zur Einziehung überwiesen werden kann.[7] Auf diese Art und Weise handelt es sich lediglich um eine Scheinsicherheit, da der Gläubigerzugriff bestehen bleibt.

5 Der zweite Risikofaktor der **Vermögensverlagerung von einem Ehegatten** auf den anderen besteht darin, wenn das Vermögen nicht von vornherein durch den nicht unternehmerisch tätigen Ehegatten erworben wird, sondern im Hinblick auf eine potentielle Unternehmenskrise oder wirtschaftliche Bedrohung auf den anderen Ehegatten übertragen wird. Derartige hektische Schnellschüsse sind nicht nur untauglich, da für diese Fälle die Vorschriften des Anfechtungsgesetzes und die **Anfechtungstatbestände der Insolvenzordnung** entsprechende Vermögensverlagerungen anfechtbar machen,[8] §§ 133, 134 InsO. Dadurch erlangen derartige Vermögensverschiebungen keinen dauerhaften Bestand. Darüber hinaus rufen sie schnell den Staatsanwalt auf die Bühne und ziehen strafrechtliche Sanktionen nach sich, §§ 283 ff. StGB. Daher ist in entsprechenden Fällen besser von vornherein auf eine vernünftige Vermögensverteilung zwi-

[3] *Bamberger/Roth/J. Mayer* § 1363 BGB Rn 6.

[4] Vgl. *Bamberger/Roth/Beutler* § 1362 BGB Rn 4.

[5] Vgl. dazu unten § 6 Rn 2 ff.

[6] Vgl. dazu *Krause*, FPR 2003, 11 (zum parallelen Problem bei eingetragenen Lebenspartnern); *Kornexl*, ZEV 2003, 196 (mit Bezug zum Pflichtteilsrecht); *Jülicher*, ZEV 1998, 201.

[7] BGH NJW 2003, 1858 = ZEV 2003, 293 mit Anm. *Langenfeld;* dazu auch Anm. *Oertel*, RNotZ 2003, 393.

[8] Vgl. *Frege/Keller/Riedel* Insolvenzrecht Rn 1463 ff.

schen den Ehegatten Acht zu geben. Wirtschaftliche Grundlagen der Familienexistenz sollten gegebenenfalls von Anfang an durch den nicht unternehmerisch tätigen Ehegatten erworben werden. In derartigen Fällen lässt sich der Haftungszugriff hinsichtlich dieses Vermögens reduzieren.

II. Einzelunternehmer und Personengesellschaften

1. Die unbeschränkte Haftung von Einzelunternehmern und Komplementären

Der Einzelunternehmer haftet ebenso wie jeder Gesellschafter einer OHG sowie die Komplementäre einer Kommanditgesellschaft unbeschränkt für alle Verbindlichkeiten des Unternehmens,[9] §§ 128 ff. HGB. Eine generelle Möglichkeit der Haftungsbeschränkung besteht insoweit nicht. Ausnahmsweise ist dies anders, wenn mit einem Vertragspartner ausdrücklich vereinbart wurde, dass für Verbindlichkeiten aus der Geschäftsbeziehung oder einem bestimmten Vertragsverhältnis ausschließlich bestimmte Vermögensgegenstände oder ausschließlich das Unternehmen selbst haften. Derartige individualvertragliche Vereinbarungen werden in der Praxis jedoch praktisch nie geschlossen und sind im Regelfall kaum durchsetzbar. **6**

Die vorstehende Haftung für sämtliche Verbindlichkeiten des Einzelunternehmens oder der Gesellschaft bei OHG und KG mag im Regelfall noch einen kalkulierbaren Umfang haben. Bedrohlich ist hingegen der Umstand, dass der Einzelunternehmer oder Komplementär bei OHG und KG nicht nur für die vertraglichen Verbindlichkeiten des Unternehmens haftet, sondern auch für **haftungsbegründendes Verhalten der anderen Organe** der Gesellschaft sowie der Angestellten der Gesellschaft einzustehen hat. Schickt beispielsweise der Inhaber eines einzelkaufmännischen Handwerksbetriebes einen Gesellen zur Durchführung einer vertraglich vereinbarten Maßnahme zu einem Kunden und schädigt der Geselle bei Ausführung des Geschäftes den anderen Vertragspartner oder dessen Wirtschaftsgüter, so ist das Verschulden des Gehilfen dem Unternehmensinhaber gem. § 278 BGB wie eigenes zuzurechnen. Für alle entsprechenden Schäden hat der Unternehmensinhaber einzustehen.[10] Neben dem Unternehmensinhaber haftet zwar bei deliktischen Schäden auch der angestellte Gehilfe.[11] Da im Regelfall die Liquidität und wirtschaftliche Leistungsfähigkeit des Einzelunternehmers größer ist als die des angestellten Gehilfen, wird der Vertragspartner sich im Regelfall an den Unternehmensinhaber selbst halten. Die hieraus resultierenden Haftungsrisiken sind schwerer kalkulierbar als die für das eigene Verhalten des Unternehmers selbst. **7**

---

[9] *Koller/Roth/Morck* § 128, 129 HGB Rn 2 ff.

[10] Vgl. *Palandt/Heinrichs* § 278 BGB Rn 7, 40; *Bamberger/Roth/Grüneberg* § 278 BGB Rn 11.

[11] *Palandt/Heinrichs* § 278 BGB Rn 40.

8 Vergleichbare Haftungsrisiken folgen aus § 831 BGB im Bereich der **deliktischen Haftung für Verrichtungsgehilfen.**[12] Diese Anspruchsgrundlage greift neben vertraglichen Ansprüchen ein, wenn absolute Rechtsgüter[13] eines Dritten geschädigt werden. Dies kann insbesondere bei Verletzung des Eigentums, Körpers oder Lebens eines Vertragspartners oder völlig unbeteiligten Dritten der Fall sein. Fährt der weisungsgebundene Angestellte beispielsweise auf dem Wege zu seiner Einsatzstelle einen Unbeteiligten im Rahmen eines Verkehrsunfalles an, so haftet der Inhaber des Einzelunternehmens grundsätzlich gem. § 831 BGB für Schäden, die dem Dritten entstanden sind. § 831 BGB hat gegenüber der Haftungszurechnungsnorm des § 278 BGB jedoch den Vorteil, dass dem Geschäftsinhaber ein Entlastungsbeweis[14] gestattet ist. Danach haftet der Einzelunternehmer dann nicht, wenn der Geschäftsherr bei der Auswahl der bestellten Person und, sofern er Vorrichtungen oder Gerätschaften zu beschaffen oder die Ausführung der Verrichtung zu leiten hat, bei der Beschaffung oder der Leitung die im Verkehr erforderliche Sorgfalt beobachtet hat oder wenn der Schaden auch bei Anwendung dieser Sorgfalt entstanden sein würde, § 831 Abs. 1 Satz 2 BGB. Dem Unternehmer ist es daher gestattet nachzuweisen, dass ihn kein eigenes Auswahl- oder Überwachungsverschulden trifft. Die Haftungsgefahren bleiben dennoch beträchtlich, insbesondere da die Beweislast für einen derartigen Entlastungsbeweis der Geschäftsinhaber trägt.[15]

9 **§ 278 BGB und § 831 BGB** gelten nicht nur für Einzelunternehmer, sondern **auch für die OHG und KG.**[16] Darüber hinaus ist im Rahmen der Personenhandelsgesellschaften wie der OHG und KG die haftungsrechtlich relevante Vorschrift des § 31 BGB zu beachten, die die Haftungsrisiken des einzelnen Gesellschafters weiter ausweitet.[17] Nach dieser eigentlich aus dem Vereinsrecht stammenden Vorschrift, die jedoch nach überwiegender Meinung auch auf Personenhandelsgesellschaften anwendbar ist, haftet der Verein, also die OHG oder KG auch für den Schaden, den der Vorstand, ein Mitglied des Vorstandes oder ein anderer verfassungsmäßig berufener Vertreter durch die Ausführung der ihm zustehenden Verrichtungen begangene zum Schadensersatz verpflichtende Handlung einem Dritten zufügt. Diese Vorschrift ist die Grundlage der sog. **Organtheorie.**[18] Da Gesellschaften nicht selbst handlungsfähig sind, sondern als reine Rechtspersonen (§ 124 HGB) durch ihre Organe han-

---

[12] Vgl. zum Begriff des Verrichtungsgehilfen *Palandt/Sprau* § 831 BGB Rn 6 ff.; *Burgard*, FamRZ 2000, 1269; *Kupisch*, JuS 1984, 250.

[13] *Bamberger/Roth/Spindler* § 823 BGB Rn 29 ff.; *Palandt/Sprau* § 823 BGB Rn 2 ff.

[14] BGH NJW 1989, 769; BGH NJW-RR 1996, 867; BGH NJW 1986, 776.

[15] *Palandt/Sprau* § 831 BGB Rn 22.

[16] Allg. Meinung, vgl. *Baumbach/Hopt* § 124 HGB Rn 24.

[17] BGH NJW 2003, 1445 = DStR 2003, 747; *Altmeppen*, NJW 2003, 1553 ff.; *Waldner*, NZG 2003, 620 ff. (alle auch zur GbR); *Baumbach/Hopt* § 124 HGB Rn 25.

[18] Vgl. ausführlich *K. Schmidt* Gesellschaftsrecht § 10 I 2 mit zahlreichen Nachweisen.

deln müssen, gilt das Handeln der Organe wie das Handeln der Gesellschaft selbst. Die Komplementäre einer OHG oder KG sind dabei gem. § 31 BGB entsprechend den Organen einer echten juristischen Person gleichgestellt. Begeht daher ein Komplementär einer OHG oder KG eine haftungsbegründende Handlung in Verrichtung seiner Tätigkeiten für die Gesellschaft, so haftet die Gesellschaft für die Handlung wie für ihre eigenen Handlungen. Auf diese Art und Weise werden Ansprüche gegen die OHG oder KG begründet, für die die Komplementäre der OHG bzw. KG gem. § 128 HGB wiederum uneingeschränkt im Außenverhältnis haften.

2. Die Haftungsverfassung der Gesellschaft bürgerlichen Rechts

Ein besonders wechselvolles und umstrittenes Schicksal hat die **Haftungsverfassung bei der Gesellschaft bürgerlichen Rechts** gem. 10
§ 705 BGB in den letzten Jahren erduldet.[19] Lange Zeit war es üblich, zur Beschränkung der Haftung keine reguläre Gesellschaft bürgerlichen Rechts (GbR) zu gründen, sondern sich einer sog. „GbRmbH" zu bedienen. Die GbRmbH sollte eine Gesellschaft bürgerlichen Rechts mit beschränkter Haftung darstellen. Zu diesem Zweck wurde die Vertretungsbefugnis der zur Außenvertretung befugten Gesellschafter dahin gehend beschränkt, dass sie lediglich Vertretungsmacht hatten, die übrigen Gesellschafter mit ihrem gesamthänderisch gebundenen Gesellschaftsvermögen zu vertreten, nicht jedoch mit ihrem übrigen Vermögen außerhalb der Gesellschaft bürgerlichen Rechts.[20] Dieser gesellschaftsrechtlichen Konstruktion ist der BGH jedoch im Jahre 1999 entgegengetreten.[21] Danach ist es allenfalls noch möglich, aufgrund individualvertraglicher Vereinbarung eine entsprechende Haftungsbeschränkung herbeizuführen. Für die Praxis ist damit die Rechtsform der GbRmbH erledigt. Stattdessen hat nunmehr der BGH die Haftung bei der Gesellschaft bürgerlichen Rechts derjenigen einer OHG vollständig angenähert. Danach haften grundsätzlich alle Gesellschafter einer GbR uneingeschränkt für die Verbindlichkeiten der Gesellschaft. Dies gilt nach Meinung des BGH, der nunmehr der sog. Akzessorietätstheorie folgt, nicht nur für vertraglich begründete Ansprüche, sondern auch im Bereich der gesetzlich begründeten Ansprüche wie dem

---

[19] Vgl. insbes. BGH BGHZ 142, 315 = NJW 1999, 3483; BGHZ 146, 341 = NJW 2001, 1056; BGHZ 148, 201 = DStR 2001, 1355; BGH DStR 2002, 686 mit Anm. *Goette*; abweichend ursprünglich noch der I. Senat des BGH DB 2000, 2117 (zur Markenrechtsfähigkeit der GbR); BGH DStR 2002, 816 mit Anm. *Goette*; vgl. zur aktuellen Entwicklung im Recht der GbR *O. Lange*, NJW 2002, 2002 ff.; *Baumann/Rößler*, NZG 2002, 793 ff.; *Altmeppen*, NJW 2003, 1553 ff.; *Lautner*, MittBayNot 2001, 425; *Lautner*, MittBayNot 2002, 256 ff.; *Goette*, DStR 2001, 315; *Habersack*, BB 2001, 477; *Jauernig*, NJW 2001, 2231; *K. Schmidt*, NJW 2001, 993; *Dauner-Lieb*, DStR 2001, 356; *Derleder*, BB 2001, 2485; *Römermann*, DB 2001, 428; *Schemmann*, DNotZ 2001, 2001, 244; *Ulmer*, ZIP 2001, 585; *Ulmer/Steffek*, NJW 2002, 330; *Demharter*, Rpfleger 2001, 329; *Pfeifer*, NZG 2001, 296; *Westermann*, NZG 2001, 289; *Wälzholz*, MittBayNot 2003, 35 ff.; *Wälzholz*, NotBZ 2003, Heft 7.

[20] Vgl. BayObLG NJW 1999, 297 f; *Mohr*, GmbH-StB 1997, 44.

[21] BGH NJW 1999, 3483; vgl. dazu auch *Blenske*, NJW 2000, 3170 m. w. N.

Deliktsrecht und für die Haftung für bereits bestehende Schulden bei Neueintritt von Gesellschaftern in die GbR.[22] Eine wesentliche Haftungserweiterung ist die Folge. Die Unterschiede zwischen der Gesellschaft bürgerlichen Rechts und den Handelsgesellschaften sind dadurch weitgehend geschwunden.

3. Die Haftung des Kommanditisten einer KG

11 Die Kommanditgesellschaft besteht, wie bereits oben gesehen, institutionell aus einer Zweiklassengesellschaft. Dies wirkt sich auch und insbesondere haftungsrechtlich aus. Bei der KG haften die Komplementäre unbeschränkt mit ihrem gesamten Vermögen gem. § 128 HGB für sämtliche Verbindlichkeiten der Gesellschaft. Anders ist dies bei **Kommanditisten**. Diese Differenzierungsmöglichkeit, die vom Gesetz vorgesehen ist, macht die Kommanditgesellschaft **besonders geeignet für Familiengesellschaften.**[23] Denn es besteht die Möglichkeit zwischen dem eigentlichen Unternehmensträger, beispielsweise dem Familienvater, und den anderen Gesellschaftern zu unterscheiden und so die anderen Familienmitglieder, insbesondere potentielle Unternehmensnachfolger, bereits frühzeitig an das Unternehmen heranzuführen, ohne ihnen gleich Haftungsgefahren aufzubürden.

12 Gemäß § 171 HGB **haftet** der Kommanditist den Gläubigern der Gesellschaft **bis zur Höhe seiner Einlage** unmittelbar; die Haftung ist ausgeschlossen, soweit die Einlage geleistet ist. Gemeint ist mit dem Begriff der Einlage die Haftsumme, die jeder Kommanditist bei seinem Beitritt zu der Gesellschaft zu übernehmen hat. In der Regel entspricht diese Haftsumme dem Gesellschafterbeitrag, den der Kommanditist zur Förderung des Gesellschaftszwecks gem. §§ 705 f. BGB an die Gesellschaft zu erbringen hat. Die Hafteinlage muss jedoch mit dem Gesellschafterbeitrag des Kommanditisten nicht übereinstimmen.[24] Wird die Haftsumme besonders niedrig ausgewiesen, ist die Möglichkeit der einkommensteuerlichen Berücksichtigung nach § 15 a EStG jedoch auch entsprechend beschränkt.[25]

13 Die Hafteinlage erfüllt ihre haftungsbeschränkende Wirkung nur, wenn sie auch in das **Handelsregister eingetragen** ist. Demgemäß ordnet § 176 HGB an, dass bei Beginn der Gesellschaftsgeschäfte vor Eintragung in das Handelsregister jeder Kommanditist, der dem Geschäftsbeginn zugestimmt hat, für die bis zur Eintragung begründeten Verbindlichkeiten der Gesellschaft gleich einem persönlich haftenden Gesellschafter haftet. Dies gilt nach § 176 Abs. 1 Satz 1 letzter HS. HGB nur dann nicht, wenn dem Gläubiger die Beteiligung des Gesellschafters als Kommanditist bekannt war. Sollen bei Gründung der Kommanditgesellschaft also Haf-

[22] BGH NJW 2003, 1803; *Habersack/Schürnbrand*, JuS 2003, 739; *Wälzholz*, NotBZ 2003, Heft 7.

[23] *Sudhoff* Familienunternehmen (Vorauflage) § 80, S. 271.

[24] *Ebenroth/Boujong/Joost/Strohn* § 171 HGB Rn 5 ff.; *Koller/Roth/Morck* § 171 HGB Rn 5.

[25] Vgl. dazu *Schmidt/Wacker* § 15 a EstG Rn 124.

tungsgefahren für die Kommanditisten vermieden werden, so sollten die Geschäfte der Gesellschaft vor Eintragung in das Handelsregister nicht begonnen werden.[26] Gegebenenfalls hilft hier auch der Erwerb einer Vorrats-KG. Angesichts der Schnelligkeit von Handelsregistereintragungen für eine normale Kommanditgesellschaft bedarf es dessen – je nach Handelsregister – meist jedoch nicht.

Zu ähnlichen, im Ergebnis jedoch wesentlich ausgeprägteren Haftungs- 14
gefahren führt die vergleichbare Situation bei **Eintritt eines neuen Kommanditisten** in eine bestehende Kommanditgesellschaft oder eine OHG, die durch Aufnahme des Kommanditisten zu einer Kommanditgesellschaft wird. Denn gem. § 176 Abs. 2 HGB gilt für den eintretenden Kommanditisten die unbeschränkte Haftung des § 176 Abs. 1 HGB für die Zeit zwischen seinem Eintritt in die Gesellschaft und seiner Eintragung in das Handelsregister. Die Art des Eintritts spielt dabei grds. keine Rolle.[27] Die Praxis der Vertragsgestaltung hat hierfür jedoch eine einfache Lösung gefunden. Soll die persönliche Haftung eines neu beitretenden Kommanditisten ausgeschlossen werden, so ist hinsichtlich der Aufnahme in die Gesellschaft die aufschiebende Bedingung der Eintragung in das Handelsregister zu vereinbaren.[28] Auf diese Art und Weise lässt sich die unbeschränkte persönliche Haftung des beitretenden Kommanditisten für Verbindlichkeiten, die zwischen dem Beitritt und seiner Eintragung begründet wurden, ausschließen.

Der Kommanditist **haftet** den Gesellschaftsgläubigern **bis zur Höhe** 15
seine Einlage unmittelbar. Hat der Kommanditist seine Haftsumme noch nicht voll erbracht, so haftet er höhenmäßig begrenzt wie ein Komplementär, §§ 128, 129 HGB.[29] Die Haftung entfällt jedoch vollständig, wenn der Kommanditist seine Einlage geleistet hat. Hierfür gilt das **Kapitalaufbringungsprinzip.**[30] Danach ist die Einlage nur dann erfüllt, wenn der Gesellschaft tatsächlich ein entsprechender Wert, wie in der Haftsumme ausgewiesen, zugeflossen ist.[31] Ausreichend ist eine bloße Umbuchung, wenn beispielsweise ein Kommanditist schenkweise in die Gesellschaft aufgenommen wird und ihm ein Kapitalanteil eines anderen Gesellschafters zugewandt wird. Diese bloße Umbuchung genügt allerdings nur, wenn das bei der Gesellschaft bestehende Guthaben tatsächlich werthaltig war.[32] Werden Wirtschaftsgüter zur Aufbringung der Haftsumme in die Gesellschaft eingelegt, so kommt es auf den tatsächlichen Zeitwert, also auf den Einzelveräußerungspreis an. Darauf, ob das einge-

---

[26] *Röhricht/Graf von Wetsphalen/von Gerkan* § 176 HGB Rn 17.

[27] Vgl. *Röhricht/Graf von Wetsphalen/von Gerkan* § 176 HGB Rn 35 ff.

[28] BGH NJW 1983, 2259; *Baumbach/Hopt* § 176 HGB Rn 1; *Röhricht/Graf von Wetsphalen/von Gerkan* § 176 HGB Rn 50.

[29] *Koller/Roth/Morck* § 171 HGB Rn 7; *Baumbach/Hopt* § 171 HGB Rn 2.

[30] *Ebenroth/Boujong/Joost/Strohn* § 171 HGB Rn 3, 39.

[31] BGHZ 95, 188 = NJW 1985, 2947 ff.; *Röhricht/Graf von Westphalen/von Gerkan* § 176 HGB Rn 44, 49.

[32] BGH NJW 1990, 2616; *Ebenroth/Boujong/Joost/Strohn* § 171 HGB Rn 69 f.; *Koller/Roth/Morck* § 171 HGB Rn 14; *Baumbach/Hopt* § 171 HGB Rn 6; *K. Schmidt*, BB 1990, 1992.

brachte Wirtschaftsgut bilanziell aktivierungsfähig ist, kommt es nicht an.[33] Zwischen den Gesellschaftern im Innenverhältnis besteht Bewertungsfreiheit, so dass die Mitgesellschafter sich mit der Erbringung einer unterwertigen Einlage zufrieden geben können.[34] Im Außenverhältnis gilt dies jedoch nicht. Ist eine vermeintlich vollwertig erbrachte Einlage in Wirklichkeit nicht in voller Höhe erbracht, so bleibt in Höhe der Differenz zwischen der Haftsumme und dem tatsächlich geleisteten Wert die Haftung des Kommanditisten betragsmäßig beschränkt bestehen.[35] Dies gilt auch bei Verrechnung eines Anspruchs des Kommanditisten gegen die Gesellschaft mit seiner Einlageverpflichtung.[36] Zahlt der Kommanditist an einen Gesellschaftsgläubiger, dem er nach § 171 HGB wegen noch nicht vollständig erbrachter Haftsumme haftet, so wird er von der Außenhaftung auch dann in Höhe der Zahlung frei, wenn die Forderung des Dritten aufgrund der wirtschaftlichen Situation der KG nicht mehr vollwertig war.[37]

16 Ein besonderes Haftungsproblem resultiert aus der **Rückzahlung der Haftsumme** an einen Kommanditisten. In einem solchen Fall lebt die Haftung des Kommanditisten bis zur Höhe der im Handelsregister eingetragenen Haftsumme wieder auf, § 172 Abs. 4 S. 1 HGB. Für eine offene Rückzahlung versteht sich dies von selbst. Die Haftung lebt jedoch ebenfalls wieder auf, wenn der Kommanditist Überentnahmen tätigt, unangemessene Tätigkeitsvergütungen erhält oder sonst ihm in irgendeiner Form Vermögen der Gesellschaft zugeführt wird, soweit dadurch das Kapitalkonto des Gesellschafters unter die Haftsumme sinkt. Ob noch unaufgedeckte stille Reserven in der Bilanz enthalten sind, spielt dabei keine Rolle.[38] Um jederzeit erkennen zu können, ob Auszahlungen an einen Kommanditisten als Einlagerückgewähr zu werten sind, sollte üblicherweise ein gesondertes Verlustvortragskonto geführt werden. Soweit Zahlungen als angemessenes Entgelt aufgrund eines Verkehrsgeschäfts geleistet werden, lassen diese Zahlungen die Kommanditistenhaftung nicht wieder aufleben.[39]

---

[33] Vgl. nur BGHZ 144, 290, 294 = BB 2000, 1643, 1644 = NJW 2000, 2356 – aber strittig.

[34] *Koller/Roth/Morck* § 171 HGB Rn 4.

[35] BGH NJW 1985, 2947; vgl. zu weiteren Einzelheiten der Einlagenleistung insbesondere bei Aufrechnung oder Leistung an Gläubiger der Gesellschaft *Baumbach/Hopt* § 171 HGB Rn 7 ff.

[36] BGH NJW 1985, 2947; *Koller/Roth/Morck* § 171 HGB Rn 15.

[37] BGH NJW 1985, 2947, 2948; *Ebenroth/Boujong/Joost/Strohn* § 171 HGB Rn 43, 76; *Baumbach/Hopt* § 171 HGB Rn 8; *Koller/Roth/Morck* § 171 HGB Rn 16.

[38] *Koller/Roth/Morck* §§ 171, 172 HGB Rn 22.

[39] *Ebenroth/Boujong/Joost/Strohn* § 171 HGB Rn 25 ff.

III. Haftungsrisiken als Gesellschafter und Geschäftsführer in der GmbH und GmbH & Co. KG

1. Haftungsrisiken als Gesellschafter einer GmbH

Hinsichtlich der Haftungsrisiken im **Gründungsstadium** sei auf die Ausführungen oben[40] verwiesen. 17

a) Haftung nach den Grundsätzen des Eigenkapitalersatzes. Die Gesellschafter wollen in der Regel eine GmbH gründen, um das Haftungsrisiko auf das Stammkapital zu begrenzen. Gleichwohl reicht das zur Verfügung gestellte Stammkapital häufig nicht aus, um der GmbH ein erfolgreiches Wirtschaften zu ermöglichen. Zu diesem Zwecke werden **entweder Fremdmittel** aufgenommen, für die die Geldgeber **Bürgschaften** oder **andere Sicherheiten** der Gesellschafter verlangen. In anderen Fällen geben die **Gesellschafter selbst Darlehen** hin oder stellen wesentliche Betriebsgrundlagen mietweise Verfügung. Letzteres ist insbesondere im Rahmen der so genannten Betriebsaufspaltung der Fall. 18

Geben Gesellschafter in einer Situation ihrer Gesellschaft entweder Kredit, Sicherheiten für aufgenommene Fremdkredite oder eine Nutzungsüberlassung, in der fremde Dritte entsprechende Rechtshandlungen aus wirtschaftlichen Gründen nicht mehr vorgenommen hätten (Krise[41]), so greifen die Grundsätze des **Eigenkapitalersatzrechts**.[42] Auf diese Weise kann es zu eigenkapitalersetzenden Darlehen, eigenkapitalersetzenden Sicherheiten oder zu eigenkapitalersetzenden Nutzungsüberlassungen kommen. 19

Die **Rechtsfolgen** hierfür unterliegen zwei unterschiedlichen Regelungen:[43] 20

- **Gesetzliche Regelung für den Insolvenzfall:** Einerseits gelten die §§ 32a, 32b GmbHG sowie § 6 AnfG bzw. die entsprechenden Anfechtungsvorschriften nach der InsO. In diesen Fällen können und dürfen sowohl Darlehenstilgung als auch Zinsen an den Gesellschafter gezahlt sowie Miet- oder Pachtzinsen für die Nutzungsüberlassung erbracht werden. Wird jedoch innerhalb von einer Regelfrist von **einem Jahr nach dem Abfluss** Antrag auf Eröffnung des Insolvenzverfahrens gestellt und daraufhin das Insolvenzverfahren eröffnet oder wird die Insolvenz mangels Masse abgelehnt, so bestehen Rückzahlungs- und Anfechtungsvorschriften, nach denen die ausbezahlten Beträge von den Gesellschaftsgläubigern bzw. dem Insolvenzverwalter zur Rückzahlung an die Gesellschaft verlangt werden können. Ob durch die Zahlungen

---

[40] Vgl. oben § 1 Rn 25 ff.

[41] Vgl. zum Begriff BGH NJW 1999, 3120 = DStR 1999, 1622; BGH NJW 1997, 3171; Beck Hdb. GmbH/*Jung* § 8 Rn 217 ff.

[42] Zivilrechtlich: *Raiser* Recht der Kapitalgesellschaften § 38; *Habersack*, Eigenkapitalersatz im Gesellschaftsrecht, ZHR 1998, 201; aus steuerlicher Sicht vgl. so auch *Frotscher* § 17 EStG Rn 103 ff.; ebenso BFH BStBl. II 1999, 724 ff.; BMF BStBl I 1999, 545 ff.

[43] *Lutter/Hommelhoff* § 32 a/b GmbHG Rn 10.

das Stammkapital der Gesellschaft angegriffen wurde oder nicht, spielt dabei keine Rolle.[44]

- **Rechtsprechungsgrundsätze:** Außerhalb dieser gesetzlich angeordneten Regelung bestehen daneben[45] so genannte Rechtsprechungsgrundsätze für Eigenkapital ersetzende Darlehen, Nutzungsüberlassungen und Sicherheiten. Während die gesetzlichen Regelungen der §§ 32 a, b GmbHG der Höhe nach unbeschränkt sind, jedoch zeitlich limitiert eingreifen, sind die Rechtsprechungsgrundsätze auf einer Analogie der §§ 30, 31 GmbHG basierend zeitlich wesentlich weiter gesteckt. Sie unterliegen einem Auszahlungsverbot durch § 30 GmbHG.[46] Erstattungsansprüche unterliegen nur analog § 31 Abs. 5 GmbHG einer fünfjährigen Verjährung.[47] Sie ermöglichen jedoch keine unbegrenzte Rückzahlung, sondern lediglich in Höhe des Betrages, der erforderlich ist, um eine Aufbringung des Stammkapitals in den Grenzen des § 30 GmbHG wiederherzustellen. Auf den Betrag der Stammeinlage ist die Forderung jedoch nicht begrenzt.

21 Für den Eigenkapitalersatz gibt es mehrere verschiedene **Fallgruppen:**[48]

- **Das so genannte krisenbestimmte Darlehen (Rangrücktritt):** In diesem Fall gibt der Gesellschafter von vornherein das Darlehen mit der Bestimmung hin, dass es im Fall der Krise wie Eigenkapital wirken und erst nachrangig nach anderen Gesellschaftern befriedigt werden soll.[49] Eine entsprechende Regelung hat vor allen Dingen steuerliche Vorteile, da sie in voller Höhe zu nachträglichen Anschaffungskosten führt, die im Falle des Misserfolges des wirtschaftlichen Engagements zu steuerlich wirksamen Verlusten führen und so das steuerliche „Ghetto der Verluste" im Rahmen der GmbH abmildern.
- **So genannte stehen gelassene Darlehen:** Diese werden lange vor der Krise gewährt, im Fall der Krise jedoch nicht abgezogen. Will ein Gesellschafter die Verhaftung eines Darlehens als Eigenkapitalersatz und damit als funktionales Stamm- und Eigenkapital vermeiden, so muss er bei erkennbarem Eintritt der Krise das Darlehen kündigen und abziehen.[50]
- **Das Krisendarlehen:** Dieses wird vom Gesellschafter in der Krise zur Überwindung der Krise hingegeben und unterliegt damit von vornherein den Regeln über das funktionale Stammkapital (Eigenkapitalersatz).[51]

---

[44] *Goette* Die GmbH § 4 Rn 149.

[45] BGH NJW 1984, 1891; allg. Meinung *Scholz/K. Schmidt* § 32 a GmbHG Rn 76; *Baumbach/Hueck/Fastrich* § 32 a GmbHG Rn 74.

[46] BGH NJW 1996, 1341 f.; BGH NJW 1995, 1962.

[47] *Baumbach/Hueck/Fastrich* § 32 a GmbHG Rn 78.

[48] Vgl. *Goette* Die GmbH § 4 Rn 53 ff.

[49] BGH NJW 1988, 1844; vgl. auch zum Rangrücktritt in der Überschuldungsbilanz BGH DStR 2001, 175.

[50] BGH NJW 1995, 326; BGH NJW 1995, 457 ff.

[51] BGH NJW 1996, 3203 ff.; BGH NJW 1995, 457 ff.

In steuerlicher Hinsicht arbeitet der **Bundesfinanzhof**[52] auch mit dem Kriterium des **so genannten Finanzplandarlehens**, das auch den Regelungen über Eigenkapitalersatz unterliegen soll. Diese auch bisher in der zivilrechtlichen Literatur angenommene selbständige Fallgruppe hat der **BGH** inzwischen jedoch **aufgegeben**. Nach seiner Meinung lassen sich diese Fälle der so genannten Finanzplandarlehen, bei denen die Finanzierung der Gesellschaft von vornherein auf entsprechende zusätzliche Darlehensmittel ausgerichtet war, auch mit den übrigen drei Fallgruppen des Eigenkapitalersatzrechts bewältigen.[53] Hat der Gesellschafter allerdings eine Finanzierungsabrede mit den übrigen Gesellschaftern getroffen, so muss er sich dran festhalten lassen und hat der Gesellschaft als Folge der Finanzierungsabrede das vereinbarte Darlehen zur Verfügung zu stellen. Auch nach Eintritt einer Krise hat der Gesellschafter nach Meinung des BGH sein Finanzierungsversprechen zu erfüllen, ohne sich auf die inzwischen eingetretene Verschlechterung der Vermögensverhältnisse der Gesellschaft berufen zu können. Mit Rücksicht auf die einlageähnlich wirkende Bindung kann der Gesellschafter nach Ansicht des BGH von der Erfüllung seines Versprechens nur außerhalb der Krise befreit werden, indem die Satzung geändert oder die Nebenabrede einvernehmlich aufgehoben wird. 22

b) Konzern-/Durchgriffshaftung. Grundsätzlich haftet für die Verbindlichkeiten der Gesellschaft bei der GmbH den Gläubigern nur das Gesellschaftsvermögen, **§ 13 Abs. 2 GmbHG**. Von diesem Grundsatz gibt es jedoch **Ausnahmen**:[54] 23

- **Unterkapitalisierung**:[55] Eine Durchgriffshaftung für den Fall der materiellen oder auch qualifiziert-materiellen Unterkapitalisierung wird dann vorgenommen, wenn der Gesellschaft die notwendigen Mittel fehlen, um ihren Geschäftsbetrieb aufrechtzuerhalten und dennoch die Gesellschaft fortgeführt wird. Die Rechtslehre ist uneinheitlich. In der Praxis ist festzustellen, dass der Unterfall der Unterkapitalisierung keine selbständige Bedeutung bisher erlangt hat. Derartige Fälle werden eher über eine Haftung nach § 826 BGB gelöst.[56] Der Durchgriff wegen Unterkapitalisierung mit unbeschränkter persönlicher Haftung ist eher ein theoretischer Fall,[57] der in der Rechtsprechung bisher keine Beachtung findet.
- **Vermögensvermischung:** Werden die Sphären von Gesellschaftern und Gesellschaft missachtet und eine Trennung der Vermögen nicht eingehalten, so dass sich im Falle einer wirtschaftlichen Krise nicht unterscheiden lässt, welches Vermögen der Gesellschaft und welches dem Gesellschafter zusteht, so kann in diesen Fällen, insbesondere bei der

---

[52] BFH BStBl II 1999, 344 ff.; BMF BStBl I 1999, 545 ff.

[53] BGH NJW 1999, 2809 = DStR 1999, 1198 (*Goette*); vgl. auch *Sieger/Aleth*, GmbHR 2000, 462; *Steinbeck*, ZGR 2000, 503.

[54] Vgl. auch *Raiser* Recht der Kapitalgesellschaften § 29 Rn 19.

[55] *Michalski/De Vries*, NZG 1999, 181 ff.; *Wiedemann*, ZGR 2003, 283; *Steinbeck*, ZGR 2000, 503.

[56] Vgl. *Rowedder/Pentz* § 13 GmbHG Rn 136.

[57] Vgl. die Nachweise bei *Scholz/Emmerich* § 13 GmbHG Rn 81 ff.

Einpersonen-GmbH, ein Haftungsdurchgriff auf den Gesellschafter drohen.[58]

- **Haftung im qualifiziert faktischen Konzern:** Die Haftung im qualifiziert faktischen Konzern,[59] mit der unmittelbar auf einen Gesellschafter der GmbH durchgegriffen werden sollte, hat der BGH inzwischen aufgegeben.[60] Er stützt die persönliche Haftung der Gesellschafter nunmehr auf den auch nicht wesentlich aussagekräftigeren Tatbestand der Vernachlässigung der angemessenen Eigeninteressen der Gesellschaft; dies gilt insbesondere in den Fällen der Existenzvernichtung und des Vermögensentzuges, der zum Zusammenbruch der Gesellschaft führt. Die BGH formuliert die Anforderungen an einen Durchgriff nunmehr in Ergänzung zum Urteil „Bremer Vulkan" wie folgt: „Die Respektierung der Zweckbindung des Gesellschaftsvermögens zur vorrangigen Befriedigung der Gesellschaftsgläubiger während der Lebensdauer der GmbH ist unabdingbare Voraussetzung für die Inanspruchnahme des Haftungsprivilegs des § 13 II GmbHG. Zugriffe der Gesellschafter auf das Gesellschaftsvermögen, welche die aufgrund dieser Zweckbindung gebotene angemessene Rücksichtnahme auf die Erhaltung der Fähigkeit der Gesellschaft zur Bedienung ihrer Verbindlichkeiten in einem ins Gewicht fallenden Maße vermissen lassen, stellen deshalb einen Missbrauch der Rechtsform der GmbH dar, der zum Verlust des Haftungsprivilegs führt, soweit nicht der der GmbH durch den Eingriff insgesamt zugefügte Nachteil bereits nach §§ 30, 31 GmbHG ausgeglichen werden kann. Bei Vorliegen der (...) genannten Voraussetzungen sind die Gesellschaftsgläubiger deshalb außerhalb des Insolvenzverfahrens grundsätzlich berechtigt, ihre Forderungen unmittelbar gegen die an den Eingriffen in das Gesellschaftsvermögen mitwirkenden Gesellschafter geltend zu machen, soweit sie von der Gesellschaft keine Befriedigung erlangen können."[61]

2. Die Geschäftsführerhaftung in der GmbH

24 **a) Einführung.** Nicht nur der Gesellschafter ist potentiellen Haftungsrisiken ausgesetzt. Betätigt sich ein Familienmitglied zusätzlich als Geschäftsführer, entstehen weitere Risiken. Grundsätzlich ist der GmbH-Geschäftsführer dafür verantwortlich, die gesetzlichen Pflichten und Regelungen einzuhalten. Ihn trifft eine **Organisationspflicht**, der er auch dann nachzukommen hat, wenn eine **Aufgabenverteilung** zwischen mehreren Geschäftsführern vereinbart ist.[62] So kann der „technische Ge-

[58] Vgl. BGH NJW 1994, 1801; BGH NJW 1986, 188 (*Autokran*); *Baumbach/Hueck/Fastrich* § 13 GmbHG Rn 15; *Scholz/Emmerich* § 13 GmbHG Rn 86 ff.

[59] Vgl. zur Entwicklung *Goette* Die GmbH § 9.

[60] Vgl. *Mülbert*, DStR 2001, 1937 ff.; sowie das Urteil „Bremer Vulkan", BGH NJW 2001, 3622 = DStR 2001, 1853 ff.; dazu auch *K. Schmidt*, NJW 2001, 3577 ff.; *Altmeppen*, NJW 2002, 321 ff.; *Schrell/Kirchner*, BB 2003, 1451 ff.; *Keßler*, GmbHR 2002, 945, beide Letztgenannten zum BGH-Urteil „KBV".

[61] BGH NJW 2002, 3024 ff. = DStR 2002, 1822 ff. (*Goette*).

[62] Vgl. *Rowedder/Koppensteiner* § 43 GmbHG Rn 11 f.; *Scholz/Schneider* § 43 GmbHG Rn 37 a ff.

schäftsführer", wenn er von einer Krise der Gesellschaft erfährt oder davon Kenntnis haben müsste, sich nicht darauf berufen, dass für die wirtschaftlichen Belange der „kaufmännische Geschäftsführer" zuständig gewesen sei.

Hauptsächliche Haftungsgefahren[63] resultieren für den Geschäftsführer aus Folgendem: **25**

- Die **Handelndenhaftung** gemäß **§ 11 Abs. 2 GmbHG**, wenn der Geschäftsführer vor Eintragung der GmbH in das Handelsregister im Namen der Vor-GmbH nach außen auftritt. Diese Haftung erlischt mit Eintragung der GmbH in das Handelsregister.[64]
- Im Falle der **Nichtabführung von Sozialversicherungsbeiträgen** entsteht eine Haftung gemäß § 823 Abs. 2 BGB in Verbindung mit § 266 a StGB.[65]
- Im Falle der Nichtabführung einbehaltener **Lohnsteuer** und anderer betrieblicher Abzugssteuern droht eine Haftung gemäß §§ 69, 34 AO.
- Begeht der Geschäftsführer in seiner Eigenschaft als Geschäftsführer **selbst deliktische Rechtsverletzungen** an Rechtsgütern fremder Dritter (Beispiel: Verkehrsunfall bei einer Autofahrt im Auftrag der GmbH), so haftet neben der GmbH (§ 31 BGB) auch der Geschäftsführer persönlich gegenüber den Dritten.[66] Das gilt ebenso bei anderen verschuldeten Handlungen oder Unterlassungen, aus denen Gesundheit, Leben, Körper oder Eigentum (absolute Rechtsgüter im Sinne des § 823 Abs. 1 BGB) verletzt werden. Teilweise hat die Rechtsprechung[67] insoweit bereits eine erhebliche **Haftungsausweitung** durch Begründung von **Organisationspflichten** entwickelt, nach denen der Geschäftsführer selbst dann haftet, wenn er es lediglich unterlassen hat, den Betrieb so zu organisieren, dass Dritten keine Schäden entstehen können. Das Gleiche gilt bei persönlichen **Verstößen gegen Schutzgesetze** im Sinne des § 823 Abs. 2 BGB. Dies kann insbesondere bei betrügerischen Maßnahmen eines Geschäftsführers der Fall sein, für die dieser auch persönlich einzustehen hat.
- Führt der Geschäftsführer die Geschäfte nicht mit der angemessenen Sorgfalt eines ordentlichen Kaufmanns, so **haftet der Geschäftsführer der Gesellschaft** – grundsätzlich nicht den Gesellschaftsgläubigern – **gemäß § 43 GmbHG** für dadurch entstehende Schäden. Diese Haftung wird bei Gesellschaftergeschäftsführern in Familiengesellschaften im Regelfall keine große Bedeutung erlangen. Im Insolvenzfall wird der Insolvenzverwalter jedoch bemüht sein, weiteres Vermögen zur Insolvenzmasse zu ziehen und dementsprechend gegebenenfalls Schadensersatzansprüche gegen die Geschäftsführer geltend machen.

---

[63] Vgl. auch den Überblick bei *Goette*, DStR 1998, 1308 ff.
[64] *Baumbach/Hueck/Fastrich* § 11 GmbHG Rn 49.
[65] Vgl. jüngst BGH NZG 2004, 42 ff.
[66] Beck Hdb. GmbH/*Axhausen* § 5 Rn 223.
[67] BGH „Baustoff" BGHZ 109, 297 = NJW 1990, 976 ff.; vgl. dazu auch *Baumbach/Hueck/Zöllner* § 43 GmbHG Rn 58; *Goette* Die GmbH § 8 Rn 248 ff.

Handelt der Geschäftsführer allerdings **aufgrund einer zulässigen Weisung**, so haftet er der Gesellschaft gegenüber nicht.[68] Die Weisung ist für den Geschäftsführer nur verbindlich, wenn sie von der Gesellschafterversammlung oder dem Alleingesellschafter erteilt wurde. Einzelne Gesellschafter, auch wenn sie beherrschenden Einfluss haben, können keine wirksamen Weisungen ohne entsprechenden Gesellschafterbeschluss erteilen. Der Gesellschafterbeschluss darf nicht nichtig sein. Anderenfalls entfaltet er nicht die haftungsbeschränkende Wirkung. Dies kann beispielsweise der Fall sein, wenn die Gesellschafterversammlung nicht ordnungsgemäß einberufen worden war, § 241 Nr. 1 AktG analog oder wenn der Beschluss aufgrund Sittenwidrigkeit nichtig ist.[69] Die bloße Anfechtbarkeit steht einer Folgepflicht hingegen nicht entgegen. Der bloß anfechtbare Beschluss ist grundsätzlich zunächst rechtswirksam.[70] Ist hingegen Anfechtungsklage erhoben worden, so ist die Rechtslage ungeklärt. Meines Erachtens handelt es sich in diesem Fall um eine Ermessens- und Abwägungsfrage des Geschäftsführers. Eine haftungsentlastende Wirkung entfaltet der Beschluss dann nicht, wenn es um Schadensersatzansprüche aus dem Außenverhältnis geht, also von fremden Dritten oder wenn zwingende gesetzliche Vorschriften nicht eingehalten werden sollen, beispielsweise die gesetzliche Verpflichtung zur Buchführung, zur Aufstellung des Jahresabschlusses oder zur Kapitalerhaltung.[71]

- Im **Insolvenzfall**, also der bevorstehenden Krise, ist der Geschäftsführer gemäß **§ 64 GmbHG** – strafbewehrt – verpflichtet, die Situation zu überwachen, gegebenenfalls einen Überschuldungs- und Liquiditätsstatus aufzustellen und bei Eintritt der Insolvenzreife (Überschuldung oder Zahlungsunfähigkeit) einen **Insolvenzantrag zu stellen**. Tut er dies nicht, obwohl er dies tun müsste, so haftet er Gesellschaftsgläubigern gemäß § 823 Abs. 2 BGB in Verbindung mit § 64 GmbHG.[72] Darüber hinaus besteht eine Haftung für verbotswidrige Zahlungen gemäß § 64 Abs. 2 GmbHG gegenüber der Gesellschaft selbst.[73] Hinsichtlich der Haftung wegen verspäteter Insolvenzantragstellung ist zwischen der Haftung von **Neu- und Altgläubigern zu unterscheiden**. Altgläubiger erhalten lediglich die Quote, um die sich der bei ihnen entstehende Schaden durch die verspätete Insolvenzantragstellung erhöht und vergrößert hat. Neugläubiger, deren Anspruch überhaupt erst entstanden ist, nachdem eigentlich der Insolvenzantrag bereits hätte gestellt werden müssen, erhalten nicht nur eine Quote, sondern den vollständigen entstandenen Schaden. Hintergrund dieser Haftungsverschärfung des BGH liegt darin, dass der Neugläubiger bei

---

[68] BGHZ 122, 336 = NJW 1993, 1922 ff.; *Ebert*, GmbHR 2003, 444 ff.; *Baumbach/Hueck/Zöllner* § 43 GmbHG Rn 28 f.

[69] BGH GmbHR 2003, 713, 714; *Ebert*, GmbHR 2003, 444, 447.

[70] Beck Hdb. GmbH/*Fischer* § 4 Rn. 188.

[71] *Scholz/Schneider* § 37 GmbHG Rn 51 ff.

[72] BGH DStR 2003, 1672 (*Goette*); *Altmeppen*, ZIP 2001, 2201 ff.; *Krause*, DZWir 2001, 22.

[73] Vgl. Beck Hdb. GmbH/*Axhausen* § 5 Rn 219.

ordnungsgemäßem Verhalten des Geschäftsführers mit der GmbH gar nicht mehr in Kontakt getreten wäre.

b) Risikovermeidung durch D&O-Versicherungen. D&O-Versicherungen vermeiden keine Haftungsfälle, sondern vermögen allenfalls die Haftungsrisiken für die persönlich betroffenen Geschäftsführer zu reduzieren. Wie stets beim Abschluss eines Versicherungsvertrages kommt es jedoch sehr auf das „Kleingedruckte" an. Nicht alle Risiken sind im Regelfall versichert, der genaue zeitliche Umfang des Versicherungsschutzes ist zu betrachten, die Deckungshöchstsummen sind angemessen zu wählen. Folgende Aspekte sollten hinsichtlich des Umfangs des Versicherungsschutzes und bei der Vertragsgestaltung berücksichtigt werden: 26

Versicherungsnehmerin ist in der Regel die Gesellschaft selbst. Es handelt sich um einen Versicherungsvertrag für fremde Rechnung im Sinne der §§ 74 Abs. 1, 75–80 VVG.[74] Problematisch daran ist lediglich, dass in manchen Versicherungsverträgen die Gewährung von Versicherungsleistungen an die versicherte Person, also an die Geschäftsführer von der Zustimmung der Versicherungsnehmerin, also der Gesellschaft abhängig ist.[75] 27

Es ist genau zu überlegen, welche **Versicherungsdeckungssummen** und welcher **Selbstbehalt** zu vereinbaren ist. Dabei handelt es sich in der Regel um eine Versicherung mit einer Deckungssumme für die Gesamtgeschäftsführung, gelegentlich auch für den Gesamtkonzern. Bei Inanspruchnahme mehrerer Geschäftsführer können die Deckungssummen gegebenenfalls unzureichend sein. 28

Im Hinblick auf den **Versicherungsumfang** sollten nicht nur die zivilrechtlichen Ansprüche, sondern auch die potentiellen öffentlich-rechtlichen, wie die umwelthaftungsrechtlichen Ansprüche versichert werden. Dies ist nicht bei allen Formularverträgen automatisch der Fall. Für einen umfassenden Schutz sollte nicht nur die Außenhaftung der Geschäftsführung, sondern auch die Innenhaftung gemäß § 43 GmbHG gegenüber der Gesellschaft, die von Drittgläubigern gepfändet werden kann, mit abgesichert sein. Dies ist üblicherweise der Fall.[76] 29

Der **zeitliche Umfang** des Versicherungsschutzes stellt in der Regel nicht auf den Zeitpunkt der Pflichtverletzung oder auf den Zeitpunkt des Schadenseintritts ab, sondern auf den Zeitpunkt der Anmeldung des Schadensfalles (Anspruchserhebungsprinzip).[77] Diese Art der Versicherung hat eine Rückwärtsversicherung zur Folge. Auch zeitlich zurückliegende Schadensfälle werden erfasst. Dies ist lediglich dann ausgenommen, wenn der Versicherte den Schadensfall hätte kennen können. Die genaue Formulierung des Ausschlusses dieser Rückwärtsversicherung sollte im Einzelfall überprüft werden. Der Versicherungsschutz nach Ausscheiden eines Geschäftsführers oder nach Kündigung des Versicherungsvertrages ist insoweit problematisch, als es auch hier grundsätzlich auf den Zeitpunkt der 30

---

[74] *Dreher*, ZHR 165 (2001), 293, 320; *Kiethe*, BB 2003, 537, 538.

[75] *Küppers/Dettmeier/Koch*, DStR 2002, 199, 201; *Kiethe*, BB 2003, 537, 541.

[76] *Notthoff*, NJW 2003, 1350, 1352.

[77] *Kiethe*, BB 2003, 537, 539; *Notthoff*, NJW 2003, 1350, 1352.

Geltendmachung der Ansprüche ankommen soll. Wird hier lediglich – wie üblich – eine Nachversicherung von fünf Jahren vorgesehen, so kann aufgrund der subjektiven Anknüpfung des § 199 BGB n. F. eine Versicherungslücke klaffen.[78]

31 Die wichtigsten **Ausschlusstatbestände** sind die vorsätzliche Schadensverursachung, das wissentliche Abweichen von Gesetz, Vorschrift, Beschluss, Vollmacht, Weisung oder sonstige wissentliche Pflichtverletzung, Schäden aufgrund von Vertragsstrafen, Bußen und Entschädigungen mit Strafcharakter sowie alle Ansprüche, die aus dem Bereich des *common law* (USA, Kanada, Großbritannien) geltend gemacht werden. Die Darlegungs- und Beweislast für die Wissentlichkeit oder den Vorsatz der Schadensverursachung trägt die Versicherung.

32 D&O-Versicherungen werden **steuerlich** im ganz überwiegenden Eigeninteresse der Gesellschaft abgeschlossen. Die Prämien sind daher kein zufließender Lohn des Geschäftsführers, sofern der Versicherungsanspruch in Freistellungsfällen dem Unternehmen als Versicherungsnehmer zusteht und die Versicherung auf das Gesamtmanagement abstellt, nicht einzelne Personen.[79]

33 **c) Haftungsvermeidung durch Amtsniederlegung.** Das Amt des Geschäftsführers ist mit **zahlreichen Verpflichtungen** verbunden. Diese Verpflichtungen, wie die Abführung von Steuern, die Stellung des Insolvenzantrages oder die Pflicht zur Abführung von Sozialversicherungsbeiträgen treffen den Geschäftsführer nur so lange, als er Organ der Gesellschaft ist. In vielen Fällen, in denen sich eine GmbH der Krise nähert, stellt sich daher die Frage, ob die Flucht in die Amtsniederlegung gegebenenfalls der rettende Schritt für den Geschäftsführer sein kann. Bereits begangene Pflichtverstöße werden durch die Amtsniederlegung nicht beseitigt. Eine Amtsniederlegung ohne wichtigen Grund unter Fortbestand des Anstellungsvertrages kann zu Schadensersatzansprüchen gegenüber der Gesellschaft führen, da der Geschäftsführer in einem solchen Fall seinen fortbestehenden arbeitsvertraglichen Verpflichtungen nicht mehr nachkommt. Daher sollte bei einvernehmlicher Regelung der Anstellungsvertrag ebenfalls aufgehoben werden. Eines wichtigen Grundes bedarf es für die Niederlegung nach herrschender Meinung nicht.[80]

34 Einige Gerichte gehen in Krisensituationen jedoch davon aus, eine Amtsniederlegung sei **rechtsmissbräuchlich und damit nichtig**, wenn dies zur Unzeit geschehe und kein Nachfolger bestellt werde. Dies gelte insbesondere bei der Ein-Mann-GmbH.[81] Diese Rechtsprechung wird

---

[78] *Notthoff*, NJW 2003, 1350, 1352.

[79] Finanzverwaltung, DB 2002, 399; vgl. auch *Notthoff*, NJW 2003, 1350, 1355; *Lange*, DStR 2002, 1626, 1629; *Schüppen/Sanna*, ZIP 2002, 550; *Ehlers*, NWB 2002, 899, 906.

[80] BGH NJW 1993, 1198; *Roth/Altmeppen* § 38 GmbHG Rn 75; vgl. auch BGH DStR 2002, 183.

[81] Vgl. *Haas*, DStR 2001, 454; BayObLG GmbHR 1992, 671; BayObLG GmbHR 1999, 980; vgl. auch *Schaub*, DStR 2000, 290; OLG Düsseldorf GmbHR 2001, 144.

zwar teilweise kritisiert.[82] Es ist jedoch zunächst davon auszugehen, dass zumindest in Einzelfällen die Rechtsprechung weiterhin die eingeschlagene Linie fortsetzen wird. In diesem Fall ist es besonders wichtig, eine eventuell angestrebte Amtsniederlegung rechtzeitig, also vor Eintritt der Krise zu erklären. Gegebenenfalls sollte zeitgleich beim Gericht die Bestellung eines Notgeschäftsführers beantragt werden.

Die Amtsniederlegungserklärung muss den **Gesellschaftern zugehen**. Erst dann wird sie wirksam. Nach der Rechtsprechung des BGH genügt auch eine Abgabe der Niederlegungserklärung gegenüber einem Gesellschafter.[83] 35

Hat der einzige verbleibende Geschäftsführer mit sofortiger Wirkung die Niederlegung seines Amtes erklärt, so ist er selbst nicht mehr für die **Handelsregisteranmeldung** zuständig. Aus diesem Grunde sollte die Niederlegung des Amtes aufschiebend bedingt auf die Eintragung der Niederlegung ins Handelsregister erfolgen. In diesem Fall ist der Geschäftsführer im Zeitpunkt der Unterzeichnung der Handelsregisteranmeldung noch vertretungsbefugt. 36

3. Haftung in der GmbH & Co. KG

Hinsichtlich der regulären Haftung als Kommanditist kann auf die Ausführung zur regulären Kommanditistenhaftung verwiesen werden. Für die Haftung als Geschäftsführer der GmbH gelten ebenfalls die oben bezeichneten Grundsätze. Als **Besonderheiten** der Haftung bei der GmbH & Co. KG ist auf Folgendes hinzuweisen: 37

- Die **Vorbelastung** der GmbH kann auch durch **Verbindlichkeiten** begründet werden, die nicht bei der GmbH selbst, sondern **bei der KG** entstehen. Denn für diese Verbindlichkeiten haftet die GmbH als Komplementärin. Dies kann zu einer beträchtlichen persönlichen Haftung der GmbH-Gesellschafter im Gründungsstadium führen.
- Obwohl **§ 11 Abs. 2 GmbHG** eine Handelndenhaftung nur dann anordnet, wenn ein Geschäftsführer im Namen der GmbH handelt, wird diese Handelndenhaftung auch auf Fälle der GmbH & Co. KG ausgedehnt, in denen der GmbH-**Geschäftsführer im Namen der KG handelt**.[84] Die Handelndenhaftung erlischt allerdings mit der Eintragung der GmbH in das Handelsregister.[85]
- Die Grundsätze über den **Eigenkapitalersatz** gelten gemäß §§ 129 a, 172 a HGB auch für Personenhandelsgesellschaften (OHG oder KG), bei denen keine natürliche Person persönlich haftender Gesellschafter ist. Auf diese Art und Weise kann die Haftung von Gesellschaftern der Komplementär-GmbH und Kommanditisten über das eigentliche Stammkapital der GmbH und die Haftsumme der KG nach den Grundsätzen des Eigenkapitalrechts erweitert werden.[86]

---

[82] Siehe nur *Wachter*, GmbHR 2001, 1129 ff.
[83] BGH DStR 2002, 183.
[84] Vgl. *Rowedder/Schmidt-Leithoff* § 11 GmbHG Rn 176.
[85] BGH NJW 1981, 1452; BGH NJW 1981, 1373, 1376.
[86] Vgl. instruktiv *Rowedder/Pentz* § 32 a GmbHG Rn 229 ff.

4. Haftung im Rahmen einer Betriebsaufspaltung

38 Als **besonderer Vorteil** der Betriebsaufspaltung für Familienunternehmen wird insbesondere neben den steuerlichen Vorteilen die Reduzierung der **Haftungsmasse** des Familienunternehmens genannt. Im klassischen Fall der Betriebsaufspaltung werden insbesondere Grundstücke nicht in die Betriebsgesellschaft eingebracht, sondern von den Familienmitgliedern als Besitzgesellschaft gehalten und an die Betriebs-GmbH verpachtet. So soll das nicht in der Betriebs-GmbH befindliche Vermögen haftungsfrei gehalten werden.[87] Im Grundsatz ist diese Überlegung zutreffend. Vor allzu großen Hoffnungen und Erwartungen ist jedoch zu warnen. Die Geschäftsführer der GmbH haften auch in den klassischen Fällen der Betriebsaufspaltung nach § 43 GmbHG, im Fall der Insolvenzverschleppung gemäß § 64 GmbHG oder bei der Begehung von sonstigen deliktischen Handlungen, § 823 BGB. Ist einer dieser Haftungsfälle gegeben, so haftet der Gesellschafter-Geschäftsführer persönlich, daher kann selbstverständlich auch in seinen Grundbesitz vollstreckt werden.

39 Ferner wird es häufig gegenüber **Geldgebern wie Banken** nicht durchsetzbar sein, die werthaltigsten Vermögensteile des Betriebes von einer Haftung freizuhalten. Insofern werden Banken meist bei Hingabe von Krediten auf einer Verhaftung des Grundbesitzes bestehen und die Eintragung von Grundschulden auch an Grundstücken der Besitzgesellschaft verlangen. In diesen Fällen ist der Vorteil der Haftungsbeschränkung nicht mehr gegeben.[88]

40 Schließlich ist hinsichtlich der Haftung auf die Grundsätze der **eigenkapitalersetzenden Nutzungsüberlassung** hinzuweisen. Wird in der Krise eine wesentliche Betriebsgrundlage, die Dritte der Gesellschaft nicht zur Verfügung gestellt hätten, durch einen mit mindestens 10 Prozent an der Gesellschaft beteiligten Gesellschafter zur Nutzung entgeltlich oder unentgeltlich überlassen, so handelt es sich um eine eigenkapitalersetzende Nutzungsüberlassung. Das Gleiche gilt im Falle einer entsprechenden Rangrücktrittsvereinbarung oder bei Nichtkündigung eines bestehenden Vertrages zur Nutzungsüberlassung bei Eintritt der Krise (Stehenlassen). Die eigenkapitalersetzende Nutzungsüberlassung führt dazu, dass im Falle der Insolvenz der Betriebsgesellschaft die Gesellschafter sich nicht auf die Möglichkeit einer außerordentlichen Kündigung berufen können und der insolventen Gesellschaft, also dem Insolvenzverwalter den Grundbesitz nicht entziehen können. Der Insolvenzverwalter ist daher weiterhin zur Nutzung des Grundbesitzes befugt.[89] Speziell im Rahmen der Betriebsaufspaltung neigt die Rechtsprechung des BGH in den Lagerplatz-Urteilen besonders schnell zur Annahme einer eigenkapitalersetzenden Nutzungsüberlassung.

---

[87] *Langenfeld/Gail* Handbuch der Familienunternehmen I. Rn 224.

[88] *Langenfeld/Gail* Handbuch der Familienunternehmen I. Rn 224.

[89] Vgl. zur Eigenkapital ersetzenden Nutzungsüberlassung bei Betriebsaufspaltung auch Baumbach/*Hueck/Fastrich* § 32a GmbHG Rn 33a; BGHZ 121, 31 = NJW 1993, 392 ff.; BGHZ 127, 1, 4 f. = NJW 19; zu den Folgerungen für die Vertragsgestaltungspraxis vgl. *Oppenländer*, DStR 1995, 495.

Als **Rechtsfolge** der eigenkapitalersetzenden Nutzungsüberlassung sind **Miet- und Pachtzinsen**, die unter Verstoß gegen das Kapitalerhaltungsgebot der §§ 30, 31 GmbHG ausgezahlt wurden, bis zur Höhe der Auffüllung des Stammkapitals nach den Rechtsprechungsgrundsätzen zum Eigenkapitalersatz zu erstatten. Im Übrigen gelten hierfür bei Eintritt der Insolvenz innerhalb von einem Jahr nach Zahlung die §§ 32a, b GmbHG. Das Eigentum geht nach ganz herrschender Meinung nicht auf den Insolvenzverwalter über.[90] Das Nutzungsrecht der Gesellschaft bzw. des Insolvenzverwalters nach den Grundsätzen des Eigenkapitalersatzes richtet sich grundsätzlich nach dem Überlassungsvertrag zwischen der Gesellschaft und dem Gesellschafter – jedoch nur, sofern dies dem Fremdüblichen entspricht. Insoweit ist die Vereinbarung möglichst kurzfristiger regulärer Kündigungsmöglichkeiten durch den Gesellschafter in dessen Interesse.[91] **41**

5. Die Haftung bei der Familienaktiengesellschaft (AG)

Die Haftungsgefahren im Rahmen einer Aktiengesellschaft entsprechen im **Gründungsstadium** im Wesentlichen denen bei der GmbH. Dies gilt insbesondere bei der Erbringung von Sacheinlagen oder dem Beginn des Betriebes der Gesellschaft vor Eintragung der Gesellschaft in das Handelsregister. Auch die Regeln des Eigenkapitalersatzes gelten ebenso bei der AG. Gleiches gilt für die Tatbestände der **Konzern- bzw. Durchgriffshaftung**. **42**

Auch als Vorstände der GmbH sind mindestens ebenso strenge **Sorgfaltspflichten gemäß § 93 AktG** einzuhalten und führen gegebenenfalls zu einer Haftung gegenüber der Gesellschaft für den Fall eines Missmanagements. Entsprechende Ansprüche können im Falle der Insolvenz auch vom Insolvenzverwalter gegenüber den Vorständen geltend gemacht werden. Die Vorstandshaftung soll nunmehr im Rahmen des Gesetzes zur Unternehmensintegrität und Modernisierung des Anfechtungsrechts (UMAG) um die sog. *business judgement rule* in § 93 AktG ergänzt werden.[92] **43**

---

[90] BGHZ 127, 1, 7 = NJW 1994, 2353; BGH 127, 17 = BGH NJW 1994, 2760; BGHZ 121, 31, 38 = NJW 1993, 392 ff.

[91] Vgl. *Baumbach/Hueck/Fastrich* § 32a GmbHG Rn 59 d. Teilweise wird auch zu besonders langfristigen Verträgen geraten, damit mangels Kündigungsmöglichkeit der Fall des sog. „Stehenlassens" erst gar nicht eintreten könne.

[92] Vgl. *Leuering/Dieckmann*, NZG 2004, 249; *Thümmel*, DB 2004, 471; *Kock/Dinkel*, NZG 2004, 441.

§ 18 Unternehmenspublizität

Übersicht

	Rn		Rn
I. Bedeutung	1	III. Weitere Veröffentlichungspflichten von Kapitalgesellschaften und Co.	9
II. Allgemeine Handelsregisterpublizität	5	IV. Das Publizitätsgesetz	13

Schrifttum: *Bitter/Grashof*, Das Publizitätsgesetz nach Inkrafttreten des KapCoRiLiG – unterschiedliche Anforderungen an die Rechnungslegung?, DB 2000, 2285; *Busse von Colbe*, Kleine Reform der Konzernrechnungslegung durch das TransPuG, BB 2002, 1583; *Crezelius*, Jahresabschlusspublizität bei deutscher Kapitalgesellschaft, ZGR 1999, 252; *De Werth*, Europarechtliche Sanktionierung der unterlassenen Offenlegung des Jahresabschlusses, BB 1998, 366; *Dorozala/M. Söffing*, Zur Vermeidung handelsrechtlicher Offenlegungspflichten durch alternative Rechtsformen, GmbHR 2000, 1567; *Hirte*, Daihatsu: Durchbruch für die Publizität, NJW 1999, 36; *Höfner*, Die Offenlegungspflicht bei der GmbH & Co. KG erneut auf dem Prüfstand, NJW 2004, 475; *Jansen*, Publizitätsverweigerung deutscher GmbH und ihre Sanktionen im Lichte des KapCoRiLiG, DStR 1999, 1490; *Scheffler*, Neue Vorschriften zur Rechnungslegung, Prüfung und Offenlegung nach dem Kapitalgesellschaften und Co.-Richtlinie-Gesetz, DStR 2000, 529; *Scheidle*, Die GmbH & Co. KG als attraktive Rechtsform nach dem Bilanzrichtlinien-Gesetz? – Rechtsformüberlegungen unter Berücksichtigung des EG-Richtlinienentwurfes zur Erstreckung der Bilanzrichtlinie auf die GmbH & Co. KG, BB 1986, 2065; *Schmidt-Ott*, Publizitätserfordernisse bei atypisch stillen Beteiligungen an dem Unternehmen einer GmbH, GmbHR 2001, 182 ff.; *ders.*, GmbHR 2002, 784; *Schulze-Osterloh*, Befreiung der Kapitalgesellschaft & Co. von der Rechnungslegungspflicht für Kapitalgesellschaften durch Einbeziehung in den „Konzernabschluss" ihres persönlich haftenden Gesellschafters, BB 2002, 1307; *Seibert*, Das TransPuG, NZG 2002, 608; *Theile*, Neuerungen bei der GmbH durch das Transparenz- und Publizitätsgesetz – TransPuG, GmbHR 2002, 231; *Wassmer*, Die GmbH & Stroh KG als Publizitäts-Vermeidungsmodell, GmbHR 2002, 412; *Weilbach*, Zwangspublizität: EuGH contra deutscher Mittelstand, BB 1998, 210; *Weigl*, Zur Eintragungspflicht einer GmbH & Still im Handelsregister, GmbHR 2002, 778.

I. Bedeutung

1 Familienunternehmen scheuen die Publizität wie der Teufel das Weihwasser. Teilweise wird auch vom **„Schreckgespenst" der Publizität** im Mittelstand gesprochen[1] – zu Recht. Dies liegt gewiss nicht an illegalen oder unlauteren Machenschaften, sondern daran, dass Publizität Rückschlüsse und Informationen über höchst persönliche Gegebenheiten in der Unternehmerfamilie zulässt, die weder die Allgemeinheit noch Vertragspartner etwas angehen. Aus diesem Grunde werden Familienunternehmen regelmäßig bestrebt sein, jegliche Publizität zu vermeiden.[2] War-

[1] *Scheidle*, BB 1986, 2065, 2069.

[2] Vgl. *Dorozala/M. Söffing*, GmbHR 2000, 1567 ff.; *Waßmer*, GmbHR 2002, 412 ff.

um soll der Nachbar auch durch einfache Nachfrage beim Handelsregister herausfinden können, welche Gewinne das Unternehmen im letzten Jahr erzielt hat und wie viel davon auf Eltern und wie viel auf die Kinder verteilt wird? Warum soll die interessierte Öffentlichkeit wissen, ob der Vater nach der Betriebsübergabe noch Stimmrechte und Mitspracherechte im Unternehmen hat oder ob dies nicht der Fall ist?

Schließlich kann eine allzu große Transparenz zum **Wettbewerbsnachteil** werden. Muss beispielsweise ein Familienunternehmen der Automobilzulieferindustrie mit einem Hauptabnehmer seine genauen Gewinne aufdecken, so wird der Automobilhersteller bei den nächsten Vertragsverhandlungen genau das Verhandlungslimit ermitteln können. Die Verhandlungssituation wird noch ungleicher. Auch Konkurrenten können ggf. aus den veröffentlichten Daten Rückschlüsse auf unternehmensbezogene Interna ziehen, die sich nachteilig auf die Wettbewerbssituation auswirken können. In Krisensituationen kann es sogar zu einem „Todreden" des Familienunternehmens kommen.[3] 2

Eine andere Frage ist hingegen, inwiefern Vertragspartner von Familiengesellschaften die Möglichkeit erhalten sollten, sich über die Ertragslage und Gegebenheiten bei dem Familienunternehmen zu informieren. Hier geht es um die Absicherung wirtschaftlicher Risiken. 3

Bei Familiengesellschaften, die eine Größe erreicht haben, in der sie sich an den **allgemeinen Kapitalmarkt** wenden wollen, so verändert sich die Interessenlage wesentlich. Der allgemeine Kapitalmarkt und der Kapitalanleger sind auf detaillierte Informationen über die Gegebenheiten des Unternehmens angewiesen. Hier ist eine großzügige Informationspolitik, die auch über die gesetzlichen Vorgaben hinausgeht, häufig angebracht und erforderlich. Der Regelfall ist dies jedoch gewiss nicht. Im Übrigen werden im Rahmen der Börsenzulassung häufig weitgehende Offenlegungen von internen Daten verlangt. 4

II. Allgemeine Handelsregisterpublizität

Jedes **kaufmännische Unternehmen** gemäß § 1 HGB hat seine Firma zum Handelsregister anzumelden. Das Handelsregister ist öffentlich und kann von jedermann ohne Darlegung eines besonderen Interesses eingesehen werden. Aus dieser Handelsregisteranmeldung ist zunächst jedoch nur zu ersehen, wer der Inhaber der Firma ist und wie die Firma lautet. Gegebenenfalls sind auch Prokuristen, sofern solche bestellt wurden, anzugeben. Hat sich jemand an der Gesellschaft still beteiligt (§ 230 HGB), so ist dies grds. nicht zum Handelsregister anzumelden. 5

Bei **einzelkaufmännischen Unternehmen,** der **OHG** oder **KG** ebenso bei der Partnerschaftsgesellschaft für freie Berufe, sind darüber hinausgehende Angaben grundsätzlich nicht erforderlich. Insbesondere ist der Gesellschaftsvertrag, aus denen sich bestimmte Beschränkungen der Stimmrechte oder Mehrstimmrechte und die genaue Verteilung von Ge- 6

---

[3] Vgl. auch *Hennerkes/Kirchdörfer/Hennerkes/Binge* Familiengesellschaften § 2 Rn 2.66 f.

winn und Einfluss in der Gesellschaft ergeben, nicht zum Handelsregister einzureichen. Das Innenleben der Gesellschaft bleibt auf diese Art und Weise geheim.

7 Die **stille Gesellschaft oder die Unterbeteiligung** werden hingegen gar nicht im Handelsregister angemeldet. Eine Ausnahme gilt hier nur gemäß § 294 AktG für den Teilgewinnabführungsvertrag in der Form einer stillen Beteiligung an einer AG. Ob dies auch für eine stille Beteiligung an einer GmbH gilt, ist heftig umstritten.[4] Das BayObLG hat sich jüngst mit guten Gründen zumindest für stille Beteiligungen im Zusammenhang mit Austauschverträgen gegen eine Eintragung im Handelsregister entschieden.[5]

8 Anders ist die Rechtslage bei den **Kapitalgesellschaften**, insbesondere der GmbH, der Aktiengesellschaft und der KGaA. Hier ist es für die Entstehung der Gesellschaft jeweils Voraussetzung, dass neben der Anmeldung der Gesellschaft auch die Satzung der Gesellschaft eingereicht wird. Aus der Satzung ergeben sich in der Regel alle wesentlichen Informationen über das Binnenleben, die Machtverhältnisse und Gewinnverteilung der Gesellschaft. Der Weg hin zum gläsernen Familienunternehmen ist damit ein Stück weit bereitet. Dies zeigt sich noch deutlicher anhand der Veröffentlichungspflichten hinsichtlich der Jahresabschlüsse.

III. Weitere Veröffentlichungspflichten von Kapitalgesellschaften und Co.

9 Gemäß § 325 HGB haben die gesetzlichen Vertreter von Kapitalgesellschaften den **Jahresabschluss** spätestens nach Ablauf des 12. Monats des dem Abschlussstichtag folgenden Geschäftsjahrs zum Handelsregister am Sitz der Kapitalgesellschaft **einzureichen**. Gleichzeitig sind auch der Lagebericht sowie der Bericht des Aufsichtsrates und der Vorschlag über die Verwendung des Ergebnisses, also die Verteilung der Gewinne mit einzureichen. Von dem vorstehenden Grundsatz der Veröffentlichung der Gewinnverteilung können GmbHs absehen, wenn sich anhand dieser Angaben die Gewinnanteile von natürlichen Personen feststellen lassen, die Gesellschafter sind, § 325 Abs. 1 Satz 1 Halbsatz 2 HGB. Die Tatsache der Einreichung der genannten Unterlagen beim Handelsregister ist ferner im Bundesanzeiger bekannt zu machen.[6] Bei **großen Kapitalgesellschaften** im Sinne des § 267 Abs. 3 HGB sind die vorstehend bezeichneten Unterlagen sogar insgesamt im Bundesanzeiger selbst bekannt zu machen und anschließend dem Handelsregister einzureichen. Eine große Kapitalgesellschaft liegt vor, wenn mindestens zwei der folgenden drei Merkmale überschritten werden, nämlich eine Bilanzsumme von 13,75 Mio. €, Um-

---

[4] Vgl. *Schmidt-Ott*, GmbHR 2001, 182 ff.; *ders.*, GmbHR 2002, 784; a. A. dagegen *Weigl*, GmbHR 2002, 778.

[5] DStR 2003, 1218 mit Anm. *Wälzholz* = GmbHR 2003, 535 mit Anm. *Weigl*.

[6] Vgl. zu weiteren Einzelheiten der Offenlegungspflichten *Bitter/Grashof*, DB 2000, 2285 ff.; *Scheffler*, DStR 2000, 529 ff.; *Sudhoff/Düll*, GmbH & Co. KG, § 22 Rn 50 ff.

satzerlöse in 12 Monaten von 27,5 Mio. € und im Jahresdurchschnitt 250 Arbeitnehmer.

Die vorstehend bezeichneten zusätzlichen Publizitätsvorschriften für Kapitalgesellschaften waren bis vor wenigen Jahren ein zahnloser Papiertiger.[7] Diese auf **europarechtlichen Vorgaben** beruhenden Regelungen wurden faktisch von den Handelsregistern nicht durchgesetzt. Dementsprechend haben nicht einmal 10 % der Kapitalgesellschaften die entsprechenden Angaben tatsächlich gemacht. Dies hat sich nunmehr geändert. Der EuGH hat in seinem Urteil „Daihatsu" den in Deutschland bestehenden Zustand der ineffektiven Umsetzung des Europäischen Rechts als unzulässig angesehen.[8] Der deutsche Gesetzgeber war gezwungen, die Offenlegungspflichten und die mit einem Verstoß verbunden Folgen neu zu regeln. Durch das **Kapitalgesellschaften & Co.-Richtliniengesetz** sind nunmehr die Sanktionen bei Verletzung der Offenlegungspflichten wesentlich verschärft worden.[9] Auf Antrag einer beliebigen Person ist das Ordnungsgeldverfahren gemäß §§ 335 a, 335 b HGB durchzuführen. Darüber hinaus werden die möglichen Ordnungsgelder auf bis zu 25 000,– Euro erhöht; das erstmalige Zwangsgeld muss mindestens 2500,– Euro betragen und kann in regelmäßigen Abständen immer wieder festgesetzt werden. Inwiefern die europarechtlichen Vorgaben der Richtlinie mit höherrangigem Europarecht, insbesondere dem Grundrecht der Berufsfreiheit vereinbar ist, liegt derzeit dem EuGH zur Entscheidung vor.[10] 10

Wie der Name „Kapitalgesellschaften & Co.-Richtliniengesetz" besagt, betrifft dieses Gesetz nunmehr nicht nur Kapitalgesellschaften. Es ist auf die **Kapitalgesellschaften & Co.** ausgedehnt worden. Das bedeutet: die vorstehenden Publizitätsvorschriften gelten nicht nur für Kapitalgesellschaften, also GmbH, AG und KGaA, sondern auch für solche Personengesellschaften, bei denen keine natürliche Person vollhaftender Gesellschafter ist, § 264 a HGB. Dies sind vor allem die GmbH & Co. KG. Das Gleiche gilt aber auch bei der AG & Co. KG sowie der GmbH & Co. OHG, wenn ausschließlich GmbH und AG sich zu einer OHG zusammengeschlossen haben. In diesen Fällen ist weder unmittelbar noch mittelbar ein persönlich haftender Gesellschafter an der Personengesellschaft beteiligt. 11

In der Rechtslehre wird diskutiert, inwieweit sich durch alternative Rechtsformen die vorstehend bezeichneten **Offenlegungspflichten umgehen** lassen.[11] Dieses Ziel lässt sich selbstverständlich dadurch erreichen, indem ein im Übrigen gesellschaftsfremder Vermögensloser als persönlich haftender Gesellschafter neben der GmbH in eine GmbH & Co. 12

[7] Vgl. zum bisherigen Recht noch *Hennerkes/Binge* in: Hennerkes/Kirchdörfer, Familiengesellschaften, § 2 Rn 2.68 f.

[8] Vgl. *Hirte,* NJW 1999, 36 ff.; *Jansen*, DStR 1999, 1490 ff.; *De Werth*, BB 1998, 366 ff.

[9] Vgl. *Bitter/Grashof*, DB 2000, 2285 ff.; *Scheffler*, DStR 2000, 529 ff.

[10] LG Essen NZG 2003, 579; dazu *Höfner*, NJW 2004, 475 ff.

[11] *Dorozala/M. Söffing*, DStR 2000, 1567 ff.; *Waßmer*, GmbHR 2002, 412 ff.

KG aufgenommen wird. Es entsteht die so genannte **„GmbH & Stroh KG“**. Inwiefern dies jedoch tatsächlich sinnvoll ist, da dem zusätzlichen Gesellschafter stets gewisse Mindestgesellschaftsrechte verbleiben müssen, ist fraglich. Wird tatsächlich – wie in der Praxis häufig – der Weg der Aufnahme eines familienfremden Strohmann-Komplementärs beschritten, so sind vor allem folgende Sicherungen aufzunehmen:

- Die Vertretungsbefugnis des Komplementärs sollte nach § 125 HGB ausgeschlossen werden; diese Möglichkeit sieht das Gesetz ausdrücklich vor.
- Die übrigen Familiengesellschafter sollten sich eine Vollmacht zur uneingeschränkten Stimmrechtsausübung geben lassen, die auch zur Entgegennahme der Ladung berechtigt. Eine solche Vollmacht kann wohl nicht wirksam unwiderruflich ausgestaltet werden. Zur Vermeidung von Beschlussproblemen sollte unter Beachtung des Bestimmtheitsgrundsatzes und der Kernbereichslehre[12] möglichst das Mehrheitsprinzip eingeführt werden.
- Gleichzeitig sollte ein Treuhandvertrag oder ein Abtretungsangebot zugunsten der Komplementär-GmbH[13] abgeschlossen werden, wonach der unentgeltliche Erwerb der Gesellschaftsbeteiligung angeboten wird, der jederzeit und unbefristet angenommen werden kann.
- In dem Treuhandvertrag sollte eine Verlustausgleichspflicht zugunsten des Strohmanns ausgeschlossen werden. Denn dieser Anspruch könnte in der Unternehmenskrise gepfändet und zur Einziehung überwiesen werden. Die unbeschränkte persönliche Haftung des Treuhänders wäre die Folge. Dafür hätten dann wiederum die Treugeber aufzukommen.

IV. Das Publizitätsgesetz

13 Neben den vorstehenden rechtsformspezifischen Offenlegungspflichten existiert schließlich noch das Gesetz über die Rechnungslegung von bestimmten Unternehmen und Konzernen – das Publizitätsgesetz.[14] Dieses Gesetz **unterscheidet nicht nach der Rechtsform**, sondern erlegt bestimmten besonders großen Unternehmen zusätzliche allgemeine Berichtspflichten auf. Unter das Publizitätsgesetz fallen Gesellschaften, auf die zwei der drei nachstehenden **Größenmerkmale** zutreffen:

– eine Bilanzsumme von mehr als 65 Mio. Euro,
– Umsatzerlöse in 12 Monaten von mehr als 130 Mio. Euro,
– durchschnittlich mehr als 5000 Arbeitnehmer.

14 Damit ist das Publizitätsgesetz statistisch nur in ganz seltenen Ausnahmefällen auf besonders große Gesellschaften anwendbar. Dies gilt vor allen Dingen nach § 3 Abs. 1 Nr. 1 PublG auch für Personenhandelsgesellschaften und für Einzelkaufleute oder rechtsfähige Stiftungen des bürger-

---

[12] Vgl. dazu bereits ausführlich oben § 11 Rn 58 ff.

[13] Nicht zugunsten einer natürlichen Person, da das Risiko in der Unternehmenskrise zu groß wäre.

[14] Vgl. dazu *Hennerkes/Kirchdörfer/Hennerkes/Binge* Familiengesellschaften § 2 Rn 2.72 f.; *Bitter/Grashof*, DB 2000, 2285 ff.

lichen Rechts. Die weiteren Vorschriften des PublG nähern in diesen Fällen die Offenlegungs- und Berichtspflichten an diejenigen bei Kapitalgesellschaften & Co. an. Ferner werden Pflichtprüfungen durch Abschlussprüfer angeordnet.

E. Das Familienunternehmen und seine Mitarbeiter

§ 19 Begründung und Inhalt des Arbeitsverhältnisses

Übersicht

	Rn
I. Vertragsabschluss	1
II. Dokumentationspflicht	4
III. Inhalt des Anstellungsverhältnisses	7
1. Tarifvertragliche Regelungen	7
a) Tarifbindung	8
b) Tarifgeltung kraft Einbeziehungsvereinbarung	11
c) Tarifgeltung kraft betrieblicher Übung	14
d) Allgemeinverbindlichkeit	15
e) Tarifgeltung kraft gesetzlicher Regelung	17
2. Vergütungsregelungen	18
3. Festlegung des Aufgabenbereiches bzw. Arbeitsplatzes	19
4. Erstattung von Kosten für Bewerbungen des Arbeitnehmers	21
5. Folgen des Nichtantritts der Arbeit	22
a) Klage auf Erfüllung des Arbeitsvertrages	22
b) Schadensersatz wegen Ausfalls der Arbeitskraft	23
c) Vertragsstrafe	24
d) Untersagung anderweitiger Tätigkeit	25
IV. Beteiligung des Betriebsrates	26

Schrifttum: *Adomeit,* Das Günstigkeitsprinzip – neu verstanden, NJW 1984, 26; *Bauer,* Betriebliche Bündnisse vor dem Aus?, NZA 1999, 957; *Buchner,* Betriebsräte auf schwierigem Terrain – die Vissmann-Entscheidung des Arbeitsgerichts Marburg, NZA 1996, 1304; *Buchner,* Der Unterlassungsanspruch der Gewerkschaften – Stabilität oder Ende des Verbandstarifvertrages, NZA 1999, 897; *Leuchten/Zimmer,* Haftung des Arbeitgebers durch erweiterte Nachweispflichten, NZA 1999, 969; *Löwisch,* Tariföffnung bei Unternehmens- und Arbeitsplatzgefährdung, NJW 1997, 905; *Preis,* Das Nachweisgesetz – lästige Förmelei oder arbeitsrechtliche Zeitbombe, NZA 1997, 10; *Richardi,* Formzwang im Arbeitsverhältnis, NZA 2001, 57.

I. Vertragsabschluss

1 Der Arbeitsvertrag als Sonderform des Dienstvertrages gem. § 611 BGB kann **formlos** begründet werden.[1] Eine Ausnahme besteht für den Berufsbildungsvertrag, für den nach § 4 BBiG Schriftform vorgeschrieben ist. Soweit in Einzelfällen Tarifverträge eine bestimmte Form vorschreiben, ist deren Einhaltung in der Regel nicht konstitutiv.[2] Soll jedoch ein befristetes Arbeitsverhältnis begründet werden, ist nach § 14 Teilzeit- und

[1] *Schaub* Arbeitsrecht § 32 Rn 16; ErfKomm/*Preis* § 611 Rn 387; *Richardi,* NZA 2001, 57.

[2] *Schaub* Arbeitsrecht § 32 Rn 53.

Befristungsgesetz (TzBfG) zur Wirksamkeit der Befristung die Schriftform erforderlich; ist die Schriftform in diesen Fällen nicht eingehalten, ist ein unbefristetes Arbeitsverhältnis zustande gekommen.

2 Der Abschluss eines Arbeitsvertrages erfolgt – wie bei Verträgen generell – durch Angebot und Annahme (§§ 145 ff. BGB). Die Vertragsparteien müssen sich über die wesentlichen Inhalte der beiderseitigen Verpflichtungen geeinigt haben. Einigkeit muss insbesondere darüber bestehen, dass der Arbeitnehmer/die Arbeitnehmerin für den Arbeitgeber/die Arbeitgeberin (im Folgenden wird aus Vereinfachungsgründen nur die maskuline Form dieser Begriffe verwendet) entgeltliche Arbeit zu leisten hat. Die näheren Einzelheiten der Arbeitspflicht des Arbeitnehmers müssen nicht ausdrücklich geregelt werden, sie können mangels anderweitiger Abmachung durch das sog. **Direktionsrecht** des Arbeitgebers (s. auch § 106 GewO) bestimmt werden.[3] Die Höhe der Vergütung richtet sich bei Fehlen einer ausdrücklichen Vereinbarung nach der üblichen Vergütung (§ 612 BGB) oder – bei Tarifbindung (s. hierzu Rn 9 ff.) – nach dem jeweils einschlägigen Tarifvertrag. Es bedarf also zur Begründung eines Arbeitsverhältnisses keiner ausdrücklichen Vereinbarung über die Höhe des Entgelts.[4] Ein Arbeitsvertrag kommt allerdings dann nicht zustande, wenn die Mitarbeit lediglich auf gesellschaftsrechtlicher oder familienrechtlicher Grundlage erfolgen soll (s. hierzu § 2 Rn 3 ff.; 8 ff.). Es empfiehlt sich schon aus diesem Grunde gerade dann, wenn persönliche oder gar familiäre Beziehungen zu dem Dienstleistenden bestehen, die Vertragsbedingungen bei Begründung des Dienstverhältnisses schriftlich zu fixieren, um späteren Streit über das Bestehen oder Nichtbestehen eines Arbeitsverhältnisses oder seine Bedingungen zu vermeiden.

3 Für den Vertragsabschluss gelten im Übrigen die allgemeinen zivilrechtlichen Voraussetzungen. Beide Vertragsparteien müssen also u. a. geschäftsfähig sein, durch ihre gesetzlichen Vertreter vertreten sein oder mit Einwilligung ihrer gesetzlichen Vertreter handeln. Den besonderen Regelungen der §§ 112 und 113 BGB, nach denen der gesetzliche Vertreter einen Minderjährigen zum selbständigen Betrieb eines Erwerbsgeschäfts oder zur Eingehung eines Dienst- oder Arbeitsverhältnisses ermächtigen kann, kommt angesichts des auf 18 Jahre gesunkenen Volljährigkeitsalters keine nennenswerte praktische Bedeutung mehr zu.

II. Dokumentationspflicht

4 Auch wenn der Abschluss eines Arbeitsvertrages in der Regel keine Schriftform erfordert, hat der Arbeitgeber spätestens innerhalb eines Monats ab Beginn des Dienstverhältnisses dem Arbeitnehmer schriftlich die wesentlichen Vertragsbedingungen mitzuteilen (§ 2 Nachweisgesetz – NachwG).[5] Hierzu gehören:

– Name und Anschrift der Vertragsparteien,

---

[3] *Schaub* Arbeitsrecht § 32 Rn 16; ErfKomm/*Preis* § 611 Rn 799 ff.

[4] *Schaub* Arbeitsrecht § 32 Rn 16; ErfKomm/*Preis* § 612 Rn 1.

[5] S. im Einzelnen *Richardi* NZA 2001, 57 ff.

- Zeitpunkt des Beginns des Arbeitsverhältnisses,
- voraussichtliche Dauer der Befristung eines Arbeitsverhältnisses (wobei gem. § 14 TzBfG ohnehin die Befristung schriftlich vereinbart werden muss),
- Arbeitsort,
- kurze Charakterisierung der zu leistenden Tätigkeit,
- Dauer des Erholungsurlaubs,
- Kündigungsfristen und
- ein allgemeiner Hinweis auf die auf das Arbeitsverhältnis anzuwendenden Tarifverträge und Betriebsvereinbarungen.

Das Gesetz bezieht sich auf alle Arbeitsverhältnisse, mit Ausnahme der auf maximal 1 Monat begrenzten Aushilfsarbeitsverhältnisse (§ 1 NachwG), und erfasst auch Arbeitsverhältnisse in privaten Haushalten (anders noch § 1 Nr. 2 NachwG a. F.). Die Hinweispflicht nach dem Nachweisgesetz entfällt, wenn ein schriftlicher Arbeitsvertrag vorliegt, der die erforderlichen Angaben enthält.

Wichtig ist auch die Notwendigkeit des – häufig nicht vorgenommenen – Hinweises, dass **geringfügig Beschäftigte** auf die Versicherungsfreiheit nach § 5 Abs. 2 S. 2 SGB VI durch Erklärung gegenüber dem Arbeitgeber verzichten und damit – gegen Zahlung von ihnen zu entrichtender zusätzlicher Beiträge – vollen Versicherungsschutz auch für den Fall der Erwerbsminderung erhalten können. Insoweit kommt folgende Formulierung in Betracht:[6] 5

Falls es sich um ein geringfügig entlohntes Beschäftigungsverhältnis (§ 8 Abs. 1 Nr. 1 SGB IV) handelt, kann der Arbeitnehmer in der gesetzlichen Rentenversicherung die Stellung eines versicherungspflichtigen Arbeitnehmers erwerben, wenn er durch schriftliche Erklärung gegenüber dem Arbeitgeber auf seine Versicherungsfreiheit verzichtet (§ 5 Abs. 2 S. 2 SGB VI). Der Verzicht kann nur mit Wirkung für die Zukunft erklärt werden und ist für die Dauer der Beschäftigung bindend.

Für die Richtigkeit der dem Arbeitnehmer mitgeteilten Daten spricht 6
eine starke Vermutung, die der Arbeitgeber widerlegen muss, aber auch kann.[7] Die Nichtbeachtung der Vorschriften des Nachweisgesetzes ist zwar nicht unmittelbar mit Sanktionen belegt, nicht auszuschließen ist allerdings eine Verschlechterung der Beweisposition des Arbeitgebers, der gesetzeswidrig einen Nachweis nicht erteilt hat.[8] Allerdings ergibt sich aus der dem Nachweisgesetz zugrunde liegenden Richtlinie nach Auffassung des Europäischen Gerichtshofs weder die Notwendigkeit noch die Unzulässigkeit einer nach nationalem Recht zu berücksichtigenden Beweisvereitelung durch die Nichterfüllung der Nachweispflicht.[9] Auch ist denkbar, dass ein geringfügig Beschäftigter Schadensersatzansprüche ge-

---

[6] *Leuchten/Zimmer*, NZA 1999, 969, 971.

[7] EuGH AP EWG-Richtlinie Nr. 91/533 Nr. 3 = NZA 1998, 137; *Schaub* Arbeitsrecht § 32 Rn 40; ErfKomm/*Preis* NachwG Einf. Rn 19.

[8] ErfKomm/*Preis* NachwG Einf. Rn 22; *Richardi*, NZA 2001, 57, 60.

[9] AP Nachweisgesetz § 2 Nr. 4.

gen den Arbeitgeber deswegen herleitet, weil dieser ihn nicht auf die Möglichkeit zum Verzicht auf die Versicherungsfreiheit hingewiesen hat und er deshalb den erweiterten Versicherungsschutz bei eingeschränkter Erwerbsfähigkeit nicht erlangt hat.[10]

III. Inhalt des Anstellungsverhältnisses

1. Tarifvertragliche Regelungen

7 In weiten Teilen der Wirtschaft, auch in mittelständischen Unternehmen, sind tarifvertragliche Bestimmungen von erheblicher Bedeutung für die Gestaltung der Arbeitsverhältnisse. Sie gelten jedoch nur, wenn eine der folgenden Voraussetzungen vorliegt:

- Beiderseitige Tarifbindung der Arbeitsvertragsparteien,
- Tarifgeltung kraft schuldrechtlicher Einbeziehungsvereinbarung,
- Tarifgeltung kraft betrieblicher Übung oder
- Allgemeinverbindlichkeit des Tarifvertrages.

8 **a) Tarifbindung.** Ein Arbeitnehmer ist nur dann tarifgebunden, wenn er Mitglied in einer Gewerkschaft ist, die Partei des jeweils maßgeblichen Tarifvertrages ist. Arbeitgeber sind tarifgebunden, wenn sie Mitglied des entsprechenden Arbeitgeberverbandes sind oder wenn sie selbst einen Tarifvertrag mit der Gewerkschaft abgeschlossen haben (§ 3 Abs. 1 Tarifvertragsgesetz – TVG). Arbeitgeber haben auch die Möglichkeit, als sog. **OT-Mitglieder** (also ohne Tarifbindung) einem Arbeitgeberverband anzugehören. In diesem Falle werden sie tarifvertragsrechtlich nicht als Mitglieder behandelt.[11] Die normativen Regelungen eines Tarifvertrages über den Inhalt, den Abschluss oder die Beendigung des Arbeitsverhältnisses gelten **unmittelbar** und **zwingend** zwischen den beiderseits tarifgebundenen Arbeitsvertragsparteien (§ 4 Abs. 1 TVG). Normative Regelungen über betriebliche und betriebsverfassungsrechtliche Fragen, etwa über erweiterte Mitbestimmungsrechte des Betriebsrates, gelten schon bei alleiniger Tarifgebundenheit des Arbeitgebers (§ 3 Abs. 2 TVG). Ein Verzicht auf entstandene tarifliche Rechte ist nur mit Zustimmung der Tarifvertragsparteien wirksam (§ 4 Abs. 4 S. 1 TVG). Ein Vergleich über die tatsächlichen Voraussetzungen tariflicher Ansprüche stellt jedoch keinen Verzicht im Sinne des § 4 Abs. 4 Satz 1 TVG dar.[12] Tarifliche Rechte können nicht verwirken (§ 4 Abs. 4 Satz 2 TVG); von erheblicher praktischer Bedeutung sind aber die in nahezu allen Manteltarifverträgen enthaltenen sehr unterschiedlich ausgestalteten **Verfallfristen**, die auch für Ansprüche des Arbeitgebers gegen den Arbeitnehmer gelten.

9 Während der Geltungsdauer eines Tarifvertrages können dessen Regelungen, soweit Tarifbindung besteht und keine sog. **Öffnungsklauseln**

---

[10] *Leuchten/Zimmer*, NZA 1999, 969, 971.

[11] BAG AP TVG § 3 Verbandszugehörigkeit Nr. 17 = NZA 1999, 995; LAG Rheinland-Pfalz NZA 1995, 800, 801 f.; *Schaub* Arbeitsrecht § 206 Rn 25; ErfKomm/*Schaub* § 3 TVG Rn 7 (ohne eigene Stellungnahme).

[12] ErfKomm/*Schaub* § 4 TVG Rn 90.

vorhanden sind, weder durch einseitige Maßnahmen des Arbeitgebers, noch durch Betriebsvereinbarungen oder Einzelverträge zu Lasten der Arbeitnehmer verschlechtert werden (sog. „**Günstigkeitsprinzip**", § 4 Abs. 3 TVG). Im Einzelfall kann aber durchaus problematisch sein, ob eine bestimmte Regelung, etwa die Ermöglichung längerer Arbeitszeiten mit der Chance zu höheren Verdiensten, für die Arbeitnehmer gegenüber den tarifvertraglichen Regelungen, die feste Arbeitszeiten bestimmen, günstiger oder ungünstiger ist. Die immer noch herrschende Auffassung in Rechtsprechung und Literatur geht insoweit jedoch davon aus, dass eine längere Arbeitszeit ungünstiger sei,[13] auch wenn der Mitarbeiter die Chance zu höheren Verdiensten habe. Dies erscheint jedoch als durchaus zweifelhaft, zumindest dann, wenn gleichzeitig beschäftigungssichernde Maßnahmen vereinbart worden sind.[14] Nach der herrschenden Auffassung in Rechtsprechung und Literatur ist ein sog. **Gruppenvergleich** vorzunehmen, es werden diejenigen Regelungen miteinander verglichen, die in einem objektiven Zusammenhang zueinander stehen, also etwa die Bestimmungen über das Arbeitsentgelt, oder aber diejenigen über den Urlaub.[15] Nach der allerdings umstrittenen Auffassung des Bundesarbeitsgerichts haben Gewerkschaften einen Unterlassungsanspruch gegenüber tarifwidrigen Betriebsvereinbarungen.[16]

Die Tarifbindung dauert auch im Falle eines Austritts aus der Tarifver- **10**
tragspartei an, bis der Tarifvertrag selbst ausgelaufen ist (§ 3 Abs. 3 TVG). Ein Arbeitgeber kann sich daher nicht mit sofortiger Wirkung der Tarifbindung entziehen. Dies hat vor allem Bedeutung hinsichtlich der oft auf einen langen Zeitraum abgeschlossenen Manteltarifverträge, die etwa für Arbeitszeit und Urlaub, aber auch in Bezug auf Kündigungsbestimmungen Regelungen treffen. Die **Nachwirkung** betrifft aber nur die Arbeitsverhältnisse, die bei Beendigung des Tarifvertrages bereits begründet waren.[17] Tritt ein Arbeitnehmer allerdings nach Austritt des Arbeitgebers aus dem Arbeitgeberverband, aber vor Beendigung des Tarifvertrages der Gewerkschaft bei, so entsteht eine beiderseitige Tarifbindung.[18]

Ist der Tarifvertrag ausgelaufen, so gelten seine Bestimmungen zwar weiter, können aber durch Vereinbarungen jeder Art, etwa auch durch einzelvertragliche Regelungen mit den Mitarbeitern, verändert und auch

---

[13] LAG Baden-Württemberg DB 1989, 2028, 2029; *Schaub* Arbeitsrecht § 204 Rn 41; a. M. *Zöllner*, DB 1989, 2121, 2125; *v. Hoyningen-Huene* NZA 1985, 9, 14.

[14] *Adomeit*, NJW 1984, 26; *Buchner*, NZA 1996, 1304, 1306; *Löwisch*, NJW 1997, 905; anders die h. M., s. etwa *Schaub* Arbeitsrecht § 206 Rn 41; *Kort*, NJW 1997, 1476; *Wiedemann/Oetker/Wank* § 4 TVG Rn 438.

[15] LAG Baden-Württemberg DB 1989, 2028, 2029; *Schaub* Arbeitsrecht § 204 Rn 41; *Zöllner/Loritz* Arbeitsrecht § 36 III c; *Söllner/Waltermann* Arbeitsrecht § 16 Rn 419 ff., *Wiedemann/Oetker/Wank* § 4 TVG Rn 432 ff.; ErfKomm/*Schaub* § 4 TVG Rn 66 ff.

[16] BAG NZA 1999, 887 m. Anm. *Buchner*, NZA 1999, 897; ErfKomm/*Schaub* § 4 TVG Rn 39; a. M. u. a. *Bauer*, NZA 1999, 957 und *Buchner*, NZA 1999, 897.

[17] *Schaub* Arbeitsrecht § 204 Rn 13; BAG AP TVG § 4 Nachwirkung Nr. 32 = BB 1998, 2366; BAG AP BUrlG § 13 Nr. 6 = BB 1965, 496.

[18] BAG NZA 1994, 34 = DB 1994, 104.

verschlechtert werden (§ 4 Abs. 5 TVG). Einseitige Änderungen sind nur aufgrund einer Änderungskündigung oder – zudem nur im Rahmen der Billigkeit – bei Ausnutzung eines entsprechenden Widerrufsvorbehalts durch den Arbeitgeber zulässig.

11 **b) Tarifbindung kraft Einbeziehungsvereinbarung.** Sind die Vertragsparteien oder ist eine von ihnen nicht tarifgebunden, so kann ein Tarifvertrag durch eine – sehr häufig praktizierte – Verweisung im Rahmen des individuell abgeschlossenen Arbeitsvertrages zur Anwendung kommen. Hierbei wird allerdings keine der gesetzlichen Tarifbindung vergleichbare zwingende Wirkung erreicht, vielmehr steht es den Vertragsparteien frei, durch Vereinbarung die tarifvertraglichen Regelungen nur teilweise zu übernehmen und sie zugunsten oder zu Lasten des Arbeitnehmers beliebig abzuändern.[19] In der Regel wird auf den Tarifvertrag verwiesen, der bei beiderseitiger Tarifbindung anwendbar wäre. In Betracht kommt im Rahmen der Vertragsfreiheit der Parteien jedoch auch eine Verweisung auf einen örtlich, zeitlich, fachlich oder persönlich nicht einschlägigen anderen Tarifvertrag.[20] Diese Verweisungsmöglichkeit kann allerdings nicht dazu missbraucht werden, ansonsten zwingendes Gesetzesrecht zu umgehen. Dies wäre beispielsweise der Fall, wenn versucht würde, unter Verweisung auf einen fachlich oder persönlich nicht einschlägigen Tarifvertrag kürzere als die gesetzlichen oder die ansonsten in dem fachlich und persönlich maßgeblichen Tarifbereich üblichen Kündigungsfristen zu erreichen.[21] Dies gilt erst recht, wenn eine solche Bezugnahme in einem vom Arbeitgeber vorgegebenen Standardvertrag, den sog. **„Arbeitsvertraglichen Einheitsbedingungen"** (AVE), enthalten sind, der den Bestimmungen über die Wirksamkeit Allgemeiner Geschäftsbedingungen unterliegt (§ 310 BGB n. F.).

12 In jedem Fall sollte in dem zweckmäßigerweise schriftlich abzuschließenden Arbeitsvertrag klargestellt werden, ob alle einschlägigen Tarifverträge oder nur einzelne von ihnen gelten sollen und ob die Bindung an den jeweils bei Vertragsabschluss geltenden oder auch an alle zukünftigen Tarifverträge gewollt ist. Im Zweifel wird man von einer sog. **dynamischen Verweisung** ausgehen müssen.[22] Da dies aus der Sicht des Arbeitgebers häufig nicht gewollt ist, weil eine solche Bindung noch über die gesetzliche Tarifbindung hinausgehen würde, kommt folgende Klausel in Betracht:

> Soweit in diesem Arbeitsvertrag nichts anderes vereinbart worden ist, gelten für das Arbeitsverhältnis der Parteien die Bestimmungen der bei Vertragsabschluss örtlich, zeitlich, fachlich und persönlich einschlägigen Tarifverträge.

---

[19] *Schaub* Arbeitsrecht § 208 Rn 12; ErfKomm/*Schaub* § 3 TVG Rn 45; BAG AP BetrAVG § 1 Zusatzversorgungskassen Nr. 16.

[20] *Schaub* Arbeitsrecht § 208 Rn 11; ErfKomm/*Schaub* § 3 TVG Rn 44.

[21] *Schaub* Arbeitsrecht § 208 Rn 16.

[22] BAG AP TVG § 1 Bezugnahme auf Tarifvertrag = NZA 1997, 1066; *Schaub* Arbeitsrecht § 208 Rn 12; ErfKomm/*Schaub* § 3 TVG Rn 43.

In Betracht kommt auch, die in Bezug genommenen Tarifverträge im Einzelnen konkret zu bezeichnen. Dies kann auch deshalb sinnvoll sein, weil die Arbeitsvertragsparteien nicht selten keine nähere Kenntnis vom Inhalt dieser Tarifverträge haben und eine solche Bezugnahme immerhin Veranlassung gibt, sich mit deren Inhalt näher auseinander zu setzen.

Auch wenn bei einer Anwendung der Tarifverträge aufgrund einer lediglich schuldrechtlichen Vereinbarung die Nachwirkung ausgeschlossen werden könnte, erscheint dies schon deshalb nicht als empfehlenswert, weil dann für die vielfältigen in den Tarifverträgen behandelten Gegenstände überhaupt keine eindeutigen Regelungen bestünden und die bestehenden Lücken über § 612 Abs. 1 BGB ohnehin im Rahmen einer ergänzenden Vertragsauslegung in Anlehnung an den bisherigen Tarifvertrag geschlossen werden müssten. **13**

c) Tarifgeltung kraft betrieblicher Übung. Eine stillschweigende Verweisung auf das Tarifvertragsrecht ist anzunehmen, wenn der Arbeitgeber gleich bleibend für einen längeren Zeitraum die Tarifverträge auf alle Arbeitnehmer anwendet; der Arbeitnehmer muss in diesen Fällen auch für ihn nachteilige Regelungen wie etwa Verfallfristen hinnehmen.[23] In der Praxis ist es allerdings oft nicht eindeutig festzustellen, ob der Arbeitgeber tatsächlich sämtliche oder doch nahezu sämtliche tariflichen Bestimmungen anwendet. Der Rechtsklarheit dient es in jedem Fall, wenn die Geltung der tariflichen Bestimmungen eindeutig im Arbeitsvertrag oder jedenfalls in dem gesetzlich vorgeschriebenen Nachweis (s. Rn 4 ff.) festgehalten wird. Dies kann sich nicht nur bei den Verfallfristen, sondern etwa auch bei der tariflichen Bestimmung kürzerer Kündigungsfristen und bei einer tariflichen Festlegung etwa von Nachtarbeitszuschlägen (vgl. § 6 Abs. 5 Arbeitszeitgesetz) als für den Arbeitgeber sinnvoll erweisen. **14**

d) Allgemeinverbindlichkeit. Das Bundesministerium für Wirtschaft und Arbeit (früher: Bundesministerium für Arbeit und Sozialordnung) kann in einem in § 5 TVG näher geregelten Verfahren im Einvernehmen mit einem aus Vertretern der Spitzenorganisationen der Arbeitgeber und der Arbeitnehmer bestehenden Ausschuss auf Antrag einer Tarifvertragspartei einen bestehenden Tarifvertrag für allgemein verbindlich erklären, wenn die tarifgebundenen Arbeitgeber nicht weniger als 50 vom Hundert der unter den Geltungsbereich des Tarifvertrages fallenden Arbeitnehmer beschäftigen und die Allgemeinverbindlicherklärung im öffentlichen Interesses liegt. Ist die Allgemeinverbindlicherklärung zur Behebung eines sozialen Notstandes erforderlich, brauchen die vorgenannten Voraussetzungen nicht gegeben zu sein. Die Erklärung und ihre Aufhebung sind im Bundesanzeiger bekannt zu machen. Die Tarifverträge selbst werden allerdings nicht bekannt gemacht, was ungeachtet der **15**

---

[23] BAG BGB § 611 Wegezeit Nr. 1; BAG TVG § 1 Bezugnahme auf Tarifvertrag Nr. 9 = NJW 1964, 470; BGH NJW 1983, 1665 (betr. die Haftung eines Rechtsanwalts, der die aus betrieblicher Übung folgende Ausschlussklausel für seinen Mandanten nicht beachtet hatte); *Schaub* Arbeitsrecht § 111 Rn 24.

entgegenstehenden Auffassung des Bundesverfassungsgerichts[24] aus Gründen des Rechtsstaatsprinzips als bedenklich erscheint. Die von einer Allgemeinverbindlicherklärung betroffenen Arbeitgeber müssen sich daher die maßgeblichen Tarifverträge selbst beschaffen, zumal sie nach § 8 TVG sogar zur Auslegung der Tarifverträge im Betrieb verpflichtet sind. Es besteht gem. § 9 der Durchführungsverordnung zum Tarifvertragsgesetz (DVO TVG) ein Anspruch auf Erteilung von Abschriften der jeweils zu beachtenden allgemein verbindlichen Tarifverträge. Das Bundesministerium für Wirtschaft und Arbeit veröffentlicht vierteljährlich eine Aufstellung über die für allgemein verbindlich erklärten Tarifverträge, die auch auf der Internet-Seite des Ministeriums einzusehen ist.

16 Aufgrund der Allgemeinverbindlicherklärung gelten die Tarifnormen auch für die nicht tarifgebundenen Arbeitnehmer und Arbeitgeber. Die Wirkungen der Allgemeinverbindlichkeit enden, wenn der maßgebliche Tarifvertrag aufgehoben wird. Werden einzelne Normen geändert, gelten die geänderten Normen nur für die tarifgebundenen Arbeitsvertragsparteien. Die nicht geänderten Normen sollen nach der Auffassung des BAG,[25] der aber die Praxis der Ministerien nicht folgt,[26] auch für die nicht tarifgebundenen Außenseiter weitergelten. Bei Beendigung der Allgemeinverbindlichkeit tritt eine **Nachwirkung** entsprechend § 4 Abs. 5 TVG ein.[27]

17 **e) Tarifgeltung kraft gesetzlicher Regelung.** Aufgrund des Arbeitnehmer-Entsendegesetzes – AEntG – und der gem. § 1 Abs. 3a dieses Gesetzes erlassenen Rechtsverordnung vom 17. 8. 2000 (BGBl I 1290 – BauArbBedVO) finden die Vorschriften des Manteltarifvertrages zur Regelung eines Mindestlohnes im **Baugewerbe** auch für nicht tarifgebundene Arbeitnehmer und Arbeitgeber Anwendung, und zwar auch dann, wenn die Arbeitgeber ihren Sitz im Ausland haben und die Arbeitnehmer im Inland tätig sind (§ 1 BauArbBedVO). Zusätzlich gelten die Rechtsnormen eines für allgemein verbindlich erklärten Tarifvertrages im Bauhaupt- oder -nebengewerbe in Bezug auf Mindestentgeltsätze, Urlaub, Urlaubsentgelt und Urlaubsgeld auch für **Arbeitgeber mit Sitz im Ausland**, deren Arbeitnehmer im Inland beschäftigt sind (§ 1 AEntG).

2. Vergütungsregelungen

18 Die Vergütung richtet sich – vorbehaltlich tariflicher oder gesetzlicher Bestimmungen – nach den vertraglichen Vereinbarungen. Soweit ein Tarifvertrag, sei es aufgrund von Tarifbindung oder Allgemeinverbindlicherklärung, maßgeblich ist, gilt das **Günstigkeitsprinzip**. Abweichungen vom Tarif sind während der Geltungsdauer des zwingend anwendbaren Tarifvertrages also nur zugunsten des Arbeitnehmers zulässig (§ 4

[24] AP TVG § 5 Nr. 15; AP TVG § 5 Nr. 27 = TVG § 1 Tarifverträge: Bau Nr. 147 = NZA 1992, 125; *Schaub* Arbeitsrecht § 207 Rn 16; ErfKomm/*Schaub* § 5 TVG Rn 30.

[25] BAG AP TVG § 4 Nr. 30.

[26] S. hierzu *Schaub* Arbeitsrecht § 207 Rn 26.

[27] BAG AP § 5 TVG Nr. 11 = NJW 1962, 1314; *Schaub* Arbeitsrecht § 207 Rn 27.

Abs. 3 TVG). Ist eine vertragliche Vereinbarung nicht erfolgt und greift auch kein Tarifvertrag ein, ist nach § 612 Abs. 2 BGB auf die übliche Vergütung abzustellen, wobei das Gesetz den inzwischen selbstverständlichen Grundsatz nochmals betont, dass allein aufgrund des Geschlechtes eine geringere Vergütung als bei Angehörigen des anderen Geschlechtes nicht vereinbart werden kann (§ 612 Abs. 3 BGB). Mangels anderweitiger Vereinbarungen gilt die am selben Ort für gleichwertige Arbeiten geschuldete tarifliche Vergütung als üblich im Sinne des § 612 Abs. 2 BGB. [28] Zu beachten ist ohnehin die Grenze des – negativen – Wuchers gem. § 138 BGB. [29]

Zur Bestimmung der Vergütung im Einzelnen s. § 3 Rn 1 ff.

3. Festlegung des Aufgabenbereiches bzw. Arbeitsplatzes

In der Regel wird in dem Arbeitsvertrag nur die Arbeitsverpflichtung 19
des Arbeitnehmers als solche in zumeist allgemeiner Form festgelegt. Die Bestimmung der Arbeitsleistung nach Art, Ort und Zeit obliegt dem Arbeitgeber aufgrund seines **Direktionsrechtes** (§ 106 GewO).[30] Denkbar ist allerdings auch, dass in dem Arbeitsvertrag selbst als Vertragsinhalt die Ausübung einer ganz bestimmten Aufgabe vorgesehen ist. Eine derartige Beschränkung, die die Ausübung des Direktionsrechtes des Arbeitgebers erschwert, empfiehlt sich aus seiner Sicht allerdings nicht.[31] Die Tätigkeit sollte also im Arbeitsvertrag nur generalisierend umschrieben werden. Wird der Arbeitnehmer im Arbeitsvertrag z. B. „als Hilfsarbeiter" eingestellt, so können ihm grundsätzlich – vorbehaltlich etwaiger Rechte des Betriebsrates bei einer Versetzung – sämtliche Arbeiten zugewiesen, die ein Hilfsarbeiter in dem betreffenden Unternehmen üblicherweise verrichtet.[32] Eine Notwendigkeit zur Fixierung der vorgesehenen Aufgabe ergibt sich allerdings aus den Vorschriften des Nachweisgesetzes (s. Rn 4 ff.) und in Betrieben mit einem Betriebsrat dadurch, dass nach § 99 BetrVG der **Betriebsrat** bei der Einstellung ein **Mitbestimmungsrecht** hat.[33] Da der Begriff der Einstellung die Zuweisung eines Arbeitsbereiches erfasst,[34] muss dem Betriebsrat mitgeteilt werden, welcher Arbeitsbereich dem Arbeitnehmer übertragen werden soll.

Der Umfang des **Versetzungsrechtes** ergibt sich aus dem Arbeitsver- 20
trag, es kann aber stets nur im Rahmen billigen Ermessens ausgeübt werden.[35] Die Versetzung auf einen geringwertigeren Arbeitsplatz ist grund-

---

[28] BAG AP BeschFG 1985 § 2 Nr. 9 = NZA 1991, 247 = BB 1991, 71; AP BGB § 612 Diskriminierung Nr. 2; AP BeschFG 1985 § 2 Nr. 38; *Palandt/Putzo* BGB § 612 Rn 8; *Schaub* Arbeitsrecht § 67 Rn 62; ErfKomm/*Preis* § 612 BGB Rn 38.

[29] Vgl. etwa LAG Hessen NJW 2000, 2272 = MDR 2000, 893; *Palandt/Heinrichs* § 138 Rn 34b.

[30] *Schaub/Linck* Arbeitsrecht § 45 Rn 23; ErfKomm/*Preis* § 611 BGB Rn 799 ff.

[31] Vgl. zum Direktionsrecht u. a. ErfKomm/*Preis* § 611 BGB Rn 803.

[32] *Schaub/Linck* Arbeitsrecht § 45 Rn 23.

[33] S. hierzu Rn 26.

[34] *Richardi/Thüsing* BetrVG 8. Auflage § 99 Rn 29.

[35] *Schaub/Linck* Arbeitsrecht § 45 Rn 41; ErfKomm/*Preis* § 611 BGB Rn 803.

sätzlich unzulässig, auch wenn die bisherige Vergütung weitergezahlt wird.[36] Eine Versetzung scheidet aber nicht schon deswegen aus, weil der Mitarbeiter auf dem neuen Arbeitsplatz etwa geringere Schmutz- oder Gefahrenzulagen oder Wegegelder erhalten würde; das Bundesarbeitsgericht toleriert insoweit sich hierdurch ergebende Minderungen der Vergütung von bis zu 15 vom Hundert.[37] Eine Prokura kann in jedem Fall ohne Rücksicht auf den Arbeitsvertrag widerrufen werden;[38] denkbar ist allerdings, dass in der Entziehung der Prokura ein Verstoß gegen vertragliche Verpflichtungen liegen kann, der den Arbeitnehmer seinerseits zur Kündigung des Arbeitsverhältnisses aus wichtigem Grunde berechtigen kann.[39] Problematisch ist die Frage, wann sich die Arbeitspflicht auf eine bestimmte Tätigkeit konkretisiert hat, so dass eine Veränderung durch Ausübung des Direktionsrechts ausgeschlossen ist. Die **Konkretisierung** tritt allein durch längere Zeitdauer nicht ein, vielmehr muss sich aus besonderen zusätzlichen Umständen ergeben, dass der Arbeitnehmer zukünftig nur die von ihm derzeit ausgeübte Tätigkeit verrichten soll (etwa bei Übertragung von Führungsaufgaben).[40]

4. Erstattung von Kosten für die Bewerbung des Arbeitnehmers

21 Wird ein Bewerber von dem zukünftigen Arbeitgeber zu einer persönlichen Vorstellung aufgefordert, so sind ihm die **notwendigen Auslagen**, insbesondere Fahrt-, Übernachtungs- und Verpflegungskosten, aber auch Verdienstausfälle, nicht jedoch eine Abgeltung für einen etwa genommenen Urlaubstag zu ersetzen.[41] Ein solcher Anspruch besteht allerdings nicht, wenn sich der Arbeitnehmer unaufgefordert vorstellt oder wenn der Arbeitgeber lediglich seine Zustimmung zur persönlichen Vorstellung gibt.[42]

5. Folgen des Nichtantritts zur Arbeit

22 Nimmt der Arbeitnehmer die Arbeit nicht oder verspätet auf, so verletzt er eine Hauptpflicht aus dem abgeschlossenen Arbeitsvertrag, deren Erfüllung nicht nachgeholt werden kann. Der Arbeitgeber hat in diesen Fällen folgende Rechte:

a) Klage auf Erfüllung des Arbeitsvertrages. Einer solchen Klage gegen den arbeitsunwilligen Arbeitnehmer kommt aber in der Regel

---

[36] BAG BGB § 611 Direktionsrecht Nr. 17, 18, 19, 22; *Schaub/Linck* Arbeitsrecht § 45 Rn 39; ErfKomm/Preis § 611 BGB Rn 803..

[37] BAG TVG § 1 Tarifverträge: Lufthansa Nr. 20; *Schaub/Linck* Arbeitsrecht § 45 Rn 40.

[38] BAG HGB § 52 Nr. 1 = NJW 1987, 862 = BB 1987, 131.

[39] ErfKomm/*Schaub* HGB § 48 Rn 5.

[40] *Schaub/Linck* Arbeitsrecht § 45 Rn 29; ErfKomm/*Preis* § 611 BGB Rn 801; s. auch BAG AP BGB § 611 Direktionsrecht Nr. 17= BB 1962, 297; BAG AP ZPO § 767 Nr. 2 = NJW 1973, 581; *Schaub/Linck* Arbeitsrecht § 45 Rn 29.

[41] BAG AP BGB § 196 Nr. 8 = BB 1977, 846; *Schaub* Arbeitsrecht § 26 Rn 5.

[42] *Schaub* Arbeitsrecht § 26 Rn 6; a. M. (falls der Arbeitgeber die persönliche Vorstellung freistellt) ErfKomm/*Preis* § 611 Rn 296.

keine praktische Bedeutung zu. Dies ergibt sich schon aus der zwangsläufig längeren Dauer des Verfahrens, aber vor allem auch daraus, dass aus einem Urteil die Zwangsvollstreckung gem. § 888 ZPO ausgeschlossen wäre. Der Arbeitgeber könnte allenfalls mit einer solchen Klage einen Antrag nach § 61 Abs. 2 ArbGG auf Entschädigung verbinden.

b) Schadensersatz wegen Ausfalls der Arbeitskraft. Der Arbeitgeber kann das Anstellungsverhältnis in der gesetzlichen Kündigungserklärungsfrist von 2 Wochen ab Kenntnis vom Kündigungsgrund (§ 626 Abs. 2 BGB)[43] außerordentlich kündigen und nach § 628 Abs. 2 BGB Schadensersatz verlangen. Bei Abschluss eines Aufhebungsvertrages[44] oder bei Ausspruch einer ordentlichen Kündigung[45] muss sich der Arbeitgeber als vertragstreuer Teil die **Geltendmachung** eines solchen Schadensersatzanspruchs **vorbehalten**. Der Schadensersatzanspruch beschränkt sich auf den Zeitraum bis zum Wirksamwerden einer ordentlichen Kündigung des Arbeitnehmers.[46] In Betracht kommen insbesondere folgende Schadensersatzansprüche:[47] 23

- Entgangener Gewinn durch Ausfall der Arbeitskraft,
- Mehrvergütungen an Ersatzkräfte,
- Stillstandskosten für Maschinen und Anlagen und
- Inseratskosten für neue Stellenausschreibung und Bewerbungskosten für andere Bewerber, jedoch nur solche Kosten, die bei ordentlicher Kündigung nicht entstanden wären (sog. „Verfrühungsschaden").[48]

c) Vertragsstrafe. Der Arbeitgeber kann sich zudem durch eine Vertragsstrafenabrede, die gem. § 343 BGB vom Arbeitsgericht bei Unverhältnismäßigkeit herabgesetzt werden kann, vor einem Vertragsbruch schützen. Derartige Vertragsstrafenregelungen sind kein Verstoß gegen das Verbot des Verzichtes oder der Verwirkung in Bezug auf tarifvertragliche Rechte nach § 4 Abs. 4 TVG oder gegen das Verbot der Abdingbarkeit in § 4 Abs. 1 TVG.[49] Angemessene Vertragsstrafenregelungen können auch in Formularverträgen erfolgen.[50] 24

---

[43] BAG AP BGB § 628 Nr. 11 = NZA 1990, 106 = BB 1990, 425 und AP § 628 Nr. 13; *Palandt/Putzo* BGB § 628 Rn 6; ErfKomm/*Müller-Glöge* § 628 BGB Rn 51.

[44] BAG AP BGB § 628 Nr. 6; *Schaub/Linck* Arbeitsrecht § 51 III 5 c; ErfKomm/*Müller-Glöge* § 628 BGB Rn 56.

[45] MünchKommBGB/*Schwerdtner* § 628 Rn 12; *Schaub* Arbeitsrecht § 51 Rn 14; ErfKomm/*Müller-Glöge* § 628 BGB Rn 57.

[46] Ständige Rspr. sowohl des BGH u. a. BGHZ 104, 337, 342 = NJW 1988, 1967 als auch des BAG AP BetrVG 1972 § 113 Nr. 17 S. 5 = NZA 1989, 31 = NJW 1989, 1054; ErfKomm/*Müller-Glöge* § 628 BGB Rn 67.

[47] S. im Einzelnen *Schaub/Linck* Arbeitsrecht § 51 Rn. 15 bis 16 a; ErfKomm/*Müller-Glöge* § 628 BGB Rn 83 bis 95.

[48] BAG AP BGB § 276 Vertragsbruch Nr. 7 = NJW 1981, 2430; *Schaub* Arbeitsrecht § 51 Rn 16; ErfKomm/*Müller-Glöge* § 628 BGB Rn 91 und 92.

[49] BAG AP TVG § 4 Vertragsstrafe Nr. 1 = NJW 1961, 698.

[50] BAG Urt. v. 4. 3. 2004 – 8 HZR 196/03; ErfKomm/*Preis* §§ 305–310 BGB Rn 93; ErfKomm/*Müller-Glögl* §§ 339–345 BGB Rn 11; *Schaub/Linck*, Arbeitsrecht § 360 Rn 4; a. A. u. a. LAG Hamm AP BGB § 309 Nr. 1.

25 **d) Untersagung anderweitiger Tätigkeit.** Nach inzwischen herrschender Auffassung in der Rechtsprechung besteht ein – ggf. durch einstweilige Verfügung durchzusetzender – Anspruch gegen einen vertragsbrüchigen Arbeitnehmer, andere Tätigkeiten zu unterlassen, nur dann, wenn damit weitergehende Ziele, als lediglich dem Arbeitsvertragsbruch zu begegnen, verfolgt werden. Dies ist insbesondere dann der Fall, wenn der vertragsbrüchige Arbeitnehmer eine unzulässige Wettbewerbstätigkeit ausübt.[51]

Gegenüber dem Arbeitgeber, der den Vertragsbrüchigen beschäftigt, ist nur unter sehr eingeschränkten Voraussetzungen, etwa bei Verleitung zum Vertragsbruch durch unlautere Mittel, unter dem Gesichtspunkt des § 1 UWG oder des Eingriffs in den eingerichteten und ausgeübten Gewerbebetrieb ein Anspruch auf Unterlassung der Beschäftigung gegeben.[52]

IV. Beteiligung des Betriebsrates[53]

26 Nach § 99 BetrVG hat der Betriebsrat in Betrieben mit in der Regel mehr als 20 wahlberechtigten Arbeitnehmern bei **personellen Einzelmaßnahmen** ein Mitbestimmungsrecht. Dies bezieht sich auf die Einstellung, Eingruppierung, Umgruppierung und Versetzung. Unter Einstellung ist nicht der Abschluss des Arbeitsvertrages, sondern die tatsächliche Eingliederung in Betrieb zu verstehen.[54] Gleichwohl sollte die Beteiligung des Betriebsrates in jedem Fall schon deswegen vor Abschluss des Arbeitsvertrages erfolgen, weil der Arbeitgeber bei Verweigerung der Zustimmung des Betriebsrates den mit einem schuldrechtlich wirksamen Arbeitsvertrag angestellten Arbeitnehmer nicht beschäftigen dürfte, ihn aber gleichwohl bezahlen müsste. Der Betriebsrat darf die Zustimmung nur aus den in § 99 Abs. 2 BetrVG näher bezeichneten Gründen verweigern. Dies ist der Fall, wenn

- die Maßnahme gegen ein Gesetz, eine Verordnung, eine Unfallverhütungsschutzvorschrift, einen Tarifvertrag, eine Betriebsvereinbarung oder eine gerichtliche Entscheidung, oder aber gegen eine Einstellungsrichtlinie nach § 95 BetrVG verstoßen würde,
- die durch Tatsachen begründete Besorgnis besteht, dass hierdurch im Betrieb beschäftigte Arbeitnehmer gekündigt oder sonstige nicht aus betrieblichen oder persönlichen Gründen gerechtfertigte Nachteile erleiden würden,
- der betroffene Arbeitnehmer solche Nachteile erleiden würde,
- eine erforderliche innerbetriebliche Ausschreibung unterblieben ist oder

---

[51] BAG AP BGB § 611 Treuepflicht Nr. 7; LAG Düsseldorf DB 1972, 878; LAG Hamm DB 1972, 1074; *Schaub/Linck* Arbeitsrecht § 45 Rn 73.

[52] *Schaub/Linck* Arbeitsrecht § 51 Rn 22 m. w. N.

[53] S. hierzu im Einzelnen § 25 Rn 31 ff.

[54] BAG AP BetrVG 1972 § 99 Nr. 98; *Richardi/Thüsing* BetrVG § 99 Rn 29; ErfKomm/*Kania* § 99 BetrVG Rn 4.

– die durch Tatsachen begründete Besorgnis besteht, dass der in Aussicht genommene Bewerber oder Arbeitnehmer den Betriebsfrieden stören würde.

Verweigert der Betriebsrat die Zustimmung innerhalb einer Woche, so kann der Arbeitgeber das Arbeitsgericht um **Ersetzung der Zustimmung** bitten (§ 99 Abs. 4 BetrVG). Verweigert der Betriebsrat die Zustimmung unter schriftlicher Angabe der Gründe innerhalb einer Woche nicht, so gilt die Zustimmung als ersetzt (§ 99 Abs. 3 BetrVG). Der Arbeitgeber kann, wenn dies aus sachlichen Gründen zwingend geboten ist, die **personelle Maßnahme vorläufig** durchführen. Er muss den Betriebsrat hierüber unverzüglich unterrichten. Bestreitet dieser die sachliche Erforderlichkeit der vorläufigen Maßnahme, muss der Arbeitgeber innerhalb von drei Tagen beim Arbeitsgericht die Feststellung beantragen, dass die Maßnahme aus sachlichen Gründen dringend erforderlich war (§ 100 BetrVG).

§ 20 Mitarbeit und Beteiligung von Familienangehörigen

Übersicht

	Rn
I. Mitarbeit auf arbeitsvertraglicher Grundlage	1
II. Mitarbeit auf gesellschaftsrechtlicher Grundlage	3
1. Personengesellschaften	3
2. Kapitalgesellschaften	4
a) GmbH	4
b) Aktiengesellschaften	6
3. Innengesellschaft	7
III. Familienrechtliche Mitarbeit	8

I. Mitarbeit auf arbeitsvertraglicher Grundlage

1 In der Regel vollzieht sich heute die Mitarbeit von Familienangehörigen auf der Grundlage eines Arbeitsvertrages, wie er auch mit Dritten abgeschlossen wird. Der Familienangehörige hat grundsätzlich dieselben Rechte und Pflichten wie ein sonstiger Arbeitnehmer. Schon zur Vermeidung der steuerlichen Nichtanerkennung der Lohn- bzw. Gehaltskosten als Betriebsausgabe ist darauf zu achten, dass der Arbeitsvertrag schriftlich abgeschlossen wird, die Vergütung sowie die Sozialabgaben auch tatsächlich geleistet werden und dass die Vergütung einschließlich der Nebenleistungen der Höhe nach dem entspricht, was ein vergleichbarer Dritter für die geleistete Tätigkeit erhalten würde (**„Fremdvergleich“**).[1] So sind z. B. rückwirkend geleistete Tantiemezahlungen, auf die kein Anspruch bestand, steuerlich nicht als Betriebsausgaben absetzbar.[2] Die Rechtsprechung nimmt unter dem Aspekt der **verdeckten Gewinnausschüttung** keine unterschiedliche Beurteilung zwischen einer Vorteilsziehung durch einen beherrschenden Gesellschafter und einer solchen durch eine ihm nahe stehende Person vor.[3] Dies gilt auch für die Insolvenzanfechtung (§§ 129 ff., 138 InsO); hier sind Leistungen an eine dem späteren Insolvenzschuldner nahe stehende Person unter erleichterten Voraussetzungen anfechtbar. Auch deshalb empfiehlt sich eine klare und schriftliche Absprache über die dem Angehörigen zustehenden Leistungen.

2 **Betriebsverfassungsrechtlich** sind die Rechte des familienangehörigen Mitarbeiters eingeschränkt. Arbeitnehmer im betriebsverfassungsrechtlichen Sinne sind nämlich nicht der Ehegatte, der (gleichgeschlechtliche) Lebenspartner im Sinne des Lebenspartnerschaftsgesetzes oder Verwandte und Verschwägerte ersten Grades, die in häuslicher Gemeinschaft mit dem Arbeitgeber leben (§ 5 Abs. 2 Nr. 5 BetrVG). Hingegen unterliegen auch Ehegatten und sonstige Angehörige den Regelungen des Kündigungsschutzgesetzes; sie zählen also bei der Errechnung der beschäftigten Mitarbeiter (§ 23 KSchG) mit und haben auch selbst **Kündigungsschutz** gegenüber sozialwidrigen Kündigungen. Insbesondere ist der Arbeitgeber

[1] BFHE 107, 35; 108, 20.
[2] BFH BStBl 1989 II S. 281.
[3] BFH BStBl 1989 II S. 631.

– etwa im Falle einer Scheidung – dafür voll beweispflichtig, dass ein Ehegattenarbeitsvertrag nur zum Schein abgeschlossen worden ist.[4]

Auch Gesellschafter einer GmbH können mit der Gesellschaft Arbeitsverträge abschließen. Diese Verträge können nur dann als **Scheingeschäft** im Sinne von § 117 Abs. 1 BGB nichtig sein, wenn die Geschäftsführer der GmbH oder andere vertretungsberechtigte Personen mit der Abgabe der Erklärung nur zum Schein einverstanden sind. [5] Ein Scheingeschäft liegt aber nach allgemeiner Auffassung ohnehin nicht vor, wenn die Beteiligten ein bestimmtes – etwa steuerliches – Ziel nur durch Abschluss einer wirksamen zivilrechtlichen Regelung erreichen konnten.[6]

Allein der Umstand, dass die Ehe des (Mit-)Unternehmers gescheitert ist, gibt ihm nicht stets das Recht, das Arbeitsverhältnis seines Ehegatten zu kündigen.[7] Die Zulässigkeit einer solchen Kündigung hängt vielmehr von den Umständen des Einzelfalls, etwa von der Größe des Unternehmens und der konkreten Notwendigkeit der engen Zusammenarbeit zwischen den (früheren) Ehegatten ab.

II. Mitarbeit auf gesellschaftsrechtlicher Grundlage

Die Mitarbeit eines Gesellschafters braucht nicht aufgrund eines Ar- **3**
beitsvertrages zu erfolgen. Es kann durchaus sein, dass Grundlage unmittelbar das gesellschaftsrechtliche Verhältnis ist.

1. Personengesellschaften

Bei einer Gesellschaft bürgerlichen Rechts erfolgt die Mitarbeit unmittelbar aufgrund der gesellschaftsrechtlichen Verpflichtung, den gemeinsamen Zweck der Gesellschaft durch Leistung der vereinbarten Beiträge zu fördern (§§ 705, 706 Abs. 3 BGB). Dies schließt es aus, dass ein Gesellschafter einer BGB-Gesellschaft zu der Gesellschaft oder den anderen Gesellschaftern im Rahmen des Gesellschaftszwecks in einem Arbeitsverhältnis steht.[8] Entsprechendes gilt auch für den persönlich haftenden Gesellschafter einer **offenen Handelsgesellschaft**. Für diese ergibt sich die Verpflichtung zur Führung der Geschäfte unmittelbar aus § 114 Abs. 1 HGB. Mit dem **Kommanditisten** einer KG kann hingegen ein Arbeitsverhältnis begründet werden, da er von der Geschäftsführung der Gesellschaft nach § 164 HGB ausgeschlossen ist.

---

[4] BAG NZA 1996, 1299; ebenso generell zur Beweislast bei Scheingeschäften im Arbeitsverhältnis s. ferner BAG Urt. vom 13. 2. 2003; NZA 2003, 854.

[5] BAG AP GmbHG § 35 Nr. 6.

[6] Vgl. etwa BGH NJW 1993, 2609; *Palandt/Heinrichs* BGB § 117 Rn 4.

[7] BAG NJW 1996, 1299 = NZA 1996, 249; *Schaub* Arbeitsrecht § 129 Rn 12.

[8] *Schaub* Arbeitsrecht § 8 Rn 36; LAG Berlin EWiR § 2 ArbGG Nr. 1/98 (mit teilw. abweichender Anm. von *Junker/Knoll*).

2. Kapitalgesellschaften

4 **a) GmbH.** Die Geschäfte der juristischen Personen werden bei der GmbH durch den oder die Geschäftsführer geführt; dies folgt aus § 43 GmbHG. Soweit die Geschäftsführung einem Gesellschafter übertragen ist, was auch im Gesellschaftsvertrag selbst geschehen kann (vgl. § 6 Abs. 3 u. 4 GmbHG), kann dieser seine Tätigkeit sowohl im Rahmen eines mit der Gesellschaft abzuschließenden **Dienstvertrages** als auch unmittelbar auf der Grundlage seines **gesellschaftsvertraglichen Sonderrechts** ausüben. Ob ein solcher Geschäftsführer Arbeitnehmer oder sog. freier Dienstnehmer im Sinne der §§ 611 ff. BGB ist, hängt von seiner gesellschaftsrechtlichen Stellung ab. Arbeitnehmer einer GmbH können nach ständiger Rechtsprechung des BAG auch deren Gesellschafter sein. Voraussetzung ist jedoch, dass der Geschäftsführer der GmbH ihnen gegenüber weisungsbefugt ist.[9] Hat aber ein Gesellschafter als Kapitaleigner einen so großen Einfluss auf die Führung der Gesellschaft, dass er über seine Gesellschafterstellung auch die **Leitungsmacht** in der Gesellschaft hat, so unterliegt er nicht dem Weisungsrecht des Geschäftsführers. Ob ein solcher Einfluss besteht, richtet sich nach der Rechtsprechung in erster Linie nach den Stimmrechtsverhältnissen. Der – nicht treuhänderisch gebundene oder im Stimmrecht beschränkte – Mehrheitsgesellschafter und derjenige, dem mehr als 50 % der Stimmrechte zustehen, können daher nicht zugleich Arbeitnehmer dieser Gesellschaft sein. Auch der Minderheitsgesellschafter ist bei Bestehen einer Sperrminorität im Regelfall kein Arbeitnehmer. Ob der Gesellschafter seine Leitungsmacht tatsächlich ausübt, ist unerheblich.[10] Auf die Frage, ob der Mehrheitsgesellschafter das „Format" für die Ausübung der Leitungsmacht hat, kommt es nicht an.[11] Auch der Geschäftsführer einer Vor-GmbH ist nicht ihr Arbeitnehmer.[12]

5 Ein **Minderheitsgesellschafter**, der als Geschäftsführer einer GmbH grundsätzlich ihr Arbeitnehmer ist, unterliegt aber in wesentlichen Fragen nicht den Regelungen des Arbeitsrechts. So genießt er keinen Kündigungsschutz (§ 14 Abs. 1 KSchG), auch sind – sofern keine ausdrückliche abweichende Regelung erfolgt ist – für Streitigkeiten aus dem Anstellungsverhältnis die Arbeitsgerichte für ihn nicht zuständig (§ 5 Abs. 1 S. 3 ArbGG). Ob das Anstellungsverhältnis eines angestellten Geschäftsführers ein Arbeitsverhältnis ist, hängt nicht vom Umfang seiner Vertretungsbefugnis im Innenverhältnis nach § 37 Abs. 1 GmbHG ab, sondern richtet sich nach den allgemeinen Kriterien zur Abgrenzung vom freien Dienstverhältnis, wobei die Weisungsunterworfenheit das entscheidende Kriterium ist.[13] Auch der angestellte Geschäftsführer, der im Rahmen eines Ar-

[9] BAG NZA 1990, 525 = AP GmbHG § 35 Nr. 6; BAG NZA 1991, 392 = AP TVG § 1 Nr. 137 Tarifverträge: Bau.

[10] Vgl. BSG ZIP 1990, 556 = NZA 1991, 324; BSG NZA 1991, 869; BAG NZA 1998, 939, 940; *Schaub* Arbeitsrecht § 8 Rn 36.

[11] BAG NZA 1998, 939, 940.

[12] BAG AP ArbGG § 5 Nr. 27 = NZA 1996, 952 = NJW 1996, 2678; *Schaub* Arbeitsrecht § 8 Rn 36.

[13] BAG AP GmbHG § 35 Nr. 10.

beitsverhältnisses zu der Gesellschaft tätig ist, genießt keinen Kündigungsschutz (§ 14 Abs. 1 KSchG), für Streitigkeiten aus dem Anstellungsverhältnis sind die Arbeitsgerichte nur bei Vorliegen einer ausdrücklichen Vereinbarung zuständig (§§ 2 Abs. 4; 5 Abs. 1 S. 3 ArbGG). Der Geschäftsführer der Komplementärgesellschaft einer KG, dessen Dienstvertrag jedoch – wie sehr häufig – nicht mit der GmbH, sondern mit der KG besteht, gilt nicht schon gem. § 5 Abs. 1 S. 3 ArbGG nicht als Arbeitnehmer, wohl aber wird er vielfach im Rahmen der Einzelfallprüfung als – arbeitnehmerähnlicher – **freier Dienstnehmer** anzusehen sein, wenn er keinen Beschränkungen unterliegt, die über die bei einem Fremdgeschäftsführer üblichen hinausgehen und er eine deutlich höhere Vergütung als ein leitender Angestellter erhält.[14] Nicht selten werden auch Angestellte einer Muttergesellschaft zu Geschäftsführern einer Tochtergesellschaft bestellt, ohne zu dieser ein Anstellungsverhältnis zu haben; ein solches besteht vielmehr nur zu der Muttergesellschaft, deren Arbeitnehmer sie bleiben.

b) Aktiengesellschaft. Vorstandsmitglieder – gleichgültig ob sie Aktionäre sind oder nicht – stehen zu der Gesellschaft in einem Anstellungsverhältnis, das kein Arbeitsverhältnis ist.[15] 6

3. Innengesellschaft

Nicht selten erbringen Familienangehörige, insbesondere Ehegatten, in beträchtlichem Umfang und über das für familienrechtliche Mithilfe übliche Maß (s. hierzu § 20 Rn 8) hinaus Dienstleistungen im Gewerbebetrieb des Betriebsinhabers. In solchen Fällen kommt in Betracht, dass sie aufgrund eines Gesellschaftsvertrages im Rahmen einer sog. Innengesellschaft tätig werden. Ein solches Gesellschaftsverhältnis kann zwischen den Beteiligten ausdrücklich vereinbart werden, kann sich aber auch aus den Umständen des Einzelfalls als stillschweigend vereinbart ergeben.[16] Die Ehegatten müssen dabei gemeinsam einen Zweck verfolgen, der über die bloße Verwirklichung der Lebensgemeinschaft hinausgeht. Für ein Gesellschaftsverhältnis sprechen in solchen Fällen eine partnerschaftliche Arbeitsaufteilung, gleichberechtigte Mitbestimmung und anteilige Gewinnbeteiligung.[17] 7

III. Familienrechtliche Mitarbeit

Eine gesetzliche Pflicht zur Mitarbeit im Geschäft oder Gewerbebetrieb des **Ehegatten** kann sich aus der Verpflichtung zur ehelichen Lebensgemeinschaft nach §§ 1353 Abs. 1 S. 2, 1356 Abs. 2 BGB und der Pflicht, 8

[14] *Jaeger*, NZA 1998, 961, 967; BAG ZIP 1992, 1496, 1498.

[15] BAG AP § 2 ArbGG 1979 Zuständigkeitsprüfung Nr. 4 = NZA 1997, 674 = DB 1997, 833; ebenso allgemein für Kapitalgesellschaften BGH NJW 2000, 1864, 1865; *Palandt/Putzo* BGB Einf. vor § 611 Rn 23.

[16] BGH NJW 1995, 3383; *Palandt/Sprau* BGB § 705 Rn 39.

[17] BGH FamRZ 1961, 212.

durch Arbeit die Familie angemessen zu unterhalten (§§ 1360, 1612 Abs. 1 S. 2 BGB) ergeben. Nach § 1356 Abs. 2 BGB a. F. (vor dem 1. Ehe-Reformgesetz) war darüber hinaus jeder Ehegatte ausdrücklich verpflichtet, im Beruf oder Geschäft des anderen zu arbeiten, soweit dies nach den Verhältnissen üblich war. Nunmehr ist die gesetzliche Mitarbeitspflicht erheblich eingeschränkt. Eine solche Mitarbeitspflicht kann im Einzelfall dann bestehen, wenn der Betrieb gerade erst gegründet worden ist und in der Aufbauphase die Ertragslage den Einsatz einer anderen Arbeitskraft nicht zulässt.[18] Eine gelegentliche Mithilfe löst keine Vergütungsansprüche aus; erreicht die Tätigkeit jedoch einen größeren Umfang, folgt aus der Üblichkeit der Mithilfe noch nicht zwingend die Verpflichtung, die Hilfe unentgeltlich zu leisten.[19]

Auch **Kinder**, die noch im elterlichen Haushalt leben und von den Eltern erzogen oder unterhalten werden, sind in angemessenem Umfang zur Mithilfe nicht nur im Haushalt, sondern auch im Geschäft der Eltern verpflichtet (§ 1619 BGB). Es handelt sich hierbei um eine rein familienrechtliche Verpflichtung,[20] deren Durchführung nicht zum – stillschweigenden – Abschluss eines Arbeitsvertrages führt. Zuwendungen der Eltern im Rahmen einer solchen Tätigkeit sind weder Arbeitsvergütungen noch Schenkungen. Der Umfang der Mitwirkungsverpflichtung hängt von den Umständen des Einzelfalls ab. Hierbei sind sowohl die Verhältnisse der Eltern als auch die Berufs- und Ausbildungssituation der Kinder angemessen zu berücksichtigen. Denkbar ist allerdings, dass auch mit Kindern – sogar stillschweigend – ein die familienrechtliche Mitarbeitsverpflichtung überlagernder Arbeitsvertrag abgeschlossen wird.[21] Auch zur Klärung der sozial- und steuerrechtlichen Anerkennung solcher Arbeitsverhältnisse empfiehlt es sich im beiderseitigen Interesse, die Einzelheiten eines solchen Arbeitsvertrages schriftlich zu fixieren.

---

18 BGH NJW 1974, 2045 (zum alten Recht ergangen); *Palandt/Brudermüller* BGB § 1356 Rn 6.

19 *Palandt/Brudermüller* BGB § 1356 Rn 6.

20 MüKo/*v. Sachsen* § 1619 Rn 1

21 BGH FamRZ 1973, 298 f.; *Palandt/Diederichsen* BGB § 1619 Rn 4, MüKo/*v. Sachsen* § 1619 Rn 36.

§ 21 Vergütung

Übersicht

	Rn
I. Allgemeine Grundsätze	1
1. Bemessung der Grundvergütung	1
2. Zulagen	3
II. Gewinnbeteiligungen	9
1. Tantiemen	9
2. Bonussysteme	11
3. Provisionen	14
III. Prämiensysteme	17
IV. Entgeltfortzahlung	18
1. Feiertage	18
2. Krankheit	19
a) Dauer der Entgeltfortzahlung	20
b) Verschuldensmaßstab	21
c) Sterilisation und Abtreibung	22
d) Höhe der Entgeltfortzahlung	23
e) Anwesenheitsprämie	24
f) Mitteilungspflicht	25
g) Übergang von Ersatzansprüchen	26
3. Urlaubsentgelt	27
4. Sonstige vorübergehende Verhinderung	28

Schrifttum: *Bauer/Diller/Göpfert,* Zielvereinbarungen auf dem arbeitsrechtlichen Prüfstand, BB 2002, 882 ff.; *Behrens/Rinsdorf,* Beweislast für die Zielerreichung bei Vergütungsansprüchen aus Zielvereinbarungen NZA 2003, 364; *Simon Lindemann,* Flexible Bonusregelungen im Arbeitsvertrag, BB 2002, 1807 ff.; *Reinhold Mauer,* Zielbonusvereinbarungen als Vergütungsgrundlage im Arbeitsverhältnis, NZA 2002, 540 ff.

I. Allgemeine Grundsätze

1. Bemessung der Grundvergütung

Die Arbeitsvergütung ist regelmäßig eine **Zeitvergütung**, wobei im tariflichen Bereich bei Arbeitern immer noch häufig auf die geleisteten Stunden abgestellt wird, während bei Angestellten in der Regel eine Monatsvergütung gezahlt wird. Hinzu kommt häufig eine – zumeist tariflich vorgegebene – Einstufung in Vergütungsgruppen. Diese wiederum können von der Art der verrichteten Tätigkeit abhängen oder auf bestimmte subjektive Merkmale (etwa Vorbildung oder Prüfungen) des Arbeitnehmers abstellen. Auch ist eine Kombination beider Methoden möglich. **1**

Vor allem bei Arbeitern ist alternativ eine Vergütung nach der erbrachten Arbeitsleistung, etwa in Form der **Akkordvergütung** üblich, wobei regelmäßig Mindestverdienste festgelegt werden. Die Akkordvorlage kann auf tariflichen Regelungen, auf einer Betriebsvereinbarung oder auf einem Einzelvertrag beruhen.[1] Die Grundlagen sind – insbesondere in Form von Lohnsicherungssystemen – in den einschlägigen Tarifverträgen geregelt, während die Detailbestimmungen vor allem auf betrieblicher Ebene – in Betrieben mit Betriebsräten in Form einer Betriebsvereinba-

[1] Vgl. *Schaub* Arbeitsrecht § 67 Rn 39.

rung gem. §§ 77, 87 Abs. 1 Nr. 10 und 11 BetrVG – festgelegt werden. Die Höhe des Akkordlohns kann mit dem Arbeitnehmer oder dem Betriebsrat auf der Basis einer Schätzung ausgehandelt werden. Sie kann aber auch in arbeitswissenschaftlich exakter Weise errechnet werden.[2] Üblich sind neben dem Einzelakkord auch Gruppenakkorde, die an das Leistungsergebnis der gesamten Gruppe anknüpfen. Der Akkord kann Stückakkord, Gewichts- oder Flächenakkord, Maßakkord oder Pauschalakkord (für kombinierte Leistungen) sein.[3]

2 Von untergeordneter Bedeutung ist heute die **Naturalvergütung**, die aber noch in Form der Überlassung einer Dienstwohnung oder eines – auch privat zu nutzenden – Dienstwagens, in der Gewährung von Personalrabatten und in der Gewährung von Verpflegung auftritt. Nach § 115 Abs. 2 GewO a. F. war gewerblichen Arbeitnehmern das Arbeitsentgelt grundsätzlich auszuzahlen. Eine Kreditierung von Waren an solche Arbeitnehmer war verboten (sog. „Truckverbot“). Diese Vorschrift ist jedoch aufgehoben.

2. Zulagen

3 Von praktisch erheblicher Bedeutung sind die unterschiedlichen Zulagen. Hierzu gehören insbesondere
- Überstundenvergütungen,
- Zuschläge für ungünstige Arbeitszeiten,
- Leistungszuschläge,
- Sozialzulagen,
- Sonderzuwendungen (Gratifikationen) und
- Anwesenheitsprämien.

4 **Überstundenzuschläge** sind mangels anderweitiger Regelung nur zu zahlen, wenn ein solcher Zuschlag üblich ist.[4] Der Arbeitnehmer hat zu beweisen, dass er über die gesetzliche, tarifvertraglich oder einzelvertraglich vereinbarte Arbeitszeit gearbeitet hat und dass die Mehrarbeit vom Arbeitgeber angeordnet oder geduldet worden ist.

5 Zuschläge für **ungünstige Arbeitszeiten** (Nachtarbeit, Spät- oder Wechselschicht, Sonn- und Feiertagsarbeit) sind zumeist tariflich geregelt. Wichtig ist, dass nach § 6 Abs. 5 Arbeitszeitgesetz (ArbZG) für Nachtarbeit (mehr als 2 Stunden Arbeit in der Zeit von 23 Uhr bis 6 Uhr, bei Bäckereien 22 Uhr bis 5 Uhr) eine angemessenen Zahl freier Tage als Ausgleich zu gewähren ist. Geschieht dies nicht, steht dem Arbeitnehmer ein Zuschlag zum Bruttoarbeitsentgelt zu. Tariflich wird vielfach ein Zuschlag von 25 vom Hundert gewährt. Es empfiehlt sich, für nicht tarifgebundene Arbeitgeber, die Höhe eines solchen Zuschlages ausdrücklich zu vereinbaren, weil ansonsten auch die Gefahr besteht, dass die Arbeitsgerichte mangels anderweitiger Regelungen höhere Zuschläge ansetzen. So hat das BAG in einem Fall, in dem in dem mangels Tarifbindung nicht anwendbaren Tarifvertrag ein Zuschlag von 50 % vorgesehen war, zwar

---

[2] *Schaub* Arbeitsrecht § 64 Rn 13 ff.
[3] *Schaub* Arbeitsrecht § 64 Rn 2 bis 7.
[4] *Schaub* Arbeitsrecht § 69 Rn 19.

die vom LAG festgelegte Zuschlagsquote von 50% herabgesetzt, aber gleichwohl noch einen Zuschlag von 30% festgelegt, der um immerhin 5% über ansonsten häufig in zulässiger Weise vereinbarten Sätzen liegt.[5] Grundsätzlich hat der Arbeitgeber ein Wahlrecht, ob er bei Nachtarbeit Freizeitausgleich gewähren will oder einen Zuschlag auf die Vergütung leisten möchte.[6] In Betrieben mit Betriebsräten besteht insoweit jedoch ein Mitbestimmungsrecht nach § 87 Abs. 1 Nr. 7 und 10 BetrVG.[7]

Leistungszuschläge werden aufgrund tariflicher oder einzelvertraglicher Regelungen als Ausgleich für eine besondere Belastung des Arbeitnehmers (Erschwerniszulagen) oder für eine besondere Leistung des Arbeitnehmers (Leistungszulage) gewährt. 6

Sozialzuschläge können unter Berücksichtigung des Gleichbehandlungsgrundsatzes, insbesondere des gesetzlich ausdrücklich auch für das Einzelarbeitsverhältnis geltenden Grundsatzes der Gleichbehandlung von Männern und Frauen (§§ 611a, 612 Abs. 3 BGB) als Teil der Arbeitsvergütung gewährt werden.

Von rechtlich erheblicher Schwierigkeit ist die Behandlung von Sonder- 7
zuwendungen, worunter vor allem **Gratifikationen** fallen. Gratifikationen sind solche Sonderzuwendungen, die der Arbeitgeber aus besonderen Anlässen, etwa zu Weihnachten oder zu Geschäfts- oder Dienstjubiläen, als Anerkennung für geleistete Dienste und als Anreiz für die weitere Dienstleistung gewährt.[8] Eine Rückzahlungsverpflichtung besteht nur bei ausdrücklicher Vereinbarung und etwa bei Weihnachtsgratifikationen bis zur Höhe von rd. 100 EUR (seinerzeit 200 DM) gar nicht und bei Beträgen von einer Monatsvergütung und mehr bis maximal zum 30. 6. des Folgejahres.[9] Zur Abgrenzung einer Gratifikation von vertraglichen Vergütungsbestandteilen, etwa dem 13. Jahresgehalt, die allein eine Gegenleistung für die erbrachte Arbeitsleistung darstellen und deshalb nicht zurückgefordert werden können, sollte eine ausdrückliche sprachlich eindeutige Regelung im Arbeitsvertrag erfolgen, etwa in folgender Weise:

---

[5] BAG DB 2003, 1175 = NZA 2003, 563 in Abänderung des – nicht veröffentlichten – Urteils des LAG Hamm – 19 Sa 257/00 – vom 29. 1. 2001.

[6] BAG AP BetrVG 1972 § 87 Arbeitszeit Nr. 74 = NZA 1998, 441 = BB 1998, 845; BAG AP TVG § 3 Verbandszugehörigkeit Nr. 17, BAG DB 2003, 1175 = NZA 2003, 563.

[7] BAG AP BetrVG 1972 § 87 Arbeitszeit Nr. 74 = NZA 1998, 441 = BB 1998, 845.

[8] BAG AP BGB § 611 Gratifikation Nr. 1 = NJW 1954, 1343 = BB 1954, 687 u. BB 1956, 1071 (Anm. *Berger*); Nr. 81 = BB 1974, 695 = WM 1974, 1053; Nr. 86 = WM 1976, 42; Nr. 100 = NJW 1979, 1223; *Schaub/Linck* Arbeitsrecht § 78 Rn 4.

[9] BAG AP BGB § 611 Gratifikation Nr. 82 = NJW 1974, 1671 = BB 1974, 1026; Nr. 150 = NZA 1993, 935 = NJW 1993, 3345 = BB 1993, 1809; *Schaub/Linck* Arbeitsrecht § 78 Rn 46.

Der Arbeitgeber gewährt dem Arbeitnehmer am 30.11. eines jeden Jahres eine Weihnachtsgratifikation in Höhe des in diesem Monat auszuzahlenden Bruttoarbeitsentgelts. Dies Gratifikation wird in Erwartung der Fortsetzung des Arbeitsverhältnisses gewährt und ist in voller Höhe zurückzuzahlen, falls das Arbeitverhältnis vor dem 1. 4. des Folgejahres aufgrund eigenen Verlangens des Arbeitnehmers oder aus personen- oder verhaltensbedingten Gründen endet.

Auf Gratifikationen entsteht nach der Rechtsprechung des Bundesarbeitsgerichts ein Rechtsanspruch, wenn sie wiederholt und vorbehaltlos gewährt werden, dies soll regelmäßig nach dreimaliger Zahlung der Fall sein.[10] Der Vorbehalt sollte ausdrücklich bei der jeweiligen Zahlung oder als „vorweggenommener Vorbehalt" im Arbeitsvertrag erklärt werden.

Gratifikationen werden in der Praxis entweder sehr häufig aufgrund einer Betriebsvereinbarung oder einer Einzelzusage, seltener aufgrund eines Tarifvertrages gewährt. Die Verteilungsmaßstäbe der Gratifikation sind – bei Vorhandensein eines Betriebsrates – mitbestimmungspflichtig (§ 87 Abs. 1 Nr. 10 BetrVG), während der Arbeitgeber das Gesamtvolumen einseitig festsetzen kann. Einzelvertragliche Zusagen werden vielfach konkludent abgegeben, wobei nach der Rechtsprechung auch sog. Gesamtzusagen an alle Mitarbeiter rechtlich Einzelzusagen darstellen, die nur bei Änderungsvorbehalt oder bei Wegfall der Geschäftsgrundlage widerrufen werden können.[11]

8 **Anwesenheitsprämien** auf der Basis von Tarifverträgen, Betriebs- oder Einzelvereinbarungen können ein Mittel darstellen, Fehlzeiten möglichst zu begrenzen. Eine Kürzung kommt nur bei Sondervergütungen in Betracht, nicht bei dem Arbeitsentgelt selbst. Anwesenheitsprämien können als einmalige oder als laufende Leistung gewährt werden. Eine Kürzung ist auch bei krankheitsbedingten Fehlzeiten zulässig (§ 4a EntgFZG). Fehlzeiten wegen Mutterschutzes dürfen allerdings nicht anspruchsmindernd geltend gemacht werden.[12]

II. Gewinnbeteiligungen

1. Tantiemen

9 Tantiemen werden zumeist an leitende Angestellte aufgrund einer einzelvertraglichen Zusage gewährt. Sie können an das Ergebnis oder den Umsatz des Gesamtunternehmens oder eines Betriebsteils bzw. einer Abteilung anknüpfen. Auch dann, wenn sich der Arbeitgeber vorbehalten hat, eine solche im Arbeitsvertrag gewährte Leistung nach freiem Ermessen ganz oder teilweise zu verweigern, bedeutet dies nur, dass er seine Entscheidung nach billigem Ermessen (§ 315 BGB) zu treffen

[10] BAG AP BGB § 611 Gratifikation Nr. 3 = NJW 1956, 1123; Nr. 4 = NJW 1956, 1853; Nr. 7 = BB 1958, 984; *Schaub/Linck* Arbeitsrecht § 78 Rn 24.

[11] BAG Gr. Senat AP BetrVG 1972 § 77 Nr. 17 = NZA 1987, 168, 185 = BB 1987, 265, 1851; BAG AP BetrVG 1972 § 77 Nr. 83; *Schaub/Linck* Arbeitsrecht § 78 Rn 23.

[12] BAG BGB § 611 Gratifikation Nr. 156 = NZA 1993, 1002.

hat.[13] Er kann sie also nicht willkürlich widerrufen oder kürzen. Die Tantieme ist **Arbeitsentgelt**, also keine Gratifikation.[14] Die vorstehend in Rn 7 dargestellte Rechtsprechung zur Gratifikation gilt daher für sog. arbeitsleistungsbezogene Sonderzahlungen,[15] zu denen die Tantieme gehört, nicht. Wenn zwar eine Tantieme zugesagt ist, ihre Höhe aber nicht fixiert ist, ist eine für gleichartige Fälle übliche Tantieme zu zahlen; dies folgt aus § 612 Abs. 2 BGB. Möglich und – aus der Sicht des Arbeitgebers – sinnvoll ist es, dem Arbeitgeber ausdrücklich die Bestimmung der Tantieme zu überlassen, was zulässig ist.[16] Auch hierbei muss sich dieser im Rahmen des **billigen Ermessens** halten.[17] In Betracht kommt auch die Festlegung einer Mindesttantieme mit Vereinbarung eines Leistungsbestimmungsrechtes für den Arbeitgeber im Übrigen. Vielfach erscheint, wenn dem Arbeitgeber kein Ermessen verbleiben soll, eine entsprechende Anwendung der für Aktiengesellschaften maßgeblichen Vorschrift des § 86 Abs. 2 AktG als sinnvoll. Danach bemisst sich der Gewinnanteil nach dem Jahresüberschuss, vermindert um den Verlustvortrag des Vorjahres und um die Beträge, die bei einer Aktiengesellschaft aus dem Jahresüberschuss in eine Gewinnrücklage einzustellen wären.[18] Ist die entsprechende Anwendung des § 86 Abs. 2 AktG nicht vereinbart, so können jedenfalls ohne besondere Absprache Verluste des Vorjahres nicht berücksichtigt werden.[19]

Die Berechnung der Tantieme knüpft mangels anderer Absprachen **10**
sinnvollerweise an den Reingewinn des Unternehmens bzw. – sofern dies vereinbart ist – an den eines Unternehmensteils an.[20] Maßgeblich für die Berechnung ist die Handels-, nicht die Steuerbilanz.[21] Erforderlichenfalls ist dem Arbeitnehmer zur Ermittlung seines Anspruchs Auskunft zu erteilen.[22] Auch ein am Bilanzgewinn des Arbeitgebers orientierter Tantiemeanspruch des Arbeitnehmers gibt diesem nach der Rechtsprechung des BAG kein Recht, auf die unternehmerischen Entscheidungen des Arbeitgebers dann Einfluss zu nehmen, wenn diese den Unternehmensgewinn kürzen; etwas anderes kann nur dann gelten, wenn der Arbeitgeber bewusst zum Nachteil des Arbeitnehmers handelt oder wenn er offensichtlich unsachliche Maßnahmen trifft, die den gewinnbeteiligten Arbeitneh-

---

[13] BAG AP BGB § 305 Billigkeitskontrolle Nr. 2 = BB 1971, 523; *Schaub* Arbeitsrecht § 77 Rn 2.

[14] BAG AP BGB § 611 Tantieme Nr. 2; ErfKomm/*Preis* § 611 BGB Rn 617.

[15] BAGE 76, 134 = AP BGB § 611 Gratifikation Nr. 162 = NJW 1995, 349 = BB 1994, 1636; BAG AP BGB § 611 Tantieme Nr. 2.

[16] BAG AP BGB § 305 Billigkeitskontrolle Nr. 2; ErfKomm/*Preis* § 611 BGB Rn 619; BAG AP BGB § 611 Tantieme Nr. 1 = BB 1979, 45.

[17] BAG AP BGB § 305 Billigkeitskontrolle Nr. 2.

[18] ErfKomm/*Preis* § 611 BGB Rn 622.

[19] ErfKomm/*Preis* § 611 BGB Rn 622.

[20] ErfKomm/*Preis* § 611 BGB Rn 620.

[21] BAG AP BGB § 242 Auskunftspflicht Nr. 2 = BB 1960, 984; AP BGB § 611 Tantieme Nr. 1= BB 1979, 45; ErfKomm/*Preis* § 611 BGB Rn 620.

[22] BAG AP BGB § 242 Auskunftspflicht Nr. 1= BB 1960, 663 und Nr. 2 = BB 1960, 984; ErfKomm/*Preis* § 611 BGB Rn 624.

mer schädigen.[23] Für die im Unternehmen als Arbeitnehmer mitarbeitenden Gesellschafter sind hierbei die Gesellschaftergehälter nicht vom Gewinn abzusetzen.[24]

Die einem leitenden Angestellten zugesagte Tantieme erlischt, wenn er während eines ganzen Jahres arbeitsunfähig erkrankt war und keine Entgeltfortzahlung zu erhalten hatte.[25] Unzulässig ist es allerdings, einem Arbeitnehmer die Tantieme zu entziehen, wenn er während eines Geschäftsjahres ausscheidet, weil hierin eine unzulässige Kündigungserschwerung zu sehen ist.[26]

2. Bonussysteme

11 Insbesondere bei größeren Unternehmen wird die Tantieme ganz oder teilweise an die persönliche Zielerreichung in Form eines Bonussystems geknüpft.[27] Dies erscheint insbesondere dann als sinnvoll, wenn die betreffenden Mitarbeiter nicht ausschließlich im Vertrieb tätig sind und deshalb eine erfolgsorientierte Vergütung nicht durch Provisionen (s. dazu Rn 14) erreicht werden kann. Mit dem Mitarbeiter werden zu Beginn eines Jahres **persönliche Ziele** oder **Gruppenziele** entweder individuell oder aufgrund einer generellen Regelung vereinbart oder auch vom Arbeitgeber einseitig festgelegt.[28] Auch bei einer einseitigen Bestimmung besteht eine arbeitsvertragliche Nebenpflicht zur Führung eines Gespräches über die Zielvereinbarung.[29] Aber auch bei der Möglichkeit zu einer einseitigen Festlegung der Ziele muss sich die Bestimmung im Rahmen billigen Ermessens (§ 315 BGB) halten.[30] Vom Ausmaß der Zielerreichung hängt dann ausschließlich oder neben den das gesamte Unternehmen oder die Unternehmensabteilung („Gruppenzielen") betreffenden Ergebnissen die Höhe der Tantieme ab. Insoweit kommt auch in Betracht, dass neben sog. „harten", also objektiv messbaren – wie etwa Erreichung von Umsatz- oder Gewinnzielen –, auch „weiche" Faktoren für die Ermittlung der Tantieme herangezogen werden. Üblicherweise erfolgt eine Bewertung nach 3- bis 5-stufigen Bewertungsskalen.[31] Diese Ziele können sehr unterschiedlich formuliert werden und betreffen beispielsweise Kreativi-

---

[23] AP BGB § 611 Tantieme Nr. 1 = BB 1979, 45; ErfKomm/*Preis* § 611 BGB Rn 622.

[24] BAG AP BGB § 611 Lohnanspruch Nr. 14; ErfKomm/*Preis* § 611 BGB Rn 622.

[25] BGH NZA 1999, 824; *Schaub* Arbeitsrecht § 77 Rn 3; ErfKomm/Preis § 611 BGB Rn 626.

[26] BAG HGB AP § 87 a Nr. 4 = BB 1973, 1072; BAG AP BGB § 620 Probearbeitsverhältnis Nr. 16 = NJW 1983, 135 = BB 1983, 1347; *Schaub* Arbeitsrecht § 77 Rn 7; ErfKomm/*Preis* § 611 BGB Rn 626.

[27] Vgl. u. a. *Mauer*, NZA 2002, 540; *Schanz*, NZA 2000, 626; *Lindemann*, BB 2002, 1807; *Bauer/Diller/Göpfert* BB 2002, 882.

[28] *Bauer/Diller/Göpfert* BB 2002, 882, 883.

[29] *Bauer/Diller/Göpfert* BB 2002, 882, 883.

[30] *Bauer/Diller/Göpfert* BB 2002, 882, 884; vgl. auch BAG AP BGB § 305 Billigkeitskontrolle Nr. 2.

[31] *Bauer/Diller/Göpfert* BB 2002, 882, 883.

tät, Führungsverhalten, Einsatzwillen oder ähnliche Umstände,[32] die den Vorgesetzten einen gewissen Beurteilungsspielraum belassen. Der Umfang der Zielerreichung kann entweder unmittelbar Maßstab für Bestimmung der Tantieme sein, er kann jedoch auch Grundlage für unterschiedliche Sondervergünstigungen sein.[33]

In Betracht kommen etwa alternativ die nachstehenden Absprachen, die jedoch in vielfältiger Hinsicht ergänzt oder mit einander kombiniert werden können. Das einfachste Grundmodell könnte wie folgt vereinbart werden: **12**

Die Gesellschaft zahlt unter Berücksichtigung quantitativer und/oder qualitativer Zielsetzungen, die Bestandteil einer jährlich neu zu treffenden schriftlichen Zielvereinbarung sind, pro Geschäftsjahr einen variablen Bonus, dessen Höhe von der Gesellschaft bestimmt wird und maximal 20.000 Euro pro Geschäftsjahr beträgt. Die Auszahlung des Bonus erfolgt bis zum 31. 3. des auf das Geschäftsjahr folgenden Jahres.[34]

Für die erste Zeit des Arbeitsverhältnisses, etwa ein Rumpfjahr, kann hierbei ggf. ein bestimmter Mindestbetrag garantiert werden. Ein detaillierteres Modell kann wie folgt aussehen:[35]

Neben der Festvergütung erhält der Mitarbeiter gem. der jährlich zu treffenden Zielvereinbarung einen Bonus in Höhe von maximal 20 000 Euro. Die Höhe des Bonus richtet sich nach dem Grad der prozentualen Zielerreichung, und zwar wie folgt: **13**

Bonus-Stufe	Zielerreichung in %	Zielsetzung	Gesamt-Leistung	Bonus-Ausschüttung in % vom Maximal-Bonus
0	bis 89 %	sehr deutlich unterschritten	mangelhaft	0
1	90–95 %	deutlich unterschritten	ausreichend	10
2	96–99 %	annähernd erreicht	befriedigend	20
3	100–103 %	voll erreicht	gut	50
4	104–109 %	deutlich überschritten	sehr gut	75
5	110 % und mehr	sehr deutlich überschritten	ausgezeichnet	100

---

[32] *Bauer/Diller/Göpfert* BB 2002, 882, 883.

[33] *Bauer/Diller/Göpfert* BB 2002, 882, 883.

[34] *Mauer* NZA 2002, 540, 542 ff.

[35] *Mauer* NZA 2002, 540, 541 f. unter Verwendung eines Modells der Kienbaum-Vergütungsberatung; vgl. auch die Beispiele bei *Lindemann/Simon* BB 2002, 1807, 1808 ff.

Die vielfältigen sich bei der Vereinbarung eines Bonussystems ergebenden Probleme können im Rahmen dieser Darstellung nicht abschließend behandelt werden. Insoweit ist auf die in Fn 27 zitierten Aufsätze und die dort angegebenen weiterführenden Literaturstellen zu verweisen. Wichtig ist, dass die Zielvereinbarungen im beiderseitigen Interesse von Arbeitgeber und Arbeitnehmer rechtzeitig vor Beginn des jeweiligen Wirtschaftsjahres schriftlich getroffen oder verlängert bzw. angepasst werden und dass die Ziele unternehmens- und arbeitsplatzbezogen möglichst eindeutig von beiden Vertragsparteien definiert werden. Nur dann können die Absichten, die für beide Seiten mit einem solchen Bonussystem verbunden werden, erreicht werden, ohne die Motivation der leitenden Mitarbeiter durch nachträgliche Streitigkeiten über das Ausmaß der Zielerreichung wieder zu beeinträchtigen. Die Beweislast für die Zielerreichung trägt grundsätzlich der Arbeitnehmer, wobei allerdings der Arbeitgeber bei konkretem Vortrag des Arbeitnehmers dessen Leistungsdefizite substantiiert darzulegen hat.[36]

3. Provisionen

14 Die Regelungen über die Zahlung von Provisionen sind ausführlich im Handelsgesetzbuch (§§ 87 bis 87c HGB) enthalten. Sie betreffen primär die selbständigen Handelsvertreter. Für angestellte Mitarbeiter gelten diese Vorschriften jedoch entsprechend (§ 65 HGB), wobei die Besonderheiten des Arbeitsrechtes zu berücksichtigen sind.[37] Provisionen sind bei der Berechnung der Entgeltfortzahlung im Krankheitsfall[38] und auch bei der Berechnung des Urlaubsentgeltanspruchs[39] zu berücksichtigen. Der Provisionsanspruch bezieht sich grundsätzlich auf alle während des Anstellungsverhältnisses abgeschlossenen Geschäfte, die auf die Tätigkeit des angestellten Mitarbeiters zurückzuführen sind (§§ 87, 65 HGB). Für nach Beendigung des Vertragsverhältnisses zustande gekommene Verträge besteht der Provisionsanspruch, wenn der Angestellte das Geschäft so vorbereitet hatte, dass der Abschluss überwiegend auf seiner Tätigkeit beruht hat und innerhalb angemessener Frist nach Beendigung des Arbeitsverhältnisses erfolgt ist oder wenn das Angebot des Kunden vor Beendigung des Arbeitsverhältnisses vorlag und erst anschließend angenommen worden ist (§§ 87 Abs. 3, 65 HGB).

Denkbar ist auch die Vereinbarung einer Provision für alle in dem zugewiesenen Bezirk abgeschlossenen Geschäfte ohne Rücksicht darauf, ob der angestellte **Bezirksvertreter** an den einzelnen Geschäften persönlich mitgewirkt hat (§ 87 Abs. 2, 65 HGB).

15 Die Provision wird mangels anderweitiger Absprachen mit Ausführung des Geschäftes durch den Arbeitgeber fällig, also mit der Erbringung der

---

[36] *Behrens/Hauke* NZA 2003, 364ff.

[37] BAG AP HGB § 65 Nr. 6 = BB 1972, 1453 und Nr. 7 m. Anm. *Fenn* = DB 1973, 1534, 2405; ErfKomm/*Schaub* § 65 HGB Rn 9.

[38] BAG NZA 1986, 290; ErfKomm/*Schaub* § 65 HGB Rn 9.

[39] BAG AP BUrlG § 11 Nr. 48 = NJW 2001,722; ErfKomm/*Schaub* § 65 HGB Rn 9.

Leistung des Unternehmers. Regelmäßig wird jedoch vertraglich auf die Erbringung des Gegengeschäftes durch den Kunden, zumeist also die Zahlung des Kaufpreises oder Werklohns, abgestellt, wobei in diesen Fällen der Vertreter einen Anspruch auf Auszahlung bis Ende des auf die Leistung des Unternehmers folgenden Monats hat. Spätestens entsteht der Anspruch, wenn der Kunde seine Leistung erbracht hat. Steht fest, dass der Kunde nicht leistet, entfällt die Provision, ein etwa schon erbrachter Vorschuss ist zu erstatten (s. im Einzelnen §§ 87 a, 65 HGB). Die Höhe der Provision richtet sich nach den getroffenen Vereinbarungen, ansonsten nach der Üblichkeit. Aufgrund des Nachweisgesetzes (s. § 19 Rn 4 ff.) ist die Provisionshöhe jedoch schriftlich niederzulegen, so dass es auf die Üblichkeit nicht mehr ankommen sollte.

Sehr häufig findet sich bei angestellten Außendienstmitarbeitern eine **16** Kombination zwischen Fixum und vereinbarten Provisionen. Insoweit ist bei einer Tarifbindung zu beachten, dass die Gesamtvergütung die tariflich festgelegten Sätze nicht unterschreiten darf, wobei eindeutig klarzustellen ist, falls die Provision zur Aufsteckung des Fixums auf die tarifliche Mindestvergütung dienen soll, also nicht etwa zusätzlich zu der tariflichen Mindestvergütung zu zahlen ist.[40]

III. Prämiensysteme

Prämiensysteme können unterschiedliche Anknüpfungspunkte haben **17** (Mengenprämien, Qualitäts- und Güteprämien, Nutzungsprämien, Ersparnisprämien, Terminprämien, Anwesenheitsprämien und Pünktlichkeitsprämien), die auch miteinander kombiniert werden können.[41] Zumeist setzt sich bei Zahlung einer Prämienvergütung das Entgelt aus einer Grundvergütung nach dem maßgeblichen Tarif und einer betrieblichen Prämie zusammen. Bei fehlender Tarifbindung kann die Grundvergütung auch den Tariflohn unterschreiten. Die Prämie kann als Einzel- oder Gruppenprämie gewährt werden. Die Gruppe sollte allerdings im Interesse der Übersichtlichkeit[42] und des Zusammengehörigkeitsgefühls der Arbeitnehmer nicht zu groß sein.

Es gibt unterschiedliche Prämienlohnsysteme, die in verschiedenem Umfang Leistungsanreize mit sich bringen[43] Das System muss, um einerseits die Produktivität zu verbessern, andererseits eine Überforderung der Mitarbeiter zu verhindern, den betrieblichen Gegebenheiten genau angepasst werden. Insoweit gelten ähnliche Grundsätze wie für die Bemessung eines Akkordlohns. In Betrieben mit einem Betriebsrat ist die Festlegung der Prämiensysteme als Form der betrieblichen Lohngestaltung mitbestimmungspflichtig (§ 87 Abs. 1 Ziffer 10 und 11 BetrVG).

---

[40] BAG TVG § 1 Einzelhandel Nr. 73 = NZA 2000, 1300; ErfKomm/*Schaub* § 65 HGB Rn 5.

[41] *Schaub* Arbeitsrecht § 65 Rn 4 bis 11.

[42] *Schaub* Arbeitsrecht § 65 Rn 15.

[43] *Schaub* Arbeitsrecht § 65 Rn 3.

IV. Entgeltfortzahlung

Der allgemeine Grundsatz, wonach Arbeitsleistung und Vergütung in einem Gegenseitigkeitsverhältnis stehen, ist in wichtigen Bereichen des Arbeitsrechts dadurch durchbrochen, dass Mitarbeiter, die aus in ihrer Person liegenden Gründen an der Arbeitsleistung gehindert sind, gleichwohl für einen bestimmten Zeitraum die vertragliche Vergütung weiter erhalten. Entgeltfortzahlung wird gewährt, soweit die krankheitsbedingte Arbeitsunfähigkeit ohne Verschulden des Arbeitnehmers eintritt (§ 3 Abs. 1 Satz 1 Entgeltfortzahlungsgesetz – EFZG).

1. Feiertage

18 Für Arbeitszeit, die aufgrund eines gesetzlichen Feiertags ausfällt, ist das Arbeitsentgelt zu zahlen, das der Arbeitnehmer ohne den Arbeitsausfall erhalten hätte (§ 2 Abs. 1 EFZG). Mitarbeiter, die am letzten Arbeitstag vor oder nach den Feiertagen oder am ersten Arbeitstag nach den Feiertagen unentschuldigt fehlen, haben keinen Anspruch auf Bezahlung für die Feiertage (§ 2 Abs. 3 EFZG).

Entgeltfortzahlung wird nur an den im jeweiligen Bundesland bestehenden gesetzlichen Feiertagen gewährt. Treffen Krankheit und Feiertag zusammen, so richtet sich die Entgeltfortzahlung im Krankheitsfall nach den Regeln des Feiertagsrechts (§ 4 Abs. 2 EFZG).

2. Krankheit

19 Die Entgeltfortzahlung im Krankheitsfall ist ebenfalls im Entgeltfortzahlungsgesetz (§ 3 EFZG) geregelt. Dieses gilt für Arbeiter und Angestellte sowie für die in ihrer Berufsbildung Beschäftigten (§ 1 Abs. 2 EFZG). Der Anspruch auf Entgeltfortzahlung besteht erst nach 4-wöchiger ununterbrochener Dauer des Arbeitsverhältnisses (§ 3 Abs. 3 EFZG).

20 **a) Dauer der Entgeltfortzahlung.** Ein Arbeitnehmer, der **ohne Verschulden** wegen einer **Krankheit** an der Arbeitsleistung gehindert ist, hat einen Anspruch auf Entgeltfortzahlung für die Zeit der Arbeitsunfähigkeit bis zur Dauer von 6 Wochen. Wird der Arbeitnehmer in Folge derselben Krankheit erneut arbeitsunfähig, so erhält er gleichwohl Entgeltfortzahlung für weitere 6 Wochen, wenn er vor der erneuten Arbeitsunfähigkeit mindestens 6 Wochen in Folge dieser Krankheit nicht arbeitsunfähig war oder wenn seit Beginn der ersten Arbeitsunfähigkeit in Folge derselben Krankheit eine Frist von 12 Monaten abgelaufen ist (vgl. § 3 Abs. 1 EFZG).

21 **b) Verschuldensmaßstab.** Der Begriff der unverschuldeten Arbeitsunfähigkeit ist nicht eindeutig. Die Rechtsprechung des Bundesgerichtshofs geht davon aus, dass – enger als für das allgemeine Schuldrecht definiert – von Verschulden nur dann gesprochen werden kann, wenn jemand **„gröblich** gegen das von einem verständigen Menschen im eigenen Inter-

esse zu erwartende Verhalten verstößt".[44] Praktisch bedeutsam sind **Sportunfälle** in gefährlichen Sportarten. Eine solche „gefährliche" Sportart wird angenommen, wenn das Verletzungsrisiko so groß ist, dass auch ein gut ausgebildeter Sportler bei sorgfältiger Beachtung aller Regeln dieses Risiko nicht vermeiden kann.[45] In der Rechtsprechung ist allerdings bisher noch keine Sportart in diesem Sinne als gefährlich bezeichnet worden.[46]

Im Rahmen der derzeit geführten Diskussion über den Versicherungsschutz in der gesetzlichen Krankenversicherung bei Verletzungen aufgrund gefährlicher Sportarten lässt sich allerdings nicht ausschließen, dass zukünftig auch insoweit strengere Bewertungskriterien angewandt werden. Es ist in der Tat nicht einzusehen, warum der Arbeitgeber das Verletzungsrisiko eines Mitarbeiters tragen soll, der eine gefährliche Sportart wie etwa Boxen, Motorradrennen oder Drachenfliegen, aber auch das Skifahren – jedenfalls auf besonders gefährlichen Pisten – betreibt. Die Rechtsprechung nimmt auch nicht generell an, dass Krankheiten, die auf dem Missbrauch von Alkohol, Nikotin oder Drogen beruhen, in diesem Sinne selbst verschuldet seien.[47] Immerhin kann nach der Rechtsprechung des Bundesarbeitsgerichts ein an Alkoholabhängigkeit erkrankter Arbeitnehmer dann im Sinne der Entgeltfortzahlung schuldhaft handeln, wenn er in noch steuerungsfähigem Zustand sein Kraftfahrzeug zur Fahrt zur Arbeitsstelle benutzt, dort übermäßig trinkt und danach einen alkoholbedingten Verkehrsunfall herbeiführt, bei dem er arbeitsunfähig wird.[48]

Letztlich ist es eine Frage des Einzelfalls, ob ein Ausschluss von der Entgeltfortzahlung vorliegt. Wenn insoweit aber Anhaltspunkte für einen derartigen Ausschluss gegeben sind, sollte der Arbeitgeber von dem Arbeitnehmer eine nähere Aufklärung verlangen. Er wird allerdings nur in seltenen Ausnahmefällen die Entgeltfortzahlung wegen selbst verschuldeter Arbeitsunfähigkeit ablehnen können.

c) Sterilisation und Abtreibung. Als unverschuldet gilt auch eine Ar- 22
beitsverhinderung aufgrund einer nicht rechtswidrigen Sterilisation, einer nicht rechtswidrigen Abtreibung oder einer – rechtswidrigen – Abtreibung, wenn diese durch einen Arzt erfolgt, die schwangere Frau den Abbruch verlangt und ein so genannter Beratungsschein vorgelegt wird (§ 3 Abs. 2 EFZG). Diese Neufassung des Gesetzes entspricht einer – allerdings nicht unumstrittenen – Entscheidung des Bundesverfassungsgerichts.[49]

---

[44] BAG AP LohnFG § 1 Nr. 71 = NZA 1987, 452 = NJW 1987, 2253; AP LohnFG § 1 Nr. 77 = NZA 1988, 537 = NJW 1988, 2323; ErfKomm/*Dörner* § 3 EFZG Rn 46.

[45] BAG AP LohnFG § 1 Nr. 45 = NJW 1982, 1014; ErfKomm/*Dörner* § 3 EFZG Rn 51.

[46] ErfKomm/*Dörner* § 3 EFZG Rn 51.

[47] BAG AP LohnFG § 1 Nr. 52 = NJW 1983, 2695 und Nr. 94 = NZA 1992, 69 = BB 1991, 2224; ErfKomm/*Dörner* § 3 EFZG, Rn 56.

[48] BAG AP LohnFG § 1 Nr. 77 = NZA 1988, 537 = NJW 1988, 2323; ErfKomm/*Dörner* § 3 EFZG Rn 57.

[49] BVerfGE 88, 203 = NJW 1993, 1751; vgl. *Pallasch*, NJW 1995, 3025, 3028 m. w. N.

23 **d) Höhe der Entgeltfortzahlung.** Die Höhe des fortzuzahlenden Entgelts bestimmt sich nach § 4 EFZG. Nach § 4 Abs. 1a EFZG gehören zum Arbeitsentgelt nicht das zusätzlich für **Überstunden** gezahlte Arbeitsentgelt sowie Leistungen für Aufwendungen des Arbeitnehmers, soweit der Anspruch auch für den Fall der Arbeitsunfähigkeit davon abhängig ist, dass dem Arbeitnehmer entsprechende Aufwendungen tatsächlich entstanden sind und ihm solche Aufwendungen wegen der Erkrankung nicht entstehen.

Arbeitsentgelt sind hiernach die Lohnzulagen, die Erschwernis-, Gefahren- und Nachtzulagen, ebenso etwa Sozialzuschläge.[50] Bei Schmutzzulagen ist darauf abzustellen, ob sie durch besondere Arbeitserschwernis veranlasst sind (dann sind sie einzubeziehen) oder ob sie durch den Schmutz verursachte Aufwendungen abgelten sollen (dann sind sie nach § 4 Abs. 1 a EFZG nicht zu berücksichtigen).[51]

In der höchstrichterlichen Rechtsprechung ist inzwischen geklärt, dass bei Überstunden sowohl die Grundvergütung als auch die Überstundenzuschläge als solche unberücksichtigt zu bleiben haben.[52]

Für die Berechnung des fortzuzahlenden Arbeitsentgelts ist auf die regelmäßige Arbeitszeit abzustellen. Das Grundprinzip der gesetzlichen Regelungen besteht darin, dass der Arbeitnehmer die Vergütung für diejenige Arbeitszeit erhält, die er auch erhalten hätte, wenn er nicht krank geworden wäre.[53]

24 **e) Anwesenheitsprämie.** Von praktischer Bedeutung ist die im Jahre 1996 eingeführte Vorschrift des § 4 a EFZG. Danach ist eine Vereinbarung über die Kürzung von Leistungen, die der Arbeitgeber zusätzlich zum laufenden Arbeitsentgelt erbringt (Sondervergütung), auch für Zeiten der Arbeitsunfähigkeit infolge Krankheit zulässig. Die Kürzung darf jedoch für jeden Tag einer solchen Arbeitsunfähigkeit ein Viertel des Arbeitsentgelts, das im Jahresdurchschnitt auf einen Arbeitstag entfällt, nicht überschreiten.

Damit sind auch Anwesenheitsprämien zulässig, die bei Erkrankung entsprechend gekürzt werden können. Diese Anwesenheitsprämien können entweder als Prämie für jeden einzelnen Tag gewährt werden, an dem der Arbeitnehmer seine Arbeit tatsächlich aufnimmt, oder aber als Einmal-Leistung zu einem bestimmten Zeitpunkt.[54]

25 **f) Mitteilungspflicht.** Der Arbeitnehmer ist verpflichtet, dem Arbeitgeber die Arbeitsunfähigkeit und deren voraussichtliche Dauer unverzüglich mitzuteilen, wobei bei länger als drei Kalendertagen andauernder Arbeitsunfähigkeit eine ärztliche Bescheinigung über das Bestehen der Arbeitsunfähigkeit sowie deren voraussichtliche Dauer spätestens am darauf

---

[50] ErfKomm/*Dörner* § 4 EFZG Rn 16 ff.

[51] ErfKomm/*Dörner* § 4 EFZG Rn 28.

[52] BAG NZA 2002, 439, 441; ErfKomm/*Dörner* § 4 EFZG Rn 11; *Schaub/Linck* Arbeitsrecht § 98 Rn 91.

[53] *Schaub/Linck* Arbeitsrecht, § 98 Rn 88.

[54] ErfKomm/*Dörner* EFZG § 4 a Rn 10.

folgenden Arbeitstag (Arbeitsunfähigkeitsbescheinigung) vorzulegen ist (§ 5 Abs. 1 EFZG).

Verletzt der Arbeitnehmer seine diesbezügliche Nachweispflicht, so hat der Arbeitgeber ein **Leistungsverweigerungsrecht** (§ 7 Abs. 1 Nr. 1 EFZG). Zudem stellt die Nichtvorlage der Bescheinigung eine Arbeitsvertragsverletzung dar, die im Wiederholungsfall eine verhaltensbedingte Kündigung und im Extremfall sogar eine außerordentliche Kündigung ermöglicht.[55] Für besonderes Aufsehen hat die Rechtsprechung des Europäischen Gerichtshofes in den sog. „Paletta"-Fällen[56] gesorgt. Danach sind auch ausländische, den jeweiligen nationalen sozialversicherungsrechtlichen Vorschriften der EG-Mitgliedstaaten entsprechende Arbeitsunfähigkeitsbescheinigungen geeignet, den – durch den Arbeitgeber zu widerlegenden – Nachweis der tatsächlichen Arbeitsunfähigkeit zu führen. Dass dies im Einzelfall regelmäßig praktisch nicht möglich ist, hat der EuGH unberücksichtigt gelassen.

g) Übergang von Ersatzansprüchen. In Fällen, in denen der Arbeitnehmer von einem Dritten Schadensersatz wegen des Verdienstausfalls beanspruchen kann, der ihm durch die Arbeitsunfähigkeit entstanden ist, geht der Anspruch insoweit auf den Arbeitgeber über, wie dieser Arbeitsentgelt (einschließlich der Arbeitgeberanteile zur Sozialversicherung) fortzahlt (§ 6 Abs. 1 EFZG). **26**

3. Urlaubsentgelt

Die Verpflichtung zur Zahlung von Urlaubsentgelt (zu unterscheiden von dem tarifvertraglichen oder einzelvertraglichen zusätzlichen Urlaubsgeld, oder aber der Urlaubsabgeltung in Fällen, in denen der Urlaub nicht mehr in Anspruch genommen werden konnte) richtet sich nach § 7 Abs. 4 BUrlG. In (unnötig) komplizierter Weise ist der Maßstab für die Zahlung des Urlaubsentgelts ein anderer als bei der Entgeltfortzahlung im Krankheitsfall. Während dort primär darauf abgestellt wird, welche Vergütung der Mitarbeiter während der Erkrankung gehabt hätte, bemisst sich das Urlaubsentgelt nach dem durchschnittlichen Arbeitsverdienst in den letzten 13 Wochen vor dem Beginn des Urlaubs, auch hier mit Ausnahme des zusätzlich für Überstunden gezahlten Arbeitsverdienstes. **27**

Das Bundesarbeitsgericht lässt hierbei sowohl die **Überstundengrundvergütung** als auch die **Überstundenzuschläge** außer Betracht.[57] Allerdings sind nach der BAG-Rechtsprechung die Überstunden – ohne Zuschläge – einzubeziehen, die der Arbeitnehmer im Urlaubszeitraum

---

[55] BAG AP KSchG § 1 Verhaltensbedingte Kündigung Nr. 23 = NZA 1990, 433; BAG AP BGB § 626 Nr. 93 = NZA 1987, 93; ErfKomm/*Dörner* § 5 EFZG Rn 44.

[56] AP EWG VO Nr. 574/72 Art. 18 Nr. 1 = NJW 1992, 2687 = NZA 1992, 735 und AP EWG VO Nr. 574/72 Art. 18 Nr. 2 m. Anm. *Wank/Börgmann* = NZA 1996, 635 m. Anm. *Abele* = NJW 1996, 1881; s. auch BAG AP LFZG § 1 Nr. 100 = NZA 1994, 683 = BB 1994, 1523; AP EWG VO Nr. 574/72 Art. 18 Nr. 3 = NZA 1997, 705 = DB 1997, 1235; vgl. auch den Bericht zum Ausgang dieses Rechtsstreits von *Bauer*, NZA 2000, 712.

[57] BAG NZA 2002, S. 439, 441; ErfKomm/*Dörner* § 11 BUrlG Rn 12.

tatsächlich geleistet hätte.[58] Bei dem Urlaubsentgelt sind Nachtzuschläge und Zuschläge für Sonn- und Feiertagsarbeit sowie Erschwernis- und Gefahrenzulagen zu berücksichtigen.[59]

4. Sonstige vorübergehende Verhinderung

28 Ein Arbeitnehmer hat ferner nach § 616 BGB einen Vergütungsanspruch, wenn er für eine „verhältnismäßig nicht erhebliche Zeit durch einen in seiner Person liegenden Grund ohne sein Verschulden an der Dienstleistung verhindert wird". Insoweit erfolgt allerdings eine Anrechnung in Höhe der Leistung, die ihm aufgrund einer gesetzlichen Kranken- oder Unfallversicherung zusteht.

Vielfach finden sich in Tarifverträgen hinsichtlich der kurzfristigen Verhinderung Sonderregelungen, die die Voraussetzungen für eine entsprechende Entgeltfortzahlung noch näher umschreiben. Unter § 616 BGB fallen allerdings auch Dienstverpflichtete, die nicht Arbeitnehmer oder zu ihrer Berufsausbildung Beschäftigte sind. Die Freistellungsverpflichtung bezieht sich auf unterschiedliche Behinderungsgründe, wie etwa Teilnahme an bestimmten eng umgrenzten Familienfeiern, aber auch auf allgemeine Straßenverkehrsstörungen, Eisglätte oder Ähnliches.[60] Problematisch ist die Situation bei der Verhinderung des Arbeitnehmers/der Arbeitnehmerin aufgrund der notwendigen Betreuung von Kleinkindern. Hier sieht § 45 SGB V die Verpflichtung zur Gewährung von Krankengeld längstens für 10, bei allein erziehenden Elternteilen längstens für 20 Arbeitstage pro Kalenderjahr vor. Dieser Regelung entspricht eine Freistellungsverpflichtung des Arbeitgebers (§ 45 Abs. 3 SGB V). Die Verpflichtung zur Zahlung von Krankengeld besteht allerdings nur, soweit kein Anspruch auf Bezahlung gegen den Arbeitgeber gegeben ist. Eine solche Verpflichtung des Arbeitgebers ergibt sich jedoch aus § 616 BGB, wobei ein Umfang von bis zu 5 Tagen als angemessen erscheint.[61] Die gesetzliche Regelung des § 616 BGB kann aber einvernehmlich – auch durch Vereinbarung zwischen den Arbeitsvertragsparteien[62] – abgeändert werden, wobei allerdings bei Formularverträgen eine Billigkeitskontrolle erfolgen kann.[63] Gleichwohl empfiehlt sich aus der Sicht des Arbeitgebers etwa folgende Formulierung im Arbeitsvertrag:

Der Anspruch auf Entgeltzahlung bei Freistellung wegen der Betreuung eines erkrankten Kindes wird ausgeschlossen, soweit der Arbeitnehmerin/dem Arbeitnehmer ein Anspruch auf Zahlung von Krankengeld gem. § 45 SGB V zusteht.

---

[58] BAG NZA 2000, 1335 = NJW 2000, 3228 = BB 2000, 1737; BAG AP EntgFG § 4 Nr. 56 = NZA 2002, 439, 441 = BB 2002, 836.

[59] ErfKomm/*Dörner* § 11 BUrlG Rn 14 ff.

[60] *Palandt/Putzo* BGB § 616 Rn 8; ErfKomm/*Dörner* § 616 BGB Rn 4 bis 16.

[61] ErfKomm/*Dörner* § 616 BGB Rn 16

[62] BAG AP BGB § 616 Nr. 23 = NJW 1957, 438; ErfKomm/*Dörner* § 616 BGB Rn 19.

[63] ErfKomm/*Dörner* § 616 BGB Rn 20.

§ 22 Mitarbeiterbeteiligung

Übersicht

	Rn
I. Mitarbeiterdarlehen	1
II. Genussrechte	2
III. Stille Beteiligung	4
IV. Unmittelbare gesellschaftsrechtliche Beteiligung	5
1. Personengesellschaften	5
2. GmbH	6
3. Belegschaftsaktien/Optionen	8
a) Belegschaftsaktien	8
b) Optionen	9
V. Mittelbare Beteiligungen	10

Schrifttum: *Dautel*, Besteuerung von Mitarbeiterbeteiligungen, BB 2000, 216; *Hüttche/Fox/Lechner*, Mitarbeiterbeteiligung an der GmbH, GmbHR 2000, 521; *Reuter, Dieter*, Verbesserung des Risikokapitals durch Mitarbeiterbeteiligung, NJW 1984, 1849; *Schanz*, Mitarbeiterbeteiligungsprogramme, NZA 2000, 26; *Wagner*, Formen der Mitarbeiterbeteiligung, BB 2000, 42; *Wagner*, Rechtliche Fragen des Investivlohns, BB 1998, Beilage 11 1.; *Wissmann/Gast*, Mitarbeiterbeteiligung durch Genussrechte, BB 1987, Beilage 17.

Auch im mittelständischen Bereich, zu dem die meisten Familiengesellschaften gehören, kann eine Mitarbeiterbeteiligung im Einzelfall sinnvoll sein. Wegen der Komplexität der zu lösenden Fragen kann insoweit nur ein allgemeiner Überblick erfolgen, wobei Gegenstand der nachstehenden Darstellung die sog. partnerschaftlichen Formen sind, nicht also die sog. Belegschaftsbetriebe oder Unternehmen, die durch das sog. Management buy out entstanden sind.

I. Mitarbeiterdarlehen

Die schwächste Form der partnerschaftlichen Beteiligung von Mitarbeitern an ihren Unternehmen ist in der Gewährung von Mitarbeiterdarlehen zu sehen. **1**

Die Hingabe von Darlehen durch den Arbeitnehmer an den Arbeitgeber ist eine Form der Kapitalbeteiligung. Sie kann regelmäßig mit einer festen Verzinsung verbunden sein, denkbar ist jedoch auch eine ertragsabhängige zusätzliche Komponente. Das Mitarbeiterdarlehen eignet sich als „Einstieg" in die Beteiligung, wobei Risiken für die Arbeitnehmer letztlich nur im Fall der Zahlungsunfähigkeit bzw. der Insolvenz des Arbeitgebers bestehen. Die Absicherung gegen das Insolvenzrisiko kann etwa durch eine Bankbürgschaft erfolgen, sofern eine solche wirtschaftlich sinnvoll beschafft werden kann. Nur bei Gewährung einer Bankbürgschaft ist nach § 2 Abs. 1 Nr. 1k des 5. Vermögensbildungsgesetzes eine steuerliche Begünstigung der Geldleistung möglich, die der Arbeitgeber in Form eines Arbeitnehmerdarlehens für den Arbeitnehmer anlegt. Die Verbürgung kann durch ein Kreditinstitut oder ein Versicherungsunternehmen erfolgen, die im Inland zum Geschäftsbetrieb befugt sind.

Das Arbeitnehmerdarlehen ist unabhängig von der Rechtsform des Arbeitgebers eine Gestaltungsmöglichkeit, die allerdings keine echte Beteiligung des Arbeitnehmers darstellt. Die Motivation der Mitarbeiter wird durch die in der Regel gewinnunabhängige Höhe der Finanzierung nur unwesentlich gefördert. Unmittelbare Mitwirkungsrechte des Arbeitnehmers bestehen nicht. Hinzu kommt, dass die ggf. aufzunehmende Bürgschaft zu zusätzlichen Kosten führt.

Wird von einer derartigen Mitarbeiterbeteiligung Gebrauch gemacht, so sollte auch die Frage der **Kündigungsmöglichkeit** ausdrücklich geregelt werden. Dies gilt insbesondere für den Fall der – aus welchem Grunde auch immer – erfolgenden Beendigung des Anstellungsverhältnisses. Für das Unternehmen stellt es naturgemäß ein zusätzliches Risiko dar, dass etwa bei Ausscheiden mehrerer Mitarbeiter diese dann regelmäßig darauf bestehen dürften, die gewährten Darlehen sofort zurückzuerhalten.

Die Konditionen sollten unbedingt schriftlich fixiert werden, und zwar unabhängig davon, dass es sich in diesem Fall nicht um ein Verbraucherdarlehen i. S. d. § 491 BGB handelt, da Darlehensgeber nicht das Unternehmen, sondern der Arbeitnehmer ist.

II. Genussrechte

2 Möglich ist auch eine rein schuldrechtliche Vereinbarung darüber, dass der Arbeitnehmer eine Beteiligung am Gewinn und Verlust des Unternehmens in bestimmtem Umfang erhält. Insoweit besteht für die Ausgestaltung Vertragsfreiheit. Die Vereinbarung von Genussrechten kann rechtsformunabhängig erfolgen. Da die Gestaltung der Genussrechte gesetzlich nicht geregelt ist, bedarf es einer eingehenden vertraglichen Absprache, die auch die Informations- und Mitwirkungsrechte der Genussrechtsinhaber detailliert gestalten muss.

Genussrechte werden steuerlich als **Fremdkapital** behandelt. Durch die vertragliche Ausgestaltung im Einzelfall (langfristiger Ausschluss der Kündbarkeit, Vereinbarung der nachrangigen Kapitalhaftung und entsprechende Regelung der Gewinn- und Verlustbeteiligung) kann ein eigenkapitalähnlicher Charakter erreicht werden. Nachteilig für die Mitarbeiter ist der vollständig fehlende Schutz gegen das Insolvenzrisiko.

3 Genussrechte können durch sog. **Genussscheine** verbrieft werden. Verbrieft wird vor allem der Anspruch auf Rückzahlung des Nominalwertes und auf Teilnahme am (Rein-)Gewinn und ggf. am Liquidationserlös.

III. Stille Beteiligung

4 Eine stille Beteiligung stellt eine gesellschaftsrechtliche Beteiligung der Arbeitnehmer in Form der sog. **reinen Innengesellschaft** dar. Diese tritt nach außen nicht in Erscheinung. Die Geschäftsführung bleibt ausschließlich der Unternehmensführung überlassen. Eine derartige Beteiligung ist im Hinblick darauf, dass weder eine notarielle Beurkundung noch eine Eintragung im Handelsregister erforderlich ist, einfach und

kostengünstig. Sie ist unabhängig von der Rechtsform des Unternehmens möglich. Es besteht ein erheblicher Gestaltungsspielraum, der auch in eingeschränktem Umfang Anknüpfungspunkte für Mitwirkungsrechte des Arbeitnehmers gibt. Die stille Beteiligung kann als typische oder atypische stille Beteiligung ausgestaltet werden (s. hierzu § 3 Rn 58, § 13 Rn 44 ff.).

Der **typische stille Gesellschafter** nimmt an dem Verlust nur bis zum Betrag seiner eingezahlten oder rückständigen Einlage teil. Er ist nicht verpflichtet, einen von ihm bereits bezogenen Gewinn wegen späterer Verluste zurückzuzahlen, der jährliche Gewinn ist jedoch, solange seine Einlage durch Verlust vermindert ist, zur Deckung des Verlustes zu verwenden (§ 232 Abs. 2 HGB). Der Gesellschaftsvertrag kann bestimmen, dass der Arbeitnehmer am Verlust nicht beteiligt sein soll, seine Beteiligung am Gewinn kann hingegen nicht ausgeschlossen werden (§ 231 HGB).

Die gesetzlichen Mitwirkungsrechte des stillen Gesellschafters sind beschränkt. Er ist berechtigt, die abschriftliche Mitteilung des Jahresabschlusses zu verlangen und dessen Richtigkeit unter Einsicht der Bücher und Papiere zu prüfen (§ 233 HGB), ansonsten ist der typische stille Gesellschafter an der Führung der Gesellschaft nicht beteiligt.

Nach Auflösung der stillen Gesellschaft hat eine Auseinandersetzung zu erfolgen, wobei dem stillen Gesellschafter sein Guthaben in Geld auszuzahlen ist. Der stille Gesellschafter nimmt am Gewinn und Verlust der bei Auflösung schwebenden Geschäfte teil (§ 235 HGB).

Im Insolvenzfall kann der Arbeitnehmer als stiller Gesellschafter wegen seiner Einlage nur Ansprüche als einfacher Insolvenzgläubiger geltend machen, eine nicht voll eingezahlte Einlage ist zur Insolvenzmasse einzuzahlen (§ 236 HGB).

Die stille Beteiligung kann dadurch eigenkapitalähnlichen Charakter erhalten, dass vertraglich eine nachrangige Kapitalhaftung, eine Verlustbeteiligung und eine längere Vertragsdauer vereinbart werden. Eine stärkere Beteiligung des Arbeitnehmers an der Substanz des Unternehmens, sei es auch in Form wesentlicher Mitwirkungskontrollrechte, kann zu der bereits angesprochenen **atypischen stillen Beteiligung** führen, wodurch der Mitarbeiter, was in der Regel aus steuerlichen Gründen nicht gewollt ist, Mitunternehmer würde.

Ausschüttungen auf die stillen Beteiligungen mindern als Betriebsausgaben den steuerpflichtigen Gewinn des Unternehmens. Die Überlassung von stillen Beteiligungen an Arbeitnehmer, die nicht Mitunternehmer i. S. d. § 15 Abs. 1 Nr. 2 EStG sind, richtet sich nach § 19 a EStG.

IV. Unmittelbare gesellschaftsrechtliche Beteiligung

Während die vorstehenden Beteiligungsformen nicht zu einer unmittelbaren Beteiligung an dem Unternehmen selbst führen, die Beteiligung also jedenfalls im Regelfall im Rahmen der Fremdkapitalgewährung erfolgt, kommen auch unmittelbare gesellschaftsrechtliche Beteiligungen der Mitarbeiter in Betracht; insoweit sind diese dann am Eigenkapital beteiligt.

1. Personengesellschaften

5 Da bei einem Familienunternehmen die Beteiligung familienfremder Personen im Regelfall nicht dazu führen soll, dass diese beherrschenden Einfluss auf die Unternehmensführung selbst erhalten, andererseits aber auch regelmäßig nicht mit ihrem Privatvermögen für Verbindlichkeiten des Arbeitgebers haften wollen, soweit dies über die übernommene Beteiligung hinausgeht, kann eine Beteiligung an einer Personengesellschaft regelmäßig nur in Form der Übernahme der Stellung eines Kommanditisten in Betracht gezogen werden.

Nach § 164 HGB sind Kommanditisten von der Führung der Geschäfte der Gesellschaft ausgeschlossen, sie können einer Handlung der persönlich haftenden Gesellschafter, die nicht über den gewöhnlichen Betrieb des Handelsgewerbes hinausgeht, nicht widersprechen.

Durch die Einräumung der Stellung als Kommanditist wird der Arbeitnehmer Mitunternehmer. Die Kommanditistenstellung muss hierbei von der Arbeitnehmerstellung unterschieden werden. Der KG-Vertrag kann jedoch vorsehen, dass bei Beendigung des Arbeitsverhältnisses auch die Kommanditistenstellung abzuwickeln ist.

Gesellschaftsrechtlich ist es möglich, die vom Gesetz her relativ schwach ausgestaltete Stellung des Kommanditisten durch zusätzliche Kontrollrechte zu verstärken.

Die Mittelaufbringung zum Erwerb der KG-Beteiligungen dürften nur selten durch Einbehaltung eines Teiles der laufenden Vergütung erfolgen können, da die insoweit aufzubringenden Beträge regelmäßig nur zu relativ geringen Beteiligungsquoten führen könnten. Insoweit wird zumeist lediglich die Zahlung größerer Beträge aus eigenen Mitteln der Arbeitnehmer in Betracht kommen können.

2. GmbH

6 Auch hier wird der Arbeitnehmer neben seiner arbeitsvertraglichen Position als Mitarbeiter Mitunternehmer. Der **Vorteil** einer derartigen Beteiligung liegt in Folgendem:

- Der Arbeitnehmer nimmt an dem Substanzwachstum teil.
- Das Ausmaß der Identifizierung mit dem Unternehmen ist, da der Arbeitnehmer durch Gewinn und Verlust der Gesellschaft unmittelbar betroffen wird, höher als bei anderen Beteiligungsformen.

Diesen Vorteilen stehen jedoch auch **Nachteile** gegenüber:

- Zunächst ist der Verwaltungsaufwand aufgrund der notwendigen notariellen Begründung einer derartigen Gesellschafterstellung, auch im Zusammenhang mit etwaigen späteren Übertragungen der Geschäftsanteile, relativ hoch.
- Es besteht ein Bewertungsproblem sowohl bei dem erstmaligen Erwerb des Anteils als auch bei einer späteren Veräußerung.
- Aus der Sicht des Arbeitnehmers ist die Beteiligung als GmbH-Gesellschafter zudem deswegen problematisch, weil er keinerlei Absicherung gegen das Insolvenzrisiko der Gesellschaft hat.

- Die bisherigen Gesellschafter können zudem in ihrer eigenen Entscheidungsmöglichkeit erheblich beeinträchtigt werden, zumindest dann, wenn es sich nicht nur um geringfügige Minderheitsbeteiligungen handeln sollte.
- Wenn in der Satzung der GmbH nicht geregelt ist, dass die Veräußerung oder Vererbung der Geschäftsanteile an Dritte der Zustimmung der Gesellschaft oder der übrigen Gesellschafter bedarf, können die Anteile an unerwünschte unternehmensfremde Dritte gelangen.

Die sich vor allem aus dem letztgenannten Umstand ergebende Konfliktsituation beruht auf den unterschiedlichen Interessen der übrigen Gesellschafter, die die Einzel- oder Gesamtrechtsnachfolger der Arbeitnehmer, zu denen keine arbeitsvertragliche Bindung besteht, in der Regel nicht als Mitglieder einer Familiengesellschaft haben möchten. Andererseits ist für den Arbeitnehmer belastend, dass ihm die Veräußerung seines Anteils an Dritte etwa durch ein Zustimmungserfordernis genommen oder jedenfalls erschwert wird und er über die in der Gesellschaftsbeteiligung liegende Vermögensposition nicht frei verfügen kann. Dies schmälert die Bedeutung einer derartigen Beteiligung für den Arbeitnehmer. Auch die vielfach praktizierte Regelung, wonach die Gesellschaft beim Ausscheiden des Arbeitnehmers aus dem Unternehmen oder bei seinem Tod die Übertragung des Geschäftsanteils gegen Zahlung einer Abfindung verlangen kann, oder aber auf Verlangen des Arbeitnehmers den Anteil gegen Zahlung einer Abfindung übernehmen muss, kann im Einzelfall zu erheblichen Schwierigkeiten führen. Dies gilt wenigstens dann, wenn zu dem gegebenen Zeitpunkt weder die Gesellschaft als solche noch Dritte zur Übernahme des Anteils und/oder zur Aufbringung der Beträge bereit sind. Die Schwierigkeiten einer angemessenen und auch rechtlich sicheren Gestaltung des „Übernahmepreises" sind erheblich[1] und bedürfen in jedem Einzelfall der detaillierten Untersuchung. Es muss insbesondere verhindert werden, dass die zu zahlende Vergütung für die Übernahme des Anteils bzw. für eine Abfindung bei der Einziehung von Geschäftsanteilen wegen zu geringer Höhe als sittenwidrig angesehen wird.[2] Dies gilt vor allem für den Fall, dass die Übertragung oder die Einziehung des Geschäftsanteils aus einem von dem Arbeitnehmer-Gesellschafter nicht verschuldeten Umstand, etwa im Zusammenhang mit einer betriebsbedingten Kündigung, erfolgt. **7**

3. Belegschaftsaktien/Optionen

a) Belegschaftsaktien. Bei Familienunternehmen, die in der Regel nicht in Form einer Aktiengesellschaft geführt werden, spielt die Möglichkeit der Belegschaftsaktie eine geringere Bedeutung. Mit einer Belegschaftsaktie ist eine Beteiligung am Eigenkapital mit vollen jedem Aktionär zustehenden Verwaltungs- und Vermögensrechten verbunden. **8**

---

[1] Vgl. etwa *Lutter/Hommelhoff* GmbHG § 34 Rn 41 ff.

[2] Vgl. hierzu u. a. *Lutter/Hommelhoff* GmbHG § 34 Rn 46 ff. m. w. N. zur höchstrichterlichen und obergerichtlichen Rechtsprechung und oben § 12 Rn 33 ff.

Die Haftung ist auf die Einlage beschränkt. Bei börsenorientierten Aktien können diese unproblematisch und ohne hohen Verwaltungsaufwand veräußert werden. Der Arbeitnehmer nimmt am Wachstum (oder aber auch am Niedergang) des Unternehmens teil.

Insbesondere in Zeiten einer ungünstigen Kursentwicklung an den Börsen ist zu berücksichtigen, dass die Wertentwicklung durch zahlreiche unternehmensunabhängige Faktoren bestimmt wird. Vor allem bei nicht börsenorientierten Aktien kann der Arbeitnehmer nicht damit rechnen, seine Beteiligung zu einem angemessenen und für ihn überschaubaren Preis zu veräußern. Er trägt zudem das volle Insolvenzrisiko.

9 **b) Optionen.** Auch die Aktienoptionen (stock options) dürften bei Familiengesellschaften nur eine geringere Rolle spielen. Diese Optionen berechtigen zum späteren Erwerb von Anteilen des Arbeitgeberunternehmens. Sie geben die Möglichkeit, Anteile des Unternehmens zu einem späteren Zeitpunkt (zumeist nach Ablauf einer Wartefrist) und zu einem zuvor festgelegten Preis (Ausübungspreis) zu erwerben. Wenn der tatsächliche Wert der Anteile bei Ausübung der Optionen deutlich über dem bestimmten Preis liegt, wird ein Kursgewinn realisiert. Die Differenz zwischen Ausübungspreis und tatsächlichem Wert der Anteile ist steuerpflichtig.

Theoretisch denkbar ist auch die Gewährung von derartigen Optionen auf eine Beteiligung an anderen Gesellschaften, etwa GmbHs. In diesem Fall bedarf die Begründung des Rechts auf Erwerb derartiger Anteile jedoch der notariellen Beurkundung nach § 15 GmbHG.

V. Mittelbare Beteiligungen

10 Neben den vorstehend in Ziffer III. bis IV. dargelegten unmittelbaren Beteiligungsformen kommen auch solche mittelbarer Art in Betracht. Bei diesen ist der Mitarbeiter nicht direkt an der Gesellschaft beteiligt, vielmehr sind die Mitarbeiter lediglich Gesellschafter einer Gesellschaft, die wiederum in unterschiedlicher Form an der Gesellschaft des Arbeitgebers beteiligt ist. Beispielsweise können die Mitarbeiter eine stille Beteiligung an einer **Mitarbeiterbeteiligungsgesellschaft** erwerben, die das Kapital sammelt und gebündelt an die Gesellschaft des Arbeitgebers weitergibt. Die auf die Einlage bzw. den Geschäftsanteil der Mitarbeiterbeteiligungsgesellschaft entfallenden Gewinne werden an diese ausgeschüttet und dann im Verhältnis der Beteiligung der Mitarbeiter an der Beteiligungsgesellschaft an diese weitergeleitet.

11 Für das Unternehmen besteht in einer solchen Regelung der Vorteil darin, dass es in Form dieser Beteiligungsgesellschaft nur einen Gesellschafter aus dem Kreise der Mitarbeiter hat, dessen Existenz von einem möglichen Wechsel in der Zusammensetzung der Mitarbeiterschaft unberührt ist. Es ist dann in der Satzung der Beteiligungsgesellschaft zu regeln, ob bei einem Ausscheiden der Mitarbeiter aus dem Unternehmen des Arbeitgebers eine Änderung im Gesellschaftsverhältnis der Mitarbeiterbeteiligungsgesellschaft folgt.

§ 23 Beendigung des Arbeitsverhältnisses

Übersicht

	Rn
I. Kündigung	1
1. Anwendbarkeit des Kündigungsschutzgesetzes	1
a) Wartezeit	1
b) Mindestbetriebsgröße	2
2. Betriebsbedingte Kündigung	3
a) Unternehmerische Entscheidung	3
b) Berücksichtigung sozialer Gesichtspunkte	4
c) Betriebliche Bedürfnisse	8
d) Nachträgliche Veränderung der betrieblichen Situation	9
e) Verstoß gegen Personalrichtlinien	10
3. Verhaltensbedingte Kündigung	11
a) Fehlverhalten	11
b) Abmahnung	12
c) Interessenabwägung	14
d) Darlegungs- und Beweislast	14
4. Personenbedingte Kündigung	15
a) Allgemeine Voraussetzungen	16
b) Krankheitsbedingte Kündigung	17
5. Änderungskündigung	24
6. Sonderkündigungsschutz	25
a) Mütter	25
b) Eltern	25
c) Betriebsratsmitglieder	26
d) Sprecherausschussmitglieder	27
e) Schwerbehinderte Menschen	28
f) Grundwehrdienstleistende	29
g) Berufsausbildungsverhältnisse	30
7. Außerordentliche Kündigung	31
a) Kündigungsgründe	31
b) Kündigungserklärungsfrist	37
8. Schriftform und Zugang der Kündigung	40
9. Kündigungsfristen	42
a) Gesetzliche Fristen	42
b) Tarifliche Fristen	43
c) Vertragliche Fristen	44
10. Beteiligung des Betriebsrates	47
a) Ordentliche Kündigung	47
b) Außerordentliche Kündigung	49
c) Kündigung eines Betriebsratsmitgliedes	50
II. Aufhebungsverträge	51
III. Befristung	52
IV. Auflösung des Arbeitsverhältnisses durch gerichtliche Entscheidung	55
1. Voraussetzungen einer Auflösung	55
2. Höhe der Abfindung	56
3. Steuerliche und sozialversicherungsrechtliche Behandlung	57
V. Nachvertragliches Wettbewerbsverbot	58

Schrifttum: *Bader*, Das Gesetz zu Reformen am Arbeitsmarkt: Neues im Kündigungsschutzgesetz und im Befristungsrecht NZA 2004, 65; *v. Hoyningen-Huene/Linck*, Kündigungsschutzgesetz, 13. Auflage 2002; *Meinel/Heyn/Herms,* Teilzeit- und Befristungsgesetz, 2002; *Stahlhacke/Preis/Vossen,* Kündigung und Kündigungsschutz im Arbeitsverhältnis.

Das Arbeitsverhältnis kann beendigt werden durch:
- ordentliche oder außerordentliche Kündigung durch Arbeitgeber oder Arbeitnehmer (s. I.),
- Aufhebungsvertrag (s. II)
- Zeitablauf beim befristeten Arbeitsverhältnis (s. III)
- gerichtliche Entscheidung (s. IV).

I. Kündigung

1. Anwendbarkeit des Kündigungsschutzgesetzes (KSchG)

1 Das Gesetz ist mehrfach geändert worden, wobei ab Anfang 2004 einige – in ihrer Bedeutung allerdings nicht sehr erhebliche – Lockerungen des Kündigungsschutzes gelten, die teilweise den Rechtszustand der Jahre 1996 bis 1998 wiederhergestellt haben.

a) Wartezeit. Die ordentliche Kündigung eines Arbeitsverhältnisses, das länger als 6 Monate bestanden hat, durch den Arbeitgeber ist rechtsunwirksam, wenn sie „sozial ungerechtfertigt" ist (§ 1 Abs. 1 KSchG). Auch Kündigungen innerhalb der ersten 6 Monate können jedoch in Ausnahmefällen rechtsmissbräuchlich sein.[1] Bei der Berechnung der 6-Monats-Frist zählen frühere Arbeitsverhältnisse nur mit, wenn zwischen beiden keine oder nur eine ganz kurze Unterbrechung vorliegt, wobei keine ganz klare Zeitgrenze besteht. Ein Zeitraum von fast 3 Monaten ist jedenfalls zu lang.[2]

2 **b) Mindestbetriebsgröße.** Kündigungsschutz besteht zurzeit nur in Betrieben mit in der Regel mehr als fünf Beschäftigten, wobei Arbeitnehmer mit einer Arbeitszeit von nicht mehr als 20 Wochenstunden nur mit 0,5 und bis zu 30 Stunden mit 0,75 gezählt werden (23 KSchG). Bis zum 31. 12. 2003 eingestellte Mitarbeiter in Betrieben mit bis zu 10 Beschäftigten unterliegen jedoch weiterhin dem Kündigungsschutz, wobei ab 1. 1. 2004 eingestellte Arbeitnehmer bei der Mindestzahl von 10 nicht mitzuzählen sind. Die Mindestbeschäftigtenzahl muss im Inland erreicht werden.[3] Die Kleinbetriebsklausel (nach früherem Recht) ist verfassungsgemäß.[4] Das BAG nimmt jedoch auch für den Kleinbetrieb ein durch Art. 12 GG gebotenes Mindestmaß an sozialer Rücksichtnahme an. Setzt der Arbeitgeber dem schlüssigen Sachvortrag des Arbeitnehmers weitere (betriebliche, persönliche etc.) Gründe entgegen, die ihn zu der getroffenen Auswahl bewogen haben, so hat nach Auffassung des BAG unter dem Gesichtspunkt von Treu und Glauben eine Abwägung zu erfolgen. Der

---

[1] Z. B. bei Kündigung wegen Homosexualität – BAG NZA 1994, 1080.

[2] BAG AP BGB § 620 Befristeter Arbeitsvertrag Nr. 71 (dort 2½ Monate); BAG AP KSchG 1969 § 1 Wartezeit Nr. 3 (dort 4 Monate; jedoch sollen nach Ansicht des BAG grundsätzlich sogar mehr als 3 Wochen bereits zu lang sein); ErfKomm/*Ascheid* § 1 KSchG Rn 79–81; *v. Hoyningen-Huene/Linck* KSchG § 1 Rn 86 a wie BAG AP § 620 BGB Befristeter Arbeitsvertrag Nr. 71.

[3] BAG NZA 1998,141.

[4] BVerfG NZA 1998, 470.

unternehmerischen Freiheit des Arbeitgebers im Kleinbetrieb kommt auch nach dieser Ansicht bei der Abwägung ein erhebliches Gewicht zu.[5] Zum 1. 1. 2004 ist als Neuregelung zudem eingeführt, dass – zeitlich befristet bis 31. 12. 2008 – bei der Festlegung der Zahl der Beschäftigten Arbeitnehmer nicht mitzählen, die sich in einem befristeten Arbeitsverhältnis befinden (§ 23 Abs. 1 S. 4 KSchG).

Aufgrund des am 1. 1. 1998 in Kraft getretenen § 2 Abs. 1 Nr. 2 SGB III (Verpflichtung des Arbeitgebers zur Vermeidung der Entlassung von Arbeitnehmern „vorrangig durch betriebliche Maßnahmen") ist ein noch nicht entschiedener Meinungsstreit über die Auswirkungen dieser sozialversicherungsrechtlichen Regelung auf die arbeitsvertraglichen Verpflichtungen des Arbeitgebers im Rahmen des § 1 Abs. 1 KSchG entstanden.[6]

Im Anwendungsbereich des KSchG können Kündigungen aus
- personenbedingten (d. h. häufig krankheitsbedingten),
- verhaltensbedingten oder
- betriebsbedingten

Gründen ausgesprochen werden.

Aufgrund der gesetzlichen Neuregelung zum 1. 1. 2004 müssen nunmehr aller Unwirksamkeitsgründe gegen eine ordentliche oder außerordentliche Kündigung, und zwar auch in Kleinbetrieben, für die das Kündigungsschutzgesetz ansonsten keine Anwendung findet, innerhalb von 3 Wochen durch Klageerhebung geltend gemacht werden (§ 4 S. 1, 2 KSchG). Dies gilt auch für Änderungskündigungen (§ 4 S. 1 KSchG). Geschieht dies nicht und wird dem Arbeitnehmer, der die Frist unverschuldet hat verstreichen lassen, auch keine nachträgliche Klagezulassung (§ 5 KSchG) bewilligt, so ist die Kündigung wirksam (§ 7 KSchG). Der Arbeitnehmer, dem etwa die unzureichende Betriebsratsanhörung bei Erhebung seiner auf die Sozialwidrigkeit der Kündigung gestützten Klage nicht bekannt war, kann sich auf die aus dem Anhörungsmangel allerdings auch noch im Kündigungsschutzverfahren berufen (§ 6 KSchG n. F.).

2. Betriebsbedingte Kündigung

a) Unternehmerische Entscheidung. Die betriebsbedingte Kündigung beruht letztlich auf einer unternehmerischen Entscheidung. Diese betrifft die Bestimmung der Unternehmenspolitik, die der Geschäftsführung zugrunde liegt.[7] Auch der bloße Entschluss zur Reduzierung der Arbeitnehmerzahl kann eine entsprechende Unternehmerentscheidung beinhalten.[8] 3

---

[5] NZA 2001, 833.

[6] S. einerseits *Schaub* NZA 1997, 810, der Auswirkungen dieser Vorschrift auf das Kündigungsschutzrecht bejaht, andererseits ablehnend hierzu wohl zu Recht *Bauer/Haußmann*, NZA 1997, 1100, einschränkend im Sinne einer bloßen Bestätigung des Ultima-Ratio-Prinzips u. a. *Preis*, NZA 1998, 449 und *Löwisch*, NZA 1998, 729.

[7] BAG AP KSchG 1969 § 1 Nr. 11 = NZA 1986, 823 = BB 1986, 2129; BAG AP KSchG 1969 § 2 Nr. 42 = NZA 1997, 1047 = BB 1997, 1950; BAG NZA 1999, 1095; 1098; 1157; NZA 2001, 719.

[8] BAG AP KSchG 1969 § 2 Nr. 42 = NZA 1997, 1047 = BB 1997, 1950; a. A.: *Stahlhacke/Preis* Rn 933.

Die unternehmerische Entscheidung kann die Reaktion auf externe Umstände, wie z. B. Auftragsmangel[9] und Umsatzrückgang,[10] sein oder aber lediglich auf internen Umständen beruhen. Diese internen Umstände können darin liegen, dass unrentable Betriebe oder Betriebsteile stillgelegt werden sollen.[11] Unternehmerische Entscheidung hierbei ist nicht die Kündigung als solche, sondern das unternehmerische Konzept, das dann zu Kündigungen führt.[12]

Je näher die eigentliche Organisationsentscheidung an den konkreten Entschluss zur Kündigung des einzelnen Arbeitsverhältnisses rückt, umso mehr muss der Arbeitgeber durch Tatsachenvortrag darlegen, dass ein Beschäftigungsbedürfnis für den Arbeitnehmer entfallen ist.[13]

Die unternehmerische Entscheidung als solche kann arbeitsgerichtlich nur darauf überprüft werden, ob **Willkür** vorliegt.[14] Das Bundesarbeitsgericht gestattet den Arbeitsgerichten lediglich eine Prüfung, ob die Entscheidung „offenbar unsachlich, unvernünftig oder willkürlich" ist.[15] Insbesondere ist der Entschluss, Rationalisierungsmaßnahmen durchzuführen, der gerichtlichen Kontrolle mit Ausnahme der Überprüfung auf Rechtsmissbrauch entzogen.[16]

Zu erstrecken ist eine gerichtliche Überprüfung allerdings darauf, ob die Kündigung gegen Gesetze, Kollektivverträge oder einzelvertragliche Bindungen, etwa gegen das gesetzliche Diskriminierungsverbot von Teilzeitbeschäftigten gem. § 4 Abs. 1 TzBfG, verstößt.[17]

4 **b) Berücksichtigung sozialer Gesichtspunkte.** Eine Kündigung aus betrieblichen Gründen ist allerdings nur dann nicht sozialwidrig, wenn der Arbeitgeber bei der Auswahl des Arbeitnehmers soziale Gesichtspunkte ausreichend berücksichtigt hat (§ 1 Abs. 3 S. 1 KSchG). Die soziale Auswahl wirft in der Praxis der betriebsbedingten Kündigung die größten Probleme auf.

Zunächst ist der Arbeitgeber auch im Falle einer etappenweisen Betriebsstilllegung zu einer **Sozialauswahl** verpflichtet.[18] Die Grundsätze des § 1 Abs. 3 KSchG sind auch bei Kündigungen durch den Insolvenzver-

---

[9] BAG BB 1987, 1882 ff.

[10] BAG AP KSchG 1969 § 1 Betriebsbedingte Kündigung Nr. 45 = NZA 1990, 65 f. = BB 1989, 2119.

[11] BAG AP KSchG 1969 § 1 Betriebsbedingte Kündigung Nr. 53 = NZA 1991, 891 ff. = BB 1991, 2164 u. 1992, 1067.

[12] *Söllner/Waltermann* § 35 Rn 936.

[13] BAG AP KSchG 1969 § 1, Betriebsbedingte Kündigung Nr. 101, 102 u. 103; *Stahlhacke/Preis* Rn 934.

[14] BAG AP KSchG § 13 Nr. 8; ErfKomm/*Ascheid* § 1 KSchG Rn 429 ff.; *Stahlhacke/Preis* Rn 944 ff.; *v. Hoyningen-Huene/Linck* § 1 Rn 408.

[15] BAG AP KSchG 1969 § 1, Betriebsbedingte Kündigung Nr. 42, 50 u. 79; *Stahlhacke/Preis* Rn 945; *v. Hoyningen-Huene/Linck* § 1 Rn 408.

[16] BAG AP KSchG 1969 § 1, Betriebsbedingte Kündigung Nr. 42 = NZA 1997, 1047 = BB 1997,1950; ErfKomm/*Ascheid* § 1 KSchG Rn 417.

[17] BAG NZA 2001, 459; *Stahlhacke/Preis* Rn 946 m. w. N. in Fn 84.

[18] BAG AP KO § 22 Nr. 4; BAG AP KSchG 1969 § 1 Konzern Nr. 8, *Stahlhacke/Preis* Rn 1041.

walter zu beachten, wobei insoweit § 125 Abs. 1 S. 1 Nr. 2 InsO die Möglichkeit bietet, durch eine mit dem Betriebsrat vereinbarte Liste den gerichtlichen Kontrollmaßstab für die Sozialauswahl zu senken.

Risiken für eine Sozialauswahl können auch außerhalb der Insolvenz dadurch eingeschränkt werden, dass der Arbeitgeber mit dem Betriebsrat gemäß § 95 Abs. 1 BetrVG eine **Personalrichtlinie** vereinbart, in der zwar nicht die im konkreten Fall zu entlassenden Mitarbeiter namentlich bezeichnet werden, wohl aber allgemeine Grundsätze für die mögliche Entlassung von Mitarbeitern aufgestellt werden. Liegen eine derartige Personalrichtlinie oder ein Tarifvertrag vor, in denen die zu berücksichtigenden sozialen Gesichtspunkte und das zwischen ihnen anzuwendende Verhältnis festgelegt worden sind, so kann die soziale Auswahl nur noch auf grobe Fehlerhaftigkeit überprüft werden (§ 1 Abs. 4 KSchG). Sind in einem Interessenausgleich bei einer Betriebsänderung die zu Kündigenden in einer Namensliste bezeichnet, so wird vermutet, dass dringende betriebliche Gründe für die Kündigung vorliegen; die soziale Auswahl kann auch hier nur auf grobe Fahrlässigkeit geprüft werden (§ 1 Abs. 5 KSchG n. F.).

Die soziale Auswahl bezieht sich auf alle **vergleichbaren Arbeitneh- 5**
mer des Betriebes.[19] Mitarbeiter, die noch nicht 6 Monate beschäftigt sind, also ohne weitere Voraussetzungen gekündigt werden können, scheiden aus der Sozialauswahl aus.[20] Mitarbeiter mit besonderem gesetzlichen Kündigungsschutz, wie etwa Betriebsratsmitglieder oder Schwerbehinderte, sind nicht in die Sozialauswahl einzubeziehen. Wenn für die Kündigung die Zustimmung einer Behörde notwendig ist, so sind diese Mitarbeiter bei der Sozialauswahl zu berücksichtigen, wenn die Zustimmung erteilt ist und bis zum Ausspruch der Kündigungen vorliegt.[21] Der Arbeitgeber ist also nicht verpflichtet, die behördliche Zustimmung – etwa des Integrationsamtes – einzuholen.[22] Andererseits soll die Schwerbehinderteneigenschaft als solche – aufgrund der in ihrer Bedeutung unklaren Erstreckung der Auswahlkriterien auch hierauf der Auswahlkriterien gem. § 1 Abs. 3 S. 1 1. Halbs. KSchG n. F. auf Betriebszugehörigkeit, Lebensalter und Unterhaltspflichten – bei der Prüfung der sozialen Vergleichbarkeit unerheblich sein.[23]

Befristet beschäftigte Mitarbeiter, deren Arbeitsverhältnis nicht vorzeitig gekündigt werden kann, fallen aus der Sozialauswahl heraus.[24] In die Auswahl einzubeziehen sind nur Arbeitnehmer **desselben Betriebes**,

---

[19] BAG AP KSchG 1969 § 1 Soziale Auswahl Nr. 7 = NJW 1986, 274 = NZA 1986, 64.

[20] BAG AP KSchG 1969 § 1 Soziale Auswahl Nr. 7 = NJW 1986, 274 = NZA 1986, 64; ErfKomm/*Ascheid* § 1 KSchG Rn 471.

[21] *v. Hoyningen-Huene/Linck,* KSchG Rn 554; ErfKomm/*Preis* § 1 KSchG Rn 472.

[22] ErfKomm/*Ascheid* § 1 KSchG Rn 472.

[23] Vgl. hierzu Begründung des RegEntw v. 18. 6. 2003 S. 20 mit insoweit noch anderem Inhalt; abgedr. in NZA 2003, 707 ff.; *Löwisch*, NZA 2003, 689, 691; *Bader* NZA 2004, 65, 74; *Schiefer/Worzalla* NZA 2004, 345, 347.

[24] ErfKomm/*Ascheid* § 1 KSchG Rn 473.

nicht aber anderer Betriebe des Unternehmens. Unzulässig ist eine Beschränkung der Auswahl auf Mitarbeiter eines Betriebsteils oder gar einer Betriebsabteilung.[25] Führen jedoch mehrere Unternehmen einen gemeinsamen Betrieb, sind alle vergleichbaren Arbeitnehmer des gemeinsamen Betriebes bei der Sozialauswahl zu berücksichtigen.[26]

In die soziale Auswahl einzubeziehen sind Arbeitnehmer, die nach ihrem Arbeitsvertragsinhalt vergleichbare Tätigkeiten ausüben, es gilt der Grundsatz der sog. **horizontalen Vergleichbarkeit**.[27] Hierbei sind auch diejenigen vergleichbar, die kraft Direktionsrechts mit anderen Aufgaben beschäftigt werden können.[28]

Unterscheiden sich die Mitarbeiter nur darin, dass sie arbeitsplatzbezogen eine größere Routine in der jeweils ausgeübten Tätigkeit haben, so hindert das nicht, sie in die soziale Auswahl einzubeziehen.[29] Kurze Einarbeitungszeiten stehen insoweit nicht entgegen.[30] Eine Schulungszeit von mehr als einem Monat kann aber durchaus bereits eine soziale Vergleichbarkeit ausschließen.

Aufgrund der ab 1. 1. 2004 in Kraft getretenen Neuregelung in § 1 Abs. 3 Satz 2 KSchG, sind als Faktoren für die soziale Auswahl nur die **Betriebszugehörigkeit**, das **Lebensalter** und die **Unterhaltspflichten** berücksichtigt. Bezüglich der Unterhaltspflichten kommt es auf die tatsächlichen Pflichten an, wie sie zum Zeitpunkt des Ausspruchs der Kündigung bestanden oder fest abzusehen waren.[31] Keinem dieser Kriterien kommt ein absoluter Vorrang zu.[32] Es bleibt abzuwarten, ob die Rechtsprechung entgegen dem neuen Wortlaut des Gesetzes nicht doch weiter unter dem Aspekt der – allgemeinen – Sozialwidrigkeit einzelne sonstige soziale Kriterien, wie etwa den Gesundheitszustand des Arbeitnehmers, berücksichtigt.[33]

---

[25] BAG AP KSchG 1969 § 1 Konzern Nr. 4 = NZA 1987,125 = BB 1986, 2270; BAG AP § 1 KSchG 1969 Soziale Auswahl Nr. 15 = NZA 1987, 775 = BB 1988, 630; *v. Hoyningen-Huene/Linck* Rn 434, 435; ErfKomm/*Preis* § 1 KSchG Rn 479.

[26] BAG AP KSchG 1969 § 1 Nr. 10 = NZA 1986, 600; BAG AP KSchG 1969 § 1 Soziale Auswahl Nr. 23 = NJW 1994, 3370 = NZA 1994, 1023.; *v. Hoyningen-Huene/Linck* Rn 436; ErfKomm/*Preis* § 1 KSchG Rn 480.

[27] BAG AP § 1 KSchG 1969 Soziale Auswahl Nr. 18 = NZA 1990, 226 = BB 1990, 143; BAG AP § 1 KSchG 1969 Betriebsbedingte Kündigung Nr. 50 = NJW 1991, 587 = NZA 1991, 181; BAG AP § 1 KSchG 1969 Soziale Auswahl Nr. 36; *v. Hoyningen-Huene/Linck* § 1 KSchG Rn 442, 444; ErfKomm/*Ascheid* § 1 KSchG Rn 481.

[28] BAG AP § 1 KSchG 1969 Soziale Auswahl Nr. 18 = NZA 1990, 226 = BB 1990, 143; BAG AP § 1 KSchG 1969 Betriebsbedingte Kündigung Nr. 50; *v. Hoyningen-Huene/Linck* Rn 449; ErfKomm/*Preis* § 1 KSchG Rn 481.

[29] BAG AP § 1 KSchG 1969 Soziale Auswahl Nr. 7 = NJW 1986, 274 = NZA 1986; 64; ErfKomm/*Ascheid* § 1 KSchG Rn 483; *v. Hoyningen-Huene/Linck* Rn 451.

[30] BAG AP § 1 KSchG 1969 Soziale Auswahl Nr. 18 = NZA 1990, 226 = BB 1990, 143 u. Nr. 23.

[31] *v. Hoyningen-Huene/Linck* Rn 469; ErfKomm/*Ascheid* § 1 KSchG Rn 496.

[32] BAG AP § 1 KSchG 1969 Soziale Auswahl Nr. 18 = NZA 1990, 226 = BB 1990, 143 u. Nr. 19 = NZA 1990, 729 = BB 1990, 1207, 1274; *v. Hoyningen-Huene/Linck* Rn 466 a; ErfKomm/*Ascheid* § 1 KSchG Rn 493.

[33] S. z. bish. Recht BAG AP § 1 KSchG 1969 Betriebsbedingte Kündigung Nr. 12; *v. Hoyningen-Huene/Linck* Rn 474; ErfKomm/*Ascheid* § 1 KSchG Rn 498.

Der Mitverdienst des Ehegatten oder anderer Familienangehöriger ist – vor und nach der Gesetzesänderung – nur insoweit erheblich, als die betreffenden Angehörigen aus der Unterhaltsverpflichtung des Arbeitnehmers ausscheiden. Nicht aber kann einem Arbeitnehmer etwa deswegen gekündigt werden, weil er ggf. von einem Familienangehörigen ganz oder teilweise mitunterhalten werden könnte.[34] Abgesehen davon, dass vielfach dem Arbeitgeber derartige Umstände gar nicht bekannt sind, zumindest nicht zuverlässig, stehen der Berücksichtigung solcher Kriterien auch – auf das Privatrecht ausstrahlende – verfassungsrechtliche Überlegungen entgegen. Würde man einem Arbeitnehmer nur deswegen kündigen, weil er mit einem hinreichend leistungsfähigen Partner verheiratet ist, würde dies mittelbar zu einer Diskriminierung Verheirateter führen, die mit dem Grundgedanken des Art. 6 Abs. 1 GG (Schutz von Ehe und Familie) nicht vereinbar wäre. Auch die Vermögenslage des Arbeitnehmers darf – erst recht aufgrund der Beschränkung der maßgeblichen Kriterien für die Sozialauswahl – in der Regel keine Rolle spielen.[35] 6

Der Arbeitgeber ist verpflichtet, die Grunddaten ausreichend gegeneinander abzuwägen und hierbei den Umständen des Einzelfalls Rechnung zu tragen. Bei der Gewichtung der Sozialdaten steht dem Arbeitgeber ein Bewertungsspielraum zu.[36] Nur als Hilfsmittel kann der Arbeitgeber bei seiner Entscheidung von einem eigenen Punkteschema ausgehen.[37] 7

Die Rechtsprechung berücksichtigt bei ansonsten vergleichbaren Daten einen höheren Stellenwert für die Betriebszugehörigkeit.[38] Das Bundesarbeitsgericht hält allerdings eine ausgewogene Abwägung auch dann für gegeben, wenn Lebensalter und Betriebszugehörigkeit von dem Arbeitgeber als gleichrangig behandelt werden.[39]

Ohne nennenswerte praktische Bedeutung dürfte die als politisch besonders bedeutsam herausgestellte Neuregelung des § 1a KSchG bleiben. Danach soll einem Arbeitnehmer, dem der Arbeitgeber für den Fall der Nichterhebung einer Kündigungsschutzklage eine Abfindung von einem halben Brutto-Monatsgehalt zugesagt hat, einen Anspruch auf eine solche Abfindung zustehen, wenn er keine Klage erhebt. Für eine solche Selbstverständlichkeit hätte es einer gesetzlichen Regelung ohnehin nicht bedurft. Die Möglichkeit zu einer einvernehmlichen Beendigung des Arbeitsverhältnisses mit einer solchen (oder anderen) Vereinbarung bestand und besteht ohnehin. Ebenso ist es auch weiterhin dem Arbeitnehmer unbenommen, auch bei einem solchen Angebot Kündigungsschutzklage zu erheben und eine höhere Abfindung anzustreben. Allenfalls in Sozial-

---

[34] ErfKomm/*Ascheid* § 1 KSchG Rn 499.

[35] So auch z. bish. Recht ErfKomm/*Ascheid* § 1 KSchG Rn 501; *v. Hoyningen-Huene/Linck* Rn 473.

[36] BAG EzA KSchG 1969, § 1 Betriebsbedingte Kündigung Nr. 27 und Nr. 34; ErfKomm/*Ascheid* § 1 KSchG Rn 507.

[37] BAG AP KSchG 1969 § 1 Soziale Auswahl Nr. 6 = NJW 1985, 2046 = NZA 1985, 423 und Nr. 19; ErfKomm/*Ascheid* § 1 KSchG Rn 506.

[38] BAG AP KSchG 1969 § 1 Nr. 6; ErfKomm/*Ascheid* § 1 KSchG Rn 507.

[39] BAG AP KSchG 1969 § 1 Soziale Auswahl Nr. 19; ErfKomm/*Ascheid* § 1 KSchG Rn 507.

versicherungsrechtlicher Hinsicht – zur Vermeidung von Sperrzeiten bei einvernehmlicher Vertragsbeendigung gem. § 144 SGB III – kann dieser Regelung eine gewisse Bedeutung zukommen.

8 **c) Betriebliche Bedürfnisse.** Neben die sich allein an sozialen Gesichtspunkten orientierende Auswahl treten gemäß § 1 Abs. 3 S. 2 auch betriebliche Bedürfnisse. Die gesetzliche Neuregelung ab 1. 1. 2004, die auch hier wieder den zu Beginn der vorausgegangenen Legislaturperiode kurzfristig beseitigten Rechtszustand wiederherstellt, bestimmt:

„In die soziale Auswahl nach Satz 1 sind Arbeitnehmer nicht einzubeziehen, deren Weiterbeschäftigung, insbesondere wegen ihrer Kenntnisse, Fähigkeiten und Leistungen oder zur Sicherung einer ausgewogenen Personalstruktur des Betriebes, im berechtigten betrieblichen Interesse liegt."

Auch schon bisher konnten zu den zu berücksichtigenden Bedürfnissen des Betriebes auch Leistungsgesichtspunkte gehören.[40] Die besonderen Kenntnisse, Fähigkeiten oder Leistungen der betroffenen Mitarbeiter müssen allerdings deutlich über das normale Maß hinaus gegeben sein.

Der Arbeitgeber kann zur Erreichung einer **ausgewogenen Personalstruktur** auch Altersgruppen innerhalb der zur Sozialauswahl stehenden Personen bilden und dann anteilig aus den jeweiligen Altersgruppen Kündigungen vornehmen.[41] In diesem Zusammenhang kann auch auf eine allerdings nachzuweisende höhere oder bessere Qualifikation einzelner Arbeitnehmer abgestellt werden. Bloße Nützlichkeitserwägungen reichen jedoch nicht.[42]

Auf diese berechtigten betrieblichen Bedürfnisse muss sich der Arbeitgeber spätestens im Kündigungsschutzverfahren beziehen. Sofern ein Betriebsrat vorhanden ist, hat der Arbeitgeber auch im Anhörungsverfahren auf diese Gründe ausdrücklich abzustellen, um dem Betriebsrat eine sachgerechte Beurteilung zu ermöglichen. Die Darlegungs- und Beweislast für das Bestehen derartiger betrieblicher Bedürfnisse trifft in vollem Umfang den Arbeitgeber.[43]

Der Arbeitgeber ist nicht verpflichtet, für den zu Kündigenden durch Organisationsmaßnahmen einen freien Platz zu schaffen. Die Möglichkeit der Weiterbeschäftigung bezieht sich nur auf vergleichbare freie Arbeitsplätze.[44]

9 **d) Nachträgliche Veränderungen der betrieblichen Situation.** Wenn zum Zeitpunkt des Zugangs der Kündigungserklärung die Voraussetzungen für eine betriebsbedingte Kündigung vorliegen, steht es der Wirk-

---

[40] BAG AP KSchG 1969 § 1 Soziale Auswahl Nr. 7 = NJW 1986, 274 = NZA 1986; 64; ErfKomm/*Ascheid* § 1 KSchG § 1 KSchG Rn 512.

[41] *v. Hoyningen-Huene/Linck* Rn 479 b; ErfKomm/*Ascheid* § 1 KSchG Rn 512.

[42] BAG AP KSchG 1969 § 1 Betriebsbedingte Kündigung Nr. 12 = NJW 1984, 78 = BB 1983, 1665; *v. Hoyningen-Huene/Linck* Rn 477; ErfKomm/*Ascheid* § 1 KSchG Rn 512.

[43] ErfKomm/*Ascheid* § 1 KSchG Rn 519.

[44] BAG AP KSchG 1969 § 1 Betriebsbedingte Kündigung Nr. 50 = NJW 1991, 587 = NZA 1991, 181.; *v. Hoyningen-Huene/Linck* Rn 398; ErfKomm/*Ascheid* § 1 KSchG Rn 443, 444.

samkeit der Kündigung nicht entgegen, wenn sich die betrieblichen Verhältnisse aufgrund unerwarteter Umstände positiv entwickeln.[45] Die Rechtsprechung gewährt dem Arbeitnehmer jedoch einen Anspruch auf Wiedereinstellung, wenn der Arbeitgeber mit Rücksicht auf die Wirksamkeit der Kündigung noch keine Dispositionen getroffen hat und die unveränderte Fortsetzung des Arbeitsverhältnisses für ihn zumutbar ist.[46] Wenn der Arbeitgeber den Betrieb mit einer verringerten Belegschaft weiterführt, ist die Wiedereinstellung gekündigter Arbeitnehmer unter Berücksichtigung sozialer Gesichtspunkte vorzunehmen.[47]

e) Verstoß gegen Personalrichtlinien. Eine Kündigung ist darüber 10
hinaus auch dann nicht sozial gerechtfertigt, wenn sie gegen eine Richtlinie nach § 95 BetrVG verstößt, der Arbeitnehmer an einem anderen Arbeitsplatz im selben Betrieb oder in einem anderen Betrieb des Unternehmens weiterbeschäftigt werden kann und der Betriebsrat oder eine sonstige zuständige Arbeitnehmervertretung innerhalb einer Woche nach Mitteilung der Kündigungsabsicht aus einem dieser Gründe der Kündigung schriftlich widersprochen hat. Diese Widerspruchsregelung gilt nicht nur für die betriebsbedingte, sondern auch für die personen- und verhaltensbedingte Kündigung.[48]

Sie beschränkt sich auf Betriebe mit Betriebsräten, wobei allerdings die Weiterbeschäftigungsmöglichkeit auch bei betriebsratslosen Betrieben im Rahmen des dringenden betrieblichen Erfordernisses der Kündigung zu prüfen ist.

3. Verhaltensbedingte Kündigung

a) Fehlverhalten. Die Kündigung des Arbeitsverhältnisses kann ihren 11
Grund im Verhalten des Arbeitnehmers haben. Die Kündigungsgründe können auf einer Verletzung einer **Hauptpflicht** zur ordnungsgemäßen Erbringung der Arbeit, oder aber auch auf der Verletzung von **Nebenpflichten**, etwa zur Einhaltung der betrieblichen Ordnung oder zur Rücksichtnahme auf berechtigte Belange des Arbeitgebers, beruhen. Verhaltensbedingte Kündigungsgründe setzen voraus, dass das entsprechende Verhalten vom Arbeitnehmer „steuerbar" war. Das ist daher insbesondere nicht der Fall, wenn der Arbeitnehmer nicht schuldhaft gehandelt hat.[49] In Betracht kommt nicht nur vorsätzliches, sondern auch fahrlässiges Verhalten (§ 276 BGB). Fahrlässigkeit liegt dann vor, wenn die im Verkehr erforderliche Sorgfalt außer Acht gelassen wird (§ 276 Abs. 2 BGB). Wegen der Vielzahl der in Betracht kommenden verhaltensbedingten Kündigungs-

[45] BAG NZA 1997, 757; *v. Hoyningen-Huene/Linck* Rn 407.

[46] BAG AP KSchG 1969 § 1 Wiedereinstellung Nr. 1 = NZA 1997, 757 = NJW 1997, 2257; ErfKomm/*Ascheid* § 1 KSchG Rn 437.

[47] BAG AP KSchG 1969 § 1 Wiedereinstellung Nr. 4 = NZA 1998, 702; NZA 1999, 1121.

[48] *Richardi* BetrVG § 102 Rn 150 ff.; ErfKomm/*Ascheid* § 1 KSchG Rn 542.

[49] BAG AP BGB § 626 Arbeitnehmervertreter im Aufsichtsrat Nr. 1, BAG AP § 611 BGB Direktionsrecht Nr. 36; ErfKomm/*Ascheid* KSchG § 1 Rn 286, 291; *v. Hoyningen-Huene/Linck* KSchG § 1 Rn 279.

gründe muss auf die einschlägigen Darstellungen in den Kommentaren zum Kündigungsschutzgesetz hingewiesen werden.[50]

Die verhaltensbedingten Kündigungsgründe müssen konkret auf das Arbeitsverhältnis einwirken; nicht schon jedes strafrechtlich relevante Verhalten ist daher kündigungsrechtlich von Bedeutung. Die Frage, wann im Einzelnen bei einem außerdienstlichen Fehlverhalten eine verhaltensbedingte Kündigung in Betracht kommt, wann sich also dieses außerdienstliche Fehlverhalten auf das Arbeitsverhältnis auswirkt, ist nur im Einzelfall zu beurteilen. Nach der Rechtsprechung des Bundesarbeitsgerichts kommt es darauf an, ob die Fortsetzung des Arbeitsverhältnisses durch objektive Umstände, die Einstellung oder das Verhalten des Gekündigten im Leistungsbereich, im Bereich der betrieblichen Verbundenheit, im Vertrauensbereich der Vertragsparteien oder im Unternehmensbereich beeinträchtigt ist.[51]

Denkbar kann es im Einzelfall sein, dass ein Mitarbeiter sich zwar einer schweren Pflichtverletzung schuldig gemacht hat, die grundsätzlich geeignet ist, die Kündigung zu rechtfertigen. Wenn jedoch beispielsweise aufgrund von erheblichen Spannungen am Arbeitsplatz davon auszugehen ist, dass die Weiterbeschäftigung in einem anderen Betriebsbereich ohne derartige Störungen möglich sein wird, scheidet eine Kündigung aus.[52]

12 **b) Abmahnung.** Eine verhaltensbedingte Kündigung ist keine Bestrafung des Arbeitnehmers, sondern erfolgt deswegen, weil sich aus dem Fehlverhalten der Schluss ziehen lässt, dass das Vertragsverhältnis auch in Zukunft gestört sein wird. Der Arbeitgeber hat daher eine Prognose anzustellen, ob zukünftig mit derartigem Fehlverhalten zu rechnen sein wird. Abgesehen von besonders schweren Pflichtverstößen ist regelmäßig eine Abmahnung (Kündigungsankündigung) notwendig. Nur dann, wenn der Arbeitnehmer durch eine derartige Abmahnung gewarnt ist und er weiß, dass der Arbeitgeber nicht bereit ist, Pflichtverletzungen dieser Art hinzunehmen, er aber gleichwohl eine erneute Pflichtverletzung begeht, ist mit hinreichender Sicherheit eine negative Zukunftsprognose anzustellen.

Dass Abmahnungen regelmäßig notwendig sind, bevor eine verhaltensbedingte Kündigung ausgesprochen wird, entspricht einer gefestigten höchstrichterlichen Rechtsprechung.[53] Die Abmahnung ist nur in Ausnahmefällen nicht erforderlich, wenn

– der Arbeitnehmer eindeutig erklärt, er sei nicht willens, sich vertragstreu zu verhalten,[54] oder

[50] Vgl. etwa ErfKomm/*Ascheid* Rn 338 bis 370; *Schaub,* Arbeitsrecht § 130 Rn 1ff.

[51] BAG AP KSchG 1969 § 1 Verhaltensbedingte Kündigung Nr. 13 = NZA 1985, 285 = NJW 1985, 1852; ErfKomm/*Ascheid* § 1 KSchG Rn 294.

[52] BAG AP KSchG 1969 § 1 Verhaltensbedingte Kündigung Nr. 5 = NJW 1983, 700 = BB 1983, 834; *v. Hoyningen-Huene/Linck* § 1 KSchG Rn 276; ErfKomm/*Ascheid* KSchG Rn 295.

[53] Vgl. BAG AP KSchG 1969 § 1 Verhaltensbedingte Kündigung Nr. 3; BAG AP KSchG § 1 Abmahnung Nr. 3 = NZA 1989, 633 = NJW 1989, 2493; ErfKomm/*Ascheid* § 1 KSchG Rn 299 ff.; *Stahlhacke/Preis* Rn 1172 ff.. *v. Hoyningen-Huene/Linck* Rn 283.

[54] BAG AP BetrVG 1972 § 102 Nr. 32 = NZA 1985, 96 = BB 1985, 1599; BAG AP BGB § 626 Nr. 115 = NZA 1994, 548 = BB 1994, 868; ErfKomm/*Ascheid* Rn 303.

– der Arbeitnehmer weiß oder jedenfalls wissen muss, dass das gezeigte Verhalten von dem Arbeitgeber unter keinen Umständen hingenommen wird. Hierzu gehören schwerwiegende und insbesondere auch vorsätzliche Vertragsverstöße in allen Bereichen.[55]

Ausnahmsweise kann auch bei Pflichtverstößen im sog. Vertrauensbereich eine Kündigungsandrohung notwendig sein, wenn es sich nicht um einen sehr starken Verstoß handelt.[56]

Die Abmahnung bedarf keiner bestimmten Form, sie ist auch mündlich zulässig. Der Arbeitgeber sollte jedoch sinnvollerweise schon aus Beweisgründen die Abmahnung schriftlich erteilen und ihren Zugang sichern. Die Abmahnung bedarf nicht der Mitwirkung des Betriebsrats.[57]

Die Abmahnung muss, um ihre Warnfunktion erfüllen zu können, das **13**
Fehlverhalten des Arbeitnehmers eindeutig als solches beschreiben. Der Arbeitnehmer muss Gelegenheit haben können, sein Fehlverhalten zukünftig zu ändern. Die Abmahnung muss daher Folgendes enthalten:

– Eine genaue Beschreibung des beanstandeten Fehlverhaltens.
– Die Darlegung, wie sich der Arbeitnehmer richtigerweise zu verhalten gehabt hätte (ggf. Hinweis auf allgemeine im Betrieb übliche Regelungen, Unfallverhütungsschutzvorschriften, Gesetze oder Ähnliches).
– Den Hinweis darauf, dass bei einer Wiederholung der Bestand des Arbeitsverhältnisses gefährdet ist, oder aber dass sich der Arbeitgeber eine Kündigung im Wiederholungsfall vorbehält.

Die Abmahnung sollte hingegen keine weiteren allgemeinen Ausführungen zur Person oder zum Verhalten des Arbeitnehmers enthalten, da solche Angaben für den Arbeitnehmer lediglich Veranlassung sein können, die Abmahnung insgesamt anzugreifen.

Die Abmahnung muss zwar nicht innerhalb kürzester Frist erklärt werden, sie muss jedoch noch in einem zeitlichen Zusammenhang mit der Vertragsverletzung stehen, wobei sich feste Zeitbezüge nicht aufstellen lassen.[58] Abmahnungen verlieren nach gewisser Zeit ihre Wirkung. Vielfach – teilweise auch in Tarifverträgen – wird davon ausgegangen, dass dies nach etwa 2 Jahren der Fall ist; entscheidend sind mangels anderweitiger Regelung aber die Umstände des Einzelfalls.[59] Zur Abmahnung befugt ist nicht nur der Kündigungsberechtigte selbst, sondern jeder Mitarbeiter, der verbindliche Anweisungen im Hinblick auf die geschuldete Arbeitsleistung erteilen kann.[60]

---

[55] BAG AP BetrVG 1972 § 102 Nr. 32 = NZA 1985, 96 = BB 1985, 1599; BAG AP BGB § 626 Nr. 81 = NZA 1985, 228 = NJW 1985, 1853; BAG AP Abmahnung Nr. 3; BAG AP § 15 KSchG 1969 Nr. 42; ErfKomm/*Ascheid* Rn 304, 305.

[56] BAG NZA 1997, 1281; *Schaub*, NZA 1997, 1185 m. w. N.

[57] BAG AP BetrVG 1972 § 87 Betriebsbuße Nr. 5 = BB 1984, 469; ErfKomm/*Ascheid* § 1 KSchG Rn 308.

[58] BAG AP BGB § 611 Fürsorgepflicht Nr. 96 = NZA 1996, 421 = NJW 1986, 1777; ErfKomm/*Ascheid* § 1 KSchG Rn 312.

[59] BAG AP KSchG 1969 § 1 Verhaltensbedingte Kündigung Nr. 17, *Herschel/Löwisch* § 1 Rn 91 (2 Jahre); *v. Hoyningen-Huene/Linck* Rn 294 a (bei leichteren Fällen 2 Jahre, bei schwereren 3 bis 5 Jahre).

[60] BAG AP § 1 KSchG 1969 Verhaltensbedingte Kündigung Nr. 3; *v. Hoyningen-Huene/Linck* Rn 288 a; ErfKomm/*Ascheid* § 1 KSchG Rn 314.

Der Arbeitnehmer kann sich, wenn er gegen die Abmahnung nicht vorgeht, auch noch in einem späteren Kündigungsschutzprozess wegen einer neuen Pflichtverletzung auf die Unrichtigkeit der ersten Abmahnung berufen.[61]

Hat der Arbeitgeber ein Fehlverhalten zum Anlass einer Abmahnung genommen, kann er nicht anschließend wegen desselben Fehlverhaltens eine Kündigung aussprechen.[62]

14 **c) Interessenabwägung.** Der Arbeitgeber hat vor Ausspruch der verhaltensbedingten Kündigung eine nochmalige Interessenabwägung anzustellen. Die Kündigung kann nur erfolgen, wenn „bei gewissenhafter Abwägung beiderseitiger Interessen" das Fehlverhalten „einen verständig urteilenden Arbeitgeber zur Kündigung veranlassen würde".[63]

d) Darlegungs- und Beweislast. Der Arbeitgeber ist für die Pflichtverletzung des Arbeitnehmers in vollem Umfang darlegungs- und beweispflichtig. Dies gilt auch für das Fehlen von durch den Arbeitnehmer behaupteten Rechtfertigungsgründen.[64] Wenn beispielsweise ein Arbeitnehmer fehlt und behauptet, ihm sei von dem zuständigen Vorgesetzten für diesen Tag Urlaub gewährt worden, muss der Arbeitgeber diese Behauptung widerlegen, deren Richtigkeit das Verhalten des Arbeitnehmers rechtfertigen würde.

4. Personenbedingte Kündigungen

15 Eine Kündigung kann auch aus Gründen, die in der Person des Arbeitnehmers liegen, gerechtfertigt sein. Die personenbedingte Kündigung ist von der verhaltensbedingten dadurch abzugrenzen, dass bei personenbedingten Gründen kein Verschulden im Sinne einer negativen Vorwerfbarkeit vorliegt. Der Arbeitnehmer muss vielmehr aufgrund seiner persönlichen Fähigkeiten, Eigenschaften oder nicht vorwerfbare Einstellungen nicht mehr in der Lage sein, künftig eine vertragsgerechte Leistung zu erbringen.[65]

16 **a) Allgemeine Voraussetzungen.** Während bei verhaltensbedingten Gründen der Arbeitnehmer jedenfalls im Regelfall – aufgrund einer entsprechenden Abmahnung – sein Verhalten ändern und die Fortsetzung des Arbeitsverhältnisses ermöglichen kann, scheiden derartige Gründe regelmäßig dann aus, wenn dem Arbeitnehmer die zur Fortsetzung des Ar-

---

[61] BAG AP § 1 KSchG 1969 Verhaltensbedingte Kündigung Nr. 18 = NZA 1987, 518 = NJW 1987, 2462; ErfKomm/*Ascheid* § 1 KSchG Rn 317.

[62] BAG AP § 1 KSchG 1969 Abmahnung Nr. 3 = NZA 1989, 633 = NJW 1989, 2493; *v. Hoyningen-Huene/Linck* § 1 KSchG Rn 294; ErfKomm/*Ascheid* § 1 KSchG Rn 318.

[63] BAG AP § 1 KSchG 1969 Verhaltensbedingte Kündigung Nr. 5 = NJW 1983, 700 = BB 1983, 834, *v. Hoyningen-Huene/Linck* § 1 KSchG Rn 277, ErfKomm/*Ascheid* § 1 KSchG Rn 319.

[64] BAG AP § 626 BGB Nr. 76 = BB 1984, 725; BAG AP § 626 BGB Nr. 97 = NJW 1988, 438 = BB 1988, 487; ErfKomm/*Ascheid* § 1 KSchG Rn 333.

[65] BAG AP KSchG § 1 Personenbedingte Kündigung Nr. 9 = NJW 1989, 1694 = NZA 1989, 464; BAG AP KSchG 1969 § 1, Krankheit Nr. 25 = NZA 1990, 727 = NJW 1990, 2953; ErfKomm/*Ascheid* § 1 KSchG Rn 170.

beitsverhältnisses notwendigen körperlichen oder geistigen Fähigkeiten fehlen. Hier hat der Arbeitgeber darzutun, dass es nach dem Kündigungstermin zu weiteren Störungen bei der Leistungserbringung kommen wird.[66] Wenn sich der Arbeitnehmer im Hinblick auf – tatsächlich oder angeblich vorhandene – persönliche Gegebenheiten weigert, die vertragsgemäße Arbeitsleistung auszuführen, so bedarf es diesbezüglich keiner weiteren Nachforschung des Arbeitgebers, um eine solche negative Prognose anstellen zu können.[67]

Wie bei der betriebs- oder verhaltensbedingten Kündigung auch scheidet eine personenbedingte Kündigung dann aus, wenn der Arbeitnehmer auf einem anderen freien Arbeitsplatz beschäftigt werden kann, bei dem seine Mängel sich nicht oder nur unbedeutend auswirken.[68] Eine bloß vorübergehende personenbedingte Unfähigkeit zur Erbringung der Arbeitsleistung kann eine Kündigung nicht rechtfertigen. Dies gilt auch dann, wenn der Arbeitgeber zumutbare Überbrückungsmaßnahmen oder Umschulungs- bzw. Fortbildungsmaßnahmen gewähren kann.[69]

b) Krankheitsbedingte Kündigung. Der wesentliche Anwendungsfall der personenbedingten Kündigung ist in der krankheitsbedingten Kündigung zu sehen. Hier sind folgende Fallgruppen zu unterscheiden: 17

- dauernde Leistungsunfähigkeit,
- lang dauernde Leistungsunfähigkeit und
- häufige kurze Erkrankungen.

In allen Fällen hat der Arbeitgeber eine **negative Zukunftsprognose** anzustellen. Es muss also nach den ihm möglichen Erkenntnissen davon auszugehen sein, dass es nach dem Kündigungstermin zu weiteren erheblichen Störungen kommt.[70]

Der maßgebliche Zeitpunkt für diese Prognose ist grundsätzlich der Zugang der Kündigungserklärung.[71] Wenn nach Kündigungsausspruch neue Tatsachen eintreten, sind diese grundsätzlich unerheblich.[72]

War der Arbeitnehmer vor der Kündigung nicht bereit, sich einer ärztlichen Behandlung oder Kur zu unterziehen, ist die frühere negative Prognose auch dann ausreichend, wenn der Arbeitnehmer sich nach Ausspruch der Kündi-

---

[66] ErfKomm/*Ascheid* § 1 KSchG Rn 177.

[67] ErfKomm/*Ascheid* § 1 KSchG Rn 179.

[68] BAG AP KSchG 1969 § 1 Krankheit Nr. 4 = NJW 1977, 2132 = BB 1977, 1098; BAG AP KSchG 1969 § 1 Personenbedingte Kündigung Nr. 9 = NZA 1989, 464 = NJW 1989, 1694; *v. Hoyningen-Huene/Linck* § 1 KSchG Rn 178; ErfKomm/*Ascheid* § 1 KSchG Rn 190.

[69] BAG AP KSchG 1969 § 1 Krankheit Nr. 7 = NJW 1983, 2897; BAG AP KSchG 1969 § 1 Umschulung Nr. 1 = NZA 1991, 806; *v. Hoyningen-Huene/Linck* § 1 KSchG Rn 178; ErfKomm/*Ascheid* § 1 KSchG Rn 182.

[70] *v. Hoyningen-Huene/Linck* § 1 KSchG Rn 222; ErfKomm/*Ascheid* § 1 KSchG Rn 195.

[71] BAG AP KSchG 1969 § 1 Krankheit Nr. 18 = NZA 1987, 811 = NJW 1987, 2956, Nr. 20 = NZA 1989, 923 = NJW 1989, 3299 u. Nr. 22 = NZA 1990, 307 = NJW 1990, 2341; ErfKomm/*Ascheid* § 1 KSchG Rn 195.

[72] BAG AP KSchG 1969 § 1 Krankheit Nr. 36 u. 37; *v. Hoyningen-Huene/Linck* § 1 KSchG Rn 226; ErfKomm/*Ascheid* § 1 KSchG Rn 195.

gung nunmehr mit einer Behandlung einverstanden erklärt oder wenn er erst jetzt seine gesundheitsgefährdende Lebenseinstellung ändert.[73] Aufgrund des tatsächlichen Verlaufs einer Erkrankung (nach Kündigungsausspruch) kann eine früher korrekt erstellte Prognose nicht korrigiert werden.[74]

Zwar ist der Arbeitnehmer nicht verpflichtet, dem Arbeitgeber Angaben über seinen Gesundheitszustand und die Prognose hinsichtlich seiner zukünftigen Verwendbarkeit zu machen.[75] Er läuft dann allerdings Gefahr, dass der Arbeitgeber anhand der bloßen erheblichen Fehlzeiten eine negative Zukunftsprognose unanfechtbar anstellt. Krankheitsbedingte Fehlzeiten in der Vergangenheit indizieren in einem solchen Fall die Gefahr künftiger Erkrankungen.[76]

Die Rechtsprechung hält es für ausreichend, wenn der Arbeitnehmer im Kündigungsschutzprozess seiner Substantiierungspflicht dadurch nachkommt, dass er eine nachvollziehbare laienhafte Erklärung für seine Genesung abgibt und im Übrigen den behandelnden Arzt von der Verschwiegenheitspflicht befreit.[77] Diese Rechtsprechung erscheint allerdings jedenfalls in den Fällen als problematisch, in denen dem Arbeitnehmer vor Ausspruch der Kündigung Gelegenheit gegeben worden war, entsprechende Angaben zu machen, aufgrund derer der Arbeitgeber eine präzisere Prognose hätte anstellen können. Auch im Hinblick auf das Entgeltfortzahlungsrisiko nach Ausspruch einer krankheitsbedingten Kündigung erscheint es nicht als vertretbar, dass der Arbeitnehmer im Prozess erstmals – trotz hinreichender Möglichkeit zu einer früheren Stellungnahme – derartige Tatsachen vorträgt.

18 Für den Arbeitgeber empfiehlt es sich unabhängig davon, dass das Bundesarbeitsgericht eine außerprozessuale Auskunftspflicht des Arbeitnehmers – wie erwähnt – ablehnt, in jedem Fall, den Arbeitnehmer vor Ausspruch einer Kündigung zur voraussichtlichen Wiederherstellung seiner uneingeschränkten Arbeitsfähigkeit zu befragen und ihn zu bitten, die ihn behandelnden Ärzte von der Verschwiegenheitspflicht zu entbinden. Der Arbeitgeber ist jedenfalls nicht verpflichtet, seinerseits – in den meisten Fällen ohnehin wenig aussagekräftige – Nachforschungen zum Gesundheitszustand eines jede Auskunft verweigernden Arbeitnehmers anzustellen.[78]

---

[73] BAG AP KSchG 1969 § 1 Krankheit Nr. 26; ErfKomm/*Ascheid* § 1 KSchG Rn 195.

[74] BAG AP KSchG 1969 § 1 Krankheit Nr. 16 = NJW 1985, 2783 = BB 1985, 800; Nr. 18 = NZA 1987, 811 = NJW 1987, 2956; Nr. 20 = NZA 1989, 923 = NJW 1989, 3299 u. Nr. 26 = NZA 1991, 185 = BB 1990, 2052; *v. Hoyningen-Huene/Linck* § 1 KSchG Rn 226; ErfKomm/*Ascheid* § 1 KSchG Rn 198.

[75] BAG AP KSchG 1969 § 1 Krankheit Nr. 7 = NJW 1983, 2897 = BB 1983, 899; ErfKomm/*Ascheid* § Rn 201.

[76] BAG AP KSchG 1969 § 1 Krankheit Nr. 20 = NZA 1989, 923 = NJW 1989, 3299; ErfKomm/*Ascheid* § 1 KSchG Rn 204.

[77] BAG AP KSchG 1969 § 1 Krankheit Nr. 20 = NZA 1989, 923 = NJW 1989, 3299; Nr. 21; *v. Hoyningen-Huene/Linck* § 1 KSchG Rn 228 a; ErfKomm/*Ascheid* § 1 KSchG Rn 206.

[78] BAG AP KSchG 1969 § 1 Krankheit Nr. 10 = NJW 1984, 1836 = BB 1983, 1980; Nr. 16 = NJW 1985, 2783 = BB 1985, 800; *v. Hoyningen-Huene/Linck* § 1 KSchG Rn 223; ErfKomm/*Ascheid* § 1 KSchG Rn 201.

Für die drei speziell angesprochenen Hauptfälle der krankheitsbedingten Arbeitsunfähigkeit gilt Folgendes:

- Bei **dauernder Leistungsunfähigkeit** des Arbeitnehmers, die vertraglich geschuldete Arbeitsleistung zu erbringen, ist eine personenbedingte ordentliche Kündigung begründet.[79] 19
- Bei **lang dauernder Arbeitsunfähigkeit** kann eine ordentliche Kündigung ebenfalls gerechtfertigt sein. Sie setzt jedoch voraus, dass der Arbeitnehmer zum Zeitpunkt des Zugangs der Kündigung arbeitsunfähig erkrankt ist und damit zu rechnen ist, dass dies auch weiterhin der Fall sein wird es aufgrund dieser Arbeitsunfähigkeit in der Prognose zu weiteren erheblichen betrieblichen Beeinträchtigungen kommt und sich schließlich bei der Abwägung der gegenseitigen Vertragsinteressen ergibt, dass weitere Überbrückungsmaßnahmen nicht in Betracht kommen.[80] Die Erheblichkeit der Beeinträchtigung betrieblicher Abläufe richtet sich nach der voraussichtlichen Dauer der Arbeitsunfähigkeit und der Ungewissheit des Heilungsverlaufs.[81] 20

  Insoweit sind die betrieblichen Ablaufstörungen und die durch die Krankheit sich ergebenden wirtschaftlichen Belastungen zu ermitteln und dem Interesse des Arbeitnehmers auf Fortbestand des Arbeitsverhältnisses gegenüberzustellen. Die Beurteilung der Wirksamkeit einer krankheitsbedingten Kündigung in derartigen Fällen ist stets eine Frage des Einzelfalls. Von Interesse ist immerhin, dass das Bundesarbeitsgericht in einem Fall, in dem der Arbeitnehmer etwa 1½ Jahre krank war und im Zeitpunkt der Kündigung die Wiederherstellung der Arbeitsunfähigkeit noch ungewiss war, diese Ungewissheit wie eine feststehende dauernde Arbeitsunfähigkeit bewertet und für eine Kündigung als ausreichend angesehen hat.[82]
- Für den betrieblichen Ablauf sind vor allem die **häufigen Kurzerkrankungen** von Bedeutung. Hier ist nach der höchstrichterlichen Rechtsprechung[83] folgende Prüfung vorzunehmen: 21
  - Aufgrund objektiver Tatsachen muss die ernste Besorgnis weiterer Erkrankungen bestehen.
  - Die Kurzerkrankungen müssen zu einer erheblichen Beeinträchtigung betrieblicher oder wirtschaftlicher Interessen des Arbeitgebers geführt haben.
  - Die beiderseitigen Vertragsinteressen sind abschließend abzuwägen.

Im Rahmen der wirtschaftlichen Beeinträchtigung des Arbeitgebers sind auch die **Entgeltfortzahlungskosten** zu berücksichtigen.[84] Teilwei- 22

---

[79] BAG AP KSchG 1969 § 1 Krankheit Nr. 25 = NZA 1990, 727 = NJW 1990, 2953; Nr. 30 = NZA 1993, 479; *Stahlhacke/Preis* Rn 1236; ErfKomm/*Ascheid* § 1 KSchG Rn 208.

[80] BAG AP KSchG 1969 § 1 Krankheit Nr. 36; ErfKomm/*Ascheid* § 1 KSchG Rn 212 ff.; *v. Hoyningen-Huene/Linck* § 1 KSchG Rn 247.

[81] ErfKomm/*Ascheid* § 1 KSchG Rn 215.

[82] BAG AP § 1 KSchG Krankheit Nr. 30 = NZA 1993, 479.

[83] Vgl. etwa BAG AP § 1 KSchG 1969 Krankheit Nr. 26 u. 30 = NZA 1993, 497; ErfKomm/*Ascheid* § 1 KSchG Rn 225 ff.

[84] BAG AP KSchG § 1 Krankheit Nr. 10 = NJW 1984, 1836 = BB 1983, 1980 u. Nr. 27= NZA 1994, 67 = BB 1994, 719.

se wird abweichend von der Rechtsprechung auf die allerdings nur schwer nachweisbaren Produktions- und Einnahmeverluste abgestellt.[85] Die Rechtsprechung hält es für ausreichend, dass in einem Zeitraum von mindestens 2 Jahren in jedem Jahr Entgeltfortzahlung für mehr als 6 Wochen zu gewähren ist, wenn aufgrund negativer Prognose anzunehmen ist, dass sich dieser Zustand nicht ändern wird.[86]

Hat sich der Arbeitnehmer die Krankheit aufgrund betrieblicher Umstände zugezogen oder legt er zumindest einen Ursachenzusammenhang zwischen seiner Erkrankung und der Tätigkeit durch konkrete Tatsachen vor, hat der Arbeitgeber die fehlende Kausalität zwischen Arbeitsbedingung und Erkrankung zu beweisen. Zweifel hierbei gehen zu seinen Lasten.[87]

Ein Sonderproblem besteht bei der **Alkoholabhängigkeit**. Hier kann von einer negativen Prognose nur ausgegangen werden, wenn dem erkrankten Arbeitnehmer klar gemacht worden ist, dass er sich zur Heilung einer Entziehungskur unterziehen muss und wenn er eine solche Maßnahme ablehnt.[88] Erst wenn die Entziehungskur keinen Erfolg gehabt hat, kann eine krankheitsbedingte Kündigung in Betracht gezogen werden.[89] Die nachträgliche Bereitschaft nach Zugang der Kündigung, sich einer solchen Maßnahme zu unterziehen, setzt die negative Prognose nicht außer Kraft.[90]

23 Das Erreichen des **65. Lebensjahres** für sich genommen ist kein Grund zur personenbedingten Kündigung, und zwar auch dann nicht, wenn der Arbeitnehmer zum Rentenbezug berechtigt ist (vgl. auch § 41 Abs. 4 S. 1 SGB VI). Eine Vereinbarung, die die Beendigung des Arbeitsverhältnisses ohne Kündigung zu dem Zeitpunkt vorsieht, zu dem der Arbeitnehmer vor Vollendung des 65. Lebensjahres eine Altersrente beantragen kann, gilt dem Arbeitnehmer gegenüber als auf das 65. Lebensjahr abgeschlossen. Etwas anderes gilt nur dann, wenn die Vereinbarung innerhalb der letzten 3 Jahre vor diesem Zeitpunkt abgeschlossen oder von dem Arbeitnehmer bestätigt worden ist.

Die Möglichkeit, **Altersteilzeitarbeit** in Anspruch zu nehmen, ist keine die Kündigung des Arbeitsverhältnisses durch den Arbeitgeber begründende Tatsache und kann auch bei der sozialen Auswahl nicht zu Lasten des Arbeitnehmers berücksichtigt werden (§ 8 Abs. 1 ATG).

---

[85] ErfKomm/*Ascheid* § 1 KSchG Rn 231.

[86] BAG AP KSchG 1969 § 1 Krankheit Nr. 20 = NZA 1989, 923 = NJW 1989, 3299; *v. Hoyningen-Huene/Linck* § 1 KSchG Rn 233 a; ErfKomm/*Ascheid* § 1 KSchG Rn 233.

[87] BAG AP KSchG 1969 § 1 Krankheit Nr. 22 = NZA 1990, 307 = NJW 1990, 2341; *v. Hoyningen-Huene/Linck* § 1 KSchG Rn 240; ErfKomm/*Ascheid* § 1 KSchG Rn 244.

[88] BAG AP KSchG 1969 § 1 Krankheit Nr. 18 = NZA 1987, 811 = NJW 1987, 2956; ErfKomm/*Ascheid* § 1 KSchG Rn 247.

[89] *v. Hoyningen-Huene/Linck* § 1 KSchG Rn 192; ErfKomm/*Ascheid* § 1 KSchG Rn 247.

[90] BAG AP KSchG § 1 Umschulung Nr. 1 0 NZA 1991, 806 = BB 1991, 1419; BAG AP KSchG 1969 § 1 Krankheit Nr. 37; ErfKomm/*Ascheid* § 1 KSchG Rn 247.

5. Änderungskündigung

Anstelle einer Beendigungskündigung kann der Arbeitgeber eine Änderungskündigung als weniger schwere Maßnahme aussprechen. Er muss dies tun, falls das von ihm beabsichtigte Ziel – sei es aus betriebs-, verhaltens- oder personenbedingten Gründen – auch durch eine Veränderung der Arbeitsbedingungen erreicht werden kann.[91] Eine Änderungskündigung (§ 2 KSchG) liegt vor, wenn der Arbeitgeber das Arbeitsverhältnis kündigt und gleichzeitig dem Arbeitnehmer ein Angebot unterbreitet, das Arbeitsverhältnis zu geänderten Arbeitsbedingungen fortzusetzen. **24**

In diesem Fall kann sich der Arbeitnehmer wie folgt entscheiden:

- Er akzeptiert die Änderungskündigung und erhebt keine Kündigungsschutzklage: Dann wird das Arbeitsverhältnis zu geänderten Bedingungen fortgesetzt.
- Er nimmt das Angebot nicht – auch nicht unter Vorbehalt – an und erhebt Klage: Erweist sich die Kündigungsschutzklage als nicht gerechtfertigt, ist das Arbeitsverhältnis insgesamt beendet, stellt sie sich als gerechtfertigt heraus, besteht es zu den bisherigen Bedingungen fort.
- Wie im vorstehenden Fall, er erhebt jedoch keine Klage: Das Arbeitsverhältnis ist beendet.
- Er nimmt das Angebot zu geänderten Arbeitsbedingungen **unter Vorbehalt** an und stellt die Kündigung durch Klageerhebung zur Nachprüfung durch das Gericht. Stellt sich die Rechtswirksamkeit der Kündigung dann heraus, wird das Arbeitsverhältnis zu geänderten Bedingungen fortgesetzt; ergibt sich die Rechtsunwirksamkeit der Kündigung, besteht das Arbeitsverhältnis zu den bisherigen Bedingungen fort.

Für eine Änderungskündigung – etwa aus betriebsbedingten Gründen – müssen bezüglich der sozialen Rechtfertigung die allgemeinen Voraussetzungen für eine Beendigungskündigung (§ 1 Abs. 2 KSchG) vorliegen; der Arbeitgeber darf nur solche Änderungen vorschlagen, die der Arbeitnehmer billigerweise hinnehmen muss.[92] Zu prüfen ist dann, ob die Änderung der Arbeitsbedingungen, nicht ob die Beendigung des Arbeitsverhältnisses sozial gerechtfertigt ist.[93] Das Änderungsangebot als solches ist daher maßgeblich zu berücksichtigen.[94] Ohne Veränderung der Arbeitsbedingungen kann durch eine Änderungskündigung eine Herabsetzung der Vergütung nur erreicht werden, wenn bei Aufrechterhaltung der Personalkostenstruktur betrieblich nicht mehr auffangbare Verluste entstehen würden, die zu einer Reduzierung der Belegschaft oder zu einer Schließung des Betriebes führen würden.[95]

---

[91] ErfKomm/*Ascheid* § 2 KSchG Rn 3.

[92] BAG NZA 1999, 1336 = NJW 2000, 756; NZA 2003, 1139.

[93] ErfKomm/*Ascheid* § 2 KSchG Rn 45.

[94] BAG AP KSchG 1969 § 2 Nr. 3; ErfKomm/*Ascheid* § 2 KSchG Rn 45; *v. Hoyningen-Huene/Linck* § 2 KSchG Rn 54.

[95] BAG NZA 2003, 1139; 1140.

6. Sonderkündigungsschutz

Neben dem Kündigungsschutzgesetz gibt es für vielfältige Arbeitnehmergruppen Sonderkündigungsschutz. Danach ist eine Kündigung entweder generell unzulässig, oder aber nur im Ausnahmefall mit Genehmigung des jeweils zuständigen Gremiums bzw. der zuständigen Behörde erlaubt.

Sonderkündigungsschutz haben u. a. folgende Personen:

25 **a) Mütter** genießen gemäß § 9 MuSchG während der Schwangerschaft und bis zum Ablauf von 4 Monaten nach der Entbindung Kündigungsschutz, wenn dem Arbeitgeber die Schwangerschaft oder die Entbindung bekannt war oder innerhalb 2 Wochen nach Zugang der Kündigung mitgeteilt worden ist. Das Überschreiten der Frist ist unschädlich, wenn es auf einem von der Arbeitnehmerin nicht zu vertretenden Grund beruht und die Mitteilung unverzüglich nachgeholt wird (§ 9 Abs. 1 KSchG). Die für den Arbeitsschutz zuständige Oberste Landesbehörde oder die von ihr bestimmte Stelle (vielfach die Bezirksregierung) kann ausnahmsweise die Kündigung für zulässig erklären. Eine solche Kündigung bedarf der Schriftform und muss den zulässigen Kündigungsgrund angeben (§ 9 Abs. 3 MuSchG).

b) Eltern haben nach § 18 Abs. 3 BErzGG während der sog. Elternzeit Kündigungsschutz. Dieser beginnt ab Geltendmachung des Verlangens auf Gewährung von Elternzeit, höchstens jedoch 8 Wochen vor Beginn und während der Elternzeit selbst. Der Kündigungsschutz bezieht sich auch auf Teilzeitarbeitsverhältnisse während der Elternzeit (§ 18 Abs. 2 BErzGG).

26 **c) Betriebsratsmitglieder** sowie Mitglieder von Jugend- und Auszubildendenvertretungen können ordentlich grundsätzlich nicht gekündigt werden. Bei einer außerordentlichen Kündigung aus wichtigem Grunde muss der Betriebsrat der Kündigung vor Ausspruch zustimmen. Tut er dies nicht, ist die mangelnde Zustimmung durch gerichtliche Entscheidung zu ersetzen (vgl. §§ 15 Abs. 1 KSchG, 103 BetrVG). Nach Beendigung der Amtszeit besteht der Sonderkündigungsschutz für ein Jahr weiter. Die Kündigung eines Mitgliedes des Wahlvorstandes ist vom Zeitpunkt seiner Bestellung an, die Kündigung eines Wahlbewerbers vom Zeitpunkt der Aufstellung des Wahlvorschlages an bis zur Bekanntgabe des Wahlergebnisses unzulässig. Der Sonderkündigungsschutz für diese Personen besteht 6 Monate nach Bekanntgabe des Wahlergebnisses weiter, es sei denn, dass eine außerordentliche Kündigung gerechtfertigt ist (§ 15 Abs. 3 KSchG).

27 **d) Sprecherausschussmitglieder** genießen Kündigungsschutz nur insoweit, als sie wegen ihrer Tätigkeit im Sprecherausschuss gekündigt werden sollen. Eine solche Kündigung wäre nichtig (§ 134 BGB i. V. m. § 2 Abs. 3 S. 1 SprAuG). Ansonsten haben sie keinen Sonderkündigungsschutz.

28 **e) Schwerbehinderte Menschen** haben Sonderkündigungsschutz nach § 85 SGB IX. Ihre Kündigung bedarf der vorherigen Zustimmung

des Integrationsamtes. Wenn das Amt die Zustimmung erteilt, kann der Arbeitgeber die Kündigung nur innerhalb eines Monats nach Zustellung erklären. Widerspruch und Anfechtungsklage gegen die behördliche Zustimmung zur Kündigung haben keine aufschiebende Wirkung (§ 88 Abs. 3 und 4 SGB IX). Die Frist zur Erhebung der Kündigungsschutzklage läuft zudem frühestens von der Bekanntgabe der behördlichen Entscheidung an den Arbeitnehmer ab (§ 4 KSchG).

f) Grundwehrdienstleistende haben von der Zustellung des Einberu- 29
fungsbescheides an bis zur Beendigung des Grundwehrdienstes Kündigungsschutz. Eine Kündigung aus Anlass des Wehrdienstes ist unzulässig. Wenn der Arbeitgeber aus dringenden betrieblichen Erfordernissen Arbeitnehmer entlassen muss, darf er bei der Auswahl der zu Entlassenden den Wehrdienst eines Arbeitnehmers nicht zu dessen ungunsten berücksichtigen. Das Recht zur Kündigung aus wichtigem Grund bleibt allerdings unberührt, wobei die Einberufung zum Wehrdienst kein wichtiger Grund zur Kündigung ist (§ 2 Abs. 1 bis 3 ArbPlSchG). Für Zivildienstleistende gelten diese Vorschriften entsprechend (§ 78 ZDG).

g) Berufsausbildungsverhältnisse können nach Ablauf einer 3-mo- 30
natigen Probezeit von dem Ausbildenden nur noch aus wichtigem Grunde gekündigt werden (§ 15 Abs. 2 BBiG).

7. Außerordentliche Kündigung

a) Kündigungsgründe. Ein Anstellungsverhältnis kann – sowohl 31
durch den Arbeitnehmer als auch durch den Arbeitgeber – gemäß § 626 BGB jederzeit aus wichtigem Grunde ohne Einhaltung einer Kündigungsfrist gekündigt werden. Voraussetzung ist, dass

„Tatsachen vorliegen, aufgrund derer dem Kündigenden unter Berücksichtigung aller Umstände des Einzelfalls und unter Abwägung der Interessen beider Vertragsteile die Fortsetzung des Dienstverhältnisses bis zum Ablauf der Kündigungsfrist oder bis zu der vereinbarten Beendigung des Dienstverhältnisses nicht zugemutet werden kann“.

Im Gesetz ist das **Verhältnismäßigkeitsprinzip** bereits festgelegt. Eine außerordentliche Kündigung ist folglich nur zulässig, wenn alle anderen nach den jeweiligen Umständen des konkreten Falles möglichen und angemessenen milderen Mittel, das Arbeitsverhältnis fortzusetzen, erschöpft sind.[96] Die außerordentliche Kündigung kann insoweit nur als „unausweislich letzte Maßnahme“ für den Kündigungsberechtigten zulässig sein.[97] Regelmäßig muss auch bei außerordentlichen Kündigungen, sofern die zur Kündigung führende Situation überhaupt beseitigt werden kann, eine **Abmahnung** erfolgen. Insoweit gilt grundsätzlich dasselbe, was zur verhaltensbedingten ordentlichen Kündigung ausgeführt ist (vgl. Rn 12–13).

[96] BAG AP BGB § 626 Nr. 70 = NJW 1979, 322; ErfKomm/*Müller-Glöge* § 626 BGB Rn 44.

[97] BAG AP BGB § 626 Nr. 70 = NJW 1979, 332; MünchKommBGB/*Schwerdtner* Rn 39.

Nur dann, wenn im Einzelfall besondere Umstände vorgelegen haben, aufgrund derer eine Abmahnung als nicht Erfolg versprechend angesehen werden kann, ist eine Kündigungsandrohung nicht notwendig.[98] Bei besonders schweren Verstößen ist eine Abmahnung nicht erforderlich, weil der Arbeitnehmer wusste, dass er mit einer Billigung seines Verhaltens nicht rechnen konnte, und er hiermit bewusst seinen Arbeitsplatz aufs Spiel gesetzt hat.[99] Auch ein Fehlverhalten im sog. **Vertrauensbereich** rechtfertigt nicht immer die außerordentliche Kündigung ohne vorherige Abmahnung. Dies gilt allerdings nur dann, wenn der Arbeitnehmer mit vertretbaren Gründen annehmen konnte, sein Verhalten sei nicht vertragswidrig oder werde vom Arbeitgeber zumindestens nicht als den Bestand des Arbeitsverhältnisses gefährdend angesehen.[100] Entscheidend ist hierbei das Gewicht der Pflichtverletzung.[101]

32 Ob ein bestimmtes Verhalten des Arbeitnehmers oder ein sonstiger Umstand zur außerordentlichen Kündigung berechtigt, ist stets eine Frage des Einzelfalls. Hierbei ist die Interessenabwägung auch vom Grad des Verschuldens abhängig.[102] Bei der Abwägung ist nach der Rechtsprechung des Bundesgerichtshofs auch die Betriebszugehörigkeit zu beachten.[103] Dem Alter des Arbeitnehmers kommt jedoch ein entscheidendes Gewicht nicht zu.[104] Entsprechendes gilt auch für die Unterhaltspflichten, die zwar berücksichtigt werden sollten, aber nicht entscheidend sind.[105] Es ist sinnvoll, aber nicht unbedingt notwendig, den Arbeitnehmer vor Ausspruch der Kündigung anzuhören.[106] Etwas anderes gilt allerdings bei der sog. Verdachtskündigung; bei dieser ist die Anhörung zwingend erforderlich.[107]

33 Eine **Verdachtskündigung** liegt vor, wenn schon der nicht auszuräumende Verdacht einer strafbaren Handlung oder schwerwiegenden

---

[98] BAG AP BGB § 626 Nr. 116 = NJW 1994, 2783; BAG AP BetrVG 1972 § 102 Nr. 32 = NZA 1985, 69 = BB 1985, 1599; *v. Hoyningen-Huene/Linck* § 1 KSchG Rn 285.

[99] BAG AP BetrVG 1972 § 102 Nr. 32 = NZA 1985, 69 = BB 1985, 1599; BAG AP KSchG 1969 § 15 Nr. 42, BAG AP BGB § 626 Ausschlussfrist Nr. 65; ErfKomm/*Müller-Glöge* § 626 BGB Rn 49.

[100] BAG AP BGB § 626 Nr. 114 = NZA 1994, 443; BAG AP § 626 BGB Nr. 137 = NZA 1997, 1281; BAG EzA § 626 BGB Unkündbarkeit Nr. 7; ErfKomm/*Müller-Glöge* § 626 BGB Rn 49.

[101] BAG AP BGB § 626 Nr. 150; ErfKomm/*Müller-Glöge* § 626 BGB Rn 49.

[102] BAG AP BGB § 626 Nr. 104 = NZA 1992, 212 = NJW 1992, 1646; BAG AP § 626 BGB Nr. 151 = NZA 1999, 863 = NJW 1999, 3140; ErfKomm/*Müller-Glöge* § 626 BGB Rn 64.

[103] BAG AP BGB § 626 Nr. 81 = NZA 1995, 288; ErfKomm/*Müller-Glöge* § 626 BGB Rn 66; anderer Auffassung: *Tschöpe*, NZA 1985, 588, 590.

[104] BAG AP BetrVG 1972 § 102 Nr. 114 = NZA 1994, 443 = NJW 1994, 3032; ErfKomm/*Müller-Glöge* § 626 Rn 67.

[105] BAG AP BGB § 626 Nr. 191 = NZA 1989, 755; ErfKomm/*Müller-Glöge* § 626 BGB Rn 68.

[106] ErfKomm/*Müller-Glöge* § 626 BGB Rn 71; BAG AP BGB § 626 Nr. 63 = DB 1972, 1539; BAG AP BetrVG 1972 § 103 Nr. 9.

[107] BAG AP BetrVG 1972 § 102 Nr. 39 = NZA 1986, 674.

Pflichtverletzung das für die Fortsetzung des Arbeitsverhältnisses erforderliche Vertrauen in die Redlichkeit des Arbeitnehmers zerstört oder zu einer unerträglichen Belastung des Arbeitsverhältnisses geführt hat.[108] Eine solche Kündigung, die – auch gegenüber dem Betriebsrat – ausdrücklich als Verdachtskündigung bezeichnet werden muss, stellt einen eigenständigen Kündigungstatbestand dar.[109] Sie kann auch hilfsweise gegenüber einer Tatkündigung ausgesprochen werden, ist aber keinesfalls konkludent in einer Tatkündigung enthalten. Der Arbeitgeber muss insoweit alle zumutbaren Möglichkeiten zur Aufklärung des Sachverhalts unternommen haben.[110] Umgekehrt ist es aber ausreichend, wenn sich bei einer Verdachtskündigung die Pflichtverletzung später bestätigt; ist das Gericht von der Tatbegehung überzeugt, hat sich der Verdacht in seiner „schärfsten Form" erwiesen.[111]

In Einzelfällen kann eine Kündigung aus wichtigem Grunde mit **Auslauffrist** in Betracht kommen, wenn die ordentliche Kündigung tarifvertraglich oder einzelvertraglich ausgeschlossen ist, aber der Arbeitnehmer z. B. so erkrankt ist, dass er die vertragsgemäße Arbeit nicht mehr erbringen kann.[112] Eine solche Kündigung aus wichtigem Grunde mit Auslauffrist ist betriebsverfassungsrechtlich wie eine ordentliche Kündigung zu behandeln.[113] **34**

Auch bei einer „normalen" außerordentlichen Kündigung kann der Arbeitgeber eine sog. soziale Auslauffrist konzedieren, also die außerordentliche Kündigung nicht mit sofortiger Wirkung, sondern mit einer längeren, etwa einer der normalen Kündigungsfrist entsprechenden Frist aussprechen.

Wenn ein Arbeitnehmer aufgrund einzelvertraglicher oder aber tarifvertraglicher Grundlage ordentlich nicht kündbar ist, ist im Rahmen der Interessenabwägung nicht darauf abzustellen, ob es dem Arbeitgeber noch zumutbar ist, den Arbeitnehmer für eine der ordentlichen Kündigung entsprechende Frist zu beschäftigen, vielmehr ist auf die gesamte künftige Vertragsbindung abzustellen.[114] **35**

Eine außerordentliche Kündigung kann nur auf Umstände gestützt werden, die zum Zeitpunkt der Kündigung bereits objektiv vorhanden waren, und zwar ungeachtet davon, ob der Kündigende diese Gründe bei Ausspruch der Kündigung bereits kannte.[115] Zeitlich vor Ausspruch der **36**

---

[108] BAG BGB § 626 Verdacht strafbarer Handlung Nr. 23 = NZA 1992, 1121 = NJW 1992, 83 = BB 1992, 1860; ErfKomm/*Müller-Glöge* § 626 BGB Rn 209.

[109] BAG BGB § 626 Verdacht strafbarer Handlung Nr. 25 = NZA 1996, 81 = NJW 1996, 540 = BB 1995, 2655; Nr. 28; ErfKomm/*Müller-Glöge* § 626 BGB Rn 209.

[110] ErfKomm/*Müller-Glöge* § 626 BGB Rn 213.

[111] BAG NZA 2004, 307.

[112] BAG AP LPVG Nds § 28 Nr. 1; ErfKomm/*Müller-Glöge* § 626 BGB Rn 75.

[113] BAG AP BetrVG 1972 § 102 Nr. 100; BAG AP BAT § 54 Nr. 5 = NZA 2002, 1030 = NJW 2002, 2582 (LS); ErfKomm/*Müller-Glöge* § 626 BGB Rn 75.

[114] BAG AP BGB § 626 Nr. 83 = NZA 1985, 426 = NJW 1985, 1851; ErfKomm/*Müller-Glöge* § 626 BGB Rn 74.

[115] BAG AP BGB § 626 Nr. 26 = NZA 1988, 429 = BB 1988, 140; Nr. 50 = NJW 11963, 1267 = BB 1963, 189, 475 u. Nr. 65; ErfKomm/*Müller-Glöge* § 626 BGB Rn 77.

Kündigung entstandene Gründe können auch im Kündigungsschutzprozess noch **nachgeschoben** werden, wobei allerdings Gründe, die bereits vor Ausspruch der Kündigung bekannt waren und dem Betriebsrat nicht mitgeteilt worden sind, im Kündigungsprozess nicht verwertet werden können.[116] Werden dem Arbeitgeber im Zeitraum zwischen Unterrichtung des Betriebsrats und dem Ausspruch der Kündigung weitere Gründe bekannt, so ist auch bezüglich ihrer ein erneutes Anhörungsverfahren einzuleiten.[117] Auch sonstige, dem Arbeitgeber zum Zeitpunkt des Ausspruchs der Kündigung noch unbekannte Gründe können im Verfahren nur verwendet werden, wenn der Betriebsrat gemäß § 102 BetrVG beteiligt worden ist.[118]

Da es keine absoluten Kündigungsgründe gibt, können auch nicht etwa im Arbeitsvertrag bestimmte Gründe als für eine außerordentliche Kündigung ausreichend vereinbart werden. Es kommt stets darauf an, ob objektiv ein solcher Kündigungsgrund gegeben ist.

Zu den einzelnen in Betracht kommenden Kündigungsgründen für eine arbeitgeberseitige Kündigung ist auf die einschlägigen Kommentare zu verweisen.[119]

37 **b) Kündigungserklärungsfrist.** Von besonderer Bedeutung ist die in § 626 Abs. 2 BGB bestimmte 2-Wochen-Frist. Danach kann die Kündigung nur innerhalb von 2 Wochen von dem Zeitpunkt an, in dem der Kündigungsberechtigte von den für die Kündigung maßgebenden Tatsachen Kenntnis erlangt hat, ausgesprochen werden. Innerhalb dieser 2-Wochen-Frist muss erforderlichenfalls auch die Anhörung des Betriebsrats gemäß § 102 BetrVG erfolgen. Der Betriebsrat muss also so rechtzeitig beteiligt werden, dass er die in § 102 Abs. 2 S. 3 bestimmte 3-Tages-Frist einhalten kann.

Der Lauf der Frist beginnt mit dem Zeitpunkt, in dem der Kündigungsberechtigte von den für die Kündigung maßgebenden Tatsachen Kenntnis erlangt hat. Kündigungsberechtigter ist hierbei derjenige, der das Recht zur Erklärung der außerordentlichen Kündigung hat.[120] Die Kenntnis eines selbst nicht kündigungsberechtigten Dritten, etwa eines Vorgesetzten des Mitarbeiters, braucht sich der Arbeitgeber nur dann zurechnen zu lassen, wenn die Stellung dieses Vorgesetzten im Betrieb nach den Umständen erwarten lässt, er werde den Kündigungsberechtigten über den maßgeblichen Sachverhalt unterrichten.[121]

---

[116] BAG AP BetrVG 1972 § 102 Nr. 23; *Fitting* BetrVG § 102 Rn 44; ErfKomm/*Müller-Glöge* § 626 BGB Rn 79.

[117] ErfKomm/*Müller-Glöge* § 626 BGB Rn 80.

[118] BAG AP BetrVG 1972 § 102 Nr. 39 = NZA 1986, 674 und NZA 1987, 361 (*Schwerdtner*) = NJW 1986, 3159; BAG AP BGB § 626 Nachschieben von Kündigungsgründen Nr. 5 = NZA 1997, 1158; *Fitting* § 102 Rn 43; ErfKomm/*Müller-Glöge* § 626 BGB Rn 81.

[119] Vgl. etwa ErfKomm/*Müller-Glöge* § 626 BGB Rn 87 ff.; *Stahlhacke/Preis* Rn 625 bis 754.

[120] BAG AP BGB § 626 Ausschlussfrist Nr. 3; *Stahlhacke/Preis* Rn 850; ErfKomm/*Müller-Glöge* § 626 BGB Rn 256.

[121] ErfKomm/*Müller-Glöge* § 626 BGB Rn 258.

Sind zur Kündigung mehrere Personen nur gemeinschaftlich berechtigt, hat beispielsweise die Gesellschafterversammlung über die Kündigung zu beschließen, kommt es für den Beginn der Ausschlussfrist auf den Zeitpunkt an, in dem die ordnungsgemäß einberufene und zusammengetretene Gesellschafterversammlung in Kenntnis gesetzt worden ist.[122] Ein früherer Zeitpunkt, zu dem beispielsweise der Geschäftsführer Kenntnis erlangt hat, ist dann maßgeblich, wenn der Geschäftsführer nicht unverzüglich und ordnungsgemäß eine außerordentliche Gesellschafterversammlung einberufen hat.[123]

Der Kündigungsberechtigte darf allerdings die zur Aufklärung des Kündigungssachverhalts nach pflichtgemäßem Ermessen notwendig erscheinenden Maßnahmen durchführen, dies hat jedoch zügig zu geschehen.[124] Der Arbeitgeber ist insbesondere berechtigt, den Arbeitnehmer zur Aufklärung des Sachverhalts anzuhören.[125] **38**

Bei sog. **Dauertatbeständen**, in denen fortlaufend neue Tatsachen eintreten, beginnt die Ausschlussfrist nicht schon mit dem Zeitpunkt des Bekanntwerdens der ersten Pflichtverletzung – etwa bei länger währender unentschuldigter Abwesenheit –, sondern mit dem letzten Vorfall, der zum Anlass für die Kündigung genommen wird. [126]

Handelt es sich jedoch der Sache nach um einen Tatbestand, der nur noch fortwirkt, sind also die tatsächlichen Vorgänge, auf die die Kündigung gestützt wird, abgeschlossen, so ist auf diesen ersten Tatbestand abzustellen.[127]

Auch bei einer sog. (außerordentlichen) **Verdachtskündigung**, bei der nicht die Tat selbst, sondern die durch den bloßen Verdacht begründete Zerrüttung des Vertrauensverhältnisses maßgeblich ist, ist die Ausschlussfrist des § 626 Abs. 2 BGB anzuwenden.[128] Insoweit darf der Kündigungsberechtigte auch ein Ermittlungsverfahren der Staatsanwaltschaft abwarten, wobei ihn deren Entscheidung dann allerdings bindet, er also nur kündigen darf, wenn die Ermittlungen zu einem entsprechend negativen Ergebnis führen. Dies schließt allerdings nicht aus, dass eine Tatkündi- **39**

---

[122] BAG AP BGB § 626 Nr. 144 = NZA 1998, 997, 999 = NJW 1999, 234, 235; ErfKomm/*Müller-Glöge* § 626 BGB Rn 259.

[123] BAG AP BGB § 626 Nr. 144 = NZA 1998, 997, 999 = NJW 1999, 234, 235; BGH AP BGB § 626 Ausschlussfrist Nr. 41 = NZA 1998, 1005 = NJW 1998, 3274; ErfKomm/*Müller-Glöge* Rn 259.

[124] BAG AP BGB § 626 Ausschlussfrist Nr. 32 = NZA 1994, 409; BAG AP BetrVG 1972 § 102 Nr. 73 = NZA 1996, 419 = NJW 1996, 1556; ErfKomm/*Müller-Glöge* § 626 BGB Rn 264.

[125] BAG AP BGB § 626 Nr. 89 = NZA 1986, 95 = NJW 1986, 2271; ErfKomm/*Müller-Glöge* § 626 BGB Rn 266.

[126] BAG AP BGB § 626 Ausschlussfrist Nr. 4; ErfKomm/*Müller-Glöge* § 626 Rn 269.

[127] BAG AP BGB § 626 Ausschlussfrist Nr. 14 = NJW 1983, 2720; ErfKomm/*Müller-Glöge* § 626 BGB Rn 268.

[128] BAG AP BGB § 626 Ausschlussfrist Nr. 31 = NZA 1994, 171 = NJW 1994, 1675; BAG AP § 626 BGB Nr. 117 = NZA 1994, 934; ErfKomm/*Müller-Glöge* Rn 273.

gung ausgesprochen wird, wenn sich der Arbeitgeber aufgrund des Ermittlungsergebnisses davon überzeugt, dass der Arbeitnehmer die Tat begangen hat.[129]

Diese Ausschlussfrist kann weder ausgeschlossen noch einvernehmlich abgeändert werden.[130]

8. Schriftform und Zugang der Kündigung

40 Sowohl für Kündigungen, die der Arbeitgeber ausspricht, als auch für Kündigungen des Arbeitnehmers ist seit dem 1. 5. 2000 Schriftform erforderlich. Dies setzt voraus, dass die Kündigungserklärung vom Aussteller unterschrieben sein muss (§§ 623, 126 Abs. 1 BGB). Die Übermittlung per **Fax** ist nicht ausreichend.[131]

Auch die Übermittlung einer Kündigung per elektronischer Mail ist nach dem ausdrücklichen gesetzlichen Wortlaut (§ 623 S. 2 BGB) ausgeschlossen.

Es ist der **Zugang der Kündigung** zu beweisen. Hier empfiehlt es sich nicht, eine Kündigung als Einschreiben mit Rückschein auszusprechen, da dann, wenn das Kündigungsschreiben nicht dem Empfänger ausgehändigt wird, sondern nur eine Benachrichtigung durch die Mitarbeiter der Deutschen Post in den Briefkasten des Empfängers geworfen wird, das Kündigungsschreiben selbst nicht zugegangen ist. Der Erhalt der Kündigungserklärung sollte daher entweder von dem Kündigungsgegner schriftlich bestätigt werden, oder aber der Zugang der Kündigung sollte durch einen Boten, der als Zeuge für die Überbringung des Kündigungsschreibens zur Verfügung steht, überwacht werden. Hier empfiehlt es sich zusätzlich, dem Boten Kenntnis vom Inhalt des Schreibens zu geben, das er überbringt, damit insoweit vom Empfänger der Kündigung nicht erklärt werden kann, der Bote habe ein anderes Schreiben übermittelt.

41 Wird das Kündigungsschreiben durch einen **Vertreter** unterzeichnet, der nicht nach dem Handelsregister ohnehin zur alleinigen Vertretung des Arbeitgebers berechtigt ist, so sollte die Urschrift einer Vollmacht beigefügt werden. Ansonsten kann der Kündigungsempfänger, also zumeist der Arbeitnehmer, die Kündigung unverzüglich, also ohne schuldhaftes Zögern, zurückweisen (§§ 174, 121 BGB). Eine Zurückweisung ist allerdings dann ausgeschlossen, wenn der Vertreter den Empfänger des Schreibens von der Vollmacht in Kenntnis gesetzt hatte.[132] Dies kann dadurch geschehen, dass etwa durch Rundschreiben oder sonstige Bekanntmachungen bestimmte Mitarbeiter als kündigungsberechtigt bezeichnet werden. So gelten beispielsweise die Leiter der Personalabteilung als zur

---

[129] BAG AP BGB § 626 Ausschlussfrist Nr. 19 = NZA 1985, 623 = NJW 1985, 3094.

[130] BAG AP BGB § 626 Ausschlussfrist Nr. 6 = BB 1973, 943; ErfKomm/*Müller-Glöge* § 626 BGB Rn 280.

[131] ErfKomm/*Müller-Glöge* § 623 BGB Rn 22.

[132] BAG AP BGB § 174 Nr. 1 = NJW 1972, 1877; ErfKomm/*Müller-Glöge* § 620 BGB Rn 25.

Kündigung berechtigt, und zwar auch dann, wenn ihre Vollmacht im Innenverhältnis eingeschränkt ist.[133]

Wenn einer von zwei nur gemeinsam vertretungsberechtigten Geschäftsführern die Kündigung ausspricht, bedarf es der Vorlage einer entsprechenden Ermächtigung durch den Mit-Geschäftsführer.[134]

9. Kündigungsfristen

a) Gesetzliche Fristen. Die gesetzlichen Kündigungsfristen sind seit 1993 für Arbeiter und Angestellte gleich. Sie betragen für beide Vertragsparteien 4 Wochen zum 15. oder zum Ende eines Kalendermonats. In der Probezeit, längstens für die Dauer von 6 Monaten, kann das Arbeitsverhältnis beiderseits mit einer Frist von 2 Wochen gekündigt werden. 42

Für Kündigungen durch den Arbeitgeber verlängern sich die Kündigungsfristen jedoch bei längerer Zugehörigkeit des Arbeitnehmers zu dem Betrieb oder Unternehmen. Das Arbeitsverhältnis kann dann jeweils nur zum Ende eines Kalendermonats gekündigt werden, und zwar mit folgenden Fristen:
- mehr als 2 Jahre: 1 Monat
- mehr als 5 Jahre: 2 Monate
- mehr als 8 Jahre: 3 Monate
- mehr als 10 Jahre: 4 Monate
- mehr als 12 Jahre: 5 Monate
- mehr als 15 Jahre: 6 Monate
- mehr als 20 Jahre: 7 Monate.

Bei der Berechnung der Beschäftigungsdauer werden Zeiten vor Vollendung des 25. Lebensjahres des Arbeitnehmers nicht berücksichtigt (§ 622 Abs. 2 S. 2 BGB).

Für Kündigungen durch den Arbeitnehmer gelten diese Fristen nur dann, wenn dies etwa in folgender Form ausdrücklich im Arbeitsvertrag vereinbart ist:

Für Kündigungen durch den Arbeitnehmer gelten die für den Arbeitgeber jeweils maßgeblichen gesetzlichen Fristen entsprechend.

b) Tarifliche Fristen. In Tarifverträgen sind vielfach die Fristen abweichend vom Gesetz, teilweise kürzer, teilweise länger, geregelt. Dies ist nach § 622 Abs. 4 BGB zulässig, und zwar auch dann, wenn zwischen den Arbeitsvertragsparteien die Geltung eines Tarifvertrages vereinbart ist, aber eine gesetzliche Tarifbindung mangels Mitgliedschaft in den betreffenden Arbeitgeber- bzw. Arbeitnehmerverbänden nicht besteht (§ 622 Abs. 4 S. 2 BGB). 43

Bei älteren Tarifverträgen sind gelegentlich noch die seinerzeit geltenden gesetzlichen Kündigungsfristen, etwa die für Angestellte früher maß-

[133] BAG AP BGB § 174 Nr. 1 = NJW 1972, 1877 und Nr. 10 = NZA 1993, 307 = NJW 1993, 1286; ErfKomm/*Müller-Glöge* § 620 BGB Rn 25.

[134] BAG AP BGB § 174 Nr. 4 = NJW 1981, 2374; ErfKomm/*Müller-Glöge*, § 620 BGB Rn 26.

gebliche 6-wöchige Frist zum Ende eines Quartals, vereinbart. Insoweit ist dann mittels Tarifauslegung zu klären, ob eine originäre tarifvertragliche Bestimmung mit einer für den Arbeitnehmer insoweit günstigeren Regelung besteht, oder aber ob die Vorschrift rein deklaratorischer Art war, also nur die damalige Gesetzeslage festschreiben sollte.[135]

In Tarifverträgen ist ggf. auch eine unterschiedliche Kündigungsfrist für Arbeiter und Angestellte noch zulässig. Diese Differenzierung ist erlaubt, wenn hierfür sachliche Gründe maßgeblich sind.[136] Dies ist beispielsweise dann der Fall, wenn – etwa im Baugewerbe – bei Auftragsmangel oder schlechter Witterung die gewerblichen Arbeitnehmer nicht mehr beschäftigt werden können, während für die Angestellten noch Arbeitsmöglichkeiten im Büro bestehen.

44 **c) Vertragliche Fristen.** Einzelvertraglich können die gesetzlichen Fristen zu Lasten des Arbeitnehmers nur verändert werden, wenn er zur vorübergehenden Aushilfe eingestellt ist und nicht über mehr als 3 Monate beschäftigt wird oder wenn der Arbeitgeber in der Regel nicht mehr als 20 Arbeitnehmer außer Auszubildenden beschäftigt und eine Kündigungsfrist von 4 Wochen nicht unterschritten wird. Hierbei sind teilzeitbeschäftigte Arbeitnehmer mit einer regelmäßigen wöchentlichen Arbeitszeit von nicht mehr als 20 Std. mit 0,5 und von nicht mehr als 30 Std. mit 0,75 zu berücksichtigen (§ 622 Abs. 5 Nr. 1 u. 2 BGB).

Zulässig ist allerdings eine einzelvertragliche Bezugnahme auf einen für den Betrieb oder das Unternehmen fachlich und örtlich maßgeblichen Tarifvertrag, der kürzere Kündigungsfristen vorsieht, auch wenn Arbeitnehmer und/oder Arbeitgeber ansonsten nicht tarifgebunden sind (§ 622 Abs. 4 S. 2 BGB). Erlaubt ist natürlich, wenn der Einzelvertrag für den Arbeitnehmer günstigere Kündigungsfristen vorsieht.

45 Problematisch kann sein, wenn der Einzelvertrag auf der Basis der damaligen Gesetzeslage Kündigungsfristen angegeben hat. Hier gelten dieselben Grundsätze wie bei Tarifverträgen. Es kann also sein, dass eine derartige Regelung nur deklaratorische Bedeutung gehabt hat. Es empfiehlt sich jedoch dann, wenn die Absicht der Arbeitsvertragsparteien dahin geht, lediglich die kürzestmöglichen gesetzlichen Kündigungsfristen wiederzugeben, nicht die Fristen selbst im Arbeitsvertrag aufzuführen, da dies bei späteren Änderungen der Gesetzeslage zu Auslegungsproblemen führen kann. Es sollte vielmehr sinngemäß heißen:

Die Kündigungsfristen richten sich beiderseits nach den für Arbeitgeberkündigungen jeweils maßgeblichen gesetzlichen Kündigungsfristen.

Im Einzelfall kann es zweifelhaft sein, ob eine einzelvertragliche Frist günstiger als eine gesetzliche Frist ist. Dies gilt etwa dann, wenn im Ar-

---

135 BAG AP TVG § 1 Auslegung Nr. 133 = BB 1984, 723; BAG AP BGB § 622 Nr. 31 = NZA 1991, 803 = NJW 1991, 3168; ErfKomm/*Müller-Glöge* § 622 BGB Rn 49.

136 BAG AP BGB § 622 Nr. 31 = NZA 1991, 803 = NJW 1991, 3168; BAG AP BGB § 622 Nr. 42 = NZA 1994, 221 = NJW 1994, 1302 (LS); ErfKomm/*Müller-Glöge* § 622 BGB Rn 66.

beitsvertrag eine 6-wöchige Frist zum Ende eines Quartals vorgesehen ist, die gesetzliche Frist aber beispielsweise 2 Monate zum Ende eines Monats beträgt. Es kann dann im Einzelfall die gesetzliche oder die vertragliche Frist für den Arbeitnehmer günstiger sein. Das Bundesarbeitsgericht hat darauf abgestellt, dass die vertraglichen und die gesetzlichen bzw. tarifvertraglichen Vorschriften als Einheit miteinander verglichen werden müssen. Es ist zu prüfen, welche Regelung im Verlauf eines Kalenderjahres die längere Bindungsdauer gewährleistet, wobei Grundkündigungsfrist und alle Stufen der Verlängerung gesondert zu beurteilen sind.[137] Das Bundesarbeitsgericht hat hierbei für jeden denkbaren Beendigungszeitpunkt im Lauf eines Jahres überprüft, ob die einzelvertragliche oder aber die tarifliche bzw. gesetzliche Frist günstiger ist. Diese Regelung ist natürlich außerordentlich kompliziert, so dass im Einzelfall der Arbeitgeber gut beraten ist, generell die Anwendung der gesetzlichen oder aber jeweils einschlägigen tarifvertraglichen Vorschriften zu vereinbaren.

Ein Arbeitnehmer darf jedoch nicht länger als maximal 5½ Jahre an **46** den Arbeitsvertrag gebunden werden. Dies folgt aus § 624 BGB (höchstzulässige Vertragsdauer 5 Jahre zzgl. der Kündigungsfrist von 6 Monaten). Unzulässig ist auch die Vereinbarung längerer Kündigungsfristen für den Arbeitnehmer als die für den Arbeitgeber (§ 622 Abs. 6 BGB).

Auch können mittelbare Kündigungserschwerungen unzulässig sein. Dies gilt etwa dann, wenn bei einer Provisionszusage der Arbeitnehmer bei vorzeitiger Kündigung erhebliche Verdiensteinbußen erhalten würde und er somit mittelbar veranlasst werden könnte, nur zum Ablauf des jeweiligen Bemessungszeitraums, also etwa eines Kalenderjahres, zu kündigen.[138]

10. Beteiligung des Betriebsrates

a) Ordentliche Kündigung. Ist ein Betriebsrat vorhanden, so muss **47** dieser vor jeder Kündigung (auch einer Kündigung in der Probezeit!)[139] angehört werden (§ 102 BetrVG). Erfolgt die Kündigung jedoch auf Verlangen des Betriebsrates, ist eine nochmalige Anhörung nicht erforderlich.[140] Ein Aufhebungsantrag nach § 9 KSchG (s. hierzu Rn 54, 55) bedarf nicht der Anhörung des Betriebsrates.[141]

Der Arbeitgeber hat dem Betriebsrat die für ihn maßgeblichen[142] **Kündigungsgründe** sowie die **Art der beabsichtigten Kündigung** (or-

---

137 BAG AP BGB § 622 Nr. 59 = NZA 2000, 380 = NJW 2000, 1363.

138 BAG AP HGB § 87 Nr. 9 = NZA 1996, 1151 = NJW 1997, 541; ErfKomm/*Müller-Glöge* § 622 BGB Rn 103.

139 BAG NZA 1995, 24 = BB 1994, 1783; BAG NZA 1999, 477 = NJW 1999, 1653.

140 BAG NZA 1997, 1106 = NJW 1997, 3462.

141 *Lunk* NZA 2000, 807; *v. Hoyningen-Huene/Linck* § 9 KSchG Rn 46; ErfKomm/*Ascheid* § 9 KSchG Rn 24; a. A. KR/*Spilger* 5. Aufl. § 9 KSchG Rn 16 f. m. w. N.

142 BAG AP BetrVG 1972 § 102 Nr. 57 = NZA 1992, 38 = BB 1991, 2163 und Nr. 68 = NZA 1995, 363 = DB 1995, 477; ErfKomm/*Kania* § 102 BetrVG Rn 6.

dentliche oder außerordentliche) und den **Beendigungstermin** darzulegen. Wird der Betriebsrat nur zu einer außerordentlichen Kündigung angehört, kann eine Umdeutung in eine Anhörung zur ordentlichen Kündigung regelmäßig auch dann nicht erfolgen, wenn diese nach materiellem Kündigungsrecht zulässig wäre.[143] Etwas anderes gilt nur dann, wenn der Betriebsrat der außerordentlichen Kündigung ausdrücklich zugestimmt hat.[144] Der Arbeitgeber muss nicht nur die einzelnen Voraussetzungen für das Vorliegen einer betriebsbedingten Kündigung (s. hierzu Rn 3ff.), sondern auch die Erwägungen für die vorgenommene soziale Auswahl (Angabe der Sozialdaten aller vergleichbaren Mitarbeiter; vgl. Rn 5) darlegen.[145] Die Anhörung muss zwar nicht, sollte aber aus Beweisgründen (auch) schriftlich erfolgen. Es empfiehlt sich, die Anhörung recht ausführlich zu gestalten, weil eine fehlerhafte Anhörung – ohne Rücksicht auf das Vorliegen auch gravierender Kündigungsgründe – zur Nichtigkeit der Kündigung führt und allenfalls durch eine neue Kündigung – mit späterem Beendigungstermin – geheilt werden kann.

Mängel im Anhörungsverfahren, die in den Zuständigkeits- und Verantwortungsbereich des Betriebsrats fallen, wirken sich auf die Wirksamkeit der Kündigung nicht aus.[146] Erklärt jedoch etwa der Betriebsratsvorsitzende unmittelbar im Anschluss an die Unterrichtung ohne Kontaktaufnahme mit dem Betriebsrat, er stimme der Kündigung zu, so liegt kein ordnungsgemäßes Anhörungsverfahren vor.[147]

48 Reagiert der Betriebsrat innerhalb einer vollen Woche (Fristablauf an dem Wochentag, der seiner Bezeichnung nach dem Tag der Anhörung entspricht) nicht, gilt die Zustimmung zur Kündigung als erteilt (§ 102 Abs. 2 S. 2 BetrVG). Vor Ablauf der Wochenfrist darf der Arbeitgeber nur kündigen, wenn der Betriebsrat abschließend Stellung genommen hat.[148] Hat der Betriebsrat gegen die Kündigung Bedenken, so hat er diese schriftlich darzulegen (§ 102 Abs. 2 S. 1 BetrVG). Der Arbeitgeber kann auch in diesen Fällen gleichwohl kündigen. Nur in den in § 102 Abs. 3 BetrVG geregelten Sonderfällen kann der Betriebsrat förmlich „widersprechen"; in diesen Fällen hat der Arbeitgeber der Kündigung die Stellungnahme des Betriebsrates beizufügen (§ 102 Abs. 4 BetrVG). Das Widerspruchsrecht ist in folgenden Fällen gegeben:
- Nicht ausreichende Berücksichtigung sozialer Auswahlgesichtspunkte,
- Verstoß gegen eine Personalrichtlinie nach § 95 BetrVG,
- Möglichkeit der Weiterbeschäftigung auf einem anderen Arbeitsplatz in diesem oder einem anderen Betrieb des Unternehmens,

---

143 BAG AP BetrVG 1972 § 102 Nr. 15; BAG BGB AP § 626 Nr. 80 = NZA 1985, 286, 588 (Anm. *Tschöpe*) = NJW 1985, 1854; ErfKomm/*Kania* § 102 BetrVG Rn 5.

144 BAG AP BGB § 626 Nr. 80 = NZA 1985, 286, 588 (Anm. *Tschöpe*) = NJW 1985, 1854; ErfKomm/*Kania* § 102 BetrVG Rn 5.

145 BAG AP § BetrVG 1972 102 Nr. 31 = NZA 1984, 169 = NJW 1984, 2374 und Nr. 62 = NZA 1994, 311 = NJW 1994, 1365 (LS); ErfKomm/*Kania* § 102 BetrVG Rn 9.

146 BAG AP BetrVG 1972 § 102 Nr. 9 = NJW 1976, 1519.

147 BAG AP BetrVG 1972 § 102 Nr. 3 = NJW 1974, 1726.

148 ErfKomm/*Kania* § 102 BetrVG Rn 13.

- Möglichkeit der Weiterbeschäftigung nach zumutbaren Umschulungs- oder Fortbildungsmaßnahmen und
- Weiterbeschäftigung zu geänderten Vertragsbedingungen, sofern Arbeitnehmer diesen zustimmt.

In den vorgenannten Fallgruppen muss der Arbeitgeber den Arbeitnehmer auf sein Verlangen hin bis zum rechtskräftigen Abschluss eines vom Arbeitnehmer eingeleiteten Kündigungsschutzverfahrens einstweilen weiterbeschäftigen. Die Weiterbeschäftigung kann durch einstweilige Verfügung erzwungen werden, wobei der Arbeitgeber seinerseits durch einstweilige Verfügung von der Weiterbeschäftigungspflicht entbunden werden kann (§ 102 Abs. 5 Satz 2 BetrVG), wenn

- die Kündigungsschutzklage nicht hinreichend aussichtsreich oder sogar mutwillig erscheint,
- die Weiterbeschäftigung zu einer unzumutbaren Belastung des Arbeitgebers führen würde oder
- der Widerspruch des Betriebsrats offenkundig unbegründet war.

b) Außerordentliche Kündigung. Bei einer außerordentlichen Kündigung gelten dieselben Anforderungen an die Mitteilungspflicht des Arbeitgebers wie bei der ordentlichen Kündigung. Dem Betriebsrat steht hier nur eine Überlegungsfrist von 3 Tagen zu. **49**

c) Kündigung eines Betriebsratsmitgliedes. Soll ein – einem Sonderkündigungsschutz unterliegendes (s. § 23 Rn 26) – Betriebsratsmitglied gekündigt werden, muss der Arbeitgeber innerhalb der Frist des § 626 Abs. 2 BGB das **gerichtliche Zustimmungsersetzungsverfahren** nach § 103 Abs. 2 BetrVG einleiten. Wird die Zustimmung vom Gericht ersetzt, muss der Arbeitgeber unverzüglich nach Rechtskraft des Beschlusses die Kündigung aussprechen.[149] Die Kündigung kann erst nach rechtskräftiger bzw. unanfechtbarer Ersetzung des Beschlusses des Betriebsrates erklärt werden; vorher ist sie unheilbar nichtig.[150] **50**

II. Aufhebungsvereinbarungen

Aufhebungsvereinbarungen können, anders als früher, nur noch **schriftlich** erfolgen (§ 623 BGB). Die Anfechtung einer Aufhebungsvereinbarung nach § 123 BGB wegen Drohung (in der Regel mit ansonsten erfolgender außerordentlicher Kündigung) ist nur möglich, wenn ein verständiger Arbeitgeber eine außerordentliche Kündigung nicht ernsthaft in Erwägung gezogen hätte.[151] Das BAG wendet dieselben Grundsätze auch für die Drohung mit einer ordentlichen Kündigung an.[152] Allein der Zeit- **51**

---

149 BAG AP BetrVG § 103 Nr. 10 = NJW 1978, 661 = BB 1978, 43 und Nr. 12 = BB 1979, 1242.

150 BAG AP BetrVG 1972 § 103 Nr. 36 = NZA 1998, 1273 = NJW 1999, 444 in Abweichung von der früheren Rspr. AP BetrVG 1972 § 103 Nr. 12.

151 BAG AP BGB § 123 Nr. 16 = NJW 1970, 775; BAG NZA 1987, 91; BAG NZA 2002, 731 = NJW 2002, 2196.

152 NZA 1992, 1023; kritisch *Weber/Ehrich*, , NZA 1997, 414.

druck ist aber kein Anfechtungsgrund.[153] Gleichwohl empfiehlt sich aus praktischer Sicht gerade wegen der Gefahr einer Anfechtung durch den Arbeitnehmer nicht, den Arbeitnehmer einen Aufhebungsvertrag überstürzt und ohne Überlegungsfrist unterzeichnen zu lassen. In einzelnen Tarifverträgen ist eine entsprechende Überlegungs- oder Widerrufsfrist ausdrücklich vorgesehen. Auch durch Annahme einer – unwirksamen – außerordentlichen Kündigung der anderen Arbeitsvertragspartei kann eine Aufhebungsvereinbarung zustande kommen.[154] Das Recht auf Erhebung einer Klage zur Feststellung der Nichtigkeit einer Aufhebungsvereinbarung verwirkt nur im Ausnahmefall, der Arbeitnehmer kann auch erst einige Monate nach Anfechtung klagen (Schlussfolgerung aus § 124 BGB).[155]

Nach richtiger, allerdings nicht unstreitiger Auffassung unterliegen Aufhebungsverträge nicht dem (an eine Belehrung anschließenden 2-wöchigen) Widerrufsrecht für Verbraucherverträge der §§ 355, 312 BGB n. F.,[156] da der Arbeitnehmer, der mit seinem Arbeitgeber in oder außerhalb der Betriebsräume eine derartige Vereinbarung abschließt, diesem nicht als „Verbraucher" gegenübertritt. Höchstrichterlich oder obergerichtlich ist diese für die Praxis außerordentlich wichtige Frage noch nicht entschieden.

III. Befristung

52 Die Befristung eines Arbeitsverhältnisses bedarf regelmäßig eines gerechtfertigten Grundes (§ 14 des Teilzeit- und Befristungsgesetztes – TzBfG).[157] Wichtig ist, dass die Befristung des Arbeitsvertrages zu ihrer Wirksamkeit der Schriftform bedarf (§ 14 Abs. 4 TzBfG).

Der sachliche Grund liegt insbesondere vor, wenn
- nur ein vorübergehender betrieblicher Bedarf an der Arbeitsleistung besteht,
- die Befristung im Anschluss an eine Ausbildung oder ein Studium erfolgt und den Übergang in eine Anschlussbeschäftigung zu erleichtern,
- der Arbeitnehmer nur zur Vertretung eines anderen Arbeitnehmers beschäftigt wird,
- die eigene Art der Arbeitsleistung die Befristung rechtfertigt,
- die Befristung zur Erprobung erfolgt,
- in der Person des Arbeitnehmers liegende Gründe die Befristung rechtfertigen,

---

[153] BAG NZA 1994, 209 = NJW 1994, 1021; LAG Düsseldorf NZA 1993, 702.

[154] LAG Berlin NZA 1989, 968.

[155] BAG AP KSchG 1969 § 9 Nr. 30 = NZA 1997, 937 = NJW 1998, 331.

[156] BAG Urt. v. 27.11. 2003 – 2 AZR 177/03 –, LAG Hamm NZA-RR 2003, 401; *Bauer*, NZA 2002, 169, 171; vgl. dazu *Däubler*, NZA 2001, 1329, 1333 f.; a. A. *Natzel*, NZA 2002, 595 und – wenngleich mit der Aufforderung an den Gesetzgeber zu einer Änderung – *Hümmerich/Holthausen*, NZA 2002, 173, 178.

[157] Vgl. zu den Einzelheiten des Gesetzes u. a. *Knauer*, NZA 2000, 1039 und *Kliemt*, NZA 2001, 63 ff.

- [für ein Familienunternehmen unerheblich] der Arbeitnehmer aus nur befristet zur Verfügung stehenden Haushaltsmitteln vergütet wird oder
- die Befristung auf einem gerichtlichen Vergleich beruht.

Hierbei stellt das **allgemeine Beschäftigungsrisiko** in der Privatwirtschaft, also das Nichtvorhandensein von Aufträgen, in der Zeit nach Ablauf der Befristung für sich genommen noch **keinen** Befristungsgrund dar.[158]

Auch dann, wenn ein sachlicher Grund für eine Befristung nicht vorliegt, kann bei einer erstmaligen Einstellung eines Arbeitnehmers eine Befristung bis zur Dauer von 2 Jahren erfolgen, wobei bis zu dieser Gesamtdauer eine höchstens dreimalige Verlängerung eines kalendermäßig befristeten Arbeitsvertrages zulässig ist (§ 14 Abs. 2 S. 1 TzBfG). Eine solche Befristung – also eine ohne sachlich gerechtfertigten Grund – scheidet jedoch aus, wenn mit demselben Arbeitgeber (oder seinem Rechtsvorgänger) bereits zuvor ein befristetes oder unbefristetes Arbeitsverhältnis bestanden hat. Die weitere Gesetzesfassung führt dazu, dass es nicht darauf ankommt, wann dieses Arbeitsverhältnis bestanden hat. Auch der Umstand, dass beispielsweise vor Jahrzehnten der betreffende Arbeitnehmer einmal bei demselben Arbeitgeber oder seinem Rechtsvorgänger beschäftigt war, schließt somit eine erneute Befristung ohne sachlich gerechtfertigten Grund aus. **53**

Aufgrund der gesetzlichen Neuregelung zum 1. 1. 2004 ist eine bei Unternehmen in den ersten vier Jahren seit ihrer Gründung eine (auch mehrfache) Befristung des Arbeitsverhältnisses bis zur Gesamtdauer von vier Jahren zulässig. Dies gilt auch für Neugründungen im Zusammenhang mit der rechtlichen Umstrukturierung von Unternehmen und Konzernen (§ 14 Abs. 2 a TzBfG).

Ohne sachlich gerechtfertigen Grund ist eine Befristung bei Arbeitnehmern zulässig, wenn diese bei Beginn des Arbeitsverhältnisses das 58. Lebensjahr vollendet haben (§ 14 Abs. 3 TzBfG).

Möglich ist, eine Befristung mit einer – beiderseitigen – Kündigungsmöglichkeit zu koppeln. Es würde dann sinngemäß im Arbeitsvertrag heißen:

Der Arbeitnehmer wird für die Zeit bis zum ...... befristet eingestellt. Das Arbeitsverhältnis endet zu diesem Zeitpunkt, ohne dass es einer Kündigung bedarf. Beide Vertragsparteien sind berechtigt, das Anstellungsverhältnis vor Ablauf der Frist mit der jeweils für eine ordentliche Kündigung durch den Arbeitgeber maßgeblichen Frist zu kündigen.

Wird das Arbeitsverhältnis nach Ablauf des befristeten Zeitraums mit Wissen des Arbeitgebers (auch nur ganz kurzfristig) fortgesetzt, gilt es als auf unbestimmte Zeit verlängert, sofern der Arbeitgeber nicht unverzüglich widerspricht (§ 15 Abs. 5 TzBfG). **54**

Will ein Arbeitnehmer die Rechtsunwirksamkeit einer Befristung geltend machen, so muss er innerhalb von 3 Wochen nach dem vereinbarten

---

158 BAG AP BGB § 620 Befristeter Arbeitsvertrag Nr. 150 = NZA 1993, 1081 = DB 1993, 2599; ErfKomm/*Müller-Glöge* § 14 TzBfG Rn 36.

Ende des befristeten Arbeitsvertrages entsprechende Feststellungsklage bei dem Arbeitsgericht erheben (§ 17 S. 1 TzBfG).

IV. Auflösung des Arbeitsverhältnisses durch gerichtliche Entscheidung

1. Voraussetzungen einer Auflösung

55 In Fällen, in denen die Kündigungsschutzklage des Arbeitnehmers wegen der Sozialwidrigkeit der Kündigung Erfolg gehabt hätte, können jedoch sowohl Arbeitgeber als auch Arbeitnehmer den Antrag stellen, das Arbeitsverhältnis durch gerichtliche Entscheidung aufzulösen. Ein dahin gehender Antrag des Arbeitnehmers ist berechtigt, wenn dem Arbeitnehmer die Fortsetzung des Arbeitsverhältnisses nicht zuzumuten ist (§ 9 Abs. 1 S. 1 KSchG). Dies setzt voraus, dass im Rahmen des Kündigungsschutzverfahrens ein derartiges Begehren als sog. „unechter Eventualantrag" neben dem Antrag auf Feststellung der Unwirksamkeit der Kündigung gestellt wird.[159] Der Antrag kann bis zum Schluss der letzten mündlichen Verhandlung in der Berufungsinstanz gestellt (§ 9 Abs. 1 S. 3 KSchG) und zurückgenommen werden,[160] wobei auch nach mündlicher Verhandlung keine Zustimmung der Gegenseite erforderlich ist.[161] Wenn der Antrag Erfolg hat, beendet das Arbeitsgericht das Arbeitsverhältnis zu dem Zeitpunkt, zu dem es bei sozial gerechtfertigter Kündigung geendet hätte.[162]

Der Arbeitnehmer kann einen solchen Antrag auch stellen, wenn eine außerordentliche Kündigung unwirksam war oder wenn die Kündigung gegen die guten Sitten verstoßen hat, also ohnehin nichtig gewesen ist (§ 13 Abs. 1 u. 2 KSchG).

Der Arbeitgeber kann einen Auflösungsantrag nur stellen, wenn die Wirksamkeit einer Kündigung ausschließlich an der Sozialwidrigkeit der Kündigung gescheitert ist. Ist bei einem bestimmten Kündigungssachverhalt die Kündigung auch aus anderen Gründen – etwa wegen unzureichender Betriebsratsbeteiligung – unwirksam, ist ein solcher Auflösungsantrag für ihn nicht möglich.[163] Die für eine Auflösung sprechenden Tatsachen können sich aus einem Verhalten des Arbeitnehmers vor oder nach der Kündigung, insbesondere aber auch während des Prozesses, etwa durch eine völlig unsachgemäße Art der Führung des Kündigungsschutzprozesses, ergeben.[164]

---

[159] ErfKomm/*Ascheid* § 9 KSchG Rn 7.

[160] BAG AP KSchG 1951 § 7 Nr. 8; ErfKomm/*Ascheid* § 9 KSchG Rn 9; *v. Hoyningen-Huene/Linck* § 9 KSchG Rn 27.

[161] BAG AP KSchG 1969 § 9 Nr. 5; ErfKomm/*Ascheid* § 9 KSchG Rn 9; a. A. *v. Hoyningen-Huene/Linck* § 9 KSchG Rn 29.

[162] ErfKomm/*Ascheid* § 9 KSchG Rn. 11 u. 33 m. w. N.; BAG AP § KSchG 1969 Nr. 10; *v. Hoyningen-Huene/Linck* § 9 KSchG Rn 58.

[163] BAG AP BetrVG 1972 § 102 Nr. 53; BAG AP § 14 KSchG 1969 Nr. 3 u. § 9 Nr. 24; *v. Hoyningen-Huene/Linck* § 9 KSchG Rn 15; ErfKomm/*Ascheid* § 9 KSchG Rn 18.

[164] BAG AP KSchG 1951 § 1, Nr.. 56; *v. Hoyningen-Huene/Linck* § 9 KSchG Rn 39 a; ErfKomm/*Ascheid* § 9 KSchG Rn 22.

Die Tatsachen, die einen Auflösungsantrag rechtfertigen, müssen dem Betriebsrat nicht im Rahmen der Anhörung vorgetragen werden.[165]

2. Höhe der Abfindung

Die Höhe der Abfindung richtet sich nach § 10 KSchG. Danach ist ein Betrag von bis zu 12 Monatsverdiensten, bei Arbeitnehmern über 50 Jahre und einer Betriebszugehörigkeit von mindestens 15 Jahren ein Betrag von bis zu 15 Monatsverdiensten sowie bei Arbeitnehmern, die das 55. Lebensjahr vollendet haben und deren Arbeitsverhältnis mindestens 20 Jahre bestanden hat, ein Betrag von bis zu 18 Monatsverdiensten festzusetzen. Diese Erhöhung greift allerdings dann nicht, wenn der Arbeitnehmer das für die Regelaltersgrenze bezeichnete Lebensalter erreicht hat. **56**

In der Praxis hat sich eingebürgert, dass zur Bemessung alle laufenden Leistungen, die Entgeltcharakter haben, also auch Zulagen, Tantiemen, Gratifikationen und Urlaubsgelder, einbezogen werden und der Bruttoverdienst zugrunde gelegt wird.[166]

Gesetzlich festgeschriebene Bemessungsfaktoren gibt es nicht, die Praxis neigt jedoch dazu, in Regelfällen ½ Bruttomonatsgehalt pro Beschäftigungsjahr als Abfindung festzusetzen, wobei Abweichungen nach unten und oben (etwa bei einer grob sozialwidrigen Kündigung) erfolgen können.

Sehr häufig wird anstelle einer gerichtlichen Entscheidung eine vergleichsweise Regelung zwischen den Arbeitsvertragsparteien vorgenommen, die in analoger Anwendung der §§ 9, 10 KSchG ein Ausscheiden gegen eine Abfindung vorsieht.

Für den wenig praktischen Sonderfall eines Arbeitgeberangebots auf Zahlung einer Abfindung bei Verzicht auf die Erhebung einer Kündigungsschutzklage gegen eine betriebsbedingte Kündigung ist ein halber Monatsverdienst vorgeschrieben (s. auch § 23 Rn 7).

3. Steuerliche und sozialversicherungsrechtliche Behandlung

Abfindungen sind **Einkünfte aus nichtselbständiger Tätigkeit** und im Rahmen des § 3 Nr. 9 EStG steuerbegünstigt. Die Freibeträge belaufen sich nunmehr auf 7200 €, wobei bei älteren Arbeitnehmern entsprechend der Staffel des § 10 KSchG 9000 € (älter als 50 Jahre und Betriebszugehörigkeit mindestens 15 Jahre) bzw. 11 000 € (älter als 55 Jahre und Betriebszugehörigkeit mindestens 20 Jahre) steuer- und sozialversicherungsfrei sind. Die Steuerbegünstigung tritt nur ein, wenn die Auflösung des Arbeitsverhältnisses vom Arbeitgeber veranlasst worden ist und die Abfindung wegen der Auflösung gezahlt wird.[167] **57**

Es sollte stets nur eine **Bruttoabfindung** vereinbart werden, da sich die Auswirkungen einer Nettoabfindung für den Arbeitgeber als sehr

[165] Vgl. oben § 23 Rn 46.

[166] ErfKomm/*Ascheid* § 10 KSchG Rn 3 u. 4 m. w. N.; *v. Hoyningen-Huene/Linck* § 10 KSchG Rn 5, 7.

[167] *Hümmerich*, NZA 1999, 342; ErfKomm/*Ascheid* § 10 KSchG Rn 16.

schwer vorauszusehen darstellen, jedenfalls dann, wenn die gegebenen Freibeträge mit Sicherheit überschritten sind.

Abfindungen sind generell **nicht sozialversicherungspflichtig**, sofern sie nicht verdeckt rückständiges Arbeitsentgelt enthalten.[168] Wird die Abfindung innerhalb eines Veranlagungszeitraumes gezahlt, können die Abfindungen den ermäßigten Steuersätzen gem. §§ 24, 34 EStG unterliegen.[169]

Die sog. **Fünftelungsregelung** (§ 34 Abs. 1 EStG) führt dazu, dass die Progression auf einen längeren Zeitraum verteilt wird und derjenige Anteil der Abfindung, der steuerpflichtig ist, so behandelt wird, als würde jeweils $^1/_5$ der Abfindung in den nächsten 5 Jahren der Besteuerung zu unterwerfen sein.[170]

V. Nachvertragliches Wettbewerbsverbot

58 Ein nachvertragliches Wettbewerbsverbot bedarf nach §§ 74 HGB, 110 GewO der Schriftform und der Aushändigung der vom Arbeitgeber unterzeichneten, die vereinbarten Bestimmungen enthaltenden Urkunde an den Arbeitnehmer. Das Wettbewerbsverbot ist nur dann verbindlich, wenn der Arbeitgeber sich verpflichtet, für die Dauer des Verbots eine Entschädigung zu zahlen, die für jedes Jahr des Verbots mindestens die Hälfte der von dem Arbeitnehmer zuletzt bezogenen vertragsmäßigen Leistungen erreicht (§ 74 Abs. 1 u. 2 HGB). Ein Wettbewerbsverbot ist insoweit unverbindlich, als es nicht zum Schutz eines berechtigten geschäftlichen Interesse des Arbeitgebers dient und soweit es „unter Berücksichtigung einer gewährten Entschädigung nach Ort, Zeit und Gegenstand eine unbillige Erschwerung des Fortkommens" des Arbeitnehmers enthält (§ 74 a Abs. 1 S. 1 u. 2 HGB). Das Verbot kann maximal für einen Zeitraum von 2 Jahren vereinbart werden.

59 Die als **„Karenzentschädigung"** zu gewährende Leistung ist jeweils am Ende eines Monats fällig. Erhält der Arbeitnehmer Provisionen oder andere wechselnde Bezüge, ist für die Berechnung der Entschädigung der Durchschnitt der letzten 3 Jahre zugrunde zu legen (§ 74 b Abs. 2 HGB). Der Arbeitnehmer muss sich auf die Entschädigung das anrechnen lassen, was er während des Zeitraums, für den die Entschädigung gezahlt wird, durch anderweitige Verwertung seiner Arbeitskraft erwirbt oder zu erwerben böswillig unterlässt (§ 74 c Abs. 1 S. 1 1. HS HGB). Anzurechnen sind diese Einkünfte jedoch nur dann, wenn die Entschädigung unter Einbeziehung der anderweitig erzielten oder erzielbaren Einkünfte den Betrag der letzten vertragsmäßigen Leistung um mehr als $^1/_{10}$ übersteigt. Die Anrechnung erfolgt also dann, wenn der Arbeitnehmer aus der anderweitigen Tätigkeit mehr als 110 % der letzten Vergütung erhält. Bei einem Wohnsitzwechsel sind dies sogar 125 % (§ 74 Abs. 1 S. 2 HGB).

---

[168] BAG AP KSchG 1969 § 10 Nr. 6 = NZA 1989, 271 = NJW 1989, 1381; *v. Hoyningen-Huene/Linck* Rn 31; ErfKomm/*Ascheid* § 10 KSchG Rn 16.

[169] *Wisskirchen* NZA 1999, 405; *Schaub* Arbeitsrecht § 141 Rn 35, 136.

[170] Vgl. das Rechenbeispiel bei *Schaub* Arbeitsrecht § 141 Rn 36.

Der Arbeitgeber kann der Verpflichtung zur Karenzentschädigung dadurch entgehen, dass er vor der Beendigung des Dienstverhältnisses durch schriftliche Erklärung auf das Wettbewerbsverbot **verzichtet**. Dieser Verzicht wird ein Jahr nach der entsprechenden Erklärung wirksam, während der Arbeitnehmer mit sofortiger Wirkung von der Unterlassungsverpflichtung befreit wird.[171]

Löst der Arbeitnehmer das Arbeitsverhältnis wegen eines vertragswid- **60**
rigen Verhaltens des Arbeitgebers auf, so wird das Wettbewerbsverbot unwirksam, wenn der Arbeitnehmer vor Ablauf eines Monats nach der Kündigung schriftlich erklärt, dass er sich an die Vereinbarung über das Wettbewerbsverbot nicht für gebunden erachtet (§ 75 Abs. 1 HGB). Kündigt der Arbeitgeber, wird das Wettbewerbsverbot unwirksam, es sei denn, dass für die Kündigung ein „erheblicher Anlass in der Person" des Arbeitnehmers vorliegt oder dass der Arbeitgeber sich bei der Kündigung bereit erklärt, während der Dauer der Beschränkung dem Arbeitnehmer die vollen zuletzt von ihm bezogenen vertragsmäßigen Leistungen zu gewähren (§ 75 Abs. 2 HGB).

---

[171] BAG AP HGB § 75 a Nr. 4 = NJW 1987, 2768 = NZA 1987, 453; ErfKomm/*Schaub* § 75 a HGB Rn 6, 7.

§ 24 Arbeitnehmerhaftung

Übersicht

	Rn		Rn
I. Haftung gegenüber dem Arbeitgeber	1	III. Haftung gegenüber Dritten	5
II. Haftung gegenüber Arbeitskollegen	4	IV. Ersatzpflichten gegenüber der gesetzlichen Sozialversicherung	6

I. Haftung gegenüber dem Arbeitgeber

1 Die Rechtsprechung des Bundesarbeitsgerichts hat für die Arbeitnehmerhaftung – ursprünglich nur für den Bereich der sog. „gefahrgeneigten Arbeit", inzwischen aber für alle Tätigkeitsbereiche – gegenüber dem allgemeinen Haftungsrecht des BGB Erleichterungen entwickelt.[1] Diese lassen sich wie folgt zusammenfassen:

- Bei **grober Fahrlässigkeit** haftet der Arbeitnehmer allein, wobei das Bundesarbeitsgericht auch hier im Einzelfall eine Abwägung unter Berücksichtigung sozialer Gesichtspunkte vornimmt.[2]
  Grobe Fahrlässigkeit liegt vor, wenn der Arbeitnehmer „die im Verkehr erforderliche Sorgfalt nach den gesamten Umständen in einem ungewöhnlich hohen Grad verletzt und dasjenige unbeachtet gelassen hat, was im gegebenen Fall jedem hätte einleuchten müssen".[3]

2 • Bei **normaler Fahrlässigkeit** (leichte oder mittlere Fahrlässigkeit bzw. Verschulden) erfolgt eine Schadensteilung unter Berücksichtigung der Gesamtumstände von Schadensanlass und Schadensfolgen nach Billigkeits- und Zumutbarkeitsgrundsätzen.[4]
  In diesem Rahmen sind unterschiedlichste Faktoren zu berücksichtigen, etwa die Gefahrgeneigtheit der Arbeit[5] und die Möglichkeit des Abschlusses einer Haftpflichtversicherung durch den Arbeitgeber mit der Folge, dass der Arbeitnehmer nur in Höhe der Selbstbeteiligung haftet, die beim Abschluss einer Kaskoversicherung zu vereinbaren gewesen wäre.[6]

---

[1] BAG AP BGB § 611 Haftung des Arbeitnehmers Nr. 101 = NZA 1993, 547 = NJW 1993, 1732 (Vorlagebeschluss des Großen Senats); BGH AP BGB § 611 Haftung des Arbeitnehmers Nr. 102; BAG AP BGB § 611 Haftung des Arbeitnehmers Nr. 103 = NZA 1994, 1083 = NJW 1995, 210; *Schaub/Linck* Arbeitsrecht § 52 Rn 42 bis 88; ErfKomm/*Preis* § 619 a BGB Rn 7 bis 21.

[2] BAG NZA 1990, 97 = NJW 1990, 468; NZA 1998, 140 = NZV 1997, 352; NZA 1997, 310 = NJW 1998, 1810; NZA 1999, 263 = NJW 1999, 966; ErfKomm/*Preis* § 619 a BGB Rn 15.

[3] BAG AP § 611 BGB Haftung des Arbeitnehmers Nr. 82.

[4] ErfKomm/*Preis* § 619 a BGB Rn 16 m. w. N.

[5] BAG AP § 611 BGB Haftung des Arbeitnehmers Nr. 106 = NZA 1995, 565 = NJW 1995, 3204.

[6] BAG AP § 611 BGB Haftung des Arbeitnehmers Nr. 92 = NZA 1988, 584 = NJW 1988, 2820; ErfKomm/*Preis* § 619 a BGB Rn 16.

- Bei **leichtester Fahrlässigkeit** tritt eine Haftung des Arbeitnehmers nicht ein.[7] 3

II. Haftung gegenüber Arbeitskollegen

Gegenüber Arbeitskollegen haftet der Arbeitnehmer für Personenschäden gemäß §§ 105 ff. SGB VII nur eingeschränkt. Nach § 105 Abs. 1 S. 1 SGB VII ist die Haftung für Personenschäden (einschließlich Schmerzensgeld) ausgeschlossen, es sei denn, der Arbeitnehmer habe **vorsätzlich** gehandelt oder aber der Arbeitsunfall habe sich bei der Teilnahme am **allgemeinen Verkehr** ereignet. Vorsatz wird in der Rechtsprechung nur angenommen, wenn der Schädiger den Arbeitsunfall gewollt oder für den Fall seines Eintritts gebilligt hat.[8] Bezüglich des Sachschadens besteht eine Haftung wie gegenüber Dritten.[9] Der Arbeitnehmer hat allerdings gegenüber dem Arbeitgeber einen Freistellungsanspruch insoweit, wie er von der Schadensersatzforderung freigestellt würde, wenn der Schaden zwischen den Arbeitsvertragsparteien selbst verteilt worden wäre.[10] 4

III. Haftung gegenüber Dritten

Auch hier besteht eine Haftung nach allgemeinen Grundsätzen, aber ggf. mit einem Anspruch auf vollständige oder teilweise Freistellung von derartigen Ansprüchen gegenüber dem Arbeitgeber.[11] 5

IV. Ersatzpflichten gegenüber der gesetzlichen Sozialversicherung

Nach § 110 SGB VII haften Personen, deren Haftung nach §§ 104 bis 107 SGB VII beschränkt ist, jedoch dem Sozialversicherungsträger für die diesem entstandenen Aufwendungen bis zur Höhe des zivilrechtlichen Schadensersatzanspruchs, wenn sie den Schaden **vorsätzlich** oder **grob fahrlässig** herbeigeführt haben. Dies betrifft also sowohl den Arbeitgeber in Fällen, in denen seine Mitarbeiter durch sein Verschulden verletzt werden, als auch den Arbeitnehmer, der andere Arbeitnehmer verletzt. Die Sozialversicherungsträger können nach billigem Ermessen, insbesondere unter Berücksichtigung der wirtschaftlichen Verhältnisse des Betroffenen, auf diesen Ersatzanspruch ganz oder teilweise verzichten. 6

---

[7] ErfKomm/*Preis* § 619 a BGB Rn 17.

[8] BAG NZA 2003, 436 in Fortführung seiner Rechtsprechung zu §§ 636, 637 RVO.

[9] ErfKomm/*Preis* § 619 a BGB Rn 22, 23 ff.

[10] BAG AP RVO §§ 898, 899 Nr. 4 = NJW 1958, 235 mit Anm.: NLW 1958, 235, 1086; 1959, 1408, 1713, 2194; ErfKomm/*Preis* § 619 a BGB Rn 69, 22.

[11] BGH AP BGB § 611 Haftung des Arbeitnehmers Nr. 99 = NZA 1990, 100 = NJW 1989, 3273; BGH AP BGB § 611 Haftung des Arbeitnehmers Nr. 104 = NJW 1994, 852.

§ 25 Betriebliche Mitbestimmung

Übersicht

	Rn
I. Gründung und Aufgaben des Betriebsrates	1
1. Betriebsratsfähigkeit	1
2. Betriebsratswahlen	2
a) Wahlberechtigung	2
b) Vorbereitung der Wahl	5
c) Wahlverfahren	6
d) Kleinbetriebe	7
e) Anfechtung der Wahl	8
3. Gesamt- und Konzernbetriebsrat	9
4. Jugendvertretung	10
5. Rechte der Betriebsratsmitglieder	11
6. Innere Organisation des Betriebsrates	12
7. Grundsätze der Zusammenarbeit	13
8. Allgemeine Aufgaben des Betriebsrates	14
9. Wirtschaftsausschuss	15
10. Europäischer Betriebsrat	16
II. Mitwirkungsrechte des Betriebsrates nach dem BetrVG	17
1. Überblick	17
2. Betriebsvereinbarungen	18
a) Abschluss	18
b) Inhalt	19
c) Billigkeitskontrolle	21
d) „Normative Wirkung“	22
e) „Ablösende Betriebsvereinbarung“	24
f) Kündigung	25
3. Einigungsstelle	26
4. Mitbestimmung in sozialen Angelegenheiten	27
a) Erzwingbare Mitbestimmung	27
b) Freiwillige Betriebsvereinbarungen	28
c) Sonstige Aufgaben des Betriebsrates	29
5. Mitbestimmung bei personellen Maßnahmen	30
a) Allgemeine personelle Angelegenheiten	30
b) Personelle Einzelmaßnahmen	31
6. Wirtschaftsausschuss	35
7. Betriebsänderungen	38
a) Interessenausgleich	38
b) Sozialplan	40
c) Nachteilsausgleich	44
III. Sprecherausschuss der leitenden Angestellten	45
IV. Mitbestimmung des Betriebsrates außerhalb des Betriebsverfassungsgesetzes	46

Schrifttum: *Peter Pulte*, Beteiligungsrechte des Betriebsrats außerhalb der Betriebsverfassung, NZA 2000, 234 ff.; *Hermann Reichhold*, Die reformierte Betriebsverfassung 2001, NZA 2001, 857 ff.; *Reinhard Richard*, Veränderungen in der Organisation der Betriebsverfassung nach dem Regierungsentwurf zur Reform des BetrVG, NZA 2001, 346 ff.; *Bernd Schiefer*, und *Walter Korte*, Der Referentenentwurf eines Gesetzes zur Reform des Betriebsverfassungsgesetzes NZA 2001, 71 ff.; *Bernd Schiefer*, und *Walter Korte*, Die Durchführung von Betriebsratswahlen nach neuem Recht, NZA 2002, 57 ff., 113 ff.

I. Gründung und Aufgaben des Betriebsrates

1. Betriebsratsfähigkeit

1 Nach § 1 BetrVG werden in Betrieben mit in der Regel mindestens 5 ständigen wahlberechtigten Arbeitnehmern, von denen 3 wählbar sind,

Betriebsräte gebildet. Wahlberechtigt sind alle Arbeitnehmer, die das 18. Lebensjahr vollendet haben (§ 7 BetrVG). Wählbar sind alle Wahlberechtigten, die 6 Monate dem Betrieb angehören (§ 8 Abs. 1 S. 1 BetrVG)

Die Betriebsratsgröße hängt von der Größe des Betriebes ab. Bei 5 bis 20 Wahlberechtigten ist eine Person, z. B. bei 21 bis 50 Wahlberechtigten sind 3 Mitglieder, bei Betrieben mit 7.001 bis 9.000 Arbeitnehmern 35 Mitglieder und bei größeren Betrieben für jeweils weitere 3.000 Arbeitnehmer 2 zusätzliche Mitglieder zu wählen (§ 9 BetrVG).

Arbeiter und Angestellte (Definition in § 6 BetrVG a. F., § 133 Abs. 2 SGB VI) müssen nicht mehr entsprechend ihrem zahlenmäßigen Verhältnis im Betriebsrat vertreten sein (so aber § 10 Abs. 1 BetrVG a. F.).

2. Betriebsratswahlen[1]

a) Wahlberechtigung. Betriebsratswahlen finden **alle 4 Jahre** in der 2
Zeit vom 1. 3. bis 31. 5. statt (§ 13 BetrVG). Bei erheblichen Schwankungen in der Zahl der Beschäftigten oder der Betriebsratsmitglieder erfolgen vorzeitig Neuwahlen (§ 13 Abs. 2 BetrVG). Die Wahl setzt voraus, dass im Betrieb (oder einem gemeinsam geführten Betrieb eines Unternehmens) ständig mindestens 5 wahlberechtigte Mitarbeiter vorhanden sind (§ 1 BetrVG). Hierbei besteht für das Vorliegen eines gemeinschaftlichen Betriebes eine widerlegliche Vermutung, wenn

- zur Verfolgung arbeitstechnischer Zwecke Betriebsmittel und Arbeitnehmer gemeinsam eingesetzt werden oder
- eine Unternehmensspaltung vorliegt, ohne dass sich dabei die Organisation des Betriebes wesentlich ändert (§ 1 Abs. 2 BetrVG).

Bei der Errechnung der Zahl der Mitarbeiter (auch bezüglich der Wahl- 3
berechtigung, Wählbarkeit und ihrer Vertretung durch den Betriebsrat) nicht mitgezählt werden nach § 5 BetrVG u. a. folgende Personengruppen:

- Bei juristischen Personen die zu ihrer Vertretung berufenen **Organmitglieder**,
- bei Personengesellschaften die durch Gesetz, Satzung oder Gesellschaftsvertrag **zur Vertretung der Gesellschaft Berufenen**, also insbesondere regelmäßig die persönlich haftenden Gesellschafter einer oHG oder einer KG,
- **Ehegatten, Lebenspartner, Verwandte oder Verschwägerte** ersten Grades (insbesondere also Kinder und Schwiegerkinder), die mit dem Arbeitgeber in häuslicher Gemeinschaft leben und
- leitende Angestellte.

Der Begriff des **„leitenden Angestellten"** im Bereich des Betriebsver- 4
fassungsrechts ist ungewöhnlich (und unnötig) kompliziert ausgestaltet. Hierzu zählt nach § 5 Abs. 3 BetrVG derjenige, der

- zur **selbständigen Einstellung und Entlassung** von Arbeitnehmern berechtigt ist,

[1] Zur Betriebsratswahl nach neuem Recht s. *Schiefer/Korte*, NZA 2002, 57 ff. und 113 ff.

- **Generalvollmacht** oder eine nicht unbedeutende **Prokura** hat oder
- regelmäßig für Bestand und Entwicklung des Unternehmens **bedeutsame Aufgaben** wahrnimmt und deren Erfüllung besondere Erfahrungen und Kenntnisse voraussetzt, wenn er seine Entscheidung im Wesentlichen frei von Weisungen trifft oder sie maßgeblich beeinflusst.

Zur Bestimmung der letztgenannten Gruppe gibt § 5 Abs. 4 BetrVG dann wiederum eine Auslegungshilfe. Im Zweifel ist hiernach – in folgender Reihenfolge – leitender Angestellter nach dieser Vorschrift, wer
- aus Anlass der letzten Wahl zu Arbeitnehmervertretungsorganen oder durch gerichtliche Entscheidung den leitenden Angestellten zugeordnet worden ist,
- einer Leitungsebene angehört, deren andere Mitglieder leitende Angestellte sind,
- eine für leitende Angestellte im Unternehmen übliche Vergütung erhält oder
- (bei Zweifeln über das letztgenannte Kriterium) ein Einkommen von mehr als dem Dreifachen der jährlich festzusetzenden Bezugsgröße nach § 18 SGB IV erhält; dies entspricht zurzeit (2004) einem Jahreseinkommen von mehr als 86 940 €.

5 **b) Vorbereitung der Wahl.** Zur Vorbereitung und Durchführung der Wahl ist ein Wahlvorstand zu bilden. Die Mitglieder des Wahlvorstandes – wie die Betriebsratsmitglieder – genießen einen erhöhten Kündigungsschutz (vgl. § 103 BetrVG, § 15 KSchG; s. § 23 Rn 26). Dieser Schutz führt zur Unzulässigkeit der ordentlichen Kündigung. Bestand im Betrieb bereits ein Betriebsrat, so bestellt dieser spätestens 10 Wochen vor Ablauf seiner Amtszeit einen Wahlvorstand (§ 16 Abs. 1 BetrVG). Ist 8 Wochen vor Ablauf der Amtszeit noch kein Wahlvorstand gebildet, so hat ihn das Arbeitsgericht auf Antrag von mindestens 3 Arbeitnehmern oder einer im Betrieb vertretenen Gewerkschaft zu bilden (§ 16 Abs. 2 BetrVG). In Betrieben, die bisher keinen Betriebsrat hatten, aber zu einem Unternehmen oder Konzern gehören, in denen ein Gesamt- oder Konzernbetriebsrat vorhanden ist, wird der Wahlvorstand von diesen eingesetzt (§ 17 Abs. 1 BetrVG). Andernfalls wird der Wahlvorstand auf einer Wahlversammlung gewählt, zu der drei wahlberechtigte Arbeitnehmer oder eine im Betrieb vertretene Gewerkschaft einladen können (§ 17 Abs. 3 BetrVG). Dies bedeutet, dass letztlich die Wahl erzwungen werden kann, wenn nur ein einziger gewerkschaftsangehöriger Mitarbeiter (oder seine Gewerkschaft) dies wünscht. Findet keine Betriebsversammlung statt oder wird – etwa mangels Interesses der Arbeitnehmer – kein Wahlvorstand gewählt, so ist auf Antrag von mindestens drei Mitarbeitern oder einer im Betrieb vertretenen Gewerkschaft vom Arbeitsgericht ein Wahlvorstand zu bestellen (§ 17 Abs. 4 BetrVG).

Die Wahl erfolgt **geheim** und **unmittelbar**, und zwar nach den Grundsätzen der **Verhältniswahl**, bei nur einem Wahlvorschlag in Mehrheitswahl (§ 14 Abs. 1 BetrVG), wobei die Zusammensetzung des Betriebsrats möglichst nach Beschäftigungsarten und Geschlechtern entsprechend ihrem zahlenmäßigen Verhältnis erfolgen soll (§ 15 BetrVG). Wahlberechtigt sind alle im Betrieb tätigen Arbeitnehmer, die das 18. Lebensjahr vollendet haben. Im Rahmen einer Arbeitnehmerüberlassung für mehr als drei Monate eingesetzte Mitarbeiter sind ebenfalls wahlberechtigt (§ 7 BetrVG). Wählbar sind Arbeitnehmer, die 6 Monate im Betrieb – oder einem anderen Betrieb desselben Unternehmens oder Konzerns – tätig sind (§ 8 Abs. 1 BetrVG). Bei neu gegründeten Betrieben reicht es aus, wenn die zu Wählenden bei Einleitung der Wahl im Betrieb tätig sind und die übrigen Voraussetzungen der Wählbarkeit erfüllen (§ 8 Abs. 2 BetrVG).

c) Wahlverfahren. Das Wahlverfahren ist außerordentlich kompliziert 6
gestaltet. Die Einzelheiten sind in §§ 7 bis 20 BetrVG und in der nach § 126 BetrVG erlassenen Wahlordnung (BGBl 2001 I S. 3494) geregelt, auf die im Übrigen verwiesen werden muss. Die Kosten der Wahl trägt der Arbeitgeber (§ 20 BetrVG).

d) Kleinbetriebe. Für Kleinbetriebe mit bis zu 50 Mitarbeitern gilt 7
für die Wahl ein vereinfachtes Verfahren (§§ 14 a, 17 a BetrVG n. F.): Die Aufstellung der Kandidaten erfolgt in einer Wahlversammlung, die Wahl des Betriebsrates selbst eine Woche später auf einer weiteren Wahlversammlung.

e) Anfechtung der Wahl. Die Wahl des Betriebsrates kann durch 8
den Arbeitgeber, mindestens drei Wahlberechtigte oder eine im Betrieb vertretene Gewerkschaft beim Arbeitsgericht angefochten werden, wenn gegen wesentliche Vorschriften über das Wahlrecht, die Wählbarkeit oder das Wahlverfahren verstoßen worden ist und eine Berichtigung nicht erfolgt ist. Dies gilt allerdings dann nicht, wenn durch den Verstoß das Wahlergebnis nicht geändert oder beeinflusst werden konnte (§ 19 Abs. 1 BetrVG). Die Wahlanfechtung ist nur binnen einer Frist von zwei Wochen seit Bekanntgabe des Wahlergebnisses zulässig (§ 19 Abs. 2 BetrVG). Bei besonders schweren Verstößen, die zur **Nichtigkeit der Wahl** führen, kann ein Antrag auf Feststellung der Unwirksamkeit der Betriebsratswahl auch nach Ablauf dieser Frist von jedermann, der an der Feststellung der Nichtigkeit ein Interesse hat, gestellt werden.[2]

3. Gesamt- und Konzernbetriebsrat

Besteht ein Unternehmen aus mehreren Betrieben, so wird auf Unter- 9
nehmensebene ein Gesamtbetriebsrat gebildet (§§ 47 bis 53 BetrVG). Es gilt das **Entsendungsprinzip** (§ 47 Abs. 2 BetrVG). In einem Konzern kann zusätzlich ein Konzernbetriebsrat gebildet werden (§§ 54 bis 59 BetrVG). Nach der Rechtsprechung des BAG reicht es aus, wenn es sich um einen Unterordnungskonzern in Form des faktischen qualifizierten Konzerns handelt. Hierbei wird die Lenkungsmacht des beherrschenden Unternehmens vermutet (§ 18 Abs. 1 Satz 3 AktG), die Vermutung der Abhängigkeit folgt aus § 17 Abs. 2 AktG.[3]

---

[2] BAG AP BetrVG 1972 § 19 Nr. 4; ErfKomm/*Eisemann* § 19 BetrVG Rn 16.
[3] BAG BetrVG 1972 § 54 Nr. 7 mit Anm. *Junker* = NZA 1996, 706 = NJW 1996,

4. Jugendvertretung

10 Zur Vertretung der Jugendlichen unter 18 Jahren und der Auszubildenden sind sog. Jugendvertretungen zu bilden (§§ 60 bis 73 BetrVG). Für diese gelten die Vorschriften über die Betriebsräte teilweise entsprechend.

5. Rechte der Betriebsratsmitglieder

11 Betriebsratsmitglieder dürfen in der Ausübung ihrer Tätigkeit nicht gestört oder behindert werden, sie dürfen weder benachteiligt noch begünstigt werden (§ 78 BetrVG). Sie unterliegen einer Verschwiegenheitspflicht (§ 79 BetrVG). In größeren Betrieben sind die Mitglieder des Betriebsrats unter Umständen ganz von ihrer beruflichen Tätigkeit freizustellen (bei Betrieben mit 200 bis 500 Arbeitnehmern mindestens 1 Betriebsratsmitglied, bei Betrieben zwischen 501 und 900 Arbeitnehmern 2, bei Betrieben zwischen 901 und 1500 Arbeitnehmern mindestens 3, bei Betrieben zwischen 1501 und 2000 mindestens 4 freigestellte Betriebsratsmitglieder). Bei größeren Betrieben erhöht sich die Zahl noch (vgl. § 38 Abs. 1 BetrVG). Über die Freistellung beschließt der Betriebsrat nach Beratung mit dem Arbeitgeber; dieser kann die Einigungsstelle anrufen (§ 38 Abs. 2 BetrVG).

6. Innere Organisation des Betriebsrates

12 Der Betriebsrat wählt aus seiner Mitte einen Vorsitzenden und dessen Stellvertreter (§ 26 Abs. 1 BetrVG).

Große Betriebsräte (9 und mehr Mitglieder) können einen Betriebsausschuss bilden (Vorsitzender, Stellvertreter und 3 bzw. 5 bis 9 Ausschussmitglieder: § 27 BetrVG).

Dem Betriebsausschuss obliegt in solchen Fällen die Führung der laufenden Geschäfte (§ 27 Abs. 3 BetrVG). Zusätzlich können weitere Ausschüsse gebildet werden, denen Aufgaben zur selbständigen Erledigung übertragen werden können (§ 28 BetrVG).

Die Betriebsratssitzungen sind nichtöffentlich (§ 30 BetrVG).

Der Betriebsrat verfügt über keine eigenen Haushaltsmittel, vielmehr hat der Arbeitgeber die laufenden Kosten des Betriebsrats zu tragen und die Einrichtung sowie ggf. auch das Personal für die Betriebsratsarbeit zur Verfügung zu stellen (§ 40 BetrVG).

7. Grundsätze der Zusammenarbeit

13 Für Arbeitgeber und Betriebsrat gelten das Gebot der **vertrauensvollen Zusammenarbeit** (§ 2 Abs. 1 BetrVG), insbesondere die Friedenspflicht, und das Verbot parteipolitischer Betätigung (§ 74 Abs. 2 BetrVG).[4]

2884 = DB 1996, 1043; ErfKomm/*Eisemann* § 54 Rn 3; *Fitting* BetrVG § 54 BetrVG Rn 10.

[4] Zur gewerkschaftlichen Betätigung im Arbeitskampf s. *Rolfs/Bütefisch*, NZA 1996, 17–24.

8. Allgemeine Aufgaben des Betriebsrates

Der Betriebsrat hat die in § 80 Abs. 1 BetrVG aufgeführten allgemeinen Aufgaben (u. a. Durchführung der zugunsten der Arbeitnehmer geltenden Gesetze, Verordnungen, Unfallverhütungsschutzvorschriften, Tarifverträge und Betriebsvereinbarungen, Förderung der Vereinbarkeit von Familie und Erwerbstätigkeit und der Eingliederung Schwerbehinderter, sonstiger besonders schutzbedürftiger Personen und älterer und ausländischer Arbeitnehmer). Aufgrund der Neufassung des Betriebsverfassungsgesetzes im Jahre 2002 obliegt dem Betriebsrat auch die Bekämpfung von Rassismus und Fremdenfeindlichkeit (vgl. im Einzelnen § 80 Abs. 1 BetrVG). Der Betriebsrat hat nach § 80 Abs. 2 BetrVG ein Unterrichtungsrecht und ein Recht auf Überlassung der zur Erfüllung seiner Aufgaben benötigten Unterlagen. Er darf in die Bruttolohnlisten einsehen (§ 80 Abs. 2 S. 2 BetrVG), ein Recht auf Aushändigung der Listen (auch in Form von Ablichtungen) besteht nicht.[5] **14**

9. Wirtschaftsausschuss

In Unternehmen mit in der Regel mehr als 100 ständig beschäftigten Arbeitnehmern ist ein Wirtschaftsausschuss zu bilden (§ 106 BetrVG). **15**

Der Unternehmer hat den Wirtschaftsausschuss rechtzeitig und umfassend über die wirtschaftlichen Angelegenheiten des Unternehmens unter Vorlage der erforderlichen Unterlagen zu unterrichten (§ 106 Abs. 2 BetrVG). Bei Übertragung von Gesellschaftsanteilen bezieht sich das Unterrichtungsrecht nur auf die Person der neuen Gesellschafter und auf etwaige Absprachen über die künftige Unternehmenspolitik.[6]

10. Europäischer Betriebsrat

Für gemeinschaftsweit tätige Unternehmen besteht seit 1996 das Gesetz über Europäische Betriebsräte (BGBl 1996 I S. 1548), das die Möglichkeit zur Schaffung eines Europäischen Betriebsrates (in Deutschland mit Entsendung durch den Gesamtbetriebsrat oder – falls dieser nicht existiert – durch den Betriebsrat) vorsieht.[7] **16**

II. Mitwirkungsrechte des Betriebsrates

1. Überblick

Die dem Betriebsrat in **17**
- sozialen Angelegenheiten (§§ 87 ff. BetrVG),
- personellen Angelegenheiten (§§ 92 bis 105 BetrVG) und
- wirtschaftlichen Angelegenheiten (§§ 106 bis 113 BetrVG)

---

[5] BAG AP BetrVG 1972 § 80 Nr. 9 = BB 1976, 1223 = WM 1976, 1044 und Nr. 17 = NJW 1982, 3299 = BB 1982, 615; ErfKomm/*Kania* § 80 BetrVG Rn 29.

[6] LAG Düsseldorf NZA 1989, 732.

[7] Vgl. *Kolvenbach*, NZA 2000, 518 zum Stand der Umsetzung in den Mitgliedsstaaten und *Junker*, NZA 2002, 131 ff. zum Betriebsverfassungsrecht in Klein- und Mittelbetrieben verschiedener europäischer Staaten.

gewährten Mitbestimmungsrechte verwirklichen sich zum einen durch den Abschluss von **Betriebsvereinbarungen** nach § 77 BetrVG (s. hierzu Rn 18 ff.) und zum anderen durch so genannte Regelungsabreden (betriebliche Einigung, Betriebsabsprache).[8] Diese wirken anders als Betriebsvereinbarungen nicht unmittelbar und zwingend auf die Arbeitsverhältnisse ein, sondern gelten primär nur zwischen den Betriebsparteien, auch wenn sie Ausstrahlungen auf das Einzelarbeitsverhältnis haben. **Regelungsabreden**, die formfrei geschlossen werden können, gibt es etwa beim Abschluss von Personalrichtlinien nach § 95 BetrVG, aber auch beim sog. Interessenausgleich nach § 112 BetrVG (vgl. hierzu unten Rn 38 ff.). Soweit nicht – wie etwa beim Interessenausgleich (§ 112 Abs. 1 BetrVG) – etwas anderes bestimmt ist, sind diese Abreden formfrei möglich.[9] Auch die diversen gesetzlich oder durch die Rechtsprechung dem Betriebsrat eingeräumten Mitbestimmungsrechte, etwa bei der Zustimmung zur Anordnung von Überstunden oder personellen Einzelmaßnahmen (Einstellung, Versetzung, Zustimmung zur Kündigung), vollziehen sich durch formlose Betriebsabsprachen.

2. Betriebsvereinbarungen

18 **a) Abschluss.** Abschlusspartner der Betriebsvereinbarung sind der Arbeitgeber und der Betriebsrat (bzw. Gesamtbetriebsrat, Konzernbetriebsrat) (§ 77 Abs. 1 BetrVG). Die Betriebsvereinbarung ist **schriftlich** festzulegen und durch den Arbeitgeber und den Vorsitzenden des Betriebsrats (vgl. § 26 Abs. 3 BetrVG) zu unterzeichnen (§ 77 Abs. 1 und 2, 1. Halbsatz BetrVG). Diese Formvorschrift ist Wirksamkeitsvoraussetzung. Die Betriebsvereinbarungen sind im Betrieb auszulegen (§ 77 Abs. 2 S. 3 BetrVG), wobei ihre Wirksamkeit hiervon nicht abhängt.[10]

19 **b) Inhalt.** Betriebsvereinbarungen können sich auf die dem Betriebsrat eingeräumten Mitwirkungsrechte beziehen. Nach § 77 Abs. 3 S. 1 BetrVG können **Arbeitsentgelte** und sonstige Arbeitsbedingungen, die durch Tarifvertrag geregelt sind oder üblicherweise geregelt werden, **nicht** Gegenstand einer **Betriebsvereinbarung** sein. Dies gilt nicht nur für materielle, sondern auch für „sonstige" Arbeitsbedingungen, also etwa auch für Ausschlussfristen, die in – geltenden – Tarifverträgen geregelt sind.[11] Dieses Verbot besteht nicht, wenn und soweit der Tarifvertrag die Ergänzung durch eine Betriebsvereinbarung ausdrücklich zulässt (**„Öffnungsklausel"**; § 77 Abs. 3 S. 2 BetrVG).[12] Eine gegen § 77 Abs. 3 BetrVG verstoßende Betriebsvereinbarung ist nichtig.[13] Eine Öffnungsklausel kann jedoch auch rückwirkend zwischen den Tarifvertragsparteien vereinbart

---

[8] Vgl. *Schaub/Koch* Arbeitsrecht § 231 Rn 3, 65 ff.

[9] ErfKomm/*Kania* § 77 BetrVG Rn 27.

[10] ErfKomm/*Kania* § 77 BetrVG Rn 24.

[11] BAG NZA 1991, 734.

[12] Vgl. hierzu BAG AP BetrVG 1972 § 77 Tarifvorbehalt Nr. 15 = NZA 2001, 903 = DB 2001, 2100.

[13] U. a. *Belling/Hartmann*, NZA 1998, 673 ff.; a. A. *Ehmann/Schmidt*, NZA 1995, 193 ff.

werden.[14] Nur ausnahmsweise kann eine solche nichtige Vereinbarung in ein Angebot des Arbeitgebers an die Arbeitnehmer umgedeutet werden, wenn besondere Umstände darauf schließen lassen, dass sich der Arbeitgeber unabhängig von der betriebsverfassungsrechtlichen Regelungsform binden wollte. Der ansonsten nötige ausdrückliche Zugang der Annahmeerklärung der Arbeitnehmer ist dann nicht erforderlich (§ 151 BGB).[15]

Obwohl auch ein bei Betriebsänderungen abzuschließender Sozialplan die Wirkung einer Betriebsvereinbarung hat, ist § 77 Abs. 3 BetrVG auf den Sozialplan nicht anzuwenden, der Sozialplan kann also auch materielle, ansonsten in Tarifverträgen geregelte Gegenstände beinhalten und tut dies auch regelmäßig (§ 112 Abs. 1 S. 3 BetrVG).

Der Große Senat des BAG hat in dem Beschluss vom 3. 12. 1991[16] allerdings klargestellt, dass der Tarifvorbehalt des § 77 Abs. 3 BetrVG einem Mitbestimmungsrecht des Betriebsrates nach § 87 Abs. 1 Nr. 10 BetrVG (betriebliche Lohngestaltung) bei der Festlegung von Kriterien für über- und außertarifliche Zulagen nicht entgegensteht. Die Anrechnung einer Tariflohnerhöhung auf derartige Zulagen bzw. der Widerruf von Zulagen aus Anlass einer solchen Lohnerhöhung unterliegt der Mitbestimmung des Betriebsrates, wenn sich dadurch die Verteilungsgrundsätze ändern und darüber hinaus für eine anderweitige Anrechnung bzw. Kürzung ein Regelungsspielraum verbleibt. Anrechnung und Widerruf sind nur dann mitbestimmungsfrei, wenn dadurch das Zulagenvolumen völlig aufgezehrt wird oder die Tariflohnerhöhung vollständig und gleichmäßig auf die Zulagen angerechnet wird.[17] Beruht die zunächst vorgenommene volle Anrechnung der übertariflichen Zulage und die Zusage einer neuen übertariflichen Zulage auf einer einheitlichen Konzeption, so besteht ebenfalls ein Mitbestimmungsrecht.[18] Der Arbeitgeber kann jedoch bei mitbestimmungspflichtigen Anrechnungen bis zur Einigung mit dem Betriebsrat das Zulagenvolumen und unter Beibehaltung der bisherigen Verteilungsgrundsätze die einzelnen Zulagen kürzen.[19] 20

c) Billigkeitskontrolle. Betriebsvereinbarungen unterliegen einer arbeitsgerichtlichen Billigkeitskontrolle.[20] 21

d) „Normative" Wirkung. „Betriebsvereinbarungen gelten unmittelbar und zwingend" (§ 77 Abs. 4 Satz 1 BetrVG). Sie wirken also unmit- 22

[14] BAG AP BetrVG 1972 § 77 Tarifvorbehalt Nr. 12 = NZA 1999, 1059 = BB 1999, 1976; ErfKomm/*Kania* § 77 BetrVG Rn 74.

[15] BAG AP BetrVG 1972 § 77 Tarifvorbehalt Nr. 8 = NZA 1996, 948 = BB 1996, 1717; AP BetrVG 1972 § 77 Tarifvorbehalt Nr. 8 = NZA 1997, 951.

[16] NZA 1992, 749. = VersR 1992, 1497 (LS).

[17] BAG NZA 1993, 418, 568, 904; *Richardi*,NZA 1992, 961; *Weber/Hoß*, NZA 1993, 632; *Hoß*, NZA 1997, 1129.

[18] BAG NZA 1995, S. 792.

[19] S. hierzu ferner BAG NZA 1993, 418, 561 (= BB 1993, 1589), 568 und 904 (= DB 1993, 382) sowie *Richardi*, NZA 1992, 961, *Weber/Hoß*, NZA 1993, 632 und *Hoß*, NZA 1997, 1129.

[20] Vgl. u. a. BAG AP BetrVG 1972 § 112 Nr. 11 und 12; BAG AP BetrAVG § 1 Ablösung Nr. 1.

telbar auf die Einzelarbeitsverhältnisse ein. Insoweit haben sie „normative" Wirkung.[21] Betriebsvereinbarungen können sowohl Inhaltsnormen als auch betriebliche Normen (auch Betriebsnormen genannt) beinhalten.

Im Verhältnis zwischen Arbeitsvertrag und Betriebsvereinbarung gilt das für Tarifverträge gesetzlich festgelegte **Günstigkeitsprinzip** entsprechend (vgl. § 4 Abs. 3 TVG).[22] Betriebsvereinbarungen können daher für den Arbeitnehmer günstigere einzelvertragliche Bestimmungen nicht ändern. Ungünstigere Regelungen in Einzelvereinbarungen werden allerdings nur für die Wirkungsdauer der Betriebsvereinbarung verdrängt.[23] Die Betriebsvereinbarung geht – ohne Individualvereinbarung – nicht in die Einzelarbeitsverhältnisse ein, kann daher – im Rahmen der Billigkeit – auch durch eine neue Betriebsvereinbarung verschlechtert werden. Wird eine Betriebsvereinbarung gem. § 613 a BGB individualrechtlich Inhalt des Arbeitsverhältnisses (s. hierzu § 26 Rn 18), so kann sie durch eine neue Betriebsvereinbarung abgelöst werden.[24]

23 Das Günstigkeitsprinzip gilt nicht nur gegenüber individuell ausgehandelten Einzelarbeitsverträgen, sondern auch gegenüber *einer arbeitsvertraglichen Einheitsregelung* (AVE), es sei denn, die Einheitsregelung treffe insoweit einen Vorbehalt zugunsten einer Betriebsvereinbarung.[25]

24 **e) „Ablösende Betriebsvereinbarungen":** Nach der Rechtsprechung des BAG kommt u. U. auch eine sog. „ablösende Betriebsvereinbarung" in Betracht, durch die aufgrund einer allgemeinen betrieblichen Regelung (ohne Betriebsvereinbarung) gewährte soziale Leistungen verändert oder abgeschafft werden können.

Der Große Senat des BAG[26] unterscheidet danach, ob der Arbeitgeber den Umfang der bisher aufgrund der Einheitsregelung erbrachten Leistung durch eine **verschlechternde Betriebsvereinbarung** einschränken will oder ob er den bisherigen Gesamtumfang der Leistungen beibehalten und sie lediglich nach neuen Gesichtspunkten anders verteilen will (**„umstrukturierende Betriebsvereinbarung"**). In dem ersten Fall soll das Günstigkeitsprinzip den einzelnen Arbeitnehmer schützen, wobei ein „individueller Günstigkeitsvergleich" für den einzelnen Arbeitnehmer – entsprechend § 4 Abs. 3 TVG – stattfindet. Im zweiten Fall stellt der Große Senat darauf ab, ob die Neuregelung bei „kollektiver Betrachtung" für die Belegschaft ungünstiger ist („kollektiver Günstigkeitsvergleich"). Ist dies nicht der Fall, ist also die Neuregelung kollektiv der bisherigen Regelung gegenüber mindestens wirtschaftlich gleichwertig, soll eine Ver-

---

[21] Vgl. u. a. ErfKomm/*Kania* § 77 BetrVG Rn 1; *Schaub/Koch* Arbeitsrecht § 231 Rn 4.

[22] BAG AP BetrVG 1972 § 77 Nr. 17 = NZA 1987, 136, 185 (Anm. *Richardi*) = BB 19877, 265: AP BetrAVG § 1 Ablösung Nr. 14 = NZA 1991, 477 = NJW 1982, 1416; ErfKomm/*Kania* § 77 BetrVG Rn 4; *Blomeyer*, NZA 1996, 337.

[23] BAG NZA 1990, 351; 2001, 49 = BB 2001, 679.

[24] BAG AP BetrVG 1972 § 77 Nr. 85 = NZA 2002, 276 = BB 2002, 413.

[25] BAG NZA 2001, 900; LAG Köln NZA 1999, 105.

[26] AP BetrVG 1972 § 77 Nr. 17 = NZA 1987 S. 168 ff. und BAG NZA 1988, 509; BAG NZA 2004, 271.

schlechterung für den einzelnen Arbeitnehmer möglich sein. Dies soll allerdings dann nicht gelten, wenn für den betroffenen Arbeitnehmer die kollektive Ausgestaltung der bisher vom Arbeitgeber erbrachten Leistungen nicht erkennbar war. In diesem Fall soll es bei einem individuellen Günstigkeitsvergleich verbleiben. Eine Verschlechterung ist dann nur bei einem Widerrufsvorbehalt oder wegen Wegfalls der Geschäftsgrundlage möglich. Die ablösende Wirkung bezieht sich allerdings nicht auf einzelvertragliche Absprachen über Nicht-Sozialleistungen.[27]

f) Kündigung. Eine Betriebsvereinbarung kann mit 3-Monats-Frist **25**
gekündigt werden (§ 77 Abs. 5 BetrVG). Für das Stadium nach Beendigung gelten die Regelungen bis zur Ersetzung durch eine andere Abmachung weiter. Dies gilt aber nur im Bereich der notfalls durch Spruch der Einigungsstelle erzwingbaren Betriebsvereinbarungen (§ 77 Abs. 6 BetrVG).[28] Ob eine solche Erzwingbarkeit besteht, ist im Gesetz jeweils angegeben. Eine Nachwirkung kann allerdings auch für freiwillige Betriebsvereinbarungen vereinbart werden.[29]

3. Einigungsstelle

Im Rahmen des erzwingbaren Einigungsverfahrens (§ 76 Abs. 5 **26**
BetrVG) kann eine Betriebsvereinbarung auch durch den Spruch einer Einigungsstelle zustande kommen. Dies gilt auch, wenn sich die Parteien freiwillig dem Einigungsverfahren unterworfen haben oder den Spruch annehmen.

Der Spruch der Einigungsstelle ersetzt eine Betriebsvereinbarung in den vom Gesetz ausdrücklich geregelten Fällen (u. a. § 87 Abs. 2 BetrVG – Mitbestimmung in sozialen Angelegenheiten, § 94 Abs. 1 S. 2 BetrVG – Personalfragebögen, Beurteilungsgrundsätze, § 112 Abs. 1 S. 2 u. 3 Abs. 4 S. 2 BetrVG – Sozialplan), § 87 Abs. 2 (Mitbestimmungsrechte in sozialen Angelegenheiten), § 94 Abs. 1 S. 2 (Personalfragebogen, Beurteilungsgrundsätze), § 95 Abs. 1 S. 2 (Auswahlrichtlinien).

Die Einigungsstelle wird im Einzelfall gebildet, wobei die Betriebsparteien üblicherweise jeweils zwei bis drei Beisitzer stellen und sich über die Person des Vorsitzenden zu einigen haben. Gelingt eine solche Einigung nicht, wird der Vorsitzende von dem Arbeitsgericht bestellt (§ 76 Abs. 2 BetrVG). Die Kosten der Einigungsstelle trägt der Arbeitgeber (§ 76a BetrVG). Betriebsangehörige Beisitzer haben keinen Anspruch auf Vergütung, sie haben lediglich den Anspruch auf – bezahlte – Freistellung.[30] Vorsitzender und außerbetriebliche Beisitzer haben einen unmittelbaren Zahlungsanspruch gegen den Arbeitgeber (§ 76a Abs. 3 Satz 1). Von der Ermächtigung des Bundesministers für Arbeit und Sozialordnung (zurzeit Bundesministerium für Wirtschaft und Arbeit), die Höhe der Vergü-

---

[27] BAG NZA 1990, 351; 2001, 49, 51 = BB 2001, 679; siehe hierzu *Richardi*, NZA 1990, 331.

[28] BAG NZA 1991, 190.

[29] BAG NZA 1998, 1348 = BB 1998, 2315.

[30] ErfKomm/*Kania* § 76a BetrVG Rn 3.

tung festzusetzen, ist noch nicht Gebrauch gemacht worden. Daher können die betreffenden Mitglieder der Einigungsstelle, sofern keine Vereinbarung über die Höhe der Vergütung zustande kommt, ihre Vergütung in angemessenem Umfang selbst bestimmen.[31] Das Beisitzerhonorar beträgt üblicherweise $^{7}/_{10}$ des Honorars des Vorsitzenden.[32] Die effektive Höhe hängt von den Besonderheiten des Einzelfalles, insbesondere den rechtlichen und tatsächlichen Problemen und der wirtschaftlichen Bedeutung der zu lösenden Streitfrage ab. Das BAG hat im Jahre 1996 in einem Fall mit mittlerer Schwierigkeit einen Stundensatz von – damals – 300 DM für nicht unangemessen erachtet.[33] Unzulässig ist es, den vom Betriebsrat benannten – betriebsfremden – Beisitzern andere als den vom Arbeitgeber benannten Beisitzern zu gewähren.[34]

4. Mitbestimmung in sozialen Angelegenheiten

27 **a) Erzwingbare Mitbestimmung.** In § 87 BetrVG sind dem Betriebsrat erzwingbare Mitbestimmungsrechte in einer Vielzahl von Fragen eingeräumt worden. Kommt insoweit eine Einigung nicht zustande, entscheidet gemäß § 87 Abs. 2 BetrVG die Einigungsstelle.

Die Mitbestimmungsrechte beziehen sich auf folgende nur stichwortartig angegebene Bereiche:

- Fragen der Ordnung des Betriebes und des Verhaltens der Arbeitnehmer im Betrieb,
- Lage der täglichen Arbeitszeit sowie Verteilung der Arbeitszeit auf die einzelnen Wochentage,
- vorübergehende Verkürzung oder Verlängerung der Arbeitszeit,
- Zeit, Ort und Art der Auszahlung der Arbeitsentgelte,
- Urlaubsgrundsätze und Urlaubsplanung sowie Festsetzung der zeitlichen Lage des Urlaubs für einzelne Arbeitnehmer,
- Einführung und Anwendung technischer Einrichtungen zur Überwachung der Arbeitnehmer,
- Regelungen zur Verhütung von Arbeitsunfällen und Berufskrankheiten sowie über den Gesundheitsschutz und die Unfallverhütungsschutzvorschriften,
- Sozialeinrichtungen.
- Betriebswohnungen,
- betriebliche Lohngestaltung,
- Akkord- und Prämiensätze
- betriebliches Vorschlagswesen sowie
- Grundsätze über die Durchführung der Gruppenarbeit.

---

[31] BAG AP BetrVG 1972 § 76 a Nr. 2; AP § 76 a BetrVG 1972 Nr. 5 = NZA 1996, 892 = BB 1996, 1612 (betr. anwaltliche Vertretung im Einigungsstellenverfahren).

[32] BAG AP BetrVG 1972 § 76 a Nr. 6 = NZA 1996, 1255 = BB 1996, 1937.

[33] BAG AP BetrVG 1972 § 76 a Nr. 7 = NZA 1997, 22; ErfKomm/*Kania* § 76 a BetrVG Rn 5.

[34] BAG AP BetrVG 1972 § 76 Nr. 44 = NZA 1991, 651 = NJW 1991, 1846; ErfKomm/*Kania* § 76 a BetrVG Rn 6.

Bezüglich der Einzelheiten ist auf die gesetzliche Regelung selbst sowie auf die einschlägigen Kommentare[35] zu verweisen.

b) Freiwillige Betriebsvereinbarungen. Die Arbeitsvertragsparteien können zusätzlich noch freiwillige, also nicht erzwingbare, Betriebsvereinbarungen abschließen, und zwar u. a. für folgende Fragen: 28

- zusätzliche Maßnahmen zur Verhütung von Arbeitsunfällen und Gesundheitsschädigungen,
- Maßnahmen des betrieblichen Umweltschutzes,
- Errichtung von Sozialeinrichtungen,
- Förderung der Vermögensbildung und
- Integration ausländischer Arbeitnehmer sowie Bekämpfung von Rassismus und Fremdenfeindlichkeit im Betrieb.

c) Sonstige Aufgaben des Betriebsrats. Der Betriebsrat hat ferner noch Aufgaben im Bereich der sozialen Mitbestimmung für 29

- Arbeits- und betrieblichen Umweltschutz (§ 89 BetrVG) und
- Unterrichtungs- und Beratungsrechte bei der Planung von Bauten, technischen Anlagen sowie von Arbeitsverfahren und der Arbeitsplätze (§ 90 BetrVG).

Hier hat der Arbeitgeber mit dem Betriebsrat die vorgesehenen Maßnahmen und ihre Auswirkungen so rechtzeitig zu beraten, dass Vorschläge und Bedenken des Betriebsrats bei der Planung berücksichtigt werden können (§ 90 Abs. 2 BetrVG).

Wird durch Maßnahmen bei der Änderung der Arbeitsplätze, des Arbeitsablaufs oder der Arbeitsumgebung gesicherten arbeitswissenschaftlichen Erkenntnissen offensichtlich widersprochen und werden die Mitarbeiter hierdurch in besonderer Weise belastet, kann der Betriebsrat – durch die Einigungsstelle erzwingbar – entsprechende Maßnahmen verlangen (§ 91 BetrVG).

5. Mitbestimmung bei personellen Maßnahmen

a) Allgemeine personelle Angelegenheiten. Zu den allgemeinen personellen Angelegenheiten gehört vor allem die **Personalplanung** (§ 92 BetrVG). Der Arbeitgeber hat den gegenwärtigen und künftigen Personalbedarf sowie die sich hieraus ergebenden personellen Maßnahmen anhand von Unterlagen mit dem Betriebsrat zu beraten und ihn rechtzeitig unter Vorlage der erforderlichen Unterlagen umfassend zu unterrichten. Insbesondere kann der Betriebsrat aufgrund der Neufassung des BetrVG im Jahre 2002 dem Arbeitgeber Vorschläge zur Sicherung und Förderung der Beschäftigung unterbreiten (§ 92 a BetrVG). 30

Der Betriebsrat kann verlangen, dass zu besetzende Arbeitsplätze allgemein oder für bestimmte Arten vor ihrer Besetzung innerhalb des Betriebes ausgeschrieben werden (§ 93 BetrVG).

---

[35] Vgl. etwa ErfKomm/*Kania* § 87 BetrVG Rn 1 ff.; *Richardi* BetrVG § 87 Rn 1 ff.

Schließlich unterliegen die **Personalfragebögen** sowie die **allgemeinen Beurteilungsgrundsätze** (§ 94 BetrVG) und die **Personalauswahlrichtlinien** für Einstellungen, Versetzungen, Umgruppierungen und Kündigungen (§ 95 BetrVG) der – erzwingbaren – Mitbestimmung des Betriebsrats. Der Arbeitgeber kann also in diesen Bereichen einseitig Maßnahmen nicht durchführen, es bedarf vielmehr der vorherigen Zustimmung des Betriebsrats.

Zu dem Bereich der allgemeinen personellen Maßnahmen gehören ferner Maßnahmen zur Förderung der Berufsbildung (§§ 96, 97 BetrVG) sowie zur Durchführung betrieblicher Bildungsmaßnahmen (§ 98 BetrVG).

31 **b) Personelle Einzelmaßnahmen.** Ein erheblicher Aufgabenbereich für den Betriebsrat besteht im Rahmen der sog. personellen Einzelmaßnahmen. Hierzu gehören die Einstellung, Eingruppierung, Umgruppierung und Versetzung von Mitarbeitern. Der Arbeitgeber hat in Betrieben mit in der Regel mehr als 20 wahlberechtigten Arbeitnehmern den Betriebsrat vor solchen Maßnahme rechtzeitig zu unterrichten, ihm die erforderlichen Bewerbungsunterlagen vorzulegen und Auskunft über die Personen der Beteiligten zu geben.

Der Betriebsrat kann in bestimmten im Einzelnen aufgeführten Fällen (§ 99 Abs. 2 BetrVG) seine Zustimmung verweigern, und zwar:

- wenn die Maßnahme gegen ein Gesetz, eine Verordnung, eine Unfallverhütungsschutzvorschrift oder gegen eine Bestimmung in einem Tarifvertrag oder einer Betriebsvereinbarung, gegen eine gerichtliche oder behördliche Entscheidung oder Anordnung verstoßen würde,
- die Maßnahme gegen eine Personalrichtlinie nach § 95 BetrVG verstoßen würde,
- die **durch Tatsachen begründete Besorgnis** besteht, dass infolge der Maßnahme im Betrieb beschäftigte Arbeitnehmer Nachteile erleiden, ohne dass dies aus betrieblichen oder persönlichen Gründen gerechtfertigt wäre,
- der betroffene Arbeitnehmer durch die personelle Maßnahme benachteiligt würde, ohne dass dies aus betrieblichen oder in seiner Person liegenden Gründen gerechtfertigt wäre,
- eine erforderliche Ausschreibung im Betrieb unterblieben ist

oder

- die durch Tatsachen begründete Besorgnis besteht, dass der in Aussicht genommene Bewerber oder Arbeitnehmer den Betriebsfrieden durch gesetzwidriges Verhalten oder grobe Verletzung der in § 75 BetrVG niedergelegten Grundsätze für eine Behandlung der Betriebsangehörigen nach Recht und Billigkeit, insbesondere durch rassistische oder fremdenfeindliche Betätigung, stören würde.

32 Wenn der Betriebsrat die **Zustimmung verweigert**, so hat er dies dem Arbeitgeber unter Angabe von Gründen innerhalb einer Woche nach Unterrichtung schriftlich mitzuteilen. Geschieht dies nicht, gilt die Zustimmung als erteilt (§ 99 Abs. 3 BetrVG).

Verweigert der Betriebsrat die Zustimmung, kann der Arbeitgeber beim Arbeitsgericht beantragen, die **Zustimmung** zu **ersetzen**.

Da vielfach die personelle Maßnahme eilbedürftig ist und die Zustimmung des Betriebsrats erst mit rechtskräftiger Entscheidung des Arbeitsgerichts als ersetzt gilt, steht dem Arbeitgeber die Möglichkeit zu einer **„vorläufigen personellen Maßnahme"** (§ 100 BetrVG) zu. Hier ist es von besonderer Bedeutung, etwa bei einer Einstellung, dass der Arbeitgeber den in Aussicht genommenen Arbeitnehmer über die Sach- und Rechtslage aufklärt (§ 100 Abs. 1 S. 2 BetrVG). Würde nämlich die vorläufige Einstellung des Arbeitnehmers letztlich vom Arbeitsgericht nicht bestätigt, so läuft der Arbeitgeber Gefahr, den mit dem betreffenden Arbeitnehmer abgeschlossenen Arbeitsvertrag erfüllen zu müssen, den Arbeitnehmer aber nicht beschäftigen zu können.

Entschließt sich der Arbeitgeber zu einer derartigen vorläufigen perso- **33**
nellen Maßnahme, so hat er den Betriebsrat unverzüglich zu unterrichten. Wenn der Betriebsrat bestreitet, dass die Maßnahme aus sachlichen Gründen dringend erforderlich ist, so hat er wiederum dies dem Arbeitgeber unverzüglich mitzuteilen. Will der Arbeitgeber die vorläufige personelle Maßnahme aufrechterhalten, muss er innerhalb von 3 Tagen beim Arbeitsgericht sowohl die Ersetzung der Zustimmung des Betriebsrats als auch die Feststellung beantragen, dass die Maßnahme aus sachlichen Gründen dringend erforderlich war.

Die vorläufige personelle Maßnahme endet mit Ablauf von 2 Wochen nach Rechtskraft einer den Antrag des Arbeitgebers ablehnenden Entscheidung. Sie darf von diesem Zeitpunkt an nicht mehr aufrechterhalten werden (§ 100 Abs. 2 u. 3 BetrVG).

Letztlich ist durch die dem Arbeitgeber in § 100 BetrVG eingeräumte Möglichkeit zur Durchführung einer vorläufigen personellen Maßnahme eine erhebliche Einschränkung der Durchschlagskraft der Weigerung des Betriebsrats, an der personellen Maßnahme mitzuwirken, gegeben. Dies ergibt sich daraus, dass bis zu einer – negativen – gerichtlichen Entscheidung der betroffene Arbeitnehmer (oder beispielsweise ein ansonsten ebenfalls nur mit Zustimmung des Betriebsrats einzusetzender Leiharbeitnehmer; vgl. § 14 Abs. 3 AÜG) tatsächlich beschäftigt werden kann.

Führt der Arbeitgeber eine personelle Maßnahme ohne Zustimmung **34**
des Betriebsrats durch oder hält er eine vorläufige Personalmaßnahme entgegen den gesetzlichen Bestimmungen aufrecht, so kann der Betriebsrat beim Arbeitsgericht beantragen, dem Arbeitgeber aufzugeben, die personelle Maßnahme aufzuheben (§ 101 Abs. 1 BetrVG). Kommt der Arbeitgeber dieser rechtskräftigen gerichtlichen Entscheidung nicht nach, so kann er hierzu durch Zwangsgeld angehalten werden (§ 101 Abs. 2 u. 3 BetrVG).

Ein Mitbestimmungsrecht des Betriebsrats besteht insbesondere auch bei Kündigungen (vgl. hierzu oben § 23 Rn 46 ff.).

6. Wirtschaftsausschuss

Die Mitbestimmung des Betriebsrats in wirtschaftlichen Angelegenhei- **35**
ten bezieht sich insbesondere auf die Mitwirkung im Wirtschaftsausschuss in größeren Betrieben mit mehr als 100 ständig beschäftigten Arbeitneh-

mern (§§ 106 ff. BetrVG). Über die allgemeinen Informationsrechte des Betriebsrats nach § 80 Abs. 2 BetrVG hinaus stehen in solchen Betrieben der Arbeitnehmervertretung erheblich weitergehende Rechte zu.

In diesen Unternehmen ist ein Wirtschaftsausschuss zu bilden, der aus mindestens 3 und höchstens 7 Mitgliedern besteht. Dieser Ausschuss wird vom Betriebsrat für die Dauer seiner Amtszeit bestimmt. Mindestens eines der Mitglieder muss dem Betriebsrat angehören (§ 107 Abs. 1 BetrVG). Die Mitglieder sollen die zur Erfüllung ihrer Aufgabe erforderlichen fachlichen Eignungen besitzen.

Möglich ist, dass der Wirtschaftsausschuss beschließt, seine Aufgaben einem Ausschuss des Betriebsrats zu übertragen (§ 107 Abs. 3 BetrVG). Der Wirtschaftsausschuss soll monatlich einmal zusammentreten (§ 106 Abs. 1 BetrVG). An den Sitzungen hat der Unternehmervertreter teilzunehmen (§ 108 Abs. 2 BetrVG).

36 Zu den zu erörternden wirtschaftlichen Angelegenheiten gehören insbesondere
- die wirtschaftliche und finanzielle Lage des Unternehmens,
- die Produktions- und Absatzlage,
- das Produktions- und Investitionsprogramm,
- Rationalisierungsvorhaben,
- Fabrikations- und Arbeitsmethoden,
- der betriebliche Umweltschutz,
- Einschränkung oder Stilllegung von Betrieben oder Betriebsteilen,
- Verlegung von Betrieben oder Betriebsteilen,
- Zusammenschluss oder Spaltung von Unternehmen oder Betrieben,
- die Änderung der Betriebsorganisation oder des Betriebszwecks sowie
- sonstige Vorgänge und Vorhaben, „welche die Interessen der Arbeitnehmer des Unternehmens wesentlich berühren können".

37 Dem Ausschuss sind die erforderlichen Unterlagen zur Einsicht vorzulegen, und zwar vor der Sitzung und bis zu deren Ende. Dies kann in Form von Originalen, Fotokopien oder Abschriften geschehen, da deren Auswertung und sofortige Beratung im zeitlichen Rahmen einer Sitzung vielfach nicht möglich ist.[36]

Das Unternehmen ist berechtigt, die Auskunft zu verweigern, soweit **Betriebs- und Geschäftsgeheimnisse** gefährdet werden.[37] Eine solche Gefährdung ist allerdings nur in Ausnahmefällen gegeben.[38]

Zu den vorzulegenden Unterlagen gehören Jahresabschlüsse und Wirtschaftsprüferberichte,[39] aber etwa auch ein Vertrag über die Veräußerung sämtlicher Geschäftsanteile.[40]

---

[36] BAG AP BetrVG 1972 § 106 Nr. 3 = NZA 1985, 432 = NJW 1985, 2663; *Fitting* BetrVG § 106 Rn 27; ErfKomm/*Kania* § 106 BetrVG Rn 6.

[37] *Fitting* BetrVG § 106 Rn 29; ErfKomm/*Kania* § 106 BetrVG Rn 6.

[38] ErfKomm/*Kania* § 106 BetrVG Rn 6.

[39] BAG AP BetrVG 1972 § 106 1972 Nr. 6 = NZA 1990, 150 = BB 1989, 2402; ErfKomm/*Kania* § 106 BetrVG Rn 6.

[40] BAG AP BetrVG 1972 § 106 1972 Nr. 9; ErfKomm/*Kania* § 106 BetrVG Rn 6.

7. Betriebsänderungen

Der vielleicht wesentlichste Bereich der Mitbestimmung in wirtschaftlichen Angelegenheiten betrifft die Mitwirkung des Betriebsrates bei Betriebsänderungen (§§ 111 bis 113 BetrVG).

a) Interessenausgleich. Bei Betriebsänderungen in Betrieben mit **38**
mehr als 20 wahlberechtigten Arbeitnehmern (§ 111 BetrVG) hat der Unternehmen mit dem Betriebsrat einen „Interessenausgleich" über die geplante Betriebsänderung, also über das „Ob", „Wann" und „Wie" der Betriebsänderung[41] zu versuchen. Als Betriebsänderungen gelten:
- Einschränkung oder Stilllegung des ganzen Betriebes oder wesentlicher Betriebsteile,
- Verlegung des ganzen Betriebes oder wesentlicher Betriebsteile,
- Zusammenschluss mit anderen Betrieben oder Spaltung von Betrieben,
- grundlegende Änderung der Betriebsorganisation, der Betriebsanlagen oder des Betriebszwecks und
- Einführung grundlegend neuer Arbeitsmethoden und Fertigungsverfahren.

Kommt es zu einer Einigung, ist dieser „Interessenausgleich" **schriftlich** niederzulegen und zu unterschreiben.(§ 112 Abs. 1 Satz 1 BetrVG). Der Interessenausgleich kann nur über eine konkret geplante Maßnahme erfolgen.[42]

Auch nach Abschluss eines Interessenausgleichs unterliegen die daraus folgenden Einzelmaßnahmen dem Mitbestimmungsrecht des Betriebsrates, wobei dieser sich allerdings wegen des Verbotes widersprüchlichen Verhaltens nach Vereinbarung des Interessenausgleichs im Rahmen der Mitwirkung bei den Einzelmaßnahmen nach §§ 99, 102 BetrVG nicht im Gegensatz zu dem beschlossenen Interessenausgleich stellen darf.[43]

Scheitert ein Interessenausgleich, kann fakultativ der Vorstand der Bun- **39**
desagentur für Arbeit zuvor um Vermittlung ersucht werden (§ 112 Abs. 2 BetrVG), was aber in der Praxis seltener geschieht. Will der Unternehmer Nachteilsausgleichsansprüche nach § 113 BetrVG vermeiden, so muss er die Einigungsstelle anrufen.[44] Diese kann allerdings nicht verbindlich entscheiden. Scheitern die Verhandlungen, kann die vorgesehene Maßnahme durchgeführt werden, wobei allerdings unklar ist, ob der Vorsitzende der Einigungsstelle[45] das Scheitern förmlich feststellen muss.

b) Sozialplan. Für den Sozialplan bei einem (bloßen) Personalabbau **40**
durch Entlassung gelten die in § 112a BetrVG festgesetzten Mindestzahlen

---

[41] BAG AP BetrVG 1972 § 112 Nr. 41= NZA 1988, 203 = BB 1988, 761 (Anm. *Hunold*) und Nr. 59 = NZA 1992, 227 = BB 1991, 2535.

[42] BAG NZA 1999, 949 = BB 2000, 47.

[43] *Schaub/Koch* Arbeitsrecht. § 244 Rn 31.

[44] BAG AP BetrVG 1972 § 113 Nr. 11 = NZA 1985, 400 = BB 1985, 55, 1394; ErfKomm/*Kania* § 112 BetrVG Rn 8.

[45] *Fitting* BetrVG §§ 112, 112a Rn 47.

(z. B. bei Betrieben mit weniger als 60 Arbeitnehmern 20 % der regelmäßig Beschäftigten, mindestens aber 6 Arbeitnehmer); gleichwohl ist aber auch bei Unterschreitung dieser Mindestzahlen ein Interessenausgleich zu versuchen, wenn es sich um eine Betriebsänderung handelt.[46]

Der Inhalt des Sozialplans kann sehr unterschiedlich sein. Regelmäßig werden **Abfindungen** vorgesehen, möglich sind jedoch auch ein Ausgleich für die Zuweisung einer anderen Tätigkeit, die Erstattung von Fahrtkosten, die Überlassung von Werkswohnungen oder die Übernahme von Umzugskosten, die Überlassung begünstigter Arbeitgeberdarlehen, Regelungen zur betrieblichen Altersversorgung, Einrichtung von Härtefonds oder Ähnliches.[47]

41 Die Einigungsstelle soll insbesondere die im Dritten Buch des SGB III enthaltenen Fördermöglichkeiten bei der Ausgestaltung von Sozialplänen berücksichtigen (§ 112 Abs. 5 Nr. 2a BetrVG).[48] Es ist daher vor Aufstellung des Sozialplans abzuklären, ob eine Förderung des Sozialplans durch die Bundesagentur für Arbeit in Betracht kommt.

42 Bei der Bemessung des **Gesamtdotierungsrahmens** (§ 112 Abs. 5 Nr. 3 BetrVG) hat die Einigungsstelle darauf zu achten, dass der Fortbestand des Unternehmens oder die nach der Durchführung der Betriebsänderung verbleibenden Arbeitsplätze nicht gefährdet werden. Eine abstrakte Höhe für die Bestimmung eines zulässigen Dotationsrahmens fehlt jedoch. Die Höchstgrenzen des § 10 KSchG sind nicht anwendbar.[49] Nur in der Insolvenz gibt es eine absolute Obergrenze von $2^1/_2$ Monatsverdiensten für alle Arbeitnehmer (§ 10 Abs. 3 KSchG) und eine relative Obergrenze von $^1/_4$ der Masse, die ohne Sozialplan für die Verteilung an die Insolvenzgläubiger zur Verfügung stünde (§ 123 Abs. 2 S. 2 InsO).

Mangels anderweitiger Regelungen sind die Ansprüche aus dem Sozialplan nur dann vererblich, wenn der Arbeitnehmer nach Fälligkeit des Abfindungsanspruchs verstirbt.[50]

43 Die Abfindung wird üblicherweise nach folgender Formel[51] ermittelt:

$$\frac{\text{Betriebsmonatsverdienst} \times \text{Lebensalter} \times \text{Betriebszugehörigkeit}}{\text{[zu vereinbarenden Divisor]}} = \text{Grundabfindungsbetrag}$$

Insoweit sind jedoch Sonderregelungen etwa dahin denkbar, dass die Betriebszugehörigkeit erst von einem bestimmten Lebensalter an berücksichtigt wird, dass Unterhaltspflichten abfindungserhöhend angesetzt werden und dass Sockelbeträge für bestimmte Personengruppen (etwa schwerbehinderte Menschen) angesetzt werden.[52]

---

[46] ErfKomm/*Kania* §§ 112, 112a BetrVG Rn 16

[47] Vgl. u. a. *Schaub/Koch* Arbeitsrecht § 244 Rn 47, 55 ff.

[48] Vgl. *Schaub/Koch* Arbeitsrecht § 244 Rn 67

[49] BAG AP § 112 BetrVG 1972 Nr. 46 = NZA 1989, 28 = NJW 1989, 489; *Schaub/Koch* Arbeitsrecht § 244 Rn 68.

[50] BAG AP BetrVG 1972 § 112 Nr. 105 = NZA 1987, 163 = BB 1996, 2572; BAG AP TVG § 4 Rationalisierungsschutz Nr. 13 = NZA 1997, 368 = DB 1997, 280; *Schaub/Koch* Arbeitsrecht § 244 Rn 57.

[51] *Schaub/Koch* Arbeitsrecht § 244 Rn 48 b.

[52] *Schaub/Koch* Arbeitsrecht § 244 Rn 48 b ff.

Bei der Bemessung von Abfindungen können Ansprüche des Arbeitnehmers gegen Sozialversicherungsträger, insbesondere auch ein möglicher oder in naher Zukunft bevorstehender Bezug der Altersrente, berücksichtigt werden.[53]

c) Nachteilsausgleich. Verletzt der Arbeitgeber die Pflicht, den Versuch zur Herbeiführung eines Interessenausgleichs zu unternehmen oder weicht er von einem Interessenausgleich ab, so hat er den betroffenen Arbeitnehmern den sich hieraus ergebenden Nachteil zu ersetzen, wobei **Abfindungen** entsprechend § 10 KSchG festzusetzen und sonstige wirtschaftliche Nachteile für einen Zeitraum von 12 Monaten auszugleichen sind (§ 113 Abs. 3 BetrVG). Dies gilt auch dann, wenn der Arbeitgeber den Arbeitnehmer veranlasst hat, im Hinblick auf die beabsichtigte Betriebsstilllegung das Arbeitsverhältnis selbst zu kündigen.[54] Nach richtiger – allerdings umstrittener – Auffassung hat der Betriebsrat keinen durchsetzbaren Anspruch auf Unterlassung betriebsbedingter Kündigungen vor Einigung über Interessenausgleich und Sozialplan,[55] sofern nicht noch zusätzlich ein Anspruch gegen den Arbeitgeber auf Unterlassung wegen gröblicher Verletzung der Beteiligungspflicht nach § 23 BetrVG besteht.[56] **44**

IV. Sprecherausschuss der leitenden Angestellten

Für die – nicht vom Betriebsrat vertretenen – leitenden Angestellter gilt das Gesetz über Sprecherausschüsse der leitenden Angestellten (SprAuG). In Betrieben mit in der Regel mindestens zehn leitenden Angestellten werden Sprecherausschüsse der leitenden Angestellten gewählt (§ 1 SprAuG). Gegebenfalls können auch Gesamt- und Konzernsprecherausschüsse gebildet werden. Die Vorschriften über die Bildung von Sprecherausschüssen ähneln denjenigen für die Errichtung von Betriebsräten (§§ 5 bis 7 SprAuG). **45**

Nach § 28 Abs. 1 SprAuG können Arbeitgeber und Sprecherausschuss **Richtlinien zur Gestaltung der Arbeitsverhältnisse** der leitenden Angestellten vereinbaren. Diese wirken allerdings nicht unmittelbar und zwingend auf die Einzelarbeitsverhältnisse ein, ihr Inhalt kann nur aufgrund einzelvertraglicher Absprache Geltung erlangen. Nach § 28 Abs. 2 Satz 1 SprAuG kann jedoch dem Inhalt einer Richtlinie in Anlehnung an

---

[53] BAG AP § 112 BetrVG 1972 Nr. 21 = NZA 1984, 201; Nr. 45 = NZA 1989, 25 = NJW 1989, 480 u. Nr. 103 = NZA 1997, 165 = BB 1997, 364; *Schaub/Koch* Arbeitsrecht § 244 Rn 51.

[54] BAG NZA 1989 S. 31 = NJW 1989, 1054 (LS).

[55] LAG Hamm NZA-RR 1997, 343, LAG Baden-Württemberg DB 1986, 805. LAG Düsseldorf NZA-RR 1997, 297; *Richardi/Annuß* BetrVG § 111 Rn 166, 167; *Heupgen* NZA 1997, 1271 m. w. N. zur unterschiedlichen Auffassung vor allem der Landesarbeitsgerichte; a. A. u. a. LAG Hamburg DB 1986, 598; LAG Frankfurt DM 1983, 613; s. auch die Nachweise bei *Schaub/Koch* Arbeitsrecht 10. Aufl. § 244 in Fn 77 und 78.

[56] *Richardi/Annuß* BetrVG § 111 Rn 167.

das Rechtsinstitut der Betriebsvereinbarung unmittelbare und zwingende Wirkung beigelegt werden, dies ist aber ausdrücklich zu vereinbaren. § 28 Abs. 2 Satz 2 SprAuG regelt das Günstigkeitsprinzip für den Fall einer Richtlinie mit unmittelbarer und zwingender Wirkung. Eine Nachwirkung derartiger Richtlinien sieht das Gesetz nicht vor.

V. Mitwirkungsrechte des Betriebsrats außerhalb des BetrVG

46 Auch außerhalb des Betriebsverfassungsrechts selbst hat der Betriebsrat umfassende Mitwirkungsrechte.[57] Insoweit sei nur beispielhaft auf die Beteiligungsrechte des Betriebsrats nach § 14 AÜG, §§ 95, 183, 255, 256 SGB III, § 21 Arbeitnehmererfindungsgesetz, § 9 Arbeitssicherheitsgesetz, § 7 AZG, § 3 Abs. 1 Altersteilzeitgesetz, § 613 a BGB; § 321 UmwG, §§ 3, 17 ff. KSchG, § 29 a HeimarbeitsG und § 87 SGB IX verwiesen.

---

[57] *Pulte*, NZA 2000, 234 ff.

§ 26 Betriebsübergang

Übersicht

	Rn
I. Anwendungsbereich des § 613 a BGB	1
II. Betriebsübergang nach dem Umwandlungsgesetz	3
1. Verhältnis zu § 613 a BGB	3
2. Sonderregelungen des UmwG	4
III. Voraussetzungen eines Betriebsübergangs nach § 613 a BGB	5
1. Betriebsbegriff	5
2. Funktionsnachfolge	10
3. Rechtsgeschäftlicher Übergang	11
4. Übergangszeitpunkt	12
5. Beteiligung des Betriebsrates und Informationspflicht des Arbeitgebers	13
a) Informationspflicht gegenüber dem Betriebsrat	13
b) Mitbestimmung des Betriebsrates	14
c) Informationspflicht gegenüber den Arbeitnehmern	16
6. Widerspruchsrecht der Arbeitnehmer	17
IV. Rechtsfolgen des Betriebsübergangs	18
1. Fortgeltung der rechtlichen Verhältnisse	18
2. Kündigungsverbot	19
3. Haftung	21

Schrifttum: *Hans-Christoph Matthes*, Betriebsübergang und Betriebsteilübergang als Betriebsänderung, NZA 2000, 1073 ff.; *Gerhard Picot u. Elmar Schnitker*, Arbeitsrecht bei Unternehmenskauf und Restrukturierung München 2001.; *Bernd Schiefer*, Outsourcing, Auftragsvergabe, Betriebsübergang – nach geänderter Rechtsprechung, NZA 1998, 1095 ff.

I. Anwendungsbereich des § 613 a BGB

Die auf EG-Recht[1] beruhende und im Jahre 2002 ergänzte Vorschrift des § 613 a BGB soll im Falle eines Betriebsübergangs die Rechte der betroffenen Arbeitnehmer wahren. § 613 a BGB betrifft nicht die Veräußerung von Anteilen, sondern den Fall, in dem ein Betrieb oder Betriebsteil **rechtsgeschäftlich seinen Inhaber wechselt**. Durch diesen Inhaberwechsel sollen aber grundsätzlich nicht nur der Bestand des Arbeitsverhältnisses, sondern auch die kollektivrechtlichen für das Arbeitsverhältnis maßgeblichen Regelungen und der Bestand des Betriebsrats gewahrt und die Haftung geregelt werden.[2] Es kommt somit zu einem kraft Gesetzes eintretenden Vertragsübergang.[3] 1

Bei einer bloßen **Anteilsübertragung** – etwa in Form der Abtretung von Geschäftsanteilen bei einer GmbH oder einer – nach dem Gesell- 2

---

[1] EG-RL 2001/23/EG ABl. EG Nr. L 82/16 vom 22. 3. 2002, vgl. hierzu u. a. *Willemsen/Annuß*, NJW 1999, 2073; *Oetker*, NZA 1998, 1193; *Gaul*, BB 1999, 526.

[2] BAG AP BGB § 613 a Nr. 44 = NZA 85, 735 = NJW 1986, 453; ErfKomm/*Preis* § 613 a BGB Rn 2.

[3] ErfKomm/*Preis* § 613 a BGB Rn 3; *Picot/Schneider* Rn 201 ff.

schaftsvertrag zulässigen – Abtretung von Anteilen an einer Personengesellschaft – bleiben die Arbeitsverhältnisse ohnehin unberührt, da Arbeitgeber vor oder nach einem (vollständigen oder teilweisen) Wechsel der Gesellschafter jeweils die Gesellschaft als solche ist. Auch bei einer Gesamtrechtsnachfolge im Erbfall ist für die Anwendbarkeit des § 613 a BGB kein Raum, da die Rechte und Pflichten des Arbeitgebers nicht durch Rechtsgeschäft, sondern kraft Gesetzes (§ 1922 BGB) auf den Erben übergehen.

II. Betriebsübergang nach dem Umwandlungsgesetz

1. Verhältnis zu § 613 a BGB

3 Grundsätzlich könnte auch für eine Veränderung der Rechtspersönlichkeit des Arbeitgebers in den Fällen der Umwandlung durch Verschmelzung, Spaltung oder Vermögensübertragung § 613 a BGB nicht einschlägig sein. Gleichwohl ordnet das Gesetz neben den speziellen arbeitsrechtlichen Regelungen des Umwandlungsgesetzes (etwa: Verbot der Verschlechterung in kündigungsrechtlicher Hinsicht für die Dauer von 2 Jahren, § 323 UmwG) an, dass die Vorschriften des § 613 a Abs. 1 sowie 4 bis 6 BGB gesondert zu beachten sind. Das BAG hat in einem Urteil vom 25. 5. 2000[4] insoweit klargestellt, dass die Umwandlung nicht etwa ein gegenüber dem Betriebsübergang speziellerer Tatbestand sei. Er hält es vielmehr für erforderlich, dass die Voraussetzungen des § 613 a BGB auch im Zusammenhang mit einer Umwandlung selbständig zu prüfen sind und das Widerspruchsrecht des Arbeitnehmers gegen den Übergang seines Arbeitsverhältnisses auch bei einem Betriebsübergang im Zusammenhang mit der Umwandlung besteht. Das BAG sieht in § 324 UmwG eine Rechtsgrundverweisung.[5]

Hieraus folgt, dass die Anwendbarkeit des § 613 a BGB bei einer Gesamtrechtsnachfolge im Rahmen des Umwandlungsgesetzes auch nicht an dem fehlenden Merkmal einer Übertragung „durch Rechtsgeschäft" scheitern kann.[6]

Wenn aufgrund einer Umwandlungsmaßnahme somit ein Betrieb oder Betriebsteil einem anderen Rechtsträger übertragen wird, ist zusätzlich zu dem ohnehin gegebenen Umstand, dass die Arbeitsverhältnisse kraft Gesetzes auf den neuen Rechtsträger übergehen, § 613 a Abs. 1, 4 u. 6 nunmehr unmittelbar anwendbar.

---

[4] BAG AP BGB § 613 a BGB Nr. 209 = NZA 2000, 1115, 1117 = BB 2000, 2261.

[5] BAG AP BGB § 613 a BGB Nr. 209 = NZA 2000, 1115, 1117 = BB 2000, 2261; ErfKomm/*Preis* § 613 a BGB Rn 178; so auch im Ergebnis *Picot/Schnitker* Rn 9 bis 11.

[6] ErfKomm/*Preis* § 613 a BGB Rn 178; vgl. zum alten Recht vor In-Kraft-Treten des § 324 UmwG u. a.: BAG AP BGB § 613 a Nr. 85 = NZA 1990, 522 = BB 1990, 1135, 1491, der durch das Merkmal des rechtsgeschäftlichen Übergangs die Gesamtrechtsnachfolge als ausgeschlossen ansah, vgl. auch *Picot/Schnitker* Rn 10.

2. Sonderregelungen des UmwG

Daneben sind allerdings die Sonderregelungen des Umwandlungsgesetzes zu beachten. Dies bedeutet u. a. für den Fall einer Umwandlung Folgendes: 4

- Die **kündigungsrechtliche Stellung** eines Arbeitnehmers verschlechtert sich aufgrund der Spaltung oder Teilübertragung für die Dauer von 2 Jahren ab dem Zeitpunkt ihres Wirksamwerdens nicht (§ 324 UmwG).
- Führen an einer Spaltung oder Teilübertragung beteiligte Rechtsträger nach Wirksamwerden der Spaltung oder der Teilübertragung einen **Betrieb gemeinsam**, gilt dieser als **ein** Betrieb i. S. d. Kündigungsschutzrechts (§ 322 UmwG).
- Bei einer **Verschmelzung** muss im Verschmelzungsvertrag (§ 5 Abs. 1 Nr. 9 UmwG) eine Darstellung der Folgen für die Arbeitnehmer und ihre Vertretung enthalten sein. Der Vertrag oder sein Entwurf ist spätestens einen Monat vor dem Tag der Versammlung der Anteilsinhaber jedes beteiligten Rechtsträgers, die über die Zustimmung zum Verschmelzungsvertrag zu beschließen haben, dem zuständigen Betriebsrat dieses Rechtsträgers zuzuleiten (§ 5 Abs. 3 UmwG). Dies gilt sowohl für die Verschmelzung durch Aufnahme als auch durch Neugründung (§ 36 UmwG).
- Bei **Spaltungen durch Aufnahme** ist der Spaltungsvertrag oder sein Entwurf spätestens einen Monat vor der Versammlung der Anteilseigner ebenfalls dem zuständigen Betriebsrat zuzuleiten (§§ 126 Abs. 3, 135 UmwG).
- Bei der **Vermögensübertragung** folgt die Informationspflicht aus § 176 Abs. 1 u. 2 UmwG und bei dem **Formwechsel** aus § 194 Abs. 2 UmwG.
- Sofern durch **Abspaltung** oder **Ausgliederung** die gesetzlichen Voraussetzungen für die Beteiligung der Arbeitnehmer am Aufsichtsrat entfallen, finden die vor der Spaltung geltenden Vorschriften noch für weitere 5 Jahre nach dem Wirksamwerden der Abspaltung oder Ausgliederung Anwendung (§ 325 Abs. 1 UmwG).

Führt die Abspaltung eines betriebsratsfähigen Betriebsteils dazu, dass die von der Abspaltung betroffenen Arbeitnehmer selbst nicht mehr betriebsverfassungsrechtlich repräsentiert sind, ist unverzüglich eine Wahl eines Betriebsrats einzuleiten, und zwar durch den Betriebsrat des bisherigen Betriebes.[7]

III. Voraussetzungen eines Betriebsübergangs nach § 613 a BGB

1. Betriebsbegriff

Erste Voraussetzung für einen Betriebsübergang im Sinne des § 613 a BGB ist, dass ein **„Betrieb“** oder **„Betriebsteil“** übergeht. Der Betriebs- 5

[7] BAG AP BetrVG 1972 § 1 Gemeinsamer Betrieb Nr. 12 = NZA 2000, 1350.

begriff des § 613 a BGB geht über den betriebsverfassungsrechtlichen Begriff des Betriebes, wie er für die Betriebsratswahl (§§ 1 ff. BetrVG) maßgeblich ist, hinaus.

Nach der auch für die deutschen Gerichte maßgeblichen Rechtsprechung des EuGH ist auf eine **„wirtschaftliche Einheit"** abzustellen.[8] Nach der Richtlinie 2001/23 EG wird der Betriebsübergang als „Übergang einer ihre Identität bewahrenden wirtschaftlichen Einheit im Sinne einer organisierten Zusammenfassung von Ressourcen zur Verfolgung einer wirtschaftlichen Haupt- oder Nebentätigkeit" bezeichnet (Art. 1 Abs. 1 b RL 2001/23).

6 Voraussetzung für den Betriebsübergang ist auch nach der Auffassung des EuGH, dass die Belegschaft schon vor dem Übergang eine **organisierte wirtschaftliche Einheit** darstellte. Es muss sich um eine selbständig abtrennbare organisatorische Einheit handeln, in der innerhalb des betrieblichen Gesamtzwecks ein Teilzweck verfolgt wird.[9] Auch Betriebsteile, die selbst nur von untergeordneter Bedeutung sind, können hierunter fallen.[10] Der übernommene Betriebsteil muss auf den Erwerber in einer Weise übergehen, dass dieser die **Lenkungsmacht** übernimmt oder übernehmen kann.[11] Jemand, der lediglich Betriebsmittel zur Erfüllung einer bereits ausgeübten Tätigkeit erwirbt, übernimmt damit noch keinen Betriebsteil, er verwendet lediglich die Betriebsmittel im Rahmen seiner eigenen schon vorhandenen Organisation.[12] So hat das Bundesarbeitsgericht[13] einen selbständig übergangsfähigen Betriebsteil nicht schon dann angenommen, wenn einzelne Betriebsmittel ständig dem betreffenden Teilzweck zugeordnet waren und von denselben Arbeitnehmern genutzt werden, wie dies etwa bei einem Fuhrpark der Fall ist. Hier hat das BAG darauf abgestellt, dass bereits bei dem früheren Betriebsinhaber die übernommenen Betriebsmittel die Qualität eines Betriebsteils haben mussten. Es heißt wörtlich: „Es reicht nicht aus, wenn der Erwerber mit einzelnen bislang nicht teilbetrieblich organisierten Betriebsmitteln erst einen Betrieb oder Betriebsteil gründet."

7 Auch dann, wenn Maschinen ein wesentliches Betriebsmittel darstellen, führt die Übertragung nicht zwingend zu einem Betriebsübergang.[14]

---

[8] AP EWG-Richtlinie Nr. 77/187 Nr. 5 = NZA 1995, 475 (LS); BAG AP BGB § 613 a Nr. 169 = NZA 1998, 251 = NJW 1998, 1885 = BB 1998,319; Nr. 170 = NZA 1998, 249, 251 = NJW 1998, 1883 = BB 1998, 1316; ErfKomm/*Preis* § 613 a Rn 6; *Picot/Schnitker* Rn 23.

[9] BAG AP BGB § 613 a Nr. 105 = NJW 1995, 73 = BB 1994, 1224 (LS); ErfKomm/*Preis* § 613 a Rn 7.

[10] EuGH AP EWG-Richtlinie Nr. 77/187 Nr. 5 = NZA 1995, 475 (LS); ErfKomm/*Preis* § 613 a Rn 7.

[11] BAG NZA 1992, 217 = NJW 1992, 708; NZA 1992, 929 = NJW 1992, 3188.

[12] BAG AP BGB § 613 a Nr. 190 = NZA 1999, 869 = NJW 1999, 2459 = DB 1999, 1455; ErfKomm/*Preis* § 613 a Rn 8.

[13] BAG AP BGB § 613 a Nr. 196 = NZA 2000, 371 = NJW 2000, 1739 = BB 2000, 568.

[14] NZA 2000, 371 = NJW 2000, 1739 = BB 2000, 568; BAG NZA 1999, 147 = NJW 1999, 1351; ErfKomm/*Preis* § 613 a Rn 21.

Erfolgt beispielsweise die Übernahme von Teilen des Inventars einer Gaststätte, will der Erwerber jedoch eine Gastronomie mit einer vollständig anderen Ausrichtung betreiben und tut dies auch, so liegt kein Betriebsübergang vor.[15]

Stellt ein Konkurs-(Insolvenz-)verwalter den Betrieb ein, ruht dieser daraufhin über längere Zeit – hier 9 Monate – und wird anschließend veräußert, so kann dieser Zeitraum der Annahme eines Betriebsübergangs entgegenstehen. Dies ist vom BAG für den Fall der Veräußerung eines Betriebes im Bekleidungseinzelhandel angenommen worden.[16] In dieser Entscheidung hat das Bundesarbeitsgericht allerdings auch ausgeführt, dass in Branchen, in denen es im Wesentlichen auf die menschliche Arbeitskraft ankommt, eine Gesamtheit von Arbeitnehmern, die durch ihre gemeinsame Tätigkeit dauerhaft verbunden ist, eine wirtschaftliche Einheit darstellen kann.[17]

Die Frage der Übernahme oder Nichtübernahme der Arbeitnehmer ist **8**
zwar grundsätzlich eine Rechtsfolge des Betriebsübergangs, in der Tatsache, dass jedoch der nach Zahl und Sachkunde wesentlichste Teil des Personals übernommen wird, kann jedoch auch ein Betriebsübergang zu sehen sein.[18] Hierbei kann es auch auf das Spezialwissen der übernommenen Arbeitnehmer ankommen.[19]

Allein die Tatsache, dass nach Übertragung eines selbständigen Be- **9**
triebsteils der verbleibende Betrieb nicht mehr sinnvoll geführt werden kann, führt nicht dazu, dass der Erwerber der Teileinheit auch in die Rechte und Pflichten der übrigen Mitarbeiter des früheren Betriebes eingetreten ist.[20] Das Bundesarbeitsgericht hat einen Wechsel in der Person des Inhabers des Betriebes nicht etwa daran scheitern lassen, dass der neue Inhaber, der auch im Außenverhältnis tätig geworden sei, keine Gewinnerzielungsabsicht gehabt habe.[21] Die Inhaberschaft eines Betriebes im Sinne von § 613 a BGB ist nach zutreffender Auffassung des BAG nicht von einer Gewinnerzielungsabsicht abhängig. Entscheidend ist aber, dass der neue Inhaber tatsächlich den Betrieb selbst steuert, wobei es keiner förmlichen Übertragung einer Leitungsmacht bedarf.

---

15 BAG AP EWG-Richtlinie Nr. 77/187 Nr. 16 = NZA 1989, 31 = NJW 1989, 1054 (LS); ErfKomm/*Preis* Rn 22.

16 BAG NZA 1997, 1050.

17 BAG NZA 1997, 1050 unter Hinweis auf die „Ayse Süzen"-Entscheidung des EuGH AP EWG-Richtlinie Nr. 77/187 Nr. 14 = NZA 1997, 433 = NJW 1997, 2039 = BB 1997, 735.

18 EuGH AP EWG-Richtlinie Nr. 77/187 Nr. 14; ErfKomm/*Preis* § 613 a BGB Rn 54; *Picot/Schnitker* Rn 28 ff.

19 BAG AP BGB § 613 a Nr. 172 = NZA 1998, 5340 = NJW 1998, 2306 = BB 1998, 698.

20 BAG NZA 1998, 249 = NJW 1998, 1883 = BB 1998, 1316.

21 BAG AP BGB § 613 a Nr. 186.

2. Funktionsnachfolge

10 Von besonderem Interesse ist die sog. **Funktionsnachfolge**, die allein noch keinen Betriebsübergang beinhaltet.[22] Hierbei ist zunächst von Bedeutung, dass die bloße Auftragsvergabe an einen Mitbewerber, der in der Folgezeit dann einen Teil der Mitarbeiter „übernahm",[23] noch keinen Betriebsübergang darstellt.

In der bekannten „Christel Schmidt"-Entscheidung[24] des EuGH hatte dieser einen Betriebsübergang in einem Fall angenommen, in dem die Reinigungskraft ihren Arbeitsplatz bei einer ländlichen Sparkasse verloren hatte, weil diese die Aufgaben einem Reinigungsunternehmen übertrug. Dieses war zwar bereit, die Raumpflegerin zu übernehmen, jedoch nur zu ungünstigeren Bedingungen. Der Europäische Gerichtshof bejahte in diesem viel umstrittenen und durch die „Ayse Süzen"-Entscheidung etwas relativierten Urteil einen Betriebsübergang mit der Begründung, die Sparkasse habe die Verantwortung für den Betrieb einer Dienstleistungseinrichtung dem Reinigungsunternehmen übertragen. Es komme hierbei nicht darauf an, dass keine Vermögensgegenstände übertragen worden seien. Dies sei nur im Rahmen einer Gesamtbewertung eines vielschichtigen Vorgangs mit zu berücksichtigen.[25]

Schon früher hatte das Bundesarbeitsgericht einen Betriebsübergang angenommen, wenn ein Handelsvertreter ausschließlich ein Unternehmen vertrat, der Unternehmer im Bezirk des Handelsvertreters nur unter besonderen Voraussetzungen tätig werden durfte und der Handelsvertreter dann den Handelsvertretervertrag kündigte. Auch der Umstand, dass das Unternehmen keinen Nachfolger benannte, allerdings vertragsgemäß die vom Handelsvertreter geworbenen Kunden betreuen durfte, hat das Bundesarbeitsgericht nicht veranlasst, einen Betriebsübergang abzulehnen.[26]

3. Rechtsgeschäftlicher Übergang

11 Die Rechtsnatur des Vertrages, durch den die Betriebsübernahme erfolgt, ist unerheblich. Insoweit kommen Kauf-, Pacht- oder Mietverträge, aber auch Schenkungen, Nießbrauch, Vermächtnis oder Gesellschaftsvertrag in Betracht.[27]

---

[22] BAG AP BGB § 613 a Nr. 169 = NZA 1998, 251 = NJW 1998, 1885 = BB 1998, 319; s. hierzu u. a. ErfKomm/*Preis* § 613 a BGB Rn 37; *Picot/Schnitker* Rn 101 ff.

[23] EuGH AP EWG-Richtlinie Nr. 77/187 Nr. 14 („Ayse Süzen") = NZA 1997, 433 = NJW 1997, 2039 = BB 1997, 735; *Schiefer*, NZA 1998, 1095, 1099; *Annuß*, NZA 1998, 70; *Picot/Schnitker* Rn 36.

[24] S. zusammenfassend zur neuen Rechtsprechung u.a. *Müller-Gloege*, NZA 1999, 449 ff., *Picot/Schneider* Rn 24 ff.

[25] EuGH Urteil vom 14. 4. 1994 AP BGB § 613 a Nr. 106 m. Anm. *Loritz* = NZA 1994, 545 = NJW 1994, 2343 = DB 1994, 1370; NZA 1994, 545 = NJW 1994, 2343 = DB 1994, 1370; *Röder/Baeck*, NZA 1994, 542 ff.

[26] NZA 1988, 838; zum Betriebsteil als „wirtschaftliche Einheit" s. auch *Steffan*, NZA 2000, 687.

[27] ErfKomm/*Preis* § 613 a Rn 59.

Es ist nicht einmal eine unmittelbare rechtsgeschäftliche Vereinbarung zwischen dem bisherigen und dem neuen Betriebsinhaber nötig, so kann etwa der Betrieb unmittelbar vom bisherigen Pächter auf den neuen Pächter übertragen werden.[28] Die Rückgabe eines verpachteten Betriebes an den Verpächter kann ebenfalls zum Betriebsübergang führen.[29] Dies gilt aber dann nicht, wenn der Erwerber den Betrieb tatsächlich nicht fortführt.[30]

Ein Betriebsübergang kann sogar dann vorliegen, wenn das zugrunde liegende Rechtsgeschäft nichtig ist.[31]

4. Übergangszeitpunkt

Der maßgeblicher Zeitpunkt für den Betriebsübergang ist der Zeit- **12**
punkt, in dem der Erwerber die **Leitungsmacht** übernehmen kann.[32]

Die vertragsmäßige Rückgabe eines verpachteten Betriebes an den Veräußerer stellt auch dann einen Betriebsübergang dar, wenn der Verpächter zuvor Leitungsmacht nicht ausgeübt hatte und selbst entsprechende Betriebe nicht geführt hat.[33]

5. Beteiligung des Betriebsrats und Informationspflicht des Arbeitgebers

a) Informationspflicht gegenüber dem Betriebsrat. Der Unter- **13**
nehmer hat den Betriebsrat zudem rechtzeitig und umfassend über Betriebsänderungen zu unterrichten, hierzu gehört auch der Zusammenschluss mit anderen Betrieben oder die Spaltung (§ 111 Nr. 3 BetrVG).

Daneben tritt die Unterrichtungspflicht gegenüber dem **Wirtschaftsausschuss**. Gemäß § 106 Abs. 3 Nr. 8 BetrVG ist der Wirtschaftsausschuss auch über den Zusammenschluss oder die Spaltung von Unternehmen oder Betrieben zu unterrichten.

b) Mitbestimmung des Betriebsrats. Der Betriebsübergang als sol- **14**
cher ist zwar keine Betriebsänderung. Dies gilt auch für die Veräußerung eines Betriebsteils.[34] Da eine Betriebsteilveräußerung regelmäßig eine Spaltung des Betriebes darstellt, diese aber nach § 111 S. 2 Nr. 3 BetrVG nunmehr als Betriebsänderung eingestuft ist, ist auch bei der Betriebsteilübertragung der Betriebsrat einzubeziehen. Auch der bloße Zusammenschluss mit einem anderen Betrieb unterfällt § 111 S. 2 Nr. 3 BetrVG.[35]

---

[28] BAG AP § 613 a BGB Nr. 24 = NJW 1981, 2212 = BB 1981, 848; ErfKomm/*Preis* § 613 a Rn 60.

[29] EuGH NZA 1990, 885; ErfKomm/Preis § 613 a BGB Rn 60.

[30] BAG AP BGB § 613 a Nr. 189 = NZA 1999, 704 = NJW 1999, 2461 = BB 1999, 1222; *Picot/Schnitker* Rn 38 ff.

[31] BAG AP § 613 a BGB Nr. 44 = NZA 1986, 286; ErfKomm/*Preis* § 613 a BGB Rn 62.

[32] BAG NZA 1992, 217 = NJW 1992, 708; NZA 1992, 929 = NJW 1992, 3188.

[33] BAG AP BGB § 613 a Nr. 128 = NZA 1995, 1155 = NJW 1995, 3404 = BB 1995, 1800.

[34] BAG AP BetrVG 1972 § 111 Nr. 19 = NZA 1987, 671 = BB 1987, 1737.

[35] ErfKomm/*Kania* § 111 BetrVG Rn 10.

Dass ein Interessenausgleich bei der Umwandlung, insbesondere bei der Betriebsaufspaltung gemäß § 111 Nr. 3 BetrVG möglich ist, folgt auch aus § 323 Abs. 2 UmwG. Hier kann ausnahmsweise ein sog. „stellenscharfer Interessenausgleich" erfolgen; die Zuordnung der Arbeitnehmer durch das Arbeitsgericht kann dann nur noch auf grobe Fehlerhaftigkeit überprüft werden. Allerdings gilt, wie schon dargelegt, § 613 a BGB ohnehin noch zusätzlich. Mit einer Zuordnung nach § 323 Abs. 2 UmwG kann daher nicht die gesetzliche Regelung des § 613 a BGB unterlaufen werden.[36]

15 Bei einem Betriebsübergang im Wege der Einzelrechtsnachfolge oder im Wege der Gesamtrechtsnachfolge ist hingegen keine Betriebsänderung gegeben.[37] Etwas anderes gilt nur dann, wenn es anlässlich eines Betriebsübergangs zu einer damit verbundenen Betriebsänderung kommt,[38] etwa wenn anlässlich des Betriebsübergangs grundsätzlich neue Arbeitsmethoden eingeführt werden sollen.[39]

Ein Interessenausgleich ist auch dann notwendig, wenn – was regelmäßig der Fall sein wird – bei einer Betriebsteilübertragung in dem verbleibenden Restbetrieb organisatorische Änderungen notwendig sind. Da die Spaltung von Betrieben ohnehin gemäß § 111 BetrVG mitbestimmungspflichtig ist, wird also bei einer Betriebsteilübertragung regelmäßig ein Interessenausgleich ernsthaft zu verhandeln sein.

Daher dürfte regelmäßig ein Sozialplan bei einem vollständigen Betriebsübergang und auch bei einem Teilbetriebsübergang nicht oder nur in untergeordnetem Umfang dann zu erfolgen haben, wenn gleichzeitig sonstige für die übergehende oder verbleibende Belegschaft verbundene Nachteile sich ergeben sollten.

16 **c) Informationspflicht gegenüber den Arbeitnehmern.** Durch § 613 a Abs. 5 BGB ist nunmehr bestimmt, dass der bisherige Arbeitgeber oder der neue Inhaber die vom Übergang betroffenen Arbeitnehmer vor dem Übergang in **Textform** zu unterrichten haben über

- den Zeitpunkt oder den geplanten Zeitpunkt des Übergangs,
- den Grund für den Übergang,
- die rechtlichen, wirtschaftlichen und sozialen Folgen des Übergangs für die Arbeitnehmer und
- die hinsichtlich der Arbeitnehmer in Aussicht genommenen Maßnahmen.

Diese Unterrichtungsform hat somit schriftlich zu erfolgen, eine Unterzeichnung ist jedoch nicht notwendig. Da sich die Auswirkungen des Betriebsübergangs auf die einzelnen Arbeitnehmer unterschiedlich darstellen können, empfiehlt sich ein individuelles Schreiben an jeden betroffenen Arbeitnehmer, dessen Empfang sinnvollerweise bestätigt werden sollte.

---

[36] ErfKomm/*Kania* §§ 112, 112 a BetrVG Rn 2.

[37] BAG AP BetrVG 1972 § 111 Nr. 9 = NJW 1981, 2716 = BB 1981, 1214 u. Nr. 19 = NZA 1987, 671 = BB 1987, 1737; *Richardi/Annuß* BetrVG Rn 124 ff.; ErfKomm/*Kania* § 111 BetrVG Rn 10.

[38] BAG NZA 2000, 1069 = BB 2000, 2261.

[39] ErfKomm/*Kania* § 111 BetrVG Rn 10.

6. Widerspruchsrecht der Arbeitnehmer

Die Arbeitnehmer können innerhalb eines Monats nach **vollständiger** Unterrichtung dem Betriebsübergang widersprechen. Die Frist beginnt somit erst mit vollständiger Unterrichtung zu laufen.[40] Der Widerspruch des Arbeitnehmers ist schriftlich, also mit Unterschrift, zu erklären (§§ 613 a Abs. 6, 126 Abs. 1 BGB).[41] Kommt es zum Widerspruch, wird regelmäßig bei dem Betriebsübergang, so häufig aber auch bei einem Betriebsteilübergang eine betriebsbedingte Kündigung erfolgen können bzw. zu erfolgen haben.[42] Dieses Widerspruchsrecht besteht auch in den Umwandlungsfällen.[43] **17**

IV. Rechtsfolgen des Betriebsübergangs

1. Fortgeltung der rechtlichen Verhältnisse

Durch den Betriebsübergang gehen die Arbeitsverhältnisse der Arbeitnehmer auf den neuen Inhaber kraft Gesetzes über.[44] Sind die Rechte und Pflichten durch Rechtsnorm eines Tarifvertrages oder durch Betriebsvereinbarung geregelt, werden sie **einzelvertraglich** Inhalt des Arbeitsverhältnisses zwischen dem neuen Inhaber und dem Arbeitnehmer. Sie dürfen dann nicht vor Ablauf eines Jahres nach dem Zeitpunkt des Übergangs zum Nachteil der Arbeitnehmer geändert werden (§ 613 a Abs. 1 S. 2 BGB). **18**

Wird eine Betriebsvereinbarung nach § 613 a Abs. 1 S. 2 BGB zum individualrechtlichen Inhalt des Arbeitsverhältnisses, kann sie allerdings gleichwohl durch folgende Betriebsvereinbarungen – auch zum Nachteil der Arbeitnehmer – geändert werden.[45]

Wird ein bisher betriebsratsloser Betrieb stillgelegt, kann ein erst während der Durchführung der Betriebsstilllegung – also nach dem Beschluss zur Stilllegung – gewählter Betriebsrat die Aufstellung eines Sozialplans nicht mehr verlangen.[46]

Es gelten also sämtliche individualrechtlichen, aber auch kollektivrechtlichen Normen weiter. Bezüglich der kollektivrechtlichen Normen gilt dies jedoch dann nicht, wenn in dem übernehmenden Betrieb die Arbeitsverhältnisse durch Tarifvertrag oder Betriebsvereinbarung abweichend geregelt sind. Dies kann bei fehlender beiderseitiger Tarifgebundenheit auch dadurch geschehen, dass ein für den übernehmenden Betrieb geltender sachlicher und örtlich geltender Tarifvertrag in die einzelvertraglichen Vereinbarungen einbezogen wird.

---

[40] ErfKomm/*Preis* § 613 a BGB Rn 89; *Willemsen/Lembke*, NJW 2002, 1159, 1164.

[41] ErfKomm/*Preis* § 613 a BGB Rn 93.

[42] ErfKomm/*Preis* § 613 a BGB Rn 102 ff.

[43] *Picot/Schneider* Rn 235 f.; ErfKomm/*Preis* § 613 a BGB Rn 180 (auch zum alten Recht).

[44] *Picot/Schneider* Rn 194.

[45] BAG AP BetrVG 1972 § 77 Nr. 85.

[46] BAG AP BetrVG 1972 § 112 Nr. 15 = NJW 1982, 2334 = BB 1982, 804, 1423.

2. Kündigungsverbot

19 Die Kündigung **wegen** des Betriebsübergangs ist nach § 613a Abs. 4 BGB sowohl für den ehemaligen als auch für den neuen Arbeitgeber ausgeschlossen. Dies bedeutet jedoch entgegen dem Wortlauf nicht unbedingt, dass damit keinerlei Kündigungsmöglichkeiten gegeben wären, da nach § 613a Abs. 4 S. 2 BGB ausdrücklich eine Kündigung aus anderen Gründen als möglich angesehen wird. Der Betriebsübergang darf allerdings nicht der tragende Grund der Kündigung gewesen sein.[47]

Auch sog. **Eigenkündigungen** oder **Aufhebungsverträge**, zu denen die Arbeitnehmer unter dem Vorwand veranlasst werden, nur bei Unterzeichnung vom neuen Arbeitgeber übernommen zu werden, sind unzulässig.[48] Sie sind wegen Umgehung zwingender Rechtsfolgen des § 613a BGB nichtig (§ 134 BGB). Einvernehmliche Aufhebungsvereinbarungen vor oder nach Betriebsübergang sind hingegen zulässig, wenn keine Umgehungsabsicht vorlag.[49]

War zunächst eine Stilllegung beabsichtigt, die dann aber nicht durchgeführt worden ist, hängt die Wirksamkeit einer derartigen Kündigung davon ab, ob bei Ausspruch der Kündigung ein solcher Betriebsübergang geplant war.[50]

20 Sieht das Unternehmenskonzept des in Betracht kommenden Erwerbers gegenüber dem bisherigen Stand eine geringere Arbeitnehmerzahl vor, kann möglicherweise eine sog. **„Veräußererkündigung aufgrund eines Erwerberkonzepts"** erfolgen.[51] Insoweit bedarf es jedoch eines rechtsverbindlichen Sanierungsplans oder eines Vorvertrages, der den Betriebsübergang selbst und die Anzahl der zu übernehmenden Arbeitnehmer fixiert.[52]

3. Haftung

21 Hinsichtlich der bereits vor dem Zeitpunkt des Übergangs entstandenen und vor Ablauf eines Jahres nach dem Übergang fällig werdenden Verpflichtungen haften Übernehmer und Übergeber als Gesamtschuldner. Falls solche Verpflichtungen erst nach dem Übergabezeitpunkt fällig

---

[47] BAG AP BGB § 613a Nr. 34 = NJW 1984, 627 = BB 1983, 2116; BAG AP BGB § 613a Nr. 75 = NZA 1989, 461 = BB 1989, 1122 u. AP BGB § 613a Nr. 147 = NZA 1997, 148 = BB 1996, 2305; ErfKomm/*Preis* § 613a Rn 151.

[48] BAG AP BetrAVG § 1 Betriebsveräußerung Nr. 5 = NZA 1988, 198 = BB 1988, 831; ErfKomm/*Preis* § 613a Rn 154.

[49] BAG AP BGB § 613a Nr. 2 = NJW 1976, 535 = BB 1976, 315.

[50] BAG AP BGB § 613a Nr. 75 = NZA 1989, 461 = BB 1989, 1122; BAG AP KSchG 1989, § 1 Betriebsbedingte Kündigung Nr. 81 = NZA 1987, 251; BAG AP KSchG 1989, § 1 Wiedereinstellung Nr. 1 = NZA 1997, 757 = NJW 1997, 2257 = BB 1997, 1953; ErfKomm/*Preis* § 613a BGB Rn 157.

[51] BAG AP BGB § 613a Nr. 34 = NJW 1984, 627 = BB 1983, 2116; MünchKomm/*Schaub* § 613a Rn 72; ErfKomm/*Preis* § 613a Rn 165.

[52] BAG NJW 2003, 3506 = NZA 2003, 1027; KR/*Etzel* § 1 KSchG Rn 577; ErfKomm/*Preis* § 613a Rn 167.

werden, haftet der bisherige Arbeitgeber nur in dem Umfang, der dem im Zeitpunkt des Übergangs abgelaufenen Teil ihres Bemessungszeitraums entspricht (§ 613 a Abs. 2 BGB).

Diese Vorschrift gilt dann nicht, wenn eine juristische Person oder Personenhandelsgesellschaft durch Umwandlung erlischt (§ 613 a Abs. 2 BGB).[53]

---

[53] Vgl. im Einzelnen ErfKomm/*Preis* § 613 a Rn 129 ff.

§ 27 Steuerrechtliche und sozialversicherungsrechtliche Fragen

Übersicht

	Rn
I. Scheinselbständigkeit	1
II. Sozialversicherung	4
1. Allgemeine Grundsätze	4
2. Kündigungsschutzabfindung	5
3. Belastungen im Rahmen der Arbeitslosenversicherung	6
a) Risiken für den Arbeitnehmer	6
b) Risiken für den Arbeitgeber	7
III. Steuerrechtliche Fragen	8

I. Scheinselbständigkeit

1 Mit dem am 1.1. 1999 in Kraft getretenen „Sozialversicherungskorrekturgesetz", das wiederum nach einem Jahr durch das „Gesetz zur Förderung der Selbständigkeit" geändert worden war, war in § 7 SGB IV eine Vermutungsregelung für das Vorliegen einer Scheinselbständigkeit eingeführt worden. Nach der bis Ende 2001 geltenden Fassung war zunächst ein sog. „Anfrageverfahren" zur Statuserklärung bei der BfA eingeführt worden (§ 7 a SGB IV). Dieses Verfahren besteht auch heute noch.

Das Gesetz kannte in § 7 Abs. 4 SGB IV insgesamt 5 Kriterien.[1] Hiernach sollte es u. a. darauf ankommen, ob der Auftragnehmer typische Merkmale unternehmerischen Handelns nicht erkennen lässt oder nach ihrem äußeren Erscheinungsbild die Tätigkeit dafür spricht, dass sie aufgrund eines Beschäftigungsverhältnisses geleistet wird. Durch das am 1.1. 2003 in Kraft getretene 2. Gesetz für moderne Dienstleistungen am Arbeitsmarkt ist diese Vorschrift geändert worden. Es heißt dort jetzt lediglich, dass für Personen, die für eine selbständige Tätigkeit einen Zuschuss nach § 421 Abs. 1 SGB III beantragen (Eingliederungshilfe), widerleglich vermutet wird, dass es sich um Selbständige handelt. Diese Vorschrift betrifft die sog. „Ich-AG".[2]

Die Bezieher von **Existenzgründungszuschüssen** gelten für die Dauer des Bezugs dieser Leistungen (unwiderlegbar) als selbständig Tätige.[3] Irgendwelche Vermutungsregelungen für die Unselbständigkeit einer Beschäftigung bestehen daher nicht mehr. Die anzustellenden Rentenversicherungsträger haben deshalb nunmehr im Rahmen der Beitragserhebung und der Prüfung die volle Beweislast dafür, dass der Betreffende seine Tätigkeit nicht selbständig verrichtet.[4]

Es gilt allerdings weiterhin § 2 S. 1 Nr. 9 SGB VI. Dieser betrifft (nur) für den Bereich der Rentenversicherung die sog. arbeitnehmerähnlichen

---

[1] Vgl. *Bauer/Diller/Schuster*, NZA 1999, 1297.
[2] Vgl. hierzu *Rolfs*, NZA 2003, 65 ff.
[3] Vgl. *Rolfs*, NZA 2003, 65, 66
[4] *Rolfs*, a.a.O.

Selbständigen. Dies sind Personen, die im Zusammenhang mit ihrer selbständigen Tätigkeit regelmäßig keine versicherungspflichtigen Arbeitnehmer mit einer Vergütung von mehr als 400,00 € im Monat beschäftigen und die auf Dauer und im Wesentlichen nur für einen Arbeitgeber tätig sind. Bei erstmaliger Aufnahme einer selbständigen Tätigkeit, die die Merkmale des § 2 S. 1 Nr. 9 SGB VI erfüllt, besteht zudem die Möglichkeit der Befreiung von der Versicherungspflicht (§ 6 Abs. 1a SGB VI).

Auch weiterhin ist somit die Nichtbeschäftigung von Mitarbeitern ein Indiz für das Nichtvorliegen einer selbständigen Tätigkeit.[5]

Maßstab für die Einordnung ist daher im Wesentlichen nur noch § 7 SGB IV. Danach sind Anhaltspunkte für eine nichtselbständige Tätigkeit, wenn diese nach **Weisungen** ausgeübt wird und eine **Eingliederung** in die Arbeitsorganisation des Weisungsgebers vorliegt. Die Weisungen können insbesondere die Zeit, die Dauer und den Ort der Ausführung der Tätigkeit betreffen. Anhaltspunkte sind auch das Bestehen eines persönlichen Abhängigkeitsverhältnisses, das Fehlen eigenen Kapitals und eines eigenen organisatorischen Apparats.

Konkrete Indizien für eine abhängige Beschäftigung sind u. a.: 2

- festgelegte Anwesenheitszeiten und Dienstpläne,
- hohe zeitliche Inanspruchnahme durch die vertraglich geschuldete Tätigkeit ohne Möglichkeit, einer anderen Erwerbstätigkeit nachzugehen,
- Zuweisung eines bestimmten Arbeitspensums,
- zeitabhängige Vergütung,
- arbeitnehmertypische Vergütungsbestandteile, wie Urlaubsgeld, Entgeltfortzahlung im Krankheitsfall,
- Wettbewerbsverbote,
- Ausübung einfacher und nachgeordneter Tätigkeiten,
- Gestellung des Arbeitsgeräts durch den Auftraggeber,
- umfangreiche Dokumentations- und Berichtspflichten,
- eingeschränkte Entscheidungsbefugnis in finanziellen Fragen oder
- keine eigene Teilnahme am Marktgeschehen.

Für eine selbständige Tätigkeit sprechen folgende Anhaltspunkte: 3

- das Fehlen persönlicher Abhängigkeit und von Weisungsgebundenheit,
- Dispositionsfreiheit hinsichtlich Arbeitsablauf und Arbeitszeit,
- eigenes Kapital, eigene Betriebsmittel und Betriebsräume,
- eigenes Unternehmerrisiko,
- Einschalten von Hilfskräften,
- Möglichkeit zu eigener Werbung und
- Dispositionsfreiheit hinsichtlich der Annahme oder Ablehnung von Aufträgen.

[5] *Rolfs*, a.a.O. unter Hinweis auf BGH NZA 1999, 110, 111 = NJW 1999, 648, 650; BSG AP RVO § 165 Nr. 1; BSG AP BGB z § 611 Abhängigkeit Nr. 29.

II. Sozialversicherung

1. Allgemeine Grundsätze

4 Die Beiträge zur Renten- und Krankenversicherung sowie für die Arbeitslosenversicherung sind als **Gesamtsozialversicherungsbeitrag** zu zahlen (§ 28 b SGB IV). Zahlungspflichtig ist der Arbeitgeber (§ 28 e SGB IV). Die Zahlung der Arbeitnehmerbeiträge erfolgt im sog. Beitragsabzug nach § 28 g SGB IV. Der Arbeitnehmerbeitrag kann nur durch Abzug vom Arbeitsentgelt geltend gemacht werden. Ist er versehentlich ganz oder teilweise unterblieben, so darf er nur bei den **nächsten 3 Lohn- oder Gehaltszahlungen nachgeholt** werden. Für einen weiter zurückliegenden Zeitraum ist dies nur dann zulässig, wenn der Abzug ohne Verschulden des Arbeitgebers unterblieben ist. Dies bedeutet, dass der Arbeitgeber, der sich bei der Errechnung der Sozialversicherungsbeiträge geirrt hat, regelmäßig nur für drei zurückliegende Zahlungstermine Verrechnung mit nicht abgeführten Arbeitnehmerbeiträgen vornehmen kann. Lediglich dann, wenn der Arbeitnehmer seinen eigenen Verpflichtungen zur Auskunft und Vorlage von Belegen nicht nachgekommen ist, etwa wenn er sonstige – die Sozialversicherungspflicht des Arbeitgebers berührende – Nebeneinkünfte trotz entsprechender Frage verschweigt, kann er auch in weitergehendem Umfang in Anspruch genommen werden (§ 28 g S. 4 i. V. m. § 28 o Abs. 1 SGB IV).

Zur **sozialversicherungsrechtlichen Behandlung geringfügig Beschäftigter** im Sinne des § 8 Abs. 1 Nr. 1 und 2 SGB IV ist auf das gemeinsame Rundschreiben der Spitzenverbände der Krankenkassen, des Verbandes Deutscher Rentenversicherungsträger und der Bundesanstalt für Arbeit vom 25. 2. 2003[6] zu verweisen.

2. Kündigungsschutzabfindung

5 Kündigungsschutzabfindungen (s. § 23 Rn 46) sind nicht sozialversicherungspflichtig.[7] Etwas anderes gilt nur dann, wenn sie verdeckt **rückständiges Arbeitsentgelt** enthalten.[8] Kündigungsschutzabfindungen sollte der Arbeitgeber nie als Brutto-Beträge vereinbaren, auch wenn mit hoher Wahrscheinlichkeit keine Sozialversicherungsabgaben und – im Rahmen der Freibeträge (s. § 23 Rn. 57 – keine Steuern anfallen. Sollte die Erwartung der Steuer- und Sozialversicherungsfreiheit im Einzelfall fehlschlagen, würden sich ansonsten kaum überschaubare Zahlungsbelastungen ergeben könnten.

3. Belastungen im Rahmen der Arbeitslosenversicherung

6 **a) Risiken für den Arbeitnehmer.** Wird dem Arbeitgeber eine Entlassungsentschädigung (Abfindung) gewährt und wird das Arbeitsverhältnis

---

[6] NZA Sonderbeilage zu Heft 7/2003.

[7] ErfKomm/*Ascheid* § 19 KSchG Rn 17.

[8] BAG AP KSchG 1969 § 19 Nr. 6; *v. Hoyningen-Huene/Linck* KSchG § 10 Rn 31; ErfKomm/*Ascheid* § 10 KSchG Rn 17.

vor Ablauf der ordentlichen Kündigungsfrist beendet, so vermutet der Gesetzgeber, dass in der Abfindung verstecktes Arbeitsentgelt enthalten ist. Der Anspruch auf Arbeitslosengeld ruht daher bis zum Ablauf der ordentlichen Kündigungsfrist. Bei zeitlich unbegrenztem Ausschluss der Kündigung gilt eine Kündigungsfrist von 18 Monaten, bei zeitlich begrenztem Kündigungsausschluss die Frist, die ohne die längere vereinbarte Frist gegolten hätte (§ 143 a Abs. 1 SGB III). Der Anspruch ruht jedoch für maximal ein Jahr, wobei die Abfindung nur teilweise der Höhe nach berücksichtigt wird (s. im Einzelnen die Regelung in § 143 a Abs. 2 SGB III). Der Arbeitnehmer, der sein Beschäftigungsverhältnis selbst gelöst hat oder durch vertragswidriges Verhalten Anlass zur Beendigung gegeben hat, erhält eine **Sperrzeit** von regelmäßig 12 Wochen, die nur in Ausnahmefällen auf 6 oder 3 Wochen ermäßigt werden kann. Die Laufzeit der Arbeitslosengeldgewährung verkürzt sich um die Sperrzeit. Bei einer Sperrzeit von 12 Wochen beträgt die Kürzung jedoch mindestens ein Viertel des – ohne Sperrzeit – geltenden Anspruchszeitraum (§ 128 Abs. 1 Nr. 4 SGB III).

b) Risiken für den Arbeitgeber. Für den Arbeitgeber besteht nach 7 § 147 a SGB III die Gefahr der Pflicht zur Erstattung der an den Arbeitnehmer von der Bundesagentur für Arbeit für die Zeit nach dem 57. Lebensjahr erbrachten Leistungen, längstens für die Dauer von jetzt 32 Monaten. Dies bezieht sich insbesondere, aber nicht nur auf die Fälle der Entlassung eines Arbeitnehmers, der das **55. Lebensjahr** vollendet hat, wenn dieser eine Abfindung erhalten hat. Wegen der Einzelheiten ist auf die sehr detailliert gestaltete und zum 1. 2. 2006 auslaufende Vorschrift des § 147 a SGB III zu verweisen. Die Bundesagentur berät den Arbeitgeber auf Verlangen über Voraussetzungen und Umfang der Erstattungsregelungen (§ 147 a Abs. 6 SGB III). Zur Übergangsregelung für vor dem 31. 12. 2003 endende Arbeitsverhältnisse s. § 434 l SGB III.

III. Steuerrechtliche Fragen

Der Arbeitgeber hat nach § 39 b EStG für unbeschränkt einkommen- 8 steuerpflichtige Arbeitnehmer vom laufenden Arbeitslohn die Lohnsteuer abzuführen. Dies gilt auch für die Kirchensteuer sowie den Solidaritätszuschlag.

Der Arbeitgeber haftet nach § 42 d EStG für die Abführung der Lohnsteuer, er ist mit dem Arbeitnehmer Gesamtschuldner (§ 42 b Abs. 3 EStG).

In Zweifelsfällen hat das Betriebsstättenfinanzamt auf Anfrage darüber Auskunft zu geben, ob und inwieweit im Einzelfall die Vorschriften über die Lohnsteuer anzuwenden sind (§ 42 e EStG).

Zur steuerlichen Behandlung von **Abfindungen** siehe § 23 Rn. 57. Diese Grundsätze gelten auch für gerichtliche und außergerichtliche Vereinbarungen der Arbeitsvertragsparteien, über eine einverständliche – vom Arbeitgeber veranlasste (!) – Beendigung des Arbeitsverhältnisses, und zwar sowohl zur Vermeidung einer Kündigung als auch in Form der sog. Abwicklungsvereinbarung nach erfolgter, zunächst bezüglich ihrer Rechtswirksamkeit umstrittener Kündigungen.

F. Umstrukturierung von Familienunternehmen

§ 28 Grundlagen der Umstrukturierung

Übersicht

	Rn
I. Anlässe	1
II. Rechtsgrundlagen	3
1. Überblick	3
2. Das Umwandlungsgesetz	9
a) Anwendungsbereich	9
aa) Sachlicher Anwendungsbereich	10
bb) Persönlicher Anwendungsbereich	11
cc) Räumlicher Anwendungsbereich	12
b) Gesetzesaufbau, Systematik	13
c) Grundstruktur eines Umwandlungsvorgangs	17
aa) Umwandlungsvertrag, -bericht, -prüfung, -beschluss, Registereintragung	17
bb) Vorbereitungs-, Beschluss-, Vollzugsphase	18
cc) Masterplan	19
d) Grungprinzipien	20
aa) Schutz der Anteilsinhaber	21
bb) Schutz der Gläubiger	26
3. Das Umwandlungssteuergesetz	27
a) Gesetzesaufbau, Systematik, Anwendungsbereich	27
b) Allgemeine Besteuerungsgrundsätze	33
III. Praxisrelevante Konstellationen	35

Schrifttum: *Binz/Mayer*, Die ausländische Kapitalgesellschaft & Co. KG im Aufwind?, GmbHR 2003, 249; *Bungert*, Sitzanknüpfung für Rechtsfähigkeit von Gesellschaften gilt auch nicht mehr im Verhältnis zu den USA, DB 2003, 1043; *Haritz/Benkert*, Umwandlungssteuergesetz – Kommentar, 2. Aufl. 2000; *Kallmeyer*, Umwandlungsgesetz, 2. Aufl. 2001; *Leible/Hoffmann*, „Überseering" und das deutsche Gesellschaftskollisionsrecht, ZIP 2003, 925; *Lutter*, Umwandlungsgesetz, 2. Aufl. 2000; *Meilicke*, Die Niederlassungsfreiheit nach „Überseering", Rückblick und Ausblick nach Handelsrecht und Steuerrecht, GmbHR 2003, 793; *Müller/Hense*, Beck'sches Handbuch der GmbH, 3. Aufl. 2002; *Racky*, Die Behandlung von im Ausland belegenem Gesellschaftsvermögen bei Verschmelzungen, DB 2003, 923; *Sagasser/Bula/Brünger*, Umwandlungen, 3. Aufl. 2002; *Schmitt/Hörtnagl/Stratz*, Umwandlungsgesetz, Umwandlungssteuergesetz, 3. Aufl. 2001; *Schnorbus*, Analogieverbot und Rechtsfortbildung im Umwandlungsrecht DB 2001, 1654; *Sudhoff*, Unternehmensnachfolge, 4. Aufl. 2000; *Weber-Rey/Schütz*, Zum Verhältnis von Übernahmerecht und Umwandlungsrecht, AG 2001, 325.

I. Anlässe

1 Die Frage der Rechtsform und der geeigneten gesellschaftsrechtlichen Struktur und Organisation eines Unternehmens oder einer Unternehmensgruppe, die sich das erste Mal im Zusammenhang mit der Unternehmensgründung gestellt hat (vgl. § 3 Rn 1 ff.), begleitet die Verantwortlichen regelmäßig während der gesamten Dauer des Bestehens eines Unternehmens. Veränderungen der rechtlichen, steuerrechtlichen, betriebswirtschaftlichen oder sonstigen Rahmenbedingungen sowie die Änderung der Unternehmensstrategie können Anlass sein, eine Neuorganisation des Unternehmens oder der gesamten Unternehmensgruppe sowie Restrukturierungs- oder Reorganisationsmaßnahmen zu erwägen oder Überlegungen hinsichtlich eines Rechtsformwechsels oder bezüglich sonstiger Umstrukturierungsmaßnahmen anzustellen. Insbesondere bei Familienunternehmen können Veränderungen in der Führung oder im Gesellschafterkreis die vorgenannten Maßnahmen erforderlich machen.

2 Im Einzelnen lassen sich die verschiedenen **Motive** einer Umstrukturierung kaum abschließend erfassen.[1] Umstrukturierungen werden insbesondere dann in Betracht kommen, wenn der konkrete Sachverhalt (Ist-Situation) unter Berücksichtigung der zwischenzeitlich eingetretenen oder bevorstehenden Veränderungen und der Interessen der Beteiligten zu einer anderen Gestaltung der Rechtsform und/oder der gesellschaftsrechtlichen Struktur als der vorhandenen führen würde. Auch Veränderungen im Unternehmensumfeld können den Wunsch nach einer Umstrukturierung hervorrufen. Hier kommen beispielsweise in Betracht: Vor- oder Nachbereitungen eines Unternehmenskaufs, Schaffung oder Beseitigung von Konzernstrukturen, eine anstehende Unternehmensnachfolge, die Ermöglichung einer Geschäftsführung durch fremde Dritte oder eine Stärkung des Managements.

II. Rechtsgrundlagen

1. Überblick

3 Ob eine geplante Umstrukturierung tatsächlich umgesetzt wird, hängt von verschiedenen Faktoren ab, die die Verantwortlichen gegeneinander abzuwägen haben. Eine solche Abwägung setzt nicht nur eine klare Analyse des Ist-Zustandes und eine Herausarbeitung der Haupt- und Nebenziele und Interessen der Beteiligten voraus. Des Weiteren gilt es, die im Einzelfall angemessene Gestaltungsvariante zu bestimmen. Regelmäßig kommen aus gesellschaftsrechtlicher Sicht mehrere Alternativen in Betracht.

4 Überwiegend ergeben sich die verschiedenen Umstrukturierungsmöglichkeiten aus dem am 1. Januar 1995 in Kraft getretenen **Umwandlungsgesetz (UmwG)**. Das UmwG führt die vormals auf verschiedene Gesetze[2] verteilten Umstrukturierungsinstrumente zusammen und vereinheitlicht sie. Im UmwG setzt der Gesetzgeber zudem eine Vielzahl europarechtlicher

---

[1] Einen Überblick über mögliche Anlässe gibt beispielsweise *Haritz/Benkert*, Einf. UmwStG Rn 303 ff.

[2] Insbesondere das UmwG 1969, das AktG, das GenG, das KapErhG sowie das VAG.

Grundlagen[3] um, so dass die Grundsätze über eine richtlinienkonforme Auslegung stets zu beachten sind. Abgesehen von den im UmwG geregelten Fällen sollen Umwandlungen gemäß § 1 Abs. 2 UmwG nur möglich sein, wenn ein anderes Gesetz sie ausdrücklich vorsieht. Nach allgemeiner Ansicht will diese Vorschrift lediglich eine Vermischung der im UmwG bestimmten Umwandlungsformen oder eine Beteiligung von anderen als den im UmwG genannten Rechtsträgern verhindern.[4]

Maßnahmen, die wirtschaftlich vergleichbare Ergebnisse wie Umwandlungen nach dem UmwG zur Folge haben und die auf allgemeinen Regelungen des Zivil-, Handels-, Gesellschafts- und Steuerrechts beruhen, untersagt § 1 Abs. 2 UmwG hingegen nicht.[5] Hierzu gehören beispielsweise der per Gesetz erfolgte Formwechsel einer GbR in eine OHG, die **Anwachsung** oder die **Einzelrechtsübertragung in Kombination mit gesellschaftsrechtlichen Maßnahmen**. Derartige Umstrukturierungen konkurrieren mit der Vorgehensweise nach dem UmwG. **5**

Das bei Umstrukturierungen zu beachtende Recht beschränkt sich nicht auf das Gesellschaftsrecht. Vielmehr sind Umstrukturierungen im Einzelfall äußerst komplexe Vorgänge, bei denen eine Vielzahl von Rechtsvorschriften aus unterschiedlichen Rechtsgebieten zu beachten sind: Beispielsweise kann eine Umstrukturierung der Zusammenschlusskontrolle nach §§ 35 ff. GWB unterliegen, wenn sie zu einem Zusammenschluss im kartellrechtlichen Sinne führen würde (vgl. § 37 GWB) und die Umsätze der beteiligten Unternehmen die in § 35 GWB genannten Grenzwerte überschreiten.[6] **6**

Die Auswirkungen von Umstrukturierungen auf Arbeitsverhältnisse sind bereits unter § 26 Rn 3 ff. dargestellt. Daneben können die allgemeinen betriebsverfassungsrechtlichen Mitbestimmungsrechte gemäß BetrVG zu beachten sein. Das UmwG enthält darüber hinaus beispielsweise in §§ 5 Abs. 1 Nr. 9, 126 Abs. 1 Nr. 11, 194 Abs. 1 Nr. 7, 322 ff. UmwG spezielle Vorschriften individual- und kollektivarbeitsrechtlicher Art.[7] Diese Vorschriften sind auf Umstrukturierungsvorgänge außerhalb des UmwG nicht anwendbar. **7**

Regelmäßig bestehen mehrere Möglichkeiten, um die mit einer Umstrukturierung verfolgten Ziele zu erreichen. Die Kriterien, welche für **8**

---

[3] Sog. Kapitalrichtlinie, Verschmelzungsrichtlinie, Arbeitnehmerschutzrichtlinie bei Betriebsübergängen. – Ausführlich hierzu beispielsweise *Semler/Stengel* Einleitung A Rn 42 ff.

[4] Ausführlich *Semler/Stengel* § 1 UmwG Rn 70 ff.; *Schnorbus*, DB 2001, 1654.

[5] *Lutter* Einl UmwG Rn 39 ff. und § 1 UmwG Rn 18 ff.; *Schmitt/Hörtnagl/Stratz* § 1 UmwG Rn 27 f.

[6] Vgl. zum Zusammenschlussverfahren und den Konsequenzen für die Vorbereitung der Umstrukturierung den kartellrechtlichen Überblick bei *Sagasser/Bula/Brünger*, Umwandlungen G. Zum Verhältnis zwischen Umwandlungsrecht und Übernahmerecht vgl. *Semler/Stengel* Einleitung AG Rn 78 ff.; *Weber-Rey/Schütz*, AG 2001, 325.

[7] Vgl. zu den vielfältigen individual- und kollektivarbeitsrechtlichen Konsequenzen von Umwandlungen den einführenden Überblick bei *Sagasser/Bula/Brünger*, Umwandlungen F.

die eine oder die andere von mehreren Lösungsvarianten sprechen, berühren Fragen der Vorbereitung, technischen Umsetzung und insbesondere der steuerlichen Auswirkungen einer Umstrukturierung. Hierzu gehören im Einzelnen etwa der Zeit- und Kostenaufwand, die (Außen-)Wirkung der Umstrukturierung auf Gläubiger, Vertragspartner und Konkurrenten, Mitwirkungserfordernisse, Bedürfnis nach Vertraulichkeit, innerbetriebliche Konsequenzen für die Abläufe im Unternehmen, arbeitsrechtliche Auswirkungen und Haftungsfragen.[8] Nicht selten haben derartige Faktoren unmittelbaren Einfluss auf die grundsätzliche Entscheidung über die Durchführung der Umstrukturierung. Der nachfolgende Überblick beschränkt sich auf die gesellschafts- (UmwG) und steuerrechtlichen (UmwStG) Grundlagen von Umstrukturierungen.

2. Das Umwandlungsgesetz

9 **a) Anwendungsbereich.** Das UmwG umfasst die auf einer (**partiellen**) **Gesamtrechtsnachfolge** beruhenden Umstrukturierungsmöglichkeiten, die durch gesetzliche Anordnung zu einem Übergang der Aktiva, Passiva und der noch nicht vollständig abgewickelten Vertragsverhältnisse führen. Das Gesetz bezeichnet sie als „**Umwandlungen**“[9] und sieht in § 1 Abs. 1 UmwG als die **vier Grundformen** die **Verschmelzung**, die **Spaltung** (in den Unterformen der Aufspaltung, Abspaltung und Aufgliederung), den **Formwechsel** sowie die nachfolgend außer Betracht bleibende **Vermögensübertragung** vor.

10 *aa) Sachlicher Anwendungsbereich.* Im Einzelnen ist unter den verschiedenen Umwandlungen folgender Vorgang zu verstehen:

- Die **Verschmelzung** (§ 2 UmwG) als der gesetzliche Grundfall der Umwandlungen ist die Übertragung des gesamten Vermögens eines oder mehrerer Rechtsträger (übertragender Rechtsträger) auf einen anderen (übernehmenden Rechtsträger) im Wege der Gesamtrechtsnachfolge, wobei der übernehmende Rechtsträger schon vorher existieren (Verschmelzung durch Aufnahme) oder anlässlich der Verschmelzung neu entstehen kann (Verschmelzung durch Neugründung). Der oder die übertragenden Rechtsträger erlöschen ohne Abwicklung und ihre Anteilsinhaber erhalten im Regelfall eine Beteiligung am übernehmenden Rechtsträger (Grundsatz des Anteilstauschs).
- Bei der **Aufspaltung** (§ 123 Abs. 1 UmwG) überträgt der übertragende Rechtsträger unter Auflösung ohne Abwicklung sein gesamtes Vermögen im Wege der partiellen Gesamtrechtsnachfolge/Sonderrechtsnachfolge jeweils als Gesamtheit auf zwei oder mehrere (sonst: Verschmelzung) übernehmende Rechtsträger, wobei seinen Gesellschaftern regelmäßig Anteile an den übernehmenden Rechtsträgern ge-

---

[8] Ausführlich zu diesen Kriterien vgl. *Sudhoff/Berenbrok* Unternehmensnachfolge § 56 Rn 25 ff.; § 66; Beck Hdb. GmbH/*Orth,* § 14 Rn 30 ff.

[9] Es handelt sich um einen speziellen handelsrechtlichen Begriff. Der inhaltlich weitergehende Begriff der „Umstrukturierung“ ist kein Rechtsbegriff; vgl. auch *Schnorbus,* DB 2001, 1654, 1656.

währt werden. Die übernehmenden Rechtsträger können bereits existieren (Aufspaltung zur Aufnahme) und/oder (Mischform) durch die Aufspaltung neu entstehen (Aufspaltung zur Neugründung).

- Bei der **Abspaltung** (§ 123 Abs. 2 UmwG) überträgt der übertragende Rechtsträger im Wege der partiellen Gesamtrechtsnachfolge/Sonderrechtsnachfolge nur einen Teil oder mehrere Teile seines Vermögens auf einen oder mehrere Rechtsträger gegen Gewährung von Anteilen des oder der übernehmenden Rechträger an die Gesellschafter des übertragenden Rechtsträgers. Im Unterschied zur Aufspaltung geht der übertragende Rechtsträger bei der Abspaltung nicht unter, sondern besteht fort. Der oder die übernehmenden Rechtsträger können bereits vor der Abspaltung vorhanden sein (Abspaltung zur Aufnahme) und/oder (Mischform) durch die Abspaltung neu gegründet werden (Abspaltung zur Neugründung).
- Bei der Spaltung in der Form der **Ausgliederung** (§ 123 Abs. 3 UmwG) überträgt der übertragende Rechtsträger im Wege der partiellen Gesamtrechtsnachfolge/Sonderrechtsnachfolge Vermögensteile auf einen oder mehrere übernehmende, bereits bestehende (Ausgliederung zur Aufnahme) und/oder (Mischform) neu gegründete (Ausgliederung zur Neugründung) Rechtsträger gegen Gewährung von Anteilen der übernehmenden Rechtsträger an den übertragenden Rechträger. Wie bei der Abspaltung bleibt der übertragende Rechtsträger also bestehen, anders als dort erhält jedoch der übertragende Rechtsträger selbst Anteile an den übernehmenden Rechtsträgern.
- Beim **Formwechsel** findet anders als bei der Verschmelzung und der Spaltung eine Vermögensübertragung handelsrechtlich nicht statt. Vielmehr bleiben die rechtliche Identität des Rechtsträgers und im Grundsatz auch die bisherigen Mitgliedschaftsrechte beibehalten, jedoch ändert der Rechtsträger seine Rechtsform.

bb) Persönlicher Anwendungsbereich. Beteiligungsfähige „Rechtsträger“ sind diejenigen juristischen Einheiten, die das UmwG durch eine gesonderte Aufzählung für jede einzelne Umwandlungsform als **beteiligungsfähig** ansieht, wobei das Gesetz zusätzlich zwischen der Eignung als übertragender und als übernehmender Rechtsträger unterscheidet und rechtsformspezifische Besonderheiten enthält (beispielsweise §§ 3, 124, 191, 214, 226 UmwG). Gemäß § 1 Abs. 2 UmwG hat die gesetzliche Aufzählung von geeigneten Rechtsträgern abschließenden Charakter. Grundsätzlich können nur werbende Rechtsträger an Umwandlungen teilnehmen. Ausnahmen von diesem Grundsatz sehen §§ 3 Abs. 3, 124 Abs. 2, 191 Abs. 3 UmwG vor. 11

cc) Räumlicher Anwendungsbereich. Das UmwG regelt Umwandlungen von **Rechtsträgern mit dem Sitz im Inland** (§ 1 Abs. 1 UmwG). Ob diese Vorschrift gegen die europarechtlich geschützte Niederlassungsfreiheit verstößt, erscheint vor dem Hintergrund der viel beachteten **Überseering-Entscheidung des EuGH**[10] fraglich. Die durch die EuGH- 12

[10] EuGH NJW 2002, 3614; vgl. auch EuGH ZIP 1999, 438 (Centros).

Rechtsprechung eingeleitete Rechtsentwicklung zum Internationalen Gesellschaftsrecht[11] strahlt auf grenzüberschreitende Umwandlungen zwischen einem „inländischen" und einem „ausländischen" Rechtsträger aus, die bislang vom räumlichen Anwendungsbereich des UmwG ausgenommen waren.[12] Das Ergebnis dieser Entwicklung steht bislang nicht fest. Eindeutig unterliegen jedenfalls die nach deutschem Recht gegründeten Rechtsträger mit statutarischem (und effektivem Verwaltungs-)Sitz im Inland[13] den Regelungen des UmwG. Letztere haben auch bezüglich des im Ausland belegenen Vermögens eines solchen Rechtsträgers Geltungsanspruch. Allerdings hängt die Anerkennung des Vermögensübergangs durch (partielle) Gesamtrechtsnachfolge nach dem deutschen UmwG vom ausländischen Belegenheitsstatut (lex rei sitae) ab. Bezogen auf das im Ausland belegene Vermögen des umzuwandelnden Rechtsträgers (z. B. Beteiligungen an ausländischen Gesellschaften) wird sich im Zweifel zusätzlich eine Einzelrechtsübertragung nach ausländischem Recht empfehlen.[14]

13 **b) Gesetzesaufbau, Systematik.** Dem UmwG liegt eine so genannte **Baukastentechnik** zugrunde, die einen hohen Abstraktionsgrad mit sich bringt: Das allein aus § 1 UmwG bestehende Erste Buch nennt die vier Umwandlungsformen, die im Zweiten bis Fünften Buch jeweils im Detail geregelt sind. Die bislang im sechsten Buch enthaltenen Regelungen zum Spruchverfahren sind mit Wirkung zum 1. September 2003 aufgehoben und durch die Vorschriften des Gesetzes über das gesellschaftsrechtliche Spruchverfahren ersetzt worden.[15] Das mit „Strafvorschriften und Zwangsgelder" überschriebene Siebte Buch (§§ 313 bis 316 UmwG) und die Übergangs- und Schlussbestimmungen des Achten Buches (§§ 317 bis 325 UmwG) runden das UmwG ab.

14 Die zentralen umwandlungsrechtlichen Vorschriften befinden sich im Zweiten bis Fünften Buch. Jedes einzelne dieser Bücher verfügt über einen Allgemeinen Teil und einen Besonderen Teil. Ersterer bestimmt die allgemeinen Voraussetzungen für sämtliche Fälle einer Umwandlungsform, listet die beteiligungsfähigen Rechtsträger auf und beinhaltet zudem eine Weichenstellung für die Unterarten der Umwandlungsform (beispielsweise Verschmelzung durch Aufnahme oder durch Neugründung). Der Besondere Teil enthält ergänzende oder abweichende, insbe-

---

[11] Vgl. insbesondere BGH ZIP 2003, 718; NJW 2003, 1607; *Binz/Mayer*, GmbHR 2003, 249; *Meilicke*, GmbHR 2003, 793; *Leible/Hoffmann*, ZIP 2003, 925; *Bungert*, DB 2003, 1043.

[12] Vgl. *Lutter* § 1 UmwG Rn 6; *Sagasser/Bula/Brünger*, Umwandlungen, B Rn 25 ff.; a. A. *Kallmeyer* § 1 UmwG Rn 12; vgl. auch die Vorlage an den EuGH vom LG Koblenz vom 16. 9. 2003, GmbHR 2003, 1213.

[13] Umstritten ist, ob § 1 Abs. 1 UmwG den Verwaltungssitz oder den statuarischen Sitz meint; vgl. hierzu *Lutter* § 1 UmwG Rn 7 ff.; *Semler/Stengel* § 1 UmwG Rn 49 ff.

[14] Zur Verschmelzung vgl. *Racky*, DB 2003, 923.

[15] Vgl. Gesetz zur Neuordnung des gesellschaftsrechtlichen Spruchverfahrens, BGBl. 2003 I, 838.

sondere rechtsformspezifische Spezialvorschriften (in der Reihenfolge Personengesellschaften, GmbH, AG, Genossenschaften und weitere Rechtsformen).

Herausragende Bedeutung kommt dem Zweiten Buch (§§ 2 bis 122 UmwG) über die Verschmelzung zu, welche der Gesetzgeber als Grundform der Gesamtvermögensübertragung ansieht. Die Spaltung (Drittes Buch, §§ 123 bis 173 UmwG) und die Vermögensübertragung (Viertes Buch, §§ 174 bis 189 UmwG) sind Sonderregelungen der Verschmelzung, wie die Gesamtverweisungen in § 125 sowie in § 176 UmwG auf das Zweite Buch zeigen. Demgegenüber nimmt das Fünfte Buch (Formwechsel, §§ 190 bis 304 UmwG) nur auf einzelne Bestimmungen des Zweiten Buches Bezug. **15**

Die Verweisungstechnik des UmwG bringt es für den Rechtsanwender mit sich, sich – ausgehend von § 1 UmwG – in das konkret einschlägige Buch und dort vom Allgemeinen Teil zu den Besonderen Vorschriften durchzuhangeln, um die im Einzelfall relevanten Bestimmungen herauszufinden. Hierbei erweist es sich als hilfreich, dass sämtliche Umwandlungsvorgänge eine vergleichbare Grundstruktur aufweisen. **16**

c) Grundstruktur eines Umwandlungsvorgangs

aa) Umwandlungsvertrag, -bericht, -prüfung, -beschluss, Registereintragung. Jeder Umwandlungsvorgang beruht auf einer rechtsgeschäftlichen Grundlage, die häufig mit dem Oberbegriff des „**Umwandlungsvertrages**" bezeichnet wird. Das Gesetz sieht für jede Umwandlungsform eine eigene Terminologie vor und bestimmt den **Mindestinhalt** des Umwandlungsvertrages in einer Art Checkliste, die in den Besonderen Vorschriften rechtsformspezifisch modifiziert wird (vgl. § 5 UmwG zum Verschmelzungsvertrag, § 126 UmwG zum Spaltungs- und Übernahmevertrag, § 136 UmwG zum Spaltungsplan, § 194 UmwG zum Entwurf des Umwandlungsbeschlusses). In einem **Umwandlungsbericht** ist die beabsichtigte Umwandlung für die Anteilsinhaber des Rechtsträgers/der Rechtsträger in schriftlicher Form zu erläutern und zu begründen, sofern die Erstattung des Umwandlungsberichts nicht ausnahmsweise entbehrlich ist (vgl. §§ 8, 127, 192 UmwG). Sachverständige Prüfer nehmen eine **Umwandlungsprüfung** des Umwandlungsvertrages vor, in deren Zentrum insbesondere das Umtauschverhältnis der Anteile und die Angemessenheit der Gegenleistung stehen. Wie der Umwandlungsbericht kann auch die Umwandlungsprüfung entbehrlich sein (vgl. §§ 9 ff., 125 UmwG); im Falle des Formwechsels entfällt sie vollständig. Der Umwandlungsvertrag bedarf der Zustimmung der Anteilsinhaber der beteiligten Rechtsträger durch Beschluss (**Umwandlungsbeschluss**), der einer qualifizierten Mehrheit und notarieller Beurkundung bedarf. Darüber hinaus können weitere Zustimmungserklärungen erforderlich sein, wenn die Umwandlung beispielsweise bestimmte Sonderrechte einzelner Anteilsinhaber beeinträchtigt. Wirksamkeit erlangt die Umwandlung schließlich dann, wenn sie nach ordnungsgemäßer Anmeldung in der vom Gesetz vorgeschriebenen Reihenfolge bei den Registergerichten der beteiligten Rechtsträger eingetragen wird. **17**

18 *bb) Vorbereitungs-, Beschluss-, Vollzugsphase.* In zeitlicher Hinsicht kann der Umwandlungsvorgang in verschiedene Phasen eingeteilt werden.[16] In der Praxis hat sich die Aufteilung in **drei Phasen**,[17] in denen der Umwandlungsvorgang abgearbeitet wird, durchgesetzt: (1) Vorbereitungsphase mit der Erstellung der erforderlichen Dokumente und Anlagen und Durchführung der vom Gesetz vorgeschriebenen Mitteilungen; (2) Beschlussphase mit den erforderlichen, notariell zu beurkundenden Beschlüssen der Anteilseigner und Zustimmungserklärungen; (3) Vollzugsphase mit der Anmeldung und Eintragung in den Registern.

19 *cc) Masterplan.* Wegen der Komplexität des Umwandlungsvorgangs ist es sinnvoll, für die Umwandlung einen so genannten Masterplan vorzubereiten, der den vollständigen Umwandlungsvorgang einschließlich der kartell-, arbeitsrechtlichen und sonstigen Aspekte bis ins Detail beschreibt, die zu erstellenden Dokumente wie Abschlüsse, Verträge, Berichte und mit ihrer Erstellung beauftragten Personen benennt und die einzuhaltenden Zeitfenster definiert. Fristen sind insbesondere durch Vorschriften wie beispielsweise §§ 17 Abs. 2, 5 Abs. 3, 126 Abs. 3 UmwG, §§ 2, 20, 24 UmwStG sowie durch gesellschaftsrechtliche Vorschriften zur Einberufung einer Gesellschafterversammlung zu beachten. Auf die Erstellung des Masterplanes ist höchste Sorgfalt zu verwenden.[18]

20 **d) Grundprinzipien.** Das UmwG hat das Ziel, Umstrukturierungsmaßnahmen für Unternehmen zu erleichtern, damit sie möglichst schnell und ohne formelle Hürden auf veränderte Verhältnisse reagieren können. Hierbei sollen jedoch auch die Interessen der von einer Umwandlung in besonderem Maße betroffenen Personengruppen Berücksichtigung finden:

21 *aa) Schutz der Anteilsinhaber.*[19] Jeder Umwandlungsvorgang bedeutet einen **Eingriff in die Mitgliedschaftsrechte der Anteilsinhaber**. Um den Anteilsinhabern die Reichweite eines solchen Eingriffs zu verdeutlichen, sieht das UmwG zunächst zahlreiche Informationspflichten der Verwaltung der beteiligten Rechtsträger vor.

22 Die Entscheidung über den Umwandlungsvorgang liegt allein bei den Anteilsinhabern, die mindestens mit einer **qualifizierten** Mehrheit zustimmen müssen (vgl. §§ 43, 50 Abs. 1, 65, 125, 217, 233, 240 UmwG). Darüber hinaus müssen **Inhaber von Sonderrechten**, deren Rechte durch den Umwandlungsvorgang beeinträchtigt werden können, der Umwandlung gesondert zustimmen (vgl. §§ 13 Abs. 2, 50 Abs. 2, 51, 125, 128, 193 Abs. 2, 240, 241, 242 UmwG). Geschützt sind selbst Sonderrechte, die wie Genussrechte oder Wandelschuldverschreibungen kein Stimmrecht gewähren (§§ 23, 125, 204 UmwG).[20]

---

[16] Vgl. beispielsweise *Lutter* Einl UmwG Rn 47.

[17] Vgl. *Schmitt/Hörtnagl/Stratz* § 1 UmwG Rn 12 ff.

[18] Anregungen finden sich beispielsweise bei *Sagasser/Bula/Brünger* Umwandlungen J Rn 10 ff., N Rn 102, R Rn 18.

[19] Vgl. zum Begriff die Legaldefinition in § 2 UmwG a. E. – Ausführlich *Sagasser/Bula/Brünger* Umwandlungen C Rn 7 ff.

[20] Inhaber dieser Sonderrechte müssen nicht zugleich Anteilsinhaber sein.

Ein besonderes Interesse haben die Anteilsinhaber des übertragenden/umzuwandelnden Rechtsträgers daran, dass sie für ihre Beteiligung nach Durchführung der Umwandlung einen angemessenen (gleichen) Gegenwert erhalten. Bei der Verschmelzung, bei der Auf- und Abspaltung sowie beim Formwechsel haben die Anteilsinhaber einen **Anspruch auf** (**zusätzliche**) **bare Zuzahlung** gegen den Ziel-Rechtsträger, wenn bei der Umwandlung ein die Anteilsinhaber benachteiligendes Umtauschverhältnis zugrunde gelegt wird oder die gewährte Beteiligung am neuen Rechtsträger keinen angemessenen Gegenwert darstellt (vgl. §§ 15, 125, 196 UmwG). 23

Regelmäßig führt die Umwandlung zu einer qualitativen Veränderung der Beteiligung. Kann ein Anteilsinhaber mit seinen Stimmrechten die Umwandlung nicht verhindern, soll er nicht gezwungen sein, gegen seinen Willen Anteilsinhaber des Ziel-Rechtsträgers zu werden.[21] Das UmwG gibt ihm die Möglichkeit, aus der Gesellschaft auszuscheiden, vorausgesetzt, dass er seine Opposition durch Widerspruch gegen den Umwandlungsbeschluss erklärt. Ihm muss für diesen Fall im Umwandlungsvertrag ein angemessenes **Barabfindungsangebot** unterbreitet werden. Nimmt er dieses Angebot fristgerecht an, wird zugleich die Beteiligung beendet. Rechtstechnisch vollzieht sich sein **Austritt** entweder im Wege des Erwerbs eigener Anteile durch den Ziel-Rechtsträger oder durch Ausscheiden des Anteilsinhabers gegen eine Abfindungszahlung (vgl. §§ 29 ff., 125, 207 ff. UmwG). Alternativ besteht für den Anteilsinhaber, der an der Umwandlung nicht teilnehmen will, die Möglichkeit, seine Beteiligung anderweitig zu veräußern. Das UmwG begünstigt eine solche Veräußerung dadurch, dass Verfügungsbeschränkungen gemäß der Statuten der beteiligten Rechtsträger für einen Übergangszeitraum keine Anwendung finden (§§ 33, 125, 211 UmwG). 24

Klagen der Anteilsinhaber des übertragenden/formwechselnden Rechtsträgers gegen die Wirksamkeit des Umwandlungsbeschlusses können nicht auf ein zu niedrig festgesetztes Umtauschverhältnis, einen zu niedrigen Gegenwert der vom Ziel-Rechtsträger gewährten Anteile oder auf ein zu niedriges oder nicht ordnungsgemäß angebotenes Barabfindungsangebot gestützt werden (§§ 14 Abs. 2, 32, 125, 195 Abs. 2, 210 UmwG). Hierzu dient das **Spruchverfahren** gemäß den Regelungen des Spruchverfahrensgesetzes,[22] auf welches die Anteilsinhaber zur Verfolgung ihrer Rechte wegen einer angeblichen wirtschaftlichen Schlechterstellung infolge der Umwandlung verwiesen werden. Den Anteilsinhabern des übernehmenden Rechtsträgers steht das Spruchverfahren nicht offen, so dass ihnen (beispielsweise zum Schutz vor einer Verwässerung) nur die Klage gegen die Wirksamkeit des Umwandlungsbeschlusses bleibt. 25

bb) Schutz der Gläubiger. Zugunsten der Gläubiger der an der Umwandlung beteiligten Rechtsträger bestehen verschiedene Instrumentarien, die Gläubiger vor einem Verlust von Haftungsmasse, die vor dem Umwand- 26

[21] Bei der Ausgliederung stellen sich diese Fragen nicht.
[22] BGBl. 2003 I, 838.

lungsvorgang tatsächlich vorhanden war, zu bewahren. Unter bestimmten Umständen gewährt das Gesetz den Gläubigern bei allen Umwandlungsformen einen Anspruch auf **Sicherheitsleistung gemäß §§ 232 ff. BGB** (vgl. §§ 22, 125, 204 UmwG); ferner können die **Mitglieder der Organe** der beteiligten Rechtsträger gegenüber den Gläubigern unmittelbar auf **Schadensersatz** haften (§§ 25 bis 27, 125, 205, 206 UmwG).[23] In Fällen der Spaltung haften gegenüber den Gläubigern die an der Spaltung beteiligten Rechtsträger zudem als Gesamtschuldner für Verbindlichkeiten des übertragenden Rechtsträgers, die vor dem Wirksamwerden der Spaltung begründet worden sind (vgl. §§ 133, 134 UmwG). Der Formwechsel einer Personen- in eine Kapitalgesellschaft kann die Rechte der Gläubiger beeinträchtigen. Dem wirkt die Anwendbarkeit der **Vorschriften über die Gründerhaftung** bei Kapitalgesellschaften sowie die **Nachhaftung persönlich haftender Gesellschafter** entgegen (§§ 197 S. 1, 224, 237, 249 UmwG). Schließlich sind bei der Verschmelzung und Spaltung zur Neugründung bezüglich des neuen Rechtsträgers die **jeweiligen Gründungsvorschriften** anwendbar (vgl. §§ 36 Abs. 2, 125, 135 Abs. 2 UmwG), welche die Kapitalaufbringung bei dem neuen Rechtsträger gewährleisten.

3. Das Umwandlungssteuergesetz

27 **a) Gesetzesaufbau, Systematik, Anwendungsbereich.** In seiner Gliederung orientiert sich das UmwStG an der Rechtsform des umzuwandelnden Rechtsträgers und der Ziel-Rechtsform. Diese Unterscheidung beruht auf der rechtsformabhängigen Besteuerung: Im Gegensatz zur Kapitalgesellschaft ist Steuersubjekt für die Zwecke der Einkünftebesteuerung nicht die Personengesellschaft selbst, sondern die dahinter stehenden Gesellschafter. Insgesamt ergibt sich folgende **Grundstruktur**:

28 Der Erste Teil (§§ 1, 2 UmwStG) enthält Allgemeine Vorschriften für den Zweiten bis Siebten Teil. Die im Zweiten bis Siebten Teil des UmwStG (§§ 3 bis 19 UmwStG) bestimmten steuerlichen Folgen gelten, wenn der übertragende Rechtsträger eine der in § 1 Abs. 1 S. 1, Abs. 5 UmwStG genannten, gemäß § 1 KStG unbeschränkt steuerpflichtigen Körperschaften ist. Die §§ 3 bis 10 UmwStG erfassen die Verschmelzung von Kapitalgesellschaften auf Personengesellschaften oder Einzelunternehmen, die §§ 11 bis 13 UmwStG betreffen Verschmelzungen unter Kapitalgesellschaften, § 14 UmwStG den Formwechsel von Kapitalgesellschaften in Personengesellschaften, die §§ 15 und 16 UmwStG verschiedene Formen der Spaltung von Kapitalgesellschaften. Die §§ 18 und 19 UmwStG befassen sich mit den gewerbesteuerlichen Folgen einer Umwandlung.

29 Der Achte Teil, der die Steuerfolgen der Einbringung eines (Teil-) Betriebs oder Mitunternehmeranteils in eine Kapitalgesellschaft gegen Gewährung von Gesellschaftsanteilen regelt, etwa im Rahmen einer Ausgliederung nach § 123 Abs. 3 UmwG, gilt auch für die Fälle der Verschmelzung und Spaltung einer Personengesellschaft mit einer unbe-

---

[23] Vgl. *Sagasser/Bula/Brünger* Umwandlungen C Rn 32 ff.

schränkt körperschaftsteuerpflichtigen Kapitalgesellschaft als übernehmender Gesellschaft.

Demgegenüber bestimmt der allein aus § 24 UmwStG bestehende Neunte Teil die Steuerfolgen der Einbringung eines (Teil-)Betriebs oder Mitunternehmeranteils in eine Personengesellschaft gegen Gewährung von Gesellschaftsanteilen. Einer solchen Einbringung stehen die Fälle der Verschmelzung oder Spaltung einer Personengesellschaft sowie die Ausgliederung aus einer Kapitalgesellschaft auf oder in eine Personengesellschaft gleich. **30**

Für die steuerlichen Folgen des Formwechsels einer Personengesellschaft in eine Kapitalgesellschaft verweist der Zehnte Teil (§ 25 UmwStG) auf den Achten Teil des UmwStG.[24] **31**

Trotz einer andersartigen Gliederung knüpft das UmwStG an die im UmwG genannten Umwandlungsformen an. Abweichend vom UmwG geht das UmwStG allerdings wegen der rechtsformabhängigen Besteuerung davon aus, dass der Formwechsel einer Kapitalgesellschaft in eine Personengesellschaft (§ 14 UmwStG) und umgekehrt (§ 25 UmwStG) abweichend vom Handelsrecht aus steuerrechtlicher Sicht eine Vermögensübertragung darstellt. Die Ausgliederung behandelt das UmwStG als Einbringung und nimmt sie von den Regelungen der anderen Unterformen der Spaltung aus (vgl. §§ 15, 16, 1 Abs. 1 S. 2 UmwStG). Ferner erfasst das UmwStG nicht nur die ertragsteuerlichen Wirkungen von Umstrukturierungsmaßnahmen, die auf einer (partiellen) **Gesamtrechtsnachfolge/ Sonderrechtsnachfolge** nach dem UmwG beruhen. Es gilt vielmehr auch für bestimmte Vermögensübergänge durch **Einzelrechtsnachfolge** wie beispielsweise die Sacheinlage gegen Gewährung von Gesellschafterrechten. Unterscheiden lassen sich die Einbringung eines (Teil-)Betriebs oder Mitunternehmeranteils (§§ 20 ff., 24 UmwStG), der Anteilstausch als Sonderfall der Einbringung (vgl. §§ 20 Abs. 1 S. 2, 20 Abs. 5 UmwStG) sowie die Einbringung und der Anteilstausch innerhalb der EU (§ 23 UmwStG). **32**

b) Allgemeine Besteuerungsgrundsätze. Das ebenfalls zum 1. Januar 1995 grundlegend neu gefasste UmwStG verfolgt das Ziel, Umstrukturierungen **grundsätzlich ertragsteuerneutral** durchführen zu können. Die Möglichkeit einer ertragsteuerneutralen Umstrukturierung eröffnet das UmwStG, indem der übertragende Rechtsträger die übergehenden Wirtschaftsgüter in seiner steuerlichen Schlussbilanz zu Buchwerten bewerten und der übernehmende Rechtsträger diese Werte in seiner Steuerbilanz mit diesen Werten fortführen kann. In den Fällen der §§ 20 ff., 24 UmwStG erhält der übernehmende Rechtsträger das Wahlrecht, das übergehende Vermögen mit den bisherigen Buchwerten anzusetzen (**Grundsatz der Buchwertverknüpfung**). Nicht im UmwStG geregelt, aber bei Umstrukturierungen immer zu beachten, sind die grunderwerbsteuerlichen Auswirkungen. **33**

---

[24] Der Elfte Teil enthält Vorschriften zur Vermeidung von Missbräuchen, der Zwölfte Teil Übergangs- und Schlussbestimmungen.

34 Für die Beratungspraxis ist auf den so genannten **Umwandlungssteuer-Erlass** hinzuweisen,[25] in dem die Finanzverwaltung nahezu sämtliche Zweifelsfragen des UmwStG ausführlich kommentiert und hierbei auf zahlreiche Gestaltungen Bezug genommen hat, die sie als missbräuchlich erachtet. Bei jeder Gestaltung ist daher die im Umwandlungssteuer-Erlass vertretene Ansicht der Finanzverwaltung unbedingt zu berücksichtigen.

III. Praxisrelevante Konstellationen

35 Die verschiedenen Umstrukturierungsmöglichkeiten lassen sich im Rahmen dieses Buchs nicht abschließend und erschöpfend behandeln. Die nachfolgenden Kapitel (§§ 29 bis 32) werden daher Umstrukturierungen am Beispiel einiger ausgewählter Sachverhalts-Konstellationen darstellen, die in der Praxis bei Familienunternehmen häufiger anzutreffen sind. Hierzu zählen die Gründung einer Familien-Holding (Schaffung einer Konzernstruktur im Wege der Ausgliederung), die Bereinigung einer Konzernstruktur (Verschmelzungen), die Trennung von Familienstämmen (Spaltung) sowie die Änderung der Rechtsform durch Formwechsel. In diesem Rahmen sollen nicht nur die einzelnen Umwandlungsformen gemäß dem UmwG und einige Alternativgestaltungen in ihrem typischen Ablauf, sondern auch deren steuerliche Auswirkungen dargestellt werden. Entsprechend diesem praxisorientierten Ansatz beschränken sich die Ausführungen im Wesentlichen auf die in der Praxis am häufigsten anzutreffenden Rechtsformen von Familienunternehmen. Dies sind die Personenhandelsgesellschaften (einschließlich der GmbH & Co. KG), die GmbH sowie die AG.

---

[25] BMF-Schreiben vom 25. März 1998, BStBl I 1998, 268. Zu Zweifelsfragen zu den Änderungen durch das Steuersenkungsgesetz (StSenkG) und das Gesetz zur Fortentwicklung des Unternehmenssteuerrechts (UntStFG) vgl. auch das BMF-Schreiben vom 16. Dezember 2003, BStBl. I 2003, 786.

§ 29 Gründung einer Familienholding

Übersicht

	Rn
I. Einleitung	1
II. Ausgliederung von Geschäftsbereichen	4
1. Durchführung der Ausgliederung gemäß UmwG	4
a) Allgemeines	4
aa) Anteilsgewährungspflicht	6
bb) Beteiligte Rechtsträger	7
cc) Wichtige Nebenfolgen	9
b) Vorbereitungsphase	10
aa) Aufstellung/Prüfung der Schlussbilanz	11
bb) Erstellung des Ausgliederungs- und Übernahmevertrages	13
cc) Information des Betriebsrates/der Arbeitnehmer	19
dd) Erstellung des Ausgliederungsberichts	21
ee) Spaltungsprüfung	25
ff) Vorbereitung Sachgründung und/oder Sachkapitalerhöhung	26
gg) Vorbereitung von Unternehmensverträgen	28
hh) Vorbereitung und Einberufung der Versammlung der Anteilsinhaber	29
c) Beschlussphase	31
aa) Ausgliederungsbeschlüsse	32
bb) Weitere Zustimmungserfordernisse	35
cc) Sonstige Beschlüsse	36
dd) Beurkundung des Ausgliederungs- und Übernahmevertrages	37
ee) Verzichtserklärungen	38
d) Vollzugsphase	39
aa) Registeranmeldung	40
bb) Anlagen der Anmeldung	42
cc) Reihenfolge der Eintragung	44
dd) Wirkungen der Eintragung	45
2. Durchführung der Ausgliederung im Wege der Einzelrechtsübertragung	48
a) Zulässigkeit	48
b) Unterschiede gegenüber der Ausgliederung gemäß § 123 Abs. 3 UmwG	50
3. Steuerrecht der Ausgliederung	53
a) Ausgliederung in eine Kapitalgesellschaft	54
aa) Voraussetzungen von § 20 Abs. 1 UmwStG	55
bb) Bewertung des eingebrachten Vermögens bei der übernehmenden Kapitalgesellschaft	63
cc) Besteuerung der übernehmenden Kapitalgesellschaft	66
dd) Besteuerung des Einbringenden	71
b) Ausgliederung in eine Personengesellschaft	75
c) Verkehrsteuern	76
III. Einbringung von Gesellschaftsanteilen	78
1. Sachgründung der Familienholding	78
2. Steuerrecht	81
a) Voraussetzungen von § 20 Abs. 1 S. 2 UmwStG	83
b) Einbringungsgeborene Anteile (§ 21 UmwStG)	85
aa) Veräußerung	88
bb) Gewinnverwirklichung ohne Veräußerung (Entstrickung)	90
cc) Veräußerungsgewinn/-verlust	92
dd) Besteuerung nach dem Halbeinkünfteverfahren	94
c) Grunderwerbsteuer	95

	Rn
aa) Grundlagen der Anteilsvereinigung	96
bb) Die Beteiligungsgrenze für Anteilsvereinigungen	98
cc) Bemessung der Grunderwerbsteuer	99
IV. Organschaft	100
1. Begründung der Organschaft	102
a) Eingliederungsvoraussetzungen	104
b) Gewinnabführungsvertrag	108
2. Steuerliche Wirkungen der Organschaft	113
a) Körperschaftsteuerliche Organschaft	113
b) Gewerbesteuerliche Organschaft	117

Schrifttum: *Bernhardt*, Die Unternehmensführung und Hauptversammlung, DB 2000, 1873; *Blumers*, Der Teilbetrieb im Aufbau im Umwandlungssteuerrecht, BB 1995, 1821; *Boruttau/Fischer*, Grunderwerbsteuer, 15. Aufl. 2002; *Dötsch/Patt/Pung/Jost*, Umwandlungssteuerrecht, 5. Aufl. 2003 (zitiert: Dötsch, Umwandlungssteuerrecht); *Dötsch/Eversberg/Jost/Pung/Witt*, Die Körperschaftsteuer, Loseblatt, Stand 51. Ergänzungslieferung Mai 2004 (zitiert: Dötsch, Körperschaftsteuer); *Eilers/Schmidt*, Der Holdingstandort Deutschland nach der Steuerreform, FR 2001, 8; *Engelmeyer*, Ausgliederung durch partielle Gesamtrechtsnachfolge und Einzelrechtsnachfolge – ein Vergleich, AG 1999, 263; *Gaiser*, Die Umwandlung und ihre Auswirkungen auf personenbezogene öffentlich-rechtliche Erlaubnisse – Ein unlösbarer Konflikt zwischen Umwandlungsrecht und Gewerberecht?, DB 2000, 361; *Heckschen*, Die Entwicklung des Umwandlungsrechts aus Sicht der Rechtsprechung und Praxis, DB 1998, 1385, 1386; *Hübner-Weingarten*, Rechtsprobleme beim Outsourcing von Service-Abteilungen in der Konzernpraxis, DB 1997, 2593; *Hüffer*, Aktiengesetz, 5. Aufl. 2002; *Kallmeyer*, Kombination von Spaltungsarten nach dem neuen Umwandlungsgesetz, DB 1995, 81; *Kallmeyer*, Umwandlungsgesetz, 2. Aufl. 2001; *Kiem*, Die schwebende Umwandlung, ZIP 1999, 173; *Kohlhaas*, Teilwertabschreibungen in gewerblichen Organkreis, GmbHR 1999, 106; *Kohlhaas*, Die (unendliche?) Geschichte der abführungsbedingten Teilwertabschreibung im gewerblichen Organkreis, GmbHR 1999, 747; *Körner/Rodewald*, Bedingungen, Befristungen, Rücktritts- und Kündigungsrechte in Verschmelzungs- und Spaltungsverträgen, BB 1999, 853; *Lüdicke/Rieger*, Unternehmenssteuerrecht, 2004; *Lutter*, Umwandlungsgesetz, 2. Aufl. 2000; *Lutter/Leinekugell*, Planmäßige Unterschiede im umwandlungsrechtlichen Minderheitenschutz?, ZIP 1999, 261; *Priester*, Die klassische Ausgliederung – ein Opfer des Umwandlungsgesetzes 1994?, ZHR 163 (1999), 187; *Rieble*, Verschmelzung und Spaltung von Unternehmen und ihre Folgen für Schuldverhältnisse mit Dritten, ZIP 1997, 301 ff.; *Sagasser/Bula/Brünger*, Umwandlungen, 3. Aufl. 2002; *Schmitt/Hörtnagl/Stratz*, Umwandlungsgesetz, Umwandlungssteuergesetz, 3. Aufl. 2001; *Semler/Stengel*, Umwandlungsgesetz, 2003; *Trölitzsch*, Aktuelle Tendenzen im Umwandlungsrecht, DStR 1999, 764; *Veil*, Aktuelle Probleme im Ausgliederungsrecht, ZIP 1998, 361; *Widmann/Mayer*, Umwandlungsrecht, Loseblatt; Stand: 75. Ergänzungslieferung, 2004.

I. Einleitung

1 Der hauptsächliche **Unternehmenszweck** einer Holdinggesellschaft besteht in dem auf Dauer angelegten unmittelbaren oder mittelbaren Halten und Verwalten von Beteiligungen an einem oder mehreren rechtlich selbständigen Unternehmen. Eine eigene operative Geschäftstätigkeit entfaltet eine Holdinggesellschaft regelmäßig nicht. Ihre Aufgaben beschränken sich mit unterschiedlicher Schwerpunktsetzung im Einzelfall vielmehr auf Verwal-

tungsfunktionen wie beispielsweise Konzernrechnungswesen, Controlling und Kommunikation, umfassen teilweise aber auch Managementfunktionen wie beispielsweise die Unternehmensstrategie oder Finanzierungsaufgaben.

Aus betriebswirtschaftlicher Sicht ist insbesondere die Holdingstruktur 2
in Form einer Dach-Holding mit mehreren rechtlich verselbständigten, dezentralen Untereinheiten eine vorteilhafte Alternative zu der herkömmlichen Organisation eines Unternehmens in Geschäftsbereiche mit einzelnen unselbständigen Abteilungen. Hierfür werden beispielsweise angeführt:[1] die **Entstehung transparenter Unternehmensstrukturen** mit eindeutiger Ergebniszurechnung, welche auf die Führungskräfte motivierende Wirkung ausüben kann; die Möglichkeit der Untereinheiten, sich stärker auf ihre jeweilige Geschäftstätigkeit mit ihren spezifischen Kunden zu konzentrieren und somit an **Marktnähe** zu gewinnen; eine **größere Eigenverantwortung** der Untereinheiten, die sich nicht in falscher Sicherheit der Zugehörigkeit zu einer größeren Unternehmensgesamtheit wiegen können; die **Lösung von Hierarchieproblemen** durch Einführung kürzerer Entscheidungswege; die **Aufspaltung des Haftungsrisikos**, worüber insbesondere Familiengesellschaften häufig nachdenken. Ein Gesichtspunkt für die Einführung einer Holdingstruktur kann schließlich auch die **Steueroptimierung** sein.[2]

Technisch lassen sich Holdinggesellschaften strukturieren, indem das ope- 3
rativ tätige Unternehmen verschiedene Geschäftsbereiche „nach unten" auf mehrere neue und/oder bereits bestehende Tochtergesellschaften ausgliedert. Ebenso kann eine Holdingstruktur dadurch entstehen, dass die Beteiligungen an mehreren rechtlich selbständigen Unternehmen (Schwestergesellschaften mit ähnlicher oder sogar identischer Gesellschafterstruktur) „nach oben" in eine neue Gesellschaft als Dach-Holding eingebracht und dort gepoolt werden. Das Ergebnis beider Varianten ist identisch. Die Abläufe beider Möglichkeiten werden nachfolgend unter besonderer Berücksichtigung der gesellschaftsrechtlichen und steuerrechtlichen Fragen dargestellt.

II. Ausgliederung von Geschäftsbereichen

1. Durchführung der Ausgliederung gemäß UmwG

a) Allgemeines. Die Separierung von Geschäftsbereichen eines Un- 4
ternehmens zur Schaffung einer Holdingstruktur lässt sich mit der Ausgliederung gemäß § 123 Abs. 3 UmwG realisieren.[3] Bei der Ausgliede-

---

[1] Vgl. *Eilers/Schmidt*, FR 2001, 8, 9f.; *Bernhardt*, DB 2000, 1873, 1875; zum Outsourcing von Service-Abteilungen vgl. *Hübner-Weingarten*, DB 1997, 2593.

[2] Zu Gestaltungsaspekten bei der Wahl eines Holding-Standortes im internationalen Steuerrecht vgl. *Eilers/Schmidt*, FR 2001, 8. – Als Nachteil einer Holdingstruktur empfinden die Beteiligten häufig die Kosten für zusätzlich anfallende Prüfungen der einzelnen Tochtergesellschaften oder das Nebeneinander mehrerer Rechnungs- und Buchungswesen, woraus sich tatsächlich ein insgesamt höherer Verwaltungsaufwand ergeben kann.

[3] Zum Einsatz der Spaltung zur Begründung einer Betriebsaufspaltung, zur Gründung eines Gemeinschaftsunternehmens sowie zum Verhältnis zwischen Spal-

rung wird das Vermögen des fortbestehenden übertragenden Rechtsträgers ganz oder teilweise auf einen oder mehrere übernehmende Rechtsträger übertragen. Die Vermögensübertragung erfolgt im Wege der **partiellen Gesamtrechtsnachfolge/Sonderrechtsnachfolge**, die durch Registereintragung beim übertragenden Rechtsträger uno actu vollzogen wird (vgl. § 131 Abs. 1 Nr. 1 UmwG).[4]

5 Auf die übernehmenden oder neuen Rechtsträger gehen kraft Gesetzes diejenigen Vermögensgegenstände als Gesamtheit über, die bei einer Ausgliederung zur Aufnahme der Ausgliederungs- und Übernahmevertrag oder im Falle der Ausgliederung zur Neugründung (auch „Ausgründung" genannt)[5] der Ausgliederungsplan bestimmt hat. Damit untersteht der Umfang, in dem ein Vermögensübergang durch partielle Gesamtrechtsnachfolge/Sonderrechtsnachfolge stattfindet, dem Willen der Beteiligten (**Grundsatz der Spaltungsfreiheit**, vgl. § 29 Rn 14). Bei der Ausgliederung ist es im Unterschied zur Abspaltung zulässig, das gesamte Vermögen des übertragenden Rechtsträgers auszugliedern (sog. **Totalausgliederung**).[6] Der übertragende Rechtsträger erhält als Gegenleistung Anteile an den übernehmenden oder neuen Rechtsträgern (vgl. § 28 Rn 10); es kommt damit zu einer Vermögensumschichtung (Hingabe von Sachwerten gegen Anteile an den übernehmenden/neuen Rechtsträgern). Im Falle der Totalausgliederung fungiert der übertragende Rechtsträger zukünftig als reine Holdinggesellschaft. Eine entsprechende Satzungsänderung wird regelmäßig erforderlich werden.

6 *aa) Anteilsgewährungspflicht.* Die Anteilsgewährung stellt bei der Ausgliederung wie bei den anderen Spaltungsarten ein Definitionsmerkmal dar.[7] Selbst im Falle einer Ausgliederung von der **Tochter- auf die alleinige Muttergesellschaft** ist von einer Anteilsgewährungspflicht auszugehen. Diese Ausgliederung von der Tochter- auf die Muttergesellschaft kann allerdings wegen eines Verstoßes gegen gesellschaftsrechtliche Erwerbsverbote (beispielsweise §§ 56 Abs. 2, 71 d AktG) unzulässig sein.[8] Andere Gegenleistungen können die Anteilsgewährung nicht ersetzen, sondern lediglich ergänzend hinzutreten.[9]

7 *bb) Beteiligte Rechtsträger.* Zu den sich aus § 124 UmwG ergebenden ausgliederungsfähigen Rechtsträgern zählen insbesondere Personenhandels-

---

tung und Realteilung vgl. *Kallmeyer* § 123 UmwG Rn 21 ff.; *Sagasser/Bula/Brünger* Umwandlungen N Rn 15 ff.

[4] Einzelübertragungsakte können jedoch hinsichtlich im Ausland belegener Vermögensgegenstände erforderlich sein, wenn die dortige lex rei sitae den Vermögensübergang durch partielle Gesamt-/Sonderrechtsnachfolge nicht anerkennt; vgl. § 28 Rn 12.

[5] Vgl. *Lutter* § 123 UmwG Rn 23.

[6] *Semler/Stengel* § 123 UmwG Rn 17.

[7] *Kallmeyer* § 123 UmwG Rn 3. Nach OLG Stuttgart DB 2001, 854, 858, soll die Notwendigkeit zur Anteilsgewährung bei der Ausgliederung auf eine 100 %-Tochter entfallen; vgl. auch *Sagasser/Bula/Brünger* Umwandlungen N Rn 163.

[8] *Lutter* § 126 UmwG Rn 21; *Schmitt/Hörtnagl/Stratz* § 126 UmwG Rn 49, 50; *Kallmeyer* § 123 UmwG Rn 11, § 126 UmwG Rn 6.

[9] *Kallmeyer* § 123 UmwG Rn 3, 5.

und Kapitalgesellschaften, selbst wenn sie schon aufgelöst sind, die Fortsetzung aber noch beschlossen werden kann (§§ 124 Abs. 2, 3 Abs. 3 UmwG).[10] Von mehreren aufnehmenden Rechtsträgern können einige bereits bestehen, andere neu gegründet werden; Mischfälle lässt das Gesetz ausdrücklich zu (§ 123 Abs. 4 UmwG). Auch **Kombinationen** einer Ausgliederung mit einer Abspaltung sind nach h. M. zulässig,[11] nicht aber mit der Aufspaltung, weil der aufgespaltene (übertragende) Rechtsträger erlischt. Die Ausgliederung aus einer AG oder KGaA, die noch nicht länger als zwei Jahre im Handelsregister eingetragen ist, ist unzulässig (§ 141 UmwG).

Die bei der Ausgliederung anzuwendenden Vorschriften sind bei der Ausgliederung zur Aufnahme (Sachkapitalerhöhung) und bei der Ausgliederung zur Neugründung (Sachgründung) weitgehend identisch (vgl. § 135 Abs. 1 UmwG). Unterschiede ergeben sich allein aus dem Umstand, dass der neue Rechtsträger erst mit Wirksamwerden der Ausgliederung entsteht.[12] 8

cc) Wichtige Nebenfolgen. § 125 UmwG erklärt die überwiegende Zahl der Vorschriften zur Verschmelzung (Zweites Buch des UmwG) bei der Ausgliederung für entsprechend anwendbar, soweit sich aus den Bestimmungen zur Spaltung nichts anderes ergibt.[13] Aus diesem Grunde können die Ausführungen zur Verschmelzung unter § 30 Rn 6 ff. hier entsprechend und ergänzend herangezogen werden. Als Abweichung zur Verschmelzung ist insbesondere die dem Gläubigerschutz dienende **gesamtschuldnerische Haftung** sämtlicher an der Ausgliederung beteiligten Rechtsträger für die vor Wirksamwerden der Ausgliederung bestehenden Verbindlichkeiten des übertragenden Rechtsträgers gemäß § 133 UmwG zu erwähnen[14] sowie die **Haftungserweiterung für Arbeitnehmerforderungen** im Falle der Betriebsaufspaltung gemäß § 134 UmwG, die nach h. M. entgegen dem Wortlaut auch in Ausgliederungsfällen gilt.[15] Diese Gläubigerschutzvorschriften treten neben die Rechte gemäß §§ 125, 22 UmwG.[16] 9

b) Vorbereitungsphase. Die Vorbereitungsphase einer Ausgliederung nach UmwG umfasst typischerweise die folgenden Maßnahmen: 10

---

[10] *Schmitt/Hörtnagl/Stratz* § 124 UmwG Rn 49 ff.

[11] Vgl. *Kallmeyer* § 123 UmwG Rn 13; *Kallmeyer*, DB 1995, 81, 82; *Schmitt/Hörtnagl/Stratz* § 123 UmwG Rn 14 ff.

[12] Bei der Ausgliederung auf eine Kapitalgesellschaft und gleichzeitiger Begründung einer steuerlichen Organschaft kann dieser Unterschied jedoch Bedeutung haben, vgl. § 24 Rn 106.

[13] Zu den dogmatischen Verbindungen von Verschmelzung und Spaltung vgl. *Schmitt/Hörtnagl/Stratz* § 123 UmwG Rn 3 ff.

[14] Vgl. hierzu und zur Ausschlussfrist des § 133 Abs. 3 UmwG *Sagasser/Bula/Brünger* Umwandlungen N Rn 70 ff.; *Kallmeyer* § 133 UmwG Rn 13.

[15] Ausführlich hierzu *Sagasser/Bula/Brünger* Umwandlungen N Rn 94 ff.

[16] Zur Anspruchskonkurrenz insbesondere im Verhältnis zu §§ 25, 26, 28 HGB, die sich vor allem bei der Aufspaltung stellt, vgl. *Schmitt/Hörtnagl/Stratz* § 133 UmwG Rn 11 ff., *Sagasser/Bula/Brünger* Umwandlungen N Rn 63 ff.

11 *aa) Aufstellung/Prüfung der Schlussbilanz.* Gemäß §§ 125, 16, 17 UmwG muss bei der Anmeldung der Ausgliederung zum Handelsregister eine **Bilanz des übertragenden Rechtsträgers** als Anlage beigefügt werden, deren **Stichtag nicht länger als acht Monate vor der Anmeldung** liegen darf (häufig auch Ausgliederungsbilanz genannt). Hierfür gelten gemäß § 17 Abs. 2 S. 2 UmwG die Vorschriften über die Jahresbilanz und die Prüfung entsprechend. Somit unterliegt die Ausgliederungsbilanz einer Prüfungspflicht, wenn auch die Jahresbilanz des übertragenden Rechtsträgers geprüft werden muss. Die Vorlage der Gewinn- und Verlustrechnung und des Anhangs, also des gesamten Jahresabschlusses, ist nicht erforderlich.

12 In der Praxis entspricht der **Stichtag der Ausgliederungsbilanz** häufig dem Bilanzstichtag des übertragenden Rechtsträgers, so dass die Aufstellung (und Prüfung) einer Ausgliederungsbilanz nicht eigens erforderlich ist.[17] Von der Ausgliederungsbilanz zu unterscheiden sind die häufig erstellten „**Teilbilanzen**", die in der Praxis die Funktion der Abgrenzung der Vermögensübertragung übernehmen und daher meist Anlage des Ausgliederungs- und Übernahmevertrages werden. Sie werden auf Grundlage der Ausgliederungsbilanz erstellt.[18]

13 *bb) Erstellung des Ausgliederungs- und Übernahmevertrages.* Die rechtsgeschäftliche Grundlage der Ausgliederung zur Aufnahme ist der Ausgliederungs- und Übernahmevertrag (vgl. § 126 UmwG). Ihn schließen die jeweiligen Vertretungsorgane der beteiligten Rechtsträger in vertretungsberechtigter Zahl ab (§§ 125, 4 UmwG). Bei der Ausgliederung zur Neugründung tritt an seine Stelle der Ausgliederungsplan, an dem der erst mit Eintragung entstehende neue Rechtsträger nicht mitwirkt (§ 136 UmwG). Stets ist ein einheitlicher Vertrag notwendig, auch wenn an der Ausgliederung mehrere übernehmende Rechtsträger beteiligt sind.[19] Der Vertrag ist notariell zu beurkunden (§§ 125, 6 UmwG).

14 Der **gesetzliche Mindestinhalt** des Ausgliederungs- und Übernahmevertrages ergibt sich aus § 126 UmwG; zusätzlich sind die rechtsformspezifischen Besonderheiten zu beachten (§§ 125, 40, 46 UmwG). Der Ausgliederungsplan bei der Ausgliederung zur Neugründung hat zusätzlich den Gesellschaftsvertrag oder die Satzung des oder der neu entstehenden Rechtsträger zu enthalten oder er muss hierauf zumindest verweisen (§§ 135, 125, 37 UmwG). Im Einzelnen gilt Folgendes:

- Aus dem Ausgliederungs- und Übernahmevertrag muss sich eindeutig ergeben, dass die Ausgliederung unter den mit Firma und Sitz zu benennenden beteiligten Rechtsträgern (vgl. § 126 Abs. 1 Nr. 1 UmwG) durch partielle Gesamtrechtsnachfolge/Sonderrechtsnachfolge gegen

---

[17] Andernfalls ist die Ausgliederungsbilanz eine Zwischenbilanz.

[18] Eine solche Teilbilanz kann auch als Grundlage für den Nachweis über die Werthaltigkeit des ausgegliederten Vermögens oder als Nachweis für das Vorliegen eines Teilbetriebes im steuerlichen Sinne dienen.

[19] *Lutter* § 126 UmwG Rn 7; für getrennte Umwandlungsverträge aus Praktikabilitätserwägungen hingegen *Borges*, BB 1997, 589.

Gewährung von Anteilen und nicht im Wege der Einzelrechtsnachfolge erfolgt (vgl. § 126 Abs. 1 Nr. 2 UmwG).[20] Weitere Angaben betreffen die Beteiligung am Bilanzgewinn der übernehmenden Rechtsträger aufgrund der im Rahmen der Ausgliederung gewährten Anteile (§ 126 Abs. 1 Nr. 5 UmwG). Ab wann die Gewinnbeteiligung bestehen soll, können die Beteiligten frei festlegen, wobei sich wegen möglicher Eintragungsverzögerungen variable Regelungen empfehlen.[21] Obligatorisch sind ferner die Bestimmung des Stichtages, von dem an im Innenverhältnis zwischen den beteiligten Rechtsträgern die Handlungen des übertragenden Rechtsträgers als für die übernehmenden Rechtsträger vorgenommen gelten (Ausgliederungsstichtag, § 126 Abs. 1 Nr. 6 UmwG), sowie Angaben über die Gewährung von Rechten zugunsten einzelner Anteilsinhaber (§ 126 Abs. 1 Nr. 7 UmwG) und besondere Vorteile zugunsten von Mitgliedern der Verwaltungsorgane oder Prüfer der beteiligten Rechtsträger (§ 126 Abs. 1 Nr. 8 UmwG).[22]

- Die bei anderen Formen der Spaltung gemäß § 126 UmwG zwingenden Angaben zum Umtauschverhältnis, zu den Einzelheiten für die Übertragung der Anteile oder zur Aufteilung der Anteile an den übernehmenden Rechtsträgern sind bei der Ausgliederung nicht erforderlich (vgl. § 126 Abs. 1 Nr. 3, 4, 10 UmwG), da ein Anteilstausch nicht stattfindet.[23] Ebenso wenig ist eine Barabfindung anzubieten.[24] Erforderlich sind aber Angaben über die Gegenleistung, welche dem übertragenden Rechtsträger in Form von Anteilen an den übernehmenden oder neuen Rechtsträgern für die Vermögensübertragung gewährt wird.[25] Denkbar und zulässig sind neben der Anteilsgewährung weitere Gegenleistungen, z. B. die Einräumung einer Darlehensforderung. Die Verwaltungsorgane des ausgliedernden Rechtsträgers sind verpflichtet (vgl. §§ 125, 25 UmwG), die Angemessenheit der Gegenleistung(en) zu überprüfen. Dies legt es nahe, zumindest bei der Ausgliederung zur Aufnahme über die bloße Feststellung der Gegenleistung hinaus nähere Angaben zu verlangen, die eine solche Beurteilung ermöglichen.[26]
- Der Ausgliederungs- und Übernahmevertrag muss gemäß § 126 Abs. 1 Nr. 9 UmwG detailliert regeln, welche Gegenstände des Aktiv- und Passivvermögens,[27] Betriebe und Betriebsteile des übertragenden Rechtsträgers auf welchen übernehmenden oder neuen Rechtsträger ausgegliedert

[20] Vgl. LG Hamburg AG 1997, 238.

[21] Zu Einzelheiten vgl. *Sagasser/Bula/Brünger* Umwandlungen N Rn 124, J Rn 62 m. w. N.

[22] Vgl. zu § 126 Abs. 1 Nr. 7 und 8 UmwG *Schmitt/Hörtnagl/Stratz* § 126 UmwG Rn 59; § 5 UmwG Rn 38 ff.

[23] Vgl. auch § 125 UmwG, wonach die Anwendbarkeit der §§ 14 Abs. 2, 15 UmwG bei der Ausgliederung ausscheidet.

[24] Vgl. § 125 UmwG, der für die Ausgliederung die Verweisung auf §§ 29 ff. UmwG ausnimmt.

[25] Statt vieler *Kallmeyer* § 126 UmwG Rn 10.

[26] Vgl. *Schmitt/Hörtnagl/Stratz* § 126 UmwG Rn 38 ff.

[27] Zu den Begriffen vgl. *Schmitt/Hörtnagl/Stratz* § 126 UmwG Rn 69 ff.

werden sollen. Im Grundsatz können die Beteiligten die Aufteilung der Vermögensteile frei bestimmen (**Grundsatz der Spaltungsfreiheit**).[28] Zu den Vermögensteilen zählen aktive Vermögensgegenstände (Sachen und Rechte) einschließlich der nicht bilanzierungsfähigen, nicht bilanzierungspflichtigen sowie der tatsächlich nicht bilanzierten Wirtschaftsgüter[29] und Verbindlichkeiten.[30] Wie bei der Einzelrechtsnachfolge müssen die zu übertragenden **Aktiva und Passiva** durch Einzelauflistung, Umschreibung oder Bezugnahme auf Urkunden, Inventare oder Unterlagen der Rechnungslegung[31] **hinreichend konkretisiert** werden.[32] Die Listen sind dem Vertrag als Anlagen beizufügen. Für Grundstücke ist zudem die Vorschrift des § 28 GBO zu beachten (vgl. § 126 Abs. 2 UmwG). Bei der Übertragung eines ganzen Geschäftsbereichs empfiehlt sich eine generalklauselartige Auffangregelung.[33]

15 **Fehlt die Zuordnung** von Vermögensgegenständen oder Verbindlichkeiten, verbleiben diese im Falle der Ausgliederung und der Abspaltung beim übertragenden Rechtsträger. Die verhältnismäßige Aufteilung nicht zugeordneter Gegenstände des Aktivvermögens gemäß § 131 Abs. 3 UmwG, die nach wohl h. M. bei Verbindlichkeiten entsprechende Anwendung findet,[34] gilt nur bei Aufspaltungen, bei der der übertragende Rechtsträger erlischt.[35]

16 Gemäß § 132 UmwG bleiben die **allgemeinen Vorschriften, die die Übertragbarkeit** eines bestimmten Gegenstandes **ausschließen** (wie beispielsweise §§ 401, 1153 Abs. 2, 1250 Abs. 1 S. 2, 571, 399, 1. Alt. BGB, § 69 VVG, § 29 UrhG),[36] die Übertragung beschränken[37] oder unter staatlichen **Geneh-**

---

[28] Zu Recht hält es die h. M. für zulässig, wenn durch die Spaltung (Ausgliederung) einzelne Vermögensgegenstände oder Verbindlichkeiten übertragen werden, vgl. *Lutter* § 126 UmwG Rn 45; *Kallmeyer* § 123 UmwG Rn 1; *Schmitt/Hörtnagl/Stratz* § 126 UmwG Rn 65; strengere Voraussetzungen ergeben sich jedoch aus dem Steuerrecht vgl. §§ 15, 16, 20, 24 UmwStG.

[29] Zu gewerberechtlichen Konzessionen vgl. *Gaiser*, DB 2000, 361 ff.

[30] Auch unbekannte und ungewisse Verbindlichkeiten, vgl. *Kallmeyer* § 126 UmwG Rn 27.

[31] Die Eignung einer (nur Sammelpositionen wiedergebenden) Bilanz ist umstritten, ablehnend *Schmitt/Hörtnagl/Stratz* § 126 UmwG Rn 82; bejahend *Lutter* § 126 UmwG Rn 41.

[32] Zu Einzelheiten vgl. *Sagasser/Bula/Brünger* Umwandlungen N Rn 111 ff.; *Kallmeyer* § 126 UmwG Rn 19; *Schmitt/Hörtnagl/Stratz* § 126 UmwG Rn 80 ff.

[33] Formulierungsmuster beispielsweise bei *Kallmeyer* § 126 UmwG Rn 40.

[34] *Schmitt/Hörtnagl/Stratz* § 131 UmwG Rn 111 ff. m. w. N.

[35] Einzelheiten bei *Schmitt/Hörtnagl/Stratz* § 131 UmwG Rn 101 ff.; *Semler/Stengel* § 126 UmwG Rn 79 f., auch zu Dauerschuldverhältnissen.

[36] Hierzu, aber auch zu absoluten und relativen Veräußerungsverboten, schuldrechtlichen Vorkaufsrechten und Veräußerungsverboten, höchstpersönlichen Verpflichtungen etc. vgl. die Übersicht bei *Schmitt/Hörtnagl/Stratz* § 132 UmwG Rn 21 ff.; *Sagasser/Bula/Brünger* Umwandlungen N Rn 50.

[37] Beispielsweise beim Nießbrauch, dinglichen Vorkaufsrechten, gesellschaftsrechtlichen Vinkulierungen, Personengesellschaftsanteilen, Nutzungsrechte an Urheberrechten; zu Einzelheiten vgl. die Übersicht bei *Schmitt/Hörtnagl/Stratz* § 132 UmwG Rn 39 ff.; *Sagasser/Bula/Brünger* Umwandlungen N Rn 51.

migungsvorbehalt[38] stellen, unberührt. Ein Verstoß gegen § 132 UmwG oder die Nichtbeachtung der genannten Beschränkungen hat jedoch nicht die Unwirksamkeit des Ausgliederungs- und Übernahmevertrages zur Folge, sondern steht nur dem Übergang des betroffenen Gegenstandes entgegen.[39]

Zu Recht bemüht sich die **Literatur** mit unterschiedlichen Ansätzen um eine **einschränkende Auslegung** der Vorschrift.[40] Richtigerweise kann sich **§ 132 UmwG** im Ergebnis nur dort als gegenständliches Spaltungshindernis erweisen, wo im Rahmen einer Einzelfallabwägung die Interessen des Rechtsverkehrs an einer Kontinuität der bisherigen Rechtsbeziehungen die Interessen des übertragenden Rechtsträgers an der Umwandlung überwiegen und das Gesetz keine anderweitigen, ausgleichenden Regelungen enthält. Dies lässt sich regelmäßig nicht begründen, wenn ein **Teilbetrieb** oder ein **Betriebsteil** übertragen werden soll, da in diesen Fällen auch aus der Sicht des Rechtsverkehrs eine gewisse Unternehmenskontinuität vorliegt.[41] Die Einzelheiten sind umstritten, auch wenn die Lösungsansätze häufig zum gleichen Ergebnis gelangen.[42] Wegen der sich aus § 132 UmwG ergebenden Unsicherheiten sollte der Ausgliederungs- und Übernahmevertrag vorsorglich Regelungen für den Fall des Scheiterns eines Übergangs einzelner Vermögensgegenstände enthalten. **17**

Für die Praxis ist von besonderer Bedeutung, ob **Verbindlichkeiten und (langfristige) Vertragsverhältnisse** vom Anwendungsbereich des § 132 UmwG ausgenommen sind und damit **frei aufgeteilt** werden können. Abgesehen von höchstpersönlichen Pflichten können (teilbare) Verbindlichkeiten nach wohl h. M. grundsätzlich auf verschiedene Rechtsträger aufgeteilt oder ungeteilt auf mehrere Rechtsträger als Gesamtschuldner übertragen werden.[43] Bei Vertragsverhältnissen wird man richtigerweise differenzieren müssen: Unzulässig ist insbesondere die reale Aufteilung eines Vertragsverhältnisses mit der Folge, dass aus einem einheitlichen mehrere selbständige Vertragsverhältnisse werden. Denn hierdurch träte eine für den Vertragspartner nicht mehr hinnehmbare Änderung des Vertragsinhaltes ein (entsprechend § 399, 1. Alt. BGB). Demgegenüber hält die h. M. eine Übertragung von Vertragsverhältnissen für grundsätzlich möglich.[44] **18**

---

[38] Übersicht bei *Schmitt/Hörtnagl/Stratz* § 132 UmwG Rn 48 ff.; *Sagasser/Bula/Brünger* Umwandlungen N Rn 52.

[39] *Lutter* § 132 UmwG Rn 2, 21; *Schmitt/Hörtnagl/Stratz* § 132 UmwG Rn 51 ff.; *Semler/Stengel* § 132 UmwG Rn 12 ff.

[40] Vgl. die Übersicht bei *Semler/Stengel* § 132 UmwG Rn 18 ff.; *Lutter* § 132 Rn 11 ff., jeweils m. w. N.

[41] Vgl. *Semler/Stengel* § 132 UmwG Rn 27 ff.

[42] Vgl. die Darstellung bei *Schmitt/Hörtnagl/Stratz* § 132 UmwG Rn 11 ff.; *Sagasser/Bula/Brünger* Umwandlungen N Rn 46 ff.

[43] Vgl. *Lutter* § 132 UmwG Rn 36 (differenzierend); *Semler/Stengel* § 126 UmwG Rn 71, auch zum außerordentlichen Kündigungsrecht, § 132 UmwG Rn 3 ff., 41 f.; *Schmitt/Hörtnagl/Stratz* § 131 UmwG Rn 41 ff., wonach Verbindlichkeiten schon keine „Gegenstände" im Sinne des § 132 UmwG sind, vgl. § 132 Rn 17; insoweit anders, aber im Ergebnis wie hier *Kallmeyer* § 132 UmwG Rn 3, 11.

[44] Ausführlich *Lutter* § 132 UmwG Rn 38 ff.; *Schmitt/Hörtnagl/Stratz* § 131 UmwG Rn 45 ff.; *Kallmeyer* § 126 UmwG Rn 25 f. auch zu Unternehmensverträ-

- § 126 Abs. 1 Nr. 11 UmwG verlangt eine **Erläuterung der Spaltungsfolgen bezüglich der Arbeitnehmer**, ihrer Vertretungen und die insoweit vorgesehenen Maßnahmen. Die Vorschrift bringt in der Praxis Probleme mit sich, weil keine abschließende Klarheit über den erforderlichen Informationsumfang sowie über die Folgen einer Nichtbeachtung besteht. Als gesichert gilt, dass der Vertrag zumindest die unmittelbaren Konsequenzen individual- und kollektivarbeitsrechtlicher sowie tatsächlicher Art benennen muss. Hierzu gehören beispielsweise der Übergang von Arbeitsverhältnissen, Aufteilung oder Neuzuordnung von Betriebsteilen, Konsequenzen für die Existenz und den Fortbestand der Betriebsräte, ferner die Auswirkungen auf das Schicksal von Tarifverträgen und Betriebsvereinbarungen. Zu beachten ist insbesondere das **Widerspruchsrecht der Arbeitnehmer gemäß § 613 a BGB**, das durch die Ausgliederung unberührt bleibt (§ 324 UmwG).
- Zusätzlich zu den Mindestangaben nach § 126 UmwG kann und sollte der Vertrag weitere (**fakultative**) **schuldrechtliche Nebenabreden** enthalten, wenn sie nach dem Willen der Beteiligten mit der Ausgliederung ein „untrennbares Ganzes" bilden. Das **Formerfordernis** der §§ 125, 6 UmwG erstreckt sich auch auf derartige fakultative Angaben.[45] Zu denken ist beispielsweise[46] an Regelungen für den Fall, dass Veränderungen hinsichtlich der zugeordneten Vermögensgegenstände zwischen dem Ausgliederungsstichtag und der Wirksamkeit der Ausgliederung eintreten (Surrogationsklausel), Regelungen für den Fall einer ungeplanten **Verzögerung der Eintragung**,[47] besondere Regelungen bezüglich **im Ausland belegener Vermögensgegenstände** sowie **Freistellungsvereinbarungen** bezüglich der Haftungsverteilung gemäß § 133 UmwG. Regelmäßig sind auch sonstige gesellschaftsrechtliche Regelungen Gegenstand des Vertrages, wie beispielsweise Angaben zu erforderlichen Kapitalerhöhungen und sonstige Änderungen des Gesellschaftsvertrages wie beispielsweise eine Anpassung des Unternehmensgegenstandes.

19 *cc) Information des Betriebsrates/der Arbeitnehmer.* Jeder der an der Ausgliederung beteiligten Rechtsträger muss den Ausgliederungs- und Übernahmevertrag, gegebenenfalls im Entwurf, spätestens **einen Monat vor dem Tag der Versammlung der Anteilsinhaber** des Rechtsträgers, welche über die Zustimmung zum Vertrag zu beschließen hat, seinem nach BetrVG zuständigen **Betriebsrat** zuleiten (§ 126 Abs. 3 UmwG), sofern ein solcher Betriebsrat existiert. Der Nachweis über die rechtzeitige Zuleitung ist gemäß §§ 125, 17 UmwG Voraussetzung für die Eintragung der Ausgliederung. In der Praxis empfiehlt sich ein schriftliches Empfangsbekenntnis des Betriebsrat-Vorsitzenden.

---

gen jeweils m. w. N.; *Rieble*, ZIP 1997, 301, ff., insbesondere zu schuldrechtlichen Lösungsmöglichkeiten; speziell zu Unternehmensverträgen *Priester*, DStR 1999, 1941.

[45] *Lutter* § 126 UmwG Rn 7.

[46] Vgl. zum Folgenden *Sagasser/Bula/Brünger* Umwandlungen N Rn 135 ff.; *Kallmeyer*, § 126 UmwG Rn 44 ff., mit Formulierungsmuster.

[47] Vgl. hierzu *Kiem*, ZIP 1999, 173; *Körner/Rodewald*, BB 1999, 853, 855.

Neben dem Betriebsrat sind auch die von der Spaltung **betroffenen Arbeitnehmer** umfassend zu informieren. Mit Zugang der den gesetzlichen Anforderungen entsprechenden Information beginnt eine einmonatige Frist, innerhalb derer die betroffenen Arbeitnehmer dem Übergang ihres Arbeitsverhältnisses **widersprechen** können (vgl. § 324 UmwG, § 613 a Abs. 5 und 6 UmwG). 20

dd) Erstellung des Ausgliederungsberichts. § 127 UmwG verlangt von den Vertretungsorganen der an der Ausgliederung beteiligten Rechtsträger die Erstattung eines schriftlichen **Ausgliederungsberichts**. Der Bericht kann von den Vertretungsorganen gemeinsam erstellt werden (§ 127 S. 1 UmwG). Bei der Ausgliederung zur Neugründung muss nur vom übertragenden Rechtsträger ein Ausgliederungsbericht erstellt werden. Inhaltlich muss der Bericht – sofern nicht berechtigte Geheimhaltungsinteressen entgegenstehen (§§ 127, 8 Abs. 2 UmwG) – die mit der Ausgliederung verfolgten betriebswirtschaftlichen Ziele und die Regelungen des Vertrages unter Angabe der wesentlichen Gesichtspunkte in einer Weise erläutern und begründen, die den Anteilseignern zumindest eine **Plausibilitätskontrolle** gestattet.[48] 21

Obwohl der Ausgliederungsbericht für die Anteilseigner die bedeutsamste Informationsquelle darstellt, sollten die Anforderungen an seine Informationsdichte nicht überspannt werden.[49] Der Bericht muss jedoch auf die unmittelbaren wirtschaftlichen Interessen der Anteilseigner eingehen. Auf besondere Risiken steuerlicher oder sonstiger Art sollte der Bericht daher gesondert hinweisen; hierzu gehören beispielsweise Haftungsrisiken gemäß § 133 UmwG oder besondere gesellschaftsvertragliche Ausgestaltungen wie Wettbewerbsverbote oder Vinkulierungsklauseln. 22

Über den Wortlaut des § 127 UmwG hinaus muss der Ausgliederungsbericht Auskunft über die als Gegenleistung gewährten Anteile und deren Angemessenheit im Verhältnis zum Wert des hingegebenen Vermögens geben, wenn es sich um eine Ausgliederung zur Aufnahme handelt.[50] Ist eine Aktiengesellschaft übernehmender Rechtsträger, hat der Bericht auf den Bericht über die Prüfung von Sacheinlagen hinzuweisen (§ 142 Abs. 2 UmwG). 23

Entbehrlich ist der Bericht, wenn alle Anteilsinhaber aller beteiligten Rechtsträger in notariell beurkundeter Form auf seine Erstattung verzichten (§§ 127 S. 2, 8 Abs. 3 S. 1, 1. Alt., S. 2 UmwG) sowie bei der Ausgliederung von Vermögen einer 100 %-Tochter- auf die Muttergesellschaft (§§ 127 S. 2, 8 Abs. 3 S. 1, 2. Alt. UmwG). Im Fall der Ausgliederung von Geschäftsbereichen zur Gründung einer Familienholding ist der Bericht demzufolge nur dann **entbehrlich**, wenn alle Anteilsinhaber eine Verzichtserklärung abgeben.[51] Eines Berichts bedarf es ferner nicht bei Perso- 24

---

[48] Vgl. *Kallmeyer* § 127 UmwG Rn 3 ff.; *Semler/Stengel* § 127 UmwG Rn 14 ff.

[49] Vgl. OLG Hamm ZIP 1999, 798; OLG Düsseldorf ZIP 1999, 793; LG München AG 2000, 86.

[50] *Kallmeyer* § 127 UmwG Rn 7; *Schmitt/Hörtnagl/Stratz* § 127 UmwG Rn 8 f.; *Veil*, ZIP 1998, 361, 363.

[51] *Lutter* § 127 UmwG Rn 52; *Schmitt/Hörtnagl/Stratz* § 127 UmwG Rn 18; *Kallmeyer* § 127 UmwG Rn 16; anders *Sagasser/Bula/Brünger* Umwandlungen N Rn 158.

nenhandelsgesellschaften, bei denen sämtliche Gesellschafter geschäftsführungsbefugt sind (§§ 125, 41 UmwG) sowie bei einem Einzelkaufmann (§§ 153, 158 UmwG). Gleichwohl kann ein Ausgliederungsbericht für die übrigen an der Ausgliederung Beteiligten erforderlich sein.

25 *ee) Spaltungsprüfung.* Im Unterschied zu den anderen Formen der Spaltung findet bei der Ausgliederung gemäß § 125 S. 2 UmwG eine Prüfung gemäß §§ 9 bis 12 UmwG ausdrücklich nicht statt.

26 *ff) Vorbereitung Sachgründung und/oder Sachkapitalerhöhung.* Mit dem Vermögensabfluss beim übertragenden Rechtsträger korrespondiert ein Vermögenszugang beim neuen oder übernehmenden Rechtsträger. Damit sind sowohl bei der Ausgliederung zur Aufnahme als auch bei der Ausgliederung zur Neugründung die **Grundsätze über die reale Kapitalaufbringung** zu beachten. § 135 Abs. 2 S. 1 UmwG verweist für den letzteren Fall auf die für die jeweilige Rechtsform des neuen Rechtsträgers geltenden Gründungsvorschriften. Das Gesetz sieht den Vorgang somit als **Sachgründung** an.[52] Den Gründern steht der übertragende Rechtsträger gleich, den folglich die **Gründungshaftung** trifft. Die im Verschmelzungsrecht anwendbaren Erleichterungen der §§ 58 Abs. 2, 75 Abs. 2 UmwG sind auf eine neu zu gründende AG bzw. auf eine neu zu gründende GmbH entgegen der Verweisung des § 125 UmwG nicht anwendbar. Stets muss also ein **(Sach-)Gründungsbericht**[53] mit den gemäß §§ 125, 58 Abs. 1 bzw. 75 Abs. 1 UmwG erforderlichen Angaben erstellt und bei einer neu zu gründenden AG zudem eine **Gründungsprüfung** (vgl. § 34 AktG) durchgeführt werden (§§ 138, 144 UmwG).

27 Bei der Ausgliederung zur Aufnahme werden im Wege der Sachkapitalerhöhung neue Anteile am übernehmenden Rechtsträger geschaffen, die der übertragende Rechtsträger als Gegenleistung für das ausgegliederte Vermögen erhält. Die **Kapitalerhöhungsverbote und -wahlrechte der §§ 54, 68 UmwG** sind nur bei der Auf- und Abspaltung, nicht aber bei der Ausgliederung anwendbar (vgl. § 125 UmwG). Das Verfahren richtet sich grundsätzlich nach den einschlägigen Vorschriften des GmbHG und des AktG, wenn auch über die Verweisung gemäß §§ 125, 55, 69 UmwG zahlreiche Erleichterungen und Vereinfachungen gelten. § 142 Abs. 1 UmwG bestimmt **für eine übernehmende AG** stets und abweichend vom Verschmelzungsrecht eine **Sacheinlageprüfung** gemäß § 183 Abs. 3 AktG. Wie sich im Umkehrschluss zu § 69 Abs. 1 S. 1 UmwG ergibt, ist die Sacheinlageprüfung selbst dann erforderlich, wenn das Vermögen von einer Kapitalgesellschaft übertragen wird und der fortgeführte Netto-Buchwert des übertragenen Vermögens den (rechnerischen) Nennbetrag der neuen Aktien bei weitem übersteigt. Das GmbHG kennt eine dem § 183 Abs. 3 AktG vergleichbare Vorschrift zur Prüfung der Werthaltigkeit der Einlage bei einer Sachkapitalerhöhung nicht. Gleichwohl entspricht es ei-

---

[52] Zur Passivierung der gesamtschuldnerischen Mithaftung der neuen Gesellschaft gemäß § 133 UmwG vgl. *Kallmeyer* § 135 UmwG Rn 12.

[53] Sein Fehlen hat die Zurückweisung des Antrags zur Registereintragung zur Folge, vgl. BayObLG GmbHR 1999, 295.

ner verbreiteten Praxis der Registergerichte, auch bei der Sachkapitalerhöhung einer **GmbH** einen „**Werthaltigkeitsnachweis**" betreffend das übertragene Vermögen zu verlangen.

gg) Vorbereitung von Unternehmensverträgen. In vielen Fällen wird es bei einer Ausgliederung von Geschäftsbereichen zur Konzernbildung auf Kapitalgesellschaften aus steuerlichen Gründen (vgl. § 29 Rn 101) geboten sein, zwischen dem übertragenden und den übernehmenden Rechtsträgern Unternehmensverträge gemäß §§ 291 ff. AktG abzuschließen. Diese sind parallel zum Ausgliederungsvorgang vorzubereiten. Auch hier sind die Vertretungsorgane der beteiligten Gesellschaften berichtspflichtig (vgl. § 293 a AktG; Ausnahme § 293 a Abs. 3 AktG). Eine Prüfung von Verträgen mit 100 %-Tochtergesellschaften ist nicht erforderlich (§ 293 b Abs. 1 AktG). **28**

hh) Vorbereitung und Einberufung der Versammlung der Anteilsinhaber. Schließlich sind die Versammlungen der Anteilseigner der beteiligten Rechtsträger, die gemäß §§ 125, 13 UmwG über die Zustimmung zum Vertrag zu beschließen haben, vorzubereiten; eine Beschlussfassung im Umlaufverfahren untersagt § 13 Abs. 1 S. 2 UmwG. Nur in seltenen Ausnahmefällen wird sich die Tagesordnung der Versammlung auf den Zustimmungsbeschluss zum Vertrag beschränken. Vielmehr treten regelmäßig weitere Beschlüsse wie beispielsweise Satzungsänderungen oder Kapitalmaßnahmen, aber auch Zustimmungen zu Unternehmensverträgen hinzu. Auf die einzuhaltenden Fristen für die Einberufung der Versammlungen ist besonders zu achten. **29**

Hier gelten die allgemeinen gesetzlichen und statuarischen Bestimmungen, die das UmwG teilweise ergänzt: Für eine beteiligte **AG/KGaA** sind der **Vertrag** oder sein Entwurf gemäß §§ 125, 61, 78 UmwG vor der Einberufung der Hauptversammlung **zum Handelsregister einzureichen**. Die in §§ 125, 63 UmwG genannten Unterlagen (ggf. ergänzt um die Unterlagen nach § 293 f AktG) müssen ab der Einberufung in den Geschäftsräumen zur Einsicht der Aktionäre und auch während der Hauptversammlung ausliegen (§§ 125, 63, 64 UmwG). Bei einer beteiligten GmbH oder Personenhandelsgesellschaft sieht das UmwG teilweise vergleichbare Regelungen der Einberufung vor, wobei an die Stelle der Einreichung von Unterlagen zum Handelsregister die Pflicht tritt, den Entwurf des Ausgliederungs- und Übernahmevertrages und den Ausgliederungsbericht spätestens zusammen mit der Einberufung unmittelbar an die Gesellschafter zu übersenden (vgl. §§ 125, 42, 47, 49 UmwG). **30**

c) Beschlussphase. Bei der Ausgliederung von Geschäftsbereichen zum Zwecke der Konzernbildung sind neben den von den Anteilsinhabern der beteiligten Gesellschaften zu fassenden Zustimmungsbeschlüssen zur Ausgliederung regelmäßig weitere Beschlüsse erforderlich. **31**

aa) Ausgliederungsbeschlüsse. Gemäß §§ 125, 13 Abs. 1 UmwG setzt die Wirksamkeit des Ausgliederungs- und Übernahmevertrages die **Zustimmung der Anteilsinhaber** eines jeden an der Ausgliederung beteiligten **32**

Rechtsträgers voraus. Zugestimmt werden kann auch einem Entwurf des Vertrages.[54]

33 Ist eine **GmbH** an der Ausgliederung beteiligt, so bedarf der Beschluss einer Mehrheit von mindestens drei Vierteln der abgegebenen Stimmen, bei einer beteiligten **AG** einer Mehrheit von mindestens drei Vierteln des bei der Beschlussfassung vertretenen Grundkapitals (§§ 125, 50, 65 UmwG);[55] bei einer beteiligten AG ist zudem für jede Aktiengattung (etwa Vorzugsaktien) ein Sonderbeschluss erforderlich, wobei jeweils die gleichen Mehrheitserfordernisse gelten. Bei einer **Personenhandelsgesellschaft** müssen sämtliche in der Gesellschafterversammlung anwesenden Gesellschafter, aber auch die nicht erschienenen Gesellschafter (außerhalb der Gesellschafterversammlung) dem Vertrag ausdrücklich zustimmen, sofern nach dem Gesellschaftsvertrag nicht eine andere Mehrheit von mindestens drei Vierteln der abgegebenen Stimmen genügt (§§ 125, 43 Abs. 2 UmwG).

34 Nach §§ 125, 13 Abs. 3 UmwG müssen die Beschlüsse **notariell beurkundet** werden.

35 *bb) Weitere Zustimmungserfordernisse.* Die Vorschrift des § 128 UmwG, wonach bei nicht-verhältniswahrenden Spaltungen die Zustimmung sämtlicher Anteilsinhaber des übertragenden Rechtsträgers erforderlich ist, findet bei der Ausgliederung keine Anwendung. Eine **gesonderte Zustimmungserklärung einzelner Anteilsinhaber** kann jedoch insbesondere in den Fällen der §§ 125, 13 Abs. 2, 40 Abs. 2, 50 Abs. 2, 51 UmwG notwendig sein. Wie die Ausgliederungsbeschlüsse müssen auch die gesonderten Zustimmungserklärungen nach §§ 125, 13 Abs. 3 UmwG notariell beurkundet werden.

36 *cc) Sonstige Beschlüsse.* Regelmäßig beschließt die Versammlung der Gesellschafter der übernehmenden Gesellschaft, die über die Zustimmung zum Ausgliederungs- und Übernahmevertrag entscheidet, auch über Kapitalerhöhungsmaßnahmen, sonstige Änderungen der Satzung oder des Gesellschaftsvertrages oder auch die Zustimmung zu einem Unternehmensvertrag gemäß §§ 291 ff. AktG. Auf Ebene der übertragenden Gesellschaft sind häufig die Änderung des Unternehmensgegenstandes zu beschließen und ebenfalls Unternehmensverträgen zuzustimmen. Derartige Beschlussfassungen unterfallen den allgemeinen gesetzlichen und statutarischen Regeln.

37 *dd) Beurkundung des Ausgliederungs- und Übernahmevertrages.* Nach §§ 125, 6 UmwG bedarf der Ausgliederungs- und Übernahmevertrag ebenfalls der notariellen Beurkundung. Dies kann vor oder nach den Zustimmungsbeschlüssen erfolgen (vgl. § 29 Rn 32).

---

[54] Eine inhaltliche Änderung des Vertrages nach der Beschlussfassung ist nur dann möglich, wenn die Änderung ihrerseits von einem erneuten Beschluss genehmigt wird, vgl. *Schmitt/Hörtnagl/Stratz* § 126 UmwG Rn 13 ff.

[55] Die Satzung kann größere Mehrheiten oder weitere Erfordernisse aufstellen.

ee) Verzichtserklärungen. Sollen Verzichte betreffend die Erstellung eines **Ausgliederungsberichts** und von **Unternehmensvertragsberichten** erklärt werden, sind auch diese notariell zu beurkunden (§§ 125, 8 Abs. 3 UmwG) bzw. notariell zu beglaubigen (§ 293 a Abs. 3 AktG). Vielfach lässt sich erreichen, dass die Anteilsinhaber in der Gesellschafterversammlung auf ihr Recht zur Erhebung einer Klage gegen die Wirksamkeit des Ausgliederungsbeschlusses verzichten. Ein derartiger Verzicht, welcher ebenfalls der notariellen Beurkundung bedarf, erhöht die Chancen, dass das Registergericht die Ausgliederung vor Ablauf der Klagefrist des §§ 125, 14 Abs. 1 UmwG einträgt, und dient somit der Verfahrensbeschleunigung. **38**

d) Vollzugsphase. Die Eintragungen, mit denen die Ausgliederung zivilrechtlich wirksam wird, nimmt das Registergericht nur vor, wenn die Beteiligten die Ausgliederung ordnungsgemäß angemeldet haben. **39**

aa) Registeranmeldung. Gemäß §§ 125, 16, 17 UmwG melden die Vertretungsorgane der beteiligten Rechtsträger die Ausgliederung zur Eintragung in das Handelsregister bei den Registergerichten des jeweiligen Sitzes der Gesellschaften an. Sie müssen die Art der Spaltung (hier: Ausgliederung) zur Aufnahme oder zur Neugründung unter Bezeichnung von Firma und Sitz der beteiligten Rechtsträger angeben.[56] § 129 UmwG ermächtigt die Vertretungsorgane jedes der übernehmenden Rechtsträger, die Spaltung auch für den übertragenden Rechtsträger anzumelden. Zur Anmeldung für weitere übernehmende Rechtsträger hingegen ergibt sich aus § 129 UmwG keine Befugnis.[57] Bei der Ausgliederung zur Neugründung meldet das Vertretungsorgan des übertragenden Rechtsträgers jeden neuen Rechtsträger bei dem Registergericht an, in dessen Bezirk er seinen Sitz haben soll. Die Ausgliederung wird zur Eintragung in das Register des Sitzes des übertragenden Rechtsträgers angemeldet (§§ 135, 137 UmwG). **40**

Anlässlich der Anmeldung der Ausgliederung haben die Vertretungsorgane verschiedene Erklärungen abzugeben, beispielsweise gemäß § 16 Abs. 2 UmwG zu **eventuell erhobenen Anfechtungsklagen** gegen die Ausgliederungsbeschlüsse (hierzu, sowie zum Unbedenklichkeitsverfahren gemäß § 16 Abs. 3 UmwG vgl. § 30 Rn 83) und gemäß § 52 UmwG zum Vorliegen weiterer Zustimmungserklärungen. Die Anmeldung hat durch sämtliche Vertretungsorgane in notariell beglaubigter Form zu erfolgen (vgl. § 12 HGB). Für die von der Anmeldung zu unterscheidenden besonderen Erklärungen reicht die Abgabe in privatschriftlicher Form und in vertretungsberechtigter Zahl. **41**

bb) Anlagen der Anmeldung. Gemäß §§ 125, 17 UmwG sind der Anmeldung diverse Unterlagen beizufügen. Hierzu gehören der Ausgliederungs- und Übernahmevertrag, die Niederschriften über die Ausgliederungsbeschlüsse der beteiligten Rechtsträger, im Einzelfall erforderliche **42**

---

[56] *Kallmeyer* § 129 UmwG Rn 6.

[57] So die h. M., beispielsweise *Lutter* § 129 UmwG Rn 2; *Schmitt/Hörtnagl/Stratz* § 129 UmwG Rn 2.

weitere Zustimmungserklärungen und eventuell abgegebene Verzichtserklärungen (jeweils in Ausfertigung oder beglaubigter Abschrift), der Ausgliederungsbericht, ein Nachweis über die rechtzeitige Zuleitung des (Entwurfs des) Ausgliederungs- und Übernahmevertrages an den zuständigen Betriebsrat und im Einzelfall erforderliche staatliche Genehmigungsurkunden.[58] Ferner beizufügen ist der Anmeldung der Ausgliederung beim Sitz des übertragenden Rechtsträgers eine Ausgliederungsbilanz (§ 17 Abs. 2 UmwG).

43 Schließlich sind die Unterlagen hinsichtlich weiterer Anmeldungen zur Eintragung, etwa Unternehmensverträge einzureichen (vgl. § 294 Abs. 1 AktG).

44 *cc) Reihenfolge der Eintragung.* Die beteiligten Registergerichte sind an die vom Gesetz vorgeschriebene Reihenfolge der Eintragungen gebunden.[59] Zunächst sind im Rahmen der Ausgliederung zur Aufnahme erforderliche Kapitalerhöhungen bei den übernehmenden Rechtsträgern einzutragen. Diese Eintragung geht der Eintragung der Ausgliederung bei den übernehmenden Gesellschaften vor (§§ 125, 53, 66 UmwG). Im Falle der Ausgliederung zur Neugründung erfolgt die erstmalige Eintragung des neuen Rechtsträgers mit dem Vermerk, dass „die Eintragung des neuen Rechtsträgers erst mit der Eintragung der Spaltung im Register des Sitzes des übertragenden Rechtsträgers wirksam wird" (vgl. §§ 130 Abs. 1, 135 UmwG).[60] Schließlich wird die Ausgliederung im Register des Sitzes des übertragenden Rechtsträgers eingetragen. Für Mitteilungen und Bekanntmachungen des Registergerichts gelten die §§ 130 Abs. 2, 125, 19 UmwG.

45 *dd) Wirkungen der Eintragung.* Mit der Eintragung der Ausgliederung in das Register des übertragenden Rechtsträgers **wird die Ausgliederung wirksam**. Alle Regelungen des Ausgliederungs- und Übernahmevertrages werden im Verhältnis zu Dritten wirksam. Insbesondere geht der ausgegliederte Teil des Vermögens einschließlich der Verbindlichkeiten entsprechend der im Vertrag vorgesehenen Aufteilung (vgl. § 29 Rn 14) jeweils als Gesamtheit auf die übernehmenden und/oder neuen Rechtsträger kraft Gesetzes über (§ 131 Abs. 1 Nr. 1 UmwG).[61] Die übergehenden Vermögensteile müssen allerdings zum Vermögen des übertragenden Rechtsträgers gehört haben; ein **gutgläubiger Erwerb** der übernehmenden Rechtsträger im Wege der partiellen Gesamtrechtsnachfolge/Sonderrechtsnachfolge **scheidet nach h. M. aus**.[62]

---

[58] Die Vorschrift des § 146 Abs. 2 UmwG ist neben der allgemeinen Verweisung des § 125 UmwG auf § 17 UmwG überflüssig, vgl. *Schmitt/Hörtnagl/Stratz* § 146 UmwG Rn 9.

[59] Zur Prüfung durch die Registergerichte vgl. *Schmitt/Hörtnagl/Stratz* § 130 UmwG Rn 10 ff.; *Semler/Stengel* § 130 UmwG Rn 2 ff.

[60] Der neue Rechtsträger entsteht folglich in Abweichung von § 11 Abs. 1 GmbHG, § 41 Abs. 1 S. 1 AktG nicht schon mit seiner Eintragung im Handelsregister, vgl. *Sagasser/Bula/Brünger* Umwandlungen N Rn 28.

[61] Zu im Ausland belegenen Vermögensteilen vgl. § 28 Rn 12; zu Einzelheiten vgl. *Schmitt/Hörtnagl/Stratz* § 131 UmwG Rn 13 ff.

[62] *Kallmeyer* § 131 UmwG Rn 4; *Widmann/Mayer* § 134 UmwG Rn 25.

Der **Vermögensübergang** betrifft bewegliche und unbewegliche Sachen, dingliche Rechte, Forderungen, Immaterialgüterrechte, Gesellschaftsanteile, Vollmachten sowie – vorbehaltlich gesetzlicher Vertragsüberleitungen wie § 613 a BGB – im Grundsatz auch Schuldverhältnisse und Verträge.[63] Bei gegenseitigen, nicht erfüllten Verträgen, die durch partielle Gesamtrechtsnachfolge/Sonderrechtsnachfolge auf einen anderen Rechtsträger als neuen Vertragspartner übergeleitet worden sind, bewirkt die Ausgliederung gemäß der eng auszulegenden und über § 125 UmwG anwendbaren Ausnahmevorschrift des § 21 UmwG eine dem Maßstab der Billigkeit folgende inhaltliche Umgestaltung.[64] **46**

Etwaige Beurkundungsmängel nach §§ 125, 6, 13 Abs. 3 UmwG werden durch die Eintragung in das Register des Sitzes des übertragenden Rechtsträgers gemäß § 131 Abs. 1 Nr. 4 UmwG geheilt. Eine **Heilung** bezüglich anderer **Mängel der Ausgliederung** tritt im Ergebnis gemäß § 131 Abs. 2 UmwG ein, wonach solche Mängel die Wirkungen gemäß § 131 Abs. 1 UmwG unberührt lassen. § 131 Abs. 2 UmwG schließt damit im Interesse der Rechtssicherheit eine Rückabwicklung des Ausgliederungsvorgangs wegen anderer, später bekannt werdender Mängel aus.[65] **47**

2. Durchführung der Ausgliederung im Wege der Einzelrechtsübertragung

a) Zulässigkeit. Alternativ zur Ausgliederung gemäß § 123 Abs. 3 UmwG können die Beteiligten eine Familien-Holding auch im Wege der **Einzelrechtsübertragung** als **Sacheinlage** in eine übernehmende Gesellschaft etablieren.[66] Als Gegenleistung erhält der Einbringende ebenfalls neue Gesellschaftsanteile, die im Rahmen einer Sachgründung oder einer Sachkapitalerhöhung nach allgemeinen Regeln geschaffen werden. Die generelle Zulässigkeit dieser Alternative steht nicht in Streit. **48**

Fraglich ist allerdings, ob und in welchem Umfang hierbei die **Vorschriften des UmwG entsprechend** zu berücksichtigen sind.[67] Die wohl h. M. lehnt eine analoge Anwendung des UmwG auf die Ausgliederung durch Einzelrechtsübertragung mangels planwidriger Regelungslücke ab.[68] Die allgemeinen gesellschaftsrechtlichen Regelungen sind **49**

---

[63] Vgl. die Liste bei *Schmitt/Hörtnagl/Stratz* § 131 UmwG Rn 13 ff.

[64] Vgl. *Sagasser/Bula/Brünger* Umwandlungen N Rn 152, J Rn 145. Zu Korrekturmöglichkeiten nach allgemeinem Schuldrecht vgl. *Rieble*, ZIP 1997, 301, 305.

[65] Vgl. hierzu BGH ZIP 1996, 1146, 1149; ZIP 1997, 2134, 2136; BB 1999, 1450; BayObLG BB 2000, 477; *Schmitt/Hörtnagl/Stratz* § 131 UmwG Rn 100.

[66] Ausführliche Darstellung bei *Semler/Stengel* Anh. § 173 UmwG.

[67] Umfassender Überblick zum Meinungsstand bei *Semler/Stengel* Anh. § 173 UmwG Rn 8 ff.

[68] LG Hamburg AG 1997, 238; OLG Stuttgart ZIP 1995, 1515; *Lutter* § 123 UmwG Rn 25 m. w. N.; *Schmitt/Hörtnagl/Stratz* § 1 UmwG Rn 28; § 123 UmwG Rn 24; *Sagasser/Bula/Brünger* Umwandlungen N Rn 165 ff., 169; *Kallmeyer* § 123 UmwG Rn 2, 16 ff.; § 1 Rn 21; *Heckschen*, DB 1998, 1385, 1386; *Trölitzsch*, DStR 1999, 764, 765. – Für eine entsprechende Anwendung von Vorschriften des UmwG sprechen sich beispielsweise aus: LG Karlsruhe ZIP 1998, 385; *Veil*, ZIP 1998, 361, 366.

allerdings zu beachten, so dass beispielsweise in Anlehnung an die **„Holzmüller"-Rechtsprechung des BGH**[69] die Einzelrechtsübertragung der Zustimmung der Gesellschafterversammlung bedarf, wenn das **wesentliche Vermögen der Gesellschaft ausgegliedert** werden soll.[70] In solchen Fällen verlangt die h. M. in Anlehnung an aktien- und umwandlungsrechtliche Vorschriften ferner, dass die Anteilseigner sämtliche Informationen erhalten, um die ihnen obliegende Entscheidung über die Zustimmung zur Ausgliederung sachgerecht treffen zu können. Folglich muss die Einberufung den wesentlichen Inhalt des Vertrags wiedergeben. Er muss im Wortlaut ab dem Zeitpunkt der Einberufung der Versammlung, die über die Ausgliederung entscheiden soll, zur Einsichtnahme ausliegen. Vor Beschlussfassung müssen ihn die Verwaltungsorgane mündlich erläutern.[71] Ob ein **schriftlicher Bericht**, der den Anforderungen an einen Ausgliederungsbericht gemäß § 127 UmwG entspricht, zu erstellen ist, ist offen.[72] Weitere Mitwirkungserfordernisse der Gesellschafter können sich beispielsweise auch aus **§ 179 a AktG** oder bei **Satzungsänderungen** (**Anpassung des Unternehmensgegenstandes**) ergeben. Diese Grundsätze gelten für die GmbH und für Personengesellschaften entsprechend.[73]

50 **b) Unterschiede gegenüber der Ausgliederung gemäß § 123 Abs. 3 UmwG.** Die Ausgliederung im Wege der Einzelrechtsnachfolge fällt nach h. M. in den **Verantwortungsbereich der Geschäftsführung** und bedarf grundsätzlich nicht der Zustimmung der Gesellschafter, sofern sich nicht aus den Grundsätzen der **„Holzmüller"-Rechtsprechung** des BGH oder aus § 179 a AktG etwas Abweichendes ergibt. Abgesehen von solchen Fällen können die Anteilseigner den Vollzug der Ausgliederung folglich nicht durch Anfechtung verhindern, wie es bei der Vorgehensweise gemäß §§ 123 ff. UmwG möglich ist. Somit ist die Einzelrechtsübertragung in vielen Fällen die **flexiblere Gestaltung**. Des Weiteren bestehen bei der Einzelrechtsübertragung im Grundsatz – und vorbehaltlich der „Holzmüller"-Rechtsprechung (vgl. § 29 Rn 49) – die allgemeinen Informationspflichten gegenüber den Anteilseignern und nicht die weitergehenden, umwandlungsrechtlichen Berichts- und Dokumentationspflichten (vgl. § 29 Rn 21).

51 Ein wesentlicher Unterschied liegt darin, dass die Vermögensübertragung im Wege der Einbringung nicht uno actu durch richterlichen Gestaltungsakt erfolgt (§ 131 Abs. 1 Nr. 1 UmwG), sondern durch **Einzelrechtsnachfolge** nach allgemeinen Regeln des Sachen- und Schuldrechts.

---

69 BGHZ 83, 122, 136; vgl. auch BGH NJW 2001, 1277.

70 Umstritten ist, ob bei Holzmüller-Beschlüssen eine einfache Mehrheit genügt oder eine $^{3}/_{4}$-Mehrheit erforderlich ist, vgl. *Hüffer,* § 119 AktG Rn 20 m. w. N.

71 BGH NJW 2001, 1277; *Lutter* § 123 UmwG Rn 25 unter Hinweis auf §§ 52 Abs. 2, 179 a Abs. 2, 293 f Abs. 1 Nr. 1, 293 g Abs. 1 AktG, §§ 63, 64, UmwG.

72 Dagegen: *Hüffer,* § 119 AktG Rn 19 m. w. N.; *Priester,* ZHR 163 (1999), 187, 201 f.; dafür: *Sagasser/Bula/Brünger* Umwandlungen N Rn 169; *Lutter/Leinekugel,* ZIP 1999, 261, 264 ff.; *Kallmeyer* § 123 UmwG Rn 18.

73 Vgl. *Semler/Stengel* Anh. § 173 UmwG Rn 28, 41 ff., 48 ff., 61.

Dieser Unterschied hat zur Folge, dass bei der Einzelrechtsübertragung die Überleitung eines Vertrages oder einer Verbindlichkeit auf den übernehmenden Rechtsträger nur mit **Zustimmung des anderen Vertragspartners oder des Gläubigers** vollzogen werden kann. Wenn also die Zustimmung von Vertragspartnern zur Vertragsüberleitung zweifelhaft ist oder dieses Erfordernis einen erheblichen Mehraufwand für die Ausgliederung bedeuten würde (Vielzahl von Verträgen sollen übergeleitet werden), scheidet die Einzelrechtsübertragung grundsätzlich aus. Dem steht als Vorteil der Einzelrechtsübertragung gegenüber, dass die Einbringung **weder** eine generelle **gesamtschuldnerische Haftung** der an der Ausgliederung beteiligten Rechtsträger **noch** eine **Verpflichtung** zur Folge hat, **Sicherheit an Gläubiger leisten zu müssen** (vgl. §§ 125, 22, 23 UmwG). Der übernehmende Rechtsträger haftet im Grundsatz vielmehr nur für die von ihm übernommenen, der übertragende Rechtsträger nur für die bei ihm verbleibenden Verbindlichkeiten; ausnahmsweise folgt eine gesamtschuldnerische Haftung aus § 613 a BGB. In der Praxis ist es allerdings nicht unüblich, dass Gläubigern entsprechende Sicherheiten (etwa Bürgschaften) der beteiligten Gesellschaften eingeräumt werden; wirtschaftlich entspricht dies einer gesamtschuldnerischen Haftung der an der Ausgliederung beteiligten Gesellschaften.

Auch bei der Ausgliederung durch Einzelrechtsnachfolge besteht unter 52
den Voraussetzungen des § 613 a BGB ein **Widerspruchsrecht der betroffenen Arbeitnehmer**. Die Verpflichtung, den Einbringungsvertrag an den zuständigen Betriebsrat weiterzuleiten (§ 126 Abs. 3 UmwG), sowie die sonstigen arbeitsrechtlichen Schutzrechte gemäß §§ 321 ff. UmwG entfallen hingegen. Inhaltliche Mindestangaben im Einbringungsvertrag, wie sie beispielsweise § 126 Abs. 1 Nr. 11 UmwG vorschreibt, sind bei der Einzelrechtsübertragung nicht erforderlich.[74] Auch wenn der Einbringungsvertrag – vorbehaltlich spezieller Formvorschriften wie § 311 b BGB oder § 15 GmbHG – keinem Formzwang unterliegt, sollte er stets in schriftlicher Form abgeschlossen werden.[75]

3. Steuerrecht der Ausgliederung

Bei der Ausgliederung – und zwar unabhängig davon, ob sie im Wege 53
der Einzel- oder Gesamtrechtsnachfolge durchgeführt wird – handelt es sich steuerrechtlich um einen **tauschähnlichen Vorgang**, der **grundsätzlich** zur vollständigen **Aufdeckung von stillen Reserven** in dem auf die übernehmende Gesellschaft zu übertragenden Vermögen führt.[76] Dies gilt auch unabhängig davon, ob aufnehmende Gesellschaft eine Kapital- oder Personengesellschaft ist. Die **§§ 20 ff. UmwStG** für die Ausgliederung in eine Kapitalgesellschaft und **§ 24 UmwStG** für die Ausgliederung in eine Personengesellschaft ermöglichen unter bestimmten Voraussetzungen, die Ausgliederung **ohne ertragsteuerliche Belastung** durchzuführen.

---

[74] *Kallmeyer* § 123 UmwG Rn 18.
[75] *Engelmeyer*, AG 1999, 263.
[76] BFH BStBl II 1994, 856.

54 **a) Ausgliederung in eine Kapitalgesellschaft.** Steuerrechtlich spricht man bei der Ausgliederung in eine Kapitalgesellschaft von der **Einbringung** in eine Kapitalgesellschaft. Die Einbringung i. S. d. § 20 Abs. 1 UmwStG ist die Übertragung eines Betriebs, Teilbetriebs oder Mitunternehmeranteils in eine unbeschränkt steuerpflichtige Kapitalgesellschaft, bei der der Einbringende neue Anteile an der Kapitalgesellschaft erhält (Sacheinlage). § 23 UmwStG, der § 20 UmwStG entspricht, betrifft die Einbringung in eine EU-Kapitalgesellschaft.

aa) Voraussetzungen von § 20 Abs. 1 UmwStG.

55 • **Einbringungsobjekt:** § 20 Abs. 1 UmwStG findet nur Anwendung, wenn Gegenstand der Sacheinlage ein **Betrieb, Teilbetrieb, ein Mitunternehmeranteil** oder unter bestimmten Voraussetzungen eine **Beteiligung an einer Kapitalgesellschaft** ist. Die Einbringung eines Betriebs oder Teilbetriebs i. S. v. § 20 UmwStG liegt nur dann vor, wenn alle Wirtschaftsgüter, die die **wesentlichen Betriebsgrundlagen** des Betriebs oder Teilbetriebs bilden, auf die übernehmende Kapitalgesellschaft übertragen werden. Insoweit sind die steuerrechtlichen Voraussetzungen strenger als diejenigen nach UmwG, wonach auch einzelne Vermögensteile, die keinen Teilbetrieb darstellen, übertragen werden können. Nicht ausreichend ist, der übernehmenden Kapitalgesellschaft diese Wirtschaftsgüter nur zur Nutzung zu überlassen.[77] Wann ein Wirtschaftsgut für den Betrieb bzw. Teilbetrieb als wesentlich anzusehen ist, ist nach den Gegebenheiten des Einzelfalles zu beurteilen. Im Zusammenhang mit der Etablierung einer Holdingstruktur ist von wesentlicher Bedeutung, dass nur das Einbringungsobjekt die Voraussetzungen eines Betriebs oder Teilbetriebs nach § 20 Abs. 1 UmwStG erfüllen muss. Es kommt nicht darauf an, welche steuerliche Qualität das in der übertragenden Gesellschaft zurückbehaltene Betriebsvermögen hat; insbesondere, ob ein oder mehrere Teilbetriebe zurückbleiben.[78]

56 Soll ein in der Entstehung befindlicher Geschäftsbereich mit ausgegliedert werden, so kann auch in diesem Fall die Qualifikation als Teilbetrieb betreffend den in der Entstehung befindlichen auszugliedernden Geschäftsbereich erfüllt sein. Gegenstand einer Sacheinlage i. S. v. § 20 Abs. 1 UmwStG kann auch ein sog. **Teilbetrieb im Aufbau** sein.[79] Für den Begriff des Teilbetriebs im Aufbau gelten grundsätzlich dieselben Auslegungskriterien wie bei der Beurteilung eines bestehenden Teilbetriebs.

---

[77] Vgl. Tz. 20.08 UmwSt.-Erl., BStBl I 1998, 268. Für die Definition der Begriffe „Betrieb" und „Teilbetrieb" wird hier nur auf die zu § 16 EStG vorhandene Literatur und Rechtsprechung verwiesen (vgl. auch R 139 Abs. 3 EStR 2003). Für die Frage, ob alle wesentlichen Betriebsgrundlagen mitübertragen werden, ist nach § 20 UmwStG lediglich auf die funktionelle Betrachtungsweise abzustellen und nicht – wie bei § 16 EStG – auch auf die quantitative Betrachtungsweise (Vorhandensein stiller Reserven), vgl. BMF BStBl I 2000, 1253.

[78] So aber bei § 15 Abs. 1 S. 2 UmwStG, der für die Auf- und Abspaltung von Körperschaften gilt.

[79] *Dötsch*, Umwandlungssteuerrecht § 20 UmwStG Rn 70; *Bohmers*, BB 1995, 1821; *Lüdicke/Rieger/Ruoff*, § 16 Rn 28.

Handelt es sich bei der übertragenden Gesellschaft um eine **Personengesellschaft**, ist darauf zu achten, dass auch das **Sonderbetriebsvermögen** der Gesellschafter der Personengesellschaft mitübertragen und nicht nur zur Nutzung überlassen wird, wenn und soweit dieses Sonderbetriebsvermögen für den zu übertragenden Teilbetrieb wesentliche Wirtschaftsgüter enthält.[80] Werden wesentliche Betriebsgrundlagen zurückbehalten, findet § 20 Abs. 1 UmwStG keine Anwendung. Die Folge ist die Auflösung sämtlicher stiller Reserven in den übertragenen Wirtschaftsgütern. Die Aufdeckung der stillen Reserven führt beim Einbringenden zu einem steuerpflichtigen Gewinn. Bei der übernehmenden Kapitalgesellschaft sind die Wirtschaftsgüter grundsätzlich mit dem Teilwert anzusetzen (§ 6 Abs. 1 Nr. 5 EStG). 57

Der Vollständigkeit halber sei an dieser Stelle erwähnt, dass Gegenstand der Einbringung neben Betrieben und Teilbetrieben (Geschäftsbereiche) auch **Mitunternehmeranteile** und eine **mehrheitsvermittelnde Beteiligung an einer Kapitalgesellschaft** sein kann. Gehört die letztgenannte Beteiligung, die für sich schon Einbringungsgegenstand i. S. v. § 20 Abs. 1 UmwStG sein könnte, zu den wesentlichen Betriebsgrundlagen eines Teilbetriebs, so ist nur § 20 Abs. 1 S. 1 UmwStG und nicht § 20 Abs. 1 S. 2 UmwStG anwendbar. Die durch die Einbringung erworbenen so genannten **einbringungsgeborenen Anteile** (§ 21 UmwStG) sind insgesamt so zu behandeln, als wenn sie durch Sacheinlage nach § 20 Abs. 1 S. 1 UmwStG erworben worden wären.[81] 58

- **Einbringungsbeteiligte:** Einbringende i. S. d. § 20 UmwStG können neben natürlichen Personen alle in § 1 Abs. 1 KStG aufgeführten Körperschaften, Personenvereinigungen und Vermögensmassen sein. Der einbringende Rechtsträger kann sowohl unbeschränkt als auch beschränkt steuerpflichtig sein. Im Falle der Einbringung durch eine Personengesellschaft ist jeder einzelne Gesellschafter als Einbringender i. S. d. § 20 UmwStG anzusehen und nicht die Personengesellschaft selbst. Die Voraussetzungen, insbesondere § 20 Abs. 3 und Abs. 5 UmwStG, sind stets gesellschafterbezogen zu prüfen.[82] Bei der übernehmenden Gesellschaft muss es sich grundsätzlich um eine unbeschränkt steuerpflichtige Kapitalgesellschaft handeln.[83] 59

- **Gewährung neuer Gesellschaftsrechte:** Die §§ 20 ff. UmwStG finden nur Anwendung, wenn die übernehmende Kapitalgesellschaft – zumindest zum Teil – neu geschaffene **Gesellschaftsrechte gewährt**, d. h. durch Gründung oder Kapitalerhöhung. Wie im Gesellschaftsrecht ist auch im Rahmen von § 20 UmwStG zulässig, dass neben den neuen Anteilen auch eine **andere Art der Gegenleistung** gewährt wird. Ausreichend ist damit, dass als Gegenleistung für die Sacheinlage überhaupt

[80] Tz. 20.08 UmwSt.-Erl., BStBl I 1998, 268.

[81] *Dötsch*, Umwandlungssteuerrecht § 20 UmwStG Rn 119. Die Herkunft der einbringungsgeborenen Anteile ist bedeutsam für die Behaltefrist bei § 3 Nr. 40 S. 4 EStG und § 8 b Abs. 4 S. 2 Nr. 2 KStG.

[82] Vgl. Tz. 20.05 UmwSt.-Erl., BStBl I 1998, 268.

[83] Für die verschiedenen EU-Einbringungsfälle vgl. § 23 UmwStG.

neue Anteile von der übernehmenden Gesellschaft ausgegeben werden. Der Betrag, der sich aus der Differenz des Werts des eingebrachten Betriebsvermögens und dem Nennwert der neuen Anteile ergibt, kann in diesen Fällen beispielsweise den offenen Rücklagen zugeführt werden.

60 Neben der Gewährung neuer Anteile als Gegenleistung können von der übernehmenden Kapitalgesellschaft auch andere Wirtschaftsgüter als Gegenleistung gewährt, insbesondere ein **Darlehensanspruch** eingeräumt werden. § 20 UmwStG gestattet damit im Ergebnis einen **teilweisen Verkauf** des eingebrachten Betriebsvermögens. Die Gewährung anderer Wirtschaftsgüter hat allerdings u. U. Einfluss auf den Wertansatz der Sacheinlage bei der übernehmenden Kapitalgesellschaft und damit auf den Einbringungsgewinn und die Anschaffungskosten der von der übernehmenden Kapitalgesellschaft gewährten neuen Anteile. Werden keine neuen Anteile gewährt, kommt § 20 UmwStG nicht zur Anwendung. Konsequenz ist, dass die stillen Reserven in der Sacheinlage zu realisieren sind. Mangels Gewährung neuer Anteile ist daher die verdeckte Einlage keine Einbringung i. S. v. § 20 UmwStG; ebenfalls nicht die sog. verschleierte Sachgründung oder verschleierte Sachkapitalerhöhung.

61 • **Einbringungszeitpunkt:** Der Einbringungszeitpunkt der Sacheinlage ist grundsätzlich der Zeitpunkt, zu dem die Sacheinlage tatsächlich auf die übernehmende Kapitalgesellschaft übertragen wird. Abzustellen ist auf die **Übertragung des wirtschaftlichen Eigentums**. Die Übertragung des wirtschaftlichen Eigentums erfolgt regelmäßig zu dem im Einbringungs-/Ausgliederungsvertrag vorgesehenen Zeitpunkt des Übergangs von Nutzen und Lasten.

62 Abweichend von diesen Grundsätzen darf der steuerliche **Übertragungsstichtag** gemäß § 20 Abs. 7, 8 UmwStG auf Antrag der übernehmenden Kapitalgesellschaft **um bis zu acht Monate zurückbezogen** werden. Dies gilt nach § 20 UmwStG unabhängig von der Art und Weise der Einbringung (Gesamtrechtsnachfolge oder Einzelrechtsnachfolge), während für die achtmonatige Rückwirkung bei § 24 UmwStG (Einbringung in eine Personengesellschaft) eine Einbringung im Wege der Gesamtrechtsnachfolge nach UmwG erforderlich ist (§ 24 Abs. 4 HS 2 UmwStG). Wird der Zeitpunkt der Sacheinlage zulässigerweise zurückbezogen, ist das Einkommen und das Vermögen des Einbringenden und der übernehmenden Kapitalgesellschaft so zu ermitteln, als ob das eingebrachte Betriebsvermögen mit Ablauf des steuerlichen Übertragungsstichtags übergegangen wäre (§ 20 Abs. 7 S. 1 UmwStG). Die **steuerliche Rückwirkungsfiktion** setzt nicht voraus, dass auch die gesellschaftsvertraglichen Voraussetzungen am steuerlichen Übertragungsstichtag vorliegen. So ist eine rückwirkende Ausgliederung zur Aufnahme oder Neugründung auch dann möglich, wenn die übernehmende Gesellschaft am steuerlichen Übertragungsstichtag zivilrechtlich noch nicht besteht.[84] Erfolgt die Ausgliederung nach UmwG auf Basis der Jahresschlussbilanz zum 31.12., so ist steuerlicher Übertragungsstichtag ebenfalls der 31.12. Ein etwaiger Übertragungsgewinn ist damit steuerlich

---

[84] Vgl. Tz. 20.20 und 02.08 UmwSt.-Erl., BStBl I 1998, 268.

noch in dem der Ausgliederung vorangehenden Veranlagungszeitraum zu erfassen.

bb) Bewertung des eingebrachten Vermögens bei der übernehmenden Kapitalgesellschaft. Liegen die vorgenannten Tatbestandsvoraussetzungen des § 20 Abs. 1 UmwStG vor, darf die übernehmende Kapitalgesellschaft die eingebrachten Wirtschaftsgüter nach § 20 Abs. 2 S. 1 UmwStG grundsätzlich mit dem **Buchwert oder einem höheren Wert, höchstens jedoch mit dem Teilwert** ansetzen. Ein Wertansatz unter dem Buchwert ist nicht zulässig. Der Ansatz der Sacheinlage bei der übernehmenden Gesellschaft ist sowohl für die Besteuerung der übernehmenden Gesellschaft als auch für die Besteuerung des Einbringenden von entscheidender Bedeutung. Das **Wertansatzwahlrecht** nach § 20 Abs. 2 UmwStG ist **von der übernehmenden Kapitalgesellschaft auszuüben**. In folgenden Fällen ist es jedoch (teilweise) ausgeschlossen: 63

- keine Sicherstellung der deutschen Besteuerung,
- Übertragung von negativem Betriebsvermögen,
- Gewährung anderer Wirtschaftsgüter neben neuen Anteilen.[85]

64 Bei der Bewertung des eingebrachten Betriebsvermögens durch die übernehmende Kapitalgesellschaft ist der **Maßgeblichkeitsgrundsatz** zu beachten. Der Wert, mit dem das eingebrachte Betriebsvermögen in der Handelsbilanz der übernehmenden Kapitalgesellschaft angesetzt wird, ist damit grundsätzlich auch für den Wertansatz in der Steuerbilanz und damit für die Ermittlung des Veräußerungsgewinns sowie der Anschaffungskosten der Gesellschaftsanteile nach § 20 Abs. 4 UmwStG maßgebend (**Wertverknüpfung**).[86] Die Ausübung des uneingeschränkten steuerlichen Wahlrechts (vom Buchwert bis zum Teilwert) ist auch möglich, wenn das Handelsrecht diese Wahlmöglichkeit dadurch einschränkt, dass es einen höheren Ansatz als den Buchwert zwingend vorschreibt (vgl. § 20 Abs. 2 S. 2 UmwStG). Ein solcher Zwang besteht nach Ansicht der Finanzverwaltung insbesondere dann, wenn der höhere Wertansatz der zutreffenden Darstellung der Beteiligungsverhältnisse dient.[87] Im Rahmen von Ausgliederungen zur Schaffung einer Holdingstruktur spielt § 20 Abs. 2 S. 2 UmwStG daher nur eine untergeordnete Rolle (meist Einbringungen in 100 %-Tochtergesellschaften).

65 Das **Bewertungswahlrecht** nach § 20 Abs. 2 S. 1 UmwStG ist – wie erwähnt – **von der übernehmenden Kapitalgesellschaft auszuüben**. Es ist als ausgeübt anzusehen, wenn die Kapitalgesellschaft ihre Steuererklärung für das Wirtschaftsjahr, in dem die Einbringung stattgefunden hat, einschließlich der zugehörigen Bilanz bei dem Finanzamt eingereicht hat. Aus der Bilanz oder der Steuererklärung muss sich ergeben, welchen Einbringungszeitpunkt die Kapitalgesellschaft wählt (ggf. **Rückbeziehung nach § 20 Abs. 7, 8 UmwStG**), inwieweit die in dem eingebrach-

---

[85] Zu den Einschränkungen des Bewertungswahlrechts vgl. insbesondere Tz. 20.23 ff. UmwSt.-Erl., BStBl I 1998, 268.

[86] *Dötsch*, Umwandlungssteuerrecht § 20 UmwStG Rn 163 ff.

[87] Tz. 20.28 UmwSt.-Erl., BStBl I 1998, 268; zum Ganzen auch *Dötsch*, Umwandlungssteuerrecht § 20 UmwStG Rn 171 ff.

ten Betriebsvermögen ruhenden stillen Reserven aufgelöst werden und mit welchem Wert die eingebrachten Wirtschaftsgüter demnach anzusetzen sind.[88] Eine spätere Bilanzänderung nach § 4 Abs. 2 S. 2 EStG ist nicht möglich. Das Wahlrecht muss von der übernehmenden Kapitalgesellschaft für die Körperschaft- und Gewerbesteuer einheitlich ausgeübt werden.

66 *cc) Besteuerung der übernehmenden Kapitalgesellschaft.* Für die weitere Besteuerung der übernehmenden Kapitalgesellschaft ist der Ansatz der Sacheinlage maßgeblich. Nach § 20 Abs. 1 bis 3 UmwStG ist danach entscheidend, ob die Sacheinlage mit dem Teilwert oder unter dem Teilwert (Buchwert oder Zwischenwert) angesetzt wird.

67 Ein **verbleibender Verlustabzug** i. S. d. § 10 d Abs. 4 S. 2 EStG geht nicht auf die übernehmende Gesellschaft über, sondern verbleibt beim Einbringenden.[89] § 22 Abs. 1 und 2 UmwStG verweisen lediglich auf § 12 Abs. 3 S. 1 UmwStG und nicht auf S. 2 dieser Vorschrift, die den Übergang des Verlustabzugs behandelt. Nach § 22 Abs. 4 UmwStG gilt Entsprechendes für einen gewerbesteuerlichen Verlustvortrag nach § 10 a GewStG. Infolge des Übergangs vom Anrechnungsverfahren zu dem sog. Halbeinkünfteverfahren, das seit dem 1. Januar 2001 gilt, ist die Besteuerung auf Ebene der übernehmenden Gesellschaft (Tochtergesellschaft) definitiv; die von der Tochtergesellschaft an die Muttergesellschaft ausgeschütteten Gewinne sind bei dieser steuerfrei. Damit ist eine steueroptimale Verrechnung von positiven und negativen Einkünften nach Ausgliederung nicht mehr möglich, gegebenenfalls bestehende Verlustvorträge bei der Muttergesellschaft werden quasi „eingefroren". Um diese steuerlichen Nachteile zu vermeiden, ist die Begründung einer Organschaft zwischen der übernehmenden Kapitalgesellschaft und der ausgliedernden Gesellschaft empfehlenswert (vgl. § 29 Rn 100 ff.).

68 • **Weitere Besteuerung bei Buchwertansatz:** Setzt die übernehmende Kapitalgesellschaft das eingebrachte Betriebsvermögen mit seinem Buchwert an (§ 22 Abs. 1 UmwStG), so tritt sie in die Rechtsstellung des Einbringenden ein (gilt für Abschreibungen, Besitzzeitanrechnungen und die übrigen in § 12 Abs. 3 S. 1 UmwStG genannten Besteuerungsgrundlagen). Buchwert ist dabei der Wert, mit dem der Einbringende das eingebrachte Vermögen im Zeitpunkt der Sacheinlage nach den steuerlichen Vorschriften über die Gewinnermittlung anzusetzen hat (§ 20 Abs. 2 S. 3 UmwStG).[90]

69 • **Weitere Besteuerung bei Zwischenwertansatz:** Bei dem Ansatz von Zwischenwerten durch die übernehmende Kapitalgesellschaft (§ 22 Abs. 2 UmwStG) sind die in den einzelnen Wirtschaftsgütern ruhenden **stillen Reserven** um einen einheitlichen Vomhundertsatz **aufzulösen**. Zu diesem Zweck muss zunächst festgestellt werden, in welchen Wirtschaftsgütern stille Reserven enthalten sind und wie viel sie insgesamt betragen. Diese stillen Reserven sind dann gleichmäßig um den **Vom-**

---

[88] *Lüdicke/Rieger/Dietrich*, Unternehmenssteuerrecht, § 18 Rn 68.

[89] *Lüdicke/Rieger/Dietrich*, Unternehmenssteuerrecht, § 18 Rn 82.

[90] Vgl. hierzu insbesondere *Dötsch*, Umwandlungssteuerrecht § 20 UmwStG Rn 155, 156.

hundertsatz aufzulösen, der dem Verhältnis des aufzustockenden Betrags (Unterschied zwischen dem Buchwert des eingebrachten Vermögens und dem Wert, mit dem es von der übernehmenden Kapitalgesellschaft angesetzt wird) zum Gesamtbetrag der vorhandenen stillen Reserven des eingebrachten Betriebsvermögens entspricht. Bei der Aufstockung ist grundsätzlich sowohl das Anlage- als auch das Umlaufvermögen zu berücksichtigen. Eine Aufstockung der Buchwerte nur einzelner Wirtschaftsgüter ist nicht zulässig.[91]

• **Weitere Besteuerung bei Teilwertansatz:** Wählt die überneh- 70 mende Kapitalgesellschaft den Teilwertansatz, sind **sämtliche stillen Reserven** in den eingebrachten Wirtschaftsgütern **aufzudecken**, insbesondere auch steuerfreie Rücklagen aufzulösen und selbstgeschaffene immaterielle Wirtschaftsgüter, einschließlich eines Geschäftswerts, anzusetzen. Der Teilwert ist für die übernehmende Kapitalgesellschaft die Obergrenze des Ansatzes für die übernommenen Wirtschaftsgüter. Dies gilt auch für die Fälle der Einbringung im Wege der Gesamtrechtsnachfolge nach UmwG. Allerdings unterscheiden sich die Rechtsfolgen des Teilwertansatzes für die übernehmende Kapitalgesellschaft danach, ob die Einbringung im Wege der Einzelrechtsnachfolge (§ 22 Abs. 3, 1. Alternative UmwStG) oder im Wege der Gesamtrechtsnachfolge (§ 22 Abs. 3, 2. Alternative UmwStG) erfolgt. Handelt es sich um einen Fall der Gesamtrechtsnachfolge, gilt § 22 Abs. 2 UmwStG entsprechend (weitere Besteuerung bei Zwischenwertansatz). Im Fall der Einzelrechtsnachfolge wird der Einbringungsvorgang für die übernehmende Kapitalgesellschaft als Anschaffung behandelt. Dies hat u. a. zur Folge, dass für die Absetzung für Abnutzung der eingebrachten Wirtschaftsgüter ausschließlich die Verhältnisse der übernehmenden Kapitalgesellschaft maßgebend sind.[92]

dd) Besteuerung des Einbringenden. Der Wert, mit dem die übernehmende 71 Kapitalgesellschaft das eingebrachte Betriebsvermögen ansetzt, gilt für den Einbringenden als **Veräußerungspreis** (§ 20 Abs. 4 UmwStG). Aus der Differenz des Veräußerungspreises und dem bisherigen Buchwert des eingebrachten Betriebsvermögens bzw. den bisherigen Anschaffungskosten errechnet sich für den Einbringenden sein Veräußerungs- bzw. Einbringungsgewinn. Der entstehende Gewinn ist nach den für die Veräußerung des Einbringungsgegenstandes geltenden allgemeinen Vorschriften zu versteuern.

Setzt die übernehmende Kapitalgesellschaft **Buchwerte** an, so ist der 72 Einbringungsvorgang für den Einbringenden **erfolgsneutral**. Bei der Schaffung einer Holdingstruktur wird dieser Wertansatz regelmäßig – von Ausnahmen abgesehen – zu wählen sein. Setzt die übernehmende

---

91 Zur Behandlung von selbst geschaffenen immateriellen Wirtschaftsgütern (einschl. eines originären Geschäfts- oder Firmenwerts) im Rahmen der Einbringung bei Ansatz von Zwischenwerten vgl. Tz. 22.08 UmwSt.-Erl., BStBl I 1998, 268. Zur Besitzzeitanrechnung und zu zukünftigen Abschreibungen bei einer Einbringung zu Zwischenwerten vgl. Tz. 22.09 und 22.10 UmwSt.-Erl., a.a.O.

92 Detaillierte Darstellung bei *Dötsch*, Umwandlungssteuerrecht § 20 UmwStG Rn 157 ff.

Kapitalgesellschaft hingegen das eingebrachte Betriebsvermögen mit einem höheren Wert (**Zwischenwerte bis Teilwerte**) an, so entsteht bei dem Einbringenden ein **Einbringungsgewinn**, der grundsätzlich auch der Gewerbesteuer unterliegt. Ein entstehender Gewinn kann gegebenenfalls jedoch mit bestehenden körperschaft- und gewerbesteuerlichen Verlustvorträgen verrechnet werden.

73 Der Wert, mit dem die übernehmende Kapitalgesellschaft das eingebrachte Betriebsvermögen ansetzt, gilt nach § 20 Abs. 4 S. 1 UmwStG für den Einbringenden als **Anschaffungskosten für die neuen Anteile**, die er im Zuge der Einbringung erhalten hat. Erhält der Einbringende neben den neuen Anteilen als Gegenleistung andere Wirtschaftsgüter, so ist der gemeine Wert dieser anderen Wirtschaftsgüter von dem Wert der neuen Anteile abzuziehen.

74 Setzt die übernehmende Kapitalgesellschaft Buchwerte oder Zwischenwerte an, so handelt es sich bei den als Gegenleistung für die Übertragung des Vermögens gewährten Anteile um so genannte **einbringungsgeborene Anteile** nach § 21 UmwStG.[93]

75 **b) Ausgliederung in eine Personengesellschaft.** Die Einbringung in eine Personengesellschaft behandelt steuerlich § 24 UmwStG. Hinsichtlich der steuerrechtlichen Grundkonzeption gelten im Wesentlichen die gleichen Grundsätze wie für die Einbringung in eine Kapitalgesellschaft. Insofern kann größtenteils auf die Ausführungen zu §§ 20 ff. UmwStG verwiesen werden (Rn 54 ff.). In der Bilanz der übernehmenden Personengesellschaft kann das übertragene Vermögen ebenfalls mit dem Buchwert, mit einem Zwischenwert oder mit dem Teilwert angesetzt werden.[94]

76 **c) Verkehrsteuern.** Wird ein Betrieb oder Teilbetrieb in eine Kapital- oder Personengesellschaft eingebracht, liegt umsatzsteuerlich in der Regel eine Geschäftsveräußerung im Ganzen nach § 1 Abs. 1a UStG vor. Der Vorgang ist nicht steuerbar.

77 Wird zusammen mit dem Betrieb oder Teilbetrieb ein Grundstück auf die übernehmende Gesellschaft übertragen, ist der Vorgang nach § 1 Abs. 1 GrEStG grundsätzlich grunderwerbsteuerpflichtig. Ist die übernehmende Gesellschaft eine Personengesellschaft, im Regelfall eine GmbH & Co. KG, an deren Vermögen der Einbringende als Kommanditist zu 100 % beteiligt ist, ist der Vorgang nach § 5 Abs. 2 GrEStG von der Grunderwerbsteuer befreit.

---

[93] Auch für Anteile, die im Betriebsvermögen gehalten werden, ist die Qualifizierung als einbringungsgeborene Anteile von Bedeutung. Durch das am 1. 1. 2001 in Kraft getretene Steuersenkungsgesetz, welches im Zuge des Systemwechsels vom Anrechnungs- auf das Halbeinkünfteverfahren die Steuerfreiheit für Dividenden und Veräußerungserlöse bestimmt, gilt die Steuerbefreiung von Veräußerungserlösen nach § 8 b KStG bei einbringungsgeborenen Anteilen nur eingeschränkt.

[94] Für die Rückbeziehung der Einbringung nach § 24 Abs. 4 UmwStG, die Einbringung mit Zuzahlung und die Systematik der Wertansätze in der Gesamtbilanz einschl. zu bildender Ergänzungsbilanzen (§ 24 Abs. 2 UmwStG) vgl. Tz. 24.07 bis 24.14 UmwSt.-Erl., BStBl I 1998, 268; vgl. auch BFH GmbHR 1999, 430.

III. Einbringung von Gesellschaftsanteilen

1. Sachgründung der Familienholding

Unter Abschnitt II. wurde die Etablierung einer Familien-Holding durch Ausgliederung von Geschäftsbereichen einer operativ tätigen Gesellschaft auf einzelne Tochtergesellschaften in gesellschafts- und steuerrechtlicher Hinsicht dargestellt. Nach Ausgliederung der einzelnen Geschäftsbereiche fungiert die übertragende Gesellschaft lediglich als sog. Management-Holding. **78**

Die Schaffung einer Holdingstruktur kann auch dann angezeigt sein, sofern mehrere Familienstämme an mehreren Schwestergesellschaften beteiligt sind. Technisch wird die Holdingstruktur geschaffen, indem die Holdinggesellschaft über die Schwestergesellschaften „gestülpt" wird. Die einzelnen Familienstämme bringen ihre Anteile an den jeweiligen Schwestergesellschaften vollständig in die neu zu gründende Holdinggesellschaft ein, die nach Einbringung jeweils zu 100 % an den Gesellschaften beteiligt ist, deren Anteile eingebracht wurden. Sind die Familienstämme an den Schwestergesellschaften jeweils mit der gleichen Anteilsquote beteiligt, so ergibt sich nach Einbringung eine identische Beteiligung an der Holdinggesellschaft. In anderen Fällen bestimmt sich die Beteiligung an der Holdinggesellschaft über die Anteilshöhen an und deren Bewertung den Schwestergesellschaften. Die Struktur nach Einbringung entspricht der Zielstruktur, die unter Abschnitt II. dargestellt wurde. **79**

Die **Einbringung der Gesellschaftsanteile** stellt gesellschaftsrechtlich eine **Sachgründung** der neu zu schaffenden Holdinggesellschaft dar. Die Voraussetzungen und Erfordernisse dieser Sachgründung richten sich nach den jeweils anwendbaren Bestimmungen (vgl. § 5 Abs. 4 GmbHG, § 27 AktG). **80**

2. Steuerrecht

Die §§ 20 ff. UmwStG sind auch für diesen Fall der Etablierung einer Familien-Holding anwendbar, da die Familien-Holding typischerweise in der Rechtsform einer Kapitalgesellschaft gegründet wird. Handelt es sich bei den Anteilen, die in die Familienholding eingebracht werden sollen, um Anteile an einer Kapitalgesellschaft, so ist § 20 Abs. 1 S. 1 UmwStG anzuwenden, wenn die übernehmende Familienholding nach Einbringung der Anteile nachweisbar unmittelbar die Mehrheit der Stimmrechte an der bzw. den Gesellschaft(en) hat, deren Anteile eingebracht werden (§ 20 Abs. 1 S. 2 UmwStG). Für die Voraussetzungen und Folgen der Anwendbarkeit der §§ 20 ff. UmwStG kann umfänglich auf die Ausführungen unter Rn 55 ff. verwiesen werden. Nachfolgend soll lediglich auf die Besonderheiten eingegangen werden, die sich aus § 20 Abs. 1 S. 2 UmwStG ergeben. **81**

Werden Anteile an einer Personengesellschaft in die Familien-Holding eingebracht, so ist § 20 Abs. 1 S. 1 UmwStG ohnehin anwendbar. **82**

83 **a) Voraussetzungen von § 20 Abs. 1 S. 2 UmwStG.** Mehrheitsvermittelnde Anteile an einer Kapitalgesellschaft i. S. v. § 20 Abs. 1 S. 2 UmwStG liegen vor, wenn die übernehmende Kapitalgesellschaft nach der Einbringung unmittelbar die **Mehrheit der Stimmrechte** an der Gesellschaft hat, deren Anteile eingebracht werden. Begünstigt ist sowohl der Fall, dass eine Mehrheitsbeteiligung erst durch den Einbringungsvorgang entsteht, als auch der Fall, dass eine zum Umwandlungsstichtag bereits bestehende Mehrheitsbeteiligung weiter aufgestockt wird. Ausreichend ist, wenn mehrere Personen Anteile einbringen, die nicht einzeln, sondern nur insgesamt die Voraussetzungen des § 20 Abs. 1 S. 2 UmwStG erfüllen, sofern die Einbringungen auf einem einheitlichen Gründungs- oder Kapitalerhöhungsvorgang beruhen.[95]

84 Zur Schaffung einer Holdingstruktur bringen regelmäßig sämtliche Gesellschafter (Familienstämme) der einzelnen operativ tätigen Gesellschaften (Schwestergesellschaften) ihre Anteile in die neu zu gründende Familienholding ein. Dieser Vorgang beruht regelmäßig auf einem einheitlichen Gründungsvorgang. Die Familienholding ist nach Einbringung an sämtlichen Gesellschaften mit jeweils 100 % beteiligt. § 20 Abs. 1 S. 2 UmwStG ist mithin uneingeschränkt anwendbar.

85 **b) Einbringungsgeborene Anteile (§ 21 UmwStG).** Soll die Etablierung der Familienholding – was regelmäßig der Fall sein wird – ertragsteuerneutral erfolgen, werden die einzubringenden Gesellschaftsanteile bei der Familienholding mit ihren Buchwerten/ursprünglichen Anschaffungskosten bilanziert. Die Anteile an der Familien-Holding, die den einbringenden Familienmitgliedern als Gegenleistung für die eingebrachten Gesellschaftsanteile gewährt werden, sind sog. **einbringungsgeborene Anteile** gemäß § 21 UmwStG.

86 Die Einbringung von im Privatvermögen gehaltenen Anteilen, die weder nach §§ 17, 23 EStG, noch nach § 21 UmwStG steuerverstrickt sind, führt nicht zur Entstehung einbringungsgeborener Anteile, da die unmittelbare Veräußerung der Anteile ebenfalls nicht zu einer Steuerpflicht führen würde. Bei der Schaffung einer Familienholding durch Einbringung von Gesellschaftsanteilen wird allerdings regelmäßig § 17 EStG erfüllt sein.

87 § 21 UmwStG erfasst nicht nur die bei der Einbringung vorhandenen stillen Reserven, sondern auch die nach der Einbringung entstehenden stillen Reserven. Es handelt sich um eine **„ewige" Steuerverhaftung**. Der Gewinn aus der Veräußerung oder Entstrickung von einbringungsgeborenen Anteilen nach § 21 Abs. 1 S. 1 UmwStG gilt als Gewinn i. S. v. § 16 EStG.

88 *aa) Veräußerung.* Veräußerung i. S. v. § 21 Abs. 1 UmwStG ist jede entgeltliche Übertragung des wirtschaftlichen Eigentums an den Anteilen. Als Veräußerung ist auch der **Tausch** von einbringungsgeborenen Anteilen gegen andere Anteile anzusehen.[96] Die Versteuerung von stillen Reser-

---

[95] Vgl. hierzu die Beispiele in Tz. 20.15 UmwSt.-Erl., BStBl I 1998, 268.

[96] Dies folgt aus der Aufhebung des Tauschgutachtens durch die Einführung von § 6 Abs. 6 EStG und der gleichzeitigen Aufhebung von § 21 Abs. 1 S. 4 UmwStG im Rahmen des StEntlG 1999/2000/2002.

ven im Rahmen der Veräußerung von einbringungsgeborenen Anteilen kann wiederum durch § 20 Abs. 1 S. 2 UmwStG (Buchwertübertragung) vermieden werden. Bei einer **Einlage in ein Betriebsvermögen** gilt § 21 Abs. 4 UmwStG.

Auch die **Veräußerung des Bezugsrechts** – resultierend aus einbringungsgeborenen Anteilen – auf neue Anteile ist ein Veräußerungsvorgang.[97] Entsprechendes soll im Übrigen für die **Einziehung** von Anteilen gegen Entgelt gelten.[98] Nach früher herrschender Meinung stellte die **Entnahme** von einbringungsgeborenen Anteilen aus einem Betriebsvermögen in das Privatvermögen keinen Veräußerungstatbestand dar.[99] Nach heutiger Auffassung der Finanzverwaltung[100] führt die Entnahme von einbringungsgeborenen Anteilen aus einem Betriebsvermögen in das Privatvermögen allerdings zu einem Entnahmegewinn bei gleichzeitiger Fortgeltung der Qualifikation als einbringungsgeborene Anteile. 89

bb) Gewinnverwirklichung ohne Veräußerung (Entstrickung). Die Besteuerung von stillen Reserven in den einbringungsgeborenen Anteilen erfolgt **ohne Veräußerung** auch dann, wenn 90
- der Anteilseigner dies beantragt oder
- das Besteuerungsrecht der Bundesrepublik Deutschland hinsichtlich des Gewinns aus der Veräußerung der Anteile ausgeschlossen wird oder
- die Kapitalgesellschaft, an der die Anteile bestehen, aufgelöst und abgewickelt wird oder das Kapital dieser Gesellschaft herabgesetzt und zurückgezahlt wird oder Beträge aus dem steuerlichen Einlagenkonto i. S. d. § 27 KStG ausgeschüttet oder zurückgezahlt werden, soweit die Bezüge nicht die Voraussetzungen des § 20 Abs. 1 Nr. 1 oder 2 EStG erfüllen, oder
- der Anteilseigner die Anteile verdeckt in eine Kapitalgesellschaft einlegt.

Zur Ermittlung des Veräußerungsgewinns tritt in o. g. Fällen an die Stelle des Veräußerungspreises der gemeine Wert der Anteile. 91

cc) Veräußerungsgewinn/-verlust. Der Gewinn/Verlust, der aufgrund einer Veräußerung (oder Entstrickung, § 21 Abs. 2 UmwStG) von einbringungsgeborenen Anteilen entsteht, gilt gemäß § 21 Abs. 1 S. 1 UmwStG als Gewinn/Verlust i. S. d. § 16 EStG. § 21 UmwStG geht § 17 und § 23 EStG vor. 92

Zur Ermittlung des Veräußerungsgewinns/-verlusts sind die Anschaffungskosten der Anteile dem Veräußerungspreis gegenüberzustellen. Zum **Veräußerungspreis** gehört alles, was der Veräußerer als Gegenleistung für die Hingabe seines Anteils erhält, unabhängig davon, ob es sich um Bar- oder Sachmittel handelt. Vom Veräußerungspreis sind die Veräuße- 93

---

[97] BFH BFH/NV 1997, 341. Gleiches gilt auch bei § 17 EStG.

[98] Vgl. *Widmann/Mayer* § 21 UmwStG Rn 169.

[99] Vgl. *Widmann/Mayer* § 21 UmwStG Rn 180, 524 ff.; BMF BStBl I 1978, 235 zum UmwStG 1977.

[100] Vgl. Tz. 21.12 UmwSt.-Erl., BStBl I 1998, 268.

rungskosten abzuziehen. Die **Anschaffungskosten** der Anteile bestimmen sich nach § 20 Abs. 4 UmwStG.

94 *dd) Besteuerung nach dem Halbeinkünfteverfahren.* Die einkommensteuerliche Behandlung der Besteuerung des Gewinns aus der Veräußerung einbringungsgeborener Anteile ist durch die Einführung des sog. Halbeinkünfteverfahrens mit dem Steuersenkungsgesetz[101] grundlegend geändert worden. Zu differenzieren ist nicht nur danach, wer Veräußerer ist, sondern auch danach, für welchen Vorgang die einbringungsgeborenen Anteile gewährt wurden (§ 20 Abs. 1 S. 1 oder S. 2 UmwStG).[102]

95 **c) Grunderwerbsteuer.** Anders als bei der Übertragung von Geschäftsbereichen, denen ggf. ein Grundstück zuzuordnen ist, auf eine übernehmende Gesellschaft, wird bei der Etablierung einer Familienholding durch Einbringung von Gesellschaftsanteilen unmittelbar kein Grundstück übertragen, selbst wenn die Gesellschaft, deren Anteile in die Familienholding eingebracht werden, über Grundbesitz verfügt. § 1 Abs. 1 GrEStG ist demnach nicht anwendbar. In diesen Fällen ist jedoch die sog. Anteilsvereinigung gemäß § 1 Abs. 3 GrEStG zu beachten.

96 *aa) Grundlagen der Anteilsvereinigung.* Grunderwerbsteuerlicher Anknüpfungspunkt ist neben der reinen Grundstücksübertragung (und der Fiktion nach § 1 Abs. 2 a GrEStG) die sog. **Anteilsvereinigung in einer Hand** gemäß § 1 Abs. 3 GrEStG. Hierbei handelt es sich um eine in der Praxis oft übersehene **Steuerfalle**. Dies liegt daran, dass der Besteuerungstatbestand zwar auf den einer Kapitalgesellschaft gehörenden Grundbesitz abzielt, aber nicht an einer Grundstücksübertragung, sondern an einer **Übertragung von Anteilen** an einer Kapitalgesellschaft, die über Grundstücke verfügt, anknüpft. Es werden letztlich fingierte Grundstückserwerbe besteuert.

97 Die Grunderwerbsteuer entsteht u. a., wenn durch ein Rechtsgeschäft die Vereinigung von mindestens 95 % aller Anteile einer Gesellschaft in der Hand eines Gesellschafters ausgelöst wird. Bereits ein schuldrechtliches **Verpflichtungsgeschäft** auf Übertragung der Anteile gilt als Vereinigung (§ 1 Abs. 1 Nr. 3 GrEStG).

98 *bb) Die Beteiligungsgrenze für Anteilsvereinigungen.* Bei der Berechnung der maßgeblichen Beteiligungsgrenze ist auf die Anteilsrechte, nicht dagegen auf die Stimmrechte abzustellen. Bis einschließlich 1999 kam es erst dann zu einem steuerpflichtigen Tatbestand, wenn 100 % der Anteile an einer grundbesitzenden Kapitalgesellschaft in einer Hand vereinigt wurden. Die Rechtsfolge des § 1 Abs. 3 GrEStG ließ sich in der Vergangenheit daher vermeiden, wenn ein Zwerganteil an der Gesellschaft in der Hand eines anderen Gesellschafters verblieb. § 42 AO stand einer solchen Gestaltung grundsätzlich nicht entgegen.[103] Schädlich war allerdings eine Über-

---

[101] StSenkG vom 23. 10. 2000, BGBl I 2000, 1433.

[102] Für die komplizierte Unterscheidung, welche Veräußerung nach welchen Vorschriften erfolgt (§ 3 Nr. 40 b EStG oder § 34 EStG), vgl. *Dötsch*, Umwandlungssteuerrecht § 21 UmwStG Rn 103 ff.

[103] BFH BFH/NV 1992, 57.

tragung des verbleibenden Zwerganteils auf die Gesellschaft selbst[104] oder der Untergang des verbleibenden Anteils durch Einziehung.[105] Durch das Steuerentlastungsgesetz 1999/2000/2002 wurde § 1 Abs. 3 GrEStG dahin gehend geändert, dass ein steuerpflichtiger Tatbestand bereits dann anzunehmen ist, wenn mindestens **95 % aller Anteile einer Kapitalgesellschaft** in einer Hand vereinigt werden. Die Neuregelung ist auf Erwerbsvorgänge ab dem 1. 1. 2000 anzuwenden.

cc) Bemessung der Grunderwerbsteuer. Bei Anteilsvereinigungen gemäß § 1 Abs. 3 GrEStG gilt mit Wirkung ab 1997[106] als Bemessungsgrundlage einheitlich der typisierende **Grundstückswert** gemäß § 138 BewG. Bei einer Anteilsvereinigung entspricht die Zahl der grunderwerbsteuerbaren Erwerbsvorgänge der Zahl der Grundstücke, die der betreffenden Gesellschaft gehören. 99

IV. Organschaft

Regelmäßig wird das Ergebnis der Einführung einer Holdingstruktur ein **Kapitalgesellschaftskonzern** sein. Die Begründung einer Organschaft zwischen den Tochtergesellschaften und der Holding als Muttergesellschaft ist nach dem Systemwechsel vom Anrechnungsverfahren zum Halbeinkünfteverfahren praktisch unumgänglich. Die Organschaft ermöglicht es, rechtlich selbständige Unternehmen zu einer steuerlichen Einheit zu verbinden. Zu unterscheiden ist zwischen der gewerbesteuerlichen und der körperschaftsteuerlichen einerseits und der umsatzsteuerlichen Organschaft andererseits, da jede dieser Organschaften eigene Voraussetzungen und eigene Wirkungen hat. 100

Die Organschaft bewirkt, wie schon vor Einführung des Halbeinkünfteverfahrens, eine **Verrechnung von Gewinnen und Verlusten** im Organkreis. Zu einer Besteuerung im Organkreis kommt es nur dann, wenn nach Verrechnung der Gewinne und Verluste insgesamt noch ein positives Ergebnis verbleibt. Das **frühere Anrechnungsverfahren** ermöglichte bei Verlusten/Verlustvorträgen der Muttergesellschaft eine Gewinn- und Verlustverrechnung durch Dividendenausschüttungen der Tochtergesellschaft. Dies funktioniert nach dem **Halbeinkünfteverfahren** nicht mehr. Hier bleiben Dividendenausschüttungen von Tochtergesellschaften bei der Einkommensermittlung des Organträgers als Kapitalgesellschaft in vollem Umfang außer Ansatz (§ 8 b Abs. 1 KStG). Für eine konzernweite Steueroptimierung nach Etablierung der Holdingstruktur ist daher eine Organschaft zwingend vorgegeben. Dies gilt nicht nur für den Fall, dass Verluste, die im Rahmen der Ausgliederung von Geschäftsbereichen bei der Muttergesellschaft verblieben sind, nur über die Etablierung einer Organschaft zukünftig mit Gewinnen der neu gegründeten Tochtergesellschaften verrechnet werden können, sondern selbst für den Fall, dass die 101

---

[104] Vgl. *Boruttau/Fischer* § 1 GrEStG Rn 887.

[105] BFH BStBl II 1988, 859.

[106] Änderung des § 8 Abs. 2 GrEStG durch das JStG 1997 vom 20. 12. 1996, BGBl I 1996, 2049.

Holdingstruktur durch Einbringung von Anteilen eingeführt wurde. Hier ist die Organschaft erforderlich, um Gewinne und Verluste unter den Tochtergesellschaften zu verrechnen.

1. Begründung der Organschaft

102 **Organträger** muss nach § 14 KStG ein inländisches gewerbliches Unternehmen sein. Eine inländische Kapitalgesellschaft kann daher Organträger sein. Nach der teilweisen Neufassung des KStG im Zuge der Einführung des Halbeinkünfteverfahrens braucht ab dem Veranlagungszeitraum 2001 der Organträger keine originäre gewerbliche Tätigkeit mehr ausüben. Das Erfordernis der wirtschaftlichen Eingliederung ist entfallen. Damit kann Organträger auch eine lediglich vermögensverwaltende Holdinggesellschaft sein und nicht nur – wie bisher – die geschäftsleitende Holding.

103 **Organgesellschaft** kann nur eine Kapitalgesellschaft (AG, KGaA, GmbH) sein.

104 **a) Eingliederungsvoraussetzungen.** Die gewerbe- und die körperschaftsteuerliche Organschaft setzen ab dem Veranlagungszeitraum 2001 neben dem Bestehen eines **Gewinnabführungsvertrages** nur noch die **finanzielle Eingliederung** der Organgesellschaft in den Organträger zu Beginn des Wirtschaftsjahres, in welchem die Folgen der Organgesellschaft erstmals gezogen werden sollen, voraus.

105 Die finanzielle Eingliederung einer Organgesellschaft in den Organträger liegt vor, wenn der Organträger die **Mehrheit der Stimmrechte** an der Organgesellschaft innehat. Entscheidend ist damit nicht die kapitalmäßige Mehrheit, sondern dass der Organträger durch die Stimmrechtsverhältnisse seinen Willen in der Organgesellschaft durchsetzen kann. Dies setzt voraus, dass die Satzung der Organgesellschaft nicht wesentlich vom gesetzlichen Regelfall abweichende Mehrheitserfordernisse für Gesellschafterbeschlüsse aufstellt. Die vorgenannte Beteiligung des Organträgers an der Organgesellschaft muss unmittelbar und ununterbrochen **während ihres gesamten Wirtschaftsjahres** vorliegen. Ausnahmsweise genügt nach § 14 Abs. 1 Nr. 1 S. 2 KStG eine **mittelbare Beteiligung**, wenn der Organträger an der vermittelnden Gesellschaft die Mehrheit der Stimmrechte hält.

106 Problematisch ist die Begründung einer Organschaft im Zusammenhang mit einer steuerlich **rückwirkenden Umstrukturierung**, etwa bei der in diesem Kapitel dargestellten Einführung einer Holdingstruktur. Beide in diesem Kapitel dargestellten Möglichkeiten zur Etablierung einer Familienholding (Ausgliederung von Geschäftsbereichen oder Einbringung von Gesellschaftsanteilen) sind steuerlich – sofern die Voraussetzungen vorliegen – nach den §§ 20 ff. UmwStG zu behandeln. § 20 Abs. 7, 8 UmwStG ermöglicht es, eine solche Ausgliederung/Einbringung rückwirkend durchzuführen. Eine damit einhergehende rückwirkende Begründung der Organschaft für den Fall, dass im Falle der Ausgliederung von Geschäftsbereichen die Organgesellschaften erst gegründet werden (Ausgliederung zur Neugründung), müsste ebenfalls möglich sein.

Dies insbesondere vor dem Hintergrund, dass das **Merkmal der finanziellen Eingliederung fingiert** werden kann[107] Die **Finanzverwaltung** ist bislang jedoch **anderer Auffassung.**[108] Für den beschriebenen Fall, dass im Rahmen der Ausgliederung von Geschäftsbereichen die übernehmenden Gesellschaften erst im Zuge des Ausgliederungsvorgangs gegründet werden (Ausgliederung zur Neugründung) und die Ausgliederung gemäß § 20 Abs. 7, 8 UmwStG steuerlich rückwirkend erfolgt, soll die Begründung einer Organschaft rückwirkend ab Ausgliederungsstichtag nicht möglich sein, selbst dann nicht, wenn der Gewinnabführungsvertrag im Jahr der Ausgliederung in das Handelsregister der Organgesellschaft eingetragen wird. Nach Auffassung der Finanzverwaltung soll dies nur möglich sein, wenn die übernehmenden Gesellschaften schon ab dem Ausgliederungsstichtag existierten und finanziell eingegliedert waren. Helfen kann hier nur die Ausgliederung zur Aufnahme auf Vorratsgesellschaften, die zum Ausgliederungsstichtag existierten.[109]

Im Fall der rückwirkenden Einbringung von Gesellschaftsanteilen wird **107** es für die rückwirkende Begründung der Organschaft möglicherweise auf eine vor Einbringung bestehende finanzielle Eingliederung ankommen.[110]

b) Gewinnabführungsvertrag. Weiterhin ist für die körperschaft- **108** und die gewerbesteuerliche Organschaft ein Gewinnabführungsvertrag zwischen der Organgesellschaft und dem Organträger erforderlich.

Der Gewinnabführungsvertrag ist ein **Unternehmensvertrag i. S. d. 109** **§§ 291 ff. AktG**. Steuerrechtlich ist für den Vertrag mit einer **GmbH als Organgesellschaft** gemäß § 17 S. 2 KStG notwendig, dass die Gewinnabführung den in § 301 AktG genannten Betrag nicht überschreitet und die Verlustübernahme entsprechend den Vorschriften des § 302 AktG vereinbart wird. Weiter sind folgende **Voraussetzungen für die zivilrechtliche Wirksamkeit** des Vertrages zu beachten:

- Erforderlich ist ein Zustimmungsbeschluss der Gesellschafterversammlung der Organgesellschaft mit mindestens $^3/_4$-Mehrheit, der notariell zu beurkunden ist.
- Für den Gewinnabführungsvertrag selbst genügt Schriftform (entsprechend § 283 Abs. 3 S. 1 AktG).
- Ist Organträger ebenfalls eine Kapitalgesellschaft, müssen dem Vertragsabschluss außerdem die Gesellschafter des Organträgers mit qualifizierter Mehrheit zustimmen. Hier ist keine besondere Form einzuhalten.
- Der Vertrag ist zur Eintragung in das Handelsregister des Sitzes der Organgesellschaft anzumelden.

Die körperschaft- und gewerbesteuerliche Organschaft muss während **110** des gesamten Wirtschaftsjahres der Organgesellschaft bestehen, damit sie

---

[107] Vgl. Tz. Org. 5. UmwSt.-Erl., BStBl I 1998, 268; vgl. auch OFD Magdeburg GmbHR 2002, 940, die ebenfalls davon ausgeht, dass die finanzielle Eingliederung steuerlich fingiert werden kann.

[108] Vgl. Tz. 12 des neuen Erlasses zur Organschaft vom 26. 8. 2003, BStBl I 2003, 437. Vgl. auch *Dötsch/Pung*, DB 2003, 1970, 1975 (Fall 4.1).

[109] Vgl. *Dötsch/Pung*, DB 2003, 1970, 1975 (Fall 4.2).

[110] Vgl. ebenfalls *Dötsch/Pung,* DB 2003, 1970, 1975 (Fallgruppe 2).

Wirkung entfalten kann. Hinsichtlich der steuerlichen Anerkennung war es bisher ausreichend, wenn die zivilrechtliche Wirksamkeit des Vertrages bis zum Ende des folgenden Jahres eingetreten war, der Vertrag aber bereits durchgeführt wurde (§ 14 Abs. 1 Nr. 3 KStG). Nach dem Steuervergünstigungsabbaugesetz (StVergAbG) gilt die Organschaft erstmalig für das Jahr, in dem der Gewinnabführungsvertrag in das Handelsregister eingetragen wird. Weiter muss der Gewinnabführungsvertrag unkündbar auf **mindestens fünf Jahre** abgeschlossen und während dieser Zeit auch tatsächlich durchgeführt werden. Der Abschluss eines Gewinnabführungsvertrages auf unbestimmte Zeit genügt selbst dann nicht, wenn die tatsächliche Vertragslaufzeit länger als fünf Jahre ist. Da der Beginn der steuerlichen Anerkennung von der **Eintragung im Handelsregister** abhängig ist, sollte der Vertrag wegen der Mindestlaufzeit von fünf Jahren eine **Gleitklausel** vorsehen, dass eine Kündigungsmöglichkeit erst dann besteht, wenn der Vertrag tatsächlich fünf Jahre steuerlich anerkannt wird.

111 Im Gewinnabführungsvertrag muss sich die Organgesellschaft verpflichten, ihren ganzen Gewinn an den Organträger abzuführen. Ebenfalls muss vereinbart sein, dass der Organträger sich zur **Verlustübernahme** entsprechend der Vorschrift des § 302 AktG verpflichtet.[111]

112 Schließlich muss der Gewinnabführungsvertrag tatsächlich durchgeführt werden. Unter „**tatsächlicher Durchführung**" wird verstanden, dass die vertraglichen Regelungen vollständig beachtet werden, insbesondere der gesamte Gewinn auch tatsächlich an den Organträger abgeführt wird und evtl. Verluste auch tatsächlich vom Organträger ausgeglichen werden.

2. Steuerliche Wirkungen der Organschaft

113 **a) Körperschaftsteuerliche Organschaft.** Bei der körperschaftsteuerlichen Organschaft wird das Einkommen der Organgesellschaft dem Organträger **außerhalb der Bilanz zugerechnet**. Das Einkommen der Organgesellschaft ist zunächst nach den anzuwendenden Vorschriften des KStG zu ermitteln und geht dann in das vom Organträger zu versteuernde Gesamteinkommen ein.[112] Da sich das bilanzielle Vermögen des Organträgers bereits um die tatsächliche Gewinnabführung erhöht hat, ist zur Vermeidung einer doppelten Besteuerung das Einkommen des Organträgers um diese tatsächliche Gewinnabführung zu kürzen.[113] Die Gewinnabführungsverpflichtung bzw. Verlustübernahmeverpflichtung aufgrund des Gewinnabführungsvertrages bemisst sich nach dem Gewinn bzw. Verlust aufgrund handelsrechtlicher Vorschriften. Für die **steuerliche Ein-**

---

[111] Zur Möglichkeit der Bildung, Abführung oder Ausschüttung von Rücklagen vor oder nach Vertragslaufzeit vgl. Abschn. 55 Abs. 4 KStR 1995. Zur Obergrenze der Gewinnabführung vgl. BFH DStR2002, 307; danach markiert der Jahresüberschuss die Obergrenze der Gewinnabführung, offene Rücklagen gehören nicht dazu.

[112] BFH DStR2002, 991.

[113] Vgl. Abschn. 57 KStR 1995.

kommensermittlung bzw. -zurechnung ist jedoch nicht die handelsrechtliche Gewinnermittlung maßgebend, sondern das körperschaftsteuerliche Einkommen der Organgesellschaft. Stimmen die handelsrechtliche Ergebnisübernahme durch den Organträger und die steuerliche Einkommenszurechnung an den Organträger nicht überein, so ist eine Korrektur mittels Ausgleichsposten vorzunehmen.[114]

Verluste der Organgesellschaft, die **vor Abschluss des Gewinnabführungsvertrages** entstanden sind, darf das Einkommen der Organgesellschaft, das während der Geltungsdauer des Gewinnabführungsvertrages dem Organträger zugerechnet wird, nicht mindern (§ 15 Nr. 1 KStG). **114**

Grundsätzlich sind auch innerhalb des körperschaftsteuerlichen Organkreises verdeckte Gewinnausschüttungen möglich, die dann als **vorweggenommene Gewinnabführungen** zu qualifizieren sind.[115] Die tatsächliche Durchführung des Gewinnabführungsvertrages wird dadurch allerdings nicht berührt.[116] Folge einer vorweggenommenen Gewinnabführung ist eine Einkommenserhöhung als Korrekturposten bei der Organgesellschaft. Zur Vermeidung einer Doppelterfassung wird bei der Einkommensermittlung des Organträgers die vorweggenommene Gewinnabführung von dem hinzuzurechnenden Einkommen der Organgesellschaft in Höhe des gleichen Betrages gekürzt. Verdeckte Gewinnausschüttungen/vorweggenommene Gewinnabführungen im Organkreis werden in der Betriebsprüfungspraxis im Regelfall nicht aufgegriffen, da sie sich durch den Gleichlauf der Korrekturen regelmäßig nicht auswirken. **115**

Der Organträger kann seine Beteiligung an der Organgesellschaft grundsätzlich auf den niedrigen Teilwert berichtigen, wenn die hierfür erforderlichen Voraussetzungen erfüllt sind.[117] Die Teilwertabschreibung aufgrund übernommener Verluste der Tochtergesellschaft ist grundsätzlich nicht möglich. Die Verlustübernahme durch den Organträger führt dazu, dass der innere Wert der Beteiligung an der Organgesellschaft erhalten bleibt, da die Organgesellschaft eine Forderung gegenüber dem Organträger in Höhe des erlittenen Verlustes besitzt. Die Versagung der **Teilwertabschreibung** auf die Beteiligung an der Organgesellschaft vermeidet damit eine doppelte Berücksichtigung der Verluste beim Organträger. Wurde aber im Rahmen der Ausgliederung zum Teilwert ein Firmenwert bei der Organgesellschaft aktiviert, kann eine Teilwertabschreibung dann in Betracht kommen, wenn es durch die Verluste der Organgesellschaft – trotz Übernahme durch den Organträger – zu einer nachhaltigen Minderung des Firmenwerts bei der Organgesellschaft kommt.[118] **116**

[114] Vgl. Abschn. 59 KStR 1995; vgl. im Übrigen zu den einzelnen Fallgruppen der Mehr- und Minderabführungen im Rahmen einer körperschaftsteuerlichen Organschaft: *Dötsch*, Die Körperschaftsteuer § 27 KStG Rn 71 ff.

[115] Vgl. *Dötsch*, Die Körperschaftsteuer § 14 KStG Rn 192.

[116] Abschn. 57 Abs. 6 S. 1 KStR 1995.

[117] Vgl. § 6 Abs. 1 EStG; im Falle des Wegfalls einer dauernden Wertminderung gilt das Wertaufholungsgebot.

[118] *Dötsch* § 14 KStG Rn 84/1; zu weiteren Fällen, die eine Teilwertabschreibung rechtfertigen, vgl. Abschn. 60 Abs. 1 KStR 1995.

117 **b) Gewerbesteuerliche Organschaft.** Die gewerbesteuerliche Organschaft qualifiziert jede Organgesellschaft als Betriebsstätte des Organträgers. Sowohl auf der Ebene jeder Organgesellschaft als auch auf der Ebene des Organträgers wird eine eigene Ermittlung des Gewerbeertrags vorgenommen. Dem Organträger wird zur Berechnung des Steuermessbetrages nach dem Gewerbeertrag der Gewerbeertrag der Organgesellschaft **als „Betriebsstättenergebnis" zugerechnet**. Im Anschluss erfolgt eine Addition der getrennt als Gewerbeertrag ermittelten Beträge. Dies ist die Grundlage für den nach § 14 GewStG einheitlich zu ermittelnden Gewerbesteuermessbetrag für den Organträger. Bei Bestehen der gewerbesteuerlichen Organschaft ergeht ein Gewerbesteuermessbescheid nur gegenüber dem Organträger.[119]

118 **Vororganschaftliche Verluste** der Organgesellschaft sind – anders als bei der körperschaftsteuerlichen Organschaft – bei der Ermittlung des dem Organträger zuzurechnenden Gewerbeertrags der Organgesellschaft abzusetzen. Eine Übertragung auf den Organträger ist jedoch nicht möglich. Organschaftliche Verluste der Organgesellschaft können nach Beendigung der Organschaft nur vom Gewerbeertrag des Organträgers abgesetzt werden.[120] Vororganschaftliche und organschaftliche Verluste des Organträgers können mit eigenen Erträgen des Organträgers und mit von der Organgesellschaft zugerechneten Erträgen verrechnet werden.

119 **Teilwertabschreibungen** auf die Beteiligung an der Organgesellschaft sind bei der Zusammenfassung der Gewerbeerträge erhöhend zu berücksichtigen, soweit sie auf erlittene und damit dem Organträger zuzurechnende Verluste der Organgesellschaft zurückzuführen sind (sog. abführungsbedingte Teilwertabschreibung).[121] Erfolgt die Teilwertabschreibung jedoch aufgrund von Umständen, die nicht durch Verlustzurechnungen der Organgesellschaft begründet sind, so ist die Teilwertabschreibung auch gewerbesteuerlich anzuerkennen.[122]

---

[119] Für die Zerlegung auf verschiedene Gemeinden vgl. §§ 28, 29 GewStG.
[120] Vgl. Abschn. 68 Abs. 5 Sätze 1, 4 GewStR 1998.
[121] Hierzu ausführlich *Kohlhaas*, GmbHR 1999, 106 und 747.
[122] Vgl. Abschn. 41 GewStR 1998.

§ 30 Bereinigung einer Konzernstruktur

Übersicht

	Rn
I. Einleitung	1
II. Verschmelzung	6
1. Allgemeines	6
a) Grundformen	6
b) Beteiligte Rechtsträger	8
c) Definitionsmerkmale	11
2. Verschmelzungsrichtung	14
a) up-stream-merger	15
b) side-stream-merger	18
c) down-stream-merger	21
3. Ablauf der Verschmelzung	22
a) Vorbereitungsphase	24
aa) Erstellung und Prüfung der Schlussbilanz	25
bb) Entwurf des Verschmelzungsvertrages	26
cc) Information des Betriebsrats	48
dd) Verschmelzungsbericht	50
ee) Verschmelzungsprüfung	54
ff) Vorbereitung einer Kapitalerhöhung	58
gg) Vorbereitung und Einberufung der Versammlung der Anteilsinhaber	65
b) Beschlussphase	70
aa) Verschmelzungsbeschluss	71
bb) Weitere Zustimmungserfordernisse	74
cc) Sonstige Beschlüsse	76
dd) Beurkundung des Verschmelzungsvertrages	78
ee) Verzichtserklärungen	79
c) Vollzugsphase	80
aa) Registeranmeldung	81
bb) Erforderliche Anlagen	85
cc) Reihenfolge der Eintragung	87
dd) Wirkungen der Eintragung	89
ee) Spruchverfahren, Gläubigerschutz, Nachhaftung	94
III. Anwachsung	99
1. Allgemeines	99
2. Das einfache Anwachsungsmodell	101
3. Das erweiterte Anwachsungsmodell	102
IV. Steuerrecht	103
1. Verschmelzung auf eine Kapitalgesellschaft	104
a) Übertragende Gesellschaft ist Kapitalgesellschaft (§§ 11ff. UmwStG)	104
aa) Besteuerung der übertragenden Kapitalgesellschaft	106
bb) Besteuerung der übernehmenden Kapitalgesellschaft	112
cc) Besteuerung der Gesellschafter der übertragenden Kapitalgesellschaft	122
b) Übertragende Gesellschaft ist Personengesellschaft (§§ 20ff. UmwStG)	133
2. Verschmelzung auf eine Personengesellschaft	135
a) Übertragende Gesellschaft ist Kapitalgesellschaft (§§ 3ff. UmwStG)	135
aa) Besteuerung der übertragenden Kapitalgesellschaft	136
bb) Besteuerung der übernehmenden Personengesellschaft	139
cc) Besteuerung der Gesellschafter der übertragenden Kapitalgesellschaft	159
b) Übertragende Gesellschaft ist Personengesellschaft (§§ 24ff. UmwStG)	162
3. Grunderwerbsteuer bei Verschmelzungen	164

Schrifttum: *Bartovics*, Die Ausschlussfrist gem. § 17 Abs. 2 UmwG, GmbHR 1996, 514; *Bauer/Steinau-Steinbrück*, Neuregelung des Betriebsübergangs: Erhebliche Risiken und viel mehr Bürokratie, ZIP 2002, 457; *Bayer*, 1000 Tage neues Umwandlungsrecht – eine Zwischenbilanz, ZIP 1997, 1613; *Bermel/Müller*, Vinkulierte Namensaktien und Verschmelzung, NZG 1998, 331; *Binnewies*, Formelle und materielle Voraussetzungen von Umwandlungsbeschlüssen – Beschlossen ist beschlossen?, GmbHR 1997, 727; *Büchel*, Neuordnung des Spruchverfahrens, NZG 2003, 793; *Engelmeyer*, Die Informationsrechte des Betriebsrats und der Arbeitnehmer bei Strukturänderungen, DB 1996, 2542; *Funke*, Umwandlungssteuererlass und Maßgeblichkeit bei Verschmelzungen, GmbHR 1998, 628; *Gaul/Otto*, Unterrichtungsanspruch und Widerspruchsrecht bei Betriebsübergang und Umwandlung, DB 2002, 634; *Haritz/Homeister*, Besteuerung deutscher Anteilseigner bei Umstrukturierung von Kapitalgesellschaften im Ausland und Europarecht – zugleich ein Beitrag zu § 13 UmwStG, FR 2001, 941; *Herzig*, Diagonale Maßgeblichkeit bei Umwandlungsvorgängen?, FR 1997, 123–129; *Hirschmann/Kann*, Das neue Spruchverfahrensgesetz – Konzentration und Beschleunigung einer bewährten Institution, DStR 2003, 1488; *Hjort*, Der notwendige Inhalt eines Verschmelzungsvertrags aus arbeitsrechtlicher Sicht, NJW 1999, 750; *Hörger/Mentel/Schulz*, Ausgewählte Fragen zum Steuerentlastungsgesetz 1999/2000/2002: Unternehmensumstrukturierungen, DStR 1999, 565; *Kallmeyer*, Umwandlungsgesetz, 2. Aufl. 2001; *Katschinski*, Anmerkung, UmwG §§ 126, 128, Zulässigkeit der Spaltung zu Null, ZIP 1998, 1227; *Körner/Rodewald*, Bedingungen, Befristungen, Rücktritts- und Kündigungsrechte in Verschmelzungs- und Spaltungsverträgen, BB 1999, 853; *Kowalski*, Kapitalerhöhung bei horizontaler Verschmelzung, GmbHR 1996, 158; *Leuering*, Die Erteilung von Abschriften an Aktionäre, ZIP 2000, 2053; *Lutter*, Umwandlungsgesetz, 2. Aufl. 2000; *Lüdicke/Rieger*, Unternehmenssteuerrecht, 2004; *Müller*, Die Zuleitung des Verschmelzungsvertrages an den Betriebsrat nach § 5 Abs. 3 Umwandlungsgesetz, DB 1997, 713; *Müller*, Unterzeichnung des Verschmelzungsberichts, NJW 2000, 2001; *Müller/Maiterth*, Die Anpassung des gesonderten steuerlichen Eigenkapitalausweises von Körperschaften bei Kapitaländerungen in Umwandlungsfällen, DStR 2002, 746; *Priester*, Das neue Umwandlungsrecht aus notarieller Sicht, DNotZ 1995, 427; *Priester*, Mitgliederwechsel im Umwandlungszeitpunkt, DB 1997, 560 ff.; *Reichert*, Folgen der Anteilsvinkulierung für Umstrukturierungen von Gesellschaften mit beschränkter Haftung und Aktiengesellschaften nach dem Umwandlungsgesetz 1995, GmbHR, 1995, 176; *Rödder*, DStR-Fachliteratur-Auswertung – Umwandlungssteuergesetz, DStR 1995, 322; *Rödder*, Aktuelles Beratungs-Know how Konzernsteuerrecht, DStR 2002, 710; *Sagasser/Bula/Brünger*, Umwandlungen, 3. Aufl. 2002; *Schmitt/Hörtnagl/Stratz*, Umwandlungsgesetz, Umwandlungssteuergesetz, 3. Aufl. 2001; *Schaub*, Das Abfindungsangebot nach § 29 UmwG, NZG 1998, 626; *Semler/Stengel*, Umwandlungsgesetz, 2003; *Sinewe*, Keine Anfechtungsklage gegen Umwandlungsbeschlüsse bei wertbezogenen Informationsmängeln, DB 2001, 690; *Sudhof/Berenbrok*, Unternehmensnachfolge, 4. Aufl. 2003; *Thiel*, Wege aus der Kapitalgesellschaft – Gestaltungsmöglichkeiten und Zweifelsfragen, DB 1995, 1196; *Widmann/Mayer*, Umwandlungsrecht, Loseblatt; Stand: 75. Ergänzungslieferung, 2004.

I. Einleitung

1 Überlegungen zur Bereinigung einer Konzernstruktur werden in der Praxis vor allem im Anschluss an Unternehmens-Akquisitionen im Wege eines Anteilserwerbs angestellt („**postakquisitorische Restrukturierung**“).[1]

[1] Häufig bildet die Konzernbereinigung (Verschmelzung) den Abschluss einer stufenweise intensivierten Eingliederung, wenn zunächst eine faktische Einbin-

Für die Zusammenführung von Unternehmen sprechen regelmäßig – sofern es sich um identische oder zumindest ähnliche Geschäftsbereiche handelt – die Gewinnung von Synergieeffekten durch Bündelung von Ressourcen sowie Kostenersparnis-Gesichtspunkte. Häufig stehen allerdings bilanzielle Erwägungen oder steuerliche Überlegungen im Vordergrund einer postakquisitorischen Restrukturierung. Ersteres kann der Fall sein, wenn das Familienunternehmen Anteile an einer Kapitalgesellschaft erworben hat und hierbei erhebliche stille Reserven im Unternehmen der Kapitalgesellschaft mitbezahlt wurden. Eine Zusammenführung der erworbenen Kapitalgesellschaft auf die Muttergesellschaft im Wege der **Verschmelzung** kann zur Schaffung von zusätzlichem handelsrechtlichen Abschreibungspotential bei der Muttergesellschaft führen. Aus steuerlichen Gründen kann beispielsweise die Übertragbarkeit vorhandener Verlustvorträge der erworbenen Kapitalgesellschaft im Wege der Verschmelzung auf die Mutter-Kapitalgesellschaft entscheidungserheblich sein. Nach § 12 Abs. 3 S. 2 UmwStG gehen **Verlustvorträge** der übertragenden Kapitalgesellschaft grundsätzlich auf die übernehmende Kapitalgesellschaft über, sofern die strengen Voraussetzungen der vorgenannten Regelung beachtet werden.

Weitere denkbare **Aspekte** sind eine Zusammenführung von unter- 2
nehmerischer Leitungsmacht und haftender Vermögensmasse, um hierdurch die Position des Unternehmens zu stärken und besser auf die strukturellen Entwicklungen reagieren zu können, die durch immer größer werdende Märkte verursacht werden. Insgesamt sind die Aspekte, die vor der Durchführung einer Konzernbereinigung abzuwägen sind, häufig identisch mit denjenigen Kriterien, die für oder gegen die Etablierung einer Holdingstruktur sprechen (vgl. § 29 Rn 2), wenn auch mit umgekehrtem Vorzeichen.

Rechtstechnisch stehen verschiedene Instrumente zur Verfügung, um 3
die gewünschte Bereinigung einer Konzernstruktur zu erreichen. Beispielsweise kann das auf § 738 BGB beruhende „**Anwachsungsmodell**" zur Anwendung kommen. Die Muttergesellschaft hat sämtliche Anteile an einer typischen GmbH & Co. KG erworben, also alle Geschäftsanteile an der vermögensmäßig an der KG nicht beteiligten Komplementär-GmbH als auch den gesamten Kommanditanteil. Scheidet die Komplementär-GmbH aus der KG aus, geht das gesamte Vermögen inklusive Verbindlichkeiten der zugleich erlöschenden KG im Wege der Sonderrechtsnachfolge auf den Kommanditisten (die Muttergesellschaft) über (zu Einzelheiten vgl. § 30 Rn 99 ff.). Das Anwachsungsmodell scheidet jedoch aus, wenn es sich bei der Zielgesellschaft um eine Kapitalgesellschaft handelt.

Die in der Praxis wohl gängigste Form der Konzernbereinigung ist 4
die **Verschmelzung** gemäß §§ 2 ff. UmwG, also die Zusammenführung zweier oder mehrerer Rechtsträger durch Übergang aller Aktiva und Passiva mindestens eines Rechtsträgers im Wege der Gesamtrechtsnachfolge

---

dung des akquirierten Unternehmens über den Abschluss eines Beherrschungs- und Gewinnabführungsvertrages voranging.

auf einen übernehmenden oder neu zu bildenden Rechtsträger unter Gewährung von Anteilen oder Mitgliedschaften des übernehmenden oder neuen Rechtsträgers an die Anteilsinhaber (Gesellschafter, Aktionäre) des übertragenden Rechtsträgers.[2]

5 Die neben dem Anwachsungsmodell und der Verschmelzung bestehende Alternative, den Geschäftsbetrieb einer Gesellschaft im Wege eines **„asset deals"** herauszukaufen (Übernahme sämtlicher Vermögensgegenstände, Rechte und Verbindlichkeiten durch Einzelrechtsnachfolge) und die Verkäuferin anschließend zu liquidieren, kann in Einzelfällen ebenfalls in Betracht kommen.[3] Die nachfolgenden Ausführungen reduzieren sich auf die gesellschafts- und steuerrechtliche Darstellung der Verschmelzung und der Anwachsung.

II. Verschmelzung

1. Allgemeines

6 **a) Grundformen.** Bei der Verschmelzung sind zwei Grundformen zu unterscheiden. Bei der **Verschmelzung zur Aufnahme** (§ 2 Nr. 1 UmwG) erfolgt die Übertragung des Vermögens (Aktiva und Passiva) eines oder mehrerer Rechtsträger als Ganzes auf einen anderen, schon bestehenden Rechtsträger gegen Gewährung von Anteilen oder Mitgliedschaften des übernehmenden Rechtsträgers. Die übernehmende Gesellschaft kann, muss aber nicht an der übertragenden Gesellschaft beteiligt sein.

7 Bei der **Verschmelzung zur Neugründung** (§ 2 Nr. 2 UmwG), die in der Praxis bei Konzernbereinigungen eine untergeordnete Rolle spielt, übertragen zwei oder mehrere Rechtsträger ihr Vermögen als Ganzes auf einen gleichzeitig neu zu gründenden Rechtsträger gegen Gewährung von Anteilen oder Mitgliedschaften dieses Rechtsträgers. Die anzuwendenden Vorschriften sind weitgehend identisch, sofern man davon absieht, dass der neue Rechtsträger erst mit Wirksamwerden der Verschmelzung entsteht und daher weder bei der Vertragsgestaltung noch bei den Registeranmeldungen mitwirken kann (vgl. §§ 36 ff. UmwG). Auf die anwendbaren Sondervorschriften (vgl. §§ 56 ff., 73 ff., 78 UmwG) wird verwiesen.

8 **b) Beteiligte Rechtsträger.** Die möglichen Rechtsformen der übertragenden, übernehmenden und neu zu gründenden Rechtsträger ergeben sich aus § 3 UmwG. Hierzu zählen insbesondere Personenhandels- und Kapitalgesellschaften. Der Beteiligungsfähigkeit als übertragender Rechtsträger steht dessen Auflösung nicht entgegen, sofern die Fortsetzung noch beschlossen werden kann (§ 3 Abs. 3; bei OHG/KG gilt zudem § 39 UmwG). Hierdurch sollen **Sanierungsfusionen** erleichtert wer-

[2] *Lutter* § 2 UmwG Rn 20; zur Verschmelzung als Instrument, unabhängige Rechtsträger zusammenzuführen („merger of equals") vgl. *Semler/Stengel* § 2 UmwG Rn 21.

[3] *Widmann/Mayer* § 2 UmwG Rn 10.1.5. zu den Nachteilen eines asset deals.

den.[4] Allerdings scheiden Rechtsträger, deren Auflösung beschlossen ist, als übernehmender Rechtsträger aus.[5]

§ 3 Abs. 4 UmwG lässt **Mischverschmelzungen** unter Rechtsträgern verschiedener Rechtsform (als übertragender und/oder übernehmender Rechtsträger) ausdrücklich zu. Jedoch darf nach dem eindeutigen Wortlaut des § 2 UmwG nur ein einziger Rechtsträger als übernehmender oder neuer Rechtsträger beteiligt sein. Demgegenüber ist die Anzahl der übertragenden Rechtsträger beliebig (**Mehrfachverschmelzung**). Allerdings bieten sich – insbesondere bei unterschiedlicher Rechtsform der übertragenden Rechtsträger – aus Gründen der Praktikabilität getrennte Verschmelzungen (**Einzelverschmelzung**) an, die voneinander unabhängig wirksam werden. Diese Möglichkeit besteht nicht, wenn mehrere übertragende Rechtsträger auf eine neu zu gründende Gesellschaft verschmolzen werden sollen; hier ist zwingend eine Mehrfachverschmelzung durchzuführen.[6] 9

Mischverschmelzungen sind von den ebenfalls zulässigen **Kettenverschmelzungen** zu unterscheiden, bei denen mindestens drei Rechtsträger verschmolzen werden: Noch vor Wirksamwerden der ersten Verschmelzung schließt der übernehmende Rechtsträger – dann als übertragender Rechtsträger – einen weiteren Verschmelzungsvertrag mit einem weiteren Rechtsträger. Auf diese Weise kann beispielsweise eine Enkel- auf die Tochtergesellschaft und gemeinsam mit dieser auf die Muttergesellschaft verschmolzen werden.[7] 10

c) Definitionsmerkmale. Die Vermögensübertragung im Wege der **Gesamtsrechtsnachfolge** (vgl. § 20 Abs. 1 Nr. 1 UmwG) bedeutet, dass das gesamte Vermögen einschließlich sämtlicher Verbindlichkeiten eines jeden übertragenden Rechtsträgers bei der Verschmelzung zwingend auf den übernehmenden oder neuen Rechtsträger übergeht. Einzelne Aktiva oder Passiva können hiervon nicht ausgenommen werden; entsprechende Vereinbarungen sind nichtig.[8] 11

Da die Verschmelzung unter Ausschluss der Abwicklung der übertragenden Gesellschaft erfolgt, verbleibt **kein Raum für eine Liquidation** der übertragenden Gesellschaft. Wie von der Gesamtrechtsnachfolge die Übertragung einzelner Aktiva oder Passiva nicht ausgenommen werden können, ist der Untergang des übertragenden Rechtsträgers durch Erlöschen (vgl. § 20 Abs. 1 Nr. 2 UmwG) zwingend. Folglich kann sein Fortbestand nicht wirksam vereinbart werden.[9] 12

Ein weiteres wesentliches Definitionsmerkmal der Verschmelzung besteht darin, dass den Anteilsinhabern des übertragenden Rechtsträgers als 13

[4] *Kallmeyer* § 3 UmwG Rn 19.

[5] Vgl. OLG Naumburg EWiR 1997, 807; *Lutter* § 3 UmwG Rn 16; *Semler/Stengel* § 3 UmwG Rn 45 ff.

[6] Eine Ausweggestaltung ist die Kombination von Verschmelzung zur Neugründung und anschließender Verschmelzung zur Aufnahme.

[7] *Sagasser/Bula/Brünger* Umwandlungen J Rn 167 ff.

[8] *Lutter* § 2 UmwG Rn 21; *Schmitt/Hörtnagl/Stratz* § 20 UmwG Rn 3, 19.

[9] *Kallmeyer* § 2 UmwG Rn 11; *Widmann/Mayer* § 2 UmwG Rn 11.1.5.

Gegenleistung für die Vermögensübertragung und für den Verlust ihrer Beteiligung am übertragenden Rechtsträger kraft Gesetzes **Anteile am übernehmenden** oder neuen **Rechtsträger** zu gewähren sind (Kontinuität der Mitgliedschaft).[10] Neben der Anteilsgewährung dürfen im Grundsatz keine anderen Gegenleistungen gewährt werden.[11] Ausnahmen sind die Gewährung von **Barabfindungen** (§ 29 UmwG) bei Ausscheiden des Gesellschafters und **bare Zuzahlungen** zum Ausgleich freier Spitzen (§§ 5 Abs. 1 Nr. 3, 54 Abs. 4, 68 Abs. 3, 78 UmwG). Eine Anteilsgewährung entfällt (teilweise) bei bestimmten, bereits bestehenden Beteiligungsverhältnissen (vgl. §§ 5 Abs. 2, 54, 68 UmwG).

2. Verschmelzungsrichtung

14 In Konzernstrukturen kommen die folgenden drei Verschmelzungsrichtungen in Betracht:

15 **a) up-stream-merger.** Die in der Praxis üblichste Form der Verschmelzung zur Bereinigung einer Konzernstruktur ist der „up-stream-merger", bei dem eine 100 %ige Tochtergesellschaft als übertragender Rechtsträger auf ihre Muttergesellschaft als übernehmender Rechtsträger verschmolzen wird.[12] Eine solche Verschmelzung führt bei der Muttergesellschaft zum Wegfall der Beteiligung an der Tochtergesellschaft und zum Übergang des Vermögens der Tochter- auf die Muttergesellschaft.

16 Beim up-stream-merger einer **100 %igen Tochtergesellschaft** darf bei der übernehmenden Muttergesellschaft **keine Kapitalerhöhung** zur Schaffung neuer, zu gewährender Anteile durchgeführt werden (GmbH als übernehmende Gesellschaft: § 54 Abs. 1 S. 1 Nr. 1 UmwG; AG als übernehmende Gesellschaft: § 68 Abs. 1 S. 1 Nr. 1 UmwG). § 5 Abs. 2 und § 20 Abs. 1 Nr. 3 UmwG bestätigen, dass bei einer solchen Konstellation die **Gewährung von Anteilen entfällt**. Da neue Anteile im Falle der Verschmelzung einer 100 %igen Tochtergesellschaft auf ihre Muttergesellschaft nicht gewährt werden, entfallen gemäß § 5 Abs. 2 UmwG sämtliche Angaben im Verschmelzungsvertrag über die Anteilsgewährung gemäß § 5 Abs. 1 Nr. 2 bis 5 UmwG. Ferner sind der gemäß § 8 Abs. 3 S. 1 Alt. 2 UmwG sonst erforderliche **Verschmelzungsbericht** der übertragenden und übernehmenden Gesellschaft und die gemäß § 9 Abs. 3 UmwG sonst erforderliche Durchführung einer Verschmelzungsprüfung entbehrlich. Hinsichtlich des Verschmelzungsvertrages und der Verschmelzungsbeschlüsse verbleibt es bei den allgemeinen Voraussetzungen (hierzu § 30 Rn 26 ff. und Rn 70 ff.).

17 Aus der Formulierung „soweit" in § 20 Abs. 1 Nr. 3 UmwG wird deutlich, dass eine Anteilsgewährung auch dann unterbleibt, wenn und soweit der Anteil der übernehmenden an der übertragenden Gesellschaft **unterhalb von 100 %** liegt; neue Anteile sind hier nur an die übrigen, nicht beteiligten (Minderheits-)Gesellschafter zu gewähren.[13] Für die besondere

---

[10] Vgl. *Priester,* DB 1997, 560 ff.
[11] *Semler/Stengel* § 2 UmwG Rn 41.
[12] Vgl. hierzu auch *Sudhoff/Berenbrok* Unternehmensnachfolge § 64 Rn 12 ff.
[13] *Schmitt/Hörtnagl/Stratz* § 2 UmwG Rn 18; *Widmann/Mayer* § 5 UmwG Rn 30.

Konstellation der Verschmelzung auf eine Aktiengesellschaft, die mindestens 90 % der Anteile am übertragenden Rechtsträger hält, sieht § 62 UmwG gewisse Erleichterungen vor (vgl. hierzu § 30 Rn 71). Da sich jedoch nicht sämtliche Anteile am übertragenden Rechtsträger in der Hand des übernehmenden Rechtsträgers befinden, bedarf es grundsätzlich eines Verschmelzungsberichts, einer Verschmelzungsprüfung sowie der von § 5 Abs. 1 Nr. 2 bis 5 UmwG geforderten Angaben.

b) side-stream-merger. Der „side-stream-merger" beschreibt die Verschmelzung von Schwestergesellschaften, die – ähnlich wie die Verschmelzung der Tochter- auf die Muttergesellschaft – im Rahmen einer postakquisitorischen Restrukturierung in der Praxis durchaus üblich ist. 18

Bei der Verschmelzung von Schwestergesellschaften ist § 5 Abs. 2 UmwG nach h. M. nicht anwendbar, selbst wenn sämtliche Anteile an beiden Gesellschaften zu 100 % von derselben Muttergesellschaft gehalten werden. Ein **Kapitalerhöhungsverbot** bei der übernehmenden Schwestergesellschaft gemäß §§ 54 oder 68 UmwG **gilt nicht**.[14] Vielmehr muss vorbehaltlich der Kapitalerhöhungswahlrechte der §§ 54 Abs. 1 S. 2, 68 Abs. 1 S. 2 UmwG (vgl. § 30 Rn 62) eine Kapitalerhöhung nach der wohl überwiegenden, jedoch in der Literatur höchst umstrittenen[15] Praxis stattfinden; ein Verzicht der Anteilsinhaber der übertragenden Gesellschaft auf die Anteilsgewährung macht eine Kapitalerhöhung zur Durchführung der Verschmelzung also nicht entbehrlich.[16] Auch aus § 20 Abs. 1 Nr. 3 UmwG ergeben sich keine Anzeichen, die eine Anteilsgewährung beim side-stream-merger an die gemeinsame Muttergesellschaft ausschließen. Der Gesetzeswortlaut ist jeweils eindeutig, so dass Abweichungen von der bisherigen Praxis nur nach vorheriger Abstimmung mit den zuständigen Registergerichten erfolgen sollten.[17] 19

Allerdings lässt sich aus dem Gesetz entgegen der Ansicht des BayObLG[18] keinerlei Verpflichtung herleiten, dass das Kapital bei der übernehmenden Schwester-Kapitalgesellschaft zur Schaffung der zu gewährenden Anteile im gleichen Umfang wie der Nettobetrag des übertragenen Kapitals erhöht wird. Vielmehr steht der **Kapitalerhöhungsbetrag** im freien Ermessen der Beteiligten.[19] Außenstehende Gläubiger sind durch den Anspruch auf Sicherheitsleistung gemäß § 22 und auf Schadensersatz gemäß §§ 25, 26 UmwG hinreichend geschützt. 20

---

[14] Vgl. *Widmann/Mayer* § 5 UmwG Rn 55, zur ausführlichen Darstellung dieses Problembereichs Rn 41–55; *Schmitt/Hörtnagl/Stratz* § 2 UmwG Rn 22; *Lutter* UmwG § 5 Rn 82; vgl. auch OLG Frankfurt ZIP 1998, 1191; KG WM 1999, 323; *Mayer*, DB 1998, 913, 914 f.; *Bayer*, ZIP 1997, 1613, 1615.

[15] *Semler/Stengel* § 5 UmwG Rn 12, 116 ff.; § 20 UmwG Rn 79; § 54 UmwG Rn 19 ff.; *Lutter* § 54 UmwG Rn 16 ff.; *Kallmeyer* § 5 UmwG Rn 5; *Katschinski*, ZIP 1998, 1227, 1228.

[16] Vgl. aber LG München I GmbHR 1999, 36.

[17] Ebenso *Sagasser/Bula/Brünger* Umwandlungen J Rn 159.

[18] ZIP 1989, 1122; ebenso *Priester*, DNotZ 1995, 427, 441.

[19] *Widmann/Mayer* § 5 UmwG Rn 47; *Lutter* § 54 UmwG Rn 21; *Sudhoff/Berenbrok* Unternehmensnachfolge § 64 Rn 16; *Kowalski*, GmbHR 1996, 158.

21 **c) down-stream-merger.** Beim „down-stream-merger" wird nicht die Tochter- auf die Muttergesellschaft, sondern umgekehrt die Mutter- auf ihre Tochtergesellschaft verschmolzen. § 1 Abs. 2 UmwG steht nicht entgegen. Nach altem Umwandlungssteuerrecht war es nicht möglich, die bei der übertragenden Kapitalgesellschaft bestehenden Verlustvorträge durch Verschmelzung auf die Mutterkapitalgesellschaft zu übertragen.[20] Um die Verlustvorträge im Rahmen der Restrukturierung nicht zu verlieren, war es nicht unüblich, die Mutter- auf die Tochtergesellschaft zu verschmelzen. Da das neue Umwandlungssteuergesetz das **Verlagern von Verlustvorträgen** – zwar in derzeitiger Fassung unter sehr strengen Auflagen – auf die übernehmende Gesellschaft grundsätzlich zulässt (vgl. § 12 Abs. 3 S. 2 UmwStG), hat die Verschmelzung der Muttergesellschaft auf ihre Tochtergesellschaft zumindest im Zusammenhang mit der Bereinigung von Konzernstrukturen erheblich, aber nicht vollständig an Bedeutung verloren.[21]

3. Ablauf der Verschmelzung

22 In der Praxis der Konzernverschmelzung haben verschiedene Verschmelzungsbestimmungen keine Bedeutung, da deren Beachtung entweder wegen der Beteiligungsverhältnisse generell entbehrlich ist oder die Anteilsinhaber in gesetzlich vorgeschriebener Form auf ihre Einhaltung verzichten. Bei Konzernverschmelzungen, die die Anteilsinhaberebene der Konzernmutter nicht berühren, ist der Aufwand zur Vorbereitung und Durchführung einer Verschmelzung daher gering. Gleichwohl geht die nachfolgende Darstellung davon aus, dass Verschmelzungen in Familiengesellschaftskonzernen anderen Gesetzmäßigkeiten folgen. Die Voraussetzungen und Erfordernisse einer Verschmelzung werden daher, in Phasen eingeteilt,[22] umfassend dargestellt.

23 Der mit Sorgfalt zu erstellende Zeitplan der Verschmelzung (Masterplan, vgl. § 28 Rn 19) orientiert sich im Wesentlichen an der Acht-Monats-Frist nach § 17 Abs. 2 UmwG. Danach ist der Anmeldung der Verschmelzung zum Register des Sitzes eines jeden übertragenden Rechtsträgers eine Bilanz dieses Rechtsträgers (**Schlussbilanz**) beizufügen. Das Registergericht darf die Verschmelzung nur eintragen, wenn diese Schlussbilanz auf einen **höchstens acht Monate** vor der Anmeldung liegenden Stichtag aufgestellt worden ist (§ 17 Abs. 2 S. 4 UmwG). Beispielsweise muss bei einer zum 31. 12. aufgestellten Schlussbilanz die Verschmelzung bis zum Ablauf des 31. 8. des folgenden Jahres angemeldet sein.[23]

24 **a) Vorbereitungsphase.** Die Vorbereitungsphase einer Verschmelzung ist von der Durchführung folgender Maßnahmen gekennzeichnet:

---

[20] *Sudhoff/Berenbrok* Unternehmensnachfolge § 64 Rn 14.

[21] Vgl. hierzu *Sagasser/Bula/Brünger* Umwandlungen J Rn 156 f.

[22] Vgl. auch *Lutter* § 2 UmwG Rn 24 ff.

[23] Zu Einzelheiten bezüglich des Stichtags der Schlussbilanz vgl. *Semler/Stengel* § 17 UmwG Rn 16 ff.

aa) Erstellung und Prüfung der Schlussbilanz. Nach § 17 Abs. 2 S. 2 UmwG gelten für die Schlussbilanz (**Verschmelzungsbilanz**) die Vorschriften über die Jahresbilanz und deren Prüfung entsprechend. Ist die Jahresbilanz der übertragenden Gesellschaft zu prüfen, so gilt dies auch für die der Verschmelzung zugrunde zu legende Schlussbilanz. Die Vorlage eines Jahresabschlusses hingegen ist nicht erforderlich, so dass es weder einer Gewinn- und Verlustrechnung noch eines Anhangs bedarf.[24] Aus Vereinfachungs- und Kostengründen wählen die Beteiligten als Stichtag der Schlussbilanz und damit als **Verschmelzungsstichtag** in aller Regel den ordentlichen Bilanzstichtag der übertragenden Gesellschaft. Die Aufstellung der Schlussbilanz zu einem anderen Stichtag ist allerdings ebenfalls möglich. 25

bb) Entwurf des Verschmelzungsvertrages. Rechtsgeschäftliche Grundlage der Verschmelzung ist der **Verschmelzungsvertrag**, den die Vertretungsorgane der beteiligten Rechtsträger in vertretungsberechtigter Zahl und entsprechend ihrer Vertretungsbefugnis[25] abschließen (vgl. § 4 UmwG). 26

Wirksam wird der Verschmelzungsvertrag erst mit **Eintragung** der Verschmelzung (vgl. § 20 UmwG). Ab dem Zeitpunkt der **notariellen Beurkundung** des Vertrages (§ 6 UmwG) und der Zustimmung durch die Anteilsinhaber zur Verschmelzung ergeben sich aus dem Vertrag schuldrechtliche Bindungen und Förderpflichten der beteiligten Rechtsträger hinsichtlich der Verschmelzung.[26] 27

In der Vorbereitungsphase ist es häufig sinnvoll, lediglich einen endgültigen, aber noch unverbindlichen schriftlichen **Vertragsentwurf** zu erstellen und ihn erst dann gemäß § 6 UmwG notariell beurkunden zu lassen, wenn auch die Verschmelzungsbeschlüsse der übertragenden und der übernehmenden Gesellschaft beurkundet werden oder beurkundet worden sind. § 4 Abs. 2 UmwG lässt eine solche Vorgehensweise zu. In einem solchen Fall ist stets darauf zu achten, dass der Vertrag, der dem Betriebsrat zugeleitet wurde (§ 5 Abs. 3 UmwG) und dem die Anteilsinhaber zugestimmt haben (§ 13 Abs. 1 UmwG), identisch ist mit dem endgültig abgeschlossenen Vertrag.[27] Handelt es sich bei der übernehmenden Gesellschaft um eine AG, für die die Verschmelzung einen nachgründungspflichtigen Vorgang darstellt, muss der Verschmelzungsvertrag bereits notariell beurkundet sein, wenn die Hauptversammlung der AG über die Zustimmung zum Verschmelzungsvertrag gemäß § 67 UmwG, § 52 AktG beschließt.[28] 28

---

[24] *Kallmeyer* § 17 UmwG Rn 18; *Schmitt/Hörtnagl/Stratz* § 17 UmwG Rn 14; *Lutter* § 17 UmwG Rn 5.

[25] Im Innenverhältnis sind häufig Zustimmungserfordernisse zu beachten, beispielsweise § 111 Abs. 4 S. 2 AktG, *Lutter* § 13 UmwG Rn 40.

[26] Zu Einzelheiten vgl. *Semler/Stengel* § 4 UmwG Rn 3, 16 ff., 36 ff.

[27] Zur Aufhebung und zu Änderungen des Verschmelzungsvertrages vgl. *Semler/Stengel* § 4 UmwG Rn 19 ff.

[28] Regelmäßig wird die Zustimmung gem. § 52 AktG in der Hauptversammlung erteilt, die auch über die Verschmelzung beschließt. § 52 AktG geht allerdings von ansonsten wirksam geschlossenen Verträgen als Grundlage für die Zustimmung aus, so dass hier ein notariell beurkundeter Verschmelzungsvertrag vorliegen muss.

29 § 5 Abs. 1 UmwG legt für alle Rechtsformen der an der Verschmelzung beteiligten Rechtsträger den **Mindestinhalt des Verschmelzungsvertrages** fest; zusätzlich sind die rechtsformspezifischen Besonderheiten der §§ 40, 46, 57, 74 AktG zu beachten. Bei der Verschmelzung zur Neugründung muss der Verschmelzungsvertrag ferner den Gesellschaftsvertrag oder die Satzung des neuen Rechtsträgers (gegebenenfalls den Entwurf, wenn die notarielle Beurkundung später erfolgt) enthalten oder hierauf verweisen (§ 37 UmwG). Im Einzelnen ist auf folgende Inhalte hinzuweisen:

30 • Neben Firma und Sitz der an der Verschmelzung beteiligten Rechtsträger (§ 5 Abs. 1 Nr. 1 UmwG) muss der Verschmelzungsvertrag stets den **Verschmelzungsstichtag** bestimmen (§ 5 Abs. 1 Nr. 6 UmwG). Das ist der Zeitpunkt, von dem an Handlungen des übertragenden Rechtsträgers als für Rechnung des übernehmenden Rechtsträgers vorgenommen gelten.[29] Die Beteiligten können den Verschmelzungsstichtag grundsätzlich frei festlegen und flexible Stichtagsregelung treffen, beispielsweise um Verzögerungen bei der Eintragung der Verschmelzung zu berücksichtigen. Meist ist der Verschmelzungsstichtag jedoch der Tag, der auf den Schluss des letzten Geschäftsjahres des übertragenden Rechtsträgers folgt. Regelmäßig wird der Schluss des letzten Geschäftsjahres des übertragenden Rechtsträgers der ordentliche Bilanzstichtag sein, der seinerseits zwingend mit dem steuerlichen Übertragungsstichtag übereinstimmt. Ist beispielsweise der 31. 12. der Schlussbilanzstichtag, ist der 1. 1. des folgenden Jahres der Verschmelzungsstichtag.[30] Bei mehreren übertragenden Rechtsträgern empfiehlt sich stets ein einheitlicher Verschmelzungsstichtag.

31 • **Sonderrechte**, die der übernehmende Rechtsträger einzelnen Anteilsinhabern sowie den Inhabern besonderer Rechte gewährt, oder die für diese Personen vorgesehenen Maßnahmen sind gemäß § 5 Abs. 1 Nr. 7 UmwG gesondert aufzuführen, damit die übrigen Anteilsinhaber prüfen können, ob der Gleichbehandlungsgrundsatz gewahrt ist. Werden Mitgliedern der Verwaltungsorgane oder den Prüfern im Zusammenhang mit der Verschmelzung Vorteile gewährt, sind diese gemäß § 5 Abs. 1 Nr. 8 UmwG anzugeben.[31] Die Anteilsinhaber sollen sich ein Bild machen können, ob derartige Vorteile möglicherweise zu Zweifeln an der Objektivität dieser Personen Anlass geben.[32]

32 • Verpflichtend sind hier ferner Angaben zu den Verschmelzungsfolgen für die Arbeitnehmer und ihre Vertretungen sowie die insoweit vorgesehenen Maßnahmen (§ 5 Abs. 1 Nr. 9 UmwG). Sie sollen insbesondere

---

[29] Der zivilrechtliche Vermögensübergang von der übertragenden auf die übernehmende Gesellschaft hingegen erfolgt vom Verschmelzungsstichtag abweichend am Tag der Eintragung der Verschmelzung bei der übernehmenden Gesellschaft, § 20 Abs. 1 Nr. 1 UmwG.

[30] Vgl. *Sagasser/Bula/Brünger* Umwandlungen J Rn 63; *Semler/Stengel* § 5 UmwG Rn 42 ff. mit einem Überblick zu den Folgewirkungen der Festlegung des Verschmelzungsstichtages.

[31] Ausführlich *Semler/Stengel* § 5 UmwG Rn 52 ff.

[32] *Sagasser/Bula/Brünger* Umwandlungen J Rn 67.

den Betriebsrat in die Lage versetzen, seine Mitwirkungsrechte im Sinne einer möglichst sozialverträglichen Durchführung der Verschmelzung ausüben zu können.[33]

Die Bestimmung des notwendigen Inhalts und des erforderlichen Umfangs bezüglich der Änderungen individual- und kollektivarbeitsrechtlicher Art bereiten in der Praxis erhebliche Schwierigkeiten. Einigkeit besteht darüber, dass die unmittelbaren rechtlichen **Folgen für die Arbeitsverträge der Arbeitnehmer** der übertragenden Gesellschaft (Übergang gemäß § 613a BGB, § 324 UmwG, Kündigungsschutz, Haftung) und die **Auswirkungen bei den Arbeitnehmervertretungen** sowie die Mitbestimmung in Unternehmensorganen darzustellen sind;[34] darüber hinaus sind Ausführungen zur Weitergeltung von **Tarifverträgen** und **Betriebsvereinbarungen** erforderlich.[35] **33**

Unklar ist aber, inwieweit auch mittelbare tatsächliche und rechtliche Auswirkungen einzubeziehen sind. Richtigerweise muss der Verschmelzungsvertrag wohl auf die Veränderungen der Betriebsstruktur im direkten zeitlichen und sachlichen Zusammenhang mit der Verschmelzung sowie auf konkret geplante Umgruppierungen, Versetzungen oder betriebsbedingte Kündigungen eingehen.[36] Die Praxis schließt die Darstellung der mittelbaren tatsächlichen und rechtlichen Auswirkungen regelmäßig ein, um Streitigkeiten über eventuell bestehende Eintragungshindernisse zu vermeiden.[37] **34**

- Die weiteren Angaben gemäß § 5 Abs. 1 Nr. 2 bis 5 UmwG setzen eine **Anteilsgewährung** voraus. Sie entfallen daher gemäß § 5 Abs. 2 UmwG beim up-stream-merger einer 100 %igen Tochtergesellschaft auf ihre Muttergesellschaft.[38] **35**

Die Art und die Gattung der gewährten Anteile sowie ihre Ausstattung wie beispielsweise Verfügungsbeschränkungen sind ebenfalls zu beschreiben.[39] Weichen Art oder Gattung der Anteile am übernehmenden Rechtsträger von denjenigen des übertragenden Rechtsträgers ab, können sich hieraus gesonderte, rechtsformspezifische Zustimmungserfordernisse der betroffenen Anteilsinhaber ergeben (vgl. § 30 Rn 74). Bei der GmbH sind beispielsweise Abweichungen in der Ausgestaltung der neu geschaffenen gegenüber den bereits bestehenden Anteile zu erläutern (§ 46 Abs. 2 UmwG).[40] **36**

---

[33] *Schmitt/Hörtnagl/Stratz* § 5 UmwG Rn 46.

[34] Überblick bei *Semler/Stengel* § 5 UmwG Rn 58 ff.; *Hjort*, NJW 1999, 750, 751; *K. J. Müller*, DB 1997, 713, 714; *Engelmeyer*, DB 1996, 2542.

[35] Vgl. OLG Düsseldorf NZG 1998, 733 mit Anm. *Bungert*; *Sagasser/Bula/Brünger* Umwandlungen J Rn 69.

[36] Ausführlich *Semler/Stengel* § 5 UmwG Rn 65 ff. m. w. N.

[37] Zu den Rechtsfolgen eines Verstoßes gegen § 5 Abs. 1 Nr. 9 UmwG vgl. *Semler/Stengel* § 5 UmwG Rn 77 ff.

[38] Maßgeblich für die Beurteilung der Beteiligungsverhältnisse ist der Zeitpunkt der Registereintragung der Verschmelzung, vgl. BayObLG ZIP 2000, 230 (zum Formwechsel); *Kallmeyer* § 5 UmwG Rn 70; anders *Lutter* § 5 UmwG Rn 83.

[39] Vgl. *Sagasser/Bula/Brünger* Umwandlungen J Rn 27; *Semler/Stengel* § 5 UmwG Rn 15 f.; *Bermel/Müller*, NZG 1998, 331 ff.

[40] Vgl. *Kallmeyer* § 46 UmwG Rn 4 ff.

37 • Das Umtauschverhältnis und die Höhe **barer Zuzahlungen** gehören zu den wirtschaftlich zentralen Angaben des Verschmelzungsvertrages (§ 5 Abs. 1 Nr. 3 UmwG). Denn aus dem Umtauschverhältnis lässt sich ableiten, welchen Gegenwert ein Anteilseigner für seine untergehende Beteiligung am übertragenden Rechtsträger erhält. Insoweit ist zu beachten, dass §§ 46 Abs. 1, 54 Abs. 2 UmwG bei der GmbH eine von § 5 Abs. 1 und 3 GmbHG abweichende Festlegung des Mindestnennbetrages eines Anteils gestatten, um die Festlegung des Umtauschverhältnisses zu erleichtern. Die bare Zuzahlung dient insbesondere dem Ausgleich von Rundungsdifferenzen und/oder freier Spitzen. Bei Kapitalgesellschaften dürfen bare Zuzahlungen 10 % des Nennbetrages oder anteiligen Grundkapitalbetrages der insgesamt gewährten Anteile des übernehmenden Rechtsträgers nicht übersteigen (§§ 54 Abs. 4, 68 Abs. 3 UmwG). Einigen sich die beteiligten Anteilsinhaber nicht einvernehmlich auf ein Umtauschverhältnis, wird die Durchführung einer **Unternehmensbewertung** bei sämtlichen übertragenden und beim übernehmenden Rechtsträger unumgänglich sein, um das Umtauschverhältnis, die Höhe der baren Zuzahlungen und gegebenenfalls auch ein Barabfindungsangebot (vgl. § 28 Rn 24) bestimmen zu können.[41]

38 • Mit den **Einzelheiten für die Übertragung der Anteile** meint § 5 Abs. 1 Nr. 4 UmwG zunächst Angaben dazu, ob die zu gewährenden Anteile erst durch Kapitalerhöhung geschaffen werden oder eigene Anteile zur Verfügung stehen.[42] Die ebenfalls darzustellende Übertragung der Anteile der übernehmenden Gesellschaft auf die Anteilsinhaber des übertragenden Rechtsträgers hängt von der jeweiligen Rechtsform des übertragenden Rechtsträgers ab:[43] Bei einer AG/KGaA wirkt gemäß §§ 71, 72, 78 UmwG ein Treuhänder mit, bei einer GmbH sind der Nennbetrag und die Erwerber namentlich zu bezeichnen (§ 46 UmwG). Handelt es sich bei der übernehmenden Gesellschaft um eine Personengesellschaft, so hat der Verschmelzungsvertrag zu bestimmen, welche Gesellschafterstellung den Anteilsinhabern der übertragenden Gesellschaft jeweils gewährt wird (Kommanditist oder persönlich haftender Gesellschafter) und mit welchem Einlagebetrag sie am Vermögen der Gesellschaft beteiligt werden (§ 40 Abs. 1 UmwG).

39 • Nach § 5 Abs. 1 Nr. 5 UmwG ist der **Zeitpunkt** festzulegen, ab dem die gewährten Anteile einen Anspruch auf **Teilhabe am Bilanzgewinn** des übernehmenden Rechtsträgers gewähren. Regelmäßig empfiehlt sich eine Vereinbarung, wonach die Gewinnberechtigung ab Verschmelzungsstichtag (vgl. § 29 Rn 14) besteht.[44] Ebenso können die Vertragspartner einen anderen, späteren Zeitpunkt bestimmen, um hierdurch beispielsweise ein besonders günstiges Umtauschverhältnis zu kompensieren. Bei zu er-

---

[41] Zu den Problemen der Unternehmensbewertung vgl. die Darstellung bei *Sagasser/Bula/Brünger* Umwandlungen J Rn 29 ff.; BVerfG ZIP 1999, 1436; BayObLG NJW 1996, 687.

[42] KG WM 1999, 323, 325; *Semler/Stengel* § 5 UmwG Rn 29.

[43] *Sagasser/Bula/Brünger* Umwandlungen J Rn 59 f.

[44] *Lutter* § 5 UmwG Rn 30; *Kallmeyer* § 5 UmwG Rn 28.

wartenden Verzögerungen der Registereintragung bieten sich variable Regelungen an.[45]

- Weitere Angaben verlangt § 29 Abs. 1 UmwG einerseits für den Fall der **Mischverschmelzung** (§ 3 Abs. 4 UmwG), andererseits, wenn übertragender und übernehmender Rechtsträger zwar die gleiche Rechtsform haben, jedoch bezüglich der zu gewährenden Anteile am übernehmenden Rechtsträger vertragliche, statuarische oder gesetzliche **Verfügungsbeschränkungen** wie Vinkulierungsklauseln oder andere, dinglich wirkende Übertragungsbeschränkungen gelten.[46] In diesen Fällen besteht ein so starker Eingriff in die Rechtsstellung der Anteilsinhaber der übertragenden Gesellschaft, dass sie die Möglichkeit erhalten sollen, gegen angemessenes Entgelt auszuscheiden und an der Verschmelzung nicht teilzunehmen. Dementsprechend muss der Verschmelzungsvertrag ein inhaltlich konkret bestimmtes und in der Höhe angemessenes **Barabfindungsangebot** sowie dessen Annahmekonditionen (§ 31 UmwG) enthalten. **40**

Das Angebot richtet sich an diejenigen Anteilsinhaber, die gegen den Verschmelzungsbeschluss **Widerspruch** zur Niederschrift des Notars erklären.[47] Ein Anteilsinhaber erwirbt neben den Anteilen am übernehmenden Rechtsträger einen zusätzlichen Anspruch auf Barabfindung ebenfalls nur, wenn auch er gegen den Verschmelzungsbeschluss gestimmt hat.[48] Dem Widerspruch steht es gemäß § 29 Abs. 2 UmwG gleich, wenn ein nicht erschienener Anteilsinhaber zu Unrecht nicht zugelassen wurde, die Versammlung nicht ordnungsgemäß einberufen oder der Beschlussgegenstand nicht ordnungsgemäß bekannt gemacht worden war. **41**

Im **Spruchverfahren** kann gemäß § 34 in Verbindung mit den Regelungen des Spruchverfahrensgesetzes (vgl. hierzu § 28 Rn 25) überprüft werden, ob die Höhe des Barabfindungsangebotes den vollen wirtschaftlichen Wert der Anteilsrechte widerspiegelt und damit angemessen ist oder ob die Barabfindung zu niedrig bemessen ist.[49] Nimmt der Anteilsinhaber das Angebot fristgerecht (vgl. § 31 UmwG) ganz oder teilweise an, erwirbt insoweit der übernehmende Rechtsträger gegen Zahlung der Barabfindung diejenigen Anteile, die der Anteilsinhaber mit Wirksamwerden der Verschmelzung erworben hätte. Ist übernehmender Rechtsträger eine Personengesellschaft, scheidet der Anteilseigner gegen Abfindung aus.[50] **42**

---

[45] Überblick zu den Gestaltungsmöglichkeiten bei *Semler/Stengel* § 5 UmwG Rn 35 ff.

[46] *Schmitt/Hörtnagl/Stratz* § 29 UmwG Rn 9; *Reichert*, GmbHR 1995, 176, 188. – Zur Irrelevanz von bereits beim übertragenden Rechtsträger bestehenden Verfügungsbeschränkungen vgl. *Lutter* § 29 UmwG Rn 11; *Schmitt/Hörtnagl/Stratz* § 29 UmwG Rn 8.

[47] *Semler/Stengel* § 29 UmwG Rn 20 f.

[48] *Lutter* § 29 UmwG Rn 10; *Schmitt/Hörtnagl/Stratz* § 29 UmwG Rn 13; *Kallmeyer* § 29 UmwG Rn 13; *Schaub*, NZG 1998, 626, 628.

[49] Vgl. BVerfG ZIP 1999, 1436; BGH ZIP 2001, 734; *Schmitt/Hörtnagl/Stratz* § 30 UmwG Rn 3 ff.; *Semler/Stengel* § 30 UmwG Rn 4 ff.

[50] Zum Verhältnis der Barabfindung zu den Kapitalerhaltungsregeln beim Erwerb eigener Aktien oder GmbH-Anteile vgl. *Semler/Stengel* § 29 UmwG Rn 32 f.

43 Beim **up-stream-merger** ist ein Barabfindungsangebot gemäß § 29 UmwG nicht erforderlich, da es mangels Anteilstausches keine Relevanz erlangen kann.[51] Darüber hinaus kann mit ausdrücklichem Einverständnis aller beteiligten Anteilsinhaber von einem Barabfindungsangebot abgesehen werden, wenn beispielsweise feststeht, dass kein Anteilsinhaber ausscheiden will.[52]

44 Alternativ zu der Möglichkeit, durch Annahme des Barabfindungsangebotes im Zuge der Verschmelzung auszuscheiden, räumt § 33 UmwG den Anteilsinhabern des übertragenden Rechtsträgers das Recht ein, ihren Anteil an einen beliebigen Dritten frei und bis zum Ablauf der in § 31 UmwG genannten Frist trotz entgegenstehender Verfügungsbeschränkungen zu veräußern. Wegen des systematischen Zusammenhangs mit § 29 UmwG setzt die Veräußerung gemäß § 33 UmwG allerdings voraus, dass der Anteilsinhaber gegen den Verschmelzungsbeschluss Widerspruch zur Niederschrift erklärt hat.[53]

45 Selbständig neben dem Anspruch nach § 29 UmwG steht das Recht des persönlich haftenden Gesellschafters einer übertragenden oder übernehmenden Personengesellschaft, bei einem Widerspruch gegen den Verschmelzungsbeschluss in die Stellung des Kommanditisten zu wechseln (§ 43 Abs. 2 S. 3 UmwG).

46 • Bei einer **Verschmelzung durch Neugründung** muss der Verschmelzungsvertrag den Gesellschaftsvertrag der neu zu gründenden Gesellschaft enthalten oder feststellen (§ 37 UmwG). Der Gesellschaftsvertrag wiederum muss gemäß §§ 57, 74 UmwG die Festsetzungen über Sondervorteile, Gründungsaufwand, Sacheinlagen und -übernahmen, die in den Gesellschaftsverträgen der übertragenden Rechtsträger enthalten sind, übernehmen. Denn durch eine Verschmelzung durch Neugründung sollen die aktienrechtlichen Schutzvorschriften der §§ 26, 27 AktG, die unmittelbar für eine übertragende AG/KGaA, nach h. M. aber entsprechend auch für eine übertragende GmbH gelten, nicht umgangen werden können.[54]

47 • Neben den vorgenannten, grundsätzlich obligatorischen Angaben kann der Verschmelzungsvertrag weitere **fakultative Regelungen** enthalten wie beispielsweise zur Firma des übernehmenden Rechtsträgers (vgl. § 18 UmwG), zur Fortführung der Bilanzwerte (vgl. § 24 UmwG), Garantie- oder Gewährleistungsklauseln bezüglich der Bewertungsgrundlagen, Verpflichtungen zur Satzungsänderung, aufschiebende Bedingungen (beispielsweise Kartellrechtsvorbehalt, Vorbehalt der Zustimmung des Aufsichtsrates), auflösende Befristungen für den Fall der verzögerten Registereintragung, Schadensersatzregelungen, Kündigungsrechte,[55] Rück-

---

[51] *Lutter* § 29 UmwG Rn 19; *Kallmeyer* § 29 UmwG Rn 17.

[52] *Lutter* § 29 UmwG Rn 17; *Kallmeyer* § 29 UmwG Rn 17.

[53] *Lutter* § 33 UmwG Rn 5; *Kallmeyer* § 33 UmwG Rn 5; *Reichert*, GmbHR 1995, 176, 198.

[54] Zu Einzelheiten vgl. beispielsweise die Kommentierung von *Semler/Stengel* zu §§ 57, 74 UmwG.

[55] Eine gesetzliche Kündigungsmöglichkeit sieht § 7 UmwG für den Fall vor, dass eine aufschiebende Bedingung nicht binnen fünf Jahren seit Vertragsabschluss eintritt.

trittsvorbehalte,[56] salvatorische Klauseln, Schiedsabreden, Bestimmungen zur Kostentragung etc.[57] Auch diese Regelungen unterliegen grundsätzlich dem Formerfordernis nach § 6 UmwG.

cc) Information des Betriebsrats. Jeder der an der Verschmelzung beteiligten Rechtsträger muss den Verschmelzungsvertrag, gegebenenfalls einen (endgültigen) Entwurf, **spätestens einen Monat** vor dem Tag der Versammlung der Anteilsinhaber, welche über die Zustimmung zum Verschmelzungsvertrag zu beschließen hat, seinem nach BetrVG zuständigen **Betriebsrat** zuleiten (§ 5 Abs. 3 UmwG). Die Zuleitung und der Zugang sind durch Empfangsbekenntnis des Betriebsrat-Vorsitzenden zu dokumentieren. Der Nachweis über die rechtzeitige Zuleitung ist gemäß § 17 Abs. 1 UmwG der Anmeldung der Verschmelzung zur Registereintragung beizufügen und stellt somit eine Eintragungsvoraussetzung dar.[58] 48

Da die Verschmelzung zu einem Betriebsübergang gemäß § 613 a BGB führt, ist schließlich das den Arbeitnehmern zustehende **Widerspruchsrecht** und die hiermit im Zusammenhang stehende Informationsobliegenheit des Arbeitgebers gemäß § 613 a Abs. 5 und 6 BGB, § 324 UmwG zu beachten. Diese Informationsobliegenheit tritt selbständig neben die Pflicht zur Zuleitung des (Entwurfs des) Verschmelzungsvertrages an den Betriebsrat gemäß § 5 Abs. 3 UmwG.[59] 49

dd) Verschmelzungsbericht. Grundsätzlich müssen sämtliche Mitglieder[60] der Vertretungsorgane (Vorstand, Geschäftsführung) einer jeden an der Verschmelzung beteiligten Gesellschaft gemäß § 8 Abs. 1 UmwG spätestens bis zur Einberufung der Versammlungen, die über die Verschmelzung beschließen sollen, einen ausführlichen **schriftlichen Bericht** über die Verschmelzung erstatten. Ein gemeinsamer Bericht sämtlicher an der Verschmelzung beteiligten Gesellschaften ist möglich (§ 8 Abs. 1 S. 1 HS. 2 UmwG). Der Verschmelzungsbericht dient der Information der Anteilsinhaber und soll ihnen – sofern nicht berechtigte und gesondert zu begründende Geheimhaltungsinteressen entgegen stehen (vgl. § 8 Abs. 2 UmwG)[61] – eine Plausibilitätskontrolle bezüglich des gesamten Verschmelzungsvorgangs ermöglichen.[62] 50

---

[56] Vgl. *Körner/Rodewald*, BB 1999, 853.

[57] Überblick bei *Semler/Stengel* § 5 UmwG Rn 89 ff.

[58] Der Betriebsrat kann auf die Einhaltung der Monatsfrist verzichten, nicht aber auf die Zuleitung als solche, vgl. *Lutter* § 5 UmwG Rn 87 b, *Kallmeyer* § 5 UmwG Rn 76; a. A. *Widmann/Mayer* § 5 UmwG Rn 266.

[59] Kritisch hierzu *Gaul/Otto*, DB 2002, 634; *Bauer/Steinau-Steinrück*, ZIP 2002, 457. Bei der Verschmelzung muss der Widerspruch eines Arbeitnehmers der übertragenden Gesellschaft unwillkürlich zu einem betriebsbedingten Ausscheiden führen.

[60] So die h. M., beispielsweise *Kallmeyer* § 8 UmwG Rn 2; *Semler/Stengel* § 8 UmwG Rn 5; a. A. *Müller*, NJW 2000, 2001 f.

[61] Zu Einzelheiten vgl. *Semler/Stengel* § 8 UmwG Rn 66.

[62] OLG Hamm ZIP 1999, 798; OLG Düsseldorf ZIP 1999, 793; *Schmitt/Hörtnagl/Stratz* § 8 UmwG Rn 10; *Lutter* § 8 UmwG Rn 14; *Bayer*, ZIP 1997, 1613, 1619.

51 Dementsprechend hat der Verschmelzungsbericht die mit der Verschmelzung verfolgten betriebswirtschaftlichen Ziele, die Regelungen des Verschmelzungsvertrages und die Auswirkungen für die beteiligten Gesellschaften und die Anteilsinhaber unter Angabe der wesentlichen Gesichtspunkte zu erläutern und zu begründen. Die im Verschmelzungsbericht enthaltenen Informationen müssen zumindest so ausführlich sein, dass die Anteilsinhaber in der Lage sind zu beurteilen, ob sie angesichts der bestehenden Chancen und Risiken der Verschmelzung zustimmen wollen oder nicht.

52 Im Vordergrund stehen insbesondere das Umtauschverhältnis sowie ein eventuelles Barabfindungsangebot einschließlich einer Erläuterung der zugrunde liegenden Unternehmensbewertungen der an der Verschmelzung beteiligte Gesellschaften.[63] Die Anforderungen, die für eine börsennotierte AG gelten, dürfen jedoch nicht auf personalistisch strukturierte Unternehmen übertragen werden, da diese regelmäßig nicht in der Lage sind, eine vergleichbar umfangreiche Dokumentation zu erstellen.[64]

53 Bei Verschmelzungen im Rahmen einer Konzernbereinigung sind Verschmelzungsberichte eher selten. Für den Fall des up-stream-mergers (Verschmelzung einer 100 %igen Tochtergesellschaft auf ihre Muttergesellschaft) ergibt sich dies bereits aus § 8 Abs. 3 S. 1, 2. Alt. UmwG. Des Weiteren ist ein Verschmelzungsbericht nach § 8 Abs. 3 S. 1, 1. Alt. UmwG entbehrlich, wenn alle Anteilsinhaber aller beteiligten Rechtsträger durch notarielle Erklärung auf seine Erstattung verzichten. Ein einstimmiger Verschmelzungsbeschluss kann die gesondert abzugebenden Verzichtserklärungen allerdings nicht ersetzen.[65] Eines Verschmelzungsberichts bedarf es ebenfalls bei einer beteiligten OHG oder KG nicht, wenn sämtliche Gesellschafter auch zur Geschäftsführung berechtigt sind (vgl. § 41 UmwG).[66] Dem steht nach h. M. gleich, wenn sämtliche Kommanditisten einer typischen GmbH & Co. KG zugleich Geschäftsführer der Komplementär-GmbH sind.[67]

54 *ee) Verschmelzungsprüfung.* Die Prüfung des Verschmelzungsvertrages oder seines Entwurfs durch einen sachverständigen Prüfer dient dem Schutz der Anteilsinhaber der an der Verschmelzung beteiligten Rechtsträger. Eine Verschmelzungsprüfung muss nur durchgeführt werden, wenn das UmwG eine solche Prüfung für den jeweils gesondert zu betrachtenden beteiligten Rechtsträger verlangt und sie nicht aus anderen Gründen entbehrlich ist (vgl. § 9 UmwG).

55 Die Verschmelzung einer **AG/KGaA** unterliegt einer generellen Pflichtprüfung (vgl. §§ 60 Abs. 1, 78 UmwG). Bei der OHG und KG so-

---

[63] Einzelheiten bei *Sagasser/Bula/Brünger* Umwandlungen J Rn 82 ff.; *Semler/Stengel* § 8 UmwG Rn 11 ff.

[64] Vgl. *Lutter* § 8 UmwG Rn 14; *Sagasser/Bula/Brünger* Umwandlungen J Rn 82. – Zu den Folgen eines fehlerhaften Berichts vgl. *Semler/Stengel* § 8 UmwG Rn 76 ff.

[65] *Kallmeyer* § 8 UmwG Rn 38.

[66] Zum Verhältnis zwischen § 41 und § 8 Abs. 3 UmwG vgl. *Lutter* § 41 UmwG Rn 7.

[67] So *Schmitt/Hörtnagl/Stratz* § 41 UmwG Rn 3; *Kallmeyer* § 41 UmwG Rn 2; a. A. *Lutter* § 41 UmwG Rn 6.

wie bei der GmbH findet eine Verschmelzungsprüfung nur auf Verlangen eines Gesellschafters statt (vgl. §§ 44, 48 UmwG). Enthält der Verschmelzungsvertrag ein **Barabfindungsangebot** im Sinne des § 29 UmwG, ordnet § 30 Abs. 2 S. 1 UmwG eine rechtsformunabhängige generelle Prüfungspflicht an.

Inhaltlich bezieht sich die Verschmelzungsprüfung insbesondere auf **56** die formelle und materielle Vollständigkeit des Verschmelzungsvertrages und vor allem auf die **Angemessenheit des Umtauschverhältnisses** und/oder des Barabfindungsangebotes.[68]

Die Verschmelzungsprüfung ist – wie der Verschmelzungsbericht – bei **57** Verschmelzungen zur Konzernbereinigung nur selten erforderlich. Beim up-stream-merger (Verschmelzung einer 100 %igen Tochtergesellschaft auf ihre Muttergesellschaft) entfällt die Notwendigkeit einer Verschmelzungsprüfung bereits nach § 9 Abs. 2 UmwG. Infolge der Verweisung des § 9 Abs. 3 auf § 8 Abs. 3 UmwG, die wegen der Regelung des § 9 Abs. 2 UmwG teilweise überflüssig ist, können die Anteilsinhaber auch auf die Verschmelzungsprüfung durch notariell beurkundete Erklärung verzichten; Bedeutung hat dies lediglich für die Rechtsformen der AG/KGaA. Soll die Prüfung der Angemessenheit des Barabfindungsangebotes unterbleiben, müssen rechtsformunabhängig die jeweiligen Anteilsinhaber eine notariell zu beurkundende Verzichtserklärung abgeben (§ 30 Abs. 2 S. 3 UmwG).

ff) Vorbereitung einer Kapitalerhöhung. Zur Durchführung der Verschmel- **58** zung müssen regelmäßig neue Anteile durch Kapitalerhöhung geschaffen werden. Hierbei handelt es sich um eine **Kapitalerhöhung gegen Sacheinlage**; Einlagegegenstand sind sämtliche Aktiva und Passiva des übertragenden Rechtsträgers.[69]

Das verschmelzungsbedingte Kapitalerhöhungsverfahren bestimmt sich **59** grundsätzlich nach den allgemeinen Vorschriften des GmbHG und des AktG über eine ordentliche Sachkapitalerhöhung.[70] Die §§ 53, 55 UmwG für die GmbH und die §§ 66, 69, 78 UmwG für die AG/KGaA bestimmen jedoch Besonderheiten. Beispielsweise ist bei einer GmbH entgegen § 55 Abs. 1 GmbHG keine Übernahmeerklärung, bei der AG/KGaA entgegen § 185 Abs. 1 AktG keine Zeichnungserklärung erforderlich, da die notwendigen Angaben bereits im Verschmelzungsvertrag enthalten sind (vgl. §§ 55, 69 UmwG).[71] Ferner wird die bei einer AG/KGaA gemäß § 183 Abs. 3 AktG bestehende Pflicht zur Prüfung von Sacheinlagen erheblich eingeschränkt (vgl. § 69 Abs. 1 UmwG).

Zwischen der Kapitalerhöhung und der Verschmelzung besteht eine **60** **wechselseitige Wirksamkeitsverknüpfung**.[72] Die Kapitalerhöhung wird

---

[68] Zu Einzelheiten des Prüfungsumfangs vgl. *Semler/Stengel* § 9 UmwG Rn 25 ff.; *Sagasser/Bula/Brünger* Umwandlungen J Rn 105 ff.

[69] *Schmitt/Hörtnagl/Stratz* § 55 UmwG Rn 3.

[70] Zulässig ist jedoch auch die Ausnutzung eines genehmigten Kapitals, sofern dort eine Erhöhung gegen Sacheinlagen vorgesehen ist.

[71] Ausführlich zu den Besonderheiten bei der GmbH *Semler/Stengel* § 55 UmwG Rn 14 ff.; zur AG vgl. *Semler/Stengel* § 68 UmwG Rn 4 ff.

[72] *Lutter* § 53 UmwG Rn 4; *Widmann/Mayer* § 53 UmwG Rn 6.

als solche erst mit Wirksamkeit der Verschmelzung wirksam (vgl. § 20 Abs. 1 Nr. 3 UmwG). Zugleich kann die Verschmelzung nicht vor der Kapitalerhöhung wirksam werden, da andernfalls die zu gewährenden neuen Anteile nicht zur Verfügung stünden. Folgerichtig bestimmen § 53 UmwG für die GmbH und § 66 UmwG für die AG, dass die Verschmelzung erst eingetragen werden darf, nachdem die Durchführung der Erhöhung des Stamm- bzw. Grundkapitals im Register eingetragen worden ist.

61 Die Bestimmung des **Kapitalerhöhungsbetrages** hängt bei der verschmelzungsbedingten Kapitalerhöhung von einer Vielzahl von Faktoren ab.[73] Plant der übernehmende Rechtsträger vor Wirksamwerden der Verschmelzung eigene Anteile zu erwerben, empfiehlt sich ein Kapitalerhöhungsbeschluss mit einem variablen Erhöhungsbetrag innerhalb einer vorgegebenen Bandbreite („Erhöhung um bis zu").[74] Die endgültige Festsetzung des Kapitalerhöhungsbetrages erfolgt dann in der Anmeldung. Stets stellt der Buchwert des übertragenen Vermögens eine Obergrenze dar, wenn der übernehmende Rechtsträger gemäß § 24 UmwG die Buchwerte der Schlussbilanz des übertragenden Rechtsträgers fortführt. Gegebenenfalls ist die Differenz zwischen dem Kapitalerhöhungsbetrag und dem Nettovermögen des übertragenden Rechtsträgers in die Kapitalrücklage gemäß § 272 Abs. 2 Nr. 1 HGB einzustellen.[75] Zugleich folgt aus dem **Verbot der Unter-pari-Emission**, dass der tatsächliche Wert des übertragenen Vermögens mindestens dem Nennbetrag der Kapitalerhöhung (zuzüglich barer Zuzahlungen) entsprechen muss; die Verschmelzung eines überschuldeten Rechtsträgers mit Kapitalerhöhung[76] bei der übernehmenden Gesellschaft ist ausgeschlossen.[77] Schließlich muss sich der Kapitalerhöhungsbetrag daran orientieren, dass der Anspruch eines jeden Anteilsinhabers auf Gewährung der neuen Anteile am übernehmenden Rechtsträger unter Beachtung der gesetzlichen Grenzen der Mindeststückelung erfüllt werden kann.[78] Freie Spitzen können durch bare Zuzah-

---

[73] Vgl. *Semler/Stengel* § 55 UmwG Rn 4 ff.

[74] Wie hier *Lutter* § 55 UmwG Rn 8; *Semler/Stengel* § 55 UmwG Rn 5; § 69 UmwG Rn 4; anders jedoch *Schmitt/Hörtnagl/Stratz* § 55 UmwG Rn 12, die einen Festbetrag verlangen.

[75] *Widmann/Mayer* § 55 UmwG Rn 5.

[76] Die Verschmelzung eines überschuldeten Rechtsträgers ohne Kapitalerhöhung bei der übernehmenden Gesellschaft, beispielsweise einer 100 %igen Tochtergesellschaft auf ihre Muttergesellschaft, ist jedoch zulässig, ebenso wie die Verschmelzung auf einen überschuldeten übernehmenden Rechtsträger. Im letzteren Fall stellt sich allerdings das Problem der Angemessenheit des Umtauschverhältnisses.

[77] Entgegen der Auffassung des OLG Frankfurt ZIP 1998, 1191, ist es nach überwiegender Auffassung in der Literatur (vgl. *Semler/Stengel* § 5 UmwG Rn 8; *Widmann/Mayer* § 5 UmwG Rn 56.7; *Sagasser/Bula/Brünger* Umwandlungen J Rn 27, 131) zulässig, wenn zwei übertragende Rechtsträger, von denen einer überschuldet und der andere „gesund" ist und deren saldiertes Gesamtvermögen positiv ist, verschmolzen werden. Es handelt sich um einen einheitlichen Vorgang, der nicht für jeden einzelnen übertragenden Rechtsträger isoliert betrachtet werden darf.

[78] Vgl. BGH ZIP 1998, 692, 693; DB 1999, 1747; *Semler/Stengel* § 5 UmwG Rn 11 (Hinweis auf gesellschaftsrechtliche Treuepflicht und den Grundsatz der Mitgliederidentität).

lungen aus dem Vermögen der übernehmenden Gesellschaft ausgeglichen werden (vgl. §§ 54 Abs. 4, 68 Abs. 3 UmwG). Wenn trotz Mindeststückelung eine verhältnismäßige Beteiligung nicht erreicht werden kann (insbesondere bei Kleinstanteilen), scheidet der betroffene Anteilsinhaber gegen Gewährung einer Barabfindung entsprechend § 29 UmwG aus.[79]

Verfügt die übernehmende Gesellschaft über **eigene Anteile** oder hält der übertragende Rechtsträger – wie beim **down-stream-merger** – bereits Anteile am übernehmenden Rechtsträger, auf welche die Einlagen bereits in voller Höhe geleistet sind und die im Rahmen der Verschmelzung auf die übernehmende Gesellschaft übergehen, ist eine Kapitalerhöhung bei der übernehmenden Gesellschaft zur Durchführung der Verschmelzung nicht zwingend erforderlich. Gleiches gilt, wenn ein **Dritter** dem übernehmenden Rechtsträger **Anteile zur Verfügung stellt**, die den Anteilsinhabern des übertragenden Rechtsträgers gewährt werden können.[80] In diesen Fällen steht es im freien Ermessen der übernehmenden Gesellschaft, die bereits vorhandenen Anteile – gegebenenfalls nach einer Neustückelung gemäß § 54 Abs. 3 UmwG – zu gewähren und/oder neue Anteile durch eine verschmelzungsbedingte Kapitalerhöhung entsprechend den vorgenannten Regelungen zu schaffen (**Kapitalerhöhungswahlrecht**, vgl. §§ 54 Abs. 1 S. 2, 68 Abs. 1 S. 2 UmwG). Ein Verzicht der Anteilsinhaber des übertragenden Rechtsträgers kann eine Kapitalerhöhung nicht entbehrlich machen. 62

Demgegenüber ist die verschmelzungsbedingte **Kapitalerhöhung** in den von §§ 54 Abs. 1 S. 1, 68 Abs. 1 S. 1 UmwG geregelten Fällen, in denen die Vermögensübertragung durch Verschmelzung nicht zu einer realen Einlage bei der übernehmenden Gesellschaft führt, generell **unzulässig**.[81] Hiervon erfasst ist insbesondere die Durchführung eines **up-stream-mergers** (§§ 54 Abs. 1 S. 1 Nr. 1, 68 Abs. 1 S. 1 Nr. 1 UmwG), während es bei der Durchführung eines side-stream-mergers nach dem eindeutigen Gesetzeswortlaut bei den oben dargestellten Regelungen zur verschmelzungsbedingten Kapitalerhöhung bleibt (vgl. § 30 Rn 58 ff.). 63

Bei der Verschmelzung durch Neugründung gelten gemäß § 36 Abs. 2 UmwG die für die Rechtsform des neuen Rechtsträgers geltenden Gründungsvorschriften. Vorbehaltlich der Regelungen der §§ 58 Abs. 2, 75 Abs. 2, 78 UmwG sind bei einer GmbH und AG/KGaA somit auch ein (Sach-)Gründungsbericht mit erweitertem Inhalt (bezüglich Geschäftsverlauf und Lage der übertragenden Rechtsträger, vgl. §§ 58 Abs. 1, 75 Abs. 1 UmwG) sowie bei AG/KGaA auch eine Gründungsprüfung erforderlich.[82] 64

---

[79] Vgl. *Lutter* § 54 UmwG Rn 37; *Kallmeyer* § 46 UmwG Rn 3 a; § 54 UmwG Rn 12; *Schmitt/Hörtnagl/Stratz* § 54 UmwG Rn 17.

[80] *Kallmeyer* § 54 UmwG Rn 8 b; *Lutter* § 54 UmwG Rn 15, wonach es für die Anteilsgewährung gemäß § 20 Abs. 1 Nr. 3 UmwG genügt, wenn der Dritte aufschiebend bedingt durch das Wirksamwerden der Verschmelzung die Anteile unmittelbar auf die Anteilsinhaber des übertragenden Rechtsträgers überträgt.

[81] *Kallmeyer* § 54 UmwG Rn 4 ff.

[82] Vgl. zur Parallele bei der Ausgliederung die Ausführungen unter § 29 Rn 26.

65 *gg) Vorbereitung und Einberufung der Versammlung der Anteilsinhaber.* Entsprechend § 13 Abs. 1 S. 2 UmwG müssen die Anteilsinhaber der an der Verschmelzung beteiligten Gesellschaften in einer Versammlung über die Zustimmung zum Verschmelzungsvertrag abstimmen; eine Beschlussfassung im Umlaufverfahren ist nicht möglich. Für die Form und Frist der Einberufung gelten die allgemeinen gesetzlichen und statuarischen Bestimmungen, die das UmwG rechtsformspezifisch modifiziert. Die Einberufung muss darauf hinweisen, dass die Zustimmung zum Verschmelzungsvertrag Gegenstand der Beschlussfassung ist.[83]

66 Bei OHG, KG und GmbH sind der Verschmelzungsvertrag oder sein Entwurf, der Verschmelzungsbericht und – über den Wortlaut hinaus – ein gegebenenfalls vorhandener Verschmelzungsprüfungsbericht[84] den (bei OHG und KG: von der Geschäftsführung ausgeschlossenen) **Gesellschaftern** spätestens zusammen mit der Einberufung zur Versammlung **zu übersenden** (§§ 42, 47 UmwG). Bei einer AG tritt an die Stelle der Übersendung des Verschmelzungsvertrages oder seines Entwurfs die **Einreichung zum Handelsregister** mit Bekanntmachung gemäß § 61 UmwG.[85] Darüber hinaus sind bei einer GmbH die in § 49 Abs. 2 UmwG und bei einer AG/KGaA (vgl. § 78 UmwG) die in § 63 UmwG genannten Unterlagen (hierzu gehört neben den Jahresabschlüssen und Lageberichten der beteiligten Rechtsträger für die letzten drei Geschäftsjahre[86] möglicherweise auch eine gesondert aufzustellende Zwischenbilanz,[87] vgl. § 63 Abs. 1 Nr. 3, Abs. 2 UmwG) ab der Einberufung zur Ansicht der Gesellschafter in den Geschäftsräumen der Gesellschaft[88] – und bei der AG/KGaA auch während der Hauptversammlung (vgl. §§ 64 Abs. 1, 78 UmwG) – auszulegen.

67 Hält eine übernehmende AG unmittelbar mindestens 90 % aller Anteile an der übertragenden Kapitalgesellschaft, so ist bei ihr gemäß § 62 Abs. 1 UmwG ein Verschmelzungsbeschluss und folglich auch das oben beschriebene Vorgehen nicht erforderlich, sofern nicht eine Minderheit von Aktionären (vgl. § 62 Abs. 2 UmwG) die Einberufung der Hauptversammlung verlangt.[89]

68 Ferner ist in der Einberufung entsprechend den allgemeinen gesellschaftsrechtlichen Regeln auf weitere Punkte wie beispielsweise den verschmelzungsbedingten Kapitalerhöhungsbeschluss oder auf sonstige Satzungsänderungen hinzuweisen, sofern sie – wie in der Praxis üblich – in der gleichen Versammlung wie die Verschmelzung abgehandelt werden.

---

[83] Für die GmbH ausdrücklich in § 49 Abs. 1 UmwG geregelt.

[84] *Kallmeyer* § 42 UmwG Rn 3.

[85] Umstritten ist, ob auf die Einreichung verzichtet werden kann, vgl. *Semler/Stengel* § 61 UmwG Rn 17 (bejahend); *Kallmeyer* § 61 UmwG Rn 2; *Widmann/Mayer* § 61 UmwG Rn 7 (verneinend).

[86] Hierzu *Vetter*, NZG 1999, 925.

[87] Hierzu *Semler/Stengel* § 63 UmwG Rn 13 ff.

[88] Auf Verlangen erhalten die Aktionäre gemäß § 63 Abs. 3 UmwG unverzüglich und kostenlos eine Abschrift, vgl. *Leuering*, ZIP 2000, 2053.

[89] In diesem Fall gilt § 62 Abs. 3 UmwG.

Bei Konzernverschmelzungen kann häufig auf die **formale Einberufung** von Gesellschafter- bzw. Hauptversammlungen **verzichtet** werden (Vollversammlung, vgl. § 51 GmbHG, § 121 Abs. 6 AktG). Bei der OHG und KG lässt sich ein vergleichbares Ergebnis erzielen. Dort können die Anteilsinhaber den Verschmelzungsbeschluss unter ausdrücklichem Verzicht auf die vorherige Übersendung der Verschmelzungsunterlagen fassen.[90] **69**

b) Beschlussphase. Hier stehen die Verschmelzungsbeschlüsse der Anteilsinhaber der beteiligten Rechtsträger im Mittelpunkt, ferner die gegebenenfalls zusätzlich erforderlichen Zustimmungs- und Verzichtserklärungen sowie weitere Beschlüsse im Zusammenhang mit der Durchführung der Verschmelzung. **70**

aa) Verschmelzungsbeschluss. Die Verschmelzung greift mittelbar in die Vermögenssphäre der Anteilsinhaber der beteiligten Rechtsträger ein. Daher wird der Verschmelzungsvertrag nur wirksam, wenn die Anteilsinhaber eines jeden beteiligten Rechtsträgers durch Verschmelzungsbeschluss zugestimmt haben (§ 13 Abs. 1 UmwG). Bis dahin ist der Verschmelzungsvertrag schwebend unwirksam.[91] Lediglich im Sonderfall des § 62 UmwG entfällt bei einer übernehmenden AG das Erfordernis eines Verschmelzungsbeschlusses (vgl. § 30 Rn 67). **71**

Die **Mehrheitserfordernisse** für die zu fassenden Beschlüsse hängen von der Rechtsform des beteiligten Rechtsträgers ab. Die Gesellschafter einer beteiligten Kapitalgesellschaft müssen den Verschmelzungsbeschluss jeweils und vorbehaltlich strengerer Regelungen in Gesellschaftsvertrag oder Satzung mit einer Mehrheit von mindestens drei Vierteln der abgegebenen Stimmen (bei einer beteiligten GmbH) oder des bei der Beschlussfassung vertretenen Grundkapitals (bei einer beteiligten AG) fassen (§§ 50, 65 UmwG; bei einer AG ist zudem für jede Aktiengattung ein Sonderbeschluss mit gleicher Mehrheit notwendig). Bei einer Personenhandelsgesellschaft verlangt das Gesetz die Zustimmung sämtlicher in der Gesellschafterversammlung anwesenden Gesellschafter, aber auch von den nicht erschienenen Gesellschaftern[92] (außerhalb der Gesellschafterversammlung), es sei denn, dass nach dem Gesellschaftsvertrag eine andere Mehrheit von mindestens drei Vierteln der abgegebenen Stimmen genügt (§ 43 UmwG).[93] **72**

Die Anteilsinhaber können den Verschmelzungsbeschluss, der gemäß § 13 Abs. 3 UmwG **notariell zu beurkunden** ist, vor oder nach Abschluss des Verschmelzungsvertrages fassen. Im Übrigen gelten für die Beschlussfassung und die Stimmrechtsausübung die rechtsformabhängigen **73**

---

[90] *Lutter* § 42 UmwG Rn 3.

[91] *Schmitt/Hörtnagl/Stratz* § 13 UmwG Rn 8.

[92] Zur positiven Stimmpflicht aufgrund der allgemeinen gesellschaftsrechtlichen Treuepflicht in besonders gelagerten Fällen vgl. *Schmitt/Hörtnagel/Stratz* § 43 UmwG Rn 7; allgemein BGH NJW 1998, 974.

[93] Zum Bestimmtheitserfordernis vgl. *Kallmeyer* § 43 UmwG Rn 8; *Lutter* § 42 UmwG Rn 17.

gesetzlichen und statutarischen Bestimmungen.[94] Einer materiellen Beschlusskontrolle unterliegt der Verschmelzungsbeschluss nicht.[95]

74 *bb) Weitere Zustimmungserfordernisse.* Berührt die Verschmelzung bestehende Sonderrechte von Anteilsinhabern, etwa bezüglich der Übertragung von Anteilen am übertragenden Rechtsträger, bezüglich der Geschäftsführung oder der Bestellung von Geschäftsführern (vgl. §§ 13 Abs. 2, 50 Abs. 2 UmwG) oder vergrößert sich durch die Verschmelzung das Haftungsrisiko einzelner Anteilsinhaber (vgl. §§ 40 Abs. 2, 51 Abs. 1, 78 UmwG), müssen die betroffenen Anteilsinhaber gesondert ihre Zustimmung zur Verschmelzung erklären.

75 Ferner ist eine Zustimmungspflicht in entsprechender Anwendung des § 13 Abs. 2 UmwG für diejenigen Fälle anzunehmen, in denen der Gesellschaftsvertrag des übernehmenden Rechtsträgers den neu hinzutretenden Anteilsinhabern mehr Pflichten auferlegt, als dies beim übertragenden Rechtsträger der Fall war, wie etwa bezüglich eines Wettbewerbsverbotes oder einer Nachschusspflicht.[96] Ein genereller Zustimmungsvorbehalt zugunsten der Inhaber von statuarischen Sonderrechten besteht jedoch nicht. Auch die gesonderten Zustimmungserklärungen bedürfen gemäß § 13 Abs. 3 UmwG jeweils der notariellen Beurkundung.

76 *cc) Sonstige Beschlüsse.* In derselben Versammlung der übernehmenden Gesellschaft, die über die Zustimmung zum Verschmelzungsvertrag entscheidet, wird regelmäßig auch der Beschluss über die gegebenenfalls erforderliche verschmelzungsbedingte Kapitalerhöhung sowie über weitere Satzungsänderungen gefasst. Hierfür gelten die allgemeinen gesetzlichen und statuarischen Regeln und Mehrheitserfordernisse.

77 Bei der Verschmelzung durch Neugründung sind ferner die §§ 59, 76 UmwG zu beachten. Hiernach ist insbesondere die Zustimmung der Anteilsinhaber der übertragenden Rechtsträger zum Gesellschaftsvertrag oder zur Satzung der neuen GmbH/AG/KGaA erforderlich; ferner sind die ersten Aufsichtsräte zu wählen.

78 *dd) Beurkundung des Verschmelzungsvertrages.* Der Verschmelzungsvertrag ist vor oder nach den Zustimmungsbeschlüssen notariell zu beurkunden. Häufig kann dies in einem Notartermin erfolgen.

79 *ee) Verzichtserklärungen.* Bei Konzernverschmelzungen ist es der Regelfall, dass die Anteilseigner auf ihr Recht zur Erhebung der Klage gegen die Wirksamkeit des Verschmelzungsbeschlusses verzichten. Ein derartiger Verzicht, der ebenfalls der notariellen Beurkundung bedarf (vgl. § 16 Abs. 2 UmwG), dient der Beschleunigung des Eintragungsverfahrens. Neben dem Anfechtungsverzicht werden häufig auch die Verzichtserklärungen bezüglich des Verschmelzungsberichts (§ 8 Abs. 3 UmwG), bezüg-

---

94 *Lutter* § 13 UmwG Rn 5; *Widmann/Mayer* § 13 UmwG Rn 8 ff.

95 Hierzu BGHZ 71, 40; *Kallmeyer* § 13 UmwG Rn 12; *Binnewies*, GmbHR 1997, 727 ff.

96 Überblick bei *Semler/Stengel* § 13 UmwG Rn 53 ff.; *Lutter* § 13 UmwG Rn 29 f.

lich der Verschmelzungsprüfung (§§ 9 Abs. 3, 8 Abs. 3 UmwG) sowie bezüglich der Prüfung eines Barabfindungsangebotes (§ 30 Abs. 2 UmwG) in notariell beurkundeter Form abgegeben.

c) Vollzugsphase. Die Verschmelzung wird erst wirksam, wenn sie in das Register des Sitzes eines jeden beteiligten Rechtsträgers eingetragen worden ist. Hierbei ist besonders auf eine ordnungsgemäße Anmeldung zu achten, die das registergerichtliche Eintragungsverfahren in Gang setzt. **80**

aa) Registeranmeldung. Bei einer Verschmelzung mit mehreren übertragenden Rechtsträgern ist zu empfehlen, dass gemäß § 16 Abs. 1 S. 2 UmwG das **Vertretungsorgan des übernehmenden Rechtsträgers** die Verschmelzung nicht nur beim Register am Sitz des übernehmenden Rechtsträgers, sondern auch bei den jeweiligen Registern am Sitz der übertragenden Rechtsträger anmeldet.[97] Mit einer „Anmeldung aus einer Hand" werden Fehlerquellen vermieden, die gegebenenfalls zu Zwischenverfügungen führen können. In der notariell zu beglaubigenden Anmeldung (§ 12 HGB) sind die Art der Verschmelzung (zur Aufnahme oder zur Neugründung) unter Bezeichnung von Firma und Sitz der beteiligten Rechtsträger sowie die Grundlage des Verschmelzungsvorgangs (Verschmelzungsvertrag, Verschmelzungsbeschlüsse) klar und bestimmt anzugeben.[98] **81**

Die Anmeldung sollte unverzüglich erfolgen; fehlende Unterlagen sind gegebenenfalls nachzureichen. Aus § 17 Abs. 2 UmwG ergibt sich für den übertragenden Rechtsträger eine **Anmeldefrist von acht Monaten** seit dem Verschmelzungsbilanzstichtag. Beim übernehmenden Rechtsträger gilt diese Frist nicht.[99] **82**

Bei der Anmeldung müssen die Vertretungsorgane diverse Erklärungen und Negativerklärungen abgeben. § 16 Abs. 2 UmwG verlangt, sofern nicht sämtliche Anteilsinhaber auf die Klage gegen die Wirksamkeit des Verschmelzungsbeschlusses verzichtet haben (vgl. § 30 Rn 79), eine Erklärung darüber, dass eine solche Klage nicht oder nicht fristgerecht (vgl. § 14 Abs. 1 UmwG) erhoben worden ist. Eine ordnungsgemäß erhobene Klage führt zu einer faktischen Registersperre. Die hierdurch eintretende Verzögerung der Eintragung lässt sich im Wege des **Unbedenklichkeitsverfahrens** gemäß § 16 Abs. 3 UmwG beseitigen (§ 29 Rn 41). Gemäß § 52 UmwG müssen schließlich sämtliche Mitglieder der Vertretungsorgane der beteiligten Rechtsträger höchstpersönlich erklären, dass die gemäß § 51 UmwG erforderlichen Zustimmungserklärungen der Gesellschafter tatsächlich vorliegen (vgl. § 30 Rn 74). **83**

Zum Handelsregister am Sitz der übernehmenden Kapitalgesellschaft ist zudem die gegebenenfalls erforderliche verschmelzungsbedingte **Kapitalerhöhung** anzumelden. Hierfür gelten die allgemeinen Regeln. **84**

---

[97] Zur Anmeldung bei der Verschmelzung durch Neugründung vgl. § 38 UmwG.

[98] *Semler/Stengel* § 16 UmwG Rn 3.

[99] *Semler/Stengel* § 16 UmwG Rn 5; *Kallmeyer* § 16 UmwG Rn 10; *Bartovics*, GmbHR 1996, 514.

85 *bb) Erforderliche Anlagen.* § 17 UmwG verlangt, dass zusammen mit der Anmeldung verschiedene Unterlagen einzureichen sind. Hierzu gehören der Verschmelzungsvertrag, die Niederschriften über die Verschmelzungsbeschlüsse, im Einzelfall erforderliche Zustimmungserklärungen einzelner Anteilsinhaber, der Verschmelzungsbericht und der Verschmelzungsprüfungsbericht oder entsprechende Verzichtserklärungen sowie ein Nachweis über die rechtzeitige Zuleitung des (Entwurfs des) Verschmelzungsvertrages an den zuständigen Betriebsrat. Ferner ist der Anmeldung der Verschmelzung zum Register des Sitzes jedes der übertragenden Rechtsträger eine Schlussbilanz beizufügen (vgl. § 30 Rn 25). Zusätzliche Nachweiserfordernisse können sich aus § 62 Abs. 3 UmwG sowie aus § 71 Abs. 1 S. 2 UmwG ergeben.

86 Zum Handelsregister der übernehmenden Gesellschaft sind ferner die für die Durchführung einer gegebenenfalls verschmelzungsbedingten Kapitalerhöhung sowie für weitere Satzungsänderungen erforderlichen Unterlagen einzureichen. Hierfür gelten die allgemeinen Regelungen (vgl. § 57 Abs. 3 GmbHG, § 188 Abs. 3 AktG).

87 *cc) Reihenfolge der Eintragung.* Die Registergerichte sind an die vom Gesetz vorgeschriebene **Reihenfolge** der Eintragungen gebunden.[100]

88 Zunächst muss beim Handelsregister der übernehmenden Gesellschaft gemäß §§ 53, 66 UmwG – soweit erforderlich – die Durchführung der verschmelzungsbedingten Kapitalerhöhung eingetragen werden. Sodann ist in den Registern der übertragenden Rechtsträger die Verschmelzung mit dem Vermerk einzutragen, dass die Verschmelzung erst mit Eintragung in das Register des übernehmenden Rechtsträgers wirksam wird (§ 19 Abs. 1 UmwG). Schließlich erfolgt die Eintragung der Verschmelzung beim Register des übernehmenden Rechtsträgers. Das dortige Registergericht macht die Verschmelzung im Bundesanzeiger und einem weiteren Blatt bekannt (§ 19 Abs. 3 UmwG). An die zuletzt erfolgte Bekanntmachung knüpft das UmwG den **Beginn folgender Fristen**: die Zweimonats-Frist für die Annahme des Barabfindungsangebotes gemäß § 31 UmwG, die Dreimonatsfrist für den Antrag auf gerichtliche Entscheidung im Spruchverfahren gemäß den Regelungen des Spruchverfahrensgesetzes; weiterhin die Sechsmonatsfrist für die Anmeldung der Gläubigeransprüche gemäß § 22 Abs. 1 UmwG und die Fünfjahresfrist für die Geltendmachung von Schadensersatzansprüchen gemäß §§ 25 Abs. 3, 27 UmwG sowie betreffend die Nachhaftung eines persönlich haftenden Gesellschafters gemäß § 45 Abs. 2 UmwG.

89 *dd) Wirkungen der Eintragung.* Mit der Eintragung der Verschmelzung in das Register des übernehmenden Rechtsträgers **geht** das **Vermögen** des übertragenden Rechtsträgers **als Gesamtheit** auf den übernehmenden Rechtsträger kraft Gesetzes **über** (§ 20 Abs. 1 Nr. 1 UmwG). Die übergehenden Vermögensteile müssen zum Vermögen des übertragenden

---

[100] Zur Prüfung der formellen und materiellen Eintragungsvoraussetzungen durch das Registergericht gemäß den allgemeinen FGG-Grundsätzen vgl. *Schmitt/Hörtnagl/Stratz* § 19 UmwG Rn 8 f.

Rechtsträgers gehört haben; ein gutgläubiger Erwerb durch den übernehmenden Rechtsträger scheidet nach h. M. aus.[101]

Der **Übergang erfasst** bewegliche und unbewegliche Sachen (zur Grundbuchberichtigung vgl. § 894 BGB), dingliche Rechte, Forderungen, Immaterialgüterrechte, öffentlich-rechtliche Konzessionen, Verbindlichkeiten, ebenso wie im Ausland belegenes Vermögen. Erkennt das ausländische Recht den Vermögensübergang durch Gesamtrechtsnachfolge bezüglich der im **Ausland belegenen Vermögensgegenstände** nicht an, sollten noch vor Wirksamwerden der Verschmelzung die betreffenden Vermögensgegenstände im Wege der Einzelrechtsnachfolge nach den Bestimmungen des ausländischen Rechts auf den übernehmenden Rechtsträger übertragen werden.[102] Auch schwebende Verträge werden grundsätzlich mit dem übernehmenden Rechtsträger als neuer Vertragspartei fortgesetzt. **90**

Unternehmensverträge im Sinne der §§ 291 ff. AktG zwischen übertragendem und übernehmendem Rechtsträger erlöschen. Bestehende Unternehmensverträge mit Dritten, bei denen der übertragende Rechtsträger herrschendes Unternehmen ist, gehen auf den übernehmenden Rechtsträger über. Ist der übertragende Rechtsträger hingegen abhängiges Unternehmen, endet der Unternehmensvertrag im Zuge der Verschmelzung.[103] Unternehmensverträge, bei denen die übernehmende Gesellschaft Vertragspartei ist, bleiben von der Verschmelzung unberührt. **91**

Der **übertragende Rechtsträger erlischt** ohne Abwicklung (§ 20 Abs. 1 Nr. 2 UmwG), ebenso enden die Organstellungen der Vorstände, Aufsichtsräte und Geschäftsführer. Bestehende Rechte Dritter an den Anteilen des übertragenden Rechtsträgers setzen sich im Wege der gesetzlichen Surrogation an den neu gewährten Anteilen am übernehmenden Rechtsträger fort (§ 20 Abs. 1 Nr. 3 S. 2 UmwG). **92**

Überdies hat die Eintragung in das Register beim übernehmenden Rechtsträger gemäß § 20 Abs. 1 Nr. 4 UmwG **Heilungswirkung** hinsichtlich etwaiger Beurkundungsmängel des Verschmelzungsvertrages sowie erforderlicher Zustimmungs- und Verzichtserklärungen einzelner Anteilsinhaber. Zudem tritt im Ergebnis gemäß § 20 Abs. 2 UmwG eine Heilung auch bezüglich anderer Mängel des Verschmelzungsvorgangs ein. § 20 Abs. 2 UmwG räumt damit dem Interesse der Rechtssicherheit Vorrang ein, indem er eine Rückabwicklung des Verschmelzungsvorgangs wegen anderer, später bekannt werdender Mängel ausschließt. Hiervon umfasst sind beispielsweise inhaltliche Mängel des Verschmelzungsvertrages, der Verschmelzungsbeschlüsse, eventueller Zustimmungserklärungen, aber auch Mängel eines verschmelzungsbedingten Kapitalerhöhungsbeschlusses.[104] Eventuelle Schadensersatzansprüche gegen die jeweils Verantwortlichen (vgl. §§ 25 bis 27 UmwG) bleiben allerdings unberührt. **93**

---

[101] *Kallmeyer* § 20 UmwG Rn 4; *Lutter* § 20 UmwG Rn 11.

[102] *Semler/Stengel* § 20 UmwG Rn 10.

[103] Ausführlich *Kallmeyer* § 20 UmwG Rn 18 ff.

[104] Zu Einzelheiten vgl. *Semler/Stengel* § 20 UmwG Rn 90 ff. m. w. N.

94 *ee) Spruchverfahren, Gläubigerschutz, Nachhaftung.* Gemäß § 14 Abs. 2 UmwG können Anteilsinhaber des übertragenden Rechtsträgers eine Klage gegen die Wirksamkeit des Verschmelzungsbeschlusses nicht allein mit dem Hinweis auf eine angebliche **wirtschaftliche Schlechterstellung durch die Verschmelzung** erheben; derartige Klagen sind unstatthaft. Gleiches bestimmt für den Fall der zu niedrig bemessenen oder nicht ordnungsgemäß angebotenen Barabfindung § 32 UmwG. Diese Vorschriften sind entsprechend ihrem Sinn und Zweck, den Unternehmensinteressen an einer zügigen Durchführung der Verschmelzung gegenüber den wirtschaftlichen Belangen einzelner Anteilsinhaber Vorrang zu gewähren, weit auszulegen, so dass in Anlehnung an zwei Entscheidungen des BGH[105] zum Formwechsel wohl auch solche Klagen ausgeschlossen sind, die auf eine fehlende oder unvollständige Vorabinformation bezüglich des Umtauschverhältnisses oder bezüglich des Barabfindungsangebotes gestützt werden.[106]

95 Um eine Gegenleistung zu erhalten, die wertmäßig ihrem Anteil am übertragenden Rechtsträger entspricht, steht den Anteilsinhabern des übertragenden Rechtsträgers – im Unterschied zum Barabfindungsangebot gemäß § 29 UmwG unabhängig von ihrem Abstimmungsverhalten – gemäß § 15 UmwG mit Wirksamwerden der Verschmelzung ein **Anspruch auf bare Zuzahlung** gegen den übernehmenden Rechtsträger zu. Für diese Zuzahlungen kann der zehnte Teil des auf die gewährten Anteile entfallenden Betrages des Grund- oder Stammkapitals überschritten werden; die Beschränkungen der §§ 54 Abs. 4, 68 Abs. 3 UmwG gelten nicht (§ 15 Abs. 1 UmwG).[107] Über die Angemessenheit der baren Zuzahlung ist im Spruchverfahren gemäß den Regelungen des Spruchverfahrensgesetzes zu entscheiden.[108] Ebenso kann dort die Barabfindung gerichtlich überprüft werden (§ 34 UmwG i. V. m. § 1 Nr. 4 Spruchverfahrensgesetz).

96 Innerhalb der Ausschlussfrist des § 14 Abs. 1 UmwG erhobene Klagen, die beispielsweise auf einen unzulänglichen Verschmelzungsbericht, auf formelle und/oder materielle Fehler bei der Beschlussfassung oder eine unangemessene Verwässerung der Anteilsinhaber des übernehmenden Rechtsträgers gestützt sind, hindert § 14 Abs. 2 UmwG allerdings nicht.[109] Gleiches gilt im Umkehrschluss zu § 14 Abs. 2 UmwG bezüglich solcher Klagen, die auf ein zu hoch bemessenes Umtauschverhältnis oder auf einen zu hohen Gegenwert gestützt werden.[110]

---

105 BGH ZIP 2001, 199; ZIP 2001, 412.

106 Vgl. zum Umtauschverhältnis auch *Kallmeyer* § 14 UmwG Rn 14; *Schmitt/Hörtnagl/Stratz* § 14 UmwG Rn 21; *Sinewe*, DB 2001, 690 ff.; zurückhaltend insoweit *Semler/Stengel* § 14 UmwG Rn 29; § 8 UmwG Rn 79.

107 Zum umstrittenen Verhältnis des § 15 UmwG zu den allgemeinen Kapitalerhaltungs- und Kapitalaufbringungsregeln vgl. *Kallmeyer* § 15 UmwG Rn 2; *Lutter* § 15 UmwG Rn 5; *Schmitt/Hörtnagl/Stratz* § 15 UmwG Rn 15; *Semler/Stengel* § 15 UmwG Rn 22 f.

108 Vgl. zum Spruchverfahren nach den Regelungen des Spruchverfahrensgesetzes *Büchel*, NZG 2003, 793; *Hirschmann/Kann*, DStR 2003, 1488.

109 Vgl. BGH ZIP 2001, 199; ZIP 2001, 412.

110 *Semler/Stengel* § 14 UmwG Rn 13 ff.

Diejenigen Gläubiger, die eine Gefährdung ihrer Rechte durch die Verschmelzung glaubhaft machen, können gemäß § 22 UmwG **Sicherheitsleistung** verlangen.[111] **97**

Werden eine OHG oder KG als übertragender Rechtsträger auf eine Kapitalgesellschaft verschmolzen, haften die persönlich haftenden Gesellschafter der Personengesellschaft nach der Eintragung der Verschmelzung zeitlich begrenzt für Altverbindlichkeiten der Personengesellschaft (§ 45 UmwG, **Nachhaftung**). **98**

III. Anwachsung

1. Allgemeines

Die Anwachsungsmodelle beruhen auf der für alle Personengesellschaften (OHG, KG, GbR) geltenden Vorschrift des § 738 Abs. 1 S. 1 BGB. Das Ausscheiden eines Gesellschafters aus einer **Personengesellschaft** führt zwingend dazu, dass der dem ausscheidenden Gesellschafter zustehende Anteil am Gesellschaftsvermögen den übrigen Gesellschaftern anwächst. Für eine rechtsgeschäftliche Übertragung der Gegenstände des Gesamthandsvermögens auf die verbleibenden Gesellschafter verbleibt kein Raum.[112] Hierauf beruht das für die gesellschaftsrechtliche Gesamthand geltende Anwachsungsprinzip, wonach das Gesamthandseigentum von zwei oder mehreren Gesellschaftern der Personengesellschaft im Wege der **Gesamtrechtsnachfolge** in das Alleineigentum eines einzigen Gesellschafters übergeht und sich mit dessen Eigentum verbindet, wenn sich sämtliche Anteile an der gleichzeitig von Gesetzes wegen erlöschenden Personengesellschaft in einer Hand vereinigen.[113] Für die Gesamtrechtsnachfolge spielt es keine Rolle, ob die **Vereinigung aller Anteile in einer Hand** dadurch eintritt, dass alle Gesellschafter bis auf einen aus der Personengesellschaft ausscheiden, oder, dass sämtliche Gesellschafter ihre Anteile an der Personengesellschaft auf eine einzige Person übertragen. Eine Zustimmung der Gläubiger oder Vertragspartner der Personengesellschaft ist nicht erforderlich.[114] **99**

Bei einer **GmbH & Co. KG** lässt sich beispielsweise mit dem Anwachsungsmodell die KG auf die GmbH verschmelzen, indem alle Gesellschafter bis auf die Komplementär-GmbH aus der KG ausscheiden. Zugleich liegt hierin ein Formwechsel von der Rechtsform der KG in die Rechtsform der GmbH, auch wenn im Unterschied zum umwandlungsrechtlichen Formwechsel bei der Anwachsung das Vermögen der KG auf die GmbH übergeht. Ebenso lassen sich zwei Personengesellschaften verschmelzen, indem beispielsweise eine KG (übernehmende KG) in eine andere KG (übertragende KG) eintritt und sodann sämtliche anderen Gesell- **100**

---

[111] Zu Einzelheiten vgl. *Kallmeyer* § 22 UmwG Rn 2 ff.

[112] Vgl. MüKo/*Ulmer* § 738 BGB Rn 5.

[113] BGHZ 71, 296, 297; MüKo/*Ulmer* § 718 BGB Rn 21; § 719 BGB Rn 20; *Baumbach/Hopt* § 105 HGB Rn 8; § 131 HGB Rn 35.

[114] *Sudhoff/Berenbrok* Unternehmensnachfolge § 65 Rn 5.

schafter der übertragenden KG ausscheiden.[115] Gegenüber der Vorgehensweise nach dem UmwG ist das Anwachsungsmodell regelmäßig mit weniger Aufwand verbunden.

2. Das einfache Anwachsungsmodell

101 Als einfaches Anwachsungsmodell bezeichnet man das **Ausscheiden von allen Gesellschaftern** aus einer Personengesellschaft **bis auf einen**. Bei dem verbleibenden Gesellschafter handelt es sich häufig um eine Kapitalgesellschaft. Dieses Modell kommt in erster Linie in Betracht, wenn alle ausscheidenden Personengesellschafter an der übernehmenden Kapitalgesellschaft in jeweils gleichem Verhältnis beteiligt sind.

3. Das erweiterte Anwachsungsmodell

102 Vom erweiterten Anwachsungsmodell spricht man, wenn die Vereinigung aller Anteile der Personengesellschaft in einer Hand dadurch eintritt, dass sämtliche Gesellschafter ihre Anteile an der Personengesellschaft **im Wege der Sacheinlage** auf einen neuen Rechtsträger gegen Gewährung von Anteilen übertragen. Dann wird der neue Rechtsträger zum Gesamtrechtsnachfolger des Vermögens der erlöschenden Personengesellschaft. Ist eine Kapitalgesellschaft übernehmender Rechtsträger, sind die Sachgründungsvorschriften oder die Regelungen zur Sachkapitalerhöhung zu beachten.[116]

IV. Steuerrecht

103 Zur steuerrechtlichen Beurteilung einer Verschmelzung ist zum einen zu unterscheiden, ob die übernehmende Gesellschaft eine Kapital- oder Personengesellschaft ist, zum anderen, ob die übertragende Gesellschaft eine Kapital- oder Personengesellschaft ist. Für die vier Kombinationen sind jeweils unterschiedliche steuerliche Vorschriften des Umwandlungssteuergesetzes (UmwStG) anwendbar.

1. Verschmelzung auf eine Kapitalgesellschaft

104 **a) Übertragende Gesellschaft ist Kapitalgesellschaft (§§ 11 ff. UmwStG).** Der Vermögensübergang durch Verschmelzung einer Kapitalgesellschaft auf eine andere Kapitalgesellschaft wird steuerlich im Wesentlichen so behandelt, als trete die übernehmende Kapitalgesellschaft ohne Vermögensübertragung an die Stelle der übertragenden Kapitalgesellschaft. Die übertragende Kapitalgesellschaft muss lt. gesetzlicher Regelung die Wirtschaftsgüter in ihrer Schlussbilanz regelmäßig mit ihrem **Buchwert** ansetzen, wodurch ein Übertragungsgewinn vermieden wird.

105 Die übernehmende Kapitalgesellschaft ist bezüglich der Einbuchung der Verschmelzung nach dem Grundsatz der strengen **Wertverknüpfung** an die Wertansätze der Schlussbilanz der übertragenden Kapitalgesell-

115 *Sudhoff/Berenbrok* Unternehmensnachfolge § 65 Rn 6.
116 *Sudhoff/Berenbrok* Unternehmensnachfolge § 65 Rn 10.

schaft gebunden. Ein Übernahmegewinn bzw. -verlust bleibt grundsätzlich außer Ansatz. Dies gilt im Übrigen auch für die Gewerbesteuer.

aa) Besteuerung der übertragenden Kapitalgesellschaft. Nach § 11 Abs. 1 UmwStG können die Wirtschaftsgüter der übertragenden Kapitalgesellschaft in deren steuerlichen Schlussbilanz für das letzte Wirtschaftsjahr (Übertragungsbilanz) mit dem **Buchwert**, einem **Zwischenwert**, höchstens jedoch mit dem **Teilwert** angesetzt werden. Dieses steuerliche **Bewertungswahlrecht** kann nur einheitlich ausgeübt werden, d. h. sämtliche Wirtschaftsgüter sind nach dem gleichen Grundsatz anzusetzen. Voraussetzung des Bewertungswahlrechts sind folgende Voraussetzungen, die kumulativ vorliegen müssen: **106**
- Es muss sichergestellt sein, dass die in dem übergegangenen Vermögen enthaltenen stillen Reserven später bei der übernehmenden Kapitalgesellschaft der Körperschaftsteuer unterliegen und
- eine Gegenleistung darf nicht gewährt werden oder muss in Gesellschaftsrechten bestehen.[117]

Durch den Ansatz der zu übertragenden Wirtschaftsgüter mit dem Buchwert, dem in der Praxis üblichen Fall, wird ein **gewinnneutraler** Vermögensübergang von der übertragenden auf die übernehmende Kapitalgesellschaft gewährleistet. **107**

Nach Verwaltungsauffassung[118] läuft das Bewertungswahlrecht, die zu übertragenden Wirtschaftsgüter auch mit einem über dem Buchwert liegenden Wert anzusetzen, das durch § 11 Abs. 1 UmwStG bei Vorliegen der o. g. Voraussetzungen gebilligt wird, leer, da bei einer Verschmelzung der **Grundsatz der Maßgeblichkeit der Handelsbilanz für die Steuerbilanz** zu beachten ist. § 17 Abs. 2 UmwG geht für die Handelsbilanz zwingend von einem Buchwertansatz aus. Ein steuerlicher Wertansatz über dem Buchwert, dann allerdings zwingend, ergibt sich nach Auffassung der Finanzverwaltung nur in den Fällen des § 11 Abs. 2 UmwStG.[119] **108**

Setzt die übernehmende Kapitalgesellschaft nach § 24 UmwG in ihrer auf die Verschmelzung folgenden handelsrechtlichen Jahresbilanz Werte über den Ansätzen in der Schlussbilanz der übertragenden Kapitalgesellschaft an, sind die Wirtschaftsgüter auf den der Verschmelzung folgenden Bilanzstichtag auch in der Steuerbilanz insoweit bis zur Höhe der steuerlichen Anschaffungs- oder Herstellungskosten der übertragenden Kapitalgesellschaft (ggf. gemindert um Absetzungen für Abnutzung) erfolgswirksam aufzustocken.[120] Dies ist zutreffend, hat aber steuerlich nichts **109**

---

[117] Vgl. auch *Dötsch* Umwandlungssteuerrecht, § 11 UmwStG Rn 3 ff.; *Schmitt/Hörtnagl/Stratz* § 11 UmwStG Rn 17.

[118] Vgl. Tz. 11.01 UmwSt.-Erl., BStBl I 1998, 268.

[119] Gegen die Auffassung der Finanzverwaltung vgl. *Schmitt/Hörtnagl/Stratz* § 11 UmwStG Rn 23; *Dötsch* Umwandlungssteuerrecht, § 11 UmwStG Rn 7; *Rödder*, DStR 1995, 322; *Thiel*, DB 1995, 1196; *Herzig*, FR 1997, 123; *Funke*, GmbHR 1998, 628. Näheres zum Zusammenspiel des steuerlichen Wertansatzwahlrechts mit dem Wertansatz in der handelsrechtlichen Schlussbilanz bei *Dötsch* Umwandlungssteuerrecht, § 3 UmwStG Rn 28, 29.

[120] Vgl. Tz. 11.02 und 03.02 UmwSt.-Erl., BStBl I 1998, 268.

mit der Verschmelzung selbst zu tun, sondern entspricht im Wesentlichen dem Maßgeblichkeitsgrundsatz und den steuerlichen Folgen einer Zuschreibung.

110 Liegen die in § 11 Abs. 1 S. 1 UmwStG beschriebenen Voraussetzungen nicht vor, ist ein **Buchwertansatz** – wie schon erwähnt – **nicht möglich** (§ 11 Abs. 2 UmwStG). Dies ist etwa der Fall, wenn das Vermögen der übertragenden Kapitalgesellschaft auf eine steuerbefreite Körperschaft übergeht oder aber den Anteilsinhabern der übertragenden Gesellschaft zusätzlich zu Gesellschaftsrechten eine andere Gegenleistung gewährt wird, wie etwa bare Zuzahlungen oder Darlehensforderungen gegenüber der übernehmenden Kapitalgesellschaft.[121]

111 Ist die übertragende Kapitalgesellschaft wegen des Nichtvorliegens der in § 11 Abs. 1 UmwStG genannten Voraussetzungen verpflichtet, in ihrer Schlussbilanz höhere Werte anzusetzen, entsteht ein **Übertragungsgewinn**, der nach allgemeinen Grundsätzen der Besteuerung unterliegt, d. h. er ist körperschaft- und gewerbesteuerpflichtig.[122] Der Übertragungsgewinn entsteht mit Ablauf des Übertragungsstichtags (§ 2 Abs. 1 UmwStG).

bb) Besteuerung der übernehmenden Kapitalgesellschaft

112 • **Buchwertverknüpfung:** Die übernehmende Kapitalgesellschaft hat das auf sie übergegangene Vermögen in entsprechender Anwendung des § 4 Abs. 1 UmwStG mit dem in der steuerlichen Schlussbilanz der übertragenden Kapitalgesellschaft enthaltenen Wert zu übernehmen (§ 12 Abs. 1 UmwStG, Prinzip der Buchwertverknüpfung). Die Buchwertverknüpfung besteht unabhängig davon, ob die übertragende Kapitalgesellschaft in ihrer Schlussbilanz das übergehende Vermögen mit seinem Buchwert, einem Zwischenwert oder dem Teilwert angesetzt hat.

113 • **Übernahmegewinn oder -verlust:** Ein Übernahmegewinn oder -verlust kann nur dann entstehen, wenn die übernehmende Gesellschaft **Anteile an der übertragenden Gesellschaft** hält.[123] Mit Ausnahme des Sonderfalls, dass die (wegfallende) Beteiligung der übernehmenden an der übertragenden Kapitalgesellschaft betragsmäßig mit dem Vermögenszugang aus der Verschmelzung (quotal) identisch ist, löst die Verschmelzung auf Ebene der übernehmenden Kapitalgesellschaft einen buchmäßigen Übernahmegewinn oder -verlust aus,[124] der bei der übernehmenden Kapitalgesellschaft jedoch sowohl körperschaft- als auch gewerbesteuer-

[121] Vgl. zu den einzelnen möglichen Gegenleistungen Tz. 11.05–11.11 UmwSt.-Erl., BStBl I 1998, 268. Zur Technik der dann zwingend aufzustockenden Wirtschaftsgüter vgl. Tz. 11.20 und 11.21 UmwSt.-Erl., a.a.O.

[122] Vgl. *Schmitt/Hörtnagl/Stratz* § 11 UmwStG Rn 102. Ein Berechnungsschema für die Ermittlung des Übertragungsgewinns findet sich bei *Dötsch* Umwandlungssteuerrecht, § 11 UmwStG Rn 40; vgl. auch *Lüdicke/Rieger*, Unternehmenssteuerrecht § 15 Rn 70.

[123] *Schmitt/Hörtnagl/Stratz* § 12 UmwStG Rn 29; *Lüdicke/Rieger/Füger/Rieger*, Umwandlungssteuerrecht, § 15 Rn 145.

[124] *Schmitt/Hörtnagl/Stratz* § 12 UmwG Rn 27. Ein Schema zur Ermittlung des Übernahmegewinns bzw. -verlusts findet sich ebenfalls bei *Dötsch* § 12 UmwStG Rn 8.

lich außer Ansatz bleibt (§§ 12 Abs. 2 S. 1, 19 Abs. 1 UmwStG). Der Gewinn oder Verlust ist außerhalb der Bilanz entsprechend zu korrigieren. Im Ergebnis handelt es sich bei der **Nichtberücksichtigung** des Übernahmeergebnisses um ein zeitliches Hinausschieben bis zur Liquidation der übernehmenden Kapitalgesellschaft.

Von dem Grundsatz, dass der Übernahmegewinn bzw. -verlust außer **114**
Ansatz bleibt, sieht § 12 Abs. 2 S. 2 UmwStG eine Ausnahme vor. Danach hat die übernehmende Kapitalgesellschaft, die vor dem Vermögensübergang an der übertragenden Kapitalgesellschaft beteiligt war, einen Betrag in der Höhe zu versteuern, in der der Buchwert der Beteiligung unter deren tatsächlichen Anschaffungskosten liegt (**steuerpflichtiger Hinzurechnungsgewinn**). Dieser Fall liegt vor, sofern auf den Beteiligungswert in früheren Jahren eine **Teilwertabschreibung** oder (in Altjahren) eine Übertragung nach § 6 b EStG erfolgte.[125] Bei der Verschmelzung von Schwestergesellschaften soll der Hinzurechnungsbetrag „in geeigneter Weise" festgehalten werden, d. h. er ist nicht sofort zu besteuern, sondern erst wenn es zu einer Verschmelzung der übernehmenden Schwestergesellschaft auf die Muttergesellschaft[126] oder zu einer Veräußerung der Beteiligung an der übernehmenden Schwestergesellschaft kommt.[127] Durch die steuerpflichtige Hinzurechnung werden im Ergebnis die steuerlichen Auswirkungen von Teilwertabschreibungen und von § 6 b EStG-Übertragungen rückgängig gemacht. Ein steuerpflichtiger Hinzurechnungsgewinn kann nicht mit einem potentiellen Übernahmeverlust verrechnet werden. Eine Hinzurechnungsbegrenzung (§ 12 Abs. 2 S. 4 UmwStG a. F.) existiert nicht mehr. Durch das Gesetz zur Fortsetzung der Unternehmenssteuerreform vom 29. 10. 1997[128] wurde § 12 Abs. 2 S. 4 UmwStG gestrichen.[129] Die **Hinzurechnung des „Beteiligungskorrekturgewinns"** unterbleibt dann, wenn sich die vorangegangene Teilwertabschreibung nach § 8 b Abs. 3 KStG steuerlich nicht ausgewirkt hat (§ 12 Abs. 2 S. 3 2. Alt. UmwStG). Die Regelung gilt nach § 27 Abs. 1a UmwStG i.V. m. § 34 Abs. 2a, 4 KStG ab dem Wirtschaftsjahr 2002. Die steuerpflichtige Hinzurechnung nach § 12 Abs. 2 S. 2 UmwStG greift daher nur für Teilwertabschreibungen nach KStG a. F. ein.

---

125 Nach Auffassung der Finanzverwaltung (Tz. 12.07 und 12.08 UmwSt.-Erl., BStBl I 1998, 268) ist diese Hinzurechnung nicht nur bei der Verschmelzung der Tochter- auf die Muttergesellschaft anwendbar, sondern im Billigkeitswege – auf übereinstimmenden Antrag aller Beteiligter – auch bei der Verschmelzung der Mutter- auf die Tochtergesellschaft (down-stream merger). Vgl. hierzu Tz. 15 des BMF-Schreibens vom 16. 12. 2003 zum Umwandlungssteuergesetz BStBl I 2003, 786.

126 Vgl. Tz 12.08 UmwSt.-Erl., BStBl I 1998, 268.

127 Vgl. Tz 19 des BMF-Schreibens vom 16. 12. 2003 zum Umwandlungssteuergesetz, BStBl I 2003, 786; a. A. *Lüdicke/Rieger/Füger/Rieger*, Unternehmenssteuerrecht § 15 Rn 152.

128 BGBl I 1997, 2590.

129 Zur Frage der Verfassungsmäßigkeit der Aufhebung des § 12 Abs. 2 S. 4 UmwStG a. F. durch das Unternehmenssteuerfortführungsgesetz 1997 ist das Bundesverfassungsgericht angerufen: BFH BStBl II 2002, 27.

115 • **Eintritt in die Rechtsstellung der übertragenden Kapitalgesellschaft:** Nach § 12 Abs. 3 S. 1 UmwStG tritt die übernehmende Kapitalgesellschaft bezüglich der Abschreibungen, einschließlich Sonderabschreibungen, der Inanspruchnahme einer Bewertungsfreiheit oder eines Bewertungsabschlags sowie der den steuerlichen Gewinn mindernden Rücklagen in die Rechtsstellung der übertragenden Kapitalgesellschaft ein. Dies gilt für die Bemessungsgrundlage gleichermaßen wie für den Abschreibungssatz. Der **Eintritt in die Rechtsstellung** der übertragenden Gesellschaft gilt unabhängig davon, ob im Rahmen der Verschmelzung Buchwerte, Teilwerte oder Zwischenwerte angesetzt werden. Auch eine Verschmelzung zu Teilwerten stellt nach dem Grundsatz der Gesamtrechtsnachfolge steuerlich keinen Anschaffungsvorgang dar.

116 Ist die Dauer der Zugehörigkeit eines Wirtschaftsguts zum Betriebsvermögen für die Besteuerung bedeutsam, ist der Zeitraum der Zugehörigkeit zum Betriebsvermögen der übertragenden Kapitalgesellschaft der übernehmenden Kapitalgesellschaft zuzurechnen (§ 12 Abs. 4 S. 1 i.V. m. § 4 Abs. 2 S. 3 UmwStG).

117 • **Übergehender Verlustabzug:** Als besondere Ausprägung des Eintritts der übernehmenden in die Rechtsstellung der übertragenden Kapitalgesellschaft geht ein verbleibender Verlustabzug i. S. d. § 10 d Abs. 4 S. 2 EStG von der übertragenden auf die übernehmende Kapitalgesellschaft über. § 12 Abs. 3 S. 2 UmwStG regelt damit die Durchbrechung des Grundsatzes der rechtlichen Identität für die Verlustabzugsberechtigung. Für die Verlustabzugsberechtigung ist außerdem die sog. **wirtschaftliche Identität** erforderlich. Diese Voraussetzungen werden durch § 12 Abs. 3 S. 2 UmwStG näher beschrieben. Die Möglichkeit, Verlustvorträge der übertragenden auf die übernehmende Kapitalgesellschaft zu übertragen, war eine der wesentlichen Neuerungen der Reform des Umwandlungssteuerrechts.[130] Für den Erhalt von Verlustvorträgen ist damit die frühere steuerliche Praxis, auf die Gesellschaft zu verschmelzen, welche über Verlustvorträge verfügt, weitgehend überholt.[131]

118 **Verbleibender Verlustabzug** nach § 10 d Abs. 4 S. 2 EStG ist der bei der Ermittlung des Gesamtbetrags der Einkünfte nicht ausgeglichene Verlust des letzten Wirtschaftsjahres der übertragenden Kapitalgesellschaft, vermindert um die nach § 10 d Abs. 1 und 2 EStG abgezogenen Beträge und vermehrt um den auf den Schluss des vorangegangenen Veranlagungszeitraums festgestellten verbleibenden Verlustabzug.[132] Der verbleibende Verlustabzug i. S. d. § 10 d Abs. 4 S. 2 EStG geht mit Ablauf des Übertragungsstichtags (§ 2 Abs. 1 UmwStG) auf die übernehmende Kapitalgesellschaft über.[133]

---

[130] UmwStG vom 28. 10. 1994, BGBl I 1994, 3267.

[131] Bei einer Verschmelzung auf die Verlustgesellschaft ist allerdings stets § 8 Abs. 4 KStG zu beachten; vgl. hierzu das BMF-Schreiben vom 16. 4. 1999, BStBl I 1999, 455; vgl. auch *Honert/Neumayer,* GmbHR 1997, 151; *Kröner,* GmbHR 1996, 256.

[132] Vgl. Tz. 12.13 UmwSt.-Erl., BStBl I 1998, 268.

[133] Zu beachten ist insbesondere Tz. 2.01 bis 02.05 UmwSt.-Erl., a.a.O.: Der Verlust kann von der übernehmenden Kapitalgesellschaft erstmals in dem Veranlagungszeitraum genutzt werden, in den der Übertragungsstichtag fällt. Ggf. kann der übergehende Verlust schon mit einem steuerpflichtigen Hinzurechnungsge-

Ist die **übernehmende Kapitalgesellschaft** gleichzeitig **Organgesellschaft**, ist der nach § 12 Abs. 3 S. 2 UmwStG auf sie übergehende verbleibende Verlustabzug als sog. **vorvertraglicher Verlust** zu behandeln, für den § 15 Nr. 1 KStG gilt. Die Organgesellschaft kann diesen Verlustabzug erst nach Beendigung des Organschaftsverhältnisses nutzen. Etwas anderes gilt für einen gewerbesteuerlichen Verlustabzug (§ 19 Abs. 2 i.V. m. § 12 Abs. 3 S. 2 UmwStG), der ebenfalls auf die übernehmende Kapitalgesellschaft übergeht. Der gewerbesteuerliche Verlustabzug kann stets mit „eigenen" künftigen Erträgen der Organgesellschaft verrechnet werden. Wird durch einen weiteren Übertragungsakt die Organgesellschaft auf den Organträger verschmolzen (Kettenverschmelzung), kann der Organträger auch einen vorvertraglichen Verlust der Organgesellschaft, der bei dieser wegen § 15 Nr. 1 KStG während der Geltungsdauer des Gewinnabführungsvertrages nicht nutzbar war, als Verlustabzug nach § 12 Abs. 3 S. 2 UmwStG geltend machen.[134] **119**

Voraussetzung für den Übergang eines Verlustabzugs im Rahmen der Verschmelzung ist, dass der **Betrieb** oder **Betriebsteil, der den Verlust verursacht** hat, über den Verschmelzungsstichtag hinaus in einem nach dem Gesamtbild der wirtschaftlichen Verhältnisse vergleichbaren Umfang in den folgenden **fünf Jahren fortgeführt** wird. Auf den „**Betrieb**" ist abzustellen, wenn die geschäftlichen Aktivitäten der übertragenden Kapitalgesellschaft in einem organisatorisch unteilbaren Unternehmen erbracht werden. Auf den „**Betriebsteil**" ist abzustellen, wenn es sich hierbei um eine organisatorisch abgrenzbare Einheit innerhalb der zu übertragenden Kapitalgesellschaft handelt, wobei der Begriff nicht mit dem des Teilbetriebs i. S. d. § 16 EStG identisch sein muss; er ist gegenüber diesem die kleinere Einheit.[135] Für die Praxis kaum überwindbare Probleme ergeben sich im Einzelfall daraus, den Nachweis zu führen, dass der Betrieb oder Betriebsteil, der den Verlust verursacht hat, in den folgenden fünf Jahren fortgeführt wird. Der den Verlust verursachende Betrieb bzw. Betriebsteil ist ab dem steuerlichen Übertragungsstichtag fünf Jahre fortzuführen, und zwar in einem nach dem Gesamtbild der wirtschaftlichen Verhältnisse vergleichbaren Umfang.[136] Die Fortführung in einem nach dem Gesamtbild der wirtschaftlichen Verhältnisse vergleichbaren Umfang ist nach Auffassung der Finanzverwaltung beispielsweise nicht erfüllt, wenn innerhalb der fünf Jahre ein zu starkes „**Abschmelzen**" **des Betriebsumfangs** des betreffenden Betriebs bzw. Betriebsteils erfolgt.[137] Als un- **120**

---

winn der übernehmenden Kapitalgesellschaft nach § 12 Abs. 2 S. 2 UmwStG verrechnet werden.

[134] Vgl. *Dötsch* Umwandlungssteuerrecht § 12 UmwStG Rn 63.

[135] Der Teilbetrieb i. S. v. § 16 EStG erfüllt immer die Voraussetzungen des „Betriebsteils" i. S. v. § 12 Abs. 3 S. 2 UmwStG. Ausführlich hierzu *Dötsch* Umwandlungssteuerrecht § 12 UmwStG Rn 73 ff.

[136] Ausführlich hierzu *Dötsch* Umwandlungssteuerrecht § 12 UmwStG Rn 75 ff. und *Schmitt/Hörtnagl/Stratz* § 12 UmwStG Rn 103 ff.

[137] *Dötsch* Umwandlungssteuerrecht § 12 UmwStG Rn 88: Ein Abschmelzen des Verlustbetriebs bis zur Hälfte seines Umfangs soll für die Berechtigung des steuerlichen Verlustabzugs als unschädlich toleriert werden.

schädlich sieht es die Finanzverwaltung hingegen an, wenn der Betrieb oder Betriebsteil in den folgenden fünf Jahren nach dem Verschmelzungsstichtag erweitert wird. Ausreichend ist demzufolge, wenn der Betrieb bzw. Betriebsteil „mindestens" in dem geforderten Umfang fortgeführt wird.[138] Der Umfang des Betriebs bzw. Betriebsteils ist – wie bei § 8 Abs. 4 KStG – insbesondere anhand der Anzahl der Arbeitnehmer, dem Aktivvermögen sowie dem Umsatz- und Auftragsvolumen zu beurteilen.[139]

Durch das Gesetz zur Umsetzung der Protokollerklärung der Bundesregierung zur Vermittlungsempfehlung zum Steuervergünstigungsabbaugesetz vom 22. Dezember 2003[140] wurde ab dem Veranlagungszeitraum 2004 der Verlustvortrag eingeschränkt. Nach § 10 d Abs. 2 EStG kann der nach dem Verlustrücktrag i. S. v. § 10 d Abs. 1 EStG verbleibende Verlustabzug in Folgejahren lediglich bis zu einem Sockelbetrag von 1 Mio. € in voller Höhe abgezogen werden. Die über den Sockelbetrag hinausgehenden Verluste sind in den Folgejahren jeweils nur bis zu 60 % abziehbar (sog. Mindestbesteuerung).

121 • **Anpassung der steuerlichen Eigenkapitalbestandteile:** Schließlich ist im Zusammenhang mit der Besteuerung der übernehmenden Kapitalgesellschaft die Anpassung der steuerlichen Eigenkapitalbestandteile im Rahmen der Verschmelzung zu beachten. Nach dem bis zum 31. 12. 2000 geltenden Anrechnungsverfahren waren die erforderlichen Anpassungen in § 38 KStG a. F. bestimmt. Seit der Einführung des Halbeinkünfteverfahrens ergeben sich die erforderlichen Anpassungen aus § 29 KStG n. F.[141]

122 *cc) Besteuerung der Gesellschafter der übertragenden Kapitalgesellschaft.* § 13 UmwStG bestimmt schließlich die steuerlichen Folgen, die die Gesellschafter der übertragenden Kapitalgesellschaft treffen. Die Gesellschafter der übertragenden Kapitalgesellschaft werden im Rahmen der Verschmelzung regelmäßig Gesellschafter der Übernehmerin. Ohne die Bestimmung des § 13 UmwStG wäre die Verschmelzung bei den Gesellschaftern der übertragenden Kapitalgesellschaft grundsätzlich als gewinnrealisierender Tausch von Anteilen zu beurteilen.[142]

123 Ziel der Bestimmung des § 13 UmwStG ist die **Vermeidung der Realisierung** und Versteuerung der in den Anteilen an der übertragenden Kapitalgesellschaft ruhenden **stillen Reserven.**[143] Die an die Stelle der bisherigen Beteiligung an der übertragenden Kapitalgesellschaft tretenden

---

138 Tz. 42 des BMF-Schreibens vom 16. 4. 1999, BStBl I 1999, 455.

139 Zu der gesamten Problematik der Einschränkung der Verlustübertragungsmöglichkeit bei einer Verschmelzung vgl. *Dötsch* Umwandlungssteuerrecht § 12 UmwStG Rn 72 ff.

140 BGBl. I 2003, 2840.

141 Vgl. hierzu ausführlich *Müller/Maiterth*, DStR 2002, 746; zu § 29 Abs. 2 KStG n. F. vgl. insbesondere *Rödder*, DStR2002, 710.

142 Vgl. § 6 Abs. 6 EStG i. d. F. des StEntlG 1999/2000/2002, BGBl I 1999, 402.

143 *Dötsch* Umwandlungssteuerrecht § 13 UmwStG Rn 1; *Schmitt/Hörtnagl/Stratz* § 13 UmwStG Rn 8.

Anteile an der übernehmenden Kapitalgesellschaft werden damit grundsätzlich in dem gleichen Maße steuerverhaftet, wie es die Anteile an der Übertragerin waren. Der Anteilstausch ist für die Gesellschafter zwingend **steuerneutral**; die Realisierung und Versteuerung von stillen Reserven wird aufgeschoben. Die Steuerneutralität des Anteilstauschs ist nicht davon abhängig, ob und inwieweit die Verschmelzung selbst erfolgsneutral ist, d. h. es kommt nicht darauf an, ob die Wirtschaftsgüter im Rahmen der Verschmelzung zum Buchwert, Zwischenwert oder zum Teilwert von der übertragenden auf die übernehmende Gesellschaft übergehen.[144]

Die Steuerneutralität des Anteilstauschs ist nur für die Gesellschafter **124**
der übertragenden Kapitalgesellschaft von Bedeutung, deren Anteile steuerverhaftet sind (Betriebsvermögen, §§ 17, 23 EStG, § 21 UmwStG). Im Übrigen gelten die Rechtsfolgen des § 13 UmwStG nur für den Anteilstausch. Ausgenommen sind weitere Leistungen im Zusammenhang mit der Verschmelzung. Diese beurteilen sich nach allgemeinen Grundsätzen und führen ggf. zu Anschaffungskosten auf die neuen Anteile.[145] Veräußert ein Gesellschafter der übertragenden Kapitalgesellschaft vor der Verschmelzung seine Beteiligung, scheidet er gegen **Barabfindung** nach § 29 UmwG aus oder erhält er eine **bare Zuzahlung** von bis zu 10 % im Rahmen der Verschmelzung (§ 54 Abs. 4 UmwG), vereinnahmt er einen Veräußerungserlös, der nach allgemeinen Grundsätzen zu behandeln ist. Ebenfalls nach allgemeinen Grundsätzen sind Ausgleichszahlungen der Gesellschafter untereinander für das Ausscheiden zu behandeln.[146]

• **Anteile im Betriebsvermögen (§ 13 Abs. 1 UmwStG):** Gehören **125**
die Anteile an der übertragenden Kapitalgesellschaft zu einem Betriebsvermögen, gelten sie im Rahmen der Verschmelzung als zum **Buchwert** veräußert und die an ihre Stelle tretenden Anteile an der übernehmenden Kapitalgesellschaft als mit diesem Wert angeschafft (§ 13 Abs. 1 UmwStG).[147] Die Regelung erfasst nur Anteile, die zu einem inländischen Betriebsvermögen oder zu einem ausländischen Betriebsvermögen, das ausnahmsweise – wegen Fehlen eines DBAs – der deutschen Besteuerung unterliegt, gehören.[148]

Handelt es sich bei dem Gesellschafter, in dessen Betriebsvermögen **126**
die Anteile an der übertragenden Gesellschaft liegen, selbst um eine Kapitalgesellschaft, so ist der Vorgang der Verschmelzung – unabhängig von § 13 UmwStG – schon über § 8 b Abs. 2 KStG steuerfrei.[149]

• **Anteile im Privatvermögen (§ 13 Abs. 2 UmwStG):** Befinden **127**
sich die Anteile an der Übertragerin nicht in einem Betriebsvermögen, so

---

[144] Vgl. Tz. 13.01 UmwSt.-Erl., BStBl I 1998, 268.

[145] Vgl. Tz. 13.03 UmwSt.-Erl., BStBl I 1998, 268.

[146] Vgl. *Dötsch* Umwandlungssteuerrecht § 13 UmwStG Rn 9.

[147] Zu der Frage, ob in den Fällen, in denen der Gesellschafter auf die Anteile an der übertragenden Gesellschaft eine Teilwertabschreibung vorgenommen hat, das in § 6 Abs. 1 Nr. 1 EStG geregelte Wertaufholungsgebot infolge der Verschmelzung auf die Anteile an der übernehmenden Gesellschaft überspringt, vgl. *Rödder*, DStR 1999, 1020.

[148] Tz. 13.05 UmwSt.-Erl., BStBl I 1998, 268.

[149] Vgl. hierzu *Haritz/Homeister*, FR 2001, 941, 943.

gelten sie für die Anwendung der §§ 17 und 23 EStG als zu den **Anschaffungskosten** veräußert und die an ihre Stelle tretenden Anteile als mit diesem Wert angeschafft (§ 13 Abs. 2 S. 1 UmwStG). § 13 Abs. 2 UmwStG gilt nur für Anteile i. S. d. § 17 EStG, wenn Gewinne aus der Veräußerung der Anteile nach § 17 oder § 49 Abs. 1 Nr. 2 e EStG der inländischen Besteuerung unterliegen, oder für Anteile, die die Voraussetzung für eine Besteuerung nach § 23 oder § 49 Abs. 1 Nr. 8 EStG erfüllen.

128 Läuft für die Anteile an der übertragenden Kapitalgesellschaft eine Spekulationsfrist nach § 23 Abs. 1 Nr. 2 EStG, führt die Verschmelzung für den Anteilseigner ebenfalls zu einem (steuerfreien) Veräußerungsgeschäft hinsichtlich der Anteile an der Übertragerin. Für die Anteile an der übernehmenden Kapitalgesellschaft wird eine **neue Spekulationsfrist** in Gang gesetzt.[150]

129 Sind bei Anteilen, die nicht zu einem Betriebsvermögen gehören, die Voraussetzungen des § 17 EStG erfüllt, gelten die im Zuge der Verschmelzung gewährten neuen Anteile ebenfalls als Anteile i. S. d. § 17 EStG, auch wenn der Anteilseigner nach Verschmelzung nicht mehr wesentlich an der Übernehmerin beteiligt ist (sog. **verschmelzungsgeborene Anteile**, § 13 Abs. 2 S. 2 UmwStG). Für die künftige steuerliche Behandlung gilt § 17 EStG, d. h. es besteht nicht – wie bei § 21 UmwStG (einbringungsgeborene Anteile) – eine „ewige" Steuerverhaftung.[151]

130 Ist ein nicht wesentlich beteiligter Gesellschafter nach der Verschmelzung wesentlich i. S. d. § 17 EStG an der übernehmenden Kapitalgesellschaft beteiligt, gilt für diese Beteiligung der **gemeine Wert** am steuerlichen Übertragungsstichtag als Anschaffungskosten (§ 13 Abs. 2 S. 3 UmwStG). Zur Ermittlung des gemeinen Werts der Beteiligung gilt § 9 Abs. 2 BewG.

131 • **Einbringungsgeborene Anteile (§ 13 Abs. 3 UmwStG):** Hält ein Gesellschafter einbringungsgeborene Anteile i. S. d. § 21 UmwStG an der Übertragerin, treten die Anteile an der Übernehmerin an die Stelle der einbringungsgeborenen Anteile. Die im Zuge der Verschmelzung gewährten Anteile gelten weiterhin als Anteile i. S. d. § 21 UmwStG. Die bisherigen Anschaffungskosten gelten als Anschaffungskosten der neuen Beteiligung (§ 13 Abs. 3 UmwStG).

132 • **Sperrbetrag nach § 50 c EStG (§ 13 Abs. 4 UmwStG):** Gemäß § 13 Abs. 4 UmwStG verlagert sich ein Sperrbetrag i. S. d. § 50 c EStG, der den Anteilen an der Übertragerin anhaftet, auf die Anteile an der Übernehmerin.[152]

133 **b) Übertragende Gesellschaft ist Personengesellschaft (§§ 20 ff. UmwStG).** Die Verschmelzung einer Personengesellschaft auf eine Kapitalgesellschaft wird steuerlich als Einbringung von Mitunternehmerantei-

---

[150] Tz. 13.08 UmwSt.-Erl., BStBl I 1998, 268.

[151] So auch *Dötsch* Umwandlungssteuerrecht § 13 UmwStG Rn 27; a. A.: *Thiel*, DStR 1995, 279; unklar *Schmitt/Hörtnagl/Stratz* § 13 UmwStG Rn 37.

[152] Für Fragen hinsichtlich der Anwendung und des Wirkungsgrads der Regelungen des § 13 Abs. 4 UmwStG vgl. ausführlich *Dötsch* Umwandlungssteuerrecht § 13 UmwStG Rn 31 ff. und *Hörger/Mentel/Schulz*, DStR 1999, 565.

len der Gesellschafter der Personengesellschaft in die übernehmende Kapitalgesellschaft angesehen. Damit sind die Regelungen der §§ 20 ff. UmwStG anwendbar, so dass auf die Ausführungen unter § 29 Rn 53 ff. verwiesen werden kann.

Die Regelungen der §§ 20 ff. UmwStG gelten im Übrigen auch für die Verschmelzung einer Personengesellschaft auf eine Kapitalgesellschaft, die nicht im Wege der Gesamtrechtsnachfolge nach dem Umwandlungsgesetz, sondern im Wege der **Anwachsung** (§ 738 BGB, § 142 HGB) durchgeführt wird. **134**

2. Verschmelzung auf eine Personengesellschaft

a) Übertragende Gesellschaft ist Kapitalgesellschaft (§§ 3 ff. UmwStG). Auch bei der Verschmelzung einer Kapitalgesellschaft auf eine Personengesellschaft nach den Vorschriften der **§§ 3 ff. UmwStG** ist betreffend die steuerliche Behandlung der Verschmelzung zwischen der übertragenden Kapitalgesellschaft, der übernehmenden Personengesellschaft und den Gesellschaftern der übertragenden Kapitalgesellschaft zu unterscheiden. **135**

aa) Besteuerung der übertragenden Kapitalgesellschaft. In der der Verschmelzung zugrunde liegenden **Übertragungsbilanz** der Kapitalgesellschaft können die Wirtschaftsgüter mit dem **Buchwert**, einem **Zwischenwert**, höchstens jedoch mit dem **Teilwert** angesetzt werden, sofern das übergehende Vermögen Betriebsvermögen der Personengesellschaft wird (Wahlrecht nach § 3 S. 1 UmwStG). Nach § 3 S. 1 UmwStG können aufgrund des bestehenden Wahlrechts in der steuerlichen Schlussbilanz der übertragenden Kapitalgesellschaft demnach auch Werte über dem Buchwert, begrenzt durch den Teilwert, angesetzt werden. Nach Auffassung der Finanzverwaltung[153] ist jedoch der **Grundsatz der Maßgeblichkeit der Handelsbilanz für die Steuerbilanz** zu beachten. Nach § 17 Abs. 2 UmwG gelten für die Schlussbilanz, die der Verschmelzung zugrunde zu legen ist, die Vorschriften für die Jahresbilanz entsprechend. Für den Regelfall bedeutet das den handelsrechtlichen Zwang zum Buchwertansatz, der wegen der vorerwähnten Maßgeblichkeit dann auch für die Steuerbilanz gelten soll. Das in § 3 S. 1 UmwStG geregelte steuerliche Wahlrecht für die übertragende Kapitalgesellschaft läuft damit – abgesehen von einer im Rahmen der Wertaufholung möglichen Aufstockung – leer.[154] **136**

Entsteht ein **Übertragungsgewinn**, da die Übertragerin die Buchwerte in ihrer steuerlichen Übertragungsbilanz innerhalb der engen Grenzen einer Wertaufholung aufgestockt hat, so unterliegt dieser – vorbehaltlich **137**

---

[153] Tz. 03.01 und 11.01 UmwSt.-Erl., BStBl I 1998, 268.

[154] Zur ähnlichen Thematik vgl. § 30 Rn 108 UmwStG. Zum Zusammenspiel der Wertansatzwahlrechte in Handels- und Steuerbilanz bei § 3 UmwStG vgl. *Dötsch* Umwandlungssteuerrecht § 3 UmwStG Rn 22 ff. Ist die Besteuerung bei der übernehmenden Personengesellschaft nicht sichergestellt, so kommt es gemäß § 11 KStG zur Aufdeckung der stillen Reserven; § 3 S. 1 UmwStG gilt in diesen Fällen nicht.

einer etwaigen Verlustverrechnung – der Körperschaftsteuer. Er ist ebenfalls gewerbesteuerpflichtig, wobei die auf den Übertragungsgewinn entfallende Gewerbesteuer in der Übertragungsbilanz der Kapitalgesellschaft zu passivieren ist und damit den Übertragungsgewinn mindert.

138 Nach § 10 UmwStG mindert oder erhöht sich für den Veranlagungszeitraum der Verschmelzung die Körperschaftsteuerschuld der übertragenden Kapitalgesellschaft um den Betrag, der sich nach den §§ 37, 38 KStG ergeben würde, wenn das in der Steuerbilanz ausgewiesene Eigenkapital abzüglich des Betrags, der nach § 28 Abs. 2 S. 1 KStG i. V. m. § 29 Abs. 1 KStG dem steuerlichen Einlagekonto gutzuschreiben ist, als am Übertragungsstichtag für eine Ausschüttung verwendet gelten würde.[155] Die Minderung bzw. Erhöhung hat ebenfalls Auswirkungen auf das steuerliche Buchvermögen der übertragenden Kapitalgesellschaft in deren steuerlichen Übertragungsbilanz und damit auf die Höhe eines Übertragungsgewinns bzw. -verlusts. Dies stellt eine Abweichung zur Rechtslage vor Änderung des § 10 UmwStG durch das Steuersenkungsgesetz[156] dar, wonach eine Anrechnung der Körperschaftsteuer erst bei der Ermittlung des Übernahmeergebnisses gemäß § 4 Abs. 5 UmwStG a. F. erfolgte.

bb) Besteuerung der übernehmenden Personengesellschaft.

139 • **Grundsatz der Buchwertverknüpfung:** Die übernehmende Personengesellschaft hat nach § 4 Abs. 1 UmwStG die auf sie übergegangenen Wirtschaftsgüter mit den in der steuerlichen Übertragungsbilanz der übertragenden Kapitalgesellschaft ausgewiesenen Werten zu übernehmen. Diese werden regelmäßig – abgesehen von den engen Schranken zur Ausübung des Wahlrechts nach § 3 S. 1 UmwStG (Wertaufholung) – den bisherigen Buchwerten entsprechen.[157]

140 • **Eintritt in die Rechtsstellung der übertragenden Kapitalgesellschaft:** Zwingende Folge der Buchwertverknüpfung ist nach § 4 Abs. 2 UmwStG, dass die übernehmende Personengesellschaft hinsichtlich der **Abschreibungen** (AfA, Sonderabschreibung, erhöhte Absetzung) in die **Rechtsstellung** der übertragenden Kapitalgesellschaft **eintritt**. Abschreibungsmethoden sind beizubehalten. Dies gilt nach § 4 Abs. 3 UmwStG auch dann, wenn die übergehenden Wirtschaftsgüter in der steuerlichen Schlussbilanz der Übertragerin ausnahmsweise mit einem über dem Buchwert liegenden Wert angesetzt sind.[158]

---

155 Vgl. hierzu Tz. 11 ff. des BMF-Schreibens vom 16. 12. 2003 zum Umwandlungssteuergesetz.

156 StSenkG vom 23. 10. 2000, BStBl I 2000, 1433.

157 Verlustvorträge der übertragenden Kapitalgesellschaft können im Rahmen der Verschmelzung auf eine Personengesellschaft nicht übertragen werden. Eine Aufstockung (step up) der übergegangenen Wirtschaftsgüter auf Ebene der übernehmenden Personengesellschaft zur Reduzierung eines Übernahmeverlusts ist nach § 4 Abs. 6 UmwStG n. F. nicht mehr möglich. Zur Nutzung von Verlustvorträgen der übertragenden Kapitalgesellschaft kann es sich daher anbieten, vor Verschmelzung einen step up von Wirtschaftsgütern – etwa durch Verkauf innerhalb des Konzerns – durchzuführen.

158 Vgl. *Dötsch* Umwandlungssteuerrecht § 4 UmwStG Rn 16 ff.

Im Hinblick darauf, dass das Vermögen von der Kapital- auf die Personengesellschaft im Wege der Gesamtrechtsnachfolge übergeht, liegt keine Anschaffung der übergegangenen Wirtschaftsgüter vor. Vergünstigungen, wie etwa Investitionszulagen oder aber Sonderabschreibungen, können damit nicht in Anspruch genommen werden. Aus gleichen Gründen ist ein Abzug von Rücklagen von den aktivierten Werten der übernommenen Wirtschaftsgüter unzulässig. Andererseits folgt aus der Gesamtrechtsnachfolge, dass Vorbesitzzeiten der Übertragerin bei der übernehmenden Personengesellschaft angerechnet und Behaltefristen nicht unterbrochen werden. **141**

Ein **verbleibender Verlustabzug** i. S. d. § 10 d Abs. 4 S. 2 EStG der übertragenden Kapitalgesellschaft kann nicht auf die Personengesellschaft bzw. deren Gesellschafter übertragen werden (§ 4 Abs. 2 S. 2 UmwStG). Dieses Übertragungsverbot gilt nach § 18 Abs. 1 S. 2 UmwStG auch für einen Gewerbeverlust i. S. d. § 10 a GewStG. **142**

• **Ermittlung des Übernahmeergebnisses der Personengesellschaft:** Bei der übernehmenden Personengesellschaft ergibt sich durch den Vermögensübergang infolge der Verschmelzung zwangsläufig ein bilanzieller **Übernahmegewinn oder -verlust**. **143**

Nach § 4 Abs. 4 S. 1 UmwStG ergibt sich infolge des Vermögensübergangs ein Übernahmegewinn oder -verlust in Höhe der Differenz zwischen dem Wert, mit dem die übergegangenen Wirtschaftsgüter zu übernehmen sind, und dem Buchwert der Anteile an der übertragenden Kapitalgesellschaft. Die Wirtschaftsgüter sind mit den Werten zu übernehmen, mit denen sie in der Schlussbilanz der übertragenden Kapitalgesellschaft enthalten sind. § 4 Abs. 4 S. 1 UmwStG, der den Übernahmegewinn bzw. -verlust der ersten Stufe behandelt, unterstellt, dass die übernehmende Personengesellschaft zu 100 % an der übertragenden Kapitalgesellschaft beteiligt ist. In diesen Zusammenhang ist § 5 UmwStG einzuordnen, der § 4 Abs. 4 S. 1 UmwStG ergänzt. Die in § 5 UmwStG betroffenen steuerverhafteten Anteile, die die Gesellschafter der übertragenden Kapitalgesellschaft halten, werden der Personengesellschaft für Zwecke der Ermittlung des Übernahmegewinns oder -verlusts zugerechnet. Gehören am steuerlichen Übertragungsstichtag unter Berücksichtigung von § 5 UmwStG nicht alle Anteile an der übertragenden Kapitalgesellschaft zum Betriebsvermögen der übernehmenden Personengesellschaft, bleibt der auf diese Anteile entfallende Wert der übergegangenen Wirtschaftsgüter bei der Ermittlung des Übernahmeergebnisse insoweit außer Ansatz (§ 4 Abs. 4 S. 3 UmwStG).[159] **144**

Die **Ermittlung des Übernahmeergebnisses** stellt verfahrensrechtlich eine einheitliche Gewinnfeststellung dar. Sie erfolgt jedoch unter Berücksichtigung der evtl. unterschiedlichen Anschaffungskosten der Gesellschafter **personenbezogen**, so dass einem Gesellschafter unter Umständen ein Übernahmegewinn, einem anderen Gesellschafter unter Umständen ein Übernahmeverlust zuzurechnen ist.[160] Bei einem dritten Gesellschafter kann sich die Besteuerung evtl. nach § 7 UmwStG richten (nicht steuerverhaftete Anteile, die Gesellschafter der übertragenden Kapi- **145**

---

[159] Tz. 04.11 UmwSt.-Erl., BStBl I 1998, 268.
[160] *Schmitt/Hörtnagl/Stratz* § 4 UmwStG Rn 90.

talgesellschaft halten). Demzufolge ist zu differenzieren, ob sich die Anteile an der übertragenden Kapitalgesellschaft im Betriebsvermögen oder im Privatvermögen befinden.[161]

– Inländisches Betriebsvermögen

146 Gehören die Anteile an der übertragenden Kapitalgesellschaft zu einem inländischen Betriebsvermögen eines Gesellschafters, gelten die Anteile am steuerlichen Übertragungsstichtag grundsätzlich als zum Buchwert in das Betriebsvermögen der Personengesellschaft überführt. Unterschreiten die Anschaffungskosten den Buchwert, so sind die Anschaffungskosten anzusetzen, wenn die Anteile innerhalb der letzten fünf Jahre vor dem steuerlichen Übertragungsstichtag in ein Betriebsvermögen eingelegt worden sind (§ 5 Abs. 3 UmwStG).

– Privatvermögen (§ 17 EStG)

147 § 5 Abs. 2 UmwStG fingiert, dass die Anteile an der übertragenden Kapitalgesellschaft zum steuerlichen Übertragungsstichtag mit den Anschaffungskosten des entsprechenden Gesellschafters in das Betriebsvermögen der Personengesellschaft eingelegt worden sind, wenn es sich um eine Beteiligung i. S. d. § 17 EStG handelt. Ausgenommen von der Einlagefiktion sind Anteile i. S. v. § 17 EStG, bei deren Veräußerung ein Veräußerungsverlust nach § 17 Abs. 2 S. 4 EStG nicht zu berücksichtigen wäre (§ 5 Abs. 2 S. 2 UmwStG). Diese Anteile nehmen ebenfalls nicht an der Ermittlung des Übernahmeergebnisses teil. Ihre Besteuerung richtet sich – wie bei nicht steuerverhafteten Anteilen – nach § 7 UmwStG.[162]

– Privatvermögen (§ 21 UmwStG)

148 Handelt es sich bei den Anteilen um sog. einbringungsgeborene Anteile nach § 21 UmwStG, gelten die Anteile am steuerlichen Übertragungsstichtag als zu den Anschaffungskosten in das Betriebsvermögen der Personengesellschaft eingelegt (§ 5 Abs. 4 UmwStG). Die Anschaffungskosten bemessen sich gemäß § 20 Abs. 4 UmwStG nach dem früheren Ansatz der Sacheinlage bei der aufnehmenden Kapitalgesellschaft, ggf. gemindert um den Wert der Wirtschaftsgüter, die neben neuen Anteilen gewährt wurden.

– Privatvermögen (nicht steuerverhaftet)

149 Soweit ein Gesellschafter Anteile an der Übertragerin im Privatvermögen hält und die Anteile weder zu einer Beteiligung i. S. v. § 17 EStG gehören, noch einbringungsgeborene Anteile sind, bleibt der auf diese Anteile entfallende Wert der übergegangenen Wirtschaftsgüter bei der Ermittlung des Übernahmeergebnisses außer Ansatz (§ 4 Abs. 4 S. 3 UmwStG). Die Besteuerung dieser Anteile richtet sich nach § 7 UmwStG.

– Beschränkt steuerpflichtige Anteilseigner

150 Gehören die Anteile nicht zu einem inländischen Betriebsvermögen, gelten die Einlage- und Übertragungsfiktionen des § 5 Abs. 2 und 3

---

[161] Vgl. Tz. 5.08 bis 05.13 UmwSt.-Erl., BStBl I 1998, 268.

[162] Zu den Wirkungen der Änderungen betreffend die §§ 5, 7 UmwStG, die weit über die des § 17 Abs. 2 S. 4 EStG hinausgehen, vgl. *Förster*, DB 1997, 1786 und *Füger/Rieger*, DStR 1997, 1427, 1439.

UmwStG nur, wenn es sich um eine Beteiligung i. S. v. § 49 Abs. 1 Nr. 2 i.V. m. § 17 EStG handelt und die Veräußerung der Anteile nicht nach einem DBA in Deutschland steuerfrei ist.[163] Ansonsten gilt wiederum § 4 Abs. 4 S. 3 UmwStG.

– Eigene Anteile der übertragenden Kapitalgesellschaft

Hält die Übertragerin am steuerlichen Übertragungsstichtag eigene Anteile, gehen diese nicht auf die übernehmende Personengesellschaft über. Das Übernahmeergebnis ermittelt sich in diesem Fall aus dem Unterschiedsbetrag zwischen dem Wert, mit dem die übergegangenen Wirtschaftsgüter nach § 4 Abs. 1 UmwStG zu übernehmen sind (nach Abzug der eigenen Anteile), und dem Buchwert der restlichen der Personengesellschaft nach § 5 UmwStG zuzurechnenden Beteiligung an der übertragenden Kapitalgesellschaft (§ 4 Abs. 4 UmwStG). 151

Das nach oben dargestellten Vorgaben zu ermittelnde Übernahmeergebnis wird auf zweiter Stufe durch einen Sperrbetrag nach § 50 c EStG beeinflusst (§ 4 Abs. 5 UmwStG). Danach erhöht sich ein Übernahmegewinn und verringert sich ein Übernahmeverlust um den Sperrbetrag nach § 50 c EStG, soweit die Anteile an der übertragenden Kapitalgesellschaft am steuerlichen Übertragungsstichtag zum Betriebsvermögen der übertragenden Personengesellschaft gehören. § 4 Abs. 5 UmwStG i.V. m. § 50 c EStG hatte in der Vergangenheit keine allzu große Bedeutung, da Sperrbeträge nach § 50 c EStG nur dann existierten, sofern die Gesellschafter der Übertragerin ihre Anteile von nicht zur Anrechnung berechtigten Personen erworben hatten, hauptsächlich also von Steuerausländern. Nach § 50 c Abs. 11 EStG,[164] der inzwischen durch das StSenkG aufgehoben wurde,[165] wurden Anteilserwerbe von Steuerinländern, die die Anteile als nicht wesentliche Beteiligung im Privatvermögen gehalten haben, für Zwecke des § 50 c EStG wie Erwerbe von Steuerausländern behandelt. Die Bedeutung der § 50 c EStG-Behaftung von Anteilen an Kapitalgesellschaften hat daher durch die vorgenannte Gesetzesänderung erheblich zugenommen. 152

• **Übernahmegewinn:** Ein Übernahmegewinn bleibt nach § 4 Abs. 7 S. 1 UmwStG **außer Ansatz**, soweit er auf eine Körperschaft, Personenvereinigung oder Vermögensmasse als Mitunternehmerin der Personengesellschaft entfällt. Der Übernahmegewinn ist **zur Hälfte anzusetzen**, soweit er auf eine natürliche Person entfällt. § 4 Abs. 7 UmwStG ist infolge der Steuerfreiheit von Veräußerungsgewinnen nach § 8 b Abs. 2 KStG und der Einführung des Halbeinkünfteverfahrens für Dividendeneinkünfte und Gewinne aus der Veräußerung von Anteilen an Kapitalgesellschaften durch natürliche Personen nach § 3 Nr. 40 EStG ergänzt worden. 153

Der Übernahmegewinn unterliegt auch nicht der **Gewerbesteuer** (§ 18 Abs. 2 UmwStG). Wird jedoch der Betrieb der Personengesellschaft innerhalb von fünf Jahren nach der Verschmelzung aufgegeben oder ver- 154

[163] Tz. 05.12 UmwSt.-Erl., BStBl I 1998, 268.

[164] Eingeführt durch das Gesetz zur Fortsetzung der Unternehmenssteuerreform vom 29. 10. 1997, BGBl I 1997, 2590.

[165] BStBl I 2000, 1433.

äußert, unterliegt der hierbei erzielte Gewinn ausnahmsweise der Gewerbesteuer (§ 18 Abs. 4 UmwStG). Entscheidend ist dabei nicht der zum Übertragungsstichtag entstandene Übernahmegewinn, sondern der bei dem späteren Vorgang tatsächlich erzielte Gewinn. In der Zwischenzeit hinzugekommene stille Reserven sind damit ebenfalls erfasst.[166] Schließlich bestimmt § 18 Abs. 4 S. 3 UmwStG, dass der auf Veräußerungs- oder Aufgabegewinne i. S. d. § 18 Abs. 4 S. 1 und 2 UmwStG beruhende Teil des Gewerbesteuermessbetrags nicht bei der Ermäßigung der Einkommensteuer nach § 35 EStG zu berücksichtigen ist.[167]

155 Der Übernahmegewinn ist in dem Veranlagungszeitraum zu versteuern, in dem der Übernahmegewinn entstanden ist, also mit Ablauf des steuerlichen Übertragungsstichtages.

156 • **Übernahmeverlust:** Bei dem Übernahmeverlust handelt es sich um einen Verlust auf der Ebene der Gesellschafter, der in aller Regel auf die in den Buchwerten der Anteile an der übertragenden Kapitalgesellschaft enthaltenen und mitgekauften stillen Reserven, die im übergehenden Betriebsvermögen wegen der Buchwertfortführung nach § 3 UmwStG nicht aufgedeckt werden können, zurückzuführen ist. Dieser Übernahmeverlust kann nicht mehr – entsprechend der früheren Rechtslage – zu einer steuerfreien Aufstockung stiller Reserven, die im übergehenden Vermögen enthalten sind, genutzt werden (step up). Er bleibt vielmehr nach § 4 Abs. 6 UmwStG außer Ansatz.

157 Im Gegensatz zur früheren Rechtslage kommt es also auch bei den Gesellschaftern, die in die Ermittlung des Übernahmeergebnisses einbezogen werden (vgl. § 5 UmwStG) und für die sich ein Übernahmeverlust ergibt, zu einer „Vernichtung" der ursprünglichen Anschaffungskosten für die Beteiligung an der übertragenden Kapitalgesellschaft. Konsequenz ist die Gleichstellung der Gesellschafter, für die ein Übernahmeergebnis ermittelt wird, mit den Gesellschaftern, die bei der Ermittlung des Übernahmeergebnisses ausscheiden.

158 Für die Gewerbesteuer gilt wiederum § 18 Abs. 2 UmwStG, wonach ein Übernahmeverlust ebenfalls nicht zu erfassen ist.

159 *cc) Besteuerung der Gesellschafter der übertragenden Kapitalgesellschaft.* Scheiden Gesellschafter der übertragenden GmbH vor Verschmelzung aus der Kapitalgesellschaft aus, so richtet sich die steuerliche Behandlung ihres Ausscheidens nach den allgemeinen steuerlichen Vorschriften. Ein Veräußerungsgewinn ist zu versteuern, sofern die Anteile zum Betriebsvermögen gehören oder wenn die Voraussetzungen des § 17 EStG bzw. des § 21 UmwStG vorliegen.

160 Für die Gesellschafter, die an der Verschmelzung teilnehmen und deren Beteiligung an der Übertragerin steuerverhaftet ist, wird nach den oben dargestellten Grundsätzen ein Übernahmegewinn bzw. -verlust ermittelt.

161 Beteiligungen, die nicht steuerverhaftet sind, scheiden bei der Ermittlung eines Übernahmegewinns bzw. -verlusts aus, da diese Anteile nicht

---

[166] Vgl. hierzu BFH BFH/NV 2002, 535.

[167] Zu dem Verhältnis von § 18 Abs. 4 UmwStG zu § 7 S. 2 GewStG vgl. *Füger/Rieger*, DStR 2002, 1021, 1022.

als in das Betriebsvermögen der Personengesellschaft eingelegt angesehen werden können (§ 5 Abs. 2 UmwStG). Für diese Beteiligungen gilt § 7 UmwStG. Im Ergebnis bleibt es hier bei der früheren Rechtslage, wonach dem betroffenen Gesellschafter das in der Steuerbilanz ausgewiesene Eigenkapital abzüglich anteiligem Nennkapital und anteiligem Einlagekonto im Verhältnis seiner Beteiligung an der Übertragerin als Einkünfte aus Kapitalvermögen (§ 20 Abs. 1 Nr. 1 EStG) zugerechnet wird und zu versteuern ist.

b) Übertragende Gesellschaft ist Personengesellschaft (§§ 24 ff. UmwStG). Die Verschmelzung einer Personengesellschaft auf eine andere Personengesellschaft wird steuerlich als Einbringung von Mitunternehmeranteilen der Gesellschafter der Personengesellschaft in die übernehmende Personengesellschaft angesehen. Anwendbar sind die Regelungen der §§ 24 ff. UmwStG, so dass auf die Ausführungen unter § 29 Rn 25 ff. verwiesen werden kann. **162**

Die Regelungen der §§ 24 ff. UmwStG sind auch für den Fall anwendbar, dass die Gesellschafter einer Personengesellschaft I ihre Mitunternehmeranteile in die übernehmende Personengesellschaft II gegen Gewährung von Mitunternehmeranteilen an dieser Gesellschaft einbringen und das Vermögen der Personengesellschaft I der übernehmenden Personengesellschaft II anwächst (Anwachsung, § 738 BGB, § 142 HGB). **163**

3. Grunderwerbsteuer bei Verschmelzungen

Gehören zum Vermögen der übertragenden Gesellschaft (Kapital- oder Personengesellschaft) inländische Grundstücke, wird durch die Verschmelzung (nach UmwG oder durch Anwachsung) Grunderwerbsteuer gemäß § 1 Abs. 1 Nr. 3 GrEStG ausgelöst. Die Grunderwerbsteuer bemisst sich gemäß § 8 Abs. 2 S. 1 Nr. 2 GrEStG nach den Werten i. S. d. § 138 Abs. 2 oder 3 BewG. **164**

Grundstücke, die vor dem Übertragungsstichtag veräußert worden sind, aber bei denen die Eigentumsumschreibung noch nicht erfolgt ist, werden nicht mehr erfasst.[168] **165**

Ist an der Verschmelzung bzw. Anwachsung eine Personengesellschaft beteiligt, so sind die Regelungen der §§ 5 und 6 GrEStG zu beachten, wonach Grunderwerbsteuer u. U. nicht bzw. teilweise nicht erhoben wird. **166**

---

[168] Vgl. FinMin Hessen, Erl. vom 9. 10. 2003, DStR2003, 1981.

§ 31 Trennung von Familienstämmen

Übersicht

	Rn
I. Einleitung	1
II. Spaltung des Unternehmens	3
1. Arten der Spaltung	3
2. Durchführung der Auf- und Abspaltung	7
a) Allgemeines	7
b) Vorbereitungsphase	8
aa) Aufstellung/Prüfung der Schlussbilanz	9
bb) Entwurf des Spaltungs- und Übernahmevertrages	10
cc) Information des Betriebsrates	17
dd) Erstellung des Spaltungsberichts	18
ee) Spaltungsprüfung	19
ff) Vorbereitung einer Sachgründung und/oder einer Sachkapitalerhöhung	22
gg) Vorbereitung und Einberufung der Versammlung der Anteilsinhaber	23
c) Beschlussphase	24
d) Vollzugsphase	25
III. Steuerrechtliche Auswirkungen der Spaltung	27
1. Auf- und Abspaltung von Kapitalgesellschaften auf Kapitalgesellschaften	28
a) Besteuerung der übertragenden Kapitalgesellschaft	30
b) Besteuerung der übernehmenden Kapitalgesellschaft	31
c) Besteuerung der Gesellschafter der übertragenden Kapitalgesellschaft	34
d) Voraussetzung einer steuerneutralen Spaltung	36
aa) Teilbetriebsbegriff des § 15 Abs. 1 UmwStG	37
bb) Missbrauchstatbestände nach § 15 Abs. 3 UmwStG	41
2. Auf- und Abspaltung von Kapitalgesellschaften auf Personengesellschaften	55
3. Auf- und Abspaltung von Personengesellschaften auf Kapitalgesellschaften	58
4. Auf- und Abspaltung von Personengesellschaften auf Personengesellschaften	59
5. Grunderwerbsteuer bei Spaltungen	60

Schrifttum: *Dötsch/Patt/Pung/Jost*, Umwandlungssteuerrecht, 5. Aufl. 2003 (zitiert: Dötsch, Umwandlungssteuerrecht); *Haritz/Benkert*, Umwandlungssteuergesetz, 2. Aufl. 2000; *Kallmeyer*, Umwandlungsgesetz, 2. Aufl. 2001; *Lüdicke/Rieger*, Unternehmenssteuerrecht, 2004; *Lutter*, Umwandlungsgesetz, 2. Aufl. 2000; *Sagasser/Bula/Brünger*, Umwandlungen, 3. Aufl. 2002; *Schmitt/Hörtnagl/Stratz*, Umwandlungsgesetz, Umwandlungssteuergesetz, 3. Aufl. 2001; *Semler/Stengel*, Umwandlungsgesetz, 2003; *Widmann/Mayer*, Umwandlungsrecht, Loseblatt; Stand: 75. Ergänzungslieferung, 2004.

I. Einleitung

1 Nahezu in jeder Familie kann es zu Streitigkeiten kommen. Unternehmerfamilien bilden da keine Ausnahme. Dauern hier die Streitigkeiten an, leiden hierunter regelmäßig auch die Familienunternehmen. Häufig ist sogar das Unternehmen selbst Ursache des Familienstreits, beispielsweise

weil die Familienmitglieder unterschiedliche Vorstellungen über die strategische Ausrichtung des Unternehmens haben oder weil sich Neid und Missgunst breit machen. Nicht immer können gesellschaftsvertragliche Bestimmungen Streitigkeiten vermeiden. Als mögliche Handlungsoption kann in diesen Fällen eine Aufteilung des Unternehmens auf die zerstrittenen Familienstämme in Betracht kommen, die künftig getrennte Wege gehen (Spaltung des Unternehmens).

Der klassische Anwendungsfall der Spaltung eines Familienunterneh- 2
mens zur Trennung von Familienstämmen ist die **fehlgeschlagene Unternehmensnachfolge**, bei der nach erfolgter Erbauseinandersetzung im Laufe der Zeit die unterschiedlichen, miteinander unvereinbaren Interessen der am Unternehmen beteiligten Familienstämme hervortreten. Aber nicht nur Streitigkeiten innerhalb der Familie sind Anlass zur Spaltung des Unternehmens. Beispielsweise kann eine Aufteilung des Unternehmens nach einzelnen Sparten betriebswirtschaftlich sinnvoll sein und den Neigungen der verschiedenen Familienstämme entsprechen.

II. Spaltung des Unternehmens

1. Arten der Spaltung

Als geeignetes Instrumentarium, ein Familienunternehmen aufzuteilen 3
und hierdurch mehrere Familienstämme zu trennen, stellt das UmwG in § 123 Abs. 1 und 2 UmwG die **Aufspaltung** und die **Abspaltung** zur Verfügung, die neben der Ausgliederung (vgl. hierzu § 29 Rn 4 ff.) Unterarten der Spaltung sind. In beiden Fällen erfolgt die Übertragung der im Spaltungs- und Übernahmevertrag genannten Vermögensgegenstände und Verbindlichkeiten vom übertragenden auf den übernehmenden Rechtsträger im Wege der Gesamtrechtsnachfolge/Sonderrechtsnachfolge. Als Gegenleistung werden den Anteilseignern des übertragenden Rechtsträgers Gesellschaftsanteile oder Mitgliedschaftsrechte an den übernehmenden Rechtsträgern (im Falle der Auf- oder Abspaltung zur Aufnahme) oder an den neuen Rechtsträgern (im Falle der Auf- oder Abspaltung zur Neugründung) gewährt. Die Aufspaltung unterscheidet sich von der Abspaltung dadurch, dass stets neben dem übertragenden Rechtsträger mindestens zwei weitere (übernehmende) Rechtsträger beteiligt sein müssen und dass der übertragende Rechtsträger bei der Aufspaltung ohne Abwicklung aufgelöst wird und erlischt.

Auf- und Abspaltung können wahlweise als **verhältniswahrende** oder 4
als **nicht-verhältniswahrende** Spaltung durchgeführt werden. Die nicht-verhältniswahrende Spaltung unterscheidet sich von der verhältniswahrenden Spaltung dadurch, dass einzelne, mehrere oder alle Gesellschafter des übertragenden Rechtsträgers nicht entsprechend ihrer am übertragenden Rechtsträger bestehenden Beteiligungsquote Anteile an den/dem übernehmenden Rechtsträger(n) erhalten.[1] Die Beteiligungsquoten werden abweichend von denjenigen beim übertragenden Rechts-

[1] *Kallmeyer* § 123 UmwG Rn 4.

träger im Spaltungs- und Übernahmevertrag festgesetzt. Einer solchen abweichenden Festsetzung müssen alle Gesellschafter zustimmen (§ 128 UmwG).

5 **Nicht-verhältniswahrende Spaltungen** (§ 128 UmwG) liegen nur dann vor, wenn bereits aus dem Spaltungs- und Übernahmevertrag unmittelbar in eindeutiger Weise hervorgeht, dass die **rechnerische Beteiligungsquote** eines jeden Anteilsinhabers am übertragenden Rechtsträger mit der rechnerischen Beteiligungsquote an den übernehmenden Rechtsträgern bezüglich der als Gegenleistung gewährten Anteile nicht übereinstimmt.[2] Bei einer verhältniswahrenden Spaltung eintretende Wertverschiebungen führen nicht dazu, dass alle Gesellschafter der Spaltung zustimmen müssen; Wertverschiebungen müssen gegebenenfalls im Rahmen des **Spruchverfahrens** gemäß §§ 125, 14 Abs. 2, 15 UmwG i. V. m. den Regelungen des Spruchverfahrensgesetze ausgeglichen werden.[3] Eine nicht-verhältniswahrende Spaltung gemäß § 128 UmwG liegt nach zutreffender Ansicht ferner dann nicht vor, wenn die Zuteilung freier Spitzen zu disquotalen Festsetzungen führt, die durch bare Zuzahlungen im Rahmen der gesetzlichen Grenzen der §§ 125, 54 Abs. 4, 68 Abs. 3 UmwG ausgeglichen werden. Darüber hinausgehende Ausgleichsleistungen fallen jedoch in den Anwendungsbereich des § 128 UmwG.[4]

6 Nach ganz h. M. ist auch eine „**(Ab-)Spaltung zu Null**" zulässig, bei der Gesellschafter des übertragenden Rechtsträgers keinen Anteil am übernehmenden Rechtsträger erhalten.[5] Die nicht-verhältniswahrende „Spaltung zu Null" ist regelmäßig Basis der **Trennung von Familienstämmen**. § 128 S. 1 UmwG stellt damit eine zur Disposition der Gesellschafter stehende Durchbrechung des Grundsatzes dar, dass eine Spaltung gemäß § 123 UmwG grundsätzlich die Anteilsgewährung voraussetzt (vgl. § 29 Rn 6). Die Gesellschafter bei einer „(Ab-) Spaltung zu Null", die am übernehmenden Rechtsträger keinen Anteil erhalten, werden der Spaltung nur dann gemäß § 128 UmwG zustimmen, wenn ihnen eine andere Gegenleistung in der Form gewährt wird, dass ihre Beteiligungsquote am übertragenden Rechtsträger entsprechend erhöht wird.[6]

2. Durchführung der Auf- und Abspaltung

7 **a) Allgemeines.** Die **beteiligungsfähigen Rechtsträger** einer Auf- oder Abspaltung ergeben sich aus § 124 UmwG und seiner Verweisung auf § 3 Abs. 1 UmwG. Wie bei der Ausgliederung (vgl. § 29 Rn 7) kann

---

[2] *Widmann/Mayer* § 128 UmwG Rn 30 ff.; *Kallmeyer* § 128 UmwG Rn 3.

[3] *Kallmeyer* § 128 UmwG Rn 3.

[4] *Widmann/Mayer* § 128 UmwG Rn 34; *Sagasser/Bula/Brünger* Umwandlungen N Rn 34.

[5] LG Konstanz GmbHR 1998, 337; *Lutter* § 123 UmwG Rn 16; *Kallmeyer* § 123 UmwG Rn 4; *Schmitt/Hörtnagl/Stratz* § 128 UmwG Rn 11.

[6] *Lutter* § 128 UmwG Rn 13. Die entsprechenden Regelungen können in den Spaltungs- und Übernahmevertrag aufgenommen werden. Alternativ wird ein gesonderter Vertrag abgeschlossen, dessen Wirksamkeit unter der aufschiebenden Bedingung des Wirksamwerdens der Spaltung steht.

auch bei den anderen Formen der Spaltung die Vermögensübertragung auf schon bestehende und auf neue übernehmende Rechtsträger kombiniert werden (§ 123 Abs. 4 UmwG); auch Kombinationen unter den einzelnen Spaltungsformen sind zulässig. Spaltungen mit mehr als einem Rechtsträger als übertragender Rechtsträger untersagt der eindeutige Wortlaut des § 123 Abs. 1 und 2 UmwG, so dass in der Praxis eine Aufteilung in mehrere isoliert zu betrachtende Vorgänge vorgenommen werden muss. Die anzuwendenden Vorschriften ergeben sich insbesondere aus der Verweisung in § 125 UmwG auf die Bestimmungen des Verschmelzungsrechts,[7] die durch die §§ 126 ff. UmwG ergänzt werden, insbesondere um die Gläubigerschutzvorschriften der §§ 133[8] und 134 UmwG.

b) Vorbereitungsphase. Die einzelnen Maßnahmen der Vorbereitungsphase bei einer Auf- oder Abspaltung entsprechen im Wesentlichen denjenigen einer Ausgliederung, so dass auf die Ausführungen unter § 29 Rn 10 ff. verwiesen werden kann. Die nachfolgende Darstellung beschränkt sich zur Vermeidung von Wiederholungen auf Besonderheiten bei der Auf- und Abspaltung: 8

aa) Aufstellung/Prüfung der Schlussbilanz. Die Ausführungen unter § 29 Rn 11 ff. zur Ausgliederung gelten entsprechend. 9

bb) Entwurf des Spaltungs- und Übernahmevertrages. Die Ausführungen unter § 29 Rn 13 zur **Einheitlichkeit** des Spaltungs- und Übernahmevertrages bei Beteiligung mehrerer Rechtsträger, zur **Form**, zu den gesetzlichen **Mindestangaben**, insbesondere zur Spaltungsfreiheit und ihren Grenzen, sowie zu den **fakultativen Angaben** gelten entsprechend auch für die Auf- und die Abspaltung. Abweichungen gegenüber der Ausgliederung ergeben sich bezüglich des in § 126 Abs. 1 Nr. 3, 4, 10 UmwG vorgeschriebenen Mindestinhalts des Spaltungs- und Übernahmevertrages (vgl. § 29 Rn 14). 10

- Die gemäß § 126 Abs. 1 Nr. 3 UmwG erforderlichen Angaben zum **Umtauschverhältnis der Anteile** und gegebenenfalls zur **Höhe von baren Zuzahlungen** betreffen den Kern des Spaltungs- und Übernahmevertrages. Bei der Aufspaltung bestimmen sie die Höhe des Ausgleichs der Gesellschafter für den Verlust der Beteiligung am übertragenden Rechtsträger. Bei der Abspaltung bestimmen sie die Höhe des Wertausgleichs, den der Gesellschafter für die Wertminderung seines Anteils an dem übertragenden Rechtsträger erhält.[9] 11
- **Einzelheiten zum Erwerb und zur Übertragung der Anteile** (§ 126 Abs. 1 Nr. 4 UmwG) haben nur dann praktische Relevanz, wenn ein Treuhänder eingeschaltet wird (vgl. §§ 125, 71, 72 UmwG).[10] Für die 12

---

[7] Zur Anwendbarkeit des § 18 UmwG (Firmenfortführung) bei der Aufspaltung vgl. *Sagasser/Bula/Brünger* Umwandlungen N Rn 67; *Kallmeyer* § 125 UmwG Rn 28.

[8] Vgl. hierzu § 29 Rn 9.

[9] *Schmitt/Hörtnagl/Stratz* § 126 UmwG Rn 25. – Da bei der Abspaltung die Gesellschafter ihre Anteile am übertragenden Rechtsträger nicht verlieren, ist die gesetzliche Terminologie des „Umtauschverhältnisses“ insoweit irreführend.

[10] *Kallmeyer* § 126 UmwG Rn 13.

Trennung von Familienstämmen, der eine **nicht-verhältniswahrende Spaltung** zugrunde liegt, sind die gemäß § 126 Abs. 1 Nr. 10 UmwG erforderlichen Angaben von wesentlicher Bedeutung, die unabhängig von den ohnehin bestehenden rechtsformspezifischen Besonderheiten (vgl. §§ 125, 40, 46 UmwG) eine konkrete, auf die einzelnen Anteilsinhaber bezogene Darstellung der Anteilsaufteilung und des Aufteilungsmaßstabes voraussetzen. Demgegenüber genügt bei einer **verhältniswahrenden Spaltung** der allgemeine Hinweis, dass die Aufteilung den bisherigen Beteiligungsverhältnissen entspricht.[11]

13 • Die Angaben gemäß § 126 Abs. 1 Nr. 3, 4, 10 UmwG entfallen, soweit ausnahmsweise **keine Anteile gewährt** werden (müssen).[12] Dies ist insbesondere der Fall, soweit der übernehmende Rechtsträger unmittelbar oder mittelbar Anteilsinhaber des übertragenden Rechtsträgers ist oder wenn der übertragende Rechtsträger unmittelbar oder mittelbar eigene Anteile besitzt (§ 131 Abs. 1 Nr. 3 S. 1 Hs. 2 UmwG), ferner in allen sonstigen Fällen, in denen ein Anteilsgewährungsverbot besteht oder ein Wahlrecht so ausgeübt wird, dass keine Anteile gewährt werden. Nach wohl h. M.[13] entfällt die Anteilsgewährungspflicht lediglich bei der Auf- und Abspaltung auf die Muttergesellschaft, wobei Kapitalgesellschaften zudem die Kapitalerhöhungsverbote der §§ 125, 54, 68 UmwG zu beachten haben. Anteile sind hingegen zu gewähren bei der Auf- und Abspaltung auf Tochtergesellschaften sowie bei Spaltungen unter Schwestergesellschaften.[14]

14 • Wenn der übernehmende Rechtsträger eine andere Rechtsform als der übertragende Rechtsträger hat oder wenn die als Gegenleistung für die Vermögensübertragung gewährten Anteile Verfügungsbeschränkungen unterliegen, muss der Spaltungs- und Übernahmevertrag gemäß §§ 125, 29 UmwG ein **Angebot auf Barabfindung** für den Fall enthalten, dass ein Anteilsinhaber gegen den Spaltungsbeschluss des übertragenden Rechtsträgers Widerspruch zur Niederschrift erklärt (zu Einzelheiten vgl. § 30 Rn 40 zur Verschmelzung).

15 • Bei der **Trennung von Familienstämmen** wird regelmäßig eine **„Spaltung zu Null"** durchgeführt werden (vgl. § 31 Rn 6). Hierzu folgendes Beispiel: Zwei Familienstämme A und B sind jeweils zu 50 % am übertragenden Rechtsträger beteiligt. Nach der Abspaltung soll nur der Familienstamm A zu 100 % am übernehmenden Rechtsträger beteiligt sein. Der Familienstamm B soll alleiniger Anteilsinhaber am übertragenden Rechtsträger werden. Die Abspaltung ist nicht-verhältniswahrend und bedarf somit der notariell zu beurkundenden Zustimmung sämtlicher Anteilsinhaber beider Familienstämme (§§ 128, 125 S. 1, 13 Abs. 3

---

11 *Schmitt/Hörtnagl/Stratz* § 126 UmwG Rn 114.

12 Überblick zu den Ausnahmen der Anteilsgewährungspflicht bei *Semler/Stengel* § 126 UmwG Rn 29.

13 Vgl. *Widmann/Mayer* § 126 UmwG Rn 77 ff.; *Lutter* § 126 UmwG Rn 21; *Schmitt/Hörtnagl/Stratz* § 126 UmwG Rn 43 ff.

14 OLG Frankfurt ZIP 1998, 1191; *Schmitt/Hörtnagl/Stratz* § 126 UmwG Rn 51; anders LG München I GmbHR 1999, 36. – Zur Problematik bei der Verschmelzung vgl. § 30 Rn 18.

UmwG). Die Beteiligung des Familienstamms A am übertragenden Rechtsträger bleibt durch den Spaltungsvorgang grundsätzlich unberührt. Zutreffenderweise können allerdings auch die Anteile des übertragenden Rechtsträgers im Spaltungsvertrag frei festgelegt werden (vgl. §§ 126 Abs. 1 Nr. 10, 131 Abs. 1 Nr. 3 UmwG: „beteiligter Rechtsträger"). Die vorzunehmende Aufteilung der Anteile kann durch Übertragung, aber auch durch Einziehung (bei AG und GmbH) sowie durch Herabsetzen oder Erhöhen (bei OHG und KG) von bestehenden Anteilen erfolgen.[15] Wirtschaftlich betrachtet lässt sich der Familienstamm B seine Zustimmung zur nicht-verhältniswahrenden Spaltung dadurch abkaufen, dass er künftig allein am übertragenden Rechtsträger beteiligt ist.[16]

Ferner können die Familienstämme untereinander **zusätzliche Aus- 16
gleichsleistungen** vereinbaren, wenn die nicht-verhältniswahrende Spaltung Vermögensverschiebungen zur Folge hat, die allein durch die Aufteilung der Anteile wertmäßig nicht ausgeglichen werden können. Solche Ausgleichsleistungen, die generell zulässig sind, werden nicht von den beteiligten Rechtsträgern, sondern von den Anteilsinhabern selbst geleistet. Daher stellen sie weder eine Gegenleistung im Sinne von §§ 15 Abs. 1 S. 1, 11 Abs. 1 S. 1 Nr. 2 UmwStG noch eine bare Zuzahlung gemäß §§ 125, 54 Abs. 4, 68 Abs. 4 UmwG dar.[17]

cc) Information des Betriebsrates. Dieses Erfordernis gilt gemäß § 126 17
Abs. 3 UmwG auch für die Auf- und die Abspaltung. Die zusätzlichen Informationsobliegenheiten gegenüber den Arbeitnehmern bestehen unter den Voraussetzungen des § 613 a BGB ebenfalls. Auf die Ausführungen unter § 29 Rn 19 zur Ausgliederung wird verwiesen.

dd) Erstellung des Spaltungsberichts. Die Ausführungen unter § 29 Rn 24 18
zum Inhalt und zur Entbehrlichkeit eines Ausgliederungsberichts gelten entsprechend. Zusätzlich muss der Spaltungsbericht bei der Auf- und Abspaltung das **Umtauschverhältnis**, dessen **Ermittlung**, den **Aufteilungsmaßstab** sowie gegebenenfalls die **Höhe einer Barabfindung** erläutern.[18] Diese Angaben berühren unmittelbare wirtschaftliche Interessen der Anteilsinhaber. Als inhaltliche Vorgabe hat auch hier zu gelten, dass der Bericht den Anteilsinhabern eine Plausibilitätskontrolle ermöglichen muss. Folglich darf sich der Bericht nicht auf die Darlegung von Ergebnissen beschränken, sondern er muss die angewandten Methoden der Bewertung sowie die verwendeten Grundlagen benennen und nachvollziehbar darstellen. Im besonderen Maße gilt dies bei nicht-verhältniswahrenden Spaltungen.[19] Neben den in § 29 Rn 24 genannten Fällen ist der Spaltungsbericht auch bei der Abspaltung von einer 100 %igen

---

[15] *Kallmeyer* § 123 UmwG Rn 5, § 128 UmwG Rn 4; ebenso *Widmann/Mayer* § 126 UmwG Rn 277 ff., auch zu ertragsteuerlichen und grunderwerbsteuerlichen Konsequenzen.

[16] Zur Zustimmungspflicht eines Minderheitsgesellschafters aufgrund seiner Treuepflicht vgl. *Kallmeyer* § 128 UmwG Rn 6.

[17] *Schmitt/Hörtnagl/Stratz* § 128 UmwG Rn 26; *Lutter* § 128 UmwG Rn 8 ff., 13.

[18] *Kallmeyer* § 127 UmwG Rn 5 ff.

[19] Vgl. *Schmitt/Hörtnagl/Stratz* § 127 UmwG Rn 5 ff.

Tochter- auf die Muttergesellschaft entbehrlich (§§ 127 S. 2, 8 Abs. 3 UmwG).

19 *ee) Spaltungsprüfung.* Im Unterschied zur Ausgliederung (vgl. § 29 Rn 25) kann bei der Auf- und Abspaltung zum Schutz der Anteilsinhaber die Prüfung des Spaltungs- und Übernahmevertrages durch einen oder mehrere sachverständige Prüfer erforderlich sein. Entsprechend der Gesetzestechnik des UmwG findet eine Spaltungsprüfung nur statt, wenn und soweit das Gesetz eine Spaltungsprüfung anordnet und sie nicht ausnahmsweise entbehrlich ist. Jeder der an der Spaltung beteiligten Rechtsträger muss gesondert betrachtet werden (§§ 125, 44, 48, 60, 73, 78 UmwG). Zusätzlich kommt rechtsformunabhängig eine Prüfung in Betracht, wenn der Spaltungs- und Übernahmevertrag ein Barabfindungsgebot enthält (§§ 125, 30 Abs. 2 UmwG).

20 Die **Spaltungsprüfung** entfällt, wenn alle Anteilsinhaber aller beteiligten Rechtsträger in notariell beurkundeter Form auf die Prüfung verzichten (§§ 125, 9 Abs. 3, 8 Abs. 3 S. 1, 1. Alt., S. 2, 30 Abs. 2 S. 3 UmwG).[20] Obwohl § 125 UmwG die Regelung des § 9 Abs. 2 UmwG (Entbehrlichkeit der Prüfung, wenn sich alle Anteile des übertragenden Rechtsträgers in der Hand des übernehmenden Rechtsträgers befinden) von der Verweisung ausdrücklich ausnimmt, wird in der Literatur die Entbehrlichkeit der Spaltungsprüfung auch für die Abspaltung von einer 100 %igen Tochtergesellschaft auf die Muttergesellschaft („**up-stream Spaltung**") oder die Aufspaltung einer Gesellschaft auf ihre Gesellschafter („Realteilung") diskutiert.[21] In solchen Fällen ist es sinnvoll, sich mit den beteiligten Registergerichten im Vorfeld über die Entbehrlichkeit einer Spaltungsprüfung abzustimmen und bei verbleibenden Zweifeln vorsorglich – wenn möglich – Verzichtserklärungen der Anteilsinhaber einzuholen.[22]

21 **Gegenstand** der Spaltungsprüfung ist insbesondere die Frage, ob das vorgeschlagene **Umtauschverhältnis**, gegebenenfalls die Höhe einer **baren Zuzahlung** oder eine **Barabfindung**, einen angemessenen Gegenwert für den Wertverlust darstellt, den die Anteilsinhaber eines beteiligten Rechtsträgers infolge des Spaltungsvorgangs erleiden. Für die Bestellung der Spaltungsprüfer, ihre Auswahl, ihr Auskunftsrecht, ihre Verantwortlichkeit und Haftung, für den Gegenstand und Umfang der Spaltungsprüfung sowie die Erstellung und den Inhalt des Prüfberichts gelten über die Verweisung der §§ 125, 30 Abs. 2 UmwG die §§ 9 bis 12 UmwG.

22 *ff) Vorbereitung einer Sachgründung und/oder einer Sachkapitalerhöhung.* Die Darstellung unter § 29 Rn 26 f. kann für die Auf- und Abspaltung entsprechend herangezogen werden. Ergänzend ist zu beachten, dass für die Kapitalaufbringung des neuen Rechtsträgers bei der Abspaltung neben dem

---

[20] Relevant wird der Verzicht nur für die Spaltungsprüfung bei einer AG, da bei der OHG, KG und GmbH die Prüfung ohnehin unterbleibt, wenn kein Gesellschafter sie verlangt (§§ 125, 44, 48 UmwG).

[21] Für eine Entbehrlichkeit der Prüfung *Schmitt/Hörtnagl/Stratz* § 125 UmwG Rn 12; *Kallmeyer* § 125 UmwG Rn 9; anders *Sagasser/Bula/Brünger* Umwandlungen N Rn 142.

[22] Vgl. *Sagasser/Bula/Brünger* Umwandlungen N Rn 64.

übertragenden Rechtsträger auch diejenigen Gesellschafter, die Anteile am übernehmenden Rechtsträger erhalten, als Gesamtschuldner haften.

gg) Vorbereitung und Einberufung der Versammlung der Anteilsinhaber. Die Ausführungen unter § 29 Rn 29f. gelten für die Auf- und Abspaltung entsprechend. Sofern eine Spaltungsprüfung stattfindet, muss den Aktionären einer beteiligten AG der Prüfungsbericht gemäß §§ 125, 12 UmwG rechtzeitig zugeleitet werden (vgl. § 63 Abs. 1 Nr. 5 UmwG). **23**

c) Beschlussphase. Unterschiede ergeben sich gegenüber der Beschlussphase der Ausgliederung lediglich insoweit, als im Falle einer nicht-verhältniswahrenden Spaltung gemäß § 128 UmwG alle Anteilsinhaber des übertragenden Rechtsträgers gesondert zustimmen müssen. Im Übrigen gelten die Ausführungen unter § 29 Rn 31ff. zur Ausgliederung entsprechend. **24**

d) Vollzugsphase. Die Ausführungen zur Anmeldung des Spaltungsvorgangs bei den Handelsregistern der beteiligten Rechtsträger, zu den bei der Anmeldung beizufügenden Unterlagen, zur Reihenfolge der Eintragung durch die Registergerichte sowie zu den Wirkungen der Eintragung unter § 29 Rn 80ff. gelten für die Auf- und Abspaltung im Grundsatz entsprechend. **25**

Die Ausführungen zum Spruchverfahren, zum Gläubigerschutz und zur Nachhaftung bei der Verschmelzung (vgl. § 30 Rn 94ff.) gelten infolge der Verweisung des § 125 UmwG in entsprechender Weise auch für die Auf- und Abspaltung. **26**

III. Steuerrechtliche Auswirkungen der Spaltung

Ähnlich wie das Gesellschaftsrecht sieht auch das Steuerrecht die Auf- und Abspaltung als Umkehrfall der Verschmelzung an. Wie bei der Verschmelzung ist daher steuerrechtlich zu unterscheiden, welcher Rechtsform die übertragende und die übernehmende Gesellschaft angehören. Je nach Kombination sind die folgenden steuerrechtlichen Vorschriften anzuwenden: **27**

- Auf- und Abspaltung von Kapitalgesellschaften auf Kapitalgesellschaften (§ 15 i.V.m. §§ 11 bis 13 UmwStG),
- Auf- und Abspaltung von Kapitalgesellschaften auf Personengesellschaften (§ 16 i.V.m. §§ 3ff. UmwStG),
- Auf- und Abspaltung von Personengesellschaften auf Kapitalgesellschaften (§§ 20ff. UmwStG),
- Auf- und Abspaltung von Personengesellschaften auf Personengesellschaften (§ 24 UmwStG).

1. Auf- und Abspaltung von Kapitalgesellschaften auf Kapitalgesellschaften

§ 15 UmwStG betrifft Fälle der Auf- und Abspaltung, an denen nur Kapitalgesellschaften beteiligt sind. Liegen sämtliche Voraussetzungen des § 15 UmwStG vor, so gelten grundsätzlich die gleichen steuerlichen Fol- **28** gen wie bei der Verschmelzung von Kapitalgesellschaften. Über § 15 UmwStG sind die **§§ 11 bis 13 UmwStG entsprechend anwendbar**. Insofern kann auf die Ausführungen zu der Verschmelzung einer Kapitalgesellschaft auf eine andere Kapitalgesellschaft (§ 30 Rn 103 ff.) verwiesen werden.

29 Ansonsten ist Folgendes zu beachten:

30 **a) Besteuerung der übertragenden Kapitalgesellschaft.** Sind die Voraussetzungen nach § 11 Abs. 1 UmwStG erfüllt, darf die übertragende Kapitalgesellschaft das übergehende Betriebsvermögen in ihrer steuerlichen Schlussbilanz mit den **Buchwerten** ansetzen, so dass die Aufdeckung und Versteuerung von stillen Reserven vermieden werden kann. Entsprechend des Gesetzeswortlauts ist auch der Ansatz von **Zwischen- oder Teilwerten** möglich.[23] Bei einer Abspaltung ist das bei der übertragenden Kapitalgesellschaft zurückbehaltene Betriebsvermögen zwingend mit dem Buchwert anzusetzen.

31 **b) Besteuerung der übernehmenden Kapitalgesellschaft.** Die übernehmende Kapitalgesellschaft hat nach § 15 Abs. 1 S. 1 i. V. m. § 12 Abs. 1 und § 4 Abs. 1 UmwStG die **Schlussbilanzwerte der gespaltenen Kapitalgesellschaft fortzuführen**. Ein bei der übernehmenden Kapitalgesellschaft entstehender Übernahmegewinn oder -verlust bleibt nach § 15 Abs. 1 S. 1 i. V. m. § 12 Abs. 2 S. 1 UmwStG bei der Gewinnermittlung grundsätzlich außer Ansatz.

32 Auch im Falle der Spaltung geht ein **verbleibender Verlustabzug** der Übertragerin i. S. d. § 10 d Abs. 4 S. 2 EStG auf die übernehmende Kapitalgesellschaft über, jedoch **nur anteilig**. Die Aufteilung des verbleibenden Verlustabzugs ist im Verhältnis der übergehenden Vermögensteile zu dem bei der übertragenden Kapitalgesellschaft vor der Spaltung bestehenden Vermögen vorzunehmen. Hier ist von den gemeinen Werten der Aktiva abzüglich Verbindlichkeiten auszugehen (§ 9 Abs. 2 BewG).[24] Das Verhältnis entspricht i. d. R. den Angaben zum Umtauschverhältnis der Anteile im Spaltungs- und Übernahmevertrag (§ 126 Abs. 1 Nr. 3 UmwG). Eine gesonderte Ermittlung ist nur erforderlich, wenn das Umtauschverhältnis der Anteile nicht im Verhältnis der übergehenden Vermögensteile zu dem bei der Übertragerin vor der Spaltung bestehenden Vermögen entspricht. Der Spaltungs- und Übernahmevertrag wird in diesem Fall entsprechende Angaben enthalten.[25]

33 Sind die Voraussetzungen des § 15 Abs. 1 UmwStG nicht erfüllt (fehlende **Teilbetriebseigenschaft**), geht ein anteiliger Verlustabzug nicht über. Sind die Voraussetzungen des § 15 Abs. 1 UmwStG hingegen erfüllt, geht

---

[23] Nach Verwaltungsauffassung (Tz. 11.01 UmwSt.-Erl., BStBl I 1998, 268) läuft das in § 11 UmwStG geregelte steuerliche Wertansatzwahlrecht – abgesehen von den Fällen der Wertaufholung – leer. Vgl. hierzu schon die entsprechenden Ausführungen zur steuerlichen Behandlung der Verschmelzung von Kapitalgesellschaften unter § 31 Rn 108 ff.

[24] Vgl. Tz. 15.42 UmwSt.-Erl., BStBl I 1998, 268.

[25] Tz. 15.43 und 15.44 UmwSt.-Erl., BStBl I 1998, 268: danach bleibt das Prüfungsrecht des Finanzamts unberührt.

ein anteiliger Verlustabzug selbst dann über, wenn einer der Missbrauchstatbestände nach § 15 Abs. 3 UmwStG vorliegt.[26] Für die Verlustverwertung gelten die gleichen Maßstäbe wie bei der Verschmelzung, wonach der Teilbetrieb, der den Verlust verursacht hat, über den Stichtag hinaus in einem nach dem Gesamtbild der wirtschaftlichen Verhältnisse vergleichbaren Umfang in den folgenden fünf Jahren fortgeführt werden muss (vgl. hierzu § 30 Rn 120).

c) Besteuerung der Gesellschafter der übertragenden Kapitalgesellschaft. Wie die Verschmelzung ist auch die Spaltung für die Gesellschafter der übertragenden Kapitalgesellschaft nach § 15 Abs. 1 S. 1 i. V. m. § 13 UmwStG **grundsätzlich erfolgsneutral**. Die Anteile an der übertragenden Kapitalgesellschaft gelten für die Anteilseigner als zum Buchwert bzw. zu ihren Anschaffungskosten veräußert, und zwar unabhängig davon, ob das übergehende Betriebsvermögen auf Gesellschaftsebene mit dem Buchwert, einem Zwischenwert oder mit dem Teilwert angesetzt worden ist. Die an ihre Stelle tretenden Anteile an der übernehmenden Kapitalgesellschaft bleiben steuerverhaftet und gelten als zum gleichen Wert angeschafft. Die Erfolgsneutralität ist zwingend. Es besteht keine Möglichkeit, die stillen Reserven in den Anteilen aufzudecken, wenn die Voraussetzungen des § 15 UmwStG vorliegen. Die Ausführungen zur Besteuerung der Gesellschafter der übertragenden Gesellschaft betreffend die Verschmelzung gelten für die Spaltung entsprechend.[27] 34

Sind die **Voraussetzungen des § 15 Abs. 1 UmwStG nicht erfüllt**, ist die Spaltung für die Gesellschafter der übertragenden Gesellschaft **nicht erfolgsneutral**. Dies gilt – ähnlich wie beim anteiligen Übergang eines Verlustabzugs – nicht, die Steuerneutralität auf Ebene der Gesellschafter bleibt also erhalten, wenn einer der Missbrauchstatbestände des § 15 Abs. 3 UmwStG erfüllt ist. § 15 Abs. 3 UmwStG schließt nämlich lediglich die Anwendbarkeit von § 11 Abs. 1 UmwStG aus und nicht die die Anteilseigner betreffende Vorschrift des § 13 UmwStG. 35

d) Voraussetzungen einer steuerneutralen Spaltung. Eine ertragsteuerneutrale Auf- und Abspaltung setzt voraus, dass zum einen die Voraussetzungen des § 15 Abs. 1 UmwStG erfüllt sind und zum anderen keiner der in § 15 Abs. 3 UmwStG geregelten Missbrauchstatbestände vorliegt. 36

aa) Teilbetriebsbegriff des § 15 Abs. 1 UmwStG. Die §§ 11 bis 13 UmwStG sind nur dann anzuwenden, d. h. die Auf- und Abspaltung ist nur dann steuerneutral, wenn ein Teilbetrieb auf die übernehmende Kapitalgesellschaft übergeht. Im Falle der Abspaltung muss das der übertragenden Kapitalgesellschaft verbleibende Vermögen ebenfalls zu einem Teilbetrieb gehören (§ 15 Abs. 1 S. 1 und 2 UmwStG).[28] 37

§ 15 Abs. 1 S. 1 und 2 UmwStG verwendet den **Begriff des Teilbetriebs**, ohne ihn zu definieren. Hierzu können grundsätzlich die Merk- 38

[26] Vgl. Tz. 15.49 UmwSt.-Erl., BStBl I 1998, 268.
[27] Vgl. hierzu die Ausführungen zur Verschmelzung unter § 30 Rn 122 ff.
[28] Vgl. Tz. 15.01 UmwSt.-Erl., BStBl I 1998, 268.

male des Teilbetriebs i. S. v. § 16 EStG herangezogen werden. Nach geänderter Auffassung der Finanzverwaltung gilt bei § 15 Abs. 1 wie bei § 20 UmwStG allerdings die sog. **funktionale Betrachtungsweise**.[29] Spaltungstaugliches Objekt kann auch – wie im Rahmen von § 20 UmwStG – ein sog. **Teilbetrieb im Aufbau** sein. Voraussetzung für die Anerkennung eines Teilbetriebs im Aufbau ist insbesondere, dass die wesentlichen Betriebsgrundlagen bereits vorhanden sein müssen und dass bei zielgerichteter Weiterverfolgung des Aufbauplans ein selbständig lebensfähiger Organismus zu erwarten sein muss.

39 Nach § 15 Abs. 1 S. 3 UmwStG gelten als (fiktive) Teilbetriebe auch ein Mitunternehmeranteil und eine Beteiligung an einer Kapitalgesellschaft, die deren gesamtes Nennkapital umfasst:

- **Mitunternehmeranteil**: Neben dem gesamten Mitunternehmeranteil ist auch ein Teil eines Mitunternehmeranteils als Teilbetrieb i. S. v. § 15 Abs. 1 S. 3 UmwStG anzusehen.[30] Er kann also erfolgsneutral abgespalten werden. Wird ein Teil eines Mitunternehmeranteils als fiktiver Teilbetrieb abgespalten, so stellt der zurückbleibende Teil des Mitunternehmeranteils ebenfalls einen Teilbetrieb dar.[31] Wird ein Mitunternehmeranteil abgespalten, muss nach Verwaltungsauffassung auch das zugehörige Sonderbetriebsvermögen mitabgespalten werden, soweit es sich hierbei um wesentliche Betriebsgrundlagen handelt. Wird nur ein Teil eines Mitunternehmeranteils abgespalten, muss das zugehörige Sonderbetriebsvermögen entsprechend bruchteilsmäßig mitabgespalten werden.[32]
- **100 %-Beteiligung an einer Kapitalgesellschaft**: Als Teilbetrieb gilt auch die Beteiligung an einer Kapitalgesellschaft, die das gesamte Nennkapital umfasst. Ist eine 100 %ige Beteiligung an einer Kapitalgesellschaft wesentliche Betriebsgrundlage eines anderen Teilbetriebs, teilt sie das steuerliche Schicksal dieses Teilbetriebs. Wird sie übertragen, stellt das zurückbleibende Vermögen keinen Teilbetrieb mehr dar.[33] 100 %-Beteiligungen können zusammen mit anderen Beteiligungen wiederum einen Teilbetrieb „Beteiligungsverwaltung" darstellen.

40 Da sowohl das übergehende als auch das zurückbehaltene Vermögen zu einem Teilbetrieb gehören muss, führen sog. nichtzuordnungsfähige neutrale Wirtschaftsgüter dazu, dass die Spaltung nicht erfolgsneutral durchgeführt werden kann. Zur Gewinnrealisierung kommt es allerdings nur für das übergehende Vermögen. Das zurückbleibende Betriebsvermögen ist immer mit dem Buchwert anzusetzen. Zum einen umfasst ein Teil-

---

[29] Vgl. BMF vom 16. 8. 2000, BStBl I 2000, 1253: Das Vorhandensein von stillen Reserven ist bei der funktionalen Betrachtungsweise unbeachtlich. Tz. 15.02 UmwSt.-Erl., BStBl I 1998, 268 ist insoweit nicht mehr maßgeblich.

[30] *Lüdicke/Rieger/Ruoff*, § 16 Rn 45.

[31] Vgl. Tz. 15.04 UmwSt.-Erl., BStBl I 1998, 268.

[32] Vgl. *Dötsch* Umwandlungssteuerrecht § 15 UmwStG Rn 74; a. A. *Schmitt/Hörtnagl/Stratz* § 15 UmwG Rn 81. Zur Behandlung des Sonderbetriebsvermögens im Rahmen der Spaltung eines Mitunternehmeranteils vgl. auch *Rödder*, DStR 1995, 322, 324.

[33] Vgl. *Dötsch* Umwandlungssteuerrecht § 15 UmwStG Rn 76.

betrieb zwingend alle **wesentlichen Betriebsgrundlagen**, die für die ausgeübte Tätigkeit notwendig sind. Darüber hinaus können beim Teilbetrieb auch **neutrale Wirtschaftsgüter** oder Schulden zugeordnet werden, die nicht zu dessen wesentlichen Betriebsgrundlagen gehören.[34] In Betracht kommen hier alle Wirtschaftsgüter, die gewillkürtes Betriebsvermögen darstellen. Verbindlichkeiten können grundsätzlich frei zugeordnet werden.[35] Eine Ausnahme gilt nach der Finanzverwaltung für Pensionsrückstellungen. Sie gehören zu dem Teilbetrieb, in dem die Arbeitnehmer, denen die Zusage gegeben worden ist, tätig sind oder tätig waren.[36] Wird eine wesentliche Betriebsgrundlage von mehreren Teilbetrieben eines Unternehmens genutzt, liegen jeweils keine Teilbetriebe vor.[37]

bb) Missbrauchstatbestände nach § 15 Abs. 3 UmwStG.

• **Fiktive Teilbetriebe müssen mindestens drei Jahre vor der Spaltung bestanden haben (§ 15 Abs. 3 S. 1 UmwStG):** Das Ansatzwahlrecht des § 11 Abs. 1 UmwStG ist nach § 15 Abs. 3 S. 1 UmwStG auf fiktive Teilbetriebe (Mitunternehmeranteile und 100 %ige Beteiligungen an Kapitalgesellschaften) nicht anzuwenden, wenn sie innerhalb eines Zeitraums von drei Jahren vor dem steuerlichen Übertragungsstichtag durch Übertragung von Wirtschaftsgütern, die keinen Teilbetrieb darstellen, erworben oder aufgestockt worden sind. 41

Die Missbrauchsregelung soll verhindern, dass die übertragende Kapitalgesellschaft im Vorfeld der Spaltung wertvolle Einzelwirtschaftsgüter in eine Personen- oder Kapitalgesellschaft einlegt, so dass die zu spaltende Kapitalgesellschaft nur noch aus fiktiven Teilbetrieben besteht. Die Bedeutung der Regelung hat ab 1. Januar 2001 durch die Neufassung von § 6 Abs. 5 EStG wieder an Bedeutung gewonnen, da die Buchwertübertragung von Einzelwirtschaftsgütern in einer Reihe von Fällen wieder möglich ist. 42

Nach Auffassung der Finanzverwaltung[38] gilt § 15 Abs. 3 S. 1 UmwStG im Falle der Abspaltung sowohl für das abgespaltene als **auch für das zurückbleibende Vermögen**. Nicht nur dann, wenn eine schädlich aufgestockte Beteiligung abgespalten, sondern auch dann, wenn eine solche Beteiligung bei der Abspaltung zurückbehalten wird, versagt § 15 Abs. 3 S. 1 UmwStG für die übergehende Beteiligung die Buchwertfortführung im Rahmen des § 11 Abs. 1 UmwStG.[39] 43

---

[34] Die Zuordnung erfolgt durch den Spaltungs- und Übernahmevertrag, vgl. *Schmitt/Hörtnagl/Stratz* § 15 UmwG Rn 94.

[35] Vgl. BFH, BStBl II 1992, 404.

[36] OFD Hannover vom 26. 10. 2000, DB 2000, 2349.

[37] Vgl. Tz. 15.07 UmwSt.-Erl., BStBl I 1998, 268. Für die Zuordnung von Wirtschaftsgütern zu fiktiven Teilbetrieben vgl. 15.09 UmwSt.-Erl., BStBl I 1998, 268: Danach ist eine Zuordnung von Wirtschaftsgütern einschließlich Schulden möglich, die in unmittelbarem wirtschaftlichen Zusammenhang mit der Beteiligung oder dem Mitunternehmeranteil stehen. Diese Möglichkeit ist insbesondere für die Spaltung von Holdinggesellschaften von Bedeutung, deren Betriebsvermögen sich regelmäßig nur aus Beteiligungen und aus neutralem Vermögen zusammensetzt.

[38] Vgl. Tz. 15.15 UmwSt.-Erl., BStBl I 1998, 268.

[39] A. A. *Herzig/Förster*, DB 1995, 338, 344; *Haritz/Benkert* § 15 UmwStG Rn 80; *Schmitt/Hörtnagl/Stratz* § 15 UmwG Rn 115.

44 § 15 Abs. 3 S. 1 UmwStG bezieht sich ausschließlich auf Mitunternehmeranteile und 100 %ige Beteiligungen an Kapitalgesellschaften. Damit findet die Regelung keine Anwendung, wenn bei der Spaltung ein kurz vorher durch Übertragung von Wirtschaftsgütern aufgestockter oder erworbener Mitunternehmeranteil oder eine 100 %ige Beteiligung an einer Kapitalgesellschaft als Bestandteil eines originären Teilbetriebs übertragen wird. Darüber hinaus findet sie in dem Fall keine Anwendung, wenn im Rahmen der Spaltung vorher durch Zuordnung von Wirtschaftsgütern originäre Teilbetriebe i. S. v. § 15 Abs. 1 S. 1 UmwStG geschaffen oder erweitert werden oder Teilbetriebe im Aufbau strukturiert werden.[40]

45 Rechtsfolge des § 15 Abs. 3 S. 1 UmwStG ist allein die oben schon erwähnte Versagung des Ansatzwahlrechts nach § 11 Abs. 1 UmwStG für den fiktiven Teilbetrieb, der im Rahmen einer Ab- bzw. Aufspaltung übertragen wird. Für die bei der übertragenden Kapitalgesellschaft verbleibenden Vermögensteile im Rahmen einer Abspaltung sowie auf Gesellschafterebene erfolgt keine Gewinnrealisierung.[41]

46 • **Die Spaltung darf keine Veräußerung an außenstehende Personen oder deren Vorbereitung sein (§ 15 Abs. 3 S. 2 bis 4 UmStG):** Nach § 15 Abs. 3 S. 2 und 3 UmwStG findet das Wertansatzwahlrecht des § 11 Abs. 1 UmwStG im Rahmen der Auf- oder Abspaltung ebenfalls keine Anwendung, wenn durch die Spaltung die Veräußerung an außenstehende Personen vollzogen wird. Das Gleiche gilt, wenn durch die Spaltung die Voraussetzungen für eine Veräußerung geschaffen werden. Als Regelbeispiel hierfür definiert § 15 Abs. 3 S. 4 UmwStG, dass **innerhalb von fünf Jahren** nach dem steuerlichen Übertragungsstichtag **Anteile** an einer an der Spaltung beteiligten Körperschaft, die mehr als 20 % der vor Wirksamwerden der Spaltung an der Körperschaft bestehenden Anteile ausmachen, **veräußert** werden.

47 **Hintergrund** dieser Missbrauchsregelungen ist es, zu verhindern, dass durch eine Spaltung die Veräußerung von Anteilen an den beteiligten Gesellschaften an außenstehende Personen ermöglicht wird oder die hierzu erforderlichen Voraussetzungen geschaffen werden sollen. Die Steuerneutralität der Spaltung soll nur dann gegeben sein, wenn das bisherige unternehmerische Engagement fortgeführt wird.

48 Erfolgt eine Spaltung zur Vorbereitung der Veräußerung an Außenstehende, wird die Veräußerung aber außerhalb der Fünf-Jahres-Frist vollzogen, greifen die Rechtsfolgen des § 15 Abs. 3 Sätze 2 bis 4 UmwStG nach eindeutigem Gesetzeswortlaut nicht ein.[42] Ferner greifen die Missbrauchsregelungen nicht ein, wenn durch die Spaltung die Veräußerung an nichtaußenstehende Personen vollzogen oder vorbereitet wird. Eine Veräußerung von Anteilen im bisherigen Gesellschafterkreis oder innerhalb eines bestehenden Konzerns zur Neuordnung der Organisations- und Beteiligungsstruktur ist daher unschädlich.[43] Schließlich zeigt das Regelbeispiel

---

[40] Vgl. *Dötsch* Umwandlungssteuerrecht § 15 UmwStG Rn 96.

[41] Vgl. Tz. 15.21 UmwSt.-Erl., BStBl I 1998, 268.

[42] Vgl. nur Tz. 15.31 UmwSt.-Erl., BStBl I 1998, 268.

[43] *Schmitt/Hörtnagl/Stratz* § 15 UmwG Rn 191, 194; *Dötsch* Umwandlungssteuerrecht § 15 UmwStG Rn 114.

des § 15 Abs. 3 S. 4 UmwStG, dass eine Veräußerung von Anteilen an außenstehende Personen oder deren Vorbereitung nur dann schädlich ist, wenn die Bagatellgrenze von 20 % – bezogen auf den gemeinen Wert der vor dem Wirksamwerden der Spaltung an der Ursprungsgesellschaft bestehenden Anteile – überschritten wird.[44] Erfolgt die Veräußerung etappenweise oder werden Anteile an mehreren an der Spaltung beteiligten Gesellschaften veräußert, sind die Veräußerungen innerhalb des Fünf-Jahres-Zeitraums nach der Spaltung zur Prüfung der 20 %-Grenze (pro Gesellschaft) zusammenzurechnen.[45]

Hingegen sollen die Missbrauchsvorschriften eingreifen, wenn Anteile 49 an einer an der Spaltung beteiligten Gesellschaft dadurch veräußert werden, dass die **„Spaltgesellschaft" verschmolzen, eingebracht oder erneut gespalten** wird. Dies soll selbst dann gelten, wenn nicht die „Spaltgesellschaft" selbst, sondern ihre Anteilseigner verschmolzen oder gespalten werden und die von der übernehmenden Gesellschaft ausgegebenen neuen Anteile an außenstehende Personen fallen (mittelbare Veräußerung).[46] Insbesondere bei Spaltungen, die zu einer Trennung von Gesellschafterstämmen führen, fehlt ab der Spaltung die gegenseitige Kontrolle. Wichtig ist daher, durch **vertragliche Regelungen** sicherzustellen, dass innerhalb der Fünf-Jahres-Frist keine schädlichen Veräußerungen vorgenommen werden dürfen oder zumindest für den Fall einer solchen schädlichen Veräußerung der entstehende Schaden durch den oder die veräußernden Gesellschafter ausgeglichen wird. Wegen der Schwierigkeiten im Zusammenhang mit der Schadensberechnung empfiehlt sich die Vereinbarung einer Vertragsstrafe.

Eine schädliche Veräußerung von Anteilen an einer Nachfolgegesell- 50 schaft führt wiederum dazu, dass das übertragene Vermögen zwingend mit dem Teilwert anzusetzen ist. Auswirkungen auf die weiteren Rechtsfolgen der Spaltung (anteiliger Übergang eines Verlustabzugs, Außerachtlassen des Übernahmegewinns/-verlusts, Wertfortführung auf Gesellschafterebene) ergeben sich nicht. Im Übrigen ist jeder Spaltungsvorgang für sich zu beurteilen. Werden demnach mehrere Teilbetriebe abgespalten und anschließend nur Anteile an einer Gesellschaft veräußert, hindert das nicht die Buchwertfortführung bei dem anderen Spaltungsvorgang.[47]

• **Trennung von Gesellschafterstämmen (§ 15 Abs. 3 S. 5** 51 **UmwStG):** Schließlich enthält § 15 Abs. 3 S. 5 UmwStG für die Trennung von Gesellschafterstämmen eine Sonderregelung. Für die Steuerneutralität der Spaltung wird zusätzlich vorausgesetzt, dass die **Beteiligungen** an der übertragenden Kapitalgesellschaft **mindestens fünf Jahre**

---

[44] Berechnungsbeispiel bei *Dötsch* Umwandlungssteuerrecht § 15 UmwStG Rn 132.

[45] Vgl. *Dötsch* Umwandlungssteuerrecht § 15 UmwStG Rn 133; *Schmitt/Hörtnagl/Stratz* § 15 UmwG Rn 183.

[46] Ein Überblick über verschiedene Tatbestände und deren Bewertung nach § 15 Abs. 3 S. 2–4 UmwStG findet sich bei *Dötsch* Umwandlungssteuerrecht § 15 UmwStG Rn 112.

[47] Vgl. *Dötsch* Umwandlungssteuerrecht § 15 UmwStG Rn 136; a. A. Tz. 15.32 UmwSt.-Erl., BStBl I 1998, 268.

vor dem steuerlichen Übertragungsstichtag **bestanden** haben. Mit dieser neben § 15 Abs. 3 S. 1 UmwStG bestehenden Frist soll offensichtlich verhindert werden, dass durch ein kurzfristiges Engagement mit anschließender Spaltung ein Vorgang begünstigt wird, der sich in wirtschaftlicher Hinsicht als „Herauskauf" eines Teilbetriebs darstellt. Während S. 5 des § 15 Abs. 3 UmwStG eine fünfjährige Vorbesitzzeit der Gesellschafter hinsichtlich der Anteile an der zu spaltenden Gesellschaft betrifft, regelt S. 1 des § 15 Abs. 3 UmwStG eine dreijährige Vorbesitzzeit, die die in der zu spaltenden Gesellschaft bestehenden Mitunternehmeranteile und 100 %igen Beteiligungen an Kapitalgesellschaften betrifft.

52 Die Trennung von Gesellschafterstämmen liegt vor, wenn im Falle der Aufspaltung an den übernehmenden Gesellschaften und im Falle der Abspaltung an der übernehmenden und der übertragenden Gesellschaft nicht mehr alle Gesellschafter der übertragenden Gesellschaft beteiligt sind.[48] Der **Begriff „Gesellschafterstamm"** wird vom Gesetz nicht definiert. Unter Gesellschafterstamm ist eine Gruppe von Gesellschaftern zu verstehen, die sich entweder selbst als einander zugehörig begreifen oder von anderen als einander zugehörig angesehen werden. Ein Stamm kann allerdings auch eine einzelne natürliche oder juristische Person sein.[49] Eine Trennung von Gesellschafterstämmen kann damit auch schon bei einer Gesellschaft vorliegen, die nur zwei Gesellschafter hat. Eine Trennung von Gesellschafterstämmen liegt nach oben zitierter Verwaltungsauffassung vor, wenn die zu trennenden Gesellschafter nicht mehr gemeinsam Gesellschafter bei einer Nachfolgegesellschaft sind. Diese Auffassung ermöglicht es, das Erfordernis der fünfjährigen Vorbesitzzeit der Gesellschafter zu ignorieren, wenn der abzuspaltende Gesellschafterstamm mit einem Zwerganteil an der übertragenden Gesellschaft beteiligt bleibt. Der zurückbleibende Gesellschafterstamm wiederum wird mit einem Zwerganteil an der übernehmenden Gesellschaft beteiligt (sog. **Überkreuzverflechtung**).[50]

53 Liegt der Tatbestand einer Trennung von Gesellschafterstämmen vor, so ist die Auf- und Abspaltung nur dann steuerneutral möglich, wenn die Gesellschafter innerhalb der letzten fünf Jahre vor dem Übertragungsstichtag nicht gewechselt haben. Fraglich ist in diesem Zusammenhang, ob die Beteiligungen der Gesellschafter in gleicher Höhe bestanden haben müssen oder es ausreichend ist, wenn der betreffende Gesellschafterstamm innerhalb der letzten fünf Jahre überhaupt, d. h. unabhängig von der Höhe, beteiligt war. Nach Auffassung der Finanzverwaltung[51] ist es ausreichend, wenn die **Beteiligung dem Grunde nach bestanden** hat. Veränderungen der Beteiligungshöhe während der Vorbesitzzeit sind un-

[48] Vgl. Tz. 15.36 UmwSt.-Erl., BStBl I 1998, 268.

[49] Vgl. hierzu *Dötsch* Umwandlungssteuerrecht § 15 UmwStG Rn 139; Beispiele hierzu ebenfalls *Dötsch* Umwandlungssteuerrecht § 15 UmwStG Rn 141.

[50] *Herzig/Förster*, DB 1995, 338, 346 und *Dötsch* Umwandlungssteuerrecht § 15 UmwStG Rn 142 bejahen hingegen eine Trennung von Gesellschafterstämmen im Falle sog. Überkreuzverflechtungen.

[51] Vgl. Tz. 15.35 UmwSt.-Erl., BStBl I 1998, 268.

schädlich. Hat die übertragende Kapitalgesellschaft noch keine fünf Jahre bestanden, ist nach Auffassung der Finanzverwaltung eine steuerneutrale Trennung von Gesellschafterstämmen im Wege der Spaltung nicht möglich.[52] Im Übrigen ist unbeachtlich, dass zwar innerhalb der letzten fünf Jahre vor dem Übertragungsstichtag ein Gesellschafterwechsel stattgefunden hat, dieser allerdings im Wege der **Gesamtrechtsnachfolge** erfolgte (z. B. Erbfall). In diesem Fall ist die Besitzzeit des Rechtsvorgängers der des Rechtsnachfolgers zuzurechnen. Ebenso rechnet die Finanzverwaltung die Zeit, in der eine aus einer Umwandlung hervorgegangene Kapitalgesellschaft als Personengesellschaft mit den gleichen Gesellschafterstämmen bestanden hat, auf die erforderliche Fünf-Jahres-Frist an.[53]

Rechtsfolge der Verletzung der erforderlichen Vorbesitzzeit ist wieder- **54** um, dass eine Buchwertfortführung hinsichtlich des übertragenen Vermögens nicht möglich ist.

2. Auf- und Abspaltung von Kapitalgesellschaften auf Personengesellschaften

Für den Fall der Auf- und Abspaltung von Kapitalgesellschaften auf **55** Personengesellschaften ist § 16 UmwStG anwendbar. Danach gelten die §§ 3 bis 8, 10 und 15 UmwStG entsprechend. Die Verweisung auf § 15 UmwStG hat den Hintergrund, dass das Bewertungswahlrecht der übertragenden Kapitalgesellschaft gemäß § 3 UmwStG nur dann gegeben ist, wenn sowohl das im Rahmen der Spaltung übergehende wie auch das zurückbleibende Vermögen jeweils einen Teilbetrieb darstellt und keiner der Missbrauchstatbestände des § 15 Abs. 3 UmwStG eingreift. Hier kann auf die Ausführungen unter § 31 Rn 41 ff. verwiesen werden.

Liegen die Voraussetzungen für die Ausübung des Bewertungswahl- **56** rechts gemäß § 15 Abs. 1 und 3 UmwStG vor, so gelten hinsichtlich der Rechtsfolgen die §§ 3 bis 8, 10 UmwStG. Die übertragende Kapitalgesellschaft hat das **Wahlrecht**, die übergehenden Vermögensgegenstände mit dem **Buchwert**, dem **Teilwert** oder einem **Zwischenwert** anzusetzen. Die übernehmende Personengesellschaft hat die Wertansätze der steuerlichen Schlussbilanz zu übernehmen (§ 4 Abs. 1 UmwStG). Im Übrigen wird auf die Ausführungen zur Verschmelzung einer Kapitalgesellschaft auf eine Personengesellschaft verwiesen (s. § 31 Rn 135 ff.).

Ein **verbleibender Verlustabzug** geht auf die übernehmende Perso- **57** nengesellschaft nicht über (§ 4 Abs. 2 S. 2 UmwStG). Bei einer Aufspaltung einer Kapitalgesellschaft auf mehrere Personengesellschaften hat dies den vollständigen Verlust des verbleibenden Verlustabzugs zur Folge. Bei einer Abspaltung ordnet § 16 S. 3 UmwStG eine anteilige Minderung des verbleibenden Verlustabzugs der weiter bestehenden übertragenden Kapitalgesellschaft an. Entsprechendes gilt nach § 19 Abs. 2 S. 1 UmwStG für vortragsfähige Fehlbeträge nach § 10 a GewStG. Maßstab der Minderung

[52] Vgl. Tz. 15.37 UmwSt.-Erl., BStBl I 1998, 268; a. A. *Haritz/Benkert* § 15 UmwStG Rn 146.

[53] Vgl. Tz. 15.39 UmwSt.-Erl., BStBl I 1998, 268; vgl. auch *Dötsch* Umwandlungssteuerrecht § 15 UmwStG Rn 143; *Schuhmacher*, DStR 2002, 2066, 2067.

ist das Verhältnis der gemeinen Werte der übertragenen Vermögensteile zu dem verbleibenden Vermögen.[54]

3. Auf- und Abspaltung von Personengesellschaften auf Kapitalgesellschaften

58 Die Auf- und Abspaltung von Personengesellschaften auf Kapitalgesellschaften stellt steuerrechtlich einen **Einbringungsvorgang** dar, der, sofern die Voraussetzungen einer Einbringung gemäß § 20 Abs. 1 UmwStG vorliegen, nach den §§ 20 bis 23 UmwStG steuerneutral erfolgen kann. Spaltungsobjekt ist danach ein Betrieb, Teilbetrieb, Mitunternehmeranteil oder eine Beteiligung an einer Kapitalgesellschaft, sofern die Übernehmerin nach der Einbringung die Mehrheit der Stimmrechte an der Kapitalgesellschaft erhält, deren Anteile eingebracht werden. Einbringender i. S. d. §§ 20 bis 23 UmwStG ist nicht die übertragende Personengesellschaft, sondern deren Gesellschafter. Hinsichtlich der Einzelheiten kann auf die steuerrechtlichen Erläuterungen der Ausgliederung in eine Kapitalgesellschaft verwiesen werden (s. § 29 Rn 54 ff.).

4. Auf- und Abspaltung von Personengesellschaften auf Personengesellschaften

59 Auch bei der Auf- und Abspaltung von Personengesellschaften auf Personengesellschaften handelt es sich um einen **Einbringungsvorgang**. Da aufnehmende Gesellschaft eine Personengesellschaft ist, ist § 24 UmwStG anwendbar.[55] Die Spaltungsobjekte sind grundsätzlich mit denen nach § 20 UmwStG identisch. Ausnahme ist, dass die Beteiligung an einer Kapitalgesellschaft nur dann einen Teilbetrieb i. S. v. § 24 Abs. 1 UmwStG darstellt, wenn es sich hierbei um eine 100 %-Beteiligung handelt.[56] Hinsichtlich der Einzelheiten wird auf die Ausführungen zur Verschmelzung von Personengesellschaften verwiesen (s. § 30 Rn 162 ff.).

5. Grunderwerbsteuer bei Spaltungen

60 Gehören zum übertragenen Vermögen **inländische Grundstücke**, unterliegt – wie bei der Verschmelzung – auch der Spaltungsvorgang grundsätzlich der Grunderwerbsteuer Die Grunderwerbsteuer bemisst sich gemäß § 8 Abs. 2 S. 1 Nr. 2 GrEStG nach den Werten i. S. d. § 138 Abs. 2 oder 3 BewG.

61 Ist an der Spaltung eine Personengesellschaft beteiligt, so sind wie bei der Verschmelzung die Befreiungen der §§ 5 und 6 GrEStG zu beachten, wonach die Steuer u. U. nicht bzw. teilweise nicht erhoben wird.

62 Wie bei der Verschmelzung aus grunderwerbsteuerlichen Gesichtspunkten u. U. die Verschmelzungsrichtung beeinflusst wird, so ist auch bei der Spaltung sorgfältig zu prüfen, ob aus grunderwerbsteuerlichen Motiven als Alternative zu einer Aufspaltung eine Abspaltung in Betracht kommt.

---

54 *Schmitt/Hörtnagl/Stratz* § 16 UmwG Rn 40; *Haritz/Benkert* § 16 UmwStG Rn 61.
55 Vgl. auch Tz. 24.19 UmwSt.-Erl., BStBl I 1998, 268.
56 Vgl. auch Tz. 24.03 UmwSt.-Erl., BStBl I 1998, 268.

§ 32 Änderung der Rechtsform

Übersicht

	Rn
I. Einleitung	1
1. Auswahl typischer Anlässe	1
2. Umsetzung eines Rechtsformwechsels	6
a) Alternativen	6
b) Beteiligungsfähige Rechtsträger	8
3. Gang der Darstellung	10
II. Formwechsel in eine Kapitalgesellschaft	11
1. Gesellschaftsrecht	11
a) Vorbereitungsphase	11
aa) Erstellung des Umwandlungsbeschlusses	12
bb) Information des Betriebsrats	28
cc) Erstellung des Umwandlungsberichts	29
dd) Prüfung des Barabfindungsangebots	33
ee) Sicherung der Kapitalaufbringung	34
ff) Kapitalmaßnahmen	42
gg) Vorbereitung und Einberufung der Versammlung der Anteilsinhaber	44
b) Beschlussphase	47
aa) Umwandlungsbeschluss	48
bb) Zustimmungserfordernisse	50
cc) Verzichtserklärungen	52
c) Vollzugsphase	53
aa) Registeranmeldung	54
bb) Anlagen und abzugebende Erklärungen	56
cc) Eintragung und ihre Wirkungen	59
dd) Spruchverfahren, Nachhaftung	62
2. Steuerrecht	65
a) Ertragsteuer	65
b) Grunderwerbsteuer	67
III. Formwechsel in eine Personengesellschaft	68
1. Gesellschaftsrecht	68
a) Allgemeines	68
b) Formwechsel der GmbH in die GmbH & Co. KG	72
aa) Problemstellung	73
bb) Lösungsvorschläge	75
2. Steuerrecht	79
a) Ertragsteuer	79
b) Grunderwerbsteuer	81

Schrifttum: *Bärwaldt/Schabacker,* Der Formwechsel als modifizierte Neugründung, ZIP 1998, 1293; *Binnewies,* Formelle und materielle Voraussetzungen von Umwandlungsbeschlüssen – Beschlossen ist beschlossen?, GmbHR 1997, 727; *Bungert,* Unternehmensvertragsbericht und Unternehmensvertragsprüfung gemäß §§ 293 a ff. AktG (Teil I), DB 1995, 1384; *Müller/Hoffmann,* Beck'sches Handbuch der Personengesellschaften, 2002; *Kallmeyer,* Der Formwechsel der GmbH oder GmbH & Co in die AG oder KGaA zur Vorbereitung des Going public, GmbHR 1995, 888; *Kallmeyer,* Umwandlungsgesetz, 2. Aufl. 2001; *Lutter,* Umwandlungsgesetz, 2. Aufl. 2000; *Meyer-Landrut/Kiem,* Der Formwechsel einer Publikumsaktiengesellschaft, WM 1997, 1413; *Lüdicke/Rieger,* Unternehmenssteuerrecht, 2004; *Priester,* Mitgliederwechsel im Umwandlungszeitpunkt, DB 1997, 560; *Sagasser/Bula/Brünger,* Umwandlungen, 3. Aufl. 2002; *Schmitt/Hörtnagl/Stratz,* Umwandlungsgesetz, Umwandlungssteuergesetz, 3. Aufl. 2001; *K. Schmidt,* Formwechsel zwischen GmbH und GmbH & Co KG, GmbHR 1995, 693; *K. Schmidt,* Die BGB-Außengesellschaft – rechts- und parteifähig, NJW 2001, 993; *Semler/Stengel,* Umwandlungsgesetz, 2003; *Sudhoff,* Unternehmensnachfolge, 4. Aufl. 2000; *Timmermanns,* Kapitalaufbringung und Kapitalfestsetzung bei dem Formwechsel einer Personenhandelsgesellschaft in eine Kapitalgesellschaft, DB 1999, 948; *Ulmer*, Die höchstrichterlich „enträtselte" Gesellschaft bürgerlichen Rechts, ZIP 2001, 585; *Veil*, Der nicht-verhältniswahrende Formwechsel von Kapitalgesellschaften – Eröffnet das neue Umwandlungsgesetz den partiellen Ausschluß von Anteilsinhabern?, DB 1996, 2529; *Widmann/Mayer*, Umwandlungsrecht, Loseblatt; Stand: 75. Ergänzungslieferung, 2004.

I. Einleitung

1. Auswahl typischer Anlässe

1 Die Frage nach der geeigneten Rechtsform des Unternehmens begleitet die Führung des Unternehmens und die Gesellschafter fortlaufend. Anlässe und Motive eines Rechtsformwechsels können auf Veränderungen im persönlichen Bereich oder auf Änderungen der wirtschaftlichen, rechtlichen und steuerrechtlichen Rahmenbedingungen beruhen. Die unter § 2 genannten Entscheidungskriterien, um die geeignete Rechtsform des Unternehmens zu bestimmen, gelten hier gleichermaßen. Die „richtige" Rechtsform hängt stets von den Umständen des Einzelfalls ab.

2 Typischerweise kommt ein Rechtsformwechsel in Betracht, um **Haftungsrisiken** zukünftig zu **reduzieren**, weil beispielsweise die Gefahr einer Inanspruchnahme für Umweltschäden oder infolge der Produkthaftung zugenommen hat oder weil eine risikobehaftete Erweiterung der Geschäftstätigkeit des Unternehmens bevorsteht. Gegenüber Personen(-handels-)gesellschaften, bei denen die Gesellschafter regelmäßig unbeschränkt haften, erweist sich die Kapitalgesellschaft oder Mischformen wie beispielsweise die haftungsabschirmende GmbH & Co. KG, bei der eine GmbH die Stellung des alleinigen Komplementärs innehat, als vorteilhaft.

3 Ein weiteres Motiv für einen Rechtsformwechsel kann die **Vorbereitung der Unternehmensnachfolge** sein. So kann es beispielsweise sinnvoll sein, den potentiellen Unternehmensnachfolger nicht von Anfang an als persönlich haftenden Gesellschafter einer unbeschränkten, sondern zumindest vorübergehend nur einer beschränkten Haftung auszusetzen, beispielsweise als Kommanditist oder als GmbH-Gesellschafter. Sofern die nachfolgende Generation nach Einschätzung der Beteiligten nicht in der Lage ist, das Unternehmen künftig selbst zu führen, kann sich der Wechsel in eine Rechtsform anbieten, die eine **Fremdgeschäftsführung** ermöglicht (Kapitalgesellschaften).

4 Häufig stehen anlässlich der Unternehmensnachfolge jedoch erbschaft- und schenkungsteuerliche Überlegungen im Vordergrund: Handelt es sich bei der Gesellschaft um ein ertragsstarkes Unternehmen, ist die Bemessungsgrundlage für die **Erbschaft- und Schenkungsteuer** und damit die steuerliche Belastung, die durch die Anteilsübertragung ausgelöst wird, regelmäßig günstiger, wenn es sich um Anteile an einer Personenhandelsgesellschaft handelt. Nach der geltenden Fassung des ErbStG bleibt die Ertragskraft von Personengesellschaften, die im Wesentlichen nur mit dem Buchwert ihres Betriebsvermögens bewertet werden, bei der Wertfindung unberücksichtigt, während sie im Rahmen der Bewertung nach dem Stuttgarter Verfahren gemäß R 96 ff. ErbStR 2003, einem gewichteten Substanz- und Ertragswertverfahren, bei der Wertfindung von Kapitalgesellschaften eine entscheidende Rolle spielt.

In steuerrechtlicher Hinsicht stellen ferner die **laufende Besteuerung** sowie die **Besteuerung künftiger Veräußerungsgewinne** wesentliche Entscheidungskriterien dar, welche die Rechtsformwahl in die eine oder andere Richtung beeinflussen können. Neben den vorstehenden, beispielhaft genannten Motiven kommen selbstverständlich auch zahlreiche andere Aspekte wie beispielsweise ein **verbesserter Zugang zum Kapitalmarkt** als Anlass für einen Rechtsformwechsel in Betracht. 5

2. Umsetzung eines Rechtsformwechsels

a) Alternativen. Grundsätzlich bestehen mehrere gesellschaftsrechtliche Möglichkeiten, um einen Rechtsformwechsel durchzuführen. Soll beispielsweise eine OHG die Rechtsform einer GmbH erhalten, bietet sich an, zunächst eine GmbH zu gründen und auf diese die OHG zu verschmelzen.[1] Die GmbH & Co. KG kann beispielsweise in eine GmbH „umgewandelt" werden, indem aus der KG sämtliche Gesellschafter (Kommanditisten) bis auf die verbleibende Komplementär-GmbH ausscheiden, die das Geschäft der KG fortführt (**Anwachsung gemäß § 738 BGB**) oder sämtliche Kommanditisten ihren Kommanditanteil im Wege der Sachkapitalerhöhung in die bisherige Komplementär-GmbH einbringen („**erweitertes Anwachsungsmodell**").[2] Ebenso lassen sich die in den Beispielen genannten Ziele durch einen Formwechsel gemäß §§ 190 ff. UmwG erreichen. Hiernach ändert der Rechtsträger seine Rechtsform unter Wahrung seiner rechtlichen und wirtschaftlichen Identität. Ein Vermögensübergang findet nicht statt (vgl. § 28 Rn 18). Es bedarf demnach im Vorfeld der geplanten Maßnahme einer Gegenüberstellung der Alternativen und eines Vergleichs ihrer jeweiligen Vor- und Nachteile, bevor die Umsetzung eines Rechtsformwechsels nach der einen oder anderen Alternative entschieden wird.[3] 6

Die umwandlungsrechtlichen Vorschriften zum Formwechsel lassen im Grundsatz die in anderen Gesetzen vorgesehenen oder zugelassenen Möglichkeiten zur Änderung der Rechtsform unberührt (§ 190 Abs. 2 UmwG). Angesprochen ist hiermit in erster Linie die bereits erwähnte Anwachsung gemäß § 738 BGB.[4] 7

b) Beteiligungsfähige Rechtsträger. Zu den beteiligungsfähigen Rechtsträgern zählen insbesondere Personenhandelsgesellschaften und Kapitalgesellschaften. Auch aufgelöste Rechtsträger können unter den Voraussetzungen des § 191 Abs. 3 UmwG ihre Rechtsform ändern; Personenhandelsgesellschaften allerdings nur, wenn die Gesellschafter keine andere Art der Auseinandersetzung beschlossen haben (§ 214 Abs. 2 UmwG).[5] 8

---

[1] *Sagasser/Bula/Brünger* Umwandlungen Q Rn 5.
[2] Vgl. *Sudhoff/Berenbrok* Unternehmensnachfolge § 60 Rn 6 ff., 11 f.
[3] *Sagasser/Bula/Brünger* Umwandlungen Q Rn 5.
[4] *Sagasser/Bula/Brünger* Umwandlungen Q Rn 6; R Rn 72.
[5] Einzelheiten bei *Semler/Stengel* § 214 UmwG Rn 26 ff.

9 Die Durchführung eines umwandlungsrechtlichen Formwechsels scheidet aus, wenn die abschließende Auflistung des § 191 UmwG und die rechtsformspezifischen Sonderregelungen wie insbesondere §§ 214, 226, 228 UmwG die geplante Änderung der Rechtsform nicht zulassen.

3. Gang der Darstellung

10 Die nachfolgenden Ausführungen beschränken sich auf den Formwechsel nach UmwG. Die gesellschaftsrechtliche Darstellung folgt dem Ablauf des Umwandlungsvorgangs, der sich in eine Vorbereitungs-, Beschluss- und Vollzugsphase aufteilt (vgl. § 28 Rn 18). Schließlich unterscheidet die Darstellung zwischen dem Formwechsel in eine Kapitalgesellschaft und in eine Personengesellschaft. Neben den gesellschaftsrechtlichen Erfordernissen werden auch die steuerrechtlichen Auswirkungen dargestellt.

II. Formwechsel in eine Kapitalgesellschaft

1. Gesellschaftsrecht

11 **a) Vorbereitungsphase.** Einige vom UmwG vorgesehene Erfordernisse für einen Formwechsel, die sich der Vorbereitungsphase zuordnen lassen, haben in der Praxis keine besondere Bedeutung, da die Anteilsinhaber bei bestehendem Einverständnis mit der geplanten Maßnahme hierauf regelmäßig verzichten. Schon frühzeitig ist somit zu klären, ob und inwieweit die nachfolgenden Schritte entbehrlich sind. Dessen ungeachtet umfasst die Vorbereitungsphase typischerweise die nachfolgenden Schritte:

12 *aa) Erstellung des Umwandlungsbeschlusses.* Jeder Formwechsel bedarf gemäß § 193 Abs. 1 UmwG eines Beschlusses der Anteilsinhaber des formwechselnden Rechtsträgers. Der **Mindestinhalt** dieses Umwandlungsbeschlusses ergibt sich bei einem Formwechsel in eine Kapitalgesellschaft aus dem Katalog des § 194 Abs. 1 sowie aus den rechtsformspezifischen, ergänzenden Vorschriften wie insbesondere den §§ 218, 243 UmwG.

13 • Obligatorisch sind hiernach Angaben zur neuen Rechtsform (§ 194 Abs. 1 Nr. 1 UmwG, also entweder GmbH, AG oder KGaA) und zur neuen Firma (§ 194 Abs. 1 Nr. 2 UmwG). Bezüglich der Firma sind die Bestimmungen des § 200 UmwG sowie die spezialgesetzlichen Anforderungen des GmbHG und des AktG zu beachten.[6]

14 • Des Weiteren gehören zum Mindestinhalt des Umwandlungsbeschlusses Festlegungen, ob die bisherigen Anteilsinhaber auch am Rechtsträger neuer Rechtsform beteiligt sein werden oder ob ihre Beteiligung entfällt (§§ 194 Abs. 1 Nr. 3, 202 Abs. 1 Nr. 2 UmwG). Das Ausscheiden eines Anteilseigners, aber auch der Eintritt eines am formwechselnden Rechtsträger bislang nicht beteiligten Anteilsinhabers stellt eine Durchbrechung des Identitätsgebotes dar. Eine solche Durchbrechung darf da-

[6] Ein Überblick hierzu bei *Kallmeyer* § 200 UmwG.

her nur in den gesetzlich geregelten Fällen erfolgen. Hierzu gehören insbesondere die in den §§ 233 Abs. 3 S. 3, 247 Abs. 3, 218 Abs. 2, 221 UmwG genannten Konstellationen, die den Ein- und Austritt des persönlich haftenden Gesellschafters beim Formwechsel unter Beteiligung einer KGaA betreffen. Die Bestimmungen sind nicht analogiefähig.

• Gemäß § 194 Abs. 1 Nr. 4 UmwG sind Einzelheiten zu den künftigen Anteilen der Anteilsinhaber nach Zahl, Art und Umfang zu bestimmen, insbesondere wenn der Gesellschaftsvertrag oder die Satzung des Rechtsträgers neuer Rechtsform für die Anteilsinhaber zusätzliche Nebenleistungspflichten abweichend von der gesetzlichen Ausgestaltung festlegt.[7] Sind die Anteile an dem Rechtsträger neuer Rechtsform zu niedrig bemessen, hat der betroffene Anteilsinhaber, der seine Beteiligung am Rechtsträger neuer Rechtsform nicht beenden möchte, gemäß § 196 UmwG Anspruch auf bare Zuzahlung. Über die Höhe der baren Zuzahlung ist im Spruchverfahren zu entscheiden (vgl. § 28 Rn 25). **15**

Grundsätzlich soll sich durch den Formwechsel die Beteiligungsquote der Anteilsinhaber am Rechtsträger neuer Rechtsform gegenüber der bisherigen Beteiligung am Vermögen des formwechselnden Rechtsträgers nicht verändern. Beim Formwechsel einer Personengesellschaft in eine Kapitalgesellschaft sind beispielsweise für jeden Personengesellschafter die festen und die variablen Kapitalkonten mit Eigenkapitalcharakter einzubeziehen, um anschließend verhältniswahrend die künftige Beteiligung am Grund- oder Stammkapital der Kapitalgesellschaft im Umwandlungsbeschluss festlegen zu können.[8] **16**

Gleichwohl hält die h. M. auch einen **nicht-verhältniswahrenden Formwechsel** für zulässig.[9] Die Anteilsinhaber können daher die Beteiligungsverhältnisse beim Rechtsträger neuer Rechtsform abweichend von denjenigen beim formwechselnden Rechtsträger bestimmen. Ein nicht-verhältniswahrender Formwechsel setzt immer die Zustimmung[10] derjenigen Anteilsinhaber voraus, die eine geringere oder eine höhere Beteiligungsquote erhalten.[11] Zudem darf der nicht-verhältniswahrende **17**

---

[7] Nach §§ 213, 35 UmwG muss der Umwandlungsbeschluss einer AG auch die unbekannten Aktionäre nach ihren Aktienurkunden bezeichnen. Zu den hiermit zusammenhängenden Fragen, die bei Familienunternehmen regelmäßig keine praktische Relevanz haben, vgl. beispielsweise *Sagasser/Bula/Brünger* Umwandlungen R Rn 44; BayObLG ZIP 1996, 1467.

[8] *Lutter* § 194 UmwG Rn 12; *Sagasser/Bula/Brünger* Umwandlungen R Rn 78 ff.; *Semler/Stengel* § 218 UmwG Rn 19.

[9] *Lutter* § 202 UmwG Rn 21; *Kallmeyer* § 194 UmwG Rn 34; *Widmann/Mayer* § 194 UmwG Rn 17; *Veil*, DB 1996, 2529, 2530.

[10] Das Herausdrängen von Gesellschaftern gegen deren Willen im Wege eines Formwechsels („Squeeze Out") ist nicht möglich, vgl. etwa *Semler/Stengel* § 202 UmwG Rn 38. Offen ist jedoch, ob ein freiwilliges Ausscheiden trotz des Identitätsgebots möglich ist. Praxisrelevant wird diese Problematik insbesondere beim Formwechsel unter Beteiligung einer GmbH & Co. KG, vgl. *Semler/Stengel* § 218 UmwG Rn 21 ff.

[11] Vgl. *Semler/Stengel* § 194 UmwG Rn 18; anders *Widmann/Mayer* § 194 UmwG Rn 17.

Formwechsel nach bislang h. M. wegen des Identitätsgebots nicht das Ausscheiden eines Anteilsinhabers zur Folge haben („nicht-verhältniswahrender Formwechsel zu Null").[12]

18 • Im Umwandlungsbeschluss anzugeben sind nach § 194 Abs. 1 Nr. 5 UmwG ferner die einzelnen Anteilsinhabern zu gewährenden Rechte (beispielsweise Mehrstimmrechtsaktien, Bestellungsrechte, Vorkaufsrechte sowie sonstige für diese Personen vorgesehene Maßnahmen, die nicht dem gesellschaftsrechtlichen Gleichbehandlungsgebot entsprechen. Allen Anteilsinhabern gemeinsam zu gewährende Rechte sind nicht anzugeben.

19 Bestehen für einen Anteilsinhaber bereits **Sonderrechte** am formwechselnden Rechtsträger, hat er gemäß §§ 204, 23 UmwG im Rahmen des Formwechsels Anspruch auf Einräumung wirtschaftlich gleichwertiger Rechte. Der Umwandlungsbeschluss muss bestimmen, durch welche Rechte oder Maßnahmen dieser Anspruch erfüllt werden soll. Regelungen sind auch dann erforderlich, wenn solche Sonderrechte entgegen §§ 204, 23 UmwG anlässlich des Formwechsels entfallen sollen.[13] Dann muss der Umwandlungsbeschluss den hierfür gefundenen Ausgleich (beispielsweise Barausgleich) bestimmen.[14]

20 • Diejenigen Anteilsinhaber, die sich gegen einen Formwechsel aussprechen, müssen die Möglichkeit haben, ihre Anteile am Rechtsträger neuer Rechtsform an diesen zu veräußern oder, sofern ein Erwerb eigener Anteile ausscheidet, gegen Abfindung auszuscheiden.[15] § 194 Abs. 1 Nr. 6 UmwG verlangt als Inhalt des Umwandlungsbeschlusses daher die Bestimmung eines angemessenen **Barabfindungsgebots** (§§ 207, 208, 30 UmwG) sowie der Modalitäten zur Annahme dieses Angebots (§ 209 UmwG).[16] Das Angebot richtet sich an diejenigen Anteilsinhaber, welche gegen den Umwandlungsbeschluss Widerspruch zur Niederschrift erklären oder hieran unverschuldet gehindert sind (§§ 207 Abs. 2, 29 Abs. 2 UmwG). Um die angemessene Höhe des Barabfindungsangebots ermitteln zu können, wird regelmäßig eine Unternehmensbewertung durchzuführen sein.[17]

21 Die Notwendigkeit eines Barabfindungsangebots im Umwandlungsbeschluss entfällt, wenn nur ein einziger Anteilsinhaber existiert oder die Wirksamkeit des Umwandlungsbeschlusses ohnehin der Zustimmung aller Anteilsinhaber bedarf. Ein Barabfindungsangebot ist hingegen nicht

---

[12] Einzelheiten bei *Lutter* § 194 UmwG Rn 14; § 202 UmwG Rn 20; *Kallmeyer* § 194 UmwG Rn 34; *Lüdicke/Rieger/Dormann* § 14 Rn 101.

[13] *Sagasser/Bula/Brünger* Umwandlungen R Rn 36.

[14] So *Lutter* § 194 UmwG Rn 17; *Kallmeyer* § 194 UmwG Rn 51; *Semler/Stengel* § 194 UmwG Rn 22; *Sagasser/Bula/Brünger* Umwandlungen R Rn 40; a. A. *Schmitt/Hörtnagl/Stratz* § 194 UmwG Rn 7.

[15] Eine Veräußerung an Dritte zu einem frei vereinbarten Preis gestattet § 211 UmwG.

[16] *Sagasser/Bula/Brünger* Umwandlungen R Rn 40.

[17] Zur Berücksichtigung von Wertunterschieden infolge unterschiedlicher Ausgestaltungsmerkmale vgl. OLG Düsseldorf DB 2002, 783; *Semler/Stengel* § 208 UmwG Rn 6.

schon dann entbehrlich, wenn ein Gesellschafter wegen einer Sperrminorität das Zustandekommen des Umwandlungsbeschlusses verhindern kann, die Beteiligungsverhältnisse also zu einer einheitlichen Stimmabgabe zwingen.[18]

Stets können die Anteilsinhaber allerdings durch notariell beurkundete Erklärung auf die Erstellung eines Abfindungsangebots verzichten.[19] 22

- Schließlich sind gemäß § 194 Abs. 1 Nr. 7 UmwG Angaben zu den Folgen des Formwechsels für die **Arbeitnehmer** und ihre Vertretungen sowie die insoweit vorgesehenen Maßnahmen erforderlich.[20] Die Auswirkungen eines Formwechsels dürften sich in den meisten Fällen auf Fragen der Unternehmensmitbestimmung beschränken,[21] da sich mit dem Formwechsel die rechtliche Identität des Arbeitgebers nicht ändert. Entfällt durch den Formwechsel die persönliche Haftung eines Gesellschafters, müssen die Arbeitnehmer hierauf und auf die Regelungen zur Nachhaftung hingewiesen werden.[22] Im Übrigen finden die Regelungen der §§ 322 bis 325 UmwG beim Formwechsel keine Anwendung. 23
- Gemäß §§ 218, 243 Abs. 1 UmwG muss der Umwandlungsbeschluss den **Gesellschaftsvertrag** oder die **Satzung** der Kapitalgesellschaft feststellen, wobei deren Aufnahme als Anlage zur notariellen Urkunde über den Umwandlungsbeschluss genügt (§ 9 Abs. 1 S. 2 BeurkG). Der Gesellschaftsvertrag oder die Satzung werden gemeinsam mit dem Formwechsel wirksam (§ 202 UmwG). Soweit der Gesellschaftsvertrag die von § 194 Abs. 1 UmwG geforderten Angaben enthält, kann der Umwandlungsbeschluss darauf verweisen.[23] Der Gesellschaftsvertrag oder die Satzung müssen den gesetzlich bestimmten Mindestanforderungen der jeweiligen Rechtsform entsprechen. Darüber hinausgehende Angaben sind zulässig und häufig empfehlenswert. 24

Bei der inhaltlichen Gestaltung sind zudem die modifizierenden Bestimmungen des UmwG zu beachten. § 243 Abs. 1 S. 2 UmwG schreibt für den **Formwechsel einer Kapitalgesellschaft in eine Kapitalgesellschaft** anderer Rechtsform vor, in Satzung oder Gesellschaftsvertrag des formwechselnden Rechtsträgers enthaltene Festsetzungen über Sondervorteile, Gründungsaufwand, Sacheinlagen und Sachübernahmen in den Gesellschaftsvertrag oder in die Satzung der Gesellschaft neuer Rechtsform zu übernehmen. Für eine **Aktiengesellschaft** als formwechselnder Rechtsträger gelten die sich aus §§ 26 Abs. 4 und 5, 27 Abs. 5 AktG ergebenden Beschränkungen (§ 243 Abs. 1 S. 3 UmwG).[24] Sie finden bei 25

---

[18] So aber *Sagasser/Bula/Brünger* Umwandlungen R Rn 39.

[19] *Decher* in *Lutter* § 194 UmwG Rn 23; *Kallmeyer* § 194 UmwG Rn 46.

[20] Die Angaben gemäß § 194 Abs. 1 Nr. 7 UmwG entfallen nur, wenn es keine Arbeitnehmer und keinen Betriebsrat gibt; teilweise enger *Semler/Stengel* § 194 UmwG Rn 33 ff.

[21] *Schmitt/Hörtnagl/Stratz* § 194 UmwG Rn 9.

[22] *Vollrath* in *Widmann/Mayer* § 194 UmwG Rn 50; *Semler/Stengel* § 194 UmwG Rn 32.

[23] *Semler/Stengel* § 194 UmwG Rn 3.

[24] Dass die die Sacheinlagen und Sachübernahmen betreffende Vorschrift des § 27 Abs. 5 AktG in § 243 Abs. 1 S. 3 AktG nicht ausdrücklich erwähnt ist, stellt

einer **GmbH** entsprechende Anwendung.[25] § 243 Abs. 3 S. 2 UmwG gestattet beim Formwechsel in eine GmbH[26] von § 5 Abs. 1 und 3 GmbHG abweichende Mindeststückelungen der Stammeinlagen, um den Anteilsinhabern eine flexiblere, verhältniswahrende Umqualifizierung ihrer Anteile zu ermöglichen.[27]

26 • § 197 S. 1 UmwG verweist grundsätzlich auf die **Gründungsvorschriften der Gesellschaft neuer Rechtsform**, die mit Ausnahme der Bestimmungen zur Mindestzahl von Gründern sowie zur Bildung und Zusammensetzung des ersten Aufsichtsrates (vgl. § 197 S. 2 UmwG) im Zuge des Formwechsels entsprechend anzuwenden sind. Diese Verweisung bezweckt zu vermeiden, dass mit einem Formwechsel die für das jeweilige Normensystem der Zielrechtsform anwendbaren Gründungsanforderungen unterlaufen werden.[28] Gleichwohl macht die Vorschrift aus dem Formwechsel keine Neugründung in Form einer Sachgründung. Die Verweisung will also nicht die Technik des Einbringungsvorgangs regeln, sondern sie dient vor allem der Kapitaldeckung (vgl. auch § 28 Rn 26).[29] Die Gründung des formwechselnden Rechtsträgers oder spätere Kapitalerhöhungen sollen, wenn sie nicht in zeitlichem Zusammenhang mit dem Formwechsel stehen, allerdings keiner nachträglichen Überprüfung unterzogen werden.[30]

27 • Neben den obligatorischen Angaben gemäß §§ 194 Abs. 1, 218, 243 UmwG kann der Entwurf des Umwandlungsbeschlusses **zusätzliche fakultative Regelungen** vorsehen. Bei einem ausführlichen Gesellschaftsvertrag oder einer ausführlichen Satzung des Rechtsträgers neuer Rechtsform wird hierfür allerdings nur geringer Bedarf bestehen.[31]

28 *bb) Information des Betriebsrats.* § 194 Abs. 2 UmwG verlangt die Zuleitung des Entwurfs des Umwandlungsbeschlusses an den zuständigen Betriebsrat spätestens einen Monat vor dem Tage der Versammlung der Anteilsinhaber, die den Formwechsel beschließen soll. In der Praxis erfolgt der Nachweis über die Zuleitung, der gemäß § 199 UmwG der Anmeldung des Formwechsels zum Handelsregister beizufügen ist, regelmäßig durch ein schriftliches **Empfangsbekenntnis des Betriebsrat-Vorsitzenden**.[32]

---

nach h. M. ein Redaktionsversehen dar, vgl. *Schmitt/Hörtnagl/Stratz* § 243 UmwG Rn 4; *Happ* in *Lutter* § 243 UmwG Rn 27.

[25] Statt vieler *Semler/Stengel* § 243 UmwG Rn 15 ff. m. w. N.

[26] Für die AG vgl. § 8 Abs. 2 und 3 AktG.

[27] § 5 Abs. 2 GmbHG ist beim Formwechsel in eine GmbH nach h. M. nicht anwendbar, auch wenn die Vorschrift von der generellen Verweisung des § 197 S. 1 UmwG nicht ausgenommen wird, vgl. *Schmitt/Hörtnagl/Stratz* § 243 UmwG Rn 10; § 197 UmwG Rn 8; *Decher* in *Lutter* § 194 UmwG Rn 10; *Kallmeyer* § 197 UmwG Rn 10; anders *Semler/Stengel* § 197 UmwG Rn 24.

[28] So die h. M., z. B. *Decher* in *Lutter* § 197 UmwG Rn 5 ff.; *Schmitt/Hörtnagl/Stratz* § 197 UmwG Rn 3; *Kallmeyer* § 197 UmwG Rn 5.

[29] *Semler/Stengel* § 218 UmwG Rn 8 m. w. N.

[30] *Kallmeyer* § 197 UmwG Rn 7; *Decher* in *Lutter* § 197 UmwG Rn 6, 11.

[31] Vgl. hierzu § 32 Rn 24.

[32] Umwandlungsbericht und Vermögensaufstellung müssen nicht weitergeleitet werden. Nach h. M. kann der Betriebsrat zwar auf die Einhaltung der Monatsfrist,

cc) Erstellung des Umwandlungsberichts. Rechtsformunabhängig müssen sämtliche Mitglieder des Vertretungsorgans des formwechselnden Rechtsträgers höchstpersönlich[33] gemäß § 192 UmwG die Auswirkungen des Formwechsels für die Anteilsinhaber rechtlich und wirtschaftlich in einem Umwandlungsbericht erläutern und begründen. Dies hat in schriftlicher Form (§ 126 BGB) zu erfolgen. Der Umwandlungsbericht muss gemäß § 192 Abs. 1 S. 3 UmwG einen Entwurf des Umwandlungsbeschlusses enthalten. Zusätzlich verlangt § 192 Abs. 2 UmwG eine Vermögensaufstellung des formwechselnden Rechtsträgers. Der Umwandlungsbericht besteht daher im Grundsatz aus drei Elementen: dem **Erläuterungsteil**, dem **Entwurf des Umwandlungsbeschlusses** sowie der **Vermögensaufstellung**. 29

Der **Umwandlungsbericht** dient der **Information der Anteilsinhaber** und soll sie in die Lage versetzen, die **Plausibilität** der Grundlagen des Formwechsels und ihrer Umsetzung zu beurteilen und eine Abwägung zwischen den Vor- und Nachteilen des Formwechsels vornehmen zu können.[34] Demnach muss der Erläuterungsteil die rechtlichen und wirtschaftlichen Auswirkungen des Formwechsels deutlich machen und insbesondere über dessen Motive, über die möglichen Veränderungen der Beteiligung für die Anteilsinhaber sowie über die Höhe eines eventuellen Barabfindungsangebotes informieren (vgl. § 194 Abs. 1 Nr. 3 bis 6 UmwG).[35] Die Verweisung des § 192 Abs. 1 S. 2 UmwG auf § 8 Abs. 1 S. 2 bis 4 UmwG erstreckt die Informationspflichten auf besondere Bewertungsschwierigkeiten und auf Folgen für die Beteiligung sowie die wesentlichen Angelegenheiten eines verbundenen Unternehmens im Sinne des § 15 AktG. Berechtigte Geheimhaltungsinteressen des formwechselnden Rechtsträgers haben gemäß §§ 192 Abs. 1 S. 2, 8 Abs. 2 UmwG allerdings Vorrang gegenüber dem Informationsbedürfnis der Anteilsinhaber.[36] Auf den Erläuterungsteil sollte besondere Sorgfalt verwendet werden; eine mangelhafte Berichterstattung ist der häufigste Grund für Unwirksamkeitsklagen gegen den Umwandlungsbeschluss.[37] 30

---

nicht aber auf die Zuleitung als solche verzichten, vgl. *Lutter* in *Lutter* § 5 UmwG Rn 87 b; *Müller*, DB 1997, 713, 717; *Melchior*, GmbHR 1996, 833; anders *Semler/Stengel* § 194 UmwG Rn 43.

[33] Vgl. *Schmitt/Hörtnagl/Stratz* § 192 UmwG Rn 4.

[34] *Semler/Stengel* § 192 UmwG Rn 2.

[35] Ausführlich *Semler/Stengel* § 192 UmwG Rn 6 ff.

[36] Bei der Auslegung der §§ 192, 8 Abs. 1 S. 2 bis 4, Abs. 2 UmwG kann wegen vergleichbarer Interessenlage auf die Auslegung der nahezu inhaltsgleichen Vorschrift des § 131 Abs. 3 Nr. 1 AktG zurückgegriffen werden, *Sagasser/Bula/Brünger* Umwandlungen R Rn 47; *Bungert*, DB 1995, 1384, 1389.

[37] Zu den Rechtsfolgen eines mangelhaften Umwandlungsberichts vgl. *Semler/Stengel* § 192 UmwG Rn 46 ff. – Jedoch kann nach BGH ZIP 2001, 199; ZIP 2001, 412, eine Verletzung von Informations- und Auskunftspflichten bezüglich des Barabfindungsgebotes nicht im Wege der Unwirksamkeitsklage gegen den Umwandlungsbeschluss, sondern nur im Spruchverfahren geltend gemacht werden (§ 210 UmwG), selbst wenn Erläuterungen zur Berechnung der Barabfindung im Umwandlungsbericht vollständig fehlen; vgl. auch § 30 Rn 94.

31 In der **Vermögensaufstellung** sind die Vermögensgegenstände und Verbindlichkeiten des formwechselnden Rechtsträgers mit ihrem wirklichen Wert und unabhängig von ihrer Bilanzierbarkeit anzusetzen.[38] Die Vermögensaufstellung dient ausschließlich der Unterrichtung der Anteilsinhaber über die Vermögensverhältnisse der formwechselnden Gesellschaft. Diesen Sinn kann sie nur erfüllen, wenn sie auf einen möglichst zeitnahen Stichtag bezogen ist[39] Den Anforderungen an eine Vermögensbilanz muss die Vermögensaufstellung jedoch nicht genügen. Ebenso wenig ist für die Durchführung des Formwechsels eine handelsrechtliche Umwandlungsbilanz erforderlich.[40] Eine Prüfung der Vermögensaufstellung findet nicht statt.

32 In der Praxis wird ein **Umwandlungsbericht** überwiegend **entbehrlich** sein, weil die Anteilsinhaber in notariell beurkundeter Form auf seine Erstattung **verzichten** oder weil – wie im Falle des Formwechsels einer 100%-Tochtergesellschaft – nur ein einziger Anteilsinhaber am formwechselnden Rechtsträger beteiligt ist (§ 192 Abs. 3 UmwG).[41] Darüber hinaus bedarf es beim Formwechsel einer Personenhandelsgesellschaft des Umwandlungsberichts nicht, wenn alle Gesellschafter zur Geschäftsführung berechtigt sind (§ 215 UmwG).[42] Dem steht es bei einer typischen GmbH & Co. KG gleich, wenn die gemäß § 164 Abs. 1 HGB von der Geschäftsführung der KG ausgeschlossenen Kommanditisten gleichzeitig Gesellschafter und Geschäftsführer der Komplementär-GmbH oder nur Geschäftsführer der Komplementär-GmbH sind.[43] Selbst wenn keine der vorstehenden Ausnahmen erfüllt ist, so ist zumindest die Vermögensaufstellung als Bestandteil des Berichts beim Formwechsel einer Kapitalgesellschaft in eine Kapitalgesellschaft anderer Rechtsform entbehrlich (§ 238 S. 2 UmwG).[44]

33 *dd) Prüfung des Barabfindungsangebots.* Eine eigene Prüfung des Formwechsels sehen die §§ 190 ff. UmwG nicht vor. Lediglich für diejenigen Fälle, in denen ein Barabfindungsanspruch entstehen kann (vgl. § 32 Rn 20 ff.), folgt aus der Verweisung gemäß §§ 208, 30 Abs. 2, 10 ff.

---

[38] *Kallmeyer* § 192 UmwG Rn 26.

[39] LG Mainz DB 2001, 1136; *Meyer-Landrut/Kiem*, WM 1997, 1413, 1417 f.

[40] Zum Steuerrecht vgl. aber § 14 S. 2 UmwStG sowie § 32 Rn 80.

[41] Aus organisatorischen Gründen wird jedoch die Erstellung des Umwandlungsberichts zumindest dann erforderlich, wenn sich nicht schon im Vorfeld verbindlich klären lässt, ob die Anteilsinhaber eine entsprechende Verzichtserklärung abgeben.

[42] Sind nicht alle Gesellschafter geschäftsführungsbefugt, ist der Umwandlungsbeschluss nach h. M. bereits dann nicht erforderlich, wenn sämtliche nichtgeschäftsführungsbefugten Gesellschafter auf den Bericht verzichten, vgl. *Schmitt/Hörtnagl/Stratz* § 215 UmwG Rn 2; *Semler/Stengel* § 215 UmwG Rn 17; anders *Kallmeyer* § 202 UmwG Rn 5.

[43] *Semler/Stengel* § 215 UmwG Rn 10.

[44] Nach h. M. bleibt es bei der Entbehrlichkeit einer Vermögensaufstellung auch beim Formwechsel unter Beteiligung einer KGaA sowie beim Formwechsel in eine GmbH mit unbeschränkter Nachschusspflicht. Für eine teleologische Reduktion des § 238 S. 2 UmwG ist kein Raum, vgl. *Semler/Stengel* § 238 UmwG Rn 10 ff.

UmwG, dass die Angemessenheit der Abfindung grundsätzlich einer Prüfung durch externe Sachverständige unterliegt. Die Barabfindungsprüfung **entfällt**, wenn die Anteilsinhaber in notariell beurkundeter Form hierauf **verzichten** oder wenn – bei einer formwechselnden KG oder OHG – kein Gesellschafter eine solche Prüfung verlangt (vgl. § 225 UmwG). Gegebenenfalls ist die Prüfung in der Vorbereitungsphase einzuleiten.

ee) Sicherung der Kapitalaufbringung. Bei einem Formwechsel in eine Kapitalgesellschaft ist die Aufbringung des Nennkapitals sicherzustellen (§§ 220 Abs. 1, 245 UmwG). Danach muss das „eingebrachte" Vermögen nach Abzug der Schulden im Zeitpunkt der Registeranmeldung[45] mindestens dem Nennbetrag des künftigen Stamm- oder Grundkapitals des formgewechselten Rechtsträgers entsprechen. Nach h. M. kommt es insoweit nicht auf den Buchwert, sondern den Verkehrswert des Vermögens an.[46] Würde der Formwechsel in eine Kapitalgesellschaft zu einer Unterdeckung der Gesellschaft führen, müsste das Registergericht die Eintragung des Formwechsels ablehnen.[47] Weil gerade nicht auf den Buchwert des Vermögens abzustellen ist, scheidet ein Formwechsel nach h. M. nur im Falle der **materiellen Unterbilanz**, nicht schon bei formeller Unterbilanz aus.[48] Gegebenenfalls müssen die Anteilsinhaber vor dem Formwechsel eine Kapitalherabsetzung oder Kapitalerhöhung durchführen. 34

Sollte hingegen das Reinvermögen einer formwechselnden OHG oder KG das gesetzliche Mindestgrund- oder -stammkapital übersteigen, sind die Anteilsinhaber nicht verpflichtet, das Kapital beim Rechtsträger neuer Rechtsform in Höhe des vorhandenen Reinvermögens festzulegen. Der das (über dem Mindestbetrag frei festzulegende) Grund- oder Stammkapital übersteigende Betrag kann in die **Kapitalrücklage** eingestellt oder als **Darlehen** zur Verfügung gestellt werden.[49] 35

Infolge der Verweisung des § 197 S. 1 UmwG gelten die rechtsformspezifischen **Gründungsvorschriften**, aus denen sich weiterer Handlungsbedarf im Rahmen der Vorbereitungsphase ergibt. Die Anwendung der Gründungsvorschriften soll ebenfalls der Kapitalaufbringung dienen. Im Einzelnen sind folgende Maßnahmen zu beachten: 36

- **(Sach-)Gründungsbericht**: Er ist beim Formwechsel in eine GmbH gemäß § 5 Abs. 4 S. 2 GmbHG und beim Formwechsel in eine AG 37

---

[45] *Semler/Stengel* § 220 UmwG Rn 15.

[46] *Kallmeyer* § 220 UmwG Rn 8 m. w. N.; *Semler/Stengel* § 220 UmwG Rn 13; *Joost* in *Lutter* § 220 UmwG Rn 13; *Schmitt/Hörtnagl/Stratz* § 220 UmwG Rn 6; *Timmermans*, DB 1999, 948 f.

[47] *Joost* in *Lutter* § 220 UmwG Rn 21. – Eine vom Registergericht verkannte materielle Unterbilanz berührt die Wirksamkeit des Formwechsels zwar gemäß § 202 Abs. 3 UmwG nicht, hat jedoch eine Differenz-/Gründungshaftung zur Folge.

[48] So zutreffend *Joost* in *Lutter* § 220 UmwG Rn 18, 11 ff.; *Happ* in *Lutter* § 245 UmwG Rn 12 ff.; *Schmitt/Hörtnagl/Stratz* § 197 UmwG Rn 30; § 220 UmwG Rn 6 ff., § 245 Rn 6; *Vossius* in *Widmann/Mayer* § 220 UmwG Rn 12 ff., 23 ff.; missverständlich *Sagasser/Bula/Brünger* Umwandlungen R Rn 90, 57, 75 ff.

[49] *Semler/Stengel* § 220 UmwG Rn 11, 23 (zur Bilanzierung).

oder KGaA gemäß § 32 AktG zu erstatten. Lediglich beim Formwechsel einer AG oder einer KGaA in eine GmbH bedarf es eines Sachgründungsberichts gemäß § 245 Abs. 4 UmwG nicht, da hier wegen der strengeren Kapitalschutzvorschriften des AktG die Gefahr einer Umgehung der Gründungsvorschriften des GmbHG in den Hintergrund tritt. Die Erstattung des (Sach-)Gründungsberichts ist unverzichtbar. Inhaltlich entspricht der (Sach-)Gründungsbericht – abgesehen von den Besonderheiten der § 5 Abs. 4 S. 2 GmbHG oder § 32 AktG – teilweise dem Umwandlungsbericht gemäß § 194 UmwG (vgl. § 32 Rn 29). Zusätzlich umfasst er Ausführungen zur Durchführung der Versammlung der Anteilseigner; §§ 220 Abs. 2, 245 UmwG schreiben weitere Angaben (bisheriger Geschäftsverlauf, Lage der formwechselnden Gesellschaft) vor.[50] Insbesondere muss der (Sach-)Gründungsbericht nach h. M. die Angabe enthalten, dass der Nennbetrag des Stamm- oder Grundkapitals der Gesellschaft neuer Rechtsform das Reinvermögen der formwechselnden Gesellschaft nicht übersteigt. An der Erstellung des (Sach-)Gründungsberichts haben die in §§ 219, 245 Abs. 1 bis 3 UmwG genannten Personen als „Gründer" im Sinne der jeweiligen Gründungsvorschriften mitzuwirken.

38 • **Gründungsprüfung, Werthaltigkeitsnachweis**: Beim Formwechsel in eine AG muss ferner eine Gründungsprüfung durchgeführt und ein entsprechender Gründungsprüfungsbericht erstattet werden (§§ 197 S. 1 UmwG, 220 Abs. 3, 245 UmwG, §§ 33, 34 AktG). Beim Formwechsel in die GmbH sieht das GmbHG zwar keine dem AktG vergleichbare Gründungsprüfung vor; jedoch verlangen die Registergerichte in der Praxis regelmäßig einen Werthaltigkeitsnachweis über das „eingebrachte" Vermögen.[51]

39 • **Gründerhaftung**: Die Verweisung des § 197 S. 1 UmwG führt dazu, dass die gemäß §§ 219, 245 UmwG an Stelle der Gründer tretenden Personen der Differenzhaftung und Gründungshaftung nach §§ 9, 9 a, 9 b GmbHG, § 46 AktG unterliegen. Eine solche Haftung kann nach h. M. auch den Kommanditisten einer formwechselnden KG treffen, selbst wenn er seine Kommanditeinlage zuvor in voller Höhe erbracht hat.[52] Gesellschafter, die gegen den Formwechsel gestimmt haben, sind nicht als Gründer anzusehen.[53] Von der Verweisung des § 197 S. 1 UmwG ausgenommen ist hingegen die Handelndenhaftung gemäß § 11 Abs. 2 GmbHG, § 41 Abs. 1 S. 2 AktG.[54]

40 • **Nachgründung**: Beim Formwechsel in eine AG sind künftig die aktienrechtlichen Vorschriften der §§ 52, 53 AktG über die Nachgründung zu beachten (§§ 197 S. 1, 220 Abs. 3 S. 2, 245 UmwG). Hiernach bedürfen Verträge, die die Gesellschaft innerhalb von zwei Jahren seit dem Wirksamwerden des Formwechsels mit den Gründern oder mit Aktionären

---

50 Einzelheiten bei *Decher* in *Lutter* § 197 UmwG Rn 24 ff.

51 Vgl. *Kallmeyer* § 200 UmwG Rn 11.

52 *Semler/Stengel* § 197 UmwG Rn 33; § 219 UmwG Rn 14.

53 *Semler/Stengel* § 219 UmwG Rn 13; § 245 UmwG Rn 3 ff., jeweils m. w. N.

54 *Sagasser/Bula/Brünger* Umwandlungen R Rn 56; abweichend (und gegen das Identitätskonzept) *Bärwaldt/Schabacker*, ZIP 1998, 1293, 1295.

schließt, die zu mehr als 10 % am Grundkapital der Gesellschaft beteiligt sind, zu ihrer Wirksamkeit der Zustimmung der Hauptversammlung und der Eintragung in das Handelsregister.

• **Konfliktfälle**: Umstritten ist, in welchem Verhältnis die Grundsätze der Kapitalaufbringung zu den Ansprüchen auf bare Zuzahlung gemäß § 196 UmwG stehen. Solche Ansprüche können eine Aushöhlung des Stamm- oder Grundkapitals des formgewechselten Rechtsträgers zur Folge haben. Nach wohl h. M. bleibt der Anspruch auf bare Zuzahlung unberührt; er ist auch durchsetzbar, führt jedoch bei einer Aushöhlung des Kapitals zu einer Differenzhaftung derjenigen Anteilsinhaber, deren Bevorzugung durch die bare Zuzahlung ausgeglichen werden soll.[55] 41

ff) Kapitalmaßnahmen. Der Formwechsel einer Kapitalgesellschaft in eine Kapitalgesellschaft anderer Rechtsform berührt die Höhe des Nennkapitals nicht. Gesellschaftsvertrag oder Satzung des Rechtsträgers neuer Rechtsform müssen das Nennkapital in der Höhe wie vor dem Formwechsel ausweisen (vgl. § 247 Abs. 1 UmwG); die Verweisung des § 197 S. 1 UmwG gestattet keine beliebig abweichende Neufestsetzung des Kapitals.[56] Das Bedürfnis einer Kapitaländerung anlässlich des Formwechsels entsteht jedoch beispielsweise, um Sonderrechte ausgleichen zu können oder weil das für die AG erforderliche Mindestkapital von EUR 50 000,– (§ 197 S. 1 AktG, § 7 AktG) nicht erreicht wird. Derart **abweichende Kapitalfestsetzungen** sind nur zulässig, wenn sie auf einer gemäß § 243 Abs. 2 UmwG nach den allgemeinen Vorschriften vorzunehmenden förmlichen Kapitalerhöhung oder Kapitalherabsetzung beruhen. 42

Der Kapitalerhöhungsbeschluss sollte den konkreten Hinweis auf den bevorstehenden Formwechsel enthalten. So lässt sich jeder Anschein einer Täuschung über die Qualität der neu geschaffenen Anteile, die sich infolge des Formwechsels ändert, vermeiden. Die Eintragung der Kapitaländerung im Handelsregister erfolgt regelmäßig vor der Eintragung des Formwechsels.[57] Zu diesem Zeitpunkt müssen abgesehen von der Eintragung sämtliche Wirksamkeitsvoraussetzungen der Kapitalmaßnahme erfüllt sein. 43

gg) Vorbereitung und Einberufung der Versammlung der Anteilsinhaber. Über den Formwechsel entscheiden die Anteilsinhaber des formwechselnden Rechtsträgers in einer Versammlung (§ 193 Abs. 1 UmwG). Zu dieser Versammlung haben die Vertretungsorgane des formwechselnden Rechtsträgers die Anteilsinhaber[58] entsprechend den jeweiligen satzungsmäßigen und gesetzlichen Bestimmungen zu laden. Hierbei müssen sie den **Form-** 44

---

[55] So *Kallmeyer* § 196 UmwG Rn 18 f.; *Decher* in *Lutter,* § 196 UmwG Rn 16; abweichend z. B. *Sagasser/Bula/Brünger* Umwandlungen R Rn 59.

[56] *Semler/Stengel* § 243 UmwG Rn 21.

[57] In der Praxis ist der Kapitaländerungsbeschluss regelmäßig in den Umwandlungsbeschluss integriert und enthält den Hinweis, dass die Kapitaländerung vor dem Formwechsel im Handelsregister eingetragen werden soll.

[58] Bei einer formwechselnden OHG oder KG sind nur die von der Geschäftsführung ausgeschlossenen Gesellschafter zu laden.

wechsel als Beschlussgegenstand[59] vorbehaltlich strengerer Anforderungen in Satzung oder Gesellschaftsvertrag in Textform (§ 126b BGB) ankündigen und – soweit sie nicht entbehrlich sind – den **Umwandlungsbericht** sowie das **Abfindungsangebot** gemäß § 207 AktG **übersenden** (vgl. §§ 216, 238 S. 1, 230 Abs. 1, 231 UmwG).[60] Bei der AG als formwechselnder Rechtsträger tritt an die Stelle der Übersendung des Umwandlungsberichts dessen Auslegung in den Geschäftsräumen der Gesellschaft zur Ansicht der Aktionäre[61] und an die Stelle der Übersendung des Abfindungsangebotes dessen Bekanntmachung in den Gesellschaftsblättern (§§ 238 S. 1, 230 Abs. 2, 231 UmwG).[62]

45 Die Regelungen der § 121 Abs. 6 AktG, § 51 Abs. 3 GmbHG, welche die Nichteinhaltung von Förmlichkeiten der Einberufung bei einer **Vollversammlung** betreffen, bleiben unberührt; § 1 Abs. 3 UmwG steht der Beschlussfassung in einer Vollversammlung nicht entgegen.[63] Ebenso können die Gesellschafter einer formwechselnden OHG oder KG auf die Formalien der Einberufung und die Übersendung der in § 216 UmwG erwähnten Informationen verzichten. Einer notariellen Beurkundung bedarf ein solcher Verzicht nach h. M. nicht.[64]

46 Gemäß § 239 Abs. 1 UmwG muss beim **Formwechsel einer Kapitalgesellschaft in eine Kapitalgesellschaft** anderer Rechtsform der Umwandlungsbericht während der Gesellschafter- oder Hauptversammlung ausliegen. § 239 Abs. 2 UmwG schreibt den Vertretungsorganen einer AG vor, zu Beginn der Versammlung den Entwurf des Umwandlungsbeschlusses mündlich zu erläutern. Hierbei sollen zwischenzeitlich eingetretene Änderungen der wirtschaftlichen oder rechtlichen Grundlagen, die der schriftliche Umwandlungsbericht noch nicht berücksichtigen konnte und die zu einer gegenüber dem Umwandlungsbericht abweichenden Beurteilung führen, im Vordergrund stehen. Im Übrigen kann sich die Erläuterung auf eine kurze Darstellung der rechtlichen und wirtschaftlichen Hintergründe des Formwechsels und somit auf eine Zusammenfassung des schriftlichen Umwandlungsberichts beschränken. Einen mangelhaften schriftlichen Umwandlungsbericht kann die mündliche Erläuterung nicht heilen.[65]

---

59 Beim Formwechsel einer AG müssen gemäß § 124 AktG der Wortlaut des Umwandlungsbeschlusses sowie der neue Gesellschaftsvertrag in der Einladung zur Hauptversammlung enthalten sein.

60 Zu Einzelheiten der Einberufung vgl. *Semler/Stengel* § 230 UmwG Rn 6 ff.

61 Auf Verlangen erhalten die Aktionäre eine kostenlose Abschrift, § 231 Abs. 2 S. 2 UmwG.

62 Beim Formwechsel einer AG, bei der nicht alle Aktionäre bekannt sind, werden die Aktionäre zudem aufgefordert, ihren Aktienbesitz unter Namensnennung der Gesellschaft anzuzeigen, vgl. BayObLG DB 1996, 1814. – Zu weiteren Einzelheiten der Übersendung/Auslegung/Bekanntmachung des Umwandlungsberichts vgl. *Semler/Stengel* § 230 UmwG Rn 20 ff.

63 *Semler/Stengel* § 238 UmwG Rn 8.

64 *Joost* in *Lutter* § 216 UmwG Rn 9; *Semler/Stengel* § 216 UmwG Rn 27; § 230 UmwG Rn 9; anders *Kallmeyer* § 216 UmwG Rn 5.

65 *Semler/Stengel* § 192 UmwG Rn 50.

b) Beschlussphase. Der Umwandlungsbeschluss und sämtliche nach dem UmwG erforderlichen Zustimmungserklärungen einschließlich derjenigen von nicht erschienenen Anteilsinhabern bedürfen gemäß § 193 Abs. 3 UmwG der **notariellen Beurkundung**. Für weitere im Zusammenhang mit dem Formwechsel zu fassende Beschlüsse gelten die allgemeinen Formerfordernisse. Die Durchführung der Gesellschafterversammlung, die über den Formwechsel beschließt, unterliegt grundsätzlich den allgemeinen, rechtsformspezifischen Bestimmungen gemäß Gesetz, Gesellschaftsvertrag oder Satzung. 47

aa) Umwandlungsbeschluss. Die Mehrheitserfordernisse für den Umwandlungsbeschluss bestimmt das UmwG rechtsformspezifisch. Dem **Umwandlungsbeschluss einer Personengesellschaft** als formwechselndem Rechtsträger müssen gemäß § 217 Abs. 1 UmwG alle anwesenden und auch die nicht erschienenen Anteilsinhaber zustimmen,[66] sofern der Gesellschaftsvertrag unter Wahrung des Bestimmtheitsgrundsatzes[67] nicht eine abweichende Mehrheit vorsieht, die aber mindestens drei Viertel der abgegebenen Stimmen betragen muss. Um klarzustellen, welche Gesellschafter als Gründer im Sinne des § 219 UmwG gelten, verlangt § 217 Abs. 2 UmwG für den Fall einer Mehrheitsentscheidung die namentliche Bezeichnung der zustimmenden Gesellschafter in der Niederschrift über den Umwandlungsbeschluss. 48

Dem **Umwandlungsbeschluss einer Kapitalgesellschaft** als formwechselndem Rechtsträger müssen bei einer GmbH mindestens drei Viertel der bei der Gesellschafterversammlung abgegebenen Stimmen und bei einer AG mindestens drei Viertel des vertretenen Grundkapitals zustimmen, sofern der Gesellschaftsvertrag oder die Satzung keine größere Mehrheit oder sonstige Erfordernisse vorsieht. Korrespondierend zu § 217 Abs. 2 UmwG muss gemäß § 244 Abs. 1 UmwG die Niederschrift über den Umwandlungsbeschluss die Personen (und nur diese) namentlich auflisten, die beim Formwechsel einer Kapitalgesellschaft in eine Kapitalgesellschaft anderer Rechtsform gemäß § 245 Abs. 1 bis 3 UmwG als Gründer gelten. Bei der AG ist, sofern es bei der Gesellschaft mehrere Aktiengattungen gibt, für jede Gattung ein Sonderbeschluss mit o. g. Mehrheiten erforderlich (§§ 240 Abs. 1, 65 Abs. 2 UmwG).[68] 49

bb) Zustimmungserfordernisse. Eine Zustimmungserklärung verlangt das UmwG von denjenigen Anteilsinhabern, zugunsten derer Gesetz, Satzung oder Gesellschaftsvertrag[69] einen Genehmigungsvorbehalt für die Abtretung eines Anteils (Vinkulierung) enthalten (§ 193 Abs. 2 UmwG). 50

---

[66] Zur ausnahmsweise bestehenden Zustimmungspflicht infolge der gesellschaftsrechtlichen Treuepflicht sowie zu Stimmbindungsverträgen vgl. *Semler/Stengel* § 217 UmwG Rn 13 ff.

[67] BGHZ 85, 351, 355 ff.; BGH DB 1995, 90, 91; *Joost* in *Lutter* § 217 UmwG Rn 11 f.; *Binnewies*, GmbHR 1997, 727, 732.

[68] Ferner sind die unbekannt gebliebenen Aktionäre durch Feststellung und Angabe ihrer Aktienurkunden in den Umwandlungsbeschluss aufzunehmen.

[69] So *Lutter* in *Lutter* § 13 UmwG Rn 23; *Semler/Stengel* § 193 UmwG Rn 21; anders *Decher* in *Lutter* § 193 UmwG Rn 20.

51 Beim Formwechsel einer GmbH in eine AG und umgekehrt, bei denen keine Möglichkeit einer verhältniswahrenden Beteiligung am Rechtsträger neuer Rechtsform besteht, bedarf es ferner gemäß §§ 241 Abs. 1, 242 UmwG bei abweichenden Festsetzungen der Nennbeträge der Zustimmung derjenigen Anteilsinhaber, die sich nicht entsprechend ihrer bisherigen Beteiligung am Rechtsträger neuer Rechtsform beteiligen können. Auch in anderen, gesetzlich nicht geregelten Fällen eines nicht-verhältniswahrenden Formwechsels müssen diejenigen Anteilsinhaber zustimmen, deren Beteiligungsquote sich ändert.[70] Beeinträchtigt der Formwechsel einer GmbH in eine AG bestehende Minderheits-, Sonder- oder Herrschaftsrechte, müssen die betroffenen Gesellschafter gemäß §§ 241 Abs. 2, 50 Abs. 2 oder 241 Abs. 3 UmwG ihre Zustimmung erklären. Diese Zustimmungen, die jeweils gemäß § 193 Abs. 3 UmwG notariell zu beurkunden sind, können vor, während oder nach der Gesellschafterversammlung erteilt werden.[71] Sie sollten aber spätestens bis zur Anmeldung des Formwechsels vorliegen.[72]

52 *cc) Verzichtserklärungen.* Die Anteilsinhaber erklären häufig einen notariell zu beurkundenden **Verzicht auf die Erstellung des Umwandlungsberichts** sowie auf die **Prüfung der Angemessenheit des Barabfindungsgebotes** (§§ 208, 30 Abs. 2 UmwG). Gelegentlich lässt sich auch erreichen, dass die Anteilsinhaber auf die **Erhebung einer Klage gegen die Wirksamkeit des Umwandlungsbeschlusses** verzichten. Eine solche Erklärung bedarf ebenfalls der notariellen Beurkundung (§§ 198 Abs. 3, 16 Abs. 2 S. 2 UmwG). Der Verzicht kann die Eintragung im Handelsregister, die konstitutiv für das Wirksamwerden des Formwechsels ist, regelmäßig beschleunigen. Regelmäßig werden die Verzichtserklärungen anlässlich der Versammlung abgegeben, in der über den Formwechsel Beschluss gefasst wird.

53 **c) Vollzugsphase.** Der Formwechsel wird erst mit Eintragung im Handelsregister zivilrechtlich wirksam. Die Eintragung setzt eine ordnungsgemäße Anmeldung des Formwechsels zum Handelsregister voraus.

54 *aa) Registeranmeldung.* Beim Formwechsel einer Kapitalgesellschaft in eine Kapitalgesellschaft anderer Rechtsform nimmt gemäß § 246 Abs. 1 AktG das Vertretungsorgan der formwechselnden Gesellschaft[73] die Anmeldung im Sinne des § 198 UmwG vor. Wechselt eine Personengesellschaft ihre Rechtsform in eine Kapitalgesellschaft, müssen gemäß §§ 222,

[70] *Kallmeyer* § 194 UmwG Rn 34 m. w. N.; *Vollrath* in *Widmann/Mayer* § 194 UmwG Rn 34; *Sagasser/Bula/Brünger* Umwandlungen R Rn 30; *Veil*, DB 1996, 2529, 2530.

[71] *Schmitt/Hörtnagl/Stratz* § 241 UmwG Rn 11; *Kallmeyer* § 241 UmwG Rn 8.

[72] Umstritten ist, ob sie zum Registergericht nachgereicht werden können, vgl. hierzu *Semler/Stengel* § 241 UmwG Rn 31 m. w. N.

[73] Sofern keine höchstpersönlichen Erklärungen abzugeben sind, erfolgt die Anmeldung durch die Mitglieder des Vertretungsorgans in vertretungsberechtigter Zahl.

219 UmwG alle Mitglieder des künftigen Vertretungsorgans, gegebenenfalls auch alle Mitglieder des neuen Aufsichtsrates, den Formwechsel anmelden.[74]

Gemäß § 198 Abs. 1 UmwG ist der Formwechsel grundsätzlich bei dem Register anzumelden, bei dem der formwechselnde Rechtsträger eingetragen ist. Besondere Regelungen zur Zuständigkeit und zum Verfahrensablauf sieht § 198 Abs. 1 S. 2 bis 5 UmwG für die Fälle vor, dass der formwechselnde Rechtsträger überhaupt nicht in einem Register eingetragen ist, sich durch den Formwechsel die Art des Registers ändert oder der Formwechsel mit einer Sitzverlegung einhergeht. **55**

bb) Anlagen und abzugebende Erklärungen. Die anmeldeverpflichteten Personen haben der Anmeldung gemäß § 199 UmwG verschiedene Unterlagen hinzuzufügen. Dies sind die Niederschrift des Umwandlungsbeschlusses, notwendige Zustimmungserklärungen sowie eventuell abgegebene Verzichtserklärungen, die jeweils in Ausfertigung oder öffentlich beglaubigter Abschrift einzureichen sind; ferner der Umwandlungsbericht, zu dem bei einer formwechselnden Personengesellschaft auch die Vermögensaufstellung gehört,[75] der Nachweis über die Zuleitung des Entwurfs des Umwandlungsbeschlusses an den Betriebsrat sowie die Urkunde über eine eventuell erforderliche staatliche Genehmigung. **56**

Weitere Unterlagen können beispielsweise sein die Liste der Gesellschafter, der (Sach-)Gründungsbericht (vgl. aber § 245 Abs. 4 UmwG), der Gründungsprüfungsbericht oder ein Werthaltigkeitsnachweis sowie der Beschluss über die Bestellung der Geschäftsführer oder der Aufsichtsratsmitglieder.[76] **57**

Wenn notariell beurkundete Verzichte der Anteilsinhaber bezüglich einer Klage gegen die Wirksamkeit des Umwandlungsbeschlusses nicht vorgelegt werden können, haben die Vertretungsorgane zudem zu erklären, dass gegen die Wirksamkeit des Umwandlungsbeschlusses nicht oder nicht fristgerecht[77] Klage erhoben worden ist (vgl. §§ 198 Abs. 3, 16 Abs. 2, 3 UmwG). **58**

cc) Eintragung und ihre Wirkungen. Die Registereintragung ist für die Wirksamkeit und den Vollzug des Formwechsels konstitutiv und hat die in § 202 UmwG angeordneten Folgen.[78] Die sich an die Eintragung anschließende **Bekanntmachung gemäß § 201** UmwG hat als Anknüpfungspunkt für den Fristbeginn insbesondere gemäß §§ 204, 23, 205 Abs. 2, 209, 224 Abs. 3, 237, 249, 305 UmwG Bedeutung, ist jedoch keine **59**

---

[74] BGHZ 116, 190, 199 f.

[75] *Decher* in *Lutter* § 199 UmwG Rn 3; *Schmitt/Hörtnagl/Stratz* § 199 UmwG Rn 3; *Kallmeyer* § 199 UmwG Rn 3; *Semler/Stengel* § 215 UmwG Rn 18.

[76] §§ 197 S. 1, 246, 223 UmwG, § 8 GmbHG, § 37 AktG; vgl. hierzu *Kallmeyer* § 199 UmwG Rn 5 ff.

[77] Gemäß § 195 Abs. 1 UmwG muss eine Klage gegen die Wirksamkeit des Umwandlungsbeschlusses binnen eines Monats nach der Beschlussfassung erhoben werden.

[78] Zur Prüfung des Formwechsels durch das Registergericht vgl. *Semler/Stengel* § 198 UmwG Rn 13 ff.

Wirksamkeitsvoraussetzung.[79] Inhalt der Eintragung ist nur der Formwechsel als solcher, es sei denn, dass mit dem Formwechsel eine Sitzverlegung oder eine Veränderung der Registerart verbunden ist.

60 Die Eintragung bewirkt insbesondere, dass der formwechselnde Rechtsträger gemäß § 202 Abs. 1 Nr. 1 UmwG in der in dem Umwandlungsbeschluss bestimmten Rechtsform weiter besteht, also unter **Wahrung seiner Identität**. Seine Verbindlichkeiten und Vertragsverhältnisse[80] müssen nicht unter Zustimmung des Gläubigers/Vertragspartners übergeleitet werden; ein Vermögensübergang findet nicht statt. Im Grundsatz gelten auch **Unternehmensverträge** im Sinne des § 291 AktG fort, sofern der Vertragsinhalt mit der neuen Rechtsform vereinbar ist. Es empfiehlt sich, Formwechsel und Unternehmensvertrag im Vorfeld gesellschafts- und steuerrechtlich aufeinander abzustimmen.[81] Beteiligungen und Mitgliedschaften werden entsprechend der neuen Rechtsform umqualifiziert, ohne dass sich hierbei ihre Identität verändert (§ 202 Abs. 1 Nr. 2 S. 1 UmwG).[82] Kraft Gesetzes setzen sich die dinglichen Rechte Dritter an den Beteiligungen am Rechtsträger neuer Rechtsform fort (§ 202 Abs. 1 Nr. 2 S. 2 UmwG).[83] Die Eintragung hat ferner die **Heilung von Beurkundungsmängeln** des Umwandlungsbeschlusses oder eventueller **Zustimmungs- und Verzichtserklärungen** einzelner Anteilsinhaber zur Folge (§ 202 Abs. 1 Nr. 3 UmwG).

61 Die genannten Wirkungen hat die Eintragung gemäß § 202 Abs. 3 UmwG im Interesse der Rechtssicherheit auch dann, wenn der Formwechsel unter Mängeln leidet.[84] Ein solcher **Bestandschutz** setzt allerdings voraus, dass zumindest ein Umwandlungsbeschluss gefasst wurde und ein Wechsel in eine vom UmwG zugelassene Rechtsform erfolgte.[85] Trotz der Regelung des § 202 Abs. 3 UmwG kann die mangelhaft erfolgte Durchführung des Formwechsels zu einer Schadensersatzpflicht der Verwaltungsträger gemäß §§ 205, 206 UmwG führen. Der Geltendmachung anderer Mängel, die nicht den Vorgang des Formwechsels betreffen oder die rechtstechnisch weder Bestandteil des Umwandlungsbeschlusses sind noch unmittelbar mit dem Formwechsel zusammenhängen, steht § 202 Abs. 3 UmwG nicht entgegen.[86]

62 *dd) Spruchverfahren, Nachhaftung.* Gemäß § 195 Abs. 2 UmwG können Anteilsinhaber eine Klage gegen die Wirksamkeit des Umwandlungsbe-

---

[79] *Decher* in *Lutter* § 201 UmwG Rn 7.

[80] Hierzu gehören im Grundsatz auch die Dienstverträge mit den gesetzlichen Vertretern, auch wenn deren organschaftliche Stellung durch den Formwechsel entfällt, vgl. BGH ZIP 1997, 1106, 1107 f.

[81] *Semler/Stengel* § 202 UmwG Rn 16; *Decher* in *Lutter* § 202 UmwG Rn 43.

[82] Der Umfang der Beteiligung ergibt sich aus dem Umwandlungsbeschluss; zum nicht-verhältniswahrenden Formwechsel vgl. § 32 Rn 17.

[83] Beispielsweise Pfand- oder Nießbrauchsrechte, nicht aber die schuldrechtlichen Rechte wie Vorkaufs- oder Ankaufsrechte, *Decher* in *Lutter* § 202 UmwG Rn 26 und *Kallmeyer* § 202 UmwG Rn 46.

[84] BGHZ 138, 371, 375; 132, 353, 359; *Kallmeyer* § 202 UmwG Rn 56.

[85] Vgl. *Decher* in *Lutter* § 202 UmwG Rn 52.

[86] *Decher* in *Lutter* § 202 UmwG Rn 56 f.; *Schmitt/Hörtnagl/Stratz* § 202 UmwG Rn 11 f.; teilweise enger jedoch *Kallmeyer* § 202 Rn 56 ff.

schlusses nicht allein darauf stützen, dass die Beteiligung am Rechtsträger neuer Rechtsform zu niedrig bemessen ist und der Formwechsel sie damit wirtschaftlich schlechter stellt; derartige Klagen sind unstatthaft. Als Ausgleich derartiger Nachteile steht den Anteilsinhabern gemäß § 196 UmwG ein **Anspruch auf bare Zuzahlung** zu. Eine zu § 195 Abs. 2 UmwG parallele, ebenfalls die Klage beschränkende Regelung für den Fall der zu niedrig bemessenen **Barabfindung** im Sinne von § 207 UmwG oder eines nicht ordnungsgemäßen Barabfindungsangebots enthält § 210 UmwG. Über die Höhe der baren Zuzahlung ist im Rahmen des Spruchverfahrens gemäß den Regelungen des Spruchverfahrensgesetzes zu entscheiden (vgl. hierzu § 28 Rn 25). Im Spruchverfahren erfolgt auch die Prüfung des Barabfindungsangebots (§ 212 UmwG).

Nach der Rechtsprechung des BGH zum Barabfindungsangebot schließt § 210 UmwG auch solche Klagen aus, die sich auf eine **Verletzung von Informations- und Auskunftspflichten** oder sogar auf das vollständige Fehlen von Informationen über die Barabfindung stützen.[87] Fraglich ist, ob es im Anwendungsbereich der §§ 195 Abs. 2, 196 UmwG generell zu einer Verweisung der Anteilsinhaber auf die Verfolgung ihrer Rechte im Spruchverfahren kommt. Diese Frage ist umstritten;[88] eine höchstrichterliche Klärung steht noch aus. Klagen, die auf einen im Übrigen unzulänglichen Umwandlungsbericht[89] oder auf Fehler bei der Beschlussfassung gestützt sind, steht § 195 Abs. 2 UmwG allerdings nicht entgegen. **63**

Ab Registereintragung des Formwechsels einer Personengesellschaft in eine Kapitalgesellschaft müssen die persönlich haftenden Gesellschafter für Neuschulden der Kapitalgesellschaft nicht mehr mit ihrem Privatvermögen haften. Für vertragliche oder gesetzliche Ansprüche gegen die Personengesellschaft haften sie jedoch gemäß § 224 UmwG, §§ 124, 128, 161 Abs. 2 HGB weiter (**Nachhaftung**). Derartige Verbindlichkeiten müssen jedoch **innerhalb von fünf Jahren** seit der Bekanntmachung der Registereintragung fällig, und die Gesellschafter müssen in der in § 224 Abs. 2 UmwG beschriebenen Weise in Anspruch genommen werden oder den Anspruch schriftlich anerkennen (§ 224 Abs. 4 UmwG). Andernfalls tritt mit Ablauf von fünf Jahren eine Enthaftung ein. Über seinen Wortlaut hinaus findet § 224 UmwG auf Kommanditisten, soweit sie bereits im Zeitpunkt des Formwechsels gemäß §§ 171 Abs. 1, 172, 176 Abs. 1 und 2 HGB gegenüber den Gläubigern der KG eine persönliche Haftung getroffen hat,[90] entsprechende Anwendung. Für eine Besser- oder Schlechterstellung der Kommanditisten aufgrund des Formwechsels besteht kein **64**

---

[87] Vgl. BGH ZIP 2001, 199; ZIP 2001, 412. – Kritisch hierzu beispielsweise *Semler/Stengel* § 210 UmwG Rn 5.

[88] Vgl. *Semler/Stengel* § 195 UmwG Rn 28 (verneinend); *Kallmeyer* § 196 UmwG Rn 30; *Schmitt/Hörtnagl/Stratz* § 195 UmwG Rn 9 (jeweils tendenziell bejahend).

[89] Vgl. aber BGH ZIP 2001, 199; GmbHR 2001, 247, wonach die Verletzung von Informationspflichten etc. bezüglich des Barabfindungsangebots nur im Spruchstellenverfahren geprüft wird.

[90] Die Rückgewähr einer Einlage an den Kommandisten nach Wirksamwerden des Formwechsels, beispielsweise durch Annahme eines Barabfindungsangebots,

Anlass.[91] Für die im Zusammenhang mit dem Formwechsel ausgeschiedenen Gesellschafter bleibt es bei der allgemeinen Nachhaftungsbegrenzung gemäß § 160 HGB.

2. Steuerrecht

65 **a) Ertragsteuer.** Der Formwechsel von Personenhandelsgesellschaften in Kapitalgesellschaften wird von § 25 UmwStG behandelt. Danach gilt der 8. Teil des Umwandlungssteuergesetzes (§§ 20 bis 23 UmwStG) für den Formwechsel i. S. d. § 190 UmwG entsprechend. Aufgrund dieser Verweisung wird der Formwechsel, der handelsrechtlich keinen Übertragungstatbestand darstellt, ebenso behandelt wie die Verschmelzung einer Personenhandelsgesellschaft auf eine Kapitalgesellschaft. Steuerlich handelt es sich um einen **Einbringungsvorgang**.

66 Gemäß § 25 S. 2 UmwStG hat die übertragende Personenhandelsgesellschaft eine **Steuerbilanz** auf den steuerlichen Übertragungsstichtag aufzustellen. Der Stichtag kann bis zu acht Monate vor Anmeldung des Formwechsels zum Handelsregister liegen (§ 25 S. 1 i. V. m. § 20 Abs. 8 S. 1 UmwStG). Die Steuerbilanz ist aus dem Grunde aufzustellen, da es handelsrechtlich mangels Übertragungsakt keiner handelsrechtlichen Schlussbilanz der Personengesellschaft bedarf. Im Übrigen kann wiederum auf die Ausführungen zum Steuerrecht der Ausgliederung auf eine Kapitalgesellschaft verwiesen werden (§ 29 Rn 54 ff.).

67 **b) Grunderwerbsteuer.** Der handelsrechtlich identitätswahrende Formwechsel wird durch das Umwandlungssteuergesetz für ertragsteuerliche Zwecke als Übertragungstatbestand fingiert. Dies gilt nicht für die Grunderwerbsteuer. Die Finanzverwaltung hat aufgrund einer Entscheidung des BFH[92] ihre ursprüngliche Auffassung, dass der Formwechsel grunderwerbsteuerlich ebenfalls einen Übertragungstatbestand darstellt, geändert und nimmt nunmehr bei einem Formwechsel **keinen grunderwerbsteuerlichen Vorgang** mehr an.[93]

III. Formwechsel in eine Personengesellschaft

1. Gesellschaftsrecht

68 **a) Allgemeines.** Der Formwechsel einer Personengesellschaft in die Rechtsform einer anderen Personengesellschaft richtet sich nicht nach dem UmwG (vgl. § 214 Abs. 1 UmwG). Vielmehr verbleibt es insoweit bei den allgemeinen Regeln (vgl. § 32 Rn 7). Dem UmwG unterliegt lediglich der Formwechsel einer Kapitalgesellschaft in eine Personengesell-

---

kann keine Nachhaftung begründen, vgl. *Sagasser/Bula/Brünger* Umwandlungen R Rn 99 m. w. N.

[91] Vgl. *Joost* in *Lutter* § 224 UmwG Rn 9, 16; *Kallmeyer* § 224 UmwG Rn 3, 13; *Semler/Stengel* § 224 UmwG Rn 8 f., 16.

[92] BFH GmbHR 1997, 136.

[93] Vgl. FinMin Baden-Württemberg vom 19. 12. 1997, GmbHR 1998, 204, 205.

schaft, für den die §§ 228 bis 237 UmwG besondere Regelungen vorsehen, die ergänzend zu den allgemeinen Bestimmungen der §§ 191 bis 213 UmwG zu beachten sind. Gegenüber dem Formwechsel in eine Kapitalgesellschaft bestehen insbesondere die folgenden Unterschiede:

69 • Da eine Personengesellschaft mindestens zwei Gesellschafter haben muss, ist der Formwechsel der **Einpersonen-Kapitalgesellschaft** in eine Personengesellschaft ausgeschlossen. Eine abschließende Klärung steht im Hinblick auf die Frage aus, ob der Formwechsel dadurch zulässig wird, dass ein zweiter Gesellschafter (erst) auf den Zeitpunkt des Wirksamwerdens des Formwechsels beitritt.[94]

70 • Naturgemäß tritt beim Formwechsel in eine Personengesellschaft die Problematik der **Kapitalaufbringung**, die beim Formwechsel in eine Kapitalgesellschaft im Vordergrund steht, wegen der persönlichen Haftung zumindest eines Gesellschafters zurück, so dass eine dem § 220 Abs. 1 UmwG entsprechende gesetzliche Regelung fehlt.

71 • Ferner müssen nur bestimmte Angaben, die typischerweise der Gesellschaftsvertrag der Personengesellschaft regelt, gemäß § 234 UmwG im notariell zu beurkundenden Umwandlungsbeschluss enthalten sein. Dies beispielsweise sind der Sitz der Personengesellschaft und beim Formwechsel in eine KG die jeweiligen Kommanditisten und ihre Einlagen. Der künftige **Gesellschaftsvertrag der Personengesellschaft** kann auch privatschriftlich vereinbart werden; er muss nicht gemeinsam mit der Anmeldung des Formwechsels zum Handelsregister eingereicht werden. Bezüglich der Angaben des Umwandlungsbeschlusses zur Firma (vgl. § 194 Abs. 1 Nr. 2 UmwG) ist insbesondere § 19 HGB zu beachten. Einen nicht-verhältniswahrenden Formwechsel (vgl. § 194 Abs. 1 Nr. 3 UmwG) hält die h. M. auch hier für zulässig.

72 **b) Formwechsel der GmbH in die GmbH & Co. KG.** Der in der Praxis bedeutende Fall des Formwechsels einer GmbH in eine typische GmbH & Co. KG,[95] bei der allein eine GmbH die Stellung des Komplementärs innehat und die keine Beteiligung am Vermögen der KG hält, ist in den §§ 228 ff. UmwG nicht besonders hervorgehoben. Gleichwohl lässt das UmwG einen solchen Formwechsel eindeutig zu.

73 *aa) Problemstellung.* Das UmwG folgt beim Formwechsel dem Identitätsprinzip: Hiernach ist der formwechselnde Rechtsträger mit dem Rechtsträger in der Ziel-Rechtsform identisch. Ferner müssen die Anteilsinhaber des Rechtsträgers sowohl vor als auch nach dem Formwechsel dieselben sein; der Ein- und Austritt von Anteilseignern anlässlich des Formwechsels bedarf grundsätzlich einer besonderen gesetzlichen Grundlage, wie beispielsweise §§ 221, 240 Abs. 2 UmwG.

---

[94] Vgl. *Semler/Stengel* § 228 UmwG Rn 14 f.; *K. Schmidt*, NJW 2001, 993; *Ulmer*, ZIP 2001, 585, 595; vgl. auch die Ausführungen unter § 32 Rn 76.

[95] Für den umgekehrten Weg der GmbH & Co. KG in die GmbH bietet sich regelmäßig das weniger formale und kostengünstigere erweiterte Anwachsungsmodell an, vgl. § 30 Rn 102; zur Vorgehensweise nach UmwG vgl. die Darstellung bei *Kallmeyer* § 218 UmwG Rn 11 ff.; *Semler/Stengel* § 218 UmwG Rn 21 f.

74 Nur selten wird an der formzuwechselnden GmbH bereits eine GmbH als Gesellschafter beteiligt sein, die bei der Ziel-KG die **Funktion der Komplementär-GmbH** übernehmen kann.[96] Daher muss vor dem Formwechsel eine GmbH, die regelmäßig neu zu gründen oder zu erwerben ist, Gesellschafter der formwechselnden GmbH werden;[97] der Zeitpunkt, zu dem die künftige Komplementär-GmbH Gesellschafter der formwechselnden GmbH sein muss, ist allerdings umstritten. Regelmäßig ist nicht gewünscht, dass die Komplementär-GmbH an der Ziel-KG auf Dauer eine Beteiligung am Vermögen hält.

75 *bb) Lösungsvorschläge.* Weitgehende Zustimmung hat ein Beschluss des BayObLG gefunden, wonach es ausreicht, dass die künftige Komplementär-GmbH erst nach dem Umwandlungsbeschluss, jedoch noch zumindest für eine **logische Sekunde vor der Registereintragung** des Formwechsels Gesellschafter der formzuwechselnden GmbH wird.[98] Die gesetzlichen Voraussetzungen für den Formwechsel (hier: Identitätsprinzip) müssen erst im Zeitpunkt der Registereintragung vorliegen. Daher steht es einem Formwechsel nicht entgegen, wenn die künftige Komplementär-GmbH im Rahmen einer Kapitalerhöhung einen neuen „Mini-Geschäftsanteil“ übernimmt, sie vor der Eintragung der Kapitalerhöhung (als aufschiebend bedingte Gesellschafterin) am Umwandlungsbeschluss mitwirkt und die Kapitalerhöhung vor dem Formwechsel im Handelsregister eingetragen wird. Ebenso kann die künftige Komplementär-GmbH die Gesellschafterstellung dadurch erlangen, dass sie einen bestehenden **„Mini-(Teil-)Geschäftsanteil“** an der formzuwechselnden GmbH im Wege der Abtretung erwirbt.

76 Die Übernahme oder Abtretung basiert häufig auf einer **Treuhandabrede** mit einem oder mehreren Gesellschaftern der formzuwechselnden GmbH, wonach die künftige Komplementär-GmbH den Geschäftsanteil an der formzuwechselnden GmbH treuhänderisch für Rechnung des Treugebers hält und die Gesellschafterrechte nach dessen Weisung ausübt. Die Beendigung des Treuhandverhältnisses ist grundsätzlich gekoppelt an das Wirksamwerden des Formwechsels.[99] Praxisgerechter erscheint die Durchführung eines nicht-verhältniswahrenden Formwechsels.[100] Beispielsweise bestimmt der Umwandlungsbeschluss, dass die künftige Kom-

---

[96] Zum Fall der bereits beteiligten GmbH vgl. *Kallmeyer* § 226 UmwG Rn 7.

[97] Auch eine Vor-GmbH kommt als Gesellschafter in Betracht. Dann besteht freilich das Risiko der Handelnden- sowie Differenzhaftung.

[98] BayObLG ZIP 2000, 230; *Vossius* in *Widmann/Mayer* § 228 UmwG Rn 93 ff.; *Sagasser/Bula/Brünger* Umwandlungen R Rn 106; weitergehend *Schmitt/Hörtnagl/Stratz* § 226 UmwG Rn 3.

[99] Überblick bei *Haritz/Bärwaldt* Beck'sches Handbuch der Personengesellschaften, § 9 Rn 69 m. w. N.; *Decher* in *Lutter* § 202 UmwG Rn 15; *Kallmeyer* § 226 UmwG Rn 8; *Schmitt/Hörtnagl/Stratz* § 226 UmwG Rn 4; *Lüdicke/Rieger/Dormann*, § 14 Rn 99.

[100] Vgl. hierzu *Semler/Stengel* § 228 UmwG Rn 25; *Kallmeyer* § 194 UmwG Rn 34; *Veil*, DB 1996, 2529; *Priester*, DB 1997, 560, 561. – Umstritten ist, ob analog § 128 UmwG sämtliche oder nur die betroffenen Anteilsinhaber ihre Zustimmung erteilen müssen.

plementär-GmbH zwar an der KG beteiligt wird, jedoch weder einen festen noch einen variablen Kapitalanteil erhält. Das Vermögen der formzuwechselnden GmbH wird den Kommanditeinlagen der anderen Gesellschafter der formzuwechselnden GmbH ungeachtet der vorherigen Kapitalerhöhung oder Abtretung zugeordnet.[101]

Die vorgenannten Hilfskonstruktionen sind überflüssig. Die Komple- **77**
mentär-GmbH muss zeitgleich mit dem Wirksamwerden des Formwechsels durch Registereintragung beitreten können, ohne zuvor eine Beteiligung an der formzuwechselnden GmbH gehalten zu haben.[102] Das muss deshalb möglich sein, weil das Identitätsprinzip nur bezüglich der vermögensmäßig beteiligten Gesellschafter gilt bzw. das UmwG es nicht verbietet, jenseits des Umwandlungsbeschlusses weitere Beschlüsse über den Ein- oder Austritt von Gesellschaftern zu fassen.[103]

Aus Sicherheitsgründen sollte von den unter § 32 Rn 75 ff. dargestell- **78**
ten Hilfskonstruktionen nur abgewichen werden, wenn bezüglich des gewählten Lösungsweges mit dem zuständigen Registergericht im Vorfeld des Formwechsels Einvernehmen erzielt werden konnte.[104]

2. Steuerrecht

a) Ertragsteuer. Auf den Formwechsel von Kapitalgesellschaften in **79**
Personengesellschaften sind gemäß § 14 S. 1 UmwStG die Vorschriften über die Verschmelzung von Kapitalgesellschaften auf Personengesellschaften (**§§ 3 bis 8, 10 UmwStG**) **entsprechend anzuwenden**. Insoweit kann auf die Erläuterungen zur Verschmelzung einer Kapital- auf eine Personengesellschaft verwiesen werden (§ 30 Rn 135 ff.).

Handelsrechtlich besteht auch beim Formwechsel in eine Personenge- **80**
sellschaft keine Verpflichtung zur Aufstellung einer Schluss- oder Übertragungsbilanz. Wegen des steuerlichen Systemwechsels weicht das Umwandlungssteuerrecht insoweit vom Handelsrecht ab und bestimmt, dass die formwechselnde Kapitalgesellschaft eine **Übertragungsbilanz** und die Personengesellschaft als Rechtsträger neuer Rechtsform eine **Eröffnungsbilanz** aufzustellen hat (§ 14 S. 2 UmwStG). Im Gegensatz zum Formwechsel in eine Kapitalgesellschaft enthält § 14 S. 3 UmwStG für den Formwechsel einer Kapital- in eine Personengesellschaft eine eigenständige steuerliche **Rückwirkungsregelung**. Danach kann die Kapitalgesellschaft die Übertragungsbilanz und die Personengesellschaft ihre Eröffnungsbilanz für einen Stichtag aufstellen, der **höchstens acht Monate** vor Anmeldung des Formwechsels zur Eintragung in das Handelsregister liegt. Das Einkommen und das Vermögen der Kapital- bzw. Personengesell-

---

[101] Ebenso *Sudhoff/Berenbrok* Unternehmensnachfolge § 64 Rn 76; Formulierungsbeispiel bei *Vossius* in *Widmann/Mayer* Mustersatz 21 „Formwechsel", Rn M 152.

[102] So auch *Schmitt/Hörtnagl/Stratz* § 226 UmwG Rn 3; *Kallmeyer* § 226 UmwG Rn 8; *Priester*, DB 1997, 560, 562; *Happ* in *Lutter* § 228 UmwG Rn 27 ff.

[103] *Kallmeyer*, GmbHR 1995, 888, 889; *K. Schmidt*, GmbHR 1995, 693, 694 ff.; ZIP 1998, 186.

[104] *Semler/Stengel* § 228 UmwG Rn 25.

schaft ist so zu ermitteln, als ob das Vermögen der Kapitalgesellschaft mit Ablauf des Stichtags der Bilanz, die dem Formwechsel zugrunde liegt, auf die Personengesellschaft übergegangen wäre (§ 2 Abs. 1 UmwStG).

81 **b) Grunderwerbsteuer.** Wie der Formwechsel in eine Kapitalgesellschaft wird auch der Formwechsel in eine Personengesellschaft entsprechend der zivilrechtlichen Beurteilung für die Grunderwerbsteuer nicht als Übertragung behandelt. Die Ausführungen zur Grunderwerbsteuer für einen Formwechsel in eine Kapitalgesellschaft gelten entsprechend (vgl. § 32 Rn 67 ff.).

G. Unternehmensnachfolge

Schrifttum: *Bengel*, Rechtsfragen zum Vor- und Nachvermächtnis; NJW 1990, 1826; *Bratke*, Gesellschaftsvertragliche Abfindungsklauseln und Pflichtteilsansprüche, ZEV 2000, 16 ff.; *Claussen*, Optimale Unternehmensnachfolge: Aktuelle Fragen aus dem Gesellschafts-, Erb- und Steuerrecht sowie der Finanzierung, 1992; *Dehmer*, Umwandlungsgesetz und Umwandlungssteuergesetz, 2. Auflage; *Ebenroth*, Erbrecht; *Flume*, Die Erbnachfolge in den Anteil an einer Personengesellschaft und die Zugehörigkeit des Anteils zum Nachlass, NJW 1988, 161; *Frank*, Die Testamentsvollstreckung über Aktien, ZEV 2002, 389; *Glöckner*, Das Sonderkündigungsrecht des volljährig gewordenen Gesellschafters, ZEV 2001, 47 ff.; *Harder*; Gibt es gesetzliche Vermächtnisse?, NJW 1988, 2716; *Klein-Benkers*, Unternehmensnachfolge in Zahlen, ZEV 2001, 329 ff.; *Leipold*, Die neue Lebenspartnerschaft aus erbrechtlicher Sicht, insbesondere bei zusätzlicher Eheschließung, ZEV, 2001, 218 ff.; *Lieber*, Vorweggenommene Erbfolge von Gesellschaftsanteielen unter Vorbehalt von Versorgungsleistungen, ZEV 2000, 132 ff.; *Mayer*, Die Testamentsvollstreckung über GmbH-Anteile, ZEV 2002, 209 ff.; Münchener Vertragshandbuch Gesellschaftsrecht, 5. Auflage, Band 2; *Piltz*, Die Unternehmensbewertung in der Rechtsprechung, dritte Auflage, 1994; *Reimann*, Die qualifizierte Nachfolgeklausel – Gestaltungsmittel und Störfaktor, ZEV 2002, 487 ff.; *Reimann*, Ende der Testamentsvollstreckung durch Umwandlung, ZEV 2000, 381 ff.; *Schmidt*, Die Errichtung von Unternehmensträgerstiftungen durch Verfügung von Todes wegen und Testamentsvollstreckung, ZEV 2000, 438 ff.; *Spiegelberger*, Vermögensnachfolge, 1994; *Stenger*, Güterstand bei Unternehmerehen – Die Zugewinngemeinschaft, ZEV 2000, 51 ff.; *Stracke*, Testamentsvollstreckung und Rechtsberatung, ZEV 2001, 250 ff.; *Sudhoff*, Handbuch der Unternehmensnachfolge, 4. Aufl., 2000; *Sudhoff*, Der Nießbrauch am Gesellschaftsanteil, NJW 1974, 2205 ff.; *Thümmel*, Möglichkeiten und Grenzen der Kompetenzverlagerung auf Beiräte in der Personengesellschaft und in der GmbH, DB 1995, 2461 ff.; *Weipert*, Die Erbengemeinschaft als Mitglied einer Personengesellschaft, ZEV 2002, 300 ff.; *Zacharias*, Börseneinführung mittleständischer Unternehmen, 2. Aufl., 2000.

Einleitung

1 Für immer mehr – häufig mittelständische – Familienunternehmen stellt sich die Frage der Unternehmensnachfolge. Die bisherigen Inhaber und meist zugleich Leiter des Unternehmens müssen aus Alters- oder gesundheitlichen Gründen eine geeignete Nachfolgeregelung sowie einen geeigneten Nachfolger finden. Empirische Untersuchungen gehen davon aus, dass für den Zeitraum 1999 bis 2004 in der Bundesrepublik Deutschland ca. 380 Unternehmensübertragungen in Familienunternehmen anstanden.[1] Ein großer Teil der bisherigen Unternehmensinhaber wünscht den Erhalt des Unternehmens und die Fortführung im Rahmen der Familie. Im Vordergrund steht die Übertragung des Unternehmens auf die nächste Familiengeneration.[2] Die Unternehmensnachfolge vollzieht sich recht-

[1] *Klein-Blenkers*, ZEV 2001, 329 m. w. N.

[2] *Klein-Blenkers*, ZEV 2001, 329/330, 332.

lich am häufigsten im Wege des Verkaufes, der Vererbung, der Verschenkung oder der Verpachtung. Bei Familienunternehmen vollzieht sich die Unternehmensnachfolge dabei oft auch auf dem Erbweg.

2 Familienunternehmen weisen Besonderheiten auf, die für die Frage der Unternehemensnachfolge von Bedeutung sind: Die Unternehmensleiter scheiden erst im Alter von 65 Jahren oder später aus dem Unternehmen.[3] Management und Kapitalbesitz sind in einer Hand vereint. Der Führungsnachwuchs – gerade der aus der Familie stammende – hat keine Möglichkeit, sich frühzeitig zu erproben. Nicht selten scheidet dann der bisherige Unternehmenslenker durch Krankheit oder Tod plötzlich aus dem Unternehmen aus, eine begleitende Übergabe der Unternehmensführung kann dann nicht mehr stattfinden. Das ist mit Risiken für das Unternehmen verbunden, der Nachfolger kann seine Erfahrungen nur mit Risiko für die Gesellschaft sammeln.[4] Eine Besonderheit gegenüber kapitalorientierten Unternehmen liegt auch in der personenmäßig kleineren Unternehmensführung.[5] Daneben ist der Wettbewerb um Führungspositionen in kapitalorientierten Unternehmen meistens größer als in Familienunternehmen, bei denen es häufig nur darauf ankommt. dass ein Abkömmling als Unternehmensnachfolger nicht ungeeignet erscheint. Der nicht familienbezogene Management-Nachwuchs muss im Vergleich meist besser qualifiziert sein, um sich die Leitungspositionen in einem härteren Wettbewerb zu erkämpfen.

3 Insgesamt sieht sich die Unternehmensnachfolge bei Familienunternehmen daher besonderen Herausforderungen ausgesetzt. Hinzu kommt, dass sich mit der Frage der Unternehmensnachfolge in aller Regel auch die Frage nach der Vererbung oder sonstigen Weitergabe des Vermögens des Erblassers an seine Familienangehörigen verbindet. Denn das Vermögen des Unternehmers besteht in aller Regel zu einem erheblichen Teil aus dem Unternehmen oder der Beteiligung an einem solchen. Die Frage der Unternehmensnachfolge in Familienunternehmen ist daher fast immer mit erbrechtlichen Fragen verquickt.

---

[3] Vgl. *Claussen*, S. 87 m. w. N.

[4] *Claussen*, S. 87.

[5] *Claussen*, S. 87.

§ 33 Unternehmensnachfolge durch gesetzliche Erbfolge

Übersicht

	Rn
I. Erbrechtliche Grundzüge	4
II. Erbfolge	9
1. Erbrecht der Verwandten	9
a) Verwandtschaft	9
b) Verwandtenerbfolge	15
2. Das Erbrecht des Ehegatten	22
a) Nicht erhöhte Erbquote bei Gütergemeinschaft	24
b) Erbquote bei Gütertrennung	25a
c) Zugewinngemeinschaft	25b
3. Das Erbrecht des nichtehelichen Lebensgefährten	26
4. Das gesetzliche Erbrecht des eingetragenen Lebenspartners	27
III. Vererblichkeit von Unternehmen und unternehmerischen Beteiligungen	32
1. Einzelkaufmännisches Unternehmen	33
2. Gesellschaft bürgerlichen Rechts	34
3. Offene Handelsgesellschaft	35
4. Kommanditgesellschaft	36
5. Gesellschaft mit beschränkter Haftung	37
6. GmbH & Co. KG	38
7. Aktiengesellschaft	40
8. Sonstige Unternehmensformen	41
a) Eingetragene Genossenschaft eG	41
b) Partnerschaftsgesellschaft	42
c) Kommanditgesellschaft auf Aktien (KGaA)	43
d) Stille Gesellschaft und Unterbeteiligung	46
e) Höferecht	49
IV. Folgen des erbrechtlichen Erwerbs	54
1. Annahme und Ausschlagung der Erbschaft	54
a) Annahme der Erbschaft	58
b) Ausschlagung der Erbschaft	62
c) Gezielte Ausschlagung	68
2. Erbenhaftung	70
a) Voraussetzungen des Schuldenüberganges	71
b) Zusätzliche Haftungsgründe bei Unternehmensnachfolge	73
aa) Einzelkaufmännisches Unternehmen	74
bb) OHG	75
cc) Kommanditgesellschaft	76
dd) GbR	78
ee) Kapitalgesellschaften	80
c) Erbrechtliche Haftung Minderjähriger	81
d) Beginn der Haftung	83
e) Haftung bei Vor- und Nacherbschaft	84
3. Möglichkeiten der Haftungsbeschränkung	85
a) Nachlassinventar	88
b) Nachlassverwaltung	90
c) Nachlassinsolvenzverfahren	91
d) Dürftigkeitseinrede, § 1990 BGB	92
e) Überschwerungseinrede, § 1992 BGB	93
f) Gläubigeraufgebot	94
g) Verschweigungseinrede, § 1974 BGB	95
4. Erbschaftskauf	96
5. Mehrheit von Erben	97
a) Gesamthandsgemeinschaft	98
b) Verwaltung	102
aa) Innenverhältnis	102
bb) Außenverhältnis	103
cc) Handlungsfähigkeit	106
c) Auseinandersetzung der Erbengemeinschaft	108
d) Gestaltungshinweise	113
V. Anforderungen an die Unternehmensverfassung	114
1. Einzelkaufmännisches Unternehmen	115
2. Gesellschaft bürgerlichen Rechts	116

	Rn
a) Fortsetzungsklausel	117
b) Nachfolgeklauseln	125
aa) Einfache erbrechtliche Nachfolgeklausel	126
bb) Qualifizierte erbrechtliche Nachfolgeklausel	135
c) Eintrittsklausel	143
3. Offene Handelsgesellschaft	145
a) Fortsetzung ohne Erben	145
b) Nachfolgeklauseln	148
c) Eintrittsklausel	154
4. Kommanditgesellschaft	155
a) Komplementär	156
b) Kommanditist	157
c) Ergänzende/abweichende Anordnungen des Erblassers	160
5. GmbH	161
6. GmbH & Co. KG	162
7. Aktiengesellschaft	163
8. Eingetragene Genossenschaft	164
9. Partnerschaftsgesellschaft	165
10. Kommanditgesellschaft auf Aktien	166
11. Stille Gesellschaft und Unterbeteiligung	168
a) Stille Gesellschaft	168
b) Unterbeteiligung	169

Schrifttum: *Ann*, Zum Problem der Vorkaufsberechtigung beim Miterbenvorkaufsrecht nach § 2034 BGB, ZEV 1994, 343; *Christmann*, Die Geltendmachung der Haftungsbeschränkung zugunsten Minderjähriger, ZEV 1999, 416 ff.; *Claussen*, Optimale Unternehmensnachfolge: Aktuelle Fragen aus dem Gesellschafts-, Erb- und Steuerrecht sowie der Finanzierung, 1992; *Eue*, Erbrechtliche Zweifelsfragen des Gesetzes zur Beendigung der Diskriminierung gleichgeschlechtlicher Gemeinschaften, FamRZ 2001, 1196 ff.; *Glöckner*, Das Sonderkündigungsrecht des volljährig gewordenen Gesellschafters, ZEV 2001, 47 ff.; *Leipold*, Die neue Lebenspartnerschaft aus erbrechtlicher Sicht, insbesondere bei zusätzlicher Eheschließung, ZEV 2001, 218 ff.; *Reimann*, Die qualifizierte Nachfolgeklausel – Gestaltungsmittel und Störfaktor, ZEV 2002, 487 ff.; *Klein-Benkers*, Unternehmensnachfolge in Zahlen, ZEV 2001, 329 ff.; *Schwab/Wagenitz*, Einführung in das neue Kindschaftsrecht; FamRZ 1997, 1377 f.; *Stenger*, Güterstand bei Unternehmerehen – Die Zugewinngemeinschaft, ZEV 2000, 51 ff.; *Sudhoff*, Handbuch der Unternehmensnachfolge, 4. Aufl. 2000; *Weipert*, Die Erbengemeinschaft als Mitglied einer Personengesellschaft, ZEV 2002, 300 ff.; *Wöhrmann/Stöcker*, Das Landwirtschaftserbrecht, 7. Aufl. 1999.

I. Erbrechtliche Grundzüge

4 Im deutschen Erbrecht sind drei rechtspolitische Grundprinzipien verankert, die auch und gerade für die Unternehmensnachfolge entscheidend sind, nämlich die Privaterbfolge, die Testierfreiheit und die Familienerbfolge.

5 Der Grundsatz der **Privaterbfolge** bedeutet, dass das Vermögen des Erblassers aus privater Hand in private Hand weitervererbt wird. Der Staat hat keinen erbrechtlichen Anteil am Erblasservermögen, sieht man vom Fall des § 1936 BGB ab, in dem kein Verwandter vorhanden und keine Person durch letztwillige Verfügung zum Erben berufen ist.[6] Die Privaterbfolge sichert das Privateigentum, weil das zu Lebzeiten erworbene Vermögen des Erblassers mit seinem Tod nicht der Allgemeinheit zufällt,

[6] Der Fiskus sichert sich z. T. eine indirekte Beteiligung am Vermögensübergang durch die Erhebung einer Erbschaftsteuer. Diese Beteiligung ist jedoch nicht erbrechtlicher Natur.

sondern an Private weitergegeben wird, die dieses ihrerseits an Private weitergeben können.

6 Die **Testierfreiheit** berechtigt den Erblasser, zum Erben einzusetzen und sein Vermögen weiterzugeben, an wen er will. Sie ist Ausdruck der Privatautonomie[7] und gem. § 2302 BGB unbeschränkbar. Da es keinen Grundsatz ohne Ausnahme oder zumindest Beschränkung gibt, erfährt die Testierfreiheit ihre gesetzliche Beschränkung durch das **Pflichtteilsrecht**, das bestimmten Personen eine Mindestbeteiligung am Nachlassvermögen gewährt ohne Rücksicht auf den Willen des Erblassers.

7 Das Prinzip der **Familienerbfolge** hat zum Inhalt, dass das Vermögen des Erblassers kraft Gesetzes auf den Ehegatten bzw. Lebenspartner und die nächsten Verwandten übergeht, wenn der Erblasser keine hiervon abweichenden Anordnungen getroffen hat. Die Testierfreiheit kann also das Prinzip der Familienerbfolge überlagern, eine wirtschaftliche Korrektur kann dann wieder über das Pflichtteilsrecht erfolgen, weil die durch das Pflichtteilsrecht Begünstigten in der Regel die nahen Familienangehörigen sind.

8 Rechtstechnisches Grundprinzip im deutschen Erbrecht ist die **Gesamtrechtsnachfolge**. Gem. § 1922 BGB geht das Vermögen des Erblassers als Ganzes und von selbst auf den oder die Erben über. Der Erbe wird nicht nur Inhaber einzelner Vermögenswerte aus dem Nachlass, er tritt vielmehr voll in die Rechtsstellung des Erblassers ein. Eine Übertragung der einzelnen Vermögenswerte und Nachlassgegenstände ist nicht erforderlich, mit dem Erbfall findet ein Von-selbst-Erwerb statt.

II. Erbfolge

1. Erbrecht der Verwandten

9 **a) Verwandtschaft**. Verwandte des Erblassers kommen kraft Gesetzes als Erben in Betracht. Das gesetzliche Erbrecht der Verwandten bestimmt sich nach den §§ 1924 bis 1930 BGB. Die Verwandtschaft zum Erblasser kann beruhen auf Abstammung (sog. Blutsverwandtschaft), Willensakt (Adoption) und gesetzlichen Sonderregeln.

10 Die Verwandtschaft kraft **Abstammung** ist legaldefiniert in § 1589 BGB: Miteinander verwandt sind Personen, deren eine von der anderen abstammt (§ 1589 S. 1 BGB, Verwandtschaft in gerader Linie), oder die zwar nicht in gerader Linie verwandt sind, aber von derselben dritten Person abstammen (§ 1589 S. 2 BGB, Verwandtschaft in der Seitenlinie). Nicht mit dem Erblasser verwandt kraft Abstammung sind daher z. B. Ehegatten und Schwäger.[8]

11 Verwandtschaft zum Erblasser kann auch auf Willensakten beruhen, nämlich der **Annahme als Kind** (Adoption). Die Annahme als Kind erfolgt nur auf Antrag,[9] der notariell zu beurkunden ist, § 1752 Abs. 2 S. 2

---

[7] *Ebenroth* Rn 48.

[8] Die Schwägerschaft ist definiert in § 1590 BGB.

[9] Der Antrag ist bei der Annahme eines Minderjährigen vom Annehmenden zu stellen, § 1752 Abs. 1 BGB, bei der Annahme eines Volljährigen von Annehmenden und Anzunehmendem, § 1768 Abs. 1 S. 1 BGB.

BGB. Sie wird bei Vorliegen der gesetzlichen Voraussetzungen vom Vormundschaftsgericht ausgesprochen, § 1752 Abs. 1 BGB. In Voraussetzungen und Wirkungen unterscheidet das Gesetz zwischen der Annahme eines Minderjährigen als Kind (§§ 1741 ff. BGB) und der Annahme eines Volljährigen als Kind (§§ 1767 ff. BGB). Die Minderjährigenadoption begründet ein umfassendes Verwandtschaftsverhältnis zwischen Kind einerseits und Annehmendem und seinen Verwandten andererseits, das Kind erhält die rechtliche Stellung eines Kindes des Annehmenden, § 1754 Abs. 2 BGB (sog. Volladoption). Zugleich erlöschen gem. § 1755 Abs. 1 BGB die verwandtschaftlichen Beziehungen zu seinen leiblichen Eltern und den bisherigen Verwandten.[10] Das angenommene minderjährige Kind ist daher grds. nicht zur gesetzlichen Erbfolge nach seinen leiblichen Eltern berufen. Bei der Erwachsenenadoption erlangt die angenommene Person zwar gem. §§ 1767 Abs. 2, 1754 BGB ebenfalls die rechtliche Stellung eines Kindes des Annehmenden. Jedoch wird die Verwandschaft nur mit dem Annehmenden, nicht auch mit dessen Verwandten begründet, § 1770 Abs. 1 S. 1 BGB. Zugleich bleiben die Rechte und Pflichten des Angenommenen und seiner Abkömmlinge aus den durch Abstammung begründeten, also bisherigen Verwandtschaftsverhältnissen bestehen, § 1770 Abs. 2 BGB.[11] Die angenommene Person kommt hier als gesetzliche Erbin sowohl nach ihren leiblichen Eltern als auch nach dem Annehmenden in Betracht.

12 Schließlich ist Verwandtschaft aufgrund gesetzlicher **Abstammungsregeln** möglich, §§ 1591 ff. BGB: Kindesmutter ist die Frau, die das Kind zur Welt bringt, § 1591 BGB. Verwandt mit dem Kind ist also auch im Falle einer **Eispende** die Austragende, nicht hingegen die Eispenderin, obwohl das Kind eigentlich von Letzterer – genetisch – abstammt und daher gem. § 1589 S. 1 BGB mit ihr verwandt wäre.[12] Abstammungsregeln gibt es auch hinsichtlich des Kindesvaters: Gem. § 1592 BGB ist Vater eines Kindes, wer bei Geburt des Kindes mit der Kindesmutter verheiratet ist, wer die Vaterschaft anerkannt hat oder dessen Vaterschaft nach § 1600 d BGB gerichtlich festgestellt ist. In diesen Fällen kann ein Verwandtschaftsverhältnis zwischen Kind und Vater mit seinen erbrechtlichen Folgen auch dann vorliegen, wenn das Kind nicht vom Vater abstammt, eine Blutsverwandtschaft also nicht besteht.

13 Aus erbrechtlicher Sicht zu beachten sind schließlich z.T. noch relevante Sonderregeln bei **nichtehelichen Kindern** im Verhältnis zu ihren Vätern. Bis 1969 galten sie trotz genetischer Abstammung nicht als miteinander verwandt, es bestanden weder Erb- noch Pflichtteilsrechte. Bis zum 1. 4. 1998 wurde das nichteheliche Kind trotz Verwandtschaft zum

[10] Ausnahmsweise bleiben diese verwandtschaftlichen Verhältnisse nach Familienrecht bestehen, § 1756 BGB. Diese Ausnahmen bleiben in aller Regel für die erbrechtlichen Verhältnisse außer Betracht, § 1924 Abs. 5 BGB. Zu den Einzelheiten vgl. Münchener Anwaltshandbuch/*Hennicke*, § 4 Rn 20 f.

[11] Gem. § 1772 BGB kann das Vormundschaftsgericht auf Antrag bei Vorliegen bestimmter Voraussetzungen aussprechen, dass sich die Wirkungen einer Volljährigenadoption nach den Vorschriften über die Minderjährigenadoption richten.

[12] Die Spenderin kann auch nicht auf Feststellung ihrer (genetischen) Mutterschaft klagen, s. *Schwab/Wagenitz*, FamRZ 1997, 1377 f.

Vater nicht Erbe neben dem überlebenden Ehegatten und/oder erbberechtigten ehelichen Kindern, es erhielt lediglich einen schuldrechtlichen Erbersatzanspruch gem. § 1934a BGB a. F. mit der Möglichkeit des vorzeitigen Erbausgleichs.[13] Nach heutigem Recht sind nichteheliche Kinder mit ihren Vätern verwandt, da von ihnen abstammend gem. § 1589 S. 1 BGB, sie sind als Abkömmlinge gesetzliche Erben ohne Einschränkung.[14]

Die §§ 1924 bis 1930 BGB differenzieren beim gesetzlichen Erbrecht der Verwandten nicht danach, ob die Verwandtschaft auf Abstammung, Adoption oder besonderen gesetzlichen Abstammungsregeln beruht. Ausschlaggebend ist allein, dass eine Verwandtschaft im beschriebenen Sinn zum Erblasser besteht.[15] **14**

b) Verwandtenerbfolge. Der Erblasser hat häufig eine Vielzahl von Verwandten. Die Bestimmung, wer von diesen gesetzlicher Erbe wird, trifft das BGB nach verschiedenen Auswahlsystemen. **15**

Zunächst erfolgt die Einteilung in Ordnungen (sog. Parentelen) nach dem **Ordnungssystem**, das auch als **Parentelsystem** bezeichnet wird. Die Ordnungen werden vom jeweiligen Abs. 1 der §§ 1924, 1925, 1926, 1928 und 1929 BGB beschrieben. In die jeweilige Ordnung fallen alle Abkömmlinge des Erblassers selbst bzw. seines für diese Ordnung ausschlaggebenden Vorfahren einschließlich desselben. Zur ersten Ordnung gehören die Kinder des Erblassers und deren Abkömmlinge,[16] ausschlaggebende Person ist also der Erblasser selbst, § 1924 Abs. 1 BGB. Zur zweiten Ordnung zählen die Eltern des Erben und deren Abkömmlinge, § 1925 Abs. 2 BGB. Ausschlaggebend sind hier also die Eltern des Erblassers. In diese Ordnung fallen daher beispielsweise neben den Eltern des Erblassers seine Geschwister und seine Neffen, denn diese sind Abkömmlinge seiner Eltern. Die nächste Ordnung bestimmt sich nach den Großeltern des Erblassers; § 1926 Abs. 1 BGB: Sie und ihre Abkömmlinge werden von ihr erfasst, so fällt auch der Cousin des Erblassers mit seinen Abkömmlingen in die dritte Ordnung. Die Ordnungen werden in dieser Weise fortgeführt, sie werden mit zunehmender Entfernung fortnummeriert. § 1930 BGB bestimmt, dass vorhergehende Ordnungen spätere Ordnungen von der Erbfolge ausschließen, die Ordnungen also nur nacheinander berufen sind: Solange beispielsweise auch nur ein Verwandter der zweiten Ordnung vorhanden ist, gelangt ein Verwandter der dritten Ordnung nicht zur gesetzlichen Erbfolge. **16**

Nicht sämtliche Verwandten der dem Erblasser nächsten Ordnung werden gesetzliche Erben. Auch innerhalb der einzelnen Ordnungen erfolgt eine Auswahl. In den ersten drei Ordnungen erfolgt die Aufteilung nach dem **Stammes-** und **Liniensystem**. Der Stamm bezeichnet die abstei- **17**

---

[13] Zu den Einzelheiten vgl. Münchener Anwaltshandbuch Erbrecht/*Ritter* § 12 Rn 30 ff.; *Palandt/Edenhofer* § 1924 Rn 8.

[14] Zu den Übergangsregelungen vgl. *Palandt/Edenhofer* § 1924 Rn 12.

[15] Ausschlaggebend ist die rechtlich anerkannte, nicht die biologische Verwandtschaft, BGH NJW 1989, 2197, 2198.

[16] Auch nichteheliche Kinder fallen hierunter, vgl. Münchener Anwaltshandbuch Erbrecht/*Hennicke*, § 4 Rn 30.

genden Verhältnisse einer Person zu seinen Abkömmlingen: Jedes Kind einer Person bildet einen eigenen Stamm, jedes seiner Kinder, also Enkel des Erblassers, wiederum einen eigenen neuen bzw. Unterstamm. Die Linie hingegen bezeichnet die aufsteigenden Verhältnisse einer Person, nämlich die Verhältnisse zu seinen Vorfahren. Jeder dieser Vorfahren bildet aber wiederum eigene Stämme durch seine Abkömmlinge, diese bilden ebenfalls neue Stämme. Dabei können vollbürtige Geschwister des Erblassers zwei Stämmen angehören, nämlich dem väterlichen und dem mütterlichen Stamm. Innerhalb der Ordnungen eins bis drei erhält jeder Stamm den gleichen Anteil mit der Folge, dass nicht jeder der in der Ordnung vorhandenen Verwandten den gleichen Anteil erbt.

18 Innerhalb der einzelnen Stämme gilt das **Repräsentationssystem**. Sind beim Erbfall mehrere Verwandte in einem Stamm vorhanden, schließt ein Verwandter seine im Stamm vorhandenen Abkömmlinge aus, also die, die durch ihn mit dem Erblasser verwandt waren, vgl. §§ 1924 Abs. 2, 1925 Abs. 2, 1926 Abs. 2 BGB. Die so genannten Stammeltern repräsentieren also den Stamm und schließen die ihnen nachfolgenden Mitglieder des Stammes aus.

19 Fällt ein Stammelternteil, der eigentlich Repräsentant des Stammes wäre, vor dem Erbfall weg,[17] treten innerhalb der Ordnung an seine Stelle die durch ihn mit dem Erblasser verwandten Abkömmlinge, also seine Nachfolger innerhalb des Stammes, §§ 1924 Abs. 3, 1925 Abs. 3 BGB. Man spricht vom **Eintrittsrecht**, das Erbrecht des Stammes innerhalb der Ordnung bleibt erhalten.

20 Die Erbfolge nach Stämmen gilt für die ersten drei Ordnungen, § 1928 Abs. 3 BGB. Durch Verwandtenadoption oder Ehe zwischen Geschwisterkindern kann eine Person mehrfach verwandt i. S. von § 1589 BGB sein mit dem Erblasser. Dadurch ist eine Zugehörigkeit zu mehreren Stämmen gleichzeitig möglich. Gehört die auf diese Weise mehrfach mit dem Erblasser verwandte Person der ersten, zweiten oder dritten Ordnung an, steht ihr nach § 1927 S. 1 BGB jeder der in den einzelnen Stämmen auf sie entfallende Anteil zu, es kommt zu einem mehrfachen Erbrecht.

21 Ab der vierten Ordnung gelten Stammes- und Liniensystem nicht mehr: Die Urgroßeltern des Erblassers erben allein und zu gleichen Teilen, ohne Ansehung der Linie, der sie angehören, § 1928 Abs. 2 BGB. Ein einziger lebender Urgroßelternteil schließt sämtliche Abkömmlinge, auch der vorverstorbenen Urgroßeltern, aus.[18] Sind Urgroßeltern nicht mehr vorhanden, gilt das **Gradualsystem**: Die Abkömlinge der Urgroßeltern werden nur noch nach dem Grad ihrer Verwandtschaft zum Erblasser berücksichtigt. Sind danach mehrere Verwandte mit dem gleichen Verwandtschaftsgrad vorhanden, erben sie nach Köpfen, § 1928 Abs. 3 S 2 BGB.

---

[17] Z. B. durch Tod, Enterbung, Erbausschlagung (§ 1953 BGB) oder Erbunwürdigkeit (§ 2344 BGB).

[18] *Palandt/Edenhofer* § 1928 Rn 1.

2. Das Erbrecht des Ehegatten

Neben dem Verwandtenerbrecht besteht gem. § 1931 BGB das Erbrecht der Ehegatten, wenn die Ehe wirksam bis zum Tod bestanden hat und gegen den überlebenden Ehegatten kein besonderer Ausschlussgrund vorliegt. Die Eheschließung begründet nämlich kein Verwandtschaftsverhältnis, für Verwandte bestimmter Ordnungen besteht gem. § 1307 S. 1 BGB ein ausdrückliches Eheverbot.[19] Die Erbquote des überlebenden Ehegatten ist abhängig vom Güterstand und dem Vorhandensein von Verwandten des Erblassers. Die folgenden Güterstände sind für Ehepartner vorgesehen: 22

- Zugewinngemeinschaft,
- Gütergemeinschaft und
- Gütertrennung.

Im Einzelnen gilt Folgendes: 23

a) Nicht erhöhte Erbquote bei Gütergemeinschaft. Rein erbrechtlich betrachtet ergibt sich Folgendes: Der überlebende Ehegatte erbt gem. § 1931 Abs. 1 S. 1 BGB **neben erbenden Verwandten erster Ordnung**, wenn also Abkömmlinge des Eblassers im Todeszeitpunkt vorhanden sind, zu einem Viertel. Sind im Todeszeitpunkt neben dem Ehegatten nur **Verwandte zweiter Ordnung** zu Erben berufen – also die Eltern und Geschwister des Erblassers sowie deren Abkömmlinge –, erbt der Ehegatte zur Hälfte. Gibt es neben dem dem überlebenden Ehegatten nur **Erben dritter Ordnung**, gilt folgende Besonderheit: Neben den Großeltern des Erblassers erbt der überlebende Ehegatte zu einhalb. Leben nicht mehr alle Großelternteile, würde nach Verwandtenerbrecht gem. § 1926 Abs. 3 BGB der auf den vorverstorbenen Großelternteil entfallende Erbteil auf dessen Abkömmlinge übergehen. Hiervon bestimmt § 1931 Abs. 1 S. 2 BGB eine Ausnahme: Dieser Anteil, den nach § 1926 BGB eigentlich die Abkömmlinge des weggefallenen Großelternteils erhalten würden, fällt dem überlebenden Ehegatten zusätzlich zu, erhöht also die Erbquote über das Maß von $^1/_2$. Sind alle Großeltern vorverstorben und Verwandte der ersten beiden Ordnungen nicht vorhanden, erbt der überlebende Ehegatte allein, § 1931 Abs. 2 BGB. Die möglicherweise vorhandenen übrigen Verwandten dritter Ordnung sind neben dem überlebenden Ehegatten von der Erbfolge also ausgeschlossen. Zu berücksichtigen ist, dass der Ehegatte im Rahmen des § 1931 Abs. 1 S. 2 BGB nur die Abkömmlinge eines Großelternteils verdrängt. Würde der Anteil des vorverstorbenen Großelternteils ohnehin dem anderen Großelternteil zufallen, gilt dieses auch gegenüber dem überlebenden Ehegatten, der diesen Erbteil dann nicht erhält.[20] 24

Die vorstehend geschilderten Rechtsfolgen ergeben sich aus § 1931 Abs. 1 und 2 BGB und berücksichtigen noch nicht den Güterstand zwischen Erblasser und überlebendem Ehegatten. Auch der Güterstand be- 25

---

[19] Sog. Inzestverbot, *Palandt/Brudermüller* § 1307 Rn 1; hiermit korrespondiert der Eheaufhebungsgrund des § 1314 Abs. 1 BGB.

[20] *Palandt/Edenhofer* § 1931 Rn 7.

einflusst das Ebrecht des überlebenden Ehegatten. Für den Fall der **Gütergemeinschaft** gelten die bis hierher aufgezeigten Regeln, es findet keine Änderung, insbesondere keine Erhöhung der Erbquote statt.

25 a **b) Erbquote bei Gütertrennung**. Der überlebende Ehegatte wird zunächst den Abkömmlingen des Erblassers gleichgestellt; neben einem Abkömmling erbt er zu einhalb, neben zwei Abkömmlingen zu einem Drittel, § 1931 Abs. 4 HS 1 BGB. Neben drei oder mehr Abkömmlingen des Erblassers verbleibt es bei der Grundregel des § 1931 Abs. 1 BGB, der überlebende Ehegatte erbt neben den Abkömmlingen des Erblassers zu einem Viertel. In allen Fällen treten an die Stelle von Abkömmlingen, die im Erbfall vorvertsorben sind, deren Abkömmlinge, § 1931 Abs. 4 HS 2 i. V. m. § 1924 Abs. 3 BGB.

25 b **c) Zugewinngemeinschaft.** Der häufigste und zugleich der gesetzliche Güterstand ist die Zugewinngemeinschaft. In die gesetzlichen Regeln zur Höhe der Nachlassbeteiligung fließen auch güterrechtliche Elemente ein. Beim Tode eines in Zugewinngemeinschaft lebenden Ehegatten ist zwischen der sog. erbrechtlichen und der sog. güterrechtlichen Lösung zu unterscheiden.[21] Durch den Tod eines der beiden Ehegatten wird die zwischen beiden bestehende Zugewinngemeinschaft beendet. Der ehegüterrechtliche Zugewinnausgleich wird bei der **erbrechtlichen Lösung** dadurch bewirkt, dass sich der gesetzliche Erbteil des überlebenden Ehegatten **pauschal um $^1/_4$ erhöht**, § 1931 Abs. 3 i. V. m. § 1371 Abs. 1 BGB. Neben Abkömmlingen des verstorbenen Ehegatten erbt der überlebende Ehegatte also zu $^1/_2$, neben Eltern des Erblassers und deren Abkömmlingen beispielsweise zu $^3/_4$. Unerheblich ist, ob der verstorbene Ehegatte tatsächlich einen Zugewinn erzielt hat.[22] Die Beendigung der Zugewinngemeinschaft wird also über das Erbrecht ausgeglichen. Nur wenn der überlebende Ehegatte weder Erbe noch Vermächtnisnehmer wird, greift die **güterrechtliche Lösung** ein: Der Zugewinnausgleichsanspruch wird nach den güterrechtlichen Vorschriften der §§ 1373 ff. BGB und damit nach dem tatsächlichen Zugewinn ermittelt, § 1371 Abs. 2 BGB. Die güterrechtliche Lösung kommt auch dann zur Anwendung, wenn der Ehegatte diese Situation durch Ausschlagung selbst herbeigeführt hat.[23] Der dem überlebenden Ehegatten zustehende Pflichtteilsanspruch berechnet sich nach dem nicht erhöhten, also „normalen" gesetzlichen Erbteil des § 1931 Abs. 1 und 2 BGB (sog. **kleiner Pflichtteil**). Die Ausgleichsforderung des Ehegatten ist bei der Berechnung des Pflichtteils vorweg vom

[21] Ausführlich hierzu *Stenger*, ZEV 2000, 51 ff.

[22] Die pauschale Erhöhung gilt nicht für die Erbschaftsteuer. Dort wird eine fiktive Berechnung der Ausgleichsforderung wegen Zugewinns vorgenommen, § 5 ErbStG, vgl. Münchener Anwaltshandbuch Erbrecht/*von Sothen* § 42 Rn 79. Zur Berechnung vgl. BFH NJW 1994, 150, 151.

[23] Der Ehegatte wird im Verhältnis zu anderen gesetzlichen Erben privilegiert: Er behält seinen Pflichtteilsanspruch auch dann, wenn er ausschlägt. Die übrigen gesetzlichen Erben sind nur dann pflichtteilsbrechtigt, wenn sie durch letztwillige Verfügung von der Erbfolge ausgeschlossen sind, § 2303 BGB (Ausnahme: § 2306 Abs. 1 S. 2 BGB).

Nachlasswert abzuziehen.[24] Schlägt der überlebende Ehegatte aus, kann er nicht auf den güterrechtlichen Zugewinnausgleich verzichten und stattdessen einen Pflichtteil verlangen, der sich nach dem gem. § 1371 Abs. 1 BGB um $^1/_4$ erhöhten gesetzlichen Erbteil des Ehegatten berechnet (sog. **großer Pflichtteil**). Insoweit hat er kein Wahlrecht:[25] Er erhält den „kleinen" Plichtteil und kann daneben den Zugewinnausgleich nach güterrechtlichen Vorschriften betreiben.

3. Das Erbrecht des nichtehelichen Lebensgefährten

Der Lebensgefährte, der mit dem Erblasser weder verheiratet noch sein eingetragener Lebenspartner war, hat kein eigenständiges gesetzliches Erbrecht. Er kann nur aufgrund anderweitiger gesetzlicher Vorschriften[26] oder durch Verfügung von Todes wegen erben. 26

4. Das gesetzliche Erbrecht des eingetragenen Lebenspartners

Durch das Gesetz zur Beendigung der Diskriminierung gleichgeschlechtlicher Partnerschaften vom 16. 2. 2001[27] ist das Gesetz über die Eingetragene Lebenspartnerschaft (Lebenspartnerschaftsgesetz — LPartG) geschaffen worden. Durch das LPartG ist ein neues gesetzliches Erb- und Pflichtteilsrecht zugunsten eingetragener Lebenspartner geschaffen worden. Das gesetzliche Erbrecht des überlebenden eingetragenen Ehepartners ist ähnlich dem gesetzlichen Erbrecht von Ehegatten ausgeprägt. 27

Im Gegensatz zum ehelichen Güterrecht ist ein **gesetzlicher Güterstand**, in der Diktion des LPartG Vermögensstand, **nicht gegeben**. Die Partner einer eingetragenen Lebenspartnerschaft müssen vielmehr gemäß § 6 Abs. 1 LPartG vor Begründung dieser Partnerschaft eine Erklärung über den Vermögensstand abgeben. Die Lebenspartner können dabei erklären, dass sie den Vermögensstand der sog. **Ausgleichsgemeinschaft** vereinbart haben oder dass sie einen **Lebenspartnerschaftsvertrag** im Sinne von § 7 LPartG abgeschlossen haben. Es besteht also im Gegensatz zum Recht der Ehe eine **Wahlpflicht**. 28

Der Vermögensstand der **Ausgleichsgemeinschaft** ist wesensgleich der Zugewinngemeinschaft im Eherecht. Gemäß § 6 Abs. 2 LPartG gibt es in diesem Vermögensstand kein gemeinschaftliches Vermögen. Der Vermögensüberschuss, den die jeweiligen Lebenspartner während der Dauer des Vermögensstandes erzielt haben, wird wie beim ehelichen Zugewinnausgleich ausgeglichen, § 6 Abs. 2 Satz 3 LPartG. Der **Lebenspartnerschaftsvertrag** entspricht in Grundzügen dem Ehevertrag gemäß § 1408 Abs. 1 BGB. Durch den Lebenspartnerschaftsvertrag können die Lebenspartner ihre vermögensrechtlichen Verhältnisse untereinander regeln. Dieser Vertrag bedarf der notariellen Beurkundung, § 7 Abs. 1 Satz 2 LPartG. 29

---

[24] BGHZ 37, 58, 64; *Palandt/Edenhofer* § 2311 Rn 5.

[25] BGHZ 42, 182, 187.

[26] Z. B. aufgrund eines zwischen den Partnern bestehenden – weiten – Verwandtschaftsverhältnisses.

[27] BGBl I 2001, 266.

Der Lebenspartnerschaftsvertrag lässt ähnlich dem Ehevertrag verschiedene inhaltliche Gestaltungsvarianten zu. So können die Lebenspartner beispielsweise eine Vermögenstrennung, entsprechend der ehelichen Gütertrennung, vereinbaren. Lediglich eine echte Vermögensgemeinschaft im Sinne der ehelichen Gütergemeinschaft nach §§ 1415 ff. BGB mit Außenwirkung soll nicht möglich sein.[28]

30 § 10 Abs. 1 LPartG räumt dem überlebenden Lebenspartner beim Tod des anderen ein gesetzliches Erbrecht ein. Es entspricht im Wesentlichen dem gesetzlichen Erbrecht des Ehegatten gemäß § 1931 Abs. 1 Satz 1, Abs. 2 BGB. Der überlebende Lebenspartner erbt nach gesetzlicher Erbfolge neben Erben der ersten Ordnung, also Abkömmlingen des Erblassers, zu $^1/_4$, neben Erben der zweiten Ordnung zu $^1/_2$. Sind weder Erben der ersten noch der zweiten Ordnung vorhanden, erbt der überlebende Lebenspartner bei gesetzlicher Erbfolge allein, § 10 Abs. 2 LPartG. Gemäß § 6 Abs. 2 Satz 4 LPartG in Verbindung mit § 1371 BGB erhöht sich der gesetzliche Erbteil des überlebenden Lebenspartners um $^1/_4$, wenn die Lebenspartner als Vermögensstand die Ausgleichsgemeinschaft gewählt hatten.[29] Verwerfungen zwischen LPartG und den erbrechtlichen Regelungen des BGB ergeben sich, wenn der Erblasser während des Bestehens einer Lebenspartnerschaft zusätzlich noch eine Ehe eingegangen ist, was durch das LPartG nicht verhindert wird.[30]

31 Das gesetzliche Erbrecht des überlebenden Lebenspartners ist abhängig vom Bestand der Lebenspartnerschaft im Zeitpunkt des Erbfalles, § 10 Abs. 3 LPartG. Ist die Lebenspartnerschaft zuvor beispielsweise durch Aufhebung nach § 15 LPartG aufgelöst, ist das Erbrecht erloschen. In Anlehnung an § 1933 BGB ist das gesetzliche Erbrecht gemäß § 10 Abs. 3 LPartG ausgeschlossen, wenn die Voraussetzungen einer Aufhebung der Lebenspartnerschaft nach § 15 Abs. 2 Nr. 1 oder 2 im Todeszeitpunkt vorlagen und der Erblasser die Aufhebung beantragt oder ihr zugestimmt hatte,[31] oder aber der Erblasser einen Härteantrag auf Aufhebung der Lebenspartnerschaft gemäß § 15 Abs. 2 Ziffer 3 LPartG gestellt hatte und dieser Antrag begründet war.

III. Vererblichkeit von Unternehmen und unternehmerischen Beteiligungen

32 Das Vermögen des Erblassers geht im Augenblick seines Todes ipso iure auf den oder die Erben über, § 1922 BGB. Eine Kenntnis oder Mitwirkung des oder der Erben ist nicht erforderlich. Gehört zum Vermögen des Erblassers ein Handelsgeschäft oder die Beteiligung an einer Kapital- oder Personengesellschaft, können sich Besonderheiten ergeben.

---

[28] Str., Nachweise bei *Palandt/Brudermüller* § 7 LPartG Rn 1.

[29] *Schwab*, FamRZ 2001, 395.

[30] *Palandt/Brudermüller* § 1 LPartG Rn 6; zu Lösungsansätzen s. *Eue*, FamRZ 2001, 1196.

[31] *Leipold*, ZEV 2001, 218, 219.

1. Einzelkaufmännisches Unternehmen

War der Verstorbene Inhaber eines einzelkaufmännischen Handelsgeschäftes, ist dieses Teil der Erbmasse. Wird der bisherige Inhaber von einer Person allein beerbt, übernimmt der **Alleinerbe** kraft Gesetzes sämtliche Aktiva und Passiva des Einzelhandelsgeschäftes und tritt in sämtliche Rechten und Pflichten aus bestehenden Verträgen sowie aus gesetzlichen Schuldverhältnissen ein. Der Erbe darf die Firma im Sinne des § 17 HGB weiter führen, § 22 HGB. Das Vererben eines einzelkaufmännischen Handelsgeschäftes stellt sich also unproblematisch dar, wenn ein Alleinerbe die Rechtsnachfolge antritt. Wird der verstorbene Inhaber des einzelkaufmännischen Handelsgeschäftes von einer **Miterbengemeinschaft** beerbt, wird die Miterbengemeinschaft Trägerin des einzelkaufmännischen Handelsgeschäftes. Auch wenn es sich bei der Miterbengemeinschaft um eine Personenmehrheit handelt, führt dieses nicht dazu, dass das bisherige einzelkaufmännische Handelsgeschäft automatisch zu einer OHG oder GbR wird.[32] Dieses bedeutet, dass die Erben in ihrer gesamthänderischen Bindung das Unternehmen gegebenenfalls fortführen. Gemäß § 2038 BGB muss die Verwaltung dieses Nachlassgegenstandes, also die Fortführung oder Abwicklung des zur Erbmasse gehörenden Handelsgeschäftes gemeinschaftlich erfolgen. Dieses führt oft zu langwierigen und umständlichen Entscheidungsprozessen, die für die Geschäftsfortführung hinderlich sind. Gemäß § 2042 Abs. 1 BGB kann jeder Miterbe jederzeit die Auseinandersetzung der Erbengemeinschaft verlangen. Dadurch besteht die permanente Gefahr, dass das Handelsgeschäft durch eine zu erzwingende Erbauseinandersetzung zerschlagen wird. Fällt also das einzelkaufmännische Handelsgeschäft in die Erbmasse und wird der Erblasser von einer Erbengemeinschaft beerbt, vollzieht sich der Vermögensübergang nach erbrechtlichen Vorschriften, nicht nach handels- oder gesellschaftsrechtlichen Normen, die den Fortbestand des Handelsgeschäftes sichern würden. Das einzelkaufmännische Handelsgeschäft ist daher zur Unternehmensnachfolge ungeeignet. Hier zeigt sich, dass es für den Inhaber eines Handelsgeschäftes dringend erforderlich erscheint, zu Lebzeiten durch gesellschaftsrechtliche Gestaltungsmittel oder Verfügungen von Todes wegen tätig zu werden. 33

2. Gesellschaft bürgerlichen Rechts

Die Beteiligung an einer GbR ist mangels abweichender Vereinbarungen im Gesellschaftsvertrag unvererblich. Die Gesellschaft wird gemäß § 727 Abs. 1 BGB durch den Tod des an der Gesellschaft beteiligten Erblassers aufgelöst. Die bisher werbende Gesellschaft wandelt sich um in eine **Liquidationsgesellschaft**. Der Erbe bzw. die Erben in Erbengemeinschaft[33] treten in die Liquidationsgesellschaft ein an die Stelle des verstorbenen Gesellschafters. Diese weit reichenden Kosequenzen für den 34

---

[32] BGH NJW 1985, 136, 137 f.

[33] BGH NJW 1982, 170, 171.

Bestand der Gesellschaft bei Tod eines Gesellschafters erklären sich aus der persönlichen Verbundenheit und Zusammenarbeit, die in einer GbR typischerweise auftreten; die intensive persönliche Beziehung der Gesellschafter untereinander widerspricht dem Grunde nach einer freien Vererblichkeit der Stellung als Gesellschafter.[34] Eine Besonderheit ist zu beachten für den Fall, dass der Gesellschafter einer GbR von einer Person allein beerbt wird und dieser Alleinerbe einziger Mitgesellschafter des Erblassers war. In diesem Fall erlischt die bisher zweigliedrige Gesellschaft ohne Liquidation, im Wege der Gesamtrechtsnachfolge geht der Gesellschaftsanteil des Erblassers auf den Alleinerben über, die Anteile vereinigen sich in dessen Hand.[35] Eine Ausnahme hiervon besteht allerdings dann, wenn der einzige Mitgesellschafter und Alleinerbe nur Vorerbe ist. Die Gesellschaft geht nicht durch Vereinigung beider Gesellschaftsanteile in einer Hand unter, sondern bleibt dem Nacherben erhalten.[36] Anders als beim einzelkaufmännischen Handelsunternehmen wird das Erbrecht im Falle einer GbR durch die gesellschaftsrechtlichen Besonderheiten überlagert. Der Erblasser wird in den meisten Fällen gehalten sein, lebzeitig Vorkehrungen im Gesellschaftsvertrag und gegebenenfalls durch letztwillige Verfügung zu treffen, damit seine Gesellschaftsbeteiligung von einem oder mehreren Erben fortgeführt werden kann.

3. Offene Handelsgesellschaft

35 Die OHG ist Personenhandelsgesellschaft und damit wie die GbR eine Personengesellschaft. Im Gegensatz zur GbR wird die OHG beim Tod eines Gesellschafters nicht aufgelöst, sondern mangels abweichender Vereinbarungen im Gesellschaftsvertrag unter den übrigen Gesellschaftern fortgesetzt, § 131 Abs. 3 Satz 1 HGB. Parallel zur GbR ist die Gesellschaftsbeteiligung des OHG-Gesellschafters nicht vererblich, sofern im Gesellschaftsvertrag hierzu keine abweichenden Regelungen getroffen sind.[37] Die Erben des verstorbenen Gesellschafters treten nicht in die Gesellschaft ein, dieselbe wird unter den verbleibenden Gesellschaftern fortgeführt.[38] Bei einer **Zweipersonengesellschaft**, in der also die OHG nur zwei Gesellschafter hat, führt das Ausscheiden des verstorbenen Gesellschafters zum Erlöschen der Gesellschaft.[39] Scheidet ein Gesellschafter aus, wächst sein Anteil am Gesellschaftsvermögen den übrigen Gesellschaftern mit dem Ausscheiden automatisch zu, § 738 Abs. 1 Satz 1 BGB i. V. m. § 105 Abs. 3 HGB.[40] Lediglich wenn im Fall der Zweipersonengesellschaft ein Gesellschafter verstirbt und die Gesellschaft daher erlischt, findet keine Anwachsung im Sinne § 738 Abs. 1 Satz 1 BGB statt, sondern das Gesell-

[34] *Sudhoff/Scherer* § 1 Rn 19.
[35] *Palandt/Edenhofer* § 1922 Rn 15.
[36] BGHZ 98, 48, 49 ff.
[37] *Baumbach/Hopt* § 139 Rn 1.
[38] *Baumbach/Hopt* § 131 Rn 34.
[39] *Baumbach/Hopt* § 131 Rn 35, 81.
[40] RGZ 136, 97, 99; *Baumbach/Hopt* § 131 Rn 39; a. A. *K. Schmidt*, Gesellschaftsrecht, § 45 II 5, der stets vom Gesamtrechtsnachfolger ausgeht.

schaftsvermögen geht auf den verbleibenden Gesellschafter im Wege der Gesamtrechtsnachfolge über.[41] Die Erben, die an der Gesellschaft also nicht beteiligt werden (so genannte **weichende Erben**), erhalten für den Anteil des verstorbenen Gesellschafters am Gesellschaftsvermögen dasjenige, was der Gesellschafter bei Auflösung der Gesellschaft und Auseinandersetzung derselben erhalten hätte, also das **Auseinandersetzungsguthaben**, §§ 105 Abs. 3 HGB, 738 Abs. 1 Satz 2 BGB. Der Anspruch auf das Auseinandersetzungsguthaben richtet sich gegen die Gesellschaft, § 124 HGB,[42] sowie gegen die Gesellschafter, §§ 128, 130 HGB.[43] Die Bewertung des Auseinandersetzungsguthabens richtet sich nach dem vollen wirtschaftlichen Wert des lebenden Unternehmens (**Verkehrswert**) einschließlich aller stillen Reserven und des Goodwill,[44] sofern im Gesellschaftsvertrag nicht Abweichendes vereinbart ist. Dieser Wert geht in aller Regel über den Liquidationswert hinaus. Zur Ermittlung dieses Wertes ist grundsätzlich eine Abschichtungsbilanz auf den Todestag zu erstellen. Auch hieraus zeigt sich, dass der OHG-Gesellschafter gehalten ist, zu Lebzeiten Vorkehrungen zu treffen, weil der Abfindungsanspruch der Erben sowohl für die Gesellschaft als auch für die verbleibenden Gesellschafter wegen der Höhe und der sofortigen Fälligkeit existenzbedrohend sein kann.

4. Kommanditgesellschaft

Es ist zu unterscheiden, ob der Erblasser an der KG als Komplementär **36**
oder Kommanditist beteiligt war. War der Erblasser **persönlich haftender Gesellschafter** der KG, gilt das Gleiche wie beim Tod eines OHG-Gesellschafters.[45] Die KG wird nicht aufgelöst, der persönlich haftende Gesellschafter scheidet vielmehr aus, sofern der Gesellschaftsvertrag keine abweichenden Regelungen enthält. Eine Besonderheit ergibt sich unter Umständen jedoch daraus, dass eine KG ohne persönlich haftenden Gesellschafter nicht fortbestehen kann.[46] War der Erblasser der einzige persönlich haftende Gesellschafter, wird die KG automatisch mit seinem Tod aufgelöst und tritt in das Liquidationsstadium über. Den verbleibenden Kommanditisten steht es selbstverständlich frei, mit einem neuen persönlich haftenden Gesellschafter die im Liquidationsstadium befindliche KG als werbende KG fortzuführen. Sofern nichts anders im Gesellschaftsvertrag geregelt ist, bedarf es hierzu eines einstimmigen Fortsetzungsbeschlusses.[47] Führen die Kommanditisten die KG ohne Komplementär als werbende Gesellschaft weiter, wird die KG zur OHG.[48] Wie bei der OHG steht auch den Erben des Komplementärs der KG ein Abfindungsan-

[41] *Baumbach/Hopt* § 131 Rn 35, 81.
[42] BGH WM 1972, 1400 f.
[43] BGH DB 1971, 2400, 2401.
[44] *Baumbach/Hopt* § 131 Rn 49.
[45] *Baumbach/Hopt* § 177 Rn 1.
[46] *Baumbach/Hopt* § 161 Rn 3.
[47] *Baumbach/Hopt* § 131 Rn 31.
[48] BGH NJW 1979, 1705, 1706.

spruch zu. Es ergibt sich für den Komplementär der gleiche Handlungsbedarf wie für den OHG-Gesellschafter. Ist der Erblasser lediglich als **Kommanditist** an einer KG beteiligt, scheidet dieser aus der Gesellschaft nicht aus. Die KG wird mit den Erben des verstorbenen Kommanditisten fortgesetzt, wenn nichts anderes vereinbart ist, § 177 HGB. Wird der Kommanditist von mehreren Personen beerbt, werden diese nicht in ihrer gesamthänderischen Verbundenheit als **Erbengemeinschaft** gem. § 2032 Abs. 1 BGB Kommanditisten. Vielmehr geht der Kommanditanteil im Wege der **Sondererbfolge**, also einer Einzelrechtsnachfolge außerhalb der Erbengemeinschaft, anteilig nach der jeweiligen Erbquote auf die Erben über.[49] Der Kommanditanteil bleibt zwar Teil des Nachlasses, weil es sich um einen Teil des vom Erblassers hinterlassenen Vermögens handelt, er ist aber aus dem gesamthänderisch gebundenen übrigen Nachlass ausgegliedert.[50] Dieses ist bisher h. M. in der Literatur und entspricht dem Stand der höchstrichterlichen Rechtsprechung.[51] Der BGH hat mit Urteil vom 29. 1. 2001[52] entschieden, dass eine GbR Trägerin von Rechten und Pflichten sein kann und damit teilrechtsfähig ist. Darauf baut *Weipert*[53] auf und vertritt die Ansicht, dass z. B. der Kommanditanteil nicht im Wege der Sondererbfolge anteilig auf die enzelnen Erben übergeht, sondern dass die Kommanditbeteiligung im Wege der Universalsukzession auf die Erbengemeinschaft übergehe.[54] Zur Begründung stützt er sich darauf, dass die Erbengemeinschaft ebenso wie die GbR Gesamthandsgemeinschaft und damit ebenfalls teilrechtsfähig und daher taugliche Rechtsnachfolgerin sei.[55] Es bleibt abzuwarten, ob sich diese Rechtsansicht durchsetzt. Für die Beratungspraxis ist nach wie vor von dem Modell der Sondererbfolge auszugehen.

5. Gesellschaft mit beschränkter Haftung

37 § 15 Abs. 1 GmbHG ordnet ausdrücklich an, dass die Geschäftsanteile **vererblich** sind. Wird der GmbH-Gesellschafter von mehreren Personen beerbt, erben diese im Unterschied zur KG als **Erbengemeinschaft**, also in ihrer gesamthänderischen Verbundenheit gem. § 2032 Abs. 1 BGB.[56] Will sich die Erbengemeinschaft auseinander setzen und soll eine Person

[49] BGHZ 22, 186, 192; 68, 225, 237; 91, 132, 135 f.; 98, 48, 51; 108, 187, 192; *Sudhoff/Scherer* § 1 Rn 28.

[50] Str., s. *Baumbach/Hopt* § 139 Rn 14 m. w. N.; eine Ausnahme soll für übertragbare Vermögensrechte gelten, die sich aus der Beteiligung ergeben, wie z. B. Ansprüche auf das Auseinandersetzungsguthaben.

[51] Der BGH begründet die Sondererbfolge in den Gesellschaftsanteil grundsätzlich damit, dass eine Erbengemeinschaft nicht Mitglied einer werbenden Personengesellschaft sein könne, vgl. BGH NJW 1972, 1755, 1756; NJW 1977, 1339, 1340 ff.; NJW 1983, 2376, 2377.

[52] BGH DStR 2001, 310.

[53] *Weipert*, Die Erbengemeinschaft als Mitglied einer Personengesellschaft, ZEV 2002, 300 ff.

[54] *Weipert* ZEV 2002, 300, 302.

[55] Vgl. *Weipert*, ZEV 2002, 300, 302 f.

[56] *Scholz/Winter* § 15 Rn 18.

den gesamten Geschäftsanteil erhalten, muss die Erbengemeinschaft in der Form des § 15 Abs. 3 GmbHG, also in notarieller Form den Geschäftsanteil an den Übernehmer abtreten. Der notariellen Form bedarf es auch, wenn der Geschäftsanteil des verstorbenen Gesellschafters unter den Erben im Wege einer Realteilung aufgeteilt werden soll.[57] Zusätzlich bedarf es hier einer vorweggenommenen Genehmigung in der GmbH-Satzung oder einer Genehmigung der Gesellschaft.[58] Wenn der Gesellschaftsvertrag nichts anderes bestimmt, ist für die Genehmigung ein entsprechender Gesellschafterbeschluss gem. § 46 Nr. 4 GmbHG erforderlich. Im Außenverhältnis kommt es jedoch allein auf die Erklärung der Zustimmung an, die der Geschäftsführer für die Gesellschaft abgibt.[59]

6. GmbH & Co. KG

Bei der GmbH & Co. KG ist Trägerin des Unternehmens die Kommanditgesellschaft. Es handelt sich um eine Personenhandelsgesellschaft, bei der die einzige Komplementärin in der Regel die GmbH ist. In der Regel ist der Kommanditist zugleich auch Gesellschafter der Komplementär-GmbH. In diesem Fall richtet sich die Vererblichkeit des KG-Anteils nach dem für KG geltenden Recht, die Vererblichkeit der GmbH-Beteiligung nach dem für die GmbH geltenden Recht. Gemäß § 15 Abs. 1 GmbHG wird ein Erbe allein ipso iure Gesellschafter der GmbH, § 15 Abs. 1 GmbHG i.V. m. § 1922 Abs. 1 BGB. Mehrere Erben erhalten den GmbH-Anteil in ihrer gesamthänderischen Verbundenheit als Erbengemeinschaft, § 2032 BGB. Die Kommanditbeteiligung des Erblassers ist gemäß § 177 BGB vererblich. Ein einzelner Erbe tritt ohne weiteres in die KG ein. Mehrere Erben werden nicht in ihrer gesamthänderischen Gebundenheit als **Erbengemeinschaft** Inhaber des vererbten Kommanditanteils, der Kommanditanteil geht anteilig nach Erbquote im Wege der Sondererbfolge auf die einzelnen Erben über.[60] GmbH- und Kommanditbeteiligung können also unterschiedliche Wege gehen. Es empfiehlt sich daher auch für den Kommanditisten, der zugleich an der Komplementär-GmbH beteiligt ist, zu Lebzeiten Vorkehrungen im Gesellschaftsvertrag und/oder in der letztwilligen Verfügung zu treffen. **38**

War der Erblasser ausnahmsweise nicht lediglich Kommanditist, sondern Komplementär der KG, gelten die Regelungen zur OHG entsprechend. Regelungsbedarf besteht hier daher ebenfalls. **39**

7. Aktiengesellschaft

Das Grundkapital einer Aktiengesellschaft ist in Aktien zerlegt, § 1 Abs. 2 AktG. Die Beteiligung des Erblassers an der Aktiengesellschaft besteht also in Aktien. Diese sind mangels abweichender Bestimmungen in der Satzung der AG frei übertragbar[61] und frei **vererblich**. Wird der Ak- **40**

[57] Vgl. *Scholz/Winter* § 17 Rn 31.
[58] *Scholz/Winter* § 17 Rn 19.
[59] *Scholz/Winter* § 17 Rn 20f.
[60] S. oben Rn 36.
[61] Vgl. BayObLGZ 1988, 371, 377.

tionär von mehreren Personen beerbt, werden diese gesamthänderisch als **Miterbengemeinschaft** Inhaber der Gesellschaftsbeteiligung, § 2032 BGB. Eine Realteilung der einzelnen Aktie ist ausgeschlossen, § 8 Abs. 5 AktG. Ausdrücklich bestimmt § 69 Abs. 1 AktG, dass die Gesellschafterrechte nur gemeinschaftlich ausgeübt werden können, und zwar durch einen gemeinschaftlichen Vertreter. Eine Ausnahme vom Grundsatz der freien Übertragbrarkeit von Akien stellen **vinkulierte Namensaktien** i. S. v. § 68 Abs. 2 AktG dar: Es handelt sich um Namensaktien,[62] die nach dem Inhalt der Satzung nur mit **Zustimmung der Aktiengesellschaft** übertragen werden können. Es gibt mehrere Gründe, warum es gerade für Familienunternehmen in Form einer Aktiengesellschaft sinnvoll sein kann, das Grundkapital ganz oder teilweise in vinkulierte Namensaktien aufzuteilen: Schutz vor Überfremdung der Gesellschaft, Beibehaltung der bisherigen Beteiligungs- und Stimmverhältnisse, fortdauernde Kontinuität der Gesellschafter und Sicherung der Leistungsfähigkeit des Aktionärs, wenn von den Aktionären Nebenleistungen zu erbringen sind, § 55 AktG.[63] Die Vinkulierung führt dazu, dass die Gesellschaft eine Übertragung dieser Aktien genehmigen muss. Die Genehmigungspflicht erfasst das Verfügungsgeschäft, nicht das Verpflichtungsgeschäft.[64] Eine mit vorheriger Zustimmung erfolgte Übertragung ist wirksam, bis zur Genehmigung ist die Übertragung schwebend unwirksam, mit der Verweigerung wird sie endgültig unwirksam.[65] Sie ergreift daher auch die Vermächtniserfüllung der Erben an den Vermächtnisnehmer. Denn dieser hat ja lediglich einen – schuldrechtlichen – Anspruch auf Erfüllung des Vermächtnisses. Dieser Anspruch muss durch Übertragung von der Erbengemeinschaft erfüllt werden, diese Übertragung bedarf der Zustimmung. Nicht unter die Vinkulierung und damit unter die Genehmigungspflicht fällt der erbrechtliche Erwerb.[66] Auch vinkulierte Namensaktien sind daher wie andere Formen der Aktien vererblich, können also im Wege der Gesamtrechtsnachfolge Dritten zugewendet werden; die Aussetzung eines Vermächtnisses, das sich auf die Zuwendung vinkulierter Namensaktien bezieht, bedarf dagegen der Zustimmung der Gesellschaft, allerdings kann die Satzung, die die Vinkulierung anordnen muss, sofort eine Ausnahme von der Genehmigungspflicht für solche Fälle vorsehen, in denen die Übertragung in Erfüllung eines Vermächtnisses erfolgen soll.

8. Sonstige Unternehmensformen

41 **a) Eingetragene Genossenschaft eG.** Die Rechtsform der eingetragenen Genossenschaft im Sinne von § 1 GenG bietet sich von vornherein nicht als geeignete Rechtsform für ein Familienunternehmen an. Der Vollständigkeit halber sollen die Grundzüge der Rechtsnachfolge an genossenschaftlichen Beteiligungen skizziert werden. Mangels anderweiti-

---

[62] Eine Vinkulierung von Inhaberaktien ist unzulässig, *Hüffer* § 68 Rn 10.

[63] Zu weiteren Vorteilen s. *Hüffer* § 68 Rn 10.

[64] *Hüffer* § 68 Rn 11.

[65] *Hüffer* § 68 Rn 16.

[66] *Hüffer* § 68 Rn 11; *Palandt/Edenhofer* § 2032 Rn 13.

ger Bestimmungen in der Genossenschaftssatzung ist die Beteiligung an einer Genossenschaft **eingeschränkt vererblich**: Gemäß § 77 Abs. 1 GenG geht die Mitgliedschaft des Erblassers in der Genossenschaft auf den Erben über und endet mit dem Schluss des Geschäftsjahres, in dem der Erbfall eingetreten ist. Dieses bedeutet, dass die Mitgliedschaft des Erblassers zwar auf den Erben als neuen Rechtsträger übergeht und der Erbe selbst kraft Gesetzes auch ohne Kenntnis Mitglied wird.[67] Jedoch scheidet der Erbe kraft Gesetzes zum Ablauf des Geschäftsjahres, in das der Tod des Erblassers fällt, aus, ohne dass es hierzu besonderer Erklärungen bedürfte.[68] Diese Regelung entspricht der des § 76 GenG für die Übertragung eines Geschäftsguthabens unter Lebenden. In beiden Fällen sollen die Rechtsnachfolger des bisherigen Genossenschaftsmitgliedes der Genossenschaft nur bis zum Ende des jeweiligen Geschäftsjahres angehören, damit das Aufstellen einer Auseinandersetzungsbilanz nicht erforderlich wird. Wird das Genossenschaftsmitglied durch mehrere Erben beerbt, erben diese die Mitgliedschaft in ihrer gesamthänderischen Vebundenheit.[69] Gemäß § 77 Abs. 1 Satz 3 GenG kann eine Erbengemeinschaft das Stimmrecht in der Generalversammlung nur durch einen gemeinschaftlichen Vertreter ausüben. Die Benennung eines gemeinschaftlichen Vertreters ist Akt der Nachlassverwaltung. Für die Benennung genügt ein Mehrheitsbeschluss der Miterben.

b) Partnerschaftsgesellschaft. Auch die Rechtsform der Partnerschaftsgesellschaft ist für Familienunternehmen untypisch. Die Partnerschaft ist zugeschnitten auf die freiberufliche Tätigkeit, bei der die persönliche Leistungserbringung des Partners im Vordergrund steht, der Träger eines freien Berufes ist, § 1 Abs. 2 PartGG. Es handelt sich bei der Partnerschaftsgesellschaft um eine Personengesellschaft, die Wesensmerkmale der GbR aufweist, auf die aber auch eine Vielzahl von Vorschriften über die OHG anzuwenden sind. Gemäß § 9 Abs. 1 PartGG gelten die Vorschriften des HGB entsprechend, also § 131 Abs. 1 Nr. 2 HGB. Mangels abweichender Regelungen ist die Beteiligung an der Partnergesellschaft unvererblich, mit dem Tode scheidet der Partner aus, die Gesellschaft wird ohne ihn fortgesetzt, § 9 Abs. 4 Satz 1 PartGG. 42

c) Kommanditgesellschaft auf Aktien (KGaA). Die KGaA ist Kapitalgesellschaft[70] und zugleich juristische Person, § 278 Abs. 1 AktG. Mindestens 1 Gesellschafter der KGaA haftet persönlich. Die übrigen Gesellschafter sind so genannte Kommanditaktionäre, die an dem in Aktien zerlegten Grundkapital beteiligt sind, ohne persönlich für die Verbindlichkeiten der Gesellschaft zu haften. Die KGaA besitzt keinen Vorstand. Sie wird stattdessen vertreten durch den oder die persönlich haftenden Gesellschafter, § 278 Abs. 2 AktG in Verbindung mit §§ 161 Abs. 2, 125, 164 HGB. Seit langem ist umstritten, ob persönlich haftende Gesellschaf- 43

[67] *Lang/Weidmüller/Metz/Schaffland/Schaffland* § 77 Rn 4.
[68] *Lang/Weidmüller/Metz/Schaffland/Schaffland* § 77 Rn 5.
[69] *Lang/Weidmüller/Metz/Schaffland/Schaffland* § 77 Rn 7.
[70] *Baumbach/Hopt* Einl v. § 105 Rn 12.

terin einer KGaA auch eine GmbH sein könne. Der BGH hat diese Frage nunmehr bejaht.[71] Der Gesetzgeber hat dieser Entscheidung mit der Fassung des § 279 Abs. 2 AktG Rechnung getragen. In Zahlen betrachtet kommt die KGaA äußerst selten vor. Diese Rechtsform bietet sich dennoch für mittelständische Familienunternehmen an. Es ist möglich, die Haftung auf das Gesellschaftsvermögen des persönlich haftenden Gesellschafters, z. B. einer GmbH, zu beschränken. Die Geschäftsführung kann in diesem Fall sowohl einem Familienmitglied als auch Dritten übertragen werden. Durch die Aufteilung des Kapitals in Aktien ist es zugleich möglich, anonymes Fremdkapital zu beschaffen.

44 War der Erblasser an der KGaA als persönlich haftender Gesellschafter beteiligt, wird die Gesellschaft mit seinem Tode nicht aufgelöst. Vielmehr scheidet der persönlich haftende Gesellschafter aus der KGaA aus, § 289 Abs. 1 AktG in Verbindung mit §§ 161 Abs. 2, 131 Abs. 3 Ziffer 1) HGB.[72] Der Anteil des Erblassers an der KGaA wächst den übrigen Gesellschaftern zu, § 738 Abs. 1 Satz 1 BGB. Die weichenden Erben des persönlich haftenden Gesellschafters erhalten einen Abfindungsanspruch, §§ 278 Abs. 2 AktG, 161 Abs. 2 HGB, 105 Abs. 3 HGB in Verbindung mit § 738 Abs. 1 Satz 2 BGB. Wenn jedoch der Erblasser der einzige persönlich haftende Gesellschafter war, ist die KGaA mit seinem Tode aufgelöst, da die KGaA ohne persönlich haftenden Gesellschafter nicht fortgeführt werden kann. War der Erblasser hingegen **Kommanditaktionär**, wird die Gesellschaft nicht aufgelöst. Es gelten gemäß § 278 Abs. 3 AktG die Vorschriften über die AG. Die Beteiligung des Kommanditaktionärs ist frei vererblich. Wird der Kommanditaktionär von mehreren Personen beerbt, werden diese gesamthänderisch als Miterbengemeinschaft Inhaber der Gesellschaftsbeteiligung, § 2032 BGB. Eine Realteilung der Aktie ist ausgeschlossen, § 8 Abs. 5 AktG. Gemäß § 69 Abs. 1 AktG können die Erben des Kommanditaktionärs ihre Gesellschafterrechte nur durch einen gemeinschaftlichen Vertreter ausüben.

45 Es zeigt sich, dass gerade der persönlich haftende Gesellschafter einer KGaA Nachfolgeregelungen für die Zeit nach seinem Tod treffen sollte.

46 **d) Stille Gesellschaft und Unterbeteiligung.** Die stille Gesellschaft ist gesetzlich geregelt in den §§ 230 bis 236 HGB. Die **stille Gesellschaft** ist eine Personengesellschaft gemäß §§ 705 ff. BGB, sie ist keine Handelsgesellschaft. Es handelt sich um eine reine Innengesellschaft, da weder gemeinsames Vermögen gebildet wird, noch die Gesellschafter gemeinsam unter einer Firma oder einer sonstigen Geschäftsbezeichnung auftreten.[73] Gesellschafter ist auf der einen Seite der Inhaber des Handelsgeschäftes, in diesem Zusammenhang „Inhaber“ genannt. Auf der anderen Seite stehen der oder die stillen Gesellschafter. Stiller Gesellschafter kann jedermann

---

[71] BGH DB 1997, 1219 ff.

[72] Für den Zeitraum bis zum 31. 12. 2001 konnten sich aufgrund der Übergangsvorschriften des Handelsrechtsreformgesetzes von 1998 Abweichungen ergeben; diese sind jedoch allenfalls dann noch relevant, wenn der Erbfall vor dem 1. 1. 2002 eingetreten ist, vgl. Art. 41 EGHGB und § 131 Abs. 3 Ziffer 1 HGB.

[73] Vgl. im Einzelnen *Baumbach/Hopt* § 230 Rn 1 ff.; *Sudhoff/Froning* § 43 Rn 1.

sein, gleich ob Kaufmann oder Nichtkaufmann, z. B. auch eine GbR, eine Erbengemeinschaft oder ein Treuhänder.[74] Auf der Seite der Stillen Gesellschafter können mehrere Personen oder Gesellschaften beteiligt sein, so dass eine mehrgliederige stille Gesellschaft begründet wird.[75] Gesellschaftszweck ist die Erzielung eines Gewinnes durch gemeinsame Förderung des Handelsgewerbes des Inhabers.

Stirbt der Inhaber des Handelsgeschäftes, an dem der stille Gesellschafter beteiligt ist, wird die stille Gesellschaft mangels abweichender Vereinbarungen im Gesellschaftsvertrag aufgelöst, § 727 Abs. 1 BGB. Der Erbe bzw. die Erben in Erbengemeinschaft[76] treten in die Liquidationsgesellschaft an die Stelle des verstorbenen Inhabers ein. Die schwebenden Geschäfte werden sodann abgewickelt. Stirbt der stille Gesellschafter, wird die stille Gesellschaft nicht aufgelöst, § 234 Abs. 2 HGB. Mangels abweichender Bestimmungen im Gesellschaftsvertrag der stillen Gesellschaft wird diese mit dem Erben des Stillen fortgeführt. Wird der stille Gesellschafter von mehreren Personen beerbt, treten diese als Erbengemeinschaft an die Stelle des Erblassers.[77] Mangels abweichender Bestimmungen im Gesellschaftsvertrag ist die Gesellschafterstellung des Stillen vererblich, die des Inhabers des Handelsgeschäftes nicht. **47**

Während sich der stille Gesellschafter am kaufmännischen Geschäftsbetrieb eines anderen beteiligt, besteht bei der **Unterbeteiligung** die Beteiligung nicht an dem Geschäftsbetrieb eines anderen, sondern an dessen Gesellschaftsanteil. Der Inhaber dieses Gesellschaftsanteiles ist selbst also nicht Unternehmensträger oder Geschäftsinhaber, sondern lediglich Gesellschafter einer unternehmenstragenden Handels- oder Kapitalgesellschaft.[78] Die Unterbeteiligung ist Personengesellschaft in Form einer reinen Innengesellschaft. Der gemeinsame Zweck besteht darin, mit dem für gemeinsame Rechnung gehaltenen Geschäftsanteil im Vermögen des Hauptbeteiligten Gewinn zu erzielen. Auf diese Weise kann der Hauptbeteiligte dritte Personen, z. B. seinen Nachfolger, wirtschaftlich am Ergebnis seines Geschäftsanteiles beteiligen, ohne ihm zugleich maßgeblichen Einfluss auf die Gesellschaft einzuräumen. Auch erlaubt die Unterbeteiligung die wirtschaftliche Beteiligung des Unterbeteiligten an Geschäftsanteilen, die nach dem Gesellschaftsvertrag oder nach Beschlusslage in der Gesellschafterversammlung nicht auf den Unterbeteiligten übertragen werden können. Die Unterbeteiligung ist gesetzlich nicht gesondert geregelt. Es gilt grundsätzlich das Recht der GbR, wegen der Nähe zur stillen Gesellschaft werden die §§ 230 ff. HGB von der h. M. ergänzend angewendet.[79] Verstirbt der Hauptbeteiligte, wird die zwischen Haupt- und Unterbeteiligtem bestehende Untergesellschaft gemäß § 727 BGB aufgelöst. Die Erben des Hauptbeteiligten treten in die im Liquidationsstadium befindliche Unterbeteiligungsgesell- **48**

---

[74] *Baumbach/Hopt* § 230 Rn 6.

[75] Str., Nachweise bei *K. Schmidt* § 62 II S. 1847 f.

[76] BGH NJW 1982, 170, 171.

[77] *Palandt/Edenhofer* § 1922 Rn 22.

[78] *Sudhoff/Froning* § 43 Rn 3 m. w. N.

[79] *Sudhoff/Froning* § 43 Rn 37; *Baumbach/Hopt* § 105 Rn 38, jeweils m. w. N.

schaft ein, die schwebenden Geschäfte werden abgewickelt und abgerechnet. Stirbt der Unterbeteiligte, wird § 234 Abs. 2 HGB analog angewandt:[80] Sein Tod führt nicht zur Auflösung der Gesellschaft. An seine Stelle treten der – oder bei einer Mehrzahl die – Erbe(n) in Erbengemeinschaft.

49 **e) Höferecht.** Ist der Erblasser Inhaber eines landwirtschaftlichen Betriebes, droht dieser Betrieb beispielsweise wie ein einzelkaufmännisches Unternehmen zu zerfallen, wenn der Inhaber des Hofes von mehreren Personen beerbt wird und die allgemeinen Regeln des BGB über das Vorhandensein mehrerer Erben eingreifen würden. Eine solche Gefahr der Zersplitterung von landwirtschaftlichen Betrieben ist agrarstrukturpolitisch unerwünscht.[81] Für die Vererbung eines landwirtschaftlichen Betriebes gelten daher gesetzliche Sonderregelungen. Diese Sonderregelungen sind allerdings nicht bundesweit einheitlich. Zwei Grundtendenzen ergeben sich aus den Sonderregelungen für die Vererbung landwirtschaftlicher Betriebe. Zum einen soll der Hof nur einem Erben allein zufallen, der zur Fortführung des Hofes befähigt ist. Zum anderen sollen die weichenden Erben, die den Hof nicht erhalten, einen Wertausgleich nicht nach dem Verkehrswert des Hofes, sondern nach einem Ertragswert oder einem fiktiven Hofeswert erhalten, um eine Überschuldung des Hofes wegen Ausgleichs- und Abfindungszahlungen zu vermeiden.[82] Zurzeit lassen sich drei Gebiete mit unterschiedlicher Rechtslage unterscheiden:

50 Die Höfeordnung[83] gilt in den Bundesländern NRW, Niedersachsen, Schleswig-Holstein und Hamburg, also der ehemaligen britischen Besatzungszone. Die HöfeO ist ein Anerbengesetz. Kernstück ist sein § 4: Im Wege der Sonderrechtserbfolge erbt auch bei einer Mehrheit von Erben kraft Gesetzes nur ein Erbe den Hof im Sinne von § 1 HöfeO. Diese Regelung ergänzt § 12 HöfeO dadurch, dass die übrigen Erben, die nicht Hoferben geworden sind, einen Abfindungsanspruch erhalten. Dieser Abfindungsanspruch richtet sich nicht nach Verkehrswerten, der Wert des Hofes wird mit dem $1^1/_2$fachen des Einheitswertes bemessen.

51 Andere Bundesländer wie z. B. Hessen, Rheinland-Pfalz und Bremen haben eigene Anerbengesetze nach dem Vorbild der HöfeO.[84]

52 In den Bundesländern, in denen kein eigenes Anerbenrecht gilt, gelten die §§ 2049, 2312 BGB für die erbrechtliche Wertermittlung eines Landgutes. Eine Abweichung von der Gesamtrechtsnachfolge mehrerer Erben hinsichtlich eines in den Nachlass fallenden Hofes sieht das BGB im Gegensatz zu den Anerbenrechten nicht vor. Nur unter den Voraussetzungen der §§ 13, 14 GrdstVG kann ein Miterbe bei Gericht beantragen, dass der landwirtschaftliche Betrieb einem der Miterben ungeteilt zugewiesen wird. Dieses kommt jedoch nur auf Antrag und nur unter den Voraussetzungen des § 14 GrdstVG in Betracht.

---

[80] *Sudhoff/Froning* § 44 Rn 46.

[81] Vgl. z. B. BVerfGE 15, 342; BGHZ 118, 361, 367.

[82] *Wöhrmann/Stöcker* § 4 Rn 5.

[83] Abgedruckt in *v. Hippel-Rehborn*, Nr. 109.

[84] Einen Überblick über die geltenden höferechtlichen Gesetze gibt *Leipold* in MüKo, Einl vor § 1922 BGB Rn 78 ff.

Aufgrund der zersplitterten Rechtslage wird von einer Darstellung der Einzelheiten für jedes Rechtsgebiet abgesehen. Es zeigt sich jedoch bereits an dieser Stelle, dass auch der Inhaber eines landwirtschaftlichen Betriebes gehalten ist, durch lebzeitige Nachfolgeplanung eine Zersplitterung des landwirtschaftlichen Betriebes zu vermeiden und damit die Existenzfähigkeit zu erhalten. Zugleich sollte er durch lebzeitige Nachfolgeplanung darauf achten, einen geeigneten Nachfolger zu finden. **53**

IV. Folgen des erbrechtlichen Erwerbs

1. Annahme und Ausschlagung der Erbschaft

Nach §§ 1922 Abs. 1, 1942 Abs. 1 BGB geht mit dem Tod eines Menschen dessen Vermögen als Ganzes auf den oder die Erben über. Das vererbte Vermögen wird als Erbschaft bezeichnet. Der Übergang des Vermögens des Erblassers auf den oder die Erben vollzieht sich ipso iure. Es bedarf keiner Erwerbs- oder Übertragungsakte oder behördlicher Maßnahmen. Erbfall und Anfall der Erbschaft fallen zusammen, unbeschadet der Möglichkeit, sich von der Erbschaft – rückwirkend – zu befreien.[85] Der Übergang des Vermögens des Erblassers bewirkt, dass nicht nur sein gesamtes Aktivvermögen auf den oder die Erben übergeht, sondern auch seine Verbindlichkeiten. § 1967 BGB stellt dieses klar. Da sich der erbrechtliche Erwerb **ipso iure** vollzieht, wird dem Erben die Erbschaft aufgezwungen. Der Erbe hat daher die Möglichkeit, die Erbschaft auszuschlagen oder anzunehmen. Annahme und Ausschlagung der Erbschaft können nicht auf einen Teil der Erbschaft beschränkt werden, eine derart eingeschränkte Annahme oder Ausschlagung ist insgesamt unwirksam, § 1950 BGB. Hiervon zu unterscheiden sind die vom Gesetz in §§ 1948 und 1951 BGB eingeräumten Möglichkeiten: Ist der Erbe sowohl durch letztwillige Verfügung als auch durch gesetzliche Erbfolge berufen, kann er die Erbschaft als eingesetzter Erbe ausschlagen und zugleich als gesetzlicher Erbe annehmen, § 1948 Abs. 1 BGB. Das Gleiche gilt bei einer gleichzeitigen Berufung durch Testament und durch Erbvertrag: Der Erbe kann die Berufung aus dem einen Grunde ablehnen und zugleich die Erbschaft aus dem anderen Berufungsgrund annehmen. Ist der Erbe zu mehreren Erbteilen und aus verschiedenen Berufungsgründen berufen, kann er den einen Erbteil ausschlagen und den anderen annehmen, § 1951 BGB. **54**

Das Recht zur Annahme der Erbschaft ist ebenso wie das Ausschlagungsrecht vererblich und geht auch auf den so genannten Erbeserben über.[86] **55**

Der Erbe kann sich also von der Erbschaft durch Ausschlagung befreien, gleich ob aus persönlichen oder wirtschaftlichen Gründen. Konkret kann die Ausschlagung also dazu dienen, sich von den Schulden des Erblassers zu befreien. Ebenso kann der Ausschlagende durch eine gezielte **56**

---

[85] Eine Ausnahme gilt gem. § 1923 Abs. 2 BGB für den gezeugten, aber noch nicht geborenen Erben: Er wird erst mit seiner Geburt Erbe, jedoch mit gesetzlicher Rückwirkung auf den Zeitpunkt des Erbfalls, *Palandt/Edenhofer* § 1942 Rn 1.

[86] Münchener Anwaltshandbuch Erbrecht/*Maltitz* § 25 Rn 8.

Ausschlagung bewirken, dass an seiner Stelle eine andere Person erbt; das kann aus steuerlichen Gründen sinnvoll sein.

57 Das Recht des Erben zur Ausschlagung der Erbschaft ist zweifach eingeschränkt, § 1943 BGB: Zum einen ist das Ausschlagungsrecht fristgebunden, zum anderen erlischt es, wenn der Erbe die Erbschaft angenommen hat. Während dieser Schwebezeit in noch offener Ausschlagungsfrist und vor Annahme der Erbschaft ist die **Erbenstellung** also nur **vorläufig.**[87] Während dieser Schwebezeit können Gläubiger des Erblassers den Erben nicht gerichtlich wegen Nachlassverbindlichkeiten in Anspruch nehmen, § 1958 BGB. Dieser Schutz wird flankiert durch die so genannten **aufschiebenden Schonungseinreden** der §§ 2014, 2015 BGB. Mit der so genannten **Dreimonatseinrede** des § 2014 BGB kann der Erbe auch nach Annahme der Erbschaft für die Dauer von 3 Monaten ab Annahme die Erfüllung von Nachlassverbindlichkeiten verweigern. Der Erbe hat häufig trotz erfolgter Annahme der Erbschaft noch keinen genauen Überblick über den Nachlassbestand und insbesondere über die zum Nachlass gehörenden Verbindlichkeiten. Während des 3-Monats-Zeitraumes des § 2014 BGB soll der Erbe die Gelegenheit haben, gegebenenfalls ein Nachlassinventar zu errichten und das Aufgebotsverfahren durchzuführen, um eine Haftungsbeschränkung zu erreichen.[88] Die **Aufgebotseinrede** des § 2015 BGB schützt den Erben, der binnen Jahresfrist ab Annahme der Erbschaft den Antrag auf Erlassung des Aufgebotes der Nachlassgläubiger gestellt hat und dessen Antrag zugelassen ist, § 2015 Abs. 1 BGB. Bis zur Beendigung des Aufgebotsverfahrens kann der Erbe die Begleichung einer Nachlassverbindlichkeit erfolgreich verweigern.[89]

58 **a) Annahme der Erbschaft.** Durch die Annahme beendet der Erbe den Schwebezustand, der vorläufige wird zum **endgültigen Erben**. Die Erbschaft kann auf drei verschiedene Weisen angenommen werden, und zwar durch
- ausdrückliche Annahmeerklärung,
- konkludente Annahmeerklärung oder
- Verstreichenlassen der Ausschlagungsfrist.

59 Die **ausdrückliche Annahmeerklärung** ist eine Willenserklärung mit dem Inhalt, dass der Erklärende nunmehr endgültig Erbe sein will. Eine **Form** schreibt das Gesetz nicht vor. Die h. M. geht davon aus, dass diese ausdrückliche Annahmeerklärung einem Nachlassbeteiligten wie z. B. einem Nachlassgläubiger, einem Miterben oder einem Testamentsvollstrecker gegenüber abgegeben werden muss, es handelt sich demzufolge um eine empfangsbedürftige Willenserklärung.[90]

60 Die **konkludente Annahme** erfolgt durch schlüssiges Handeln, das einen ausdrücklichen Annahmewillen des Erben erkennen lässt.[91] Ein sol-

---

[87] *Ebenroth* Rn 1102; *Sudhoff/Scherer* § 11 Rn 1.

[88] *Ebenroth* Rn 1104.

[89] Zu den Einzelheiten s. *Ebenroth* Rn 1104 ff.

[90] *Ebenroth* Rn 339 m. w. N.; nicht erforderlich ist die Erklärung der Annahme gegenüber dem Nachlassgericht.

[91] BayObLGZ 1983, 153, 159.

ches schlüssiges Verhalten liegt z. B. in der Beantragung eines Erbscheines,[92] in dem Antrag auf Berichtigung des Grundbuches durch Umschreibung auf den Erben als neuen Eigentümer gemäß § 82 GBO,[93] in der Verpfändung des Erbteils[94] und z. B. in der Verfügung über einen Nachlassgegenstand.[95] Allerdings stellt nicht jede Besorgung eines erbrechtlichen Geschäftes eine konkludente Annahme dar. Denn auch der bloß vorläufige Erbe, der sein Ausschlagungsrecht unter Umständen noch ausüben möchte, ist zur Nachlassverwaltung berechtigt und fühlt sich hierzu häufig auch verpflichtet, selbst wenn er sich die Möglichkeit der Ausschlagung noch erhalten möchte. Reine Sicherungs- oder Erhaltungsmaßnahmen beinhalten daher in der Regel noch keine konkludente Erbschaftsannahme.

Die dritte Möglichkeit, die Erbschaft anzunehmen, ist das bloße **Verstreichenlassen der Ausschlagungsfrist** des § 1944 BGB. Schlägt der berufene Erbe nicht innerhalb der Frist die Erbschaft aus, gilt die Erbschaft ebenfalls als genommen.[96] Dabei ist es nicht erforderlich, dass der Erbe bewusst die Frist verstreichen lässt, weil er den Willen hat, die Erbschaft anzunehmen. Als eine vierte Möglichkeit der Erbschaftsannahme wird zum Teil die Möglichkeit des Erben angesehen, eine von ihm selbst herbeigeführte Erbausschlagung anzufechten.[97] 61

b) Ausschlagung der Erbschaft. Jeder Erbe kann unabhängig vom Grund seiner Berufung die ihm zufallende Erbschaft ausschlagen.[98] Die Ausschlagung kann erfolgen, sobald der Erbfall eingetreten ist, § 1946 BGB. Die Ausschlagung selbst ist eine **empfangsbedürftige Willenserklärung**, auf die die §§ 104 ff. BGB anzuwenden sind. Die Erklärung ist gegenüber dem Nachlassgericht abzugeben, § 1945 Abs. 1 HS 1 BGB. **Nachlassgericht** ist das Amtsgericht am letzten Wohnort des Erblassers, §§ 72, 73 FGG. Die Ausschlagung ist **formbedürftig**, sie bedarf der notariellen Beglaubigung oder sie ist zur Niederschrift des Nachlassgerichtes zu erklären, § 1945 Abs. 1 HS 2 BGB. Im letzten Fall ist gemäß § 1945 Abs. 2 BGB, § 3 Nr. 1 f RPflG sowie §§ 8 ff. BeurkG die Erklärung zur Niederschrift des Rechtspflegers abzugeben. Etwaige Formmängel der Ausschlagungserklärung können innerhalb der Ausschlagungsfrist behoben werden.[99] Auch wenn die Ausschlagung gegenüber dem Nachlassgericht zu erklären ist, nimmt dieses die Ausschlagungserklärung nur entgegen und teilt sie dem nächsten potentiellen Erben mit, § 1953 Abs. 3 62

92 KG OLGE 14, 308, 309.

93 KG OLGE 38, 263, 264.

94 RGZ 80, 377, 385.

95 BayObLG FamRZ 1988, 213, 214.

96 *Palandt/Edenhofer* § 1943 Rn 2.

97 Münchener Anwaltshandbuch Erbrecht/*Malitz* § 25 Rn 5; s. hierzu im Folgenden Rn 62 ff. zur Erbausschlagung.

98 Lediglich der Fiskus kann nicht ausschlagen, wenn er gesetzlicher Erbe gemäß § 1936 BGB geworden ist, damit sichergestellt ist, dass jeder Nachlass einen Rechtsträger hat.

99 *Palandt/Edenhofer* § 1945 Rn 6.

Satz 1 BGB. Das Nachlassgericht prüft zunächst nicht, ob die Ausschlagung auch wirksam ist. Über die Wirksamkeit entscheidet es nur im Rahmen beispielsweise eines Erbscheinsverfahrens.

63 Das Recht, die Erbschaft auszuschlagen, ist **nicht übertragbar** und geht daher beispielsweise nicht auf den rechtsgeschäftlichen Erwerber einer Erbschaft, den Erbschaftskäufer über. Es ist jedoch **vererblich**, § 1952 Abs. 1 BGB. Verstirbt also der Erbe in noch offener Ausschlagungsfrist oder vor Annahme der Erbschaft, kann an seiner Stelle nunmehr sein gewillkürter oder gesetzlicher Erbe, der sog. Erbeserbe, die Erbschaft ausschlagen.

64 Die **Frist** zur Ausschlagung beträgt gemäß § 1944 Abs. 1 BGB 6 Wochen. Diese Frist beginnt gemäß § 1944 Abs. 2 BGB nicht bereits mit dem Tod des Erblassers, sondern erst dann, wenn der Erbe von dem Erbfall und dem konkreten Berufungsgrund zum Erben Kenntnis erlangt hat, § 1944 Abs. 2 Satz 1 BGB. Die Kenntnis des Berufungsgrundes ist bei gesetzlicher Erbfolge die Kenntnis des die Erbberechtigung begründenden Familienverhältnisses, also beispielsweise Verwandtschaft oder Ehe.[100] Bei der gewillkürten Erbfolge setzt Kenntnis des Berufungsgrundes die Kenntnis voraus, dass der Erbe durch Verfügung von Todes wegen zum Erbe berufen sei. Die genaue Kenntnis des gesamten Inhaltes der letztwilligen Verfügung ist nicht erforderlich.[101] Gem. § 1944 Abs. 2 BGB beginnt die 6-Wochenfrist darüber hinaus nicht vor der Verkündigung der letztwilligen Verfügung durch das Nachlassgericht zu laufen. Steht das Ausschlagungsrecht gemäß § 1952 Abs. 1 BGB dem Erbeserben zu, verlängert § 1952 Abs. 2 BGB zu seinen Gunsten die Ausschlagungsfrist für die erste Erbschaft so lange, wie die Ausschlagungsfrist für die zweite Erbschaft läuft.

65 Verstreichenlassen der Ausschlagungsfrist und Erklärung der Annahme führen also zur endgültigen Erbenstellung, die Ausschlagung beseitigt die Erbenstellung rückwirkend. Das Gesetz räumt der zum Erben berufenen Person die Möglichkeit ein, diese Rechtswirkungen auf drei Arten wieder **rückgängig** zu machen:

– Anfechtung der Annahmeerklärung,
– Anfechtung der Ausschlagungserklärung oder
– Anfechtung der Versäumung der Ausschlagungsfrist.

66 Die Annahmeerklärung sowie die Ausschlagungserklärung sind jeweils Willenserklärungen und damit nach den allgemeinen Regeln der §§ 119 ff. BGB anfechtbar. So wird beispielsweise die Überschuldung des Nachlasses überwiegend als verkehrswesentliche Eigenschaft im Sinne von § 119 Abs. 2 BGB angesehen.[102] Eine Fehlvorstellung kann also hier zur Anfechtung berechtigten. In Abweichung von § 143 BGB muss gemäß § 1955 BGB die Anfechtung der Annahme oder der Ausschlagung dem Nachlassgericht gegenüber erklärt werden. Ebenso schreibt § 1955 BGB in Abweichung von den §§ 119 ff. BGB eine bestimmte Form für

[100] *Palandt/Edenhofer* § 1944 Rn 6.
[101] *Palandt/Edenhofer* § 1944 Rn 7.
[102] BayObLG NJW-RR 1999, 590, 591 f.

die Anfechtungserklärung vor, nämlich die Form des § 1945 BGB, also notarielle Beglaubigung oder Erklärung zu Protokoll des Rechtspflegers des Nachlassgerichtes.

Darüber hinaus gestattet § 1956 BGB, die Versäumung der Ausschlagungsfrist anzufechten, also die Beseitigung einer Unterlassung. Auf diese Weise kann der Erbe die Annahmefiktion des § 1943 BGB wie eine Willenserklärung beseitigen. Anfechtungsgründe sind auch hier die allgemeinen Anfechtungsgründe der §§ 119 ff. BGB. Bei Vorliegen der übrigen Voraussetzungen kann der Erbe also seine durch Ablauf der Ausschlagungsfrist eingetretene Erbenstellung mit der Begründung anfechten, er habe geglaubt, seine Untätigkeit habe die Bedeutung einer Ausschlagung oder er habe die Formbedürftigkeit nicht gekannt.[103] Frist, Form und Wirkung der Anfechtung der Fristversäumung sind die gleichen wie bei der Anfechtung der Annanhmeerklärung, §§ 1954, 1955, 1957 BGB. **67**

c) Gezielte Ausschlagung. Selbst wenn das Erbe nicht überschuldet ist und der berufene Erbe auch keine persönlichen Gründe hat, die dem Antritt des Erbes entgegenstehen, kann die gezielte Ausschlagung der Erbschaft dennoch geboten sein, um erbschafts- oder steuerrechtliche Ziele zu erreichen bzw. Nachteile zu vermeiden. Ein Beispiel hierfür kann das so genannte **Berliner Testament** bieten. Die Eltern haben ein gemeinschaftliches Testament errichtet und sich gegenseitig zu Alleinerben eingesetzt. Die Eltern versterben kurz nacheinander, die Mutter zuerst. Es treten kurz nacheinander zwei Vermögensübergänge ein. Zunächst geht das Vermögen der vorverstorbenen Mutter auf den Vater über. Sodann geht das – um das von der Mutter ererbte Vermögen vermehrte – Vermögen des Vaters auf die Kinder über. Das Vermögen der Mutter geht also zweimal über und unterliegt gegebenenfalls zweimal der Erbschaftsteuer. Hier können die Kinder durch gezielte Ausübung des Ausschlagungsrechtes korrigierend eingreifen: Solange der länger lebende Vater die Ausschlagungsfrist noch nicht versäumt oder die Erbschaft nicht angenommen hat, können die Kinder als gesetzliche Erben des Vaters dessen Ausschlagungsrecht nach dem Tode der Mutter ausüben. Das Vermögen der Mutter fällt dann direkt den Kindern als gesetzlichen Erben zu. Das Vermögen der Mutter geht also nur einmal über, und zwar direkt auf die Kinder. **68**

Das gleiche Vorgehen kann sich dann anbieten, wenn nach dem Tode des ersten Ehegatten feststeht, dass der länger lebende Ehegatte finanziell vollständig abgesichert ist und damit auf das Vermögen des Erstversterbenden nicht angewiesen ist und das Vermögen nach seinem Wunsch ohnehin den gemeinsamen Kindern zugute kommen soll. Als Alternative hierzu können die Kinder auch im Einvernehmen mit dem länger lebenden Ehegatten den Pflichtteil nach dem Zuerstversterbenden geltend machen und somit – möglicherweise innerhalb steuerlicher Freigrenzen – an der Vermögensnachfolge nach dem erst versterbenden Elternteil beteiligt werden. Einen weiteren Fall, in dem sich die Erbausschlagung trotz fehlender Überschuldung des Nachlasses anbietet, regelt § 2306 Abs. 1 Satz 2 **69**

[103] So BayObLG DNotZ 1994, 402, 403.

BGB. Ist ein pflichtteilsberechtigter Erbe durch Verfügung von Todes wegen zum Erben berufen worden, ist das Erbe jedoch mit dort genannten Beschwerungen belastet und ist der hinterlassene Erbteil größer als die Hälfte des gesetzlichen Erbteiles, kann der berufene pflichtteilsberechtigte Erbe das Erbe ausschlagen und den Pflichtteil verlangen. Je nach Fallgestaltung bietet sich die gezielte Ausschlagung in zahlreichen weiteren Fällen an, die eine an sich nicht erforderliche hohe steuerliche – in der Regel erbschaftsteuerliche – Belastung nach sich ziehen, die aus der erbrechtlichen Gestaltung resultieren, die der Erblasser gewählt hat.[104]

2. Erbenhaftung

70 Der oder die Erben haften für die Schulden des Erblassers, § 1967 Abs. 1 BGB.[105] Der Erbe haftet sowohl mit seinem eigenen bisherigen als auch mit dem ererbten Vermögen für alle Verbindlichkeiten des Erblassers. Die Haftung ist unbeschränkt, aber beschränkbar. Das Gesetz räumt also den Nachlassgläubigern den Vorrang vor den Interessen der Eigengläubiger des Erben und der des Erben selbst ein. Die Vermögensmassen Nachlass und bisheriges Eigenvermögen des Erben verschmelzen und vergrößern dadurch die Haftungsmasse auch für die Nachlassgläubiger. Die unbeschränkte Haftung mit dem gesamten Vermögen ist daher der Grundsatz. Eine Haftungsbeschränkung erreicht der Erbe nur, wenn er selbst oder für ihn eine dritte Person wie z. B. der Nachlassverwalter oder Testamentsvollstrecker entsprechend tätig werden.

71 **a) Voraussetzungen des Schuldenüberganges.** Schuldner der Nachlassverbindlichkeiten ist der **Erbe**, § 1967 Abs. 1 BGB. Der Grund der Berufung ist unerheblich. Neben die Haftung des Erben tritt die Haftung des **Erbschaftskäufer**s gemäß §§ 2371, 2382 Abs. 1 und Abs. 2 BGB. Der bloße Vermächtnisnehmer oder Scheinerbe haften nicht aus §§ 1922, 1967 BGB für die Schulden des Erblassers.

72 Die übergehende Schuld muss eine **Nachlassverbindlichkeit** sein. Zu den Nachlassverbindlichkeiten zählt § 1967 Abs. 2 BGB die Eigenschulden des Erblassers sowie die den Erben als solchen treffenden Verbindlichkeiten, insbesondere Verbindlichkeiten aus Pflichtteilsrechten, Vermächtnissen und Auflagen. In Anlehnung an diese gesetzliche Regelung wird die Erbenhaftung grob unterteilt in so genannte Erblasserschulden und Erbfallschulden. **Erblasserschulden** sind gesetzliche, vertragliche und außervertragliche Verpflichtungen, die der Erblasser begründet hat. Im Gegensatz hierzu sind **Erbfallschulden** solche, die aus Anlass des Erbfalles entstehen, wie die in § 1967 Abs. 2 BGB aufgeführten Verbindlichkeiten, einschließlich der Beerdigungskosten,[106] der gerichtlichen Nachlasssicherung

---

[104] Zu den häufigsten Anwendungsfällen s. Münchener Anwaltshandbuch Erbrecht/*von Sothen* § 43 Rn 245 ff.

[105] Umstritten ist, ob dieses bereits aus § 1922 erfolgt und § 1967 Abs. 1 insoweit nur deklaratorisch ist oder ob § 1967 Abs. 1 BGB konstutive Wirkung hat. Da der Streit ohne praktische Auswirkung ist, wird er hier nicht ausgeführt.

[106] OLG München NJW 1974, 703 704; OVG Münster NJW 1998, 2154, 2155 f.

oder auch der Testamentseröffnung.[107] Zum Teil wird als dritte Gruppe von Verbindlichkeiten die Gruppe der **Nachlasserbenschulden** angesehen: Es handelt sich hierbei um Verbindlichkeiten, die aus Rechtshandlungen des Erben im Rahmen der ordnungsgemäßen Nachlassverwaltung entstehen. Hierunter fällt auch ein Großteil der so genannten Erbfallschulden, beispielsweise die Kosten der Testamentseröffnung, der gerichtlichen Nachlasssicherung und des Gläubigeraufgebotes.[108] Die Besonderheit bei diesen Nachlasserbenschulden besteht darin, dass sie zum einen als Nachlassverbindlichkeit angesehen werden, zum anderen den Erben persönlich aus seinem Handeln verpflichten und damit auch sein Eigenvermögen betreffen. Relevant ist dieses für den Fall, dass der Erbe seine Haftung für Nachlassverbindlichkeiten wirksam auf den Nachlass beschränkt; für diese so genannten Nachlasserbenschulden würde er zugleich mit seinem Eigenvermögen haften, da er durch sein rechtsgeschäftliches Verhalten nach dem Erbfall eine eigene Verpflichtung begründet hat.[109] Dem Erben steht es jedoch frei, bei Rechtshandlungen, die zum Entstehen von Nachlasserbenschulden führen, die Haftung auf den Nachlass durch Vereinbarung mit dem jeweiligen Gläubiger zu beschränken. Diese Beschränkung kann ausdrücklich oder konkludent erfolgen. Eine konkludente Haftungsbeschränkung auf den Nachlass für Verbindlichkeiten aus solchen Rechtshandlungen wird beispielsweise dann angenommen, wenn der Erbe zum Ausdruck bringt, er handele nur für den Nachlass, und der andere Teil darauf eingeht.[110]

b) Zusätzliche Haftungsgründe bei Unternehmensnachfolge. **73**
Gehört zum Nachlass ein Unternehmen oder eine Beteiligung an einem solchen, kann der Erbe nicht nur nach den erbrechtlichen Bestimmungen der §§ 1922, 1967 BGB für Nachlassverbindlichkeiten haften. Die Haftung kann sich dann auch – je nach Art der unternehmerischen Beteiligung – aus handels- oder gesellschaftsrechtlichen Vorschriften ergeben. In diesem Zusammenhang sind die Möglichkeiten von Interesse, diese zusätlichen Haftungsgründe auszuschließen. Bei vielen Beteiligungsmöglichkeiten reicht es nicht aus, dass der Erbe eine Beschränkung seiner Haftung für Nachlassverbindlichkeiten in erbrechtlicher Hinsicht herbeiführt. Für die einzelnen Beteiligungsformen gilt Folgendes:

aa) Einzelkaufmännisches Unternehmen. Es ergeben sich erbrechtlich keine **74**
Besonderheiten, der Erbe haftet unbeschränkt, aber beschränkbar für die Verbindlichkeiten des Erblassers aus einem ererbten Handelsgeschäft. Neben die normale erbrechtliche Haftung aus §§ 1922, 1967 BGB können jedoch auch handelsrechtliche Haftungsgründe treten: Gemäß §§ 27 Abs. 1, 25 HGB haftet der Erbe für die betrieblichen Verbindlichkeiten, wenn er das Handelsgeschäft unter der bisherigen Firma fortführt, gleich ob er der

---

[107] *Palandt/Edenhofer* § 1967 Rn 6.
[108] Vgl. *Ebenroth* Rn 1095 f.
[109] Siehe *Ebenroth* Rn 1096; *Palandt/Edenhofer* § 1967 Rn 8.
[110] RGZ 146, 343, 346; BGH WM 1968, 798, 799; *Palandt/Edenhofer* § 1967 Rn 10; *Ebenroth* Rn 1096.

Firma einen die Rechtsnachfolge andeutenden Zusatz beifügt oder nicht. Rechtlich relevant ist dieses in den Fällen, in denen der Erbe seine Haftung für Nachlassverbindlichkeiten z. B. durch Nachlassverwaltung, Nachlassinsolvenzverfahren oder Dürftigkeitseinrede beschränkt. Unter den Voraussetzungen der §§ 27, 25 HGB würde er für die geschäftlichen Verbindlichkeiten dennoch unbeschränkt, also auch mit seinem Eigenvermögen, haften. Will er dieses ausschließen, muss er gemäß § 27 Abs. 2 HGB die Geschäftsfortführung binnen 3 Monaten einstellen. Oder er führt das einzelkaufmännische Unternehmen nicht unter der alten Firma weiter, dann fehlen die tatbestandlichen Voraussetzungen des § 25 Abs. 1 HGB. Schließlich kann der Erbe den Gläubigern erklären und im Handelsregister anzeigen, dass er für die Altverbindlichkeiten nicht hafte, §§ 27, 25 Abs. 2 HGB.[111] Der Erbe muss hier also eine Beschränkung seiner Haftung für die Nachlassverbindlichkeiten aus dem einzelkaufmännischen Unternehmen sowohl in erbrechtlicher als auch in handelsrechtlicher Sicht herbeiführen.

75 *bb) OHG.* Scheidet der Erbe entweder kraft Gesetzes oder kraft Fortsetzungsklausel im Gesellschaftsvertrag aus der Gesellschaft aus und wird diese unter den übrigen Gesellschaftern fortgesetzt, haftet der Erbe wie gewöhnlich nach erbrechtlichen Grundsätzen grundsätzlich unbeschränkt, jedoch auf den Nachlass beschränkbar. Eine zusätzliche gesellschaftsrechtliche Haftung besteht nicht. Tritt der Erbe jedoch aufgrund einer Nachfolgeklausel im Gesellschaftsvertrag in die Gesellschaft ein, haftet er für die Verbindlichkeiten des Erblassers aus dessen Gesellschafterstellung gemäß §§ 130 Abs. 1, 128 HGB. Eine Haftungsbeschränkung nach Erbrecht auf das ererbte Nachlassvermögen wirkt sich nicht aus, da die §§ 130, 128 HGB eine eigenständige Haftung begründen. Da der Erbe auch ohne Mitwirkung kraft Nachfolgeklausel im Gesellschaftsvertrag in die Gesellschaft einrücken kann, wird er insoweit durch § 139 HGB geschützt und kann seine Haftung für Geschäftsverbindlichkeiten des Erblassers auch nach Handels- und Gesellschaftsrecht beschränken. Er kann binnen 3 Monaten verlangen, dass ihm die Stellung eines Kommanditisten eingeräumt wird, § 139 Abs. 1 und Abs. 3 HGB. Ebenso kann er innerhalb der 3-Monatsfrist die Gesellschaft unter den weiteren Voraussetzungen § 139 Abs. 2 HGB verlassen; gemäß § 139 Abs. 4 HGB haftet er dann auch nicht für die Verbindlichkeiten zwischen Erbfall und seinem Ausscheiden, die so genannten Zwischenverbindlichkeiten.[112] Wenn der Erbe die ihm kraft Erbrechtes gegebenen Möglichkeiten der Haftungsbeschränkung auf den Nachlass genutzt hat, kann er auf diese Weise auch seine Haftung kraft Handels- und Gesellschaftsrechtes beschränken.

76 *cc) Kommanditgesellschaft.* War der Erblasser Komplementär, gilt das zur OHG Gesagte. War der Erblasser Kommanditist, tritt der Erbe nach seine Stelle in die Gesellschaft ein, sofern nichts anderes vereinbart ist, § 177 HGB.[113] Der Erbe als neuer Kommanditist haftet neben §§ 1922, 1967

---

[111] *Baumbach/Hopt* § 27 Rn 8; *Sudhoff/Scherer* § 12 Rn 15.
[112] MüKo/*Siegmann* § 1967 Rn 66 f. m. w. N.

Abs. 1 BGB auch mit seinem Eigenvermögen gemäß § 173 HGB für versprochene, aber noch nicht erbrachte, oder aber für zurückgezahlte Kommanditeinlagen.[114] Streitig ist, ob der als Kommanditist in die Gesellschaft einrückende Erbe auch aus § 176 Abs. 2 HGB für die Zeit zwischen Erbfall und Eintragung seiner Person in das Handelsregister haftet. Auf der einen Seite ist der Erbe mit dem Erbfall Mitgesellschafter geworden ohne Eintragung der begrenzten Kommanditistenhaftung in das Handelsregister. Auf der anderen Seite rückt er quasi in den bereits bestehenden und in aller Regel in das Handelsregister eingetragenen Kommanditanteil des Erblassers, also nicht in einen neuen Kommanditanteil ein. Überwiegend wird daher jedenfalls dann eine Haftung aus § 176 Abs. 2 HGB verneint, wenn sich der Erbe um die baldige Eintragung bemüht.[115]

Etwas anderes gilt, wenn die KG als solche oder der rechtsgeschäftliche **77**
Eintritt des Erblassers im Zeitpunkt des Erbfalles noch nicht eingetragen waren. Die bereits für den Erblasser geltende persönliche Haftung geht selbstverständlich auf den Erben über und besteht bis zur Eintragung fort.[116]

dd) GbR. Für die Gesellschaft bürgerlichen Rechts entsprach es bisher **78**
ständiger Rechtsprechung des BGH, dass ein neu in die GbR eintretender Gesellschafter nicht für deren **Altverbindlichkeiten** haftete. Diese Rechtsansicht des BGH war auch konsequent: Die Frage der Haftungsverfassung in der GbR hat der BGH bis zum Jahr 2001 nach der so genannten Doppelverpflichtungstheorie beantwortet. Die persönliche Haftung des GbR-Gesellschafters für Verbindlichkeiten der Gesellschaft wurde damit begründet, dass durch das Handeln der Gesellschafter im Namen der Gesellschaft zugleich die Gesellschafter rechtsgeschäftlich mitverpflichtet wurden. Im Jahr 2001 hat der BGH anerkannt, dass auch die GbR selbst Trägerin von Rechten und Pflichten in entsprechender Anwendung des § 124 HGB sein könne. Die Haftung der Gesellschafter für Verbindlichkeiten der Gesellschaft ergibt sich nunmehr aus der entsprechenden Anwendung des § 128 HGB. Mit Urteil vom 8. 4. 2003 hat der BGH nunmehr ausdrücklich auch die **Haftung** eines neu in eine bestehende GbR eintretenden Gesellschafters **für Altverbindlichkeiten** in entsprechender Anwendung des § 130 HGB bejaht.[117] Der Erbe, der über eine Nachfolgeklausel in die Gesellschaft eintritt, haftet für Altverbindlichkeiten der Gesellschaft also auch kraft Gesellschaftsrechts.

---

[113] Vgl. zu den Einzelheiten *Palandt/Edenhofer* § 1922 Rn 21.

[114] Ausnahmsweise besteht die rein erbrechtliche Haftung für eine noch nicht erbrachte Einlage dann, wenn der Erbe als Kommanditist in die Gesellschaft in einem Zeitpunkt einrückt, in dem die Gesellschaft bereits aufgelöst war, BGH ZEV 1995, 422.

[115] BGHZ 108, 187, 197; NJW 1989, 3152, 3155; ggf. sollte der Erblasser dennoch durch Gestaltung des Gesellschaftsvertrages Vorsorge zur Vermeidung der unbegrenzten Haftung des Erben für sog. Zwischenneuschulden treffen, z. B. durch Einräumung eines Entrittsrechtes. Der Erbe kann z. B. aufschiebend bedingt auf den Zeitpunkt seiner Eintragung als Kommanditist in das Handelsregister in die Gesellschaft eintreten.

[116] Vgl. BGH NJW 1989, 3152, 3155.

[117] BGH ZIP 2003, 899, 899.

79 Für **Neuverbindlichkeiten** haftet der Erbe nach den allgemeinen Bestimmungen unbeschränkt mit seinem Eigenvermögen. Eine dem § 139 HGB entsprechende Regelung existiert insoweit nicht. Bei Genossenschaften ist jedoch § 105 GenG zu beachten: Mangels abweichender Bestimmungen im Statut kann eine Nachschusspflicht in der Insolvenz bestehen.

80 *ee) Kapitalgesellschaften.* Hier gelten keine Besonderheiten. Die Haftung bestimmt sich allein nach den erbrechtlichen Grundsätzen, da aus der Kapitalbeteiligung keine persönliche Haftung des Beteiligten folgt.

81 **c) Erbrechtliche Haftung Minderjähriger.** Zusätzlich zu den allgemeinen Möglichkeiten von Erben, ihre Haftung für Nachlassverbindlichkeiten zu beschränken, hat das Minderjährigenhaftungsbegrenzungsgesetz weitergehende Haftungsprivilegien für minderjährige Erben geschaffen, die sich auch im Bereich des Erbrechts auswirken.[118] Zentralnorm ist § 1629 a BGB. Gemäß Abs. 1 Satz 1 der Vorschrift wird die Haftung des Minderjährigen gegenständlich beschränkt. Der vormals Minderjährige haftet nur mit dem Vermögen, das im Zeitpunkt des Erreichens der Volljährigkeit vorhanden war, für solche Verbindlichkeiten, die entweder aus einer während der Minderjährigkeit angefallenen Erbschaft herrühren oder die von seinen gesetzlichen Vertretern während der Minderjährigkeit begründet worden sind.[119] Der Minderjährige kann sich also gemäß §§ 1629 a Abs. 1 Satz 2, 1990, 1991 BGB gegenüber Nachlassgläubigern darauf berufen, dass er mit Vermögen nicht hafte, das er ab Volljährigkeit erworben hat. Das gilt auch für die so genannten Nachlasserbenschulden, da die solche Verbindlichkeiten begründenden Geschäfte entweder von den gesetzlichen Vertretern des Minderjährigen für diesen vorgenommen worden sind, oder aber die Geschäfte nur nach Maßgabe der §§ 107, 108, 111 BGB Verbindlichkeiten wirksam begründet haben. Beide Möglichkeiten werden von § 1629 a Abs. 1 Satz 1 BGB erfasst.

82 Eine Haftungsbeschränkung muss der volljährig gewordene Erbe durch Einrede geltend machen. Die Beschränkung ist dem Erben im Urteil vorzubehalten, §§ 780 Abs. 1, 786 ZPO. Ist der Minderjährige an einer Gesellschaft oder einer Erbengemeinschaft beteiligt oder ist der Minderjährige Inhaber eines Handelsgeschäftes, ist bei Erreichen der Volljährigkeit die doppelte Vermutung des § 1629 a Abs. 4 BGB zu beachten. Unter den dort genannten Voraussetzungen wird vermutet, dass die aus der Beteiligung an der Erbengemeinschaft oder der Gesellschaft oder die aus der Führung des Handelsgeschäftes rührende Verbindlichkeit erst nach Eintritt der Volljährigkeit entstanden sei, die Privilegierung des § 1629 a BGB insoweit also nicht greift. Des Weiteren wird unter den dort genannten Voraussetzungen zugleich vermutet, dass das derzeitige Vermögen des volljährig Gewordenen bei Eintritt der Volljährigkeit bereits vorhanden

---

[118] MHbeG vom 25. 8. 1998, BGBl I S. 2887.

[119] Eine Ausnahme gilt gemäß § 1629 a Abs. 2 BGB für Verbindlichkeiten aus einem Erwerbsgeschäft, das gemäß § 112 BGB während der Minderjährigkeit ausgeübt wurde und genehmigt war.

gewesen sei, der nunmehr Volljährige also mit dem gesamten derzeitigen Vermögen hafte. Gegebenenfalls muss der volljährig Gewordene binnen 3 Monaten nach Eintritt der Volljährigkeit aktiv werden und die Auseinandersetzung der Erbengemeinschaft oder die Kündigung der Gesellschaft verlangen bzw. das Führen des Handelsgeschäftes einstellen, um die Vermutungswirkungen auszuschließen.[120] § 723 Abs. 1 S. 2 Ziff. 2, S. 3 sehen für den bis dato minderjährigen Gesellschafter ein Sonderkündigungsrecht vor. Dieses besteht jedoch nicht, wenn der Minderjährige im Rahmen von § 112 BGB zur Mitwirkung in dieser Gesellschaft ermächtigt war oder der Gesellschaftszweck allein der Befriedigung der perönlichen Bedürfnisse des minderjährigen Gesellschafters diente.[121]

d) Beginn der Haftung. Auch wenn der Erbe Schuldner der Nach- **83**
lassverbindlichkeiten mit dem Erbfall geworden ist, kann er vor Annahme der Erbschaft für Nachlassverbindlichkeiten nicht in Anspruch genommen werden, § 1958 BGB. Auch nach Annahme der Erbschaft kann der Erbe sich auf die aufschiebenden Schonungseinreden der §§ 2014, 2015 BGB berufen.[122]

e) Haftung bei Vor- und Nacherbschaft. Sowohl Vor- als auch **84**
Nacherbe sind Erben des Erblassers. Die Haftung des Vorerben beginnt mit dem Tode des Erblassers. Die Haftung des Nacherben beginnt mit Eintritt des Nacherbfalles.[123] Gemäß § 2144 BGB stehen dem Nacherben alle Mittel der Beschränkung der Haftung für Nachlassverbindlichkeiten zu. Der Nacherbe kann daher auch dann noch von diesen Mitteln Gebrauch machen, wenn der Vorerbe die Möglichkeiten nicht genutzt hat und diese dem Vorerben auch nicht mehr zur Verfügung stehen. Macht der Nacherbe gegenüber Nachlassgläubigern die Beschränkung seiner Haftung geltend, kann der Vorerbe auch nach Eintritt des Nacherbfalles den Nachlassgläubigern gemäß § 2145 BGB für Nachlassverbindlichkeiten haften.

3. Möglichkeiten der Haftungsbeschränkung

Schlägt der Erbe die Erbschaft nicht aus, fallen ihm gemäß §§ 1922, **85**
1967 BGB auch die Schulden zu. Durch die Vermischung des ererbten Vermögens mit dem bereits vorhandenen Eigenvermögen des Erben haftet dieser also auch mit diesem Eigenvermögen. Das Gesetz bietet dem Erben jedoch vier Möglichkeiten, auf der einen Seite die Erbschaft anzutreten, auf der anderen Seite aber die Haftung für Nachlassverbindlichkeiten auf das ererbte Vermögen, also den Nachlass, zu beschränken und damit eine Haftung mit dem Eigenvermögen auszuschließen:
- Nachlassverwaltung,
- Nachlassinsolvenz,

---

[120] Zu den Einzelheiten vergleiche *Christmann*, ZEV 1999, 416 ff. sowie *Glöckner*, ZEV 2001, 47 ff.
[121] *Glöckner*, ZV 2001, 47, 47.
[122] Siehe oben Rn 57.
[123] *Ebenroth* Rn 1092.

– Dürftigkeitseinrede und
– Überschwerungseinrede

86 Die endgültige Beschränkung der Erbenhaftung für Nachlassverbindlichkeiten auf den Nachlass setzt die Absonderung des Nachlasses vom Eigenvermögen des Erben voraus. Hier kann die Inventarerrichtung dem Erben hilfreich sein.

87 Schließlich ist es dem Erben möglich, die Haftung gegenüber einzelnen Nachlassgläubigern auf den Nachlass zu beschränken, und zwar durch das Gläubigeraufgebot und durch die Verschweigungseinrede.

88 **a) Nachlassinventar.** Gemäß § 1993 BGB ist der Erbe berechtigt und gemäß § 1994 BGB unter Umständen verpflichtet, ein **Nachlassverzeichnis** zu erstellen und beim Nachlassgericht einzureichen.[124] Das Inventar ist ein Verzeichnis aller beim Erbfall vorhandener Aktiva und Passiva des Nachlasses, § 2001 BGB. Die Errichtung des Nachlassinventars führt noch nicht zu einer Haftungsbeschränkung auf den Nachlass.[125] Die gesetzliche Regelung des Nachlassverzeichnisses stellt zum einen ein Angriffsmittel für die Nachlassgläubiger dar. Zum anderen kann es dem Erben zu seinem Schutz das Recht erhalten, später Nachlassinsolvenz oder Nachlassverwaltung zu beantragen und dadurch seine Haftung zu beschränken. Auch begründet es zugunsten des Erben die Vermutung, dass weitere als die aufgeführten Nachlassgegenstände zur Zeit des Erbfalles nicht vorhanden gewesen seien, § 2009 BGB.[126]

89 Auf Antrag eines Nachlassgläubigers kann das Nachlassgericht dem Erben eine **Frist** setzen, innerhalb derer der Erbe das Inventar beim Nachlassgericht eingereicht haben muss. Die Gefahr liegt in § 1994 Abs. 1 Satz 2 BGB. Kommt der Erbe der Anordnung des Nachlassgerichtes nicht rechtzeitig nach, haftet er für die Nachlassverbindlichkeiten unbeschränkt, damit auch mit seinem **Eigenvermögen**. Die Haftungsbeschränkung durch Nachlassinsolvenz oder Nachlassverwaltung sind ihm genommen.[127] Der Erbe haftet auch dann unbeschränkt, wenn er das Inventar absichtlich falsch errichtet, § 2005 Abs. 1 Satz 1 BGB. In beiden Fällen bestimmt § 2013 Abs. 1 BGB, dass die haftungsbeschränkende Wirkung von Nachlassverwaltung und Nachlassinsolvenz entfallen, der Erbe sein Recht zur Beantragung der Nachlassverwaltung verliert und er sich sich mehr auf die Dürftigkeitseinrede oder die Überschwerungseinrede berufen kann. Hat der Erbe das Inventar ordnungsgemäß errichtet, können die Nachlassgläubiger ihm keine neue Frist setzen lassen, durch deren Verstreichen dem Erben die Möglichkeit der Haftungsbeschränkung genommen wäre. Zusätzlich kann der Erbe sich auf die oben genannte Vermutung des § 2009 BGB berufen, dass weitere als die aufgeführten Gegenstände nicht Gegenstand des Nachlasses gewesen seien, wenn es z. B. durch eine ander-

---

124 Es reicht also nicht die Erstellung, für die Inventarerrichtung ist auch die Einreichung beim Nachlassgericht erforderlich.

125 *Palandt/Edenhofer* vor § 1993 Rn 1.

126 Das Nachlassinventar vermutet jedoch nicht, dass die im Inventar verzeichneten Gegenstände zum Nachlass gehören, MüKo/*Siegmann* § 2009 Rn 2.

127 *Sudhoff/Scherer* § 12 Rn 5; *Ebenroth* Rn 1117.

weitige Beschränkung des Haftung auf den Nachlass – z. B. durch Nachlassverwaltung und Nachlassinsolvenz – darauf ankommt.

b) Nachlassverwaltung. Im Gegensatz zur Nachlassinsolvenz soll die **90**
Nachlassverwaltung zu einer vollen **Befriedigung der Nachlassgläubiger** führen. Die Nachlassverwaltung wird legal definiert als **Nachlasspflegschaft** zum Zwecke der Befriedigung der Nachlassgläubiger, § 1975 BGB. Stellt sich während der Nachlassverwaltung heraus, dass der Nachlass überschuldet oder zahlungsunfähig ist, wird die Nachlasspflegschaft beendet, § 1988 Abs. 1 BGB. Antragsberechtigt ist der Erbe stets, § 1981 Abs. 1 BGB. Ablehnungsgrund ist hier nur das Fehlen einer die Kosten deckenden Masse, § 1982 BGB. Beantragt ein Nachlassgläubiger die Nachlassverwaltung, muss dieser gemäß § 1982 Abs. 2 BGB binnen 2 Jahren ab Annahme der Erbschaft den Antrag stellen und zugleich glaubhaft machen,[128] dass die Befriedigung sämtlicher Nachlassgläubiger aus dem Nachlass gefährdet sei. Mit der Anordnung der Nachlassverwaltung verliert der Erbe das **Verwaltungs- und Verfügungsrecht** über den Nachlass, § 1984 Abs. 1 BGB. Die gemäß §§ 1922, 1967 BGB eingetretene Vereinigung von Nachlassvermögen und Eigenvermögen wird wieder aufgehoben. Anfall der Erbschaft und Anordnung der Nachlassverwaltung fallen zeitlich in aller Regel auseinander. In der Zwischenzeit hat der Erbe in aller Regel Verwaltungsmaßnahmen über und für den Nachlass getätigt. Gemäß § 1978 BGB wird der Erbe für die zwischenzeitlichen Verwaltungsmaßnahmen rückwirkend als Beauftragter oder Geschäftsführer ohne Auftrag angesehen und ist den Nachlassgläubigern in diesem Umfang verantwortlich. In diesem Umfang steht dem Erben für seine zwischenzeitliche Verwaltungstätigkeit gemäß § 1978 Abs. 3 BGB ein Aufwendungsersatzanspruch zu. Die Nachlassverwaltung **endet** entweder, wenn das Nachlassinsolvenzverfahren zu eröffnen ist, § 1988 Abs. 1 BGB, oder wenn der Nachlassverwalter sämtliche Nachlassverbindlichkeiten berichtigt und gemäß §§ 1915, 1890 BGB Schlussrechnung gelegt hat und den Nachlass anschließend dem Erben ausantwortet, § 1986 Abs. 1 BGB. Bei noch nicht erfüllbaren oder streitigen Verbindlichkeiten ist vor der Ausantwortung den betreffenden Gläubigern **Sicherheit** zu leisten, § 1986 Abs. 2 Satz 1 BGB. Sollte sich nach Abschluss der Nachlassverwaltung ein noch nicht befriedigter Nachlassgläubiger an den Erben wenden, kann der Erbe den Gläubiger – unbeschadet weiterer Haftungsausschließungs- und Begrenzungsmöglichkeiten – auf den noch vorhandenen Nachlassrest verweisen, ohne erneut das Eigenvermögen vom ererbten Nachlassvermögen trennen zu müssen. Denn der Erbe durfte sich auf die Aushändigung eines schuldenfreien Nachlasses durch den Nachlassverwalter verlassen.[129] Der Erbe kann also die Nachlassverwaltung einsetzen, damit sämtliche Nachlassgläubiger befriedigt werden und er nach Abschluss des Verfahrens etwaige weitere Gläubiger ebenfalls auf den **Nachlassrest** verweisen kann. Zusätzlich hat dieses Vorgehen für den Er-

---

[128] *Palandt/Edenhofer* § 1981 Rn 6.

[129] BGH NJW 1954, 635, 636.

ben den Vorteil, dass die Nachlassverwaltung in das Nachlassinsolvenzverfahren übergeleitet wird, wenn sich herausstellt, dass der Nachlass nicht ausreicht, um alle Nachlassgläubiger zu befriedigen.

91 **c) Nachlassinsolvenzverfahren.** Das Nachlassinsolvenzverfahren ist geregelt in den §§ 1975 ff. BGB sowie in §§ 315 ff. InsO. **Antragsberechtigt** sind der Erbe, der Nachlassverwalter sowie ein anderer Nachlasspfleger, ein Testamentsvollstrecker und jeder Nachlassgläubiger, § 317 Abs. 1 InsO. Bei mehreren Miterben kann auch ein Miterbe allein den Insolvenzantrag stellen, wenn er den Eröffnungsgrund glaubhaft macht; die übrigen Erben sind zu hören, § 137 Abs. 2 InsO. Ist Testamentsvollstreckung angeordnet und beantragt entweder nur der Testamentsvollstrecker oder nur der Erbe das Nachlassinsolvenzverfahren, ist der jeweils andere Teil zu hören, § 317 Abs. 3 InsO. Das Gesetz sieht in § 319 InsO eine **Ausschlussfrist** vor: Nach Ablauf von 2 Jahren ab Annahme der Erbschaft kann die Eröffnung des Insolvenzverfahrens nicht mehr beantragt werden. **Eröffnungsgründe** sind Überschuldung oder Zahlungsunfähigkeit des Nachlasses, §§ 320 InsO, 1980 BGB. Zur **Insolvenzmasse** gehört das zum Zeitpunkt der Nachlassinsolvenzeröffnung, nicht das zum Zeitpunkt des Erbfalles bestehende Nachlassvermögen.[130] Das Nachlassinsolvenzverfahren ist ein Sonderinsolvenzverfahren gemäß § 11 Abs. 2 Ziffer 2 InsO.[131] Der Insolvenzgrund ist nicht in der Person des Erben, der Träger sowohl des Nachlasses als auch seines bisherigen Eigenvermögens geworden ist, entstanden. Das Nachlassinsolvenzverfahren betrifft nur das abgesonderte Nachlassvermögen, nicht das Eigenvermögen des Erben.[132] **Insolvenzgläubiger** sind daher ausschließlich die Nachlassgläubiger, was sich auch aus § 325 InsO ergibt. Reicht die vorhandene Masse des Nachlassvermögens nicht aus, um die voraussichtlichen Kosten des Insolvenzverfahrens zu decken, wird das Nachlassinsolvenzverfahren gar nicht erst eröffnet, §§ 1982 BGB, 26 InsO, es sei denn, es wird ein Kostenvorschuss für die Durchführung des Verfahrens geleistet, § 26 Abs. 1 Satz 2 InsO. Das Gleiche ergibt sich, wenn sich während des eröffneten Nachlassinsolvenzverfahrens herausstellt, dass die Verfahrenskosten nicht bedeckt werden können, § 207 Abs. 1 InsO. Wird das Verfahren mangels Masse nicht eröffnet oder mangels Masse nach Eröffnung eingestellt, kann der Erbe die Dürftigkeitseinrede nach § 1990 BGB erheben. Wird das Nachlassinsolvenzverfahren nach seinem Abschluss aufgehoben, haftet der Erbe den Nachlassgläubigern, soweit sie mit ihrer Forderung ausgefallen sind, nur noch mit dem vorhandenen Restnachlass, § 1975 BGB.

92 **d) Dürftigkeitseinrede, § 1990 BGB.** Es handelt sich um eine haftungsbeschränkende Einrede. Reichen die vorhandenen Nachlassmittel nicht aus, um eine Nachlassverwaltung oder ein Nachlassinsolvenzverfahren durchzuführen, greift die Haftungsbeschränkung des § 1975 BGB nicht ein. Um eine **Haftungsbeschränkung** auf das ererbte Vermögen

[130] *Nerlich/Römermann/Riering* § 315 Rn 23.
[131] *Nerlich/Römermann/Riering* § 315 Rn 12.
[132] *Nerlich/Römermann/Riering* § 315 Rn 12.

herbeizuführen, braucht der Erbe nicht die Kosten für die Durchführung des Nachlassinsolvenzverfahrens gemäß § 26 Abs. 1 Satz 2 InsO vorzuschießen. Er kann stattdessen die Erfüllung von Nachlassverbindlichkeiten unter Hinweis auf die Dürftigkeit des Nachlasses insoweit verweigern, als der Nachlass nicht ausreicht.[133] Dadurch kann der Erben den Zugriff auf sein **Eigenvermögen** abwehren. Prozessual muss der Erbe die **Einrede** erheben und als **Vorbehalt** im Sinne von § 780 Abs. 1 ZPO geltend machen. Unterlässt er dieses und nimmt das Gericht daher einen entsprechenden Vorbehalt nicht auf, kann er sich auf die beschränkte Erbenhaftung im Zwangsvollstreckungsverfahren nicht berufen, § 780 Abs. 1 ZPO. Erhebt der Erbe die Dürftigkeitseinrede, muss er den noch vorhandenen Restnachlass den Nachlassgläubigern zum Zwecke der Befriedigung durch Zwangvollstreckung zur Verfügung stellen, § 1990 Abs. 1 Satz 2 BGB. Den **Nachweis der Dürftigkeit** kann der Erbe auf zwei Arten erbringen: Eine Dürftigkeit kraft Tatbestandswirkung liegt zunächst dann vor, wenn das Nachlassgericht die bereits eingeleitete Nachlassverwaltung oder das Nachlassinsolvenzverfahren mangels Masse aufhebt oder einstellt. Die entsprechende Entscheidung des Nachlassgerichtes ist für das Prozessgericht bindend.[134] Die gleiche Bindungswirkung ergibt sich, wenn das Nachlassgericht gemäß § 1982 BGB oder § 26 InsO die Nachlassverwaltung oder die Eröffnung des Nachlassinsolvenzverfahrens ablehnt.[135] Fehlt es an solchen bindenden Entscheidungen des Nachlassgerichtes, kann der Erbe auch die tatsächliche Dürftigkeit des Nachlasses nach allgemeinen prozessualen Regeln beweisen. Auch hier hilft dem Erben die Errichtung des **Nachlassinventars** mit der Vermutungswirkung des § 2009 BGB. Der Erbe kann die Möglichkeit der Dürftigkeitseinrede wie auch die anderen Haftungsbeschränkungsmöglichkeiten verlieren, z. B. durch Überschreiten einer gesetzten Inventarfrist oder durch absichtlich unrichtiges Erstellen eines Inventars.

e) Überschwerungseinrede, § 1992 BGB. Diese Einrede gibt dem **93**
Erben die Möglichkeit, seine Haftung nach Maßgabe der §§ 1990, 1991 BGB auf das vorhandene Nachlassvermögen gegenüber Vermächtnisnehmern und Auflagenbegünstigten zu beschränken. Voraussetzung ist dabei nicht, dass der Nachlass dürftig ist, sofern die Überschuldung des Nachlasses auf der Beschwerung mit Vermächtnissen und Auflagen beruht. Der Erbe soll für diese Beschwerungen also nur mit dem vorhandenen Nachlass haften.[136] Der Erbe kann also auch hier die Erfüllung einer Verbindlichkeit, und zwar einer Verbindlichkeit auf Erfüllung von Auflagen oder Vermächtnissen, insoweit verweigern, als er dafür sein Eigenvermögen angreifen müsste. Voraussetzung für § 1992 BGB ist das beruhen der Überschuldung auf Vermächtnissen und Auflagen. Hieraus folgt, dass die Überschuldung nicht auch ohne Berücksichtigung von Vermächtnissen und Auflagen bestehen darf. Ist dieses der Fall, kann der Erbe seine Haf-

[133] *Palandt/Edenhofer* § 1990 Rn 9.
[134] *Ebenroth* Rn 1161 m. w. N.
[135] BGH NJW-RR 1989, 1226, 1227.
[136] MüKo/*Siegmann* § 1992 Rn 1.

tung gegenüber Vermächtnisnehmern und Auflagenbegünstigten nur durch Beantragung der Nachlassverwaltung, des Nachlassinsolvenzverfahrens oder durch erheben der Dürftigkeitseinrede beschränken.[137]

94 **f) Gläubigeraufgebot.** Mit dem in §§ 1970 bis 1974 BGB geregelten Aufgebot der Nachlassgläubiger soll sich der Erbe einen **Überblick** über die vorhandenen Nachlassverbindlichkeiten schaffen können. Das Aufgebotsverfahren selbst ist in den §§ 946 bis 959 sowie 989 bis 1000 ZPO geregelt. Es handelt sich um eine besondere **Prozessart**, nicht um ein Verfahren der freiwilligen Gerichtsbarkeit. Prozessual führt das Aufgebotsverfahren zum Erlass des so genannten **Ausschlussurteils** gemäß § 952 ZPO. Wenn das Aufgebotsverfahren auch nicht zu einer allgemeinen Beschränkung der Erbenhaftung führt, kann der Erbe gemäß § 1973 BGB seine Haftung gegenüber einzelnen Gläubigern beschränken. Gemäß § 1973 Abs. 1 Satz 1 BGB kann der Erbe die durch Ausschlussurteil nach § 952 ZPO ausgeschlossenen Nachlassgläubiger darauf verweisen, dass er diesen gegenüber nur mit dem Nachlassüberschuss haftet, der nach Befriedigung der nicht ausgeschlossenen Nachlassgläubiger verbleibt. Eine Haftung mit dem **Eigenvermögen** kann dadurch ausgeschlossen werden. Lediglich einen vorhandenen Überschuss nach Befriedigung der übrigen, nicht ausgeschlossenen Nachlassgläubiger muss der Erbe gemäß § 1973 Abs. 2 BGB zum Zwecke der Befriedigung durch Zwangsvollstreckung herausgeben. Diese Verpflichtung kann der Erbe gemäß § 1973 Abs. 2 Satz 2 BGB durch Zahlung des Wertes der überschüssigen Nachlassgegenstände abwenden. Durch das Aufgebotsverfahren kann der Erbe also verhindern, dass ausgeschlossene Nachlassgläubiger auf sein Eigenvermögen zugreifen.

95 **g) Verschweigungseinrede, § 1974 BGB.** Macht ein Nachlassgläubiger seine Forderung erst später als 5 Jahre nach dem Erbfall gegenüber dem Erben geltend, muss sich der betreffende Nachlassgläubiger so behandeln lassen, als sei ein Aufgebotsverfahren durchgeführt und er durch Ausschlussurteil ausgeschlossen worden. Der Erbe kann also die gleiche Einrede wie im Falle des § 1973 BGB erheben. Eine Ausnahme gilt, wenn dem Erben die Forderung bekannt war oder der Nachlassgläubiger sie im Aufgebotsverfahren angemeldet hatte. Eine Kenntnis des Erben ist bereits dann zu bejahen, wenn er weiß, dass sich der betreffende Gläubiger einer Forderung berühmt.[138]

4. Erbschaftskauf

96 Der Vollständigkeit halber soll auch der Erbschaftskauf kurz angesprochen werden. Es handelt sich hierbei um einen schuldrechtlichen Kaufvertrag über die angefallene Erbschaft, also die Gesamtheit des dem Erben zugefallenen Nachlassvermögens.[139] Der Erbschaftskauf kann sich sowohl beziehen auf eine Alleinerbschaft oder eine Miterbschaft, aber auch auf

---

137 *Ebenroth* Rn 1162 m. w. N.

138 MüKo/*Siegmann* § 1974 Rn 3.

139 *Palandt/Edenhofer* Überblick vor § 2371 Rn 1.

ein Nacherbe.[140] Der Vertrag bedarf der **notariellen Form**, § 2371 BGB. Gemäß § 2378 BGB muss der Käufer den Verkäufer, also den Erben, im Innenverhältnis aus der Haftung für Nachlassverbindlichkeiten weitestgehend **freistellen**. Ab wirksamem Vertragsschluss haftet der Erbschaftskäufer **gesamtschuldnerisch** neben dem verkaufenden Erben den Nachlassgläubigern,[141] die Haftung des Erben und zugleich des Verkäufers für Nachlassverbindlichkeiten bleibt im Außenverhältnis den Nachlassgläubigern gegenüber also bestehen.[142] Der Umfang der Käuferhaftung richtet sich nach der des Erben, also nach § 1967 BGB.[143] Der Erbschaftskäufer wird zwar nicht Erbe, er wird jedoch weitestgehend gestellt wie der Erbe. Er kann beispielsweise seine Haftung durch Beantragung von Nachlassverwaltung oder Nachlassinsolvenzverfahren beschränken, ebenso kann er die Einreden der §§ 1990, 1992 BGB erheben.[144] Als Gestaltungsmittel der Unternehmensnachfolge dürfte der Erbschaftskauf aber ein wenig geeignetes Mittel sein. Geht es dem Erwerber darum, ein in den Nachlass gefallenes Unternehmen zu erwerben, hat er regelmäßig kein Interesse daran, eine Gesamtheit von Sachen und Forderungen sowie Verbindlichkeiten und nicht nur das Unternehmen oder die Beteiligung daran zu erwerben.

5. Mehrheit von Erben

In der Regel wird der Erblasser entweder kraft letztwilliger Verfügung oder kraft Gesetzes nicht lediglich von einer Person, sondern von mehreren Personen beerbt. Diese Personen bilden die Miterbengemeinschaft, im folgenden Erbengemeinschaft genannt. Die Erbengemeinschaft ist in §§ 2032 bis 2063 BGB geregelt. Bei der Erbengemeinschaft handelt es sich mangels abweichender Anordnungen des Erblassers um eine **Liquidationsgemeinschaft**. Sie ist darauf angelegt, dass der Nachlass unter den Miterben auseinander gesetzt und aufgeteilt wird. Diese Auseinandersetzung und Aufteilung ist in der Regel nicht unmittelbar nach dem Erbfall möglich. Die Zuordnung der einzelnen zum Nachlass gehörenden Vermögensgegenstände muss gegebenenfalls noch ermittelt werden, die Gegenstände häufig bewertet werden. Ebenso müssen die Nachlassgläubiger befriedigt werden. Bis zur späteren Auseinandersetzung ist daher in aller Regel eine Verwaltung des Nachlasses durch die Erbengemeinschaft erforderlich. Hier liegt ein Schwerpunkt der gesetzlichen Regelungen. 97

a) Gesamthandsgemeinschaft. Die Erbschaft bleibt nach dem Erbfall zunächst zusammen. Der Nachlass steht den Miterben gemeinschaftlich zur gesamten Hand zu, § 2032 Abs. 1 BGB. Dieses führt dazu, dass der einzelne Miterbe nicht einen seinem Erbanteil entsprechenden Anteil an den einzelnen Nachlassgegenständen erhält. Vielmehr gehört der Gesamt- 98

---

140 *Palandt/Edenhofer* Überblick vor § 2371 Rn 1.
141 BGH NJW 1967, 1128, 1129.
142 *Palandt/Edenhofer* § 2382 Rn 1.
143 *Palandt/Edenhofer* § 2382 Rn 2.
144 *Ebenroth* Rn 1212 a. E.

nachlass jedem der Eben als **Sondervermögen** gemeinsam mit den anderen Erben. Die einzelnen Nachlassgegenstände stehen im **Gesamthandseigentum**, die zum Nachlass gehörenden Forderungen sind Gesamthandsforderungen.[145] Der einzelne Miterbe kann daher nicht über einen ideellen Anteil an einzelnen Nachlassgegenständen verfügen.[146] Dieses gilt selbst dann, wenn der Nachlass nur noch aus einer Sache besteht.[147] Hierin liegt also der wesentliche Unterschied zu einer Bruchteilsgemeinschaft, § 2033 Abs. 2 BGB.

99 Lediglich gemeinschaftlich können alle Miterben über einzelne Nachlassgegenstände wirksam verfügen, § 2040 BGB. Verfügt ein einzelner Miterbe entgegen § 2040 BGB über Nachlassgegenstände, ist diese **Verfügung** ohne vorherige Einwilligung oder nachträgliche Genehmigung durch die Miterben unwirksam.[148] Allein kann jeder Miterbe jedoch über seinen Anteil an dem gesamthänderisch gebundenen Nachlassvermögen insgesamt verfügen, also über seine quotale Beteiligung am Gesamthandsvermögen.

100 Eine Besonderheit der Erbengemeinschaft gegenüber anderen Personenmehrheiten mit gesamthänderisch gebundenem Vermögen liegt darin, dass die Erbengemeinschaft eine **Zwangsgemeinschaft** ist. Wer Mitglied dieser Gemeinschaft wird, bestimmt sich entweder nach der letztwilligen Verfügung des Erblassers oder nach Gesetz, jedenfalls nicht nach dem Willen der Mitglieder dieser Gemeinschaft. Da es für das Wohl des gesamthänderisch gebundenen Nachlassvermögens häufig entscheidend darauf ankommt, dass die Verwaltung desselben bis zur Auseinandersetzung der Erbengemeinschaft sachgemäß und ohne Ansehung der privaten Interessen einzelner Miterben erfolgt und hierzu in der Regel die Mitwirkung oder zumindest Zustimmung aller Mitglieder der Erbengemeinschaft erforderlich ist, besteht gerade hier für den zukünftigen Erblasser Handlungsbedarf. Er ist gehalten, gegebenenfalls durch letztwillige Verfügung sicherzustellen, dass Mitglieder der Erbengemeinschaft jedenfalls nicht solche Personen werden, von denen von vornherein klar ist, dass es zu Streitereien kommen wird. Gegebenenfalls kann der Erblasser einzelne Personen vermögensmäßig durch Aussetzung eines Vermächtnisses bedenken und zugleich entweder enterben oder nicht zum Erben einsetzen. Dabei muss der zukünftige Erblasser selbstverständlich auch etwaige Pflichtteilsansprüche dieser Person berücksichtigen. Den übrigen Miterben steht ein gesetzliches Vorkaufsrecht zu, wenn ein Miterbe in Übereinstimmung mit § 2033 Abs. 1 Satz 1 BGB seinen Miterbenanteil verkaufen möchte, §§ 2034 ff. BGB.[149]

101 Den Bestand bzw. den Wert des Nachlassvermögens in seiner gesamthänderischen Bindung sichert § 2041 BGB durch die Anordnung einer **dinglichen Surrogation**.

---

145 *Palandt/Edenhofer* § 2032 Rn 1.
146 *Sudhoff/Scherer* § 14 Rn 2.
147 BGH NJW 2001, 2396, 2397.
148 RGZ 129, 284, 286.
149 Die Einzelheiten stellt *Ann* dar in ZEV 1994, 343.

b) Verwaltung. Das Gesetz regelt die Verwaltung des Nachlasses durch die Erbengemeinschaft in §§ 2038 bis 2040 BGB. Zu unterscheiden ist bei der Verwaltung das Innenverhältnis der Erbengemeinschaft, nämlich die Beschlussfassung über einzelne Verwaltungsmaßnahmen, vom Außenverhältnis. Das Außenverhältnis wird durch die Frage geprägt, wer welche Befugnisse besitzt, die Miterbengemeinschaft nach außen zu vertreten. **102**

aa) Innenverhältnis. Aus § 2038 Abs. 1 Satz 2 BGB folgt zunächst, dass jeder Erbe gegenüber den Miterben verpflichtet ist, an der Nachlassverwaltung mitzuwirken. Das gewinnt praktische Bedeutung angesichts der Tatsache, dass es sich bei der Erbengemeinschaft um eine Zwangsgemeinschaft handelt. Die **Mitwirkungspflicht** kann sich zum einen auf die Zustimmung eines Miterben zu einer gemeinsamen Verwaltungsmaßnahme beziehen. Unter Umständen kann die Mitwirkungspflicht jedoch auch bedeuten, dass der betreffende Miterbe selbst aktiv **Verwaltungsmaßnahmen** für den Nachlass durchführen muss.[150] Die Mitwirkung eines einzelnen Miterben kann von den übrigen eingeklagt werden.[151] Die Mitwirkungspflicht besteht jedoch nur gegenüber den Miterben, nicht auch gegenüber außenstehenden Dritten: Ein Dritter kann sich nicht darauf berufen, die von einem einzelnen oder mehreren Miterben getroffenen Maßregeln seien notwendig und aus diesem Grund müssten die übrigen Miterben mitwirken oder zustimmen müssen.[152] Es stellt sich die Frage, welche Stimmmehrheiten innerhalb der Erbengeinschaft notwendig sind, um einzelne Maßnahmen zu beschließen. Hier ist zwischen den unterschiedlichen Arten von Maßnahmen zu unterscheiden. § 2038 Abs. 2 BGB verweist auf einzelne Vorschriften des Gemeinschaftsrechts, unter anderem auf § 745 BGB: Ebenso wie bei der Bruchteilsgemeinschaft reicht die Stimmenmehrheit aus, um **Maßnahmen der ordnungsgemäßen Nachlassverwaltung** zu beschließen. Die **nicht ordnungsgemäße Verwaltung** bedarf dagegen der Mitwirkung aller Erben.[153] Die ordnungsgemäße Verwaltung ist diejenige, die der Beschaffenheit des betroffenen Gegenstandes des Nachlassvermögens sowie dem Interesse aller Miterben nach billigem Ermessen entspricht, §§ 2038 Abs. 2, 745 Abs. 2 BGB. Es handelt sich hierbei grundsätzlich um die Maßnahmen der laufenden Verwaltung, wobei eine wirtschaftliche Beurteilung anzustellen ist.[154] Als Beispiele seien genannt die Einziehung von Nachlassforderungen, der Abschluss von Mietverträgen oder die Kündigung eines bestehenden Mietverhältnisses.[155] Schließlich begründet § 2038 Abs. 1 Satz 2 BGB das Recht jedes Miterben zur Durchführung von Maßnahmen der **Notgeschäftsführung**, also insbesondere Maßnahmen, die zur Erhaltung des Nachlasses und seiner einzelnen Bestandteile erforderlich sind. Die

---

150 *Palandt/Edenhofer* § 2038 Rn 8.

151 BGHZ 6, 76, 82; *Palandt/Edenhofer* § 2038 Rn 8.

152 Vgl. BGH NJW 1958, 2061, 2062.

153 *Sudhoff/Scherer* § 14 Rn 7.

154 BGH FamRZ 1965, 267, 268; *Palandt/Edenhofer* § 2038 Rn 6.

155 Nachweise bei *Palandt/Edenhofer* § 2038 Rn 7.

Berechnung der Mehrheiten erfolgt **nach Erbteilen**, nicht nach Köpfen.[156]

103 *bb) Außenverhältnis.* Hier stellt sich in erster Linie die Frage der Vertretungsmacht. Der für andere Gesamthandsgemeinschaften geltende strenge Grundsatz des gemeinschaftlichen Handelns aller Mitglieder der Gesamthandsgemeinschaft wird bei der Erbengemeinschaft durch spezielle Vorschriften durchbrochen.

104 Typische **Verpflichtungsgeschäfte**, an denen eine Erbengemeinschaft beteiligt ist, sind beispielsweise die Vermietung von Nachlassgegenständen, auf Nachlassgegenstände bezogene Reparatur – und damit Werkverträge sowie gegebenenfalls die Aufnahme eines erforderlichen Kredites. Bei solchen Verpflichtungsgeschäften wird wiederum unterschieden zwischen Maßnahmen der ordnungsgemäßen Verwaltung, Maßnahmen der außerordentlichen Verwaltung sowie so genannte Notmaßnahmen. Die zuletzt genannten Notmaßnahmen gemäß § 2038 Abs. 1 Satz 2 BGB kann jeder einzelne Miterbe auch im Außenverhältnis mit Wirkung für und gegen die Erbengemeinschaft durchführen.[157] Bei Maßnahmen der so genannten ordnungsgemäßen Verwaltung schlägt der für die Entscheidungsfindung im Innenverhältnis getroffene Mehrheitsbeschluss durch auf das Außenverhältnis: Die Mehrheit der Mitglieder der Erbengemeinschaft gemeinschaftlich oder ein einzeln von ihnen beauftragter Miterbe können die Miterbengemeinschaft im Außenverhältnis wirksam **vertreten**.[158] Der oder die im Außenverhältnis handelnden Miterben müssen bei solchen Verpflichtungsgeschäften für den Nachlass stets darauf achten, dass deutlich wird, dass sie für den Nachlass handeln; anderenfalls gelten die abgeschlossenen Geschäfte gemäß § 164 Abs. 2 BGB als Eigengeschäfte. Schließlich gibt es Maßnahmen, die über eine ordnungsgemäße Verwaltung des Nachlasses bis zur Auseinandersetzung hinausgehen oder einer solchen Verwaltung an sich zuwider laufen. Solche Maßnahmen der nicht ordnungsgemäßen Verwaltung bedürfen auch zur Begründung von Rechten und Pflichten im Außenverhältnis der Mitwirkung durch alle Miterben oder zumindest eine entsprechende Bevollmächtigung einer Person durch sämtliche Miterben. § 2039 BGB trifft für die Geltendmachung von Nachlassansprüchen – regelmäßig eine Maßnahme der ordnungsgemäßen Verwaltung – eine Sonderregelung: Jeder einzelne Miterbe kann mit Wirkung im Außenverhältnis **Nachlassforderungen geltend** machen, er muss dabei jedoch Leistung an die Erbengemeinschaft verlangen.

105 Zu **Verfügungsgeschäften** zählt insbesondere die Veränderung oder die Belastung von Rechten, beispielsweise auch die Veräußerung einzelner Nachlassgegenstände. Zu den Verfügungsgeschäften werden deshalb auch rechtsgestaltende Willenserklärungen wie Anfechtung und Kündigung gezählt.[159] Denn auch solche rechtsgestaltenden Erklärungen verändern bestehende Rechte und Pflichten und wirken daher unmittelbar auf diese

---

[156] *Palandt/Edenhofer* § 2038 Rn 10 m. w. N.

[157] BGH NJW 1958, 2061, 2062; *Ebenroth* Rn 763; *Sudhoff/Scherer* § 14 Rn 10.

[158] BGHZ 56, 47, 50; *Ebenroth* Rn 763.

[159] *Sudhoff/Scherer* § 14, Rn 11; *Ebenroth* Rn 765.

Rechte und Pflichten ein. Aus § 2040 Abs. 1 BGB folgt zunächst, dass eine Verfügung mit Wirkung im Außenverhältnis über einen zum Nachlass gehörenden Gegenstand nur **gemeinschaftlich** von allen Miterben vorgenommen werden kann. Hier besteht also ein Widerspruch zu dem Notgeschäftsführungsrecht des § 2038 Abs. 1 Satz 2 BGB. Zumindest bei **Notverwaltungsmaßnahmen** geht die herrschende Meinung davon aus, dass diese auch im Außenverhältnis mit Wirkung für und gegen die Erbengemeinschaft von einem einzelnen Erben getätigt werden können.[160] Verfügungen, die sich als Maßnahmen der außerordentlichen Verwaltung darstellen, müssen auch im Außenverhältnis gemäß dem Wortlaut von § 2040 Abs. 1 BGB von allen Miterben ausgeführt werden oder die Erbengemeinschaft bevollmächtigt einstimmig eine Person, die die Gemeinschaft vertreten soll. Sobald sich Verfügungen über einzelne Nachlassgegenstände als Ausdruck der ordnungsgemäßen Verwaltung darstellen, ist es umstritten, ob hier gemäß dem Wortlaut von § 2040 Abs. 1 BGB der strenge Grundsatz der gemeinschaftlichen Vertretung gilt oder ob in Anlehnung an das Innenverhältnis auch im Außenverhältnis eine bloße Mehrheit ausreicht.[161] Für die Beratungspraxis bedeutet dieses, dass aus Gründen der Rechtssicherheit auch Verfügungen, die sich als Maßnahme der ordnungsgemäßen Verwaltung darstellen, im Außenverhältnis gemeinschaftlich vorgenommen werden sollten.

cc) Handlungsfähigkeit. Die Frage, ob Einstimmigkeit im Innenverhältnis oder gemeinschaftliches Handeln im Außenverhältnis notwendig ist, zeigt, dass die Mitglieder der Erbengemeinschaft in zahlreichen Fällen der Nachlassverwaltung schon aus Rechtssicherheitsgründen **gemeinschaftlich** handeln müssen. Das bedeutet, dass ein einzelnes Mitglieder der Erbengemeinschaft zahlreiche sinnvolle und gebotene Verwaltungsmaßnahmen im Innen- wie im Außenverhältnis blockieren kann. Es zeigt sich hier im besonderen Maße, dass der zukünftige Erblasser am besten bereits zu Lebzeiten genau überlegen und durch letztwillige Verfügung umsetzen muss, wer Mitglied der Erbengemeinschaft werden soll. **106**

Zur Verbesserung der Handlungsfähigkeit wird es sich darüber hinaus regelmäßig anbieten, dass einem Mitglied der Erbengemeinschaft **rechtsgeschäftliche Vertretungsmacht** eingeräumt wird, die Erbengemeinschaft zu vertreten und insoweit auch zu verpflichten. Gehört zum Nachlass und damit in das gesamthänderisch gebundene Nachlassvermögen der Erbengemeinschaft eine Beteiligung an einem Unternehmen, wirken die zuvor dargestellten Regularien für die Erbengemeinschaft häufig nicht, weil gesellschaftsrechtliche Vorschriften für die Verwaltung der unternehmerischen Beteiligung durch die Erbengemeinschaft abweichende Regeln vorsehen.[162] **107**

c) Auseinandersetzung der Erbengemeinschaft. Jeder Miterbe kann grundsätzlich **jederzeit** die Auseinandersetzung des Nachlasses verlangen, **108**

[160] *Sudhoff/Scherer* § 14 Rn 11; *Ebenroth* Rn 765.
[161] Nachweise bei *Sudhoff/Scherer* § 14 Rn 11.
[162] Siehe oben zu den einzelnen Gesellschaftsformen Kapitel B § 2.

§ 2042 I BGB. Im Gegensatz zu der Regelung bei zur GbR in § 723 II BGB ist der einzelne Miterbe nicht daran gehindert, die Auseinandersetzung auch zur so genannten Unzeit zu verlangen; der Miterbe ist lediglich zu einer gewissen Rücksichtnahme auf die Miterben gehalten und kann sich andernfalls dem Vorwurf des Rechtsmissbrauchs aussetzen.[163] Ein Anspruch auf **Teilauseinandersetzung** hinsichtlich einzelner Nachlassgegenstände besteht nicht. Die Miterben sind allerdings berechtigt, einstimmig und einvernehmlich eine Teilauseinandersetzung sowohl in persönlicher als auch in gegenständlicher Hinsicht vorzunehmen.[164] Bei Einvernehmlichkeit kann also entweder ein einzelner Miterbe aus der Erbengemeinschaft ausscheiden und dafür Nachlassgegenstände oder eine Abfindungszahlung erhalten, so genannte Abschichtung.[165] Oder einzelne Nachlassgegenstände werden vorab auf einzelne Miterben verteilt. § 2043 BGB ordnet einen Aufschub der Auseinandersetzung der Erbengemeinschaft an, soweit die **Geburt eines Miterben** ansteht und daher die Erbteile noch nicht endgültig zu bestimmen sind. Ebenso wird nach dieser Vorschrift eine Auseinandersetzung ausgeschlossen, solange die Erbteile noch deshalb umbestimmt sind, weil über die Frage der Wirksamkeit einer Kindesannahme eines potentiellen Miterben nicht endgültig entschieden ist. Von größerer Bedeutung ist die Möglichkeit des Erblassers, gem. § 2044 BGB die **Auseinandersetzung** der Erbengemeinschaft durch letztwillige Verfügung ganz oder hinsichtlich einzelner Nachlassgegenstände **auszuschließen**. Ein Motiv für den Erblasser, die Auseindersetzung auszuschließen, besteht beispielsweise darin, dem Überlebenden Ehegatten eine vertraute Umgebung zu erhalten.[166] Zu beachten ist, dass das Auseinandersetzungsverbot des Erblassers nur schuldrechtliche, **nicht** aber **dingliche Wirkung** hat. Es folgt also aus dem Auseinandersetzungsverbot kein dinglich wirkendes Verfügungsverbot. Die Erben können sich einvernehmlich über das Verbot hinwegsetzen und eine Auseinandersetzung ganz oder teilweise vornehmen.[167] Auch den Miterben steht es frei, einvernehmlich schuldrechtlich einen Ausschluss der Auseinandersetzung zu vereinbaren. Das vom Erblasser ausgesprochene Auseinandersetzungsverbot verliert grundsätzlich spätestens mit Ablauf von 30 Jahren seit Erbfall seine Wirkung, § 2044 Abs. 2 S. 1 BGB. Auch das unter den Miterben vereinbarte Auseinandersetzungsverbot kann bei Vorliegen eines wichtigen Grundes oder bei Tod eines Erben umgangen werden, §§ 2042 Abs. 2, 749 Abs. 2 S. 1, 750 BGB.

109 Die **Durchführung der Auseinandersetzung** ist geregelt in den §§ 2046 ff. BGB sowie in §§ 2042, 752–757 BGB. Die Vorschriften sind **dispositiv**. Der Erblasser kann in seiner letztwilligen Verfügung hiervon abweichen, ebenso die Miterben, wenn hierüber Einigkeit, also Einstimmigkeit besteht.[168] Kernpunkt der Auseinandersetzung ist, dass zunächst

---

[163] *Palandt/Edenhofer* § 2042 Rn 1.
[164] *Palandt/Edenhofer* § 2042 Rn 17.
[165] *Palandt/Edenhofer* § 2042 Rn 18; *Sudhoff/Scherer* § 14 Rn 14.
[166] *Sudhoff/Scherer* § 14 Rn 15.
[167] *Ebenroth* Rn 774.
[168] *Sudhoff/Scherer* § 14 Rn 17.

aus dem vorhandenen Nachlassvermögen die Nachlassverbindlichkeiten beglichen werden müssen, § 2046 Abs. 1 S. 1 BGB. Erforderlichenfalls müssen hier zu Nachlassgegenstände verwertet werden, § 2046 Abs. 3 BGB. Da diese Vorschriften dispositiv sind, können die Miterben den Nachlass bereits vor Begleichung aller Nachlassverbindlichkeiten teilen. Dann verlieren die Miterben jedoch das Privileg des § 2059 BGB, die Haftung für Nachlassverbindlichkeiten mit dem Eigenvermögen zunächst zu verweigern. Denn dieses Privileg besteht nur bis zur Teilung. Es dürfte daher grundsätzlich im Interesse jedes Miterben stehen, sich an die gesetzliche Reihenfolge zu halten und vor der Verteilung von Nachlasswerten die Nachlassverbindlichkeiten zu berichtigen.

Sind die Nachlassverbindlichkeiten berichtigt, ist das dann noch vorhandene Nachlassvermögen unter den Miterben zu verteilen. Da das Nachlassvermögen in der Regel auch aus nicht teilbaren Vermögensgegenständen besteht, sind die Miterben in der Regel gehalten, die Verteilung in einem Auseinandersetzungsvertrag zu regeln. Grundsätzlich bedarf ein solcher Vertrag **keiner Form**, kann also auch mündlich geschlossen werden. Zu beachten sind jedoch die Formvorschriften, die für die einzelnen Nachlassgegenstände gelten. So bedarf der Auseinandersetzungsvertrag dann zum Beispiel der **notariellen Beurkundung**, wenn ein Grundstück oder ein Geschäftsanteil an einer GmbH im Wege der Auseinandersetzung an einen oder mehrerer Miterben übertragen werden sollen, § 311 b BGB bzw. § 15 IV GmbHG. Zusätzlich zum Abschluss eines Auseinandersetzungvertrages ist es erforderlich, diesen Vertrag im Einzelnen dinglich zu vollziehen und beispielsweise die Auflassung eines Grundstückes oder die Abtretung von Forderungen zu erklären. **110**

Wenn der Erblasser eine Auseinandersetzungsanordnung trifft, erfolgt dieses meist in der Form einer **Teilungsanordnung** gem. § 2048 BGB. Der durch die Teilungsanordnung begünstigte Miterbe kann schuldrechtlich von der Miterbengemeinschaft verlangen, dass ihm der durch die Teilungsanordnung zugewiesene Nachlassgegenstand zugewiesen wird. Ähnlich einem Vermächtnis begründet die Teilungsanordnung also lediglich das Recht des begünstigten Miterben, den Vollzug der Begünstigung zu verlangen. Ein automatischer Rechtsübergang findet nicht statt. Ausnahmen hiervon können Gesellschaftsbeteiligungen bilden, bei denen eine **Sondererbfolge** auftritt.[169] Hier kann durch die Abstimmung von gesellschaftsvertraglichen Vereinbarungen so wie letztwilliger Verfügung die Beteiligung an einem Unternehmen direkt im Wege der Sondererbfolge auf einen Miterben übergehen, auch wenn der Nachlass noch nicht auseinander gesetzt ist. Eine Alternative zur Teilungsanordnung stellt das so genannte **Übernahmerecht** dar. Der Erblasser kann dem zu begünstigenden Miterben das Recht, aber nicht die Pflicht auferlegen, einen entsprechenden Nachlassgegenstand zu übernehmen. Hier muss also der begünstigte Miterbe dieses Übernahmerecht gegen über den Miterben ausüben und hat dann einen Anspruch, im Rahmen der Auseinandersetzung den entsprechenden Gegenstand zu erhalten. **111**

---

[169] Siehe hierzu Rn 36.

112 Die §§ 2050 ff. BGB regeln bei gesetzlicher Erfolge[170] **Ausgleichspflichten** unter den Erben. Es handelt sich im Wesentlichen um den Ausgleich lebzeitiger Vermögenszuwendungen. Diese Ausgleichungsvorschriften beruhen auf der gesetzlichen Vermutung, der Erblasser wolle sein Vermögen unter den Abkömmlingen gleichmäßig verteilen.[171] Aus diesem Grund gelten diese Ausgleichungsregeln bei gewillkürter Erbfolge nicht, da der Erblasser hier seinem Aufteilungswillen positiv Ausdruck verliehen hat.[172]

113 **d) Gestaltungshinweise.** Es ist bereits angesprochen worden, dass es sich bei der Erbengemeinschaft um eine Zwangsgemeinschaft handelt. Sie trägt daher den Keim des Streites immer in sich. Der Erblasser muss also zu Lebzeiten abwägen, welche Person er durch Berufung zum Erben zum Mitglied der Erbengemeinschaft machen möchte und wer nur eine gewisse Vermögenszuwendung im Wege der **Vermächtnisaussetzung** erhalten soll. Hat der Erblasser zu Lebzeiten durch entsprechende Verfügung von Todes wegen die Zusammensetzung der Erbengemeinschaft festgelegt – eventuelle Erbausschlagungen oder das Vorversterben von eingesetzten Erben kann der Erblassen natürlich nicht beeinflussen –, kann er die Erbengemeinschaft weiter dadurch befrieden, dass er durch **Teilungsanordnungen** oder die Bestimmung von **Übernahmerechten** anordnet, wer was erhalten soll. Dann hat der jeweils begünstige Erbe einen klagbaren Anspruch darauf, dass ihm der betreffende Vermögensgegenstand aus dem Nachlass bei der Auseinandersetzung übertragen wird. Wollen die Erben hiervon übereinstimmend abweichen, ist dieses ohnehin nur einstimmig möglich. Die Gefahr des Streites besteht dann also nicht. Will der Erblasser die Durchsetzung seiner letztwilligen Verfügungen, insbesondere die Teilungsordnungen und Übernahmerechte absichern, empfiehlt sich die Anordnung einer **Testamentsvollstreckung** nach §§ 2197 ff. BGB. Gem. § 2203 BGB hat der Testamentsvollstrecker die Anordnungen des Erblassers auszuführen. Das Gesetz stellt dem Testamentsvollstrecker zur Durchsetzung des Erblasserwillens eine große Machtfülle zur Verfügung, die insbesondere die Erben als Nachlassträger von der Verwaltung desselben ausschließt. Kann oder möchte der Erblasser noch keine Teilungsanordnungen oder Übernahmerechte verfügen, kann er gem. § 2048 S. 2 BGB einen Dritten bestimmen, der die Auseinandersetzung unter den Miterben nach billigem Ermessen durchführen soll.

V. Anforderungen an die Unternehmensverfassung

114 Die Rechtsnachfolge nach Erbecht kann im Widerspruch stehen zu gesellschaftsrechtlichen und insbesondere gesellschaftsvertraglichen Regelungen. Wenn daher nach erbrechtlichen Grundsätzen die Rechtsnachfolge nach dem Erblasser geklärt ist, gilt dieses nicht ohne weiteres auch für die Rechtsnachfolge in eine unternehmerische Beteiligung des Erblas-

[170] *Palandt/Edenhofer* § 2050 Rn 1.
[171] BGHZ 65, 75, 77.
[172] Vgl. *Palandt/Edenhofer* § 2050 Rn 1.

sers. Denn war der Erblasser z. B. an einer Personengesellschaft beteiligt, können den übrigen Gesellschaftern nicht ohne weiteres die Erben als neue Mitgesellschafter aufgezwungen werden, weil sie nach Ebrecht seine Rechtsnachfolger geworden sind. Wesentliche Aufgabe bei einer erfolgreichen Nachfolgeplanung ist es daher, die erbrechtliche Nachfolge und die gesellschaftsrechtlichen und gesellschaftsvertraglichen Bedingungen zu harmonisieren. Ohne besondere Bestimmung in der Unternehmensverfassung ist die unternehmerische Beteiligung häufig gar nicht vererbbar. Für die einzelnen unternehmerischen Beteiligungen ist Folgendes zu berücksichtigen:

1. Einzelkaufmännisches Unternehmen

War der Erblasser Inhaber eines einzelkaufmännischen Unternehmens, **115**
ist ein Gesellschaftsvertrag selbstverständlich nicht vorhanden. Besonderheiten einer Unternehmensverfassung sind daher nicht zu berücksichtigen. Wird der Ebrlasser von einer Person beerbt, gehen alle Aktiva und Passiva des Handelsgeschäftes auf den Erben ipso iure über.[173] Wird der Erblasser von einer Personenmehrheit beerbt, wird die Miterbengemeinschaft Trägerin des einzelkaufmännischen Handelsgeschäftes. Auch wenn es sich bei der Miterbengemeinschaft um eine Personenmehrheit handelt, führt dieses nicht dazu, dass das Bisherige einzelkaufmännische Handelsgeschäft automatisch zu einer OHG oder GbR wird.[174] Das einzelkaufmännische Unternehmen wird in gesamthänderischer Verbundenheit – und mit allen dadurch bedingten Problemen – fortgeführt.

2. Gesellschaft bürgerlichen Rechts

Der Tod eines Gesellschafters führt bei der GbR gem. § 727 BGB zur **116**
Auflösung der Gesellschaft, wenn der Gesellschaftsvertrag keine abweichende Regelung vorsieht. Abweichende Regelungen können beispielsweise in den folgenden Formen auftreten:

a) Fortsetzungsklausel. Eine solche Klausel im Gesellschaftsvertrag **117**
hat zur Folge, dass beim Tod eines Gesellschafters die überlebenden Gesellschafter die werbende Gesellschaft fortsetzen, und zwar **ohne** den oder die **Erben** des verstorbenen Gesellschafters. Diese Regelung entspricht dem neu gefassten § 131 Abs. 2 Nr. 1 HGB, der die Fortsetzung der Gesellschaft unter den übrigen Gesellschaftern als gesetzlichen Normalfall regelt. Mit seinem Tode scheidet der Gesellschafter auf den Todeszeitpunkt aus der Gesellschaft aus;[175] ohne weiteren Übertragungsakt wächst die Beteiligung des verstorbenen und damit ausgeschiedenen Gesellschafters am Gesellschaftsvermögen den übrigen Gesellschaftern gem. § 738 Abs. 1 S. 1 BGB an.[176] Eine Fortsetzungsklausel hat im Wesentlichen zwei Ziele: Zum einen wird die gesetzlich vorgesehene Auflösung der Gesellschaft

---

[173] S. oben Rn 33.
[174] S. oben Rn 33.
[175] BGH WM 1987, 981, 982.
[176] BGH BB 1974, 996, 997.

beim Tod eines Gesellschafters vermieden. Zum anderen werden die verbleibenden Gesellschafter vor dem Eintritt möglicherweise nicht erwünschter Nachfolger des Erben in die Gesellschaft geschützt.

118 Rechtsfolge neben dem Ausscheiden des versterbenden Gesellschafters ist weiter, dass seine Erben einen schuldrechtlichen Anspruch auf das **Auseinandersetzungsguthaben** erlangen, §§ 738, 740 BGB. Sinnvollerweise wird die Berechnung des Abfindungsanspruches ebenfalls im Gesellschaftsvertrag festgelegt. Eine Berücksichtigung des *Goodwill* wird dabei regelmäßig ausgeschlossen, um die Existenz der Gesellschaft durch die Belastung mit einem zu hohen Abfindungsanspruch nicht zu gefährden.

119 Besteht die Gesellschaft nur aus zwei Gesellschaftern, kann die Gesellschaft beim Tode des einen Gesellschafters nicht fortgesetzt werden, die Gesellschaft erlischt.[177] Dennoch kann eine gesellschaftsvertragliche Fortsetzungsklausel vorsehen, dass dem überlebenden Gesellschafter das Gesamthandsvermögen ohne besonderen Übertragungsakt zufällt.[178] Selbst wenn die Fortsetzungsklausel diesen Fall nicht ausdrücklich berücksichtigt, kann aus dem Bestehen der Fortsetzungsklausel an sich im Wege der ergänzenden Vertragsauslegung abgeleitet werden, dass der überlebende Gesellschafter das Vermögen allein übernehmen und die Erben des verstorbenen Gesellschafters lediglich einen Abfindungsanspruch erhalten sollen.[179]

120 Der Gesellschaftsvertrag einer GbR bedarf keiner besonderen **Form**. Daher ist auch die Vereinbarung einer Fortsetzungsklausel nicht formbedürftig. Es empfiehlt sich jedoch in jedem Fall – schon zur Vermeidung von Beweisproblemen und Auslegungsschwierigkeiten – die Fortsetzungsklausel schriftlich zu fassen. Sinnvollerweise sollte in der Abfindungsklausel auch die Bemessungsgrundlage für den Abfindungsanspruch der so genannten weichenden Erben geregelt werden. Eine **Fortsetzungsklausel** könnte wie folgt lauten:

121 „Wenn einer der Gesellschafter stirbt, scheidet dieser Gesellschafter aus der Gesellschaft aus, die Gesellschaft wird unter den übrigen Gesellschaftern fortgesetzt. Der Anteil des verstorbenen Gesellschafters wächst den verbleibenden Gesellschaftern im Verhältnis der bisherigen Beteiligungen an. Wenn nur noch zwei Gesellschafter vorhanden sind, so hat der überlebende Gesellschafter das Recht, den Gesellschaftsanteil des verstorbenen Gesellschafters zu übernehmen. Der den Erben des verstorbenen Gesellschafters zustehende Abfindungsanspruch bemisst sich nach den Jahresgewinnen der Gesellschaft der letzten drei Jahre und der quotalen Beteiligung des verstorbenen Gesellschafters am Gesellschaftsvermögen; Jahresfehlbeträge werden nicht in Abzug gebracht. Unabhängig von den Jahresergebnissen der Gesellschaft beträgt der Abfindungsanspruch mindestens 50.000,00 €."

---

[177] Siehe Rn 34.
[178] Vgl. BGH NJW 1970, 1638, 1639.
[179] Siehe *K. Schmidt*, Gesellschaftsrecht, S. 1332.

Da in diesem Bereich eine weitgehende Dispositionsfreiheit der Gesellschafter besteht, kann die Fortsetzungsklausel auch so modifiziert werden, dass die Fortsetzung der Gesellschaft zusätzlich von einem einstimmigen Fortsetzungsbeschluss der verbleibenden Gesellschafter abhängig gemacht wird. 122

Der **Vorteil** einer Fortsetzungsklausel besteht vor allem darin, dass man durch eine gleichzeitige Beschränkung oder Ausschließung des Abfindungsanspruches Pflichtteils- und Pflichtteilsergänzungsansprüche unterlaufen kann. Weiter kann die Fortsetzungsklausel bestimmen, dass die darin getroffenen Regelungen nur für den Tod eines oder mehrerer bestimmter Gesellschafter gelten soll. Auf diese Weise kann etwa berücksichtigt werden, dass der betreffende Gesellschafter seine Gesellschaftsbeteiligung ohne eigene Vermögensbeteiligung beispielsweise im Wege der vorweggenommenen Erbfolge erhalten hat. Würde man diesen Gesellschafter zu seinen Lebzeiten aus der Gesellschaft herauskündigen, wäre dieses fast immer mit einem Abfindungsanspruch des gekündigten Gesellschafters verbunden. 123

Die **Erben** des durch Tod ausgeschiedenen Gesellschafters **haften** für die bis zum Todesfall entstandenen Altverbindlichkeiten der Gesellschaft; diese Haftung ist gem. §§ 1975 ff. BGB beschränkbar.[180, 181] Den Erben des durch Tod ausgeschiedenen Gesellschafters, die nicht in die Gesellschaft einrücken, kommt zusätzlich das Privileg des § 736 Abs. 2 BGB zugute, die so genannten **Nachhaftungsbegrenzung**: Gem. § 736 Abs. 2 BGB i.V. m. § 160 HGB haften die weichenden Erben für die bis zum Todesfall entstandenen Altverbindlichkeiten der Gesellschaft beschränkt auf die Dauer von fünf Jahren ab Zeitpunkt der Eintragung des Ausscheidens des verstorbenen Gesellschafters und Erblassers im Handeslregister, sofern diese Verjährungsfrist nicht rechtzeitig gehemmt oder unterbrochen ist. Gem. § 738 Abs. 1 BGB i.V. m. § 1922 BGB haben die Erben darüber hinaus einen Anspruch gegen die Gesellschaft und die verbleibenden Gesellschafter auf Freistellung aus solchen Altverbindlichkeiten. Da der Erblasser mit seinem Tod ipso iure aus der Gesellschaft ausscheidet, kommt eine Haftung für Neuverbindlichkeiten, die nach dem Tode des ausgeschiedenen Gesellschafters begründet werden, nicht in Betracht. Der Freistellungsanspruch der weichenden Erben gegen die verbleibenden Gesellschafter, die Beteiligung an schwebenden Geschäften sowie die Einzelheiten der Berechnung des Abfindungsanspruches sollten ebenfalls gesellschaftsvertraglich im Zusammenhang mit der Fortsetzungsklausel geregelt werden. Der Gesellschaftsvertrag kann beispielsweise auch den Ausschluss einer Abfindung für die weichenden Erben insgesamt enthalten. Weiter kann der Gesellschaftsvertrag bestimmen, dass dieses nur für die Erben eines bestimmten Gesellschafters gelten soll. Bei einem solchen so genannten einseitigen Abfindungsausschluss liegt in der Regel eine auf den Todes- 124

---

[180] Siehe oben Rn 85.

[181] Die Möglichkeit, dass der überlebende Gesellschafter das Vermögen allein übernimmt, und zwar ohne Liquidation, wird bestätigt von BGH NJW 1994, 796.

zeitpunkt des betreffenden Gesellschafters bedingte unentgeltliche Zuwendung und damit Schenkung an die verbleibenden Gesellschafter vor.[182] In einem solchen Fall können Pflichtteilsberechtigte Pflichtteilsergänzungsansprüche gem. §§ 2325 ff. BGB gegen die Erben und hilfsweise gegenüber der Gesellschaft oder den verbleibenden Gesellschaftern geltend machen.

125 **b) Nachfolgeklauseln.** Der Gesellschaftsvertrag kann vorsehen, dass die Gesellschaft bei Tod eines Gesellschafters **mit** allen oder bestimmten **Erben** fortgesetzt wird. Auch in diesem Fall wird die GbR mit Tod des betreffenden Gesellschafters nicht aufgelöst. Man muss zunächst die so genannte erbrechtliche von der so genannten rechtsgeschäftlichen Nachfolgeklausel unterscheiden. Die **erbrechtliche Nachfolgeklausel** sieht im Gesellschaftsvertrag vor, dass die Gesellschaft mit einem oder mehreren Erben des verstorbenen Gesellschafters fortgeführt werde. Der Eintritt des oder der Erben in die Gesellschaft beruht im Todesfall auf § 1922 BGB. Die erbrechtliche Nachfolgeklausel im Gesellschaftsvertrag bewirkt also, dass der Gesellschaftsanteil des versterbenden Gesellschafters im Gegensatz zur gesetzlichen Regelung des § 727 BGB vererblich gestellt wird. Einer Mitwirkung des nachrückenden Erben bedarf es bei der erbrechtlichen Nachfolgeklausel nicht, weil sich der erbrechtliche Erwerb gem. § 1922 BGB ipso iure vollzieht.[183] Im Gegensatz hierzu beruht die so genannte **rechtsgeschäftliche Nachfolgeklausel** auf einer Vereinbarung zwischen den bisherigen Gesellschaftern einerseits und dem auserkorenen Nachfolger andererseits. Die Nachfolge wird also zwischen diesen Parteien aufschiebend bedingt durch den Tod des Gesellschafters und auflösend bedingt durch das Überleben des Nachfolgers vereinbart und beruht daher auf Rechtsgeschäft und nicht auf einem Von-selbst-Erwerb wie in § 1922 BGB.

126 *aa) Einfache erbrechtliche Nachfolgeklausel.* Diese im Gesellschaftsvertrag enthaltene Bestimmung lässt es zu, dass der oder die Erben des Gesellschafters in die werbende Gesellschaft anstelle des durch Tod ausgeschiedenen Gesellschafters eintreten. Es ist dann Sache des Gesellschafters zu bestimmen, ob bei einer Mehrheit von Erben alle oder nur eine begrenzte Anzahl oder gar nur einer von ihnen an seiner Stelle in die Gesellschaft einrücken sollen. Die Bestimmung nimmt der Erblasser in seiner letztwilligen Verfügung vor. Errichtet der Erblasser keine letztwillige Verfügung oder sagt diese hierzu nichts aus, treten alle Erben in die Gesellschaft ein. Treten mehrere Erben in die Gesellschaft ein, kollidieren Erb- und Gesellschaftsrecht: Nach den erbrechtlichen Grundsätzen fällt auch die Beteiligung des Erblassers an der Gesellschaft in den Nachlass. Aus diesem Grund würden die Erben des verstorbenen Gesellschafters an sich in gesamthänderischer Verbundenheit als Erbengemeinschaft in den Gesellschaftsanteil des Erblassers folgen. Wegen der bereits dargestellten recht komplizierten Verwaltung des gesamthänderisch gebundenen Nachlass-

---

182 *Palandt/Edenhofer* § 2325 Rn 13 m. w. N.
183 Vgl. *Reimann*, ZEV 2002, 487, 488.

vermögens durch die **Erbengemeinschaft** wäre die Handlungsfähigkeit der erwerbenden Gesellschaft gefährdet. Aus diesem Grund geht der Gesellschaftsanteil des Erblassers im Wege der **Sondererbfolge** unmittelbar auf die einzelnen Erben als Einzelrechtsnachfolger über.[184] In Abweichung von § 1922 BGB wird jeder Miterbe einzeln entsprechend seiner **Miterbenquote** Gesellschafter.[185] Bestimmt der Erblasser, dass nur ein einzelner oder nur einige von mehreren Erben Gesellschafter werden, steht den nicht in die Gesellschaft eintretenden Erben gegen den oder die eintretenden Erben ein Abfindungsanspruch zu.[186] Auch die Nachfolgeklausel im Gesellschaftsvertrag bedarf keiner **Form**. Aus Beweiszwecken sollte sie auf jeden Fall schriftlich fixiert werden. Eine **einfache Nachfolgeklausel** kann wie folgt lauten:

„Stirbt ein Gesellschafter, wird die Gesellschaft von den überlebenden Gesellschaftern und den Erben des verstorbenen Gesellschafters fortgesetzt. Das gilt dann nicht, wenn sich die Gesellschaft bereits in Liquidation befindet." **127**

Soll beispielsweise sichergestellt werden, dass anstelle des vom Erblasser berücksichtigten, aber bereits vorverstorbenen Erben dessen Erben, also beispielsweise minderjährige Kinder, nicht Gesellschafter werden, kann die entsprechende Klausel im Gesellschaftsvertrag um folgende Formulierung ergänzt werden: **128**

„Eine Nachfolge von Erbeserben ist ausgeschlossen." **129**

Schließlich kann der Gesellschaftsvertrag auch bestimmen, dass der Gesellschaftsanteil dergestalt vererblich gestellt wird, dass nicht nur Erben des versterbenden Gesellschafters in die Gesellschaft nachfolgen können, sondern auch **Vermächtnisnehmer**. Eine entsprechende Klausel könnte wie folgt lauten: **130**

„Die Gesellschaft wird auch mit den Vermächtnisnehmern des Geschäftsanteils des versterbenden Gesellschafters fortgeführt." **131**

Die erbrechtliche Nachfolgeklausel soll zunächst verhindern, dass die werbende Gesellschaft durch den Tod eines Gesellschafters aufgelöst wird. Dadurch wird verhindert, dass ein möglicherweise florierendes Unternehmen ohne Not zerschlagen wird und gegebenenfalls nicht gewünschte steuerliche Konsequenzen z. B. durch Aufdecken stiller Reserven eintreten. Ein Vorteil gegenüber der so genannten Fortsetzungsklausel ist, dass der einzelne Gesellschafter weitgehend autonom bestimmen kann, wer an seiner Stelle in die Gesellschaft einrücken soll. Daneben wird die Gesellschaft nicht mit einem Abfindungsanspruch aus § 738 BGB belastet. Von Nachteil bei der so genannten einfachen erbrechtlichen Nachfolgeklausel ist, dass die Mitgesellschafter unter Umständen eine Mehrheit von Erben **132**

---

[184] BGH NJW 1999, 571, 572; 1983, 2376, 2377; 1977, 1339, 1340; *Palandt/Sprau* § 727 Rn 3.

[185] *Palandt/Sprau* § 727 Rn 3 m. w. N.

[186] BGHZ 68, 225, 238.

akzeptieren müssen. Hierdurch kann es zu einer Zersplitterung der Gesellschaftsbeteiligungen kommen. Eine Vielzahl von Gesellschaftern führt in einer Personengesellschaft in der Regel zu einer komplizierteren Verwaltung. Weiterer Nachteil der einfachen erbrechtlichen Nachfolgeklausel ist, dass durch den weiten Spielraum des Erblassers für die verbleibenden Mitgesellschafter häufig nicht absehbar ist, welche neuen Mitgesellschafter ihnen aufgezwungen werden. Wird der verstorbene Gesellschafter von mehreren Erben beerbt und treten diese jeweils im Wege der Sondererbfolge in die Gesellschaft ein, können sich die Stimmverhältnisse innerhalb der Gesellschaft ganz stark verändern, wenn Gesetz oder Gesellschaftsvertrag die Stimmrechte nach Köpfen bemessen. Nach inzwischen h. M. gehört der Geschäftsanteil des verstorbenen Gesellschafters trotz der Sondererbfolge seiner Erben zum Nachlass. Dieses kann beispielsweise dazu führen, dass auch solche Erben, die nicht in den Geschäftsanteil des verstorbenen Gesellschafters nachfolgen, aus § 1977 BGB für Sozialansprüche der Gesellschaft gegen den Erblasser haften.[187] Ein weiteres Problem besteht darin, dass die Nachlasszugehörigkeit des Geschäftsanteils dazu führt, dass sich die nachfolgenden Erben auf die beschränkte Erbenhaftung berufen können, obwohl sie durch Sondererbfolge Gesellschafter der GbR geworden sind. Gesellschaftsgläubiger, die auch Nachlassgläubiger sind, können daher gezwungen sein, sich zunächst an die übrigen Altgesellschafter zu halten.[188]

133 Eine Besonderheit gilt für den oben skizzierten Fall, dass der Gesellschaftsvertrag auch die Nachfolge eines **Vermächtnisnehmers** in die Gesellschaft grundsätzlich erlaubt: Im Gegensatz zum Erben erwirbt der Vermächtnisnehmer nicht ipso iure. Er hat vielmehr lediglich einen schuldrechtlichen Anspruch auf Erfüllung des Vermächtnisses. Die Einzelrechtsnachfolge in den vermachten Vermögensgegenstand muss also noch vollzogen werden und tritt nicht automatisch mit dem Erbfall ein. Aus diesem Grund sollte auch in der erbrechtlichen Nachfolgeklausel für den Vermächtnisnehmer ein so genanntes Eintrittsrecht vorgesehen werden. Dieses könnte wie folgt lauten:

134 „Wenn ein als Vermächtnisnehmer berufener Nachfolger dieses Vermächtnis nicht innerhalb von vier Monaten nach dem Erbfall annimmt, wird die Gesellschaft nur unter den übrigen Gesellschaftern fortgesetzt; den Erben stehen in diesem Fall keine Abfindungsansprüche zu."

135 *bb) Qualifizierte erbrechtliche Nachfolgeklausel.* Eine solche im Gesellschaftsvertrag vorhandene Klausel kann bestimmen, dass die Gesellschaft nur mit einem **bestimmten Erben oder Vermächtnisnehmer** fortgesetzt wird. In dieser Klausel kann sogar die Person namentlich benannt werden. Dem Gesellschafter-Erblasser ist es also verwehrt, z. B. alle Erben oder zumindest mehrere Erben zur Nachfolge in seinen Geschäftsanteil zu bestimmen. Eine solche qualifizierte erbrechtliche Nachfolgeklausel führt damit indirekt zu einer **Einschränkung der Testierfreiheit**. In diesem

[187] Vgl. BGH NJW 1986, 2431, 2433.

[188] Zu den Einzelheiten siehe *Sudhoff/Froning* § 44 Rn 93 ff.

Spannungsfeld zwischen Erb- und Gesellschaftsrecht räumt die herrschende Meinung dem Gesellschaftsrecht grundsätzlich einen Vorrang ein.[189] Es liegt daher keine unzulässige Einschränkung der Testierfreiheit vor.

Der begünstigte Erbe rückt im Wege der **Sondererbfolge** unmittelbar 136
in die volle Gesellschafterstellung des Erblassers ein, unabhängig von seiner Erbquote. Der durch die qualifizierte Nachfolgeklausel begünstigte Erbe wird Nachfolger des Erblassers in der Gesellschaft im selben Umfang wie der Erblasser, auch wenn seine **quotale Beteiligung am Nachlass** viel geringer ist.[190] Dieser begünstigte Erbe muss sich dann bei der Auseinandersetzung der Miterbengemeinschaft im Übrigen den Wert des Gesellschaftsanteils auf seine Quote anrechnen lassen, er ist seinen Miterben zum Ausgleich verpflichtet. Dieser Ausgleichsanspruch der weichenden Erben richtet sich gegen den in die Gesellschaft eintretenden Erben, nicht aber gegen die Gesellschaft.[191] Wenn der begünstigte Erbe diese Ausgleichspflicht nicht aus seiner Beteiligung am übrigen Nachlass des Erblassers begleichen kann, muss er den Ausgleich zur Not aus seinem Eigenvermögen durchführen. Der Erblasser kann eine solche Ausgleichspflicht zunächst dadurch umgehen, dass er dem begünstigten Erben den Gesellschaftsanteil im Wege des **Vorausvermächtnisses** nach § 2150 BGB zuwendet. Dann ist eine Ausgleichspflicht in der Regel zu verneinen.[192] Dieses Vorgehen des Erblassers kann allerdings unter Umständen an §§ 2306 ff. BGB scheitern.[193] Auch kann der Erblasser verfügen, dass der nachfolgende Erbe den weichenden Erben eine Unterbeteiligung an der ererbten Gesellschafterstellung einräumt.[194]

Auch für die qualifizierte erbrechtliche Nachfolgeklausel gilt, dass sie 137
formfrei vereinbart werden kann, sich die Schriftform jedoch dringend empfiehlt. Berücksichtigung sollte bei der Formulierung dieser Klausel weiter finden, dass die Gesellschafter mit einer qualifizierten Nachfolgeklausel die Möglichkeiten der Nachfolge begrenzen und steuern wollten. Die Klausel muss also Kautelen für den Fall berücksichtigen, dass der ausscheidende Gesellschafter es unterlässt, einen bestimmten Nachfolger zu benennen. Weiter hat es sich in der Praxis durchgesetzt, dass die Klauseln so gefasst werden, dass der ausscheidende Gesellschafter auch berechtigt sein soll, seinen Nachfolger gegenüber der Gesellschaft schriftlich zu benennen; in diesem Fall muss der Nachfolger also nicht zwingend Erbe sein. Allerdings gilt hier das oben Gesagte: Es handelt sich dann de facto um ein Eintrittsrecht dieses Dritten, sofern er nicht an dieser Regelung mitgewirkt hat.[195] Sicherheitshalber empfiehlt es sich außerdem, im Gesellschaftsvertrag ausdrücklich festzuschreiben, dass Abfindungsansprüche

---

[189] Vgl. BGHZ 22, 186, 192; BGH NJW 1999, 571, 572.

[190] BGHZ 68, 225, 236 f.

[191] *Ebenroth* Rn 870.

[192] *Palandt/Edenhofer* § 2150 Rn 2.

[193] Siehe unten § 34 Rn 45 ff.

[194] *Ebenroth* Rn 870.

[195] Im letzten Fall würde es sich um eine rechtsgeschäftliche Nachfolgeklausel handeln.

der weichenden Erben oder weiterer Nachlassbeteiligter jedenfalls nicht gegenüber der Gesellschaft und den verbleibenden Altgesellschaftern bestehen.

138 Stets empfiehlt es sich, die gesellschaftsvertragliche Nachfolgeklausel **mit der letztwilligen Verfügung abzustimmen**.[196] Anderenfalls droht das Problem der sog. fehlgeschlagenen oder „stecken gebliebenen“ Nachfolgeklauseln. Vereinbaren die Gesellschafter im Rahmen einer Nachfolgeklausel z. B., dass Gesellschafter-Nachfolger nur Verwandte in gerader Linie des verstorbenen Gesellschafters sein können, und setzen der betreffende Gesellschafter und seine Ehefrau sich wechselseitig in einem gemeinschaftlichen Testament zu Alleinerben ein, kann die Witwe nach dem Tod nicht in die Gesellschaft nachfolgen. Auch die Abkömmlinge des Gesellschafters sind ausgeschlossen, da sie nicht Erben sind.[197]

139 Eine **qualifizierte Nachfolgeklausel** könnte wie folgt lauten:

140 „Wenn ein Gesellschafter verstirbt, wird die Gesellschaft nur mit einem bestimmten Erben, Vermächtnisnehmer oder eine vom verstorbenen Gesellschafter zuvor der Gesellschaft schriftlich mitgeteilten Person fortgesetzt. Jeder Gesellschafter kann seine Nachfolger durch schriftliche Erklärung gegenüber der Gesellschaft oder durch Verfügung von Todes wegen bestimmen. Sofern ein Gesellschafter keine Bestimmung vornimmt, bestimmen die übrigen Gesellschafter, wer von den Erben in seinen Geschäftsanteil nachfolgt; hat der Gesellschafter-Erblasser dieses Bestimmungsrecht durch letztwillige Verfügung einem Erben oder einem Testamentsvollstrecker zugewiesen, üben diese Personen das Bestimmungsrecht aus. Die nicht zur Nachfolge berechtigten Erben haben gegen die Gesellschaft oder die Gesellschafter keine Abfindungsansprüche. Ein als Vermächtnisnehmer eingesetzter Nachfolger kann das Vermächtnis nur binnen 4 Monaten nach dem Erbfall annehmen, anderenfalls wird die Gesellschaft nur unter den übrigen Gesellschaftern unter Ausschluss von Abfindungsansprüchen der Erben oder des Vermächtnisnehmers fortgesetzt.“

141 Der Vorteil der qualifizierten erbrechtlichen Nachfolgeklausel gegenüber der einfachen Nachfolgeklausel liegt vor allem darin, dass die verbleibenden Gesellschafter gegen das Nachrücken eines unliebsamen Nachfolgers besser geschützt sind. Darüber hinaus wird die Zahl der Gesellschafter nicht vergrößert, der Geschäftsanteil des verstorbenen Gesellschafters wird nicht aufgesplittet. Schließlich stellt sich nicht das Problem, wie die weichenden Erben abzufinden sind.

142 Ein Sonderproblem ist das der so genannten **fehlgeschlagenen qualifizierten Nachfolgeklausel**: Es tritt auf, wenn die Nachfolgeklausel nur bestimmte Personen als Erben zur Nachfolge zulässt, der Erblasser eine solche Person jedoch nicht zum Erben eingesetzt hat. Zunächst stellt sich die Frage, ob die Gesellschaft gem. § 727 Abs. 1 BGB aufgelöst wird. Die herrschende Meinung verneint dies.[198] Im Wege der so genannten ergän-

---

196 *Reimann*, ZEV 2002, 487, 488.

197 Beispiel nach BGH WM 1987, 981 f.

198 Vgl. *Sudhoff/Froning* § 44 Rn 42.

zenden Vertragsauslegung lässt sich darüber hinaus in der Regel ein rechtsgeschäftliches Eintrittsrecht der im Gesellschaftsvertrag als Nachfolger vorgesehenen Person herleiten:[199] Im Gesellschaftsvertrag haben die Gesellschafter übereinstimmend ihr Einverständnis damit erklärt, dass eine bestimmte dritte Person anstelle eines Gesellschafters sein Nachfolger werde. Wenn sich in diesem Zusammenhang nicht der ausdrückliche Wille im Gesellschaftsvertrag wiederfinden lässt, es müsse sich bei dieser Person zwingend um einen Erben handeln, wird man in dieser Regelung ein rechtsgeschäftliches Eintrittsrecht zugunsten dieser bestimmten Person sehen können und müssen.

c) Eintrittsklausel. Schließlich können die Gesellschafter vereinbaren, **143**
dass die Gesellschaft bei Versterben eines Gesellschafters fortgesetzt wird und eine dritte, vom versterbenden Gesellschafter zuvor zu benennende Person das Recht erhält, in die Gesellschaft an die Stelle des versterbenden Gesellschafters einzutreten. Im Gegensatz zu den Nachfolgeklauseln findet hier **kein automatischer Rechtsübergang** vom versterbenden Gesellschafter auf den eintrittsberechtigten Dritten statt. Der begünstigte Dritte hat also den Vorteil der Entscheidungsfreiheit. Grundsätzlich kann die gesellschaftsvertragliche Eintrittsklausel dem Erblasser den weiteren Vorteil lassen, dass er die Person des Eintrittsberechtigten sowohl durch lebzeitige Benennung als auch durch Dritte oder letztwillige Verfügung bestimmen kann.[200] Da sich bei einer Eintrittsklausel im Gegensatz zur Nachfolgeklausel die Rechtsnachfolge in den Geschäftsanteil nicht von selbst beim Tod des Erblasser-Gesellschafters vollzieht, bedarf es hier einer Aufnahmevereinbarung zwischen dem eintrittsberechtigten Dritten und den übrigen Gesellschaftern. Eine Eintrittsklausel besitzt daher einen schuldrechtlichen Teil sowie einen vollziehenden Teil. Der **schuldrechtliche Teil** hat zum Inhalt, dass der begünstigte Dritte das Recht auf Eintritt erwirbt. Es handelt sich regelmäßig um einen Vertrag der Gesellschafter untereinander zugunsten Dritter.[201] Der **vollziehende Teil** der Eintrittsklausel kann zunächst so gestaltet sein, dass der Begünstigte lediglich den Anspruch gegen den verbleibenden Gesellschafter auf Abschluss eines Aufnahmevertrages hat. Zum anderen kann die Eintrittsklausel jedoch auch vorsehen, dass die einseitige Erklärung des Begünstigten gegenüber den überlebenden Gesellschaftern reicht, um die Aufnahme in die Gesellschaft herbeizuführen.[202] Eine solche Eintrittsklausel wäre dann dahin gehend auszulegen, dass sie bereits das Angebot sämtlicher und damit auch der verbleibenden Gesellschafter an einen in der Regel noch nicht bekannten Dritten enthält, Mitglied der bestehenden Gesellschaft zu werden. Dieses Angebot nimmt der begünstigte Dritte durch die Eintrittserklärung an. Voraussetzung hierfür ist, dass die mitgliedschaftlichen Bedingungen für den begünstigten Dritten im Gesellschaftsvertrag hinreichend konkret sind. Das wird in der

---

[199] So BGH NJW 1978, 264, 265.

[200] Nach BGH NJW-RR 1987, 989, 989 ist auch eine Bestimmung durch Vermächtnis möglich.

[201] Vgl. *Sudhoff/Froning* § 44 Rn 57 a. E.

[202] Vgl. BGH NJW 1978, 264, 266.

Regel zu bejahen sein, wenn der eintrittsberechtigte Dritte in vollem Umfang Nachfolger des verstorbenen Gesellschafters in der Gesellschaft sein soll.[203] Zum Schutz der verbleibenden Gesellschafter sollte die Eintrittsklausel auf jeden Fall eine feste **Frist** für die Ausübung des Eintrittsrechtes enthalten, um die Zeit der Ungewissheit für die verbleibenden Gesellschafter gering zu halten. Ebenso muss die Frage geklärt werden, ob und gegebenenfalls in welche Höhe die Erben des durch Tod ausgeschiedenen Gesellschafters **Abfindungsansprüche** für den Fall erhalten, dass der eintrittsberechtigte Dritte von seinem Eintrittsrecht keinen Gebrauch macht. Vorsichtshalber sollte auch aufgenommen werden, dass Abfindungsansprüche jedenfalls dann ausscheiden, wenn der Dritte in die Gesellschaft eintritt. Auch kann die Eintrittsklausel im Gesellschaftsvertrag dem jeweiligen Gesellschafter zur Auflage machen, dass er die Bestimmung des Dritten in überprüfbarer Form, z. B. durch letztwillige Verfügung oder in Schriftform vornimmt. Aus Rechtssicherheitsgründen empfiehlt es sich weiterhin, die Auflösung der Gesellschaft im Falle des Todes eines Gesellschafters abzubedingen. Eine **Entrittsklausel** könnte wie folgt lauten:

144 „Für den Fall des Ablebens kann jeder Gesellschafter entweder durch schriftliche Erklärung gegenüber der Gesellschaft oder durch Verfügung von Todes wegen eine Person bestimmen, die von den übrigen Gesellschaftern durch schriftliche Erklärung die Aufnahme in die Gesellschaft als Gesellschafter unter Übernahme der mitgliedschaftlichen Rechte des versterbenden Gesellschafters verlangen kann. Diese Erklärung muss innerhalb von 2 Monaten nach dem Erbfall allen übrigen Gesellschaftern zugegangen sein. Die Gesellschaft wir dann unter den überlebenden Gesellschaftern und dem Dritten fortgesetzt.

Erklärt der begünstigte Dritte nicht binnen der 2-Monatsfrist seinen Beitritt zur Gesellschaft, erlischt sein Eintrittsrecht und die Gesellschaft wird unter den verbleibenden Gesellschaftern fortgesetzt.

Ein Abfindungsanspruch der Erben ist auf jeden Fall ausgeschlossen. Tritt der Dritte in die Gesellschaft ein, tritt er zugleich in alle Rechte und Pflichten des verstorbenen Gesellschafters aus dem Gesellschaftsverhältnis ein. Die Aufnahme in die Gesellschaft gilt mit Zugang der Eintrittserklärung des Dritten bei den übrigen Gesellschaftern als vollzogen. Eines besonderen Aufnahmevertrages bedarf es nicht."

3. Offene Handelsgesellschaft

145 **a) Fortsetzung ohne Erben.** Einer besonderen Fortsetzungsklausel im Gesellschaftsvertrag wie bei der GbR bedarf es bei der OHG nicht: § 131 Abs. 2 Ziff. 1 HGB bestimmt, dass beim Tod eines Gesellschafters dieser mangels abweichender vertraglicher Bestimmungen aus der Gesellschaft ausscheidet. Die Fortsetzungsklausel bei der GbR ist bei der OHG also der **gesetzliche Normalfall**. Im Gegensatz zur GbR wird die OHG also beim Tode eines Gesellschafters nicht aufgelöst. Der verstorbene Gesellschafter ist mit seinem Tod aus der Gesellschaft ausgeschieden. Seine

[203] Siehe BGH NJW 1978, 264, 266.

Erben haben Anspruch auf Auszahlung des **Auseinandersetzungsguthabens** gem. § 738 BGB in Verbindung mit § 105 Abs. 2 HGB. Es gelten die gleichen Vor- und Nachteile sowie Rechtsfolgen wie bei der GbR, in deren Gesellschaftsvertrag eine Fortsetzungsklausel enthalten ist. Auf obige Ausführungen wird verwiesen.

Im Fall der **Zwei-Personen-Gesellschaft** findet beim Versterben des einen Gesellschafters keine Anwachsung im Sinne von § 738 Abs. 1. S. 1 BGB statt; die Gesellschaft erlischt, das Gesellschaftsvermögen geht auf den verbleibenden Gesellschafter im Wege der Gesamtsrechtsnachfolge über.[204] **146**

Ebenso wie bei der GbR können die Gesellschafter einer OHG **Abfindungsansprüche** der Erben des durch Tod ausgeschiedenen Gesellschafters ganz **ausschließen**.[205] **147**

b) Nachfolgeklauseln. Auch hier gelten die Ausführungen zur GbR entsprechend. Eine solche Klausel kann auch bei der OHG **formfrei** vereinbart werden, es empfiehlt sich jedoch auch hier, eine solche Klausel zumindest schriftlich zu fassen. Eine Besonderheit besteht gegenüber der GbR aufgrund von § 139 HGB: Sieht der Gesellschaftsvertrag eine Nachfolgeklausel vor, rückt der Erbe mit Eintritt des Erbfalles in die Gesellschaft ein. § 139 Abs. 1 HGB gibt dem eintretendem Erben das Recht, die **Umwandlung** des auf ihn übergegangenen Geschäftsanteils in einen **Kommanditanteil** mit beschränkter Haftung zu verlangen. Gem. § 139 Abs. 3 HGB kann der Erbe dieses Recht binnen **3 Monaten** ab Kenntnis von der Erbenstellung geltend machen, mindestens jedoch für die Zeit der noch offenen Ausschlagungsfrist. Der Erbe, der durch den Erbgang Gesellschafter der OHG geworden ist, kann also wählen, ob er mit voller Haftung in der Gesellschaft verbleibt oder sein Verbleiben in der Gesellschaft von der Einräumung eines Kommanditistenstatus durch die Mitgesellschafter abhängig macht. Mehrere Erben können das Wahlrecht jeder einzeln und unterschiedlich ausüben.[206] Wahlberechtigt ist auch ein Vorerbe sowie ein Nacherbe.[207] Nehmen die übrigen Gesellschafter den entsprechenden Antrag des eingerückten Erben an, wird der Erbe Kommanditist, die Gesellschaft wird zur KG.[208] Die **Kommanditeinlage** bestimmt sich nach dem Kapitalanteil des Erblassers im Zeitpunkt seines Todes.[209] Bei mehreren Erben wird der Kapitalanteil auf diese verteilt. Ist der Kapitalanteil des Erblassers fest gewesen, ist sein Anteil an einem zusätzlichen Guthaben oder an einem Debet hinzu- bzw. abzurechnen, ebenso werden geschuldete Einlagen bzw. Nachschüsse und unzulässige Entnahmen hinzugerechnet.[210] Wenn dieses dazu führt, dass der sich für den Kommanditisten ergebende Kapitalanteil auf null sinkt oder sogar **148**

---

[204] *Baumbach/Hopt* § 131 Rn 35, 81.

[205] BGH WM 1971, 1338, 1339; OLG Köln ZEV 1997, 210, 212.

[206] BGH NJW 1971, 1268, 1269.

[207] *Baumbach/Hopt* § 139 Rn 19, 37.

[208] *Baumbach/Hopt* § 139 Rn 41.

[209] *Baumbach/Hopt* § 139 Rn 41.

[210] Hinzugerechnet *Baumbach/Hopt* § 139 Rn 41.

negativ wird, führt dieses jedoch nicht dazu, dass das Wahlrecht des § 139 Abs. 1 HGB ausgeschlossen wird.[211] Die Hafteinlage beträgt in diesem Fall 1,00 €.[212] Mit der Annahme des Antrages des nachrückenden Erben durch die übrigen Gesellschafter wandelt sich die OHG in eine KG.[213]

149 Nehmen die übrigen Gesellschafter den Antrag des Erben nach § 139 Abs. 1 HGB nicht an, kann es der Erbe dabei belassen und als voll haftender Gesellschafter in der Gesellschaft verbleiben. Er kann aber auch gem. § 139 Abs. 2 HGB **ohne** Einhaltung einer **Kündigungsfrist** sein Ausscheiden aus der Gesellschaft erklären. Die Erklärung muss innerhalb der Frist nach § 139 Abs. 3 HGB erfolgen.[214] Der Zugang der Erklärung bewirkt, dass der Erbe aus der Gesellschaft ausscheidet und die Gesellschaft unter den übrigen Gesellschaftern fortbesteht. Verbleibt nur ein Gesellschafter, kann dieser das Gesamthandsvermögen und damit das Unternehmen im Wege der Gesamtrechtsnachfolge übernehmen; mit dem Ausgeschiedenen findet die Auseinandersetzung gem. § 105 Abs. 2 HGB i. V. m. §§ 738 ff. BGB statt.[215]

150 § 139 Abs. 4 HGB gewährt dem Erben, der fristgerecht gem. § 139 Abs. 2 HGB ausscheidet, dessen Anteil in eine Kommanditeinlage nach § 139 Abs. 1 HGB umgewandelt wird, **Haftungsprivilegien**, die auch dann gelten, wenn die Gesellschaft innerhalb der so genannten Schwebezeit des § 139 Abs. 3 HGB aufgelöst wird.[216] Die den Erben schützende Regelung des § 139 HGB führt jedoch auch zu Problemen: § 139 HGB gibt dem Erben **keinen klagbaren Anspruch** auf Einräumung einer Kommanditistenstellung. Wird ihm diese nämlich verweigert, bleibt dem Erben nur die Möglichkeit, persönlich haftender Gesellschafter zu bleiben oder sein sofortiges Ausscheiden aus der Gesellschaft zu erklären. Genauso können die übrigen Gesellschafter das Ausscheiden des Erben nach § 139 Abs. 2 HGB und damit den Abfluss von Liquidität verhindern. Bei einer Personenhandelsgesellschaft bietet es sich daher an, eine Nachfolgeklausel mit einer so genannten Umwandlungsklausel zu kombinieren. Die Nachfolgeklausel würde beispielsweise um eine Regelung ergänzt, nach der dem Erben ein schuldrechtlicher Anspruch gegen die Mitgesellschafter auf Umwandlung des ererbten Geschäftsanteils in einen Kommanditanteil eingeräumt wird. Eine solche Regelung stellt einen Vertrag zugunsten

---

[211] BGH NJW 1971, 1268, 1269; str.

[212] *Baumbach/Hopt* § 139 Rn 42.

[213] *Baumbach/Hopt* § 139 Rn 41.

[214] *Baumbach/Hopt* § 139 Rn 43.

[215] *Baumbach/Hopt* § 139 Rn 43; § 131 Rn 38.

[216] Zu unterscheiden sind die Zeiten während der Schwebezeit und danach sowie die Art der Schulden nach sog. Altschulden, den sog. Zwischenneuschulden – Schulden vom Erbfall bis zur endgültigen Entscheidung nach § 139 Abs. 3 HGB – und so genannten echten Neuschulden, nämlich den Schulden ab der endgültigen Entscheidung nach § 139 Abs. 3 HGB. Die Einzelheiten sind dargestellt bei *Baumbach/Hopt*, § 139 Rn 45 bis 49. Die Regelung des § 139 Abs. 4 zielt im Wesentlichen darauf ab, dem Erben die Beschränkungsmöglichkeiten der Erbenhaftung auch für Gesellschafts- bzw. Gesellschafterschulden, insbesondere die Haftung aus §§ 128, 130 HGB zu gewähren.

Dritter dar. Es empfiehlt sich aus Gründen der Rechtssicherheit, die Geltendmachung dieses Anspruches entsprechend § 129 Abs. 3 HGB zu befristen. Als weitere Umwandlungsmöglichkeit wird eine Kombination der Nachfolge- mit einer so genannten Optionsklausel angesehen:[217] Der Gesellschaftsvertrag kann vorsehen, dass die Umwandlung allein durch einseitige, empfangsbedürftige Erklärung des Erben gegenüber den Mitgesellschaftern erfolgt. Eine solche Klausel dient dem Schutz des Erben, wenn das Optionsrecht innerhalb der Frist des § 139 Abs. 3 HGB auszuüben ist. Der Gesellschaftsvertrag kann schließlich die Nachfolgeklausel mit einer automatisch wirkenden Umwandlungsklausel kombinieren. Der Gesellschaftsvertrag würde dann vorsehen, dass einzelne oder jeder Erbe automatisch mit dem Erbfall nur einen Kommanditanteil erwirbt. Eine **Nachfolgeklausel mit kombinierter Umwandlungsklausel** könnte wie folgt lauten:

„Stirbt ein Gesellschafter, setzen die überlebenden Gesellschafter mit den Erben des verstorbenen Gesellschafters die werbende Gesellschaft fort. Die Erben des Erblassers können innerhalb von 2 Monaten ab Todestag von den überlebenden Gesellschaftern durch schriftliche Erklärung verlangen, dass der Geschäftsanteil des verstorbenen Gesellschafters in einen Kommanditanteil umgewandelt werde. Als Hafteinlage wird insoweit der der Erbquote entsprechende Teilbetrag der Kapitaleinlage des verstorbenen Gesellschafters bestimmt.“ **151**

Oder:

„Verstirbt ein Gesellschafter, setzen die überlebenden Gesellschafter die Gesellschaft mit den Erben des verstorbenen Gesellschafters fort. Die Erben des verstorbenen Gesellschafters können durch schriftliche Erklärung gegenüber den überlebenden Gesellschaftern innerhalb von 2 Monaten ab Todestag den ererbten Geschäftsanteil in einen Kommanditanteil umwandeln. Als Hafteinlage wird insoweit der der Erbquote entsprechende Teilbetrag der Kapitaleinlage des Erblassers bestimmt.“ **152**

Oder:

„Stirbt ein Gesellschafter, setzen die überlebenden Gesellschafter mit den Erben des verstorbenen Gesellschafters die Gesellschaft fort. Der ererbte Geschäftsanteil wandelt sich automatisch in eine Kommanditbeteiligung um. Als Hafteinlage wird insoweit der der Erbquote entsprechende Teilbetrag der Kapitaleinlage des Erblassers bestimmt.“ **153**

c) Eintrittsklausel. Ebenso wie bei der GbR, kann die automatische Rechtsnachfolge in den Geschäftsanteil des verstorbenen Gesellschafters ausgeschlossen und stattdessen dem Erben lediglich der Anspruch auf Abschluss einer Aufnahmevereinbarung eingeräumt werden. Dieses hat für die überlebenden Gesellschafter einer OHG den Vorteil, dass dem Erben **kein Wahlrecht** im Sinne von § 139 HGB zusteht, da § 139 HGB an eine **154**

[217] Vgl. *Sudhoff/Froning* § 44 Rn 46.

Nachfolgeklausel und damit an die unmittelbare Rechtsnachfolge anknüpft,[218] daher nicht bei einer Eintrittsklausel gilt.

4. Kommanditgesellschaft

155 Bei der KG ist zu unterscheiden, ob der Erblasser persönlich haftender Gesellschafter, also Komplementär, oder Kommanditist war.

156 **a) Komplementär.** War der verstorbene Gesellschafter Komplementär, gilt das Gleiche wie beim Tod des Gesellschafters in der OHG: Die KG wird nicht aufgelöst, §§ 131 Abs. 3 Ziffer 1), 161 Abs. 2 HGB, sondern der Komplementär scheidet aus. Selbstverständlich können auch im Gesellschaftsvertrag der KG eine Nachfolgeklausel oder ein Eintrittsrecht wie in der OHG oder GbR vereinbart werden. Scheidet der einzige Komplementär durch Tod aus der Gesellschaft aus, wird die KG weder zur OHG noch besteht eine werbende KG ohne Komplementär weiter, bis möglicherweise später ein neuer persönlich haftender Gesellschafter gefunden ist. Vielmehr ist die KG mit dem Tode des einzigen persönlich haftenden Gesellschafters aufgelöst und in ein Liquidationsstadium eingetreten.[219] Den verbleibenden Kommanditisten steht es selbstverständlich frei, es kann ihnen aufgrund gesellschaftlicher Treuepflicht auch obliegen, einen neuen persönlich haftenden Gesellschafter zu suchen und mit diesem die KG fortzusetzen. Bei dem persönlich haftenden Gesellschafter kann es sich auch um eine GmbH handeln.[220] Sofern nicht der Gesellschaftsvertrag bereits ein solches bestimmt, bedarf es zur Fortsetzung der Gesellschaft auf diese Weise eines Fortsetzungsbeschlusses der verbliebenen Gesellschafter.[221] Eine Fortführung der Gesellschaft durch die verbliebenen Kommanditisten führt in der Regel dazu, dass die KG zur OHG wird.[222]

157 **b) Kommanditist.** Stirbt der Kommanditist, wird die Gesellschaft nach § 177 HGB mit dessen Erben fortgesetzt. § 177 HGB hat die **Wirkung einer einfachen Nachfolgeklausel**. Ebenso wie bei einer solchen Nachfolgeklausel treten mehrere Erben des verstorbenen Kommanditisten nicht als Erbengemeinschaft in die Gesellschaft ein. Die Kommanditbeteiligung geht vielmehr im Wege der Sondererbfolge quotal nach Erbquote auf die Erben des Kommanditisten über.[223]

158 Die durch den Eintritt mehrerer Miterben verursachte Zersplitterung der Mitgliedschaft kann dadurch abgemildert werden, dass der Gesellschaftsvertrag eine **Vertreterklausel** für diesen Fall vorsieht: Danach können die Erben beispielsweise ihre Gesellschafterrechte nur durch einen

---

[218] Vgl. *Sudhoff/Froning* § 44 Rn 59.

[219] *Baumbach/Hopt* § 131 Rn 18; § 177 Rn 1.

[220] *Baumbach/Hopt* § 177 Rn 1.

[221] *Baumbach/Hopt* § 131 Rn 131; § 177 Rn 1.

[222] BGH NJW 179, 1706.

[223] *Baumbach/Hopt*, § 177 Rn 3; *Sudhoff/Froning*, § 44 Rn 68; vgl. zur Sondererbfolge in einen Geschäftsanteil an einer werbenden Personengesellschaft BGH NJW 1972, 1755, 1756; NJW 1977, 1339, 1340; NJW 1983, 2376, 2377.

gemeinsamen Vertreter wahrnehmen. Eine Formulierung im Gesellschaftsvertrag könnte wie folgt lauten:

„Wird ein Gesellschafter, der Kommanditist ist, von mehreren Personen **159**
beerbt und treten diese dadurch einzeln in die Gesellschaft ein, können sie ihre Gesellschafterrechte nur durch einen gemeinsamen Vertreter wahrnehmen, den sie gegenüber der Gesellschaft schriftlich benennen."

c) Ergänzende/abweichende Anordnungen des Erblassers. Die **160**
zuvor darstellten Rechtsfolgen des § 177 HGB sind **dispositiv** und können ergänzt und/oder abgeändert werden.[224] So kann der Gesellschaftsvertrag beispielsweise eine qualifizierte Nachfolgeklausel oder ein Eintrittsrecht zugunsten Dritter vorsehen. Schließlich kann der Erblasser beispielsweise den Kommanditanteil auch durch Aussetzung eines Vermächtnisses einem Erben oder einem Dritten zuwenden. Die Zuwendung an einen Erben erfolgt bereits aus § 177 HGB. Soll dagegen der Kommanditanteil einem Dritten, der nicht Erbe ist, im Wege des Vermächtnisses zugewendet werden, ist hierzu die Zustimmung der übrigen Gesellschafter im Voraus erforderlich. Denn ihnen wird ein neuer Gesellschafter zur Seite gestellt, ohne dass dieses aus § 177 HGB folgt. Diese Vorschrift setzt nämlich voraus, dass die betreffende Person Erbe ist.

5. GmbH

§ 15 Abs. 1 GmbHG ordnet ausdrücklich an, dass die Gesellschaftsbetei- **161**
ligung vererblich ist. Es bedarf also keiner besonderen gesetzlichen Regelung im Gesellschaftsvertrag, damit die Beteiligung an der GmbH vererbt werden kann.

6. GmbH & Co. KG

Für die Vererblichkeit des GmbH-Anteils gilt das zur GmbH Gesagte, **162**
für die Vererblichkeit einer gesellschaftlichen Beteiligung an einer KG das für die KG Gesagte. Der Erblasser ist in aller Regel an der KG als Kommanditist beteiligt. Die Beteiligung ist nach § 177 HGB ohne weiteres vererblich. Gleiches gilt, wenn der Erblasser an der Komplementär-GmbH beteiligt war, § 15 Abs. 1 GmbHG. Lediglich wenn der Erblasser persönlich haftender Gesellschafter der KG war, muss im Gesellschaftsvertrag der KG Vorsorge dafür getroffen werden, dass die Beteiligung auf einen oder mehrere Erben übergehen kann.

7. Aktiengesellschaft

Die Mitgliedschaft in einer Aktiengesellschaft besteht in der Inneha- **163**
bung von Aktien, in die das Stammkapital der AG zerlegt ist, § 1 Abs. 2 AktG. Die Aktien sind frei vererblich, selbst wenn es sich um vinkulierte Namensaktien handelt.[225] Einer besonderen Bestimmung in der Satzung, die die Aktie vererblich stellen würde, bedarf es daher nicht.

---

[224] *Baumbach/Hopt*, § 177 Rn 7.
[225] S. oben Rn 40; *Hüffer* § 68 Rn 11.

8. Eingetragene Genossenschaft

164 Kraft Gesetzes geht die Beteiligung an der Genossenschaft auf die Erben zwar über, § 77 Abs. 1 GenG. Jedoch endet die Mitgliedschaft der Erben mit Ablauf des Geschäftsjahres, in dem der Erbfall eingetreten ist. Das Statut kann jedoch eine unbefristete Vererbung der Mitgliedschaft vorsehen, § 77 Abs. 2 Satz 1 GenG.

9. Partnerschaftsgesellschaft

165 Gemäß § 9 Abs. 1 PartGG gelten bezüglich der Rechtsnachfolge in Gesellschaftsanteile die Vorschriften zur OHG entsprechend. Mangels abweichender Bestimmungen im Gesellschaftsvertrag wird die Gesellschaft ohne die Erben unter den übrigen Gesellschaftern fortgesetzt, § 9 Abs. 1 PartGG in Verbindung mit § 131 Abs. 1 Ziffer 2 HGB. Aus Artikel 1 PartGG folgt allerdings, dass Mitglieder der Partnerschaftsgesellschaft nur Angehörige eines freien Berufes sein können. Aus diesem Grund muss der Gesellschaftsvertrag für den Fall einer Nachfolgeklausel oder eines Eintrittsrechtes zugunsten Dritter die Voraussetzung enthalten, dass die Nachfolger oder Eintrittsberechtigten eben nur Angehörige eines freien Berufes oder eines bestimmten freien Berufes sein können.

10. Kommanditgesellschaft auf Aktien

166 Ist der künftige Erblasser als **persönlich haftender Gesellschafter** an der KGaA beteiligt, gelten die Vorschriften über die Kommanditgesellschaft entsprechend, § 289 Abs. 1 AktG. Die Satzung der KGaA muss also Regelungen im Sinne einer Nachfolgeklausel oder so genannten Eintrittsklauseln vorsehen, damit der Gesellschaftsanteil des persönlich haftenden Gesellschafters der KGaA vererblich ist.[226] Wird eine solche Regelung nicht getroffen, scheidet der persönlich haftende Gesellschafter mit seinem Tod aus, seine Beteiligung wächst den übrigen Gesellschaftern an, seine Erben erhalten lediglich einen Abfindungsanspruch.[227]

167 Ist der Erblasser hingegen als **Kommanditaktionär** an der KGaA beteiligt, sind Modifzierungen der Gesellschaftssatzung nicht erforderlich: Gemäß § 278 Abs. 3 AktG gelten die Vorschriften über die AG entsprechend. Die Beteiligung des Kommanditaktionärs ist daher frei übertragbar und vererblich.[228]

11. Stille Gesellschaft und Unterbeteiligung

168 **a) Stille Gesellschaft.** Stirbt der **Inhaber des Handelsgeschäftes**, an dem die stille Gesellschaft besteht, wird die stille Gesellschaft gemäß § 727 Abs. 1 BGB aufgelöst.[229] Der Stille und der Inhaber des Handelsgeschäftes müssen daher im Gesellschaftsvertrag gegebenenfalls eine Nach-

---

[226] Siehe oben Rn 44.
[227] Siehe oben Rn 44.
[228] Vgl. BayObLGZ 1988, 371, 377.
[229] Siehe Rn 47.

folgeklausel berücksichtigen, damit die stille Gesellschaft zwischen dem Stillen und dem Nachfolger des Inhabers des Handelsgeschäftes fortgesetzt wird. Stirbt hingegen der **Stille**, wird die stille Gesellschaft gemäß § 234 Abs. 2 HGB mit seinen Erben fortgeführt. Einer besonderen Regelung im Gesellschaftsvertrag bedarf es daher nicht.

b) Unterbeteiligung. Verstirbt im Falle der Unterbeteiligung der **169**
Hauptbeteiligte, wird mangels abweichender Vereinbarungen die in der Regel in Form einer Innengesellschaft bestehende Unterbeteiligung aufgelöst und abgewickelt.[230] In die Vereinbarung über die Unterbeteiligung muss daher aufgenommen werden, dass dieses Schuldverhältnis mit einem oder mehreren Erben des Hauptbeteiligten nach dessen Tod fortgesetzt werde. Stirbt der **Unterbeteiligte**, wird die Unterbeteiligung entsprechend § 234 Abs. 2 HGB mit seinen Erben fortgesetzt.[231] Einer besonderen Abrede in der Vereinbarung über die Unterbeteiligung bedarf es daher nicht.

---

230 Siehe oben Rn 48.
231 *Sudhoff/Froning* § 44 Rn 46.

§ 34 Unternehmensnachfolge durch gewillkürte Erbfolge

Übersicht

	Rn
I. Arten der Anordnung einer gewillkürten Erbfolge	1
1. Grundsatz der Testierfreiheit	1
2. Überblick über die Verfügungen von Todes wegen	3
a) Testament	5
aa) Testierfähigkeit	6
bb) Formerfordernisse	7
cc) Inhalt eines Testamentes	11
b) Gemeinschaftliches Testament	12
aa) Voraussetzung und Form des gemeinschaftlichen Testamentes	12
bb) Arten des gemeinschaftlichen Testamentes	15
cc) Besonderheiten bei wechselbezüglichen Verfügungen	17
dd) Häufiger Inhalt eines gemeinschaftlichen Testamentes	19
c) Erbvertrag	24
aa) Rechtsnatur des Erbvertrages	25
bb) Form des Erbvertrages	26
cc) Beseitigung der Bindungswirkung	28
II. Anordnungen des Erblassers	32
1. Erbeinsetzung	32
a) Erbeinsetzung und Vermächtnis	32
b) Ersatzerbe	35
c) Anwachsung	36
2. Vor- und Nacherbschaft	37
a) Begriff und Zweck der Nacherbeneinsetzung	37
b) Rechtsstellung des Vor- und des Nacherben	39
3. Pflichtteilsrecht	45
a) Voraussetzungen und Inhalt	47
b) Auskunft und Wertermittlung	51
c) Anrechnung und Ausgleichung	56
d) Pflichtteilsrestanspruch	61
e) Beschränkungen und Beschwerungen	63
aa) § 2306 Abs. 1 Satz 1 BGB	64
bb) § 2306 Abs. 1 Satz 2 BGB	65
cc) Pflichtteil und Vermächtnis	66
f) Pflichtteilsergänzung	67
aa) Wesen der Pflichtteilsergänzung	67
bb) Gläubiger und Schuldner	68
g) Gestaltungsmöglichkeiten	71
aa) Ehegattenvoraus	72
bb) Güterstand	74
cc) Erb- und Pflichtteilsverzicht	75
dd) Anordnung von Vor- und Nacherbschaft	76
ee) Auslandsvermögen	77
ff) Gründung einer Personengesellschaft	78
gg) Vorweggenommene Erbfolge	79
4. Vermächtnis	80
a) Begriff und Bedeutung	80
b) Beschwerte Person	83
c) Besondere Formen des Vermächtnisses	85
aa) Vorausvermächtnis, § 2150 BGB	85
bb) Nachvermächtnis, § 2191 ff. BGB	86
cc) Verschaffungsvermächtnis	87
dd) Wahlvermächtnis, Gattungsvermächtnis	88
ee) Rentenvermächtnis	89
ff) Nießbrauchsvermächtnis	91
gg) Unternehmensnachfolge und Nießbrauch	95
5. Auflagen	98

Rn

a) Begriff, Abgrenzung zum Vermächtnis 98
b) Anspruch auf Vollziehung 100
c) Auflagen und Unternehmensnachfolge 101
6. Teilungsanordnung 103
7. Trans- und postmortale Vollmacht 106
8. Testamentsvollstreckung ... 110
a) Begriff und Bedeutung der Testamentsvollstreckung 111
b) Voraussetzungen der Testamentsvollstreckung . 114
c) Arten der Testamentsvollstreckung 118
aa) Abwicklungsvollstreckung 119
bb) Dauertestamentsvollstreckung und Verwaltungsvollstreckung 120
cc) Weitere Formen der Testamentsvollstreckung 121
d) Rechtsstellung des Testamentsvollstreckers 122
aa) Privates Amt 122
bb) Dauer des Amtes 123
cc) Person des Testamentsvollstreckers 128
dd) Befugnisse des Testamentsvollstreckers ... 130
ee) Haftungsabschottung durch Testamentsvollstreckung 134
e) Überwachung und Verantwortung des Testamentsvollstreckers 136
aa) Überwachung 136
bb) Haftung des Testamentsvollstreckers ... 137
f) Mehrheit von Testamentsvollstreckern 139
g) Allgemeine Gestaltungshinweise 141
h) Testamentsvollstreckung und Unternehmensnachfolge 143
aa) Testamentsvollstreckungen an einzelkaufmännischen Unternehmen und voll haftenden Beteiligungen 144
bb) Testamentsvollstreckung und GmbH-Beteiligung 161
cc) Testamentsvollstreckung bei einer GmbH & Co. KG 164
dd) Aktiengesellschaft und Testamentsvollstreckung 165
ee) Testamentsvollstreckung und Genossenschaft 166
ff) Stille Gesellschaft und Testamentsvollstreckung 167
gg) Testamentsvollstreckung und Unterbeteiligung 169
hh) Partnerschaftsgesellschaft und Testamentsvollstreckung 170
ii) Testamentsvollstreckung und berufsrechtliche Beschränkungen 171
jj) Testamentsvollstreckung und Umwandlung 172
9. Beirat 175
a) Gesellschaftsorgan 176
b) Rechtliche Ausgestaltung 177
c) Beirat und Unternehmensnachfolge 181
d) Stellung der Beiräte 183
aa) Aufgaben 184
bb) Organisation des Beirates 190
III. Gestaltungshinweise für die Nachfolgeplanung 195
1. Qualifizierter Nachfolger in der Geschäftsleitung 197
2. Absicherung von nicht nachfolgenden Erben 200
3. Suche nach geeignetem Nachfolger 201
4. Vermeidung von Pflichtteilsansprüchen 203
IV. Folgen des erbrechtlichen Erwerbs 204

Schrifttum: *Bengel*, Rechtsfragen zum Vor- und Nachvermächtnis, NJW 1990, 1826; *Bratke*, Gesellschaftsvertragliche Abfindungsklauseln und Pflichtteilsansprüche, ZEV 2000, 16 ff.; *Flume*, Die Erbnachfolge in den Anteil an einer Personengesellschaft und die Zugehörigkeit des Anteils zum Nachlaß, NJW 1988, 161; *Frank*, Die Testamentsvollstreckung über Aktien, ZEV 2002, 389; *Harder*, Gibt es gesetzliche Vermächtnisse?, NJW 1988, 2716; *Mayer*, Die Testamentsvollstreckung über GmbH-Anteile, ZEV 2002, 209; *Piltz*, Die Unternehmensbewertung in der Rechtsprechung, 3. Auflage, 1994; *Reimann*, Gesellschaftsvertragliche Abfindung und erbrechtlicher Ausgleich, ZEV 1994, 7; *Reimann*, Ende der Testamentsvollstreckung durch Umwandlung, ZEV 2000, 381 ff.; *Reimann*, Angebot und Vollmacht in der erbrechtlichen Gestaltung, ZEV 1996, 420 ff.; *Sudhoff*, Handbuch der Unternehmensnachfolge, 4. Aufl., 2000; *Stracke*, Testamentsvollstreckung und Rechtsberatung, ZEV 2001, 250 ff.; *Thümmel*, Möglichkeiten und Grenzen der Kompetenzverlagerung auf Beiräte in der Personengesellschaft und in der GmbH, DB 1995, 2461 ff.

I. Arten der Anordnung einer gewillkürten Erbfolge

1. Grundsatz der Testierfreiheit

1 Grundlage der gewillkürten Erbfolge ist das Prinzip der **Testierfreiheit**. Sie ist Teilstück der Privatautonomie. Sie ist zwar im BGB nicht ausdrücklich erwähnt, wird jedoch verfassungsrechtlich durch die allgemeine Handlungsfreiheit des Artikel 2 Abs. 1 GG sowie durch die so genannte **Erbrechtsgarantie** aus Artikel 14 Abs. 1 GG garantiert. Die Testierfreiheit findet ihren Niederschlag insbesondere in §§ 1937 bis 1941 BGB. Danach kann der Erblasser durch letztwillige Verfügung die gesetzliche Erbfolge ausschalten oder modifizieren. Er kann insbesondere durch letztwillige Verfügung Erben einsetzen, gesetzliche Erben enterben, Vermächtnisse aussetzen und Auflagen anordnen. Weiter kann er Teilungsanordnungen treffen und beispielsweise eine Testamentsvollstreckung anordnen. Positivrechtlich geschützt wird die Testierfreiheit weiter durch § 2302 BGB: Danach ist jeder Vertrag nichtig, durch den sich jemand verpflichtet, eine bestimmte Verfügung von Todes wegen zu errichten, aufzuheben oder auch nicht aufzuheben.

2 Schließlich gilt der Grundsatz der **Höchstpersönlichkeit** letztwilliger Verfügungen: Die formelle Höchstpersönlichkeit ergibt sich aus §§ 2064, 2274 BGB. Der Erblasser kann ein Testament nur persönlich errichten und einen Erbvertrag nur persönlich abschließen. Eine Stellvertretung ist dabei ausgeschlossen. Die materielle Höchstpersönlichkeit einer letztwilligen Verfügung wird durch § 2065 BGB geschützt: Der Erblasser kann die Wirksamkeit seiner letztwilligen Verfügung nicht von der Entscheidung einer dritten Person abhängig machen. Ebenso schränkt § 2065 Abs. 2 BGB Möglichkeiten des Erblassers ein, die Entscheidung über die Personen von Zuwendungsempfängern Dritten zu übertragen.[1]

---

[1] § 2065 Abs. 2 BGB führt in der Praxis immer wieder zu Schwierigkeiten und Kontroversen über die Reichweite des darin enthaltenen Verbotes. Zu den Einzelheiten siehe *Ebenroth* Rn 185 ff.

2. Überblick über die Verfügungen von Todes wegen

Als Verfügung von Todes wegen gelten alle rechtsgeschäftlichen Anordnungen des Erblassers, die erst mit seinem Tod Wirksamkeit erlangen sollen und in denen spezifischen Formen des Erbrechts vorgenommen wurden.[2] Die **Abgrenzung** zwischen der Verfügung von Todes wegen und einem lebzeitigen Rechtsgeschäft erfolgt danach, ob der Erblasser das Schicksal seines Vermögens erst für die Zeit nach seinem Tod festlegen wollte; dann handelt es sich um eine letztwillige Verfügung. Ist diese Frage nicht eindeutig zu beantworten, wird die Auslegungsregel des § 2084 BGB entsprechend angewendet und die Frage danach entschieden, welche Gestaltungsform der Erblasser gewählt hat.[3] 3

Das Gesetz unterscheidet bei den letztwilligen Verfügungen zunächst grundsätzlich zwischen dem Testament (§ 1937 BGB) als einseitige Verfügung von Todes wegen und dem in vertraglicher Form zu errichtenden Erbvertrag, § 1941 BGB. Zwischen beiden Arten der letztwilligen Verfügung steht das gemeinschaftliche Ehegattentestament (§§ 2265 ff. BGB). 4

a) Testament. Die Wirksamkeit eines Testamentes hängt davon ab, dass der Erblasser zur Zeit der Errichtung testierfähig war und die gesetzlichen Formvorschriften gewahrt hat. 5

aa) Testierfähigkeit. Die Testierfähigkeit ist ein Sonderfall der Geschäftsfähigkeit. § 2229 BGB modifiziert die allgemeinen Geschäftsfähigkeitsregelungen. Ein Minderjähriger kann bereits mit 16 Jahren eine letztwillige Verfügung errichten, § 2229 Abs. 1 BGB. Im Gegensatz zur allgemeinen Geschäftsfähigkeit gibt es eine so genannte **beschränkte Testierfähigkeit**, bei der der Minderjährige vor Vollendung des 16. Lebensjahres mit Zustimmung eines gesetzlichen Vertreters testieren könnte, nicht. Testierunfähig sind neben Personen, die noch keine 16 Jahre alt sind, solche, die wegen krankhafter Störung der Geistestätigkeit, wegen Geistesschwäche oder Bewusstseinsstörung bei Errichtung des Testamentes nicht in der Lage sind, die Bedeutung ihrer Erklärungen einzusehen und nach dieser Einsicht zu handeln, § 2229 Abs. 4 BGB. Nicht zum Zuge gekommene gesetzliche Erben versuchen in der Praxis häufig, unter Hinweis auf die fehlende Testierfähigkeit des Testators doch noch in den Genuss des Nachlasses zu kommen. Die **Darlegungs- und Beweislast** für das Vorliegen der Voraussetzungen von § 2229 Abs. 4 BGB trägt derjenige, der sich darauf beruft.[4] Bis zum Beweis des Gegenteils ist von der Testierfähigkeit auszugehen.[5] Ist der Erblasser in der Zeit vor und nach der Testamentserrichtung erwiesenermaßen testierunfähig, kann die letztwillige Verfügung dennoch wirksam sein, wenn sie in einem Zeitpunkt errichtet wurde, in dem der Erblasser ein lucidum intervallum hatte. Darlegungs- und beweispflichtig hierfür ist wiederum derjenige, der sich darauf 6

---

[2] *Ebenroth* Rn 187.
[3] BGH NJW 1984, 46; *Palandt/Edenhofer* § 2084 Rn 16.
[4] KG NJW 2001, 903, 905.
[5] *Palandt/Edenhofer* § 2229 Rn 11.

beruft.[6] § 2229 Abs. 4 BGB gilt auch für Personen, für die eine Betreuung eingerichtet ist.[7] Unter Geltung des früheren Entmündigungsrechtes ist einem Entmündigten die Möglichkeit zu testieren gemäß § 2229 Abs. 3 Satz 1 BGB a. F. ganz genommen.

7 *bb) Formerfordernisse.* Das Erbrecht schreibt für letztwillige Verfügungen und daher auch für die Errichtung eines Testamentes Formvorschriften vor, deren Nichtbeachtung nach § 125 Satz 1 BGB zur Unwirksamkeit des Testamentes führt, so dass mangels anderweitiger letztwilliger wirksamer Verfügungen die gesetzliche Erbfolge zum Zuge kommt.

8 Die so genannten **ordentlichen Testamente** sind das eigenhändige Testament gemäß § 2247 BGB und das notarielle Testament gemäß § 2232 BGB. Zwischen beiden Formen kann der Erblasser grundsätzlich **frei wählen**, § 2231. Gemäß § 2247 Abs. 4 BGB sind lediglich Minderjährige und Personen, die nicht lesen können, daran gehindert, ein eigenhändiges Testament zu errichten. Das **notarielle** oder auch so genannte **öffentliche Testament** ist zu errichten durch mündliche Erklärung gegenüber dem Notar oder durch Überreichung einer Schrift durch den Erblasser an den Notar, § 2232 BGB. § 2233 BGB regelt hiervon wieder Ausnahmen für Personen, die nicht schreiben, nicht sprechen können oder minderjährig sind. Die einzelnen Formvorschriften für die Beurkundung des Testamentes durch den Notar ergeben sich aus dem Beurkundungsgesetz. Der Notar hat über die Beurkundung eines Niederschrift anzufertigen. In der Praxis ist die Errichtung eines öffentlichen Testamentes vor dem Notar in aller Regel mit einer vorherigen Beratung zur Testamentsgestaltung durch den Notar und dem Anfertigen eines Entwurfes durch den Notar verbunden. Die Vorteile des öffentlichen gegenüber dem eigenhändigen Testamentes liegen zunächst in der rechtskundigen Hilfe des Notars bei der inhaltlichen Gestaltung sowie zur Vermeidung von Formfehlern. Die Beratung durch den Notar hilft weiterhin, missverständliche Formulierungen und insbesondere die missverständliche Verwendung von Rechtsbegriffen zu vermeiden oder doch zumindest einzuschränken. Das öffentlich errichtete Testament ist für nicht zum Zuge gekommene gesetzliche Erben auch schlechter anzugreifen: Der Notar überzeugt sich bei der Beurkundung über die Testierfähigkeit des Testators und nimmt einen entsprechenden Vermerk in die Niederschrift auf, §§ 11, 28 BeurkG. Die Authenzität ist gesichert. Der Notar gibt das neu errichtete Testament in **amtliche Verwahrung**, in der Regel des Amtsgerichtes, in dessen Bezirk der Notar seinen Sitz hat, § 2258 a BGB. Hierdurch wird sichergestellt, dass beim Tod des Erblassers die seinen letzten Willen enthaltene Verfügung umgehend aufgefunden wird, da das Amtsgericht vom Standesamt vom Tod des Erblassers informiert wird und die Eröffnung des Testamentes veranlasst. Dem steht beim privatschriftlichen, also eigenhändigen Testament nur die Ablieferungspflicht aus § 2259 BGB gegenüber. Dass interessierte Personen eine sie benachteiligende letztwillige Verfügung nicht

---

[6] BayObLG FamRZ 1990, 801, 803.

[7] *Ebenroth* Rn 194.

gern zum Zwecke der Eröffnung beim Nachlassgericht abliefern, liegt auf der Hand.

Das **eigenhändige Testament** muss vom Erblasser **selbst handschriftlich geschrieben** und **unterschrieben** worden sein, § 2247 Abs. 1 BGB. Es muss vom Erblasser selbst unterschrieben werden, und zwar mit dem vollständigen Namenszug. Die Unterschrift soll Vor- und Familiennamen enthalten, § 2247 Abs. 3 Satz 1 BGB. Ausnahmsweise kann eine andere Unterschrift ausreichen, § 2247 Abs. 3 Satz 2 BGB, wenn die Identität des Erblassers und die Ernsthaftigkeit seiner Erklärungen hinreichend feststellbar sind. Aus Rechtssicherheitsgründen ist hiervon jedoch stets abzuraten. Die Unterzeichnung muss sich als Unterzeichnung darstellen, und zwar die Verfügung abschließen und daher am Ende stehen. Eine Selbstbenennung zu Beginn der Niederschrift oder mitten in ihr ist nicht ausreichend.[8] Die Angabe von **Ort** und **Zeit** der Errichtung ist zwar nicht zwingende Voraussetzung, sondern nur Soll-Inhalt, § 2247 Abs. 2 BGB. Auch diese Angaben sind jedoch auf jeden Fall ratsam: Zum einen kann das Fehlen dieser Angaben zu Zweifeln über die Gültigkeit der letztwilligen Verfügung führen, vergleiche § 2247 Abs. 5 BGB. Zum anderen kann in der Errichtung eines neuen Testamentes zugleich der Widerruf eines früher errichteten Testamentes liegen. Um diesen zeitlichen Zusammenhang klarzustellen, empfiehlt sich die Angabe von Ort und Datum. 9

In bestimmten Situationen ermöglicht das Gesetz dem Erblasser, seinen letzten Willen in anderer Form als durch privatschriftliches oder öffentlich errichtetes Testament, aber auch als Testament zu erklären. Es handelt sich um Situationen, in denen der Erblasser zur eigenhändigen Errichtung nicht mehr in der Lage ist und die Hinzuziehung eines Notars vor dem Tod nicht mehr möglich erscheint. Im Einzelnen gibt es das **Nottestament vor dem Bürgermeister**, § 2249 BGB, das **Dreizeugentestament**, § 2250 BGB und das **Seetestament**, § 2251 BGB. Der Ausnahmecharakter dieser Testamentsformen ergibt sich aus § 2252 Abs. 1 BGB. Diese Nottestamente gelten als nicht errichtet, wenn seit ihrer Errichtung mehr als 3 Monate verstrichen sind und der Erblasser noch lebt. Diese Nottestamente haben also nur einen **vorläufigen Charakter**. Wenn der Erblasser diese 3-Monatsfrist überlebt, ist er gezwungen, neu zu testieren. 10

cc) Inhalt eines Testamentes. Zur Testierfreiheit gehört, dass der Erblasser in der inhaltlichen Ausgestaltung seiner letztwilligen Verfügung grundsätzlich frei ist. Seine Anordnungen dürfen lediglich nicht gegen gesetzliche Verbote oder die guten Sitten verstoßen. Allerdings herrscht auch im Erbrecht ein **Typenzwang**, so dass der Erblasser grundsätzlich nur von den gesetzlich vorgesehenen Arten von Verfügungen Gebrauch machen kann. Im Einzelnen sind dieses folgende: 11

- **Bestimmung über den erbrechtlichen Erwerb:** Selbstverständlich kann der Erblasser zum Erben einsetzen, wen er möchte. Zugleich kann er auch bestimmte Personen enterben, § 1938 BGB. Es steht ihm weiter

[8] BayObLG FamRZ 1988, 1211, 1212.

frei, Vor- und Nacherbschaft anzuordnen, §§ 21 ff. BGB. Schließlich kann er Ersatzerbschaft anordnen, §§ 2096 ff. BGB.

- **Einzelzuwendungen:** Ohne einen Begünstigten zum Erben zu machen oder um einem Erben zusätzlich einen Vermögensvorteil zuzuwenden, kann der Erblasser Vermächtnisse aussetzen (§§ 1939, 2147 ff. BGB) oder Auflagen anordnen, §§ 1940, 2192 ff. BGB.
- **Anordnungen zur Nachlassabwicklung:** Der Erblasser kann Teilungsanordnungen verfügen, §§ 2048 ff. BGB, Ausgleichspflichten anordnen, ausschließen oder ändern, §§ 2050 ff. BGB, die Auseinandersetzung auf lange Dauer ausschließen, § 2044 BGB, oder Testamentsvollstreckung anordnen und gegebenenfalls einen Testamentsvollstrecker ernennen, §§ 2197 ff. BGB.
- **Pflichtteilsrelevante Bestimmungen:** In den engen Grenzen der §§ 2333 ff. BGB kann der Erblasser durch letztwillige Verfügung einen Pflichtteil entziehen, § 2336 BGB.
- **Aufhebung anderer letztwilliger Verfügungen:** Durch letztwillige Verfügung kann der Erblasser eine frühere letztwillige Verfügung aufheben, §§ 2254, 2258 BGB.
- **Familienrechtliche Anordnungen:** Der Erblasser kann gemäß § 1777 Abs. 3 BGB durch letztwillige Verfügung einen Vormund benennen.

12 **b) Gemeinschaftliches Testament.** *aa) Voraussetzung und Form des gemeinschaftlichen Testamentes.* Das in §§ 2265 ff. BGB geregelte gemeinschaftliche Testament kann **nur von Ehegatten** errichtet werden. Inzwischen ist auch Partnern einer gleichgeschlechtlichen und **eingetragenen Lebenspartnerschaft** durch § 10 Abs. 4 LPartG die Möglichkeit eingeräumt, ein gemeinschaftliches Testament im Sinne von § 2265 BGB zu errichten. § 10 Abs. 4 LPartG erweitert also den Kreis der Berechtigten im Sinne von § 2265 BGB. Gemeinschaftliche Testamente anderer Personen wie z. B. von Verlobten oder Geschwistern sind unwirksam.[9] Eine spätere Eheschließung heilt den Mangel nicht.[10] Im Einzelfall kann ein danach unwirksames gemeinschaftliches Testament, das von hierzu nicht befugten Personen errichtet worden ist, gemäß § 140 BGB in Einzeltestamente umgedeutet werden.[11] Ein gemeinschaftliches Testament liegt vor, wenn die Ehegatten **gemeinsam testieren.** Es liegen immer **zwei Verfügungen** von Todes wegen vor: Jeder Ehegatte verfügt einseitig, wenn auch die Verfügung gemeinsam erfolgt. Umstritten ist die Frage, ob beide Verfügungen äußerlich in einer Urkunde, die aus mehreren Bögen oder Blättern bestehen kann, enthalten sein muss oder ob das gemeinschaftliche Testament auch in zwei eigenständigen Urkunden errichtet werden kann, wenn der Wille beider Ehegatten, gemeinsam zu testieren, deutlich zu Tage tritt.[12] Es ist daher ratsam und ohnehin üblich, das gemeinschaftliche Testament in einer äußerlich einheitlichen Urkunde zu errichten.

---

[9] *Ebenroth* Rn 217.

[10] *Ebenroth* Rn 217, m. w. N.

[11] *Palandt/Edenhofer* § 2265 Rn 3.

[12] Zu den Einzelheiten siehe *Ebenroth* Rn 216.

Den Ehegatten bzw. Lebenspartnern stehen für die Errichtung des gemeinschaftlichen Testamentes ebenfalls die Möglichkeiten eines **privatschriftlichen Testamentes, eines öffentlichen Testamentes** sowie der oben angegebenen **Nottestamente** zur Verfügung, vergleiche § 2066 BGB. Für das Nottestament vor dem Bürgermeister, § 2049 BGB, sowie das 3-Zeugen-Testament, § 2250 BGB, reicht es gemäß § 2266 BGB aus, wenn die Voraussetzungen für das Nottestament auch bei nur einem der beiden Ehegatten bzw. Lebenspartner vorliegen. 13

Das privatschriftliche Testament muss nicht von jedem der beiden testierenden Ehegatten bzw. Lebenspartnern in seinem vollen Text **eigenhändig** geschrieben werden. § 2267 Satz 1 BGB lässt es ausreichen, wenn einer der Ehegatten das Testament handschriftlich aufschreibt und der andere Ehegatte eigenhändig diesen Text als gemeinschaftliche Erklärung mitunterzeichnet. Auch der mitunterzeichnende Ehegatte soll dabei gemäß § 2267 Satz 2 BGB Datum und Ort der Unterzeichnung angeben. 14

bb) Arten des gemeinschaftlichen Testamentes. Das gemeinschaftliche Testament kann sich zunächst darauf beschränken, dass die letztwilligen Verfügungen gemeinsam errichtet werden, jedoch in keinem inneren Zusammenhang stehen. Die Gemeinschaftlichkeit des Testamentes beschränkt sich also auf die äußeren Umstände der Errichtung und den Formvorteil von § 2267 BGB. Dieses gemeinschaftliche Testament wird auch das so genannte einfache gemeinschaftliche Testament genannt. 15

Dagegen zeichnet sich das so genannte **gegenseitige gemeinschaftliche Testament** dadurch aus, dass zwischen den Verfügungen ein inhaltlicher Zusammenhang besteht, ohne dass die Wirksamkeit der Verfügung des einen von der Wirksamkeit der Verfügung des anderen abhängig sein sollte, also **ohne** dass eine **Wechselbezüglichkeit** vorliegt. Das ist z. B. dann der Fall, wenn sich Ehegatten wechselseitig zu Alleinerben einsetzen, ein Ehegatte den anderen aber auch dann zum Alleinerben eingesetzt hätte, wenn der andere ihn wiederum nicht zum Alleinerben eingesetzt hätte. Der häufigste und rechtlich weit reichendste Fall der gemeinschaftlichen Testamentsform ist das so genannte **wechselbezügliche Testament**. Wechselbezüglich ist an sich das Testament nicht als solches insgesamt, sondern es sind die einzelnen Verfügungen. Wechselbezüglich sind solche Verfügungen, die in ihrem rechtlichen Bestand miteinander stehen und fallen sollen, weil anzunehmen ist, dass die Verfügung des einen nicht ohne die Verfügung des anderen getroffen worden wäre, vergleiche § 2270 Abs. 1 BGB. Ob eine Verfügung diesen wechselbezüglich Charakter hat, muss für jede Verfügung im Einzelfall durch Auslegung ermittelt werden. Im Zweifel gilt nach § 2270 Abs. 2 BGB eine Verfügung dann als wechselbezüglich, wenn sich die Ehegatten selbst gegenseitig bedenken, und zwar als Erben, Vermächtnisnehmer oder Auflagenbegünstigte. Eine Wechselbezüglichkeit wird im Zweifelsfall auch dann vermutet, wenn der eine für den Fall seines Überlebens zugunsten einer Person verfügt, die mit dem Erstversterbenden verwandt ist oder auf andere Weise dem Erstversterbenden nahe steht. Bei der Überprüfung der Wechselbezüglichkeit kann sich ergeben, dass nur ein Ehegatte bzw. Lebenspartner im Hinblick auf die 16

Verfügung des anderen testiert hat, während der andere eine solche Abhängigkeit nicht möchte.[13]

17 *cc) Besonderheiten bei wechselbezüglichen Verfügungen.* Zum Schutz des Vertrauens der Ehegatten oder Lebenspartner in den Bestand der korrespondierenden Verfügung des jeweils anderen ordnet das Erbrecht mehrere **Bindungen** der Testierenden an ihre wechselbezüglichen Verfügungen an. Gemäß § 2270 Abs. 1 BGB führt die Nichtigkeit einer wechselbezüglichen Verfügung automatisch auch zur Unwirksamkeit der korrespondierenden Verfügung, sofern es sich bei der Verfügung um eine Erbeinsetzung, die Aussetzung eines Vermächtnisses oder die Anordnung einer Auflage handelt, § 2270 Abs. 3 BGB. Auch die an sich freie **Widerrufsmöglichkeit** letztwilliger Verfügungen wird für den Fall des einseitigen Widerrufs einer wechselbezüglichen Verfügung eingeschränkt. Zu Lebzeiten des jeweils anderen Ehegatten oder Lebenspartners kann eine wechselbezügliche Verfügung jederzeit einseitig widerrufen werden, § 2271 Abs. 1 Satz 1 BGB. Dieses führt nach § 2270 Abs. 1 und Abs. 3 BGB zur Unwirksamkeit der korrespondierenden Verfügung. Form für den Widerruf zu Lebzeiten wird jedoch verschärft: Gemäß §§ 2271 Abs. 1 Satz 1, 2296 BGB muss der Widerruf höchst **persönlich** und in **notariell beurkundeter** Form gegenüber dem anderen Teil erklärt werden. Damit soll sichergestellt werden, dass der andere Ehgatte oder Lebenspartner auf jeden Fall vom Widerruf erfährt und seine Konsequenzen daraus ziehen kann. Beim einseitigen Widerruf handelt es sich um eine einseitige empfangsbedürftige Willenserklärung gegenüber dem anderen Testierenden, die also des Zuganges im Sinne von § 130 BGB zu ihrer Wirksamkeit bedarf.[14]

18 **Nach dem Tod** des anderen Ehegatten oder Lebenspartners **erlischt das Recht** des überlebenden Partners, seine wechselbezüglichen Verfügungen zu widerrufen, § 2271 Abs. 2 Satz 1 BGB. Der Erstversterbende hat bis zu seinem Tode darauf vertrauen dürfen, dass die wechselbezüglichen Verfügungen Bestand haben. Aufgrund seines Vorversterbens wäre er daran gehindert, Konsequenzen aus dem Widerruf wechselbezüglicher Verfügungen durch den anderen Teil zu ziehen. Eine Ausnahme vom Erlöschen des Widerrufsrechtes gilt nur dann, wenn das gemeinschaftliche Testament eine entsprechende Freistellungsklausel zugunsten des Längerlebenden enthält, wonach der Längerlebende die Befugnis erhalten soll, auch wechselbezügliche Verfügungen nach dem Tod des Erstversterbenden einseitig abzuändern. Ist durch den Tod des Erstversterbenden Bindungswirkung nach § 2271 Abs. 2 BGB eingetreten, bleibt dem Längerlebenden nur die Möglichkeit, nach § 2271 Abs. 2 BGB die vom vorverstorbenen Partner zugedachte Zuwendung auszuschlagen und die eigene Verfügung zu widerrufen.[15]

---

13 So genannte einseitige Wechselbezüglichkeit, BayObLG FamRZ 1984, 1154, 1155.

14 *Ebenroth* Rn 226.

15 Zu den Einzelheiten siehe *Ebenroth* Rn 227.

dd) Häufiger Inhalt eines gemeinschaftlichen Testamentes

- **Berliner Testament:** Häufig wollen die Ehegatten im Rahmen eines gemeinschaftlichen Testamentes sicherstellen, dass das Vermögen zunächst dem überlebenden Ehegatten und anschließend den gemeinsamen Abkömmlingen zugute kommt. Nach der so genannten **Trennungslösung** kann dieses dadurch bewirkt werden, dass jeder Ehegatte den anderen zunächst zum **Vorerben** und den Dritten, beispielsweise also die Abkömmlinge, zu Nacherben einsetzt. Zugleich wird bestimmt, dass die Dritten Ersatzerben nach dem Längerlebenden werden. Sofern der erste Partner verstirbt, wird der länger lebende Partner dessen Vorerbe. Verstirbt auch er, tritt der Nacherbfall ein. Die begünstigten Dritten werden Nacherben nach dem zuerst verstorbenen Partner und Ersatzerben nach dem zuletzt verstorbenen Partner und erhalten das Vermögen daher aus zwei verschiedenen Berufungsgründen. Aus diesem Grund wird diese Variante als so genannte Trennungslösung bezeichnet. Der Vorteil dieser Lösung liegt darin, dass beim Todes des Erstversterbenden keine Pflichtteilsansprüche des begünstigten Dritten ausgelöst werden können, da er mit Eintritt des Nacherbfalles Erbe des Erstverstorbenen wird und daher nicht von der Erbfolge ausgeschlossen war. 19

Die so genannte **Einheitslösung** bedient sich der Kombination von **Voll- und Schlusserbschaft**. Die testierenden Partner setzen sich wechselseitig zu Alleinerben und als Erben des Längerlebenden den zu begünstigenden Dritten ein. Stirbt der erste Partner, wird der andere sein Alleinerbe. Bei seinem Tod erwirbt der begünstigte Dritte das in der Hand des Längerlebenden vereinigte Vermögen beider Testatoren. Der Nachteil dieser Lösung liegt zunächst darin, dass nach dem Tod des Erstversterbenden Pflichtteilsansprüche des Dritten ausgelöst werden können. Darüber hinaus ist der zu begünstigende Dritte grundsätzlich nicht davor geschützt, dass der Längerlebende das Vermögen des zuerst verstorbenen Partners verbraucht oder verschleudert. 20

Lässt sich aus dem gemeinschaftlichen Testament nicht genau entnehmen, ob die so genannte Einheits- oder die Trennungslösung gewollt war, stellt § 2269 Satz 1 BGB eine gesetzliche Vermutung zugunsten der Einheitslösung auf. 21

Als **Alternative** zur wechselseitigen Erbeinsetzung kommt in Betracht, dass die Partner wechselseitig **Vermächtnisse** auf Einräumung des **Nießbrauchs** am ererbten Vermögen aussetzen, der zu begünstigende Dritte zugleich Erbe nach dem jeweils Erstversterbenden wird. Handelt es sich bei dem Dritten jedoch um eine potentiell pflichtteilsberechtigten Erben, droht hier das Scheitern dieses Vorhabens beispielsweise an § 2306 BGB. 22

- **Gefahren gemeinschaftlicher Testamente:** Zunächst kann das Berliner Testament zu einer erheblichen erbschaftsteuerlichen Belastung dadurch führen, dass derselbe Vermögensübergang zweimal erfasst wird: Sowohl der Vermögensübergang von einem Partner auf den anderen als auch die spätere Übertragung auf die z. B. als Schlusserben eingesetzten 23

Kinder wird besteuert. Eine weitere Gefahr besteht vor allem bei Anordnung der Voll-Schlusserbschaft unter gleichzeitiger Enterbung eines Kindes. Das enterbte Kind kann seinen Pflichtteilsanspruch sowohl nach dem zuerst versterbenden Partner als auch nach dem zuletzt versterbenden Partner geltend machen; dabei richtet sich der Pflichtteilsanspruch jeweils auf Geld und damit liquide Mittel. Unter Umständen muss der Nachlass zu einem erheblichen Teil „versilbert" werden, um diese Mittel aufzubringen.

24 **c) Erbvertrag.** Während das Testament ein einseitiges Rechtsgeschäft ist, kann der Erblasser auch durch mehrseitigen Erbvertrag von Todes wegen verfügen. Der Erbvertrag ist geregelt in den §§ 2274 bis 2302 BGB. Er verfügt über eine **Doppelnatur**: Zum einen ist eine **Verfügung von Todes wegen**, die einen erbrechtlichen Berufungsgrund darstellt. Zum anderen handelt es sich um eine **Vertrag**, der den Erblasser bindet. Eine solche Bindung kann beispielsweise gerade bei Familienunternehmen für einen potentiellen Nachfolger im Unternehmen von großem Interesse sein. Stellt sich beispielsweise für einen Abkömmling des Firmeninhabers und Erblassers die Frage, ob er im elterlichen Betrieb verbleibt oder eine anderweitige Arbeitsmöglichkeit wahrnimmt, wird er häufig nur dann geneigt sein, in den elterlichen Betrieb einzutreten, wenn er sichergehen kann, dass der Betriebsinhaber ihn verbindlich als „Unternehmenserben" einsetzt.

25 *aa) Rechtsnatur des Erbvertrages.* Als Vertrag kommt der Erbvertrag durch übereinstimmende und empfangsbedürftige **Willenserklärungen** zustande. Die allgemeinen Regelungen über das Zustandekommen eines Vertrages werden durch § 2276 BGB modifiziert: Insbesondere kann der Erbvertrag nur in **notarieller Form** und bei **gleichzeitiger Anwesenheit der Vertragsparteien vor dem Notar** geschlossen werden, § 2276 Abs. 1 BGB. Der Erblasser bindet sich zwar mit Abschluss des Erbvertrages an seine vertragsmäßigen Verfügungen wie Erbeinsetzungen, Vermächtnisse und Auflagen. Die Rechtswirkungen der Verfügungen treten jedoch erst mit seinem Tod ein. Zu Lebzeiten wird des Testator durch Abschluss des Erbvertrages nicht daran gehindert, frei über sein Vermögen zu verfügen; ausgenommen ist die böswillige Beeinträchtigungsabsicht durch die Vornahme von Schenkungen, §§ 2287, 2288 BGB. Der Vertragserbe oder vertraglich Begünstigte hat keinen Anspruch darauf, den Nachlass oder einen Nachlassgegenstand in dem Zustand zu erhalten, wie er sich im Zeitpunkt des Vertragsschlusses befand. Die Vertragsleistung des Erblassers besteht vielmehr lediglich in der verbindlichen Erbeinsetzung sowie in der verbindlichen Anordnung von Vermächtnissen und Auflagen. Deren Erfüllung obliegt ohnehin dem oder den Erben. Eine rechtlich gesicherte Anwartschaft auf bestimmte Vermögensgegenstände des Erblassers besteht also nicht, sondern nur eine tatsächliche Erwerbsaussicht.[16] Wird z. B. in einem Erbvertrag der Sohn eines Unternehmers zum Alleinerben eingesetzt und umfasst das Vermögen des potentiellen Erblassers bei Abschluss des Erbver-

---

[16] BGHZ 12, 115, 118.

trages ein Unternehmen oder eine wesentliche Beteiligung hieran, ist der Vertragserbe nicht davor geschützt, dass der Erblasser noch zu Lebzeiten seine Beteiligung an dem Unternehmen anderweitig veräußert, der Erbe also gar nicht in den Genuss der unternehmerischen Beteiligung kommt.

bb) Form des Erbvertrages. Während ein gemeinschaftliches Testament nur von Ehegatten oder eingetragenen Lebenspartnern errichtet werden kann, sieht der Erbvertrag für den **Personenkreis keine Beschränkung** vor. Im Gegensatz zum gemeinschaftlichen Testament kann der Erbvertrag jedoch nur durch **notarielle Beurkundung** errichtet werden, und zwar bei gleichzeitiger Anwesenheit der Vertragsteile vor dem Notar, § 2276 Abs. 1 Satz 1 BGB. Im Gegensatz zum Testament kommt es beim Abschluss des Erbvertrages **nicht** auf die **Testierfähigkeit**, sondern auf die **Geschäftsfähigkeit** an, § 2275 Abs. 1 BGB. Der Abschluss eines Erbvertrages ist daher einem **Minderjährigen** versagt, wenn es sich bei dem Minderjährigen um den vertragsmäßig verfügenden Teil handelt, also denjenigen, der letztwillige Verfügungen in dem Vertrag trifft. Für den nicht vertragsmäßig verfügenden Vertragsgegner, also den Bedachten, gelten die allgemeinen Vorschriften der §§ 104 ff. BGB.[17] Gemäß § 107 BGB bedarf beispielsweise ein beschränkt Geschäftsfähiger nicht der Zustimmung seines gesetzlichen Vertreters, wenn er lediglich die Verfügungen des Erblassers in spe annimmt.[18] 26

Auch bei einem Erbvertrag ist zwischen **vertragsmäßigen Verfügungen** und **einseitigen Verfügungen** zu unterscheiden. Durch Auslegung ist zu ermitteln, welche Form der Verfügung im Einzelfall vorliegt. Eine vertragsmäßige Verfügung muss von beiden Parteien als eine solche gewollt sein, da es sich um einen Vertrag handelt.[19] Grundsätzlich ist danach zu differenzieren, ob der Vertragspartner des Erblassers oder ein Dritter, nicht am Vertrage Beteiligter begünstigt werden soll. Grundsätzlich ist davon auszugehen, dass die Begünstigung des Vertragspartners als vertragsmäßige Verfügung mit entsprechender Bindungswirkung gewollt ist.[20] Von einer vertragsmäßigen Verfügung ist regelmäßig auch dann auszugehen, wenn ein Dritter, nicht am Vertrage Beteiligter begünstigt wird, der Dritte jedoch in einem engen Verhältnis zum Erblasser steht.[21] Relevant ist die Unterscheidung aus zwei Gründen: Zunächst liegt nur dann ein Erbvertrag vor, wenn mindestens eine vertragsmäßige Verfügung getroffen wird. Zum anderen besteht eine Bindungswirkung des Erblassers nur hinsichtlich vertraglicher Verfügungen. Einseitige Verfügungen kann der Erblasser auch nach Abschluss des Erbvertrages jederzeit widerrufen, § 2299 Abs. 2 BGB. 27

cc) Beseitigung der Bindungswirkung. Der Testator kann die durch den Abschluss des Erbvertrages eingetretene Bindung durch Aufhebung des Vertrages, durch Rücktritt oder durch Anfechtung beseitigen. 28

---

[17] *Ebenroth* Rn 250.
[18] *Ebenroth* Rn 250.
[19] Vgl. BGH NJW 1961, 120, 121.
[20] BGH DNotZ 1978, 298, 299; BGH NJW 1961, 120, 121.
[21] *Ebenroth* Rn 251.

29 Da es sich um einen Vertrag handelt, steht es den Parteien daneben selbstverständlich frei, durch einen **actus contarius** den Vertrag rückgängig zu machen und die Bindungswirkung dadurch zu besetigen, § 2290 Abs. 1 BGB. Die **Formvorschriften** sind die gleichen wie für den Abschluss des Erbvertrages, § 2290 Abs. 4 BGB. Lediglich Ehegatten und eingetragene Lebenspartner können auch durch gemeinschaftliches Testament einen Erbvertrag aufheben, § 2292 BGB. Nach dem **Tod eines Vertragspartners** kann der Erbvertrag nicht mehr vertraglich aufgehoben werden, § 2290 Abs. 1 Satz 2 BGB. Es ist daher beispielsweise dem begünstigten Dritten nicht möglich, mit dem überlebenden Vertragsteil eine Aufhebung zu vereinbaren.

30 Die zweite Möglichkeit, die Bindungswirkung des Erbvertrages zu beseitigen, ist der **Rücktritt** von diesem Erbvertrag. Das Rücktrittsrecht kann bereits im Erbvertrag vorbehalten sein. Es kann darüber hinaus nach § 2294 BGB oder § 2295 BGB kraft Gesetzes bestehen, wenn der durch Erbvertrag Begünstigte nach Abschluss des Erbvertrages schwere Verfehlungen begeht oder eine vertraglich geschuldete Gegenleistung ausbleibt.

31 Die dritte Möglichkeit zur Beseitigung der Bindungswirkung ist die **Anfechtung** des Erbvertrages unter den Voraussetzungen der §§ 2281 bis 2285 BGB. Anfechtungsgründe sind Irrtum und Drohung oder die Übergehung eines Pflichtteilsberechtigten.

II. Anordnungen des Erblassers

1. Erbeinsetzung

32 **a) Erbeinsetzung und Vermächtnis.** Der Erblasser kann letztwillig einen oder mehrere Personen zu Erben einsetzen und bei einer Mehrheit von Erben Erbquoten festlegen. Er ist jedoch nicht gezwungen, in seiner letztwilligen Verfügung überhaupt eine Erbeinsetzung vorzunehmen. Er kann z. B. lediglich eine Enterbung anordnen, § 1938 BGB. Ebenso kann er sich darauf beschränken, Vermächtnisse auszusetzen und es im Übrigen bei der gesetzlichen Erbfolge zu belassen. Gleichwohl ist die Erbeinsetzung die häufigste und die wichtigste Verfügung, die Erblasser von Todes wegen treffen. Der Erblasser kann eine gegenständliche Beschränkung des Erbeinsetzung nicht vornehmen; er kann also z. B. nicht einen Erben nur zur Erbschaft an einem bestimmten Nachlassgegenstand, z. B. einem Grundstück, und weitere Personen zu Miterben an anderen Nachlassgegenständen berufen. Zu unterscheiden ist also die Erbeinsetzung von der Aufteilung vorhandener Nachlassgegenstände unter den zu Erben berufenen Personen. Der Erblasser sollte, wenn er mehrere Personen zu Erben einsetzt, stets eine Erbquote bestimmen.

33 Der Erblasser kann einer Person seiner Wahl nicht nur im Wege der Erbeinsetzung Vermögen zuwenden, er kann bestimmten Personen einzelne Vermögensgegenstände im Wege des Vermächtnisses zuwenden.

34 Die **Abgrenzung** zwischen **Erbeinsetzung** und Zuwendung eines **Vermächtnisses** muss häufig durch Auslegung der letztwilligen Verfügung vorgenommen werden. Insbesondere in privatschriftlichen Testa-

menten lässt sich vom Wortlaut der letztwilligen Verfügung her häufig nicht sicher ableiten, welche Form der Zuwendung der Erblasser wählen wollte. Maßgebliches Unterscheidungskriterium ist die Frage, in welchem Umfang der Erblasser am Schicksal des Nachlasses teilhaben lassen wollte, insbesondere ob er den Bedachten als seinen Nachfolger sah mit der Möglichkeit, dass dieser auch für eventuelle Nachlassschulden haften solle.[22] Wollte der Erblasser danach den Bedachten als seinen Nachfolger ansehen, ist in der Regel von einer Erbeinsetzung auszugehen. Wollte er ihm jedoch nur einen oder mehrere Vermögensgegenstände zuwenden, ist in der Regel von einem Vermächtnis auszugehen, vergleiche § 2087 BGB.

b) Ersatzerbe. Der Erblasser kann so genannte Ersatzerben für den Fall einsetzen, dass ein anderer vom Erblasser berufener Erbe vor oder nach dem Eintritt des Erbfalles wegfällt. Der Ersatzerbe soll also nur subsidiär zur Erbschaft gelangen, wenn die primär vom Erblasser ausersehene Person verstirbt oder die Erbschaft ausschlägt.[23] Hierin liegt ein Unterschied zur Anordnung der Vor- und Nacherbschaft: Der Nacherbe wird in jedem Fall Erbe des Erblassers, und zwar nach Wegfall des Vorerben, Bedingungseintritt oder Zeitablauf. Der Erblasser ist gehalten, in seiner letztwilligen Verfügung die Ausgestaltung der Ersatzerbenbestimmung sehr sorgfältig vorzunehmen. So sollte der Erblasser ausdrücklich anordnen, wer in welchen Fällen Ersatzerbe sein soll. Auch sollte der Erblasser ausdrücklich anordnen, ob ergänzend die gesetzlichen Auslegungsregeln wie z. B. § 2102 BGB gelten sollen und ob – bei Anordnung von Vor- und Nacherbschaft – das Nacherbrecht vererblich sein soll oder nicht. 35

c) Anwachsung. Wenn der Erblasser mehrere Personen zu Erben beruft, ist er nicht gezwungen, einen Ersatzerben für den Fall zu benennen, dass eine der berufenen Personen wegfällt. Der durch Wegfall einer zum Erben berufenen Person frei gewordene Erbteil kann zum einen den übrigen Erben anwachsen, vergleiche § 2094 BGB, zum anderen kann sich ausdrücklich oder durch Auslegung der letztwilligen Verfügung ergeben, dass der Erblasser eine Anwachsung des frei gewordenen Erbteiles an die übrigen Miterben nicht wollte, sondern stattdessen z. B. die Abkömmlinge des weggefallenen Erben bedenken wollte. Auch hierzu sollte sich der Erblasser klar und deutlich erklären. 36

2. Vor- und Nacherbschaft

a) Begriff und Zweck der Nacherbeneinsetzung. Die in §§ 2100 bis 2146 BGB geregelte Vor- und Nacherbschaft gibt dem Erblasser die Möglichkeit, den Nachlass über seinen Tod hinaus als **wirtschaftliche Einheit über mehrere Stationen** zu erhalten und insoweit Einfluss zu nehmen. Der Erblasser kann auf diesem Wege die Dispostionsbefugnis des Vorerben beschränken und dadurch eine Abwanderung des hinterlassenen Vermögens, insbesondere aus dem Familienkreis, vermeiden. Die Anord- 37

[22] Vgl. *Sudhoff/Scherer* § 6 Rn 6; OLG Düsseldorf ZEV 1995, 410, 411.
[23] *Sudhoff/Scherer* § 5 Rn 7.

nung der Vor- und Nacherbschaft bietet dem Erblasser weiter die Möglichkeit, eine grundsätzlich pflichtteilsberechtigte Person zunächst nicht in den Genuss der Erbschaft kommen zu lassen, ohne dass dadurch Pflichtteilsansprüche ausgelöst würden. Denn auch der Nacherbe ist Erbe des Erblassers und nicht etwa des Vorerben.[24] Er ist daher nicht von der Erbfolge durch Verfügung von Todes wegen ausgeschlossen und kann daher auch nicht seinen **Pflichtteil** verlangen. Häufiges Motiv in der Praxis ist der Wunsch des Erblassers, die Versorgung des überlebenden Ehegatten sicherzustellen, der dann zum Vorerben eingesetzt wird. Auf diese Weise kann der überlebende Ehegatte bis zum eigenen Ableben das Erblasservermögen nutzen. Dennoch ist sichergestellt, dass das Vermögen letzten Endes z. B. auf den oder die Abkömmlinge übergeht. Den Versorgungscharakter kann der Erblasser beispielsweise durch eine Wiederverheiratungsklausel unterstreichen, nach der der Nacherbfall entweder mit dem Tod des Vorerben oder mit der Wiederheirat des überlebenden Ehegatten eintreten soll.

38 Der Erblasser ist im Übrigen in der **Ausgestaltung** der Vor- und Nacherbschaft relativ frei. Dieses gilt insbesondere für den vom Erblasser bestimmbaren Zeitpunkt des Nacherbfalles: Er kann den Nacherbfall eintreten lassen mit einem bestimmten Ereignis, wie dem Tod des Vorerben oder dem Erreichen eines bestimmten Zieles des Nacherben wie z. B. Abschluss einer Berufsausbildung. Der Erblasser kann den Eintritt des Nacherbfalles auch durch Zeitablauf definieren, indem er entweder ein festes Datum oder den Ablauf einer festen Zeitspanne ab Todesfall als Eintritt des Nacherbfalles bestimmt. Mit der Bestimmung, wann der Nacherbfall eintreten soll, kann der Erblasser also bestimmte Handlungen des Vorerben verhindern (z. B. Verkauf einer unternehmerischen Beteiligung, Belastung eines Grundstückes) oder ein bestimmtes Verhalten des Nacherben fördern (Abschluss der Berufsausbildung).

39 **b) Rechtsstellung des Vor- und des Nacherben.** Der **Vorerbe** rückt zwar mit dem Erbfall wie ein Vollerbe in die Rechtsstellung des Erblassers ein und wird zunächst sein **Gesamtrechtsnachfolger**. Damit wird er auch beispielsweise Eigentümer von Nachlassgegenständen und kann diese als Berechtigter an Dritte veräußern.[25] Die entscheidende Einschränkung enthält jedoch § 2112 BGB: Der Vorerbe darf über die zur Erbschaft gehörenden Gegenstände nur **verfügen**, sofern sich nicht aus §§ 2113 bis 2115 BGB etwas anderes ergibt. Auf diese Weise wird der Nacherbe, der ein Anwartschaftsrecht auf die Erbschaft hat,[26] davor geschützt, dass der Nachlass bis zum Eintritt des Nacherbfalles ausgehöhlt wird. Zum Schutze des Nacherben enthält § 2113 ein absolut wirkendes Verfügungsverbot, die Unwirksamkeit tritt mit dem Nacherbfall ein:[27] Sofern der Erblasser nichts anderes anordnet, kann der Vorerbe nicht über ein Grundstück, ein Grundstücksrecht oder – in selten Fällen – über ein eingetragenes Schiff

[24] *Ebenroth* Rn 542.
[25] *Ebenroth* Rn 559.
[26] *Ebenroth* Rn 600; *Sudhoff/Scherer*, § 8 Rn 10.
[27] *Ebenroth* Rn 561.

oder Schiffsbauwerk verfügen, § 2113 Abs. 1 BGB. Zur Vervollständigung des Schutzes aus § 2113 Abs. 1 BGB wird gemäß § 51 GBO von Amts wegen ein Vermerk über die Nacherbfolge in das **Grundbuch** eingetragen. Auch der **Erbschein**, der zugunsten des Vorerben erteilt wird, hat nach § 2363 Abs. 1 Satz 1 BGB anzugeben, dass eine Nacherbfolge angeordnet ist, wann sie eintritt und wer Nacherbe ist. Nach 2113 Abs. 2 BGB besteht auch ein Verbot, **unentgeltlich** zu **verfügen**, sofern es sich nicht um eine Anstands- oder Pflichtschenkung handelt. Zu den unentgeltlichen Verfügungen zählen alle Leistungen des Vorerben, denen objektiv keine gleichwertige Gegenleistung gegenübersteht und dessen sich der Vorerbe bewusst ist.[28] Ein gutgläubiger Dritter kann trotz dieses Verfügungsverbotes **gutgläubig** mit Wirkung auch gegen den Nacherben Eigentum erwerben, § 2113 Abs. 3 BGB in Verbindung mit §§ 892, 932 ff. BGB. Dem Erblasser steht es ferner frei, den Vorerben über die §§ 2113 bis 2115 BGB hinaus zu beschränken. So kann der Erblasser z. B. anordnen, dass der Vorerbe durch Auflage oder Vermächtnis zugunsten des Nacherben verpflichtet ist, an diesen gezogene Nutzungen herauszugeben.[29] Solchen weitergehenden Beschränkungen kommt in der Regel jedoch nur schuldrechtliche Wirkung zu.[30] Will der Erblasser insoweit dingliche Wirkung seiner weitergehenden Annordnungen erreichen, kann er dieses im Wege der Anordnung einer **Testamentsvollstreckung** erreichen: Zum Aufgabenkreis des Testamentsvollstreckers bestimmt der Erblasser dann, die Auflagen oder Vermächtnisse zugunsten des Nacherben in der Zeit der Vorerbschaft zu erfüllen. Gemäß §§ 2205, 2211 BGB ist der Vorerbe insoweit von der Verfügungsgewalt ausgeschlossen.

Häufig möchte der Erblasser jedoch den Vorerben gar nicht so stark **40** binden, wie es sich aus §§ 2113 bis 2115 BGB ergibt. § 2136 BGB sieht daher ausdrücklich die Möglichkeit vor, dass der Erblasser den Vorerben von diesen und weiteren, in § 2136 BGB aufgeführten Beschränkungen befreit. Man spricht vom **befreiten Vorerben**. Eine über § 2136 BGB hinausgehende Befreiung des Vorerben ist nicht möglich.[31] Der Erblasser kann den Vorerben auch lediglich von einzelnen oder mehreren der in § 2136 BGB genannten Beschränkungen befreien.[32]

Zugunsten des Nacherben wird der Nachlass so genannten privaten **41** Gläubigern oder auch **Eigengläubigern des Vorerben** als Haftungsmasse entzogen, § 2115 Satz 1 BGB. Nachlassgläubiger können selbstverständlich gemäß § 2115 Satz 2 BGB im Gegensatz zu den Eigengläubigern des Vorerben in den Nachlass vollstrecken. Das Gleiche gilt für solche Zwangsverfügungen, die aufgrund eines Rechtes an einem Nachlassgegenstand bestellt sind, z. B. einem Pfandrecht. Andere Zwangsverfügungen sind ohne weiteres unwirksam.[33] Ebenfalls dem Schutz des Nacherben dient

---

[28] BGH NJW 1984, 366, 367.
[29] *Ebenroth* Rn 562 m. w. N.
[30] BGH LM 1951 § 2100 Nr. 2.
[31] BGHZ 7, 274, 276.
[32] *Palandt/Edenhofer* § 2136 BGB Rn 2.
[33] *Palandt/Edenhofer* § 2115 Rn 4.

die Pflicht des Vorerben, den Nachlass ordnungsgemäß zu verwalten. Zwischen dem Vor- und den Nacherben besteht während der Zeit der Vorerbschaft ein gesetzliches Schuldverhältnis.[34] Die §§ 2116 ff. geben dem Nacherben während der Zeit der Vorerbschaft Kontroll- und Aufsichtsrechte an die Hand. Der Nacherbe soll sicherstellen können, dass er die Erbschaft in einem Zustand erhält, wie er einer ordnungsgemäßen Verwaltung während der Vorerbschaft entspricht. § 2130 Abs. 1 Satz 1 BGB stellt dieses noch einmal klar. Verwaltet der Vorerbe den Nachlass nicht ordnungsgemäß, kann er dem Nacherben zum Schadensersatz verpflichtet sein. Die §§ 2131, 277 BGB mildern jedoch den Haftungsmaßstab: Der Vorerbe haftet nur für die Einhaltung der so genannten eigenüblichen Sorgfalt. § 2132 BGB stellt klar, dass der Vorerbe für gewöhnliche Abnutzung nicht haftet.

42 Die starke Stellung des Nacherben gegenüber dem Vorerben unterstreicht schließlich § 2128 BGB: Besteht durch das Verhalten des Vorerben oder dessen ungünstige Vermögenslage die Besorgnis, dass die Rechte des Nacherben erheblich verletzt werden, kann der Nacherbe vom Vorerben Sicherheitsleistung in Höhe des Nachlasswertes[35] verlangen. Kommt der Vorerbe dem berechtigten Verlangen nach Sicherheitsleistung nicht nach, kann der Nacherbe gerichtlich die Anordnung der Zwangsverwaltung beantragen, §§ 2128 Abs. 2, 1052 BGB.

43 Ebenfalls dem Schutz des Nacherben dient schließlich die in § 2111 BGB angeordnete dingliche Surrogation. Verkauft der Vorerbe einen zum Nachlass gehörenden Gegenstand, wird der aus dem Verkauf erwachsende Erlös Nachlassbestandteil. Der Herausgabeanspruch des Nacherben gegenüber dem Vorerben bei Eintritt des Nacherbfalles umfasst auch dieses Surrogat. Allerdings soll die Surrogation nur im Verhältnis zwischen Vor- und Nacherben eintreten.[36] Die Nachlassgläubiger können demzufolge nicht auf das Surrogat als Nachlassbestandteil zurückgreifen.

44 Mit der Anordnung von Vor- und Nacherbschaft kann der Erblasser also insbesondere die Teilhabe von unterschiedlichen Personen oder Personengruppen an der Erbschaft nacheinander bewirken und Pflichtteilsansprüche ausschließen.

3. Pflichtteilsrecht

45 Der Erblasser kann in seiner letztwilligen Verfügung nicht nur Personen seiner Wahl zu Erben berufen. Er kann insbesondere Personen von der Erbschaft ausschließen, die an sich zu gesetzlichen Erben berufen wären. Bestimmten gesetzlichen Erben gewährt das Gesetz **eine Mindestbeteiligung am Nachlass**, die der Erblasser auch durch letztwillige Verfügung in der Regel nicht beseitigen kann. § 2303 BGB räumt den Abkömmlingen des Erblassers, dem Ehegatten bzw. eingetragenen Lebenspartner (§ 10 LPartG) und den Eltern des Erblassers Pflichtteilsrechte ein, wenn die vorbezeichneten Personen durch Verfügung von Todes

[34] *Ebenroth* Rn 582.
[35] OLG Rostock OLG-Rechtsprechung 25, 39.
[36] BGHZ 31, 8, 12.

wegen von der Erbfolge ausgeschlossen sind. Entferntere Abkömmlinge sowie die Eltern des Erblassers kommen gemäß § 2309 BGB nur dann als Pflichtteilsberechtigte in Betracht, wenn nicht nähere Abkömmlinge des Erblassers den Pflichtteil verlangen können oder annehmen, was ihnen hinterlassen ist.

Unverzichtbar für eine sinnvolle Nachfolgeplanung ist für den Eblasser, der Inhaber eines Unternehmens oder an einem solchen beteiligt ist, die Berücksichtigung etwaiger Pflichtteilsansprüche. Fällt nämlich ein Unternehmen oder eine Beteiligung an einem solchen in den Nachlass, sind der Wert dieses Nachlassgegenstandes und damit auch die Basis für die Berechnung des Pflichtteilsanspruches in der Regel sehr hoch. Die Werte sind jedoch in der Regel im Unternehmen gebunden und stehen nicht als liquide Zahlungsmittel zur Verfügung. Da der Pflichtteilsanspruch auf **Zahlung in Geld** gerichtet ist, muss der Erblasser stets bemüht sein, solche Ansprüche gering zu halten, damit dem in den Nachlass fallenden Unternehmen Liquidität nicht entzogen wird bzw. eine Gesellschaftsbeteiligung zur Befriedigung von Pflichtteilsansprüchen veräußert werden muss. 46

a) Voraussetzungen und Inhalt. Voraussetzung ist zunächst, dass die pflichtteilsberechtigte Person **durch Verfügung von Todes wegen** von der Erbfolge **ausgeschlossen** ist. Wer die Erbschaft ausschlägt, wird zwar ebenfalls nicht Erbe, ist jedoch nicht durch Verfügung von Todes wegen von der Erbfolge ausgeschlossen, sondern durch die eigene **Ausschlagung**. Ein Pflichtteilsanspruch besteht dann nicht. Ausnahmen ergeben sich aus §§ 1371 und 2306 BGB. Nach § 1371 Abs. 3 BGB kann der überlebende Ehegatte/eingetragene Lebenspartner die Erbschaft ausschlagen, einen güterrechtlichen Ausgleich nach Ehegüterrecht sowie den Pflichtteil verlangen. Ebenso kann ein grundsätzlich pflichtteilsberechtigter Erbe dann die Erbschaft ausschlagen und trotzdem den Pflichtteil verlangen, wenn gemäß § 2306 Abs. 1 Satz 2 BGB der berufene Erbe mit **übermäßigen Beschwerungen** belastet ist. Dagegen nicht pflichtteilsberechtigt ist nach § 2345 BGB, der nach §§ 2339 ff. BGB für **erbunwürdig** erklärt worden ist. Das Gleiche gilt selbstverständlich für denjenigen, der durch Erb- oder Pflichtteilsverzichtsvertrag auf seine gesetzlichen Erb- und/oder Pflichtteilsrechte verzichtet hat, § 2346 BGB. 47

Ein danach bestehender Pflichtteilsanspruch ist ein auf Geld gerichteter **Zahlungsanspruch gegen** den oder die **Erben**, diese vertreten eventuell durch den Testamentsvollstrecker als Partei kraft Amtes. Der Anspruch entsteht mit dem Tod des Erblassers, ist vererblich, § 2317 BGB, und verjährt gemäß § 2332 BGB in drei Jahren ab Kenntnis des Berechtigten von Erbfall und der ihm beeinträchtigenden Verfügung, spätestens in 30 Jahren ab Erbfall. 48

Der Pflichtteilsanspruch entsteht zwar mit dem Tod des Erblassers und ist daher also **sofort fällig**, § 271 BGB. Da der Pflichtteilsberechtigte über seine Enterbung in der Regel enttäuscht ist, besteht die Gefahr, dass er den Pflichtteilsanspruch in „rücksichtsloser Weise“ geltend macht und dieses zur Zerschlagung von Wirtschaftseinheiten und zur Verschleude- 49 rung von Nachlassgegenständen führen kann, damit der oder die Erben den fälligen Anspruch erfüllen können. Das Gesetz sieht daher trotz der sofortigen Fälligkeit eine **Stundungsmöglichkeit** in § 2331a BGB vor. Ein Erbe, der selbst zum Kreis der Pflichtteilsberechtigten gehört, kann dann Stundung verlangen, wenn die sofortige Erfüllung den Erben wegen der Art der Nachlassgegenstände ungewöhnlich hart treffen würde. Dabei sind die Interessen des Pflichtteilsberechtigten und des oder der Erben gegeneinander abzuwägen, § 2331a Abs. 1 Satz 2 BGB. Sein Stundungsbegehren muss der Erbe gegenüber dem Nachlassgericht geltend machen, wenn der Pflichtteilsanspruch unstreitig ist, § 2331a Abs. 2 in Verbindung mit § 1382 Abs. 2 bis 6 BGB. Ist jedoch ein Rechtsstreit über den Pflichtteilsanspruch bereits anhängig, ist in diesem Verfahren vor dem Prozessgericht der Stundungsanspruch geltend zu machen, § 2331a in Verbindung mit § 1382 Abs. 5 BGB.

50 Der Pflichtteilsanspruch besteht in der **Hälfte des Wertes des gesetzlichen Erbteiles**, § 2303 Abs. 1 Satz 2 BGB. Zur Bezifferung des auf Geldzahlung gerichteten Pflichtteilsanspruches ist es erforderlich, die gesetzliche Erbquote zu errechnen sowie den Wert des Nachlasses und den Wert für eventuelle gesetzlich angeordnete Anrechnungen und Ausgleichungen zu ermitteln.

51 **b) Auskunft und Wertermittlung.** Da für die Höhe des Pflichtteilsanspruches des Wert der Erbschaft entscheidend ist, ist der Pflichtteilsberechtigte zur Durchsetzung seines Anspruches darauf angewiesen, Bestand des Nachlasses und den Wert desselben zu erfahren. Der Pflichtteilsanspruch richtet sich gegen die Erben und ist durch den Erbfall begründet. Der **Pflichtteilsberechtigte** ist daher zugleich **Nachlassgläubiger**. Als Nachlassgläubiger kann er gemäß §§ 1994, 2006 Abs. 1 BGB die Erstellung eines **Nachlassinventars** sowie die **eidesstattliche Versicherung** der Richtigkeit desselben verlangen.[37] § 2314 Abs. 1 Satz 1 BGB gewährt dem Pflichtteilsberechtigten darüber hinaus einen **eigenständigen Auskunftsanspruch** gegen den oder die Erben. Auf Verlangen haben der oder die Erben auf Kosten des Nachlasses ein Verzeichnis aller Nachlassgegenstände gemäß § 260 Abs. 1 BGB zu errichten. Die Erben sind dabei verpflichtet, sich die zur Auskunftserteilung notwendigen Kenntnisse im Rahmen des Möglichen zu verschaffen und hierzu beispielsweise von Auskunftsrechten gegenüber Banken Gebrauch zu machen.[38] Weist der Pflichtteilsberechtigte nach, dass Grund zur Annahme der nicht genügenden Sorgfalt bestehe, müssen der oder die Erben die Vollständigkeit und Richtigkeit gemäß § 260 Abs. 2 BGB an Eides statt versichern. Daneben kann der Pflichtteilsberechtigte gemäß § 2314 Abs. 2 und Abs. 3 BGB verlangen, dass entweder er auf sein Verlangen bei der Aufnahme des **Bestandsverzeichnisses** hinzugezogen oder eine amtliche Aufnahme durchgeführt wird. Zuständige Behörde im Sinne von § 2314 Abs. 1 Satz 3 BGB sind zunächst die Notare, die im Rahmen ihrer Ur-

[37] *Ebenroth* Rn 946.
[38] BGHZ 107, 104, 108.

kundstätigkeit gemäß § 20 Abs. 1 BNotO tätig werden. Durch Landesrecht kann darüber hinaus die Zuständigkeit z. B. des Amtsgerichtes für diese Tätigkeit begründet werden.

Parallel zum Auskunftsanspruch gewährt § 2314 Abs. 1 Satz 2 BGB einen eigenständigen Anspruch auf **Wertermittlung**. Die Kenntnis von vorhandenen Nachlassgegenständen reicht in aller Regel noch nicht aus, um den am Nachlasswert orientierten Pflichtteilsanspruch beziffern zu können. Die Wertbestimmung hat auf den Zeitpunkt des Erbfalles zu erfolgen.[39] Der Wert ist erforderlichenfalls durch Schätzung zu ermitteln, eine vom Erblasser getroffene Wertbestimmung ist nicht maßgebend, § 2311 Abs. 2 BGB.[40] Maßgeblich ist für die Wertbestimmung der so genannte **gemeine Wert**, also bei Grundstücken ein dem Verkaufswert entsprechender Wert, nicht z. B. der Einheitswert.[41] Wertpapiere sind nach dem Kurswert am Todestag anzusetzen.[42] Einzelkaufmännische Unternehmen sind nicht mit dem Bilanzwert, sondern mit dem wirklichen Unternehmenswert anzusetzen.[43] Eine gesetzlich vorgeschriebene Bewertungsmethode existiert nicht. In der Regel wird der Wert durch eine Zusammenschau von Substanzwert und Ertragswert ermittelt.[44] 52

Der Wert der Beteiligung an einer **Personengesellschaft** wird ermittelt wie die Wertermittlung eines einzelkaufmännischen Handelsunternehmens, multipliziert mit der Beteiligungsquote. Besondere Rechte wie z. B. Mehrstimmrechte oder Vereinbarungen wie eine Buchwert-Abfindungsklausel können im Einzelfall jedoch zu Wertkorrekturen nach oben oder nach unten führen.[45] Im Einzelnen werden in der Literatur hierzu zahlreiche unterschiedliche Korrekturansätze für die Bewertung vorgesehen.[46] 53

Die Beteiligung an einer **Aktiengesellschaft** besteht in Aktien. Sofern ein Börsenkurs notiert ist, ist dieser zum Todestag des Erblassers anzusetzen. Im Übrigen gilt für die Beteiligung an einer AG ebenso wie für die Beteiligung an einer **KGaA** oder einer **GmbH** der Wert der Beteiligung nach dem gemeinen Wert zu ermitteln. Gerade bei GmbH-Geschäftsanteilen kann sich jedoch genau wie bei Personengesellschaften die Frage stellen, ob und gegebenenfalls in welcher Höhe Wertkorrekturen aufgrund besonderer Regelungen in der Satzung vorzunehmen sind.[47] Als Korrektur auslösende Klauseln kommen insbesondere Vinkulierungsklauseln 54

---

[39] BGHZ 7, 134, 138.

[40] Eine Ausnahme gilt nur für den Wert eines Landgutes gemäß § 2312 BGB.

[41] BGHZ 29, 217, 219.

[42] MüKo/*Frank* § 2311 Rn 19

[43] MüKo/*Frank* § 2311 Rn 23.

[44] BGH NJW 1973, 509, 510; die Literatur geht allerdings dazu über, ausschließlich auf die Ertragswertmethode abzustellen, da der „Marktpreis", also das, was ein Käufer zahlen würde, an der Verzinsung des einzusetzenden Kapitals orientiert sei, vgl. *Piltz*, Die Unternehmensbewertung in der Rechtsprechung, 3. Auflage, 1994, S. 1 und 65 ff.

[45] Vgl. *Sudhoff/Scherer* § 17 Rn 73.

[46] Überblick bei *Sudhoff/Scherer* § 17 Rn 74.

[47] Zu den Einzelheiten vgl. *Reimann*, DNotZ 1992, 472; *ders.*, ZEV 1994, 7.

(z. B. § 15 Abs. 5 GmbHG) oder solche Klauseln in Betracht, die im Erbfall zur Abtretung des Geschäftsanteils verpflichten oder zur Einziehung desselben ermächtigen. Bei einer Abtretungsverpflichtung erhalten die Erben zwar zunächst den Gesellschaftsanteil, müssen diesen aber häufig zu einem Preis unterhalb des Marktwertes abtreten. In diesem Fall wäre es nicht sachgerecht, allein auf den gemeinen Wert der Beteiligung im Zeitpunkt des Erbfalles abzustellen, obwohl dieser Wert aus dem Nachlassvermögen abfließen wird und dem Nachlassvermögen als Gegenleistung nur ein geringerer Wert zukommt.

55 Berechnet wird der Pflichtteil schließlich nach dem **Netto-Nachlasswert**. Ebenso wird die Auskunfts- und Wertermittlungskosten nach § 2314 Abs. 2 BGB sind also vom Aktivnachlass die **Nachlassverbindlichkeiten** wie Erblasserschulden, Erbschaftsverwaltungsschulden und Erbfallschulden abzuziehen. Auch der Voraus des Ehegatten ist nach § 2311 Abs. 1 Satz 2 BGB vorweg abzuziehen, sofern er dem Ehegatten tatsächlich gebührt. Nicht in Abzug zu bringen sind z. B. andere Pflichtteilsansprüche, Vermächtnisse, Auflagen, Kosten der Testamentsvollstreckung sowie Erbschaftsteuern.[48]

56 **c) Anrechnung und Ausgleichung.** Gemäß § 2315 BGB muss sich der Pflichtteilsberechtigte im Wege der Anrechnung einen **Vorempfang** auf seinen Pflichtteilsanspruch anrechnen lassen. Voraussetzung hierfür ist, dass der Erblasser zu Lebzeiten dem Pflichtteilsberechtigten etwas zugewendet hat mit der Bestimmung, die Zuwendung solle auf den Pflichtteil angerechnet werden. Bei dieser **Anrechnungsbestimmung** des späteren Erblassers handelt es sich um eine einseitige empfangsbedürftige Willenserklärung, die gegenüber dem Empfänger, also dem Pflichtteilsberechtigten, vor oder mit der Zuwendung abzugeben ist.[49] Eine Nachholung der Erklärung nach der Zuwendung ist ausgeschlossen.[50] Die häufig verwendete Formulierung, der Zuwendungsempfänger müsse sich die Zuwendung auf den „Erbteil" anrechnen lassen, reicht grundsätzlich noch nicht als Anrechnungsbestimmung aus, weil die Anrechnung auf den Erbteil nicht ohne weiteres auf die Anrechnung auf den Pflichtteil enthält; die Anrechnung auch auf den Pflichtteil kann sich jedoch durch Auslegung ergeben. Ist eine Anrechnungsbestimmung nicht rechtzeitig erfolgt, kann der Erblasser mit dem Zuwendungsempfänger lediglich einen (Teil-) Pflichtteilsverzicht gemäß §§ 2346 Abs. 2, 2348 BGB vereinbaren.

57 Liegen die Voraussetzungen für eine Anrechnung vor, vollzieht sich diese dergestalt, dass der Wert der Zuwendung dem Nachlasswert hinzugerechnet und von dem danach bestimmten – erhöhten – Pflichtteilsanspruch wieder abgezogen wird, § 2315 Abs. 2 BGB.

---

48 Vergleiche die Aufzählung bei *Palandt/Edenhofer* § 2311 Rn 7.

49 *Palandt/Edenhofer* § 2315 Rn 2.

50 *Palandt/Edenhofer* § 2315 Rn 3; danach soll sich der Erblasser aber die Anrechnungsbestimmung bei Zuwendung vorbehalten können; ebenso soll der Erblasser danach in der Situation einer an sich berechtigten Pflichteilsentziehung gemäß § 2333 BGB nachträglich eine Anrechnungsbestimmung vornehmen können.

Im Gegensatz zur Anrechnung nach § 2315 BGB beruht die **Ausgleichungspflicht** nach § 2316 BGB nicht auf Anordnung des späteren Erblassers, sondern auf Gesetz. Auch sind die Voraussetzungen andere: Die Vorschrift gilt zunächst nur für den pflichtteilsberechtigten Abkömmling. Weitere Voraussetzung ist, dass der pflichtteilsberechtigte Abkömmling bei Eintritt der gesetzlichen Erbfolge neben weiteren Abkömmlingen zu Erben berufen und dann unter den Abkömmlingen als Erben eine Ausgleichung nach den §§ 2050 ff. BGB vorzunehmen wäre. Ausgleichspflichtige Zuwendungen werden bereits bei der Bestimmung des dem Pflichtteil zugrunde liegenden gesetzlichen Erbteils berücksichtigt. Dem Nachlass werden zunächst die gesamten ausgleichspflichtigen Zuwendungen nach Maßgabe der §§ 2055 bis 2057a BGB hinzugerechnet. Den erhaltenen Vorempfang muss sich der Begünstigte auf seinen gesetzlichen Erbteil anrechnen lassen. Gemäß § 2303 BGB ergibt sich dann der Pflichtteil aus der Hälfte des auf diese Weise ermittelten Erbteils, § 2316 Abs. 1 Satz 1 BGB. Ausgleichungspflichtig sind gemäß § 2050 BGB Ausstattungen sowie übermäßige Aufwendungen für die Vorbildung zu seinem Beruf. Nach § 2050 Abs. 3 BGB sind andere Zuwendungen nur dann auszugleichen, wenn der Erblasser die Ausgleichung bei der Zuwendung angeordnet hat. Der Erblasser kann nach § 2316 Abs. 3 BGB in Abweichung von § 2050 Abs. 2 BGB nicht mit Wirkung gegen den Pflichtteilsberechtigten eine Ausgleichung ausschließen oder den Wert der Ausgleichung unter dem tatsächlichen Wert festsetzen. Denn im Rahmen der Ausgleichung nach § 2316 BGB werden auch Zuwendungen an die nicht enterbten Abkömmlinge berücksichtigt. 58

Zur Vermeidung einer Doppelbelastung des Pflichtteilsberechtigten bestimmt § 2316 Abs. 4, dass eine nach § 2315 BGB anrechnungspflichtige und zugleich nach § 2316 BGB ausgleichungspflichtige Zuwendung im Rahmen des § 2316 BGB nur mit der Hälfte ihres Wertes abzuziehen ist. 59

Parallel hierzu kann sich zugunsten des Pflichtteilsberechtigten eine weitere Ausgleichung nach §§ 2316 Abs. 1 Satz 1, 2057a BGB für besondere Leistungen im Betriebe des Erblassers ergeben. Die bisweilen übersehene Ausgleichungsvorschrift des § 2057a BGB kommt in der Praxis häufig bei kleineren oder mittelständischen Handwerksunternehmen zum Tragen, in denen der später enterbte Abkömmling überobligatorisch mitarbeitet in der Erwartung, dass auch er später einmal davon profitiere. 60

d) Pflichtteilsrestanspruch. Der Erblasser kann einen Pflichtteilsberechtigten aufgrund der Testierfreiheit selbstverständlich zum Erben einsetzen mit einer Quote, die unter der Hälfte des gesetzlichen Erbteils und damit unter dem Pflichtteil liegt. Der Pflichtteilsberechtigte ist in diesem Fall nicht insgesamt von der Erbfolge durch Verfügung von Todes wegen ausgeschlossen. Dennoch kann der Erblasser auf diese Weise nicht den Pflichtteilsanspruch des Berechtigten umgehen. § 2305 BGB gewährt den so genannten Pflichtteilsrestanspruch. 61

Der Zusatzpflichtteil ist als Pflichtteilsanspruch eine **Geldforderung**. Die Höhe besteht in der Differenz zwischen zugewendetem Erbteil und dem vollen Pflichtteil im Sinne von § 2303 BGB, also dem halben gesetz- 62 lichen Erbteil. Der Anspruch ist gegen den Nachlass gerichtet und stellt damit eine Nachlassverbindlichkeit dar. Ist der Pflichtteilsberechtigte mit einer geringen Quote von z. B. nur $^1/_{10}$ zum Erben berufen, wird er gleichwohl Mitglied der Erbengemeinschaft und haftet für etwaige Nachlassverbindlichkeiten. Er wird daher versucht sein, die Erbschaft auszuschlagen und stattdessen den Pflichtteil geltend zu machen. Schlägt er jedoch aus, kann er nicht den vollen Pflichtteil in Höhe des hälftigen gesetzlichen Erbteils verlangen. Er kann dann lediglich den Pflichtteilsrestanspruch nach § 2305 BGB geltend machen.

63 **e) Beschränkungen und Beschwerungen.** Ein pflichtteilsberechtigter Erbe kann zwar vom Erblasser zum Erben mit einer Quote berufen sein, die die Hälfte des gesetzlichen Erbteils erreicht oder sogar übersteigt. Zugleich kann der Erblasser jedoch das Erbe durch Aussetzung von **Vermächtnissen** oder Anordnung von **Auflagen** belastet haben oder die Erbschaft durch Anordnung einer **Testamentsvollstreckung** oder **Teilungsanordnung** beschränkt haben. § 2306 ordnet unter weiteren Voraussetzungen entweder an, dass die Beschränkung oder Beschwerung als nicht angeordnet gelte, oder gibt unter anderen Voraussetzungen den Pflichtteilsberechtigten die Möglichkeit, die Erbschaft auszuschlagen und dennoch den Pflichtteil zu verlangen.

64 *aa) § 2306 Abs. 1 Satz 1 BGB.* Entspricht der dem Pflichtteilsberechtigten hinterlassene Erbteil dem halben gesetzlichen Erbteil, also dem Pflichtteil, oder ist er geringer, gelten alle auf dem Erbteil lastenden Beschränkungen und Beschwerungen als nicht angeordnet. Der pflichtteilsberechtigte Erbe muss dabei keine besondere Handlung vornehmen, um dieses geltend zu machen. Ein Zusammentreffen mit § 2305 BGB ist möglich, gegebenenfalls wird der Pflichtteilsberechtigte unbelasteter Erbe und kann zudem seinen Pflichtteilsrestanspruch geltend machen.[51]

65 *bb) § 2306 Abs. 1 Satz 2 BGB.* Ist der dem Pflichtteilsberechtigten hinterlassene Erbteil größer als die Hälfte des gesetzlichen Erbteils, übersteigt also den Pflichtteil, gewährt § 2306 Abs. 1 Satz 2 BGB ein Wahlrecht: Entweder der Erbe nimmt den ihm zugewiesenen und mit Beschränkungen und/oder Beschwerungen belegten Erbteil an, oder er schlägt ihn aus und kann den Pflichtteil geltend machen, obwohl er nicht durch letztwillige Verfügung, sondern durch eigene Ausschlagung von der Erbfolge ausgeschlossen ist.

66 *cc) Pflichtteil und Vermächtnis.* Auch durch die Zuwendung eines Vermächtnisses kann der Erblasser das Pflichtteilsrecht nicht umgehen. Der Pflichtteilsberechtigte bleibt von der Erbfolge ausgeschlossen. Er hat allerdings gemäß § 2307 BGB sein Wahlrecht auszuüben, ob er den Vermächtnisanspruch beibehält und sich den Wert des Vermächtnisses auf seinen Pflichtteilsanspruch anrechnen lässt, oder aber ob er das Vermächtnis ausschlägt und den vollen Pflichtteilsanspruch geltend macht.

67 **f) Pflichtteilsergänzung.** *aa) Wesen der Pflichtteilsergänzung.* Die Beteiligung der Erben sowie der Pflichtteilsberechtigten am Vermögen des

[51] *Sudhoff/Scherer* § 17 Rn 37.

Erblassers bezieht sich immer auf das Vermögen, das im Zeitpunkt des Todes des Erblassers noch vorhanden ist und damit den Nachlass bildet. Grundsätzlich könnte daher der Erblasser durch lebzeitige Schenkung Mindestbeteiligungen am Nachlassvermögen wie z. B. Pflichtteilsansprüche dadurch umgehen bzw. mindern, dass er lebzeitige Schenkungen vornimmt und damit das Nachlassvermögen schmälert. In gewissen Grenzen verhindern die §§ 2325 ff. BGB, dass der Erblasser auf diese Weise Pflichtteilsansprüche aushöhlt. §§ 2325 ff. BGB sehen daher sowohl für Erben als auch für Enterbte Ergänzungsansprüche wegen Schenkungen vor. Gemäß § 2325 Abs. 1 und 3 BGB wird der Wert von Schenkungen, die in den **letzten 10 Jahren** vor dem Erbfall vorgenommen wurden, dem Nachlasswert zugerechnet, es sei denn, es handelte sich um bloße Anstandsschenkungen, § 2330 BGB. Ein Pflichtteilsberechtigter kann danach einen Ergänzungsanspruch in der Höhe geltend machen, um den sich der Pflichtteil bei fiktiver Hinzurechnung des Wertes der weggeschenkten Gegenstände erhöht.[52]

bb) Gläubiger und Schuldner. Schuldner des Pflichtteilsergänzungsanspruches sind der oder die **Erben**. Diese können gemäß § 2328 BGB die Erfüllung des Pflichtteilsergänzungsspruches jedoch so weit verweigern, dass ihnen wenigstens der eigene Pflichtteil bleibt. Kann der Pflichtteilsberechtigte daher seinen Ergänzungsanspruch nicht oder nicht voll realisieren, hat er gegen den **Beschenkten** gemäß § 2329 BGB einen unmittelbaren Anspruch auf Herausgabe des Geschenkes. Der Beschenkte haftet auf Herausgabe des Geschenkes nach §§ 812 ff. BGB,[53] der Beschenkte kann aber die Herausgabe des Geschenkes durch Zahlung des Ergänzungsbetrages abwenden, § 2329 Abs. 2 BGB. 68

Gläubiger des Ergänzungsanspruches kann aber auch der **Erbe selbst** sein, § 2326 BGB: Ist dem Erben die Hälfte des gesetzlichen Erbteils oder weniger hinterlassen, kann er vom Beschenkten die Pflichtteilsergänzung im Sinne von § 2325 BGB verlangen. Gemäß § 2326 Satz 2 BGB besteht der Ergänzungsanspruch zugunsten des Erben auch dann, wenn der Erbe die Erbschaft annimmt, die mehr als die Hälfte des gesetzlichen Erbteils beträgt. Es tritt dann insoweit lediglich eine Anspruchskürzung ein.[54] Der Erblasser soll also auch dann Ergänzung verlangen können, wenn ihm quotenmäßig mehr als der Pflichtteil vermacht wurde, aber das Hinterlassene wertmäßig den ergänzten Pflichtteil nicht abdeckt. Der nach § 2326 BGB vorgehende Erbe muss sich darüber hinaus Geschenke des Erblassers ohne die zeitliche Begrenzung des § 2325 Abs. 3 BGB anrechnen lassen.[55] 69

Schuldner des Pflichtteilsergänzungsanspruches ist grundsätzlich der Erbe. Nach § 2328 BGB kann er allerdings die Pflichtteilsergänzung insoweit verweigern, als ihm ansonsten der ergänzte Pflichtteil nicht verblei- 70

[52] Bezüglich der 10-Jahres-Frist gilt eine Besonderheit für Ehegatten: Diese Frist beginnt erst bei Auflösung der Ehe, § 2325 Abs. 3 BGB.

[53] *Sudhoff/Scherer* § 17 Rn 44.

[54] Vgl. *Palandt/Edenhofer* § 2326 BGB Rn 2; *Ebenroth* Rn 978.

[55] KG NJW 1974, 2131, 2132.

ben würde.[56] Außer in den Fällen des § 2326 BGB haftet der Beschenkte subsidiär nach § 2329 BGB für die Pflichtteilsergänzung, nämlich soweit der Erbe zur Ergänzung nicht verpflichtet ist. Dieses kann z. B. dann der Fall sein, wenn der Erbe gemäß § 2328 BGB einwendet, dass ihm selbst nicht mehr als der Pflichtteil nebst Pflichtteilsergänzung verbleibe. Zum anderen kann dies der Fall sein, wenn der Erbe nach den oben geschilderten allgemeinen Voraussetzungen seine Erbenhaftung für Nachlassverbindlichkeiten wirksam auf den Nachlass beschränkt hat.

71 **g) Gestaltungsmöglichkeiten.** Um etwaige Pflichtteilsansprüche weitestgehend auszuschließen oder zu verringern, stehen dem Erblasser verschiedene Gestaltungsmöglichkeiten zur Verfügung.

72 *aa) Ehegattenvoraus.* Dem Ehegatten steht gemäß § 1932 BGB, dem eingetragenen Lebenspartner gemäß § 10 Abs. 1 Satz 2 LPartG ein Anspruch auf den so genannten Voraus zu. Der Voraus ist zwar zunächst Teil des Nachlasses. Für die Berechnung von Pflichtteilsansprüchen bleibt der Wert des Voraus jedoch außer Betracht, § 2311 Abs. 1 Satz 2 BGB. Der Wert des Voraus wird also bei der Ermittlung von Pflichtteilsansprüchen vom Nachlasswert abgezogen. Der Abzug findet allerdings nur statt, wenn Lebenspartner bzw. Ehegatte im Wege der gesetzlichen Erbfolge erben.[57] Ist der Ehegatte bzw. Lebenspartner testamentarisch in gleicher oder ähnlicher Höhe zum Erben eingesetzt, wie er aufgrund gesetzlicher Erbfolge erben würde, kann es sich unter Umständen empfehlen, die Erbschaft als eingesetzter Erbe auszuschlagen und dafür die Berufung zum gesetzlichen Erbe anzunehmen, wenn Pflichtteilsansprüche im Raum stehen. Der Ehegatte bzw. Lebenspartner ist hierzu gemäß § 1948 Abs. 2 BGB berechtigt, da mehrere Berufungsgründe vorliegen.

73 Bei diesem Vorgehen sind jedoch sämtliche Fristen zu überprüfen, es ist eine Berechnung vorzunehmen, ob diese Strategie lohnenswert ist. Schließlich ist vorab zu überprüfen, ob die gesetzliche Erbfolge nicht insgesamt ausgeschlossen ist, weil die letztwillige Verfügung des Erblassers als erschöpfend anzusehen ist.[58]

74 *bb) Güterstand.* Pflichtteilsansprüche von Abkömmlingen können in zahlreichen Fällen dadurch verringert werden, dass man durch Wahl des Güterstandes die gesetzliche Erbquote des Ehegatten oder Lebenspartners erhöht. Die gesetzliche Erbquote des Pflichtteilsberechtigten und damit auch der Pflichtteilsanspruch selbst verringern sich dadurch. Konkret kann es sich daher empfehlen, dass Ehegatten oder eingetragene Lebenspartner den Güterstand der Zugewinngemeinschaft bzw. Ausgleichsgemeinschaft wählen, weil sich dann die gesetzlichen Erbteile in der Regel erhöhen, §§ 1931 Abs. 3, 1371 Abs. 1 BGB.[59]

75 *cc) Erb- und Pflichtteilsverzicht.* Wendet der Erblasser zu Lebzeiten z. B. einem Abkömmling erhebliche Vermögenswerte zu, geschieht dieses häufig

---

[56] *Ebenroth* Rn 983.
[57] *Palandt/Edenhofer* § 2311 Rn 8.
[58] *Palandt/Edenhofer* § 1948 Rn 2.
[59] Vgl. zur Lebenspartnerschaft *Palandt/Brudermüller* § 10 LPartG Rn 1.

im Wege der vorweggenommenen Erbfolge und insbesondere in der Erwartung des Erblassers, dass der Abkömmling damit auch nach dem Erbfall als abgefunden gelten soll. § 2346 BGB sieht zur Absicherung dieser Erwartung vor, dass der Erblasser z. B. mit seinem Abkömmling einen Erb- oder Pflichtteilsverzichtsvertrag schließen kann. Der Verzicht kann sich erstrecken entweder auf das gesetzliche Erbrecht allein oder auf das gesetzliche Erbrecht einschließlich des Pflichtteilsrechts oder auf das Pflichtteilsrecht allein. Der Abschluss des Erbverzichtsvertrages führt gemäß § 2310 Satz 2 BGB dazu, dass der Verzichtende bei der Feststellung der für die Berechnung des Pflichtteils maßgebenden Erbquote nicht mitgezählt wird, die gesetzliche Erbquote des Pflichtteilsberechtigten für die Berechnung seines Anspruches erhöht sich daher. Der Erblasser und der Verzichtende können daher den Verzicht auf den Pflichtteil beschränken, weil dieser nicht zur Rechtsfolge des § 2310 Satz 2 BGB führt.[60] Der Erblasser kann dennoch durch Verfügung von Todes wegen den verzichtenden Abkömmling von der Erbfolge ausschließen. Die Folge ist, dass der Verzichtende nicht Erbe wird, auch keine Pflichtteilsansprüche geltend machen kann. Ein anderer Pflichtteilsberechtigter kann sich nicht auf eine Erhöhung seiner Erbquote und damit seines Pflichtteilsanspruches berufen.

dd) Anordnung von Vor- und Nacherbschaft. Da der Nacherbe den Erblasser beerbt – wenn auch nicht unmittelbar nach dessen Tode –, ist er nicht durch Verfügung von Todes wegen von der Erbfolge ausgeschlossen und damit nicht pflichtteilsberechtigt.[61] Der Erblasser kann daher zwei Personen nacheinander an seinem Nachlass beteiligen, ohne dass die später zum Zuge kommende Person, so der Nacherbe, während der Zeit der Vorerbschaft Pflichtteilsansprüche geltend machen kann. **76**

ee) Auslandsvermögen. Bei sorgfältiger Vorprüfung kann der Erblasser Vermögensgegenstände, die er im Ausland besitzt, insbesondere Immobilienvermögen, unter engen Voraussetzungen dem Nachlass vorenthalten. Gemäß Artikel 25 Abs. 1 EGBGB gilt zwar grundsätzlich das Prinzip des Heimatrechtes und das der Nachlasseinheit. Ein deutscher Erblasser unterliegt daher grundsätzlich mit seinem gesamten Vermögen und damit mit seinem gesamten einheitlichen Nachlass dem deutschen Erbrecht. Ausnahmen hiervon sind gemäß Artikel 3 Abs. 3 EGBGB möglich, wenn sich z. B. Vermögen im Ausland befindet und das dort geltende Recht für diese Vermögensgegenstände besondere Vorschriften vorsieht.[62] Unter Umständen tritt daher eine Nachlassspaltung ein. Das Auslandsvermögen wird damit nicht Berechnungsgrundlage für den Pflichtteilsanspruch. Im Idealfall kennt das anzuwendende ausländische Recht für das Auslandsvermögen kein oder nur ein eingeschränktes Pflichtteilsrecht.[63] **77**

ff) Gründung einer Personengesellschaft. Der Erblasser kann – vor allem mit Personen, denen er erhebliche Vermögenswerte zuwenden möchte – **78**

[60] *Palandt/Edenhofer* § 2310 Rn 2.
[61] Siehe oben Rn 37.
[62] Vgl. *Palandt/Heldrich* Artikel 3 EGBGB Rn 15; *Sudhoff/Scherer* § 1 Rn 32.
[63] Zu den Einzelheiten vgl. *Sudhoff/Scherer* § 1 Rn 32 ff. m. w. N.

eine Personengesellschaft gründen und in die Gesellschaft Vermögen einlegen. Weiter kann er dafür Sorge tragen, dass bei seinem Tod die Gesellschaft nur unter den verbleibenden Gesellschaftern fortgesetzt werde. Handelt es sich um eine GbR, muss der Gesellschaftsvertrag eine Fortsetzungsklausel erhalten. Für die OHG ergibt sich dieses bereits kraft Gesetzes aus § 131 HGB. Handelt es sich um eine KG, muss im Gesellschaftsvertrag die aus § 177 HGB folgende Nachfolge abbedungen werden. Zugleich kann der Erblasser Abfindungsansprüche für die weichenden Erben in dem Gesellschaftsvertrag ausschließen.[64] Der Wert der Gesellschaftsbeteiligung fällt dann ebenso wenig in den Nachlass wie ein ansonsten entstehender Abfindungsanspruch gemäß § 738 BGB, gegebenenfalls in Verbindung mit § 105 HGB. Die Gesellschaftsbeteiligung erhöht also dann nicht den Nachlasswert und auch nicht die Pflichtteilsansprüche. Unter Umständen kann der Abfindungsausschluss jedoch eine Schenkung an die verbleibenden Gesellschafter darstellen, die gemäß §§ 2325 ff. BGB Pflichtteilsergänzungsansprüche auslösen könnte.[65]

79 *gg) Vorweggenommene Erbfolge.* Die grundsätzlich einfachste Art, Vermögenswerte dem Nachlass zu entziehen und damit nicht zur Grundlage eines Pflichtteilsanspruches zu machen, ist die lebzeitige Übertragung im Wege der vorweggenommenen Erbfolge, also in der Regel im Wege der Schenkung. Denn in den Nachlass fällt nur das Vermögen des Erblassers im Todeszeitpunkt. Lebzeitige Schenkungen sind auch nicht im Wege der Pflichtteilsergänzung ausgleichspflichtig, wenn zwischen Schenkung und Erbfall mehr als 10 Jahre verstrichen sind. Diese 10-Jahresfrist beginnt bei Schenkungen an Ehegatten jedoch erst ab Ende der Ehezeit, § 2325 Abs. 3 BGB. Auch muss der Erblasser sich des zu verschenkenden Vermögensgegenstandes vollständig begeben und damit die Schenkung endgültig vollzogen haben;[66] der Vorbehalt von Nutzungsmöglichkeiten wie Nießbrauch oder Wohnrecht, ebenso Widerrufsvorbehalte sind in der Regel schädlich.

4. Vermächtnis

80 **a) Begriff und Bedeutung.** Der Erblasser kann im Rahmen einer letztwilligen Verfügung und in der entsprechenden Form einem Dritten einen Vermögensvorteil zuwenden, ohne diesen Begünstigten zum Erben einzusetzen, §§ 1939, 2147 ff. BGB. Der Begünstigte, also der Vermächtnisnehmer, wird nicht Mitglied der Erbengemeinschaft und damit nicht Gesamtrechtsnachfolger des Erblassers. Der im Wege des Vermächtnisses

---

[64] Dieses ist jedenfalls dann möglich, wenn dieses den Fortbestand der Gesellschaft unter den übrigen Gesellschaftern sichern soll, BGH WM 1971, 1338, 1339; BGHZ 22, 186, 194; *K. Schmidt* § 45 V 2 b; *Ebenroth* Rn 862 und 519.

[65] Eine ausgleichspflichtige Schenkung wird in der Regel dann verneint, wenn der Ausschluss des Abfindungsanspruches für den Tod eines jeden Gesellschafters gilt; vgl. *Palandt/Edenhofer* § 2325 Rn 13 m. w. N.; zu grundsätzlichen Fragen des Spannungsfeldes zwischen Abfindungsklauseln und Pflichtteilsrecht s. *Bratke*, ZEV 2000, 16 ff.

[66] BGH NJW 1994, 1791, 1792.

dem Vermächtnisnehmer zugewendete Vermögensgegenstand geht mit dem Erbfall nicht direkt auf den Vermächtnisnehmer über, sondern **fällt in den Nachlass**. Die Erben erwerben also mit dem Erbfall Eigentum an dem Vermächtnisgegenstand. Der Vermächtnisnehmer hat jedoch gemäß § 2174 BGB einen **schuldrechtlichen Anspruch** gegen den Beschwerten auf Übertragung des Eigentums oder der Inhaberschaft an dem Vermächtnisgegenstand. Der Vermächtnisnehmer ist daher **Nachlassgläubiger**.[67]

Ein Vermächtnis beruht nicht zwingend auf letztwilliger Verfügung des Erblassers. **Gesetzliche Vermächtnisse**[68] sind der Voraus an den Ehegatten (§ 1932 BGB) sowie der Dreißigste, § 1969 BGB. Diese Vermächtnisansprüche beruhen auf gesetzlicher Anordnung. Die §§ 2147 ff. BGB gelten jedoch entsprechend, §§ 1932 Abs. 2, 1969 Abs. 2 BGB. Das Vermächtnis bietet dem Erblasser besondere **Gestaltungsmöglichkeiten**: Er kann durch die Aussetzung des Vermächtnisses Vermögen zuwenden, ohne den Zuwendungsempfänger zum Mitglied der Erbengemeinschaft machen zu müssen. Auf diese Weise können Konflikte innerhalb der Erbengemeinschaft vermieden werden. Auch kann der Erblasser auf diese Weise einen Zuwendungsempfänger, der nicht Familienmitglied ist, aus einer nur aus Familienmitgliedern bestehenden Erbengemeinschaft heraushalten. Besonders für den Bereich der Unternehmensnachfolge kommt dem Vermächtnis besondere Bedeutung deshalb zu, weil eine Drittbestimmung der Person des Zuwendungsempfängers in weitaus größerem Umfang zulässig ist als bei der Erbeinsetzung, §§ 2065 Abs. 2, 2151 ff. BGB. **81**

Da der Vermächtnisnehmer nicht automatisch mit dem Tod des Erblassers Einzelrechtsnachfolger in dem vermachten Vermögensgegenstand wird, ist er der Gefahr von Zwischenverfügungen durch den Erben oder den sonst Beschwerten ausgesetzt. Denn bis zur Erfüllung des Vermächtnisses und daher bis zur Übertragung des Vermächtnisgegenstandes kann der Beschwerte über den vermachten Gegenstand wirksam verfügen.[69] Weiter kann der beschwerte Erbe dem Vermächtnisnehmer gegebenenfalls die Überschwerungseinrede des § 1992 BGB entgegenhalten. **82**

b) Beschwerte Person. Beschwert ist, wer zur Erfüllung des Vermächtnisses verpflichtet ist. Gemäß § 2147 Satz 1 BGB können nur **Erben oder Vermächtnisnehmer** beschwert sein, also zur Erfüllung eines Vermächtnisses verpflichtet. Im Zweifel gilt der Erbe als beschwerte Person, § 2147 Satz 2 BGB. Aus § 2147 Satz 1 BGB folgt, dass der Erblasser auch einen Vermächtnisnehmer mit einem Vermächtnis beschweren kann, also ein so genanntes **Untervermächtnis** aussetzen kann. Die Höhe des Untervermächtnisses ist dabei nicht durch den Wert des Hauptvermächtnisses beschränkt. Ebenso wie der beschwerte Erbe kann auch der beschwerte Hauptvermächtnisnehmer die Erfüllung des Untervermächtnisses insoweit verweigern, als das ihm zugewendete Vermächtnis nicht ausreicht, §§ 2187 Abs. 1 und Abs. 3, 1992 BGB. **83**

[67] *Ebenroth* Rn 446.
[68] *Harder*, NJW 1988, 2716.
[69] *Ebenroth* Rn 447.

84 Häufig sind mehrere Erben oder mehrere Hauptvermächtnisnehmer mit demselben Vermächtnis beschwert. Im Außenverhältnis haften die Erben bzw. Hauptvermächtnisnehmer als **Gesamtschuldner**. Für die beschwerten Erben ergibt sich dieses aus §§ 2058, 1967 Abs. 2 BGB. Denn der Erfüllungsanspruch des Vermächtnisnehmers aus § 2174 BGB ist eine Nachlassverbindlichkeit. Im Innenverhältnis haben die Erben die Vermächtnislast im Verhältnis ihrer Erbteile zu tragen, § 2148 BGB, sofern der Erblasser nichts anderes angeordnet hat. Die gesamtschuldnerische Haftung mehrerer Hauptvermächtnisnehmer sowie der interne Ausgleich nach dem Wert der Hauptvermächtnisse zueinander ergibt sich nach h. M. ebenfalls aus § 2148 BGB.[70]

85 **c) Besondere Formen des Vermächtnisses.** *aa) Vorausvermächtnis, § 2150 BGB.* Der Erblasser kann einer Person, die ohnehin Erbe wird, ein Vorausvermächtnis zuwenden. Ein Vorausvermächtnis liegt vor, wenn dem Vermächtnisnehmer zu seinem Erbteil zusätzlich ein Vermögensvorteil zugewendet wird, den er sich gerade nicht auf seinen Erbteil anrechnen lassen muss. Hier erfolgt die Abgrenzung zur bloßen Teilungsanordnung im Sinne von § 2048 BGB. Bei dem Vorausvermächtnis möchte der Erblasser einem Erben über seine Erbquote hinaus einen bestimmten Vermögensgegenstand zuwenden. Bei der Teilungsanordnung hingegen muss sich der Zuwendungsempfänger den Wert des Vermögensgegenstandes auf seinen Erbteil anrechnen lassen.[71] Die **Abgrenzung** zwischen Vorausvermächtnis und **Teilungsanordnung** erfolgt durch Auslegung der letztwilligen Verfügung dahin gehend, ob der Erblasser dem Bedachten gegenüber den übrigen Miterben und damit über seine Erbquote hinaus einen Vermögensvorteil zuwenden wollte. Ist dieser Begünstigungswille aus der letztwilligen Verfügung nicht herzuleiten, ist grundsätzlich von einer Teilungsanordnung auszugehen.[72]

86 *bb) Nachvermächtnis, §§ 2191ff. BGB.* Das Nachvermächtnis ist der Vor-/Nacherbschaft ähnlich. Bei einem Nachvermächtnis bestimmt der Erblasser, dass der vermachte Gegenstand ab einem bestimmten Datum oder Ereignis nach dem Anfall an den ersten Vermächtnisnehmer an einen weiteren Vermächtnisnehmer übertragen werden soll. Im Gegensatz zur Vor- und Nacherbschaft erfolgt – der Rechtsnatur des Vermächtnisses entsprechend – kein automatischer Übergang des Vermögensgegenstandes auf den Nachvermächtnisnehmer. Dieser hat vielmehr einen schuldrechtlichen Anspruch auf Übertragung gegen den Vorvermächtnisnehmer gemäß § 2174 BGB.[73] Anders als bei der Vor-/Nacherbschaft ist der Vorvermächtnisnehmer grundsätzlich allen Verfügungsbeschränkungen unterworfen. Der Nachvermächtnisnehmer ist insoweit nur durch § 2179 BGB geschützt. § 2179 BGB ordnet die Geltung des Bedingungsrechtes an. Vom Erbfall an haftet der Vorvermächtnisnehmer als Beschwerter für

---

[70] Siehe *Palandt/Edenhofer* § 2148 Rn 1 und 3; *Ebenroth* Rn 456.

[71] *Palandt/Edenhofer* § 2150 Rn 1.

[72] OLG Braunschweig ZEV 1996, 69, 69; *Palandt/Edenhofer* § 2048 Rn 6.

[73] *Palandt/Edenhofer* § 2191 Rn 1.

jedes schuldhafte Verhalten, durch das der Anspruch des Bedachten vereitelt oder beeinträchtigt wird.[74] Ist Gegenstand des Nachvermächtnisses ein Grundstück oder ein Recht an einem solchen, kann der Anspruch des Nachvermächtnisnehmers durch Vormerkung im Grundbuch gesichert werden.[75] Der Erblasser kann die Eintragung der Vormerkung in das Grundbuch bereits in seiner letztwilligen Verfügung bewilligen. Zur Einhaltung der grundbuchrechtlichen Formvorschriften erfolgt eine solche Eintragungsbewilligung im Rahmen eines notariellen Testamentes oder notariellen Erbvertrages.

cc) Verschaffungsvermächtnis. In der Regel vermacht der Erblasser in seiner letztwilligen Verfügung dem Begünstigten einen ganz bestimmten Vermögensgegenstand. Befindet sich dieser Vermächtnisgegenstand im Zeitpunkt des Todes nicht mehr im Vermögen des Erblassers, ist durch Auslegung der letztwilligen Verfügung zu ermitteln, ob das Vermächtnis unwirksam oder der Beschwerte verpflichtet ist, den Gegenstand oder möglicherweise einen vergleichbaren Gegenstand für den Vermächtnisnehmer wieder zu beschaffen, § 2169 Abs. 1 BGB. Der Erblasser kann jedoch von vornherein ein Verschaffungsvermächtnis anordnen. Der Erblasser vermacht dem Zuwendungsempfänger einen Vermögensgegenstand, der von vornherein nicht zum Nachlass gehört. Der Beschwerte hat dann den Gegenstand zu beschaffen, § 2170 BGB. Ist dieses nicht oder nur mit unverhältnismäßigem Aufwand möglich, ist der Beschwerte berechtigt, statt der Verschaffung den Wert des Vermächtnisgegenstandes zu leisten, § 2170 Abs. 2 BGB. **87**

dd) Wahlvermächtnis, Gattungsvermächtnis. Der Erblasser kann gemäß § 2154 BGB anordnen, dass der Bedachte oder ein bestimmter Dritter für den Bedachten aus mehreren Vermögensgegenständen einen bestimmten als Vermächtnisgegenstand auswählt. Man spricht vom Wahlvermächtnis. Ebenso kann der Erblasser ein Vermächtnis anordnen, das nur der Gattung nach bestimmt ist, so genanntes Gattungsvermächtnis. Dabei steht es dem Erblasser wiederum frei, jeweils ein Stück- oder Verschaffungsvermächtnis auszusetzen. **88**

ee) Rentenvermächtnis. Häufig setzt der Erblasser auch ein Rentenvermächtnis aus. In der Regel werden Erben, nicht aber Hauptvermächtnisnehmer damit belastet. Da es sich um eine dauernde Last für den Beschwerten, in der Regel den oder die Erben, handelt, sollte der Erblasser bei der Aussetzung eines Rentenvermächtnisses insbesondere zwei Punkte beachten: Zunächst muss er abschätzen, wie groß die Wahrscheinlichkeit ist, dass der Beschwerte die Dürftigkeitsrede erhebt gemäß §§ 1990, 1992 BGB. Hiernach wird sich entscheiden, ob die Aussetzung eines Rentenvermächtnisses überhaupt sinnvoll ist. Danach sollte der Erblasser überlegen, ob die Rente wertgesichert werden soll. **89**

Häufig setzt der Erblasser auch ein Wohnrecht als Vermächtnis aus. Hier sollte der Erblasser anordnen, ob die Ausübung des Wohnrechtes aus- **90**

[74] *Palandt/Edenhofer* § 2179 Rn 2.
[75] *Bengel*, NJW 1990, 1826.

nahmsweise auch Dritten – gegebenenfalls gegen Entgelt – überlassen werden kann. Weiterhin sollten Lasten und Kosten zwischen künftigem Eigentümer und Wohnberechtigtem verteilt und die genauen Befugnisse des Berechtigten gegenüber dem künftigen Eigentümer ausgestaltet werden.

91 *ff) Nießbrauchsvermächtnis.* Durch Aussetzung eines Nießbrauchsvermächtnisses kann der Erblasser einer bestimmten Person die Möglichkeit einräumen, den gesamten Nachlass oder bestimmte Nachlassteile und damit einzelne Vermögenswerte zu nutzen, ohne dass diese Person zum Erben eingesetzt werden muss. Der Vermächtnisnehmer wird zwar nicht Eigentümer der betreffenden Nachlassgegenstände, kann diese jedoch ähnlich einem Eigentümer nutzten. Er darf sämtliche Nutzungen der betreffenden Gegenstände ziehen. Er trägt jedoch auch die Last der Unterhaltung und Erhaltung sowie die Übernahme der laufenden Kosten, §§ 1041 ff. BGB.

92 Häufig wendet der Erblasser dem Vermächtnisnehmer den Nießbrauch am Nachlass zu. Der Vermächtnisnehmer kann sodann von den Erben die Bestellung des Nießbrauches an den einzelnen Nachlassgegenständen verlangen, §§ 1089, 1085 BGB. Eine Bestellung des Nießbrauches am Nachlass in toto scheidet aus.[76] Auch wenn durch Verfügung der Erben über einzelne dem Nießbrauch unterliegende Gegenstände den Nießbrauch nicht erlöschen lässt, ist die Veräußerung solcher Gegenstände an Dritte für den Nießbraucher in der Regel mit Problemen verbunden. Der Erblasser kann zur Vermeidung solcher Verfügungen entweder Testamentsvollstreckung anordnen, weil dann den Erben die Verfügungsgewalt über die der Testamentsvollstreckung unterliegenden Nachlassgegenstände genommen ist, § 2211 Abs. 1 BGB. Alternativ kann der Erblasser gemäß § 2044 BGB bei einer Mehrheit von Erben die Auseinandersetzung ausschließen.

93 Besonderheiten gelten für den Nießbrauch an einem Erbteil. Dieser stellt einen Nießbrauch an einem Recht im Sinne von §§ 1068, 1069 BGB dar.[77] Im Gegensatz zum Nießbrauch am Nachlass, der häufig im Verhältnis von Ehegatten untereinander erfolgt bei gleichzeitiger Erbschaft der gemeinsamen Kinder, wird der Nießbrauch am Erbteil nicht an einzelnen Nachlassgegenständen bestellt, sondern durch einaktige Bestellung an dem Erbteil.[78] Diese Bestellung bedarf der notariellen Beurkundung, §§ 2033 Abs. 1 Satz 2, 1069 BGB. Im Gegensatz zum Nießbrauch am Nachlass insgesamt gilt beim Nießbrauch an einem Erbteil für die Erben das Verbot der Verfügung über einzelne Nachlassgegenstände.[79] Da hier der Nießbrauch nicht an den einzelnen Nachlassgegenständen bestellt wird, würde er sich auf veräußerte Nachlassgegenstände nicht mehr beziehen. Im Gegenzug umfasst der Nießbrauch an einem Erbteil jedoch auch Surrogate von veräußerten Nachlassgegenständen.[80] Neben dem Ver-

---

[76] Vgl. § 1085 BGB sowie *Staudinger/Frank* § 1089 BGB Rn 13.

[77] *Palandt/Bassenge* § 1089 Rn 2; Staudinger/*Frank* § 1089 BGB Rn 25.

[78] *Staudinger/Frank* § 1089 BGB Rn 27.

[79] *Palandt/Bassenge* § 1089 Rn 2; *Staudinger/Frank* § 1089 BGB Rn 30.

[80] *Palandt/Bassenge* § 1089 Rn 2.

fügungsverbot besteht für die Erben bei einem Nießbrauch an einem Erbteil ein Auseinandersetzungsverbot:[81] Mit der Auseinandersetzung der Erbengemeinschaft würden keine Erbteile mehr bestehen, an denen das Nießbrauchsrecht bestehen könnte.

Selbstverständlich kann der Erblasser im Wege des Vermächtnisses den Nießbrauch auch an einzelnen Nachlassgegenständen oder Nachlassrechten wie z. B. einer unternehmerischen Beteiligung bestellen. Er muss also nicht den Nießbrauch am Nachlass insgesamt oder an einem Erbteil bestellen. Der Erblasser kann schließlich im Wege des Vermächtnisses den Nießbrauch auf einen Bruchteil eines Nachlassgegenstandes beschränken (Bruchteilsnießbrauch) oder auf Quoten des Ertrages aus einem Nachlassgegenstand (Quotennießbrauch). **94**

gg) Unternehmensnachfolge und Nießbrauch. Der Erblasser kann insbesondere den Nießbrauch an einem einzelkaufmännischen Unternehmen oder einer Gesellschaftsbeteiligung vermachen. Das Motiv des Erblassers, die unternehmerische Beteiligung dem Bedachten nicht als Vollrecht durch Vermächtnis oder Erbeinsetzung mit Teilungsanordnung zuzuwenden, liegt häufig darin begründet, dass der Erblasser häufig die unternehmerische Beteiligung einer bestimmten Person, z. B. einem Abkömmling, zuwenden möchte, zugleich aber eine weitere Person, z. B. den überlebenden Ehegatten, über die unternehmerische Beteiligung absichern möchte. Es bietet sich daher an, durch letztwillige Verfügung eine unternehmerische Beteiligung an Abkömmlinge im Wege der Erbeinsetzung mit Teilungsanordnung oder im Wege des Vermächtnisses insgesamt zuzuwenden, diesen Abkömmlingen jedoch mit einem Nießbrauchsvermächtnis zugunsten des zu versorgenden überlebenden Ehepartners zu beschweren. **95**

Der Erblasser muss jedoch zuvor sicherstellen, dass das Gesellschaftsstatut eine Nießbrauchsbestellung zulässt. Bei Personengesellschaften ist eine Zustimmung aller übrigen Gesellschafter erforderlich, §§ 717, 719 BGB, gegebenenfalls in Verbindung mit §§ 105, 161 HGB. Die Zustimmung kann durch eine Genehmigungsklausel im Gesellschaftsvertrag vorweggenommen werden. Ist im Gesellschaftsvertrag einer GmbH ein Abtretungsverbot der Geschäftsanteile im Sinne von § 15 Abs. 5 GmbHG vereinbart, steht dieses einem Nießbrauchsvermächtnis ebenfalls entgegen. Das Gleiche gilt für vinkulierte Namensaktien im Sinne von § 68 Aktiengesetz: Während die Gesamtrechtsnachfolge durch Erbfall von der Vinkulierung nicht umfasst ist, gilt die Erfüllung von Vermächtnissen als rechtgeschäftliche Übertragung und damit als zustimmungspflichtig.[82] **96**

Dem Erblasser ist weiter anzuraten, die Stellung des Nießbrauchers gegenüber dem Vollrechtsinhaber der unternehmerischen Beteiligung genau zu umschreiben. So stellt sich die Frage, ob der Nießbraucher oder die Erben das Unternehmen, an dem die Beteiligung besteht, führen. Weiter ist die Frage zu regeln, wer das Stimmrecht ausüben soll. Bei persönlich haftenden Beteiligungen ist zu regeln, ob der Nießbraucher an Verlusten zu **97**

[81] *Palandt/Bassenge* § 1089 Rn 2.
[82] *Hüffer* § 68 Rn 11.

beteiligen ist und in welchem Umfang Gewinnrückstellungen gebildet werden dürfen, die die vom Nießbraucher gezogenen Erträgnisse schmälern. Geregelt werden sollte weiter, wie sich Kapitalerhöhungen, Kündigung der Beteiligung, Liquidation der Gesellschaft und weitere Veränderungen im Gesellschaftsverhältnis auf den Nießbrauch auswirken.

5. Auflagen

98 **a) Begriff, Abgrenzung zum Vermächtnis.** Die Auflage ist geregelt in den §§ 2192 bis 2196 BGB. Die Auflage stellt stellt ebenso wie das Vermächtnis eine Beschwerung eines anderen Nachlassbeteiligten, in der Regel des Erben dar. Auch wenn durch die Auflage eine dritte Person begünstigt wird, steht diesem Begünstigten im Gegensatz zum Vermächtnisnehmer kein klagbarer Anspruch auf Leistung gegen den Beschwerten zu. Anders als beim Vermächtnis muss Gegenstand der Auflage nicht notwendig die Zuwendung von Vermögensvorteilen sein. Inhalt der Auflage kann jeden Tun oder Unterlassen sein. Häufige Auflage ist die Verpflichtung des Erben zur Grabpflege des Erblassers oder die den Erben auferlegte Pflicht, z. B. ein zum Nachlass gehörendes Grundstück nicht zu veräußern.

99 Während die Vermächtnisanordnung gemäß §§ 2162, 2163 BGB zeitlich begrenzt ist, besteht diese zeitliche Schranke für die Auflage nicht. Sie bietet dem Erblasser daher die Möglichkeit, durch eine Auflage stiftungsähnliche Zwecke zu verfolgen.[83] Durch die Auflage beschwert, ist sowohl der Erbe als auch ein Vermächtnisnehmer, §§ 2192, 2147 BGB.

100 **b) Anspruch auf Vollziehung.** Auch wenn Inhalt der Auflage die Begünstigung eines Dritten ist, hat dieser gegen den Beschwerten keinen Anspruch auf Leistung. Den Kreis der Vollziehungsberechtigten, also derjenigen, die vom Beschwerten die Vollziehung der Auflage verlangen können, zieht § 2194 BGB wie folgt: Erben, Miterben und diejenige, denen der Wegfall des Beschwerten zustatten kommen würde. Bei öffentlichem Interesse hat auch die nach Landesrecht zuständige Behörde als Partei kraft Amtes[84] ein entsprechendes Klagerecht. Daneben kann der Erblasser den Kreis der Vollziehungsberechtigten durch letztwillige Verfügung auf weitere Personen und insbesondere auf einen Testamentsvollstrecker erweitern.[85] Hat der Erblasser Sorge, dass die von ihm angeordnete Auflage vom Beschwerten nicht vollzogen werde und auch die Vollziehungsberechtigten sich nicht veranlasst sehen, die Vollziehung der Auflage notfalls einzuklagen, wird es sich empfehlen, eine Testamentsvollstreckung anzuordnen und zum Inhalt der Vollstreckung zumindest auch die Erfüllung der Auflage zu machen. Während die in § 2194 BGB genannten Personen lediglich ein Recht haben, die Vollziehung zu verlangen, ist der Testamentsvollstrecker hierzu verpflichtet, wenn sich Entsprechendes aus der letztwilligen Verfügung ergibt.

---

[83] *Palandt/Edenhofer* § 2192 Rn 4.
[84] *Palandt/Edenhofer* § 2194 Rn 2.
[85] *Palandt/Edenhofer* § 2194 Rn 1.

c) Auflagen und Unternehmensnachfolge. Auch für die Nachfolgeplanung bezüglich einer unternehmerischen Beteiligung kann eine Auflage sinnvoll sein. Auch wenn der oder die Erben oder Vermächtnisnehmer Inhaber der unternehmerischen Beteiligung werden, kann der Erblasser über seinen Tod hinaus durch Anordnung von Auflagen die Art und Weise bestimmen, in der die Rechtsnachfolger in die unternehmerische Beteiligung mit dieser verfahren sollen. Der Erblasser kann durch Auflage anordnen, dass bestimmte, besonders risikoreiche Arten von Geschäften unterlassen werden. Er kann durch Auflage die Erben auch verpflichten, durch Umwandlung eine andere Rechtsform für die unternehmerische Tätigkeit zu wählen. Der Erblasser kann weiter durch letztwillige Verfügung die Auflage anordnen, dass eine Gesellschaft für eine von ihm zu bestimmende Zeit nicht gekündigt werde, es sei denn aus wichtigem Grund. Weiter kann er auf diese Weise anordnen, dass bestimmte Beteiligungen an anderen Unternehmen nicht veräußert werden. **101**

Im Einzelfall muss überprüft werden, ob die Auflagen des Erblassers nach dem Inhalt der jeweiligen Gesellschaftsverträge durchführbar sind. **102**

6. Teilungsanordnung

Die Auseinandersetzung des Nachlasses erfolgt grundsätzlich nach den gesetzlichen Regeln der Bruchteilsgemeinschaft, §§ 2042 Abs. 2, 752 ff. BGB. Dieses führt häufig dazu, dass Nachlasswerte nicht in natura geteilt werden können und deshalb veräußert werden müssen. Dieses führt zur Zerschlagung gewachsener Vermögenswerte, es droht darüber hinaus stets die Gefahr, dass die Auseinandersetzung zügig betrieben werden soll und daher ein Veräußerungserlös unter dem Marktpreis in Kauf genommen wird. Daneben machen sich zahlreiche Erblasser im Rahmen ihrer letztwilligen Verfügungen nicht nur Gedanken über die Erbquote der einzusetzenden Erben. Sie sind häufig vielmehr bestrebt, den einzelnen Erben ganz bestimmte Nachlassgegenstände zukommen zu lassen. § 2048 BGB sieht daher ausdrücklich die Möglichkeit vor, dass der Erblasser in seiner letztwilligen Verfügung Auseinandersetzungs- oder Teilungsanordnungen erlässt. Diese Anordnungen können sich sowohl auf die Auseinandersetzung des Nachlasses als auch auf die reine Verwaltung beziehen.[86] Schließlich kann der Erblasser die Teilungsanordnung auch einem Dritten nach dessen billigem Ermessen übertragen, § 2048 Satz 2 BGB. **103**

Die Teilungsanordnung hat lediglich **schuldrechtliche Wirkung** unter den Miterben. Sie gibt jedem Miterben **Anspruch auf entsprechende Auseinandersetzung**.[87] Die Teilungsanordnung führt also nicht zu einer dinglichen Zuordnung einzelner Nachlassgegenstände an bestimmte Personen, sie begründet auch keine Sondererbfolge an einzelnen Nachlassgegenständen.[88] Insbesondere lässt die Teilungsanordnung die Erbteile und **104**

---

[86] *Ebenroth* Rn 789.
[87] BGH NJW 1981, 1837, 1838.
[88] *Palandt/Edenhofer* § 2048 Rn 4.

den **Wert der Beteiligung** einzelner Miterben am Nachlass unberührt.[89] Die durch die Teilungsanordnung den einzelnen Miterben zugewiesenen Gegenstände werden ihnen wertmäßig auf ihre Erbteile angerechnet. Ist der Wert der ihnen nach Teilungsanordnung zukommenden Nachlassgegenstände höher als die Erbquote, ist der betreffende Miterbe zum Ausgleich des seine Erbquote übersteigenden Wertes des Nachlassgegenstandes an die übrigen Miterben verpflichtet.[90] Bestimmt der Erblasser durch Teilungsanordnung, dass einem bestimmten Erben ein bestimmter besonders wertvoller Nachlassgegenstand zukommen soll, soll dieser Nachlassbeteiligte nicht wertmäßig begünstigt werden.[91] Nach der Frage, ob der Erblasser einem bestimmten Erben einen bestimmten Vermögensgegenstand ohne Anrechnung auf seine Erbquote und damit werterhöhend zuwenden lassen wollte, ist die Abgrenzung zwischen Teilungsanordnung und z. B. **Vorausvermächtnis** vorzunehmen: Im letzteren Fall wollte der Erblasser dem Begünstigten zusätzlich zu dessen Erbteil einen bestimmten Vermögensgegenstand zuwenden, dessen Wert sich der Begünstigte im Übrigen bei der Erbauseinandersetzung nicht anrechnen lassen muss.

105 Fällt in den Nachlass eine unternehmerische Beteiligung und ist der Nachlass auch im Übrigen sehr werthaltig, kann auch eine Teilungsanordnung eines von mehreren Gestaltungsmitteln zur Unternehmsnachfolge sein: Der Erblasser kann z. B. anordnen, dass nur einer von mehreren Erben bei der Auseinandersetzung Gesellschaftsbeteiligungen des Erblassers erhalten soll.

7. Trans- und postmortale Vollmacht

106 Die rechtsgeschäftlich erteilte Vollmacht erlischt – je nach dem zugrunde liegenden Rechtsverhältnis – grundsätzlich nicht mit dem Tod des Vollmachtgebers, §§ 168 Satz 1, 672 Satz 1 BGB. Der Erblasser kann zu Lebzeiten Vollmacht erteilen, die bereits zu Lebzeiten des späteren Erblassers und über seinen Tod hinaus gelten soll, so genannte transmortale Vollmacht. Daneben kann der Erblasser auch eine so genannte postmortale Vollmacht erteilen, also eine solche, die erst mit Eintritt des Erbfalles wirksam wird.

107 Sowohl die transmortale als auch die postportale Vollmacht werden häufig als so genannte **Generalvollmacht** bezeichnet. Der Erblasser und Vollmachtgeber bringt damit zum Ausdruck, dass diese Vollmacht nicht nur für bestimmte Rechtsgeschäfte erteilt worden ist. Der Erblasser kann jeden beliebigen Dritten mit einer solchen Vollmacht ausstatten. In der Regel ist es für den Vollmachtgeber ratsam, die Vollmacht notariell beurkunden zu lassen. Zum einen wird der Bevollmächtigte in der Regel keine Legitimationsprobleme haben, da die notarielle Beglaubigung Gewähr dafür bietet, dass die Unterzeichnung der Vollmachtsurkunde tatsächlich durch den Vollmachtsgeber erfolgt ist, daher die Echtheit der Vollmachtsurkunde angenommen werden kann. Zum anderen ist der

[89] BGH NJW 1985, 51, 51; BGH FamRZ 1985, 62, 63.
[90] BGH NJW-RR 1996, 577, 577.
[91] *Palandt/Edenhofer* § 2048 Rn 1.

Nachweis der Bevollmächtigung bei bestimmten Rechtsgeschäften in notariell beglaubigter Form zu führen: Gemäß § 167 Abs. 2 BGB bedarf die Erteilung und damit die Wirksamkeit der Vollmacht zwar nicht der Form des Geschäftes, für die sie bestimmt ist. Trotzdem verlangt z. B. § 29 GBO, dass bei Grundstücksgeschäften ein als Bevollmächtigter Handelnder seine Bevollmächtigung in notariell beglaubigter Form nachweist.

Als Gestaltungsmittel im Rahmen der Unternehmensnachfolge ist die **108** Erteilung einer transmortalen oder postmortalen Vollmacht allenfalls **Hilfsmittel**. So kann z. B. jeder einzelne Erbe – auch während des Bestehens einer Erbengemeinschaft[92] und auch trotz Anordnung von Testamentsvollstreckung[93] – die Vollmacht jederzeit widerrufen.

Eine transmortale bzw. postmortale Vollmacht bietet sich für die Fälle **109** an, in denen damit zu rechnen ist, dass bei angeordneter Testamentsvollstreckung zwischen Erbfall und Annahme des Amtes durch den Testamentsvollstrecker gegenüber dem Nachlassgericht geraume Zeit vergehen wird. Dieses ist z. B. dann der Fall, wenn der Erblasser Testamentsvollstreckung anordnet, die Bestimmung der Person des Testamentsvollstreckers gemäß § 2198 BGB jedoch einem Dritten oder gemäß § 2200 BGB dem Nachlassgericht überträgt. Denn soweit die Testamentsvollstreckung angeordnet ist, ist den Erben die Verfügungsbefugnis über den Nachlass entzogen, § 2211 BGB. Zugleich beginnt das Amt des Testamentsvollstreckers erst mit Annahme gegenüber dem Nachlassgericht, § 2202 BGB. In der Zwischenzeit ist der Nachlass quasi handlungsunfähig.[94]

8. Testamentsvollstreckung

Das Institut der Testamentsvollstreckung ist ein äußerst effizientes Mit- **110** tel des Erblassers, um seine Nachfolgeplanung für die Zeit nach seinem Ableben abzusichern und zu unterstützen. Es gibt zahlreiche Beispiele in der Wirtschaftsgeschichte der Bundesrepublik Deutschland für die erfolgreiche Verbindung von Unternehmensnachfolge und Testamentsvollstreckung. Der Unternehmer, der ein Unternehmen oder eine Beteiligung an einem solchen zu vererben hat, steht bei seiner Nachlass- und Nachfolgeplanung häufig vor dem folgenden Problem: Auf der einen Seite möchte er sein lebzeitig erworbenes Vermögen, das häufig zu einem großen Teil aus dem Unternehmen besteht, seinen Familienangehörigen oder sonst ihm persönlich nahe stehenden Personen zuwenden. Auf der anderen Seite bringen diese Personen aufgrund fehlender Qualifikation, Zerstrittenheit untereinander oder z. B. hohen Eigenschulden oft nicht die Voraussetzungen mit sich, um den Vermögensgegenstand Unternehmen zu erhalten oder Gewinn bringend einzusetzen. Diesen Zielkonflikt kann eine Testamentsvollstreckung häufig lösen oder abmildern. Sie ist daher im Folgenden Gegenstand einer ausführlichen Betrachtung.

---

[92] *Palandt/Edenhofer* vor § 2197 Rn 20.

[93] *Bengel/Reimann/Bengel* I 55.

[94] Zu den Einzelheiten und Gestaltungsmöglichkeiten vgl. *Reimann*, ZEV 1996, 420 ff.; *Bengel/Reimann/Bengel* I 35.

111 a) **Begriff und Bedeutung der Testamentsvollstreckung.** Durch Testament oder Erbvertrag erklärt der Erblasser seinen letzten Willen. Will der Erblasser sicherstellen, dass sein letzter Wille so ausgeführt wird, wie er es angeordnet hat, und will er z. B. vermeiden, dass sich die Erben einvernehmlich über seinen letzten Willen hinwegsetzen, bietet ihm das Erbrecht in §§ 2197 ff. BGB das Institut der Testamentsvollstreckung an. Der Testamentsvollstrecker wird vom Gesetz mit einer sehr großen **Machtfülle** ausgestattet, er hat eine gegenüber den Erben selbständige Stellung[95] und leitet seine Legitimation, seine Rechtsposition und seinen Aufgabenbereich unmittelbar vom Willen des Erblassers ab.[96] Die Motivation, Testamentsvollstreckung anzuordnen, kann sehr verschieden sein: Zunächst kommt der Testamentsvollstreckung eine **friedenssichernde Funktion** zu. Der Testamentsvollstrecker übt sein Amt **fremdnützig**, grundsätzlich persönlich und **unparteiisch** aus.[97] Hat der Erblasser Sorge, dass seine Erben nach dem Erbfall untereinander streiten, kann er dem Streit dadurch vorbeugen, dass er die im Rahmen der Erbauseinandersetzung zu bewältigenden Aufgaben einem Testamentsvollstrecker überträgt. Weiteres Motiv kann die Sorge des Erblassers sein, dass einer oder alle Erben nicht über die notwendige Sachkunde und persönliche Eignung verfügen, um Nachlasswerte zu verwalten oder zum Nachlass gehörende Rechte auszuüben; dieses Motiv spielt gerade bei unternehmerischen Beteiligungen, die in den Nachlass fallen, eine häufige Rolle.

112 Auch ein Motiv für die Anordnung einer Testamentsvollstreckung kann sein, dass der Erblasser auf diese Weise verhindern will, dass von ihm bedachte Personen übervorteilt werden. So ist z. B. zulässiger Inhalt einer Testamentsvollstreckung die Erfüllung von Vermächtnissen oder Auflagen. Der Erblasser kann zum Gegenstand der Testamentsvollstreckung ausschließlich die Erfüllung eines von ihm ausgesetzten Vermächtnisses machen.

113 Der Erblasser kann mittels Testamentsvollstreckung sehr umfassend und für sehr lange Zeit den Erben die Verwaltung des Nachlasses entziehen. Die Testamentsvollstreckung wird daher bisweilen kritisch als die Herrschaft der Toten über die Lebenden bezeichnet.[98]

114 b) **Voraussetzungen der Testamentsvollstreckung.** Zwingende Voraussetzung für eine Testamentsvollstreckung ist die Anordnung derselben durch den Erblasser im Rahmen einer **Verfügung von Todes wegen**, § 2197 Abs. 1 BGB. § 2197 Abs. 1 BGB spricht zwar nur von der Anordnung in einem Testament, diese Anordnung ist jedoch auch als einseitige Verfügung in einem Erbvertrag möglich, die nicht an der Bindungswirkung teilnimmt, §§ 2299, 2278 Abs. 2 BGB.[99] Nicht möglich ist die Einrichtung einer Testamentsvollstreckung beispielsweise durch lebzeitigen Vertrag des Erblassers mit der zum Testamentsvollstrecker auserkorenen Person: Es

---

[95] *Bengel/Reimann/Bengel* I 3.
[96] *Bengel/Reimann/Bengel* I 2.
[97] *Bengel/Reimann/Bengel* I 6, 4.
[98] *Ebenroth* Rn 623.
[99] *Ebenroth* Rn 620; *Palandt/Edenhofer* § 2197 Rn 1.

könnte sich bei einem solchen Rechtsgeschäft allenfalls um ein Auftragsverhältnis handeln, das jederzeit vom Erblasser zu Lebzeiten und nach seinem Tod von den Erben nach § 671 BGB widerrufen werden könnte.[100]

Die **Anordnung der Testamentsvollstreckung** als solcher und die **Ernennung** einer bestimmten Person zum Testamentsvollstrecker sind strikt **zu unterscheiden**, auch wenn der Erblasser in der Verfügung von Todes wegen diese beiden Anordnungen in der Regel nicht unterscheidet. Es gibt mehrere Möglichkeiten, den Testamentsvollstrecker zu ernennen: Gemäß § 2297 Abs. 1 BGB kann der Erblasser in seiner letztwilligen Verfügung zunächst selbst den Vollstrecker ernennen. Es empfiehlt sich, zugleich gemäß § 2197 Abs. 2 BGB einen Ersatzvollstrecker zu benennen für den Fall, dass die zunächst zum Testamentsvollstrecker ernannte Person wegfällt. Als weggefallen im Sinne von § 2197 Abs. 2 BGB gilt auch die Person, die das Amt ablehnt[101] oder deren Ernennung z. B. nach § 2201 BGB unwirksam ist.[102] **115**

Der Erblasser kann gemäß § 2198 Abs. 1 BGB die Bestimmung der Person des Testamentsvollstreckers einem Dritten, also in der Regel einer Person seines Vertrauens, überlassen.[103] Der Erblasser kann weiter diese dritte Person ermächtigen, einen oder mehrere Mitvollstrecker oder einen eigenen Nachfolger im Testamentsvollstreckeramt zu ernennen, § 2199 BGB. Die Ausübung des Bestimmungsrechtes durch den Dritten muss gemäß § 2198 Abs. 1 Satz 2 gegenüber dem Nachlassgericht in öffentlich beglaubigter Form erfolgen. Die Übertragung des Bestimmungsrechtes auf einen Dritten gemäß § 2198 BGB bietet sich dann an, wenn dem Erblasser aktuell keine geeignete Person bekannt ist oder er sich nicht sicher ist, dass eine von ihm dazu ins Auge gefasste Person auch noch im Zeitpunkt des Todes des Erblassers nach wie vor geeignet sein werde. Häufig überträgt der Erblasser das Bestimmungsrecht einem Berater wie seinem Rechtsanwalt oder Steuerberater oder z. B. dem Präsidenten der örtlichen Steuerberater- oder Anwaltskammer. **116**

Der Erblasser kann die Bestimmung der Person des Testamentsvollstreckers schließlich dem Nachlassgericht überlassen, § 2200 Abs. 1 BGB. Diese Anordnung kann ausdrücklich erfolgen. Sie wird häufig auch im Wege der wohlwollenden Auslegung gemäß § 2084 BGB angenommen, nämlich wenn der Erblasser eine Testamentsvollstreckung angeordnet hat, jedoch keinen Testamentsvollstrecker benannt und auch keinen Dritten zur Benennung ermächtigt hat.[104] Umgekehrt liegt in dem Ersuchen des Erblassers an das Nachlassgericht gemäß § 2200 BGB, einen Testamentsvollstrecker zu ernennen, zugleich die Anordnung der Testamentsvollstreckung.[105] **117**

---

[100] *Palandt/Edenhofer* § 2197 Rn 1.

[101] *Palandt/Edenhofer* § 2197 Rn 4.

[102] BayObLG FamRZ 2000, 487, 488.

[103] Der Erblasser kann dieses Bestimmungsrecht sogar dem Erben selbst übertragen, RGZ 92, 68, 72.

[104] *Bengel/Reimann/Reimann* II 3; *Palandt/Edenhofer* § 2200 Rn 2.

[105] *Bengel/Reimann/Reimann* II 2.

118 **c) Arten der Testamentsvollstreckung.** Die dem Testamentsvollstrecker zugewiesenen Aufgaben und damit der Umfang der Testamentsvollstreckung richten sich nach den **Anordnungen des Erblassers**, dessen letztwillige Verfügungen der Vollstrecker zur Ausführung zu bringen hat, § 2203 BGB. Das Gesetz sieht drei Grundtypen der Testamentsvollstreckung vor, nämlich die Abwicklungsvollstreckung, die Verwaltungsvollstreckung und die Dauervollstreckung. Eine klare Abgrenzung ist häufig nicht möglich und auch nicht sinnvoll, da es ohnehin auf den Erblasserwillen ankommt.

119 *aa) Abwicklungsvollstreckung.* Die so genannte Abwicklungsvollstreckung wird häufig als **Regelfall** der Testamentsvollstreckung bezeichnet.[106] Konkret bedeutet dieses, die letztwilligen Verfügungen des Erblassers zur Ausführung zu bringen. So muss der Testamentsvollstrecker z. B. ausgesetzte Vermächtnisse erfüllen, Auflagen vollziehen und bei der Auseinandersetzung der Erbengemeinschaft Teilungsanordnungen des Erblassers berücksichtigen, vergleiche § 2203 BGB. Gemäß § 2204 BGB nimmt der Testamentsvollstrecker in der Regel die Auseinandersetzung unter den Miterben nach §§ 2042 bis 2056 BGB vor, stellt zu diesem Zweck in der Regel einen Auseinandersetzungsplan auf und hört vor dessen Ausführung die Erben hierzu an, § 2204 Abs. 2 BGB.

120 *bb) Dauertestamentsvollstreckung und Verwaltungsvollstreckung.* § 2209 BGB sieht ausdrücklich vor, dass der Testamentsvollstrecker auch nach Erledigung der ihm in der Regel zugewiesenen Abwicklungsaufgaben den Nachlass verwalten soll (so genannte Dauervollstreckung). Daneben kann der Erblasser dem Testamentsvollstrecker ausschließlich die Verwaltung des Nachlasses als Aufgabe zuweisen (so genannte Verwaltungsvollstreckung), § 2209 Satz 1 Halbsatz 1 BGB. Diese Arten der Testamentsvollstreckung werden häufig als „fürsorgliche Bevormundung der Erben" bezeichnet.[107] Der Erblasser möchte durch die Anordnung einer Verwaltungsvollstreckung häufig geschäftsunerfahrene Erben vor Fehlern in der Vermögensverwaltung schützen.[108] Weiteres Motiv für die Anordnung einer Dauer- oder Verwaltungsvollstreckung kann ebenfalls sein, den Eigengläubigern eines Erben den Zugriff auf den Nachlass zu verwehren, § 2214 BGB.[109]

121 *cc) Weitere Formen der Testamentsvollstreckung.* Daneben lassen sich zahlreiche weitere Arten der Testamentsvollstreckung ausmachen, z. B. die reine **Vermächtnisvollstreckung** im Sinne von § 2223 BGB, bei der einziger Inhalt der Testamentsvollstreckung die Erfüllung eines Vermächtnisses ist. Dieses kann sich z. B. dann anbieten, wenn der Erblasser die Sorge hat, der Erbe werde ein ausgesetztes Vermächtnis nicht freiwillig erfüllen, der Vermächtnisnehmer werde aus persönlichen Gründen jedoch auch nicht

---

[106] So z. B. *Ebenroth* Rn 643.
[107] *Palandt/Edenhofer* § 2209 Rn 2.
[108] *Bengel/Reimann/Bengel* I 145.
[109] *Bengel/Reimann/Bengel* I 145.

auf Erfüllung des Vermächtnisses gemäß § 2174 BGB klagen. Da Inhalt der Testamentsvollstreckung, Aufgaben und Befugnisse des Testamentsvollstreckers im Einzelfall von den Anordnungen des Erblassers abhängen, ist eine abschließende Aufzählung bestimmter Arten der Testamentsvollstreckung nicht möglich.

d) Rechtsstellung des Testamentsvollstreckers. *a) Privates Amt.* Der Testamentsvollstrecker ist Treuhänder und Inhaber eines privaten Amtes.[110] Der Testamentsvollstrecker leitet seine Legitimation sowie seinen Aufgabenbereich unmittelbar vom Willen des Erblassers ab.[111] Auch wenn er **nicht Vertreter** der Erben ist, ist seine Rechtsstellung in weitern Bereichen der eines gesetzlichen Vertreters angenähert, so dass z. B. die §§ 207, 278, 254 BGB und § 241 ZPO entsprechend auf ihn angewendet werden können.[112] 122

bb) Dauer des Amtes. Das Amt des Testamentsvollstreckers beginnt nicht bereits mit dem Erbfall, sondern **erst mit der Annahme** des Amtes durch den Ernannten gegenüber dem Nachlassgericht, § 2202 Abs. 1 BGB. Der Beginn des Amtes setzt daher kumulativ voraus 123
- die Anordnung der Testamentsvollstreckung durch den Erblasser,
- die Ernennung des Testamentsvollstreckers sowie
- die Annahme des Amtes durch den Ernannten.[113]

Zunächst besteht **keine Rechtspflicht** des Ernannten, das Vollstreckeramt anzunehmen.[114] Selbst wenn er sich zu Lebzeiten des Erblassers zur Amtsannahme und Amtsführung rechtsgeschäftlich verpflichtet hat, begründet dieses keine Annahmepflicht, da dieses der Natur der Testamentsvollstreckung als eines Vertrauensamtes widersprechen würde und der Testamentsvollstrecker darüber hinaus gemäß § 2226 BGB sein Amt jederzeit kündigen könnte.[115] 124

Die **Dauer** des Testamentsvollstreckeramtes richtet sich zum einen nach den Anordnungen des Erblassers, wobei § 2210 BGB jedoch eine **zeitliche Schranke** setzt. Zum anderen richtet sich die Dauer der Testamentsvollstreckung insgesamt danach, ob alle dem Testamentsvollstrecker zugewiesenen Aufgaben erledigt sind. Im Übrigen muss auch hier wieder unterschieden werden zwischen der Frage, wann die Testamentsvollstreckung insgesamt endet und wann das Amt des einzelnen Testamentsvollstreckers endet. Ein Beendigungsgrund ist zunächst der Tod des Testamentsvollstreckers gemäß § 2225 BGB. Die Erben des Testamentsvollstreckers treten also nicht in dessen Amt ein. Gemäß §§ 2225, 2201 BGB endet das Amt des Testamentsvollstrecker weiter, wenn er geschäfts- 125

---

[110] *Bengel/Reimann/Bengel* I 11; *Palandt/Edenhofer* vor § 2197 Rn 2 m. w. N.; die Rechtsstellung des Testamentsvollstreckers war lange Zeit umstritten, er wurde früher zum Teil als Vertreter der Erben oder Vertreter des Nachlasses angesehen. Die so genannte Amtstheorie hat sich durchgesetzt.

[111] *Bengel/Reimann/Bengel* I 2.

[112] *Staudinger/Reimann* vor §§ 2197 ff. Rn 13; *Bengel/Reimann/Bengel* I 12.

[113] *Bengel/Reimann/Reimann* II 224.

[114] *Bengel/Reimann/Reimann* II 225.

[115] *Palandt/Edenhofer* § 2202 Rn 2.

unfähig oder in der Geschäftsfähigkeit beschränkt wird oder wenn für ihn eine Betreuung eingerichtet wird. Analog § 2225 BGB endet das Vollstreckeramt mit dem Verlust der Rechtsfähigkeit einer juristischen Person, wenn diese zum Testamentsvollstrecker ernannt ist und das Amt angenommen hat.[116] Weiterer Beendigungstatbestand für das Amt des Testamentsvollstreckers ist die Kündigung gemäß § 2226 BGB. Ebenso kann das Nachlassgericht auf Antrag eines Nachlassbeteiligten den Testamentsvollstrecker bei Vorliegen eines wichtigen Grundes, insbesondere grober Pflichtverletzung oder Unfähigkeit, entlassen, § 2227 Abs. 1 BGB.

126 Neben den zuvor genannten und in der Person des Testamentsvollstreckers liegenden Beendigungsgründen kann das Testamentsvollstreckeramt aber auch insgesamt erlöschen. Zunächst kann der Erblasser in seiner letztwilligen Verfügung einen Endtermin für die Testamentsvollstreckung oder eine auflösende Bedingung vorsehen. Mit Eintritt des Endtermines oder Eintritt der auflösenden Bedingung erlischt das Amt.[117] Weiterer Beendigungsgrund ist der Ablauf der **30-Jahres-Frist** des § 2210 Satz 1 BGB, sofern nicht der Erblasser gemäß § 2210 Satz 2 BGB angeordnet hat, die Testamentsvollstreckung solle bis zum Tod des Erben oder bis zum Tod des Testamentsvollstreckers oder bis zum Eintritt eines bestimmten Grundes in der Person des Erben oder des Testamentsvollstreckers fortdauern.[118]

127 Weiterer Beendigungsgrund ist die vollständige Erledigung aller dem Testamentsvollstrecker zugewiesenen Aufgaben.[119] Als Unterfall der Beendigung durch Erledigung aller Aufgaben ist die Beendigung der Nacherbenvollstreckung gemäß § 2222 BGB ansehen: Das Amt des Testamentsvollstreckers erlischt mit dem Eintritt des Nacherbfalls.[120] Zu berücksichtigen ist, dass z. B. die Eröffnung des Nachlassinsolvenzverfahrens oder der Nachlassverwaltung nicht zur Beendigung der Testamentsvollstreckung führt sondern nur dazu, dass die Aufgaben und Befugnisse des Testamentsvollstreckers während dieser Zeit ruhen.[121]

128 *cc) Person des Testamentsvollstreckers.* Zum Testamentsvollstrecker können **alle natürlichen und juristischen Personen** ernannt werden. Die Ernennung einer natürlichen Person ist jedoch dann unwirksam gemäß § 2201 BGB, wenn der Ernannte **geschäftsunfähig**, in der Geschäftsfähigkeit beschränkt ist oder für die Vermögensangelegenheiten eine **Betreuung** erhalten hat. Maßgebender Zeitpunkt ist die Erlangung der

---

[116] Vgl. *Bengel/Reimann/Reimann* VII 6, insbesondere zu Fragen der Umwandlung.

[117] *Bengel/Reimann/Reimann* VII 34.

[118] Die zeitliche Schranke des § 2210 BGB gilt jedoch nur für die verwaltende Vollstreckung, nicht aber für die Ausführungsvollstreckung oder Abwicklungsvollstreckung des § 2203 BGB, *Bengel/Reimann/Reimann* VII 38; wenn noch weitere Aufgaben zu erledigen sind, kann die Testamentsvollstreckung fortdauern, auch wenn die Verwaltung des Nachlasses als selbständige Aufgabe im Sinne von § 2210 BGB mit Ablauf der 30-Jahres-Frist beendet ist.

[119] BayObLG ZEV 1995, 370, 370.

[120] *Bengel/Reimann/Reimann* VII 58.

[121] *Bengel/Reimann/Reimann* VII 59.

Kenntnis von der Ernennung zum Testamentsvollstrecker.[122] Das Gleiche gilt gemäß §§ 2225, 2201 BGB, wenn nachträglich die Voraussetzungen des § 2201 BGB eintreten.

Hinderungsgründe bei der Durchführung von Testamentsvollstreckun- **129** gen können sich jedoch auch aus anderen Gesetzen ergeben, insbesondere aus dem **Rechtsberatungsgesetz**. Will der Erblasser z. B. seinen Steuerberater, einen Wirtschaftsprüfer oder ein Kreditinstitut zum Testamentsvollstrecker ernennen, ist es in Rechtsprechung und Literatur umstritten, ob diese Personen mit der Amtsausübung gegen das Rechtsberatungsgesetz verstoßen, da die Testamentsvollstreckung als rechtsberatende Tätigkeit im Sinne von Artikel 1 § 1 RBerG anzusehen ist.[123]

dd) Befugnisse des Testamentsvollstreckers. Auch im Rahmen einer Abwick- **130** lungsvollstreckung hat der Testamentsvollstrecker nicht nur das Recht, sondern gegenüber Erben und Vermächtnisnehmern auch die Pflicht, den Nachlass zu verwalten. Die Verwaltung umfasst alle Maßnahmen, die zur Vermehrung, Sicherung, Erhaltung und Nutzung des verwalteten Nachlassgutes erforderlich sind. Sie bezieht sich daher selbstverständlich nur auf solche Gegenstände und Rechte, die zum Nachlass gehören und der Testamentsvollstreckung unterliegen.[124] § 2205 BGB nennt in Satz 1 ausdrücklich das **Verwaltungsrecht** und die Pflicht dazu. In Konkretisierung dieser Verwaltungspflicht gewährt § 2205 Satz 2 BGB dem Testamentsvollstrecker zunächst das Recht, den Nachlass in **Besitz** zu nehmen. Gegebenenfalls muss der Testamentsvollstrecker diesen Anspruch durch Herausgabeklage vor dem Prozessgericht, nicht dem Nachlassgericht, verfolgen.[125] Der Anspruch geht auf Herausgabe des unmittelbarer Besitzes im Sinne von § 854 BGB.[126] Die Erben werden mittelbare Besitzer im Sinne von § 168 BGB.[127] Ebenfalls Folge des Verwaltungsrechtes und der Verwaltungspflicht ist die Berechtigung des Testamentsvollstreckers, für den von ihm verwalteten Nachlass Verbindlichkeiten einzugehen, §§ 2206, 2207 BGB. In § 2212 BGB räumt das Gesetz dem Testamentsvollstrecker das alleinige[128] Recht zur Prozessführung, nämlich zur Führung von Aktivprozessen, ein. Die Prozessführungsbefugnis bezieht sich ebenfalls auf die der Testamentsvollstreckung unterliegenden Nachlasswerte.[129] Weiter darf der Testamentsvollstrecker über die der Testamentsvollstreckung unterliegenden Nachlassgegenstände **verfügen**. Zu entgeltlichen Verfügungen ist der Testamentsvollstrecker grundsätzlich unbeschränkt befugt.[130] Die Verfügungsgewalt bezieht sich dabei jedoch

---

[122] *Palandt/Edenhofer* § 2201 Rn 1.
[123] Zu den Einzelheiten vgl. *Stracke*, ZEV 2001, 250 ff. m. w. N.; OLG Düsseldorf ZEV 2000, 458, 459.
[124] *Bengel/Reimann/Schaub* IV 2.
[125] *Bengel/Reimann/Schaub* IV 9.
[126] *Bengel/Reimann/Bengel* I 65.
[127] *Bengel/Reimann/Bengel* I 65.
[128] Vgl. § 2213 BGB.
[129] *Palandt/Edenhofer* § 2212 Rn 1.
[130] *Bengel/Reimann/Bengel* I 103.

nicht auf den Nachlass als Sachgesamtheit oder auf Erbteile, sondern nur auf die einzelnen Nachlassgegenstände.[131] Einschränkungen sieht das Gesetz für unentgeltliche Verfügungen in § 2905 Satz 3 BGB vor, wobei es sich um eine dingliche Beschränkung handelt:[132] Unentgeltliche Verfügungen sind nur so weit zulässig, als sie auf einer sittlichen Pflicht oder einer Anstandspflicht beruhen. Der Erblasser kann den Testamentsvollstrecker von diesem gesetzlichen Verfügungsverbot nicht befreien, § 2207 Satz 2 BGB. Eine nicht den Voraussetzungen des § 2205 Satz 3 BGB genügende unentgeltliche Verfügung des Testamentsvollstreckers ist schwebend unwirksam, und zwar sowohl das schuldrechtliche Geschäft als auch das dingliche Vollzugsgeschäft; die Verfügung wird wirksam, wenn ihr sämtliche Personen zustimmen, zu deren Schutz das Verfügungsverbot besteht, in der Regel also die Erben und Vermächtnisnehmer.[133] Denn § 2205 Satz 3 BGB bezweckt in erster Linie den Schutz des Erben gegenüber dem Testamentsvollstrecker und beinhaltet nicht das Gebot, Erben oder sonstige Nachlassbegünstigte vor eigener Freigiebigkeit zu schützen.[134] Die Zustimmung kann auch vor der Verfügung erteilt werden.

131 Dem Testamentsvollstrecker sind zur Durchführung seiner Verwaltungsaufgaben weitere Verfahrensbefugnisse eingeräumt, nämlich solche, das Gläubigeraufgebot, die Zwangsversteigerung von Nachlassgrundstücken und die Eröffnung des Nachlassinsolvenzverfahrens zu beantragen (§ 191 ZPO; § 175 ZVG; § 317 InsO). Die Art und Weise der Amtsausführung wird durch die §§ 2216 und 2217 BGB weiter konkretisiert.

132 Von besonderer Bedeutung ist die **Verfügungsbeschränkung der Erben** aus § 2211 BGB: Die Machtfülle des Testamentsvollstreckers wird dadurch untermauert, dass sein Verwaltungs- und Verfügungsrecht das der Erben während der Dauer der Testamentsvollstreckung und über die der Testamentsvollstreckung unterliegenden Nachlassrechte ausschließt. Verfügen die Erben entgegen § 2211 Abs. 1 BGB über Nachlassgegenstände, die der Vollstreckung unterliegen, sind die Verfügungen absolut unwirksam.[135] § 2211 Abs. 2 BGB lässt jedoch den gutgläubigen Erwerb Dritter zu. Das Verfügungsverbot des § 2211 BGB wird daher z. B. verfahrensrechtlich dadurch abgesichert, dass gemäß § 52 GBO ein Testamentsvollstreckervermerk in das Grundbuch von Amts wegen einzutragen ist, sofern das Grundstück der Testamentsvollstreckung unterliegt. Ein gutgläubiger Erwerb durch Dritte ist gemäß §§ 2211 Abs. 2, 892, 893 BGB ausgeschlossen.

133 Durch die Anordnung der Testamentsvollstreckung wird das der Vollstreckung unterliegende Nachlassvermögen vom übrigen Vermögen der Erben abgetrennt und **quasi** zu einem **Sondervermögen**, da es der Verfügungsbefugnis der Erben und den Zugriff von deren Eigengläubigern entzogen ist. Zu berücksichtigen ist dabei insbesondere, dass diese Vermö-

---

131 *Bengel/Reimann/Bengel* I 103.

132 *Bengel/Reimann/Bengel* I 112.

133 *Palandt/Edenhofer* § 2205 Rn 35; *Bengel/Reimann/Bengel* I 135.

134 *Bengel/Reimann/Bengel* I 135.

135 *Ebenroth* Rn 660.

gensaufspaltung und insbesondere der Entzug der Verfügungsbefugnis gemäß § 2211 BGB nicht erst mit der Amtsannahme und damit mit dem Amtsbeginn des Testamentsvollstreckers eintreten. Die Verfügungsbeschränkung tritt bereits mit dem Erbfall ein.[136] Zwischen Erbfall und der Amtsannahme durch den Testamentsvollstrecker ist der Nachlass quasi handlungsunfähig, da niemand vorhanden ist, der über die Nachlassgegenstände verfügen könnte. Um diese ungute Hängepartie zu verkürzen oder zu vermeiden, kann zunächst gemäß § 2202 Abs. 3 BGB dem Ernannten eine Frist zur Erklärung über die Annahme gesetzt werden. Noch empfehlenswerter und parallel hierzu möglich ist die Erteilung einer postmortalen Vollmacht des Erblassers, die auflösend bedingt durch die Amtsannahme eines Testamentsvollstreckers ausgestaltet sein kann.

ee) Haftungsabschottung durch Testamentsvollstreckung. § 2214 BGB schützt **134** den Nachlass und untersagt solchen Gläubigern der Erben, die nicht Nachlassgläubiger sind – sog. Eigengläubiger –, den Zugriff auf den Nachlass, soweit dieser der Testamentsvollstreckung unterworfen ist. Damit ist im gleichen Umfang, wie das Nachlassvermögen gem. §§ 2205, 2211 BGB der Verfügungsgewalt der Erben entzogen ist, eine Zwangsvollstreckung der Eigengläubiger ausgeschlossen. Nachlassgläubiger bleiben von diesem Verbot unberührt. § 2200 BGB erfasst auch die Erträgnisse des Nachlassvermögens, soweit diese nicht dem Erben zur freien Verfügung überlassen werden.[137] Aber auch in diesem Fall ist es möglich, einem verschuldeten Erben ein geringes Einkommen aus den Erträgnissen zu hinterlassen, das unter den Pfändungsfreigrenzen der §§ 850 ff. ZPO liegt, und zugleich einen Zugriff auf den Stamm des Nachlassvermögens zu verhindern.

Die Testamentsvollstreckung an Gesellschaftsanteilen ist aufgrund gesell- **135** schaftsrechtlicher Besonderheiten gerade bei persönlich voll haftenden Beteiligungen mit rechtlichen Problemen verbunden.[138] Auch im Fall einer Testamentsvollstreckung über einen Gesellschaftsanteil an einer OHG unterfällt jedoch die sog. Außenseite der Beteiligung, insbesondere der laufende Gewinnanspruch, der Testamentsvollstreckung.[139] Eine Zwangsvollstreckung in die Gewinnansprüche seitens der Eigengläubiger ist damit ausgeschlossen,[140] jedenfalls solange die Gewinnansprüche noch nicht an den Erben ausgekehrt sind und sich in seiner freien Verfügung befinden.

e) Überwachung und Verantwortung des Testamentsvollstre- 136 ckers. *a) Überwachung.* Der Testamentsvollstrecker unterliegt im Gegensatz zum Insolvenzverwalter oder anderen Amtsinhabern **nicht** der **Überwachung** und **Aufsicht** durch das Nachlassgericht. Der Erblasser kann dieses auch nicht anordnen.[141] Das Nachlassgericht kann lediglich

[136] BGHZ 25, 275, 282; BGHZ 48, 214, 220.
[137] *Bengel/Reimann/Bengel* I 216.
[138] S. unten Rn 144 ff.
[139] *Bengel/Reimann/Mayer* V 159.
[140] *Bengel/Reimann/Mayer* V 160.
[141] *Bengel/Reimann/Bengel* I 17 m. w. N.

auf Antrag eines Nachlassbeteiligten den Testamentsvollstrecker gemäß § 2227 BGB bei Vorliegen eines wichtigen Grundes entlassen. Daneben kann das Nachlassgericht auf Antrag eines Nachlassbeteiligten – auch des Testamentsvollstreckers – gemäß § 2216 Abs. 2 BGB einzelne Anordnungen des Erblassers außer Kraft setzen; eine solche Entscheidung des Nachlassgerichtes bindet im Falle ihrer Rechtskraft auch den Testamentsvollstrecker. Im Übrigen können die Erben und sonstige Nachlassbeteiligte mit dem Testamentsvollstrecker vor dem Prozessgericht, nicht dem Nachlassgericht über die Ordnungsgemäßheit der Testamentsvollstreckung streiten.[142] Eine Überwachung von Amts wegen z. B. durch das Nachlassgericht erfolgt jedoch nicht.

137 *bb) Haftung des Testamentsvollstreckers.* Die Verantwortlichkeit des Testamentsvollstreckers gegenüber den Nachlassbeteiligten ist in § 2219 BGB geregelt. Zwischen dem Vollstrecker und den Erben/Vermächtnisnehmern besteht ein **gesetzliches Schuldverhältnis**.[143] Ist Testamentsvollstrecker ein Angehöriger der rechts- und steuerberatenden Berufe, werden die berufsrechtlichen Haftungsvorschriften von § 2219 BGB verdrängt.[144] Eine Haftung für Hilfspersonen des Testamentsvollstreckers nach §§ 31, 278, 831 BGB wird durch § 2219 BGB nicht ausgeschlossen, §§ 2218, 664 BGB.[145] Der Testamentsvollstrecker haftet gegenüber Erben, gegebenenfalls Vermächtnisnehmern und ausnahmsweise Dritten als Rechtsnachfolger von Erben und Vermächtnisnehmern für schuldhafte Pflichtverletzungen. Die Pflichten des Testamentsvollstreckers ergeben sich zunächst aus § 2216 BGB und darüber hinaus aus den Anordnungen des Erblassers. Verschulden im Sinne von § 2219 BGB ist bereits einfache Fahrlässigkeit. Eine Haftungsbeschränkung z. B. auf die diligentia quam in suis im Sinne von § 277 BGB besteht nicht, sofern nicht ausnahmsweise ein anderer Grund hierfür besteht.[146] Sind zugleich mehrere Testamentsvollstrecker gemäß § 2224 Abs. 1 BGB tätig, haften diese aus § 2219 BGB als Gesamtschuldner, sofern jedem an der Gesamtschuld ein eigenes Verschulden zur Last fällt.[147]

138 Von der Einhaltung der Sorgfaltspflichten aus § 2216 BGB und insbesondere von der Haftung aus § 2219 BGB kann der Erblasser den Testamentsvollstrecker **nicht befreien**, § 2220 BGB. Ebenso wenig kann der Erblasser die Haftung des Testamentsvollstreckers beschränken, z. B. auf Fälle von Vorsatz und grober Fahrlässigkeit.[148] Der Grund für das Befreiungsverbot liegt darin, dass die Erben nicht der Willkür des Testamentsvollstreckers ausgeliefert sein sollen.[149] Der Machtfülle des Testaments-

[142] *Bengel/Reimann/Bengel* I 17.

[143] *Palandt/Edenhofer* § 2219 Rn 1; *Bengel/Reimann/Riederer v. Paar* XII 1.

[144] *Bengel/Reimann/Riederer v. Paar* XII 2; im Einzelfall können die Grenzen jedoch schwer zu ziehen sein, siehe *Bengel/Reimann/Rieder v. Paar* XII 3.

[145] Vgl. zu den Einzelheiten *Bengel/Reimann/Riederer v. Paar* XII 65 ff.

[146] *Bengel/Reimann/Riederer v. Paar* XII 49.

[147] *Bengel/Reimann/Riederer v. Paar* XII 63.

[148] *Bengel/Reimann/Riederer v. Paar* XII 82.

[149] *Staudinger/Reimann* § 2220 Rn 1.

vollstreckers, die die Erben und damit die Inhaber des Nachlasses von der Verwaltung ausschließt, steht ein hohes Haftungsrisiko gegenüber. Bei größeren Nachlässen ist es auf jeden Fall ratsam, dass der Testamentsvollstrecker eine entsprechende Versicherung abschließt oder überprüft, ob die Tätigkeit als Testamentsvollstrecker in einer eventuell bereits bestehenden Haftpflichtversicherung, insbesondere Berufshaftpflichtversicherung bereits enthalten ist.

f) Mehrheit von Testamentsvollstreckern. Bei wirtschaftlich kom- 139 plizierten und in der Verwaltung anspruchsvollen Nachlässen bietet es sich an, im Einzelfall mehrere Testamentsvollstrecker einzusetzen. Gehören beispielsweise zum Nachlass Unternehmen oder unternehmerische Beteiligungen aus vollkommen unterschiedlichen Fachgebieten, kann es ratsam sein, für den jeweiligen Fachbereich einen Fachmann zum Testamentsvollstrecker zu berufen. Bei großen Nachlässen kann es sich weiter anbieten, einen Testamentsvollstrecker mit der Wahrnehmung der geschäftlichen Aufgaben des Nachlasses zu betrauen, einen weiteren mit der Wahrnehmung von Aufgaben aus dem familiären Bereich.[150] Die Ernennung mehrerer Testamentsvollstrecker muss auf den in einer letztwilligen Verfügung enthaltenen Willen des Erblassers zurückgehen. Er kann selbst mehrere Testamentsvollstrecker ernennen, § 2197 Abs. 1 BGB. Er kann daneben Dritte oder das Nachlassgericht gemäß §§ 2198, 2200 BGB ersuchen, mehrere Vollstrecker zu ernennen. Schließlich kann er einen vom ihm bereits benannten Testamentsvollstrecker ermächtigen, einen oder mehrere Mitvollstrecker zu ernennen, § 2199 BGB. Das Gesetz sieht eine zahlenmäßige Begrenzung nicht vor. Aus Praktikabilationsgründen und aus Kostengründen sollte die Zahl jedoch nicht zu hoch gewählt werden.

Der Erblasser kann Anordnungen für die Amtsführung durch mehrere 140 Testamentsvollstrecker treffen. Diese Anordnungen müssen jedoch im Rahmen der Verfügung von Todes wegen erfolgen.[151] Trifft der Erblasser keine abweichenden Anordnungen, besteht gemeinschaftliche Geschäftsführung gemäß § 2224 Abs. 1 Satz 1 Halbsatz 1 BGB. Der gesetzliche Normalfall ist im Rahmen der Geschäftsführung das Einstimmigkeitsprinzip, § 2224 Abs. 1 Satz 1 Halbsatz 2 BGB. In Streitfällen soll demzufolge das Nachlassgericht entscheiden. Der Erblasser kann selbstverständlich hiervon bestimmen, dass Stimmenmehrheit entscheiden soll und die Mehrheit der Testamentsvollstrecker den entsprechenden Beschluss auch ohne Mitwirkung der überstimmten übrigen Vollstrecker durchführen kann.[152] Der Erblasser kann auch die Anrufung des Nachlassgerichtes bei Meinungsverschiedenheiten dadurch ausschließen, dass er anordnet, dass bei Meinungsverschiedenheiten ein bestimmter Testamentsvollstrecker den Ausschlag geben soll.[153]

---

[150] Nicht jeder Fachmann, der für den Nachlass tätig werden soll, muss zum Testamentsvollstrecker ernannt werden. Insbesondere kann bereits der Erblasser im Wege der Auflage anordnen, dass der Testamentsvollstrecker für bestimmte Aufgaben einen bestimmten Fachmann heranzieht.

[151] *Bengel/Reimann/Reimann* II 202.

[152] Vgl. *Bengel/Reimann/Reimann* II 204.

[153] *Bengel/Reimann/Reimann* II 205.

141 **g) Allgemeine Gestaltungshinweise.** Die konkreten Aufgaben und Möglichkeiten des Testamentsvollstreckers kann der Erblasser nicht in allen Einzelheiten vorhersehen und planen, da sie sich erst aus der jeweiligen Situation ergeben, in der sich der Nachlass befindet. Der Erblasser muss sich dennoch bei Anordnung der Terstamentsvollstreckung überlegen, welche Ziele er im Einzelnen mit der Testamentsvollstreckung erreichen will. Ordnet er lapidar Testamentsvollstreckung an, ist lediglich von einer Abwicklungsvollstreckung im Sinne von § 2203 BGB auszugehen.[154]

142 Zunächst wird sich der Erblasser die Frage stellen müssen, ob die Testamentsvollstreckung nur für eine kurze oder eher eine längere Zeit eingerichtet werden soll. Wünscht er lediglich die Durchsetzung seiner Verteilungsvorstellungen und Sicherstellung der Erfüllung von Vermächtnissen, reicht es in der Regel aus, eine Abwicklungsvollstreckung im Sinne der §§ 2203, 2204 BGB zu wählen. Möchte der Erblasser stattdessen, dass der Testamentsvollstrecker für die Erbengemeinschaft eine Art Geschäftsführertätigkeit ausübt – insbesondere dann, wenn in den Nachlass eine unternehmerische Beteiligung fällt – oder möchte er die Zugriffsmöglichkeiten der Erben auf das vererbte Vermögen z. B. wegen des geringen Alters der Erben auf längere Zeit beschränken, bietet sich eine längerfristige Testamentsvollstreckung in Form einer Verwaltungs- oder Dauervollstreckung nach §§ 2205, 2209 BGB an. Entsprechendes gilt, wenn der oder die Erben verschuldet sind und das Nachlassvermögen vor dem Zugriff von Eigengläubigern geschützt werden soll, § 2214 BGB.

143 **h) Testamentsvollstreckung und Unternehmensnachfolge.** Häufig möchte der Erblasser, der Inhaber eines Unternehmens oder an einem solchen beteiligt ist, den Erben die Fortführung seines Unternehmens bzw. seiner unternehmerischen Beteiligung nicht zutrauen oder nicht zumuten. Dieses möchte er häufig dem Testamentsvollstrecker überantworten. Auch der Schutz des Unternehmens vor Eigengläubigern der Erben ist ein häufiges Motiv für die Anordnung einer Testamentsvollstreckung im Zusammenhang mit einer unternehmerischen Beteiligung, die in den Nachlass fällt. Die erbrechtlichen Fragen um Universalrechtsnachfolge und Testamentsvollstreckung müssen jedoch im Einzelfall harmonisiert werden mit den abweichenden Bestimmungen des Handels- und Gesellschaftsrechts. Insbesondere stehen auf der einen Seite die nur eingeschränkte Verpflichtungsmacht des Testamentsvollstreckers hinsichtlich der Erben (§§ 2206, 2207 BGB), auf der anderen Seite der Grundsatz der persönlichen Haftungen in vielen Formen der Unternehmensführung. Hinzu kommt, dass insbesondere Personengesellschaften personalistisch strukturiert sind und im Einzelfall zu prüfen ist, ob die übrigen Gesellschafter anstelle des verstorbenen einen gesellschaftsfremden Testamentsvollstrecker dulden müssen.

144 *aa) Testamentsvollsteckungen an einzelkaufmännischen Unternehmen und voll haftenden Beteiligungen.* Die Konfliktsituation besteht darin, dass der Inhaber eines Handelsgeschäftes oder der persönliche haftende Gesellschafter

[154] *Bengel/Reimann/Reimann* II 36.

einer Personengesellschaft, also der Gesellschafter einer GbR, einer OHG oder Komplementär einer KG, grundsätzlich unbeschränkt und unbeschränkbar haften. Würde der Testamentsvollstrecker das einzelkaufmännische Unternehmen oder die persönliche haftende Beteiligung an einer Personengesellschaft fortführen, würde dieses grundsätzlich dazu führen, dass weder der Testamentsvollstrecker selbst oder die Erben für die vom Testamentsvollstrecker begründeten Neuverbindlichkeiten unbeschränkt haften. Der Erblasser könnte also durch Anordnung der Testamentsvollstreckung ein einzelkaufmännisches Unternehmen oder eine persönlich haftende Gesellschaftsbeteiligung in ein Unternehmen bzw. eine unternehmerische Beteiligung mit beschränkter Haftung umwandeln, ohne sich dazu der einschlägigen Rechtsform wie z. B. GmbH oder AG zu bedienen.[155] Der Testamentsvollstrecker kann daher ein in den Nachlass fallendes Handelsgeschäft oder eine in den Nachlass fallende persönlich haftende Beteiligung an einer Personengesellschaft nicht seiner Position kraft Amtes verwalten.[156] Da es dennoch möglich sein muss, dass auch die in den Nachlass fallende unternehmerische, persönlich haftende Beteiligung der Testamentsvollstreckung unterliegt, gibt es unterschiedliche Ersatzkonstruktionen, um die oben geschilderten Konflikte aufzulösen. Es läuft bei diesen Ersatzkonstruktionen darauf hinaus, dass entweder der Erbe (so genannte Vollmachtslösung) oder der Testamentsvollstrecker (so genannte Treuhandlösung) unbeschränkt haften.

Weiter wird danach unterschieden, ob es sich um eine – dem Wesen nach kurzfristige bzw. nur vorrübergehende – Abwicklungsvollstreckung, oder aber um eine Verwaltungs-/Dauertestamentsvollstreckung handelt. Ist im Testament lapidar Testamentsvollstreckung angeordnet, handelt es sich im Zweifel um eine Abwicklungsvollstreckung.[157] Handelt es sich demzufolge oder kraft ausdrücklicher Anordnung des Erblassers um eine Abwicklungsvollstreckung, wird ausnahmsweise gestattet, dass der Testamentsvollstrecker in seiner Amtstätigkeit auftritt und gegebenenfalls mit Haftungsbeschränkung auf den Nachlass Verbindlichkeiten für das ererbte Handelsgeschäft oder die ererbte persönlich haftende Beteiligung eingeht. Dieses wird dadurch gerechtfertigt, dass der Testamentsvollstrecker nur als Abwickler und damit nicht im eigentlichen Sinne unternehmerisch auftritt.[158] Wenn der Erblasser auch hinsichtlich des einzelkaufmännischen Unternehmens oder der **persönlich haftenden Gesellschaftsbeteiligung** eine Verwaltungs- oder Dauervollstreckung angeordnet hat, müssen die oben genannten **Verwerfungen zwischen Erb- und Handels-/Gesellschaftsrecht** durch Ersatzkonstruktionen bewältigt werden: 145

- **Einzelkaufmännisches Unternehmen:**

Handelsgeschäfte und sonstige gewerbliche Unternehmen gehören zum Nachlass und sind frei vererblich. Es sind hier zwei Lösungen möglich: 146

---

[155] Vgl. *Bengel/Reimann/Mayer* V 111, 112.

[156] BGHZ 24, 106, 113; BGH NJW 1989, 3154, 3155; *Staudinger/Reimann* § 2205 Rn 89 ff.

[157] *Palandt/Edenhofer* § 2203 Rn 1.

[158] *Bengel/Reimann/Mayer* V 116 f.

147 **Treuhandlösung:** Der Testamentsvollstrecker führt das Handelsgeschäft nach außen im eigenen Namen und unter eigener, unbeschränkter Haftung fort. Er wird Inhaber des Handelsgeschäftes und muss sich als solcher – ohne Testamentsvollstreckervermerk – in das Handelsregister eintragen lassen.[159] Im Innenverhältnis zu den Erben führt der Testamentsvollstrecker das Handelsgeschäft treuhänderisch und auf Rechnung der Erben und hat gegen diese einen Anspruch auf Befreiung von seiner unbeschränkten Haftung sowohl für die noch vom Erblasser stammenden als auch für die neu begründeten Verbindlichkeiten.[160] Auch wenn der Testamentsvollstrecker im Außenverhältnis als Inhaber des Handelsgeschäftes gilt, bleiben die Erben Inhaber des Unternehmensvermögens. Dennoch kann der Testamentsvollstrecker kraft seiner Verpflichtungs- und Verfügungsbefugnis aus §§ 2205, 2206 BGB über das Geschäftsvermögen verfügen und das Geschäftsvermögen in den gesetzlichen Grenzen verpflichten. Für den Freistellungsananspruch aus den Verbindlichkeiten gegenüber Dritten, der sich auch als Aufwendungsersatzanspruch gemäß §§ 2216, 2218, 670 BGB darstellt,[161] haften die Erben dem Testamentsvollstrecker gegenüber unbeschränkt.[162]

148 Damit diese Treuhandlösung eingreifen kann, muss der Erblasser in seiner letztwilligen Verfügung den Erben die Auflage machen, eine treuhänderische Übertragung des Handelsgeschäftes auf den Testamentsvollstrecker vorzunehmen, da dieses über die Amtsbefugnisse des Testamentsvollstreckers in der Regel hinausgeht.[163]

149 **Vollmachtslösung:** Nach diesem Lösungsvorschlag führt der Testamentsvollstrecker das Geschäft auch im Außenverhältnis im Namen der **Erben**. Diese werden als Geschäftsinhaber in das **Handelsregister** eingetragen.[164] Die Erben haften unbeschränkt für Altschulden sowie für neue Geschäftsverbindlichkeiten. Die handelsrechtichen Haftungsbeschränkungsmöglichkeiten der §§ 25 ff. HGB bleiben ihnen selbstverständlich erhalten.[165] Wenn der Testamentsvollstrecker in dieser Weise für die Erben im Außenverhältnis als deren Vertreter tätig wird, begründet er durch sein Handeln keine Nachlassverbindlichkeiten, sondern neue Verbindlichkeiten der Erben. Aus diesem Grund kann er das Geschäft nur mit Zustimmung und Vollmacht der Erben fortführen.[166] Auch in diesem Fall ist es erforderlich, dass der Erblasser in seiner letztwilligen Verfügung die ausdrückliche Bedingung oder Auflage formuliert, dass die Erben dem Testamentsvollstrecker entsprechende Vollmacht erteilen.[167] Einige der Vorteile

---

159 *Staudinger/Reimann* § 2205 Rn 96; *Bengel/Reimann/Mayer* V 120 f. mit Formulierungsvorschlag für die Handelsregisteranmeldung.

160 *Palandt/Edenhofer* § 2205 Rn 8 m. w. N.

161 *Staudinger/Reimann* § 2205 Rn 95.

162 BGHZ 12, 100, 104.

163 *Bengel/Reimann/Mayer* V 123.

164 *Staudinger/Reimann* § 2205 Rn 99.

165 Siehe oben Rn 143 f.

166 BGHZ 12, 100, 103.

167 Bei Minderjährigen ist die vormundschaftsgerichtliche Genehmigung erforderlich, § 1822 Nr. 3 BGB.

der Testamentsvollstreckung gehen auf diese Weise verloren, nämlich z. B. – vorbehaltlich handelsrechtlicher Haftungsbeschränkungen – die Haftungsbeschränkung der Erben für Nachlassverbindlichkeiten auf das ererbte Vermögen. Außerdem sollte der Erblasser zum Gegenstand seiner Auflage oder Bedingung machen, dass die Erben dem Testamentsvollstrecker eine unwiderrufliche Vollmacht erteilen. Anderenfalls würden die Absichten des Testamentsvollstreckers unterlaufen. Es bleibt jedoch auch insoweit das Problem, dass die Erben – selbst nach Erteilung der Vollmacht an den Testamentsvollstrecker – nicht daran gehindert sind, selbst Rechte aus ihrer unternehmerischen Beteiligung auszuüben. Denn die Erteilung einer rechtsgeschäftlichen Vollmacht schließt nicht aus, dass der Vollmachtgeber und Vertretene selbst in dem Geschäftskreis tätig wird, für den er eine Vollmacht erteilt hat.[168]

Alternativen: Nach beiden Lösungsansätzen werden die Erben durch **150**
Auflage oder Bedingung des Erblassers dazu veranlasst, entweder eine Treuhandübertragung vorzunehmen oder Vollmacht zu erteilen. Diese Auflage ist ein erbrechtliches Druckmittel. Es kann im Einzelfall gegen § 138 BGB verstoßen.[169] Wegen der Schwierigkeiten kann sich als Alternative anbieten, dass der Erblasser dem Erben die Auflage und dem Testamentsvollstrecker die Anordnung erteilt, das zum Nachlass gehörende Unternehmen im Wege der Sachgründung auf eine GmbH zu überführen oder nach §§ 152 ff. UmwG umzuwandeln. Bei Beteiligungen an Kapitalgesellschaften ist die Testamentsvollstreckung weitaus einfacher, da sich in der Regel das Problem der persönlichen Haftung nicht stellt.[170] Der Erblasser kann für diesen Fall jedoch auch vorsorgen und bereits eine Vorratsgründung einer GmbH zu Lebzeiten veranlassen.

Schließlich wird als dritte Lösungsmöglichkeit neben Treuhandlösung **151**
und Vollmachtslösung eine so genannte **beaufsichtigende Testamentsvollstreckung** diskutiert. Im Hinblick auf neue Rechtsprechung soll es möglich sein, dass sich die Testamentsvollstreckung – ohne Ersatzkonstrukte – auch auf das einzelkaufmännische Unternehmen bezieht, und zwar in lediglich beaufsichtigender Weise: Der Erbe wird als neuer Inhaber des Handelsgeschäftes im Handelsregister eingetragen. Die Verwaltung obliegt unter Ausschluss des Erben jedoch dem Testamentsvollstrecker.[171]

- **Testamentsvollstreckung bei einer Personengesellschaft:**

Ohne besondere Regelung wird die GbR beim Tod eines Gesellschaf- **152**
ters beendet, die OHG sowie die KG bestehen fort und werden ohne die **153**
Erben fortgesetzt mit Ausnahme der Erben eines Kommanditisten, § 177 HGB. Durch erb- und gesellschaftsvertragliche Vorkehrungen kann der Erblasser erreichen, dass die Gesellschaft unter den übrigen Gesellschaf-

[168] Keine sogenannte verdrängende Vollmacht, *Palandt/Heinrichs* § 167 Rn 15 m. w. N.

[169] Vergleiche *Staudinger/Reimann* § 2205 Rn 98.

[170] Zu den Einzelheiten vergleiche *Bengel/Reimann*/Mayer V 142 mit Formulierungsvorschlägen.

[171] Vgl. *Staudinger/Reimann* § 2205 Rn 104; *Palandt/Edenhofer* § 2205 Rn 12.

tern und seinen Erben oder einigen von ihnen fortgesetzt wird.[172] Es stellt sich daher die Frage, ob der Erblasser die Testamentsvollstreckung auch über einen Anteil an einer Personengesellschaft anordnen kann. Dabei ist der Grundsatz zu berücksichtigen, dass der Anteil an einer Personengesellschaft im Wege der **Sondererbfolge** auf den oder die Erben übergeht.

154 **Testamentsvollstreckung bei persönlich haftender Beteiligung:** Die reine Abwicklungsvollstreckung wird inzwischen allgemein als zulässig angesehen.[173]

155 Schwieriger gestaltet sich die Situation bei der Verwaltungs- bzw. Dauertestamentsvollstreckung. Wird die Gesellschaft mit dem Tod eines Gesellschafters nicht fortgeführt, sondern abgewickelt, ist die Testamentsvollstreckung allgemein anerkannt. Der Testamentsvollstrecker übt in diesem Fall die Befugnisse eines Abwicklers aus und verdrängt in seinen Befugnissen die Erben.[174] Auch das Auseinandersetzungsguthaben fällt in die Verwaltungs- und Verfügungsbefugnis des Testamentsvollstreckers.[175] Das Gleiche gilt dann, wenn die Gesellschaft mit dem Tod des Erblassers nicht aufgelöst, aber ohne dessen Erben fortgeführt wird und ein Abfindungsanspruch nicht ausgeschlossen ist. Der Abfindungsanspruch unterliegt der Testamentsvollstreckung.[176] Der Problemfall ist also der, dass die **Gesellschaft** mit einem oder mehreren Erben des Erblassers **fortgesetzt** wird und sich die Testamentsvollstreckung auf den kraft Sondererbfolge übergegangenen Gesellschaftsanteil beziehen soll und es sich eben nicht nur um eine Abwicklungsvollstreckung handelt. Wegen der **Höchstpersönlichkeit der Gesellschafterstellung**[177] und des Widerspruches zwischen unbegrenzter **persönlicher Haftung** in der Personengesellschaft einerseits und der durch die Testamentsvollstreckung eingetretenen **Haftungsbeschränkung** wird die Testamentsvollstreckung an einer persönlich haftenden Beteiligung grundsätzlich nur dann als zulässig angesehen, wenn die übrigen Gesellschafter zustimmen oder eine entsprechende Zustimmung bereits im Gesellschaftsvertrag vorhanden ist.[178] Durch Auslegung des Gesellschaftsvertrages kann sich jedoch ergeben, dass bereits in der in einem Gesellschaftsvertrag enthaltenen Regelung, die Übertragung des Gesellschaftsanteiles sei zulässig, zugleich die vorab erteilte Zustimmung zur Testamentsvollstreckung über einen Gesellschaftsanteil liegt. Weitere Zulässigkeitsvoraussetzung für die Testamentsvollstreckung an einer persönlich haftenden Beteiligung ist die Duldung des Erben, dass der Testamentsvollstrecker die Gesellschafter-

---

172 Siehe oben § 33 Rn 125 ff.

173 *Flume*, Die Erbnachfolge in den Anteil an einer Personengesellschaft und die Zugehörigkeit des Anteil zum Nachlaß, NJW 1988, 161, 163; *Bengel/Reimann/Mayer* V 154; *Sudhoff/Froning* § 44 Rn 73.

174 BGH NJW 1981, 749, 750.

175 BGH NJW 1985, 1953, 1954.

176 *Bengel/Reimann/Mayer* V 155.

177 BGHZ 65, 79, 84.

178 BGH NJW 1995, 2551, 2552; *Staudinger/Reimann* § 2205 Rn 121; *Bengel/Reimann/Mayer* V 157.

rechte ausübt. Eine solche Duldung muss der Erblasser gegebenenfalls durch Auflage anordnen.

Der **BGH** hat in seiner Rechtsprechung inzwischen eine **Aufspaltung der Gesellschafterstellung** vorgenommen:[179] Das Zustimmungserfordernis der Mitgesellschafter und die Duldungspflicht des Gesellschafter-Erben sollen sich demzufolge nur auf die **Innenseite der Beteiligung** beziehen, und zwar um die vererbten höchst persönlichen Mitgliedschaftsrechte wie Stimmrecht, Teilnahme an Gesellschafterversammlungen, Informationsrechte sowie Vertretungs- und Geschäftsführungsrechte. Handelt es sich hingegen lediglich um die **Außenseite** der Gesellschaftsbeteiligung, insbesondere um die Ansprüche auf laufenden Gewinn, Auseinandersetzungsansprüche und damit auch den Anteilswert und weitere mit dem Anteil verbundene Vermögensrechte, unterfallen diese Rechtspositionen auch ohne Zustimmung der Mitgesellschafter und Duldung des Erben der Verwaltungs- und Verfügungsgewalt des Testamentsvollstreckers. Konsequenz ist, dass ohne Zustimmung der Mitgesellschafter und Duldung durch den Erben der Testamentsvollstrecker gemäß § 2211 BGB eine Verfügung des Gesellschaftererben über den Geschäftsanteil verhindern und einer Zwangsvollstreckung der Eigengläubiger des Erben in den Gesellschaftsanteil entgegenwirken kann. Insoweit übt er eine Aufsichtsfunktion aus.[180] Er kann jedoch nicht anstelle des Erben als Gesellschafter handeln und auf die Geschicke der Gesellschaft Einfluss nehmen. Allerdings können sich auch die in die so genannte Innen- und Außenseite aufgespaltenen Gesellschafterrechte überschneiden: Während die Innenseite dem Zugriff des Testamentsvollstreckers grundsätzlich entzogen ist, wenn die Mitgesellschafter nicht zugestimmt haben und der Erbe dieses nicht duldet. Bezieht sich jedoch beispielsweise ein Gesellschafterbeschluss, der grundsätzlich der Innenseite der Gesellschaftsbeteiligung zuzurechnen ist, auf den Auseinandersetzungs- oder Abfindungsanspruch des Erben-Gesellschafters und damit auf die Außenseite der Beteiligung, ist hierzu die Zustimmung des Testamentsvollstreckers erforderlich.[181] 156

Der Erblasser kann zwar zu Lebzeiten überprüfen, ob die übrigen Gesellschafter im Gesellschaftsvertrag ihre Zustimmung zur Testamentsvollstreckung geben. Er kann in der Regel jedoch nicht einschätzen, ob der Erbe die Duldung der Testamentsvollstreckung akzeptiert oder sich z. B. im Wege des § 2306 BGB oder des § 2216 Abs. 2 BGB der entsprechenden Anordnung des Erblassers entledigt. Daher muss der Erblasser stets damit rechnen, dass es zu der vom BGH vorgenommenen Aufspaltung der Gesellschafterrechte und damit zu Abgrenzungsstreitigkeiten zwischen Gesellschafter-Erben, Testamentsvollstrecker und gegebenenfalls den übrigen Gesellschaftern kommen wird. 157

Es empfehlen sich aus diesem Grunde Ersatzlösungen: Wie bei der Testamentsvollstreckung über ein zum Nachlass gehörendes einzelkaufmännisches Unternehmen kommen die so genannte Treuhandlösung sowie die 158

[179] BGH NJW 1985, 1953, 1954; NJW 1986, 2431, 2433.

[180] *Bengel/Reimann/Mayer* V 160.

[181] Vgl. *Bengel/Reimann/Mayer* V 161.

Vollmachtlösung in Betracht. In beiden Fällen ist jedoch die Zustimmung der Mitgesellschafter oder der Gesellschafter-Erben erforderlich.[182]

159 Insgesamt sind daher sowohl die Anordnung einer Testamentsvollstreckung über einen persönlich haftenden Anteil an einer Personengesellschaft als auch die hierzu skizzierten Ersatzlösungen mit rechtlichen Unsicherheiten verbunden und daher nur eingeschränkt zu empfehlen. Der Erblasser sollte in einer solchen Situation erwägen, ob er nicht Vorkehrungen im Gesellschaftsvertrag trifft, nach denen die Fortsetzung der Gesellschaft mit den Erben nur dergestalt erfolgt, dass diese Kommanditisten werden. Die Kommanditbeteiligung lässt sich nämlich ohne Probleme der Testamentsvollstreckung unterstellen. Ebenso ist zu überlegen, die Personengesellschaft in eine GmbH umzuwandeln.

160 **Testamentsvollstreckung an einer Kommanditbeteiligung:** Die Zulässigkeit der Testamentsvollstreckung an der Kommanditbeteiligung ist nunmehr **vom BGH anerkannt**.[183] Allerdings müssen hier die übrigen Gesellschafter der Testamentsvollstreckung ausdrücklich oder konkludent zustimmen.[184] Der Testamentsvollstrecker darf die Mitverwaltungsrechte allerdings nicht so ausüben, dass es zu einer persönlichen Haftung des Gesellschaftererben kommt, wenn dieser nicht einwilligt.[185] Namentlich kann es sich um Maßnahmen handeln, die nach § 172 HGB zu einer persönlichen Haftung führen könnten z. B. durch Rückzahlung der Einlage oder durch Erhöhung der Hafteinlage.

161 *bb) Testamentsvollstreckung und GmbH-Beteiligung.* Der Gesellschaftsanteil ist gemäß § 15 Abs. 1 GmbHG vererblich und fällt in den Nachlass. Die Testamentsvollstreckung an einer GmbH-Beteiligung ist **zulässig**.[186] Eine Vereinbarung in der Satzung, die die Abtretung von Geschäftsanteilen von der Zustimmung der Gesellschaft oder der Mitgesellschafter abhängig macht, steht der Testamentsvollstreckung über den Geschäftsanteil nicht entgegen.[187] Eine teilweise Beschränkung der Testamentsvollstreckung kann sich aus der Satzung ergeben, wenn nämlich die Ausübung von aus der Gesellschafterstellung erwachsenden Verwaltungsrechten durch Außenstehende und damit auch durch einen Testamentsvollstrecker ausgeschlossen ist.[188] Die reinen Verwaltungsrechte werden in diesem Fall von den Erben wahrgenommen.[189]

162 Eine gesellschaftsrechtliche Einschränkung der Befugnisse des Testamentsvollstreckers ergibt sich aus der sog. **Kernbereichslehre**:[190] Eingriffe in den Kernbereich der Mitgliedschaft sind nur mit Zustimmung des

---

[182] *Bengel/Reimann/Mayer* V 167.

[183] BGH NJW 1989, 3152 ff. = DNotZ 1990, 183 ff., mit Anmerkung *Reimann*, DNotZ 1990, 190 ff.

[184] BGH NJW 1985, 1953, 1954.

[185] *Bengel/Reimann/Mayer* V 201 m. w. N.

[186] *Staudinger/Reimann* § 2205 Rn 92; *Mayer*, ZEV 2002, 209.

[187] *Mayer*, ZEV 2002, 209, 210; *Bengel/Reimann/Mayer* V 230.

[188] BGH NJW 1959, 1820, 1821.

[189] Vgl. BGH DB 1979, 1715, 1716; *Mayer*, ZEV 2002, 209, 211.

[190] Vgl. *Mayer*, ZEV 2002, 209, 213.

Gesellschafter-Erben zulässig. Zu diesem Kernbereich zählen z. B. Eingriffe in mitgliedschaftliche Sonderrechte, Einführung neuer Leistungspflichten, Wettbewerbsverbote, Abschluss von Unternehmensverträgen, Informationsrechte, Änderung von Abfindungsregelungen, Schaffung neuer Vorzugsrechte etc.[191]

Eine inhaltliche Beschränkung der Befugnisse des Testamentsvollstreckers kann sich auch aus § 2206 BGB ergeben (**erbrechtliche Beschränkung**): Der Testamentsvollstrecker ist – vorbehaltlich einer entsprechenden Zustimmung der Erben – nicht befugt, die Erben über die Mittel des Nachlasses hinaus persönlich zu verpflichten. Konkret bedeutet dieses, dass der Testamentsvollstrecker einer Kapitalerhöhung gegen Einlagen oder einer Begründung neuer Nebenleistungspflichten nicht zustimmen darf, wenn die Deckung durch den Nachlass nicht gesichert ist. Gleiches ergibt sich aus den Kapitalaufbringungs- und Erhaltungspflichten in der GmbH: Einer Kapitalerhöhung gegen Einlagen darf der Testamentsvollstrecker in der Regel nur dann zustimmen, wenn das Stammkapital auch voll eingezahlt ist.[192] **163**

cc) Testamentsvollstreckung bei einer GmbH & Co. KG. Aus dem Vorstehenden ergibt sich, dass die Testamentsvollstreckung sowohl an einer Kommanditbeteiligung als auch an einer GmbH-Beteiligung ohne größere Probleme möglich sind. Daher eignet sich auch die Rechtsform der GmbH & Co. KG für die Testamentsvollstreckung. Auf die Einzelheiten zur GmbH und zur KG wird Bezug genommen. **164**

dd) Aktiengesellschaft und Testamentsvollstreckung. Da auch die Beteiligung an einer Aktiengesellschaft vererblich ist, unterliegt auch die Beteiligung an einer Aktiengesellschaft bei entsprechender Anordnung des Erblassers der Testamentsvollstreckung.[193] Entsprechend den Ausführungen zur GmbH darf der Testamentsvollstrecker allerdings die Erben als neue Aktionäre nicht über den Nachlass hinaus verpflichten, z. B. im Wege einer Kapitalerhöhung und anschließender Übernahmeerklärung.[194] Von der Frage, ob die Testamentsvollstreckung über eine bestehende Beteiligung an einer Aktiengesellschaft zulässig ist, ist die zu trennen, ob der Testamentsvollstrecker sich in dieser Funktion an der Gründung einer AG beteiligen darf. Wegen der strengen Haftung aus § 46 AktG ist dieses dem Testamentsvollstrecker verwehrt.[195] **165**

ee) Testamentsvollstreckung und Genossenschaft. Mit dem Tod des Genossen geht seine Mitgliedschaft in der Genossenschaft gemäß § 77 Abs. 1 GenG **166**

---

[191] Aufzählung bei *Mayer,* ZEV 202, 209, 213.

[192] BayObLG NJW 1976, 1693, 1694; zu den Einzelheiten, insbesondere dem Problem der Ausfallhaftung, vgl. *Mayer,* ZEV 2002, 209, 211.

[193] *Frank,* ZEV 2002, 389, 390; MüKo/*Brandner* § 2205 Rn 45.

[194] Die Einzelheiten stellt *Frank* dar in ZEV 2002, 389, 392; aus der Zustimmung zur Kapitalerhöhung selbst entsteht noch keine Zahlungspflicht; erst die Übernahmeerklärung verpflichtet. Ebenso kann eine Kapitalerhöhung aus Gesellschaftsmitteln „kostenneutral“ erfolgen.

[195] *Staudinger/Reimann* § 2205 Rn 143.

auf die Erben über, sie endet jedoch mit dem Schluss des Geschäftsjahres, in das das Versterben des Erblassers fällt. Für diesen Übergangszeitraum kann der Testamentsvollstreckung die Mitgliedschaftsrechte für die Erben in der Genossenschaft wahrnehmen.[196] Die in § 77 Abs. 2 GenG grundsätzlich vorgesehene Fortsetzung der Mitgliedschaft kann der Testamentsvollstrecker nur dann betreiben, wenn hierdurch keine weiteren Verpflichtungen auf die Erben zukommen, als sie bisher bestanden haben.[197] Eine eigenständige Mitgliedschaft in der Genossenschaft kann der Testamentsvollstrecker grundsätzlich für den Nachlass nicht eingehen, da auch die Mitgliedschaft in einer Genossenschaft mit der Verpflichtung zur Einzahlung des Anteils und gegebenenfalls einer Nachschusspflicht verbunden ist.[198]

167 *ff) Stille Gesellschaft und Testamentsvollstreckung.* Verstirbt der Inhaber des Handelsgeschäftes, wird mangels anderweitiger Absprachen im Gesellschaftsvertrag die Gesellschaft aufgelöst. Ist über den Nachlass des Geschäftsinhabers die Testamentsvollstreckung angeordnet, gelten die Ausführungen zur Testamentsvollstreckung über ein einzelkaufmännisches Unternehmen auch für die Beteiligung des Geschäftsinhabers an der stillen Gesellschaft.[199]

168 Verstirbt der stille Gesellschafter, kann der Testamentsvollstrecker die Beteiligung als Nachlassbestandteil unbeschränkt verwalten.[200] Der Testamentsvollstrecker kann die Rechte des stillen Gesellschafters allerdings nur bei Zustimmung des Geschäftsinhabers zur Testamentsvollstreckung ausüben.[201]

169 *gg) Testamentsvollstreckung und Unterbeteiligung.* Die im Gesetzt nicht ausdrücklich geregelte Unterbeteiligung ist in der Regle ausgestaltet als GbR in Form einer Innengesellschaft.[202] Verstirbt der Hauptbeteiligte, wird die in der Regel als Innengesellschaft ausgestaltete Unterbeteiligung aufgelöst. Eine Testamentsvollstreckung über den Anteil des Erblassers an der Liquidations-Innengesellschaft ist zulässig, die Grenzen z. B. des § 2206 BGB sind selbstverständlich einzuhalten. Verstirbt der Unterbeteiligte, wird in entsprechender Anwendung des § 234 Abs. 2 HGB die bestehende Gesellschaft mit den Erben des Unterbeteiligten fortgesetzt. Die vorstehenden Ausführungen zur Rechtslage bei Versterben des stillen Gesellschafters gelten entsprechend.

170 *hh) Partnerschaftsgesellschaft und Testamentsvollstreckung.* Die Besonderheit bei der Partnerschaft sind die besonderen Anforderungen an die beruflichen Qualifikationen eines Partners gemäß § 9 Abs. 4 PartGG. Als Nachfolger in einer Partnerschaftsgesellschaft kommt also nur ein entsprechen-

---

196 *Palandt/Edenhofer* § 2205 Rn 26.
197 *Bengel/Reimann/Mayer* V 246.
198 *Staudinger/Reimann* § 2205 Rn 144.
199 Siehe oben Rn 146.
200 *Bengel/Reimann/Mayer* V 224.
201 BGH WM 1962, 1084, 1084.
202 *Baumbach/Hopt* § 105 Rn 38.

der Berufsträger in Betracht. Die berufsrechtliche Qualifikation des Testamentsvollstreckers allein ermöglicht die Nachfolge eines Nicht-Berufsträgers in die Gesellschaft nicht.[203] Wenn diese Voraussetzungen erfüllt sind, sind im Übrigen die Beschränkungen und Erschwerungen wie bei der Testamentsvollstreckung über eine oHG-Beteiligung zu berücksichtigen.[204] Die Beteiligung an eines Partnerschaftsgesellschaft eignet sich nur bedingt, um sie einer Testamentsvollstreckung zu unterstellen.

ii) Testamentsvollstreckung und berufsrechtliche Beschränkungen. Zusätzlich zu den erb- und gesellschaftsvertraglichen Restriktionen ist bei unternehmerischen Beteiligungen des Erblassers, die sich auf die Ausübung freiberuflicher Tätigkeiten beziehen, im Einzelfall zu überprüfen, ob nach dem jeweils einschlägigen Berufsrecht Voraussetzung ist, dass auch der Testamentsvollstrecker Berufsträger des bestimmten Berufsstandes ist. Entsprechende Beschränkungen ergeben sich z. B. aus § 59e Abs. 5 BRAO, § 50a Abs. 1 Nr. 1 StBerG und § 28 Abs. 4 Nr. 6 WPO. **171**

jj) Testamentsvollstreckung und Umwandlung. Zunächst stellt sich die Frage, ob sich die Testamentsvollstreckung, die an einer Gesellschaftsbeteiligung bestand, nach Umwandlung an der „neuen“ Gesellschaftsform fortsetzt. Die Frage, wann eine Testamentsvollstreckung endet, ist im Gesetz nur unvollständig geregelt.[205] Es trifft zu dieser Frage keine ausdrückliche Antwort. Da durch die Umwandlung – gleich, ob im Wege des Formwechsels, der Spaltung oder Verschmelzung – der Gesellschaftsanteil nicht aus dem Nachlassvermögen ausscheidet, **setzt** sie **sich fort.**[206] Erfasste die Testamentsvollstreckung aufgrund der Gesellschaftsform – z. B. perönlich haftende Beteiligung an einer OHG – nur die Außenseite der Beteiligung, gilt dieses auch nach der Umwandlung, selbst wenn die „neue“ Gesellschaftsbeteiligung an sich in vollem Umfang der Testamentsvollstreckung unterstellt werden könnte.[207] **172**

Anders stellt sich die Situation dar, wenn das **Testamentsvollstreckeramt selbst durch** eine **Gesellschaft** ausgeübt und diese umgewandelt wird. In diesem Fall erlischt das konkrete Testamentsvollstreckeramt, wenn die Gesellschaft im Wege der Umwandlung erlischt. Durch Auslegung der letztwilligen Verfügung ist dann zu ermitteln, ob die Testamentsvollstreckung insgesamt enden oder fortbestehen soll. Im letzten Fall hat dann das Nachlassgericht gem. § 2200 BGB einen neuen Testamentsvollstrecker zu ernennen.[208] **173**

Als Drittes stellt sich die Frage, ob der Erblasser ohne **Mitwirkung der Erben** eine Umwandlung eines zum Nachlass gehörenden Unternehmens betreiben oder an einer solchen mitwirken darf. Diese Frage ist z. B. **174**

---

[203] Vgl. *Staudinger/Reimann* § 2205 Rn 139.

[204] *Bengel/Reimann/Mayer* V 228.

[205] *Reimann*, Ende der Testamentsvollstreckung durch Umwandlung?, ZEV 2000, 381, 382.

[206] *Bengel/Reimann/Mayer* V 252, 254.

[207] *Bengel/Reimann/Mayer* V 253.

[208] *Reimann*, ZEV 2000, 381, 385.

dann von Interesse, wenn der Erblasser verfügen möchte, dass der Testamentsvollstrecker vorhandene Gesellschaftsstrukturen durch Umwandlung „mündelsicher" umgestaltet und eine Haftungsbeschränkung auf das Gesellschaftsvermögen oder einen Ausschluss der Erben von der Geschäftsführung herbeiführt. Die Frage, ob die Erben einer Umwandlung zustimmen müssen, ist nicht schematisch zu beantworten. Der Testamentsvollstrecker muss die Kernbereichslehre beachten, darf keine persönliche Haftung der Erben über das Nachlassvermögen hinaus herbeiführen und darf insbesondere keinen Maßnahmen zustimmen, die sich als unentgeltliche Verfügungen z. B. zugunsten etwaiger Mitgesellschafter darstellen.[209]

9. Beirat

175 Der Erblasser kann zu Lebzeiten gesellschaftsvertragliche Vorkehrungen treffen, um während seiner Lebzeit oder zumindest für die Zeit nach seinem Ableben einen Beirat als Kontrollinstrument einzurichten. Der Begriff des Beirates ist gesetzlich nicht definiert, wird jedoch gerade bei mittelständischen Unternehmen in Rechtsform der GmbH häufig verwendet, auch wenn § 52 Abs. 1 GmbHG den Begriff „Aufsichtsrat" nennt und auf aktienrechtliche Vorschriften verweist. Der Begriff Beirat wird in der kautelarjuristischen Literatur grundsätzlich als ein **gesellschaftsrechtliches Organ** angesehen, das **freiwillig** gebildet wird, vornehmlich **Kontrollzwecken** dient und Aufgaben der Gesellschafter wie auch der Geschäftsführung wahrnehmen kann.[210] Zu unterscheiden ist der Beirat vom Aufsichtsrat der AG, der nicht fakultatives, sondern zwingendes Gesellschaftsorgan ist.

176 **a) Gesellschaftsorgan.** Die genaue Rechtsstellung des Beirates in der Gesellschaft bestimmt sich nach der konkreten (vertraglichen) Ausgestaltung, da eine abschließende **gesetzliche Regelung nicht vorhanden** ist. Der Beirat wird jedoch als Gesellschaftsorgan angesehen. Will der Erblasser für die Unternehmensnachfolge nach seinem Tod die Einrichtung eines Beirates herbeiführen, bedarf es der Mitwirkung der übrigen Gesellschafter. Diese müssen sich entweder mit der Errichtung eines Beirates einverstanden erklären oder eine solche Zustimmung muss im Gesellschaftsvertrag antizipiert werden. Eine Ausnahme kann dann gelten, wenn der Erblasser alleiniger Gesellschafter einer GmbH ist und seinen Erben die Einrichtung eines Beirates durch letztwillige Verfügung zur Auflage macht.

177 **b) Rechtliche Ausgestaltung.** Für jede Gesellschaftsform können Beiräte eingerichtet werden.[211] Eine Sonderstellung nimmt zunächst die Aktiengesellschaft ein: Der Aufsichtsrat ist dort zwingendes Gesellschaftsorgan. Zahl der Aufsichtsratsmitglieder, unter Umständen die Zusammensetzung desselben sowie Einzelheiten für die Tätigkeit des Aufsichts-

---

209 Zu den Einzelheiten vgl. *Bengel/Reimann/Mayer* V 257 ff.
210 Vgl. *Sudhoff/Froning* § 49 Rn 1.
211 *Thümmel*, DB 1995, 2461.

rates der AG sind gesetzlich geregelt in §§ 95 ff. AktG. Gemäß § 23 Abs. 5 AktG gilt die so genannte Satzungsstrenge: Von den Vorschriften des Aktiengesetzes darf die Satzung der AG nur in den Fällen abweichen, in denen die Abweichung durch das Aktiengesetz ausdrücklich zugelassen ist. Da die meisten Einzelheiten zum Aufsichtsrat in §§ 95 ff. AktG ausdrücklich geregelt sind, bleibt insoweit nur wenig Gestaltungsspielraum.

Im Übrigen muss unterschieden werden zwischen fakultativen und ob- **178**
ligatorischen Beiräten. Das Gesetz beschreibt Gesellschaften in Form einer GmbH oder GmbH & Co. KG je nach Branche und Anzahl der Arbeitnehmer die Pflicht zur Bildung eines obligatorischen Aufsichtsrates, den man als auch Beirat bezeichnen kann, vor. Es handelt sich größtenteils um betriebsverfassungs- und mitbestimmungsrechtliche Vorschriften, so z. B. § 3 Abs. 2 MontanMitbestG, § 6 Abs. 1 in Verbindung mit § 1 Abs. 1 MitbestG 1976 sowie § 77 Abs. 1 BetrVG 1952.

Abzugrenzen ist der betrachtete Beirat als Gesellschaftsorgan von Rechts- **179**
figuren, die die Bezeichnung „Beirat" beinhalten, jedoch kein Gesellschaftsorgan darstellen: Es handelt sich zunächst um so genannte schuldrechtliche Beiräte, die mit der Geschäftsführung lediglich einen schuldrechtlichen Beratervertrag unterhalten. Daneben können als Beirat bisweilen auch Gesellschafterausschüsse bezeichnet werden, die die Interessen einzelner Gesellschaftergruppen innerhalb der Gesellschaft vertreten.[212]

Soweit das für die jeweilige Gesellschaftsform geltende Recht wie **180**
z. B. § 23 Abs. 5 AktG keine besonderen Vorschriften für Form oder Inhalt vorschreiben, sind die Gesellschafter in der Ausgestaltung des Beirates und seiner Befugnisse weitgehend frei. Grenze sind dann die allgemeinen gesellschaftsrechtlichen Rechtsgrundsätze, insbesondere Treue- und Rücksichtspflichten der Gesellschafter untereinander und der Gesellschafter im Verhältnis zur Gesellschaft. Weitere Grenzen in der Gestaltungsfreiheit können sich z. B. in der Personengesellschaft durch das Prinzip der Selbstorganschaft ergeben: Zur Geschäftsführung berufen sind in der Personengesellschaft grundsätzlich Gesellschafter. Bei der GmbH hingegen werden bestimmte Aufgaben zwingend dem Geschäftsführer zugeordnet, so z. B. Aufgaben im Bereich der Kapitalerhaltung, §§ 30 ff. GmbHG, Buchführungsaufgaben, §§ 41 ff. GmbHG, Registerpflichten, §§ 40, 78 GmbHG sowie die äußerst praxisrelevante Pflicht zur Stellung des Insolvenzantrages gemäß § 64 GmbHG, sofern die Voraussetzungen hierfür vorliegen. Auch sind Satzungsänderungen in der Regel den Gesellschaftern vorbehalten und können nicht auf einen Beirat oder Aufsichtsrat übertragen oder von dessen Zustimmung abhängig gemacht werden.[213] Bei den Personengesellschaften stellt die Rechtsprechung auf die so genannte Kernbereichstheorie ab, nach der der Kernbereich der Kompetenzen den Gesellschaftern nicht entzogen werden kann.[214]

---

212 Vgl. *Sudhoff/Froning* § 49 Rn 5.

213 Vgl. RGZ 169, 65, 80.

214 Vgl. BGH WM 1985, 256, 257; *Thümmel*, Möglichkeiten und Grenzen der Kompetenzverlagerung auf Beiräte in der Personengesellschaft und in der GmbH, DB 1995, 2461, 2463 mit weiteren Einzelheiten.

181 **c) Beirat und Unternehmensnachfolge.** Der Beirat kann sich zunächst als Kontrollinstrument für die Geschäftsführung darstellen. Der Beirat kann nach Ausscheiden des Gesellschafters aus der Gesellschaft und insbesondere nach seinem Tod die Geschäftsführung beaufsichtigen. Dabei kann durch entsprechende gesellschaftsvertragliche Bestimmung z. B. angeordnet werden, dass der Beirat die Aufsichtsrechte z. B. im Sinne des Erhaltes des Unternehmens im Familienbesitz ausübt.

182 Weitere wichtige Aufgabe des Beirates kann die Befriedungsfunktion sein. So kann der Beirat sowohl unter den Gesellschaftern einen befriedenden Ausgleich schaffen, insbesondere wenn es sich um mehrere Gesellschaftergruppen wie Familienstämme handelt. Die Befriedungsfunktion kann der Beirat auch gegenüber einem mehrköpfigen Geschäftsführungsgremium ausüben, insbesondere dann, wenn unterschiedliche Auffassungen in einzelnen Gesellschaftergruppen dadurch auf die Geschäftsführung übertragen werden, dass jede Gesellschaftergruppe ein Mitglied der Geschäftsführung stellt. Schließlich kann der Beirat eine beratende Funktion ausüben, in dem entweder ausgeschiedene Geschäftsführungsmitglieder ihre Berufserfahrung und Kompetenz zur Verfügung stellen oder aktive Geschäftsführungsmitglieder anderer Unternehmen zum Wissensaustausch zur Verfügung stehen.

183 **d) Stellung der Beiräte.** Eine gesetzliche Regelung der Rechtsstellung des Beirates findet sich nicht. Die Bereiche Aufgaben und Pflichten, Vergütung sowie Umfang der Sorgfaltspflicht und Haftungsfragen sollten daher in der Satzung der Gesellschaft ausdrücklich festgelegt werden.

184 *aa) Aufgaben.* Sobald Aufgaben an den Beirat delegiert werden, führt dieses notwendig dazu, dass der Beirat mit einem anderen Gesellschaftsorgan konkurriert oder dem anderen Gesellschaftsorgan Kompetenzen sogar entzogen werden. Zur Problematik verdrängender Kompetenzzuweisungen wird auf die obigen Ausführungen zu den Grenzen der Gestaltungsfreiheit verwiesen.

185 Dem Beirat kann in der Satzung zunächst eine Überwachungsfunktion über die Geschäftsführung zugewiesen werden. Zweckmäßigerweise wird dem Beirat auferlegt, die Geschäftsführung auf die Wirtschaftlichkeit und die Gesetzmäßigkeit des Handelns zu überprüfen. Es empfiehlt sich in jedem Fall, dem Beirat die hierzu erforderlichen Kompetenzen gegenüber der Geschäftsführung einzuräumen. Konkret bedeutet das, dass den Beitatsmitgliedern Einsichts- und Auskunftsrechte übertragen werden. Zweckmäßigerweise kann sich die Ausgestaltung an § 114 Abs. 1 bis Abs. 3 AktG orientieren.

186 Im Gesellschaftsvertrag kann weiter geregelt werden, dass der Beirat zuständig für die Bestellung von Geschäftsführern, Prokuristen und Handlungsbevollmächtigten sein soll. Dieses sollte dann auch die Befugnis umfassen, den Geschäftsführern gegebenenfalls die Entlastung zu erteilen. Ebenfalls sollte der Beirat in diesem Falle befugt sein, die Geschäftsführerverträge abzuschließen und gegebenenfalls abzuändern. Sol-

che Kompetenzen des Beirates sind zwar sehr weit reichend, rechtlich jedoch zulässig auch nach der so genannten Kernbereichstheorie.[215]

Weisungen an die Geschäftsführung: Die Satzung kann weiter vorsehen, dass der Beirat den Geschäftsführern direkte Einzelweisungen für bestimmte Bereiche erteilen kann.[216] **187**

Die Satzung kann insbesondere vorsehen, dass der Beirat die oben skizzierten Schlichtungsaufgaben innerhalb eines Gesellschaftsorganes oder zwischen zwei Gesellschaftsorganen wahrnimmt. So kann die Satzung z. B. vorsehen, dass bei Streitfragen innerhalb eines mehrköpfigen Geschäftsführergremiums entweder bei fehlender Einstimmigkeit oder bei Stimmengleichheit die Entscheidung des Beirates einzuholen und für die Geschäftsführung verbindlich ist. **188**

Für bestimmte Geschäfte wie Grundlagengeschäfte kann die Satzung bestimmen, dass diese von der Geschäftsführung nur dann ausgeführt werden dürfen, wenn der Beirat hierzu seine Zustimmung erteilt. Die Geschäfte, die der Zustimmung des Beirates bedürfen sollen, müssen bezeichnet werden. Es kann sich z. B. handeln um Anteilserwerb, Anteilsveräußerung oder Grundstücksgeschäfte. **189**

bb) Organisation des Beirates. Folgende Punkte sollten auf jeden Fall Eingang in die Satzungsbestimmungen zum Beirat finden: **190**

Anzahl und Bestellung von Beiratsmitgliedern: Bei der Anzahl ist zu berücksichtigen, dass mit wachsender Größe des Gremiums die Kosten wachsen und die Handlungsflexibilität sinkt. Berücksichtigt werden muss auch, ob die Mitglieder des Beirates durch die Gesellschafter gewählt werden sollen oder Entsendungsrechte bestehen sollen. Die Satzung kann auch Mindestanforderungen an die Qualifikation von Beiratsmitgliedern vorschreiben. **191**

Dass die Beiratsmitglieder einen Anspruch auf Aufwendungsersatz gemäß § 670 BGB haben, ist allgemein anerkannt.[217] Daneben stellt sich die Frage, ob den Beiratsmitgliedern eine Vergütung für ihre Tätigkeit gewährt werden soll. Eine Vergütung erhöht den Anreiz für qualifizierte Kandidaten, ein solches Amt anzunehmen. Zugleich belastet sie die Gesellschaft mit Kosten. Vor- und Nachteile sind daher im Einzelfall gegeneinander abzuwägen. **192**

Beschlussfassung und Verfahren: Formalitäten der Einberufung und Anzahl der Sitzungen pro Jahr sollten in der Satzung geregelt werden. Ebenso empfiehlt es sich anzuordnen, dass ein Beiratsvorsitzender bestimmt werde. Schließlich sind Beschlussquoren festzulegen. Ergänzend kann auch hier auf §§ 107, 108 AktG zurückgegriffen werden. **193**

Hinsicht der Sorgfaltspflichten ist eine Bezugnahme auf die Vorschrift des § 116 AktG häufig sachgerecht. Schweige- und Treuepflicht werden als selbstverständlich vorausgesetzt,[218] sollten wegen der weit reichenden Einsichtsrechte des Beirates jedoch stets ausdrücklich angeordnet werden. **194**

---

[215] *Thümmel*, DB 1995, 2461, 2464.
[216] *Sudhoff/Froning* § 49 Rn 14.
[217] Vgl. *Sudhoff/Froning* § 49 Rn 24.
[218] *Sudhoff/Froning* § 49 Rn 25.

III. Gestaltungshinweise für die Nachfolgeplanung

195 Zu allererst muss sich der Unternehmer die Frage stelllen, ob er sich bereits zu Lebzeiten von seinem Unternehmensvermögen insgesamt trennen, das Unternehmensvermögen zwar behalten, aber die Unternehmensführung abgeben oder zu Lebzeiten die Unternehmensnachfolge für die Zeit nach seinem Tod vorbereiten will.

196 Möchte der Unternehmer seine Nachfolge im Unternehmen durch Erbfolge vollziehen, stehen ihm im Wesentlichen die oben dargestellten Gestaltungsmittel zur Verfügung. Der Erblasser wird sich zunächst Kenntnis darüber verschaffen müssen, wie sich die Erbfolge nach Gesetzeslage ohne Anordnungen des Erblassers oder aufgrund bereits bestehender letztwilliger Verfügungen darstellen würde. Er muss in einem zweiten Schritt überprüfen, ob diese Erbfolge ganz oder teilweise durch gesellschaftsrechtliche und insbesondere gesellschaftsvertragliche Besonderheiten beeinträchtigt oder gar ausgeschlossen wird. Er muss weiter überprüfen, inwieweit die gesellschaftsvertraglichen Gegebenheiten modifizierende letztwillige Anordnungen zulassen und inwieweit der Erblasser eventuell erforderliche Abänderungen am Unternehmensstatut herbeiführen kann. Hat der Erblasser sich auf diese Art einen Überblick über den Status quo verschafft, kann er die eigentliche Nachfolgeplanung durch gewillkürte Erbfolge vornehmen. Es ist gerade dem Unternehmer darüber hinaus anzuraten, vor der endgültigen Durchführung seiner Nachfolgeplanung steuerlichen Rat einzuholen, um nicht gewünschte und insbesondere nicht bedachte steuerliche Nachteile für seinen Nachfolger zu vermeiden. Im Folgenden werden einige häufig auftretende Konstellationen dargestellt und Gestaltungsmöglichkeiten aufgezeigt.

1. Qualifizierter Nachfolger in der Geschäftsleitung

197 Für den Fortbestand eines in den Nachlass fallenden Unternehmens bzw. einer Mehrheitsbeteiligung an einem Unternehmen kommt es in erster Linie auf die Qualität der Geschäftsführung an. Hat der Erblasser Zweifel, dass z. B. seine Abkömmlinge oder andere Personen, die er vermögensmäßig bedenken will, die notwendige Qualifikation besitzen, kann er z. B. die Beteiligung am Unternehmen seinen Erben vermachen und zugleich die Auflage anordnen, dass die Geschäftsführung durch einen familienfremden Dritten ausgeübt werde. Will der Erblasser die Nachfolge z. B. eines Abkömmlings in die Geschäftsleitung zwar grundsätzlich zulassen, die Tätigkeit des Nachfolgers jedoch überwachen lassen, kann er die Auflage anordnen, dass ein Beirat gebildet werde.

198 Möchte der Erblasser anordnen, dass nur ein bestimmter von mehreren Erben in die Geschäftsleitung nachfolgen soll, muss sich der Erblasser die weitere Frage stellen, ob er die übrigen Miterben am Unternehmen selbst beteiligen möchte: Geschäftsführung und Gesellschafterstellung fallen in diesem Fall teilweise auseinander. Diese Situation beinhaltet latent die Gefahr des Streites zwischen den Erben als Gesellschaftern und dem einen Gesellschafter-Erben, der Geschäftsführer ist, über Fragen der Geschäfts-

führung. Dieses kann zu Zerwürfnissen zwischen den Gesellschaftsorganen, Geschäftsführung und Gesellschafterversammlung führen. Daneben kann es auch zu erschwerten Mehrheitsbildungen durch Streitereien innerhalb der Gesellschafterversammlung kommen. Beides ist für den Fortbestand des Unternehmens und die damit die Erhaltung dieses Nachlasswertes von schwerem Nachteil. Der Erblasser kann in einer solchen Situation z. B. die Unternehmensanteile allein dem Erben vermachen, der in die Geschäftsführung nachrücken soll. Die übrigen Erben kann der Erblasser mit anderen Nachlassmitteln bedenken oder z. B. ein Rentenvermächtnis an die übrigen Erben aussetzen, das der Nachfolger-Erbe zu erfüllen hat.

Möchte der Erblasser seine Unternehmensbeteiligung nur einem von **199**
mehreren Erben zuwenden, sollte er diesen Erben nicht durch eventuelle Ausgleichsansprüche der übrigen Miterben überfordern: Wenn nämlich der Erblasser z. B. im Wege der Teilungsanordnung anordnet, dass einer seiner Abkömmlinge die Gesellschaftsanteile erbt, kann diese Zuwendung die Erbquote dieses Abkömmlings übersteigen. Dieser Erbe müsste den Mehrwert des Empfangenen mit liquiden Mitteln ausgleichen, über die er unter Umständen nicht verfügt. Will der Erblasser dieses vermeiden, kann er z. B. Gesellschaftsanteile im Wege des Vorausvermächtnisses einem bestimmten Erben zuwenden. Hierbei muss er wiederum die vom Pflichtteilsrecht gesetzten Grenzen berücksichtigen, insbesondere § 2306 Abs. 1 BGB.

2. Absicherung von nicht nachfolgenden Erben

Häufig möchte der Erblasser – auch aus Altersgründen – nicht seinen **200**
Ehegatten bzw. Lebenspartner, sondern Abkömmlinge als Unternehmensnachfolger. Zugleich möchte der Erblasser häufig dennoch die finanzielle Absicherung des Ehegatten oder Lebenspartners sicherstellen. Der Erblasser kann hierzu beispielsweise die oben angesprochenen Rentenvermächtnisse anordnen oder einen Nießbrauch an Gesellschaftsanteilen. Alternativ kann der Erblasser im Wege der Teilungsanordnung die Nachlassgegenstände so verteilen, dass der abzusichernde Ehe- oder Lebenspartner bis auf die Gesellschaftsbeteiligungen alle übrigen Nachlassgegenstände erhält.

3. Suche nach geeignetem Nachfolger

Der Erblasser kann eventuell zum Zeitpunkt seiner Nachfolge- und **201**
Nachlassplanung noch nicht absehen, ob und gegebenenfalls welcher geeignete Unternehmensnachfolger von seinen Erben zur Verfügung steht. Der Erblasser kann zur Lösung dieses Problems Testamentsvollstreckung anordnen. Er kann dabei dem Testamentsvollstrecker auferlegen, dass er aus dem Kreise der Erben die Person zum Nachfolger auserwählt, die die größte Eignung hierzu besitzt. Den übrigen Erben kann er zur Auflage machen, dass diese daran mitwirken, dass diese Person die Geschäftsführung übernehme. Voraussetzung hierfür ist selbstverständlich, dass das Unternehmenstatut ein solches Vorgehen zulässt.

202 Alternativ kann der Erblasser zu Lebzeiten einen Beirat errichten, der den Nachfolger in der Geschäftsführung auswählen soll.

4. Vermeidung von Pflichtteilsansprüchen

203 Damit die Nachfolgeplanung des Erblassers wirtschaftlich nicht unterlaufen wird, sollte er Pflichtteilsansprüche so weit wie möglich ausschließen. Möchte er mehrere Personen nacheinander an seinem Vermögen teilhaben lassen, kann er Vor- und Nacherbschaft anordnen. Wendet er zu Lebzeiten potentiell pflichtteilsberechtigten Verwandten bedeutende Vermögenswerte zu, kann er Erb- oder Pflichtteilsverzichtsverträge mit diesen schließen.

IV. Folgen des erbrechtlichen Erwerbs

204 Die Folgen des erbrechtlichen Erwerbs sind bei gewillkürter Erbfolge grundsätzlich die gleichen wie bei gesetzlicher Erbfolge. Der oder die Erben werden Gesamtrechtsnachfolger des Erblassers, im Einzelfall kann sich aus gesellschaftsrechtlichen Gründen eine Sondererbfolge in eine Gesellschaftsbeteiligung ergeben. Wegen der allgemeinen Folgen dieses erbrechtlichen Erwerbs und der besonderen Folgen bestimmter Anordnungen des Erblassers wie z. B. Testamentsvollstreckung wird auf die obigen Ausführungen verwiesen.

§ 35 Unternehmensnachfolge durch Rechtsgeschäft unter Lebenden

Übersicht

	Rn
I. Vorweggenommene Erbfolge	1
1. Schenkung	7
a) Form	10
b) Schenkung von Gesellschaftsanteilen	12
aa) Einzelhandelsgeschäft, GbR und OHG	13
bb) Schenkung eines KG-Anteils	14
cc) GmbH, AG, KGaA	16
dd) Partnerschaftsgesellschaft	18
ee) Genossenschaftsanteil	19
ff) Stille Gesellschaft und Unterbeteiligung	23
c) Schenkung von Todes wegen und aufschiebend bedingte Schenkung	24
d) Hinweise	26
2. Kauf	28
3. Pacht	30
a) Grundsätze	30
b) Vertragsinhalt	33
4. Nießbrauch	35
a) Nießbrauch als Gestaltungsmittel	35
b) Bestellung	37
c) Nießbrauch an Unternehmen und unternehmerischen Beteiligungen	38
aa) Nießbrauch an einem Handelsgeschäft	38
bb) Nießbrauch an Personengesellschaftsanteilen	39
cc) Nießbrauch an Kapitalgesellschaftsbeteiligungen	41
5. Stille Gesellschaft und Unterbeteiligung	43
6. Aufnahme des Nachfolgers in das Unternehmen	44
7. Absicherung durch Rückforderungsrechte	47
a) Freie Hinauskündigung	49
b) Rückforderungsrechte	50
c) Widerrufsvorbehalt	51
d) Auflösende Bedingung	53
II. Unternehmensnachfolge und Umwandlung	54
1. Umwandlung nach dem UmwG	59
aa) Vermögensübertragung, §§ 1 Abs. 1 Ziffer 3, 174 ff. UmwG	61
bb) Verschmelzung, §§ 1 Abs. 1, Ziffer 1, 2 ff. UmwG	62
cc) Spaltung, §§ 1 Ziffer 2, 123 ff. UmwG	66
dd) Formwechsel, §§ 1 Abs. 1 Nr. 4, 190 ff. UmwG	72
ee) Formalia	75
2. Umwandlung außerhalb des UmwG	77
a) Anwachsungsmodelle	79
b) Einzelrechtsübertragung	80
c) Auswahlkriterien	81
3. Richtiger Zeitpunkt für die Umwandlung	82
III. Typische Nachfolgesituationen	83
1. Trennung von Gesellschaftern und Geschäftsführung	84
a) Rechtsformwahl	85
b) Stärkung der Geschäftsleitung gegenüber den Gesellschaftern	86
2. Familiengesellschafft	87
a) Passende Rechtsform	89
b) Besitzgesellschaft	92
3. Spaltung des Unternehmens	99

Schrifttum: *Dehmer,* UmwG und UmwStG; *Lieber,* Vorweggenommene Erbfolge von Gesellschaftsanteilen unter Vorbehalt von Versorgungsleistungen, ZEV 2000, 132 ff.; *Reimann,* Ende der Testamentsvollstreckung durch Umwandlung, ZEV 2000, 381 ff.; *Sudhoff*, Handbuch der Unternehmensnachfolge, 4. Aufl., 2000; *Sudhoff*, Der Nießbrauch am Gesellschaftsanteil, NJW 1974, 2205; *Spiegelberger*, Vermögensnachfolge, 1994.

I. Vorweggenommene Erbfolge

1 Der Unternehmer kann die Erbfolge an seine Stelle in das Unternehmen nicht nur durch Verfügung von Todes wegen oder Duldung der gesetzlichen Erbfolge vornehmen. Er kann zu Lebzeiten die Unternehmensnachfolge bereits vollziehen, unter anderem mit der Folge, dass die unternehmerische Beteiligung gar nicht erst in den Nachlass fällt.

2 Eine solche **lebzeitige Vermögenszuwendung** an Personen, die als **künftige Erben** in Betracht kommen, wird als vorweggenommene Erbfolge bezeichnet. Dieser Begriff ist gesetzlich nicht definiert. Die vorweggenommene Erbfolge wird lediglich erwähnt in § 593 a BGB sowie § 17 HöfeO. Im Allgemeinen wird unter vorweggenommener Erbfolge die Übertragung des Vermögens oder eines wesentlichen Teils davon durch den künftigen Erblasser auf einen oder mehrere als künftige Erben in Aussicht genommene Empfänger verstanden.[1] In der notariellen Praxis werden Verträge, mit denen eine vorweggenommene Erbfolge im Hinblick auf Grundbesitz und insbesondere landwirtschaftliche Betriebe vollzogen wird, in der Regel als **„Übergabevertrag"** bezeichnet. Solche Übergabeverträge wie die vorweggenommene Erbfolge insgesamt haben gemeinsam, dass damit ein Rechtsgeschäft unter Lebenden bezeichnet wird und bereits zu Lebzeiten des späteren Erblassers Rechte und Pflichten begründet werden.[2] Die rechtliche Ausgestaltung von Rechtsgeschäften, die im Wege der vorweggenommenen Erbfolge durchgeführt werden, ist von Fall zu Fall verschieden. Im Folgenden werden die Arten von Rechtsgeschäften beschrieben, die am häufigsten bei vorweggenommener Erbfolge Anwendung finden.

3 Unabhängig von der Ausgestaltung der vorweggenommenen Erbfolge im Einzelnen muss der verheiratete Erblasser, der im gesetzlichen Güterstand der **Zugewinngemeinschaft** lebt, § 1365 BGB beachten: Das im Wege der vorweggenommenen Erbfolge vorgenommene Rechtsgeschäft kann der **Zustimmung des Ehegatten** bedürfen. Über den Wortlaut hinaus besteht das Zustimmungserfordernis bereits dann, wenn sich das Rechtsgeschäft nicht auf das Vermögen im Ganzen, sondern auf einzelne Vermögensgegenstände bezieht, die das ganze oder nahezu ganze Vermögen ausmachen.[3] Das Gleiche gilt für **eingetragene Lebenspartner** gemäß § 8 Abs. 2 LPartG, unabhängig vom vereinbarten Vermögensstand.[4]

4 Der künftige Erblasser muss bei Rechtsgeschäften im Rahmen der vorweggenommenen Erbfolge zudem pflichtteilsrechtliche Vorschriften beachten: Handelt es sich bei der vorweggenommenen Erbfolge um eine

---

[1] BGH DNotZ 1992, 32, 33; BGH NJW 1995, 1349, 1350; *Palandt/Edenhofer* Einl v. § 1922 Rn 7.

[2] *Palandt/Edenhofer* Einl v. § 1922 Rn 7.

[3] *Palandt/Brudermüller* § 1365 Rn 5.

[4] *Palandt/Brudermüller* § 8 LPartG Rn 3.

Schenkung oder eine gemischte Schenkung, kann dieses gemäß § 2325 Abs. 1 BGB **Pflichtteilsergänzungsansprüche** auslösen. Der Erblasser kann nicht stets davon ausgehen, dass er die 10-Jahresfrist des § 2325 BGB überlebt.

Grundsätzliche **Vorteile** der vorweggenommenen Erbfolge gegenüber einer Vermögens- und insbesondere Unternehmensnachfolge von Todes wegen liegen darin, dass der spätere Erblasser den **Vermögensübergang begleiten** kann. Er kann sich durch vertragliche Ausgestaltung **Überwachungs-** oder sogar **Rückforderungsrechte** vorbehalten. Er kann – anders als bei Vermögensnachfolge von Todes wegen aufgrund von § 2065 BGB – die Wahl eines Nachfolgers einem Dritten überlassen. Er kann weiter unternehmerische Verantwortung abgeben und sich stattdessen **Rentenrechte** oder Ähnliches einräumen lassen. Für die Person des Nachfolgers hat die vorweggenommene Erbfolge den Vorteil, dass er früher die ihm zugedachten Vermögenswerte empfängt. 5

Die **Nachteile** der vorweggenommenen Erbfolge liegen insbesondere darin, dass der zukünftige Erblasser bereits zu Lebzeiten Vermögen und Verfügungsmöglichkeiten darüber aus der Hand gibt. Er kann insbesondere nicht sicher vorhersagen, welche Zeitspanne zwischen dem Vollzug der vorweggenommenen Erbfolge zu Lebzeiten und dem tatsächlichen Eintritt des Erbfalles liegen wird. In den meisten Fällen ist es dem Erblasser daher anzuraten, im Rahmen der Vermögensübertragung die eigenen laufenden Einkünfte abzusichern sowie Rückforderungsrechte für sich vorzusehen, die z. B. bei Verschlechterung seiner Vermögensverhältnisse eingreifen. 6

1. Schenkung

Die vorweggenommene Erbfolge soll bereits kraft ihrer Definition einen Vorgriff auf die Erbfolge darstellen. Der erbrechtliche Erwerb erfolgt unentgeltlich, er kann allenfalls mit Beschwerungen belastet sein. Fast jedes Rechtsgeschäft im Rahmen vorweggenommener Erbfolge enthält daher eine Schenkung oder zumindest Schenkungselemente. Gemäß § 516 Abs. 1 BGB liegt eine Schenkung vor bei 7

- Zuwendung aus dem Vermögen des Schenkers,
- Bereicherung des Beschenkten dadurch und
- Einigung beider über die Unentgeltlichkeit der Zuwendung.

Die **Entreicherung** des Schenkers muss zu einer dauerhaften Verminderung seiner gegenwärtigen Vermögenssubstanz führen.[5] Dadurch ist die Schenkung z. B. von der Leihe zu unterscheiden, die auch unentgeltlich erfolgt, bei der die Vermögenssubstanz des hingegebenen Gegenstandes jedoch beim Erblasser verbleibt. **Unentgeltlichkeit** liegt dann vor, wenn nach dem Inhalt des Rechtsgeschäftes objektiv eine Gegenleistung nicht verbunden ist und subjektiv Einigkeit zwischen den Schenkungsparteien darüber besteht. Soll der Vermögensempfänger eine Gegenleistung erbringen, soll diese jedoch aus dem Zuwendungsgegenstand erbracht wer- 8

[5] BGH NJW 1982, 820, 821.

den, ist ebenfalls von einer Unentgeltlichkeit auszugehen.[6] Die aus dem Zuwendungsgegenstand zu erbringende Gegenleistung ist bei der Wertermittlung für die Schenkung zu berücksichtigen. Die im Rahmen eines Übergabevertrages übernommene Versorgung des Schenkers ist in der Regel nicht als Gegenleistung anzusehen.[7]

9 Eine so genannte **gemischte Schenkung** liegt bei einem einheitlichen Vertrag vor, bei dem der Wert der Leistung des einen dem Wert des anderen nur zu einem Teil entspricht und die Vertragsparteien dieses wissen und übereinstimmend wollen, dass der überschießende Wert unentgeltlich gegeben werde.[8] Auf die Einigkeit der Vertragspartner über die teilweise Unentgeltlichkeit kann geschlossen werden, wenn ein auffallend grobes Missverhältnis zwischen den wirklichen Werten von Leistung und Gegenleistung festzustellen ist.[9] Der unentgeltliche Charakter des Geschäftes muss überwiegen, damit von einer gemischten Schenkung auszugehen ist.[10] Für die Frage der rechtlichen Behandlung ist nicht auf das Missverhältnis der Werte von Leistung und Gegenleistung aus dem gesamten Vertrag abzustellen. Ist nämlich die Leistung, für die eine auffallend geringe Gegenleistung vereinbart ist, teilbar, liegen zwei selbständige, nur äußerlich zusammengefasste Verträge vor.[11] Es handelt sich dann um einen entgeltlichen und einen Schenkungsvertrag. Nur bei realer Unteilbarkeit der höherwertigen Zuwendung kann von einer gemischten Schenkung gesprochen werden.

10 **a) Form.** Erfolgt die vorweggenommene Erbfolge im Wege einer Schenkung, ist diese nach § 518 Abs. 1 BGB formbedürftig, es ist die **notarielle Beurkundung** vorgeschrieben. Die Beurkundungspflicht des § 518 Abs. 1 BGB betrifft **nur das Schenkungsversprechen** des Schenkers, nicht auch die Annahmeerklärung des Beschenkten, die für den Abschluss des Schenkungsvertrages erforderlich ist.[12] Die Beurkundungspflicht für das gesamte Rechtsgeschäft, also nicht nur das einseitige Schenkungsversprechen, kann sich jedoch aus anderen Formvorschriften ergeben: Bezieht sich der Schenkungsvertrag auf ein Grundstück, bedarf das Rechtsgeschäft insgesamt der notariellen Form, § 311 b Abs. 1 BGB. Das Gleiche ergibt sich z. B. aus § 15 Abs. 3 und Abs. 4 GmbHG.

11 § 518 Abs. 2 BGB sieht die **Heilung** des Formmangels vor, wenn die versprochene Leistung bewirkt, die Schenkung also vollzogen wird. Wann von einer Bewirkung oder Vollziehung auszugehen ist, richtet sich nach dem jeweiligen Schenkungsgegenstand. Bewegliche Sachen, darunter auch Aktien, sind gemäß §§ 929 ff. BGB zu übereignen.[13] Forderungen

---

[6] BGH NJW 1989, 2122, 2123.

[7] BGH NJW 1989, 2122, 2123; vgl. zur steuerrechtlichen Sicht *Lieber*, ZEV 2000, 132, 133.

[8] BGH NJW-RR 1996, 754, 755.

[9] BGH NJW-RR 1996, 754, 755.

[10] BGH NJW 1999, 1626, 1627.

[11] *Palandt/Putzo* § 516 Rn 13.

[12] *Palandt/Putzo* § 518 Rn 2.

[13] Vgl. BGH NJW-RR 1991, 1157, 1158 f.

sind abzutreten gemäß § 398 BGB.[14] Besondere Probleme ergeben sich, wenn Schenkungsgegenstand Gesellschaftsanteile z. B. an einer KG oder an einer GmbH sind.[15] Die Nichteinhaltung der vorgeschriebenen Form bringt stets das Risiko mit sich, dass das Rechtsgeschäft unwirksam ist, § 125 BGB. Selbst wenn das Rechtsgeschäft, das im Wege der vorweggenommenen Erbfolge vorgenommen wird, nur teilweise formbedürftig ist, kann sich die Gesamtnichtigkeit aus § 139 BGB ergeben. Da sich die Beurkundungdpflicht nicht nur aus § 518 Abs. 1 ergeben kann, ist es stets ratsam, Rechtsgeschäfte im Wege der vorweggenommenen Erbfolge notariell beurkunden zu lassen. Die damit entstehenden Kosten sind im Verhältnis zu den drohenden Risiken und Gefahren eines Formmangels gering. Mit der notariellen Beurkundung sind darüber hinaus die Vorteile der Beweisfunktion einer notariellen Urkunde sowie der im Vorfeld der Beurkundung erfolgenden Beratung verbunden.

b) Schenkung von Gesellschaftsanteilen. Möchte der Erblasser seine 12
Gesellschaftsbeteiligung unentgeltlich übertragen, hängt die Wirksamkeit der Übertragung, also der Vollzug einer Schenkung oder eines anderen Kausalgeschäftes, davon ab, ob eine solche Übertragung gesellschaftsrechtlich zulässig ist. Mangels abweichender Bestimmungen im Gesellschaftsstatut ist dieses z. B. bei der GmbH und der AG möglich, § 15 Abs. 1 GmbHG, § 68 AktG. Bei Personengesellschaften ist in der Regel eine Gestattung durch die Mitgesellschafter, entweder im Gesellschaftsvertrag oder im Einzelfall, erforderlich. Ob und inwieweit überhaupt eine Schenkung bei der an sich unentgeltlichen Zuwendung von Gesellschaftsbeteiligungen vorliegt, hängt von der Art der zu übertragenden Beteiligung ab:

aa) Einzelhandelsgeschäft, GbR und OHG. Diesen drei Gesellschafts-/Un- 13
ternehmensformen ist gemeinsam, dass der Empfänger der Unternehmensbeteiligung, also der neue Gesellschafter bzw. neue Inhaber des Handelsgeschäftes, zwar ohne Erbringung einer Kapitaleinlage in diese Rechtsposition nachfolgt, er jedoch die **persönliche Haftung** auch für vor seinem Eintritt begründete Gesellschafts- bzw. Unternehmensverbindlichkeiten grundsätzlich übernimmt, §§ 25, 130 HGB. Für die Gesellschaft bürgerlichen Rechts entsprach es bisher ständiger Rechtsprechung des BGH, dass ein neu in die GbR eintretender Gesellschafter nicht für deren Altverbindlichkeiten haftete. Diese Rechtsansicht des BGH war auch konsequent: Die Frage der Haftungsverfassung in der GbR hat der BGH bis zum Jahr 2001 nach der so genannten Doppelverpflichtungstheorie beantwortet. Die persönliche Haftung des GbR-Gesellschafters für Verbindlichkeiten der Gesellschaft wurde damit begründet, dass durch das Handeln der Gesellschafter im Namen der Gesellschaft zugleich die Gesellschafter rechtsgeschäftlich mitverpflichtet wurden. Im Jahr 2001 hat der BGH anerkannt, dass auch die GbR selbst Trägerin von Rechten und Pflichten in entsprechender Anwendung des § 124 HGB sein könne. Die Haftung der Gesellschafter für Verbindlichkeiten der Gesellschaft ergibt

[14] BGH NJW 1983, 1487, 1488.

[15] Vgl. die Ausführungen bei *Sudhoff/Stenger* § 21 Rn 6 ff.

sich nunmehr aus der entsprechenden Anwendung des § 128 HGB. Mit Urteil vom 8. 4. 2003 hat der BGH nunmehr ausdrücklich auch die **Haftung** eines neu in eine bestehende GbR eintretenden Gesellschafters **für Altverbindlichkeiten** in entsprechender Anwendung des § 130 HGB bejaht.[16] Weiterhin besteht bei einem einzelkaufmännischen Unternehmen wie auch bei GbR und OHG das Prinzip der Selbstorganschaft. Die Gesellschafter, also auch der neue, sind grundsätzlich zur Geschäftsführung berufen, grundsätzlich sind die Gesellschafter auch zum **Einsatz der eigenen Arbeitskraft** verpflichtet, vgl. § 114 HGB. Bei der unentgeltlichen Übertragung einer Gesellschaftsbeteiligung an einer GbR oder OHG sieht der BGH die **Vermögenszuwendung** als **kompensiert** an durch die Übernahme der persönlichen Haftung sowie die persönliche Leistungsverpflichtung. Der BGH **verneint** daher grundsätzlich das Vorliegen einer **Schenkung** in einem solchen Falle[17] und bejaht nur in Ausnahmefällen das Vorliegen einer gemischten Schenkung.[18] Die unentgeltliche Übertragung des einzelkaufmännischen Unternehmens führt dann zur persönlichen Haftung des Vermögensempfängers für Altverbindlichkeiten, wenn er die Firma fortführt, § 25 HGB. Gleiches gilt, wenn eine Schuldübernahme handelsüblich bekannt gemacht wird[19] oder wenn der Übernehmer einen Schuldbeitritt erklärt oder eine Schuldübernahme unter Beteiligung des Gläubigers vereinbart. In diesen Fällen muss man mit der Rechtsprechung des BGH ebenfalls eine Kompensation des an sich unentgeltlich zugewendeten Vermögensvorteils annehmen und eine Schenkung verneinen. Lediglich dann, wenn man eine Haftung für Altverbindlichkeiten aus dem Handelsgeschäft verneinen kann, wird man eine Schenkung oder in der Regel eine gemischte Schenkung – wegen der persönlichen Leistungsverpflcihtung – annehmen können.

14 *bb) Schenkung eines KG-Anteils.* Überträgt der zukünftige Erblasser seine **Komplementär-Beteiligung** an der KG auf den Begünstigten, gilt das zur OHG Gesagte entsprechend.

15 Überträgt der zukünftige Erblasser jedoch eine **Kommanditbeteiligung**, bei der die Kommanditeinlage geleistet und nicht zurückgewährt worden ist, kommt eine persönliche Haftung des Nachfolgers für Altschulden nicht in Betracht: Er übernimmt die geleistete Hafteinlage, zu seinen Gunsten ist eine Enthaftung gemäß § 171 Abs. 1 HGB eingetreten. Mangels anders lautender Vereinbarungen ist der Kommanditist auch nicht zur Geschäftsführung berufen, § 164 HGB. Im Gegensatz zur unentgeltlichen Übertragung einer voll haftenden Beteiligung an einer Personengesellschaft wird hier der Vermögenszuwachs nicht durch Haftung und persönliche Leistungsverpflichtung kompensiert. Die unentgeltliche Zuwendung des Kommanditanteils stellt daher in der Regel eine **Schenkung** dar.[20]

---

[16] BGH Zeitschrift für Wirtschaftsrecht 2003, 899, 899.

[17] BGH NJW 1981, 1956, 1956.

[18] BGH DNotZ 1991, 819, 821; BGH NJW 1981, 1956 f. mit Ausführungen zu verschiedenen Konstellationen.

[19] *Baumbach/Hopt* § 25 HGB Rn 1.

[20] BGH NJW 1990, 2616, 2617.

16 *cc) GmbH, AG, KGaA.* Dem Gläubiger einer GmbH haftet für Gesellschaftsverbindlichkeiten nur das Gesellschaftsvermögen, § 13 Abs. 2 GmbHG. Gemäß § 1 Abs. 1 Satz 2 AktG gilt das entsprechend für die AG. Des Weiteren gilt ebenso wie bei der Aktiengesellschaft der Grundsatz der Fremdorganschaft. Die Gesellschafter sind also nicht geborene Geschäftsführer und Vertreter der Gesellschaft. Eine Leistungspflicht wie in § 114 Abs. 1 HGB besteht daher für die Gesellschafter der AG und der GmbH nicht. Es werden zwar für die Rechtsform der GmbH und inzwischen auch für die Aktiengesellschaft Konstellationen diskutiert, in denen trotz § 13 Abs. 2 GmbHG bzw. § 1 Abs. 1 Satz 2 AktG die Gesellschafter und/oder Geschäftsführer bzw. Vorstände persönlich haften sollen (Durchgriffshaftung). Die dogmatischen Grundlagen und einzelne Voraussetzungen für eine solche Haftung der Gesellschafter sind bis heute nicht fest umrissen. Im Wesentlichen knüpfen die diskutierten und von der Rechtsprechung entschiedenen Fälle der Durchgriffshaftung an ein vorwerfbares Verhalten des Haftenden an. Diese Möglichkeit der Durchgriffshaftung besteht daher nicht abstrakt. Aus diesem Grund wird der Vermögensvorteil, der mit der Übertragung des Geschäftsanteils an der GmbH oder der Aktien an der AG entstanden ist, nicht kompensiert. Die unentgeltliche Zuwendung eines GmbH-Geschäftsanteils sowie von Aktien stellt sich als **Schenkung** dar.

17 Entsprechendes gilt für die **Kommanditaktionäre** der KGaA, vergleiche §§ 278 Abs. 3, 1 Abs. 1 Satz 2 AktG. Anders gestaltet sich die Situation für den **persönlich haftenden Gesellschafter** in der KGaA, vgl. § 278 Abs. 2 AktG: Er ist geborener Geschäftsführer und mit der persönlichen Haftung für Gesellschaftsverbindlichkeiten belastet, § 278 Abs. 2 AktG in Verbindung mit §§ 114, 128 HGB. Der Vermögenszuwachs, der durch die Übertragung der Gesellschaftsbeteiligung erfolgt, wird durch das Haftungsrisiko sowie die persönliche Leistungspflicht kompensiert. Eine **Schenkung scheidet** daher nach den oben angegebenen Rechtsprechungsgrundsätzen des BGH **aus**.

18 *dd) Partnerschaftsgesellschaft.* Der neu eintretende Partner haftet auch für Altverbindlichkeiten, § 8 Abs. 1 Satz 2 PartGG i.V.m. § 130 HGB. Ebenfalls besteht die persönliche Leistungspflicht, § 6 Abs. 3 Satz 2 PartGG i.V.m. § 114 Abs. 1 HGB. Die Zuwendung des Gesellschaftsanteils auch ohne Entgelt oder zusätzliche Einlageleistung wird daher vermögensmäßig durch das Haftungsrisiko sowie die persönliche Leistungspflicht kompensiert. Eine **Schenkung** ist daher **abzulehnen**.

19 *ee) Genossenschaftsanteil.* Gemäß § 76 Abs. 1 Genossenschaftsgesetz kann ein Genosse sein Geschäftsguthaben und damit seine Beteiligung an der eG einem anderen übertragen mit der Folge, dass er aus der Genossenschaft austritt und der Erwerber an seiner Stelle Genosse wird.

20 Vertreten wird die Genossenschaft gemäß § 24 GenG durch den Vorstand, der von der Generalversammlung gewählt wird. Eine Pflicht zur Geschäftsführung besteht also für den einzelnen Genossen nicht.

21 Gemäß § 2 GenG haftet den Genossenschaftsgläubigern nur das Vermögen der Genossenschaft, also nicht die Genossen selbst. Allerdings

sieht § 105 GenG eine Nachschusspflicht für den Fall der Insolvenz vor, die jedoch im Statut ausgeschlossen werden kann, § 105 Abs. 1 GenG. Der Ausschluss der Nachschusspflicht im Statut ist der Regelfall.

22 Zumindest in den Fällen, in denen die Nachschusspflicht im Statut ausgeschlossen ist, wird der mit dem Genossenschaftsanteil zugewendete Vermögenswert nicht durch persönliche Leistungspflichten oder Haftungsrisiken kompensiert. Die unentgeltliche Zuwendung des Genossenschaftsanteils stellt sich daher **in der Regel** als **Schenkung** dar.

23 *ff) Stille Gesellschaft und Unterbeteiligung.* Für beide Beteiligungsformen, die in der Regel als BGB-Innengesellschaft ausgestaltet sind, wird allgemein eine Schenkung angenommen.[21]

24 **c) Schenkung von Todes wegen und aufschiebend bedingte Schenkung. § 2301 Abs. 1 BGB** regelt den Fall, dass der Zuwendende ein Schenkungsversprechen unter der Bedingung abgibt, dass der Beschenkte den Schenker überlebt. Ein solches Schenkungsversprechen unterfällt gemäß § 2301 Abs. 1 Satz 1 BGB den Vorschriften über die **Verfügung von Todes** wegen. Die Formen des Testamentes bzw. Erbvertrages sind daher einzuhalten. Tritt der Erbfall daraufhin ein, stellt sich das formgerechte Schenkungsversprechen entweder als Vermächtnis oder als Erbeinsetzung dar.[22] Insoweit handelt es sich also um Unternehmennachfolge im Wege der Erbfolge, wenn der Erblasser auf diesem Wege eine unternehmerische Beteiligung vermacht. **§ 2301 Abs. 2 BGB** hingegen ordnet dieses Schenkungsversprechen den **Rechtsgeschäften unter Lebenden** zu, wenn die unter Überlebensbedingung erfolgte Schenkung vom Schenker vollzogen wird. Hierzu ist es erforderlich, dass der Erblasser zu Lebzeiten alles Erforderliche für den Eintritt des Leistungserfolges getan hat, damit der Rechtserwerb des Empfängers ohne weitere Maßnahmen von selbst eintreten kann.[23] So kann z. B. die Übertragung eines Gesellschaftsanteils durch Vereinbarung mit den verbleibenden Gesellschaftern sowie dem Nachfolger so ausgestaltet werden, dass der Nachfolger aufschiebend bedingt durch den Tod des Altgesellschafters anstelle des dann verstorbenen Gesellschafters in die Gesellschaft eintritt. Der Erblasser hat dann also zu Lebzeiten bereits alles getan, damit der Begünstigte im Todeszeitpunkt diese Rechtsposition erhält. Insoweit handelt es sich dann um ein Geschäft der vorweggenommenen Erbfolge.

25 Abzugrenzen sind hiervon die Verträge zugunsten Dritter auf den Todesfall gemäß §§ 330, 331 BGB: Diese Verträge stellen ein zulässiges Mittel für die gewillkürte Weitergabe von Vermögensstücken dar, für die die erbrechtlichen Formvorschriften nicht gelten.[24]

26 **d) Hinweise.** Die vorstehenden Ausführungen zu den einzelnen Gesellschaftsformen, in denen ein Unternehmen betrieben werden kann, können **nicht** durchgehend **schematisch** angewendet werden: Die Recht-

---

[21] Vgl. BGH NJW 1953, 1391, 1392; BFH BStBl II 1979, S. 769.

[22] *Palandt/Edenhofer* § 2301 Rn 7.

[23] *Palandt/Edenhofer* § 2301 Rn 8.

[24] Vgl. *Palandt/Edenhofer* § 2301 Rn 17.

sprechung überprüft die Frage, ob eine Schenkung vorliegt, im Einzelfall daran, ob die Inhaberschaft des Gesellschaftsanteils den Zuwendungsempfänger zur Mitarbeit im Unternehmen, insbesondere zur Geschäftsführung, verpflichtet. Weiteres Kriterium ist die Frage, ob eine nennenswerte Haftung mit Eigenvermögen außerhalb des erhaltenen Gesellschaftsanteils in Betracht kommt.

Will der zukünftige Erblasser seine Unternehmensnachfolge durch Schenkung unter Lebenden vollziehen, muss stets berücksichtigt werden, ob durch die Schenkung seine Erben oder sein Unternehmensnachfolger über Gebühr mit Pflichtteils-, Pflichtteilsergänzungs- oder Pflichtteilsrestansprüchen belastet werden.

Schenkungen, die Pflichtteilsansprüche in ihren unterschiedlichen Aus- **27** prägungen auslösen können, liegen häufig vor, ohne dass sich der spätere Erblasser dessen bewusst ist: Wird z. B. in einem Gesellschaftsvertrag vereinbart, dass beim Tode eines Gesellschafters die Gesellschaft ohne die Erben und ohne vom Erblasser zu benennende Dritte allein unter den verbleibenden Gesellschaftern fortgesetzt werde, und wird zugleich der Abfindungsanspruch der Erben des durch Tod ausscheidenden Gesellschafters ausgeschlossen oder z. B. auf den Buchwert reduziert, liegt hierin eine Vermögenszuwendung an die verbleibenden Mitgesellschafter. Ihnen wächst der Anteil des verstorbenen Gesellschafters z. B. bei einer GbR gemäß § 738 BGB zu, ohne dass sie Wertersatz oder zumindest nicht den vollen Wertersatz an die Erben leisten müssen. In Höhe des Wertes der Gesellschaftsbeteiligung bzw. in Höhe des nicht auszugleichenden Differenzbetrages erhalten die verbleibenden Gesellschafter also eine Vermögenszuwendung, für sie sie keine Gegenleistung zu erbringen haben. Zumindest dann, wenn eine solche Klausel nicht zugunsten bzw. zu Lasten jedes Mitgesellschafters gelten soll, wird in der Praxis häufig das Vorliegen einer Schenkung angenommen.[25]

2. Kauf

Der Erblasser kann sein Unternehmen oder seine unternehmerische **28** Beteiligung an den von ihm ins Auge gefassten Nachfolger selbstverständlich verkaufen. Als Gestaltungsmittel für die vorweggenommene Erbfolge ist der Kauf aber **grundsätzlich ungeeignet**: Das Wesen der vorweggenommenen Erbfolge besteht gerade darin, dass der Nachfolger für den Erhalt des Unternehmens oder der unternehmerischen Beteiligung keine Gegenleistung oder zumindest nur eine geringere als die marktübliche Gegenleistung erbringen soll, die Nachfolger also im Wege einer Schenkung oder zumindest einer gemischten Schenkung erfolgt. Der Verkauf des Unternehmens oder der unternehmerischen Beteiligung kann nur dann ein sinnvolles Gestaltungsmittel der vorweggenommenen Erbfolge sein, wenn es dem Erblasser darauf ankommt, mit dem Kaufpreis andere ihm nahe stehende Personen als den Nachfolger im Unternehmen vermögensmäßig zu bedenken und abzusichern. Dann stellt sich die Nachfolge im Unternehmen jedoch nicht als vorweggenommene Erbfolge dar.

[25] Zu den Einzelheiten siehe *Sudhoff/Stenger* § 20 Rn 19 ff.

29 In vielen Fällen kann jedoch der Verkauf zu einem Kaufpreis unter Marktwert, der u. U. in Raten zu zahlen ist, unterschiedliche Ziele des Unternehmers verbinden: Zum einen wird es dem Nachfolger ermöglicht, die Nachfolge mit einem überschaubaren finanziellen Risiko und ohne großes Eigenkapital anzutreten. Zum anderen kann der Alt-Unternehmer mit den Kaufpreisraten sich finanziell absichern oder andere nahe stehende Personen bedenken. Dieses Rechtsgeschäft der vorweggenommenen Erbfolge wird nach den oben dargestellten Grundsätzen häufig eine gemischte Schenkung darstellen.

3. Pacht

30 **a) Grundsätze.** Der Unternehmer kann sein Unternehmen schließlich auch verpachten. Auf diese Weise trennt er Unternehmenseigentum und Unternehmensführung. Die Betriebspacht hat für beide Seiten, Verpächter wie Pächter, Vor- und Nachteile: Die Vorteile für den **Pächter** liegen darin, dass er einen geringen Eigenkapitalbedarf hat. Die zu leistenden Pachtzahlungen stellen Betriebsausgaben dar, häufig ist der Pachtzins auch günstiger als der Kapitaldienst, den er bei Ankauf des Unternehmens oder der unternehmerischen Beteiligung ohne entsprechendes Eigenkapital leisten müsste. Die Nachteile für den Pächter liegen darin, dass er nicht Inhaber des Unternehmens wird. Er kann dieses daher z. B. auch nicht als Kreditsicherheit einsetzen. Da die Pacht ein begrenztes Nutzungsrecht gewährt, kann der Pächter nicht abschätzen, ob sich erhebliche Investitionen für ihn lohnen werden. Aus diesem Grund unterlässt der Pächter unter Umständen an sich gebotene Investitionen. Dieses führt zu einer Schwächung des Unternehmens, zumindest auf mittlere Sicht.

31 Für den **Verpächter** liegen die Vorteile darin, dass er das Unternehmen als Vermögenswert nicht abgibt. Durch den Pachtzins erhält er einen Anspruch auf wiederkehrende, rentenartige Zahlungen, die seiner Versorgung und der Versorgung seiner Familie dienen können. Durch einen befristeten Pachtvertrag kann er z. B. einen auserkorenen Nachfolger zunächst „auf Probe" zur Unternehmensführung berufen und dann nach Ablauf der Pachtzeit entscheiden, ob sich der Nachfolger bewährt hat und das Unternehmen oder die unternehmerische Beteiligung auf Dauer erhalten soll. Der Nachteil für den Verpächter liegt darin, dass er von der Einwirkung auf das Unternehmen zumindest auf gewisse Zeit ausgeschlossen ist. Er muss unter Umständen mit ansehen, wie der Pächter eine aus Sicht des Verpächters falsche Unternehmenspolitik betreibt und dadurch den Wert des Unternehmens insgesamt vermindert. Er behält zwar den Unternehmenswert als solchen, kann ihn jedoch nicht über die regelmäßige Pachtzinserträge hinaus nutzbar machen. Anders als beim Kauf steht ihm auch nicht auf einmal oder in mehreren Raten der gesamte Gegenwert des Unternehmens zur anderweitigen Verwendung zur Verfügung.

32 Gegenstand eines Pachtvertrages können nicht nur Sachen, sondern auch Rechte und Sachgesamtheiten sowie Rechtsgesamtheiten sein, das Unternehmen kann also insgesamt verpachtet werden. Voraussetzung ist,

dass die Sachen oder Rechte noch bestehen und geeignet sind, Gebrauchsvorteile und Früchte herzugeben.[26] Bei der Unternehmenspacht ist Pachtgegenstand in der Regel die Firma, das Know-how, der Kundenstamm sowie der Goodwill. Die Unternehmenspacht ist abzugrenzen von Fällen, in denen lediglich Räume oder Räume samt Einrichtung zur Führung eines Unternehmens verpachtet werden. Ausschlaggebend ist die Auslegung von Parteiwillen und Vertragsinhalt im Einzelfall. Ausschlaggebend ist der überwiegende Teil für die Einordnung bzw. den Umfang des Pachtverhältnisses.[27]

b) Vertragsinhalt. Soll der Pächter auch vorhandene Hilfs- und Be- 33
triebsstoffe verwenden, wird der Unternehmens-„Pachtvertrag" in der Regel auch schenkungs- oder kaufvertragsrechtliche Elemente enthalten. Zwingend geregelt werden sollte in einem solchen Pachtvertrag der Eintritt in bestehende Dauerschuldverhältnisse, die zum Betrieb des Unternehmens eingegangen worden sind. Weiter zu regeln ist die Frage, ob und gegebenenfalls welche Investitionen der Pächter im Unternehmen vornehmen darf, vornehmen muss und ob und gegebenenfalls in welcher Höhe er hierfür zum Ende der Pachtzeit entschädigt werde. Wichtig ist auch die Frage, ob und wenn ja für welche Art von Verschlechterungen am Betriebsvermögen der Pächter dem Verpächter haften soll. Will der Verpächter die Unternehmenspacht als Mittel der vorweggenommenen Erbfolge einsetzen, kommt der Findung eines angemessenen Pachtzinses besondere Bedeutung zu. Die Pacht muss so bemessen sein, dass sie für den Pächter tragbar ist und ihm die Früchte eines besonders erfolgreichen Engagements nicht gänzlich genommen werden. Zugleich bietet es sich an, die Höhe des Pachtzinses zumindest teilweise am Betriebsergebnis zu orientieren. Die Interessen von Pächter und Verpächter laufen dann zumindest teilweise parallel.

Im Einzelnen sind die Parteien in der Ausgestaltung der Unterneh- 34
menspacht sehr frei. Wie erwähnt, wird es darüber hinaus kaum einen Unternehmenspachtvertrag geben, der allein pachtrechtliche Elemente und nicht zugleich kaufrechtliche oder schenkungsrechtliche Elemente enthält. Die Parteien müssen weiter zudem zwingende Schutzvorschriften zugunsten Dritter berücksichtigen: In der Anpachtung des Unternehmens liegt in aller Regel ein Betriebsübergang der Arbeitsverhältnisse im Sinne von § 613 a BGB. Im Falle der Firmenfortführung kommt gemäß § 25 HGB eine Haftung für die Altschulden in Betracht.

4. Nießbrauch

a) Nießbrauch als Gestaltungsmittel. Der Nießbrauch ist ein **Nut- 35
zungsrecht**. Er ist geregelt in den §§ 1030 ff. BGB. Er ist ausgestaltet als **höchst persönliches und unvererbbares Recht**, §§ 1059, 1061 BGB. Der Nießbrauch kann zeitlich begrenzt oder auf Lebzeiten des Nießbrauchers bestellt werden. Gegenstand des Nießbrauches können sowohl Sa-

[26] *Palandt/Putzo* § 581 Rn. 3.
[27] BGH NJW 1953, 1391, 1392.

chen als auch Rechte sein, §§ 1030 Abs. 1, 1068 Abs. 1 BGB. Der Nießbrauch kann in verschiedenen Gestaltungsformen bestellt werden: Der Nießbrauch kann sich auf das gesamte Recht oder die gesamte Sache erstrecken, so genannter **Vollrechtsnießbrauch**. Dagegen gewährt der so genannte **Quotennießbrauch** dem Nießbrauchsberechtigten nur einen Teil des durch die Nutzung der Sache oder des Rechtes entstehenden Gewinns, der übrige Anteil ist auf den Eigentümer/Inhaber oder vertragsgemäß an Dritte zu leisten. Hiervon zu unterscheiden ist der so genannte **Bruchteilsnießbrauch**: Dabei wird ein ideeller Bruchteil einer Sache in ungeteiltem Eigentum bzw. ungeteilter Inhaberschaft mit dem Nießbrauch belastet.[28]

36 Der wesentliche Vorteil des Nießbrauches liegt darin, dass **Vermögenssubstanz** und der **Ertrag** aus der Nutzung des Vermögens voneinander **getrennt** werden. Der Erblasser kann also bereits zu Lebzeiten das Unternehmen oder die unternehmerische Beteiligung auf seinen Nachfolger übertragen und sich die umfassenden Nutzungsrechte durch Einräumung des Nießbrauchsrechtes bis zu seinem Tode vorbehalten. Umgekehrt kann er auch den Nießbrauch zugunsten seiner Nachfolger bereits zu Lebzeiten bestellen, ihnen auf diese Weise bereits zu Lebzeiten die Erträgnisse aus der unternehmerischen Beteiligung bzw. dem Unternehmen zuwenden, selbst jedoch Inhaber des Vermögensstammes bleiben, den das Unternehmen oder die unternehmerische Beteiligung bilden. Auch wenn der Nießbrauch auf bestimmte Zeit bestellt werden kann, unterscheidet er sich z. B. vom Wesen des Pachtvertrages erheblich: Der Nießbraucher muss bei Ausübung des Nießbrauches die bisherige wirtschaftliche Bestimmung des Gegenstandes aufrechterhalten, an dem der Nießbrauch bestellt ist. Er muss für die wirtschaftliche Erhaltung der Sache oder des Rechtes Sorge tragen und mit ihr im Rahmen einer ordnungsgemäßen Wirtschaft verfahren. Sofern nichts anderes vereinbart ist, kann die Ausübung des Nießbrauchsrechtes einem **Dritten überlassen** werden, § 1059 BGB. Der Nießbrauch ist ein **dingliches Recht**. Die Stellung des Nießbrauchers ist daher stärker als z. B. die des Pächters. Der Nießbrauch erlischt durch Aufhebung, §§ 875, 1062, 1064 BGB. Er kann weiter erlöschen kraft Gesetzes durch Tod des Berechtigten, Eintritt einer auflösenden Bedingung oder Ablauf einer Befristung. Auch der vollständige Untergang der Sache, an der der Nießbrauch bestellt ist, kann zum Untergang des Nießbrauchsrechtes führen; § 1046 BGB setzt den Nießbrauch an einer etwaigen Versicherungsforderung fort, die an die Stelle der untergegangenen Sache tritt, an der der Nießbrauch bestellt war.

37 **b) Bestellung.** Die Bestellung des Nießbrauches an einer **beweglichen Sache** erfolgt durch Einigung und Übergabe oder ein Übergabesurrogat, das in § 1032 BGB erwähnt ist. Der Nießbrauch an einem **Recht** wird gemäß § 1069 BGB so bestellt, wie das Recht übertragen wird. In der Regel bedeutet dieses die Einigung, bei bestimmten Wertpapieren darüber hinaus die Übergabe des Papieres, § 1081 BGB.[29] Daneben be-

[28] *Palandt/Bassenge* § 1066 Rn 2.

[29] Vgl. auch *Palandt/Bassenge* § 1069 Rn 1.

stehen Formvorschriften für bestimmte Gegenstände, an denen der Nießbrauch bestellt werden soll: So ist gemäß § 15 GmbHG zur Bestellung eines Nießbrauches an einem **GmbH-Anteil** die notarielle Beurkundung erforderlich. Ist Nießbrauchsgegenstand ein **Grundstück**, setzt die Bestellung des Nießbrauches gemäß § 873 BGB neben der Einigung die Eintragung in das Grundbuch vor.

c) Nießbrauch an Unternehmen und unternehmerischen Beteili- 38
gungen. *aa) Nießbrauch an einem Handelsgeschäft.* Will der spätere Erblasser seinem Unternehmensnachfolger den Nießbrauch an einem Handelsgeschäft einräumen, kann die Nießbrauchsbestellung **nicht** am Unternehmen insgesamt als **Sachgesamtheit oder Rechtsgesamtheit**, sondern nur an den einzelnen Vermögensgegenständen, also Sachen und Rechten, erfolgen, § 1085 BGB. Zugleich sollte der Nießbrauchsgeber den Nießbraucher in die Dinge einweisen, die den Goodwill des Unternehmens ausmachen: Hierzu zählen insbesondere der Kundenkreis, Geschäftsgeheimnisse sowie die Geschäftsorganisation.[30] Wird der Nießbrauch als so genannter Vollrechtsnießbrauch ausgestaltet – der Nießbraucher erhält die volle Unternehmerstellung und nicht lediglich eine Bruchteil des Gewinnes wie beim so genannten Quotennießbrauch –, ist zum Handelsregister der Nießbraucher als Kaufmann einzutragen.[31]

bb) Nießbrauch an Personengesellschaftsanteilen. An einem Personengesell- 39
schaftsanteil kann ein Nießbrauch bestellt werden.[32] Aus zwei Gründen ist hierzu jedoch die **Zustimmung der Mitgesellschafter** erforderlich: Gemäß § 1069 Abs. 2 BGB kann einerseits an einem nicht übertragbaren Recht ein Nießbrauch nicht bestellt werden. Zum anderen ergibt sich aus §§ 717, 719 BGB, gegebenenfalls in Verbindung mit §§ 105 Abs. 2, 161 HGB, dass einzelne Ansprüche aus dem Gesellschaftsverhältnis und insbesondere der Anteil am Gesellschaftsvermögen grundsätzlich nicht eigenständig übertragen werden können. Eine im Gesellschaftsvertrag enthaltene Zustimmung zur Veräußerung von Personengesellschaftsanteilen enthält grundsätzlich noch nicht die Zustimmung zur Belastung eines Gesellschaftsanteils mit einem Nießbrauch. Denn die Übertragung des Gesellschaftsanteils, der die Mitgesellschafter im Gesellschaftsvertrag zugestimmt haben, führt dazu, dass der Übertragende aus der Gesellschaft ausscheidet und an seiner Stelle der Neue eintritt und sich die bisherigen Gesellschafter mit diesem auseinander setzen müssen. Beim Nießbrauch tritt die zuvor beschriebene Aufspaltung von Inhaberschaft und Nutzungsrecht ein: Die verbleibenden Gesellschafter haben es nunmehr mit zwei Personen zu tun. Daher kann der Zustimmung zur Veräußerung nicht auch die Zustimmung entnommen werden, dass nunmehr ein Nießbraucher zusätzlich zum Gesellschafter Gesellschafterrechte ausübt.

---

[30] *Sudhoff/Stenger* § 34 Rn 10.
[31] *Sudhoff/Stenger* § 34 Rn 10.
[32] BGH NJW 1972, 1756, 1756.

40 Die **persönliche Haftung** für Gesellschaftsverbindlichkeiten trifft auch bei der Bestellung eines Nießbrauches den Besteller des Nießbrauches, der nach wie vor Gesellschafter ist.[33]

41 *cc) Nießbrauch an Kapitalgesellschaftsbeteiligungen.* Sofern die jeweilige Gesellschaftssatzung nichts anderes vorschreibt, sind Geschäftsanteile der **GmbH** sowie der **AG** frei verfügbar und damit auch belastbar. Insbesondere steht § 1069 Abs. 2 BGB der Bestellung eines Nießbrauchsrechtes nicht entgegen. Zu berücksichtigen ist, dass bei der Nießbrauchsbestellung an einem GmbH-Anteil die notarielle Beurkundung erforderlich ist, § 15 GmbHG.

42 Der Nießbrauch gewährt gemäß § 1030 Abs. 1 BGB das Recht, die Nutzungen aus der Gesellschaftsbeteiligung zu ziehen. Gemäß § 100 BGB handelt es sich dabei um den Gewinn, also den auf die Gesellschaftsbeteiligung ausgeschütteten Gewinnanteil sowie etwaige Surrogate. Die gesellschaftsrechtlichen Mitverwaltungsrechte zählen nicht hierzu. Es handelt sich dabei insbesondere um das Recht, an Gesellschafterversammlungen teilzunehmen, Auskunftsrechte geltend zu machen sowie das Stimmrecht auszuüben. Eine Abspaltung dieser Rechte von der Person des Gesellschafters und Nießbrauchsgebers wird allgemein abgelehnt.[34] Auch für die weiteren Gesellschafterrechte zeigt sich, dass durch die Nießbrauchsbestellung eine Aufspaltung des Rechtes eintritt, der bisherige Gesellschafter also nicht vollends ausgeschlossen wird: Das Bezugsrecht für neue Geschäftsanteile steht ihm zu, nicht dem Nießbraucher.[35] Gerade der Nießbrauch an einer Kapitalgesellschaftsbeteiligung stellt sich damit im Wesentlichen als **Gewinnbezugsrecht** dar.

5. Stille Gesellschaft und Unterbeteiligung

43 Als weiteres Gestaltungsmittel für die vorweggenommene Erbfolge bieten sich auch stille Gesellschaft und Unterbeteiligung an. Der Erblasser hat dabei die Wahl, ob er selbst Hauptbeteiligter oder Inhaber des Handelsgeschäftes bleiben möchte und den Nachfolger lediglich vermögensrechtlich durch Einräumung der Unterbeteiligung oder Eingehung der stillen Gesellschaft beteiligen möchte. Umgekehrt hat er die Möglichkeit, dass er sein Handelsgeschäft oder die Gesellschaftsbeteiligung an den Nachfolger im Wege der Vollrechtsbeteiligung überträgt und sich selbst eine Beteiligung am Betriebsergebnis durch Unterbeteiligung oder stille Gesellschaft einräumen lässt.

6. Aufnahme des Nachfolgers in das Unternehmen

44 Das Nebeneinander von zukünftigem Erblasser und Nachfolger im selben Unternehmen bringt Vorteile, aber auch große Gefahren mit sich.

---

[33] *Sudhoff/Stenger* § 34 Rn 23.

[34] *Sudhoff/Stenger* § 34 Rn 26; umstritten ist die Frage, ob das Stimmrecht nicht doch durch den Nießbraucher ausgeübt werden kann; so *Sudhoff*, NJW 1974, 2207; a. A. *Palandt/Bassenge* § 1068 Rn 3; OLG Koblenz NJW 1992, 2163, 2164.

[35] BGH NJW 1972, 1755, 1755.

Der **Vorteil** liegt darin, dass der Nachfolger an das Unternehmen gebunden wird, der Erblasser das Unternehmen unter Umständen gemeinsam mit dem Nachfolger führt und diesen so in seine Aufgabe einweisen kann. Die sehr große **Gefahr** liegt darin, dass es dem Nachfolger häufig nicht gelingt, aus dem Schatten des zukünftigen Erblassers herauszutreten und eigene Ideen zu verwirklichen. Wenn hinzukommt, dass der Übertragende nicht bereit ist, erhebliche Entscheidungskompetenzen an seinen Nachfolger abzugeben, wird dem Nachfolger die Tätigkeit im Unternehmen häufig verleidet.

Aus diesem Grund sollte eine Trennung von Unternehmenseigentum **45** und Unternehmensführung erfolgen. Die am meisten geeignete Unternehmensform hierfür ist die Aktiengesellschaft. Durch die Neuregelung des Aktienrechts aus dem Jahr 1994 sind zahlreiche Erleichterungen in das Gesetz aufgenommen worden, die die gerade von mittelständischen Familienunternehmen häufig gescheute Rechtsform der Aktiengesellschaft attraktiv machen. Für viele mittelständische Unternehmer bietet sich daher auch zur Durchsetzung von Nachfolgeplanungen die Umwandlung einer GmbH oder GmbH & Co. KG in eine AG an.

Der erste Vorteil der AG als Rechtsform liegt in der unkomplizierten **46** Möglichkeit, Unternehmensanteile, nämlich Aktien, zu übertragen. Der zweite wesentliche Vorteil liegt in der Trennung von Inhaberschaft und Unternehmensleitung. Der bisherige Unternehmensinhaber muss nicht vollständig aus dem Unternehmen ausscheiden. In der Regel wird er in den Aufsichtsrat übertreten und seinen Nachfolger zur Unternehmensführung in den Vorstand berufen. Im Aufsichtsrat übt er nicht lediglich ein Ehrenamt aus, sondern bietet zum einen kompetente Begleitung des Vorstandes und Zurverfügungstellung des gesammelten Wissens an. Zum anderen kann er eine echte Überwachungsfunktion ausüben.

7. Absicherung durch Rückforderungsrechte

Wesensmerkmal der vorweggenommenen Erbfolge ist, dass der Erblas- **47** ser sein Unternehmensvermögen bereits zu Lebzeiten aus der Hand gibt. Die Motivation hierzu kann verschieden sein: Unter Umständen möchte der Erblasser durch die vorweggenommene Erbfolge eine Abschichtung des Vermögensüberganges vornehmen und damit eine steuerliche Belastung der Vermögensempfänger gering halten. Weiteres Motiv kann sein, dass die Unternehmensnachfolge aufgrund des Lebensalters des auserkorenen Nachfolgers ein ungewissen zeitlichen Aufschub nicht duldet. In vielen Fällen ist dem Erblasser auch daran gelegen, den Übergang des Unternehmensvermögens zu begleiten und die Entwicklung zu beobachten. Schließlich vollzieht sich die vorweggenommene Erbfolge in der Regel unter nahen Angehörigen oder sonst nahe stehenden Personen. Die vorweggenommene Erbfolge beschränkt sich in solchen Fällen nicht auf eine Vermögensübertragung, die sich allein am Wohl der unternehmerischen Beteiligung orientiert. In ihr liegt zugleich in aller Regel ein Geschenk an den Nachfolger. Denn der Mehrzahl der Rechtsgeschäfte, die im Wege der vorweggenommenen Erbfolge vollzogen werden, liegt eine Schenkung oder zumindest eine gemischte Schenkung zugrunde. In all diesen Fällen möchte sich der Erblasser davor schützen, dass die Motive und Erwartungen, die ihn zur vorweggenommenen Erbfolge veranlasst haben und mit dieser verbunden waren, enttäuscht werden und er tatenlos zusehen muss.

48 Die vorweggenommene Erbfolge kann in unterschiedlichen rechtlichen Gestaltungen erfolgen, es wird auf obige Ausführungen verwiesen. Die einzelnen Rechtsinstitute wie z. B. die Schenkung sehen zwar teilweise gesetzliche Möglichkeiten vor, sich von dem der vorweggenommenen Erbfolge zugrunde liegenden Rechtsgeschäft zu lösen. So kann der spätere Erblasser gemäß § 527 BGB bei Nichtvollziehung einer Auflage die Herausgabe des Geschenkes, z. B. die Rückübertragung einer Gesellschaftsbeteiligung, verlangen. Nach § 528 BGB kann er im Falle der eigenen unverschuldeten Verarmung ebenfalls die Rückgängigmachung der Übertragung verlangen. Insgesamt stellen sich diese Rechte als nicht ausreichend dar, zum anderen liegt die Darlegungs- und Beweislast beim Schenker. Es empfiehlt sich daher, zugleich mit dem Rechtsgeschäft, mit dem die vorweggenommene Erbfolge vollzogen werden soll, Rückforderungsrechte positiv rechtlich auszugestalten.

49 **a) Freie Hinauskündigung.** Denkbar ist es, dass sich der spätere Erblasser im Rahmen der vorweggenommenen Erbfolge vorbehält, ohne besonderen Grund dem Nachfolger die durch die vorweggenommene Erbfolge erlangte Rechtsposition wieder zu entziehen. So kann sich der spätere Erblasser vorbehalten, die auf den Nachfolger übertragenen Gesellschaftsanteile jederzeit zu einem von ihm zu bestimmenden oder bereits bestimmten und unter Marktwert liegenden Preis zurückzukaufen.[36] Ebenso könnte er sich das Recht ausbedingen, durch einseitige Erklärung den Ausschluss und damit das Ausscheiden des Nachfolgers aus einer Personengesellschaft zu bewirken. Solche Klauseln sind grundsätzlich wegen Verstoßes gegen § 138 BGB **unwirksam.**[37] Solche Klauseln stellen kein taugliches Mittel zur Absicherung des späteren Erblassers dar.

50 **b) Rückforderungsrechte.** Ein Rückforderungsrecht begründet bei Vorliegen seiner Voraussetzungen einen Anspruch auf Rückübertragung der übertragenen Rechtsposition. Die Voraussetzungen sollten im Hinblick auf eine mögliche streitige Auseinandersetzung und spätere Überprüfung durch ein Gericht klar definiert sein. Die Rückforderungsrechte sollten ausdrücklich als unvererblich bezeichnet werden, damit sie mit dem Tod des Erblassers auf jeden Fall erlöschen. Häufig aufgeführte Umstände, die ein Rückforderungsrecht begründen, sind die Veräußerung oder Belastung des übertragenen Unternehmensvermögens, Zwangsvollstreckungsmaßnahmen von Eigengläubigern des Nachfolgers, Versterben des Nachfolgers vor dem späteren Erblasser, Vermögensverfall des Nachfolgers und Nichterreichen einer erforderlichen Qualifikation. Der Erb-

---

[36] Siehe BGH NJW 1990, 2622, 2623.

[37] BGH NJW 1989, 834, 835; NJW 1989, 2681, 2682; 1990, 2622, 2623; NJW 1985, 2421, 2422; NJW 1982, 2303, 2303.

lasser sollte für den Fall der Rückforderung Vorsorge getroffen haben. Bis zur Ausübung des Rückforderungsrechtes und – bei einer streitigen Auseinandersetzung – bis zur Erfüllung eines etwaigen Rückforderungsanspruches vergehen häufig viele Jahre. Unter Umständen ist es für den Erblasser nach berechtigter Ausübung eines Rückforderungsanspruches nicht mehr möglich, eine sinnvolle anderweitige Nachfolgeplanung vorzunehmen.

c) Widerrufsvorbehalt. Bisweilen möchte der spätere Erblasser sich 51
den jederzeitigen Widerruf der vorweggenommenen Erbfolge vorbehalten. Die **freie Widerruflichkeit** scheitert ebenso wie entsprechende Kündigungsklauseln in der Regel an § 138 BGB.[38] Ebenso wie eine freie Hinauskündigungsklausel schafft auch der freie Widerrufsvorbehalt für den Unternehmensnachfolger keinerlei Sicherheit. Wenn seine berufliche Existenz im Unternehmen allein vom Gutdünken des späteren Erblassers abhängig ist, wird er die Unternehmensnachfolge möglicherweise nur dann antreten, wenn ihm keine anderweitige Berufsmöglichkeit verbleibt. Von einer solchen Klausel ist daher abzuraten.

Handelt es sich bei der vorweggenommenen Erbfolge jedoch nicht 52
um eine Vollrechtsübertragung, sondern nur um eine **treuhänderische Übertragung** an den Nachfolger, sieht die Rechtsprechung einen freien Widerrufsvorbehalt bisweilen als wirksam an.[39] Unter Umständen kann der Erblasser durch eine zeitliche Begrenzung des Widerrufsvobehaltes oder der Kündigungsklausel einen Verstoß gegen § 138 BGB ausschließen.

d) Auflösende Bedingung. Der spätere Erblasser kann im Rahmen 53
des Vollzugsgeschäftes der vorweggenommenen Erbfolge eine auflösende Bedingung für den Eintritt bestimmter Umstände vereinbaren. Auch hier gilt, dass solche Umstände exakt bezeichnet werden müssen. Die Vereinbarung einer solchen auflösenden Bedingung der Rechtsübertragung bringt jedoch auch dem Übertragenden Nachteile: Als Eintritt der auflösenden Bedingung vereinbaren die Parteien in der Regel ein vom Übertragenden nicht erwartetes Fehlverhalten oder beruflichen Misserfolg des Nachfolgers im Unternehmen. Im Rahmen der Übertragung der Vermögenswerte an den Nachfolger nimmt der spätere Erblasser eine Risikoprognose vor. Realisiert sich ein bestimmtes Risiko und tritt die auflösende Bedingung ein, wird der Rechtserwerb, der im Rahmen der vorweggenommenen Erbfolge vorgenommen wurde, ipso jure unwirksam. Der Übertragende selbst hat also gar kein Wahlrecht mehr, ob er eine Rückübertragung fordert oder nicht. Diese vollzieht sich vielmehr automatisch. Unter Umständen kann das auch ungewünschte steuerliche Folgen auslösen. Von der Vereinbarung einer auflösenden Bedingung ist daher grundsätzlich abzuraten.

---

[38] Vgl. die Nachweise bei Fn 36 und 37.

[39] BGH NJW 1990, 2622, 2623.

II. Unternehmensnachfolge und Umwandlung

54 Die Umwandlung eines Unternehmens, z. B. der Wechsel der Rechtsform, ist häufig nützliches, teilweise auch unverzichtbares Mittel zur Gestaltung der Unternehmensnachfolge. So kann es erforderlich sein, dass der Erblasser durch letztwillige Verfügung einem Erben oder Vermächtnisnehmer eine unternehmerische Beteiligung zuwenden und auf diesem Wege eine Unternehmensfolge herbeiführen möchte. Die bisherige Unternehmensform kann einer solchen letztwilligen Zuwendung der unternehmerischen Beteiligung im Wege stehen. Aus diesem Grund kann z. B. eine Rechtsform wechselnde Umwandlung erforderlich sein, um der letztwilligen Verfügung zur Geltung zu verhelfen.

55 Möchte der Erblasser in spe ein oder mehrere Unternehmen umwandeln, bieten sich zwei grundsätzliche Wege an:
- Umwandlung nach dem UmwG oder
- Umwandlung außerhalb des UmwG.

56 Mit dem 1995 eingeführten **UmwG** verfolgte der Gesetzgeber im Wesentlichen **drei Ziele**: Bereits bestehende Möglichkeiten der Umstrukturierung und Reorganisation von Unternehmen sollten zusammengefasst und systematisiert werden.[40] Zweite Zielsetzung war die Schließung vorhandener Lücken des früheren Umwandlungsrechtes.[41] Die bis dahin zur Verfügung stehenden Umwandlungsformen bestanden in Kombinationsmöglichkeiten bereits vorhandener Rechtsinstitute. Häufig erfolgten Umwandlungen z. B. durch Einzelrechtsübertragung vorhandener Vermögenswerte eines Unternehmens auf ein anderes. Hierzu kam es zu unerwünschten Nebenfolgen wie der Aufdeckung stiller Reserven. Eine Vermeidung solcher unerwünschten Nebenfolgen ermöglicht das UmwG nunmehr. Drittes Ziel des UmwG war der Schutz von Anlegern, Gläubigern und Arbeitnehmern.[42]

57 § 1 Abs. 2 UmwG bestimmt, dass Umwandlungen außerhalb der vom UmwG geregelten Fälle nur dann möglich sein sollen, wenn dieses durch Bundes- oder Landesgesetz explizit zugelassen ist, so genanntes **Analogieverbot**. Nach herrschender Meinung schließt dieser sehr weite Wortlaut jedoch nicht aus, dass neben den vom UmwG vorgesehenen Umwandlungstypen solche Umwandlungsmöglichkeiten weiter angewendet werden, die bereits vor In-Kraft-Treten des UmwG Anwendung fanden.[43]

58 Der künftige Erblasser hat also die Möglichkeit, ob er etwaige Umwandlungsmaßnahmen nach dem UmwG oder nach früheren Methoden durchführt. Der Schwerpunkt der folgenden Betrachtung liegt dabei auf der Umwandlung nach dem UmwG, da diese in der Durchführung als einfacher anzusehen ist.

---

[40] *Dehmer* Einf UmwG Rn 12.
[41] *Dehmer* Einf UmwG Rn 17
[42] *Dehmer* Einf UmwG Rn 22.
[43] *Dehmer* § 1 UmwG Rn 28.

1. Umwandlung nach dem UmwG

§ 1 Abs. 1 UmwG beschreibt die **vier Grundtypen** einer Umwandlung, nämlich 59
- Verschmelzung,
- Spaltung,
- Vermögensübertragung und
- Formwechsel.

Allerdings können gemäß § 1 Abs. 1 UmwG von den Umwandlungsmöglichkeiten nach dem UmwG nur Rechtsträger mit **Sitz im Inland** Gebrauch machen. Grenzüberschreitende Umwandlungen auf EU-Ebene sind daher nach dem UmwG derzeit nicht möglich, die Harmonisierungsbemühungen im Bereich Arbeits- und Mitbestimmungsrecht sind noch nicht abgeschlossen.[44] Eine Besonderheit des UmwG liegt zudem darin, dass nicht jede Umwandlungsform für jede Unternehmensform und jedes Umwandlungsziel zur Verfügung stehen. Insoweit herrscht ein **Typenzwang**.[45] Im Einzelfall muss also anhand der Vorschriften des UmwG überprüft werden, ob die konkret beabsichtigte Form der Umwandlung nach dem **Numerus clausus** der Umwandlungsmöglichkeiten zur Verfügung steht. 60

aa) Vermögensübertragung, §§ 1 Abs. 1 Ziffer 3, 174 ff. UmwG. Wesensmerkmal der Vermögensübertragung ist gemäß § 174 UmwG, dass ein Rechtsträger unter Auflösung, aber ohne Abwicklung sein Vermögen als Ganzes auf einen anderen, bereits bestehenden Rechtsträger überträgt. Die Anteilsinhaber des übertragenden Rechtsträgers erhalten jedoch als Gegenleistung nicht Anteile am aufnehmenden Rechtsträger, sondern eine anders geartete Gegenleistung. Diese Form der Umwandlung dürfte im Zusammenhang mit einer Nachfolge in Familienunternehmen nicht in Betracht kommen. Gemäß § 175 UmwG steht diese Form der Umwandlung grundsätzlich nur zur Verfügung für die Übertragung auf öffentlich rechtliche Gebietskörperschaften und Versicherungsgesellschaften oder Versicherungsvereine. 61

bb) Verschmelzung, §§ 1 Abs. 1 Ziffer 1, 2 ff. UmwG. Wesensmerkmal einer Verschmelzung ist die Übertragung des gesamten Vermögens eines oder mehrerer Rechtsträger auf einen bereits bestehenden Rechtsträger (**Verschmelzung durch Aufnahme**) oder einen neu gegründeten Rechtsträger (**Verschmelzung durch Neugründung**). Die Übertragung des Vermögens erfolgt dabei im Wege der **Gesamtrechtsnachfolge**, eine Einzelrechtsübertragung ist also nicht erforderlich. Auf diese Weise kann die Aufdeckung stiller Reserven vermieden werden. Der übertragende Rechtsträger geht durch die Übertragung seines Vermögens im Wege der Gesamtrechtsnachfolge auf den übernehmenden Rechtsträger unter. Die Anteilsinhaber, in der Regel also die Gesellschafter des untergehenden Rechtsträgers erhalten im Gegenzug für die Vermögensübertragung An- 62

---

[44] *Dehmer* § 1 UmwG Rn 3.
[45] *Dehmer* § 1 UmwG Rn 27.

teile oder eine Mitgliedschaft am übernehmenden Rechtsträger, § 2 UmwG.

63 Der Regelfall ist die horizontale Verschmelzung von Unternehmen, der so genannte **sideways merger**: Hier verschmelzen zwei nicht miteinander verbundene oder zwei Schwesterunternehmen miteinander dergestalt, dass eines der beiden Unternehmen den übernehmenden Rechtsträger darstellt oder beide Unternehmen ihr Vermögen auf ein drittes übertragen.

64 Im Gegensatz dazu befinden sich bei so genannten **upstream merger** sämtliche Anteile am übertragenden Rechtsträger bereits in der Hand des übernehmenden Rechtsträgers. Der übertragene Rechtsträger geht auch hier mit der Übertragung seines Vermögens auf den übernehmenden Rechtsträger unter. Da jedoch keine außenstehenden Anteilsinhaber vorhanden sind, ist es unzulässig, den Anteilsinhabern des übernehmenden und daher fortbestehenden Rechtsträgers anlässlich der Verschmelzung neue Anteile am übernehmenden Rechtsträger zu gewähren, §§ 5 Abs. 2, 54 Abs. 1 Nr. 1 UmwG. Der upstream merger stellt eine vertikale Verschmelzung dar. Eine solche vertikale Verschmelzung ist auch in umgekehrter Richtung als **downstream-merger** möglich, § 54 Abs. 1 Satz 2 Nr. 2 UmwG: In diesem Fall wird die Muttergesellschaft auf die Tochtergesellschaft verschmolzen.

65 Beim sideways-merger muss der übernehmende Rechtsträger den Anteilsinhabern des untergegangenen Rechtsträgers Beteiligungen einräumen. Hierzu ist in der Regel eine Kapitalerhöhung beim übernehmenden Rechtsträger erforderlich. Jede Kapitalerhöhung ist mit hohem Verwaltungsaufwand und häufig hohen Kosten verbunden. Eine Kapitalerhöhung des übernehmenden Rechtsträgers im Wege der Verschmelzung stellt zudem grundsätzlich eine **Sachkapitalerhöhung** dar. Nach den allgemeinen kapitalgesellschaftlichen Grundsätzen der Kapitalaufbringung und Kapitalerhaltung muss die Werthaltigkeit der Sacheinlage, also des übertragenen Vermögens – in der Regel ein werbender Geschäftsbetrieb –, bewertet und unter Umständen gegenüber dem Handelsregister oder anderen Stellen nachgewiesen werden. Dieses ist wiederum mit Prüfungskosten und Verwaltungsaufwand verbunden. Aus Kosten- und Vereinfachungsgründen wird daher die vertikale Verschmelzung einem sideways-merger vorgezogen.[46] Als Mittel der Unternehmensnachfolge wird sich die Verschmelzung nur selten anbieten. Vereinfacht ausgedrückt macht der Erblasser durch die Verschmelzung aus zwei Unternehmen eines. Grund hierfür kann die Ausnutzung von Synergieeffekten sein. Weiteres Motiv kann sein, dass der Erblasser eine bisher unübersichtliche Struktur seiner gesellschaftsrechtlichen Beteiligungen und seiner Unternehmen vereinfachen möchte. Diese Motive sind jedoch keine solchen, die in besonderer Weise auf die Unternehmensnachfolge zurückzuführen wären. Häufig handelt es sich dann um Veränderungen, die der Erblasser nur aus Anlass seiner Nachfolgeplanung durchführt.

---

[46] *Sudhoff/Berenbrok* § 64 Rn 15.

cc) Spaltung, §§ 1 Ziffer 2, 123ff. UmwG. Bei der Spaltung überträgt ein Rechtsträger lediglich einen Teil seines Vermögens auf einen oder mehrere andere, übernehmende Rechtsträger. Die Übertragung von Vermögenswerten erfolgt hier jedoch im Wege der **Sonderrechtsnachfolge**, zum Teil auch als **partielle Universalsukzession** bezeichnet.[47] Aufnehmendes Unternehmen kann sowohl ein bereits bestehendes oder ein neu zu gründendes bzw. gegründetes Unternehmen sein. Der alte Rechtsträger bleibt im Gegensatz zur Verschmelzung bestehen, seine Anteilsinhaber erhalten im Gegenzug für die Übertragung von Vermögensteilen eine Beteiligung am übernehmenden bzw. neuen Rechtsträger, § 123 Abs. 1 bis 3 UmwG. 66

Der grundsätzliche Vorteil gegen frühere Formen der partiellen Übertragung von Unternehmensvermögen liegt darin, dass auch hier eine Einzelrechtsnachfolge mit den häufig unerwünschten Nebenfolgen nicht vonnöten ist.[48] Drei Arten der Spaltung sieht das UmwG vor: 67

- Aufspaltung,
- Abspaltung und
- Ausgliederung.

Die **Aufspaltung** ist die Übertragung von Vermögensteilen des übertragenden Rechtsträgers auf mehrere übernehmende Rechtsträger, wobei der übertragende Rechtsträger gegen Gewährung von Anteilen der übernehmenden Rechtsträger untergeht, § 123 Abs. 1 UmwG. Die übernehmenden Rechtsträger können entweder bei der Aufspaltung bereits existieren, §§ 126ff. UmwG. Oder sie werden im Rahmen der Aufspaltung neu geschaffen, so genannte Aufspaltung zur Neugründung, §§ 135ff. UmwG. 68

Die **Abspaltung** hingegen bezeichnet die Übertragung lediglich von Vermögensteilen des übertragenden Rechtsträgers auf einen oder mehrere übernehmende Rechtsträger. Der übertragende Rechtsträger besteht also im Gegensatz zur Aufspaltung fort. Auch hier erhalten die Anteilsinhaber des übertragenden Rechtsträgers für den Verlust von Teilen des Vermögens Anteile des oder der übernehmenden Rechtsträger(s), § 123 Abs. 2 UmwG. Auch hier gilt, dass das aufnehmende Unternehmen ein bereits existierendes sein kann oder im Rahmen der Abspaltung erst zu gründen ist, § 123 Abs. 2 Nr. 2 UmwG. 69

Die **Ausgliederung** schließlich stellt die Übertragung von Vermögensteilen des übertragenden Rechtsträgers auf einen oder mehrere übernehmende Rechtsträger gegen Gewährung von Anteilen der übernehmenden Rechtsträger dar. Im Gegensatz zur Verschmelzung werden hier also nur Vermögensteile übertragen, der übertragende Rechtsträger besteht jedoch fort. Die Besonderheit gegenüber der Abspaltung liegt darin, dass nicht den Anteilsinhabern des übertragenden Rechtsträgers, sondern dem übertragenden Rechtsträger selbst Anteile der übernehmenden Rechtsträger gewährt werden. Trotz des im Umwandlungsrecht grund- 70

[47] *Dehmer* § 1 UmwG Rn 18.
[48] *Dehmer* § 1 UmwG Rn 20.

sätzlich geltenden Typenzwanges lässt § 123 Abs. 4 UmwG bei der Spaltung Mischformen zu.

71 Die **Spaltung** kann dem Erblasser dazu dienen, mehrere in seiner Hand befindliche Unternehmen oder unternehmerische Beteiligungen im Sinne der von ihm beabsichtigten Unternehmensnachfolge neu zu ordnen. Es kann sich daher anbieten, durch Spaltung mehrere vorhandene Unternehmen zu vergrößern und zu verkleinern, um mehreren Erben jeweils in etwa gleiche Vermögenswerte zukommen zu lassen. Ein weiterer Grund kann darin liegen, dass bestimmte Unternehmensteile dem Unternehmen zugeschlagen werden sollen, das derjenige von mehreren Erben erhalten soll, der zur Führung gerade dieses Unternehmens einschließlich des durch Abspaltung neu aufgenommenen Teiles besonders geeignet ist.

72 *dd) Formwechsel, §§ 1 Abs. 1 Nr. 4, 190 ff. UmwG.* Beim Formwechsel wechselt der an dieser Umwandlungsform beteiligte Rechtsträger lediglich seine Rechtsform, seine **rechtliche Identität** und sein Vermögen behält er bei. Eine **Vermögensübertragung** findet also **nicht** statt. Im Zusammenhang mit der Regelung des Formwechsels stellt § 190 Abs. 2 UmwG klar, dass Formwechsel auch nach anderen gesetzlichen Vorschriften eintreten können und von den Regelungen im UmwG unberührt bleiben. Es handelt sich z. B. um den Fall der kraft Gesetzes eintretenden Umwandlung einer GbR in eine OHG, wenn die Gesellschaft ein Handelsgewerbe im Sinne von § 1 HGB aufnimmt und ausübt.

73 Beteiligte Rechtsformen an einem Formwechsel können sowohl Kapitalgesellschaften als auch z. B. Personengesellschaften oder einzelkaufmännische Unternehmen sein. Somit ist beispielsweise ein Formwechsel von einer Kapitalgesellschaft in eine Personengesellschaft und umgekehrt zulässig.[49]

74 Der Formwechsel spielt daher für die Unternehmensnachfolge in vielen Fällen als **flankierende Maßnahme** eine besonders wichtige Rolle: Der zukünftige Erblasser kann eine Gesellschaftsform, in der er sein Unternehmen bisher führt, so abändern, dass die Übertragung der Anteile am Unternehmen durch letztwillige Verfügung ermöglicht oder erleichtert wird. Er kann daher die von ihm gewollte Vermögensverteilung für die Zeit nach seinem Tod oder auch schon zu Lebzeiten im Rahmen vorweggenommener Erbfolge ermöglichen oder zumindest erleichtern. Er kann durch Wechsel der Rechtsform seines Unternehmens die potentielle Haftung seiner Erben als Inhaber des Unternehmens für Unternehmensschulden beschränken oder ausschließen, insbesondere wenn die Erben zur gleichzeitigen Führung des Unternehmens nicht qualifiziert sind. Durch Wahl einer neuen Rechtsform im Wege des Formwechsels kann der Erblasser schließlich den Einfluss der Erben als Gesellschafter auf die Geschäftsführung vermindern oder vergrößern.[50]

---

[49] *Dehmer* § 1 UmwG Rn 23.

[50] Zur Frage, ob durch eine Umwandlung eine angeordnete Testamentsvollstreckung endet, vgl. *Reimann*, ZEV 2000, 381 ff.

ee) Formalia. Das UmwG regelt detailliert Voraussetzungen, Ablauf und Rechtsfolgen einer Umwandlung. Für jeder Form der Umwandlung sind folgende Punkte zu berücksichtigen: 75
- Form und Inhalt des Umwandlungsvertrages,
- Folgen der Umwandlung für die Arbeitnehmer und ihre Vertretungen,
- Beteiligung von Arbeitnehmervertretungen,
- Umwandlungsberichte,
- Umwandlungsprüfungen,
- Umwandlungsbeschlüsse,
- registerrechtliches Vorgehen (Anmeldung und Eintragung) sowie
- Zeitpunkt der Wirksamkeit der Umwandlung.

Die jeweiligen Voraussetzungen variieren je nach Art der Umwandlungsform. Besondere Beachtung verdienen die vom UmwG vorgegebenen Fristen. So kann z. B. im Falle einer Verschmelzung der Anmeldung der Verschmelzung zum Handelsregister die letzte Jahresbilanz beigefügt werden, sofern diese im Zeitpunkt der Anmeldung nicht bereits älter als 8 Monate ist, § 17 Abs. 2 Satz 4 UmwG. Maßgeblich ist der Stichtag der Bilanz. Bilanziert also ein Unternehmen zum 31. 12. des jeweiligen Kalenderjahres und erfolgt die Anmeldung einer Verschmelzung erst im September des Folgejahres, muss eine neue Bilanz aufgestellt werden. Die damit verbundenen Kosten sind in der Regel durch Beachtung der entsprechenden Fristen vermeidbar. 76

2. Umwandlung außerhalb des UmwG

Vor In-Kraft-Treten des UmwG gab des unterschiedliche Möglichkeiten, durch Kombination verschiedener bereits vorhandener Rechtsinstitute ähnliche rechtliche Ergebnisse zu erzielen wie bei einer Umwandlung nach dem UmwG. Zwei Grundtypen lassen sich ausmachen: 77
- Anwachsungsmodelle und
- Einzelrechtsübertragungen.

Auch nach In-Kraft-Treten des UmwG können sich im Einzelfall diese Formen der Umwandlung anbieten, weil sie in der Regel keine umfangreichen Formalia erfordern und Umwandlungsstichtage nicht eingehalten werden müssen. 78

a) Anwachsungsmodelle. Eine Unternehmungsumwandlung lässt sich über die Zentralnorm des § 738 Abs. 1 Satz 1 BGB erreichen. Danach wächst beim Ausscheiden eines Gesellschafters aus einer GbR den übrigen Gesellschaftern der Anteil des Ausscheidenden am Gesellschaftsvermögen zu. Diese Anwachsung erfolgt, ohne dass dazu die anteilige Übertragung der einzelnen Gegegenstände des Gesellschaftsvermögens erforderlich oder gar möglich wäre.[51] Diese Vorschrift gilt über die §§ 105, 161 HGB auch für die OHG und die KG. Eine Umwandlung von einer Personengesellschaft in eine Kapitalgesellschaft kann dadurch bewerkstelligt werden, dass die Kapitalgesellschaft, z. B. eine GmbH, Gesellschafterin der Perso- 79

[51] *Palandt/Sprau* § 738 Rn 1.

nengesellschaft wird oder es bereits ist, z. B. in einer GmbH & Co. KG. Die übrigen Gesellschafter treten dann aus der Gesellschaft aus. Im Wege der Anwachsung gemäß § 738 Abs. 1 Satz 1 BGB, gegebenenfalls in Verbindung mit §§ 105, 161 HGB, wächst das Vermögen der ausgetretenen Gesellschafter der einzigen noch vorhandenen Gesellschafterin, der GmbH, zu. Diese wird alleinige Trägerin des Gesellschaftsvermögens der ursprünglichen Personengesellschaft, die nunmehr durch Vereinigung des Gesellschaftsvermögens in der Hand der letzten Gesellschafterin erlischt.

80 **b) Einzelrechtsübertragung.** Das UmwG sieht mehrere Umwandlungsformen vor, bei denen das Vermögen des so genannten übertragenden Rechtsträgers ganz oder teilweise auf einen oder mehrere andere Rechtsträger übergeht. Die Übertragung von Vermögen eines Rechtsträgers auf einen anderen lässt sich selbstverständlich auch im Wege der Einzelrechtsübertragung durchführen. Möglicherweise ist im Gegensatz zu verschiedenen Umwandlungsformen nach dem UmwG eine notarielle Beurkundung eines Umwandlungsvertrages nicht erforderlich. Ein solches Formerfordernis kann sich jedoch aus der Übertragung der einzelnen Vermögensgegenstände ergeben, so z. B. wenn ein Betriebsgrundstück auf einen anderen Rechtsträger übertragen werden soll. Der wesentliche Nachteil in einer solchen Form der Unternehmensumwandlung liegt darin, dass sämtliche Vermögensgegenstände wegen des sachenrechtlichen Bestimmtheitsgrundsatzes im Einzelnen übertragen werden müssen. Zusätzlich müssen Dritte an solchen Umwandlugsgeschäften teilnehmen, wenn nämlich nicht nur Aktiva, sondern auch Verbindlichkeiten von dem übernehmenden Rechtsträger übernommen werden sollen: Gemäß §§ 414, 415 BGB ist die Zustimmung des Gläubigers der Verbindlichkeit erforderlich. Auch dieses spricht in der Regel gegen eine Unternehmensumwandlung durch Einzelrechtsübertragung.

81 **c) Auswahlkriterien.** Welche Art der Umwandlung, nach dem UmwG oder auf andere Art und Weise, sinnvollerweise zu wählen ist, muss sich im Einzelfall durch Abwägung der Vor- und Nachteile ergeben. Maßgebliche Kriterien sind steuerliche Erwägungen, Kosten- und Zeitaufwand, arbeitsrechtliche Fragen, das Erfordernis der Beteiligung Dritter und schließlich Publizitätspflichten nach dem UmwG, z. B. §§ 8, 12 UmwG.

3. Richtiger Zeitpunkt für die Umwandlung

82 Der Bedarf, Umwandlungsmaßannahmen durchzuführen, kann sich zu Lebzeiten für die vorweggenommene Erbfolge ergeben. Der Bedarf kann auch erst nach dem Tode auftreten, wenn durch letztwillige Verfügung unternehmerische Beteiligungen zugewendet werden sollen. Wann eine Umwandlung spätestens durchgeführt werden sollte, ergibt sich aus dem jeweiligen Zweck der Umwandlung. Soll z. B. die Umwandlung dazu dienen, dass das unternehmerische Vermögen durch Formwechsel besser verteilungsfähig ist, ist es theoretisch denkbar, dass der Erblasser den Erben letztwillig die Auflage erteilt, ein in den Nachlass fallendes Unter-

nehmen umzuwandeln und dann eine bestimmte Aufteilung vorzunehmen. Auch in einem solchen seltenen Fall ist es auf jeden Fall ratsam, dass der Erblasser in spe schon zu Lebzeiten und möglichst frühzeitig die Umwandlung einleitet und somit die Weichen stellt. Will nämlich der Erblasser z. B. eine die persönliche Haftung beschränkende Rechtsform zum Schutze seiner Erben wählen und wird dieser Formwechsel erst nach dem Tode des Erblassers vollzogen, kommt für die Zwischenzeit eine persönliche Haftung der Erben über unternehmerische Schulden in Betracht. Das Motiv des Erblassers, durch Umwandlung eine die persönliche Haftung der Erben ausschließende Rechtsform zu schaffen, würde auf jeden Fall gefährdet. Außerdem hat es der Erblasser bei einer Umwandlung zu Lebzeiten in der Hand, die mit einer Umwandlung verbundenen Reibungsverluste wie Irritationen bei Geschäftspartnern und Mitarbeitern zu korrigieren.

III. Typische Nachfolgesituationen

Im Folgenden werden einige Sachverhalte dargestellt, die immer wie- **83**
der im Zusammenhang mit Fragen der Unternehmensnachfolge auftreten.

1. Trennung von Gesellschaftern und Geschäftsführung

In vielen Fällen kann oder möchte der Unternehmer sein Unternehmen **84**
nicht an einen einzigen Nachfolger übergeben, sei es durch vorweggenommene Erbfolge oder durch Verfügung von Todes wegen. Dies kann seinen Grund zum einen darin haben, dass er mehrere Personen mit dem Unternehmensvermögen bedenken will. Zum anderen kann dieses daran liegen, dass eine geeignete Person aus dem Kreis der zukünftigen Erben nicht vorhanden ist. In solchen Fällen wird es in aller Regel maßgeblich darauf ankommen, dass der Unternehmer zu Lebzeiten alle Voraussetzungen dafür schafft, dass ein geeigneter familienfremder Dritter das Unternehmen führen kann, während Inhaber des Unternehmens die Erben werden. Wird die Inhaberschaft des Unternehmens durch – gegebenenfalls vorweggenommene – Erbfolge auf mehrere Personen oder gar Familienstämme übertragen, muss der Unternehmer Sorge dafür tragen, dass unterschiedliche Ansichten der einzelnen Mitinhaber nicht dazu führen, dass die Unternehmensführung blockiert wird. Es ergeben sich hieraus zwei Grundgedanken:

a) Rechtsformwahl. Die Einsetzung z. B. einer **Fremdgeschäfts-** **85**
führung setzt voraus, dass das Unternehmen in einer dafür geeigneten Rechtsform betrieben wird. Grundsätzlich ungeeignet sind also alle Unternehmensformen, bei denen der Grundsatz der Selbstorganschaft gilt. So sind bei einem einzelkaufmännischen Unternehmen, einer GbR, OHG und – soweit es den Komplementär betrifft – KG die Inhaber bzw. Gesellschafter zugleich zur Geschäftsführung berufen und verpflichtet. Um ein Drittmanagement einsetzen zu können, muss der Unternehmer sein Unternehmen umwandeln in eine Rechtsform, die dieses zulässt. Es

sind dieses die GmbH, die GmbH & Co. KG, die AG sowie die KGaA. Die Umwandlung selbst kann entweder nach dem UmwG oder auch außerhalb des UmwG durchgeführt werden. Dem Unternehmer und seinen Erben kommt für bisher entstandene Unternehmensverbindlichkeiten in aller Regel das **Nachhaftungsbegrenzungsgesetz** zugute, das v. a. in § 160 HGB Ausdruck gefunden hat.

86 **b) Stärkung der Geschäftsleitung gegenüber den Gesellschaftern.** Selbst wenn der Unternehmer sein Unternehmen bereits in einer Rechtsform betreibt, die die **Fremdorganschaft** zulässt, besteht häufig dennoch Handlungsbedarf. Hat der Unternehmer bisher erfolgreich sein Unternehmen in der Rechtsform einer GmbH betrieben, will er dieses Unternehmensvermögen jedoch mehreren Einzelpersonen oder Familienstämmen zukommen lassen und ist daher mit Streit unter den neuen Inhabern zu rechnen, muss er zu Lebzeiten Vorsorge dafür treffen, dass sich ein solcher Streit nicht schädigend auf die Leitung des Unternehmens durchschlägt. Der GmbH-Geschäftsführer ist grundsätzlich an die **Weisungen** der Gesellschafterversammlung gebunden. Besteht unter den Gesellschaftern Streit über den Kurs des Unternehmens, kann eine Mehrheit der Gesellschafter – häufig aus streitbedingten, irrationalen Gründen – einen falschen Kurs der Gesellschaft vorgeben. Muss der Unternehmer und Erblasser in spe mit solchen Querelen rechnen, sollte er sein Unternehmen – z. B. GmbH oder GmbH & Co. KG – in eine AG umwandeln. Der Vorstand der AG ist im Gegensatz zum Geschäftsführer der GmbH oder der Komplementär-GmbH einer KG nicht an Einzelweisungen gebunden, sondern führt die Geschäfte in eigener Verantwortung, § 76 Abs. 1 AktG. Vielmehr hat es der Vorstand in der Hand, nach § 119 Abs. 2 AktG selbst das Verlangen zu stellen, dass die Hauptversammlung über Geschäftsführungsfragen entscheidet. Die Wahl der Rechtsform Aktiengesellschaft hat zudem den Vorteil, dass das Unternehmen gegebenenfalls an die Börse gebracht werden und so frisches Kapital besorgt werden kann.

2. Familiengesellschaft

87 Die Familiengesellschaft stellt keine eigene Rechtsform dar. Die Familiengesellschaft stellt vielmehr eine Gesellschaft dar, die es zulässt, Betriebsvermögen und die damit verbundenen Einkommensquellen auf Familienmitglieder oder sonstige dem Unternehmen nahe stehende Personen zu übertragen.[52] Häufig wird dieser Zweck der so genannten Familiengesellschaft verbunden mit einer schrittweisen Übertragung von Verantwortung und Geschäftsführung auf die an der Familiengesellschaft beteiligten Familienmitglieder oder zumindest einige von ihnen.[53] Dieses führt zugleich zu einer Bindung des oder der Nachfolger an das Unternehmen.

88 Auch steuerliche Gründe können ausschlaggebend dafür sein, potentielle Nachfolger im Unternehmen und weitere zu begünstigende nahe

[52] Vgl. *Sudhoff/Hübner* § 71 Rn 1.
[53] *Spiegelberger* Rn 399.

stehende Personen an der das Unternehmen tragenden Gesellschaft zu beteiligen. Wird auf diese Weise der Unternehmensgewinn auf mehrere Personen verteilt, führt dieses häufig zu einer Minderung der Steuerprogression.

a) Passende Rechtsform. Die Rechtsform muss geeignet sein, eine Beteiligung der Nachfolger effektiv zuzulassen. Konkret bedeutet dies, dass der Unternehmer ohne große Probleme weitere Personen an der Gesellschaft beteiligen kann, entweder durch Einräumung einer Mitgesellschafterstellung oder durch Begründung einer stillen Gesellschaft oder Unterbeteiligung. Rechtsformen, die eine direkte Beteiligung der Nachfolger zulassen, sind vor allem die GmbH, die GmbH & Co. KG sowie die AG und KGaA. Während die Beteiligung durch stille Gesellschafter oder Unterbeteiligung in der Regel eine reine vermögensrechtliche Beteiligung mit Versorgungscharakter darstellt, empfiehlt es sich, den oder die Nachfolger durch Einräumung einer Mitgesellschafterstellung an der das Unternehmen tragenden Gesellschaft zu beteiligen, wenn diese Nachfolger das Unternehmen einmal führen sollen. Dieses wird auch vom Lebensalter der zu beteiligenden Personen abhängen. Befinden sich z. B. zu beteiligende Kinder des Unternehmers noch in der Ausbildung, wird in der Regel eine rein vermögensmäßige Beteiligung durch Unterbeteiligung oder stille Gesellschaft gewählt. Auf diese Weise werden auch Unterhaltsansprüche weitgehend ausgeschlossen, da der Abkömmling dann in der Lage ist, sich aus der Unterbeteiligung oder den Einkünften aus der stillen Gesellschaft selbst zu unterhalten, vergleiche § 1602 Abs. 1 BGB. **89**

Die Beteiligung eines Nachfolgers als Kommanditist einer KG bietet häufig eine sachgerechte Zwischenlösung. Als Kommanditist werden Familienmitglieder direkt an der Gesellschaft beteiligt und haben – eingeschränkt – Kontroll- und Einflussrechte, vgl. §§ 164, 166 HGB. Zugleich sind sie jedoch zur Geschäftsführung nicht berufen, § 164 HGB. Handelt es sich dann um eine GmbH & Co. KG, kann der Unternehmer schrittweise seinen Nachfolger zunächst als Kommanditisten beteiligen und sodann auch zum Mitgesellschafter und/oder Allein- oder Mitgeschäftsführer der Komplementär-GmbH machen. **90**

Ein wichtiger Aspekt bei der Rechtsformwahl ist weiter die der **Haftungsbegrenzung**. Die vermögensmäßige Beteiligung von Familienmitgliedern an dem Erblasservermögen, das sich häufig zu einem großen Teil im Wert des Unternehmens ausdrückt, soll in der Regel nicht verbunden sein mit der persönlichen Haftung eines Unternehmers. Auch aus diesem Grund bieten sich die GmbH, die GmbH & Co. KG sowie die AG als Rechtsformen einer Familiengesellschaft an. Die zweckentsprechende Rechtsform muss der Unternehmer zu Lebzeiten gegebenenfalls durch Umwandlung herbeiführen. **91**

b) Besitzgesellschaft. In vielen Fällen nimmt der Unternehmer bei der Planung seiner Nachfolge auch eine **Betriebsaufspaltung** vor: Das bisherige Unternehmen, das z. B. Eigentümer des Betriebsgrundstückes ist, wird aufgespalten in eine **Besitzgesellschaft** und eine **Betriebsge-** **92**

sellschaft. Die Besitzgesellschaft wird Trägerin des Betriebsgrundstückes oder anderer wesentlicher Betriebsgrundlagen, während die Betriebsgesellschaft den operativen Geschäftsbetrieb führt.

93 Für die (Grund-)Besitzgesellschaft wird in der Regel die Rechtsform der GbR gewählt. Gegenstand ist die reine Vermögensverwaltung, nämlich die Verwaltung des Grundbesitzes. Sofern die Gesellschaft durch viele An- und Verkäufe nicht das Gepräge der Gewerbsmäßigkeit erhält,[54] betreibt die GbR kein Handelsgewerbe im Sinne von § 1 HGB. Da inzwischen der BGH eine persönliche Haftung der GbR-Gesellschafter für Verbindlichkeiten der Gesellschaft aus § 128 BGB entsprechend ableitet, sollte zumindest für die Fälle eine haftungsbeschränkende Rechtsform für die Besitzgesellschaft gewählt werden, in denen mit einer persönlichen Haftung der Gesellschafter gerechnet werden muss. Es handelt sich beispielsweise um Fälle, in denen die Gefahr von Altlasten im Betriebsgrundstück besteht, wenn umfangreiche Bauvorhaben durchgeführt werden oder wenn Kredite bestehen, die nicht vollständig durch Grundbesitz der Gesellschaft abgesichert sind. Als Rechtsform für die Besitzgesellschaft können selbstverständlich auch die AG oder GmbH oder GmbH & Co. KG sowie weitere Rechtsformen gewählt werden. Dieses empfiehlt sich insbesondere dann, wenn die Besitzgesellschaft das Betriebsgrundstück käuflich erwerben soll: Reichen die Kapitaleinlagen bei persönlicher Haftung nicht aus, um die mit dem Kauf verbundenen Verbindlichkeiten zu decken, kommt es de facto zu einer **Nachschusspflicht**, wenngleich diese gesetzlich nicht besteht. Bei Kapitalgesellschaften sowie der GmbH & Co. KG gelten die Grundsätze der realen **Kapitalaufbringung** und -erhaltung. Wenn also die Gesellschafter einer solchen Gesellschaft diese mit Barkapital ausstatten und dann kurz nach der Gründung mit diesem Barkapital das Grundstück erwerben, ergibt sich die Problematik der **verdeckten Sacheinlage**. Gegebenenfalls müssen hier also die Sachgründungsvorschriften beachtet werden.

94 In vielen Fällen ist der Unternehmer persönlich Eigentümer des Betriebsgrundstückes. Möchte er aus den oben genannten Gründen, insbesondere aber auch aus Steuergründen, dieses Grundstück in eine Familien-Besitzgesellschaft überführen, wird dieses häufig im Wege der Schenkung durchgeführt.

95 Sollen **minderjährige** Verwandte des Unternehmers an der Besitzgesellschaft beteiligt werden, entstehen für sie mit Abschluss des Gesellschaftsvertrages nicht nur Rechte, sondern auch Pflichten. Gemäß §§ 1629 Abs. 2, 1795 Abs. 2, 181 BGB kann der Minderjährige nicht durch seine Eltern vertreten werden, gemäß § 1909 BGB erfolgt die Vertretung durch einen Ergänzungspfleger. Darüber hinaus ist in der Regel die Genehmigung des Vormundschaftsgerichtes gemäß § 1643 Abs. 1, 1822 Nr. 3 BGB erforderlich.

96 Die **Betriebsgesellschaft** führt das eigentliche Unternehmen. Zu diesem Zweck verschafft sie sich die Nutzungsrechte am Betriebsgrundstück von der Besitzgesellschaft in der Regel im Wege der Pacht.

[54] So genannte Drei-Objekt-Grenze, BFH BStBl II 1988 S. 278 zu § 15 EStG.

Die Gründung einer Besitzgesellschaft hat unter anderem zum Ziel, dass das Betriebsgrundstück nicht veräußert oder zerschlagen wird. Denn von der Nutzung des Betriebsgrundstückes ist in der Regel die Existenz der Betriebsgesellschaft abhängig. Der Gesellschaftsvertrag der Besitzgesellschaft muss daher Kautelen enthalten, die die Kündigung der Gesellschaft sowie die Übertragung von Gesellschaftsrechten erschwert oder ausschließt. Auch die Abfindungsregelung muss – gegebenenfalls durch lange Zahlungsfristen – so ausgestaltet sein, dass das Ausscheiden eines Gesellschafters nicht dazu führt, dass die Besitzgesellschaft den Grundbesitz in unerträglicher Weise belasten oder gar veräußern müsste.[55] **97**

Die Aufspaltung eines Unternehmens in eine Besitzgesellschaft und eine Betriebsgesellschaft führt jedoch nicht immer zu einer vollständigen Haftungsabschottung der Besitzgesellschaft im Hinblick auf Verbindlichkeiten aus dem Betrieb des Unternehmens. Die Rechtsprechungsgrundsätze zum **qualifiziert faktischen Konzern** bzw. anderer, von der Rspr. entwickelter Rechtsfiguren zur Durchgriffshaftung können im Einzelfall Anwendung finden, wenn die eine Gesellschaft von der anderen abhängig ist oder zumindest eine starke personelle Verflechtung vorliegt. Eine solche Verflechtung wird bei familiär geprägten Unternehmen, die in Betriebs- und Besitzgesellschaft aufgeteilt werden, häufig vorliegen. Ein weiteres Problem stellt die so genannte **kapitalersetzende Nutzungsüberlassung** dar. Wenn die Besitzgesellschaft der Betriebsgesellschaft in einem Zeitpunkt ein Betriebsgrundstück überlässt, in der sich die Betriebsgesellschaft in der Krise befindet, kann die Besitzgesellschaft verpflichtet sein, die Nutzung des Betriebsgrundstückes der Betriebsgesellschaft weiter zu überlassen, selbst wenn diese den Pachtzins nicht mehr zahlen kann und die Besitzgesellschaft nach Miet- und Pachtrecht zur weiteren Überlassung des Grundstückes nicht verpflichtet wäre.[56] **98**

3. Spaltung des Unternehmens

Mehrere Konstellationen können die Spaltung des Unternehmens, die in der Regel am einfachsten nach dem UmwG durchgeführt wird, nahe legen. Die Spaltung bietet sich an, wenn der Unternehmer zwei oder **mehrere geeignete Nachfolger** bedenken möchte. Wenn sich das Unternehmen z. B. nach unterschiedlichen Unternehmenszweigen zur Spaltung eignet, kann der Unternehmer die Spaltung in unterschiedliche Betriebsteile vornehmen und jedem Nachfolger einen Betriebsteil zuwenden. Häufig wird der Unternehmer eine Abspaltung des einen Betriebsteils vornehmen, häufig im Wege der Abspaltung zur Neugründung. Ob er seine Beteiligungen an den nach Abspaltung entstandenen bzw. fortbestehenden Rechtsträgern sofort und in voller Höhe auf seine Nachfolger überträgt oder partiell, steht im Belieben des Unternehmers. **99**

---

[55] Hinweise zur Gestaltung des Gesellschaftsvertrages gibt *Hübner* in *Sudhoff/Hübner* § 72 Rn 17 ff.

[56] Zu den Einzelheiten siehe *Sudhoff/Hübner* § 73 Rn 4 f.

100 Eine Abspaltung von Betriebsteilen kann auch dann angezeigt sein, wenn mehrere zukünftige Erben vorhanden sind, von diesen jedoch nur ein oder einige Erben zur Unternehmensnachfolge geeignet sind. Die vermögensmäßige Beteiligung derjenigen, die nicht die Unternehmensnachfolge antreten sollen, kann der Unternehmer dadurch bewerkstelligen, dass er einen Betriebsteil abspaltet, der dann veräußert wird. Mit dem Veräußerungserlös können dann die nicht in das Unternehmen nachfolgenden Erben oder Angehörigen abgefunden werden.

§ 36 Nachfolge von familienfremden Dritten

Übersicht

	Rn
I. Nachfolge Dritter im Management und MBO	1
II. Errichtung einer Stiftung	7
1. Rechtsgrundlagen	8
2. Errichtung einer Stiftung	11
a) Errichtungsformen	11
b) Zweckmäßiger Inhalt der Stiftungsverfassung	14
3. Stiftung & Co. KG	19
III. Going Public	21
1. Grundlagen	21
2. Börsengang und Kapitalerhöhung	24
3. Emissionskonzepte	29
a) Welche Börse?	30
b) Emissionspreisfindung	32
c) Emissionsprospekt und Publizität	33

Schrifttum: *Claussen*, Optimale Unternehmensnachfolge: Aktuelle Fragen aus dem Gesellschafts-, Erb- und Steuerrecht sowie der Finanzierung, 1992; Münchener Vertragshandbuch Gesellschaftsrecht, 5. Auflage, Band 2; *Schmidt*, Die Errichtung von Unternehmensträgerstiftungen durch Verfügung von Todes wegen und Testamentsvollstreckung, ZEV 2000, 438 ff.; *Sudhoff*, Handbuch der Unternehmensnachfolge, 4. Aufl., 2000; *Zacharias*, Börseneinführung mittleständischer Unternehmen, 2. Aufl., 2000.

I. Nachfolge Dritter in Management und MBO

Familienunternehmen sind dadurch gekennzeichnet, dass Kapital, als Inhaberschaft, und Unternehmensleitung in der Regel in einer Hand liegen.[1] Weiteres Kennzeichen vieler Familienunternehmen ist, dass die Leiter des Unternehmens häufig erst im Alter von 65 Jahren oder später aus der Position ausscheiden.[2] Ein typisches Merkmal von Familienunternehmen ist, dass die Geschäftsleitung mit im Schnitt 2,7 Personen viel geringer besetzt ist als vergleichbare kapitalorientierte Unternehmen.[3] Daran wird deutlich, dass die Frage des Unternehmensmanagementes für die Zeit nach dem Ausscheiden des bisherigen Unternehmensleiters und in der Regel Unternehmensinhabers von zentraler Bedeutung ist. Verschärft wird dieses Problem bzw. die Dringlichkeit dadurch, dass in Familienunternehmen die Unternehmensnachfolger häufig zunächst nur im Kreis der Familie und damit im Kreis derjenigen gesucht werden, denen der im Unternehmen verkörperte Vermögenswert zugute kommen soll. Der Unternehmensinhaber muss sich dabei bewusst sein, dass auch im Interesse seiner Familie die **Unternehmenskontinuität vor** der **Familienkontinuität** im Bereich des Managements rangieren sollte. 1

Steht daher ein geeigneter, insbesondere qualifizierter Nachfolger für das Unternehmensmanagement nicht zur Verfügung, muss der bisherige 2

[1] *Claussen*, S. 86.
[2] *Claussen*, S. 87.
[3] *Claussen*, S. 87.

Unternehmensinhaber oder -mitinhaber frühzeitig und nicht erst kurz vor seinem Ausscheiden die Weichen dafür stellen, dass familienfremde Dritte das Unternehmen lenken können. Voraussetzung dafür, dass Dritte das Unternehmen führen können, ist, dass das Unternehmen von seiner Rechtsform her die **Fremdorganschaft** zulässt. Denn der bisherige Inhaber möchte ja den im Unternehmen verkörperten finanziellen Wert seinen Erben oder im Wege vorweggenommener Erbfolge Familienangehörigen zuwenden und zugleich das Management in qualifizierte fremde Hände legen. Diese Trennung von Kapital und Geschäftsleitung kann am besten vollzogen werden bei Kapitalgesellschaften, gegebenenfalls auch im Falle einer Personengesellschaft, der kapitalistisch geprägten GmbH & Co. KG. Bei diesen Gesellschaften brauchen die Mitglieder der Geschäftsleitung nicht zugleich am Unternehmen selbst beteiligt zu sein.

3 Im Interesse des Unternehmens liegt es in der Regel gleichwohl, das nachrückende Fremdmanagement am Kapital zu beteiligen: Einerseits wird so die Gehaltsdebatte entspannt, andererseits werden Motivation und Bindung der Fremdgeschäftsführung an das Unternehmen erhöht.[4] Zwar kann die Motivation auch durch flexible Gehaltsbestandteile der Fremdgeschäftsführung beflügelt werden. Die Bindung an das Unternehmen wird jedoch im Wesentlichen dadurch erhöht, dass die Fremdgeschäftsführer am Unternehmen beteiligt werden und damit am Schicksal des Unternehmens teilhaben. Ein bestimmter Anteil des Unternehmenskapitals – Grund- oder Stammkapital – kann ferner zum Ankauf durch die Fremdgeschäftsführung im Wege des **Management Buy Out** „reserviert" werden. Der Management Buy Out ist also ein Anteilskauf des Fremdmanagements.[5]

4 Die **Finanzierung des Kaufpreises** für die vom Fremdmanagement zu erwerbenden Anteile erfolgt in der Regel in drei Teilen: Eigenkapital, aufgenommenes Fremdkapital sowie eine Finanzierung entweder durch Stehenlassen von Forderungen des Verkäufers oder durch partiarisches Darlehen oder im Wege einer stillen Gesellschaft.[6] Zu berücksichtigen sind die **Kapitalerhaltungsregelungen**, soweit es um die Absicherung von Kreditmitteln geht, die der Fremdgeschäftsführer zur Kaufpreisfinanzierung aufnimmt. Das gegebene Fremdkapital wird der neue Geschäftsführer häufig durch die erworbenen Geschäftsanteile selbst oder durch eine Bürgschaft der Gesellschaft, an der er sich beteiligt hat, absichern wollen. Gibt z. B. die Gesellschaft eine Bürgschaft hin, muss sie eine entsprechende Rückstellung in der Bilanz bilden. Gerät sie dadurch unter die Auszahlungsschwelle der §§ 30 ff. GmbHG, besteht die Gefahr, dass der Darlehnsgeber nach Inanspruchnahme der Bürgschaft der Gesellschaft gemäß § 31 GmbHG auf Rückzahlung in Anspruch genommen wird. Dieses Risiko werden die meisten Banken als Darlehnsgeber nicht eingehen wollen. Die Hingabe einer Bürgschaft des Unternehmens, an dem sich also das Fremdmanagement beteiligt, dürfte zur Absicherung der Kaufpreis-

---

[4] *Claussen*, S. 101.

[5] *Claussen*, S. 101.

[6] Siehe *Claussen*, S. 103.

finanzierung daher selten taugen. Gemäß § 43 a GmbHG gilt Vergleichbares für den Fall, dass das Unternehmen selbst dem Geschäftsführer einen Kredit gewähren soll, damit dieser den Kaufpreis für die Anteile finanzieren können soll. Gemäß § 43 a GmbHG dürften Kredite an Geschäftsführer nicht gewährt werden, wenn dieser Betrag zur Erhaltung des Stammkapitals erforderlich wäre.

Der Fremdmanager kann im Rahmen des MBO schließlich eine **Beteiligungsgesellschaft** einschalten. Dieses erfolgt in der Regel dergestalt, dass die Beteiligungsgesellschaft einen Anteil erwirbt und sich der Fremdmanager vertraglich ein Vorkaufsrecht an dieser Beteiligung einräumen lässt.[7] 5

Durch den MBO erwirbt der Fremdmanager Anteile an dem geführten Unternehmen. Je nach Umfang des MBO und der zu erwerbenden Gesellschaftsanteile tritt der ursprüngliche Fremdmanager auch die Unternehmensnachfolge als Gesellschafter an. 6

II. Errichtung einer Stiftung

Die Gründung einer Stiftung kommt immer dann in Betracht, wenn der Unternehmer keinen geeigneten Nachfolger im Management hat oder auch keine Abkömmlinge vorhanden sind, denen das Unternehmenskapital zu vermachen wäre. Zu unterscheiden ist die **Familienstiftung** von einer **gemeinnützigen Stiftung**. Die Familienstiftung sichert die materiellen Interessen der Familie, die Familienmitglieder des Stifters erhalten laufende Zuwendungen aus dem Stiftungsvermögen.[8] Gegenstand der Unternehmensnachfolge ist daher die Familienstiftung, nicht aber die gemeinnützige Stiftung.[9] Die Familienstiftung wird korrekterweise als private und die gemeinnützige als öffentliche Stiftung bezeichnet. Definiert wird die so genannte Familienstiftung als eine private Stiftung, deren Stiftungszweck vornehmlich oder überwiegend auf die Förderung oder Verfolgung des Interesses oder des Wohls einer oder mehrerer Familien abzielt.[10] 7

1. Rechtsgrundlagen

Die Rechtsgrundlage für Stiftungen befindet sich in den §§ 80 ff. BGB. Eine Stiftung ist danach eine mit **Rechtsfähigkeit** ausgestattete, **nicht verbandsmäßig** organisierte Einrichtung, die einen vom Stiftung bestimmten **Zweck** mit Hilfe eines dazu gewidmeten **Vermögens** dauernd 8

---

[7] *Claussen*, S. 104.

[8] *Claussen*, S. 108.

[9] Dennoch trifft man bisweilen auf Fälle einer so genannten Doppelstiftung: Der Unternehmer bringt sein Vermögen in zwei verschiedene Stiftungen ein. Ein Teil des Vermögens wird in eine Familienstiftung eingebracht mit dem Ziel, dadurch den Unterhalt der Familie und der nachfolgenden Generation zu sichern. Der andere Teil wird in eine gemeinnützige Stiftung mit wohltätigem Zweck eingebracht; vgl. *Claussen*, S. 109.

[10] *Palandt/Heinrichs* Vorb. v. § 80 Rn 9.

fördern soll.[11] Dieses bedeutet, dass die Stiftung im Gegensatz z. B. zur Kapitalgesellschaft von Gesellschaftern oder einem Gründer vollkommen losgelöst ist, also eine **verselbständigte Vermögenseinheit** darstellt. Die wesentlichen Merkmale einer Stiftung sind daher:
- Stiftungszweck,
- Stiftungsvermögen und
- Stiftungsorganisation.

9 Der **Stiftungszweck** wird vom Stifter im Stiftungsgeschäft festgesetzt und muss auf Dauer angelegt sein. Im Zusammenhang mit der Nachfolge von Familienunternehmen wird dieses regelmäßig der Zweck sein, den Interessen einer oder mehrerer bestimmter Familien zu dienen, z. B. durch Betreiben eines Erwerbsgeschäftes. Landesrecht gestaltet das Recht der Stiftungen näher aus. So definiert das Stiftungsgesetz für NW in § 2 Abs. 3 Familienstiftungen als selbständige Stiftungen, die ausschließlich dem Interesse der Mitglieder einer bestimmten Familie oder mehrere bestimmter Familien dienen. Der Stiftungszweck kann sich aber auch weiter aufgliedern: Zweck kann es sein, eine Zersplitterung der Unternehmensbeteiligung zu vermeiden, die durch Erbauseinandersetzung, weitere Erbgänge oder den Verkauf von Beteiligungen entstehen kann.[12] Schließlich kann der Unternehmer mit der Stiftung den Zweck verfolgen, seinen Unternehmerwillen im Unternehmen zu verewigen. Er kann Grundsätze der Geschäftspolitik in der Stiftungsverfassung gemäß § 85 BGB festlegen.

10 Wesentliches Merkmal ist weiter das **Stiftungsvermögen**: Eine Mindesthöhe ist zwar weder im BGB noch in den Landesgesetzen vorgesehen. Die nach Landesrecht zuständigen Genehmigungsbehörden verlangen für die Genehmigung der Stiftung jedoch, dass das Vermögen so groß ist, dass der Stiftungszweck dauerhaft erreicht werden kann. Es werden daher – je nach Bundesland – Mindestsummen von 25.000,00 €, teilweise auch 50.000,00 € veranschlagt.[13] Die Stiftungsorganisation schließlich stellt die **Verfassung** der Stiftung dar.

2. Errichtung einer Stiftung

11 **a) Errichtungsformen.** Die Stiftung kann zum einen **durch Stiftungsgeschäft unter Lebenden**, §§ 80, 81, zum anderen als **Stiftung von Todes wegen** errichtet werden, §§ 80, 83 BGB.[14] Das Stiftungsgeschäft unter Lebenden ist eine **einseitige**, nicht empfangsbedürftige **Willenserklärung**.[15] Es bedarf der Schriftform im Sinne von § 126 BGB, § 81 Abs. 1 BGB. Ein weitergehender Formzwang kann sich jedoch z. B. aus § 311b BGB ergeben, wenn das Stiftungsgeschäft zugleich die Über-

---

[11] BayObLG NJW 1973, 249, 250; *Palandt/Heinrichs* Vorb. v. § 80 Rn 1.

[12] *Sudhoff/Froning* § 50 Rn 7.

[13] *Palandt/Heinrichs* § 80 Rn 1.

[14] Formulierungsvorschlag für ein Stiftungsgeschäft unter Lebenden bei Münchener Vertragshandbuch/Gesellschaftsrecht Bd. 1/*Hof* VII. 1, für eine Stiftung von Todes wegen Münchener Vertragshandbuch/Gesellschaftsrecht Bd. 1/*Hof* VII.2.

[15] *Palandt/Heinrichs* § 80 Rn 1.

tragung eines Grundstückes vorsieht.[16] In dieser einseitigen Willenserklärung muss der Wille zum Ausdruck kommen, eine rechtlich selbständige Stiftung zu gründen. Auch müssen Stiftungszweck, Stiftungsvermögen, Sitz und Stiftungsorganisation sowie der Stiftungsname enthalten sein.[17] Stifter durch Rechtsgeschäft unter Lebenden können nicht nur natürliche, sondern auch juristische Personen und Personenhandelsgesellschaften sein.[18] Weitere konstitutive Voraussetzung für die Errichtung einer Stiftung ist die **Genehmigung** durch die zuständige Landesbehörde, § 80 BGB. Bis zur Erteilung dieser Genehmigung kann der Stifter seine Stiftungserklärung widerrufen, § 81 Abs. 2 Satz 1 BGB. Der Erbe des nach Abgabe der Stiftungserklärung, aber vor Erteilung der Genehmigung verstorbenen Stifters kann dieses Widerrufsrecht nicht ausüben, § 81 Abs. 2 Satz 3 BGB.

Im Gegensatz zur Stiftung durch Rechtsgeschäft unter Lebenden er- **12**
folgt die **Stiftung von Todes wegen** durch einseitige Erklärung im Rahmen eines **Erbvertrages** oder durch **Testament**.[19] Auch hier bedarf es der **Genehmigung** durch die nach Landesrecht zuständige Behörde, §§ 80, 83 BGB. Im Gegensatz zur Stiftung unter Lebenden, bei der der Erblasser vor Erteilung der behördlichen Genehmigung verstirbt, hat der Erbe im Falle der Stiftung von Todes wegen kein Widerrufsrecht. Er ist vielmehr verpflichtet, die Genehmigung der Stiftung zu beantragen.[20] Der Erblasser errichtet zwar durch letztwillige Verfügung die Stiftung. Damit die Durchführung der Errichtung ordnungsgemäß und vor allem zügig erfolgt, empfiehlt es sich, Testamentsvollstreckung anzuordnen und dem Testamentsvollstrecker die Vollziehung der zur Erlangung der Rechtswirksamkeit erforderlichen Aufgaben aufzuerlegen.[21] Die Stiftung gibt dem Erblasser die Möglichkeit, seine unternehmerischen Vorstellungen zu perpetuieren. Dem gleichen Ziel kann die Testamentsvollstreckung dienen. Diesem Ziel kann der Unternehmer und künftige Erblasser dadurch noch näher kommen, wenn er den Testamentsvollstrecker zugleich zum Stiftungsvorstand ernennt. Die zeitliche Grenze des § 2210 BGB für die Testamentsvollstreckung soll für die Ernennung zum Stiftungsvorstand nämlich nicht gelten.[22] Der Testamentsvollstrecker kann daher auf Lebzeiten zum Vorstand der Stiftung ernannt werden.

Das **Stiftungsvermögen** ist gegenüber dem Stifter und etwaigen Be- **13**
günstigten **rechtlich verselbständigt**. Zur Erreichung des Stiftungszweckes ist daher eine Organisation erforderlich, durch die die Geschäfte der Stiftung geführt werden und die die Stiftung vertritt.[23] Die **Stiftungsorganisation** wird bestimmt durch **Stiftungsgeschäft** und **Sat-**

---

[16] *Palandt/Heinrichs* § 81 Rn 1.

[17] *Palandt/Heinrichs* § 80 Rn 1; *Sudhoff/Froning* § 50 Rn 11.

[18] *Sudhoff/Froning* § 50 Rn 12.

[19] *Palandt/Heinrichs* § 83 Rn 1.

[20] *Palandt/Heinrichs* § 83 Rn 1; ist Testamentsvollstreckung angeordnet, hat der Testamentsvollstrecker die Genehmigung zu beantragen.

[21] *Schmidt*, ZEV 2000, 438, 438.

[22] *Schmidt*, ZEV 2000, 438, 439.

[23] *Sudhoff/Froning* § 50 Rn 20.

zung.[24] Der Stifter ist in der Ausgestaltung der Satzung im Wesentlichen frei. § 86 BGB verweist auf das Vereinsrecht. Hieraus ergibt sich, dass notwendiges Stiftungsorgan ein **Stiftungsvorstand** sein muss, § 86 i. Verb. mit § 26 BGB.[25] Schließlich kann der Stifter auch seine privatrechtlich organisierte Stiftung, also auch eine Familienstiftung, der Verwaltung durch eine öffentliche Behörde unterstellen.[26]

14 **b) Zweckmäßiger Inhalt der Stiftungsverfassung.** Der Vorstand ist zwingender Inhalt der Verfassung. Landesrechtliche Vorschriften wie z. B. § 5 Stiftungsgesetz NW schreiben darüber hinaus Inhalte vor, die das Stiftungsgeschäft insgesamt mindestens enthalten und deutlich machen soll. Wenngleich diese Inhalte wie Name der Stiftung, Sitz, Zweck, Organe und deren Bildung, Vermögen, Verwendung der Erträge, Begünstigte, Auflösung etc. nicht zwingend Bestandteil der Verfassung sein müssen, sollten diese nach jeweiligem Landesrecht vorgesehenen Inhalte auch Gegenstand der Verfassung sein, um das Genehmigungsverfahren nicht unnötig zu verzögern.

15 Zusätzlich zum Vorstand empfiehlt sich die Einrichtung eines Gremiums, das die Aufsicht über die Geschäftsführung des Vorstandes ausübt. In der Regel werden solche Aufsichtsorgane als **Kuratorium** oder Beirat bezeichnet.[27] Der Stifter kann zugleich die Erstbestellung von Kuratoriumsmitgliedern vornehmen und damit einer Person seines Vertrauens wesentliche Überwachungsaufgaben verleihen.[28] So kann der Stifter dem Kuratorium als Kollegialorgan oder einzelnen Kuratoriumsmitgliedern ein Vetorecht für einzelne Geschäftsführungsmaßnamen mit grundsätzlicher Bedeutung verleihen. Inhalt der Verfassung sollte weiter die Regelung über Wahl und gegebenenfalls Wiederwahl von Kuratoriumsmitgliedern sein sowie eine etwaige Vergütung, gegebenenfalls auch Haftungsfragen.

16 Zweckmäßig ist weiter die Aufstellung einer **Geschäftsordnung**, oder aber die Bestimmung, dass z. B. das Kuratorium eine Geschäftsordnung beschließen kann. Stiftungsgesetze der Länder wie z. B. § 5 Abs. 1 Stiftungsgesetz NW setzen zum Teil jedoch voraus, dass der wesentliche Inhalt einer Geschäftsordnung bereits Gegenstand des Stiftungsgeschäftes sein muss, also nicht erst nach Errichtung der Stiftung von einem bestimmten Organ aufgestellt werden kann. Dieses ist zu berücksichtigen.

17 Für den Vorstand sollte die Verfassung die Fragen der **Aufwandsentschädigung**, einer etwaigen **Vergütung**, der **Amtsdauer** sowie der Nachfolge von ausscheidenden Vorstandsmitgliedern enthalten. Die Vertretungsmacht des Vorstandes kann durch die Verfassung grundsätzlich beschränkt werden, §§ 86, 26 Abs. 2 Satz 2 BGB. Diese Beschränkung soll grundsätzlich auch gegenüber gutgläubigen Geschäftspartnern wirken.[29]

---

[24] Münchener Vertragshandbuch Gesellschaftsrecht/*Hof* VII.1 Anm. 4.

[25] *Palandt/Heinrichs* § 86 Rn 1.

[26] *Palandt/Heinrichs* § 86 Rn 2.

[27] Münchener Handbuch Gesellschaftsrecht Bd. 1/*Hof* VII. 1 Anm. 30; *Sudhoff/Froning* § 50 Rn 20.

[28] Münchener Handbuch Gesellschaftsrecht Bd. 1/*Hof* VII. 1 Anm. 30.

[29] *Palandt/Heinrichs* § 86 Rn 1, str.

Aus mehreren Gründen kann die Stiftung **erlöschen**: Die Stiftung steht unter behördlicher Aufsicht. Gemäß § 87 Abs. 1 BGB kann die zuständige Behörde die Stiftung aufheben, wenn sie das Gemeinwohl gefährdet oder die Erfüllung des Stiftungszweckes unmöglich geworden ist. Weiter kann auch eine Stiftung in Insolvenz fallen. Das Stiftungsgeschäft kann eine begrenzte Zeitdauer der Stiftung vorsehen, so dass die Stiftung auch durch Zeitablauf oder sogar durch Eintritt einer auflösenden Bedingung oder vollständige Zweckerfüllung erlöschen kann.[30] Die Verfassung sollte auf jeden Fall daher die Frage des Vermögensanfalles regeln, konkret, wem beim Erlöschen der Stiftung das Vermögen zufällt, § 88 BGB. **18**

3. Stiftung & Co. KG

Da die Stiftung rechtsfähig ist und keine Gesellschafter hat, die durch das Handeln der Stiftung verpflichtet werden könnten, stellt sich vermehrt die Frage, ob die Stiftung nicht auch als Komplementärin in einer KG taugt, also als Stiftung & Co. KG. Die Vorzüge einer Stiftung & Co. KG gegenüber einer GmbH & Co. KG liegen zunächst darin, dass die Stiftungssatzung zunächst festgeschrieben ist und sich das Unternehmen länger durch den Stifter festschreiben lässt. Die Haftungsabschottung ist noch sicherer als bei der GmbH & Co. KG, bei der in Ausnahmefällen die Haftung auf die Gesellschafter der Komplementärin durchschlagen kann. Die Nachteile liegen gegenüber der GmbH & Co. KG insbesondere in der fehlenden Flexibilität sowie dem Problem, nachträglich Kapital aufzunehmen. Darüber hinaus unterliegt die Stiftung einer behördlichen Genehmigung. Hinzu kommt, dass die Stiftung & Co. KG leicht in den Bereich eines unzulässigen Stiftungszweckes, nämlich der Selbstzweckstiftung in der Form der Unternehmensselbstzweckstiftung gelangt.[31] Der Stiftungszweck sollte daher nicht auf die Fortführung des Unternehmens beschränkt werden, weitere Zwecke sollten vorgesehen werden.[32] **19**

Die grundsätzlichen Vorzüge einer Stiftung im Unternehmensbereich liegen weiter darin begründet, dass z. B. im Gegensatz zur Testamentsvollstreckung keine zeitliche Begrenzung gesetzlich vorgeschrieben ist. **20**

III. Going Public

1. Grundlagen

Den obigen Ausführungen kann man bereits entnehmen, dass sich die Rechtsformen der Aktiengesellschaft oder der KGaA besonders dazu eignen, die Inhaberschaft des Unternehmens auf eine Nachfolgegeneration zu übertragen. Das Grundkapital ist in Aktien zerlegt. Die Aktien verkörpern die Mitgliedschaft. Die Aktien sind einfach und in der Regel ohne Zustimmung Dritter oder der Unternehmensführung übertragbar. Die Übertragung von Aktien auf familienfremde Dritte stellt daher einen ein- **21**

[30] *Sudhoff/Froning* § 50 Rn 29.
[31] *Sudhoff/Froning* § 50 Rn 33, 14.
[32] Münchener Vertragshandbuch Gesellschaftsrecht Bd. 1/*Hof* VII. Anm. 2.

fachen Weg dar, um familienfremde Dritte zumindest in die Inhaberschaft der Unternehmung aufzunehmen. Zugleich ist dieses ein Weg, um Fremdkapital zu beschaffen. Auf diese Weise kann der Unternehmer entweder einen Totalverkauf seines Unternehmens herbeiführen, oder aber er beteiligt familienfremde Dritte an seinem Unternehmen. Die aus den Aktienverkäufen fließenden Erlöse können dann z. B. für die Durchführung notwendiger Investitionen im Unternehmen verwendet werden, ebenso kann auf diese Weise eine zusätzliche finanzielle Absicherung des Erblassers und seiner Familie erfolgen. Der Handel von Aktien an Börsen bietet dem Unternehmer die ideale Plattform, um durch Verkauf von Unternehmensanteilen in Form von Aktien Dritte an seinem Unternehmen zu beteiligen. Als börsenfähige Rechtsform bietet sich insoweit insbesondere die AG, mit Einschränkungen auch die KGaA, an.

22 Auch unter diesen Nachfolgeaspekten kann es dem Unternehmer anzuraten sein, einen **Rechtsformwechsel** durchzuführen, wenn er das Unternehmen bisher in anderer Rechtsform betreibt. Die AG wird gerade für mittelständische Unternehmen auch unter Gesichtspunkten der Nachfolgeproblematik als die ideale Gesellschaftsform angesehen.[33] Die Veräußerung von Unternehmensanteilen in Form von Aktien an Dritte kann sich auch dann anbieten, wenn in der Familie des Erblassers keine geeigneten oder willigen Nachfolger vorhanden sind. In diesem Fall steht im Vordergrund der Unternehmensnachfolge in der Regel nicht der Erhalt des Unternehmens in der Familie, sondern die Nutzbarmachung des im Unternehmen verkörperten Vermögenswertes. Der Gang an die Börse, das so genannte Going Public ist gerade für mittelständische Unternehmen eine Möglichkeit, für die Aktien einen möglichst hohen Preis zu erzielen, da an der Börse eine Großzahl von potentiellen Käufern versammelt ist und die Nachfrage entsprechend stark sein kann.

23 Möchte der Unternehmer den Familieneinfluss aufrechterhalten, kann die KGaA der Rechtsform der AG vorzuziehen sein. Der bisherige Unternehmensinhaber befindet sich dann auch nach dem Börsengang in der Position, die Leitung des Unternehmens als Komplementär für sich zu beanspruchen. Behält er eine qualifizierte Mehrheit der Kommanditaktien, wird er zugleich in die Lage versetzt, die Beschlüsse der Hauptversammlung zu seinen Gunsten zu gestalten und zu beeinflussen.[34] Dem Familieneinfluss, also insbesondere dem Einfluss des Unternehmers, ist es weiter dienlich, dass bei der KGaA die Satzungsgestaltung flexibler gestaltet werden kann. Erkaufen muss sich der Unternehmer diese Vorteile jedoch durch die persönliche Haftung des Komplementärs; gegebenenfalls sollte in einem solchen Fall eine Kapitalgesellschaft die Funktion der Komplementärin übernehmen.[35]

2. Börsengang und Kapitalerhöhung

24 Ist der Unternehmer **alleiniger Inhaber** des in Rechtsform der AG geführten Unternehmens, ist er Inhaber aller Aktien. Verkauft er diese an der

[33] *Zacharias*, S. 53.
[34] *Zacharias*, S. 114.
[35] Vgl. BGH, WM 1997, 1098, 1099.

Börse, steht ihm der Kaufpreis zu. Das Unternehmen bleibt hiervon zunächst unberührt, zieht also keinen Nutzen daraus. Will der Unternehmer mit dem Börsengang dem Unternehmen zugleich liquide Mittel zur Verfügung stellen, damit Investitionen getätigt werden können, ist in der Regel eine Kapitalerhöhung erforderlich, wobei durch die neu zu bildenden Aktien frisches Eigenkapital zugeführt wird. Namentlich für folgende Prozesse kann eine **Kapitalerhöhung** sinnvoll oder erforderlich sein:

- Umstellungen im Produktionsprogramm,
- Modernisierungsinvestitionen ohne Kapazitätserweiterung zu Rationalisierungszwecken,
- Expansionsmaßnahmen mit Kapazitätserweiterung,
- Erschließung neuer Märkte/Globalisierung,
- Finanzinvestitionen, Beteiligungen an dritten Unternehmen und
- Jointventures.

Durch die Kapitalerhöhung werden neue Aktien geschaffen. Zur Über- **25**
nahme der neuen Aktien sind die bisherigen Gesellschafter, also Aktionäre, nicht verpflichtet, grundsätzlich jedoch berechtigt, § 186 Abs. 1 AktG. Um Dritte zu beteiligen, muss der Unternehmer, der nicht im Besitz aller Aktien ist, das **Bezugsrecht** der Übrigen ausschließen bzw. den Ausschluss zusammen mit dem Beschluss über die Kapitalerhöhung herbeiführen, § 186 Abs. 3 und Abs. 4 AktG. Zu unterscheiden ist dabei zwischen einem **formellen** und einem **materiellen Bezugsrechtsausschluss**:[36]

Beim bloß **formellen Ausschluss** des Bezugsrechtes werden die neuen **26**
Aktien, auch junge Aktien genannt, an eine Bank oder ein sonstiges Emissionskonsortium übertragen, im Gegenzug erhält die Gesellschaft unverzüglich den zuvor vereinbarten Kaufpreis. Das Emissionsinstitut oder -konsortium hat sich vorab verpflichtet, die Aktien den Altaktionären entsprechend dem Bezugsrecht anzubieten. Wirtschaftlich betrachtet bleibt das Bezugsrecht der Altaktionäre damit unangetastet. Die Übertragung auf Emissonäre dient der **Zwischenfinanzierung**, in der Regel muss jedoch eine Übernahmeprovision an das Emissionsinstitut gezahlt werden.[37]

Beim **materiellen Bezugsrechtsausschluss** sollen die jungen Aktien **27**
den bisherigen Gesellschaftern gar nicht zum Kauf oder zur Übernahme angeboten werden. Zur Übernahme sollen danach berechtigt sein außenstehende Dritte, entweder durch direktes Angebot oder über die Börse.[38] Der Bezugsrechtsausschluss beschneidet die **Gesellschafterrechte**, konkret die Aktionärsrechte, in erheblicher Weise: Wird die Anzahl der Aktien erhöht und der Altgesellschafter zur Übernahme nicht zugelassen, verringert sich seine Beteiligungsquote am Gesellschaftsvermögen, sein Einfluss durch Stimmrechtsausübung sinkt ebenfalls. Dieses hat besonders dann einschneidende Bedeutung für den Aktionär, wenn dadurch

---

[36] Vgl. *Zacharias*, S. 125 ff.

[37] *Zacharias*, S. 125.

[38] Es steht den Altaktionären selbstverständlich frei, auch beim materiellen Bezugsrechtsausschluss über freihändigen Zukauf weitere Anteile zu erwerben.

eine von ihm gehaltene Sperrminorität verloren geht. Die Frage, wann ein Bezugsrechtsausschluss in der Sache gerechtfertigt und formell ordnungsgemäß auf den Weg gebracht ist, ist daher immer wieder Anlass zu Streitigkeiten und beschäftigt immer wieder die höchstrichterliche Rechtsprechung.[39]

28 Die Kapitalerhöhung kann daher flankierend zum Börsengang vorgenommen werden und bietet sich gerade dann an, wenn **zusätzliches Eigenkapital** nötig ist oder die bisherigen Aktionäre sich von ihren Aktien nicht trennen wollen. Eine börsenfähige AG muss darüber hinaus auch für die Zukunft in der Lage sein, ihr Kapital zu vergrößern, wenn dieses aus betriebs- oder gesamtwirtschaftlichen Gründen notwenig wird.[40] Insbesondere steht eine börsennotierte AG unter höherer öffentlicher Beachtung und Betrachtung als die nicht börsenorientierte. Das kann zur Folge haben, dass der Vorstand einer AG allein aus Gründen der Öffentlichkeit und mit Rücksicht auf den an der Börse notierten Aktienkurs gezwungen ist, Kapital aufzunehmen, um Maßnahmen durchzuführen, die das interessierte Publikum erwartet. Auch dieser Aspekt kann im Einzelfall eine Kapitalerhöhung erfordern.

3. Emissionskonzepte

29 Das Going Public ist verbunden mit zahlreichen organisatorischen Aufgaben, die in der Erarbeitung eines Emissionskonzeptes zu berücksichtigen sind.

30 **a) Welche Börse?** Der Unternehmer muss zunächst überprüfen und sich dahin gehend beraten lassen, an welcher Börse die Aktien seines Unternehmens gehandelt werden sollen. Es stellt sich zunächst die Frage, ob dieses im Ausland oder auch oder ausschließlich in Deutschland stattfinden soll. Die weitere Frage ist die, an welcher Börse in Deutschland gegebenenfalls die Aktien des Unternehmens gehandelt werden sollen. Derzeit sind 8 Börsen existent (Hamburg, Bremen, Hannover, Berlin, Düsseldorf, Frankfurt, Stuttgart und München), von denen die Frankfurter Wertpapierbörse dominierend ist.

31 Eine weitere Weichenstellung ergibt sich aus der Frage, in welcher **Handelsform** die Aktien gehandelt werden sollen. Beim börslichen Wertpapierhandel stellt sich beispielsweise die Frage, ob die Aktien an einer **Präsenzböre** (so genannter Parketthandel) oder an einer **Computerbörse** gehandelt werden sollen.[41]

32 **b) Emissionspreisfindung.** Von entscheidender Bedeutung ist weiter die Findung eines vertretbaren Emissionspreises. Die Festsetzung eines angemessenen Emissionspreises orientiert sich am **Wert des Unternehmens**. Die Ermittlung des korrekten Unternehmenswertes ist damit einer der wichtigsten Aspekte, die bei einem Börsengang berücksichtigt werden müssen. Die Bewertung des Unternehmens erfolgt in der Regel

[39] Vgl. BGHZ 71, 40 ff.; BGHZ 83, 319 ff.

[40] *Zacharias*, S. 120.

[41] Zu den Einzelheiten vgl. *Zacharias*, S. 182 ff.

durch eine **Due Diligence**, die von der konsortialsführenden Bank veranlasst wird. Im Mittelpunkt der Due Diligence-Analyse des Unternehmens steht die Feststellung der **Dividendenfähigkeit** sowie die Bestimmung von Chancen und Risiken eines Börsenganges für die Gesellschaft. Berücksichtigt werden dabei auch die zukünftige Planung sowie eine Markt- und Wettbewerbsanalyse.[42] Regelmäßige Untersuchungsparameter sind die betriebswirtschaftliche Seite des Unternehmes, die rechtliche, die steuerliche Seite, weiter die Überprüfung von Technik, Produktion, Forschung und Entwicklung, die Bewertung der Aufbau- und Ablauforganisation, die Ermittlung etwaiger Umweltrisiken, Immobilienbewertung, die Analyse der Unternehmenskultur und schließlich die Bewertung der Strategie und der momentanen Wettbewerbssituation.[43] Kommen die Beteiligten nach der Due Diligence zu dem Ergebnis, dass das Unternehmen börsenfähig sei, schließt sich das Problem der Emissionspreisfindung an, das so genannte **Pricing**. Wird der Emissionspreis im Verhältnis zum Unternehmenswert und den Marktchancen der Aktie zu gering bewertet, so genanntes **Underpricing**, werden die jungen Aktien voraussichtlich sämtlich gezeichnet, häufig überzeichnet. Das Unternehmen vergibt eine Chance, mehr neues Kapital zu erlangen, da es den Emissionspreis auch höher hätte ansetzen können. Ist der Emissionspreis hingegen zu hoch gesetzt, die Neuemission also überteuert, besteht die Gefahr, dass nicht alle Aktien gezeichnet werden und die ersten Zeichner in der Folgezeit mit Kursverlusten zu rechnen haben. Weitere Interessenten werden diese Marktentwicklung beobachten und von einer Zeichnung insgesamt absehen. Es hängt also von der Güte der Beratung und der Sorgfalt der durchzuführenden Due Diligence ab, den sachgerechten Emissionspreis zu ermitteln.

c) Emissionsprospekt und Publizität. Nach § 1 Wertpapier-Ver- 33
kaufsprospektgesetz müssen Unternehmen vor der erstmaligen öffentlichen Platzierung von Aktien einen **Verkaufsprospekt** auflegen, sofern nicht einzelne Ausnahmetatbestände des Verkaufsprospektgesetzes eingreifen. Die inhaltlichen Anforderungen an den Verkaufsprospekt unterscheiden sich wiederum danach, ob für die gebotenen Aktien ein Antrag auf amtliche Notierung gestellt ist, § 5 Verkaufsprospektgesetz. Die Anforderungen im Einzelnen werden durch das Verkaufsprospektgesetz, die Verkaufsprospektverordnung und gegebenenfalls die Börsenzulassungsverordnung geregelt.

Einschneidend sind die Rechtsfolgen, wenn der Verkaufsprospekt in- 34
haltlich falsch oder unvollständig ist, so genannte **Prospekthaftung**. Die Prospekthaftung hat zum einen ihre Rechtsgrundlage in Spezialgesetzen wie den §§ 45 ff. BörsenG, § 17 VerkProspG § 20 KAGG sowie § 12 AuslInvestmentG. Daneben hat der BGH in **richterlicher Rechtsfortbildung** eine **Vertrauenshaftung**, gestützt auf c. i. c. (nunmehr § 311 Abs. 2 BGB), entwickelt, insbesondere für Anlageformen am „grauen“, nicht

[42] *Zacharias*, S. 252 f.

[43] *Zacharias*, S. 253 mit Gegenüberstellung der jeweiligen englischen Fachbegriffe.

organisierten Kapitalmarkt.[44] Fasst man die Haftungsgrundlagen aus den Spezialgesetzen sowie der richterlichen Rechtsfortbildung im Wesentlichen zusammen, ergibt sich, dass für **Richtigkeit und Vollständigkeit** des Prospektes gehaftet wird. Der Prospekt muss über sämtliche Umstände, die für die Anlageentscheidung von Bedeutung sind, richtig und vollständig informieren.[45] Der Anleger, der die Aktie aufgrund eines unrichtigen oder unvollständigen Prospektes erworben hat, kann auch dann die Rückgängigmachung des Erwerbs fordern, wenn nicht die unrichtig dargestellten, sondern andere Risiken zum Wertverfall geführt haben.[46] Gehaftet wird insoweit nicht für die Inanspruchnahme und Enttäuschung eines konkreten Vertrauens, sondern für die **Inanspruchnahme von typisiertem Vertrauen**.[47] Der **Kreis der Haftenden** ist groß: Für Richtigkeit und Vollständigkeit des Prospektes haften die Gründer der Kapitalanlage, die Initiatoren und Gestalter der Gesellschaft sowie alle Personen, die hinter der Gesellschaft stehen und auf das Geschäftsgebahren der Gesellschaft oder die Gestaltung des konkreten Anlagemodells entscheidenden Einfluss ausüben können.[48] Darüber hinaus haften die so genannten **Garanten** des Prospekts, die als Wirtschaftsprüfer, Steuerberater, Rechtsanwalt oder ähnliche Vertrauenspersonen einen Vertrauenstatbestand für die Richtigkeit des Prospektes geschaffen haben und insoweit nach außen hervorgetreten sind.[49]

35 Aus der umfassenden Haftungsmöglichkeit folgt, dass der Unternehmer vor einem Börsengang, bei dem er einen Verkaufsprospekt herausgeben muss, besonders intensiver rechtlicher und betriebswirtschaftlicher Beratung bedarf. Durch den Verkaufsprospekt bestehen auch hohe Publizitätspflichten. Der Gang an die Börse als Form der Unternehmensnachfolge ist daher mit hohem Aufwand, hohen Beratungskosten und einem – auch persönlichen – Haftungsrisiko verbunden. Zusätzlich gewähren muss der Unternehmer einen tiefen Einblick in die Unternehmenszahlen und die derzeitige Situation des Unternehmens am Markt wahrhaft glaubhaft darstellen. Meistens wird sich das Going Public nur dann anbieten, wenn weitere Gründe als die Unternehmensnachfolge dafür sprechen, z. B. das Erfordernis, in breitem Umfang frisches Kapital für das Unternehmen zu beschaffen.

---

[44] Vgl. BGHZ, 71, 284 ff.; 115, 213 ff.; vgl. auch *Palandt/Heinrichs*, § 276 Rn 23.

[45] Vgl. BGH NJW 2000, 3346, 3347.

[46] BGHZ 123, 106, 108.

[47] Daneben besteht eine so genannte uneigentliche Prospekthaftung nach allgemeinen Rechtsgrundsätzen, früher nach den Grundsätzen der c. i. c., heute nach § 311 BGB. Wer als Vertreter, Sachwalter oder Garant des Emittenten oder Verkäufers persönliches Vertrauen in Anspruch genommen hat, kann ebenfalls für Mängel des Verkaufsprospektes haften, *Palandt/Heinrichs*, § 276 Rn 25 m. w. N.

[48] BGHZ 79, 337, 339; BGH NJW 1995, 1025, 1026; *Palandt/Heinrichs* § 276 Rn 24.

[49] Vgl. BGH NJW-RR 1992, 879, 881.

H. Die Besteuerung des Familienunternehmens

§ 37 Rechtsformwahl

Übersicht

	Rn
I. Entscheidungsgrundlagen	2
II. Rechtsformen	8
1. Personengesellschaften	11
2. Kapitalgesellschaften	15
3. Mischformen	21
III. Steuerrechtliche Kriterien	22
1. Laufende Besteuerung	24
2. Behandlung von Gesellschaftervergütungen	30
3. Aufsichtsrats- und Beiratsvergütungen	33
4. Pensionsrückstellungen	35
5. Verluste der Gesellschaft	36
6. Risiko von verdeckten Gewinnausschüttungen	39
7. Wegzugbesteuerung nach § 6 AStG	40
8. Gewerbesteuer	41
9. Grunderwerbsteuer	42
10. Transaktionen/Umstrukturierung	44
a) Veräußerung	44
b) Erwerb	46
c) Umstrukturierung	47
11. Erbschaftsteuer/Schenkungsteuer	51
12. Betriebsaufspaltung	56

Schrifttum: *Binz/Sorg,* Die GmbH & Co. KG, 9. Aufl. 2003; *Claussen,* Überlegungen zur Rechtsform der GmbH, GmbHR 1996, 73; *Frotscher,* Die rechtlichen Wirkungen des § 8 a KStG n. F., DStR 2004, 377; *Gottwald,* Nachträgliche Grunderwerbsteuerbelastung bei einem Formwechsel von einer Personen- in eine Kapitalgesellschaft, DStR 2004, 341; *Groh,* Verluste in der stillen Gesellschaft, DB 2004, 668; *Grotherr,* Einführung eines neuen Finanzierungskostenabzugsverbots beim fremdfinanzierten konzerninternen Beteiligungserwerb, DStR 2004, 390; *Hahn,* Europarechtswidrigkeit des neuen § 8 a KStG, GmbHR 2004, 277; *Hartel,* Umwandlung einer GmbH & Co. KG in einen KG auf Aktien – Idealform für börsenwillige Familienunternehmen? –, DB 1992, 2329; *Heil,* Das Grundeigentum der Gesellschaft bürgerlichen Rechts – res extra commercium, NJW 2002, 2158; *Höflacher/Wendlandt,* Rechtsformwahl nach der Unternehmsteuerreform 2001 – Ist die Kapitalgesellschaft wirklich die bessere Alternative?, GmbHR 2001, 793, 794; *Hofmann,* Grunderwerbsteuergesetz Kommentar, 7. Aufl. 2001; *Kallmeyer,* Rechte und Pflichten des Aufsichtsrats in der Kommanditgesellschaft auf Aktien, ZGR 1983, 57; *Kallmeyer,* Die Kommanditgesellschaft auf Aktien – eine interessante Rechtsformalternative für den Mittelstand?, DStR 1994, 977; *Kessler,* Das Holdingparadoxon in § 8 a Abs. 4 KStG n. F., DStR 2004, 386; *Kessler/Schiffers/Teufel,* Rechtsformwahl Rechtsformoptimierung, 2002; *Kleinert/Probst,* Endgültiges Aus für steuerliche Wegzugsbeschränkungen bei natürlichen und juristischen Personen – Anmerkungen zum EuGH-Urteil vom 11. 3. 2004 Rs. C-9/02, de Lasteyrie du Saillant, DB 2004, 673; *Kroschewski,* Differenzierung der Grunderwerbsteuer zwischen Kapital- und Personengesellschaften bei der Umstrukturierung von Unternehmensgruppen, GmbHR 2001, 707; *Krüger,* Zweckmäßige Wahl der Unternehmensform, 7. Aufl. 2002; *Kusterer,* Die Bedeutung von § 32c EStG bei Kommanditgesellschaften auf Aktien, DStR 1997, 11; *Ladwig/Motte*, Die Kommanditgesellschaft auf Aktien – Eine Alternative für börsenwillige mittelständische Unternehmen?, DStR 1996, 800 und 842; *Lüdicke/Rieger*, Unternehmenssteuerrecht, 2004; *Niedner/Kusterer*, Die atypisch ausgestaltete Familien-KGaA als Instrument zur Gestaltung des Genrationenwechsels in mittelständischen Unternehmen, DB 1997, 2010; *Niedner/Kusterer*, Gesellschaftsrechtliche Wege aus der Personengesellschaft in die GmbH & Co. KGaA, DB 1998, 2405; *Priester*, Unternehmenssteuer-Reform und Gesellschaftsvertrag – Kautelarpraktische Überlegungen, DStR 2001, 795; *Rödder*, Der Einfluss der Erbschaftsteuer auf die Rechtsformwahl mittelständischer Familienunternehmen, DB 1993, 2137; *Schmid/Grabbe*, § 8a KStG n. F.: Fremdvergleich bei Gesellschafter-besicherten Drittdarlehen, DStR 2004, 403; *Schmidt*, EStG – Einkommensteuergesetz Kommentar, 23. Aufl. 2004; *Schmidt*, Rechtsformwahl und Rechtsformwechsel für 2001/2002 – Neue Prüfungskriterien für den Mittelstand nach dem StSenkG, GmbH-StB 2001, 22; *Troll/Gebel/Jülicher*, Erbschaftsteuer- und Schenkungsteuergesetz Kommentar, Stand: 31. März 2004; *Ulmer/Steffek*, Grundbuchfähigkeit einer rechts- und parteifähigen GbR, NJW 2002, 330; *Wertenbruch*, Die Parteifähigkeit der GbR – die Änderungen für die Gerichts- und Vollstreckungspraxis, NJW 2002, 324; *Zimmermann/Hottmann/Hübner/Schaeberle/Völkel*, Die Personengesellschaft im Steuerecht, 8. Aufl. 2003.

1 Im folgenden Kapitel werden zum einen die rechtsformspezifischen Unterschiede zwischen Kapital- und Personengesellschaft in steuerlicher Hinsicht gegenübergestellt (§ 37) und zum anderen die Grundzüge der laufenden Besteuerung der Kapital- und Personengesellschaft dargestellt (§ 38 und § 39). Hinsichtlich der Themen „Vorweggenommene Erbfolge“ und „Erbauseinandersetzung“ wird auf die §§ 54 und 55 in Sudhoff „Unternehmensnachfolge“ verwiesen, die dort in entsprechender Ausführlichkeit dargestellt sind.

I. Entscheidungsgrundlagen

2 Die Frage der idealen Rechtsform stellt sich nicht nur bei der Gründung eines Unternehmens, sondern auch während seines gesamten Lebenszyklus. Häufig spielen steuerliche Überlegungen eine bedeutende Rolle bei der Entscheidungsfindung.

3 Folgende **steuerliche Gesichtspunkte** sind in die Überlegungen einzubeziehen:[1]
- laufende Steuerbelastung des Unternehmens,
- laufende Steuerbelastung des Unternehmers,
- Gewinnverwendung (Thesaurierung, Ausschüttung),
- Leistungsvergütungen,
- Veräußerung/Erwerb von Beteiligungen,
- Nutzung von Verlusten,
- Finanzierung des Unternehmens/des Unternehmers,
- Verpachtung/Übertragung von Immobilien,
- Erbfolge/vorweggenommene Erbfolge,
- Umstrukturierungen,
- Konzern-/Holdingstruktur.

[1] Vgl. *Schmidt*, GmbH-StB 2001, 22.

Bestandteil jeder Steuerplanung ist die Prognose des Ergebnisses. Sämtliche Belastungsvergleiche beinhalten daher die **prognoseimmanenten Unsicherheiten**. 4

Folgende **weitere Gesichtspunkte** sind neben den steuerlichen Punkten zu beachten: 5

- Haftung,
- Finanzierung/Kapitalmarkt,
- Betriebsaufspaltung/Nutzung von Grundstücken,
- Leitung (Selbst- oder Fremdorganschaft),
- Nachfolgeregelung/Sicherung der Kontinuität,
- Aufsichtsrat/Beirat,
- Mitbestimmungsfragen,
- Rechnungslegung/Prüfung und Veröffentlichung der Bilanz,
- gesellschaftsvertragliche Regelungen,
- Mitarbeiterbeteiligung,
- Sozialversicherungspflicht des Geschäftsführers,
- Marktakzeptanz in der jeweiligen Branche,
- Umstrukturierungsmöglichkeiten.

Bei sämtlichen dieser Gesichtspunkte sind mögliche **Wechselwirkungen** zu beachten. Z.B. kann eine Rechtsform unter steuerlichen Gesichtspunkten Vorteile bieten, aber aufgrund der Mitbestimmungsgesetze nachteilig sein.[2] Auch schon allein unter steuerlichen Gesichtspunkten können Ertragsteuer und Erbschaftsteuer zu konträren Empfehlungen führen. Die Wahl der idealen Rechtsform ist stets eine Einzelfallentscheidung und stellt i.d.R. einen Kompromiss zwischen verschiedenen Vor- und Nachteilen einzelner Gesichtspunkte dar. 6

Die Frage nach der idealen Rechtsform ist – schon allein unter steuerlichen Gesichtspunkten – laufend zu stellen. Die Abschaffung des Anrechnungsverfahrens und die gleichzeitige Einführung des Halbeinkünfteverfahrens durch das StSenkG zeigt, dass eine heute „optimale“ Rechtsform schon morgen überholt sein kann. Im Zuge der Diskussionen um das StSenkG war zeitweise auch eine Option von Personenunternehmen zu einer Besteuerung wie eine Kapitalgesellschaft geplant. Diese ist aber an vielen Detailproblemen gescheitert. Stattdessen hat man versucht, die Rechtsformneutralität des Anrechnungsverfahrens durch Einführung einer pauschalen Gewerbesteueranrechnung gemäß § 35 EStG zu gewährleisten (vgl. § 39 Rn 54). 7

II. Rechtsformen

Die „möglichen“ Rechtsformen deutscher Unternehmen ergeben sich abschließend aus dem deutschen Gesellschaftsrecht (sog. **numerus clausus der Gesellschaften**). Auch die „Mischformen“ sind nur eine scheinbare Durchbrechung des numerus clausus der Gesellschaften. 8

---

[2] Vgl. § 1 DrittelbG und die Sonderregelung des § 4 MitbestG für Kommanditgesellschaften.

9 Rechtsformen der Personengesellschaften sind OHG, KG und GbR, Rechtsformen der Kapitalgesellschaften sind GmbH, AG und KGaA und sog. Mischformen sind GmbH & Co. KG/OHG, AG & Co. KG/OHG und GmbH & (typ./atyp.) Still.

10 Unter einkommensteuerlichen Gesichtspunkten ist die Unterscheidung zwischen Personengesellschaften und Kapitalgesellschaften bedeutsam, da bei Personengesellschaften den Gesellschaftern nach § 15 EStG das Ergebnis unmittelbar zuzurechnen ist (die **Personengesellschaft** ist einkommensteuerlich, nicht jedoch gewerbesteuerlich, **„transparent"**), während die **Kapitalgesellschaft** selbst **Steuersubjekt** ist. Für das Familienunternehmen stellt sich meist die Frage, ob eine GmbH oder eine GmbH & Co. KG die „ideale" Rechtsform ist.

1. Personengesellschaften

11 Die **offene Handelsgesellschaft** (OHG) ist ein Zusammenschluss von i.d.R. gleichberechtigten Personen zum Zweck des Betriebs eines Handelsgewerbes unter gemeinschaftlicher Firma. Sämtliche Gesellschafter haften den Gläubigern gegenüber unbeschränkt (§ 105 Abs. 1 HGB). Sie ist, anders als die BGB-Gesellschaft, auf den Betrieb eines Handelsgewerbes gerichtet und damit firmenrechtsfähig. Die OHG ist die Grundform der Personenhandelsgesellschaften. Sie ist, ebenso wie die BGB-Gesellschaft, eine **Gesamthandsgemeinschaft** und nicht – wie die Kapitalgesellschaften – eine juristische Person. Die OHG ist allerdings, wie nunmehr nach neuer Rechtsprechung auch die BGB-Gesellschaft, **teilrechtsfähig**. Nachteil der OHG gegenüber der Kapitalgesellschaft ist die unbeschränkte Haftung der Gesellschafter und die zwingende Selbstorganschaft.

12 Die **Kommanditgesellschaft** (KG) ist ebenfalls eine Personenhandelsgesellschaft, so dass das zur OHG Gesagte entsprechend gilt. Allerdings hat die Kommanditgesellschaft sowohl beschränkt als auch unbeschränkt haftende Gesellschafter. Der unbeschränkt haftende Gesellschafter, der sog. **Komplementär**, ist zur Geschäftsführung (§ 114 HGB) und zur Vertretung (§ 125 HGB) befugt. Die beschränkt haftenden Gesellschafter werden als **Kommanditisten** bezeichnet. Sie haften nur mit der im Handelsregister eingetragenen Einlage (Haftsumme). Eine Kommanditgesellschaft muss mindestens einen persönlich (unbeschränkt) haftenden Gesellschafter haben, der jedoch auch eine GmbH sein kann. Dies muss dann allerdings in der Firma zum Ausdruck kommen (**„GmbH & Co. KG"**, § 19 Abs. 2 HGB). Die Mischform der GmbH & Co. KG oder der AG & Co. KG, bei der anstelle einer GmbH eine Aktiengesellschaft Komplementär ist, verbindet den Vorteil der beschränkten Haftung der Kapitalgesellschaft mit dem Vorteil der unmittelbaren Einkommenszurechnung der Personengesellschaft.

13 Die **BGB-Gesellschaft** (GbR, §§ 705 ff. BGB) ist eine auf Vertrag beruhende Personenvereinigung ohne eigene Rechtsfähigkeit zur Förderung eines von den Gesellschaftern gemeinsam verfolgten beliebigen Zwecks.[3]

---

[3] Vgl. zu den neuen Entwicklungen der GbR in Annäherung an die OHG als Träger von Rechten und Pflichten im Sinne einer „Teilrechtsfähigkeit": BGH v. 29.1. 2001 – 11 ZR 331/100 (Änderung der Rechtsprechung), DB 2001, 423; bestätigt

Allerdings ist aufgrund der neuen Rechtsprechung des BGH auch die GbR im Zivilprozess **nunmehr aktiv und passiv parteifähig**.[4] Betreibt die BGB-Gesellschaft ein kaufmännisches Unternehmen, handelt es sich zwingend um eine OHG (offene Handelsgesellschaft gemäß §§ 105 ff. HGB).

Die offene Handelsgesellschaft als auch die Kommanditgesellschaft müssen aufgrund der Regelung des § 19 Abs. 1 HGB in ihrer Firma auf die Rechtsform eindeutig hinweisen. Wird eine unzulässige Firma verwendet, hält das Registergericht gemäß § 37 HGB durch Festsetzung von Ordnungsgeld zur Unterlassung des Gebrauchs an. 14

2. Kapitalgesellschaften

Die Gesellschaft mit beschränkter Haftung (**GmbH**) ist eine in das Handelsregister einzutragende Gesellschaft mit eigener Rechtspersönlichkeit (juristische Person). Haben die Gesellschafter die Stammeinlagen wirksam erbracht, haften sie nicht für die Verbindlichkeiten der Gesellschaft. In der Praxis „konkurriert" die GmbH mit der Mischform der GmbH & Co. KG einerseits sowie mit der Aktiengesellschaft andererseits. Sie ist – wie die Aktiengesellschaft – eigenes Steuersubjekt und damit kraft Rechtsform und unabhängig von ihrem Unternehmensgegenstand körperschaft- und gewerbesteuerpflichtig. 15

Die **Aktiengesellschaft (AG)**. Sie ist ebenfalls eine juristische Person mit beschränkter Haftung der Gesellschafter. Ihr Grundkapital beträgt mindestens EUR 50.000,– (GmbH: EUR 25.000,–), und es kann auf EUR 1,–/Aktie (bei der GmbH mindestens EUR 50,–/Geschäftsanteil) gestückelt werden. 16

Als weitere gesellschaftsrechtliche Unterschiede zwischen der AG und der GmbH sind zu erwähnen, dass bei der AG ein **Aufsichtsrat** als drittes Organ neben Vorstand (Geschäftsführung) und Hauptversammlung (Gesellschafterversammlung) obligatorisch ist und der **Vorstand** nach § 76 AktG **weisungsunabhängig** ist, während die Geschäftsführung einer GmbH den Weisungen der Gesellschafterversammlung zu folgen hat. Aus der Weisungsfreiheit des Vorstands folgt auch dessen Befreiung von der Sozialversicherung, die beim Gesellschafter-Geschäftsführer der GmbH nur unter bestimmten weiteren Voraussetzungen zu erzielen ist. 17

Hinzuweisen ist schließlich auf die als **„kleine" Aktiengesellschaft** bezeichnete AG. Dabei handelt es sich nicht um eine eigene Gesellschaftsform, sondern um eine Aktiengesellschaft, auf die einige der sehr strengen Formalia des AktG wegen des überschaubaren Gesellschafterkreises und der fehlenden Börsennotierung nicht anwendbar sind. Diese Erleichterungen sind eingeführt worden, um die Rechtsform der Aktiengesellschaft auch im Mittelstand attraktiver erscheinen zu lassen. Erleichterungen für die „kleine AG" sind folgende: 18

---

durch BGH v. 18. 2. 2002 – 11 ZR 331/00, ZIP 2002, 614; zu den Folgeproblemen für die Gerichts- und Vollstreckungspraxis: *Wertenbruch,* NJW 2002, 324; zur Grundbuchfähigkeit: *Ulmer/Steffek,* NJW 2002, 330; kritisch: *Heil,* NJW 2002, 2158.

[4] BGH v. 18. 2. 2002 – 11 ZR 331/00, ZIP 2002, 614.

- Einberufung der Hauptversammlung durch eingeschriebenen Brief (§ 121 Abs. 4 AktG),
- Durchführung der Hauptversammlung abweichend von §§ 121 bis 128 AktG,
- nur Grundsatzbeschlüsse der Hauptversammlung müssen von einem Notar beurkundet werden (§ 130 Abs. 1 S. 3 AktG),
- Möglichkeit der Einführung eines Höchststimmrechts (§ 134 Abs. 1 S. 2 AktG).

19 Mit der Aktiengesellschaft artverwandt ist die **Kommanditgesellschaft auf Aktien (KGaA)**. Die KGaA basiert auf den Vorschriften der §§ 278 ff. AktG. Danach ist sie eine Gesellschaft mit eigener Rechtspersönlichkeit, bei der mindestens ein Gesellschafter den Gesellschaftsgläubigern unbeschränkt haftet (Komplementär) und die übrigen an dem in Aktien zerlegten Grundkapital beteiligt sind, ohne persönlich für die Verbindlichkeiten der Gesellschaft zu haften (Kommanditaktionäre). Während die KGaA selbst ebenfalls Körperschaftsteuersubjekt ist, werden die Einkünfte des persönlich haftenden Gesellschafters gemäß § 15 Abs. 1 Nr. 3 EStG, soweit sie nicht auf Anteile am Grundkapital entfallen, als Einkünfte aus Gewerbebetrieb qualifiziert.[5]

20 Die KGaA kann seit der grundlegenden Entscheidung des Bundesgerichtshofs vom 24. 2. 1997[6] mit einer GmbH als Komplementärin gegründet werden. Die damit entstehende **„GmbH & Co. KGaA"** wird, insbesondere im Hinblick auf die Börsenfähigkeit der Aktien, als Alternative für börsenwillige mittelständische Unternehmen gesehen.[7] Der Vorteil der KGaA gegenüber der AG besteht im Wesentlichen in der naturgegebenen Funktion des Komplementärs als Vorstand und den gleichzeitig eingeschränkten Rechten des Aufsichtsrats[8] sowie in der größeren Gestaltungsfreiheit der Satzung. In der Praxis ist aber zu beachten, dass die steuerlichen Abgrenzungsfragen aufgrund der Körperschaftsteuerpflicht einerseits und der Zuweisung der Einkünfte des Komplementärs zu den gewerblichen Einkünften gemäß der Regelung in § 15 Abs. 1 Nr. 3 EStG andererseits ausgesprochen kompliziert und teilweise noch nicht abschließend geklärt sind.[9]

3. Mischformen

21 Die Mischform der GmbH & Co. KG wurde schon unter Rn 12, die Mischform der GmbH & Co. KGaA wurde schon unter Rn 20 kurz beschrieben. Mit der Mischform der **GmbH/AG & Still/atypisch Still**

---

[5] *Kusterer,* DStR 1997, 11.

[6] BGH v. 24. 2. 1997 – II ZB 11/96, DB 1997, 1219 = ZIP 1997, 1027 = GmbHR 1997, 595.

[7] Vgl. *Ladwig/Motte,* DStR 1996, 800 und DStR 1996, 842; *Niedner/Kusterer,* DB 1997, 2010; *Kallmeyer,* DStR 1994, 977.

[8] Vgl. *Kallmeyer,* ZGR 1983, 57 ff.; allgemein zu den Vor- und Nachteilen einer KGaA: *Claussen,* GmbHR 1996, 73.

[9] Zu den gesellschaftsrechtlichen Wegen aus der Personengesellschaft in die GmbH & Co. KGaA vgl. *Niedner/Kusterer,* DB 1998, 2405; *Hartel,* DB 1992, 2329.

wird versucht, den Nachteil der steuerlichen Abschottung der Kapitalgesellschaft, insbesondere bei Verlusten, abzumildern.[10] Allerdings sind ab Veranlagungszeitraum 2003 die Verluste aus der atypisch stillen Gesellschaft bei einer Kapitalgesellschaft als atypisch stiller Gesellschaft nur eingeschränkt abzugsfähig (§ 15 Abs. 4 S. 6 bis 8 EStG). Steuerlich vorteilhaft ist – gerade auch bei Verlusten – die Beteiligung des GmbH-Gesellschafters (natürliche Person) an der GmbH als stiller Gesellschafter. Handelt es sich um eine typische stille Beteiligung, befinden sich die Anteile an der Kapitalgesellschaft nicht in einem Betriebsvermögen und die gezahlten Zinsen für die stille Beteiligung sind bei der Kapitalgesellschaft als Betriebsausgaben abzugsfähig.

III. Steuerrechtliche Kriterien

Das seit 1977 bei Kapitalgesellschaften geltende Anrechnungsverfahren **22** wurde mit Wirkung ab dem 1. 1. 2001 abgeschafft und durch das sog. **Halbeinkünfteverfahren** ersetzt.[11] Dieser Systemwechsel führt rechtstechnisch zu einer Doppelbesteuerung, nämlich zunächst zu einer Steuer auf der Ebene der Gesellschaft und sodann, bei Ausschüttung, zu einer Besteuerung auf der Gesellschafterebene. Der Gesetzgeber hatte ursprünglich die Absicht, die bestehenden Rechtsformunterschiede zwischen Kapital- und Personengesellschaften durch eine Option der Personengesellschaften zur Kapitalgesellschaftsbesteuerung zu beseitigen, hat dies aber nicht verwirklicht. Letztlich ist der Blick auf die Steuersätze der laufenden Besteuerung nur einer von mehreren relevanten Aspekten der Rechtsformwahl und kann daher selbst aus rein steuerlicher Sicht für die Vergleichsbetrachtung nicht ausschlaggebend sein.

Nachfolgend eine Auswahl steuerrechtlicher Kriterien im Zusammen- **23** hang mit der Rechtsformwahl.

1. Laufende Besteuerung

Die von der **Kapitalgesellschaft** erzielten Gewinne unterliegen stets **24** der Gewerbeertragsteuer, wobei weder ein Freibetrag noch ein Staffeltarif zu berücksichtigen ist.[12] Die nach Gewerbesteuer verbleibenden Gewinne werden mit einem einheitlichen Körperschaftsteuersatz von 25 % besteuert. Vernachlässigt man die gewerbesteuerlichen Hinzurechnungs- und Kürzungsvorschriften (§§ 8, 9 GewStG), beträgt die **Ertragsteuerbelastung** auf Ebene der Kapitalgesellschaft **rd. 38,5 %**.

Die Ausschüttung aus einer Kapitalgesellschaft unterliegt grundsätzlich **25** zur Hälfte der Einkommensteuer beim Anteilseigner. Ist der Anteilseigner wiederum eine Kapitalgesellschaft, ist die Ausschüttung gemäß § 8b KStG

---

[10] Vgl. zu Verlusten in der stillen Gesellschaft: *Groh,* DB 2004, 668.

[11] Vgl. zur erstmaligen Anwendung des Halbeinkünfteverfahrens BMF v. 6. 11. 2003, BStBl. I 2003, 575 = DStR 2003, 2021.

[12] Die gemäß § 2 Abs. 2 S. 1 GewStG bestehende Gewerbesteuer kraft Rechtsform ist verfassungsgemäß, vgl. jüngst: BFH Beschluss v. 3. 12. 2003 IV B 192/03, BStBl. II 2004, 303.

zu 95 % steuerfrei. Abhängig von den individuellen Verhältnissen beim Anteilseigner (Spitzensteuersatz 2004: 45 %, ab 2005: 42 % zzgl. Solidaritätszuschlag von 5,5 % und ggf. Kirchensteuer) beträgt die **Gesamtsteuerbelastung** des ursprünglichen Einkommens der Kapitalgesellschaft mit Körperschaftsteuer, Gewerbesteuer und Einkommensteuer des Anteilseigners regelmäßig insgesamt über 50 %.[13]

26 Bei der **gewerblichen Personengesellschaft** (KG, OHG, GmbH & Co. KG) unterliegt das Einkommen der Gewerbesteuer auf der Ebene der Gesellschaft und der Einkommensteuer auf der Ebene des Gesellschafters. Gewerbesteuerlich ist der Freibetrag in Höhe von EUR 24.500,– gemäß § 11 Abs. 1 S. 3 Nr. 1 GewStG sowie die Staffelung der Messzahl gemäß § 11 Abs. 2 Nr. 1 GewStG zu beachten. Für Gewerbeerträge, die über der Eingangsstaffel liegen (Gewerbeertrag von EUR 72.500,–), ergibt sich ein umgerechneter Freibetrag von EUR 48.000,–. Für die Ermittlung der endgültigen Gewerbeertragsteuerbelastung ist zudem zu beachten, dass die Gewerbesteuer aufgrund ihrer Abzugsfähigkeit auch die einkommensteuerliche Bemessungsgrundlage mindert. Bei „Ausschüttung", also Entnahme von Gewinnen aus der Personengesellschaft, kommt es zu keiner weiteren Steuerbelastung.

27 Schließlich ist die **pauschale Einkommensteuerermäßigung gemäß § 35 EStG** zu berücksichtigen. Durch sie entsteht bei natürlichen Personen als Gesellschafter von gewerblichen Personenunternehmen wirtschaftlich eine Entlastung von der Gewerbesteuer. Die Pauschale i.H.v. 180 % des Gewerbesteuermessbetrages führt – je nach Gewerbesteuerhebesatz – zu einer Voll-, Über- oder Unterkompensation der Gewerbesteuerbelastung.[14] Je niedriger der Einkommensteuersatz ist, umso niedriger ist der kritische Gewerbesteuerhebesatz, der ca. zwischen 320 und 380 %, je nach Einkommensteuersatz, liegen dürfte.[15] Die Ermäßigung gemäß § 35 EStG wird bei Personengesellschaften auf Basis des Gewinnverteilungsschlüssels ermittelt und nicht auf Basis der quotalen steuerlichen Gewinnzurechnung in der einheitlichen und gesonderten Gewinnfeststellung. Durch Sondervergütungen (z. B. für Tätigkeiten oder Nutzungsüberlassungen), die zwar gewerbesteuerlich bei der Personengesellschaft erfasst werden, aber nicht im Gewinnverteilungsschlüssel, kann es daher zu unbeabsichtigten Verschiebungen zwischen den Gesellschaftern kommen.[16]

28 Der Vergleich von Personen- und Kapitalgesellschaft in Bezug auf die laufende Steuerbelastung zeigt, dass es von Bedeutung ist, ob der Gesellschafter die erwirtschafteten **Gewinne ausschütten** bzw. entnehmen will oder dem Unternehmen oder im Unternehmen belässt. Bei **Gewinnthe-**

---

[13] Vgl. die Zahlenbeispiele bei *Lüdicke/Rieger/Scheidle/Jahn,* § 2 Rn 20.

[14] Vgl. *Höflacher/Wendlandt,* GmbHR 2001, 793 (794); *Schmidt/Glanegger,* § 35 Rn 16; *Zimmermann/Hoffmann/Hübner/Schaeberle/Völkel,* B 424.

[15] Die Berechnung des kritischen Gewerbesteuerhebesatzes wird unterschiedlich vorgenommen.

[16] Vgl. ausführlich das Anwendungsschreiben zur Steuerermäßigung bei Einkünften aus Gewerbebetrieb nach § 35 EStG, BMF v. 15. 5. 2002, BStBl. I 2002, 533; zu möglichen gesellschaftsvertraglichen Regelungen, um diese Effekte abzumildern: *Priester,* DStR 2001, 795.

saurierung ist die Kapitalgesellschaft gegenüber der Personengesellschaft von Vorteil, während bei Gewinnausschüttung/Entnahme die Personengesellschaft im Ergebnis zu einer günstigeren Besteuerung führt.

Ausschüttungen im Kapitalgesellschaftskonzern sind gemäß § 8b KStG zu 95 % körperschaftsteuerfrei. Erst wenn die Dividenden den Kapitalgesellschaftsverbund verlassen und an natürliche Personen fließen, unterliegen sie dem Halbeinkünfteverfahren. **29**

Steuerbelastungsvergleich

Vergleich der durchschnittlichen Gesamtsteuerbelastung eines verheirateten Personenunternehmers mit der eines verheirateten Anteilseigners einer Kapitalgesellschaft bei 100 %iger Ausschüttung

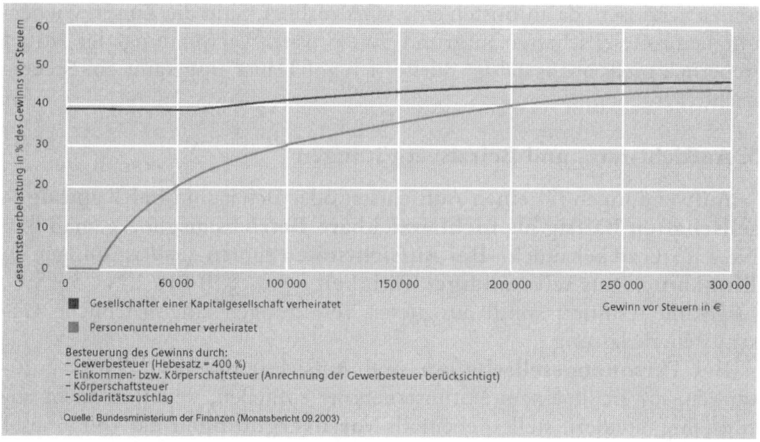

2. Behandlung von Gesellschaftervergütungen

Vergütungen an den Gesellschafter durch die Gesellschaft **für Dienstleistungen**, **Kreditgewährung** oder die **Überlassung von sonstigen Wirtschaftsgütern** führen ebenfalls zu unterschiedlichen Besteuerungsfolgen, je nachdem, ob es sich um eine Kapitalgesellschaft oder eine Personengesellschaft handelt. Bei der **Personengesellschaft** sind solche Leistungsvergütungen als sog. Sondervergütungen i. S. v. § 15 Abs. 1 S. 1 Nr. 2 EStG **nicht abzugsfähig**. Bei der **Kapitalgesellschaft** sind Aufwendungen für oben genannte Vergütungen – unterstellt, dass sie in der Höhe angemessen sind – grundsätzlich **abzugsfähige Betriebsausgaben** und mindern somit die Gewerbe- und Körperschaftsteuer. Eine Besonderheit gilt für Kreditgewährungen und Besicherung von Fremdkrediten seitens des Gesellschafters (Gesellschafter-Fremdfinanzierung), falls die Zinsen den Betrag von EUR 250.000,–/Jahr (Freigrenze) übersteigen, da sie nach näherer Maßgabe des § 8 a KStG als verdeckte Gewinnausschüttungen gelten.[17] **30**

[17] Vgl. i. E. *Frotscher,* DStR 2004, 377; *Grother,* DStR 2004, 390; *Schmid/Grabbe,* DStR 2004, 403; *Kessler,* DStR 2004, 386; *Hahn,* GmbHR 2004, 277.

31 Beim Gesellschafter unterliegen **Sondervergütungen** der Einkommensteuer. Liegen die Voraussetzungen der **Betriebsaufspaltung** vor, fällt auch Gewerbesteuer auf die Vergütungen an. Aufgrund der – im Fall der Thesaurierung – niedrigeren Gesamtsteuerbelastung der Kapitalgesellschaft gegenüber der Steuerbelastung des Gesellschafters ist es im Regelfall nicht von Vorteil, hohe Vergütungen für die oben genannten Leistungen zu vereinbaren. Ergibt eine Steuerberechnung, dass Gesellschaftervergütungen zu einer insgesamt höheren Steuerbelastung führen, kann es sinnvoll sein, hierauf vollständig zu verzichten.[18]

32 Die Gestaltung, dass der Gesellschafter statt Gewinnausschüttungen die Liquidität mittels eines Darlehens seitens der GmbH erhält, wird bei andauernder Vorgehensweise vermutlich von der Finanzverwaltung aufgegriffen werden (§ 42 AO). Im Übrigen sind solche Darlehen angemessen zu verzinsen, da ansonsten eine vGA vorliegt. Sind die Zinsen wiederum beim Gesellschafter aufgrund von privater Verwendung der Mittel steuerlich nicht abzugsfähig, dürfte sich auf Dauer insgesamt ein Steuernachteil ergeben.

3. Aufsichtsrats- und Beiratsvergütungen

33 Aufwendungen für einen Aufsichtsrat oder Beirat sind **bei Kapitalgesellschaften hälftig als nichtabziehbare Betriebsausgabe** gemäß § 10 Nr. 4 KStG zu behandeln. **Bei Aufsichtsräten** führen die Vergütungen zu **Einnahmen aus selbständiger Tätigkeit** i. S. v. § 18 Abs. 1 Nr. 3 EStG. Insgesamt resultiert somit aus diesen Vergütungen eine erhebliche Gesamtsteuerbelastung.

34 **Bei Personengesellschaften** sind Aufsichtsrats- bzw. Beiratsvergütungen, soweit sie einem Mitunternehmer zufließen, steuerlich nicht abzugsfähig, sondern stellen ebenfalls **Vorabvergütungen** dar (§ 15 Abs. 1 S. 1 Nr. 2 EStG). Aufsichtsrats- oder Beiratsvergütungen, die an **Dritte** gezahlt werden, sind hingegen **vollständig** als **Betriebsausgaben** – auch gewerbesteuermindernd – abzugsfähig. Bei der GmbH & Co. KG sollte der Aufsichtsrat/Beirat daher stets bei der KG und nicht bei der GmbH etabliert werden, um die vollständige Abzugsfähigkeit der Vergütung der Aufsichtsräte/Beiräte sicherzustellen.[19]

4. Pensionsrückstellungen

35 Pensionsrückstellungen für geschäftsführende Gesellschafter einer **Kapitalgesellschaft** sind – im Rahmen des Angemessenen – steuerlich **abzugsfähig**. Dies schafft in der Kapitalgesellschaft zusätzliche Liquidität

---

[18] Kredite können zinslos überlassen werden (kein § 42 AO, selbst wenn ausschließlich zur Steueroptimierung, vgl. BFH v. 17. 10. 2001 – 1 R 97/00, FR 2002, 277 = GmbHR 2002, 169 mit Komm. *Eilers/Schneider)* und der Gesellschafter kann als Geschäftsführer auch unentgeltlich für seine Gesellschaft tätig werden. Bei unentgeltlichen Nutzungsüberlassungen von Wirtschaftsgütern (z. B. Grundstücken) fehlt hingegen die Einkünfteerzielungsabsicht, so dass der Gesellschafter keine steuermindernden Abschreibungen und Werbungskosten geltend machen kann.

[19] Vgl. *Binz/Sorg,* § 16 Rn 313 ff.

durch Minderung der Gesamtsteuerbelastung im Wege des Hinausschiebens der Steuerlast. Bei **Personengesellschaften** gelten Pensionsrückstellungen für geschäftsführende Gesellschafter steuerlich als **Vorab-Vergütung**, während Pensionszusagen für Geschäftsführer, die nicht Mitunternehmer sind (Fremd-Geschäftsführer bei einer GmbH & Co. KG), Betriebsausgaben darstellen.[20]

5. Verluste der Gesellschaft

Die Nutzung von Gesellschaftsverlusten durch den Gesellschafter persönlich[21] ist nur bei der Personengesellschaft und – aufgrund der Abschirmwirkung – nicht bei der Kapitalgesellschaft möglich.[22] Dies gilt nur für die Einkommensteuer, während gewerbesteuerlich, da die Personengesellschaft ein eigenes Gewerbesteuersubjekt ist, Verluste ebenfalls nicht auf den Gesellschafter der Personengesellschaft durchschlagen. Die **Abschirmwirkung der Kapitalgesellschaft** wird durch eine sog. Organschaft (§§ 14 ff. KStG), auch für Zwecke der Gewerbesteuer (§ 2 Abs. 2 GewStG), beseitigt (vgl. § 29 Rn 100). 36

Ist der Gesellschafter einer Personengesellschaft nur beschränkt haftender **Kommanditist**, sind bei der Einkommensteuer die **Beschränkung der Verlustnutzung** auf die **Einlage** bzw. die **eingetragene Haftsumme** des Kommanditisten gemäß § 15 a EStG sowie die Einschränkungen der Verrechnung von laufenden Gewinnen mit Verlustvorträgen nach § 10d EStG sowie gewerbesteuerlich § 10 a GewStG zu beachten. 37

Für die Frage der weiteren Nutzungsmöglichkeit eines erwirtschafteten Verlusts ist bei der GmbH körperschaftsteuerlich die Regelung des § 8 Abs. 4 KStG im Fall des Anteilseignerwechsels und bei der Verschmelzung zusätzlich § 12 Abs. 3 UmwStG (vgl. hierzu § 30 Rn 117) zu beachten. Gewerbesteuerlich ist auch bei der Kapitalgesellschaft § 10 a GewStG maßgebend.[23] 38

6. Risiko von verdeckten Gewinnausschüttungen

Bei einer **Kapitalgesellschaft** besteht im Vergleich zu einer Personengesellschaft allgemein das Risiko einer zusätzlichen Steuerbelastung durch verdeckte Gewinnausschüttungen. Allerdings sind diese **Risiken** durch richtige Gestaltungen im Vorfeld **weitgehend beherrschbar**. 39

---

[20] Vgl. *Lüdicke/Rieger/Scheidle/Jahn*, § 2 Rn 36; *Krüger* Rn 206; *Kessler/Schiffers/Teufel*, § 3 Rn 143.

[21] Die Vererblichkeit des einkommensteuerlichen Verlustabzugs erneut bestätigend: BFH Beschl. v. 22. 10. 2003 – I ER – S – 1/03 (XI R 54/99), DStR 2004, 79.

[22] Ebenso bei der atypisch stillen Gesellschaft an einer GmbH, die steuerlich ebenfalls als Mitunternehmerschaft behandelt wird.

[23] Vgl. zu Inhalt und Rechtswirkungen einer Verlustfeststellung BFH Urt. v. 22. 10. 2003 – I R 18/02, DStR 2004, 347.

7. Wegzugsbesteuerung nach § 6 AStG

40 Gewinne aus der Beteiligung an einer Personengesellschaft unterliegen auch nach Wegzug des Gesellschafters ins Ausland der inländischen Besteuerung (§ 49 Abs. 1 Nr. 2 EStG). Im Falle des Wegzugs des Gesellschafters einer Kapitalgesellschaft ins Ausland ist die Vorschrift des **§ 6 AStG** zu beachten. Danach ist für eine Beteiligung nach § 17 EStG regelmäßig eine Schlussbesteuerung vorzunehmen, d.h. alle bis zum Wegzug entstandenen stillen Reserven sind – ohne Liquiditätszufluss – zu versteuern. Vergleichbare Konsequenzen sind bei einbringungsgeborenen Anteilen gemäß § 21 Abs. 2 UmwStG zu ziehen. Es ist allerdings davon auszugehen, dass die Wegzugsbeschränkungen des 6 AStG **europarechtswidrig** sind.[24]

8. Gewerbesteuer

41 Ist der Gesellschafter der Kapitalgesellschaft gewerbesteuerpflichtig, sind die Gewinnausschüttungen unter den Voraussetzungen von § 9 Nr. 2a GewStG bei diesem zu kürzen. Nachteilig sind i. d. R. Darlehensverhältnisse zwischen dem gewerbesteuerpflichtigen Gesellschafter und der Gesellschaft aufgrund der Hinzurechnungsvorschrift des § 8 Nr. 1 GewStG.

9. Grunderwerbsteuer

42 Bei einer **wesentlichen Änderung des Gesellschafterbestands** (95 % der Anteile) an einer Kapitalgesellschaft oder Personengesellschaft ist ein grunderwerbsteuerpflichtiger Tatbestand gegeben (§ 1 Abs. 2a und § 1 Abs. 3 GrEStG), wobei Änderungen im Gesellschafterbestand vor dem 1. 1. 1997 bei der Anwendung des § 1 Abs. 2a GrEStG nicht berücksichtigt werden dürfen.[25] Im Regelfall dürfte grunderwerbsteuerlich ein Gleichlauf bei der Veräußerung von Personen- und Kapitalgesellschaften erreicht sein.[26] Aufgrund der Identität des Rechtsträgers kommt es beim **Formwechsel** grundsätzlich nicht zu einer Grunderwerbsteuerbelastung.[27]

43 Bei der Übertragung von Grundstücken durch den Gesellschafter an die Gesellschaft wird die Steuer in Höhe des Anteils nicht erhoben, zu dem der Übertragende am Vermögen der Personengesellschaft beteiligt ist (§ 5 Abs. 2 GrEStG).[28] Entsprechendes gilt bei der Entnahme von Grund-

---

[24] Vgl. EuGH Urt. v. 11. 3. 2004 Rs. C-9/02, *de Lasteyrie du Saillant,* DB 2004, 686; hierzu *Kleinert/Probst*, DB 2004, 673.

[25] Vgl. BFH v. 8. 11. 2000 – II R 64/98, BStBl. II 2001, 422.

[26] Vgl. ausführlich zu den grunderwerbsteuerlichen Unterschieden zwischen Kapital- und Personengesellschaften bei der Umstrukturierung von Unternehmensgruppen: *Kroschewski,* GmbHR 2001, 707.

[27] Vgl. aber BFH v. 18. 12. 2002 – II R 13/01, DStRE 2003, 564; zur möglichen GrESt beim Formwechsel auch: *Gottwald,* DStR 2004, 341; *Hofmann*, § 5 Rn 18.

[28] Einschränkungen ergeben sich aber, zur Vermeidung von Missbräuchen, bei Änderung der Beteiligungsverhältnisse innerhalb von 5 Jahren (§ 5 Abs. 3 GrEStG), vgl. hierzu: FinMin. BW v. 14. 2. 2002 – 3 – S 4400/15, DB 2002, 405.

stücken aus dem Gesellschaftsvermögen (§ 6 Abs. 2 GrEStG). Außerdem sind die Befreiungsvorschriften des § 3 GrEStG (z. B. § 3 Nr. 4 GrEStG bei der Übertragung an Eheleute) bei Grundstücksübertragungen zwischen der Personengesellschaft und dem Gesellschafter anwendbar.

10. Transaktionen/Umstrukturierungen

a) Veräußerung. Während die Veräußerung eines Anteils an einer gewerblichen **Personengesellschaft** gemäß § 16 EStG grundsätzlich immer steuerpflichtig ist – bei vollständiger Veräußerung eines Mitunternehmeranteils Gewerbesteuerbefreiung und ab 55. Lebensjahr § 34 EStG-Begünstigung –, gilt in Bezug auf **Kapitalgesellschafter-Anteile** die Steuerpflicht nach § 17 EStG erst ab einer Beteiligung von **mindestens 1%**, es sei denn, die Veräußerung erfolgt innerhalb der 1-jährigen **„Spekulationsfrist"** des § 23 EStG (dann ohne Berücksichtigung der Beteiligungsquote). Auf den Gewinn aus der Veräußerung eines Kapitalgesellschaftsanteils ist gemäß § 3 Nr. 40 EStG stets das sog. **Halbeinkünfteverfahren** anwendbar (Ausnahme: einbringungsgeborene Anteile nach § 21 UmwStG). Die Steuerpflicht eines Veräußerungsgewinns korrespondiert auf Seiten des Veräußerers im Regelfall mit der steuerlichen Möglichkeit der Geltendmachung eines Veräußerungsverlusts. **44**

Es lässt sich festhalten, dass die **Kapitalgesellschaft** bei einer **geplanten späteren Veräußerung** und einem zu erwartenden Veräußerungsgewinn einen **erheblichen Vorteil** gegenüber der Personengesellschaft hat, wenn der Veräußerungsgewinn steuerfrei erzielt werden kann oder wenn das Halbeinkünfteverfahren anwendbar ist. **45**

- **Übersicht der Steuerfolgen bei Veräußerung der Beteiligung an einer Kapitalgesellschaft:**

	Natürliche Person (Privatvermögen)	**Gewerbliche Personengesellschaft**	**Kapitalgesellschaft**
Einkommensteuer	Halbeinkünfteverfahren gemäß § 3 Nr. 40 i.V.m. § 17 EStG	Halbeinkünfteverfahren gemäß § 3 Nr. 40 EStG	Gewinn zu 95 % steuerfrei gemäß § 8 b Abs. 2 KStG (Verlust steuerlich irrelevant)
Ausnahmen	– steuerfrei, wenn <1 % (§ 17 EStG) und außerhalb der Jahresfrist des § 23 EStG – volle Steuerpflicht, wenn einbringungsgeborene Anteile und innerhalb der Behaltefrist (§ 21 UmwStG i.V.m. § 3 Nr. 40 EStG); Verlust stets nur hälftig (§ 3c Abs. 2 EStG)	– steuerfrei bei Kapitalgesellschaft als Gesellschafter (§ 8 b Abs. 6 KStG) – bei natürlicher Person als Gesellschafter ← – bei Kapitalgesellschaft als Gesellschafter →	– volle Steuerpflicht innerhalb der Haltefrist des § 8 b Abs. 4 KStG (Verlust steuerlich irrelevant)
Gewerbesteuer (strittig)		– Erfassung der Hälfte des Gewinns, wenn Halbeinkünfteverfahren (§ 3 Nr. 40 EStG i.V.m. § 7 GewStG) – Nicht-Erfassung des Gewinns, wenn KSt-frei (§ 8b KStG i.V.m. § 7 GewStG) – volle GewSt, wenn volle ESt/KSt	Steuerfreiheit gemäß § 8b Abs. 2 KStG i.V.m. § 7 GewStG

- **Übersicht der Steuerfolgen bei Veräußerung der Beteiligung an einer gewerblichen Personengesellschaft:**

	Natürliche Person (Privatvermögen)	**Gewerbliche Personengesellschaft**	**Kapitalgesellschaft**
Grundsatz	volle ESt	Durchreichung der Steuerfolgen auf den Anteilseigner	volle KSt
Ausnahmen	Bei Veräußerung eines gesamten Mitunternehmeranteils gemäß § 16 EStG – Freibetrag gemäß § 16 Abs. 4 EStG; Fünftel-Regelung gemäß § 34 EStG – halber durchschnittlicher Steuersatz, wenn mindestens 55 Jahre alt oder dauernd berufsunfähig (einmal im Leben)	← →	
Gewerbesteuer	keine Ausnahme: Veräußerung eines Teils eines Mitunternehmeranteils		volle GewSt

b) Erwerb. Für den Erwerber eines Unternehmens ist es i. d. R. von Vorteil, wenn er Anteile an einer **Personengesellschaft** kauft. Denn die Anschaffungskosten sind unmittelbar auf die miterworbenen Wirtschaftsgüter zu verteilen; dadurch erfolgt eine **„Aufstockung" der Buchwerte**, und zwar sowohl bei Erwerb aller Anteile an der Personengesellschaft als auch bei Erwerb nur eines Teils der Anteile, dann ggf. in einer Ergänzungsbilanz. Die zusätzlichen **Abschreibungen** führen zu künftigen Steuereinsparungen – sowohl für gewerbe- als auch für einkommensteuerliche Zwecke. Dies gilt jedoch nicht, wenn der Kaufpreis niedriger ist als der Buchwert. In einem solchen Fall ist bei Anschaffung der Anteile an einer Personengesellschaft eine steuerwirksame „Abstockung" vorzunehmen, während die Buchwerte bei Anschaffung eines Kapitalgesellschaftsanteils unverändert bleiben. 46

c) Umstrukturierung. Umwandlungen der Kapitalgesellschaft in die Personenhandelsgesellschaft als auch der Personenhandelsgesellschaft in die Kapitalgesellschaft sind nunmehr im Wesentlichen steuerneutral durchzuführen; regelmäßig sind bei der **Umwandlung der Kapitalgesellschaft in die Personengesellschaft** die **thesaurierten Gewinne auf Gesellschafterebene nachzuversteuern** (vgl. § 32 Rn 79). Hohe An- 47 schaffungskosten für die Kapitalgesellschaft werden durch die Buchwerte des Anteils an der Personengesellschaft – ohne weitere Wirkung – ersetzt.

48 Bei der **Umwandlung einer Kapitalgesellschaft in eine Personengesellschaft** gelten die §§ 3 ff. UmwStG und bei der **Umwandlung einer Personenhandelsgesellschaft in eine Kapitalgesellschaft** gelten die §§ 20 ff. UmwStG. Hier zeigt sich ein Nachteil der Personenhandelsgesellschaft darin, dass die einmal begründete Steuerpflicht – unabhängig von der Beteiligungshöhe – auch bei der steuerneutralen Umwandlung bestehen bleibt. Es entstehen sog. **einbringungsgeborene Anteile**, die nach § 21 UmwStG im Falle der Veräußerung stets besteuert werden. Mit der Absenkung der für § 17 EStG relevanten Quote auf 1% dürfte dieser Nachteil jedoch meist vernachlässigbar sein.

49 Die **Spaltung** ist ebenfalls bei beiden Gesellschaftsformen steuerneutral möglich. Bei der Kapitalgesellschaft allerdings nur im Falle des Vorliegens von **Teilbetrieben** nach § 15 UmwStG (vgl. § 31 Rn 37 ff.) und bei der Personengesellschaft durch sog. Realteilung.

50 Bei **Personengesellschaften** ist die **Realteilung** unter Zuweisung von Einzelwirtschaftsgütern (§ 16 Abs. 3 S. 4 EStG) neben der ohnehin stets möglichen Realteilung unter Zuweisung von Teilbetrieben steuerneutral zulässig. Weitere Erleichterungen für Umstrukturierungen bestehen bei Personengesellschaften durch die Regelungen des § 6 Abs. 3 und 5 EStG. Insbesondere die sog. Wiedereinführung des Mitunternehmererlasses durch § 6 Abs. 5 S. 3 EStG ermöglicht Umstrukturierungen ohne Vorliegen eines Teilbetriebes, da Einzelwirtschaftsgüter zu Buchwerten zwischen verschiedenen Betriebsvermögen übertragen werden können.

11. Erbschaftsteuer/Schenkungsteuer

51 Aufgrund der erheblichen Belastungsunterschiede in erbschaftsteuerlicher Hinsicht hat mittlerweile auch die Erbschaftsteuer an Bedeutung für die Rechtsformwahl mittelständischer Unternehmen gewonnen.[29]

52 **Bei Personengesellschaften** sind gemäß § 12 Abs. 5 S. 1 ErbStG für den Bestand und die Bewertung des Betriebsvermögens grundsätzlich die Buchwerte des Vermögens im Steuerentstehungszeitpunkt, also im Zeitpunkt des Erbfalls (§ 9 Abs. 1 Nr. 1 ErbStG) oder im Zeitpunkt der Ausführung der Schenkung (§ 9 Abs. 1 Nr. 2 ErbStG), relevant. Der Buchwert des Vermögens, ermittelt aus einer Vermögensaufstellung, ist gemäß §§ 11 oder 12 BewG zu korrigieren um den bewertungsrechtlichen Ansatz für Betriebsgrundstücke, Wertpapiere, Anteile und Genussscheine an Kapitalgesellschaften. **Bei der Kapitalgesellschaft** ist der gemeine Wert der Anteile maßgebend (§ 12 Abs. 1, Abs. 5 S. 3 ErbStG i.V. m. § 11 BewG). Der gemeine Wert ist, soweit kein Börsenkurs oder keine zeitnahe Veräußerung von Anteilen vorliegt, nach dem sog. **Stuttgarter Verfahren**[30] zu ermitteln, welches eine gemischte Substanz-/Ertragswertberechnung be-

[29] Vgl. ausführlich *Rödder,* DB 1993, 2137.

[30] Vgl. R 95 ff. ErbStR v. 17. 3. 2003, BStBl. I Sondernr. 1 S. 2 ff. mit den Erbschaftsteuer-Hinweisen.

inhaltet. Bei der Personengesellschaft ist im Wesentlichen der Maßgeblichkeitsgrundsatz zu beachten, so dass bei ertragsstarken Gesellschaften regelmäßig der Wert der Personengesellschaft niedriger ist als der der Kapitalgesellschaft.[31]

Als weiterer wesentlicher erbschaftsteuerlicher Gesichtspunkt ist die Regelung des **§ 13 a ErbStG** zu beachten. Handelt es sich um **Betriebsvermögen**, ist sowohl ein **Freibetrag** von EUR 225.000,– als auch ein **um 35 % geminderter Wertansatz** zu berücksichtigen. Der Freibetrag und der verminderte Wertansatz fallen allerdings mit Wirkung für die Vergangenheit weg, soweit der Erwerber innerhalb von 5 Jahren nach dem Erwerb das erworbene Betriebsvermögen veräußert (§ 13 a Abs. 5 ErbStG). Als Betriebsvermögen in diesem Sinne gilt der Anteil an einer Personengesellschaft, unabhängig von der Höhe, und der Anteil an einer Kapitalgesellschaft, wenn der Erblasser oder Schenker am Nennkapital dieser Gesellschaft zu mehr als einem Viertel unmittelbar beteiligt war. 53

Für **Kapitalgesellschaftsanteile** ist also zu beachten, dass die erbschaftsteuerliche Begünstigung nur bei einer **Beteiligung von mehr als 25 %** und damit völlig unabhängig von der Frage der Einkommensteuerpflicht der Veräußerung i. S. v. § 17 EStG besteht. Dasselbe gilt für einbringungsgeborene Anteile i. S. v. § 21 UmwStG, die ebenfalls – trotz der Steuerpflicht im Falle der Veräußerung – nur unter der Voraussetzung, dass der Erblasser oder Schenker zu mehr als 25 % am Nennkapital der Gesellschaft beteiligt war, begünstigt sind. 54

Eine weitere Begünstigung von Betriebsvermögen liegt darin, dass Personen der Steuerklasse II und III der **Entlastungsbetrag i.S.v. § 19 a ErbStG** gewährt wird. Dieser Entlastungsbetrag hatte ursprünglich den Effekt, dass der Erwerb von Betriebsvermögen – unabhängig davon, welcher Steuerklasse der Erwerber angehörte – stets mit dem Tarif der Steuerklasse I besteuert wurde. Im Haushaltsbegleitgesetz vom 29. 12. 2003[32] ist mit Wirkung ab dem 1. Januar 2004 der Entlastungsbetrag auf 88 % des ursprünglichen Betrages begrenzt worden.[33] 55

12. Betriebsaufspaltung

Als Betriebsaufspaltung wird eine Konstellation bezeichnet, bei der ein Unternehmen in eine sog. **Besitzgesellschaft** und eine **Betriebsgesellschaft** aufgeteilt ist. I. d. R. handelt es sich bei der Besitzgesellschaft um eine Personengesellschaft und bei der Betriebsgesellschaft um eine Kapitalgesellschaft. Von der Besitzgesellschaft werden wesentliche Betriebsgrundlagen des Unternehmens an die Betriebsgesellschaft verpachtet. Voraussetzung für die Betriebsaufspaltung ist die **sog. sachliche und die sog. personelle Verflechtung**. Sachliche Verflechtung bedeutet, dass die verpachteten Wirtschaftsgüter wesentliche Betriebsgrundlagen des Betriebsunternehmens sind. Personelle Verflechtung bedeutet, dass die Ge- 56

[31] Vgl. *Kessler/Schiffers/Teufel*, § 3 Rn 401 ff.

[32] BGBl. I 2003, 3076, 3086.

[33] *Troll/Gebel/Jülicher*, § 19 a ErbStG Rn 10.

sellschafter des Besitz- und des Betriebsunternehmens weitgehend identisch sind.[34]

57 Die Pachteinnahmen der **Besitzgesellschaft** sind **gewerbliche Einkünfte**, obwohl die Besitzgesellschaft im Regelfall nur Vermietung und Verpachtung betreibt.[35] Die **überlassenen Wirtschaftsgüter** sind **Betriebsvermögen** mit der Folge, dass die in ihnen enthaltenen stillen Reserven steuerlich verhaftet sind. Entsprechendes gilt für die **Anteile an der Betriebskapitalgesellschaft**.

58 Durch die Betriebsaufspaltung werden **Vorteile** des Personenunternehmens mit denen der Kapitalgesellschaft kombiniert. Steuerlich sind insbesondere die Gehälter des Gesellschafter-Geschäftsführers beim Gewerbeertrag der Betriebskapitalgesellschaft abziehbar. Anders als die Pachteinnahmen zählen sie bei der Besitzpersonengesellschaft nicht zum gewerblichen Gewinn.

59 Ein **Nachteil** der Betriebsaufspaltung liegt darin, dass die Gewinnausschüttungen der Betriebsgesellschaft zu Einkünften aus Gewerbebetrieb führen und damit z. B. der Sparerfreibetrag nach § 20 Abs. 4 EStG keine Anwendung findet. Des Weiteren kann es aufgrund der Hinzurechnungsvorschrift bei Darlehensverhältnissen zu gewerbesteuerlichen Nachteilen kommen, wenn keine gewerbesteuerliche Organschaft vorliegt.

60 Das Betriebsaufspaltungsunternehmen ist also insgesamt als Personengesellschaft mit „Tochter-Kapitalgesellschaft" zu behandeln. Dementsprechend sind auch die sonstigen steuerlichen Konsequenzen (z. B. bei der Erbschaftsteuer) zu ziehen. Die Nachteile einer Betriebsaufspaltung, also insbesondere die Steuerverhaftung der überlassenen Wirtschaftsgüter und die Gewerbesteuerpflicht der Pachteinnahmen und der Gewinnausschüttungen, lassen sich durch das sog. **Wiesbadener Modell** vermeiden, bei dem das Besitzunternehmen einem Ehegatten gehört und das Betriebsunternehmen dem anderen Ehegatten.[36]

61 Wenn eine Betriebsaufspaltung gekennzeichnet ist durch nicht nutzbare Verluste in der Kapitalgesellschaft einerseits sowie hohe Einkünfte bei den Gesellschaftern des Besitzunternehmens andererseits, sollten die Pachtzahlungen – ggf. bis auf 0 – abgesenkt werden. Dadurch kann eine Verminderung der Kapitalgesellschaft-Verluste bei einer gleichzeitigen Reduzierung der Einkommensteuerbelastung der Besitzgesellschafter erreicht werden.

---

[34] Eingehend zur sachlichen und personellen Verflechtung H 137 Abs. 4 EStR 2003. BMF v. 7. 10. 2002 – IV AG – S 2240 – 134/02, BStBl. I 2002, 1028 = GmbHR 2002, 1088 zur Bedeutung von Einstimmigkeitsabreden beim Besitzunternehmen für das Vorliegen einer personellen Verflechtung im Rahmen einer Betriebsaufspaltung; Anwendung der BFH-Urteile v. 21. 1. 1989 – IV R 96/96; BStBl. II 2002, 771, v. 11. 5. 1999 – VIII R 72/96, BStBl. II 2002, 772, v. 15. 5. 2000 – VIII R 82/98, BStBl. II 2002, 774. Vgl. auch *Schmidt*, § 15 Rn 808 ff. und 820 ff.

[35] Eindeutig geklärt, vgl. nur BFH v. 11. 11. 1982 – IV R 117/80, BStBl. II 1983, 299.

[36] *Schmidt*, § 15 Rn 847.

§ 38 Laufende Besteuerung der Kapitalgesellschaft

Übersicht

	Rn
I. Körperschaftsteuer	1
1. Persönliche Steuerpflicht	3
2. Ermittlung des zu versteuernden Einkommens	6
a) Ausgangsgröße	6
b) Steuerfreie Einnahmen	9
aa) Investitionszulage	9
bb) Gewinnausschüttungen und damit zusammenhängende Betriebsausgaben	10
cc) Anteilsveräußerungsgewinne	13
dd) Anteilsveräußerungsverluste	16
ee) Einkünfte aus ausländischen Betriebsstätten	17
c) Verdeckte Gewinnausschüttungen	18
d) Verdeckte Einlagen	24
e) Verrechnung von Verlusten	27
f) Übersicht	30
3. Ermittlung der Körperschaftsteuer	32
4. Steuerliches Eigenkapital und Verwendungsreihenfolge bei Ausschüttungen	33
5. Körperschaftsteuertarif	40
II. Gewerbesteuer	42
1. Steuerpflicht	44
2. Ermittlung des Gewerbebetrags	46
a) Ausgangsgröße	46
b) Hinzurechnungen	50
aa) Entgelte für Dauerschulden	50
bb) Renten und dauernde Lasten/Gewinnanteile typisch stiller Gesellschafter	54
cc) Streubesitzdividenden/Schachtelverträge/ausschüttungsbedingte Teilwertabschreibungen	56
dd) Miet- und Pachtzins	60
ee) Verlustanteile/Gewinnanteile aus Mitunternehmerschaften	61
c) Kürzungen	62
aa) Grundbesitz-Abzüge	62
bb) Gewerbeertrag ausländischer Betriebsstätten/ausländische Steuern	63
d) Verrechnung von Verlusten	64
e) Übersicht	67
3. Ermittlung der Gewerbesteuer	69

Schrifttum: *Berg/Schmich*, Die Anwendung von § 8 Abs. 4 KStG bei Anteilsübertragungen im Konzern im Lichte der jüngsten Rechtsprechung, DB 2003, 1291; *Biermann/Rau*, Vergleichsgrößen bei der Zuführung neuen Betriebsvermögens nach § 8 Abs. 4 KStG – Die neue Sicht des BFH zum Begriff Restaktivvermögen?, GmbHR 2002, 509; *Blümich*, Einkommensteuergesetz Körperschaftsteuergesetz Gewerbesteuergesetz Kommentar, Loseblatt, Stand: April 2004; *Dötsch/Pung*, Steuerliches Einlagenkonto, Kapitalerhöhung aus Rücklagen und Kapitalherabsetzung: Das Einführungsschreiben des BMF vom 4. 6. 2003, DB 2003, 1345; *Dötsch/Eversberg/Jost/Pung/Witt*, Die Körperschaftsteuer, Loseblatt, Stand: 51. Ergänzungslieferung Mai 2004 (zitiert: *Dötsch*, Körperschaftsteuer); *Ernst & Young*, Körperschaftsteuergesetz Kommentar, Loseblatt, Stand: Juli 2003; *Glanegger/Güroff*, Gewerbesteuergesetz Kommentar, 5. Aufl. 2002; *Lenski/Steinberg*, Kommentar zum Gewerbesteuergesetz, Loseblatt, Stand: Juni 2003, *Neu/Watermeyer*, Steuerlicher Handlungsbedarf zum Jahreswechsel 2003/2004 (Teil II), DStR 2003, 2181; *Salz-*

mann, Gewerbesteuerliche Optimierung mit Hilfe der Abschirmwirkung von Kapitalgesellschaften – Zugleich eine Anmerkung zum sogenannten Durchgriffsverbot –, DStR 2000, 1329; *Streck*, Körperschaftsteuergesetz, 6. Aufl. 2003.

I. Körperschaftsteuer

1 Die Kapitalgesellschaft ist als juristische Person Steuerrechtssubjekt. Die Vorschriften des Einkommensteuerrechts über die Gewinnermittlung (§§ 4 ff. EStG) gelten auch für die Körperschaftsteuer (vgl. § 8 Abs. 1 KStG).[1] Unterschiede zur Einkommensteuer liegen im Steuertarif und der Nichtberücksichtigung der persönlichen Leistungsfähigkeit.

2 Die Erhebung von Körperschaftsteuer bei Kapitalgesellschaften und von Einkommensteuer bei natürlichen Personen führt zu einer **Doppelbelastung**, wenn die Kapitalgesellschaft bereits mit Körperschaftsteuer belastete Gewinne an ihre Gesellschafter ausschüttet und die Ausschüttung bei diesen der Einkommensteuer unterliegt. Um diese Doppelbesteuerung, die tendenziell zu einer Benachteiligung der Kapitalgesellschaften führt, abzumildern, galt in Deutschland bis zur Unternehmenssteuerreform 2001 das sog. **Anrechnungsverfahren**. Seitdem gilt das sog. Halbeinkünfteverfahren.[2] Mit dem **Halbeinkünfteverfahren** bleibt die Körperschaftsteuer auf das erzielte zu versteuernde Einkommen i. H. v. 25 % definitiv. Im Gegenzug werden Dividenden beim empfangenden Gesellschafter hälftig von der Einkommensteuer (§ 3 Nr. 40 EStG; betr. die natürliche Person als Gesellschafter) oder zu 95 % von der Körperschaftsteuer (§ 8b Abs. 1 i.V. m. 5 KStG; betr. die Kapitalgesellschaft als Gesellschafter) freigestellt. Der Systemwechsel geht mit einer 18-jährigen Übergangszeit einher, in der die Regelungen des Anrechnungsverfahrens bei Ausschüttungen nachwirken.[3]

1. Persönliche Steuerpflicht

3 Die Kapitalgesellschaft ist nach § 1 Abs. 1 Nr. 1 KStG Körperschaftsteuersubjekt und **unbeschränkt körperschaftsteuerpflichtig**, wenn sie ihre **Geschäftsleitung** (§ 10 AO) oder ihren **Sitz** (§ 11 AO) **im Inland** hat. Die unbeschränkte Körperschaftsteuerpflicht erstreckt sich auf sämtliche (inländischen und ausländischen) Einkünfte, d. h. es gilt das **Welteinkommensprinzip** (§ 1 Abs. 2 KStG). **Beschränkt körperschaftsteuerpflichtig** ist eine Kapitalgesellschaft, die weder ihren Sitz noch ihre Geschäftsleitung im Inland hat, mit ihren inländischen Einkünften (§ 2 Nr. 1 KStG i.V. m. § 49 EStG).

4 Die **Steuerpflicht beginnt** bei einer Kapitalgesellschaft mit der Gründung, d.h. mit notarieller Beurkundung des Gesellschaftsvertrags

---

[1] Abschn. 32 Abs. 1 des Entwurfs der Körperschaftsteuerrichtlinien 2003 v. 21. 1. 2004 – IV A 2 – S 2610 – 6/03 (im Folgenden: KStR-E 2003).

[2] Vgl. zur erstmaligen Anwendung des Halbeinkünfteverfahrens: BMF v. 6. 11. 2003, BStBl. I 2003, 575 = DStR 2003, 2021.

[3] § 38 Abs. 2 S. 3 KStG i.d.F. des StVergAbG v. 16. 5. 2003, BGBl. I 2003, 660.

(**Vorgesellschaft**).[4] Es kommt zwar nicht auf den Zeitpunkt der Erlangung der Rechtsfähigkeit (Eintragung im Handelsregister) an, jedoch muss es zur Eintragung kommen. Die Vorgesellschaft wird grundsätzlich als mit der durch Eintragung entstehenden Kapitalgesellschaft identisches Steuerrechtssubjekt behandelt. Zeitlich vorher existiert eine sog. **Vorgründungsgesellschaft** aufgrund der Vereinbarung der künftigen Gesellschafter über die Gründung einer Kapitalgesellschaft. Der Zweck der Vorgründungsgesellschaft liegt in der Gründung einer anderen Gesellschaft, so dass sie grundsätzlich kein körperschaftsteuerpflichtiges Gebilde darstellt, sondern eine GbR oder OHG.[5] Dementsprechend werden evtl. bis zur Gründung der Kapitalgesellschaft erzielte Einkünfte unmittelbar bei den Gründungsgesellschaftern erfasst.[6]

Die Steuerpflicht der Kapitalgesellschaft endet mit Liquidation oder **5**
Umwandlung der Gesellschaft.[7]

2. Ermittlung des zu versteuernden Einkommens

a) Ausgangsgröße. Basis der Besteuerung der Kapitalgesellschaft ist **6**
ihr zu versteuerndes Einkommen (§ 7 Abs. 1 KStG), welches gemäß § 7 Abs. 2 KStG i. V. m. § 8 Abs. 1 KStG nach den Vorschriften des EStG und des KStG zu ermitteln ist. Die **Vorschriften des EStG** sind allerdings nur anzuwenden, soweit sie nicht entweder ausschließlich auf natürliche Personen zugeschnitten (z. B. außergewöhnliche Belastungen) oder durch Sondervorschriften des KStG ersetzt sind.[8] Alle Einkünfte der Kapitalgesellschaft sind als **Einkünfte aus Gewerbebetrieb** zu behandeln und auch zwingend gewerbesteuerpflichtig (§ 2 Abs. 2 GewStG).[9]

Das zu versteuernde Einkommen der Kapitalgesellschaft ist nach dem **7**
Wirtschaftsjahr zu ermitteln, für das sie handelsrechtlich regelmäßig Abschlüsse macht (§ 7 Abs. 4 S. 1 KStG).[10] Entspricht das Wirtschaftsjahr dem Kalenderjahr, fallen Ermittlungszeitraum und Veranlagungszeitraum zusammen; sofern ein vom Kalenderjahr abweichendes Wirtschaftsjahr besteht, ist gemäß § 7 Abs. 4 S. 2 KStG der Gewinn in dem Kalenderjahr zu versteuern, in dem das Wirtschaftsjahr endet.[11]

---

[4] H 2 KStR-E 2003.

[5] *Ernst & Young/Kalbfleisch*, § 1 Rn 122; *Dötsch*, Körperschaftsteuer § 1 KStG Rn 104 ff.

[6] H 2 KStR-E 2003.

[7] *Ernst & Young/Kalbfleisch*, § 1 Rn 127; *Dötsch*, Körperschaftsteuer § 1 KStG Rn 112 ff.

[8] Vgl. die Liste in R 32 Abs. 1 KStR-E 2003.

[9] Nach ständiger Rechtsprechung ist die Gewerbesteuerpflicht kraft Rechtsform verfassungsgemäß, vgl. jüngst BFH v. 3. 12. 2003, BStBl. II 2004, 303 m. w. N.

[10] Das Wirtschaftsjahr muss regelmäßig einen Zeitraum von 12 Monaten umfassen, vgl. § 8 b S. 1 EStDV. Zu Abweichungen und dem Entstehen eines Rumpfwirtschaftsjahres vgl. § 8 b S. 2 EStDV.

[11] Nach § 7 Abs. 4 S. 3 KStG ist das Einvernehmen des Finanzamts für die Umstellung auf ein vom Kalenderjahr abweichendes Wirtschaftsjahr notwendig. Dieses Einvernehmen ist nicht notwendig im Fall der Neugründung einer Kapitalgesellschaft mit vom Kalenderjahr abweichendem Wirtschaftsjahr.

8 Ausgangsgröße für die Ermittlung des steuerlichen Gewinns einer Kapitalgesellschaft ist der handelsrechtliche **Jahresüberschuss (oder Jahresfehlbetrag)** des Wirtschaftsjahrs. Für die Ermittlung des steuerlichen Gewinns gilt grundsätzlich das Maßgeblichkeitsprinzip gemäß § 5 Abs. 1 EStG. Daneben treten die Vorschriften der §§ 4 ff. EStG als eigene Vorschriften zur Gewinnermittlung, woraus sich vielfältige Abweichungen der Steuer- von der Handelsbilanz ergeben. Die darüber hinaus erforderlichen Korrekturen zur Ermittlung des zu versteuernden Einkommens, z. B. aufgrund von steuerfreien Einnahmen und nichtabziehbaren Betriebsausgaben sowie von durch das Gesellschaftsverhältnis veranlassten Vorgängen (verdeckte Gewinnausschüttungen und erfolgswirksam erfasste Einlagen), sind außerbilanziell vorzunehmen.

9 **b) Steuerfreie Einnahmen.** *aa) Investitionszulagen.* Eine Kapitalgesellschaft kann steuerfreie Investitionszulagen nach dem Investitionszulagengesetz erhalten. Der steuerfreie Ertrag ist außerbilanziell abzuziehen.

10 *bb) Gewinnausschüttungen und damit zusammenhängende Betriebsausgaben.* Gemäß § 8b Abs. 1 KStG bleiben Bezüge i. S. d. § 20 Abs. 1 Nr. 1, 2 etc. EStG bei der Ermittlung des Einkommens der Kapitalgesellschaft außer Ansatz. Allerdings gelten mit Wirkung ab VZ 2004[12] nach § 8 b Abs. 5 KStG 5 % der Bezüge i. S. d. § 20 Abs. 1 Nr. 1, 2 etc. EStG als nichtabzugsfähige Betriebsausgaben, so dass **im Ergebnis nur 95 % der Bezüge steuerfrei** sind. Solche Bezüge sind im Wesentlichen (offene oder verdeckte) Ausschüttungen von anderen Kapitalgesellschaften, ausgenommen die sog. Einlagenrückgewähr.[13] § 8 b Abs. 1 KStG wird deshalb auch als **Dividendenfreistellung** bezeichnet. Unter § 8 b Abs. 1 KStG fallen auch Bezüge, die bei einer Kapitalherabsetzung oder als Liquidationserlös bei der Auflösung einer Gesellschaft gezahlt werden, soweit sie nach § 20 Abs. 1 Nr. 2 EStG Einnahmen aus Kapitalvermögen darstellen, also nicht solche Bezüge, die Rückzahlung von Nennkapital oder Einlagekonto darstellen oder die aus der Umwandlung thesaurierter Gewinne in Nennkapital stammen.[14]

11 § 8 b Abs. 1 KStG soll verhindern, dass bei Gewinnausschüttungen über mehrere Beteiligungsstufen (z. B. im Konzern) eine kumulative Körperschaftsteuerbelastung entsteht. Durch die mit Wirkung ab VZ 2004 eingeführte nur noch auf 95 % bezogene Dividendenfreistellung wird dieses Ziel allerdings nicht mehr vollständig erreicht. Eine Mindestbeteiligungshöhe oder -behaltefrist ist für die Freistellung der Bezüge nach § 8b Abs. 1 KStG nicht erforderlich. Gemäß § 8 b Abs. 6 KStG ist es für die Freistellung der Gewinnausschüttungen (generell für die Anwendung des § 8 b KStG) auch unerheblich, ob sie unmittelbar bei der Kapitalgesellschaft anfallen oder

---

[12] Vgl. Gesetz v. 22. 12. 2003, BGBl. I 2003, 2840.

[13] Auszahlung aus dem Einlagekonto i. S. v. § 27 KStG. Soweit das Einlagekonto bei einer Ausschüttung als verwendet gilt, wird sie gegen den Beteiligungsbuchwert gerechnet; bei Überschreiten ist § 8 b Abs. 2 KStG anwendbar. Siehe BMF v. 28. 4. 2003, BStBl. II 2003, 292 = DStR 2003, 881.

[14] Beträge i. S. d. § 28 Abs. 1 S. 3 KStG.

über eine **zwischengeschaltete Mitunternehmerschaft** bezogen werden.[15]

Im Gegenzug zur pauschalen **5%igen Nichtabziehbarkeit der Dividenden** ist die Anwendbarkeit von § 3c Abs. 1 EStG ausgeschlossen worden (§ 8b Abs. 5 S. 2 KStG). Somit sind sämtliche Ausgaben, die auch, soweit sie in unmittelbarem Zusammenhang mit nach § 8b Abs. 1 KStG steuerfreien Dividenden stehen, ab VZ 2004 voll abziehbar. Bis einschließlich VZ 2003 waren zwar die Dividenden zu 100 % steuerfrei gestellt, jedoch war wegen der Anwendbarkeit von § 3c Abs. 1 EStG der **Betriebsausgabenabzug (z. B. für Finanzierungszinsen)** eingeschränkt. Die Neuregelung ist nur dann vorteilhaft, wenn der Aufwand 5 % der Bruttobezüge (Dividenden) i. S. v. § 8b Abs. 1 übersteigt.[16] Dies entspricht der zuvor nur für Auslandsbeteiligungen anwendbaren Pauschalierung (§ 8b Abs. 5 KStG a. F.), so dass § 8b KStG ab VZ 2004 eine Unterscheidung zwischen in- und ausländischen Dividenden nicht mehr vorsieht. 12

cc) Anteilsveräußerungsgewinne. Mit der im Ergebnis 95%igen Steuerfreiheit von Gewinnausschüttungen korrespondiert die **Freistellung von Gewinnen aus der Veräußerung von Kapitalgesellschaftsanteilen** (§ 8b Abs. 2 und 3 KStG): 13

- Gewinne aus der Veräußerung oder verdeckten Einlage von Anteilen an Kapitalgesellschaften (auch wenn es sich um eine Organgesellschaft handelt),
- Gewinne aus der Auflösung von Kapitalgesellschaften oder der Herabsetzung ihres Nennkapitals (soweit insoweit nicht § 8b Abs. 1 KStG anzuwenden ist) sowie
- Gewinne, die durch eine Wertaufholung einer Beteiligung an einer Kapitalgesellschaft entstehen.

Allerdings erfolgt diese Freistellung nicht in jedem Fall. Nach § 8b Abs. 2 S. 4 KStG wird die Steuerfreiheit nicht gewährt, soweit der Anteil in früheren Jahren steuerwirksam auf den niedrigeren Teilwert abgeschrieben und die Gewinnminderung seitdem nicht (ebenso steuerwirksam) durch den Ansatz eines höheren Werts ausgeglichen wurde. Auf die weiteren Fälle (insbes. **einbringungsgeborene Anteile** nach § 21 UmwStG) gemäß § 8b Abs. 4 S. 1 KStG ist ebenfalls hinzuweisen.[17] 14

Wie für Ausschüttungen ist es auch für Gewinne der Kapitalgesellschaft aus der Veräußerung von Kapitalgesellschaftsanteilen im Grundsatz irrelevant, ob sie unmittelbar von der Kapitalgesellschaft selbst oder über eine **zwischengeschaltete Mitunternehmerschaft** realisiert werden (§ 8b Abs. 6 KStG, vgl. schon § 38 Rn 11). Dies gilt jedoch uneingeschränkt nur für die Körperschaftsteuer (vgl. zur Gewerbesteuer insoweit Rn 49). 15

---

[15] Vgl. *Streck/Binnewies*, § 8b Ziff. 15.

[16] *Neu/Watermeyer*, DStR 2003, 2181, 2186.

[17] Vgl. hierzu BMF v. 28. 4. 2003, BStBl. II 2003, 292, Tz. 28 ff. und zu Beteiligungen in einem eingebrachten Betriebsvermögen: BMF v. 5. 1. 2004, BStBl. I 2004, 44.

16 *dd) Anteilsveräußerungsverluste.* Nach § 8 b Abs. 3 S. 3 KStG sind **Gewinnminderungen** (Verluste), die im Zusammenhang mit den in § 8 Abs. 2 KStG genannten Anteilen stehen, bei der Gewinnermittlung nicht zu berücksichtigen. Dies entspricht der grundsätzlichen Steuerfreistellung der Gewinne gemäß § 8 b Abs. 2 KStG. Die Regelung gilt auch in den Fällen des § 8 b Abs. 4 KStG, d. h. während Gewinne auf solche Anteile steuerpflichtig sind, bleiben Verluste außer Betracht.[18]

17 *ee) Einkünfte aus ausländischen Betriebsstätten.* Wird eine unbeschränkt steuerpflichtige Kapitalgesellschaft über eine Betriebsstätte (§ 12 AO) im Ausland tätig, unterliegt sie mit ihren dortigen Einkünften regelmäßig auch im Ausland der beschränkten Steuerpflicht, so dass die Einkünfte aus der Tätigkeit im Ausland sowohl der deutschen als auch der ausländischen Besteuerung unterliegen. Über entsprechende zwischenstaatliche Doppelbesteuerungsabkommen (DBA) wird eine Doppelbesteuerung der Auslandseinkünfte vermieden, und zwar aus Sicht Deutschlands in der Regel durch Freistellung der ausländischen Einkünfte von der inländischen Steuer (sog. **Freistellungsmethode**). Dementsprechend sind steuerbefreite ausländische Betriebsstätteneinkünfte außerbilanziell zu korrigieren, d. h. Gewinne sind zu kürzen und Verluste zuzurechnen. Die Doppelbesteuerung kann auch durch die sog. **Anrechnungsmethode** vermieden werden, wenn zwischen Deutschland und dem Staat, in dem die Betriebsstätte belegen ist, kein DBA besteht. Bei dieser wird die ausländische Steuer auf die inländische Steuer, die auf die Einkünfte aus diesem Staat entfällt, angerechnet (§ 26 Abs. 1 KStG). Im Gegensatz zur Freistellungsmethode bleiben die ausländischen Einkünfte somit nicht außer Ansatz, sondern fließen in das zu versteuernde Einkommen ein.

18 **c) Verdeckte Gewinnausschüttungen.** Ausschüttungen stellen für die Kapitalgesellschaft Einkommensverwendung dar. Sie sind daher für die Ermittlung des Einkommens ohne Bedeutung (§ 8 Abs. 3 S. 1 KStG). Dies gilt für offene als auch für verdeckte Gewinnausschüttungen (§ 8 Abs. 3 S. 2 KStG). Während jedoch offene Gewinnausschüttungen ohnehin nicht als Aufwand erfasst werden, ist bei verdeckten Gewinnausschüttungen eine **außerbilanzielle Hinzurechnung** erforderlich, falls sie zuvor als Aufwand bzw. Betriebsausgabe den Jahresüberschuss gemindert haben.[19]

19 Da § 8 Abs. 3 S. 2 KStG den **Begriff** der verdeckten Gewinnausschüttungen nicht definiert, sind deren Merkmale durch die Rechtsprechung entwickelt worden. Eine verdeckte Gewinnausschüttung i. S. d. § 8 Abs. 3 S. 2 KStG liegt danach vor, wenn:[20]

- bei der Kapitalgesellschaft eine Vermögensminderung oder verhinderte Vermögensmehrung gegeben ist,
- die durch das Gesellschaftsverhältnis veranlasst ist,

---

[18] BMF v. 28. 4. 2003, BStBl. II 2003, 292 = DStR 2003, 881, Tz. 33.

[19] Eine (abgeflossene) verdeckte Gewinnausschüttung kann sich bei der Gesellschaft überdies im Rahmen des § 38 KStG auswirken.

[20] Vgl. R 36 Abs. 1 S. 1 KStR-E 2003.

- sich auf die Höhe des Einkommens der Kapitalgesellschaft auswirkt und sie
- nicht auf einem gesellschaftsrechtlichen Gewinnverteilungsbeschluss beruht.

Die Vermögensminderung oder verhinderte Vermögensmehrung wird durch Vergleich des bilanziellen Vermögens der Kapitalgesellschaft vor und nach der vorgenommenen bzw. unterlassenen Handlung festgestellt. Ob das Vermögen bei der Kapitalgesellschaft bereits abgeflossen bzw. dem Anteilseigner bereits ein Vorteil zugeflossen ist, ist hierbei ohne Bedeutung. **20**

Vorgänge, die nicht zu einer Minderung des Einkommens führen, müssen nicht bei der Einkommensermittlung korrigiert werden, sie stellen keine verdeckten Gewinnausschüttungen i. S. d. § 8 Abs. 3 S. 2 KStG dar (beachte aber: § 38 KStG). **21**

Eine **Veranlassung durch das Gesellschaftsverhältnis** ist anzunehmen, wenn ein ordentlicher und gewissenhafter Geschäftsleiter die Vermögensminderung oder verhinderte Vermögensmehrung gegenüber einem Nichtgesellschafter unter sonst gleichen Umständen nicht hingenommen hätte.[21] Das Kriterium des **ordentlichen und gewissenhaften Geschäftsleiters** entspricht weitgehend der Orientierung an dem sog. **Fremdvergleich**, also an dem, was fremde Dritte untereinander vereinbart hätten. Beurteilungsmaßstab zur Abgrenzung zwischen schuldrechtlicher und gesellschaftsrechtlicher Veranlassung ist im Normalfall die in diesem Sinne verstandene Angemessenheit der getroffenen Vereinbarung. Allerdings existieren Besonderheiten für Geschäfte, die nur mit den Gesellschaftern abgeschlossen werden können, für beherrschende Gesellschafter und in bestimmten Fällen angemessener, aber unüblicher Vereinbarungen. Eine verdeckte Gewinnausschüttung kann nicht durch Rückgewähr rückgängig gemacht werden, selbst dann nicht, wenn die Rückgewähransprüche auf vorher vereinbarten Satzungsklauseln beruhen. Die Rückgewähr ist vielmehr Einlage.[22] **22**

Zur Bemessung der **Höhe der Einkommenskorrektur** bei der Hingabe von Wirtschaftsgütern ist von deren gemeinem Wert und bei Nutzungsüberlassungen von der erzielbaren Vergütung auszugehen.[23] Als Gegenleistung erbrachte Zahlungen sind vom anzusetzenden Betrag abzuziehen ebenso wie bei übertragenen Wirtschaftsgütern die wegfallenden Buchwerte. **23**

d) Verdeckte Einlagen. Wie Ausschüttungen das steuerliche Einkommen der Gesellschaft nicht mindern dürfen, dürfen auch Einlagen der Anteilseigner in die Kapitalgesellschaft, die gesellschaftsrechtlich veranlasst sind, das steuerliche Einkommen der Kapitalgesellschaft nicht erhöhen. Während offene (handelsrechtliche) Einlagen grundsätzlich erfolgsneutral verbucht werden und daher keiner Ergebniskorrektur bedürfen, sind verdeckte Einlagen – wenn sie handelsrechtlich als Ertrag gebucht wurden – bei der Ermittlung des steuerlichen Einkommens **außerbilan-** **24**

---

[21] H 36 Abs. 3 KStR-E 2003.
[22] Siehe auch H 40 KStR-E 2003.
[23] Vgl. H 37 KStR-E 2003.

ziell zu kürzen. Ist die Einlage direkt als Zuschuss in die Kapitalrücklage nach § 272 Abs. 2 Nr. 4 HGB gebucht, ist somit keine Einkommenskorrektur veranlasst.

25 Maßgebend ist die **Abgrenzung zwischen der gesellschaftsrechtlichen und der schuldrechtlichen Veranlassung** der Vorteilszuwendung an die Kapitalgesellschaft. Eine gesellschaftsrechtliche Veranlassung liegt vor, wenn ein Nichtgesellschafter bei Anwendung der Sorgfalt eines ordentlichen Kaufmanns den Vermögensvorteil der Kapitalgesellschaft nicht eingeräumt hätte. Die Zuwendung des Vermögensvorteils kann unmittelbar durch den Anteilseigner selbst (zu Lasten seines Vermögens) oder mittelbar durch eine dem Anteilseigner nahe stehende (natürliche oder juristische) Person (im Interesse des Anteilseigners) erfolgen.

26 Allerdings ist es – insoweit abweichend von der verdeckten Gewinnausschüttung – Voraussetzung für eine (verdeckte) Einlage, dass mit ihr eine Erhöhung der Aktiva oder eine Verminderung der Passiva der Kapitalgesellschaft verbunden ist, dass also der **zugewendete Vermögensvorteil** ein **bilanzierungsfähiges** (einlagefähiges) materielles oder immaterielles **Wirtschaftsgut** ist bzw. die Verminderung eines bilanzierungsfähigen Passivums. Dies ergibt sich aus § 4 Abs. 1 S. 1 und 5 EStG, der auch bei Einlagen in Kapitalgesellschaften zur Anwendung kommt. Demnach sind bloße Überlassungen von Wirtschaftsgütern zum Gebrauch oder zur Nutzung sowie unentgeltliche Dienstleistungen nicht einlagefähig.[24]

27 **e) Verrechnung von Verlusten.** Ergibt die Ermittlung des Gesamtbetrags der Einkünfte der Kapitalgesellschaft einen Verlust, kann dieser nach § 10 d EStG (i. V. m. § 8 Abs. 1 KStG) wahlweise bis zur Höhe von EUR 511.500,–[25] in den unmittelbar vorangegangenen Veranlagungszeitraum zurückgetragen werden (**Verlustrücktrag**) oder zeitlich und betraglich unbegrenzt in folgende Veranlagungszeiträume vorgetragen werden (Verlustvortrag). Ab dem Veranlagungszeitraum 2004 ist eine Verrechnung des Verlustvortrags bis zu einem Gesamtbetrag der Einkünfte von EUR 1 Mio. unbeschränkt möglich. Die Verrechnung ist im Übrigen auf 60 % des EUR 1 Mio. übersteigenden Gesamtbetrags der positiven Einkünfte begrenzt (sog. Mindestbesteuerung).[26]

28 Der Verlustabzug nach § 10d EStG setzt allerdings voraus, dass die Kapitalgesellschaft nicht nur rechtlich, sondern auch wirtschaftlich mit der Kapitalgesellschaft identisch ist, die den Verlust erlitten hat (§ 8 Abs. 4 S. 1 KStG). Nach § 8 Abs. 4 S. 2 KStG ist die **wirtschaftliche Identität** insbesondere dann nicht gegeben, wenn mehr als 50 % der Anteile an der Kapitalgesellschaft übertragen werden und die Kapitalgesellschaft ihren Geschäftsbetrieb mit überwiegend neuem Betriebsvermögen fortführt oder wieder aufnimmt (Ausnahme: Sanierung nach § 8 Abs. 4 S. 3 KStG).[27]

---

[24] BFH GrS 2/86 v. 26. 10. 1987, BStBl. II 1988, 348.

[25] Maximal jedoch bis zur Höhe des Gesamtbetrags der Einkünfte im Verlustrücktragsjahr.

[26] § 10 d EStG i. d. F. des Gesetzes v. 22. 12. 2003, BGBl. I S. 2840.

[27] Zu den Voraussetzungen von § 8 Abs. 4 KStG eingehend BFH v. 18. 7. 2001, DB 2001, 2582; BMF v. 16. 4. 1999, BStBl. I 1999, 455 ff.; BFH v. 8. 8. 2001, BStBl.

Verluste, die bis zu dem Zeitpunkt des Verlusts der wirtschaftlichen Identität entstanden sind, dürfen mit danach entstandenen Gewinnen weder ausgeglichen (§ 8 Abs. 4 S. 4 KStG) noch von ihnen abgezogen werden. Verluste, die nach diesem Zeitpunkt entstanden sind, bleiben dagegen ausgleichs- und abzugsfähig, auch wenn danach weitere Anteile übertragen werden oder zusätzlich neues Betriebsvermögen zugeführt wird, es sei denn, es kommt erneut zum Wegfall der wirtschaftlichen Identität. **29**

f) Übersicht. Folgendes **Schema** fasst die Schritte zur Ermittlung des zu versteuernden Einkommens einer Kapitalgesellschaft zusammen:[28] **30**

Gewinn/Verlust lt. Steuerbilanz bzw. nach § 60 Abs. 2 EStDV korrigierter Jahresüberschuss/Jahresfehlbetrag lt. Handelsbilanz unter Berücksichtigung der besonderen Gewinnermittlung bei Handelsschiffen nach § 5 a EStG **31**
+/– Korrektur um vGA (§ 8 Abs. 3 S. 2 KStG)
– Abzug von Gewinnerhöhungen im Zusammenhang mit bereits in vorangegangenen VZ versteuerten vGA
– Einlagen (§ 4 Abs. 1 S. 5 EStG)
+ nichtabziehbare Aufwendungen (z. B. § 10 KStG, § 4 Abs. 5 EStG, § 160 AO)
+ Gesamtbetrag der Zuwendungen nach § 9 Abs. 1 Nr. 2 KStG
+/– Kürzungen/Hinzurechnungen nach § 8 b KStG und § 3 c Abs. 1 EStG
– sonstige inländische steuerfreie Einnahmen (z. B. Investitionszulagen)
+/– Korrekturen bei Organschaft i. S. d. §§ 14, 17 und 18 KStG (z. B. gebuchte Gewinnabführung, Verlustübernahme, Ausgleichszahlungen i. S. d. § 16 KStG)
+/– Hinzurechnungen und Kürzungen bei ausländischen Einkünften u. a.

- Korrektur um nach DBA steuerfreie Einkünfte unter Berücksichtigung des § 3 c Abs. 1 EStG,
- Hinzurechnung nach § 52 Abs. 3 EStG i.V. m. § 2 a Abs. 3 und 4 EStG 1997,
- Abzug ausländischer Steuern nach § 26 Abs. 6 KStG oder § 12 Abs. 3 AStG i.V. m. § 34 c Abs. 2, 3 und 6 EStG
- Hinzurechnungsbetrag nach § 10 AStG einschließlich Aufstockungsbetrag nach § 12 Abs. 1 und 3 AStG,
- Berichtigungsbetrag nach § 1 AStG,
- Hinzurechnungen und Kürzungen von nicht nach einem DBA steuerfreien negativen Einkünften nach § 2 a Abs. 1 EStG

II 2002, 392; BFH v. 19. 12. 2001, BB 2002, 767; BMF v. 17. 4. 2002, BStBl. I 2002, 629; BFH v. 4. 9. 2002, DStRE 2003, 166; BFH v. 20. 8. 2003, DStR 2004, 84 (zur mittelbaren Beteiligung); BFH v. 22. 10. 2003, DB 2004, 468; *Berg/Schmich,* DB 2003, 1291; *Biermann/Rau,* GmbHR 2002, 509.

[28] Vgl. R 29 KStR-E 2003.

+/– Hinzurechnungen und Kürzungen bei Umwandlung u.a.
- nach § 4 Abs. 6 und 7 bzw. § 12 Abs. 2 S. 1 UmwStG nicht zu berücksichtigender Übernahmeverlust oder -gewinn,
- Hinzurechnungsbetrag nach § 12 Abs. 2 S. 2 und 3 UmwStG

+/– sonstige Hinzurechnungen und Kürzungen u. a.
- nach § 52 Abs. 59 EStG i.V. m. § 50 c EStG 1999 nicht zu berücksichtigende Gewinnminderung,
- nicht ausgleichsfähige Verluste nach § 8 Abs. 4 S. 4 und nach § 13 Abs. 3 KStG sowie nach §§ 2 b, 15 Abs. 4, § 15 a Abs. 1 EStG,
- Hinzurechnungen nach § 15 a Abs. 3 EStG, § 13 Abs. 3 S. 10 KStG,
- Kürzungen nach § 2 b S. 4, § 15 Abs. 4 S. 2, 3 und 6, § 15 a Abs. 2, Abs. 3 S. 4 EStG, § 13 Abs. 3 S. 7 KStG,
- Gewinnzuschlag nach § 6 b Abs. 7 und 8, § 7g Abs. 5 EStG

= Summe der Einkünfte

– abzugsfähige Zuwendungen nach § 9 Abs. 1 Nr. 2 KStG

+/– bei Organträgern:
- Zurechnung des Einkommens von Organgesellschaften (§§ 14, 17 und 18 KStG),
- Kürzungen/Hinzurechnungen nach § 8 b KStG, § 3 c Abs. 1 EStG und § 4 Abs. 7 UmwStG bezogen auf das dem Organträger zugerechnete Einkommen von Organgesellschaften (§ 15 Nr. 2 KStG)

bei Organgesellschaften:
- Abzug des dem Organträger zuzurechnenden Einkommens (§§ 14, 17 und 18 KStG)

= Gesamtbetrag der Einkünfte

– bei der übernehmenden Körperschaft im Jahr des Vermögensübergangs zu berücksichtigender Verlust nach § 12 Abs. 3 S. 2 bzw. § 15 Abs. 4 UmwStG

– Verlustabzug nach § 10 d EStG

= Einkommen

– Freibetrag für bestimmte Körperschaften (§ 24 KStG)

– Freibetrag für Erwerbs- und Wirtschaftsgenossenschaften sowie Vereine, die Land- und Forstwirtschaft betreiben (§ 25 KStG)

= zu versteuerndes Einkommen

3. Ermittlung der Körperschaftsteuer

32 Die festzusetzende und die verbleibende Körperschaftsteuer sind wie folgt zu ermitteln:[29]

---

[29] Vgl. Schema lt. R 30 KStR-E 2003.

Steuerbetrag nach Regelsteuersatz (§ 23 Abs. 1 KStG) bzw. Sondersteuersätzen (z. B. § 26 Abs. 6 S. 1 KStG i. V. m. § 34 c Abs. 5 EStG; § 34 Abs. 12 S. 2 ff. KStG)

– anzurechnende ausländische Steuern nach § 26 Abs. 1 KStG, § 12 AStG

= Tarifbelastung

– Minderung der Körperschaftsteuer nach § 37 Abs. 2 ggf. i. V. m. § 40 Abs. 3 und 4 KStG, §§ 10, 14, 16 UmwStG

+ Erhöhung der Körperschaftsteuer nach § 38 Abs. 2 ggf. i. V. m. § 40 Abs. 3 und 4 KStG, §§ 10, 14, 16 UmwStG

+ Körperschaftsteuererhöhung nach § 37 Abs. 3 KStG

= festzusetzende Körperschaftsteuer

– anzurechnende Kapitalertragsteuer einschließlich Zinsabschlag

= festzusetzende Körperschaftsteuer

4. Steuerliches Eigenkapital und Verwendungsreihenfolge bei Ausschüttungen

Das steuerliche Eigenkapital einer Kapitalgesellschaft setzt sich aus den **Einlagen** der Anteilseigner und aus den (**stehen gelassenen**) **Gewinnen** der Kapitalgesellschaft zusammen. Dementsprechend können Dividenden sowohl Ausschüttung von Gewinnen als auch Rückzahlung von Einlagen sein. Aufgrund der unterschiedlichen Steuerwirkungen muss für die jeweilige Ausschüttung festgestellt werden, woraus sie resultiert. Eine Ausschüttung von Gewinnen führt beim Anteilseigner zu Einnahmen i. S. d. § 20 Abs. 1 Nr. 1 EStG, während dies für eine Ausschüttung aus dem steuerlichen Einlagekonto nicht gilt (§ 20 Abs. 1 Nr. 1 S. 3 EStG). Die Ausschüttung aus dem Einlagekonto wird mit den Anschaffungskosten bzw. dem Buchwert der Beteiligung verrechnet und ist erst nach vollständiger Verrechnung steuerrelevant. 33

Zu diesem Zweck hat die Kapitalgesellschaft gemäß § 27 KStG das sog. **Einlagekonto** zu führen, in dem der jeweilige Bestand der Einlagen (ohne Nennkapital) erfasst wird. Zum Schluss eines jeden Wirtschaftsjahrs wird der Bestand des steuerlichen Einlagekontos nach § 27 Abs. 2 S. 1 KStG gesondert festgestellt. Ausgehend von dem Bestand zum Schluss des vorangegangenen Wirtschaftsjahrs ist das steuerliche Einlagekonto um die jeweiligen Zu- und Abgänge im Wirtschaftsjahr fortzuschreiben (§ 27 Abs. 1 S. 2 KStG). Als Einlagen i. S. d. § 27 KStG sind insbesondere **verdeckte Einlagen** sowie alle **offenen Zuführungen zur Kapitalrücklage** i. S. d. § 272 HGB (z. B. ein Agio oder freiwillige Zuzahlungen der Anteilseigner in das Eigenkapital der Kapitalgesellschaft) zu erfassen. Die Einlagen werden erst berücksichtigt, wenn sie tatsächlich geleistet sind.[30] 34

[30] BMF v. 4. 6. 2003, BStBl. I 2003, 366 = DB 2003, 1352.

35 Demgegenüber werden die stehen gelassenen Gewinne der Kapitalgesellschaft nicht ausdrücklich als gesonderte Position des (steuerlichen) Eigenkapitals geführt und fortgeschrieben.[31] Dieser Betrag, der sog. ausschüttbare Gewinn der Kapitalgesellschaft (z.T. auch als neutrales Vermögen bezeichnet), ergibt sich vielmehr im Normalfall als Differenz zwischen dem steuerbilanziellen Eigenkapital einerseits und dem Nennkapital sowie dem Stand des Einlagekontos (§ 27 Abs. 1 S. 4 KStG) andererseits.

36 Nach § 27 Abs. 1 S. 3 KStG sind **Ausschüttungen** (Leistungen der Kapitalgesellschaft mit Ausnahme der Rückzahlung von Nennkapital i. S. d. § 28 Abs. 2 S. 2 KStG) **zunächst aus dem ausschüttbaren Gewinn** zu bedienen.[32] Denn die Norm bestimmt zur Verwendungsreihenfolge bei Leistungen der Kapitalgesellschaft, dass das steuerliche Einlagekonto nur gemindert wird, soweit die Summe der im Wirtschaftsjahr erbrachten Leistungen den auf den Schluss des vorangegangenen Wirtschaftsjahrs ermittelten Unterschiedsbetrag zwischen dem um das gezeichnete Kapital geminderten in der Steuerbilanz ausgewiesenen Eigenkapital und dem Bestand des steuerlichen Einlagekontos übersteigt.

37 Bezüglich der Verwendungsreihenfolge ist auf die **Bestände zum Schluss des vorangegangenen Wirtschaftsjahrs** abzustellen. Die Einlagen des Wirtschaftsjahrs, in dem die Ausschüttungen erfolgen, werden somit ebenso wenig bei der Berechnung berücksichtigt wie der Gewinn dieses Wirtschaftsjahrs. Dies kann dazu führen, dass tendenziell zu früh eine Einlagenrückgewähr angenommen wird.

38 Außerdem ist wegen der unterschiedlichen Besteuerungsfolgen die Verwendung der steuerlichen Eigenkapitalteile **den Anteilseignern mitzuteilen**. Die Bescheinigung nach § 27 Abs. 3 und 4 EStG wäre eigentlich zu korrigieren, wenn sich später Änderungen in Folge einer steuerlichen Betriebsprüfung o.ä. ergeben. Die praktische Problematik einer solchen Änderung ist offensichtlich, weswegen § 27 Abs. 1 S. 5 KStG bestimmt, dass mit der Erteilung der Bescheinigung die dabei bescheinigte Verwendung des steuerlichen Einlagekontos festgeschrieben ist. Die der Bescheinigung zugrunde gelegte Verwendung bleibt somit bestehen, auch wenn sich im Nachhinein herausstellt, dass die Ausschüttung nicht aus dem Einlagekonto, sondern aus dem ausschüttbaren Gewinn hätte bedient werden müssen. Gegebenenfalls wird der Bestand des steuerlichen Einlagekontos durch die Ausschüttung negativ. Der Aussteller haftet für die aufgrund einer unzutreffenden (§ 27 Abs. 3 und 4 KStG nicht entsprechenden) Bescheinigung verkürzten Steuern oder zu Unrecht gewährten Steuervorteile (§ 27 Abs. 5 Satz 1 KStG).

39 Bezüglich des **Verlustabzugs** und seiner Wirkungen auf das steuerliche Eigenkapital ist zwischen dem Jahr der Verlustentstehung und dem Jahr des Verlustabzugs zu differenzieren. Im Jahr seiner Entstehung mindert der Verlust das steuerliche Eigenkapital (und dort den ausschüttbaren Gewinn) der Kapitalgesellschaft. Ein **Verlustvortrag** führt bei Vorliegen

---

[31] Anders war dies noch zu Zeiten des Anrechnungsverfahrens, da jeder stehen gelassene Gewinn steuerlich in den entsprechenden „EK-Topf" gebucht wurde.

[32] *Dötsch/Pung,* DB 2003, 1345.

handelsbilanzieller Gewinne im Verlustabzugsjahr zu einer steuerfreien Mehrung des steuerlichen Eigenkapitals (des ausschüttbaren Gewinns). Bei einem **Verlustrücktrag** verringert sich zwar das zu versteuernde Einkommen im Rücktragsjahr, jedoch erfolgt die Mehrung des steuerlichen Eigenkapitals (des ausschüttbaren Gewinns) aufgrund der Körperschaftsteuererstattung erst zum Schluss des Jahres, in dem der Verlust entstanden ist.

5. Körperschaftsteuertarif

Der Körperschaftsteuersatz beträgt gemäß § 23 Abs. 1 KStG konstant **25 %**. **40**

Im Fall anrechenbarer ausländischer Steuern, z. B. bei Betriebsstätteneinkünften aus einem Staat, mit dem kein DBA oder ein DBA mit Anrechnungsmethode besteht, ergibt sich eine von der 25 %igen Belastung abweichende körperschaftsteuerliche Tarifbelastung.[33] **41**

II. Gewerbesteuer

Die Gewerbesteuer (Gewerbeertragsteuer) belastet den Gewerbeertrag des Steuerobjekts Gewerbebetrieb und damit auch den Gewerbeertrag einer Kapitalgesellschaft. Sie ist eine **Gemeindesteuer** (§ 1 GewStG). **42**

Die Gewerbesteuer wird durch **Anwendung des gemeindlichen Hebesatzes auf den Gewerbesteuermessbetrag**, der sich im Regelfall durch Multiplikation der Messzahl von 5 % mit dem Gewerbeertrag ergibt, ermittelt. Der Hebesatz beträgt ab Erhebungszeitraum 2004 **mindestens 200 %** (§ 16 Abs. 4 S. 2 GewStG). Die Gewerbesteuer ist **als Betriebsausgabe abzugsfähig**, da sie durch den Betrieb des Gewerbes veranlasst ist (§ 4 Abs. 4 EStG). Sie führt daher neben der Verringerung der Körperschaftsteuer der Kapitalgesellschaft zugleich zur Verminderung der Gewerbesteuer selbst, da der Gewinn aus Gewerbebetrieb die Ausgangsgröße für die Ermittlung des Gewerbeertrags ist.[34] **43**

1. Steuerpflicht

Nach § 2 Abs. 1 S. 1 und 3 GewStG unterliegt jeder stehende Gewerbebetrieb der Gewerbesteuer, soweit er im Inland betrieben wird, d. h. für ihn im Inland eine Betriebsstätte i. S. d. § 12 AO unterhalten wird. Während als **Gewerbebetrieb kraft Betätigung** durch § 2 Abs. 1 S. 2 GewStG rechtsformunabhängig jedes gewerbliche Unternehmen i. S. d. Einkommensteuerrechts qualifiziert, gilt die Tätigkeit von Kapitalgesellschaften nach § 2 Abs. 2 S. 1 GewStG „stets und in vollem Umfang" als Gewerbebetrieb (**Gewerbebetrieb kraft Rechtsform**). Die gewerbliche Tätigkeit **44**

---

[33] Vgl. R 30 KStR-E 2003.

[34] Zur Errechnung der Gerwerbesteuerrückstellung kann die Gewerbesteuer mit fünf Sechsteln des Betrags angesetzt werden, der sich ohne Berücksichtigung der Abzugsfähigkeit der Gewerbesteuer als Betriebsausgabe ermitteln würde (vgl. R 20 Abs. 2 Satz 2 EStR 2003).

einer Kapitalgesellschaft in verschiedenen Gewerbezweigen gilt immer als einheitlicher Gewerbebetrieb.[35] Eine dementsprechende Fiktion enthält § 15 Abs. 3 Nr. 2 EStG für die „gewerblich geprägte" Personengesellschaft.

45 Schuldner der Gewerbesteuer ist der Unternehmer. Unternehmer ist nach § 5 Abs. 1 S. 2 GewStG derjenige, für dessen Rechnung das Gewerbe betrieben wird.

2. Ermittlung des Gewerbeertrags

46 **a) Ausgangsgröße.** Der nach den Vorschriften des EStG oder des KStG zu ermittelnde Gewinn aus Gewerbebetrieb ist gemäß § 7 GewStG die Ausgangsgröße für die Ermittlung des Gewerbeertrags.

47 Bei der Kapitalgesellschaft ist die gewerbesteuerliche Ausgangsgröße grundsätzlich mit ihrem körperschaftsteuerlichen zu versteuernden Einkommen vor Verlustabzug identisch.[36] Das bedeutet, dass sich Gewinne der Kapitalgesellschaft aus der Veräußerung eines Anteils an einer anderen Kapitalgesellschaft, die bei der Einkommensermittlung gemäß § 8b Abs. 1 und 2 KStG außer Ansatz bleiben, ebenso wie die Abzugsverbote des § 8b Abs. 3 KStG auf die gewerbesteuerliche Ausgangsgröße auswirken.

48 **Gewinne (Verluste) aus einem Anteil an einer Personengesellschaft** sind grundsätzlich in der Ausgangsgröße für die Gewerbeertragsermittlung der Kapitalgesellschaft enthalten, obwohl die Personengesellschaft selbständig gewerbesteuerpflichtig ist.[37] Der Gewinn (Verlust) aus Gewerbebetrieb wird für gewerbesteuerliche Zwecke nicht um einen **Verlustabzug** nach § 10d EStG gemindert, da gewerbesteuerlich mit § 10a GewStG eine eigene Regelung zur Ermittlung und Verrechnung negativer Gewerbeerträge besteht. Der für Personengesellschaften und natürliche Personen geltende Grundsatz, dass gewerbesteuerlich nur der aus dem laufenden Gewerbebetrieb entstehende laufende Erfolg erfasst werden soll, gilt für die Kapitalgesellschaft nicht.

49 Für eine im Kapitalgesellschaftskonzern **zwischengeschaltete Mitunternehmerschaft** gilt § 7 S. 2 GewStG, so dass Gewinne (und Verluste) aus der Veräußerung oder Aufgabe eines Betriebs-, Teilbetriebs- oder Mitunternehmeranteils zum Gewerbeertrag gehören. Außerdem ist zu beachten, dass trotz § 8b Abs. 6 KStG die Steuerfreiheit gemäß § 8b KStG nach Auffassung der Finanzverwaltung nicht in die Ausgangsgröße für die Gewerbeertragsermittlung einer Personengesellschaft durchschlägt, auch wenn (und soweit) an dieser Kapitalgesellschaften beteiligt sind (Entsprechendes gilt für das Halbeinkünfteverfahren gem. § 3 Nr. 40 EStG bei anderen Mitunternehmern).[38]

---

[35] Zu Beginn und Ende der Steuerpflicht der Kapitalgesellschaft gelten die Aussagen zur Körperschaftsteuer entsprechend; vgl. *Lenski/Steinberg*, § 2 Rn 1781 ff.

[36] Abschn. 40 GewStR 1998.

[37] Vgl. zur Kürzung nach § 9 Nr. 2 GewStG Rn 61.

[38] BMF v. 28. 4. 2003, BStBl. II 2003, 292 = DStR 2003, 881. A. A. die ganz h.M. in der Literatur (statt aller: *Glanegger/Güroff*, GewStG § 7 Rn 3 m.w.N.) und FG Düsseldorf, Beschluss v. 12. 1. 2004, EFG 2004, 849.

b) Hinzurechnungen. *aa) Entgelte für Dauerschulden.* Die Hälfte der Entgelte für Dauerschulden sind gemäß § 8 Nr. 1 GewStG dem nach KStG ermittelten Gewinn hinzuzurechnen. Die steuerliche Behandlung der Dauerschuldzinsen beim Gläubiger ist für die Behandlung beim Schuldner unerheblich. Das bedeutet eine Mehrfachbelastung, wenn der Gläubiger ebenfalls gewerbesteuerpflichtig ist. § 8 Nr. 1 GewStG unterscheidet **zwei Arten von Dauerschulden**: Schulden, die wirtschaftlich mit der Gründung oder dem Erwerb eines Betriebs (Teilbetriebs) oder eines Anteils am Betrieb oder mit der Erweiterung oder Verbesserung des Betriebs zusammenhängen (§ 8 Nr. 1 1. Alt. GewStG), und Schulden, die der nicht nur vorübergehenden (= dauernden) Verstärkung des Betriebskapitals dienen (§ 8 Nr. 1 2. Alt. GewStG).[39] 50

Schulden der ersten Fallgruppe sind stets und unabhängig von ihrer Laufzeit Dauerschulden.[40] Eine Erweiterung oder Verbesserung des Betriebs setzt voraus, dass den Maßnahmen ein dem Gründungs- oder Erwerbsvorgang vergleichbares Gewicht zukommt. Schulden, die zum laufenden Geschäftsverkehr gehören, sind hingegen grundsätzlich keine Dauerschulden, da sie das Betriebskapital nur vorübergehend verstärken. Allerdings gilt diese Aussage unabhängig von der Laufzeit nur dann, wenn ein unmittelbarer und eindeutiger Zusammenhang zwischen Kredit und Warengeschäft besteht. Steht eine Schuld dagegen nicht mit einem bestimmten Geschäftsvorfall in unmittelbarem Zusammenhang, ist anhand der Laufzeit zu prüfen, ob nicht doch eine mehr als nur vorübergehende Verstärkung des Betriebskapitals erfolgt. „Nicht nur vorübergehend" besteht eine Schuld, wenn sie nicht innerhalb von 12 Monaten getilgt wird.[41] 51

Insgesamt sind somit **geborene Dauerschulden** und **Zeitmomentdauerschulden** zu unterscheiden. Geborene Dauerschulden sind durch den ursprünglichen, d.h. von Anfang an bestehenden Dauerschuldcharakter gekennzeichnet, d.h. die ursprüngliche Laufzeit überschreitet bereits die 12-Monats-Frist. Zeitmomentdauerschulden werden dagegen erst durch ihre tatsächliche Laufzeit von über 12 Monaten zu Dauerschulden. Dementsprechend sind auch **Kontokorrentschulden** der Kapitalgesellschaft hinsichtlich des Mindestbetrags der Schuld, der während des ganzen Wirtschaftsjahrs bestanden hat, Dauerschulden.[42] Dieser Mindestbetrag ist unter Außerachtlassung der niedrigsten Schuldenstände an insgesamt sieben Tagen („kurze Zeit") während des Erhebungszeitraums zu ermitteln; Mindestschuld ist danach der Kreditbetrag, der dem Gewerbebetrieb an 358 Tagen – im Schaltjahr 359 Tagen – im Jahr zur Verfügung stand.[43] 52

Dauerschuldzinsen sind alle Entgelte, die die Kapitalgesellschaft für die Überlassung des als Dauerschuld zu qualifizierenden Kapitals entrich- 53

---

[39] Zu nicht erfassten sog. durchlaufenden Krediten s. Abschn. 45 Abs. 2 GewStR 1998.

[40] Abschn. 45 Abs. 3 S. 12 ff. GewStR 1998.

[41] Abschn. 45 Abs. 5 S. 1 GewStR 1998.

[42] *Lenski/Steinberg*, § 8 Nr. 1; *Glanegger/Güroff*, § 8 Rn 17, 20.

[43] Abschn. 45 Abs. 7 GewStR 1998.

tet. Dazu gehören neben den Zinsen auch laufende Provisionen, ein Disagio etc.[44]

54 *bb) Renten und dauernde Lasten/Gewinnanteile typisch stiller Gesellschafter.* § 8 Nr. 2 GewStG ist lex specialis gegenüber § 8 Nr. 1 1. Alt. GewStG, die die mit der Gründung oder dem Erwerb eines Gewerbebetriebs etc. wirtschaftlich zusammenhängenden Rentenverpflichtungen oder Verpflichtungen zur Erbringung dauernder Lasten erfasst. Sie ordnet nicht nur die hälftige, sondern die volle Hinzurechnung des enthaltenen Zinsanteils an.[45] Allerdings unterbleibt im Gegensatz zu § 8 Nr. 1 GewStG die Hinzurechnung nach § 8 Nr. 2 GewStG, wenn die Beträge beim Empfänger gewerbesteuerlich erfasst werden.

55 Auch § 8 Nr. 3 GewStG ist Spezialnorm im Verhältnis zu § 8 Nr. 1 GewStG. Danach werden die Gewinnanteile typisch stiller Gesellschafter beim Geschäftsinhaber vollumfänglich hinzugerechnet. Auch in diesem Fall erfolgt jedoch keine Hinzurechnung, wenn die Gewinnanteile beim stillen Gesellschafter gewerbesteuerlich erfasst werden. Für einen Verlustanteil des typisch stillen Gesellschafters gilt Entsprechendes.

56 *cc) Streubesitzdividenden/Schachtelerträge/ausschüttungsbedingte Teilwertabschreibungen.* Nach § 8b Abs. 1 KStG bleiben bei Kapitalgesellschaften Dividenden in- und ausländischer Kapitalgesellschaften bei der Ermittlung des Einkommens außer Ansatz.[46] Damit sind Dividenden in der Ausgangsgröße der Kapitalgesellschaft für die Ermittlung des Gewerbeertrags nicht enthalten. Mithin scheint sich für die Kapitalgesellschaft die Frage der Anwendung des **gewerbesteuerlichen Schachtelprivilegs** des § 9 Nr. 2a und Nr. 7 GewStG nicht zu stellen.

57 Allerdings ist nach § 8 Nr. 5 GewStG die vollständige gewerbesteuerliche Dividendenfreistellung eingeschränkt. Denn eine gewerbesteuerliche Hinzurechnung der nach § 8b Abs. 1 KStG außer Ansatz bleibenden Gewinnanteile (Dividenden) und der diesen gleichgestellten Bezüge und erhaltenen Leistungen aus Anteilen an einer Kapitalgesellschaft erfolgt gem. § 8 Nr. 5 GewStG insoweit, als sie nicht die Voraussetzungen des § 9 Nr. 2a oder Nr. 7 GewStG erfüllen. Eine gewerbesteuerliche Belastung entsteht somit bei sog. **Streubesitzdividenden** aus in- und ausländischen Kapitalgesellschaften, nach Abzug wirtschaftlich damit zusammenhängender und körperschaftsteuerlich und damit auch für Zwecke der gewerbesteuerlichen Ausgangsgröße nicht abzugsfähiger Aufwendungen (nach § 8b Abs. 5 KStG pauschal 5%). Die Beteiligung an der ausschüttenden Gesellschaft muss gem. § 9 Nr. 2a GewStG mindestens ein Zehntel „zu Beginn des Erhebungszeitraums" betragen haben.[47] § 8 Nr. 5 GewStG basiert auf dem Gedanken der Reduzierung der Hinzurechnung auf den Nettobetrag der „Streubesitzdividenden".

---

[44] Abschn. 46 GewStR 1998.

[45] Siehe auch Abschn. 49 Abs. 3 GewStR 1998.

[46] Aufgrund der Einschränkung ab VZ 2004 nur noch zu 95%, vgl. § 8b Abs. 5 KStG.

[47] Vgl. Abschn. 61 Abs. 2 GewStR 1998 und die umwandlungsteuerlichen Besitzzeitanrechnungen.

Für den Fall von **Auslandsdividenden** ist die Anwendung von § 8 Nr. 5 GewStG dann fraglich, wenn für die Dividenden auch ein **DBA-Schachtelprivileg** besteht (regelmäßig bei Ausschüttungen an Kapitalgesellschaften mit mindestens 25 % Beteiligungsquote; ggf. sind DBA-Aktivitätsklauseln u.a.m. zu beachten). 58

Gemäß § 8 Nr. 10 GewStG sind Gewinnminderungen, die durch den **Ansatz eines niedrigeren Teilwerts einer Schachtelbeteiligung** im Zusammenhang mit der Veräußerung oder Entnahme einer Schachtelbeteiligung oder bei Auflösung oder Herabsetzung des Kapitals einer Schachtelbeteiligung entstehen, dem Gewinn aus Gewerbebetrieb wieder hinzuzurechnen, soweit der Ansatz des niedrigeren Teilwerts oder die sonstige Gewinnminderung auf Gewinnausschüttungen der Kapitalgesellschaft zurückzuführen ist, um die der Gewerbeertrag nach § 9 Nr. 2 a, 7 oder 8 GewStG zu kürzen ist. Der Fall der Wertaufholung (§ 6 Abs. 1 Nr. 2 Satz 3 EStG), die darauf beruht, dass sich der Wert der Beteiligung an einer Kapitalgesellschaft nach einer ausschüttungsbedingten Teilwertabschreibung infolge neuer thesaurierter Gewinne erhöht hat, soll nach Auffassung der Finanzverwaltung nicht unter § 9 Nr. 2 a GewStG fallen. § 9 Nr. 2 a GewStG erfasst vom Wortlaut her nur ausgeschüttete Gewinne, so dass die wertaufholungsbedingte Gewinnerhöhung der Gewerbesteuer unterliegt, obwohl sich die vorangegangene Teilwertabschreibung aufgrund der Sonderregelung des § 8 Nr. 10 GewStG nicht ausgewirkt hat.[48] Da gemäß § 8 b Abs. 3 KStG diese Gewinnminderungen schon bei der Ermittlung der Ausgangsgröße nicht abzugsfähig und auch die Gewinnausschüttungen gemäß § 8 b Abs. 1 KStG nicht in der gewerbesteuerlichen Ausgangsgröße enthalten sind, spielt dies bei der Kapitalgesellschaft keine Rolle. 59

dd) Miet- und Pachtzinsen. § 8 Nr. 7 GewStG ordnet die hälftige Hinzurechnung von Miet- und Pachtaufwendungen der Kapitalgesellschaft für gemietete/gepachtete Wirtschaftsgüter des Anlagevermögens (ohne Grundbesitz) an, soweit diese nicht bereits beim Vermieter/Verpächter zur Gewerbesteuer heranzuziehen sind. Handelt es sich hingegen bei dem Miet-/Pachtobjekt um einen **Betrieb oder Teilbetrieb** und beträgt die Miete für den einzelnen Betrieb/Teilbetrieb mehr als EUR 125.000,– pro Jahr, sind die Miet- und Pachtzinsen nach § 8 Nr. 7 S. 2 GewStG auch dann hinzuzurechnen, wenn die Miet-/Pachtzinsen beim Vermieter/Verpächter gewerbesteuerpflichtig sind. Allerdings ist dann die dem Gewerbeertrag des Mieters/Pächters hinzugerechnete hälftige Miete/Pacht beim Vermieter/Verpächter zu kürzen, § 9 Nr. 4 GewStG.[49] 60

ee) Verlustanteile/Gewinnanteile aus Mitunternehmerschaften. Ist die Kapitalgesellschaft an einer gewerblichen Mitunternehmerschaft beteiligt, erhöhen die auf die Kapitalgesellschaft als Mitunternehmer entfallenden anteiligen Gewinne aus der Beteiligung bzw. vermindern die anteiligen Verluste die Ausgangsgröße der Kapitalgesellschaft für die Ermittlung ihres Gewerbe- 61

[48] So jedenfalls OFD Düsseldorf, Vfg. v. 21. 1. 2004, FR 2004, 242.
[49] Im Einzelnen Abschn. 53 und 63 GewStR 1998.

ertrags. Da die **gewerbliche Mitunternehmerschaft selbst der Gewerbesteuer unterliegt,**[50] sind bei der Gewerbeertragsermittlung der Kapitalgesellschaft, um eine **Doppelerfassung** zu vermeiden, Verlustanteile, die den Gewinn gemindert haben, hinzuzurechnen (§ 8 Nr. 8 GewStG) und Gewinnanteile, die den Gewinn erhöht haben, zu kürzen (§ 9 Nr. 2 GewStG).[51]

62 **c) Kürzungen.** *aa) Grundbesitz-Abzüge.* § 9 Nr. 1 GewStG ordnet für den Regelfall eine Kürzung des Gewerbeertrags um 1,2 % des 1,4fachen Einheitswerts (§ 121 a BewG) des zum Betriebsvermögen gehörenden Grundbesitzes an (§ 9 Nr. 1 S. 1 GewStG). Daneben sieht die Norm eine erweiterte Kürzung (§ 9 Nr. 1 S. 2 ff. GewStG) bei sog. **Grundstücksunternehmen** in Höhe der auf die Grundbesitznutzung fallenden Gewerbeerträge vor.[52] Grundstücksunternehmen sind solche Unternehmen, die ausschließlich eigenen Grundbesitz verwalten und nutzen (oder daneben eigenes Kapitalvermögen verwalten und nutzen oder Wohnungsbauten betreuen oder Einfamilienhäuser, Zweifamilienhäuser oder Eigentumswohnungen errichten und veräußern), wenn nicht der Grundbesitz dem Gewerbebetrieb eines Gesellschafters dient. Hintergrund der erweiterten Kürzung ist, dass die Verwaltung und Nutzung des eigenen Grundbesitzes für sich betrachtet keine gewerbliche Tätigkeit ist, da der Rahmen einer reinen Vermögensverwaltung insoweit nicht überschritten wird. Da solche Unternehmen aber lediglich aufgrund ihrer Rechtsform gewerbesteuerpflichtig sind, sollen sie entlastet und den Personenunternehmen gleichgestellt werden, die nur Verwaltung und Nutzung eigenen Grundbesitzes betreiben und als reine Grundbesitzgesellschaften nicht der Gewerbesteuer unterliegen. Aufgrund dessen kommt die erweiterte Kürzung bei „echter" gewerblicher Tätigkeit, z. B. beim gewerblichen Grundstückshändler oder in Betriebsaufspaltungsfällen, nicht in Betracht. Außerdem darf der Grundbesitz nicht dem Gewerbebetrieb eines Gesellschafters dienen, was im Kapitalgesellschaftskonzern regelmäßig durch Etablierung einer separaten „Grundstückskapitalgesellschaft", die Schwestergesellschaft zu den aktiven Unternehmen ist, vermieden wird.[53]

63 *bb) Gewerbeertrag ausländischer Betriebsstätten/ausländische Steuern.* Nach § 9 Nr. 3 GewStG ist der auf eine **ausländische Betriebsstätte** entfallende Teil des Gewerbeertrags der Kapitalgesellschaft zu kürzen. Dies beruht auf der reinen Inlandsbezogenheit der Gewerbesteuer. Entsprechendes gilt für Auslandsdividenden (§ 9 Nr. 7, 8 GewStG). Die nach § 34 c Abs. 2 EStG (i. V. m. § 8 Abs. 1 KStG) bei der Ermittlung der Einkünfte abziehbaren, auf ausländische Einkünfte erhobenen Steuern mindern bereits die Aus-

[50] *Blümich/Obermeier,* § 2 GewStG Rn 50.

[51] Zu Verlustanteilen aus atypisch stillen Beteiligungen und deren unveränderter gewerbesteuerlicher Behandlung auch angesichts des durch das StVergAbG eingeführten § 15 Abs. 4 S. 6 EStG.

[52] Vgl. Abschn. 60 GewStR 1998; ausführlich zur Abschirmwirkung *Salzmann,* DStR 2000, 1329.

[53] Siehe dazu Abschn. 60 Abs. 4 GewStR 1998; vgl. auch *Glanegger/Güroff,* § 9 Nr. 1 Rn 33.

gangsgröße für die Ermittlung des Gewerbeertrags der Kapitalgesellschaft. Werden solche ausländischen Einkünfte zugleich nicht zur Gewerbesteuer herangezogen, wäre eine zweifache Minderung des Gewerbeertrags die Folge (zum einen durch den Abzug der ausländischen Steuer bei der Einkünfteermittlung, zum anderen durch die Kürzung beispielsweise des ausländischen Betriebsstättenergebnisses bzw. der ausländischen Dividenden mit dem Bruttobetrag), so dass sie nach § 8 Nr. 12 GewStG hinzuzurechnen sind.

d) Verrechnung von Verlusten. Ergibt sich nach der Modifikation der gewerbesteuerlichen Ausgangsgröße der Kapitalgesellschaft um die Hinzurechnungen und Kürzungen ein Fehlbetrag, ist dieser gesondert festzustellen, auf die folgenden Erhebungszeiträume vorzutragen und zu verrechnen, sobald und soweit positive Gewerbeerträge der Kapitalgesellschaft entstehen. Ein **Rücktrag** ist, anders als körperschaftsteuerlich bei der Gewerbesteuer **nicht vorgesehen**. **64**

Die Verlustverrechnung erfolgt in der Weise, dass der für den Erhebungszeitraum maßgebende Gewerbeertrag bis zu EUR 1 Mio. um die Fehlbeträge gekürzt wird, die sich bei der Ermittlung des maßgebenden Gewerbeertrags für die vorangegangenen Erhebungszeiträume ergeben haben. Der EUR 1 Mio. übersteigende Gewerbeertrag ist bis zu 60 % um nach vorstehender Kürzung nicht berücksichtigte Fehlbeträge der vorangegangenen Erhebungszeiträume zu kürzen. Diese ab Erhebungszeitraum 2004 geltende Regelung entspricht der **„Mindestbesteuerung"** nach § 10 d Abs. 2 EStG. **65**

Voraussetzung der gewerbesteuerlichen Verlustverrechnung ist, dass die Kapitalgesellschaft, bei der der Verlust entstanden ist, **wirtschaftlich identisch** ist mit der Kapitalgesellschaft, mit deren Ertrag der Verlust verrechnet werden soll. Denn auch gewerbesteuerlich gilt für die Verlustverrechnung der Kapitalgesellschaft § 8 Abs. 4 KStG, auf den § 10 a S. 4 GewStG ausdrücklich verweist. Das bedeutet, dass wirtschaftliche Identität insbesondere dann nicht vorliegt, wenn mehr als die Hälfte der Anteile an der Kapitalgesellschaft übertragen wurden und die Kapitalgesellschaft ihren Geschäftsbetrieb mit überwiegend neuem Betriebsvermögen fortführt oder wieder aufnimmt. **66**

e) Übersicht. Basierend auf der Ausgangsgröße „Einkommen vor Verlustabzug" wird der Gewerbeertrag der Kapitalgesellschaft durch Addition von Hinzurechnungen und Subtraktion von Kürzungen wie folgt ermittelt: **67**

Gewinn aus Gewerbebetrieb (Einkommen vor Verlustabzug) **68**
\+ Dauerschuldentgelte
\+ bestimmte Renten und dauernde Lasten
\+ Gewinnanteile typisch stiller Gesellschafter
\+ Bezüge persönlich haftender Gesellschafter einer KGaA
\+ „Streubesitzdividenden"
\+ bestimmte Miet- und Pachtzinsen
\+ Verlustanteile aus Mitunternehmergemeinschaften
\+ Spenden i. S. d. § 9 Abs. 1 Nr. 2 KStG

+ ausschüttungsbedingte Teilwertabschreibungen
+ ausländische Steuern
+ „Gewerbesteueroasen"-Hinzurechnung
– Grundbesitz-Abzüge
– Gewinnanteile aus Mitunternehmerschaften
– Schachtelerträge
– Anteile nicht im Inland belegener Betriebsstätten
– bestimmte Miet- und Pachtzinsen
– Spenden
– Fremdkapital-Vergütungen nach § 8 a KStG

= Gewerbeertrag vor Verlustabzug

– Gewerbeverlustabzug

= Gewerbeertrag

3. Ermittlung der Gewerbesteuer

69 Aus dem nach evtl. Gewerbeverlustvortragsverrechnung verbleibenden positiven Gewerbeertrag der Kapitalgesellschaft[54] wird durch Multiplikation mit 5 % der **Gewerbesteuermessbetrag** ermittelt (§ 11 Abs. 2 Nr. 2 GewStG). Die Gemeinde erhebt dann die Gewerbesteuer durch Anwendung des von ihr festzulegenden **Hebesatzes** (§ 16 GewStG) auf den Gewerbesteuermessbetrag. Die Hebesätze der Gemeinden differieren erheblich, jedoch wurde mit Wirkung ab Erhebungszeitraum 2004 ein „Mindesthebesatz" von 200 % gesetzlich verankert (§ 16 Abs. 4 S. 2 GewStG), um sog. Gewerbesteueroasen zu vermeiden. Berührt ein Gewerbebetrieb **verschiedene hebeberechtigte Gemeinden**, ist eine Aufteilung des einheitlichen Gewerbesteuermessbetrags (sog. Zerlegung, die in einem **Zerlegungsbescheid** erfolgt) notwendig, um den einzelnen Gemeinden als Steuergläubiger die entsprechenden Teile der Bemessungsgrundlage zuweisen zu können (§§ 28 ff. GewStG). Zerlegungsmaßstab ist nach § 29 Abs. 1 GewStG im Normalfall das Verhältnis der Arbeitslöhne, die in einer Betriebsstätte gezahlt wurden, zur Gesamtsumme der Arbeitslöhne aller Betriebsstätten.

70 Während der Gewerbesteuermessbetrag und ggf. der Zerlegungsbescheid durch das zuständige Finanzamt festgesetzt wird, wird erst unter Berücksichtigung der Zerlegung durch die berechtigten Gemeinden die Gewerbesteuer festgesetzt. Nach Abzug der Gewerbesteuervorauszahlungen der Kapitalgesellschaft ergibt sich die Gewerbesteuer-Zahllast.

[54] Vgl. zur Verminderung der Gewerbesteuer aufgrund der steuerlichen Abzugsfähigkeit der Gewerbesteuer (§ 4 Abs. 4 EStG) Rn 43.

§ 39 Laufende Besteuerung der Personengesellschaft

Übersicht

	Rn
I. Grundlagen	1
1. Ertragsteuern	3
a) Personengesellschaften und deren Gesellschafter als Steuersubjekt	3
aa) Einkommensteuer	3
bb) Gewerbesteuer	4
cc) Steuererklärungspflicht und Gewinnfeststellung	5
b) Gewinnermittlung	6
2. Substanzsteuern	12
3. Verkehrsteuern	13
II. Mitunternehmerschaften	15
1. Einkommensteuern	16
a) Gewinnermittlungsverfahren	16
b) Ableitung der Steuerbilanz aus der Handelsbilanz	17
aa) Maßgeblichkeit	17
bb) Betriebsvermögen	20
c) Entnahme und Einlage	24
d) Ergänzungsbilanz des Mitunternehmers	27
aa) Gesellschafterwechsel	29
bb) Einbringung	30
e) Sonderbetriebsvermögen und Sondervergütung	31
aa) Allgemeines	31
bb) Arten des Sonderbetriebsvermögens	32
cc) Sondervergütung	35
2. Gewerbeertragsteuer	38
a) Steuerpflicht der Personengesellschaft	38
b) Bemessungsgrundlage und Steuerfestsetzung	40
c) Erhebungsverfahren	41
3. Ergebnisbeteiligung der Gesellschafter	44
a) Verteilungsschlüssel	44
b) Angemessenheit der Verteilung	45
c) Ein- und Austritt von Gesellschaftern	46
d) Änderung des Gewinnverteilungsschlüssels	47
e) Einkommensteuerliche Verlustbeteiligung	48
f) Gewerbesteuerliche Verlustbeteiligung	52
4. Gewerbesteueranrechnung nach § 35 EStG	54

Schrifttum: *Berger/Ellrott/Förschle/Hense*, Beck'scher Bilanz-Kommentar, 5. Aufl. 2003 (zit.: Bearbeiter in Beck Bil-Komm); *Blümich*, Einkommensteuergesetz Körperschaftsteuergesetz Gewerbesteuergesetz Kommentar, Loseblatt Stand: April 2004; *Förster*, Problembereiche der Anrechnung der Gewerbesteuer auf die Einkommensteuer gem. § 35 EStG 2001, FR 2000, 866; *Groh*, Trennungs- und Transparenzprinzip im Steuerrecht der Personengesellschaften, ZIP 1998, 89; *Herzig/Lochmann*, Steuersenkungsgesetz: Die Steuerermäßigung für gewerbliche Einkünfte bei der Einkommensteuer in der endgültigen Regelung, DB 2000, 1728; *Hofmann*, Grunderwerbsteuergesetz Kommentar, 7. Aufl. 2001; *Kirchhof*, Einkommensteuergesetz Kompaktkommentar, 4. Aufl. 2004; *Müller/Hoffmann*, Beck'sches Handbuch der Personengesellschaft, 2. Aufl. 2002 (zit.: Beck'sches Hdb PersG/Bearbeiter); *Riegger/Weipert*, Münchener Handbuch des Gesellschaftsrechts – Band 2 Kommanditgesellschaft, GmbH & Co. KG, Publikums-KG, Stille Gesellschaft, 2. Aufl. 2004 (zit.: Münch HdB GesR); *Schmidt*, EStG – Einkommensteuergesetz Kommentar, 23. Aufl. 2004; *Sudhoff*, GmbH & Co. KG, 5. Aufl. 2000; *Zimmermann/Hottmann/Hübner/Schaeberle/Völkel*, Die Personengesellschaft im Steuerrecht, 8. Aufl. 2003.

I. Grundlagen

1 Während die Personengesellschaft zivilrechtlich weitgehend verselbständigt ist (§ 124 HGB), wird sie einkommensteuerlich nicht als eigenständiges Subjekt behandelt, sondern die „dahinter stehenden" Gesellschafter werden besteuert (sog. **Transparenz der Personengesellschaft**). Dies gilt allerdings nicht für die Gewerbesteuer, da diese unternehmensbezogene Steuer auch auf Personengesellschaften anwendbar ist. Das einkommensteuerliche Auseinanderfallen von zivilrechtlicher und steuerrechtlicher Natur der Personengesellschaft prägt das Steuerrecht der Personengesellschaft, insbesondere auch den Bereich der steuerlichen Gewinnermittlung.

2 Bei Personengesellschaften ist einkommensteuerlich wie folgt zu unterscheiden:

- gewerbliche Tätigkeit der Personengesellschaft (§ 15 Abs. 1 und 2 EStG),
- keine gewerbliche Tätigkeit, aber gewerbliche Prägung (§ 15 Abs. 3 EStG) und
- keine gewerbliche Tätigkeit (jede Einkunftsart denkbar; Bruchteilsbetrachtung).

1. Ertragsteuern

3 **a) Personengesellschaften und deren Gesellschafter als Steuersubjekt.** *aa) Einkommensteuer.* Eine Personengesellschaft unterliegt als solche nicht der Einkommensteuer. Einkommensteuerpflichtig und damit **Steuerschuldner sind die Gesellschafter** mit ihren Gewinnanteilen sowie den Vergütungen, die die Gesellschafter von der Gesellschaft für ihre Tätigkeit im Dienst der Gesellschaft oder für die Hingabe von Darlehen oder für die Überlassung von Wirtschaftsgütern bezogen haben (§ 15 Abs. 1 Nr. 2 EStG).[1]

4 Abweichend von der vormals vertretenen **Bilanzbündeltheorie**, die davon ausging, dass die Gesellschafter einer gewerblichen Personengesellschaft (sog. Mitunternehmer) ihren Gewinn wie Einzelunternehmer ermitteln (Zusammenfassung von Einzelbilanzen), ist für die Ermittlung der Art und der Höhe der Einkünfte an die Personengesellschaft mit ihrem Gesamthandsvermögen anzuknüpfen.[2] Die Verwirklichung oder Nichtverwirklichung des Tatbestandes einer bestimmten **Einkunftsart** und das Erzielen von **Gewinn oder Überschuss** im Rahmen dieser Einkunftsart richtet sich nach den **Verhältnissen der Gesellschaft**. Die Gesellschaft ist **Subjekt der Gewinnerzielung**. Trotz Ablehnung der Bilanzbündeltheorie[3] folgt die Rechtsprechung aber nicht der Vorstellung von der Vereinheitlichung der Gesellschaft gegenüber den Gesellschaftern. Steuerlich wird gleichwohl nicht die Gesellschaft, sondern werden die Ge-

---

[1] *Groh,* ZIP 1998, 89 (91); Münch Hdb GesR II/*Inhester,* § 26 Rn 4.

[2] BFH GrS v. 25. 6. 1984, BStBl. II 1984, 751.

[3] Zur heutigen Bedeutung der Bilanzbündeltheorie vgl. *Groh,* ZIP 1998, 89 (92 ff.).

sellschafter als Träger des Unternehmens angesehen.[4] Träger des Gewerbebetriebs einer Personengesellschaft ist dabei aus Sicht des BFH steuerlich allein der Gesellschafter, der originär Einkünfte aus der gemeinsamen Tätigkeit bezieht.[5] Dem Gesellschafter sind die Ergebnisse, Gewinn oder Verlust der gemeinschaftlichen Tätigkeit, anteilig als originäre eigene Einkünfte zuzurechnen. Nur ihm steht der Verlustabzug nach § 10d EStG zu.

bb) Gewerbesteuer. Der Gewerbesteuer unterliegt jeder inländische Gewerbebetrieb (§ 2 Abs. 1 S. 1 GewStG). Da eine Personengesellschaft im Gegensatz zur Kapitalgesellschaft nicht bereits kraft Rechtsform gewerbesteuerpflichtig ist, wird sie nur kraft gewerblicher Betätigung gewerbesteuerpflichtig. Schuldner der Gewerbesteuer ist die Personengesellschaft (§ 5 Abs. 1 S. 3 GewStG). Jedoch sind die Gesellschafter als Mitunternehmer der gewerblich tätigen Personengesellschaft anzusehen, was sich insbesondere auch auf den Verlustabzug auswirkt.[6]

cc) Steuererklärungspflicht und Gewinnfeststellung. Steuererklärungen hat die Gesellschaft für die **Gewerbesteuer** (§ 14 a S. 2 GewStG, § 25 GewStDV) und für die **Umsatzsteuer** (§ 18 Abs. 3 UStG) abzugeben. Bei der Einkommensteuer haben diese Pflichten die Gesamtheit der Gesellschafter (§ 181 Abs. 2 Nr. 1 AO) und die Geschäftsführer (§ 181 Abs. 2 Nr. 4 AO) für die Erklärung der gesonderten Feststellung. Der Gewinn der Personengesellschaft wird vom Finanzamt einheitlich und gesondert festgestellt (§ 180 AO). 5

b) Gewinnermittlung. Der Gewinn von Personengesellschaften, die keine gewerblichen Einkünfte erzielen, wird entsprechend den Vorschriften der jeweiligen Einkunftsart ermittelt. Der Gewinn der gewerblichen Personengesellschaft ist steuerlich nach den §§ 4 bis 7k EStG zu ermitteln. In den §§ 4 und 5 EStG sind **drei Gewinnermittlungsarten** geregelt: 6

- Betriebsvermögensvergleich (§ 4 Abs. 1 EStG),
- Überschuss der Betriebseinnahmen über die Betriebsausgaben (§ 4 Abs. 3 EStG) und
- Betriebsvermögensvergleich nach den handelsrechtlichen Grundsätzen ordnungsmäßiger Buchführung (§ 5 EStG).

Grundlage des Betriebsvermögensvergleichs sind Bilanzen, die nur im Rahmen von § 5 EStG nach den handelsrechtlichen Grundsätzen (§§ 238 ff. HGB) aufzustellen sind, während nach § 4 Abs. 1 EStG ein rein steuerlicher Betriebsvermögensvergleich ausreicht. Gewinn i. S. v. § 4 Abs. 1 S. 1 EStG ist der Unterschiedsbetrag zwischen dem Betriebsvermögen am Schluss des Wirtschaftsjahrs und dem Betriebsvermögen am Schluss des vorangegangenen Wirtschaftsjahrs, vermehrt um den Wert der Entnahmen und vermindert um den Wert der Einlagen: 7

---

[4] BFH GrS v. 25. 2. 1991, BStBl. II 1991, 691.

[5] BFH GrS v. 10. 11. 1980, BStBl. II 1981, 164; vgl. auch *Kirchhof/Reiß*, § 15 Rn 203 f.

[6] BFH v. 16. 2. 1994, BStBl. II 1994, 364 m. w. N.

Betriebsvermögen am Schluss des Wirtschaftsjahrs
– Betriebsvermögen am Schluss des vorangegangenen Wirtschaftsjahrs
+ Entnahmen
– Einlagen

= Gewinn

8 Eine doppelte Gewinnermittlung auf der Basis der Bilanz als Bestandsvergleich und auf der Basis der Gewinn- und Verlustrechnung als Saldo der Aufwendungen und Erträge für die steuerliche Gewinnermittlung ist danach nicht erforderlich. Erfolgswirksame Buchungen könnten im Rahmen der einfachen, nicht auf der Basis der Handelsbilanz erstellten Steuerbilanz unmittelbar über das Kapitalkonto erfolgen. Regelmäßig müssen die Gesellschaften aber aus anderen Gründen auch eine Gewinn- und Verlustrechnung mit der Gewinnermittlung auf der Grundlage einer zeitraumbezogenen Saldierung der Aufwendungen und Erträge aufstellen.

9 Die **Einnahmen-Überschuss-Rechnung** nach § 4 Abs. 3 EStG ist eine vereinfachte Technik der Gewinnermittlung. Es gilt, anders als beim Betriebsvermögensvergleich, nicht das Verursachungsprinzip (§ 252 Abs. 1 Nr. 5 HGB), sondern das **Zufluss-Abfluss-Prinzip** (§ 11 EStG), es wird also im Grundsatz nur auf Zahlungsvorgänge abgestellt.

10 Personengesellschaften haben grundsätzlich ein **Wahlrecht** zwischen Betriebsvermögensvergleich und Einnahmen-Überschuss-Rechnung. Das Wahlrecht entfällt jedoch nach §§ 140, 141 AO, da die Gewinnermittlung durch Betriebsvermögensvergleich gemäß § 140 AO steuerlich zwingend ist, wenn sich eine Buchführungspflicht aus anderen Gesetzen als den Steuergesetzen, etwa aus Handelsrecht (§§ 238 ff., 1 ff. HGB) ergibt. Greift § 140 AO nicht, kann sich eine Buchführungspflicht und damit die Notwendigkeit der Gewinnermittlung durch Betriebsvermögensvergleich auch für nicht freiwillig im Handelsregister eingetragene „Kleingewerbetreibende" aus § 141 AO ergeben.

11 Alle zur Buchführung verpflichteten Gewerbetreibenden und alle Gewerbetreibenden, die freiwillig Bücher führen, haben ihren Gewinn nach § 5 EStG zu ermitteln. Der Vermögensvergleich ist auf der Grundlage einer Bilanz vorzunehmen, die nach den handelsrechtlichen Grundsätzen ordnungsmäßiger Buchführung erstellt wurde. Es gilt die **Maßgeblichkeit der Handelsbilanz** für die steuerliche Gewinnermittlung.

2. Substanzsteuern

12 Ein wesentlicher Vorteil der gewerblichen Personengesellschaft gegenüber der Kapitalgesellschaft bestand früher darin, dass nur die Kapitalgesellschaft mit ihren Gesellschaftern vermögensteuerlich doppelt belastet wurde, und zwar auf der Ebene der Gesellschaft und der des Gesellschafters. Demgegenüber war die Personengesellschaft als solche nicht vermögensteuerpflichtig. Durch die Abschaffung der Vermögensteuer ist dies nicht mehr entscheidend. Auch die Gewerbekapitalsteuer ist entfallen, so dass es insoweit nicht mehr erforderlich ist, jährlich den **Einheitswert** des

Betriebsvermögens zu ermitteln. Bedeutsam bleibt dieser nur noch für die **Erbschaft- und Schenkungsteuer**.

3. Verkehrsteuern

Eine Personengesellschaft, die unter ihrem Namen nach außen auftritt und am Wirtschaftsleben durch Lieferungen und sonstige Leistungen teilnimmt, ist – unabhängig davon, ob sie gewerblich tätig ist oder nicht (z. B. Vermietung) – für Zwecke der Umsatzsteuer Unternehmer und Steuerschuldner i. S. d. § 13 a Abs. 1 Nr. 1 UStG, nicht dagegen der einzelne Gesellschafter.[7] Dieser kann allerdings gegenüber der Gesellschaft wiederum selbst als Unternehmer auftreten. **13**

Personengesellschaften sind in jeder Beziehung als **selbständige Rechtsträger im Sinne des Grunderwerbsteuerrechts** zu qualifizieren.[8] Es gilt insofern also das so genannte **Trennungsprinzip**. Bei Erwerb oder Veräußerung von Grundstücken ist die Personengesellschaft selbst Steuerschuldnerin im Sinne von § 13 Abs. 1 GrEStG.[9] **14**

Nach den §§ 5 und 6 GrEStG sind Grundstücksübertragungen zwischen der Gesellschaft und dem Gesellschafter grundsätzlich insoweit von der Steuer frei gestellt, als es der Beteiligung des veräußernden oder erwerbenden Gesamthänders an der Gesamthand entspricht.[10]

Nach § 1 Abs. 2 a Satz 1 GrEStG werden unmittelbare und – seit dem Steuerentlastungsgesetz 1999/2000/2002[11] auch – mittelbare **Änderungen im Gesellschafterbestand** dann als Erwerbsvorgang fingiert, wenn innerhalb von fünf Jahren mindestens 95 Prozent der Anteile auf neue Gesellschafter übergehen. Im Falle der Anwachsung, also wenn sich alle Gesellschaftsrechte auf einem Gesellschafter vereinigen, geht das bislang gesamthänderisch gebundene Vermögen in das Eigentum des betreffenden Gesellschafters über. Es handelt sich um einen nach § 1 Abs. 1 Nr. 3 Satz 1 GrEStG grunderwerbsteuerpflichtigen Erwerbsvorgang.[12]

II. Mitunternehmerschaften

Der **Begriff der Mitunternehmerschaft** bezeichnet Personengesellschaften, die einen Gewerbebetrieb i. S. d. § 15 Abs. 1 Nr. 1 EStG zum Gegenstand haben. Die Funktion des Mitunternehmerbegriffs des § 15 Abs. 1 Nr. 2 EStG besteht darin, gemeinschaftlich erwirtschaftete gewerbliche Einkünfte den beteiligten Gesellschaftern unmittelbar zuzuordnen und sie damit steuerlich dem Einzelunternehmer anzunähern.[13] § 15 EStG ist die Zentralvorschrift für die Besteuerung der Mitunternehmer. Danach ist **15**

---

[7] BFH v. 9. 3. 1989, BStBl. II 1989, 580; Münch Hdb GesR/*Inhester*, § 26 Rn 4.

[8] *Hofmann*, § 1 Rn 13.

[9] Münch Hdb GesR/*Inhester* § 26 Rn 175.

[10] Beachte jedoch die jeweils 5-jährige „Missbrauchsfrist" der §§ 5 Abs. 3 und 6 Abs. 4.

[11] BGBl. I 1999, 402.

[12] *Hofmann*, § 1 Rn 18; vgl. auch Beck'sches Hdb PersG/*Friedrich*, § 6 Rn 13.

[13] Beck'sches Hdb PersG/*Friedrich*, § 6 Rn 40.

Mitunternehmer, wer zivilrechtlich Gesellschafter einer Personengesellschaft ist und eine gewisse unternehmerische Initiative entfalten kann sowie unternehmerisches Risiko trägt.[14] Der Gesellschafter ist nur Mitunternehmer, wenn beide Merkmale vorliegen. Sie können aber im Einzelfall mehr oder weniger ausgeprägt sein.[15] Es ist daher keine Mitunternehmerschaft gegeben, wenn ein Kommanditist weder am laufenden Gewinn noch am Gesamtgewinn beteiligt ist.[16] Der Kommanditist ist dann einkommensteuerlich wie ein Darlehensgeber oder stiller Gesellschafter zu behandeln.[17]

1. Einkommensteuer

16 **a) Gewinnermittlungsverfahren.** Die Einkünfte einer Mitunternehmerschaft werden ertragsteuerlich nach § 15 Abs. 1 Nr. 2 EStG ermittelt. Die Einkünfte eines Mitunternehmers (Gesellschafter einer Personengesellschaft) aus Gewerbebetrieb sind sein Anteil am Gesamtgewinn der Mitunternehmerschaft (Personengesellschaft). Der Gesamtgewinn ist in zwei Stufen zu ermitteln.[18] Auf der ersten Stufe der Gewinnermittlung wird nur der Gewinn aus dem Gesamthandsvermögen ermittelt. Auf der zweiten Stufe wird das Vermögen, das im Alleineigentum oder Miteigentum der Gesellschafter steht, und etwaige Sonderbetriebseinnahmen und -ausgaben (Sondervermögen) ausgewiesen.[19] Die gesamte Gewinnermittlung geschieht in fünf Schritten, deren Ausgangsbasis die Handelsbilanz der Personengesellschaft ist:

1. Schritt		Handelsbilanz
2. Schritt	+/–	Korrektur um einkommensteuerliche Bilanzierungs- und Bewertungsvorschriften
	=	Steuerbilanz
3. Schritt	+/–	Ergebnis etwaiger Ergänzungsbilanzen für einzelne Mitunternehmer
4. Schritt	+/–	Ergebnis etwaiger Sonderbilanzen I
5. Schritt	+/–	Ergebnis etwaiger Sonderbilanzen II
	=	Gesamtbilanz der Mitunternehmerschaft

17 **b) Ableitung der Steuerbilanz aus der Handelsbilanz.** *aa) Maßgeblichkeit.* Die Handelsbilanz ist für die Steuerbilanz maßgeblich (**sog. Maßgeblichkeitsprinzip**). § 5 Abs. 1 S. 1 EStG verweist hierzu auf die handelsrechtlichen Grundsätze ordnungsmäßiger Buchführung für den Ausweis des Betriebsvermögens im Abschluss. Gemäß § 5 Abs. 1 S. 2 EStG

[14] BFH v. 15. 7. 1986, BStBl. II 1986, 896.
[15] BFH v. 25. 6. 1984, BStBl. II 1984, 751.
[16] *Zimmermann/Hottmann/Hüber/Schaeberle/Völkel*, B Rn 10.
[17] BFH v. 28. 10. 1999, BStBl. II 2000, 183.
[18] Eingehend dazu *Schmidt/Schmidt*, § 15 Rn 400 ff.
[19] *Schmidt/Schmidt*, § 15 Rn 400 ff.; Münch Hdb GesR/*Inhester*, § 26 Rn 26.

sind steuerrechtliche Wahlrechte bei der Gewinnermittlung in Übereinstimmung mit der handelsrechtlichen Jahresbilanz auszuüben (**sog. umgekehrte Maßgeblichkeit**). Danach können steuerliche Wahlrechte (Vorteile) nur bei gleichem Ansatz oder gleicher Bewertung in der Handels- und Steuerbilanz in Anspruch genommen werden. Darüber hinaus enthält das Steuerrecht in den §§ 5, 6 EStG besondere Ansatz- und Bewertungsregeln, die für die Steuerbilanz dem Handelsrecht vorgehen, so dass insgesamt das Maßgeblichkeitsprinzip erheblich „aufgeweicht" ist.[20]

Ein **handelsrechtliches Aktivierungswahlrecht** ist **steuerlich** als **Aktivierungsgebot** und ein handelsrechtliches Passivierungswahlrecht ist als Passivierungsverbot aufzufassen.[21] Steuerlich besteht demnach kein Wahlrecht. Diese Einschränkungen führen tendenziell zu einem höheren steuerlichen Ergebnis, was mit der Gleichmäßigkeit der Besteuerung begründet wird. **18**

In der Steuerbilanz sind Bilanzierungs- und Bewertungswahlrechte einheitlich auszuüben.[22] Die einzelnen Gesellschafter können somit nicht für ihre Besteuerung unterschiedliche Wertansätze zugrunde legen. Das Maßgeblichkeitsprinzip gilt nicht für das Sonderbetriebsvermögen, so dass in der Praxis erhebliche Unterschiede entstehen können, abhängig davon, ob Gesellschaftervermögen in das Gesamthands- oder in das Sonderbetriebsvermögen eingelegt wird. **19**

bb) Betriebsvermögen. Gegenstand des Betriebsvermögens können Wirtschaftsgüter aller Art sein, also aktive und passive Wirtschaftsgüter einschließlich Rückstellungen.[23] Daneben meint der Begriff Betriebsvermögen – etwa wenn vom Betriebsvermögensvergleich die Rede ist – das Kapital i.S.v. § 4 Abs. 1 EStG, also den Saldo aus Aktiva und Passiva ohne Kapitalkonten der Gesellschafter. **20**

Als Betriebsvermögen sind grundsätzlich sämtliche Wirtschaftsgüter des Gesamthandsvermögens anzusetzen. Voraussetzung ist aber, dass die Wirtschaftsgüter eine betriebliche Funktion haben. Sie müssen mit dem Betrieb in einem objektiv erkennbaren sachlichen Zusammenhang stehen.[24] **21**

Das **Gesamthandsvermögen** ist aufgrund des Maßgeblichkeitsprinzips **grundsätzlich Betriebsvermögen** und kann daher nicht gewillkürtes Betriebsvermögen sein.[25] **22**

Daneben können die Gesellschafter **gewillkürtes Betriebsvermögen** bilden. Dieses ist in **Sonderbilanzen** zu erfassen. Rechtsprechung und Verwaltung gehen davon aus, dass ein Mitunternehmer, auch wenn er an mehreren Mitunternehmerschaften beteiligt ist, nur ein Betriebsvermögen hat (weiter Betriebsvermögensbegriff). Überführungen zwischen den unterschiedlichen Betriebsvermögen – z. B. zwischen dem Sonderbe- **23**

---

[20] Vgl. z. B. § 5 Abs. 4 a EStG (Nichtanerkennung von Drohverlustrückstellungen); *Müller/Hoffmann/Clemm/Erle*, § 249 Rn 14, 51; § 253 Rn 153; *Schmidt/Weber-Grellet*, § 5 Rn 27 ff. m. w. N.

[21] BFH GrS v. 3. 7. 1969, BStBl. II 1969, 291.

[22] BFH v. 30. 3. 1989, BStBl. II 1989, 558; *Schmidt/Schmidt,* § 15 Rn 410.

[23] *Schmidt/Heinicke,* § 4 Rn 102.

[24] Beck'sches Hdb PersG/*Friedrich,* § 6 Rn 49.

[25] *Schmidt/Schmidt,* § 15 Rn 481.

triebsvermögen I des Mitunternehmers an einer Personenhandelsgesellschaft in das Sonderbetriebsvermögen I des gleichen Mitunternehmers an einer anderen Personenhandelsgesellschaft – führen daher auch nach der neuen inzwischen mehrfach geänderten Rechtslage nicht zur Gewinnrealisierung.[26]

24 **c) Entnahme und Einlage.** Entnahmen sind bei der Gewinnermittlung hinzuzurechnen und Einlagen sind abzuziehen. Sie dürfen den Gewinn weder erhöhen noch mindern (§ 4 Abs. 1 S. 1 EStG). **Entnahme** ist die Überführung von Barmitteln, Waren, Erzeugnissen, Nutzungen oder Leistungen zu betriebsfremden Zwecken aus dem Betrieb (zweckändernde Widmung) in den Bereich des Mitunternehmers oder einer ihm nahe stehenden Person. **Einlagen** sind das Gegenteil, also die nichtbetriebliche Wertzuführung vom Gesellschafter in den betrieblichen Bereich.

25 Die **eigene Arbeitskraft** des Mitunternehmers kann nicht Gegenstand von Einlagen oder Entnahmen sein.[27] Nicht einlagefähig sind weiterhin **Gegenstände des notwendigen Privatvermögens.**[28] Entnahmen und Einlagen sind grundsätzlich mit dem **Teilwert** anzusetzen (§ 6 Abs. 1 Nr. 4 u. 5 EStG). Hinsichtlich des Teilwertansatzes für Einlagen gibt es nach § 6 Abs. 1 Nr. 5 S. 1 Buchstaben a und b EStG zwei Ausnahmen: Höchstens die Anschaffungs- oder Herstellungskosten sind anzusetzen (a) für Wirtschaftsgüter, die innerhalb der letzten drei Jahre vor dem Zeitpunkt der Zuführung angeschafft oder hergestellt wurden, und (b) wenn eine Beteiligung i. S. v. § 17 Abs. 1 EStG an einer Kapitalgesellschaft eingelegt wird. Außerdem ist bei Einlage von abnutzbaren Wirtschaftsgütern von den Anschaffungs- oder Herstellungskosten die zeitanteilige AfA zu kürzen (§ 6 Abs. 1 Nr. 5 S. 2 EStG).

26 Eingelegte Wirtschaftsgüter nehmen am Betriebsvermögensvergleich teil. Erträge und Aufwendungen im Zusammenhang mit entnommenen Wirtschaftsgütern sind vom Zeitpunkt der Entnahme nicht mehr Betriebseinnahmen oder -ausgaben. Die Entnahme ist Gewinnrealisierungstatbestand, d. h., stille Reserven sind aufzudecken und zu versteuern.

27 **d) Ergänzungsbilanz des Mitunternehmers.** Die Erstellung besonderer Ergänzungsbilanzen der Gesellschafter mit Wertkorrekturen zur Steuerbilanz der Personengesellschaft ist insbesondere in folgenden Fällen denkbar:

- nach einem Gesellschafterwechsel (Eintritt/Ausscheiden),
- nach Einbringung von Wirtschaftsgütern oder Betriebsteilen in eine Personengesellschaft (§ 24 UmwStG, § 6 Abs. 5 EStG).[29]

---

[26] Vom weitgehenden Ersatz der Möglichkeit zu steuerneutralen Übertragungen nach dem Mitunternehmererlass durch § 6 Abs. 5 EStG ist die Überführung zwischen verschiedenen (Sonder-)Betriebsvermögen des gleichen Mitunternehmers weitgehend unberührt geblieben; statt des Wahlrechts zur Buchwertfortführung besteht allerdings ein Zwang zur Buchwertfortführung.

[27] BFH v. 9. 7. 1987, BStBl. II 1988, 342.

[28] BFH v. 21. 6. 1972, BStBl. II 1972, 874.

[29] Vgl. zu den übrigen Fallgruppen *Schmidt/Schmidt*, § 15 Rn 460 f.

In der Ergänzungsbilanz erscheinen nur Mehr- oder Minderwerte zu den in der Steuerbilanz der Personengesellschaft bilanzierten Wirtschaftsgütern des Gesamthandsvermögens.[30] Da die Ergänzungsbilanz nur einen einzigen Gesellschafter berührt, ist sie in vollem Umfang **dem betreffenden Gesellschafter zuzurechnen**. Das in der Ergänzungsbilanz ausgewiesene Kapital gehört – im Gegensatz zu dem in Sonderbilanzen ausgewiesenen Kapital – zum Kapitalkonto i. S. v. § 15 a EStG.[31] Der Buchwert eines Wirtschaftsguts setzt sich daher zusammen aus dem Wert laut Steuerbilanz zuzüglich Ergänzungsbilanzwert. 28

aa) Gesellschafterwechsel. Die Veräußerung eines Mitunternehmeranteils oder eines Teils davon an einen neu eintretenden oder an einen bisherigen Mitgesellschafter wird steuerlich nicht als Erwerb eines gesonderten Wirtschaftsguts „Beteiligung" angesehen, wie etwa bei den Anteilen an einer Kapitalgesellschaft, sondern als eine **entgeltliche Anschaffung von Teilen an den gesamthänderisch gebundenen Wirtschaftsgütern**.[32] Ein über den Buchwert des übernommenen Kapitalkontos hinausgehender Kaufpreis ist durch Aufstockungen und ein darunter liegender Kaufpreis ist durch Abstockungen der einzelnen Wirtschaftsgüter der Gesellschaft in einer Ergänzungsbilanz des Erwerbers anzugleichen.[33] Durch AfA oder Abgang der Wirtschaftsgüter werden die Wertkorrekturen beim Gesellschafter erfolgswirksam aufgelöst. Ein Mehrbetrag wird in einer positiven Ergänzungsbilanz als zusätzliche Anschaffungskosten auf die einzelnen Wirtschaftsgüter des Gesamthandsvermögens unter Aufdeckung der stillen Reserven bis zur Höhe des Teilwerts verteilt. Ein darüber hinausgehender Mehrbetrag wird als Geschäfts- oder Firmenwert angesetzt. Der Summe aller Mehrbeträge entspricht auf der Passivseite der Ergänzungsbilanz ein Mehrkapital. 29

bb) Einbringung. Die Einbringung eines Betriebs in eine Personengesellschaft gegen Gewährung von Gesellschaftsrechten (§ 24 UmwStG) umfasst z. B. die Einbringung eines Einzelunternehmens in eine bestehende Personengesellschaft, den Zusammenschluss mehrerer Einzelunternehmen zu einer Personengesellschaft, den Eintritt eines weiteren Gesellschafters in eine bestehende Personengesellschaft und die Verschmelzung von zwei Personengesellschaften. Die (neue) Personengesellschaft hat ein Wahlrecht, die eingebrachten Wirtschaftsgüter in ihrer Bilanz einschließlich der Ergänzungsbilanzen für ihre Gesellschafter mit ihrem Buchwert, mit dem Teilwert oder einem Zwischenwert anzusetzen. Kommt es in der Steuerbilanz der Personengesellschaft zu einer Aufdeckung der stillen Reserven des Einbringungsgegenstandes, werden also die Buchwerte des eingebrachten Betriebsvermögens aufgestockt, um die Kapitalkonten der Gesellschafter an die gewünschten (Beteiligungs-)Relationen anzupassen, 30

---

[30] BFH v. 10. 7. 1980, BStBl. II 1981, 84 und v. 19. 2. 1981, BStBl. II 1981, 730.

[31] BFH v. 30. 3. 1993, BStBl. II 1993, 706.

[32] BFH v. 25. 4. 1985, BStBl. II 1986, 350 m. w. N; vgl. auch *Sudhoff/Düll*, § 5 Rn 13 f.

[33] *Schmidt/Schmidt*, § 15 Rn 462 ff.

muss für den einbringenden Gesellschafter eine negative Ergänzungsbilanz aufgestellt werden, wodurch insgesamt eine Buchwertfortführung ermöglicht und damit ein Einbringungsgewinn vermieden wird.[34]

31 **e) Sonderbetriebsvermögen und Sondervergütung** *aa) Allgemeines.* In die Gewinnermittlung durch Betriebsvermögensvergleich bei einer Personengesellschaft wird neben dem Gesamthandsvermögen auch das **Sonderbetriebsvermögen** einbezogen.[35] Sinn und Zweck der Einbeziehung von Sonderbetriebsvermögen in die Gewinnermittlung ist vor allem die Erfassung der in den Wirtschaftsgütern enthaltenen stillen Reserven bei der Realisierung durch Veräußerung oder Entnahme der Wirtschaftsgüter, um eine Annäherung des Mitunternehmers an den Einzelunternehmer zu erreichen. In die **Sonderbilanz** übernimmt der Mitunternehmer neben dem Sonderbetriebsvermögen auch die damit zusammenhängenden Sonderbetriebseinnahmen und -ausgaben und sonstige Sonderbetriebseinnahmen und -ausgaben sowie die Tätigkeits- und Nutzungsvergütung (Sondervergütungen) i. S. v. § 15 Abs. 1 S. 1 Nr. 2 S. 1 Halbs. 2 EStG. Für die Gewinnermittlung gelten die allgemeinen Regeln der Steuerbilanz. Gesamthands- und Sondervermögen stellen als wirtschaftliche Einheit das Betriebsvermögen des Mitunternehmers dar. Zum Betriebsvermögensvergleich sind zwar nur Bilanzen erforderlich, jedoch ist es u. U. sinnvoll, auch eine Sonder-GuV aufzustellen, z. B. um Zinsaufwendungen offen zu erfassen. Da die Bilanz der Kommanditgesellschaft und die Sonderbilanzen ihrer Gesellschafter als wirtschaftliche Einheit verstanden werden, erfolgt die Gewinnermittlung für beide Bilanzen einheitlich, d. h. die Bilanzierung in den Sonderbilanzen **korrespondiert** mit der in der Steuerbilanz der Personengesellschaft.[36] Deshalb darf z. B. auf einen Darlehensanspruch eines Gesellschafters, der wertlos ist, weil er weder von der Personengesellschaft noch von den persönlich haftenden Gesellschaftern beglichen werden kann, entgegen dem handelsrechtlichen Vorsichtsprinzip und dem daraus abgeleiteten Imparitätsprinzip keine Teilwertabschreibung vorgenommen werden.[37]

32 *bb) Arten des Sonderbetriebsvermögens.* Beim Sonderbetriebsvermögen wird unterschieden zwischen Sonderbetriebsvermögen I und II und notwendigem und gewillkürtem Sonderbetriebsvermögen. Sonderbetriebsvermögen I und II können sowohl notwendiges als auch gewillkürtes Betriebsvermögen enthalten. Zwingend ausgeschlossen aus dem Bereich des Betriebsvermögens ist das notwendige Privatvermögen. Kennzeichnend für das Sonderbetriebsvermögen ist, dass es zivilrechtlich nicht zum Gesamthandsvermögen der Gesellschaft, sondern zum Vermögen des Gesellschafters gehört, während es steuerlich dem Betriebsvermögen zugeordnet wird.

---

34 *Schmidt/Schmidt,* § 15 Rn 472; Münch Hdb GesR/*Inhester,* § 26 Rn 45.

35 Abschn. 13 Abs. 2 S. 1 EStR 2003.

36 BFH v. 12. 12. 1995, BStBl. II 1996, 219; *Schmidt/Schmidt,* § 15 Rn 404; Münch Hdb GesR/*Inhester,* § 26 Rn 50.

37 Vgl. jüngst FG München v. 10. 12. 2003, EFG 2004, 648.

Als **notwendiges Sonderbetriebsvermögen I** sind alle Wirtschaftsgüter zu erfassen, die im Eigentum eines Mitunternehmers stehen und geeignet und bestimmt sind, dem Betrieb der Personengesellschaft zu dienen.[38] Hierzu gehören etwa Wirtschaftsgüter, die der Gesellschafter der Personengesellschaft zur Nutzung überlässt. Zum **notwendigen Sonderbetriebsvermögen II** gehören im Eigentum eines Mitunternehmers stehende Wirtschaftsgüter, die unmittelbar der Begründung oder Stärkung der Beteiligung dienen.[39] Hierzu gehört etwa die Beteiligung an der Komplementär-GmbH einer GmbH & Co. KG. Dies gilt jedoch nicht, wenn die Komplementär-GmbH einen eigenen Geschäftsbetrieb in nicht nur unerheblichem Umfang betreibt.[40] 33

Wirtschaftsgüter können zum **gewillkürten Sonderbetriebsvermögen** gehören, wenn sie objektiv geeignet und subjektiv dazu bestimmt sind, den Betrieb der Gesellschaft (**gewillkürtes Sonderbetriebsvermögen I**) oder die Beteiligung an der Gesellschaft (**gewillkürtes Sonderbetriebsvermögen II**) zu fördern.[41] Verpfändet der Gesellschafter z. B. ihm gehörende Wertpapiere zur Besicherung einer Gesellschaftsschuld, so kann er sie in seiner Sonderbilanz aktivieren, da sie in einem gewissen objektiven Zusammenhang mit der Gesellschaft stehen.[42] Subjektive Bestimmung liegt vor, wenn der Gesellschafter das Wirtschaftsgut durch eindeutige Widmung zum Betriebsvermögen macht. Die Widmung wird regelmäßig zum Ausdruck gebracht durch die Erfassung der mit dem Wirtschaftsgut zusammenhängenden Aufwendungen und Erträge in der Buchführung der Gesellschaft und der Aktivierung in einer Sonderbilanz des Gesellschafters.[43] 34

cc) Sondervergütung. Zu den gewerblichen Einkünften aus Mitunternehmerschaften gehören auch die in § 15 Abs. 1 S. 1 Nr. 2 S. 1 Hs. 2 EStG genannten **Sondervergütungen für Tätigkeiten, Darlehen und Nutzungsüberlassung**. Zweck der Regelung des § 15 Abs. 1 S. 1 Nr. 2 S. 1 Hs. 2 EStG ist, die Mitunternehmer dem Einzelunternehmer anzunähern.[44] 35

Die Rechtsprechung[45] verlangt für die Zuordnung von Vergütungen unter § 15 Abs. 1 S. 1 Nr. 2 S. 1 Hs. 2 EStG zudem eine Veranlassung durch das Gesellschaftsverhältnis. Die Leistungen müssen ihre rechtliche Grundlage im Gesellschaftsvertrag haben (BFH BStBl. II 1987, 533) oder auf einem schuldrechtlichen Vertrag beruhen, dessen Durchführung aber wirtschaftlich zur Verwirklichung des Gesellschaftszwecks beiträgt.[46] Sondervergütungen mindern grundsätzlich den Steuerbilanzgewinn der 36

[38] *Schmidt/Schmidt,* § 15 Rn 506 ff., 513 ff.

[39] *Schmidt/Schmidt,* § 15 Rn 517 ff.

[40] Vgl. etwa BFH v. 11. 12. 1990, BStBl. II 1991, 510.

[41] Abschn. 13 Abs. 2 S. 3 EStR 2003.

[42] BFH v. 4. 4. 1973, BStBl. I 1973, 628; vgl. auch BFH v. 17. 5. 1990, BStBl. II 1990, 216; *Zimmermann/Hottmann/Hübner/Schaeberle/Völkel,* B Rn 135.

[43] BFH v. 7. 4. 1992, BStBl. II 1993, 21; *Schmidt/Schmidt,* § 15 Rn 530.

[44] *Schmidt/Schmidt,* § 15 Rn 561.

[45] Vgl. etwa BFH v. 12. 2. 1992, BFH/NV 1993, 156; *Schmidt/Schmidt,* § 15 Rn 562 m. w. N.

[46] BFH BStBl. II 1983, 570; BFH BStBl II 1999, 720.

Gesellschaft, sie werden aber beim Gesellschafter in einer Sonderbilanz erfasst und gehen damit in den Gesamtgewinn der Mitunternehmerschaft ein (**korrespondierende Bilanzierung**).[47] Im Ergebnis sind damit Leistungsvergütungen seitens der Gesellschaft an ihre Gesellschafter – anders als bei der Kapitalgesellschaft – nicht als Betriebsausgabe auf der Ebene der Personengesellschaft abzugsfähig, sie bleiben Bestandteil des Gewinns der Personengesellschaft. Dies gilt unabhängig von der Höhe der Beteiligung des Gesellschafters.[48] Die Vergütungen sind als gewerbliche Einkünfte in der Höhe und in dem Wirtschaftsjahr zu erfassen, in dem sie bei der Gesellschaft in der Steuerbilanz als abzugsfähiger oder aktivierungspflichtiger Aufwand zu erfassen sind. Der Zeitpunkt des Zuflusses beim Gesellschafter ist nicht relevant.[49]

37 Zu den Vergütungen für Tätigkeiten im Dienste der Gesellschaft gehören Dienstleistungen, z. B. aufgrund eines Dienstvertrags als Arbeitnehmer (§ 611 BGB), insbesondere auch als Geschäftsführer der Komplementär-GmbH einer GmbH & Co. KG. Zu den Vergütungen für die Hingabe von Darlehen gehört jede Gegenleistung für die Überlassung von Kapital zur Nutzung, z. B. auch die Verzinsung von Gesellschafterkonten mit Forderungscharakter, soweit sie Guthaben ausweisen.[50] Die Vergütung für die Überlassung von Wirtschaftsgütern umfasst Mietzinsen, Erbbauzinsen oder Lizenzgebühren. Sie setzt die Überlassung eines Wirtschaftsguts auf Zeit voraus. § 15 Abs. 1 S. 1 Nr. 2 EStG ist jedoch nicht auf die Veräußerung von Wirtschaftsgütern (Lieferungen und Werklieferungen) anzuwenden. Diese Vergütungen sind weder solche für eine Tätigkeit noch für die Gewährung von Darlehen noch für die Überlassung von Wirtschaftsgütern.[51]

2. Gewerbeertragsteuer

38 **a) Steuerpflicht der Personengesellschaft.** Die Steuerpflicht der Personengesellschaft ergibt sich aus § 2 Abs. 1 GewStG. Voraussetzung ist gemäß § 2 Abs. 1 S. 2 GewStG ein **gewerbliches Unternehmen** i. S. d. Einkommensteuergesetzes, mithin also i. S. v. § 15 Abs. 2 und 3 EStG. Die Gewerbesteuerpflicht der Personengesellschaft **beginnt** grundsätzlich mit der Aufnahme ihrer gewerblichen Tätigkeit, nicht bereits mit den Vorbereitungshandlungen.[52] Die Gewerbesteuerpflicht betrifft nur inländischen Betriebsstätten zuzurechnende Tätigkeiten. Der Betriebsstättenbegriff ist nach § 12 AO oder einer abweichenden DBA-Definition zu bestimmen.

39 Die Gewerbesteuerpflicht **endet** mit der Einstellung der gewerblichen Tätigkeit. Dies ist die Abwicklung des letzten Geschäftsvorfalls des (noch) werbenden Betriebs. Die Abwicklung der Gesellschaft stellt, anders als

---

47 BFH v. 2. 12. 1997, DStR 1998, 482.

48 *Schmidt/Schmidt,* § 15 Rn 561; *Zimmermann/Hottmann/Hübner/Schaeberle/Völkel,* B Rn 319.

49 Münch Hdb GesR/*Inhester,* § 26 Rn 88.

50 *Schmidt/Schmidt,* § 15 Rn 594.

51 *Zimmermann/Hottmann/Hübner/Schaeberle/Völkel,* B Rn 320.

52 Abschn. 18 Abs. 1 GewStR 1998.

bei der Kapitalgesellschaft, keinen aktiven Betrieb dar.[53] Der Gewinn aus der Aufgabe oder der Veräußerung des Betriebs (oder Teilbetriebs) ist gemäß § 7 S. 2 GewStG gewerbesteuerpflichtig, soweit er nicht auf eine natürliche Person als unmittelbar beteiligter Mitunternehmer entfällt.

b) Bemessungsgrundlage und Steuerfestsetzung. Bemessungsgrundlage für die Gewerbesteuer ist der Gewerbeertrag, der aus dem Steuerbilanzgewinn abgeleitet und durch Hinzurechnungen und Kürzungen modifiziert wird. Der Gewerbeertrag wird nach Abzug eines Freibetrags mit der **sog. Messzahl** multipliziert; diese beträgt für den Gewerbeertrag gestaffelt 1% bis 5% (§ 11 Abs. 2 Nr. 2 GewStG). Das Ergebnis dieser Multiplikationen ergibt den Steuermessbetrag und wird vom Finanzamt festgestellt. Auf diesen Messbetrag wenden die Gemeinden ihren Hebesatz an, um die Gewerbesteuerschuld (das Gewerbesteuer-Soll) durch einen gemeindlichen Steuerbescheid festzusetzen. 40

c) Erhebungsverfahren. Das Finanzamt setzt in einem sog. **Gewerbesteuermessbescheid** den **Steuermessbetrag** für den Gewerbeertrag fest. Erhebungszeitraum ist dabei das Kalenderjahr. Bei einem abweichenden Wirtschaftsjahr gilt der Gewerbeertrag in dem Erhebungszeitraum als bezogen, in dem das Wirtschaftsjahr endet. Besteht die Gewerbesteuerpflicht nicht das ganze Jahr, so ist der in dem entsprechend abgekürzten Erhebungszeitraum bezogene Gewerbeertrag Grundlage für die Festsetzung (§ 14 S. 3 GewStG). Der Gewerbesteuermessbescheid ist Grundlagenbescheid für die spätere Steuerfestsetzung durch die Gemeinde. Die Gemeinden setzen auf der Grundlage des Gewerbsteuermessbescheids und ggf. des Zerlegungsbescheids die Gewerbesteuer fest. Zur Ermittlung der Gewerbesteuerschuld wird der **Hebesatz** der jeweils hebeberechtigten Gemeinde auf den für die erhebende Gemeinde entfallenden Gewerbesteuermessbetrag angewendet (§ 16 GewStG). Nach § 16 Abs. 4 S. 2 GewStG beträgt der Hebesatz mindestens 200%. Zur Feststellung des einheitlichen Steuermessbetrags ist die Gesellschaft zur Abgabe einer Gewerbesteuererklärung sowie ggf. einer Zerlegungserklärung verpflichtet, wenn sie Betriebsstätten in mehreren Gemeinden unterhält (§§ 28 ff. GewStG). 41

Die **Wahl des Rechtsmittels** richtet sich danach, gegen welchen Bescheid der Steuerpflichtige vorgeht. Gegen den Gewerbesteuermessbescheid der Finanzbehörden ist nach dem Vorverfahren (Einspruch) das Finanzgerichtsverfahren einzuschlagen. Gegen den Gewerbesteuerbescheid der Gemeinde ist nach verwaltungsrechtlichem Widerspruch der Verwaltungsrechtsweg eröffnet. Das gilt auch für **Vorauszahlungsbescheide** der Gemeinden. Vorauszahlungen sind vierteljährlich beginnend am 15. Februar zu entrichten (§ 19 GewStG). Die Vorauszahlungen betragen grundsätzlich ein Viertel des zuletzt veranlagten Betrags. 42

Unterhält die Gesellschaft **Betriebsstätten in mehreren Gemeinden** oder erstreckt sich eine Betriebsstätte auf das Gebiet mehrerer Gemeinden, so ist der Gewerbesteuermessbetrag zu **zerlegen** (§§ 28 ff. GewStG, 185 ff. AO). Maßstab für die Zerlegung sind die in allen Betriebsstätten angefal- 43

---

[53] BFH v. 20. 3. 1990, BFH/NV 1990, 799.

lenen Arbeitslöhne (§§ 29, 31 GewStG) eines Erhebungszeitraums der in den entsprechenden Gemeinden tätigen Arbeitnehmer. Für Einzelhandelsunternehmen werden als Zerlegungsmaßstab zur Hälfte die Arbeitslöhne und zur anderen Hälfte die Betriebseinnahmen herangezogen. Führen diese Grundsätze zu offenbarer Unbilligkeit, so können andere Maßstäbe angewandt werden (§ 33 GewStG). Der **Zerlegungsbescheid** wird von den Finanzbehörden erlassen.

3. Ergebnisbeteiligung der Gesellschafter

44 **a) Verteilungsschlüssel.** Das steuerliche Gesamtergebnis der Personengesellschaft setzt sich aus dem Ergebnis nach Steuerbilanz, korrigiert um gesellschafterbezogene Ergänzungsbilanz- und Sonderbilanzergebnisse zusammen (vgl. Rn 27 ff.). Das Ergebnis der Ergänzungsbilanzen und Sonderbilanzen einschließlich darin enthaltener Sondervergütungen wird den einzelnen Gesellschaftern unmittelbar zugerechnet. Eine Gewinnverteilung, die den Bestimmungen des Gesellschaftsvertrages oder bei dessen Fehlen dem HGB (vgl. § 121 HGB) entspricht, ist auch für die einkommensteuerliche Gewinnverteilung zu beachten. Der Steuerbilanzgewinn der Personengesellschaft wird somit auf der Grundlage der aus der Handelsbilanz entwickelten Steuerbilanz ermittelt und nach dem handelsrechtlichen oder vertraglichen **Gewinnverteilungsschlüssel** den Gesellschaftern zugerechnet.[54] Die Gewinnverteilungsabrede nach dem Gesellschaftsvertrag ist auch dann maßgeblich, wenn der Steuerbilanzgewinn höher ist als der Handelsbilanzgewinn der Gesellschaft. Obwohl sich die gesellschaftsvertragliche Gewinnverteilungsabrede naturgemäß nur auf den Handelsbilanzgewinn beziehen kann, ist sie auch auf die Verteilung von steuerlichen Mehrgewinnen anzuwenden.[55] Entsprechendes gilt, wenn im Rahmen einer Betriebsprüfung Mehrgewinne festgestellt werden.[56] Bei einem Mehrgewinn wegen nicht abzugsfähiger Betriebsausgaben kommt es darauf an, wessen Sphäre diese zuzurechnen sind; stehen sie im Zusammenhang mit dem Gesellschaftsvermögen, sind sie allen Gesellschaftern anteilig zuzurechnen. Stehen sie nur im Zusammenhang mit Sonderbetriebsvermögen, findet eine Zurechnung beim einzelnen Gesellschafter statt.[57]

45 **b) Angemessenheit der Verteilung.** Grundsätzlich kann die Finanzverwaltung die Angemessenheit einer Ergebnisverteilungsabrede zwischen den Gesellschaftern nicht überprüfen. Der im Normalfall zwischen den Gesellschaftern bestehende **Interessengegensatz** begründet eine Vermutung dahin, dass die vereinbarte Gewinnverteilung dem Beitrag des Gesellschafters zur Erreichung des Gesellschaftszwecks entspricht.[58] Dagegen

---

[54] BFH v. 25. 2. 1991, BStBl. II 1991, 691.

[55] BFH GrS v. 10. 11. 1980, BStBl. II 1981, 164; *Zimmermann/Hottman/Hübner/Schaeberle/Völkel*, B Rn 353; Münch Hdb GesR/*Inhester*, § 26 Rn 49; Beck'sches Hdb PersGes/*Friedrich*, § 6 Rn 124.

[56] BFH BStBl. 1997, 241.

[57] *Schmidt/Schmidt*, § 15 Rn 444 m. w. N.; Münch Hdb GesR/*Inhester*, § 26 Rn 51.

[58] BFH v. 29. 5. 1972, BStBl. II 1973, 5.

können **bei Familienpersonengesellschaften** auch **private Gesichtspunkte** – z. B. die familien- und erbrechtliche Versorgung – im Vordergrund stehen. Bei Familiengesellschaften wird das Finanzamt deshalb die gesellschaftsvertragliche Gewinnverteilungsabrede regelmäßig auf ihre steuerliche Angemessenheit überprüfen. Faktoren, die bei Beurteilung der Angemessenheit von Gewinnverteilungsabreden eine Rolle spielen, sind insbesondere:[59]

- Beziehen die Gesellschafter eine angemessene **Verzinsung** nach dem Verkehrswert ihrer **Kapitalleistungen**?
- Erhalten sie eine angemessene **Tätigkeitsvergütung** für ihren **Arbeitseinsatz** und andere **Dienstleistungen**?
- Beziehen sie eine angemessene **Risikoprämie** für das von ihnen übernommene **Haftungsrisiko** für Gesellschaftsschulden?
- Wird der **Restgewinn** angemessen verteilt?

Ist die Gewinn- und Verlustverteilungsabrede unangemessen, wird die Zurechnung des Gewinns oder Verlusts als gewerbliche Einkünfte nach einem nach Finanzverwaltungsmeinung angemessenen Schlüssel vorgenommen. Bei der Angemessenheitsprüfung ist danach zu differenzieren, ob der Gesellschaftsanteil entgeltlich oder unentgeltlich erworben wurde. Des Weiteren ist zu berücksichtigen, ob der Familienangehörige eine eigene Leistung für das Unternehmen erbringt. Wird ein im Unternehmen nicht mitarbeitender Familienangehöriger unentgeltlich in die Familienpersonengesellschaft aufgenommen, so ist die Gewinnverteilungsabrede steuerlich nur anzuerkennen, soweit sich nicht eine **Durchschnittsrendite von mehr als 15 %** des Realwerts des geschenkten Gesellschaftsanteils ergibt; ein darüber hinausgehender Gewinnanteil wird dem Schenkenden als Teil seiner gewerblichen Einkünfte zugerechnet. Die über den angemessenen Teil hinausgehende Gewinnbeteiligung des Beschenkten wird als Einkommensverwendung beim Schenker behandelt.[60] Ein fehlender Interessengegensatz wird auch zwischen Fremden bei sog. Verlustzuweisungsgesellschaften angenommen, es sei denn, es besteht eine betriebliche Veranlassung für eine abweichende Verlustzuweisung.[61]

c) Ein- und Austritt von Gesellschaftern. Tritt ein Gesellschafter 46
während des Wirtschaftsjahres in die Personengesellschaft ein, sind ihm steuerlich die Gewinne oder Verluste der Gesellschaft mit dem Zeitpunkt des Eintritts zuzurechnen. Entsprechendes gilt beim Austritt des Gesellschafters. Eine Rückbeziehung des Ein- oder Austritts auf den Beginn bzw. das Ende des Wirtschaftsjahres ist steuerlich nicht möglich.[62]

d) Änderung des Gewinnverteilungsschlüssels. Auch werden **rück-** 47
wirkende Änderungen der Gewinnverteilungsabrede steuerlich nicht

[59] *Zimmermann/Hottman/Hübner/Schaeberle/Völkel*, F Rn 50.

[60] BFH GrS v. 29. 5. 1972, BStBl. II 1973, 5; BFH v. 29. 3. 1973, BStBl. II 1973, 650; Münch Hdb GesR/*Inhester*, § 26 Rn 53 f.; *Zimmermann/Hottman/Hübner/Schaeberle/Völkel*, F Rn 50 ff.

[61] Vgl. BFH v. 7. 7. 1983, BStBl. II 1984, 53.

[62] *Schmidt/Schmidt*, § 15 Rn 452; Beck'sches Hdb PersGes/*Friedrich*, § 6 Rn 127; Münch Hdb GesR/*Inhester*, § 26 Rn 50.

anerkannt.[63] Eine Rückwirkung liegt aber nicht vor, wenn früher rechtswirksam abgeschlossene mündliche Gewinnverteilungsabreden später schriftlich bestätigt werden[64] oder wenn in einem Vergleich der Streit über eine Gewinnverteilungsabrede rückwirkend beigelegt wird.[65]

48 **e) Einkommensteuerliche Verlustbeteiligung.** Grundsätzlich werden dem Mitunternehmer nicht nur die Gewinne aus Gewerbebetrieb unmittelbar zugerechnet, sondern auch die Verluste. Diese negativen Einkünfte kann er mit anderen Einkünften aus Gewerbebetrieb und Einkünften aus anderen Einkunftsarten ausgleichen (horizontaler Verlustausgleich). Er kann die Verluste unter den Voraussetzungen des § 10 d EStG zurücktragen und die noch nicht verbrauchten Verluste vortragen (vertikaler Verlustausgleich). In dieser Möglichkeit, Verluste der Gesellschaftsebene zur Verlustverrechnung auf der Gesellschafterebene nutzen zu können, besteht ein wesentlicher Vorteil der Personengesellschaft gegenüber der Kapitalgesellschaft. Diesem Vorteil entspricht in Gewinnsituationen der Nachteil der sofortigen Besteuerung auch ohne Liquiditätszufluss.

49 Bei begrenzter Haftung des Mitunternehmers ist der steuerliche Verlustausgleich allerdings **auf die Einlage beschränkt** (§ 15 a EStG). Der typische Fall ist die Verlustbeteiligung des Kommanditisten. Nach § 15 a Abs. 1 S. 1 EStG kann der einem Kommanditisten zuzurechnende Verlustanteil aus einer Kommanditgesellschaft weder mit anderen Einkünften ausgeglichen werden noch zurück- oder vorgetragen werden, soweit ein **negatives Kapitalkonto** des Gesellschafters entsteht oder dieses sich erhöht. Ein insoweit nicht ausgleichsfähiger Verlust mindert aber die dem Kommanditisten in späteren Wirtschaftsjahren aus seiner Beteiligung zugewiesenen Gewinne (§ 15 a Abs. 2 EStG). Es handelt sich insoweit um einen künftig verrechenbaren Verlust, der nach § 15 a Abs. 4 EStG gesondert festgestellt wird. Ein negatives Kapitalkonto entsteht insbesondere dann, wenn der dem Kommanditisten zugewiesene Verlust die geleistete Einlage übersteigt. Ein negatives Kapitalkonto kann weiterhin durch Entnahmen entstehen oder sich erhöhen (Einlagenminderung). Nach § 15 a Abs. 3 EStG ist der Betrag der Einlagenminderung, soweit er zu einem negativen Kapitalkonto führt oder dieses erhöht, dem Kommanditisten regelmäßig als fiktiver Gewinn zuzurechnen, soweit nicht durch die Entnahme eine Haftung des Kommanditisten nach § 15 a Abs. 1 S. 2 EStG besteht. Nach § 15 a Abs. 1 S. 2 und 3 EStG greift die Verlustausgleichbeschränkung des § 15 a Abs. 1 S. 1 EStG trotz Entstehung oder Erhöhung eines negativen Kapitalkontos insoweit nicht ein als der Kommanditist den Gläubigern der Gesellschaft gegenüber nach § 171 Abs. 1 HGB unmittelbar haftet, weil die im Handelsregister eingetragene Hafteinlage die geleistete Einlage übersteigt (**erweiterte Außenhaftung**). Der beschränkte Verlustausgleich nach § 15 a EStG gilt auch für andere Rechtsformen, z. B. die (atypisch) stille Gesellschaft oder die BGB-Gesellschaft, wenn der Gesellschafter Verschulden nur beschränkt haftet (§ 15 a Abs. 5 EStG).

---

[63] BFH v. 12. 6. 1980, BStBl. II 1980, 723.
[64] BFH v. 25. 12. 1960, BStBl. III 1961, 94.
[65] BFH v. 23. 4. 1975, BStBl. II 1975, 603.

Der Begriff des Kapitalkontos des Kommanditisten i. S. v. § 15a Einkommensteuergesetz ist nach ständiger Rechtsprechung des BFH der Anteil am Vermögen der Gesellschaft, der sich aus deren Steuerbilanz und den für die Gesellschafter geltenden Ergänzungsbilanzen ergibt. Nicht berücksichtigt werden dagegen die Sonderbilanzen der Gesellschafter und damit das Sonderbetriebsvermögen I und II.[66] Denn insoweit handelt es sich um Vermögen, das nicht zu der Haftungsgrundlage aufgrund der Kommanditistenstellung gehört.[67] **50**

Mit dem am 1. 1. 2004 in Kraft getretenen so genannten Korb II-Gesetz zur Umsetzung der Protokollerklärung der Bundesregierung zur Vermittlungsempfehlung zum Steuervergünstigungsabbaugesetz[68] ist die Verlustverrechnung bei der Einkommensteuer neu geregelt worden. Beim Verlustausgleich und beim Verlustabzug sind die bisher geltenden einkunftsartbezogenen Beschränkungen des § 2 Abs. 3 S. 3–8 EStG entfallen. Damit sind negative Einkünfte mit positiven Einkünften desselben Veranlagungszeitraums aus anderen Einkunftsarten grundsätzlich wieder uneingeschränkt ausgleichsfähig. Ein nach dem Verlustausgleich verbleibender Verlust kann nach Maßgabe des § 10 d EStG vor- bzw. zurückgetragen werden. Ein Verlustrücktrag nach § 10 d Abs. 1 EStG für nicht ausgeglichene negative Einkünfte eines Veranlagungszeitraums kann bis zu einem Betrag von EUR 511.500,– in den unmittelbar vorangegangenen Veranlagungszeitraum zurückgetragen werden. Der Höchstbetrag verdoppelt sich bei zusammen veranlagten Ehegatten auf EUR 102.300,–. Durch das sogenannte Korb II-Gesetz wird die Höhe des Verlustvortrages begrenzt, der im Folgejahr – bei einem positiven Gesamtbetrag der Einkünfte – abgezogen werden kann. Nach § 10 d Abs. 2 EStG sind nicht ausgeglichene negative Einkünfte aus den Vorjahren, die nicht zurückgetragen werden können, künftig in folgenden Veranlagungszeiträumen bis zu einem Gesamtbetrag der Einkünfte von EUR 1 Mio. (EUR 2 Mio. bei zusammen veranlagten Ehegatten) unbeschränkt abziehbar. Darüber hinaus können Verlustvorträge nur bis zu 60 % des EUR 1 Mio. (bzw. EUR 2 Mio.) übersteigenden Gesamtbetrages der Einkünfte abgezogen werden. Oberhalb des Sockelbetrages von EUR 1 Mio. (bzw. EUR 2 Mio.) sind somit auch bei noch ausreichend vorhandenen Verlustvorträgen stets 40 % des Gesamtbetrages der Einkünfte zu versteuern (sogenannte **Mindestbesteuerung**). **51**

f) Gewerbesteuerliche Verlustbeteiligung. Gewerbesteuerliche Verluste können nur im selben gewerblichen Bereich verrechnet werden (Objektcharakter der Gewerbesteuer) und nur vor-, **nicht zurückgetragen** werden. **52**

Der Verlustabzug setzt nach § 10 a GewStG die **Unternehmer-** und die **Unternehmensidentität** voraus. Nach dem Prinzip der Objektsteuer ist der Abzug des Gewerbesteuerverlustes an den Gewerbebetrieb (= Un- **53**

---

[66] BFH BStBl. II 1992, 167; BStBl. II 1993, 706; BStBl. II 1999, 163; BStBl. II 2000, 347.

[67] Beck'sches Hdb PersGes/*Friedrich*, § 6 Rn 131.

[68] BGBl. I 2003, 2840.

ternehmensidentität) und damit auch an dessen Unternehmer (= Unternehmeridentität) gebunden.

Die Unternehmensidentität ist nach den gleichen Grundsätzen wie bei Einzelunternehmen zu beurteilen. Es kommt dabei insbesondere auf die Art der Betätigung, den Kunden- und Lieferantenkreis, die Arbeitnehmerschaft, die Geschäftsleitung, die Betriebsstätten sowie den Umfang und die Zusammensetzung des Aktivvermögens an.[69] Verluste können, da trotz des Objektcharakters der Gewerbesteuer insoweit auf den beteiligten Gesellschafter abzustellen ist, nur bei dem Mitunternehmer geltend gemacht werden, bei dem sie entstanden sind. Deshalb entfällt beim Ausscheiden von Gesellschaftern einer Personengesellschaft der Verlustabzug nach § 10 a GewStG, soweit der Fehlbetrag anteilig auf den ausgeschiedenen Gesellschafter entfällt.[70]

Durch das Gesetz zur Änderung des Gewerbesteuergesetzes[71] ist die unbegrenzte Vertragsfähigkeit von Gewerbeverlusten entfallen. Entsprechend den Neuregelungen im Einkommensteuergesetz (§ 10 d Abs. 2 EStG) ist auch bei der Gewerbesteuer der Verlustvortrag nach § 10 a GewStG nur bis zur Höhe eines Sockelbetrages von EUR 1 Mio. unbegrenzt möglich. Der EUR 1 Mio. übersteigende maßgebende Gewerbeertrag ist nur bis zu 60 % um noch zur Verfügung stehende weitere Fehlbeträge zu kürzen, was auch im Bereich der Gewerbesteuer zu einer **Mindestbesteuerung** führt (§ 10 a S. 1 u. 2 GewStG).

4. Gewerbesteueranrechnung nach § 35 EStG

54 Die pauschalierte Anrechnung der Gewerbesteuer auf die persönliche Einkommensteuer des (Mit-)Unternehmers nach § 35 EStG ist die Nachfolgeregelung zur Tarifbegrenzung des § 32 c EStG. § 35 EStG kommt ausschließlich bei Vorliegen gewerblicher Einkünfte in Betracht und soll anstelle einer politisch nicht durchsetzbaren Abschaffung der Gewerbeertragsteuer die doppelte Belastung gewerblich tätiger Unternehmer mit Gewerbeertragsteuer und Einkommensteuer mildern.[72]

55 § 35 EStG sieht eine pauschalierende Anrechnung des 1,8fachen Gewerbesteuermessbetrags auf die festzusetzende Einkommensteuer vor. Der Betrag der Gewerbesteueranrechnung wird einerseits begrenzt durch die Höhe der tariflichen Einkommensteuer nach Verminderung um sonstige Steuerermäßigungen, aber vor Abzug von Baukindergeld (§ 34 f EStG) und Parteispenden (§ 34 g EStG) (**absoluter Anrechnungshöchstbetrag**), andererseits durch die anteilig auf im zu versteuernden Einkommen enthaltene gewerbliche Einkünfte entfallende Einkommensteuer (**relativer Anrechnungshöchstbetrag**).[73] Sehr nachteilig ist in diesem Zusammenhang, dass die Vorschrift keine Vor- oder Rücktragsmöglichkeit für

---

[69] Abschn. 67 Abs. 1 GewStR.

[70] BFH v. 3. 5. 1993, GrS, BStBl. II 1993, 616.

[71] BGBl. I 2003, 2912.

[72] Vgl. das Anwendungsschreiben des BMF v. 15. 5. 2002, BStBl. I 2002, 533.

[73] Zur rechnerischen Ermittlung der Anrechnungsquote und der Kritik daran vgl. *Herzig/Lochmann,* DB 2000, 1728; *Förster,* FR 2000, 866.

infolge dieser Begrenzungen nichtausgenutztes Anrechnungspotential (sog. **Anrechnungsüberhänge**) vorsieht. So wird die absolute Einkommensteuerlast durch den vertikalen Verlustausgleich, Sonderausgaben, außergewöhnliche Belastungen und Steuerermäßigungen sowie Verlustabzüge beeinflusst. Ein horizontaler Verlustausgleich sowie Inkongruenzen aufgrund gewerbesteuerlicher Hinzurechnungen können außerdem dazu führen, dass keine entlastungsfähigen positiven gewerblichen Einkünfte vorliegen, obwohl tatsächlich Gewerbesteuer gezahlt wurde.

Systematisch richtiger als der Bezug auf das zu versteuernde Einkommen wäre zwar eine Ermittlung in Relation zur Summe der Einkünfte. **56** Zugunsten des Steuerpflichtigen werden jedoch bei der Berechnung der Anrechnungsquote Abzugsposten wie Sonderausgaben, Verlustabzüge i. S. v. § 10 d EStG und außergewöhnliche Belastungen den nicht gewerblichen Einkünften zugerechnet.[74]

Nach Ansicht der Finanzverwaltung rechnen außerordentliche Einkünfte i. S. v. §§ 16, 17 EStG ebenso wenig zu den gewerblichen Einkünften im Sinne der Vorschrift[75] wie die Veräußerungs- oder Aufgabegewinne nach § 18 Abs. 4 UmwStG (so zumindest der Gesetzeswortlaut). **57** Unter Berücksichtigung der (unveränderten) Abzugsfähigkeit der Gewerbesteuer als Betriebsausgabe und dem ab 2005 geltenden Grenzsteuersatz von 42 % wird bei einem Hebesatz von etwa 340 % (ausreichend hohe anteilige Einkommensteuer unterstellt) eine nahezu vollständige Entlastung von der Gewerbesteuer durch Anrechnung auf die Einkommensteuer erreicht. Bei darüber liegenden Hebesätzen kommt es zu einer unvollständigen Entlastung, bei niedrigeren Hebesätzen ist aufgrund des pauschalierten Verfahrens auch eine Überentlastung denkbar.[76]

Der Gewerbesteuermessbetrag und die auf die Mitunternehmer entfallenden Anteile sind gesondert und einheitlich festzustellen (§ 35 Abs. 1 S. 1, Abs. 3 S. 1 EStG). **58** Die Ermäßigung kommt für alle Bezieher gewerblicher Einkünfte, mithin Unternehmer und Mitunternehmer in Betracht. § 35 Abs. 1 Nr. 3 S. 2 EStG sieht für Mitunternehmer eine Aufteilung des anrechenbaren Gewerbesteuermessbetrags nach Maßgabe des Gewinnverteilungsschlüssels vor. Vorabgewinne, d. h. Sondervergütungen sowie Ergebnisse aus Ergänzungs- und Sonderbilanzen, bleiben nach dem eindeutigen Wortlaut der Vorschrift unberücksichtigt. Dies führt dazu, dass es aufgrund der Verteilung von den Mitunternehmern vorab zuzurechnenden Ergebnisbeiträgen zu ungewollten Verschiebungen von Anrechnungspotential zwischen den Gesellschaftern und zum anderen zu erheblichen Anrechnungsüberhängen kommen kann.[77]

---

[74] *Herzig/Lochmann,* DB 2000, 1728.

[75] Vgl. BMF-Schreiben v. 15. 5. 2002, BStBl. I 2002, 533 Tz. 10.

[76] Vgl. hierzu z. B. die Übersichten und Berechnungen in *Herzig/Lochmann,* DB 2000, 1728 ff.

[77] Zu möglichen gesellschaftsvertraglichen Regelungen, um diese Effekte abzumildern: *Priester,* DStR 2001, 795.

Sachverzeichnis

Die fett gedruckten Zahlen bezeichnen die Paragraphenziffern,
die mageren Zahlen die jeweiligen Randnummern

Abfindung
- Abfindungsklauseln **12** 33
- Austritt aus wichtigem Grund **12** 39
- bei ordentlichem Kündigungsrecht **12** 37
- Buchwertklausel **12** 34
- DCF-Verfahren **12** 40
- ergänzende Vertragsauslegung **12** 36
- geltungserhaltene Reduktion **12** 35
- ideeller Gesellschaftszweck **12** 35
- Insolvenz **12** 38
- Schiedsgutachterklausel **12** 40
- Sittenwidrigkeit **12** 35
- stille Gesellschaft **13** 51
- Stuttgarter Verfahren **12** 34
- Todesfall **11** 45; **12** 35
- Verkehrswert **12** 33
- Vertrag zu Lasten Dritter **12** 38
- vollständiger Ausschluss **12** 35
- Zwangsvollstreckung **12** 38

Abfindungen *s. Kündigung Arbeitsverhältnis*

Abfindungsklauseln **12** 33

Abkömmlinge **9** 1ff.
- Arbeits- und Darlehensverträge **9** 59ff.
- Einstellung zum Familienunternehmen **9** 1ff.
- Nachfolgegeeignete Abkömmlinge **9** 4ff.
- Störfaktor Pflichtteilsansprüche **9** 13ff.

Abmahnung **23** 12–13, 31

Abschluss des Arbeitsvertrages **19** 1–3, 21

Abspaltung
- Aufteilung Verlustvortrag **31** 31
- Barabfindungsangebot **31** 21
- Bare Zuzahlung **31** 21
- Besteuerung Kapitalgesellschaft auf Kapitalgesellschaft **31** 28ff.
- Besteuerung Kapitalgesellschaft auf Personengesellschaft **31** 55ff.
- Besteuerung Personengesellschaft auf Kapitalgesellschaft **31** 58ff.
- Besteuerung Personengesellschaft auf Personengesellschaft **31** 59f.
- Beteiligungsfähige Rechtsträger **31** 7
- Betriebsrat, Information des B. **31** 18
- Bewertungswahlrecht **31** 30, 56
- Gläubigerschutz **31** 7
- Grunderwerbsteuer **31** 60ff.
- Mindestinhalt des Spaltungs- und Übernahmevertrags **31** 10
- Missbrauchsvorschriften **31** 41ff., 55
- Mutter- auf Tochtergesellschaft **31** 13
- Prüfungsbericht des Spaltungsprüfers **31** 19ff., 23
- Steuerneutrale Teilbetriebsübertragung von Kapitalgesellschaft auf Kapitalgesellschaft **31** 31
- Teilbetrieb einer Kapital- auf Kapitalgesellschaft **31** 31, 37
- Tochter- auf Muttergesellschaft **31** 13, 18
- Verbleibender Verlustabzug **31** 31
- Verhältniswahrende/nicht verhältniswahrende **31** 3, 12, 15
- Zur Trennung von Familien-/Gesellschafterstämmen **31** 3ff., 15, 51
- Zur Veräußerung an Außenstehende **31** 46ff.
- Zur Vorbereitung einer Veräußerung **31** 46ff.

Abspaltungsverbot **11** 57
- Stimmbindungsverträge **11** 97
- Vollmachten **11** 82

Abtretungsbeschränkung **11** 7ff.
- Abspaltungsverbot **11** 8
- AG & Co. KG **11** 18
- Aktiengesellschaft **13** 7
- Anwachsung **13** 12
- Betriebsaufspaltung **13** 64
- Differenzierungen **11** 8
- dingliche Wirkung **11** 12
- Einziehung **11** 25
- Erbfall **13** 12
- Ermessen **11** 14
- Familienstämme **11** 9
- GmbH **11** 11ff.
- GmbH & Co. KG **11** 18

– Insolvenz **11** 28; **13** 12
– Konzerngesellschaften **11** 27
– Nießbrauch **11** 16
– Personengesellschaften **11** 7 ff.
– schuldrechtliche Regelungen **11** 25
– sonstige Ansprüche **11** 8, 16
– stille Gesellschaft **13** 51
– Stimmbindungsvereinbarung **11** 24
– Stimmrechtsvollmacht **11** 24
– Stimmverbot **11** 15
– Treuhandvertrag **11** 24
– Umgehungsmöglichkeiten **11** 23
– Umwandlungshindernis **11** 13
– Unterbeteiligung **11** 26
– Unterbeteiligungsvertrag **11** 24
– Verpfändung **11** 16
– Verschmelzung **13** 12
– vinkulierte Namensaktien **13** 7
– Vorkaufsrechte **11** 23
– Zustimmungskompetenz **11** 13
– Zwangsvollstreckung **11** 28

Änderungskündigung 23 24

AG 33 163, *s. Aktiengesellschaft*

AG & Co. KG *s. GmbH & Co. KG*

Aktiengesellschaft 37 16
– Abfindung **13** 12
– AG-Mantel **1** 39
– Aktiengattung **13** 5
– Aktienpool **13** 15
– Aktienregister **13** 7
– Anbietungspflicht **13** 22
– Ansehen **3** 39
– Aufsichtsrat **13** 31, 38
– Bezugsrecht **13** 6
– Bilanzaufstellung **13** 35
– Börsengang **3** 40
– Einziehung **13** 12
– Familien-AG **13** 2
– Familienpool **13** 1, 24
– Fremdorganschaft **11** 120
– Fungibilität **13** 1
– Geschäftsführungssonderrecht **13** 34
– Gestaltungsfreiheit **13** 3
– Gewinnrücklage **13** 36
– Gleichbehandlungsgrundsatz **13** 4
– Gründungshaftung **1** 25
– Gründungsstadien **1** 25
– Grundsatz der Satzungsstränge **2** 15
– Haftung **3** 41; **17** 42
– Haftung in Vor-Gesellschaft **1** 29 ff.
– Handelndenhaftung **1** 30
– Höchststimmrechte **13** 5
– Inhaberaktien **13** 7
– Insolvenz **13** 12
– Kapitalmarkt **13** 1
– Kosten **3** 48
– Machtgefüge **11** 5
– Mehrstimmrechte **11** 95; **13** 5
– Mitarbeit von Familienangehörigen **20** 6
– Mitarbeiterbeteiligung **3** 49; **11** 37
– Mitbestimmung **3** 45
– Nachgründung **1** 38
– Namensaktien **13** 7
– Nebenabreden **13** 18
– Nebenleistungspflichten **3** 47
– Organisationsverfassung **13** 31
– Publizität **3** 42
– Rechtsfähigkeit **1** 25
– Rechtsformwahl **3** 38 ff.
– Schiedsgerichtsklausel **13** 41
– Sonderpflichten **13** 3
– Sonderrechte **13** 3
– Sozialversicherung **3** 46
– Squeeze-out **13** 42
– stimmrechtslose Vorzugsaktien **11** 96
– unechte Vor-Gesellschaft **1** 33
– Unternehmensnachfolge **3** 43
– Verbreitung **3** 38
– Vererblichkeit **11** 43; **33** 40
– verschleierte Sacheinlage **1** 36
– vinkulierte Namensaktien **3** 44; **13** 7
– Vinkulierung Nießbrauch **13** 10
– Vinkulierung Verpfändung **13** 10
– Vorabgewinnausschüttung **13** 36
– Vorbelastungshaftung **1** 34
– Vor-Gesellschaft **1** 25
– Vorkaufsrecht **11** 29; **13** 22
– Vorratsgesellschaft **1** 39
– Vorstand **13** 31
– Weisungsfreiheit **13** 31
– Zustimmungskatalog **13** 31

Allgemeine personelle Angelegenheiten *s. Betriebsrat, personelle Angelegeheiten*

Allgemeinverbindlichkeit 19 15–17

Altersversorgung 10 1 ff.
– Nießbrauchsvorbehalt **10** 21 ff.
– Steuerliche Überlegungen **10** 9 ff.
– Unternehmensverkauf **10** 14 ff.
– Verpachtung **10** 25 ff.
– Wiederkehrende Leistungen **10** 19 f.

Amtsniederlegung 17 33

Anbietungspflichten 11 29

Anfechtung der Wahl *s. Betriebsrat, Wahlanfechtung*

Ankaufsrecht
– Allgemein **11** 29
– preislimitiertes **11** 30
Annahme der Erbschaft 33 58
Anteile, einbringungsgeborene
29 58, 85; **30** 131; **37** 40, 44f., 48, 54; **38** 13
Anwachsung 28 5
Anwachsungsmodell 30 3ff., 99ff.
– Besteuerung **30** 134, 163ff.
– Einfaches Anwachsungsmodell **30** 101
– Erweitertes Anwachsungsmodell **30** 102; **32** 6
Arbeitnehmerbeteiligung, mittelbare 22 10
Arbeitnehmerhaftung *s. Haftung des Arbeitnehmers*
Arbeits- und Darlehensverträge
– Außersteuerliche Motive **9** 63
– Steuerliche Anerkennung **9** 66ff.
– Steuerliche Motive **9** 59ff.
– Vertretung Minderjähriger **9** 64f.
Arbeitsverhältnis
– Auf arbeitsvertraglicher Grundlage **20** 2–3
– Auf familienrechtlicher Grundlage **20** 8
– Auf gesellschaftsrechtlicher Grundlage **20** 3–7
– Befristung **23** 52–54
– Begründung **19** 1–3
Asset deal 30 5
Aufhebungsvereinbarungen 23 51
Auflage 34 98
– Unternehmensnachfolge **34** 101
– Vollziehung **34** 100
Auflösung
– Fortsetzungsklausel **12** 7
– Insolvenz **12** 7
– Kündigung **12** 7
– Tod **12** 7
Aufsichtsrat 11 5, *s. auch Beirat*
– Abschaffung **15** 21
– Aktiengesellschaft **13** 31
– Anwendungsfälle **15** 3
– Aufgaben **15** 11
– Einrichtung **15** 21
– Entsenderecht **15** 26
– Entsendungsrecht **4** 31; **13** 38
– Fakultativ **15** 1
– Familienstämme **4** 30; **15** 27
– Freiwillig **15** 1
– Geheimnisschutz **15** 32
– Geschäftsführung **11** 127
– gesetzliche Grundlagen **15** 4
– Grundlagen **15** 1ff.
– Haftung **15** 33
– innere Ordnung **15** 29
– obligatorisch **15** 0
– Rechte **15** 11
– Schlichtungsgremium **15** 12
– Typen **11** 6
– Vergütung **15** 30
– Vetorecht **15** 17
– Weisungen **15** 18
– Widerspruchsrecht **15** 14
– Zusammensetzung **15** 24
Aufspaltung
– Aufteilung Verlustvortrag **31** 31
– Barabfindungsangebot **31** 21
– Besteuerung Kapitalgesellschaft auf Kapitalgesellschaft **31** 28ff.
– Besteuerung Kapitalgesellschaft auf Personengesellschaft **31** 55ff.
– Besteuerung Personengesellschaft auf Kapitalgesellschaft **31** 58ff.
– Besteuerung Personengesellschaft auf Personengesellschaft **31** 59f.
– Beteiligungsfähige Rechtsträger **31** 7
– Betriebsrat, Information des B. **31** 18
– Bewertungswahlrecht **31** 30, 56
– Gläubigerschutz **31** 7
– Grunderwerbsteuer **31** 60ff.
– Mindestinhalt des Spaltungs- und Übernahmevertrags **31** 10
– Missbrauchsvorschriften **31** 46ff., 55
– Mutter auf Tochter **31** 13
– Prüfungsbericht des Spaltungsprüfers **31** 19ff., 23
– Steuerneutrale Teilbetriebsübertragung von Kapitalgesellschaft auf Kapitalgesellschaft **31** 31
– Teilbetrieb einer Kapital- auf Kapitalgesellschaft **31** 31
– Verbleibender Verlustabzug, **31** 31
– Verhältniswahrend **30** 3
– Zur Trennung von Familien-/Gesellschafterstämmen **31** 3ff., 12, 51
– Zur Veräußerung an Außenstehende **31** 46ff.
– Zur Vorbereitung einer Veräußerung **31** 46ff.
Auseinandersetzung
– Erbengemeinschaft **33** 108
Ausgleichsgemeinschaft 33 28

Ausgleichungspflicht 34 58
Ausgliederung
– Anteilsgewährungspflicht **29** 6
– Arbeitnehmerwiderspruchsrecht **29** 19
– Aufteilung von Verbindlichkeiten und Vertragsverhältnissen **29** 18
– Ausgliederungs- und Übernahmevertrag **29** 13 ff.
– Ausgliederungsbericht **29** 21, 38
– Besteuerung Ausgliederung in eine Kapitalgesellschaft **29** 54
– Besteuerung Ausgliederung in eine Personengesellschaft **29** 75 ff.
– Beteiligungsfähige Rechtsträger **29** 7
– Betriebsrat **29** 19
– Bewertungswahlrecht **29** 63, 68 ff.
– Einberufung der Versammlung der Anteilsinhaber **29** 29
– Einzelrechtsübertragung **48** 49
– Grunderwerbsteuer **29** 96 ff.
– Grundsatz der Spaltungsfreiheit **29** 14
– Handelsregisteranmeldung **29** 40
– Handelsregistereintragung **29** 44
– Holzmüller-Rechtsprechung **29** 49
– Kapitalerhöhung bei Übernehmerin **29** 26 ff., 44
– Mutter- auf Tochtergesellschaft **29** 4 ff.
– Organschaft **29** 67, 100 ff.
– Rückwirkung **29** 65
– Sachgründung/Sachkapitalerhöhung bei der aufnehmenden Gesellschaft **29** 26 ff.
– Schlussbilanz **29** 11 ff.
– Spaltungsprüfung **29** 25
– Steuerliche Rückwirkung **29** 62
– Tochter- auf Muttergesellschaft **29** 6
– Totalausgliederung **29** 5
– Wertverknüpfung **29** 64
– Zur Schaffung einer Holdingstruktur **29** 4 ff.
Auskunftsanspruch
– Pflichtteil **34** 51
Auskunftsrechte
– Mitarbeiterbeteiligung **11** 39
Ausscheiden 12 2 ff.
– Anwachsung **12** 4
– Ausschluss **12** 17
– durch Übertragung **12** 4
– einvernehmliches **12** 4
– Einziehung **12** 5
– Fortsetzungsklausel **12** 7
– gesetzliche Regelungen **12** 7
– Kapitalabfluss **12** 2
– Klageverfahren **12** 17
Ausschlagung der Erbschaft 33 62
Ausschluss 12 2 ff.
– aus wichtigem Grund **12** 26
– Ausschlussgründe **12** 19
– freies Ausschlussrecht **12** 19
– geschenkte Beteiligung **12** 19
– GmbH **12** 26
– Klageverfahren **12** 26
– Personengesellschaft **12** 17
– Stimmrecht **12** 18
Ausschüttbarer Gewinn 38 36
Außerordentliche Kündigung *s. Kündigung, außerordentliche*
Austritt 12 2 ff.
– Abdingbarkeit **12** 24
– aus wichtigem Grund **12** 24
– ohne wichtigen Grund **12** 25
Austrittsrecht
– GmbH **12** 25
Barabfindungsangebot
– Als Grundprinzip einer Umstrukturierung **28** 24
– Bei Ab-/Aufspaltung **31** 21
– Bei Formwechsel **32** 20, 32 ff.
– Bei Verschmelzung **30** 40, 55, 88, 95, 124
Befristung des Arbeitsverhältnisses *s. Arbeitsverhältnis, Befristung*
Beirat 34 175, *s. auch Aufsichtsrat*
– Abschaffung **15** 21
– Anwendungsfälle **15** 3
– Aufgaben **15** 11
– D&O-Versicherung **15** 34
– Einrichtung **15** 21
– Entsenderecht **15** 26
– Entsendungsrecht **4** 31
– externe Sachkompetenz **11** 5
– fakultativ **15** 1
– Familienstämme **4** 30; **15** 27
– Fremdorganschaft **15** 19
– Geheimnisschutz **15** 32
– Geschäftsführung **11** 127
– Grundlagen **15** 1 ff.
– Haftung **15** 33
– Informationsrechte **11** 53
– innere Ordnung **15** 29
– Rechte **15** 11
– Schiedsgericht **16** 13
– Schlichtungsgremium **15** 12
– Typen **11** 6

– Unternehmensnachfolge **34** 181
– Vergütung **15** 30
– Vetorecht **15** 17
– Weisungen **15** 18
– Wettbewerbsverbot **15** 32
– Widerspruchsrecht **15** 14
– Zusammensetzung **15** 24
– Zustimmungskatalog **11** 143
Belastungsverbot 11 66, 88
Belegschaftsaktien/stock options 22 8
Benteler Urteil 12 42
– Gefährdung der Mitunternehmerschaft **11** 116
– Mitarbeiterbeteiligung **11** 38
Berliner Testament 34 19
Berufsbildungsverhältnis 23 30
Besitzgesellschaft 35 92
Besteuerung
– Familienpersonengesellschaft **39** 45
– Kapitalgesellschaft **38** 1ff.
– Personenunternehmen **39** 1ff.
– Veräußerung Anteil an Personengesellschaft **38** 45
– Vorgesellschaft **38** 4
– Vorgründungsgesellschaft **38** 4
Bestimmtheitsgrundsatz 11 60
– Abdingbarkeit **11** 61
– Anerkennung der Mitunternehmerschaft **11** 116
– Kritik **11** 62
– Vetorecht **11** 60
Beteiligungsformen, Arbeitnehmer 22
Betreuung 11 47
Betrieb
– Einbringungsobjekt **29** 55
– Fortführung des verlustverursachenden B. **30** 120
Betriebliche Mitbestimmung *s. Mitbestimmung, betriebliche*
Betriebsänderungen 25 38–44
– Interessenausgleich **25** 38f.
– Nachteilsausgleich **25** 44
– Sozialplan **25** 40–43
Betriebsaufspaltung 13 56ff.; **37** 31, 56
– Arbeitsverhältnisse **13** 70
– Beendigung **13** 62
– Begründung **13** 63
– echte **3** 81
– Eigenkapitalersatz **17** 40
– Eigenkapitalersatzrecht **3** 82; **17** 40
– Einheits-Betriebsaufspaltung **13** 57, 66
– Einstimmigkeitsvereinbarung **13** 61
– Erhaltung bei Volljährigkeit **13** 65
– Erhaltungsmodell **13** 68
– Firmenfortführung **13** 69
– Fremdeinflüsse **13** 64
– Fremdorganschaft **13** 60
– Gewerbesteuerpflicht **13** 60
– GmbH & Co. KG **13** 66
– Haftung **3** 82; **17** 38
– Insolvenz **13** 64
– kapitalistische **13** 57
– mitunternehmerische **3** 81; **13** 57
– Nurbesitzgesellschafter **13** 58, 61
– Pachtvertrag **13** 68
– Pensionszusage **13** 60
– personelle Verflechtung **3** 80; **13** 58
– Rechtsfolgen **13** 60
– Rechtsformwahl **3** 80ff.
– sachliche Verflechtung **3** 80; **13** 59
– Schrumpfungsmodell **13** 68
– Sozialplanrisiko **13** 70
– Steuerberatermodell **13** 68
– steuerliche Vorteile **13** 56
– Synchronisierung **13** 67
– Todesfall **13** 65
– typische **13** 57
– umgekehrte **3** 81; **13** 57
– unechte **3** 81
– Unternehmensnachfolge **3** 83
– wesentliche Betriebsgrundlage **13** 59
– Wiesbadener Modell **13** 61
– Zwangsvollstreckung **13** 64
Betriebsausgabe
– Bei steuerfreien Einnahmen **38** 12
Betriebsbedingte Kündigung *s. Kündigung, betriebsbedingte*
Betriebsgesellschaft 35 96
Betriebsrat *s. auch Mitbestimmung, betriebliche*
– Angestellter, leitender **25** 4
– Aufgaben **25** 14
– Betriebsratsfähigkeit **25** 1
– Betriebsratsmitglieder **23** 26, 50; **25** 11
– Betriebsratswahl **25** 2–8
– Europäischer Betriebsrat **25** 16
– Gesamtbetriebsrat **25** 9
– Gründung **25** 1
– Grundsätze der Zusammenarbeit **25** 13
– Innere Organisation **25** 12

– Jugendvertretung **25** 10
– Kleinbetrieb **25** 7
– Kündigungsschutz **23** 26, 50
– Organmitglieder **25** 3
– Vertreter, gesetzliche **25** 3
– Wahlanfechtung **25** 8
– Wahlberechtigung **25** 2
– Wahldurchführung **25** 5, 6
– Wahlvorbereitung **25** 5
– Wirtschaftsausschuss **25** 15
Betriebsstätte im Ausland
– Steuerliche Behandlung bei unbeschränkt steuerpflichtiger Kapitalgesellschaft **38** 17
Betriebsteil
– Fortführung des verlustverursachenden B. **30** 120
Betriebsübergang 26
– Anteilsübertragung **26** 2
– Betriebsbegriff **26** 5–7
– Betriebsmittel **26** 6 f.
– Betriebsrat, Beteiligung des **26** 13 f.
– Fortgeltung der rechtlichen Verhältnisse **26** 18
– Funktionsnachfolge **26** 10
– Haftung **26** 21
– Informationspflicht gegenüber dem Betriebsrat **26** 13
– Informationspflicht gegenüber den Arbeitnehmern **26** 16
– Kündigungsverbot **26** 19 f.
– Mitbestimmung des Betriebsrates **26** 14
– Rechtsfolgen **26** 18–21
– Rechtsgeschäftlicher Übergang **26** 1, 11
– Übergangszeitpunkt **26** 12
– Übernahme der Mitarbeiter **26** 8
– Umwandlungsgesetz **26** 3 f.
– Widerspruchsrecht der Arbeitnehmer **26** 17
– Wirtschaftliche Einheit **26** 6
Betriebsvereinbarungen 25 18-28
– Ablösende Betriebsvereinbarung **25** 24
– Abschluss **25** 18
– Einigungsstelle **25** 26
– Günstigkeitsprinzip **25** 22
– Inhalt **25** 19
– Kündigung **25** 25
– Normative Wirkung **25** 22
– Öffnungsklausel **25** 19
– Tarifvorbehalt **25** 19 f.
Betriebsvermögen
– Steuerliche Begünstigung bei Erbschaft **37** 53
Betriebszugehörigkeit 23 5
Bewerbungskosten 19 21
Bewertung
– Kapitalgesellschaft **37** 52
– Personenunternehmen **37** 52
Bewertungswahlrecht
– Bei Auf-/Abspaltung **31** 30, 56
– Bei Ausgliederung **29** 63, 68 ff.
– Bei Verschmelzung **30** 106, 108, 136
BGB-Gesellschaft 37 13
Börsengang 36 21
– Emissionskonzept **36** 29
– Emissonsprospekt **36** 33
Buchwertfortführung
– Als Grundprinzip des UmwStG **28** 33
– Bei Verschmelzung **30** 104, 110, 112, 139

D&O-Versicherung 17 26
– Aufsichtsrat **15** 34
– Beirat **15** 34
Darlehen von Mitarbeitern 22 1
Darlehensverträge
– Kombinationsmodell **9** 78 ff.
– Steuerliche Anerkennung **9** 72 ff.
Dauer der Gesellschaft 12 1
Direktionsrecht 19 2, 19, 20
Dividende
– Abgrenzung zu Ausschüttung aus dem steuerlichen Einlagenkonto **38** 33
– Halbeinkünfteverfahren **38** 2
– Steuerfreiheit zu 95 % bei Ausschüttung an Kapitalgesellschaft **38** 10 ff.
– Steuerliches Einlagekonto **38** 33
Dokumentationspflicht 19 4–6
Dürftigkeitseinrede 33 92

Ehegattenerbrecht 33 22
Ehevertragliche Vereinbarungen
– Auslandsberührung **6** 158 ff.
– Einwand unzulässiger Rechtsausübung **6** 149
– Richterliche Kontrolle **6** 144 ff.
– Sittenwidrigkeit **6** 147 f.
– Vertragsautonomie **6** 90
– Wegfall der Geschäftsgrundlage **6** 151
Eigenkapitalersatz 17 18
– Betriebsaufspaltung **17** 40

– Bürgschaft **17** 18
– Darlehen **17** 18
– Fallgruppen **17** 21
– GmbH & Co. KG **17** 37
– Insolvenz **17** 20
– krisenbestimmtes Darlehen **17** 21
– Krisendarlehen **17** 21
– Nutzungsüberlassung **17** 19, 40
– Rangrücktritt **17** 21
– Rechtsfolge **17** 41
– Rechtsfolgen **17** 20
– Rechtssprechungsgrundsätze **17** 20
– stehengelassenes Darlehen **17** 21
Einbringung 29 54 ff.
– von Gesellschaftsanteilen **29** 78
Einbringungsgeborene Anteile 29 58, 74, 85; **30** 131, 148; **37** 40, 44 f., 48, 54; **38** 13
Eingetragene Lebenspartnerschaft 7 1 ff.
– Begründung **7** 3
– Erbrechtliche Lösung **7** 13
– Güterrechtliche Lösung **7** 14
– Lebenspartnerschaftsvertrag **7** 16
– Postmortaler Unterhaltsanspruch **7** 15
– Überschussausgleich **7** 8
– Unterhalt **7** 9 f.
– Unterhaltsansprüche **7** 7
– Vermögensrechtliche Verhältnisse **7** 4 ff.
– Versorgungsausgleich **7** 11
eingetragener Lebenspartner
– Gesetzliches Erbrecht **33** 27
Einheits-GmbH & Co. KG 11 19
– Gesellschafterversammlung **11** 19
– Stimmrechtsausübung **11** 19
Einigungsstellenverfahren 25 26
Einkünfte aus Gewerbebetrieb
– Leistungsvergütung an Gesellschafter Personenunternehmen **39** 36
Einlagekonto, steuerliches 38 33
Einstellung
– Beteiligung des Betriebsrates **19** 26
Eintrittsklausel 33 143
Einzelkaufmännisches Unternehmen
– Vererblichkeit **33** 33
Einzelunternehmen
– Haftung **3** 5; **17** 6
– Haftung bei Gründung **1** 23
– Publizität **3** 4; **18** 6
– Rechtsformwahl **3** 1 ff.
– Sozialversicherung **3** 6
– Unternehmensnachfolge **3** 3
– Verbreitung **3** 1
Einziehung 12 2 ff.
– Erhaltung des Stammkapitals **12** 30
– GmbH **12** 27
– Gründe **12** 27
– ohne Grund **12** 28
– Rechtsfolgen **12** 29
– Stimmrecht **12** 30
– Todesfall **11** 43
– Zeitpunkt **12** 31
Entgeltfortzahlung 21 18–28
Entgeltfortzahlung im Krankheitsfall 21 19–21, 23–26
Entgeltzahlung an Feiertagen 21 5
Erbausschlagung
– Frist **33** 64
– gezielte **33** 68
Erbeinsetzung 34 32
Erbengemeinschaft 33 97
– Auseinandersetzung **33** 108
– Gesamthand **33** 98
– Liquidationsgemeinschaft **33** 97
– Verwaltung **33** 102
Erbenhaftung
– Schuldenübergang **33** 70
Erbfolge
– Annahme als Kind **33** 11
– Ehegatten **33** 22
– Gradualsystem **33** 21
– nichteheliche Kinder **33** 13
– Parentelsystem **33** 16
– Repräsentationsystem **33** 18
– Stammes- und Liniensystem **33** 17
– Verwandte **33** 9
Erbquote
– Ehegatten **33** 24
– Gütergemeinschaft **33** 24
– Gütertrennung **33** 25 a
– kleiner Pflichtteil **33** 27 b
– Zugewinngemeinschaft **33** 25 b
Erbrecht
– Eingetragener Lebenspartner **33** 27
– nichtehelicher Lebensgefährte **33** 26
Erbschaft
– Annahme **33** 54
Erbschaft- und Schenkungsteuer 37 51
Erbschaftskauf 33 96
Erbvertrag 34 24
Ergänzungsbilanz des Mitunternehmers 39 27
Ersatzpflichten gegenüber der gesetzlichen Sozialversicherung 24 6
Erstattung von Kosten für Bewerbungen des Arbeitnehmers 19 21

Ertragswert
– Stuttgarter Verfahren **37** 52
Europäischer Betriebsrat 25 16
EWIV
– Rechtsformwahl **3** 67
Existenzgründung 1 1ff.
– Formalitäten **1** 2
– Genehmigungserfordernisse **1** 4
– Gewerbeanmeldung **1** 4
– Gründungsförderung **1** 2
– Haftung **1** 22
– Handwerksunternehmen **1** 5
– Marktanalyse **1** 1

Familieneinfluss
– Vermögensverwalter **11** 47
Familienerfolge 33 7
Familiengesellschaft 35 87
– Gesellschaftsvertrag **4** 1ff.
– Zielsetzungen **11** 1ff.
Familienpool 13 24
– Aktiengesellschaft **13** 1
– GbR **13** 25
– Gesellschaftsvertrag **13** 26
– Stimmbindungsvereinbarung **13** 24
– Veräußerlichkeit **13** 25
– Vererblichkeit **13** 25
Familienrechtliche Mitarbeit 20 8
Familiensplitting 13 49
Familienstämme 4 17ff.; **11** 4
– Abtretungsbeschränkungen **11** 9
– Beirat **4** 30; **15** 27
– Beteiligungsgesellschaften **4** 19
– Bezugsrechte **4** 37
– doppelte Stammzugehörigkeit **4** 23
– einheitliche Stimmabgabe **4** 19
– Entflechtung **4** 19
– Flexibilität **4** 27
– Gleichgewicht **4** 32; **11** 4
– Kontinuität **4** 32
– Satzungsgestaltung **4** 21ff.
– Stammesbegriff **4** 22
– Stammesversammlung **4** 29
– Stimmbindungsvereinbarung **11** 97
– Stimmbindungsvereinbarungen **4** 27
– Stimmpoolvereinbarungen **4** 26
– Stimmrechtsregelung **4** 24
– Trennung von F. **31** 6, 12, 15, 51
– Überfremdungsschutz **4** 20
– Übertragung von Gesellschaftsanteilen **4** 28
– Vertreterklauseln **11** 84
– Vinkulierungsklausel **4** 20
– Vorkaufsrecht **4** 33
Familienunternehmen
– Begriffsbestimmung **5** 1
– Spannungsverhältnis **5** 7
Fehlverhalten des Arbeitnehmers 23 11
Festlegung des Aufgabenbereiches bzw. Arbeitsplatzes 19 19f.
Firma
– Aussprechbarkeit **1** 9
– Fantasiebezeichnung **1** 8
– Firmenausschließlichkeit **1** 8
– Firmenbeständigkeit **1** 8
– Firmeneinheit **1** 8
– Firmenmissbrauchsverfahren **1** 19
– Firmenschutz **1** 17
– Firmenwahrheit **1** 8
– Gegenstandsfirma **1** 8
– Gestaltungsmöglichkeiten **1** 14
– Irreführungsverbot **1** 10
– Kaufmännisches und Partner **1** 15
– Markenschutz **1** 20
– Örtlicher Schutzkreis **1** 20
– Personenfirma **1** 8
– Prioritätsgrundsatz **1** 18
– Rechtsformzusatz **1** 16
– Unterlassungsansprüche **1** 18
– Unterscheidungskraft **1** 9
Firmenrecht 1 6ff.
– Kaufmannsbegriff **1** 7
Folgen des Nichtantritts der Arbeit 19 22-25
Form
– Gesellschaftsvertrag **4** 9
– GmbH & Co. KG **4** 12
– notarielle Beurkundung **4** 10
– Schenkungsversprechen **4** 11
Formularvertrag 19 11
Formulierungsvorschlag
– Abfindung **12** 41
– Abtretungsbeschränkung **11** 10
– Aktionärsvereinbarung **13** 23
– Anbietungsverfahren **11** 33
– Arbeitsverhältnisse bei Betriebsaufspaltung **13** 71
– atypisch stille Gesellschaft **13** 55
– Aufgaben und Pflichten des Beirats **15** 20
– Aufsichtsratsmitgliedschaft **13** 39
– Ausschlussregelung **12** 20
– Beschlussfähigkeit **11** 73
– Einheits-GmbH & Co. KG **11** 20
– Einziehung **12** 32

– Entnahmebeschränkung **11** 105
– Entsendungsrecht Aufsichtsrat **13** 5
– Folgegesellschafterversammlung **11** 75
– Fortsetzungsklausel **12** 9
– Geschäftsführung Sonderrecht **11** 140
– Geschäftsführungssonderrecht GmbH **11** 149
– Gesellschafterversammlung Personengesellschaft **11** 68
– Gewinnverwendung **11** 113; **13** 37
– Gewinnvoraus **11** 109
– Grundlagengeschäfte bei stiller Gesellschaft **13** 53
– innere Ordnung des Beirats **15** 31
– Kündigung einer stillen Gesellschaft **13** 52
– Liquidationsvoraus **11** 111
– Nachfolgeberechtigung GmbH **11** 44
– nachvertragliches Wettbewerbsverbot **14** 15
– Namensaktien **13** 8
– Präsentationsrecht **11** 142
– Rückforderungsrecht **12** 45
– Schiedsgerichtsvereinbarung **16** 14
– Schiedsgerichtsvereinbarung Beschlussanfechtung **16** 16
– Schlichtungsbeirat **15** 13
– Stimmbindungsvereinbarung **11** 99
– Stimmrechtsausschluss **11** 89
– stimmrechtslose Vorzugsaktien **13** 30
– stimmrechtsloser Geschäftsanteil **11** 94
– Todesfallabfindung **11** 46
– Verfügungsbeschränkung **11** 17
– Verlustbeteiligung stille Gesellschaft **13** 54
– Vertragseintritt **13** 20
– vinkulierte Namensaktien **13** 16
– Vollmacht **11** 81
– Vorkaufsrecht Familienstämme **4** 34
– Zusammensetzung eines Beirats **15** 28
– Zustimmungskatalog **11** 136
– Zustimmungskatalog AG **13** 32

Formwechsel
– Arbeitnehmer **32** 23ff.
– Barabfindungsangebot **32** 20, 33, 52, 62
– Bare Zuzahlung **32** 62
– Bestandschutz aufgrund Eintragung **32** 61
– Beteiligungsfähige Rechtsträger **32** 8f.
– Betriebsrat, Information **32** 28
– Einberufung der Versammlung der Anteilsinhaber **32** 44
– Einbringung Personen- in Kapitalgesellschaft **32** 65
– Einpersonen-Kapitalgesellschaft in Personengesellschaft **32** 68
– Formwechsel in GmbH & Co. KG **32** 72
– Formwechsel in Kapitalgesellschaft **32** 11ff.
– Formwechsel in Personengesellschaft **32** 68
– Formwechsel, nicht verhältniswahrender **32** 17, 71
– Fortbestehen von Unternehmensverträgen **32** 60
– Geltung der Gründungsvorschriften **32** 37ff.
– Grunderwerbsteuer **32** 67
– Handelsregisteranmeldung **32** 55
– Handelsregistereintragung **32** 59
– Kapitalaufbringung **32** 33
– Kapitalmaßnahmen **32** 43
– Mindestinhalt des Umwandlungsbeschlusses **32** 12ff.
– Motive **32** 2
– Nachhaftung bei Formwechsel einer Personengesellschaft in Kapitalgesellschaft **32** 64
– Sonderrechte für einzelne Anteilsinhaber **32** 19
– Spruchverfahren **32** 62f.
– Steuerliche Rückwirkung **32** 80
– Umwandlungsbericht **32** 29ff.
– Umwandlungsbeschluss **32** 12, 29, 42ff.
– Vermögensaufstellung **32** 31
– Verzichtserklärungen **32** 52
– Zustimmungserfordernisse **32** 50ff.

Fortsetzungsklausel 33 120

Fremdfinanzierungsaufwand
– Steuerliche Behandlung **38** 12

Fremdorganschaft 11 120

Fünftelungsregelung 37 44

GbR
– Vererblichkeit **33** 34

gemeinschaftliches Testament 34 12
– Berliner Testament **34** 19
– Wechselbezüglichkeit **34** 16

Genossenschaft 33 164
– Vererblichkeit **33** 41

Genussrechte 22 2
Genussscheine 22 3
Geringfügige Beschäftigung 19 5
Gesamtbetriebsrat 25 9
Gesamtrechtsnachfolge 33 8
– Auslandsvermögen **28** 12; **29** 4, 45; **30** 90
– Bei Verschmelzung **30** 11, 89
– Partielle Gesamtrechtsnachfolge bei Ausgliederung **29** 4, 14
Geschäftsführer 20 4 f.
Geschäftsführeranstellungsvertrag 11 127
Geschäftsführung
– Amtsniederlegung **17** 33
– Anstellungsvertrag **11** 127
– Aufgabenverteilung **17** 24
– Ausgestaltung **11** 133
– Ausschluss **11** 122, 141
– Ausschluss des Widerspruchrechts **11** 141
– Beschränkungen **11** 121
– Entzug aus wichtigem Grund **11** 126
– Gehalt **11** 123
– gemeinschaftliche **11** 124
– Geschäftsordnung **11** 122, 135
– Haftung **17** 24
– Insolvenzverschleppung **17** 25
– Notgeschäftsführung **11** 124
– Personengesellschaften **11** 124
– Präsentationsrecht **11** 141
– Sonderrechte **11** 122, 139
– Verbot der Doppelvertretung **11** 122
– Verbot des Selbstkontrahierens **11** 122
– Verhältnis zur Gesellschafterversammlung **11** 119
– Vertretungsberechtigung **11** 122
– Vertretungsmacht **11** 124
– Vertretungsrecht **11** 129
– Vorstand **13** 31
– Weisungen **11** 125, 131
– Widerspruchsrecht **11** 125
– Zustimmungskatalog **11** 122, 135
Gesellschaft auf Lebenszeit 12 16
Gesellschaft bürgerlichen Rechts
– Abfindung **12** 33
– Abspaltungsverbot **11** 8
– Abtretungsbeschränkung **11** 7
– Akzessorietätstheorie **17** 10
– Familienpool **13** 25
– Fortsetzungsklausel **12** 8
– GbR mbH **1** 23; **3** 8
– Haftung **17** 10
– Haftungsbeschränkung **1** 23; **3** 8
– Rechtsformwahl **3** 8 ff.
– Wettbewerbsverbot **14** 3
Gesellschafter, Mitarbeit 20 3–6
Gesellschafterstämme *s. Familienstämme*
Gesellschafterversammlung 11 55 ff.
– Beschlussfähigkeit **11** 72
– GmbH **11** 70
– Lähmung **11** 74
– Satzungsänderung **11** 76
– Stimmbindungsverträge **11** 97
– Stimmrecht **11** 55 ff.
– Stimmrechtsausschluss **11** 86
– Stimmverbote **11** 77
– Verhältnis zur Geschäftsführung **11** 119
– Vertreterklausel **11** 83
– Vollmacht **11** 80
– Vorsitzender **11** 71
Gesellschaftsvertrag
– Abschluss **4** 5 ff.
– auf bestimmte Zeit **12** 15
– Aufgaben **4** 1 ff.
– Familiengesellschaft **4** 1 ff.
– Form **4** 9
– Gesellschafterstämme **4** 17 ff.
– GmbH & Co. KG **4** 12
– Kapitalgesellschaften **4** 15 ff.
– Kommanditgesellschaft **4** 8
– Minderjährige **4** 14
– Mindesterfordernisse **4** 6
– notarielle Beurkundung **4** 10
– Personengesellschaften **4** 5 ff.
– Rückwirkung **4** 7
– Stellvertretung **4** 15
– Streitvermeidung **16** 1 ff.
– Vertretung **4** 14
– wirksam werden **4** 7
– Zielsetzungen **11** 1 ff.
Gesetzlicher Güterstand 6 1 ff.
– Eigentumszuordnung **6** 3
– Familienunterhalt **6** 7
– Getrennte Schuldenhaftung **6** 4
– Vermögenstrennung **6** 2 f.
– Verpflichtungs- und Verfügungsbeschränkungen **6** 5 f.
Gestaltung
– Zielsetzungen **11** 1 ff.
Getrenntlebensunterhalt 6 9 ff.
– Gesetzliche Beschränkungen **6** 18
– Leistungsfähigkeit **6** 17
– Unterhaltsbedarf **6** 10
– Unterhaltshöhe **6** 11

Gewerbesteuer 38 42 ff.
- Anrechnung auf die Einkommensteuer **37** 27 ff.; **39** 54
- Ausländische Betriebsstätte **38** 63
- Ausschüttungsbedingte Teilwertabschreibungen **38** 56
- Bei Veräußerung Betrieb/Teilbetrieb/Mitunternehmenanteil **38** 49
- Betriebsaufspaltung **37** 31, 57
- Entgelte für Dauerschulden **38** 50
- Erhebungsverfahren **39** 41 ff.
- Ermittlung der Gewerbesteuer **38** 69
- Gewerbebetrieb kraft Rechtsform/kraft Betätigung **38** 44
- Gewerbesteuermessbescheid **39** 41
- Gewerbesteuermessbetrag **39** 41
- Gewinnanteile typisch stiller Gesellschafter **38** 54
- Grundbesitz-Abzüge **38** 62
- Hinzurechnungen **38** 50 ff.
- Kapitalgesellschaft **38** 44
- Kürzungen **38** 62 ff.
- Miet- und Pachtzinsen **38** 60
- Mindestbesteuerung **38** 65; **39** 53
- Organschaft **39** 4
- Personengesellschaft **39** 4
- Rechtsmittel **39** 42
- Renten und dauernde Lasten **38** 54
- Schachtelerträge **38** 56
- Streubesitzdividenden **38** 56
- Verlustanteile/Gewinnanteile aus Mitunternehmerschaften **38** 61
- Verlustvortrag **38** 48, 64; **39** 52
- Zerlegungsbescheid **39** 43

Gewerbesteueranrechnung
- Anrechnungsüberhang **37** 27; **39** 55
- Auf Einkommensteuer des Gesellschafters **37** 27; **39** 54 ff.

gewillkürte Erbfolge 34 1

Gewinnabführungsvertrag
- Gleitklausel **29** 110
- Organschaft **29** 102 ff.
- Verlustübernahme **29** 110
- Wirksamkeitsvoraussetzungen **29** 109 ff.

Gewinnausschüttung
- steuerliche Anerkennung **11** 108

Gewinnbeteiligungen 21 9–16

Gewinnverwendung
- Aktiengesellschaft **13** 36
- Anerkennung der Mitunternehmerschaft **11** 116
- Austrittsrecht **11** 112
- Entnahmebeschränkung **11** 104
- Gewinnrücklage **13** 36
- GmbH **11** 107
- Liquidationsvoraus **11** 110
- Mindestausschüttung **11** 112
- Mindestthesaurierung **11** 112
- Personengesellschaft **11** 103

Gläubigeraufgebot 33 94

Gläubigerschutz
- Als Grundprinzip einer Umwandlung **28** 26
- Bei Ab-/Aufspaltung **31** 7
- Bei Ausgliederung **29** 9
- Bei Verschmelzung **30** 20, 97

Gleichbehandlungsgrundsatz 13 4
- Gewinnverteilung **13** 5

GmbH 33 161; **37** 15
- Abfindung **12** 33
- Abtretungsbeschränkungen **11** 11
- Anwachsung **12** 5
- Aufsichtsrat **15** 7
- Ausschluss **12** 23
- Austritt **12** 23
- Beschlussfähigkeit **11** 72
- Beteilung von Arbeitnehmern als Gesellschafter **22** 6 f.
- Durchgriffshaftung **17** 23
- Einstimmigkeit **11** 70, 90
- einvernehmliches Ausscheiden **12** 4 ff.
- Einziehung **12** 5, 23, 27
- Finanzierung **3** 36
- Finanzplandarlehen **17** 22
- Fortsetzungsklausel **12** 5
- Fremdorganschaft **3** 33; **11** 120
- Gesamtvertretung **11** 129
- Geschäftsführeranstellungsvertrag **11** 127
- Geschäftsführergehalt **11** 123
- Geschäftsführerhaftung **17** 24
- Geschäftsführung **11** 127
- Geschäftsführungsregelungen **11** 133
- Gesellschafterversammlung **11** 70
- Gestaltungsfreiheit **3** 31
- Gewinnvoraus **11** 107
- Ghetto der Verluste **17** 21
- GmbH-Mantel **1** 39
- Gründungshaftung **1** 25
- Gründungsstadien **1** 25
- Haftung **17** 18
- Haftung bei Weisung **17** 25
- Haftung in Vor-Gesellschaft **1** 29 ff.
- Haftungsbeschränkung **3** 28 f.
- Handelndenhaftung **1** 30; **17** 25

– Informationsrechte **11** 54
– inkongruente Gewinnausschüttung **11** 107
– Insolvenzverschleppung **17** 25
– Konzernhaftung **17** 23
– Kündigung **12** 5, 23
– Liquidationsvoraus **11** 110
– Mehrstimmrechte **11** 90
– Mehrstimmrechtsanteile **11** 70
– Mindestausschüttung **11** 112
– Mindestthesaurierung **11** 112
– Mitarbeit von Familienangehörigen **20** 4
– Mitarbeiterbeteiligung **11** 38
– Mitbestimmung **3** 35
– Passivvertretung **11** 129
– Publizität **3** 32
– Rechtsfähigkeit **1** 25
– Rechtsformwahl **3** 27 ff.
– Satzungsänderung **11** 76
– Sonderrechte **11** 145
– Sozialversicherung **3** 34
– Stiftungs-GmbH **3** 73
– Stimmrecht **11** 70
– Stimmrechtsausschluss **11** 91
– Stimmverbote **11** 77
– unechte Vor-Gesellschaft **1** 33
– Unternehmensnachfolge **3** 37
– Verbreitung **3** 27
– verdeckte Gewinnausschüttung bei Wettbewerbsverbot **14** 8
– Vererblichkeit **11** 43; **33** 37
– verschleierte Sacheinlage **1** 36
– Vertretung **11** 129
– Vertretungsmacht **11** 132
– Vorbelastungshaftung **1** 34
– Vor-Gesellschaft **1** 25
– Vorkaufsrecht **11** 29
– Vorratsgesellschaft **1** 39
– Weisungen **11** 131
– Wettbewerbsverbot **14** 4
– wirtschaftliche Neugründung **1** 40
GmbH & Co. KG 33 162; **37** 12
– Abfindung **12** 33
– Abtretungsbeschränkung **11** 18
– Anwachsungsmodell **30** 100; **32** 6
– Beurkundungserfordernis **4** 12
– Durchgriffshaftung **17** 23
– Eigenkapitalersatz **17** 18
– Einheits-GmbH & Co. KG **3** 77
– Formwechsel in GmbH & Co. KG **32** 72
– Fortsetzungsklausel **12** 10
– Fremdorganschaft **3** 75; **11** 120
– Geschäftsführergehalt **11** 123
– Gewinnvorab **11** 123
– Haftung **3** 75; **17** 18, 37
– Insolvenz **12** 10
– personenidentische **3** 77
– Publizität **18** 11
– Rechtsformwahl **3** 75
– Selbstorganschaft **11** 120
– Sozialversicherung **3** 76
– Steuern **3** 76
– Synchronübertragung **11** 18
– Tätigkeitsvergütung **11** 123
– Vererblichkeit **33** 38
– Verzahnung **11** 22
GmbH & Co. KGaA 13 34
GmbH & Stroh KG 18 12
– Vertragsgestaltung **18** 12
Going Public 36 21
Gratifikationen 21 7
Gründung 1 1 ff.
– Finanzierung **1** 3
– Firmenrecht **1** 6
– Formalitäten **1** 2
– Genehmigungserfordernisse **1** 4
– Gewerbeanmeldung **1** 4
– Gründungsförderung **1** 2
– Haftung **1** 22 ff.
– Handwerksunternehmen **1** 5
– Kapitalgesellschaften **1** 25
– Marktanalyse **1** 1
– Nachgründung bei AG **1** 38
– Namenswahl **1** 6
– Rechtsform **1** 3
– Unternehmensgegenstand **1** 21
Grunderwerbsteuer 28 33; **29** 77, 95 ff.; **30** 164 ff.; **31** 60 ff.; **32** 67, 81; **37** 42
Grundvergütung 21 1–2
Günstigkeitsprinzip 19 9, 18; **25** 22
Gütertrennung 6 85 ff.
– Formulierungsvorschlag **6** 89
– Nachteile **6** 88
– Vorzüge **6** 87

Haftung
– Aktiengesellschaft **17** 42
– Amtsniederlegung **17** 33
– Anfechtung **17** 5
– Ausfallhaftung **1** 35
– Außenhaftung bei Gründung **1** 33
– Beirat **15** 33
– D&O-Versicherung **17** 26

– deliktische **17** 25
– Differenzhaftung **1** 34
– Durchgriffshaftung **17** 23
– Einzelunternehmen **1** 23
– Erfüllungsgehilfe **17** 7
– Finanzplandarlehen **17** 22
– GbRmbH **17** 10
– Geschäftsführerhaftung **17** 24
– Gesellschaft bürgerlichen Rechts **17** 10
– GmbH **17** 18
– GmbH & Co. KG **17** 37
– Gründungsstadium **1** 22
– Handelndenhaftung **1** 30, 43; **17** 25
– Innenhaftung **1** 31
– Insolvenz **17** 2, 25
– Insolvenzquote **1** 22
– Insolvenzverschleppung **17** 25
– Kapitalaufbringung **1** 37
– Kapitalaufbringungsprinzip **17** 15
– Kommanditist **17** 11
– Kommanditistenbeitritt **4** 8
– Kommanditisteneintritt **17** 14
– Konzernhaftung **17** 23
– Limited **3** 55
– Lohnsteuer **17** 25
– Mantelgesellschaft **1** 39
– Organtheorie **17** 9
– Personengesellschaft **1** 23f.
– pfändbares Rückforderungsrecht **17** 4
– qualifiziert faktischer Konzern **17** 23
– Quotenhaftung **1** 31
– Quotenschaden **17** 25
– Rechtsformwahl **17** 3
– Rückzahlung der Haftsumme **17** 16
– Sacheinlagen **1** 35
– Sozialversicherungsbeiträge **17** 25
– unechte Vor-Gesellschaft **1** 33
– Unterbilanzhaftung **1** 28, 43
– Unterkapitalisierung **17** 23
– Verlust Vortragskonto **17** 16
– Vermögensverlagerung **17** 5
– Vermögensvermischung **17** 23
– Verrichtungsgehilfe **17** 8
– verschleierte Sacheinlage **1** 36
– Verteilung des Familienvermögens **17** 4
– Vorbelastungshaftung **1** 34
– Voreinzahlung **1** 37
– Vor-Gesellschaft **1** 29
– Vorgründungsgesellschaft **1** 27
– Vorratsgesellschaft **1** 39
– wirtschaftliche Neugründung **1** 40

Haftung des Arbeitnehmers 24
– Gegenüber Arbeitgeber **24** 1–3
– Gegenüber Arbeitskollegen **24** 4
– Gegenüber Dritten **24** 5
– Gegenüber Sozialversicherung **24** 6
Haftungsbeschränkung
– Nachlassverbindlichkeit **33** 85
Halbeinkünfteverfahren 38 2ff.
Handelsregister
– Publizität **18** 5
Höferecht 33 49
Holding
– Haftung **3** 84f.
– Rechtsformwahl **3** 84
– steuerliche Organschaft **3** 84
Holdingstruktur
– Durch Einbringung von Gesellschaftsanteilen **29** 78ff.
– Schaffung einer Holdingstruktur **29** 4ff.

Informationspflichten bei Betriebsänderungen 26 13, 15f.
Informationsrechte 11 50
– Beirat **11** 53
– Beschränkungen **11** 50
– GmbH **11** 54
– Kommanditist **11** 53
– Missbrauch **11** 51
– Personengesellschaften **11** 51
– Unverzichtbarkeit **11** 51
Innengesellschaft
– Mitarbeit von Familienangehörigen **20** 7
Insolvenz
– Abtretungsbeschränkungen **11** 28

Jugendvertretung 25 10

Kapitalgesellschaft
– Anteilsveräußerunsgewinne/-verluste **38** 13ff.
– Aufsichtsrats- und Beiratsvergütungen **37** 33
– Ausschüttbarer Gewinn **38** 36
– Beginn/Ende der Körperschaftsteuerpflicht **38** 4ff.
– Besteuerung **38** 2ff.
– Bewertung **37** 52
– Einkünfte aus ausländischen Betriebsstätten **38** 17
– Einlagenkonto **38** 36
– Ermittlung des zu versteuernden Einkommens **38** 6ff.

– Investitionszulagen **38** 9
– Körperschaftsteuertarif **38** 40
– Organschaft **29** 100 ff.
– Persönliche Steuerpflicht **38** 3
– Steuerfreie Einnahmen **38** 10
– Steuerliches Einlagekonto **38** 33
– Unbeschränkte/beschränkte Körperschaftsteuerpflicht **38** 3
– Verdeckte Einlagen **38** 24
– Verdeckte Gewinnausschüttungen **38** 18
– Verlustrücktrag/-vortrag **38** 27
– Vorgesellschaft **38** 4
– Vorgründungsgesellschaft **38** 4

Kapitalgesellschaften *s. auch Aktiengesellschaft, s. auch GmbH*
– Publizität **18** 9
Karenzentschädigung 23 59
Kernbereichslehre 11 63
– Anerkennung der Mitunternehmerschaft **11** 116
– Informationsrechte **11** 51
– Stimmrecht **11** 57
– Stimmrechtsausschluss **11** 88
– Treuepflicht **11** 65
– Unverzichtbarkeit **11** 63
– Vertreterklauseln **11** 85
– Zustimmung **11** 64
Kinder
– Mitarbeit als Familienangehörige **20** 5
Klage auf Erfüllung des Arbeitsvertrages 19 22
Kleinbetrieb *s. Kündigung – Betriebsgröße*
Körperschaftsteuer
– Anteilsveräußerunsgewinne/-verluste **38** 13 ff.
– Aufsichtsrats- und Beiratsvergütungen **37** 33
– Ausschüttbarer Gewinn **38** 36
– Beginn/Ende der Körperschaftsteuerpflicht **38** 4 ff.
– Einkünfte aus ausländischen Betriebsstätten **38** 17
– Einlagenkonto **38** 36
– Ermittlung des zu versteuernden Einkommens **38** 6 ff.
– Investitionszulagen **38** 9
– Körperschaftsteuertarif **38** 40
– Organschaft **29** 100 ff.
– Persönliche Steuerpflicht **38** 3
– Steuerfreie Einnahmen **38** 10
– Steuerliches Einlagekonto **38** 33
– Unbeschränkte/beschränkte Körperschaftsteuerpflicht **38** 3
– Verdeckte Einlagen **38** 24
– Verdeckte Gewinnausschüttungen **38** 18
– Verlustrücktrag/-vortrag **38** 27
– Vorgesellschaft **38** 4
– Vorgründungsgesellschaft **38** 4
Kommanditgesellschaft (KG) 37 12
– Abfindung **12** 33
– Abspaltungsverbot **11** 8
– Abtretungsbeschränkung **11** 7
– Differenzhaftung **17** 15
– Finanzierung **3** 20
– GmbH & Co. KG **3** 24
– Haftung **3** 24; **4** 8; **17** 6, 11
– Haftung bei Gründung **1** 24
– Kapitalaufbringungsprinzip **17** 15
– Kommanditist **33** 157
– Kommanditistenbeitritt **17** 14
– Komplementär **33** 156
– Kündigung aus wichtigem Grund **12** 12
– Mitbestimmung **3** 23
– Publizität **3** 25; **18** 6
– Rechtsformwahl **3** 18 ff.
– Sacheinlage **17** 15
– Sozialversicherung **3** 22
– Unternehmensnachfolge **3** 20
– Vererblichkeit **33** 36
– Verlust Vortragskonto **17** 16
– Vorrats-KG **1** 24
– Wettbewerbsverbot **14** 1 ff.
– Zweiklassengesellschaft **3** 19
Kommanditgesellschaft auf Aktien (KGaA) 37 19
– Finanzierung **3** 51
– GmbH & Co. KGaA **3**
– Kommanditaktionär **33** 167
– Mitbestimmung **3** 52
– persönlich haftender Gesellschafter **33** 166
– Rechtsformwahl **3** 50 ff.
– Vererblichkeit **33** 43
– Zwitterstellung **3** 50
Kommanditist 33 157
– Einlagenleistung **17** 12
– Haftung **17** 11
– Handelsregistereintragung **17** 13
– Informationsrechte **11** 53

– Rückzahlung der Haftsumme **17** 16
– Wettbewerbsverbot **14** 2
Komplementär 33 156
Konzern *s. Holding*
Konzernbetriebsrat 25 9
Krankheitsbedingte Kündigung *s. Kündigung, krankheitsbedingte*
Kündigung 12 2 ff.
– Abfindung **12** 15
– aus wichtigem Grund **12** 12
– Ausschluss auf bestimmte Zeit **12** 15
– Begriff des wichtigen Grundes **12** 13
– Erschwerungen **12** 12
– Fortsetzungsklausel **12** 8
– Gesellschaft auf Lebenszeit **12** 16
– Klageverfahren **12** 14
– Rückforderungsrecht **12** 15
– stille Gesellschaft **13** 51
– Unkündbarkeit **12** 16
Kündigung Arbeitsverhältnis
– Abfindung **23** 56 f.
– Abmahnung **23** 12 f., 31
– Abwägung **23** 14
– Änderungskündigung **23** 24
– Alkoholabhängigkeit **23** 2
– Auflösung **23** 55
– Auslauffrist, soziale **23** 24
– Außerordentliche **23** 31–39, 49
– Auswahlkriterien **23** 5
– Betriebliche Bedürfnisse **23** 8
– Betriebsbedingte Kündigung **23** 3–10
– Betriebsratsbeteiligung **23** 47
– Beweislast **23** 14
– Dauertatbestände **23** 38
– Geltendmachung der Unwirksamkeitsgründe **23** 2
– Gesetzliche Fristen **23** 42
– Krankheitsbedingte Kündigung **23** 17–23
– Kündigungserklärungsfrist **23** 37
– Kündigungsfristen **23** 42–46
– Kündigungsschutzklage **23** 2
– Kurzerkrankungen **23** 21 f.
– Leistungsunfähigkeit, dauernde **23** 20
– Nachschieben von Kündigungsgründen **23** 36
– Nachträgliche Veränderungen **23** 9
– Personalrichtlinie **23** 4, 10
– Personalstruktur, ausgewogene **23** 8
– Personenbedingte Kündigung **23** 15–23
– Rentenalter **23** 23
– Schriftform **23** 40
– Sonderkündigungsschutz
– Soziale Auswahl **23** 4–6
– Soziale Gesichtspunkte **23** 4
– Tarifliche Fristen **23** 43
– Unternehmerische Entscheidung **23** 3
– Verdachtskündigung **23** 33, 39
– Verhaltensbedingte Kündigung **23** 11–14
– Vertragliche Fristen **23** 44
– Vertretungsvollmacht **23** 41
– Von Betriebsratsmitgliedern *s. Kündigung – von Betriebsratsmitgliedern*
– Zugang **23** 40
Kündigungsbeschränkungen
– Gefährdung der Mitunternehmerschaft **11** 116
Kündigungsrecht
– GmbH **12** 25
Kündigungsschutz
– Berufsbildungsverhältnisse **23** 29
– Betriebsgröße **23** 2
– Betriebsratsmitglieder **23** 26
– Betriebsübergang **26** 19 f.
– Eltern **23** 25
– Grundwehrdienstleistende **23** 29
– Kündigungsschutzklage **23** 2
– Mütter **23** 25
– Schwerbehinderte Menschen **23** 28
– Sonderkündigungsschutz **23** 25–30
– Sprecherausschuss **23** 27
– Wartezeit **23** 1

Lebensgefährte, nichtehelicher
– Erbrecht **33** 26
Lebenspartnerschaftsvertrag 33 28
– Auslandsbezug **7** 22 ff.
– Nachpartnerschaftlicher Unterhalt **7** 18
– Richterliche Inhaltskontrolle **7** 21
– Vermögenstrennung **7** 17
– Versorgungsausgleich **7** 19
Leistungsvergütung an Gesellschafter 37 30; **39** 36
limited
– Haftung **3** 55
– Mitbestimmung **3** 54
– Niederlassungsfreiheit **3** 53
– Rechtsformwahl **3** 53
– Umwandlungsfähigkeit **3** 54
Lohnsteuerpflicht 27 8
Managementnachfolge 36 1

Maßgeblichkeitsgrundsatz 30 108, 136; **39** 11, 17
MBO 36 1
Mediation 16 17
– Geheimnisschutz **16** 18
Mehrheit von Erben 33 97
Mehrstimmrechte
– Aktiengesellschaft **11** 95
– GmbH **11** 90
Minderjährige 11 47
Minderjähriger
– Aufnahme in eine Gesellschaft **9** 48
– Erwerb von Gesellschaftsanteilen **9** 44 ff.
– Gesellschafter **9** 34 ff.
– Gesellschafterbeschlüsse **9** 51 ff.
– Gesellschafterbeschlüsse zu Umwandlungsmaßnahmen **9** 54 f.
– Gesetzliche Vertretung **9** 29 ff.
– Gründungsgesellschafter **9** 38 ff.
– Rechtsgeschäfte der Gesellschaft **9** 50
– Sonderkündigungsrecht **9** 58
– Veräußerung von Gesellschaftsanteilen **9** 49
– Vertretung nach Scheidung **9** 57
Mindestbesteuerung 30 120; **38** 27, 64; **39** 51, 53
Mitarbeit Familienangehörige
– Auf gesellschaftsrechtlicher Grundlage **20** 3–7
– Aufgrund Arbeitsvertrages **20** 1 f.
– In einer Innengesellschaft **20** 7
– In einer Kapitalgesellschaft **20** 4–6
Mitarbeiterbeteiligung 11 34; **22**
– Aktiengesellschaft **3** 49
– Auskunftsrechte **11** 39
– Ausscheiden **11** 38
– Beendigung **11** 38
– Benteler Urteil **11** 38
– Bezugsrecht **11** 39
– freie Veräußerlichkeit **11** 37
– Gleichbehandlungsgrundsatz **11** 39
– Motivationsziel **11** 34
– Rückkauf **11** 38
– steuerliche Wirkung **11** 36
– stille Gesellschaft **11** 40
Mitarbeiterdarlehen 22 1
Mitbestimmung
– Aktiengesellschaft **3** 45
– Einzelunternehmen **3** 7
– GmbH **3** 35
– GmbH & Co. KG **3** 23
– Kommanditgesellschaft **3** 23
– Kommanditgesellschaft auf Aktien **3** 52
– limited **3** 54
– offene Handelsgesellschaft **3** 15
– Unterbeteiligung **3** 61
Mitbestimmung, betriebliche
– Allgemeine personelle Maßnahme **25** 30
– Außerhalb des BetrVG **25** 46
– Auswahlrichtlinien **25** 30
– Bei Kündigungen **23** 49
– Betriebsänderungen *s. dort*
– Betriebsvereinbarungen **25** 17–28, *s. auch dort*
– Einzelmaßnahmen, personelle **25** 31–34
– Freiwillige **25** 28
– Interessenausgleich **25** 38 f.
– Nachteilsausgleich **25** 44
– Personalfragebögen **25** 30
– Personelle Angelegenheiten **19** 26; **25** 30-34
– Soziale Angelegenheiten **25** 27, 29
– Sozialplan **25** 40–43
– Sprecherausschuss **23** 27; **25** 45
– Vorläufige personelle Maßnahmen **25** 32-34
– wirtschaftliche Angelegenheiten **25** 35-44
– Wirtschaftsausschuss **25** 35–37
– Zustimmungsverweigerung **25** 31
Mitteilungspflichten
– Arbeitgeber gegenüber Arbeitnehmer
– Arbeitgeber gegenüber Betriebsrat
– Arbeitnehmer im Krankheitsfall **21** 25
– **Mitunternehmeranteil**
– Besteuerung bei Veräußerung **37** 45
– Steuerliche Begünstigung bei Erbschaft/Schenkung **37** 52
Mitunternehmerschaft
– Ausschluss des Widerspruchsrechts **11** 116
– Buchwertklausel **11** 116
– freies Rückforderungsrecht **11** 116
– Minderjährige **11** 116
– Satzungsänderung **11** 116
– steuerliche Anerkennung **11** 114
Modifizierte Zugewinngemeinschaft 6 90 ff.
– Alternative Gestaltungsmöglichkeiten **6** 115 ff.
– Ausschluss der güterrechtlichen Lösung **6** 109 ff.

– Formulierungsvorschlag **6** 94–97, 101, 108
– Herausnahme von Unternehmen aus der Zugewinnausgleichsberechnung **6** 91 ff.
Nachehelicher Unterhalt 6 19 ff.
– Aufstockungsunterhalt **6** 26
– Ausbildungsunterhalt **6** 27
– Betreuungsunterhalt **6** 22
– Erlöschen des Unterhaltsanspruchs **6** 36
– Gesetzliche Beschränkungen **6** 34 f.
– Leistungsfähigkeit **6** 32 f.
– Unterhalt aus Billigkeitsgründen **6** 28
– Unterhalt wegen Alters **6** 23
– Unterhalt wegen Erwerbslosigkeit **6** 25
– Unterhalt wegen Krankheit oder Gebrechen **6** 24
– Unterhaltsbedarf **6** 29
– Unterhaltshöhe **6** 30
– Unterhaltskette **6** 20
– Wirtschaftliche Eigenverantwortlichkeit **6** 20

Nacherbe
– Pflichtteil **34** 37
Nacherbschaft 34 37
Nachfolgeklausel 33 125
– einfach **33** 126
– qualifizierte **33** 135
Nachfolgeplanung 34 195
– Absicherung der Erben **34** 200
– Qualifizierter Nachfolger **34** 197
Nachhaftungsberenzung 33 124
Nachlassinsolvenzverfahren 33 91
Nachlassinventar 33 88
Nachlassverbindlichkeit 33 72
– Haftung Minderjähriger **33** 81
– Haftungsbeschränkung **33** 85
– Zusätzliche Haftung bei Unternehmensnachfolge **33** 73
Nachlassverwaltung 33 90
Nachvertragliches Wettbewerbsverbot *s. Wettbewerbsverbot, nachvertragliches*
Nachweispflicht 19 4–6
Nachwirkung Tarifvertrag 19 10
Namensaktien
– vinkulierte **13** 7
Nichtantritt zur Arbeit 19 22–25
Nichteheliche Lebensgemeinschaft 8 1 ff.
– Vermögensrechtliche Ansprüche **8** 2 ff.
– Vertragliche Vorsorgemaßnahmen **8** 12 ff.
Nießbrauch 11 16
Notgeschäftsführung 11 124

Öffnungsklausel 19 9; **25** 19
offene Handelsgesellschaft
– Abfindung **12** 33
– Abspaltungsverbot **11** 8
– Abtretungsbeschränkung **11** 7
– Flexibilität **3** 14
– Haftung **3** 12; **17** 6
– Haftung bei Gründung **1** 23
– Klageverfahren **12** 17
– Kündigung aus wichtigem Grund **12** 12
– Mitbestimmung **3** 15
– Publizität **3** 15; **18** 6
– Rechtsformwahl **3** 10 ff.
– Sozialversicherung **3** 13
– Unternehmensnachfolge **3** 16
– Wettbewerbsverbot **14** 1 ff.
Offene Handelsgesellschaft (OHG) 37 11
Offenlegung *s. Publizität*
OHG 33 145
– Vererblichkeit **33** 35
Optionen 22 9
Organisation 11 6
– Geschäftsführung **11** 6, 119
– Gesellschafterversammlung **11** 6
– Verfassung bei Aktiengesellschaft **13** 31
Organschaft
– Begründung **29** 102 ff.
– finanzielle Eingliederung **29** 105
– gewerbesteuerliche **29** 117
– Gewinnabführungsvertrag **29** 108 f.
– körperschaftsteuerliche **29** 112 ff.
– Rückwirkende Umstrukturierung **29** 106
– Steuerliche Wirkungen **29** 113
– Vororganschaftliche Verluste **29** 114, 118
– Vorweggenommene Gewinnabführungen **29** 115

partiarisches Darlehen 13 46
Partnerschaftsgesellschaft 33 165
– Haftung **3** 66
– Namenswahl **3** 66

– Rechtsformwahl **3** 65
– Vererblichkeit **33** 42
Personalrichtlinie 23 4, 10
Personelle Einzelmaßnahmen
s. Mitbestimmung des Betriebsrates
Personenbedingte Kündigung
s. Kündigung, personenbedingte
Personengesellschaft
– Abfindung **12** 33
– Abspaltungsverbot **11** 8, 57
– Anerkennung der Mitunternehmerschaft **11** 116
– Anwachsungsmodell **30** 3ff., 99; **32** 6
– Auflösung **12** 7
– Aufsichtsrat **15** 5
– Ausschluss **12** 17
– Ausschluss des Widerspruchrechts **11** 141
– Austritt **39** 46
– Beitritt **39** 46
– Belastungsverbot **11** 66
– Besteuerung **39** 1ff.
– Bestimmtheitsgrundsatz **11** 60
– Beteiligung von Arbeitnehmern **22** 5
– Bewertung **38** 52; **39** 12
– Einbringung nach § 24 UmwStG **29** 75
– Einlagen und Entnahmen **39** 24
– Einstimmigkeitsprinzip **11** 58
– einvernehmliches Ausscheiden **12** 4
– Einzelvertretungsbefugnis **11** 125
– Entnahmebeschränkung **11** 104
– Ergänzungsbilanz **28** 27
– Familienpersonengesellschaft **39** 45
– Fortsetzungsklausel **11** 42; **12** 17
– Geschäftsführung **11** 124
– Geschäftsführungsregelungen **11** 133
– Gewerbesteuer **39** 4, 38ff.
– Gewinnermittlung **39** 16
– Gewinnverteilung **39** 44
– Gewinnverwendung **11** 103
– Gewinnvorab **11** 123
– Grunderwerbsteuer **39** 14
– Grundlagengeschäfte **11** 58
– Haftung **17** 6
– Informationsrechte **11** 51
– Kernbereichslehre **11** 63, 88
– Kündigung **12** 11
– Mehrheitsbeschlüsse **11** 58
– Mehrheitsprinzip **11** 87
– Mehrstimmrechte **11** 87
– Mitarbeit von Familienangehörigen **20** 3
– Mitarbeiterbeteiligung **11** 38
– Publizität **18** 6
– Rückwirkende Änderung des Gewinnverteilungsschlüssels **39** 47
– Selbstorganschaft **11** 120
– Sonderbetriebsvermögen **39** 31
– Sondervergütung **39** 35
– Steuererklärungspflicht **39** 5
– Steuerliche Transparenz **39** 1
– Stimmrecht **11** 57ff.
– Stimmrechtsausschluss **11** 88
– Stimmverbote **11** 77
– Tätigkeitsvergütung **11** 123
– Vererblichkeit **11** 42
– Verlustausgleich/-abzug **39** 4, 52
– Verlustausgleichsbeschränkung nach § 15 a EStG **39** 49
– Verschmelzung Kapitalgesellschaft auf Personengesellschaft **30** 135ff.
– Vetorecht **11** 87
– Vorkaufsrecht **11** 29
– Vorzugsrechte **11** 139
– Wertansatzwahlrecht bei Einbringung in **29** 75
– Wettbewerbsverbot **14** 1ff.
Pflichtteil 34 45
– Anrechnung **34** 56
– Ausgleichung **34** 56
– Auskunftsanspruch **34** 51
– Ausschluss von der Erbfolge **34** 47
– Beschränkung und Beschwerung **34** 63
– Erbunwürdig **34** 47
– Geldanspruch **34** 46
– Gestaltungsmöglichkeiten **34** 71
– Nacherbe **34** 37
– Pflichtteilsergänzung **34** 67
– Pflichtteilsrestanspruch **34** 61
– Wertermittlung **34** 52
Pflichtteilsergänzung 34 67
Pflichtteilsrestanspruch 34 61
Prämiensysteme 21 17
Privaterbfolge 33 4
Provision 23 14–16
Publizität
– Aktiengesellschaft **3** 42
– Bedeutung **18** 1
– Einzelunternehmen **3** 4
– Europa-Recht **18** 10
– GmbH **3** 32
– GmbH & Stroh KG **18** 12
– Handelsregister **18** 5
– Kapitalgesellschaften **18** 9

– Kapitalgesellschaften & Co. **18** 9
– Kapitalgesellschaften & Co. – Richtliniengesetz **18** 10
– Kapitalmarkt **18** 4
– Kommanditgesellschaft **3** 25
– offene Handelsgesellschaft **3** 15
– Offenlegungspflichten **18** 12
– Publizitätsgesetz **18** 13
– Rechtsformwahl **2** 12
– stille Gesellschaft **3** 59
– Teilgewinnabführungsvertrag **18** 7
Publizitätsgesetz 18 13

Rangrücktritt 17 21
Rechtsberatungsgesetz 34 129
Rechtsformwahl 2 1ff.
– Abwägung **3** 87ff.
– AG & Co. KG **3** 75ff.
– Aktiengesellschaft **3** 38ff.
– Aufsichtsrats- und Beiratsvergütung **37** 33
– besloten vennootschap (B.V.) **3** 53ff.
– Betriebsaufspaltung **2** 3; **3** 80ff.
– Checkliste der steuerlichen Gesichtspunkte **37** 2ff.
– Checkliste weiterer Gesichtspunkte **37** 5ff.
– Darstellung der verschiedenen Rechtsformen **37** 11ff.
– Einzelunternehmen **3** 1ff.
– Erbschaftsteuer **37** 51
– EWIV **3** 67
– Fremdorganschaft **2** 8
– Gesellschaft bürgerlichen Rechts **3** 8ff.
– Gesellschaftervergütungen **37** 30
– Gestaltungsspielräume **2** 15
– Gewerbesteuer **37** 41
– GmbH **3** 27ff.
– GmbH & Co. KG **3** 75ff.
– Gründungsaufwand **2** 13
– Grunderwerbsteuer **37** 43
– Grundsatz der Satzungsstrenge **2** 15
– Haftung **2** 6
– Handwerksordnung **2** 16
– Holding **3** 84
– Innengesellschaften **3** 56ff.
– Kommanditgesellschaft **3** 18ff.
– Kommanditgesellschaft auf Aktien **3** 50ff.
– Konzern **3** 84
– Kosten **2** 14
– Laufende Besteuerung **37** 24
– Limited **3** 53ff.
– Mischrechtsformen **2** 3
– Mitbestimmung **2** 10
– offene Handelsgesellschaft (OHG) **3** 10ff.
– Partnerschaftsgesellschaft **3** 65f.
– Pensionsrückstellungen **37** 35
– Publizität **2** 12
– Rechtsformen **2** 1
– Sicherung der Unternehmensnachfolge **2** 8
– Sicherung des Familieneinflusses **2** 7
– Sozialversicherung **2** 11
– steuerliche Optimierung **2** 5
– Stiftung **3** 68ff.
– Stiftung & Co. KG **3** 75ff.
– stille Gesellschaft **3** 56ff.
– Transaktionen/Umstrukturierungen **37** 44
– Unterbeteiligung **3** 60ff.
– Unternehmensfinanzierung **2** 9
– Verdeckte Gewinnausschüttungen **37** 39
– Verlustnutzung **37** 36
– Wegzugbesteuerung **37** 40
– Zusammengesetzte Rechtsformen **3** 74ff.
Rückforderungsklausel 12 42
– Abfindung **12** 43
– freies ohne Grund **12** 42
Rückforderungsrecht
– Einkommensteuer **12** 44
– Formulierungsvorschlag **12** 45
Rückforderungsrechte
– Anerkennung der Mitunternehmerschaft **11** 116
Rückwirkung 29 62, 65, 106; **32** 80

Satzungsänderungen 11 76
Schadensersatz
– Nichtantritt zur Arbeit **19** 22–24
Schenkung
– Gesellschaftsanteile **35** 12
Schenkung von Todes wegen 35 24
Schiedsgericht 16 4
– Ad-hoc-Schiedsgericht **16** 10
– Aktiengesellschaft **13** 41
– Beirat **16** 13
– Geheimhaltung **16** 6
– Institutionelles **16** 10
– Mediation **16** 17
– Mehrheitserfordernis **16** 8
– nachträgliche Vereinbarung **16** 8

– Schiedsfähigkeit von Beschluss-Streitigkeiten **16**
– Schiedsgerichtsvereinbarung **16** 7
– Vergleichsfähigkeit **16** 15
– Vorteile **16** 6
Schiedsgutachten 16 4
Schiedsgutachterklausel
– Abfindung **12** 40
Schonungseinrede 33 57
Schriftform *s. Vertragsabschluss*
Schwerbehinderte Menschen 23 28
Selbstorganschaft 11 120
Sonderbilanz des Mitunternehmers 39 31
Sondererbfolge 33 136
Sonderkündigungsschutz *s. Kündigungsschutz – Sonderkündigungsschutz*
Sonderrechte 11 139
– Abberufung aus wichtigem Grund **11** 148
– Dinglich **11** 146
– Entziehbarkeit **11** 143
– Geschäftsanteilsteilung **11** 146
– Geschäftsführung Sonderrecht **11** 145
– GmbH **11** 145
– Persönlich **11** 146
– Personengesellschaften **11** 139
– Satzungsänderung **11** 148
– Treuepflicht **11** 148
– Wirkungen **11** 148
– zeitliche Befristung **11** 144
Sonstige Ausgleichsansprüche 6 55 ff.
– Bereicherungsrecht **6** 61
– Bruchteilsgemeinschaft **6** 64
– Ehebedingte Zuwendung **6** 57 f.
– Gesamtgläubiger **6** 63
– Gesamtschuldner **6** 62
– Gesellschaftsrecht **6** 55 f.
– Gesellschaftsrechtlicher Ausgleichsanspruch **6** 55 ff.
– Schenkungsrechtliche Ansprüche **6** 57
– Wegfall der Geschäftsgrundlage **6** 58
Soziale Auswahl *s. Kündigung – soziale Auswahl*
Sozialversicherung
– Aktiengesellschaft **3** 46
– Einzelunternehmen **3** 6
– GmbH **3** 34
– GmbH & Co. KG **3** 76
– Kommanditgesellschaft **3** 22
– offene Handelsgesellschaft **3** 13
– stille Gesellschaft **3** 57
– Unterbeteiligung **3** 61
Sozialversicherungsrechtliche Regelungen
– Abfindungen **23** 57; **27** 5
– Erstattungspflicht für das Arbeitslosengeld **27** 7
– Risiken für den Arbeitgeber **27** 7
– Risiken für den Arbeitnehmer **27** 6
– Scheinselbstständigkeit **27** 1–3
– Sozialversicherungspflicht **27** 1–3, 4
– Sperrzeit **23** 7; **27** 6
Spaltung 31 3 ff.; **35** 99
– Abgrenzung verhältniswahrende/nicht verhältniswahrende **31** 5 f., 15
– Abspaltung zur Aufnahme **31** 3
– Abspaltung zur Neugründung **31** 3
– allgemeine Vorschriften, die die Übertragbarkeit eines bestimmten Gegenstandes ausschließen **29** 16 ff.
– Anteilsgewährung **31** 3
– Barabfindungsangebot **31** 21
– Bare Zuzahlung **31** 5, 16
– Betriebsrat Information **31** 18
– Partielle Gesamtrechtsnachfolge **30** 3
– Spaltungs- und Übernahmevertrag **30** 5; **31** 10 ff.
– Spaltungsbericht **31** 18
– Tochter auf Muttergesellschaft **31** 18
– Zur Trennung von Familien-/Gesellschafterstämmen **31** 6, 12, 15, 51
Sperrbetrag 30 132
Sprecherausschuss 23 27; **25** 45
Spruchverfahren 28 25
– Bei Formwechsel **32** 15, 62 f.
– Bei Spaltung **31** 5, 26
– Bei Verschmelzung **30** 42, 88, 94 ff.
Steuerbelastung
– Rechtsformwahl **37** 1 ff.
Steuerliche Behandlung
– Kündigungsabfindungen **23** 57; **27** 8
– Lohnsteuer allg. **27** 8
Stiftung 36 7
– Beteiligungsstiftung **3** 70
– Doppelstiftung **3** 72
– Errichtung **36** 11
– Rechtsformwahl **3** 68
– Stiftung & Co. KG **36** 19
– Stiftungs-GmbH **3** 73
– unselbständige Stiftung **3** 73
– Unternehmensnachfolge **3** 69
– Unternehmensträgerstiftung **3** 70
Stiftung & Co. KG *s. GmbH & Co. KG*
Stille Beteiligung von Arbeitnehmern 22 4

Stille Gesellschaft 13 44; **33** 168
– Abfindung **13** 51
– Abgrenzung partiarisches Darlehen **13** 46
– atypische **3** 58; **13** 47
– Ausgestaltung **13** 41
– Familiensplitting **13** 49
– Finanzierung **3** 57
– Haftung **3** 57
– Innengesellschaft **3** 56
– Kündigung **13** 51
– Mitarbeiterbeteiligung **11** 40
– Mitwirkungsbefugnisse **13** 52
– Motive **13** 49
– Nachschusspflicht **13** 53
– Publizität **3** 59; **18** 7
– Rechtsformwahl **3** 56 ff.
– Sozialversicherung **3** 57
– Tod **13** 51
– typische **3** 58; **13** 47
– Vererblichkeit **33** 46
– Wettbewerbsverbot **13** 54
Stille Reserven
– Behandlung bei Ausgliederung **29** 65, 68 ff.
– Buchwertverknüpfung bei Verschmelzung **28** 33; **30** 104, 110, 112, 139
Stimmbindungsvereinbarung
– Familienpool **13** 24
– Nießbrauch **11** 98
– schuldrechtliche Wirkung **11** 97
– Stimmenkauf **11** 98
– Treuhandvertrag **11** 97
Stimmbindungsvereinbarungen
– Grenzen **11** 98
Stimmrecht 11 55
– Abspaltungsverbot **11** 57
– Anerkennung der Mitunternehmerschaft **11** 116
– Ausschluss des **11** 57
– Beschlussfähigkeit **11** 72
– Einstimmigkeit **11** 58
– Gesellschafterversammlung **11** 55 ff.
– GmbH **11** 70
– Höchststimmrechte **13** 5
– Kernbereichslehre **11** 57, 63
– Mehrheitsbeschlüsse **11** 58
– Mehrstimmrecht **11** 57, 86 ff.
– Mehrstimmrechte **11** 70; **13** 5
– Mitunternehmerstellung **11** 57
– Personengesellschaft **11** 57 ff.
– qualifizierte Mehrheit **11** 70
– Stimmbindungsvereinbarung **11** 57
– Stimmbindungsverträge **11** 97
– Stimmrechtsausschluss **11** 86 ff.
– stimmrechtslose Vorzugsaktien **13** 27
– Stimmverbote **11** 77
– Treuepflicht **11** 57
– Vertreterklauseln **11** 83
– Vollmachten **11** 80
Stimmrechtsausschluss 11 86
– Aktiengesellschaft **11** 96
– GmbH **11** 90
– Informationsrecht **11** 91
Stimmrechtspool
– Stimmbindungsvertrag **11** 97
Streitvermeidung 16 1 ff.
– Mediation **16** 17
Stuttgarter Verfahren 37 52

Tantieme 23 9–10
Tarifbindung 19 8
Tarifgeltung
– Allgemeinverbindlichkeit **19** 15 f.
– Betriebliche Übung **19** 14
– Einbeziehungsvereinbarung **19** 1
– Gesetzliche Regelung **19** 8, 17
– Verweisung **19** 11–13
Tarifvertragliche Regelungen
– Tarifvorbehalt **25** 19–20
– Weitergeltung von Tarifverträgen **19** 10
Teilauseinandersetzung
– Erbengemeinschaft **33** 108
Teilbetrieb
– Ab-/Aufspaltung aus Kapital- auf Kapitalgesellschaft **31** 31, 36
– Begriff **29** 55; **31** 38
– Bei Spaltung **29** 17
– Einbringungsobjekt **29** 55
– Im Aufbau **29** 56; **31** 38
– Missbrauchstatbestände **31** 41, 55
– Mitunternehmeranteil als fiktiver T. **31** 39
– Neutrale Wirtschaftsgüter **31** 40
– Sonderbetriebsvermögen **29** 57
– Wesentliche Betriebsgrundlagen **31** 40
Teilungsanordnung 34 103
Testament 34 5
– Form **34** 7
– Gemeinschaftliches **34** 12
– Inhalt **34** 11
– Testierfähigkeit **34** 6
Testamentsvollstrecker
– Achtung **34** 137
– Amtsdauer **34** 123

– Befugnisse **34** 130
– mehrere **34** 139
– Person **34** 128
– Rechtsberatungsgesetz **34** 129
– Rechtsstellung **34** 122
– Überwachung **34** 136
Testamentsvollstreckung 11 47
– Abwicklung **34** 119
– AG **34** 165
– Anordnung **34** 115
– Arten **34** 118
– Bedeutung **34** 111
– Dauer **34** 120
– Genossenschaft **34** 166
– Gestaltungshinweise **34** 141
– GmbH **34** 161
– GmbH & Co. KG **34** 164
– Kaufmännisches Unternehmen **34** 144
– Partnerschaftsgesellschaft **34** 170
– Personengesellschaft **34** 152
– Sondervermögen **34** 133
– Stille Gesellschaft **34** 167
– Testamentsvollstrecker **34** 122
– Umwandlung **34** 172
– Unterbeteiligung **34** 169
– Unternehmensnachfolge **34** 143
– Verfügungsbeschränkung **34** 132
– Vermächtnisvollstreckung **34** 121
– Voraussetzungen **34** 114
Testierfreiheit 33 6; **34** 1
Tod des Unternehmers
– Erbrechtliche Lösung **6** 78
– Güterrechtliche Lösung **6** 79
– Pflichtteilsansprüche **6** 77
– Unterhaltsansprüche **6** 80
Todesfallvorsorge 11 41
– Abfindung **11** 45
Trennung von Familienstämmen 31 1 ff., 6, 12, 51

Überschwerungseinrede 33 93
Überstunden 21 27
Übung, betriebliche 19 14
Umstrukturierung
– Motive **28** 2
– Rechtsgrundlagen **28** 4
Umwandlung
– Abspaltung **31** 3 ff.
– Arten (Überblick) **28** 10 ff.
– Aufspaltung **31** 3 ff.
– Ausgliederung **29** 4 ff.
– Auswirkung auf Unternehmensvertrag **30** 90
– Begriff **28** 4
– Einbringung durch Einzelrechtsübertragung **29** 48
– Einbringungsgeborene Anteile **29** 58, 74, 85; **30** 131, 148
– Formwechsel **32** 6 ff.
– Grundprinzipien **28** 20 ff.
– Grundstruktur eines Umwandlungsvorgangs **28** 17
– Schutz der Anteilsinhaber **28** 21 ff.
– Spruchverfahren **28** 25; **30** 42, 88, 94 ff.
– Übersicht **28** 9 ff.
– Umwandlung außerhalb des UmwG **35** 77
– Umwandlung nach dem UmwG **35** 59
– Zeitpunkt **35** 82
Umwandlung nach Umwandlungsgesetz *s. Betriebsübergang – Umwandlungsgesetz*
Umwandlungsgesetz
– Anwendungsbereich **28** 9
– Gesetzessystematik **28** 13 ff.
– Persönlicher Anwendungsbereich **28** 11
– Räumlicher Anwendungsbereich **28** 12
– Sachlicher Anwendungsbereich **28** 10
Umwandlungssteuergesetz
– Gesetzessystematik **28** 27
Unbedenklichkeitsverfahren 29 41; **30** 83
Unterbeteiligung 13 45; **33** 169
– atypische **3** 60; **13** 48
– Familiensplitting **3** 62
– Haftung **3** 61
– Mitbestimmung **3** 61
– Motive **13** 49
– Publizität **3** 61; **18** 7
– Rechtsformwahl **3** 60
– Sozialversicherung **3** 61
– typische **3** 60; **13** 48
– Vererblichkeit **33** 46
Unterhaltsvereinbarungen 6 126 ff.
– Ausschluss des Aufstockungsanspruchs **6** 139
– Bedingungen und Befristung **6** 130 ff.
– Betragsmäßige Unterhaltsbegrenzung **6** 136
– Unterhaltsverzicht **6** 127 ff.
Unternehmensbewertung 6 65 ff.
– Abfindungsklauseln **6** 73 f.
– Auskunftspflicht **6** 72
– Discounted-cashflow-Verfahren **6** 67
– Ertragsmethode **6** 67

– Latente Steuern **7** 70
– Liquiditätsschwierigkeiten **6** 75
– Negatives Kapitalkonto **6** 71
– Substanzwertmethode **7** 68
Unternehmensgegenstand 1 21
Unternehmensnachfolge
– Absicherung **35** 47
– Besteuerung **37** 52
– Familiengesellschaft **35** 87
– Fremdorganschaft **11** 5
– Kauf **35** 28
– Nießbrauch **35** 35
– Pacht **35** 30
– Rechtsgeschäft unter Lebenden **35** 1
– Stiftung **36** 7
– Stille Gesellschaft und Unterbeteiligung **35** 43
– Umwandlung **35** 54
Unternehmensnachfolger
– Vorweggenommene Erbfolge **35** 1
Unternehmensverfassung
– Anforderungen **33** 114
Unternehmensvermögen
– Bewertung **37** 52
– Steuerliche Begünstigung **37** 53
Unternehmerehevertrag
– Formulierungsvorschlag **6** 153 ff.
Unternehmerfamilie
– Phasen **5** 2 ff.
Unter-Pari-Emission, Verbot der 30 61
Untersagung anderweitiger Tätigkeit 19 25
Urlaubsentgelt 21 27

Veräußerungsgewinn
– Besteuerung bei Veräußerung von Anteilen an einer Kapitalgesellschaft **37** 44; **38** 13
– Besteuerung bei Veräußerung von Anteilen an einer Personengesellschaft **37** 45
Veräußerungsverlust
– Besteuerung bei Veräußerung von Anteilen an einer Kapitalgesellschaft **38** 16
Verbot der Doppelvertretung 11 79
Verbot des Selbstkontrahierens 11 79
Verdeckte Einlage 38 24
Verdeckte Gewinnausschüttung 37 8; **38** 18 ff.
– Verbot des Selbstkontrahierens **11** 138
Vererblichkeit
– Aktiengesellschaft **33** 40
– Einzelkaufmann **33** 33
– GbR **33** 34
– Genossenschaft **33** 41
– GmbH **33** 37
– GmbH & Co. KG **33** 38
– KG **33** 36
– KGaA **33** 43
– OHG **33** 35
– Partnerschaftsgesellschaft **42** 33
– Stille Gesellschaft **33** 46
– Unterbeteiligung **33** 46
– Unternehmen und Beteiligungen **33** 32
Verfallfristen 19 8
Verfügung von Todes wegen
– Erbvertrag **34** 24
Verfügungen von Todes wegen 34 3
Verfügungsbeschränkungen
– Suspendierung von V. in Umwandlungsfällen **28** 24
Vergütung 19 2, 18; **21**
– Abtreibung **21** 2
– Akkord **21** 1
– Allgemeine Grundsätze **21** 1
– Anwesenheitsprämien **21** 8, 24
– Bonussysteme **21** 11-13
– Entgeltfortzahlung **21** 18-28
– Feiertage **21** 5
– Gewinnbeteiligungen *s. dort*
– Gratifikationen **21** 7
– Krankheit **21** 19-26
– Leistungsverweigerungsrecht **21** 25
– Leistungszuschläge **21** 6
– Mitteilungspflichten des Arbeitnehmers **21** 25
– Naturalvergütung **21** 2
– Prämiensysteme **21** 17
– Provisionen **21** 14-17
– Sozialzuschläge **21** 6
– Sterilisation **21** 22
– Tantieme **2** 9-10
– Übergang von Ersatzansprüchen **21** 26
– Überstunden **21** 4, 27
– Urlaubsentgelt **21** 27
– Vorübergehende Verhinderung **21** 28
– Wechselschicht **21** 5
– Zeitvergütung **21** 1
– Zielerreichung **21** 13
– Zulagen **21** 3-8
Verhaltensbedingte Kündigung *s. Kündigung – verhaltensbedingt*
Verhinderung, vorübergehende 21 28

Verlustabzug, verbleibender
– Übergang aufgrund Verschmelzung **30** 117 ff., 142 ff.
– Übergang bei Aufspaltung/Abspaltung **31** 57
Verlustrückrücktrag/-vortrag **38** 27, 39, 48; **39** 4
Vermächtnis **34** 80
– Beschwerter **34** 83
– Nachvermächtnis **34** 86
– Vorausvermächtnis **34** 85
Verpfändung **11** 16
Verschmelzung
– Ablauf **30** 22 ff.
– Anteilsgewährung **30** 13, 15 f., 18 f., 36
– Anwachsungsmodell **30** 3 ff., 99 ff.; **32** 6
– Barabfindungsangebot **30** 40, 55, 88, 95, 124
– Bare Zuzahlungen **30** 37, 61, 95, 110, 124
– Besteuerung bei V. inländischer Kapitalgesellschaften **30** 104 ff.
– Besteuerung der Gesellschafter der übertragenden Kapitalgesellschaft **30** 122
– Besteuerung Übertragungsgewinn **30** 111, 137, 143 ff.
– Beteiligungsfähige Rechtsträger **30** 8
– Beteiligungskorrekturgewinn **30** 114
– Betriebsrat, Information des **30** 28, 48
– Betriebsübergang **30** 49
– Bewertungswahlrecht **30** 106, 108, 136
– Buchwertfortführung **30** 104, 110, 112
– Down stream merger **30** 16, 21, 36, 43, 57, 62, 114
– Einberufung der Versammlung der Anteilsinhaber **30** 65
– Einbringungsgeborene Anteile **30** 131
– Eintritt in steuerliche Rechtsstellung **30** 115
– Einzelverschmelzung **30** 9
– Erlöschen des übertragenden Rechtsträgers **30** 92
– Gesamtrechtsnachfolge **30** 11, 89
– Gläubigerschutz **30** 20, 97
– Handelsregisteranmeldung, **30** 80 ff.
– Handelsregistereintragung **30** 27, 60, 87, 89 ff.
– Kapitalerhöhung bei Übernehmerin **30** 16, 58, 84
– Kapitalgesellschaft auf Personengesellschaft **30** 135 ff.
– Kettenverschmelzung **30** 9, 119
– Maßgeblichkeitsgrundsatz **30** 108, 136
– Mehrfachverschmelzung **30** 9
– Mutter- auf Tochtergesellschaft **30** 21, 36, 62, 114
– Nachhaftung **30** 98
– Personengesellschaft auf Kapitalgesellschaft **30** 133
– Schlussbilanz **30** 25
– Schwester- auf andere Schwestergesellschaft **30** 18, 114
– Side stream merger **30** 18, 63, 114
– Sperrbetrag i.S.v. § 50 c EStG **30** 132, 152
– Spruchverfahren **30** 42, 88
– Tochter- auf Muttergesellschaft **30** 16, 36, 43, 57, 63, 113 f.
– Übergang des verbleibenden Verlustvortrags **30** 142, 179
– Übernahmegewinn **30** 154
– Übertragungsbilanz **30** 25, 136
– Übertragungsgewinn **30** 111, 137
– Umtauschverhältnis **30** 56
– Unbedenklichkeitsverfahren **30** 83
– Unternehmensvertrag **30** 91
– Up stream merger **30** 16, 36, 43, 57, 63, 113 ff.
– Verbleibender Verlustabzug **30** 1, 21
– Verfügungsbeschränkungen **30** 40, 44
– Verschmelzungsbeschluss **30** 71 ff.
– Verschmelzungsgeborene Anteile **30** 129
– Verzichtserklärungen **30** 79
– Wertverknüpfung **30** 105
– Widerspruchsrecht des Arbeitnehmers **30** 50
– Zur Aufnahme **30** 6
– Zur Neugründung **30** 7, 46, 64, 77, 81
Verschmelzung Kapitalgesellschaft auf Personengesellschaft
– Besteuerung der Gesellschafter der übertragenden Kapitalgesellschaft **30** 159
– Besteuerung der übernehmenden Personengesellschaft **30** 139 ff.
– Besteuerung der übertragenden Kapitalgesellschaft **30** 135 ff.

– Buchwertverknüpfung **30** 139
– Step up **30** 139, 156
Verschmelzung Kapitalgesellschaften
– Besteuerung der Anteile im Betriebsvermögen des Anteilsinhabers **30** 125
– Besteuerung der Anteile im Privatvermögen **30** 127
– Besteuerung der Anteilseigner **30** 122
– Besteuerung der übernehmenden K. **30** 112 ff.
– Besteuerung der übertragenden K. **30** 106 ff.
– Buchwertverknüpfung **30** 112
– Übertragungsstichtag **30** 25, 30
Verschmelzung Personengesellschaft auf Personengesellschaft 30 162 ff.
Verschmelzungsbericht 30 16 f.
– Entbehrlichkeit bei Verschmelzung der Tochter- auf Muttergesellschaft **30** 16 f.
Verschmelzungsprüfung
– Entbehrlichkeit bei Verschmelzung der Tochter- auf Muttergesellschaft **30** 16 f., 54
Verschmelzungsstichtag 30 25, 30
Verschmelzungsvertrag 30 26
– Mindestinhalt **30** 29 ff.
Verschuldensmaßstab 23 11
Verschweigungseinrede 33 95
Versorgungsausgleich 6 37 ff., 141 ff.
– Betriebliche Altersversorgung **6** 41
– Insolvenzfestigkeit von Ansprüchen **6** 42
– Quasisplitting **6** 38
– Realteilung **6** 39
– Schuldrechtlicher Versorgungsausgleich **6** 40
– Splitting **6** 38
Verträge unter nahen Angehörigen 11 114
Vertragliche Fristen *s. Fristen, vertragliche*
Vertragsabschluss 19 1
Vertragsstrafe 19 24
Vertreterklauseln 11 83
– Familienstämme **11** 84
– Kernbereich **11** 85
– Nichtgesellschafter **11** 85
Vertretung
– Ausgestaltung **11** 134, 137
– Gesamtvertretung **11** 129
– Passivvertretung **11** 129
– Umfang **11** 129
– Verbot der Doppelvertretung **11** 122, 130
– Verbot des Selbstkontrahierens **11** 122, 130
– verdeckte Gewinnausschüttung **11** 138
Vinkulierungsklauseln *s. Abtretungsbeschränkungen*
Vollmacht
– Abspaltungsverbot **11** 82
– Formulierungsvorschlag **11** 81
– Generalvollmacht **34** 107
– Rechtsberater **11** 80
– Trans- und Postmortal **34** 106
– unwiderrufliche **11** 82
– verdrängende **11** 82
Vollmachtsbeschränkung 11 80 ff.
Vorerbschaft 34 37
Vorgesellschaft
– Besteuerung **38** 4
Vorgründungsgesellschaft
– Besteuerung **38** 4
Vorkaufsrecht 11 29
– Familienstämme **4** 33
– preislimitiertes **11** 30
Vorkaufsrechte 11 23
Vorläufige personelle Maßnahmen 25 32-34
Vormundschaft 11 47
Vorsorgevollmacht 11 48
Vorstand 13 31
Vorweggenommene Erbfolge
– Einzelkaufmann, GbR und OHG **35** 13
– Genossenschaftsanteil **35** 19
– GmbH, AG, KGaA **35** 16
– KG **35** 14
– Partnerschaftsgesellschaft **35** 18
– Pflichtteilsrecht **35** 4
– Schenkung **35** 7
– Stille Gesellschaft und Unterbeteiligung **35** 23
– Unternehmensnachfolger **35** 1
– Zugewinngemeinschaft **35** 3

Wahlen *s. Betriebsrat – Wahlen*
Wahlverfahren *s. Betriebsrat – Wahlverfahren*
Wartezeit 23 1
Wertansatzwahlrecht
– Aufnehmende Kapitalgesellschaft bei Einbringung **29** 63

– Aufnehmende Personengesellschaft bei Einbringung **29** 75
– Ausübung durch aufnehmende Kapitalgesellschaft bei Einbringung **29** 65
Wertermittlung
– Pflichtteil **34** 52
Wettbewerbsverbot
– Ausgestaltung **14** 6
– Beirat **15** 32
– geltungserhaltende Reduktion **14** 11
– GWB **14** 14
– Karrenzentschädigung **14** 11
– Konkurrenzverbotsklausel **14** 11
– Kundenschutzklausel **14** 12
– nachvertragliches **14** 9
– Niederlassungsverbotsklausel **14** 11
– Übernahmeklausel **14** 13
– verdeckte Gewinnausschüttung **14** 8
– vertragliches **14** 6
Wettbewerbsverbot, nachvertragliches **23** 58–60
Wettbewerbsverbote **14** 1ff.
Widerruf von Aufhebungsvereinbarungen **33** 51
Widerspruchsrecht der Arbeitnehmer **26** 17
Wiesbadener Modell **37** 60
Wirtschaftsausschuss **25** 35–37
Wirtschaftsjahr **37** 7
Zugewinnausgleich **6** 44ff.
– Anfangsvermögen **6** 45
– Auskunftsanspruch **6** 52
– Endvermögen **6** 47
– Fälligkeit **6** 51
– Negatives Anfangsvermögen **6** 45
– Privilegiertes Vermögen **6** 46
– Sicherheitsleistung **6** 54
– Vermögensverzeichnis **6** 48
– Vollständiger Ausschluss **6** 123
– Vorzeitiger Zugewinnausgleich **6** 53
– Wertermittlung **6** 49
– Wertermittlung des Unternehmens **6** 65ff.
Zulagen **21** 3–8
Zusammenarbeit, Grundsätze der *s. Betriebsrat*
Zwangsvollstreckung
– Abtretungsbeschränkung **11** 28
Zweiklassengesellschaft
– Charakteristika **11** 2
– Mehrstimmrechte **11** 86ff.
– Stimmrechtsausschluss **11** 86
– Stimmrechtsverteilung **11** 59
Zwischenwert **29** 63ff., 69, 72; **30** 106, 112, 115, 123, 136; **31** 34, 56